三省堂

常用漢字辞典

沖森卓也・
三省堂編修所［編］

三省堂

■編者
沖森卓也
三省堂編修所

■執筆協力者
阿久津智
岡田薫
木村一
常盤智子
徳本文
永井悦子

■編集協力者
川口恵美子
大田容子

■装丁
三省堂デザイン室

序

漢字は日本語の読み取りを効率よく行うのに適している。ただし、無制限に漢字を用いることは日常的な社会生活を営む上で負担も大きい。そのため、一般の社会生活における漢字使用について、音訓や送り仮名などを含め一定の範囲を取り決めて、その目安としたのが常用漢字表である。二〇一〇年一一月三〇日、その常用漢字表は、情報機器の著しい発達と普及という情報化時代にふさわしく、現代という環境に応じるべく改定された。

本書は、この新たな常用漢字表をより深く理解し、より効率よく用いることができるように、それぞれの漢字のなりたち・意味などを中心に解説するとともに、字義の区分に即して熟語を配列して示した。さらに、漢字の習得に必要な知識・情報、たとえば、「漢字検定」の級数や標準的な書き順（筆順）などを盛り込むことに心がけた。利便性が高く、身近で用いられることを第一に考え、使い勝手のよい辞典となるように編集上のさまざまな工夫を加えてある。

この辞典が活用されることで、日本語がわかりやすく、そして豊かに表現されるとともに、コミュニケーションがより一層円滑になることを心より願う次第である。

二〇一三年四月

編者

本書の使い方

【本書の内容とその特色】

■本書は、二〇一〇年に告示された新しい「常用漢字表」に基づき、同表に掲げられている常用漢字について、その字源・字形・音訓・意味などをわかりやすく解説した辞典である。

■「常用漢字表」に掲げられている順に二一三六字の漢字を配列した。したがって、それぞれの漢字は字音によって、また、字音を取りあげていないものは字訓によって五十音順に並んでいる。

■漢字の意味解説は、中国古典に現れる意味を基礎にしながらも、一方で日本語での用字・用法に基づいた意味を適切に解説することに心がけた。

■その字義の区分ごとに、当該漢字を一字目に含む熟語(約二万項目)を所属させて収録した。

■熟語は、それぞれの漢字の意味をよく表す代表的なものを掲げたほか、漢文学習や漢籍への興味をつなぐ故事成語や慣用句・四字熟語なども数多く収載した。

■漢字の代表音訓がわからない場合を考慮して、「音訓索引」「総画索引」を収録した。また、本文中で代表音訓以外の音訓を適宜空見出しとして立項し、主見出しに送った。

【親字について】

[一] 親字の掲げ方

(1)三行どりの大きな活字で組まれている漢字を「親字」という。親字は、「常用漢字表」において配列の基準となっている音訓に基づいて、同一の音訓のもとに一括して「常用漢字表」どおりに配列した。

(2)二〇一〇年告示の新「常用漢字表」で新たに常用漢字となった一九六字については、漢字欄の下に 新常用 のマークを入れた。

(3)親字が国字である場合には、漢字欄の下に 国字 のマークを入れた。

(4)それぞれの漢字の「漢字検定」の級数を、漢字欄の直下に示した。

［例］

【亜】 準2級 7画 二-5 音 ア漢呉 訓 つ-ぐ ①1601 Ⓤ4E9C

〖亞〗 8画 二-6 ②4819 Ⓤ4E9E

［二］ 異体字について

親字の異体字を親字の直後に掲げた。異体字は、おおよそ左記の分類に従い、それぞれ別の括弧で囲って掲出した。

〖 〗…「常用漢字表」に掲げられた康熙字典体

［ ］…「常用漢字表」に掲げられた印刷文字の許容字体

〔 〕…それ以外の異体字

［例］

【餅】 2級 15画 食(飠)-6 新常用 音 ヘイ漢 訓 もち ①4463 Ⓤ9905

［餅］ 14画 食(飠)-6 ── ──

〖餠〗 17画 食(飠)-8 ②8122 Ⓤ9920

［例］

【詠】 3級 12画 言-5 音 エイ漢・ヨウ呉 訓 よ-む・うた-う ①1751 Ⓤ8A60

〔咏〕 8画 口-5 ②5073 Ⓤ548F

［三］ 部首・画数・筆順について

(1)親字・異体字の部首と画数(総画数と部首内画数)を、それぞれの漢字欄の下に掲げた。

(2)親字の標準的な筆順を教科書体の文字で、最高八段階に分けて示した。なお、「常用漢字表」に印刷文字の許容字体が掲げられた五字(餌［餌］・遡［遡］・遜［遜］・謎［謎］・餅［餅］)については［ ］内に示した許容字体の形で筆順を示した。

(3)親字の字体は見やすさの観点から太い明朝体を用いているが、明朝体は必ずしも見た目から正しい画数を導き出せるものではない。また、トメやハネといった問題も、漢字デザイン上のこととして、筆写の参考にならない場合もある。その際は画数欄・筆順欄を参照願いたい。

[四]「なりたち」について

(1)漢字のなりたちを、許慎の撰『説文解字』(紀元後一〇〇年ごろ)に掲げる篆文(小篆)を示しながら解説した。

(2)文字構造を説明する六書に基づいて、象形・指事・会意・形声の四つに分類して示した。形声の場合、発音を示す要素には㊟を付した。

(3)『説文解字』にない漢字および国字については、六書にならってその別を示し解説をつけた。

[五]音・訓について

(1)親字の読み方は、[音][訓]欄にそれぞれ音は片仮名、訓は平仮名で示した。

(2)漢字音の種類を次のような記号で区別した。

㊥…漢音　㊤…呉音
㊧…唐宋音　㊨…慣用音

(3)[音]欄では、それぞれの字音の伝統的な字音仮名遣いを( )内に示した。

(4)「常用漢字表」で認められている表内音訓は太字で示した。また、常用訓以外の訓のうち、送り仮名があるものはその部分をハイフンで区切った。

[六]難読語、人名の読み、仮名の字源、コードなど

(1)[難読]という記号の下に、当該親字を含む難読語を掲げた。

(2)[人名]という記号の下に、人の名として用いられる場合の読み方を示した。音訓欄に掲げられている読みと重なる場合は適宜省略した。

(3)[仮名]という記号の下に、当該漢字が片仮名・平仮名の字源となっている場合、その

情報を示した。

(4) 注記 という記号の下に、他の字種・字体などとの関係について適宜補足的に説明した場合がある。

(5) 親字・異体字の漢字欄最下部に、それぞれのＪＩＳ区点コード(上段)・ユニコード(下段)を示した。ＪＩＳ区点コードには第一・第二・第三・第四水準の表示を丸数字の①②③④で示した。ユニコードの先頭にはⓊのマークを付けた。

[七] 漢字の意味欄について

(1) 漢字の意味を❶❷❸…で分け、それぞれの意味に該当する熟語項目を意味記述の直後に五十音順に配列した。所属する熟語項目の記述のあとに、それ以外の熟語を、熟語 という記号の下にまとめて掲げた。

(2) 現代日本語で必須とされる意味を先に示し、中国古典にしか現れない意味は後に置くようにした。

(3) 日本語にしか現れない漢字の意味・用法は、〔国〕という記号を掲げて、一番最後に置くようにした。

(4) 意味解説末尾に、適宜「同」の記号を用いて同じ意味となる漢字を掲げた。

【熟語項目について】

[一] 熟語項目の種類と読み

(1) 熟語項目は、現代の日本における言語生活上重要なものから約二万項目を選定した。通常の熟語は【 】で囲み、故事成語などの句項目は〖 〗で囲み、その違いを明示した。

(2) 熟語の読みは、音読みの場合は片仮名で、訓読みの場合は平仮名で、熟語の表記欄の下に示した。故事成語などの句項目では、それぞれの漢字の下に小字双行の平仮名で読みを示した。

[例]

【禍福】カフク

〖禍福(かふく)は糾(あざな)える縄(なわ)の如(ごと)し〗

〔二〕熟語項目の語義解説・用例について

(1)語義解説は的確かつ簡潔に解説することを心がけた。また、意味理解の助けとして適宜用例を掲げた。用例は「　」の中に示し、見出し熟語相当部分は―で省略した。

(2)熟語の意味が簡単にわかるものは、解説文を省略して用例だけにした場合がある。

(3)当該の熟語や故事成語・慣用句に出典がある場合は、その書名を［出典］という記号の下に示した。

(4)解説本文だけではわかりにくい場合、補注を［注記］という記号の下に示した。

(5)対義語がある場合には、⇔という記号の下に示した。対義語が各ブランチ共通である場合、▽⇔という記号で示した。

〔三〕表記欄の記号について

(1)常用漢字表の表外字、表外音訓はそれぞれの漢字の右肩に「▼」「▽」の記号を付けた。ただし、当該親字相当の漢字にはこれらの記号は付けなかった。また、句項目にも記号は付けなかった。

(2)いわゆる熟字訓については、常用漢字表の付表に挙がっている語は《　》、それ以外の語は〈　〉の記号で囲んで示した。

(3)別の漢字表記のあるものは、解説末尾に［別表記］という記号の下にその表記形を示した。

【異字同訓について】

同一の訓を持つ漢字の書き分けについては、「異字同訓」というコラム欄を設けて、それぞれの漢字を書き分ける参考とした。

【付録について】

付録として「漢検級別漢字表」「常用漢字表付表」「手書きの字体について」「人名用漢字別表」「部首名一覧表」を付したので活用されたい。

音訓索引

・本辞典に収録した親字の音と訓を五十音順（同じ読みの場合は総画数順）に配列した。
・カタカナは音、ひらがなは訓であることを示す。
・常用漢字表の音訓は太字にした。
・同じ音が多い場合でも引きやすいように総画数を漢字の上に算用数字で示した。

あ

い

う

え

き

け

こ

さ

す

せ

そ

つ

て

と

な

に

は

ひ

ふ

へ

ほ

読み	画数	漢字	ページ
ボン	3	凡	六〇四
ボン	5	犯	五三八
ボン	6	汎	五三九
ボン	9	盆	六〇四
ボン	12	飯	五四一
ボン	13	煩	五四二
ボン	15	範	五四二

ま

読み	画数	漢字	ページ
マ	10	馬	五三三
マ	11	麻	六〇四
マ	15	摩	六〇五
マ	16	磨	六〇五
マ	21	魔	六〇五
ま	5	目	六二三
ま	10	真	三四〇
ま	10	馬	五三三
ま	11	眼	九二
ま	12	間	八四
マイ	6	米	五八〇
マイ	6	毎	六〇六
マイ	7	売	五二七
マイ	8	妹	六〇六
マイ	8	枚	六〇六
マイ	9	味	六〇六
マイ	10	埋	六〇六
マイ	12	買	五二九
まい	15	舞	五六七
まいない	13	賂	六六九
まいる	8	参	二四三
まいる	13	詣	一六三
まう	15	舞	五六七
まえ	9	前	三九〇
まがい	17	擬	一〇九
まがう	10	紛	五七三
まがき	18	藩	五四三
まかす	6	任	五一六
まかす	9	負	五六三
まかせる	6	任	五一六
まかせる	8	委	七
まかせる	12	随	三五四
まかなう	13	賄	六七五
まかる	15	罷	五四九
まがる	4	勾	一九七
まがる	6	曲	一三六
まき	8	牧	六〇一
まき	9	巻	八〇
まき	16	薪	三四五
まぎらす	10	紛	五七三
まぎらわしい	10	紛	五七三
まぎらわす	10	紛	五七三
まぎれる	10	紛	五七三
マク	13	漠	五三二
マク	13	幕	六〇七
マク	14	膜	六〇七
まく	9	巻	八〇
まくら	8	枕	六〇七
まける	9	負	五六三
まげる	6	曲	一三六
まご	10	孫	四一五
まごころ	8	忠	四五一
まごころ	9	衷	四五二
まこと	7	赤	三七二
まこと	8	実	二七三
まこと	8	忠	四五一
まこと	9	信	三三八
まこと	10	真	三四〇
まこと	12	款	八四
まこと	13	誠	三六八
まさ	5	正	三五八
まさかり	11	戚	三七四
まさに	4	方	五八九
まさに	5	且	七六
まさに	6	多	四一七
まさに	6	当	四八八
まさに	7	応	五五
まさる	10	将	三一六
まさる	12	勝	三一九
まさる	17	優	六三三
まざる	6	交	一九九
まざる	11	混	二一三
まざる	14	雑	二四〇
まじえる	6	交	一九九
まじえる	8	参	二四三
まして	8	況	一二九
まじない	8	呪	二八六
まじなう	8	呪	二八六
まじる	6	交	一九九
まじる	11	混	二一三
まじる	14	雑	二四〇
まじる	16	錯	二三七
まじわる	6	交	一九九
まじわる	8	参	二四三
ます	4	升	三一二
ます	4	斗	四八三
ます	10	益	二七
ます	10	倍	五二八
ます	14	増	四〇八
まず	6	先	三八二
まずい	8	拙	三七六
まずしい	11	貧	五五七
ますます	10	益	二七
ますます	12	滋	二六七
まぜる	6	交	一九九
まぜる	11	混	二一三
まぜる	14	雑	二四〇
また	2	又	六〇七
また	8	股	一八七
また	12	復	五七〇
まだ	5	未	六一〇
またたく	18	瞬	三〇三
まだら	12	斑	五四一
まち	7	町	四五四
まち	9	待	四二三
まち	12	街	六五
マツ	5	末	六〇七
マツ	8	抹	六〇八
まつ	8	松	三一五
まつ	9	待	四二三
まったい	6	全	三九〇
まったく	6	全	三九〇
まっとうする	6	全	三九〇
まっとうする	7	完	七九
まつり	11	祭	二三〇
まつりごと	9	政	三六四
まつる	11	祭	二三〇
まつる	13	献	一七〇
まと	8	的	四七四
まど	11	窓	四〇三
まどう	12	惑	六七六
まどか	4	円	二九
まどか	6	団	四三九
まどわす	12	惑	六七六
まな	13	愛	一
まなこ	11	眼	九二
まなぶ	8	学	七一
まにまに	12	随	三五四
まぬかれる	8	免	六一八
まねき	8	招	三一四
まねく	8	招	三一四
まばたく	18	瞬	三〇三
まばら	12	疎	三九六
まぼろし	4	幻	一八一
まま	13	継	一六三
まみえる	7	見	一七三
まみえる	15	謁	二八
まみれる	13	塗	四八五
まめ	7	豆	四八九
まもり	6	守	二八二
まもり	16	衛	二六
まもり	20	護	一九五
まもる	6	守	二八二
まもる	16	衛	二六
まもる	20	護	一九五
まゆ	9	眉	五五〇
まゆ	18	繭	一八〇
まよい	9	迷	六一七
まよう	9	迷	六一七
まよわす	9	迷	六一七
まる	3	丸	九一
まるい	3	丸	九一
まるい	4	円	二九

め

も

や

ゆ

ら

り

る

総画索引

・本辞典に収録した漢字を総画数順に配列した。同画数の場合は部首順とした。
・索引中の漢字で、太字は見出し漢字（親字）、細字は異体字であることを示している。異体字は親字のページを示した。
・くさかんむり（艹）は、新字・旧字ともに三画と数えた。「瓜」と「臣」が構成要素となる字は、新字・旧字ともにそれぞれ六画・七画と数えた。

ア

ア

【亜】 準2級 7画 二-5 音 ア漢呉 訓 つ-ぐ ①1601 Ⓤ4E9C

人名 つぎ・つぐ

【亞】 8画 二-6 ②4819 Ⓤ4E9E

筆順 

なりたち  [象形]地下に掘られた墓を上から見た形にかたどる。表に出ず下になることから、つぐの意に用いる。

❶つぐ。次の。準ずる。第二番目の。

【亜鉛】(アエン) 元素の一。元素記号 Zn

【亜麻】(アマ) アマ科の一年草。

【亜流】(アリュウ) 一流のまねをする(人)。

熟語「亜綱・亜種・亜聖・亜父・亜寒帯・亜熱帯」

❷「亜細亜(アジア)」の略。

熟語「欧亜・東亜」

❸(国)外国語の音訳に用いる。

熟語「亜米利加(アメリカ)(亜墨利加)・亜拉毘亜(アラビア)(亜剌比亜)・亜爾然丁(アルゼンチン)」

❹その他。

熟語「亜鈴(=啞鈴)・白亜(=白堊)」

アイ

【哀】 3級 9画 口-6 音 アイ漢呉 訓 あわれ・あわれむ・かな-しい・かな-しむ ①1605 Ⓤ54C0

筆順 

なりたち  [形声]衣(つつみおおう)音＋口。声をつまらせかなしむの意。

❶あわれむ。かわいそうに思う。あわれ。

【哀願】(アイガン) 切に願う。「助命を―する」

【哀訴】(アイソ) 同情を求めて訴える。「―嘆願」

熟語「哀憫(あいびん)・哀憐(あいれん)・哀話」

❷かなしむ。心がいたむ。かなしい。

【哀歌】(アイカ) 悲しい気持ちを表した詩歌。エレジー。

【哀感】(アイカン) もの悲しい感じ。「―をこめて歌う」

【哀歓】(アイカン) 喜びと悲しみ。「人生の―」

【哀愁】(アイシュウ) もの悲しい気分。「―を帯びた音色」

【哀傷】(アイショウ) 人の死などを悲しむ。「―歌」

【哀情】(アイジョウ) 悲しく思う心。「―を催す」

【哀惜】(アイセキ) 人の死を悲しみ惜しむ。「―の念」

【哀切】(アイセツ) もの悲しくあわれである。「―な物語」

【哀悼】(アイトウ) 死を悲しみ悼む。「―の意を表する」

【哀楽】(アイラク) 悲しみと楽しみ。「喜怒―」

熟語「哀史・哀調・哀憫(あいびん)・哀愍(あいびん)・悲哀」

【挨】 2級 10画 手(扌)-7 新常用 音 アイ漢 ①1607 Ⓤ6328

筆順 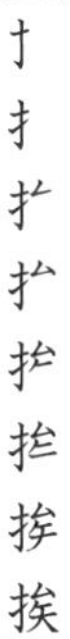

なりたち  [形声]手＋矣(人が後ろを向いて立つさまの象形)音。立ちどまって身をすり寄せる意から、せまる・おすの意を表す。

おす。押しのける。つめよる。せまる。

【挨拶】(アイサツ) ①儀礼的な言動や身ぶり。「人と―する」「朝の―」②お祝いやお礼の言葉。「就任の―」

注記 もと禅宗用語。

【愛】 7級 13画 心-9 音 アイ漢呉 訓 いと-しい・まな・め-でる・お-しむ・かな-しい ①1606 Ⓤ611B

難読 愛宕(あたご)・愛娘(まなむすめ)・愛蘭(アイルランド)

人名 あき・ちか・ちかし・つね・なり・のり・ひで・めぐむ・やす・よし・より

筆順 

なりたち  [炁][会意]旡(人が後ろにのけぞるさま)＋心。心がひきとめられ、せつない思いをするの意。のちに「夊(およぶ)」を加え、いつくしむ心が及ぶ意を表す。

❶いとしい。いとしく思う。かわいがる。いつくしむ。恋する。かなしい。

【愛育】(アイイク) かわいがって育てる。

【愛玩・愛▼翫】(アイガン) 大切にし、かわいがる。「―動物」

【愛妻】(アイサイ) ①愛している妻。②妻を愛し大切にする。「―家」

【愛称】(アイショウ) 親しんで呼ぶ呼び名。

【愛情】(アイジョウ) 愛する気持ち。「―を注ぐ」

【愛人】(アイジン) ①恋愛関係にある異性。情人。②人を愛する。「敬天―」

【愛憎】(アイゾウ) 愛と憎しみ。「―相半ばする」

【愛▼撫】(アイブ) かわいがる。「やさしく―する」

【愛娘】(まなむすめ) かわいがっている娘。最愛の娘。

熟語「愛児・愛慕(あいぼ)・愛欲・愛慾・愛憐(あいれん)・愛別離苦(あいべつりく)・恩愛・敬愛・純愛・情愛・親愛・相愛・寵愛(ちょうあい)・溺愛・熱愛・博愛・偏愛・友愛・恋愛」

❷めでる。好む。好ましい。

【愛▼嬌・愛▽敬】(アイキョウ) ①愛らしさ。「―のある娘」②人をなごませる表情。「―を振りまく」

【愛顧】(アイコ) ひいきにする。「御―に感謝します」

【愛好】(アイコウ) 好んで楽しむ。「平和―家」

【愛書】(アイショ) ①本が好きである。「―家」②愛読している本。

【愛唱】(アイショウ) その歌が好きでよく歌う。「―歌」

【愛誦】(アイショウ) その詩文を好んでよく口ずさむ。

【愛想】(アイソ) ①もてなし。「―がいい」「―を言う」②相手への好意。「―が尽きる」③勘定・勘定書。注記「あいそう」とも。

【愛読】(アイドク) 好んで読む。「―書」「漱石を―する」

【愛用】(アイヨウ) それを好んで使う。「―の万年筆」

熟語「愛飲・愛蔵・愛煙家」

❸おしむ。大切にする。
【愛郷】(アイキョウ) 故郷を愛する。「―心」

【愛護】(アイゴ) かわいがり、大事にする。「動物―週間」

【愛国】(アイコク) 国を愛する。「―心」「―者」

【愛惜】(アイセキ) ①大切にする。「祖父が―した品物」②名残惜しく思う。「行く春を―する」

【愛蔵】(アイゾウ) 大切にしまっておく。「―の品」

【愛着】(アイチャク) 手放したくないと思う。「―のある品」注記「あいじゃく」とも。

熟語「愛日・割愛(かつあい)」

【曖】

2級　17画　日-13　新常用　音 アイ 漢 呉　訓 くら-い　②5903　Ⓤ66D6

筆順 日 日 日 日 日 曖 曖 曖

なりたち [形声]日＋愛(心がひきとめられる)音。日が雲の中にひきとめられる意から、くらい意を表す。

くらい。ほの暗い。はっきりしない。

【曖昧】(アイマイ) ①はっきりしない。ぼやけている。あやふや。「―模糊(もこ)」「―な返事」②いかがわしい。「―宿」注記「昧」も暗い意。

熟語「曖曖(あいあい)・曖然」

アク

【悪】

8級　11画　心-7　音 アク 漢 呉・オ(ヲ) 漢 呉　訓 わる-い・あ-し・にく-い・にく-む・いず-くんぞ・いず-くにか　①1613　Ⓤ60AA

【惡】 12画　心-8　②5608　Ⓤ60E1

筆順 一 丅 丆 亓 亜 亜 悪 悪

なりたち  [形声]亞(はか)音＋心。いまわしい心のようすから、わるい意を表す。「悪」は略体。

❶《アク》わるい。よくない。あし。
【悪意】(アクイ) ①わるぎ。⇔好意。②意地の悪い見方。⇔善意。③[法]悪いと知る。「―の第三者」⇔善意
【悪逆】(アクギャク) 人の道に背いたひどい行為。「―無道」

【悪行】(アクギョウ) 悪い行い。「―を重ねる」

【悪事】(アクジ) 悪い行い。「―を企む」「―千里を行く」

【悪質】(アクシツ) ①たちが悪い。「―な犯罪」②質が悪い。⇔良質
【悪習】(アクシュウ) 悪い習慣。「―に染まる」

【悪心】(アクシン) 悪い心。「―を抱く」注記「おしん」と読めば別語。

【悪政】(アクセイ) 悪い政治。⇔善政
【悪銭】(アクセン) 「―身につかず」

【悪態】(アクタイ) 憎まれ口。悪口。「―をつく」

【悪党】(アクトウ) 悪人。「―の一味」

【悪徳】(アクトク) 道徳に反する行い。「―商人」

【悪人】(アクニン) わるもの。悪党。⇔善人
【悪罵】(アクバ) ののしり。「―を浴びせる」

【悪魔】(アクマ) 人を悪に誘うもの。また、極悪人。

【悪用】(アクヨウ) 悪いことに使う。「技術の―」⇔善用
【悪辣】(アクラツ) やり方があくどい。「―な手口」

【悪貨】(アッカ) 質の悪い貨幣。「―は良貨を駆逐する」

【悪漢】(アッカン) 悪いことをする男。わるもの。悪党。

【悪口】(アッコウ) わるくち。「―雑言(ぞうごん)」

〈悪戯〉(いたずら) ①悪さ。「―な子供」②性的にみだらな行為。

【悪口】(わるくち) 人を悪く言う言葉。「―を言う」

熟語「《アク》悪業(あくごう)・悪弊・悪法・悪人正機(あくにんしょうき)・偽悪・極悪(ごくあく)・罪悪・邪悪・善悪・勧善懲悪」「悪し様(あしざま)・悪知恵・性悪(しょうわる)」

❷《アク》いやな。好ましくない。
【悪運】(アクウン) 強い運。「―が尽きる」「―が強い」
【悪所】(アクショ) ①山道での難所。②遊里。「―通い」
【悪性】(アクセイ) たちが悪い。「―の腫瘍(しゅよう)」⇔良性
【悪夢】(アクム) 恐ろしい夢。また、恐ろしい出来事。
【悪名】(アクメイ) 悪い評判。「―が高い」「―をはせる」
【悪役】(アクヤク) 芝居などでの悪人の役。「―を演じる」
【悪霊】(アクリョウ) たたりをなす魂。怨霊(おんりょう)。
【悪化】(アッカ) 状況が悪くなる。「病状が―する」
【悪乗り】(わるのり) 調子に乗って、度を越す。
熟語「《アク》悪疫・悪縁・悪妻・悪臭・悪女・悪友・悪趣味・悪循環・険悪」

❸《アク》劣っている。みにくい。
【悪筆】(アクヒツ) 字がへただ。へたな字。

【悪文】(アクブン) へたな文章。理解しにくい文。

熟語「《アク》悪声・醜悪(しゅうあく)・粗悪・俗悪」

❹《アク》あらあらしい。ひどい。
【悪戦苦闘】(アクセンクトウ) 苦しんで戦う。「―の末、勝利する」
熟語「《アク》悪僧・悪童・凶悪」「意地悪(いじわる)」

❺《オ》気分がわるい。
【悪寒】(オカン) 発熱による寒け。「―がする」

ア

【悪心】(オシン) 吐き気。嘔気(おうき)。注記「あくしん」と読めば別語。
熟語「《オ》悪阻(おそ)(つわり)」
❻《オ》にくむ。きらう。にくい。
熟語「《オ》嫌悪・好悪(こうお)・羞悪(しゅうお)・憎悪(ぞうお)・自己嫌悪」

【握】

4級 12画 手(扌)-9 音 アク 漢 呉 訓 にぎ-る・にぎ-り ①1614 Ⓤ63E1

人名 もち

筆順 十 扌 扌 扩 扩 握 握 握

なりたち  〔形声〕手＋屋（家をおおう屋根）音。手のひらにおおい隠すようにして物をにぎるの意。

❶手でしっかりつかむ。にぎる。
【握手】(アクシュ) 挨拶として互いに手を握り合う。

【握力】(アクリョク) 物を握りしめる力。

熟語「握髪吐哺(あくはつとほ)・緊握」
❷自分のものとして保持する。
熟語「掌握(しょうあく)・把握(はあく)」
❸にぎり。道具などの、手で握る部分。取っ手。
熟語「握り上(かみ)・握り革(かわ)・握り下(した)」
❹（国）握り鮨(ずし)。握り飯。
熟語「握り鮨・握り飯・御握り」

アツ

【圧】

6級 5画 土-2 音 アツ 慣・オウ（アフ）漢 訓 お-さえる・お-す ①1621 Ⓤ5727

難読 圧面(べしみ)

【壓】17画 土-14 ②5258 Ⓤ58D3

筆順 一 厂 厂 圧 圧

なりたち  〔形声〕厭（上から押しつける）音＋土。土をかぶせて押さえつけるの意。

❶おす。上から力を加える。
【圧延】(アツエン) 金属を押しのばして加工する。「—機」

【圧巻】(アッカン) 最もよい部分。「最後が—だった」注記 古く、中国の官吏登用試験で、最もすぐれた巻（答案）を他の答案の上にのせたことから。

【圧搾】(アッサク) 強く押してしぼる。「果実を—する」

【圧殺】(アッサツ) ①押しつぶして殺す。②力で抑えつける。「反対意見を—する」

【圧縮】(アッシュク) 縮小させる。「—空気」

【圧力】(アツリョク) ①押さえる力。「—計」「—釜(がま)」②強い働きかけ。「政治的な—」「—団体」

熟語「指圧・重圧」
❷おさえる。力ずくでおさえつける。
【圧勝】(アッショウ) 一方的に勝つ。「大差で—する」

【圧制】(アッセイ) 権力や武力などで抑えつける。

【圧政】(アッセイ) 人民を力で抑えつける政治。

【圧倒】(アットウ) 段ちがいの力で相手を抑えつける。

【圧倒的】(アットウテキ) 比べものにならないほど優勢である。「—な勝利」

【圧迫】(アッパク) 強い力で抑えつける。「精神的—」

【圧伏・圧服】(アップク) 抑えつけて服従させる。

熟語「威圧・外圧・重圧・征圧・弾圧・鎮圧(ちんあつ)・抑圧」
❸おす力。おさえる力。圧力。
熟語「圧点・気圧・血圧・高圧・水圧・低圧・電圧・風圧・変圧・油圧・等圧線」

あつかう

【扱】

4級 6画 手(扌)-3 音 ソウ（サフ）漢 訓 あつか-う・こ-く・しご-く ①1623 Ⓤ6271

〔扱〕7画 手(扌)-4

筆順 一 十 扌 扌 扨 扱

なりたち  〔会意〕手＋及（人に手がとどく）。ある所まで手がとどくの意。

❶（国）あつかう。あつかい。道具などを使う。また、物事を処理する。取り扱う。
熟語「子供扱い・取扱品・取扱注意」
❷（国）こく。しごく。何かの間にはさんだり、通したりして引っ張り、まわりに付いている物を取り除く。
【扱き下ろす】(こきおろす) ことさら悪く言う。ひどくけなす。

【扱き使う】(こきつかう) 酷使する。「使用人を—う」

【扱き混ぜる】(こきまぜる) 「うそも本当も—ぜて話す」

熟語「扱(しご)き帯・稲扱(いねこ)き」
❸（国）しごく。厳しく鍛練する。
【扱く】(しごく) 厳しく鍛える。「新人を—く」

あてる

【宛】

2級 8画 宀-5 新常用 音 エン（ヱン）漢・オン（ヲン）呉 訓 あ-てる・あたか-も・あて・さなが-ら・ずつ ①1624 Ⓤ5B9B

難読 宛行(あてがい)

筆順 、 宀 宀 宂 宛 宛 宛 宛

なりたち  [形声]宀(いえ)＋夗(二人の人がからだを曲げてかがむさま)音。家の中でくつろぎからだをかがめるの意。また、本物と同じように形が曲がっていることから、あたかもの意にも用いる。

◉異字同訓◉【当】(四八八ページ)の「異字同訓」欄を参照のこと。

❶まがる。まげる。ゆるやかに巡る。

【宛転】エンテン ①弧を描く。「―として流れる大河」②眉(まゆ)が美しく曲がる。③なめらかで、とどこおりがない。

❷あたかも。さながら。そっくりそのまま。

【宛然】エンゼン そっくりそのままである。

❸(国)あて。あてる。送り先・届け先などを表す。

【宛(て)名】あてな 相手の名前。「郵便物に―を書く」

熟語「宛て先・名宛て」

❹(国)ずつ。

熟語「三個宛・三人宛」

あらし

【嵐】

2級 12画 山-9 新常用 音 ラン 漢 呉 訓 あらし ①4582 Ⓤ5D50

筆順 山 屵 岚 嵐 嵐 嵐

なりたち  [形声]山＋風(かぜ)音。山に吹く清らかな風の意。

❶山に立ちこめるもや。

【嵐気】ランキ 山中にたつもや。山気。

熟語「嵐光・嵐翠(らんすい)・秋嵐・春嵐(しゅんらん・はるあらし)・翠嵐・青嵐(せいらん・あおあらし)・晴嵐」

❷(国)あらし。暴風。

熟語「砂嵐(すなあらし)・山嵐(やまあらし)」

アン

【行】⇨コウ(二〇二ページ)

【安】

8級 6画 宀-3 音 アン 漢 呉 訓 やす い・いず-くん ぞ・いず-くにか ①1634 Ⓤ5B89

仮名 平仮名「あ」は「安」の草体。

難読 安土(あづち)・安宅(あたか)・安居(あんご)・安積(あさか)

人名 さだ・やす・やすし

筆順 、 ハ 宀 宊 安 安

なりたち  [会意]宀＋女。家の中で女がすわる意から、やすんじる、やすらかの意を表す。

❶おだやか。やすらか。

【安逸・安佚】アンイツ 「―をむさぼる」

【安閑】アンカン のんびり。「―としてはいられない」

【安危】アンキ 安全か危険か。「国家の―」

【安産】アンザン 無事に子供を生む。⇔難産

【安住】アンジュウ 安心し落ち着いて住む。「―の地」

【安心】アンシン 心配がない。「母を―させる」「―感」

【安静】アンセイ 心身を休めて静かにする。「絶対―」

【安全】アンゼン 安心な状態。「―運転」⇔危険

【安息】アンソク 心安らかに休む。「―日」

【安打】アンダ 野球のヒット。

【安泰】アンタイ 不安や危険がない。「地位は―だ」

【安定】アンテイ 落ち着いている。「容態は―している」

【安堵】アンド 安心する。「―の胸をなで下ろす」

【安寧】アンネイ 平穏無事である。「―秩序」

【安穏】アンノン 穏やかである。「―に暮らす」

【安否】アンピ 無事かどうか。「―をたずねる」

【安楽】アンラク 安らかである。「―に暮らす」「―死」

熟語「安座・安眠・安車蒲輪(あんしゃほりん)・安心立命(あんじんりつめい・あんしんりつめい・あんじんりゅうみょう)・慰安・公安・大安・治安・不安・平安・保安(ほあん・ほうあん)」

❷すえおく。おく。おちつける。

【安置】アンチ すえ置く。「―所」「阿弥陀像を―する」

熟語「安居(あんご)・安座(安坐)」

❸(国)たやすい。特別の工夫がない。

【安易】アンイ 「―な発想」「―に過ぎる」

【安直】アンチョク ①十分に考えない。「―に引き受ける」②値段が安い。「―な娯楽」

熟語「気安い」

❹(国)やすい。値段がやすい。

【安価】アンカ ①値段が安い。廉価。⇔高価。②安っぽい。「―な同情」

熟語「安上がり・安売り・安値(やすね)・円安(えんやす)・格安(かくやす)・割安(わりやす)」

❺(国)アンモニアの略。

熟語「塩安・硫安」

❻その他。地名・人名など。

【安芸】あき 旧国名。広島県西半分に当たる。芸州。

【安房】あわ 旧国名。千葉県南部に相当。房州。

【安禄山】アンロクザン (七〇五―七五七)中国、唐代の武将。ソグド系の胡人。安史の乱の首領。

【案】

7級　10画　木-6　音 アン 漢 呉　訓 つくえ・かんが-える　①1638　Ⓤ6848

筆順 丶 宀 它 安 安 安 宰 案

なりたち ［形声］安(静かに落ち着く)音＋木。ひじを落ち着ける木の台の意。

❶つくえ。ものを置く台。

【案下】アンカ ①机の下。机のそば。②手紙の脇付(わきづけ)に用いる語。

熟語「案上(あんじょう)・案頭(あんとう)・玉案下(ぎょくあんか)」

❷かんがえる。調べる。あらかじめ考えたこと。

【案外】アンガイ 予想外だ。意外だ。思いのほか。「―に手間取った」

【案件】アンケン 問題となっている事柄。「重要―」

【案出】アンシュツ 工夫して考え出す。「新方式を―する」

【案の定】アンのジョウ 「―あいつのしわざだ」

【案分】アンブン 割りふる。「出資額に応じて―する」 別表記 按分

熟語「案出・一案・勘案・愚案・考案・思案・図案・提案・答案・発案・腹案・妙案・名案」

❸したがき。草稿。

【案内】アンナイ ①導く。「―所」「館内を―する」②事情や内容の説明。しらせ。「入学―」③人の来訪や用向きを伝える。「―を請う」

熟語「案文・原案・草案・文案」

❹(国)あんじる。あんずる。心配する。

【案じる】あんじる 心配する。「子を―じる」

❺その他。

【〈案山子〉】かかし 田畑に立てる人形。 別表記 鹿驚

【暗】

8級　13画　日-9　音 アン 漢・オン 呉　訓 くら-い・くら-ます・く-れる・やみ　①1637　Ⓤ6697

注記「闇」の書き換え字としても用いられる。

筆順 丨 冂 日 日' 日立 日立 暗 暗

なりたち ［形声］日＋音(口ごもる)音。日がくもって、くらいの意。

❶くらい。やみ。くれる。

【暗黒】アンコク くらやみ。「―時代」 別表記 闇黒

【暗中模索】アンチュウモサク 「まだ―の状態だ」

【暗闇】くらやみ ①暗い。暗い場所。くらがり。②人に知られない所。「悪事を―に葬る」③見通しがたたない。「この世は―だ」

熟語「暗室・暗転・暗投(あんとう)・暗幕・暗夜・手暗(てくら)がり・明暗・幽暗・真っ暗闇(くらやみ)」

❷黒っぽい。

熟語「暗紫色(あんししょく)・暗赤色(あんせきしょく)」

❸心がふさぐ。

【暗鬱】アンウツ うっとうしい。「―な梅雨空」

【暗雲】アンウン 黒い雲。不穏な気配だ。「―低迷」

【暗鬼】アンキ 不安や妄想による恐れ。「疑心―」

【暗然】アンゼン ①暗い。はっきりしない。②心がふさぐ。「―たる気持ち」 別表記 黯然・闇然

【暗▼澹】アンタン 「―とした風景」「―たる思い」

❹おろか。道理や知識にくらい。

【暗愚】アング おろかだ。「―な君主」

熟語「暗君・暗主・愚暗・盆暗(ぼんくら)」

❺ひそかに。表立たない。くらます。

【暗暗】アンアン ひそか。「―のうちに察した」

【暗暗裏】アンアンリ こっそり。「―に認める」

【暗▼渠】アンキョ 外から見えないようにした水路。

【暗号】アンゴウ 秘密の記号や文字。「―解読」

【暗合】アンゴウ 偶然に物事が一致する。「偶然の―」

【暗殺】アンサツ ひそかにねらって殺す。「要人―」

【暗示】アンジ ①それとなく分かるように示す。⇔明示。②相手に思い込ませる。「―にかける」

【暗証】アンショウ 本人だと証明する記号。「―番号」

【暗礁】アンショウ 海面下の岩。「―に乗り上げる」

【暗中模索】アンチュウモサク ①暗闇(くらやみ)の中で、手探りして探す。②手がかりがないまま、いろいろやってみる。「研究は―の状態だ」

【暗闘】アントウ ひそかに争う。「派閥内部の―」

【暗黙】アンモク 口に出しては言わない。「―の了解」

【暗躍】アンヤク 知られないようにひそかに策動する。

【暗流】アンリュウ 表立って現れていない不穏な動き。

熟語「暗喩(あんゆ)・暗中飛躍(あんちゅうひやく)」

❻そらんじる。見ないで。

【暗記】アンキ 「公式を―する」 別表記 諳記

【暗算】アンザン 頭の中で計算する。「―で答えを出す」

【暗唱・暗▼誦】アンショウ そらでとなえる。「詩を―する」

別表記 諳誦

熟語「暗譜(あんぷ)」

イ

【以】

7級　5画　人-3　音 イ 漢 呉　訓 おも-う・もち-いる・もっ-て・も-て・ゆえ-に　①1642　Ⓤ4EE5

仮名 平仮名「い」は「以」の草体。

難読 以為(おもえ)らく・所以(ゆえん)・曹以(そい)

人名 これ・しげ・とも・のり・ゆき・より

筆順 丨 レ レ 以 以

イ

なりたち [㠯][象形]すきの形にかたどる。これで耕すことから、用いるの意を表す。[以][形声]し(㠯の変形)音＋人。すきを持つ人の意。

❶…から。方向・範囲・時間などの基準点を示す。

【以遠】(エン) そこよりさらに遠い。「大阪—」

【以往】(オウ) ①それよりのち。「明治—」②(「已往」と混同されて)それ以前。

【以下】(カ) ①それより少ない。劣る。「千円—は二割引き」「あいつは人間—だ」②他を省略する。「校長—総出で出迎える」▽⇔以上。別表記 已下

【以外】(ガイ) 「その手—に方法がない」

【以後】(ゴ) ①これから先。今後。「—注意しなさい」②ある時より。「卒業—会っていない」⇔以前。別表記 已後

【以降】(コウ) それよりあと。「九時—は消灯」別表記 已降

【以上】(ジョウ) ①それより多い。上だ。「予想—」「七歳—は有料」②そこまでに述べた内容。⇔以下。③「終わり」の意。別表記 已上

【以前】(ゼン) ①ある時点よりも前。⇔以後。②そこまで至らない。「常識—の問題」③昔。「—訪れた地」別表記 已前

【以内】(ナイ) ①その範囲内。以下。「一〇日—に返事する」「千円—で買える品」②内側。「これより—立ち入り禁止」

【以来】(ライ) 「入社—無遅刻無欠勤だ」

熟語「以還(いかん)・以西(いせい)・以東・以南・以北」

❷…によって。…を用いて。…をもって。…もて。もちいる。

【以心伝心】(イシンデンシン) ①(仏)真理を無言のうちに伝える。②言葉なしにわかる。「—で通じる」出典「六祖壇経」より。

熟語「以夷制夷(いいせいい)」

【衣】

7級 6画 衣-0 音 イ漢・エ呉 訓 ころも・きぬ ①1665 Ⓤ8863

仮名 平仮名「え」は「衣」の草体。

難読 衣文(えもん)・衣更着(きさらぎ)・衣通姫(そとおりひめ)・衣魚(しみ)・衣袽(のみ)・胞衣(えな)

人名 え・きぬ・そ

筆順 丶 亠 ナ 衣 衣 衣

なりたち [象形]衣服の両肩とえりもとの形にかたどり、ころもの意を表す。

❶ころも。きぬ。身にまとうもの。着るもの。衣服。

【衣冠束帯】(イカンソクタイ) 公家の正装。注記 江戸中期以降の語。

【衣桁】(コウ) 着物を掛けておく家具。衣架。

【衣装・衣裳】(ショウ) 着物。衣服。晴れ着。「花嫁—」

【衣食】(ショク) ①着る物と食べる物。②くらし。生活。

『衣食足れば則ち栄辱を知る』 余裕ができてこそ礼儀に心がいく。出典「管子 牧民」より。

【衣服】(フク) 着る物。着物。

【衣料】(リョウ) 着るもの。また、その材料。「—品」

【衣衣】(きぬぎぬ) 男女が一夜をともにした翌朝。別表記 後朝

【衣替え】(ころもがえ) 季節に応じて衣服をかえる。別表記 更衣

熟語「衣冠・衣帯・衣料・衣紋(えもん)・衣錦(いきん)の栄(えい)・更衣・黒衣(こくい)(こくえ)・戎衣(じゅうい)・征衣・脱衣・着衣・白衣(はくい)(びゃくえ)・布衣(ふい)(ほい)(ほうい)・浴衣(よくい)(ゆかた)・作務衣(さむえ)」

❷(仏)僧侶の着物。袈裟(けさ)。

【衣鉢】(イハツ) (仏)師が伝える奥義。えはつ。「—を継ぐ」

熟語「黒衣(こくい)(こくえ)・紫衣(しい)(しえ)・僧衣(そうい)(そうえ)・法衣(ほうい)(ほうえ)」

【位】

7級 7画 人(亻)-5 音 イ(ヰ)漢呉 訓 くらい ①1644 Ⓤ4F4D

人名 くら・たか・ただ・ただし・つら・なり・のり・ひこ・ひなた・ひら・み

筆順 ノ 亻 亻 仁 位 位 位

なりたち [会意]人＋立。人が立つ場所の意を表す。

❶くらい。全体の中で占める場所。相互の関係や順序。

【位相】(イソウ) ①(数)トポロジー。②(物)周期的現象における状態。③(言)言葉の違いの現れ方。

【位置】(イチ) 物のある場所。全体との関係で占める場所。「東方に—する」「重要な—にいる」

熟語「下位・各位・高位・首位・順位・上位・体位・地位・優位」

❷くらい。身分。また、天子の地位。

【位階】(イカイ) 国家から授与される栄典。

【位官】(イカン) 位と官職。官位。

【位牌】(イハイ) 死者の戒名を記す木の札。霊牌。

熟語「位勲・王位・学位・官位・気位(きぐらい)・空位・皇位・在位・爵位・即位・退位・地位・品位」

❸くらい。数の位取り。

熟語「位取り・十位・百位」

❹基準。基準との関係。

熟語「水位・単位・潮位・転位・電位・方位・本位」

❺(国)…くらい。…ぐらい。程度・範囲や概数を表す。

熟語「この位・これ位」

【囲】 7級

7画 囗-4 音 イ(ヰ)漢呉 訓 かこむ・かこう ①1647 Ⓤ56F2

【圍】12画 囗-9 ②5203 Ⓤ570D

人名 もり

筆順 丨 冂 冃 冃 冄 囲 囲

なりたち  [形声]囗(かこむ)＋韋(ある所をはさんで足が互いに逆方向を向いているさま)音。まわりをぐるりとめぐるようにかこむの意。

❶かこむ。かこみ。かこう。

【囲碁】ゴ 碁を打つ。また、碁。

【囲▼繞】イニョウ とりかこむ。「山々に―された地」

【囲炉裏】いろり 床で火を燃やす所。注記「囲炉裏」は当て字。

熟語「囲障・重囲・範囲・包囲・広範囲・雰囲気・雪囲い(ゆきがこい)」

❷まわり。めぐり。

熟語「外囲・胸囲・四囲・周囲・胴囲」

【医】 8級

7画 匸-5 音 イ漢呉 訓 いや-す・くすし ①1669 Ⓤ533B

【醫】18画 酉-11 ②7848 Ⓤ91AB

人名 おさむ

筆順 一 ア 丆 匚 ⺈ 矢 医

なりたち  [醫][会意]殹(しまいこむ)＋酉(酒つぼ)。薬草を入れ貯蔵した酒つぼの意から、医者の意を表す。[医][会意]匸(はこ)＋矢(や)。矢をしまいこむはこの意。本来別字だが、「醫」の略字として用いる。

❶病気を治療する。いやす。

【医院】イイン 病気の診察・治療を行う所。

【医科】イカ 医学に関する学科。「―大学」

【医学】イガク 傷病の治療や予防を研究する学問。

【医局】イキョク 病院などで医務を扱う部署。

【医師】イシ 傷病の診察・治療を職業とする人。

【医者】イシャ 医師。「歯―」「眼―」

【医食同源】イショクドウゲン 医と食の源は同じである。

【医務】イム 医療に関する仕事。「―室」

【医療】イリョウ 医術で病気を治療する。「―施設」

熟語「医家・医術・医薬」

❷病気をなおす人。医者。くすし。

熟語「軍医・校医・侍医・獣医・女医・典医・巫医(ふい)・名医・外科医・歯科医・主治医・無医村・臨床医」

【易】⇨エキ(二一七ページ)

【依】 4級

8画 人(亻)-6 音 イ漢・エ呉 訓 よ-る ①1645 Ⓤ4F9D

人名 より

筆順 ノ イ 亻 化 依 依 依 依

なりたち  [形声]人＋衣(身にまとうころも)音。人にまとわりつき、もたれかかるの意。

❶よりかかる。頼みにする。

【依嘱】イショク たよりにして、たのむ。

【依存】イソン 他によって存在する。いぞん。「―心」

【依託】イタク ①物事を他人にまかせる。「―学生」②何かにもたせかける。「―射撃」

【依頼】イライ ①他人に用件を頼む。「講演を―する」②他人に頼る。「―心」

【依▼怙▼贔▼屓】エコヒイキ 一方の者だけを引き立てる。

熟語「《イ》憑依」「《エ》依怙(えこ)・依怙地(えこじ)(いこじ)・帰依(きえ)・無依(むえ)」

❷よりどころにする。基づく。よる。

【依願】イガン 本人からの願いによる。「―退職」

【依拠】イキョ よりどころとする。「規約に―する」

【依命】イメイ 命令による。「―通達」

熟語「《イ》準依」「依(よ)り代(しろ)」

❸そのまま。もとのまま。

【依然】イゼン 前と変わらない。「旧態―」「―連絡がない」

【委】 8級

8画 女-5 音 イ(ヰ)漢呉 訓 ゆだ-ねる・くわ-しい・まか-せる・つまび-らか・す-てる ①1649 Ⓤ59D4

人名 とも・も・もろ

筆順 ノ 二 千 禾 禾 委 委

なりたち 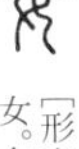 [形声]禾(穂先が垂れたイネ)音＋女。女がぐったりと力を抜いてつき従う意から、ゆだねる意を表す。

❶まかせる。ゆだねる。

【委員】イイン 選ばれて任務に当たる人。「クラス―」

【委譲】イジョウ 「窓口業務を民間に―する」

【委嘱】イショク 仕事をまかせる。「調査を―する」

【委託】イタク 物事を人に頼みゆだねる。「業務―」

【委任】イニン 物事の処理を他にまかせる。「―状」

熟語「委付」

❷くわしい。つまびらか。

【委曲】イキョク くわしい。「―を尽くした説明」

【委細】イサイ くわしい。詳細。「―面談」「―承知」

熟語「委悉(いしつ)」

❸ほうっておく。すてる。
【委棄】イキ ほうっておく。
熟語「委順いじゅん」
❹「委員会」の略。
熟語「公取委・公労委・中労委」

【威】
4級 9画 女-6 音 イ(ヰ)漢呉 訓 おど-す ①1650 Ⓤ5A01

人名 あきら・たか・たけ・たけし・たける・つよ・つよし・とし・なり・のり
筆順 丿 厂 厂 反 反 威 威 威 威
なりたち [会意]戉(ほこ)＋女。ほこを武器として、力の弱い女性をおどすの意。

❶おどす。人をおそれさせる。
【威圧】イアツ 「大人数で—する」「—的な行動」
【威嚇】イカク おどかす。「—射撃」「銃で—する」
熟語「威喝・威迫いはく・威張いばる・球威・脅威・権威・国威・示威・暴威・猛威」
❷いかめしい。おごそか。
【威ありて猛たけからず】 威厳があって荒々しくない。出典「論語述而」より。
【威儀】イギ 威厳ある態度・動作。「—を正す」
【威厳】イゲン いかめしさ。「—に満ちた態度」
【威光】イコウ 威厳ある力。「親の—をかさにきる」
【威信】イシン 威厳と信頼感。「国家の—をかける」
【威勢】イセイ ①活気ある勢い。「—のいいかけ声」②威圧する勢い。「敵の—に恐れをなす」
【威容】イヨウ 威厳を感じさせる。「—を誇る」別表記 偉容
【威力】イリョク 相手を圧倒する強い力。「新兵器の—」
【威令】イレイ 威力ある命令。「—が行きわたる」

熟語「威武・威風・威服・恩威」

【為】【爲】
4級 9画 火(灬)-5 音 イ(ヰ)漢呉 訓 す・す-る・な-す・な-る・ため ①1657 Ⓤ70BA
【爲】12画 爪-8 ②6410 Ⓤ7232

仮名 平仮名「ゐ」は「為」の草体。
難読 為人ひととなり・為手して・為方せんかた・為体ていたらく・為種しぐさ
人名 さだ・しげ・す・すけ・た・ち・なり・ゆき・よし・より
筆順 丶 ソ ⺍ 為 為 為 為
なりたち [会意]爫(手の変形)＋象。象をてなずける意から、人の手を加える、何かをする意を表す。
◉異字同訓◉【成】(三六一ページ)の「異字同訓」欄を参照のこと。

する。おこなう。なる。なす。
【為政】イセイ 政治を行う。執政。「—者」
【《為替》】かわせ 「外国—」「電報—がわせ」
熟語「有為うい(ゆうい)・営為・行為・所為しょい(いせ)・人為・施為・当為・無為むい(ぶい)・不作為・一切有為」

【畏】
2級 9画 田-4 新常用 音 イ(ヰ)漢呉 訓 おそ-れる・かしこ-い・かしこ-まる ①1658 Ⓤ754F

筆順 丶 冂 冊 田 田 甲 畏 畏 畏
なりたち [象形]甲骨文では、大きな鬼が武器を手に持って威圧するさまにかたどる。おそれるの意。
◉異字同訓◉【恐】(一二九ページ)の「異字同訓」欄を参照のこと。

❶おそれる。おそれおののく。
【畏怖】イフ 大いにおそれる。「—の念を持つ」
熟語「畏忌いき・畏懼いく・畏縮・畏伏・畏服・三畏・怖畏・無畏」
❷おそれ敬う。
【畏敬】イケイ おそれ敬う。「—の念を抱く」
【畏友】イユウ 尊敬している友人。
熟語「畏愛・敬畏」
❸(国)おそれおおい。かしこい。また、かしこまる。
熟語「畏れ入る・畏れ多い」

【胃】
7級 9画 肉(月)-5 音 イ(ヰ)漢呉 ①1663 Ⓤ80C3

筆順 丨 冂 冊 田 田 胃 胃 胃
なりたち [会意]田(「○＋※」の変形、いぶくろの中にさまざまな食物が入っているさま)＋肉。いぶくろの意。

いぶくろ。食物を一時たくわえ、消化を行う器官。
【胃炎】イエン 胃粘膜の炎症。胃カタル。
【胃酸】イサン 胃液に含まれる酸。
【胃腸】イチョウ 胃と腸。「—薬」
【胃袋】イぶくろ 胃。「—を満たす」
熟語「胃液・胃癌いがん・胃弱いじゃく・胃壁いへき・健胃・腸胃・反芻胃」

【唯】⇩ユイ(六二九ページ)

【尉】
準2級 11画 寸-8 音 イ(ヰ)漢呉・ウツ漢 訓 じょう ①1651 Ⓤ5C09

人名 じょう・やす
筆順 ㇇ コ 尸 尸 尉 尉 尉 尉
なりたち [会意]𡰥(ひのし)＋小(火の変形)＋寸(手の変形)。火であたためた火

のしを手に持って、しわをのばすの意。転じて、おさえる意に用いる。

❶《イ》昔の中国の警察官。また、武官。

熟語「校尉・廷尉・都尉」

❷《イ》軍人の階級の一。将校の最下級。「佐」の下。

【尉官】イカン　大尉・中尉・少尉の総称。

熟語「一尉・海尉・空尉・准尉・少尉・大尉・中尉・陸尉」

❸《ウツ》中国の姓。

熟語「尉繚・尉繚子」

❹〔国〕じょう。律令制で、兵衛府・衛門府・検非違使の第三等官。

熟語「左衛門尉・左兵衛尉・検非違使尉」

【異】

5級　11画　田-6　音 イ 漢 呉　訓 こと・ことーなる　①1659　Ⓤ7570

人名 より

筆順 

なりたち  〔象形〕人が両手を上げて面をかぶるさまにかたどる。面をかぶると別のものとなることから、ことなる意を表す。

❶ことなる。ちがう。同じではない。こと。

〔異域の鬼となる〕　外国で死ぬ。出典 李陵「答蘇武書」より。

【異義】イギ　異なった意味。「同音—語」⇔同義

【異議】イギ　反対の意見。「—をとなえる」

【異郷】イキョウ　故郷を遠く離れた土地。また、外国。

【異境】イキョウ　よその地。外国。

【異口同音】イクドウオン　みんなが同じことを言う。「—に言う」

【異見】イケン　違った意見。異論。異議。「—を述べる」

【異国】イコク　外国。「—情緒」「—船」

【異字】イジ　異なった文字。他の文字。「同訓—」

【異質】イシツ　性質が違っている。「—な文化」

【異種】イシュ　種類が異なる。⇔同種

【異人】イジン　外国人、特に西洋人。

【異性】イセイ　①性が異なる。⇔同性。②性質が異なる。

【異説】イセツ　別の考え。「—を唱える」

【異存】イゾン　反対の意見。「この提案に—はない」

【異体字】イタイジ　漢字の、標準的な字体以外のもの。

【異同】イドウ　違い。「両者に—はない」

【異動】イドウ　地位・職務などが変わる。「人事—」

【異父】イフ　母は同じで、父が違っている。「—兄弟」

【異腹】イフク　父は同じで、母が違っている。⇔同腹

【異母】イボ　父は同じで、母が違っている。

【異邦】イホウ　外国。よその国。異国。「—人」

【異名】イミョウ　俗称・通称・美称・あだ名など。いめい。

【異例】イレイ　普通と違った例。「—の措置」

【異論】イロン　別の意見。異議。「—を唱える」

熟語「異域・異称・異俗・異体・異本・異邦人・異字同訓・異体同心・差異・大同小異・同工異曲・突然変異」

❷なみでない。めずらしい。また、すぐれている。

【異観】イカン　珍しい景色。変わった情景。

【異才】イサイ　すぐれた才能。また、それを持つ人。

【異彩】イサイ　目立つようす。「—を放つ」

【異色】イショク　目立った特色がある。「—の作品」

【異数】イスウ　他に例がない。異例。「—の出世」

【異能】イノウ　人よりすぐれた才能。異才。「—の士」

【異聞】イブン　珍しい話。「近世—」

熟語「異材・異味・驚異・珍異・特異」

❸あやしい。普通でない。正当でない。普通とはちがって奇妙なさま。

【異学】イガク　江戸時代の朱子学以外の儒学。

【異教】イキョウ　自分の信じる宗教と異なる宗教。

【異形】イギョウ　怪しい姿・かたち。「—の者」

【異状】イジョウ　普通でない状態。「体に—をきたす」

【異常】イジョウ　正常でない。「—気象」⇔正常

【異心】イシン　謀反をたくらむ心。「—をいだく」

【異端】イタン　正統でない。「—児」「—審問」⇔正統

【異物】イブツ　体内に入った食物以外の物。

【異変】イヘン　変わった出来事。「暖冬—」「—が起こる」

【異様】イヨウ　変わった様子。「—な風体の男」

熟語「異界・異臭・異図・異分子・怪異・奇異・地異・変異・霊異・天変地異」

【移】

6級　11画　禾-6　音 イ 漢 呉　訓 うつる・うつす　①1660　Ⓤ79FB

人名 のぶ・や・ゆき・より・わたる

筆順 

なりたち  〔形声〕禾(イネ)＋多(おおくありすぎて、横にずれる)音。稲穂が風に吹かれて横になびく、うつるの意。

❶うつる。位置・場所・時間が変わる。うつす。

【移管】イカン　管理・管轄を移す。「市に—する」

【移行】イコウ　移り行く。「新制度へ—する」

【移住】イジュウ　住む所を移す。他の地に移り住む。

【移出】イシュツ　品物を国内へ送り出す。⇔移入

【移乗】イジョウ　乗り移る。「はしけに—する」

【移植】イショク　①植物を移し植える。「苗木を—する」②外国の文化や制度を取り入れる。③臓器などを移し植える。「腎臓—」

【移籍】イセキ　①ある戸籍から他の戸籍に移る。②所属を移す。「他球団に—する」

【移送】イソウ　①他の場所へ移し送る。「患者を—する」②〔法〕事件の処理を他の機関へ移す。

【移転】テン ①場所・住居を移す。「事務所を―する」②権利をほかに移す。
【移動】ドウ 位置を変える。「車両を―する」
【移入】ニュウ ①移し入れる。「感情―」②品物を国内から運び入れる。⇔移出
【移木の信】いぼくのしん 人にまことを示す。出典「史記商君伝」より。
【移民】ミン 労働が目的で外国に移り住む。
熟語「移項・移譲・移調・移封・推移・遷移・転移・変移」
❷文書をつぎつぎ回す。まわしぶみ。
熟語「移牒・移文」
❸(国)うつる。変化する。
【移り気】うつりぎ 気が変わりやすい。「―な性格」
熟語「移り変わり・気移り」
❹(国)うつる。色・香り・火などが他の物に付着して離れなくなる。しみつく。また、病気などが他人に感染する。
熟語「移り香・乗り移る」

【萎】

2級 11画 艸(艹)-8 新常用
音 イ(ヰ)漢呉
訓 なえる・しおれる・しなびる・しぼむ
①1664 Ⓤ840E

筆順 一 艹 艹 芏 苿 苿 萎 萎

なりたち [形声]艸＋委(女がぐったりと力を抜いてつき従う)音。草がぐったりとしおれるの意。

なえる。しぼむ。草木が枯れる。衰える。しおれる。しなびる。
【萎縮】シュク ①なえて小さくなる。「気持ちが―する」②器官・組織が小さくなる。「―腎」
【萎靡】ビ なえしおれる。「―沈滞する」
熟語「陰萎・凋萎」

【偉】〔偉〕

4級 12画 人(亻)-10
音 イ(ヰ)漢呉
訓 えらい
①1646 Ⓤ5049
〔偉〕11画 人(亻)-9

人名 いさむ・おおい・たけ・より

筆順 ノ 亻 亻 伫 佇 侓 偉 偉 偉

なりたち [形声]人＋韋(ある所をはさんで足が互いに逆方向を向いているさま)音。並はずれて大きく目立つ人の意。

えらい。優れている。大きくて立派である。
【偉観】カン すばらしいながめ。壮観。「大仏の―」
【偉業】ギョウ 偉大な事業。「―を成し遂げる」
【偉功】コウ 立派な手柄。「―をたたえる」
【偉才】サイ すぐれた才能。また、その持ち主。
【偉材】ザイ 人並みすぐれた人材・人物。
【偉丈夫】イジョウフ たくましい男。「堂々たる―」
【偉人】ジン 偉大な人。「―伝」
【偉大】ダイ 優れて立派だ。「―な人物」
【偉容】ヨウ 堂々たる姿・かたち。別表記 威容
熟語「偉器・偉挙・偉勲・偉徳・偉力・英偉・魁偉・奇偉・卓偉・雄偉」

【椅】

2級 12画 木-8 新常用
音 イ漢呉
訓 いいぎり
①1656 Ⓤ6905

筆順 一 十 木 杧 杕 杚 椅 椅

なりたち [形声]木＋奇(人がからだを折り曲げているさま)音。人がからだを折り曲げてよりかかる木の意。

❶よりかかる木。背もたれのある座具。
【椅子】イス ①腰をかける道具。腰かけ。②官職などの地位。「大臣の―」注記「す」は唐音。
熟語「車椅子・座椅子」
❷いいぎり。イイギリ科の落葉高木。家具の材となる。
熟語「椅桐」

【彙】

2級 13画 彐(彑)-10 新常用
音 イ(ヰ)漢呉
訓 あつめる・あつまり
②5535 Ⓤ5F59

人名 つね・とも・のり

筆順 ㇑ 彑 彑 彑 彙 彙 彙 彙

なりたち [形声]「彖の略体」(でっぷりしたブタ)＋「胃の変形」(まるいいぶくろ)音。まるくずんぐりとしたはりねずみの意。無数のはりが中心に向かってささっているさまから、あつまる意にも用いる。

集める。集めたもの。たぐい。なかま。あつまり。
【彙報】ホウ 集めて分類した報告。「巻末の―欄」
熟語「彙記・彙纂・彙類・語彙・字彙・品彙・名彙」

【意】

8級 13画 心-9
音 イ漢呉
訓 おもう・おもい・こころ
①1653 Ⓤ610F

人名 お・おき・おさ・のり・むね・もと・よし

筆順 亠 立 立 产 音 音 意 意

なりたち [会意]音(おと)＋心。心の中のことば、思いの意。

❶こころ。おもい。考え。おもう。
【意外】ガイ 思いがけない。「―な人」「―に大きい」
【意気】キ 心持ち。気概。「―消沈」「人生―に感ず」
【意気軒昂】イキケンコウ 意気込みが盛んだ。
【意気衝天】イキショウテン 大いに意気があがる。

【意気投合】イキトウゴウ　互いの気持ちがぴったり合う。
《意気地》イクジ　気力。意地。いきじ。「―がない男」
【意見】イケン　①考え。「―を述べる」「―書」②道理を説いて戒める。「息子に―する」
【意向・意▼嚮】イコウ　どうするつもりかという考え。
【意固地】イコジ　つまらぬことに意地を張る。「―な男」 注記 「意気地」の変化という。 別表記 依怙地
【意志】イシ　進んで行おうとする意欲。「―薄弱」
【意思】イシ　考え。思い。「撤回の―」
【意地】イジ　①自分の考えを通そうとする気持ち。「―を張る」②気だて。気性。「―の悪い男」
【意識】イシキ　①物事に気づく。「異性を―する」②自律的な心の働き。「―を失う」③自分や状況をとらえる認識力。「―が高い」
【意趣】イシュ　他人に対する恨み。「―返し」
【意匠】イショウ　①工夫をこらす。「―を凝らす」②工芸品・工業製品などのデザイン。
【意地悪】イジわる　わざと人を困らせる。「―な質問」
【意中】イチュウ　心の中。「―を探る」「―の人」
【意図】イト　こうしようと考える。「―を見抜く」
【意馬心猿】イバシンエン　〔仏〕妄念や煩悩(ぼんのう)が押さえつけられないほど激しい。
【意表】イヒョウ　思いも及ばない。「敵の―をつく」
【意欲】イヨク　積極的な気持ち。「―に燃える」
熟語「意想外・意気揚揚(いきようよう)・悪意・敬意・決意・故意・厚意・合意・極意・懇意・作意・殺意・辞意・失意・謝意・趣意・祝意・真意・随意・誠意・戦意・善意・創意・総意・注意・弔意・敵意・同意・内意・任意・熱意・不意・本意・用意・来意・留意(りゅうい)・不如意・不本意・無意識」

❷わけ。おもむき。内容。
【意義】イギ　①ある言葉の表す内容。意味。②価値や重要性。「―のある仕事」
【意味】イミ　①言葉・記号などで表される内容。②価値。意義。「歴史的―」
【意味深長】イミシンチョウ　奥深い内容をもっている。「―な発言」
【意訳】イヤク　全体の意味をとって翻訳する。
熟語「会意・寓意・語意・主意・趣意・深意・大意・表意・文意・有意・同意語・反意語・無意味」

【違】
〔違〕13画 辵(辶)-9
4級　13画　辵(辶)-10
音 イ(ヰ)漢呉
訓 ちがう・ちがえる・たがう・たがえる
①1667 Ⓤ9055

筆順

なりたち ［形声］辵(ゆく)＋韋(ある所をはさんで足が互いに逆方向を向いているさま)音。行きちがいになるの意。

❶ちがう。一致しない。まちがう。ちがえる。
【違和】イワ　①身心の調和が破れる。②雰囲気にそぐわない。「―感」
熟語「違算・違例・依違・勘違(かんちがい)い・桁違(けたちがい)い・差違・相違・手違い・畑違(はたけちがい)い・間違う」

❷たがう。従わない。たがえる。そむく。もとる。また、よこしま。あやまち。
【違憲】イケン　憲法に反する。⇔合憲
【違背】イハイ　命令・規則・約束などに背く。
【違反】イハン　法規・協定・約束などに背く。「交通―」
【違犯】イハン　法にそむいて罪を犯す。
【違法】イホウ　法に違反している。「―行為」⇔適法
【違約】イヤク　約束・契約を破る。「―金」
熟語「違失・違背(いはい)・違令・違例・乖違・非違」

【維】
4級　14画　糸-8
音 イ(ヰ)漢・ユイ呉
訓 つなぐ・つな・これ・ただ
①1661 Ⓤ7DAD

人名 これ・しげ・すけ・すみ・ただ・たもつ・つな・つなぐ・ふさ・まさ・ゆき

筆順

なりたち ［形声］糸＋隹(ずんぐりと下部がふくらんだとり)音。ずっしりと重みのある、垂れたつなの意。

❶つなぐ。結びつける。
【維持】イジ　同じ状態を保つ。「現状を―する」

❷つな。糸。すじ。
熟語「維綱(いこう)・綱維・四維・繊維・天維」

❸これ。ただ。発語に用いて意味を強めたり、語調を整えたりする。
【維新】イシン　①物事が改まって新しくなる。②明治維新。御一新。 注記 「維(こ)れ新(あらた)なり」の意。

❹梵語や外国語の音訳に用いる。
熟語「維納(ウィーン)・維摩(ゆいま)・維摩経(ゆいまぎょう)」

【慰】
3級　15画　心-11
音 イ(ヰ)漢呉
訓 なぐさめる・なぐさむ
①1654 Ⓤ6170

人名 のり・やす

筆順

なりたち ［形声］尉(おさえる)音＋心。心をおさえ、なごませるの意。

❶なぐさめる。心を安らかにさせる。
【慰安】イアン　労をねぎらって楽しませる。「―会」
【慰▼藉】イシャ　慰め、いたわる。
【慰謝料・慰▼藉料】イシャリョウ　精神的苦痛に対して払う損害賠償。
【慰▼撫】イブ　怒りや不安をなだめ、いたわる。
【慰問】イモン　訪ね慰める。「被災者を―する」
【慰留】イリュウ　なだめて断念させる。「辞任を―する」

【慰霊】レイ 死んだ人の霊魂をなぐさめる。「—碑」
【慰労】ロウ 労をねぎらう。「部下を—する」「—会」
熟語「安慰・自慰・弔慰ちょうい」
❷〔国〕なぐさむ。気を晴らす。また、からかう。
熟語「手慰み・慰み者」

【遺】〔遺〕

16画 辵(辶)-12
5級 15画 辵(辶)-12 音 イ(ヰ)漢・ユイ呉 訓 のこ-す・のこ-る・わす-れる
①1668 Ⓤ907A

人名 おく

筆順

なりたち 〔形声〕辵(足の動作)＋貴(きわだって大きなたから)音。いなくなっても大きなたからとしてのこるの意。

◉異字同訓◉【残】(二四六ページ)の「異字同訓」欄を参照のこと。

❶のこす。死後にのこす。のこる。
【遺愛】アイ 故人が大切にしていた品物。「—の品」
【遺骸】ガイ なきがら。遺体。死体。
【遺憾】カン 心残りである。残念。「—の意を表する」
【遺業】ギョウ 故人がなしとげ、残していった事業。
【遺訓】クン 故人の残した教え。「先代の—を守る」
【遺稿】コウ 未発表のまま死後に残された原稿。
【遺骨】コツ 死者の骨。
【遺恨】コン もち続けていた恨み。「—を晴らす」
【遺作】サク 死んだ人が残した未発表の作品。
【遺産】サン 死んだ人の残した財産。「—を相続する」
【遺志】シ 死んだ人が生前もっていた志。
【遺児】ジ 親の死後に残された子。「交通—」
【遺書】ショ 死後のために残した手紙や文書。
【遺跡・遺蹟】セキ 過去の人間の営為の跡。
【遺族】ゾク 死亡した者の家族・親族。
【遺体】タイ 死んだ人のからだ。遺骸。「—を葬る」
【遺伝】デン 親の形質が子孫に伝わる。「隔世—」
【遺徳】トク 後世に残る人徳。「故人の—をしのぶ」
【遺品】ヒン 死者の残した品物。「亡き父の—」
【遺物】ブツ ①過去の人類の残した物。②遺品。
【遺墨】ボク 故人が書き残した書画。「—展」
【遺言】ユイゴン 死後のために言い残す。「—状」注記 法律上では「いごん」という。
熟語「《イ》遺影・遺戒・遺子・遺制・遺託・遺髪・遺風・遺芳いほう・遺民・受遺・後遺症」
❷わすれる。なくす。また、ぬかる。
【遺棄】キ 捨てておく。「死体を—する」
【遺賢】ケン 民間にうもれている有能な人。「野ゃに—なし」
【遺失】シツ 落としたり忘れたりして失う。「—物」
【遺聞】ブン 一般に知られていない珍しい事柄。
【遺留】リュウ ①置き忘れる。「—品」②死後に残す。
【遺漏】ロウ 手落ちがある。「万—なきよう努める」
熟語「《イ》遺脱・拾遺しゅうい・補遺」
❸贈る。
熟語「《イ》遺贈いぞう・贈遺」
❹漏らす。
熟語「《イ》遺精いせい・遺尿」

【緯】〔緯〕

15画 糸-9
4級 16画 糸-10 音 イ(ヰ)漢呉 訓 よこいと
①1662 Ⓤ7DEF

筆順

なりたち 〔形声〕糸＋韋(ある所をはさんで足が逆方向を向いているさま)音。糸のまわりを行ったり戻ったりする意から、たて糸と直角にまじわるよこ糸の意を表す。

❶よこいと。織物の横糸。⇔経たて。
【緯糸】よこいと 織物の横に通す糸。
熟語「緯書・経緯けいい(たてよこ)」
❷東西の線。
【緯度】ド 地球上の南北の位置を示す座標。⇔経度
熟語「緯線・黄緯・南緯・北緯」

イキ

【域】

5級 11画 土-8 音 イキ(ヰキ)漢呉 訓 さかい
①1672 Ⓤ57DF

人名 くに・むら

筆順

なりたち 〔形声〕土＋或(ある領域を、武器を持って守る)音。武装して守る土地の意から、境界線で区別された土地の意を表す。

❶さかい。場所の区切り。また、区切られた範囲・場所。
【域外】ガイ 区域の外。他国。⇔域内
【域内】ナイ 区域の内。国内。⇔域外
熟語「音域・海域・区域・芸域・職域・神域・水域・声域・聖域・全域・地域・流域・領域」
❷ところ。土地。国。
熟語「異域・西域せいいき(さいいき)・絶域・邦域ほういき」

イク

【育】

8級　8画　肉(月)-4

音 イク 漢 呉
訓 そだつ・そだてる・はぐくむ

①1673 Ⓤ80B2

〔毓〕14画 毋-10 ②6158 Ⓤ6BD3

人名 すけ・なり・なる・やす

筆順 丶 亠 𠫓 𠫓 产 育 育 育

なりたち  ［会意］𠫓（頭を下向きにして正常に生まれた子）＋肉。正常に生まれた子が肉づき成長するの意。

そだつ。そだてる。やしないみちびく。よく成長させる。はぐくむ。


【育英】（イクエイ） 優秀な青少年を育てる。「―資金」

【育児】（イクジ） 乳幼児を育てる。「―休業」

【育成】（イクセイ） 育て上げる。「健康な青少年を―する」

熟語 「育種・育雛（いくすう）・育養・愛育・教育・訓育・薫育・飼育・生育・成育・体育・知育・徳育・発育・扶育・撫育（ぶいく）・保育・養育」

イチ

【一】

10級　1画　一-0

音 イチ 漢 呉・イツ 漢
訓 ひと・ひとつ・ひ

①1676 Ⓤ4E00

〔弌〕4画 弋-1 ②4801 Ⓤ5F0C

難読 一寸（ちょっと）・一向（ひたすら）・一昨日（おととい・おとつい）・一昨年（おととし）・一昨昨日（さきおととい）・一昨昨年（さきおととし）・一途（いちず）・一廉（ひとかど）・一節切（ひとよぎり）・一齣（ひとくさり）・一（ひとこま）

人名 おさむ・か・かず・かた・かつ・くに・さね・すすむ・たか・ただ・ち・のぶ・はじめ・ひ・ひじ・ひで・ひと・ひとし・まこと・まさし・もと

筆順 一

なりたち ［指事］数の一つの意。

❶ひとつ。ひと。ひとたび。

【一衣帯水】（イチイタイスイ） 一筋の帯のように狭い川や海峡。注記「衣帯」は帯の意。

【一応・一往】（イチオウ） とにかく。「―話は聞く」

【一議】（イチギ） 「―に及ばず（＝相談するまでもなく）」

【一元】（イチゲン） ①もとが一つだ。「―的」「―論」⇕多元。②一つの年号。「一世―」

【一言】（イチゲン） 簡単な言葉。「―あってしかるべきだ」

【一言《居士》】（イチゲンコジ） 何か言わないと気のすまない人。

【一期一会】（イチゴイチエ） 一つの出会いを大切にする。

【一字千金】（イチジセンキン） 立派な文字や文章。

【一日千秋】（イチジツセンシュウ） 待ち望む気持ちが強い。「―の思い」

【一汁一菜】（イチジュウイッサイ） ごく簡素な食事。

【一巡・一順】（イチジュン） ひと回りする。「庭を―する」「打者―」

【一生面】（イチセイメン） 新しい方面。「―を開く」

【一存】（イチゾン） ひとりの考え。「―では決められない」

【一段】（イチダン） ①ひときざみ。「―上のランク」②ひと区切り。「義太夫を―語る」③ひときわ。「―と見栄えがする」

【一堂】（イチドウ） 同じ建物。同じ場所。「―に会する」

【一病息災】（イチビョウソクサイ） 持病があると体を大切にする。

【一部】（イチブ） ①一部分。⇕全部・全体。②ひとまとまり。また、一冊。

【一分】（イチブン） 面目。「男の―が立たない」

【一別】（イチベツ） 人と別れる。「―以来五年が過ぎた」

【〘一木（いちぼく）大廈（たいか）の崩（くず）るるを支（ささ）うる能（あた）わず〙】 亡びるときは、どうにもできない。出典「文中子事君」より。

【一網打尽】（イチモウダジン） 一度に全部つかまえる。出典「宋史范純仁伝」より。

【一目】（イチモク） ①ただひと目見る。「―して明らかだ」「―瞭然」②ひと目に見渡す。一望。③囲碁で、一個の碁。一つの目。「―置く」

【一物】（イチモツ） ①一つの物。②男根の隠語。③一つのたくらみ。「腹に―ある男」

【一陽来復】（イチヨウライフク） 冬が去り春がくる。

【一翼】（イチヨク） 一つの役割。「改革の―を担う」

【一理】（イチリ） 理由や理屈。「反対意見にも―ある」

【一粒万倍】（イチリュウマンバイ） 小さな物事が伸びて大きくなる。出典「報恩経四」より。

【〘一（いち）を聞いて十を知る〙】 頭の回転が速くて聡明である。出典「論語公冶長」より。

【一過】（イッカ） さっと通り過ぎる。「台風―」

【一攫千金】（イッカクセンキン） 大金を一度にもうける。

【一家言】（イッカゲン） 独自の主張。「―を持つ」

【〘一家（いっか）を機杼（きちょ）す〙】 独自の言論により一派を立てる。出典「北史祖瑩伝」より。

【一喝】（イッカツ） しかる。「大声で―する」「―を食う」

【一環】（イッカン） 全体の中の一つ。「都市計画の―」

【〘一竿（いっかん）の風月〙】 俗事を忘れて、風流を楽しむ。出典 陸游「感旧」より。

【一気】（イッキ） ひといきに。「―に読み終える」

【一気呵成】（イッキカセイ） 一気に仕上げる。「―に書き上げる」

【一騎当千】（イッキトウセン） とても強い。「―のつわもの」

【〘一饋（いっき）に十起〙】 政務が忙しい。また、政治に熱心だ。出典「淮南子氾論訓」より。

【〘一簣（いっき）の功〙】 最後の努力。「―を欠く」出典「書経旅獒」より。

【一挙】（イッキョ） ①一つのくわだて。②一気に。「事件は―に解決に向かった」

【一挙手一投足】（イッキョシュイットウソク） ①一つ一つの動作。「―に注目する」②わずかな労力。出典 韓愈「応二科目一時与レ人書」より。

【一挙両得】（イッキョリョウトク） 一つの事をして二つの利益を得る。出典「晋書束晳伝」より。

【一計】イッケイ　一つのはかりごと。「―を案ずる」

【一見】イッケン　①一度見る。「百聞は―に如しかず」②ちょっと見る。「―して強そうな男」③ちょっと見たところ。「―紳士風の男」

『一犬虚に吠ゆれば万犬実を伝う』　一つの虚言が真実として広まる。出典「潜夫論賢難」より。

【一己】イッコ　一個人。「私―の問題ではない」注記 俗に「一個」とも書く。

【一札】イッサツ　一通の文書。一枚の証文。「―とる」

『一将功成りて万骨枯る』　一成功者の陰に犠牲者が多くいる。出典 曹松「己亥歳」より。

【一唱三▼歎】イッショウサンタン　よい詩文をほめる。出典「礼記楽記」より。

【一心同体】イッシンドウタイ　「夫婦は―」

【一石二鳥】イッセキニチョウ　一度に二つの利益を得る。

『一丁字を識らず』　一つも字を知らない。出典「唐書張弘靖伝」より。

【一転】イッテン　がらりと変わる。「場面が―する」

【一途】イット　「悪化の―をたどる」

『一頭地を抜く』　傑出する。出典「宋史蘇軾伝」より。

【一刀両断】イットウリョウダン　「敵を―にする」

【一派】イッパ　「―を成す」「一党―」

【一杯】イッパイ　①一つの容器に満ちる分量。②少し酒を飲む。「―やろう」③舟・イカなどを数える語。④たくさん。「―たまる」「元気―働く」⑤限度である。「制限時間が―になる」

【一端】イッぱし　一人前。「―の口をきく」

【一半】イッパン　半分。「責任の―はこちらにもある」

【一斑】イッパン　一部分。「考えの―を述べる」

『一斑を見て全豹を卜す』　一部を見て全体をおしはかる。出典「晋書王献之伝」「世説新語方正」より。

【一風】イップウ　ほかと少しちがう。「―変わった人」

『一夫関に当たれば万夫も開くなし』　きわめて要害堅固である。出典 李白「蜀道難」より。

【一服】イップク　①茶やタバコを一回のむ。②ひと休みする。「―しよう」「―入れる」③一回飲むだけの量。「粉薬―」

【一遍】イッペン　①一回。一度。「―で成功した」②形だけで誠意がこもらない。「通り―」③いちどきに。一度に。「―に解決する」

【一方】イッポウ　①一つの方向や方面。「―通行」②二つのうちの一つ。片方。「―の手」③…ばかり。「まじめ―」「増える―だ」④…しつつ。「仕事に励む―、よく遊ぶ」

【一▽入】ひとしお　一段と。「感慨も―だ」「喜びが―増す」

【《一人》】ひとり　①いちにん。②その人しかいない。「―息子」③独身である。④ただ単に。「―日本の問題ではない」別表記 ②③④独り

熟語「一員・一撃・一日・一場・一朵・一回・一個・一壺天・一諾千金・一暴十寒・一目十行・一世一代・択一・単一・逐一・万一・唯一・一(ゆい)・紙一重・間一髪・好一対・一紅一点・無一文・緊褌一番・千載一遇・二者択一・万世一系」

❷はじめ。順序の最初。

【一位】イチイ　①第一の地位。②イチイ科の常緑高木。

【一▽見】イチゲン　なじみでなく初めてである。「―さん」

【一番】イチバン　①順番・番号などの最初。また、最上。②「番」で数えるもの一つ。一回。③試しに。「ここは―やってみるか」

【一線】イッセン　「―を譲らない」「―を退く」

【一層】イッソウ　①層になっているもの、一つ。②さらに。「雨が―激しくなる」③思い切って。いっそ。「―やめてしまおうか」

【一旦】イッタン　①ひとまず。「―家へ帰って出直す」②ひとたび。「―は廃業も考えた」「―緩急あれば」

【一端】イッタン　①一方のはし。「ロープの―をにぎる」②全体の一部分。「思いの―を述べる」注記「いっぱし」と読めば別語。

『一箪の食一瓢の飲』　清貧の生活に甘んじる。出典「論語雍也」より。

【一朝一夕】イッチョウイッセキ　「―には完成しない」

【一長一短】イッチョウイッタン　「どれも―がある」

【一張羅】イッチョウラ　とっておきの晴れ着。

【《一日》】ついたち　月の第一日。注記「月立ち」の転。別表記 朔日・朔

熟語「一階・一審・一年生・一番目・第一・第一線」

❸いちばん。最高。最上。

【一流】イチリュウ　「―の会社」「彼―の警句」

【一角・一▽廉】ひとかど　優れている。「―の人物」

【一際】ひときわ　一段と。「―目立つ」

熟語「一義・随一・三国一・世界一・天下一・第一人者」

❹ひとつである。ひとつにする。まとまりのある全体・総体。

【一円】イチエン　一帯。全域。「関東―に広がる」

【一同】イチドウ　居合わせた者全部。「御―様」

【一如】イチニョ　一体である。「物心―」

【一任】イチニン　すべて任せる。「決定を―する」

【一望】イチボウ　一度に全部見渡す。「―千里」

【一味】イチミ　①仲間に加わる。また、その仲間。一党。②一種の味わい。「―の涼風」③漢方で、ひとつの薬種。「―を加える」

【一門】イチモン　①一族。②同じ宗門。③同じ師の流れをくむ人たち。同門。

【一覧】イチラン　「―に供する」「―表」「都道府県―」

【一律】イチリツ　「―に千円値上げする」「千編―」

【一連】イチレン　①事柄のひと続き。「―の放火事件」②糸や縄で連ねた、ひとつながり。③印刷用紙一〇〇〇枚。

【一▼蓮▼托生】イチレンタクショウ　行動や運命をともにする。

【一括】イッカツ　ひとまとめ。「法案を―して採決する」

【一▼揆】(イッキ) 農民などの暴動。「百姓―」

【一行】(イッコウ) 連れ立って行く人々。「使節団の―」

【一切】(イッサイ) 「―の責任を負う」「反論は―許さない」

【一視同仁】(イッシドウジン) すべての人を同じように愛する。出典 韓愈「原人」より。

【一緒】(イッショ) 「いつも―だ」「あいつと―にするな」

【一生】(イッショウ) 「―のお願い」

【一生懸命】(イッショウケンメイ) 「―に努力する」注記「一所懸命」から出た語。

【一身】(イッシン) 全身。自分。「―に背負う」「―上の理由」

【一斉】(イッセイ) 同時に。「―取り締まり」「―射撃」

【一体】(イッタイ) 「昨夏は―に寒かった」「―どうする気だ」

【一帯】(イッタイ) 地域全体。「西日本―は晴れだ」

【一致】(イッチ) 「指紋が―する」「―団結」

【一定】(イッテイ) 「―のレベルを保つ」

【一▼擲】(イッテキ) 一度に投げ捨てる。「悪習を―する」

【一統】(イットウ) ①一つにまとめて、治める。「天下―」②一同。「一門―」「御―様」

【一般】(イッパン) ①全般にわたる。普遍。「―論」⇕特殊。②通常。「―の家庭」③世間。「―に公開する」④同様である。

熟語「一軍・一様・一律・一国・一天・一党・一般・画一・帰一・均一・合一・純一(じゅんいつ)・専一・単一・統一・同一・同一視・乾坤一擲(けんこんいってき)・言文一致(げんぶんいっち)・三位一体(さんみいったい)・千編一律(せんぺんいちりつ)・八紘一宇(はっこういちう)・表裏一体(ひょうりいったい)」

❺もっぱら。ひたすらに。
【一意専心】(イチイセンシン) その事だけに心を集中する。

【一▽途】(イチズ) ひたむきだ。「―な思い」

【一念発起】(イチネンホッキ) 「―して打ち込む」

【一目散】(イチモクサン) わき目もふらず必死に走る。

【一路】(イチロ) 「―東京へ急ぐ」「真実―」

【一貫】(イッカン) 貫き通す。「終始―」「―した態度」

【一向】(イッコウ) 「―に驚かない」「―平気だ」


【一散】(イッサン) 一目散。「―に走って逃げる」別表記 逸散
【一心】(イッシン) ①心を一つにする。②専心。「助かりたい―で叫び続けた」③一生懸命に。「―に聞き入る」

【一心不乱】(イッシンフラン) 「―に勉強する」

【一徹】(イッテツ) かたくな。いっこく。「―者」

【一辺倒】(イッペントウ) 一方だけにかたよる。「親米―」注記 第二次大戦後、毛沢東の論文から入った語。

熟語「一意・一念」

❻ある一つの。別の。不確定の。
【一日】(イチジツ) ①ある日。ある一日。「―山野に遊ぶ」②いちにち。ひとひ。③月のはじめの日。ついたち。

【一夕】(イッセキ) ①ある夜。「―歓談する」②ひとばん。一夜。「一朝―」

【一説】(イッセツ) 一つの説。別の説。「―によれば」

【一朝】(イッチョウ) ①ある朝。ひと朝。②わずかな時。「―にして崩壊した」③ひとたび。急に。「―事ある時は」

熟語「一案・一頃(ひところ)・一夜(ひとよ)」

❼ちょっと。少し。
【一▼毫】(イチゴウ) ごくわずか。「―もゆるがせにしない」

【一言半句】(イチゴンハンク) 「―もおろそかにしない」

【一時】(イチジ) 「出発を―見合わせる」「―払い」

【一日の長】(いちじつのちょう) 他人より若干すぐれている。

【一▼瞥】(イチベツ) ひと目ちらっと見る。「―を投げる」

【一抹】(イチマツ) ほんのわずか。「―の不安」

【一脈】(イチミャク) ひとすじ。「―相通じる」

【一▼縷】(イチル) わずかなつながり。「―の望み」

【一介】(イッカイ) つまらない一人。「―の小市民」

【一▼掬】(イッキク) ①両手でひとすくいする。②わずか。「―の涙」

【一顧】(イッコ) ちょっと振り返る。「―も与えない」

【一考】(イッコウ) 一度考えてみる。「―に値する」


【一刻】(イッコク) ①少しの時間。「―の猶予も許されない」「―千金」②頑固だ。「―な男」「―者」別表記②一国
【一瞬】(イッシュン) またたく間。「―の出来事」

【一触即発】(イッショクソクハツ) 「―の状態にある」

【一知半解】(イッチハンカイ) 十分に理解できていない。

【一▼臂】(イッピ) 少しの助力。「―の労をとる」

【一筆】(イッピツ) 簡単に書く。「―したためる」「―とる」

熟語「一揖(いちゆう)・一片・一汗(ひとあせ)・一雨(ひとあめ)・一息(ひといき)・一走り(ひとはしり)・一安心(ひとあんしん)・鎧袖一触(がいしゅういっしょく)」

❽意味を強めたり明確にしたりする。
【一躍】(イチヤク) 一挙に上がる。「―有名になる」

【一▼瀉千里】(イッシャセンリ) 一気に進む。「―にことを運ぶ」

【一蹴】(イッシュウ) 「要求を―する」「敵を―する」

【一新】(イッシン) 「人心の―をはかる」

【一掃】(イッソウ) すべて取り除く。「悪の温床を―する」

〔一敗地に塗れる〕(いっぱいちにまみれる) さんざんに負ける。

【一変】(イッペン) すっかり変わる。「情勢が―する」

熟語「一挙・一決・一洗」

❾…したり、…したり。あるいは。
【一喜一憂】(イッキイチユウ) 「速報に―する」

【一進一退】(イッシンイッタイ) 「人波が―する」「病勢は―だ」

【一▼顰一笑】(イッピンイッショウ) 表情の変化。機嫌。「―を伺う」出典「韓非子(内儲説上)」より。

【壱】

4級 7画 士-4 音 イチ㊥㊢・イツ㊥ 訓 ひと-つ

①1677 Ⓤ58F1

【壹】 12画 士-9

②5269 Ⓤ58F9

難読 壱岐(いき)・壱越(いちこつ)

人名 かず・さね・もろ

筆順 一 十 士 声 声 壱 壱

なりたち [形声]壺(つぼ)＋吉(つぼの中を満たして、しっかりふたをしたさま)音。中に物をいっぱい詰めて、しっかりと口を閉じたつぼの意。借りて、数の一つを表す。「壱」は俗字。

❶ひとつ。数字「一」の大字。金銭証書などに用いる。

熟語「金壱万円」

❷(国)「壱岐(いき)国」の略。

【壱岐】いき　旧国名。壱岐全島に相当。

熟語「壱州(いっしゅう)(いしゅう)」

イツ

【一】⇩イチ(一三ページ)

【逸】

準2級　11画　辵(辶)-8　①1679　Ⓤ9038

〔逸〕　12画　辵(辶)-8　③9257　ⓊFA67

音 イツ漢・イチ呉

訓 はし-る・そ-らす・そ-れる・はや-る

難読 逸速(いちはや)く

人名 すぐる・とし・はつ・はや・まさ・やす

筆順 ノ ク 各 各 各 免 逸 逸

なりたち [会意]辵(ゆく)＋兔(すばやくはしるウサギ)。はしる・にげる・のがれるの意。

❶はしる。にげる。のがす。

【逸機】イッキ　適当な時機を逃してしまう。

熟語「逸散・後逸・捕逸・奔逸」

❷それる。はずれる。そらす。

【逸脱】イツダツ　本筋からそれる。「本分を―する」

熟語「放逸」

❸かくれる。俗世間からのがれる。

【逸民】イツミン　世俗を離れて暮らす人。「泰平の―」

熟語「逸興」

❹世に知られていない。失われた。

【逸史】イッシ　正史に記述されていない史実。

【逸事】イツジ　世に知られない事柄。別表記 軼事

【逸書】イッショ　散逸した書物。別表記 佚書

【逸文】イツブン　原文が失われた文章。別表記 佚文

【逸聞】イツブン　世に知られていない珍しい話。

【逸話】イツワ　エピソード。「―に富む生涯」

熟語「逸詩・散逸」

❺気ままに楽しむ。

【逸遊】イツユウ　気ままに楽しみ遊ぶ。別表記 佚遊

【逸楽】イツラク　気ままに遊び楽しむ。別表記 佚楽

熟語「逸居・安逸・飄逸・放逸」

❻優れている。

【逸物】イチモツ　群を抜いて優れているもの。

【逸材】イツザイ　すぐれた才能。逸才。別表記 軼材

【逸品】イッピン　すぐれた品物。またとない品。

熟語「逸才(いっさい)・逸足・秀逸・卓逸」

❼(国)はやる。勇みたつ。勢い込む。

熟語「逸(はや)り気(ぎ)」

いばら

【茨】

2級　9画　艸(艹)-6　新常用　①1681　Ⓤ8328

〔茨〕　9画　艸(艹)-6

音 シ漢

訓 いばら

難読 茨田(まんだ)

筆順 一 艹 艹 艹 艹 茨 茨 茨

なりたち [形声]艸＋次(体をかがめて並んで休息する)音。かや草を並べる意から、屋根をふく意を表す。また、かや草を積むと、ふぞろいに重なって見えるように、枝やとげがふぞろいに並んでいるいばらの意にも用いる。

❶いばら。とげのある低木の総称。

熟語「茨垣(いばらがき)・野茨(のいばら)・花茨(はないばら)」

❷くさぶき。ちがやいばらで葺いた屋根。かやぶき。

熟語「茅茨(ぼうし)」

❸その他。地名。

熟語「茨城県(いばらきけん)」

いも

【芋】

4級　6画　艸(艹)-3　①1682　Ⓤ828B

音 ウ漢呉

訓 いも

筆順 一 十 艹 艹 芏 芋

なりたち [形声]艸＋于(まるくまがる)音。根が大きくまるいイモの意。

いも。とくに、さといも。

【芋▽幹・芋▽茎】いもがら　里芋の茎を干したもの。ずいき。

【芋▽蔓式】いもづるシキ　次々に事実が現れる。「―に逮捕する」

【芋名月】いもメイゲツ　中秋の名月の別名。

【〈芋茎〉】ずいき　サトイモの茎。干して食用にする。

熟語「芋粥(いもがゆ)・芋版(いもばん)・親芋・海芋(かいう)・子芋・里芋・種

芋・長芋・焼き芋・山芋」

イン

【引】

9級 4画 弓-1 音 イン 漢 呉 訓 ひく・ひける・ひーき ①1690 Ⓤ5F15

難読 引両(ひきりょう)・引敷(ひっしき)

人名 のぶ・ひさ

筆順 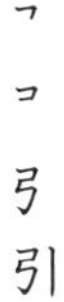

なりたち  [会意]弓＋｜(のばす)。ひいて伸ばした弓の意。

❶ひく。引き寄せる。ひき。

【引火】インカ ほかの火・熱によって物が燃え出す。

【引見】インケン 身分の高い者が会う。「国王が—する」

【引致】インチ 被疑者などを強制的に出頭させる。

【引力】インリョク 物体が互いに引き合う力。「万有—」 ⇔斥力

【引(き)金】ひきがね 銃などを撃つとき指で引く金具。

【引(き)出物】ひきでもの 宴会などで客に贈るみやげ。

【引(き)分け】ひきわけ 勝負がつかない。「—に終わる」

熟語「引接・置き引き・吸引・牽引(けんいん)・拘引・強引・我田引水(がでんいんすい)」

❷連れてゆく。導いてゆく。

【引率】インソツ 引き連れる。「生徒を—する」

【引導】インドウ 僧が死者に法語を与える。「—を渡す」

熟語「拐引・手引き・誘引」

❸引き受ける。

【引責】インセキ 責任をとる。「—辞任」

熟語「引決・承引・取り引き」

❹引き抜く。他から例などをあげる。

【引喩】インユ 他からの引用を用いる修辞法。

【引用】インヨウ 他から引いてくる。「古典を—する」

熟語「引拠・引証・引例・援引・索引・博引旁証(はくいんぼうしょう)」

❺引き延ばす。長くする。

熟語「引領(いんれい)・延引・棚引(たなび)く」

❻退く。引っ込む。

【引退】インタイ 地位や役職を辞める。「横綱が—する」

❼(国)ひく。減じる。マイナス。

【引(き)算】ひきザン 差を求める計算。減法。⇔足し算

【引け目】ひけめ 劣っていると思う。「—を感じる」

熟語「引当金(ひきあてきん)・差し引き・値引(ねび)き・割引(わりびき)」

❽(国)ひける。勤務時間が終わる。学校が放課後になる。

熟語「引(ひ)け際(ぎわ)・引(ひ)け値(ね)・大引(おおび)け」

【印】

7級 6画 卩-4 音 イン 漢 呉 訓 しるし・しるーす ①1685 Ⓤ5370

人名 あき・おき・おし・かね・しる

筆順 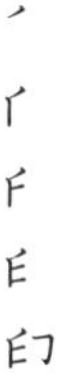

なりたち  [会意]爪(下向きの手)＋卩(ひざまずいた人、転じて、しるし)。上から押しつけたしるしの意。

❶はん。はんこ。しるし。

【印影】インエイ 紙などにおした印章の形。

【印可】インカ (仏)弟子の悟りを証明する。

【印鑑】インカン ①印。判。②市町村に届け出ておく印影。

【印形】インギョウ ①印章。はんこ。②印影。

【印刻】インコク 印章を彫る。「—師」

【印璽】インジ 天皇の印と国家の印。

【印綬】インジュ 官印と、それをつるすひも。

【印章】インショウ 印。印形(いんぎょう)。はんこ。

【印肉】インニク 印を押すのに使う顔料。

【印籠】インロウ 武士が腰に下げた小さな小箱。

熟語「印材・印相・印池(いんち)・印判・改印・消印(けしいん)・検印・公印・刻印・極印・私印・実印・朱印・代印・調印・捺印(なついん)・封印(ふういん)・拇印(ぼいん)・認印(みとめいん)・割り印(わりいん)」

❷版を作って刷る。

【印刷】インサツ 文字や図形を紙などに刷り出す。

【印字】インジ 紙などに文字や符号を打ち出す。

熟語「印画・印行(いんこう)・印板・印版・影印(えいいん)」

❸しるしをつける。しるす。

【印紙】インシ 国が歳入金徴収用に発行する証票。

【印象】インショウ 人の心に与える感じ。「第一—」

【印税】インゼイ 発行者が著者などに支払う金銭。

熟語「烙印(らくいん)」

❹(仏)指で形をつくり、さとりや願いを示す。

熟語「結印・手印・法印」

❺「印度(インド)」「印度支那」の略。

【印伝】インデン 羊または鹿の鞣革(なめしがわ)。注記 インドから伝来したの意。

熟語「印綿・仏印(ふついん)・蘭印(らんいん)」

【因】

6級 6画 囗-3 音 イン 漢 呉 訓 よる・ちなーむ・ちなみーに・よし・よすが・よーって ①1688 Ⓤ56E0

人名 ちなみ・なみ・ゆかり・よし・より・よる

筆順 

なりたち  [会意]囗(ふとん)＋大(両手両足をひろげた人)。人がふとんの上にのる意から、ふまえる、よるの意を表す。

❶よる。基づく。よって。

【因習・因襲】インシュウ　悪いしきたり。「―を打ち破る」

【因循】インジュン　①古い習慣を改めようとしない。「―家」「―姑息」②ぐずぐずして煮えきらない。

熟語「襲因」

❷物事の起こるもと。理由。わけ。よし。よすが。由来。ちなみ。ちなむ。

【因果】インガ　①原因と結果。「―関係」②(仏)前世の報い。「―応報」③不幸。不運。「身の―」「―な性分」

【因業】インゴウ　頑固でむごい。「―な仕打ち」

【因子】インシ　原因となる要素。ファクター。

【因数】インスウ　(数)積を形成する数や式。「―分解」

【因縁】インネン　①(仏)事物・現象を生滅させる諸原因。②前々からの関係。縁。「浅からぬ―」③言いがかり。「―をつける」注記「いんえん」の連声。

熟語「因由・悪因・一因・遠因・外因・起因・近因・原因・死因・勝因・善因・素因・訴因・動因・内因・敗因・誘因・要因」

❸(国)ちなみに。それに関連して。

【因みに】ちなみに　ついでに言えば。「―言えば」

❹(国)「因幡(いなば)国」の略。

【因幡】いなば　旧国名。鳥取県東部に相当。因州。

【音】⇩オン(四〇ページ)

【咽】

2級　9画　口-6　新常用　①1686　Ⓤ54BD

音　イン(慣)・エツ(漢)・エン(漢)(呉)

訓　のど・むせ-ぶ・むせ-る・の-む

筆順 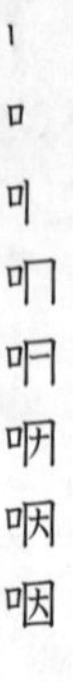

なりたち 

[形声]口＋因(人がふとんの上にのって下の方へ重みをかける)音。つかえた食べ物をぐっと中へ飲みこませる口の意から、のどの意を表す。

❶のど。飲食物と空気の通り道。

【咽喉】インコウ　①のど。②重要な通路。「―を扼する」

【咽頭】イントウ　のどの入り口の辺り。

❷のむ。飲み下す。

熟語「咽下(えんか)」

❸むせぶ。悲しみに胸がつまる。また、むせる。息がつまる。

熟語「哀咽・嗚咽(おえつ)」

【姻】

準2級　9画　女-6　①1689　Ⓤ59FB

音　イン(漢)(呉)

訓　とつ-ぐ

〔婣〕12画　女-9　―　Ⓤ5A63

筆順 

なりたち 

[形声]女＋因(人がふとんの上にのる)音。それまでの姓(母系の血筋を示す氏族名)の上に他の姓を重ねる意から、結婚の意を表す。

とつぐ。結婚する。縁組み。

【姻戚】インセキ　婚姻によって生じた親戚。「―関係」

【姻族】インゾク　婚姻によってつながる人々。姻戚。

熟語「姻家・婚姻」

【員】

8級　10画　口-7　①1687　Ⓤ54E1

音　イン(ヰン)(漢)(呉)

訓　かず

〔貟〕9画　貝-2　―　Ⓤ8C9F

人名　かず・さだ

筆順 

なりたち 

[会意]口(まるい)＋貝(鼎の変形)。まるい形のものの意。転じて、物の数の意に用いる。

❶かず。物または人の数。

【員外】インガイ　数に入っていない。定員外。⇔員内

【員数】インズウ　人や物の数。「―をそろえる」

【員内】インナイ　定員・定数の内。⇔員外

【員に備わるのみ】いんにそなわるのみ　数に入っているが、役に立たない。出典「史記張丞相伝」より。

熟語「欠員・充員・冗員・人員・増員・定員・動員・満員」

❷仕事や係をもつ人。組織を構成する人。

熟語「委員・一員・駅員・会員・会社員・係員・議員・客員・教員・社員・成員・全員・総員・隊員・団員・店員・部員・役員・要員・吏員・運動員」

❸まわり。はば。

熟語「幅員(ふくいん)」

【院】

8級　10画　阜(阝)-7　①1701　Ⓤ9662

音　イン(ヰン)(呉)・エン(ヱン)(漢)

訓　かきね・かこ-い

筆順 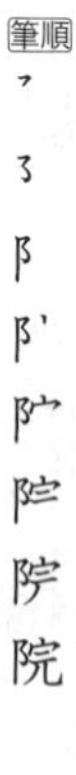

なりたち 

[形声]阜(盛り土)＋完(家のまわりを取り囲む垣根)音。家を取り囲む土べい、土べいをめぐらした邸宅の意。

❶かきね。かこい。かきをめぐらした建物。また、役所。官庁。

熟語「医院・下院・学院・議院・寺院・衆院・書院・上院・僧院・病院・分院・学士院・翰林院(かんりんいん)・参議院・修道院・少年院・大学院・美容院・養老院」

❷病院・大学院・日本美術院などの略。

【院生】(インセイ) 院に籍を置く者。大学院の学生。

【院長】(インチョウ) 病院などの院が付く組織の長。

熟語「産院・院展・退院・入院」

❸(国)国会。衆議院。参議院。

熟語「院議・院外団・登院・両院・二院制」

❹(国)退位した帝・后など。

【院号】(インゴウ) ①上皇・皇太后・准母などの尊号。②戒名につける「院」のついた称号。

【院政】(インセイ) 上皇または法皇が院庁で政治を行う。

【院宣】(インゼン) 上皇・法皇の命で出す公文書。

熟語「新院・女院・本院」

❺(国)戒名につける号。

【院殿】(インデン) 「院殿」と号した戒名。

【淫】〔淫〕

2級　11画　水(氵)-8　新常用

音 イン 漢 呉

訓 みだら

①1692　Ⓤ6DEB

筆順 

なりたち  [形声]水+「爪(手)+壬(中央が太くなった糸巻き)」(妊娠した女性に手を出す)音。水がしみこんでいくように物事にどんどん深入りする意から、ふける・みだらの意を表す。

❶度を超す。おぼれる。同婬。

【淫雨】(インウ) 長く降り続いている雨。長雨。

熟語「淫酒」

❷色欲におぼれる。みだら。いかがわしい。同婬。

【淫▼佚・淫逸】(インイツ) 男女関係がみだらだ。

【淫行】(インコウ) みだらな行為。

【淫蕩】(イントウ) 酒色におぼれる。「—な生活」

【淫売】(インバイ) 女性が金銭で体を提供する。「—宿」

【淫▼靡】(インビ) みだらでだらしない。「—な風潮」

【淫欲】(インヨク) 性的な欲望。情欲。色欲。

【淫乱】(インラン) 情欲におぼれる。「—な性格」

熟語「淫祀(いんし)・淫祠(いんし)・淫婦・淫奔(いんぽん)・淫猥(いんわい)・誨淫・姦淫(かんいん)・邪淫・手淫・多淫・売淫」

【陰】

4級　11画　阜(阝)-8

音 イン 漢・オン 呉

訓 かげ・かげる・ひそ-か

①1702　Ⓤ9670

筆順 

なりたち  [形声]阜(おか)+侌(湿気がこもる)音。湿気がこもり、日の当たらないおかの意。

❶かげ。日かげ。くもる。かげる。

【陰陰】(インイン) 薄暗く、寂しい。「—滅滅」

【陰鬱】(インウツ) 心が晴れ晴れしない。「—な思い」

【陰影・陰▼翳】(インエイ) ①かげ。②変化がもたらす趣。「—に富んだ描写」

【陰気】(インキ) 暗く晴れ晴れしない。⇔陽気

【陰惨】(インサン) 暗くむごたらしい。「—な殺人事件」

【陰湿】(インシツ) ①暗くて湿気が多い。「—な土地」②陰気で意地悪い。「—ないじめ」

熟語「陰雨・陰雲・陰寒・陰森・陰晴・木陰(こかげ)・山陰・樹陰・秋陰・春陰・日陰・夜陰・涼陰・緑陰」

❷移りゆく日かげ。時間。

熟語「光陰・寸陰」

❸ひそか。人目につかずかくれていること。

【陰険】(インケン) 暗く意地悪い。「—なやり口」

【陰事】(インジ) 秘密。秘事。別表記 隠事

【陰徳(いんとく)あれば陽報あり】 人知れず善行を積めば必ずよい報いがある。出典「淮南子人間訓」より。

【陰謀】(インボウ) 悪だくみ。「—をめぐらす」

【陰口】(かげぐち) かげで言う悪口。「—をきく」

【陰膳】(かげぜん) 留守中に供える食膳。「—を据える」

熟語「陰徳・陰蔽(いんぺい)・陰密・陰喩(いんゆ)」

❹生殖器。

【陰茎】(インケイ) 動物の雄の交接器。男根。ペニス。

【陰部】(インブ) 外陰部。局部。かくしどころ。恥部。

【陰毛】(インモウ) 陰部に生える毛。恥毛。ヘア。

熟語「陰萎・陰唇・陰嚢(いんのう)(ふぐり)・陰門」

❺消極的。静的。マイナスの。

【陰極】(インキョク) 電位の低い方の電極。⇔陽極

【陰刻】(インコク) 文字や絵をへこませて彫る。⇔陽刻

【陰性】(インセイ) ①消極的で陰気である。「—な男」②うちにこもる。「—の怒り」③検査の反応がない。「—反応」▽⇔陽性

熟語「陰画・陰陽・陰電気・陰電子」

❻易学で、陰陽二元気の一。

【陰陽】(インヨウ) ①万物に働く相反する性格のもの。②陰極と陽極。

【陰陽師】(オンヨウジ) 陰陽道の方術士。おんみょうじ。

【陰陽道】(オンヨウドウ) 古代中国の方術。おんみょうどう。

熟語「陰陽五行説(いんようごぎょうせつ)」

❼山の北側。湖沼などの南側。

熟語「山陰」

❽月。

【陰暦】(インレキ) 月の運行による暦法。太陰暦。⇔陽暦

熟語「陰月・太陰」

【飲】

8級　12画　食(飠)-4

音 イン 漢・オン 呉

訓 のむ

①1691　Ⓤ98F2

〔飲〕13画 食(飠)-4 ②6127 Ⓤ98EE

筆順 𠆢 今 今 𩙿 𩙿 飮 飲 飲

なりたち  [形声]もと、「㱃」に作る。酓(中に汁をためてふたをした酒つぼ)音＋欠(口をあける)。酒つぼの中の汁を口に入れる意から、のむ意を表す。のち、「酓」を「食」に変えた。

❶のむ。水や酒などを飲む。
【飲酒】(インシュ) 酒を飲む。「―運転」

【飲食】(インショク) のみくい。「無銭―」「―店」

【飲料】(インリョウ) 飲み物。「アルコール―」

熟語「飲用・愛飲・吸飲・牛飲・鯨飲・誤飲・試飲・痛飲・暴飲・溜飲」

❷のむ。飲み込んで出さない。心中の思いを表に出さず、こらえる。
熟語「飲泣(いんきゅう)・飲恨(いんこん)」

【隠】 4級 14画 阜(阝)-11 音 イン漢・オン呉 訓 かくす・かくれる ①1703 Ⓤ96A0

【隱】17画 阜(阝)-14 ②8012 Ⓤ96B1

難読 隠翅虫(はねかくし)・雪隠(せっちん)(せついん)

人名 やす

筆順 ⺋ 阝 阝 阝 阝 陘 隠 隠

なりたち  [形声]阜(盛り土)＋㥯(心の中になやみをおおいかくす)音。土べいで中をかくすの意。

❶かくれる。表に現れない。
【隠見・隠顕】(インケン) 見えたりかくれたりする。

【隠然】(インゼン) かげで実力を持つ。「―たる勢力」⇔顕然
【隠忍】(インニン) じっと我慢する。「―自重」

【隠微】(インビ) 表からはわかりにくい。「―な恨み」

【隠蔽】(インペイ) 隠す。「事実を―する」別表記 陰蔽
【隠滅】(インメツ) ①かくれて見えなくなる。②消える。湮滅(いんめつ)。

【隠喩】(インユ) 修辞法の一。メタファー。暗喩。

【隠密】(オンミツ) ①諜報活動を行った武士。②ひそかに行う。「―裏に事を運ぶ」

熟語「隠謀・隠花植物」

❷世を逃れる。かくれすむ。
【隠逸】(インイツ) 俗世を逃れて、人里離れた所に住む。

【隠逸花】(インイツカ) 菊。出典 周敦頤「愛蓮説」より。

【隠居】(インキョ) 仕事を退いて気ままに暮らす。「楽―」

【隠者】(インジャ) 世間を逃れて暮らす人。隠遁者。

【隠▼棲】(インセイ) 世間を離れて暮らす。「山中に―する」

【隠退】(インタイ) 仕事を退いて暮らす。「郷里に―する」

熟語「隠士・隠遁(いんとん)・大隠・退隠・幽隠」

❸かくす。秘密にする。
【隠語】(インゴ) 仲間だけで通用する特殊な語。

【隠匿】(イントク) 隠す。匿う。「―物資」「犯人を―する」

熟語「隠忍・隠蔽(いんぺい)」

❹哀れむ。いたむ。
熟語「隠憫(いんびん)・惻隠(そくいん)」

❺(国)「隠岐国(おきのくに)」の略。
【隠岐】(おき) 旧国名。隠岐諸島に相当。隠州。
熟語「隠州(いんしゅう)」

【韻】 準2級 19画 音-10 音 イン(ヰン)呉・ウン漢 訓 ひびき ①1704 Ⓤ97FB

〔韵〕13画 音-4 ②8081 Ⓤ97F5

人名 おと

筆順 立 音 音 音 韻 韻 韻

なりたち [形声]音＋員(まるい形のもの)音。まろやかな音の意。

❶ひびき。言外の余情。
熟語「哀韻・松韻・余韻」

❷風流な。おもむき。
【韻致】(インチ) 風流な趣。風韻。雅致。
熟語「韻士・気韻・神韻・風韻」

❸詩歌。
【韻文】(インブン) ①韻を踏んだ文。②韻律を整えた文。詩歌。⇔散文

❹詩文で、一定の位置に同一あるいは類似の音形を配置すること。
【韻律】(インリツ) 韻文における言葉のリズム。
熟語「韻脚・韻字・押韻(おういん)・脚韻・畳韻・頭韻・無韻」

❺字音のうち、頭子音を除いた残りの部分。韻母。
熟語「韻書・韻母(いんぼ)・音韻」

ウ

【右】 10級 5画 口-2 音 ウ呉・ユウ(イウ)漢 訓 みぎ・たすける ①1706 Ⓤ53F3

人名 あき・あきら・これ・すけ・たか・たすく

筆順 ノ ナ 才 右 右

なりたち  [形声]又(みぎ手の象形)音＋口。手と口で助ける、また、みぎの意。

❶みぎ。みぎがわ。⇔左。

【右往左往】ウオウサオウ　あわてて動く。
【右顧左眄】ウコサベン　迷って決断できない。左顧右眄。
【右肩上がり】みぎかたあがり　ある指標が年ごとに上がってゆく。
【右手】みぎて　①右の手。めて。②右の方。▽⇔左手
熟語「《ユウ》左右・座右」「《ウ》右岸・右舷・右折・右側・右腕・右大臣・右往左往・吉左右(きっそう)」
❷西。南向きの時、右が西に当たることから。
熟語「右京(うきょう)」
❸(政治的に)保守的な傾向があること。
【右傾】ウケイ　保守的・右翼的になる。
【右党】ウトウ　①保守政党。右翼。②酒が飲めず、甘い物を好む人。⇔左党
【右翼】ウヨク　①鳥・飛行機の右側のつばさ。⇔左翼。②保守的な傾向。⇔左翼。③野球で、ライト。「―手」⇔左翼。④成績が上位である。「優勝候補の最―」
熟語「《ウ》右派・極右」
❹たすける。
【右筆】ユウヒツ　①筆をとって文を書く。②武家の職名。文書・記録を作成する。別表記 祐筆
❺尊重する。重視する。
【右文】ユウブン　学問・文字を重んずる。
熟語「《ユウ》右文左武(ゆうぶんさぶ)」
【有】⇩ユウ(六二九ページ)

【宇】

5級　6画　宀-3　音 ウ 漢 呉　訓 いえ・のき・そら　①1707　Ⓤ5B87

仮名 平仮名「う」は「宇」の草体。片仮名「ウ」は「宇」の冠。
難読 杜宇(ほととぎす)
人名 うま・たか・のき
筆順 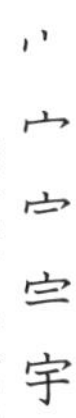
なりたち  [形声]宀＋于(弓なりにおおう)音。家をおおう尾根、のきの意。転じて、天地四方、そらの意にも用いる。

❶ひさし。のき。屋根。また、いえ。
熟語「屋宇・殿宇・堂宇・眉宇(びう)」
❷そら。広がり。天地四方。
【宇内】ウダイ　天下。世界。
【宇宙】ウチュウ　天体を含む空間の広がり。森羅万象。
熟語「宇量・気宇(きう)・御宇(ぎょう)・八紘一宇(はっこういちう)」
❸その他。
【宇治拾遺物語】うじしゅういものがたり　一三世紀頃成立の説話集。編者未詳。

【羽】

9級　6画　羽(羽)-0　音 ウ 漢 呉　訓 は・はね　①1709　Ⓤ7FBD
〔羽〕6画　羽-0　ⓊFA1E

難読 羽子(はご)・羽交い(はがい)・羽搏き(はばたき)(羽撃き)
筆順 
なりたち  [象形]鳥の二枚のはねにかたどる。はねの意。

❶はね。鳥や虫のはね。は。
【羽化】ウカ　昆虫が蛹(さなぎ)から成虫になる。
【羽化登仙】ウカトウセン　人に羽が生えて天に昇る。
【羽觴】ウショウ　酒杯。さかずき。羽爵(うしゃく)。注記 もと雀にかたどって翼の形をつけたところから。
【羽毛】ウモウ　鳥類の体の表面に生える毛の一種。
【羽翼】ウヨク　①はねとつばさ。②天子をたすける。
熟語「尾羽(おは)(おば)・白羽(しらは)・積羽・羽音・矢羽(やばね)」
❷中国古代の五音階の一。最も高く澄んだ音。
熟語「羽声(うせい)」
❸(国)「出羽(でわ)国」の略。
【羽越】ウエツ　出羽国と越(こし)国。
熟語「羽後・羽州・羽前・奥羽(おうう)・陸羽」
❹(国)鳥や兎を数える語。わ。
熟語「一羽(いちわ)・十羽(じっぱ)」
❺その他。
【羽織】はおり　和服の上に着る丈の短い外衣。
【羽子板】はごいた　羽根つきに用いる板。
【羽衣】はごろも　天人が着て、天上を飛行する衣。
【羽二重】はぶたえ　上質の生糸で織った絹織物。
熟語「羽振り(はぶり)・羽目(はめ)・合羽(かっぱ)・毛羽(けば)・切羽(せっぱ)」

【雨】

10級　8画　雨-0　音 ウ 漢 呉　訓 あめ・あま　①1711　Ⓤ96E8

難読 雨波貝(うばがい)・雨虎(あめふらし)
人名 さめ
筆順 
なりたち  [象形]天から水滴が降ってくるさまにかたどる。あめの意。

❶あめ。あま。空から降ってくる水滴。あめふり。
【雨具】あまぐ　雨を防ぐため使う衣類や道具。
【雨雲】あまぐも　雨を降らせる雲。乱層雲。
【雨垂れ石を穿つ】あまだれいしをうがつ　少しずつでも続ければ成功する。出典「漢書枚乗伝」より。
【雨戸】あまど　風雨や盗難を防ぐ、家の外側の戸。
【雨風】あめかぜ　①雨と風。②雨まじりに吹く風。
【雨に沐い風に櫛る】あめにかみあらいかぜにくしけずる　社会の荒波にもまれ

て苦労する。出典「荘子天下」より。

【雨季・雨期】(ウキ) 一年のうちで、雨の多い期間。

【雨後】(ウゴ) 雨のやんだあと。「―のたけのこ」

【雨水】(ウスイ) ①あまみず。②二十四節気の一。二月一九日頃。

【雨滴】(ウテキ) 雨のしずく。また、あまだれ。

【雨天】(ウテン) 雨の降る天候。雨ふり。「―順延」

熟語「雨脚(うきゃく)・雨月(うげつ)・雨滴・雨氷・雨量・雨奇晴好(うきせいこう)・淫雨(いんう)・煙雨(えんう)・降雨・豪雨・小雨(こさめ)・時雨(じう)(しぐれ)・驟雨(しゅうう)・春雨(しゅんう)(はるさめ)・晴雨・梅雨(ばいう)(つゆ)・黴雨(ばいう)(つゆ)・氷雨(ひさめ)・風雨・叢雨(むらさめ)・雷雨・霖雨(りんう)・五月雨(さみだれ)・晴耕雨読(せいこううどく)」

❷めぐみや恩恵のたとえ。

【雨露】(ウロ) ①あめとつゆ。「―をしのぐ」②大きな恩恵。「―の恵み」

熟語「慈雨(じう)」

❸雨の降るように、激しく降りそそぐもののたとえ。

【雨▼霰】(あめあられ) 「―と飛び来る弾丸」

熟語「雨飛(うひ)・雨矢(うや)・弾雨(だんう)」

うた

【唄】

2級 10画 口-7 新常用

音 ハイ漢・バイ呉

訓 うた・うた-う

①1720 Ⓤ5504

筆順

なりたち [形声]口＋貝音。梵語 bhāsā(讃歎の意)を唄匿(ばいのく)と音訳する際に作られた字。

❶仏教歌謡の一種。仏の功徳をたたえてうたう。

熟語「唄器(ばいき)・唄師(ばいし)・歌唄(かばい)・梵唄(ぼんばい)」

❷〔国〕うた。うたいもの。三味線でうたう。

熟語「小唄・地唄(じうた)・長唄・端唄(はうた)」

ウツ

【鬱】

2級 29画 鬯-19 新常用

音 ウツ漢呉

訓 ふさ-ぐ

②6121 Ⓤ9B31

〔欝〕 25画 木-21 ①1721 Ⓤ6B1D

人名 しげる

筆順

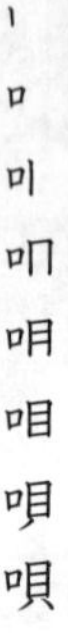

なりたち [形声]木二つ＋「臼(両手)＋缶(土器)＋鬯(香草)＋彡(飾り)」(器の中に香草を入れて酒ににおいをつける)音。多くの木々がこんもりと茂っている意から、ふさがる意を表す。

◉異字同訓◉【塞】(二二三ページ)の「異字同訓」欄を参照のこと。

❶草木がこんもりと茂る。

【鬱然】(ウツゼン) ①草木が茂る。②盛んである。別表記 蔚然

【鬱▼蒼・鬱▼葱】(ウッソウ) 木がこんもりと茂る。

熟語「鬱茂(うつも)・鬱林」

❷物事の盛んなようす。

【鬱勃】(ウツボツ) 意気がわき起こる。「―たる闘志」

熟語「鬱乎(うっこ)」

❸とどこおる。

【鬱血】(ウッケツ) 血液が滞る。「傷口が―する」

❹ふさぐ。気がふさぐ。

【鬱鬱】(ウツウツ) ①心がふさぐ。「―として楽しまない」②草木が生い茂る。

【鬱屈】(ウックツ) ふさぎ込む。「―した日々を過ごす」

【鬱積】(ウッセキ) 不満などがたまる。「不満が―する」

【鬱陶しい】(ウットウしい) ①心が晴れない。「長雨つづきで―・い」②邪魔だ。「ものもらいができて―・い」

【鬱憤】(ウップン) 積もった怒り・不満。「―を晴らす」

熟語「鬱病・鬱悶(うつもん)・鬱抑・暗鬱・陰鬱・気鬱・躁鬱・沈鬱・憂鬱・抑鬱」

❺その他。

【鬱金】(ウコン) ショウガ科の多年草。ターメリック。

【鬱金香】(ウコンコウ) チューリップの異名。うっこんこう。

うね

【畝】

準2級 10画 田-5

音 ホ漢

訓 うね・せ

①3206 Ⓤ755D

〔畆〕 9画 田-4 ②6528 Ⓤ7546

筆順

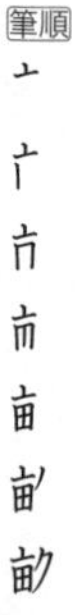

なりたち [会意]十(十歩あるくさま)＋田＋久(背を曲げた人)。人が十歩あるいて田を区切る意から、十歩平方の面積の意を表す。周代の一歩(六尺)は約一・三五メートル。一畝(百歩)は約一・八二アール。篆文では、田＋毎(次々と生む)に作り、作物を次々とうみ出す田畑のうねの意を表す。

❶うね。耕作地の土を盛って高くした所。あぜ。

熟語「田畝・壟畝(ろうほ)・隴畝(ろうほ)」

❷〔国〕せ。耕作地の面積の単位。約一アール。

熟語「一畝」

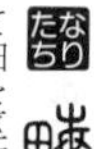

うら

【浦】 準2級 10画 水(氵)-7 音 ホ漢・フ呉 訓 うら ①1726 Ⓤ6D66

人名 ら

筆順 丶 氵 氵 汀 沂 洏 浦 浦

なりたち  ［形声］水＋甫（平らにぴったりとくっつく）音。水がひたよせる岸の意。

❶みずべ。うみべ。

【浦風】うらかぜ 海辺を吹く風。

熟語「遠浦・海浦・曲浦」

❷（国）うら。入り江。

熟語「津津浦浦つつうらうら」

ウン

【運】 8級 12画 辵(辶)-9 音 ウン漢呉 訓 はこぶ・めぐ-る ①1731 Ⓤ904B

〔運〕13画 辵(辶)-9

人名 かず・やす・ゆき

筆順 冖 冖 冐 冐 冒 軍 運 運

なりたち  ［形声］辵（ゆく）＋軍（兵車でまわりをとりかこむ）音。ぐるりとめぐらすの意。

❶うごく。移動する。めぐる。

【運河】うんが 陸地を掘ってつくった水路。

【運休】うんきゅう 交通機関が運転・運航をとりやめる。

【運行】うんこう （バスや列車が）定まった道を動く。

【運航】うんこう 船・航空機が航路を進む。

【運動】うんどう ①物体が位置を変える。②体を動かす。スポーツ。③何かのために積極的に行動する。「市民―」

熟語「運掌うんしょう」

❷はこぶ。移動させる。

【運送】うんそう 品物を運ぶ。運搬。「―業」

【運賃】うんちん 旅客・貨物を運ぶ費用。「鉄道―」

【運搬】うんぱん 人や物を運び移す。「食糧を―する」

【運輸】うんゆ 旅客・貨物を運ぶ。輸送。「―業」

熟語「海運・舟運・水運・通運・陸運」

❸もちいる。はたらかせ、もちいる。

【運営】うんえい 組織や機構を動かす。「会を―する」

【運針】うんしん 裁縫で、針の運び方。縫い方。

【運転】うんてん ①操作して動かす。「―中の発電機」②資金を活用する。運用。「―資金」

【運筆】うんぴつ 筆の動かし方。字の書き方。筆遣い。

【運用】うんよう 働かせる。「法の―」「財産を―する」

〖運用うんようの妙は一心に存す〗 戦術は、人によって妙味を発揮する。出典「宋史岳飛伝」より。

熟語「運算」

❹めぐりあわせ。さだめ。

【運気】うんき 自然現象に現れる人の運勢。

【運勢】うんせい 幸不幸のめぐりあわせ。「―を占う」

【運▽否天賦】うんぷてんぷ 人の吉凶は天がきめる。「勝負は―」

【運命】うんめい めぐりあわせ。「―的な出会い」

熟語「悪運・開運・気運・機運・強運・幸運・時運・衰運・盛運・天運・非運・武運・命運」

【雲】 9級 12画 雨-4 音 ウン漢呉 訓 くも ①1732 Ⓤ96F2

難読 雲呑ワンタン・雲珠うず

人名 も・ゆく

筆順 一 冖 币 雨 雨 雫 雲 雲

なりたち  ［形声］雨＋云（水蒸気がゆらゆらとたちのぼる）音。「云」が言う、ここにの意に用いられるようになったため、「雨」を加えた。

❶くも。空に浮かぶくも。

【雲煙】うんえん ①雲と煙。また、雲とかすみ。②山水画の墨色の美しさ。

【雲煙過眼】うんえんかがん 物事に深く執着しない。

【雲▽霞】うんか ①雲と霞かすみ。②人が大勢集まる。「―の如くあつまる」

【雲海】うんかい 一面に広がり海のように見える雲。

【雲気】うんき 雲。また、雲のように立ち上る気。

〖雲泥の差〗うんでいのさ 大変なちがい。月とすっぽん。

【雲霧】うんむ ①雲と霧。②人々の迷い。判断をくもらせるもの。

熟語「雲雨・雲壌・暗雲・煙雲・黒雲こくうん（くろくも）・紫雲・瑞雲ずいうん・青雲せいうん（あおくも）・白雲・浮雲ふうん（うきぐも）・風雲ふううん（かざぐも）・綿雲・巻積雲・積乱雲」

❷くものように見えること（もの）。

【雲散】うんさん 跡形もなく消える。

【雲散霧消】うんさんむしょう 跡形もなく消える。

【雲集】うんしゅう たくさん集まる。

【雲水】うんすい ①飛び行く雲と流れる水。行雲流水。②行脚あんぎゃ僧。

【雲▽梯】うんてい ①中国で、城攻めに用いた長いはしご。②体育・遊戯用具の一。懸垂して渡る。

熟語「雲翰うんかん・雲気・雲鬢うんびん・星雲・戦雲」

❸（身分・地位・精神などの）高いさま。

【雲上】うんじょう ①雲の上。②宮中。「―人」

熟語「雲客」

❹(国)「出雲(いずも)国」の略。

熟語「雲州(うんしゅう)」

❺その他。

【雲▽母(ウンモ)】ケイ酸塩鉱物の一種。きらら。きら。

熟語「雲丹(うに)・雲雀(ひばり)・雲脂(ふけ)・雲夢沢(うんぼうたく)」

エ

【回】⇩カイ(五五ページ)

【会】⇩カイ(五六ページ)

【依】⇩イ(七ページ)

【恵】⇩ケイ(一五八ページ)

【絵】⇩カイ(六〇ページ)

エイ

【永】

6級　5画　水-1　音 エイ漢・ヨウ(ヤウ)呉　訓 ながい・とこしえ・ながらえる　①1742　Ⓤ6C38

難読 永久(とこしえ)(とこしなえ・とわ)

人名 つね・なが・ながし・のぶ・のり・はるか・ひさし

筆順 永

なりたち [象形]川の流れが分かれるさまにかたどり、支流を含む長い川、ながいの意を表す。

❶ながい。時間がながい。とこしえ。ながらえる。

【永遠(エイエン)】いつまでも変わらず続く。「—の真理」

【永久(エイキュウ)】いつまでも限りなく続く。「—不変」

【永▼訣(エイケツ)】永遠に別れる。死別。「—の朝」

【永▼劫(エイゴウ)】きわめて長い年月。「未来—忘れない」

【永日(エイジツ)】昼の間の長い日。日永(ひなが)。

【永住(エイジュウ)】ある土地に永く住む。「—の地」

【永世(エイセイ)】かぎりなく長い年月。永久。「—中立」

【永逝(エイセイ)】死ぬ。永眠。逝去。長逝。

【永続(エイゾク)】ながく続く。ながつづき。「—的」

【永代(エイタイ)】長い年月。永久。「—供養(くよう)」

【永年(エイネン)】ながい年月。ながねん。「—勤続」

【永別(エイベツ)】永遠に別れる。ながの別れ。

【永眠(エイミン)】死ぬ。「八〇歳で—した」

【〈永久〉(とわ)】永遠。「—の誓い」「—に幸あれ」

熟語「永世中立・日永(ひなが)・未来永劫(みらいえいごう)」

❷その他。

【永字八法(エイジハッポウ)】書法伝授法の一。永の字一つですべての漢字の筆の運び方を修練できるというもの。

【永楽大典(エイラクタイテン)】中国最大の類書。明の永楽帝の命により、一四〇七年完成。

【永楽帝(エイラクテイ)】(一三六〇〜一四二四)中国、明の第三代皇帝(在位一四〇二〜一四二四)。靖難(せいなん)の役で建文帝を倒して即位。

【泳】

8級　8画　水(氵)-5　音 エイ漢・ヨウ呉　訓 およぐ・およぎ　①1743　Ⓤ6CF3

筆順 泳

なりたち [形声]水＋永(ながい)音。水面や水中で長い時間すすむの意。金文では、止(足の象形)＋永。

およぐ。水中を進む。およぎ。

【泳者(エイシャ)】(競泳などで)泳ぐ人。「第一—」

【泳法(エイホウ)】泳ぎ方。泳ぎの型。「潜水—」

熟語「遠泳・競泳・水泳・背泳・遊泳・力泳」

【英】

7級　8画　艸(艹)-5　音 エイ漢・ヨウ(ヤウ)呉　訓 はな・はなぶさ・ひいでる　①1749　Ⓤ82F1

難読 英蘭(イングランド)・紫雲英(げんげ)(しうんえい)・蒲公英(たんぽぽ)(ほこうえい)

人名 あきら・あや・すぐる・たけし・つね・てる・とし・はな・ひで・ひら・ふき・ふさ・よし

筆順 一 十 艹 艹 芇 苎 英 英

なりたち [形声]艸＋央(まん中)音。花のまん中にあって、しべの付いている部分、はなぶさの意。

❶はな。はなぶさ。

熟語「英華・石英・落英」

❷ひいでる。立派である。優れている。

【英気(エイキ)】①優れた気性。②気力。「—を養う」

【英傑(エイケツ)】才知のすぐれた人。英雄豪傑。

【英才(エイサイ)】すぐれた才能。また、その持ち主。「—教育」別表記 穎才

【英姿(エイシ)】勇ましい姿。立派な姿。

【英資(エイシ)】すぐれた生まれつき。ひいでた資質。

【英断(エイダン)】思いきりよく事を決する。また、すぐれた決断。「—を下す」

【英知・英▼智(エイチ)】すぐれた知恵。別表記 叡知・叡智

【英▼邁(エイマイ)】才知が特にすぐれている。「—な君主」

【英明(エイメイ)】すぐれて賢い。「—な君主」「—果断」

【英雄(エイユウ)】才知・武勇があり、偉業をなす人。

【英霊(エイレイ)】霊魂。特に、戦死者の魂。

熟語「英俊・育英・才英・秀英・集英・俊英」

❸「英吉利(イギリス)」の略。

【英語(エイゴ)】英米・オーストラリアなどの言語。

【英国(エイコク)】イギリス。

熟語「英貨・英文和訳・日英・和英」

エ

【映】〔暎〕

5級 9画 日-5 音 エイ漢・ヨウ(ヤウ)呉 訓 うつる・うつす・はえる ①1739 Ⓤ6620

〔暎〕12画 日-8 ②5885 Ⓤ668E

難読 映日果(いちじく)

人名 あき・あきら・てる・みつ

筆順 丨 冂 日 … 映

なりたち [形声]日＋央(まん中)音。日光がまっすぐにさす、はえるの意。

◉異字同訓◉
◇うつる(映・写)
「映る」は"物の上に姿が現れる。映像が現れる。調和する"の意。「花が水面に映る」「スクリーンに映る」「スーツ姿がよく映る」

「写る」は"写真にとられる。透けて見える"の意。「写真に写る」「裏の文字が写って見える」

❶はえる。光が反射する。
熟語「映発・面映い(おもはゆい)・残映・照映・反映・夕映え(ゆうばえ)・余映」

◉異字同訓◉【写】(二七四ページ)の「異字同訓」欄を参照のこと。

❷うつす。うつしだす。影をうつす。うつる。
【映画】(エイガ) 活動写真。ムービー。「―スター」

【映写】(エイシャ) 映画やスライドなどを映す。「―機」

【映像】(エイゾウ) ①映画やテレビなどの画像。「鮮明な―」②思い浮かぶものの姿。イメージ。

熟語「映倫・再映・上映・続映・投映・放映」

【栄】〔榮〕

7級 9画 木-5 音 エイ漢・ヨウ(ヤウ)呉 訓 さかえる・はえ・はえる・は-やす ①1741 Ⓤ6804

〔榮〕14画 木-10 ②6038 Ⓤ69AE

人名 さか・さかえ・しげ・しげる・たか・てる・とも・なが・はる・ひさ・ひさし・ひで・ひろ・まさ・よし

筆順 丶 〃 ⺍ … 栄

なりたち [形声]𤇾(周囲を火でとりまく)音＋木。木をとりまくようにいっぱいに花が咲くさまから、さかえる意を表す。

❶さかえる。名声があがる。さかんになる。さかんにする。はえる。はやす。さかえ。ほまれ。はえ。
【栄華・栄花】(エイガ) 栄える。「―を極める」「―の夢」

【栄冠】(エイカン) ①栄誉をたたえて与えられる冠。②名誉。栄誉。ほまれ。「勝利の―に輝く」

【栄枯】(エイコ) 栄えたり衰えたりする。「―盛衰」

【栄光】(エイコウ) 名誉。光栄。「勝利の―に輝く」

【栄辱】(エイジョク) 栄誉と恥辱。

【栄誉】(エイヨ) 大きな名誉。「―に輝く」「―を担う」

【栄養】(エイヨウ) 栄養素を摂取する。別表記 営養
【栄▼耀栄華】(エイヨウエイガ) はなやかに栄えときめく。「―を尽くす」

熟語「栄位・栄耀(えいよう)・共栄・虚栄・光栄・清栄・豊栄・繁栄・余栄」

❷地位があがる。
【栄爵】(エイシャク) 名誉ある貴い爵位。「―を賜る」

【栄進】(エイシン) 高い地位・役職などに進む。出世。

【栄達】(エイタツ) 高位高官にのぼる。栄進。

【栄典】(エイテン) 国が功労者に与える地位や称号。

【栄転】(エイテン) 今までよりもよい地位に転任する。

❸その他。
【栄花物語・栄華物語】(エイガものがたり) 平安後期成立の歴史物語。世継物語。

【〈栄螺〉】(さざえ) 海産の巻貝。別表記 拳螺

【営】〔營〕

6級 12画 口-9 音 エイ漢・ヨウ(ヤウ)呉 訓 いとなむ・いとな-み ①1736 Ⓤ55B6

〔營〕17画 口-14 ②5159 Ⓤ71DF

人名 のり・よし

筆順 丶 〃 ⺍ … 営

なりたち [形声]𤇾(周囲を火でとりまく)音＋「宮の略体」。周囲をかがり火でとりまいた陣屋の意。

❶つくる。ととのえる。
【営繕】(エイゼン) 建物の建築や修理。「―費」

【営巣】(エイソウ) 動物が巣をつくる。「樹上に―する」

【営造】(エイゾウ) 大がかりな工事を行う。造営。

【営林】(エイリン) 森林を保護し育てる。「―事業」

熟語「造営」

❷いとなむ。仕事をうまく処理する。いとなみ。
【営為】(エイイ) いとなみ。行為。「日々の―」

【営営】(エイエイ) せっせと働く。「―と事業にはげむ」

【営業】(エイギョウ) 事業を行う。「―部」「昔から―する」

【営利】(エイリ) 利益を得ようと活動する。「―事業」

熟語「運営・官営・経営・県営・公営・国営・市営・私営・自営・直営・都営・民営」

❸軍隊が宿泊する場所。
【営倉】(エイソウ) 旧軍隊で罪を犯した者を留置した所。
熟語「営門・陣営・設営・屯営・入営・兵営・本営・野営・露営」

【詠】〔咏〕

3級 12画 言-5 音 エイ漢・ヨウ呉 訓 よむ・うた-う ①1751 Ⓤ8A60

〔咏〕8画 口-5 ②5073 Ⓤ548F

人名 うた・かね・なが

筆順 亠 亖 言 言 訂 詞 詠 詠

なりたち [形声]言＋永(ながい)音。ながく声を出す意から、うたう意を表す。

◉異字同訓◉【読】(五〇五ページ)の「異字同訓」欄を参照のこと。

❶うたう。声をながくのばす。歌うように朗読する。

【詠唱】エイショウ ①オペラなどの独唱歌。アリア。②節をつけてうたう。

【詠嘆・詠▼歎】エイタン 「自然の美に―する」

熟語「詠誦・吟詠ぎんえい・朗詠」

❷よむ。詩歌を作る。また、その作品。

【詠歌】エイカ ①歌を作る。また、その歌。②仏をたたえる歌。御詠歌ごえいか。

【詠草】エイソウ 個人の和歌・家集の草稿。歌稿。

熟語「詠進・遺詠・御詠・近詠・雑詠・題詠・諷詠ふうえい」

【影】

4級 15画 彡-12 音 エイ漢・ヨウ(ヤウ)呉 訓 かげ ①1738 Ⓤ5F71

人名 かず

筆順 丶 口 日 旦 昌 昙 景 影

なりたち [形声]景(岡にさす日の光)音＋彡(模様)。日の光が作りだす明暗のようす、特に、暗い部分の意。

❶ひかり。日・月・星・灯などの光。

熟語「月影げつえい・灯影とうえい・火影ほかげ・星影ほしかげ」

❷かげ。物が光をさえぎってできる暗い部分。

【影響】エイキョウ 「選挙の結果が株価に―する」「よい―を及ぼす」 注記 影が形に従い、響きが声に応ずる意。

【影法師】かげボウシ 光が当たってできる人の影。

【影を畏おそれ迹あとを悪にくむ】 取り越し苦労。出典「荘子漁父」より。

熟語「暗影・陰影・面影おもかげ・花影・形影・射影・斜影・投影・倒影・日陰ひかげ」

❸もののすがた。映ったすがた。映しだされたすがた。本物と同じ姿のもの。

【影印】エイイン 古書を写真にとり印刷する。「―本」

【影像】エイゾウ ①ものの影。②絵や彫刻に表した、人や神仏の姿。

【影絵・影▽画】かげエ 手などに光をあてて、影を映す遊び。

熟語「影武者かげむしゃ・遺影・魚影・近影・幻影・撮影・真影・尊影・人影・船影ふなかげ・帆影ほかげ・山影」

【鋭】

4級 15画 金-7 音 エイ漢呉 訓 するどい ①1752 Ⓤ92ED

〔銳〕15画 金-7 ― Ⓤ92B3

人名 さとし・とき・とし・はや

筆順 ⺈ 全 金 金 釒 鈖 鋭 鋭

なりたち [形声]金＋兌(ときはなす)音。金属の外側がけずり取られ、しんの部分がとがっているの意。

❶するどい。とがっている。切れ味がよい。また、才気があり、理解・判断がすばやい。勢いがよい。

【鋭意】エイイ 一生懸命励む。「―努力する」

【鋭気】エイキ するどい気性。「―に満ちた目」

【鋭敏】エイビン 「―な感覚」「―な頭脳」

【鋭▼鋒】エイホウ ①するどくとがった矛先。②するどい攻撃。

【鋭利】エイリ ①刃の切れ味がよい。「―な刃物」②頭の働きがするどい。「―な頭脳」

熟語「鋭角・気鋭・新鋭・先鋭・尖鋭せんえい・少数精鋭・新進気鋭」

❷軍隊などの戦力・気力がぬきんでている。

熟語「鋭士・鋭将・鋭兵・精鋭」

【衛】

6級 16画 行-10 音 エイ(ヱイ)漢・エ(ヱ)呉 訓 まも-る・まも-り ①1750 Ⓤ885B

〔衞〕16画 行-10 ②7444 Ⓤ885E

人名 ひろ・もり・よし

筆順 彳 彳 徣 偉 徫 徫 衛

なりたち [形声]行(ゆく)＋韋(ある所をはさんで足が逆方向を向いているさま)音。ある所の外側をぐるぐるとめぐりゆく意から、外をとりまいて中をまもる意を表す。

❶まもる。防ぐ。まもり。また、まもる人。

【衛▼戍】エイジュ 軍隊が常時駐屯して警備する。

【衛生】エイセイ 病気にかからないようにする。「公衆―」「―上よくない」

【衛星】エイセイ ①惑星の周りを公転している天体。②「人工衛星」の略。③周辺で従属するもの。「―国」「―都市」

【衛兵】エイヘイ 警備や監視を任務とする兵士。「―所」

熟語「《エイ》警衛・後衛・護衛・自衛・守衛・親衛・精衛・前衛・防衛・門衛・親衛隊」「《エ》衛士えじ(えいし)・衛府・衛門・近衛このえ」

❷中国、周代の諸侯国。

【衛】エイ 中国、周代の諸侯国の一。

❸その他。

【衛氏朝鮮】エイシチョウセン 古朝鮮の王朝の一。都は王険城。

エキ

【役】⇩ヤク(六二五ページ)

【易】

6級 8画 日-4 ①1655 Ⓤ6613

音 エキ漢・イ漢呉・ヤク呉

訓 やさしい・かえる・やすい

人名 おさ・おさむ・かぬ・かね・やす・やすし

筆順 丨 冂 日 日 旦 易 易 易

なりたち [象形]トカゲにかたどる。トカゲは光のぐあいで色が変わることから、かわる意を表す。

❶《イ》やさしい。やすい。困難がない。たやすい。

【易易】イイ たやすい。「―たることだ」

熟語「易損品(いそんひん)・安易・簡易・難易・平易・容易」

❷《エキ》かえる。とりかえる。交換する。また、かわる。

【易姓革命】エキセイカクメイ 天命で王朝は交代するという思想。

熟語「易簀(えきさく)・易姓・改易・交易・不易・辟易・貿易」

❸《エキ》うらなう。うらないの法。

【易学】エキガク 易について研究する学問。

【易経】エキキョウ 中国、周代の占いの書。五経の一。

【易者】エキシャ 易占などの占いを職とする人。

【易断】エキダン 易により運勢・吉凶を見る。

熟語「易筮(えきぜい)・易占」

❹《エキ》その他。

『易水(えきすい)の歌』 中国、戦国時代末期、秦の始皇帝暗殺に赴く刺客荊軻(けいか)が、易水のほとりで知人との別れに際し、「風蕭蕭(しょうしょう)として易水寒し、壮士ひとたび去って復(ま)た還らず」と詠じた歌。出典「史記(刺客伝)」より。

【疫】

準2級 9画 疒-4 ①1754 Ⓤ75AB

音 エキ漢・ヤク呉

訓 えやみ

筆順 亠 广 广 疒 疒 疔 疫 疫

なりたち [形声]疒＋「役の略体」(人々を苦しめる労働)音。人を次々と苦しめる病気の意から、悪性の流行病の意を表す。

流行性の病気。はやりやまい。えやみ。

【疫病】エキビョウ 流行病。はやりやまい。えやみ。

【疫痢】エキリ 幼児に多い感染症の一。

【疫病神】ヤクビョウがみ ①疫病を流行させるという神。②忌み嫌われる人。

熟語「《エキ》疫学・疫癘(えきれい)・悪疫・検疫・防疫・免疫」

【益】

〔益〕10画 皿-5 ⓊFA17

6級 10画 皿-5 ①1755 Ⓤ76CA

音 エキ漢・ヤク呉

訓 ます・ますます

難読 益母草(やくもそう)

人名 あり・すすむ・のり・また・み・みつ・やす・よし

筆順 丷 䒑 关 关 关 谷 益 益

なりたち [象形]皿に物を盛りあげたさまにかたどる。あふれる・ますの意。

❶役に立つ。ためになる。

【益虫】エキチュウ 人間に益をもたらす昆虫。⇔害虫

【益鳥】エキチョウ 人間の生活に役立つ鳥。

【益体】ヤクタイ 役に立つ。「―もない」

熟語「《エキ》益友・広益・便益・無益(むえき)(むやく)・有益(ゆうえき)」

❷利得。もうけ。

【益金】エキキン もうけた金。利益金。⇔損金

熟語「《エキ》共益・権益・減益・公益・国益・差益・私益・実益・収益・受益・純益・増益・損益・裨益・法益・用益・利益(りえき)(りやく)」

❸ますます。ます。さらに。

【益荒男】ますらお 強い男。⇔たおやめ。別表記 丈夫

【液】

6級 11画 水(氵)-8 ①1753 Ⓤ6DB2

音 エキ漢・ヤク呉

筆順 氵 氵 汁 汴 汸 液 液

なりたち [形声]水＋夜(よるが昼を隔てて等間隔でやってくるように、次々とつらなる)音。一つぶずつつらなる水の意。

水状のもの。流動する物質。

【液化】エキカ ①気体が液体に変化する。「―天然ガス」②固体が液体に変化する。融解。

【液汁】エキジュウ (草木・果実などの)しる。つゆ。

【液晶】エキショウ 固体と液体の中間的な状態の物質。

【液状】エキジョウ 物質が液体の状態にある。「―化」

【液体】エキタイ 物質の状態の一。⇔気体・固体

熟語「液肥・胃液・血液・原液・樹液・精液・体液・唾液・乳液・粘液・廃液・溶液・水溶液」

【駅】

〔驛〕23画 馬-13 ②8167 Ⓤ9A5B

8級 14画 馬-4 ①1756 Ⓤ99C5

音 エキ漢・ヤク呉

訓 うまや

筆順 丨 「 П 馬 馬 駅 駅 駅

なりたち  [形声]馬＋睪(数珠状に次々とつらなる)㊟。馬を次々と乗りかえるための中継所の意。

❶公文書を伝送する官吏や旅行者が宿泊するところ。宿場。また、うまや。乗り換え用の馬を用意したところ。

【駅逓】エキテイ ①宿駅から宿駅へ荷物などを送る。②郵便の旧名。

熟語「駅亭・駅鈴・駅路えきろ・宿駅」

❷列車の発着するところ。えき。停車場。

【駅舎】エキシャ 鉄道の駅の建物。

【駅長】エキチョウ 鉄道の駅の長。

【駅頭】エキトウ 駅の前。また、駅。「—に降り立つ」

【駅弁】エキベン 鉄道の駅や車内で売っている弁当。

熟語「着駅・廃駅・発駅・貨物駅・終着駅・東京駅」

❸古代、宿場ごとに用意された馬。

【駅伝】エキデン ①「駅伝競走」の略。長距離リレー競走。②駅馬で官用の通信を行った制度。

熟語「駅馬ばえき・駱駅らくえき」

エツ

【悦】 3級

10画 心(忄)-7 ㊟ エツ 漢 呉 訓 よろこ-ぶ・よろこ-ばす・よろこ-ばしい ①1757 Ⓤ60A6

〔悦〕 10画 心(忄)-7 Ⓤ6085

人名 のぶ・よし

筆順 丶 忄 忄 忄 忄 怡 悦 悦

なりたち [形声]心＋兌(ときはなす)㊟。心の中のわだかまりをときはなし、よろこぶの意。

よろこぶ。うれしく思う。よろこばす。よろこばしい。

【悦楽】エツラク 喜び楽しむ。「深い—にひたる」

熟語「悦服えっぷく・喜悦・恭悦・大悦・法悦・満悦・愉悦」

【越】 4級

12画 走-5 ㊟ エツ(ヱツ) 漢・オチ(ヲチ) 呉 訓 こ-す・こ-える ①1759 Ⓤ8D8A

人名 お・こし

筆順 土 キ 走 走 赴 越 越 越

なりたち  [形声]走(足の動作)＋戉(両刃の身の側面が曲線状をなす、まさかり)㊟。足先を曲線状に動かして物の上をまたぐ意から、こえる意を表す。

❶こえる。こす。通りこす。分をこえる。他に抜きん出る。すぐれる。

【越境】エッキョウ 境界を越える。「—して侵入する」

【越権】エッケン 権限をこえて行う。「—行為」

【越冬】エットウ 冬を越す。「南極で—する」

【越年】エツネン 年を越し、新しい年を迎える。おつねん。

熟語「越俎えっそ・越度おちど・越階おっかい(えっかい)・越訴おっそ(えっそ)・激越・僭越せんえつ・卓越・超越・踰越ゆえつ・優越」

❷春秋戦国時代の諸侯国。

【越】エツ ①中国南部にいた南方系民族。②中国の春秋戦国時代の諸侯国の一。

【越鳥えっちょう南枝なんしに巣すくう】 故郷を忘れがたく、恋い慕う。出典「文選古詩十九首」より。

熟語「越鳥・呉越」

❸「越南ベトナム」の略。

【越南】エツナン ベトナム。安南アンナン。

❹(国)越こしの国。

【越後】エチゴ 旧国名。佐渡を除く新潟県。

【越前】エチゼン 旧国名。福井県中・北部に相当。

【越州】エッシュウ 越前・越中・越後の総称。

【越中】エッチュウ 旧国名。富山県全域に相当。

【越】こし 北陸地方の古称。別表記 高志

【謁】 準2級

15画 言-8 ㊟ エツ 漢 訓 まみ-える ①1758 Ⓤ8B01

〔謁〕 16画 言-9 ③9215 ⓊFA62

人名 つく・ゆく

筆順 言 言 言 訁 訁 謁 謁 謁

なりたち  [形声]言＋曷(おしとどめる)㊟。目上の人をおしとどめて願いを申し上げるの意。

お目にかかる。まみえる。

【謁見】エッケン まみえる。「女王に—する」「—を許す」

熟語「参謁・内謁・拝謁・来謁」

【閲】 3級

15画 門-7 ㊟ エツ 漢 呉 訓 けみ-する ①1760 Ⓤ95B2

〔閲〕 15画 門-7 Ⓤ95B1

人名 かど・み

筆順 丨 ｢ 門 門 門 門 閲 閲

なりたち  [形声]門＋兌(人をぬき出す)㊟。門のところで怪しい者をぬき出して取り調べるの意。

❶けみする。よく見て調べる。

【閲兵】エッペイ 軍隊を整列させて検閲する。「—式」

熟語「簡閲・観閲・検閲・校閲・高閲・内閲」

❷読む。
【閲読】エツドク　調べながら読む。「文献を―する」
【閲覧】エツラン　調べたり読んだりする。「―室」
❸経過する。すごす。
【閲歴】エツレキ　経歴。履歴。
熟語「閲月・閲年」

エン

【円】【圓】

10級　4画　冂-2　音 エン(ヱン) 漢 呉　訓 まる い・つぶら・まど-か　①1763　Ⓤ5186
圓 13画 囗-10　②5204　Ⓤ5713

難読 円居(まどい)
人名 かず・つぶら・のぶ・まど・まどか・まる・みつ
筆順 丨 冂 冂 円
なりたち [形声]囗(かこい)＋員(まるい形のもの)音。まるくかこったものの意から、まる・まったしの意を表す。「円」は略字。

❶まるい。まるい形。つぶら。
【円蓋】エンガイ　半球形の屋根。ドーム。
【円環】エンカン　まるくつながった輪。「―構造」
【円形】エンケイ　円の形。まるい形。「―劇場」
【円弧】エンコ　円周の一部分。弧。
【円周】エンシュウ　円を形づくる曲線。「―率」
【円錐】エンスイ　円錐体。「―形」
【円卓】エンタク　まるいテーブル。「―会議」
【円柱】エンチュウ　①まるい柱。②円柱体。円筒。
【円筒】エントウ　①まるい筒。②「円柱」に同じ。
【円盤】エンバン　①まるい板状のもの。「空飛ぶ―」②円盤投げの用具。③レコード盤。音盤。
熟語「円丘・円座・円陣・円舞・円鑿方枘(えんさくほうぜい)・円頂黒衣(えんちょうこくい)・一円・楕円・長円・半円・方円・同心円」
❷かどや欠けたところがない。みちている。おだやか。まどか。
【円滑】エンカツ　①なめらかだ。②滞りなく運ぶ。「―な進行をはかる」
【円熟】エンジュク　豊かで深い。「―した演技」「―味」
【円転滑脱】エンテンカツダツ　①すらすらと運ぶ。②応接が角立たず巧みだ。
【円満】エンマン　①不満がない。「―具足」「―解決」「夫婦―」②穏やかで、かどがない。「―な人柄」
熟語「円融(えんゆう)・大団円」
❸(国)えん。日本の貨幣単位。
【円建て】エンだて　外国為替相場で、円で価格を決める。
熟語「円価・円高・円安・金円・新円」

【延】【延】

5級　8画　廴-5　音 エン 漢 呉　訓 の-びる・の-べる・の-ばす・ひ-く　①1768　Ⓤ5EF6
延 7画 廴-4　――　――

人名 すけ・すすむ・たか・ただし・とお・なが・のぶ・のぶる
筆順 ノ イ 下 正 正 延 延 延
なりたち [会意]正(まっすぐ行く)＋廴(長くのびる)。遠くへ行く意から、長くする、のびる意を表す。

❶のびる。のばす。ひろがる。ひろげる。のべる。
【延延】エンエン　長く続く。「―二時間の大講演」
【延焼】エンショウ　火事が燃え広がる。
【延伸】エンシン　のばす。「地下鉄を郊外に―する」
【延髄】エンズイ　脳の最下部で脊髄に続く部分。
【延性】エンセイ　物体の、引き延ばされる性質。
【延長】エンチョウ　①長く延ばす。「―戦」⇔短縮。②全長。
【延縄】はえなわ　幹縄に多数の枝縄をつけた漁具。
熟語「延年・圧延・外延・遷延・展延・敷延・蔓延(まんえん)」
❷のびる。のばす。遅くなる。遅らせる。のべる。
【延引】エンイン　予定より遅れる。「工期が―する」
【延期】エンキ　期限をのばす。「出発―」「無期―」
【延滞】エンタイ　期日に遅れてとどこおる。「―金」
【延着】エンチャク　遅れて着く。「列車が―した」
【延納】エンノウ　納付を延期する。「授業料を―する」
【延発】エンパツ　出発期日または時刻が延びる。
【延命】エンメイ　①命をのばす。②保つようにする。「内閣の―工作」
熟語「延年・順延・遅延」
❸ひく。引き入れる。
熟語「延見」
❹(国)のべ。同一のものが何回も含まれていてもそれぞれを一回として数えた総計。
熟語「延べ人員・延べ坪・延べ日数・延べ面積」

【沿】

5級　8画　水(氵)-5　音 エン 漢 呉　訓 そう　①1772　Ⓤ6CBF

筆順 丶 丶 氵 氵 氵八 沿 沿 沿
なりたち [形声]水＋㕣(よりしたがう)音。水の流れにしたがう、そうの意。

そう。離れないように進む。近づく。また、前例やしきたりにしたがう。
【沿海】エンカイ　①海に沿った陸地の部分。②陸地に沿った海の部分。「―漁業」
【沿革】エンカク　移り変わり。変遷。「この都市の―」
【沿岸】エンガン　①海・湖・河川などに沿った陸地。②陸地に沿った水域。「―航路」

エ

【沿線】エンセン　鉄道の線路などに沿った所。「私鉄―」
【沿道】エンドウ　道に沿った場所。「―の観衆」
熟語「沿習・沿襲・沿辺(えんぺん)」

【炎】
3級　8画　火-4
音 エン 漢 呉
訓 ほのお・ほむら
①1774 Ⓤ708E

注記「焰」の書き換え字としても用いられる。

筆順 丶 丷 火 火 炏 炎 炎

なりたち  [会意]火＋火。盛んにもえるほのおの意。

❶ほのお。燃え上がる火。ほむら。
【炎帝】エンテイ　①火をつかさどる神。②夏をつかさどる神。太陽。③中国古伝説上の帝王、神農の称。
熟語「外炎・火炎・光炎・紅炎・陽炎(ようえん)(かげろう)」

❷ほのおを出してもえる。盛んにもえる。
【炎炎】エンエン　火が勢いよく燃える。「―たるほのお」
【炎上】エンジョウ　建造物が燃え上がる。「城が―する」
熟語「防炎」

❸もえるようにあつい。あつさ。ひでり。
【炎暑】エンショ　真夏のはなはだしい暑さ。「―の候」
【炎天】エンテン　暑い真夏の天気。「―下の野球試合」
【炎熱】エンネツ　太陽の照りつけるきびしい暑さ。
熟語「気炎・情炎」

❹はれ・熱・痛みなどを伴う局部的症状。
【炎症】エンショウ　はれ・発熱・痛みなどの症状が起きる。
熟語「胃炎・肝炎・消炎・腸炎・肺炎・鼻炎・関節炎・結膜炎・骨膜炎・気管支炎」

【怨】
2級　9画　心-5　新常用
音 エン(ヱン)漢・オン(ヲン)呉
訓 うら-む・うら-めしい・うら-み
①1769 Ⓤ6028

筆順 ノ ク タ 夘 夗 夗 怨 怨

なりたち  [形声]夗(二人の人がからだを曲げてかがむさま)音＋心。心が曲がりねじける意から、うらむ意を表す。

◉異字同訓◉【恨】(二二二ページ)の「異字同訓」欄を参照のこと。

うらむ。相手に不満や不快感を抱く。うらみ。うらめしい。
【怨恨】エンコン　うらみ。「―による殺人」
【怨嗟】エンサ　うらみ嘆く。「―の声」
【怨敵】オンテキ　深いうらみのある敵。「―退散」
【怨念】オンネン　深いうらみ。「―をいだく」
【怨霊】オンリョウ　うらみをいだいて、たたりをなす霊。
熟語「《エン》怨言(えんげん)・仇怨・旧怨・閨怨(けいえん)・私怨・宿怨・積怨・忿怨・憤怨」

【宴】
3級　10画　宀-7
音 エン 漢 呉
訓 うたげ
①1767 Ⓤ5BB4

人名 もり・やす・よし

筆順 丶 宀 宀 宀 官 宴 宴 宴

なりたち  [形声]宀(いえ)＋「晏の略体」(日が下に落ちる)音。家の中で落ち着き、のんびりするの意。

❶くつろぐ。やすむ。
熟語「宴息(えんそく)」

❷うたげ。酒食を共にして、楽しむ会。
【宴安(えんあん)は酖毒(ちんどく)】　遊び暮らすと、いつか身を滅ぼす。出典「左氏伝(閔公元年)」より。
【宴会】エンカイ　酒食を共にし、楽しむ会。うたげ。
【宴席】エンセキ　宴会の席。宴会。「―に連なる」
【宴遊】エンユウ　酒宴を開いて楽しむ。
熟語「宴楽(えんらく)・賀宴・球宴・狂宴・饗宴(きょうえん)・酒宴・祝宴・小宴・招宴・盛宴・披露宴」

【媛】〔媛〕
2級　12画　女-9　新常用
音 エン(ヱン)漢 呉
訓 ひめ
①4118 Ⓤ5A9B

筆順 女 女 女' 妒 妒 姬 媛 媛

なりたち  [形声]女＋爰(二人の手の間に物をさし入れてゆとりをもたせたさま)音。おっとりとして優美な女性の意。

❶ひめ。美しい女。
熟語「才媛・嬋媛(せんえん)・名媛」

❷その他。地名。
熟語「愛媛(えひめ)」

【援】〔援〕
4級　12画　手(扌)-9
音 エン(ヱン)漢
訓 ひ-く・たす-ける
①1771 Ⓤ63F4

人名 すけ

筆順 扌 扌 扌' 扩 掙 援 援 援

なりたち  [形声]手＋爰(二人の手の間に物をさし入れる)音。「爰」が指示詞に用いられるようになったため、「手」を加えた。間に手をさし入れてたすける、また、ひっぱるの意。

❶ひく。引っ張る。
【援用】エンヨウ　自説のため引く。「先人の説を―する」
熟語「援引」

❷たすける。すくう。

【援軍】(エングン) 加勢の軍隊。「―を頼む」

【援護】(エンゴ) ①助け守る。「被災者を―する」②敵から味方を守る。掩護。

【援助】(エンジョ) たすける。助勢。「学資を―する」

熟語「援兵・応援・救援・後援・支援・声援・増援・来援・孤立無援」

【園】

9級 13画 囗-10 ①1764 Ⓤ5712
音 エン(ヱン)漢・オン(ヲン)呉
訓 その

〔薗〕16画 艸(艹)-13 ①1782 Ⓤ8597

人名 その

筆順 

なりたち  〔形声〕囗(かこい)＋袁(からだのまわりを衣でとりまく)音。囲いでとりかこんだにわ、その意。

❶果樹・野菜・草花などを栽培する畑や庭。
【園芸】(エンゲイ) 果物・野菜・草花などを栽培する。
熟語「菜園・竹園・茶園・田園・梅園・花園(はなぞの)・薬園・果樹園」

❷その。広い庭。また、施設。
【園遊会】(エンユウカイ) 客を招待し、庭園で催す宴会。
熟語「園地・園丁・祇園・公園・荘園・庭園・造園・梨園・霊園・植物園」

❸人の楽しんで集まる所。
【園児】(エンジ) 幼稚園・保育園に通っている子供。

【園長】(エンチョウ) 園と称する所の長。「―先生」

熟語「開園・学園・入園・遊園・楽園・動物園・幼稚園」

【煙】

4級 13画 火-9 ①1776 Ⓤ7159
音 エン漢呉
訓 けむる・けむり・けむい

〔煙〕13画 火-9 ――
〔烟〕10画 火-6 ②6361 Ⓤ70DF

筆順 

なりたち  〔形声〕火＋垔(香炉からけむりがたちのぼる)音。火が燃えて出るけむりの意。

❶けむり。物が燃える時に立ちのぼるもの。また、けむる。けぶる。
【煙火】(エンカ) ①煙と火。②飯をたく火。炊煙。③のろし。烽火(ほうか)。④花火。

【煙害】(エンガイ) 工場の排煙などの害。

【煙硝】(エンショウ) ①硝酸カリウム。硝石。②有煙火薬の俗称。別表記 焔硝
【煙突】(エントツ) 煙を外部に排出する筒型の装置。

【煙幕】(エンマク) 敵から身を隠すための煙。「―を張る」

熟語「煙毒・煙滅・薫煙・香煙・黒煙・硝煙・噴煙・狼煙(ろうえん)(のろし)」

❷すす。
熟語「松煙・煤煙(ばいえん)・油煙」

❸けむりのように空に漂うもの。かすみ。もや。
【煙雨】(エンウ) 煙るようにそぼ降る雨。きりさめ。

【煙霞】(エンカ) 煙と霞(かすみ)。靄(もや)と霞。

熟語「煙霧・雲煙・潮煙(しおけむり)・水煙・砂煙(すなけむり)・血煙(ちけむり)・土煙(つちけむり)・雪煙(ゆきけむり)」

❹タバコ。
【煙管】(エンカン) ①キセル。②煤煙を通す管。煙筒。
【〈煙管〉】(キセル) ①きざみタバコを吸う用具。②乗車区間の中途を不正乗車する。
【〈煙草〉】(タバコ) 嗜好品の一種。別表記 莨
熟語「愛煙・喫煙・禁煙・嫌煙・紫煙・節煙」

❺〔国〕けむい。けむたい。
熟語「煙い・煙たい」

【猿】

準2級 13画 犬(犭)-10 ①1778 Ⓤ733F
音 エン(ヱン)漢・オン(ヲン)呉
訓 さる

〔猨〕12画 犬(犭)-9 ③8778 Ⓤ7328

筆順 

なりたち  〔形声〕犬＋爰(間に手を入れてひっぱる)音。木の枝などをつかんで動きまわるサルの意。

さる。霊長目に属する哺乳動物。ましら。

【猿猴】(エンコウ) 猿類の総称。特に、手長猿。

【猿人】(エンジン) 最古の化石人類。

【猿臂】(エンピ) 猿のように長いひじ。「―を伸ばす」

【猿楽】(さるガク) 古代・中世の芸能。別表記 申楽
【猿轡】(さるぐつわ) 口をふさぐ布など。「―をかませる」

【猿滑】(さるすべり) ミソハギ科の落葉高木。別表記 百日紅
【猿股】(さるまた) ズボン形の男子用下着。

熟語「猿公(えてこう)・犬猿・孤猿・三猿・心猿・野猿・山猿(やまざる)・意馬心猿」

【遠】

9級 13画 辵(辶)-10 ①1783 Ⓤ9060
音 エン(ヱン)漢・オン(ヲン)呉
訓 とおい・とお-ざかる

〔遠〕14画 辵(辶)-10 ――

仮名 平仮名「を」は「遠」の草体。
人名 とお・とおし

筆順 

なりたち  ［形声］辵(足の動作)＋袁(ゆったりした衣)音。ゆったりと隔っている意から、とおい意を表す。

❶とおい。距離的に離れている。

【遠隔】エンカク へだたっている。「―の地」「―制御」

【遠近】エンキン 遠くと近く。「―法」

【遠景】エンケイ 遠くの景色。

【遠交近攻】エンコウキンコウ 遠くと結び、近くを攻める政策。出典「史記范雎・蔡沢伝」より。

【遠視】エンシ 近くがよく見えない状態。⇔近視

【遠心力】エンシンリョク 円運動する物体に見られる、回転の中心から遠ざかる向きに働く力。

【遠水(えんすい)は近火を救わず】 遠くのものは急場の役に立たない。出典「韓非子説林上」より。

【遠征】エンセイ 討伐に遠くへ行く。「大軍を率いた―」

【遠戚】エンセキ 血筋の遠い親戚。

【遠足】エンソク 学校の特別活動で遠くへ行く。

【遠望】エンボウ はるか遠くを見渡す。「―がきく丘」

【遠方】エンポウ 遠いところ。「友―より来たる」

【遠来】エンライ 遠くからやってくる。「―の客」

【遠雷】エンライ 遠くの方で鳴っている雷。

【遠路】エンロ 遠いみちのり。「―はるばる訪れる」

熟語「《エン》遠因・遠泳・遠国(えんごく)(おんごく)・遠島・以遠・迂遠・広遠・絶遠・僻遠(へきえん)・望遠」「《オン》遠流(おんる)」

❷とおい。時間的にへだたりがおおきい。

【遠大】エンダイ 計画や考えが大きい。「―な計画」

【遠謀】エンボウ 将来まで考えたはかりごと。「―深慮」

【遠き慮(おもんばか)りなければ必ず近き憂えあり】 将来を考えないと、必ず近いうちに困ることになる。出典「論語衛霊公」より。

熟語「《エン》永遠・悠遠・前途遼遠(ぜんとりょうえん)」「《オン》久遠(くおん)」

❸近寄りがたい。おくぶかい。

熟語「《エン》高遠・深遠・幽遠」

❹親しくない。とおざかる。また、とおざける。

【遠慮】エンリョ ①控え目にする。「―なくいただきます」②やめる。「御挨拶は―いたします」③断ることの遠回しな言い方。④よく考える。深慮。「深謀―」

熟語「《エン》敬遠・疎遠」

❺(国)「遠江(とおとうみ)国」の略。

【遠江】とおとうみ 旧国名。静岡県の西部に相当。遠州。

熟語「《エン》遠州」

【鉛】

4級 13画 金-5 音 エン 漢 呉 訓 なまり ①1784 Ⓤ925B

筆順 ノ 𠆢 今 牟 金 釟 鈆 鉛

なりたち  ［形声］金＋㕣(穴から流れ出る)音。とけて流れ出る灰白色の金属、なまりの意。

❶なまり。金属の一。

【鉛管】エンカン 鉛でつくった管。

【鉛直】エンチョク 重力の方向。「―線」⇔水平

【鉛毒】エンドク 鉛に含まれている毒。

【鉛筆】エンピツ 筆記用具の一。「―削り」

熟語「鉛錘・鉛版・亜鉛・黒鉛・錘鉛・測鉛・酸化鉛」

❷なまりを用いた白色顔料。

【鉛白】エンパク 鉛から生成する白色の結晶。

熟語「鉛華・鉛粉」

【塩】

7級 13画 土-10 音 エン 漢 呉 訓 しお ①1786 Ⓤ5869

【鹽】 25画 鹵-14 ②8337 Ⓤ9E7D

難読 塩場菜(しばな)

人名 しお

筆順 一 十 土 圹 圻 坧 塩 塩 塩

なりたち  ［形声］監(きびしく取り締まる)音＋鹵(岩塩)。舌にきびしい刺激を与えるしおの意。「塩」は俗字。

❶しお。

【塩害】エンガイ 海水に含まれる塩分による害。

【塩水】エンスイ 塩分を含む水。しおみず。

【塩田】エンデン 海水から食塩をつくるために設けた砂浜の設備。

【塩分】エンブン 成分として含まれている塩。しおけ。

熟語「塩湖・塩田・塩分・海塩・岩塩・食塩・製塩・手塩(てしお)・一塩(ひとしお)・無塩(ぶえん)(むえん)」

❷塩漬けにする。

【塩蔵】エンゾウ 塩に漬けた物。別表記 醃蔵

【塩加減】しおカゲン 塩でつけた味のぐあい。

熟語「塩辛(しおから)・塩鮭(しおざけ)・塩漬け」

❸塩素。

【塩素】エンソ 黄緑色の刺激臭のある気体元素。

熟語「塩化・塩酸」

❹酸の陰イオンと、金属などの陽イオンとからできている化合物。

【塩基】エンキ 酸と反応し塩(えん)を作る物質。

熟語「塩類・硫酸塩」

❺その他。

【塩梅】アンバイ ①料理の味加減。「吸い物の―をみる」②物事の具合。調子。加減。「いい―に席が空いていた」「ずっとお天気の―もいい」③からだの具合。健康状態。④適当に処理する。「適当に―しておけ」別表記 按排・按配

【演】

6級 14画 水(氵)-11 音 エン 漢 呉 訓 の-べる ①1773 Ⓤ6F14

人名 のぶ・ひろ・ひろし

筆順 … 演

なりたち  [形声]水＋寅(両手で矢をまっすぐにのばす)音。川が長くのびる意から、のべひろげる意を表す。

❶ひろめる。のべ説く。のべる。

【演繹】エンエキ ①前提から論理で結論を導く。⇔帰納。②おしひろめる。「他の事象にも―する」

【演義】エンギ ①わかりやすく説明する。②中国の通俗的な歴史小説。「三国志―」

【演説・演舌】エンゼツ 人前で主張を述べる。「街頭で―する」

【演題】エンダイ 講演・演説などの題目。

【演壇】エンダン 講演・演説などのために設けた壇。

熟語「講演」

❷実際にする。けいこする。

【演算】エンザン 計算する。運算(うんざん)。

【演習】エンシュウ ①慣れるための練習。「予行―」②軍隊で、実戦の訓練。③大学のゼミナール。「日本文学―」

【演武】エンブ 武芸を行う。武芸を練習する。

【演舞】エンブ ①舞を練習する。②舞を舞って多くの人に見せる。「―場」

❸音楽や、劇などをおこなう。

【演歌】エンカ 歌謡曲。別表記 艶歌

【演技】エンギ ①舞台で芸を演じて見せる。②競技で選手が演じる技。「模範―」

【演芸】エンゲイ 見物人に見せる大衆的な芸能。

【演劇】エンゲキ 俳優が観客に見せる芸術。芝居。劇。

【演者】エンジャ ①出演者。②演説をする人。

【演出】エンシュツ ①脚本に基づき作品を作る。「―家」②進行や内容に工夫を加える。「―過剰」

【演奏】エンソウ 音楽を奏する。「―会」

【演目】エンモク 上演される演劇などの題名。

熟語「開演・客演・休演・競演・口演・公演・好演・再演・試演・実演・終演・主演・出演・巡演・上演・初演・助演・独演・熱演・名演・自作自演」

【縁】

4級 15画 糸-9 音 エン 漢 呉 訓 ふち・へり・えにし・ゆかり・よすが・よ-る ①1779 Ⓤ7E01

【緣】15画 糸-9 ③9013 Ⓤ7DE3

人名 まさ・むね・やす・ゆか・ゆかり・よ・よし・より

筆順 … 縁

なりたち  [形声]糸＋彖(頭の大きなイノシシにかたどる。見慣れないものを見ると避けて、はしに隠れようとする習性をもつ)音。糸や布のはし、へりの意。

❶ふち。へり。物の周辺部。

【縁辺】エンペン ①まわり。周辺。②縁続きの人。

熟語「薄縁(うすべり)・外縁・額縁(がくぶち)・金縁(きんぶち)」

❷よる。関係・関連がある。よすが。

【縁由】エンユウ ①ゆかり。縁故。②[法]ことをなすに至る動機。

熟語「縁語」

❸えん。婚姻や血縁によって係わりあいのあるもの。ゆかり。

【縁組(み)】エンぐみ 夫婦・養子などの関係を結ぶ。

【縁故】エンコ ①血縁や姻戚などによるつながり。②人と人とのつながり。「―就職」

【縁者】エンジャ 縁続きの人。親戚。「親類―」

【縁戚】エンセキ 親類。親戚。「―関係」

【縁談】エンダン 結婚話。「娘の―がもち上がる」

熟語「縁類・旧縁・求縁・血縁・再縁・重縁・絶縁・俗縁・内縁・不縁・復縁・離縁・良縁・類縁・相縁機縁」

❹(仏)えん。めぐりあわせ。えにし。

【縁起】エンギ ①物事の吉凶の前兆。「―がよい」②事物、特に社寺の起源。「石山寺―」③(仏)因縁によってすべてが生じる。

【縁日】エンニチ 神仏の縁で、供養や祭りを行う日。

熟語「悪縁・因縁(いんねん)・有縁(うえん)・奇縁・機縁・逆縁・宿縁・仏縁・無縁・由縁」

❺(国)えん。部屋の外側につけた板張りの部分。縁側。

【縁側】エンがわ ①座敷の外側の板敷きの部分。えん。②魚のひれにある骨・肉。「ひらめの―」

【艶】

2級 19画 色-13 新常用 音 エン 漢 呉 訓 つや・あで-やか・なま-めかしい・なま-めく ①1780 Ⓤ8276

【艷】24画 色-18 ②7170 Ⓤ8277

【豓】27画 豆-20 Ⓤ8C53

【豔】28画 豆-21 ④8894 Ⓤ8C54

人名 つや・もろ・よし

筆順 … 艶

なりたち  [会意]豐(ゆたかに盛られたたかつき)＋色。色つやがゆたかでうつくしいの意。篆文では、豐＋盍(おおう)。

❶あでやか。美しい。なまめかしい。なまめく。

【艶姿(あですがた)】女の美しい姿。「晴れ着を着た―」

【艶姿(エンシ)】なまめかしくあでやかな姿。艶容。

【艶冶(エンヤ)】なまめかしい。「洗い髪の―な姿態」

【艶麗(エンレイ)】あでやかで美しい。

熟語「艶美・嬌艶(きょうえん)・濃艶・豊艶・幽艶・優艶・妖艶(ようえん)・麗艶」

❷はなやかさ。いろ。光彩。
熟語「紅艶」

❸情事に関することがら。色っぽい関係。
【艶書(エンショ)】恋慕の気持ちを書き送る手紙。恋文。

【艶笑(エンショウ)】①あでやかに笑う。②好色な滑稽さがある。「―譚(たん)」

【艶福(エンプク)】男が多くの女性にもてる。「―家」

【艶聞(エンブン)】男女間のうわさ。「―が絶えない」

熟語「艶本」

❹(国)つや。物の表面の光沢。つややか。
熟語「色艶(いろつや)・艶消(つやけ)し」

オ

【汚】

4級 6画 水(氵)-3
音 オ(ヲ)漢・ワ呉
訓 けがす・けがれる・けがらわしい・よごす・よごれる・きたない・きたな-らしい
①1788 Ⓤ6C5A

筆順 、 冫 氵 汀 汚 汚

なりたち 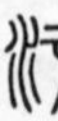 [形声]水＋亏(くぼみ)音。くぼみにたまった水の意から、けがれる意を表す。

❶よごれる。よごす。よごれ。きたない。きたならしい。けがらわしい。
【汚水(オスイ)】汚濁した水。「―処理」

【汚染(オセン)】汚れに染まる。「放射能―」「大気―」

【汚損(オソン)】汚し傷つける。

【汚濁(オダク)】よごれる。「―した社会」「水質―」注記 仏教関係では「おじょく」という。

【汚泥(オデイ)】下水処理などで出る泥状物。

【汚点(オテン)】①よごれたところ。しみ。②不名誉。「学校の歴史に―を残した」

【汚物(オブツ)】きたないもの。排泄(はいせつ)物。

【汚穢(オワイ)】きたないもの。糞尿(ふんにょう)。

熟語「醜汚(しゅうお)・点汚」

❷けがす。けがれる。不正を行う。
【汚職(オショク)】公務員が不正な行為を行う。注記「瀆職(とくしょく)」の言い換え語。

【汚辱(オジョク)】けがしはずかしめる。「―を受ける」

【汚名(オメイ)】不名誉な評判。「―返上」「―をそそぐ」

【汚吏(オリ)】不正をはたらく役人。

熟語「貪汚(たんお)・防汚」

【和】⇩ワ(六七四ページ)

【悪】⇩アク(二ページ)

オウ

【王】

10級 4画 玉(王)-0
音 オウ(ワウ)漢呉
訓 おおきみ・みこ
①1806 Ⓤ738B

人名 き・きみ・たか・み・わ・わか

筆順 一 丅 干 王

なりたち  [象形]刃先に向けて末広の形状をなす、まさかりにかたどる。偉大な支配者、きみの意。

❶国を治める者。おおきみ。君主。
【王位(オウイ)】王の位。帝位。「―につく」

【王化(オウカ)】天子の徳によって人々を従わせる。

【王冠(オウカン)】①王位のしるしの冠。②瓶を密閉するための金属製の栓。

【王家(オウケ)】王の家系。また、王の一族。おうか。

【王権(オウケン)】国王の権力。君権。「―の強大な国」

【王公(オウコウ)】王族と公族。また、身分の高い人。

【王侯(オウコウ)】王と諸侯。

【王侯(おうこう)将相(しょうしょう)寧(いずく)んぞ種(しゅ)あらんや】どんな人でも努力や運により栄達できる。出典「史記 陳渉世家」より。

【王国(オウコク)】王が支配している国。王制の国。

【王様(オウさま)】王を敬っていう語。

【王子(オウジ)】①帝王の男の子。②親王でない皇族の男子。▽⇔王女
【王室(オウシツ)】王を中心としたその一族。王家。

【王女(オウジョ)】①帝王の娘。②内親王でない皇族の女子。▽⇔王子
【王城(オウジョウ)】①王の住む城。王宮。皇居。②都。

【王臣(おうしん)蹇蹇(けんけん)躬(み)の故(ゆえ)にあらず】忠臣が王のために尽くす。出典「易経 蹇卦」より。

【王制(オウセイ)】王が統治する政治制度。君主制。

【王政(オウセイ)】帝王・国王が行う政治。「―復古」

【王朝(オウチョウ)】同じ家系の王の政治。「ブルボン―」

【王道(オウドウ)】①仁徳に基づく政治。⇔覇道(はどう)。②安易な方法。楽な道。「学問に―なし」

【王妃(オウヒ)】①国王の妻。②皇族で王の称号をもつ人の妻。

【王命(オウメイ)】国王の命令。

熟語「王学・王政復古・勤王・君王・賢王・国王・女王・親王・尊王・大王・帝王・覇王・法王・海王星・天王星・内親王・冥王星」

❷第一人者。かしら。

【王座】オウザ ①王位。②首位。「―につく」
【王者】オウジャ ①王である人。②第一人者。
熟語「三冠王・打点王・百獣王」
❸（仏）諸天の統率者。天上界の神々。
熟語「仁王・魔王・明王・竜王・四天王」
❹（国）みこ。皇族の男子の中で、親王宣下がなかった者。
熟語「以仁王もちひとおう」
❺その他。人名など。
【王安石】オウアンセキ 一〇二一～一〇八六 中国、北宋の政治家。唐宋八大家の一人。
【王維】オウイ 七〇一～七六一（一説に六九九～七五九）中国、盛唐の詩人・画家。
【王羲之】オウギシ 三〇七～三六五 中国、東晋しんの書家。書聖と称された。
【王昭君】オウショウクン 中国、漢の元帝の後宮の美女。
【王昌齢】オウショウレイ 六九八～七五五頃 中国、盛唐の詩人。
【王莽】オウモウ 前四五～後二三 中国、前漢末の政治家。新を建国。劉秀に滅ぼされた。
【王陽明】オウヨウメイ 一四七二～一五二八 中国、明代の儒学者。陽明学を完成。

【凹】
準2級 5画 凵-3
音 オウ（アフ）漢呉
訓 くぼ-み・くぼ-む・へこ-む・ぼこ
①1790 Ⓤ51F9

筆順 乛 乛 ㄩ 凹 凹

なりたち ［象形］中央がくぼんださまにかたどる。くぼむの意。

❶くぼむ。へこむ。くぼみ。中央が低くなった形。ぼこ。
【凹凸】オウトツ でこぼこ。「表面に―がある」
【凹版】オウハン へこみにインクをつける印刷版。
熟語「凹面鏡・凸凹とつおう（でこぼこ）」

【央】
8級 5画 大-2
音 オウ（アウ）呉・ヨウ（ヤウ）漢・エイ漢
訓 なか・なか-ば
①1791 Ⓤ592E

人名 あきら・ちか・てる・なか・ひさ・ひさし・ひろ・ひろし

筆順 丨 冂 口 央 央

なりたち ［指事］手足を広げた人（大）の首の部分に一を付し、くびすじの意を表す。転じて、まん中の意に用いる。

❶なか。なかば。まんなか。
熟語「期央・震央・中央・年央・湾央」
❷つきる。なくなる。
熟語「未央びおう」

【応】
6級 7画 心-3
音 オウ呉・ヨウ漢
訓 こた-える・まさ-に
①1794 Ⓤ5FDC

〔應〕17画 心-13 ②5670 Ⓤ61C9

人名 かず・たか・のぶ・のり・まさ

筆順 丶 亠 广 广 応 応 応

なりたち ［形声］雁（鷹たかの意）音＋心。狩猟用の鷹を心（懐）に受け止める、来るものにこたえるの意。金文では、鳥を胸元に抱く形につくる。「応」は「應」の略体。

●異字同訓●【答】（四九五ページ）の「異字同訓」欄を参照のこと。

❶こたえる。返事をする。相手になる。他の動きにこたえて動く。
【応援】オウエン はげまし助ける。「地元候補を―する」
【応急】オウキュウ とりあえず急場をしのぐ。「―措置」
【応手】オウシュ 碁・将棋で、相手に応じて打つ手。
【応酬】オウシュウ ①やりとりする。「やじの―」「パンチの―」②書状・詩歌などの返しをする。③酒席での杯のやりとり。献酬。
【応接】オウセツ 訪ねて来た人の相手をする。「―間」
『応接おうせつに暇いとまあらず』一つ一つ応じる余裕がない。多忙だ。出典「世説新語言語」より。
【応戦】オウセン 敵の攻撃を受け戦う。「必死に―する」
【応対】オウタイ 応接する。「電話の―」
【応諾】オウダク 引き受ける。「快く―する」
【応答】オウトウ 答える。「速やかに―せよ」「質疑―」
【応変】オウヘン 状況に応じて処理する。「臨機―」
【応募】オウボ 募集に応じる。「懸賞に―する」
【応用】オウヨウ 他に用いる。「―がきかない」「―問題」
熟語「応召・応力・一応・感応・供応・饗応・呼応・策応・順応じゅんのう・照応・即応・対応・適応・内応・反応・因果応報・臨機応変」
❷ふさわしい。つりあう。
【応分】オウブン 分相応。「―の負担」⇔過分
熟語「照応・相応・不相応・分相応」

【往】
6級 8画 彳-5
音 オウ（ワウ）漢呉
訓 い-く・ゆ-く
①1793 Ⓤ5F80

〔徃〕8画 彳-5 ②5540 Ⓤ5F83

人名 おき・なり・ひさ・みち・もち・ゆき・よし

筆順 丿 彳 彳 彳 往 往 往 往

なりたち ［形声］甲骨文では、出（足が横線から進み出るさまの象形文字で、ゆくの意）＋王（おおきい）音。おおいに進みゆくの意。篆文で、「彳」（ゆく）をさらに加えた。

❶いく。ゆく。出かける。赴く。
【往往】オウオウ よくある。「―にしてあることだ」

【往還】オウカン ①行き来する道。街道。「脇—」②人や車がゆききする。往来。
【往診】オウシン 医者が病人の家に行って診察する。
【往復】オウフク ①行きと帰り。行って帰る。「家と学校を—する」②やりとり。「手紙の—」
【往来】オウライ ①行き来する。「車の—が激しい」②道路。街道。③思いが浮かぶ。「胸中を—する思い」④人と人との交際。つきあい。⑤往復の書簡。「庭訓(ていきん)—」
【往路】オウロ 行きの道。「—は上り坂」⇔復路
熟語「一往・勇往・来往・右往左往・勇往邁進(ゆうおうまいしん)」

❷いく。ゆく。去る。
【往者】オウシャ ①往く人。去りゆく人。②過ぎ去ったこと。過ぎ去った時。⇔来者
【往生】オウジョウ ①(仏)死後、極楽に生まれる。「極楽—」②死ぬ。「—を遂げる」「大—」③抵抗などをあきらめる。「—際が悪い」④非常に困る。「英語が通じず—した」
熟語「大往生・立ち往生」

❸昔。過去。
【往古】オウコ 遠い過去。大昔。
【往事】オウジ 過ぎ去った昔のこと。「—を追懐する」
【往時】オウジ 昔。以前。「城跡に—をしのぶ」
【往日】オウジツ 過ぎ去った日。むかし。昔日。
【往年】オウネン 過ぎ去った昔。「—の名選手」
熟語「已往・既往」

❹のち。あと。
熟語「以往」

【押】

4級 8画 手(扌)-5
音 オウ(アフ) 漢 呉
訓 おす・おさえる・おし
①1801 Ⓤ62BC

筆順 一 十 扌 扌 扣 扣 押 押

なりたち [形声]手+甲(から)音。からをかぶせるように手でおさえるの意。

❶おす。おさえつける。とりおさえる。また、判などをおす。
【押印】オウイン 印を押す。捺印(なついん)。
【押収】オウシュウ 証拠品を押さえる。「証拠品を—する」
【押送】オウソウ 受刑者や被疑者をほかへ移す。
【押捺】オウナツ 印を押す。「署名の上—すること」
【押(し)葉】おしば 葉を紙の間に入れて乾したもの。
熟語「空押(からお)し・手押し」

❷詩で、韻をふむ。
【押韻】オウイン 詩文で、韻をふむ。

❸古文書や公文書などに見られる図案化されたサイン。
熟語「花押(かおう)・華押(かおう)・略押(りゃくおう)」

❹(国)おし。おす。強引に自分の意志を通す。
【押(し)問答】おしモンドウ 互いに言い張る。「—の末、譲歩した」
熟語「押領(おうりょう)・押し入れ・押し売り・押し掛け・押し込み・押し付け・差し押さえ」

【旺】

人名 あきら
2級 8画 日-4 新常用
音 オウ(ワウ) 漢 呉
訓 さかん
①1802 Ⓤ65FA

筆順 丨 冂 日 日 日一 旷 旺 旺

なりたち [形声]日+王(勢いが盛んで立派な統率者)音。日の光が盛んであるの意。

さかんなさま。
【旺盛】オウセイ 盛んである。「—な好奇心」「元気—」
熟語「旺然・興旺」

【欧】

3級 8画 欠-4
音 オウ 漢・ウ 呉
訓 はく
①1804 Ⓤ6B27

【歐】15画 欠-11 ②6131 Ⓤ6B50

筆順 一 フ ヌ 区 区 区ケ 欧 欧

なりたち  [形声]區(かみくだいた細かい食べ物)音+欠(体をかがめる)。体をかがめて、食べた物をはくの意。

❶はく。もどす。
熟語「欧血・欧吐」

❷「欧羅巴(ヨーロッパ)」の略。
【欧亜】オウア ヨーロッパと亜細亜(アジア)。
【欧化】オウカ ヨーロッパ風になる。「—主義」
【欧州】オウシュウ ヨーロッパ州。「—大陸」
【欧文】オウブン ヨーロッパ諸国の文字。「—和訳」
【欧米】オウベイ ヨーロッパとアメリカ。「—文化」
熟語「欧風・遺欧・在欧・西欧・滞欧・東欧・渡欧・訪欧・北欧」

❸その他。人名など。
【欧陽脩】オウヨウシュウ 一〇〇七〜一〇七二 中国、北宋の政治家・学者。唐宋八大家の一人。
【欧陽詢】オウヨウジュン 五五七〜六四一 中国、初唐の書家。初唐三大家の一人。

【殴】

3級 8画 殳-4
音 オウ 漢
訓 なぐる・うつ
①1805 Ⓤ6BB4

【毆】15画 殳-11 ②6156 Ⓤ6BC6

筆順 一 フ ヌ 区 区 区ケ 殴 殴

なりたち 毆 ［会意］區（かがみこむ）＋殳（棒で打つ）。相手が身動きできなくなるまで打ちたたくの意。

なぐる。うつ。たたく。

【毆殺】オウサツ なぐり殺す。

【毆傷】オウショウ 人をなぐって傷つける。

【毆打】オウダ 人をなぐりつける。「頭部を—する」

熟語「毆縛おうばく・横毆よこなぐり」

【皇】⇩コウ（二〇五ページ）

【桜】

6級 10画 木-6 音 オウ（アウ）漢・ヨウ（ヤウ）呉 訓 さくら ①2689 Ⓤ685C

【櫻】21画 木-17 ②6115 Ⓤ6AFB

筆順 一 十 木 木 朩 杪 桜 桜

なりたち 櫻 ［形声］木＋嬰（貝の首飾りを首に巻いた女の子）音。花が木のまわりをとり巻くようにして咲く木の意。

❶ゆすらうめ。バラ科の落葉低木。

【桜桃】オウトウ ①セイヨウミザクラ。さくらんぼう。さくらんぼ。②ユスラウメ。バラ科の落葉低木。③美人や美人の唇のたとえ。

❷さくら。サクラ科の落葉高木。日本の国花。

【桜花】オウカ 桜の花。「—爛漫らんまん」

熟語「桜雲・桜花・桜樹・桜餅さくらもち・姥桜うばざくら・観桜・残桜・葉桜はざくら・緋桜ひざくら・夜桜よざくら・老桜ろうおう・彼岸桜ひがんざくら」

❸（国）さくら。㋐馬肉の俗称。桜肉。㋑露店などで、客の買い気をそそるため、客のふりをして買い物をする仲間。

【翁】

準2級 10画 羽(羽)-4 音 オウ（ヲウ）漢 訓 おきな ①1807 Ⓤ7FC1

【翁】10画 羽-4 —— ——

難読 信天翁あほうどり（しんてんおう）

人名 おい・おき・おきな・とし・ひと

筆順 八 公 公 翁 翁 翁 翁

なりたち 翁 ［形声］公（隠さずに開かれている場所）音＋羽。隠さずにぐっと伸ばした首の毛の意。公に通じて、長老の意から、おきなの意を表す。

年老いた男。おきな。

【翁媼】オウオウ おじいさんとおばあさん。

熟語「翁草おきなぐさ・岳翁がくおう・玄翁げんのう・塞翁・村翁・乃翁だいおう・野翁・老翁」

【黄】⇩コウ（二一一ページ）

【奥】

4級 12画 大-9 音 オウ（アウ）漢呉 訓 おく ①1792 Ⓤ5965

【奧】13画 大-10 ②5292 Ⓤ5967

人名 うち・うら・おき・すみ・ふか・むら

筆順 ノ 冂 内 内 内 向 奥 奥 奥

なりたち 奧 ［会意］宀（いえ）＋釆（ばらばらにまきちらす）＋廾（両手）。家の中にまきちらされた物をすみまで両手でさがす意から、すみ・おくの意を表す。

❶おく。内部へ深くはいった方。おくの方。

【奥底】おくそこ 奥深いところ。「心の—」

【奥地】おくチ 海や町から離れた地域。「—探検」

【奥津城】おくつき 墓。注記「つ（津）」は格助詞。

【奥行】おくゆき 表から奥までの距離。⇔間口まぐち

熟語「奥の院・深奥・堂奥どうおう・山奥」

❷（国）「陸奥むつ国」の略。みちのく。

【奥羽】オウウ 陸奥むつ国と出羽国。東北地方。

熟語「奥州」

❸（国）おく。身分の高い人の夫人。また、他人の妻に対する敬称。

【奥方】おくがた 身分のある人の妻の敬称。

【奥様】おくさま 他人の妻を敬っていう語。

❹（国）おく。物の末尾。書物・手紙などの末尾。

【奥書】おくがき ①巻末に記す書物の由来など。識語。②文書の末尾に記された記事。③奥義の伝授証書。

【奥付】おくづけ 巻末に載せる書籍の情報の部分。

❺おく深い。内にかくれたところ。また、おく深い意味。

【奥義】オウギ 学問・技芸の極意。「—をきわめる」

熟語「奥旨おうし・奥伝おくでん・奥の手・蘊奥うんおう（のう）・胸奥・玄奥・心奥・深奥・内奥・秘奥」

❻その他。

【奥手】おくて ①遅く成熟する稲の品種。②普通より遅く成熟する草木。③肉体的・精神的成熟が遅い人。⇔わせ

【奥床しい】おくゆかしい 上品で好ましい。「—い態度」

【横】

8級 15画 木-11 音 オウ（ワウ）漢・コウ（クワウ）呉 訓 よこ・よこ-たえる・よこ-たわる ①1803 Ⓤ6A2A

【橫】16画 木-12 ③8616 Ⓤ6A6B

人名 み

筆順 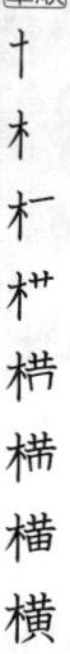

なりたち  [形声]木＋黄(中心線からよこ方向にのびる)音。門のとびらを閉じるためのよこぎ、また、よこの意。

❶よこ。東西または左右の方向。また、かたわら。

【横説▼竪説】(オウセツジュセツ) 自由自在、縦横に述べる。

【横断】(オウダン) ①横にたち切る。東西に通り抜ける。「―歩道」②一方から他方へ渡る。「大陸―」⇔縦断。

熟語「横隊(おうたい)・横断・縦横(じゅうおう)(たてよこ)・縦横無尽」

❷よこたわる。よこたえる。

【横▼臥】(オウガ) 身体を横たえる。横向きに臥(ふ)す。

【横転】(オウテン) 横倒しになる。「列車が―する」

熟語「横隔膜(おうかくまく)」

❸よこにはみでる。勝手気まま。よこしま。不正。

【横行】(オウコウ) ①勝手気ままに歩き回る。「―闊歩」②悪事が行われる。「悪徳商法の―」③横向きに行く。「―の介士(=かに)」

【横着】(オウチャク) ①怠けている。「―な態度をとる」②ずうずうしく、ずるい。「―なやつ」

【横道】(オウドウ) 道理に反する。「―な者」注記 本道からはずれた道の意。

【横柄】(オウヘイ) 人を見下す態度。「―な口のきき方」注記「おしから(押柄)」の音読によって生じた語。別表記 押柄

【横暴】(オウボウ) 乱暴な行い。「―なやり方」

【横領】(オウリョウ) 不法に物を取る。「公金―」

【横紙破り】(よこがみやぶり) 自分の意見を無理に押し通す。注記 和紙は漉(す)き目が縦になっていて、横には破りにくいことから。

【横車】(よこぐるま) 道理に反したことをする。「―を押す」

【横好き】(よこずき) へたなのに好む。「へたの―」

【横取り】(よこどり) わきから奪いとる。

【横流し】(よこながし) 正規の販路を経ずに売る。

【横▼槍】(よこやり) 横から口を出す。「―を入れる」

熟語「横逆(おうぎゃく)・横風(おうふう)・横車(よこぐるま)・横恋慕(よこれんぼ)・専横・暴横」

❹不慮の。理由のない。意外な。

【横死】(オウシ) 不慮の災難で死ぬ。「―を遂げる」

熟語「横禍(おうか)」

❺勢いが盛んなさま。

【横▼溢】(オウイツ) みなぎる。「気力―」別表記 汪溢

熟語「横生(おうせい)」

❻その他。

【横綱】(よこづな) 相撲力士の最高の階級。

おか

【岡】

〔堽〕12画 土-9 ②5246 Ⓤ583D

〔崗〕11画 山-8 ②5430 Ⓤ5D17

2級　8画　山-5　新常用　①1812 Ⓤ5CA1

音 コウ(カウ)漢呉

訓 おか

筆順 

なりたち  [会意]网(ふといつな)＋山。かたく平らな台地の意。

❶おか。小山。小高い土地。

熟語「丘岡(きゅうこう)」

❷(国)かたわら。わき。直接関係しない立場。

【岡っ引き】(おかっぴき) 近世、同心の下で犯罪を捜査した者。注記「おか」は「傍(そば)」の意で、そばにいて手引きする者の意という。

【岡場所】(おかばショ) 江戸で、私娼(ししょう)街の称。

【岡▼惚れ】(おかぼれ) ひそかに恋い慕う。別表記 傍惚れ

【岡目八目】(おかめハチモク) 「傍目八目(おかめはちもく)」に同じ。

【岡持(ち)】(おかもち) 手と蓋(ふた)がついた桶(おけ)。

❸その他。地名。

熟語「岡山県(おかやまけん)・静岡県(しずおかけん)・福岡県(ふくおかけん)」

オク

【屋】

8級　9画　尸-6　①1816 Ⓤ5C4B

音 オク(ヲク)漢呉

訓 や

筆順 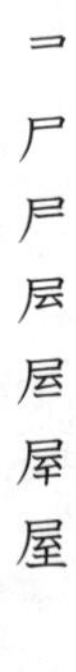

なりたち  [会意]尸(垂れ幕)＋至(いたる)。垂らした幕にいたり、行きづまる意から、家をおおい、光や雨・風などをさえぎる屋根の意。

❶いえ。すまい。建物。

【屋宇】(オクウ) いえ。家屋。

〖屋烏(おくう)の愛〗 愛情が深いことのたとえ。出典「書経大伝」「説苑貴徳」より。

【屋外】(オクガイ) 家屋の外。戸外。⇔屋内

【屋内】(オクナイ) 家屋の内。⇔屋外

〖屋漏(おくろう)に愧(は)じず〗 人が見ていなくても、行いを慎む。出典「詩経大雅、抑」より。

【屋形】(やかた) ①貴人の住居。屋敷。②大名。貴人。「お―さま」③屋形船(やかたぶね)。

【屋敷】(やしき) 家の建っている土地の一区画。家。別表記 館

熟語「屋外・屋内・家屋・楽屋(がくや)・小屋・社屋・陣屋(じんや)・納屋(なや)・長屋(ながや)・廃屋・平屋(ひらや)・部屋(へや)・茅屋(ぼうおく)(かやや)・霊屋(れいおく)(たまや)・陋屋(ろうおく)・一軒屋(いっけんや)・数寄屋(すきや)」

❷やね。建物の上を覆うもの。
【屋下に屋を架す】無駄なことをする。屋上屋を架す。出典「世説新語文学」「顔氏家訓序致」より。

【屋上】①屋根の上。②ビルなどの屋根の上の平らな場所。

【屋上屋を架す】「屋下に屋を架す」に同じ。

【屋根】建物の上につけるおおい。

熟語「屋下」
❸(国)や。店・人などの名につけて職業をあらわす。また、人の性格などをあらわす。
【屋号】①商店の呼び名。②歌舞伎俳優の家の称号。③その家の呼び名。家名。

【屋台・屋体】①屋根のある、台を設けた店。②祭礼のときに引く家の形をした台。

熟語「紺屋・魚屋・質屋・庄屋・茶屋・床屋・問屋・本屋・宿屋・居酒屋・気取り屋・政治屋・寺子屋・八百屋・分からず屋」

【億】

7級 15画 人(亻)-13
音 オク 漢 呉
①1815 Ⓤ5104

人名 はかる・やす
筆順 亻 亻亠 亻立 倍 倍 億 億
なりたち  [形声]人＋意(おもう)音。人が思い描くことのできる最大の数の意。
❶単位の一。一万の一万倍。また、数量のきわめて多いこと。
【億兆】①限りなく多い数。②多くの人民。万民。「―の民」

【億万】数量がきわめて多い。「―長者」

【億劫】めんどうだ。「体を動かすのも―だ」

熟語「巨億・千億」
❷おしはかる。同憶・臆。
熟語「億測・億度」

【憶】

4級 16画 心(忄)-13
音 オク 呉・ヨク 漢
訓 おぼ-える・おも-う
①1817 Ⓤ61B6

注記「臆」の書き換え字としても用いられる。
人名 ぞう
筆順 丶 忄 忙 愔 愔 憶 憶
なりたち [形声]心＋意(おもう)音。心の中でじっと思うの意。
❶おもう。回想する。思い出す。
熟語「憶想・追憶」
❷おぼえる。心に銘記して忘れない。
熟語「憶念・記憶」
❸おしはかる。同臆。
【憶説】推測による意見。別表記 臆説
【憶測】根拠のない推測。「―を呼ぶ」別表記 臆測

【臆】

2級 17画 肉(月)-13 新常用
音 オク 呉・ヨク 漢
訓 むね
①1818 Ⓤ81C6

筆順 月 月 肝 肪 脂 臆 臆
なりたち  [形声]肉＋意(おもう)音。胸の中であれこれ思いめぐらすの意。
❶むね。心のなか。
熟語「臆中・胸臆」
❷心のなかでおしはかる。当て推量。同憶。
【臆測】「憶測」に同じ。

【臆断】確実な根拠もなく、推測で判断する。

熟語「臆説・臆見・揣摩臆測」
❸(国)おくする。気おくれする。おじける。
【臆病】気が小さい。「―な男」「―者」

【臆面】気おくれした様子。「―もなく」

熟語「怯臆」

おそれ

【虞】〈虞〉

13画 虍-7
準2級 13画 虍-7
音 グ 漢 呉
訓 おそれ・おもんぱか-る
①2283 Ⓤ865E

人名 すけ・やす
筆順 丨 卜 卢 虍 虐 虞 虞
なりたち  [形声]虍(トラ)＋呉音。トラに似た獣の名を表したが、のちに懼に通じて、おそれる意に用いる。
❶おそれ。おそれる。うれえる。心配する。おもんぱかる。
【虞犯少年】少年法で、罪を犯すおそれのある者。
熟語「不虞・憂虞」
❷帝舜が建てた中国古代の伝説上の王朝。
熟語「虞舜」
❸周代の諸侯国の名。
【虞芮の訴え】虞・芮両国の人が田地を争った際に、周の文王に裁決してもらおうと周に行ったところ、周には謙譲の美風が行われているのを見て恥じ、争いをやめたという故事。出典「史

記周本紀」より。熟語「虞芮（ぐぜい）」

❹その他。

【虞美人】グビジン 前?〜前二〇二 楚（そ）の項羽（こうう）の寵姫（ちょうき）。

【虞美人草】グビジンソウ ヒナゲシの別名。注記 虞美人の墓の前に生えたといわれることから。

オツ

【乙】

3級 1画 乙-0 音 オツ呉・イツ漢 訓 おと・きのと

人名 おと・き・くに・くま・たか・つぎ・つぐ・と

①1821 Ⓤ4E59

筆順 乙

なりたち ［象形］甲骨文では、ジグザグ状に曲がった形にかたどる。両端に刃のある曲がった彫刻刀の意。借りて、十干の二番めを表す。

❶十干の第二。きのと。方位では東、五行では木にあてる。熟語「乙亥（いつがい）（おつがい）・乙夜（いつや）（おつや）・甲乙・甲論乙駁（こうろんおつばく）」

❷第二の。甲の次。熟語「乙種・乙第（おつだい）・甲乙」

❸東洋音楽の甲（かん）より一段低い音。熟語「乙甲（おつかん）（めりかり）・乙声（おつごえ）・乙張（めりはり）」

❹〔国〕おつ。しゃれっ気がある。ちょっと変わっている。熟語「乙（おつ）りき」

❺〔国〕おと。年少の。幼い。また、美しい。

【乙姫】おとひめ ①竜宮城に住むという姫。②妹の姫。

【《乙女》】おとめ ①若い女。「うら若き―」「―のはじらい」②未婚の女。きむすめ。処女。注記「おとこ」に対する。別表記 少女

おれ

【俺】

2級 10画 人（亻）-8 新常用 音 エン漢呉 訓 おれ

①1822 Ⓤ4FFA

筆順

なりたち ［形声］人＋奄（伸びた物を上からおおう）音。大きな人の意。転じて、一人称代名詞に用いる。

おれ。我。一人称の代名詞。熟語「俺様・俺達」

おろす

【卸】

3級 9画 卩-7 音 シャ漢 訓 おろす・おろし

①1823 Ⓤ5378

筆順

なりたち ［形声］甲骨文では、午（きね）音＋卩（ひざまずく人）。人がきねでつきならすの意。篆文では、午音＋止（足、ゆく）＋卩で、きねを上下に動かす意を析出する。

❶〔国〕おろす。問屋が小売店に商品を売りわたす。おろし。

【卸売】おろしうり 大量の商品を仕入れ、小売商に売る。

【卸問屋】おろしどんや 卸売をする問屋。

熟語「卸値（おろしね）・棚卸（たなおろし）」

❷〔国〕おろす。すりくずす。また、すりくずした物。おろし。

【卸し金】おろしがね すりおろす道具。

熟語「大根卸し」

オン

【怨】⇩エン（三〇ページ）

【音】

10級 9画 音-0 音 オン呉・イン漢 訓 おと・ね

人名 おと・と・なり

①1827 Ⓤ97F3

筆順

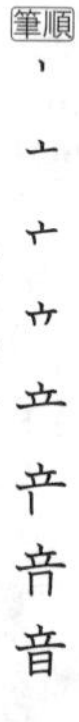

なりたち ［会意］言（はっきりという）＋一（もの）。ものを口に入れて言う意から、発したおと、または、口ごもるの意を表す。

❶おと。ね。もののひびき。

【音感】オンカン 音を聞き分ける能力。「―が鋭い」

【音響】オンキョウ 音とその響き。音。「―効果」

【音質】オンシツ 音や声の質。

【音色】オンショク ねいろ。音響学や音楽の術語。

【音速】オンソク 音波が伝わる速さ。

【音調】オンチョウ ①音の高低。音の調子。②アクセントやイントネーション。

【音波】オンパ 流体および固体の中を伝わる弾性波。

【音量】オンリョウ 音の大きさ。「―を下げる」

【音色】ねいろ その音の独特の響きや性質。

熟語「《オン》音叉（おんさ）・音盤・音容・音律・快音・楽音・擬音・高音・号音・轟音（ごうおん）・雑音・消音・心音・騒音・低音・爆音・防音・録音」「《イン》知音（ちいん）」

❷ふし。音楽。
【音階】オンカイ　音楽で使われる音を配列したもの。
【音楽】オンガク　音による芸術。
【音曲】オンギョク　音楽。特に、邦楽。「歌舞―」
【音痴】オンチ　①音に対する感覚が鈍い。②あることに感覚が鈍い。「方向―」
【音程】オンテイ　二つの音どうしの高さのへだたり。
【音吐】オントウ　声の出し方。「―朗々と吟詠する」
【音頭】オンド　①大勢で歌う時、調子をとる。②先立って行う。「社長の―で乾杯する」③多人数で踊る。「花笠―」
【音符】オンプ　音楽の個々の音を書き表す記号。
【音譜】オンプ　楽譜。
熟語「《オン》音域・音律・全音・倍音・半音・和音」

❸発音。口で発する音。声。また、漢字の字音。
【音韻】オンイン　①言語の音声。②漢字音の声母と韻母。
【音義】オンギ　漢字の音と意味。
【音訓】オンクン　漢字の音と訓。
【音声】オンセイ　①人が発する声。②おと。「テレビ―」
【音節】オンセツ　一まとまりになる音の単位。日本語ではほぼ仮名一字が一音節にあたる。
【音読】オンドク　①声を出して読む。⇔黙読。②漢字を字音で読む。音読み。⇔訓読
【音便】オンビン　便宜のため、発音が変わる現象。
熟語「《オン》音写・音訳・訛音・漢音・吃音(きつおん)・玉音(ぎょくおん)・呉音・声音(こわね)・字音・清音・濁音・唐音・同音・発音・表音・慣用音・五十音・異口同音(いくどうおん)」「《イン》子音・母音(ぼいん)」

❹おとずれ。便り。てがみ。
【音沙汰】おとサタ　たより。音信。「―がない」
【音信】オンシン　便り。おとずれ。いんしん。「―不通」
熟語「《イン》音物(いんぶつ(いんもつ))・訃音(ふいん)・福音(ふくいん)」

【恩】

人名 おき・めぐみ
6級　10画　心-6
音 オン 漢 呉
訓 めぐ-み・めぐ-む
①1824　Ⓤ6069

筆順 丨 冂 冃 円 因 因 恩 恩

なりたち  [形声]因(よる)音＋心。心をよせて、いつくしむの意。

いつくしむ。めぐむ。めぐみ。人から受けためぐみ。いつくしみ。
【恩愛】オンアイ　肉親間の情愛。おんない。
【恩義・恩誼】オンギ　恩を受けた義理。
【恩給】オンキュウ　昔、国が支給した年金や一時金。
【恩恵】オンケイ　恵み。いつくしみ。「―に浴する」
【恩顧】オンコ　ひきたてる。「―をこうむる」
【恩師】オンシ　学恩のある先生。
【恩賜】オンシ　天皇から物を賜る。「上野―公園」
【恩赦】オンシャ　国の慶事に、刑を軽減・免除する。
【恩讐】オンシュウ　恩とあだ。なさけとうらみ。
【恩賞】オンショウ　功績をほめて、金品や土地を与える。
【恩情】オンジョウ　情けある心。
【恩人】オンジン　助けてくれた人。「命の―」
【恩沢】オンタク　めぐみ。おかげ。「―に浴する」
【恩寵】オンチョウ　神や君主の愛やめぐみ。
【恩典】オンテン　有利な扱い。「―に浴する」
熟語「旧恩・厚恩・私恩・師恩・謝恩・重恩・大恩・天恩・仏恩・芳恩・報恩・忘恩」

【温】

8級　12画　水(氵)-9
音 オン(ヲン) 漢 呉・ウン
訓 あたた-か・あたた-かい・あたた-まる・あたた-める・ぬく-い・ぬる-い・ぬる-む
①1825　Ⓤ6E29

【溫】 13画　水(氵)-10
③8692　Ⓤ6EAB

難読 温温(ぬくぬく)・温突(オンドル)
人名 あつ・あつし・すなお・ただす・なが・のどか・はる・まさ・みつ・やす・ゆたか・よし

筆順 丶 氵 氵 汩 沪 泪 渭 温 温

なりたち  [形声]水＋𥁕(皿に食べ物を入れてふたをしたさま)音。水気がこもっていて、あたたかいの意。

❶あたたか。あたたかい。ぬくい。また、あたたまる。あたためる。ぬるい。ぬるむ。
【温気】ウンキ　温かい空気。また、蒸し暑い空気。
【温室】オンシツ　保温装置のある建物。「―栽培」
【温床】オンショウ　①土の温度を高めた苗床。②風潮が発生しやすい環境。「悪の―」
【温水】オンスイ　あたたかい水。「―プール」⇔冷水
【温泉】オンセン　地熱のため熱くなって出てくる湯。
【温帯】オンタイ　熱帯と寒帯との間の地帯。
【温暖】オンダン　あたたかい。「気候―な土地」⇔寒冷
【温度】オンド　暖かさ・冷たさの度合。「―計」
熟語「温灸(おんきゅう)・気温・検温・恒温・高温・室温・常温・水温・体温・地温・低温・適温・微温・平温・変温・保温・冷温・三寒四温(さんかんしおん)」

❷おだやか。なごやか。
【温雅】オンガ　穏やかで上品だ。「―な性格」
【温顔】オンガン　穏やかな顔。「―に接する」
【温厚】オンコウ　人柄が穏やかだ。「―な人柄」「―篤実」
【温順】オンジュン　穏やかで従順だ。「―な性格」
【温情】オンジョウ　やさしい心。「―あふれる言葉」
【温容】オンヨウ　やさしい顔つき。「―に接する」
【温和】オンワ　「気候の―な土地」「―な性格」別表記 穏和
熟語「温柔・温色・温凊(おんせい)・温良・温良恭倹譲(おんりょうきょうけんじょう)」

❸たずねる。習う。

【温故知新】オンコチシン　古い事を調べて、新しい考えを得る。出典「論語為政」より。

【温習】オンシュウ　繰り返し練習する。「―会」

❹そのままの形でつつむ。大切にする。

【温存】オンゾン　使わずに保存する。「切り札を―する」

【遠】⇨エン(三二ページ)

【穏】
3級　16画　禾-11　音 オン(ヲン)漢呉　訓 おだやか　①1826　Ⓤ7A4F

【穩】19画　禾-14　②6751　Ⓤ7A69

人名 しず・とし・やす・やすき

筆順 ニ 禾 秂 秂 秤 穏 穏 穏

なりたち [形声]禾(作物)＋㥯(心の中になやみをおおいかくす)音。作物を中におさめて外に出さない意から、落ち着いておだやかである意を表す。

おだやか。安らか。

【穏健】オンケン　穏やかで健全だ。「―な思想」⇔過激

【穏当】オントウ　無理がない。「―な結論」「―を欠く」

【穏便】オンビン　穏やかだ。「―な処置」「―にすます」

熟語「穏和・安穏あんおん(あんのん)・静穏・不穏・平穏・不穏当」

カ

【下】
10級　3画　一-2　音 カ漢・ゲ呉・ア唐　訓 した・しも・もと・さげる・さがる・くだる・くだす・くださる・おろす・おりる　①1828　Ⓤ4E0B

難読 下手物げてもの・下火(下炬)あこ・下枝しずえ・下品げぼん

人名 し・じ

筆順 一 丅 下

なりたち [指事]甲骨文では、基準となる横線の下に短い横線を示し、物のしたの意。

❶した。しも。位置が低いところ。

【下記】カキ　以下に書き記した記事。⇔上記

【下弦】カゲン　入りの際半月の弦が下向きとなる月。

【下限】カゲン　下の方の限界。⇔上限

【下風】カフウ　かざしも。他人の勢力下。「―に立つ」

【下流】カリュウ　①川下。②低い階層。下層。▽⇔上流

【下水】ゲスイ　使用済みの水。下水道。⇔上水

【下足】ゲソク　客の脱いだはきもの。「―番」

【下▽駄】ゲタ　①木製の、鼻緒のついたはきもの。②組版で、仮に入れる「〓」の形。

【下請(け)】したうけ　人が請け負った仕事をさらに請け負う。

【下心】したごころ　心中にあるたくらみ。「―が見えすく」

【下手】したて　①下の方。しもて。②へりくだった態度。「―に出る」③相撲の組み手の一。④力の劣る方。▽⇔上手うわて

【下町】したまち　都市の低地にある地区。

【下手】しもて　①下の方。②川の下流の方。③客席から見て左側。▽⇔上手かみて

熟語「《カ》下方・以下・眼下・地下・直下・天下・皮下・李下りか・零下・廊下・形而下けいじか・臍下丹田せいかたんでん」「《ゲ》下界・下巻・下旬・下段・上下」

❷した。しも。地位・価値などが低いこと。低級のもの。

【下位】カイ　地位や順位などが低い。⇔上位

【下級】カキュウ　下の等級。「―官庁」「―生」⇔上級

【下層】カソウ　①重なったものの下の部分・層。②低い階層。「―階級」

【下等】カトウ　①品質が劣っている。低級。⇔上等。②進化の度合が低い。「―植物」⇔高等

【下戸】ゲコ　酒が飲めない人。⇔上戸じょうご

【下克上・下▼剋上】ゲコクジョウ　下の者が上の者をしのぎ倒す。

【下座】ゲザ　①しも座。末座。⇔上座じょうざ。②貴人に対して座を下りて平伏する。③歌舞伎で、囃子方はやしかたの席。

【下策】ゲサク　きわめて拙劣な策略。⇔上策

【下宿】ゲシュク　他人の家の部屋を借りる。

【下女】ゲジョ　召し使いのおんな。女中。⇔下男

【下▽司・下▽種・下▽衆】ゲス　①下品だ。「―な考え」「―の勘ぐり」②身分の低い者。

【下▼賤】ゲセン　身分が低い。卑賤。

【下男】ゲナン　召し使いのおとこ。下僕。⇔下女

【下品】ゲヒン　品ひんが悪い。「―な笑い」⇔上品

【下劣】ゲレツ　人柄や態度が下品だ。「品性―」

【下郎】ゲロウ　①身分の低い男。②男の人をののしっていう語。

【《下手》】へた　①たくみでない。⇔上手じょうず。②手ぎわが悪い。「―に手を出すな」③中途半端だ。「―な学者よりできる」

熟語「《カ》下院・下士・下婢かひ・下士官・下意上達かいじょうたつ・下学上達かがくじょうたつ・臣下・目下めした」「《ゲ》下人・下劣」

❸もと。そば。まわり。

熟語「《カ》案下・管下・机下・貴下・麾下きか・脚下きゃっか・県下・言下げんか・現下・傘下・時下・膝下しっか・城下・治下ちか・殿下・灯下・都下・配下・部下・陛下・目下・門下・玉案下ぎょくあんか・戦時下」

❹くだす。さげる。おろす。命令などを出す。実際におこなう。

【下付・下附】カフ　官庁から民間にさげわたす。

【下命】カメイ　命令をくだす。「御―を賜る」

【下問】カモン 目下の者に質問する。「御ーを受ける」

【下知】ゲジ 下の者に指図をする。命令。げち。

熟語「《カ》嚥下(えんか)」「《ゲ》下熱(げねつ)・下手人(げしゅにん)」

❺くだる。おりる。さがる。落ちる。また、服する。へりくだる。

【下降】カコウ さがる。「ー線」⇔上昇

【下向】ゲコウ 都から地方へ行く。

【下校】ゲコウ 学校を出て家へ帰る。⇔登校

【下獄】ゲゴク 牢獄・刑務所に入って刑に服する。

【下車】ゲシャ 汽車・電車などから下りる。⇔乗車

【下馬】ゲバ ①馬から下りる。下乗。②下等な馬。

【下馬評】ゲバヒョウ うわさ・評判。「社長候補のーに上る」注記 主人が下馬した場所で、主人を待つ供の者たちが交わす評判の意。

【下野】ゲヤ 官職を辞して民間に下る。

【下落】ゲラク 値段・相場などがさがる。

熟語「《カ》却下(きゃっか)・降下・西下(さいか)・垂下・沈下・低下・滴下(てきか)・投下・南下・落下・急降下・急転直下」「《ゲ》下山・下直(げじき)・下城・下船・卑下(ひげ)」

❻(国)下痢をする。くだす。

【下剤】ゲザイ 排便を促すための薬剤。「ーを掛ける」

【下痢】ゲリ 大便が液状になって出る。

熟語「下り腹(くだりばら)・腹下(はらくだ)し」

❼(国)くださる。お与えになる。

【下賜】カシ 天皇などが物をくださる。

❽(国)した。準備として、あらかじめおこなう意を表す。

熟語「下味(したあじ)・下絵・下書き・下拵(したごしら)え・下調べ・下塗り・下見・下読み・下稽古(したげいこ)・下検分(したけんぶん)・版下(はんした)」

❾その他。地名など。

【下総】しもうさ 旧国名。千葉県・茨城県の一部。

【下野】しもつけ 旧国名。栃木県全域に相当。

【化】

8級 4画 ヒ-2 音 カ(クワ)漢・ケ呉 訓 ばける・ばかす ①1829 Ⓤ5316

〔化〕4画 ヒ-2

人名 のり

筆順 ノ イ 亻 化

なりたち [指事]人と、人を逆さまにした形とを対称的に示し、姿をかえる、変化する意を表す。

❶ばける。形状・性質などがかわる。

【化学】カガク 自然科学の一分野。

【化合】カゴウ 二種以上の物質が化学結合する。

【化石】カセキ 古生物の遺骸などが石化したもの。

【化▼膿】カノウ うみをもつ。「足の傷がーする」

【化粧】ケショウ 「ー品」別表記 仮粧

【化身】ケシン (仏)神仏が姿をかえて現れる。

【化け物】ばけもの 妖怪変化。おばけ。

熟語「《カ》羽化・液化・開化・気化・帰化・強化・激化・硬化・磁化・純化・消化・浄化・深化・進化・造化・退化・転化・電化・同化・鈍化・軟化・美化・風化・孵化(ふか)・分化・文化・変化・緑化・老化・一本化・機械化・具体化・合理化・自由化・明文化(めいぶんか)・千変万化(せんぺんばんか)」「《ケ》化生(けしょう)・権化(ごんげ)・道化」

❷影響を及ぼす。他からの力でかわる。

熟語「《カ》化育・悪化・感化・教化・徳化」

❸(国)「化学」「化合」の略。

熟語「《カ》化成・化繊・塩化・酸化・炭化・乳化・硫化」

❹(国)ばかす。心を迷わせる。たぶらかす。

熟語「化かし針」

【火】

10級 4画 火-0 音 カ(クワ)漢呉・コ唐 訓 ひ・ほ ①1848 Ⓤ706B

難読 火口(ほくち)・火床(ほど)・火舎(ほや)・火匙(火筋・火箸)(こじ)・火燵(こたつ)・火糞(ほくそ)・不知火(しらぬい)

筆順 丶 丷 ソ 火

なりたち [象形]もえるほのおにかたどる。

❶ひ。ほ。ほのお。

【火炎・火▼焔】カエン 燃えさかる火。ほのお。

【火星】カセイ 太陽系の第四惑星。

【火勢】カセイ 火の燃えるいきおい。

【火中】カチュウ 火の中。「ーの栗を拾う」

【火力】カリョク ①火が出す力。「ー発電」②火器の威力。

【火柱】ひばしら 柱のように見える炎。ひのはしら。

【火花】ひばな 金属・石などがぶつかって出る火。

熟語「火気・火酒・行火(あんか)・漁火(いさりび)・送り火・鬼火(おにび)・狐火(きつねび)・口火(くちび)・業火(ごうか)・聖火・戦火・耐火・点火・花火(はなび)・烈火・燎原(りょうげん)の火」

❷あかり。ともしび。

【火▽点し頃】ひともしごろ 明かりをともす頃。夕方。

【火影】ほかげ ①灯火の光。②灯火によってできる影。

【火屋・火▽舎】ほや ランプの火をおおうガラス製の筒。

熟語「篝火(かがりび)・炬火(きょか)・灯火」

❸やく。もやす。たく。

【火口】カコウ 火山の噴火口。「ー湖」

【火災】カサイ 火事による災難。火事。「ー報知器」

【火山】カザン マグマが噴出した山。「活ー」「ー帯」

【火事】カジ 建物・山林などが焼ける。火災。注記「ひ

のこと」の漢字表記「火事」を音読みした語。

【火葬】(カソウ) 死体を焼き、残った骨を葬る。

【火宅】(カタク) 〔仏〕三界に平安がない。現世。娑婆(しゃば)。

【火種】(ひだね) ①火をおこすもとになる火。②争い・騒ぎの原因。「紛争の―」

【〈火傷〉】(やけど) 熱によって起こる皮膚の損傷。熱傷。

熟語「火牛(かぎゅう)・火刑・火食・火田・火成岩・火消し・火達磨(ひだるま)・引火・失火・出火・消火・鎮火・発火・噴火・兵火・放火・防火」

❹はげしい感情。

熟語「情火・心火・欲火」

❺さしせまったさま。

【火急】(カキュウ) 非常にさし迫っている。「―の用事」

【火の車】(ひのくるま) 家計がきわめて苦しい。「台所は―だ」

❻爆発物。

【火砲】(カホウ) 大砲などの重火器。

【火薬】(カヤク) 激しい爆発力を持った薬品。「―庫」

【火蓋】(ひぶた) 火縄銃の火皿のふた。「―を切る」

熟語「火器・火力(かりょく)・銃火・砲火」

❼五行の一。方位では南。

熟語「火徳」

❽七曜の一。

【火曜】(カヨウ) 火曜日。週の第三日。

熟語「火曜日」

【加】

7級　5画　力-3　音 カ 漢 呉　訓 くわえる・くわわる　①1835　Ⓤ52A0

仮名 平仮名「か」は「加」の草体。片仮名の「カ」は「加」の偏。

難読 加之(しかのみならず)・加密列(カミツレ)・加答児(カタル)・加農(カノン)

人名 ます・また

筆順 フ カ か 加 加

なりたち  [会意]力＋口。力を出す際に言葉をくわえて勢いづかせるの意。

❶くわえる。たす。ふやす。

【加圧】(カアツ) 圧力を加える。⇔減圧

【加害】(カガイ) 他人に危害や損害を与える。

【加減】(カゲン) ①加えたり減らしたりする。②程度をほどよくする。「温度を―する」③状態や調子。「体の―」「天候の―」④そういう傾向にある。「うつむき―」

【加護】(カゴ) 神仏が守り助ける。「神仏の―を祈る」

【加工】(カコウ) 原料や材料に手を加える。「―食品」

【加算】(カサン) ①数を加える。②たし算。加法。⇔減算

【加▼餐】(カサン) 食べて、養生する。「御―ください」

【加持】(カジ) 〔仏〕神仏の加護を祈る。加持祈禱。

【加重】(カジュウ) 一段と重くする。「―平均」

【加除】(カジョ) 「条文を―する」

【加勢】(カセイ) 力を貸して助ける。助太刀。

【加速】(カソク) 速度を加える。はやめる。「―度」⇔減速

【加熱】(カネツ) 熱を加える。「―殺菌」

【加筆】(カヒツ) 筆を加えて修正する。「―訂正」

【加法】(カホウ) 足し算。寄せ算。⇔減法

【加味】(カミ) 「出席率を―した成績」

【加薬】(カヤク) 五目飯などに入れる具。「―ごはん」

【加療】(カリョウ) 治療をする。「一週間の―を要する」

【加齢】(カレイ) 年齢を重ねる。加年。

熟語「加冠(かかん)・加点・増加・追加・添加・倍加・付加・附加・奉加(ほうが)・冥加(みょうが)・累加」

❷くわわる。仲間にはいる。

【加入】(カニュウ) 団体・組織に加わる。「組合に―する」

【加盟】(カメイ) 団体・組織に加わる。「国連に―する」

熟語「参加」

❸「加奈陀(カナダ)」の略。また、「加利福尼(カリフォルニア)」の略。

熟語「加州・日加」

❹〔国〕「加賀(かが)国」の略。

【加賀】(かが) 旧国名。石川県南部に相当。加州。賀州。

【加州】(カシュウ) ①加賀国の別名。②アメリカのカリフォルニア州。

【可】

6級　5画　口-2　音 カ 漢 呉　訓 よ-い・べ-し　①1836　Ⓤ53EF

難読 可成(かなり)・可笑しい(おかしい)・可愛い(かわいい)

人名 あり・とき・よく・よし・より

筆順 一 丁 丅 可 可

なりたち  [会意]口＋丂(口の奥の象形)。のどの奥から声を出す意。転じて、よいの意を表す。

❶よい。よしとする。ゆるす。

【可決】(カケツ) 議案をよいと認めて決定する。⇔否決

【可否】(カヒ) ①よしあし。②賛否。「―を採る」

【可もなく不可もなし】(かもなくふかもなし) ①平凡である。②言行が中道を得て過不足がない。出典「論語(微子)」より。

熟語「允可・印可・許可・裁可・認可・半可・不可」

❷できる。べし。

【〈可惜〉】(あたら) 惜しいことに。「―好機を逸した」

【可逆】(カギャク) 元に戻り得る。「―変化」

【可及的】(カキュウテキ) できるかぎり。「―速やかに」

【可能】(カノウ) できる。ありうる。「―性」

【可変】(カヘン) 変えることができる。⇔不変

【可▼憐】(カレン) いじらしく、かわいい。「―な花」

【可▽哀相・可▽哀想】(かわいそう) 気の毒だ。同情を誘う。「―な身の上」注記「可哀相」「可哀想」は当て字。

熟語「可動・可燃性・可溶性・不可解・不可欠・不可

視・不可能・不可避・不可分・不可抗力・不可思議(ふかしぎ)」

【仮】〔假〕

6級 6画 人(亻)-4 音 カ漢・ケ呉 訓 かり ①1830 Ⓤ4EEE

〔假〕 11画 人(亻)-9 ②4881 Ⓤ5047

難読 仮寝(うたたね)・仮漆(ニス)・虚仮(こけ)

筆順 ノ 亻 仁 仮 仮 仮

なりたち [形声]人＋叚(おおいをかぶる)音。人が仮面をかぶるさまから、かりの意を表す。「仮」は「假」の草体から。

❶かり。かりの。暫定的な。間に合わせの。

【仮▽寓】(カグウ) 一時的に住む。また、その家。

【仮構】(カコウ) ①仮につくり構える。②仮にあるとする。虚構。「—の世界」

【仮称】(カショウ) 仮の呼び名。

【仮設】(カセツ) 臨時に設置する。「—テント」

【仮説】(カセツ) 現象を説明するための仮定。

【仮眠】(カミン) 短時間の、浅い眠り。「—をとる」

【仮初め】(かりそめ) ①その場限りである。一時。「—の恋」②さして重大でない。「—の病」③おろそか。ゆるがせ。「—にする」 別表記 苟且

熟語 「《カ》仮題・仮泊(かはく)」「仮処分(かりしょぶん)・仮住(ずま)い・仮調印(かりちょういん)」

❷本物でない。にせの。

【仮死】(カシ) 死んだように見える状態。

【仮性】(カセイ) 症状などが真性に似ている。「—近視」

【仮装】(カソウ) ①ほかの物の姿をする。「—行列」②応急の装備。仮の装備。「—空母」

【《仮名》・〈仮字〉】(かな) 平仮名・片仮名の総称。⇔真名

【仮名】(カメイ) 実名を秘して仮につけた名前。

【仮面】(カメン) 顔の形に作り、顔につけるもの。

【仮病】(ケビョウ) 病気のふりをする。つくりやまい。

熟語 「《カ》仮分数(かぶんすう)」「虚仮威(こけおど)し」

❸かりる。ゆるめる。ゆるす。

【仮▽借】(カシャ・カシャク) 漢字の六書(りくしょ)の一。みのがす。「—ない批判を加える」

【仮託】(カタク) 他の物にかこつける。ことよせる。

❹かりに。もしも。

【仮想】(カソウ) 仮に想定する。「—現実」「—敵国」

【仮定】(カテイ) 仮にそうだとする。想定。「—の話」

熟語 「仮令(たとい)(たとえ)」

【何】

9級 7画 人(亻)-5 音 カ漢・ガ呉 訓 なに・なん・いず-れ・なん-ぞ ①1831 Ⓤ4F55

難読 何奴(どいつ)(どやつ)・何彼(なにか)・何迚(なにとて)・何某(なにがし)(なにぼう)・如何(いかが)(どう)・幾何(いくばく)(きか)・誰何(すいか)

人名 いず・いずこ

筆順 ノ 亻 仁 亻 何 何 何

なりたち [形声]人＋可(になう)音。人が荷物を背負う意。借りて、疑問詞「なに」の意を表す。

❶なに。なん。どれ。不定の物事をさす語。いずれ。なんぞ。

【〈何処〉】(いずこ) どこ。いずく。「—も同じ」「—ともなく」

【〈何時〉】(いつ) 「—行くのか」「—になく静かだ」

【〈何故〉】(なぜ) どうして。なにゆえ。「—来ないのか」

熟語 「如何(いかが)(いかん)・何処(どこ)・何所(どこ)・何(ど)れ・何方(どなた)(どちら)(どっち)(いずかた)・何故(なにゆえ)(なぜ)・何卒(なにとぞ)・誰何(すいか)」

❷その他。

熟語 「幾何(きか)」

【花】〔花〕

10級 7画 艸(艹)-4 音 カ(クワ)漢・ケ呉 訓 はな ①1854 Ⓤ82B1

〔花〕 7画 艸(艹)-4

難読 花梨(かりん)(花櫚)・花鶏(あとり)・花籠(けこ)・凌霄花(のうぜんかずら)

人名 はる・みち・もと

筆順 一 十 艹 艹 芢 花

なりたち [形声]艸＋化(姿をかえる)音。つぼみとなり、咲き散るというように姿をかえるはなの意。

❶はな。草木のはな。

【花押】(カオウ) 署名の代わりの記号。別表記 華押

【花▽卉】(カキ) 観賞用に栽培する植物。「—園芸」

【花器】(カキ) 花を生けるうつわ。はないけ。

【花月】(カゲツ) 自然の景物。また、風流ごと。

【花▽崗岩】(カコウガン) 深成岩の一。御影石(みかげいし)。

【花信】(カシン) 花だより。「—風(ふう)」

【花壇】(カダン) 草花を植える所。

【花鳥風月】(カチョウフウゲツ) 自然の美しい風景。

【花瓶】(カビン) 花を生ける瓶。

【花譜】(カフ) 花の絵を季節順に掲げた本。

【花粉】(カフン) 種子植物の雄しべにあるこな。

【花弁】(カベン) はなびらの一枚一枚。はなびら。

【花木】(カボク) ①花と木。②花の咲く木。

【花言葉】(はなことば) 花に象徴的な意味をもたせた語。

【花園】(はなぞの) 花の咲く草木のたくさんある庭園。

【花束】(はなたば) 花を何本か束ねたもの。ブーケ。

【花冷え】(はなびえ) 桜が咲く頃の一時的な寒さ。

【花札】(はなふだ) 花合わせにもちいる札。花ガルタ。

【花街】(はなまち) 花柳街。いろまち。遊郭。

【花祭(り)】(はなまつり) 四月八日の灌仏会(かんぶつえ)。

【花見】(はなみ) 花、特に桜の花を見て楽しむ。「—酒」

熟語 「花冠・花卉(かき)・花明(あ)かり・花暦・徒花(あだばな)・開花・供花(くげ)・献花・国花・生花(せいか)・造花・弔花・桃花・山

茶花(さざんか)・紫陽花(あじさい)(しようか)・沈丁花(じんちょうげ)・百花斉放(ひゃっかせいほう)」

❷はなのように美しい。はなやかで美しい。

熟語「花筵(かえん)・花燭(かしょく)・花車(かしゃ)・花婿・花嫁・名花」

❸(国)はな。最もよいこと。最もよい時期。また、いろざと。

〈花魁〉(おいらん) (位の高い)遊女。

【花柳】(カリュウ) 遊女。芸者。また、遊里。「―界」

【花形】(はながた) もてはやされる人や物事。「―選手」

【花代】(はなダイ) 芸者・娼妓などの揚げ代。

【花道】(はなみち) ①歌舞伎の劇場で、舞台に連なる道。②相撲で、力士が土俵に行く通路。③引退する時期。「引退の―を飾る」

熟語「花郭(かかく)・花盛(はなざか)り・花代・花街(はなまち)・花柳界(かりゅうかい)・総花(そうばな)」

【佳】

3級 8画 人(亻)-6 音 カ漢・カイ漢・ケ呉・ケイ呉 訓 よ-い ①1834 Ⓤ4F73

人名 よし

筆順 ノ 亻 仁 什 仕 佳 佳 佳

なりたち [形声]人＋圭(かどばって形がよい)音。心身ともにととのった美しい人の意。

❶よい。美しい。

【佳人】(カジン) 美しい女の人。美人。

【佳人薄命】(カジンハクメイ) 美人は不幸な者や命短い者が多い。出典 蘇軾「薄命佳人」より。

【佳麗】(カレイ) 美しい。「―を競う」「容姿―」

熟語「佳容・絶佳」

❷よい。すぐれてよい。めでたい。

【佳境】(カキョウ) 興味深い所。「話が―に入ってきた」

【佳景】(カケイ) いいながめ。いいけしき。

【佳▼肴】(カコウ) おいしい料理。「珍味―」 別表記 嘉肴

【佳肴(かこう)ありと雖(いえど)も食らわずんばその旨(うま)きを知らず】 ①学ばなければ、価値を知りえない。②使わなければ、器量を知りえない。出典「礼記(学記)」より。

【佳作】(カサク) ①優れた作品。②入選作に次ぐ作品。

【佳日】(カジツ) よい日。めでたい日。別表記 嘉日

【佳節】(カセツ) ①めでたい日。祝日。②よい時節。別表記 嘉節

【佳話】(カワ) よいはなし。美談。

熟語「佳言(かげん)・佳名(かめい)」

【価】

6級 8画 人(亻)-6 音 カ漢・ケ呉 訓 あたい ①1833 Ⓤ4FA1

【價】 15画 人(亻)-13 ②4911 Ⓤ50F9

筆順 ノ 亻 仁 仃 佰 価 価

なりたち [形声]人＋賈(品物を在庫にもち、あきなう)音。商人がつける売り値の意。「価」は略字。

あたい。ねだん。ねうち。

【価格】(カカク) ねだん。「販売―」

【価値】(カチ) 値打ち。有用性。

【価値観】(カチカン) 価値に関する考え方。「―の相違」

熟語「価額・安価・円価・株価・原価・減価・高価・市価・紙価・時価・真価・正価・声価・対価・代価・単価・地価・定価・等価・特価・売価・買価・評価・物価・平価・米価・予価・廉価」

【果】

7級 8画 木-4 音 カ(クワ)漢呉 訓 はたす・はてる・はて ①1844 Ⓤ679C

人名 あきら・はた・まさる

筆順 丨 冂 日 日 旦 甲 果 果

なりたち [象形]木に実がなる形にかたどり、木の実の意を表す。

❶木の実。くだもの。

【果実】(カジツ) ①種子植物の実。②くだもの。「―酒」③(法)物品から生み出される利益。

【果樹】(カジュ) 果実のなる樹木。「―園」

【果汁】(カジュウ) 果物をしぼった汁。

【果肉】(カニク) 果物の多汁質の部分。

《果物》(くだもの) 果実で食べられるもの。

熟語「果糖・果皮・液果・青果・落果・無花果(いちじく)(むかか)」

❷原因・因縁によって生じたもの。

【果報】(カホウ) 運がよい。「―は寝て待て」「―者」

【果無い・果▽敢無い】(はかない) ①消えてなくなりやすい。「―い恋」②あてにならない。「―い希望をいだく」別表記 儚い

熟語「因果(いんが)・結果・効果・業果(ごうか)・逆効果・悪因悪果(あくいんあっか)・善因善果(ぜんいんぜんか)」

❸思いきってする。

【果敢】(カカン) 思い切って物事を行う。「勇猛―」

【果断】(カダン) 思い切りよく事を行う。「―な処置」

❹予想したとおり。はたして。

【果然】(カゼン) 思ったとおり。はたして。

❺はたす。実を結ぶように行動などを成し遂げる。

熟語「成果・戦果・釣果・仏果」

❻(国)はて。終わり。極限。また、はてる。終わる。死ぬ。

【果てし無い】(はてしない) 「―く続く草原」

用例「挙げ句の果て・朽ち果てる・最果(さいは)て・使い果

たす・成れの果て」

【河】

6級　8画　水(氵)-5　音 カ漢・ガ呉　訓 かわ　Ⓙ1847　Ⓤ6CB3

難読 河内(こうち)(ハノイ)・河貝子(かわにな)・河骨(こうほね)(かわほね)

筆順 丶 冫 氵 汀 沪 河 河 河

なりたち [形声]水＋可(屈曲している)音。たびたび直角に曲がって流れるかわ、黄河の意。

❶かわ。大きなかわ。

〖河海(かかい)は細流を択(えら)ばず〗大人物は度量が広い。出典「史記李斯伝」より。

【河岸】(カガン) 川の岸。かわぎし。「─段丘」

【河口】(カコウ) 川が海・湖に流れ込むところ。

【河港】(カコウ) 河口または河岸にある港。

《河岸》(かし) ①川の岸。②魚市場。魚河岸。③飲食や遊びをする所。「─をかえる」

【河鹿】(かじか) 蛙の一種。谷川の岩間にすむ。

【河床】(カショウ) 川底。かわどこ。

〖河清(かせい)を俟(ま)つ〗あてのないことを空しく待つ。出典「左氏伝襄公八年」より。

【河川】(カセン) 大小いろいろな川の総称。「─敷」

【河馬】(カバ) アフリカにすむ大きな哺乳動物。

【河畔】(カハン) 川のほとり。川端。川岸。

《河原》(かわら) 川辺の、砂や石が多い所。別表記 川原・磧

【〈河豚〉】(ふぐ) フグ目の海魚の総称。別表記 鰒

熟語「《カ》河伯(かはく)・決河(けっか)・遡河(そか)・渡河(とか)」「《ガ》運河・懸河・山河・大河・氷河・暴虎馮河(ぼうこひょうが)」「河童(かっぱ)」

❷中国の黄河のこと。

熟語「河南・河北・河図洛書(かとらくしょ)・江河」

❸天の川。銀河。

熟語「河漢・銀河」

❹(国)「河内(かわち)国」の略。

【河内】(かわち) 旧国名。大阪府南東部に相当。河州。

熟語「河州(かしゅう)」

【苛】

2級　8画　艸(艹)-5　新常用　音 カ漢　訓 いじ-める・さいな-む　Ⓙ1855　Ⓤ82DB

筆順 一 十 艹 艹 芢 苛 苛 苛

なりたち [形声]艸＋可(のどの奥からかすれた声を出す)音。のどをひりひりさせる草の意から、からい・せめるの意を表す。

❶むごい。きびしい。

【苛酷・苛刻】(カコク) 無慈悲でむごい。「─な収奪」

【苛性】(カセイ) 皮膚をただれさせる性質。「─ソーダ」

【苛政】(カセイ) 苛酷な政治。虐政。

〖苛政(かせい)は虎よりも猛(たけ)し〗悪政の害は、虎の害よりひどい。出典「礼記檀弓下」より。

【苛評】(カヒョウ) 手厳しい批評。酷評。

【苛烈】(カレツ) きびしくはげしい。「─をきわめる」

熟語「苛税・苛法・苛斂(かれん)・苛斂誅求(かれんちゅうきゅう)・煩苛(はんか)」

❷(国)いじめる。さいなむ。

熟語「苛逆・切り苛(さいな)む」

❸(国)いらだつ。じれる。神経が高ぶる。

【苛苛】(いらいら) じれる気持ち。「─がつのる」

熟語「苛立(いらだ)つ」

【科】

9級　9画　禾-4　音 カ(クワ)漢呉　訓 しな・とが　Ⓙ1842　Ⓤ79D1

人名 しな

筆順 ノ 二 千 禾 禾 禾 科 科 科

なりたち [会意]禾(作物)＋斗(ます)。作物をはかる意から、等級・しなの意を表す。

❶しな。分類された区分。

【科学】(カガク) 体系的・合理的知識。サイエンス。

【科目】(カモク) ①いくつかに分けた区分。「予算─」②学校で習う個々の学課。「必修─」

熟語「医科・学科・眼科・教科・外科(げか)・産科・歯科・専科・選科・全科・内科・百科・分科・文科・本科・予科・理科・小児科」

❷昔、中国の官吏登用試験。科挙。

【科挙】(カキョ) 中国の官吏登用試験。

熟語「登科」

❸きまり。おきて。法律の箇条。

熟語「科条・金科玉条(きんかぎょくじょう)」

❹穴。くぼみ。

〖科(か)に盈(み)ちて後(のち)進む〗学問は一歩一歩進むべきである。出典「孟子離婁下」より。

❺芝居でのしぐさ。所作(しょさ)。

【科白】(カハク) 俳優のしぐさと台詞(せりふ)。せりふ。

❻とが。罪。

【科料】(カリョウ) 軽微な犯罪に科す財産刑。

熟語「功科・罪科・前科」

❼生物分類上の一段階。目(もく)の下、属の上。

熟語「食肉目イヌ科」

【架】

3級 9画 木-5 音 カ漢呉 訓 かける・かかる

①1845 Ⓤ67B6

人名 みつ

筆順 フ カ か 加 加 加 架 架 架

なりたち [形声]加(くわえる)音＋木。木を添えて平らにかけわたすの意。

●異字同訓●【掛】(七三ページ)の「異字同訓」欄を参照のこと。

❶物を載せたり掛けたりする台や棹(さお)。

【架蔵】カゾウ 書物を棚に所蔵する。

熟語「開架・画架・橋架・後架・銃架・書架・担架・閉架・十字架」

❷かける。かけわたす。かかる。

【架橋】カキョウ 橋をかける。

【架空】カクウ ①空中にかけわたす。②想像によって作る。「―の人物」

【架設】カセツ かけ渡す。「電線を―する」

【架線】カセン 電車が走る線路上方に張る電線。

熟語「懸架・高架」

【夏】

9級 10画 夂-7 音 カ漢・ゲ呉 訓 なつ

①1838 Ⓤ590F

筆順 一 丆 丙 百 百 頁 夏 夏

なりたち  [象形]甲骨文では、頭の上に飾りをつけた大きな面をかぶって舞う人にかたどる。金文では、頁(あたま)＋臼(両手)＋夊(すすむ)の会意文字で、頭に冠などをかぶり手足を動かして舞う人の意を表す。大きな面で顔をおおう意から、大きい、また、生い茂った草木で大地をおおう季節、なつの意を表す。

❶なつ。四季の一。

【夏季】カキ 夏の季節。夏。「―国体」

【夏期】カキ 夏の期間。夏の間。「―講習」

【夏炉冬扇】カロトウセン 季節外れで役に立たない。出典「論衡逢遇」より。

【夏至】ゲシ 二十四節気の一。六月下旬頃。⇔冬至

【夏祭(り)】なつまつり 夏季に行われる神社の祭り。

熟語「《カ》炎夏・今夏・昨夏・朱夏・初夏・消夏・銷夏・暑夏・盛夏・仲夏・晩夏・孟夏・立夏」「《ゲ》夏安居(げあんご)・夏越(なご)しの祓(はらえ)・常夏(とこなつ)」

❷漢民族が自らの民族や土地を称する語。中国。

熟語「《カ》華夏・中夏」

❸中国古代の王朝。

【夏】カ 伝説的な中国最古の王朝。

熟語「《カ》夏禹(かう)・夏暦」

【家】

9級 10画 宀-7 音 カ漢・ケ呉・コ漢 訓 いえ・や・うち

①1840 Ⓤ5BB6

人名 え・お・や

筆順 丶 宀 宀 宁 宇 宇 家 家 家

なりたち  [会意]宀(やね)＋豕(ブタ)。屋内に大切な家畜を飼うさまから、いえの意を表す。

❶いえ。人のすまい。住居。うち。また、一族。一門。や。

【〈家鴨〉】あひる 水鳥の一種。別表記 鶩

【家給し人足る】いえきゅうしひとたる 世の中が安定している。「給」は豊か。出典「漢書貢禹伝」より。

【家路】いえじ 自分の家に帰る道。「―につく」

【家出】いえで 家を出て帰らない。

【家に杖つく】いえにつえつく 五〇歳をいう。出典「礼記王制」より。

【家元】いえもと 芸道や武道で、流派の本家。

【家屋】カオク 人が住む建物。いえ。

【家業】カギョウ 家の職業。「―を手伝う」「―を継ぐ」

【家禽】カキン 家畜として飼育される鳥。⇔野禽

【家具】カグ 家の中に置いて用いる道具。

【家訓】カクン 代々その家に伝わる教えや戒め。

【家系】カケイ その家の系統。血統。血筋。

【家計】カケイ 一家の暮らし向き。生計。「―簿」

【家財】カザイ 家の財産。家にある道具類。「―道具」

【家作】カサク 人に貸すために作った家。貸し家。

【家事】カジ 家庭生活に必要な仕事。

【家書万金に抵る】かしょばんきんにあたる 家族からの手紙は貴重である。出典 杜甫「春望」より。

【家臣】カシン 家に仕える臣。「譜代の―」

【家人】カジン 同じ家で一緒に生活している人。

【家政】カセイ 家庭生活を処理する。「―婦」「―学」

【家族】カゾク 同一の家にすむ近い血縁の人々。

【家宅】カタク いえ。住宅。住居。「―捜索」

【家畜】カチク 人間に役立てるために飼育する動物。

【家長】カチョウ 一家の長。戸主。

【家庭】カテイ 家族の集まり。「―裁判所」

【家督】カトク ①あとつぎ。②戸主の地位。「―を継ぐ」

【家内】カナイ ①家のなか。また、家族。「―安全」②自分の妻をいう語。

【家風】カフウ その家特有の気風・習慣。

【家紋】カモン その家がしるしとしている紋章。

【家老】カロウ 武家の重臣で、家中を統率する者。

【家来・家礼・家頼】ケライ 家臣。

【家賃】やチン 家や部屋の借り賃。たなちん。

【家主】やぬし 貸し家の持ち主。おおや。

熟語「《カ》家運・家居・家兄・家裁・家産・家集・家信・家伝・家電・家父・家宝・家僕・家名・家門・一家・後家・国家・婚家・実家・商家・人家・生家・檀家(だんか)・町家・伝家・農家・民家・隣家・金満家・自家撞着(じかどうちゃく)」「《ケ》在家・出家(しゅっけ)・他家・分家・本家」「家苞(いえづと)・家

裏・家賃・大家・借家・御家流」

❷いえがら。代々社会的に認められてきたその家の格式。

熟語「《ケ》王家・旧家・公家・武家・平家・名家・良家・天皇家」

❸一つの領域を専門とする人。また、それに優れた人。

熟語「《カ》画家・作家・儒家・書家・大家・農家・咄家・噺家・芸術家・思想家・実業家・資本家・宗教家・政治家・専門家・批評家・落語家・老大家・諸子百家・百家争鳴」

❹ある特性を備えた人。

熟語「《カ》好事家・財産家・篤志家・勉強家・楽天家・辣腕家・浪費家」

【荷】

8級　10画　艸(艹)-7　音 カ 漢 呉　訓 に・にな-う・はす　①1857　Ⓤ8377

難読 稲荷　人名 もち

筆順 一 艹 芢 芢 芢 荷 荷 荷

なりたち [形声]艸＋何(にもつを背負う)音。「何」がもと、になう意を表したが、疑問詞に用いられるようになったため、草かんむりを加えた。

❶はす。多年生の水草。はちす。

熟語「荷葉・荷露・薄荷・茗荷」

❷になう。かつぐ。

【荷重】カジュウ　外部から受ける力。「—試験」

【荷担】カタン　①仲間になって助ける。「陰謀に—する」②荷物を背負う。別表記 加担

【荷電】カデン　①帯びている電気。電荷。②電気を帯びる。帯電。

熟語「電荷・負荷」

❸(国)に。にもつ。

【荷車】にぐるま　人や牛馬が引く、荷物を運ぶ車。

【荷物】にもつ　①運んだり送ったりする品物。「手—」②負担となる物事。「会のお—」

熟語「荷揚げ・荷車・荷札・荷役・重荷・倉荷・在荷・集荷・出荷・着荷・積み荷・手荷物・入荷」

❹(国)か。荷物を数える語。

熟語「一荷・百荷」

【華】

3級　10画　艸(艹)-7　音 カ(クワ) 漢・ケ 呉・ゲ　訓 はな・はな-やか　①1858　Ⓤ83EF

難読 華足・華瓶・華盛頓・華筥　人名 はる

筆順 一 艹 芈 芈 芈 莘 華 華

なりたち [形声]艸＋垂(たれる)＋亏(まるくまがる)音。まるく垂れたはなの意。

❶はな。草木の花。

【華道】カドウ　生け花。別表記 花道

熟語「《カ》国華」「《ケ・ゲ》華鬘・香華・散華・蓮華・優曇華・万華鏡・曼珠沙華」

❷はなやか。はでやか。きらびやかで美しいさま。

【華燭】カショク　婚礼。「—の典」別表記 花燭

【華族】カゾク　爵位をもつ者とその家族。

【華美】カビ　はなやかで美しい。「—な服装」別表記 花美

【華麗】カレイ　はなやかで美しい。「—に舞う」

【華奢】キャシャ　ほっそりと上品だ。「—な体つき」別表記 花車

熟語「《カ》華飾・華冑・栄華・月華・豪華・詞華・昇華・翠華・精華・繁華・栄耀栄華」

❸中国の自称。

【華僑】カキョウ　海外に居住する中国人とその子孫。

熟語「《カ》華裔・華夏・華語・華商・華人・中華・日華」

❹白い粉。おしろい。

熟語「《カ》亜鉛華」

❺その他。

【華甲】カコウ　数え年六一歳の称。還暦。華年。注記「華」の字を分解すると、六つの「十」と一つの「一」とになり、「甲」は甲子で十二支の最初をさすところから。

【華氏】カシ　「華氏温度」の略。カ氏。注記「華」は考案者ファーレンハイトの中国音訳「華倫海」による。

【華胥】カショ　ひるね。午睡。出典「列子 黄帝」より。

【華佗・華陀】カダ　中国、後漢末・魏初の名医。

【華厳】ケゴン　「華厳経」「華厳宗」の略。

熟語「《ケ》法華経・法華宗」

【菓】

4級　11画　艸(艹)-8　音 カ(クワ) 漢 呉　①1859　Ⓤ83D3

筆順 一 艹 艹 苩 苩 菓 菓 菓

なりたち [形声]艸＋果(木の実)音。くだものの意。

❶くだもの。木の実。同 果。

熟語「五菓」

❷おかし。

【菓子】カシ 通常の食事以外に食べる嗜好品。
熟語「茶菓(かさ)(ちゃか)・製菓・粗菓・珍菓・乳菓・氷菓・米菓・名菓・銘菓・冷菓・駄菓子・茶菓子・水菓子(みずがし)・洋菓子・和菓子」

【貨】

7級 11画 貝-4 音 カ(クワ)漢・ケ(クヱ)呉 訓 たから ①1863 Ⓤ8CA8

〔貨〕11画 貝-4

人名 たか

筆順 亻 亻 化 化 化 㑭 皆 貨 貨

なりたち [形声]化(かえる)音＋貝(財貨)。品物にかえることのできる財貨の意。

❶たから。ねうちのあるもの。
【貨財】カザイ 貨幣と財物。財貨。
【貨殖】カショク 財産を増やす。利殖。
熟語「貨利」

❷品物。商品。
【貨客】カキャク 貨物と旅客。かかく。「一船」
【貨車】カシャ 貨物を運ぶための鉄道の車両。
【貨物】カモツ 運送する荷物。「一自動車」「一列車」
熟語「雑貨・集貨・滞貨・百貨店」

❸金銭。商品交換の仲立ちをするもの。
【貨幣】カヘイ お金。「一経済」「一制度」
熟語「悪貨・円貨・外貨・金貨・銀貨・硬貨・財貨・食貨・正貨・通貨・銅貨・軟貨・邦貨・法貨・良貨」

【渦】

準2級 12画 水(氵)-9 音 カ(クワ)漢呉 訓 うず ①1718 Ⓤ6E26

筆順 氵 氵 氵 沪 泗 渦 渦 渦 渦

なりたち [形声]水＋咼(まるい)音。うずまく水、うずの意。

うず。うずまき。うずをまく。
【渦潮】うずしお 渦を巻きながら激しく流れる海水。
【渦巻(き)】うずまき 水などのうずを巻く流れ。また、その形。「一パン」
【渦中】カチュウ ①水のうずまく中。②もめている真っただ中。「一の人」
【渦紋】カモン 渦巻きの模様。渦巻き形。
熟語「渦状・渦動・渦流・戦渦」

【過】

6級 12画 辵(⻌)-9 音 カ(クワ)漢呉 訓 すぎる・すごす・あやまつ・あやまち・よぎる ①1865 Ⓤ904E

〔過〕13画 辵(⻌)-9

筆順 冂 冋 冋 冎 冎 咼 咼 渦 過

なりたち [形声]辵＋咼(度をこす)音。行きすぎる、あやまつの意。

❶すぎる。通りすぎる。よぎる。また、すごす。時がたつ。
【過客】カカク 通り過ぎて行く人。旅人。
【過去】カコ ①すぎさった時。昔。②前歴。「暗い一」
【過去帳】カコチョウ 寺で死者について記しておく帳簿。
【過日】カジツ 先日。「一お申し越しの件」
【過程】カテイ 変化していくみちすじ。「生産一」
【過渡期】カトキ 移り変わっていく途中の時期。
熟語「過渡・過般(かはん)・一過・看過・経過・擦過・通過・透過・黙過・濾過」

❷すぎる。度をこす。
【過激】カゲキ 「一な運動」「一派」⇔穏健
【過酷】カコク ひどすぎる。「一な労働条件」
【過重】カジュウ 重すぎる。「一労働」
【過小】カショウ 小さすぎる。「一評価」⇔過大
【過少】カショウ 少なすぎる。「一申告」⇔過多
【過剰】カジョウ 多すぎる。「自意識一」
【過信】カシン 信じすぎる。「才能を一する」
【過疎】カソ 非常にまばらである。「一の村」⇔過密
【過多】カタ 必要以上に多すぎる。「胃酸一」⇔過少
【過大】カダイ 程度が大きすぎる。「一評価」⇔過小
【過度】カド 度を超えている。「一に緊張する」
【過熱】カネツ 「一ぎみの人気」
【過半数】カハンスウ 半分より多い数。「一を占める」
【過敏】カビン 度を超して感じやすい。
【過分】カブン 分に過ぎた扱い。「一の報賞」⇔応分
【過密】カミツ 「人口一」「一スケジュール」⇔過疎
【過労】カロウ 働きすぎて、疲労する。「一死」
『過ぎたるは猶(なお)及ばざるが如(ごと)し』ゆきすぎは不足と同様によくない。出典「論語先進」より。
熟語「過言(かごん)・過称・過賞・過当・過保護・超過」

❸あやまち。つみ。とが。また、あやまつ。間違える。あやまる。
『過(あやま)ちて改めざる、これを過ちという』過ちを知って改めないのは過ちだ。出典「論語衛霊公」より。
『過(あやま)ちては則(すなわ)ち改むるに憚(はばか)ること勿(なか)れ』過ちを犯したら、すぐ悔い改めよ。出典「論語学而」より。
『過(あやま)ちを観(み)て斯(ここ)に仁(じん)を知る』過失を見れば、その人がわかる。出典「論語里仁」より。
【過誤】カゴ あやまち。やり損じ。「一を犯す」
【過失】カシツ 不注意・怠慢などによる失敗。⇔故意
【過怠】カタイ あやまち。「一なく勤めを終える」
【過料】カリョウ 法令違反に対して科せられる金銭。
熟語「罪過・小過・大過」

【嫁】

3級 13画 女-10 音 カ漢・ケ呉 訓 よめ・とつぐ ①1839 Ⓤ5AC1

筆順

なりたち ［形声］女＋家(音)。夫の家にとつぐ女性の意。

❶とつぐ。よめにいく。

【嫁資】(カシ) 嫁入り支度の費用。

熟語「許嫁(きょか)(いいなずけ)・降嫁・婚嫁・再嫁」

❷他に負わせる。他人になすりつける。

熟語「嫁禍(かか)・転嫁」

❸(国)よめ。息子の妻。自分の妻。また、とつぐ女性。

【嫁入り】(よめいり) 嫁となって夫の所に行く。とつぐ。

熟語「嫁御(よめご)・兄嫁(あによめ)・花嫁(はなよめ)」

【暇】

4級　13画　日-9　音 カ(漢)・ケ(呉)・ゲ(呉)　訓 ひま・いとま　①1843 Ⓤ6687

筆順

なりたち ［形声］日＋叚(かぶさる意)(音)。日時がかぶさったよけいな日時の意から、ひまの意を表す。

❶ひま。いとま。てすき。休み。

【暇日】(カジツ) ひまな日。用事のない日。

【暇潰し】(ひまつぶし) 空いた時間を適当な方法ですごす。

熟語「暇逸(かいつ)・暇人(ひまじん)・閑暇・間暇・休暇・公暇・賜暇・小暇・寸暇・余暇」

❷(国)いとま。別れ。また、仕事・地位を離れる。解雇。

【暇乞い】(いとまごい) 別れを告げる。辞職・休暇をこう。

熟語「暇状(いとまじょう)」

【禍】

準2級　13画　示(ネ)-9　音 カ(クワ)(漢)(呉)　訓 わざわい　①1850 Ⓤ798D

人名 まが

［禍］ 14画 示-9　③8931 ⓊFA52

筆順

なりたち ［形声］示(かみ)＋咼(けずられゆがむ)(音)。神がくだしたわざわいの意。

わざわい。災難。不幸。

【禍害】(カガイ) 災い。災害。

【禍根】(カコン) 災いの起こるもと。「—を残す」

【禍福】(カフク) 災いと幸せ。不幸と幸福。

【禍福は糾える縄の如し】(かふくはあざなえるなわのごとし) 災いと福とは入れかわり変転する。出典「史記南越列伝・賛」より。

【禍福門なし唯人の招く所】(かふくもんなしただひとのまねくところ) 禍福は自らが招くものである。出典「左氏伝襄公二十三年」より。

熟語「殃禍(おうか)・奇禍・黄禍・災禍・惨禍・水禍・舌禍・戦禍・大禍・筆禍・薬禍・輪禍」

【靴】

準2級　13画　革-4　音 カ(クワ)(漢)　訓 くつ　①2304 Ⓤ9774

〔靴〕 13画 革-4

筆順

なりたち ［形声］革(かわ)＋化(音)。乗馬ぐつを意味する鮮卑人の言葉を音訳するために作った字。篆文では、革＋華(音)。

くつ。かわぐつ。

【靴下】(くつした) 足にじかにはく衣料。別表記 沓下

【靴擦れ】(くつずれ) 靴が合わなくて、足にできた傷。

熟語「靴傷(かしょう)・靴音(くつおと)・雨靴(あまぐつ)・革靴(かわぐつ)・軍靴・製靴・短靴(たんぐつ)・長靴(ながぐつ)・半靴(はんぐつ)・隔靴掻痒(かっかそうよう)」

【寡】

準2級　14画　宀-11　音 カ(クワ)(漢)(呉)　訓 すく-ない・やもめ　①1841 Ⓤ5BE1

難読 寡男(やもお)・寡婦(やもめ)

筆順

なりたち ［会意］金文では宀(いえ)＋頁(人のあたま)。家の中で一人ぼっちである意。のちに「分」を加え、一つを分けるので、わずかである意に用いる。

❶すくない。数量が少ない。また、徳や力がすくない。

【寡言】(カゲン) 口数が少ない。寡黙。⇔多言

【寡作】(カサク) 少ししか作品を作らない。⇔多作

【寡少】(カショウ) 非常に少ない。わずか。「—な人員」

【寡占】(カセン) 少数の大企業が市場を支配する。

【寡頭制】(カトウセイ) 少数者が権力を握る支配体制。

【寡聞】(カブン) 見聞が狭い。「—にして知らない」

【寡兵】(カヘイ) 兵の数が少ない。「—よく大軍を破る」

【寡黙】(カモク) 口数が少ない。「—な男」

【寡欲・寡慾】(カヨク) 欲が少ない。「—な人」

熟語「寡学・衆寡・多寡」

❷昔、中国における諸侯の自称。

熟語「寡君・寡妻・寡人」

❸配偶者を失った男、または女。やもめ。

【寡夫】(カフ) 再婚しないでいる男。

【寡婦】(カフ) 再婚しないでいる女性。未亡人。

熟語「鰥寡(かんか)」

【歌】

9級　14画　欠-10　音 カ(漢)(呉)　訓 うた・うたう　①1846 Ⓤ6B4C

〔謌〕 17画 言-10 ②7572 Ⓤ8B0C

難読 歌留多(カルタ)

筆順 一 丁 可 可 哥 哥 歌 歌

なりたち [形声]哥(のどの奥から大きな声を出す)音＋欠(体をかがめる)。体をかがめてうたうの意。

❶うた。うたう。

【歌曲】カキョク 韻文を歌詞とした声楽曲。

【歌劇】カゲキ 歌唱を中心とする舞台劇。オペラ。

【歌詞】カシ 歌曲・歌謡曲などの歌の文句。

【歌手】カシュ 歌うことを職業とする人。「ジャズ―」

【歌唱】カショウ 歌をうたう。また、歌。「―力」

【歌舞音曲】カブオンギョク 歌と踊りと音楽。「―をつつしむ」

【歌舞伎・歌舞▼妓】かぶき 江戸時代に大成した総合演劇。

【歌謡】カヨウ 節をつけた歌。「古代―」「―曲」

熟語「歌心(うたごころ)・歌舞・哀歌・演歌・謳歌(おうか)・凱歌(がいか)・軍歌・弦歌・恋歌(こいか)(れんか)・校歌・高歌・国歌・作歌・賛歌・詩歌(しいか)・唱歌・頌歌(しょうか)・聖歌・弔歌(ちょうか)・挽歌(ばんか)・悲歌・放歌・牧歌・名歌・寮歌・童歌(わらべうた)・流行歌」

❷(国)和歌。やまとうた。

【歌枕】うたまくら 和歌に詠まれてきた名所・旧跡。注記 本来は、和歌を詠むときに必要な歌語・枕詞・名所などの意。

【歌集】カシュウ ①和歌を集めた本。②歌詞を集めた本。

【歌人】カジン 和歌を詠むことを専門とする人。

【歌壇】カダン 歌人たちの社会。

【歌碑】カヒ 和歌をきざみつけた碑。

熟語「歌合わせ・歌垣(うたがき)・歌仙・歌道・歌風・歌論・狂歌・秀歌・短歌・長歌・反歌・返歌・連歌・和歌・本歌取(ほんかどり)」

【箇】

4級 14画 竹-8 音 カ漢・コ呉 ①1853 Ⓤ7B87

注記 物を数える「箇」は「ケ」で代用することがある。「ケ」は「个(か)」の略字(一説に「箇」の一部を略したもの)で、「个」は「箇」の同字(一説に略字)。

人名 かず・とも

筆順 ⺮ 竹 笛 筒 箇 箇

なりたち [形声]竹＋固(かたい)音。かたい竹の意。転じて、個体を数える助数詞に用いる。

❶物を数えるときに用いることば。

熟語「《カ》一箇所・一箇条・一二箇月」「《コ》箇箇・箇数・一箇(いっこ)」

❷この。これ。物事を一つ一つさし示すのに用いる。

【箇所】カショ 特定の部分・場所。

【箇条】カジョウ 条項。項目。「―書き」「三―」

【箇条書き】カジョウがき 事柄を箇条に書き並べたもの。

熟語「箇箇(ここ)・真箇・別箇」

【稼】

準2級 15画 禾-10 音 カ漢・ケ呉 訓 かせぐ ①1852 Ⓤ7A3C

人名 たか・たね

筆順 千 禾 秆 稼 稼 稼 稼

なりたち [形声]禾(イネ)＋家(大切に家畜を飼育する小屋)音。稲を大切にそだてる、穀物を栽培するの意。

❶うえつける。穀物の苗を植える。また、みのり。穀物。

熟語「稼穡(かしょく)・禾稼(かか)・耕稼・秋稼(しゅうか)」

❷(国)かせぐ。仕事をする。働いて収入を得る。手に入れる。

【稼業】カギョウ 生活を維持するための仕事。商売。

【稼働】カドウ ①かせぎ働く。「―人口」②機械を動かす。「発電機を―させる」

熟語「稼ぎ手・荒稼(あらかせ)ぎ・参稼(さんか)・出稼ぎ・共稼(ともかせ)ぎ」

【課】

7級 15画 言-8 音 カ(クワ)漢呉 訓 はか-る ①1861 Ⓤ8AB2

筆順 言 言 訂 評 誤 課 課

なりたち [形声]言＋果(みのり)音。成果を問いただすの意。

❶租税などをわりあてる。

【課税】カゼイ 税を割り当てる。また、その税。

【課徴】カチョウ 割り当て、とりたてる。「―金」

熟語「課役(かえき)・公課・賦課」

❷仕事・学業などをわりあてる。

【課外】カガイ 正規の課業以外。「―活動」「―授業」

【課題】カダイ 「―図書」「当面する―」

【課程】カテイ 一定範囲の学習などの事項。コース。

【課目】カモク 「科目(かもく)」に同じ。

熟語「課業・学課・全課・日課・放課」

❸はかる。こころみる。ためす。

熟語「考課」

❹官庁・会社の組織上の小区分。

熟語「課員・課長・会計課・教務課・人事課・総務課」

カ

【蚊】〔蚉〕

〔蚉〕10画 虫-4

準2級 10画 虫-4 音 ブン漢・モン呉 訓 か

①1867 Ⓤ868A ④8731 Ⓤ8689

難読 蚊母鳥(よたか)・蚊母樹(いすのき)・蚊帳(かや)(かちょう)

筆順 口 口 中 虫 虫 虻 蚊 蚊

なりたち  [形声]篆文では、民(羽音の擬音語)音＋虫二つ。かの意。「蚊」は俗字で、虫＋文(羽音の擬音語)音。

か。細長い小形の昆虫。雌の成虫は人畜の血を吸う害虫。

【蚊柱(かばしら)】蚊が柱のように群れ飛ぶ。

【《蚊帳》・蚊屋(かや)】蚊を防ぐための寝具。

熟語「蚊遣(かや)り・蚊虻(ぶんぼう)(ぶんもう)・蚊取り線香」

ガ

【牙】〔牙〕

〔牙〕5画 牙(牙)-0

2級 4画 牙-0 新常用 音 ガ漢・ゲ呉 訓 きば

①1871 Ⓤ7259

難読 牙彫り(げぼり)(げちょう)・牙儈(すあい)・牙麞(牙麕)(きばのろ)

筆順 一 ニ 于 牙

なりたち  [象形]たがいちがいに向きあったきばにかたどる。

❶きば。哺乳類の歯の中で、特に大きく鋭くとがった歯。

熟語「《ガ》犬牙(けんが)・咬牙(こうが)・虎牙(こが)・歯牙・爪牙(そうが)・毒牙・佶屈聱牙(きっくつごうが)」「《ゲ》象牙(ぞうげ)」

❷象牙の飾りがある、天子・大将の旗。

【牙城(ガジョウ)】敵の本拠地。また、ある勢力の中枢。 出典「唐書李愬伝」より。

熟語「《ガ》牙営・牙旗・牙纛(がとう)・牙門」

❸仲買人。さいとり。

【牙保(ガホ)】①仲買い。周旋。牙儈(すあい)。②〔法〕盗品の売買などを行う。「―罪」

熟語「《ガ》牙行(がこう)」

【瓦】

2級 5画 瓦-0 新常用 音 ガ(グワ)漢呉 訓 かわら・グラム

①2004 Ⓤ74E6

筆順 一 丆 工 瓦 瓦

なりたち  [象形]丸がわらと平がわらを交互に重ねたさまにかたどる。

❶すやきの焼き物。

熟語「釉瓦・煉瓦(れんが)・弄瓦」

❷かわら。粘土を焼き固めた屋根を葺(ふ)く材料。

【瓦解(ガカイ)】組織や秩序あるものが崩れる。

【瓦版(かわらバン)】江戸時代の一枚刷りの新聞。

熟語「瓦屋(がおく)・瓦解・瓦石・屋瓦・鬼瓦(おにがわら)・陶瓦」

❸値打ちのないもの。

【瓦全(ガゼン)】かわらとなって安全に残る意。何もしないで生きながらえていること。甎全(せんぜん)。⇔玉砕(ぎょくさい)。 出典「北斉書元景安伝」より。

【瓦▼礫(ガレキ)】かわらと小石。建物の残骸。「―の山」

熟語「瓦全(がぜん)」

❹外国語の音訳に用いる。

熟語「瓦斯(ガス)」

❺〔国〕グラム。質量の単位。

熟語「瓦分子(グラムぶんし)」

【我】

5級 7画 戈-3 音 ガ漢呉 訓 われ・わ・あ・わが

①1870 Ⓤ6211

難読 我毛香(われもこう)・我利我利亡者(がりがりもうじゃ)

筆順 ノ 二 千 手 我 我 我

なりたち  [象形]刃がぎざぎざしている戈(のこぎり)にかたどる。借りて、一人称代名詞に用いる。

❶われ。おのれ。自分自身を指すことば。わ。あ。わが。

【我田引水(ガデンインスイ)】自分に都合のよいように説明したり、物事を進めたりする。

熟語「我曹(がそう)・自我・非我・彼我(ひが)・忘我・没我・無我・如是我聞(にょぜがもん)・無我夢中・唯我独尊(ゆいがどくそん)」

❷片意地。自分勝手。わがまま。

【我意(ガイ)】自分の考えを押し通そうとする気持ち。わがまま。「―を張る」

【我流(ガリュウ)】自分勝手なやり方。自己流。

【我武者ら(ガムシャら)】勢い込んで向こう見ずにする。

熟語「我欲・我利」

❸〔仏〕自分に執着する心。

【我執(ガシュウ)】自分中心の狭い考え。

【我慢(ガマン)】感情や欲望のままに行動するのを抑える。堪え忍ぶ。辛抱する。

熟語「我見・小我・大我・人我(にんが)」

❹その他。

熟語「怪我」

【画】

9級 8画 田-3 ①1872 Ⓤ753B

音 ガ(グワ)呉・カク(クワク)漢・エ(ヱ)呉

訓 か‐ぎる・か‐く・はか‐る・え・えが‐く

【畫】12画 田-7 ②6533 Ⓤ756B

〔畵〕13画 田-8 ― Ⓤ7575

注記「劃(かく)」の書き換え字としても用いられる。

難読 画師(えし)

筆順 一 丆 冂 币 而 両 画 画

なりたち 〔会意〕甲骨文では、手に筆記用具を持ち、図形をえがくさまにかたどる。篆文では、聿(ふで)＋田(土地)＋口(四角に区切る)。ふでで土地をくぎるの意。「画」は略体。

❶《ガ》えがく。えをかく。え。えがかれた絵。

【画家】ガカ 絵をかくことを職業とする人。

【画材】ガザイ ①絵にする素材。②絵をかく時に必要な道具。

【画賛・画▼讃】ガサン 絵に書き添える詩文。

【画商】ガショウ 絵の売買を業とする人。

【画題】ガダイ ①絵につけられた題名。②絵の主題。

【画壇】ガダン 画家たちの社会。

【画伯】ガハク ①画業に長じた人。②画家の敬称。

【画板】ガバン ①絵をかく時、画用紙の台にする板。②油絵をかくための板。

【画▼鋲】ガビョウ 板や壁に、紙をとめるための鋲。

【画餅】ガベイ 役に立たないもの。「―に帰す」

【画用紙】ガヨウシ 絵をかくのに用いる厚手の紙。

【画▼竜点▼睛】ガリョウテンセイ 物事全体を生かす中心。「―を欠く」出典「歴代名画記」より。

【画廊】ガロウ 美術品の展示場。ギャラリー。

熟語「画架・画会・画工・画室・画集・画帳・画筆・画風・画幅・画法・戯画・絵画・戯画・原画・春画・書画・図画・挿画・点画・俳画・版画・描画・壁画・漫画・名画・略画・自画像・肖像画・水墨画・静物画・日本画・自画自賛・自画自讃」

❷《ガ》写真。映像。

【画素】ガソ 画像を構成するもの。ピクセル。

【画像】ガゾウ ①映像。②絵に描かれた姿・かたち。

【画面】ガメン ①映画やテレビに映る面。②絵の表面。

熟語「画質・陰画・映画・邦画・洋画・陽画・録画・印画紙」

❸《カク》くぎる。くぎり。さかいをつける。かぎる。

【画一】カクイツ 一様にそろえる。「―的な教育」

【画然】カクゼン 区別が明白だ。「―たる違い」別表記 劃然

【画期的】カッキテキ 時代に区切りをつけるほどすぐれている。「―な発明」別表記 劃期的

熟語「画定・区画」

❹《カク》はかる。はかりごと。

【画策】カクサク 謀(はかりごと)をする。

熟語「企画・計画・参画」

❺《カク》漢字を組みたてる線や点。

【画数】カクスウ 漢字を構成する線や点の数。

熟語「一画(いっかく)・字画・総画・点画」

【芽】

7級 8画 艸(艹)-5 ①1874 Ⓤ82BD

音 ガ漢・ゲ呉

訓 め・きざ‐す

〔芽〕7画 艸(艹)-4 ― Ⓤ2F995

難読 芽先(めんざい)

人名 め・めい

筆順 一 十 艹 艹 芐 芐 芽 芽

なりたち 〔形声〕艸＋牙(かみ合わさってかどがとれる)音。草木がめぶくの意。

❶め。草木のめ。

熟語「腋芽(えきが)・出芽・新芽(しんめ)・摘芽(てきが)・肉芽・胚芽・麦芽・発芽・幼芽・葉芽・若芽(わかめ)」

❷きざし。めばえ。めばえる。きざす。

熟語「芽生(めば)え・芽吹(めぶ)く・萌芽(ほうが)」

【賀】

6級 12画 貝-5 ①1876 Ⓤ8CC0

音 ガ呉・カ漢

訓 よろこ‐ぶ

人名 しげ・のり・ます・よし・より

筆順 フ カ カ 加 加 架 賀 賀 賀

なりたち 〔形声〕加(上にのせる)音＋貝(たから)。高く積みあげたたからをお祝いとして送る意から、よろこび祝う意を表す。

❶祝う。よろこぶ。ことほぐ。

【賀詞】ガシ 祝詞。「新年の―交換」

【賀春】ガシュン 新春を祝う。

【賀正】ガショウ 新年を祝う。注記「正」は正月の意。

【賀状】ガジョウ 祝いの書状。特に、年賀状。

熟語「賀意・賀詞・賀寿(がじゅ)・賀正・賀状・恭賀・謹賀・慶賀・参賀・寿賀・祝賀・大賀・年賀・拝賀・奉賀」

❷その他。地名・人名など。

【加賀】かが 旧国名。石川県南部に相当。

【賀知章】ガチショウ 六五九～七四四 中国、盛唐の詩人。

熟語「賀州・伊賀」

【雅】

4級 13画 隹-5 ①1877 Ⓤ96C5

音 ガ漢・ゲ呉

訓 みやび・みやび‐やか

〔雅〕12画 隹-4 ― ―

人名 ただ・ただし・つね・なり・のり・ひとし・まさ・まさし・まさる・もと

筆順

なりたち ［形声］牙（ガアガアの擬音語）音＋隹（とり）。ガアガア鳴くからすの意。のちに、「牙」がかみ合わさってかどがとれるという意を持つようになり、かどがとれ洗練されている意に転じた。

❶みやびやか。おくゆかしい。上品で味わいがある。みやび。

【雅楽】ガガク　奈良・平安時代以来の宮廷音楽。
【雅言】ガゲン　和歌などに使われる大和言葉。雅語。
【雅号】ガゴウ　本名以外に付ける風流・風雅な別名。
【雅趣】ガシュ　風雅なおもむき。「―に富む」
【雅俗】ガゾク　風雅と卑俗。雅語と俗語。「―折衷」

熟語「雅懐（がかい）・雅人・雅文・閑雅・古雅・高雅・清雅・典雅・風雅・幽雅・優雅」

❷心などが広くゆったりしている。

【雅量】ガリョウ　度量が大きい。「―を示す」

熟語「温雅」

❸つねの。いつもの。

熟語「雅意・雅故・雅志・雅素」

❹相手やその行為などに敬意を添えることば。

【雅兄】ガケイ　相手の男性を敬っていう語。大兄。

【餓】

3級　15画　食（飠）-7
音 ガ 漢 呉
訓 うーえ・うーえる・かつーえる
①1878　Ⓤ9913

〔餓〕16画　食（飠）-7

筆順

なりたち ［形声］食＋我（刃がぎざぎざしているのこぎりの象形）音。からだに骨のぎざぎざが見えるまでにやせる意から、うえる意を表す。

うえ。うえる。食べ物がなく空腹で苦しむ。かつえる。

【餓鬼】ガキ　①〔仏〕餓鬼道に落ちた亡者（もうじゃ）。②食物に飢えている者。貪欲な者。③子供。卑しめて言う。「―大将」
【餓死】ガシ　飢えのために死ぬ。飢餓死。

熟語「餓狼（がろう）・餓鬼道（がきどう）・飢餓・饑餓・凍餓」

カイ

【介】

4級　4画　人-2
音 カイ 漢・ケ 呉
訓 すけ・たすーける
①1880　Ⓤ4ECB

仮名 片仮名「ケ」は「介」の終画を省いたもの。
難読 介党鱈（すけとうだら）
人名 あき・すけ・たすく・ゆき・よし

筆順

なりたち ［会意］人＋八（分ける）。人がわけ入る、助けるの意。

❶間にはいる。わける。

【介在】カイザイ　間にはさまって存在する。
【介入】カイニュウ　割り込む。「国境紛争に―する」

熟語「介意・紹介・仲介・媒介」

❷たすける。補佐する。

【介護】カイゴ　病人などを介抱し世話をする。「―保険」「―休業」
【介錯】カイシャク　①付き添って世話をする。②切腹する人の首を斬る。「―人」
【介助】カイジョ　付き添って、起居動作を助ける。
【介添え】カイぞえ　人に付き添って、世話をする。
【介抱】カイホウ　病人やけが人の世話をする。看護。

熟語「節介・厄介」

❸甲羅（こうら）。鎧（よろい）。

熟語「介甲・介士・介虫・介冑（かいちゅう）・魚介・鱗介」

❹かたい。かたく守る。

熟語「介介・介石・狷介（けんかい）・孤介」

❺ひとり。ひとりだち。

熟語「介特・介立（かいりつ）（かいりゅう）」

❻小さい。とるにたりない。

熟語「一介（いっかい）」

❼（国）すけ。律令制で、国司の次官。

熟語「上野介（こうずけのすけ）・常陸介（ひたちのすけ）」

❽その他。人名など。

【介之推】カイシスイ　中国、春秋時代の人。晋の忠臣。

【回】

9級　6画　囗-3
音 カイ（クワイ）漢・エ（ヱ）呉
訓 まわーる・まわーす・かえーる・めぐーる・めぐーらす
①1883　Ⓤ56DE

〔囘〕5画　囗-3
②4937　Ⓤ56D8

注記 「廻」の書き換え字としても用いられる。
難読 回心（えしん）・回向（えこう）・回回教（フイフイきょう）

筆順

なりたち ［象形］物がぐるぐると回転するさまにかたどる。まわる・めぐるの意。

❶まわる。めぐる。輪のようにぐるぐる動く。まわす。めぐらす。
【回向】エコウ　仏事を行い供養する。別表記 廻向
【回忌】カイキ　毎年の命日。年忌。
【回線】カイセン　電話などの信号が通る線路。
【回送】カイソウ　他へ送る。「転居先へ―する」別表記 廻送
【回転】カイテン　まわる。「―木馬」「―資金」別表記 廻転
【回避】カイヒ　避ける。「危険を―する」「責任―」
【回文】カイブン　上下どちらから読んでも同音の文。別表記 廻文
【回覧】カイラン　順にまわして見る。別表記 廻覧
【回路】カイロ　電流の道筋。電気回路。
【回廊】カイロウ　建物の周囲などの廊下。別表記 廻廊
熟語「《カイ》回国・回章・回状・回診・回船・回漕(かいそう)・回読・回付・回遊・迂回・周回・巡回・旋回・低回・転回」
❷かえる。かえす。もとへもどる。もどす。また、ふりかえる。
【回帰】カイキ　一周してもとへもどる。「―性」「―線」
【回顧】カイコ　過去を振り返ってみる。「―録」
【回収】カイシュウ　集め戻す。「廃品―」「―率」
【回心】カイシン　悔い改め、新しい信仰に目覚める。
【回生】カイセイ　生きかえる。「起死―」
【回想】カイソウ　過去を振り返る。「―録」
【回答】カイトウ　質問・要求などに答える。返答。
【回復】カイフク　元の状態になる。「健康が―する」
別表記 恢復
熟語「《カイ》回訓・回航・回春・回天・奪回・撤回・挽回(ばんかい)」
❸繰り返し行われる事柄。度数を表すことば。
熟語「《カイ》回数・一回・今回・次回・初回・前回・毎回」
❹少数民族の一。回族。中国各地に住む。
【回教】カイキョウ　イスラム教。回回(フイフイ)教。
❺その他。
【回虫】カイチュウ　人体寄生虫。別表記 蛔虫

【灰】〔灰〕6画 火-2

5級　6画 火-2　音 カイ(クワイ)漢・ケ呉　訓 はい　①1905 Ⓤ7070

難読 灰身(けしん)
筆順 一 厂 𠂆 𠂆 灰 灰
なりたち  [会意]手(又)+火。手でふれることのできる燃えがらの意から、はいの意を表す。

❶はい。もえがら。
〈灰汁〉あく　①灰を水に溶かしてとったうわ澄み。②食品に含まれる、渋み・えぐみなど。③強すぎる個性。「―の強い性格」
【灰燼】カイジン　灰と燃えがら。「―に帰す」
【灰分】カイブン　①灰。②食物中に含まれる無機物。
〈灰神楽〉はいかぐら　灰けむり。「―が立つ」
熟語「灰塵(かいじん)・灰滅(かいめつ)・遺灰(いはい)・木灰(きばい)(もっかい)・降灰(こうかい)・骨灰(こっかい)(こつばい)・残灰・塵灰・燼灰・石灰・冷灰」
❷活気のないもの。生気を失ったもの。
熟語「灰槁(かいこう)・灰心(かいしん)・死灰(しかい)」
❸ねずみ色。はい色。
【灰白色】カイハクショク　白に近い、明るい灰色。
【灰色】はいいろ　①薄いねずみ色。②さびしく陰気だ。「―の人生」③有罪とも無罪ともいえない状態。

【会】〔會〕13画 日-9

9級　6画 人-4　音 カイ(クワイ)漢・エ(ヱ)呉　訓 あう・あ-わす・あ-わせる・たまたま　①1881 Ⓤ4F1A　②4882 Ⓤ6703

難読 会釈(あしらい)
人名 あい・かず・さだ・はる
筆順 ノ 𠆢 亼 亼 会 会
なりたち   [会意]亼(すっぽりおおうもの)+曾(穀物をむすこしき)。ふたとこしきがぴったりあう意を表す。「会」は「會」の草体から。
◉異字同訓◉【合】(二二五ページ)の「異字同訓」欄を参照のこと。

❶あう。あわせる。あわす。あつまる。集う。また、対面する。めぐりあう。
【会者定離】エシャジョウリ　〔仏〕会うものは必ず別れる。
【会意】カイイ　漢字の六書(りくしょ)の一。
【会議】カイギ　集まり話し合う。また、その会合。
【会計】カイケイ　①代金の支払い。勘定。②金銭の出入りを管理し計算する。
【会見】カイケン　公式の場で会う。「記者―」
【会合】カイゴウ　話し合うために集まる。その集まり。
【会場】カイジョウ　会が開かれる場所。「展覧会の―」
【会談】カイダン　公式に会って話し合う。「主脳―」
【会話】カイワ　話をする。「―を交わす」
熟語「《カイ》会所・会食・会席・会戦・会葬・会同・会読・再会・密会・面会」「《エ》一期一会(いちごいちえ)」
❷問い合わせる。
熟語「《カイ》照会」
❸集まり。関係する人々の集まり。団体・組織。
【会員】カイイン　会の加入者。「―組織」「幹部―」

【会社】(カイシャ) 営利活動を目的とする法人組織。

【会長】(カイチョウ) ①会の代表者。②会社で、社長の上の役職。

【会頭】(カイトウ) 会の代表。会長。

【会費】(カイヒ) 会の開催や運営のために払う金。

熟語「《カイ》会館・会規・会則・会堂・会派・会報・会友・学会・議会・協会・教会・公会・国会・社会・商会・脱会・都会・入会・委員会・校友会・生徒会・町内会・同好会」

❹集まり。催し物。行事。
熟語「《カイ》会期・歌会・宴会・開会・画会・句会・散会・司会・集会・常会・盛会・全会・総会・大会・茶会・納会・閉会・夜会・流会・例会・運動会・園遊会・音楽会・講演会・公聴会・座談会・茶話会(さわかい)・大納会(だいのうかい)・大発会(だいはっかい)・展覧会・二次会・博覧会・忘年会」「《エ》会式・法会・大嘗会(だいじょうえ)・涅槃会(ねはんえ)・彼岸会(ひがんえ)」

❺心にかなう。さとる。
【会釈】(エシャク) ①軽く頭を下げてあいさつする。②思いやる。「遠慮―もない」

【会得】(エトク) よく理解して自分のものにする。

【会心】(カイシン) 心から満足に思う。「―の笑み」

熟語「《カイ》理会・領会」

❻めぐりあったその時。とき。おり。また、たまたま。うまい具合に。
熟語「《カイ》機会・際会」

❼「絵」に同じ。
熟語「《エ》図会(ずえ)」

❽その他。地名など。
【会稽山】(カイケイザン) 中国、浙江(せっこう)省にある山。

『会稽(かいけい)の恥(はじ)』 敗戦の恥辱。「―をそそぐ」出典「史記越王勾践世家」より。

【快】

6級　7画　心(忄)-4　音 カイ(クワイ)漢・ケ呉　訓 こころよい　①1887　Ⓤ5FEB

人名 はや・やす・よし
筆順 丶 丷 忄 忄 忄 快 快
なりたち [形声]心＋夬(はればれと開く)音。心がはればれとしているの意。

❶こころよい。さわやか。
【快活】(カイカツ) 明るく、元気だ。「―な性格」

【快闊】(カイカツ) 心が広い。「―な性格」

【快感】(カイカン) 気持ちのいい感じ。「―を覚える」

【快挙】(カイキョ) すばらしい行為。「―を成し遂げる」

【快哉】(カイサイ) 痛快だ。「―を叫ぶ」注記「快なる哉(かな)」の意。

【快晴】(カイセイ) 空が気持ちよく晴れる。

【快諾】(カイダク) 気持ちよく引き受ける。「―を得た」

【快調】(カイチョウ) 具合が非常にいい。⇔不調・低調
【快適】(カイテキ) とても気持ちがよい。「―な空間」

【快刀乱麻】(カイトウランマ) あざやかに解決する。「―を断つ」出典「北斉書文宣帝紀」より。

【快楽】(カイラク) 欲望が満たされた、ここちよい感情。

【快楽】(ケラク) [仏]宗教上の喜び・楽しみ。

熟語「快音・快気・快勝・快心・快報・軽快・豪快・壮快・爽快・痛快・不快・明快・愉快・不愉快」

❷はやい。
【快速】(カイソク) 気持ちよいぐらい速い。「―電車」
熟語「快走・快足・特快」

❸するどい。
熟語「快刀」

❹病気がよくなる。
【快気】(カイキ) 病気がよくなる。「―祝い」

【快方】(カイホウ) 傷病がよくなってくる。「―に向かう」

【快癒】(カイユ) 完全になおる。「長年の病気が―する」

熟語「快復・全快」

【戒】

4級　7画　戈-3　音 カイ漢呉　訓 いましめる・いまし-め　①1892　Ⓤ6212

注記「誡」の書き換え字としても用いられる。
筆順 一 二 干 开 戒 戒 戒
なりたち [会意]戈(ほこ)＋廾(両手)。両手で武器を持って用心する意から、いましめる意を表す。

❶さとす。いましめる。
【戒告】(カイコク) ①いましめ注意する。②公務員の懲戒処分の一。別表記 誡告
【戒飭】(カイチョク) いましめる。慎ませる。
熟語「戒告・戒慎・遺戒(いかい(ゆかい))・教戒・訓戒・自戒・懲戒(ちょうかい)」

❷いましめ。とくに、宗教上のおきて。
【戒壇】(カイダン) 僧侶に授戒する儀式を行う壇。

【戒名】(カイミョウ) [仏]死者に僧侶がつける名前。

【戒律】(カイリツ) 宗教上、人が守るべきおきて。

熟語「戒行・五戒・斎戒・十戒・受戒・授戒・破戒」

❸注意する。用心する。警備する。
【戒厳令】(カイゲンレイ) 非常時に軍に政治をゆだねる命令。
熟語「戒厳・戒心・警戒・厳戒・哨戒」

【改】

7級　7画　攴(攵)-3　音 カイ漢呉　訓 あらためる・あらたまる　①1894　Ⓤ6539

人名 あら
筆順 ㇆ コ 己 己' 己ト 改 改

なりたち 改 [形声]己(曲がっておきたつさま)音＋攵(する)。おきたって物事を行う意から、あらためる意を表す。

❶あらためる。新しくする。変える。直す。正しくする。あらたまる。

【改悪】(カイアク) 前よりも悪くする。⇔改善
【改革】(カイカク) あらため変える。「行政―」
【改憲】(カイケン) 憲法を改める。「―論者」
【改▼竄】(カイザン) 都合の良いように書き直す。「文書―」
【改宗】(カイシュウ) 宗旨がえ。「キリスト教に―する」
【改修】(カイシュウ) 手を入れて直す。「堤防を―する」
【改▼悛】(カイシュン) 悔い改め、心を入れかえる。「―の情」
【改心】(カイシン) 反省し、心を改め正す。「―を促す」
【改新】(カイシン) 新しくする。「大化の―」
【改正】(カイセイ) 法律や制度などを改める。「憲法―」
【改善】(カイゼン) 物事をよい方に改める。⇔改悪
【改組】(カイソ) 組織を改める。
【改装】(カイソウ) もようがえ。「店内を―する」
【改造】(カイゾウ) つくりなおす。「内閣―」「―拳銃」
【改築】(カイチク) 建物や建造物を作りかえる。
【改定】(カイテイ) 改めて定める。「条約の―」
【改訂】(カイテイ) 書物などを一部改めなおす。「―版」
【改廃】(カイハイ) 改正と廃止。「機構や職掌を―する」
【改変】(カイヘン) 違う形にする。「機構を―する」
【改良】(カイリョウ) 前よりよくする。改善。「品種―」

熟語「改印・改行・改元・改悟・改稿・改作・改称・改姓・改選・改葬・改題・改編・改名・更改・修改・悛改・変改・朝令暮改(ちょうれいぼかい)」

❷あらためる。また、点検する。

【改札】(カイサツ) 駅で切符を調べる。「―口」

【怪】

3級 8画 心(忄)-5
音 カイ(クワイ)漢・ケ呉
訓 あやしい・あやしむ
①1888 Ⓤ602A

〔恠〕9画 心(忄)-6 ②5563 Ⓤ6060

難読 怪訝(かいが)・怪鴟(よたか)・勿怪(もっけ)・物怪(もっけ)
人名 やす・よし
筆順

なりたち [会意]心＋「又(手)＋土」(手でまるめた土くれ)。頭がまるくて、異様に感じられるものの意。

❶あやしい。疑わしい。不思議な。得体の知れない。

【怪異】(カイイ) ①あやしい。不思議。②妖怪。

【怪怪】(カイカイ) 非常に怪しい。「奇奇―」

【怪奇】(カイキ) 不思議で、あやしい。「―小説」

【怪獣】(カイジュウ) ①怪しいけもの。②映画・漫画に出てくる、超能力をもつ動物。「―映画」

【怪人】(カイジン) 正体不明のあやしい人物。

【怪談】(カイダン) 恐ろしい不思議な話。「四谷―」

【怪盗】(カイトウ) 正体不明の盗賊。「―ルパン」

【怪物】(カイブツ) ばけもの。不思議な力をもつもの。

熟語「《カイ》怪火・怪漢・怪死・怪事・奇怪・幻怪・醜怪・妖怪(ようかい)・霊怪・奇奇怪怪」「《ケ》怪鳥(けちょう)・物の怪(もののけ)」

❷普通でない。なみなみでない。

【怪気炎】(カイキエン) 威勢がいいだけの、真実味がない議論。「―をあげる」

【怪傑】(カイケツ) 非常にすぐれた能力をもつ人。

【怪力】(カイリキ) とてつもなく強い力。

熟語「《カイ》怪童・怪力乱神(かいりょくらんしん)」

❸あやしむ。不思議に思う。

【怪▼訝】(ケゲン) 変だと思う。「―な顔」

❹その他。

【怪我】(ケガ) 傷つける。「足を―する」注記「怪我」は当て字。

【拐】

準2級 8画 手(扌)-5
音 カイ漢
訓 かた-る・かどわか-す
①1893 Ⓤ62D0

〔拐〕8画 手(扌)-5 ―― ――

筆順

なりたち [形声]手＋另(冎の変形、関節の骨)音。関節を曲げて手にとる意から、普通でない方法で手に入れる、かどわかす意を表す。

かたる。だまし取る。また、だまして連れ出す。かどわかす。

【拐帯】(カイタイ) 預かった金品を持ち逃げする。

熟語「拐引・拐取・誘拐」

【悔】

3級 9画 心(忄)-6
音 カイ(クワイ)漢・ケ呉
訓 くいる・くやむ・くやしい・くーい
①1889 Ⓤ6094

〔悔〕10画 心(忄)-7 ③8448 ⓊFA3D

難読 悔過(けか)
筆順

なりたち [形声]心＋毎(くらい)音。心が暗くなるの意。

❶くいる。くやむ。あやまちに気づいて苦しむ。くい。

【悔悟】(カイゴ) 後悔する。「―の涙を流す」

【悔恨】(カイコン) 残念に思う。「―の情にかられる」

【悔▼悛】(カイシュン) 犯した罪を悔い改める。「―の情」

熟語「《カイ》後悔・痛悔」「《ケ》慙悔(ざんげ)・懺悔(げ)」

❷〔国〕くやしい。残念だ。

【悔し紛れ】(くやしまぎれ) 悔しさのあまり、分別をうしなう。

熟語「悔し泣き・悔し涙」

❸(国)くやみ。くやむ。他人の死を悲しむ。

熟語「悔やみ言(ごと)・御悔やみ」

【海】

9級　9画　水(氵)-6　音 カイ 漢 呉　訓 うみ・あま・うな・み　①1904 Ⓤ6D77

〔海〕10画　水(氵)-7　③8673 ⓊFA45

難読 海人(あま)・海士(あま)・海女(あま)・海月(くらげ)・海布(め)・海参(いりこ)・海松(みる)・海星(ひとで)・海柘榴市(つばいち)(つばきいち)・海神(わたつみ)・海桐(海桐花)(とべら)・海扇(ほたてがい)・海象(せいうち)・海雲(海蘊)(もずく)・海髪(いぎす)(うご)(おご)・海嘯(つなみ)・海燕(たこのまくら)・海鞘(ほや)・海獺(らっこ)・海嬴(ばい)・海鏡(つきひがい)・海鷂魚(えい)・海蘿(ふのり)

人名 あま・うな・うみ・み

筆順

なりたち 〔形声〕水＋毎(くらい)音。暗い色をしたうみの意。

❶うみ。地球の表面のうち、海水をたたえた部分。あま。うな。また、大きな湖。

【海千山千】うみせんやません　ずる賢い。また、ずる賢い者。注記 海に千年、山に千年住んだ蛇(じゃ)は竜になるという言い伝えから。

【海(うみ)波を揚げず】　天下泰平である。出典「韓詩外伝」より。

【海域】カイイキ　ある範囲内の海面。「小笠原—」

【海運】カイウン　船舶で運ぶ。「—業者」「—国」

【海外】カイガイ　海を隔てた外国。外地。「—旅行」

【海岸】カイガン　陸地が海に接する部分。海べ。

【海魚】カイギョ　海産の魚。海水魚。

【海峡】カイキョウ　陸地にはさまれた、せまい海。瀬戸。

【海軍】カイグン　海上の防衛・攻撃を行う軍隊・軍備。

【海溝】カイコウ　細長くくぼんだ溝状の海底。

【海産】カイサン　海でとれたもの。「—物」

【海市】カイシ　蜃気楼(しんきろう)。

【海事】カイジ　海上に関する事柄。「—仲裁」

【海上】カイジョウ　海の上。海面。「—輸送」

【海食・海蝕】カイショク　波浪や潮流が陸地を浸食する。

【海図】カイズ　航海者用の地図。

【海水】カイスイ　海の水。「—浴」「—着」

【海鮮】カイセン　新鮮な魚介類。「—料理」

【海草】カイソウ　①海岸近くの海中に生える被子植物。②海藻の俗称。

【海藻】カイソウ　海底に定着して生育する藻類。

【海賊】カイゾク　海上を横行し、略奪を働く盗賊。

【海賊版】カイゾクバン　違法に複製・販売される書籍など。

【海内】カイダイ　四海の内。全国。天下。「—無双」

【海底】カイテイ　海の底。うなぞこ。

【海棠】カイドウ　バラ科の落葉低木。ハナカイドウ。

【海棠(かいどう)睡(ねむ)り未(いま)だ足らず】　眠り足りない美人のなまめかしさ。出典「唐書(楊貴妃伝)」より。

【海難】カイナン　航行中の危難。「—事故」

【海抜】カイバツ　海面を基準とした陸地の高さ。標高。

【海綿】カイメン　①海綿動物の総称。②スポンジ。

【海洋】カイヨウ　広い海。「—性気候」

【海流】カイリュウ　一定方向に運動する海水の流れ。

【海路】カイロ　海上の航路。また、船の旅。

熟語「海豹(あざらし)・海驢(あしか)・海人(あま)・海女(あま)・海豚(いるか)・海境(うなさか)・海界(うなさか)・海坂(うなさか)・海原(うなばら)・海胆(うに)・海栗(うに)・海幸(うみさち)・海老(えび)・海員・海淵・海禁・海港・海国・海獣・海戦・海損・海中・海道・海浜・海風・海兵・海防・海面・海里・海鼠(なまこ)(こ)・海苔(のり)・海鼠腸(このわた)・沿海・外海・近海・公海・航海・西海・山海・四海・深海・絶海・大海・東海・内海・陸海・領海・臨海」

❷海のように広く大きいさま。

【海容】カイヨウ　広い心で過失を許す。「御—ください」

熟語「海恕(かいじょ)・海岳」

❸物事の多く集まる所。

熟語「雲海・学海・苦海・樹海・人海」

【界】

8級　9画　田-4　音 カイ 漢 呉　訓 さかい　①1906 Ⓤ754C

〔畍〕9画　田-4　②6524 Ⓤ754D

筆順

なりたち 〔形声〕田＋介(わけ入る)音。田と田を区別するさかいの意。

❶さかい。くぎり。

【界面】カイメン　接触している境界面。「—活性剤」

熟語「界雷・境界・限界・臨界・分水界」

❷さかいの中。範囲。社会。

【界隈】カイワイ　辺り近所。付近。近辺。「銀座—」

熟語「外界・角界・各界・学界・官界・眼界・業界・財界・視界・斯界・政界・世界・租界・花柳界(かりゅうかい)・教育界・社交界・別世界・法曹界(ほうそうかい)」

❸(仏)境域。世界。

熟語「苦界・下界・三界・人界・塵界(じんかい)・俗界・他界・仏界・法界・冥界・霊界」

【皆】

4級　9画　白-4　音 カイ 漢 呉　訓 みな　①1907 Ⓤ7686

人名 とも・み・みち

筆順

なりたち 〔会意〕比(人が二人並んでいる)＋白(もうす)。口をそろえてもうし述べる意から、みなの意を表す。

みな。すべて。ことごとく。残らず。

【皆既食・皆既蝕】カイキショク　皆既日食または皆既月

食。
【皆勤】カイキン 一日も休まず出勤・出席する。
【皆済】カイサイ 全部返済・納入する。完済。
【皆伝】カイデン 奥義をすべて伝えられる。「免許―」
【皆兵】カイヘイ 全国民が兵役に服する。「国民―」
【皆無】カイム 少しもない。何もない。「―に等しい」
【皆目】カイモク まったく。全然。「―見当がつかない」
熟語「悉皆しっかい」

【械】

7級 11画 木-7 音 カイ 漢呉 訓 かせ ①1903 Ⓤ68B0

筆順 一 十 木 朩 析 械 械 械 械

なりたち ［形声］木＋戒(いましめる)音。罪人をいましめるための木製のかせの意。

❶かせ。手かせ。足かせ。自由を奪う刑具。
熟語「杻械ちゅうかい・手械てかせ」
❷からくり。しかけ。また、器具。
熟語「器械・機械」

【街】⇩ガイ(六五ページ)

【絵】

9級 12画 糸-6 音 カイ(クワイ)漢・エ(ヱ)呉 ①1908 Ⓤ7D75
【繪】19画 糸-13 ②6973 Ⓤ7E6A

筆順 く 幺 糸 紒 紒 絵 絵 絵

なりたち ［形声］糸＋會(ぴったりあう)音。色のついた糸をあわせて刺繍ししゅうするの意。「絵」は「繪」の草体から。

え。物の形・姿を描いたもの。
【絵柄】えがら 絵の模様や構図。
【絵空事】えそらごと ありえないこと。「すべて―だった」
【絵日記】エニッキ 絵を主体とした日記。
【絵の具】エのグ 絵に色をつけるのに使う材料。
【絵本】エホン 絵に簡単な文をつけた本。
【絵馬】エマ 社寺に奉納する絵入りの額や板絵。
【絵画】カイガ 絵。
【絵事かいじは素そを後のちにす】 修養を積んでのち、礼を学ぶ。出典「論語八佾」より。
熟語「《カイ》絵事」「《エ》絵入り・絵心えごころ・絵詞えことば・絵師・絵図・絵姿・絵筆・絵巻・油絵・影絵・口絵・挿絵・下絵・図絵・墨絵・錦絵・蒔絵まきえ・浮世絵・似顔絵」

【開】

8級 12画 門-4 音 カイ 漢呉 訓 ひらく・ひらける・あく・あける ①1911 Ⓤ958B

人名 さく・はる・はるき・ひら・ひらき

筆順 丨 ｢ 𠃌 門 門 閂 開

なりたち ［会意］門＋幵(そろっているさま)。両手をかけて左右に門をあけるの意。

❶ひらく。あく。あける。閉じているものをひらく。
【開運】カイウン 運が開ける。幸運に向かう。
【開花】カイカ ①花が咲く。②盛んになる。「町人文化が―する」
【開架】カイカ 図書館で、書架から自由に本をとりだして閲覧できるやり方。⇔閉架
【開▼豁】カイカツ ①広々と開けている。②心が広い。
【開眼】カイガン ①眼が見えるようにする。②真理を悟る。こつをつかむ。「俳優として―する」
【開眼】カイゲン ①〔仏〕仏像・仏画に眼を入れる。②「かいがん(開眼)」に同じ。
【開口一番】カイコウイチバン 口を開くや否や。「―文句を言う」
【開国】カイコク ①外国と交通や貿易を始める。⇔鎖国。②初めて国をつくる。建国。
【開場】カイジョウ 会場を開く。⇔閉場
【開帳】カイチョウ ①寺社で、秘仏を公開する。②博打ばくちの場を開く。開張。
【開陳】カイチン 考えなどを述べる。「自説を―する」
【開通】カイツウ 道路・鉄道・電話線などが通じる。
【開▼闢】カイビャク 天地のはじまり。「―以来の珍事」
【開閉】カイヘイ あけることとしめること。あけたて。
【開放】カイホウ ①窓や戸などをあけはなつ。⇔閉鎖。②自由な出入りを許す。「構内を―する」
熟語「開園・開巻・開館・開襟・開口・開示・開城・開披かいひ・開票・開腹・開封・開門・公開・散開・切開・全開・疎開・打開・展開・満開」
❷ひらく。はじめる。はじまる。
【開会】カイカイ 会議や集会を始める。「―式」⇔閉会
【開業】カイギョウ 営業を始める。「―医」⇔廃業
【開港】カイコウ ①港を開き、外国船を入れる。⇔鎖港。②港や空港をつくって業務を始める。
【開催】カイサイ 会などを開く。「大会を―する」
【開始】カイシ 始める。「試合を―する」⇔終了
【開設】カイセツ 施設や設備を作る。「支店を―する」
【開戦】カイセン 戦争を始める。⇔終戦
【開祖】カイソ ①宗派・寺院の創立者。②初めて一派を開いた人。鼻祖。
【開店】カイテン ①新しく店を開く。「支店を―する」②その日の商売を始める。▽⇔閉店
【開幕】カイマク ①舞台の幕があく。開演。②物事が始まる。▽⇔閉幕・終幕
熟語「開演・開基・開局・開校・開講・開山・開廷・開幕・再開」
❸ひらく。土地などを、きりひらく。
【開墾】カイコン 山野を切り開いて田畑にする。

【開削・開鑿】カイサク 土地を切り開く。
【開拓】カイタク 「原野を—する」「新市場を—する」
【開発】カイハツ 「宅地—」「能力—」「新型車両の—」
❹ひらく。ひらける。啓発する。文化がすすむ。
【開化】カイカ 世の中が開ける。「文明—」
【開明】カイメイ ①知識がひらけ、物事が進歩する。②聡明で進歩的だ。「—な君主」
熟語「開知・開智(かいち)・未開」
❺数学で、根(こん)を求める。
熟語「開平・開立(かいりゅう)」
❻(国)ひらき。宴などの終わり。閉会。また、魚を切り開く。
熟語「開(ひら)き鱈(だら)・御開き・背開(せびら)き・腹開(はらびら)き」
❼その他。地名など。
【開封】カイホウ 中国、河南省北部の都市。

【階】

8級　12画　阜(阝)-9　音 カイ 漢 呉　訓 きざはし・しな　①1912 Ⓤ968E

人名 とも・はし・より

筆順 

なりたち  [形声]阜(盛り土)＋皆(口をそろえてもうし述べる)音。高さを均等にそろえて土を積みあげた段、きざはしの意。

❶きざはし。昇降のための段。だんだん。
【階段】カイダン ①昇降用の段々の通路。②順序。等級。段階。「出世の—」
熟語「階下・階序・階前・階陛・玉階・石階」
❷官位や身分の等級。順位。しな。また、物事の順序・等級。
【階級】カイキュウ ①身分・地位などの段階。「—章」②身分・財産などを同じくする集団。「中流—」
【階調】カイチョウ 写真やテレビ画像の濃淡の調子。
熟語「階次・位階・音階・加階・官階・職階・段階」
❸手引き。いとぐち。
【階梯】カイテイ ①物事を学ぶ段階。②入門書。「仏語—」
❹建築物の層。また、それを数える語。
【階層】カイソウ ①建物の層のかさなり。②上下に層をなしたかさなり。③地位がほぼ等しい人々の集団。
熟語「三階・上階・全階・地階・中二階」

【塊】

3級　13画　土-10　音 カイ(クワイ) 漢 呉　訓 かたまり・つちくれ　①1884 Ⓤ584A

難読 塊芋(ほどいも)・酸塊(すぐり)

筆順 

なりたち  [凷][会意]凵(くぼんでいる器)＋土。土のかたまりの意。「塊」は俗字。[塊][形声]土＋鬼(まるい頭の人)音。土のまるいかたまりの意。

❶かたまり。また、つちくれ。土のかたまり。
【塊茎】カイケイ 地下茎が塊状に肥大したもの。
【塊根】カイコン 根が塊状に肥大したもの。
熟語「塊状・一塊(いっかい/ひとかたまり)・金塊・血塊・山塊・石塊(せっかい/いしくれ)・大塊・団塊・地塊・土塊(つちくれ/どかい)・肉塊・氷塊」
❷ひとりぼっち。ひとりでいること。
熟語「塊然・塊独」

【楷】

2級　13画　木-9　新常用　音 カイ 漢 呉　②6020 Ⓤ6977

人名 のり

筆順 

なりたち  [形声]木＋皆(口をそろえてもうし述べる)音。模様がきちんとそろっている木の意。

❶のり。手本。法則。
熟語「楷式・楷正・楷則」
❷漢字の書体の一。点画をくずさず、直線的な字体。楷書。
【楷書】カイショ 字画をくずさずに書く、漢字の書体。
熟語「楷法」
❸ウルシ科の落葉高木。孔子の墓に植樹された木という。とねりばはぜのき。
熟語「楷木(かいぼく)」

【解】

6級　13画　角-6　音 カイ 漢・ゲ 呉　訓 とく・とかす・とける・ほつれる・ほどく・わかる　①1882 Ⓤ89E3

〔觧〕13画 角-6　②7527 Ⓤ89E7

人名 さとる・とき・ひろ

筆順 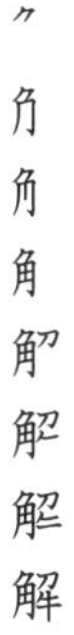

なりたち  [会意]角＋刀＋牛。牛のつのやからだを刀でばらばらに切りわける意。

❶とく。とかす。わける。ほつれる。ばらばらになる。
【解散】カイサン ①参加者が別れていく。②組織を解く。「企業が—する」
【解体】カイタイ ばらばらにする。「財閥の—」「—工事」

【解凍】カイトウ ①冷凍したものを解かしてもどす。②圧縮したデータを元に戻す。
【解剖】カイボウ 生物の体を切り開いて、調べる。
熟語「《カイ》解像・解離・瓦解・潮解・電解・氷解・分解・融解(ゆうかい)・溶解(ようかい)・熔解(ようかい)・鎔解(ようかい)」

❷とく。ほどく。ときはなす。しばりをゆるめる。
【解禁】カイキン 禁止命令を解く。「狩猟―」
【解除】カイジョ もとの状態に戻す。「警報―」
【解放】カイホウ 自由にする。「人質を―する」
【解▼纜】カイラン 船出する。出帆。解帆。
熟語「解き放(はな)つ」

❸とく。とける。ときあかす。説明する。
【解決】カイケツ 問題が片付く。「事態の―」
【解字】カイジ 漢字の成り立ちを解釈する。
【解釈】カイシャク 意味・内容を理解し、説明する。
【解析】カイセキ 分析して研究する。「―幾何学」
【解説】カイセツ わかりやすく説明する。「野球―」
【解題】カイダイ 書物に関する説明。開題。
【解答】カイトウ 問題を解いて答えを出す。答え。
【解読】カイドク 文字・暗号などを読み解く。
【解明】カイメイ 明らかにする。「真実を―する」
熟語「《カイ》詳解・図解・正解・精解・注解・通解・読解・難解・明解」

❹わかる。さとる。
【解語(かいご)の花(はな)】美人をいう。注記 言語を理解する花の意。唐の玄宗が楊貴妃をさして言ったという故事から。
【解脱】ゲダツ 〔仏〕悟りの境地に達する。悟る。
熟語「《カイ》解語・曲解・誤解・理解・了解・諒解(りょうかい)・領解(りょうかい)・不可解・一知半解(いっちはんかい)」

❺なくす。とりのぞく。
【解雇】カイコ やめさせる。くびにする。「懲戒―」
【解消】カイショウ 関係などをなくする。「婚約―」
【解職】カイショク 職務をやめさせる。解任。免職。
【解任】カイニン 任務を解く。解職。免職。⇔任命
【解約】カイヤク 契約を解消する。
【解毒】ゲドク 体に入った毒を消す。「―剤」
【解熱】ゲネツ 体温を下げる。⇔発熱。別表記 下熱

❻意見。考え。また、いいわけ。
熟語「《カイ》見解・弁解」

❼仲直りする。仲良くする。
熟語「《カイ》和解」

❽〔国〕げ。古文書の一形式。律令制で、下級官司が上級官司または太政官に差し出す。
熟語「《ゲ》解状・解文(げぶみ)・解由(げゆ)・解由状」

【潰】

2級 15画 水(氵)-12 新常用

音 カイ(クワイ)漢・ケ呉

訓 つぶす・つぶれる・ついえる

①3657 Ⓤ6F70

筆順 

なりたち  [形声]水＋貴(うずたかく積んだもの)音。うずたかく積んだ構造物が水で流される意から、ついえる意を表す。

◉異字同訓◉【費】(五四八ページ)の「異字同訓」欄を参照のこと。

❶ついえる。つぶれる。つぶす。
【潰滅】カイメツ「壊滅」に同じ。
【潰乱】カイラン「壊乱」に同じ。
熟語「決潰・全潰・倒潰・破潰・廃潰・崩潰」

❷ついえる。戦いにやぶれる。まける。
【潰走】カイソウ 戦いに負けて秩序なく逃げる。
熟語「敗潰」

❸ついえる。人体の組織がただれくずれる。
【潰瘍】カイヨウ 体の組織が深部まで壊れる。「胃―」

❹〔国〕つぶれる。何らかの力が加わって機能を失う。
熟語「丸潰れ・酔い潰れる」

【壊】

4級 16画 土-13

音 カイ(クワイ)漢・エ(ヱ)呉

訓 こわす・こわれる

①1885 Ⓤ58CA

【壞】19画 土-16 ②5253 Ⓤ58DE

人名 つち

筆順 

なりたち  [形声]土＋褱(穴があく)音。土がくずれ、こわれる意。「壊」は俗字。

❶こわれる。こわす。くずれる。やぶれる。
【壊滅】カイメツ こわれてなくなる。「村が―した」「―的打撃」別表記 潰滅
【壊乱】カイラン くずれ乱れる。別表記 潰乱
熟語「壊敗・壊崩・決壊・自壊・全壊・損壊・倒壊・破壊・半壊・崩壊」

❷身体の組織などがいたむ。病む。
【壊死】エシ 生体の組織や細胞の一部が死ぬ。
【壊▼疽】エソ 壊死(えし)した組織が黒変する。

【懐】

準2級 16画 心(忄)-13

音 カイ(クワイ)漢・エ(ヱ)呉

訓 ふところ・なつかしい・なつかしむ・なつく・なつける・いだく・おもう

①1891 Ⓤ61D0

【懷】19画 心(忄)-16 ②5671 Ⓤ61F7

人名 かね・たか・ちか・つね・もち・やす

筆順 忄 忙 怕 怖 怦 愽 懐 懐

なりたち  [形声]心＋褱(ふところに抱きとめる)㊥。心にとどめおくの意。金文では、心を付さない形に作る。「懐」は俗字。

❶なつかしむ。したう。なつかしく思う。なつかしい。

【懐旧】カイキュウ　昔をなつかしむ。「―の情(じょう)」

【懐郷】カイキョウ　故郷を思う。「―の念抑えがたし」

【懐古】カイコ　昔をなつかしく思う。懐旧。「―談」

熟語「懐古・旧懐・追懐」

❷いだく。おもう。心にある感情・思いをもつ。

【懐疑】カイギ　疑いをいだく。「―心」「―的」

熟語「懐抱・詠懐・雅懐・感懐・胸懐・述懐・所懐・素懐・抱懐・本懐・虚心坦懐(きょしんたんかい)」

❸ふところ。ふところに入れてもつ。また、身ごもる。

【懐剣】カイケン　ふところに入れて携行する短刀。

【懐紙】カイシ　たたんでふところに入れておく紙。

【懐石】カイセキ　茶席での簡単な食事。注記 禅僧が温石(おんじゃく)を懐に入れて空腹をしのいだことから、一時の空腹しのぎ程度の軽い料理の意。

【懐胎】カイタイ　子をみごもる。懐妊。「処女―」

【懐中】カイチュウ　ふところの中(のもの)。「―をさぐる」

【懐妊】カイニン　子をみごもる。懐胎。

【懐炉】カイロ　懐中に入れ、体を温める器具。

【懐刀】ふところがたな　①懐剣。②機密に参与する腹心の部下。

【懐具合】ふところグあい　持っている金の額。「―が悪い」

【懐手】ふところで　①手を懐に入れている。②人まかせにする。「―で楽にもうける」

熟語「懐勘定(ふところかんじょう)・内懐(うちぶところ)」

❹なつく。なつかせる。なつける。

【懐柔】カイジュウ　うまく手なずけて従わせる。「―策」

【諧】

2級　16画　言-9　新常用

音 カイ㊥漢

訓 かな-う・ととの-う・たわむ-れる

②7563　Ⓤ8AE7

人名 かのう・なり・ゆき

筆順 言 言 言 計 計 訛 諧 諧

なりたち  [形声]言＋皆(口をそろえてもうし述べる)㊥。口をそろえて言う意から、調子をととのえる意を表す。また、調子のいい言葉、冗談の意にも用いる。

❶かなう。ととのう。うちとける。他と調和する。

【諧声】カイセイ　①調和する声。②「形声(けいせい)」に同じ。

【諧調】カイチョウ　よく調和のとれた調子。

熟語「諧和・和諧」

❷滑稽。たわむれ。ユーモア。たわむれる。

【諧謔】カイギャク　おかしみのある言葉。ユーモア。

熟語「俳諧」

かい

【貝】

10級　7画　貝-0

音 ハイ㊥漢・バイ㊥呉

訓 かい

①1913　Ⓤ8C9D

難読 貝母(ばいも)・貝独楽(ばいごま)(べいごま)

筆順 丨 冂 冃 月 目 旦 貝

なりたち  [象形]殻の口が狭く細長いタカラガイにかたどる。かいの意。

かい。外側にかたい殻をもった水中にすむ軟体動物の総称。かいがら。

【貝殻】かいがら　貝の外側を覆っている殻。

【貝塚】かいづか　古代人の捨てた貝殻による遺跡。

【貝柱】かいばしら　二枚貝の貝殻を開閉させる筋肉。

熟語「貝貨・貝器・貝母(ばいも)・青貝・赤貝・桜貝・巻貝(まきがい)・真珠貝・二枚貝・帆立貝(ほたてがい)・法螺貝(ほらがい)」

ガイ

【外】

9級　5画　夕-2

音 ガイ(グワイ)㊥漢・ゲ㊥呉・ウイ㊥唐

訓 そと・ほか・はずす・はずれる・と・よそ

①1916　Ⓤ5916

難読 外方(そっぽ)(そっぽう)・外郎(ういろう)・外様(とざま)・外障眼(うわひ)

人名 と・との・ひろ・ほか

筆順 ノ ク タ 夘 外

なりたち  [形声]夕(月)㊥＋卜(うらなう)。月のかけ方を見てうらなう意から、月の残った部分、すなわち外側の意を表す。

❶そと。物のそとがわ。また、うわべ。表面。

【外延】ガイエン　〔論〕ある概念の範囲。⇕内包

【外郭・外▼廓】ガイカク　①外側の囲い。②外部の曲輪(くるわ)。⇕内郭。③外側を形作る輪郭。「―団体」

【外観】ガイカン　外見。「―だけではわからない」

【外形】ガイケイ　外側から目で見える形。外見。

【外見】ガイケン　うわべ。外観。「―にとらわれる」

【外柔内剛】ガイジュウナイゴウ　外見と違い、気が強い。⇕内柔外剛

【外部】ガイブ　「建物の―」「組織の―に知れる」⇕内部

【外面】ガイメン　「建物の―」「―をとりつくろう」⇕内面

【外野】ガイヤ　①野球で、内野の後方。⇕内野。②部外者。「―がうるさい」

【外用】ガイヨウ　薬を塗って用いる。⇕内用

【外科】ゲカ　手術で治療を行う医学の一分科。

【外題】ゲダイ　巻子・冊子の表紙に書く書名・巻名。

熟語「《ガイ》外縁・外殻・外港・外陣・外接・外皮・外剛内柔（がいごうないじゅう）」

❷そと。ある範囲から出たところ。ほか。よそ。

【外圧】ガイアツ 外からの力。外国からの圧力。⇔内圧
【外因】ガイイン 外部から生じた原因。⇔内因
【外▼苑】ガイエン 神宮・皇居の外側の庭園。⇔内苑
【外貨】ガイカ ①外国の貨幣。⇔邦貨。②外国の商品。
【外界】ガイカイ ①外の世界。②非我・客観の世界。⇔内界
【外患】ガイカン 外から来る心配。外憂。「内憂―」⇔内患
【外気】ガイキ 外の空気。「―に触れて気分転換する」
【外勤】ガイキン 会社の外で仕事をする。
【外交】ガイコウ ①外国との交際。「―政策」⇔内政。②外部との交渉・交際。「―員」
【外向】ガイコウ 積極的・能動的・実践的だ。⇔内向
【外国】ガイコク よその国家。他国。異国。「―語」
【外資】ガイシ 外国資本。「―を導入する」
【外事】ガイジ 外国・外国人に関する事柄。「―課」
【外需】ガイジュ 外国からの需要。⇔内需
【外出】ガイシュツ 外へ出かける。「―して戻らない」
【外傷】ガイショウ 外力による傷（きず）。
【外食】ガイショク 家庭外で食事をとる。また、その食事。
【外人】ガイジン 外国人。「―選手」「―墓地」
【外注】ガイチュウ 外部に発注する。「車体製造を―する」
【外敵】ガイテキ 外から攻めてくる敵。「―を防ぐ」
【外灯】ガイトウ 屋外に取り付けた電灯。
【外▼套】ガイトウ 衣服の上から着る防寒用の服。
【外泊】ガイハク よそに泊まる。「無断―」
【外聞】ガイブン 「―をはばかる」「―が悪い」
【外務】ガイム ①国際関係の行政事務。②会社の外で勤務する。外勤。
【外遊】ガイユウ 外国に旅行する。外国に留学する。
【外憂】ガイユウ 外から受ける心配事。外患。⇔内憂
【外洋】ガイヨウ 陸から遠く離れた広い海。
【外来】ガイライ 外から来る。「―者」「―の文化」
【外来語】ガイライゴ 外国語から日本語に入った語。

熟語「《ガイ》外海・外角・外債・外在・外材・外紙・外字・外相・外信・外征・外線・外為（がいため）・外地・外電・外侮（がいぶ）・外米・外物・以外・屋外・課外・圏外・言外（げんがい）・口外・郊外・構外・戸外・国外・在外・渉外・城外・場外・体外・対外・中外・度外・内外・部外・門外・野外・欄外・奇想天外」

❸正統・正式のものとは別の。

【外史】ガイシ 民間の歴史書。「日本―」⇔正史
【外伝】ガイデン 正史からもれた話。「赤穂義士―」
【外典】ゲテン 仏教以外の書物。⇔内典
【外道】ゲドウ ①〔仏〕仏教以外の教え。その信者。②真理に反した説。それを説く人。③人をののしる言葉。④釣りで、目的の魚以外に釣れた魚。

熟語「《ガイ》号外・番外」

❹母方・妻の身内。

【外戚】ガイセキ 母方の親戚。⇔内戚
【外孫】ガイソン・そとまご 嫁に行った娘が生んだ子。⇔内孫

熟語「《ガイ》外祖父・外祖母」

❺はずす。はずれる。とりのぞく。よける。とおざける。

熟語「《ガイ》案外・意外・除外・心外・選外・疎外・存外・排外・法外・望外・慮外・例外・論外・予想外」

❻その他。

【外郎】ウイロウ ①痰（たん）をきり、口臭を除く丸薬。②米の粉を甘く味つけた蒸し菓子。
【外連】ケレン ①演劇で、軽業的な演出。②はったり。「―味のない人」

【劾】

準2級 8画 力-6
音 ガイ㊉・カイ㊊
①1915 Ⓤ52BE

筆順

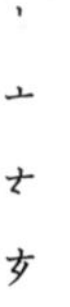

なりたち  ［形声］亥（イノシシの骨組みの象形）音＋力。骨組みがしっかりしていることから、きびしく力をこめる、責めただす意を表す。

罪状をとりしらべ追及する。

【劾奏】ガイソウ 官吏の罪過を君主に奏上する。

熟語「劾案・劾状・劾弾・弾劾」

【害】

7級 10画 宀-7
音 ガイ㊉・カイ㊊・カツ
訓 そこなう・わざわい
①1918 Ⓤ5BB3

〔害〕10画 宀-7

筆順

なりたち  ［会意］丯（かぶせるもの）＋古（あたま）。あたまにかぶせて進行をさまたげる、そこなうの意。

❶そこなう。きずつける。

【害悪】ガイアク 他の害となる。「世に―をもたらす」
【害意】ガイイ 人に危害を加えようとする気持ち。
【害心】ガイシン 害を加えようとする心。害意。
【害虫】ガイチュウ 害をもたらす昆虫。⇔益虫
【害毒】ガイドク 害となるもの。「社会に―となる本」

熟語「害鳥・加害・危害・殺害・自害・傷害・損害・毒害・迫害・被害」

❷わざわい。災難。

熟語「煙害・塩害・干害・寒害・公害・災害・惨害・実害・食害・水害・雪害・霜害（そうがい）・凍害・百害・病害・弊害・無害・薬害・有害・利害・冷害・風水害」

❸さまたげる。じゃまをする。
熟語「障害・侵害・阻害・妨害・要害」

【崖】〔崕〕

2級 11画 山-8 新常用 音 ガイ 漢 呉 訓 がけ ①1919 Ⓤ5D16
〔崕〕11画 山-8 ②5429 Ⓤ5D15

筆順 ′ 山 屮 屵 岸 岸 崖 崖

なりたち ［形声］山＋厓（切りたったがけ）音。「厓」が原字。のち、意味をより明らかにするため、「山」を加えた。

がけ。山などの険しく切り立った所。

【崖っ縁】（がけっぷち） ①崖の上の、切り立った縁。②ぎりぎりの状態。「—に立たされる」

熟語「崖崩れ（がけくずれ）・嶮崖（けんがい）・懸崖・絶崖・断崖」

【涯】

準2級 11画 水（氵）-8 音 ガイ 漢 呉 訓 きし・はて ①1922 Ⓤ6DAF

筆順 ⺀ 氵 氵 汇 沂 沪 涯 涯 涯

なりたち ［形声］水＋厓（がけ）音。水ぎわのがけ、きしの意。

❶みずぎわ。きし。
【涯際】（ガイサイ） 物事の終わる所。行き止まり。はて。
熟語「際涯・水涯」
❷はて。かぎり。
【涯分】（ガイブン） 自分の身のほど。分際。
熟語「境涯・生涯・地涯・天涯・辺涯・無涯」

【街】

7級 12画 行-6 音 ガイ 呉・カイ 漢 訓 まち ①1925 Ⓤ8857

筆順 ′ 彳 彳 彳 往 往 徍 街 街

なりたち ［形声］行（みち）＋圭（かどばって形がよい）音。整然と区画されたみちの意から、まちの意を表す。

❶まち。ちまた。
【街区】（ガイク） 市街の一区画。ブロック。

【街頭】（ガイトウ） まちの路上。まちなか。「—演説」

熟語「《ガイ》街衢（がいく）・街談巷説（がいだんこうせつ）・花街（かがい）（はなまち）・市街・住宅街・商店街・地下街・繁華街」
❷まちの大きな通り。
【街娼】（ガイショウ） 街頭で客を引いて、売春する女。

【街灯】（ガイトウ） 道ばたに設ける電灯。街路灯。

【街道】（カイドウ） 「日光—」「出世—」「人生の裏—」

【街路】（ガイロ） 町なかにある広いみち。「—樹」「—灯」

熟語「街角（まちかど）・街並（まちなみ）」

【慨】〔慨〕

3級 13画 心（忄）-10 音 ガイ 呉・カイ 呉 訓 なげ-く ①1920 Ⓤ6168
〔慨〕15画 心（忄）-12 ③8460 ⓊFA3E

筆順 忄 忄 忄 忄 忄 忄 慨 慨

なりたち ［形声］心＋既（いっぱいになり、つまる）音。胸をつまらせてなげくの意。

❶なげく。嘆息する。
【慨世】（ガイセイ） 世を嘆きうれえる。
【慨然】（ガイゼン） 憤り嘆く。「—として嘆息する」
【慨嘆】（ガイタン） 嘆き憤る。「—にたえない」 別表記 慨歎
熟語「感慨・感慨無量」
❷いきどおる。心が激するさま。
熟語「慷慨（こうがい）・憤慨・悲歌慷慨（ひかこうがい）・悲憤慷慨（ひふんこうがい）」

【蓋】〔盖〕〔葢〕

2級 13画 艸（艹）-10 新常用 音 ガイ 呉・カイ 漢 訓 ふた・おお-う・かさ・けだ-し・なん-ぞ ①1924 Ⓤ84CB
〔盖〕11画 皿-6 ②6621 Ⓤ76D6
〔葢〕12画 艸（艹）-9 ②7268 Ⓤ8462

筆順 一 十 艹 芏 芸 著 蓋 蓋

なりたち ［形声］艸＋盍（皿にふたをかぶせる）音。草をかぶせて屋根にする意から、おおう・ふたの意を表す。

❶おおう。かぶせる。ふたをする。
【蓋世】（ガイセイ） 才能や気力が大きい。「—の英雄」 出典「史記項羽本紀」より。
熟語「蓋棺」
❷おおい。ふた。かさ。
熟語「円蓋・掩蓋（えんがい）・花蓋・傾蓋（けいがい）・口蓋・三蓋・膝蓋（しつがい）・車蓋・頭蓋（ずがい）（とうがい）・天蓋・火蓋（ひぶた）・無蓋（むがい）・有蓋・頭蓋骨（ずがいこつ）」
❸けだし。考えてみるに。推しはかる意を表す。
【蓋然】（ガイゼン） ある程度確実である。⇔必然
【蓋然性】（ガイゼンセイ） 物事が起こる確実性の度合。確率。

【該】

3級 13画 言-6 音 ガイ 呉・カイ 漢 訓 か-ねる・そ-の ①1926 Ⓤ8A72

人名 かた・かね・もり

筆順 ⺀ 言 言 言 訁 訪 該 該

なりたち ［形声］言＋亥（イノシシの骨組みの象形）音。骨組みがしっかりしてい

ることから、言葉が十分にいきわたる、ほぼあてはまる意を表す。

❶広くそなわる。かねる。

【該博】ガイハク 広く物事に通じている。「―な知識」

熟語「該究・該通」

❷ぴったりあてはまる。また、その。当の。

【該当】ガイトウ 一定の条件にあてはまる。適合する。

熟語「当該」

【概】

3級 14画 木-10

音 ガイ慣・カイ漢

訓 おおむ-ね・おもむき・とかき

①1921 Ⓤ6982

【槪】15画 木-11 ③8604 Ⓤ69EA

【槩】16画 木-12 ③8603 Ⓤ69E9

人名 むね

筆順

なりたち [形声]木＋既(いっぱいになる)音。ますに米をいっぱいにするますかき棒の意から、欠けたところがないように全体をならす意を表す。

❶おおむね。あらまし。おおよそ。

【概括】ガイカツ 大まかにまとめる。「結果を―する」

【概観】ガイカン 大体のありさま。大ざっぱに見る。

【概況】ガイキョウ 大体の状況。「二月の天気―」

【概算】ガイサン 大まかに計算する。「費用を―する」

【概数】ガイスウ おおよその数。「―をつかむ」

【概説】ガイセツ おおよそを説明する。「国文法―」

【概念】ガイネン ①ある事物の概括的な意味内容。②事物の本質をとらえる思考形式。

【概念的】ガイネンテキ ①概念でとらえる。「―には理解できる」②具体的でない。「―で実がない」

【概評】ガイヒョウ 全体を大づかみにとらえた批評。

【概要】ガイヨウ 物事のおおすじ。大体の内容。

【概略】ガイリャク 物事のあらまし。「―は説明した」

【概論】ガイロン 大要を述べる。「文学―」「哲学―」

熟語「概見・一概・梗概(こうがい)・大概」

❷おもむき。ようす。

熟語「気概・風概」

❸ますかき。ますで穀物をはかるとき、盛り上がった部分をたいらにならす棒。

熟語「量概」

【骸】

2級 16画 骨-6 新常用

音 ガイ呉・カイ漢

訓 かばね・なきがら・むくろ

①1928 Ⓤ9AB8

筆順

なりたち [形声]骨＋亥(イノシシの骨組みの象形)音。骨組みだけ残った死体、むくろの意。

❶かばね。むくろ。なきがら。死体。

熟語「遺骸・形骸・残骸・死骸・屍骸(しがい)・体骸・病骸・亡骸」

❷ほね。人の骨。死人の骨。肉が腐って、あとに残った骨。

【骸骨】ガイコツ ①骨だけになった死体。②からだの骨組。骨格。

【骸骨(がいこつ)を乞(こ)う】辞職・致仕を願う。出典「晏子春秋外篇」「史記項羽本紀」より。

熟語「骨骸」

かき

【垣】

準2級 9画 土-6

音 エン(エン)漢

訓 かき

①1932 Ⓤ57A3

難読 垣内(かいと)(かきつ)

人名 たか

筆順

なりたち [形声]土＋亘(周囲をぐるりとめぐる)音。家の周囲にめぐらした土べいの意。

かき。かきね。

【垣根】かきね ①家や敷地の囲い。かき。「―を巡らす」②他と隔てるもの。「学部間の―を取る」

熟語「垣牆(えんしょう)・垣間見る(かいまみる)・生垣(いけがき)・石垣・柴垣・神垣(しんえん)・竹垣(たけがき)・玉垣(たまがき)・人垣(ひとがき)」

【柿】

2級 9画 木-5 新常用

音 シ漢

訓 かき

①1933 Ⓤ67FF

注記「柿(こけら)」は木部四画で別字。

筆順

なりたち [形声]木＋宀(最も上であるさま)音。その果実の皮をつけた上澄みからしぶをとる木の意から、カキの意を表す。

かき。カキノキ科の落葉高木。果樹。秋に多肉の液果を結び、熟して黄赤色となる。

熟語「串柿(くしがき)・渋柿(しぶがき)・熟柿(じゅくし)・吊るし柿(つるしがき)・干し柿(ほしがき)」

カク

【各】

7級 6画 口-3

音 カク漢呉

訓 おのおの

①1938 Ⓤ5404

人名 まさ

筆順 ノ ク 夂 夂 各 各

なりたち [会意]夂(下へ向かう足の象形)＋口(もの)。足が障害物につかえるの意。借りて、おのおのの意に用いる。

おのおの。めいめい。ひとつひとつの。

【各位】(カクイ) みなさまがた。「保護者―」
【各員】(カクイン) めいめい。「―一層奮励努力せよ」
【各界】(カクカイ) それぞれの社会。「―の名士」
【各自】(カクジ) めいめい。「―の自覚にまつ」
【各種】(カクシュ) いろいろな種類。種々。「―各様」
【各人】(カクジン) ひとりひとりの人。「―各説」「―各様」
【各地】(カクチ) それぞれの地方。「全国―」
【各般】(カクハン) それぞれの方面。「―の事情により」
【各論】(カクロン) 細かい項目に関する議論。⇔総論
【各個】(カッコ) 一つ一つ。おのおの。「―撃破」
熟語「各紙・各所・各層・各派・各戸・各国」

【角】

9級 7画 角-0 音 カク 漢 呉 訓 かど・つの・すみ ①1949 Ⓤ89D2

難読 角子(みずら)・角水(すみずみ)・角宿(すぼし)・角髪(びんずら・みずら)・角鴟(みみずく)

人名 すみ・つぬ・ふさ・み

筆順 ノ ク 𠂊 角 角 角 角

なりたち [象形]動物のつのにかたどる。

❶つの。動物の頭部に突き出ている突起。
【角膜】(カクマク) 眼球の前面にある透明な膜。

【角隠(し)】(つのかくし) 和装の花嫁が用いるかぶり物。

【角▼樽】(つのだる) 一対の柄のついた朱塗りの酒樽。

【角笛】(つのぶえ) 動物の角で作った笛。

熟語「角質・角筆・犀角(さいかく)・折角・頭角」

❷すみ。場所。端の方。
熟語「一角(いっかく)(ひとかど)・口角・方角」

❸かど。とがった所。また、まがりかど。道の折れ曲がっている所。転じて、とげとげしい性質。
熟語「角地(かどち)・圭角(けいかく)・曲がり角・四つ角(よつかど)・稜角(りょうかく)」

❹二つの直線、または面の交わったところ。
【角▼錐】(カクスイ) 一頂点と多角形の底面をもつ立体。

【角度】(カクド) ①角の大きさ。②立場。「―を変えて考える」

熟語「鋭角・外角・錯角・死角・頂角・直角・鈍角・内角・半角・三角形・四角形・対角線・多角形」

❺くらべる。競う。
【角逐】(カクチク) せり合う。「各派の―が目に余る」
熟語「角觝(かくてい)・角力(かくりょく)・互角」

❻東洋音楽の五音の一つ。
熟語「宮商角徴羽(きゅうしょうかくちう)」

❼(国)四角。方形。
【角帽】(カクボウ) 上部が角形をした帽子。
熟語「角材・角柱・角砂糖」

❽(国)将棋の駒の一つ。
熟語「角行(かくぎょう)・飛車角」

❾(国)相撲。
【角界】(カクカイ) 相撲の社会。角力(すもう)界。

〈角力〉(すもう) 「相撲(すもう)」に同じ。

【画】⇨ガ(五四ページ)

【拡】

5級 8画 手(扌)-5 音 カク(クワク) 漢 呉 訓 ひろ-がる・ひろ-げる・ひろ-める ①1940 Ⓤ62E1

【擴】 18画 手(扌)-15 ②5818 Ⓤ64F4

人名 ひろ・ひろし・ひろむ

筆順 一 十 扌 扌 扩 拡 拡

なりたち [形声]手＋廣(四方に空間が広がる大きな家)音。手で空間を大きくおし広げるの意。

ひろげる。ひろがる。広げのばす。ひろめる。
【拡散】(カクサン) ひろがりちる。「核―防止」
【拡充】(カクジュウ) 設備・組織などをひろげる。
【拡声器】(カクセイキ) 音声を大きくする装置。
【拡大】(カクダイ) 広げて大きくする。「―解釈」⇔縮小
【拡張】(カクチョウ) 広げて大きくする。「売り場の―」
【拡幅】(カクフク) 道路の幅員をひろげる。「―工事」
熟語「軍拡」

【客】⇨キャク(一一一ページ)

【革】

5級 9画 革-0 音 カク 漢 呉 訓 かわ・あらた-まる・あらた-める ①1955 Ⓤ9769

難読 革茸(こうたけ)

筆順 一 十 廿 廿 苫 苩 莒 革

なりたち [象形]けだものの全身のかわにかたどる。

❶かわ。つくりがわ。
【革質】(カクシツ) 革のような硬さをもつ物の性質。
【革靴・革▼沓】(かわぐつ) 皮革で作った靴。 別表記 皮靴
熟語「革帯(かわおび)・製革・馬革・皮革」

❷かわで作った武具の甲冑(かっちゅう)や楽器。

熟語「金革・兵革」

❸あらたまる。あらためる。古いものを新しくする。

【革新】カクシン 新しく変える。「―的」⇔保守

【革命】カクメイ ①社会構造を根本的に覆す変革。②根本的に変革する。「産業―」③王朝が変わる。「易姓(えきせい)―」

熟語「沿革・改革・更革・変革・保革」

【格】 6級 10画 木-6

音 カク漢・コウ(カウ) 慣・キャク呉 訓 いた-る・ただ-す

①1942 Ⓤ683C

人名 いたる・ただ・ただし・つとむ・のり・まさ

難読 格狭間(こうざま)・格縁(ごうぶち)

筆順 一 十 木 杉 杪 柊 柊 格

なりたち [形声]木＋各(つかえ止まる)音。つき出てひっかける木、しん棒の意。

❶きまり。法則。基準。

【格式】カクシキ 身分・家柄。その作法。「―を重んじる」

熟語「規格・合格・資格・失格・適格・破格・別格・本格」

❷地位。身分。程度。

【格差】カクサ 価格・資格・等級・水準などの差。

【格段】カクダン 大きな差がある。「―の進歩をとげる」

【格調】カクチョウ 芸術作品の気品や調子。

【格付け】カクづけ 人や物の段階・等級を決める。

【格別】カクベツ ①普通とは違う。「―に扱う」「味は―だ」②とりわけ。特別。「今日は―暑い」

【格安】カクやす 価格が普通より非常に安い。割安だ。

熟語「格上げ・格下げ・価格・昇格・人格・性格・体格・同格・品格・風格」

❸四角に組みあわせたもの。

【格子】コウシ 木などを縦横に組んだもの。「―戸」

熟語「格天井(ごうてんじょう)・骨格」

❹いたる。物事の本質をきわめる。

【格納】カクノウ 入れ納める。「―庫」「データを―する」

【格物致知】カクブツチチ 修養実践の第一・第二段階。出典「大学」より。

❺ただす。ただしい。いましめる。

【格言】カクゲン 処世術など短く述べた言葉。

熟語「厳格」

❻手でうつ。なぐる。同挌。

【格技】カクギ 一対一で勝負を決する格闘技。体技。

【格闘】カクトウ ①組み合って争う。「賊と―する」②懸命に取り組む。「難問と―する」別表記 挌闘

❼文法で、ある語の他の語に対する意味関係。

熟語「主格・補格・所有格・目的格」

❽(国)きゃく。古代、律令を補足するために臨時的に出された詔勅や官符。

熟語「格式(きゃくしき)」

【核】 準2級 10画 木-6

音 カク漢 訓 さね

①1943 Ⓤ6838

人名 さね

筆順 一 十 木 木' 杧 杧 核 核

なりたち [形声]木＋亥(イノシシの骨組みの象形)音。木の実の中心にあるたねの意。

❶たね。さね。果実の中心にあるもの。

熟語「核果・結核・肴核(こうかく)」

❷物事の中心。

【核心】カクシン 中心である大切な部分。重要なところ。「―を突く」「―に迫る」

熟語「中核」

❸物の中心にある部分。物体などの中心にある粒状・球形のかたまり。とくに、細胞核。細胞の中心にあるもの。

【核家族】カクカゾク 夫婦と未婚の子から成る家族。

【核酸】カクサン 遺伝などを担う高分子有機化合物。

熟語「核膜・外核・痔核(じかく)・精核・地核・卵核」

❹原子核。原子の中心になる粒子。

【核分裂】カクブンレツ ①(物)原子核が分裂する現象。②(生)細胞内の核が二分する現象。

【核兵器】カクヘイキ 核反応を利用した兵器。

【核融合】カクユウゴウ (物)原子核が融合する現象。

熟語「核燃料・核爆発・核反応・原子核」

【殻】 準2級 11画 殳-7

音 カク漢・コク呉 訓 から

①1944 Ⓤ6BBB

【殼】 12画 殳-8 ②6155 Ⓤ6BBC

筆順 一 十 士 声 壳 壳 殻 殻

なりたち [形声]㱿(かたいから)音＋殳(棒で打つ)。かたいからをたたく、また、かたいからの意。のちに「几」を加えた。

から。物の表面をおおって保護している、かたいもの。

熟語「外殻・貝殻(かいがら)・枳殻(きこく)(からたち)・甲殻・耳殻・吸い殻・出し殻・脱殻(だっかく)・地殻・茶殻(ちゃがら)・内殻・抜け殻・籾殻(もみがら)・卵殻」

【郭】

3級　11画　邑(阝)-8

音 カク(クワク)漢呉

訓 くるわ

①1952　Ⓤ90ED

注記「廓」の書き換え字としても用いられる。

難読 郭公花(ほととぎす)

人名 ひろ

筆順

なりたち  [形声]享(壁で囲まれ、南北に門のある城)音＋邑(まち)。城壁で囲まれたまち、また、その外側のかこいの意。

❶くるわ。都市を囲む、外側の城壁。

熟語「郭門・外郭・城郭」

❷くるわ。周囲を囲いで限られ、遊女屋が集まっている地帯。

熟語「遊郭」

❸かこい。囲いを設けた一定の場所。また、ものの外周。

熟語「一郭・花郭・外郭・胸郭・山郭・水郭・輪郭・水村山郭(すいそんさんかく)」

❹その他。

【郭隗】カクカイ　中国、戦国時代の政治家。

【郭公】カッコウ　カッコウ科の鳥。夏鳥として渡来。

【覚】

7級　12画　見-5

【覺】20画　見-13

音 カク漢呉・コウ(カウ)漢・キョウ(ケウ)呉

訓 おぼえる・さます・さめる・さとる

①1948　Ⓤ899A　②7520　Ⓤ89BA

難読 覚束無い(おぼつかない)

人名 あき・あきら・さだ・さと・さとし・さとる・ただ・ただし・よし

筆順

なりたち  [形声]𦥯(臼(両手)＋爻(まじわる)音＋宀(いえ))(学問をきちんと教え教わる場所)音＋見。学問を学ぶことで、はっきりと見えるようになる意から、さとる・おぼえるの意を表す。

❶おぼえる。感じる。

熟語「感覚・嗅覚・幻覚・錯覚・視覚・自覚・触覚・知覚・聴覚・直覚・不覚・味覚」

❷(国)おぼえる。記憶する。

【覚(え)書き】おぼえがき　①忘れないように書き留めるメモ。②略式でやりとりされる外交文書。

熟語「心覚え・空覚(そらおぼ)え・一つ覚え・見覚え・物覚え」

❸さとる。道理を見極める。また、さとった人。

熟語「覚者・後覚(こうかく)・自覚・正覚(しょうがく)・先覚」

【覚悟】カクゴ　①心構えをする。「決死の—」「—はある」②観念する。あきらめる。

❹さめる。目ざめる。(目を)さます。

【覚醒】カクセイ　①目をさます。目がさめる。②あやまちや迷いに気づく。

熟語「寝覚(ねざ)め・目覚(めざ)まし・目覚め」

❺はっきりあらわれる。

熟語「発覚」

❻(国)おぼえ。心当たり。心得。また、人望。信任。

熟語「心覚(こころおぼ)え・才覚・世覚(よおぼ)え」

【較】

4級　13画　車-6

音 カク漢呉・コウ(カウ)漢・キョウ(ケウ)呉

訓 くらべる

①1951　Ⓤ8F03

人名 あつ・なお

筆順

なりたち  [形声]車＋交(人が足を交差させる)音。二輪車の、台の両わきに直角に立てて作った、耳のような板または手すりの意。のち、校に通じ、たがいにつき合わせる、くらべるの意にも用いる。

❶くらべる。二つ以上のものを照らし合わせる。

熟語「《コウ・カク》較量(こうりょう)(かくりょう)・計較(けいこう)(けいかく)・比較(ひかく)(ひこう)」

【較差】カクサ　最高と最低、最大と最小との差。注記「こうさ(較差)」の慣用読み。

❷明らかなさま。

熟語「《コウ》較然(こうぜん)・較著(こうちょ)」

❸おおよそ。あらまし。

熟語「《コウ》較略(こうりゃく)・大較(たいこう)」

【隔】

3級　13画　阜(阝)-10

〔隔〕13画　阜(阝)-10

音 カク漢・キャク呉

訓 へだてる・へだたる・へだ-て

①1954　Ⓤ9694

筆順

なりたち  [形声]阜(盛り土)＋鬲(下の三脚の部分と上部とがへだたっているかなえ)音。土を盛り壁を作るなどして、へだてるの意。

❶へだてる。へだたる。遠ざける。

【隔意】カクイ　心がうちとけない。遠慮。「—なく話す」

【隔心】カクシン　へだてのある心。うちとけない心。

【隔世】カクセイ　①時代がへだたる。「—の感」②(生)世代をとびこす。「—遺伝」

【隔絶】(カクゼツ) 遠く離れている。「文明から—した所」
【隔壁】(カクヘキ) 間をへだてる壁。しきり。
【隔離】(カクリ) へだて離す。「—病棟」
【隔靴掻痒】(カッカソウヨウ) もどかしい。「—の感」出典「無門関序」より。
熟語「隔膜・遠隔・懸隔・阻隔・疎隔・離隔」
❷一つおきの。
【隔日】(カクジツ) 一日おき。「—勤務」
【隔週】(カクシュウ) 一週へだてる。一週間おき。
熟語「隔月・隔年」
❸へだて。へだたり。しきり。
熟語「間隔」

【閣】

5級 14画 門-6 音 **カク** 漢 呉 訓 たかどの
人名 はる
①1953 Ⓤ95A3

筆順

なりたち [形声]門＋各(つかえ止まる)音。門のとびらをとめるくいの意。

❶たかどの。高い建物。立派な家。
【閣下】(カッカ) 高位高官に対する敬称。「大統領—」
熟語「雲閣・金閣・高閣・城閣・台閣・殿閣・仏閣・楼閣・天守閣」
❷物を置く棚。
熟語「書閣」
❸役所。行政の最高機関「内閣」の略。
【閣外】(カクガイ) 入閣していない。内閣の外。⇔閣内
【閣議】(カクギ) 内閣の意思決定のための会議。
【閣内】(カクナイ) 内閣を構成する各大臣の範囲内。⇔閣外
【閣僚】(カクリョウ) 内閣を組織する各大臣。
【閣老】(カクロウ) 江戸幕府で、老中の異名。
熟語「組閣・倒閣・内閣・入閣」

【確】

6級 15画 石-10 音 **カク** 漢 呉 訓 **たしか**・**たし**かめる・しか-と
人名 あきら・かた・かたし
①1946 Ⓤ78BA

筆順

なりたち [形声]石＋隺(空高く飛ぶ白いツル)音。白くてかたい石、石英の意から、かたい・たしかの意を表す。

❶たしか。まちがいない。また、しかと。たしかに。きっと。
【確言】(カクゲン) 言い切る。「—を得る」「—を避ける」
【確実】(カクジツ) たしかだ。「—な根拠」「当選は—だ」
【確証】(カクショウ) たしかな証拠。「—を得る」
【確信】(カクシン) 信じて疑わない。「成功を—する」
【確然】(カクゼン) はっきりとしてたしかだ。
【確定】(カクテイ) はっきりきまる。「議席が—する」
【確度】(カクド) 確実さの度合。「—の高い情報」
【確答】(カクトウ) はっきりしたこたえ。「—を避ける」
【確保】(カクホ) 確実に手に入れる。「利益を—する」
【確約】(カクヤク) はっきり約束する。「実行を—する」
【確立】(カクリツ) しっかり打ち立てる。「体制を—する」
【確率】(カクリツ) 起こり得る可能性の度合。「—が高い」
熟語「確聞(かくぶん)・確報・確論・正確・精確・的確・適確・当確・明確」
❷かたい。しっかりしている。
【確執】(カクシツ) 互いに譲らない。「民族間の深刻な—」
【確固・確乎】(カッコ) しっかりしている。「—とした信念」
【確固不抜】(カッコフバツ) 意志が固くて動じない。
❸たしかめる。見極める。
【確認】(カクニン) たしかめる。「安全を—する」

【獲】

4級 16画 犬(犭)-13 音 **カク**(クヮク) 漢・ギャク 呉 訓 **え**る・**と**-る
①1945 Ⓤ7372

筆順

なりたち [形声]犬＋蒦(つかみとる)音。動物をつかまえるの意。

◉異字同訓◉【取】(一八二ページ)・【得】(五〇三ページ)の「異字同訓」欄を参照のこと。

える。とる。狩りをして鳥や獣を捕らえる。手に入れる。
【獲物】(えもの) ①狩りや漁で得た物。②奪いとった物。
【獲得】(カクトク) 手に入れる。「自由を—する」
熟語「獲麟(かくりん)・漁獲・捕獲・乱獲・濫獲」

【嚇】

準2級 17画 口-14 音 **カク** 漢 訓 おど-かす・おど-す・いか-る
①1937 Ⓤ5687

筆順

なりたち [形声]口＋赤二つ(まっか)音。顔をまっかにしていかるの意。

❶いかる。はげしく怒る。
熟語「嚇怒(かくど)」
❷おどす。威力を背景におどす。おどかす。
熟語「威嚇(いかく)・恐嚇・脅嚇(きょうかく)」

【穫】

3級 18画 禾-13 音 **カク**(クヮク) 漢 訓 か-る・と-る
人名 え・みのる
①1947 Ⓤ7A6B

筆順 千 禾 禾 秆 秆 秆 秆 穫 穫

なりたち 穫 [形声]禾(作物)＋蒦(つかみとる)音。作物を取り入れるの意。

●異字同訓●【取】(二八二ページ)の「異字同訓」欄を参照のこと。

かる。とる。穀物をとり入れる。かりとる。

熟語「収穫(しゅうかく)・秋穫」

ガク

【学】 10級 8画 子-5 音 ガク呉・カク漢 訓 まなぶ ①1956 Ⓤ5B66

【學】 16画 子-13 ②5360 Ⓤ5B78

【斈】 7画 子-4 ②5361 Ⓤ6588

人名 あきら・さと・さとる・さね・たか・のり・ひさ・みち

筆順 、 ⺍ ⺍ ⺌ 学 学 学 学

なりたち [形声]𦥯(臼(両手)＋爻(まじわる)音＋冖(いえ))(学問をきちんと教え教わる場所)音＋子。まなぶ・学校の意。篆文では、學音＋攴(する)。

❶まなぶ。勉強する。研究する。

【学業】ガクギョウ 学問を修める。「―に励む」
【学者】ガクシャ 学問・研究をする人。学問のある人。
【学習】ガクシュウ まなびおさめる。勉強する。
【学力】ガクリョク 学習による能力。「基礎―」
【学校】ガッコウ 計画的・継続的に教育を行う機関。『学びて時にこれを習う亦た説ばしからずや』折にふれて復習するのは楽しい。出典「論語学而」より。
【学▽舎】まなびや 学校。校舎。

熟語「学恩・学才・学資・学舎・苦学・見学・向学・好学・後学・修学・篤学・独学・勉学・遊学・留学・奨学金」

❷学問。体系化された知識。

【学位】ガクイ 学術上の称号。「―論文」
【学芸】ガクゲイ 学問と芸術。「―員」「―会」
【学際】ガクサイ 研究が複数の学問分野にかかわる。
【学士】ガクシ 大学を卒業した人に与える学位。
【学事】ガクジ 学問・学校に関することがら。
【学識】ガクシキ 学問と知識。「―経験者」
【学術】ガクジュツ 学問。「―用語」
【学殖】ガクショク 学問上の豊かな知識。「―豊かな人」
【学説】ガクセツ 学問上の説。「―を立てる」
【学派】ガクハ 学問上の流派。「ケンブリッジ―」
【学名】ガクメイ 生物につけられた世界共通の名称。
【学問】ガクモン ①体系化された知識。②学ぶ。学んで得た知識。「―のある人」
【学会】ガッカイ 学者が研究のために組織する会。
【学界】ガッカイ 学者の社会。学問の世界。
【学究】ガッキュウ 学問上の探究をする。「―肌の人」
【学兄】ガッケイ 学問上の友人。学問上の先輩の意。

熟語「学徳・学理・医学・化学・科学・衒学(げんがく)・工学・語学・雑学・史学・実学・儒学・商学・神学・数学・地学・哲学・農学・博学・美学・文学・兵学・法学・薬学・洋学・蘭学・力学・幾何学・経済学・言語学・考古学・社会学・朱子学・心理学・政治学・生物学・物理学・民俗学・倫理学・論理学・曲学阿世(きょくがくあせい)・浅学非才(せんがくひさい)」

❸まなびや。学問をするための施設。教育施設。

【学院】ガクイン 学校の別名。
【学園】ガクエン 学校。
【学生】ガクセイ 学校で勉強する人。特に、大学生。
【学制】ガクセイ 学校や教育に関する制度。
【学籍】ガクセキ その学校に所属することを示す籍。
【学長】ガクチョウ 大学の長。
【学徒】ガクト ①学生。「―動員」②学者。研究者。
【学童】ガクドウ 小学校の児童。小学生。
【学年】ガクネン 学校での一年間の修学期間。
【学閥】ガクバツ 同窓生や学派が作る派閥。
【学費】ガクヒ 勉学するのに必要な費用。学資。
【学府】ガクフ 学問をするところ。学校。「最高―」
【学部】ガクブ 大学の専攻領域別の構成単位。「商―」
【学務】ガクム 学校や教育に関する事務。
【学友】ガクユウ 同じ学校の友達。学問上の友人。
【学用品】ガクヨウヒン 学校で勉強のために使う品。
【学歴】ガクレキ 学業の経歴。「高―」
【学科】ガッカ ①大学の学部内の専攻の区分。「国文―」②教科の科目。「苦手な―は英語です」
【学期】ガッキ 一学年を区切った期間。「新―」「―末」
【学級】ガッキュウ クラス。組。「―委員」
【学区】ガック 公立の小・中学校の通学区域。

熟語「学績・学窓・学則・学風・学帽・学齢・学割(がくわり)・官学・休学・共学・在学・私学・就学・小学・進学・全学・退学・大学・中学・通学・停学・入学・復学・夜学」

【岳】 3級 8画 山-5 音 ガク漢呉 訓 たけ ①1957 Ⓤ5CB3

【嶽】 17画 山-14 ②5454 Ⓤ5DBD

難読 岳樺(だけかんば)

人名 おか・たか・たかし

筆順 ノ 亻 𠂆 斤 丘 乒 岳 岳

なりたち [会意]丘(おか)＋山。けわしい山の意。篆文では、山＋獄(二匹の犬ががかどかどしく言いあらそう)音。ごつごつして角張っている山の意。

❶たけ。高く大きな山。高くりっぱな山。

【岳人】ガクジン 登山家。アルピニスト。

熟語「岳麓(がくろく)・海岳・五岳・山岳・峻岳(しゅんがく)・富岳」

❷妻の父、または母。

【岳父】ガクフ 妻の父。

【岳母】ガクボ 妻の母。

熟語「岳翁・令岳」

❸その他。

【岳陽楼】ガクヨウロウ 中国湖南省岳陽市の城壁西門の楼。

【楽】

9級 13画 木-9 音 ガク漢呉・ラク漢呉・ゴウ(ガウ)漢・ギョウ(ゲウ)呉 訓 たのしい・たのしむ ①1958 Ⓤ697D

〔樂〕 15画 木-11 ②6059 Ⓤ6A02

人名 ささ・もと・よし

筆順 ′ 白 泊 泊 泊 泊 楽 楽

なりたち 樂 [象形]山まゆがかかった木にかたどり、クヌギの意を表す。借りて、音楽の意に用いる。さらに転じて、たのしい意を表す。

❶《ガク》音楽。楽器を弾く。音を奏でる。

【楽音】ガクオン 一定の振動数をもつ音。音楽の音。

【楽才】ガクサイ 音楽の才能。

【楽士】ガクシ 音楽を演奏する人。

【楽章】ガクショウ 交響曲などを構成する楽曲。

【楽聖】ガクセイ 偉大な音楽家。「―ベートーベン」

【楽節】ガクセツ 楽章を構成する単位。

【楽隊】ガクタイ 器楽を演奏する一団の人々。

【楽団】ガクダン 音楽を演奏する団体。「交響―」

【楽壇】ガクダン 音楽家の社会。音楽界。

【楽譜】ガクフ 楽曲を記号で書き表したもの。

【楽屋】ガクや 劇場などで、出演者が入る部屋。

【楽器】ガッキ 音楽の演奏に用いる器具。

【楽曲】ガッキョク 音楽の曲。「―を奏でる」

熟語「楽劇・楽師・楽人・楽長・楽典・楽府(がふ)・楽屋裏(がくやうら)・音楽・雅楽・神楽(かぐら)・管楽・器楽・弦楽・猿楽(さるがく)・声楽・奏楽・田楽(でんがく)・舞楽・邦楽・洋楽・管弦楽・交響楽・室内楽・吹奏楽」

❷《ラク》たのしい。たのしむ。ここちよい。

『楽(たの)しみ尽きて哀(かな)しみ来(きた)る』 楽しみは永久には続かない。出典 陳鴻「長恨歌伝」より。

【楽園】ラクエン 幸福に満ちた場所。「地上の―」

【楽天】ラクテン 人生を楽観する。「―家」

【楽観】ラッカン 好都合に考える。「―できない」⇔悲観

熟語「楽土・楽天的・哀楽・安楽・逸楽・悦楽・快楽・歓楽・享楽・気楽・苦楽・行楽・極楽・娯楽・道楽・愉楽・喜怒哀楽(きどあいらく)・先憂後楽(せんゆうこうらく)」

❸《ラク》(国)たやすい。

【楽勝】ラクショウ らくに勝つ。⇔辛勝

熟語「楽楽」

❹《ゴウ・ギョウ》このむ。願い求める。

熟語「楽欲(ぎょうよく)・愛楽(あいぎょう)・三楽(さんごう)」

❺《ラク》その他。

【楽日】ラクび 千秋楽の日。興行の最後の日。

【楽焼(き)】ラクやき 手で成形し、低火度で焼く陶器。

熟語「楽浪(らくろう)・文楽(ぶんらく)」

【額】

6級 18画 頁-9 音 ガク漢呉 訓 ひたい・ぬか ①1959 Ⓤ984D

人名 ぬか

筆順 ′ 宀 宊 客 客 額 額 額

なりたち 䫄 [形声]客(他人の家に来てとどまる)音＋頁(あたま)。壁や柱などにぶつかった時にあたる頭の部分、ひたいの意。篆文では、各(つかえ止まる)＋頁。

❶ひたい。顔の上部で、髪の生え際から眉(まゆ)のあたりまでの間。ぬか。

熟語「前額」

❷たか。一定の数量。とくに、金銭上の数値。

【額面】ガクメン ①貨幣や有価証券の券面に記載された価格。額面価格。②言葉の表面上の意味。「―通りには受け取れない」

熟語「価額・巨額・金額・月額・減額・高額・差額・小額・税額・全額・総額・増額・多額・低額・定額・同額・年額・半額・満額」

❸門・壁などに掛ける書札の類。

【額縁】ガクぶち 絵・写真などを入れるための枠。

熟語「画額・算額・題額・扁額(へんがく)」

【顎】

2級 18画 頁-9 新常用 音 ガク漢呉 訓 あご ①1960 Ⓤ984E

筆順 ′ ロ 吅 㗊 咢 顎 顎 顎

なりたち [形声]咢(さかさまにつき出る)音＋頁(あたま)。あたまの下部にあって、つき出ている部分、あごの意。

(国)あご。人や動物の口の上下にある器官。

熟語「顎音・顎骨(がっこつ)・下顎(かがく)(したあご)・上顎(じょうがく)(うわあご)・直顎・突顎」

かける

【掛】

3級　11画　手(扌)-8

音 カ(クワ)漢・カイ(クワイ)漢・ケ呉

訓 かける・かかる・かかり

①1961　Ⓤ639B

難読 掛絡(掛落)らか

筆順 一 十 扌 扌 扌 挂 掛

なりたち [形声]手＋卦(占いに現れた形をかかげて吉凶を判断する)音。手で高い所にかけるの意。

◉異字同訓◉

◇かかる(掛・懸・架・▼繫・係・▼罹)

「掛かる」は"ぶら下がる。ひっかかる。作用が及ぶ。行動に移る"の意などに広く用いられるが、仮名書きも多い。「壁に絵が掛かる」「魚が網に掛かる」「迷惑が掛かる」「暗示に掛かる」「修理には大金が掛かる」「これがすんだら仕事に掛かる」

「懸かる」は"中空にある。金品の提供がある"の意。「月が中天に懸かる」「霞が懸かる」「犯人には賞金が懸かっている」

「架かる」は"かけ渡される"の意。「谷につり橋が架かる」「空に虹が架かる」

「繫る」は"ひもで縛られる"の意。「お縄に繫る」

「係る」は"関係する。かかわる"の意。「国家の大事に係る問題」

「罹る」は"病気になる"の意。仮名書きが多い。「重い病気に罹る」

◇かける(掛・懸・架・▼繫・賭)

「掛ける」は"ぶらさげる。作用を及ぼす。費やす"の意。「壁に絵を掛ける」「計略に掛ける」「妻には苦労を掛けた」「衣服に金を掛ける」「手間暇掛けて育てた菊」

「懸ける」は"運命をともにする。金品を提供する"の意。「一生を懸けた仕事」「犯人に賞金を懸ける」

「架ける」は"かけ渡す"の意。「川に橋を架ける」

「繫ける」は"つないで留める"の意。「ひもを繫ける」

「賭ける」は"かけごとをする。失う覚悟でする"の意。「最後のレースに賭ける」「命を賭けた恋」

❶かける。かかる。ひっかかる。ひっかける。

【掛(け)声】かけごえ　拍子をとったりするために出す声。

【掛(け)▽詞】かけことば　修辞上の技法の一。別表記 懸け詞

【掛(け)軸】かけジク　軸物じくものに作った書や画。

熟語「掛け橋・掛け時計・掛け布団・足掛あしかり・肩掛け・壁掛け・腰掛け・前掛け・涎掛よだれかけ・衣紋掛えもんかけ」

❷(国)かかり。特定の仕事をする役目。

熟語「掛員かかりいん・駅務掛えきむがかり・吟味掛ぎんみがかり・御用掛ごようがかり」

❸(国)かける。乗じる。また、掛け金を払う。掛け売りにする。掛け値をいう。

【掛(け)売り】かけうり　あとで代金をもらう約束で売る。

【掛(け)金】かけキン　①定期的に支払い・積み立てするお金。②掛け売りの代金。

【掛(け)算】かけザン　積を求める計算法。乗法。⇔割り算

【掛(け)値】かけね　①実際の売り値より高くつけた値段。②物事を誇張して言う。「―のない話」

熟語「掛け買い・掛け捨て・売り掛け・買い掛け・月掛つきがけ・年掛ねんがけ・八掛はちがけ・日掛ひがけ・三つ掛け」

かた

【潟】

準2級　15画　水(氵)-12

音 セキ漢

訓 かた

①1967　Ⓤ6F5F

筆順 氵 氵 氵 泊 泊 泊 潟 潟

なりたち [形声]水＋舄(移動する)音。海水が満ちたり引いたりする所、ひがたの意。

❶塩分を多量に含んだ土地。

熟語「潟鹵せきろ」

❷(国)かた。砂州などによって海と切り離されてできた湖や沼。

【潟湖】セキコ　砂州や沿岸州によって海と切り離されてできた湖や沼。潟かた。

❸(国)かた。浦。入り江。また、ひがた。遠浅の海で、潮の干満によって陸地が現れたり水面下に隠れたりする所。

熟語「新潟にいがた・干潟ひがた」

カッ

【合】⇩ゴウ(二二五ページ)

カツ

【括】

準2級　9画　手(扌)-6

音 カツ(クワツ)漢呉

訓 くくる

①1971　Ⓤ62EC

筆順 扌 扌 扌 扦 扦 括 括 括

なりたち  [形声]手＋「氏＋口」(まるくくびれる)音。手でくくる、しめくくるの意。「括」は「括」の略体。

❶くくる。ひとまとめにする。

【括弧】カッコ　数字や文字などを囲む記号。

【括約筋】カツヤクキン　肛門・尿道などをとりまく筋肉。

熟語「括約・一括・概括・締め括り・総括・統括・一括ひとくくり・包括」

❷(国)くびれる。中ほどで細くせばまっている。

熟語「括れ美人・括れ目」

【活】

9級 9画 水(氵)-6

音 カツ(クワツ)漢呉

訓 い-かす・い-きる・い-ける

①1972 Ⓤ6D3B

難読 独活(うど)(どくかつ)

人名 いく

筆順 氵 氵 氵 汘 汗 活 活

なりたち  [形声]水＋「氏＋口」(まるくくびれる)音。水がくびれて勢いよく流れるの意。「活」は「𣸈」の略体。

❶いきいきとしている。勢いよく動く。

【活眼】(カツガン) 物事の道理を正しく見通す見識。

【活気】(カッキ) 盛んな勢い。「―づく」「―を帯びる」

【活況】(カッキョウ) 景気のよい状態。「―を呈する」

【活写】(カッシャ) いきいきと写す。「戦争を―した文」

【活動】(カツドウ) 活発に動く。「火山―」

【活発・活潑】(カッパツ) 活気がある。「―に飛び回る」

【活躍】(カツヤク) 大いに活動する。「交渉で―する」

熟語「活劇・活性・活潑潑地(かつはつはっち)・快活・敏活・賦活・部活」

❷いきる。暮らす。暮らし。

【活魚】(カツギョ) 生きている魚。「―料理」

【活殺自在】(カッサツジザイ) 生かすも殺すも思いのままだ。

【活人】(カツジン) ①実際に生きて活動している人。②人を生かす。「―剣」

【活性化】(カッセイカ) ①物質の反応性が高まる。②活発にする。「社内の―を図る」

【活断層】(カツダンソウ) 今後も活動が予想される断層。

【活仏】(カツブツ) ①生き仏。生き如来。②チベット仏教で、仏・菩薩の転生者。

【活力】(カツリョク) 活動力。生命力。「―にあふれた会社」

【活路】(カツロ) 窮地から抜け出す方法。「―を開く」

熟語「活計(かっけい)(たつき)・活栓・活線・活着(かっちゃく)・死活・自活・生活・復活」

❸自由に動く。固定していない。

【活字】(カツジ) ①活版印刷に用いる字型。②印刷した文字。「―に親しむ」「―離れ」

【活版】(カッパン) 活字を組み並べて作った印刷版。

熟語「活水」

❹いかす。役立てる。

【活用】(カツヨウ) ①生かして使う。「学んだ知識を―する」②文法で、単語の体系的な語形変化。

❺気絶した人の意識を取り戻させる方法。

用例「活(かつ)を入れる」

❻(国)いける。動植物を死なせないで、生き続けるようにする。

熟語「活(い)け花(ばな)・活け作り・花活け」

【喝】

準2級 11画 口-8

音 カツ漢呉

訓 しか-る

①1969 Ⓤ559D

〔喝〕12画 口-9 ③1512 ⓊFA36

筆順 丨 口 口 口 吅 喝 喝 喝

なりたち  [形声]口＋曷(おしとどめる)音。声をはりあげておしとどめる、しかる意。

❶しかる。大声で人を制しとどめる。

【喝破】(カッパ) ①大声でしかりつける。②真実を説く。「本質を―する」

熟語「喝道・一喝・大喝」

❷おどす。

熟語「威喝・恐喝・恫喝(どうかつ)」

❸大声で呼びかける。

【喝采】(カッサイ) 大声でほめそやす。「拍手―」

【渇】

準2級 11画 水(氵)-8

音 カツ漢呉・カチ呉

訓 かわく・かわ-き

①1973 Ⓤ6E07

〔渴〕12画 水(氵)-9 ③8688 Ⓤ6E34

筆順 氵 氵 汩 沪 渇 渇 渇

なりたち  [形声]水＋曷(おしとどめる)音。水がつきる、かわく意を表す。

◉異字同訓◉【乾】(八一ページ)の「異字同訓」欄を参照のこと。

❶かわく。のどがかわく。かわき。

〔渇しても盗泉(とうせん)の水を飲まず〕苦しくても、節操を堅く守る。出典 陸機「猛虎行」より。

熟語「飢渇・饑渇(きかつ)・口渇・止渇」

❷かわく。水がかれる。

【渇水】(カッスイ) 日照りが続いて水が欠乏する。

熟語「枯渇・涸渇(こかつ)」

❸しきりに望む。

【渇愛】(カツアイ) 激しい愛着。

【渇仰】(カツゴウ) 深く仏を信仰する。転じて、慕う。

【渇望】(カツボウ) しきりに望む。

【割】

5級 12画 刀(刂)-10

音 カツ漢呉

訓 わ-る・わり・わ-れる・さく

①1968 Ⓤ5272

〔割〕12画 刀(刂)-10 ― Ⓤ2F822

人名 さき

筆順 宀 宀 中 宔 宔 害 害 割

なりたち  [形声]害(そこなう)音＋刀。刀でそこなう意から、さく・わるの意を表す。

❶わる。さく。わける。まとまっているものを二つ以上にわける。また、われる。さける。わかれる。

【割愛】(カツアイ) 惜しみつつ、捨てたりする。
【割拠】(カッキョ) 占拠して、勢力を張る。「群雄―」
【割譲】(カツジョウ) 分け与える。「外国に国土を―する」
【割賦】(カップ) 代金を何回かに分けて払う。「―販売」
【割▼烹】(カッポウ) 食物の料理。また、料理屋。
【割礼】(カツレイ) 性器の一部を切る習俗。
【割(り)印】(わりイン) 二枚の書類にまたがって押す印。
【割符】(わりフ) 証印を押して二つに割ったもの。わっぷ。

熟語「割腹・割り箸・割れ目・割れ物・地割(じわ)れ・全割・断割・等割・罅割(ひびわ)れ・分割・卵割」

❷〔国〕わる。除する。割り算をする。

【割(り)算】(わりザン) 何倍かを求める計算法。⇕掛け算

❸〔国〕わる。薄める。液体に他の液体を混ぜる。

【割(り)下】(わりした) 出し汁を調味したもの。

熟語「水割り」

❹〔国〕われる。ある数量を下回る。範囲の外へ出る。

熟語「額面割れ・採算割れ・定員割れ」

❺〔国〕わり。わりあい。度合。比率。とくに、一〇分の一。

【割合】(わりあい) ①比率。②思いのほか。「―好評だ」
【割引】(わりびき) 値段を安くする。

熟語「一割・五割・余割(よか)」

❻〔国〕わり。わりあて。わりふり。

【割(り)勘】(わりカン) 費用を均等に分担する。「―で払う」 注記「割り前勘定」の略。

熟語「割り当て・割り前・頭割り・役割(やくわり)・時間割(じかんわり)・部屋割り」

【葛】

〔葛〕 11画 艸(艹)-8

2級 12画 艸(艹)-9 新常用

音 カツ 漢 呉

訓 くず・かずら・かつら・つづら

①1975 Ⓤ845B

難読 葛飾(かつしか)・葛籠(つづら)(つづらこ)・甘葛(あまずら)

筆順 一 艹 艹 苩 葛 葛 葛 葛

なりたち  [形声]艸＋曷(おしとどめる)音。つるを切っても水分が出ない草、くずの意。

❶くず。マメ科の大形のつる性多年草。

【葛根湯】(カッコントウ) 葛の根を材料にした漢方薬。
【葛▼餡】(くずアン) 葛粉などでとろみをつけた汁。
【葛粉】(くずこ) 葛の根からとったデンプン。
【葛布】(くずフ) 葛の茎の繊維で織った布。
【葛餅】(くずもち) 葛粉を蒸し固めた和菓子。
【葛湯】(くずゆ) 葛粉を熱湯で練った食べ物。

❷かずら。つる性の植物の総称。

【葛藤】(カットウ) ①対立して争う。「嫁と姑の―」②相反する欲求について迷う。注記 もつれあうカズラとフジの意。

❸かたびら。くずの布。

熟語「葛巾(かっきん)・裘葛(きゅうかつ)」

❹〔国〕つづら。つづらふじ(葛藤)。ツヅラフジ科のつる性の落葉植物。

【〈葛籠〉】(つづら) ツヅラフジのつるで編んだかご。
【葛折(り)】(つづらおり) 曲がりくねった山道。別表記 九十九折り

【滑】

3級 13画 水(氵)-10

音 カツ(クワツ)漢・コツ 漢 呉

訓 すべる・なめらか・ぬめ・ぬめる

①1974 Ⓤ6ED1

難読 滑滑(すべすべ)(ぬめぬめ)・猿滑(さるすべり)

筆順 丶 氵 沪 沪 沪 泪 滑 滑

なりたち  [形声]水＋骨(自在に動く関節のほね)音。水気があってなめらかに動くの意。

❶《カツ》なめらか。とどこおりなく運ぶ。また、ぬめる。ぬるぬるとしてすべる。ぬめ。

【滑脱】(カツダツ) 自由自在に変化する。「円転―」
【滑子】(なめこ) 食用のきのこ。

熟語「円滑・潤滑・粘滑・平滑」

❷《カツ》すべる。すべりおちる。

【滑空】(カックウ) 航空機が気流に乗って飛ぶ。「―飛行」
【滑降】(カッコウ) すべりおりる。「直―」
【滑車】(カッシャ) 重い物を巻き上げる装置。
【滑走】(カッソウ) ①すべるように走る。②飛行機が離着陸のために走る。
【滑落】(カツラク) 山の岩場や雪上をすべりおちる。
【滑り台】(すべりダイ) 傾斜した台をすべる遊具。

熟語「滑り込み・横滑り」

❸《コツ》みだす。みだれる。人を混乱させる。

【滑稽】(コッケイ) おかしい。「―なしぐさ」「―千万」

【褐】

準2級 13画 衣(衤)-8

音 カツ 漢 呉・カチ 呉

訓 ぬのこ

①1976 Ⓤ8910

【褐】14画 衣(衤)-9 ③9179 Ⓤ FA60

筆順 衤 衤 衤 衤 衤 衤 褐 褐 褐

なりたち ［形声］衣＋曷(おしとどめる)音。表面がごわごわとした粗末な布の意。

❶あらい毛織物の粗末な着物。ぬのこ。

【褐(かつ)を釈(と)く】野(や)にいた者が仕官する。出典 揚雄「解嘲」より。

熟語「短褐・褐寛博(かつかんぱく)」

❷黒ずんだ茶色。褐色(かっしょく)。

熟語「褐炭」

【褐藻(カッソウ)】褐色を呈する海産の藻類。

【轄】〔轄〕17画 車-10　準2級 17画 車-10 音 カツ漢 訓 くさび・とりしまる ①1977 Ⓤ 8F44

筆順 亘 亘 車 軎 軎 軎 軎 轄 轄

なりたち ［形声］車＋害(あたまにかぶせて進行をさまたげる)音。車が車軸から抜けないように、軸の先端につけるくさびの意。転じて、しめくくる・とりしまるの意にも用いる。

❶くさび。車輪が車軸からはずれないようにとめる金具。

熟語「車轄」

❷とりしまる。おさえる。

熟語「管轄・所轄・総轄・直轄・統轄・分轄」

かつ

【且】準2級 5画 一-4 音 シャ漢呉・ショ漢 訓 かつ・しばらく・まさに ①1978 Ⓤ 4E14

難読 且座(さざ)

人名 かつ

筆順 丨 冂 月 月 且

なりたち ［象形］神への供え物を積み重ねた台にかたどる。まないたの意。借りて、重ねての意を表す。

❶かつ。さらに。そのうえに。また。

熟語「且(かつ)又(また)」

❷しばらく。ひとまず。

熟語「苟且(こうしょ)(かりそめ)・暫且(ざんしょ)」

ガッ

【合】⇩ゴウ(二一五ページ)

ガツ

【月】⇩ゲツ(一七〇ページ)

かぶ

【株】5級 10画 木-6 音 シュ慣・チュウ(チウ)漢呉 訓 かぶ・くいぜ ①1984 Ⓤ 682A

人名 もと・より

筆順 一 十 木 木 木' 木' 杵 株 株

なりたち ［形声］木＋朱(切り株)音。「朱」が原字。のちに「木」を加えた。

❶かぶ。木のきりかぶ。くいぜ。

【株(かぶ)(くい)ぜを守る】いつまでも古い習慣にこだわる。出典「韓非子 五蠹」より。

熟語「株分け・親株(おやかぶ)・岩株(がんしゅ)・旧株(きゅうかぶ)・切り株・守株(しゅしゅ)・根株(ねかぶ)(しゅ)・雌雄異株(しゆういしゅ)」

❷(国)かぶ。「株式・株券」の略。資本の構成単位。

【株価(かぶか)】株式を売買する値段。

【株式(かぶしき)】株式会社の資本の構成単位。

【株主(かぶぬし)】株式会社の出資者。株式の所有者。

熟語「株券・株式会社・空株(からかぶ)(くうかぶ)・新株(しんかぶ)・持ち株・上場株・店頭株」

❸(国)かぶ。職業上・営業上の権利。また、その人の特技、また評価。

熟語「御株(おかぶ)・年寄株(としよりかぶ)」

❹(国)かぶ。草木を数える語。

熟語「一株(ひとかぶ)」

かま

【釜】2級 10画 金-2 新常用 音 フ漢 訓 かま ①1988 Ⓤ 91DC

〔釜〕10画 金-2 ②7861 Ⓤ 91E1

筆順 ノ ハ ク 父 父 爷 斧 斧 釜 釜

なりたち ［形声］篆文では、鬴(かなえ)＋甫(平らにぴったりとくっつく)音。平らな大きいかまの意。「釜」は別体で、父音＋金。

かま。飲食物を煮(に)たきする器具。

【釜飯】(かまめし)　小釜で炊きこんだ飯。

【釜中(ふちゅう)魚(うお)を生ず】　きわめて貧しい生活のたとえ。出典「後漢書(范冉伝)」より。

【釜中(ふちゅう)の魚(うお)】　目前に死のせまった状態。出典「資治通鑑(漢紀)」より。

熟語「釜揚(かまあ)げ・茶釜(ちゃがま)・初釜(はつがま)・電気釜」

【鎌】〔鎌〕

〔鎌〕18画 金-10

2級　18画　金-10　新常用　音 レン 漢 呉　訓 かま

①1989 Ⓤ938C

人名 かね

筆順 金 … 鎌

なりたち  〔形声〕金＋兼(二本のイネをたばねる)音。イネをたばねて刈るための金属製の農具、かまの意。

かま。穀物の収穫や草刈りに用いる、湾曲した刃をつけた農具。

【鎌▾鼬】(かまいたち)　突然、皮膚に切り傷ができる現象。

【鎌首】(かまくび)　鎌状に曲がった首。「―をもたげる」

かる

【刈】〔苅〕

4級　4画　刀(刂)-2　音 ガイ 漢　訓 かる

①2002 Ⓤ5208

〔苅〕7画 艸(艹)-4　①2003 Ⓤ82C5

難読 刈萱(かるかや)

筆順 ノ メ 乂 刈

なりたち 〔形声〕乂(はさみの刃を交差させて切る)音＋刀。「乂」が原字で、のちに意味を明らかにするために「刀」を加えた。

かる。農作物や草また髪などをきる。

【刈(り)入れ】(かりいれ)　稲・麦などを刈り取る。「―の季節」

熟語「刈り株・刈り取り・角刈(かくが)り・草刈(くさか)り・虎刈り・丸刈り・五分刈り」

カン

【干】

5級　3画　干-0　音 カン 漢 呉　訓 ほす・ひる・おか-す・たて

①2019 Ⓤ5E72

難読 干海鼠(ほしこ)(ほしなまこ)・干鰯(ほしか)・若干(そこばく)

人名 たく・たて・もと・もとむ

筆順 一 二 干

なりたち  〔象形〕先がふたまたになった武器にかたどる。突いたり身を守ったりする意から、おかす、たての意を表す。乾に通じて、ほすの意にも用いる。

❶おかす。かかわる。さからう。

【干渉】(カンショウ)　口を出す。「子供に―する」「内政―」

【干犯】(カンパン)　干渉して権利を侵す。「統帥権―問題」

【干与】(カンヨ)　あずかりかかわる。関与。

❷たて。盾でふせぐ。

【干▾戈】(カンカ)　武器。戦い。いくさ。「―を交える」

【干城】(カンジョウ)　国家を守護する武人。「君国の―」

❸かわく。かわかす。ひる。潮がひる。ほす。

【干害】(カンガイ)　日照りによる被害。別表記 旱害

【干拓】(カンタク)　湖沼・浅海などを陸地化する。

【干潮】(カンチョウ)　潮が引ききった状態。⇔満潮

【干天】(カンテン)　日照りの空。「―の慈雨」別表記 旱天

【干▾瓢】(カンピョウ)　ユウガオの実を干した食品。別表記 乾瓢

【干満】(カンマン)　潮のみちひ。「―の差が激しい」

【干潟】(ひがた)　潮が引いたときに現れる浅瀬。

【干物】(ひもの)　魚介類を干したもの。別表記 乾物

【干し▾飯】(ほしいい)　干して保存用とした飯。別表記 乾し飯・糒

熟語「干し柿・梅干し・煮干(にぼ)し・日干し・満干」

❹十二支と組み合わせて、えとをつくる一〇個の名。十干の総称。

【干▾支】(えと)　①十干(じっかん)と十二支(じゅうにし)。②十二支で表した年をいう。注記「え(兄)おと(弟)」の略。

熟語「干支(かんし)・支干・十干」

❺その他。

熟語「干将莫耶(かんしょうばくや)・射干(しゃが)(やかん)・若干(じゃっかん)・欄干・闌干・野干」

【甲】⇨コウ(一九九ページ)

【刊】

6級　5画　刀(刂)-3　音 カン 漢 呉　訓 けず-る・きざ-む

①2009 Ⓤ520A

筆順 一 二 干 刊 刊

なりたち  〔形声〕干(おかす)音＋刀。刀でおかす、けずる、きるの意。

❶けずる。きざむ。版木に彫る。

熟語「刊刻」

❷けずる。誤りを削る。修正する。

熟語「刊正(かんせい)・刊定(かんてい)」

❸書物を出版する。
【刊行】(カンコウ) 書籍などを印刷して世に出す。出版。

【刊本】(カンポン) 印刷された本。特に、近世の木活字本・銅活字本・整版本などの称。

熟語「季刊・既刊・休刊・近刊・月刊・公刊・再刊・週刊・旬刊・新刊・創刊・増刊・朝刊・廃刊・発刊・復刊・未刊・夕刊」

【甘】

4級　5画　甘-0
音 カン 漢 呉
訓 あまい・あまえる・あまやかす・あまーんじる・うまーい
①2037　Ⓤ7518

難読 甘煮(うまに)・甘露子(ちょうろぎ)(ちょろぎ)・素甘(すあま)
人名 かい・よし
筆順 一 十 廾 廿 甘
なりたち  [象形]口の中に一(食べ物)を入れたさまにかたどり、うまさを味わう意を表す。

❶味がよい。うまい。
【甘井先ず竭く】(かんせいまずつく) 才能のある者は、早く衰える。出典「荘子山木」より。

【甘美】(カンビ) ①甘くて味がよい。②快く楽しい。「ーな陶酔に浸る」

【甘露】(カンロ) 非常に美味だ。「ああー、ー」
❷あまい。味があまい。砂糖や蜜のような味である。五味の一つ。
【甘皮】(あまかわ) ①樹木や果実の薄皮。②爪(つめ)の根もとの薄皮。

【甘酒】(あまざけ) 米で作る甘い飲料。別表記 醴
【甘茶】(あまちゃ) ①ユキノシタ科の落葉低木。②アマチャ・アマチャヅルで作った甘い飲料。

【甘苦】(カンク) ①甘さとにがさ。②楽しみと苦しみ。「ーを分かち合う」

【甘酸】(カンサン) 楽と苦。苦楽。「世のーをなめる」

【甘蔗】(カンショ) サトウキビの別名。

【甘藷・甘薯】(カンショ) サツマイモの漢名。

【甘味】(カンミ) ①甘い味。②物事の面白さ。味わい。

【甘藍】(カンラン) キャベツの別名。

熟語「甘草(かんぞう)」
❸こころよい。満足する。あまんじる。
【甘雨】(カンウ) 草木をうるおすよい雨。慈雨。
【甘言】(カンゲン) 口先だけのうまい言葉。「ーに踊らされる」⇔苦言
【甘受】(カンジュ) がまんして受ける。「批判をーする」
注記 本来は、快く受け入れる意。
【甘心】(カンシン) よいと満足する。かんじん。
熟語「甘辞」
❹(国)あまい。だらしない。しっかりしていない。ゆるい。厳しさ・正確さに欠ける。
熟語「甘噛(あまが)み・甘気(あまけ)」
❺(国)あまえる。好意・親切をあてにする。また、あまやかす。
熟語「甘え・甘ったれ・甘えん坊」

【汗】

4級　6画　水(氵)-3
音 カン 漢 呉
訓 あせ
①2032　Ⓤ6C57

難読 汗衫(かざみ)
筆順 丶 冫 氵 汀 汗
なりたち  [形声]水＋干(突き進む)音。あつい時に体から涌き出るあせの意。

❶あせ。あせをかく。
【汗水】(あせみず) 流れ出る汗。「ーたらして働く」

【汗疹】(あせも) 汗でできる赤い湿疹(しっしん)。

【汗顔】(カンガン) すっかり恥じ入る。「ーの至り」

【汗牛充棟】(カンギュウジュウトウ) (牛が汗をかくほどの重さ、棟までとどくほどの量の意)蔵書が非常に多い。出典 柳宗元「陸文通先生墓表」より。

熟語「汗腺(かんせん)・汗馬・制汗・寝汗(ねあせ)・発汗・冷汗(ひやあせ)(れいかん)・流汗」
❷モンゴル系・トルコ系遊牧民族の王の称号。
【汗国】(カンコク) 「汗」の称号をもつ君主が治めた国。
熟語「成吉思汗(じんぎすかん)(チンギスハン)」

【缶】

準2級　6画　缶-0
音 カン(クワン) 漢 呉・フ ウ 漢・フ 漢 呉
訓 かま・ほとぎ
①2044　Ⓤ7F36

【罐】 23画　缶-17　②7005　Ⓤ7F50

人名 べ
筆順 ノ 𠂉 午 缶 缶
なりたち  [缶][象形]腹部がふくらんだ、ふたつきの土器にかたどる。本来、音はフウで「罐」とは別字だが、日本では略字として用いる。[罐][形声]缶＋雚(フクロウに似た、まるい形の鳥)音。水をくむうつわ、つるべの意。

❶素焼きのかめ。ほとぎ。また、水を入れる器。
熟語「薬缶(やかん)」
❷(国)かん。ブリキなど金属製の入れ物。オランダ語 Kan や英語 can の音訳。また、「缶詰」の略。
【缶詰(め)】(カンづめ) ①食品を缶に詰めて密封し、保存性を高めたもの。②人を閉じ込める。「ホテルにーにする」
熟語「缶切り・製缶」
❸(国)かん。蒸気機関のかま。
熟語「汽缶」

【完】

7級　7画　宀-4

音 カン（クワン）漢・ガン（グワン）呉
訓 まっと-うする

①2016
Ⓤ5B8C

人名 さだ・たもつ・なる・ひろ・ひろし・まさ・みつ・ゆたか

筆順 丶 丷 宀 宀 宀 宇 完

なりたち  [形声]宀＋元（冠状にとりまく）音。家のまわりを取り囲む垣根の意から、欠けるところがない、まったいの意を表す。

❶全部そろっている。欠けたところがない。まったい。

【完勝】（カンショウ） 完全に勝利を得る。⇕完敗

【完全】（カンゼン） 欠点や不足が全くない。

【完全無欠】（カンゼンムケツ） 完全で全く欠点がない。

【完調】（カンチョウ） 調子が完全によい。「―に戻る」

【完敗】（カンパイ） 完全に敗れる。⇕完勝

【完備】（カンビ） すべて備わっている。「施設が―する」

【完膚】（カンプ） 傷のないはだ。「―無きまでにたたく」

【完璧】（カンペキ） 欠点が全くない。「業務の―を期す」

出典「史記廉頗・藺相如伝」より。

熟語「完本・完訳・不完全」

❷まっとうする。完全なものにする。おわる。

【完結】（カンケツ） すべて終わる。完全に終わる。

【完熟】（カンジュク） 実や種が完全に熟す。「―トマト」

【完遂】（カンスイ） 完全にやりとげる。「任務を―する」

【完成】（カンセイ） 完全になしおえる。できあがる。

【完走】（カンソウ） 最後まで走る。「コースを―する」

【完治】（カンチ） 病気やけがが完全に治る。かんじ。

【完納】（カンノウ） 全部納めきる。「法人税を―する」

【完了】（カンリョウ） 完全におわる。「任務が―する」

熟語「完工・完済・完投・完封・追完・補完・未完・未完成」

【肝】

3級　7画　肉(月)-3

音 カン 漢 呉
訓 きも

①2046
Ⓤ809D

難読 肝斑（しみ）

筆順 丿 刀 月 月 肝 肝 肝

なりたち  [形声]肉＋干（幹）音。体の幹となる臓器、かん臓の意。

❶きも。五臓の一。肝臓。

【肝炎】（カンエン） 肝臓の炎症性疾患の総称。

【肝臓】（カンゾウ） 内臓器官の一。きも。

〖肝脳（かんのう）地（ち）に塗（まみ）る〗 むごたらしく殺される。

出典「史記劉敬伝」より。

【肝油】（カンユ） 魚類の肝臓から得た脂肪油。

熟語「肝脳・肝硬変（かんこうへん）・脂肝・心肝・肺肝」

❷まごころ。こころのそこ。

【肝胆】（カンタン） 肝（きも）と胆（い）。真心。「―相照らす」

【肝入（り）・肝煎】（きもいり） ①あれこれ世話や斡旋をする。②江戸時代、名主・庄屋の異名。

【肝っ玉・肝っ魂】（きもったま） 肝と魂。転じて、気力。「―が太い」

熟語「心肝（しんかん）・度肝（どぎも）」

❸かなめ。たいせつなところ。

【肝心・肝腎】（カンジン） 特に大切だ。「―かなめなこと」

【肝要】（カンヨウ） 非常に大切だ。「―な点」「注意が―だ」

熟語「肝銘・銘肝」

【官】

7級　8画　宀-5

音 カン（クワン）漢 呉
訓 つかさ

①2017
Ⓤ5B98

難読 官家（みやけ）

人名 おさ・きみ・これ・たか・のり・ひろ

筆順 丶 丷 宀 宀 宁 宁 官 官

なりたち  [会意]宀＋㠯（もちいる）。公務にもちいる建物、役所の意。

❶つかさ。役所。

【官印】（カンイン） 官庁・官吏が職務上使用する印。

【官▼衙】（カンガ） 役所。官庁。官廨（かんかい）。

【官給】（カンキュウ） 政府から支給する。「―品」

【官許】（カンキョ） 政府が許す。「―を得る」

【官権】（カンケン） 政府・官吏の権力・権限。

【官憲】（カンケン） 役所。特に、警察。「―の手がまわる」

【官公庁】（カンコウチョウ） 行政官庁。国と地方公共団体の役所。

【官舎】（カンシャ） 国などが建てた公務員の宿舎。

【官女】（カンジョ） 宮中に仕える女性。かんにょ。

【官制】（カンセイ） 行政官庁についての規定。

【官尊民卑】（カンソンミンピ） 政府や官吏を尊び、民間を軽く扱う。

【官庁】（カンチョウ） 国家の事務を取り扱うところ。役所。

【官邸】（カンテイ） 高級官僚の官舎。「総理大臣―」⇕私邸

【官房】（カンボウ） 行政機関の内局の一。「内閣―長官」

【官報】（カンポウ） 政府が発行する日刊機関紙。

【官吏】（カンリ） 役人。国家公務員の通称。「高級―」

【官僚】（カンリョウ） 官吏。役人。「―機構」「―政治」

熟語「官選・仕官」

❷つかさ。役人。役人としての地位。役目。

【官位】（カンイ） 官職と位階。

【官職】（カンショク） 公務員としての職務と地位。

【官途】（カント） 官吏としての仕事や地位。「―に就く」

【官話】（カンワ） 中国、清代の公用語。特に、北京官話。

熟語「官界・官服（かんぷく）・位官・宦官・技官・教官・警官・兼官・高官・左官・佐官・士官・次官・将官・上官・女官（じょかん）（にょかん）・神官・退官・代官・長官・任官・判官（はんがん）（ほうがん）・武官・文官・本官・免官・外交官・行政官・警察官・検察官・裁判官・参事官・指揮官・司法官・事務官・書記官・司令官・太政官（だいじょうかん）（だじょうかん）・秘書官・弁

務官」

❸おおやけ。国有のもの。

【官営】カンエイ　政府の営業。⇔民営

【官学】カンガク　官立の学校。主に大学をいう。⇔私学

【官業】カンギョウ　政府が管理・経営する事業。⇔民業

【官軍】カングン　朝廷側・政府側の軍隊。「勝てば―」

【官製】カンセイ　政府がつくる。「―はがき」⇔私製

【官費】カンピ　政府から出る費用。「―旅行」⇔私費

【官民】カンミン　官庁と民間。「―一体となった活動」

【官有】カンユウ　政府の所有。国有。「―地」⇔民有

【官立】カンリツ　国家が設立する。国立。「―大学」

熟語「官需・半官半民」

❹つかさどるもの。はたらきをもつもの。耳・目・口・鼻などのはたらき。

【官能】カンノウ　①感覚器官の働き。②性的な感覚。

熟語「感官・器官・五官」

【冠】

3級　9画　冖-7　音 カン(クワン) 漢 呉　訓 かんむり・かぶ-る　①2007 Ⓤ51A0

筆順 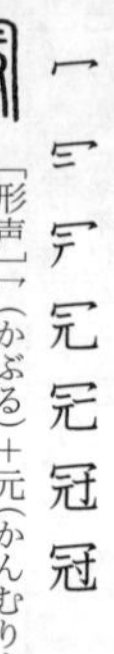

なりたち  [形声]冖(かぶる)＋元(かんむりをかぶった人)音＋寸(手)。かんむりを手でかぶるの意。

❶かんむり。頭にかぶるもの。

【冠位】カンイ　官人の朝廷における位階。「―十二階」

【冠省】カンショウ　手紙で、前文を省略する意。前略。注記 これを用いた時は、「草々」「匆々(そうそう)」「不一」などで結ぶ。

【冠(かんむり)旧(ふる)けれど沓(くつ)にははかず】　上下の別は乱せない。よい物はよい。出典「韓非子 外儲説」より。

【冠(かんむり)を弾(はじ)く】　仕官・出仕の用意をする。出典「楚辞 漁父」より。

【冠履・顛倒】カンリテントウ　上下の順序が逆である。

熟語「冠纓(かんえい)・冠履(かんり)・衣冠・位冠・王冠・花冠・玉冠・金冠・挂冠(けいかん(かいかん))・桂冠・荊冠・鶏冠(けいかん(とさか))・根冠・三冠・戴冠(たいかん)・宝冠・冕冠(べんかん)・無冠・月桂冠」

❷かんむりをつける式。成人になること。

【冠婚葬祭】カンコンソウサイ　元服と婚礼と葬儀と祖先の祭祀。

【冠者】カンジャ　①元服した男子。また、若者。②召し使いの若者。注記「かじゃ」「かざ」とも。

熟語「初冠(ういこうぶり)・弱冠」

❸すぐれている。人の上に立つ。

【冠絶】カンゼツ　優れている。「史上に―する大発見」

❹かぶる。頭に載せる。

【冠木門】かぶきモン　門柱に、横木を渡した門。

【冠水】カンスイ　田畑や作物が水をかぶる。「田畑が―した」

【冠雪】カンセツ　雪が降ってかぶさる。「初―」

熟語「冠詞・冠辞」

【巻】

5級　9画　己-6　音 カン(クワン) 漢 呉・ケン　訓 まく・まき　①2012 Ⓤ5DFB

【卷】8画　卩-6　②5043 Ⓤ5377

難読 巻柏(いわひば)

人名 まる

筆順 

なりたち  [形声]「釆(ばらばらに分ける)＋廾(両手)」(ばらばらのものを両手でたもつ)音＋㔾(人がからだを曲げたさま)。ばらばらのものを両手でまるめる意から、まく意を表す。

❶まく。まるめる。

【巻▽繊】ケンチン　①豆腐と野菜を揚げたりした料理。②「巻繊汁(けんちんじる)」の略。注記「ちん」は唐音。

【巻狩(り)】まきがり　狩り場を包囲する狩り。「富士の―」

【巻(き)舌】まきじた　早口の口調。「―でまくしたてる」

【巻(き)添え】まきぞえ　巻き込まれる。「―を食う」「―にする」

熟語「《ケン》巻雲・巻曲・席巻」「巻き貝・渦巻(うずま)き・襟巻(えりま)き・竜巻(たつまき)」

❷まきもの。まいた形の書物。本。

【巻子本】カンスボン　巻物の形にした書物。けんすぼん。

【巻頭】カントウ　本の最初。「―を飾る」「―言」⇔巻末

【巻末】カンマツ　本の最後。巻尾。⇔巻頭

熟語「《カン》巻軸(かんじく)・巻首・巻帙(かんちつ)・巻尾・圧巻・開巻・書巻・万巻(まんがん)」「巻物(まきもの)・絵巻(えまき)」

❸まき。書物の区分を表すことば。また、巻いた物や書物を数える語。

熟語「《カン》一巻(いっかん)・下巻(げかん)・上巻・全巻・中巻・通巻・別巻・補巻・本巻」「巻一(まきいち)」

【看】

5級　9画　目-4　音 カン 漢 呉　訓 み-る　①2039 Ⓤ770B

人名 あきら・み・みつ

筆順 

なりたち  [会意]手＋目。手をかざしてよく見るの意。

◉異字同訓◉【見】(一七二ページ)の「異字同訓」欄を参照のこと。

❶みる。注意してみる。みまもる。

【看過】カンカ　見すごす。「―できない誤り」

【看護】カンゴ　看病する。「病人を―する」「―人」

【看守】カンシュ　刑務所などでの職員。刑務官。

【看取】カンシュ 見て知る。「相手の真意を―する」
【看破】カンパ 見破る。「わるだくみを―する」
【看板】カンバン ①店名・商品名などを掲げたもの。②客寄せとなるもの。「―役者」③外観。見せかけ。「―だおれ」④閉店する。「―にする」
【看病】カンビョウ 病人をみる。「病人を―する」
熟語「看護師・参看・洞看」

❷読む。
【看▽経】カンキン ①無言で経文を読む。⇔諷経ふぎん。②声を出して経文を読む。読経どきょう。注記「きん」は唐音。

【陥】
準2級 10画 阜(阝)-7
音 カン 漢 呉
訓 おちいる・おとしいれる・おちる
①2057 Ⓤ9665

【陷】 11画 阜(阝)-8 ②7992 Ⓤ9677

筆順

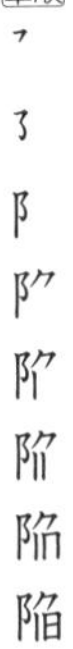

なりたち  [形声]阜(盛り土)+臽(人が穴の中に落ちる)音。土の穴におちいるの意。

❶おちいる。はまる。
【陥入】カンニュウ おちいる。はまりこむ。
【陥没】カンボツ おちこむ。「地面が―する」「―骨折」
熟語「陥溺かんでき」

❷おとしいれる。窮地に追い込む。
【陥▽穽】カンセイ ①おとしあな。わな。②人をおとしいれる計略。「―に陥る」
熟語「陥害・讒陥ざんかん・穽陥せいかん」

❸攻め落とされる。おちる。
【陥落】カンラク ①地面がおちこむ。「地盤の―」②攻めおとされる。「要塞が―した」③地位などが下がる。「幕下に―する」④口説きおとされる。

❹かける。ない。
熟語「欠陥・失陥」

【乾】
4級 11画 乙-10
音 カン 漢 呉・ケン 漢
訓 かわく・かわかす・いぬい・か-れる・ほ-す
①2005 Ⓤ4E7E

難読 乾拭からぶき・乾海鼠ほしこ(ほしなまこ)・乾風からかぜ(からっかぜ)・乾葉ひば・乾飯かれいい(ほしいい)・乾鰯ほしか
人名 かみ・きみ・すすむ・たけし・つとむ

筆順

なりたち  [会意]金文では、㫃(はた)+日(太陽)。太陽が旗のように空高くかかっている意から、日が照りかわく意を表す。篆文では「乙」(おさえる)を加える。

◇かわく(乾・渇) ●異字同訓●
「乾く」は〝水気がなくなる。うるおいがない〟の意。「洗濯物が乾く」「舌の根の乾かぬうち」「乾いた心」

「渇く」は〝水が欲しくなる。欲望が満たされない〟の意。「喉のどが渇く」「親の愛に渇く」

❶《カン》かわく。かれる。水分がなくなる。かわかす。ほす。水分をなくす。かれ。
【乾季・乾期】カンキ 一年のうちで、雨の少ない期間。
【乾魚】カンギョ ほした魚。ほしざかな。別表記 干魚
【乾燥】カンソウ ①かわく。②味わいがない。「無味―」
【乾杯】カンパイ 杯をさしあげて酒を飲み干す。
【乾物】カンブツ 乾燥させた食品。ひもの。「―屋」
【乾布摩擦】カンプマサツ かわいた布で体をこする。
【乾酪】カンラク チーズ。
【乾留・乾▽溜】カンリュウ 加熱分解する。「石炭を―する」
熟語「《カン》乾湿・乾性・乾板・乾布・乾麺・乾電池・塩乾・過乾・気乾・全乾・速乾」

❷《カン》利益をむさぼる。
熟語「《カン》乾没かんぼつ」

❸《ケン》易の八卦の一つ。陽の卦。天・男・父などを表す。また、天子。君主。
【乾▽坤】ケンコン ①天と地。②陰と陽。③北西と南西の方角。
【乾▽坤一▽擲】ケンコンイッテキ 一世一代の勝負をする。「―の大事業」出典 韓愈「過鴻溝詩」より。
熟語「《ケン》乾綱けんこう・乾徳」

❹《ケン》いぬい。北西の方角。
熟語「乾門いぬいもん・乾櫓いぬいやぐら」

【勘】
3級 11画 力-9
音 カン 漢 呉
訓 かんが-える
①2010 Ⓤ52D8

難読 勘解由かげゆ
人名 さだ・さだむ・のり

筆順

なりたち [会意]甚(楽しみに深入りする)+力。力を尽くして奥深いところまで考えるの意。

❶かんがえる。よくしらべ考える。
【勘案】カンアン 考え合わせる。「諸条件を―する」
【勘考】カンコウ よく考える。思案。思考。
【勘校】カンコウ 照らし合わせて正す。「諸本を―する」
【勘合】カンゴウ 突き合わせて考える。
【勘定】カンジョウ ①数える。「人数を―する」②代金を払う。「―を済ませる」③見積もり。「交渉決裂も―に入れる」④利害を計算する。「損得―をする」
熟語「校勘・算勘・利勘」

❷罪を問いただす。
【勘気】（カンキ） とがめ。「―をこうむる」「―に触れる」
【勘当】（カンドウ） 親子の縁をきる。「親から―される」
【勘弁】（カンベン） 許す。堪忍。「もう―ならない」
熟語「後勘・勅勘」
❸(国)かん。直感的に感じるちから。
【勘違い】（カンちがい） 思い違いをする。「君だと―していた」
熟語「勘所（かんどころ）・山勘（やまかん）」
❹その他。
【勘亭流】（カンテイリュウ） 歌舞伎などに用いられる書体。

【患】

準2級　11画　心-7　①2021　Ⓤ60A3
音 カン（クワン）漢・ゲン呉
訓 わずら-う・うれ-い・うれ-える

筆順 丶 冂 口 吕 串 串 患 患

なりたち ［形声］串（つらぬく）音＋心。心をつらぬくような苦しい思いをするの意。

◉異字同訓◉【煩】（五四二ページ）の「異字同訓」欄を参照のこと。

❶うれえる。うれい。心配。苦しみ。
【患禍】（カンカ） わざわい。
熟語「患難・外患・後患・国患・内患・憂患・内憂外患」
❷わずらう。病む。病気になる。
【患家】（カンカ） 患者の家。
【患者】（カンジャ） 病人やけが人。「外来―」
【患部】（カンブ） 疾患や傷のある部分。「―を手当てする」
熟語「急患・疾患・重患・新患・大患・罹患（りかん）」

【貫】

3級　11画　貝-4　①2051　Ⓤ8CAB
音 カン（クワン）漢呉
訓 つらぬく

人名 つら・とおる・ぬき・やす

筆順 ㄴ ロ 田 毌 毌 貫 貫 貫

なりたち ［象形］金文では、まるい貝二つをひもでぬき通したさまにかたどる。篆文では、毌（つらぬき通す）音＋貝（貨幣）。ひもでさし通した銭、また、つらぬくの意。

❶つらぬく。つきとおす。やりとおす。
【貫通】（カンツウ） 貫いて抜ける。「弾丸が―する」
【貫徹】（カンテツ） 貫きとおす。「要求を―する」「初志―」
【貫流】（カンリュウ） つらぬいて流れる。「平野を―する」
熟語「一貫・縦貫・通貫・突貫・終始一貫・首尾一貫」
❷（世代をつらぬく意から）戸籍。本籍。
【貫首・貫主】（カンジュ） ①天台座主（ざす）の別名。管主。②各宗派の本山や諸大寺の管長。管主。
熟語「貫籍（かんじゃく）（かんせき）・貫属・郷貫・本貫」
❸かん。昔の貨幣の単位。
熟語「一貫文（いっかんもん）・千貫・満貫（まんがん）」
❹(国)かん。尺貫法の単位。一貫は三・七五キログラム。貫目。
【貫目】（カンめ） ①貫の単位で量った目方。②目方。
熟語「看貫（かんかん）・百貫・尺貫法（しゃっかんほう）」
❺(国)かん。武家の知行の単位。
【貫禄】（カンロク） 威厳・重々しさ。「―がある」「―十分」

【寒】

8級　12画　宀-9　①2008　Ⓤ5BD2
音 カン漢呉
訓 さむい

〔寒〕12画　宀-9

人名 さむ・ふゆ

筆順 丶 宀 宀 宀 宑 宑 実 寒

なりたち ［会意］宀（いえ）＋屮（くさ）四つ＋人＋仌（こおり）。家の中で人が草をしとねにしてもこごえる意から、さむい意を表す。

❶さむい。つめたい。
【寒気】（カンキ） 寒さ。「―がゆるむ」⇔暑気
【寒月】（カンゲツ） 冬の夜空にさえて見える月。
【寒色】（カンショク） 寒い感じのする色。冷色。⇔暖色
【寒帯】（カンタイ） 地球の寒冷地帯。
【寒暖】（カンダン） 寒さと暖かさ。「―の差」「―計」
【寒天】（カンテン） ①さむざむとした冬の空。「―の月」②テングサなどから作った食品。
【寒波】（カンパ） 大寒気。「―襲来（しゅうらい）」⇔熱波
【寒風】（カンプウ） 冬の寒い風。「高原に―が吹きすさぶ」
【寒流】（カンリュウ） 周りより水温の低い海流。⇔暖流
【寒冷】（カンレイ） 冷たく寒い。「―な地方」⇔温暖
熟語「寒害・寒梅・一寒・厳寒・酷寒・極寒・春寒・耐寒・避寒・防寒・余寒・冷寒・一暴十寒（いちばくじっかん）」
❷ぞっとする。身が縮こまる。
【寒心】（カンシン） ぞっとする。「―にたえない」
熟語「悪寒（おかん）」
❸ものさびしい。まずしい。とぼしい。
【寒村】（カンソン） 貧しくさびれた村。
熟語「寒雨・寒苦・寒生・寒灯・貧寒」
❹二十四節気のうち、大寒と小寒。もっとも寒い時期。
【寒行】（カンギョウ） 寒中に寒さに耐えてする修行。
【寒垢離】（カンごり） 寒中、冷水を浴びて神仏に祈願する。

【寒中】カンチュウ 厳寒の時期。「―水泳」「―見舞い」⇔暑中

【寒露】カンロ ①二十四節気の一。一〇月八日頃。②晩秋から初冬の頃の冷たい露。

熟語「寒稽古かんげいこ・小寒・大寒」

❺その他。

【寒山拾得】カンザンジットク 中国、唐代の詩僧、寒山と拾得。

【喚】

3級 12画 口-9 音 カン(クワン)漢呉 訓 よ-ぶ・わめ-く ①2013 Ⓤ559A

筆順 喚

なりたち  【形声】口＋奐(とりかえる)音。とりかえるために大声で呼ぶ意。

❶さけぶ。わめく。

【喚呼】カンコ 確認して声に出す。「指さし―」

【喚声】カンセイ 大声で叫ぶ声。「どっと―があがる」

熟語「叫喚・阿鼻叫喚あびきょうかん」

❷よぶ。呼びよせる。

【喚起】カンキ よびおこす。「注意を―する」

【喚問】カンモン 呼んで問いただす。「証人を―する」

熟語「召喚・招喚」

【堪】

準2級 12画 土-9 音 カン漢呉・タン慣 訓 たえる・こらえる ①2014 Ⓤ582A

人名 たえ・ひで

筆順 堪

なりたち  【形声】土＋甚(はなはだしい)音。はなはだしく盛られた土の意から、その重さにたえる意を表す。

◉異字同訓◉【耐】(四二二ページ)の「異字同訓」欄を参照のこと。

❶たえる。こらえる。がまんする。任にたえる。負担できる。

【堪忍】カンニン 許す。勘弁。「ならぬ―するが―」

【堪忍袋】カンニンぶくろ 堪忍する心。「―の緒が切れる」

熟語「難堪・不堪」

❷すぐれている。

【堪能】カンノウ 技能・学芸などに熟達している。注記「たんのう」は慣用読み。別表記 勘能

【堪能】タンノウ ①十分満足する。「料理を―した」②習熟している。「語学に―な人」注記①は「足んぬ」の転で、「堪能」は当て字。②は①に「堪能」の字が当てられたところから、「堪能かんのう」と混同してできたもの。

【換】

3級 12画 手(扌)-9 音 カン(クワン)漢 訓 かえる・かわる ①2025 Ⓤ63DB

人名 やす

筆順 換

なりたち  【形声】手＋奐(とりかえる)音。「奐」だけで用いられていたが、後に「手」を加えた。

◉異字同訓◉【替】(四二五ページ)の「異字同訓」欄を参照のこと。

かわる。かえる。とりかえる。

【換気】カンキ 空気を入れ替える。「―扇」

【換金】カンキン 現金にする。「―作物」「品物を―する」

【換言】カンゲン いいかえる。「―すれば、こうなる」

【換骨奪胎】カンコツダッタイ 古人に学びつつ、独自の作品を作る。出典「冷斎夜話」より。

【換算】カンサン 別の単位の数値にする。「円に―する」

熟語「換骨奪胎かんこつだったい・交換・互換・兌換だかん・置換・転換・乗り換え・引き換え・変換」

【敢】

3級 12画 攴(攵)-8 音 カン漢呉 訓 あえ-て ①2026 Ⓤ6562

人名 いさみ・いさむ・つよし

筆順 敢

なりたち  【形声】甲骨文では、両手で武器を持って獲物をとるさまにかたどる。金文では、又(手)二つ＋丿(斜めにはらう)＋甘(口の中に含む)音。封じこめられた状況を両手で取り除く意から、困難な状況の中で思い切って行う意を表す。篆文では、𠬪(手)＋古(固くなる)＋又。

おもいきっておこなう。あえて。おしきって。

【敢え無い】あえない はかない。あっけない。

【敢為】カンイ 思い切って行う。「―の精神」

【敢行】カンコウ 押し切って行う。「ストを―する」

【敢然】カンゼン 思い切って。「―と立ち向かう」

【敢闘】カントウ 勇敢にたたかう。「―賞」「―精神」

熟語「果敢・勇敢ゆうかん(ようかん)」

【棺】

準2級 12画 木-8 音 カン(クワン)漢呉 訓 ひつぎ ①2029 Ⓤ68FA

筆順 棺

なりたち  【形声】木＋官(かこいで取り巻かれた建物)音。死体をかこみ納める木の箱の意。

ひつぎ。死体を入れる箱やおけ。

【棺・桶】カンおけ 死人を入れるおけ。ひつぎ。棺。

〖棺を蓋おおいて事定さだまる〗 死後にその人の評価が決まる。出典「晋書 劉毅伝」より。

熟語「棺槨かんかく・蓋棺がいかん・出棺・石棺・入棺・納棺・木棺・斂棺れんかん」

【款】
準2級　12画　欠-8　音 カン(クワン)漢呉　訓 よしみ・まこと・しるーす　①2030　Ⓤ6B3E

〔欵〕11画　欠-7　③8631　Ⓤ6B35

難読 款冬(ふき)

人名 すけ・ただ・まさ・ゆく・よし

筆順 款

なりたち 〔会意〕「祟の変形」(たたり)+欠(くぼんでかける)。たたりがなくなって喜ぶの意。

❶まこと。まごころ。誠意。よしみ。また、まごころをこめてもてなす。心からよろこぶ。たのしむ。

熟語「款然(かんぜん)・款談・丹款」

【款待】(カンタイ) 手厚くもてなす。歓待。

【款(かん)を通(つう)ず】①仲良くする。よしみを結ぶ。②敵に内通し、降参する。出典「北史 盧柔伝」より。

❷きざみつける。しるす。金石などに刻んだ文字。

熟語「款識(かんし)(かんしき)・落款(らっかん)」

❸規約・証書などの箇条書き。項目。

熟語「款項・条款・定款(ていかん)・付款・附款・約款」

❹経費。費用。金銭。

熟語「借款」

【間】
9級　12画　門-4　音 カン漢・ケン呉　訓 あいだ・ま・あい　①2054　Ⓤ9593

〔閒〕12画　門-4　Ⓤ9592

難読 間夫(まぶ)・狭間(はざま)

人名 ちか・はし

筆順 間

なりたち 〔会意〕門+月。門のすきまから月の光が漏れる意から、すきま・あいだの意を表す。「間」は俗字。

❶あいだ。二者にはさまれた部分。あい。

【間一髪】(カンイッパツ) 切迫している。「―で間に合った」

【間隔】(カンカク) 「同じ―をあける」「三分―で発車する」

【間隙】(カンゲキ) ①すきま。②不和。「―を生じる」

【間欠・間▼歇】(カンケツ) 一定の間隔で起こる。「―的」

【間食】(カンショク) 食事の間に物を食べる。あいだぐい。

【間接】(カンセツ) 間に他の物が入る。「―に聞く」⇔直接

【間然】(カンゼン) 非難・批判する。「―する所がない」

【間断】(カンダン) 一時とぎれる。「―なく降り続ける」

【間道】(カンドウ) わき道。抜け道。⇔本道

【間伐】(カンバツ) 間の木を伐採する。透かし伐(ぎ)り。

【間(かん)髪(はつ)を容(い)れず】 間をおくことなく直ちに。出典 枚乗「諫呉王書」「説苑 正諫」などより。

熟語「《カン》間作・間奏・行間・食間・中間」「《ケン》眉間(みけん)」「間服(あいふく)・間狂言(あいきょうげん)・雲間(くもま)・雪間」

❷あいだ。その中の地域。

熟語「《カン》山間・林間」「隙間(すきま)・谷間(たにあい)(たにま)」

❸区切られた一続きのもの。

熟語「《カン》期間・空間・区間・時間・週間・瞬間・旬間・年間・夜間」「束(つか)の間(ま)・手間(てま)・晴れ間・昼間」

❹かかわりを持ってまとまっているもの。

熟語「《カン》巷間・人間(じんかん)・俗間・民間・離間」「《ケン》世間・人間(にんげん)」「仲間(なかま)」

❺すきをうかがう。また、おもてむきでない。

【間者】(カンジャ) 敵方の様子を探る者。スパイ。

【間▼諜】(カンチョウ) 敵の情報を集める者。スパイ。

熟語「《カン》間道」

❻ひま。ゆとり。しずか。同閑。

熟語「《カン》間暇・間居・間職・間日」

❼まぜる。まじる。

熟語「《カン》間色」

❽(国)けん。尺貫法の長さの単位。一間は六尺、約一・八一八メートル。

【間口】(まぐち) ①前面の幅。⇔奥行(おくゆき)。②領域の広さ。「―の広い研究」

【間尺】(ましゃく) ①工作物の寸法。②損得計算。割。「―に合わない」

熟語「《ケン》間尺(けんじゃく)・間縄(けんなわ)」

❾(国)ま。へや。

【間借り】(まがり) 代金を払って部屋を借りる。

【間取り】(まどり) 住宅の部屋の配置。「―図」

熟語「居間・貸間・客間・茶の間・床(とこ)の間・土間(どま)・広間・応接間・大広間」

❿(国)ま。機会。しおどき。その場の具合。雰囲気。また、芸能で、動作と動作の時間的間隔。転じて、リズムやテンポ。

【間際】(まぎわ) 直前。「出発―の事故」別表記 真際

【間違い】(まちがい) ①あやまり。「計算に―がある」②しくじり。失敗。「―をしでかす」③男女間の不道徳な関係。「―を犯す」④事故。「何か―がなければよいが…」

【間抜け】(まぬけ) 行動にぬかりがある。また、その人。

熟語「間合(まあ)い・間男(まおとこ)・間延び」

【閑】
準2級　12画　門-4　音 カン漢・ゲン呉　訓 しずか・ひま　①2055　Ⓤ9591

人名 しず・のり・もり・やす・より

筆順

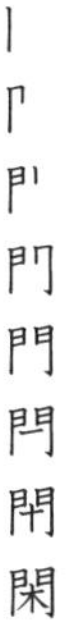

なりたち ［会意］門＋木。門をとじるための木製のかんぬきの意。「閒」の意を借りて、ひまの意にも用いる。

❶しずか。おちついている。のどか。

【閑雲野▽鶴】（カンウンヤカク） しずかに空に浮かぶ雲と野に遊ぶ鶴。なにものにも束縛されない境遇のたとえ。

【閑雅】（カンガ） 「―な舞」「―な景色」

【閑閑】（カンカン） のんびりしている。「悠々―」

【閑居】（カンキョ） 「小人―して不善をなす」

【閑古鳥】（カンコどり） カッコウの別名。「―が鳴く」

【閑散】（カンサン） 「―とした店」「―期」

【閑寂】（カンジャク） 静かで趣がある。「―な庭園」

【閑静】（カンセイ） ひっそりとしている。「―な住宅街」

【閑談】（カンダン） 「友人との―を楽しむ」

熟語「閑吟(かんぎん)・閑座・閑所・閑靖(かんせい)・閑素・閑適・閑歩・閑和・深閑・森閑・長閑(のどか)・幽閑・悠悠閑閑」

❷ひまである。

【閑暇】（カンカ） ひま。「―を得る」 別表記 間暇

【閑日月】（カンジツゲツ） 心にゆとりがある。「胸中おのずから―あり」

【閑職】（カンショク） 仕事の少ないひまな職務。⇔激職

【閑人】（カンジン） ひまな人。「―の手すさび」

熟語「閑地・閑中・安閑・少閑・有閑・農閑期」

❸大切でない。むだ。

【閑話】（カンワ） 無駄話。雑談。閑談。 別表記 間話

【閑話休題】（カンワキュウダイ） 話を本筋に戻すときに用いる言葉。それはさておき。

熟語「閑文字」

❹いいかげん。なおざり。

【閑却】（カンキャク） ほうっておく。「―できない事態」

熟語「等閑」

❺ふせぐ。さまたげる。

熟語「閑邪」

【勧】

【勸】 19画 力-17

4級 13画 力-11

音 カン（クワン）漢・ケン呉

訓 すすめる

①2011 Ⓤ52E7 ②5016 Ⓤ52F8

人名 すすむ・ゆき

筆順

なりたち ［形声］雚（にぎやかに鳴く鳥）音＋力。口々にくりかえし言って力づけ、教えみちびくの意。

◉異字同訓◉【進】（三四二ページ）の「異字同訓」欄を参照のこと。

すすめる。すすめ行わせる。はげます。

【勧業】（カンギョウ） 産業を奨励する。「―博覧会」

【勧告】（カンコク） 説きすすめる。「和解を―する」

【勧奨】（カンショウ） 積極的にすすめる。「退職の―」

【勧▽請】（カンジョウ） 神仏の分霊を他の地に移し祭る。

【勧進】（カンジン） 寺社などの造立の寄付を集める。「―帳」

【勧善懲悪】（カンゼンチョウアク） 善をすすめ、悪をこらしめる。

【勧誘】（カンユウ） すすめ誘う。「保険の―員」

熟語「勧戒・勧学・勧化(かんげ)・勧賞・勧農・勧勉・勧進元」

【寛】

【寬】 14画 宀-11

準2級 13画 宀-10

音 カン（クワン）漢呉

訓 くつろ-ぐ・ひろ-い

①2018 Ⓤ5BDB ③4758 Ⓤ5BEC

人名 お・とお・とみ・とも・のぶ・のり・ひと・ひろ・ひろし・むね・もと・ゆたか・よし

筆順

なりたち ［形声］宀（いえ）＋萈（からだのまるいヤギ）音。ゆったりとした家の意から、ひろい意を表す。

ひろい。気持ちや心が大きい。ゆとりがある。くつろぐ。

【寛厚】（カンコウ） 寛大で温厚である。「―な人物」

【寛▼恕】（カンジョ） 寛大に許す。「読者の―を請う」

【寛仁】（カンジン） 「―大度（＝寛大で度量が大きい）」

【寛大】（カンダイ） 心がひろく大きい。「―な処置」

【寛容】（カンヨウ） よく人を受け入れる。「―な態度」

熟語「寛衣・寛雅(かんが)・寛闊(かんかつ)・寛厳・寛免・寛宥・寛裕」

【幹】

〔榦〕 14画 木-10

6級 13画 干-10

音 カン漢呉

訓 みき

①2020 Ⓤ5E79 ④1523 Ⓤ69A6

難読 麻幹(おがら)

人名 き・たかし・つね・つよし・とし・とも・まさ・み・もと・もとき・よし・より

筆順

なりたち ［形声］倝（太陽が旗のように空高くかかっている）音＋干（太い棒）。空高く立つ太い棒の意から、みきの意を表す。

❶みき。草木の中心部分。また、物事の主要部。

【幹線】（カンセン） 鉄道・道路などの主要な線。⇔支線

【幹部】（カンブ） 団体の中心となる者。「―候補生」

熟語「幹枝(かんし)・幹流・基幹・語幹・骨幹・根幹・脳幹・毛幹・老幹」

❷わざ。うでまえ。

熟語「才幹」

❸つかさどる。処理する。

【幹事】カンジ　会などの世話役。「旅行の―」

熟語「主幹」

【感】

8級　13画　心-9　音 カン 漢 呉　①2022　Ⓤ611F

筆順 ノ 厂 厅 咸 咸 咸 感 感

なりたち 〔形声〕咸（口から大声を出す）音＋心。大きな刺激に対して心がゆれ動くの意。

❶かんじる。心が動く。

【感化】カンカ　「老師に―された」

【感慨】カンガイ　しみじみと思う。「―にひたる」

【感興】カンキョウ　興味がわく。「―をもよおす」

【感激】カンゲキ　「感謝―」「―に耐えない」

【感謝】カンシャ　ありがたいと思う。「好意に―する」

【感傷】カンショウ　物事に感じやすい心の傾向。「―的」

【感情】カンジョウ　心の状態。「―を害する」

【感心】カンシン　「達者な日本語に―する」「―な子」

【感想】カンソウ　心に感じた思い。「読後の―」「―文」

【感嘆・感▼歎】カンタン　感心してほめたたえる。

【感動】カンドウ　心を動かされる。「―的な場面」

【感得】カントク　感じ悟る。「真理を―する」

【感応】カンノウ　①事に触れて心が感じ動く。②人々の信心に神仏がこたえる。注記「かんおう」の連声。

【感服】カンプク　心から感心して敬う。「―の至り」

【感銘】カンメイ　深く心に感ずる。「―を受ける」別表記 肝銘

【感涙】カンルイ　感激して流す涙。「―にむせぶ」

熟語「感荷（かんか）・感懐・感泣（かんきゅう）・感悟・感賞・感状（かんじょう）・感通・感発・感奮（かんぷん）・哀感・共感・偶感・交感・好感・雑感・私感・詩感・実感・情感・所感・随感・多感・直感・痛感・同感・反感・万感・悲感・美感・予感・霊感・安心感・親近感・優越感」

❷外からの刺激を身に受ける。反応する。

【感覚】カンカク　「―がなくなる」「色彩―」「―が古い」

【感受性】カンジュセイ　「―が鋭い」「―の豊かな人」

【感触】カンショク　「ざらざらの―」「確かな―を得た」

【感性】カンセイ　物事に感じる能力。感受性。感覚。

【感知】カンチ　感じとる。「事の重大性を―する」

【感度】カンド　刺激に対して感ずる度合・程度。

熟語「感光・感受・感電・感量・音感・交感・語感・色感・質感・触感・性感・善感・体感・鈍感・肉感・敏感・力感・量感・不感症」

❸病気などにかかる。

【感染】カンセン　病気がうつる。「コレラに―する」

【感冒】カンボウ　ウイルス性の呼吸器系疾患。

熟語「流感」

【漢】

8級　13画　水（氵）-10　音 カン 漢 呉　訓 あや・おとこ・から　①2033　Ⓤ6F22

〔漢〕14画　水（氵）-11　③8705　ⓊFA47

人名 あや・かみ・から・くに

筆順 氵 氵 汁 洪 渼 漟 漢 漢

なりたち 〔形声〕水＋𦰩（動物を火で焼く、かわく）音。水がないの意。

❶長江の支流の一。陝西省南部に発し、南東流して湖北省武漢で長江に合流。漢水。漢江。

熟語「漢江・漢水・江漢」

❷あまのがわ。銀河。

熟語「銀漢・天漢」

❸おとこ。

熟語「悪漢・巨漢・好漢・酔漢・痴漢・鈍漢・暴漢・門外漢・冷血漢」

❹王朝の名。

【漢】カン　中国の王朝名。①前漢（ぜんかん）（前二〇二～後八）。劉邦が項羽を倒して建てた国。都は長安。王莽に国を奪われた。②後漢（ごかん）（二五～二二〇）。劉秀が王莽の新（しん）を滅ぼして再興。都は洛陽。

熟語「後漢・蜀漢（しょくかん）・成漢・前漢」

❺中国本土。また、そこに住む主要民族。

【漢音】カンオン　日本漢字音の一。奈良時代から平安初期にかけて日本に伝えられた、隋・唐代の洛陽や長安などの発音に基づく音。

【漢学】カンガク　中国の学術、特に儒学の日本での総称。

【漢語】カンゴ　①漢字音でよまれる日本語。⇔和語。②中国語。

【漢字】カンジ　中国で作り出され、今日も用いられている表意文字。本字。真名（まな）。

【漢詩】カンシ　中国の伝統的作詩法で作られた詩。

【漢籍】カンセキ　中国人によって漢文で書かれた書物。

【漢文】カンブン　古い中国の文章。

【漢方】カンポウ　中国から伝来し、日本で発達した医学。

【漢和】カンワ　中国と日本。中国語と日本語。「―辞典」

熟語「漢家・漢画・漢才（かんさい）（からざえ）・漢族・漢土・漢民族」

❻（国）㋐あや。中国からの渡来氏族の姓。㋑から。中国の。日本から見て中国に関する物事。

熟語 ㋐「漢人（あやひと）（＝古代の中国系渡来人）」㋑「漢心（からごころ）」

❼その他。固有名詞など。

【漢書】カンジョ　中国前漢の歴史を記した歴史書。後漢の班固（はんこ）の著。

【慣】

6級 14画 心(忄)-11
音 カン(クヮン)漢・ゲン呉
訓 なれる・ならす・な-らう・な-れ
①2023 Ⓤ6163

人名 みな

筆順

なりたち [形声]心＋貫(つらぬく)音。心を終始つらぬいて、なれるの意。

◉異字同訓◉

◇ならす(慣・▼馴)
「慣らす」は"慣れるようにする"の意。「スタート前に足を慣らす」「暗やみに目を慣らす」

「馴らす」は"動物をしつける"の意。「野生の象を馴らす」「犬を飼い馴らす」

◇なれる(慣・▼馴・▼狎・▽熟)
「慣れる」は"なれっこになる。習熟する"の意。「会社勤めにも慣れてきた」「仕事に慣れる」「足に慣れた靴」「習うより慣れよ」

「馴れる」は"動物が人になつく"の意。「人によく馴れた猿」

「狎れる」は"親しみすぎて礼を欠く"の意。「寵愛(ちょうあい)に狎れる」

「熟れる」は"熟成して味がよくなる"の意。「糠味噌(ぬかみそ)が熟れてきた」「熟れ鮨(ずし)」

❶なれる。ならす。以前からくりかえし行われている。
【慣性】(カンセイ) 物体が同じ運動状態を続ける性質。

【慣用】(カンヨウ) 使いなれる。普通に用いられる。

【慣用音】(カンヨウオン) 漢音・呉音・唐音などとは異なるが、日本で広く使われている漢字の音。石(せき・じゃく)を「こく」、輸(しゅ)を「ゆ」と読む類。

【慣用句】(カンヨウク) 二語以上が結合し、その全体である意味を表すようになった言葉。「道草を食う」「間髪を入れず」の類。イディオム。

熟語「慣熟」

❷ならわし。しきたり。
【慣行】(カンコウ) 「―に従う」「―を破る」

【慣習】(カンシュウ) ならわし。「土地の―に従う」

【慣例】(カンレイ) 一般的になっている例。「―に従う」

熟語「旧慣・習慣」

【管】

7級 14画 竹-8
音 カン(クヮン)漢呉
訓 くだ・つつ・ふえ
①2041 Ⓤ7BA1

難読 只管(ひたすら)
人名 うち・すげ

筆順
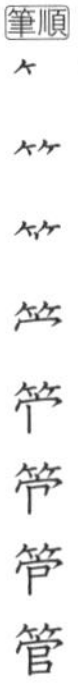

なりたち

[形声]竹＋官(貫に通じ、つらぬく)音。節をつらぬいた竹の意から、くだ・ふえの意を表す。

❶くだ。細長いつつ。
【管見】(カンケン) 自分の知識・意見をへりくだっていう。「―によれば」注記 管の穴から見る意。
熟語「管状・鉛管・気管・煙管(きせる)・血管・鋼管・細管・信管・鉄管・導管・土管・配管・雷管・毛細管」

❷ふえ。
【管楽器】(カンガッキ) 管に息を吹き込んで音を出す楽器。

【管弦・管▼絃】(カンゲン) ①管楽器と弦楽器。②雅楽の演奏。

熟語「管弦楽(かんげんがく)・金管・木管」

❸ふでの軸。また、ふで。
熟語「管城子(かんじょうし)・彩管・筆管(ひっかん)」

❹ある範囲を支配する。
【管下】(カンカ) 管轄下。「警視庁―の事件」

【管轄】(カンカツ) 権限によって一定範囲を支配する。

【管財】(カンザイ) 財産を管理する。「―会社」

【管掌】(カンショウ) 役目の権限によってつかさどる。「政府―」

【管制】(カンセイ) ①管理・制限する。「報道―」②「航空交通管制」の略。「―塔」

【管理】(カンリ) 「ビルを―する」「品質―」

熟語「管守・管領・移管・主管・専管・所管・保管」

❺その他。固有名詞など。
【管鮑の交わり】(かんぽうのまじわり) 終生変わらない友情。出典「列子(力命)」より。中国春秋時代、斉の宰相管仲(かんちゅう)と鮑叔牙(ほうしゅくが)が生涯変わらない友情をもって交わったことから。

【関】

7級 14画 門-6
音 カン(クヮン)漢・ケン呉
訓 せき・かかわる
①2056 Ⓤ95A2

【關】 19画 門-11
②7980 Ⓤ95DC

人名 とおる・み・もり

筆順

なりたち

[形声]金文では、門＋丱(二か所を横棒で貫き通す)音。門にかんぬきをかけるの意。篆文では、門＋𢇍(杼(ひ)に糸を通す)音。

❶かんぬき。門を閉ざす横棒。
熟語「関鍵(かんけん)・閉関(へいかん)」

❷せき。関所(せきしょ)。また、出入り口。
【関税】(カンゼイ) 貨物が輸出入される際に課す税。

【関頭】(カントウ) 重大な分かれめ。岐路。「生死の―」

【関門】(カンモン) ①関所。②通過が難しい所。「入試の―」

【関所】(セキショ) ①昔、交通上の要所や国境などに置かれて、通行人や荷物を検査した所。関。②通過が難しい所のたとえ。
熟語「関市（かんし）・関城（かんじょう）・関内・関防（かんぼう）・雲関・海関・間関・郷関（きょうかん）・玄関・交関・故関・散関・税関・禅関・通関・透関（とうかん）・難関・辺関」

❸かかわる。あずかる。
【関係】（カンケイ）「密接な―」「台風―のニュース」

【関心】（カンシン）「文学に―をもつ」「無―」

【関知】（カンチ） あずかり知る。「一切―しない」

【関白】（カンパク） ①成人後の天皇を助けて政務をつかさどった重職。②権力の強い者のたとえ。「亭主―」

【関与】（カンヨ） ある物事に関係する。「経営に―する」

【関連・関▼聯】（カンレン）「互いに―する」「―産業」

熟語「摂関（せっかん）・相関（そうかん）・連関・聯関（れんかん）」

❹つなぎめ。かなめ。また、からくり。しかけ。
【関節】（カンセツ） 骨と骨とを結合させている部分。
熟語「機関」

❺（国）せき。相撲で十両以上の力士。
【関取】（せきとり） 相撲で、十両以上の力士。

【関▽脇】（せきわけ） 相撲で、力士の位の一。大関の下、小結の上。

熟語「大関」

❻その他。固有名詞など。
【関羽】（カンウ） （？〜二一九）中国三国時代、蜀の武将。字（あざな）は雲長。張飛とともに劉備（りゅうび）を助けて功があった。後世、武神・商神として関帝廟にまつられた。

【関西】（カンサイ） 京阪神地方。

【関雎（かんしょ）の楽（たの）しみ】 夫婦仲がよく、礼儀も正しくて、家庭円満であることの楽しみ。出典「論語（八佾）」より。

【関数】（カンスウ） 〔数〕二つの変数の間に、一方の値が変わると、それに対応して他方の値も変わるという対応関係がある数。別表記 函数
【関東】（カントウ） 東京などの一都六県が占める地域。

【歓】

4級 15画 欠-11 音 カン（クワン）漢呉 訓 よろこ-ぶ ①2031 Ⓤ6B53

〔歡〕 21画 欠-17 ②6136 Ⓤ6B61

人名 よし

筆順

なりたち

［形声］雚（にぎやかに鳴く鳥）音＋欠（体をかがめる）。体をかがめてにぎやかに話し合うの意。

よろこぶ。身をよろこばす。なごやかに楽しむ。

【歓喜】（カンキ） 非常に喜ぶ。「―の声をあげる」

【歓迎】（カンゲイ） 喜んで迎える。「見学者を―する」

【歓呼】（カンコ） 喜んで大声をあげる。「―の声」

【歓心】（カンシン）「―を買う（＝相手の機嫌をとる）」

【歓声】（カンセイ） 喜んであげる大声。「―があがる」

【歓送】（カンソウ） 出発する人を励まし見送る。「―会」

【歓待】（カンタイ） 心のこもったもてなし。別表記 款待
【歓談】（カンダン） うちとけて楽しくかたらう。「しばしご―ください」

【歓楽】（カンラク） 喜びと楽しみ。「―街」別表記 懽楽
【歓楽（かんらく）極（きわ）まりて哀情（あいじょう）多し】 喜び楽しむ気持ちが極まると、かえって悲しい思いが生じる。

出典 漢武帝「秋風辞」より。

熟語「歓悦・歓会・歓然・哀歓・旧歓・交歓・合歓（ごうかん）（ねむ）」

【監】

4級 15画 皿-10 音 カン漢・ケン呉 訓 み-る ①2038 Ⓤ76E3

人名 あき・あきら・かね・ただ・てる・み

筆順
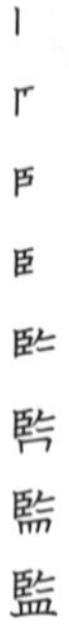

なりたち

［会意］臣（下向きの目）＋人＋一（水）＋皿。人が上から水のはいった皿を見おろすの意。

❶みる。見はる。とりしまる。
【監禁】（カンキン） 人を閉じ込めて、外へ出さない。

【監護】（カンゴ） 監督し保護する。「―義務者」

【監査】（カンサ） 監督し検査する。「会計を―する」

【監察】（カンサツ） 調査し監督する。「厳重に―する」

【監視】（カンシ） 注意して見張る。「国境を―する」

【監修】（カンシュウ） 書物の著述・編集を監督する。

【監督】（カントク） 全体を指揮・指導する。「映画―」「―者」

熟語「監軍・監国・監事・監守・監寺（かんす）・監生（かんせい）・監本（かんぽん）・監門・監理・監物（けんもつ）・技監・軍監・舎監・総監・統監・寮監・臨監」

❷ろうや。
【監獄】（カンゴク） 刑務所・拘置所の旧称。
【監房】（カンボウ） 囚人を入れておく部屋。別表記 檻房
熟語「移監・在監・収監・出監・入監」

【緩】

3級 15画 糸-9 音 カン（クワン）漢呉 訓 ゆる-い・ゆる-やか・ゆる-む・ゆる-める ①2043 Ⓤ7DE9

〔緩〕 15画 糸-9

人名 のぶ・ひろ・ふさ・やす

筆順

なりたち

［形声］糸＋爰（二人の手の間に物をさし入れる）音。糸と糸の間にすきまがあいていて、結び目がゆるやかであるの意。

ゆるい。きつくない。ゆるやか。ゆるむ。また、きびしくない。

【緩解】（カンカイ） 病気の症状が軽くなった状態。別表記 寛解

【緩急】カンキュウ ①おそいこととはやいこと。ゆるやかなこととときびしいこと。「―自在」②さしせまった場合。「いったん―あるときは」
【緩下剤】カンゲザイ 効き目のゆるやかな下剤。
【緩衝】カンショウ 衝突や衝撃をやわらげる。「―地帯」
【緩慢】カンマン のろい。手ぬるい。「―な対応」
【緩和】カンワ 厳しい状態を和らげる。「緊張―」
熟語「緩歌・緩緩・緩頬かんきょう・緩行・緩怠・緩帯かんたい・緩歩かんぽ・弛緩しかん・舒緩じょかん・遅緩ちかん」

【憾】

準2級 16画 心(忄)-13
音 カン漢
訓 うら-む・うら-み
①2024 Ⓤ61BE

筆順 憾

なりたち [形声]心＋感(心がゆれ動く)音。心が悪い方向にゆれ動き、うらむの意。
◉異字同訓◉【恨】(二二二ページ)の「異字同訓」欄を参照のこと。

うらむ。心残りに思う。
熟語「遺憾」

【還】

準2級 16画 辵(辶)-13
音 カン(クワン)漢・ゲン呉
訓 かえ-す・かえ-る・めぐ-る
①2052 Ⓤ9084

〔還〕17画 辵(辶)-13 ― ―

筆順 還

なりたち [形声]辵(ゆく)＋睘(瞏の変形、目をまるくする)音。まるくひとめぐりして、もとの所へかえるの意。

かえる。元に戻る。かえす。また、めぐる。まわる。
【還御】カンギョ 天皇・上皇が行幸先から帰る。還幸。
【還元】カンゲン ①元の状態にもどす。「利益を消費者に―する」「白紙―」②酸化された物質を元に戻す。
【還幸】カンコウ 天皇が行幸先から帰る。還御かんぎょ。
【還付】カンプ 元の所有主へ戻す。「税金の―」
【還流】カンリュウ 再びもとへ流れもどる。「資金の―」
【還暦】カンレキ 数え年で六一歳をいう語。注記 干支えとが六〇年たつと一回りして、元にかえるところからいう。
【還俗】ゲンゾク 僧籍に入った者が再び俗人に戻る。
熟語「還帰かんき・還啓かんけい・還魂かんこん・往還・凱還がいかん・帰還・召還・償還・生還・送還・奪還・返還・放還・奉還」

【館】

8級 16画 食(𩙿)-8
音 カン(クワン)漢呉
訓 やかた・たち・たて
①2059 Ⓤ9928

〔館〕17画 食(飠)-8 ― ⓊFA2C
〔舘〕16画 舌-10 ①2060 Ⓤ8218

人名 いえ・たて

筆順 館

なりたち [形声]食＋官(公務に用いる建物)音。大勢の人に食事を供するところ、やどやの意。

❶公共の建物。
【館蔵】カンゾウ 美術館・図書館などで所蔵している。
【館長】カンチョウ 図書館・美術館・博物館などの長。
熟語「館員・館主・館内・休館・公館・在館・退館・登館・入館・分館・閉館・来館・記念館・公使館・公民館・国技館・児童館・体育館・大使館・図書館・博物館・美術館・領事館」
❷大きな建物。やかた。たち。たて。
〖館かんを捐すつ〗 人が死去することの婉曲な言い方。館舎を捐つ。出典「史記范雎・蔡沢伝」より。
熟語「館人かんじん・会館・学館・帰館・居館・商館・新館・別館・本館・洋館・異人館・映画館」
❸客を迎える宿舎。また、やどや。
熟語「客館かっかん・旅館・迎賓館」

【環】

4級 17画 玉(王)-13
音 カン(クワン)漢・ゲン呉
訓 たま・たまき・めぐ-る・わ
①2036 Ⓤ74B0

人名 たま・たまき・わ

筆順 環

なりたち [形声]玉＋睘(瞏の変形、目をまるくする)音。まるい輪の形をした玉の意。

❶わ。輪の形をしたもの。
【環礁】カンショウ 環状の珊瑚礁。「ビキニ―」
【環状】カンジョウ 輪のような形。「―線」
熟語「環座・環中・一環・円環・玉環・金環・耳環じかん・連環」
❷とりかこむ。めぐらす。
【環海】カンカイ 四方を海に囲まれている。
【環境】カンキョウ 人間や生物を取り囲んでいる周りの世界。
【環視】カンシ 「衆人―の中で侮辱される」
熟語「環囲かんい・環翠かんすい・環堵かんと・囲環いかん・外環」
❸めぐる。まわる。
【環流】カンリュウ 大気や海水などが循環して流れる。
熟語「回環・循環」
❹たまき。たま。輪の形をした玉。

【簡】

5級 18画 竹-12
音 カン漢・ケン呉
訓 ふだ・ふみ・えら-ぶ
①2042 Ⓤ7C21

人名 あきら・ひろ・ふみ・やすし

筆順 … 簡

なりたち ［形声］竹＋閒（あいだ）音。一枚ずつ間をあけて、ひもでとじた竹のふだの意。「簡」は俗字。

❶竹のふだ。文字を書きつけたふだ。

熟語「簡札・簡版・竹簡（ちくかん）（ちっかん）・木簡（もくかん）（もっかん）」

❷ふみ。手紙。

熟語「簡書・恩簡・貴簡・玉簡・錯簡（さっかん）・残簡（ざんかん）・手簡・書簡・寸簡・折簡（せっかん）・脱簡・断簡・返簡・来簡」

❸おおまか。てがるな。むだをはぶく。

【簡易】カンイ　簡単でたやすい。「—な方法」

【簡▼勁】カンケイ　簡潔で力強い。「—な名文章」

【簡潔】カンケツ　簡単で要領を得ている。「—な文章」

【簡▼捷】カンショウ　簡単ですばやい。「事務の—化」

【簡素】カンソ　むだがなく質素。「—な手続き」

【簡体字】カンタイジ　現代中国で使用されている、簡略にした漢字。簡化字。

【簡単・簡短】カンタン　「—な手続き」「—明瞭」「—な料理」

【簡便】カンベン　簡単で便利である。「—な方法」

【簡明】カンメイ　簡単でわかりやすい。「—な説明」

【簡略】カンリャク　簡単で手みじか。「—な説明」

熟語「簡雅（かんが）・簡厳・簡古・簡粗・簡朴（かんぼく）・簡約・簡要・簡率・単簡・繁簡」

❹えらぶ。えり分ける。

【簡抜】カンバツ　選び出す。「人材を—する」

熟語「簡閲・簡択・了簡（りょうけん）・料簡（りょうけん）」

【観】

7級　18画　見-11　音 カン（クワン）漢 呉　訓 み-る　①2049　Ⓤ89B3

〔觀〕24画　見-17　②7523　Ⓤ89C0

人名 あき・しめす・み

筆順 … 観

なりたち ［形声］雚（にぎやかに鳴く鳥）音＋見。あちらこちらとよく見るの意。

◉異字同訓◉【見】（一七二ページ）の「異字同訓」欄を参照のこと。

❶みる。見わたす。ぐるりとながめる。

【観閲】カンエツ　軍隊などの状況を検閲する。「—式」

【観桜】カンオウ　桜の花を観賞する。「—の宴」

【観劇】カンゲキ　芝居・演劇を見る。「—会」

【観光】カンコウ　旅をして名所などを見て歩く。「—客」

【観衆】カンシュウ　大勢の観客・見物人。「大—」

【観戦】カンセン　戦争・試合を見る。「—武官」「野球—」

【観望】カンボウ　形勢をうかがいみる。「情勢を—する」

【観覧】カンラン　見物する。「—席」「—料」「—車」

熟語「観菊（かんぎく）・観月（かんげつ）・観者（かんしゃ）・観梅（かんばい）・概観・参観・拝観」

❷みる。注意して見る。見て考える。

【観客】カンキャク　見る人。かんかく。「—席」

【観察】カンサツ　「昆虫の成育を—する」

【観照】カンショウ　①主観を交えず、冷静に対象の本質をとらえる。「人生を—する」②（美学で）美を直観的に受容する。

【観賞】カンショウ　美しいものを見て楽しむ。「草花の—」

【観相】カンソウ　人相や手相などを見る。「—家」

【観測】カンソク　「天体を—する」「希望的—」

熟語「観護（かんご）・雑観・静観・傍観・観天望気」

❸見えるようす。ながめ。けしき。

熟語「異観・偉観・外観・奇観・景観・壮観・美観」

❹見方。考え方。

【観想】カンソウ　特定の対象に深く心を集中する。

【観点】カンテン　見地（けんち）。「教育的—」

【観念】カンネン　「固定—」「—論」「もうだめだと—した」

熟語「観心（かんじん）・観法（かんぼう）・遠観・客観・仮観（けかん）・史観・主観・多観・達観・直観・諦観（ていかん）・反観・悲観・楽観・一面観（いちめんかん）・厭世観（えんせいかん）・価値観・死生観・人生観・世界観・先入観・側面観・大局観」

❺人に見せる。示す。

【観艦式】カンカンシキ　国家元首などが艦隊を観閲する式。

熟語「観兵・展観」

❻その他。

【観世音菩薩】カンゼオンボサツ　衆生（しゅじょう）の声を聞き、救いの手をさしのべる慈悲深い菩薩。観音（かんのん）。観世音。観自在菩薩。

【観音】カンノン　「観世音菩薩」の略。注記「かんおん」の連声。

【観音開き】カンノンびらき　（観音像を納めた厨子（ずし）のように）中央から左右両側に開くように作られた扉。

【韓】

2級　18画　韋（韋）-8　新常用　音 カン 漢　訓 から　①2058　Ⓤ97D3

〔韓〕17画　韋-8　—　—

筆順 … 韓

なりたち ［形声］「幹の略体」（中心となる太いみき）音＋韋（とりかこむ）。幹のように円柱状に掘った井戸をとりかこむ板、いげたの意。

❶国の名。

カ

【韓】カン ①中国、戦国七雄の一（前四〇三〜前二三〇）。魏・趙とともに晋を滅ぼしその領土を三分。秦に滅ぼされた。②三韓。古代、朝鮮半島にあった三つの国。③韓国。「日—会談」
【韓国】カンコク 大韓民国の略称。
熟語「韓語・韓人・韓土・三韓」
❷（国）から。外国。異国。特に中国・朝鮮。
熟語「韓藍・韓垣・韓紅」
❸その他。人名など。
【韓雲孟竜】カンウンモウリョウ 男色の深い契り。注記 韓愈と孟郊が男色の関係にあったという俗説から。

【韓信】カンシン（？〜前一九六）中国、前漢初の武将。淮陰の人。蕭何・張良とともに漢の三傑の一人。

【韓非】カンピ 中国、戦国時代末の思想家。荀子の性悪説を学んで法家思想を大成した。韓非子。

【韓非子】カンピシ ①韓非の尊称。②思想書。五五編。韓非の著作を主として集めたもの。編者不明。

【韓愈】カンユ（七六八〜八二四）中国、中唐の儒者・文人。字は退之。諡は文公、号は昌黎。唐宋八大家の一人。文章・学問とも後代に大きな影響を残した。

【艦】
準2級 21画 舟-15 音 カン 漢 訓 いくさぶね ①2047 Ⓤ8266

筆順 … 艦

なりたち ［形声］舟＋監（上から見おろす）音。やぐらの上から周囲を見おろす大きな軍船の意。

戦争に使う武装した大きな船。
【艦影】カンエイ 遠方に見える軍艦の姿。
【艦橋】カンキョウ 軍艦の上甲板に高く造られた指揮所。
【艦載】カンサイ 軍艦にのせる。「—機」
【艦隊】カンタイ 複数の軍艦で編制された部隊。
【艦艇】カンテイ 大小の軍事用船舶の総称。
【艦砲】カンポウ 軍艦に装備してある砲。「—射撃」
熟語「艦型・艦首・艦上・艦船・艦長・艦尾・艦載機・帰艦・巨艦・軍艦・哨艦・乗艦・船艦・戦艦・敵艦・母艦・駆逐艦・護衛艦・自衛艦・主力艦・巡洋艦・潜水艦」

【鑑】
4級 23画 金-15 音 カン 漢・ガン 呉 訓 かんがみる・かがみ ①2053 Ⓤ9451
〔鑒〕23画 金-15 ②7940 Ⓤ9452
〔鍳〕18画 金-10 ④9120 Ⓤ9373

人名 あき・あきら・かね・しげ・のり・み

筆順 … 鑑

なりたち ［形声］金＋監（水かがみをのぞきこむ）音。金属製のかがみの意。

❶金属製の鏡。
熟語「鏡鑑・玄鑑・衡鑑・明鑑」
❷てほん。模範。
熟語「鑑戒・殷鑑・亀鑑・三鑑・前鑑・手鑑・宝鑑」
❸かんがみる。見わける。
【鑑査】カンサ 芸術作品の価値をきわめるため検査する。「骨董品を—する」
【鑑識】カンシキ ①物の価値・本質を見分ける見識。「—眼」②犯罪捜査で、指紋・血痕などを科学的に調べる方法。
【鑑賞】カンショウ 芸術作品を味わい理解する。「音楽—」
【鑑定】カンテイ 目利き。「刀剣を—する」
【鑑別】カンベツ よく調べて見分ける。「偽札を—する」
熟語「鑑機・風鑑」
❹ある事情を示すしるし。
【鑑札】カンサツ 役所が発行する許可証など。「犬の—」
熟語「印鑑・門鑑」
❺資料を集めた書物。
熟語「図鑑・大鑑・年鑑・名鑑」

ガン

【丸】
9級 3画 丶-2 音 ガン（グワン）呉・カン（クワン）漢 訓 まる・まるい・まるめる ①2061 Ⓤ4E38

人名 たま・まろ

筆順 ノ 九 丸

なりたち ［会意］曲がった線（乁）＋身体をまるめた人（⺋）。人がしゃがんだ時のようにまるいの意。

❶まるい。円形・球形のもの。
【丸薬】ガンヤク 小さくまるめた薬。丸剤。
【丸太】まるタ 皮をはいだだけの丸い木材。「—小屋」
熟語「丸剤・丸顔・丸髷・一丸・睾丸・弾丸・砲丸・雷丸・流丸・二重丸」
❷（国）まる。㋐そっくりそのまま。全部。㋑男児・船・刀などの名に添える。㋒満。ちょうどその数に達している。
用例 ㋐「—のままりんごをかじる」㋑「牛若—」「日本—」「膝切—」㋒「—二年」
❸（国）全体、完全であるの意をあらわす。
【丸腰】まるごし 武士などが刀剣を帯びていない。
【丸裸】まるはだか 「火事で—になる」

【丸焼け】全部焼ける。「家が―になる」
熟語「丸暗記・丸抱え・丸損・丸見え」

【元】⇩ゲン（一八一ページ）

【含】

4級 7画 口-4 音 ガン 呉・カン 漢・ゴン 訓 ふくむ・ふくめる ①2062 Ⓤ542B

難読 含羞草（おじぎそう）
人名 もち
筆順 ノ 人 亼 今 今 含 含
なりたち [形声]今（おおう）音＋口。口でおおい、ふくむ意を表す。

❶ふくむ。口の中に入れる。
【含▼嗽・含▼漱】ガンソウ うがいをする。「―剤」
【含味】ガンミ 「料理を―する」「熟読―する」
熟語「含英・含水・含糊・含油・含哺鼓腹」

❷内につつみもつ。あわせもつ。
【含羞】ガンシュウ はじらい。「―の色が浮かぶ」
【含蓄】ガンチク 深い意味や味わい。「―のある言葉」
【含有】ガンユウ 成分・内容物を含みもつ。「―量」
熟語「含意・含笑・含情・内含・包含」

【岸】

8級 8画 山-5 音 ガン 漢呉 訓 きし ①2063 Ⓤ5CB8

筆順 ' 山 山 屵 屵 岸 岸 岸
なりたち [形声]山＋厈（水でけずりとられたがけ）音。水でけずりとられ、高く切りたったがけの意から、きしの意を表す。

❶きし。みぎわ。
【岸辺】きしべ 岸のほとり。「―を犬と散歩する」
熟語「岸上・岸頭・右岸・沿岸・海岸・河岸（かし）・係岸・繋岸・護岸・左岸・接岸・対岸・着岸・彼岸・両岸」

❷たかくけわしい。高く切り立っている。
【岸壁】ガンペキ ①けわしく切り立った岸。②船を接岸させるための施設。
熟語「岸傑・偉岸・傲岸」

【岩】

9級 8画 山-5 音 ガン 漢呉 訓 いわ・いわお ①2068 Ⓤ5CA9

難読 岩座・岩魚
人名 いわ・いわお・かた・せき・たか
筆順 ' 山 山 屵 岩 岩 岩 岩
なりたち [会意]山＋石。「巖」の略字。「巖」は山＋嚴（きびしい）音の形声文字。

❶いわ。大きな石。いわお。
【岩窟】ガンクツ 岩あな。ほら。いわや。別表記 巌窟
【岩礁】ガンショウ 海面下に隠れている岩。暗礁。
【岩盤】ガンバン 岩石でできている地盤。
【岩壁】ガンペキ 壁のように切り立った岩。別表記 巌壁
熟語「岩頭・岩床・奇岩・基岩・巨岩・露岩」

❷地殻を構成する鉱物の集合体。
【岩塩】ガンエン 石塩。「―を使って料理する」
【岩▼漿】ガンショウ マグマ。
【岩石】ガンセキ 地殻を構成している物質。岩や石。
熟語「砂岩・泥岩・溶岩・熔岩・礫岩・火成岩」

【玩】

2級 8画 玉(王)-4 新常用 音 ガン（グワン）漢呉 訓 もてあそ-ぶ ①2065 Ⓤ73A9

筆順 一 丅 千 王 王 王 玗 玩 玩
なりたち [形声]玉＋元（かんむりをかぶった丸いあたま）音。丸くくぼめた手のひらに玉をのせて遊ぶ意から、もてあそぶ意を表す。

❶もてあそぶ。おもちゃにする。なぐさみものにする。
【〈玩具〉】おもちゃ 子供の遊び道具。がんぐ。注記「おもちあそび」の転。
【玩具】ガング おもちゃ。「郷土―」別表記 翫具
【玩物喪志】ガンブツソウシ 珍奇なものを愛玩し、それにおぼれて大切な志を失う。出典「書経旅獒」より。
【玩弄】ガンロウ もてあそぶ。別表記 翫弄
熟語「玩物・弄玩」

❷よく味わう。大切にする。珍重する。
【玩味】ガンミ 「漢詩を熟読―する」別表記 翫味
熟語「玩読・愛玩・賞玩・珍玩」

【眼】

6級 11画 目-6 音 ガン 漢・ゲン 呉 訓 まなこ・ま・め ①2067 Ⓤ773C

難読 眼間
筆順 丨 冂 目 目 目 目 眼 眼 眼
なりたち [形声]目＋艮（とどまる）音。ひと所にとどまって動かない目の意。「艮」が原字で、のちに「目」を加えた。

❶め。まなこ。
【眼下】ガンカ 目の下のほう。「―に広がる町並み」
【眼▼窩・眼▼窠】ガンカ 眼球の入っているくぼみ。
【眼球】ガンキュウ めだま。「事故で―が破裂した」
【眼鏡】ガンキョウ めがね。「―店」
【眼▼瞼】ガンケン まぶた。
【眼光】ガンコウ 「―の鋭い老人」「―紙背に徹する」
【眼前】ガンゼン 目の前。「―に平野が開ける」
【眼底】ガンテイ 「―出血」「―検査」

【《眼鏡》】①視力を矯正するために、目につけるレンズ。がんきょう。②物を見分ける力。「―がくるう」

熟語「《ガン》眼科・眼孔・眼精・眼帯・眼中・開眼・義眼・魚眼・近眼・検眼・慈眼・斜眼・酔眼・正眼・青眼・晴眼・隻眼・洗眼・双眼・単眼・点眼・独眼・肉眼・白眼・半眼・風眼・複眼・碧眼・明眼・裸眼・両眼・緑眼・涙眼・老眼」「《ゲン》開眼・慈眼」

❷目のような形。目に似たもの。

熟語「銃眼・方眼」

❸見る。見る目。見方。また、目をつける。

【眼界】目に見える範囲。視界。「―から消える」

【眼中】「―にない（＝全く問題にしない）」

【眼福】美しいもの、貴重なものが見られた幸運。

熟語「俗眼・着眼」

❹見る。物事を見わける力。見ぬく能力。

【眼識】よしあしを見分ける能力。

【眼力】事物の理非・善悪を見分ける能力。

熟語「具眼・炯眼・慧眼・心眼・隻眼・明眼・眼高手低」

❺かなめ。要点。大事な点。

【眼目】要点。主眼。「法改正の―」

熟語「句眼・字眼・主眼・扇眼」

【頑】

準2級　13画　頁-4　音 ガン（グワン）漢・ゲン　呉　訓 かたく-な　①2072　Ⓤ9811

筆順　二 テ 元 元 元 頑 頑 頑 頑

なりたち　［形声］元（かしら、あたま）音＋頁（あたま）。「元」が原字。「元」がはじめ・もとの意に用いられるようになったため、「頁」を加えた。

❶かたくな。融通がきかない。

【頑強】「―に抵抗する」「―な体をつくる」

【頑固】「―一徹な性格」「―なよごれ」

【頑是無い】幼くてききわけがない。

【頑張る】①困難に耐えて努力する。「負けるな、―れ」②自分の意見を押し通す。

【頑迷】頑固でものの道理に暗い。頑冥。

【頑迷固陋】かたくなである。

【頑冥不霊】頑冥で無知である。

熟語「頑愚・頑質・頑然・頑童・頑鈍・頑夫・頑物・頑陋」

❷強い。丈夫な。

【頑健】「―な体の持ち主」

【頑丈】「―な体」「―にできている家」

【顔】〔顏〕

9級　18画　頁-9　音 ガン 漢・ゲン 呉　訓 かお・かんばせ　①2073　Ⓤ9854

〔顏〕18画　頁-9　②8090　Ⓤ984F

筆順　亠 立 产 彦 彦 彦 顔 顔 顔

なりたち　［形声］彥（目鼻立ちのととのった美男子）音＋頁（あたま）。造作がととのっている頭の部分、かおの意。

❶かお。かおつき。

【顔触れ】参加する人々。「新役員の―」

【顔役】有力者。ボス。「町の―」

【顔色】顔の色。顔つき。「―を失う」

【顔面】顔の表面。「―蒼白」

熟語「顔先・顔貌・顔容・笑顔・恩顔・温顔・花顔・汗顔・紅顔・厚顔・慈顔・酔顔・素顔・聖顔・洗顔・蒼顔・素顔・側顔・尊顔・台顔・対顔・童顔・似顔・寝顔・拝顔・破顔・美顔・仏顔・真顔・丸顔・容顔・横顔・竜顔（りょうがん）・老顔・瓜実顔・恵比須顔」

❷いろ。色彩。

【顔料】①一定の色に着色する物質。②絵の具。

❸その他。人名。

【顔回】（前五一四〜前四八三）中国、春秋時代の魯の学者。孔門十哲の第一。字は子淵。早逝し、孔子を嘆かせた。顔淵。

【顔真卿】（七〇九〜七八五）中国、唐の政治家・書家。王羲之の典雅な書風に対して、正鋒（直筆）をもって書き、革新的な書風をひらいた。

【願】

7級　19画　頁-10　音 ガン（グワン）呉・ゲン　漢　訓 ねが-う・ねが-い　①2074　Ⓤ9858

筆順　一 厂 盾 原 原 原 願 願

なりたち　［形声］原（がけの下で涌き出す一すじのいずみ）音＋頁（あたま）。あたまの中で一すじに思いこむきまじめなさまの意から、いちずに望みねがう意を表す。

❶ねがう。ねがい。たのむ。こう。

【願書】願いの趣を書いて提出する書類。

【願望】ねがいのぞむ。がんもう。「強い―」

熟語「願意・願免・哀願・依願・競願・懇願・志願・直願・宿願・出願・情願・所願・請願・切願・素願・訴願・大願・単願・嘆願・追願・熱願・念願・悲願・併願」

❷神仏などにいのる。

【願文】神仏への願いを記した文。

熟語「願海・願行・願主・願酒・願所・願状・願

士・願人・願力(がんりき)・祈願・結願(けちがん)(けつがん)・呪願(じゅがん)・心願・誓願・代願・悲願・仏願・発願(ほつがん)・本願・満願・立願(りつがん)(りゅうがん)・他力本願」

キ

【己】⇩コ(一八五ページ)

【企】
3級 6画 人-4 音 キ漢呉 訓 くわだてる・たくらむ ①2075 Ⓤ4F01

人名 とも・もと

筆順 ノ 人 个 仐 企 企

なりたち  [会意]人+止(あし)。人がかかとをあげ足をのばして遠くを望むの意。

❶つまさき立ちして望む。強く望む。

【企及】(キキュウ) 努力して追いつく。別表記 跂及

熟語「企望」

❷くわだてる。たくらむ。計画する。

【企画・企劃】(キカク) 計画を立てる。「―開発」

【企業】(キギョウ) 営利の目的で事業を経営する組織体。

【企図】(キト) くわだてる。「心中―するところがある」

熟語「企謀・発企」

【伎】
2級 6画 人(亻)-4 新常用 音 キ漢・ギ呉 訓 わざ ①2076 Ⓤ4F0E

筆順 ノ 亻 亻 仁 伎 伎

なりたち  [形声]人+支(えだを手にする)音。わざを巧みに演じる人の意。

❶わざ。うでまえ。

【伎芸】(ギゲイ) 歌舞・音曲などの芸能。

熟語「伎倆・伎芸天」

❷俳優。芸人。

熟語「伎楽・伎女・伎楽師・伎楽生・伎楽面・雑伎・倡伎・歌舞伎」

【危】
5級 6画 卩-4 音 キ漢呉 訓 あぶない・あやうい・あやぶむ ①2077 Ⓤ5371

筆順 ノ ク ⺈ 产 产 危

なりたち 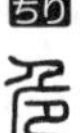 [会意]产(がけの上に人のいるさま)+卩(人のひざまずくさま)。がけの上でおびえるの意。

❶あぶない。あやうい。身をそこなうおそれがある。

【危害】(キガイ) 生命・身体を損なう危険。「―を加える」

【危機】(キキ) 危険な時期。「―を脱する」「―一髪」

【危急】(キキュウ) 危険がさし迫っている。「―の場合」

【危急存亡】(キキュウソンボウ) 危機が迫って、生き残るか滅びるかという重大な瀬戸際。「―の秋」

【危険】(キケン) あぶない。「―な仕事」⇔安全

【危殆】(キタイ) あやうい。非常に危険。「―に陥る」「―に瀕する」

【危地】(キチ) 危険な場所。立場。

【危篤】(キトク) 生命があやうい。「―状態」

熟語「危局・危難・危亡・危厄・安危」

❷あやぶむ。不安に思う。

【危惧】(キグ) あやぶむ。「―の念を抱く」

熟語「危疑」

❸高い。険しい。

熟語「危峰」

❹正しい。きちんとしている。

【危言】(キゲン) 言葉遣いが卑俗になるのを慎む。

熟語「危行・危坐」

【机】
5級 6画 木-2 音 キ漢呉 訓 つくえ ①2089 Ⓤ673A

筆順 一 十 オ 木 机 机

なりたち  [形声]木+几(脚付きの台の象形)音。「几」が原字。のちに「木」を加えた。

つくえ。足のついた台。

【机下】(キカ) 手紙の脇付の一。案下。別表記 几下

【机上】(キジョウ) 机の上。「―の空論」

熟語「机案・机辺・経机・浄机・文机(ふづくえ)(ふみづくえ)」

【気】
10級 6画 气-2 音 キ漢・ケ呉 訓 いき ①2104 Ⓤ6C17

【氣】 10画 气-6 ②6170 Ⓤ6C23

人名 おき

難読 気忙しい・気忠実・気怠い・気っ風・気触れ

筆順 ノ 𠂉 𠂉 气 気 気

なりたち  [形声]气(ゆげ)音+米。米をふかす際に出る水蒸気の意。

❶気体。くうき。ガス。形や体積を持たない物質。

【気圧】(キアツ) 気体や大気の圧力。

【気温】(キオン) 大気の温度。

【気化】(キカ) 液体や固体が気体に変わる。

【気体】(キタイ) 流動性に富み、一定の形や体積をもたない物質。空気やガスなど。⇔液体・固体

【気密】(キミツ) 気体に対して密閉されている。「―室」

【気流】(キリュウ) 空気の流れ。風。「乱―」「上昇―」

熟語「気球・気圏・気泡・換気・空気・笑気・蒸気・大気・水蒸気・大気圏」

❷自然界の現象。

【気候】キコウ　長期にわたる気象の平均状態。

【気象】キショウ　①気温・気圧の変化、大気の状態や雨・風など大気中の諸現象。「—観測」②「気性」に同じ。

熟語「温気・海気・香気・四気・紫気・磁気・湿気・臭気・沼気・瘴気・暑気・霜気・地気・天気・電気・熱気・噴気・無気・理気・冷気・露気」

❸いき。呼吸。

【気息奄奄】キソクエンエン　息も絶え絶えで、今にも死にそうである。

熟語「気管・気功・気息・口気」

❹漠然とした感じ。ようす。けはい。おもむき。

【気韻】キイン　書画に湛えられた品格。「—生動」

【気運】キウン　時勢のなりゆき。「改革の—が高まる」

【気品】キヒン　気高い趣。「—のある彫像」

【気味】キミ　①快・不快の気持ち。「—の悪い話」「いい—だ」②そのような傾向がある感じ。「慢心の—がある」

【気配】ケハイ　何となく感じられる様子。「春の—」

熟語「悪気・安気・陰気・雨気・運気・雲気・火気・活気・鬼気・景気・語気・殺気・邪気・秋気・祥気・神気・瑞気・清気・俗気・稚気・人気・風気・兵気・望気・夜気・妖気・陽気・霊気・和気・雰囲気」

❺心のはたらき。心もち。

【〈気質〉】かたぎ　ある身分・職業に特有の気性。「職人—」

【気合】キあい　「—のこもった立ち合い」「—を入れる」

【気宇】キウ　気がまえ。「—壮大」

【気鬱】キウツ　気分がふさぎ、はればれしない。

【気鋭】キエイ　意気込みが鋭い。「新進—の評論家」

【気炎・気▼焔】キエン　盛んな意気。「—をあげる」

【気概】キガイ　困難に屈しない強い心。「—を示す」

【気配り】キくばり　細かく心を遣う。配慮。「—の人」

【気位】キぐらい　品位を誇りにする。「—が高い」

【気骨】キコツ　自分の信念を通す。「—のある男」

【気▽障】キザ　気取っていていやみである。「—な奴」「—なせりふ」注記「きざわり」の略。

【気質】キシツ　気だて。気性。「激しい—」

【気性】キショウ　生まれつきの性格。きだて。気象。

【気丈】キジョウ　気持ちがしっかりしている。

【気色】キショク　①心の内面の様子。②気分。「—が悪い」

【気随】キズイ　思うままに振る舞う。「—気まま」

【気勢】キセイ　意気込んだ気持ち。「—をそがれる」

【気絶】キゼツ　失神。「ショックのあまり—した」

【気▼魄・気迫】キハク　はげしい気力。「—に欠ける」

【気は世を蓋おう】　気性の雄大なこと。意気が盛んである。蓋世。出典「史記項羽本紀」より。

【気風】キフウ　ある集団や地域の人に共通する気質。

【気分】キブン　①その時々の気持ちの状態。「—が悪い」「—転換」②それらしい感じ。「学生—」「正月—」③気性。「—の明るい男」

【気前】キまえ　「—よくおごる」「—がいい」

【気脈】キミャク　「—を通じる(=密かに連絡をとりあう)」

【気持(ち)】キもち　①心の中の思い。「—が変わる」②快・不快などの感覚。気分。「—のいい朝」③自分の心遣いの謙遜した言い方。「—ばかりのものですが」

【気力】キリョク　やり通す精神力。「—にあふれる」

【気色】ケシキ　①顔などに現れた、心の様子。「臆する—もなく話す」②物事や人などに対して抱く、気分。「—が悪い」

熟語「気軽・気稟・意気・幼気・嫌気(けいや)・陰気・内気・鬱気・浮気・英気・鋭気・男気・快気・堅気・客気・勘気・義気・狂気・侠気・驕気・血気・健気・元気・剛気・豪気・根気・才気・士気・市気・志気・小気・正気・匠気・上気・心気・辛気・生気・凄気・精気・壮気・爽気・惰気・短気・強気・同気・怒気・人気・呑気・覇気・病気・風気・平気・本気・勇気・陽気・弱気・悋気・悪気・一本気・無邪気」

❻(五日間を「候」、三候を「気」と呼んだことから)一五日間。

熟語「節気・中気・二十四気」

【岐】

3級　7画　山-4　音 キ漢・ギ呉　訓 えだみち・わか-れる　①2084　Ⓤ5C90

難読 岐道(えだみち)

人名 みち

筆順

なりたち

[形声]山＋支(えだのように分かれる)音。えだのように分かれた山、また、山の中のえだ道の意。篆文では、支音＋邑(むら)。

❶分かれる。

熟語「多岐・分岐」

❷わかれみち。えだみち。

【岐路】キロ　えだみち。「人生の—に立つ」

【希】

7級　7画　巾-4　音 キ漢・ケ呉　訓 こいねが-う・のぞ-む・まれ　①2085　Ⓤ5E0C

注記「稀」の書き換え字としても用いられる。

難読 希臘(ギリシャ)

人名 まれ

筆順

なりたち ［会意］爻（まじわる）＋巾。織った目の細かい布の意から、すきまがほとんどない、まれの意を表す。

❶のぞむ。こいねがう。求める。
【希求】(キキュウ) 願いもとめる。けく。別表記 冀求
【希望】(キボウ) 「人生の―を失う」別表記 冀望
熟語 「希図(きと)・懇希(こんき)」

❷まれ。少ない。めったにない。
【希書】(キショ) 稀覯本(きこうぼん)。別表記 稀書
【希少】(キショウ) 極めてまれ。「―価値」別表記 稀少
【希世】(キセイ) 世にもまれ。「―の美女」別表記 稀世
【希代】(キタイ) 世にもまれ。「―の詐欺師」別表記 稀代
【希有】(ケウ) 非常に珍しい。「―な事例」別表記 稀有
熟語 「希覯本(きこうぼん)・古希」

❸まばらである。密度が低い。
【希釈】(キシャク) 溶液を溶媒で薄める。別表記 稀釈
【希薄】(キハク) ①密度や濃度がうすい ②気持ちや意識が乏しい。「熱意が―な人」別表記 稀薄
熟語 「希塩酸・希硫酸」

【忌】

3級 7画 心-3 音 キ 漢 呉 訓 いむ・いまわしい ①2087 Ⓤ5FCC

難読 忌寸(いみき)・忌地(いやじ)(いやち)・忌忌(ゆゆ)しい・忌部(いみべ)(いんべ)

筆順 ㇆ コ 己 己 忌 忌 忌

なりたち  ［形声］己（曲がっておきたつさま）音＋心。心の中ですなおに受け入れられないの意。

❶いむ。いみはばかる。おそれて避ける。
【忌▼諱】(キキ) 忌み嫌う。おそれはばかる。「―に触れる（＝目上の人の機嫌を損なう）」注記 「きい」は慣用読み。

【忌▼憚】(キタン) はばかり、遠慮する。「―なく言う」

【忌避】(キヒ) きらってさける。「徴兵を―する」

熟語 「厭忌(えんき)・禁忌・嫌忌・猜忌(さいき)(さいぎ)・物忌(ものいみ)」

❷いまわしい。いやだ。また、不吉だ。
【忌み▽詞】(いみことば) 特定の職業・場面で使用を避ける言葉。また、その代わりに使う言葉。商家で「すり鉢」を「あたり鉢」、結婚式で「終わる」を「お開きにする」という類。

❸喪に服する。
【忌中】(キチュウ) 家人が喪(も)に服している期間。特に、死後の四九日間。

【忌引(き)】(キびき) 近親者が死んだ際、勤めや学校を休み、喪に服する。

【忌服】(キブク) 一定の期間、喪に服する。服喪。

熟語 「忌明け(いみあけ)(きあけ)・服忌(ぶっき)・満忌」

❹命日。
【忌日】(キニチ) 毎年また毎月の、その人が死んだ日と同じ日付の日。命日。きじつ。
熟語 「忌月(きげつ)(きづき)・忌祭(きさい)・忌辰(きしん)・遠忌(おんき)・回忌・御忌(ぎょき)・周忌・年忌」

【汽】

9級 7画 水(氵)-4 音 キ 漢 ①2105 Ⓤ6C7D

筆順 丶 丶 氵 氵 氵 汽 汽

なりたち ［形声］水＋气（ゆげ）音。水蒸気の意。

水蒸気。

【汽缶】(キカン) ボイラー。注記 本来は「汽罐」と書く。

【汽車】(キシャ) 蒸気機関車。

【汽水】(キスイ) 海水と淡水とが混じり合っている水。

【汽船】(キセン) 蒸気機関を備えた船舶の総称。

【汽笛】(キテキ) 汽車などが蒸気を吹き出し鳴らす笛。

【奇】

4級 8画 大-5 音 キ 漢 呉 訓 あや-しい・めずら-しい ①2081 Ⓤ5947

〔竒〕 9画 立-4 ②5284 Ⓤ7AD2

注記 「畸」の書き換え字としても用いられる。

人名 あや・くし・くす・より

筆順 一 ナ 大 太 夲 奆 奇 奇

なりたち  ［形声］大（大の字の形をした人）＋可（屈曲している）音。大の字に立ちながら、からだを曲げている人の意から、普通でない、めずらしいの意を表す。

❶めずらしい。不思議な。また、すぐれた。
【奇異】(キイ) 普通と違っていて妙だ。「―な感じ」

『奇貨(きか)居(お)くべし』 珍しい品物だから、今買っておくのがよい。出典 「史記 呂不韋伝」より。

【奇観】(キカン) 珍しい眺め。「天下の―」

【奇矯】(キキョウ) 非常に変わっている。「―な行動」

【奇形】(キケイ) 動植物で、普通の形状と異なったもの。別表記 畸形・畸型
【奇計】(キケイ) 思いもよらないような巧みな計略。

【奇警】(キケイ) 人並はずれて奇抜。「―な言を吐く」

【奇才】(キサイ) 世に珍しいすぐれた才能。

【奇策】(キサク) 奇抜な策略。「―をめぐらす」

【奇手】(キシュ) 奇抜なやり方。「―を弄する」

【奇術】(キジュツ) 手品。マジック。「―師」

【奇人】(キジン) 「―変人」別表記 畸人
【奇▼瑞】(キズイ) めでたいことの前触れとなる吉兆。

【奇想天外】(キソウテンガイ) （「奇想天外より落つ」の略）考えが普通では思いもよらぬほど奇抜である。「―な計画」

【奇態・奇体】(キタイ) 風変わり。「―なことを言う」

【奇談】キダン 珍しく変わった話。「珍談—」
【奇特】キトク おこないが感心である。きどく。「—な人」
【奇抜】キバツ 思いもよらないほど変わっている。
【奇聞】キブン 珍しい話。奇談。「珍聞—」
【奇妙】キミョウ 「—な格好」「—きてれつ」
【奇麗】キレイ ①美しい。「—な花」②清潔である。「—な水」③やましい点がないさま。「身辺を—にする」
別表記 綺麗
熟語「奇貨・奇岩・奇行・奇習・奇書・奇勝・奇声・奇想・奇譚(きたん)・奇病・奇癖・奇問・怪奇・好奇・神奇・新奇・数奇(すき)・珍奇・伝奇・晴好雨奇」
❷あやしい。へんな。
【奇怪】キカイ ①不思議。あやしい。②けしからぬこと。きっかい。「—千万な話だ」
【奇奇怪怪】キキカイカイ 「—な出来事」
熟語「怪奇・猟奇」
❸思いがけない。不意。
【奇縁】キエン 不思議な縁。「合縁—」
【奇禍】キカ 思いがけない災難。「—に遭う」
【奇遇】キグウ 思いがけず巡り会う。
【奇襲】キシュウ 不意をついて敵を攻める。「—攻撃」
【奇跡・奇▼蹟】キセキ 常識では理解できないような出来事。「—の生還」
【奇兵】キヘイ 敵の不意を討つ軍隊。
❹二で割り切れない数。
【奇数】キスウ 二で割り切れない整数。⇔偶数
❺巡り合わせがよくない。幸運でない。
熟語「数奇」

【祈】
4級 8画 示(ネ)-4
音 キ 漢 呉
訓 いのる・いの-り
①2107 Ⓤ7948

【祈】
9画 示-4
③8923 ⓊFA4E
難読 祈事(ねぎごと)
筆順 
なりたち  [形声]示(かみ)+斤(おのの刃を近づける)音。幸いに近づくことを神にいのるの意。

いのる。神仏に願う。
【祈願】キガン 神仏に祈り願う。「合格—」
【祈誓】キセイ 神仏に誓いを立てて祈る。願立て。
【祈請】キセイ 神仏に祈って、加護を請う。
【祈▼禱】キトウ 神仏の加護を求めて祈る。「—師」
【祈念】キネン 心をこめて祈る。「勝利を—する」
熟語「祈雨(きう)・祈求・祈年・祈望(きぼう)」

【季】
7級 8画 子-5
音 キ 漢 呉
訓 すえ・とき
①2108 Ⓤ5B63
人名 すえ・とき・とし・ひで・みのる
筆順 
なりたち  [会意]禾(作物)+子。五穀の精霊に扮して舞う子の意から、わかい・すえの意を表す。

❶すえ。最も年若い。
【季子】キシ 末の子。まっし。ばっし。
熟語「季女」
❷すえ。各季節の最後の月。
熟語「季夏・季月(きげつ)・季秋・季春・季冬」
❸すえ。ある時期の終わり。
【季世】キセイ 末の世。末世。
熟語「季年(きねん)・澆季(ぎょうき)・節季・大節季(おおせつき)」
❹とき。時節。一年のうちの、ある期間。
【季候】キコウ 時候。「—の変わり目」
【季節】キセツ 一年を天候に応じて区分したもの。
熟語「季末・季物(きもの)・雨季・夏季・乾季・寒季・好季・今季・四季・時季・秋季・春季・冬季・当季・二季・来季・季節風(きせつふう)」
❺年月の区分にいう語。
【季刊】キカン 年4回、各季節ごとの刊行。また、その刊行物。
熟語「一季(いっき)・年季・半季」
❻(国)連歌・俳諧で、句に詠み込む季節特有の風物。
【季語】キゴ 連歌・俳諧・俳句などで、句の季節を規定する言葉。季題。
【季題】キダイ ①季語。②俳句を作る詠題としての季語。
【季寄せ】キよせ 季語を、季に従って分類整理したもの。
熟語「季移り・無季」

【紀】
7級 9画 糸-3
音 キ 漢 呉
訓 おさ-める・しる-す・のり・とし
①2110 Ⓤ7D00
人名 あき・おさ・おさむ・かず・かなめ・こと・すみ・ただ・ただし・つぐ・つな・とし・のり・はじめ・もと・よし
筆順 
なりたち  [形声]糸+己(めじるし)音。いとぐちの意から、はじめ、はじめから順序よく進める意を表す。

❶のり。きまり。また、道筋を正しておさめる。
【紀律】キリツ 「規律」に同じ。
熟語「紀綱・官紀・軍紀・経紀(けいき)・校紀・綱紀・党紀・風紀」

キ

❷しるす。記録する。
【紀行】キコウ 旅行中の見聞・感想を書き記した文。
【紀要】キヨウ 大学などで定期的に出す研究論文集。
熟語「紀伝・紀伝点」
❸とし。年代。
【紀元】キゲン 歴史上の年を数える出発点となる年。
【紀年】キネン ある紀元から数えた年数。
熟語「紀元前・皇紀・世紀・西紀・年紀・芳紀・四半世紀(しはんせいき)」
❹史書において、帝王の年代記。
【紀伝体】キデンタイ 歴史記述の一形式。各人物ごとの事績を中心に歴史記述を行うもの。
熟語「本紀(ほんぎ)」
❺地質時代の区分単位。
熟語「三畳紀・石炭紀・二畳紀・白亜紀」
❻(国)「日本書紀」の略。
熟語「記紀」
❼(国)「紀伊(きい)国」の略。
【紀伊】きい 旧国名の一。和歌山県全域と三重県南部に相当。紀国(きのくに)。紀州。
熟語「紀州・南紀」

【軌】

3級 9画 車-2 音 キ 漢 呉 訓 わだち・みち ①2116 Ⓤ8ECC

人名 のり

筆順 一 ｢ 冃 亘 車 軋 軌

なりたち 軌 [形声]車＋九(人がからだを曲げてかがみこむ)音。曲がりながら続いている車輪のあと、わだちの意。

❶わだち。車輪の通ったあと。また、車の通るみち。
【軌条】キジョウ レール。線路。
【軌跡】キセキ 人や物事のたどってきたあと。「―をたどる」
【軌道】キドウ ①電車などを通すための道。線路。②天体が運行する径路。③物事が進んでいく一定の方向。「―に乗る(=物事が順調に進む)」
【軌を一(いつ)にする】 やり方・考え方が同じである。
熟語「軌間(きかん)・軌轍(きてつ)・狭軌(きょうき)・広軌・同軌・複軌・同文同軌」
❷すじみち。のり。
【軌範】キハン 「規範」に同じ。
熟語「軌則・軌度・儀軌・常軌・不軌」

【既】

3級 10画 无(旡)-5 音 キ 漢 呉 訓 すでに ①2091 Ⓤ65E2

【旣】 12画 无(旡)-8 ③8511 ⓊFA42

筆順 ㇆ ヨ 艮 艮 既 既 既

なりたち 既 [会意]皀(器に食物をたくさん盛ったさま)＋旡(人が後ろにのけぞるさま)。食物を食べつくして、あきあきする意から、すでにの意を表す。

❶すでに。以前に。
【既往】キオウ 過ぎ去った時。また、過去の事柄。「―症(=過去にかかった病気)」
【既往(きおう)は咎(とが)めず】 過去の出来事をとがめだてするより、将来のことが大切である。出典「論語八佾」より。
【既刊】キカン 図書がすでに刊行されている。⇔未刊
【既決】キケツ すでに決まったこと。「―事項」⇔未決
【既婚】キコン すでに結婚している。「―者」⇔未婚
【既済】キサイ 返済などがすでにすんでいる。⇔未済
【既述】キジュツ すでに述べたこと。「―したように…」
【既遂】キスイ すでにし終わっている。⇔未遂
【既成】キセイ すでにできあがっている。「―の事実」
【既製】キセイ 前もって作ってある。「―服」「―品」
【既存】キソン すでに存在する。きぞん。「―の施設」
【既知】キチ すでに知っている。「―の事実」⇔未知
【既定】キテイ すでに定まっている。「―の方針」⇔未定
【既倒】キトウ すでに倒れている。「狂瀾を―にめぐらす(=悪くなった形勢を回復させる)」
【既得】キトク すでに所有している。「―権」
【既納】キノウ すでに納めてある。⇔未納
熟語「既記・既裁・既習・既出・既設・既卒・既達・既発・既報・既望・既約・既視感(きしかん)・既発債・既判力(きはんりょく)・既約分数」
❷つきる。尽き果てる。
熟語「皆既・食既・皆既食・皆既日食」

【記】

9級 10画 言-3 音 キ 漢 呉 訓 しるす・しるし ①2113 Ⓤ8A18

人名 とし・なり・のり・ふさ・ふみ・よし

筆順 ﾆ 言 言 言 記 記 記

なりたち 記 [形声]言＋己(しるし)音。ことばで書きしるすの意。

❶しるす。書きしるす。
【記載】キサイ 書いて載せる。「必要事項を―する」
【記事】キジ 事実を伝えるための文章。「新聞―」
【記者】キシャ 記事を書く人。「新聞―」「―会見」
【記述】キジュツ 文章として書きしるす。
【記帳】キチョウ 帳簿や帳面に記入する。
【記入】キニュウ 書き入れる。「姓名を―する」
【記名】キメイ 名前を記す。「奉加帳に―する」

【記録】キロク ①物事を書きしるす。「―に残す」「―を調べる」②レコード。「世界―」「―を破る」

熟語「記実・下記・誤記・左記・自記・書記・上記・前記・速記・単記・注記・追記・摘記・転記・登記・特記・筆記・表記・付記・附記・併記・並記・別記・補記・明記・銘記・略記・列記・連記」

❷記録された文章。文書。

熟語「位記・家記・刊記・官記・旧記・軍記・後記・古記・雑記・史記・私記・手記・戦記・総記・伝記・日記・簿記・絵日記・航海記・歳時記・探検記・風土記」

❸おぼえる。こころにしるす。

【記憶】キオク 経験した物事を忘れずに覚えている。「―にない」「―力」「―媒体」

【記念】キネン 思い出として残しておく。「創立―日」

熟語「記誦・記性・記銘・記問・暗記・強記・牢記・博聞強記」

❹しるし。

【記号】キゴウ 一定の事象や内容を表すしるし。

【記章】キショウ ①記念のしるし。②身分・資格などを表すために、衣服などにつけるしるし。バッジ。 別表記 徽章

❺(国)「古事記」の略。

【記紀】キキ 古事記と日本書紀。「―神話」「―歌謡」

熟語「記伝」

【起】 8級

10画 走-3

音 キ 漢 呉

訓 おきる・おこる・おこす・たつ

①2115 Ⓤ8D77

〔起〕10画 走-3

人名 おき・かず・たつ・ゆき

筆順 一 十 土 キ キ 走 起 起

なりたち [形声]走(足の動作)+己(曲がっておきたつさま)音。横になっていた体をおこす、おきあがるの意。

◉異字同訓◉

◇おこる(起・熾・興)

「起こる」は"物事が新しく生じる。おきる"の意。「爆発が起こる」「事件が起こる」「やる気が起こる」

「熾る」は"火が盛んに燃える。おきる"の意。仮名で書くことも多い。「火鉢に火が熾る」「炭火が真っ赤に熾る」

「興る」は"新しく始まって勢いが盛んになる"の意。「国が興る」「新しい産業が興る」

❶おきる。おきあがる。たつ。

【起臥】キガ 寝起き。日々の生活。「―を共にする」

【起居】キキョ 立ったり、座ったりする。日常の生活。「―動作」「―を共にする」

【起床】キショウ 寝床からおきだす。⇔就床

【起伏】キフク 高くなったり低くなったりしている。「―の多い地形」「―に富んだ一生を送る」

【起立】キリツ 立ち上がる。また、そのための号令。

熟語「起坐・起座・驚起・暁起・屈起・決起・興起・再起・凸起・突起・不起・勃起・躍起・隆起・瘤起・七転八起」

❷おこす。はじめる。とりたてる。

【起業】キギョウ 新しく事業を始める。「―家」

【起工】キコウ 着工。「―式」⇔完工・竣工

【起稿】キコウ 原稿を書き始める。⇔脱稿

【起算】キサン ある時点から数え始める。「―日」

【起死回生】キシカイセイ だめになりそうな物事を立て直す。「―の一打」

【起重機】キジュウキ クレーン。

【起請】キショウ 神仏に誓いを立てる。「―文」

【起訴】キソ 検察官が公訴を提起する。「―状」

【起草】キソウ 案文を作る。「草案を―する」

【起動】キドウ 運転・作動をはじめる。「パソコンの―」

【起筆】キヒツ 書き始める。かきおこし。⇔擱筆

【起票】キヒョウ 新しく伝票を書く。伝票を起こす。

【起用】キヨウ とりたてて用いる。「若手を―する」

熟語「起案・起債・起程・起電・起爆・起番・起毛・起震車・喚起・決起・惹起・創起・想起・提起・奮起・蜂起・発起・一念発起」

❸おこる。おこり。始まり。もと。

【起因】キイン 物事の起こる原因となる。 別表記 基因

【起結】キケツ 物事の始めと終わり。終止。

【起源・起原】キゲン 物事の起こるもと。「生命の―」

【起承転結】キショウテンケツ ①漢詩の絶句で、句の並べ方。起句でうたい起こし、承句でこれを承け、転句で趣を転じ、結句で結ぶ。②文章の構成や物事の順序。

【起点】キテン 物事の始まりとなる所。出発点。⇔終点

熟語「起句・起首・起端・起聯・縁起・継起・生起」

【飢】 準2級

10画 食(飠)-2

音 キ 漢・ケ 呉

訓 うえる・うえ

①2118 Ⓤ98E2

〔飢〕11画 食(飠)-2

筆順 ノ 𠆢 今 今 飠 食 飠 飢

なりたち [形声]食+几(幾に通じ、わずかなきざし)音。食物がわずかである意から、うえる意を表す。

❶うえる。うえ。ひもじい。

【飢餓】キガ 食物がなくて飢える。「―感」 別表記 饑餓

【飢渇】キカツ 飢えと渇き。けかつ。けかち。 別表記 饑渇

【飢寒】(キカン) 飢えと寒さ。飢えて凍える。別表記 饑寒
熟語「飢凍(きとう)・飢乏(きぼう)・飢民(きみん)」
❷穀物が実らない。
【飢▼饉】(キキン) 農作物が極度に不作で、食物が不足する。別表記 饑饉
熟語「飢歳」

【鬼】

4級 10画 鬼-0 音 キ 漢 呉 訓 おに ①2120 Ⓤ9B3C

難読 鬼灯(ほおずき)

筆順 ノ ㇒ 白 由 鬼 鬼

なりたち [象形]大きいまるい頭の人にかたどり、死者のたましいの意を表す。

❶死者のたましい。
【鬼▼哭】(キコク) 霊魂が恨めしさのあまりに泣く。「―啾啾(しゅうしゅう)(=霊魂がしくしくと泣く)」

【鬼神】(キジン) 荒々しく恐ろしい神。きしん。

【鬼籍】(キセキ) 過去帳。点鬼簿。「―に入る(=死ぬ)」

熟語「鬼火(おにび)・鬼録・陰鬼(いんき)・怨鬼(えんき)・冤鬼(えんき)・餓鬼・幽鬼・霊鬼・点鬼簿(てんきぼ)」
❷おに。妖怪。ばけもの。
【鬼気】(キキ) ぞっとするような恐ろしい気配。「―迫る情景」

【鬼子母神】(キシモジン) 安産や育児の神。きしぼじん。

【鬼畜】(キチク) 人間らしい心をもっていない者。

【鬼面】(キメン) 鬼の顔。「―人を驚かす」

【鬼門】(キモン) ①陰陽道(おんようどう)で、鬼が出入りするとされる、不吉な方角。艮(うしとら)(東北)の方角。②苦手とする人物や事柄。「数学は―だ」

熟語「鬼形(きぎょう)・鬼窟(きくつ)・鬼女・鬼道(きどう)・鬼魅・鬼面・青鬼・赤鬼・悪鬼(あっき)・暗鬼・疫鬼(えきき)・邪鬼・債鬼・病鬼・幽鬼・吸血鬼・疑心暗鬼・百鬼夜行」
❸超人的である。すぐれた。
【鬼才】(キサイ) 人間離れしたすぐれた才能。
熟語「鬼手・鬼謀(きぼう)・神出鬼没」
❹(国)おに。㋐勇猛な人。また、残忍な人。㋑普通より大きい。
熟語 ㋐「鬼検事・鬼将軍」㋑「鬼瓦・鬼蜻蜓(おにやんま)・鬼百合」

【帰】

9級 10画 巾-7 音 キ 漢 呉 訓 かえる・かえす ①2102 Ⓤ5E30

【歸】 18画 止-14 ②6137 Ⓤ6B78

【皈】 9画 白-4 ②6607 Ⓤ7688

人名 もと・ゆき

筆順 ｌ リ 㣺 帰 帰 帰 帰

なりたち [形声]甲骨文では、自(どっしりと積み重なった土)音＋帚(ほうき)。女性がとついでほうきを持って家事を行い、どっしりと構えている意から、身を落ち着かせる、しかるべき所にかえる意を表す。金文以降、「止」(あし)を加えて、歩いてかえる意をより明確にした。

◉異字同訓◉【返】(五八二ページ)の「異字同訓」欄を参照のこと。

❶かえる。かえす。もどる。
【帰還】(キカン) 遠方や戦地などからもどる。「―兵」

【帰休】(キキュウ) 家に帰って休息する。「一時―」

【帰京】(キキョウ) 都(現在は東京)へ帰る。

【帰去来】(キキョライ) 故郷に帰るために、官職をやめてその地を去る。「かえりなんいざ」と訓読されてきた。出典 陶潜「帰去来辞」より。

【帰国】(キコク) ①帰朝。「―子女」②故郷に帰る。

【帰参】(キサン) 一度主家を離れた者が、再び仕える。

【帰心】(キシン) 帰りたいと思う心。「―矢の如し」

【帰省】(キセイ) 故郷に帰る。「お盆には―する」

【帰巣】(キソウ) 動物が自分の巣へ帰る。「―本能」

【帰宅】(キタク) 自分の家に帰る。

【帰朝】(キチョウ) 外国から日本に帰ってくる。「―報告」

【帰途】(キト) 帰る途中。帰路。「―につく」

【帰路】(キロ) 帰り道。「―、田舎に立ち寄る」

熟語「帰営・帰燕(きえん)・帰家(きか)・帰臥(きが)・帰館・帰艦・帰雁(きがん)・帰郷・帰校・帰耕・帰航・帰港・帰山(きさん)・帰社・帰城・帰陣・帰籍・帰葬・帰装・帰村・帰隊・帰庁・帰田(きでん)・帰投・帰島・帰日(きにち)・帰任・帰寧(きねい)・帰農・帰帆(きはん)・帰府・帰来(きらい)・帰洛(きらく)・回帰・再帰・直帰(ちょっき)・不帰・復帰」
❷とつぐ。
熟語「帰嫁」
❸したがう。
【帰依】(キエ) 神仏を信じ、それによりすがる。

【帰化】(キカ) ①他国の国籍を得て、その国の国民となる。②外国の生物が、新たな地で繁殖する。「―植物」

【帰順】(キジュン) 敵対をやめて服従する。

【帰属】(キゾク) ①属してつき従う。「―意識」②特定の者の所有となる。「国庫に―する」

【帰服・帰伏】(キフク) 支配下に入る。帰順。

熟語「帰降・帰従・帰付(きふ)・帰命(きみょう)・帰命頂礼」
❹おさまる。ある結論におちつく。おもむく。
【帰一】(キイツ) 同じ一つのものに行きつく。

【帰結】(キケツ) 最後にたどりつく結論。

【帰▼趨】(キスウ) 「戦局の―は予断を許さない」

【帰着】(キチャク) ①帰りつく。②ある結果に落ち着く。

【帰納】(キノウ) 個々の特殊な事実や命題からそこに共

通する性質や関係を取り出し、一般的な命題や法則を導き出す。「―法」⇔演繹(えんえき)
熟語「帰向(きこう)・帰趣・転帰」

【基】

6級　11画　土-8　音 キ 漢 呉　訓 もと・もとい・もとづく　①2080 Ⓤ57FA

難読 基督(キリスト)
人名 のり・はじめ
筆順 一 艹 甘 甘 其 其 其 基 基
なりたち [形声]其(四角い形をした農具の箕(み))音＋土。四角い土台の意。

❶もと。もとい。根本。
【基幹】(キカン) 物事の中心となる。「―産業」

【基金】(キキン) 事業のために積み立てておく資金。

【基軸】(キジク) 物事の基幹・中心となる。「―通貨」

【基準】(キジュン) ①目安のもと。②守り従うべき事柄。「建築―」

【基礎】(キソ) ①基本となるもの。②建築物の土台。

【基地】(キチ) 活動の拠点となる施設や場所。

【基調】(キチョウ) ①主調(しゅちょう)。②基本的な考え方。「―講演」

【基底】(キテイ) 「ビルの―部」「この著作の―となる思想」

【基盤】(キバン) 「経営の―を固める」「―整備」

【基本】(キホン) 「武道の―」「―を学ぶ」

【基肥】(もとごえ) 作物の種まきに先立って施す肥料。

熟語「基音(きおん)・基岩(きがん)・基源・基根・基色・基数・基石(きせき)・基線・基層・基壇(きだん)・基柱(きちゅう)・基点・基部・開基・洪基(こうき)・皇基(こうき)・鴻基(こうき)・国基(こっき)・根基(こんき)」

❷もとづく。もととする。
【基因】(キイン) 「起因」に同じ。

❸化学反応の際、一団となって作用する原子団。
熟語「塩基・酸基・弱塩基・水酸基・遊離基・硫酸基」

❹塔・機械など、すえ置くものを数える語。
熟語「発電機一基」

【寄】

6級　11画　宀-8　音 キ 漢 呉　訓 よる・よせる　①2083 Ⓤ5BC4

難読 寄人(よりうど)(よりゅうど)・寄生木(やどりぎ)・寄居虫(ごうな)・数寄(すき)
人名 より
筆順 宀 宀 宀 宊 宊 宊 寄 寄
なりたち [形声]宀(いえ)＋奇(かたよっている)音。家によりかかる、身をよせるの意。

❶よる。たよる。たちよる。
【寄港・寄航】(キコウ) 「航海の途次横浜へ―する」

【寄生】(キセイ) 「―虫」「―植物」

❷よせる。身をよせる。
【寄居】(キキョ) 他人の家に身を寄せる。

【寄寓】(キグウ) 一時的に他人の家に住む。

【寄宿】(キシュク) ①他人の家に身を寄せて生活する。②学校・会社などの宿舎で生活を営む。「―舎」

【寄食】(キショク) 他人の家に住み、食事の世話を受ける。

【寄留】(キリュウ) 他人の家に長く滞在する。「―地」

熟語「寄客(きかく)・寄住(きじゅう)」

❸よせる。おくる。あずける。
【寄稿】(キコウ) 新聞・雑誌などに原稿を書き送る。

【寄進】(キシン) 社寺に金銭・物品を寄付する。

【寄贈】(キゾウ) 品物を他人に贈る。きそう。

【寄託】(キタク) 物品を他人に預け、保管や処理を頼む。

【寄付・寄附】(キフ) 「―を募る」

【寄与】(キヨ) 「医学の発展に―する(=貢献する)」

熟語「寄金・寄語・寄書・受寄(じゅき)」

❹(国)集まる。集める。近づく。近づける。近よる。足し算をする。
【《寄席》】(よせ) 落語・講談・漫才などを興行する場所。
熟語「寄せ木・寄せ算・寄せ鍋・寄せ場・寄合(よりあい)・右寄り」

【規】

6級　11画　見-4　音 キ 漢 呉　訓 ただ-す・のり　①2112 Ⓤ898F

難読 子規(ほととぎす)(しき)
人名 ただ・ただし・ちか・のり・み・もと
筆順 二 夫 夫 知 知 規 規 規 規
なりたち [会意]夫(矢の変形)＋見(みる)。矢のような∧型に二本の棒を組んで円を描いて見る意から、コンパスの意を表す。

❶円を描く道具。コンパス。ぶんまわし。
【規矩準縄】(キクジュンジョウ) 行為や物事の規準。規則。「規」はコンパス、「矩」はものさし、「準」はみずもり(水準器)、「縄」は直線を引く墨縄(すみなわ)。出典「孟子(離婁上)」より。
熟語「円規・定規(じょうぎ)(ていき)・両脚規(りょうきゃっき)・三角定規」

❷のり。きまり。てほん。
【規格】(キカク) 工業製品などに定められた標準。「―化」

【規準】(キジュン) 判断の手本となる規則。「判定の―」

【規制】(キセイ) 規則を定めて制限する。「―緩和」

【規則】(キソク) 標準として定めたきまり。「交通―」

【規定】(キテイ) ①物事をある形に定める。「範囲を―する」②法令の条文として定める。「罰則―」

【規程】(キテイ) 官公署などの組織や事務に関する規則。

【規範】(キハン) 行動や判断の基準。「社会―」別表記 軌範
【規模】(キボ) 構え・仕組みの大きさ。「大―な計画」

キ

【規約】キヤク 人々の協議によって決めた規則。
【規律】キリツ 人の行為の規準となるきまり。「―を守る」「―正しい生活」別表記 紀律
熟語「規式・規整・会規・旧規・教規・軍規・校規・宗規・準規・条規・常規・縄規(じょうき)・新規・正規・成規(せいき)・制規(せいき)・清規(せいき（しんぎ）)・通規・内規・法規・類規・例規・杓子定規」

❸ただす。いましめる。
【規正】キセイ 規則に従って悪い点を正しく改める。「政治資金―法」
熟語「規戒(きかい)・規諫(きかん)・規箴(きしん)」

❹はかる。
熟語「規画(きかく)・規度(きたく)」

【亀】
2級 11画 亀(亀)-0 新常用
音 キ漢呉・キン漢
訓 かめ
①2121 Ⓤ4E80

【龜】16画 龜-0 ②8393 Ⓤ9F9C

人名 あや・すすむ・ひさ・ひさし

筆順 ノ ク … 亀

なりたち [象形]背と腹が甲らにおおわれたカメにかたどる。

❶かめ。背と腹が甲羅で覆われた爬虫類。
【亀甲】キッコウ ①亀の甲羅(こうら)。かめのこう。②六角形の模様。亀甲形。かめのこう。
熟語「亀殻・神亀(しんき)・盲亀(もうき)・霊亀」

❷かめの甲。
【亀鑑】キカン 人のおこないの手本。模範。
【亀頭】キトウ 陰茎の先端部。かりくび。
【亀▽卜】キボク 亀甲を焼いて判断した古代の占い。
【亀裂】キレツ 割れ目。ひび割れ。「壁に―が生じる」

熟語「亀鏡(ききょう（きけい）)・亀坼(きたく)・亀手(きしゅ（きんしゅ）)」

【喜】
7級 12画 口-9
音 キ漢呉
訓 よろこ-ぶ・よろこ-ばしい・よろこ-び
①2078 Ⓤ559C

人名 このむ・とし・のぶ・はる・ひさ・ゆき・よし

筆順 一 十 士 吉 吉 壴 喜

なりたち [会意]壴(据えられた打楽器の象形)＋口。楽器を鳴らし言葉をとなえて、神を楽しませる意。

よろこぶ。よろこび。うれしがる。
【喜悦】キエツ 心から喜ぶ。「―の念」
【喜劇】キゲキ 滑稽さに富む演劇。⇔悲劇
【喜捨】キシャ 「浄財を―する」
【喜寿】キジュ 数え年の七十七歳。また、その祝い。注記「喜」の字の草体「㐂」が「七十七」と分解できるところから。
【喜色】キショク うれしそうな顔つき。「―満面」
【喜怒哀楽】キドアイラク 人間のさまざまな感情。
熟語「喜雨(きう)・喜怒・喜憂・喜楽・悦喜(えっき)・感喜・歓喜・狂喜・驚喜・欣喜(きんき)・随喜(ずいき)・悲喜・法喜・憂喜・一喜一憂」

【幾】
4級 12画 幺-9
音 キ漢呉
訓 いく・いく-つ・いく-ら・ちか-い・ほとん-ど・こいねが-う
①2086 Ⓤ5E7E

仮名 平仮名「き」は「幾」の草体の楷書化から。片仮名「キ」は「幾」の草体から。

人名 いく・おき・ちか・のり・ふさ

筆順 幺 幺 丝 丝 … 幾 幾

なりたち [会意]幺二つ(細く小さくて、わずかなさま)＋戍(人が武器を持って守る)。わずかな危険の意から、かすかなきざし、ちかい、ほぼの意を表す。借りて、いくつの意にも用いる。

❶いくら。どれほど。いくつ。
【幾多】イクタ 数多く。「―の辛酸をなめる」
【幾▽許・幾▽何】いくばく ①どれほど。②わずか。すこし。「―かの金」「余命―もない」
【幾分】イクブン ①一部分。「遺産の―かを寄贈する」②いくらか。少し。「―寒い」「景気が―上向いてきた」
【幾何】キカ 「幾何学」の略。図形およびそれの占める空間の性質について研究する数学の一部門。
熟語「幾度(いくど（いくたび）)・幾年(いくねん（いくとせ）)」

❷きざし。前ぶれ。
熟語「幾運・幾諫(きかん)・幾微」

❸ほとんど。あらかた。また、ちかい。
熟語「幾望(きぼう)」

❹ねがう。こいねがう。
熟語「庶幾(しょき（こいねがう）)」

【揮】
5級 12画 手(扌)-9
音 キ漢呉
訓 ふる-う
①2088 Ⓤ63EE

筆順 扌 扌 … 揮 揮

なりたち [形声]手＋軍(兵車で円陣をくむ)音。円を描くように手をふり回す意。

◉異字同訓◉【振】(三四〇ページ)の「異字同訓」欄を参照のこと。

❶ふるう。手をふり動かす。
【揮▽毫】キゴウ 筆で文字や書画を書く。
熟語「揮掃(きそう)・指揮」

❷ふるう。実力などをみせる。あらわす。
熟語「発揮」

❸まきちらす。とびちる。
【揮発】(キハツ) 常温で液体が気体になる。「—油」

【期】〔朞〕

8級 12画 月-8 音 キ㊦漢・ゴ㊦呉 訓 ちぎ-る・とき ①2092 Ⓤ671F
〔朞〕12画 月-8 ②5914 Ⓤ671E

人名 とき・とし・のり

筆順 一 廾 甘 甘 其 其 期 期 期

なりたち ［形声］其(四角くきちんとした形の農具の箕(み))㊦音＋月。一定の期間できちんと満ち欠けする月の意から、とき・おりの意を表す。

❶ちぎる。約束する。
熟語「期約」

❷あてにする。のぞむ。
【期成】(キセイ) 物事の成功を強く期する。「—同盟」

【期待】(キタイ) よい結果を待ち望む。「—はずれ」

熟語「期望・所期・予期」

❸とき。ひとくぎりの月日。
【期間】(キカン) 一定の時期の間。「有効—」「選挙—」
【期首】(キシュ) ある期間の初め。「—予算」⇔期末
【期末】(キマツ) ある期間の終わり。「—試験」⇔期首
熟語「期初・一期・雨期・延期・会期・花期・夏期・画期・学期・上期・乾期・漁期・刑期・工期・好期・後期・今期・婚期・次期・時期・下期・周期・秋期・終期・春期・初期・盛期・全期・前期・早期・短期・中期・長期・定期・冬期・当期・同期・二期・任期・年期・半期・晩期・満期・無期・有期・画期的・渇水期・過渡期・間氷期・更年期・決算期・倦怠期・最盛期・産褥期・思春期・授乳期・少年期・新学期・青年期・潜伏期・適齢期・転換期・乳児期・農閑期・農繁期・端境期・発情期・半減期・反抗期・繁殖期・氷河期・不定期・変声期・幼児期・老年期・黒点周期」

❹とき。限定された日時。
【期限】(キゲン) その時までに行うように、前もって決められた期間。「有効—」

【期日】(キジツ) 前もって決められた日。約束の日限。「返済—」「—に遅れる」

熟語「期央・期月・期中・納期」

❺とき。おり。時点。
熟語「一期・最期・死期・末期・知死期」

❻ひとめぐり。
熟語「期年」

【棋】〔棊〕

3級 12画 木-8 音 キ㊦漢・ゴ㊦呉・ギ㊦呉 ①2093 Ⓤ68CB
〔棊〕12画 木-8 ②5987 Ⓤ68CA

筆順 一 十 木 木 村 柑 柑 棋 棋

なりたち ［形声］木＋其(四角い形をした農具の箕(み))㊦音。四角い木の盤の意。

囲碁・将棋。

【棋界】(キカイ) 囲碁・将棋に関係している人々の世界。

【棋士】(キシ) 職業として囲碁・将棋をする人。

【棋譜】(キフ) 囲碁・将棋の対局の手順を表した記録。

熟語「棋客・棋局・棋子・棋峙・棋勢・棋聖・棋石・棋戦・棋道・棋布・棋風・棋羅・棋理・棋力・棋歴・将棋・象棋・兵棋」

【貴】

5級 12画 貝-5 音 キ㊦漢㊦呉 訓 たっとい・とうとい・たっとぶ・とうとぶ・たか-い ①2114 Ⓤ8CB4

人名 あつ・たか・たかし・たけ・よし

筆順 ｜ 口 中 中 虫 冑 冑 貴 貴

なりたち ［会意］臾(両手で物を持ちあげる)＋貝(たから)。両手で持ちあげねばならないほどの大きなたからの意から、とうとい意を表す。

❶とうとい。たっとい。また、とうとぶ。たっとぶ。身分が高い。
【貴顕】(キケン) 身分が高く名声がある。「—紳士」

【貴公子】(キコウシ) 身分の高い若い男子。気品のある男子。

【貴人】(キジン) 身分の尊い人。官位の高い人。きにん。

【貴賤】(キセン) 貴いことと卑しいこと。「職業に—なし」

【貴族】(キゾク) 血統・門地により、社会的特権をもつ階級。

【貴賓】(キヒン) 名誉・地位のある客人。「—室」「—席」

【貴婦人】(キフジン) 身分の高い女性。上流の婦人。

熟語「貴種・貴臣・貴紳・貴戚・貴僧・貴冑・貴夫人・権貴・顕貴・高貴・尊貴・富貴」

❷価値が高い。値があがる。重要な。
【貴金属】(キキンゾク) 金・銀などの貴重な金属。「—商」

【貴重】(キチョウ) 非常に価値がある。「—な本」「—品」

熟語「貴石・珍貴・騰貴」

❸相手への敬意を表すことば。
【〈貴方〉】(あなた) ①同輩または同輩以下の人を呼ぶ語。②妻が夫を呼ぶ語。「—、お風呂ですよ」

【貴意】(キイ) 相手の考えを敬っていう語。「—に添う」

【貴下】(カキ) 主に男性が相手を敬っていう語。

【貴家】(カキ) 相手を敬ってその家をいう語。「―益々御清栄の段」

【貴▼翰・貴簡】(キカン) 相手の手紙を敬っていう語。

【貴君】(キクン) 男性が同輩程度の者を敬っていう語。

【貴兄】(キケイ) 男性が親しい先輩や同輩を敬っていう語。

【貴公】(キコウ) 男性が同輩程度の男性を呼んだ語。

【貴様】(きさま) 男性がごく親しい同輩か目下の者を呼ぶ語。また、相手をののしっていう語。おまえ。「―とおれの仲」

【貴台】(キダイ) 相手を敬っていう語。書簡文に用いる。

【貴殿】(キデン) 男性が目上や同輩の男性に対して用いる語。あなた。

熟語「貴院・貴園・貴会・貴学・貴官・貴校・貴国・貴札・貴使・貴姉・貴紙・貴誌・貴社・貴酬(きしゅう)・貴所・貴書・貴女・貴丈・貴嬢・貴職・貴信・貴息・貴宅・貴地・貴着・貴著・貴弟・貴店・貴辺・貴方(きほう)・貴邦・貴報・貴妹(きまい)・貴名・貴面・貴覧(きらん)・貴慮・貴老・兄貴(あにき)・姉貴(あねき)・伯父貴・叔父貴」

【棄】

3級 13画 木-9 音 キ 漢 呉 訓 す-てる ①2094 Ⓤ68C4

〔弃〕 7画 廾-4 ②5517 Ⓤ5F03

人名 すて

筆順 棄

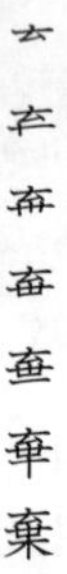

なりたち ［会意］𠫓(胎児を出産する)＋「其の変形」(ごみとり)＋廾(両手)。生まれたばかりの子をごみとりに入れてすてる風習から、すてる意を表す。

すてる。なげすてる。使わない。やめる。

【棄却】(キキャク) 捨てて取り上げない。「上告を―する」

【棄教】(キキョウ) それまで信じていた信仰を捨てる。

【棄権】(キケン) 権利をすてて行使しない。

熟語「棄捐(きえん)・棄市(きし)・棄児・棄損・棄民(きみん)・棄老・委棄(いき)・遺棄・毀棄(きき)・自棄(じき)(やけ)・除棄・唾棄(だき)・投棄・排棄・廃棄・破棄・放棄・自暴自棄・相続放棄」

【毀】

2級 13画 殳-9 新常用 音 キ 漢 呉 訓 こわ-す・こわ-れる・そし-る ②5244 Ⓤ6BC0

筆順 毀

なりたち ［形声］「毇の略体」(うすで米をつぶす)㊀＋土。土をたたきつぶす意から、こわす意を表す。

❶こわす。こわれる。そこなう。

【毀壊】(キカイ) こわしやぶる。こわれやぶれる。

【毀傷】(キショウ) いため傷つける。傷つけこわす。

【毀損】(キソン) こわす。特に、名誉や信用をそこなう。

熟語「毀棄(きき)・毀敗(きはい)・敗毀(はいき)・破毀」

❷そしる。人を悪くいう。けなす。

【毀誉褒▼貶】(キヨホウヘン) 悪口をいうこととほめること。世間の評判。「―定まらず」

熟語「毀言(きげん)・毀謗(きぼう)・讒毀(ざんき)・積毀(せっき)・詆毀(ていき)・誹毀(ひき)・謗毀(ぼうき)」

【旗】

7級 14画 方-10 音 キ 漢 呉 訓 はた ①2090 Ⓤ65D7

難読 旗魚(かじき)

人名 たか

筆順 旗

なりたち ［形声］㫃(はた)＋其(四角い形をした農具の箕(み))㊀。四角くととのったはたの意。

はた。はたじるし。

【旗下】(キカ) 大将の旗のもと。麾下(きか)。

【旗艦】(キカン) 艦隊の司令官・司令長官が乗る軍艦。

【旗鼓】(キコ) 「―の間にまみえる(＝戦場で敵味方となって会う)」

【旗▼幟鮮明】(キシセンメイ) 主義・主張がはっきりしている。

【旗手】(キシュ) ①旗を持つ役目の人。②ある運動の先頭に立って活躍する人。「組織改革の―」

【旗色】(キショク) ①戦いの形勢。②立場。主張。「―鮮明」

【旗揚げ】(はたあげ) 兵を集めて戦いを起こす。

【旗色】(はたいろ) 「きしょく(旗色)」に同じ。

【旗頭】(はたがしら) ある集団の長。「反対派の―」

【旗印・旗▽標】(はたじるし) ①戦場での目印とする旗。②目標として掲げる主義・主張。「改革の―の下に集まる」

【旗日】(はたび) 国の定めた祝日。

【旗本】(はたもと) 江戸時代、将軍直属の家臣のうち、禄高一万石以下で御目見(おめみえ)以上の格式を有する者。

熟語「旗号・旗国(きこく)・旗章・旗人(きじん)・旗亭・旗標・旗門・旗旒(きりゅう)・旗指物・赤旗(あかはた)・牙旗(がき)・義旗・錦旗(きんき)・軍旗・校旗・降旗・紅旗(こうき)・国旗・社旗・手旗(しゅき)(てばた)・酒旗(しゅき)・青旗(せいき)・戦旗・隊旗・弔旗(ちょうき)・敵旗・白旗(はっき)(しらはた)・反旗・半旗・叛旗・一旗(ひとはた)・標旗・兵旗・筵旗(むしろばた)・銘旗(めいき)・旭日旗(きょくじつき)・国連旗・星条旗・大漁旗(たいりょうばた)・日章旗・万国旗・優勝旗」

【器】

7級 15画 口-12 音 キ 漢 呉 訓 うつわ ①2079 Ⓤ5668

【器】 16画 口-13 ③1522 ⓊFA38

〔噐〕 15画 口-12 ②5158 Ⓤ5650

人名 かた

筆順

なりたち  [会意]口四つ(多くの器物)＋犬(いけにえのいぬ)。祭りに用いるうつわ、また、単にうつわの意。

❶うつわ。入れもの。

熟語「器皿・花器・銀器・五器・呉器・御器・碁器・黒器・祭器・雑器・四器・紙器・磁器・漆器・什器・酒器・小器・食器・茶器・陶器・銅器・土器・尿器・便器・容器・良器・薄茶器・陶磁器」

❷うつわ。人物の能力。才能。度量。

【器用】キヨウ 「手先が―な人」「―に世渡りする」

【器用貧乏】キヨウビンボウ なまじ器用なために、かえって何も大成しない。

【器量】キリョウ 「人の上に立つ―」「―がよい」

熟語「器局・器才・偉器・才器・将器・大器・徳器・非器・宝器・凡器・明器・良器・利器」

❸小型の道具。機械。

【器械】キカイ 動力をもたない器具。「精密―」

【器楽】キガク 楽器のみで演奏する音楽。⇔声楽

【器機】キキ 「機器」に同じ。

【器具】キグ 簡単な構造の機器や道具。「電気―」

【器材】キザイ 器具や材料。「実験用の―」

【器物】キブツ うつわ。道具や器具類。「―損壊罪」

熟語「器差・器財・器什・器仗・愛器・火器・楽器・機器・凶器・公器・衡器・刻器・骨器・重器・什器・銃器・神器・石器・珍器・鉄器・電器・銅器・鈍器・武器・兵器・宝器・法器・便器・名器・明器・茗器・利器・量器・礼器・安全器・移相器・温水器・加湿器・加熱器・管楽器・気化器・計算器・警報器・計量器・検温器・骨角器・遮断器・重火器・受話器・消火器・除湿器・水準器・炊飯器・洗面器・足温器・探知器・蓄音器・注射器・聴診器・抵抗器・電熱器・分度器・変圧器・保育器・歩行器・補聴器・連結器・濾過器・嘘発見器・宇宙兵器・火災報知器・空気清浄器・方向指示器」

❹動物のからだを構成する、一定の形態と機能を有するもの。

【器官】キカン 生物内部の組織の集まり。「消化―」

熟語「器質・口器・性器・臓器・感覚器・呼吸器・鼓膜器・循環器・消化器・生殖器・内性器・泌尿器・味覚器」

【畿】

2級 15画 田-10 新常用 音 キ漢 ①2106 Ⓤ757F

筆順 

なりたち  [形声]幾(ちかい)音＋田(土地)。都から近い領地の意。

都に近い天子の直轄地。

【畿内】キナイ ①王都付近の千里四方の、天子の直轄地。②京都に近い山城・大和・河内・和泉・摂津の五か国。五畿。

熟語「畿甸・王畿・近畿・京畿・帝畿・邦畿・五畿内」

【輝】

4級 15画 車-8 音 キ漢呉 訓 かがやく・かがやき・てる ①2117 Ⓤ8F1D

人名 あきら・てる・ひかり

筆順 

なりたち [形声]光(ひかる)＋軍(兵車でまわりをとりかこむ)音。光源のまわりをまるくとりまいて光る、かがやくの意。

かがやく。かがやき。光に満ちる。

【輝度】キド 発光体の表面の明るさの度合い。

熟語「輝映・輝石・輝点・光輝・清輝」

【機】

7級 16画 木-12 音 キ漢呉 訓 はた ①2101 Ⓤ6A5F

難読 機関(からくり)

人名 のり

筆順 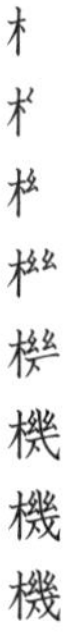

なりたち  [形声]木＋幾(わずかなきざし)音。細かいしくみをもつ木製の器具の意。

❶はた。布を織る道具。

【機業】キギョウ 織物を作る事業。「―家」

熟語「機女・機織・織機・棚機・断機」

❷大型の装置。しかけ。からくり。

【機械】キカイ 動力によって一定の運動を繰り返し、一定の仕事をする装置。「工作―」注記 機械より規模が小さい器具類は「器械」と書く。

【機関】キカン ①種々のエネルギーを、機械を動かす力に変換する装置。「内燃―」「―車」②特定の目的のために作られた組織や施設。「金融―」

【機器】キキ 機械・器具などの総称。「通信―」

【機具】キグ 機械・道具の類。「農―」

【機甲】キコウ 「―部隊」「―師団」

【機構】キコウ ①機械の内部の構造。メカニズム。②会社・団体などの組織を組み立てているしくみ。「―改革」

【機材】キザイ 機械と材料。また、機械の材料。

熟語「機巧・機作・機銃・機序・機制・機雷・器機・造機・舵機・弾機・電機・圧搾機・圧縮機・印刷機・印字機・映写機・攪拌機・起重機・掘削機・計算機・原動機・券売機・工作機・削岩機・鑿岩機・写真機・遮断機・扇風機・端末機・蓄音機・鋳造機・電算機・発動機・輪転機・遠心分離機」

❸心のはたらき。物事のおもむき。

【機嫌】(キゲン) ①人の気分の状態。「―が悪い」「―をとる」②(多く「御ご」の付いた形で)いい気分である。「先生は御―のようだ」

【機知・機▼智】(キチ) その時その場に応じて働く才知。「―に富む話題」

【機転】(キテン) 適切で機敏な心の働き。別表記 気転

【機動】(キドウ) 「―隊」「―部隊」「―力」

【機能】(キノウ) 活動能力。「心臓の―」「運動―」

【機微】(キビ) 「人情の―に触れる」

【機敏】(キビン) 「―に対応する」

【機略】(キリャク) その場に応じた、うまい考えややり方。「―に富む」「―縦横」

熟語「機警(きけい)・機根・機才・機心・機動・機変・機法・機鋒(きほう)・活機(かっき)・春機・心機・神機・天機・無機・有機」

❹物事の起こるきっかけ。また、おり。ころあい。

【機運】(キウン) 「改革の―が熟する」

【機縁】(キエン) 縁。きっかけ。「一冊の本が―となった」

【機会】(キカイ) 事を行うのに最もよいとき。チャンス。「―均等」「―を逸する」

【機宜】(キギ) 「―を得た処置」

【機先】(キセン) 「―を制する(=先手を打つ)」

熟語「機先(きさき)・逸機(いっき)・禍機(かき)・危機・契機・好機・時機・商機・勝機・待機・転機・投機・動機・兵機・臨機・一転機」

❺物事のかなめ。大事な点。

【機軸】(キジク) ①方式。方法。くふう。「新―を打ち出す」②物事の中心。

【機密】(キミツ) 重要な秘密。「―費」「―文書」

熟語「機事・機務・軍機・枢機・戦機・万機(ばんき)」

❻飛行機の略。

【機首】(キシュ) 飛行機の前端部。「―を上げる」

【機上】(キジョウ) 飛行機に乗っている。「―の人となる」

【機長】(キチョウ) 航空機の全乗務員の最高責任者。

熟語「機影・機種・機体・機内・単機・駐機・敵機・僚機(りょうき)・戦闘機・単発機・偵察機・爆撃機・民間機・輸送機・雷撃機・陸上機・旅客機」

【騎】

人名 のり　3級　18画　馬-8　音 キ 漢　訓 の-る　①2119　Ⓤ9A0E

筆順 丨 𠃊 馬 馬 馬 駄 騎 騎

なりたち 

[形声]馬＋奇(両足を開き膝を曲げている人)音。両足を曲げて馬にまたがる、のるの意。

❶馬に乗る。またがる。

〔騎虎(きこ)の勢い〕 虎に乗って走る者が途中で降りることができないように、途中でやめられないことのたとえ。出典「隋書文献独孤皇后伝」より。

【騎射】(キシャ) 馬上から弓を射る。

【騎乗】(キジョウ) 馬に乗る。

【騎馬】(キバ) 馬に乗る。また、人が乗る馬。「―武者」

熟語「騎虎(きこ)・騎行・騎座・軒騎(けんき)」

❷馬に乗った兵士。また、その人数を数える語。

【騎士】(キシ) ①騎馬の武士。②中世ヨーロッパの武人。ナイト。「―道精神」

【騎手】(キシュ) 競馬の乗り手。ジョッキー。

【騎兵】(キヘイ) 馬に乗って戦う兵士。「―隊」

熟語「騎者・騎銃・騎戦・一騎(いっき)・軽騎(けいき)・射騎(しゃき)・精騎(せいき)・単騎・鉄騎(てっき)・敵騎(てっき)・伝騎(でんき)」

ギ

【技】

人名 あや　6級　7画　手(扌)-4　音 ギ 呉・キ 漢　訓 わざ　①2127　Ⓤ6280

筆順 一 ナ 扌 扌 扌 抆 技

なりたち 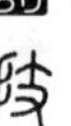

[形声]手＋支(えだ)音。細い枝のように、手でこまかな細工を行う意から、わざの意を表す。

❶わざ。手先の細かい仕事。

【技工】(ギコウ) 「歯科―士」

【技巧】(ギコウ) 「―派」

❷わざ。うでまえ。修練や研鑽で習得した才能。

【技芸】(ギゲイ) 美術・工芸などの芸術に関する技術。

【技師】(ギシ) エンジニア。「建築―」

【技手】(ギシュ) 技師の下にあり、技術関係の仕事を行う者。

【技術】(ギジュツ) ①物事を巧みにしとげるわざ。「運転―」②科学を応用し、人間の生活に役立てるようにする手段。「―革新」

【技能】(ギノウ) 物事を行う腕前。技量。「―試験」

【技法】(ギホウ) 技術上の方法。手法。「日本画の―」

【技量・技▼倆】(ギリョウ) 物事を行ううまさ。「すぐれた―」

熟語「技官・技監・技癢(ぎよう)・技術革新・技術立国・技能実習生・演技・快技・海技・火技(かぎ)・角技(かくぎ)・格技・球技・競技・曲技・巧技・国技・雑技・試技・実技・手技・心技・神技・性技・拙技(せつぎ)・絶技・体技・多技・茶技(ちゃぎ)・闘技・特技・早技(はやわざ)・秘技・美技(びぎ)・氷技(ひょうぎ)・武技・末技・妙技・名技(めいぎ)・遊技・余技・格闘技」

❸わざ。格闘技などのわざ。

熟語「荒技(あらわざ)・大技(おおわざ)・腰技(こしわざ)・小技(こわざ)・寝技(ねわざ)・関節技(かんせつわざ)」

キ

【宜】

準2級　8画　宀-5　音 ギ 漢 呉　訓 うべ・むべ・よろ-しい　①2125　Ⓤ5B9C

人名 き・すみ・たか・なり・のぶ・のり・のる・まさ・やす・よし

筆順 丶 丶 宀 宀 宀 宜 宜 宜

なりたち ［象形］供え物の肉を盛った台の形にかたどる。ごちそうの意から、よいの意を表す。

❶よろしい。よい。目的にかなっている。

熟語「機宜・事宜・時宜・辞宜・情宜・適宜・禰宜(ねぎ)・便宜・片便宜(かたびんぎ)・空辞宜(そらじぎ)・十便十宜(じゅうべんじゅうぎ)」

❷当然である。うべ。むべ。

熟語「宜乎(むべなるかな)（うべなるかな）・宜候(ようそろ)」

【偽】【僞】

準2級　11画　人(亻)-9　音 ギ 漢 呉　訓 いつわる・にせ　①2122　Ⓤ507D

【僞】14画　人(亻)-12　②4906　Ⓤ50DE

難読 偽瓢虫(てんとうむしだまし)

筆順 亻 亻 伊 伊 偽 偽 偽

なりたち ［形声］人＋爲(人の手を加える)。人が手を加えて別のものにつくる意から、いつわる意を表す。

❶いつわる。本当であるように見せかける。

【偽悪】ギアク　わざと悪を装う。「—趣味」⇔偽善

【偽証】ギショウ　①いつわりの証明。②裁判などで、事実と異なることを故意に証言する。「—罪」

【偽善】ギゼン　本心からではない、うわべだけの善行。「—者」⇔偽悪

【偽装】ギソウ　他人の目をごまかすための装いや行動。「—工作」別表記 擬装

熟語「詐偽・邪偽」

❷にせ。にせもの。うそ。

【偽作】ギサク　にせ物を作る。贋作(がんさく)。

【偽造】ギゾウ　贋造(がんぞう)。「公文書を—する」

【偽名】ギメイ　にせの名前。「—を使う」

熟語「偽印・偽花(ぎか)・偽果(ぎか)・偽学・偽経(ぎきょう)・偽金・偽計・偽言(ぎげん)・偽詐(ぎさ)・偽札(ぎさつ)・偽書・偽称・偽製・偽朝・偽典・偽版・偽筆・偽物・偽薬・偽関節・偽君子(ぎくんし)・偽陽性・虚偽・情偽・真偽・僭偽(せんぎ)」

【欺】

3級　12画　欠-8　音 ギ 漢・キ 漢・ゴ 呉　訓 あざむく　①2129　Ⓤ6B3A

筆順 一 廾 甘 甘 其 其 欺 欺

なりたち ［形声］其(四角くきちんとした形の農具の箕(み))音＋欠(体をかがめる)。実は曲がっているのに、表面だけきちんとする意から、あざむく意を表す。

あざむく。だます。また、あなどる。

【欺瞞】ギマン　だます。あざむく。「—的な言葉」「巧みに他人を—する」

熟語「欺作(ぎさ)・欺騙(ぎへん)・欺罔(ぎもう)（きぼう）・欺惑(ぎわく)・詐欺(さぎ)・自欺(じき)・結婚詐欺・寸借詐欺」

【義】

6級　13画　羊-7　音 ギ 漢 呉　①2133　Ⓤ7FA9

人名 あき・しげ・たけ・ただし・ちか・つとむ・とも・のり・みち・よし・より

筆順 丷 芏 羊 羊 羊 義 義 義

なりたち ［形声］羊＋我(刃がぎざぎざしているのこぎり)音。いけにえとしての羊を殺す意から、作法にのっとったやり方の意を表す。

❶人の道にかなっている。正しい。また、正しい道。

【義務】ギム　人が社会道徳上しなければならない事柄。責務。「—を果たす」「—教育」⇔権利

【義理】ギリ　①社会生活をしていく上で、守るべき道筋。道理。「—を欠く」「—と人情の板挟み」②他人に対して、やむを得ずやらなければならないつとめ。「—で顔を出す」③婚姻などによって生じる関係。「—の兄」

熟語「権義・公義・情義・信義・仁義・正義・節義・大義・忠義・通義・道義・徳義・非義・不義・理義(りぎ)・律義・礼義」

❷利害にとらわれず、すじを通す。

【義捐】ギエン　慈善・災害救助のために金品を寄付する。「—金」注記「義援」とも書く。

【義侠】ギキョウ　正義を重んじ弱い者を助ける。「—心」

【義士】ギシ　節義をかたく守る人。特に、赤穂義士。

【義人】ギジン　自分を捨てて、正義に殉ずる人。

【義憤】ギフン　正義のためにいきどおる。「—を覚える」

【義民】ギミン　義のため、一身を投げ出す人。

【義勇】ギユウ　正義心から発する勇気。「—軍」

【義を見てせざるは勇無きなり】　人として当然行うべきことと知りながら、それを実行しないのは勇気がないからである。出典「論語為政」より。

熟語「義学・義気・義旗・義挙・義軍・義強(ぎごわ)・義者・義塾・義心・義臣・義戦・義賊・義胆(ぎたん)・義徒・義兵・義僕・義烈」

❸同じ血すじでない、形式的な親子・兄弟などの家族関係。

【義兄弟】ギキョウダイ　①互いに交わした約束で兄弟の交わりをする人。「—の契り」②妻や夫の兄弟。義理の兄弟。

【義兄】ギケイ　義理の兄。夫または妻の兄、姉の夫。
【義姉】ギシ　義理の姉。兄嫁、夫または妻の姉。
【義絶】ギゼツ　親子・兄弟などの関係を絶つ。
【義弟】ギテイ　義理の弟。夫または妻の弟、妹の夫。
【義父】ギフ　義理の父親。養父、妻や夫の父。
【義母】ギボ　義理の母親。養母、妻や夫の母。
【義妹】ギマイ　義理の妹。弟の妻、夫または妻の妹。

❹人工的に作られた代用品。
【義眼】ギガン　人工の眼球。入れ目。
【義肢】ギシ　義足や義手の総称。
【義歯】ギシ　人工の歯。入れ歯。
【義手】ギシュ　人工の手。
【義足】ギソク　人工の足。義脚。
熟語「義甲」

❺意味。わけ。
熟語「義訓・義解(ぎげ・ぎかい)・義疏(ぎそ・ぎしょ)・異義・意義・一義・衍義・演義・奥義・音義・解義・疑義・狭義・句義・訓義・原義・広義・講義・古義・語義・字義・辞義・釈義・主義・精義・説義・多義・定義・転義・同義・難義・本義・訳義・要義・六義・両義・没意義・無意義・有意義」

❻その他。
【義太▽夫】ギダユウ　「義太夫節」の略。浄瑠璃節の一派。江戸時代中期に竹本義太夫が始めた。

【疑】

5級　14画　疋-9　音 ギ漢呉　訓 うたがう・うたがわしい・うたがい　①2131　Ⓤ7591

筆順　疑

なりたち　[形声]「矢の変形」(人が後ろを向いて立つさまの象形)音＋子＋止。子をふり返って立ちどまる意から、うたがう意を表す。

うたがう。あやしむ。うたがい。
【疑義】ギギ　内容がはっきりしない。「―を生ずる」
【疑▼懼】ギク　うたがいおそれる。
【疑獄】ギゴク　政治にからむ大規模な贈収賄事件。
【疑似】ギジ　「―コレラ」別表記 擬似
【疑心】ギシン　疑いの心。「―を抱く」「―暗鬼を生ず」
【疑団】ギダン　疑心のしこり。「―が氷解する」
【疑点】ギテン　疑わしい点。「―をただす」
【疑念】ギネン　疑いの心。「―を持つ」
【疑問】ギモン　疑わしい思い。「―を抱く」
【疑惑】ギワク　正・不正について持つうたがい。
熟語「疑雲・疑惧・疑事・疑殆・懐疑・危疑・決疑・嫌疑・狐疑・猜疑・質疑・存疑・大疑・遅疑・容疑・半信半疑」

【儀】

4級　15画　人(亻)-13　音 ギ漢呉　訓 のり　①2123　Ⓤ5100

人名 ただし・のり・よし

筆順　儀

なりたち　[形声]人＋義(正しい筋道)音。筋道が通っている人の行いの意。

❶のり。作法。式典。礼式。
【儀式】ギシキ　一定の作法・形式にのっとって行われる集団的行事。「―ばる」
【儀▼仗】ギジョウ　儀式用の形式化した武器。「―兵」
【儀礼】ギレイ　形式的な礼法。礼儀。礼式。「外交―」
熟語「儀制・儀装・儀則・儀容・威儀・行儀・古儀・婚儀・祭儀・謝儀・宗儀・祝儀・小儀・盛儀・晴儀・葬儀・大儀・中儀・朝儀・通儀・典儀・薄儀・秘儀・風儀・仏儀・密儀・容儀・略儀・流儀・礼儀・大喪儀」

❷のり。きまり。おきて。
【儀典】ギテン　儀式のきまり。典例。
熟語「儀法・律儀」

❸のり。てほん。模範。
熟語「儀刑(ぎけい・ぎきょう)・儀範・儀表」

❹器械。模型。
熟語「渾天儀・象限儀・水準儀・赤道儀・測距儀・地球儀・天球儀・天頂儀」

❺(国)…(の)こと。…に関して。
熟語「一儀・公儀・仕儀・内儀・難儀・別儀・役儀・余儀・来儀・私儀」

【戯】

4級　15画　戈-11　音 ギ慣・キ漢・ゲ呉・ケ　訓 たわむれる・おどける・ざれる　①2126　Ⓤ622F

【戲】17画　戈-13　②5706　Ⓤ6232

筆順　戯

なりたち　[形声]虚(むなしい)音＋戈(ほこ)。むなしい武器の意から、実戦では使い物にならないおもちゃの意に通じ、また、「虚」の原義「真ん中が大きくあいている」意から、口を大きくあけてハ、ハと笑いたわむれる意を表す。篆文では、虘音＋戈。

❶たわむれる。おどける。ざれる。あそび。
【戲画】ギガ　戯れに描いた絵。「鳥獣―」「―化」
【戲文】ギブン　戯れに書いた文章。滑稽文。
【戲作】ゲサク　黄表紙・洒落本など、近世後期に江戸でおこった小説類の総称。「―者」
【戲れ言】ざれごと　ふざけて口にする言葉。冗談。
【戲言】たわごと　ばかげた言葉。しれごと。
熟語「戲謔・戲具・戲訓・戲言・戲号・戲書・戲称・戲笑・戲評・戲弄・悪戲(いたずら)・嬉戲・球戲・

局戯・采戯・児戯・痴戯・博戯・秘戯・遊戯（ゆうぎ）」

❷芝居。演劇。

【戯曲】（ギキョク） 演劇の脚本。

熟語「戯場・映戯・演戯」

【擬】

準2級　17画　手(扌)-14　音 ギ 漢 呉　訓 なぞら-える・まが-い・もど-き　①2128　Ⓤ64EC

筆順

なりたち ［形声］手＋疑（子をふり返って立ちどまる）音。手を組みじっと思案するの意。また、うたがわしいほどに似せる意にも用いる。

❶なぞらえる。まねる。似せる。また、まがい。もどき。

【擬音】（ギオン） 実際の音に似せて作った音。「―効果」

【擬音語】（ギオンゴ） 「擬声語」に同じ。

【擬古】（ギコ） 昔の習慣や方法に似せる。「―文」

【擬似】（ギジ） 「疑似」に同じ。

【擬人】（ギジン） 人間に見立てる。

【擬人法】（ギジンホウ） 人間でないものを人間になぞらえて表現する修辞法。「花笑い、鳥歌う」の類。活喩（かつゆ）法。

【擬声語】（ギセイゴ） 事物の音や人・動物の声などを表す語。「がたがた」「わんわん」の類。擬音語。

【擬装】（ギソウ） 「偽装」に同じ。

【擬態】（ギタイ） ①別のものの様子に似せる。②動物が周囲の物や、他の動植物に似た形や色彩をもつ。

【擬態語】（ギタイゴ） 物事の状態や様子などを表す語。「にやにや」「うろうろ」などの類。

【擬▽宝▽珠】（ギボシ） 橋の欄干の柱頭につける飾り。

熟語「擬革（ぎかく）・擬攻・擬作・擬死（ぎし）・擬似・擬傷・擬声・擬制・擬製・擬石（ぎせき）・擬戦・擬物（ぎぶつ）・擬娩（ぎべん）・擬木（ぎぼく）・擬麻（ぎま）・擬律・準擬・僭擬（せんぎ）・比擬・模擬」

❷おしはかる。推測する。

熟語「擬議・擬定・擬度」

【犠】【犧】

3級　17画　牛-13　音 ギ 漢・キ 漢　訓 いけにえ　①2130　Ⓤ72A0

【犧】20画　牛-16　②6426　Ⓤ72A7

筆順

なりたち ［形声］牛＋羲（いけにえとして殺した牛から気が立ちのぼる）音。いけにえとしての牛の意。「犠」は略字。

いけにえ。神に捧げる生き物。

【犠牲】（ギセイ） ①神に捧げるいけにえ。供犠（くぎ）。②目的のために、かけがえのないものを捧げる。「―を払う」「青春を―にする」

熟語「犠打・犠飛・犠羊・供犠（くぎ）（きょうぎ）」

【議】

7級　20画　言-13　音 ギ 漢 呉　訓 はか-る　①2136　Ⓤ8B70

人名 かた・のり

筆順

なりたち ［形声］言＋義（正しい筋道）音。筋道が通るように話し合うの意。

❶はかる。話し合う。論じる。

【議案】（ギアン） 会議にかける草案。「―を提出する」

【議員】（ギイン） 国会や地方議会を構成し、議決権をもつ人。

【議院】（ギイン） 国会の衆議院と参議院。

【議会】（ギカイ） 「―制民主主義」

【議決】（ギケツ） 合議によって決定する。「―機関」

【議事】（ギジ） 協議すべき事柄。「―進行」「―録」

【議席】（ギセキ） 議員としての資格。「―を失う」

【議題】（ギダイ） 会議で討議する課題。

【議長】（ギチョウ） 会議を進行させ、まとめる役の人。

【議定】（ギテイ） 合議して決める。ぎじょう。「―書」

【議了】（ギリョウ） 議事や審議が終わる。

【議論】（ギロン） 考えを述べて論じあう。「―百出」

熟語「議政・議場・議奏（ぎそう）・院議・横議（おうぎ）・会議・開議・閣議・協議・凝議（ぎょうぎ）・軍議・群議・計議・公議・巷議（こうぎ）・後議・高議・合議・国議・再議・参議・衆議・集議・熟議・省議・商議・上議（じょうぎ）・審議・正議・清議・先議・詮議（せんぎ）・代議・談議・朝議・廷議・定議・党議・討議・評議・廟議（びょうぎ）・付議・附議・紛議・妄議（ぼうぎ）・謀議・密議・稟議（りんぎ）・論議・和議・一事不再議（いちじふさいぎ）・井戸端会議（いどばたかいぎ）」

❷意見。考え。

熟語「異議・一議（いちぎ）・回議・決議・建議・私議・提議・発議（はつぎ）（ほつぎ）・物議」

❸批判する。批判的な意見をいう。

熟語「抗議・非議・誹議・謗議（ぼうぎ）」

❹思いはかる。思いめぐらす。

熟語「擬議・思議・不思議・不可思議」

キク

【菊】

3級　11画　艸(艹)-8　音 キク 漢 呉　①2138　Ⓤ83CA

人名 あき・ひ

筆順

なりたち ［形声］艸＋匊（手のひらをくぼませて、すくい取る）音。すくい取る時にくぼませた手のひらの形をしたはなの意。

きく。キク科の多年草。

【菊の節句】(キクのセック) 陰暦九月九日の節句。重陽(ちょうよう)。

熟語「菊花(きっか)・菊水・菊月(きくづき)・菊見・菊人形・菊日和(きくびより)・寒菊・観菊・小菊・残菊・春菊・松菊・晩菊・雛菊(ひなぎく)・乱菊・老菊・食用菊・除虫菊」

キチ

【吉】

3級 6画 口-3 音 キチ(呉)・キツ(漢)(呉) 訓 よ-い・めでた-い ①2140 Ⓤ5409

〔𠮷〕6画 口-3 Ⓤ20BB7

難読 吉四六(きっちょむ)・吉利支丹(キリシタン)・吉備(きび)

人名 さち・とみ・はじめ・よし

筆順 一 十 士 吉 吉 吉

なりたち [象形]壺の中を満たして、しっかりふたをした形にかたどる。充実していて、よいの意。

よい。めでたい。縁起がよい。

【吉事】(キチジ) めでたい事柄。よごと。慶事。⇔凶事

【吉日】(キチジツ) 縁起のよい日。きちにち。「大安—」⇔凶日

【吉例】(キチレイ) よい先例。きつれい。

【吉凶】(キッキョウ) 縁起のよしあし。「—を占う」

【吉左右】(キッソウ) ①よい便り。吉報。②よいか悪いか、どちらかの便り。

【吉相】(キッソウ) よい運勢の表れた人相。⇔凶相

【吉兆】(キッチョウ) よいことが起こる前ぶれ。瑞祥。⇔凶兆

【吉報】(キッポウ) めでたい知らせ。喜ぶべき便り。⇔凶報

熟語「《キチ》吉上(きちじょう)・吉祥(きちじょう(きっしょう))・吉瑞(きちずい)・吉夢(きちむ(むっ))・吉曜(きちよう)・吉礼(きちれい(れい))・吉祥果(きちじょうか)・小吉・大吉」「《キッ・キツ》吉慶・吉所・吉書・吉辰(きっしん)・吉旦(きったん)・吉方(きっぽう(えほう))・不吉(ふきつ)」

キツ

【吉】⇩キチ(一一〇ページ)

【喫】

3級 12画 口-9 音 キツ(慣)・ケキ(漢) 訓 く-う・す-う・の-む ①2142 Ⓤ55AB

〔喫〕12画 口-9

難読 喫驚(びっくり)

筆順 口 … 喫

なりたち [形声]口＋契(きざむ)音。口の中できざみ、食べるの意。

❶くう。食べる。

熟語「喫飯・満喫」

❷吸う。飲む。

【喫煙】(キツエン) タバコを吸う。「—室」

【喫茶】(キッサ) 茶を飲むこと。きっちゃ。「—店」

❸受ける。こうむる。

【喫驚】(キッキョウ) 驚く。びっくり。別表記 吃驚

【喫緊】(キッキン) さしせまっていて大切である。「—の問題」別表記 吃緊

❹その他。

【喫水】(キッスイ) 船舶が浮かんでいる時、水面から船体最下部までの距離。船脚(ふなあし)。「—線」別表記 吃水

【詰】

4級 13画 言-6 音 キツ(漢)(呉) 訓 つ-める・つ-まる・つ-む・なじ-る ①2145 Ⓤ8A70

筆順 亠 … 詰 詰

なりたち [形声]言＋吉(しっかりしめつける)音。ことばでしめつけ、問いつめるの意。

❶なじる。問いつめる。せめる。

【詰問】(キツモン) とがめて問いただす。詰責。

熟語「詰責・詰難・難詰・面詰・問詰・論詰」

❷かがむ。行きづまる。まがりくねる。

【詰屈】(キックツ) ①文字・文章が堅苦しく難しい。②曲がりくねっている。「—した道」別表記 佶屈

❸(国)つめる。㋐物を入れる。一杯にする。㋑穴や隙間に物を入れてふさぐ。㋒究極まで進める。㋓短くする。

用例 ㋐「重箱に詰める」㋑「すきまに布を詰める」㋒「話を詰める」㋓「寸法を詰める」

❹(国)つまる。㋐物が入る。一杯になる。㋑途中に物がつかえて通じなくなる。㋒先に進めなくなって窮する。㋓短くなる。

用例 ㋐「予定が詰まる」㋑「鼻が詰まる」㋒「話に詰まる」㋓「寸が詰まる」

キャ

【脚】⇩キャク(一一一ページ)

キャク

【却】

4級 7画 卩-5 音 キャク(漢)(呉) 訓 かえ-って・しりぞ-く・しりぞ-ける ①2149 Ⓤ5374

〔卻〕 9画 卩-7 ②5042 Ⓤ537B

筆順 一 十 土 去 去 去 却 却

なりたち  [形声]去(谷の変形。さる)音＋卩(ひざまずく)。ひざまずいて後ずさりするの意。

❶しりぞく。あとずさりする。
熟語「却走・却退・却行(きゃくこう)・退却」

❷しりぞける。おしかえす。
【却下】キャッカ 申し立てを退ける。「異議を―する」
熟語「委却・閑却・棄却・阻却・吐却・返却」

❸とりはらう。なくしてしまう。
熟語「却掃(きゃくそう)・遺却・滅却・困却・失却・消却・焼却・償却・除却・脱却・奪却・撤却(てっきゃく)・廃却・売却・忘却・没却(ぼっきゃく)(もっきゃく)・滅却」

❹かえって。逆に。
用例「ことわるのは却って失礼になる」

❺その他。
【却説】キャクセツ 話題を改めるために文頭におく言葉。「さて」「そこで」の意。
熟語「呑却(どんきゃく)・冷却」

【客】

8級 9画 宀-6 ①2150 Ⓤ5BA2
音 キャク(呉)・カク(漢) 訓 まろうど

人名 ひと・まさ

筆順 丶 宀 宀 安 安 客 客 客

なりたち  [形声]宀＋各(つかえ止まる)音。他人の家に来てとどまる人の意。

❶訪問者。他から来た人。まろうど。
【客員】キャクイン 正式の構成員ではなく、客分として待遇される人。かくいん。「―教授」⇔正員
【客人】キャクジン 客として来ている人。
【客層】キャクソウ 顧客になる人たちの階層。客種。客筋。
【客土】キャクド よい土をよそから持ってきて混ぜる。
【客分】キャクブン 客としての待遇を受ける人。
【客間】キャクま 来客を通す部屋。客室。
熟語「客寓(かくぐう)(きゃくぐう)・客将(かくしょう)・客僧(かくそう)(きゃくそう)・客兵(かくへい)・客房(かくぼう)(きゃくぼう)・客居(かっきょ)・客郷(かっきょう)・客位(きゃくい)(かくい)・客石(きゃくいし)・客演・客香(きゃくこう)・客座(きゃくざ)・客室・客畳(きゃくだたみ)・客殿(きゃくでん)・客用(きゃくよう)・客来(きゃくらい)・客座敷(きゃくざしき)・異客(いかく)(いきゃく)・一客(いっきゃく)・外客(がいかく)(がいきゃく)・花客(かかく)(かきゃく)・佳客(かかく)・賀客(がかく)・寄客(きかく)・座客(ざかく)・次客(じきゃく)・集客(しゅうきゃく)・主客(しゅかく)(しゅきゃく)・正客(しょうきゃく)・上客(じょうきゃく)(じょうかく)・食客(しょっかく)(しょっきゃく)・生客(せいかく)・清客(せいかく)・千客(せんきゃく)(せんかく)・対客(たいきゃく)(たいかく)・弔客(ちょうきゃく)(ちょうかく)・珍客(ちんきゃく)(ちんかく)・独客(どっかく)・長客(ながきゃく)・万客(ばんきゃく)(ばんかく)・賓客(ひんきゃく)(ひんかく)・訪客(ほうきゃく)(ほうかく)・末客(まっきゃく)・門客(もんかく)・来客(らいきゃく)・連客(れんきゃく)」

❷金を払って、物品やサービスを求める人。
【客車】キャクシャ 鉄道で旅客を運ぶ車両。かくしゃ。
【客席】キャクセキ 客の座るべき席。「二階の―」
【客船】キャクセン 「豪華―で旅行する」
熟語「相客(あいきゃく)・貨客(かきゃく)(かかく)・糟客(かすきゃく)・看客(かんかく)・観客・顧客(こきゃく)(こかく)・乗客(じょうきゃく)(じょうかく)・常客・接客・先客・船客・嫖客(ひょうかく)・遊客(ゆうかく)(ゆうきゃく)・誘客(ゆうきゃく)・浴客(よっきゃく)(よっかく)」

❸自分に対立するもの。また、主(しゅ)に対する立場のもの。
【客体】キャクタイ 行為・実践の対象となるもの。⇔主体
【客観】キャッカン ①主観の認識・行為の対象となるもの。かっかん。②物事を第三者の視点からとらえる。かっかん。「―性をもつ」「―的に判断する」⇔主観
熟語「客語(きゃくご)(かくご)・客辞・主客転倒(しゅかくてんとう)」

❹旅。旅人。
【客死】カクシ 旅先で死ぬ。異国で死ぬ。きゃくし。
【客舎】カクシャ 宿屋。旅館。はたごや。きゃくしゃ。
【客気】カッキ ものにはやる心。きゃっき。「―にはやる」
熟語「客衣(かくい)・客意(かくい)(きゃくい)・客思(かくし)(きゃくし)・客愁(かくしゅう)・客情(かくじょう)(きゃくじょう)・客心(かくしん)(きゃくしん)・客臣(かくしん)・客窓(かくそう)・客地(かくち)・客亭(かくてい)(きゃくてい)・客裡(かくり)・客裏(かくり)・客旅(かくりょ)・客懐(かっかい)・客館(かっかん)・過客(かかく)(かきゃく)・行客(こうかく)・孤客(こかく)・漂客(ひょうかく)・蓬客(ほうかく)・洋客(ようかく)・旅客(りょかく)(りょきゃく)」

❺その分野ですぐれた人。人。人士。…する人。
熟語「羽客(うかく)・棋客(きかく)(ききゃく)・狂客(きょうかく)・俠客(きょうかく)・吟客(ぎんかく)・剣客(けんかく)(けんきゃく)・碁客(ごかく)・賽客(さいかく)・刺客(しかく)(しきゃく)・詞客(しかく)・詩客(しかく)・酒客(しゅかく)・酔客(すいかく)(すいきゃく)・政客(せいかく)・説客(せっかく)(せっきゃく)・禅客(ぜんかく)・騒客(そうかく)(そうきゃく)・俗客(ぞっかく)・墨客(ぼっかく)(ぼっきゃく)・野客(やかく)・幽客(ゆうかく)・論客(ろんかく)(ろんきゃく)・騒人墨客(そうじんぼっかく)・文人墨客(ぶんじんぼっかく)」

❻過ぎ去ったもの。過去。
【客年】カクネン 去年。昨年。客歳。きゃくねん。
熟語「《カク》客月・客歳・客冬・客臘(かくろう)」

❼(国)きゃく。客用の道具・器などを数える言葉。
熟語「お椀五客」

❽その他。
『客星(かくせい)御座(ぎょざ)を犯す』 身分の低い者が天子の位をねらう。出典「後漢書逸民伝」より。

【脚】

4級 11画 肉(月)-7 ①2151 Ⓤ811A
音 キャク(漢)・キャ(唐)・カク(呉) 訓 あし

難読 脚結(あゆい)
人名 し

〔腳〕 13画 肉(月)-9 Ⓤ8173

筆順

なりたち [形声]肉＋却(卻の変形。ひざまずいて後ずさりする)音。後ずさりする時に動かす、ひざから下のあしの意。

❶人間や動物のあし。特に、膝からくるぶしの上の部分。

【脚力】キャクリョク 走ったり跳んだりする、足の力。

【脚下照顧】キャッカショウコ 他に対して理屈を言う前に自分の足もとをよく見ろ、という禅家の標語。照顧脚下。

【脚▼絆・脚半】キャハン 足を保護するために臑(すね)にまとう布。脛巾(はばき)。ゲートル。

熟語「脚病(かくびょう)・脚気(かっけ)(あしのけ)・脚質(きゃくしつ)・脚線(きゃくせん)・脚湯(きゃくとう)・脚夫(きゃくふ)・脚部・脚下(きゃっか)・脚線美・行脚(あんぎゃ)・開脚・健脚・後脚・酸脚(さんきゃく)・赤脚(せっきゃく)・隻脚(せっきゃく)・前脚(ぜんきゃく)・双脚(そうきゃく)・鉄脚(てっきゃく)・馬脚(ばきゃく)・飛脚・閉脚・歩脚(ほきゃく)・遊脚(ゆうきゃく)・両脚・二人三脚」

❷物の下にあって支えるもの。

【脚立・脚▼榻】キャたつ 二つの梯子(はしご)を両側から合わせた形の踏み台。

熟語「橋脚・三脚・支脚」

❸物の下部。

【脚韻】キャクイン 詩歌で、句末や行末を同音にそろえる。

【脚注】キャクチュウ 本文の下につけた注釈。⇔頭注

【脚光】キャッコウ「―を浴びる(＝注目の的となる)」

熟語「韻脚・山脚(さんきゃく)・柱脚(ちゅうきゃく)」

❹立場。足場。

【脚色】キャクショク ①物語・事件を、芝居・映画の脚本に作る。②事実に色づけして面白くする。「―が多すぎて不自然だ」

【脚本】キャクホン 台本。シナリオ。「―家」

熟語「失脚・立脚」

❺(国)きゃく。あしのついた器物を数える言葉。

熟語「椅子六脚」

ギャク

【逆】

〔逆〕 10画 辵(辶)-6

6級 9画 辵(辶)-6

音 ギャク(呉)・ゲキ(漢)
訓 さか・さからう・あらかじ-め

①2153 Ⓤ9006

難読 逆上(のぼ)せる・逆鉤(あぐ)

筆順

なりたち [形声]辵(ゆく)＋屰(大の字形の人をさかさまにした形にかたどり、さかさの意を表す)音。反対の方向に行く意から、さからう意を表す。

❶反対。さかさま。

【逆縁】ギャクエン ①仏教で、悪事が逆に仏道に入るきっかけとなる。②親が子の法事をする。⇔順縁

【逆算】ギャクサン「没年から―して生年がわかった」

【逆襲】ギャクシュウ「―されて退却する」

【逆説】ギャクセツ 通常の理解に反する形で、事の真相を表そうとする言説。「急がば回れ」「負けるが勝ち」の類。

【逆手】ギャクて ①腕の関節が逆の方向に曲げられる。②相手の攻撃などを逆に利用する。さかて。「相手の証拠を―に取る」③普通とは逆の握り方をする。さかて。⇔順手

【逆転】ギャクテン ①逆の向きに回転する。②事のなりゆきや優劣の関係が今までとは逆になる。「―の二塁打」「形勢が―する」

【逆風】ギャクフウ 進行方向からの風。向かい風。⇔順風

【逆流】ギャクリュウ 逆方向に流れる。「海水が川に―する」

【逆光】ギャッコウ 撮影対象の背後から差す光。

【逆行】ギャッコウ 進むべき方向と逆へ進む。⇔順行

【逆▼鱗】ゲキリン 天子や目上の人の激しい怒り。「―に触れる」出典『韓非子説難』より。竜のあごの下にある逆さに生えたうろこに触れると竜が大いに怒るという伝説から。

【逆恨み】さかうらみ ①恨みに思う人から、逆に恨まれる。②好意を曲解して相手を恨む。「忠告を―された」

【逆▼撫で】さかなで「神経を―する」

【逆夢】さかゆめ 事実とは逆の夢。

熟語「逆位・逆産・逆順・逆水・逆数・逆接・逆走・逆送・逆潮・逆調・逆胴・逆道(ぎゃくどう)・逆用・逆理・逆浪・逆勝手(ぎゃくがって)・逆光線・逆輸入・可逆・吃逆(きつぎゃく)(しゃっくり)・順逆・吐逆」

❷そむく。さからう。

【逆心】ギャクシン 謀反の心。「―を抱く」

【逆臣】ギャクシン 主君にそむく臣。げきしん。

【逆賊】ギャクゾク 主君にそむき、謀反を起こす賊。

【逆境】ギャッキョウ 苦労の多い身の上。不遇な境遇。「―にめげず生きる」⇔順境

熟語「逆悪(ぎゃくあく)・逆威・逆意・逆運(ぎゃくうん)・逆取(ぎゃくしゅ)・逆徒・逆党・逆謀(ぎゃくぼう)・逆命(ぎゃくめい)・逆乱・逆類(ぎゃくるい)・悪逆・横逆(おうぎゃく)・五逆(ごぎゃく)・弑逆(しいぎゃく)(しぎゃく)・大逆(たいぎゃく)・悖逆(はいぎゃく)・莫逆(ばくぎゃく)(ばくげき)・反逆・叛逆(はんぎゃく)(ほんぎゃく)・謀逆・乱逆」

❸むかえる。出迎える。

【逆旅】ゲキリョ 旅館。やどや。

❹あらかじめ。前もって。

熟語「逆修・逆睹(ぎゃくと)(げきと)・逆料(げきりょう)」

❺のぼせる。上気する。

【逆上】ギャクジョウ　すっかり興奮して取り乱す。

【虐】〔虐〕

3級　9画　虍-3　〔虐〕9画　虍-3

音 ギャク漢呉

訓 しいたげる・いじめる

①2152　Ⓤ8650

筆順 ⺊ ⺊ 广 广 卢 卢 虐 虐 虐

なりたち［会意］虍(トラ)＋ヨ(爪の変形)＋人。トラが人をひっかくさま、むごいの意を表す。

しいたげる。いじめる。むごく扱う。

【虐殺】ギャクサツ　むごい方法で殺す。

【虐使】ギャクシ　むごくこき使う。酷使。

【虐政】ギャクセイ　人民を苦しめる政治。

【虐待】ギャクタイ　むごい取り扱いをする。「動物―」

熟語「虐遇・虐刑・淫虐・悪虐・加虐・苛虐(かぎゃく)・残虐・嗜虐(しぎゃく)・自虐・八虐(はちぎゃく)・被虐・暴虐・凌虐(りょうぎゃく)・陵虐(りょうぎゃく)」

キュウ

【九】

10級　2画　乙-1

音 キュウ(キウ)漢・ク呉

訓 ここの・ここのつ

①2269　Ⓤ4E5D

難読 九十(ここのそじ)・九十九(つくも)・九十九折(つづらおり)・九品(くほん)

人名 かず・ここ・ただ・ちか・ちかし・つね・なが・ひこ・ひさ・ひさし

筆順 ノ九

なりたち［象形］人がかがみこむ形で、きわまり尽きる意を表す。借りて、数の九つに用いる。

❶ここのつ。

【九星】キュウセイ　陰陽道(おんようどう)で、運勢や吉凶を占う基準。一白・二黒(じこく)・三碧(さんぺき)・四緑(しろく)・五黄(ごおう)・六白・七赤・八白・九紫の九つをいう。

【九▼鼎大▽呂】キュウテイタイリョ　貴重な物や重要な地位・名声などのたとえ。出典「史記平原君・虞卿伝」より。

【九天】キュウテン　天の高い所。天界。転じて、宮中。

【九拝】キュウハイ　何度もお辞儀をする。「三拝―する」

【九九】クク　一から九までの掛け算の表。

【九分九厘】クブクリン　九九パーセント。「―終わった」

【九曜】クヨウ　「九曜星」の略。日・月・木・火・土・金・水の七曜星に羅睺(らごう)・計都の二星を加えたもの。陰陽家が、これで運命の吉凶を判ずる。

熟語「《キュウ》九夷(きゅうい)・九位(きゅうい)(くい)・九夏(きゅうか)・九官・九竅(きゅうきょう)・九棘(きゅうきょく)・九刑・九経(きゅうけい)・九穴(きゅうけつ)・九五・九国(きゅうこく)・九穀(きゅうこく)・九紫・九州・九秋・九春・九霄(きゅうしょう)・九星・九族・九重(きゅうちょう)(ここのえ)・九通・九鼎(きゅうてい)・九天(きゅうてん)(くてん)・九冬・九乳(きゅうにゅう)・九服・九流・九学派(きゅうがくは)・九去法(きゅうきょほう)(くきょほう)・九品詞・九尾の狐・重九(ちょうきゅう)(ちょうく)」「《ク》九会(くえ)・九界・九九・九献(くこん)・九字・九識・九宗・九重(くじゅう)・九想・九相・九品(くほん)(ここのしな)・九輪・九一金(くいちきん)・九年酒・九分通り・九品仏(くほんぶつ)・九曜星・九六四(くろくよん)・十中八九(じっちゅうはっく)(じゅうちゅうはっく)」「九十九髪(つくもがみ)」

❷数や程度の多いこと。あまた。

【九牛の一毛】キュウギュウのイチモウ　たくさんの中のごく小部分。とるにたりないこと。出典「漢書司馬遷伝」より。

【九死】キュウシ　「―に一生を得る」

【九仞(きゅうじん)の功(こう)を一簣(いっき)に虧(か)く】　長い間の努力も終わりぎわのわずかな失敗ですべて台なしになる。出典「書経旅獒」より。

熟語「九回(きゅうかい)・九仞(きゅうじん)・九折(きゅうせつ)・九泉(きゅうせん)・九拝・九回の腸」

❸ここのつめ。九番目。

熟語「九月・九日(ここぬか)(ここのか)・九月尽(くがつじん)・寒九(かんく)」

【久】

6級　3画　丿-2

音 キュウ(キウ)漢・ク呉

訓 ひさしい

①2155　Ⓤ4E45

仮名 平仮名「く」は「久」の初二画から。片仮名「ク」は「久」の草体から。

人名 つね・なが・ひこ・ひさ・ひさし

筆順 ノクク久

なりたち［会意］背の曲がった老人(ク)を後ろから引っぱる形にかたどる。曲がって長いの意。

ひさしい。時間が長い。

【久▼闊】キュウカツ　「―を叙する(＝無沙汰の挨拶をする)」

【久遠】クオン　時間が無限である。永遠。

【久し振り】ひさしぶり　しばらくぶり。ひさかたぶり。

熟語「《キュウ》久離・永久(えいきゅう)(とこしえ)・恒久・持久・耐久・地久・長久・弥久(びきゅう)・久久(ひさびさ)・悠久・半永久・曠日弥久(こうじつびきゅう)・天長地久」「《ク》久修(くしゅ)・久住(くじゅう)・久度神(くどがみ)・久米歌(くめうた)・久延毘古(くえびこ)・久那斗神(くなどのかみ)」

【及】〔及〕

4級　3画　丿-2　〔及〕4画　又-2

音 キュウ(キフ)漢・ギュウ(ギフ)呉

訓 およぶ・および・およぼす・しく

①2158　Ⓤ53CA

人名 いたる・たか・ちか

筆順 ノ乃及

なりたち［会意］人＋手(又)。人に手がとどく、およぶの意。

❶およぶ。達する。行き渡る。合格する。追いつく。しく。

【及第】(キュウダイ) 試験に合格する。「―点」⇔落第

【及落】(キュウラク) 及第と落第。合否。「―を分かつ」

熟語「及門・企及・言及・追及・論及・過不及」

❷およぼす。行き渡らせる。至らせる。

熟語「遡及(そきゅう)・推及・波及・普及・不遡及」

❸および。ならびに。

【弓】

9級　3画　弓-0

音 キュウ㊥・ク㊥・クウ

訓 ゆみ

①2161 Ⓤ5F13

難読 弓丈・弓杖・弓勢

人名 ゆ

筆順 ㇕ ㇕ 弓

なりたち ［象形］弓にかたどる。

❶ゆみ。矢を射る武器。

【弓術】(キュウジュツ) 弓で的を射る武術。弓道。

【弓▼箭】(キュウセン) ①弓と箭。「―の道」②戦い。いくさ。

【弓道】(キュウドウ) 弓で矢を射る武道。弓術。

【弓馬】(キュウバ) ①弓術と馬術。また、武芸一般をいう。「―の道」②戦い。いくさ。

【弓▼筈・弓▼弭・弓▼彇】(ゆはず) 弓の両端の弦をかけるところ。ゆみはず。

【弓手】(ゆんで) ①左の手。②左の方。⇔馬手

熟語「弓矢・弓弩・弓懸・弓削・弓末・弓柄・弓弦・弓庭・弓場・弓音・弓頭・弓組・弓師・弓台・弓取り・弓袋・弓衾・弓筆・弓矢・弓屋・弓籠手・弓場殿・弓足軽・弓弦楽器・弓奏楽器・弓矢八幡・石弓・馬弓・漆弓・運弓・大弓・御弓・徒弓・桑弓・勁弓・強弓・胡弓・鼓弓・小弓・猟弓・雀弓・大弓・弾弓・弾弓・槻弓・角弓・唐弓・土弓・弩弓・賭弓・櫨弓・半弓・左弓・的弓・真弓・洋弓・楊弓・綿弓・白真弓・雀小弓・手束弓・破魔弓・丸木弓・真鹿児弓」

❷弓形のもの。弓なり。

【弓形】(ゆみがた) ゆみなり。

【弓▽形】(ゆみなり) 弦を張った弓の形。「体を―にそらす」

【弓張り月】(ゆみはりづき) 弓形の月。弦月。

熟語「弓状・弓鋸・天弓・椎弓・反射弓」

【丘】

4級　5画　一-4

音 キュウ(キウ)㊥・ク㊥

訓 おか

①2154 Ⓤ4E18

人名 お・たか・たかし

筆順 ノ 亻 𠂭 斤 丘

なりたち ［象形］まわりが小高く、中央がくぼんだ地形にかたどる。おかの意。

❶おか。小高い地形。また、墓。

【丘陵】(キュウリョウ) なだらかな丘が続いている所。

熟語「丘壑・丘岡・丘山・丘疹・丘垤・丘阜・丘腹・丘墳・遺丘・円丘・海丘・砂丘・残丘・丹丘・段丘・恥丘・墳丘・陵丘・連丘・火口丘・砕丘・砕屑丘・噴石丘・中央火口丘・溶岩円頂丘」

❷梵語の音訳に用いる。

熟語「比丘・比丘尼」

【旧】

6級　5画　日-1

音 キュウ(キウ)㊥・ク㊥

訓 ふる-い・もと

①2176 Ⓤ65E7

【舊】17画　臼-11　②7149 Ⓤ820A

人名 ひさ・ふさ・ふる・もと

筆順 丨 ‖ 𠃊 旧 旧

なりたち ［形声］萑(夜に活動するミミズク)+臼(くぼんだ形をしたうす)㊥。今より以前の物事で、はっきりとはわからない意から、ふるいの意を表す。

❶ふるい。長い年月を経た。昔からの。なじみ。

【旧怨】(キュウエン) 古いうらみ。「―をはらす」

【旧家】(キュウカ) 昔からの由緒ある家柄。「土地の―」

【旧交】(キュウコウ) 昔からのつきあい。「―をあたためる」

【旧式】(キュウシキ) 形などが古くさい。「―な車」

【旧習】(キュウシュウ) 昔からの習慣。「―を改める」

【旧人】(キュウジン) ①古くからそこに属している人。②猿人・原人に次いで現れた人類。ネアンデルタール人など。

【旧態】(キュウタイ) 昔のままの姿。「―依然とした方法」

【旧知】(キュウチ) 古くからの知り合い。「―の間柄」

【旧▼套】(キュウトウ) 古い慣習。「―を脱する」

【旧弊】(キュウヘイ) 「―を打破する」「―な人」

【旧友】(キュウユウ) 古くからの友達。昔の友達。

【旧来】(キュウライ) 昔から。従来。「―の伝統」

熟語「旧痾・旧縁・旧格・旧慣・旧誼・旧故・旧好・旧国・旧識・旧章・旧情・旧臣・旧染・旧俗・旧典・旧伝・旧風・旧物・旧例・旧労・旧住・旧相識・旧知己・故旧・守旧・親旧」

❷ふるい。以前の。もとの。

【旧記】(キュウキ) 古い記録。「―によれば」

【旧制】(キュウセイ) 以前の制度。「―中学」⇔新制

【旧派】キュウハ ①古い流派・流儀。②歌舞伎。旧劇。⇔新派

【旧聞】キュウブン 古い話。「―に属する話」

【旧約】キュウヤク ①前からの約束。②「旧約聖書」の略。⇔新約

熟語「旧館・旧規・旧教・旧訓・旧劇・旧功・旧稿・旧号・旧債・旧作・旧史・旧詩・旧事(きゅうじ)(くじ)・旧著・旧版・旧法・旧訳・旧流・新旧」

❸もと。昔。以前。過去。

【旧悪】キュウアク 前に犯した悪事。「―暴露」

【旧恩】キュウオン 以前に受けた恩。「―に報いる」

【旧懐】キュウカイ 昔をなつかしく思う。懐旧。「―の情」

【旧居】キュウキョ もと住んでいた家。⇔新居

【旧時】キュウジ 昔。往時。「―のおもかげ」

【旧称】キュウショウ もとの呼び名。旧名。

【旧姓】キュウセイ 結婚などで姓の変わった人の、もとの姓。

【旧跡・旧蹟】キュウセキ 歴史上の事件や事物のあったところ。

【旧都】キュウト もとの首都。昔の都。古都。

【旧道】キュウドウ 以前からあった道路。⇔新道

【旧名】キュウメイ 以前の名。きゅうみょう。

熟語「旧株・旧歓・旧観・旧業・旧作・旧址(きゅうし)・旧師・旧辞(きゅうじ)(くじ)・旧日(じつ)・旧主・旧製・旧説・旧蔵・旧卒・旧徳・旧任・旧幕・旧封(きゅうほう)・旧遊・旧領・旧廬(きゅうろ)・懐旧・倍旧・復旧」

❹去年の。

【旧冬】キュウトウ (新年からみて)前年末の冬。昨冬。

【旧年】キュウネン (新年からみて)昨年。去年。ふるとし。

【旧臘】キュウロウ (新年からみて)昨年の一二月。

❺「旧暦」のこと。太陰暦。

【旧盆】キュウボン 陰暦で行う盂蘭盆(うらぼん)。

【旧暦】キュウレキ 太陰暦。⇔新暦

熟語「旧正月」

【休】

10級 6画 人(イ)-4

音 キュウ(キウ)漢・ク呉

訓 やすむ・やすまる・やすめる・やすらう・やめる

①2157 Ⓤ4F11

人名 たね・のぶ・やす・よし

筆順 ノ イ 仁 什 休 休

なりたち [会意]人＋木。人が木によりかかって、やすむの意。

❶やすむ。やすめる。いこう。やすらう。やすまる。

【休憩】キュウケイ 短時間休む。「一〇分間の―」

【休心・休神】キュウシン 安心する。多く手紙文で用いる。「どうぞ御―下さい」

【休息】キュウソク 休んでくつろぐ。「十分に―をとる」

【休養】キュウヨウ 仕事を休んで体力・気力を養う。

熟語「休意・休泊」

❷やすむ。やすめる。やめる。中止する。仕事などをしないでいる。

【休演】キュウエン 出演をやすむ。「急病で―となった」

【休暇】キュウカ 日曜日や休日以外の休み。「夏季―」

【休学】キュウガク 学生・生徒が長期間学校を休む。

【休館】キュウカン 図書館などが業務を休む。

【休業】キュウギョウ 営業などを休む。「本日―」

【休校】キュウコウ 「インフルエンザで―になる」

【休講】キュウコウ 「風邪のため―する」

【休止】キュウシ 動きがとまる。「運行を―する」

【休日】キュウジツ 業務・授業を休む日。また、国民の祝日。

【休場】キュウジョウ 出場予定の人が休む。「横綱の―」

【休職】キュウショク 会社員などが一定期間勤めを休む。

【休診】キュウシン 診療を休む。「午後は―します」

【休戦】キュウセン 戦闘を一時中止する。「―協定」

【休廷】キュウテイ 裁判を一時休む。「―を宣する」

【休眠】キュウミン ①動植物が活動や成長を停止する。冬眠・夏眠など。②物事が活動をやめている状態。「―会社」

熟語「休院・休園・休会・休刊・休閑・休耕・休航・休載・休作・休題・休店・休田・休電・休配・休筆・休符・休漁・休火山・休止符・育休・運休・帰休・公休・産休・週休・小休・生休・全休・代休・定休・年休・半休・不休・無休・盟休・有休・遊休・臨休・連休・閑話休題・不眠不休」

❸よろこばしい。めでたい。りっぱ。

【休戚】キュウセキ 喜びと悲しみ。幸不幸。注記「休」は喜び、「戚」は悲しみの意。

熟語「休祥・休徴・休明(きゅうめい)」

【吸】

〔吸〕7画 口-4

5級 6画 口-3

音 キュウ(キフ)漢呉

訓 すう

①2159 Ⓤ5438

筆順 丨 ロ ロ 吸 吸 吸

なりたち [形声]口＋及(とどく)音。口がある物にとどき、すいつくの意。

すう。すいこむ。

【吸引】キュウイン 吸い込む。「掃除機の―力」

【吸気】キュウキ ①吸い込んだ息。⇔呼気。②エンジンなどで、燃料の混合気を吸い込む。⇔排気

【吸湿】キュウシツ 湿気を吸いとる。「―性」

【吸収】キュウシュウ 「親会社に―される」「知識を―する」

【吸着】キュウチャク ①吸い付く。②液体や気体の中の物質が、他の固体や液体の表面に吸いつけられる現象。「―剤」

【吸入】キュウニュウ 吸い込む。「酸素―」

【吸盤】キュウバン 物体に吸い付くための動物の器官。

熟語「吸飲・吸煙・吸音・吸器・吸血・吸集・吸塵(きゅうじん)・

吸水・吸蔵・吸入・吸茶・呼吸・吸血鬼」

キ

【朽】

4級　6画　木-2　音 キュウ(キウ)漢・ク呉　訓 くちる　①2164　Ⓤ673D

人名 え

筆順 一 十 オ 木 朽 朽

なりたち ［形声］木＋丂(曲がる)音。くさって曲がった木の意。

くちる。くさる。おとろえる。

【朽廃・朽敗】キュウハイ　くさって役に立たなくなる。

【朽木糞牆】キュウボクフンショウ　くちた木は彫刻することができず、くさった壁は塗り替えができない。朽木糞土。出典「論語公冶長」より。

【朽(ち)葉】くちば　枯れ葉。「—色」

熟語「朽壊・朽索・朽腐・朽木・若朽・衰朽・不朽・腐朽・老朽」

【臼】

2級　6画　臼-0　新常用　音 キュウ(キウ)漢　訓 うす　①1717　Ⓤ81FC

筆順 ′ 亻 臼 臼 臼 臼

なりたち ［象形］うがって丸くくぼませたうすにかたどる。

❶うす。米などをつく道具。また、うすでつく。

熟語「臼杵・石臼・上臼・雄臼・鉄臼・唐臼・井臼・茶臼・雌臼」

❷うすのように内側がくぼんだ形状のもの。

【臼歯】キュウシ　上下歯列奥にある平らな歯。うすば。

熟語「臼状・臼砲・脱臼・髀臼・寛骨臼」

【求】

7級　7画　水(氺)-2　音 キュウ(キウ)漢・グ呉　訓 もとめる　①2165　Ⓤ6C42

難読 求法・求肥・求食場

人名 き・ひで・まさ・もと・やす

筆順 一 十 才 才 求 求 求

なりたち ［象形］さきひらいた毛皮の形にかたどる。「裘」の原字。毛皮をぴったりとまとう意から、ぐっと引き締める、もとめる意を表す。

❶もとめる。人に何かをのぞむ。

【求愛】キュウアイ　異性に愛情を求める。「—行動」

【求刑】キュウケイ　「被告人に無期懲役を—する」

【求婚】キュウコン　結婚を申し込む。プロポーズ。

熟語「求償・哀求・希求・祈求・欣求・需求・請求・訴求・誅求・徴求・要求・欲求」

❷もとめる。さがしもとめる。

【求職】キュウショク　職を探す。「—者」「—活動」

【求心】キュウシン　中心に近づこうとする。「—力」

【求人】キュウジン　会社が働く人を探し求める。「—広告」

【求道】キュウドウ　①(仏)仏道を求める。②真理を求める。

熟語「求縁・求食・求知心・求不得苦・求聞持法・購求・遡求・探求・追求」

【究】

8級　7画　穴-2　音 キュウ(キウ)漢・ク呉　訓 きわめる　①2170　Ⓤ7A76

人名 さだ・すみ・み

筆順 ′ 八 宀 穴 穴 宂 究

なりたち ［形声］穴＋九(まがりくねる意)音。穴の中をまがりくねって奥深くまではいりこむの意。

◉異字同訓◉【極】(一三七ページ)の「異字同訓」欄を参照のこと。

❶きわめる。つきつめる。深く探る。

【究明】キュウメイ　真理・真実を明らかにする。「真相—」

【究理】キュウリ　「窮理」に同じ。

熟語「究察・究問・学究・研究・考究・攻究・講究・参究・推究・精究・探究・追究・討究・論究・村学究」

❷きわまる。最後に到達する。

【究竟】キュウキョウ　物事のきわみ。くっきょう。

【究極】キュウキョク　最後に到達するところ。究竟。「—の目的は人類の幸福だ」別表記 窮極

【究竟】クッキョウ　①すぐれて強い。屈強。②たいへん好都合である。③つまるところ。結局。畢竟。きゅうきょう。「—するに」

熟語「究意」

【泣】

7級　8画　水(氵)-5　音 キュウ(キフ)漢呉　訓 なく　①2167　Ⓤ6CE3

筆順 ˋ ˋ 氵 氵 汁 汁 泣 泣

なりたち ［会意］水＋立(粒の略体、つぶ)。なみだを流す、なみだの意。

◉異字同訓◉

◇なく(泣・鳴)

「泣く」は"泣き声を出す。涙を流す。つらく感じる"の意。声を出して泣き叫ぶ場合は「哭く」とも書く。「赤ん坊が泣く」「重なる不運に泣く」「今泣いた烏がもう笑う」

「鳴く」は"鳥・獣・虫などが声を出す"の意。鳥が鳴く場合は「啼く」とも書く。「小鳥が鳴く」「虫が鳴く」「鳴かず飛ばず」

なく。涙を流してなく。また、なみだ。

【泣訴】キュウソ　泣いて訴える。「惨状を—する」

【泣いて馬謖を斬る】情として処分するに惜しい人物であっても、違反があったときには全体の統制を保つために処分する。出典「三国

志蜀書、諸葛亮伝・馬謖伝」より。

【泣(き)寝入り】(なきねいり) ①泣きながら眠ってしまう。②相手の仕打ちを不満に思いながら、あきらめる。「仕返しを恐れて―する」

【泣(き)寄り】(なきより) 人の死などに際して、親しい者が悲しんで集まる。「親(しん)は―、他人は食い寄り」

【泣(き)別れ】(なきわかれ) 泣く泣く別れる。「母と子の―」

熟語「泣血・泣哭(きゅうこく)・泣涕(きゅうてい)・哀泣・飲泣・感泣・歔泣(ききゅう)・号泣・哭泣(こっきゅう)・涕泣(ていきゅう)・啼泣(ていきゅう)・天泣・悲泣」

【急】〔急〕9画 心-5

8級 9画 心-5

音 キュウ(キフ) 漢 呉

訓 いそ-ぐ・せ-く・せ-かす・せ-い

①2162 Ⓤ6025

難読 急度(きっと)・急焼(きびしょ)

筆順 ノ ク ク 乌 乌 刍 刍 急 急

なりたち  [形声]刍(=及、およぶ)音＋心。追いつこうとして、いそぐの意。

❶いそぐ。せく。せかす。速度・進行を速める。また、速度が速い。

【急行】(キュウコウ) ①急いで行く。「現場に―する」②「急行列車」の略。主要な駅だけに停車し、高速で運行する列車。⇔鈍行

【急使】(キュウシ) 急ぎの使い。「―をたてる」

【急所】(キュウショ) ①体の中で、命にかかわる部分。②物事の最も重要な部分。要点。「―をついた質問」

【急進】(キュウシン) ①目的地へ急いで進む。②急いで目的を実現させようとする。「―的改革」「―主義」▽⇔漸進(ぜんしん)

【急先▼鋒】(キュウセンボウ) 「改革派の―」

【急造】(キュウゾウ) 急ごしらえ。「仮設住宅を―する」

【急速】(キュウソク) 「―な進歩」「―冷凍」

【急追】(キュウツイ) 激しく追いかける。「敵を―する」

【急派】(キュウハ) 急いで派遣する。「部隊を―する」

【急場】(キュウば) 差し迫った局面。「―を切り抜ける」

【急報】(キュウホウ) 急いで知らせる。「事件を―する」

【急用】(キュウヨウ) 急ぎの用件。「―ができる」

熟語「急急・急告・急駛(きゅうし)・急信・急診・急設・急送・急湍・急灘(きゅうだん)・急談・急調・急潮・急電・急便・急歩・急募・急流・急冷・急調子・応急・緩急・早急(さっきゅう)(そうきゅう)・至急・迅急・速急・即急・特急・大至急」

❷突然。にわか。

【急▼遽】(キュウキョ) にわかに。「予定が―変更された」

【急激】(キュウゲキ) 急ではげしい。「景気の―な悪化」

【急▼霰】(キュウサン) 急に降るあられ。「―の如き拍手」

【急死】(キュウシ) 頓死(とんし)。「旅先で―する」

【急襲】(キュウシュウ) 不意に襲いかかる。「敵を―する」

【急性】(キュウセイ) 「―胃腸炎」⇔慢性

【急増】(キュウゾウ) 「交通事故が―する」

【急転】(キュウテン) 急変。「局面が―する」

【急転直下】(キュウテンチョッカ) 様子が急に変わって解決に向かう。「―事件が解決する」

【急病】(キュウビョウ) 急に起こる病気。「―人」

【急変】(キュウヘン) 急激に変化する。「病状が―する」

熟語「急雨・急火(きゅうか)(うび)・急患・急劇・急減・急事・急症・急伸・急逝・急戦・急騰・急雷・急落・急停車・短兵急(たんぺいきゅう)」

❸さしせまった。

【急迫】(キュウハク) 事態が差し迫る。「事態が―する」

【急務】(キュウム) 急いでしなければならない任務。

熟語「急切・急難・急命・火急・危急・救急・緊急・警急・備急・不急・焦眉の急(しょうびのきゅう)・轍鮒の急(てっぷのきゅう)」

❹気短である。

熟語「急躁(きゅうそう)・性急(せいきゅう)・躁急」

❺けわしい。角度が大きい。

【急▼峻】(キュウシュン) 傾斜が急で険しい。「―な斜面」

【急坂】(キュウハン) 峻坂(しゅんぱん)。「―を登る」

熟語「急登・急角度・急傾斜・急降下・急勾配・急斜面・急上昇」

❻(国)能などの芸能の三段構成の第三区分。

熟語「序破急(じょはきゅう)」

❼その他。当て字など。

【急須】(キュウス) 煎茶を淹れるのに用いる器具。

【級】〔級〕10画 糸-4

8級 9画 糸-3

音 キュウ(キフ) 漢 呉

訓 しな

①2173 Ⓤ7D1A

人名 しな

筆順 く 幺 幺 糸 糸 糸 紉 級 級

なりたち  [形声]糸＋及(とどく)音。前の糸に次の糸がとどくように順序だてて糸を並べる意を表す。転じて、順序の意に用いる。

❶順序。くらい。段階。しな。だん。

【級数】(キュウスウ) 数列の項を和の記号で結んだもの。

熟語「級等・一級・雲級・階級・下級・加級・降級・高級・昇級・上級・初級・叙級・職級・進級・審級・石級(せっきゅう)・船級・中級・低級・等級・弩級(どきゅう)・特級・二級・分級・齢級・一線級・超弩級」

❷(学校の)組。クラス。

【級友】(キュウユウ) 同じ学級の友達。クラスメート。

熟語「級長・学級・原級・進級・単級・通級・同級・飛び級」

❸首。しるし。

熟語「首級」

キ

【糾】

〔糺〕 7画 糸-1

準2級 9画 糸-3

音 キュウ(キウ) 漢 呉

訓 あざな-う・ただ-す

①2174 Ⓤ7CFE

②6893 Ⓤ7CFA

人名 ただ・ただし・ただす

筆順 く 幺 幺 糸 糸 糸 糺 糾 糾

なりたち  [形声]糸＋丩(あつめまとめる)音。糸をより合わせるの意。

◉異字同訓◉ 【正】(三五八ページ)の「異字同訓」欄を参照のこと。

❶ただす。取り調べる。

【糾弾(キュウダン)】 罪を問いとがめる。「不正を―する」

【糾明(キュウメイ)】 不正を問いただし事実を明らかにする。

【糾問(キュウモン)】 罪を問いただす。「犯人を―する」

熟語 「糾察・糾正・弾糾」

❷あざなう。糸などをより合わせる。

【糾合(キュウゴウ)】 ある目標の下に、人々を呼び集める。「同志を―する」 別表記 鳩合

❸もつれる。

熟語 「紛糾」

【宮】

8級 10画 宀-7

音 キュウ 漢・グウ 慣・ク 呉・クウ 呉

訓 みや

①2160 Ⓤ5BAE

人名 いえ・たか

筆順 宀 宀 宀 宀 宀 宮 宮 宮

なりたち  [会意]宀(いえ)＋口(部屋)二つ。多くの部屋がつらなった立派な建物の意。

❶みや。御殿。特に、王や王族の住む所。

【宮城(キュウジョウ)】 天皇の住居。皇居。

【宮中(キュウチュウ)】 皇居の中。禁中。「―晩餐会(ばんさんかい)」

【宮廷(キュウテイ)】 天皇・国王のいる所。「―画家」

【宮殿(キュウデン)】 天皇・国王の住む御殿。

熟語 「《キュウ》宮禁・宮闕(きゅうけつ)・宮室・宮中三殿・王宮・後宮・深宮・仙宮・天宮・冬宮・殯宮(ひんきゅう)・茅宮(ぼうきゅう)・迷宮・離宮・六宮(りっきゅう)(りくきゅう)・大嘗宮(だいじょうきゅう)」「《グウ》行宮(あんぐう)・后宮(こうぐう)・皇宮(こうぐう)(こうきゅう)・造宮・東宮・頓宮・梵宮(ぼんぐう)・竜宮・皇后宮・皇太后宮」「《ク》宮内」

❷みやに関する。

【宮仕え(みやづかえ)】 ①宮中に仕える。②勤めを持つ。「すまじきものは―」

熟語 「《キュウ》宮女・宮相(きゅうしょう)・宮人・宮嬪(きゅうひん)・宮門・宮漏(きゅうろう)・宮中喪・故宮」「《ク》宮内庁」「《みや》宮木(みやき)・宮道(みやじ)・宮路(みやじ)・宮人(みやびと)・直宮(じきみや)」

❸(国)みや。皇族の呼び名。

熟語 「《キュウ》春宮(しゅんぐう)(とうぐう)(はるのみや)・青宮(せいきゅう)(せいぐう)・儲宮(ちょきゅう)」「《グウ》斎宮(さいぐう)(いつきのみや)(いみや)・中宮・二宮」「《みや》宮家・宮号・宮様・姫宮・若宮」

❹(国)みや。神社。おみや。

【宮司(グウジ)】 神社の長である神官。みやづかさ。

【宮大工(みやダイク)】 寺社建築を専門にする大工。

熟語 「《キュウ》宮僧(きゅうそう)(くぞう)」「《ク》宮掌(くじょう)」「《グウ》遷宮・外宮(げくう)・内宮(ないくう)・宮司・宮寺・宮社・下宮(げぐう)・参宮・正宮(しょうぐう)・上宮(じょうぐう)・新宮・神宮・遷宮・別宮・本宮(ほんぐう)(もとみや)・仮遷宮(かりせんぐう)・正遷宮(しょうせんぐう)・大神宮・八幡宮」「《みや》宮居(みやい)・宮雀・宮出し・宮地(みやち)(みやじ)・宮処・宮彫・宮守・箱宮」

❺黄道を一二分した星座。

熟語 「巨蟹宮(きょかいきゅう)・金牛宮(きんぎゅうきゅう)・獅子宮・室女宮(しつじょきゅう)・十二宮・処女宮・人馬宮・双魚宮(そうぎょきゅう)・双子宮(そうしきゅう)・天蝎宮(てんかつきゅう)・天秤宮(てんびんきゅう)・白羊宮・宝瓶宮(ほうへいきゅう)・磨羯宮(まかつきゅう)」

❻生殖器。

【宮刑(キュウケイ)】 古代中国で、去勢する刑。腐刑。

【救】

7級 11画 攴(攵)-7

音 キュウ(キウ) 漢・ク 呉

訓 すく-う・すく-い

①2163 Ⓤ6551

難読 救世(くせ)(ぐぜ)

人名 すけ・たすく・なり・ひら・やす

筆順 一 十 才 求 求 求 救 救

なりたち  [形声]求(ぐっと引き締める)音＋攵(する)。悪化する事態をぐっと引きとどめて、すくい助けるの意。

すくう。助ける。力を添える。すくい。

【救援(キュウエン)】 助ける。「被災者を―する」

【救急(キュウキュウ)】 急場の難儀を救う。「―病院」

【救護(キュウゴ)】 助けて、保護・看護する。「―活動」

【救荒(キュウコウ)】 飢饉(ききん)の際に救う。「―作物」

【救国(キュウコク)】 国を危難から救う。「―の士」

【救済(キュウサイ)】 困っている人を救う。「難民―」

【救出(キュウシュツ)】 救い出す。「遭難者を―する」

【救恤(キュウジュツ)】 困っている人々を救い、めぐむ。「―品」

【救助(キュウジョ)】 災難や危険にさらされている人を救い助ける。「―信号」「―隊」

【救世(キュウセイ)】 世を救う。「―軍」「―主」

【救難(キュウナン)】 災難に遭っている人を救う。「―作業」

【救民(キュウミン)】 困っている人々を助ける。

【救命(キュウメイ)】 人の命を救う。「―具」「―ボート」

熟語 「救解・救治・救抜・救貧・救米・救薬・救療・救済・匡救(きょうきゅう)・慈救(じく)・恤救(じゅっきゅう)・振救・賑救(しんきゅう)・濫救(らんきゅう)」

・漏救(ろうきゅう)」

【球】

8級　11画　玉(王)-7

音 キュウ(キウ)漢
訓 たま

①2169 Ⓤ7403

人名 まり

筆順 

なりたち  ［形声］玉＋求(ぐっと引き締める)音。一点を中心として引き締った丸いものの意。

❶たま。たまのように丸い形のもの。

【球形】キュウケイ まりのように丸い形。
【球根】キュウコン 養分を蓄え球形に肥大した根。
【球状】キュウジョウ 球形。「―星団」
【球体】キュウタイ 球状、あるいは球形をした物体。

熟語「球花・球果・球菌・球茎(きゅうけい)・球欠・球心・球帯・球電・球灯・球形嚢(きゅうけいのう)・円球・火球・割球・眼球・気球・血球・結球・月球・光球・硬球・湿球・地球・長球・天球・電球・軟球・白球・半球・扁球・渾円球(こんえんきゅう)・潜水球・熱気球」

❷ボール。特に、野球のボール。

【球威】キュウイ 野球で、投手の投げる球の威力。

熟語「球音・球種・球速・球道・球面・逸球(いっきゅう)・緩球(かんきゅう)・好球・剛球・豪球・四球・死球・制球・選球・速球・待球・打球・直球・釣り球(つりだま)・投球・難球・配球・飛球・返球・棒球(ぼうだま)・匍球(ほきゅう)・捕球・魔球・落球・悪送球・快速球・牽制球・豪速球・四死球・変化球」

❸球を使って行う競技。

【球技】キュウギ 野球など、ボールを使って行う競技。

熟語「球戯・鎧球(がいきゅう)・蹴球(しゅうきゅう)・水球・送球・卓球・庭球・撞球(どうきゅう)・排球・氷球・野球・籠球(ろうきゅう)」

❹〔国〕野球。

【球界】キュウカイ 野球関係者の社会。野球界。
【球児】キュウジ 野球をする青少年。「高校―」
【球場】キュウジョウ 野球場。「あこがれの甲子園―」
【球団】キュウダン プロ野球のチーム。職業野球団。

熟語「球宴・球史・球春・球審・草野球」

【給】

7級　12画　糸-6

音 キュウ(キフ)漢呉・コウ(コフ)呉
訓 たま-う・たま-わる

①2175 Ⓤ7D66

人名 たり・はる

筆順 

なりたち  ［形声］糸＋合(器にふたを合わせる)音。切れた織り糸をつなぎ合わせる意から、たす・あたえるの意を表す。

❶必要なものをたりるようにする。あてがう。くばる。

【給食】キュウショク 学校などで、生徒に支給する食事。
【給水】キュウスイ 飲料水を供給する。「―制限」

熟語「給気・給血・給源・給餌(きゅうじ)・給助・給桑(きゅうそう)・給炭・給電・給湯・給油・給養・給排水・供給・自給・需給・配給・班給・分給・補給」

❷上の者から下の者へ金品をあたえる。たまう。たまわる。

【給金】キュウキン 給料として渡される金。「―相撲(＝相撲で、その場所の勝ち越しを決める一番)」
【給費】キュウヒ 必要な費用を支給する。「―留学生」
【給付】キュウフ 金や物品を支給する。「補助金の―」

熟語「給銀・洩給(えいきゅう)・下給・官給・支給・受給・発給・併給・利子補給」

❸労働に対し支払われる報酬。

【給与】キュウヨ ①給料。「―所得」②金や物品を与える。「食費を―する」
【給料】キュウリョウ 勤務に対し支払う報酬。

熟語「恩給・加給・月給・減給・降給・高給・時給・週給・昇給・初給・職給・増給・追給・日給・年給・薄給・物給(ぶっきゅう)・俸給・本給・無給・有給・基本給・固定給・時間給・仕事給・職能給・職務給・職階給・初任給・生活給・属人給・年齢給・能率給・能力給・歩合給・安月給・定期昇給・出来高給(できだかきゅう)・日給月給」

❹世話をする。

【給仕】キュウジ 食事の世話をする人。

熟語「給侍(きゅうじ)・女給」

❺〔国〕たまう。他人に対する敬意を表す。

熟語「給う・させ給う・侍り給う」

【嗅】

2級　13画　口-10　新常用

音 キュウ(キウ)漢・ク呉
訓 かぐ

②5144 Ⓤ55C5

筆順 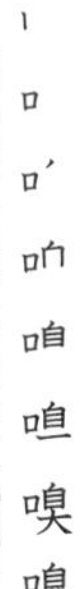

なりたち ［形声］口＋臭(におい、かぐ)音。「臭」がにおいの意に専ら用いられるようになったため、かぐの意には「口」を加えた。

かぐ。においを感じとる。

【嗅覚】キュウカク においを感じる知覚。「―が鋭い」

熟語「嗅剤・嗅入薬・焼嗅(やいかがし)」

【窮】

準2級　15画　穴-10

音 キュウ(キウ)漢・グウ呉・グ呉
訓 きわめる・きわまる

①2171 Ⓤ7AAE

〔竆〕19画　穴-14　Ⓤ7AC6

人名 きわみ・きわむ・み

筆順 

なりたち  ［形声］穴＋躳(からだ)音。からだが穴に押しこめられる、きわまるの意。

◉異字同訓◉【極】(一三七ページ)の「異字同訓」欄を参照のこと。

❶きわめる。つきつめる。

【窮極】キュウキョク 「究極」に同じ。

熟語「窮陰・窮尋・窮冬・窮北・追窮・無窮・天壌無窮」

❷きわめる。学問などを深くきわめる。

【窮理】キュウリ 物事の道理・法則をきわめる。別表記 究理

❸きわまる。ゆきづまる。追いつめられる。動きがとれない。

【窮境】キュウキョウ 苦境。「―に陥る」

【窮屈】キュウクツ ①空間が狭くて自由に身動きができない。「ズボンが―になる」②のびのびと振る舞えない。「規則ばかり多くて―だ」

【窮死】キュウシ 困窮のうちに死ぬ。「―した作家」

【窮状】キュウジョウ 困っている状態。「―を訴える」

【窮すれば通ず】行き詰まってどうにもならなくなると、案外困難を切り抜ける道がみつかるものだ。

【窮▼鼠】キュウソ 「―猫を噛む(=弱者も追いつめられると必死に反撃して強者を苦しめる)」

【窮措大】キュウソダイ 貧しい書生。貧乏学者。

【窮地】キュウチ 「―に立つ」「―に追い込まれる」

【窮鳥懐に入れば猟師も殺さず】追い詰められた人が救いを求めてくれば、見殺しにはしないのが人の道である。出典「顔氏家訓省事」より。

【窮迫】キュウハク 非常に困窮する。「財政が―する」

【窮乏】キュウボウ 金や物品が不足して、生活に困る。

【窮民】キュウミン 貧民。「―救済」

【窮余】キュウヨ 困りきったあげく。「―の一策」

熟語「窮鬼・窮苦・窮寇・窮困・窮策・窮愁・窮達・窮追・窮通・窮命・窮厄・窮子・窘窮・困窮・春窮・衰窮・貧窮」

ギュウ

【牛】

9級 4画 牛-0 音 ギュウ(ギウ)漢・ゴ呉 訓 うし ①2177 Ⓤ725B

難読 牛頭(ごず)・牛尾菜(しおで)・牛尾魚(こち)・牛角(ごかく)・牛蒡(うまふぶき)・牛膝(いのこずち)

人名 ご・とし

筆順 ノ 𠂉 ⺧ 牛

なりたち  [象形]角のある牛の頭部にかたどる。

❶うし。家畜の名。

【牛に汗し棟に充つ】「汗牛充棟」に同じ。

【牛車】ギッシャ 牛にひかせた貴人用の車。

【牛飲馬食】ギュウインバショク 大いに飲み食いする。

【牛後】ギュウゴ 「鶏口となるも―となるなかれ」

【牛▼溲馬勃】ギュウシュウバボツ 牛の尿と馬の糞。値打ちのないもののたとえ。出典 韓愈「進学解」より。

【牛耳る】ギュウジる 団体・集団などの運営を自分の意のままに支配する。注記「牛耳を執る」の「牛耳」を動詞化した語。

【牛耳を執る】同盟などの盟主となる。牛耳る。出典 中国春秋戦国時代に諸侯が同盟を結ぶ儀式で、盟主となる者が牛の耳を割いて血を採り、これを順番にすすって同盟を誓ったという「左氏伝哀公十七年」に見える故事より。

【牛刀を以て鶏を割く】小さな物事を処理するのに大がかりな手段を用いる。鶏を割くに焉んぞ牛刀を用いん。出典「論語陽貨」より。

【牛乳】ギュウニュウ 牛の乳汁。ミルク。

【牛歩】ギュウホ 物事が遅々として進まない。「―戦術」

【牛酪】ギュウラク バター。

熟語「《ギュウ》牛飲・牛疫・牛革・牛缶・牛脂・牛刀・牛痘・牛丼・牛肉・牛馬・牛皮・牛尾・牛糞・牛飯・牛舎・牛屋・役牛・火牛・耕牛・呉牛・水牛・闘牛・屠牛・土牛・肉牛・乳牛・牝牛・牧牛・猛牛・野牛・犂牛・和牛・無角牛」「《ゴ》牛王・牛黄」

❷星の名。ひこぼし(彦星)。牽牛星。

熟語「牛宿・牛女(=牽牛と織女)・牛飼い座・牛飼い星・牽牛・斗牛」

❸その他。当て字など。

【牛▼蒡】ゴボウ 細長い根を食用とする根菜。

熟語「牛蒡尻・蝸牛(かぎゅう)(かたつむり)・天牛(てんぎゅう)(かみきりむし)」

キョ

【去】

8級 5画 ム-3 音 キョ漢・コ呉 訓 さる ①2178 Ⓤ53BB

人名 なる

筆順 一 十 土 去 去

なりたち  [象形]ふた付きの容器にかたどる。ふたをはずして中に入っていたものを移す意から、さる意を表す。

❶さる。たちさる。ゆく。

【去就】キョシュウ 去ることと留まること。進退。

【去来】キョライ 行ったり来たりする。消えたりあらわれたりする。「胸中に―する思い」

熟語「去所・去留・薨去・死去・辞去・収去・逝去・卒去・退去・脱去」

❷さる。過ぎさる。
【去年】キョネン 今年の前の年。昨年。「―の正月」
【〈去年〉】こぞ 昨年。きょねん。
『去る者は日日に疎(うと)し』死んだ者のことは月日がたつに従って次第に忘れ、また親しかった者も遠ざかれば、次第に友情が薄れる。出典「文選古詩十九首」より。
熟語「去月(きょげつ)(がつ)・去歳(きょさい)・去秋・去春・去冬・去去月・去去日(きょきょじつ)・去去年・過去」
❸さる。取りさる。取り除く。
【去勢】キョセイ 動物の精巣を取り除く。
熟語「削去・消去・除去・撤去」
❹漢字の四声の一つ。
【去声】キョショウ 漢字の四声(しせい)の一。高い音調から急に下がるように発音する。きょせい。

【巨】

4級 5画 工-2 音 キョ 漢・コ 呉 訓 おお-きい ①2180 Ⓤ5DE8

〔巨〕5画 工-2

難読 巨頭鯨(ごんどうくじら)
人名 お・おお・おお・なお・まさ・み
筆順 一 厂 戸 戸 巨
なりたち [象形]とってのついた、I型の定規にかたどる。「矩」の原字。のち、端から端までがへだたっていることから、おおきい・おおいの意に用いる。

❶おおきい。非常に大きい。
【巨漢】キョカン 並はずれてからだの大きい男。
【巨刹】キョサツ 大きな寺。大寺。
【巨視的】キョシテキ 広く全体的にながめ現象をとらえる。マクロ的。⇔微視的
【巨人】キョジン 並はずれて大きい体をもつ人。
【巨星】キョセイ 「―墜(お)つ(＝偉大な人物が亡くなる)」
【巨体】キョタイ 非常に大きなからだ。巨軀(きょく)。
【巨大】キョダイ 非常に大きい。「―な岩石」
【巨歩】キョホ 「科学史上に―をしるす」
【巨細】コサイ ①大きいことと小さいこと。「―もらさず調査する」②委細。一部始終。「―にわたって」
熟語「巨悪・巨艦・巨岩・巨軀(きょく)・巨材・巨室・巨樹・巨獣・巨晶・巨石・巨船・巨弾・巨編・巨篇・巨砲・巨木・巨海(こかい)・巨川(こせん)(きょせん)」
❷非常に多い。
【巨額】キョガク 金額が非常に多い。「―の出資金」
【巨費】キョヒ 多くの費用。「―を投じて映画を作る」
【巨万】キョマン 莫大。「―の富を築く」
熟語「巨益・巨億・巨財・巨資・巨商・巨富・巨利」
❸たいへんすぐれている。スケールが大きい。
【巨魁】キョカイ 首領。「盗賊団の―」別表記 渠魁
【巨匠】キョショウ 大家。名匠。「映画界の―」
【巨頭】キョトウ 重要な地位にある人。大立者。「―会談」
熟語「巨猾(きょかつ)・巨儒・巨擘(きょはく)」

【居】

6級 8画 尸-5 音 キョ 漢・コ 呉 訓 いる・お-る・す-える ①2179 Ⓤ5C45

人名 い・いや・おき・おり・さや・すえ・やす・より
筆順 ㇇ コ 尸 尸 尸 居 居 居
なりたち [形声]尸(しり)＋古(固くなる)音。しりをどっしりとすえる意から、いる・おくの意を表す。

❶いる。おる。すわる。すむ。すまい。
【居《心地》】いごこち 「―がよい」
【居候】いそうろう 他人の家においてもらう。食客。
【居丈高】いたけだか 「―にものを言う」
【居間】いま 居室。リビングルーム。
【居留守】いるす 家にいるのにるすを装う。「―を使う」
【居室】キョシツ ふだんいる部屋。
【居住】キョジュウ 住む。「―者」「―地」
【居所】キョショ いどころ。いどこ。「―をつきとめる」
【居宅】キョタク 日常住んでいる家。すまい。
【居留】キョリュウ 一時、ある場所にとどまり住む。
【居留地】キョリュウチ 一定地域を限って外国人の居住・営業が認められた区域。
【《居士》】コジ ①男子の戒名の末尾に添える称号。女性の大姉に当たる。②性格を表す語に付いて、そのような男子である意で用いる。「一言―」「謹厳―」
熟語「《キョ》居屋(きょおく)・居館(きょかん)・居城・居村・居邸・居民・安居(あんきょ)(あんご)・移居・逸居(いっきょ)・隠居(いんきょ)・燕居(えんきょ)・家居(かきょ)・寡居(かきょ)・客居(かっきょ)・閑居・起居・寄居(ききょ)・旧居・鳩居(きゅうきょ)・僑居(きょうきょ)・寓居・群居・穴居(けっきょ)・皇居・故居・在居・索居(さっきょ)・雑居・山居(さんきょ)・散居・住居・鶉居(じゅんきょ)・常居(じょうきょ)・新居・静居・占居・潜居・遷居・巣居・村居(そうきょ)・蹲居(そんきょ)・謫居(たっきょ)・蟄居(ちっきょ)・転居・同居・独居・入居・平居・閉居・屏居(へいきょ)・別居・卜居(ぼっきょ)・幽居・陋居(ろうきょ)・籠居(ろうきょ)」「《い》居敷(いしき)・居丈(いたけ)・居場所(いばしょ)・鳥居(とりい)・出居(いでい)(でい)・里居(さとい)・芝居(しばい)・常居(じょうい)・尻居(しりい)・中居(なかい)・仲居(なかい)・長居(ながい)・端居(はしい)・円居(まどい)・団居(まどい)・山居(やまい)・紙芝居・留守居(るすい)」
❷じっとしている。いながら。
熟語「《キョ》居常(きょじょう)・居職(きょしょく)・居然(きょぜん)」
❸すえる。おく。
熟語「居積」
❹その他。
熟語「鴨居(かもい)・敷居(しきい)」

【拒】

準2級 8画 手(扌)-5 音 キョ漢・コ呉 訓 こばむ・ふせぐ ①2181 Ⓤ62D2

〔拒〕 8画 手(扌)-5

筆順 一 ナ 扌 扌 打 扩 拒 拒

なりたち ［形声］手＋巨(両端が大きくへだたっている)音。手をのばして間隔を大きくとり、相手を寄せつけないの意。

❶ふせぐ。くいとめる。
熟語「拒止・拒守」

❷こばむ。ことわる。
【拒絶】キョゼツ 要求をことわる。「要求を—する」
【拒否】キョヒ こばみ、ことわる。「—権」
熟語「拒断・抗拒(こうきょ)・峻拒(しゅんきょ)」

【拠】

4級 8画 手(扌)-5 音 キョ漢・コ呉 訓 よる ①2182 Ⓤ62E0

【據】 16画 手(扌)-13 ②5801 Ⓤ64DA

人名 より・よる

筆順 一 ナ 扌 扌 扨 扨 扨 拠

なりたち ［形声］手＋豦(トラとイノシシがはげしくもつれ合うさま)音。互いに手をもつれ合わせる意から、すがる・よるの意を表す。「拠」は略体で、手＋処(台にすわる)の会意文字。

❶よる。よりかかる。たよる。
熟語「依拠」

❷よる。自分のものにする。たてこもる。
熟語「割拠・占拠」

❸よる。よりどころ。
【拠点】キョテン 活動をするための足場となる所。
【拠り所】よりどころ たよるべき根拠となる事柄。「心の—」
熟語「拠有・引拠・原拠・考拠・根拠・準拠・証拠(しょうこ)・所拠(しょきょ)・信拠・典拠・憑拠(ひょうきょ)・本拠・論拠」

❹(国)金銭を出し合う。「醵」の代用字としたことから。
【拠出】キョシュツ ある目的のために金品を出しあう。金品を持ち寄る。別表記 醵出
熟語「拠金」

【挙】

7級 10画 手-6 音 キョ漢・コ呉 訓 あげる・あがる・こぞる ①2183 Ⓤ6319

【擧】 17画 手-13 ②5809 Ⓤ64E7

〔舉〕 16画 臼(臼)-9 ②5810 Ⓤ8209

難読 挙尾虫(しりあげむし)

人名 かたし・しげ・たか・たつ・ひら

筆順 丶 丷 ⺍ 丷 兴 兴 巻 挙

なりたち ［形声］與(力を合わせて持ちあげる)音＋手。手をそろえて高く持ちあげるの意。

◉異字同訓◉【上】(三二四ページ)の「異字同訓」欄を参照のこと。

❶あげる。あがる。上へあげる。もちあげる。
【挙(げ)句】あげく ①いろいろやってみた結果。「—の果て」②連歌・連句において最後の句のこと。⇔発句(ほっく)。別表記 揚げ句
【挙手】キョシュ 手をあげる。「—による採決」
熟語「挙火(きょか)・挙白(きょはく)」

❷あげる。とりあげてしめす。数えあげる。ならべる。
【挙証】キョショウ 証拠をあげて示す。「—責任」
【挙例】キョレイ 実例をあげる。
熟語「挙示(きょじ)・枚挙・毛挙・列挙」

❸とりたてる。ある地位につける。
【挙用】キョヨウ 下位の者をひきあげて使う。登用。
熟語「挙子(きょし)・挙状・挙人(きょじん)(こじん・こにん)・挙達・科挙・貢挙(こうきょ)・推挙・吹挙・制挙・選挙・薦挙・内挙・年挙」

❹捕らえる。めしとる。
熟語「検挙」

❺とりおこなう。実行する。事を起こす。おこない。
【挙行】キョコウ とり行う。「卒業式を—する」
【挙式】キョシキ 式をおこなう。特に、結婚式をする。
【挙兵】キョヘイ 兵をあげる。「頼朝は伊豆で—した」
熟語「一挙・快挙・義挙・愚挙・軽挙・再挙・盛挙・壮挙・大挙・非挙・美挙・妄挙(もうきょ)(ぼうきょ)・暴挙」

❻たちいふるまい。そぶり。
【挙止】キョシ 立ち居振る舞い。挙動。「—進退」
【挙措】キョソ 立ち居振る舞い。「—を失う」
【挙動】キョドウ 立ち居振る舞い。動作。「—不審」

❼あげて。皆。こぞって。
【挙国】キョコク 国全体。国民全体。「—一致内閣」
【挙世】キョセイ 世間全体で。「—これに驚く」
【挙党】キョトウ 一つの政党全体。「—態勢で臨む」
熟語「挙家(きょか)・挙場(きょじょう)」

【虚】

3級 11画 虍-5 音 キョ漢・コ呉 訓 うつろ・むなしい ①2185 Ⓤ865A

【虚】 12画 虍-6 ③9146 Ⓤ865B

難読 虚言(そらごと)・虚栗(みなしぐり)

筆順 丨 ト 广 卢 虍 虍 虚 虚

なりたち [形声]虍(大きい)音＋北(小高い山にかこまれた盆地)。真ん中が大きくあいている意から、むなしい意を表す。

❶うつろ。むなしい。中身がない。何もない。

【虚無】(キョム) 何も存在せず空虚である。「―感」

【虚空】(コクウ) 何も存在しない空間。「―を見詰める」

【虚無僧】(コムソウ) 普化(ふけ)宗の托鉢(たくはつ)僧。深編み笠をかぶり、尺八を吹いて諸国を行脚修行した。普化僧。薦僧(こもそう)。

熟語「虚室・虚日(きょじつ)・虚舟(きょしゅう)・盈虚(えいきょ)・空虚・大虚・太虚(たいきょ)・沖虚(ちゅうきょ)」

❷うそ。いつわり。

【虚偽】(キョギ) うそ。いつわり。「―の証言」

【虚虚実実】(キョキョジツジツ) 互いに計略やわざを出し尽くして戦う。「―のかけひき」

【虚言】(キョゲン) うそ。いつわり。きょごん。

【虚構】(キョコウ) ①作りごと。②文芸作品で、事実によらず作者の想像力で作りあげる。

【虚実】(キョジツ) ①虚と実。うそとまこと。「―とりまぜて話す」②あることとないこと。③「虚虚実実」の略。

【虚数】(キョスウ) 複素数のうち実数でないもの。

【虚像】(キョゾウ) ①凹レンズや鏡などによってできる像。②実態とかけ離れた、つくられたイメージ。▽⇔実像

【虚誕】(キョタン) おおげさなうそ。でたらめ。

【虚妄】(キョモウ) 事実でない。うそ。いつわり。

【虚仮】(コケ) 愚か。「―にする」「―の一念」

【虚仮▽威し】(コケおどし) 外見だけ立派に見える。

熟語「虚語・虚辞・虚声・虚説・虚談・虚伝・虚病・虚聞・虚報」

❸うわべだけの。実がない。

【虚栄】(キョエイ) 外見だけの栄誉。「―心」

【虚業】(キョギョウ) 投機的な堅実でない事業。

【虚飾】(キョショク) うわべだけの飾り。「―にみちた言葉」

【虚勢】(キョセイ) 「―を張る(＝からいばりをする)」

【虚礼】(キョレイ) 形式だけの儀礼。「―を廃止する」

熟語「虚位・虚威(きょい)・虚喝(きょかつ)・虚器・虚士・虚浮・虚文・虚名」

❹先入観や邪心がない。

【虚心】(キョシン) こだわりのない心。「―に耳を傾ける」

【虚心坦懐】(キョシンタンカイ) 心になんのわだかまりもなく、平静な態度で事にのぞむ。「―に話し合う」

熟語「謙虚・清虚(せいきょ)」

❺よわい。よわる。

【虚弱】(キョジャク) 体が弱く病気になりやすい。「―体質」

【虚脱】(キョダツ) 気力がなくなる。「―状態」

熟語「虚証・虚労・陰虚・腎虚」

【許】

6級 11画 言-4 ①2186 Ⓤ8A31

音 キョ漢・コ漢呉

訓 ゆるす・ばかり・もと

人名 もと・ゆく

筆順 二 言 言 言 言 訁 許 許

なりたち [形声]言＋午(交互にする)音。自分が言い終わったあとに、相手が言うことをゆるすの意。

❶ゆるす。みとめる。

〈許婚〉・〈許嫁〉(いいなずけ) 結婚の約束をした相手。婚約者。フィアンセ。

【許可】(キョカ) 願いを許す。「入場を―する」

【許諾】(キョダク) 許可・承諾を与える。「―料」

【許容】(キョヨウ) 許して受け入れる。「―量」

熟語「許准・許状・許否・許与・許認可・允許(いんきょ)・叡許(えいきょ)・官許・公許・裁許・称許・聴許・勅許(ちょっきょ)・特許・内許・認許・不許・免許・黙許・無免許」

❷ばかり。ほど。おおよその量を表す。

【許多】(キョタ) 数の多いこと。あまた。別表記 巨多

熟語「幾許(いくばく)・形許り(かたちばかり)(かたばかり)・心許り・夢許り」

❸(国)もと。ところ。

熟語「《もと》足許(あしもと)・御許(おもと)(おんもと)(みもと)・親許・口許・国許・手許・鼻許・枕許・耳許・身許・胸許(むなもと)・目許・宿許・勝手許(かってもと)」

❹その他。人名。

【許慎】(キョシン) 中国、後漢の学者。漢字の形・音・意味を体系的に説いた最初の字書「説文解字(せつもんかいじ)」を著し、中国文字学の基礎を築いた。生没年未詳。

【許由】(キョユウ) 中国、古伝説上の隠者。聖帝尭(ぎょう)が自分に天下を譲るという話を聞き、耳がけがれたといって潁川(えいせん)の水で耳を洗い、箕山(きざん)に隠れたと伝えられる。

【距】

〔距〕 12画 足-5

4級 12画 足-5 ①2187 Ⓤ8DDD

音 キョ漢・コ呉

訓 けづめ・へだてる・へだたり

筆順 口 𠯁 𧾷 足 趴 距 距 距

なりたち [形声]足＋巨(端から端までがへだたっている)音。雄鳥の足の後ろ側にあって、他の四本の指と離れたところにあるけづめの意。また、へだたる意をも表す。

❶へだてる。離れる。へだて。へだたり。

【距離】(キョリ) 二つの場所などの間のへだたり。

熟語「軸距・測距儀」

❷ふせぐ。こばむ。

熟語「距絶・距戦」

❸けづめ。鶏などの足のうしろの突起したつめ。

熟語「距爪・鶏距」

ギョ

【魚】

9級 11画 魚-0 音 ギョ 漢 呉 訓 うお・さかな ①2191 Ⓤ9B5A

難読 魚子・魚狗・魚屋・魚虱・飛魚・岩魚・岩女魚・虎魚・松魚・氷魚・石伏魚・雑魚・細魚・秋刀魚・紙魚・衣魚・章魚・山女魚・公魚

人名 お・な

筆順 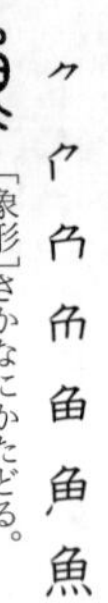

なりたち  [象形]さかなにかたどる。

❶うお。さかな。

『魚の釜中に遊ぶが若し』 身に大難が迫っているのを知らずにのんきにしていること。釜中の魚。出典「後漢書張綱伝」より。

『魚を得て筌を忘る』 目的を達してしまうと、その手段は不要になり、顧みられなくなるということのたとえ。筌蹄。出典「荘子外物」より。

【魚介】ギョカイ 魚と貝。「―類」

【魚群】ギョグン 魚のむれ。「―探知機」

【魚▼籃】ギョラン 魚を入れるかご。びく。

【魚▼鱗】ギョリン ①魚のうろこ。②兵法で、中央が突き出した陣形。

【〈魚籠〉・〈魚籃〉】びく 釣った魚を入れておく籠。

熟語「魚影・魚塩・魚蝦・魚貝・魚眼・魚膠・魚翅・魚礁・魚醬・魚信・魚水・魚倉・魚艙・魚巣・魚層・魚族・魚探・魚鳥・魚梯・魚田・魚肚・魚動・魚道・魚肉・魚脳・魚飯・魚肥・魚鰾・魚苗・魚腹・魚粉・魚鼈・魚味・魚文・魚紋・魚油・魚網・魚類・魚蠟・魚腸肥・魚灯油・塩魚・海魚・活魚・干魚・乾魚・鹹魚・金魚・銀魚・香魚・枯魚・仔魚・水魚・井魚・生魚・成魚・鮮魚・双魚・草魚・大魚・池魚・稚魚・虫魚・釣魚・珍魚・鉄魚・轍魚・闘魚・毒魚・年魚・肺魚・白魚・鮑魚・遊魚・幼魚・養魚・撈魚・甲冑魚・大衆魚・熱帯魚・比目魚・君臣水魚」

❷魚の形状をしたもの。

【魚拓】ギョタク 魚の拓本。

【魚板】ギョバン 禅寺で、諸事の報知にたたく木の板。

【魚目▼燕石】ギョモクエンセキ 魚の目と、燕山から出る石。ともに玉に似てはいるが玉ではないもの。にせもの。まがいもの。

【魚雷】ギョライ 「魚形水雷」の略。

【魚▼魯】ギョロ 書き誤りやすい文字。魯魚。「―の誤り」

熟語「魚鼓・魚袋・魚柝・魚尾・魚符・魚麗・魚鱗図冊・人魚・木魚」

【御】

4級 12画 彳-9 音 ギョ 漢・ゴ 呉 訓 おん・お・み ①2470 Ⓤ5FA1

難読 御手洗・御虎子・御俠・御座す・御息所・御酒・御菜・御湿・御髪・御調・御襁褓・御簾

人名 おき・おや・のり・みつ

筆順 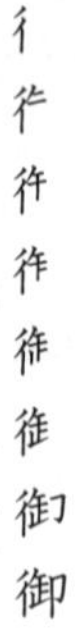

なりたち  [形声]「彳＋止」(＝辵、足でゆく)＋「午＋卩」(きねでつきなす)音。馬を飼いならして行かせる意から、おさめる意を表す。

❶馬・車馬を扱う。同馭。

【御者】ギョシャ 馬車に乗って馬を操る人。別表記 馭者

❷支配する。

【御宇】ギョウ 天子の治世の期間。御代。

熟語「駕御・控御・制御・統御」

❸ふせぐ。同禦。

熟語「防御」

❹貴人のそばに仕える人。

熟語「侍御・女御・王女御」

❺天子・天皇の行為・持ち物などを表す語について尊敬の意を表す。

【御詠】ギョエイ 天皇や皇族などが作った詩歌。

【御▼苑】ギョエン 皇室の所有する庭園。

【御感】ギョカン (天皇や君主などが)感心する。

【御寝】ギョシン 貴人などが寝る。ぎょし。「―なる」

【御座】ギョザ 天子・貴人の座席。「客星―を犯す」

【御璽】ギョジ 天皇の公印。

【御製】ギョセイ 天皇の作った詩歌。

【御物】ギョブツ 「正倉院―」「―本」

【御名】ギョメイ 天皇の名前。「―御璽」

【御所】ゴショ 天皇・上皇・三后・皇子などのすまい。

熟語「御衣・御幸・御題・御座所・御真影・御用邸・還御・供御・薨御・入御・渡御・発御・崩御・臨御」「《ギョ》移御・還御・下御・入御・出御・寝御・遷御・着御・通御・渡御・発御・崩御・臨御」

❻尊敬すべき人の行為・事柄などを表す語について尊敬の意を表す。

【御意】ギョイ ①貴人の考え・意向などを敬っていう語。「―に従う」②おっしゃるとおり。「―にござり

ます」

【御慶】ギョケイ ①めでたいこと。②新年を祝う挨拶。

【御仁】ゴジン 他人を敬っていう語。おかた。「立派な―だ」注記 現在では、多くからかい気味に用いる。

【御前】ゴゼン ①天皇や貴人の前。②貴人の敬称。

【御殿】ゴテン 身分の高い人の住んでいる屋敷。

【御幣】ゴヘイ みてぐら。ぬさ。

【御免】ゴメン ①許可の尊敬語。「天下―」②免職の尊敬語。「お役―」③謝罪の語。「さっきは―ね」④拒否の気持ちを表す語。「憎まれ役はもう―だ」

【御用】ゴヨウ ①用事・入用などの尊敬語・丁寧語。②朝廷・幕府・官庁などの用事・用命。③捕り方が犯罪人を捕らえる。④権威にへつらう。「―新聞」

【御覧】ゴラン ①見ることの尊敬語。「―のとおり」②「ごらんなさい」の略。「見て―よ」「こっちへ来て―」

熟語「《ギョ》御忌(ぎょき)(ごき)・御作」「《ゴ》御坊・御寮・御機嫌・御承知・御新造・御尊父・兄御・姉御・妹御・甥御・親御」

❼物事について丁寧の意を表す。

【御詠歌】ゴエイカ 浄土宗信者の歌う、仏をたたえる歌。

【御家人】ゴケニン ①鎌倉時代、将軍直属の家臣。②江戸時代、将軍直参の家臣のうち、御目見以下の者。

【御膳】ゴゼン 食事・飯を丁寧にいう語。ごはん。

【御託】ゴタク 自分勝手な言い分。「―を並べる」

【御多分】ゴタブン 「―にもれず(=例外ではなく)」

【御▼馳走】ゴチソウ ①「馳走」の丁寧語。もてなし。「―にあずかる」②豪勢な料理。贅沢な食事。

【御破算】ゴハサン ①算盤(そろばん)で、珠を払って零の状態にする。②今まで進めてきたことを白紙の状態にもどす。ごわさん。「計画が―になる」

【御法度】ゴハット 「社内での喫煙は―だ」

【御不浄】ゴフジョウ 「便所」を婉曲にいう語。

熟語「《ゴ》御供(ごくう)・御難・御飯・御神火・御神灯・御大層・御宝前(ごほうぜん)・御来光・御意見番」

❽(国)お。おん。み。尊敬の意を表す。

【御上】おかみ ①天皇を敬っていう語。②政府を敬っていう語。「―の命令」③主君や主人を敬っていう語。

【御前】おまえ ①神仏・貴人の前。おんまえ。みまえ。②同等またはそれ以下の相手をさしていう語。多く男性が用いる。「―はもっと人の言うことを聞け」

【御子】みこ ①子供を敬っていう語。特に、天皇の子をいう。②(父である神に対して)キリストを敬っていう語。「神の―」「救いの―」

【御▼輿】みこし ①輿を敬っていう語。②神幸の際に神霊が乗る輿。しんよ。おみこし。

【御霊・御▽魂】みたま 死者の霊魂の尊称。

【御霊屋】おたまや 先祖の霊をまつる殿堂。みたまや。

【御代】みよ 天皇などの治世を敬っていう語。

❾(国)お。おん。み。丁寧、上品に表現する気持ちを表す。

【御▽強】おこわ 強飯(こわめし)。赤飯。

【御座▽形】おざなり いいかげんに行う。「―な仕事」

【御▽釈▼迦】おシャカ 出来損ないの品。「―になる」注記 鋳物職人の隠語で、地蔵を鋳るのに誤って釈迦を鋳たことからという。

【御節介】おセッカイ 余計な世話をやく。「―なやつだ」

【御▼陀仏】おダブツ 死ぬ。「ここから落ちたら―だ」

【御田】おデン ①蒟蒻(こんにゃく)・大根・竹輪(ちくわ)などを煮込んだ料理。関東だき。②豆腐などを串にさして火であぶったもの。焼き田楽。

【御転婆】おてんば 若い娘が活発なさま。「―な女の子」

【御▼伽話】おとぎばなし 子供に聞かせる昔話や言い伝え。

〖御髭(おひげ)の塵(ちり)を払う〗 こびへつらう。おべっかを使う。出典「宋史寇準伝」より。

【御袋】おふくろ 母親を親しんで呼ぶ語。

【御八つ】おやつ 午後に食べる間食。お三時。

【御曹司・御曹子】おんゾウシ 名門の子弟。

【御大】おんタイ 「いよいよ―のお出ましだ」

【御中】おんチュウ 郵便物で、会社・団体など個人名以外のあて名の下に添える語。「○○株式会社営業部―」

熟語「御焦(おこげ)・御礼(おんれい)・御家芸(おいえげい)」

❿その他。

【御形】ゴギョウ ハハコグサの異名。おぎょう。別表記 五形

【漁】

7級 14画 水(氵)-11

音 ギョ 漢 呉・リョウ(レフ) 慣

訓 あさ-る・いさ-る・すなど-る

①2189 Ⓤ6F01

注記「リョウ」は「猟」の字音との混同から生じた慣用読み。

筆順 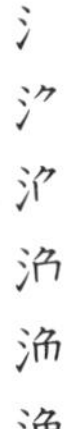

なりたち  [形声]水＋魚(さかな)音。水の中の魚をとらえるの意。篆文では、水＋魚二つ。

❶魚をとる。すなどる。いさる。

【漁火】ギョカ いさりび。

【漁獲】ギョカク 魚介類をとる。「―量」

【漁況】ギョキョウ 漁のよしあし、とれ具合の状況。

【漁業】ギョギョウ 魚介類・海藻などの捕獲や養殖に関わる職業。「―権」

【漁具】ギョグ 漁業に必要な用具類の総称。

【漁港】ギョコウ 漁業の根拠地となる港。

【漁場】ギョジョウ 漁業に適した場所。

【漁船】ギョセン 漁業をするための船。漁(いさ)り舟。

【漁村】ギョソン 漁業によって生計を立てている村。

【漁夫・漁父】ギョフ 漁業を仕事とする人。漁師。

【漁夫の利】ギョフのリ 二者の争いに乗じて、第三者がなんの苦労もなく利益を手に入れる。鷸蚌(いつぼう)の争い。出典「戦国策燕策」より。

【漁民】ギョミン 漁業で暮らす人々。漁夫。漁師。

【漁猟】漁業と狩猟。「—生活」

【漁労・漁▼撈】魚介類をとる。

【漁師】漁夫。漁民。「—町」

熟語「《ギョ》漁家・漁歌・漁期・漁協・漁区・漁戸・漁者・漁舟・漁礁・漁灯・漁法・漁網・狩漁・入漁・半漁・遊漁・半農半漁」「《リョウ》川漁・休漁・凶漁・禁漁・終漁・出漁・大漁・不漁・豊漁・密漁・地先漁」
❷あさる。求めむさぼる。
熟語「漁利・侵漁」
【漁色】次々に女性を求め、情事にふける。「—にふける」「—家」
❸文人などの雅号に添えて用いる。
熟語「漁史」

キョウ

【凶】

4級　4画　凵-2　音 キョウ漢・ク呉　訓 わざわ-い・わる-い　①2207　Ⓤ51F6

注記「兇」の書き換え字としても用いられる。

筆順 ノ メ 凶 凶

なりたち  [会意]凵(くぼみ)＋乂(交差するさま)。くぼみの中で交差し合い混乱している意から、わるい意を表す。

❶縁起がわるい。不吉。わざわい。
【凶事】不吉な出来事。⇔吉事
【凶日】縁起の悪い日。⇔吉日
【凶兆】不吉な前兆。⇔吉兆
【凶報】悪い知らせ。⇔吉報
熟語「凶音・凶禍・凶星・凶相・凶聞・凶変・凶夢・凶会日・吉凶・大凶」
❷性質がわるい。おそろしい。残忍だ。同兇。
【凶悪】「—な犯罪」「—犯」別表記 兇悪
【凶行】残虐な行為。「ナイフによる—」別表記 兇行
【凶手】「暗殺者の—に倒れる」別表記 兇手
【凶状】罪状。「—持ち」別表記 兇状
【凶暴】残忍で荒々しい。「—な性格」別表記 兇暴
【凶猛】荒々しくたけだけしい。別表記 兇猛
熟語「凶漢・凶険・凶殺・凶人・凶賊・凶弾・凶徒・凶党・凶乱・元凶」
❸人を傷つける道具。同兇。
【凶器】人を殺傷する道具。別表記 兇器
【凶刃】殺人などに用いる刃物。別表記 兇刃
❹作物などの出来がわるい。
【凶荒】凶作。飢饉。
【凶作】農作物のできが極めて悪い。⇔豊作
熟語「凶饉・凶歉・凶歳・凶年・凶漁・荒凶・豊凶」

【兇】⇨ケイ(一五五ページ)

【共】

7級　6画　八-4　音 キョウ漢・ク呉　訓 とも・とも-に　①2206　Ⓤ5171

人名 たか・とも

筆順 一 十 卄 廾 共 共

なりたち  [会意]口(大きなもの)＋廾(両手)。大きな物を両手でささげる、ともに物事を行うの意。

❶ともにする。一緒にする。とも。
【共栄】ともに栄える。「共存—」

【共益】共通の利益。「—費」

【共学】男女が同じ学校で一緒に学ぶ。

【共感】同感。「—を覚える」

【共済】共に行う助け合い。「—組合」

【共産】財産・生産手段などを共有する。「原始—制」「—主義」

【共生・共▼棲】①一緒に生活する。②二種の生物が互いに利益を得て生活する。「アリとアリマキの—」

【共存】二つ以上のものがともに存在する。きょうぞん。「—共栄」

【共通】二つ以上のものの、どれにもあてはまる。「—の友人」「全国—」

【共闘】「共同闘争」の略。

【共同】①二人以上の者が共に事を行う。「—声明」「—浴場」「—開発」②「協同」に同じ。

【共謀】複数の者が悪事をたくらむ。

【共鳴】①二つの物体の一方を振動させると、他も振動する。②他者の行動や思想などに深く同感する。共感。

【共有】一つの物を共同で所有する。「—財産」⇔専有
【共用】「パソコンを—する」⇔専用
【共和】複数の者が合議して事をなす。「—国」

【共和制】主権が複数者にある政治形態。

熟語「共営・共演・共催・共在・共修・共助・共食・共振・共選・共属・共著・共聴・共沈・共犯・共伴・共編・共訳・共立・公共」
❷「共産主義」「共産党」の略。
熟語「共匪・国共・中共・日共・反共・防共・容共」
❸(国)とも。ども。複数や謙遜の意を表す。
【共《白髪》】夫婦ともに長生きする。
【共倒れ】「販売競争で—になる」

熟語「共稼ぎ・共食い・共共(ともども)・共涙・共寝・共働き・者共・諸共(もろとも)・私共(わたくしども)・手前共・野郎共」

❹(国)とも。ども。同一である。同じもの。

熟語「共和(ともえ)・共糸・共色・共裏・共襟(ともえり)・共紙(ともがみ)・共蓋(ともぶた)」

【叫】

4級 6画 口-3 音 **キョウ**(ケウ)漢呉 訓 **さけ**-ぶ・よ-ぶ ①2211 Ⓤ53EB

筆順 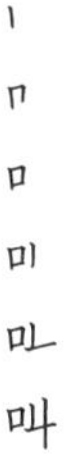

なりたち 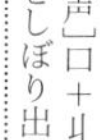 [形声]口+丩(あつめまとめる)音。声をしぼり出してさけぶの意。

さけぶ。わめく。また、よぶ。呼びかける。

【叫喚】(キョウカン) 大声をあげて、わめく。「阿鼻(あび)—」

熟語「叫呼・叫号(きょうごう)(きゅう)・叫声・叫喚地獄・喚叫・号叫・絶叫・聴叫(ちんきょう)」

【狂】

4級 7画 犬(犭)-4 音 **キョウ**(キャウ)漢・オウ(ワウ)呉 訓 **くる**-う・**くる**-おしい ①2224 Ⓤ72C2

人名 よし

筆順 

なりたち  [形声]犬+王(勢いの盛んな統率者)音。犬が興奮してしきりに走り回る意から、くるう意を表す。篆文では、犬+㞷(おおいに進みゆく)音。

❶くるう。心の働きが普通でなくなる。

【狂気】(キョウキ) 心の動きが普通ではない状態。⇔正気

【狂人】(キョウジン) 精神が異常な人。狂者。

【狂態】(キョウタイ) 正気とは思えない振る舞い。

【狂乱】(キョウラン) ①ひどくとりみだして普通ではない状態になる。「半—」②物事が異常な状態である。「—物価」

熟語「狂犬・狂死・狂疾(きょうしつ)・狂者・狂癲(きょうてん)・狂薬・狂惑・癲狂(てんきょう)・発狂・風狂・物狂・佯狂(ようきょう)・陽狂」

❷くるおしい。程度が並はずれている。

【狂喜】(キョウキ) 異常に喜ぶ。「—乱舞」

【狂騒・狂▼躁】(キョウソウ) 狂ったようなさわぎ。

【狂暴】(キョウボウ) 非常に乱暴である。

【狂奔】(キョウホン) 熱心に奔走する。「金策に—する」

【狂▼瀾】(キョウラン) 荒れくるう大波。狂濤。「—怒濤(どとう)」

【狂▼瀾(きょうらん)を既倒(きとう)に廻(めぐ)らす】 すっかり悪くなった状況を、再びもとに回復させる。回瀾。出典 韓愈「進学解」による。

熟語「狂宴・狂花・狂愚・狂狷(きょうけん)・狂信・狂想・狂濤(きょうとう)・狂熱・狂悖(きょうはい)・狂風・狂妄(きょうぼう)(もう)・狂恋・躁狂・頓狂・熱狂・素っ頓狂(すっとんきょう)」

❸熱中する。また、マニア。

熟語「詩狂・酒狂・偏狂・競馬狂・収集狂・偏執狂(へんしゅうきょう)(へんしつきょう)・野球狂」

❹(国)おどけ。滑稽(こっけい)。

【狂歌】(キョウカ) 滑稽・通俗的な短歌。ざれうた。

【狂句】(キョウク) 連歌・俳諧で、滑稽な句のこと。

【狂言】(キョウゲン) ①能楽の合間に演じられる滑稽な芝居。能狂言。②歌舞伎の演目。歌舞伎狂言。「顔見世—」③人をあざむくために仕組むたくらみ。お芝居。「—自殺」「—強盗」

【狂言▼綺語】(キョウゲンキゴ) 道理に合わない言葉と、巧みに飾った言葉。きょうげんきぎょ。

熟語「狂詩・狂体・狂俳・狂文・狂名(きょうみょう)・酔狂・即狂」

【京】

9級 8画 亠-6 音 **キョウ**(キャウ)呉・**ケ**イ漢・キン唐 訓 みやこ ①2194 Ⓤ4EAC

〈京〉9画 亠-7 ②4823 Ⓤ4EB0

人名 あつ・おさむ・たかし・ちか・ひろし

筆順 

なりたち  [象形]小高い丘の上に建つ楼閣の形にかたどる。おか、みやこの意。

❶みやこ。首都。

【京▼洛】(キョウラク) みやこ。けいらく。

【京畿】(ケイキ) ①皇居周辺の地。②京都周辺の国々。畿内。

【京師】(ケイシ) みやこ。帝都。京都。

熟語「《キョウ》帰京・古京・故京(こきょう)・在京・出京(しゅっきょう)・上京・新京・退京・滞京・着京・帝京・登京・入京・来京・離京」「《ケイ》京華(けいか)・京城(けいじょう)・京人(けいじん)」

❷「北京」の略。

【京劇】(キョウゲキ) 中国、清代に北京で発達した音楽劇。

❸けい。数の単位。兆の一万倍。

❹(国)「東京」の略。

熟語「京浜(けいひん)・京葉(けいよう)・埼京(さいきょう)」

❺(国)「京都」の略。

【京女】(キョウおんな) 京都で生まれ育った女。「東男に—」

【京▼雀】(キョウすずめ) 口さがない京都人。京童。

熟語「《キョウ》京風・京扇・京男・京方(きょうがた)・京壁・京釜・京官・京家(きょうけ)・京暦(きょうごよみ)・京職(きょうしき)・京職(きょうしょく)・京進・京談・京舞・京紫・京物(きょうもの)・京焼・京漆器・京巡礼・京草履・京染め・京人形・京上(きょうのぼ)り・京緋色(きょうひいろ)・京野菜・京童部(きょうわらべ)・京浄瑠璃(きょうじょうるり)・京羽二重(きょうはぶたえ)」「《ケイ》京津(けいしん)・京阪(けいはん)・京阪神(けいはんしん)」

【享】

準2級 8画 亠-6 音 **キョウ**(キャウ)漢・**コ**ウ(カウ)呉 訓 う-ける・たてまつ-る・すす-める ①2193 Ⓤ4EAB

人名 あきら・すすむ・たか・つら・みち・ゆき

筆順 、亠亠亡亨亨亨

なりたち ［象形］小高い台の上に建つ宗廟（先祖のみたまや）の形にかたどる。たてまつる、すすめるの意。

◉異字同訓◉【受】（二八五ページ）の「異字同訓」欄を参照のこと。

❶うける。受け入れる。わがものとする。

【享受】（キョウジュ） 受けとって、自分のものとする。味わい楽しむ。「自由を―する」

【享年】（キョウネン） 死んだときの年齢。行年（ぎょうねん）。「―八十五歳」 注記 天から享（う）けた年の意。

【享有】（キョウユウ） （権利や能力などを）生まれながらもっている。

【享楽】（キョウラク） 快楽を味わう。「―主義」

熟語 「享益・享持・享得（きょうとく）・享用」

❷もてなす。

熟語 「享宴」

❸たてまつる。すすめる。そなえる。ささげる。

熟語 「享祭・享祀（きょうし）」

【供】

5級 8画 人(亻)-6 音 キョウ㊇・ク㊉・グ 訓 そなえる・とも ①2201 Ⓤ4F9B

筆順 ノ 亻 亻 仁 什 供 供 供

なりたち ［形声］人＋共（物を両手でささげる）㊉。人が両手をそろえて、うやうやしくささげるの意。

❶さし出す。もてなす。

【供給】（キョウキュウ） ①要求や必要に応じて、物を与える。「食料を―する」②販売・交換のために、商品を市場に出す。⇔需要

【供出】（キョウシュツ） 物資などを政府の要請によって差し出す。「米の―」「―制度」

【供託】（キョウタク） 法令の規定により、金銭などを供託所などに寄託する。「―金」

【供与】（キョウヨ） 提供し、与える。「他国から―された武器」「資金を―する」

【供覧】（キョウラン） 多くの人に見せる。「―に付す」

熟語 「《キョウ》供宴・供血・供試・供食・供進・供水・供用・試供・需供・提供」

❷事情を述べる。

【供述】（キョウジュツ） 裁判で、自ら知覚した事実を述べる。「―書」

熟語 「口供・自供」

❸そなえる。神仏にささげる。天子に物をたてまつる。

【供花】（キョウカ） 仏や死者に花をそなえる。くげ。くうげ。 別表記 供華

【供物】（クモツ） おそなえ。「神前へのお―」

【供養】（クヨウ） 仏や死者の霊に供え物をする。「追善―」

熟語 「《キョウ》供応・供具（きょうぐ）（ぐ）」「《ク》供犠（くぎ）（きょうぎ）・供笥（くげ）・供御（くご）・供仏・供米（くまい）・親供（しんく）・神供（じんく）（じんぐう）・節供（せっく）・仏供（ぶっく）（ぶく）・盆供・密供（みっく）（みつぐ）・御仏供（おぶく）」「《グ》供香・供祭・供進・供饌（ぐせん）・影供・応供・祭供・散供（さんぐ）・僧供・日供（にちぐ）（にっく）・役供（やくぐ）・霊供（りょうぐ）」「《クウ》御供（ごくう）（ごく）・人身御供（ひとみごくう）」

❹（国）とも。おともをする。

熟語 「供奉（ぐぶ）・供頭（ともがしら）・供先（ともさき）・供侍（ともざむらい）・供人（ともびと）・供触（ともぶれ）・供待ち・供回り・供部屋・先供」

❺（国）ども。複数の意を表す。

熟語 「大供（おおども）・子供（こども）」

【協】〔恊〕

7級 8画 十-6 音 キョウ（ケフ）㊇㊉ 訓 あわ-せる・かな-う ①2208 Ⓤ5354

〔恊〕9画 心(忄)-6 ②5580 Ⓤ604A

注記 「叶」は、古字。

人名 かのう・やす

筆順 一 十 十 㔾 协 協 協 協

なりたち ［形声］十（集める）＋力三つ（力を合わせる）㊉。大勢の力を合わせるの意。

❶あわせる。力や心を合わせる。

【協会】（キョウカイ） 会員が協力して維持していく団体。

【協賛】（キョウサン） 趣旨に賛成し協力する。「―企業」

【協奏曲】（キョウソウキョク） 独奏楽器と管弦楽とによる器楽曲。

【協調】（キョウチョウ） 力をあわせて事にあたる。「労使―」

【協同】（キョウドウ） 力を合わせる。「産学―」

【協力】（キョウリョク） ある目的に向かって力を合わせる。「一致―」「―を惜しまない」

【協和】（キョウワ） 心を合わせ仲良くする。

熟語 「協業・協心・協働・和協・和衷協同（わちゅうきょうどう）」

❷話し合う。利害や意見を調整する。

【協議】（キョウギ） 話し合って決める。「―離婚」

【協商】（キョウショウ） 国家間で、協調関係を取り決める。同盟ほど正式ではない。 注記 「商」は相談する、の意。

【協定】（キョウテイ） ①協議してきめる。「通商―」②条約の一種。国家間の略式のとりきめ。

【協約】（キョウヤク） ①協議して約束する。「労働―」②条約の一形式。本質も効力も条約と同じ。

熟語 「協合・妥協」

❸かなう。一致する。調和する。

熟語「協応」

❹「協会」の略。

熟語「漁協・生協・全協・体協・農協・労協・原水協・全労協」

【況】
4級 8画 水(氵)-5
音 キョウ(キャウ)漢呉
訓 いわん-や・まし-て
①2223 Ⓤ6CC1

〔况〕7画 冫-5 ②4955 Ⓤ51B5

筆順 況

なりたち [形声]水＋兄(大きい)音。水かさがますます大きくふえる意から、以前より程度が激しい、比べてみたようすの意を表す。

❶ありさま。ようす。おもむき。

熟語「意況・海況・概況・活況・業況・漁況・近況・苦況・景況・現況・好況・作況・惨況(さんきょう)・市況・実況・商況・状況・常況・情況・盛況・戦況・悲況・病況・不況・林況(りんきょう)」

❷くらべる。たとえる。なぞらえる。

熟語「比況」

【香】⇩コウ(二〇七ページ)

【峡】
3級 9画 山-6
音 キョウ(ケフ)呉・コウ(カフ)漢
訓 かい・はざま
①2214 Ⓤ5CE1

〔峽〕10画 山-7 ②5423 Ⓤ5CFD

筆順 峡

なりたち [形声]山＋夾(小さな人が大きな人を両わきからはさむ)音。山と山にはさまれた谷間の意。

❶谷間。はざま。かい。

【峡谷】キョウコク 狭くて深い、険しい谷。「黒部―」

【峡湾】キョウワン 峡江。フィヨルド。

熟語「峡路(かいじ)・峡間・峡江(きょうこう)・河峡・口峡(こうきょう)・山峡(さんきょう)(やまかい)」

❷細長くせばまった場所。

熟語「海峡・地峡」

【挟】
準2級 9画 手(扌)-6
音 キョウ(ケフ)漢呉
訓 はさむ・はさまる・さしはさむ
①2220 Ⓤ631F

〔挾〕10画 手(扌)-7 ②5749 Ⓤ633E

人名 もち

筆順 挟

なりたち [形声]手＋夾(小さな人が大きな人を両わきからはさむ)音。手を胴体につけるようにしてわきばさむの意。

❶身につける。所持する。

熟語「挟持・挟書」

❷はさむ。そのものを両側からおさえつける。さしはさむ。はさまる。

【挟撃】キョウゲキ 挟みうちにする。別表記 夾撃

熟語「挟攻・挟殺(きょうさつ)」

【狭】
4級 9画 犬(犭)-6
音 キョウ(ケフ)呉・コウ(カフ)漢
訓 せまい・せばめる・せばまる・さ
①2225 Ⓤ72ED

〔狹〕10画 犬(犭)-7 ②6437 Ⓤ72F9

人名 さ・さし

筆順 狭

なりたち [形声]「陜」が原字で、阜(おか)＋夾(小さな人が大きな人を両わきからはさむ)音。おかにはさまれてせまいの意。「狭」は俗字。

❶せまい。広さや間隔がせまい。せばめる。せばまる。⇔広。

【狭隘】キョウアイ ①土地などが小さくせまい。「―な土地」②心がせまい。度量がない。「―な度量」

【狭義】キョウギ 言葉の意味範囲に広さの違いがあるとき、狭い方の意味。⇔広義

【狭小】キョウショウ 狭くて小さい。⇔広大

【狭間】はざま ①物と物との間の狭くなったところ。さま。②谷あい。谷間。「山の―」③弓・鉄砲などを射つためにあけた穴。銃眼。別表記 迫間・間

熟語「狭軌・狭窄(きょうさく)・狭長・狭織(さおり)・狭間(さま)・狭心症・広狭・陋狭(ろうきょう)」

❷せまい。心がせまい。度量が小さい。

【狭量】キョウリョウ 心がせまい。「―な人物」⇔広量

熟語「狷狭(けんきょう)・偏狭(へんきょう)・褊狭(へんきょう)」

❸(国)さ。語調を整える働きをする。

【狭霧】さぎり 霧。注記「さ」は接頭語。

熟語「狭衣(さごろも)」

【恐】
4級 10画 心-6
音 キョウ漢・ク呉・クウ
訓 おそれる・おそろしい・おそ-らく・こわ-い
①2218 Ⓤ6050

筆順 恐

なりたち [形声]巩(工具を両手でかかえる)音＋心。のみで心の中に穴をあけられたようにうつろな心持ちである、おそれるの意。

◇おそれる(恐・畏) ●異字同訓●

「恐れる」は"恐ろしいと思う。心配する"の意。「怖れる」「懼れる」とも書く。「死を恐れる」「報復を恐れる」「失敗を恐れる」「資料の散逸を恐れる」

「畏れる」は"能力の及ばないものをおそれ敬う"の意。「恐れる」とも書く。「神をも畏れぬ振る舞い」「後生畏るべし」

❶おそれる。こわがる。

【恐慌】キョウコウ ①おそれあわてる。「―をきたす」②景気の急激な後退による経済界の混乱状態。パニック。「経済―」

【恐怖】キョウフ 恐れこわがる。「―感」「―心」

【恐竜】キョウリュウ 中生代に栄え、絶滅した巨大な爬虫類の一種。

熟語「恐妻・恐水病・震恐(しんきょう)・戦戦恐恐」

❷つつしむ。かしこまる。

【恐悦】エツ つつしんで喜ぶ。「―至極」 別表記 恭悦

【恐恐謹言】キョウキョウキンゲン 恐れながらつつしんで申し上げます。手紙文の結びに記す。

【恐▼懼】キョウク おそれかしこまる。「―感激」「―謹言」

【恐▼惶】キョウコウ おそれかしこまる。「―至極」「―謹言」

【恐縮】キョウシュク 身も縮むほど恐れ入る。

熟語「恐恐・恐察・恐悚(きょうしょう)・恐惶敬白・誠恐(せいきょう)・誠惶誠恐」

❸おびやかす。おどす。

【恐喝】キョウカツ ゆすり。「―罪」

熟語「恐嚇(きょうかく)」

❹おそろしい。こわい。

❺おそらく。多分。

【恭】

準2級 10画 心(⺗)-6 音 キョウ漢・ク呉 訓 うやうやしい ①2219 Ⓤ606D

人名 すけ・すみ・たか・たかし・ただ・ただし・ちか・のり・みつ・やす・やすし・ゆき・よし

筆順 一 艹 共 共 恭 恭 恭 恭

なりたち  [形声]共(両手でささげる)音+心。つつしみ、うやうやしくするの意。金文では、神としての竜に両手でそなえる形につくる。

❶うやうやしい。つつしみぶかい。つつしむ。

【恭悦】キョウエツ 「恐悦」に同じ。

【恭賀】キョウガ つつしんで祝う。謹賀。「―新年」

【恭敬】キョウケイ つつしみ敬う。くぎょう。「―の意を表す」

【恭倹】キョウケン つつしみ深く、控え目に振る舞う。「―己を持す」

【恭謙】キョウケン つつしみ深く、へりくだる。

【恭順】キョウジュン つつしみ深く、従う。「―の意を表す」

熟語「恭謹・温恭・謙恭・足恭(すうきょう)(すきょう・しゅきょう)・遜恭」

【胸】

5級 10画 肉(月)-6 音 キョウ漢・ク呉・クウ 訓 むね・むな ①2227 Ⓤ80F8

筆順 丿 刀 月 肑 肑 胸 胸 胸

なりたち [形声]肉+匈(空洞の肺を包みこんだむね)音。「匈」が原字。意味を明確にするために「肉(月)」を加えた。

❶むね。首と腹との間の部分。むな。

【胸囲】キョウイ 胸回りの長さ。

【胸板】むないた 胸部の平たいところ。

【胸倉・胸▽座】むなぐら 着物の襟が重なり合うあたり。

【胸突き八丁】むなつきハッチョウ 目標に達する直前の最も苦しいところ。「交渉は―にさしかかった」

熟語「胸泳・胸液・胸郭・胸膈(きょうかく)・胸管・胸筋・胸甲・胸腔(きょうこう)・胸骨・胸章・胸墻(きょうしょう)・胸水・胸声・胸線・胸像・胸背・胸部・胸壁・胸膜・胸繋(むながい)・胸簾(むなすだれ)・胸焼け(むねやけ)・胸脇苦満(きょうきょうくまん)・胸高直径・胸鎖関節・胸式呼吸・開胸・気胸・膿胸・鳩胸(はとむね)・豊胸・漏斗胸(ろうときょう)」

❷こころ。こころのうち。

【胸奥】キョウオウ 心の奥底。「―に秘める」

【胸臆】キョウオク 胸のうち。「―を聞く」

【胸懐】キョウカイ 胸中。胸襟(きょうきん)。「―を語る」

【胸襟】キョウキン 胸中。心の中。「―を開く」

【胸中】キョウチュウ 心の中。「―を察する」

【胸底】キョウテイ 心の奥底。「―に秘めた思い」

【胸裏】キョウリ 心の中。胸中。「―に描く」

【胸▼糞】むなくそ 「―が悪い(=不愉快である)」

【胸騒ぎ】むなさわぎ 「―をおぼえる」

【胸算用】むなザンヨウ 胸中での計算。「―をたてる」

【胸三寸】むねサンズン 胸の中。「―におさめる」

熟語「胸宇・胸間・胸算(きょうさん)・胸悪(むねわる)・心胸・度胸・糞度胸・悪度胸(わるどきょう)」

【脅】

3級 10画 肉(月)-6 音 キョウ(ケフ)漢呉 訓 おびやかす・おどす・おどかす ①2228 Ⓤ8105

筆順 フ カ カ 劦 劦 脅 脅 脅

なりたち 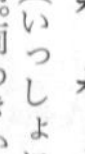 [形声]劦(いっしょに力を合わせる)音+肉。両わきから同時に力を入れてはさむ意から、わきの意を表す。また、両わきからはさんでおどす意にも用いる。

❶わきばら。あばら。㊐脇。
❷おびやかす。こわがらせる。おどす。おどかす。
【脅威】キョウイ「―を感じる」「戦争の―」
【脅迫】キョウハク おどしつける。「―状」
熟語「脅嚇きょうかく・脅喝・脅従・威脅」

【経】⇩ケイ(一五九ページ)

【強】

9級 11画 弓-8 ①2215 Ⓤ5F37

音 キョウ(キャウ)漢・ゴウ(ガウ)呉
訓 つよい・つよまる・つよめる・しいる・あながち・こわい・したたか

〔强〕12画 弓-9 Ⓤ5F3A

難読 強盗がんどう・強請ゆする(ねだる)
人名 あつ・かつ・たけ・つとむ・つよ・つよし
筆順 ㄱ コ 弓 弘 弘 弘 弶 強
なりたち  [形声]「彊の略体」(かたく張った弓)音＋虫。かたいからをもつ虫の意から、つよい意を表す。

❶つよい。勢いが盛んである。⇔弱。
【強圧】キョウアツ 強い圧力。「―的な態度」
【強運】キョウウン 運が強い。「―の人」
【強記】キョウキ 記憶力がすぐれている。「博覧―」
【強健】キョウケン 体が丈夫である。「―な体」
【強堅】キョウケン 強くてしっかりしている。「―な意志」
【強権】キョウケン 国家がもつ強力な権力。「―発動」
【強固】キョウコ「―な意志」⇔薄弱。別表記 鞏固
【強硬】キョウコウ「―に主張する」⇔軟弱
【強豪】キョウゴウ 強くて手ごわい。「―どうしの対戦」
【強者】キョウシャ 力や権力の強い者。「―の論理」⇔弱者
【強弱】キョウジャク「―をつける」
【強襲】キョウシュウ はげしく相手に襲いかかる。
【強▼靭】キョウジン 強くて粘りがある。「―な肉体」
【強大】キョウダイ 強くて大きい。「―な権力」⇔弱小
【強敵】キョウテキ 強い敵。「―に当たる」
【強暴】キョウボウ 強く荒々しい。
【強力】キョウリョク 力や作用が強い。「―に推し進める」
【強烈】キョウレツ 力や作用が強く激しい。「―な反撃」
【強欲・強▼慾】ゴウヨク「―な男」
【強力】ゴウリキ ①力が強い。「―無双」②登山者の荷物を運ぶ案内人。別表記 剛力
【強気】つよキ「―な性格」「―な発言」「―に攻める」⇔弱気
熟語「《キョウ》強意・強雨・強悍きょうかん・強起・強毅きょうき・強禦きょうぎょ・強剛きょうごう・強識・強手・強振・強震・強盛・強勢・強賊・強卒・強電・強度・強弩きょうど・強熱・強拍・強風・強猛・強勇・強撚糸・強風雨・強力粉きょうりきこ・頑強・屈強・堅強・康強・剛強・腰強こしづよ・最強・至強・盛強・精強・富強・勇強・雄強・列強」「《ゴウ》強悪・強縁・強臆・強弓・強塩ごうしお・強酒・強盛ごうじょう・強勢・強細風ごうさいふう」

❷つよめる。つよくする。つよまる。
【強化】キョウカ 強くする。「―合宿」
【強調】キョウチョウ 強く主張する。「平和を―する」
【強兵】キョウヘイ ①強い兵隊。②軍事力を増強する。「富国―」
熟語「増強・補強」

❸しいる。むりに押しつける。
【強行】キョウコウ 反対や障害を押し切って、無理に行う。「採決を―する」
【強攻】キョウコウ 危険や不利を覚悟して無理に攻める。
【強制】キョウセイ むりじい。「移住を―する」
【強請】キョウセイ ゆする。「寄付金を―する」
【強迫】キョウハク 無理強いする。
【強弁】キョウベン 無理に言い張る。「正当性を―する」
【強要】キョウヨウ 強制的に要求する。「返答を―する」
【強引】ゴウイン 無理やりに物事をする。「―なやり方」
【強▼姦】ゴウカン 女性を犯す。「―罪」⇔和姦
【強奪】ゴウダツ「現金を―される」
【強盗】ゴウトウ 力ずくで他人の金品を奪う。「銀行―」
【〈強請〉】ゆすり 他人をおどして金品を出させる。
熟語「《キョウ》強誘・牽強けんきょう・勉強」「《ゴウ》強淫・強手・強談」

❹こわい。こわばる。頑固。また、したたか。
【強情】ゴウジョウ かたくなに意地を張る。「―を張る」
【強飯】こわめし 糯米もちごめを蒸した飯。おこわ。こわいい。
【強▽面】こわもて こわい顔をして、強硬な態度に出る。「―に出る」注記「こわおもて」の転。
熟語「強直きょうちょく・強情っ張り・強突く張り・強供御こわくご・御強おこわ・義強ぎごわ・情強じょうごわ・木強ぼっきょう」

❺四〇歳の異称。身心の活力の盛んなころ。
【強壮】キョウソウ 体が丈夫で、元気がある。「滋養―」注記「強」は四〇歳、「壮」は三〇歳の意。

❻他に切り捨てた端数があること。実際はやや多い。⇔弱。
熟語「強半きょうはん・十名強じゅうめいきょう」

❼(国)あながち。必ずしも(…でない)。一概には。
【強ち】あながち「―無理ともいえない」

【教】

9級 11画 攴(攵)-7 ①2221 Ⓤ6559

音 キョウ(ケウ)呉・コウ(カウ)漢
訓 おしえる・おそわる・おしえ

〔敎〕11画 攴(攵)-7 Ⓤ654E

人名 かず・かた・こ・たか・なり・のり・みち・ゆき

筆順 一 十 土 耂 耂 考 孝 孝 教

たちなり 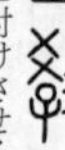 ［形声］爻（まじわる）㊉＋子＋攴（むちうつ）。子とまじわって知識を身に付けさせる意から、おしえる意を表す。

❶おしえる。習わせ、みちびく。おそわる。

〖教うるは学ぶの半（なかば）〗人に教え理解させることは、半分は自分にとっての勉強でもある。教学相（あい）長ず。出典「書経 説命下」より。

【教育】（キョウイク） 知識や技能などが身につくように教える。「義務―」「―のある人」

【教員】（キョウイン） 教師。先生。「―免許状」

【教化】（キョウカ） 教え導き、よい方向に向かわせる。

【教科】（キョウカ） 学校教育で学習する科目。「―主任」

【教戒・教▼誡】（キョウカイ） おしえいましめる。

【教▼誨】（キョウカイ） おしえさとす。受刑者を正しい道に導く。「―師」

【教科書】（キョウカショ） 「国語の―」

【教官】（キョウカン） 教育に従事する公務員。「指導―」

【教訓】（キョウクン） 教えさとす。「―を生かす」

【教護】（キョウゴ） 非行少年を保護し教育する。「―院」

【教唆】（キョウサ） 悪事をするようそそのかす。「殺人―」

【教材】（キョウザイ） 授業や学習に用いる資料や道具。

【教師】（キョウシ） 教育に従事する人。教員。

【教示】（キョウジ） おしえしめす。きょうし。示教。

【教室】（キョウシツ） 学校などで授業を行う部屋。

【教授】（キョウジュ） ①学問・技芸を教える。「書道を―する」②大学・高等専門学校などで、教育や研究に従事する人。「―会」

【教習】（キョウシュウ） 技術などを教える。「自動車―所」

【教職】（キョウショク） 学生・生徒などを教育する職務。

【教則】（キョウソク） 物事を教える上の手順や規則。「―本」

【教壇】（キョウダン） 教師が教えるために立つ壇。

【教導】（キョウドウ） 教えみちびく。「国民を―する」

【教▼鞭】（キョウベン） 「―を執る（＝教師になって教える）」

【教諭】（キョウユ） 学校教育に従事する者。

【教養】（キョウヨウ） 幅広い文化的・学問的な知識。

熟語「教案・教委・教学・教具・教研・教士・教旨（きょうし）・教場・教正・教生・教宣・教卓・教程・教頭・教範・教母・教坊・教本・教務・教令・教練・示教（しきょう）・指教・助教・垂教（すいきょう）・胎教・調教・徳教・風教・文教」

❷おしえ。特に、神仏や聖人の教え。宗旨。

【教会】（キョウカイ） 礼拝などの宗教儀礼に用いる建物。主にキリスト教のものをいう。

【教義】（キョウギ） 宗教の中心となる内容。教理。ドグマ。

【教化】（キョウケ） 教え導いて善い方向に進ませる。「民衆を―する」

【教皇】（キョウコウ） ローマ教会の最高位の聖職者。法王。

【教書】（キョウショ） アメリカで、大統領が議会に発する意見書。

【教条】（キョウジョウ） 教会が公認した教義。ドグマ。

【教条主義】（キョウジョウシュギ） 原理・原則を杓子（しゃくし）定規に適用する態度。ドグマティズム。

【教祖】（キョウソ） ある宗教・宗派の創始者。

【教団】（キョウダン） 宗教を中心として組織された団体。

【教典】（キョウテン） 宗教の教義を記した本。経典。

【教徒】（キョウト） ある宗教を信仰している人。信徒。

【教理】（キョウリ） 宗教上の真理とされている教え。教義。

熟語「教観・教規・教区・教権・教主・教宗・教説・教相・教内・教派・教父・教法・教門・教行信証（きょうぎょうしんしょう）・教外別伝（きょうげべつでん）・教相判釈（きょうそうはんじゃく）・異教・遺教（いきょう（ゆいきょう））・円教（えんぎょう）・回教・外教（がいきょう（げきょう））・棄教・旧教・経教（きょうぎょう）・禁教・空教・景教・化教（けきょう）・顕教（けんぎょう）・紅教・高教・黄教・五教・国教・言教（ごんきょう）・権教（ごんきょう）・三教・司教・四教・七教・実教・邪教・釈教・宗教・主教・儒教・殉教・聖教（しょうぎょう）・心教・信教・新教・世教（せいきょう）・正教・政教・制教・聖教・説教・宣教・漸教・伝教（でんぎょう）・道教・頓教・内教・背教・秘教・布教・仏教・別教・奉教・密教・名教（めいきょう）・妖教・一神教・円頓教（えんどんきょう）・基督教・多神教・天主教・耶蘇教」

【郷】

【鄕】 13画 邑（阝）-10 ③9276 Ⓤ9115

5級 11画 邑（阝）-8 ①2231 Ⓤ90F7

音 **キョウ**（キヤウ）㊃・**ゴウ**（ガウ）㊁

訓 さと

人名 あき・あきら・さと・のり

筆順 ㄑ 幺 乡 纟 纟 组 郷 郷

たちなり  ［形声］「卿の略体」（ごちそうをまん中にして二人が向き合う）㊉＋邑（むら）。たがいに向き合っている村里の意。

❶さと。むらざと。

【郷士】（ゴウシ） 江戸時代、農村に居住した武士。郷侍。

〖郷（ごう）に入（い）っては郷に従う〗 新しい土地に来たら、その土地の風俗・習慣に従うのが処世の法である。

熟語「《キョウ》郷曲・郷貢（きょうこう）・郷試・郷塾・郷紳・郷俗・郷兵・郷邑（きょうゆう）・郷勇」「《ゴウ》郷家・郷学・郷戸・郷校・郷倉・郷蔵・郷社・郷紳・郷村・郷長・郷民・移郷・寒郷・近郷（きんごう）・在郷（ざいごう（ざいきょう））・荘郷（しょうごう）・助郷・隣郷（りんごう）」

❷ふるさと。

【郷関】（キョウカン） 故郷と他国との境。故郷。「青雲の志を抱いて―を出る」

【郷愁】（キョウシュウ） 故郷をなつかしく感じる気持ち。

【郷土】（キョウド） 生まれ育った土地。郷里。故郷。

【郷里】（キョウリ） 生まれ育った所。「―にもどる」

熟語「郷音（きょうおん）・郷貫（きょうかん）・郷国・郷書・郷信・郷人（きょうじん）・郷党・郷友・郷閭（きょうりょ）・愛郷・懐郷・家郷・帰郷・故郷（こきょう（ふるさと））・思郷・出郷・同郷・望郷・離郷」

❸ところ。場所。

熟語「異郷・客郷（かっきょう（かくきょう））・水郷（すいきょう（すいごう））・酔郷・仙郷・他郷（たきょう（たごう））・本郷（ほんごう）・温柔郷・桃源郷・理想郷・無何有郷（むかゆうきょう）」

キ

【境】

6級　14画　土-11

音 キョウ（キャウ）呉・ケイ漢
訓 さかい

①2213　Ⓤ5883

筆順

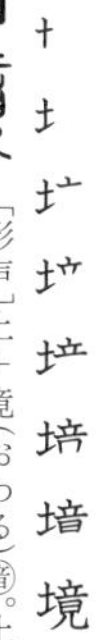

なりたち  ［形声］土＋竟（おわる）音。土地の区切り、さかいの意。

❶さかい。土地の区切り目。

【境域】（キョウイキ）①さかい。境界。②領域。別表記 疆域

【境界】（キョウカイ）土地・物事のさかい目。別表記 疆界

【境内】（ケイダイ）神社や寺院の敷地内。

熟語「境栽・境土・境外・越境・遠境・県境・耕境・国境・四境・至境・州境・神境・地境・封境」

❷地域。

熟語「異境・勝境・人境・塵境・絶境・仙境・俗境・蕃境・秘境・僻境・辺境・偏境・魔境・妙境・冥境・幽境・楽境・隣境・霊境・人外境・神仙境・無人境」

❸身の上。身のおきどころ。

【境涯】（キョウガイ）境遇。「不幸な―」

【境遇】（キョウグウ）その人の置かれた環境や状況。身の上。境涯。「恵まれた―」

【境地】（キョウチ）心の状態。心境。「新たな―を開く」

熟語「佳境・歌境・画境・雅境・環境・逆境・窮境・句境・苦境・詩境・順境・庶境・蔗境・心境・進境・難境・万境・悲境・夢境・老境・三昧境・陶酔境」

❹（仏）感覚・意識の対象。

熟語「五境・声境・触境・六境」

【興】⇩コウ（二一四ページ）

【橋】

8級　16画　木-12

音 キョウ（ケウ）漢呉
訓 はし

人名 たか

①2222　Ⓤ6A4B

筆順

なりたち  ［形声］木＋喬（上部が曲線状をなす高い家）音。中央が高くまるくなっているはしの意。

はし。川の両岸など、二つの地点を結びつける構造物。

【橋脚】（キョウキャク）橋を支える柱。

【橋頭堡】（キョウトウホ）①橋を守るために築く陣地。②上陸や渡河をする味方を掩護し、攻撃の足場となる拠点。「―を築く」

【橋畔】（キョウハン）橋のたもと。

【橋梁】（キョウリョウ）橋。「―工事」

熟語「橋架・橋構・橋床・橋上・橋台・橋塔・橋頭・橋詰め・橋殿・石橋・架橋・艦橋・拱橋・軍橋・虹橋・溝橋・桟橋・舟橋・神橋・船橋・断橋・鉄橋・名橋・陸橋・回旋橋・可動橋・架道橋・下路橋・高架橋・跨線橋・三奇橋・斜張橋・昇開橋・昇降橋・上路橋・水路橋・旋開橋・跳開橋・鉄道橋・天然橋・導水橋・道路橋・渡船橋・渡線橋・歩道橋」

【矯】

準2級　17画　矢-12

音 キョウ（ケウ）漢呉
訓 ためる・いつわ-る

人名 いさみ・たけし・ただ

①2226　Ⓤ77EF

筆順

なりたち  ［形声］矢＋喬（上部が曲線状をなす高い家）音。矢の曲がりをまっすぐにする、ためるの意。

❶ためる。曲がったものをまっすぐにする。わるい点を正す。

【矯正】（キョウセイ）正しく直す。「歯列―」

熟語「矯風・矯弊・矯臭剤・矯正剤・矯味剤」

❷いつわる。うわべを飾る。

【矯飾】（キョウショク）うわべをとりつくろい飾る。

熟語「矯託・奇矯」

❸強い。勇ましい。激しい。

【矯激】（キョウゲキ）言動がなみはずれてはげしい。

熟語「矯矯」

【鏡】

7級　19画　金-11

音 キョウ（キャウ）呉・ケイ漢
訓 かがみ

人名 あき・あきら・かね・とし・み

①2232　Ⓤ93E1

筆順

なりたち  ［形声］金＋竟（くぎる）音。物と物とのくぎりめ、すがたをうつし出す銅製のかがみの意。

❶かがみ。姿形を映す道具。

【鏡花水月】（キョウカスイゲツ）①鏡に映った花と水に映った月のように、手に取ることができないもの。②言葉で言い表すことができない情趣。

【鏡台】（キョウダイ）化粧の際に用いる鏡を立てる台。

熟語「鏡架・鏡匣・鏡心・鏡像・鏡面・鏡裏・雲鏡・円鏡・漢鏡・銀鏡・矩鏡・古鏡・耳鏡・神鏡・水鏡・破鏡・方鏡・魔鏡・明鏡・和鏡・三面鏡・照魔鏡・同笵鏡・玻璃鏡・反射鏡」

❷レンズを用いた道具・装置。

熟語「鏡径・鏡胴・眼鏡（めがね）・検鏡・遠視鏡・凹面鏡・拡大鏡・球面鏡・近眼鏡・検眼鏡・顕微鏡・写真

鏡・集光鏡・千里鏡・双眼鏡・対物鏡・天眼鏡・凸面鏡・内視鏡・平面鏡・望遠鏡・砲隊鏡・万華鏡・老眼鏡」

❸模範。手本。

熟語「鏡鑑・鏡考・亀鏡(ききょう)(きけい)」

❹(国)鏡のような丸く平たい形。特に、そのような形の餅。

【鏡餅】(かがみもち) 丸く平たく作った餅。大小二個を重ねて、正月や祝いのときに神に供えた。お供え。おかがみ。

【競】〔競〕

7級 20画 立-15 音 キョウ(キャウ)呉・ケイ漢 訓 きそう・せる ①2205 Ⓤ7AF6

〔競〕22画 立-17 ②4931 Ⓤ7AF8

人名 つよし

筆順

なりたち [会意]言二つ+人二つ。二人が互いに言いあう意から、せりあう意を表す。

きそう。はりあう。せる。

【競泳】(キョウエイ) 速さを競いあう水泳競技。

【競演】(キョウエン) 演技力の優劣を競う。

【競技】(キョウギ) わざの優劣や勝敗の競い合い。「陸上―」

【競合】(キョウゴウ) ①せりあう。「―商品」②いくつかの要素が重なりあう。「―脱線」

【競争】(キョウソウ) せりあい。「生存―」

【競走】(キョウソウ) 一定の距離を走って速さを競う競技。

【競漕】(キョウソウ) ボートを漕いで速さを競う競技。

【競売】(キョウバイ) 買い手の中で最高価格をつけた人に売る方法。せりうり。「―にかける」注記 法律用語では「けいばい」と読む。

【競歩】(キョウホ) 陸上競技の一。

【競馬】(ケイバ) 馬を走らせ順位を競う勝負。

【競輪】(ケイリン) 職業選手による自転車競技。

熟語「競願・競起・競業・競作・競書・競艇・競闘・競買(きょうばい)(けいがい)・競落・競望(けいぼう)・競取り(せどり)・競り買い・競り場・競売買(きょうばいばい)(けいばいばい)・競り売買・押し競(おしくら)・駆け競(かけくら)・争競・飛び競(とびくら)(とびこぐら)・睨め競(にらめくら)」

【響】〔響〕

4級 20画 音-11 音 キョウ(キャウ)漢・コウ(カウ)呉 訓 ひびく・ひびき ①2233 Ⓤ97FF

〔響〕22画 音-13 ③9386 ⓊFA69

難読 響銅(さはり)

人名 おと・なり

筆順

なりたち [形声]郷(向き合う)音+音。音が向き合いはねかえるなどして、ひびくの意。

ひびく。ひびき。音が伝わる。また、はね返る。

熟語「響応・響胴・響板・影響・音響・交響・残響・玉響(たまゆら)・反響・余響・交響曲」

【驚】

4級 22画 馬-12 音 キョウ(キャウ)呉・ケイ漢 訓 おどろく・おどろかす ①2235 Ⓤ9A5A

人名 とし

筆順

なりたち [形声]敬(身をひきしめかしこまる)音+馬。馬がはっと身をひきしめて動き出す意から、おどろく意を表す。

❶おどろく。びっくりする。おどろかす。

【驚異】(キョウイ) おどろくほど不思議だ。「―的」

【驚愕】(キョウガク) 非常に驚く。「ニュース速報に―する」

【驚喜】(キョウキ) 驚き喜ぶ。「再会に―する」

【驚嘆・驚歎】(キョウタン) 素晴らしさに驚き感心する。「―に値する」

【驚天動地】(キョウテンドウチ) (天を驚かし地を動かすの意から)世間を非常に驚かせる。「―の出来事」

【驚倒】(キョウトウ) 非常に驚く。「奇抜な発想に―する」

熟語「驚駭(きょうがい)・驚起・驚悸(きょうき)・驚惶(きょうこう)・驚破・驚怖・一驚・吃驚・喫驚・震驚」

❷はげしい。すばやい。

熟語「驚沙・驚風」

ギョウ

【行】⇩コウ(二〇二ページ)

【仰】

4級 6画 人(亻)-4 音 ギョウ(ギャウ)漢・コウ(カウ)呉・ゴウ(ガウ)呉 訓 あおぐ・おおせ・あおむく・あおむける ①2236 Ⓤ4EF0

人名 たか・もち

筆順

なりたち [形声]人+卬(あおぐ)音。人があおぎ見るの意。

❶あおぐ。見上げる。あおむく。あおむける。

【仰臥】(ギョウガ) あおむけに寝る。⇔伏臥

【仰視】(ギョウシ) あおぎみる。「空を―する」⇔俯視(ふし)

【仰天】(ギョウテン) 非常に驚く。「びっくり―」

【仰望】(ギョウボウ) あおぎのぞむ。「富士山を―する」

熟語「仰角・俯仰(ふぎょう)」

❷あおぐ。うやまう。とうとぶ。たっとぶ。

熟語「仰瞻・仰慕・渇仰・帰仰・欽仰・敬仰・景仰・賛仰・鑽仰・信仰・瞻仰」

❸（国）おおせ。お言葉。ご命令。

熟語「仰せ書き・仰せ言・仰せ付かる・仰せ文・仰有る」

❹その他。当て字。

【仰山】ギョウサン ①おおげさ。「―に言う」②はなはだしいさま。たくさん。「金が―いる」注記 主に関西地方で用いる。

熟語「大仰」

【形】⇩ケイ（一五六ページ）

【暁】

準2級 12画 日-8 ①2239 Ⓤ6681

音 ギョウ（ゲウ）呉・キョウ（ケウ）漢呉

訓 あかつき・さと-る

【曉】16画 日-12 ②5892 Ⓤ66C9

人名 あき・あきら・あけ・さとし・さとる・とき・とし

筆順

なりたち ［形声］日＋堯（たかい）音。日が高くのぼるころの意から、あかつきの意を表す。

❶あかつき。夜明け。

【暁▽闇】ギョウアン 夜明けのほの明るいやみ。

【暁光】ギョウコウ 夜明けに東の空にさす光。

【暁鐘】ギョウショウ 夜明けに鳴らす鐘。明けの鐘。

【暁星】ギョウセイ 夜明けに残る星。特に、明けの明星。

【暁天】ギョウテン 夜明けの空。「―の星（＝数が少ない）」

熟語「暁鴉・暁雨・暁雲・暁角・暁起・暁鶏・暁更・暁紅・暁日・暁鐘・暁色・暁夕・暁旦・暁霧・暁露・寒暁・今暁・昨暁・春暁・早暁・払暁・翌暁」

❷さとる。わかる。よく知っている。

熟語「暁識・暁達・暁知・暁智・暁通・暁諭・諫暁・知暁・通暁・分暁・没分暁・無分暁」

【業】

8級 13画 木-9 ①2240 Ⓤ696D

音 ギョウ（ゲフ）漢・ゴウ（ゴフ）呉

訓 わざ

人名 おき・かず・くに・なり・のぶ・のり・はじめ・ふさ

筆順

なりたち ［象形］ぎざぎざ状に装飾をほどこした、楽器をつるすための木の台にかたどる。すんなりとは進まない物事の意から、なりわい・わざの意を表す。

❶わざ。学問。技芸。

【業師】わざシ 技の巧みな人。計略・策略に長じた人。

【業物】わざもの 名工の鍛えた切れ味の鋭い刀。

熟語「《ギョウ》課業・学業・修業・習業・受業・授業・卒業」「《わざ》業並・足業・神業・軽業・仕業・力業・寝業・早業」

❷仕事。職業。なりわい。

【業界】ギョウカイ 同じ職種の人々の社会。「金融―」

【業者】ギョウシャ 事業や商売をしている人。「出入―」

【業種】ギョウシュ 事業・営業の種類。

【業績】ギョウセキ 事業・研究などの成果や実績。

【業態】ギョウタイ 事業・営業の状態や形態。「―悪化」

【業務】ギョウム 職業としての仕事。「―に励む」

熟語「業況・業際・業作・業主・業体・業転・業余・業容・医業・偉業・遺業・営業・王業・開業・家業・稼業・画業・官業・勧業・企業・起業・機業・旧業・休業・協業・競業・虚業・漁業・近業・句業・勲業・建業・兼業・現業・工業・功業・恒業・洪業・鉱業・興業・鴻業・作業・坐業・座業・雑業・三業・蚕業・産業・残業・仕業・志業・始業・施業・斯業・詩業・事業・失業・実業・社業・終業・就業・醜業・襲業・従業・巡業・商業・常業・職業・世業（せぎょう）・正業・生業・成業・盛業・聖業・施業・先業・専業・賤業・創業・操業・祖業・素業・礎業・大業・怠業・定業・帝業・適業・天業・転業・同業・得業・難業・二業・乳業・農業・廃業・覇業・非業・罷業・副業・復業・分業・閉業・別業・本業・民業・無業・夜業・訳業・有業・窯業・余業・林業・輪業」

❸おこない。しわざ。

熟語「悪業・兢業・所業・徳業」

❹（仏）ごう。前世の因縁によってこの世で受けるむくい。

【業火】ゴウカ 罪人を焼く地獄の火。

【業苦】ゴウク 前世の悪業の報いとして、現世で受ける苦しみ。

【業突く張り】ゴウつくばり 非常に欲が深く意地汚い。「あの―め」別表記 強突く張り

【業腹】ゴウはら 非常に腹が立ってしようがない。しゃく。「このままにするのも―だ」

熟語「《ゴウ》業因・業感・業垢・業晒し・業障・業道・業人・業病・業風・業報・業魔・業厄・業力・悪業・意業・一業・引業・因業・行業・口業・苦業・黒業・罪業・三業・実業・定業・浄業・助業・身業・宿業・正業・前業・善業・得業・非業・白業・三時業・止観業・遮那業・順現業・順後業・順罪業・順生業・不定業・自業自得・九品の行業」

❺「業」は屋敷の意。

熟語「別業」

【凝】

人名 こおる・こり

3級 16画 冫-14 音 ギョウ漢 呉 訓 こる・こらす・こごーる・しこーる ①2237 Ⓤ51DD

筆順 丶 冫 冫 冫 凝 凝 凝 凝

なりたち ［形声］冫(こおり)＋疑(子をふり返って立ちどまる)音。氷がひと所でかたまって動かない意から、こる意を表す。

❶こる。かたまる。しこる。こごる。

【凝結】ギョウケツ 液体や気体中の微細粒子が集合して沈殿する。

【凝固】ギョウコ 液体・気体が固体に変わる現象。⇔融解

【凝脂】ギョウシ ①かたまった脂肪。②なめらかで白く美しい肌。

【凝集・凝▼聚】ギョウシュウ 散らばっていたものが、一か所に集まり固まる。

【凝縮】ギョウシュク ①一つに固まってまとまる。②気体が液体に変わる現象。凝結。

熟語「凝血・凝析・凝霜(ぎょうそう)・凝着・煮凝(にこご)り」

❷こる。熱中する。ふける。

【凝り性】こりショウ ①物事に熱中する性質。②筋肉が張りやすい体質。

❸動かなくなる。

【凝然】ギョウゼン じっと動かずにいる。

【凝滞】ギョウタイ とどこおって先へ進まない。渋滞。

熟語「凝立(ぎょうりつ)」

❹こらす。感覚や意識を集中する。

【凝議】ギョウギ 熱心に相談する。「鳩首(きゅうしゅ)ー」

【凝視】ギョウシ 目をこらす。「一点をーする」

熟語「凝注・凝念・凝望(ぎょうぼう)」

キョク

【曲】

難読 曲見(しゃくみ)・曲物(まげもの)(わげもの)・曲輪(くるわ)

人名 くま・のり

8級 6画 曰-2 音 キョク漢・コク呉 訓 まがる・まげる・くせ ①2242 Ⓤ66F2

筆順 丨 冂 冂 冂 曲 曲

なりたち  ［象形］まがったものさしにかたどる。まがるの意。

❶まがる。まげる。まっすぐでないようにする。

【曲尺】かねジャク L字型に曲がった金属製の物差し。まがりがね。別表記 矩尺

【曲水】キョクスイ 「曲水の宴」の略。平安時代、朝廷で、三月三日の上巳(じょうし)の節句に行われた遊宴。上流から流される杯が自分の前を通過しないうちに詩歌を作り、杯を取って酒を飲み、次へ杯を流す。ごくすい。

【曲折】キョクセツ 折れ曲がる。状態が変化する。「紆余ー」

【曲線】キョクセン カーブ。「ー美」

【曲直】キョクチョク ①まがったこととまっすぐなこと。②まちがっていることと正しいこと。正邪(せいじゃ)。「ーをただす」「理非ー」

【曲肱(きょっこう)の楽しみ】 貧しい暮らしの中にある楽しみ。「曲肱」は、ひじを曲げて枕代わりにすること。出典「論語述而」より。

熟語「曲玉(まがたま)・迂曲(うきょく)・屈曲(くっきょく)・褶曲(しゅうきょく)・反曲・盤曲・湾曲」

❷真実でない。かたよっている。よこしま。

【曲学▼阿世】キョクガクアセイ 真理にそむいて時代の好みにおもねる。「ーの徒」出典「史記儒林伝」による。

【曲筆】キョクヒツ 事実をまげて書く。「舞文(ぶぶん)ー」

【曲解】キョッカイ 相手が言ったことを、わざとまげて解釈する。「ーもはなはだしい」

熟語「曲学・曲言・曲事・曲説・曲庇(きょくひ)・曲論・婉曲・奸曲・姦曲・私曲・邪曲・偏曲・歪曲」

❸細部。詳細。

熟語「曲尽・曲礼(きょくらい)(きょくれい)・委曲・心曲」

❹音楽の節。音楽作品。

【曲節】キョクセツ 音楽・歌謡などの節。メロディー。

【曲想】キョクソウ 楽曲の構想。「ーを練る」

【曲調】キョクチョウ 楽曲の調子。「悲しいー」

【曲譜】キョクフ 音楽の譜。楽譜。

【曲目】キョクモク 楽曲の名前。「演奏ー」

熟語「曲律・一曲・宴曲・音曲・外曲・歌曲・楽曲・戯曲・琴曲・吟曲・組曲・原曲・古曲・作曲・雑曲・詞曲・終曲・小曲・唱曲・序曲・新曲・声曲・選曲・全曲・箏曲・俗曲・大曲・童曲(どうきょく)・難曲・廃曲・秘曲・悲曲・舞曲・平曲・編曲・本曲・妙曲・名曲・夜曲・謡曲・浪曲・円舞曲・諧謔曲・回旋曲・合唱曲・歌謡曲・間奏曲・奇想曲・嬉遊曲・協奏曲・幻想曲・交響曲・行進曲・小夜曲・常動曲・聖譚曲(せいたんきょく)」

❺変化に富むもの。

【曲技】キョクギ 軽業(かるわざ)。曲芸。「ー団」

【曲芸】キョクゲイ 常人にはできないような離れ業。

【曲馬】キョクバ 馬を使った曲芸。「ー団」

熟語「曲師・曲搗(きょくづ)き・曲飲み・曲乗り・曲撥(きょくばち)・曲弾き・曲鞠(きょくまり)・曲持ち・曲独楽(きょくごま)・曲太鼓・同工異曲」

❻(国)くせ。ふつうでない。正しくない。

【曲者】くせもの ①賊・敵などあやしい者。②一筋縄ではいかない人や物事。「恋はー」別表記 癖者

熟語「曲事(くせごと)・曲人(くせびと)・曲舞(くせまい)」

❼その他。地名など。

【曲阜】キョクフ　中国、山東省西部の泗水（しすい）南岸にある都市。孔子の生誕地で孔子廟がある。

【局】

8級　7画　尸-4　音 キョク漢　訓 つぼね　①2241　Ⓤ5C40

難読 美人局（つつもたせ）・蜷局（とぐろ）

人名 ちか

筆順 ㇕ ㇕ 尸 局 局 局 局

なりたち ［形声］尸（垂れ幕）＋句（言葉のひとくぎり）音。垂れ幕でくぎったところの意から、つぼねの意を表す。

❶かがみ縮こまる。

熟語「局蹐（きょくせき）・局促（きょくそく）・局天蹐地（きょくてんせきち）」

❷くぎられた範囲。

【局外】キョクガイ　①事件や事態に直接関係のない立場。「―者」「―中立」②局と名のつく役所・組織の管轄外の所。

【局限】キョクゲン　範囲を一部に限る。「問題を―する」

【局所】キョクショ　①限られた一部分。「―麻酔」②陰部。

【局地】キョクチ　ある限られた地域。「―的豪雨」

【局部】キョクブ　①局所。「―照明」②陰部。

熟語「局在・局紙・局小・局量・器局・結局・限局」

❸官公庁などで、機構の単位の一。

【局員】キョクイン　局と名のつく役所・組織の職員。

【局長】キョクチョウ　局と名のつく役所・組織の長。

熟語「局舎・局内・局番・局方・局務・医局・開局・外局・下局・支局・史局・総局・退局・当局・内局・入局・部局・分局・閉局・本局・薬局・来局・交通局・国税局・事務局・造幣局・編集局・放送局」

❹ある時点における形勢。物事のなりゆき。

【局面】キョクメン　①碁・将棋などの盤面。また、その勝負の形勢。②物事の情勢・なりゆき。「―を打開する」「重大な―を迎える」

熟語「佳局・危局・事局・時局・世局・政局・戦局・全局・大局・難局・破局・変局」

❺囲碁・将棋などの盤面。また、その勝負。

熟語「局戯・局勢・局譜・囲局・一局・棋局・好局・終局・対局・敗局・布局・名局」

❻（国）つぼね。㋐宮中などで、女官の私室。また、そこに住む女官。㋑宮中・将軍家などに仕え、重要な地位にある女性の敬称。

熟語㋐「局住（つぼねずみ）・局町（つぼねまち）・上局（うえつぼね）・長局（ながつぼね）」㋑「御局（おつぼね）・阿茶の局・春日局（かすがのつぼね）」

【極】

7級　12画　木-8　音 キョク漢・ゴク呉　訓 きわめる・きわまる・きわみ・き-まる・き-める　①2243　Ⓤ6975

人名 なか・のり・みち・むね

筆順 十 木 朩 朽 柯 柯 極 極 極

なりたち ［形声］木＋亟（端までぴんと張っている）音。端まで及んでいる、きわめるの意。

◉異字同訓◉

◇きわまる（極・窮）

「極まる」は“極限に達する。限度に行きつく”の意。「感極まって泣き出す」「滑稽（こっけい）極まる話だ」

「窮まる」は“行きづまって進めなくなる”の意。「進退ここに窮まる」「谷まる」とも書く。

◇きわめる（極・究）

「極める」は“極限にまで行きつく”の意。「窮める」とも書く。「頂上を極める」「栄華を極める」「口を極めて非難する」

「究める」は“研究して、物事の深奥まで達する”の意。「窮める」とも書く。「真理を究める」「その道を究めた人」

❶きわみ。行き着くところ。はて。

【極限】キョクゲン　物事の一番の果て。「―状態」

【極地】キョクチ　①さいはての地。②南極・北極の地方。

【極点】キョクテン　①最後の段階。②南極点と北極点。

【極東】キョクトウ　朝鮮・日本などの東アジア地域。

【極光】キョッコウ　オーロラ。

【極月】ゴクゲツ　陰暦十二月の異名。師走（しわす）。ごくづき。

熟語「極位（きょくい）（ごくい）・極所（きょくしょ）・極星（きょくせい）・極北・極夜（きょくや）・極洋・極流・極海・極圏・窮極・終極・太極・対極・多極・無極」

❷きわみ。ものの両端。

熟語「陰極・磁極・消極・正極・積極・単極・電極・南極・負極・分極・北極・陽極・両極」

❸きわまる。きわめる。最後にまで達する。

【極致】キョクチ　最高の境地。きわみ。「美の―」

【極度】キョクド　これ以上ないという状態。「―の緊張」

【極力】キョクリョク　精一杯。「衝突は―回避する」

【極意】ゴクイ　学問・芸能の奥義。「―を授ける」

❹きわめて。この上なく。

【極小】キョクショウ　この上なく小さい。「―の生物」⇔極大

【極少】キョクショウ　数量がこの上なく少ない。

【極大】キョクダイ　非常に大きい。「―値」⇔極小

【極微】キョクビ　極めて細かい。ごくび。「―の世界」

【極刑】キョッケイ　最も重い刑罰。死刑。「―に処す」

【極悪】ゴクアク　この上なく残忍である。「―非道」

【極彩色】ゴクサイシキ　鮮やかで華やかな色彩。

【極暑】酷暑。「―の候」⇔極寒
【極上】この上なく上等である。「―の酒」
【極道】悪事や酒色・ばくちにふける。「―者」
【極熱】酷熱。「―の砂漠」
【極秘】決して外部に漏らしてはならない秘密。「―情報」「―文書」
【極貧】非常に貧乏である。「―生活」
【極太】非常に太い。「―の毛糸」⇔極細
【極細】非常に細い。「―のペン」⇔極太
【極楽】阿弥陀仏がいる苦しみのない理想郷。
【極楽〈蜻蛉〉】極端なのんき者をからかう語。
【極寒】非常に寒い。「―の地」⇔極暑
熟語「《キョク》極右・極左・極官（ごくかん・きょっかん）」「《ゴク》極熱・極下・極重・極信・極髄・極製・極善・極伝・極内・極微・極品・極妙・極安・至極」
❺はなはだしい。また、きびしい。
熟語「極諫」

【極言】極端に言う。「―すれば」

【極端】甚だしくかたよっている。「―な意見」

【極論】極端な議論。極言。「―すれば」
❻（国）きめ。きめる。きまる。決定する。
【極印】①品質を証明するため、品物や貨幣に押した文字や印形。②（悪いという）永久に残るしるし。刻印。
熟語「月極」

ギョク

【玉】10級 5画 玉-0 音 ギョク漢・ゴク呉 訓 たま ①2244 Ⓤ7389
難読 玉珧・玉梓（玉章）・玉響
人名 きよ

筆順 一 丁 干 王 玉
なりたち 王 ［象形］たま三つをひもで貫いたさまにかたどる。篆文まで「王」に作るが、楷書では「丶」を加えて区別する。

❶たま。美しい石。宝石。
【玉砕・玉摧】大義・名誉のために、いさぎよく死ぬ。⇔瓦全。出典「北斉書元景安伝」より。

【玉石】玉と石。よいものと悪いもの。

【玉石混淆】すぐれたものと劣ったものとが入りまじっている。出典「抱朴子外篇、尚博」より。

【玉杯】玉で作った杯。また、杯の美称。

〖玉となって砕くとも瓦となって全からじ〗男子たるもの、義のため名誉を守って死ぬべきで、おめおめと生き延びて平凡で生き甲斐のない一生を送るまい。玉砕。出典「北斉書元景安伝」より。

〖玉琢かざれば器を成さず〗すぐれた人も、学問・修養をしなければ有用の人になることはできない。出典「礼記学記」より。

【玉虫】甲虫目の昆虫。全体に金属光沢がある。

【玉虫色】解釈のしようによって、どちらとも取れるあいまいな表現。「―の改革案」

熟語「玉英・玉珂・玉階・玉環・玉髄・玉眼・玉壺・玉工・玉卮・玉人・玉石・玉折・玉屑・玉帯・玉帳・玉斗・玉杯・玉佩・玉璞・玉盤・玉斧・玉竜・玉簾・玉漏・玉椀・玉冠・黄玉・寒玉・亀玉・薬玉・攻玉・紅玉・硬玉・鋼玉・珠玉・翠玉・双玉・漱玉・彫玉・佩玉・白玉・璞玉・美玉・碧玉・璧玉・片玉・宝玉・名玉・藍玉・緑玉・宝玉金玉」
❷美しい。すぐれている。立派な。
〖玉山崩る〗容姿の美しい人が酒に酔いつぶれるさまのたとえ。出典「世説新語容止」より。


【玉兎】月の異名。

【玉露】香りが高い最上の煎茶。

熟語「玉山・玉質・玉手・玉酒・玉樹・玉什・玉女・玉条・玉塵・玉成・玉雪・玉蟾・玉台・玉池・玉牒・玉笛・玉殿・玉堂・玉臂・玉貌・玉門・玉輿・玉容・玉楼・玉肌・玉骨・金殿玉楼」
❸天子に関係ある事物につける美称。
【玉音】天子の声。ぎょくいん。「―放送」

【玉顔】天子の顔。竜顔。「―を拝す」

【玉座】天子・王のすわる席。「―につく」

【玉体】天子や貴人のからだ。

熟語「《ギョク》玉宇・玉趾・玉璽・玉台・玉歩・玉葉・玉鑾・玉鸞・玉輦」
❹相手に関係ある事物につけて、敬意を表す語。
【玉案】①玉で飾った台や机。②他人の机に対する美称。

【玉章】相手の手紙に対する美称。たまずさ。

【玉稿】相手を敬ってその原稿をいう語。

熟語「《ギョク》玉韻・玉詠・玉吟・玉札・玉趾・玉筆・玉案下」「《ギョッ》玉簡・玉翰」
❺（国）ぎょく。㋐芸者。㋑将棋で、下手がもつ王将。
【玉代】芸者をあげるための代金。玉。花代。
熟語㋐「玉高・半玉」㋑「玉将・入玉」
❻（国）たま。㋐まるいもの。㋑人物。
熟語㋐「玉子・玉目・飴玉・毛玉・水玉・目玉」㋑「悪玉・親玉・善玉」
❼その他。当て字など。
【〈玉筋魚〉】スズキ目の海魚。コウナゴ。
別表記 鮊子

【玉門関】(ギョクモンカン) 中国漢代、甘粛省敦煌の北西に設けられた関所。

【〈玉蜀黍〉】(とうもろこし) イネ科の一年草。食用として栽培。

キン

【巾】

2級 3画 巾-0 新常用 音 キン(漢)・コ(慣) 訓 きれ・はば ①2250 Ⓤ5DFE

筆順 丨 冂 巾

なりたち [象形]垂れさがった三すじの布きれにかたどる。

❶きれ。布きれ。てぬぐい。
【巾着】(キンチャク) 上部をひもでくくる袋状の小物入れ。「―切り(=掏摸のこと)」
熟語「巾箱・小巾・小子・手巾・雑巾・茶巾・領巾・肩巾・布巾・方巾・三角巾・台布巾」
❷布で作ったかぶりもの。おおい。
熟語「葛巾・頭巾」
❸はば。「幅」の代用字(略字)として用いられる。
熟語「並巾・半巾」

【今】⇩コン(二二一ページ)

【斤】

3級 4画 斤-0 音 キン(漢)・コン(呉) 訓 おの ①2252 Ⓤ65A4
人名 のり

筆順 ノ 厂 斤 斤

なりたち [象形]曲がった柄の先に刃が付いたおのの形にかたどり、おの・きるの意を表す。その石おのをはかりの分銅に用いたことから、重さの単位に用いる。

❶おの。まさかり。
熟語「斧斤」
❷重さの単位。一斤は一六両で、現代中国では五〇〇グラム。
【斤量】(キンリョウ) 重さ。目方。斤目。
熟語「英斤・千斤・用斤・小半斤」
❸(国)きん。㋐食パンの単位。三四〇グラムほどを一斤とする。㋑尺貫法の重さの単位。一斤は一六〇匁(六〇〇グラム)。

【均】

6級 7画 土-4 音 キン(漢)・キン(呉) 訓 なら-す・ひと-しい ①2249 Ⓤ5747
人名 お・ただ・なお・なり・ひとし・ひら・まさ

筆順 一 十 土 圴 均 均 均

なりたち [形声]土＋匀(並べととのえる)(音)。土をならしととのえる意から、等しい意を表す。

❶ひとしい。つりあいがとれている。
【均一】(キンイツ) すべて一様である。「―料金」

【均衡】(キンコウ) 平衡。「勢力の―が破れる」

【均質】(キンシツ) 等質。「―な溶液」

【均斉・均整】(キンセイ) つりあいがとれている。「―のとれた体」

【均▼霑・均▼沾】(キンテン) 利益・恩恵などを等しく受ける。注記「霑」はうるおうの意。

【均等】(キントウ) 差がなく等しい。「機会―」

【均分】(キンブン) 等しくわける。「―相続」

熟語「均時差・均田法・均輸法・平均」
❷ならす。平らにする。差をなくす。
熟語「均平」

【近】

9級 7画 辵(辶)-4 音 キン(漢)・コン(呉)・ゴン(呉) 訓 ちか-い・ちか-しい・ちか-づく ①2265 Ⓤ8FD1
〔近〕8画 辵(辶)-4
難読 近江(おうみ)(ちかつおうみ)
人名 ちか・とも・もと

筆順 ノ 厂 斤 斤 䜣 近

なりたち [形声]辵(足の動作)＋斤(おのの刃を近づける)(音)。そばにちかづくの意。

❶ちかい。距離がちかい。そばである。
【近海】(キンカイ) 陸に近い海。「―漁業」

【近眼】(キンガン) 近視。

【近畿】(キンキ) 「近畿地方」の略。京都・大阪・兵庫・奈良・和歌山・滋賀・三重の二府五県。注記 畿(都)に近い国々の意。

【近郊】(キンコウ) 都市や町の周辺部。郊外。

【近郷】(キンゴウ) 都市に近い村。「―近在」

【近在】(キンザイ) 都会に近い村。「近郷―」

【近視】(キンシ) 遠くがはっきり見えない状態。⇔遠視
【近似】(キンジ) 非常に似ている。類似。「―値」

【近所】(キンジョ) 自分の家の近く。「―づきあい」

【近接】(キンセツ) ①非常に近づく。「―撮影」②近くにある。「―地」

【近辺】(キンペン) 付近。「学校の―」

【近傍】(キンボウ) 近所。近辺。付近。

【近隣】(キンリン) 近辺。「騒音で―に迷惑をかける」

【近道】(ちかみち) 距離が短く、早く行ける道。

熟語「近家・近景・近県・近国・近村・近点・近東・

近場・近間・近距離・近所合壁・遠近・至近・手近・卑近・付近・附近・傍近・目近」

❷ちかい。時間的にちかい。ちかごろ。

【近刊】キンカン　間もなく刊行される。「―予告」
【近況】キンキョウ　最近のようす。「―報告」
【近近】キンキン　ちかぢか。「―出発の予定」
【近古】キンコ　日本史上の、鎌倉・室町時代をさす。
【近時】キンジ　近頃。「―の流行」
【近日】キンジツ　近いうち。「―上映」「―発表」
【近世】キンセイ　日本史で、江戸時代のこと。
【近代】キンダイ　日本史で、明治維新から太平洋戦争終了までの時期。
【近年】キンネン　ここ数年。近頃。「―の流行」
【近来】キンライ　ちかごろ。最近。「―まれな大人物」
【近近】ちかぢか　ごく近いうち。きんきん。「―伺います」
熟語「近詠・近影・近業・近今・近作・近事・近什・近状・近情・近信・近着・近著・期近・最近・直近・晩近・間近」

❸ちかい。縁・関係がちかい。ちかしい。

【近因】キンイン　直接的な原因。「犯行の―」⇔遠因
【近親】キンシン　血筋の近い親族。「―者」
熟語「近縁・近陵・親近・卑近・凡近・身近」

❹ちかい。主従関係がちかい。そばちかく仕えている。

【近侍】キンジ　主君のそば近くに仕える。近習。
【近習】キンジュ　主君のそば近くに仕える者。近侍。きんじゅう。きんしゅう。
【近臣】キンシン　主君のそば近くに仕える臣下。
【近衛】コノエ　①天皇・君主の近くに仕えて警護する。②「近衛府」の略。宮中の護衛を担当した役所。
熟語「側近」

❺ちかづく。そばによる。

熟語「近迫・昵近・接近・迫近」

【金】

10級　8画　金-0　音 キン 漢・コン 呉　訓 かね・かな・こがね　①2266　Ⓤ91D1

難読 金平・金団・金糸雀・金花虫・金海鼠・金翅鳥・金雀児・金魚虱・金亀子・金椀・金銀蓮花・金瘡小草・金襖子

人名 か

筆順 ノ 人 亼 今 仐 伞 余 金

なりたち [形声]今(物をおおう)音＋丷(細かいさま)＋土。土の中に含まれている細かい金属、砂金の意。

❶かね。鉱物の総称。かなもの。かな。

【金具】かなグ　器具の金属製の部品や部分。
【金釘】かなくぎ　金属で作った釘。「―流(＝金釘を曲げたようなへたな字を書く)」
【金槌】かなづち　①頭部が鉄製の鎚。②(重くて沈むことから)泳げない人。別表記 金鎚
【金物】かなもの　金属製の器具の総称。「―屋」
【金石文】キンセキブン　金属器や石碑などに刻まれた文字や文章。
【金属】キンゾク　金・銀・銅・鉄などの金属元素とその合金の総称。「貴―」
【金鉄】キンテツ　非常に堅固なこと。「―の守備」
【金剛石】コンゴウセキ　ダイヤモンド。
熟語「《キン》金革・金櫃・金工・金声・金胎・金文・金類・金鑞・青金・赤金・偽金・五金・板金・合金・産金・紫金・試金・銷金・線金・鍛金・鋳金・彫金・鍍金(めっき)・白金・板金・鈑金・砲金・冶金」「《かね・がね》粗金・薄金・音金・帯金・兜金・唐金・口金・地金・下金・筋金・壷金・胴金・端金・端金・針金・肘金・溝金・耳金・指金」「《かな》金網・金臭い・金屑・金屎・金轡・金気・金敷き・金盥・金鋏・金棒・金輪」「滅金」

❷かね。通貨。貨幣。ぜに。

【金蔓】かねづる　金を出してくれる人。
【金目】かねめ　金銭的な価値が高い。「―の物」
【金一封】キンイップウ　賞金などの金額を明示しないときの言い方。
【金員】キンイン　金額。また、金銭。「多額の―」
【金運】キンウン　お金に関する運勢。「―がよい」
【金額】キンガク　金銭の額。値段。かねだか。
【金券】キンケン　①特定の範囲内で金銭のかわりに通用する券。「―ショップ」②金貨に換えられる紙幣。
【金権】キンケン　金を多くもつことから生ずる権力。
【金庫】キンコ　①金銭・貴重品などをしまっておく鉄製の頑丈な箱。「―破り」「手提げ―」②特別な種類や範囲の金融を営む機関。「信用―」
【金策】キンサク　金の工面。「―に走りまわる」
【金主】キンシュ　資金を出す人。スポンサー。
【金子】キンス　金銭。おかねの古称。
【金銭】キンセン　おかね。「―感覚」
【金高】キンだか　金銭の額。金額。かねだか。
【金納】キンノウ　租税などを金銭で納める。⇔物納
【金肥】キンピ　代金を支払って購入する肥料。化学肥料など。かねごえ。
【金品】キンピン　金銭と品物。「―を強要する」
【金満家】キンマンカ　大金持ち。財産家。富豪。
【金融】キンユウ　資金の需要と供給の関係。「―緩和」
【金利】キンリ　預金・貸(借)金の利子。利息。利率。
【金力】キンリョク　金の力。「―による支配」
熟語「金円・金穀・金種・金談・金途・金当・頭金・後金(がね)・遺金・内金・益金・恩金・課金・官金・換金・元金(もと)・贋金・基金・寄金・義金・給金・拠金・醵金・献金・現金・公金・古金・差金・残金・敷金・私金・資金・賜金・謝金・借金・集金・出金・正金・奨金・賞金・償金・剰金・贖金・信金・税金・千金・前金(まえ)・送金・即金・損

金・大金・代金・着金・貯金・賃金・手金・当金・特金・涙金・入金・年金・納金・拝金・倍金・罰金・半金・判金・版金・費金・賦金・返金・方金・募金・万金・遊金・用金・預金・利金・料金・礼金・労金・資本金・一攫千金」「《がね》裏金・大金・烏金・小金・竿金・先金・銭金・贋金・裸金・日金・枕金（まくらきん）・悪金」

❸きん。貴金属の一。こがね。

【金▼甌無欠】キンオウムケツ 傷のない黄金のかめのように、完全堅固である。特に、国家が強固で他国に侵略されたことがない。きんのうむけつ。出典「南史朱异伝」から。

【金貨】キンカ 金を主成分とした貨幣。

【金塊】キンカイ 金のかたまり。金の地金。

【金冠】キンカン ①金で作った冠。②歯にかぶせる金・合金製のおおい。

【金鉱】キンコウ 金を含んでいる鉱脈。金山。

【金山】キンザン 金を産出する鉱山。

【金▼鍔】キンつば ①金で飾った鍔。②水でこねた小麦粉で餡を包み、鍔の形や長方形に焼いた和菓子。

【金殿玉楼】キンデンギョクロウ 立派で美しい建物。

【金▼箔】キンパク 金を槌でたたいて薄く延ばしたもの。

【金脈】キンミャク ①金の鉱脈。②（比喩的に）資金の出所。金主。かねづる。

【金泥】コンデイ 金粉を膠に溶き混ぜた顔料。

熟語「金衣・金印・金花・金側・金簪・金器・金玉・金銀・金坑・金札・金字・金紗・金朱・金性・金針・金人・金精・金製・金台・金彩・金丹・金帳・金杯・金牌・金帛・金粉・金縷・金鈴・金銅・塊金・砕金・沙金・砂金・純金・上金・真金・沈金・鎚金・天金・平金・本金・山金・淘金」

❹こがね色のように輝くもの。

【金▼烏】キンウ 太陽の異名。金鴉。「―玉兎（＝太陽と月）」注記 太陽に三本足の烏がいるという中国の伝説から。

【金婚式】キンコンシキ 結婚五〇周年を祝って行う式。

【金枝玉葉】キンシギョクヨウ 天子の一族。皇族。

【金星】キンセイ 太陽系の二番目の惑星。

【金的】キンテキ あこがれのまと。「―を射とめる」

【金髪】キンパツ 金色の髪の毛。ブロンド。

【金色】コンジキ 黄金の色。金色。

熟語「金閣・金紙・金環・金魚・金光・金漆・鬱金・金筋・金扇・金線・金波・金碧・鬱金・琉金・和金」

❺貴重なもの、大切なもの、尊いもの、堅いもののたとえ。

【金科玉条】キンカギョクジョウ 一番大切なきまりや法律。「師の教えを―とする」

【金看板】キンカンバン 世間に堂々と示すもの。「減税を政策の―にする」

【金言】キンゲン すぐれた格言。金句。

【金口木舌】キンコウモクゼツ 言説で社会を指導する人物。木鐸。

【金城鉄壁】キンジョウテッペキ 非常に堅固な物事のたとえ。「―の構え」

【金城湯池】キンジョウトウチ 非常に守りが堅固な城。転じて、他の勢力の容易に入り込めぬ地域。出典「漢書蒯通伝」より。「湯池」は熱湯をたたえた堀の意。

【金▼蘭】キンラン 親しくかたい交わり。「―の契り」

【金剛】コンゴウ ①きわめて堅固でこわれない。「―心」②「金剛石（＝ダイヤモンド）」の略。

【金剛▼杵】コンゴウショ 密教で、手に握って用いる法具。

【金剛不▽壊】コンゴウフエ きわめて堅固でこわれない。

【金輪際】コンリンザイ ①仏教で、世界の果て。②絶対に。決して。「もう―引き受けない」

熟語「金句・金口・金骨・金剛力士・断金・値千金」

❻五行の一。時節では秋、方位では西、十干では庚・辛にあてる。

熟語「金気・金秋・金風」

❼七曜の一。

熟語「金曜日・花金」

❽王朝名。女真族が北宋を滅ぼして建てた国。

【金】キン 中国の王朝。女真族が北宋を滅ぼして建てた国（一一一五～一二三四）。都は会寧府、のち燕京。モンゴルと南宋の攻撃により滅亡。

❾「金」という字の形。

【金字塔】キンジトウ ①形が「金」の字に似ている塔。ピラミッドをいう。②後世に残る偉大な業績。「―を打ちたてる」

熟語「金偏」

❿将棋の「金将」の略。

⓫その他。固有名詞。当て字など。

【金瓶梅】キンペイバイ 中国、明代の長編口語小説。四大奇書の一。作者不詳。豪商西門慶の家庭を描写し、当時の社会の退廃を描いた作品。

【金毘羅・金比羅】コンピラ 〔仏〕ガンジス川の鰐が神格化されて仏教の守護神となったもの。

【菌】

準2級 11画 艸(艹)-8

音 キン 漢
訓 きのこ・たけ

①2261 Ⓤ83CC

筆順 一 艹 艹 芇 苚 苚 菌 菌

なりたち  ［形声］艸＋囷（周囲をまるくとり囲んだ米ぐら）音。丸いくらのような形をしたきのこの意。

❶きのこ。たけ。

【菌類】キンルイ 光合成を行わない下等植物の総称。カビ・キノコの類。寄生や腐生生活を行う。

熟語「菌蓋・菌核・菌環・菌根・菌傘・菌糸・菌褶・菌毒・菌輪・種菌・朝菌」

❷バクテリア。さいきん。

熟語「菌症・桿菌・麹菌（こうじきん）・球菌・抗菌・細菌・殺菌・雑菌・銹菌（しゅうきん）・除菌・粘菌・排菌・黴菌・病菌・保菌・無菌・滅菌・溶菌・淋菌・霊菌・化膿菌・結核菌・好塩菌・酵母菌・赤痢菌・耐性菌・大腸菌・炭疽菌・納豆菌・乳酸菌・病原菌・腐敗菌・保菌者・腸内細菌・葡萄球菌」

【勤】

5級 12画 力-10 音 キン漢・ゴン呉 訓 つとめる・つとまる・いそしーむ ①2248 Ⓤ52E4

【勤】13画 力-11 ③1472 ⓊFA34

人名 すすむ・つとむ・とし・のり・ゆき

筆順 一 艹 廿 苎 芇 堇 勤 勤

なりたち [形声]堇（かわいた土）音＋力。力を出し尽くす意から、こまめに働く意を表す。

◉異字同訓◉【努】（四八六ページ）の「異字同訓」欄を参照のこと。

❶つとめる。精を出してはげむ。いそしむ。力を尽くす。

【勤倹】キンケン 勤勉で倹約する。「―貯蓄」

【勤怠】キンタイ つとめることとなまけること。勤惰。

【勤王・勤皇】キンノウ 天皇に忠義を尽くす。「―の志士」

【勤勉】キンベン 仕事や勉強に励む。「―な人」⇔怠惰

【勤労】キンロウ ①仕事に励む。「―奉仕」②賃金をもらって仕事をする。労働。「―所得」

熟語「勤学・勤苦・勤惰・勤行（ごんぎょう）・勤修（ごんしゅ）・恪勤（かっきん）（かくごん）・精勤（しょうごん）・辛勤・精勤・忠勤・精励恪勤」

❷つとめる。職務につく。仕事をする。また、つとめ。

【勤続】キンゾク 同じ勤務先につとめ続ける。「永年―」

【勤務】キンム 会社・官庁につとめる。「―先」

熟語「勤番・勤評・勤役・勤仕（きんし）（ごんし）・皆勤・外勤・過勤・欠勤・兼勤・在勤・出勤・常勤・退勤・超勤・通勤・転勤・内勤・日勤・夜勤・非常勤」

【琴】

準2級 12画 玉(王)-8 音 キン漢・ゴン呉 訓 こと ①2255 Ⓤ7434

注記 手風琴（てふうきん）（＝アコーディオン）・風琴（ふうきん）（＝オルガン）・木琴（もっきん）（＝シロホン）・提琴（ていきん）（＝バイオリン）・洋琴（ようきん）（＝ピアノ）などヨーロッパから渡来した楽器の訳語に用いられた。

筆順 一 丁 千 王 玨 琴 琴 琴

なりたち [象形]篆文では、琴の胴に琴柱（ことじ）をたてたさまにかたどる。のち、珏（ことの象形）＋今（すっぽりとおおい、中にこもる）音。音が胴の中にこもる楽器、ことの意。

❶古代中国で用いられた弦楽器の一種。こと。きんのこと。

【琴曲】キンキョク 琴（こと）で演奏する曲。箏曲（そうきょく）。

【琴瑟】キンシツ ①琴と瑟（大型の琴）。②夫婦仲がよいことのたとえ。「―の和」

【琴瑟相和す】 琴と瑟を弾じてよく音が合う。転じて、夫婦がきわめて仲むつまじいたとえ。出典「詩経小雅、常棣」の「妻子好合、如レ鼓二琴瑟一」より。

【琴線】キンセン ①琴に張った糸。②感じやすい心情。「心の―に触れる言葉」

【琴柱】ことじ 琴の胴の上にたてて弦を支え、調律する道具。別表記 箏柱

【琴柱に膠す】ことじににかわす （琴柱を膠で固定してしまっては調子が変えられないことから）融通がきかないことをたとえて言う。膠柱（こうちゅう）。出典「史記廉頗・藺相如伝」より。

熟語「琴歌・琴棋・琴書・琴師・胡琴・断琴・弾琴・五弦琴・七弦琴」

❷こと。❶に似た弦楽器を広く言う。

熟語「東琴（あずまごと）・奚琴（けいきん）・携琴・月琴・口琴・竹琴（ちっきん）（ちくきん）・提琴・風琴・洋琴・玲琴・和琴（わごん）・一弦琴・五弦琴・紙腔琴・七弦琴・馬頭琴・大和琴（やまとごと）」

【筋】

5級 12画 竹-6 音 キン漢・コン呉 訓 すじ ①2258 Ⓤ7B4B

難読 筋斗（とんぼ）

筆順 𠂉 𥫗 竹 竻 笏 筋 筋

なりたち [会意]竹＋肋（胸にすじばって現れたあばら骨）。竹のようにすじばっている筋肉の意。

❶すじ。筋肉を骨に付着させているもの。腱（けん）。また、筋肉。

【筋骨】キンコツ 筋肉と骨格。体格。「―隆々（りゅうりゅう）」「―たくましい男」

【筋腫】キンシュ 筋肉にできる良性の腫瘍。「子宮―」

【筋肉】キンニク 伸び縮みして体を運動させる組織。「―質」

【筋力】キンリョク 筋肉の力。「―をつける」

熟語「筋炎・筋覚・筋質・筋鞘・筋節・筋膜・筋気（すじけ）・眼筋・胸筋・頰筋・屈筋・頸筋・咬筋・伸筋・心筋・舌筋・背筋（はいきん）（せすじ）・腹筋・括約筋」

❷(国)すじ。物の中ですじめとなっているもの。骨組み。
【筋金】すじがね 補強のために物の内部にはめこんだ金属製の線や棒。「━入りの古参社員」
熟語「筋交い・筋違い・帯筋(たいきん)・鉄筋・配筋」

❸(国)すじ。物事の道理。条理。すじみち。
【筋合(い)】すじあい 物事の道理。「文句を言われる━はない」
【筋道】すじみち ①物事の道理。「━を通す」②物事を行うにあたっての順序。「━を踏む」
熟語「筋違い・筋論・不筋・本筋」

❹(国)すじ。つながり。血統。また、素質。
【筋目】すじめ ①血筋。血統。「━正しい家柄」②物の道理。筋道。
熟語「家筋・主筋(しゅうすじ)(しゅすじ)・手筋・血筋・総領筋」

❺(国)すじ。あらまし。しくみ。
【筋書き】すじがき ①芝居・映画・小説などのあらすじ。②前もって立てた計画。もくろみ。「━通りの事態の進行」
【筋立て】すじだて 話の筋や論理の展開の仕方。また、作品内容の配列。「━を考える」
熟語「粗筋・大筋・読み筋」

❻(国)すじ。㋐関係する方面。むき。㋑細長いもの。またそれを数える語。
熟語㋐「粋筋・売れ筋・客筋・大手筋・御為筋・買い手筋・上方筋・官辺筋・玄人筋・権威筋・消息筋・商売筋・素人筋・政府筋・強気筋・弱気筋」
㋑「筋子・筋状雲・青筋・糸筋・髪筋・川筋・金筋・銀筋・毛筋・一筋・道筋・癇癪筋」

【僅】

2級 13画 人(亻)-11 新常用
音 キン漢
訓 わずか
①2247 Ⓤ50C5

〔僅〕12画 人(亻)-10

筆順 亻 仁 仳 仳 仳 借 僅 僅

なりたち [形声]人＋堇(かわいて水分の少ない土)音。小さな人の意から、わずかの意を表す。

わずか。わずかに。すこし。
【僅僅】キンキン わずか。「━二日間で準備する」
【僅差】キンサ わずかの差。「━で勝つ」
【僅少】キンショウ ほんの少し。「━な額」「残部━」
熟語「僅有(きんゆう)」

【禁】

6級 13画 示-8
音 キン漢・コン呉
訓 い-む・とど-める
①2256 Ⓤ7981

筆順 一 十 オ 木 林 林 埜 禁 禁

なりたち [会意]林(はやし)＋示(祭壇)。林におおわれた神域の意から、勝手な通行をとどめる、いむ意を表す。

❶いむ。忌みきらう。
【禁忌】キンキ ①禁止されている事柄。タブー。②特定の疾病や体質に対して用いてはいけない薬品・治療法や食品など。
【禁句】キンク ①和歌や俳諧などで、使用してはならない語句。とめく。②その人の前や特定の場で、口にしてはいけない言葉。

❷とどめる。さしとめる。やめさせる。いましめ。
【禁圧】キンアツ 権力で圧迫し、禁止する。
【禁煙】キンエン タバコを吸うことを禁ずる。「車内━」
【禁教】キンキョウ ある宗教の信仰や布教を禁ずる。
【禁札】キンサツ 禁止事項を記した立て札。制札。
【禁止】キンシ してはいけないと命ずる。「遊泳━」
【禁酒】キンシュ 酒を飲むことを禁ずる。「━法」
【禁制】キンセイ ある行為を禁止する。「━品」「女人━」
【禁足】キンソク 外出を禁止する。「━令」
【禁則】キンソク 禁止する事柄を定めた規則。「━処理」
【禁断】キンダン 厳重に禁止する。「殺生━の地」
【禁物】キンモツ 避けるべき物事。「油断は━だ」
【禁輸】キンユ 輸出・輸入を禁止する。「━品」
【禁欲・禁▼慾】キンヨク 欲望、特に性欲を抑える。「━生活」
【禁猟】キンリョウ 狩猟を禁止する。「━区」
【禁漁】キンリョウ 漁獲・採取を禁止する。「━期」
【禁令】キンレイ ある行為を禁止する法令。「━を犯す」
熟語「禁遏(きんあつ)・禁域・禁火・禁戒・禁国・禁色(きんじき)・禁書・禁絶・禁鳥・禁手(きんて)・禁転・禁伐・禁防・禁法(きんぼう)・禁帯出(きんたいしゅつ)・禁転載・戒禁・解禁・官禁・厳禁・国禁(こっきん)・失禁・制禁・大禁(たいきん)・発禁・法禁・原水禁・手見禁(てみきん)・尿失禁」

❸(一般の人の立ち入りを禁じている)天子の住居。皇居。
【禁衛】キンエイ 皇居を守る。禁中の警衛。
【禁中】キンチュウ 皇居。宮中。内裏(だいり)。
【禁門】キンモン 皇居の門。また、皇居。
【禁裏】キンリ 皇居。御所。禁中。
熟語「禁掖(きんえき)・禁苑(きんえん)・禁園・禁河・禁闕(きんけつ)・禁城・禁内(きんだい)・禁廷・禁庭・禁野(きんや)・禁廷様・禁裏様・九禁(きゅうきん)・宮禁(きゅうきん)・紫禁」

❹行動の自由を束縛する。とじこめる。
【禁錮・禁固】キンコ 刑務所に拘置するが、労務を科さない刑。
【禁獄】キンゴク 囚人を牢獄に監禁しておく。
熟語「禁籠(きんろう)・監禁・拘禁・散禁(さんきん)・軟禁・屏禁(へいきん)・重

屏禁（じゅうへいきん）」

❺まじない。

熟語「禁呪・禁厭・呪禁」

【緊】

3級 15画 糸-9 音 キン 漢 呉 訓 きびしい・しまる・しめる

①2259 Ⓤ7DCA

筆順 丨 厂 戶 臣 臤 臤 堅 緊

なりたち [形声]臤(引き締まってかたい)音＋糸。糸でかたく引きしめるの意。

❶しめる。きつくゆるみのない状態にする。しまる。ひきしまる。

【緊褌】キンコン 褌をしっかり締め直す。「ー一番（＝心を引き締め、物事に取り組む）」

【緊縮】キンシュク ひきしめる。「ー予算」

【緊張】キンチョウ ①心や身体が、ゆるみなく張りつめる。「ー感」⇔弛緩。②争いや騒ぎなどの起こりそうなようす。「ー緩和」

【緊縛】キンバク しっかりとしばる。「ーを解く」

【緊密】キンミツ 関係が密接である。「ーな関係」

熟語「緊握・緊束・緊締」

❷さしせまっている。きびしい。

【緊急】キンキュウ 事が切迫していて、対応に急を要する。

【緊迫】キンパク 非常に切迫している。「ーした情勢」

【緊要】キンヨウ 非常に大切である。「ーな案件」

熟語「緊切・吃緊・喫緊・至緊・切緊・要緊」

【錦】

2級 16画 金-8 新常用 音 キン 漢・コン 呉 訓 にしき

①2251 Ⓤ9326

人名 かね

筆順 ノ 亼 金 釒 鈡 鉑 錦 錦

なりたち [形声]金音＋帛(白い絹)。金糸を用いて織り出した絹織物、にしきの意。

❶にしき。あや織物。彩色・文様をほどこした絹織物。

【錦衣玉食】キンイギョクショク 美服と上等なごちそう。

【錦旗】キンキ 赤地の錦に日月紋を描いた天皇の旗。

【錦繡】キンシュウ ①美しい織物や衣服。「ーの帯」②美しい紅葉や花のたとえ。③美しい詩文のたとえ。

熟語「錦衣・錦綺・錦糸・錦紗・錦帳・錦嚢・錦袍・錦衣行・彩錦・蜀錦・緋金錦」

❷にしきのように美しい。多彩な。

【錦心繡口】キンシンシュウコウ 美しい思想と美しい言葉。優れた詩文の才能のたとえ。

【錦地】キンチ 手紙で、相手の居住地を敬っていう語。

【錦絵】にしきエ 多色刷りの浮世絵版画の称。

【錦を着て夜行くが如し】 立身しても故郷に帰らないのは、錦を着ても人に姿を見てもらわないのと同じで、甲斐がない。出典「漢書項羽伝」より。

熟語「錦鶏・錦上・錦色・錦秋・錦心・錦鱗・錦糸卵」

【謹】

準2級 17画 言-10 音 キン 漢 呉 訓 つつしむ

①2264 Ⓤ8B39

【謹】18画 言-11 ③9216 ⓊFA63

人名 すすむ・ちか・なり・のり・もり

筆順 言 言 訁 訐 詳 謹 謹

なりたち [形声]言＋堇(かわいた土)音。力の及ぶ限り気をひきしめて言う意から、つつしむ意を表す。

つつしむ。言葉や態度に気をつける。

【謹賀】キンガ 「ー新年」

【謹啓】キンケイ 手紙の最初に用いる挨拶語。

【謹言】キンゲン 手紙文で、結びのことば。「恐惶ー」

【謹厳】キンゲン 軽はずみなところがなく、まじめである。「ー実直」

【謹告】キンコク つつしんでお知らせする。

【謹慎】キンシン 反省して行動を慎む。「ー処分」

【謹製】キンセイ つつしんで製造する。

【謹聴】キンチョウ つつしんで聞く。

【謹直】キンチョク つつしみ深く正しい。「ーな人」

【謹呈】キンテイ つつしんで物を差し上げる。

熟語「謹戒・謹厚・謹書・謹承・謹上・謹飭・謹勅・謹話・恭謹・細謹」

【襟】

準2級 18画 衣(衤)-13 音 キン 漢 訓 えり

①2263 Ⓤ895F

人名 ひも

筆順 衤 衤 衤 衤 衤 襟 襟

なりたち [形声]衣＋禁(ふさぐ)音。衣服の胸もとをふさぐ部分の意から、えりの意を表す。篆文では、衣＋金。

❶えり。衣服の首まわりや、前面の交差する部分。同衿。

【襟足】えりあし 首の後ろの髪の生え際のあたり。

【襟髪】えりがみ 首の後ろ部分の髪。

【襟首】えりくび 首の後ろの部分。くびすじ。うなじ。

【襟を正す】 衣服を整え、姿勢を正しくする。また、まじめな気持ちで物事に対処する。

熟語「襟垢・襟刳り・襟付け・襟巻き・襟元・襟帯・開襟・青襟・頭襟」

❷胸のうち。こころのなか。

【襟度】キンド 度量。「ーのあるところを示す」

熟語「襟懐・胸襟・宸襟」

ギン

【吟】

人名 あきら・おと・こえ

準2級 7画 口-4 音 ギン 漢 呉 訓 うた-う・うめ-く

①2267 Ⓤ541F

筆順 丨 口 口 口' 吣 吟 吟

なりたち 吟 [形声]口＋今(おおいかくす)音。口を閉じてうなる意。転じて、口ずさむ意をも表す。

❶うたう。くちずさむ。詩歌をつくる。

【吟詠】ギンエイ ①節をつけて漢詩や和歌をうたう。②詩歌を作る。

【吟行】ギンコウ ①詩歌をうたいながら歩く。②俳句を作るために、景色のよい所や名所に出かけて行く。「―会」

【吟唱・吟誦】ギンショウ 節をつけて漢詩・和歌をうたう。

熟語「吟客・吟興・吟句・吟魂・吟社・吟声・吟箋・吟嚢・吟歩・吟友・吟遊詩人・愛吟・詠吟・片吟・閑吟・感吟・偶吟・口吟・口吟・高吟・三吟・詩吟・秀吟・酔吟・清吟・拙吟・絶吟・即吟・長吟・低吟・同吟・独吟・微吟・芳吟・放吟・漫吟・遊吟・乱吟・竜吟(りょうぎん)・両吟・連吟・朗吟・放歌高吟」

❷うめく。うなる。なげく。

熟語「吟嘯・苦吟・呻吟・沈吟」

❸あじわう。よくたしかめる。

【吟味】ギンミ ①詳しく念入りに調べる。「材料を―する」②罪状を取り調べる。詮議。

熟語「吟醸」

【銀】

人名 かね・しろ

8級 14画 金-6 音 ギン 漢・ゴン 呉 訓 かね・しろがね

①2268 Ⓤ9280

筆順 人 𠆢 金 釒 釕 鈩 鉅 銀 銀

なりたち 銀 [形声]金＋艮(とどまる)音。空気中では酸化しない金属、ぎんの意。

❶ぎん。貴金属の一。しろがね。

【銀貨】ギンカ 銀を主成分とする貨幣。

【銀婚式】ギンコンシキ 結婚二五周年を祝って行う式。

【銀山】ギンザン 銀を産出する鉱山。

熟語「銀位・銀塊・銀閣・銀側・銀簪・銀環・銀器・銀鏡・銀黒・銀鉤・銀鉱・銀鐺・銀札・銀糸・銀砂・銀針・銀製・銀箭・銀台・銀玉・銀彩・銀鍔・銀泥・銀歯・銀杯・銀牌・銀箔・銀縁・銀粉・銀脈・銀葉・銀縷・銀鈴・銀金具・銀砂子・銀無垢・金銀・純銀・上銀・沈銀・白銀・平銀・燻銀」

❷しろがね色をした金属。

熟語「銀朱・銀鑞・軽銀・水銀・洋銀」

❸しろがね色をしたもの。

〈銀杏〉イチョウ イチョウ科の落葉高木。

【銀河】ギンガ 天の川。銀漢。

【銀杏】ギンナン イチョウの実。

【銀髪】ギンパツ 銀白色の髪。白髪。

【銀幕】ギンマク 映画を映写する幕。「―の女王」

【銀輪】ギンリン 自転車の車輪。また、自転車。

【銀鱗】ギンリン 銀色に光るうろこ。「―が躍る」

【銀嶺】ギンレイ 雪が積もって銀色に輝く山。

熟語「銀緯・銀色・銀紙・銀革・銀漢・銀狐・銀魚・銀経・銀燭・銀筋・銀雪・銀扇・銀線・銀髯・銀蛇・銀笛・銀鼠(ぎんねずみ)・銀波・銀灰色・銀河系・銀舎利・銀白色」

❹通貨。貨幣。かね。

【銀行】ギンコウ 金融機関の一。

【銀子】ギンス 銀の貨幣。また、通貨。金銭。

熟語「銀券・銀元・銀座・銀錠・銀銭・銀幣・銀目・銀行券・給銀・借銀・税銀・損銀・賃銀・旅銀・労銀・路銀」

❺「銀行」の略。

熟語「外銀・世銀・相銀・為銀・地銀・都銀・日銀・邦銀」

❻(国)将棋で、銀将のこと。

熟語「銀将・銀櫓・棒銀」

ク

【九】⇩キュウ(一一三ページ)

【久】⇩キュウ(一一三ページ)

【口】⇩コウ(一九五ページ)

【工】⇩コウ(一九六ページ)

【区】

8級 4画 匚-2 音 ク 漢 呉

①2272 Ⓤ533A

【區】11画 匚-9 ②5031 Ⓤ5340

筆順 一 フ ヌ 区

なりたち 區 [会意]匸(くぎってかこう)＋口三つ(多くのもの)。こまかくくぎるの意。「区」は略字。

❶いくつかの部分に分ける。また、分けられた部分。

【区域】クイキ 区切った場所・範囲。「立入禁止―」

【区画・区▼劃】クカク 一定の基準で土地を仕切る。「―整理」

【区間】クカン ある地点と他の地点との間。「乗車―」

【区区】クク ①ばらばらである。②小さくてとるに足りない。「―たる問題」

【区分】クブン ある基準で全体をいくつかに分ける。くわけ。「行政―」「時代―」

【区別】クベツ 「公私の―」「―をつける」

【区区】まちまち 区区。「―の意見」

熟語「区処・区内・区部・区限刺繡・海区・街区・教区・工区・校区・鉱区・市区・勝区・声区・線区・地区・刃区・棟区・解放区・岩石区・機関区・気候区・司教区・地形区・保線区・郵便区・近隣住区・高度地区・無医地区」

❷く。行政上設けられた区画。

熟語「区営・区会・区議・区検・区政・区長・区民・区立・区役所・区検察庁・学区・管区・漁区・小区・大区・猟区・休猟区・行政区・禁猟区・禁漁区・軍管区・財産区・自治区・小学区・選挙区・全国区・地方区・中学区・投票区・特別区・保護区・水先区・特定街区・美観地区・風致地区・文教地区・鳥獣保護区・土地改良区・特別用途地区」

【功】⇩コウ(一九八ページ)

【句】

6級 5画 口-2 音 ク漢呉・コウ漢

①2271 Ⓤ53E5

筆順 ノ 勹 勹 句 句

なりたち  [形声]勹(まげる、くぎる)音＋口。言葉のひとくぎりの意。

❶文を構成する短いまとまり。また、短い文。ひとくぎり。

【句点】クテン 文の終わりにつける「。」の記号。

【句読点】クトウテン 句点と読点。

【句法】クホウ 詩文や俳句の作り方。

熟語「句切り・句読・句頭・句末・句論・句読法・警句・険句・言句・語句・詩句・字句・惹句・章句・冗句・畳句・初句・甚句・成句・聖句・贅句・隻句(せき)・節句・単句・対句・倒句・難句・半句・妙句・麗句・謳い文句・脅し文句・慣用句・形容句・地文句・常套句・挿入句・長短句・名詞句・一言一句・一言半句・一字一句・言言句句・彫章琢句・美辞麗句」

❷詩歌で、韻律や表現の単位となるもの。

熟語「起句・結句(け)・承句・初句・絶句・対句・転句・頭句・尾句・落句」

❸(国)連歌や俳諧・俳句の作品。

【句意】クイ 句・俳句などの意味。

【句会】クカイ 俳句を作ったり批評したりする会。

【句作】クサク 連歌や俳句を作る。「―にはげむ」

【句集】クシュウ 俳句などを集録した本。

【句題】クダイ 俳句の題。

【句碑】クヒ 俳句を彫りつけた石碑。

熟語「句上げ・句合わせ・句案・句数・句柄・句眼・句義・句境・句業・句句・句稿・句心・句材・句作り・句品・句風・句歴・句話・句誌・句締め・句者・句数・句選・句帳・句調・句揚げ・一句・折句・佳句・重ね句・活句・挙句・上の句・狂句・金句・禁句・吟句・原句・古句(ふる)・指句・作句・戯れ句・死句・地句・下の句・秀句・定句・親句・拙句・千句・選句・疎句・俗句・題句・駄句・只句・立て句・短句・長句・付句・投句・通り句・止め句・逃げ句・俳句・陥句・塡句・孕み句・平句・筆句・発句・前句・万句・名句・遣り句・類句・例句・連句・聯句・脇句・割句・表八句・表六句・一口前句」

❹《コウ・ク》まがる。同勾。

熟語「句欄」

【供】⇩キョウ(一二八ページ)

【苦】

8級 8画 艸(艹)-5 音 ク呉・コ漢 訓 くるしい・くるしむ・くるしめる・にがい・にがる

①2276 Ⓤ82E6

難読 苦力・苦竹・苦参

筆順 一 十 艹 艹 芊 芊 苦 苦

なりたち  [形声]艸＋古(固くなる)音。口の中がこわばるような、にがい味の草の意から、にがい・くるしいの意を表す。

❶にがい。舌にいやな味がする。

【苦汁】クジュウ ①苦い汁。②つらい経験。「―をなめる」

【苦▽汁】にがり 食塩を作るときにできるにがい液体。豆腐の製造に用いる。にがしお。

【苦杯】クハイ つらい経験。「―をなめる」

熟語「苦辛・苦味・苦茗・甘苦」

❷くるしい。つらい。くるしむ。

【苦役】クエキ ①苦しい労働。②懲役。徒刑。

【苦境】クキョウ 苦しい立場。「―に立たされる」

【苦行】クギョウ つらく苦しい修行。「難行―」「―僧」

【苦渋】クジュウ 「―の決断」「―の色を浮かべる」

【苦節】クセツ 逆境に耐えて、志を守る。「―十年」

【苦戦】クセン 苦しい戦い。「―を強いられる」

【苦衷】クチュウ 苦しい心のうち。「―を察する」

【苦痛】クツウ 苦しみや痛み。「―に耐える」

【苦闘】トウ 苦しいたたかい。「悪戦―」
【苦難】ナン 苦しみや難儀。「―を乗り切る」
【苦悩】ノウ 苦しみ悩む。「―の色がにじむ」
【苦悶】モン 苦しみもだえる。「―の表情」
【苦楽】ラク 苦しみと楽しみ。「―をともにした仲」
【苦慮】リョ いろいろ考え悩む。「対処に―する」
熟語「苦寒・苦艱・苦況・苦惨・苦死・苦使・苦節・苦楚・苦衷・苦爪・苦報・苦厄・苦髪楽爪・苦患・寒苦・艱苦・窮苦・困苦・罪苦・惨苦・酸苦・疾苦・愁苦・重苦・受苦・辛苦・責め苦・痛苦・難苦・忍苦・万苦・病苦・貧苦・無苦・憂苦・労苦・三重苦・艱難辛苦・七難八苦・千辛万苦」

❸骨を折って励む。苦労する。
【苦学】ガク 学費をかせぎながら学ぶ。「―力行」
【苦吟】ギン ①苦心して詩歌・俳句などを作る。②苦しそうにうなる。
【苦心】シン いろいろと心をくだき苦労する。「―惨憺」「―の跡がみられる」
【苦肉】ニク (相手をあざむくために)自分の身を苦しめる。「―の策」
【苦労】ロウ あれこれ骨を折る。「金策に―する」
熟語「勤苦・刻苦・粒粒辛苦」

❹にがにがしい。にがる。
【苦言】ゲン 耳に痛い忠告。「―を呈する」⇔甘言
【苦笑】ショウ 苦笑いをする。
【苦情】ジョウ 不利益に対する不平や文句。
【苦手】にがて ①いやな相手。②不得意。「―な科目」
【苦虫】にがむし 「―をかみつぶしたよう」
【苦笑い】にがわらい 苦々しく思いながら笑う。
熟語「苦諫」

❺(仏)前世の報い。
【苦界】ガイ ①(仏)苦しみや悩みの多い人間界。②遊女のつらい境遇。「―に身を沈める」
熟語「苦海・苦患・苦業・苦諦・苦輪・業苦・五苦・三苦・四苦・生苦・八苦・離苦・愛別離苦・一切皆苦・怨憎会苦・求不得苦・五陰盛苦・四苦八苦」

【紅】⇨コウ(二〇六ページ)
【宮】⇨キュウ(一一八ページ)
【庫】⇨コ(一八九ページ)
【貢】⇨コウ(二〇八ページ)

【駆】

4級 14画 馬-4 音 ク漢呉 訓 かける・かる ①2278 Ⓤ99C6
〔驅〕21画 馬-11 ②8160 Ⓤ9A45
〔駈〕15画 馬-5 ①2279 Ⓤ99C8

筆順

なりたち  [形声]馬＋區(細かくくぎる)音。細かく何度も馬にむち打って走らせる、かるの意。

❶かる。かける。馬や乗り物を走らせる。はせる。
【駆動】ドウ 動力を与えて動かす。「四輪―」
熟語「駆馳・疾駆・先駆・前駆・馳駆・長駆」

❷追い立てる。追い払う。
【駆使】シ 思いのままに使う。「比喩を―する」
【駆除】ジョ 害のあるものを除く。「害虫の―」
【駆逐】チク 敵などを追い払う。「―艦」
【駆虫】チュウ 害虫や寄生虫を取り除く。「―剤」
熟語「駆役・駆水・駆梅」

グ

【具】

8級 8画 八-6 音 グ呉・ク漢 訓 そな-える・そな-わる・つぶ-さ-に・とも ①2281 Ⓤ5177
〔具〕8画 八-6
人名 とも

筆順 丨 冂 冂 冃 目 具 具 具

なりたち  [会意]目(鼎の省略形)＋廾(両手)。神に鼎をそなえる意を表す。
●異字同訓●【備】(五五〇ページ)の「異字同訓」欄を参照のこと。

❶そなえる。そなわる。身につけている。
【具眼】ガン 適切に判断する見識をそなえている。
【具象】ショウ 目に見える形をもっている。「―化」「―美」「―性」⇔抽象
【具足】ソク ①物事が十分にそなわっている。「―円満」②よろい。甲冑。
【具体】タイ はっきりした形を備えている。⇔抽象
【具備】ビ 十分にそろっている。「条件を―する」
【具有】ユウ そなえもっている。「両性―」
熟語「具案・具臣・具瞻・具相・具徳・備具・不具・真具」

❷つぶさに。こまかに。くわしく。
【具現】ゲン 具体的な形に現す。「理想を―する」
【具申】シン 上役に意見を申し述べる。
【具陳】チン くわしく述べる。「意見を―する」
熟語「具状・具疏・敬具・拝具」

❸ある用途に供せられる物。

熟語「雨具・鞍具・淫具・戒具・家具・画具・臥具・器具・金具・革具・玩具（おもちゃ）・翫具・木具・機具・戯具・供具・教具・漁具・鞍具・刑具・工具・香具・校具・耕具・祭具・座具・挫具・索具・雑具・蚕具・産具・什具・戎具・手具・乗具・神具・寝具・炊具・性具・船具・喪具・葬具・装具・雑具・建具・茶具・釣具・綱具・道具・農具・爬具・馬具・機具・兵具・表具・武具・仏具・物具・船具・文具・法具・防具・民具・夜具・遊具・湯具・用具・要具・猟具・旅具・運動具・自助具・装身具・避妊具・防寒具・鬣等具（れてぐ）」

❹その他。

【具合】グあい ①物事の状態。かげん。「体の—が悪い」②都合。「今日は—が悪い」③やりかた。方法。「こんな—にやる」別表記 工合

【惧】

2級　11画　心(忄)-8　新常用　音 グ㊉・ク㊊㊉　訓 おそ-れる・おそ-れ

②5592　Ⓤ60E7

筆順 丶 忄 忄 怇 怇 惧 惧 惧

なりたち [懼][形声]心＋瞿（とりが目をきょろきょろきょろさせるさま）㊇。目をきょろきょろさせ心が落ち着かない意から、おそれる意を表す。「惧」は俗字。

おそれる。恐れおののく。

熟語「危惧・憂惧」

【愚】

3級　13画　心-9　音 グ㊊㊉　訓 おろか

①2282　Ⓤ611A

筆順 冂 曰 曰 禺 禺 愚 愚 愚

なりたち 
[形声]禺（大きな頭と尾を持つサルの象形で、なまけものの意）㊇＋心。心の働きがにぶいの意。

❶おろか。ばかげている。

【愚挙】グキョ ばかげた企て。「—に及ぶ」

【愚行】グコウ おろかなおこない。「—を重ねる」

〖愚公山を移す〗 愚かな者でも怠らず努力すれば、大事を成し遂げることができるというたとえ。出典「列子湯問」より。

【愚策】グサク 下手な計画。「—を弄する」

【愚者】グシャ おろかな人。ばか者。⇕賢者

〖愚者も千慮に一得あり〗 愚かな人でもたまにはいい考えを思いつくことがある。愚者にも一得。出典「史記淮陰侯伝」より。

【愚図】ぐず はきはきせず、動作・決断がにぶい。

【愚痴】グチ 言ってもしかたがないことを言って嘆く。「—を言う」「—をこぼす」

【愚鈍】グドン 無知でまぬけ。のろま。⇕利発

【愚物】グブツ ばかな人。愚か者。愚人。

【愚昧】グマイ おろかで道理にくらい。「—な男」

【愚民】グミン おろかな人民。「—政策」

【愚問】グモン くだらない質問。「—愚答」

【愚劣】グレツ ばからしく何の価値もない。「—な奴」

【愚連隊】グレンタイ 非行少年や非行少女の集まり。

熟語「愚案・愚暗・愚闇・愚計・愚作・愚書・愚女・愚将・愚心・愚臣・愚人・愚推・愚拙・愚説・愚僧・愚知・愚智・愚答・愚夫・愚婦・愚迷・愚蒙・愚盧・愚陋・愚論・暗愚・迂愚・下愚・頑愚・狂愚・賢愚・昏愚・至愚・衆愚・蠢愚・大愚・知愚・智愚・痴愚・凡愚・庸愚」

❷ばかにする。あなどる。

【愚弄】グロウ 人を馬鹿にして、からかう。

❸融通がきかない。ばか正直。

【愚直】グチョク 馬鹿正直。「—な男」

熟語「愚忠」

❹自分に関係する人や物事に付けて、謙遜の意を表す語。

【愚兄】グケイ ①愚かな兄。「—賢弟」②自分の兄をへりくだっていう語。

【愚見】グケン 自分の意見をへりくだっていう語。

【愚考】グコウ 自分の考えをへりくだっていう語。

【愚妻】グサイ 自分の妻をへりくだっていう語。

【愚生】グセイ 自分をへりくだっていう語。小生。

【愚息】グソク 自分の息子をへりくだっていう語。

【愚弟】グテイ ①おろかな弟。「—賢兄」②自分の弟をへりくだっていう語。

熟語「愚意・愚詠・愚稿・愚才・愚札・愚察・愚姉・愚状・愚身・愚草・愚存・愚衷・愚禿・愚輩・愚筆・愚父・愚母・愚妹・愚命・愚老」

クウ

【空】

10級　8画　穴-3　音 クウ㊉・コウ㊊　訓 そら・あ-く・あ-ける・から・うつ-ろ・す-く・むな-しい

①2285　Ⓤ7A7A

難読 空五倍子（空柴）・空穴・空穂・空蟬

人名 たか

筆順 丶 八 宀 穴 穴 空 空 空

なりたち 
[形声]穴＋工（のみなどの工具でつらぬく）㊇。つらぬき通した穴の意から、うつろ、むなしい、そらの意を表す。

◉異字同訓◉

◇すく（▽空・透）

「空く」は“あきができる。腹がへる”の意。「館内が空いている」「手が空く」「おなかが空いた」

「透く」は“すき間ができる。すけて見える”の意。「歯の間が透く」「底が透いて見える」

❶そら。大空。大気。広々している。

【空間】クウカン 上下・四方の広がり。「生活―」

【空気】クウキ ①地球表面を包む気体。②場の雰囲気。

【空中】クウチュウ 大空のなか。なかぞら。そら。

【空調】クウチョウ 「空気調節」の略。エアコン。

【空冷】クウレイ 空気によって冷却する。

熟語「空闊・空豁・空際・空撮・空振・空電・空陸・公空・高空・虚空・時空・上空・大空・滞空・宙空・低空・天空・碧空・領空」

❷から。からっぽ。うつろ。何もない。

【空(き)巣】あきす ①鳥のいない巣。②留守の家。③留守宅をねらって盗みをする。

【空木】うつぎ 落葉低木。幹は中空。うのはな。別表記 卯木

【空っ風】からっかぜ 乾燥した冷たい強風。「上州名物―」

【空手】からて ①(「唐手」とも書く)沖縄で発達した素手で戦う武術。②素手。てぶら。「―で帰る」

【空虚】クウキョ 「―な生活」「―な理論」

【空空】クウクウ 「―漠漠」「―寂寂」

【空閨】クウケイ ひとり寂しく寝る寝室。孤閨。

【空隙】クウゲキ すき間。間隙。「―が生じる」

【空拳】クウケン 何も武器を持たない手。「徒手―」

【空車】クウシャ 人をのせていない車。タクシーにいう。

【空席】クウセキ 「―待ち」「教授職に―がある」

【空前】クウゼン 未曽有。「―の大勝利」

【空前絶後】クウゼンゼツゴ 「―の大事件」

【空洞】クウドウ 内部に何もない。からっぽ。うつろ。

【空白】クウハク 「―を埋める」「記憶の―」

【空漠】クウバク 何もなくとりとめがない。

【空腹】クウフク 腹がへっている。すきばら。⇔満腹

熟語「空位・空宇・空屋・空株・空竅・空室・空射・空手・空所・空床・空船・空然・空弾・空地・空腸・空嚢・空包・空砲・空乏・空房・空無・空欄・空閑地・真空・中空」

❸むなしい。むだである。

【空費】クウヒ むだに使う。「時間を―する」

【空転】クウテン ①車輪が空回りする。②むだに推移する。「―国会」

熟語「空談」

❹むなしい。内実を伴わない。

【空言】クウゲン 実行の伴わない口先だけの言葉。「―癖」

【空説】クウセツ 根拠のないうわさや説。

【空疎】クウソ 形だけで、実質に乏しい。「―な議論」

【空想】クウソウ 現実にはないことをあれこれ想像する。「―にふける」

【空中楼閣】クウチュウロウカク ①大空に建物をつくるように、根拠のないこと。②蜃気楼。出典「夢渓筆談異事」より。

【空文】クウブン 実際の役に立たない文章。

【空理】クウリ 実際の役に立たない理屈。「―空論」

【空論】クウロン 実際の役に立たない理論。「机上の―」

熟語「空語・空名・架空・鑿空」

❺むなしい。寂しい。人気のない。

【空谷の跫音】くうこくのきょうおん 寂しい山中に響く足音。寂しく暮らしているときの思いがけない訪問やうれしい便りのたとえ。出典「荘子徐無鬼」より。

熟語「空谷・空山・空城」

❻(仏)実体のないこと。

熟語「空有・空観・空華・空寂・空諦・空即是色」

❼航空に関すること。

【空軍】クウグン 航空機による作戦を任務とする軍隊。

【空港】クウコウ 飛行場。エアポート。「国際―」

【空襲】クウシュウ 航空機から地上を爆撃・銃撃する。

【空母】クウボ 「航空母艦」の略。

【空輸】クウユ 「空中輸送」の略。

【空路】クウロ ①航空路。②航空機で行く。「―沖縄に向かう」

熟語「空尉・空域・空運・空佐・空士・空将・空戦・空曹・空挺・空爆・空中戦・空中分解・滑空・航空・対空・防空・臨空」

❽(国)何となく。そら。

【空似】そらに 顔かたちがよく似ている。「他人の―」

【空音】そらね 実際には鳴らないのに聞こえるような気がする音。

【空耳】そらみみ 声や物音がしないのに聞いたように思う。

熟語「空恐ろしい・空目・空夢」

❾(国)偽り。うそ。そら。

【空言】そらごと 事実でない言葉。別表記 虚言

【空寝】そらね 寝たふりをする。たぬき寝入り。

熟語「空涙・空負け・空念仏」

❿(国)頼りない。あてにならない。そら。

【空頼み】そらだのみ 当てにならないたのみ。

【空返事】そらヘンジ うわの空の返事。からへんじ。

熟語「空見・上の空」

グウ

【宮】⇩キュウ(一一八ページ)

【偶】

3級 11画 人(亻)-9

音 グウ慣・ゴウ漢・グ呉

訓 たま・たまさか・たまたま

①2286 Ⓤ5076

人名 ます

筆順 亻 仴 但 偶 偶 偶 偶

なりたち ［形声］人＋禺（大きな頭と尾を持つサルの象形で、人まねざるの意）音。人に似せたもの、人形の意。また、本物と一対をなすことから、偶数の意にも用いる。

❶対（つい）になること。

熟語「偶語・偶力・対偶」

❷つれあい。

熟語「配偶・匹偶（ひつぐう）」

❸二の倍数。

【偶数】グウスウ 二で割り切れる整数。〇も含む。⇕奇数

熟語「偶列」

❹人形。

【偶像】グウゾウ ①神や仏をかたどった像。「—崇拝」②あこがれや尊敬などの対象となるもの。アイドル。「—視する」

熟語「偶人（ぐうじん）・土偶・木偶（きぐ・もくぐう・ぼくぐう）」

❺思いがけない。たま。たまさか。たまたま。

【偶因】グウイン たまたまそうなった原因。

【偶詠】グウエイ ふと心に浮かんだままを詩歌に詠む。

【偶成】グウセイ ふと心に浮かんでできた詩歌。偶成。

【偶然】グウゼン たまたまそうなる。思いがけず。ふと。「—の一致」「—出会う」

【偶発】グウハツ 偶然に発生する。思いがけずに起こる。「—戦争」

【偶有】グウユウ ある性質をたまたま備えている。

熟語「偶感・偶吟・偶合（ぐうごう）・偶作・偶爾（ぐうじ）・偶中・奇偶・時偶（ときたま）」

【遇】

3級 12画 辵(辶)-9

音 グウ 慣・グ 漢 呉

訓 あ-う・もてな-す・たまたま

①2288 Ⓤ9047

〔遇〕13画 辵(⻌)-9

人名 あい・あう・はる

筆順 口 日 甲 禺 禺 禺 遇 遇

なりたち ［形声］辵（ゆく）＋禺（大きな頭と尾を持つサルの象形で、人まねざるの意）音。両者が思いがけず互いに行きあうの意。

❶あう。思いがけなく出あう。

熟語「一遇・会遇（かいぐう）・奇遇・際遇・遭遇・値遇（ちぐ）・千載一遇」

❷もてなす。あしらう。

熟語「栄遇・恩遇・虐遇・境遇・厚遇・酷遇・殊遇・処遇・接遇・待遇・知遇・重遇・寵遇・特遇・薄遇・不遇・優遇・礼遇・冷遇」

❸たまたま。思いがけず。同偶。

【隅】

準2級 12画 阜(阝)-9

音 グウ 慣・グ 漢 呉

訓 すみ

①2289 Ⓤ9685

人名 ふさ

筆順 阝 阝 阳 阳 阻 隅 隅 隅 隅

なりたち ［形声］阜（おか）＋禺（大きな頭と尾を持つサルの象形で、なまけものの意）音。おかのあたりでよく見えない所の意から、すみの意を表す。

❶すみ。かたすみ。はて。

【隅隅】すみずみ あらゆる隅。あらゆる方面。「庭の—」

熟語「隅角（ぐうかく）・一隅・挙隅・座隅・僻隅（へきぐう）・片隅（へんぐう・かたすみ）・辺隅・廉隅（れんぐう）」

❷（国）「大隅国（おおすみのくに）」（今の鹿児島県東部および奄美諸島など）の略。

熟語「隅州（ぐうしゅう）・薩隅（さつぐう）」

くし

【串】

2級 7画 丨-6 新常用

音 カン（クヮン）漢・ケン 呉・セン 漢 呉

訓 くし

①2290 Ⓤ4E32

筆順 丶 冂 口 尸 吕 吕 串

なりたち ［象形］二つの物を一本の棒でつらぬくさまにかたどる。

❶《カン・ケン》慣れ親しむ。慣れ。

❷《セン》つらぬく。貫き通す。

❸（国）くし。魚肉等を刺すための細い棒。

【串柿】くしがき 串に刺して干した柿。

熟語「串揚げ・串鮑・串柿・串刺し・串団子・金串・平串」

クツ

【屈】

4級 8画 尸-5

音 クツ 漢 呉

訓 かが-む・かが-める・かが-まる

①2294 Ⓤ5C48

難読 屈輪（ぐり）

筆順 一 コ 尸 尸 屈 屈 屈 屈

なりたち ［会意］尸（しり）＋出。しりを出して体をまげるの意。篆文では、尾＋出。

ク

❶かがむ。かがまる。かがめる。身を縮める。また、まげる。折り曲げる。
【屈曲】クッキョク　折れまがっている。「―した山道」
【屈指】クッシ　指折り。「業界―の企業」
【屈伸】クッシン　かがめたりのばしたりする。「―運動」
【屈折】クッセツ　①折れまがる。②性質や心情がゆがむ。「―した心理」③音波や光が異なる媒質に進入する際に、境界面で進行方向を変える現象。
熟語「屈行・屈葬・屈撓（くつにょう）・鬱屈・枉屈・佶屈・詰屈・敬屈・磬屈・後屈・前屈・側屈・撓屈・盤屈・偏屈・理屈・湾屈・屁理屈」
❷押さえつけられる。身をかがめて、服従する。
【屈従】クツジュウ　相手の圧力に屈して従う。屈服。
【屈辱】クツジョク　相手の力におさえられて、はずかしめを受ける。「―的な負け」
【屈服・屈伏】クップク　相手の力に負けて服従する。「暴力に―するわけにはゆかない」
熟語「卑屈・不屈・不撓不屈」
❸のびのびしない。ゆきづまる。
【屈託】クッタク　①心が晴れない。「―のない表情」②疲れてあきあきする。「―した顔」
熟語「冤屈・窮屈・退屈」
❹強い。頑丈である。
【屈強】クッキョウ　たくましく力強い。「―な若者」
熟語「屈起」
❺その他。人名。
【屈原】クツゲン　（前三四三頃～前二七七頃）中国、戦国時代の楚の詩人。名は平。原は字。楚の王族。讒言により追放され、汨羅の淵に投身。「天問」「離騒」などの作品が「楚辞」に収録。

【掘】

4級　11画　手(扌)-8
音 クツ漢
訓 ほる
①2301　Ⓤ6398

筆順　扌 扌 扩 扩 护 挶 掘

なりたち 　[形声]手＋屈(まがってへこむ)音。くぼみができるように手でほるの意。篆文では、旁を「尾＋出」に作る。

ほる。穴をつくる。ほりだす。
【掘削・掘鑿】クッサク　土砂や岩石を掘り取る。
【掘進】クッシン　坑道などを掘り先へ進む。
【掘っ建て】ほったて　柱を直接地面にうめこんで家を建てる。「―小屋」
【掘割】ほりわり　地面を掘って水を通した所。堀。
熟語「掘採・掘串・採掘・試掘・総掘・盗掘・壺掘り・布掘り・発掘・乱掘・濫掘」

【窟】

2級　13画　穴-8
新常用
音 クツ漢・コツ漢
訓 いわや
①2302　Ⓤ7A9F

筆順　宀 穴 穴 空 窟 窟 窟 窟

なりたち　[形声]穴＋屈(曲がりくぼむ)音。岩の中に向かってくぼんだあな、ほらあなの意。

❶いわや。岩にできたあなぐら。ほらあな。
熟語「岩窟・巌窟・山窟・石窟・仙窟・洞窟・土窟・水琴窟」
❷すみか。人や物事が寄り集まるところ。獣などの巣。
熟語「鬼窟・潜窟・巣窟・魔窟・理窟・阿片窟・臥竜窟・細民窟・貧民窟」

くま

【熊】

2級　14画　火(灬)-10
新常用
音 ユウ(イウ)漢
訓 くま
①2307　Ⓤ718A

難読　熊野（くまの）（ゆや）・熊襲（くまそ）
人名　かげ

筆順　ム 台 自 自′ 能 能 能 熊

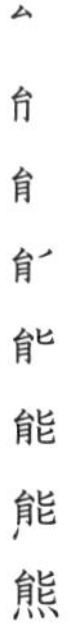

なりたち 　[形声]能(尾をあげ口を大きく開けたクマ)音＋火。「能」が原字。のち、「能」がよくする意に用いられるようになったため、火の精であるとして「火」を加えた。

❶くま。大形の哺乳動物。
【熊の胆】くまのい（ゆうたん）　熊の胆嚢を乾燥した漢方薬。熊胆。
熟語「熊掌・熊羆・熊送り・熊狩り」
❷(国)くまのように大きい。強い。
【熊手】くまで　長い柄の先に、先端を爪状に曲げた細竹を何本もつけた道具。落ち葉などをかき集めるのに使う。
熟語「熊樫・熊笹・熊蟬・熊鷹・熊猫・熊鼠・熊蜂・熊引・熊虫」

くる

【繰】

4級　19画　糸-13
音 ソウ(サウ)漢呉
訓 くる
①2311　Ⓤ7E70

筆順　幺 糸 糸 紀 紀 紹 絹 繰 繰

なりたち 　[形声]糸＋喿(さわがしい)音。せわしなく手を動かして、生糸を手もとにたぐるの意。

❶くる。繭から糸を紡ぎ出す。引き出す。

熟語「繰糸・繰車（＝糸くり車）」

❷（国）くる。連続したものを順に動かす。また、数える。

【繰（り）言】 愚痴など同じことを繰り返して言う。

【繰（り）戸】 戸袋から一枚ずつ出し入れする雨戸。

【繰（り）延べ】 決済などの、期日や期限を延ばす。

熟語「繰り上げ・繰形・繰り下げ・繰越金・繰り綿・手繰る」

クン

【君】

8級 7画 口-4 音 クン 漢呉 訓 きみ ①2315 Ⓤ541B

難読 君達

人名 きん・すえ・なお・よし

筆順 フ ヨ ヨ 尹 君 君

なりたち ［形声］尹（おさめる人）音＋口。口で命令しおさめる人の意。

❶きみ。支配者。天子・王・諸侯など。

【君君たり臣臣たり】 君臣それぞれその本分を尽くすことが、国を安定させる根本である。出典「論語顔淵」より。

【君辱めらるれば臣死す】 主君が恥辱を受ければ、臣たる者は死を決してその恥をすすがねばならぬ。出典「国語越語下」より。

【君は舟、臣は水】 常には主君を支え助ける臣が、ときには君主に害をなすこともある。出典「荀子王制」より。

【君主】 世襲的に国家を代表し、統治する人。

【君臣】 主君と臣下。「—の道」

【君側】 主君のそば。「—の奸」

【君命】 主君の命令。「—を拝す」

【君命を辱めず】 君主から命じられた任務を十分に遂行する。出典「論語子路」より。

【君臨】 君主として国家を統治する。

熟語「君位・君恩・君家・君権・君公・君侯・君国・君上・君前・君長・君寵・君徳・君王・君父・君辺・君民・暗君・英君・寡君・賢君・国君・主君・神君・人君・仁君・聖君・先君・大君・忠君・儲君・亡君・暴君・名君・明君・幼君・養君・老君」

❷優れた人。人の上に立つ人。

【君子】 学識・人格ともに優れ、徳行のそなわった人。「聖人—」

【君子の交わりは淡きこと水の如し】 君子は人と交わるのにさっぱりしていて、その友情は永久に変わることがない。出典「荘子山木」より。

【君子は危うきに近寄らず】 君子は身を慎み守り、危険なことははじめから避ける。出典「公羊伝襄公二十九年」より。

【君子は器ならず】 器は用途が限られているが、君子は一技一芸だけにかたよることはない。出典「論語為政」より。

【君子は人の美を成す】 君子は他人の長所や美点を見いだし、それを助け立派なものに完成させる。出典「論語顔淵」より。

【君子は独りを慎む】 君子は人が見ていない所でも行いを慎み、良心に恥じるようなことはしない。出典「大学」より。

【君子は豹変す】 君子は過ちをすみやかに改め、善に移ることがはっきりしている。出典「易経革卦」より。

【君子は交わり絶ゆとも悪声を出さず】 君子というものは交際が絶えても相手の悪口を言わない。出典「史記楽毅伝」より。

❸目上の人や身分の高い女性などを敬っていう語。

熟語「家君・厳君・細君・師君・小君・尊君・内君・夫君・父君」

❹同輩、または目下の人。

熟語「貴君・嗣君・諸君・同君・両君・郎君」

❺きみ。二人称代名詞。同輩や目下の相手に用いる。

熟語「君方・君達」

【訓】

7級 10画 言-3 音 クン 漢呉・キン 唐 訓 おし-え・おし-える・よ-み・よ-む ①2317 Ⓤ8A13

人名 くに・しる・とき・のり・みち

筆順 二 言 言 言 訂 訓 訓

なりたち ［形声］言＋川（かわ）音。水が川の流れに従うように、道理にそって教えるの意。

❶さとす。おしえ。いましめ。

【訓育】 児童・生徒の品性を高めるための教育。

【訓戒・訓誡】 事の善悪を教えさとし、いましめる。

【訓告】 教え告げる。いましめ告げる。

【訓示】 上位の者が下位の者に教え示す。

【訓辞】 教えさとす言葉。「校長の—」

【訓令】 上級官庁が下級官庁に発する職務上の命令。

【訓練】 教わったことをくり返し練習する。

【訓話】 教え導くための話。「社長の—」

熟語「訓誨・訓言・訓状・訓電・訓導・訓蒙・訓諭・遺訓・回訓・家訓・旧訓・教訓・校訓・古訓・社訓・

女訓・垂訓・聖訓・請訓・戦訓・庭訓・特訓・内訓・謨訓・明訓・処世訓・人生訓」

❷よむ。文字や文章を読み解き解釈する。よみ。

【訓詁】(クンコ) 古文の字句を解釈する。「―学」

熟語「訓解・訓義・訓注・義訓・戯訓」

❸(国)くん。漢字に日本語をあてたよみ方。

【訓点】(クンテン) 漢文を訓読するための返り点や送り仮名などの総称。

【訓読】(クンドク) ①漢字を、その字の意味に基づいて日本語で読む。くんよみ。⇔音読。②漢文を日本語の文法に従って読む。

熟語「異訓・音訓・国訓・字訓・借訓・新訓・正訓・同訓・難訓・傍訓・略訓・和訓・倭訓・熟字訓」

【勲】

準2級 15画 力-13 音 クン 漢 呉 訓 いさお ①2314 Ⓤ52F2

【勳】 16画 力-14 ②5014 Ⓤ52F3

〔勛〕 12画 力-10 ③1471 Ⓤ52DB

人名 いさ・いそ・こと・つとむ・ひろ

筆順 

なりたち  〔形声〕熏(かおる)音＋力。かおり高き労力の意から、いさおの意を表す。

❶いさお。てがら。国家や主君のためにつくした功績。

【勲功】(クンコウ) 国家や主君に尽くした功績。

【勲爵】(クンシャク) 勲等と爵位。

【勲章】(クンショウ) 功労者に国が与える記章。「文化―」

【勲等】(クントウ) 勲章の等級。

熟語「勲位・勲業・勲状・勲績・勲労・偉勲・元勲・功勲・殊勲・賞勲・叙勲・戦勲・大勲・武勲・文勲」

❷勲章の等級。

【勲記】(クンキ) 叙勲者に勲章とともに与えられる証書。

熟語「勲一等・受勲・叙勲・帯勲」

【薫】

準2級 16画 艸(艹)-13 音 クン 漢 呉 訓 かおる・くゆ-る・た-く ①2316 Ⓤ85AB

【薰】 17画 艸(艹)-14 ③9132 Ⓤ85B0

人名 かお・かおり・しげ・ただ・つとむ・にお・のぶ・ひで・ふさ・ほお・まさ・ゆき

筆順 

なりたち  〔形声〕艸＋熏(くすべる)音。香草をたきしめる、においをくゆらすの意。

◉異字同訓◉【炊】(三五二ページ)の「異字同訓」欄を参照のこと。

❶かおる。よいかおり。

【薫香】(クンコウ) よいかおりを立たせる香料。

【薫風】(クンプウ) 初夏のさわやかな風。「―の候」

【薫蕕器を同じゅうせず】 善人と悪人、また君子と小人とは同じ場所にいることができないというたとえ。出典「世説新語方正」より。

熟語「薫煙・薫紙・薫蕕・薫炉・花薫・余薫」

❷かおりがしみこむように人を感化する。

【薫陶】(クントウ) 人徳によって感化する。「―を受ける」

【薫は香を以って自ら焼く】 においのよい草木は芳香をもっているが故に焼かれるように、才能がある者はそのためにかえって身を滅ぼす。出典「漢書龔勝伝」より。

熟語「薫育・薫化・薫修(くんじゅ)(くんしゅう)・薫習(くんじゅう)・薫染・薫籠」

❸たく。香をたいてしみこませる。くゆる。同燻。

【薫物】(たきもの) ①各種の香木や香料の粉末を練り固めた香。②香をたくこと。

熟語「薫衣香(くのえこう)(くぬえこう・くんえこう)」

❹いぶす。同燻。

【薫製】(クンセイ) 塩漬けにし、煙でいぶした食品。別表記 燻製

熟語「薫灼」

グン

【軍】

7級 9画 車-2 音 グン 呉・クン 漢 訓 いくさ・つわもの ①2319 Ⓤ8ECD

人名 いく・いさ・すすむ・むら

筆順 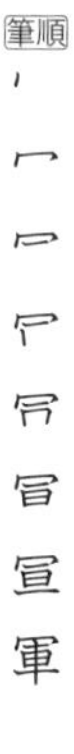

なりたち  〔会意〕冖(勹の変形、まるくつつむ)＋車。兵車でまわりをとりかこむ意から、いくさ、兵士の集団の意を表す。

❶いくさ。たたかい。

【軍艦】(グンカン) 軍事上の目的に用いられる艦船。

【軍機】(グンキ) 軍の機密。

【軍記物語】(グンキものがたり) 戦乱を主な題材とした物語類。「保元物語」「平治物語」「平家物語」「太平記」など。

【軍功】(グンコウ) 戦争で立てた功績。戦功。

【軍国】(グンコク) 軍事を主な政策とする国家。「―主義」

【軍事】(グンジ) 軍隊・戦争に関する事柄。「―力」

【軍資金】(グンシキン) ①軍事に必要な資金。②物事を行うのに必要な資金。「―がないから遊べない」

【軍需】(グンジュ) 軍事上の需要。「―産業」⇔民需

【軍縮】(グンシュク) 「軍備縮小」の略。「―会議」

【軍政】（グンセイ）①軍事上の政務。②軍隊が占領地・戒厳地に対して行う統治。「―をしく」⇔民政

【軍手】（グンて）「軍用手袋」の略。

【軍配】（グンバイ）①昔、武将が軍の指揮に使った武具。②相撲で行司が使うちわ。

【軍備】（グンビ）軍事上のそなえ。兵員・兵器・軍事施設などの軍事的準備。「―管理」

【軍略】（グンリャク）軍事上の計略。「―家」

熟語「軍衣・軍拡・軍学・軍監（ぐんかん）・軍旗・軍議・軍橋・軍犬・軍功・軍港・軍者・軍術・軍書・軍将・軍神・軍陣・軍扇・軍船・軍足・軍談・軍忠・軍都・軍刀・軍馬・軍費（ぐんぴ）・軍服・軍帽・軍務・軍用・軍管区・粛軍・勝軍・乱軍」

❷つわもの。兵士の集団。

【軍医】（グンイ）軍隊に所属し、医療に従事する武官。

【軍紀・軍規】（グンキ）軍隊の風紀や規律。「―を乱す」

【軍師】（グンシ）①大将につき従い作戦を考える人。参謀。②策略に巧みな人。

【軍人】（グンジン）軍に籍のある人。「職業―」

【軍陣】（グンジン）軍隊の陣営や陣地。「―をはる」

【軍勢】（グンゼイ）軍隊の兵の数や勢力。「敵の―」

【軍曹】（グンソウ）旧陸軍の下士官の一。

【軍属】（グンゾク）軍人ではないが軍に所属する人。

【軍隊】（グンタイ）一定の規律のもとに組織・編制された軍人の集団。

【軍閥】（グンバツ）軍部を中心とした特権的政治勢力。

【軍部】（グンブ）軍に属する諸機関の総称。

【軍法】（グンポウ）①軍隊内の法律。「―会議」②戦術。

【軍門】（グンモン）「敵の―にくだる（＝降伏する）」

【軍律】（グンリツ）軍隊の規律・法律。「―を乱す」

【軍令】（グンレイ）①軍隊内の命令。②作戦用兵に関する統帥事務。

熟語「軍営・軍役・軍靴（ぐんか）・軍歌・軍楽・軍使・軍職・軍帥（ぐんすい）・軍制・軍籍・軍装・軍卒・軍代・軍団・軍秩（ぐんちつ）・軍中・軍兵（ぐんぴょう）・軍票・軍夫・軍民・軍容・軍旅・軍虜・軍糧・軍歴・一軍・援軍・海軍・官軍・監軍・義軍・逆軍・空軍・懸軍・行軍・後軍・皇軍・紅軍・国軍・孤軍・三軍・自軍・従軍・出軍・将軍・進軍・新軍・親軍・水軍・赤軍（せきぐん）・千軍・船軍（せんぐん）・全軍・前軍・総軍・賊軍・大軍・退軍・中軍・敵軍・殿軍・独軍・敗軍・反軍・叛軍（はんぐん）・本軍・友軍・遊軍・六軍（りくぐん（ろくぐん））・陸軍・両軍・国民軍・常勝軍・常備軍・進駐軍・正規軍・駐留軍」

❸その他。当て字など。

熟語「軍鶏（シャモ）・軍茶利（ぐんだり）」

【郡】

7級　10画　邑（阝）-7　音 グン 呉・クン 漢　訓 こおり　①2320 Ⓤ90E1

人名 くに・さと・とも

筆順 フ ヨ ヨ 尹 尹 君 君 郡 郡

なりたち  ［形声］君（おさめまとめる）音＋邑（むら）。村のまとまりの意から、地方行政区画としてのこおりの意を表す。

❶ぐん。行政区画の一。

【郡県制度】（グンケンセイド）中国の中央集権的な地方行政制度。全国を郡・県などの行政区画に分け、中央政府より官吏を派遣して治めさせたもの。秦の始皇帝から始まる。

【郡国制度】（グンコクセイド）漢の高祖が始めた、封建制度と郡県制度とを併用した地方行政制度。

【郡部】（グンブ）郡に属している地域。

熟語「郡下・郡家（ぐんけ（ぐうけ））・郡県・郡市（ぐんし）・郡司（ぐんじ）・郡代・郡長・郡稲（ぐんとう）・郡部・郡領・国郡・小郡・上郡・大郡・中郡」

❷（国）こおり。近世以前の地方行政区画。

熟語「郡（こおり）の司（つかさ）・郡奉行（こおりぶぎょう）」

【群】〔羣〕

6級　13画　羊-7　音 グン 呉・クン 漢　訓 むれる・むれ・むら　①2318 Ⓤ7FA4

〔羣〕13画　羊-7　②7026 Ⓤ7FA3

難読 群青（ぐんじょう）

人名 とも・もと

筆順 フ ヨ ヨ 尹 君 君 君' 群 群

なりたち  ［形声］君（おさめる）音＋羊。羊がひとまとまりになっているさま、むれの意。

むれる。多くのものが集まる。むれ。集まった仲間。むら。たくさんの。

【群居】（グンキョ）むれをなして生活する。群棲（ぐんせい）。

【群衆】（グンシュウ）むらがり集まった多くの人々。

【群集・群▼聚】（グンシュウ）むらがり集まる。また、その集まったむれ。「―心理」

【群小】（グンショウ）多くの小さなもの。「―作家」

【群青】（グンジョウ）鮮やかな藍色の顔料。「―色」

【群臣】（グンシン）多くの臣下。多くの家来。

【群生】（グンセイ）同種の植物が群がって生えている。

【群▼棲】（グンセイ）同種の動物が群れをなして生活する。

【群盗】（グントウ）集団をなしている盗賊。

【群発】（グンパツ）同じ地域に集中して起こる。「―地震」

【群舞】（グンブ）大勢がむらがって踊る。

【群雄割拠】（グンユウカッキョ）多くの英雄たちが各地に勢力を張り、対立して覇（は）を競う。

【群雲】（むらくも）むらがり集まった雲。別表記 叢雲

【群雨】（むらさめ）にわか雨。驟雨（しゅうう）。別表記 村雨

熟語「群来（ぐんき）・群泳・群起・群議（ぐんぎ）・群行・群婚・群山（ぐんさん）・群書・群小・群生（ぐんじょう）・群星・群勢（ぐんぜい）・群叢（ぐんそう）・群盲・群像・群島・群党・群飛（ぐんぴ）・群氷（ぐんぴょう）・群峰（ぐんぽう）・群民・群遊・群游（ぐんゆう）・群雄・群羊・群来（ぐんらい）・群落・群立・群類・群狼（ぐんろう）・群緑（ぐんろく）・群論・群雀（むらすずめ）・群竹（むらたけ）・群

速度群・群千鳥・一群・逸群・魚群（なむら・なぶら）・鶏群・出群・大群・抜群・羊群・礫群・症候群・流星群・流氷群・連鎖群」

ケ

【化】⇩カ（四三ページ）
【仮】⇩カ（四五ページ）
【気】⇩キ（九四ページ）
【家】⇩カ（四八ページ）
【華】⇩カ（四九ページ）
【懸】⇩ケン（一八〇ページ）

ゲ

【下】⇩カ（四二ページ）
【牙】⇩ガ（五三ページ）
【外】⇩ガイ（六三ページ）
【夏】⇩カ（四八ページ）
【解】⇩カイ（六一ページ）

ケイ

【兄】
9級　5画　儿-3
音 ケイ㊥・キョウ（キャウ）㊦
訓 あに
①2327　Ⓤ5144

難読 兄さん・兄矢・兄鷹

人名 え・えだ・これ・さき・しげ・ただ・よし

筆順 丨 ㇆ 口 尸 兄

なりたち ［象形］頭の大きな人にかたどり、あに、おおきいの意を表す。

❶あに。先に生まれた男子。⇔弟。

【兄貴】①兄を親しんでいう語。②若者ややくざなどの間で、年長の男や勢力のある男。「―分」
注記「兄君」の転という。

【兄弟】①あにとおとうと。けいてい。⇔姉妹。②親を同じくする間柄。「姉妹」「兄妹」「姉弟」と書いて、「きょうだい」と読ませることもある。「―げんか」③親しい男同士が相手を呼ぶ語。「おい、―」

【兄姉】あにとあね。⇔弟妹

【兄たり難く弟たり難し】優劣をきめがたい。
出典「世説新語徳行」より。

【兄弟】兄と弟。きょうだい。「―姉妹」

【兄弟牆に鬩げども、外その務りを禦ぐ】家の中で兄弟が内輪喧嘩をしていても、外から侮辱を受ければ、共にそれを防ぐ。兄弟牆に鬩ぐ。
出典「詩経小雅、棠棣」より。

熟語「《ケイ》兄姉・兄妹・阿兄・家兄・義兄・愚兄・次兄・実兄・舎兄・従兄・庶兄（ままあに）・仲兄・長兄・父兄・亡兄・令兄・老兄・再従兄・三従兄・従父兄」「新兄」

❷先輩・同輩を敬っていう語。

【兄事】兄のように敬い接する。「―する作家」

熟語「《ケイ》雅兄・学兄（がっけい）（がくけい）・貴兄・賢兄・吾兄・詞兄・諸兄・仁兄・尊兄・大兄・盟兄」

【刑】
3級　6画　刀（刂）-4
音 ケイ㊥・ギョウ（ギャウ）㊦
訓 しおき・のり
①2326　Ⓤ5211

〔刑〕8画　刀（刂）-6　Ⓤ206EC

難読 刑部

人名 のり

筆順 一 二 チ 开 刑 刑

なりたち ［形声］幵（井の変形、四角いわく）音＋刀。罪人をわくの中に閉じこめ、刀でこらしめるの意。

❶しおき。法にてらして罰する。

【刑期】刑の執行をうける期間。「―を終える」

【刑具】体刑に用いる道具。むち・かせなど。

【刑死】刑に処せられて死ぬ。

【刑事】①犯罪の捜査を行う警察官の通称。「私服―」②刑法の適用を受けるべき事柄。「―事件」

【刑場】処刑をする所。「―の露と消える」

【刑の疑わしきは軽くせよ】罪のはっきりしない者を罰するには軽い刑にするほうがよい。疑わしきは罰せず。
出典「書経大禹謨」より。

【刑罰】犯罪者に科す法律上の制裁。

【刑法】犯罪とそれへの刑罰を規定した法律。

【刑務所】自由刑に処せられた者を収容・拘禁する施設。監獄。

【刑余】前科がある。「―の身」

熟語「刑罪・刑殺・刑屍・刑人・刑政・刑訴・刑典・刑徒・刑辟・刑名・刑吏・刑戮・刑律・縊刑・火刑・科刑・換刑・寛刑・虐刑・求刑・行刑・極刑・減刑・酷刑・惨刑・斬刑・死刑・私刑・実刑・重刑・銃刑・主刑・受刑・閏刑・処刑・体刑・磔刑（たっけい）・笞刑・天刑・徒刑・肉刑（にっけい）（にくけい）・腐刑・焚刑・鞭刑・墨刑（ぼっけい）（ぼくけい）・流刑（るけい）・量刑・絞首刑・自由刑・終身刑・処断刑・身体刑・生命刑・宣告刑・無期刑・有期刑」

❷のり。法。おきて。また、てほん。

熟語「儀刑・常刑・典刑」

【形】

〔形〕9画 彡-6 Ⓤ2F899

9級 7画 彡-4

音 ケイ漢・ギョウ(ギャウ)呉

訓 かた・かたち・なり

①2333 Ⓤ5F62

難読 形許(かたちばかり)(かたばかり)

人名 あれ・すえ・なり・み・より

筆順 一 二 于 开 开 形 形

なりたち  [形声]幵(井の変形、四角いわく・かた)音＋彡(模様)。模様が描かれたわく、かたちの意。

❶かたち。かた。外にあらわれる姿。なり。

【形無し】かたなし 面目がつぶれる。「失敗続きで—だ」

【形見】かたみ 遺品。「母の—の品」「—分け」

【形相】ギョウソウ 顔かたち。表情。「必死の—」

【形影】ケイエイ 物の形とその影。「—相伴う(=仲むつまじいさま)」「—相弔う(=孤独で寂しく暮らすさま)」

【形骸】ケイガイ ①からだ。骨組み。②内容・意義が失われて、形だけが残ったもの。「—化」

【形▼而下】ケイジカ 物質的なもの。⇕形而上

【形式】ケイシキ ①外に現れている形。②一定の手続きや方法・様式。「—を踏む」③実質・内容のない形だけのもの。「—にとらわれる」

【形▼而上】ケイジジョウ 精神的・抽象的なもの。⇕形而下

【形質】ケイシツ 生物分類の基準となる形態的特徴。

【形勝】ケイショウ ①風景がすぐれている。景勝。②要害の地。

【形象】ケイショウ かたち。外に表れているすがた。

【形状】ケイジョウ 形やありさま。「—記憶合金」

【形勢】ケイセイ 情勢。なりゆき。「—が逆転する」

【形跡】ケイセキ あとかた。「立ち寄った—がある」

【形相】ケイソウ ①物のかたち。すがた。②あるものを存在させるのに不可欠な本質的な存在構造。エイドス。⇕質料

【形態】ケイタイ 物のかたち。「—学」「国家の—」

【形振り】なりふり 服装や態度。「—かまわずに進む」

熟語「《かた》形板・形木・形鋼・形材・足形・跡形・占形・扇形・大形・男形・鉤形・鍵形・角形・髪形・楔形・櫛形・沓形・轡形・刳形・栗形・繰形・鍬形・小形・駒形・下形・品形・新形・雀形・銭形・卵形・中形・蝶形・月形・爪形・手形・波形・歯形・柱形・花形・判形・瓠形・菱形・雛形・舟形・船形・星形・升形・斗形・枡形・円形・御形・面形・紋形・屋形・優形・山形・雪形・弓形・枠形・鮟鱇形・貝状形・巾子形・小判形・撞木形・紡錘形・海鼠形・梯子形・柄杓形・瓢箪形・富士形・鋒矢形・叉木形・饅頭形・見目形・油煙形・利休形」「《ケイ》形似・形体・形貌・形名・形臨・雲形・円形・凹形・外形・概形・花形・眼形・奇形・弓形・球形・矩形・戟形・元形・原形・現形・古形・固形・語形・剤形・財形・詩形・字形・自形・樹形・勝形・象形・鐘形・情形・唇形・針形・陣形・図形・成形・整形・尖形・扇形・船形・線形・箭形・全形・体形・隊形・台形・他形・多形・地形・定形・梯形・蹄形・頭形・同形・凸形・波形・美形・扁形・方形・忘形・無形・有形・輪形・鱗形・円錐形・広卵形・三角形・正方形・楕円形・丁字形・馬蹄形・披針形・風衝形・流線形」「《ギョウ》異形・印形・大形・隠形・鬼形・地形・獣形・相形・僧形・俗形・童形・人形・判形・非形・方形・宝形・無形・遺形・裸形」「《なり》形姿・形格好・衽形・生形・椎形・地形・杉形・二形・不形・曲がり形・道形・身形・山形・弓形・輪形・御座形」「女形」

❷かたちづくる。あらわす。

【形成】ケイセイ 形づくる。「人格の—」

【形声】ケイセイ 漢字の六書の一。意味を表す部分(形)と音を表す部分(声)を合わせて漢字を作る方法。

【形容】ケイヨウ 物事の姿・性質などを言い表す。「言葉では—しきれない」「—詞」

熟語「形像・造形・変形」

【系】

5級 7画 糸-1

音 ケイ漢

訓 かける・すじ・つなぐ・つながり

①2347 Ⓤ7CFB

人名 いと・つぎ・つら・とし

筆順 ノ ㇰ 幺 幺 㸒 系 系

なりたち  [象形]つりさがった糸の形にかたどり、かける意を表す。

❶すじ。つながり。つなぐ。次々につながって、ひとすじになったもの。

【系図】ケイズ 一族の血縁関係を示した図。系譜。

【系統】ケイトウ ①一定の順序に従って統一がある。すじみち。「—立てて話す」②血筋。血統。「平家の—」③同じ方面や種類に属する。「電気—のトラブル」

【系譜】ケイフ 血縁関係を記した図。系図。

【系列】ケイレツ 系統的なつながりをもつ。「—会社」

熟語「一系・家系・皇系・支系・純系・女系・親系・世系・正系・男系・直系・同系・日系・父系・譜系・傍系・母系・本系」

❷分類上の一まとまり。

熟語「医系・異系・河系・区系・群系・根系・山系・水系・大系・体系・風系・文系・法系・理系・開放系・銀河系・血管系・座標系・神経系・生態系・太陽系・単位系」

ケ

【京】⇩キョウ（一二七ページ）

【径】
7級 8画 彳-5
音 ケイ漢・キョウ（キャウ）呉
訓 みち・こみち・さしわたし・ただ-ちに
①2334 Ⓤ5F84

【徑】10画 彳-7 ②5545 Ⓤ5F91

【逕】11画 辵(辶)-7 ②7784 Ⓤ9015

難読 径山寺味噌（きんざんじみそ）

人名 わたる

筆順 ノ ク 彳 彳フ 彳ス 径 径 径

なりたち [形声]彳（ゆく）＋巠（はたおりのたて糸）音。まっすぐにゆくの意から、ちかみちの意を表す。

❶こみち。みち。近道。

【径庭】ケイテイ 隔たりが大きい。注記「径」はこみちで狭い意、「庭」は広場の意。

熟語「径路・細径・三径・山径・邪径・小径・捷径・石径・草径・野径・幽径・鼠径部」

❷さしわたし。直径。

熟語「径間・外径・鏡径・口径・直径・動径・内径・半径・粒径」

❸ただちに。まっすぐに。

【径行】ケイコウ 思ったことをそのまま行う。「直情―」

【茎】
準2級 8画 艸(艹)-5
音 ケイ慣・コウ（カウ）漢
訓 くき
①2352 Ⓤ830E

【莖】10画 艸(艹)-7 ②7219 Ⓤ8396

筆順 一 十 艹 艹 艾 茎 茎 茎

なりたち [形声]艸＋巠（はたおりのたて糸）音。草木の、地上にまっすぐのびるくきの意。

草のくき。また、くき状のもの。

熟語「茎立ち・茎針・茎葉・茎菜類・芋茎（ずいき）・稲茎・陰茎・男茎・塊茎・花茎・球茎・玉茎・撃茎・根茎・包茎・鱗茎・地下茎・攀縁茎・匍匐茎・葉状茎」「《くき》茎挿し・茎茶・茎漬け・茎菜・茎若布・酸茎・歯茎・水茎」

【係】
8級 9画 人(亻)-7
音 ケイ漢
訓 かかる・かかり・か-わる・つな-ぐ
①2324 Ⓤ4FC2

注記「繫」の代用字としても用いられる。

人名 たえ

筆順 亻 亻 仫 伾 俘 係 係 係

なりたち [形声]人＋系（つなぐ）音。「系」が原字で、のちに「人」を加えた。

◉異字同訓◉【掛】（七三ページ）の「異字同訓」欄を参照のこと。

❶つなぐ。むすびつける。つなぎとめる。

【係船】ケイセン 船舶を港などにつなぎとめる。別表記 繫船

【係属】ケイゾク ①つながりがつく。つなぎつける。②〔法〕「訴訟係属」の略。訴訟が起こされ、現に裁判がなされている。「―中の事件」別表記 繫属

【係留】ケイリュウ つなぎとめる。別表記 繫留

【係累】ケイルイ 面倒をみなければならない家族や縁者。

熟語「係岸・係嗣・係泊・連係」

❷かかる。特に結びつく。かかわる。かかずらう。

【係争】ケイソウ 当事者間で争う。特に法廷で争う。別表記 繫争

熟語「係数・関係・無関係」

❸（国）かかり。特定の仕事・役目を受け持つこと。また、その人や部署。

【係員】かかりイン その係の人。

【係長】かかりチョウ 係員の長。普通、課長の下の職。

熟語「係官・進行係」

【型】
7級 9画 土-6
音 ケイ漢
訓 かた
①2331 Ⓤ578B

難読 型録（カタログ）

筆順 二 チ 开 刑 刑 型 型 型

なりたち [形声]刑（刀で切りきざんで作ったわく）音＋土。土で作った鋳型の意。

❶いがた。かた。

【型紙】かたがみ ①洋裁などで、布を裁断するために、必要な形に製図して切り抜いた紙。②型染めに用いる絵柄を彫り抜いた紙。

【型破り】かたやぶり 常識を超えているやり方や考え方をする。「―な言動」

熟語「型板・型押し・型染め・型付け・型通り・型物・型枠・藍型・鋳型・大型・金型・金型・髪型・木型・沓型・靴型・小型・新型・砂型・袖型・中型・土型・歯型・紅型・星型・髷型・山型・蠟型・枠型・血液型」「《ケイ》異型・艦型・原型・剤型・紙型・詩型・成型・線型・造型・体型・多型・定型・同型・熱型・判型・飛型・父型・文型・変型・母型・模型・類型・流線型」

❷模範。手本。分類されたかた。

【型式】かたシキ 自動車で、他と区別される独自の型。

熟語「《ケイ》儀型・典型」

【契】

3級 9画 大-6
音 ケイ（漢）（呉）・キツ（慣）
訓 ちぎる・ちぎり・きざむ
①2332 Ⓤ5951

〔契〕9画 大-6

難読 契情（けいせい）
人名 ひさ
筆順 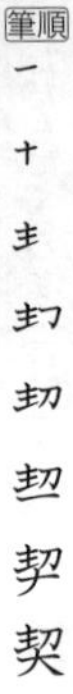
なりたち  ［形声］㓞（刃物で傷つける）（音）＋大（人の象形）。人の肌などに刻みつける意。また、そのようにして誓ったことから、ちぎる、しるしの意にも用いる。

❶ちぎる。約束する。ちぎり。
【契機】ケイキ きっかけ。「就職を―に引っ越す」
【契約】ケイヤク 約束をする。特に相対する二人以上の合意によって成立する法律行為。「―書」「―社員」
熟語「契闊（けっかつ）（けいかつ）・知契・密契（みっけい）・黙契」

❷わりふ。約束の証拠となる印。
【契印】ケイイン 二枚以上の書類が連続していることを証明するため、両方にまたがって押された印。割り印。
【契合】ケイゴウ 割り符のように、二つのものがぴったり合う。合致。
熟語「契符・印契・関契・券契・左契・符契・木契（もっけい）（もくけい）」

❸文字をきざむ。
熟語「契文・書契」

❹その他。固有名詞。
【契丹】キッタン 内モンゴルのシラームレン河流域にいたモンゴル系遊牧民族。一〇世紀耶律阿保機（やりつあぼき）が諸部族を統一し、のち征服王朝遼（りょう）に発展した。キタイ。

【計】

9級 9画 言-2
音 ケイ（漢）・ケ（呉）
訓 はかる・はからう・かぞえる・ばかり
①2355 Ⓤ8A08

仮名 平仮名「け」は「計」の草体から。
人名 かず・かずえ
筆順 
なりたち  ［会意］言＋十（集める）。ものを集めかぞえるの意。

◇はかる（計・測・量・図・謀・諮） ●異字同訓●
「計る」は“時間や程度を調べる”の意。「タイムを計る」「損失は計り知れない」

「測る」は“長さ・深さなどを調べる”の意。「寸法を測る」「面積を測る」「池の深さを測る」「熱を測る」「子供の能力を測る」

「量る」は“重さや容積を調べる。推測する”の意。「枡でお米を量る」「目方を量る」「体重を量る」「頃合（ころあ）いを量る」「真意を量りかねる」

「図る」は“計画を立て、実現を目ざす”の意。「紛争の解決を図る」「仕事の合理化を図る」「便宜を図ってもらう」

「謀る」は“だます”の意。「しまった、謀られた」

「諮る」は“他人の意見を問う。諮問する”の意。「役員会に諮る」「本件は審議会に諮りたい」「友人と諮って会社を作る」

❶はかる。かぞえる。数量をかぞえる。
【計算】ケイサン ①数える。考慮。②演算により値を出す。「―機」
【計時】ケイジ 競技で、所要時間を計る。
【計上】ケイジョウ 全体の中に数え入れる。「広告費を予算に―する」
【計数】ケイスウ ①数をかぞえる。「―器」②経理・計算などに関する。「―に明るい人」
【計測】ケイソク 器械を使ってはかる。「―器」
【計量】ケイリョウ 重量・分量などをはかる。「―カップ」
熟語「計理・会計・概計・月計・現計・合計・歳計・算計・集計・主計・純計・小計・推計・総計・通計・統計・時計・日計・余計・累計」

❷はかる。予測する。はからう。くわだてる。はかりごと。
【計画】ケイカク 「業務―」「―を立てる」「―倒れ」
【計略】ケイリャク はかりごと。「―をめぐらす」
熟語「計会・計議・計較（けいこう）（かく）・計策・計謀（けいぼう）・計慮・悪計（あっけい）・一計・遠計・奸計（かんけい）・姦計（かんけい）・奇計・詭計（きけい）・偽計・愚計・狡計（こうけい）・歳計・三計・四計・私計・失計・邪計・術計・熟計・商計・上計・心計・設計・早計・大計・知計・智計・長計・秘計・百計・方計・謀計・密計・妙計・良計（りょうけい）」

❸はかり。計量のための器具。
【計器】ケイキ ものの量を測定する器具。
熟語「温度計・高度計・湿度計・電力計・風力計・万歩計・露出計・路程計・露点計」

❹金銭の出入り。経営。
熟語「家計・活計・生計」

❺（国）…ばかり。程度を表す。…ぐらい。…ほど。

【恵】

4級 10画 心-6
音 ケイ（漢）・エ（ヱ）（呉）
訓 めぐむ・めぐみ
①2335 Ⓤ6075

〔惠〕12画 心-8 ②5610 Ⓤ60E0

仮名 平仮名「ゑ」は「恵」の草体から。片仮名「ヱ」は「恵」の草体を上略し、変形させたもの。
難読 恵胡海苔（えごのり）
人名 あや・さと・さとし・しげ・とし・やす・よし

筆順 一 厂 冂 日 亩 亩 亩 恵 恵

なりたち ［会意］叀(糸まき)＋心。相手の気持ちをくみとり、思いやるの意。

❶めぐむ。めぐみ。思いやり。

【恵贈】ケイゾウ 恵与。恵投。「御━の品」

【恵存】ケイゾン 自分の著述などを贈るとき、相手の名前の脇に書き添える語。「お手元にお置き下されば幸いです」の意。けいそん。

【恵沢】ケイタク めぐみ。「善政のもたらす━」

【恵与】ケイヨ ①人から物を与えられることを敬っていう語。恵贈。「御━の品」②めぐみ与える。

熟語「恵雨・恵賜(けいし)・恵送・恵展・恵投・恵撫(けいぶ)・恵風・恩恵・互恵・施恵(しけい)・慈恵・小恵・仁恵・天恵・特恵(とっけい)・庇恵(ひけい)・芳恵(ほうけい)・余恵」

❷かしこい。さとい。同慧。

熟語「恵眼(えげん)・知恵(ちえ)」

❸その他。当て字。

【恵比須・恵比寿】えびす 七福神の一。商売繁盛の神。右手に釣り竿、左手に鯛(たい)を持つ。「━顔(＝にこにこ笑っている顔)」別表記 夷・戎・蛭子

【恵方】エホウ その年の干支(えと)に基づいてめでたいとされる方角。明きの方。きっぽう。「━参り」別表記 吉方・兄方

【啓】

3級 11画 口-8 音 ケイ 漢 呉 訓 ひら-く・もう-す ①2328 Ⓤ5553

〔啓〕11画 口-8

人名 あきら・さとし・たか・のぶ・のり・はじめ・はる・ひら・ひろ・ひろし・ひろむ・よし

筆順 ⺆ ⺕ 戸 戸 所 攷 攸 啓

なりたち ［形声］攴(戸を手で開ける)音＋口。口を開けて言う、まうすの意。また、ひらくの意にも用いる。

❶ひらく。あける。

【啓▼蟄】ケイチツ 二十四節気の一。三月六日頃。冬ごもりの虫が穴から出る意。

熟語「啓開・啓閉・啓明・中啓」

❷教えみちびく。わからせる。

【啓示】ケイジ 人の力では知り得ないことを神が教え示す。天啓。「神の━」

【啓発】ケイハツ 知識をひらき教え導く。「自己━」

【啓▼蒙】ケイモウ 人々に新しい知識を与え、教え導く。「━思想」注記「蒙」は道理に暗い意。

熟語「啓廸(けいてき)・啓典・啓培(けいばい)・天啓」

❸申す。申し上げる。

【啓上】ケイジョウ 多く手紙文で使う。「一筆━」

熟語「啓告・啓奏(けいそう)・啓達・啓白(けいはく(けいびゃく))・啓沃(けいよく)・謹啓・粛啓・上啓・拝啓・副啓(ふっけい(ふくけい))・復啓(ふっけい(ふくけい))・略啓」

❹先払い。

熟語「啓行(けいこう)・行啓(こうけい)」

❺皇后・皇太子が外出すること。また帰ること。

熟語「還啓(かんけい)・行啓(ぎょうけい)」

【掲】

3級 11画 手(扌)-8 音 ケイ 漢・ケツ 漢 呉・ケチ 呉 訓 かかげる ①2339 Ⓤ63B2

〔揭〕12画 手(扌)-9 ③8483 Ⓤ63ED

人名 なが

筆順 一 十 扌 扌 扣 担 掲 掲 掲

なりたち ［形声］手＋曷(おしとどめる)音。手で高くかかげて人をおしとどめるの意。

❶かかげる。高くあげる。

【掲揚】ケイヨウ 高くかかげる。「国旗を━する」

熟語「掲額(けいがく)・掲記・掲名(けいめい)・掲焉(けつえん(けちえん))・下掲・再掲・上掲」

❷はり出す。掲載する。

【掲載】ケイサイ 新聞・雑誌に載せる。「記事を━する」

【掲示】ケイジ 人目につく所に掲げ示す。「━板」

【掲出】ケイシュツ 掲示する。「合格者の氏名を━する」

熟語「前掲・表掲・別掲」

【渓】

準2級 11画 水(氵)-8 音 ケイ 漢 呉 訓 たに ①2344 Ⓤ6E13

〔溪〕13画 水(氵)-10 ②6268 Ⓤ6EAA

〔谿〕17画 谷-10 ②7616 Ⓤ8C3F

筆順 氵 氵 氵 氵 泙 淫 渓 渓

なりたち ［形声］水＋奚(ひもでつなぐ)音。ひものように谷間を細く流れる川の意。

たに。たにがわ。

【渓谷】ケイコク 深くて急な側壁をもった谷。たにま。

【渓声】ケイセイ 谷川のせせらぎ。「━が響く」

【渓流】ケイリュウ 渓谷の流れ。谷川。「━釣り」

熟語「渓壑(けいがく)・渓間・渓澗(けいかん)・渓泉・雪渓・湾渓」

【経】

6級 11画 糸-5 音 ケイ 漢・キョウ(キャウ) 呉・キン 唐 訓 へる・たて・たていと・つね ①2348 Ⓤ7D4C

ケ

【經】13画 糸-7 ②6920 Ⓤ7D93

難読 経緯たてよこ（たてぬき）

人名 おさむ・つね・のぶ・のり・ふ・ふる

筆順 幺 糸 糸 紀 紀 経 経 経 経

なりたち  ［形声］糸＋巠（はたおりのたて糸）音。たていとの意。

❶たて。たていと。南北の線。⇔緯。

【〈経緯〉】いきさつ 物事の込み入った事情。けいい。

【経緯】ケイイ ①織物の経糸と緯糸。②経度と緯度。③物事の入り組んだ事情。いきさつ。「辞任の―を聞く」

【経度】ケイド 地球上の東西の位置を示す座標。⇔緯度

熟語「《ケイ》経文緯武・西経・整経・赤経・東経」

❷すじ。すじみち。

【経穴】ケイケツ 鍼や灸を打つ身体の部分。つぼ。

【経絡】ケイラク ①筋道。②漢方で、気血の循環する経路。

【経路】ケイロ ①通過する道すじ。「入手―」②みち。こみち。別表記 径路

熟語「《ケイ》経界・経画・経伺・神経・正経・大経」

❸つね。一定の状態。

【経常】ケイジョウ 一定の状態で続く。「―利益」

【経費】ケイヒ かかる費用。「―節減」「必要―」

熟語「《ケイ》経紀・経業」

❹ふみ。道理や教えを説く書。

【経学】ケイガク 四書・五経などを研究する学問。

【経史子集】ケイシシシュウ 漢籍を経書・史書・諸子・詩文集の四部に分ける分類法。

【経書】ケイショ 儒教の経典。四書・五経など。

【経典】ケイテン 聖人・賢人の教えを記した書物。注記「きょうてん」と読めば別義。

熟語「《キョウ》易経・五経・三経・書経・茶経・埋経」「《ケイ》経筵・経義・経史・経師・経術・経籍・経説・経伝・群経・算経・水経・聖経・石経・中経・秘経・明経・六経」

❺ふみ。仏教の教えを書いた本。

【経〈帷子〉】キョウかたびら 死者に着せる白い着物。

【経巻】キョウカン 経文を書いた巻物。また、経典。

【経木】キョウぎ ①スギなどの板を、薄く削ったもの。食べ物などを包むのに用いる。②経文を書く薄い板。

【経典】キョウテン 仏の教えを記した典籍。注記「けいてん」と読めば別義。

【経文】キョウモン 仏教の経典の文章。お経。

熟語「《キョウ》経石・経衣・経王・経紙・経瓦・経函・経行・経教・経師・経宗・経所・経蔵・経題・経帙・経塚・経筒・経塔・経堂・経幢・経箱・経櫃・経本・経料・経論・戒経・契経・開経・偽経・結経・講経・古経・持経・写経・誦経・石経・説経・蔵経・大経・転経・読経・納経・秘経・仏教・大蔵経・法華経」「《ギョウ》観経・心経・棚経・本経・枕経・明経」「《キン・ギン》看経・諷経」

❻へる。とおりすぎる。

【経過】ケイカ ①時間が過ぎて行く。②物事のなりゆき。「―報告」

【経験】ケイケン 直接触れたり、見たり、実際にやってみたりする。また、そうして得た知識や技術。「―を積む」

【経口】ケイコウ 口から身体に入る。「―感染」

【経産婦】ケイサンプ すでに出産したことのある婦人。

【経由】ケイユ 「池袋―新宿行き」

【経歴】ケイレキ 今までに経てきた学業・職業・地位などに関する事柄。履歴。

熟語「《ケイ》経商・経渉・経年・経路」

❼すじをとおす。おさめる。

【経営】ケイエイ 方針を定め、組織体を運営する。事業を営む。「―者」「学級―」

【経国】ケイコク 国家を経営する。「―の事業」

【経国済民】ケイコクサイミン 国を治め民の生活を安定させる。

【経済】ケイザイ ①物資の生産・流通・交換・分配とその消費・蓄積などの活動。「―学」②財政状態。やりくり。「―観念」③費用が少なくてすむ。「時間の―になる」注記「経世済民」または「経国済民」の略。

【経世】ケイセイ 世を治める。「―家」

【経世済民】ケイセイサイミン 世を治め、民の苦しみを救う。

【経理】ケイリ 会計・給与などに関する事務。

【経略】ケイリャク 天下を治める。また、国を治める。

【経▼綸】ケイリン 国家を治めととのえる。その方策。

熟語「《ケイ》経紀・経始・財経・政経」

❽首をくくる。

熟語「経死」

❾女子の月のもの。月経。

【経水】ケイスイ 月経。月のもの。

熟語「《ケイ》月経・初経・通経・閉経」

【蛍】

準2級 11画 虫-5 音 ケイ漢 訓 ほたる ①2354 Ⓤ86CD

【螢】16画 虫-10 ②7405 Ⓤ87A2

難読 蛍蛆つちぼたる

筆順 丶 丷 ⺍ 㓁 学 学 蛍 蛍

なりたち ［形声］𤇾(周囲を火でとりまく)音＋虫。まるくとりまくようにぽっと光を発する虫、ホタルの意。

ほたる。ホタル科の甲虫の総称。

【蛍光】(ケイコウ) ①蛍の光。②ある物質に光や電磁波などを照射した時に発光する現象。「—灯」

【蛍雪】(ケイセツ) 苦労して勉学に励む。蛍の光窓の雪。「—の功」出典「晋書車胤伝」による。晋の車胤が蛍の光で、孫康が窓辺の雪明かりで書物を読んだ故事から。

熟語「蛍窓・蛍狩・蛍火」

【敬】

5級 12画 攴(攵)-8

音 ケイ漢・キョウ(キャウ)呉

訓 うやまう

①2341 Ⓤ656C

人名 あき・あつ・いつ・かた・さとし・たか・たかし・とし・のり・はや・ひろ・ひろし・ゆき・よし

筆順 一 艹 芍 芍 苟 茍 敬 敬

なりたち  ［形声］苟(身をひきしめる)音＋攵(する)。身をひきしめかしこまるの意。

うやまう。うやまいつつしむ。

【敬愛】(ケイアイ) 尊敬と親しみの気持ちをもつ。

【敬意】(ケイイ) うやまう気持ち。「—を払う」

【敬遠】(ケイエン) うわべは敬いながら、実際には相手にしない。「生徒に—される」

【敬具】(ケイグ) 手紙の最後に添える言葉。「拝啓」と対応して用いる。敬白。

【敬▼虔】(ケイケン) 深く敬い、慎み深い。「—な信者」

【敬語】(ケイゴ) 聞き手や話題の人物・事物に対する話し手の敬意を表す言語表現。

〖敬して遠ざける〗 敬遠する。

【敬称】(ケイショウ) ①人名などの下に付けて、その人への敬意を表す語。「様」「さん」「殿」など。②相手または相手方の事物について敬意を表す言い方。「貴兄」「高著」など。⇔謙称

【敬体】(ケイタイ) 文末に「です」「ます」などの丁寧語を用いる口語の文体。⇔常体

【敬天愛人】(ケイテンアイジン) 天をうやまい人を愛する。出典「南洲遺訓」より。

【敬白】(ケイハク) 謹んで申し上げる。けいびゃく。

【敬服】(ケイフク) 心から感心して尊敬する。

【敬慕】(ケイボ) 敬いしたう。「—する師」「—の念」

【敬礼】(ケイレイ) 敬意を表して礼をする。

【敬老】(ケイロウ) 老人をうやまい大事にする。「—の日」

熟語「敬田・敬礼・敬畏・敬仰(けいぎょう)(けいこう)・敬屈・敬承・敬譲・敬信・敬神・敬相・敬待・敬憚・敬弔・敬重・敬聴・敬拝・愛敬(あいきょう)(あいけい)・畏敬・帰敬・恭敬・居敬・恭敬(くぎょう)(きょうけい)・失敬・粛敬・信敬・崇敬(すうけい)(そうきょう)・尊敬(そんきょう)・篤敬・表敬・不敬・和敬」

【景】

7級 12画 日-8

音 ケイ漢・キョウ(キャウ)呉

訓 ひかり

①2342 Ⓤ666F

人名 あきら・かげ・ひろ

筆順 丶 冂 日 旦 早 昌 景 景

なりたち  ［形声］日＋京(小高い丘の上に建つ楼閣)音。日が小高い丘にさす意から、ひかり・けしきの意を表す。

❶日ざし。ひかり。

熟語「斜景・短景・倒景・日景」

❷(太陽にてらし出された)自然のながめ。けしき。

【景観】(ケイカン) けしき。ながめ。「雄大な—」

【景勝】(ケイショウ) 景色がすばらしい。「天下の—地」

《景色》(ケシキ) ながめ。風景。「—のいい所」

熟語「景趣・景象・景石・景致・景盤・一景・烟景・煙景・遠景・海景・佳景・奇景・近景・光景・後景・三景・山景・実景・借景・秋景・修景・縮景・春景・小景・勝景・状景・情景・場景・叙景・真景・夕景・雪景・絶景・全景・前景・大景・地景・致景・点景・背景・八景・晩景・盤景・盆景・美景・風景・暮景・夜景・野景・夕景・殺風景」

❸ものごとのありさま。ようす。

【景気】(ケイキ) ①社会全体にわたる経済活動の状況。「—回復」②威勢。元気。「—のいい話」

【景況】(ケイキョウ) ①変わりゆくありさま。②景気の状況。

熟語「景情・景状」

❹おもむきをそえる。

【景品】(ケイヒン) ①売る品物に添える品物。おまけ。②福引きなどに当たった者に与える品物。

【景物】(ケイブツ) ①四季折々の風情をそえるもの。花鳥風月など。「—詩」②景品。おまけ。

熟語「粗景・麁景」

❺大きい。めでたい。

熟語「景雲・景星・景福・景命」

❻あおぐ。したう。

【景仰】(ケイコウ) 偉大なものを敬い慕う。けいぎょう。「—の念」

熟語「景慕」

❼(演劇などの)場面。シーン。

熟語「全四景・四幕三景」

【軽】

8級 12画 車-5

音 ケイ漢・キョウ(キャウ)呉・キン唐

訓 かるい・かろやか・かろんじる

①2358 Ⓤ8EFD

【輕】 14画 車-7 ②7743 Ⓤ8F15

人名 とし

筆順 亘 亘 亘 車 軒 軽 軽 軽

なりたち 輕 ［形声］車＋巠（はたおりのたて糸）音。まっすぐに身がるに走る車の意から、かるい意を表す。

❶かるい。重さがない。目方や程度がかるい。⇕重。

【軽▼裘肥馬】（ケイキュウヒバ） 軽くて美しいかわごろもと肥えてたくましい馬。富貴な人の外出時のいでたち。軽肥。出典「論語 雍也」より。

【軽減】（ケイゲン） 減らして軽くする。「苦痛を―する」

【軽少】（ケイショウ） 軽くて少ない。「―な損害」

【軽症】（ケイショウ） 病気の程度が軽い。⇕重症

【軽傷】（ケイショウ） 軽いけが。「―を負う」⇕重傷

【軽重】（ケイチョウ） 軽いことと重いこと。けいじゅう。「事の―をわきまえる」「鼎（かなえ）の―を問う」

【軽度】（ケイド） 程度が軽い。「―のやけど」⇕重度

【軽微】（ケイビ） ごくわずか。「被害は―で済んだ」

【軽量】（ケイリョウ） 目方が軽い。「―級」⇕重量

熟語「軽雨（けいう）・軽科・軽舸（けいか）・軽寒・軽気・軽裘（けいきゅう）・軽罪・軽舟（けいしゅう）・軽震・軽塵・軽水・軽鬆（けいそう）（けいしょう）・軽罰・軽風・軽妙・軽羅（けいら）・軽雷・軽金属・軽工業・軽合金・軽粒子・気軽（きがる）・減軽」

❷かるい。かろやか。みがる。

【軽業】（かるわざ） 綱渡りなどの曲芸の見世物。

【軽音楽】（ケイオンガク） ポピュラー音楽の総称。

【軽快】（ケイカイ） ①動作が軽やかですばやい。「―に踊る」②気分がはればれとする。「―な行進曲」③病気がよくなる。

【軽▼捷】（ケイショウ） 身軽ですばやい。「―な動作」

【軽装】（ケイソウ） 身軽な服装。活動しやすい身なり。

【軽妙】（ケイミョウ） 軽やかで、味わいがある。「―な筆致」

❸かるい。簡単だ。てがる。

【軽易】（ケイイ） 簡単で容易である。

【軽食】（ケイショク） 軽い食事。簡単な料理。

【軽便】（ケイベン） 簡単で便利である。「―鉄道」

熟語「軽服・手軽（てがる）」

❹かるい。考えが浅い。かるはずみ。

【軽口】（かるくち） 「―をたたく」

【軽挙】（ケイキョ） 軽はずみな行動をする。「―妄動」

【軽軽】（ケイケイ） 軽々しい。「―に判断できない」

【軽▼躁】（ケイソウ） 軽はずみに騒ぐ。考えが足りない。

【軽率】（ケイソツ） 軽はずみで考えが足りない。「―な発言」

【軽諾寡信】（ケイダクカシン） 簡単に請け合うような人は信用できない。出典「老子 六十三」より。

【軽▼佻浮薄】（ケイチョウフハク） 軽はずみでうわついている。「―な行動」

【軽輩】（ケイハイ） 地位や身分の低い者。「―の身」

【軽薄】（ケイハク） 言動が軽々しい。「―な人物」⇕重厚

熟語「軽忽（きょうこつ）（けいこつ）・軽骨（きょうこつ）・軽信・軽断・軽佻（けいちょう）・軽剽（けいひょう）・軽浮・尻軽（しりがる）・剽軽（ひょうきん）（ひょうけい）」

❺かろんじる。みくびる。あなどる。

【軽視】（ケイシ） 重要ではないと考える。⇕重視

【軽侮】（ケイブ） 軽くみてあなどる。「―の念」

【軽蔑】（ケイベツ） 人を軽んじてばかにする。

【傾】

4級 13画 人(亻)-11

①2325 Ⓤ50BE

音 ケイ漢・キョウ（キャウ）呉

訓 かたむく・かたむける・かしーぐ

人名 かたぶ

筆順 亻 亻 化 化 佰 佰 傾 傾

なりたち ［形声］人＋頃（頭をかたむける）音。「頃」が、ころの意に用いられるようになったため、「人」を加えた。

❶かたむく。かしぐ。斜めになる。一方にかたよる。

【傾向】（ケイコウ） ある方向に向かう様子。「上昇の―」

【傾斜】（ケイシャ） ①ななめにかたむいている。②一つの方向に向かってゆく。「輸入依存への―を深める」

熟語「傾瀉（けいしゃ）・傾性・傾頽（けいたい）・傾度・傾眠・右傾・左傾・斜傾・前傾」

❷かたむける。危うくする。くつがえす。

【傾国】（ケイコク） ①王がその色香に迷い国を滅ぼすほどの美人。絶世の美女。傾城（けいせい）。②遊女。傾城。

【傾▽城】（ケイセイ） ①美女。傾国。②遊女。別表記 契情

熟語「傾動・傾敗（けいはい）・傾廃（けいはい）・傾覆（けいふく）」

❸心をうちこむ。

【傾注】（ケイチュウ） 「全力を―する」

【傾聴】（ケイチョウ） 「―に値する意見」

【傾倒】（ケイトウ） 夢中になる。「新思想に―する」

熟語「傾慕」

【携】

〔攜〕21画 手(扌)-18 ②5824 Ⓤ651C

〔擕〕16画 手(扌)-13 ④1352 Ⓤ64D5

3級 13画 手(扌)-10

①2340 Ⓤ643A

音 ケイ漢

訓 たずさえる・たずさわる

筆順 扌 扌 扌 扌 扌 推 推 携 携

なりたち ［形声］手＋雋（巂の変形、尾がふたまたになっているツバメ）音。深いかかわりをもって手に持つの意。

❶たずさえる。手に持つ。身につけて持つ。

【携行】（ケイコウ） 持って行く。「食糧を―する」

【携帯】（ケイタイ） 手に持ったりして持ち運ぶ。「―電話」

熟語「携持（けいじ）・必携」

❷たずさえる。手をつなぐ。協力する。
熟語「提携・連携」
❸(国)たずさわる。関係を持つ。従事する。
用例「事業に携わる・教育に携わる」

【継】
4級 13画 糸-7 音 ケイ(漢)(呉) 訓 つぐ・まま ①2349 Ⓤ7D99
【繼】20画 糸-14 ②6975 Ⓤ7E7C

難読 継子(ままこ)
人名 つぎ・つね・ひで
筆順 く 幺 糸 糸 糸⺍ 糸半 糸米 継
なりたち 
[会意]糸＋「糸がばらばらに切れるさま」。ばらばらに切れた糸をつなぐの意。

◉異字同訓◉
◇つぐ(継・接・次・▽注)
「継ぐ」は"足して一続きのものとする。継承する"の意。「炭を継ぐ」「言葉を継ぐ」「王位を継ぐ」「家業を継ぐ」

「接ぐ」は"つなぎ合わせる。つぎ木をする"の意。「骨を接ぐ」「木に竹を接ぐ」

「次ぐ」は"程度や地位がすぐその下である"の意。「亜ぐ」とも書く。「社長に次ぐ権限をもつ」

「注ぐ」は"器に物を入れる。そそぎいれる"の意。「お茶を注ぐ」「酒を注ぐ」

❶つぐ。つなぐ。あとをうけつぐ。
【継起】ケイキ ひき続いて起きる。「事故が—する」
【継妻】ケイサイ のちぞいの妻。後妻。
【継嗣】ケイシ あとつぎ。相続人。
【継室】ケイシツ 後妻。のちぞい。継妻。
【継承】ケイショウ 前の人の財産・仕事などを受け継ぐ。
【継走】ケイソウ リレー競走。
【継続】ケイゾク 前からの状態が続く。「—事業」
熟語「継泳・継受・継述・継戦・継体(けいたい)・継統・継夫・継時的・屈継・後継・受継・承継・紹継・中継・世継(よつ)ぎ」
❷血のつながりがない。まま。
【継父】ケイフ 母の夫であるが、血のつながっていない父。ままちち。
【継母】ケイボ 父の妻であるが、血のつながっていない母。ままはは。

【詣】
2級 13画 言-6 新常用 音 ケイ(漢)(呉) 訓 もうでる・まいる ①2356 Ⓤ8A63

筆順 亠 亖 言 言 言丶 言ヒ 詣 詣
なりたち 
[形声]言＋旨(うまい)音。言葉による表現がすぐれた深い境地にいたるの意。

❶いたる。高く深い所までゆきつく。
熟語「造詣」
❷(国)まいる。もうでる。神仏におまいりする。
熟語「詣拝(けいはい)・参詣・初詣(はつもうで)・仏詣(ぶっけい)・物詣(ぶっけい)」

【境】⇩キョウ(一三三ページ)

【慶】
準2級 15画 心-11 音 ケイ(漢)・キョウ(キャウ)(呉) 訓 よろこぶ・よい ①2336 Ⓤ6176

人名 ちか・のり・みち・やす・よし
筆順 亠 广 户 庐 庐 庐 慮 慶
なりたち 
[会意]鹿(ささげもののシカ)＋心＋夊(およぶ)。祝う気持ちが及ぶ、よろこぶの意。

❶よろこぶ。祝う。よい。めでたいこと。
【慶賀】ケイガ 喜び祝う。祝賀。「—の至り」
【慶事】ケイジ 結婚・出産などのめでたいこと。⇔弔事
【慶祝】ケイシュク よろこび祝う。「—行事」
【慶弔】ケイチョウ 結婚・出産などのよろこび事と葬式などの不幸。「—休暇」「—電報」
熟語「慶雲(けいうん)・慶春・慶色・慶兆(けいちょう)・慶典・慶福・賀慶・吉慶・御慶(ぎょけい)(ごけい)・昌慶・祥慶・奏慶・大慶・同慶・表慶・落慶」
❷たまもの。さずかりもの。幸い。
熟語「天慶(てんけい)・余慶」
❸その他。
熟語「慶州(けいしゅう)・弁慶・内弁慶」

【憬】
2級 15画 心(忄)-12 新常用 音 ケイ(漢) 訓 あこがれる ②5661 Ⓤ61AC

筆順 丶 忄 忄口 忄曰 忄旦 忄昌 憬 憬
なりたち 
[形声]心＋景(岡にさす明るい日の光)音。心の中が明るくなる意から、あこがれる意を表す。

❶さとる。気づく。
❷あこがれる。
熟語「憧憬(しょうけい)(どうけい)」

【稽】
2級 15画 禾-10 新常用 音 ケイ(漢)・ケ(呉) 訓 かんがえる・とどまる・とどめる ①2346 Ⓤ7A3D
〔稽〕16画 禾-11 — Ⓤ25874

筆順 千 禾 秆 秤 秤 稀 稽 稽

なりたち [形声]禾＋「耆の変形」(年を経て味わいが出るさま)㊉。味わいが出るまでイネを長くたくわえる意から、とどめる・かんがえる意を表す。

❶かんがえる。比較する。考証する。

【稽古】ケイコ 武芸・芸事を習う。また、練習。

熟語「稽査・不稽・無稽・荒唐無稽(こうとうむけい)」

❷とどまる。とどこおる。とどめる。

熟語「稽淹(けいえん)・稽止・稽留(けいりゅう)」

❸ぬかずく。頭を地につけて礼をする。

熟語「稽首(けいしゅ)」

❹口のよくまわること。

熟語「滑稽(こっけい)」

【憩】

3級 16画 心-12 音 ケイ漢 訓 いこい・いこう・やすむ ①2338 Ⓤ61A9

〔憇〕15画 心-11 ②5660 Ⓤ6187

人名 やす

筆順 ニ 千 舌 甜 甜 憩 憩

なりたち [会意]舌(＝活、いきいきする)＋息(やすむ)。元気を取り戻すためにやすむの意。

いこう。くつろぐ。休む。いこい。

熟語「憩息・憩潮・憩流・休憩・小憩・少憩」

【警】

5級 19画 言-12 音 ケイ漢・キョウ(キャウ)呉 訓 いましめる・いましめ ①2357 Ⓤ8B66

筆順 一 艹 芍 苟 苟 敬 警 警

なりたち [形声]敬(身をひきしめかしこまる)㊉＋言。身をひきしめるように言葉で伝える意。

❶いましめる。非常を知らせて注意する。いましめ。

【警告】ケイコク 前もって注意を促す。

【警鐘】ケイショウ ①注意や危険を知らせるために鳴らす鐘。②人々に注意を促す知らせ。警告。「環境汚染に対する―」

【警世】ケイセイ 世間の人に警告する。「―の書」

【警醒】ケイセイ 注意を喚起し、迷いをさます。

【警笛】ケイテキ 注意をうながすために鳴らす笛。

【警報】ケイホウ 警戒を呼びかける知らせ。「大雨―」

熟語「警策(けいさく)・警柝(けいたく)・警蹕(けいひつ)・箴警(しんけい)」

❷非常事態にそなえる。

【警衛】ケイエイ 警戒し守る。「―の任につく」

【警戒】ケイカイ 犯罪・災害が起きないように用心する。

【警固】ケイゴ 警戒して守りを固める。警護。

【警護】ケイゴ 「警固」に同じ。「―に当たる」

【警備】ケイビ 不時の事態にそなえ、警戒して守る。「―員」

【警防】ケイボウ 災害を警戒し防止する。「―団」

【警邏】ケイラ 警戒のために見まわる。

熟語「警急・警手・警守・警枕(けいちん)・警標・警保・自警・巡警・夜警」

❸警察、警察官、それらに関する事。

【警察】ケイサツ 国民の生命・財産の保護や社会・公共の秩序の維持を目的とする行政。

熟語「警官・警視・警乗・警部・警棒・警務・警吏・警察官・県警・国警・市警・府警・婦警」

❹用心する。すぐれている。さとい。人をはっとさせる。

【警句】ケイク みじかく鋭い真理を述べた言葉。アフォリズム。

【警抜】ケイバツ 着想がすぐれている。「―な比喩」

熟語「警悟・警語・警捷・警発・奇警・機警」

【鶏】

3級 19画 鳥-8 音 ケイ漢呉 訓 にわとり・とり ①2360 Ⓤ9D8F

〔鷄〕21画 鳥-10 ②8317 Ⓤ9DC4

〔雞〕18画 隹-10 ③9366 Ⓤ96DE

〔𨿸〕16画 隹-8 ④9181 Ⓤ28FF8

難読 鶏冠木(かえるで)・鶏魚(いさき)・鶏蜱(わくも)・花鶏(あとり)・水鶏(くいな)

人名 とり

筆順 ⺈ ⺤ 爫 奚 奚 鶏 鶏 鶏

なりたち [鷄][形声]奚(ひもでつなぐ)㊉＋鳥。ひもでつないで飼う鳥、にわとりの意。篆文では、奚㊉＋隹(とり)。

にわとり。家禽(かきん)として飼育される代表的な鳥。

【鶏冠】ケイカン ①ニワトリのとさか。②植物ケイトウの異名。

【鶏群(けいぐん)の一鶴(いっかく)】 多くの凡人の中に一人すぐれた人物がまじっていることのたとえ。出典「晋書嵆紹伝」より。

【鶏口(けいこう)となるも牛後(ぎゅうご)となる勿(なか)れ】 大きな集団のしりについているよりは、小さな集団でもよいから、そのかしらとなれ。出典「戦国策韓策」より。

【鶏頭】ケイトウ 鶏冠に似た花穂を立てる植物。

【鶏糞】ケイフン ニワトリの糞。乾燥して肥料とする。

【鶏鳴狗盗】ケイメイクトウ ニワトリの鳴き真似をして人

をあざむいたり、犬のようにして物を盗んだりする卑しい者。小策を弄する人。出典 中国、斉の孟嘗君が秦の昭王に幽閉された時、こそどろやニワトリの鳴き真似のうまい食客の働きでのがれたという「史記孟嘗君伝」の故事から。

【鶏卵】ケイラン　ニワトリのたまご。

【鶏▼肋】ケイロク　ニワトリのあばら。大して役には立たないが、捨てるには惜しいもののたとえ。出典「後漢書楊修伝」より。

〈鶏冠〉とさか　ニワトリの頭部にある紅色冠状のもの。

〔鶏を割くにいずくんぞ牛刀を用いん〕　小事を処理するのに大規模な方法を用いる必要はないということ。出典「論語陽貨」より。

熟語「鶏姦・鶏眼・鶏群・鶏犬・鶏舎・鶏黍・鶏人・鶏声・鶏旦・鶏肉・鶏鳴・鶏林・鶏占・鶏舌香・家鶏・暁鶏・金鶏・銀鶏・軍鶏（しゃも）・午鶏・地鶏・食鶏・晨鶏・成鶏・闘鶏・牝鶏・木鶏（ぼくけい）・養鶏・若鶏・風見鶏」

【競】⇩キョウ（一三四ページ）

ゲイ

【芸】

7級　7画　艸(艹)-4　音 ゲイ㊥㊤　訓 わざ　①2361 Ⓤ82B8

〔藝〕18画　艸(艹)-15　②7326 Ⓤ85DD

人名 き・ぎ・すけ・のり・まさ・よし

筆順 一 十 廾 廾 芸 芸 芸

なりたち  [会意]もと、「埶」と書き、木＋土＋丮（ひざまずき両手をさし出す人）。人が植物を土に植えるの意。のちに、「艸」（植物）と「云」（土をまぜかえす）を加えた。「芸」は「藝」の「埶」を省いてできた字形で、常用漢字における新字体。「芸」は別字だが、「芸」の代用とされることが多い。〔芸〕[形声]艸＋云（水蒸気がゆらゆらとたちのぼる）音。特有の強いかおりがする草、ヘンルーダの意。

❶修練の末に身につけたわざ。技芸。学問。

【芸域】ゲイイキ　習得した芸の幅や広さ。「—が広い」

【芸▼妓】ゲイギ　芸者。

【芸事】ゲイごと　三味線・踊りなどの遊芸。

【芸者】ゲイシャ　歌舞・音曲で宴席に興を添える女性。

【芸術】ゲイジュツ　美を表現する人間活動と、その作品。

【芸談】ゲイダン　芸道の秘訣や苦心した話。「名人の—」

【芸当】ゲイトウ　大胆な行為。また、はなれわざ。「そんな—はできない」

【芸道】ゲイドウ　芸術や芸能の道。「—一筋」

【芸人】ゲイニン　芸能を職業とする人。「大道—」

【芸能】ゲイノウ　大衆的性格の濃い演芸の総称。

【芸文】ゲイブン　学問と文芸。また、単に文芸。

【芸林】ゲイリン　学者や芸術家の仲間・社会。芸苑。

熟語「芸裏・芸苑・芸表・芸界・芸学・芸子・芸才・芸所・芸風・芸歴・芸娼妓・足芸・一芸・裏芸・演芸・表芸・学芸・奇芸・伎芸・技芸・曲芸・工芸・才芸・坐芸・座芸・四芸・至芸・地芸・漆芸・射芸・手芸・書芸・諸芸・雑芸（ぞうげい）（ざつげい）・多芸・珍芸・辻芸・陶芸・能芸・腹芸・百芸・武芸・文芸・前芸・水芸・民芸・無芸・遊芸・六芸・話芸・石臼芸・御家芸・職人芸・素人芸・大道芸・旦那芸・茶臼芸・天下芸・殿様芸・土場芸・貧乏芸・名人芸」

❷植える。草木を植えて育てる。

熟語「芸植・園芸・種芸・樹芸・農芸」

❸（国）「安芸国」の略。

【芸州】ゲイシュウ　安芸国の別名。広島県の西半分。

熟語「芸予諸島」

【迎】

4級　7画　辵(辶)-4　音 ゲイ㊥・コウ（カウ）・ゴウ（ガウ）㊤　訓 むかえる　①2362 Ⓤ8FCE

〔迎〕8画　辵(辶)-4

難読 迎合（どあ）

筆順 ノ ｒ 卬 卬 卬 迎 迎

なりたち  [形声]辵（ゆく）＋卬（あおぐ）音。あおぎ出むかえるの意。

❶むかえる。出迎える。

【迎撃】ゲイゲキ　敵をむかえうつ。邀撃。「—ミサイル」

【迎春】ゲイシュン　新年を迎える。年賀状に用いる語。

【迎賓】ゲイヒン　大切な客を迎えもてなす。「—館」

熟語「迎寒・迎歳・迎車・迎接・迎年・歓迎・親迎・送迎・奉迎・目迎・来迎」

❷人の意向に合わせる。

【迎合】ゲイゴウ　おもねる。「大衆に—する」

熟語「迎意」

【鯨】

3級　19画　魚-8　音 ゲイ㊞・ケイ㊥　訓 くじら・いさな　①2363 Ⓤ9BE8

筆順 ㇰ 名 角 角 魚 魠 鯨 鯨

なりたち  [形声]魚＋京（おおきい）音。大きいさかな、クジラの意。篆文では、魚＋畺。

❶くじら。海にすむ魚形の哺乳類。いさな。

【鯨波】ゲイハ　①大波。②戦いのときの声。とき。別表記 鯢波

【鯨油】ゲイユ　クジラから得られる油。

熟語「鯨魚・鯨鬚・鯨鯢・鯨骨・鯨肉・鯨蠟・捕鯨」

❷くじらのような大きなもののたとえ。

【鯨尺(くじらジャク)】布地の長さを測るのに使われていた尺。一尺は曲尺(かねじゃく)の一尺二寸五分にあたる。

【鯨幕(くじらマク)】白と黒の布を交互に縫った幕。凶事用。
注記 鯨のひげで作ったことからいう。

【鯨飲(ゲイイン)】酒を大いに飲む。牛飲。

【鯨飲馬食(ゲイインバショク)】大いに飲み食いする。牛飲馬食。

熟語「鯨音・鯨鐘(げいしょう)・鯨呑(げいどん)」

❸その他。書物の名。

熟語「鯨志・鯨史稿」

ゲキ

【隙】〔隙〕

2級　13画　阜(阝)-10　新常用　〔隙〕14画　阜(阝)-11

音 ゲキ㊇・ケキ㊈・ギャク㊇
訓 すき・ひま

①2368　Ⓤ9699　Ⓤ28EF6

筆順 了 阝 阝' 阝' 阝小 陥 隙 隙

なりたち ［形声］阜(盛り土)＋「小(すこし)＋日(ひかり)＋小」(ほんの少し光がもれる)㊟。土べいからほんの少し光がもれる意から、すきまの意を表す。

❶すき間。ひま。

【隙駟(ゲキシ)】月日の過ぎ去るのが早い。隙駒(げきく)。駒隙。注記 四頭立ての馬車が戸のすき間をまたたく間に走り過ぎるということから。

【隙(ひま)過(す)ぐる駒(こま)】月日の過ぎ去るのが早いことのたとえ。隙行く駒。隙の駒。出典「荘子 知北遊」より。

熟語「《ゲキ》暇隙(かげき)・間隙・釁隙(きんげき)・空隙・駒隙(くげき)・穴隙・戸隙・細隙・小隙・寸隙・農隙」「手隙(てすき)・手間隙(てまひま)」

❷なかたがい。不和。

熟語「《ゲキ》隙意・怨隙」

【劇】

5級　15画　刀(刂)-13

音 ゲキ㊉・ケキ㊈・ギャク㊇
訓 はげ-しい

①2364　Ⓤ5287

筆順 ' 广 虍 虍 虏 豦 豦 劇

なりたち ［形声］豦(トラとイノシシがはげしく闘うさま)㊟＋刀。はげしいの意。「豦」が原字で、のちに意味を明らかにするために「刀」を加えた。

❶はげしい。はなはだしい。いそがしい。

【劇職(ゲキショク)】「激職」に同じ。

【劇痛(ゲキツウ)】「激痛」に同じ。

【劇的(ゲキテキ)】劇を見ているように緊張し感激する。「―な展開」

【劇毒(ゲキドク)】非常に強い毒。猛毒。

【劇物(ゲキブツ)】人体に対して毒性をもつ物質。

【劇変(ゲキヘン)】「激変」に同じ。

【劇務(ゲキム)】「激務」に同じ。

【劇薬(ゲキヤク)】作用がはげしいため、使用量や使用法をあやまると生命にかかわる薬物。

【劇烈(ゲキレツ)】「激烈」に同じ。

熟語「劇雨・劇臭・劇暑・劇症・劇震・劇甚・劇戦・急劇・繁劇」

❷しばい。

【劇画(ゲキガ)】筋を重視した写実的な漫画。

【劇作(ゲキサク)】演劇の脚本をつくる。

【劇場(ゲキジョウ)】演劇・映画を上演するための建物。

【劇団(ゲキダン)】演劇の上演を目的とする団体。

【劇壇(ゲキダン)】演劇界。「―での評判を気にする」

【劇評(ゲキヒョウ)】演劇の批評。「―家」

熟語「劇化・劇界・劇詩・劇談・劇通・劇映画・劇中劇・演劇・楽劇・歌劇・活劇・観劇・喜劇・旧劇・京劇(きょうげき)・(けいげき)・剣劇・国劇・作劇・雑劇・惨劇・史劇・詩劇・新劇・寸劇・正劇(せいげき)・静劇・悲劇・節劇(ふしげき)・黙劇・話劇」

【撃】〔擊〕

4級　15画　手-11　〔擊〕17画　手-13

音 ゲキ㊉・ケキ㊈・キャク㊇
訓 うつ

①2366　Ⓤ6483　③8502　Ⓤ64CA

筆順 一 亘 車 軎 軗 毄 撃 撃

なりたち ［形声］毄(=毄、車軸の先端が軸受けのくさびに打ちあたる)㊟＋手。手で強く打つの意。

◉異字同訓◉【打】(四一八ページ)の「異字同訓」欄を参照のこと。

❶うつ。手などで強くうつ。たたく。

【撃壌(ゲキジョウ)】地面をたたいて拍子をとる。平和な世の中を楽しむありさまをいう。「鼓腹(こふく)―」

熟語「撃殺・撃柝(げきたく)・轂撃(こくげき)・衝撃・打撃・搏撃(はくげき)・肩摩轂撃(けんまこくげき)」

❷うつ。せめる。敵をうつ。

【撃砕・撃摧(ゲキサイ)】敵を徹底的に負かす。

【撃退(ゲキタイ)】攻撃して退ける。「賊を―する」

【撃破(ゲキハ)】敵を攻撃して負かす。

【撃滅(ゲキメツ)】敵を攻撃して滅ぼす。

熟語「撃剣(げきけん)・撃攘(げきじょう)・一撃・掩撃(えんげき)・夾撃(きょうげき)・挟撃(きょうげき)・迎撃・攻撃・刺撃・襲撃・出撃・侵撃・進撃・追撃・痛撃・電撃・突撃・排撃・迫撃・駁撃(ばくげき)・反撃・尾撃・奮撃・猛撃・遊撃・游撃・要撃・邀撃(ようげき)・雷撃」

❸うつ。銃などで弾丸を発射する。銃の部品。

【撃沈(ゲキチン)】敵の艦船を攻撃して沈める。

【撃墜(ゲキツイ)】敵の飛行機を撃ち落とす。

熟語「撃茎(げきけい)・撃針・撃鉄・撃発・射撃・銃撃・狙撃・

直撃・爆撃・砲撃・乱撃」

❹目にふれる。

熟語「目撃」

【激】

5級　16画　水(氵)-13　①2367　Ⓤ6FC0

音 ゲキ慣・ケキ漢・キャク呉

訓 はげしい・たぎる

筆順 氵 氵' 泊 泊 滂 滂 滂 激

なりたち [形声]水＋敫(四方に光をはなつ)音。水が白いしぶきをあげて勢いよく飛びちる意から、はげしい意を表す。

❶はげしい。勢いが強い。たぎる。

【激化】ゲキカ　はげしくなる。「戦いが―する」

【激減】ゲキゲン　「販売量が―する」⇔激増

【激暑】ゲキショ　「―の候」別表記 劇暑

【激賞】ゲキショウ　盛んにほめる。「雑誌で―される」

【激職】ゲキショク　「―につく」⇔閑職。別表記 劇職

【激甚】ゲキジン　甚だしい。「―災害」別表記 劇甚

【激戦】ゲキセン　「―地」「―を勝ち抜く」別表記 劇戦

【激増】ゲキゾウ　「交通量が―する」⇔激減

【激痛】ゲキツウ　「―が走る」別表記 劇痛

【激闘】ゲキトウ　はげしくたたかう。激戦。

【激動】ゲキドウ　はげしくゆれ動く。「―の時代」

【激突】ゲキトツ　「電柱に―する」「両軍が―する」

【激発】ゲキハツ　事件・感情などが、激しい勢いで起こる。

【激変】ゲキヘン　「情勢が―する」別表記 劇変

【激務】ゲキム　「―に耐える」別表記 劇務

【激流】ゲキリュウ　奔流。「―にのまれる」

【激烈】ゲキレツ　「―をきわめる争い」別表記 劇烈

【激浪】ゲキロウ　高くはげしい波。「―に洗われる」

【激論】ゲキロン　はげしく議論する。「―を交わす」

熟語「激賛・激臭・激症・激震・激成(げきせい)・激声・激切・激湍(げきたん)・激徒・激盪(げきとう)・激雷・過激・詭激(きげき)・急激・矯激・刺激・触激」

❷はげます。ふるいたたせる。

【激励】ゲキレイ　はげまし元気づける。「叱咤(しった)―」

熟語「激奨」

❸感情が高ぶる。興奮する。

【激越】ゲキエツ　言葉や行動が非常に激しい。「―な演説」

【激・昂・激高】ゲキコウ　感情が高ぶる。げっこう。

【激情】ゲキジョウ　激しく高ぶった感情。「―にかられる」

【激怒】ゲキド　激しく怒る。「世の不正に―する」

熟語「激語・激憤・感激・憤激・奮激」

けた

【桁】

2級　10画　木-6　新常用　①2369　Ⓤ6841

音 コウ(カウ)漢

訓 けた

筆順 十 木 木' 木彳 桁 桁 桁 桁

なりたち [形声]木＋行(まっすぐ進む)音。柱の上にまっすぐにわたした横木の意から、けたの意を表す。

❶けた。柱や橋脚の上にかけわたした横木。

熟語「桁受け・桁縁(けたえん)・桁隠(けたかく)し・桁橋(けたばし)・桁行(けたゆき)・井桁(いげた)・縁桁(えんげた)・丸桁(がぎょう)(がんぎょう)(こうこう)・車桁(くるまげた)・構桁(こうげた)・橋桁(はしげた)・帆桁(ほげた)」

❷(国)けた。数字の位どり。

【桁違い】けたちがい　①数字の位をとりちがえる。②他との差が非常に大きい。けたはずれ。「―の強さ」

【桁外れ】けたはずれ　けたちがい。「―な数字」

熟語「一桁・二桁」

❸そろばんの珠を貫く縦の串。

❹衣をかける具。衣かけ。

熟語「衣桁(いこう)(えこう)」

ケツ

【欠】【缺】

欠：7級　4画　欠-0　①2371　Ⓤ6B20

缺：10画　缶-4　②6994　Ⓤ7F3A

音 ケツ漢呉・ケン漢・ケチ呉

訓 かける・かく・あくび

難読 欠片(かけら)

筆順 ノ ク ケ 欠

なりたち [缺][形声]缶(土器)＋夬(手でえぐる)音。土器がえぐられて、かけ目ができるの意。[欠][象形]人が口をあけ体をかがめるさまにかたどり、あくびをする、くぼんでかける意を表す。「欠」と「缺」は別字であるが、意味が似ているため混同された。

❶《ケツ・ケチ》かく。かける。不足する。

【欠員】ケツイン　定員に足りない。「―が出る」

【欠画】ケッカク　天子や貴人の名と同じ漢字を書くとき、はばかってその最後の一画を省く。「玄」を「玄」と書く類。欠け字。別表記 闕画

【欠格】ケッカク　必要な資格がない。「―条項」⇔適格

【欠陥】ケッカン　欠けて足りない。「―住宅」

【欠字】ケツジ　①あるべき文字が脱落している。脱字。②天皇・貴人の称号や名前の上に、敬意を表すため一字または二字分の余白をあける。別表記 闕字

【欠如】ケツジョ　あるべきものがない。「公徳心の―」

【欠損】ケッソン　①欠け損じる。②決算上の損失。

【欠点】ケッテン　不十分なところ。短所。「―を直す」

【欠番】ケツバン　ある番号に相当する所が欠けている。

【欠乏】(ケツボウ) 欠けて乏しい。「酸素が―する」

【欠落】(ケツラク) 欠け落ちる。「道徳心の―」

【欠礼】(ケツレイ) すべき挨拶をしない。「喪中につき年賀―いたします」

熟語「欠位・欠遺・欠官・欠巻・欠減・欠号・欠刻・欠失・欠所・欠除・欠食・欠唇・欠典・欠配・欠文・欠本・欠略・欠漏・欠缺・陥欠・金欠・酸欠・残欠・乏欠・補欠・無欠・不可欠・完全無欠・金甌無欠」

❷〔国〕やすむ。出席しない。

【欠勤】(ケッキン) つとめを休む。「無断―」⇔出勤

【欠場】(ケツジョウ) 出る予定の競技などに参加しない。⇔出場

【欠席】(ケッセキ) 会合・式・授業などに出ない。⇔出席

熟語「欠課・欠航・欠便・間欠・出欠・長欠・病欠」

❸《ケン》あくびをする。

熟語「欠伸(けんしん)(あくび)」

【穴】

5級 5画 穴-0 音 ケツ 漢 呉 訓 あな ①2374 Ⓤ7A74

難読 穴布(あなめ)

人名 これ・な

筆順 穴

なりたち 〔形声〕宀(屋根)+八(分けて開く)㊥。地面を掘って作った穴ぐら式の住居の意から、あなの意を表す。

❶あな。ほらあな。くぼんだところ。

【穴居】(ケッキョ) 自然のほら穴や掘った穴の中に住む。

熟語「《ケツ》暗穴・音穴・甌穴・巌穴・孔穴・壙穴・虎穴・同穴・洞穴・二穴・百穴・風穴・墓穴・六穴・偕老同穴」「《あな》穴倉・岩穴・鍵穴・風穴・毛穴・霜穴・竪穴・縦穴・塵穴・塚穴・筒穴・鼠穴・眠り穴・覗き穴・人穴・一つ穴・節穴・雪穴・横穴・馬鹿穴」

❷〔国〕あな。欠落した部分。欠損。また、欠点。

【穴埋め】(あなうめ) 損失や不足を補う。「欠員の―」

❸〔国〕あな。番狂わせ。また、知られていない場所。

【穴馬】(あなうま) 競馬で、番狂わせの勝ちをしそうな馬。

【穴場】(あなば) 人にあまり知られていない良い場所。

熟語「穴狙い・大穴」

❹人体の急所。鍼・灸で治療する際の、つぼ。

熟語「一穴・灸穴・経穴」

❺金穴。金坑・金山の意。

熟語「金穴・空っ穴」

【血】

8級 6画 血-0 音 ケツ 漢 呉・ケチ 呉 訓 ち ①2376 Ⓤ8840

筆順 血

なりたち 〔象形〕いけにえの血のかたまりを深い皿に盛ったさまにかたどる。

❶ち。ちしお。ちに関すること。

【血圧】(ケツアツ) 「―計」「―が高い」

【血液】(ケツエキ) 動物の体内を循環する液体。血(ち)。

【血管】(ケッカン) 血液を体内の各部へ送る管。

【血行】(ケッコウ) 血液の循環。「―がよい」

【血痕】(ケッコン) 血のついたあと。「―が付着する」

【血書】(ケッショ) 堅い決意を示すため、自分の血で文書を書く。

【血判】(ケッパン) 指を傷つけ、その血で印を押す。「―状」

【血脈】(ケツミャク) ①血管。②血筋。血統。

【血盟】(ケツメイ) 血判を押すなどしてかたく誓う。

【血潮・血▼汐】(ちしお) 激しい情熱や感情。「―がたぎる」

【血▼腥い】(ちなまぐさい) 流血をみるような残酷さ。「―話」

【血祭(り)】(ちまつり) 出陣の前、敵の捕虜などを殺して士気を奮い立たせる。「―に上げる」

熟語「血塊・血球・血債・血腫・血漿・血食・血髄・血清・血栓・血痰・血沈・血糖・血尿・血斑・血肥・血粉・血餅・血便・血流・血膿・血煙・血声・血汁・血染め・血止め・血抜き・血の海・血糊・血文・血塗れ・血豆・血塗ろ・血槍・血液型・血紅色・血小板・血達磨・血不浄・血反吐・荒血・新血・鬱血・膿血・悪血(わるち・あくち)・温血・喀血・気血・吸血・給血・供血・凝血・虚血・黒血・経血・下血・献血・紅血・膏血・混血・採血・止血・失血・瀉血・充血・出血・純血・人血・腥血・精血・潜血・鮮血・羶血・造血・増血・多血・痰血・毒血・吐血・長血・生血・膿血・買血・鼻血・貧血・無血・輸血・溶血・預血・流血・脳溢血」

❷血のつながり。血すじ。

【血縁】(ケツエン) 血のつながっている関係。血筋。

【血族】(ケツゾク) 血のつながった一族。

【血統】(ケットウ) 祖先からの血のつながり。「―書」

【血肉】(ケツニク) ①血と肉。②血のつながった関係。

【血筋】(ちすじ) 血統。血縁。「―は争えない」

熟語「血脈(けちみゃく)(ちみゃく)・血胤・血裔・血方・血続き・混血・純血」

❸激しい。きびしい。ちみどろ。

【血戦】(ケッセン) 血みどろになって激しく戦う。

【血路】(ケツロ) 敵の囲みを破って逃げる道。活路。

熟語「血税・血の雨」

❹いきいきしたようす。心や体のようす。

ケ

【血気】ケッキ　旺盛な生命力。「―盛ん」
【血色】ケッショク　顔の色つや。顔色。「―がいい」
【血相】ケッソウ　顔つき・顔色。「―を変える」
【血涙】ケツルイ　悲憤・悲哀のために出る涙。
【血走る】ちばしる　「目を―らせる」
【血眼】ちまなこ　夢中で奔走する。「―で探す」
【血迷う】ちまよう　逆上して正しい判断ができなくなる。
熟語「血汗(けっかん)・血の汗・血目(ちめ)・汗血・泣血・心血・鉄血・熱血・冷血」

【決】 8級

7画　水(氵)-4
音 ケツ㊈㊉・ケチ㊉
訓 きめる・きまる
①2372 Ⓤ6C7A

〔決〕6画　氵-4　②4951 Ⓤ51B3

難読 決り食み(さくりばみ)
人名 さだ
筆順 、 氵 氵 汀 江 沪 決
なりたち ［形声］水＋夬(手でえぐる)㊇。水によって堤防がえぐられ切れる意から、きっぱりときめる意を表す。

❶水が堤を切る。さける。
【決河】ケッカ　川の水が堤防を破って流れ出る。
【決壊・決潰】ケッカイ　破れてくずれる。「堤防が―する」
【決裂】ケツレツ　会談・交渉が物別れになる。
熟語「決決」

❷きまる。きめる。はっきりと定める。
【決意】ケツイ　意志をはっきり決める。「―表明」
【決議】ケツギ　会議などで、物事を決める。「―文」
【決済】ケッサイ　代金の受け渡しによって売買取引を済ませる。「―日」
【決裁】ケッサイ　権限をもった者が事柄を決定する。
【決算】ケッサン　一定期間の収支を計算する。「―報告」
【決勝】ケッショウ　優勝を決める。「―戦」
【決心】ケッシン　決意。「禁煙しようと―する」
【決戦】ケッセン　最後の勝敗を決める戦い。「―を挑む」
【決断】ケツダン　きっぱりと心を決める。「―力」
【決着】ケッチャク　結論・結果が出る。「―をつける」
【決定】ケッテイ　はっきりときめる。「―的」
熟語「決疑・決答・決闘・一決・解決・可決・果決・既決・議決・採決・裁決・自決・終決・処決・審決・先決・専決・即決・速決・対決・代決・断決・内決・判決・否決・表決・票決・評決・未決・明決(めいけつ)・勇決・論決・多数決」

❸きっぱりと行う。思い切ってする。
【決起】ケッキ　覚悟を決めて行動を起こす。別表記 蹶起
【決行】ケッコウ　思い切って行う。「スト―中」
【決死】ケッシ　命がけ。「―の覚悟」「―隊」
【決然】ケツゼン　固く心をきめる。「―たる態度」
熟語「引決(いんけつ)」

❹わかれる。同 訣。
【決別】ケツベツ　きっぱり別れる。「―を告げる」別表記 訣別

❺けっして。かならず。
用例「決して忘れない」「決して嘘ではない」

【結】 7級

12画　糸-6
音 ケツ㊈㊉・ケチ㊉
訓 むすぶ・ゆう・ゆわえる
①2375 Ⓤ7D50

難読 結城(ゆうき)
人名 かた・ひとし・ゆい
筆順 幺 糸 糸 紅 紅 結 結 結 結
なりたち ［形声］糸＋吉(しっかりふたをする)㊇。糸で口をしっかりむすびあわせるの意。

◉異字同訓◉
◇むすぶ(結・掬)
「結ぶ」は"つなぐ。ゆわえる。関係をつける"の意。「紐(ひも)を結ぶ」「都心と空港を結ぶ鉄道」「条約を結ぶ」「手を結ぶ」「努力が実を結ぶ」
「掬ぶ」は"水を両手ですくう。掬(きく)する"の意。「水を掬ぶ」

❶むすぶ。ゆう。ゆわえる。たばねてまとめる。
【結紮】ケッサツ　〔医〕血管や精管などをしばる。
【結束】ケッソク　①結びたばねる。②団結する。「―を強める」
【結髪】ケッパツ　髪をゆう。また、ゆった髪。
熟語「結縄(けつじょう)・結鞍(ゆいくら)・結倉(ゆいぐら)・網結(あみすき)・集結・増結・直結・連結・髪結(かみゆい)」

❷むすぶ。一つにまとまる。凝り固まる。
【結核】ケッカク　結核菌に感染して起こる慢性疾患。
【結集】ケッシュウ　集まり一つにまとまる。また、一つにまとめる。「総力を―する」
【結晶】ケッショウ　①原子などが空間的に規則正しく並んでいる固体。②努力の結果が一つの形をとってあらわれたもの。「愛の―」
【結石】ケッセキ　臓器内にできる石のような固まり。
【結節】ケッセツ　①結ばれて節ができる。「―点」②〔医〕皮膚などにできるエンドウ豆大の隆起物。
【結氷】ケッピョウ　氷がはる。「湖が―する」
【結露】ケツロ　水蒸気が物の表面で水滴になる現象。
熟語「結球・結膜・凝結・硬結・凍結・氷結」

❸むすぶ。約束してむすびつく。
【結婚】ケッコン　男女が夫婦となる。「―式」
【結社】ケッシャ　「―の自由」「秘密―」「政治―」
【結託】ケッタク　ぐるになる。「業者と―する」
【結団】ケツダン　団体を結成する。「―式」⇔解団

【結党】ケットウ 政党などを組織する。⇔解党
【結盟】ケツメイ かたい約束を交わす。同盟を結ぶ。
【結納】ゆいノウ 婚約の証として金品をとりかわす。「―を交わす」「―金」
熟語「結縁・結締・結約・固結・締結」

❹むすぶ。くみたてる。
【結界】ケッカイ 一定地域を聖域として定める。
【結▼跏▼趺▼坐】ケッカフザ 〔仏〕あぐらをかき、左右のもも上に、反対の足を置き、足の裏をあおむけにして組む坐法。
【結構】ケッコウ ①構造物・文章などの組み立て。「―のととのった文章」②すばらしくて申し分がない。「―なお住まい」③それ以上は不要である。「もう―です」④かなり。相当。「―時間がかかる」
【結合】ケツゴウ いくつかの物が結びつき一つになる。
【結成】ケッセイ 組織などをつくる。「組合を―する」

❺むすぶ。実をむすぶ。終わる。しめくくる。
【結果】ケッカ ①ある行為・原因などからもたらされた状態。「意外な―」「―的」⇔原因。②実がなる。結実。
【結局】ケッキョク ①最後におちつくところ。「―のところは」②とうとう。結句。「―来なかった」注記 囲碁で一局を打ち終える意。
【結句】ケック ①詩歌の最後の句。②結局。ついに。
【結語】ケツゴ 文章や話の結びのことば。また、手紙の最後に用いることば。⇔頭語
【結実】ケツジツ ①実がなる。結果。②良い結果があらわれる。「努力が―する」
【結審】ケッシン 裁判の審理が終わる。
【結末】ケツマツ 物事が最終的に落ち着くところ。しめくくり。おわり。「意外な―」
【結論】ケツロン 議論や考察の結果下される判断。
熟語「結巻・結尾・結文・結了・結聯(けつれん)・完結・起結・帰結・終結・妥結・論結・起承転結」

【傑】

準2級 13画 人(亻)-11 音 ケツ漢呉 訓 すぐ-れる ①2370 Ⓤ5091
〔傑〕12画 人(亻)-10
〔杰〕8画 木-4 ②5931 Ⓤ6770
人名 すぐる・たかし・たけし
筆順 亻 … 傑
なりたち 〔形声〕人＋桀(高くかかげる)音。高く抜きんでている人の意。

すぐれる。高くぬきん出ている。また、すぐれた人物。
【傑作】ケッサク ①すぐれてよい作品。②突飛でおかしい。「―な話」
【傑出】ケッシュツ 飛びぬけてすぐれている。「―した力」
【傑物】ケツブツ 特別にすぐれた人物。「希代の―」
熟語「傑士・傑人・傑然・傑僧・英傑・怪傑・魁傑・奇傑・豪傑・才傑・三傑・十傑・俊傑・女傑・人傑・雄傑」

【潔】

6級 15画 水(氵)-12 音 ケツ漢呉・ケチ呉 訓 いさぎよい・きよ-い ①2373 Ⓤ6F54
〔潔〕15画 水(氵)-12
人名 きよ・きよし・ゆき・よし
筆順 氵 … 潔
なりたち 〔形声〕水＋絜(糸をゆわえて締めつける)音。水でけがれを取り除き清める意から、いさぎよい意を表す。

❶いさぎよい。節操がある。
【潔白】ケッパク 心や行いが正しい。「清廉(せいれん)―」
【潔癖】ケッペキ ①不潔をひどく嫌う。②不正を激しく嫌う。「金銭に―な人」
熟語「簡潔・高潔・浄潔・貞潔・廉潔」

❷きよい。きよらか。けがれがない。
【潔斎】ケッサイ 心身を清める。「精進(しょうじん)―」
熟語「潔浄・皎潔(きょうけつ)(こうけつ)・純潔・清潔・不潔・廉潔」

ゲツ

【月】

10級 4画 月-0 音 ゲツ漢・ガツ(グワツ)呉・ガチ(グワチ)呉 訓 つき ①2378 Ⓤ6708
人名 つぎ
筆順 ノ 冂 月 月
なりたち 〔象形〕欠けた月をかたどる。

❶つき。地球の衛星。
【月下美人】ゲッカビジン サボテン科の植物。
【月下氷人】ゲッカヒョウジン 媒酌人。なこうど。月下翁。注記「月下老人」と「氷人」からつくられた語。
【月下老人】ゲッカロウジン 縁結びの神。なこうど。月下氷人。出典「続幽怪録」による。唐の韋固(いこ)が旅先で月夜に会った老人から未来の妻を予言されたという故事から。
【月▼桂】ゲッケイ ①中国の伝説で、月の中にあるというカツラの木。②月。月光。③「月桂樹」の略。「―冠(かん)」
【月▼桂樹】ゲッケイジュ クスノキ科の常緑小高木。
【月食・月▼蝕】ゲッショク 地球が太陽と月との間に入ることで、太陽の光をさえぎり月の一部または全部が欠けて見える現象。
【月明】ゲツメイ 明るい月の光。月あかり。
熟語「《ゲツ》月暈(げつうん)(つきがさ)・月影・月下・月華・月宮・月球(がっ)(くう)・月琴・月卿(げっけい)・月光・月虹(げっこう)・月色・月震(げっしん)・月夕(げっせき)・月前(げつぜん)・月相・月中・月餅(げっぺい)・月

鼈・月面・月夜（つきよ）・月齢・月世界・盈月・烟月・偃月・煙月・海月・花月・佳月・寒月・漢月・観月・虧月・桂月・幻月・弦月・江月・皎月・皓月・孤月・湖月・朔月・山月・残月・新月・若月・斜月・秋月・春月・水月・青月・繊月・霜月・素月・淡月・潭月・澹月・冬月・白月（びゃくげつ）・半月・眉月（まゆづき）・風月・平月・片月・満月・無月・名月・明月・落月・朗月・朧月（おぼろづき）・彎月・雪月花・鏡花水月・光風霽月・羞花閉月・嘯風弄月」「《ガツ》月輪（がつりん・げつりん）」「《つき》月見・月夜・薄月・朧月・望月・夕月・宵月・三日月」

❷つき。一年を一二分した時間の長さ。

【月刊】毎月一回刊行する。「―雑誌」

【月間】「交通安全―」

【月給】月単位で支払われる賃金。「―取り」

【月経】成熟した女性の子宮から周期的に出血する生理現象。

【月謝】謝礼として毎月支払う金。

【月旦】①月のはじめの日。ついたち。②「月旦評」の略。「人物―」

【月旦評】人物の批評。月旦。出典 後漢の許劭が毎月の一日に郷里の人々の人物論をして楽しんだという、「後漢書許劭伝」の故事から。

【月報】毎月定期的に発行する報告。「社内―」

【月余】一か月あまり。「―を経る」

【月例】毎月定期的に行われる。「―報告」

【月▽極め】月単位で契約する。「―駐車場」

【月並み・月▽次】①毎月定期的に行う。「―会」②平凡でありふれている。「―な表現」

【月日】①月と太陽。日月。②時間。年月。「―の経つのは早い」

『月満つれば則ち虧く』すべて物事は盛りに達すれば必ず衰え始める。出典「史記范雎・蔡沢伝」より。

熟語「《ゲツ》月央・月額・月計・月朔・月産・月次・月収・月初・月商・月水・月徳・月内・月表・月評・月賦・月俸・月末・月来・月利・月令・月例・月齢・各月・客月・隔月・個月・箇月・閑月・忌月（きづき）・期月・去月・限月・黒月・極月（ごくづき）・今月・歳月・日月（にちげつ）・旬月・閏月・蓐月・初月・暑月・生月・先月・前月・端月・当月・同月・年月（としつき）・某月・本月・毎月（まいつき）・蜜月・踰月・翌月・来月・両月・臨月・累月・令月・例月・閑日月・去去月・去来月・先先月・短日月・長日月・長年月・翌翌月・嘉辰令月・日進月歩」「《ガツ》月忌・月参・月水・月牌・月日・正月・十三月」「《つき》月一・月送り・月遅れ・月囲い・月数（つきすう）・月切り・月切れ・月越し・月毎・月隠り・月尻・月月・月番・月別・月役・月雇い・卯月・産み月・閏月・菊月・五月・早月・皐月・霜月・祥月・長月・葉月・半月・文月（ふづき）・睦月・厄月・神無月・水無月・三年三月」

❸げつ。七曜の一つ。月曜日。

❹その他。当て字など。

【月氏】秦・漢代に中央アジアで活躍した民族。

【〈月代〉】昔、成人男子が額から頭の中ほどにかけて髪をそったこと。また、その部分。

熟語「海月」

ケン

【犬】

10級 4画 犬-0

音 ケン 漢 呉

訓 いぬ

①2404
Ⓤ72AC

難読 犬子（犬児）えのこ（えのころ）

筆順 一ナ大犬

なりたち  [象形]イヌにかたどる。

❶いぬ。イヌ科の哺乳動物。家畜の一。

【犬猿】犬と猿。仲の悪い者。「―の仲」

【犬牙相制】二国の境界を犬のきばがかみ合うように入りくませて、互いに牽制させる。出典「史記孝文本紀」より。

【犬歯】上下左右の門歯と臼歯の間にある四本の楔状の歯。

【犬戎】古代中国の異民族西戎の一。西北辺境で勢力をふるい、周を東遷させたが、戦国時代に秦に圧迫されて衰えた。

熟語「犬食い・犬潜り・犬舎・犬種・犬吠・犬皮・犬小屋・犬畜生・愛犬・一犬・唐犬・狂犬・軍犬・鶏犬・子犬・狛犬・雑犬・里犬・蜀犬・成犬・駄犬・畜犬・忠犬・唐犬・闘犬・番犬・負け犬・名犬・猛犬・野犬・山犬・洋犬・猟犬・老犬・和犬・警察犬・野良犬・盲導犬」

❷いぬ。相手をいやしめる言葉。つまらぬ者のたとえ。

熟語「犬侍・犬羊・犬医者」

❸〔国〕いぬ。劣るもの。つまらないもの。また、むだなもの。役に立たないもの。

【犬死に】役に立たない無駄な死に方。

熟語「犬蓼・犬骨・犬山椒」

❹〔国〕いぬ。敵のまわしもの。スパイ。

用例「官憲の犬・警察の犬」

❺自分をへりくだっていう。

【犬馬】①犬と馬。②人につかえる者。自分のことをへりくだっていう。「―の労をとる（＝他人のために全力をつくして働く）」

【犬馬の養い】父母を養うのにただ衣食を与えるだけで、敬意を払わない。出典「論語為政」より。

【件】

6級 6画 人(亻)-4 音 ケン漢 訓 くだり・くだん ①2379 Ⓤ4EF6

人名 かず・なか・わか

筆順 ノ 亻 亻 仁 件 件

なりたち  [会意]人＋牛。人に引かれて行く牛をいけにえにして、吉凶を見分ける意を表す。転じて、区分する意に用いる。

❶くだり。一つずつ区別してとりあげたことがら。

【件数】ケンスウ 事件・事柄の数。「被害―」

熟語「件件・件名・案件・一件・後件・雑件・事件・上件・条件・前件・難件・物件・本件・用件・要件・与件・立件・人件費」

❷〔国〕くだん。前に述べたことがら。例の。

用例「件のごとし」

【見】

10級 7画 見-0 音 ケン漢 呉・ゲン呉 訓 みる・みえる・みせる・あらわれる・まみえる ①2411 Ⓤ898B

難読 見消ち・見窄らしい・見蕩れる

人名 あき・あきら・ちか・み

筆順 丨 冂 冂 月 目 貝 見

なりたち  [会意]目＋人。人が目でみるの意。

◇みる（見・▽観・▽診・▽看）●異字同訓●

「見る」は"物の形や色を目で感じる。判断する"の意。「窓の外を見る」「テレビを見る」「朝刊を見る」「湯加減を見る」「世間を甘く見る」「見ると聞くとは大違い」

「観る」は"見物する。眺める。芝居などを鑑賞する"の意。「見る」とも書く。「桜を観に行く」「芝居を観る」

「診る」は"診察する"の意。「医者に診てもらう」「患者の脈を診る」

「看る」は"気を配って世話をする"の意。「病気の親を看る」「病人を看る」

❶みる。みえる。目で知覚する。みせる。

【見学】ケンガク 実際に見て知識を深める。「工場―」

【見物】ケンブツ 「みもの（見物）」を音読した語。「―人」

【見聞】ケンブン 実際にみたりきいたりする。「―録」

【見方】みかた ①見る方法。②見解。

【見世物】みせもの ①珍しい物・手品などを人に見せる興行。②多くの人の興味の対象となる。「―になる」

【見本】みホン ①商品の品質や効用を具体的に見せるための商品の一部。サンプル。②手本。例。模範。「先生が―を示す」

【見目】みめ 容貌。「―うるわしい」別表記 眉目

【見物】みもの 見る価値がある物。「これは―だ」

熟語「《ケン》見者・見所・見知・見分・一見・隠見・閲見・遠見・外見・概見・窺見・再見・細見・散見・実見・巡見・初見・所見・書見・親見・寸見・総見・素見・他見・多見・探見・知見・拝見・発見・披見・必見・聞見・瞥見・望見・傍見・未見」「《み》見栄（見え）・見得・見頃・見殺し・見面・見手・見時・見場・見様・見真似・家見・色見・魚見・梅見・形見・潮見・下見・姿見・相見・外見・月見・遠見・花見・早見・星見・幕見・目見・物見・山見・雪見・夢見・横見・脇見・日和見・余所見」

❷かんがえる。かんがえ。

【見解】ケンカイ 物事の見方・考え方。「―の相違」

【見識】ケンシキ 物事の本質を見通す。「―のある人」

【見地】ケンチ 考え方。観点。「教育的―」

【見当】ケントウ ①大体の見込み。「―を付ける」②大体の方向。「真北はこの―だろう」③おおよそ、そのくらいの数。「五十―の紳士」

【見切り】みきり 見限る。「―をつける」「―発車」

【見事】みごと ①すばらしい。手ぎわがよい。「―な出来ばえ」②（反語的に）すっかり。「―に失敗する」

【見込み】みこみ ①先行きの予想。「―ちがい」②将来性。「―のある青年」

【見境】みさかい 分別。識別。「善悪の―が付かない」

【見積(も)り】みつもり 前もって算出する。

熟語「見性・異見・意見・臆見・我見・管見・愚見・後見・高見・誤見・識見・私見・邪見・小見・所見・政見・先見・浅見・創見・想見・俗見・尊見・卓見・達見・短見・定見・洞見・独見・卑見・鄙見・謬見・僻見・偏見・予見・了見・陋見」「《み》見極め・目論見」

❸人に会う。まみえる。

熟語「《ケン》見参（げんざん・けんざん・げざん）・一見・引見・謁見・延見・会見・参見・賜見・召見・進見・接見・相見・朝見」

❹あらわれる。

熟語「隠見・露見」

【券】

6級 8画 刀-6 音 ケン漢 呉 訓 てがた・わりふ ①2384 Ⓤ5238

〔劵〕8画 刀-6

注記「券」は別字。

筆順 丶 丷 䒑 半 关 券 券 券

なりたち 券 [形声]「釆(ばらばらに分ける)＋廾(両手)」(ばらばらのものを両手でたもつ)音＋刀。刀でしるしをつけた割符をひもで巻いて保存したものの意。

熟語「券契・券書・券状・左券・質券・通券」

❶てがた。わりふ。約束などの証拠となる札。

❷切符・切手・印紙・証文の類。

【券売機】(ケンバイキ) 乗車券・入場券などの販売機。

【券面】(ケンメン) 金額を記した証券の表面。「—額」

熟語「株券・金券・銀券・空券・沽券(こけん)・債券・車券・借券・舟券(しゅうけん)(ふなけん)・証券・食券・新券・他券・地券・馬券・発券・半券・郵券・旅券・回数券・乗車券・図書券」

【肩】〔肩〕

4級 8画 肉(月)-4 音 ケン 漢 呉 訓 かた ①2410 Ⓤ80A9

〔肩〕8画 肉(月)-4

難読 肩上(わたがみ)・肩巾(ひれ)・肩章(かたじるし)・肩衝(かたつき)

筆順 一 ㇇ ョ 戸 戸 肩 肩 肩

なりたち [会意]戸(かたから手が垂れているさま)＋肉。かたの意。

かた。腕の付け根。

【肩入れ】(かたいれ) ひいきにする。「新人歌手に—する」

【肩書き】(かたがき) 人の社会的地位や身分。

【肩代(わ)り】(かたがわり) 「借金の—」

【肩車】(かたぐるま) 両肩に人をまたがらせて担ぐ。

【肩透かし】(かたすかし) ①相撲の決まり手の名。②勢い込む相手の気勢をそぐ。「—を食わせる」

【肩叩き】(かたたたき) ①肩こりをほぐすためたたく。②やんわり退職を勧奨する。

【肩身】(かたみ) 「—が狭い(=世間に面目が立たない)」

【肩章】(ケンショウ) 肩につける階級章。「軍服の—」

【肩摩轂撃】(ケンマコクゲキ) 人や車で往来が混雑する。出典「戦国策(斉策)」より。「轂撃」は、車の轂(こしき)と轂が打ち合う意。

熟語「《ケン》肩骨・肩帯・肩癖(けんぺき)・肩摩(けんま)・肩輿(けんよ)・肩甲骨・強肩・弱肩・双肩・通肩・半肩・比肩・併肩(へいけん)・並肩(へいけん)・路肩(ろけん)(ろかた)・偏袒右肩(へんたんうけん)」「《かた》肩上げ・肩揚げ・肩当て・肩息・肩掛け・肩口・肩越し・肩先・肩背・肩台・肩痛(かたつう)・肩抜け・肩幅・肩肘(かたひじ)・肩肱(かたひじ)・地肩(じがた)・一肩(ひとかた)・五十肩」

【建】

7級 9画 廴-6 音 ケン 漢・コン 呉 訓 たてる・たつ ①2390 Ⓤ5EFA

難読 建部(たけるべ)

人名 たけ・たけし・たける・たつる・たて

筆順 ㇇ ヨ ヨ 聿 聿 律 建 建

なりたち [会意]廴(のびる)＋聿(ふで)。のびやかに立つふでの意から、まっすぐに立つ意を表す。

◉異字同訓◉【立】(六五〇ページ)の「異字同訓」欄を参照のこと。

❶たつ。たてる。はじめる。おこす。

【建国】(ケンコク) 「—記念の日」

【建材】(ケンザイ) 建築用の材料。「新—」

【建設】(ケンセツ) 「新国家の—」「ダムを—する」

【建造】(ケンゾウ) 大規模なものをつくる。「—物」

【建築】(ケンチク) 家などをたてる。「ビルを—する」

【建立】(コンリュウ) 寺院・堂塔などを建てる。

【建具】(たてぐ) 障子・襖など、開け閉めして部屋を仕切るものの総称。

【建坪】(たてつぼ) 建築面積を坪単位で表したもの。

【建前】(たてまえ) ①家屋建築で、上棟式。②表向きの原則。

【建物】(たてもの) 人が住んだりするための建築物。

熟語「建学(けんがく)・建艦・建業・建植・建定・建都・建碑・建蔽率・営建・再建(さいけん)(さいこん)・創建・土建・封建」

❷意見をもうしたてる。

【建議】(ケンギ) 役所や上位者に意見を申し立てる。

【建言】(ケンゲン) 考えを上の人に申し述べる。

【建白】(ケンパク) 政府などに意見を申し立てる。「—書」

熟語「建策」

❸こぼす。

【建水】(ケンスイ) 茶道で、湯水を捨てる器。水こぼし。

【研】〔研〕

8級 9画 石-4 音 ケン 慣・ゲン 漢 呉 訓 とぐ・みがく ①2406 Ⓤ7814

〔研〕11画 石-6 ③8903 Ⓤ784F

人名 あき・かず・きし・きよ・よし

筆順 一 ア 不 石 石 矸 研 研

なりたち [形声]石＋幵(高さがそろって平らである)音。石の表面を平らにみがくの意。

❶とぐ。みがく。石でこする。

【研修】(ケンシュウ) 学問・技能をみがき修得する。

【研磨・研摩】(ケンマ) とぎみがく。「—剤」「—機」

熟語「研削(けんさく)」

❷道理をきわめる。深く調べる。

【研究】(ケンキュウ) 物事を深く考え調べて、真理を明らかにする。「—所」「—生」

【研鑽】(ケンサン) 学問を極めようと努める。「—を積む」

熟語「研学・研精」

❸すずり。同硯(けん)。

熟語「研田(けんでん)・研屏(けんびょう)・研北(けんぼく)(=硯北)・筆研」

【県】 8級 9画 目-4

音 ケン漢　訓 あがた・か-かる・か-ける

①2409 Ⓤ770C

【縣】16画 糸-10　②6949 Ⓤ7E23

人名 あがた・さと・とう・むら

筆順 丨 冂 月 目 且 県 県 県

なりたち [会意]県(首をさかさまにしたさま)＋系(かける)。木に首をひもでかけるの意。借りて、地方行政区画の意をも表す。「県」は略体。

❶かける。かかる。ぶらさげる。同懸。

熟語「県隔(=懸隔)」

❷行政区画の一つ。中央政府と郷村の中間に置かれる。

熟語「郡県制度」

❸(国)けん。地方公共団体の一。

【県下】ケンカ　県内。「—を視察する」

【県人】ケンジン　その県の出身者。「—会」

【県勢】ケンセイ　県の政治・経済・文化の情勢。

【県庁】ケンチョウ　県の行政事務を執り行う役所。

【県立】ケンリツ　県が設立管理している。「—高校」

熟語「県営・県花・県会・県官・県議・県境(けんきょう)(けんざかい)・県警・県債・県際・県札・県史・県社・県政・県税・県属・県鳥・県道・県内・県南・県北・県木(けんぼく)・県民・県有・県令・県知事・近県・全県・同県・分県・来県・隣県・都府県」

❹(国)あがた。古代の地方行政組織。また、地方。田舎。

熟語「県主(あがたぬし)・山県(やまがた)・大和六県(やまとのむつのあがた)」

【倹】 3級 10画 人(亻)-8

音 ケン漢呉　訓 つま-しい・つづま-やか

①2380 Ⓤ5039

【儉】15画 人(亻)-13　②4913 Ⓤ5109

筆順 亻 亻 仒 佮 佮 佮 倹 倹

なりたち [形声]人＋僉(寄せ集めてまとめる)音。金品をひとまとめに管理して、つつましく生活するの意。

❶つましい。つつましい。質素である。節約する。つづまやか。

【倹約】ケンヤク　金や物を無駄遣いしない。「—家」

熟語「倹節・倹素・倹吝(けんりん)・勤倹・節倹」

❷ひかえめにする。へりくだる。つづまやか。同謙。

熟語「恭倹」

【兼】 4級 10画 八-8

音 ケン漢呉　訓 か-ねる・か-ねて

①2383 Ⓤ517C

【兼】10画 八-8　——

【兼】10画 八-8　——

人名 かず・かた・かね・とも

筆順 丷 䒑 当 当 当 兼 兼 兼

なりたち [会意]又(手)＋禾(イネ)二つ。二本のイネをたばねることから、かねる意を表す。

❶かねる。あわせもつ。

【兼業】ケンギョウ　本業の他に別の仕事を行う。「—農家」

【兼行】ケンコウ　①物事を急ぎ行う。「昼夜—」②二つ以上のことを同時に行う。

【兼職】ケンショク　本職以外の職務を兼ねつとめる。

【兼帯】ケンタイ　二つ以上を兼ねる。「朝昼—の食事」

【兼任】ケンニン　「コーチと選手の—」⇔専任

【兼備】ケンビ　「智勇を—する」「才色—」

【兼務】ケンム　二つ以上の任務を兼ねる。兼任。

【兼用】ケンヨウ　「晴雨—の傘」⇔専用

熟語「兼愛・兼営・兼学・兼官・兼国・兼修・兼掌・兼摂(けんせつ)・兼併・兼補(けんぽ)・兼有」

❷(国)かねて。あらかじめ。前もって。

【兼題】ケンダイ　歌会・句会で、前もって出しておく題。⇔席題

熟語「兼兼(かねがね)・兼言(かねごと)・兼日・兼約」

❸(国)…かねる。できそうもない。また、そうなるかもしれない。

熟語「言い兼ねる・見兼ねる・やり兼ねない」

❹(国)遠慮する。はばかる。

熟語「気兼ね」

【剣】 4級 10画 刀(刂)-8

音 ケン漢呉　訓 つるぎ

①2385 Ⓤ5263

【劍】15画 刀(刂)-13　②4988 Ⓤ528D

【劔】16画 刀-14　②4989 Ⓤ5294

【劒】16画 刀-14　②4990 Ⓤ5292

【剱】11画 刀-9　②4991 Ⓤ5271

【釼】11画 金-3　②7863 Ⓤ91FC

難読 剣橋(ケンブリッジ)

人名 あきら・つとむ・はや

筆順 

なりたち  [形声]僉(寄せ集めてまとめる)㊥＋刀。両刃がきちんとそろったつるぎの意。

❶つるぎ。かたな。

【剣客】(ケンカク) 剣術にすぐれた人。けんきゃく。

【剣▼戟】(ケンゲキ) ①つるぎとほこ。②刀剣を使って戦う。「―の響き」

【剣劇】(ケンゲキ) 刀で斬り合う場面が中心の演劇。

【剣豪】(ケンゴウ) 剣術の達人。「―小説」

【剣士】(ケンシ) 剣術に巧みな人。剣客。「少年―」

【剣術】(ケンジュツ) 刀剣で戦う武術。剣法。「―使い」

【剣道】(ケンドウ) 防具を着用し、竹刀(しない)で打ち合う武術。

【剣難】(ケンナン) 刃物で殺傷される災難。「―の相」

〖剣(けん)は一人(いちにん)の敵(てき)学ぶに足らず〗 剣術は一対一の勝負に用いるものだから学ぶほどの価値はない。出典「史記項羽本紀」より。

【剣舞】(ケンブ) 詩吟にあわせ、剣をふるって舞う舞。

【剣法】(ケンポウ) 「剣術(けんじゅつ)」に同じ。

〖剣(けん)を落として舟を刻(きざ)む〗 「刻舟」に同じ。

熟語「剣光・剣先(けんさき)・剣士・剣璽・剣樹・剣聖・剣相・剣槍(けんそう)・剣鎗(けんそう)・剣帯・剣銃(けんぼう)・剣鋒(けんぼう)・懐剣・御剣(ぎょけん)・撃剣・孤剣・銃剣・神剣・真剣・石剣(せっけん)・霜剣(そうけん)・帯剣・脱剣・短剣・着剣・長剣・鉄剣・刀剣・銅剣・佩剣(はいけん)・抜剣・宝剣・木剣・名剣・雄剣・洋剣・利剣・霊剣・活人剣(かつじんけん)(かつにんけん)・手裏剣(しゅりけん)(しりけん)」

❷つるぎのように先のとがったもの。

【剣山】(ケンザン) 金属の台に針を上向きに植えた生け花用の花留め。

熟語「剣尺(けんじゃく)・剣玉(けんだま)」

❸その他。当て字など。

【剣が峰】(ケンがみね) ①噴火口の周縁。②相撲で、土俵の一番高い部分。「―でこらえる」③追いつめられた、もう余裕のない状態。「―に立たされる」

【剣▼呑】(ケンノン) あぶない。不安である。別表記 険難・険呑

【剣幕】(ケンマク) 怒っていきり立った態度や言葉。「すごい―でつめよる」注記「険悪(けんあく)」の連声とも。「見幕」「権幕」とも書くがいずれも当て字。

【拳】〔拳〕

10画 手-6

2級 10画 手-6 新常用

音 ケン㊦・ゲン㊣ 訓 こぶし

Ⓘ2393 Ⓤ62F3

難読 拳螺(さざえ)

人名 つとむ

筆順 

なりたち  [形声]「釆(ばらばらに分ける)＋廾(両手)」(ばらばらのものを両手でたもつ)㊥＋手。握りしめた手の意から、こぶしの意を表す。

❶こぶし。にぎりこぶし。こぶしをにぎる。

【拳固】(ゲンコ) 拳骨(げんこつ)。「―でなぐる」

【拳骨】(ゲンコツ) にぎりこぶし。げんこ。「―を食らう」

【拳銃】(ケンジュウ) 片手で扱うことのできる小型の銃。ピストル。

【拳闘】(ケントウ) ボクシング。

熟語「拳酒・拳打・拳匪(けんぴ)・合拳・空拳・手拳・鉄拳・闘拳・徒手空拳(としゅくうけん)」

❷ささげ持つ。

【拳拳服▼膺】(ケンケンフクヨウ) 人の教えや訓戒を常に心中に銘記し、忘れない。「服膺」は胸に着ける意。出典「中庸八」より。

❸かがむ。同巻。

熟語「拳曲」

❹素手で行う武術。

【拳法】(ケンポウ) こぶしや足で、突き、打ち、蹴ることを主とした武術。「少林寺―」

熟語「太極拳」

❺〔国〕拳遊戯。拳を使って勝負する遊び。

熟語「石拳・狐拳(きつねけん)・虎拳・本拳・虫拳・軍師拳・藤八拳(とうはちけん)・野球拳・じゃん拳」

【軒】

4級 10画 車-3

音 ケン㊦・カン㊣ 訓 のき

Ⓘ2414 Ⓤ8ED2

難読 軒廊(こんろう)

筆順 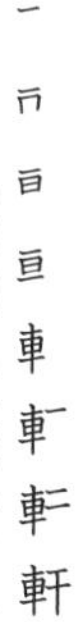

なりたち  [形声]車＋干(先がふたまたになった棒)㊥。ながえが上にそりあがった、おおいのある乗用の車の意。また、屋根の下端が高くそりあがって張り出したのきの意にも用いる。

❶轅(ながえ)の高く上がった貴人の車。りっぱな車。

熟語「軒騎・華軒」

❷のき。ひさし。

【軒先】(のきさき) 軒の先。軒端(のきば)。

【軒並(み)】(のきなみ) ①家並み。②続いて並んでいる家々。③どれもこれも。「公共料金が―値上がりした」

【軒端】(のきば) 軒の端。「―に風鈴をつるす」

熟語「軒灯(けんとう)・軒板(のきいた)・軒口(のきぐち)・軒下(のきした)・軒割(のきわ)り・傍軒(そばのき)・一軒(ひとのき)・二軒(ふたのき)・三軒(みのき)」

❸高く上がる。得意になって笑う。

【軒▼昂】(ケンコウ) 気持ちが奮いたつ。「意気―」

熟語「軒軒・軒輊(けんち)」

❹てすり。欄干。

熟語「軒檻(けんかん)」

❺(国)㋐家屋を数える語。㋑雅号や屋号に添える語。

熟語㋐「軒数・一軒家」㋑「軒号・来来軒」

【間】⇩カン(八四ページ)

【健】
7級 11画 人(亻)-9
音 ケン漢・ゴン呉
訓 すこやか
①2382 Ⓤ5065

人名 かつ・きよ・きよし・たけ・たけし・たける・たつ・つよし・とし・まさる・やす

筆順 亻 亻 亻 亻 律 律 健 健

なりたち [形声]人＋建(まっすぐに立つ)音。「建」が単に、たつの意に用いられるようになったため、「人」を加えた。

❶すこやか。元気で力強い。

【健気(けなげ)】(幼い者が)しっかりしている。

【健脚(ケンキャク)】足が丈夫で長い距離を歩ける。

【健康(ケンコウ)】体や心がすこやかである。「—診断」

【健在(ケンザイ)】「両親は—です」「横綱—の春場所」

【健児(ケンジ)】元気な若者。「全国の—が集まる大会」

【健勝(ケンショウ)】丈夫で元気だ。「御—で何よりです」

【健常者(ケンジョウシャ)】心身に障害のない人。

【健全(ケンゼン)】「—な肉体」「—な経営内容」

熟語「健安・健胃・健剛・健診・穏健・頑健・強健・勁健(けいけん)・康健・剛健・豪健・壮健・保健・勇健・雄健・老健・質実剛健」

❷はなはだしい。盛んに。非常に。

【健▼啖(ケンタン)】盛んに食べその量が多い。「—家」

【健闘(ケントウ)】一生懸命闘う。「—をたたえる」

【健筆(ケンピツ)】詩や文章を次々に生み出す。「—家」

【健忘(ケンボウ)】よく物忘れをする。「—症」

熟語「健羨(けんせん)」

【険】
6級 11画 阜(阝)-8
音 ケン漢 ケン呉
訓 けわしい・あや-うい
①2417 Ⓤ967A

【險】16画 阜(阝)-13
②8010 Ⓤ96AA

人名 たか・のり

筆順 阝 阝 阝 阝 阝 険 険 険

なりたち [形声]阜(おか)＋僉(寄せ集めてまとめる)音。山の稜線が集まってとがっている所の意。

❶けわしい。山がきり立っている。

【険▼峻(ケンシュン)】山が高くてけわしい。別表記 嶮峻

【険阻(ケンソ)】地勢がけわしい。「—な山道」別表記 嶮岨

【険難(ケンナン)】けわしく歩行が困難である。別表記 嶮難

【険路(ケンロ)】けわしい道。別表記 嶮路

熟語「険隘(けんあい)・険山(けんざん)・険所・険要・峻険(しゅんけん)・艱険(かんけん)・天険・難険」

❷あやうい。あぶない。安全でない。

【険▼呑・険▽難(ケンノン)】「剣呑」に同じ。

熟語「危険・探険・冒険・保険」

❸とげとげしい。おもいやりがない。

【険悪(ケンアク)】「—な雲行き」「—な顔つき」

【険相(ケンソウ)】すごみのある表情。「—な顔つき」

熟語「険害・陰険・凶険・猜険(さいけん)・邪険・偏険」

【圏】
4級 12画 囗-9
音 ケン漢
訓 おり・かこ-い
①2387 Ⓤ570F

【圈】11画 囗-8
②5201 Ⓤ5708

筆順 冂 冂 冃 罔 罔 罔 圏 圏

なりたち [形声]囗(かこい)＋卷(まく)音。とり巻いたかこいの意。

❶おり。囲い。転じて、一定の区域。

【圏外(ケンガイ)】範囲の外。「当選—」⇔圏内

【圏内(ケンナイ)】範囲の内側。「合格—」⇔圏外

熟語「圏域・岩圏・極圏・時圏・商圏・水圏・大圏・熱圏・陸圏・安全圏・成層圏・大気圏・文化圏・北極圏」

❷まるじるし。輪。

【圏点(ケンテン)】注意をひいたり強調したりするため文字のわきに付ける点。傍点。「、」「・」「。」など。

熟語「圏発(けんぱつ)・黒圏・重圏・朱圏・小圏・白圏」

【堅】
4級 12画 土-9
音 ケン漢 ケン呉
訓 かたい
①2388 Ⓤ5805

難読 堅魚(かつお)

人名 かた・かたし・すえ・たか・つよし・み・よし

筆順 ｜ 厂 巨 臣 臤 臤 堅 堅

なりたち [形声]臤(引き締まってかたい)音＋土。かたい土、かたいの意。

かたい。しっかりしている。

【堅気(かたギ)】まじめで地道である。「—になる」

【堅物(かたブツ)】生真面目で堅い性格である。

【堅固(ケンゴ)】しっかりしてる。「志操—」「—な要塞」

【堅甲利兵(ケンコウリヘイ)】堅固な鎧(よろい)と鋭い兵器。

【堅持(ケンジ)】態度・思想を堅く守る。「原則を—する」

【堅実(ケンジツ)】「—な商売」「—に歩む」

【堅守(ケンシュ)】かたく守る。「拠点を—する」

【堅城(ケンジョウ)】守りのかたい城。「—を抜く」

【堅陣(ケンジン)】守りのかたい陣地。

【堅調(ケンチョウ)】①堅実な調子。②相場が上がり気味。

硬調。

【堅忍】ケンニン　がまん強くじっとたえる。「―持久」

【堅忍不抜】ケンニンフバツ　どんな困難や誘惑にも心を動かさない。「―の精神」出典 蘇軾「鼂錯論」より。

【堅塁】ケンルイ　守りのかたいとりで。「―を抜く」

【堅牢】ケンロウ　頑丈でこわれにくい。「―な作り」

熟語「《ケン》堅果・堅強(けんきょう)・堅甲・堅硬・堅信・堅振・堅靭(けんじん)・堅緻(けんち)・堅氷・堅白同異・堅石白馬(けんせきはくば)・強堅・中堅」「《かた》堅堅(かたかた)・堅地(かたじ)・堅塩(かたしお)(きたし)・堅肉(かたじし)・堅人(かたじん)・堅炭(かたずみ)・堅蔵(かたぞう)・堅田(かたた)・堅手(かたで)・堅軀(かたむくろ)・堅餅・堅雪・堅肥(かたぶとり)・堅焼き」

【検】

6級　12画　木-8　音 ケン 漢 呉　訓 しら-べる　①2401 Ⓤ691C

【檢】17画 木-13　②6093 Ⓤ6AA2

筆順 

なりたち  [形声]木＋僉(寄せ集めてまとめる)音。木の札を集めてまとめ、きちんと調べるの意。

❶しらべる。とりしらべる。

【検閲】ケンエツ　①調べあらためる。②新聞・放送などの内容を、公権力が事前に強制的に調べる。

【検挙】ケンキョ　犯人や容疑者をとらえる。

【検査】ケンサ　「水質―」「所持品を―する」

【検索】ケンサク　「キーワードで―する」

【検算】ケンザン　計算が正しいかを確かめる。別表記 験算

【検出】ケンシュツ　検査して見つけ出す。「薬物の―」

【検証】ケンショウ　事実を調べて確認・証明する。

【検診】ケンシン　病気かどうか調べるために診察する。

【検定】ケンテイ　検査をして、合否・等級を定める。

【検討】ケントウ　詳しく調べて考える。「対策を―する」

【検品】ケンピン　製品の質や個数を検査する。

【検分】ケンブン　実際に見て調べる。「実地―」別表記 見分

【検問】ケンモン　調べて問いただす。「―にひっかかる」

熟語「検圧・検案・検疫・検温・検覈(けんかく)・検眼・検鏡・検校(けんこう)・検札・検死・検使・検視・検字・検車・検収・検真・検針・検僧・検測・検体・検反(けんたん)・検痰・検地・検知・検注・検田・検尿・検認・検波・検梅・検黴(けんばい)・検番・検品・検封・検便・検見(けんみ)(けみ)・検脈・検卵・検了・検量・検見衆(けみしゅう)・検見取(けみとり)・検潮器・検電器・検糖計・勘検・再検・実検・車検・受検・巡検・生検・精検・探検・点検・内検・剖検・臨検」

❷とりしまる。しめくくる。

【検察】ケンサツ　証拠を集めて犯罪の有無などを調べる。

【検事】ケンジ　検察の仕事を行う者。検察官。

【検束】ケンソク　取り締まって自由な行動をさせない。

熟語「検校(けんぎょう)・検断・検非違使(けびいし)(けんびいし・けんびし)・検面調書(けんめんちょうしょ)・区検・高検・送検・地検・最高検」

❸封印する。

【検印】ケンイン　検査したことを示す印。

【嫌】

準2級　13画　女-10　音 ケン 漢・ゲン 呉　訓 きら-う・いや・きら-い　①2389 Ⓤ5ACC

〔嫌〕13画 女-10　―　―

筆順 

なりたち  [形声]女＋兼(二本のイネをたばねる)音。女性の心が二つに分かれておだやかでない意から、いとう・うたがうの意を表す。

❶きらう。いやがる。いや。きらい。

【嫌気】いやケ　もう嫌だと感ずる気持ち。「―が差す」

【嫌煙】ケンエン　他人の吸うタバコで害を受けることを嫌う。「―権」

【嫌悪】ケンオ　ひどくきらう。「―感」

【嫌忌】ケンキ　いみきらう。「人を―する」

熟語「嫌嫌(いやいや)・嫌厭(けんえん)・嫌酒薬(けんしゅやく)・機嫌(きげん)」

❷うたがわしい。うたがう。

【嫌疑】ケンギ　悪事を犯したのではないかという疑い。

熟語「嫌名(けんめい)」

【献】

準2級　13画　犬-9　音 ケン 漢・コン 呉　訓 たてまつ-る・まつ-る・ささ-げる　①2405 Ⓤ732E

【獻】20画 犬-16　②6459 Ⓤ737B

人名 たけ・ただす

筆順 

なりたち  [形声]鬳(虎の飾りのついたかなえ)音＋犬。犬の肉をかなえに盛ってさしあげる意から、たてまつる意を表す。「献」は「獻」の草体から。

❶たてまつる。まつる。ささげる。さしあげる。また、すすめる。酒をすすめる。

【献花】ケンカ　霊前などに花を供える。

【献金】ケンキン　目的のため金銭を出す。「政治―」

【献血】ケンケツ　輸血用の血液を無償で提供する。

【献言】ケンゲン　目上の人に意見を申し上げる。

【献策】ケンサク　案などを進言する。「社長に―する」

【献酬】ケンシュウ　酒杯をやりとりする。

【献上】ケンジョウ　身分の高い人に物をさしあげる。

【献身】ケンシン　自分を犠牲にして尽くす。「―的看護」

【献体】ケンタイ　死後、自分の身体を医学的研究のために提供する。

【献呈】ケンテイ　進呈。「著書を―する」

【献納】ケンノウ　献上。奉納。「灯籠を―する」

【献杯】ケンパイ　相手に敬意を表してさかずきをさす。

【献本】ケンポン　本を進呈する。「著書を―する」

【献立】(コンだて) メニュー。「夕食の―」

熟語「献詠・献眼・献芹・献香・献残・献詞・献辞・献酌・献進・献饌・献奏・献替・献題・献灯・献物・献献・一献・九献・貢献・三献・進献・靖献・奉献」

❷物知り。賢人。「賢」に通じる。

熟語「文献」

【絹】

5級 13画 糸-7 音 ケン 漢 呉 訓 きぬ

①2408 Ⓤ7D79

人名 まさ

筆順 く 幺 糸 糸 糸 紀 絹 絹

なりたち ［形声］糸＋肙(細くくねる)音。繭からとり出した、細くくねった糸、きぬの意。

きぬ。カイコのまゆからとった糸。また、それで織った布。

【絹糸】(ケンシ) 蚕の繭からとった糸。きぬいと。

【絹布】(ケンプ) 絹糸で織った布。絹織物。

【絹本】(ケンポン) 書画をかく絹布。「―の山水画」

熟語「絹緞・絹帛・絹紡・生絹(すずし)・純絹・正絹・人絹・素絹・長絹・拝絹・疋絹(ひきぬ)・平絹(へいけん)・北絹・黄絹・本絹・野蚕絹」

【遣】

〔遣〕14画 辶(辶)-10

4級 13画 辶(辶)-10 音 ケン 漢 呉 訓 つか-う・つか-わす・つか-い・や-る

①2415 Ⓤ9063

難読 鬼遣(おにやらい)

筆順 口 中 中 冉 冉 書 遣 遣

なりたち ［形声］辶(足の動作)＋「臼(両手)＋自(積み重なった物)」音。多くの物を持たせてさしむける意から、やる・つかわす意を表す。

◉異字同訓◉【使】(二五四ページ)の「異字同訓」欄を参照のこと。

❶つかわす。やる。いかせる。

【遣隋使】(ケンズイシ) 聖徳太子が隋に派遣した大和朝廷の使節。六〇七年の小野妹子の派遣が有名。

【遣唐使】(ケントウシ) 日本から唐へ派遣された使節。六三〇年から八九四年に中止されるまで一六回派遣された。

熟語「遣欧・遣外・遣米・差遣・先遣・調遣・派遣・発遣・分遣」

❷追いやる。追い払う。

熟語「遣懐・遣帰・自遣・消遣」

❸(国)つかう。使用する。

熟語「遣い物・小遣い・仮名遣い・無駄遣い」

【権】

〔權〕21画 木-17

5級 15画 木-11 音 ケン 漢・ゴン 呉 訓 かり・はか-る・はかり

①2402 Ⓤ6A29 ②6062 Ⓤ6B0A

難読 権萃(ごんずい)・権瑞(ごんずい)

人名 のり・よし

筆順 十 木 朩 杵 栫 栫 栫 権

なりたち ［形声］木＋雚(にぎやかに鳴きかわす鳥)音。もと木の名をさしたが、のち竿ばかり、またはその分銅の意に用いる。

❶はかり。はかりの分銅。また、はかる。

【権衡】(ケンコウ) はかりのおもりとさお。つりあい。

【権輿】(ケンヨ) 物事のはじめ。濫觴。

熟語「権度・権量」

❷かり。かりそめ。臨時。

【権化】(ゴンゲ) ①(仏)仏・菩薩などが人々を救うために仮の姿をとってこの世に現れたもの。権現。②その特性の典型と思われる人。「悪の―」

【権現】(ゴンゲン) ①「権化」に同じ。②仏が衆生を救うために日本の神の姿となって現れたとする考え。また、その神。熊野権現・春日権現など。③江戸時代、徳川家康の尊称。

熟語「《ケン》権道・権扉・権変」「《ゴン》権教・権妻・権才・権実・権的・権者・権殿・権実不二」

❸はかりごと。

【権謀】(ケンボウ) 臨機応変の策略。

【権謀術数】(ケンボウジュッスウ) 巧みに人をあざむく策略。

熟語「《ケン》権詐・権略」

❹支配する力や資格。

【権威】(ケンイ) 「―が失墜する」「その道の―」

【権益】(ケンエキ) 権利と利益。「―がおかされる」

【権限】(ケンゲン) 職権を行使できる範囲。「職務―」

【権勢】(ケンセイ) 権力と勢力。「―をふるう」

【権高】(ケンだか) 気位が高くて傲慢。「―な物言い」

別表記 見高

【権能】(ケンノウ) ある事柄について能力を行使し得る権利。

【権柄】(ケンペイ) 「―尽く(=権力に任せて事を行う)」

【権門】(ケンモン) 位が高く権勢のある家柄。「―勢家」

【権利】(ケンリ) ①物事を自分の意志によってなしうる能力・資格。②ある利益を主張し、これを享受することのできる資格。⇔義務

【権力】(ケンリョク) 他人を支配し従わせる力。「―者」

熟語「《ケン》権家・権外・権官・権貴・権義・権原・権臣・権内・権要・威権・越権・王権・海権・官権・棄権・強権・教権・金権・君権・原権・公権・国権・債権・三権・私権・質権・失権・執権・実権・集権・主権・商

権・女権・職権・神権・親権・人権・政権・専権・全権・訴権・大権・治権・朝権・同権・特権・覇権・版権・夫権・父権・復権・物権・分権・兵権・法権・母権・本権・民権・有権・利権・市民権・所有権・選挙権・著作権・黙秘権・優先権・立法権」「《ゴン》権君」

❺（国）ごん。正に対して副の地位。

熟語「《ゴン》権官・権僧正・権大納言」

【憲】〔憲〕

5級　16画　心-12　音 ケン 漢　訓 のり　①2391　Ⓤ61B2

〔憲〕16画　心-12　Ⓤ2F8AC

人名 あきら・かず・さだ・ただし・ただす・とし

筆順 憲

なりたち  ［会意］宀（かぶせるもの）＋目＋心。目や心の働きを統制するもの、のり・おきての意。

❶のり。おきて。守るべく定められたきまり。法律。また、手本。

【憲章】ケンショウ　根本的な原則に関するきまり。「児童―」「国連―」

【憲法】ケンポウ　国家の基本的事項を定め、他の法律や命令で変更することのできない、国家最高の法規範。

熟語「家憲・官憲・国憲・朝憲」

❷「憲法」の略。

【憲政】ケンセイ　憲法に基づいて行う政治。

熟語「違憲・改憲・合憲・護憲・大憲・立憲」

❸役人。

【憲兵】ケンペイ　軍隊内の警察業務を行う軍人。

熟語「官憲」

【賢】

3級　16画　貝-9　音 ケン 漢・ゲン 呉　訓 かしこい　①2413　Ⓤ8CE2

難読 賢木（さかき）

人名 かた・かつ・さか・さかし・さと・さとし・さとる・すぐる・たか・ただ・ただし・とし・のり・まさ・まさる・やす・よし・より

筆順 賢

なりたち  ［形声］臤（引き締まってかたい）音＋貝（貨財）。貨財の出納がしっかりしている、かしこいの意。

❶かしこい。かしこい人。

【賢愚】ケング　賢いことと愚かなこと。賢者と愚者。

【賢才】ケンサイ　すぐれた才能。賢明な人。

【賢者】ケンジャ　かしこい人。賢人。⇔愚者

【賢臣】ケンシン　かしこい臣下。

【賢人】ケンジン　①かしこい人。「竹林の七―」②（清酒を聖人というのに対して）濁り酒。

【賢哲】ケンテツ　賢明で道理に通じている人。

【賢母】ケンボ　賢明な母。かしこい母。「良妻―」

【賢明】ケンメイ　かしこい。道理に明るい。「―な判断」

【賢路（けんろ）を塞（ふさ）ぐ】不徳不才の者が官職にとどまって、賢者の昇進の邪魔になる。出典「文選」の潘岳「河陽県作詩」より。

熟語「賢王・賢君（けんくん）・賢妻（けんさい）・賢士・賢主・賢相（けんしょう）・賢将・賢人・賢聖・賢智・賢答・賢能・賢良（けんりょう）・賢路・賢夫人（けんぷじん）・遺賢・古賢・才賢・諸賢・仁賢（じんけん）・聖賢・先賢・前賢・大賢」

❷相手に敬意を表す語。

【賢兄】ケンケイ　①かしこい兄。「―愚弟」②男子が手紙などで同輩を敬っていう語。

【賢察】ケンサツ　他人が推察することを敬っていう語。高察。お察し。「御―下さい」

【賢弟】ケンテイ　①かしこい弟。②男子が手紙などで、年下の男子を敬っていう語。

熟語「賢息・賢台・賢覧・賢慮」

【謙】〔謙〕

準2級　17画　言-10　音 ケン 漢 呉　訓 へりくだ-る　①2412　Ⓤ8B19

〔謙〕17画　言-10

人名 あき・かた・かね・しず・のり・ゆずる・よし

筆順 謙

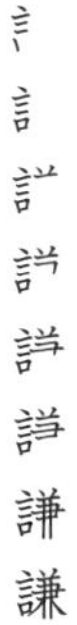

なりたち  ［形声］言＋兼（たばねる）音。言葉をたばね整える意から、へりくだる意を表す。

へりくだる。控えめにする。

【謙虚】ケンキョ　ひかえめでつつましやかである。「―な態度」「―に反省する」

【謙称】ケンショウ　へりくだった呼び方。小生・愚妻・豚児などの類。⇔敬称

【謙譲】ケンジョウ　へりくだって譲る。「―の美徳」

【謙遜】ケンソン　へりくだって控え目に振る舞う。「―した言い方」⇔不遜

熟語「謙恭（けんきょう）・謙辞・謙退・謙徳・謙抑（けんよく）・謙譲語・恭謙」

【鍵】

2級　17画　金-9　新常用　音 ケン 漢　訓 かぎ　①2416　Ⓤ9375

筆順 鍵

なりたち  ［形声］金＋建（まっすぐに立つ）音。錠前につきたてるかぎの意。

❶かぎ。錠前。また、てがかり。

熟語「鍵鑰（けんやく）・関鍵・秘鍵」

ケ

❷けん。楽器・タイプライターなどの指で押す部分。キー。

【鍵盤】ケンバン ピアノ・オルガンなどの多数の鍵が並べられた部分。キーボード。「―楽器」

熟語「黒鍵・打鍵・電鍵・白鍵」

【繭】

準2級 18画 糸-12 音 ケン 漢 呉 訓 まゆ ①4390 Ⓤ7E6D

筆順 一 艹 芇 芇 繭 繭 繭 繭

なりたち [会意]芇(両側にひとしく垂れる)+糸+虫。虫が糸を吐き、自分のまわりに垂らして作ったまゆの意。

まゆ。昆虫などの卵・幼虫・蛹(さなぎ)を保護するもの。また、まゆからとった絹糸。

【繭糸】ケンシ ①繭と糸。②繭からとった糸。

【繭玉】まゆだま 正月の飾り物。

熟語「繭紬(けんちゅう)・乾繭・産繭・生繭」

【顕】

準2級 18画 頁-9 音 ケン 漢 呉 訓 あき-らか・あらわ・あらわ-す・あらわ-れる ①2418 Ⓤ9855

人名 あき・あきら・たか・てる

【顯】23画 頁-14 ②8093 Ⓤ986F

筆順 口 日 㬎 显 顕 顕 顕

なりたち [形声]㬎(絹糸を日にさらす)音+頁(あたま)。頭を日にさらして顔を見せる意から、あきらかの意を表す。

◉異字同訓◉【表】(五五四ページ)の「異字同訓」欄を参照のこと。

❶あきらか。あらわ。はっきりとめだつ。

【顕現】ケンゲン はっきりした形をとって現れる。

【顕在】ケンザイ 「健康被害が―化した」⇔潜在

【顕然】ケンゼン 明らか。「―たる姿勢」⇔隠然

【顕著】ケンチョ 「―な進歩」「―にみられる傾向」

熟語「顕証・顕花植物・隠顕・露顕」

❷あらわれる。あらわす。明らかにする。

【顕示】ケンジ はっきりと示す。「自己―欲」

【顕微鏡】ケンビキョウ 「高倍率の―」「電子―」

熟語「示顕(じげん)」

❸ほめたたえる。

【顕彰】ケンショウ 功績などを広く知らせる。「―碑」

熟語「顕揚」

❹名高い。身分が高い。

【顕位】ケンイ 高い地位。高位。

【顕学】ケンガク 有名な学問。また、高名な学者。

【顕官】ケンカン 地位の高い官職。高官。⇔卑官

【顕職】ケンショク 高い官職。要職。「高位―」

【顕要】ケンヨウ 地位が高く重要である。「―な役職」

熟語「貴顕」

❺(仏)顕教の略。⇔密。

【顕教】ケンギョウ (仏)言語によって明らかに説き示された仏教の教え。顕宗。⇔密教

熟語「顕密」

【験】

7級 18画 馬-8 音 ケン 慣・ゲン 漢 呉 訓 しるし・ため-し・ため-す・あかし ①2419 Ⓤ9A13

人名 とし

【驗】23画 馬-13 ②8168 Ⓤ9A57

筆順 丨 𠂉 马 馬 駖 騟 験

なりたち [形声]馬+僉(寄せ集めてまとめる)音。馬を寄せ集めて、よしあしを比べるの意。

❶しるし。証拠となるもの。ききめ。あかし。

熟語「《ケン》効験・証験」「《ゲン》験者(げんざ)(げんじゃ)・霊験」

❷ためす。しらべる。ためし。

熟語「験算・経験・試験・実験・体験」

❸げん。縁起。前兆。効果。

【験直し】ゲンなおし 縁起なおし。「―に一杯やる」

用例「験(げん)がいい」

【懸】

準2級 20画 心-16 音 ケン 漢・ケ 慣・ゲン 呉 訓 かける・かかる ①2392 Ⓤ61F8

難読 懸魚(かけのうお)(げぎょ)

人名 とお・はる

筆順 口 目 県 県 県 縣 縣 懸

なりたち [形声]縣(かける)音+心。心にかけるの意。

◉異字同訓◉【掛】(七三ページ)の「異字同訓」欄を参照のこと。

❶かける。ぶらさげる。また、心にかける。

【懸想】ケソウ 異性に思いをかける。「―文(ぶみ)」

【懸念】ケネン 気がかり。「―が高まる」

【懸案】ケンアン 解決のつかない事柄。「―の事項」

【懸架】ケンカ つりさげ、ささえる。「―装置」

【懸河】ケンガ 傾斜が急で流れが速い川。「―の弁」

【懸崖】ケンガイ ①切り立ったがけ。きりぎし。②盆栽で、茎や枝が根より下に垂れ下がるように仕立てる。

【懸賞】ケンショウ 「―金」「―小説に応募する」

【懸垂】ケンスイ ①たれさがる。②鉄棒にぶら下がり腕

の力で体を上下させる運動。「―運動」
【懸命】ケンメイ 「一所―」「―にこらえる」
【懸腕直筆】ケンワンチョクヒツ 書道で、腕をあげて筆をまっすぐ立てて書く。大字を書くのに適する。
熟語「倒懸」

❷かけはなれる。へだたる。
【懸隔】ケンカク 大きな隔たりがある。「事実と―する」
【懸軍】ケングン 本隊から遠く離れて進軍する。「―万里」
【懸絶】ケンゼツ はなはだしくかけはなれている。

ゲン

【元】

9級　4画　儿-2
音 ゲン(漢)・ガン(呉)(グワン)
訓 もと
①2421　Ⓤ5143

難読 元結(もとゆい)
人名 あさ・ちか・つかさ・なが・はじむ・はじめ・はる・まさ・ゆき・よし
筆順 一 二 テ 元
なりたち  [象形]かんむりをかぶった人の形にかたどる。かしら、はじめ、もとの意。

❶もと。根本。
【元金】ガンキン もときん。
【元本】ガンポン ①もとで。元金。「―保証」②収益を生み出すもととなる財産。
【元利】ガンリ 元金と利息。「―合計」
【元気】ゲンキ ①気力。活力。「―一杯」②健康である。「―で暮らす」③中国の宇宙生成論で、万物生成の根本となる精気。
【元凶・元▼兇】ゲンキョウ 悪事の中心人物。
【元素】ゲンソ ①万物の根源となる恒常不変の構成要素。②原子によって構成され、化学的にこれ以上分解できない物質。「―記号」
【元請(け)】もとうけ 注文主から直接仕事を引き受ける。
【元売り】もとうり 生産者が卸売業者に売る。「―価格」
【元金】もときん ①もとで。②「元金(がんきん)」に同じ。
【元締(め)】もとじめ ①金銭の勘定のしめくくりをする役目。②仕事の総括に当たる人。③博徒の親分。
【元帳】もとチョウ 簿記の主要帳簿。原簿。
【元手】もとで 「―がかかる」「からだが―だ」
【元値】もとね 商品の仕入れ値。「―販売」
熟語「開元・還元・根元・次元・多元・単元・中元・二元・復元」

❷はじめ。第一。
【元日】ガンジツ 一年の最初の日。一月一日。
【元祖】ガンソ ①一家系の最初の人。②ある物事を最初に始めた人。鼻祖。
【元旦】ガンタン 元日の朝。また、一月一日。元日。
【元朝】ガンチョウ 元日の朝。元旦。
【元年】ガンネン 「平成―」「福祉―」
【元来】ガンライ もともと。「―反対だった」
【元始】ゲンシ 物事のはじめ。また、年のはじめ。
熟語「紀元(きげん)」

❸あたま。かしら。第一の人。
【元勲】ゲンクン 国家に尽くした大きな手柄のある人。
【元首】ゲンシュ 一国の首長として国家を代表する人。
【元帥】ゲンスイ 軍人の最高位の階級。大将の上。
【元服】ゲンプク 「―の儀式」
【元老】ゲンロウ ①その分野で功績の大きい長老。「政界の―」②第二次大戦前、国家の重要な問題について天皇の諮問に答えた長老政治家。
熟語「家元・胴元・版元」

❹年号の区切り。
【元号】ゲンゴウ 年に付ける呼び名。年号。「―を改める」
熟語「改元」

❺中国の王朝名。モンゴル族のフビライによってうち立てられた。
【元曲】ゲンキョク 中国の古典劇。元代に盛行した。
【元・▼寇】ゲンコウ 一二七四年(文永一一)と八一年(弘安四)の二度にわたる元軍の来襲。文永弘安の役。蒙古来。

【幻】

3級　4画　幺-1
音 ゲン(呉)・カン(漢)
訓 まぼろし
①2424　Ⓤ5E7B

筆順 く 幺 幺 幻
なりたち  [象形]金文では、木の枝に糸たばをかけたさまにかたどる。染めて色がかわることから、まどわす、まぼろしの意を表す。篆文では、はたおりの横糸を通す道具の「杼(ひ)」の原字を逆さまにした形に作る。

❶まぼろし。実体がないのに、あるかのように見えるもの。
【幻影】ゲンエイ まぼろし。「―におびえる」
【幻覚】ゲンカク 「―症状におびえる」
【幻視】ゲンシ 実際にはないものが、あるように見える。
【幻想】ゲンソウ 「―をいだく」「―的な場面」
【幻像】ゲンゾウ 実際はないのにあるように見える像。
【幻聴】ゲンチョウ 「―が聞こえる」
【幻灯】ゲントウ スライド。「―機」
【幻滅】ゲンメツ 「彼の振る舞いに―する」
熟語「奇幻・夢幻」

❷まどわす。くらます。たぶらかす。
【幻術】ゲンジュツ ①人の目をくらます術。妖術。②手品。
【幻惑】ゲンワク 「たくみなトリックに―される」
熟語「変幻」

ケ

【玄】

4級 5画 玄-0 音 ゲン呉・ケン漢 訓 くろ・くろ-い ①2428 Ⓤ7384

人名 くろ・しず・しずか・つね・のり・はじめ・はる・はるか・ひかる・ひろ・ふかし

筆順 丶 亠 ㄠ 玄 玄

なりたち [指事]玄(糸二本をよるさまの象形。小さく細い糸)の上端に横線を示し、糸の先端をのぞくと、かすかでよく見えない意を表す。

❶くろ。墨のような色。くろい。

【玄黄】ゲンコウ 天の黒い色と大地の黄色。天と地。

【玄鳥】ゲンチョウ ツバメの異名。

【玄米】ゲンマイ くろごめ。「発芽―」「―パン」

❷おくふかい。深遠な道理。

【玄奥】ゲンオウ 奥深く、はかり知れない。

【玄関】ゲンカン ①建物の正面の出入り口。②禅寺の門。

【玄室】ゲンシツ 古墳の中の棺をおさめる室。玄宮。

【玄妙】ゲンミョウ 道理や技芸が、奥深く微妙。

【玄理】ゲンリ 深遠な真理。

熟語「玄機・玄旨・玄妙・玄門・淵玄・深玄・幽玄」

❸はるか。とおい。

【玄孫】ゲンソン 孫の孫。曽孫の子。やしゃご。

❹北。

【玄冬】ゲントウ 冬の異名。

【玄武】ゲンブ 天の四神(しじん)の一。北に配する。

❺陰暦九月の異名。

❻その他。

【《玄人》】くろうと ①専門家。本職。「―芸」「―跣(はだし)」②芸者や娼妓など、水商売の女。▽⇔素人

【玄奘】ゲンジョウ (六〇二～六六四)中国、唐代初期の僧。三蔵法師。

【玄宗】ゲンソウ (六八五～七六二)唐の第六代皇帝(在位七一二～七五六)。

【玄能】ゲンノウ 石を割るときなどに用いる金づち。 注記 玄翁(げんのう)和尚が殺生石を割るのに用いたという伝説から。

【言】

9級 7画 言-0 音 ゲン漢・ゴン呉 訓 いう・こと ①2432 Ⓤ8A00

人名 あき・あや・とき・とし・とも・のぶ・のり・ゆき

筆順 丶 亠 亠 亠 言 言 言

なりたち [会意]辛(するどい刃物)+口。はっきりと口に出して言う意。

いう。述べる。また、ことば。述べたこと。

【言下】ゲンカ 相手が言い終わってすぐ。「―に断る」

【言外】ゲンガイ 「―に含みを持つ」

【言及】ゲンキュウ 言い及ぼす。「―を避ける」

【言語】ゲンゴ ことば。ごんご。「―療法」

【言行】ゲンコウ 言葉とおこない。「―録」

【言辞】ゲンジ ことば。ことばづかい。

【言述】ゲンジュツ 考えなどを述べる。

【言責】ゲンセキ 自分が言った言葉に対する責任。

【言説】ゲンセツ ものを言う。また、その言葉。

【言質】ゲンチ あとで証拠となるような言葉。ことばじち。「―を取る」

【言動】ゲンドウ 言葉と行動。言行。「不注意な―」

【言文】ゲンブン 話し言葉と書き言葉。「―一致」

【言明】ゲンメイ 言葉に出してはっきり言う。「―を避ける」

【言論】ゲンロン 「―の自由」「―を統制する」

【言(げん)を食(は)む】 前言をひるがえす。約束を破る。 出典「書経湯誓」の「朕不レ食レ言」より。

【言霊】ことだま 言葉にあると信じられた呪力。

【言▽伝】ことづて 伝言。ことづけ。「―を頼む」

【言の葉】ことのは ①ことば。②和歌。

【言葉】ことば ①人の感情や思想が、音声または文字によって表現されたもの。言語。②ものの言い方。ことばづかい。「―に気を付ける」③語彙(ごい)。単語。 別表記 詞・辞

【言葉(ことば)なお耳にあり】 かつて聞いた言葉が、今でもまだはっきり耳に残っている。 出典「左氏伝文公七年」より。

【言▽祝ぐ】ことほぐ 祝いの言葉を述べる。 別表記 寿ぐ

【言語道断】ゴンゴドウダン ①(仏)根本的な真理が言葉で説明しつくせない。②言葉も出ないほどひどい。もってのほか。「―の行い」 注記「言葉で説明する道が断たれる」の意から。

【言上】ゴンジョウ 身分の高い人に言う。申し上げる。

熟語「《ゲン》格言・甘言・狂言・虚言・金言・巧言・失言・祝言(しゅうげん)・発言・方言・予言」「《ゴン》言上・遺言(いごん)(ゆいごん)・過言・他言・伝言・無言」

【弦】

準2級 8画 弓-5 音 ゲン呉・ケン漢 訓 つる ①2425 Ⓤ5F26

注記「絃」の書き換え字としても用いられる。

人名 いと・お・ふさ

筆順 ㇇ コ 弓 弓 弓 弦 弦 弦

なりたち [形声]弓+玄(小さく細い糸)音。弓に張る細い糸の意から、つるの意を表す。

❶つる。ゆみづる。弓に張るひも。

【弦音】つるおと 弓につがえた矢を放ったときの音。

熟語「鳴弦」

❷楽器の糸。琴やバイオリンに張る糸。

【弦歌】ゲンカ 三味線などを弾いてうたう歌。 別表記 絃歌

【弦楽】ゲンガク 「―四重奏」 別表記 絃楽

熟語「三弦・小弦・絶弦・断弦・調弦・管弦・管弦楽」
❸弓張り月。糸を張った弓のような形。
【弦月】ゲンゲツ 上弦または下弦の月。ゆみはりづき。
熟語「上弦・下弦」
❹〔数〕円または曲線上の二点を結ぶ線分。また、直角三角形の斜辺。
熟語「正弦・余弦」

【限】

6級　9画　阜(阝)-6
音 ゲン(呉)・カン(漢)
訓 かぎる・かぎ-り・きり
①2434 Ⓤ9650

筆順 ７ ３ 阝 阝 阝 阝 限 限 限

なりたち  [形声]阜(盛り土)＋艮(目もとに入れ墨を入れる)音。そこまでが範囲であるという目じるしとして土盛りを作るの意。

❶かぎる。一定の範囲を定める。かぎり。
【限界】ゲンカイ 「体力の―」「―に達する」
【限外】ゲンガイ 限度を超えている。
【限局】ゲンキョク 範囲をせまく限る。
【限定】ゲンテイ 「―商品」「―販売」
【限度】ゲンド 「我慢にも―がある」「―額」
熟語「制限・年限・無限・門限・有限」
❷くぎり。しきり。
熟語「期限・際限・時限・門限・有限」
❸〔国〕かぎり。きり。程度や数量の限界、また、条件を示す。
用例「その場限り・生きている限り・限りがない」

【原】

9級　10画　厂-8
音 ゲン(漢)(呉)
訓 はら・もと・たず-ねる
①2422 Ⓤ539F
人名 おか・はじめ・もと

筆順 一 厂 厂 戸 戸 盾 原 原

なりたち  [会意]厂(がけ)＋泉。がけの下で涌き出すいずみ、みなもとの意。「源」の原字。篆文では、厂＋泉三つ。

❶はら。のはら。広く平らな土地。
【原野】ゲンヤ 自然のままの荒野。「荒涼とした―」
熟語「高原・雪原・草原・中原・平原」
❷みなもと。はじめ。おこり。
【原案】ゲンアン 最初の案。たたき台。「―を示す」
【原因】ゲンイン 「事故の―」「―を突き止める」⇔結果
【原義】ゲンギ 言葉の本来もっている意味。もとの意味。
【原罪】ゲンザイ キリスト教で、人類の祖が犯した最初の罪のこと。
【原始】ゲンシ ①おおもと。はじめ。元始。②自然のままで、未発達・未開発の状態。
【原史時代】ゲンシジダイ 考古学上の時代区分の一。先史時代と歴史時代との中間の時代。
【原始時代】ゲンシジダイ 人類が原始的な生活を行なっていた時代。有史以前の時代を漠然とさす。
【原初】ゲンショ 物事のいちばんはじめ。最初。
【原則】ゲンソク 「―として五時以降は閉門」「―を貫く」
【原動】ゲンドウ 「―力」「―機付き自転車」
【原理】ゲンリ 物事が成立する根本となるきまり。
【原論】ゲンロン その分野で最も根本的な理論。
熟語「原意・原産・原生・原始人・原風景・語原・根原」
❸もとになるもの。
【原価】ゲンカ 「―計算」「―を割る」別表記 元価
【原器】ゲンキ 測定の基準として用いる標準器。
【原曲】ゲンキョク 「―をアレンジする」
【原形】ゲンケイ 「―を保つ」別表記 元形
【原型】ゲンケイ 鋳物(いもの)などのもととなる型。
【原稿】ゲンコウ 出版のもととなる文章や図版。
【原告】ゲンコク 裁判を請求する側の当事者。⇔被告
【原作】ゲンサク 「―者」「―に忠実に映画化する」
【原子】ゲンシ ①「―爆弾」「―力」②ギリシャ哲学で、事物を構成する微小存在。アトム。
【原資】ゲンシ 投資や融資に向けられる資金源。もとで。
【原住民】ゲンジュウミン その土地にもとから住んでいる人々。
【原書】ゲンショ 書写本・翻訳書などの、もとの本。
【原状】ゲンジョウ もとのままの状態。「―回復」
【原色】ゲンショク ①基本的な色。「三―」②刺激的な、派手な色。
【原職】ゲンショク もとの職務。「―に復帰する」
【原人】ゲンジン 化石人類。「北京―」
【原寸】ゲンスン 「―図」「―大の模型」
【原籍】ゲンセキ ①戸籍を変更する前のもとの籍。②本籍。
【原典】ゲンテン 引用・翻訳などのもとになった書物。
【原点】ゲンテン ①長さなどを測る時の基準となる点。②根源の点。出発点。「平和運動の―に立ち返る」③〔数〕座標を定める基準の点。
【原品】ゲンピン 模造や複製のもとになった物。
【原物】ゲンブツ 複製・写真などに対して、もとの品物。
【原文】ゲンブン 翻訳・加筆などのもとになった文章。
【原簿】ゲンボ ①もとの帳簿。②元帳(もとちょう)。
【原本】ゲンポン ①翻訳・複写などのもととなった書物や書類。②おおもと。根本。
【原油】ゲンユ まだ精製していない石油。
【原料】ゲンリョウ 「手を尽くして―を調達する」
熟語「原液・原音・原画・原拠・原語・原姿・原紙・原詩・原酒・原種・原図・原石・原題・原著・原板・原版・原盤・原木・原料・原話」
❹〔国〕「原子」「原子力」の略。
【原爆】ゲンバク 「原子爆弾」の略。
【原発】ゲンパツ ①「原子力発電」「原子力発電所」の略。

ケ

「―事故」②〔医〕(腫瘍(しゅよう)・症状などが)病因から直接または最初に現れる。

【眼】⇩ガン(九二ページ)

【現】

6級　11画　玉(王)-7
音 ゲン(呉)・ケン(漢)
訓 あらわれる・あらわす・うつつ
①2429　Ⓤ73FE

難読 現人神(あらひとがみ)
人名 あり・み
筆順

なりたち [形声]玉＋見(みえる)(音)。玉の光が見える意から、物事があらわれる意を表す。

◉異字同訓◉【表】(五五四ページ)の「異字同訓」欄を参照のこと。

❶あらわれる。あらわす。姿を見せる。

【現出】ゲンシュツ 実際にあらわれ出る。あらわし出す。
【現象】ゲンショウ 「自然―」「―論」
【現像】ゲンゾウ 「ネガを―する」
熟語「具現・再現・実現・発現・表現」

❷いま。いまそこにある。実際。

【現世】うつしよ この世。げんせ。
【現役】ゲンエキ ①実際に活動している。「―を引退する」②在校中の受験生。
【現下】ゲンカ 目下(もっか)。今。「―の情勢」
【現況】ゲンキョウ 現在のありさま。「―報告」
【現業】ゲンギョウ 工場などの現場で行う業務。「―部門」
【現金】ゲンキン ①手もとにある金銭。②通用の貨幣。「―払い」③簿記上で、通貨と小切手・手形などすぐに換金できる証券類。④利害によって簡単に態度を変える。「―なやつだ」
【現形】ゲンケイ 現在の形・ありさま。
【現行】ゲンコウ 現在行われている。「―法」
【現今】ゲンコン 現在。今。「―の政局」
【現在】ゲンザイ ①過去と未来の間。今のこの時。②ある基準で区切ったその時点。「四月―の人口」③〔仏〕三世の一。今、現に生を受けているこの世。現世。
【現実】ゲンジツ 「厳しい―」「―から逃避する」⇔理想
【現収】ゲンシュウ 現在の収入。
【現住】ゲンジュウ ①今住んでいる。「―地」②現在の住職。
【現状】ゲンジョウ 現在のありさま。「―維持」
【現職】ゲンショク 「―の知事の対立候補」
【現世】ゲンセ 〔仏〕三世の一。現在の世。げんせい。
【現前】ゲンゼン 目の前にあらわれている。「―する事実」
【現存】ゲンソン 現在、実際にある。「―最古の木造建築」
【現代】ゲンダイ ①現在の時代。今の時代。②歴史の時代区分の一。日本史では、第二次大戦後をさすことが多い。
【現地】ゲンチ ある事が実際に行われている場所。「―調査」
【現生】なまゲン 現金をいう俗語。
【現場】ゲンば 「火災―」「教育―」「―監督」
【現品】ゲンピン 実際の品物。「―限り」「―取引」
【現物】ゲンブツ ①実際の品物。現品。「―支給」②取引で、実在している株式や商品。現品。
【現有】ゲンユウ 現在所有している。「―勢力」

❸うつつ。夢でない。

熟語「夢現(ゆめうつつ)」

【舷】

2級　11画　舟-5
新常用
音 ゲン(呉)・ケン(漢)
訓 ふなばた・ふなべり
①2431　Ⓤ8237

筆順

なりたち [形声]舟＋玄(小さく細い糸)(音)。細い板を張ったふなばたの意。

ふなばた。ふなべり。船のへり。

【舷舷】ゲンゲン ふなべりとふなべり。「―相摩(あいま)す(＝海戦で、敵味方が船べりが擦れ合うほど接近して激しく戦う)」
【舷窓】ゲンソウ 採光や通風のための舷側の窓。
【舷側】ゲンソク 船の側面。ふなばた。ふなべり。
【舷梯】ゲンテイ 舷側にとりつけるはしご。タラップ。
熟語「舷牆(げんしょう)・舷灯・舷頭・舷門・右舷・乾舷・左舷・接舷・船舷・半舷」

【減】

6級　12画　水(氵)-9
音 ゲン(呉)・カン(漢)
訓 へる・へらす
①2426　Ⓤ6E1B

難読 減上(めりかり)
人名 き・きつ・ぎ・つぎ
筆順

なりたち [形声]水＋咸(口を閉じさせる)(音)。水路を閉ざして、水の流れをへらすの意。

へる。へらす。少なくする。

【減圧】ゲンアツ 圧力を下げる。圧力が下がる。⇔加圧
【減員】ゲンイン 人員を減らす。⇔増員
【減益】ゲンエキ 利益が減る。⇔増益
【減価】ゲンカ 価額を減らす。「―償却」
【減給】ゲンキュウ 賃金の支給額を減らす。減俸。「―処分」
【減刑】ゲンケイ 「恩赦により―する」
【減殺】ゲンサイ 少なくする。「興味が―される」
【減産】ゲンサン 生産量が減る。また、減らす。⇔増産
【減算】ゲンザン 引き算。減法。⇔加算
【減収】ゲンシュウ 収入・収穫が減る。⇔増収
【減少】ゲンショウ 「生徒数が―する」⇔増加
【減税】ゲンゼイ 「住宅―」「特別―」⇔増税
【減速】ゲンソク 「悪路で―する」⇔加速
【減退】ゲンタイ 「食欲が―する」⇔増進
【減反】ゲンタン 作付け面積を減らす。「―政策」
【減点】ゲンテン 「誤字で―される」⇔加点
【減法】ゲンポウ 引き算。減算。⇔加法

【減免】ゲンメン 「刑を—する」

【減耗】ゲンモウ 「効果が—する」注記「げんこう（減耗）」の慣用読み。

【減量】ゲンリョウ 「試合を前にして—に成功する」⇔増量

【減り張り】めりはり ゆるめることと張ること。特に、声の抑揚。「—のきいた歌い方」「—をつける」別表記 乙張り

熟語「減額・減資・減水・減数・減配・減俸・減摩・加減・軽減・激減・削減・縮減・節減・漸減・増減・低減・逓減・半減」

【嫌】⇩ケン（一七七ページ）

【源】

5級 13画 水（氵）-10 音 ゲン漢呉 訓 みなもと ①2427 Ⓤ6E90

人名 はじめ・もと・よし

筆順 氵 氵 汇 沥 湄 源 源

なりたち ［形声］水＋原（みなもと）音。みなもとの意。

❶みなもと。水の流れ出るもと。ものごとのはじまり。

【源泉】ゲンセン 水・温泉のわき出るところ。また、物が生ずるところ。「活力の—」別表記 原泉

【源流】ゲンリュウ 川のみなもと。また、物事の始まり。起源。「利根川の—をたどる」「漢字の—」

熟語「源泉徴収・淵源（えん）・音源・起源・語源・根源・財源・資源・震源・水源・電源・熱源・本源」

❷（国）みなもと。古代以来の名家の姓。げん。

【源氏】ゲンジ ①源の姓を持つ氏族。②『源氏物語』の略。また、光源氏。

【源平】ゲンペイ ①源氏と平氏。②ゲームなどで、敵と味方。③白と紅。「—餅」

【厳】【嚴】

5級 17画 攴（攵）-13 音 ゲン漢・ゴン呉 訓 おごそか・きびしい・いかめしい ①2423 Ⓤ53B3

【嚴】20画 口-17 ②5178 Ⓤ56B4

人名 いつ・いつき・いわ・いわお・かね・たか・つよ・ひろ・よし

筆順 ⺍ 产 产 岸 岸 岸 厳

なりたち 嚴 ［形声］口二つ（口かずが多い）＋「厂（がけ）＋敢（あえてする）」（責めたてる）音。口やかましく責めたてる意から、きびしい意を表す。

❶おごそか。いかめしい。立派で近づきがたい。

【厳粛】ゲンシュク 「—な儀式」「—な事実」

【厳然】ゲンゼン 「—たる事実」別表記 儼然

熟語「威厳・謹厳・森厳・荘厳（そうごん）・尊厳（そんげん）」

❷きびしい。はげしい。

【厳戒】ゲンカイ 厳重に警戒する。「—態勢」

【厳格】ゲンカク きびしく正しい。「—な基準」

【厳寒】ゲンカン きびしい寒さ。「—の候」⇔厳暑

【厳禁】ゲンキン 「火気—」「立ち入り—」

【厳守】ゲンシュ 「時間—」「締め切りを—する」

【厳重】ゲンジュウ 「—注意」「—な取り締まり」

【厳暑】ゲンショ 酷暑。⇔厳寒

【厳正】ゲンセイ 厳格かつ公正に取り扱う。「—中立」

【厳選】ゲンセン 「—された材料」

【厳存】ゲンソン 「確かな証拠が—する」

【厳冬】ゲントウ 寒さのきびしい冬。

【厳罰】ゲンバツ 「—主義」「—に処す」

【厳秘】ゲンピ 極秘。「—事項」

【厳封】ゲンプウ 密封する。「重要書類を—する」

【厳密】ゲンミツ 「—な調査」「—に言えば」

【厳命】ゲンメイ きびしく命ずる。「—を下す」

熟語「戒厳・峻厳・申厳・冷厳」

❸父に対する尊称。

【厳君】ゲンクン 他人の父を敬っていう。父君。

【厳父】ゲンプ ①きびしい父。②他人の父を敬っていう。

【験】⇩ケン（一八〇ページ）

コ

【己】

5級 3画 己-0 音 コ呉・キ漢 訓 おのれ・つちのと ①2442 Ⓤ5DF1

仮名 平仮名「こ」は「己」の草体から。片仮名「コ」は「己」の初二画から。

難読 己惚（うぬぼ）れ・己等（おいら・おのれら・おれら）

人名 おと・な

筆順 ㇆ コ 己

なりたち ［象形］曲がっておきたつさま、曲がった目立つしるしにかたどる。注意を呼びおこす意から、呼ばれて起立するもの、おのれの意を表す。

❶おのれ。自分。（国）相手を見下したときなどに用いることば。

【己（おの）れ達せんと欲して人を達せしむ】仁者にはよいことを行うのに自他の区別がない。出典「論語雍也」より。

【己（おの）に克（か）ち礼に復（かえ）る】私欲をおさえて、天理のあらわれである礼にたちかえる。出典「論語顔淵」より。

【己（おの）に如（し）かざる者を友とするなかれ】自分より劣った者を友人としてはならない。出典「論語学而」より。

【己（おの）の欲（ほっ）せざる所は人に施す勿（なか）れ】自分がし

てほしくないことは、他人にもしてはならない。出典「論語(顔淵)」より。
熟語「《キ》克己(こっき)・知己(ちき)(こ)」「《コ》自己・利己」
❷十干の第六。つちのと。
熟語「己巳(きし)(つちのとみ)」

【戸】 9級 4画 戸(戸)-0 音 コ 漢 呉 訓 と ①2445 Ⓤ6238
〔戶〕4画 戶-0 Ⓤ6236

人名 いえ・かど・ど・ひろ・へ・べ・もり
筆順 一 ㇇ ヨ 戸
なりたち 〔象形〕門の左半部、片開きのとびらにかたどる。

❶と。家・部屋の出入り口。
【戸外】コガイ 屋外(おくがい)。「─で食事をする」
【戸板】といた 雨戸の板。「─で運ぶ」
【戸袋】とぶくろ 開けた雨戸を引き入れる収納部分。
熟語「戸門・戸棚・戸庭」
❷いえ。家屋。また、家族。一家。
【戸口】ココウ 戸数と人口。「─調査」
【戸主】コシュ 旧制で、一家の統率者。家長。
【戸数】コスウ 家の数。「─割」
【戸籍】コセキ 夫婦とその未婚の子とを単位として、氏名・生年月日・続柄などを記載した公文書。「─謄本」
【戸別】コベツ 一軒一軒。家ごと。「─訪問」
【戸口】とぐち 建物の出入り口。
熟語「各戸・納戸」
❸酒を飲む量。
熟語「下戸(げこ)・上戸(じょうご)」

【去】⇨キョ(一二〇ページ)

【古】 9級 5画 口-2 音 コ 漢 呉 訓 ふるい・ふるす・いにしえ・ふる-びる ①2437 Ⓤ53E4

難読 古兵(ふるつわもの)(古強者)・反古(ほご)(ほう)
人名 たか・ひさ
筆順 一 十 十 古 古
なりたち 〔象形〕固いかぶとの形にかたどる。固くなる、ふるいの意。

❶ふるい。ふるびた。長い時間がたっている。
【古言】コゲン ①古い言語。古語。②昔からの名言。
【古諺】コゲン 古くから伝わることわざ。
【古刹】コサツ 古い由緒のある寺。古寺。「名所─」
【古参】コサン 「─の会員」⇔新参(しんざん)
【古紙】コシ 「─回収」 別表記 故紙
【古式】コシキ 昔からの方法「─にのっとる」
【古寺】コジ ふるい寺。ふるでら。「─名刹」
【古書】コショ ①昔の書物。②古本(ふるほん)。「─展」
【古色】コショク 年を経て物の古びた色合い。「─蒼然」
【古人】コジン 昔の人。
【古跡・古蹟】コセキ 旧跡。「名所─」
【古都】コト 古いみやこ。旧都。「─奈良」
【古筆】コヒツ 昔の人の筆跡。主に和様書道の草仮名のものにいう。「─家」
【古物】コブツ 使用された物品。「─商」 別表記 故物
【古文】コブン ①昔の文章。上代から江戸時代までの詩文。②古体の漢字。
【古文書】コモンジョ 古い文書。「─を解読する」
【古老】コロウ 老人。「村の─」 別表記 故老
【古渡り】こわたり 古くに外国から伝来した物。「─染め」
【古株】ふるかぶ 「いつのまにか職場の─になった」
【古里】ふるさと 故郷(こきょう)。「─に帰る」 別表記 故郷・故里
【古巣】ふるす 「退職を前に─の部署に戻った」
熟語「古歌・古語・古址・古詩・古字・古酒・古称・古城・古拙・古銭・古体・古木・古米・古名・古謡・古流・古武士」
❷いにしえ。ふるい時代。むかし。
【古雅】コガ 古風でみやびなさま。「─な言葉」
【古希・古稀】コキ 七〇歳をいう。出典 杜甫「曲江詩」の「人生七十古来稀」の句から。
【古今】コキン ①昔と今。ここん。②「古今和歌集」の略。
【古訓】コクン ①昔の人のいましめ。②漢字・漢文の古い読み方。
【古豪】コゴウ ベテラン。「─どうしの対戦」
【古今】ココン 昔と今。「─東西」
【古昔】コセキ むかし。いにしえ。
【古代】コダイ ①古い時代。遠い昔。②時代区分の一。原始時代に続き、中世封建時代に先行する時代。
【古典】コテン ①昔の書籍。②「─芸能」
【古風】コフウ 昔風の流儀や習慣。「─な作風」
【古墳】コフン 「─時代」「─を発掘する」
【古来】コライ 古くから。「日本─の文化」
熟語「古格・古義・古句・古往今来・懐古・最古・上古・復古・擬古文」
❸(国)ふるす。ふるくする。
【古着】ふるぎ 「趣味で─を集める」
【古本】ふるホン 「休日に─屋をめぐる」
熟語「使い古す」

【拠】⇨キョ(一二二ページ)

【呼】 5級 8画 口-5 音 コ 漢 呉 訓 よぶ・ああ ①2438 Ⓤ547C

人名 うん・おと・こえ
筆順 丨 ㇕ 口 口 吖 吖 吖 呼

なりたち [形声]口＋乎(よぶ)音。「乎」が原字。のち、語気詞に専ら用いられたため、「口」を加えた。

❶息をはく。はく息。
【呼気】(コキ) 吐(は)く息。⇔吸気
【呼吸】(コキュウ) ①息を吸ったり吐いたりする。②こつ。「―を飲み込む」③互いの調和。「二人の―が合う」

❷よぶ。声を出す。
【呼応】(コオウ) 互いに気脈を通ずる。「―して兵を起こす」

【呼号】(コゴウ) ①大声で呼ぶ。②盛んに言いたてる。

【呼(び)声】(よびごえ) ①呼ぶ声。②評判。「次期社長との―が高い」

【呼(び)水】(よびみず) ①ポンプで揚水するときの迎え水。②物事の起こるきっかけ。「景気回復の―」

【呼(び)物】(よびもの) 「夏祭りの―として有名人を招く」

熟語「呼集・呼び塩・歓呼・指呼・称呼・点呼・連呼」

❸名づける。名をとなえる。
【呼称】(コショウ) 名前をつけて呼ぶ。

【呼名】(コメイ) 氏名を呼ぶ。「―点呼」

❹ああ。嘆息の声。
熟語「嗚呼(ああ)」

【固】

7級 8画 囗-5
音 コ 漢 呉
訓 かためる・かたまる・かたい・もと・もとより
①2439 Ⓤ56FA

難読 固関(こげん)
人名 たか・み・もと
筆順 丨 冂 冃 冃 冃 冋 固 固
なりたち [形声]囗(かこい)＋古(かたいかぶと)音。しっかり囲まれていて動かないの意。

❶かたい。容易に変形しない。かたまる。かためる。
《固唾》(かたず) 緊張した時に口中にたまるつば。「―をのむ」
【固形】(コケイ) 「―食」「―燃料」
【固体】(コタイ) 定まった形と体積をもつもの。⇔液体・気体
熟語「固結・凝固・禁固・警固(けいご)」

❷つよい。かたくな。
【固持】(コジ) しっかりと持って放さない。「自説を―する」

【固辞】(コジ) 固く辞退する。「受賞を―する」

【固執】(コシツ) 意見・態度を強固にして、簡単に変えない。「自分の意見に―する」注記「こしゅう(固執)」の慣用読み。

【固守】(コシュ) 「しきたりを―する」

【固着】(コチャク) 「ある観念に―する」

【固定】(コテイ) 「壁に―する」「―観念」「―収入」

【固▼陋】(コロウ) かたくな。「頑迷―」

熟語「確固・頑固・鞏固(きょうこ)・堅固・牢固(ろうこ)」

❸もとより。元来。
【固有】(コユウ) 「―の文化」「―名詞」

【股】

2級 8画 肉(月)-4 新常用
音 コ 漢
訓 また・もも
①2452 Ⓤ80A1

難読 股引(ももひき)・股座(またぐら)
筆順 丿 刀 月 月 肜 肞 股 股
なりたち [会意]肉＋殳(うつ)。けりつける時に開く足の部分、ももの意。

❶もも。あしの膝から上の部分。また。またぐら。
【股間】(コカン) またの間。またぐら。別表記 胯間
【股関節】(コカンセツ) 骨盤と大腿骨(だいたいこつ)とをつなぐ関節。
【股▼肱】(ココウ) 信頼している忠義な家来。「―の臣」
熟語「四股」

❷もとが一つで、途中から分かれたもの。
【股掌(こしょう)の上に玩(もてあそ)ぶ】 人を意のままにあやつる。出典「国語呉語」より。「股掌」はもともと、手のひら。
熟語「指股(さすまた)・二股(ふたまた)」

【虎】

2級 8画 虍-2 新常用
音 コ 漢 呉・ク 呉
訓 とら
①2455 Ⓤ864E

〔乕〕 7画 丿-6 ②7341 Ⓤ4E55

難読 虎子(まる)・虎列刺(コレラ)・虎杖(いたどり)・虎刺(ありどおし)・虎魚(おこぜ)・虎斑木菟(とらふずく)・虎落(もがり)
人名 たけ
筆順 丨 ト 卜 广 卢 卢 虍 虎
なりたち [象形]トラにかたどる。

❶とら。ネコ科の猛獣。また、強くて恐ろしいもののたとえ。
【虎威】(コイ) 虎(とら)の威力。権勢の力。「―を張る」

【虎穴】(コケツ) ①虎(とら)の棲(す)んでいる穴。②危険な場所や危険な状態。

【虎穴(こけつ)に入らずんば虎子(こじ)を得(え)ず】 危険を冒さなければ望みのものは得られない。出典「後漢書班超伝」より。

【虎口】(ココウ) 危険な場所や状態。「―を脱する」

【虎視▼眈▼眈】(コシタンタン) 良い機会を油断なくうかがう。「―と獲物をねらう」出典「易経頤卦」より。

【虎鬚(こしゅ)を編(あ)む】 生きている虎のひげを編む。危険なことをあえてするたとえ。出典「荘子盗跖」より。

【虎斑】(コハン) 虎の横縞(よこじま)のような模様。

【虎▼狼】(ころう) 貪欲で残忍な人のたとえ。「―の心」

【虎に翼】(とらにつばさ) 勢力あるものにさらに勢力を加えることのたとえ。出典「韓非子難勢」より。

【虎の威を借る狐】(とらのいをかるきつね) 他人の権勢をかさに着て威張る小人(しょうじん)のたとえ。出典「戦国策楚策」より。

【虎の尾を踏む】(とらのおをふむ) 非常な危険を冒すことのたとえ。出典「易経履卦」より。

【虎の子】(とらのこ) 大切にして手元から離さないもの。

【虎を画きて狗に類す】(とらをえがきていぬにるいす) 素質や力量のない者がすぐれた人の真似をして、かえってぶざまな結果になることのたとえ。出典「後漢書馬援伝」より。

【虎を養いて自ら患いを遺す】(とらをやしないてみずからうれいをのこす) 禍根を絶たないでおいて後日に災いを残すことのたとえ。出典「史記項羽本紀」より。

熟語「虎児・虎髯(こぜん)・虎符・騎虎・暴虎・猛虎・竜虎(りゅうこ)(りょうこ)・狼虎・暴虎馮河(ひょうが)」

❷(国)よっぱらい。泥酔した人。

用例「虎になる」

【孤】

3級　9画　子-6　音 コ 漢 呉　訓 ひと-り　①2441　Ⓤ5B64

人名 かず・とも

筆順 了 子 孑 孒 孤 孤 孤

なりたち [形声]子＋瓜(うり)音。つるに一つだけで頼りなげにぶら下がっているうりのような子の意から、みなし子の意を表す。

❶親をなくした子。みなしご。

【孤児】(こじ) 両親のいない子。みなしご。「戦災―」

熟語「遺孤・幼孤」

❷ひとり。ひとりぼっち。

【孤雲】(こうん) 一つだけはなれて浮かぶ雲。片雲。

【孤影】(こえい) ひとりぼっちの、寂しげな姿。

【孤軍】(こぐん) 味方から孤立した軍隊。「―奮闘」

【孤▼閨】(こけい) 妻がひとりで寝る。また、その部屋。

【孤高】(ここう) 他とかけ離れて高い境地にいる。

【孤愁】(こしゅう) ひとりで物思いにふける。

【孤城落日】(こじょうらくじつ) 孤立無援の城と、沈みゆく夕日。滅びゆくものの頼りなさにたとえる。出典 王維「送韋評事」より。

【孤絶】(こぜつ) 他とのつながりがなく孤立している。

【孤島】(ことう) 「絶海の―」「陸の―と化す」

【孤独】(こどく) 「天涯―」「―に耐える」

【孤立】(こりつ) 「国際的―」「―無援」

【孤塁】(こるい) 一つだけ残ったとりで。

熟語「孤剣・孤舟・単孤」

【弧】

3級　9画　弓-6　音 コ 漢 呉　①2444　Ⓤ5F27

筆順 ㇇ コ 弓 弘 弧 弧 弧 弧

なりたち [形声]弓＋瓜(うり)音。うりのように丸く曲がったゆみの意。

❶弓。また、弓なりにまがった形。

【弧状】(こじょう) 弓のように反った形。「―列島」

【弧線】(こせん) 弧状の線。弓なりに曲がった線。

熟語「括弧(かっこ)・桑弧・電弧・島弧」

❷数学で、円周または曲線の一部。

熟語「円弧」

【故】

6級　9画　攴(攵)-5　音 コ 漢 呉　訓 ゆえ・ことさら-に・ふる-い・もと　①2446　Ⓤ6545

難読 何故(なぜ)(なにゆえ)・反故(ほご)(ほうご)

人名 ひさ・ふる・もと

筆順 一 十 十 古 古 古 故 故

なりたち [形声]古(かたいかぶと)音＋攵(する)。かたい根拠に基づいて物事を行う意から、もと・ゆえの意を表す。

❶ゆえ。理由。わけ。

熟語「雅故・他故」

❷古い。むかしからの。

【故旧】(こきゅう) 古くからの知り合い。旧知。

【故事】(こじ) 昔から伝わっているいわれや物語。

【故事成語】(こじせいご) 故事に基づいてできた言葉。「矛盾」「画竜点睛」「虎の威を借る狐」の類。

【故実】(こじつ) 古い規定や習慣。「有職(ゆうそく)―」

【故事来歴】(こじらいれき) いわれや伝来の事情など。

熟語「故家・故老・温故・旧故・世故・典故」

❸もと。もとの。なじみの。

【故郷】(こきょう) 生まれ育った土地。「―へ錦を飾る」

【故国】(ここく) ①自分が生まれた国。「はるか―を思う」②故郷。ふるさと。

【故山】(こざん) 故郷の山。また、故郷。「―に帰る」

【故知・故▼智】(こち) 昔の人の知恵。「―にならう」

【故▽郷・故里】(ふるさと) 生まれ育った土地。「―の味」

別表記 古里

熟語「故園・故主」

❹死ぬ。死んだ。

【故人】(こじん) ①亡くなった人。「―をしのぶ」②古くからの知り合い。旧友。旧知。

熟語「故院・物故」

❺普通でない事柄。

【故障】(こしょう) ①「―車両」「肩を―する」②異議。不服。「―を入れる」

熟語「事故・世故」

❻ことさらに。わざと。
【故意】コイ わざと。「―に虚偽情報を流す」⇔過失
【故殺】コサツ 故意に人を殺す。
【故買】コバイ 盗んだ品と知っていて、買ったり交換したりする。「―犯」
❼(国)ゆえに。だから。
熟語「故に・それ故」

【枯】

4級 9画 木-5 音 コ 漢 呉 訓 かれる・からす
①2447 Ⓤ67AF

筆順 一 十 木 木 朩 村 朴 枯 枯

なりたち [形声]木+古(かたいかぶと)音。木がひからびてかたくなる、かれるの意。

❶かれる。からす。また、水分がなくなる。かわく。
【枯れ尾花】かれおばな 枯れすすき。
【枯渇】コカツ 「ダムの水が―する」別表記 涸渇
【枯骨】ココツ 朽ちはてた骨。時を経た人の骨。
【枯木】コボク 枯れた立ち木。枯れ木。
〔枯木(こぼく)栄(え)を発す〕 老人や苦境にある者が再び脚光を浴びる。出典 曹植「七啓」より。
【枯木寒巌】コボクカンガン 冷淡で取っつきにくい態度のたとえ。
【枯木死灰】コボクシカイ 無心・無欲である。生気がない。
熟語「枯れ木・枯死・枯燥(こそう)・枯凋(こちょう)・凋枯」
❷おとろえる。
熟語「栄枯」
❸俗世間などと隔絶してあっさりとしている。
【枯淡】コタン 淡々とした中にも深みがある。

【個】

6級 10画 人(亻)-8 音 コ 慣・カ 漢
①2436 Ⓤ500B

筆順 亻 们 们 们 們 個 個 個

なりたち [形声]人+固(かたい)音。しっかりとした人の意。転じて、一つずつ別になっているものの意に用いる。

❶全体に対して、ひとつ。または、ひとり。
【個個】ココ おのおの。「―別別」別表記 箇箇
【個人】コジン 「―差」「―主義」
【個性】コセイ 「強い―」「―的」
【個体】コタイ ①〔哲〕個物。個人。②〔生〕一つの独立した生物体。
【個展】コテン 「画廊で―を開く」
【個別】コベツ 一人一人。「―指導」別表記 箇別
熟語「個室・各個・好個・別個」
❷物を数えるときに添えることば。同 箇・个(か)(こ)。
熟語「みかん四個」

【庫】

人名 くら
8級 10画 广-7 音 コ 漢 呉・ク 唐 訓 くら
①2443 Ⓤ5EAB

筆順 亠 广 庐 庐 启 庫 庫

なりたち [会意]广(いえ)+車。車を入れるくらの意。

くら。物品をおさめておく建物。
【庫裏】クリ ①寺院の台所。②住職や家族の住む所。
熟語「金庫・国庫・在庫・車庫・出庫・書庫・倉庫・入庫・文庫・宝庫・格納庫・冷蔵庫」

【虚】⇩キョ(一二二ページ)

【湖】

人名 ひろし
8級 12画 水(氵)-9 音 コ 漢 呉 訓 みずうみ
①2448 Ⓤ6E56

筆順 氵 汁 汁 沽 沽 湖 湖 湖

なりたち [形声]水+胡(表面を広くおおう)音。大地に広くたまる水、みずうみの意。

❶みずうみ。陸地で囲まれ、水をたたえた所。池や沼よりも大きい。
【湖岸】コガン 湖のきし。湖畔。
【湖沼】コショウ 湖とぬま。
【湖上】コジョウ 湖の上。湖のほとり。「―の月」
【湖心】コシン 湖の真ん中。
【湖水】コスイ 湖。また、湖の水。「―地方」
【湖底】コテイ 湖の底(そこ)。「―に沈む」
【湖畔】コハン 湖のほとり。「―の村」
【湖面】コメン 湖の水面。湖の表面。
熟語「塩湖・鹹湖(かんこ)・沼湖・大湖・淡湖・火口湖」
❷特に、中国の洞庭湖(どうていこ)。
熟語「湖南・湖北」

【雇】

〔雇〕12画 隹-4
3級 12画 隹-4 音 コ 漢 呉 訓 やとう
①2459 Ⓤ96C7

筆順 ヨ ヨ 戸 戸 戸 屛 屛 雇

なりたち [形声]戸(とを閉じる)音+隹(とり)。戸を閉じたかごの中で鳥を飼う意から、人を家の中にやとう意を表す。

賃金などを払って人をやとう。

【雇員】(コイン) 正規の職員をたすけるために雇う者。

【雇用・雇傭】(コヨウ) 「再ー」「ー保険」

熟語「解雇」

【誇】

4級 13画 言-6 音 コ(慣)・カ(クワ)(漢) 訓 ほこる・ほこーり ①2456 Ⓤ8A87

筆順

なりたち ［形声］言＋夸(おおきい)(音)。おおげさに言うの意。

ほこる。ほこり。いばる。自慢する。大げさにいう。ほこらか。

【誇示】(コジ) 自慢して見せる。「財力をーする」

【誇大】(コダイ) おおげさである。「ー広告」

【誇大妄想】(コダイモウソウ) 他人より優れていると信じ込む。

【誇張】(コチョウ) おおげさに表す。「事態をーして話す」

熟語「誇称・浮誇」

【鼓】〔皷〕

4級 13画 鼓-0 音 コ(漢)・ク(呉) 訓 つづみ ①2461 Ⓤ9F13
〔皷〕14画 皮-9 ②8373 Ⓤ76B7

筆順

なりたち ［会意］壴(据えられた打楽器の象形)＋支(攴の変形、棒で打つ)。つづみをうつ、また、つづみの意。

❶つづみ。たいこ。
【鼓笛】(コテキ) 太鼓と笛。「ー隊」

【鼓膜】(コマク) 耳の奥にある卵円形の薄い膜。

熟語「鼓声・旗鼓・金鼓・軍鼓・小鼓・鐘鼓・太鼓・腰鼓(ようこ)(こしつづみ)」

❷つづみを打つ。はげます。ふるいおこす。
【鼓吹】(コスイ) ①励まし、元気づける。②意見を盛んに主張し、他人を共鳴させようとする。注記 太鼓をたたき、笛を吹く意から。

【鼓動】(コドウ) 「胸のーが高まる」「春のー」

【鼓舞】(コブ) 励まして勢いづける。「士気をーする」

【鼓腹】(コフク) 世がよく治まり、食が足りて安楽なさま。

【鼓腹撃壌】(コフクゲキジョウ) 太平を謳歌する。

熟語「舌鼓(したつづみ)・打鼓・腹鼓(はらつづみ)」

【錮】

2級 16画 金-8 新常用 音 コ(漢) 訓 ふさーぐ ②7894 Ⓤ932E

筆順

なりたち ［形声］金＋固(しっかり囲まれていて動かない)(音)。溶かした金属ですきまをふさぐの意。

❶つなぎとめる。
熟語「禁錮・党錮」
❷ながわずらい。同 痼。
熟語「錮疾」
❸ふさぐ。溶かした金属で透き間をふさぐ。

【顧】〔顧〕

3級 21画 頁-12 音 コ(漢)(呉) 訓 かえりみる ①2460 Ⓤ9867
〔顧〕21画 頁-12 ― ―

人名 み

筆順

なりたち ［形声］雇(戸を閉じたかごの中で鳥を飼う)(音)＋頁(あたま)。あたまの中で過ぎ去ったことを思いめぐらす意から、かえりみる意を表す。

●異字同訓●
◇かえりみる(顧・省)
「顧みる」は"振り返って考える。気遣う"の意。「歴史を顧みる」「家庭を顧みない」

「省みる」は"反省する"の意。「省みて恥じるところがない」「わが身を省みる」

❶かえりみる。ふりかえって見る。また、思いめぐらす。心にかける。
『顧みて他(た)を言う』 返答に窮して、本題とは別の事に話題をそらしてごまかす。出典「孟子(梁恵王下)」より。

【顧客】(コキャク) お得意客。「ー名簿」

【顧問】(コモン) 「技術ー」「ー弁護士」

【顧慮】(コリョ) 気にかける。「ーしない」

熟語「顧望・愛顧・一顧・恩顧・回顧・後顧・再顧・左顧・右顧左眄(うこさべん)」
❷たずねる。おとずれる。
熟語「三顧の礼」

ゴ

【五】

10級 4画 二-2 音 ゴ(漢)(呉) 訓 いつ・いつつ ①2462 Ⓤ4E94

難読 五十(い・いそ・いそじ)・五十集(いさば)・五十鈴(いすず)・五寸切(ごんぎり)・五月蠅(さばえ)・五月蠅い(うるさい)・五加(五加木)(うこぎ)・五百(いお)・五倍子(ふし)・五節(ごせち)・五濁(ごじょく)
人名 い・いず・かず・ゆき

筆順 一 丆 五 五

なりたち  [象形]棒を交差させて組み立てた道具にかたどる。糸まきの意。借りて、数の五つを表す。

❶いつつ。一〇の半分。

【五官】ゴカン 五感を生ずる五つの感覚器官。目(視覚)・耳(聴覚)・舌(味覚)・鼻(嗅覚)・皮膚(触覚)。

【五感】ゴカン 五官を通して生じる五つの感覚。視覚・聴覚・味覚・嗅覚(臭覚)・触覚。

【五経】ゴキョウ 儒教で最も重要な五種の経典。易経(周易)・書経(尚書)・詩経(毛詩)・春秋・礼記。ごけい。「四書―」

【五行】ゴギョウ 中国古来の哲理で、万物を組成する五つの元になると考えられた気。木・火・土・金・水の称。

【五穀】ゴコク 代表的な五種の穀類。日本では米・麦・粟・黍(または稗)・豆をいう。また、穀物類の総称。「―豊穣」

【五言絶句】ゴゴンゼック 漢詩の形式の一。一句五字、四句から成る近体詩。五絶。

【五言律詩】ゴゴンリッシ 漢詩の形式の一。一句五字、八句から成る近体詩。五律。五言律。

【五指】ゴシ 一位から五位まで。「―に入る」

【五十歩百歩】ゴジッポヒャッポ 小さな差はあるものの、たいして変わりはない。似たりよったり。出典「孟子梁恵王上」より。

〔五指のこもごも弾くは捲手の一挃に若かず〕 五本の指それぞれでばらばらにはじいても、握りこぶしで一度叩いたのには及ばない。出典「淮南子兵略訓」より。

【五十音】ゴジュウオン 五十音図によって表される、日本語の基本的な音節の総称。「―順」

〔五十にして天命を知る〕 五〇歳になって、自らの運命・宿命を自覚する。出典「論語為政」より。

【五臓】ゴゾウ ①漢方で、肝臓・心臓・脾臓・肺臓・腎臓の五つの内臓。②全身。

【五臓六腑】ゴゾウロップ 五臓と、大腸・小腸・胆・胃・三焦・膀胱の六腑とをいう。内臓。「―にしみわたる」

【五体】ゴタイ ①身体の五つの部分。頭・両手・両足。全身。②五つの書体。篆・隷・真・行・草。

【五大】ゴダイ 〔仏〕万物を生成する地・水・火・風・空の五つの要素。

【五体投地】ゴタイトウチ 〔仏〕最高の敬意を表す礼法。両膝・両肘・頭を地に着け、手と頭で相手の足を頂くようにする。

【五帝】ゴテイ 中国古代の五人の聖君。「史記」では黄帝・顓頊・帝嚳・尭・舜、「帝王世紀」では少昊・顓頊・帝嚳・尭・舜とする。

〔五鼎に食らわずんば死して五鼎に烹られん〕 出世がかなわないならば、いっそ思うままに振る舞って罰せられて死のう。「五鼎」は五種の肉を盛った五つの鼎。出典「漢書主父偃伝」による。

【五徳】ゴトク ①五つの徳目。仁・義・礼・智・信。あるいは温・良・恭・倹・譲。②火鉢の灰の中に据えて、鉄瓶などをのせる、三本脚の輪形の台。

【五覇】ゴハ 中国、春秋時代の五人の覇者。斉の桓公・晋の文公・楚の荘王・呉王闔閭・越王勾践の総称。呉・越を除いて秦の穆公・宋の襄公を加えたり、楚の荘王を呉王夫差に代えていうこともある。

【五百羅漢】ゴヒャクラカン 〔仏〕釈迦没後、その教義をまとめるために集まった五百人の阿羅漢(=最高の修行者)。五百阿羅漢。

【五風十雨】ゴフウジュウウ 気候が順調なこと。注記 五日に一度風が吹き、一〇日に一度雨が降る意。

【五分五分】ゴブゴブ 「合格するかどうか―だ」

【五里霧中】ゴリムチュウ 方角がわからなくなってしまう。出典「後漢書張楷伝」より。

【五倫】ゴリン 儒教で、人間関係を規律する五つの徳目。父子の親、君臣の義、夫婦の別、長幼の序、朋友の信をいう。出典「孟子滕文公上」より。

【五輪】ゴリン ①密教で、地・水・火・風・空の五大を、欠けるところのない輪にたとえる。②近代オリンピック旗に描かれた、五大陸を表す五つの輪。

熟語「五岳・五色・五常・五線・五分・五味・五節句・五斗米・三五・三三五五・四書五経」

❷いつつめ。

【五月】ゴガツ 第五番目の月。さつき。

【《五月》】さつき ①陰暦五月のこと。②ツツジ科の常緑低木。別表記 皐月・早月

【《五月》晴(れ)】さつきばれ ①新暦五月頃のよく晴れた天気。②梅雨晴れ。

【《五月雨》】さみだれ ①梅雨。②断続的に少しずつ繰り返す。「―式に申し込みがある」

熟語「五黄・五更」

【互】

4級 4画 二-2 音 ゴ(呉)・コ(漢) 訓 たがい ①2463 Ⓤ4E92

筆順 一 工 互 互

なりたち  [象形]糸をより合わせる道具にかたどり、たがいの意を表す。篆文では、竹＋互。

たがい。たがいに。かわるがわる。

【互角】ゴカク 優劣がない「―の戦い」

【互換】ゴカン 互いに取りかえる。「上位―」

【互恵】ゴケイ 互いに恩恵を与え合う。「―条約」

【互市】ゴシ 互いに物を売買する。貿易。交易。

【互助】ゴジョ 互いに助け合う。相互扶助。「―会」

【互譲】ゴジョウ 互いに譲りあう。「―の精神」

【互選】ゴセン 「議長を―して決める」

熟語「互生・交互・相互」

【午】

9級 4画 十-2 音 ゴ 漢 呉 訓 うま・ひる

①2465 Ⓤ5348

人名 ま

筆順 ノ ⺈ 𠂉 午

なりたち  [象形]穀物をつくきねにかたどる。「杵」の原字。交互にきねをつくことから、十二支の前半と入れ替わった後半の最初にあたる七番めを表す。

うま。十二支の第七。方角は南。時刻は昼の一二時。または、その前後二時間。

【午後】ゴゴ ①正午から午前零時まで。②特に正午から日没までの時間。▽⇔午前

【午刻】ゴコク 午(うま)の刻。正午。真昼。

【午餐】ゴサン 昼食。昼食をとる。「—会を催す」

【午睡】ゴスイ 昼寝。昼寝をする。「—をとる」

【午前】ゴゼン ①夜半一二時から正午まで。②特に、夜明けから正午までの時間。▽⇔午後

【午夜】ゴヤ 夜の一二時。まよなか。夜半。

熟語「午砲・甲午(こう)(きのえうま)・正午・端午・丙午(へいご)(ひのえうま)・子午線」

【呉】

準2級 7画 口-4 音 ゴ 漢 呉 訓 くれ・く-れる

①2466 Ⓤ5449

〔呉〕7画 口-4 Ⓤ5433

難読 呉茱萸(からはじかみ)・呉織(くれはとり)

人名 くに・くれ

筆順 丶 ㄇ 口 吕 吕 旲 呉

なりたち  [象形]大きなかぶりものをつけて舞う人の形にかたどり、楽しむ意を表す。「娯」の原字。

❶中国の国名。また、古く、中国、特に中国の南部を指した呼称。

【呉】ゴ ①中国、春秋時代の列国の一(?〜前四七三)。長江下流域を領有。②三国時代の王朝の一(二二二〜二八〇)。孫権が江南に樹立。都は建業(今の南京)。

【呉越同舟】ゴエツドウシュウ 仲の悪い者どうしが同じ場所に居る。また、行動をともにする。出典「孫子 九地」より。

【呉音】ゴオン 日本における漢字音の一。漢音の渡来以前に朝鮮半島経由で伝来した、中国南方系の字音に基づくといわれる音。「男女」を「なんにょ」と読む類。仏教関係や官職名などに用いられた。

【呉下の阿蒙】ゴカのアモウ 学識や人物などが、昔のまま進歩のない者。出典「呉書 呂蒙伝・注」より。

【呉牛月に喘ぐ】ゴギュウつきにあえぐ 取り越し苦労をする。出典「世説新語 言語」より。

【呉服】ゴフク 和服用の織物の総称。「—屋」

熟語「呉竹(くれたけ)」

❷〔国〕くれる。目下の者に与える。

【後】

9級 9画 彳-6 音 ゴ 呉・コウ 漢 訓 のち・うしろ・あと・おく-れる・おく-らす・しり・しりえ

①2469 Ⓤ5F8C

難読 後方(しりえ)・後退り(あとずさり)・後挙歌(しらげうた)・後輪(しずわ)(しりわ)

人名 しつ・ちか・のり・もち

筆順 ノ 彳 彳 𢓜 𢓜 後 後 後

なりたち  [会意]彳(ゆく)＋幺(小さく細い糸)＋夊(足をひきずる)。少し足をひきずりながら行く意から、おくれる、あとの意を表す。

◉異字同訓◉【遅】(四四四ページ)の「異字同訓」欄を参照のこと。

❶のち。あと。ある物事が起こった次。⇔前・先。

【後釜】あとがま 後任。「—にすわる」

【後始末】あとシマツ 「—をつける」 別表記 跡始末

【後遺症】コウイショウ 「—に悩まされる」「台風の—」

【後裔】コウエイ 子孫。後胤(こういん)。

【後悔】コウカイ 「—先に立たず」

【後継】コウケイ 「—者を育成する」

【後顧】コウコ あとに残る思い。「—の憂い」

【後事】コウジ 将来の事。死後の事。「—を託す」

【後者】コウシャ 二つのうちあとの方。⇔前者

【後身】コウシン ①組織・境遇などが変化してからの姿。②生まれかわった身。ごしん。▽⇔前身

【後塵】コウジン 「—を拝す(=後れをとる)」

【後世】コウセイ のちの時代。「—に名を残す」

【後生】コウセイ あとから生まれた人。あとから学ぶ人。⇔先生

【後生畏る可し】こうせいおそるべし 若い人は、今後どのように発展するかわからないのでおそれるに値する。出典「論語 子罕」より。

【後天】コウテン 生まれてから後に身につく。⇔先天

【後難】コウナン 後のわざわい。「—を恐れる」

【後任】コウニン 「—者を補充する」⇔前任

【後年】コウネン のちの年。「—政治家として名を成す」

【後納】コウノウ 代金などを、あとから支払う。

【後輩】コウハイ ①学校・職場などに、あとから入ってきた人。②年齢・経験の少ない人。後進。▽⇔先輩

【後半】コウハン 「夏休みも—に入った」⇔前半

【後家】ゴケ ①夫に死別した女性。未亡人。②対(つい)になっている道具などの、一方がなくなって、残っている方。「—茶碗」

【後刻】ゴコク のちほど。「—連絡します」⇔先刻

【後妻】ゴサイ のちぞい。

【後日】ゴジツ ①将来。②事件のあったその後。「—談」

【後生】ゴショウ ①〔仏〕来世。⇔今生(こんじょう)・前生(ぜんしょう)。②〔仏〕来世で極楽に生まれる。「—を願う」③人に

折り入って頼むときに言う語。「—だから教えてくれ」

【後生楽】ゴショウラク　将来のことは苦にせず、のんきでいる。「—な奴だ」

【後手】ごて　①囲碁・将棋で、あとから着手する人。②受け身の立場になる。「—にまわる」▽⇔先手

【後添い】のちぞい　前妻と死別あるいは生別したのちに連れ添った妻。後妻。

【後程】のちほど　少し時間がたってから。あとで。

熟語「後胤・後患・後項・後嗣・後主・後述・後人・後代・後便・後夜・後来・後略・以後・午後・最後・死後・事後・先後・戦後・善後・食後・直後・予後・空前絶後」

❷うしろ。視線の向いているのと反対の方向・場所。しり。しりえ。⇔前・先。

【後ろ髪】うしろがみ　「—を引かれる(=あとに心が残って去りがたい)」

【後ろ指】うしろゆび　「—をさされる」

【後衛】コウエイ　①本隊の後方を守る部隊。②バレーボールなどで、後方を守る人。▽⇔前衛

【後援】コウエン　後ろ盾となって援助する。「—会」

【後記】コウキ　①文章のあとの方に記す。⇔前記。②書籍などで、本文の後ろに記す文章。あとがき。「編集—」

【後期】コウキ　期間をいくつかに分けた時のあとの期間。「江戸時代—」⇔前期

【後宮】コウキュウ　后妃や女官たちが住む宮殿。

【後見】コウケン　①うしろだてとなって面倒をみる。「—役」「成年—制度」②能・舞踊・歌舞伎などで、演技者の介添えをする者。

【後攻】コウコウ　スポーツなどで、あとから攻める。⇔先攻

【後送】コウソウ　①後方へ送る。②あとから送る。「別便で—する」

【後退】コウタイ　①後方へしりぞく。⇔前進。②勢いや力がおとろえる。「景気の—」

【後背】コウハイ　うしろ。背後。背面。「—地」

【後尾】コウビ　列などの後ろの方。

【後部】コウブ　物のうしろの部分。「—座席」⇔前部

【後方】コウホウ　「—支援」「—に退く」⇔前方

【後光】ゴコウ　「—がさす」

熟語「後陣・後段・後輪・後列・背後」

❸おくれる。おそくなる。おくらす。

【後れ馳せ】おくればせ　おそくなって行う。「—ながらお知らせします」

【後学】コウガク　①後に役立つ知識や学問。「—のために聞く」②後進の学者。⇔先学

【後進】コウシン　①後ろ向きに進む。⇔前進。②仕事や学問などで、あとから進んでくる人。後輩。「—が育つ」⇔先進

【後続】コウゾク　あとから続く。「—部隊」

【後発】コウハツ　①後れて出発する。「—列車」②あとから現れてくる。「—メーカー」▽⇔先発

【後楽】コウラク　世人の楽しみにおくれて楽しむ。「先憂—」出典 范仲淹「岳陽楼記」より。

❹その他。固有名詞など。

【後金】コウキン　清(しん)朝初期の国号。一六一六年、ヌルハチ(太祖)が女真族を統一して建国。

【後漢】ゴカン　中国、劉秀(りゅうしゅう)(光武帝)が王莽(おうもう)の新を滅ぼして復興した漢王朝(二五〜二二〇)。都は洛陽。

【娯】

3級　10画　女-7　音 ゴ 漢 呉・グ 漢 呉　訓 たの-しむ　①2468　Ⓤ5A2F

〔娛〕10画　女-7　Ⓤ5A1B

筆順

なりたち 

[形声]女＋呉(たのしむ)音。「呉」だけで楽しむ意を表したが、これが国の名として専用されたため、「女」を加えた。

たのしむ。たのしみ。

【娯楽】ゴラク　「—施設」「—番組」

熟語「娯遊・歓娯」

【悟】

3級　10画　心(忄)-7　音 ゴ 漢 呉　訓 さと-る・さと-り　①2471　Ⓤ609F

人名 さと・さとし・のり

筆順

なりたち 

[形声]心＋吾(交差する)音。錯綜していた心が、ある一点で焦点が定まり、はっと思いあたるの意。

❶さとる。迷いがさめる。さとり。

【悟性】ゴセイ　〔哲〕論理的な思考を行う能力。

【悟道】ゴドウ　仏教の精髄を悟る。悟りの道。

【悟得】ゴトク　悟りを開いて真理を会得する。

【悟入】ゴニュウ　悟りの境地に入る。

熟語「改悟・悔悟・開悟・覚悟・大悟・頓悟・迷悟」

❷さとりが早い。明敏である。

熟語「穎悟(えいご)・聡悟・明悟(めいご)」

【期】⇩キ(一〇三ページ)

【御】⇩ギョ(一二四ページ)

【碁】

準2級　13画　石-8　音 ゴ 呉・キ 漢　①2475　Ⓤ7881

筆順

なりたち [形声]其(四角い形をした農具の箕(み))音＋石。四角います目の上に石を置いてゆく遊びの意。

ご。ごいし。ごをうつ。

【碁石】(ゴいし) 囲碁に用いる、黒白二種の小さな石。

【碁▼笥】(ゴけ) 碁石を入れるための丸い容器。

【碁盤】(ゴバン) 碁を打つのに使う方形の盤。「―の目」

熟語「碁会・囲碁・対碁」

【語】

9級 14画 言-7 音 ゴ(呉)・ギョ(漢) 訓 かたる・かたらう ①2476 Ⓤ8A9E

人名 かた・こと・つぐ

筆順 言 言 言 訁 訂 話 語 語 語

なりたち [形声]言＋吾(交互に言う)音。かたらうの意。

❶かたる。はなす。ことばで言う。

【語り▽種】(かたりぐさ) 人々の話題となる話の種。「後世の―となる」

【語▽部】(かたりべ) ①古代、古伝承を儀式の際に語ることを職掌とした部民。②転じて、自ら体験・伝聞したことを後世に語り継ぐ人。「原爆の―」

【語気】(ゴキ) 話す言葉の調子や勢い。「―が荒い」

【語調】(ゴチョウ) 言葉を口に出す時の調子。「激しい―」

熟語「偶語・豪語・私語(しご)(ささやき)・失語・独語・大言壮語」

❷ことば。また、単語。

【語意】(ゴイ) 言葉の意味。語義。

【語彙】(ゴイ) ①ある一つの言語体系で用いられる単語の総体。「―が豊かだ」②単語を集め、順序立てて並べたもの。「近松―」

【語学】(ゴガク) 外国語の学習。

【語幹】(ゴカン) 用言の活用語尾を取り除いた変化しない部分。「走(はし)る」「速(はや)い」の「はし」「はや」など。⇔語尾

【語感】(ゴカン) ①その言葉から受ける感じ。②言葉に対する感覚。「鋭い―」

【語義】(ゴギ) 言葉の意味。「―を調べる」

【語句】(ゴク) 語と句。ひとまとまりの言葉。

【語形】(ゴケイ) ことばの外形。「―変化」

【語源】(ゴゲン) ある単語の起源。「―を探る」

【語根】(ゴコン) 単語の意味を表している、最も小さい基本的な部分。「ほのめかす」「ほのぼの」「ほのぐらい」の「ほの」など。

【語誌・語史】(ゴシ) 一つの語の起源や、語形・意味・用法などの変遷。

【語釈】(ゴシャク) 語の意味の解釈・説明。

【語種】(ゴシュ) 日本語の語彙を出自によって分類した種類。和語・漢語・外来語の三種。

【語頭】(ゴトウ) 言葉や単語の最初の部分。⇔語尾

【語尾】(ゴビ) ①言葉や単語の最後の部分。「―を濁す」⇔語頭。②活用によって変化する単語の末尾の部分。「はしる」「はやい」の「る」「い」など。活用語尾。⇔語幹

【語弊】(ゴヘイ) 不適切な言葉の使い方で生じる誤解や弊害。

【語法】(ゴホウ) ①文法。②言葉の使い方や、文の表現方法。

【語呂・語路】(ゴロ) 言葉を発音した時の続き具合。「電話番号を―合わせで覚える」

【語録】(ゴロク) 偉人などの言葉を集めたもの。

熟語「語順・語例・隠語・英語・漢語・敬語・言語(げんご)(げんぎょ・ごんご)・口語・国語・古語・熟語・主語・述語・俗語・単語・標語・別語・用語・略語・類語・標準語」

❸(国)かたらう。話し合う。行動をともにするよう誘う。

用例「仲間と語らう」

❹(国)「物語」の略。

熟語「源語(=源氏物語)・勢語(=伊勢物語)・平語(=平家物語)」

【誤】

5級 14画 言-7 音 ゴ(漢)(呉) 訓 あやまる・あやま-り ①2477 Ⓤ8AA4

〔誤〕14画 言-7

筆順 言 言 言 訁 訂 誤 誤 誤 誤

なりたち [形声]言＋呉(舞いくるう)音。言葉を言いくるわす、あやまるの意。

●異字同訓●

◇あやまる(誤・謝)

「誤る」は"間違える。道理にはずれる"の意。「謬る」とも書く。「計算を誤る」「運転を誤る」「誤った考えをもつ」

「謝る」は"わびる。謝罪する"の意。「手をついて謝る」「謝って許しを請う」

あやまる。まちがえる。あやまり。

【誤解】(ゴカイ) 「―が生じる」「―を招く」

【誤記】(ゴキ) 誤って記す。書きあやまり。

【誤差】(ゴサ) 真の値との差。「―を修正する」

【誤算】(ゴサン) 計算違い。見込み違い。「うれしい―」

【誤字】(ゴジ) 「―脱字を修正する」

【誤射】(ゴシャ) 相手をまちがえて射撃する。

【誤植】(ゴショク) 印刷物で、文字・記号などの誤り。

【誤診】(ゴシン) 医者が誤った診断を下す。

【誤答】(ゴトウ) 誤って答える。また、誤った答え。

【誤読】(ゴドク) まちがって読む。読みあやまる。

【誤認】(ゴニン) 「事実を―する」「―逮捕」

【誤爆】(ゴバク) 目標をまちがえて爆撃する。

【誤▼謬】(ゴビュウ) まちがい。「―を犯す」

【誤報】(ゴホウ) 間違った知らせや報道。「―騒ぎ」

【誤訳】(ゴヤク) 誤って翻訳する。まちがった訳。

【誤用】(ゴヨウ) 「ことばの―」

熟語「誤写・誤審・誤脱・過誤・錯誤・失誤・正誤」

【護】

6級 20画 言-13 音 ゴ㊉・コ㊊ 訓 まも-る・まも-り・もり ①2478 Ⓤ8B77

難読 護田鳥(うすべ)

人名 さね・まもる・もり

筆順 言 言 訁 訁 訁 訁 謹 護

なりたち [形声]言＋蒦(つかみとる)音。言葉をかけ、手もとにつかんでまもるの意。

❶まもる。守り助ける。まもり。

【護衛】ゴエイ 付き添ってまもる。「―艦」

【護岸】ゴガン 川岸・海岸の堤防などを補強する。

【護憲】ゴケン 立憲政治や憲法を擁護する。

【護国】ゴコク 国家の安全を守る。「―神社」

【護持】ゴジ 大切にまもり保つ。「―僧」

【護身】ゴシン 危険から身を守る。「―術」

【護送】ゴソウ 「―船団」「容疑者の―」

【護符】ゴフ 人間を災厄から守る力があるとされるお守り札。お守り。別表記 御符

熟語「愛護・援護・加護・看護・監護・教護・警護・守護・庇護(ひご)・弁護・保護・養護・擁護」

❷梵語の音訳に用いる。

【護摩】ゴマ 密教で、護摩壇で護摩木を焚いて息災・増益(ぞうやく)・降伏(ごうぶく)などを祈願する。注記 梵語homaの音訳。

熟語「護謨(ゴム)」

コウ

【口】

10級 3画 口-0 音 コウ㊊・ク㊉ 訓 くち ①2493 Ⓤ53E3

難読 口占(くちうら)・口忠実(くちまめ)・口惜しい(くやしい)・口遊む(くちずさむ)・猪口(ちょこ)

人名 あき・ひろ

筆順 丨 口 口

なりたち [象形]くちの形にかたどる。

❶くち。動物の呼吸・飲食・発声などの器官。また、でいりぐち。外部に開いたところ。

【口当(た)り】くちあたり ①飲食物を口に入れたときの感じ。「―のいい酒」②応対ぶり。人あたり。「―が柔らかい」

【口金】くちがね 入れ物の口もとをとめる金具。「さいふの―」

【口先】くちさき ①くちの端。②うわべだけの言葉や話しぶり。「―だけの約束」

【口尚乳臭(くちなおにゅうしゅうあり)】 年が若く経験に乏しい。出典「漢書高祖本紀」より。

【口笛】くちぶえ 「―で合図をする」

【口紅】くちべに 「落ちない―」「―を塗る」

【口伝】クデン ①口で伝える。②奥義・秘伝などを口伝えに伝授する。くちづて。

【口角】コウカク 唇の両脇の部分。「―泡を飛ばす(=激しく議論する)」

【口径】コウケイ 銃砲や管(くだ)など、円筒形のものの口やレンズなどの直径。

【口▼腔】コウコウ 口からのどまでのあいだの部分。注記 医学では「こうくう」という。

【口臭】コウシュウ 口からはき出される息の不快なにおい。

【口述】コウジュツ 口で述べる。「―試験」

【口承】コウショウ 歌いつぎ語りつぎして、口づてに伝える。「―文芸」

【口▼誦】コウショウ 声を出して書物や詩歌などをよむ。

【口上・口状】コウジョウ ①口で言う、型にはまった挨拶(あいさつ)の言葉。「逃げ―」②歌舞伎などで、襲名披露の挨拶や出し物の説明などを述べる。

【口答】コウトウ (質問に)口で答える。

【口腹】コウフク 口と腹。転じて、飲み食い。食欲。

【口▼吻】コウフン ①くちさき。②話しぶり。くちぶり。

【口辺】コウヘン 口のあたり。「―に笑みを浮かべる」

【口話】コウワ 聴覚障害者が音声言語を用いて意思伝達を行う。

熟語「《コウ》口蓋(こうがい)・口腹・口吻(こうふん)・開口・火口・河口・傷口・経口・鶏口・坑口・港口・虎口(ここう)・糊口・銃口・湾口・換気口・噴火口」

❷(国)㋐物事の初め。㋑物事を分類するときの種類の一。㋒出資や寄付などの金額を数える単位。

【口絵】くちえ 本の最初の部分に入れる絵や写真。

【口火】くちび ①ガス器具の点火に使う種火(たねび)。また、火縄銃の点火に使う火。②物事が起こるきっかけ。「―を切る」

【口座】コウザ ①簿記で、資産・負債・損益の発生などを項目別に記入する所。②「預金口座」「振替口座」などの略。「―を開く」

熟語「《くち》甘口・序の口・袖口・飲める口・宵の口・一口一万円」

❸口にだしていう。また、そのことば。

【口受】クジュ 師から弟子が口伝えで教えを受ける。

【口授】クジュ 師が弟子に口頭で教え授ける。

【口舌・口説】クゼツ 言い争い。痴話(ちわ)げんか。くぜち。

【口裏】くちうら 「―を合わせる」

【口車】くちぐるま 「―に乗せられる」

【口答え】くちごたえ 「親に―をする」

【口添え】くちぞえ はたから言葉を添えてとりなす。

【口出し】くちだし 「余計な―をするな」

【口止め】くちどめ 他人に言うのを禁じる。「―料」

【口に蜜あり、腹に剣あり】くちにみつあり、はらにけんあり 言葉は優しいが、内心に悪意を抱いている。出典「唐書李林甫伝」より。

コ

【口八丁】くちハッチョウ　口が達者なこと。「—手八丁」
【口振り】くちぶり　「何か知っていそうな—」
【口調】クチョウ　言葉を話すようす。語調。「穏やかな—」
【口を守ること瓶の如くす】くちをまもることかめのごとくす　秘密を固く守る。出典「癸辛雑識」より。
【口演】コウエン　(演説・浪曲・講談などを)口で演ずる。
【口外】コウガイ　「このことは誰にも—してはならない」
【口語】コウゴ　①話すときに用いる言葉づかい。話し言葉。②現代の話し言葉、およびそれに基づいた書き言葉。現代語。「—体」▽⇔文語
【口実】コウジツ　「見え透いた—」「—を設ける」
【口舌】コウゼツ　口先だけの物言い。「—の徒」
【口頭】コウトウ　「—で伝える」「—試問」
【口碑】コウヒ　言い伝え。伝説。「—に残る」
【口論】コウロン　「激しい—のすえ殴り合いになった」
熟語「《コウ》口約・悪口・箝口(かんこう)(けんこう)・藉口(しゃこう)・衆口・閉口・箝口令(かんこうれい)」「《ク》異口同音(いくどうおん)」

❹人や家などの数。
【口数】コウスウ　①人口数。②項目や品物の数。
【口銭】コウセン　取引の仲立ちをした仲介手数料。
熟語「口分田(くぶんでん)・戸口・人口」

【工】

9級　3画　工-0　音 コウ漢・ク呉　訓 たく-み・たく-む　①2509　Ⓤ5DE5

難読 工手間(くでま)・工合(ぐあい)(ぐわい)
人名 たくみ・ただ・つとむ・のり・よし
筆順 一 丅 工
なりたち 工　[象形]木を切るためのおのの形にかたどる。工具、また、工作するの意。

❶つくる。手を加えてつくりだす。
【工員】コウイン　工場の現場で働く労働者。職工。
【工具】コウグ　工作に用いる器具。「—箱」
【工芸】コウゲイ　「伝統—」「—家」
【工作】コウサク　①器物を作る。②あらかじめ関係者に働きかける。「裏—」
【工事】コウジ　「道路—」「—監督」
【工場】コウジョウ　「自動車—」「—誘致」
【工賃】コウチン　物品の生産・加工などの作業の手間賃。
【工程】コウテイ　生産・加工のための作業手順。「—表」
【工夫】コウフ　(古い言い方)工事で働く労働者。
【工法】コウホウ　工事の技術的方法。「耐震—」
【工房】コウボウ　工芸家の仕事場。アトリエ。
【工務】コウム　土木・建築などの仕事。「—店」
熟語「工廠・工人・工船・工費・加工・細工(さいく)・手工・人工・図工・着工・木工」

❷たくみ。職人。また、じょうず。うまい。同巧。
【工匠】コウショウ　工作を職とする人。たくみ。
熟語「工拙(こうせつ)・工緻(こうち)・画工・女工・職工・大工(だいく)・土工・名工・木工(もく)・熟練工・士農工商」

❸たくむ。技巧をこらす。

❹考えをめぐらす。
【工夫】クフウ　「—をこらす」
【工面】クメン　工夫して金を都合する。「金を—する」

❺工業。工業技術。
【工学】コウガク　「機械—」「—部」
【工業】コウギョウ　「—高校」「—団地」
熟語「工科・工商・商工」

【公】

9級　4画　八-2　音 コウ漢・ク呉　訓 おおやけ・きみ　①2488　Ⓤ516C

難読 公孫樹(いちょう)・公達(きんだち)
人名 あきら・いさお・きん・さと・たか・ただ・ただし・とおる・とも・なお・ひろ・まさ・ゆき
筆順 ノ 八 公 公
なりたち [会意]八(分けて開く)＋口(場所)。人々に開かれた場所、おおやけの意。

❶おおやけ。国家。役所。また、社会一般。世間。⇔私。
【公安】コウアン　国家や社会の秩序を保つ。「—委員会」
【公営】コウエイ　地方公共団体の経営。「—競馬」
【公益】コウエキ　社会一般の利益。「—法人」⇔私益
【公園】コウエン　「国立—」「—デビュー」
【公演】コウエン　「特別—」「—会」
【公海】コウカイ　各国が自由に使用・航行できる海洋。⇔領海
【公開】コウカイ　「情報—」「—審査」
【公害】コウガイ　「—訴訟」「—病」
【公器】コウキ　公共のもの。「新聞は社会の—」
【公儀】コウギ　朝廷・幕府など。お上。「ご—に楯突く」
【公共】コウキョウ　社会全体に関すること。「—料金」
【公金】コウキン　「—を使い込む」
【公言】コウゲン　「—してはばからない」
【公告】コウコク　国や公共団体が一般公衆に告知する。
【公算】コウサン　「失敗の—が大きい」
【公私】コウシ　「—混同」「—のけじめ」
【公示】コウジ　公の機関が広く一般に知らせる。
【公式】コウシキ　①正式。「—発表」②計算の方法や法則を数式で表したもの。
【公衆】コウシュウ　社会一般の人々。「—衛生」
【公述】コウジュツ　公式の場で意見を述べる。「—人」
【公序】コウジョ　守るべき社会の秩序。「—良俗」
【公称】コウショウ　表向きにとなえる。「—の会員数」
【公職】コウショク　「—追放」
【公人】コウジン　公務についている人。⇔私人
【公設】コウセツ　国または公共団体の設立。「—秘書」⇔私設
【公然】コウゼン　「—たる事実」「—と口にする」

【公的】コウテキ 「―支援」「―な役割」⇔私的
【公転】コウテン 「太陽の周りを―する」⇔自転
【公道】コウドウ 国道・県道・市町村道など。
【公徳】コウトク 守るべき道徳。「―心」
【公認】コウニン 「親も―の仲」「―会計士」
【公判】コウハン 公開された法廷でおこなわれる裁判。
【公表】コウヒョウ 世間に発表する。「真実を―する」
【公布】コウフ 新法令などを官報で国民に知らせる。
【公憤】コウフン 公共の正義の立場から感ずるいきどおり。「―を覚える」⇔私憤
【公文書】コウブンショ 公の機関が作成した文書。⇔私文書
【公募】コウボ 一般から募集する。「―展」
【公報】コウホウ 官庁から一般国民に発表する報告。
【公僕】コウボク 公衆に奉仕する者。
【公民】コウミン 「―館」「―の義務」
【公務】コウム 国家や公共団体の仕事。「―員」
【公約】コウヤク 公に約束する。「選挙の―」
【公有】コウユウ 公の機関が所有している。⇔私有
【公用】コウヨウ 「―で出張する」「―物」⇔私用
【公立】コウリツ 「―学校」「―図書館」
【公論】コウロン ①世間一般の認める意見。世論。②公平な議論。
熟語「公会・公館・公休・公事(こうじ)(くじ)・公舎・公選・公訴・公団・公邸・公費・公賓」

❷広く全体に通じる。
【公倍数】コウバイスウ 二つ以上の整数に共通した倍数。「最小―」
【公約数】コウヤクスウ 二つ以上の整数に共通した約数。「最大―」
【公理】コウリ ①一般に広く通用する真理・道理。②〔数〕証明の必要のない自明の真理で、他の命題を証明するための基本命題。

❸かたよらない。
【公正】コウセイ 公平で正しい。「―な取引」
【公平】コウヘイ 偏りがなく同等に扱う。「―に分ける」
【公平無私】コウヘイムシ 公平で私心をまじえない。
【公明】コウメイ 公平で私意がない。「―正大」

❹きみ。主君。諸侯。貴人。
【公家】クゲ 朝廷に仕えた身分の高い者。「お―さん」
【公方】クボウ 将軍の尊称。「―様」
【公爵】コウシャク もと五等爵の第一位。
【公主】コウシュ 古代中国で、天子の娘。
熟語「公卿(くぎょう)(こうけい・げ)(く)・公子・王公・貴公」

❺〔国〕こう。人名や動物の名につけて親しみを表す。
熟語「熊公・ハチ公」

❻その他。
【公孫樹】コウソンジュ イチョウの漢名。注記 孫の代に実る樹の意。
【〈公魚〉】わかさぎ サケ目の淡水魚。食用。別表記 鰙

【勾】

2級 4画 勹-2 新常用 音 コウ 漢・ク 呉 訓 まが-る ①2491 Ⓤ52FE

難読 勾引(かどわ)かす・勾玉(まがたま)

筆順 ノ 勹 勾 勾

なりたち 「句」の俗字。「句」が言葉のひとくぎりの意に用いられたため、「勾」がかぎ・まげるの意で用いられるようになった。

❶まがる。傾斜する。
【勾配】コウバイ 傾斜面の傾きの程度。斜面。「急―」
熟語「勾欄」

❷とらえる。かぎでひっかける。
【勾引】コウイン ①捕らえて、連行する。②裁判所が被告人・証人などを一定の場所に連れて行く処分。別表記 拘引
【勾留】コウリュウ 逃亡や証拠隠滅を防ぐため被疑者・被告人を拘禁する。

❸事に当たる。
熟語「勾当」

❹その他。固有名詞。
【勾践】コウセン (？～前四六五)中国、春秋時代の越の王。

【孔】

3級 4画 子-1 音 コウ 漢・ク 呉 訓 あな・はなは-だ ①2506 Ⓤ5B54

人名 ただ・みち・よし

筆順 ⺄ 了 孑 孔

なりたち  〔会意〕子＋乙(乳房のある母)。母が子に与える乳の出るあなの意。

❶あな。つきぬけているあな。
【孔雀】クジャク キジ科の鳥。雄は尾に美しい羽がある。
熟語「孔穴・孔版・眼孔・気孔・耳孔・穿孔・瞳孔(どうこう)・鼻孔」

❷大きい。はなはだ。
熟語「孔徳・孔明」

❸「孔子」のこと。
【孔子】コウシ (前五五一頃～前四七九)中国、春秋時代の魯(ろ)の思想家。儒教の祖。
【孔席(こうせき)暖まらず墨突(ぼくとつ)黔(くろ)まず】 孔子と墨子の二人は、いずれも正しい政治を行うため、常に奔走して一所に安住することがなかった。出典「文選」の班固「答賓戯」より。
【孔▼孟】コウモウ 孔子と孟子。「―の教え」

【孔門】コウモン 孔子の門下。「—の十哲」

【功】

7級 5画 力-3 音 コウ漢・ク呉 訓 いさお ①2489 Ⓤ529F

難読 功夫(くふう)(カンフー)

人名 あつ・いさ・いさお・かつ・つとむ・なり・なる・のり

筆順 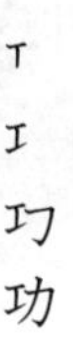

なりたち  [形声]工(工具を用いて作る)音+力。力を尽くしてやりおえたてがらの意。

❶しごと。

熟語「天功・農功」

❷いさお。てがら。

【功過】コウカ 功績と過失。てがらとあやまち。功罪。

【功業】コウギョウ 手柄。立派な仕事。「—を立てる」

【功勲】コウクン 大きな手柄。功績。勲功。

【功罪】コウザイ てがらとあやまち。「—相半ばする」

【功臣】コウシン 功労のあった家臣。

【功績】コウセキ すぐれた成果。手柄。「—をあげる」

【功徳】コウトク 功績と徳行。注記「くどく」と読めば別語。

【功名】コウミョウ 「怪我の—」「—を立てる」

【功利】コウリ 利益を考えて物事にあたる。「—主義」

【功労】コウロウ 功績とそれに伴う労苦。「—者」

熟語「功人・遺功・勲功・成功・奏功・大功・年功・武功・無功・有功・論功」

❸ききめ。しるし。

【功徳】クドク (仏)①善行。「—を積む」②神仏が与えるよい報い。注記「こうとく」と読めば別語。

熟語「功用・功力(くりき)」

【巧】

3級 5画 工-2 音 コウ(カウ)漢・(ゲウ)呉 訓 たく-み・うま-い ①2510 Ⓤ5DE7

人名 たえ・よし

筆順 

なりたち  [形声]工(工具を用いて作る)+丂(曲がった刃物)音。さまざまな工具を使って上手に作る、たくみの意。

❶たくみ。うまい。じょうず。また、わざ。技能。たくむ。⇔拙。

【巧詐(こうさ)は拙誠(せっせい)に如(し)かず】 たくみにいつわるよりは、つたなくとも誠実である方がのぞましい。出典「韓非子説林上」「説苑説叢」などにみえる語。

【巧者】コウシャ 物事にたくみな人。「試合—」

【巧手】コウシュ 技術や手腕のすぐれている人。

【巧拙】コウセツ 「作品の—を論じる」

【巧遅】コウチ たくみだが、完成が遅い。⇔拙速

【巧緻】コウチ たくみで細かい。「—な模型」

【巧遅(こうち)は拙速に如(し)かず】 できあがりが立派でも遅いのは、できがまずくても速いのに及ばない。もと兵法の語で「孫子」にある。出典「文章軌範有字集小序」より。

【巧妙】コウミョウ 「—に仕組まれたわなにはまる」

熟語「巧知・技巧・精巧・利巧・悧巧(りこう)・老巧」

❷うわべだけで実がない。口先だけの。

【巧言】コウゲン 心にもない口先だけの言葉。

【巧言令色】コウゲンレイショク 言葉を飾り、表情をとりつくろう。出典「論語学而」より。

【広】

9級 5画 广-2 音 コウ(クワウ)漢呉 訓 ひろ-い・ひろ-まる・ひろ-める・ひろ-がる・ひろ-げる ①2513 Ⓤ5E83

【廣】15画 广-12 ②5502 Ⓤ5EE3

注記「宏」の書き換え字としても用いられる。

人名 お・たけ・とう・ひろ・ひろし・みつ

筆順 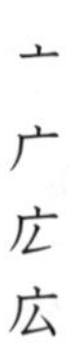

なりたち  [形声]广(いえ)+黄(火矢の黄色い光が四方にひろがる)音。大きな家、ひろいの意。「広」は略字。

❶ひろい。大きい。⇔狭。

【広域】コウイキ 広い区域。広い範囲。「—行政」

【広遠】コウエン 大きくて奥深い。「—な構想」別表記 宏遠

【広角】コウカク 広い角度。「—レンズ」

【広軌】コウキ 線路の幅が標準軌より広いもの。

【広義】コウギ 一つの言葉のもつ意味の範囲に幅があるとき、広い方の意味。⇔狭義

【広狭】コウキョウ 広いことと狭いこと。

【広言】コウゲン 大きなことを言う。「—を吐く」

【広壮】コウソウ ひろく立派である。「—な邸宅」別表記 宏壮

【広大】コウダイ 「—無辺」⇔狭小。別表記 宏大

【広範・広汎】コウハン 範囲が広い。「—な知識」

【広野】コウヤ ひろびろとした野原。別表記 曠野

【広量】コウリョウ 度量が広い。⇔狭量。別表記 宏量

【広場】ひろば 「駅前—」「愛読者の—」

【広間】ひろま 会合などのための広い部屋。「大—」

❷ひろめる。ひろげる。大きくする。また、ひろまる。ひろがる。

【広益】コウエキ 広く利益をもたらす。「—事業」

【広告】コウコク 有料の媒体を用いて商品の宣伝をする。「新聞—」「—代理店」

【広報】コウホウ 官庁・企業などが活動内容を広く知らせ、理解を求める。「—活動」「—紙」別表記 弘報

【甲】

3級　5画　田−0

音 **コウ**(カフ)漢呉・**カン**　慣・コウ(コフ)呉

訓 かぶと・きのえ・よろい

①2535　Ⓤ7532

難読 甲比丹(カピタン)・甲矢(はや)・甲斐絹(かいき)

人名 か・かつ・き・まさる

筆順 丨 冂 日 日 甲

なりたち  [象形]甲骨文では「十」で、うろこにかたどる。金文では「口」でかこんで、からの意を表す。篆文では、からをかぶったたねにかたどる。

❶亀(かめ)・蟹(かに)などの体表を覆うこうら。また、ものを覆うかたい外皮。

【甲板】カンパン　「―で風に当たる」

【甲殻】コウカク　甲殻類の体表を覆う外骨格。

【甲骨文字】コウコツモジ　亀甲(きっこう)や獣骨に刻まれた中国殷(いん)代の象形文字で、現存最古の中国の文字。

【甲虫】コウチュウ　カブトムシなどの昆虫。

【甲羅】コウラ　①亀・蟹などの体を覆う、かたいから。②人の背中。「―を干す」③年の功。「―を経る」

熟語「蟹甲・亀甲(きっこう)・肩甲・装甲・鉄甲・鼈甲(べっこう)」

❷よろい。

【甲▼冑】カッチュウ　よろい・かぶと。「―に身を固める」

熟語「甲兵・装甲・鉄甲」

❸十干の第一。きのえ。方位では東、五行では木にあたる。

【甲子】カッシ　①干支(えと)の第一番目のもの。きのえね。こうし。②干支のこと。

熟語「甲夜・華甲」

❹はじめ。第一。また、最もすぐれたもの。

【甲乙】コウオツ　甲と乙。優劣。「―つけがたい」

【甲論乙▼駁】コウロンオツバク　意見が多く議論がまとまらない。

熟語「甲科・甲第」

❺(国)かん。高い音。

【甲高い】かんだかい　声・音の調子が高い。「―い声」

別表記 疳高い

熟語「甲乙(かんおつ)(＝邦楽の音域を表す語)」

❻(国)「甲斐(かい)国」の略。

【甲州】コウシュウ　甲斐(かい)国の別名。「―ブドウ」

熟語「甲信越」

❼(国)手足の、爪のある面。

熟語「手の甲」

❽(国)かぶと。

熟語「甲虫(かぶとむし)」

❾その他。

【甲▼斐】かい　①してみるだけの値打ち。「頑張った―がある」②旧国名の一。甲州。

【甲▼斐性】かいショウ　「―なし」「―のない夫」

【仰】⇩ギョウ(一三四ページ)

【交】

9級　6画　亠−4

音 **コウ**(カウ)漢・キョウ(ケウ)呉

訓 **まじ**わる・**まじ**える・**まじ**る・**ま**ざる・**ま**ぜる・**か**う・**か**わす・こもごも

①2482　Ⓤ4EA4

難読 交交(こもごも)・交尾(つるむ)・交野(かたの)・交喙(いすか)

人名 あう・かた・とも・みち・よしみ

筆順 丶 亠 六 六 交 交

なりたち  [象形]人が足を交差させている形にかたどる。まじわるの意。

❶まじわる。まじえる。したしくつきあう。また、すじかいになる。入り組む。

【交易】コウエキ　「―都市」「―の要所」

【交感】コウカン　感応し合う。「―神経」

【交▼誼】コウギ　親しい交際。「―を深める」

【交合】コウゴウ　男女が交わる。性交。

【交差・交▼叉】コウサ　「立体―」「―点」⇔平行

【交際】コウサイ　「―費」「広く―する」

【交接】コウセツ　①交際する。②性交する。交尾する。

【交戦】コウセン　戦いを交える。「―国」

【交通】コウツウ　「―機関」「―案内」

【交配】コウハイ　受粉・受精を行う。かけあわせ。

【交尾】コウビ　動物の雌雄が生殖のために交わる。「―期」

【交友】コウユウ　「被害者の―関係」

熟語「交歓・交驩・交情・交点・交遊・交叉点・交差点・外交・旧交・混交・親交・性交・絶交」

❷まじる。まざる。別々のものが一体となる。まぜる。

【交錯】コウサク　「期待と不安が―する」

熟語「混交」

❸かう。かわす。とりかえる。とりかわす。また、互いに。かわるがわる。

【交換】コウカン　「意見―」「物々―」

【交響】コウキョウ　互いにひびきあう。「―楽団」

【交互】コウゴ　「留学生を―に派遣する」

【交渉】コウショウ　①当事者とかけあう。「団体―」「―決裂」②人と人との結びつき。「―を絶つ」「没―」

【交信】コウシン　「遭難者からの―が途絶える」

【交代・交替】コウタイ　「選手―」「参勤―」

【交付】コウフ　「パスポートの―」

【交流】(コウリュウ) ①互いに行き来する。「国際―」②電流の流れ方の一。⇔直流

熟語「交番」

【光】

9級 6画 儿-4 音 コウ(クワウ)漢呉 訓 ひかる・ひかり ①2487 Ⓤ5149

難読 光桃(つばい)

人名 あき・あきら・あり・かね・さかえ・てる・ひこ・ひろ・ひろし・みつ・みつる

筆順 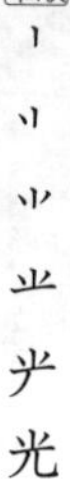

なりたち  [会意]火＋儿(人)。人の頭上で燃え輝く火の意から、ひかりの意を表す。

❶ひかる。てらす。また、ひかり。かがやき。つや。

【光炎・光焔】(コウエン) 光とほのお。燃え光る炎。

【光華】(コウカ) 美しく光る。かがやき。

【光学】(コウガク) 「―器械」「―顕微鏡」

【光輝】(コウキ) ①ひかりとかがやき。「―を放つ」②栄光。

【光源】(コウゲン) 光を発するもと。

【光彩】(コウサイ) 「―を放つ」「―陸離」

【光線】(コウセン) 「太陽―」「―療法」

【光速】(コウソク) 光の伝わる速さ。

【光沢】(コウタク) なめらかな面のかがやき。「―面」

【光熱】(コウネツ) 「―費をおさえる」

【光年】(コウネン) 光が一年間に進む距離。

【光芒】(コウボウ) 光のほさき。「彗星(すいせい)の―」

【光明】(コウミョウ) ①明るい光。②明るい見通し。希望。「一筋の―を見いだす」③仏・菩薩(ぼさつ)の心身から発する光。

【光(ひかり)を和(やわ)らげ塵(ちり)に同ず】 すぐれた学徳や才知の輝きをつつみ隠して世俗にまじる。和光同塵(わこうどうじん)

出典「老子(四)」より。

熟語「光学・光彩・光線・光沢・光度・光頭・光被・光風・光耀(こうよう)・光合成・威光・感光・眼光・逆光・極光・蛍光・月光・後光・採光・残光・春光・閃光・電光・投光・日光・白光・発光・微光・夜光・陽光・余光」

❷時間。

【光陰】(コウイン) 月日。歳月。時間。「―矢のごとし」

熟語「流光」

❸ありさま。けしき。

【光景】(コウケイ) 「あの時の―が忘れられない」

熟語「観光・風光」

❹名誉。ほまれ。

【光栄】(コウエイ) 「―の至り」「身に余る―」

【光臨】(コウリン) 他人を敬ってその来訪をいう語。

熟語「光来・栄光」

❺その他。人名など。

【光武帝】(コウブテイ) 後漢(ごかん)の初代皇帝、劉秀(りゅうしゅう)(前六～後五七)の諡(おくりな)。

【向】

8級 6画 口-3 音 コウ(カウ)呉・キョウ(キャウ)漢 訓 むく・むける・むかう・むこう・さき・さきに ①2494 Ⓤ5411

難読 向拝(ごはい)・向脛(むこうずね)・向腹(むかっぱら)

人名 ひさ

筆順 

なりたち  [会意]宀(いえ)＋口。家の北側に通気孔があるさまから、空気がある方向に進む、むくの意を表す。

❶むかう。むける。むく。その方に面する。また、その方へ行く。

【向学】(コウガク) 学問に心をむける。「―心」

【向寒】(コウカン) さむい季節に向かう。「―のみぎり」

【向暑】(コウショ) あつい季節に向かう。「―の折」

【向上】(コウジョウ) 「―心」「品質が―する」⇔低下

熟語「向日葵(こうじつき)(ひまわり)・意向・傾向・下向・参向・出向・性向・対向・転向・動向・内向・方向」

❷おもむき。かたむき。

熟語「傾向・趣向・風向」

❸つき従う。

【向背】(コウハイ) ①従うことと背(そむ)くこと。②物事の成り行き。動静。「天下の―を決する」

❹さきに。以前。

【向後】(キョウコウ) これからのち。今後。きょうご。こうご。

別表記 嚮後

熟語「向来(きょうらい)」

❺(国)むく。適する。ちょうどよい。

熟語「素人(しろうと)向き」

❻(国)むこう。むかい。あちら側。

【后】

5級 6画 口-3 音 コウ漢・ゴ呉 訓 きさき・のち ①2501 Ⓤ540E

人名 きみ・のち

筆順 

なりたち  [会意]人＋口。人体のしりの穴の意から、うしろの意を表す。転じて、後宮に住むきさきの意にも用いる。

❶きさき。天子の妻。

【后宮】(コウグウ) ①皇后の御殿。②皇后。

【后妃】(コウヒ) 王侯の妻。きさき。

熟語「皇后・先后・太后・母后・立后」

❷のち。同後。

熟語「午后(ごご)」

【好】

7級　6画　女-3
音 コウ(カウ)漢呉
訓 この-む・す-く・この-ましい・よ-い・よし-み
①2505　Ⓤ597D

人名 この・すみ・たか・み・よし・よしみ

筆順 く 女 女 好 好 好

なりたち  [会意]女＋子。母親が子をかわいがる、このむの意。

❶このむ。すく。気に入る。このみ。

【好意】(コウイ) 「―を抱く」「―を無にする」⇔悪意
【好悪】(コウオ) 好むことと憎むこと。「―の念」
【好学】(コウガク) 学問を好む。「―の士」
【好古】(コウコ) 古い時代の物事を好む。「―趣味」
【好色】(コウショク) 異性との情事をこのむ。「―家」
【好事】(コウズ) 風変わりなものを好む。「―家」
【好戦】(コウセン) 「―的な性格」
【好物】(コウブツ) 「大―のハンバーグ」
熟語「愛好・嗜好(しこう)・同好」

❷よい。このましい。望ましい。みめよい。

【好運】(コウウン) 「―に恵まれる」⇔非運・不運。別表記 幸運
【好感】(コウカン) 「―度の高いタレント」

【好漢】(コウカン) さわやかで、たのもしい男。

【好奇】(コウキ) 「―心」「―の目」

【好機】(コウキ) チャンス。「―到来」

【好況】(コウキョウ) 「株式市場は―だ」⇔不況
【好事】(コウジ) ①喜ばしい事柄。②よいおこない。

【好餌】(コウジ) ①よいえさ。相手を誘うよい手段。②簡単に人のえじきや犠牲となるもの。「詐欺の―となる」

『好事(こうじ)も無きに如(し)かず』 人生は無事な方がよい。出典「巌棲幽事」より。

『好事(こうじ)門を出(い)でず』 よいおこないはとかく世間には伝わらない。出典「北夢瑣言」より。

【好男子】(コウダンシ) ①美男子。②快活でさっぱりした気性の男。好漢。

【好調】(コウチョウ) 「―な滑り出し」⇔不調・低調
【好敵手】(コウテキシュ) ライバル。「―に恵まれる」

【好天】(コウテン) よい天候。「―に恵まれる」

【好転】(コウテン) 「事態が―する」

【好評】(コウヒョウ) 評判がよい。「―を博する」⇔不評
【好例】(コウレイ) うまくあてはまる例。適例。

熟語「好逑(こうきゅう)・好個・好日・好適・好転・好一対・好好爺(こうこうや)・好男子・恰好(かっこう)・絶好・鮮好」

❸よしみ。親しみ。

【好▼誼】(コウギ) 心のこもった交際。「―を受ける」
熟語「親好・友好」

❹じょうずだ。うまい。

【好手】(コウシュ) たくみな技。

【好守】(コウシュ) 野球などでたくみな守備。「―好打」

【江】

準2級　6画　水(氵)-3
音 コウ(カウ)漢・ゴウ(ガウ)呉
訓 え
①2530　Ⓤ6C5F

仮名 片仮名「エ」は「江」の旁(つくり)から。

人名 きみ・ただ・のぶ

筆順 丶 丶 氵 氵 江 江

なりたち  [形声]水＋工(のみなどの工具でつらぬく)音。大地をつらぬく大きい川の意。

❶大きな川。特に長江(揚子江)のこと。

【江河】(コウガ) ①川。大きな川。②揚子江と黄河。

【江月】(コウゲツ) 河の上にかかる月。江上の月。

【江湖】(コウコ) ①川と湖。②世の中。「―に訴える」

熟語「江漢・江南・江楼・遡江(そこう)・大江」

❷(国)「近江(おうみ)国」(今の滋賀県にあたる)の略。

【江州】(ゴウシュウ) 近江(おうみ)国の別名。

❸(国)え。海・湖・河川の陸地に入り込んだ部分。

熟語「入り江・隠り江」

❹その他。地名など。

【江戸】(えど) 東京の旧名。一五九〇年徳川家康が入城し、一六〇三年に幕府を開いてから日本の政治・経済の中心となった。「―時代」「―前寿司」

【考】

9級　6画　老(耂)-2
音 コウ(カウ)漢呉
訓 かんが-える・かんが-え
①2545　Ⓤ8003

人名 たか・ただ・ちか・とし・なか・なり・なる・のり・やす・よし

筆順 一 + 土 耂 耂 考

なりたち  [形声]「老の略体」＋丂(曲がる)音。長寿の老人の意。攷に通じて、奥までつきつめてかんがえる意に用いる。

❶かんがえる。思案する。かんがえ。

【考案】(コウアン) 「新しい交通システムを―する」

【考究】(コウキュウ) 深く考え研究する。

【考察】(コウサツ) 「問題点を―する」

【考慮】(コウリョ) 「条件を―する」

【考量】(コウリョウ) あれこれ考え合わせて判断する。

熟語「一考・愚考・再考・雑考・参考・思考・熟考・推考・選考・備考・黙考」

❷しらべる。研究する。

【考課】(コウカ) 仕事ぶりや成績を調査して評定する。「人事―」

【考古学】(コウコガク) 遺跡・遺物などを調べて、過去の人類の生活・文化・歴史を研究する学問。

コ

【考査】(コウサ) ①調べて判断する。②試験。「定期―」

【考証】(コウショウ) 古い事物について、文献・遺物などから実証的に研究する。「時代―」「―学」

熟語 「考試・考訂・参考・論考」

❸亡父。亡祖父。

熟語 「考妣(こうひ)・皇考・先考」

【行】

9級 6画 行-0

音 コウ(カウ)漢・ギョウ(ギャウ)呉・アン唐

訓 いく・ゆく・おこなう

①2552 Ⓤ884C

難読 行幸(みゆき)・行履(あんり)・行縢(むかばき)(行騰)

人名 あきら・き・たか・つら・のり・ひら・みち・もち・やす

筆順 ノ ク 彳 彳 行 行

なりたち  [象形]甲骨文では、十字路にかたどる。みち、みちをゆくの意。

●異字同訓●

◇ゆく(行・逝)

「行く」は"他の場所に移動する。いく"の意。「会社へ行く」「買い物に行く」「嫁に行く」「出て行く」

「逝く」は"死ぬ"の意。「世紀の英傑逝く」

❶ゆく。いく。移動する。

【行幸】(ギョウコウ) 天皇が出かける。みゆき。

【行住▼坐▼臥】(ギョウジュウザガ) ①(仏)立ち居振る舞い。ふだんの生活。②日常。いつも。「―故郷を思う」

【行商】(ギョウショウ) 「―人」

【行状】(ギョウジョウ) 「―を改める」「―記」

【行跡】(ギョウセキ) 日頃のおこない。「―が良くない」

【行雲流水】(コウウンリュウスイ) 自然にまかせて行動する。

【行使】(コウシ) 「実力を―する」

【行進】(コウシン) 「軍隊の―」「―曲」

【行程】(コウテイ) 目的地までの距離。みちのり。

【行楽】(コウラク) 「秋の―地のにぎわい」

【行▼李】(コウリ) 衣類などを入れる、箱形の入れ物。 別表記 梱

【行(き)倒れ・行き▼斃れ】(ゆきだおれ) 病気や飢え・寒さなどのために、路上で倒れる。また、その人。

【《行方》】(ゆくえ) 「―不明」「勝敗の―を占う」

【行く末】(ゆくすえ) 将来。「―を案じる」

【行くに径(こみち)に由(よ)らず】 裏道や小道を通らず、常に大道を歩く。正々堂々としたおこないをいう。 出典 「論語 雍也」より。

熟語 「《コウ》行雲・行吟・行軍・行賈(こうこ)・行進・行程・行文・行旅・行路・移行・運行・急行・進行・通行・同行・歩行・流行・連行」

❷旅。旅をする。めぐる。

【行脚】(アンギャ) 修行のために諸国をめぐる。「全国―」

【行宮】(アングウ) 天皇の外出の際設ける仮の御所。

熟語 「《ギョウ》遊行(ゆぎょう)」「《コウ》紀行・旅行」

❸並ぶ。人や文字などの並んだもの。

【行間】(ギョウカン) 文章の行と行の間。「―を読む」

【行列】(ギョウレツ) 「遊園地で長い―に並ぶ」

熟語 「《ギョウ》行数・改行・別行」

❹持ち歩く。

【行火】(アンカ) 手足を温める暖房器具。

【行▽灯】(アンドン) 木や竹のわくに紙を貼り、中に油皿を入れて火をともす照明具。

❺おこなう。何らかの物事をする。おこない。

【行儀】(ギョウギ) 「―作法」「―がよい」

【行事】(ギョウジ) 「年中―」「―予定表」

【行水】(ギョウズイ) 「カラスの―」「―を使う」

【行政】(ギョウセイ) 「広域―」「―改革」

【行為】(コウイ) 「暴力―」「慈善―」

【行賞】(コウショウ) (功績に対して)賞を与える。「論功―」

【行動】(コウドウ) 「―をおこす」「自由―」

【行文】(コウブン) 文章を書き進める時の、語句の配りや文字の使いかた。「巧みな―」

熟語 「《ギョウ》行者・苦行・興行・修行・乱行」「《コウ》強行・言行・孝行・施行(しこう)・性行・素行・徳行・発行・品行・暴行」

❻(仏)この世の変化・生滅するすべての存在。

熟語 「諸行(しょぎょう)無常」

❼漢字の書体。楷書をやや崩した書体。

【行書】(ギョウショ) 漢字の書体の一。楷書と草書の中間の書体。「―体」

❽みせ。商店。

熟語 「《コウ》行員・銀行・洋行」

【坑】

3級 7画 土-4

音 コウ(カウ)漢・キョウ(キャウ)呉

訓 あな

①2503 Ⓤ5751

〔阬〕 7画 阜(阝)-4 ④9162 Ⓤ962C

人名 たか

筆順 一 十 土 圹 坑 坑

なりたち  [形声]土+亢(上に盛りあがったのどぼとけの象形)音。土の中をまっすぐに掘ったあなの意。篆文では、阜(盛り土)+亢音。

❶あな。鉱物を採るために掘ったあな。

【坑内】(コウナイ) 炭坑や鉱山の坑の内部。「―火災」

【坑夫】(コウフ) 炭坑や鉱山で採掘をする労働者。

熟語 「坑道・開坑・鉱坑・炭坑・廃坑」

❷あなうめにする。生きうめにする。

【坑儒】(コウジュ) 秦の始皇帝が儒者を穴埋めにしたこと。「焚書(ふんしょ)―(こうじゅ)」

熟語「坑殺」

孝　5級　7画　子-4

音 コウ（カウ）漢・キョウ（ケウ）呉　①2507　Ⓤ5B5D

人名 あつ・たか・たかし・なり・のり・みち・もと・ゆき・よし

筆順 一 十 土 耂 考 孝 孝

なりたち  ［会意］「老の略体」＋子。子が年老いた親につかえるの意。

よく父母に仕え大切にする。親によくつくす。

【孝行】コウコウ 「親—」「—息子」⇔不孝
【孝子】コウシ 「家貧しくして—顕わる」
【孝心】コウシン 親に孝行する気持ち。「—が篤い」
【孝・悌・孝弟】コウテイ 父母に孝行をつくし、兄など年長者によくつかえる。出典「論語学而」より。
【孝養】コウヨウ 親に孝行して養う。「—を尽くす」
熟語「孝経・孝女・孝道・至孝・仁孝・忠孝・篤孝・不孝」

抗　4級　7画　手（扌）-4

音 コウ（カウ）漢呉　訓 あらが-う・ふせ-ぐ・あ-げる　①2519　Ⓤ6297

筆順 一 寸 扌 扌 扩 扩 抗

なりたち  ［形声］手＋亢（上に盛りあがったのどぼとけの象形）音。立ちあがって手向うの意。

❶あらがう。はりあう。はむかう。
【抗議】コウギ 「—行動」「不当解雇に—する」
【抗言】コウゲン 相手にさからって言う。
【抗告】コウコク 下級裁判所の決定を不服として、上級裁判所に異議を申し立てる。
【抗戦】コウセン 「徹底—で立ち向かう」
【抗争】コウソウ 「暴力団同士の—」
【抗命】コウメイ 命令にさからう。
熟語「抗弁・拮抗・対抗・抵抗・反抗」

❷ふせぐ。こばむ。ふせぎまもる。
【抗菌】コウキン 「—スプレー」「—作用」
【抗原】コウゲン 「—抗体反応」
【抗生物質】コウセイブッシツ 「—を投与する」
【抗体】コウタイ 病原体に対して生体を防御する物質。
熟語「抗力」

❸あげる。高くあげる。はりあげる。
熟語「抗顔・抗声」

攻　4級　7画　攴（攵）-3

音 コウ漢・ク呉　訓 せ-める・おさ-める　①2522　Ⓤ653B

人名 おさむ・たか・よし

筆順 一 丅 工 工 圷 攻 攻

なりたち  ［形声］工（のみなどの工具でつらぬく）音＋攵（行う）。突っこむ、せめるの意。

❶せめる。兵を向けて敵を討つ。
【攻撃】コウゲキ 「敵地を—する」⇔守備
【攻守】コウシュ 「—に活躍する」
【攻勢】コウセイ 「—に転じる」⇔守勢
【攻防】コウボウ 「与野党の—」「—戦を繰り広げる」
【攻略】コウリャク ①攻めて奪い取る。「敵城を—する」②相手を打ち負かす。「先発投手を—する」
熟語「攻囲・挟攻・侵攻・進攻・正攻・専攻・速攻・難攻・反攻・猛攻・来攻」

❷みがく。転じて、おさめる。研究する。
【攻究】コウキュウ 学芸などを深くきわめる。
【攻玉】コウギョク 知徳をみがく。出典「詩経小雅、鶴鳴」より。
熟語「専攻」

更　4級　7画　曰-3

音 コウ（カウ）漢・キョウ（キャウ）呉　訓 さら・ふ-ける・ふ-かす・さら-に・あらた-める・か-える・か-わる・こもごも　①2525　Ⓤ66F4

難読 更衣（きさらぎ）（ころもがえ）・更科（更級）（さらしな）・更紗（サラサ）

人名 つぐ・とく・のぶ

筆順 一 𠫓 冂 冃 百 更 更

なりたち  ［会意］金文では、丙（台）二つ＋又（手）。重ねた台を上から手で押さえる意から、かためる、よい状態にする、積み重ねる意を表す。

❶あらたまる。あらためる。新しくする。
【更改】コウカイ 「契約を—する」
【更新】コウシン 「免許を—する」
【更生】コウセイ 「悪の道から—する」「会社—法」
熟語「更正・更年期・変更」

❷かえる。かわる。入れかえる。入れかわる。
【更衣】コウイ 「—室」
【更迭】コウテツ 「大臣を—する」
熟語「更代（こうたい）」

❸日没から日の出までの一夜を五つに分けた時間の単位。
熟語「五更・残更・初更・深更」

❹（国）さらに。その上。
熟語「更に・今更・殊更」

❺（国）ふける。時間が進行する。また、ふかす。遅くまで起きている。

用例「夜更かし・夜が更ける」

❻(国)さら。新しいこと。

【更地】さらチ 未使用の土地。別表記 新地

熟語「更湯」

【効】〔效〕

6級 8画 力-6　音 コウ(カウ)漢　訓 きく・き-きめ・なら-う　①2490 Ⓤ52B9

〔效〕10画 文(攵)-6　②5835 Ⓤ6548

人名 いたる・かず・かた・すすむ・なり・のり

筆順

なりたち [形声]交(まじわる)音＋攵(する)。二つを交互に照らしあわせてならう、力を尽くして効果をあげるの意。「効」は俗字。

◉異字同訓◉【利】(六四七ページ)の「異字同訓」欄を参照のこと。

❶きく。ききめがある。ききめ。しるし。

【効果】コウカ「練習の―が表れる」「―音」

【効験】コウケン「―あらたかな薬」注記「こうげん」とも。

【効能】コウノウ「薬の―」「―書き」別表記 功能

【効用】コウヨウ ①ききめ。効能。「薬の―」②使い道。「―範囲の広い商品」

【効率】コウリツ 能率。「―がよい」

【効力】コウリョク ききめ。「―を失う」

熟語「時効・失効・実効・奏効・即効・速効・発効・無効・薬効・有効」

❷ならう。まねる。

熟語「効顰(こうひん)(ひそみにならう)」

❸てがら。りっぱなはたらき。

熟語「効労・報効」

【幸】

8級 8画 干-5　音 コウ(カウ)漢呉　訓 さいわ-い・さち・しあわ-せ・みゆき　①2512 Ⓤ5E78

注記「倖」の書き換え字としても用いられる。

人名 さき・たか・とみ・とも・ひで・むら・ゆき・よし

筆順

なりたち [象形]手にはめて自由に動けなくする手かせにかたどる。手かせをはめられるのをまぬかれて、しあわせである意を表す。

❶しあわせ。さいわい。さち。運がよい。

【幸運】コウウン 運がよい。「―がおとずれる」⇔非運・不運。別表記 好運

【幸甚】コウジン 非常にありがたいと思う。

【幸福】コウフク「―な家庭」「―に暮らす」

【幸先】さいさき 良いことの前ぶれ。「―がよい」

熟語「欣幸・至幸・射幸・多幸・薄幸・不幸」

❷しあわせにする。かわいがる。

熟語「幸臣・寵幸(ちょうこう)」

❸みゆき。天子のおでまし。

熟語「行幸・巡幸・臨幸」

❹(国)さち。自然の恵み。山や海の収穫物。

熟語「海の幸・山の幸」

【拘】

3級 8画 手(扌)-5　音 コウ漢・ク呉　訓 かか-わる・こだわ-る・とら-える　①2520 Ⓤ62D8

筆順

なりたち [形声]手＋句(かぎ・止め金)音。かぎを手でひっかける意から、とらえる・かかわるの意を表す。

❶とらえる。とどめる。束縛する。

【拘禁】コウキン 逮捕後の身柄の拘束。監禁。

【拘束】コウソク「身柄を―する」「仕事に―される」

熟語「拘引・拘置・拘留」

❷かかわる。こだわる。固執する。

【拘泥】コウデイ こだわる。「些事(さじ)に―する」

❸まがる。

熟語「拘欄・拘攣(こうれん)」

【肯】〔肎〕

準2級 8画 肉(月)-4　音 コウ漢呉　訓 あえ-て・うべな-う・がえ-んじる　①2546 Ⓤ80AF

〔肎〕6画 肉(月)-2　Ⓤ808E

人名 さき・むね

筆順

なりたち [会意]篆文では、冖(かぶる)＋肉。肉が骨にかぶるように付いている意から、よいとする意を表す。楷書では、止＋肉。

❶うべなう。がえんじる。きいれる。よいとする。

【肯諾】コウダク 承諾する。

【肯定】コウテイ「―的な意見」「―文」⇔否定

熟語「首肯」

❷(骨つきの肉の意から)物の急所・要所。

【肯綮】コウケイ 肝心な所。注記「綮」は筋と肉のつなぎめ。

〔肯綮(こうけい)に中(あ)たる〕要点をおさえる。急所を突く。出典「元史 王都中伝」より。

【後】⇩ゴ(一九二ページ)

コ

【侯】
準2級 9画 人(亻)-7 音 コウ漢 ①2484 Ⓤ4FAF

〔矦〕9画 矢-4 ④8222 Ⓤ77E6

人名 きみ・とき・よし

筆順 … 侯

なりたち [会意]甲骨文では、厂(垂らした布)＋矢。まとに向かって矢をはなつ意から、まと・うかがうの意を表す。篆文では「人」を加え、「矦」に作る。矢を射る人の意から、軍人の意を表す。

❶封建時代の領主。大名。

熟語「王侯・君侯・公侯・諸侯・藩侯・封侯・列侯・選帝侯・万戸侯」

❷爵位の二番目。

【侯爵】コウシャク もと五等爵(公・侯・伯・子・男)の第二位。

【侯伯】コウハク ①侯爵と伯爵。②諸侯。大名。

❸まと。標的。

熟語「侯鵠・射侯」

【厚】
6級 9画 厂-7 音 コウ漢・コウ呉 訓 あつい ①2492 Ⓤ539A

難読 厚朴(ほお)・厚岸草(あっけしそう)

人名 あつ・あつし・ひろ・ひろし

筆順 一 厂 … 厚

なりたち [会意]厂(がけ)＋旱(「高」を逆さまにした形)。岩石が高く重なるがけの意。転じて、あつみがある意に用いる。

❶あつい。あつみがある。また、てあつい。こころのこもった思いやり。⇔薄。

【厚意】コウイ 「御―に感謝します」

【厚恩】コウオン 深い恩恵。「―に報いる」

【厚遇】コウグウ 手厚くもてなす。優遇。⇔薄遇

【厚志】コウシ 親切な気持ち。「―にあずかる」

【厚情】コウジョウ 「御―を賜る」

【厚徳】コウトク 広く大きな徳。「―の人」

熟語「厚誼(こうぎ)・厚賞・厚薄・温厚・寛厚・重厚・深厚・篤厚・濃厚」

❷あつかましい。

【厚顔】コウガン ずうずうしい。「―無恥」

❸ゆたかにする。

【厚生】コウセイ 「―年金」「―施設」

【恒】
4級 9画 心(忄)-6 音 コウ漢・ゴウ呉・ゴウ(ガウ)呉 訓 つね ①2517 Ⓤ6052

〔恆〕9画 心(忄)-6 ②5581 Ⓤ6046

人名 ちか・のぶ・ひさ・ひさし・ひとし・わたる

筆順 … 恒

なりたち [形声]心＋亙(月が絶えず一方から他方へわたる)音。たえず一定した心、つねの意を表す。「恒」は俗字。

つね。久しく変わらない。

【恒温】コウオン 体温が一定している。「―動物」

【恒久】コウキュウ 永久。「―平和」「―的」

【恒産】コウサン 一定の生業。

【恒産(こうさん)なきものは恒心なし】 生活の安定がなくては、心の安定はない。出典「孟子梁恵王上」より。

【恒常】コウジョウ いつも一定である。「―的」

【恒心】コウシン 常に持つべき変わらぬ心。

【恒星】コウセイ 自ら光り輝く天体。

【恒風】コウフウ 貿易風・偏西風など。

熟語「恒河・恒心・恒例」

【洪】
準2級 9画 水(氵)-6 音 コウ漢 訓 おおみず ①2531 Ⓤ6D2A

難読 洪牙利(ハンガリー)

人名 ひろ・ひろし

筆順 … 洪

なりたち [形声]水＋共(大きい)音。おおみずの意を表す。

❶おおみず。川や池などの水があふれ出る。

【洪水】コウズイ 「大―」「―警報」「情報の―」

熟語「洪積層」

❷大きい。広い。おおらか。

熟語「洪河・洪大・洪濤(こうとう)・洪波」

❸すぐれている。偉大な。

【洪恩】コウオン 大きく深い恩恵。別表記 鴻恩

【洪業】コウギョウ 大きな事業。「維新の―」別表記 鴻業

【洪図】コウト 大きな計画。別表記 鴻図

熟語「洪学・洪基・洪勲・洪才」

【皇】
5級 9画 白-4 音 コウ(クワウ)漢・オウ(ワウ)呉 訓 きみ・すめらぎ ①2536 Ⓤ7687

難読 皇女(みこ)・皇子(すめみこ)(こみ)・皇神(すべがみ)(すべらがみ・すめかみ)

人名 すべ・すめら

筆順 … 皇

なりたち [形声]自(はじめ)＋王(偉大な統率者)音。最初の王の意。

❶きみ。おおきみ。天子。天皇。すめらぎ。
【皇子】（オウジ） 天皇の男の子。こうじ。みこ。

【皇女】（オウジョ） 天皇の娘。こうじょ。ひめみこ。

【皇位】（コウイ） 「—継承」「—を継ぐ」

【皇居】（コウキョ） 「—外苑」「—に参内する」

【皇宮】（コウグウ） 皇居。宮城。「—警察」

【皇后】（コウゴウ） 天皇・皇帝の正妃。きさき。

【皇嗣】（コウシ） 皇位を継承するよう定められた者。

【皇室】（コウシツ） 「—会議」「—典範」

【皇祖】（コウソ） 天皇の先祖。

【皇宗】（コウソウ） 天皇の歴代の先祖。「皇祖—」

【皇族】（コウゾク） 天皇を除く天皇家一族。

【皇孫】（コウソン） 天皇の孫。また、子孫。

【皇太后】（コウタイゴウ） 先代の天皇のきさき。

【皇太子】（コウタイシ） 次代の天皇となるべき皇子。東宮。春宮。

【皇帝】（コウテイ） 「ナポレオン—」「—ひげ」

熟語 「《コウ》皇裔・皇▼祚・皇儲・皇天・皇妃・教皇・上皇・先皇」「《オウ（ノウ）》勤皇・尊皇・天皇・法皇」

❷亡き父母・祖先を敬っていうことば。
【皇考】（コウコウ） 天子が死去した先帝をいう語。

❸（国）日本。すめらみ国。
【皇紀】（コウキ） 日本書紀にある神武天皇即位の年（前六六〇年）を元年と定めた紀元。

【皇国】（コウコク） 天皇が統治する国。「—史観」

熟語 「《コウ》皇学・皇朝」

【紅】

5級　9画　糸-3

音 コウ漢・ク慣・グ呉
訓 べに・くれない・あか・あか-い

①2540　Ⓤ7D05

難読 紅娘（てんとうむし）・紅殻（ベンガラ）・紅絹（もみ）・吾亦紅（われもこう）
人名 あか・いろ・くれ・もみ

筆順 く 幺 幺 糸 糸 糸 紅 紅 紅

なりたち  ［形声］糸＋工（烘に通じ、あかい）音。赤く染めた糸、あか色の意。

❶くれない。薄い赤色。あか。あかい。
【紅炎・紅▼焔】（コウエン） くれないの炎。

【紅顔】（コウガン） 年若い血色のよい顔。「—の美少年」

【紅色】（コウショク） くれないの色。べにいろ。

【紅唇】（コウシン） 赤いくちびる。美人のくちびる。

【紅▼塵】（コウジン） 俗世間。俗世間の雑事。「—の巷」

【紅潮】（コウチョウ） 頬などが赤らむ。

【紅灯】（コウトウ） 繁華街のはなやかなともしび。あかい灯火。「—の巷」「—緑酒」

【紅梅】（コウバイ） 紅色の花の咲く梅。また、その色。

【紅白】（コウハク） ①赤色と白色。②競技などで対抗する二組。「—戦」

【紅毛】（コウモウ） あかい髪の毛。西洋人。「—碧眼」

【紅葉】（コウヨウ） もみじ。もみじば。「燃えるような—」

【紅涙】（コウルイ） ①女性の流す涙。「—をしぼる」②悲しみの涙。血涙。

【紅楼】（コウロウ） 朱塗りの立派な家。

【紅楼夢】（コウロウム） 中国、清代の長編口語小説。

【紅型】（びんがた） 沖縄で発達した型染め。

【紅殻】（べにがら） 酸化鉄を主成分とした赤色の顔料。ベンガラ。

【紅差し指】（べにさしゆび） くすりゆび。べにつけゆび。

熟語 「紅蓮・紅雨・紅色・紅髯・紅茶・紅潮・紅斑・紅涙・猩紅・真紅・深紅（しんく）・浅紅・淡紅・雁来紅・鮮紅色・百日紅」

❷べに。化粧用のべに。
熟語 「紅脂・紅粉」

❸女性をさしていう語。
【紅一点】（コウイッテン） 男性の中にまじるただ一人の女性。出典 王安石「咏石榴詩」の「万緑叢中紅一点」の句による。

【荒】

〔荒〕9画　艸（艹）-6

4級　9画　艸（艹）-6

音 コウ（クワウ）漢呉
訓 あら-い・あ-れる・あら-す・すさ-ぶ・すさ-む

①2551　Ⓤ8352

難読 荒布（あらめ）・荒屋（あばらや）
人名 あら・あらら

筆順 一 十 艹 艹 芒 芒 芦 芹 荒

なりたち  ［形声］艸＋巟（川に何もない意）音。草のほか何もないの意。

❶土地、生活、気持ちなどがあれる。すさぶ。すさむ。
【荒神】（コウジン） 「三宝荒神」の略。かまどの神。

【荒天】（コウテン） 悪天候。「—をついて出発する」

【荒土】（コウド） 荒れ果てた土地。荒地。

【荒廃】（コウハイ） 荒れ果てる。「戦争で国土が—する」

【荒漠】（コウバク） 荒れ果てて寂しい。「—たる原野」

【荒野】（コウヤ） あれ果てた野原。あれの。

【荒涼】（コウリョウ） 荒れ果てて寂しい。「—とした大地」

熟語 「荒淫・荒地・荒蕪・荒亡・救荒・凶荒」

❷道理に合わない。でたらめ。
【荒誕】（コウタン） おおげさででたらめである。

【荒唐】（コウトウ） 話にとりとめがない。「—無稽」

❸（国）あらい。あらあらしい。乱暴な。激しい。
【荒海】（あらうみ） 波の荒い海。「—に乗り出す」

【荒肝】（あらぎも） 「—をひしぐ（＝ひどく驚かす）」

【荒行】（あらギョウ） 山野などにこもってする荒々しい修行。

【荒波】（あらなみ） 「—にもまれる」

【荒物】（あらもの） 雑貨類。「—屋」

【荒療治】(あらリョウジ) ①手荒な治療。②思い切った改革。

熟語「荒磯(あらいそ)・荒馬・荒砥(あらと)・荒技(あらわざ)」

❹(国)あらす。乱れた状態にする。

【郊】

3級 9画 邑(阝)-6 音 コウ(カウ)漢

①2557 Ⓤ90CA

人名 おか・さと・ひろ

筆順 丶 亠 六 ゔ 交 交' 交ß 郊 郊

なりたち ［形声］交(まじわる)音＋邑(むら)。人々がふつうに交際できる範囲の地域の意。

都の外。町はずれ。

【郊外】(コウガイ) 都市部から離れている。「—の住宅地」

熟語「郊祀(こうし)・遠郊・近郊・秋郊・春郊・西郊」

【香】

4級 9画 香-0 音 コウ(カウ)呉・キョウ(キャウ)漢 訓 か・かおり・かおる・かぐわ-しい・かんば-しい・こう-ばしい

①2565 Ⓤ9999

難読 香子(きょうす)・香香(こうこう)・香魚(あゆ)・香港(ホンコン)・香蒲(がま)・吾木香(われもこう)

人名 たか・よし

筆順 ノ 二 千 禾 禾 禾 香 香 香

なりたち ［会意］黍(きび)＋甘(うまい)。きびを煮た時にただよううまいかおりの意。「香」は略体。

❶か。かおり。よいにおい。かぐわしい。かんばしい。こうばしい。また、ほのかに美しいものの形容。

【香雲】(コウウン) ①立ちのぼって雲のように見える香の煙。②満開の桜花の様子。

【香気】(コウキ) よいかおり。芳香。「—を放つ」

【香辛料】(コウシンリョウ) スパイス。「カレーに欠かせない—」

【香水】(コウスイ) 「海外の—」「—をつける」

【香味】(コウミ) かおりとあじわい。「—野菜」「—料」

熟語「香油・暗香・芳香」

❷たきもの。また、よいにおいを発するもの。

【香道】(コウドウ) 香木をたいて香りを鑑賞する芸道。

【香典・香奠】(コウデン) 香のかわりに霊前に供える金品。「—を包む」「—返し」

【香箱】(コウばこ) 香を入れる箱。香合(こうごう)。

【香木】(コウボク) よいかおりのする木。白檀(びゃくだん)など。

【香料】(コウリョウ) ①芳香を発散する物質の総称。②香典。

熟語「香具・香華(こうげ)・香草・香炉・麝香(じゃこう)・焼香・線香・調香・抹香(まっこう)」

❸その他。

【香車】(キョウシャ) 将棋の駒の一。きょうす。やり。

【香魚】(コウギョ) アユの異名。

【香炉峰】(コウロホウ) 中国、江西省廬山(ろざん)の山中の山名。

【(香具師)】(やし) てきや。別表記 野師・弥四

【格】⇩カク(六八ページ)

【耗】⇩モウ(六二一ページ)

【候】

7級 10画 人(亻)-8 音 コウ漢 訓 そうろう・うかが-う

①2485 Ⓤ5019

人名 とき・よし

筆順 亻 亻 亻 伫 伫 侯 候 候

なりたち ［形声］人＋侯(うかがう)音。「侯」が諸侯の意に専ら用いられるようになったため、「人」を加えた。

❶うかがう。様子を見る。

熟語「斥候(せっこう)」

❷待つ。待機する。

【候補】(コウホ) ある地位につくことを自ら希望し、または人に推されている。「優勝—」「—者をつのる」

❸とき。時節。

【候鳥】(コウチョウ) 渡り鳥。

熟語「季候・時候」

❹きざし。しるし。

熟語「気候・症候・測候・徴候・天候」

❺はべる。仕える。

熟語「参候・伺候・祗候(しこう)」

❻(国)そうろう。…(で)あります。…(で)ございます。「ある」の丁寧語。

【候文】(そうろうブン) 書簡などで「候」を文末に用いた文。

熟語「居候」

【校】

10級 10画 木-6 音 コウ(カウ)漢・キョウ(ケウ)呉 訓 くら-べる

①2527 Ⓤ6821

人名 とし・なり

筆順 一 十 木 木' 木' 杧 柼 校 校

なりたち ［形声］木＋交(まじわる)音。木を交差させたかせ、また、交互に照らし合わせるの意。さらに、互いに学び合う所の意にも用いる。

❶まなびや。教育するところ。

【校歌】(コウカ) 「卒業式に—を斉唱する」

【校外】(コウガイ) 「—活動」「—学習」

【校紀】コウキ　学校内での風紀。「―を正す」
【校舎】コウシャ　学校の建物。「木造―」
【校章】コウショウ　学校の記章。「―の付いたカップ」
【校則】コウソク　生徒が守るべきことを定めた規則。
【校長】コウチョウ　学校の最高責任者。「―室」
【校庭】コウテイ　学校の庭や運動場。「―で遊ぶ」
【校内】コウナイ　「―放送」
【校風】コウフウ　その学校に独特の気風。「自由な―」
【校門】コウモン　学校の門。「―で待ち合わせる」
【校友】コウユウ　①同じ学校で学ぶ友人。②学校側から卒業生をいう語。
熟語「校医・校歌・校規・校旗・校具・学校・下校・高校・在校・出校・退校・転校・登校・廃校・放校・母校・予備校」

❷くらべる。くらべあわせてただす。しらべる。
【校合】キョウゴウ　他の本との異同を照らし合わせる。こうごう。別表記 挍合
【校閲】コウエツ　文書や原稿の誤りや不足をあらためる。
【校正】コウセイ　もとの原稿と照合して文字や内容の誤りを正す。
【校注・校▼註】コウチュウ　古典を校訂してつける注釈。
【校訂】コウテイ　古書などの本文を他の伝本と比べ合わせて訂正する。「―者」
【校了】コウリョウ　校正が完了する。
熟語「校異・校勘・校本・初校」

❸陣中の大将のいる所に設けたしきり。転じて、指揮官。
熟語「将校」

❹(国)木を井の字の形に組み合わせたもの。あぜ。
【校倉】あぜくら　「―造り」

【耕】

6級　10画　耒-4　音 コウ(カウ)漢　訓 たがやす　①2544　Ⓤ8015

〔耕〕10画 耒-4　〔畊〕9画 田-4　②6525　Ⓤ754A

人名 おさむ・つとむ・やす

筆順 一 三 丰 丰 耒 耒 耒 耕 耕 耕

なりたち [形声]耒(すき)＋井(四角いわく・かた)音。四角く区切られた土地をすきでたがやすの意。

❶たがやす。農地を掘り起こす。
【耕具】コウグ　農耕に用いる道具。
【耕作】コウサク　田畑を耕し、作物を作る。「―に従事する」
【耕地】コウチ　耕作して農作物をつくる土地。
【耕田】コウデン　耕作する田地。
熟語「耕耘こううん・耕人・休耕・秋耕・深耕・水耕・冬耕・農耕・晴耕雨読」

❷働いて収入を得る。
熟語「舌耕・筆耕」

【航】

7級　10画　舟-4　音 コウ(カウ)漢　訓 わた-る・ふね　①2550　Ⓤ822A

人名 かず・わたる

筆順 丿 介 介 角 舟 舟 舟 舫 舫 航

なりたち [形声]舟＋亢(上に盛りあがったのどぼとけの象形)音。舟が勇ましくぐいぐいと前に進むの意。

❶わたる。船で水上をわたる。乗り物で空を飛ぶ。
【航海】コウカイ　船で海洋を渡航する。「―日誌」
【航空】コウクウ　航空機で空を航行する。「―便」「―写真」
【航行】コウコウ　船で水上を行く。航空機が航路を進む。
【航路】コウロ　船舶・航空機が通行する道。「定期―」
熟語「航跡・航程・航空機・運航・曳航えいこう・回航・外航・帰航・寄航・欠航・周航・就航・出航・巡航・潜航・直航・渡航・難航・復航・密航・来航」

❷ふね。二隻ならんだふね。
熟語「軽航」

【貢】

準2級　10画　貝-3　音 コウ漢・ク呉　訓 みつ-ぐ・みつ-ぎ　①2555　Ⓤ8CA2

人名 すすむ・つぐ・みつ

筆順 一 エ 工 丁 青 青 貢 貢 貢 貢

なりたち [形声]工(のみなどの工具でつらぬく)音＋貝(たから)。財貨を地方から中央へ直接におさめるの意。

❶みつぐ。たてまつる。みつぎ。
【貢献】コウケン　あずかって力をつくす。寄与。「社会―」
【貢租】コウソ　みつぎもの。年貢。
【貢納】コウノウ　みつぎものをおさめる。
熟語「貢進・進貢・朝貢・調貢・入貢・来貢・年貢ねんぐ・来貢」

❷すすめる。人選する。
熟語「貢挙」

【降】

5級　10画　阜(阝)-7　音 コウ(カウ)漢呉・ゴウ(ガウ)呉　訓 お-りる・お-ろす・ふ-る・くだ-す・くだ-る・ふ-らす　①2563　Ⓤ964D

〔降〕9画 阜(阝)-6

筆順 了 阝 阝 阾 阾 降 降 降 降 降

なりたち ［形声］阜(おか)＋夅(下向きの両足)音。おかをくだる意から、高い所から低い所へおりる意を表す。

❶ふる。雨などが落下する。ふらす。
【降雨】コウウ　雨が降る。「記録的な―量」
【降水】コウスイ　「―確率が高い」
【降雪】コウセツ　雪がふる。「例年にない―量」

❷高い所や乗り物などからおりる。
【降下】コウカ　①高い所からおりる。「落下傘―」②命令がくだる。「大命―」
【降車】コウシャ　下車。「バスの―口」⇕乗車
【降将】コウショウ　投降した大将。
【降壇】コウダン　壇から降りる。⇕登壇
【降板】コウバン　投手がマウンドを降りる。⇕登板
熟語「下降・滑降・昇降・乗降」

❸おろす。高い地位からはずす。くだす。くだる。
【降嫁】コウカ　皇女・王女が臣下にとつぐ。「臣籍―」
【降格】コウカク　階級や地位を下げる。⇕昇格
【降職】コウショク　下級の職務に下げる。降任。降格。
熟語「左降」

❹時が移る。…からのち。
熟語「以降」

❺あまくだる。うまれる。
【降誕】コウタン　神仏・貴人・聖人などが生まれる。「―会(＝花祭り)」「―祭(＝クリスマス)」
【降臨】コウリン　神仏が天下る。「天孫―」

❻負ける。やぶれる。負かす。
【降参】コウサン　①戦いに負け、相手に従う。②閉口する。「この暑さには―だ」
【降伏・降服】コウフク　戦いに負けて、敵に服従する。「無条件―」
熟語「投降」

❼悪魔などをおさえ鎮める。
【降伏】ゴウブク　神仏の力により、悪魔などを抑え鎮める。調伏(ちょうぶく)。
【降魔】ゴウマ　悪魔を降伏(ごうぶく)する。がま。

【高】

9級　10画　高-0　①2566　Ⓤ9AD8

音 コウ(カウ)漢呉
訓 たかい・たか・たかまる・たかめる・たかぶる

〔髙〕11画　高-1　Ⓤ9AD9

難読 高天原(たかまがはら)(たかまのはら)・高砂(たかさご)・高粱(コーリャン)・高麗(こま)
人名 あきら・すけ・たかし・たけ
筆順 亠 亡 亩 亨 声 高 高 高
なりたち ［象形］たかい建物と入り口の形にかたどり、建物がたかい意を表す。

❶空間、身分・地位、価格、温度圧力などがたかい。また、人格などがすぐれている。立派な。
【高圧】コウアツ　高い圧力。「―的な態度」⇕低圧
【高音】コウオン　高い音。大きな声。⇕低音
【高温】コウオン　高い温度。「―多湿」⇕低温
【高価】コウカ　値段が高い。「―な贈り物」⇕安価・廉価
【高架】コウカ　地上高くかけ渡されている。「―橋」
【高歌】コウカ　大声で歌う。「―放吟」
【高雅】コウガ　けだかくて優雅である。
【高額】コウガク　金銭の額が大きい。「―宝くじ」⇕小額・低額
【高官】コウカン　高い地位の官職。「高位―」
【高貴】コウキ　①身分が高い。②値が高い。「―な壺」
【高級】コウキュウ　品質・程度などが高い。「―車」⇕低級
【高給】コウキュウ　高い給料。「―取り」⇕薄給
【高吟】コウギン　高い声で詩歌を吟ずる。
【高下】コウゲ　高いと低い。「株の乱―」
【高潔】コウケツ　けだかく清らかである。「人格―」
【高原】コウゲン　高度の高い平原。「―野菜」
【高座】コウザ　演芸のために設けた一段高い席。
【高札】コウサツ　①相手の手紙を敬っていう語。②布告や命令などを記し、人通りの多い所に高くかかげた札。
【高山】コウザン　高い山。「―植物」「―病」
【高直】コウジキ　値が高い。「諸式―な時節」⇕下直(げじき)
【高所】コウショ　高い場所。高い見地。「―恐怖症」「大所―から論ずる」⇕低所
【高尚】コウショウ　知性・品性が高い。「―な趣味」⇕低俗
【高唱】コウショウ　声高く歌う。「寮歌を―する」
【高祖】コウソ　①遠い先祖。②曽祖父の親。③中国で、王朝を開いた初代皇帝の廟号(びょうごう)。④仏教で、一宗派の開祖。
【高僧】コウソウ　①徳の高い僧。②官の高い僧。
【高層】コウソウ　①空の高い所。「―の気流」②層が高い。「―建築」
【高速】コウソク　①高速度。「―回転」⇕低速。②高速道路の略。「東名―」
【高大】コウダイ　高く大きい。「―な理想」
【高地】コウチ　海抜の高い地域。⇕低地
【高低】コウテイ　「土地の―」「気温の―」
【高度】コウド　①海水面、または地面からの高さ。「―計」②天体に対する仰角。③程度が高い。「―な文明」
【高等】コウトウ　程度が高い。高級。「―な技術」⇕下等
【高踏】コウトウ　気位を高く保つ。「―的」
【高騰】コウトウ　物価などが高く上がる。別表記 昂騰
【高徳】コウトク　人徳が優れて高い。「―の僧」
【高年】コウネン　年をとっている。高齢。「中―」
【高邁】コウマイ　けだかく優れている。「―な理想」
【高揚】コウヨウ　気分が高まる。「感情が―する」別表記 昂揚

【高欄】(コウラン) 橋・廊下などにつけた欄干(らんかん)。別表記 勾欄
【高齢】(コウレイ) 年齢が高い。高年。「―化社会」

【高炉】(コウロ) 鉄鉱石から銑鉄を作る円筒形の溶鉱炉のこと。

【高楼】(コウロウ) 高い楼閣。たかどの。「―の宴」

【高▼禄】(コウロク) 多額の俸禄。高給。「―をはむ」

【高論】(コウロン) ①優れた議論。「―卓説」②他人の意見を敬っていう語。

【高きに登るは必ず低きよりす】手近な所から始めて着実に進めねばならない。出典「書経(太甲下)」「中庸」より。

【高潮】(たかしお) 暴風津波。風津波。

【高台】(たかダイ) 「―の住宅地」

【高▼坏】(たかつき) 食物などを盛るための脚のついた器。

【高飛車】(たかビシャ) 頭ごなしに相手をおさえつけること。高圧的。「―な態度」注記 将棋で、飛車を自陣の前に出して攻勢に出る戦法から。

【高▼楊枝】(たかヨウジ) 満腹したさまにいう。「武士は食わねど―(=気位が高い。また、やせがまん)」

熟語「高位・高遠・高閣・高誼(こうぎ)・高家・高士・高志・高次・高弟・高熱・高木・高明・高利・高気圧・音高・孤高・最高・座高・至高・車高・崇高・登高・波高・鼻高・標高」

❷相手の行為などを敬っていう語。
【高恩】(コウオン) 高大な恩義。はかりしれない恩義。

【高見】(コウケン) 立派な考え。相手の意見を敬っていう語。

【高説】(コウセツ) すぐれた意見。相手の意見を敬っていう語。

【高著】(コウチョ) 相手の著書を敬っていう語。

【高配】(コウハイ) 相手を敬ってその心くばりをいう語。

【高批】(コウヒ) 相手の批評を敬っていう語。

【高▼庇】(コウヒ) 相手を敬ってその庇護をいう語。おかげ。「御―をこうむる」

【高評】(コウヒョウ) ①相手の批評を敬っていう語。②評判が高い。「―を受ける」

【高名】(コウメイ) ①有名。「―な画家」②相手を敬ってその名前をいう語。「御―は承っております」

【高覧】(コウラン) 相手を敬ってその人が見ることをいう語。「御―に供す」

【高話】(コウワ) 相手の話を敬っていう語。「御―を拝聴する」

❸たかまる。高くなる。たかめる。
【高潮】(コウチョウ) ①たかしお。②調子や程度が極度に高まる。「興奮が最―に達する」

❹たかぶる。おごる。
【高言】(コウゲン) 「自分が第一人者だと―する」

【高慢】(コウマン) 「―なやつ」「―ちき」

❺(国)「高等」、また「高等学校」の略。
【高校】(コウコウ) 「高等学校」の略。「商業―」
熟語「高裁・高師・高卒・工高・商高・中高・特高・農高・付属高」

❻(国)たか。収入などの総量。最大値。限度。
熟語「高の知れたこと・石高・残高・収穫高」

❼その他。
【高句麗・高勾麗】(コウクリ) 古代朝鮮の一国(?〜六六八)。

【高麗】(コウライ) 王建が建てた朝鮮の王朝(九一八〜一三九二)。高麗(こま)。

【康】

7級 11画 广-8 音 コウ(カウ)漢 呉 訓 やす-い・やす-らか ①2515 Ⓤ5EB7

人名 しず・しずか・みち・やす・やすし・よし

筆順 亠 广 户 庐 庐 庚 康 康

なりたち 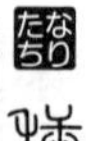 [形声]庚(きねを両手で持ち上げ、つく)音＋米。みのりが多くやすらかであるの意。篆文では、禾(作物)＋庚音＋米。

❶やすい。やすらか。無事。
【康寧】(コウネイ) 安らかである。「安楽―」
熟語「康楽・安康・小康」

❷からだがじょうぶである。
熟語「康健・健康・清康」

❸その他。
【康熙字典】(コウキジテン) 字書。康熙帝の勅命により、張玉書・陳廷敬らが編纂。一七一六年刊。

【康熙帝】(コウキテイ) (一六五四〜一七二二) 中国、清の第四代皇帝(在位一六六一〜一七二二)。

【控】

3級 11画 手(扌)-8 音 コウ漢・クウ呉 訓 ひか-える ①2521 Ⓤ63A7

筆順 一 扌 扌 扩 拧 控 控

なりたち  [形声]手＋空(くぼんだ穴)音。くぼんだように、まわりよりも後ろにさげるの意。

❶さしひく。取り除く。
【控除】(コウジョ) ある金額・数量などを差し引く。「扶養―」「―額」別表記 扣除

❷つげる。うったえる。
【控訴】(コウソ) 上級裁判所に審理のやり直しを求める訴訟手続き。「―審」「―棄却」
熟語「控告」

❸ひかえる。おさえる。また、近くにある。待機する。書き留める。

【控え室】ひかえシツ 控えているための部屋。「講師―」
用例「後ろに山が控える・試合を翌日に控える」
❹弓をひく。
熟語「控弦」

【梗】

2級 11画 木-7 新常用
音 コウ(カウ)漢・キョウ(キヤウ)呉
訓 やまにれ・ふさ-ぐ・おおよそ
①2528 Ⓤ6897

筆順

なりたち [形声]木＋更(かためる)音。かたくて、しんとなるような木の意。

❶おおよそ。あらまし。骨組み。
【梗概】コウガイ あらすじ。「論文の―」
❷ふさぐ。ふさがる。
【梗塞】コウソク ふさがって通じなくなる。「心筋―」
❸「桔梗ききょう」は、ききょう。山野に自生する多年草。秋の七草の一。根を薬用とする。
❹やまにれ。楡にれの一種。かたいとげのある木。

【黄】

9級 11画 黄(黃)-0
音 コウ(クワウ)漢・オウ(ワウ)呉
訓 き・こ
①1811 Ⓤ9EC4

〔黃〕12画 黄-0 ③9481 Ⓤ9EC3

難読 黄皮木(黄枇)わんぴ・黄昏たそがれ・黄粉きなこ・黄葉もみじ(もみじば)・黄楊つげ・黄蜀葵とろろあおい・黄槿はまぼう・黄檗きはだ(きわだ・おうばく)・黄鼬てん・黄櫨はじ(はじ・はぜ・はぜのき)・黄鐘おうしき
人名 かつみ

筆順

なりたち [象形]先端に火をつけて飛ばす矢の形にかたどり、火の色であるきいろの意を表す。

❶き。きいろ。こ。きいろい。また、きばむ。きいろになる。
【黄金】オウゴン 金きん。また、金のように価値のあるもの。「―の杯」「―の右腕」
【黄疸】オウダン 胆汁色素で皮膚や粘膜が黄色くなる症状。
【黄身】きみ 「白身と―にわける」
【黄泉】コウセン 冥土めいど。よみじ。
【黄道】コウドウ 地球から見て、太陽の一年間の軌道を示す天球上の円。
【黄門】コウモン ①中納言の唐名。②徳川光圀みつくにの通称。
【黄葉】コウヨウ 秋、葉が黄色に変わる現象。もみじ。
【黄粱】コウリョウ 植物オオアワの漢名。「―一炊之夢」
【黄金】こがね ①おうごん。きん。②金貨。③「黄金色」の略。「―の波」
【〈黄泉〉】よみ 「こうせん(黄泉)」に同じ。「―の国」
熟語「《オウ》黄金・黄熟おうじゅく・黄土おうど(こうど)・黄銅・黄麻おうま(こうま)・硫黄いおう・大黄・卵黄」「《コウ》黄塵こうじん・黄濁・黄梅・黄落・浅黄せんこう(あさぎ)・淡黄」「《き》萌黄もえぎ」
❷その他。
【黄河】コウガ 中国第二の大河。
【黄鶴楼】コウカクロウ 中国、湖北省武漢にあった高殿。
【黄巾の乱】コウキンのラン 中国、後漢末の農民反乱。
【黄石公】コウセキコウ 中国、秦末の隠士。
【黄帝】コウテイ 中国、古代伝説上の帝王。三皇五帝の一人。
【〈黄昏〉】たそがれ ①夕暮れ。「―の町」②人生の盛りをすぎた年代。

【喉】

2級 12画 口-9 新常用
音 コウ漢呉
訓 のど
①2502 Ⓤ5589

筆順

なりたち [形声]口＋侯(まとに向かって矢をはなつ)音。口の奥で、まっすぐに息が通るところ、のどぶえの意。

のど。のどぶえ。呼吸・発声の器官。
【喉頭】コウトウ のどの奥の部分。「―炎」
【喉笛】のどぶえ のどの気管の通っている部分。
【喉仏】のどぼとけ のどの中間にある軟骨が、突き出て高くなっているところ。
【喉元】のどもと ①のどのあたり。②急所。「―をおさえる」
熟語「喉舌・咽喉いんこう」

【慌】

3級 12画 心(忄)-9
音 コウ(クワウ)漢呉
訓 あわ-てる・あわ-ただしい
①2518 Ⓤ614C

〔慌〕12画 心(忄)-9 ― ―

筆順

なりたち [形声]心＋巟(何もない)音。心に何もなく、ぼんやりするの意。

❶あわてる。うろたえる。あわただしい。
熟語「恐慌」
❷うっとりする。
熟語「慌惚こうこつ」

【港】

8級 12画 水(氵)-9
音 コウ(カウ)漢呉
訓 みなと
①2533 Ⓤ6E2F

〔港〕12画 水(氵)-9 ― ―

筆順

なりたち 〔形声〕水＋巷（村里をつらぬく小道）音。水上の通路の意から、船が出入りするみなとの意を表す。

みなと。ふなつきば。

【港口】コウコウ 港の出入り口。港門。
【港湾】コウワン 陸地に入り込んだ海域、およびその付属設備。「―局」
【港町】みなとまち 港を中心として発展した町。
熟語「港内・開港・外港・河港・帰港・寄港・漁港・空港・軍港・出港・入港・母港・要港・良港」

【硬】

3級 12画 石-7 音 コウ（カウ）漢・ゴウ（ガウ）呉 訓 かたい
①2537 Ⓤ786C
人名 かた・かたし
筆順
なりたち 〔形声〕石＋更（かためる）音。石のようにかたまっていてかたいの意。

かたい。力を加えても容易に形を変えない。性格や意志などがつよい。また、文章などがなめらかでなく、ねれていない。

【硬化】コウカ「動脈―」「態度が―する」⇔軟化
【硬貨】コウカ「百円―」
【硬骨】コウコツ ①脊椎動物のかたい骨。②意志や信念を曲げない。「―漢」
【硬直】コウチョク 体などが硬くなり、自由が利かなくなる。柔軟でない。「手足が―する」「―した考え」
【硬軟】コウナン「―両様に対応する」
【硬派】コウハ ①強硬派。②腕力や男らしさなどを誇示する者。▽⇔軟派
【硬筆】コウヒツ ペン・鉛筆などをいう。「―習字」
熟語「硬漢・硬球・硬式・硬質・硬水・硬度・硬骨漢・強硬・堅硬・生硬せいこう」

【絞】

3級 12画 糸-6 音 コウ（カウ）漢・キョウ（ケウ）呉 訓 しぼる・しめる・しまる・くびる
①2542 Ⓤ7D5E
筆順
なりたち 〔形声〕糸＋交（まじわる）音。ひもを交差させてしめるの意。

◇しぼる（絞・搾）◉異字同訓◉
「絞る」は"ねじって水分を出す。無理に出す。せばめる"の意。「雑巾を絞る」「無い知恵を絞る」「論点を絞る」「音を絞る」
「搾る」は"押して液を出す。無理に取り立てる。きびしくする"の意。「乳を搾る」「紅涙を搾るドラマ」「税を搾り取る」「担任の先生に搾られた」

◉異字同訓◉【締】（四七三ページ）の「異字同訓」欄を参照のこと。

❶しめる。ひもや腕などでしめつける。しまる。また、くびる。首をしめくくる。
【絞殺】コウサツ 首をしめて殺す。「―死体」
【絞首】コウシュ 首をしめて殺す。「―刑」
❷（国）しぼる。水分を除く。範囲を狭める。厳しく鍛える。責める。光量・音量を小さくする。
用例「音を絞る・油を絞る・補を絞る・雑巾を絞る」
❸（国）しぼり。布地の一部を糸でくくるなどして模様を染め出す染め方。
熟語「絞り染め」

【項】

4級 12画 頁-3 音 コウ（カウ）漢 訓 うなじ
①2564 Ⓤ9805
人名 うし・うじ
筆順
なりたち 〔形声〕工（工具でまっすぐつらぬく）音＋頁（あたま）。頭から背中へまっすぐつらぬいているくびの意。

❶うなじ。えりくび。
【項垂れる】うなだれる 力なく首を前に垂れる。
熟語「項背・項領」
❷ものを順序だてて分けた小分け。箇条。
【項目】コウモク ①一定の基準で小分けした一つ一つ。項。②辞書の見出し。
熟語「事項・条項・前項・別項・要項・立項」
❸数学上の術語。式を組み立てている要素。
熟語「移項・多項式・同類項」
❹その他。人名など。
【項羽】コウウ 前二三二～前二〇二 秦末の武将。劉邦とともに秦を滅ぼして楚王となったが、垓下がいかの戦いで劉邦に敗れ、烏江で自殺した。

【溝】〔溝〕

準2級 13画 水(氵)-10 音 コウ 漢 呉 訓 みぞ・どぶ
〔溝〕13画 水(氵)-10
①2534 Ⓤ6E9D
筆順
なりたち 〔形声〕水＋冓（左右同じ形に組みたてる）音。両側を同じ形に作ったみぞの意。

みぞ。ほりわり。水をひきこむための水路。
【溝・渠】コウキョ 水を流すみぞ。
熟語「溝壑こうがく・海溝・細溝・側溝・地溝・排水溝」

【鉱】

6級　13画　金-5　音 コウ（クワウ）㊥漢㊥呉　訓 あらがね　①2559　Ⓤ9271

【鑛】23画　金-15　②7942　Ⓤ945B

【砿】10画　石-5　①2560　Ⓤ783F

【礦】20画　石-15　②6672　Ⓤ7926

人名　かね

筆順　ノ 𠆢 亼 牟 余 金 金 釒 鉱

なりたち　［形声］もと「礦」で、石＋黄㊥。黄色い原石の意から、掘り出したままの鉱石の意を表す。のちに「石」を「金」に、「黄」を「廣」に変えた。「鉱」は略字。

❶あらがね。地中に埋蔵されている金属の原料。

【鉱業】コウギョウ　鉱物を採掘、精錬する産業。「―権」

【鉱山】コウザン　有用な鉱物を掘り出す山。「―鉄道」

【鉱石】コウセキ　有用な金属などを含む鉱物。

【鉱泉】コウセン　鉱物成分などを多く含む湧き水。

【鉱物】コウブツ　天然に産する無機物。「―学」「―質」

【鉱脈】コウミャク　鉱物が帯状に詰まってできた鉱床。

熟語「鉱滓（こうさい）・鉱床（こうしょう）・鉱水・鉱毒・鉱脈・鉱油・金鉱・銀鉱・砕鉱・採鉱・炭鉱・探鉱・鉄鉱」

❷「鉱山」の略。

熟語「鉱夫・廃鉱」

【構】

6級　14画　木-10　音 コウ㊥漢　訓 かまえる・かまう・かまえ　①2529　Ⓤ69CB

【構】14画　木-10　―　―

筆順　十 木 朩 栟 栟 構 構 構 構

なりたち　［形声］木＋冓（左右同じ形に組みたてる）㊥。左右均衡がとれるように木を組みたてるの意。

❶かまえる。組み立てる。しくみ。また、建物のかまえ。かこい。

【構外】コウガイ　建物などの囲いの外。⇔構内

【構図】コウズ　絵や写真などの画面の全体の構成。また、物事全体のすがた・かたち。

【構成】コウセイ　いくつかの要素を組み立てて一つのまとまりあるものにする。「家族―」「社会を―する一員」

【構想】コウソウ　これからしようとする事柄について考えを組み立てる。「―を練る」

【構造】コウゾウ　複数のものを組み合わせてつくられたもの。また、そのしくみ。「機械の―」「―改革」

【構築】コウチク　組み立てて築く。「新理論を―する」

【構内】コウナイ　「駅―で待ち合わせる」⇔構外

【構文】コウブン　文章の構造。「複雑な―」「―論」

熟語「構法・遺構・外構・仮構・架構・機構・拱構（きょうこう）・橋構・虚構・結構・再構・入構」

❷（国）かまえる。かまえ。前もって準備する。ある態度を取る。

用例「心構え・斜に構える」

❸（国）かまう。関心を持つ。気にかける。

用例「お構いなく・あたり構わず」

【綱】

3級　14画　糸-8　音 コウ（カウ）㊥漢㊥呉　訓 つな　①2543　Ⓤ7DB1

人名　つね

筆順　幺 糸 糸 絅 絅 網 網 綱

なりたち　［形声］糸＋岡（かたく平らな台地）㊥。太く強いつなの意。

❶つな。植物の繊維などをより合わせたもの。ロープ。

熟語「綱維・手綱（たづな）」

❷物事の根本となる大切なもの。

【綱目】コウモク　物事の大綱と細目。「論旨の―」

【綱要】コウヨウ　もっとも切なところ。「経済学―」

【綱領】コウリョウ　①物事の肝要なところ。要点。②団体の立場・理念・方針などをまとめた文書。「政党の―」

熟語「紀綱・政綱・大綱・要綱」

❸人の守るべききまり、道。

【綱紀】コウキ　国家を治めるおおもと。「―粛正」

熟語「綱紀・綱常・綱理・三綱」

❹生物分類上の一段階。門の下、目（もく）の上。

熟語「亜綱・鳥綱・哺乳綱・両生綱」

【酵】

3級　14画　酉-7　音 コウ（カウ）㊥漢㊥呉　①2558　Ⓤ9175

筆順　一 冂 丙 西 酉 酉 酵 酵 酵

なりたち　［形声］酉（酒つぼ）＋孝（子が親を大切にする）㊥。酒つぼの中で、こうじ菌を大切に生かし作用させるの意。

❶酒のもと。酒を発酵させるもの。こうじかび。

【酵素】コウソ　生体内の化学反応を助ける作用をする物質。「消化―」

【酵母】コウボ　菌類の一種。「天然―」

❷酒ができるときに、かもされてあわだつこと。

熟語「発酵・醱酵」

【稿】

4級　15画　禾-10　音 コウ（カウ）漢呉　訓 わら　①2538 Ⓤ7A3F

〔稾〕15画　禾-10　②6744 Ⓤ7A3E

筆順

なりたち  ［形声］禾（イネ）＋高（のびる）音。のびて刈りとった稲の茎、わらの意から、固くてこなれていない下書きの意を表す。

❶わら。稲や麦などのくき。

熟語「稿人・稿砧（こうちん）」

❷詩文の下書き。

【稿本（コウホン）】下書き。草稿。

熟語「稿料・遺稿・改稿・起稿・寄稿・玉稿・原稿・拙稿・草稿・脱稿・定稿・投稿・入稿」

【興】

6級　16画　臼（臼）-9　音 コウ呉・キョウ漢　訓 おこる・おこす　①2229 Ⓤ8208

人名 おき・き・さき・とも・ふか・ふさ

筆順

なりたち  ［会意］舁（二人が両手で持ちあげる）＋同（おなじ）。二人が同じタイミングで両手で持ちあげる意から、おこす意を表す。甲骨文では、又（手）四つ＋月（興こ）。

◉異字同訓◉【起】（九九ページ）の「異字同訓」欄を参照のこと。

❶おもしろいと感じる。たのしみ。

【興▽醒め（キョウざめ）】面白みがなくなる。「―な話」

【興味（キョウミ）】心がひかれおもしろいと感じる。「―をひく」「―津津（しんしん）」

熟語「《キョウ》興趣・一興・感興・座興・酒興・不興・遊興・余興」

❷おこる。おこす。さかんになる。さかんにする。

【興行（コウギョウ）】芸能・スポーツなどの催し。「地方―」

【興業（コウギョウ）】事業をおこす。「殖産―」

【興廃（コウハイ）】興ることとすたれること。「皇国の―」

【興奮（コウフン）】気持ちが高ぶる。「―のあまり眠れない」

別表記 昂奮・亢奮

【興亡（コウボウ）】盛衰。「民族の―」

【興隆（コウリュウ）】盛んになって栄える。「文化の―」

熟語「《コウ》興起・興国・興敗・再興・振興・即興・中興・廃興・復興・勃興（ぼっこう）・隆興」

【衡】

準2級　16画　行-10　音 コウ（カウ）漢　訓 くびき・はか-る・はかり・よこぎ　①2553 Ⓤ8861

難読 衡胴（かぶきどう）

人名 ちか・ひで・ひとし・ひら・ひろ・まもる

筆順

なりたち  ［形声］行（みち）音＋角（つの）＋大。人を突かないように、牛の大きな角にさしわたした横木の意から、つり合いをとって物の重さをはかるはかり竿（ざお）の意を表す。

❶はかり。はかる。重さをしらべる。

【衡器（コウキ）】秤（はかり）。

【衡量（コウリョウ）】重さや量をはかる。

熟語「度量衡」

❷つりあい。

【衡平（コウヘイ）】つりあう。平衡。

熟語「均衡・権衡・平衡」

❸よこ。くびき。よこぎ。車を引く牛馬の頸（くび）の後ろにかける横木。

熟語「衡宇・衡門・連衡・合従連衡（がっしょうれんこう）」

【鋼】

5級　16画　金-8　音 コウ（カウ）漢呉　訓 はがね　①2561 Ⓤ92FC

人名 かた

筆順

なりたち ［形声］金＋岡（かたく平らな台地）音。かたくきたえられた鉄、はがねの意。

はがね。硬く鍛えた鉄。

【鋼索（コウサク）】ワイヤーロープ。「―鉄道」

【鋼鉄（コウテツ）】①はがね。②ねばり強いもの。「―の意志」

熟語「鋼管・鋼玉・鋼材・鋼製・硬鋼・精鋼・製鋼・粗鋼・鉄鋼・軟鋼」

【講】

6級　17画　言-10　音 コウ（カウ）漢呉　①2554 Ⓤ8B1B

〔講〕17画　言-10

人名 つぐ・のり・みち・みな

筆順

なりたち 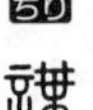 ［形声］言＋冓（左右同じ形に組みたてる）音。双方が同じ理解に達するように話す意。

❶解きあかす。のべる。

【講演（コウエン）】「学術―会」「基調―」

【講義（コウギ）】「集中―」「―録」

【講座（コウザ）】「社会人―」「夏期―」

【講師（コウシ）】「講演会の―」「非常勤―」

【講釈（コウシャク）】①文章や語句の意味を説明する。また、もったいぶって説明する。「―を垂れる」②講談。「―師」

【講談（コウダン）】寄席演芸の一。「―師」

【講壇】ダンコウ 講義をする壇。「―に立つ」
【講堂】ドウコウ 「朝礼を―で行う」
【講読】ドクコウ 書物を読み、内容を解説する。
【講評】ヒョウコウ 理由を示し批評する。「選者―」
【講話】ワコウ 説き聞かす。また、その話。
熟語「講筵(こうえん)・講解・講究・講説・開講・休講・欠講・受講・出講・進講・聴講・披講・輪講」

❷ならう。けいこする。
【講習】コウシュウ 一定期間、学問・技芸などを教える。
熟語「講習」

❸和解する。仲直りする。
【講和】コウワ 「―条約を締結する」 別表記 媾和

❹仏典を講ずる法会。
熟語「講会(こうえ)・講式・観音講」

❺(国)こう。仏事や神事を行うための結社。また、相互扶助団体。組合。
熟語「講社・講中・伊勢講・富士講・無尽講(むじんこう)」

【購】〔購〕

17画 貝-10

準2級 17画 貝-10 音 コウ 漢 訓 あがな-う

①2556 Ⓤ8CFC

筆順 月 貝 貝 貯 貯 購 購 購

なりたち [形声]貝(財貨)+冓(左右同じ形に組みたてる)音。双方が値段の折り合いをつけて取り引きするの意。

◇あがなう(▽購・▽贖) ◉異字同訓◉
「購う」は"買い求める。ある物と引き換えに別の物を得る"の意。「書を購う」「努力によって購われた地位」
「贖う」は"罪をつぐなう"の意。「死をもって罪を贖う」

代金をはらって買い求める。
【購読】コウドク 書籍などを買って読む。「定期―」
【購入】コウニュウ 買い入れる。「共同―」
【購買】コウバイ 買う。買い入れる。「―部」「―層」

こう

【乞】

2級 3画 乙-2 新常用 音 キツ漢・コツ呉 訓 こう

①2480 Ⓤ4E5E

難読 乞巧奠(きこうでん)(きっこうでん)・乞児(ほいと)(ほかいびと)

筆順 ノ 𠂉 乞

なりたち [象形]いきや気体がくねってたちのぼるさまにかたどる。もと、「気」に同じ。哀れげにかすれた声を出す意から、物をこう意を表す。

こう。求める。願う。
【乞食】コジキ 物もらい。おこも。こつじき。
熟語「乞丐(きっかい)(こつがい)」

ゴウ

【号】〔號〕

13画 虍-7

8級 5画 口-2 音 ゴウ(ガウ)呉・コウ(カウ)漢 訓 さけ-ぶ・な

①2570 Ⓤ53F7 ②7343 Ⓤ865F

人名 な

筆順 丶 口 口 旦 号

なりたち [号][形声]口＋丂(曲がる)音。悲しみのあまり言葉に出せずに泣きさけぶの意。[號][形声]号(さけぶ)音＋虎。虎がほえる、大声でさけぶの意。

❶さけぶ。泣きさけぶ。
【号泣】ゴウキュウ 大声をあげて泣き叫ぶ。
熟語「号哭・呼号(こごう)・怒号」

❷大きな音を出して指図する。いいつける。
【号砲】ゴウホウ 合図として撃つ銃砲。
【号令】ゴウレイ ①大声で指図する。「―をかける」②支配者が命令を出す。「天下に―する」
熟語「号音・号火」

❸合図。しるし。
熟語「暗号・記号・信号・符号・略号」

❹よびな。名。また、車・船などの名に添えることば。
熟語「雅号・元号・国号・諡号(しごう)・称号・商号・年号・番号」

❺順位・順序・等級を表すことば。
【号外】ゴウガイ 「金メダル獲得を知らせる―」
【号俸】ゴウホウ 公務員の職階によって区分した給与。
熟語「号外・年号・番号・毎号・一月号」

【合】

9級 6画 口-3 音 ゴウ(ガフ)呉・ガッ慣・カッ慣・コウ(カフ)漢 訓 あう・あわす・あわせる・あ-わさる

①2571 Ⓤ5408

難読 合羽(カッパ)・合決(あいじゃくり)・百合(ゆり)

人名 あい・はる・よし

筆順 ノ 人 亼 亼 合 合

なりたち  [会意]亼(おおうもの、ふた)＋口(うつわ)。器にふたをする、あわせるの意。

◉異字同訓◉

◇あう(合・会・▾逢・遭)

「合う」は"一つに合する。調和する。適合する"の意。「彼とは気が合う」「サイズが合う」「相性が合う」

「会う」は"顔を合わせる。対面する"の意。「先輩に会う」「打ち合わせのため喫茶店で会う」

「逢う」は"出会う。落ち合う"の意。「恋人に逢う」「会う」とも書く。

「遭う」は"好ましくないことに出会う"の意。「にわか雨に遭う」「交通事故に遭う」

❶あう。あわす。であう。また、一致する。理にかなう。

【合戦】カッセン 敵味方が出会って行われる戦い。

【合点】ガッテン 承知。がてん。「―がいく」「―承知之助」

【合併】ガッペイ 複数のものが一つになる。「市町村―」「―症」

【合意】ゴウイ 意見が一致する。「―に達する」

【合格】ゴウカク ①試験などに受かる。②ある条件に合っている。「建築基準に―する」「―品」

【合憲】ゴウケン 憲法の規定にかなっている。⇔違憲

【合否】ゴウヒ 合格と不合格。「―の判定」

【合法】ゴウホウ 適法。「―的に活動する」⇔不法

【合理】ゴウリ 道理にかなっている。「―的判断」

熟語「《ガッ》合致(がっち)」「《ゴウ》暗合・競合・整合・談合・適合・符合」

❷あわせる。あわさる。いっしょになる。

【合切】ガッサイ 何もかもすべて。「一切―面倒をみる」

【合作】ガッサク 力を合わせて作る。「日米―」

【合算】ガッサン 合わせ加えて計算する。

【合宿】ガッシュク 「スキー―」「―所」

【合唱】ガッショウ 「混声―団」「―サークル」

【合掌】ガッショウ 両手のひらを顔や胸の前で合わせて拝む。

【合従連衡】ガッショウレンコウ 時々の利害に応じて、団結したり離れたりする政策。注記「合従」は、中国、戦国時代に、蘇秦(そしん)が唱えた政策。「連衡」は、張儀の唱えた秦の対外政策。

【合奏】ガッソウ 二つ以上の楽器で演奏する。⇔独奏

【合体】ガッタイ 二つ以上の物が一つになる。

【合致】ガッチ ぴったり合う。「目的に―する」

【合議】ゴウギ 一緒に相談する。「―機関」

【合計】ゴウケイ 「三教科の―得点」「―金額」

【合▾祀】ゴウシ 二柱以上の神や霊を一神社に合わせ祀(まつ)る。「戦没者を―する」

【合成】ゴウセイ 二つ以上の物を合わせて、一つのものを作り出す。「―写真」

【合同】ゴウドウ 別々の物をいっしょにする。「―協議」

【合弁・合▾辦】ゴウベン 共同で事業をするための資本提携。「―会社」「―事業」

【合流】ゴウリュウ 「先発隊に―する」「―点」

熟語「《ガッ》合評・合併・合本」「《ゴウ》合金・合計・化合・迎合・結合・混合・集合・接合・総合・調合・併合・融合・離合・連合」

❸容量の単位。一升の十分の一。

❹(国)あいだ。そのあたり。

【合(い)服】あいフク 春や秋に着る洋服。間着。別表記 間服

【合間】あいま 「仕事の―」「―をみて会う」

熟語「《あい》具合・頃合・歩合・割合」

❺(国)ごう。登山路の道のりを一〇に分けた一つ。

熟語「八合目」

❻その他。

【〈合歓〉木】ねむのき マメ科の落葉高木。合歓木(ごうかんぼく)。

【拷】

準2級 9画 手(扌)-6 音 ゴウ(ガウ)呉・コウ(カウ)漢 訓 う-つ ①2573 Ⓤ62F7

筆順 十 扌 扌 扌 扌 拷 拷 拷

なりたち [形声]手＋考(奥までつきつめる)音。打ちすえ責めつけるの意。

うつ。たたく。罪を白状させるために肉体的苦痛を与える。

【拷問】ゴウモン 自白させるため、肉体的苦痛を与える。

熟語「拷器・拷掠(ごうりゃく)(こうりゃく)」

【剛】

準2級 10画 刀(刂)-8 音 ゴウ(ガウ)呉・コウ(カウ)漢 訓 かた-い・つよ-い ①2568 Ⓤ525B

人名 かた・たか・たかし・たけ・たけし・つよ・つよし・ひさ・まさ・よし

筆順 丨 冂 冂 冂 冂 岡 岡 剛

なりたち  [形声]岡(かたく平らな台地)音＋刀。刀がかたく丈夫である意から、つよい意を表す。

つよい。力づよい。意志がしっかりしている。また、かたい。曲がらない。

【剛▾毅】ゴウキ 意志が強く屈しない。別表記 豪毅

【剛毅(ごうき)木訥(ぼくとつ)仁(じん)に近し】 意志が強く、飾りけがないのは仁に近い。出典「論語子路」より。

【剛健】ゴウケン 心身ともに強くたくましい。「質実―」

【剛直】ゴウチョク 気性が強くくじけない。「―な意見」

【剛勇】ゴウユウ 強く勇気がある。別表記 豪勇

【剛戻(ごうれい)自(みずか)ら用(もち)う】 強情で、自分の主張を押し通す。出典「史記秦始皇本紀」より。

熟語「剛気・剛強・剛体・剛胆・剛毛・強剛・健剛・金剛・内柔外剛」

【強】⇩キョウ(一三一ページ)
【郷】⇩キョウ(一三二ページ)
【業】⇩ギョウ(一三五ページ)

【傲】

2級　13画　人(亻)-11　新常用
音 ゴウ(ガウ)漢呉
訓 おご-る・あなど-る
②4894　Ⓤ50B2

筆順 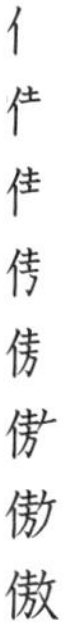

なりたち  [形声]人＋敖(思う存分に大声を出す)音。相手かまわず思う存分にふるまう人の意から、おごる意を表す。

おごる。たかぶる。おごり。また、あなどる。見下す。軽視する。


【傲岸】(ゴウガン) おごりたかぶっている。「—不遜」「—な態度」注記「岸」は切り立っている意。

【傲然】(ゴウゼン) 偉そうに人を見下す。「—と構える」

【傲慢】(ゴウマン) おごり高ぶって人をあなどる。「—な態度」「—無礼」

熟語「傲骨・驕傲(きょうごう)・倨傲(きょごう)・奢傲(しゃごう)」

【豪】

4級　14画　豕-7
音 ゴウ(ガウ)呉・コウ(カウ)漢
訓 つよ-い
①2575　Ⓤ8C6A

難読 豪猪(やまあらし)
人名 かつ・すぐる・たけ・たけし・つよ・つよし・とし・ひで

筆順 

なりたち  [形声]「高の略体」(たかい)音＋豕(ブタ)。かたくて長い毛のあるヤマアラシの意。また、つよい、勇ましいの意を表す。

❶つよい。力強くて勇気がある。
【豪快】(ゴウカイ) 気持ちがよいほど力強い。「—な投げ技」
【豪気】(ゴウキ) 気が強く屈しない。「—な性質の男」
【豪語】(ゴウゴ) 自信たっぷりに言う。「必ず勝つと—する」
【豪胆】(ゴウタン) ものに動じない。「—無比」別表記 剛胆
【豪放▼磊落】(ゴウホウライラク) 大らかで、こだわらない。「—な人物」
【豪勇】(ゴウユウ) 強く勇気がある。別表記 剛勇
熟語「豪宕(ごうとう)・豪放・豪邁(ごうまい)・強豪・古豪・酒豪」

❷勢いがさかんである。
【豪雨】(ゴウウ) 激しく降る雨。「集中—」

【豪華】(ゴウカ) 「—客船」「—絢爛(けんらん)」

【豪▼奢】(ゴウシャ) なみはずれた贅沢(ぜいたく)。「—な邸宅」

【豪商】(ゴウショウ) 財力のある商人。おおあきんど。

【豪勢】(ゴウセイ) ぜいたくで立派なさま。「—に振る舞う」

【豪雪】(ゴウセツ) 「—地帯」

【豪族】(ゴウゾク) 昔、強い勢力を持った土着の一族。

【豪遊】(ゴウユウ) ぜいたくに遊ぶ。「銀座で—する」

熟語「豪壮・豪邸・富豪」

❸才知・力量にすぐれた人。
【豪傑】(ゴウケツ) 強く勇ましい人。「英雄—」「—笑い」
熟語「剣豪・文豪」

❹すこし。わずか。細い毛。同毫。
熟語「豪髪」

❺〔国〕「豪太剌利(オーストラリア)」の略。もと「濠」と書いた。
【豪州】(ゴウシュウ) オーストラリア。別表記 濠州・濠洲
熟語「日豪親善」

【石】⇩セキ(三七二ページ)

【克】

3級　7画　儿-5
音 コク漢呉
訓 か-つ・よ-く
①2578　Ⓤ514B

人名 かつ・かつみ・すぐる・たえ・なり・まさる・よし

筆順 

なりたち  [象形]重いかぶとを身に付けたさまにかたどる。重さに耐え抜く、うちかつの意を表す。

❶かつ。困難や苦しみをのりこえる。
【克服】(コクフク) 努力して困難な状態を乗り越える。

【克己】(コッキ) 自分に打ち勝つ。「—心」

【克己復礼】(コッキフクレイ) 自分の欲望をおさえて、礼儀にかなった行動をとる。出典「論語顔淵」による。

熟語「相克・超克」

❷よく。十分に。
【克明】(コクメイ) 細かではっきりしている。「—に記す」

【告】〔告〕

7級　7画　口-4
音 コク慣・コウ(カウ)漢・ゴウ(ガウ)呉
訓 つげる
①2580　Ⓤ544A

〔告〕7画　口-4　Ⓤ543F

難読 告天子(ひばり)・告文(こうもん)(こうぶん・つげぶみ)・告言(のりごと)・告朔(こうさく)(こくさく)・視告朔(こうさく)
人名 しめす

筆順 

なりたち  [会意]牛＋口(わく)。牛の角に木のわくをはめ動けなくするの意。借りて、告げる意を表す。

❶つげる。しらせる。かたる。

【告示】(コクジ) 公的機関が公式に知らせる。「内閣―」

【告辞】(コクジ) 告げさとす言葉。「校長―」

【告知】(コクチ) 事実を通知する。「病名を―する」

【告白】(コクハク) 打ち明ける。「真実を―する」

【告別】(コクベツ) 別れをつげる。「―式(=葬式)」

【告げ口】(つげぐち) そっと他人に告げる。「先生に―する」

熟語「告諭・戒告・勧告・警告・公告・広告・申告・宣告・布告・報告・密告・予告」

❷うったえる。願い出る。
【告訴】(コクソ) 被害者が、捜査機関に犯罪事実を申告し、被疑者の訴追を求める。

【告発】(コクハツ) ①悪事・不正などをあばく。②被害者以外の者が捜査機関に犯罪事実を申告し、被疑者の訴追を求める。

熟語「原告・上告・被告」

【谷】

9級 7画 谷-0 音 コク 漢 呉 訓 たに・きわ-まる ①3511 Ⓤ8C37

難読 谷地(やち)・谷行(たにこう)
人名 ひろ・や
筆順 ノ ハ ク 父 谷 谷 谷
なりたち [会意]八(左右に分かれる)二つ＋口(あな)。深く切れこんだたて穴の意。

❶たに。山または丘にはさまれた細長い溝状の低地。
【谷間】(たにま) 「―の姫百合」「連休の―の出勤日」
熟語「谷川・河谷・峡谷・渓谷・幽谷」

❷きわまる。ゆきづまる。

❸その他。
【谷町】(たにまち) 相撲界で、力士のひいき筋。

【刻】

5級 8画 刀(刂)-6 音 コク 漢 呉 訓 きざ-む・とき ①2579 Ⓤ523B

人名 とき
筆順 ` 亠 亡 亥 亥 亥 刻 刻
なりたち [形声]亥(ブタの骨格)音＋刀。ブタのかたい骨に刀で切れ目を入れる意から、きざむ意を表す。

❶きざむ。ほりつける。また、心にきざむ。銘記する。
【刻印】(コクイン) ①印を彫る。②いつまでも消えないしるしを刻む。「心に―された戦争体験」

【刻舟】(コクシュウ) 古いしきたりを守り、融通が利かない。舟に刻(きざ)して剣を求む。出典「呂氏春秋(察今)」より。楚人が舟から水中に剣を落とし、あとで探す時のために、舷(ふなべり)に目印を付けておいたが結局見つからなかったという故事から。

熟語「印刻・寸刻・即刻・打刻・彫刻・篆刻(てんこく)・復刻・覆刻」

❷むごい。ひどい。容赦がない。
熟語「刻薄・苛刻(かこく)・残刻・深刻」

❸身を苦しめる。
【刻苦】(コック) 自らを苦しめ努力する。「―精励」
熟語「刻骨」

❹水時計の目盛り。転じて、時間のきざみめ。とき。
【刻限】(コクゲン) 定刻。「―に遅れる」
熟語「刻一刻・時刻・遅刻・定刻・漏刻(ろうこく)」

【国】

9級 8画 口-5 音 コク 漢 呉 訓 くに ①2581 Ⓤ56FD

〔國〕11画 口-8 ②5202 Ⓤ570B
〔圀〕9画 口-6 ②5191 Ⓤ5700

注記「圀」は、唐の則天武后が定めたいわゆる則天文字の一つ。「國」が或(=惑)の字を含むのを嫌ったための字。
難読 国府(こくふ)(こくぶ)・国後島(くなしりとう)・国風(くにぶり)・国巣(国樔)(くず)・国造(くにのみやつこ)
人名 とき
筆順 丨 冂 冂 冂 冂 国 国 国
なりたち [形声]囗(かこい)＋或(ある領域を、武器を持って守る)音。武装して守る領域の意から、統治されたくにの意を表す。「国」は略字。

❶くに。一つの政府に治められている地域。独立した国家。〔国〕古代から近世までの行政単位の一。
【国(くに)破れて山河(さんが)あり】国家は滅亡してしまったが、山河だけは昔のままである。出典 杜甫「春望」より。

【国威】(コクイ) 国家の威光や威信。「―を発揚する」

【国運】(コクウン) 国家の運命。「―をかける」

【国営】(コクエイ) 国が事業を経営する。「―企業」

【国益】(コクエキ) 国家の利益。「―に反する」

【国技】(コクギ) その国に伝わる特有の武術・技芸。

【国債】(コクサイ) 国が発行する債券。「赤字―」

【国際】(コクサイ) 多くの国にかかわっている。「―交流」

【国策】(コクサク) 国の基本的政策。「―事業」

【国産】(コクサン) その国で生産する。「―車」

【国事】(コクジ) 国の政治に関する事柄。「―犯」

【国情・国状】(コクジョウ) 国の政治・経済・文化などの状況。

【国辱】(コクジョク) 国家にかかわる恥。「―的な行為」

【国粋】コクスイ その国固有の長所・美点。「—主義」
【国政】コクセイ 国の政治。「—選挙」「—調査権」
【国勢】コクセイ 国の動勢。「—調査」
【国籍】コクセキ その国の国民であるという身分・資格。
【国葬】コクソウ 国の儀式として国費で行う葬儀。
【国賊】コクゾク 国家に害を与える人。
【国土】コクド 一国が領有する土地。「広大な—」
【国防】コクボウ 国の防衛。「—総省」
【国民】コクミン その国の国籍をもつ人々。「—健康保険」
【国有】コクユウ 国家が所有する。「—財産」「—地」
【国立】コクリツ 国が設立し管理している。「—公園」
【国力】コクリョク 国の勢力。「—が衰える」
【国論】コクロン 世論。「—を二分する外交問題」
【国家】コッカ 一定の領域に定住する人々が作る政治的共同体。「近代—」「—公務員」
【国歌】コッカ ①国家および国民を象徴する歌曲。「—斉唱」②和歌。
【国会】コッカイ 国の議会。「—議員」「—議事堂」
【国旗】コッキ 国家を象徴する旗。「—掲揚」
【国境】コッキョウ 国家と国家とのさかい。
【国権】コッケン 国家の権力。「—論」
【国交】コッコウ 国家と国家との交際。「—樹立」
熟語「国王・国衙(こくが)・国外・国号・国司・国是・国体・国土・国内・国賓・国宝・国法・国教・国庫・愛国・異国・王国・外国・強国・挙国・建国・全国・祖国・大国・天国・任国・万国・憂国」

❷諸侯の領地。封地。
熟語「国主・領国」

❸わがくに。自国。〔国〕日本。
【国学】コクガク 日本の古典を研究して、日本固有の思想・精神を究めようとする学問。
【国語】コクゴ ①その国の公用語。②日本語の別称。
【国史】コクシ ①一国の歴史。②日本の歴史。
【国字】コクジ ①その国で国語の表記に公的に採用されている文字。②仮名文字。③日本で作られた文字。「榊(さかき)」「峠(とうげ)」など。
【国文】コクブン ①日本語で書かれた文章。②「国文学」「国文科」の略。
熟語「国字・国書・国風(こくふう)(くにぶり)」

【黒】

9級 11画 黑(黒)-0 音 コク 漢 呉 訓 くろ・くろい ①2585 Ⓤ9ED2

【黑】12画 黑-0 ③9482 Ⓤ9ED1

難読 黒布(くろめ)(黒菜)・黒衣(くろご)(こくえ)

筆順 丶 口 日 甲 甲 里 里 黒 黒

なりたち [象形]下では火が燃え、上の煙突にはすすがたまっているさまにかたどり、くろい意を表す。

❶くろ。墨のような色。くろい。
【黒字】くろジ 収入が支出よりも多い。「経常—」
【黒潮】くろしお 日本近海に流れる暖流。
【黒星】くろぼし 負けることや失敗すること。
【黒幕】くろマク ①芝居などで使う、黒い幕。②陰で人に影響力を行使する人。「政界の—」
【黒衣】コクイ ①黒い色の衣服。②墨染めの僧衣。
【黒白】コクビャク ①黒と白。②正と邪。有罪と無罪。「裁判で—をつける」
〈黒子〉ほくろ 皮膚にできる黒色の色素斑。こくし。
熟語「黒鉛・黒色・黒板・紫黒・漆黒」

❷くらい。
熟語「暗黒」

【穀】

5級 14画 禾-9 音 コク 漢 呉 ①2582 Ⓤ7A40

【穀】15画 禾-10 〔穀〕16画 米-10 ③8945 Ⓤ7CD3 ⓊFA54

人名 よし・より

筆順 十 士 声 壳 壳 𣪊 穀

なりたち [形声]𡉉(かたいから)音＋禾(イネ)＋殳(棒で打つ)。かたいからをかぶったもみの意。

米・麦など主食とする農作物。
【穀雨】コクウ 二十四節気の一。四月二〇日頃。
【穀倉】コクソウ ①穀物を蓄えておく倉庫。②穀物を豊富に産する地域。「—地帯」
【穀潰し】ごくつぶし 人をののしっていう語。
【穀物】コクモツ 米・麦などの農作物。
熟語「穀類・五穀・雑穀・精穀・脱穀・米穀」

【酷】

準2級 14画 酉-7 音 コク 漢 呉 訓 ひど-い・むご-い ①2583 Ⓤ9177

〔酷〕14画 酉-7

人名 あつ

筆順 丆 西 酉 酉 酢 酢 酷 酷

なりたち [形声]酉(さけ)＋告(きつくしめつける)音。舌をひどく刺激するような強い酒の意。

❶ひどい。むごい。きびしい。
【酷使】コクシ 手加減せずに使う。「目を—する」
【酷薄】コクハク むごく思いやりがない。別表記 刻薄
【酷評】コクヒョウ 手きびしく批評する。「—を受ける」
【酷烈】コクレツ きわめてきびしい。
熟語「酷吏・酷刑・苛酷(かこく)・過酷・残酷・冷酷」

❷はなはだしい。はげしい。

【酷似】コクジ　きわめて似ている。「犯人に—した女」

【酷暑】コクショ　厳しい暑さ。⇔酷寒

【酷寒】コッカン　厳しい寒さ。「—の地」⇔酷暑

ゴク

【極】⇩キョク（一三七ページ）

【獄】

3級　14画　犬(犭)-11　音 ゴク呉・ギョク漢　訓 ひとや

①2586　Ⓤ7344

筆順 ノ 犭 犭 狺 狺 狺 獄 獄

なりたち  ［会意］犬＋言＋犬。二匹の犬がかどかどしく言いあらそう意から、うったえる・ろうやの意を表す。

❶うったえる。うったえ。裁判。

熟語「疑獄・訟獄・大獄」

❷ろうや。ひとや。囚人を監禁する場所。

【獄死】ゴクシ　監獄の中で死ぬ。牢死。

【獄舎】ゴクシャ　牢獄。

【獄中】ゴクチュウ　牢屋の中。「—記」

【獄門】ゴクモン　①牢獄の門。②晒首（さらしくび）。

熟語「獄囚・獄卒・獄吏・監獄・下獄・地獄・出獄・脱獄・投獄・煉獄（れんごく）・牢獄」

コツ

【骨】

5級　10画　骨-0　音 コツ漢呉　訓 ほね

①2592　Ⓤ9AA8

難読 骨灰（こつばい）（こっかい）・骨牌（カルタ）（こっぱい）

筆順 ｌ 冂 冂 冎 冎 骨 骨 骨

なりたち  ［会意］冎（下部に穴のあいた骨と、上部に突き出た骨との象形で、骨と骨とが可動的に接合するさま）＋肉。動物の体内の関節のほねの意から、からだのほねの意を表す。

❶ほね。(国)力を尽くすことのたとえ。労力を要する。

【骨揚げ】コツあげ　火葬にした後、骨を拾いあげる。

【骨格・骨骼】コッカク　基本的な骨組み。「論文の—」

【骨柄】コツがら　①骨組み。②人柄。「人品—」

【骨幹】コッカン　①骨格。②物事の根幹。「事業の—」

【骨髄】コツズイ　骨の中心にある組織。「—バンク」

【骨折】コッセツ　骨が折れる。「疲労—」

【骨粗鬆症】コツソショウショウ　骨がもろくなった状態。

【骨頂・骨張】コッチョウ　程度がこの上ない。「愚の—」

【骨董】コットウ　古美術品や古道具。「—品」「—屋」

【骨肉】コツニク　①骨と肉。②肉親。「—の情」「—相食（あいは）む（＝血縁の者同士が互いに争う）」

【骨折り】ほねおり　精を出して働く。苦労する。「—損のくたびれもうけ」

【骨組（み）】ほねぐみ　①体の骨の構造。②建造物の主材の組み立て。③物事の根本事項。「計画の—」

【骨抜き】ほねぬき　①魚・鳥などの料理で、骨を抜き去る。②節操や気骨をなくさせる。③主要部分を抜き、内容をなくす。「法案は—にされた」

【骨身】ほねみ　骨と肉。全身。からだ。「—を惜しまず働く」「—を削る」「—にしみる」

熟語「骨相・遺骨・骸骨（がいこつ）・筋骨・人骨・仙骨・軟骨・納骨・白骨・万骨・露骨・肋骨」

❷からだ。

熟語「心骨・病骨・老骨」

❸人柄。気性。

熟語「気骨・奇骨・侠骨・仙骨・反骨・風骨」

❹物のほねぐみ。

【骨子】コッシ　眼目。要点。「改正案の—」

熟語「骨法・扇骨・鉄骨・換骨奪胎」

❺(国)こつ。要領。要点。また、芸道の奥義。

用例「骨をのみこむ」

【滑】⇩カツ（七五ページ）

こま

【駒】

2級　15画　馬-5　新常用　音 ク漢呉　訓 こま

①2280　Ⓤ99D2

筆順 ｌ ｒ 𠃌 馬 馬 駒 駒 駒

なりたち  ［形声］馬＋句（言葉のひとくぎり、小さなまとまり）音。からだの小さな馬の意。

❶こま。小馬。若い元気な馬。

熟語「駒影（くえい）・駒隙（くげき）・駒下駄（こまげた）・白駒（はっく）」

❷(国)こま。将棋・チェス・双六などで、盤上で動かすもの。

熟語「手駒・持ち駒」

こむ

【込】

4級　5画　辵(辶)-2　国字　訓 こむ・こめる

〔込〕6画　辵(辶)-2

①2594　Ⓤ8FBC

筆順 ノ 入 入 込 込 込

なりたち ［会意］辶（足の動作）＋入（はいる）。中にはいりこむの意。国字。

こむ。いっぱいになる。混雑する。また、こめる。中に入れる。詰める。

熟語「人込み・振り込み・申し込み」

ころ

【頃】

2級 11画 頁-2 新常用

音 ケイ漢・キョウ（キャウ）呉

訓 ころ・しばら-く

①2602 Ⓤ9803

筆順 ノ ヒ ヒ' 比 𠤏 頃 頃

なりたち ［会意］匕（人をさかさまにした形で、かたむける意）＋頁（あたま）。頭をかたむけるの意。「傾」の原字。また、頭をかたむけるわずかな時間の意から、しばらくの意にも用いる。

❶しばらく。少しの間。

【頃刻】ケイコク しばらくの時間。わずかの間。

熟語「少頃・食頃」

❷このごろ。近ごろ。

【頃日】ケイジツ このごろ。ちかごろ。また、先日。

【頃年】ケイネン この数年。近年。きょうねん。

熟語「頃者」

❸（国）ころ。ある時刻や時間を大まかにさす。ころあい。

【頃合い】ころあい ①ちょうどよい時期。「―を見計らう」②手ごろ。「―の大きさの部屋」

熟語「食べ頃・年の頃」

コン

【今】

9級 4画 人-2

音 コン呉・キン漢

訓 いま

①2603 Ⓤ4ECA

難読 今日日（きょうび）・今際（いまわ）

筆順 ノ 入 亼 今

なりたち ［会意］亼（すっぽりおおうもの）＋一（もの）。物をおおうの意。借りて、いまの意を表す。

❶いま。現在。

【今時】いまどき ①近頃。当世。「―の若者」「―珍しい正直者」②今時分。「―何事だろう」

【今様】いまよう ①当世風。「―のデザイン」②平安中期に起こり鎌倉時代にかけて流行した新しい歌謡。

【今昔】コンジャク いまとむかし。「―の感（＝昔の事を思い起こして、あまりの変わりように驚いて起こる感慨）」

熟語「今古（きん）・現今・古今・昨今・自今・即今・当今・方今」

❷いま現在の。この。

【《今日》】きょう 本日。「―の天気」

【今上】キンジョウ 在位中の天皇。

【《今朝》】けさ 「―地震があった」

【《今年》】ことし 「―の運勢」「―の抱負」

【今宵】こよい 今晩。「―の月」

【今回】コンカイ 「―限り」「―の受賞作品」

【今期】コンキ 今の期間。「―の予算」

【今後】コンゴ 「―の予定」「―ともよろしくお願いします」

【今生】コンジョウ この世。この世に生きている間。「―の別れ」⇔後生（ごしょう）・前生

【今度】コンド ①今回。「―の選挙」②次回。「―の日曜日」③最近。「―引っ越しました」

【今日】コンニチ ①きょう。本日。「―より休業する」②現在。現代。「―日本がおかれた状況」

【今年】コンネン 「―中に完成する」「―度」

【今般】コンパン このたび。「―の震災を機に転居する」

熟語「今暁・今月・今次・今週・今夜・今夕・自今・爾今」

【困】

5級 7画 囗-4

音 コン漢呉

訓 こま-る・くる-しむ

①2604 Ⓤ56F0

筆順 丨 冂 冃 用 困 困 困

なりたち ［会意］囗（かこい）＋木。木が囲いの中に入れられて伸びなやむ意から、こまる意を表す。

こまる。苦しむ。行きづまる。また、まずしい。

【困却】コンキャク こまりきる。「答弁に―する」

【困窮】コンキュウ 貧乏で生活にこまる。「生活―者」

【困苦】コンク こまり苦しむ。「―に堪える」「―欠乏」

【困難】コンナン 実現がむずかしい。「年内着工は―だ」

【困憊】コンパイ ひどく疲れる。「疲労―」

【困惑】コンワク こまりはてる。「―の面持ち」

熟語「困苦・貧困」

【金】⇩キン（一四〇ページ）

【昆】

準2級 8画 日-4

音 コン漢呉

訓 あに・むし

①2611 Ⓤ6606

難読 昆陽（こや）

人名 ひ・ひで・やす

筆順 丨 冂 日 日 旦 昆 昆 昆

なりたち ［会意］日＋比（ならぶ）。太陽のもとに並ぶ多くの人の意から、なかま、

コ

むれの意を表す。

❶あに。長兄。

熟語「昆弟」

❷数が多い。なかま。群れをなして集まるむし。

【昆虫】コンチュウ　節足動物門昆虫綱に属する動物。

❸あとつぎ。子孫。

【昆孫】コンソン　自分より六代後の子孫。子・孫・曽孫(そうそん)・玄孫・来孫の次。

熟語「後昆」

❹その他。

【昆布】コンブ　褐藻類に属する海藻。こぶ。

【昆明】コンメイ　中国、雲南省の省都。

【建】⇩ケン(一七三ページ)

【恨】

3級　9画　心(忄)-6　音 コン 漢 呉　訓 うらむ・うらめしい・うら-み　①2608 Ⓤ6068

筆順

なりたち [形声]心＋艮(とどまる)音。心の中にわだかまり、うらみを持つの意。

◇うらむ(恨・▽怨・▽憾)　●異字同訓●

「恨む・怨む」は"人に対して不満や怒りをもつ"の意。「犯人を恨む」「人に恨まれるようなことはするな」

「憾む」は"残念に思う"の意。「恨む」とも書く。「不用意な一球が憾まれる」

うらむ。うらめしい。心残りに思う。不満に思う。

【恨(うら)みに報(むく)ゆるに徳を以(も)ってす】　博愛の心から恩徳を施す。出典「老子六十三」より。

【恨事】コンジ　残念。恨めしい。「一生の―」

熟語「遺恨・怨恨・悔恨・私恨・多恨・痛恨・万恨」

【根】

人名 もと　8級　10画　木-6　音 コン 漢 呉　訓 ね　①2612 Ⓤ6839

筆順

なりたち [形声]木＋艮(とどまる)音。地中にとどまって抜けない木のねの意。

❶ね。植物の地中にある部分。物の一番下。

【根▼刮ぎ】ねこそぎ　根ごと抜き取る。また、ことごとく。「台風で作物が―倒れた」「―持っていかれる」

【根太】ねだ　床板を受ける横木。「―がゆるむ」

【根回し】ねまわし　①樹木の移植に先立ち、根の周囲を切り詰め、細根の発生を促す。②事前に関係者の了解を得ておく。「各委員に―をする」

【根元・根本】ねもと　「木が―から折れる」

熟語「根茎・根毛・球根・菜根・舌根・大根・盤根」

❷物事のもと。よりどころ。

【根幹】コンカン　根本。根源。「―が揺らぎかねない事態」

【根拠】コンキョ　判断する拠り所。「―のない噂」

【根源・根元・根原】コンゲン　おおもと。根本。「諸悪の―」「―にさかのぼる」

【根治】コンジ　根本から治る。「水虫が―する」

【根絶】コンゼツ　根本から絶やしてしまう。「事故の―」

【根底・根▼柢】コンテイ　物事の土台。基礎。根本。「定説を―から否定する」

【根本】コンポン　物事を成り立たせる基盤となっている事柄。「計画の―から見直す」

熟語「禍根・善根・同根・病根・事実無根」

❸生まれつきの性質。人の精神力のもと。

【根気】コンキ　成し遂げる気力。「―のいる仕事」

【根性】コンジョウ　苦しさに耐える強い精神力。「ど―」

熟語「気根・精根・鈍根・利根」

❹(仏)感覚や意識をつかさどる器官。

熟語「五根・舌根・男根・六根」

❺(数)方程式の未知数の値。また、ある数を何回か掛け合わせた数に対し、そのもとの数。

熟語「虚根・重根・平方根・累乗根」

❻(国)こん。気力。忍耐力。

熟語「根負け」

【婚】

4級　11画　女-8　音 コン 漢 呉　①2607 Ⓤ5A5A

筆順

なりたち [形声]女＋昏(日暮れ)音。日暮れに嫁とりの儀式を行う意から、結婚の意を表す。

夫婦になる。縁組みする。

【婚姻】コンイン　結婚する。「役所に―届を提出する」

【婚約】コンヤク　結婚の約束をする。「―指輪」

【婚礼】コンレイ　結婚の儀式。結婚式。婚儀。

熟語「婚家・婚活・婚儀・既婚・求婚・許婚(きょこん)(いいなずけ)・結婚・再婚・重婚・初婚・新婚・未婚・離婚」

【混】

6級　11画　水(氵)-8　音 コン 漢 呉　訓 まじる・まざる・まぜる・こむ　①2614 Ⓤ6DF7

難読 混凝土(コンクリート)

人名 ひろ・むら・むろ

筆順

なりたち  [形声]水＋昆(集まったなかま)音。水が集まりまとまる意から、まじる意を表す。

❶まじる。まざる。別々の種類のものが一つになる。まぜる。

【混血】コンケツ 人種・民族の異なる男女の間に子供が生まれる。

【混交・混淆】コンコウ 入りまじる。「玉石—」

【混合】コンゴウ まざりあう。まぜあわせる。「—液」

【混在】コンザイ いりまじって存在する。

【混成】コンセイ まじり合ってできる。「—部隊」

【混戦】コンセン ①敵味方が入り乱れて戦う。②勝敗の予想のつかない戦い。「—模様」

【混然】コンゼン 異なるものがとけあっている。「—一体」 別表記 渾然

【混濁】コンダク にごる。「意識が—する」 別表記 溷濁

【混入】コンニュウ 混ざって入る。「異物が—する」

【混用】コンヨウ まぜて用いる。「仮名と漢字を—する」

【混浴】コンヨク 男女が同じ浴場で入浴する。

熟語「混一・混載・混線・混紡・混和」

❷区別がつかない。入り乱れる。

【混雑】コンザツ こみ合う。「—する駅構内」

【混同】コンドウ 異なるものを同じものとして扱う。「公私—」

【混沌】コントン ①天と地がまだ分かれず、まじりあっている状態。②入りまじってはっきりしない。「—とした政治情勢」 別表記 渾沌

【混迷】コンメイ 混乱して見通しがつかない。「—する政局」 別表記 昏迷

【混乱】コンラン 入り乱れて、訳がわからなくなる。「忙しすぎて頭が—した」

❸水が盛んにわいて流れる。

熟語「混混」

【痕】

2級 11画 疒-6 新常用 音 コン 漢呉 訓 あと

筆順 亠 广 疒 疒 疔 痕 痕

①2615 Ⓤ75D5

なりたち  [形声]疒＋艮(とどまる)音。病気のあとをとどめるしるしの意から、あと・傷あとの意を表す。

あと。きずあと。あとかた。

【痕跡】コンセキ あとかた。形跡。「—をとどめる」

熟語「血痕・焼痕・傷痕・条痕・弾痕・墨痕・涙痕」

【紺】

3級 11画 糸-5 音 コン 呉・カン 漢

筆順 幺 糸 糸 紅 紺 紺 紺 紺

①2616 Ⓤ7D3A

なりたち  [形声]糸＋甘(口の中に食べ物を入れる)音。青地に赤みを加えた染め糸の意。

紫色をおびた濃い青。

【紺屋】コウや 染め物屋。こんや。「—の白袴(しろばかま)(＝他人の世話ばかりやいて、自分のことには手がまわらないたとえ)」

【紺碧】コンペキ 深みのある濃い青色。「—の空」

熟語「紺青(こんじょう)・紫紺・鉄紺・濃紺」

【献】⇩ケン(一七七ページ)

【魂】

3級 14画 鬼-4 音 コン 漢呉 訓 たましい・たま

難読 魂消る(たまぎる)(たまげる)

人名 たま・みたま・もと

筆順 二 云 云 动 动 动 魂 魂

①2618 Ⓤ9B42

なりたち  [形声]云(土をまぜかえす)音＋鬼。死んだ人の体からぬけ出て動きまわるたましいの意。

❶たましい。たま。人の生命を保ち、心の働きをつかさどると考えられているもの。また、自然界の万物にやどり、霊的な働きをすると考えられているもの。

熟語「英魂・招魂・鎮魂・亡魂・霊魂」

❷こころ。精神。

【魂胆】コンタン 心中のたくらみ。「見え透いた—」

【魂魄】コンパク たましい。霊魂。注記「魂」は精神を、「魄」は肉体をつかさどるたましい。

熟語「詩魂・心魂・精魂・闘魂・入魂(にゅうこん)(じっこん)」

【墾】

3級 16画 土-13 音 コン 漢呉 訓 ひら-く・たがや-す

人名 つとむ・ひらく

筆順 ⺈ 乎 豸 貇 貇 貇 墾 墾

①2606 Ⓤ58BE

なりたち  [形声]貇(とどめる)音＋土。土をほりおこして、たがやすの意。

ひらく。たがやす。荒れ地を掘りおこし切り開く。

【墾田】コンデン 新たに開墾した田地。

熟語「開墾・新墾・未墾」

【懇】

準2級 17画 心-13 音 コン 漢呉 訓 ねんごろ

筆順 ⺈ 乎 豸 貇 貇 貇 懇 懇

①2609 Ⓤ61C7

なりたち  [形声]貇(とどめる)音＋心。心にとどめ、まことを尽くすの意。

❶ねんごろ。まごころがこもっている。丁寧。

【懇意】コンイ 親しくしている。「—な間柄」
【懇懇】コンコン 親切に繰り返し説く。「—とさとす」
【懇書】コンショ 誠意のこもった手紙。
【懇親】コンシン 打ち解けて親しくする。「—会」
【懇切】コンセツ きわめてねんごろで親切である。「—丁寧な指導に定評がある」
【懇談】コンダン 打ち解けて話し合う。「—会」
熟語「懇志・懇情・懇篤・懇話・昵懇じっこん・親懇・別懇」

❷心から願い求める。
【懇願】コンガン 誠意をこめて頼む。別表記 悃願
【懇請】コンセイ 真心をこめて頼む。「協力を—する」
【懇望】コンモウ 熱心に希望する。「—黙もだし難がたく」

ゴン

【言】⇩ゲン（一八二ページ）
【勤】⇩キン（一四二ページ）
【権】⇩ケン（一七八ページ）
【厳】⇩ゲン（一八五ページ）

サ

【左】

10級 5画 工-2 音 サ漢呉 訓 ひだり・たす-ける ①2624 Ⓤ5DE6

仮名 平仮名「さ」は「左」の草体から。
難読 左右さう（そう・とかく）
人名 すけ
筆順 一 ナ ナ 左 左
なりたち  ［会意］ナ（ひだり手の象形）＋工（工具）。仕事を助けるの意。また、ひだりの意にも用いる。

❶ひだり。ひだりがわ。⇔右。
【左記】サキ 「—の要領の通りである」
【左袒】サタン 味方する。出典「史記呂后本紀」より。
【左右】サユウ ①みぎとひだり。②自分のそば。「—の者」③影響を及ぼす。「価格を—する」「天候に—される」
【左見右見】とみこうみ あちらを見たりこちらを見たり。
【左団扇】ひだりうちわ 安楽な生活を送る。「—で暮らす」
【左手】ひだりて ①左の手。②左の方。▽⇔右手
【左前】ひだりまえ ①和服の右衽おくみを左衽の上に重ねる着方。死者の装束に用いる。②経済的に落ち目になる。「店が—になる」
熟語「左岸・左舷・左折・左腕・左大臣・左顧右眄さこうべん」

❷（古代中国では右を尊んだことから）うとんじる。低い地位。
【左遷】サセン 前より低い地位にうつす。
熟語「左降」

❸（右手を利き腕とする考えから）よこしま。もとる。
熟語「左道」

❹急進的である。フランス革命時の国民会議で、急進派が左側の席を占めたことからいう。
【左翼】サヨク 急進的・革命的な政治勢力。⇔右翼
熟語「左傾・左派・極左」

❺二分した左の方の割符。証拠。しるし。
熟語「左証・証左」

❻（君主のそばで）たすける。同佐。
【左官】サカン 壁塗りを仕事とする職人。「—屋」
熟語「左輔さほ」

❼（国）酒ずき。
【左党】サトウ ①酒の好きな人。②左翼の党派。⇔右党

❽その他。人名など。
【左丘明】サキュウメイ 中国、春秋時代の魯ろの学者。「春秋左氏伝」の著者とされる。

【再】⇩サイ（二二七ページ）
【作】⇩サク（二三六ページ）

【佐】

準2級 7画 人(亻)-5 音 サ漢呉 訓 すけ・たす-ける ①2620 Ⓤ4F50

人名 すけ・たすく・よし
筆順 ノ イ 仁 什 佐 佐
なりたち ［形声］人＋左（たすける）音。人を手助けする、助ける人の意。

❶たすける。力をかす。
【佐幕】サバク 幕末、江戸幕府を支持したこと。⇔倒幕
熟語「保佐・補佐」

❷軍人の階級の一。「将」の次。
熟語「佐官・大佐・陸佐」

❸（国）「佐渡さど国」の略。
【佐州】サシュウ 佐渡国の別名。

❹（国）すけ。律令制で、衛門府・兵衛府の次官。

【沙】

2級 7画 水(氵)-4 新常用
音 サ漢・シャ呉
訓 いさご・す・すな
①2627 Ⓤ6C99

難読 沙皮(さめがわ)・沙蚕(ごかい)・沙魚(はぜ)・沙穀(サゴ)

人名 いさ・いさご・す・すな

筆順 丶 氵 氵 氵 汌 沙 沙

なりたち [会意]水＋少(けずりとって小さくする)。水に洗われて小さくなった石の意から、すなの意を表す。

❶すな。細かい石粒。いさご。すな地。同砂。

【沙中の偶語(さちゅうのぐうご)】臣下がひそかに謀反(むほん)の相談をする。出典「史記留侯世家」より。

熟語「沙場・沙石(させき)(しゃせき)・沙漠・沙磧(しゃせき)・黄沙・泥沙(でいしゃ)(でいさ)・平沙(へいしゃ)(へいさ)・流沙(りゅうしゃ)(りゅうさ)」

❷えらびわける。水中で細かいものを洗い分ける。よなげる。

【沙汰(サタ)】①善悪・是非を論じ定める。「地獄の―も金次第」②事件。しわざ。「けんか―」③便り。消息。「音―ない」

❸梵語・外来語の音訳に用いる。

【沙翁(サオウ)】シェークスピアのこと。しゃおう。

【沙門(シャモン)】出家して修行に専念する人。

熟語「沙弥(しゃみ)・沙羅双樹(さらそうじゅ)」

❹その他。

【沙悟浄(サゴジョウ)】「西遊記」の副主人公(河童(かっぱ))。

【茶】⇩チャ(四四七ページ)

【査】

6級 9画 木-5
音 サ漢
訓 しら-べる
①2626 Ⓤ67FB

筆順 一 十 才 木 木 杏 杳 査

なりたち [形声]木＋且(積み重ねた台)音。木を組んで作ったいかだ、木の柵(さく)の意。のち、察に通じ、しらべる意に用いる。

❶しらべる。事情を明らかにする。

【査察(ササツ)】調査のために視察する。「―官」

【査収(サシュウ)】金品・書類などを調べて受け取る。「御―ください」

【査証(サショウ)】ビザ。「入国―」

【査定(サテイ)】検査して、等級・金額などを決める。

【査問(サモン)】調べ問いただす。「―委員会」

熟語「査閲・監査・検査・考査・主査・巡査・審査・精査・捜査・探査・調査・踏査」

❷いかだ。木で作ったいかだ。

熟語「星査(せいさ)」

【砂】

5級 9画 石-4
音 サ漢・シャ呉
訓 すな・いさご
①2629 Ⓤ7802

人名 いさご

筆順 一 厂 不 石 石 矷 砂 砂

なりたち [形声]石＋少(けずりとって小さくする)音。非常に小さな石のつぶの意。

❶すな。細かい石粒。いさご。

【砂丘(サキュウ)】「鳥取―」

【砂上の楼閣(サジョウのロウカク)】崩れやすい物事や実現不可能な物事のたとえ。

【砂塵(サジン)】すなぼこり。すなけむり。

【砂漠(サバク)】雨の少ない不毛の荒原。別表記 沙漠

【砂防(サボウ)】土砂の移動・流出を防止する。「―ダム」

【《砂利》(ジャリ)】①小石。②子供の俗称。「―タレ」

【砂場(すなば)】「公園の―で遊ぶ」

【砂浜(すなはま)】砂の浜辺。砂地の海岸。

熟語「《サ》砂州・砂洲(す)・砂鉄・砂嚢(さのう)・砂礫(されき)」「《シャ》砂石(しゃせき)(させき)・黄砂・泥砂(でいしゃ)(でいさ)・土砂・熱砂(ねっしゃ)(ねっさ)・白砂(はくしゃ)(はくさ)・流砂(りゅうしゃ)(りゅうさ)」

❷すなのように小粒でさらさらしたもの。

【砂金(サキン)】河床などの砂の中から産する金。

【砂糖(サトウ)】ショ糖を主成分とする甘味調味料。

【唆】

準2級 10画 口-7
音 サ漢
訓 そそのかす
①2622 Ⓤ5506

筆順 丨 口 口 吖 吣 吮 唆 唆

なりたち [形声]口＋夋(出す)音。言葉巧みにそうするようにしむける意。

そそのかす。けしかける。その気になるように勧める。暗示を与える。

熟語「教唆・示唆」

【差】

7級 10画 工-7
音 サ漢・サイ漢呉・シ漢呉・シャ呉
訓 さす・さ-し・たが-う
①2625 Ⓤ5DEE

人名 しな・すけ

筆順 丷 丷 䒑 兰 羊 差 差 差

なりたち [形声]羊(たれさがった稲穂)＋左(又に通じ、指を開いたようなばらばらのさま)音。葉などがふぞろいであるの意。転じて、ちがう意を表す。

◇さす(差・射・指・刺・挿・注) ◉異字同訓◉

「差す」は"あるものが表面に現れる。あるものが生じる。かざす"の意。仮名で書くことも多い。「頬に赤みが差す」「潮が差してきた」「嫌気が差す」「魔が差す」「日傘を差す」

「射す」は"光があたる"の意。「差す」とも書くが、仮

名で書くことも多い。「薄日が射す」「後光が射す」

「**指す**」は〝ゆびさす。指名する。目指す〟の意。仮名で書くことも多い。「時計の針が正午を指す」「後ろ指を指される」「授業中に指される」「北を指して進む」「将棋を指す」

「**刺す**」は〝突き入れる。刃物で突く。刺激を与える〟の意。「指にとげを刺す」「暴漢に刺される」「とどめを刺す」「異様な臭いが鼻を刺す」「肌を刺す寒さ」

「**挿す**」は〝他の物の間に入れる〟の意。「髪に花を挿す」「大刀を腰に挿す」「花を花瓶に挿す」

「**注す**」は〝液体を注ぎ入れる〟の意。「点す」とも書く。「自転車に油を注す」「目薬を注す」「話に水を注す」

❶たがう。食い違う。ちがい。へだたり。また、ある数量と他の数量とのさしひき。
【差異・差違】(サイ) ちがい。へだたり。

【差額】(サガク) 差し引きの金額。「―を返金する」

【差別】(サベツ) 偏見などから、不平等な扱いをする。

熟語「差益・差損・格差・較差(かくさ(こうさ))・僅差(きんさ)・交差・誤差・視差・時差・大差・点差・偏差・落差・個人差・千差万別」
❷えらぶ。
❸等級をつける。また、人を行かせる。
【差遣】(サケン) 派遣。「特使を―する」

【差配】(サハイ) とりしきる。指図。「仕事の―をする」
❹(国)さす。㋐中に入れる。入る。また、かざす。㋑潮が満ちる。また、現れる。㋒あらわれる。生じる。㋓他の語について意味をそえる。
【差(し)入れ】(さしいれ) 慰労のために飲食物を届ける。

【差(し)金】(さしがね) 陰で人をあやつる。「誰の―か」

【《差(し)支え》】(さしつかえ) 都合の悪い事情。さまたげ。支障。「本人に会うのは―がある」

用例「差し押さえ・(潮の)差し引き(=満ち引き)・赤味が差す・嫌気が差す・刀を差す・水を差す・光が差す・傘を差す」
❺(国)さし。他人を交えない。さしむかい。
熟語「差しで話す」

【詐】

準2級　12画　言-5
音 サ漢呉
訓 いつわ-る・いつわ-り
①2630　Ⓤ8A50

筆順 ニ 三 言 言 訂 許 詐

なりたち 
[形声]言＋乍(つくる)音。言葉によるつくりごとの意から、いつわりの意を表す。

いつわる。だます。

【詐欺】(サギ) 他人をだまして金品を取る。「―師」

【詐取】(サシュ) 金品をだまし取る。「売上金を―する」

【詐術】(サジュツ) 人をあざむく手段。「―を弄(ろう)する」

【詐称】(サショウ) 氏名・職業などを偽って人をだます。

熟語「詐偽(さぎ)・詐謀・詐略・奸詐・姦詐・詭詐・譎詐(きっさ)・権詐・巧詐」

【鎖】

4級　18画　金-10
音 サ漢呉
訓 くさり・じょう・とざす
①2631　Ⓤ9396

〔鎖〕18画　金-10　――　――
〔鏁〕19画　金-11　④9132　Ⓤ93C1

筆順 亼 仐 金 釒 釗 鈔 鎖 鎖

なりたち 
[形声]金＋𧴪(小さな貝)音。小さな金属製の輪をつないだものの意。

❶くさり。金属製の輪をつないだひも状のもの。
【鎖骨】(サコツ) 「―を骨折する」
熟語「鉄鎖・連鎖」
❷とざす。しめる。
【鎖港】(サコウ) 港を閉鎖する。⇔開港
【鎖国】(サコク) 「―令」「―論」⇔開国
熟語「封鎖・閉鎖」
❸かぎ。じょう。錠前(じょうまえ)。
熟語「鎖鑰(さやく)・手鎖(てぐさり)」

ザ

【座】

5級　10画　广-7
音 ザ呉・サ漢
訓 すわる・すわ-り
①2634　Ⓤ5EA7

注記「坐」の書き換え字としても用いる。
難読 座主(ざす)・座頭(ざがしら)
人名 おき・くら

筆順 亠 广 広 庂 庛 座 座

なりたち [形声]广＋坐(すわる)音。家の中で人のすわるところの意。

❶すわる。腰を下ろす。また、すわる場所。会合などでの席。
【座臥】(ザガ) ①すわるとねる。②日常。ふだん。「常住―」別表記 坐臥
【座骨】(ザコツ) 「―神経痛」別表記 坐骨
【座作進退】(ザサシンタイ) 立ち居振る舞い。行儀。別表記 坐作進退
【座視】(ザシ) 傍観。「―できない惨状」別表記 坐視
【座敷】(ざしき) 日本間。特に、客間。「お―がかかる」
【座礁】(ザショウ) 船が暗礁に乗り上げて動けなくなる。

別表記 坐礁

【座食】ザショク 働かずに暮らす。「無為のうちに―する」 別表記 坐食

【座席】ザセキ 「―指定」「―に着く」

【座禅】ザゼン 禅宗の修行法。「―を組む」 別表記 坐禅

【座卓】ザタク 畳にすわって使う和室用の机。

【座持ち】ザもち 座をとりもつ。「―がいい」

【座右】ザユウ 身のまわり。「―に備えて愛用する」「―の書」「―の銘」

熟語「座下・座興・座業・座高・座職・座席・座像・座薬・座礼・円座・玉座・正座・即座・台座・着座・鎮座・満座・連座・土下座」

❷物をすえつける場所、台。

熟語「台座・砲座」

❸一つの体系の中の一点。位置。

【座標】ザヒョウ 位置を表すのに使う数の組。「―軸」

熟語「視座」

❹あつまり。つどいの席。

【座談】ザダン 一緒に座り話し合う。「―会」

熟語「講座」

❺星のやどり。

熟語「星座・獅子座・天秤座」

❻(国)劇場。劇団。芸能の団体。

【座長】ザチョウ ①議事進行をはかる人。②芝居一座などのかしら。

【座頭】ザトウ 昔、僧形の盲人で、琵琶(びわ)・琴などを弾いたり、按摩(あんま)・鍼(はり)などを職業とした者の総称。

熟語「一座・歌舞伎座」

❼(国)貨幣の鋳造所。

熟語「金座・銀座」

サ

【挫】

2級 10画 手(扌)-7 新常用

音 ザ(呉)・サ(漢)

訓 くじ-く・くじ-ける

①2635 Ⓤ632B

筆順 扌 扌 扌 扌 挫 挫

なりたち  [形声]手＋坐(人が向かい合い、からだを折り曲げて土の上にすわる)音。手で曲げて折る意から、くじく意を表す。

❶くじく。くだく。

【挫傷】ザショウ うちみ。「脳―」

熟語「捻挫」

❷くじける。途中で勢いがなくなる。

【挫折】ザセツ 事業や計画が途中でだめになる。

熟語「頓挫(とんざ)」

サイ

【才】

9級 3画 手(扌)-0

音 サイ(漢)・ザイ(呉)

①2645 Ⓤ624D

注記 年齢の「歳」にこの字を当てるのは俗用。

人名 かた・たえ・とし・もち

筆順 一 十 才

なりたち  [象形]川の流れをせき止めるせきにかたどる。せきに用いる良質の素材の意から、素質・持ちまえの能力の意を表す。

❶生まれつき備わっている能力。素質。

【才媛】サイエン 高い教養や才能のある女性。才女。

【才覚】サイカク ①機転。「商売の―がある」②工面。算段。「資金を―する」

【才気】サイキ すぐれた頭のはたらき。「―煥発」

【才子】サイシ 才人。「―多病」⇔才女

【才女】サイジョ 才知のすぐれた女性。⇔才子

【才色】サイショク 才知と容色。「―兼備」

【才人】サイジン 才能のある人。「なかなかの―」

【才知・才▼智】サイチ 才能と知恵。「―にたける」

【才▼槌】サイづち 小型の木の槌。「―頭(＝前頭と後頭部が突き出ている頭)」

【才能】サイノウ 才知と能力。「―に恵まれる」

【才筆】サイヒツ 文才。「―をもって鳴る」

【才略】サイリャク 知恵と計略。「―にたける」

【才腕】サイワン 物事をてきぱきと処理する腕前。

熟語「才幹・才俊・才藻・才物・才量・悪才・異才・英才・楽才・画才・鬼才・秀才・商才・多才・天才・文才・浅学非才」

❷学問。教養。ざえ。

熟語「和魂漢才」

【切】⇩セツ(三七五ページ)

【西】⇩セイ(三六一ページ)

【再】

6級 6画 冂-4

音 サイ(漢)(呉)・サ(慣)

訓 ふたたび

①2638 Ⓤ518D

難読 再従兄弟(再従姉妹)(はとこ)

筆順 一 丆 冂 币 再 再

なりたち  [象形]左右同型である木組みにかたどる。同じものがもう一つある意から、ふたたびの意を表す。

ふたたび。二度。もう一度。

【再会】サイカイ 別れた者が久しぶりに会う。「感動の―」

【再開】サイカイ 再び始める。「中断した試合が―する」

【再起】サイキ 元の状態に立ち直る。「―を図る」

【再議】サイギ もう一度評議する。「一事不―」

【再見】(サイケン) ①見直す。「日本美—」②再び会う。

【再建】(サイケン) ①建造物を建てなおす。さいこん。②つくり直す。盛りかえす。「財政—」

【再現】(サイゲン) もう一度現れる。また、もう一度現す。

【再考】(サイコウ) もう一度考えなおす。「—を促す」

【再興】(サイコウ) 盛りかえす。「お家—」

【再婚】(サイコン) もう一度結婚する。

【再三】(サイサン) 二度も三度も。「—のお願い」「—再四」

【再審】(サイシン) 審査・審理をやり直す。「—請求」

【再生】(サイセイ) ①生き返る。②生まれ変わる。③廃品を再び使えるようにする。「—紙」④もとの音声・画像を出す。「録画・—」

【再選】(サイセン) 再び選ばれる。「知事に—される」

【再度】(サイド) もう一度。「あきらめずに—挑戦する」

【再任】(サイニン) もう一度就く。「役員の—を妨げない」

【再燃】(サイネン) ①一度消えた火がまた燃え出す。②おさまっていた物事がまた問題になる。「人事問題が—する」

【再発】(サイハツ) 同じ病気や事故がもう一度起こる。「病気が—する」「—を予防する」

【再来】(サイライ) ①また来る。「インフレが—する」②生まれ変わり。「キリストの—といわれる」

熟語「再縁・再挙・再再・再読・再拝・再販・再臨・再生産・再突入・再認識・再来年・一再」

【災】

6級 7画 火-3 音 サイ 漢 呉 訓 わざわい ①2650 Ⓤ707D

筆順 災

なりたち [形声]巛(水の流れをせきとめるわざわい)音＋火。火によるわざわいの意。「災」は籀文の略体。篆文では、𢦏＋火。

わざわい。(自然の)よくないできごと。

【災禍】(サイカ) わざわい。「—を被る」

【災害】(サイガイ) 地震・台風などによる不時のわざわい。

【災難】(サイナン) 思いがけない不幸な出来事。わざわい。

【災厄】(サイヤク) 不幸な出来事。わざわい。災難。

『災(わざわ)いを転じて福となす』 災難をうまく活用して、しあわせになるようにする。出典「戦国策 燕策」より。

熟語「震災・人災・戦災・息災・天災・被災・防災・厄災」

【妻】

6級 8画 女-5 音 サイ 呉・セイ 漢 訓 つま ①2642 Ⓤ59BB

難読 妻夫(めおと)

筆順 妻

なりたち [会意]屮(かんざし)＋又(手)＋女。手でかんざしを整える女性の意から、夫に対するつまの意を表す。

❶つま。夫の配偶者。
【妻子】(サイシ) 妻と子。家族。「—ある身」

【妻女】(サイジョ) ①妻と娘。②その人の妻。

【妻・妾】(サイショウ) 妻とめかけ。

【妻帯】(サイタイ) 妻を持つ。「—者」

熟語「愛妻・悪妻・恐妻・愚妻・後妻・正妻・先妻・夫妻(ふさい)(めおと)・亡妻・本妻・良妻・老妻」
❷(国)つま。そばに添えるもの。また、一方のはし。
熟語「妻戸・切妻・刺身の妻」

【采】

2級 8画 木-4 新常用 音 サイ 漢 呉 訓 と-る ①2651 Ⓤ91C7

〔采〕8画 木-4

人名 あや・うね・こと

筆順 采

なりたち [会意]爪(指でつかむ)＋木(果実)。果実を指でつかみとるの意。「採」の原字。

❶とる。つかみとる。つみとる。同採。
【采配】(サイハイ) ①武将が指揮に用いた、柄の先に房のついた道具。②指図。指揮。「—をとる」「—をふるう」

【〈采女〉】(うねめ) 昔、天皇の側で雑役にあたった女官。

【采薪の憂い】(サイシンのうれい) 自分の病気のこと。出典「孟子 公孫丑下」より。薪をとりにゆく元気もない意。

熟語「采詩・采取・采芳・納采」
❷いろどり。あや。同彩。
熟語「采衣・采色・文采」
❸すがた。かたち。
熟語「神采・風采」
❹知行所。領地。
【采▼邑】(サイユウ) 領地。知行所。采地。
熟語「采地」
❺さいころ。同賽(さい)。
熟語「喝采・六采(＝双六(すごろく))」

【砕】

準2級 9画 石-4 音 サイ 漢 呉 訓 くだく・くだける ①2653 Ⓤ7815

〔碎〕13画 石-8 ②6676 Ⓤ788E

筆順 砕

なりたち [形声]石＋卒(雑兵のようにこまごましているさま)音。石をこまかくする、くだくの意。

❶くだく。こなごなにする。くだける。
【砕身】サイシン 身をくだくほどに苦労する。「粉骨―」
【砕氷】サイヒョウ 氷をくだく。「―船」
【砕片】サイヘン くだけたかけら。破片。
熟語「砕石・圧砕・玉砕・撃砕・爆砕・破砕・粉砕・粉骨砕身」
❷こまごまとしていてわずらわしい。
熟語「砕辞・砕務・煩砕」
❸(国)くだける。うちとける。また、やや俗っぽくなる。
用例「砕けた服装・砕けた言い方」

【財】⇩ザイ(二三五ページ)

【殺】⇩サツ(二三九ページ)

【宰】
準2級 10画 宀-7 音 サイ漢呉 訓 つかさ-どる・つかさ ①2643 Ⓤ5BB0
人名 おさむ・かみ・すず・ただ・つかさ
筆順
なりたち [会意]宀(いえ)+辛(刃物でさす)。家の中で刃物で調理する意から、仕事をきり盛りする、その主任の意を表す。
❶つかさどる。とりしきる。きりもりする。
【宰領】サイリョウ 監督や世話をする。また、その人。
熟語「主宰」
❷大臣。諸侯の家老。
【宰相】サイショウ ①首相。総理大臣。②昔、中国で、天子を補佐して政務を処理する官。
熟語「家宰」
❸肉などを切りさいて、料理する。
熟語「宰人・膳宰」
❹つかさ。つかさどる人。官吏。
熟語「司宰」

【栽】
準2級 10画 木-6 音 サイ漢呉 訓 う-える ①2647 Ⓤ683D
人名 たね
筆順
なりたち [形声]𢦏(戈+才。刃物で断ち切る)音+木。不要な枝葉を断ち切ってととのえるの意。
❶うえる。草木が育つように、その根や種を土に埋める。
【栽植】サイショク 草木を植え育てる。「―密度」
【栽培】サイバイ 植物を植え育てる。「温室―」
熟語「植栽」
❷苗木。うえこみ。
熟語「前栽ぜんざい・盆栽」

【彩】〔彩〕
4級 11画 彡-8 音 サイ漢呉 訓 いろど-る・いろど-り・あや ①2644 Ⓤ5F69
人名 あや・いろ・たみ
筆順
なりたち [形声]采(指でつかみとる)音+彡(模様)。模様をなす色を選んで描くの意。
❶いろどる。色をつける。さまざまな色を取り合わせてかざる。
【彩雲】サイウン 美しくいろどられた雲。
【彩管】サイカン 絵筆。「―をとる」
【彩色】サイシキ 着色。さいしょく。「―土器」 別表記 綵色
【彩度】サイド あざやかさの度合。色の三属性の一。
熟語「彩管・彩光・色彩・水彩・多彩・迷彩・油彩」
❷美しいかがやき。いろどり。あや。つや。
熟語「異彩・光彩・生彩・精彩」

【採】〔採〕
6級 11画 手(扌)-8 音 サイ漢呉 訓 と-る・つ-む ①2646 Ⓤ63A1
難読 採蘇羅さそら
人名 もち
筆順
なりたち [形声]手+采(指でつかみとる)音。手でつかみとるの意。「采」が原字。
◉異字同訓◉【取】(二八二ページ)の「異字同訓」欄を参照のこと。
❶とる。摘み取る。また、えらびとる。とりいれる。
【採掘】サイクツ 鉱物などを掘り出す。掘採。「―権」
【採決】サイケツ 会議の出席者の賛否の多少により議案の可否を決定する。「強行―」「―をとる」
【採光】サイコウ 光を室内にとり入れる。
【採算】サイサン 利益が出るかどうかの計算。「―割れ」
【採取】サイシュ えらびとる。「指紋を―する」
【採集】サイシュウ とりあつめる。「用例を―する」
【採択】サイタク 選んで採用する。「決議案を―する」
【採否】サイヒ 採用と不採用。「―を決める」

【採用】サイヨウ ①人を雇い入れる。「―試験」②取り上げて用いる。「提案を―する」
【採録】サイロク とりあげて記録する。「方言を―する」
熟語「採鉱・採石・採炭・採摘・採点・採訪・採長補短・掘採・盗採・伐採」

【済】

5級 11画 水(氵)-8 ①2649 Ⓤ6E08
音 サイ㊐・ザイ㊖・セイ㊌
訓 すむ・すます・すくう・なす・わたす・わたる

【濟】17画 水(氵)-14 ②6327 Ⓤ6FDF

人名 いつき・お・かた・さだ・さとる・すみ・ただ・ただ・とおる・なり・なる・まさ・ます・やす・よし・わたり

筆順 氵 氵 汀 汶 泫 済 済

なりたち [形声]水＋齊(きちんとそろう)㊥。水量をきちんと調整するの意。「済」は略字。

❶すくう。たすける。
【済世】サイセイ 世の中を救う。「救民―」
【済民】サイミン 人々を苦しみから救う。「経世―」
熟語「済度・救済・共済・経済」

❷なす。やりとげる。
熟語「済美(せいび)(さいび)」

❸わたる。川の向こう側へ移る。わたす。
【済度】サイド (仏)衆生を彼岸へ導く。

❹数が多くさかんなさま。そろって盛んなさま。
【済済】セイセイ 多くて盛んなさま。「多士―」注記「さいさい」は慣用読み。

❺(国)すむ。物事が終わる。すます。すませる。

熟語「皆済・完済・既済・決済・返済・弁済・未済」

【祭】

8級 11画 示-6 ①2655 Ⓤ796D
音 サイ㊌㊐・セイ㊌
訓 まつる・まつり

筆順 ノ ク タ タ 夕 タ 祭 祭 祭

なりたち [会意]月(肉)＋又(手)＋示(かみ)。いけにえの肉をささげて神をまつるの意。

❶まつる。神霊に対して祈ったり慰めたりする。また、その儀式。まつり。
【祭司】サイシ 宗教的な行事をつかさどる人。
【祭祀】サイシ 神々や祖先などをまつる。祭典。
【祭日】サイジツ ①国民の祝日のこと。②神社などで祭礼のある日。
【祭場】サイジョウ 祭りを行う場所。
【祭神】サイジン その神社に祭られている神。
【祭政一致】サイセイイッチ 祭祀(さいし)と政治とが一元化していること。古代社会に多い。
【祭典】サイテン 盛大で華やかな行事。「スポーツの―」
【祭礼】サイレイ 神社などの祭り。
熟語「祭器・祭儀・祭主・祭壇・司祭・祝祭・主祭・葬祭・大祭」

❷(国)まつり。にぎやかな催し。
熟語「芸術祭・前夜祭・文化祭」

【斎】

準2級 11画 齊(斉)-3 ①2656 Ⓤ658E
音 サイ㊌㊐
訓 ものいみ・いつき・いつく・いむ・いわう・とき

【齋】17画 齊-3 ②6723 Ⓤ9F4B

難読 斎忌(ゆき)・斎宮(いつきのみや)(いみや・さいぐう)・斎場(ゆにわ)
人名 いつ・いつき・きよ・ただ・とき・ひとし・よし

筆順 亠 ナ 文 文 斉 斉 斎 斎

なりたち [形声]「齊の略体」(きちんとそろう)㊥＋示(祭り)。祭事のために身心を清めととのえるの意。「斎」は略字。

❶神仏をまつる前に身心を清める。いむ。ものいみ。
【斎戒】サイカイ 祭祀(さいし)などを行う者が心身を清める。
【斎戒沐浴】サイカイモクヨク 水を浴びて心身を清める。
熟語「潔斎」

❷ものいみをする場所。また、静かに学問などをする部屋。
【斎場】サイジョウ 葬式を行う場所。
熟語「斎院・斎宮・山斎・書斎」

❸(仏)法会(ほうえ)。また、その時の食事。とき。
熟語「斎日(さいじつ)(さいにち)・斎食・僧斎」

❹(国)いつく。いわう。身心を清めて神に仕える。いつき。

【細】

9級 11画 糸-5 ①2657 Ⓤ7D30
音 サイ㊐・セイ㊌
訓 ほそい・ほそる・こまか・こまかい・くわしい

難読 細小魚(いさな)・細魚(さより)・細螺(きさご)(きしゃご・したたみ)

筆順 く 幺 糸 糸 糸 紅 細 細

なりたち [形声]糸＋田(囟の変形、新生児の頭蓋骨にある小さなすきま、ひよめき)㊥。糸のようにほそいの意。

❶ほそい。幅や太さがない。ほそる。
【細細】ほそぼそ ①非常に細い。「―とした手足」②やっとのことで暮らす。「年金で―(と)暮らす」

熟語「細小・細流・繊細・毛細管」

❷こまかい。こまか。小さい。くわしい。精密。また、とるに足りない。

【細細】ごまごま ①細かくて煩雑である。「―した注意」②細かいところまで行き届く。「―(と)説明する」

【細▼瑕】サイカ ちょっとしたきずや欠点。

【細菌】サイキン 「―感染」「―兵器」

【細謹】サイキン 細かなことに気を配る。

【細工】サイク ①細かな物を作る。「粘土―」②細かなくふう。「―は流々」「小―」

【細君】サイクン ①(同輩以下の)他人の妻。②自分の妻の謙称。注記「妻君」とも当てる。

【細見】サイケン ①詳しく見る。②詳しい地図・案内記など。

［細行さいこうを矜つつしまざれば終ついに大徳を累わずらわす］ささいなおこないを慎まないと、大きな徳に影響を及ぼす。出典「書経旅獒」より。

【細心】サイシン 細かな点にまで気を配る。「―の注意」

【細則】サイソク 「施行―」「―は別に定める」

【細大】サイダイ 細かいことと大きいこと。巨細こさい。「―漏らさず記述する」

【細緻】サイチ 緻密。「―をきわめた描写」

【細部】サイブ 「―にわたって点検する」

【細分】サイブン 「敷地を―する」「組織を―化する」

【細胞】サイボウ 「―分裂」

【細密】サイミツ 細かく詳しい。「―画」

【細民】サイミン 下層の人々。貧しい人々。

【細目】サイモク 「予算の―を決める」

【細腰】サイヨウ 女の腰が細くしなやかである。美人の形容。

【細波】さざなみ ①水面に細かに立つ波。さざれなみ。②小さな心のゆれや争いごと。「両者の関係に―が立つ」別表記 小波・漣

【細雪】ささめゆき 細かに降る雪。

【細れ石】さざれいし 小さい石。

熟語「細事・細説・細微・委細・些細ささい・子細・詳細・精細・繊細・微細・明細・零細」

【菜】〔菜〕

7級 11画 艸(艹)-8 音 サイ 漢 呉 訓 な ①2658 Ⓤ83DC

〔菜〕11画 艸(艹)-8

難読 菜葱なぎ・菜亀虫(菜椿象)ながめ・菜蕗ふき・牛尾菜しおで・鹿角菜ふのり

筆順 一 艹 艹 艹 苎 苹 菜

なりたち ［形声］艸＋采(指でつかみとる)音。つみとって食べる草の意。

❶な。葉・茎・根などを食用とする草の総称。あおもの。

【菜園】サイエン 野菜を植える畑。「家庭―」

【菜食】サイショク 植物性食品を中心に食べる。「―主義」

熟語「菜種なたね・菫菜くんさい・香菜・山菜・白菜・野菜」

❷さい。おかず。副食物。

【菜箸】さいばし 調理やおかずの取り分けに使う箸。

熟語「主菜・前菜・惣菜そうざい・総菜・冷菜・一汁三菜いちじゅうさんさい」

❸その他。

【菜根譚】サイコンタン 中国、明代の処世哲学書。洪応明著。

【最】

7級 12画 日-8 音 サイ 漢 呉 訓 もっとも・も ①2639 Ⓤ6700

難読 最合もやい

人名 いと・いろ・かなめ・たかし・まさる・ゆたか・よし

筆順 冂 日 旦 早 昰 冣 最 最

なりたち ［会意］冃(かぶせたおおい)＋取(ごく少量をつまみとる)。おおいでかぶせられている物をごく少量つまみ取るの意。「撮」の原字。のち、極めて少量の意から転じて、極めての意に用いられた。

❶もっとも。この上なく。

【最愛】サイアイ 最も愛している。「―の妻」

【最悪】サイアク もっとも悪い。「―の事態」⇔最良

【最強】サイキョウ 最も強い。「―のメンバー」

【最近】サイキン ちかごろ。「―見かけない」「―の流行」

【最古】サイコ 最も古い。「―の木造建築」

【最後】サイゴ 一番あと。最終。「―の手段」⇔最初

【最期】サイゴ 死にぎわ。臨終。「―をみとる」

【最高】サイコウ ①高さが一番高い。「―気温」②程度が最も高い。「―の布陣」▽⇔最低

【最高潮】サイコウチョウ 最も高まった場面・時期。「―に達する」

【最終】サイシュウ 一番おわり。「―報告」「―電車」

【最初】サイショ 一番はじめ。「―が肝心」「―で最後」⇔最後

【最小】サイショウ 最も小さい。「―公倍数」「―の被害で済む」⇔最大

【最少】サイショウ 最も少ない。⇔最多

【最上】サイジョウ ①最も上。「ビルの―階」②最も上等。「―の品物」

【最小限】サイショウゲン 「―の出費におさえる」⇔最大限

【最深】サイシン 最も深い。「世界―の海溝」

【最新】サイシン 最もあたらしい。「―版」

【最善】サイゼン ①最もよい。「―の策」②できうるかぎり。「―を尽くす」

【最先端】サイセンタン 「半島の―」「流行の―」別表記 最尖端

【最多】サイタ 最もおおい。「―勝利投手」⇔最少

【最大】サイダイ 最も大きい。「日本―の水族館」⇔最小

【最大限】サイダイゲン 「―の努力をはらう」⇔最小限

【最短】サイタン　最も短い。「―ルートを調べる」⇔最長
【最中】サイチュウ　さなか。「食事の―にテレビを見る」
【最長】サイチョウ　最も長い。「―不倒距離」⇔最短
【最低】サイテイ　①一番低い。「―気温」「―の成績」⇔最高。②品性が下劣である。「―な奴だ」
【最低限】サイテイゲン　「―の生活を保障する」
【最適】サイテキ　最も適している。「―の温度」
【最果て】さいはて　最も遠く離れた地。「―の町」
【最良】サイリョウ　最もよい。「―の伴侶を得る」⇔最悪
【最中】さなか　物事が行われているとき。さいちゅう。「雨の―に出かける」
熟語「最前・最高峰」

❷(国)も。他の語についてまことに、もっともの意を表す。
【最中】もなか　和菓子の一つ。形が最中の月(=満月)に似ているところからいう。
【最早】もはや　今となっては。「―手遅れだ」
《最寄り》もより　最も近い所。「―の駅」

【裁】

5級　12画　衣-6　音 サイ漢　訓 たつ・さばく　①2659　Ⓤ88C1

難読 裁着(たちつけ)(たっつけ)

筆順 土 圭 未 表 表 裁 裁 裁

なりたち [形声]𢦏(戈＋才。刃物で断ち切る)音＋衣。布地を適当なところで断ち切るの意。

◇さばく(裁・▼捌)　●異字同訓●
「裁く」は"よい悪いを判断して決める。裁判する"の意。「公平に裁く」「事件を裁く」

「捌く」は"うまく扱う。処理する。全部売る"の意。「手綱を捌く」「鰹(かつお)を捌く」「仕事をてきぱきと捌く」「在庫を捌く」

●異字同訓●【断】(四四〇ページ)の「異字同訓」欄を参照のこと。

❶たつ。衣服を仕立てるために布をたちきる。
【裁縫】サイホウ　布を裁って衣服を作る。「―道具」
熟語「裁断・断裁」

❷さばく。物事の是非を判断する。
【裁決】サイケツ　決定を下す。「―を仰ぐ」
【裁断】サイダン　①理非曲直を判断して決定を下す。「―を下す」②布を裁ち切る。「型紙にそって―する」
【裁定】サイテイ　当否を判断して決定する。「仲裁―」
【裁判】サイバン　司法機関が訴訟について判定を下す。「―官」「―沙汰」
熟語「裁可・決裁・制裁・仲裁・直裁・勅裁」

❸きりもりする。処理する。
【裁量】サイリョウ　自分の考えで問題を判断し処理する。「自由―」「―権」
熟語「総裁・独裁」

❹かた。きまり。様式。
熟語「体裁(ていさい)・風裁」

❺「裁縫」の略。
熟語「洋裁・和裁」

❻(国)「裁判所」の略。
熟語「家裁・地裁・最高裁」

【債】

3級　13画　人(亻)-11　音 サイ漢呉　訓 かり　①2636　Ⓤ50B5

筆順 亻 仁 什 佳 倩 倩 債 債

なりたち [形声]人＋責(金品をせめ求める)音。人をせめつける貸し借りの意。

❶返済する義務がある。かり。借金。
【債券】サイケン　国や地方公共団体・会社などが資金を調達するために発行する有価証券。
【債務】サイム　特定の人に対し、一定の給付をなさねばならない義務。「―超過」⇔債権
熟語「宿債・負債」

❷返済を求める。
【債鬼】サイキ　借金取り。
【債権】サイケン　特定の人に対し、一定の給付を請求する権利。「不良―」⇔債務

❸(国)「債券」の略。
熟語「起債・公債・社債」

【催】

3級　13画　人(亻)-11　音 サイ漢　訓 もよおす・もよおし・うながす　①2637　Ⓤ50AC

難読 催合(もやい)・催馬楽(さいばら)

人名 とき

筆順 亻 亻 仙 仙 俗 催 催

なりたち [形声]人＋崔(ずっしりと石が積み重なって高くそびえる山)音。早く物事をするように、ずっしりと圧力をかけて人をせきたてるの意。

❶ある状態や気分をひきおこす。きざす。
【催眠】サイミン　①ねむくなる。ねむけを催す。②薬や暗示などによって、眠った状態にさせる。「―薬」「―術」
【催涙】サイルイ　涙腺を刺激し、涙を出させる。「―弾」

❷もよおす。会や行事を行う。
【催事】サイジ　もよおし。もよおしごと。「―場」
熟語「催事場・開催・共催・主催」

❸うながす。いそがせる。

【催告】サイコク　一定の行為をなすように請求する。義務者に対する義務の履行の請求など。

【催促】サイソク　早く実行するよう要求する。せきたてる。「家賃の支払いを―される」「矢の―」

【塞】

2級　13画　土-10　新常用

音 サイ(漢)(呉)・ソク(漢)

訓 ふさぐ・ふさがる・せ-く・とりで

①2641　Ⓤ585E

筆順

なりたち　[形声]「宀(やね)+工四つ(さまざまな材料)+廾(両手)」(両手に土などを持って屋根の穴をふさぐ)(音)+土。もと、「土」がない字形で用いられていたが、意味を明確にするために「土」を加えた。

◉異字同訓◉

◇ふさぐ(塞・▽鬱)

「塞ぐ」は"物で閉ざす。さえぎる"の意。「壁の穴を塞ぐ」「思わず目を塞ぎたくなる光景」「故障車が道を塞ぐ」

「鬱ぐ」は"気分が晴れない。めいる"の意。「成績不振でずっと鬱いでいる」「鬱いだ顔になる」「気が鬱ぐ」

❶《ソク》ふさぐ。とざす。せきとめる。せく。ふさがる。また、みたす。みちる。

【塞源】ソクゲン　根源をふさぎ害を断つ。「抜本―」

熟語「梗塞(こうそく)・充塞・栓塞・逼塞(ひっそく)・閉塞」

❷《サイ》とりで。外敵の侵入を防ぐ小城。要害の地。

【塞翁が馬】(さいおうがうま)　人間の禍福は変転し定まりないものだというたとえ。出典「淮南子(人間訓)」より。

【塞外】サイガイ　①とりでの外。②万里の長城の外。

熟語「偃塞(えんそく)・堰塞(えんそく)・四塞(しさい)(しそく)・城塞(じょうさい)・辺塞・堡塞(ほうさい)・防塞・要塞」

【歳】

4級　13画　止-9

音 サイ(呉)・セイ(漢)

訓 とし・とせ

①2648　Ⓤ6B73

〔歳〕13画　止-9　――　――

人名 とし・とせ

筆順

なりたち　[会意]歩(めぐる)+戉(まさかり)。まさかりで裂いたえものをささげ祭る儀式が一年毎にめぐってくる意から、みのり・としの意を表す。

❶とし。一年。年数を数える語。とせ。よわい。年齢。また、年月。時間。つきひ。

【歳月】サイゲツ　年月。としつき。「長い―を要する」

【歳月人を待たず】(さいげつひとをまたず)　年月がたつのは速く、人を待ってはくれない。出典 陶潜「雑詩」より。

【歳歳】サイサイ　毎年。「年々―」

【歳歳年年人同じからず】(さいさいねんねんひとおなじからず)　毎年毎年人の顔ぶれが異なる。出典 劉廷芝「代悲白頭翁」より。

【歳時記】サイジキ　①四季の行事などを解説した書。②俳句の季語を分類・解説し、例句を示した書。季寄せ。

【歳末】サイマツ　「―大売出し」「―助け合い」

【歳余】サイヨ　一年あまり。一年以上。

【歳暮】セイボ　①年の暮れ。②年末の贈り物。

【歳寒くして松柏の凋むに後るるを知る】(としさむくしてしょうはくのしぼむにおくるるをしる)　困難苦労に出会って初めて人の真価がわかる。出典「論語(子罕)」による。

熟語「歳時・歳出・歳旦・歳入・歳費・凶歳・千歳(せんざい)・年歳・半歳・万歳(ばんざい)(ばんぜい・まんざい)・豊歳・累歳・満二十歳・千秋万歳(せんしゅうばんざい)(ばんぜい)」

❷田畑の一年のみのり。収穫。

熟語「凶歳・豊歳」

❸星の名。木星。

【歳次】サイジ　年のめぐり。「―辛亥(しんがい)」

熟語「歳星」

【載】

4級　13画　車-6

音 サイ(漢)(呉)

訓 のせる・のる・とし

①2660　Ⓤ8F09

人名 こと・とし・のり・はじめ

筆順

なりたち　[形声]𢦏(戈+才。刃物で断ち切る)(音)+車。荷台から落ちないように切りそろえて車にのせるの意。

◉異字同訓◉【乗】(三二七ページ)の「異字同訓」欄を参照のこと。

❶のせる。のる。また、書きしるす。

【載録】サイロク　印刷物に文章を載せる。

熟語「記載・休載・掲載・車載・乗載・所載・積載・転載・搭載・登載・満載・連載」

❷とし。一年。(同)歳。

熟語「千載一遇(せんざいいちぐう)」

【際】

6級　14画　阜(阝)-11

音 サイ(呉)・セイ(漢)

訓 きわ・は-て・あいだ

①2661　Ⓤ969B

人名 きり

筆順

なりたち　[形声]阜(おか)+祭(こすって汚れをとり、まつる)(音)。おかとおかがこすれあうほどに接しているきわの意。

サ

❶きわ。境界。また、はて。かぎり。
【際涯】(サイガイ) はて。「―なく広がる荒野」

【際限】(サイゲン) おわり。かぎり。「―のない欲望」

熟語「水際・辺際」
❷まじわる。まじわり。また、あいだ。間柄。
熟語「交際・国際・学際的」
❸おり。機会。
熟語「際会・実際」
❹あう。ある機会にいきあう。
【際会】(サイカイ) （事件や事態に）たまたま出会う。「珍事に―する」
熟語「際遇」
❺(国)きわ。技量などの程度。
【際立つ】(きわだつ) 区別が明瞭である。「―った特色」

【際物】(きわもの) ①必要な季節の直前に売り出す。②一時的な流行をあてこむもの。「―出版」

熟語「今際(いまわ)・手際(てぎわ)」

さい

【埼】
2級　11画　土-8　新常用
音 キ(漢)
訓 さい・さき
①2675　Ⓤ57FC

筆順 一 十 土 土ˊ 圡 圵 埣 埼 埼

なりたち [形声]土＋奇(人がからだを折り曲げているさま)(音)。湾曲した岸の意。また、曲がった岸から水面に飛び出た陸地、さきの意にも用いる。

❶湾曲した岸。岸の突端部。さき。
❷その他。地名。
熟語「埼玉(さいたま)」

ザイ

【在】
6級　6画　土-3
音 ザイ(呉)・サイ(漢)
訓 ある
①2663　Ⓤ5728

難読 在来(ありきたり)
人名 あき・あきら・あり・すみ・たみ・とみ・まき・みつる

筆順 一 ナ 尢 在 在 在

なりたち [形声]才(川の流れをせき止めるせき)(音)＋土。土でせきを作り流れを止める意から、じっとととどまる意を表す。

◉異字同訓◉【有】(六二九ページ)の「異字同訓」欄を参照のこと。

❶ある。いる。また、生きている。
【在▽処・在▽所】(ありか) 「宝物の―をつきとめる」

【在位】(ザイイ) 位に就いている。「横綱―七場所」

【在外】(ザイガイ) 外国にいる。「―資産」「―邦人」

【在学】(ザイガク) 学校に籍がある。「本校に―する学生」

【在京】(ザイキョウ) 東京にいる。「―事務所」「―人」

【在家】(ザイケ) 在俗のまま仏教に帰依した人。⇔出家
【在庫】(ザイコ) 倉庫にある。「―切れ」「―を一掃する」

【在校】(ザイコウ) ①在学。「―生」②学校の中にいる。

【在社】(ザイシャ) ①会社に在職する。②会社の中にいる。

【在住】(ザイジュウ) 住んでいる。「イギリス―の日本人」

【在職】(ザイショク) 職に就いている。「―期間」

【在世】(ザイセイ) 生存。ざいせ。「父の―中は」

【在籍】(ザイセキ) 籍を置いている。「―証明書」「―出向」

【在宅】(ザイタク) 自宅にいる。「―介護」「―勤務」

【在中】(ザイチュウ) 同封している。「原稿―」「請求書―」

【在日】(ザイニチ) 日本にいる。「―外国人」「―一〇年」

【在任】(ザイニン) 任務についている。「外相―中」

【在野】(ザイヤ) ①公職に就かず、民間にいる。「―の人材」②政党が野党の立場にある。

【在来】(ザイライ) これまで普通にあったこと。従来どおり。「―線」「―の工法」

【在留】(ザイリュウ) 外国に居住する。「―邦人」

熟語「介在・健在・顕在・現在・散在・自在・実在・所在・潜在・存在・滞在・駐在・点在・内在・遍在」
❷(国)ざい。いなか。
【在郷】(ザイゴウ) ①いなか。②郷里にいる。「―軍人」

【在所】(ザイショ) ①いなか。「―住まい」②郷里。ふるさと。「―生まれ」③住んでいるところ。

熟語「近在」

【材】
7級　7画　木-3
音 ザイ(呉)・サイ(漢)
①2664　Ⓤ6750

人名 えだ・き・もとき・もとし

筆順 一 十 才 木 木一 村 材

なりたち [形声]木＋才(川の流れをせき止めるせき)(音)。せきに用いる良質の木、建材などとして用いる木の意。

❶建築用の木。
【材木】(ザイモク) 建築材料となる木材。「輸入―」
熟語「美材・木材・良材」
❷原料となるもの。
【材質】(ザイシツ) 材料の性質。「やわらかな―」

【材料】(ザイリョウ) ①もととして用いる素材。「建築の―」②判断の元となるもの。「研究―」「不安―」③取引相場の変動要因。「好―」「悪―」

熟語「画材・教材・建材・資材・取材・石材・素材・題材」

❸はたらき。才能。
熟語「材器(きさい)・逸材・人材・適材・美材」

【剤】〔劑〕

4級 10画 刀(刂)-8 ／ 16画 刀(刂)-14
音 ザイ(呉)・セイ(漢)
①2662 Ⓤ5264 ／ ②4993 Ⓤ5291

筆順 亠 ナ 文 产 斉 斉 斉 剤

なりたち  [形声]齊(きちんとそろう)(音)＋刀。刃物で同じ大きさに切りそろえるの意。

薬などを調合する。ととのえる。そろえる。また、調合した薬。
熟語「液剤・下剤・錠剤・製剤・洗剤・調剤・乳剤・配剤・薬剤・溶剤・消化剤」

【財】〔戝〕

6級 10画 貝-3 ／ 11画 貝-4
音 ザイ(呉)・サイ(漢)
訓 たから
①2666 Ⓤ8CA1 ／ ②7635 Ⓤ621D

筆順 丨 冂 月 目 貝 貝 貝 財 財 財

なりたち  [形声]貝(たから)＋才(川の流れをせき止めるせき)(音)。とどめ置かれ、たくわえられた金品の意。

❶たから。価値のあるもの。貴重なもの。
【財産】ザイサン 所有する財貨と資産。「私有—」「—分与」
【財宝】ザイホウ 財産や宝物。「沈没船の—」
熟語「文化財」
❷金銭や資産。
【財貨】ザイカ 財産として価値のある品物や金銭。財物。
【財界】ザイカイ 経済界。「—人」「—で名を挙げる」
【財源】ザイゲン 支出する金の出所。「—確保」
【財政】ザイセイ ①国や地方公共団体などが行う資金調達などの経済活動。「—危機」「—難に陥る」②企業の経済状態。③ふところ具合。
【財団】ザイダン ①一定の目的のために結合された財産の集合。②「財団法人」の略。
【財閥】ザイバツ 一族・一門の家族的関係のもとに結合した大資本家の多角的経営体。
【財務】ザイム 財政に関する事務。「—省」「—諸表」
【財力】ザイリョク お金や資本の力。「—にものを言わせる」
熟語「財布(さいふ)・家財・管財・散財・私財・資材・借財・殖財・蓄財・理財」

【罪】〔辠〕

6級 13画 网(罒)-8 ／ 13画 辛-6
音 ザイ(呉)・サイ(漢)
訓 つみ
①2665 Ⓤ7F6A ／ ― Ⓤ8FA0

筆順 冂 罒 罒 罒 罗 罪 罪 罪

なりたち  [会意]网(あみ)＋非(よくない)。よくない行いをした者を法のあみにかける意から、つみの意を表す。もと、「辠」に作る。自(はな)＋辛(刃物で切る)。刃物で鼻を切りおとす刑を受けた人の意。「辠」の字が「皇」に似ているので、秦の始皇帝が「罪」に改めた。

❶つみ。法律・道徳に反した行為。
【罪悪】ザイアク 悪いおこない。「—感にさいなまれる」
【罪過】ザイカ 罪とあやまち。
【罪状】ザイジョウ 犯罪の内容。「—認否」
【罪人】ザイニン つみびと。「—をとらえる」
【罪名】ザイメイ 罪の種類をあらわす名称。
熟語「罪科・罪業・冤罪(えんざい)・原罪・謝罪・重罪・贖罪(しょくざい)・断罪・犯罪・無罪・滅罪・有罪・余罪」
❷ばつ。刑罰。
熟語「斬罪・死罪・流罪(るざい)」
❸あやまち。
熟語「功罪・謝罪」

さき

【崎】〔嵜〕〔㟢〕〔﨑〕

準2級 11画 山-8 ／ 12画 山-9 ／ 11画 山-8 ／ 12画 山-9
音 キ(漢)(呉)
訓 さき・みさき
①2674 Ⓤ5D0E ／ ②5431 Ⓤ5D5C ／ ③4779 Ⓤ37E2 ／ ③4782 ⓊFA11

筆順 丨 山 山 山 岐 崎 崎 崎

なりたち [形声]山＋奇(人がからだを折り曲げているさま)(音)。ひどく傾斜していたり曲がったりしている山の意。

❶「崎嶇(きく)」は、山道がけわしい。また、人生の困難なさま。
❷(国)さき。みさき。山などの陸地が海や湖に突き出た場所。

サク

【冊】⇩サツ(二三八ページ)

【作】

9級 7画 人(亻)-5 音 サク㊥㊦・サ㊥㊦ 訓 つくる・な-す ①2678 Ⓤ4F5C

注記「做(さ)」は近世の俗字。

難読 作礼(さらい)・作様(さくなり)

人名 あり・とも・なお・なり・ふか

筆順 ノ 亻 亻 𠂉 作 作 作

なりたち 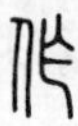 [形声]人＋乍(刃物ですばやく切る)音。人が木を切って物をつくるの意。

> ●異字同訓●
> ◇つくる(作・造)
> 「作る」は"こしらえる。栽培・耕作する"の意。「本箱を作る」「子供を作る」「詩を作る」「笑顔を作る」「罪を作る」「畑に麦を作る」
> 「造る」は"大きなものをこしらえる。醸造する"の意。「道路を造る」「船を造る」「米から酒を造る」

❶つくる。こしらえる。また、つくられたもの。

【作意】サクイ 芸術作品における作者の意図・趣向。
【作詞】サクシ 歌の文句を作る。「―家」
【作者】サクシャ 芸術作品を作った人。「―不詳」
【作成】サクセイ 書類などをつくる。「契約書を―する」
【作製】サクセイ ものを作り出す。製作。
【作品】サクヒン 芸術的製作物。「文学―」
【作風】サクフウ 作品に現れる作者の特徴。「漱石の―」
【作物】サクブツ 作ったもの。特に、芸術的作品。
【作文】サクブン ①文章を作る。また、その文章。②実質の伴わない文章。「報告書を―する」
【作家】サッカ 芸術作品の制作者。「推理―」「陶芸―」
【作曲】サッキョク 曲を作る。「作詞―」
熟語「遺作・佳作・合作・傑作・原作・工作・試作・秀作・新作・制作・製作・創作・大作」

❷たがやす。また、穀物などのでき具合。

【作柄】サクがら ①農作物の生育状態やでき具合。「―が良い」②芸術作品のでき具合。
【作物】サクモツ 農作物。「―のでき具合」
【作況】サッキョウ 農作物のでき具合。「稲の―指数」
熟語「作土・耕作・農作・豊作・平年作」

❸事をはかる。たくらむ。

【作為】サクイ ①わざと人の手を加える。「無―抽出」②〔法〕人の行為のうち積極的な行為。殺す、盗むなど。
【作戦】サクセン ①戦う前の計画。「―会議」②ある期間の対敵行動の総称。「空輸―」「陽動―」 別表記 策戦

❹なす。仕事をする。はたらき。

【作業】サギョウ 仕事。労働。「農―」「―服」
【作動】サドウ 機械が動く。「安全装置が―する」
【作用】サヨウ ①他に力や影響を及ぼすはたらき。「副―」②心身のいとなみ。「心理―」
熟語「操作」

❺ふるまい。

【作法】サホウ 起居・動作の正しい仕方。「行儀―」
熟語「動作」

❻おこる。おこす。

熟語「作興(さっこう)・振作」

❼〔国〕「美作(みまさか)国」の略。

【作州】サクシュウ 美作(みまさか)国の別名。現在の岡山県北部。

【削】

3級 9画 刀(刂)-7 音 サク㊥㊦・シャク㊥ 訓 けず-る・そ-ぐ ①2679 Ⓤ524A

〔削〕9画 刀(刂)-7

筆順 丨 ⺌ ⺌ 䒑 肖 肖 肖 削 削

なりたち  [形声]肖(小さく作る)音＋刀。刀で小さくけずり取るの意。

けずる。そぐ。とりのぞく。

【削減】サクゲン 削ってへらす。「予算を―する」
【削除】サクジョ 削ってのぞく。「ファイルを―する」
熟語「改削・開削・掘削・研削・切削・添削」

【昨】

7級 9画 日-5 音 サク㊥ 訓 きのう ①2682 Ⓤ6628

難読 昨日(きそ(きぞ))・昨夜(ゆうべ(きそ・きぞ・よべ))

筆順 丨 ⺆ 日 日 日′ 日𠂉 昨 昨 昨

なりたち  [形声]日＋乍(且に通じ、積み重ねる)音。過ぎ去った日、ひとまわり前の日の意。

❶一まわり前の日や年。特に、きのう。前日。

【《昨日》】きのう きょうの前日。さくじつ。
【昨日】サクジツ きのう。「―来」
【昨非今是】サクヒコンゼ 昨日誤りだと思ったことを今日は正しいと思う。今是昨非。出典 陶潜「帰去来辞」より。
熟語「昨暁・昨週・昨冬・昨年・昨晩・昨夜・昨夕」

❷むかし。過ぎ去った時。

【昨今】サッコン このごろ。近頃。「―の韓流ブーム」

【柵】

2級 9画 木-5 新常用 音 サク㊥ 訓 き・しがらみ・やらい ①2684 Ⓤ67F5

〔栅〕9画 木-5 Ⓤ6805

難読 馬柵(ませ)

筆順 一 十 木 朷 杊 枂 柵 柵

なりたち 栅 [形声]木＋冊(文字を記し、ひもで編んだふだ)音。木や竹などで編んだかきねの意。

❶竹や木を立て並べた囲い。かきね。さく。やらい。

熟語「竹柵(ちくさく)・鉄柵(てっさく)・木柵(もくさく)」

❷垣を構えたとりで。き。

熟語「柵門・砦柵・城柵」

❸しがらみ。水流をせきとめるために川の中に杭を打ち並べ、竹や木をとりつけたもの。

熟語「水柵(すいさく)」

【索】

準2級 10画 糸-4 音 サク漢呉・シャク呉 訓 なわ・もと-める ①2687 Ⓤ7D22

難読 索麺(そうめん)

人名 もと

筆順 一 十 𠂒 𡗗 玄 玄 索 索

なりたち [会意]金文では、宀(いえ)＋糸＋廾(両手)。家の中で両手でなわをよるの意。説文では、𣎆(草木がさかんに茂る)＋糸。

❶太いなわ。つな。

【索条】(サクジョウ) ワイヤロープ。ケーブル。「—鉄道」

【索道】(サクドウ) ロープウエー。

熟語「索具・繫索(けいさく)・鋼索・縄索」

❷もとめる。さがす。

【索引】(サクイン) その書物に載っている言葉を五十音順に並べ、その所在ページを示した表。「人名—」

【索敵】(サクテキ) 敵を捜し求める。「—機」

熟語「検索・思索・詮索・捜索・探索・模索」

❸ものさびしい。はなればなれになる。

【索然】(サクゼン) おもしろみがない。「興味—」

熟語「索漠・蕭索(しょうさく)」

【策】

5級 12画 竹-6 音 サク漢・シャク呉 訓 むち・はかりごと・つえ・ふだ ①2686 Ⓤ7B56

人名 かず・つか・もり

筆順 ノ ⺈ ⺮ 竺 笞 笧 策 策

なりたち [形声]竹＋朿(とげ)音。表面がとがっているむちの意。

❶ふだ。物を書き付けた竹の札。書きつけ。特に、天子が臣下に与える文書。

熟語「策書・策命」

❷はかりごと。くわだて。

【策士】(サクシ) 策略に巧みな人。「—策におぼれる」

【策定】(サクテイ) 考えて定める。「事業計画を—する」

【策動】(サクドウ) ひそかに計画を立てて活動する。

【策謀】(サクボウ) 計略。「—家」「—をめぐらす」

【策略】(サクリャク) はかりごと。「敵の—にはまる」

熟語「策応・策源地・遺策・画策・金策・国策・失策・上策・政策・対策・得策・万策・無策・善後策」

❸むち。また、つえ。むちのような形のつえ。

熟語「警策・散策」

【酢】

準2級 12画 酉-5 音 サク漢・ソ漢呉 訓 す ①3161 Ⓤ9162

筆順 一 冂 丙 两 酉 酉' 酢 酢

なりたち 酢 醋 [形声]酉＋乍(且に通じ、積み重ねる)音。時がたってすっぱくなった酒、すの意。篆文では、酉＋昔(積み重ねる)とも。

❶す。酸味と刺激臭を持つ調味料。すっぱい。すい。

【〈酢漿草〉】(かたばみ) カタバミ科の多年草。全草に酸味がある。

【酢酸】(サクサン) 酢の主成分。別表記 醋酸

【酢蛸】(すだこ) ゆでたタコを酢に浸した食品。

【酢橘】(すだち) ミカン科の常緑小高木。

熟語「梅酢(うめず)・食酢(しょくす)・木酢(もくさく)」

❷むくいる。客が主人に酒杯を返す。

熟語「酬酢(しゅうさく)」

【搾】

3級 13画 手(扌)-10 国字 音 サク慣・サ漢 訓 しぼる ①2681 Ⓤ643E

難読 搾菜(ザーサイ)

筆順 一 十 扌 扩 抙 控 搾 搾

なりたち [形声]手＋穴＋乍(つくる)音。手でせばめてしぼる意の国字。

●異字同訓●【絞】(二一二ページ)の「異字同訓」欄を参照のこと。

しぼる。しぼりとる。おしつけて容積を小さくする。

【搾取】(サクシュ) しぼりとる。「中間—」

【搾乳】(サクニュウ) 乳をしぼる。「—機」

熟語「圧搾」

【錯】

3級 16画 金-8 音 サク漢呉・ソ漢呉・シャク呉 訓 たが-う・ま-じる・あやま-る・お-く ①2688 Ⓤ932F

筆順 ⺈ 亼 牟 金 金' 鉗 錯 錯 錯

なりたち 錯 [形声]金＋昔(積み重なる)音。金属を重ねてめっきする意から、まじる意を表す。

❶《サク・シャク》まじる。まざる。別の種類のものが一緒になる。また、たがう。あやまる。とりちがえる。まちがえる。

【錯誤】サクゴ まちがい。あやまり。「試行ー」「時代ー」

【錯綜】サクソウ 複雑に入り組んでいる。「情報がーしている」

【錯乱】サクラン 意識が混濁し、思考に異常をきたす。「ー状態」

【錯覚】サッカク 事実であるかのように思い違う。

【錯簡】サッカン 書物の紙の順序が間違っている。

熟語「錯雑・錯節・交錯・失錯・倒錯」

❷《ソ》おく。考えて配置する。同措。

熟語「錯置(そち)」

さく

【咲】 〔咲〕

4級 9画 口-6 音 ショウ(セウ)漢呉 訓 さく・えーむ・わらーう ①2673 Ⓤ54B2

〔咲〕9画 口-6

注記 本来「笑(しょう)」の古字だが、日本では「笑」はもっぱら「わらう」の意で用い、「咲」は「さく」専用と使い分けている。

筆順 丶 口 口' 口'' 吖 咲

なりたち [形声]口＋关(＝芙、わらう)音。もと「芙」だけで用いられたが、後に「口」を加えた。

❶えむ。わらう。にっこりする。同笑。

熟語「巧咲」

❷(国)さく。花が咲く。開花する。

サッ

【早】⇩ソウ(三九七ページ)

サツ

【冊】 〔册〕

5級 5画 冂-3 音 サツ慣・サク漢呉 訓 ふみ ①2693 Ⓤ518A

〔册〕5画 冂-3 ②4938 Ⓤ518C

人名 なみ・ふみ

筆順 丨 冂 冂 冊 冊

なりたち [象形]文字を記したふだを編んだ形にかたどる。文書の意。

❶ふみ。書籍。巻物に対して、紙をとじてつくった本。

【冊子】サッシ 書物の装丁の一。そうし。「小ー」「ー本」

熟語「《サツ》小冊・書冊・大冊・分冊・別冊」

❷文字を書きつけるふだ。

熟語「短冊(たんざく)(たんじゃく)」

❸昔、中国で天子が下した任命書。また、その文体。

【冊封】サクホウ 古く中国で、冊(＝任命書)をもって爵位を授ける。

【冊立】サクリツ 勅命によって皇太子・皇后などを正式に定める。さくりゅう。

熟語「《サク》冊命・封冊」

❹書物などを数えることば。

熟語「一冊」

【札】

7級 5画 木-1 音 サツ漢 訓 ふだ・さね ①2705 Ⓤ672D

人名 さね

筆順 一 十 才 木 札

なりたち [会意]木＋乙(曲がった両刃の彫刻刀)。刃物で薄くそがれた木の小片の意。

❶ふだ。また、社寺などのお守り。

【札所】ふだショ 仏教の霊場で、参詣したしるしに札を受けるところ。

【札付き】ふだつき 悪いという定評。「ーの悪党」

【札止め】ふだどめ 満員のため入場券を売らない。

熟語「札束(さつたば)・お札・切り札・高札・入札・表札・門札・落札」

❷書きもの。てがみ。証拠となる文書。

熟語「鑑札・贋札(がんさつ)・書札」

❸(国)よろいの、さね。とじあわせて作るよろいの鉄や革の板。

❹(国)さつ。紙幣。乗り物の券。入場券。

熟語「札入れ・札束・改札・検札・出札」

【刷】

7級 8画 刀(刂)-6 音 サツ漢 訓 する・はーく・はけ ①2694 Ⓤ5237

人名 きよ

筆順 ㇇ コ 尸 尸 吊 吊 刷 刷

なりたち [形声]「尸(しり)＋巾(ぬの)」(しりの汚れを布でふきとる)音＋刀。刀で汚れをこすりとる意から、こする・するの意を表す。

◉異字同訓◉【擦】(二四〇ページ)の「異字同訓」欄を参照のこと。

❶はく。ぬぐう。きれいにする。また、その道具。はけ。

【刷新】サッシン 事態を全く新たにする。「人事の―」「制度を―する」

【〈刷毛〉】はけ ブラシ。「―目」

熟語「振刷」

❷する。すり出す。印刷する。

熟語「印刷・重刷・縮刷・増刷」

【刹】

2級 8画 刀(刂)-6 新常用 音 サツ漢・セツ呉 ②4975 Ⓤ5239

難読 刹利(刹帝利)クシャトリヤ

筆順 ノ メ 㐅 杀 杀 杀 刹 刹

なりたち [形声]「殺の略体」音＋刀。梵語 kṣetra(旗を立てる柱の意)を音訳するために作った字。万物は生滅流転することから、「殺」に意味を明らかにする「刀」を付した。

❶寺。寺院。

熟語「《サツ》巨刹・古刹・仏刹・梵刹・名刹」

❷悪鬼の称。

熟語「《セツ》刹鬼・羅刹」

❸梵語の音訳に用いる。

【刹那】セツナ きわめて短い時間。瞬間。「―的」「爆発が起こった―」

熟語「《セツ》刹土」

【拶】

2級 9画 手(扌)-6 新常用 音 サツ漢 ①2702 Ⓤ62F6

難読 拶双魚(さっぱ)

筆順 扌 扌 扌 扌 拶 拶 拶

なりたち [会意]手＋「巛＋夕」(毛髪の生えた頭部にかたどる。毛が並ぶさま)。手を並べて寄せ合わせる意から、せまる意を表す。

せまる。身をすり寄せて近づく。圧力をかける。

熟語「挨拶(あいさつ)」

【殺】

7級 10画 殳-6 音 サツ漢・サイ漢呉・セツ呉・セチ呉 訓 ころす・そ-ぐ・そ-げる ①2706 Ⓤ6BBA

【殺】11画 殳-7 ③8641 ⓊF970

筆順 ノ メ 㐅 杀 杀 杀 殺 殺

なりたち [会意]杀(いのししなどの動物)＋殳(棒で打つ)。邪悪なものを棒で打ちころすの意。

❶ころす。あやめる。命を奪う。

【殺意】サツイ 人を殺そうとする意思。「―を抱く」

【殺害】サツガイ 人を殺す。「―計画」「―現場」

【殺気】サッキ 人を殺そうとする切迫した気配。

【殺菌】サッキン 熱や薬剤で細菌を殺す。「―作用」

【殺傷】サッショウ 殺したり傷つけたりする。「―力」

【殺人】サツジン 人を殺す。「―事件」「―罪」

【殺伐】サツバツ すさんでいる。「―たる世相」

【殺掠・殺略】サツリャク 人を殺害して財物を奪う。

【殺生】セッショウ ①生き物を殺す。「無益な―はするな」「―禁断」②むごい。「そんな―な」

【〈殺陣〉】たて たちまわり。「―師」

熟語「殺戮(さつりく)・暗殺・虐殺・絞殺・惨殺・刺殺・自殺・生殺・屠殺(とさつ)・必殺・謀殺」

❷そこなう。なくす。とりのぞく。ほろぼす。

【殺風景】サップウケイ 趣がない。「―な部屋」

熟語「抹殺」

❸《サイ》そぐ。へらす。

熟語「減殺・笑殺・相殺」

❹意味を強めるために添える。

【殺到】サットウ 一度にどっと押し寄せる。「注文―」

熟語「悩殺・忙殺・黙殺」

【察】

7級 14画 宀-11 音 サツ漢呉・サチ呉 訓 み-る ①2701 Ⓤ5BDF

人名 あき・あきら・み・みる

筆順 宀 宀 宀 宀 宀 宀 察

なりたち [形声]宀(いえ)＋祭(神をまつる)音。家の中に神をまつり、神の真意をよく見るの意。

❶みる。よくみて調べる。ことこまかに明らかにする。

熟語「按察・監察・観察・警察・検察・考察・査察・視察・省察・診察・偵察」

❷おしはかる。おもいやる。

【察知】サッチ 推測して知る。「未然に危険を―する」

熟語「賢察・高察・推察・洞察・明察」

【撮】

3級 15画 手(扌)-12 音 サツ漢呉 訓 と-る・つま-む・つま-み ①2703 Ⓤ64AE

筆順 扌 扌 扌 扌 扌 撮 撮 撮

サ

なりたち  ［形声］手＋最（おおいでかぶせられている物をごく少量つまみ取る）㊥。「最」が極めての意で用いられるようになったため、「手」を加えた。
◉**異字同訓**◉ 【取】（二八二ページ）の「異字同訓」欄を参照のこと。

とる。つまむ。えらびとる。ひとつまみ程の少量。また、(国)写真をとる。


【撮影】（サツエイ） 写真や映画・ビデオをとる。「記念—」「—所」

【撮土】（サツド） ひとつまみの土。わずかな土地。

【撮要】（サツヨウ） 要点を抜き出して書く。また、そういう著作物。摘要。

熟語「空撮・抄撮・特撮」

【擦】

3級 17画 手(扌)-14
音 **サツ** 漢 呉
訓 **する・すれる**・こす-る・さす-る
①2704 Ⓤ64E6

人名 あきら
筆順 扌 … 擦
なりたち ［形声］手＋察（家をはき清め神をまつる）㊥。手でこすって汚れをとるの意。

◉**異字同訓**◉
◇**する**（擦・▽磨・▼擂・刷・▼摺）
「**擦る**」は〝こする〟の意。「摩る」とも書く。「マッチを擦る」「転倒して膝を擦る」

「**磨る**」は〝こする。みがく〟の意。仮名書きが普通。「墨を磨る」「やすりで磨る」

「**擂る**」は〝鉢（はち）や臼（うす）で細かく砕く〟の意。仮名書きが普通。「ごまを擂る」「味噌を擂る」

「**刷る**」は〝印刷する〟の意。「新聞を刷る」「輪転機で刷る」

「**摺る**」は〝押しつけて、こする〟の意。「刷る」とも書く。「版画を摺る」


する。こする。他のものに触れさせたまま動かす。さする。また、すれる。かする。


【擦過傷】（サッカショウ） すりきず。かすりきず。

【擦弦楽器】（サツゲンガッキ） 弦をこすって鳴らす楽器。

熟語「摩擦」

ザツ

【雑】

6級 14画 隹-6
音 **ザツ** 慣・**ゾウ**（ザフ） 呉・ソウ（サフ） 漢
訓 ま-ざる・ま-じる・ま-ぜる
①2708 Ⓤ96D1

〔雜〕18画 隹-10 ②8024 Ⓤ96DC
〔襍〕17画 衣(衤)-12 ②8023 Ⓤ894D

難読 雑色（ぞうしき）
人名 かず・とも
筆順 ノ 九 卆 杂 … 雑
なりたち  ［形声］「衣の変形」（衣服）＋集（あつめる）㊥。衣服が集められ色や形が入り乱れている意から、まざる意を表す。「雑」は略字。

❶まじる。まざる。別々のものが一つになる。入りまじる。

【雑学】（ザツガク） 「—クイズ」「—博士」

【雑記】（ザッキ） 「身辺—」「—帳」

【雑居】（ザッキョ） 「—ビル」「内地—」

【雑種】（ザッシュ） 「一代—」「—犬」

【雑踏・雑▼沓・雑▼閙】（ザットウ） 人ごみ。「盛り場の—」

熟語「雑穀・雑録・交雑・混雑・繁雑・複雑・乱雑・猥雑・夾雑（きょうざつ）物」

❷こまごましている。ごたごたしている。

【雑役】（ザツエキ） 種々雑多の仕事。雑用。

【雑貨】（ザッカ） こまごました日用品。「生活—」「—店」

【雑事】（ザツジ） 細かい仕事。「—に追われる」

【雑務】（ザツム） 細かい雑多な仕事。「—に追われる」

【雑用】（ザツヨウ） こまごました用事。

【雑木】（ゾウき） ざつぼく。「—林」

【雑巾】（ゾウキン） 「—を縫う」「—を絞る」

【雑言】（ゾウゴン） 悪口や言い掛かり。「罵詈（ばり）—」

【雑兵】（ゾウヒョウ） 身分の低い兵士。ざっぴょう。

熟語「《ザツ》雑芸・雑草・雑用」「《ゾウ》雑炊（ぞうすい）・雑煮（ぞうに）」

❸精密詳細でない。あらい。おおまか。

【雑▼駁】（ザッパク） おおまかでまとまりがない。「—な知識」
熟語「粗雑・蕪雑（ぶざつ）」

❹はっきり分類ができにくい。

【《雑魚》・雑▽喉】（ざこ） ①いろいろな種類の小魚。じゃこ。「縮緬—」②つまらない者。

【雑音】（ザツオン） 「ラジオの—」「周囲の—に気を払う」

【雑感】（ザッカン） とりとめのない感想。「年頭—」

【雑件】（ザッケン） こまごまとした案件。「—を片づける」

【雑誌】（ザッシ） 「—を定期購読する」「ファッション—」

【雑食】（ザッショク） 何でも食べる。「—性動物」

【雑然】（ザツゼン） 片付いていない。「—とした部屋」

【雑多】（ザッタ） 種々のものが入りまじっている。「種々—」「—な仕事」

【雑談】（ザツダン） 世間話。「—にふける」

【雑念】（ザツネン） 心を乱すさまざまの思い。「—を払う」

熟語「雑詠・雑費・雑文・雑収入」

さら

【皿】

8級　5画　皿-0　音 メイ漢・ベイ漢　訓 さら　①2714 Ⓤ76BF

難読 皿鉢(さはち)(さわち)

筆順 丨 冂 冂 皿 皿

なりたち [象形]食物を盛るさらにかたどる。

さら。食べ物を盛りつける平たい器。

熟語「絵皿(えざら)・器皿(きべい)・灰皿(はいざら)」

サン

【三】

10級　3画　一-2　音 サン漢呉　訓 み・みつ・みっつ　①2716 Ⓤ4E09

仮名 片仮名「ミ」は「三」の全画から。

難読 三十(みそ)・三十日(みそか)・三十路(みそじ)・三毬杖(さぎちょう)・三布(三幅)(みの)・三味線(しゃみせん)(さみせん)・三枝(さいぐさ)(さえぐさ・さきくさ)・三狐神(さぐじ)・三椏(みつまた)・三番叟(さんばそう)・三飯(さば)・三稜草(みくり)・三鞭酒(シャンパン)

人名 かず・さぶ・そ・そう・ぞう・ただ・なお・みる

筆順 一 二 三

なりたち [指事]三本の横線で、数の三つの意。

❶数の名。二より一つ多い数。みっつ。み。みつ。

【三悪道】(サンアクドウ) 〔仏〕地獄道・餓鬼道・畜生道の三つの世界。注記 連声して「さんなくどう」「さんまくどう」とも。

【三界】(サンガイ) 〔仏〕欲界・色界・無色界。「―流転」

〘三界の火宅(さんがいのかたく)〙 苦悩の絶えない人間界を煩悩(ぼんのう)の火に焼かれる家にたとえた語。出典「法華経譬喩品」より。

【三角】(サンカク) 「―関数」「―関係」

【三業】(サンギョウ) 料理屋・芸者屋・待合茶屋。「―地」

【三軍】(サングン) ①大軍。②陸軍・海軍・空軍の総称。③中国、周の兵制で、一軍を一万二五〇〇人とする三つの軍隊。

〘三軍も帥を奪うべきなり、匹夫も志を奪うべからざるなり〙 全軍の心が一致していないときは大軍の将であっても討つことができる。しかし、身分の卑しい男でも意志を守る心が堅ければ、その意志を変えることはできない。出典「論語子罕」より。

【三権】(サンケン) 立法権・行政権・司法権。「―分立」

【三国】(サンゴク) ①三つの国。②日本・唐土・天竺。あるいは、日本・朝鮮・中国。また、全世界。「―一の花嫁」③中国、後漢の末に興った魏(ぎ)・呉(ご)・蜀(しょく)。

【三国志】(サンゴクシ) 中国、二十四史の一。

【三才】(サンサイ) (宇宙の要素としての)天と地と人。

【三彩】(サンサイ) 低火度溶融の釉を用いた陶器。

【三三九度】(サンサンクド) 結婚式の献杯の作法。

【三三五五】(サンサンゴゴ) まばら。ちらほら。

〘三舎を避く(さんしゃをさく)〙 相手に敬意を表し、引き下がる。出典「左氏伝僖公二十三年」より。

【三州】(サンシュウ) ①三つの国。②三河国の別名。別表記 参州

〘三十にして立つ(さんじゅうにしてたつ)〙 三〇歳になり、精神的に自立する。出典「論語為政」より。

〘三秋の思い(さんしゅうのおもい)〙 慕う気持ちが非常に強い。出典「詩経王風、采葛」より。

〘三十六計逃げるに如かず(さんじゅうろっけいにげるにしかず)〙 作戦はいろいろあるが、逃げるべきときには逃げるのが最上の策である。出典「南史王敬則伝」より。

【三種の神器】(サンシュノジンギ) 皇位のしるしとして伝えられている八咫(やた)の鏡・草薙(くさなぎ)の剣(天叢雲(あまのむらくも)の剣)・八尺瓊(やさかに)の勾玉(まがたま)。

【三旬】(サンジュン) 月の上旬と中旬と下旬。

【三▼竦み】(サンすくみ) 三者が牽制(けんせい)しあい、だれも動き出せない。「―の状態」

【三▽途の川】(サンズのかわ) 冥土の途中にある川。

【三世】(サンゼ) ①〔仏〕前世・現世・来世の三つの世。「―の縁」②父・子・孫の三代。さんせい。「―の恩」

【三▼蹟・三跡】(サンセキ) 平安中期の三人の能書家。小野道風・藤原佐理(すけまさ)・藤原行成。

【三千世界】(サンゼンセカイ) ①〔仏〕「三千大千世界」の略。一人の仏の教化する世界。②広い世間。「―に頼る者もいない」

【三嘆・三▼歎】(サンタン) 心底から感心する。「一読―」

〘三年飛ばず鳴かず(さんねんとばずなかず)〙 将来の活躍を期してじっと機会を待つ。出典「史記楚世家」などの故事から。

【三拝九拝】(サンパイキュウハイ) 何度も頭を下げる。

【三筆】(サンピツ) 三人のすぐれた書家。特に、嵯峨天皇・橘逸勢(たちばなのはやなり)・空海の三人。

【三伏】(サンプク) 最も暑い時期。「―の候」

【三▽釜の養】(サンプのヨウ) 薄給の身で親に孝養を尽くす。出典「荘子寓言」より。

【三方】(サンボウ) 神饌(しんせん)を載せる儀式用の台。

【三位一体】(サンミイッタイ) ①キリスト教の根本教義の一つ。②三者が心を合わせる。

【三面六▼臂】(サンメンロッピ) 一人で何人分もの働きをする。

【三文】(サンモン) 値打ちがない。「二束―」

【三役】(サンヤク) ①相撲で、大関・関脇・小結。②会社・団体・政党などの重要な三つの役職。

【三楽】(サンラク) 君子の三つの楽しみ。すなわち一家が無事である、心に恥じることがない、天下の英才を教育する。出典「孟子尽心上」より。

【三里】(サンリ) 鍼灸のつぼ(経穴)の一。

【三▽行半】(みくだりハン) 夫から妻に対する離縁状。

【三▽十一文字】(みそひともじ) 短歌。

【三日天下】(みっかテンカ) 短期間しか地位や権力を保持できない。

【三つ▼巴】(みつどもえ) ①巴紋の一。②三者が入り乱れて争う。「―の戦い」

熟語「三猿・三韓・三脚・三傑・三元・三后・三歳・三

思・三下(さんした)・三舎・三秋・三春・三上・三聖・三遷・三冬・三徳・三人・三略・三冠王・三寒四温・三令五申・三日坊主・十三」

❷第三。

【三回忌】サンカイキ 人の死後、翌々年の忌日。注記 満二年で三回忌となる。

【三面】サンメン (新聞が四ページであった頃、第三ページに社会記事を主に載せたことから)新聞の社会面。「—記事」

【三流】サンリュウ 「—大学」「—のチーム」

熟語「三等・三塁」

❸みたび。また、たびたび。

【三顧】サンコ 目上の者がある人に仕事を引き受けるよう礼を尽くす。三顧の礼。出典 諸葛亮「前出師表」より。

【三省】サンセイ わが身を何度もかえりみる。出典「論語学而」より。

【三度諫めて身退く】(みたびいさめてみしりぞく) 何度も主君を諫めて聞き入れられないときは、いさぎよく職を辞する。出典「礼記曲礼下」より。

【三度肘を折って良医となる】(みたびひじをおってりょういとなる) 辛い経験を重ねてはじめて他人の痛みもわかり、円熟した人物になる。出典「左氏伝定公十三年」より。

熟語「再三」

❹(国)「三河(みかわ)国」の略。

【三河】みかわ 旧国名の一。愛知県中部・東部に相当。

熟語「三州(さんしゅう)」

❺梵語の音訳に用いる。

【三昧】サンマイ ①(仏)心を一つのものに集中させて、安定した精神状態に入った境地。②物事に熱中する。また、したい放題。「読書—」「ぜいたく—」

熟語「三摩耶(さんまや)(さんま(いや))」

❻その他。

【〈三和土〉】たたき コンクリートで仕上げた土間。

山

10級 3画 山-0 音 サン 漢・セン 呉 訓 やま ①2719 Ⓤ5C71

難読 山毛欅(ぶな)・山芹菜(なべな)・山姥(やまうば(やまんば))・山峡(やまかい)・山査子(さんざし)(山樝子)・山茶(つばき)・山荒(やまあらし)・山原水鶏(やんばるくいな)・山梔子(くちなし)・山雀(やまがら)・山魚狗(やませみ)(山翡翠)・山楝蛇(やまかがし)・山鼠(やまね)

人名 たか・たかし・のぶ

筆順 丨 山 山

なりたち  [象形]やまの形にかたどる。

❶やま。土地が周囲より高く盛り上がった地形。また、物事の頂点。

【山陰】サンイン ①山の北側。②「山陰地方」の略。

【山雨来たらんと欲して風楼に満つ】(さんうきたらんとほっしてかぜろうにみつ) 事が起こる前の何となく穏やかでない様子。出典 許渾「題二咸陽城東楼一」より。

【山河】サンガ 山と川。また、自然。「国破れて—あり」

【山海】サンカイ 山と海。「—の珍味」

【山岳】サンガク 高く険しい山々。「—信仰」「—地帯」

【山間】サンカン 山の中。やまあい。「—部の集落」

【山高水長】サンコウスイチョウ 高潔な人格のたとえ。出典 范仲淹「厳先生祠堂記」より。

【山菜】サンサイ 「—採りにでかける」「—料理」

【山紫水明】サンシスイメイ 景色の美しいこと。「—の地」

【山川】サンセン 山と川。「—草木」

【山賊】サンゾク 山中に根城を構える盗賊。

【山村】サンソン 「—水郭」「—の過疎化」

【山中暦日なし】(さんちゅうれきじつなし) 世間と隔絶しているために年月の過ぎるのを忘れてしまう。出典「唐詩選」の太上隠者「答レ人」より。

【山頂】サンチョウ 山のいただき。頂上。

【山腹】サンプク 山の中腹。「—で道に迷う」

【山脈】サンミャク 「アルプス—」「大陸の南北に—が走る」

【山野】サンヤ 「—草」「—を駆け巡る」

【山容】サンヨウ 山のかたち。山の姿。「雄大な—」

【山陽】サンヨウ ①山の南側。②「山陽地方」の略。

【山林】サンリン ①山と林。②山中の林。

【山麓】サンロク 山のふもと。「富士—」「—の村」

【山芋】やまいも ヤマノイモ科の植物。食用。

【山颪】やまおろし 山から吹き下ろす風。

【山家】やまが 山里にある家。「—住まい」「—育ち」

【山鯨】やまくじら イノシシの肉。また、獣肉。

【山背】やませ ①山を越えて吹く風。②東北地方の太平洋側で、夏に吹く冷たい北東風。

【山並(み)・山脈】やまなみ 「展望台から—を見渡す」

【山場】やまば 「入学試験の—をむかえる」

熟語「山雨・山家・山塊・山居・山系・山行・山水・山草・山荘・山地・山中・山道・山稜・山間(やまあい)・山国(やまぐに)・山幸・山里・山鳥・山小屋・火山・下山・険山・高山・深山・登山・氷山・名山・霊山・連山」

❷(国)鉱石を掘る所。

熟語「金山・鉱山・銅山・廃山・閉山」

❸寺院。

【山号】サンゴウ 寺院の名の上につける別称。「金竜山浅草寺」の「金竜山」の類。

【山門】サンモン ①寺院の門。②比叡山延暦寺の異名。

熟語「開山・本山」

❹(国)やまのような。きわめて多くある。

【山積】サンセキ 「—する問題」

【山積み】やまづみ 「—の古タイヤ」

【山分け】やまわけ 「もうけを皆で—する」

❺〔国〕投機的なこと。ねらいどころ。

【山師】(やまシ)　①山林の立木の売買や、鉱山の採掘事業を行う人。②投機などをする人。また、詐欺師。

【山勘】(やまカン)　勘で山をかける。「―で解答する」

❻〔国〕「山城(やましろ)国」の略。

【山城】(やましろ)　旧国名の一。五畿内の一。京都府の南東部。山州。

熟語「山州(さんしゅう)」

❼その他。

【山▽茶花】(サザンカ)　ツバキ科の常緑小高木。

【山▼椒】(サンショウ)　ミカン科の落葉低木。さんしょ。「―は小粒でもぴりりと辛い」

【山▼椒魚】(サンショウウオ)　両生類に属する動物。

《山車》(だし)　「お祭りで―を引く」

【山吹】(やまぶき)　バラ科の落葉低木。

【山女・〈山女魚〉】(やまめ)　サケ目の魚。サクラマスの陸封型。

【〈山葵〉】(わさび)　アブラナ科の多年草。根は香辛料。

熟語「山羊(やぎ)・山彦(やまびこ)・山桜桃(ゆすらうめ)(ゆすら)」

【参】〔參〕

7級　8画　ム-6

〔參〕11画　ム-9

音 サン㊉漢・シン㊉呉・シン㊉漢

訓 まいる・まじわる・まじえる

①2718　Ⓤ53C2　②5052　Ⓤ53C3

難読 参差(しんし)

人名 かず・ちか・なか・ほし・み・みち・みつ

筆順 厶 厶 厽 厽 弁 矣 参 参

なりたち  ［象形］金文では、三つの玉を頭に飾った女性にかたどり、入りまじる意を表す。篆文では、晶＋㐱(髪がすきまなく生える)。きらきらと無数にかがやく意。まじわる意から仲間に加わる、まいる意を表す。

❶加わる。加える。あずかる。

【参加】(サンカ)　集まりの一員になる。「―を募る」

【参会】(サンカイ)　会合に出席する。「―者」

【参画】(サンカク)　計画に加わる。「新事業に―する」

【参議院】(サンギイン)　国会を構成する一院。

【参集】(サンシュウ)　寄り集まる。「御―の皆さま」

【参政権】(サンセイケン)　国民が国政に参加する権利。

【参戦】(サンセン)　戦争に参加する。

【参入】(サンニュウ)　加わる。「新規―」

【参謀】(サンボウ)　軍の作戦・用兵などを担当する将校。

【参与】(サンヨ)　相談などにあずかる。「国政に―する」

【参列】(サンレツ)　式に参加する。「卒業式に―する」

❷まいる。まみえる。目上の人にあう。神仏などにおまいりする。

【参賀】(サンガ)　正月などに皇居へ行って祝意を表す。

【参観】(サンカン)　その場に出向いて見る。「授業―」

【参詣】(サンケイ)　寺社にお参りする。「神社に―する」

【参上】(サンジョウ)　目上の人の所へ行く。

【参内】(サンダイ)　宮中に参上する。

【参着】(サンチャク)　到着する。「約束の時間に全員―」

【参道】(サンドウ)　参詣人のための道。「表―」

【参拝】(サンパイ)　寺社に行って拝む。「公式―」「―客」

熟語「参看・参宮・参禅・参籠・帰参・見参(げんざん)・降参・古参・持参・新参・日参・墓参」

❸まじえる。ひきくらべる。てらしあわせる。

【参考】(サンコウ)　考える際の手がかりや助けとする。「重要―人」「―書」

【参酌】(サンシャク)　事情・心情をくみとる。斟酌(しんしゃく)。

【参照】(サンショウ)　他のものと照らし合わせる。「―項目」

【参▽差】(シンシ)　ふぞろいである。いりまじっている。

❹数字「三」の大字。金銭証書などに用いる。

熟語「金参拾万円」

❺〔国〕「三河(みかわ)国」のこと。

【参州】(サンシュウ)　「三州」に同じ。

【桟】〔棧〕

準2級　10画　木-6

〔棧〕12画　木-8

音 サン㊉漢・ザン㊉慣

訓 かけはし

①2723　Ⓤ685F　②6002　Ⓤ68E7

難読 桟手(さで)・桟竹(えつりだけ)・桟留(サントメ)

筆順 一 十 木 杧 杧 栈 栈 桟

なりたち  ［形声］木＋戔二つ(刃物で切って小さくする)㊉音。小さく切った木の意から、短い木を並べて作ったかけはしの意を表す。

❶かけはし。木を組み合わせて作った棚や通路。

《桟敷》(さじき)　劇場などで、平土間に対して左右に一段高く設けた席。「天井―」

【桟道】(サンドウ)　崖(がけ)などに沿って、木材で棚のように張り出して設けた道。「蜀(しょく)の―(＝長安から蜀に通ずる険路)」

【桟橋】(サンばし)　船を横づけにするために陸から海に突き出して設けた構造物。

熟語「雲桟」

❷〔国〕さん。板戸や障子の骨。

【蚕】〔蠶〕

5級　10画　虫-4

〔蠶〕26画　虫-20

音 サン㊉漢

訓 かいこ

①2729　Ⓤ8695　②7436　Ⓤ8836

難読 蚕豆(そらまめ)・蚕屋(こや)・沙蚕(ごかい)

筆順 一 二 チ 天 吞 吞 吞 奞 蚕 蚕

なりたち  ［形声］朁(すきまに割りこむ)㊉音＋虫二つ。桑の葉の間に割りこみ、そ

の葉を食う虫たちの意。「蚕」は略字として用いられるが、もと別字。天㊔＋虫、ミミズの意。

かいこ。カイコガ科の蛾の幼虫。繭から絹糸をとる。

【蚕業】サンギョウ 養蚕業。「―試験場」

【蚕糸】サンシ 生糸。「―業」

【蚕食】サンショク 端から次第に奥深く侵略する。

熟語「蚕室・蚕卵紙・家蚕・臥蚕・蟻蚕・稚蚕・天蚕・養蚕」

【惨】〔慘〕

〔慘〕14画 心(忄)-11 ②5646 Ⓤ6158

4級 11画 心(忄)-8 ①2720 Ⓤ60E8

音 サン㊊・ザン㊞

訓 みじめ・いたましい・むごい

筆順 忄 忄 忙 怜 悸 悸 惨

なりたち  [形声]心＋參(入りまじる)㊔。つらいことが心に交錯して、いたむの意。

❶いたましい。心が痛む。また、みじめ。

【惨禍】サンカ いたましい被害。「戦争の―」

【惨状】サンジョウ いたましいありさま。「事故現場の―」

【惨▼憺・惨▼澹】サンタン ①いたましくて見るに忍びない。「―たる結果」②あれこれ心を砕く。「苦心―」

【惨敗】ザンパイ さんざんに負ける。「―を喫する」

熟語「惨苦・陰惨・悲惨」

❷むごい。むごたらしい。残忍なさま。過酷なさま。

【惨害】サンガイ ひどい災害。「―をこうむる」

【惨劇】サンゲキ むごたらしい出来事。「白昼の―」

【惨殺】ザンサツ むごたらしい殺し方。「―死体」

【惨事】サンジ むごたらしい事件。「未曽有(みぞう)の大―」

熟語「《サン》凄惨(せいさん)」「《ザン》惨死・無惨(むざん)」

【産】〔產〕

〔產〕11画 生-6

7級 11画 生-6 ①2726 Ⓤ7523

音 サン㊊・セン㊞

訓 うむ・うまれる・うぶ

人名 ただ・むすび

筆順 亠 ㅗ 立 产 产 产 産 産

なりたち  [会意]文(きれいな模様)＋厂(切りたったがけ)＋生(うまれる)。母体の一部をきれいに切り取って子がうまれるの意。

❶うむ。うまれる。うみだす。つくり出す。また、そのもの。

【産科】サンカ 妊娠・出産などを扱う医学の一分科。

【産業】サンギョウ 商品の生産・提供などの経済活動。「―革命」「―スパイ」

【産気】サンケ 出産のけはい。「真夜中に―づく」

【産後】サンゴ 出産のあと。「―の肥立ち」⇔産前

【産出】サンシュツ 鉱物が出る。生産する。「石油―量」

【産▼褥】サンジョク 産婦の使う寝床。「―熱」

【産前】サンゼン 出産の前。特に、臨月。⇔産後

【産地】サンチ 物が生産される地。「―直送」

【産品】サンピン 産出する品物。「一次―」

【産物】サンブツ ①その土地に産する品物。②あることの結果として生み出されたもの。「妥協の―」「副―」

【産卵】サンラン 卵をうむ。「―期」

熟語「産院・産額・産直・産婆・産婦・産卵・安産・遺産・資産・出産・水産・生産・増産・土産(どさん)(みやげ)・特産・物産・名産・流産・量産・助産婦」

❷出身地。また、その土地の生産であること。

熟語「国産・本県産」

❸もとで。しんだい。

熟語「財産・倒産・動産・破産・不動産」

❹(国)うぶ。他の語について、生まれたての状態である意を表す。

【産声】うぶごえ 生まれるときにあげる泣き声。

熟語「産祝・産衣(うぶぎ)(うぶぎぬ)・産着・産毛・産子・産湯・産土神(うぶすながみ)」

【傘】〔仐〕

〔仐〕4画 人-2 ④0126 Ⓤ4ED0

準2級 12画 人-10 ①2717 Ⓤ5098

音 サン㊊・ザン㊞

訓 かさ・からかさ

筆順 人 仌 仐 仐 傘 傘 傘

なりたち [象形]ひらいたかさにかたどる。

かさ。雨や日光を防ぐために頭上にかざすもの。また、かさに似たおおい。

【傘下】サンカ 大勢力の下。「大企業の―に入る」

【傘寿】サンジュ 数え年の八〇歳。また、その祝い。

熟語「傘伐・鉄傘・番傘(ばんがさ)・洋傘(ようがさ)・落下傘」

注記「傘」の俗字「仐」から。

【散】

7級 12画 攵(攴)-8 ①2722 Ⓤ6563

音 サン㊊㊞

訓 ちる・ちらす・ちらかす・ちらかる

仮名 片仮名「サ」は「散」の初三画から。

難読 散切(ざんぎ)り・散売(ばらうり)・散弾(ばらだま)

人名 のぶ

筆順 一 艹 艹 昔 背 散 散

なりたち  [会意]甲骨文では、木(き)二つ＋攵(する)。木をばらばらにするの意。金文では、竹＋月(肉)＋攵。竹の葉が幹から離れ落ちる意を表す。篆文では、木二つ＋月＋攵。

❶ちる。まとまっていたものがばらばらになる。ちらかる。ちらす。ちらかす。
【散逸・散▾佚】(サンイツ) 書物・文献などが散り失せる。
【散華】(サンゲ) ①〔仏〕仏を供養するために花をまき散らす法要。②戦死を指す語。「特攻で—した勇士」
【散見】(サンケン) あちこちに見える。「各地に—される」
【散在】(サンザイ) まばらにある。「人家の—する村落」
【散財】(サンザイ) 金銭を使う。「とんだ—をかけました」
【散散】(サンザン) 「—な目にあった」「天気が悪くて—だった」
【散水】(サンスイ) 水をまく。「—車」 注記 「撒水(さっすい)」の慣用読みから。 別表記 撒水
【散弾】(サンダン) 「—銃」 別表記 霰弾
【散▾播】(サンパ) 田畑に種子を一様にばらまく。 注記 「撒播(さっぱ)」の慣用読みから。 別表記 撒播
【散発】(サンパツ) 間をおいて起こる。「—的に発生する」
【散髪】(サンパツ) 髪を刈って整える。調髪。「—代」
【散布】(サンプ) まきちらす。「農薬を—する」 注記 「撒布(さっぷ)」の慣用読みから。 別表記 撒布
【散乱】(サンラン) ちらばる。「ガラスの破片が—する」
熟語 「散会・散開・散骨・散剤・散士・散史・散失・雲散・解散・拡散・退散・飛散・放散・分散・離散・一目散・雲集霧散・離合集散」

❷まとまりがない。
【散漫】(サンマン) まとまりがない。「—な文章」

❸ほしいまま。自由気まま。ひま。
【散策】(サンサク) 散歩。「公園を—する」
【散文】(サンブン) 韻律・字数・句法などに制限のない通常の文章。「—詩」「—的」⇔韻文
【散歩】(サンポ) 気の向くままに歩く。「毎日—する」

❹こなぐすり。
【散薬】(サンヤク) こなぐすり。「—を飲む」
熟語 「屠蘇散(とそさん)」

❺〔国〕位があって官職がない。
熟語 「散位(さんい)(さんに)・散官」

【算】

9級　14画　竹-8　音 サン 漢 呉　訓 かず・かぞ-える

①2727　Ⓤ7B97

人名 かず・とも

筆順 

なりたち  ［形声］「祘の変形」(縦線二本、横線三本で五本を一組みとする算木の二組みをかたどる)音＋廾(両手)。両手で算木を数える意。篆文では、竹＋「具の変形」(そろえる)の会意文字で、竹の棒をそろえて数える意。

❶かず。かぞえる。勘定する。また、計算法。
【算出】(サンシュツ) 計算して数値を出す。「経費を—する」

【算定】(サンテイ) 計算して数字に表す。「—基準」

【算入】(サンニュウ) 計算に加える。「損金—」

熟語 「算術・算数・暗算・概算・換算・計算・決算・検算・採算・珠算・勝算・清算・通算・筆算・予算・和算・加減算・御破算」

❷はかる。はかりごと。
【算段】(サンダン) 工面する。やりくり。「金の—がつく」
熟語 「誤算・心算・成算」

❸そろばん。さんぎ。
【算盤】(そろバン) 計算器具の一。また、損得勘定。「—ずく」「—をはじく」 別表記 十露盤
熟語 「算木」

【酸】

6級　14画　酉-7　音 サン 漢 呉　訓 す-い・す-っぱい

①2732　Ⓤ9178

難読 酸棗(さねぶと)(なつめ)・酸塊(すぐり)・虫酸(むしず)

筆順 

なりたち  ［形声］酉(さけ)＋夋(出る)音。すっぱい味が出た酒の意。

❶すい。すっぱい。酢のような味わい。
熟語 「酸味・甘酸・乳酸」

❷つらい。いたましい。
【酸鼻】(サンビ) いたましくむごたらしい。「—をきわめる」 注記 鼻に痛みを感じて涙が出ることから。
熟語 「辛酸(しんさん)」

❸〔化〕酸性を示す化合物。さん。
【酸性】(サンセイ) 「—雨」「—肥料」

【酸素】(サンソ) 気体元素。生命維持に必須の物質。

熟語 「酸基・塩酸・核酸・酢酸・弱酸・青酸・炭酸・硫酸」

❹〔化〕「酸素」の略。
【酸欠】(サンケツ) 「酸素欠乏」の略。「—状態になる」
熟語 「酸化」

❺その他。
【〈酸模〉】(すかんぽ) イタドリ、またはスイバの異名。

【〈酸漿〉】(ほおずき) ナス科の多年草。 別表記 鬼灯

【賛】

6級　15画　貝-8　音 サン 漢 呉　訓 たす-ける・たた-える

①2731　Ⓤ8CDB

【贊】19画　貝-12

②7653　Ⓤ8D0A

注記 「讃」の書き換え字としても用いられる。

人名 あきら・すけ・たすく・よし

筆順 

サ

なりたち [形声]兟(先にどんどん進む)音＋貝(たから)。供え物などをする際に、主たる人に先んじて進み出る意から、たすける意を表す。

❶たすける。力をそえる。
【賛助】サンジョ 趣旨に賛成して助ける。「―会員」
熟語「協賛・翼賛」

❷同意する。
【賛成】サンセイ 意見に同意する。「―多数」⇔反対
【賛同】サンドウ 賛成し同意する。「趣旨に―する」
熟語「賛意・賛否」

❸たたえる。ほめる。
【賛歌】サンカ 賛美する気持ちを表した歌。別表記 讃歌
【賛辞】サンジ ほめたたえる言葉。別表記 讃辞
【賛美】サンビ 「―歌(=キリスト教で、神をたたえる歌)」別表記 讃美
熟語「賛仰(さんぎょう)(さんこう)・賛嘆(さんたん)(さんだん)・称賛・賞賛・絶賛・自画自賛」

❹ほめたたえる文。
熟語「論賛」

❺画中に書く詩文。
熟語「画賛」

ザン

【残】
7級 10画 歹-6
音 ザン(呉)・サン(漢)
訓 のこ-る・のこ-す・そこ-なう・むご-い
①2736 Ⓤ6B8B

【殘】 12画 歹-8 ②6144 Ⓤ6B98

筆順 一 ア 歹 歹 歹 残 残 残

なりたち [形声]歺(ほね)＋戔二つ(刃物で切って小さくする)音。切って小さくなったのこりのほねの意。「残」は略字。

◇のこる(残・遺) ●異字同訓●
「残る」は"存在し続ける。あまる。とどまる"の意。「存在し続ける」の意では「遺る」とも書く。「古い風習が残って(遺って)いる」「頂上付近には雪が残っている」「ご飯が残る」「会社に残って仕事をする」
「遺る」は"後世に伝わる"の意。「後世に遺る傑作」

❶のこる。もとのままなくならないでいる。のこす。また、のこったもの。のこり。
【残骸】ザンガイ 打ち捨てられた死骸。「―をさらす」
【残業】ザンギョウ 定時以外の業務。「―手当」
【残▼滓】ザンシ 残りかす。「旧体制の―」
【残日】ザンジツ 沈もうとしている太陽。入り日。
【残暑】ザンショ 立秋の後まで残る暑さ。「―見舞い」
【残像】ザンゾウ 視覚にしばらく残っている像。
【残存】ザンソン 残っている。ざんぞん。「―兵力」
【残高】ザンだか 「預金―が不足して引き出せない」
【残置】ザンチ そのまま残して置く。「部隊を―する」
【残党】ザントウ 討ちもらして残っている者たち。
【残念】ザンネン 心残りがするさま。悔しく思うさま。「―な結果」「―無念」
【残飯】ザンパン 「―をあさる」
【残務】ザンム 残っている仕事。「―整理に追われる」
【残留】ザンリュウ 「一部リーグに―する」「―農薬」
熟語「残鶯(ざんおう)・残花・残寒・残菊・残金・残欠・残月・残光・残渣(ざんさ)・残照・残雪・残土・残夢・残余・名残(なごり)・敗残・老残」

❷そこなう。こわす。
【残害】ザンガイ いためて、そこなう。また、殺す。
熟語「廃残」

❸むごい。しいたげる。
【残虐】ザンギャク 無慈悲でむごたらしい。「―な行為」
【残酷】ザンコク 無慈悲である。残忍。別表記 残刻
【残忍】ザンニン むごいことを平気でする。別表記 惨忍
熟語「残殺・無残」

【惨】⇩サン(二四四ページ)

【斬】
2級 11画 斤-7 新常用
音 ザン(呉)・サン(漢)・ゼン(呉)
訓 きる
①2734 Ⓤ65AC

筆順 一 百 亘 車 斬 斬 斬

なりたち [会意]車(くるま)＋斤(おの)。おので車に切れこみを入れる意から、きる意を表す。

❶きる。刀で断つ。
【斬殺】ザンサツ 刃物で切り殺す。
【斬首】ザンシュ 首をきる。また、その刑。「―に処す」
熟語「斬奸(ざんかん)・斬罪・斬伐・斬髪」

❷きわだっている。
【斬新】ザンシン 趣向がきわだって新しい。「―な発想」

【暫】
3級 15画 日-11
音 ザン(呉)・サン(漢)
訓 しば-し・しばら-く
①2735 Ⓤ66AB

筆順 一 百 亘 車 斬 斬 暫 暫

なりたち [形声]斬(刃物で車に切れこみを入れる)音＋日。中間に割りこんだわずかな時間の意。

❶しばらく。わずかのあいだ。

【暫時】ザンジ　しばらく。「—の猶予を請う」

❷仮の。仮に。

【暫定】ザンテイ　正式に決定するまで、しばらくそれと定める。「—税率」「—的」

シ

【士】
7級　3画　士-0　音 シ漢・ジ呉　訓 さむらい・おとこ・おのこ　①2746　Ⓤ58EB

人名 あき・あきら・お・おさむ・こと・さち・ただ・つかさ・と・のり・ひと・まもる

筆順 一 十 士

なりたち  [象形]まさかりのような武器にかたどり、武士、おとこの意を表す。

❶おとこ。おのこ。立派な男子。

【士君子】シクンシ　学問があって、徳行の高い人。

熟語「士女・士大夫・隠士・騎士・賢士・高士・居士・策士・紳士・壮士・同士・名士・勇士・力士」

❷将校。

【士官】シカン　佐官・尉官の総称。「—候補生」

熟語「士卒・下士官」

❸戦場で活躍する人。軍人。

【士気】シキ　戦いに臨む意気込み。「—を鼓舞する」

熟語「戦士・兵士・勇士」

❹特定の資格を公認された人。

熟語「学士・修士・博士・栄養士・会計士・代議士・弁護士」

❺(国)さむらい。武士階級。

【士族】シゾク　明治維新後、旧武士に与えられた身分。

【士農工商】シノウコウショウ　江戸時代の基本的身分制度。

【士風】シフウ　武士の気風・風紀。「—にもとる」

【士分】シブン　さむらいの身分。「—に取り立てる」

【士民】シミン　武士と庶民。士族と平民。

熟語「士人・士道・騎士・義士・武士」

【子】
10級　3画　子-0　音 シ漢呉・ス唐　訓 こ・ね　①2750　Ⓤ5B50

難読 子規(ほととぎす)・小女子(こうなご)・芥子(けし(からし))・梔子(くちなし)・黒子(ほくろ(くろこ))・案山子(かかし)・告天子(ひばり)・零余子(むかご)

人名 さね・しげ・しげる・たか・ただ・たね・ちか・つぐ・とし・み・みる・やす

筆順 ㇇ 了 子

なりたち  [象形]頭部の大きな乳児にかたどる。

❶生まれ出たもの。また、動植物の種子や性細胞。

【子飼い】こがい　①動物を子の時から育てる。②未熟なうちから面倒をみて、一人前にする。「—の部下」

【子供】こども　①自分の息子や娘。②小児。児童。

【子守(り)】こもり　「—歌」「—を頼まれる」

【子音】シイン　言語音の分類の一。呼気の妨げがある音。⇔母音

【子子孫孫】シシソンソン　「—に至るまで守り伝える」

【子女】シジョ　①子供。②女子。娘。「良家の—」

【子息】シソク　むすこ。男の子。

【子孫】シソン　「—の繁栄を祈願する」

【子弟】シテイ　子供や弟。転じて、若者。「名家の—」

熟語「子嚢(しのう)・子房・子葉・王子(おうじ)・義子・孝子・妻子(さいし(つまこ))・種子・庶子・精子・世子・赤子(せきし(あかご))・太子・嫡子(ちゃくし)・長子・胞子・母子(ぼし(ははこ))・養子・卵子・利子」

❷人。

熟語「女子・男子・遊子」

❸男子に対する敬称。特に学問などで一家をなした人。

熟語「君子・孔子・荀子(じゅんし)・孫子・孟子・老子・韓非子(かんぴし)・諸子百家」

❹小さいもの。

熟語「原子・黒子・電子・粒子・中間子」

❺漢字一字に添えて二字漢語を作る。特に意味はない。

熟語「《シ》格子・骨子・冊子・障子・調子・拍子・帽子・楊子(ようじ)」「《ス》椅子・金子(きんす)・扇子・払子(ほっす)・様子」

❻ね。十二支の第一。方位では北。時刻では午前零時頃。

【子午線】シゴセン　北極と南極を結ぶ大円。経線。

熟語「甲子(かっし)」

❼こまかい。

【子細】シサイ　①くわしい。「—に検証する」②わけ。「—ありげな様子」③不都合。「それで—ない」別表記 仔細

❽五等爵の第四位。

【子爵】シシャク　五等爵(公・侯・伯・子・男)の第四位。

❾(国)こ。従属関係にあるもの。

【子分】こブン　「—を増やす」「—を連れて歩く」⇔親分

熟語「子会社」

❿その他。

【子規】キシ ホトトギスの異名。

【支】

6級 4画 支-0 音 シ漢呉 訓 ささ-える・ささ-え・えだ・つか-える・つか-え ①2757 Ⓤ652F

人名 えだ・なか・もろ

筆順 一 十 支 支

なりたち  [会意]个(一本の竹)+又(手)。竹の枝を手にする意から、えだ、ささえる意を表す。

◉異字同訓◉
◇つかえる(▽支・▼痞)
「支える」は"とどこおる。進めなくなる"の意。「閊える」とも書くが、仮名書きが多い。「頭が天井に支える」「もちがのどに支える」「仕事が支えている」
「痞える」は"胸がふさがったような感じになる"の意。普通は仮名書き。「胸が痞える」

❶ささえる。もちこたえる。

【支援】シエン 支えたすける。援助。「後方―」「―団体」

【支持】シジ 支える。賛同して援助する。「―母体」「―政党」

【支柱】シチュウ ①物を支える柱。②中心になっている人。「精神的―」

❷えだ。分かれる。

【支社】シシャ 「広島―に配属される」⇔本社

【支店】シテン 「銀行の―」「―長」⇔本店

【支点】シテン 梃子(てこ)を支える固定した点。

【支部】シブ 「協会の関西―」

【支離滅裂】シリメツレツ ばらばらで筋道が立っていない。「―な展開」

【支流】シリュウ ①本流に注ぐ川。また、その流れ。②分家。③分派。

熟語 「支局・支線・支族・支脈・気管支」

❸分け与える。しはらう。

【支給】シキュウ 金銭・物品をあてがい渡す。「ボーナスを―する」「現物―」

【支出】シシュツ 金銭を支払う。「―がかさむ」⇔収入

【支度】シタク 準備する。用意する。「食事の―」 別表記 仕度

【支配】シハイ ①自分の勢力下におき、治める。②思い通りに動かしたり束縛したりする。「運命に―される」

熟語 「支払い・支弁・収支」

❹暦法などに用いる、えと。

熟語 「干支(かんし)(えと)・十二支」

❺「支那(しな)」の略。「支那」は、外国人が中国を呼んだ称。「秦(しん)」の転という。

熟語 「日支」

❻(国)つかえる。さしつかえる。つかえ。

【支障】シショウ 妨げとなる物事。「―なく進む」

【止】

9級 4画 止-0 音 シ漢呉 訓 と-まる・と-める・とど-まる・とど-める・や-む・や-める ①2763 Ⓤ6B62

仮名 平仮名「と」は「止」の草体から。片仮名「ト」は「止」の初二画から。

難読 止ん事無い(やんごとない)・止処(とめど)

人名 おる・ただ・と・とどむ・とも・もと

筆順 ｜ ト 止 止

なりたち  [象形]足の形にかたどる。足がひと所にとどまるの意。

◉異字同訓◉
◇とめる(止・留・泊)
「止める」は"動きを停止させる。やめさせる"の意。乗り物の場合は「停める」と書く。「エンジンを止める」「列車を止める」「けんかを止める」
「留める」は"固定する。意識を向ける。とめおく"の意。「洗濯ばさみで留める」「別に気にも留めない」「留置場に一晩留められる」
「泊める」は"一夜を過ごさせる。滞在させる"の意。「不意の客を泊める」
◇やめる(▽止・辞)
「止める」は"終わりにする。中止する"の意。「已める」とも書く。「タバコを止める」「付き合いを止める」「旅行を止める」
「辞める」は"仕事や職を離れる"の意。「罷める」とも書く。「会社を辞める」「委員を辞める」

❶とまる。とどまる。動かない。

【止水】シスイ ①流れない、静かに澄んだ水。「明鏡―」②水の出を止める。

熟語 「止宿・止揚・挙止・静止・停止・明鏡止水」

❷とめる。とどめる。運動や変化をさまたげる。行動をやめさせる。

【止血】シケツ 血どめ。「―剤」

熟語 「止瀉剤・諫止(かんし)・禁止・制止・阻止・抑止」

❸やむ。おわる。やめる。

熟語 「休止・終止・中止・廃止」

【氏】

7級 4画 氏-0 音 シ漢呉 訓 うじ ①2765 Ⓤ6C0F

筆順 ノ 𠂆 氏 氏

なりたち 氏 ［象形］食物を切り取るための、柄のついたさじにかたどる。転じて、一まとまりの血族集団の意に用いる。

❶うじ。同一血族の集団。

【氏神】うじがみ　同一地域に住む人々がまつる神。

【氏子】うじこ　氏神が守護する地域に住む人々。

【氏素性・氏素姓】うじスジョウ　「―の知れない人」

【氏族】シゾク　祖先を同じくするという認識のもとに構成される血縁集団。「―社会」「―制度」

熟語「氏姓・源氏・姓氏・平氏」

❷姓。名字。

【氏名】シメイ　苗字と名前。姓名。「住所―」「―を名乗る」

❸し。人名につけて敬意を表す。

熟語「諸氏・両氏・鈴木氏・中村氏」

【示】⇩ジ（二六一ページ）

【仕】

8級　5画　人（亻）-3　音 シ㊥・ジ㊤　訓 つかえる・つかまつる　①2737　Ⓤ4ED5

難読 仕手（して）・仕種（しぐさ）・仕舞屋（しもたや）

人名 つかう・まなぶ

筆順 ノ 亻 仁 什 仕

なりたち ［形声］人＋士（しごと・官職）㊖。人がしごと・官職につく、つかえるの意。

❶つかえる。官職につく。また、目上の人のそばにいて世話をする。

【仕官】シカン　①官に仕える。役人になる。②武士が大名などに仕える。

熟語「仕進・仕途・給仕・出仕・致仕・奉仕」

❷（国）し。サ変動詞「す」の連用形「し」にあてる。

【仕打ち】しうち　「ひどい―に耐える」

【仕方】しかた　「あいさつの―」「手続きの―」

【仕事】しごと　「骨の折れる―」

【仕舞（い）】しまい　「―まで聞く」別表記 終い

【仕様】シヨウ　やりかた。方法。「弁解の―もない」

【仕業】しわざ　「神の―」「だれの―だ」

【仕を致す】しをいたす　官を辞する。致仕する。

熟語「仕上げる・仕返し・仕来り・仕種・仕分け」

❸（国）つかまつる。「する」「行う」のへりくだった言い方。

【史】

7級　5画　口-2　音 シ㊥㊤　訓 ふみ・さかん・ふびと　①2743　Ⓤ53F2

人名 ちか・ちかし・ひと・ふひと・ふみ・み

筆順 丶 冂 口 中 史

なりたち ［会意］中（神への祈りを書き付けたものを木に結びつけた形にかたどる）＋手（又）。祭事にたずさわる人、記録係の意。

❶ふみ。文書。記録。社会の変遷の過程などを記録したもの。

【史学】シガク　歴史学。「大学で―を専攻する」

【史観】シカン　歴史観。「唯物―」

【史記】シキ　中国最初の紀伝体の通史。二十四史の一。

【史実】シジツ　歴史上の事実。「―に基づく」

【史書】シショ　歴史を記述した書物。史籍。

【史上】シジョウ　歴史上。「―最大の作戦」

【史的】シテキ　歴史的。「―な観点」「―事実」

【史論】シロン　歴史に関する論説。

熟語「史家・史劇・史跡・史料・哀史・国史・小史・正史・先史・前史・通史・歴史・文学史・文化史」

❷記録係の役人。ふびと。

『史に三長あり』しにさんちょうあり　歴史を記す人には、才能・学問・見識の三つの長所が必要である。出典「唐書劉知幾伝」より。

熟語「史生・侍史・女史」

❸（国）さかん。律令制で、神祇官・太政官の第四位の官。

【司】

7級　5画　口-2　音 シ㊥㊤・ス㊇　訓 つかさ・つかさどる　①2742　Ⓤ53F8

人名 おさむ・かず・つとむ・もと・もり

筆順 𠃌 ㇆ 司 司 司

なりたち ［会意］𠃌（祭りのはた）＋口（ことば）。神意をことばによってうかがう、祭事をつかさどるの意。

❶つかさどる。とりしきる。

【司会】シカイ　会の進行をつかさどる。「―者」

【司書】シショ　図書資料の整理・保管などの専門家。

【司直】シチョク　裁判官や検察官。「―の手にゆだねる」

【司法】シホウ　立法・行政とならぶ三権の一。「―取引」

【司令】シレイ　軍隊などで指揮をとる者。「―官」

熟語「司教・司祭・行司・宮司・下司（げ）（す）・祭司・所司・殿司（でん）（す）」

❷つかさ。役人。また、役所。

熟語「郡司・国司・上司」

❸その他。

【司馬】シバ　中国古代の官名。軍事をつかさどった。

【司馬懿】シバイ　一七九―二五一　中国三国時代、魏の将軍・政治家。字は仲達。

【司馬光】シバコウ　一〇一九―一〇八六　中国、北宋中期の政治家・学者。

シ

王安石の新法に反対、「資治通鑑」の編集に専念。司馬温公。

【司馬遷】(シバセン)(前一四五?〜前八六?) 中国、前漢の歴史家。歴史書「史記」を完成させた。

【四】

10級 5画 口-2 音 シ 漢 呉 訓 よ・よつ・よっつ・よん ①2745 Ⓤ56DB

難読 四十四(よよ)・四十雀(しじゅうから)・四方手(しおで)・四阿(あずまや)(しあ)・四幅(よの)

人名 ひろ・もち

筆順

なりたち  [会意]口(くち)＋八(わかれる)。口からわかれて出る息の意。借りて、数の四つの意を表す。甲骨文では、四本の横線に作る指事文字。

❶数の名。三より一つ多い数。よっつ。よん。よ。

【四季】(シキ) 春夏秋冬。「日本の―」「―折々」

【四教】(シキョウ) 四種の大切な教え。「礼記」では詩・書・礼・楽の教え。「論語」では文(学問)・行(実践)・忠(誠実)・信(信義)の教え。

【四苦】(シク) 〔仏〕生・老・病・死。「―八苦」

【四君子】(シクンシ) 東洋画の画題で、蘭・竹・梅・菊。

【四肢】(シシ) 両手と両足。動物の四本の足。

【四捨五入】(シシャゴニュウ) 「小数点第二位を―する」

【四十九日】(シジュウクニチ) 「―の法要を営む」

【四十にして惑わず】人は四〇歳に達すれば、自らの生き方について、あれこれ迷わない。出典「論語為政」より。

【四書】(シショ) 「大学」「中庸」「論語」「孟子」の総称。

【四則】(シソク) 加減乗除の四つの算法。

【四大】(シダイ) 四つの元素、地・水・火・風。四界。

【四知】(シチ) 二人の間だけの秘密でも、天が知り、地が知り、自分が知り、相手が知っているから、いずれは他の知るところとなる。出典「後漢書楊震伝」より。

【四柱推命】(シチュウスイメイ) 占いの一種。

【四天王】(シテンノウ) ある集団で、力量のある四人の称。

【四半世紀】(シハンセイキ) 二五年間。「―が経つ」

【四百四病】(シヒャクシビョウ) 仏教で、人間のかかる病気のすべて。「―の外(ほか)(=恋煩いのこと)」

【四民】(シミン) ①士・農・工・商。②すべての階層の人々。「―平等」

【四六時中】(シロクジチュウ) 一日中。いつも。注記 一日二四時間であることを、昔の「二六時中」にならって言い直したもの。

【四六駢儷体】(シロクベンレイタイ) 漢文の文体。四字と六字から成る対句を多用する華麗な文体。

【四次元】(ヨジゲン) 「―空間」「―世界」

【四十路・四十】(よそじ) 四〇歳。四〇年。

熟語「四夷・四角・四君・四顧・四詩・四時(しじ)(しいじ)・四神・四聖・四端・四徳・四友・四十八手・朝三暮四」

❷あらゆる方向。四方。周囲。

【四海】(シカイ) ①四方の海。②国内。天下。世界。

【四海兄弟】(シカイケイテイ) 世界の人々が親しみあうことが兄弟のようである。出典「論語顔淵」より。

【四海波静か】(しかいなみしずか) 天下がよく治まって泰平である。出典 宋の楊万里の語より。

【四衢八街】(シクハチガイ) 道が四方八方に通じている大きな街。

【四散】(シサン) ちりぢりになる。「一家―」

【四通八達】(シツウハッタツ) 道路などが四方八方へ通じている。「―の地」

【四方八方】(シホウハッポウ) あらゆる方面。「―に広がる」

【四面楚歌】(シメンソカ) 孤立無援。出典「史記項羽本紀」より。

【四隣】(シリン) ①となり近所。②近隣の国々。

【四方】(よも) 東西南北。前後左右。しほう。

【四方山】(よもやま) 「―話(ばなし)」注記「よもやも(四方八方)」からという。

熟語「四囲・四岳・四面」

❸四回。また、多数。

【四苦八苦】(シクハック) 「言い訳に―する」

熟語「四分五裂・再三再四」

❹その他。

【四庫全書】(シコゼンショ) 中国、清代に乾隆(けんりゅう)帝の勅命によって集成された叢書(そうしょ)。

【四川】(シセン) 中国、長江上流域にある省。省都、成都。

【市】

9級 5画 巾-2 音 シ 漢 呉 訓 いち ①2752 Ⓤ5E02

人名 ち・なが・まち

筆順

なりたち  [形声]止(あし)音＋「平の変形」(高低がなくたいらである)。人々が足を止め公平な値段で取り引きする場所の意から、いちの意を表す。篆文では、上部を㞢(=之、あし)に作る。

❶いち。物を売買するところ。

【市に帰するが如し】(いちにきするがごとし) 市に人が集まるように、仁徳のある人のところに人々が慕い集まる。出典「孟子梁恵王下」より。

【市に虎あり】(いちにとらあり) 根も葉もないうわさでも、多くの人が口にすれば本当のことと信じられるようになる。出典「戦国策魏策」などから。

【市場】(いちば) 「青果―」「公設―」

【市価】(シカ) 市場で売買される値段。

【市場】(シジョウ) 「中央卸売―」「株式―」「金融―」

熟語「市況・市肆(しし)・市販・互市(ごし)・朝市(ちょうし)(あさいち)」

❷まち。市街。

【市街】(シガイ) 人家や商店が立ち並んでいる地域。

【市井】(シセイ) 人家の集まっている所。「―の人（＝市中の庶民）」注記 井戸に人が集まることからという。
熟語「城市・都市・廃市」

❸行政区域の単位。日本では地方公共団体の一。

【市政】(シセイ) 地方自治体としての市の政治。

【市町村】(シチョウソン)「―合併」「―民税」

【市電】(シデン) 市営電車。「函館―」

【市民】(シミン) ①その市の住民。②国政に参与する権利をもつ人。公民。「―運動」

【市立】(シリツ) 市が設立・経営している。「―博物館」

熟語「市営・市会・市外・市議・市制・市長・市内・市役所」

❹その他。

【市松模様】(いちまつモヨウ) 色の違う二種類の正方形を、互い違いに並べた模様。

【矢】

9級 5画 矢-0 音 シ 漢 呉 訓 や ①4480 Ⓤ77E2

難読 矢作（矢矧）(やはぎ)・矢場に(やにわに)・矢幹(やがら)
人名 ただ・ただし・ちかう・なお
筆順 ノ 𠂉 二 午 矢
なりたち  〔象形〕弓の弦にかけて射るやにかたどる。

❶や。武器の一種。弓で射る。

【矢面】(やおもて) 攻撃をまともに受ける立場。「批判の―に立たされる」

【矢尻】(やじり) 矢の先の、突き刺さる部分。別表記 鏃
【矢継(ぎ)早】(やつぎばや) 続けざま。「―に質問する」

【矢来】(やらい) 竹や丸太で作った臨時の囲い。「竹―」

熟語「矢石・矢口(やぐち)・矢車・矢立て・矢筈(やはず)・弓矢(きゅうし)(ゆみや)・一矢・嚆矢(こうし)・毒矢・蓬矢(ほうし)・鋒矢(ほうし)・的矢(まとや)」

❷正しい。まっすぐ。

熟語「矢言(しげん)（＝誓いの言葉。また、正しい言葉）・矢口(しこう)（＝言葉を正確に言う。また、誓いの言葉）」

❸その他。

【矢▾鱈】(やたら) むやみ。みだり。「めった―」「―なことを言うな」注記「矢鱈」は当て字。

【矢張り】(やはり) ①前と同じように。②思った通り。「―だめだった」注記「矢張り」は当て字。

【次】⇩ジ（二六二ページ）

【自】⇩ジ（二六三ページ）

【旨】

4級 6画 日-2 音 シ 漢 呉 訓 むね・うま-い ①2761 Ⓤ65E8

人名 すすむ・よし
筆順 ノ ヒ ヒ 旨 旨 旨
なりたち  〔会意〕匕（さじ）＋日（甘の変形、口の中に食べ物を入れたさま）。さじで口の中に食べ物を入れるさまから、うまい意を表す。

❶うまい。美味である。

【旨酒】(うまざけ) うまい酒。「勝利の―をのむ」別表記 味酒
【旨煮】(うまに) 根菜類や魚介類を味醂(みりん)・砂糖・醤油などで煮詰めたもの。別表記 甘煮
熟語「旨甘・旨酒(しし)(うまざけ)」

❷むね。考えの内容。

【旨意】(イシ) 考え。意図。

【旨趣】(シシュ) 事のおもむき。わけ。趣旨。

熟語「教旨・主旨・趣旨・聖旨・宣旨(せんじ)・大旨(たいし)(おおむね)・勅旨・本旨・密旨・諭旨・要旨・来旨・令旨(りょうじ)(れいし)・論旨」

【死】

8級 6画 歹-2 音 シ 漢 呉 訓 しぬ ①2764 Ⓤ6B7B

筆順 一 厂 歹 歹 歹 死
なりたち  〔会意〕歹（ほね）＋人。人がしんで骨だけになるの意。

❶しぬ。命が絶える。

【死因】(シイン) 死に至った原因。

【死骸】(シガイ) 死んだ人の体。別表記 屍骸
〖死灰(しかい)復(ま)た燃ゆ〗 一度勢いを失ったものが、再び盛んになる。出典「史記 韓長孺伝」より。

【死期】(シキ) ①死ぬ時。「―が迫る」②命を投げ出すべき時。「―を得る」

【死去】(シキョ) 人が死ぬ。「昨夜病院で―した」

【死刑】(シケイ) 犯罪者の生命を絶つ刑罰。「―囚」

【死後】(シゴ) 死んだのち。「―硬直」「―の世界」

【死▾屍】(シシ) 死体。「―累々たる有り様」

〖死して後(のち)已(や)む〗 命のある限り行い続ける。出典「論語 泰伯」より。

〖死屍(しし)に鞭(むち)打つ〗 死んだ人の生前の言行を非難したり攻撃したりする。出典「史記 伍子胥伝」より。

【死者】(シシャ) 死んだ者。死人。「―に鞭打つ」「―を弔う」

【死臭】(シシュウ) 死骸から発する腐臭。別表記 屍臭
【死所・死処】(シショ) 死にがいのある場所。「―を得る」

【死生】(シセイ) 死と生。「―観」

〖死生(しせい)命(めい)あり〗 人の生死は天命で、どうすることもできない。出典「論語 顔淵」より。

〖死せる孔明(こうめい)生ける仲達(ちゅうたつ)を走らす〗 蜀(しょく)の諸葛孔明が五丈原の陣中で病死し、蜀軍は退却し始めた。魏(ぎ)の司馬仲達が追撃すると蜀は応戦の構えを見せ、仲達は孔明の計略かと恐れて退却

したという。出典「蜀書諸葛亮伝注」より。
【死体】シタイ 死骸(しがい)。「—解剖」別表記 屍体
【死出の旅】(しでのたび) 死ぬ。「—に出る」
【死に花】(しにばな) 死ぬときの誉れ。「—を咲かせる」
【死に水】(しにみず) 臨終の人の口をうるおす水。「—を取る」
【死に目】(しにめ) 死に際。臨終。「親の—に会えない」
【死人】シニン 死んだ人。「—に口なし」
〖死馬(しば)の骨を買(か)う〗 さして優秀でない者を優遇して、優秀な者が次第に集まって来るようにしむけることのたとえ。出典「戦国策燕策」より。
【死票】シヒョウ 当選に結びつかない票。死に票。
【死別】シベツ 死に別れる。「若くして親と—した」
【死亡】シボウ 死ぬ。亡くなる。「—診断書」「—率」
【死命】シメイ 死と生。「—を制する戦い」
【死滅】シメツ 絶滅。「—した動物」
【死霊】シリョウ 死者の霊魂。しれい。
〖死(し)を視(み)ること帰(き)するが如(ごと)し〗 死を恐れぬ態度や様子。出典「大戴礼曾子制言上」より。
熟語「死灰(しかい)・死活・死罪・死産・死傷・死相・死病・死没・壊死(えし)・横死・怪死・客死(かくし)(きゃくし)・餓死・検死・枯死・惨死・自死・殉死・情死・致死・病死・安楽死・酔生夢死・半死半生・不老不死」

❷きわめて危険なところ。
【死地】シチ 「—に赴く」「—を脱する」「—を求める」
〖死地(しち)に陥(おとしい)れて後(のち)生(い)く〗 軍を絶体絶命の窮地に陥れ、決死の覚悟をもたせてから戦ってはじめて、活路を見いだすことができる。出典「孫子九地」より。
【死中】シチュウ 「—に活を求める」
熟語「死線・九死・万死・瀕死」

❸命がけ。しにものぐるい。
【死守】シシュ 命がけで守る。「ゴールを—する」
【死闘】シトウ 命がけのたたかい。「—を繰り広げる」
【死力】シリョク 命がけで出す力。「—を尽くして戦う」
熟語「決死・必死」

❹(国)役に立たない。活動していない。
【死角】シカク 見ることができない角度。「カメラの—」「法律の—」
【死語】シゴ 今では使われなくなった言語や単語。
【死蔵】シゾウ 無駄にしまっておく。「資料を—する」
熟語「死物・死文・死火山」

❺(国)野球で、アウト。
熟語「二死満塁」

【糸】
10級 6画 糸-0 音 シ漢呉・ベキ漢 訓 いと ①2769 Ⓤ7CF8
【絲】12画 糸-6 ②6915 Ⓤ7D72
難読 糸魚(いとよ)・天蚕糸(てぐす)
人名 たえ・ため・つら・より
筆順 く 幺 幺 糸 糸 糸
なりたち 
[絲][会意]糸(繭から引き出した細い糸)+糸。繭からとった糸をより合わせたよりいとの意。[糸]は[象形]よりいとにかたどる。本来、音は「ベキ」で別字だが、常用漢字では「絲」の略字として用いられる。

❶いと。繊維が長く線状に連続したもの。
【糸口】(いとぐち) ①糸の端。②手がかり。「解決の—をさぐる」別表記 緒
【糸目】(いとめ) ①糸筋。細い糸。②凧の釣り合いをとる数本の糸。転じて、物事の制限。「金に—をつけない」
熟語「一糸・金糸・錦糸・絹糸・蚕糸・製糸・撚糸(ねんし)・抜糸・紡糸・綿糸」

❷いとのように細いもの。
【糸雨】シウ 糸のような細い雨。きりさめ。
熟語「菌糸・遊糸・柳糸」

❸弦楽器。
【糸竹】(いとたけ) ①和楽器の総称。②音楽。音曲。「—の道」注記「糸」は弦楽器、「竹」は管楽器の意。
熟語「糸管・糸竹・弾糸」

❹一の一万分の一。転じて、きわめて少ない。
熟語「糸毫(しごう)」

❺その他。
【糸遊】(いとゆう) ①晩秋や早春の頃、空中に蜘蛛(くも)の糸が浮遊する現象。あるかなきかのもののたとえ。②「陽炎(かげろう)」に同じ。

〈糸瓜〉(へちま) ①ウリ科のつる性一年草。②役に立たないもの。「議論も—もない」別表記 天糸瓜

【至】
5級 6画 至-0 音 シ漢呉 訓 いた-る・いた-り・いた-って ①2774 Ⓤ81F3
人名 いたり・ちか・のり・みち・むね・ゆき・よし
筆順 一 ㄙ 云 至 至
なりたち 
[指事]矢が面(一)につきささったさまを示し、いたる意を表す。

❶いたる。行きつく。
熟語「下至(げし)・必至」

❷いたって。この上ない。きわめて。
【至急】シキュウ 大急ぎ。「大—」「—電話してほしい」
【至近】シキン きわめて近い。「—距離」「—弾」
【至言】シゲン 物事の本質を適切に言い表した言葉。
【至公】シコウ この上なく公平である。「—至正」

【至高】コウ 最高。「—の極み」

【至極】ゴク ①きわめて。「当然—」「—快適」②この上ないこと。「迷惑—」「残念—」

【至上】ジョウ 最高。「芸術—主義」「—命令」

【至誠】セイ まごころ。「—天に通ず」

【至当】トウ きわめて当然で適当。「—な処置」

【至難】ナン きわめて難しい。「—の技」

【至福】フク この上ない幸福。「—の時」

【至便】ベン 非常に便利である。「交通—」

【至宝】ホウ きわめて大切な宝。「国家の—」

熟語「至芸・至高・至純・至順・至醇(しじゅん)・至人・至聖・至善・至尊・至大・至道・至徳・至要」

❸(国)いたり。きわみ。

用例「慶賀の至り」

❹太陽が南北の極に達する。

熟語「夏至(げし)・冬至(とうじ)」

❺その他。

熟語「乃至(ないし)」

【伺】

4級 7画 人(亻)-5

音 シ 漢 呉

訓 うかがう・うかがい

①2739 Ⓤ4F3A

人名 み

筆順 ノ イ 仃 们 伺 伺 伺

なりたち  [形声]人＋司(神意をうかがう)音。人のようすをうかがうの意。

◇うかがう(伺・窺) ◉異字同訓◉

「伺う」は「聞く・尋ねる・訪問する」のへりくだった言い方。「お話を伺いたい」「今度お宅へ伺います」「一席伺う」

「窺う」は"のぞいてみる。そっと様子を見る。機会をねらう"の意。「家の中を窺う」「上役の鼻息を窺う」「好機を窺う」

❶うかがう。さぐる。

熟語「伺察・奉伺」

❷(国)うかがう。うかがい。「命令を受ける」「聞く」「訪ねる」「問う」のへりくだった言い方。

熟語「伺い書・進退伺い」

❸そばにいて、世話をする。

【伺候】コウ ①貴人のそば近く仕える。②ご機嫌伺いに上がる。別表記 祗候

【志】

6級 7画 心-3

音 シ 漢 呉

訓 こころざす・こころざし・しる-す

①2754 Ⓤ5FD7

人名 さね・しるす・むね・もと・ゆき

筆順 一 十 士 士 志 志 志

なりたち  [形声]㞢(＝之、行く)音＋心。心が向きゆくの意。

❶こころざす。目的を定める。また、こころざし。心に決めて目指していること。

〖志(こころざし)合えば胡越(こえつ)も昆弟(こんてい)たり〗 志が合えば初めは互いに知らないどうしでも兄弟のように親しくなる。出典「漢書鄒陽伝」より。

〖志(こころざし)ある者は事(こと)竟(つい)に成る〗 やろうという志がしっかりしていれば、障害があってもなしとげられる。出典「後漢書耿弇伝」より。

【志学】ガク ①学問に志す。②一五歳の異名。出典「論語為政」より。

【志願】ガン 希望して願い出る。「—者」「—兵」

【志気】キ こころざし。士気。「—旺盛」

【志向】コウ こころざす。「エリート—」「—性」

【志望】ボウ こうなりたいと望む。「—校」

熟語「意志・遺志・初志・寸志・素志・大志・闘志・同志・篤志・芳志・本志・有志・立志」

❷主義。信念。

【志士】シ 高い志をもつ人。「勤王の—」

〖志士(しし)苦心多し〗 志士がその志を貫こうとすると、こと志と違うことが多く、苦心が多い。出典 陸機「猛虎行」より。

〖志士(しし)仁人(じんじん)は生を求めて以(もっ)て仁を害するなし〗 志士や、仁を重んじる人は生命を惜しんで仁の道にそむくことはしない。出典「論語衛霊公」より。

熟語「志操・同志」

❸しるす。書きつける。記録。

熟語「地誌・三国志・食貨志」

❹(国)「志摩(しま)国」の略。

【志摩】しま 旧国名の一。三重県志摩半島の東部に相当。志州。

熟語「志州(ししゅう)」

【私】

5級 7画 禾-2

音 シ 漢 呉

訓 わたくし・わたし・ひそ-か

①2768 Ⓤ79C1

難読 私語(ささやき)(ささめき・ささめ)

人名 とみ

筆順 ノ 二 千 禾 禾 私 私

なりたち  [形声]禾(作物)＋厶(自分の分だけかかえこむ)音。収穫物から自分の分だけをかかえこむ意から、自分だけのものにする、わたくしの意を表す。

❶わたくし。㋐(おおやけに対して)個人。⇔公。㋑(国)わたし。話し手自身を指す語。

【私益】エキ 個人の利益。私利。⇔公益

【私学】シガク 私立学校。「—助成金」⇔官学
【私見】シケン 自分の考えや意見。「—を述べる」
【私権】シケン 私法上認められる権利の総称。
【私財】シザイ 個人の財産。「—を投げ打つ」
【私事】シジ ①わたくしごと。②プライバシー。「—をあばく」
【私人】シジン 公の立場を離れた一個人。⇔公人
【私生活】シセイカツ 「—に立ち入る」「—を暴く」
【私設】シセツ 私人が設ける。「—秘書」⇔公設
【私的】シテキ プライベート。「—感情」⇔公的
【私服】シフク 「—刑事」「—で登校する」⇔制服
【私物】シブツ 個人の所有物。「公共事業を—化する」
【私憤】シフン 個人的なことから起こる憤り。⇔公憤
【私文書】シブンショ 私人の作成した文書。⇔公文書
【私有】シユウ 「—財産」「—地」⇔公有
【私用】シヨウ 自分のために使う。⇔公用
【私立】シリツ 「—学校」「—大学」
熟語「私案・私意・私営・私家・私議・私行・私室・私塾・私書・私娼・私心・私人・私製・私邸・私鉄・私闘・私費・私法・公私・則天去私」

❷個人的。利己的。
【私情】シジョウ 個人的な感情。「捜査に—をはさむ」
【私心】シシン ①自分の利益を図る心。「—を去る」②自分だけの考え。
【私腹】シフク 自己の利益。「—を肥やす」
【私欲・私▼慾】シヨク 私益をはかろうとする心。「私利—」
熟語「私曲・私利・偏私・無私・滅私・公平無私・私利私欲」

❸表向きでない。公認されない。ひそか。
【〈私語〉】ささめごと ①ひそひそ話。②男女間のむつごと。
【私刑】シケイ 私的制裁。リンチ。
【私語】シゴ ひそひそ話。「授業中の—は厳禁」
【私淑】シシュク ひそかに師として尊敬し学ぶ。「若い頃—していた作家」
熟語「私通・私生児」

【使】

8級　8画　人(亻)-6
音 シ漢呉
訓 つかう・しむ・つかわす
①2740　Ⓤ4F7F

筆順 ノ 亻 亻 佢 佢 使 使

なりたち [形声]人＋吏(役人)音。用務につかえる人の意。また、人をつかう意にも用いる。

◇つかう(使・遣)　●異字同訓●
「使う」は"物を役立てる。人に用事をさせる"の意。「道具を使う」「通勤に車を使う」「居留守を使う」「人を使う」

「遣う」は"あやつる。金や時間を費やす"の意。「蛇を遣う」「文楽の人形を遣う」「言葉を遣う」「無駄に大金を遣う」

❶つかう。はたらかせる。
【使役】シエキ 人に仕事をさせる。「—に耐える」
【使途】シト 金銭などのつかいみち。「—不明の金」 別表記 支途
【使用】シヨウ 使う。用いる。「—済み切手」「—料」
熟語「使丁・駆使・行使・酷使」

❷つかい。命令や依頼を受けて出向く人。つかわす。
【使者】シシャ 命令を受けて使いに行く人。
【使節】シセツ 国の代表として外国に派遣される人。
【使徒】シト ①キリストの福音を伝えるために遣わされた者。「十二—」②神聖な仕事に献身的な努力をする人。「平和の—」
【使命】シメイ 使者として命ぜられた任務。「—感」
熟語「使臣・急使・軍使・公使・上使・正使・大使・勅使・天使・特使・密使・遣唐使・節度使」

❸(国)「使用者(＝雇用主)」の略。
熟語「労使関係」

【刺】

4級　8画　刀(刂)-6
音 シ漢呉・セキ漢
訓 さす・ささる・とげ
①2741　Ⓤ523A

難読 刺刀(さすが)・刺虫(いらむし)・刺青(いれずみ)・刺草(いらくさ)・刺亀虫(さしがめ)・刺蛾(いらが)・刺鉄(さすが)・肉刺(まめ)
人名 さし

筆順 一 厂 冖 帀 朿 朿 刺

なりたち [形声]朿(とげ)音＋刀。刀でとげのようにさすの意。

●異字同訓● 【差】(二二五ページ)の「異字同訓」欄を参照のこと。

❶さす。先のとがった細いものを中に突きいれる。さし殺す。ささる。
【刺客】シカク 暗殺者。「—をさしむける」
【刺激・刺▼戟】シゲキ 「—的な発言」「—のない生活」
【刺殺】シサツ 刃物で刺し殺す。
【刺▼繡】シシュウ 布地に色糸で文様を縫い表す。
熟語「刺し子(さしこ)・刺し身(さしみ)・刺客(しかく)(しきゃく)・刺青(しせい)(いれずみ)」

❷とげ。はり。
【刺刺しい】とげとげしい 言葉や態度が意地悪できつい。「—い口調」
熟語「刺針・魚刺・有刺鉄線」

❸そしる。なじる。
熟語「刺譏(しき)・風刺・諷刺」

❹名ふだ。
熟語「刺謁(しえつ)・名刺・刺を通ず(＝名刺を出して面会

を求める)」

【始】 8級

8画 女-5

音 シ漢呉

訓 はじめる・はじまる・はじ-め

①2747 Ⓤ59CB

人名 とも・はる・もと

筆順 く 女 女 女ム 女厶 始 始 始

なりたち  [形声]女＋台(耜(すき)でたがやし作物をつくる)音。女性が子をはらむ意から、物事のはじまりの意を表す。

❶はじめ。物事のはじまり。発端。

【始原】(シゲン) 物事のはじめ。「―にさかのぼる」

【始終】(シジュウ) 「一部―を物語る」「―言い争っている」

【始祖】(シソ) ①元祖。「―鳥」②禅宗で達磨(だるま)大師の称。

【始末】(シマツ) ①片づける。処理。「ごみの―」②事の次第。「―が悪い」③結局のありさま。「親に泣きつく―だ」

〔始(はじ)めは処女の如く後(のち)は脱兎(だっと)の如し〕 はじめは物静かで弱々しく見せかけて、のちにすばやく攻撃することのたとえ。出典「孫子九地」より。

熟語「元始・原始・終始・太始・年始」

❷はじめる。新たに行う。はじまる。

【始業】(シギョウ) 仕事や授業を始める。「―式」⇔終業

【始動】(シドウ) 動かし始める。「エンジンを―する」

【始発】(シハツ) 「―のバスに乗る」

熟語「開始・創始」

❸その他。人名など。

【始皇帝】(シコウテイ) (前二五九～前二一〇)中国、秦の第一世皇帝(在位前二二一～前二一〇)。

【姉】 9級

8画 女-5

音 シ漢呉

訓 あね・ねえ-さん

①2748 Ⓤ59C9

〔姊〕 8画 女-5

Ⓤ59CA

人名 え

筆順 く 女 女 女' 女亠 女市 姉 姉

なりたち  [形声]女＋𠂔(最も上であるさま)音。女きょうだいのうち、年上の者の意。

❶あね。年長の女のきょうだい。ねえさん。

【姉御】(あねゴ) ①姉を敬っていう語。②頭(かしら)・親分・兄貴分の妻、あるいは女親分などを敬って呼ぶ語。「―肌」注記「あねごぜ」の下略。別表記 姐御

【姉妹】(シマイ) ①姉と妹。⇔兄弟。②類似点をもつ、二つ以上のもの。「―校」「―編」

熟語「姉弟・外姉・義姉・愚姉・兄姉・実姉・従姉(じゅうし)(いとこ)・長姉」

❷婦人に対する親称または敬称。

熟語「貴姉・諸姉・大姉」

【枝】 6級

8画 木-4

音 シ漢呉

訓 えだ・え

①2762 Ⓤ679D

人名 え・き・しげ・しな

筆順 一 十 才 木 木一 木十 枝 枝

なりたち  [形声]木＋支(えだ)音。木の枝の意。「支」が原字。

❶えだ。え。木の幹から分かれ出た部分。

【枝葉】(えだは) 枝と葉。ささいな部分。「―にこだわる」

【枝振り】(えだぶり) 枝のかっこう。「―のいい木」

【枝折(り)戸】(しおりど) 竹や木の枝を用いた開き戸。

【枝垂れ】(しだれ) たれ下がること。「―桜」別表記 垂れ

【枝葉】(シヨウ) えだは。「―末節」

熟語「枝幹・樹枝・剪枝(せんし)・分枝」

❷中心から分かれ出たもの。

熟語「枝院・枝族・連枝」

❸その他。

【枝豆】(えだまめ) 青い大豆を枝ごととったもの。

熟語「桂枝・楊枝(ようじ)・茘枝(れいし)」

【祉】 3級

8画 示(ネ)-4

音 シ漢・チ漢呉

訓 さいわ-い

①2767 Ⓤ7949

〔祉〕 9画 示-4

③8920 ⓊFA4D

人名 とみ・よし

筆順 丶 ラ ネ ネ ネ丨 ネ卜 ネ止 祉

なりたち  [形声]示(かみ)＋止(とどまる)音。神がとどまっていること、さいわいの意。

さいわい。神からさずかる幸福。めぐみ。

熟語「福祉」

【肢】 準2級

8画 肉(月)-4

音 シ漢呉

①2772 Ⓤ80A2

筆順 丿 月 月 月 月一 月十 肢 肢

なりたち  [形声]肉＋支(えだ)音。胴体からえだのように出た手足の意。

❶てあし。人の手足。また、動物の足。

【肢骨】(シコツ) 手足の骨。

【肢体】(シタイ) 手足。また、手足とからだ。

熟語「肢端・下肢・義肢・後肢・四肢・上肢」

❷わかれた部分。えだ。

熟語「分肢・選択肢」

【姿】

5級 9画 女-6 音 シ 漢 呉 訓 すがた ①2749 Ⓤ59FF

〔姿〕9画 女-6

人名 かた・しな・たか

筆順 、 冫 冫 次 次 姿 姿 姿 姿

なりたち  ［形声］次(体をかがめて並んで休息する)音＋女。女性がリラックスしているようすの意から、すがたの意を表す。

すがた。からだつき。ようす。

【姿勢】シセイ ①体の構え。②態度。「強硬な―」

【姿態・姿体】シタイ (動きを含む)からだのすがた。

【姿形】すがたかたち 容姿。「―をまねる」

【姿見】すがたみ 全身を写す大形の鏡。

熟語「姿容・英姿・艶姿(あですがた)・嬌姿(きょうし)・風姿・勇姿・雄姿・容姿」

【思】

9級 9画 心-5 音 シ 漢 呉 訓 おもう・おも-い ①2755 Ⓤ601D

人名 こと

筆順 丨 冂 冂 田 田 田 思 思 思

なりたち  ［会意］田(=囟、小児の頭)＋心。頭と心の中でおもうの意。

❶おもう。考える。

【思い内にあれば色外にあらわる】心に思うことがあると、自然に顔色や態度にあらわれる。出典「大学」より。

【思い出】おもいで 前にあった出来事を心に浮かべる。「学生時代の―」「―にふける」

【思い半ばに過ぐ】考えてみて思い当たることが多い。出典「易経 繫辞下、孔穎達疏」より。

【思い邪なし】心に邪念がない。出典「詩経 魯頌」「論語 為政」より。

【思惑】おもわく 考え。意図。「―が外れる」注記「惑」は当て字。

【思案】シアン ①考えをめぐらす。「―に暮れる」「―顔」②心配。「―の種」

【思考】シコウ 考える。また、その考え。「短絡的な―」

【思想】シソウ 世界や生き方についての見解。「―弾圧」「―の自由」

【思潮】シチョウ ある時代の思想の主な流れ。「文芸―」

【思慮】シリョ 慎重に考える。「―深い人」「―分別」

熟語「思惟(しい)(しゆい)・思念・思弁・思量・思料・意思・近思・再思・三思・熟思・所思・沈思・不思議」

❷感慨にふける。心に感じる。

熟語「客思(かくし)(きゃくし)・秋思・愁思・追思・旅思」

❸愛する。したう。

【思慕】シボ 恋しく思う。「―の念に堪えない」

熟語「相思」

❹おもい。考え。心情。

【指】

8級 9画 手(扌)-6 音 シ 漢 呉 訓 ゆび・さす ①2756 Ⓤ6307

難読 指叉(さすまた)・指貫(さしぬき)(ゆびぬき)

人名 むね

筆順 一 十 扌 扌 扌 扌 指 指 指

なりたち  ［形声］手＋旨(うまい)音。すぐれているところを手でさし示すの意。また、物をさし示すゆびの意にも用いる。

◉異字同訓◉【差】(二二五ページ)の「異字同訓」欄を参照のこと。

❶ゆび。手足の先の数本に分かれた部分。

【指弾】シダン つまはじきする。人を非難・排斥する。「―を受ける」

【指紋】シモン 「―押捺(おうなつ)」「―を照合する」

【指折り】ゆびおり ①指を折り曲げて数える。②屈指。「日本でも―の資産家」

熟語「指圧・指輪・屈指・手指・食指・母指・拇指(ぼし)・無名指」

❷さす。(ゆびなどで)物や方向を示す。

【指図】さしず 指示する。「人の―は受けない」

【指(し)値】さしね 客が指定する売買の値段。「―売買」

【指物】さしもの ①武士が戦場で目印のため、鎧(よろい)の背などにさした小旗や飾り物。「旗―」②箪笥(たんす)・障子・箱などの類。「―師」別表記 差物・挿物

【指揮】シキ 指図して、統一ある動きをさせる。「―を執る」「―官」「―者」

【指向】シコウ ①ある方向に向ける。「―性アンテナ」②ある方向を目指す。志向。

【指示】シジ さし示す。指図する。「―通りに動く」

【指事】シジ 漢字の六書(りくしょ)の一。「一」「二」「上」「下」「末」「本」など。

【指針】シシン 進むべき方向を示す方針。「行動の―」

【指定】シテイ これと決め定める。「―時間」「―席」

【指摘】シテキ 問題点を取り出して示す。「鋭い―」

【指導】シドウ 目的に向かって教えみちびく。「―者」

【指南】シナン 教え導く。「柔術を―する」

【指標】シヒョウ 見当をつけるめじるし。「景気―」

【指名】シメイ 名をあげて特定の人を指す。「―入札」

熟語「指呼・指嗾(しそう)・指令・指話法」

❸むね。意向。

熟語「指帰・指趣」

【施】

3級 9画 方-5 音 シ 漢・セ 呉 訓 ほどこす・ほどこ-し・し-く ①2760 Ⓤ65BD

人名 とし・のぶ・はる・ます・もち

筆順 ' 亠 方 方 方 方 方 施 施

なりたち ［形声］㫃（はた）＋也（ヘビの象形。うねってのびるの意）音。旗が風でゆらぎはためく意から、のびる・うつる意を表す。

❶しく。実際に行う。

【施工】セコウ 工事を行う。せこう。「―業者」

【施行】シコウ ①実際に行う。②公布された法令の効力を発生させる。せこう。注記「せぎょう」と読むと別語。

【施策】シサク 実行すべき計画。「―を誤る」

【施政】シセイ 政治を行う。「―方針」

【施設】シセツ ある目的のためにこしらえた設備。

【施錠】セジョウ かぎをかける。「金庫に―する」

熟語「実施」

❷ほどこす。めぐみ与える。

【施行】セギョウ 僧侶や貧しい人に物を施し与える。注記「しこう」と読むと別語。

【施主】セシュ ①布施を行う人。②葬式や法事などを行う主人役の人。③建築・設計などの注文主。

【施物】セモツ 僧侶や貧しい人に恵み与える品物。

【施薬】セヤク 患者に薬を与える。「―院」

【施療】セリョウ 貧しい病人などに無料で治療をする。

熟語「《セ》施肥・施米・施餓鬼せがき・財施ざいせ・布施」

【師】

6級 10画 巾-7 音 シ 漢 呉 訓 おさ・もろもろ ①2753 Ⓤ5E2B

難読 香具師やし（こうぐし）

人名 かず・つかさ・のり・みつ・もと・もろ

筆順 ノ 亻 𠂤 𠂤 𠂤 師 師 師

なりたち ［会意］𠂤（人の集まり）＋帀（あまねくゆきわたる）。人々をあまねく教え導く人の意。

❶学問や技芸などをおしえる人。先生。

【師恩】シオン 先生から受けた恩。

【師事】シジ その人の弟子となって教えを受ける。

【師匠】シショウ 学問・技芸などを教える人。「落語の―」

【師弟】シテイ 師匠と弟子。「―の関係を断つ」

【師範】シハン ①学問・武芸などを教える人。「剣道の―」「―代」②「師範学校」の略。

【師父】シフ ①先生と父親。「―の恩」②父のような先生。

【師友】シユウ ①先生と友人。②先生として尊敬する友人。

熟語「師資・師承・師説・師伝・師表・師風・恩師・教師・先師・尊師」

❷宗教上の指導者。

熟語「国師・呪師・禅師ぜんじ・祖師・大師・導師・法師・牧師・律師・宣教師」

❸技術者。専門家。

熟語「医師・技師・経師きょうじ（けいし）・仏師・講釈師・薬剤師・理髪師」

❹軍隊。

【師団】シダン 軍隊の編制単位の一。「一個―」

【師旅】シリョ 軍隊。転じて、戦争。

熟語「王師・軍師・水師・出師すいし」

❺人の集まるところ。また、もろもろ。大衆。

熟語「京師けいし」

❻その他。

【師管】シカン 維管束植物にある細長い管状組織。ふるい管。別表記 篩管

【《師走》】しわす 陰暦一二月の異名。しはす。

【恣】

2級 10画 心-6 新常用 音 シ 漢 呉 訓 ほしいまま ②5583 Ⓤ6063

筆順 ⺀ 冫 ⺀ 次 次 恣 恣

なりたち ［形声］次（体をかがめて並んで休息する）音＋心。心がリラックスして気ままにふるまう意から、ほしいままの意を表す。

ほしいまま。勝手気まま。好き勝手に振る舞う。

【恣意】シイ 気ままな思いつき。「―的」別表記 肆意

熟語「恣行・恣肆しし・驕恣きょうし・縦恣・専恣・擅恣せんし・放恣」

【紙】

9級 10画 糸-4 音 シ 漢 呉 訓 かみ ①2770 Ⓤ7D19

〔帋〕7画 巾-4 ②5467 Ⓤ5E0B

難読 紙捻こうひねり（こより）・紙鳶いか（いかのぼり・たこ）

筆順 ㇛ 幺 糸 糸 糸 紅 紙 紙

なりたち ［形声］糸＋氏（たいら）音。繊維を絡み合わせ、たいらに作ったかみの意。

❶かみ。植物の繊維を水中でからみ合わせ、薄く平面状にのばして乾燥したもの。

【紙▾撚り・紙▾縒り】こより 「―で綴じる」注記「かみより」から転じた「こうより」の転。

【紙型】シケイ 活版印刷用の鉛版をつくるための、紙製の版。

【紙数】シスウ ①定められた紙の枚数。②ページ数。

【紙筆】シヒツ 紙と筆。「―に載す（＝文章にする）」

【紙幣】シヘイ 紙でつくられたお金。さつ。

【紙片】シヘン 紙きれ。「―にメモする」

シ

熟語「紙器・紙燭(しそく)・紙帳・印紙・懐紙・原紙・刷紙・雑紙・色紙・製紙・白紙・半紙・筆紙・表紙・用紙・洋紙・和紙」

❷書物・文書。

【紙幅】(シフク) 定められた原稿枚数。「―が尽きる」

【紙背】(シハイ) ①紙の裏側。②文章の裏の意味。「眼光―に徹す」

❸(国)「新聞紙」の略。

【紙上】(シジョウ) ①紙の上。「―の計画」②新聞の記事面。「―を飾る」

【紙面】(シメン) ①紙の表面。②新聞の記事面。「―をにぎわす」③手紙。

熟語「機関紙・業界紙・日刊紙」

❹その他。

【紙入れ】(かみいれ) ①鼻紙や小間物などを入れ、懐に入れて持ち歩くもの。②札(さつ)入れ。

【〈紙魚〉】(しみ) シミ科の昆虫の総称。別表記 衣魚・蠹魚

【脂】

4級　10画　肉(月)-6　音 シ 漢 呉　訓 あぶら・やに　①2773 Ⓤ8102

難読 雲脂(ふけ)

筆順

なりたち  [形声]肉＋旨(うまい)音。あぶらがのったうまい肉の意から、あぶらの意を表す。

❶あぶら。動物性のあぶら。水に溶けにくく、燃えやすい固体の物質。

【脂肪】(シボウ) 「体―計」「―吸引」

熟語「脂質・牛脂・凝脂・獣脂・脱脂・皮脂・油脂」

❷樹木の粘りけのある液。やに。

熟語「脂燭(しそく)(ししょく)・樹脂」

❸化粧用のべに。

【脂粉】(シフン) ①紅とおしろい。「―の香(か)」②なまめかしい女の化粧。

熟語「燕脂(えんじ)・臙脂(えんじ)・口脂(こうし)」

【視】［視］

5級　11画　見-4　音 シ 漢 呉　訓 みる　①2775 Ⓤ8996

［視］12画　見-5　③9189 ⓊFA61

難読 視告朔(こうさく)

人名 のり・よし

筆順

なりたち  [形声]示(天が示す神意)音＋見(みる)。天の神意をじっと見るの意。

❶みる。目を向ける。

【視界】(シカイ) 目に見える範囲。「―良好」

【視覚】(シカク) 眼に感じる感覚。「―に訴える」

【視座】(シザ) ものを認識する立場。視点。

【視線】(シセン) 見つめている方向。「―を感じる」

【視聴】(シチョウ) 見ることときくこと。「―覚教育」

【視点】(シテン) 観点。「客観的な―」「―を変える」

【視野】(シヤ) ①視界。②考えの及ぶ範囲。識見。「―が狭い」「―を広げる」

【視力】(シリョク) 物をみる能力。「―が回復する」

熟語「視角・視差・視写・視診・視神経・視話法・遠視・近視・乱視」

❷気をつけて目を向ける。注意して見る。

【視察】(シサツ) 実情を知るために実地を見る。「―団」

熟語「監視・凝視・検視・巡視・注視・直視」

❸考える。…とみなす。…として取り扱う。

熟語「軽視・重視・敵視・蔑視・無視・重大視」

【紫】

4級　12画　糸-6　音 シ 漢 呉　訓 むらさき　①2771 Ⓤ7D2B

難読 紫萁(ぜんまい)・紫雲英(げんげ)

人名 むら

筆順

なりたち  [形声]此(両足がそろわない)音＋糸。糸の色がそろわない意から、赤と青の中間色であるむらさき色を表す。

❶むらさき。むらさきいろ。

【紫雲】(シウン) めでたいしるしとされる紫色の雲。

【紫外線】(シガイセン) 「―吸収」「―殺菌」

【紫電】(シデン) ①紫色の電光。②とぎすました刀剣の光など。「―一閃(いっせん)」

【紫の朱を奪う】(むらさきのあけをうばう) 小人が賢者をしのぐことのたとえ。出典「論語陽貨」より。

熟語「紫衣(しい)(しえ)・紫黒・紫紺・紫綬(しじゅ)・金紫・青紫・紅紫・深紫・滅紫」

❷帝や仙人などに関するものを示す語。

【紫禁】(シキン) 皇居。内裏。「―城」注記「紫」は紫微垣(しびえん)で、天帝の座の意。

熟語「紫微垣(しびえん)」

❸その他。

【〈紫陽花〉】(あじさい) ユキノシタ科の落葉低木。しようか。

【紫蘇】(シソ) シソ科の一年草。

【紫檀】(シタン) マメ科の常緑高木。「―の仏壇」

熟語「紫苑(しおん)・紫蘭(しらん)」

【詞】
5級 12画 言-5 音 シ漢・ジ呉 訓 ことば ①2776 Ⓤ8A5E

人名 こと・なり・のり・ふみ

筆順 亠 言 言 訂 詞 詞 詞 詞

なりたち ［形声］言＋司（ある役目をもつ）音。一定の役目をもつ言葉、すなわち単語の意。

❶ことば。文章。詩文。

【詞花・詞華】シカ すぐれた詩や文章。「―集」

【詞章】シショウ ①詩歌（しいか）や文章の総称。②謡物・語り物の文句。

【詞藻】シソウ ①すぐれた詩歌（しいか）や文章。②詩文の才能。「―豊かな人」

【詞林】シリン ①詩文を多く集めた書。②詩人・文人の仲間。文人社会。③辞書。

熟語「詞書（ことばがき）・詞宗・歌詞・賀詞・作詞・祝詞（しゅくし）（のりと）・賞詞・頌詞（しょうし）・誓詞・台詞（だいし）（せりふ）・弔詞・通詞（つうじ）・訳詞」

❷文法上の単位の一つ。単語。

熟語「助詞・数詞・動詞・品詞・副詞・名詞・形容詞」

【歯】
8級 12画 歯（歯）-0 音 シ漢呉 訓 は・よわい ①2785 Ⓤ6B6F

【齒】15画 齒-0 ②8379 Ⓤ9F52

難読 羊歯（しだ）

人名 かた・とし・はね

筆順 ト 止 歩 歩 歩 歯 歯

なりたち ［形声］止（とどめる）音＋齒。物をくわえとどめる歯の意。甲骨文では、「止」のない形で、口の中の歯をかたどる。

❶は。動物の口の中に生えている、堅く白い突起物。

【歯科】シカ「小児―」「―医師」

【歯牙】シガ 歯と牙（きば）。歯。転じて、ことば。「―にもかけない（＝相手にしない。問題にしない）」

【歯垢】シコウ はくそ。「―除去」

【歯石】シセキ 歯垢（しこう）が石灰化したもの。

【歯槽膿漏】シソウノウロウ 歯の周囲の組織の化膿性炎症。

【歯肉】シニク 歯茎（はぐき）。「―炎」

【歯列】シレツ 歯並び。「―矯正（きょうせい）」

【歯（し）を没（ぼっ）す】命が終わる。死ぬ。出典「論語 憲問」より。

【歯痒い】はがゆい もどかしい。「見ていて―」

【歯軋り】はぎしり「―して悔しがる」

【歯切れ】はぎれ 歯で物をかみ切るときの感じ。また、物の言い方がはっきりしている。「―のよいたくあん」「―の悪い弁明」「―のよい論旨」

【歯茎】はぐき「―から血が出る」

【歯（は）亡（ほろ）び舌存（そん）す】硬く丈夫なものが早く亡び、柔軟なものが長く生き残るたとえ。出典「説苑 敬慎」より。

熟語「歯齦（しぎん）・歯茎・歯根・歯痛・歯周炎・義歯・臼歯（きゅうし）・犬歯・唇歯・切歯・乳歯・抜歯・門歯・永久歯・明眸皓歯（めいぼうこうし）」

❷歯のような形や働きをもつもの。また、そのように並んだもの。

【歯車】はぐるま 周囲に歯を刻（きざ）んだ車をかみ合わせて動力を伝達する装置。「組織の―にすぎない」「人生の―が狂い始める」

【歯止め】はどめ「少子化に―をかける」

熟語「鋸歯（きょし）」

❸よわい。年齢。

熟語「歯算・歯宿・歯序・歯徳・年歯・齢歯」

【嗣】
準2級 13画 口-10 音 シ漢・ジ呉 訓 つ-ぐ ①2744 Ⓤ55E3

人名 さね・つぎ・つぐ・ひで

筆順 丶 口 冂 冊 嗣 嗣 嗣

なりたち ［形声］口＋冊（文書）＋司（つかさどる）音。神前で文書を読みあげ、あとつぎに立つ意。

つぐ。相続する。あとつぎ。

【嗣子】シシ あとつぎ。あととり。

熟語「嗣君・継嗣・後嗣・皇嗣・承嗣・世嗣・嫡嗣（ちゃくし）・法嗣・令嗣」

【試】
7級 13画 言-6 音 シ漢呉 訓 こころみる・ためす・こころ-み・ため-し ①2778 Ⓤ8A66

人名 もち

筆順 言 言 言 訂 試 試 試

なりたち ［形声］言＋式（きまり）音。きまりに合わせて言葉でためすの意。

❶こころみる。ためす。やってみる。こころみ。ためし。

【試合】しあい「練習―」「―開始のホイッスル」注記「為（し）合い」の意で、「試」は当て字。別表記 仕合

【試案】シアン こころみに作った案。「―を練る」

【試飲】シイン 酒類などをためしに飲む。「―会」

【試金石】シキンセキ ①貴金属の純度を調べるのに用いる石。②人の力量や物の価値を判断する材料。「重大な―」

【試験】シケン「耐久性を―する」「入学―」

【試行】シコウ こころみにやってみる。「―錯誤」

【試作】シサク ためしに製作する。「―を重ねる」

【試算】シサン ①ためしに計算する。「建設費を―す

る」②検算。
【試乗】シジョウ ためしに乗ってみる。
【試食】シショク 「デパートの―品」「新製品の―会」
【試着】シチャク 「購入前に―する」「―室」
【試聴】シチョウ 「新曲を―する」「―室」
【試問】シモン 学力・能力を試験する。「口頭―」
【試用】シヨウ ためしに使ってみる。「―期間」「―品」
【試練】シレン 決心・実力のほどを厳しくためす。「―に耐える」「―を乗り越える」 別表記 試煉
熟語「試技・試供・試掘・試写・試射・試走・試筆・試薬・試料・試論・試運転・試行錯誤・考試」
❷試験にかかわる。
熟語「再試・追試・入試」

【詩】
8級 13画 言-6 音 シ漢呉・シイ慣 訓 うた ①2777 Ⓤ8A69

人名 うた
筆順 言 言 言 言 計 詩 詩 詩
なりたち ［形声］言＋寺(手足を動かす)音。心のおもむくままに言葉に言い表したものの意。

❶うた。韻文。
【詩歌】シイカ ①韻文の総称。②和歌と漢詩。「―管弦」 注記「しか(詩歌)」の慣用読み。
【詩吟】シギン 漢詩を読み下したものに節をつけて吟ずる。「―を吟ずる」
【詩句】シク 詩の一節。「―をくちずさむ」
【詩才】シサイ 詩を作る才能。「―のある人」
【詩作】シサク 詩を作る。「―にふける」
【詩集】シシュウ 詩を集めた書物。「―を編む」
【詩情】シジョウ 詩的な味わい。詩を作りたい気持ち。
【詩人】シジン 詩を作る人。「―を気取る」
【詩聖】シセイ ①傑出した詩人。②杜甫(とほ)の敬称。
【詩仙】シセン ①傑出した詩人。②李白(りはく)の敬称。
【詩的】シテキ 詩のようなおもむき。「―情緒」
【詩嚢】シノウ ①詩の草稿を入れる袋。②詩作の着想。「―を肥やす」
【詩賦】シフ 詩と賦。中国の韻文。
【詩文】シブン 詩と散文。転じて、文学作品。「―の才」
熟語「詩学・詩境・詩興・詩稿・詩材・詩趣・詩情・詩心・詩想・詩壇・詩碑・詩風・詩魔・詩友・詩話・哀詩・漢詩・古詩・作詩・頌詩(しょうし)・唐詩・名詩・訳詩・律詩・散文詩・叙事詩・抒情詩・新体詩」
❷五経の一。「詩経」のこと。
【詩経】シキョウ 中国最古の詩集。五経の一。
熟語「詩書・毛詩」

【資】
6級 13画 貝-6 音 シ漢呉 訓 たす-ける・たち・もと ①2781 Ⓤ8CC7
〔資〕13画 貝-6 ―――

人名 すけ・たすく・ただ・とし・もと・やす・よし・より
筆順 冫 冫 次 次 资 資 資 資
なりたち ［形声］次(とどまる)音＋貝(財貨)。手もとにとどめて用いる財貨の意から、もとで・持ちまえの意を表す。

❶もと。材料。また、もとで。
【資格】シカク ①あることをする場合の立場や地位。「個人の―で参加する」②あることに必要な条件や能力。「国家―」「受験―」
【資金】シキン 事業などに必要な金。「開業―」
【資源】シゲン 生産活動のもととなる物資・人材。「天然―」
【資材】シザイ ある物を作るもととなる材料。「建築―」「―を搬入する」
【資財】シザイ 財産。資産。
【資産】シサン 金銭や土地・家屋・証券などの財産。「固定―」「―家」
【資本】シホン 事業のもとでとなる金。「―金」
【資料】シリョウ 調査などの基礎的材料。「文献―」
【資力】シリョク 財力。「―に乏しい」
熟語「外資・学資・巨資・軍資・減資・出資・増資・天資・投資・物資・融資」
❷うまれつき。たち。元来そなわっている能力。
【資質】シシツ 生まれつきの性質や才能。「―に恵まれる」
熟語「資性・英資・天資」
❸たすける。たすけ。金品を用立ててたすける。
熟語「資益・資助・師資」
❹(国)「資本家」の略。
熟語「労資」
❺その他。
【資治通鑑】シジツガン 中国の編年体の通史。北宋の司馬光編著。

【飼】
6級 13画 食(𩙿)-5 音 シ漢 訓 かう ①2784 Ⓤ98FC
〔飼〕14画 食(食)-5 ――― ⓊFA2B

筆順 𠆢 今 今 食 飣 飼 飼 飼
なりたち ［形声］食＋司(つかさどる)音。動物に食べ物を与えることをつかさどる意から、かう意を表す。篆文では、食＋人。

かう。やしなう。えさを与えて育てる。
【飼(い)葉】かいば 牛馬のえさとする乾し草など。

【飼育】シイク　飼って育てる。「馬を―する」「―係」
【飼料】シリョウ　家畜に与えるえさ。「配合―」
熟語「飼養」

誌

5級　14画　言-7　音 シ 漢 呉　訓 しるす　①2779 Ⓤ8A8C

筆順 言 言 言 言 計 計 誌 誌

なりたち ［形声］言＋志（心が向きゆく）音。心に感じ思ったことを言葉にとどめるの意。

❶しるす。記録。文章。また、それらを収録した冊子。
熟語「語誌・雑誌・書誌・叢誌・地誌・日誌・碑誌・墓誌」
❷（国）「雑誌」の略。
【誌上】シジョウ　雑誌の誌面。「―対談」「―討論会」
【誌面】シメン　雑誌の記事の載っている面。「―を飾る」
熟語「会誌・歌誌・季刊誌・機関誌・月刊誌・週刊誌」

雌

4級　14画　隹-6　音 シ 漢 呉　訓 め・めす　①2783 Ⓤ96CC

筆順 ｜ ト 止 此 此 此 此 雌

なりたち ［形声］此（両足がそろわない）音＋隹（とり）。左右の羽の動きがそろわない歩き方をするめすの鳥の意。

❶生物の性の一。めす。め。⇔雄。
【雌伏】シフク　力を蓄えながら、自分の活躍する機会をじっと待つ。「―十年」⇔雄飛。注記 雌鳥が雄鳥に服従する意から。
【雌雄】シユウ　①めすとおす。②勝ち負け。優劣。「―を決する」
熟語「雌蕊（しずい）（めしべ）・雌花（めばな）・雌鳥（めんどり）」
❷よわよわしい。
熟語「雌声」

摯

2級　15画　手-11　新常用　音 シ 漢 呉　②5785 Ⓤ646F

筆順 土 幸 幸 幸 執 執 摯 摯

なりたち ［形声］執（とらえる）音＋手。手でしっかりととらえるの意。

まごころがある。心がこまやかにゆきわたる。親切なさま。
熟語「摯実・真摯」

賜

準2級　15画　貝-8　音 シ 漢 呉　訓 たまわる・たまう・たまもの　①2782 Ⓤ8CDC
人名 たま・ます

筆順 冂 目 貝 貝 貝 貝 賜 賜

なりたち ［形声］貝（たから）＋易（かえる）音。自分の前にある金品を相手の前に置きかえる意から、金品などをたまう意を表す。

❶たまわる。くださる。また、たまう。目上の者が目下の者に物を与える。
【賜暇】シカ　官吏などが願い出て休暇を許される。また、その休暇。
【賜金】シキン　天皇や国から賜る金。「傷病―」
【賜杯】シハイ　天皇・皇族などから競技の勝者に賜る優勝杯。「―の授与」
熟語「賜姓・賜与・恩賜・下賜・恵賜・賞賜・特賜」
❷いただいたもの。たまもの。
熟語「賜物・厚賜・天賜」

諮

3級　16画　言-9　音 シ 漢 呉　訓 はかる・とう　①2780 Ⓤ8AEE
〔諮〕16画　言-9

筆順 二 言 言 言 訡 訡 諮 諮

なりたち ［形声］言＋咨（意見を並べる）音。上の者が下の者に意見をたずね問うの意。
◉異字同訓◉【計】（一五八ページ）の「異字同訓」欄を参照のこと。

はかる。問う。上の者が下の者の意見をきく。
【諮問】シモン　意見を尋ね求める。「―委員会」
熟語「諮議・諮詢（しじゅん）」

ジ

【仕】⇨シ（二四九ページ）

示

6級　5画　示-0　音 ジ 呉・シ 漢　訓 しめす　①2808 Ⓤ793A
人名 とき・み

筆順 一 二 亍 示

なりたち ［象形］甲骨文では、いけにえ（一）をのせる台（丅）の形にかたどり、祭壇、天が示す神意の意を表す。篆文では、「ハ」（清めのためにふりかける神酒）を加える。

しめす。見せる。教える。
【示威】ジイ　威力を人に示す。「―行進」
【示現】ジゲン　①神仏が霊験をしめす。②仏・菩薩（ぼさつ）が人々を救うために姿を変えてこの世に現れる。
【示唆】シサ　ほのめかす。「―に富む話」

シ

【示談】（ジダン）裁判によらずに当事者間の話し合いで解決する。「―が成立する」「―金」

熟語「《ジ》示訓・示寂・示達・暗示・教示・訓示・掲示・公示・告示・誇示・指示・垂示・呈示・提示・展示・内示・表示・明示」「《シ》示教・示度・示範」

【地】⇩チ（四四二ページ）

【字】

10級　6画　子-3　音 ジ㊐・シ㊊　訓 あざ・あざな

人名 さね・な

筆順 丶 ハ 宀 宀 字 字

なりたち 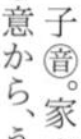 ［形声］宀（いえ）＋子㊍。家の中で大切に子を育てる意から、うむ・ふやすの意を表す。また、象形文字・指事文字を文というのに対して、それらを組み合わせた形声文字・会意文字を字という。

①2790　Ⓤ5B57

❶やしなう。はぐくむ。いつくしむ。

熟語「字育」

❷もじ。言葉を書き表すのに用いる記号。

【字音】（ジオン）中国から入ってきた漢字の日本での発音。伝来の系統・時期により、呉音・漢音・唐音（宋音）などに区別される。音。音読み。⇕字訓

【字間】（ジカン）文字と文字との間隔。「―を調整する」

【字義】（ジギ）文字の意味。「―どおりに解釈する」

【字句】（ジク）文字と語句。「―の解釈」「―にこだわる」

【字訓】（ジクン）漢字の日本語としての読み。訓。訓読み。⇕字音

【字形】（ジケイ）個々の文字のかたち。

【字源】（ジゲン）個々の文字の起源。

【字体】（ジタイ）線や点の組み合わせからなる文字の骨組み。「旧―」

【字引】（ジびき）辞書や字書のこと。「生き―」

熟語「字余り・字彙（じい）・字解・字画・字書・字典・字母・活字・漢字・国字・刻字・古字・誤字・細字・習字・数字・俗字・題字・脱字・点字・名字・文字・略字」

❸あざな。実名以外の名。

❹〔国〕あざ。町や村の中の小さな区画。

【寺】

9級　6画　寸-3　音 ジ㊐・シ㊊　訓 てら

難読 寺豚（てらつつき）

筆順 一 十 土 圭 寺 寺

なりたち  ［形声］土（止の変形。足）㊍＋寸（手）。手足を動かす意から、雑事をつかさどる役所の意を表す。

①2791　Ⓤ5BFA

❶てら。仏をまつり、法事や修行を行うための施設。

【寺院】（ジイン）寺。寺の建物。「仏教―」

【寺社】（ジシャ）寺と神社。社寺。「―に詣（もう）でる」

【寺務】（ジム）寺院の事務。「―所」

【寺門】（ジモン）①寺の門。また、寺院。②園城寺（おんじょうじ）（三井寺（みいでら））の別名。

【寺子屋】（てらこや）江戸時代、庶民の子供に読み書き・そろばんなどを教えた所。注記「寺小屋」と書くのは誤り。

【寺銭】（てらセン）博打（ばくち）の場所代として支払う金。てらぜに。てら。

熟語「寺格・寺僧・寺檀（じだん）・寺男（てらおとこ）・古寺・社寺・僧寺・造寺・大寺・尼寺・入寺・廃寺・仏寺・末寺・国分寺」

❷役所。つかさ。

熟語「鴻臚（こうろ）寺」

【次】〔次〕

8級　6画　欠-2　音 ジ㊏・シ㊊㊐　訓 つぐ・つぎ・つ―いで・やど―る

〔次〕6画　欠-2

人名 ちか・ひで・やどる

筆順 丶 冫 冫 次 次 次

なりたち  ［会意］二（並ぶ）＋欠（体をかがめる）。体をかがめて並んで休息する意から、あとに続く、つぐ意を表す。

◉異字同訓◉【継】（一六三ページ）の「異字同訓」欄を参照のこと。

①2801　Ⓤ6B21

❶つぎ。二番目。また、つぐ。あとに続く。

【次位】（ジイ）次の位。次の位置。

【次官】（ジカン）①長官の次に位置する官。②国務大臣を補佐する職。「事務―」

【次期】（ジキ）次の時期。「―会長」

【次席】（ジセキ）二番目の席次。また、その人。「―で入選する」「―検事」⇕首席

【次善】（ジゼン）最善ではないが他と比べればよい。「―の策」

【次代】（ジダイ）次の時代。「―を担う若者」

【次点】（ジテン）当選者・入選者に次ぐ点。また、その人。「―で落選する」

熟語「次兄・次子・次週・次女・次席・次長・次男・漸次」

❷順序。

【次元】（ジゲン）①〔数〕空間のひろがりをあらわすもの。「三―」②ものの見方や考え方の立場。また、その程度。「低―」

【次第】（シダイ）①順序。「式―」②事情。「事と―によっては」③他の語に付いて、種々の意を添える。「この世は金―」「手当たり―」「到着―」

熟語「次序・高次・式次・順次・席次・目次」

❸過程。途中。ついで。

熟語「途次・路次」

❹やどる。やど。

熟語「次舎・歳次・東海道五十三次」

❺たび。ごと。また、回数や度数。

熟語「月次(げつじ)(つきなみ)・年次・日次(ひじ)(ひなみ)」

【耳】

10級 6画 耳-0 音 ジ漢・ニ呉 訓 みみ・のみ ①2810 Ⓤ8033

難読 耳朶(みみたぶ)(耳埵)・耳塞(みみふたぎ)・耳蟬(みみずく)・木耳(きくらげ)

人名 み

筆順 一 丅 F F E 耳

なりたち ［象形］人のみみにかたどる。

❶みみ。また、聞くこと。

【耳語】ゴジ 耳うち。「互いに―する」

【耳順】ジジュン 六〇歳の別名。

【耳朶】ジダ みみたぶ。みみ。「―に触れる(=耳にはいる)」

【耳目】ジモク ①耳と目。また、見聞。「―を広める」②人々の注意・関心。「世間の―を集める」

【耳学問】みみガクモン 聞きかじりの知識。

【耳寄り】みみより 聞くに値する。「―の話」

【耳▽環】みみわ 耳かざり。耳環(じかん)。

『耳を掩(おお)いて鐘(かね)を盗(ぬす)む』 策を弄して自らを欺いても益がない。愚かなこと。出典「呂氏春秋 不苟」より。

熟語「耳殻・耳漏・耳根(にこん)・耳識(にしき)・耳鳴り(みみなり)・耳環(みみわ)・内耳・耳下腺・耳鼻科・外耳・心耳・聡耳・俗耳・中耳・俚耳(りじ)・地獄耳・馬耳東風」

❷(国)平たいものの端。

用例「耳をそろえる・パンの耳」

【自】

9級 6画 自-0 音 ジ呉・シ漢 訓 みずから・おのずから・より ①2811 Ⓤ81EA

難読 自然生(じねんじょ)(自然薯)

人名 おの・これ・さだ・より

筆順 ノ ſ 㐄 白 自 自

なりたち ［象形］人の鼻にかたどる。みずからの鼻を指して自分を意味したことから、おのれ・みずからの意を表す。

❶おのれ。じぶん。

【自意識】ジイシキ 自分自身についての意識。「―過剰」

【自家】ジカ 自分の家。自分自身。「―製」「―用車」「―撞着(=つじつまがあわない)」

【自我】ジガ 自分。自己。「―の確立」「―意識」

【自画像】ジガゾウ 自分自身を描いた肖像画。

『自家(じか)薬籠中(やくろうちゅう)の物(もの)』 必要に応じて自分の思いどおり使えるようなもの。出典「唐書 元行沖伝」より。

【自己】ジコ おのれ。自己。「―嫌悪に陥る」「―紹介」「―批判」「―満足」「―流」⇔他者

【自国】ジコク 自分の国。「―の名誉」⇔他国

【自室】ジシツ 自分の部屋。「―にひきこもる」

【自重】ジジュウ 本体そのものの重量。

【自叙伝】ジジョデン 自伝。「―を出版する」

【自身】ジシン 自分。その人自体。「自分―」「私―」

【自説】ジセツ 自分の考え。「―を曲げない」

【自他】ジタ 「―共に許す(=だれもが認める)」

【自体】ジタイ それ自身。「制度―が悪い」「―(=もともと)、彼とは性分が合わない。」

【自宅】ジタク 自分の家。「―待機」「―に招く」

【自著】ジチョ 自分の著書。「―を謹呈する」

【自伝】ジデン 自ら書いた自らの伝記。「―小説」

【自分】ジブン 私。その人自身。自己。「―のことは―でやれ」「―勝手」「―(=わたくし)の責任であります」

【自前】ジまえ 自分の出費。「交通費は―だ」

【自力】ジリキ 自分の力。「―ではいあがる」

熟語「各自・即自・対自・独自」

❷みずから。じぶんで。内部から。

【自▼惚れ】うぬぼれ すぐれていると思い上がる。「―が強い」別表記 己惚れ

【自愛】ジアイ 自分で自分を大切にする。「御―を祈ります」

【自慰】ジイ ①自分で自分を慰める。「―的行為」②手淫(しゅいん)。オナニー。

【自営】ジエイ 自分で営業する。「―業を始める」

【自衛】ジエイ 自らをまもる。「―権」「―隊」

【自戒】ジカイ 「―の念を込めて謝罪する」

【自壊】ジカイ 内部から崩壊する。「―作用」

【自害】ジガイ 自らを傷つけて死ぬ。「―して果てる」

【自覚】ジカク 自らさとる。「―を促す」「―症状」

【自画自賛】ジガジサン 自分で描いた絵に自分で賛を書くことから、自分で自分をほめる。別表記 自画自讃

【自活】ジカツ 自力で生活をする。

【自虐】ジギャク 自分で自分を痛めつける。「―的」

【自給】ジキュウ 「食糧を―する」「―自足」

【自供】ジキョウ 「容疑者が犯行を―する」

『自彊(じきょう)息(や)まず』 自ら努め励んでやまない。出典「易経 乾卦」より。

【自決】ジケツ 「民族―」「集団―(=自殺)」

【自業自得】ジゴウジトク 「落第は―だ」

【自作】ジサク 「―自演」「―農」

【自殺】ジサツ 「―未遂」「―的行為」⇔他殺

【自▼恃】ジジ 自分自身をたのみとする。「―の念」

【自失】ジシツ 我を忘れる。「茫然(ぼうぜん)―」

【自主】ジシュ 「―性」「投票は―的に判断する」

シ

【自首】ジシュ「犯人が警察に一する」注記「首」は陳の べ出るの意。
【自習】ジシュウ「先生が不在なので一する」
【自粛】ジシュク「不祥事を受けて広告を一する」
【自署】ジショ 自分で署名する。「契約書に一する」
【自助】ジジョ 自分の力でことを行う。「一の精神」
【自称】ジショウ「一音楽家」「自称(=一人称)代名詞」
【自照】ジショウ 自分自身をかえりみる。「一文学」
【自浄】ジジョウ「自然の一作用」「一能力」
【自縄自縛】ジジョウジバク 自分の言動や信念のため、自由に振る舞えなくなる。「一に陥る」注記 自分のなわで自分をしばる意。
【自信】ジシン 自らを信じる心。「一がない」「一満満」
【自炊】ジスイ 自ら食事を作る。「独り暮らしの一生活」「書籍を一する(=個人的に電子データ化する)」
【自制】ジセイ 感情や欲望などを抑える。「一心」
【自省】ジセイ 内省。「哲学者の一的生活」
【自責】ジセキ 自らを責める。「一の念にかられる」
【自選】ジセン 自らが選ぶ。「一詩集」「一投票」
【自薦】ジセン 自らを推薦する。⇕他薦
【自足】ジソク 自ら満足する。「一感」「自給一」
【自尊】ジソン「一心」「独立一」「一自重」
【自堕落】ジダラク「一な生活を改める」
【自治】ジチ 自らおさめる。「一の精神」「地方一体」
【自重】ジチョウ「体調が悪いので一する」「隠忍一」
【自嘲】ジチョウ 自らを軽蔑する。「一的な薄笑い」
【自転】ジテン「一車」「一周期」⇕公転
【自動】ジドウ「全一洗濯機」「一ドア」⇕手動
【自任】ジニン 自らに任じる。「天才を一する」
【自認】ジニン 自覚。「力不足を一する」
【自白】ジハク 自ら白状する。「警察が一を強要する」
【自縛】ジバク 自ら縛る。「自縄(じじょう)一」
【自爆】ジバク 自分で自分を爆破する。「一テロ」
【自発】ジハツ 自ら進んで。「一的に加わる」「一性」
【自腹】ジばら「一を切る(=自分のお金で支払う)」
【自費】ジヒ 自ら費用を負担する。「一出版」「一で署名する」「一原稿」⇕代筆
【自筆】ジヒツ「一で署名する」「一原稿」⇕代筆
【自負】ジフ 才能などを誇りに思う。「一心」
【自閉】ジヘイ 外界の現実に関心を示さない。
【自弁】ジベン 自費。「宿泊費は一のこと」
【自暴自棄】ジボウジキ やけ。「一に陥る」
【自慢】ジマン 自ら誇る。「お国一」「のど一大会」
【自滅】ジメツ「遅刻をして焦り、試合に一した」
【自問自答】ジモンジトウ 自らに問い、自らそれに答える。
【自立】ジリツ 自ら独立する。「一心の芽生え」
【自律】ジリツ 自分で自分の規律に従う。「学問の一性」「一神経」⇕他律
【〈自棄〉】やけ 思うようにならなくて、なげやりな行動をとる。「一を起こす」「一になる」別表記 焼け
熟語「自裁・自刃・自尽・自訴・自得・自刎・自利・夜郎自大」

❸おのずから。ひとりでに。思いのままに。
【自在】ジザイ 思いのまま。「一に操る」「自由一」
【自生】ジセイ 自然に生える。「珍しい植物が一する」
【自然】シゼン「一破壊」「一科学」「一な動作」
【自適】ジテキ 思いのままに暮らす。「悠々一」
【自明】ジメイ 説明の必要がない。「一の理」
【自由】ジユウ「言論の一」「一がきく」
【自由▾闊達・自由▾豁達】ジユウカッタツ「一な文章」
【自由自在】ジユウジザイ「一輪車を一に乗りこなす」
【自由奔放】ジユウホンポウ「一に生きる」
熟語「自若」

❹…より。…から。起点を示す。
【自今】ジコン 今からのち。今後。「一一切これを廃棄す」別表記 爾今
【自余】ジヨ そのほか。「一は想像にまかせる」別表記 爾余
熟語「自後・自来」

❺その他。
熟語「刀自(とうじ)(とじ)」

【似】

6級 7画 人(亻)-5 音 ジ㊇・シ㊉ 訓 にる・に-せる

①2787 Ⓤ4F3C

人名 あえ・あゆ・あり・かた・ちか・つね・のり・まれ

筆順 

なりたち  [形声]人＋以(㠯に同じ。もちいる)㊅。人と顔かたちがにている意。「佀」が本字。

にる。同じように見える。また、にせる。まねする。
【〈似非〉・〈似而非〉】えせ 本物ではない。「一医者」「一文化人」
【似合い】にあい 釣り合いがとれている。「一の夫婦」
『似て非なり』外見は似るが実体は異なる。出典「孟子尽心下」より。
熟語「疑似・擬似・近似・形似・酷似・相似・類似」

【児】〔兒〕

7級 7画 儿-5 音 ジ㊉・ニ㊇ 訓 こ

①2789 Ⓤ5150

〔兒〕8画 儿-6 ②4927 Ⓤ5152

難読 児手柏(このてがしわ)

人名 のり・はじめ・る

筆順 

なりたち  [象形]頭蓋骨がまだ合わさらない子どもにかたどる。幼児の意。

❶こ。こども。生まれてまもない人や動物。
【児戯】ジギ 子供の遊び。「一に等しい」
【児女】ジジョ おんなこども。男の子と女の子。
【児童】ジドウ 子供。とくに小学生。児童福祉法では一

八歳未満の者をいう。「―文学」「―館」

熟語「児輩・育児・遺児・園児・虎児・孤児・小児(しょうに)・女児・胎児・男児・乳児・幼児」

❷(親に対して)むすこやむすめ。

【児孫】(ジソン) 子孫。「―のために美田を買わず」

熟語「愛児・豚児・私生児」

❸若者。

熟語「球児・驕児・健児・寵児(ちょうじ)・幸運児」

【事】〔亊〕

8級 8画 亅-7 音 ジ㊉・ズ㊜・シ㊇ 訓 こと・つか-える・おこな-う

〔亊〕7画 亅-6

①2786 Ⓤ4E8B ②4815 Ⓤ4E8A

人名 つとむ・わざ

筆順 

なりたち  [会意]中(旗ざおの象形)＋ヨ(手の変形)。役人の象徴である旗ざおを手にするさまを示し、つかえる、しごとの意を表す。

❶こと。できごと。ことがら。

【事柄】(ことがら) 内容。様子。物事。「重要な―」

【事案】(ジアン) 問題になっている事柄。

【事件】(ジケン) もめごと。「殺人―が起こる」

【事故】(ジコ) 悪い出来事。「交通―」「―を起こす」

【事後】(ジゴ) 物事が終わったあと。「―処理」⇔事前

【事項】(ジコウ) 一つ一つの事柄。「注意―」「協議―」

【事実】(ジジツ) 現実に存在する事柄。「―無根(むこん)」「―(＝実際に)、その通りになった」

【事象】(ジショウ) いろいろの現象。「自然界の―」

【事情】(ジジョウ) 状況・様子。わけ・理由。「食料―」「―通」「―があって休む」

【事跡】(ジセキ) できごとの起こったあと。別表記 事蹟

【事前】(ジゼン) 物事の起こる前。「―協議」⇔事後

【事態】(ジタイ) 成り行き。深刻で好ましくない状態についていう。「―を重くみる」「緊急―」

【事典】(ジテン) 事物や事柄を項目とし、配列・解説した書物。「百科―」「人名―」

【事物】(ジブツ) 事と物。とくに物。「―の起源」

【事変】(ジヘン) 騒動。国家間の武力行為。「―が起こる」「満州―」

【事由】(ジユウ) 理由。「やむを得ない―」

【事理】(ジリ) 道理。「―をわきまえる」「―明白」

【事例】(ジレイ) 前例とする事実。「過去の―を集める」「似たような―があった」

熟語「事彙・事宜・事況・事相・事端・事犯・悪事・火事・記事・刑事・工事・故事・雑事・指事・人事・大事・万事・無事・返事・民事・用事・好事家(こうずか)・当事者」

❷しごと。おこない。おこなう。

【事業】(ジギョウ) ①社会的意義のある大きな仕事。「慈善―」「福祉―」②営利を目的として行う経済活動。「―家」

【事績】(ジセキ) 成し遂げた功績。「先人の―」

【事務】(ジム) 机の上でする仕事。「―職」「―用品」

熟語「悪事・公事(くじ)(こうじ)・私事・執事・主事・知事・理事」

❸つかえる。

【事大】(ジダイ) 弱い者が強い者に仕え従う。「―主義」

熟語「兄事・師事」

【侍】

3級 8画 人(亻)-6 音 ジ㊉・シ㊇ 訓 さむらい・さぶら-う・はべ-る

①2788 Ⓤ4F8D

人名 ひと

筆順 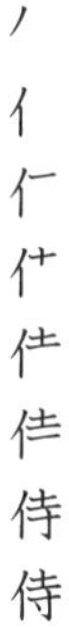

なりたち  [形声]人＋寺(雑事をつかさどる役所)㊂。雑事をつかさどる役目の人の意から、身分の高い人のそばに仕える意を表す。

❶貴人のそばに仕える。さぶらう。はべる。また、その人。

【侍医】(ジイ) 天皇や貴人の主治医。

【侍講】(ジコウ) 君主に侍して学問を講義する。

【侍史】(ジシ) ①貴人のそばに控えている書記。②手紙の脇付の一。相手への敬意を表す。

【侍者】(ジシャ) 貴人などに仕えて雑用をする人。

【侍従】(ジジュウ) 天皇や皇族のそばに仕える人。

【侍女】(ジジョ) 貴人の身辺の世話をする女。

【侍臣】(ジシン) 君主のそばに仕える家来。近侍。

熟語「侍豎・侍童・侍読・侍立・脇侍(きょうじ)・近侍・常侍・随侍・内侍(ないし)・奉侍」

❷(国)さむらい。武士。もと、貴人につかえる武者。

熟語「青侍・寺侍・田舎侍」

【治】

7級 8画 水(氵)-5 音 ジ(ヂ)㊉・チ㊇ 訓 おさ-める・おさ-まる・なお-る・なお-す

①2803 Ⓤ6CBB

人名 おさむ・さだ・ただす・つぐ・とお・のぶ・はる・よし

筆順 

なりたち  [会意]水＋台(道具を使って作る)。川の流れを調整する、おさめるの意。

◇おさめる(治・修・納・収) ◉異字同訓◉

「治める」は"統治する。静める"の意。「静める」の意では「収める」とも書く。「国を治める」「騒ぎを治める」「もめごとを丸く治める」

「修める」は"修得する。行いを立派にする"の意。「学問を修める」「身を修める」

「納める」は"しまい込む。相手に渡す"の意。「倉庫に納める」「問屋に商品を納める」「会費を納める」

「収める」は"中に入れる。自分のものにする。結果を得る"の意。「目録に収める」「成果を収める」「成

功を収める」

◉異字同訓◉【直】（四六一ページ）の「異字同訓」欄を参照のこと。

❶おさめる。秩序を保つ。おさまる。

【治安】チアン 社会の秩序や安全が保たれている。「―維持」
【治下】チカ 統治下。「占領軍―における政府」
【治外法権】チガイホウケン 国際法上、外交官などが滞在国の法律の適用を受けない権利。
【治験薬】チケンヤク 臨床試験に用いられる薬剤。
【治山】チサン 山を整備し災害をのぞく。「―治水」
【治産】チサン 財産の管理・処分。「禁―者」
【治者】チシャ 統治者。「―の論理」
【治水】チスイ 堤防や水路を整備・管理する。
【治世】チセイ 国を治める。「尭舜の―」「―安楽」
〖治ちに居て乱らんを忘れず〗 平和でも、戦乱の時に備えて準備を怠らない。出典「易経繋辞下」より。
【治乱】チラン 国が穏やかなことと乱れていること。
熟語「治所・治道・自治・政治せい・統治・徳治・法治」

❷なおす。病気でない状態にする。なおる。

【治癒】チユ 病や傷がなおる。「自然―力を高める」
【治療】チリョウ 病気やけがをなおす。療治。
熟語「治験・治効・完治・根治こんじ（こんち）・対治・退治・湯治・難治・不治・療治りょうじ」

【持】

8級 9画 手(扌)-6 音 ジ(ヂ)呉・チ漢 訓 もつ・たもーつ ①2793 Ⓤ6301

人名 もち・よし

筆順 扌 扌 扌 扗 挂 持 持

なりたち [形声]手＋寺(手足を動かす)音。手を使って動かす意から、手の中に持つ意を表す。

❶もつ。たずさえる。手にする。負担などを引き受ける。

【持参】ジサン 持って行く。「筆記用具を―のこと」
【持説】ジセツ 持論。「―を曲げない人」
【持病】ジビョウ 宿痾しゅくあ。「若い頃から―に悩まされる」
【持論】ジロン 日ごろ主張している意見。持説。
【持(ち)味】もちあじ 独特の味わい。「彼の―が出ている」
【持(ち)駒】もちごま 将棋の手駒。「豊富な―」
【持(ち)出し】もちだし 「図書の―禁止」「交通費が―(=不足の費用を自分で負担する)になる」
【持(ち)場】もちば 担当の部署。「―につく」
【持(ち)前】もちまえ 天性。「―の明るさ」
【持て成し】もてなし 客に対する扱い。特に、ご馳走。
熟語「持節・持仏・持薬・矜持きょうじ・所持・把持・受け持ち」

❷たもつ。そのままの状態が続くようにする。

【持久】ジキュウ 長い間もちこたえる。「―力」
【持続】ジゾク 長く保たれる。「―力」「効果が―する」
【持(ち)切り】もちきり そのことばかりが話題になる。「彼の噂で―だ」
熟語「持戒・持論・維持・堅持・固持・護持・支持・扶持ふち・保持」

【除】⇩ジョ（三二一ページ）

【時】

9級 10画 日-6 音 ジ呉・シ漢 訓 とき ①2794 Ⓤ6642

難読 時鳥ほととぎす・時鳥草ほととぎす

人名 これ・ちか・はる・もち・ゆき・よし・より

筆順 冂 日 日一 日十 旪 旹 時 時

なりたち [形声]日＋寺(手足を動かす)音。日が動きすすむ意から、ときの意を表す。

❶とき。月日のうつろいを、期間または瞬間としてとらえたもの。

【時間】ジカン 過去・現在・未来とつづく時の流れ。「―がたつ(=時が流れる)」「睡眠―(=時の長さ)」「集合―(=時刻)」
【時空】ジクウ 時間と空間。「―を超えた真理」
【時限】ジゲン 「―爆弾」「四―(=授業時間の単位)目」
【時効】ジコウ 一定の時間の経過で権利の取得または喪失を認める制度。「明日で―が成立する」
【時刻】ジコク 「発車―」「―(=機会)到来」
【時差】ジサ 「―ぼけ」「―(=時間をずらす)通勤」
【時時刻刻】ジジコッコク 刻一刻。「―と変わる」
【時日】ジジツ ひにちと時刻。また、日数や時間。「開催の―」「―(=日数)を要する」
【時点】ジテン 時間の流れの中の一点。「現―」
【時分】ジブン 「若い―」「―(=適当なころあい)を見計らう」「―時(=食事時)」
〖時ときは移り事ことは去る〗 歳月が経過して、物事が変化する。出典 陳鴻「長恨歌伝」より。
〖時ときは得難くして失い易し〗 好機は得がたく、たとえ得たとしても、それはとりにがしやすい。出典「史記淮陰侯伝」より。
熟語「時給・時辰・時針・時短・時報・時余・一時いちじ（いっとき・ひととき）・暫時・瞬時・常時・随時・寸時・即時・定時・同時・日時・片時・毎時・臨時」

❷そのころ。その時。そのおり。

【時雨】ジウ ①ちょうどよい時に降る雨。②しぐれ。
【時運】ジウン 時の運。「―にまかせる」「―に乗る」
【時下】ジカ この節。多く手紙文に用いる。「―益々御清栄の段…」
【時価】ジカ その時々の値段。「土地売買の―」
【時期】ジキ おり。「―尚早」「試験の―」
【時機】ジキ 機会。「―到来」「―を失う」
【時宜】ジギ その時にふさわしい。「―にかなう」

【時局】ジキョク 時勢のなりゆき。「重大な―」
【時事】ジジ その時々の社会のできごと。「―解説」
【時世】ジセイ 世の中の情勢。「結構な御―」
【時勢】ジセイ 時代の流れ。「あえて―に逆らう」
【時代】ジダイ 「明治―」「―(=世の中)に後れる」「―物(=時代を経た)の時計」
【時評】ジヒョウ その時の出来事についての批評。「文芸―」「社会―」
【時流】ジリュウ その時代の風潮。「―に乗る」
熟語「時艱・時好・時差・時習・時人・時俗・時文・時弊・時務・時論・往時・当時」

❸季節。
【時季】ジキ シーズン。「紅葉の―」「―はずれ」
【時候】ジコウ 時節。「―のあいさつ」
【時節】ジセツ よい時機。最適の季節。「―の果物」「―柄御自愛ください」「―(=世の中の情勢)をわきまえない」「―(=好機)到来」
熟語「夏時・四時(しじ)(しいじ)・歳時記」

❹その他。
【《時雨》】しぐれ 晩秋から初冬に、降ったりやんだりする雨。
【時化】しけ ①風雨のため海が荒れる。②不景気。注記「時化」は当て字。
【《時計》】トケイ 「腕―」「―台」注記「時計」は、中国周代に用いられた緯度測定器「土圭」に対する当て字という。

【滋】

準2級 12画 水(氵)-9
音 ジ(呉)・シ(漢)(呉)
訓 しげ-る・ますます
①2802 Ⓤ6ECB

〔滋〕12画 水(氵)-9 Ⓤ2F90B

人名 しげ・しげる・ふさ・ます

筆順 氵 氵 氵 泫 泫 滋 滋

なりたち [形声]水＋茲(小さな芽が並んで大きくなる)音。水がふえる、また、ふえるの意。

❶うるおう。栄養になる。
【滋味】ジミ 深い味わい。「―に富んだ文章」
【滋養】ジヨウ 身体の栄養になる。「―強壮」

❷草木が多くはえる。ふえる。しげる。ますます。
熟語「滋蔓」

【慈】

3級 13画 心-9
音 ジ(呉)・シ(漢)
訓 いつくしむ・いつくしみ
①2792 Ⓤ6148

〔慈〕13画 心-9 Ⓤ2F8A6

人名 あさ・しげ・しげる・ちか・なり・やす・よし

筆順 䒑 䒑 兹 兹 兹 兹 慈 慈

なりたち [形声]茲(ふえる)音＋心。子をいつくしみ、ふやし育てるの意。

❶いつくしむ。かわいがる。めぐむ。また、いつくしみ。愛情。
【慈愛】ジアイ いつくしみ。「―に満ちた眼差し」
【慈恵】ジケイ いつくしみの心で他に恵む。
【慈善】ジゼン 困っている人を救済する。「―事業」
【慈父】ジフ 思いやりのある、やさしい父親。
【慈母】ジボ 思いやりのある、やさしい母親。
熟語「慈育・慈顔・家慈・孝慈・仁慈」

❷神仏のめぐみ。
【慈雨】ジウ めぐみの雨。「干天(かんてん)の―」
【慈悲】ジヒ ①〔仏〕仏・菩薩の衆生(しゅじょう)をあわれむ心。②いつくしみ、あわれむ。「―の心」
熟語「慈雲・慈眼・慈尊・大慈」

❸その他。
【《慈姑》】くわい オモダカ科の多年草。塊茎を食用とする。

【辞】

7級 13画 辛-6
音 ジ(呉)・シ(漢)
訓 やめる・ことば
①2813 Ⓤ8F9E

〔辭〕19画 辛-12 ②7770 Ⓤ8FAD

人名 こと

筆順 二 千 千 舌 舌 辞 辞 辞

なりたち [会意]𤔔(もつれた糸をさばく)＋辛(するどい刃物)。罪人をさばくするどい言葉の意。「辞」は俗字。

◉異字同訓◉【止】(二四八ページ)の「異字同訓」欄を参照のこと。

❶ことば。文章。
【辞書】ジショ 多くの言葉や文字を配列して語義などを解説した書物。「―を編纂(へんさん)する」「―を引く」
【辞典】ジテン 「辞書」に同じ。
【辞令】ジレイ 「社交―」「昇進の―(=役職の任免に関する書類)が出る」
熟語「辞彙(い)・辞義・辞色・辞林・虚辞・訓辞・献辞・言辞・賛辞・讃辞・式辞・謝辞・修辞・祝辞・世辞・弔辞・悼辞・答辞・美辞」

❷ことわる。しりぞく。やめる。いなむ。
【辞意】ジイ 辞職の意向。「―を表明する」
【辞職】ジショク 職をやめる。「―願いを提出する」
【辞退】ジタイ ことわる。「出場を―する」
【辞任】ジニン 役職をやめる。「委員を―する」⇔就任
【辞表】ジヒョウ 辞職願い。「―を書く」
熟語「辞譲・固辞」

シ

❸別れを告げる。

【辞去】(ジキョ) 挨拶して去る。「知人の家を―する」

【辞世】(ジセイ) 臨終の際のことば。「―の句を詠む」

熟語「辞決・辞訣・辞別・拝辞」

❹その他。

【辞儀・辞宜】(ジギ) あいさつ。「お―をする」注記「時宜(じぎ)」から転じた語。もとは、時にかなったあいさつの意。

【磁】

5級 14画 石-9 音 ジ㊥・シ㊥ ①2807 Ⓤ78C1

〔磁〕14画 石-9 Ⓤ25535

筆順 一 ア 石 矿 矿 矿 磁 磁

なりたち ［形声］石＋茲(つながりふえる)㊥。鉄を引きつける鉱石の意。

❶鉄を引きつける性質をもつ物質。

【磁気】(ジキ) 鉄片を引き付けたり、南北を指したりする、磁石のもつ作用・性質。「―を帯びる」

【磁石】(ジシャク) 鉄をひきつける物体。「方位―」

【磁針】(ジシン) 方角を示す針状の永久磁石。羅針。

【磁場】(ジば) 磁力が作用している範囲。磁界。

熟語「磁化・磁界・磁極・磁性・磁力・磁鉄鉱・界磁・電磁・電磁波」

❷焼き物。せともの。

【磁器】(ジキ) 焼き物の一。陶器より高温で焼く。

熟語「青磁・宋磁・白磁・陶磁器」

【餌】

2級 15画 食(飠)-6 新常用 音 ジ㊥ 訓 えさ・え ①1734 Ⓤ990C

〔餌〕14画 食(飠)-6

筆順 ノ 今 今 食 食 飣 飣 餌 餌

なりたち ［形声］食＋耳(みみ)㊥。耳たぶのようにやわらかい食べ物、ねりもちの意。転じて、えさの意を表す。篆文では、耳㊥＋「弓二つ(両側をかこうさま)＋鬲(かなえ)」(かまでよく煮る)とも。

たべもの。え。えさ。

【餌食】(ジキ・えじき) ①動物のえさにされる生き物。②他人の欲望や利益のための犠牲。「暴力団の―になる」

【餌付け】(えづけ) えさでなれさせる。「野鳥の―」

熟語「餌口・餌敵・擬餌・給餌・好餌・香餌・食餌・薬餌」

【璽】

準2級 19画 玉-14 音 ジ㊥・シ㊥㊥ 訓 しるし ①2805 Ⓤ74BD

人名 しるし

筆順 一 冂 而 爾 爾 爾 璽 璽

なりたち ［形声］爾(ひも飾りをつけた印鑑の象形文字)㊥＋玉。「爾」が指示詞に用いられるようになったため、「玉」を加えた。秦以降は天子の印のみをさす。

しるし。玉(ぎょく)に刻んで作った印。天子の印。

【璽書】(ジショ) 天子の印の押してある文書。

熟語「璽符・印璽・玉璽・御璽(ぎょじ)・国璽・神璽・宝璽」

しか

【鹿】

2級 11画 鹿-0 新常用 音 ロク㊥㊥ 訓 しか・か ①2815 Ⓤ9E7F

人名 しし

筆順 亠 广 户 庐 庐 庐 鹿 鹿

なりたち ［象形］角のある雄しかにかたどる。

❶しか。か。足が細長く、雄には角のある大形の獣。

【鹿毛】(かげ) ウマの毛色の一。

【鹿(しか)を逐(お)う者は山を見ず】 利益を得ようと熱中する者は、周囲の情勢に気がつかない。出典「淮南子説林訓」より。

【鹿(しか)を指(さ)して馬となす】 自分の権勢を利用して矛盾を押し通す。出典「史記秦始皇本紀」より。

熟語「鹿子(かのこ)・鹿苑(ろくえん)・鹿砦・鹿柴・鹿茸・鹿鳴・氈鹿(かもしか)・神鹿・馬鹿」

❷帝王の位のたとえ。

熟語「失鹿・逐鹿」

❸(国)しし。しか・いのししなど、その肉を食用にした獣の総称。

熟語「鹿威(ししおど)し」

❹その他。

熟語「鹿驚(かかし)・鹿苑(ろくおん)・鹿盧・鹿尾菜(ひじき)・鹿角菜(ふのり)」

シキ

【色】⇩ショク(三三一ページ)

【式】

8級 6画 弋-3 音 シキ㊥・ショク㊥ 訓 のり・のっとる ①2816 Ⓤ5F0F

人名 つね・のり・もち

筆順 一 二 三 王 式 式

なりたち  [形声]弋(棒ぐい)音＋工(工作する)。道具を用いて工作する意から、使い方・やり方の意を表す。

❶のり。一定のやり方。きまり。のっとる。

熟語「格式(かくしき)・旧式・形式・硬式・古式・書式・新式・正式・軟式・方式・法式・本式・様式・略式・礼式」

❷一定の作法に従って行う行事。儀式。

【式次(シキジ)】式次第。「卒業式の—」

【式辞(シキジ)】儀式での挨拶。「校長の—」

【式次第(シキシダイ)】式次(しきじ)。「入学式の—」

【式場(シキジョウ)】儀式の会場。「結婚—」「葬儀—」

【式典(シキテン)】儀式。「記念—」「平和記念—」

【式服(シキフク)】「結婚式の—を借りる」

熟語「式日・式年・挙式・葬式・結婚式・卒業式・入学式」

❸数学・論理学などで、記号・数字を用いて、関係・構造などを表したもの。

熟語「公式・数式・構造式・分子式・方程式」

❹(国)律令の施行細則。

【式目(シキモク)】規則を箇条書きにしたもの。「御成敗—」「俳諧—」

熟語「格式(きゃくしき)・延喜式」

【織】⇩ショク(三三四ページ)

【識】

6級　19画　言-12

音 シキ呉・ショク漢・シ漢呉

訓 し-る・しる-す

①2817 Ⓤ8B58

筆順 言 言 詁 訐 諳 識 識 識

なりたち  [形声]言＋戠(めじるしをつける)音。言葉ではっきりと見分ける意から、知る意を表す。

❶しる。見分ける。おぼえる。考え。意見。仏教で、対象を認識する心の作用。

【識閾(シキイキ)】意識作用のはたらくか否かの境界。

【識見(シキケン)】正しい判断を下す能力。見識。「高い—」

【識字(シキジ)】文字が読める。「先進国の—率」

【識者(シキシャ)】有識者。「—の見解を参考にする」

【識別(シキベツ)】ちがいを見分ける。「—がつかない」

熟語「意識・学識・眼識・見識・常識・知識・認識・博識・面識・良識・六識・阿頼耶識(あらやしき)」

❷《シキ・シ》しるす。書きつける。また、標示する。

熟語「識語・標識」

ジキ

【直】⇩チョク(四六一ページ)

【食】⇩ショク(三三二ページ)

ジク

【軸】

3級　12画　車-5

音 ジク(ヂク)呉・チク漢

①2820 Ⓤ8EF8

筆順 一 亓 亘 亘 車 軋 軸 軸

なりたち  [形声]車＋由(そこから出てくる)音。車輪の中央にある穴から突き出ている心棒の意。

❶車や物の心棒。

【軸受(け)(ジクうけ)】回転軸を支える部分。

【軸木(ジクぎ)】①巻物や掛物の軸に使う木。②マッチの棒の部分。

熟語「機軸・車軸・主軸」

❷物事の中心。かなめ。中枢。

【軸足(ジクあし)】体を支えるはたらきをする方の足。

熟語「基軸・枢軸・地軸・中軸」

❸(数)対称図形において対称性の基準をなす直線。また、座標の基準となる直線。

熟語「軸線・座標軸・対称軸」

❹まきもの。かけじく。

熟語「軸装・巻軸(かんじく)」

❺(国)筆のじく。草の茎など棒状の部分。

熟語「花軸(かじく)・ペン軸」

シチ

【七】

10級　2画　一-1

音 シチ漢呉・シツ漢

訓 なな・ななつ・なの・な・なぬ

①2823 Ⓤ4E03

難読 七十(なそ)(ななそじ)・七寸(みずつき)・七五三飾(しめかざり)・七五三縄(しめなわ)

人名 かず

筆順 一 七

なりたち  [指事]甲骨文では、縦線を横線で切り、端を捨て去るさま(十)を表す。等分できず、三と四になる数の七つの意。「切」の原字。

❶なな。なな。数の名。六より一つ多い数。ななつ。

【七五調(シチゴチョウ)】日本の詩歌・韻文などにおける音数律の一。七音と五音の二句を単位として反復するもの。

【七言(シチゴン)】一句が七文字から成っている漢詩の一体。「—絶句」「—律詩」

『七十にして矩を踰えず』 人間七〇歳ともなれば、心の欲するままに行動しても道理をはずれない。出典「論語為政」より。

【七生】シチショウ ①七度生まれ変わる。②七代。

【七転八起・七▼顚八起】シチテンハッキ 「七転び八起き」に同じ。

【七転▽八倒・七▼顚▽八倒】シチテンバットウ 苦しくて転げ回る。「―の苦しみ」

【七難】シチナン 〔仏〕この世であう天災・悪疫などの七つの災難。「―八苦」「色の白いは―(=欠点)隠す」

【七福神】シチフクジン 福徳をもたらす神として信仰される七体の神。恵比寿(蛭子)・大黒天・毘沙門天・弁財天・布袋・福禄寿・寿老人の七神をいう。

【七歩の才】シチホのサイ 作詩の才のすぐれて、しかも早いこと。出典 魏の曹植が兄丕(文帝)の命によって、七歩歩む間に、詩を作ったという「世説新語」の故事から。

【七味】シチミ 「―唐辛子」「―(=七つのおいしい味)八珍」

【七面鳥】シチメンチョウ キジ目キジ科の鳥。ターキー。

【七輪・七厘】シチリン 土製のこんろ。

【七▽種・七草】ななくさ 「春の―(=セリ・ナズナ・ゴギョウ・ハコベラ(ハコベ)・ホトケノザ・スズナ・スズシロの七種)」「秋の―(=ハギ・オバナ・クズ・ナデシコ・オミナエシ・フジバカマ・キキョウの七種)」

【七転び八起き】ななころびやおき 七転八起。「―の人生」

【七つ道具】ななつドウグ ①仕事などに必要な道具ひとそろい。②戦場に臨む武士が身に着けた武具一式。

【七光】ななひかり 親の威光の恩恵をうける。

熟語「七音(しちおん)(いん)・七賢・七絶・七徳・七雄・七曜・七宝・七変化・七珍万宝」

❷七番目の。なの。なぬ。

【七回忌】シチカイキ 死後七年目(満六年)の忌日。

【七五三】シチゴサン 男児が三歳と五歳、女児が三歳と七歳のときに子供の成長を祝う行事。

【七七日】シチシチニチ 人が死んでから四九日目。四十九日。なななぬか。「―の法要」

【七夜】シチヤ 子供が生まれて七日目の祝いの夜。

《七夕》たなばた 七月七日に行う牽牛星(=ひこぼし)と織女星(=おりひめ)を祭る行事。別表記 棚機

熟語「七日」

【質】⇩シツ(二七二ページ)

シツ

【𠮟】

2級 5画 口-2 新常用 音 シツ 漢 呉 訓 しかる ③4752 Ⓤ20B9F

〔叱〕5画 口-2 ①2824 Ⓤ53F1

注記 俗字の「叱」は本来別字で、音は「カ」。口を開けたようすをいうが、混用されて今日では「しかる」の意で用いる。

筆順

なりたち  [形声]七(端を捨て去るさま)音+口。ことばで切りすてる意から、しかる意を表す。

しかる。ののしる。大声を出して責める。

【𠮟正】シッセイ しかってただす。他人に詩文・論文などの訂正・添削を求めるときにいう。「御―を乞う」

【𠮟声】シッセイ しかることば。「―を放つ」

【𠮟責】シッセキ しかりとがめる。「―を受ける」

【𠮟▼咤】シッタ 大声でしかる。また、大声ではげます。「―激励」

熟語「𠮟罵」

【失】

7級 5画 大-2 音 シツ 漢 呉・シチ 呉 訓 うしなう・う-せる・あやまち ①2826 Ⓤ5931

筆順 ノ 𠂉 仁 牛 失

なりたち  [指事]手(牛)から横の方(乀)へ物がぬけ出るさまを表す。うしなうの意。

❶うしなう。なくす。うせる。

【失意】シツイ がっかりする。「―のどん底」⇔得意

【失格】シッカク 資格をなくす。「反則で―する」

【失脚】シッキャク 地位や立場を失う。「汚職で―する」

【失業】シツギョウ 職をなくす。「―者」「―率」⇔就業

【失敬】シッケイ 失礼。「―千万」「今日はここで―するよ」「―する(=人の物をとる)」

【失権】シッケン 権力や権利を失う。⇔復権

【失職】シッショク 職をなくす。「会社の都合で―した」

【失神・失心】シッシン 気を失う。「ショックで―する」

【失踪】シッソウ 行方がわからなくなる。失跡。

【失速】シッソク 飛行機が飛行中に、飛行に必要な前進速度を失う。「景気の―(=急激に勢いがなくなる)」

【失調】シッチョウ バランスが取れなくなる。「栄養―」

【失墜】シッツイ 権威や信用などをなくす。「権威の―」

【失点】シッテン うしなった点。「―を重ねる」⇔得点

【失費】シッピ 出費。物入り。「―がかさむ」

【失望】シツボウ がっかりする。「彼には―した」

【失明】シツメイ 視力を失う。目が見えなくなる。

【失礼】シツレイ 「―な奴だ」「これで―します(=別れの挨拶)」「おっと、―(=軽い謝罪の挨拶)」

【失恋】シツレン 恋にやぶれる。「―の痛手」

熟語「失語・失効・失跡・失地・失命・遺失・散失・消失・焼失・損失・得失・紛失・滅失・流失・茫然自失」

❷あやまち。まちがい。また、あやまる。しくじる。

【失火】(シッカ) 過失から生じた火災。「―責任」
【失禁】(シッキン) 大小便をもらす。
【失言】(シツゲン) 口がすべる。「―のために信用を失う」
【失策】(シッサク) しくじり。失敗。
【失笑】(シッショウ) 思わず笑ってしまう。「―を買う」
【失政】(シッセイ) 政治のやり方を誤る。
【失態・失体】(シッタイ) 失敗をする。「―を演ずる」
【失敗】(シッパイ) しくじり。「―は成功のもと」⇔成功
熟語「失投・過失」

❸忘れる。
【失念】(シツネン) 忘れる。「うっかり名前を―する」
熟語「失名」

【室】

9級　9画　宀-6　音 シツ 漢呉　訓 むろ・へや
人名 いえ・や
①2828 Ⓤ5BA4

筆順

なりたち ［形声］宀(いえ)＋至(いたる)音。家の中で最も奥まったへやの意。

❶へや。居間。奥の間。
【室温】(シツオン) 部屋の温度。「―が高い」
【室外】(シツガイ) 部屋の外。「―機」⇔室内
【室内】(シツナイ) 部屋の中。「―競技場」⇔室外
熟語「暗室・温室・客室・教室・居室・寝室・退室・同室・入室・病室・部室・満室・密室・診察室」

❷いえ。家族。一家。
熟語「室家(しっか)・王室・皇室」

❸(奥の間に住んでいるところから)妻。夫人。
熟語「後室・正室・側室・内室・令室」

❹むろ。ほらあな。
熟語「玄室・石室・氷室(ひょうしつ(ひむろ))」

【疾】

3級　10画　疒-5　音 シツ 漢呉・シチ 呉　訓 やまい・や-む・にく-む・はや-い
難読 疾風(はやて(はやち))
人名 とし・はやし
①2832 Ⓤ75BE

筆順

なりたち ［形声］疒＋矢(目にも留まらぬ速さで飛ぶ矢)音。発病が急で進行の速い病気の意。

❶やまい。病気。急病。
【疾患】(シッカン) 病気。「呼吸器の―」

【疾病】(シッペイ) 病気。「―手当が支給される」

熟語「疾疫・悪疾・眼疾・急疾・軽疾・痼疾(こしつ)・重疾・廃疾・老疾」

❷やむ。わずらう。くるしむ。なやむ。
熟語「疾苦・疾痛」

❸にくむ。うらむ。
熟語「疾悪(しつお)・疾視・冒疾」

❹はやい。すみやか。あわただしい。
【疾駆】(シック) 疾走。「荒野を―する馬」

【疾走】(シッソウ) きわめて速く走る。「全力―」

【疾風】(シップウ) 強く激しく吹く風。はやて。「―怒濤」「―迅雷」

【疾風(しっぷう)に勁草(けいそう)を知る】 厳しい試練にあって初めて意志や節操の堅固な人間であることがわかる。出典「後漢書(王覇伝)」より。

【疾雷(しつらい)耳(みみ)を掩(おお)うに及ばず】 事態が急激で、これに対応する処置をとるいとまもない。出典「六韜(竜韜、軍勢)」より。

熟語「疾呼・疾雷・勁疾(けいしつ)」

【執】

4級　11画　土-8　音 シツ 慣・シュウ(シフ) 漢呉　訓 とる・と-らえる
人名 もり
①2825 Ⓤ57F7

筆順

なりたち ［象形］甲骨文では、両手に手かせをはめ、ひざまずく人にかたどる。とらえるの意。篆文では、幸(手かせ)＋丮(ひざまずき両手をさし出す人)の会意文字。

◉異字同訓◉【取】(二八二ページ)の「異字同訓」欄を参照のこと。

❶とる。手にとって操作する。手でにぎる。おこなう。あつかう。とらえる。捕まえる。
【執行】(シッコウ) 法律や行政処分などの内容を、実際に執り行う。また、団体などの運営を実際に行う。「公務の―」「―部」

【執事】(シツジ) 身分ある人の家で、庶務を執り行う人。

【執政】(シッセイ) 政治を行う。また、その職。「―官」

【執刀】(シットウ) 手術を施す。「―医」

【執筆】(シッピツ) 文章や原稿を書く。「―者」

【執務】(シツム) 仕事をする。「―中」

熟語「執権・執奏・執柄・宰執」

❷こだわる。固く守る。
【執拗】(シツヨウ) ①しつこい。「―につきまとう」「―な攻撃」②意地を張って、自分の意見を通そうとするさま。「―に主張する」

【執心】(シュウシン) 心がひかれて、それから離れられない。「あの娘に御―のようだ」

【執着】(シュウチャク) 心がとらわれて、思いきれない。「―心」

【執念】(シュウネン) あきらめない心。「―を燃やす」

熟語「確執(かくしつ(かくしゅう))・我執・固執(こしつ(こしゅう))・偏執(へんしつ(へんしゅう))・妄執(もうしゅう)」

【湿】 3級 12画 水(氵)-9 音 シツ漢呉 慣・シュウ(シフ) 訓 しめる・しめす・うるおう ①2830 Ⓤ6E7F

〔濕〕17画 水(氵)-14 ②6328 Ⓤ6FD5

難読 湿地(しめじ)・湿気る(しける)(しっける)・湿婆(シバ)

筆順 氵 氵 汩 浘 浥 湿 湿 湿

なりたち [会意]甲骨文では水＋一(水面)＋幺(細い生糸)二つ。細い生糸の束をやわらかくするために水の中につけるの意。のちに、「幺」を「糸」にし、「日」を加えて変形させた。「湿」は略字。

しめる。水けがある。しめす。しめらす。また、うるおう。

【湿気】シッケ しめりけ。「梅雨は―が多くて困る」

【湿原】シツゲン 低温・過湿の土壌にできる草原。

【湿潤】シツジュン 湿気を帯びている。しめりけが多い。「―な気候」

【湿疹】シッシン 皮膚にできる、あせも・かぶれなど。

【湿地】シッチ 水けの多いじめじめした土地。「―を好む植物」

【湿度】シツド 空気中に含まれている水蒸気の度合。

【湿布】シップ 「温―」「―薬」

熟語 「湿性・湿舌・湿田・陰湿・乾湿・吸湿・除湿・多湿・低湿・防湿・保湿」

【嫉】 2級 13画 女-10 新常用 音 シツ漢呉・シチ呉 訓 そねむ・にくむ・ねたむ ①2827 Ⓤ5AC9

筆順 女 女 女亠 女广 女疒 女疒 女疒 嫉

なりたち [形声]女＋疾(急に病がおこり速く進行する)音。女性が短気をおこしにくむ意から、ねたむ意を表す。

ねたむ。そねむ。やきもちを焼く。また、にくむ。うらむ。

【嫉視】シッシ ねたみの気持ちで他人を見る。「―反目」

【嫉妬】シット すぐれたり、恵まれたりする者に対して抱くねたみの気持ち。「―心」

熟語 「憎嫉(ぞうしつ)・憤嫉・媢嫉(ぼうしつ)」

【漆】 準2級 14画 水(氵)-11 音 シツ漢呉 訓 うるし・ぬる ①2831 Ⓤ6F06

〔柒〕9画 木-5 ④1448 Ⓤ67D2

〔桼〕11画 木-7 ④1473 Ⓤ687C

筆順 氵 汁 汁 浃 浃 漆 漆 漆

なりたち [形声]水＋桼(木から汁が一滴ずつしたたるさまの象形)音。うるしの意。

❶うるし。ウルシ科の落葉高木。また、その樹液から作った塗料。うるしで塗装する。ぬる。

【漆器】シッキ 漆を塗った器物。塗り物。

熟語 「漆園・漆工・漆書・漆宅・乾漆・膠漆(こうしつ)・黒漆・青漆・丹漆・彫漆」

❷うるしのように黒い。

【漆黒】シッコク 漆のように黒い光沢や色。「―の髪」

熟語 「漆瞳」

❸「七」の大字。金銭証書などで数字の改変を防ぐために用いる。

❹その他。

【漆喰】シックイ 石灰・ふのり・わらなどを水で練り合わせた建材。壁や天井などの上塗りに用いる。

注記 「石灰」の唐音という。「漆喰」は当て字。

【質】 6級 15画 貝-8 音 シツ漢呉・シチ呉・チ漢呉 訓 すなお・ただす・たち ①2833 Ⓤ8CEA

〔貭〕11画 貝-4 ②7636 Ⓤ8CAD

人名 かた・さだ・さだむ・すなお・ただ・ただし・ただす・み・もと

筆順 𠂆 斤 斤 斦 斦 質 質 質

なりたち [会意]斤(おのを用いて計った重さ)二つ＋貝(財貨)。ある財貨と釣り合う価値のあるものの意から、抵当・なかみの意を表す。

◉異字同訓◉【正】(三五八ページ)の「異字同訓」欄を参照のこと。

❶たち。生まれつき。

熟語 「悪質・異質・気質(きしつ)(かたぎ)・硬質・資質・性質・素質・体質・美質・品質・本質・良質・筋肉質・神経質」

❷物体を構成するもの。

【質感】シツカン 材質から受ける感じ。「木の―を生かす」

【質料】シツリョウ ある形式を備えたものの材料・素材となるもの。⇔形相

【質量】シツリョウ 物質固有の量。「―不変の法則」

熟語 「物質・蛋白(たんぱく)質」

❸すなお。飾りけがない。本来の姿。

【質実】シツジツ まじめ。「―剛健」

【質素】シッソ つつましい。「―な衣服」「―に暮らす」

【質朴・質▼樸】シツボク 世間ずれしていない。

❹根本。内容。中身。
【質的】シツテキ 質にかかわる。「―変化」⇔量的
熟語「実質・均質・材質・文質」
❺ただす。問いただす。
【質疑】シツギ 疑問の点を尋ねる。質問。「―応答」
【質問】シツモン 疑問点や理由を問いただす。「―攻め」
熟語「質義・質正・対質」
❻しち。抵当。担保。取引や約束の保証として相手に預けておくもの。
【質▽種・質草】シチぐさ 質として預ける品物。
【質屋】シチや 物品を質として預かり、金銭を貸し、利子を得る店。
熟語「質権(しちけん)・質物(しちもつ)・言質(げんち)・人質(ひとじち)」

ジッ

【十】⇩ジュウ（二九四ページ）

ジツ

【日】⇩ニチ（五一三ページ）

【実】

8級 8画 宀-5
音 ジツ㊥・シツ㊥・ジチ
訓 み・みのる・みちる・ ㊥さね・まこと
①2834 Ⓤ5B9F

〖實〗14画 宀-11 ②5373 Ⓤ5BE6

難読 実生(みばえ)・実葛(さねかずら)
人名 これ・さね・ちか・つね・なお・のり・ま・まこと・みつ
筆順 丶 ハ 宀 宀 宀 宀 宇 実

なりたち 實 [形声]宀＋毌(みちる)㊥＋貝(貨幣)。家の中に財貨がみちているの意。「実」は「實」の草体から。

❶み。みのる。みちる。さね。草木の果実や種子。内容。
【実入り】みいり 実り具合。「今年の米は―がいい」「―(=実益)のいい仕事が入っている」
【実生】みショウ 種から発芽し、生育する草木。
熟語「核実・確実・果実・結実・堅実・口実・充実・名実・有名無実」
❷ほんとう。ありのまま。
【実印】ジツイン あらかじめ登録し、印鑑証明を求めることができる個人の印章。
【実益】ジツエキ 実利。「趣味と―を兼ねる」
【実演】ジツエン 実際にして見せる。「―販売をする」
【実害】ジツガイ 実際の損害。
【実学】ジツガク 実生活に役立つ学問。商学・医学など。
【実感】ジッカン 「まだ受賞した―がわかない」
【実技】ジツギ 実地の技術・演技。「体育の―」
【実況】ジッキョウ 「プロレスの―中継」
【実業】ジツギョウ 農業・工業・商業などのように、商品や原料の生産・売買に関する事業。「―学校」「―界」
【実刑】ジッケイ 執行猶予のない刑罰。「―判決」
【実見】ジッケン 実際にそのものを見る。「―談」
【実検】ジッケン 本当かどうかを調べる。「首(くび)―」
【実権】ジッケン 実際の権力。「業者選定の―を握る」
【実験】ジッケン 仮説を確認する試み。「―室」「化学―」
【実現】ジツゲン 事実としてあらわれる。「夢が―する」
【実行】ジッコウ 実際に行う。「―力」「理論を―に移す」
【実効】ジッコウ 実際のききめ。「―性が疑われる」
【実際】ジッサイ 実地の場合。「その話は―と違う」「理論と―」「―(=ほんとうに)いやになる」
【実在】ジツザイ 実際に存在する。客観的に独立して確かに存在する。「―の人物」「―論」
【実施】ジッシ 実際におこなう。「―に踏み切る」
【実質】ジッシツ 物事の内容や本質。「―が伴わない」
【実習】ジッシュウ 技術などの実地研修。「教育―生」
【実証】ジッショウ 事実によって証明する。「―主義」
【実情】ジツジョウ 本当の事情。また、まごころ。「―を訴える」「―を尽くす」
【実数】ジッスウ ①実際に存在する数量。②〔数〕有理数と無理数の総称。⇔虚数
【実績】ジッセキ 業績。「―をあげて出世する」
【実戦】ジッセン 実際の戦闘や試合。「―でもまれる」
【実践】ジッセン 実行。「理論と―」「―的」
【実装】ジッソウ 部品を実際に取り付ける。
【実像】ジツゾウ レンズ・鏡などで、反射・屈折した光線が集まり交わることでできる像。「偉人の―(=人や物の真実の姿)に迫る」⇔虚像
【実測】ジッソク 計器で実際に測る。「―図」
【実存】ジツゾン 「―した人物」「―主義」
【実体】ジッタイ 本体。実質。「―のない幽霊会社」
【実態】ジッタイ 実際のありさま。「―調査」
【実地】ジッチ 現場。実際の場。「―検証」「―訓練」
【実否】ジッピ 真実か虚偽か。「―をただす」
【実費】ジッピ 実際の費用。「旅費は―を支給する」
【実物】ジツブツ 実際のもの。「―大の模型」
【実務】ジツム 実際の業務。「―を経験している」
【実名】ジツメイ 本名(ほんみょう)。「―を公表する」
【実用】ジツヨウ 役に立つ。「―性のある商品」
【実力】ジツリョク 「―を発揮する」「―(=武力・腕力・警察力など)に訴える」
【実話】ジツワ 実際にあった話。「―に基づいた映画」
熟語「実記・実景・実収・実線・実相・実弾・実働・実利・実録・現実・史実・事実・写実・着実・内実・如実・無実」
❸まごころ。まこと。
【実意】ジツイ ①まごころ。「―を示す」②本心。真意。
【実直】ジッチョク 律義。「―な人柄」

熟語「実直・虚実・質実・情実・信実・真実・誠実・切実・忠実」

❹(国)血がつながっている。

【実家】ジッカ　実の親の家。「お正月は―に帰る」

【実子】ジッシ　血縁関係がある子。⇔養子

【実父】ジップ　自分と血のつながっている父親。

【実母】ジツボ　自分と血のつながっている母親。

しば

【芝】

4級　6画　艸(艹)-3　音 シ 漢 呉　訓 しば　①2839　Ⓤ829D

人名 し・しげ・ふさ

筆順 一 十 艹 艹 芝 芝

なりたち [形声]艸＋之(進みゆく)音。すくすくと生えるマンネンタケの意。

❶まんねんたけ。広葉樹の根元や切り株に生えるきのこ。古来縁起のよいきのことされ、また、漢方薬にも用いる。

【芝▼蘭】シラン　霊芝(れいし)と蘭(ふじばかま)。すぐれたものや人にたとえる。「―の化」「―の交わり」

熟語「芝草(しそう)・霊芝(れいし)」

❷(国)しば。芝生に用いるイネ科の草の総称。

【芝居】しばい　①演劇。②演技。「―が上手い」

【《芝生》】しばふ　芝が一面に生えているところ。「公園の―」「隣の―は青い」

熟語「芝草(しばくさ)」

❸その他。

【芝眉】シビ　すぐれた眉や顔つき。「いまだ―を拝さず」出典「唐書元徳秀伝」より。

シャ

【写】

8級　5画　冖-3　音 シャ 漢 呉　訓 うつす・うつる　①2844　Ⓤ5199

〔寫〕15画　宀-12　②5377　Ⓤ5BEB

〔冩〕14画　冖-12　②4948　Ⓤ51A9

筆順 丶 冖 冖 写 写

なりたち [形声]宀(やね)＋舄(移動する)音。場所をうつすの意。「写」は略字。

◉異字同訓◉

◇うつす(写・映)

「写す」は"もとのままに書く。コピーする。写真にとる"の意。「友人のノートを写す」「下町情緒を写した文章」「写真を写す」

「映す」は"姿・形を物の上に現す。映写する"の意。「自分の姿を鏡に映す」「水面に影を映す」「スライドを映す」

◉異字同訓◉【映】(二五ページ)の「異字同訓」欄を参照のこと。

うつす。うつる。複製をつくる。カメラでうつす。そそぐ。別のいれものにうつしいれる。同瀉(しゃ)。

【写経】シャキョウ　経文(きょうもん)を書き写す。

【写実】シャジツ　ありのままに表現する。「―主義」

【写真】シャシン　「記念―を撮る」「―機」

【写生】シャセイ　ありのままに写しとる。「―画」「―文」

【写本】シャホン　手書きで書きうつされた本。

熟語「写字・写照・写植・写瓶(しゃびょう)・映写・活写・誤写・試写・実写・縮写・手写・書写・接写・転写・投写・謄写・念写・筆写・描写・複写・模写」

【社】

9級　7画　示(ネ)-3　音 シャ 漢 呉　訓 やしろ　①2850　Ⓤ793E

〔社〕8画　示-3　③8919　ⓊFA4C

人名 あり・たか

筆順 丶 ラ ネ ネ 社 社

なりたち [形声]示(かみ)＋土(土地の神)音。「土」がつちの意に用いられるようになったため、土地の神の意には「示」を加えた。転じて、やしろの意に用いる。

❶土地の神。

【社▼稷】シャショク　古代中国で、国家の守り神とされた土地の神(社)と五穀の神(稷)。「―の臣(＝国家の重臣)」

熟語「社祠(しゃし)・社日」

❷やしろ。土地の神を祀るところ。

【社殿】シャデン　神社で神体をまつっておく建物。

【社務】シャム　神社の事務。「―所で朱印を受ける」

熟語「社寺・郷社・寺社・神社・摂社・総社・村社・大社・末社・霊社」

❸共通の目的のために組織した団体。

【社団法人】シャダンホウジン　法律で認められた団体組織。

【社中】シャチュウ　結社。「―の発表会を催す」

熟語「社団・会社・結社・公社・詩社」

❹世間。世の中。

【社会】シャカイ　世の中。「地域―」「上流―」「―の荒波にもまれる」「―科(＝学校教育における教科の一)」

【社交】シャコウ　世間づきあい。「―界」

【社交辞令】シャコウジレイ　内実の伴わないお世辞。外交辞令。

❺〔国〕「会社」などの略。

【社印】シャイン 会社の公印。「契約書に―を押す」
【社員】シャイン 会社に雇用されている人。「―食堂」
【社運】シャウン 会社の運命。「新規事業に―をかける」
【社屋】シャオク 会社の建物。「新―を建築する」
【社告】シャコク 会社からの知らせ。「新聞に―が載る」
【社債】シャサイ 「資金調達のために―を発行する」
【社寺】シャジ 神社と寺院。寺社。「―上地」
【社主】シャシュ 会社や結社の持ち主。「新聞社の―」
【社説】シャセツ 新聞社の意見として載せる論説。
【社葬】シャソウ 会社が施主(せしゅ)となる葬儀。
【社宅】シャタク 社員が入居する会社所有の住宅。
【社風】シャフウ 会社の気風。「―が気に入った」
【社用】シャヨウ 会社の用務。「―で宴席を設ける」
【社歴】シャレキ 「彼は―が長いベテラン社員だ」「長い―(=会社の歴史)を誇る」

熟語「社長・帰社・貴社・支社・出社・小社・商社・退社・入社・弊社・本社」

【車】

10級 7画 車-0 音 シャ 漢 呉 訓 くるま ①2854 Ⓤ8ECA

難読 車前草(おおばこ)(おんばこ)
人名 くら・のり
筆順 一 厂 冂 百 亘 車

なりたち  〔象形〕甲骨文では、馬に引かせる二輪の戦車にかたどる。篆文では、一輪の形に作る。

❶くるま。軸を中心に回転する輪。

【車座】くるまザ 多くの人が円形に内を向いて座る。
【車軸】シャジク 車のじく。「―を流すような豪雨」
【車轍】シャテツ 車輪のあと。わだち。
【車輪】シャリン 車のわ。

熟語「滑車・水車・台車・拍車・風車・紡車」

❷車輪を用いたのりもの。

【車庫】シャコ 「車を―に入れる」「―証明」
【車掌】シャショウ 「―に切符を見せる」
【車線】シャセン 道路上の、自動車走行帯。「―変更」
【車窓】シャソウ 列車・車の窓。「―に流れる景色」
【車道】シャドウ 道路の車が通行する部分。⇔歩道
【車両・車輛】シャリョウ 「―故障」「女性専用―」

熟語「火車・貨車・汽車・乗車・単車・駐車・停車・電車・馬車・列車・機関車・自転車・自動車・人力車(じんりきしゃ)(きしや)」

【舎】〔舍〕

6級 8画 舌-2 音 シャ 漢 呉・セキ 漢 訓 いえ ①2843 Ⓤ820E
〔舍〕8画 舌-2 ②7150 Ⓤ820D

難読 舎人(とねり)・田舎(いなか)
人名 いえ・や・やどる
筆順 ノ 人 亼 今 全 全 舎 舎

なりたち  〔形声〕「余の変形」(スコップで土をのばす)音＋口(場所)。手足をゆったりとのばす場所、やどの意。

❶いえ。たてもの。やど。泊まること。また、その場所。

【舎監】シャカン 寄宿舎を管理する人。「女子寮の―」

熟語「舎営・舎宅・舎長・営舎・駅舎・屋舎・客舎(かくしゃ)(きゃくしゃ)・学舎・官舎・厩舎・牛舎・校舎・獄舎・宿舎・兵舎・寄宿舎」

❷私の。謙遜の意を表す。

【舎兄】シャケイ 自分の兄。兄貴分。⇔舎弟
【舎弟】シャテイ 自分の弟。弟分。⇔舎兄

❸おく。供え物を置く。

熟語「舎菜・舎然」

❹その他。梵語の音訳字。

【舎利】シャリ ①〔仏〕遺骨。特に仏や聖人の遺骨。仏舎利。さり。②米飯。「銀―」

熟語「舎那(しゃな)」

【者】〔者〕

8級 8画 老(耂)-4 音 シャ 漢 呉 訓 もの・は ①2852 Ⓤ8005
〔者〕9画 老(耂)-5 ③9036 ⓊFA5B

人名 ひさ・ひと
筆順 一 十 土 耂 耂 者 者 者

なりたち  〔象形〕柴を集め台の上で燃やすさまにかたどり、にる意を表す。「煮」の原字。借りて、ものの意に用いる。

ある状態にあるひと。もの。

熟語「医者・隠者・縁者・王者・学者・患者・間者・記者・強者・業者・愚者・芸者・賢者・後者・作者・識者・使者・従者・勝者・達者・長者・覇者・筆者・猛者(もさ)・当事者・有力者」

【砂】⇩サ(二二五ページ)

【射】

5級 10画 寸-7 音 シャ 漢・エキ 漢・セキ 漢・ヤ 漢 呉・ジャ 呉 訓 いる・う-つ・さ-す ①2845 Ⓤ5C04

難読 射干(しゃが)(やかん)・射干玉(ぬばたま)
人名 い・いり
筆順 丿 亻 门 自 身 身 射 射

なりたち 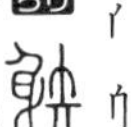 〔象形〕甲骨文では、弓に矢をつがえたさまにかたどる。金文で「寸」(て)が添えられ、篆文で弓矢のさまが「身」に変形した。

◉異字同訓◉【差】(二二五ページ)の「異字同訓」欄

を参照のこと。

いる。弓で矢を飛ばす。うつ。銃や弓などで相手を殺傷する。ねらって当てる。勢いよく出る。さす。光が入りこむ。


【射影】(シャエイ) 物の影をうつした影。「—変換」

【射撃】(シャゲキ) 銃や砲などをうつ。「艦砲—」

【射幸・射倖】(シャコウ) 努力をせず、偶然の利得をねらう。「—心」「—遊技」

【射殺】(シャサツ) 銃や弓で殺す。

【射手】(シャシュ) ①銃を撃つ人。②弓を射る人。

【射出】(シャシュツ) ①弾丸などを発射する。②小さい穴から水などを勢いよく出す。噴射(ふんしゃ)。「—成型」③一点から放射状に出す。

【射精】(シャセイ) 精液を出す。

【射程】(シャテイ) 銃砲の弾丸などの届く最大距離。

【射利】(シャリ) 偶然の利益をねらう。射倖(しゃこう)。

熟語「射芸・射術・射場・射礼(しゃれい)(じゃらい)・騎射・照射・掃射・速射・注射・直射・投射・日射・発射・反射・輻射(ふくしゃ)・噴射・放射・乱射」

【捨】

5級　11画　手(扌)-8　音 シャ 漢 呉　訓 すてる　①2846 Ⓤ6368
〔捨〕11画　手(扌)-8　＝
人名 いえ・えだ
筆順 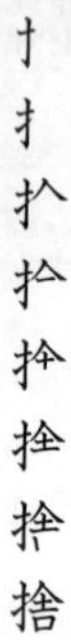
なりたち  [形声]手＋舍(スコップで土をのばす)音。手の指をのばして、持っていた物をはなすの意。

すてる。手放す。放棄する。


【捨象】(シャショウ) 物事の本質を取り出して抽象する際に、他の性質を考察の対象からはずす。

【捨(て)石】(すていし) ①日本庭園で、おもむきをもたせるため、所々に置く石。②河川の工事で、水勢を弱めるために水中に投げ入れる石。③囲碁で、作戦としてわざと相手に取らせる石。④現在の効果はないが、将来の利益を予想してする行為。

【捨(て)印】(すていん) 証書などで、訂正の場合に備えて欄外に念のために押しておく印。

【捨(て)金】(すてがね) 「交際費が—になった」

【捨て〈台詞〉】(すてぜりふ) 「去り際に—を吐く」

【捨(て)鉢】(すてばち) やけになる。「—になる」

【捨(て)身】(すてみ) 命がけ。「—の戦法」

熟語「喜捨・取捨・用捨・四捨五入」

【赦】

3級　11画　赤-4　音 シャ 漢 呉　訓 ゆる-す・ゆる-し　①2847 Ⓤ8D66
筆順 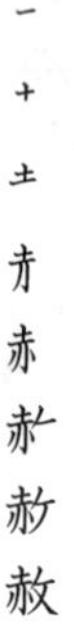
なりたち  [形声]赤(まじりけがない)音＋攵(する)。別扱いせず、罪をゆるすの意。

ゆるす。罪やあやまちを捨てておく。ゆるし。

【赦免】(シャメン) 罪や過失をゆるす。「—状」
熟語「赦罪・赦宥・赦令・恩赦・大赦・特赦・放赦・容赦」

【斜】

4級　11画　斗-7　音 シャ 漢 呉　訓 なな-め・はす　①2848 Ⓤ659C
難読 斜子(ななこ)・斜交(はすかい)
筆順 
なりたち  [形声]余(スコップで土をゆったりとのばす)音＋斗(ひしゃく)。ひしゃくでくんだ液体を横に流す意から、横にそらす、ななめの意を表す。

ななめ。傾いている。はす。


【斜光】(シャコウ) ななめにさす光線。

【斜視】(シャシ) 両眼の視線が一致しない。斜眼。

【斜線】(シャセン) ななめの線。「—を引く」

【斜面】(シャメン) 傾いている平面、地面。「急—」

【斜陽】(シャヨウ) 夕日。「—(＝衰えつつある)産業」

熟語「斜影・斜景・斜傾・斜月・斜塔・斜辺・傾斜・向斜・背斜」

【煮】

4級　12画　火(灬)-8　音 シャ 慣・ショ 漢 呉　訓 に-る・に-える・に-やす　①2849 Ⓤ716E
〔煮〕13画　火(灬)-9　③8753 ⓊFA48
難読 煮染め(にしめ)(にぞめ)・煮零す(にこぼす)・煮麺(にゅうめん)
筆順 
なりたち  [形声]火＋者(にる)音。「者」が原字。のち、ものの意に用いられるようになったため、「灬」を加えた。篆文では、「鬲」(かなえ)を加えた。

にる。水に入れて熱する。にやす。にえる。


【煮沸】(シャフツ) 煮立てる。「容器を—消毒する」

【煮凝り】(にこごり) 魚の煮汁が冷えて固まったもの。

【煮染め】(にしめ) 野菜・練り製品などを煮た料理。

熟語「煮花・煮端・粗煮(あらに)・雑煮(ぞうに)・佃煮(つくだに)」

【遮】

準2級　14画　辵(辶)-11　音 シャ 漢 呉　訓 さえぎ-る　①2855 Ⓤ906E
〔遮〕15画　辵(辶)-11　＝
筆順 
なりたち  [形声]辵(足の動作)＋庶(石の上にさまざまな物をのせて火であぶる)音。さまざまな物を置いてとどめる意から、さえぎる意を表す。

❶さえぎる。行く手をふさぐ。また、覆い隠す。
【遮音】シャオン 音をさえぎる。「―効果」「―材」
【遮光】シャコウ 光をさえぎる。「―カーテン」
【遮断】シャダン さえぎる。「交通を―する」「―機」
【遮蔽】シャヘイ おおいさえぎる。「―物を置く」
熟語「無遮」
❷その他。
【遮二無二】シャニムニ がむしゃらに。「―働く」
熟語「毘盧遮那仏（びるしゃなぶつ）」

【謝】
6級 17画 言-10 音 シャ 漢 呉 訓 あやまる・つ-げる ①2853 Ⓤ8B1D

筆順 

なりたち  [形声]言＋射(いる)音。矢を射ると弦がゆるむように、言葉に出してあやまり、心の緊張をとくの意。
●異字同訓●【誤】(一九四ページ)の「異字同訓」欄を参照のこと。

❶あやまる。わびる。
【謝罪】シャザイ わびる。「公的に―する」「―広告」
熟語「陳謝」
❷ことわる。辞退する。
【謝絶】シャゼツ 人の申し出などを断る。「面会―」
熟語「辞謝」
❸つげる。ありがたく思う。お礼をする。
【謝意】シャイ 「―(=お礼、またはおわび)を述べる」
【謝恩】シャオン 恩に感謝する。「―会」
【謝金】シャキン お礼の金銭。「―を渡す」
【謝辞】シャジ お礼のことば。「―を述べる」
【謝礼】シャレイ お礼。「―を受け取る」
熟語「謝状・感謝・月謝・深謝・多謝・拝謝・薄謝・報謝」
❹いれかわる。また、おとろえる。
熟語「新陳代謝」

ジャ

【邪】〔邪〕
3級 8画 邑(阝)-5 音 ジャ 呉・シャ 漢・ヤ 訓 か・よこしま・や ①2857 Ⓤ90AA
〔邪〕7画 邑(阝)-4

筆順 

なりたち  [形声]牙(たがいちがいに向きあったきば)音＋邑(むら)。もと、地名の「琅邪（ろうや）」を記すための音訳字。たがいちがいで、ねじけていることから、よこしまの意にも用いる。

❶よこしま。心がねじけている。
【邪悪】ジャアク 悪意にみちている。「―な考え」
【邪険・邪▼慳】ジャケン 「―に扱う」「―にする」
【邪心】ジャシン 悪い心。「―がない」
【邪推】ジャスイ 悪い方に推測する。
【邪説】ジャセツ よこしまな教え。「異端―」
【邪知・邪▼智】ジャチ 悪知恵。「―にたける」
【邪念】ジャネン 不純な心。「―を抱く」
熟語「邪曲・邪見・邪欲・邪恋・正邪」
❷人を惑わすもの。
【邪気】ジャキ 「無―」「―を払う」
【邪教】ジャキョウ 人の心をまどわすような宗教。
【邪宗】ジャシュウ 江戸時代、特にキリスト教をいう。
【邪神】ジャシン 人にわざわいを与える神。
【邪道】ジャドウ 正当ではないやり方。「そんなやり方は―だ」
【邪魔】ジャマ ①さまたげ。「―が入る」「―な荷物」②人の家を訪ねる。「お―する」③〔仏〕仏道修行のさまたげをする悪魔。
熟語「邪臣・邪法・風邪（ふうじゃ）（かぜ）・天邪気（あまのじゃく）」
❸その他。
【邪飛】ジャヒ 野球のファウルフライ。「捕―」

【蛇】〔虵〕
準2級 11画 虫-5 音 ジャ 呉・シャ 漢・ダ 慣・イ 漢 訓 へび ①2856 Ⓤ86C7
〔虵〕9画 虫-3 ③9151 Ⓤ8675

難読 蛇舅母（かなへび）

筆順 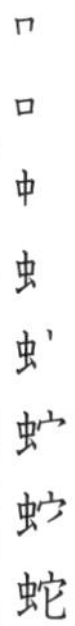

なりたち [形声]虫＋它(ヘビの象形)音。「它」が原字。意味を明確にするために「虫」を加えた。

❶へび。爬虫類に属する動物。体は細長い円柱形。
【蛇▼蝎】ダカツ へびとさそり。「―のごとく嫌われる」
【蛇足】ダソク 余計な付けたし。「―ながら言い添えると」出典「戦国策 斉策上」より。
熟語「蛇身・大蛇（だいじゃ）（おろち）・毒蛇・藪蛇（やぶへび）・竜頭蛇尾」
❷形状などがへびに似ているもの。
【蛇口】ジャぐち 水道管の口金。「―をひねる」
【蛇の目】ジャのめ 大小二つの同心円からなる文様・家紋。
【蛇腹】ジャばら 蛇の腹のような伸縮する形状。
【蛇行】ダコウ 蛇のように曲がりくねっている。「川が―する」「―運転」
熟語「蛇紋・蛇管・委蛇（いい）（いだ）・長蛇（ちょうだ）」

シャク

シ

【尺】 5級 4画 尸-1 音 シャク呉・セキ漢 訓 ものさし ①2860 Ⓤ5C3A

難読 尺目(さしめ)

人名 かね・さか・さく

筆順 ㇇ コ 尸 尺

なりたち [象形]親指と、他の四本の指をそろえて開けた形にかたどり、はばの意を表す。転じて、長さの単位、ものさしの意に用いる。

❶長さの単位。一寸の一〇倍。

【尺八】(シャクハチ) 竹の根元で作った縦笛の一つ。注記 長さ一尺八寸を基準とするのでいう。

【尺貫法】(シャッカンホウ) 長さの単位を尺、質量の単位を貫、体積の単位を升とする日本古来の度量衡法。

熟語「尺角・尺璧・尺余・着尺・現尺・縮尺・長尺・羽尺」

❷ものさし。長さを測る器具。

【尺度】(シャクド)「評価の―(＝基準)が異なる」

【尺蠖の屈するは伸びんがため】将来の成功を得るために、一時の不遇を忍ぶべきことのたとえ。「尺蠖」は、シャクトリムシ。出典「易経 繋辞下」より。

熟語「曲尺・間尺・標尺」

❸わずか。短い。近い。狭い。

【尺寸】(セキスン) きわめて少ない。「―の地」

【尺地】(セキチ) わずかの土地。「―を得る」

熟語「尺鉄・尺土・咫尺」

❹(昔の手紙は長さ一尺の木の札に書かれたことから)手紙。

【尺牘】(セキトク) 手紙。書簡。文書。注記「牘」は文字を記す方形の木札。

熟語「尺簡・書尺」

【石】⇩セキ(三七二ページ)

【赤】⇩セキ(三七二ページ)

【昔】⇩セキ(三七三ページ)

【借】 7級 10画 人(亻)-8 音 シャク呉・シャ漢呉 訓 かりる ①2858 Ⓤ501F

筆順 亻 亻 什 借 借 借 借 借

なりたち [形声]人＋昔(積み重なる)音。自分に力が足りないとき、他人の力を重ねる意から、かりる・かす意を表す。

❶かりる。他人のものを一時的に使わせてもらう。取り入れる。

【借財】(シャクザイ) 借金。負債。「―をかかえる」

【借地】(シャクチ) 土地を借りる。「―権を売る」

【借入】(シャクニュウ) 借り入れる。「―金」

【借家】(シャクや) 家を借りる。「―住まい」

【借用】(シャクヨウ) 借りて使う。「無断―」「―証書」

【借料】(シャクリョウ)「―として月に1万円払う」

【借款】(シャッカン) 国際間の資金の貸し借り。

【借金】(シャッキン) 金銭を借りる。「―を踏み倒す」

【借景】(シャッケイ) 庭外の景色を庭園の構成要素として取り入れる。

熟語「借債・借銭・借覧・仮借・寸借・前借・租借・貸借・賃借・転借・拝借」

❷かす。ゆるす。見逃す。

熟語「仮借」

❸仮に。こころみに。

【借問】(シャモン) こころみに質問する。しゃくもん。

【酌】 準2級 10画 酉-3 音 シャク漢呉 訓 くむ ①2864 Ⓤ914C

〔酌〕 10画 酉-3

筆順 一 丅 万 两 两 酉 酌 酌

なりたち [形声]酉(酒つぼ)＋勺(ひしゃく)音。酒つぼからひしゃくでくみ出すの意。

❶酒をつぐ。くむ。

【酌取り】(シャクとり) 酒の酌をする。「―女」

熟語「酌婦・献酌・対酌・独酌・晩酌」

❷相手の事情や気持ちなどをよく考慮する。くむ。

【酌量】(シャクリョウ) 斟酌。「情状―の余地なし」

熟語「参酌・斟酌・媒酌」

◉異字同訓◉

◇くむ(酌・汲)

「汲む」は"水などをすくい取る。系統・流れを受け継ぐ"の意。「水を汲む」「印象派の流れを汲む作品」

「酌む」は"酒をついで飲む。気持ちを斟酌する"の意。「酒を酌む」「酒を酌み交わす」「わたしの気持ちも酌んでください」

【釈】 4級 11画 釆-4 音 シャク呉・セキ漢 訓 と-く・ゆる-す ①2865 Ⓤ91C8

【釋】 20画 釆-13 ②7857 Ⓤ91CB

難読 釈奠(おきまつり)(しゃくてん・せきてん)

人名 とき

筆順 ノ 立 平 釆 釈 釈 釈 釈

なりたち [形声]釆(わける)＋睪(数珠状に次々とつらなる)音。一つずつ順にわける意から、とく意を表す。「釈」は俗字。

❶とく。説明する。ときあかす。
【釈義】シャクギ 文章・語句などの解釈。
熟語「釈然・釈文・会釈・解釈・訓釈・講釈・語釈・新釈・注釈・註釈・通釈・評釈」

❷いいわけする。
【釈明】シャクメイ 弁明。「―の余地がない」
熟語「釈言」

❸迷いや疑いがとける。とかす。理解する。
【釈然】シャクゼン 「何回聞いても―としない」
熟語「希釈・稀釈・氷釈」

❹ゆるす。ときはなつ。
【釈放】シャクホウ 自由にしてやる。「仮―」
熟語「保釈」

❺釈迦(しゃか)のこと。
【釈迦】シャカ ①紀元前七～六世紀頃、ヒマラヤ山麓ネパールに居住していた部族。②仏教の開祖。釈迦牟尼(しゃかむに)。釈尊。釈迦如来。
【釈門】シャクモン 釈迦の一門。仏門。また、僧。
熟語「釈子・釈氏・釈典・釈老・釈教」

❻祭りの供え物をする。
【釈▼奠】セキテン 陰暦二月・八月の上の丁(ひのと)の日に孔子とその門人をまつる儀式。
熟語「釈菜(せきさい)」

【爵】

準2級 17画 爪-13
音 シャク漢・サク呉
①2863 Ⓤ7235

〔爵〕18画 爪-14

人名 くら・たか

筆順 ㇒ ㇆ ⺤ ⺥ 爫 爵 爵 爵

なりたち [象形]酒をつぐための、すずめのような形をした器にかたどる。さかずきの意。

❶貴族の身分を表す称号。栄誉。
【爵位】シャクイ 貴族の階級。旧華族制度では、公・侯・伯・子・男の五等級があった。
熟語「栄爵・公爵・侯爵・子爵・襲爵・授爵・人爵・男爵・天爵・伯爵・無爵・有爵」

❷さかずき。祭礼用の三本足の酒器。
熟語「罰爵」

❸すずめ。スズメ目の小鳥。同雀。
熟語「爵羅」

ジャク

【若】

5級 8画 艸(艹)-5
音 ジャク漢・ニャク呉・ジャ漢・ニャ呉
訓 わかい・もしくは・ごとし・この・しく・なんじ・もし
①2867 Ⓤ82E5

難読 若人(わこうど)・若干(そくばく)(そこばく)・若気(にやけ)・若魚子(わかなご)・杜若(かきつばた)

人名 なお・まさ・よし・より・わく

筆順 一 十 廾 艹 苎 芋 若 若

なりたち [象形]髪をとく、しなやかな女性にかたどる。のち、「艸」と「口」をくわえて「若」の字となった。しなやか、従順であるの意。

❶状態の意を添えることば。
熟語「自若・瞠若(どうじゃく)・泰然自若」

❷いくらか。
【若干】ジャッカン いくらか。多少。「―名募集」

❸梵語の音訳に用いる。
熟語「般若(はんにゃ)・阿蘭若(あらんにゃ)」

❹(国)わかい。年齢が少ない。同音の「弱」の代用から。
【若輩】ジャクハイ 年の若い者。「―の身」別表記 弱輩
【若気】わかげ 若者のはやる気持ち。「―の至り」
【若衆】わかシュ 若者。美少年。「―歌舞伎」
熟語「若年・老若(ろうにゃく)(ろうじゃく)」

❺(国)「若狭(わかさ)国」の略。
【若州】ジャクシュウ 若狭(わかさ)国の別名。
【若狭】わかさ 旧国名の一。今の福井県の西部、若狭湾沿岸にあたる。若州(じゃくしゅう)。

❻その他。
【若▽布】わかめ コンブ目の海藻。食用。別表記 和布・稚海藻・裙帯菜

【弱】

9級 10画 弓-7
音 ジャク漢・ニャク呉
訓 よわい・よわる・よわまる・よわめる
①2869 Ⓤ5F31

〔弱〕10画 弓-7

難読 弱竹(なよたけ)

筆順 ㇇ コ 弓 弓 弓 弜 弱 弱

なりたち [会意]弓二つ＋彡(なよやかな毛)二つ。なよなよとしてしっかりしていない弓の意から、よわい・わかいの意を表す。

❶よわい。力や勢いに欠ける。また、よわる。よわまる。よわめる。⇔強。
【弱者】ジャクシャ　立場の弱い者。「社会的―」⇔強者
【弱小】ジャクショウ　力が弱くて小さい。「―国家」⇔強大
【弱体】ジャクタイ　弱いからだ。「組織が―化する」
【弱点】ジャクテン　「―を突かれる」「―を握る」
【弱肉強食】ジャクニクキョウショク　強者が弱者を滅して栄える。出典 韓愈「送浮屠文暢師序」より。
【弱行】ジャッコウ　実行力が弱い。「薄志―」
【弱気】よわキ　気が弱い。「―な態度」⇔強気
【弱腰】よわごし　弱気である。「―になる」
熟語「弱卒・胃弱・強弱・虚弱・孤弱・衰弱・脆弱・繊弱・惰弱・懦弱・軟弱・柔弱・薄弱・微弱・病弱・貧弱・文弱・劣弱」
❷年わかい。年少。
【弱年】ジャクネン　年少。「―層」別表記 若年
【弱冠】ジャッカン　男子二〇歳。出典「礼記曲礼上」による。
熟語「弱輩」
❸その数に少し足りない。⇔強。
熟語「二〇名弱」

【寂】

4級　11画　宀-8　音 ジャク㊇・セキ㊈　訓 さび・さびしい・さびれる　①2868　Ⓤ5BC2

人名 しず・ちか・やす

筆順 宀 宀 宀 宇 宇 宋 寂 寂

なりたち  [形声]宀(いえ)+叔(こぢんまりとしている)音。家の中がひっそりとしてさびしいの意。篆文では、宀+尗。

❶さびしい。ひっそりとしてもの悲しい。また、さびれる。
【寂寂】ジャクジャク　「―として物静かな夜」
【寂▼寞】ジャクマク　せきばく。「―とした冬景色」
【寂然】セキゼン　ひっそりしている。「―静虚」
【寂▼寞】セキバク　ひっそりしている。「―たる廃墟」
【寂▼寥】セキリョウ　寂寞。「―の感」
熟語「閑寂・静寂」
❷仏教で、煩悩を離れた涅槃の境地。また、死ぬこと。
【寂滅】ジャクメツ　(仏)①煩悩をすべて打ち消した悟りの境地。涅槃。「―為楽」②死ぬ。
【寂光】ジャッコウ　(仏)①仏の真理の寂静なることと真智の光。理と智の二徳。②「寂光浄土」の略。仏の悟りである真理そのものが具現している世界。
熟語「寂静・帰寂・空寂・示寂・入寂」
❸(国)さび。古びて趣がある。閑寂の趣。枯れて渋みがある。茶の湯や俳諧で洗練された境地。
熟語「枯寂・幽寂」

【着】⇨チャク(四四八ページ)

シュ

【手】

10級　4画　手-0　音 シュ㊇・ス慣・シュウ(シウ)㊈　訓 て・た　①2874　Ⓤ624B

難読 手伝う・手見禁(てみせ)・手斧・手枕・手遊・手数入・手足れ・手爾波・手薬煉・手輿

人名 た・で

筆順 一 二 三 手

なりたち  [象形]五本の指のある手にかたどる。

❶て。うで。人の上肢。また、てのひら。た。
『手足を措く所なし』安心して身を置く場所がない。出典「論語子路」より。
【手沢】シュタク　手あか。愛用した物。「―本」
【手中】シュチュウ　手のうち。「成否は彼の―にある」
【手▽弱女】たおやめ　上品でしなやかな女性。たわやめ。⇔ますらお
【手▽水】ちょうず　手や顔を洗う水。「―場(=便所)」
【手▼桎・手▽械・手▼梏・手▼枷】てかせ　手を自由に動かせないようにする刑具。「―足枷となる」
【手形】てがた　掌の形を押したもの。一定の金額を一定の時期や場所で支払うことを約束する有価証券。
【手癖】てくせ　盗みのくせ。「―が悪い」
【手先】てさき　「―が器用だ」「悪者の―(=手下)」
【手相】てソウ　掌の形・筋などのようす。運勢判断に用いられる。「長寿の―」「―見」
熟語「手袋・握手・義手・挙手・赤手・隻手・双手・着手・徒手・入手・拍手・落手・両手」
❷手で操作する。手で持ち運ぶ。扱いやすい。小型の。
【手芸】シュゲイ　編み物・刺繡など。「―教室」
【手動】シュドウ　「―式」「―ブレーキ」⇔自動
【手▼榴弾】シュリュウダン　手で投げる小型の爆弾。
【手話】シュワ　手の形・動きや身振りなどによって意思を伝達する方法。「―通訳」
【手綱】たづな　馬具の一。乗り手が握って馬を操る綱。
【手頃】てごろ　扱いやすい。「―な値段」
【手玉】てだま　お手玉。「―に取る(=思うままに操る)」
【手帳・手▼帖】てチョウ　「―に予定を書き入れる」
【手本】てホン　模範。「習字の―」「―とすべき人」
熟語「手巾・手工・手燭・手裏剣」
❸てぎわ。うでまえ。しかた。手続き。
【手技】シュギ　手を使ってする技術。手仕事。
【手術】シュジュツ　外科医が治療のため、患部を切開して、

治療処置をほどこす。「開腹―」「行政の大―(=思い切って改める)を断行する」
【手段】シュダン　目的をとげるのに必要な方法・てだて。「―を選ばない」「生産―」
【手法】シュホウ　やり方。表現技法。「写実主義の―」
【手練】シュレン　「―の早業(はやわざ)」
【手腕】シュワン　腕前。「―を振るう」「―を発揮する」
【手当(て)】てあて　①前もっての準備。②けがの処置。「応急―」③労働への報酬。「月々の―」
【手柄】てがら　成果を発揮する。「大(おお)―」
【手軽】てがる　手間がかからない。「―な食事」
【手際】てぎわ　手腕。要領。「―が悪い」
【手管】てくだ　人をうまく操ったり、ごまかしたりする方法・技術。「手練(てれん)―」
【手品】てじな　「―師」
【手順】てジュン　段取り。「―が狂う」「―をふむ」
【手数】てスウ　てかず。「―を省く」「―料」
【手▽練れ】てだれ　技芸などがすぐれている。「剣の―」
【手続(き)】てつづき　方法。事務処理。「入学の―」
【手抜き】てぬき　必要な手順を省く。「―工事」
【手配】てハイ　準備。「会場を―する」「指名―」
【手▼筈】てはず　段取り。「―を決める」
【手引き】てびき　案内。「初心者向けの―書」
【手▽解き】てほどき　初歩の教程。「学問の―を受ける」
【手間】てま　労力や時間。「―のかかる仕事」
【手短】てみじか　簡単。簡略。「―に説明する」
【手練】てレン　人を思うままにあやつる技巧。「―手管(てくだ)」
熟語「悪手・魔手・妙手」

❹てずから。みずからの手で。た。
【手簡・手▼翰】シュカン　手紙。書状。
【手記】シュキ　「芸能人の―が出版される」
【手跡・手▼蹟】シュセキ　筆跡。「みごとな―」
【手向け】たむけ　「―(=神仏や死者の前に供える)の花」

【手紙】てがみ　書簡。書状。封書。「―を送る」
【手心】てごころ　手加減。「―を加える」
【手弁当】てベントウ　「―(=弁当持参)で選挙活動を手伝う」
熟語「手交・手写・手書・手詔」

❺ある役割にあたる人。また、技能をもつ人。
熟語「相手・歌手・旗手・技手・国手・上手(じょうず)・助手・選手・舵手(だしゅ)・妙手・名手・運転手・好敵手」

❻(国)働く人。労力。
熟語「猫の手・働き手」

❼(国)部下。配下。
【手下】てした　配下。「―に見張りをさせる」
熟語「手兵・手代」

❽(国)種類。また、方面。
熟語「奥手(おくて)・山手(やまて)」

❾(国)きず。負傷する。
熟語「痛手・深手(ふかで)」

❿(国)代金。
熟語「酒手(さかて)・元手」

【主】

8級　5画　丶-4　音 シュ(漢)(呉)・ス(呉)・シュウ(漢)　訓 ぬし・おも・あるじ　①2871　Ⓤ4E3B

難読 主水(もいとり)(もんど)・主典(さかん)・主基(すき)
人名 かず・つかさ・もり・ゆき
筆順 丶 亠 亍 キ 主
なりたち  [象形]燭台でともる火の形にかたどり、静止しているほのおの意を表す。転じて、じっととどまる、ぬし・あるじの意に用いる。

❶あるじ。一国・一家の長。かしら。客をもてなす側の人。
【主家】シュカ　主人の家。「―の娘をめとる」
【主客】シュカク　主体と客体。「―転倒」
【主君】シュクン　君主。主人。「―に仕える」
【主従】シュジュウ　主人と従者。「―関係」
【主上】シュジョウ　天皇を敬っていう語。至尊。
【主人】シュジン　あるじ。「御―(=他家の夫)」
【主命】シュメイ　主人の命令。「―に背(そむ)く」
熟語「貫主(かんじゅ)・君主・戸主・祭主・座主(ざす)・社主・城主・施主・亭主・賓主・法主(ほうしゅ)(ほっしゅ・ほっす)・坊主(ぼうず)・盟主・喪主」

❷ぬし。所有者。
熟語「庵主(あんじゅ)(あんしゅ)・株主・地主(じしゅ)(じぬし)・店主・領主」

❸つかさどる。中心となって働く。
【主演】シュエン　主役を演ずる。「―俳優」⇔助演
【主幹】シュカン　仕事の中心となる人。「編集―」
【主管】シュカン　主となって管轄する。「―官庁」
【主計】シュケイ　会計を担当する。「―官」
【主査】シュサ　中心になって審査する。「論文審査の―」
【主宰】シュサイ　中心となってまとめる。「劇団の―者」
【主催】シュサイ　中心となって行事を運営する。
【主唱】シュショウ　中心となって意見をいう。「―者」
【主税】シュゼイ　税をつかさどる。「―局」
【主席】シュセキ　政府・団体などの代表。「国家―」
【主導】シュドウ　中心となって導く。「―権」
【主任】シュニン　中心となって任務にあたる。「教務―」
【主犯】シュハン　複数で罪を犯した場合に、実行の中心となった者。正犯。
【主筆】シュヒツ　新聞社で、社説など重要な記事を書く人。
【主婦】シュフ　家事を中心にとりしきる女性。

熟語「主祭・主事・主審・主動・主謀・主治医」

❹おも。おもな。中心となる。

【主意】イシュ 主な意味。また、意志を主とする。「法案の―」「―主義」

【主因】シュイン 主要な原因。

【主眼】シュガン 物事の最も重要な点。「―点」

【主義】シュギ 特定の理念にもとづく、思想上・学問上の立場。「実証―」

【主権】シュケン 国家の統治権。「―在民」

【主旨】シュシ 主なことがら。「判決理由の―」

【主軸】シュジク 中心となる人や事柄。「チームの―」

【主将】シュショウ 全軍の総大将。スポーツのキャプテン。

【主食】シュショク 日常の食事の中心となる食品。米飯・麺類・パンなど。⇔副食

【主戦】シュセン 「―論(=好戦的な主張)」「―投手」

【主題】シュダイ ①主要な題目。②談話・文章・研究などの、中心となるテーマ。③音楽で曲全体の中心となる旋律。

【主張】シュチョウ 「主義―」「自説を―する」

【主文】シュブン 文章中の最も重要な部分。

【主役】シュヤク 主人公の役。⇔脇役(わきやく)

【主要】シュヨウ 重要。「―な人物」「―産業」

【主流】シュリュウ ①川の主な流れ。本流。②組織・団体の中心勢力。多数派。「―派」

【主力】シュリョク おもな力。「―選手」

熟語「主訴・主著・主潮・主調・主賓・主産地・主人公」

❺認識または行動する中心。

【主観】シュカン ①対象について認識・行為・評価などを行う意識のはたらき。②自分ひとりだけの考え。▽⇔客観

【主語】シュゴ 文の成分の一。文中で「何がどうする」「何がどんなだ」「何が何だ」における「何が」にあたる部分。⇔述語

【主体】シュタイ 「―的」「学生―で行う」⇔客体

熟語「主我・主知」

【守】

8級　6画　宀-3　音 シュ(呉)・ス(呉)・シュウ(シウ)(漢)　訓 まもる・もり・まも-り・かみ　①2873 Ⓤ5B88

難読 家守(やもり)・留守(るす)

人名 え・かみ・さね・もれ

筆順 丶 丷 宀 宀 守 守

なりたち ［形声］宀＋寸(手)音。手で家の中に囲みこみ保護する意から、まもる意を表す。

❶まもる。ふせぐ。もり。まもり。

【守衛】シュエイ 警備をする人。「校門に―を置く」

【守護】シュゴ ①守る。「―神」②中世、武家の職名。

【守勢】シュセイ 守る立場。「―に立たされる」⇔攻勢

【守備】シュビ 防御。「―を固める」⇔攻撃

熟語「守兵・攻守・固守・死守」

❷みまもる。みはる。また、たもつ。保持する。

【守旧】シュキュウ 保守的である。「―派」

【守株】シュシュ いつまでも古い習慣にこだわる。出典「韓非子五蠹」より。

【守秘】シュヒ 秘密を守る。「―義務」

熟語「守成・守銭奴・看守・監守(かんしゅ)(かんす)・厳守・遵守・鎮守・保守・墨守」

❸地方長官。

熟語「郡守・国守・太守」

❹(国)まもり。神仏の加護を保証する札。

熟語「お守り・守り札」

❺(国)かみ。律令制で、国司の長官。

熟語「出羽守」

❻その他。

【〈守宮〉】やもり 爬虫類の一種。別表記 家守

【朱】

4級　6画　木-2　音 シュ(漢)・ス(呉)　訓 あか・あけ　①2875 Ⓤ6731

難読 朱嘴鶴(しゅばしこう)・朱欒(ザボン)・朱鷺(とき)

人名 あか・あけ・あけみ・あや

筆順 ノ 𠂉 牛 牛 朱

なりたち ［指事］木の中央に横線を示し、切り株の意を表す。「株」の原字。転じて、切り口の部分が赤い意に用いる。

❶あか。あけ。赤い色。黄色みを帯びたあか。五行説で、南方の正色とする。

【朱印】シュイン 朱肉で押した印。将軍などが公的文書に用いた。「―船」「―状」

【朱肉】シュニク 印判用の、朱色の印肉。

【朱塗(り)】シュぬり 「―の椀」「―の門」

【朱筆】シュヒツ 「―を入れる(=文章をなおす)」

【朱雀】スザク 四方をつかさどる天の四神(しじん)の一。

熟語「朱夏・朱顔・朱硯(しゅけん)・朱紫・朱墨・朱門・朱唇皓歯・金朱・銀朱・丹朱」

❷その他。人名など。

【朱熹】シュキ 一一三〇〜一二〇〇 中国、南宋の儒学者。朱子学を大成。

【朱元璋】シュゲンショウ 一三二八〜一三九八 中国、明の初代皇帝(在位一三六八〜一三九八)。

【朱子学】シュシガク 朱熹によって大成された儒教の学説。

【取】

8級　8画　又-6　音 シュ(漢)(呉)　訓 とる　①2872 Ⓤ53D6

難読 取置き(とっとき)

筆順 一 丅 F F E 耳 耵 取

なりたち ［会意］耳＋又(手)。敵の耳を戦功のあかしとして手で切りとるの意。

◉異字同訓◉

◇とる（取・執・採・▽穫・捕・▽獲・撮・▽録・▽盗・▽摂）

「取る」は〝手に持つ。手に入れる。徴収する。時間や労力を要する。引き受ける〟の意。「本を手に取る」「資格を取る」「天下を取る」「手数料を取る」「手間を取る」「責任を取る」

「執る」は〝手に持って使う。行う〟の意。「筆を執る」「政務を執る」「毅然たる態度を執る」

「採る」は〝集める。採集する。えらぶ〟の意。「きのこを採る」「天窓から明かりを採る」「大豆から油を採る」「決を採る」「新卒を採る」

「穫る」は〝農作物などを収穫する〟の意。「穫ったばかりのトマト」

「捕る」は〝つかまえる。捕球する〟の意。「蝶(ちょう)を捕る」「トンボを捕る」「外野フライを捕る」

「獲る」は〝狩りや漁などで獲物をつかまえる〟の意。「捕る」とも書く。「熊を獲る」「魚を獲る」

「撮る」は〝写真や映画を撮影する〟の意。「写真を撮る」「映画を撮る」「レントゲンを撮る」

「録る」は〝録音・録画する〟の意。「ビデオに録る」「野鳥の声をテープに録る」

「盗る」は〝他人の物をうばう。ぬすむ〟の意。「取る」とも書く。「お金を盗る」「財布を盗られる」

「摂る」は〝体内に取りこむ。食べる〟の意。「食事を摂る」「栄養を摂る」

とる。手にいれる。自分のものにする。また、選びとる。

【取材】(シュザイ)「新聞社からの―を受ける」

【取捨選択】(シュシャセンタク) よいもの・必要なものを選びとり、悪いもの・不要なものを捨てる。

【取得】(シュトク) 手に入れる。「免許を―する」

【取(り)柄・取(り)得】(とりえ) 長所。「何の―もない」

【取次】(とりつぎ) 仲介。受け渡し。「電話の―をする」

【取引】(とりひき) 商品などの売買。「―先」「裏―」

熟語「取捨・看取・採取・搾取・詐取・進取・窃取・摂取・先取・奪取・聴取・略取・録取」

【狩】

4級 9画 犬(犭)-6

音 シュ㊇・シュウ(シウ)㊉

訓 かる・かり

①2877 Ⓤ72E9

人名 もり

筆順 ノ 犭 犭 犭' 犷 犷 狞 狩 狩

なりたち ［形声］犬＋守(手で家の中に囲いこみまもる)㊥。動物を中に囲いこんで逃げられないようにする意から、かりの意を表す。

❶かる。野生の鳥や獣をとる。かり。

【狩▽衣】(かりぎぬ) 公家・武家の平服。のち礼服。現在は、神官の服装に見られる。

【狩▽人】(かりゅうど) 鳥や獣などをとる仕事をする人。猟師(りょうし)。かりうど。注記「かりひと」の転。

【狩猟】(シュリョウ) 狩り。猟。「―が解禁になる」

熟語「狩田・出狩」

❷〔国〕かり。花や紅葉を観賞したり、果物や山菜を採集したりする。

熟語「潮干狩り・葡萄(ぶどう)狩り・紅葉狩り」

【首】

9級 9画 首-0

音 シュ㊉㊇・シュウ(シウ)㊉

訓 くび・かしら・こうべ・はじめ

①2883 Ⓤ9996

難読 首肯(うなず)く・首級(しるし)・首座(くびのざ)(しゅざ・しゅそ)・首途(かどで)

人名 かみ・さき・はじめ

筆順 丶 丷 䒑 䒑 产 产 首 首 首

なりたち ［象形］髪の毛がはえている頭部にかたどる。こうべ・くびの意。

❶くび。あたま。こうべ。

【首級】(シュキュウ) 討ちとった敵の首。注記 中国、戦国時代の秦の法で、敵の首を一つ取ると一階級上がったところから。

【首肯】(シュコウ) 同意する。「その学説は―しがたい」

【首▼鼠両端】(シュソリョウタン) どちらか一方に決めかねている。「―を持(じ)す」出典「史記 魏其・武安侯伝」より。

熟語「首功・首甲・首足・首服・足首・襟首・鶴首・鳩首・梟首(きゅうしゅ)・梟首(きょうしゅ)・絞首・斬首・手首・頓首・寝首・竜頭鷁首(りょうとうげきしゅ)(りょうとうげきす)」

❷かしら。おさ。かしらだつ者。

【首▼魁】(シュカイ) 首謀者。さきがけ。「反乱の―」

【首長】(シュチョウ) ①集団や団体を統率する人。かしら。②行政組織の長。主に地方公共団体の長。

【首脳】(シュノウ) 組織・団体の幹部。「―会議」

【首謀】(シュボウ) 中心となって陰謀を企てる。別表記 主謀

【首領】(シュリョウ) 仲間・集団の長。「盗賊の―」

熟語「元首・党首・頭首・盟首」

❸最上位。第一位。

【首位】(シュイ) 首席。「―に立つ」

【首相】(シュショウ) 内閣の首席の大臣。「―官邸」

【首席】(シュセキ) 第一位。「―で卒業する」⇔次席

【首都】(シュト) 一国の中央政府がある都市。「―圏」

【首班】(シュハン) 内閣総理大臣。「―指名」

【首府】(シュフ) 首都。

熟語「首座」

❹はじめ。はじまり。先端部。

【首唱】(シュショウ) 一番先に言い出す。「―者」

【首題】(シュダイ) はじめに書いてある題目。

【首途】(シュト) 門出かどで。「人生の―を祝う」

【首尾】(シュビ) ①始めから終わりまで。「文の―を整える」②結果。顚末てんまつ。「上々の―に終わる」

【首尾一貫】(シュビイッカン) 終始一貫。「―した態度」

熟語「首巻・首歳・首時・巻首・起首・機首・歳首・船首・部首」
❺罪を白状する。もうす。
熟語「首服・自首」
❻漢詩や和歌を数える助数詞。
熟語「落首・百人一首・唐詩三百首」
❼(国)解雇。免職。くび。
用例「馘首かくしゅ・会社を首になる」

【修】⇩シュウ(二九〇ページ)

【殊】

3級 10画 歹-6 音 シュ 漢 呉 訓 こと・ことに
Ⓙ2876 Ⓤ6B8A

人名 よし
筆順 一 ア 歹 歹 歼 殊 殊
なりたち [形声]歹(しぬ)+朱(切り株)音。株を切るように、胴や首を横に切断して殺す意から、普通でない、他と異なる意を表す。

❶こと。ことに。他よりきわだっている。
【殊更】(ことさら) ①故意に。わざと。「―つらくあたる」②とりわけ。「―厳しい寒さ」

【殊遇】(シュグウ) 特別なもてなし。「―を受ける」

【殊勲】(シュクン) すぐれた手柄。「―賞」「―をたてる」

【殊勝】(シュショウ) 感心である。「―な心がけ」

熟語「殊異・殊域・殊恩・殊績・殊寵・特殊」
❷たちきる。ころす。
熟語「殊死」

【珠】

準2級 10画 玉(王)-6 音 シュ 漢 呉・ジュ 慣 訓 たま
Ⓙ2878 Ⓤ73E0

難読 珠鶏ほろほろちょう
人名 たま・み
筆順 一 T 王 王 玓 珠 珠 珠
なりたち [形声]玉+朱(切り口の部分が赤く美しい)音。美しい玉の意。

❶たま。しんじゅ。
【珠玉】(シュギョク) ①真珠と宝石。②美しいもの、すぐれたもののたとえ。「―の短編」「―の小品」
熟語「珠翠・珠簾しゅれん・遺珠・真珠・宝珠ほうしゅ(ほうじゅ)・明珠」
❷たま状の丸いもの。
【珠算】(シュザン) 算盤そろばんを使ってする計算。「―教室」
熟語「数珠じゅず(ずず)・念珠ねんじゅ・連珠・聯珠」

【酒】

8級 10画 酉-3 音 シュ 漢 呉 訓 さけ・さか
Ⓙ2882 Ⓤ9152

人名 み
筆順 氵 氵 汀 汀 洒 酒 酒
なりたち [会意]酉(酒つぼ)+水。酒つぼの中で発酵した液体の意。

さけ。さか。アルコール分を含む飲料。さけを飲む。

【酒蔵】(さかぐら) 酒を醸造したり貯蔵したりする蔵。

【酒手】(さかて) 酒の代金。「―(=チップ)をはずむ」

【酒は百薬の長】(さけはひゃくやくのちょう) 適度の飲酒はどんな薬にもまさって体によい。出典「漢書食貨志下」より。

【酒宴】(シュエン) さかもり。宴会。「―を催す」

【酒家】(シュカ) 酒を売る店。酒飲み。酒客しゅかく。

【酒気】(シュキ) 酒のかおり。「―帯び(=酒酔い)運転」

【酒肴】(シュコウ) 酒とさかな。「―料」

【酒色】(シュショク) 飲酒と女遊び。「―にふける」

【酒食】(シュショク) 酒と食事。「―を共にする」

【酒席】(シュセキ) 酒宴の席。酒の席。「―を設ける」

【酒仙】(シュセン) 心から酒を好み楽しむ人。大酒飲み。

【酒造】(シュゾウ) 酒をつくる。「―業を営む」

【酒池肉林】(シュチニクリン) ぜいたくをきわめた酒宴。出典「史記殷本紀」より。

【酒乱】(シュラン) 酒に酔ってあばれる者。

熟語「酒客しゅかく・酒精・酒税・酒徒・酒盗・酒杯・酒楼・酒中仙・悪酒・飲酒・禁酒・葷酒くんしゅ・原酒・古酒・清酒・斗酒・乳酒・美酒・名酒・銘酒・薬酒・洋酒・冷酒・葡萄酒」

【衆】⇩シュウ(二九二ページ)

【腫】

2級 13画 肉(月)-9 新常用 音 シュ 呉・ショウ 漢 訓 はれる・はらす
Ⓙ2880 Ⓤ816B

筆順 丿 月 肝 脂 脂 腫 腫
なりたち [形声]肉+重(おもい)音。からだの一部がふくれておもい意から、はれる意を表す。

はれる。むくむ。はらす。はれもの。できもの。

【腫脹】(シュチョウ) 身体の一部がはれる。はれ。

【腫物】(シュモツ) はれもの。できもの。

【腫瘍】(シュヨウ) 異常に増殖した細胞の塊。「良性―」

熟語「筋腫・血腫・骨腫・水腫・肉腫・膿腫・嚢腫・浮腫ふしゅ(ゆ)(むくみ)」

【種】

7級 14画 禾-9 音 シュ 呉・ショウ 漢 訓 たね・くさ・うえる
Ⓙ2879 Ⓤ7A2E

難読 種姓すじょう
人名 おさ・かず・くさ・しげ・ふさ

筆順

なりたち 〔形声〕禾（作物）＋重（下向きに重みがかかる）音。土に植えこむたねの意。

❶たね。発芽のもととなるもの。血統。血筋を伝えるもの。くさ。物事の材料。原因。
【種子】シシュ 植物のたね。
【種畜】シュチク 品種改良・繁殖（はんしょく）のための家畜。
【種苗】シュビョウ 種（たね）と苗（なえ）。「―店」
【種芋】たねいも 種となる芋。「―を植え付ける」
【種馬】たねうま 種付け用の血統のよい雄馬。
【種▼籾】たねもみ 種子としてまくために選んだ籾。
熟語「種子植物・原種・採種・質種（しちぐさ）・播種（はしゅ）・良種」
❷うえる。たねをまく。
【種痘】シュトウ 天然痘予防のため、痘苗（とうびょう）を接種すること。
熟語「接種」
❸系統が同じものの集まり。
【種種】シュジュ いろいろ。種類が多い。「―雑多」
【種族】シュゾク ①部族・民族。②同じ種類に属する生物。
【種別】シュベツ 種類で区別する。「職業で―する」
【種目】シュモク 種類別に分けた項目。「競技―」
【種類】シュルイ 共通する性質・形態などにより分類したもの。「動物の―」
熟語「種属・亜種・異種・各種・機種・下種（げす）（げしゅ）・雑種・人種・多種・品種・変種」

【趣】

4級 15画 走-8
音 シュ 漢 呉
訓 おもむき・おもむ-く
①2881 Ⓤ8DA3

人名 とし

筆順

なりたち 〔形声〕走＋取（ごく少量をつまみとる）音。時間をぐっと縮め、急いで行く意から、おもむく意を表す。

❶おもむく。すすむ。向かう。
熟語「趣時・趣舎」
❷心のおもむくところ。ことのわけ。かんがえ。
【趣意】シュイ 目的。「会合の―を説明する」
【趣向】シュコウ おもしろみやおもむき。「―を凝らす」
【趣旨】シュシ 目的。「―に反する」「―を理解する」
熟語「意趣・旨趣・理趣」
❸おもむき。あじわい。
【趣味】シュミ ①楽しみですること。余技。「―と実益を兼ねる」②味わい・おもむき。情趣。③物のおもむきを感じとる能力。「―のいい服」
熟語「趣尚・異趣・画趣・雅趣・興趣・景趣・詩趣・情趣・俗趣・風趣・妙趣・野趣」
❹〔仏〕衆生（しゅじょう）が自らの行為によっておもむく世界。
熟語「悪趣・善趣・天趣・六趣」

ジュ

【寿】

3級 7画 寸-4
音 ジュ 呉・ス 慣・シュウ（シウ）漢
訓 ことぶき・ことほ-ぐ・ひさ-しい
①2887 Ⓤ5BFF

【壽】14画 士-11 ②5272 Ⓤ58FD

難読 寿司（すし）
人名 いき・かず・たもつ・つね・とし・なが・のぶ・ひさ・ひさし・ひで・ひろし・やすし・よし

筆順

なりたち 〔形声〕「老の変形」（老人）＋𠷎（曲がりくねって長くつづく）音。老人が長生きするさまの意。「寿」は「壽」の草体から。

❶ひさしい。ながいきする。ながいき。
【寿福】ジュフク いのち長くしあわせである。福寿。
熟語「寿夭（じゅよう）・鶴寿・福寿・老寿」
❷とし。年齢。いのち。
【寿命】ジュミョウ 生命の長さ。物の耐用年数。「平均―」
【寿齢】ジュレイ 長い命。長寿。「―を重ねる」
【寿老人】ジュロウジン 七福神の一人。長寿の神。
熟語「延寿・聖寿・長寿・天寿」
❸ことほぐ。ことぶき。ながいきの祝い。めでたいこと。
【寿賀】ジュガ 還暦などの長寿の祝い。
【寿春】ジュシュン 春をことほぐ。年賀状に用いる言葉。
熟語「寿宴・寿詞・寿酒・寿蔵・寿杯・賀寿・喜寿・傘寿・卒寿・白寿・米寿」

【受】

8級 8画 又-6
音 ジュ 呉・シュウ（シウ）漢・ズ 呉
訓 うける・うかる・う-け
①2885 Ⓤ53D7

難読 受領（ずりょう）
人名 うく・おさ・しげ・つぐ

筆順

なりたち 〔形声〕甲骨文では、爪（手）＋舟（わたしぶね）音＋又（手）。手から手にうけ渡された物をうけとるの意。篆文では、「舟」が「冖」に変形した。

◇うける（受・請・▽承・▽享） ●異字同訓●

シ

「**受ける**」は〃うけとめる。こうむる。もらう〃の意。「ボールを受ける」「挑戦を受ける」「被害を受ける」「試験を受ける」「学位を受ける」「大衆に受ける」

「**請ける**」は〃うけおう。仕事などを引き受ける〃の意。「注文を請ける」「仕事を請ける」

「**承ける**」は〃引き継ぐ。継承する〃の意。「先代のあとを承ける」

「**享ける**」は〃身に授かる〃の意。「この世に生を享ける」

うける。取り入れおさめる。与えられる。聞き入れる。こうむる。

【受(け)身】うけみ ①受動的・消極的な態度。②柔道で、安全に倒れる方法。

【受益】ジュエキ 利益を受ける。「—者負担の原則」

【受戒】ジュカイ 〔仏〕守るべき戒律を受ける。⇔授戒

【受給】ジュキュウ 配給や支給をうける。「年金—資格」

【受検】ジュケン 検査・検定をうける。「学力検査の—」

【受験】ジュケン 試験、特に入学試験を受ける。

【受講】ジュコウ 講義や講習を受ける。「—生」「—料」

【受章】ジュショウ 勲章・褒章などをもらう。⇔授章

【受賞】ジュショウ 賞をもらう。「芥川賞を—する」⇔授賞

【受信】ジュシン 電話・電波などを受ける。「—料」⇔発信・送信

【受診】ジュシン 診察をうける。「病院で—する」

【受精】ジュセイ 雌の卵子と、雄の精子とが結びつく。

【受贈】ジュゾウ 贈り物をうける。「—図書」

【受胎】ジュタイ 妊娠する。みごもる。「—告知」

【受託】ジュタク 委託を受ける。「—収賄しゅうわい」

【受諾】ジュダク 受け入れる。「降伏の勧告を—する」

【受注】ジュチュウ 注文をうける。「—生産」⇔発注

【受動】ジュドウ 他からの作用をうける。「—的」⇔能動

【受難】ジュナン ①苦難・災難にあう。②キリストが十字架にかけられたこと。

【受粉】ジュフン めしべの柱頭に同一種の花のおしべの花粉がつく。「自家—」

【受容】ジュヨウ うけいれる。「外国文化を—する」

【受理】ジュリ 受け付けて処理する。「辞表を—する」

【受領】ジュリョウ うけとる。領収。「—証」

熟語「受戒・受業・受講・受像・受忍・受納・甘受・享受・口受こうじゅ(くじゅ)・収受・授受・送受・伝受・拝受・傍受」

【呪】

2級 8画 口-5 新常用

音 ジュ㊉・シュウ(シウ)㊊・ズ㊝

訓 のろう・のろい・まじない・まじなう

①2886 Ⓤ546A

〔咒〕8画 口-5 ②5080 Ⓤ5492

筆順 

なりたち 〔形声〕口(ことば)+「口(言う)+儿(ひざまずく人)」㊅。神前でひざまずいていのることばの意。のち、幸いをいのる場合には祝、不幸をいのる場合には呪を用いるようになった。

❶のろう。他に災いがあるよう祈る。のろい。

【呪▼詛】ジュソ 災いが起こるように神仏に祈る。

【呪縛】ジュバク 祈禱で相手の自由を奪う。「—を解く」

熟語「呪罵じゅば」

❷まじなう。災いを除くなどの目的で神仏に祈る。まじない。また、仏教で、真言または、陀羅尼だらにのこと。

【呪術】ジュジュツ 神仏にはたらきかけて、種々の現象を起こす。「—師」

【呪文】ジュモン まじないのことば。「—をとなえる」

熟語「呪禁じゅごん・呪符・呪法・印呪・禁呪・誦呪じゅじゅ・符呪」

【従】⇩ジュウ(二九六ページ)

【授】

6級 11画 手(扌)-8

音 ジュ㊉・シュウ(シウ)㊊

訓 さずける・さずかる

①2888 Ⓤ6388

筆順 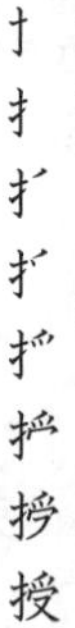

なりたち  〔形声〕手+受(手から手にうけ渡す)㊅。物を手から手に渡して受けとらせるの意。

さずける。与える。さずかる。

【授戒】ジュカイ 〔仏〕守るべき戒律をさずける。⇔受戒「—を受ける」「—中」

【授業】ジュギョウ 失業者などに仕事を与える。「—所」

【授産】ジュサン 失業者などに仕事を与える。「—所」

【授受】ジュジュ 受け渡し。やりとり。「金銭の—」

【授章】ジュショウ 勲章などをさずける。⇔受章

【授賞】ジュショウ 賞をさずける。⇔受賞

【授精】ジュセイ 卵子と精子を結合させる。「人工—」

【授乳】ジュニュウ 乳児に乳を飲ませる。「—期」

【授与】ジュヨ 証書・賞などをさずける。「—式」

熟語「授衣・授命・教授・口授こうじゅ(くじゅ)・講授・師授・親授・天授・伝授・面授」

【就】⇩シュウ(二九二ページ)

【需】

4級 14画 雨-6

音 ジュ㊝・シュ㊊

訓 もとめる

①2891 Ⓤ9700

人名 まち・みつ・もと・もとむ

筆順 

なりたち  〔会意〕雨+而(柔らかいひげ)。雨にぬれて柔らかくなる意から、動きがにぶり、何かをあてにしてまつ意を表す。

もとめる。必要とする。

【需給】ジュキュウ 需要と供給。「―のバランス」
【需用】ジュヨウ 入り用。「電力―」「ガスの―」
【需要】ジュヨウ ①必要としてもとめる。②〔経〕商品を買いたいという要求。また、その商品の量や総額。⇔供給
熟語「応需・外需・官需・軍需・特需・内需・必需・民需」

【儒】

準2級　16画　人(亻)-14　音 ジュ 漢　①2884 Ⓤ5112

人名 ひと・みち・やす・よし

筆順 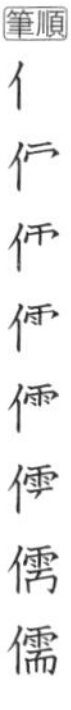

なりたち  〔形声〕人＋需(雨にぬれて柔らかくなる)音。柔和でおだやかな人の意。

❶よわい。みじかい。
熟語「侏儒(しゅじゅ)」

❷学者。特に孔子の教えを奉じている学者。また、その学問・学派。
【儒家】ジュカ 儒教の学者。また、その学派。儒者。
【儒学】ジュガク 春秋時代の孔子を祖とする政治・道徳の学問。
【儒教】ジュキョウ 仁を根本に置き、政治・道徳を説いた孔子を祖とする教え。
【儒者】ジュシャ 儒教を研究し、その教えを説く人。
熟語「儒道・儒仏・儒林・坑儒・鴻儒(こうじゅ)・宿儒・碩儒(せきじゅ)・俗儒・大儒・腐儒・老儒・焚書坑儒」

❸外国語の音訳に用いる。
【儒▼艮】ジュゴン 海にすむ哺乳類。古来、人魚に擬せられる。

【樹】

5級　16画　木-12　音 ジュ 呉・シュ 漢　訓 う-える・き・た-てる　①2889 Ⓤ6A39

難読 樹懶(なまけもの)・槭樹(かえで)・白辛樹(あさがら)

人名 いつき・しげ・たつ・たつき・な・みき・むら

筆順 

なりたち  〔形声〕木＋尌(太鼓をまっすぐ立てる)音。まっすぐ立っている木の意。

❶き。木質の幹をもつ植物。立ち木。
【樹陰・樹▼蔭】ジュイン こかげ。「―に憩う」
【樹液】ジュエキ 樹木の分泌液。「―に虫が集まる」
【樹海】ジュカイ 海のように広がる森林。「青木ケ原―」
【樹脂】ジュシ 樹木から分泌する粘度の高い液体。
【樹木】ジュモク 木。立ち木。「―を植える」
【樹林】ジュリン 樹木が密生している群落。「針葉―」
【樹齢】ジュレイ 樹木の年齢。「―四〇〇年の大木」
熟語「樹皮・樹氷・果樹・巨樹・植樹・神樹・大樹・風樹・緑樹・街路樹・広葉樹・常緑樹・針葉樹・落葉樹・娑羅(さら)双樹」

❷うえる。木の根を土に埋めて育てる。
熟語「樹芸・樹畜」

❸たてる。起こして、しっかり定まるようにする。
【樹立】ジュリツ しっかりと立てる。「世界記録を―する」
熟語「樹功・樹徳」

❹その他。
熟語「公孫樹(こうそんじゅ)(いちょう)・覇王樹(はおうじゅ)(サボテン)」

シュウ

【収】

5級　5画　又-3　音 シュウ(シウ) 漢・シュ 呉　訓 おさめる・おさまる　①2893 Ⓤ53CE

【收】 6画　攴(攵)-2　②5832 Ⓤ6536

人名 おさむ・かず・さね・すすむ・なお・なか・のぶ・もと・もり

筆順 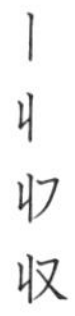

なりたち  〔形声〕丩(あつめまとめる)音＋攵(棒を手にもつ)。まとまりをつける、おさめるの意。「収」は略字。

◉異字同訓◉【治】(二六五ページ)の「異字同訓」欄を参照のこと。

❶おさめる。とり入れる。
【収益】シュウエキ 利益をえる。「―金」「―をあげる」
【収穫】シュウカク ①農作物をとりいれる。②ある事をして得た良い結果。「何らの―もない会談だった」
【収監】シュウカン 人を監獄に収容する。「―状」
【収載】シュウサイ 作品などを書物にのせる。
【収集】シュウシュウ ①よせ集める。②趣味や研究などのために、品物や資料を集める。「―家」 別表記 蒐集
【収蔵】シュウゾウ ①農作物を蓄えておく。②手元にしまっておく。「古書を―する」
【収得】シュウトク 自分のものにする。手に入れる。
【収入】シュウニュウ 事業や労働の結果として、個人や団体に入ってくるお金。所得。「臨時―」⇔支出
【収納】シュウノウ ①品物をしまいおさめる。「―スペース」②国や地方公共団体が現金を受領する。
【収容】シュウヨウ 人や品物を一定の場所に入れる。
【収▼攬】シュウラン 「人心を―する(=人々の心をつかむ)」
【収録】シュウロク ①書物・新聞などに載せる。②録音・録画する。「番組の公開―」
【収賄】シュウワイ 賄賂(わいろ)を受け取る。「―罪」⇔贈賄(ぞうわい)
熟語「押収・回収・吸収・採収・接収・徴収・撤収・買収・没収・領収」

❷とり入れたもの。とりだか。所得。
【収支】シュウシ 収入と支出。「―決算」

シ

熟語「月収・減収・徴収・増収・年収」

❸おさまる。一点にあつまる。

【収拾】シュウシュウ　混乱した物事をとりおさめる。「―がつく」「事態の―をはかる」

【収束】シュウソク　収拾。「事態は―に向かった」

熟語「収差」

❹ちぢまる。ひきしまる。

【収縮】シュウシュク　ちぢむ。ちぢめる。「―作用」⇔膨張

【収斂】シュウレン　収縮する。「―剤」

【囚】

準2級　5画　囗-2　音 シュウ(シウ)漢・シュ呉　訓 とら-える・とら-われる・とりこ　①2892 Ⓤ56DA

筆順 丨 冂 冂 囚 囚

なりたち [会意]囗(かこい)＋人。人を囲いの中に閉じこめる意から、とらえる意を表す。

とらえる。監禁する。とらわれる。また、とりこ。罪人。

【囚獄】シュウゴク　牢獄(ろうごく)。牢屋。牢。

【囚人】シュウジン　刑務所などに入れられている人。

熟語「囚役・囚徒・囚縛・囚俘・囚虜・獄囚・死囚・女囚・俘囚(ふしゅう)・幽囚・死刑囚・脱獄囚」

【州】

8級　6画　巛-3　音 シュウ(シウ)漢・シュ呉　訓 す・くに・しま　①2903 Ⓤ5DDE

注記「洲」の書き換え字としても用いられる。

人名 くに

筆順 丶 丿 ル 州 州 州

なりたち [象形]川の中にできたなかすにかたどる。

❶大きな陸地。陸地を大きく分けて言う。

熟語「欧州・九州・豪州・神州・本州・六大州」

❷行政区画。㋐漢代に始まる地方行政区画。㋑(国)日本で用いられた行政区画としての国。㋒(国)連邦国家を構成する行政区画。

【州界】シュウカイ　州の境界。くにざかい。州境。

【州都】シュウト　州の行政庁がある都市。

熟語㋐「益州・徐州・揚州」㋑「信州・長州・武州」㋒「州権・州知事・加州」

❸古代、中国全土を九つに分けたもの。

熟語「九州」

❹す。なかす。しま。川や湾の中で砂が堆積して小さな陸地になったところ。砂を盛り上げたところ。

同洲。

熟語「州浜(すはま)・砂州(さす)(さしゅう)・座州・白州(しらす)・中州(なかす)・三角州」

【舟】

4級　6画　舟-0　音 シュウ(シウ)漢　訓 ふね・ふな　①2914 Ⓤ821F

人名 のり

筆順 丿 丿 月 舟 舟 舟

なりたち [象形]長方形の小舟にかたどる。

ふね。ふな。水上を行き来する小形の乗り物。こぶね。

【舟運】シュウウン　舟による輸送・交通。水運。

【舟行】シュウコウ　舟旅。舟遊び。「―千里」

【舟艇】シュウテイ　小型の船。「上陸用―」

【舟(ふね)を刻(きざ)して剣を求む】　時勢の流れに気づかないたとえ。刻舟(こくしゅう)。

熟語「舟軍・舟航・舟子(しゅうし)(ふなこ)・舟遊・漁舟・軽舟・刻舟・孤舟・笹舟・呑舟・泊舟・方舟・浮舟(ふしゅう)(うきぶね)・扁舟(へんしゅう)・呉越同舟」

【秀】

4級　7画　禾-2　音 シュウ(シウ)漢　訓 ひいでる　①2908 Ⓤ79C0

人名 さかえ・しげる・すえ・ひで・ほ・みつ・みのる・よし

筆順 一 二 千 禾 禾 乔 秀

なりたち [会意]禾(イネ)＋乃(のび曲がる)。稲の穂がのび出るの意。

のびる。稲の穂がでる。転じて、ひいでる。ひときわすぐれている。

【秀逸】シュウイツ　ひときわ秀でる。「―な出来映え」

【秀句】シュウク　①すぐれた句。秀逸な詩歌。②軽口(かるくち)・地口(じぐち)・洒落(しゃれ)など。

【秀才】シュウサイ　学問・才能のすぐれた人。

【秀作】シュウサク　すぐれた出来映え。優秀な作品。

【秀抜】シュウバツ　抜群。「―な成績を修める」

【秀麗】シュウレイ　整った美しさがある。「眉目(びもく)―」

熟語「秀英・秀歌・秀吟・秀絶・閨秀・俊秀・優秀」

【周】

7級　8画　口-5　音 シュウ(シウ)漢・シュ呉　訓 まわ-り・まわ-る・あまね-し・めぐ-る　①2894 Ⓤ5468

〔周〕　8画　口-5　―　Ⓤ2F83F

難読 周章(あわ)てる

人名 いたる・かた・かね・ただ・ちか・ちかし・なり・のり・ひろし・まこと

筆順 丿 冂 冃 冃 用 周 周 周

なりたち [会意]甲骨文では、「田」の中の、それぞれの「口」に「、」を記した形に

かたどり、欠けずにあまねくゆきわたる意を表す。金文・篆文では「口(場所)」が加わり、あたり一面にゆきわたる意を表す。

❶あまねし。ゆきわたる。ゆきとどく。
【周旋】(シュウセン) 斡旋(あっせん)する。「―業」

【周知】(シュウチ) 広く知れ渡っている。広く知らせる。「―の事実」「―徹底」

【周到】(シュウトウ) 手抜かりがない。「用意―」

【周密】(シュウミツ) 細部まで注意が行き届いている。

熟語「周親」

❷まわり。めぐり。ぐるり。まわる。めぐる。
【周囲】(シュウイ) 「―六キロの島」「―に気を配る」

【周縁】(シュウエン) もののまわり。周辺。「―部」

【周回】(シュウカイ) まわる。「―道路」「―コース」

【周忌】(シュウキ) 死後に行われる年ごとの忌日。「一―」

【周期】(シュウキ) 定期的に一回りする期間。「―的」

【周航】(シュウコウ) 船で各地をめぐる。「瀬戸内海―」

【周辺】(シュウヘン) もののまわり。付近。「駅の―」

【周遊】(シュウユウ) 各地を旅行してまわる。「―券」

熟語「周壁・一周・円周・外周・全周・内周・半周」

❸中国の王朝名。
【周】(シュウ) ①中国古代の王朝(前一〇五〇?～前二五六)。諸侯が分立する春秋戦国時代に相当する。②南北朝時代の北朝の王朝(五五七～五八一)。北周。③五代の一。後周(九五一～九六〇)。
熟語「周室・周礼(しゅらい)(しゅうれい)・東周」

❹あわてふためく。うろたえる。
【周章】(シュウショウ) あわてる。「―狼狽(ろうばい)」

❺その他。固有名詞など。
【周勃】(シュウボツ) 前?～前一六九 中国、前漢の武将。劉邦(漢の高祖)を助けて漢の建国に尽力。

【周瑜】(シュウユ) 一七五～二一〇 中国、三国時代の呉の武将。赤壁の戦いで曹操を破った。

【周防】(すおう) 旧国名の一。山口県南部・東部に相当。防州。

【宗】

5級 8画 宀-5
音 シュウ呉・ソウ漢
訓 むね
①2901 Ⓤ5B97

人名 かず・たかし・とき・とし・のり・ひろ・むね・もと

筆順 

なりたち  [会意]宀(やね)＋示(祭壇)。神事を行う建物、みたまやの意。転じて、祖先、また、神事をつかさどる族長の意にも用いる。

❶祖先。また、祖先をまつるみたまや。
【宗▼廟】(ソウビョウ) 君主の祖先の霊をまつった建物。
熟語「宗社・祖宗」

❷おおもと。本家。一族。
【宗族】(ソウゾク) 共通の先祖をもつ一族。「―子弟」
熟語「宗家・宗国・宗室」

❸むね。中心として尊ばれるもの。大切なもの。
【宗家】(ソウケ) 一門の本家。流派の主となる家元。

【宗主】(ソウシュ) ①本家や家元の長。②中心として尊ばれる人。③諸国を支配する盟主。「―国」「―権」

【宗匠】(ソウショウ) 文芸・技芸の道の師匠。

熟語「宗師・詩宗・大宗」

❹神や仏の教え。また、その一つの派。
【宗教】(シュウキョウ) 超人的・超自然的存在や絶対的な存在などに対する信仰。

【宗旨】(シュウシ) ①宗教・宗派の教義。②宗教の分派。宗教・宗派の信者。「一向―」

【宗徒】(シュウト) 同じ宗教の中での分派。

【宗派】(シュウハ) 宗派間の教義に関する議論。「安土―」

【宗論】(シュウロン)

熟語「宗門・宗律・異宗・改宗・邪宗・真宗・禅宗・浄土宗」

【祝】⇩シュク(二九八ページ)

【拾】

8級 9画 手(扌)-6
音 シュウ(シフ)漢・ジュウ(ジフ)呉
訓 ひろう
①2906 Ⓤ62FE

人名 とお・ひろ

筆順 

なりたち  [会意]手＋合(あわせる)。手で集める意から、ひろう意を表す。

❶ひろう。あつめる。おさめる。
【拾遺】(シュウイ) 歌・作品などの漏れ落ちているものをひろい補う。また、そのもの。「古語―」

【拾得】(シュウトク) 落とし物をひろう。「―物」

熟語「拾謁・拾芥・収拾」

❷数字「十」の大字。金銭証書などに用いる。
熟語「金拾(じゅう)万円」

【秋】

9級 9画 禾-4
音 シュウ(シウ)漢
訓 あき・とき・とし
①2909 Ⓤ79CB

〔穐〕16画 禾-11 ①1612 Ⓤ7A50
〔龝〕21画 禾-16 ②6752 Ⓤ9F9D
〔秌〕9画 禾-4 ④8281 Ⓤ79CC

難読 秋沙(あいさ)

人名 あきら・おさむ・とき・とし・みのる

筆順 

なりたち  [会意]甲骨文では、禾＋火＋龜。火を近づけて占うための亀を捕獲したり、穀物を収穫したりする時節の意。のちに「秌」

「秋」の形になった。

❶あき。四季の一。

【〈秋刀魚〉】(さんま) サンマ科の海水魚。

【秋雨】(シュウウ) 秋に降る雨。あきさめ。「—前線」

【秋気】(シュウキ) 秋らしい感じ。「冷涼な—を感じる」

【秋季】(シュウキ) 秋の季節。秋。「—体育大会」

【秋期】(シュウキ) 秋の期間。「—決算」

【秋毫】(シュウゴウ) きわめてわずかである。「—も違(たが)わない」注記 秋に抜けかわる獣毛が細いことから。

【秋日】(シュウジツ) ①秋の日。②秋の季節。

【秋色】(シュウショク) 秋のけしき。秋のけはい。

【秋爽】(シュウソウ) 秋の空気のさわやかさ。「—の候」

【秋霜】(シュウソウ) ①秋の霜。②(秋の霜が草木を枯らすほど厳しいことから)厳しい刑罰、寄りつきがたい威厳、強固な意志などのたとえ。③切れ味のよい刀剣。④白髪のたとえ。

【秋霜烈日】(シュウソウレツジツ) 刑罰・権威・意志などが非常にきびしいたとえ。

【秋波】(シュウハ) ①美人のすずしい目もと。流し目。「—を送る」②秋の澄み切った水の波。

【秋分】(シュウブン) 二十四節気の一。秋の彼岸の中日。⇔春分

【秋冷】(シュウレイ) 秋になって感ずる冷気。「—の候」

熟語「秋思・秋水・秋声・秋扇・秋風・秋夜・秋涼・秋霖・錦秋・初秋・新秋・清秋・盛秋・中秋・仲秋・晩秋・悲秋・暮秋・孟秋(もうしゅう)・立秋・涼秋」

❷とし。としつき。歳月。

熟語「春秋・一日千秋」

❸とき。大切なとき。時期。

用例「危急存亡の秋(とき)」

❹収穫の時期。

熟語「麦秋」

❺その他。

【秋津島・秋津洲】(あきつしま) 大和国の異名。また、日本国の別称。別表記 蜻蛉洲

【臭】

準2級 9画 自-3

音 シュウ(シウ)漢・シュ呉

訓 くさい・におう・におい

①2913 Ⓤ81ED

〔臭〕 10画 自-4

③9056 ⓊFA5C

難読 臭橙(かぶす)(だいだい)

人名 か

筆順 ′ 亻 白 自 自 臭 臭

なりたち 

[会意]自(はな)+犬(いぬ)。犬が鼻でかぐにおい、においをかぐの意。

❶におい。鼻に感じるいやな刺激。におう。くさい。

【臭覚】(シュウカク) 「嗅覚(きゅうかく)」に同じ。

【臭気】(シュウキ) くさいにおい。「—がただよう」

熟語「臭素・臭味・悪臭・異臭・口臭・消臭・除臭・体臭・脱臭・同臭・腐臭・無臭」

❷好ましくない。また、そのような雰囲気・印象。

熟語「臭聞(しゅうぶん)・臭名・俗臭・銅臭・貴族臭・役人臭」

❸(国)臭素のこと。常温では赤褐色の悪臭のある液体。

熟語「臭化銀・臭化物・臭化水素」

【修】

6級 10画 人(亻)-8

音 シュウ(シウ)漢・シュ呉

訓 おさめる・おさまる

①2904 Ⓤ4FEE

人名 あつむ・おさ・おさむ・さね・なお・なが・ながし・なり・のぶ・のり・ひさ・まさ・みち・もと・やす・よし・よしみ

筆順 亻 亻 亻 亻 攸 修 修

なりたち 

[形声]攸(長いすじ)音+彡(模様)。細長くすらりとしたかたちの意から、すらりと整える、おさめる意を表す。

◉異字同訓◉【治】(二六五ページ)の「異字同訓」欄を参照のこと。

❶おさめる。学問や技芸を身につける。おさまる。

【修学】(シュウガク) 学問を学び身につける。「—旅行」

【修業】(シュウギョウ) 学問・技芸を身につける。しゅぎょう。

【修身】(シュウシン) ①自分の心とおこないをおさめただす。②第二次大戦前の小・中学校で道徳教育の教科。

〖修身(しゅうしん)斉家(せいか)治国(ちこく)平天下(へいてんか)〗 天下を平らかに治めるには、まず自分のおこないを正しくし、次に家庭をととのえ、次に国を治めてから天下を平らかにするような順序に従うべきである。儒教の基本的政治観。出典「大学」より。

【修道】(シュウドウ) 宗教上の修行。「—僧」「—院」

【修養】(シュウヨウ) 学問をおさめ、人格を高める。

【修了】(シュウリョウ) 一定の課程をおさめおえる。

【修練・修錬】(シュウレン) 技芸・学問などをみがく。

【修行】(シュギョウ) ①仏道に励む。「—僧」②修業。「武者—」

【修業】(シュギョウ) 学問・技芸を身につける。「板前—」

【修験者】(シュゲンジャ) 修験道の修行者。山伏。

【修験道】(シュゲンドウ) 山岳で仏道修行する密教の一派。

熟語「修士・修得・学修・研修・自修・専修(せんしゅう)(せんじゅ)・独修・必修・履修」

❷なおす。つくろう。

【修好・修交】(シュウコウ) 国と国とが親しく交わる。「—条約」

【修正】(シュウセイ) 正しく直す。「軌道—」「—案」

【修整】(シュウセイ) 写真で、原板・印画の傷を手直しする。

【修繕】(シュウゼン) 修理。「壊れた扉を—する」

【修訂】シュウテイ　出版物の誤記や誤字を正しく直す。
【修復】シュウフク　元に戻す。「関係の―に乗り出す」
【修理】シュウリ　こわれた所をつくろい直す。修繕。「―工場」「時計を―する」
熟語「修築・修補・改修・補修」
❸美しくかざる。
【修辞】シュウジ　美しく巧みな言葉を効果的に使って、適切に表現する。また、その技術。レトリック。「―学」
【修飾】シュウショク　①飾り立てる。「話に―が多い」②文法上、意味をくわしく説明・限定する。「―語」
❹書物を編集する。
熟語「修史・監修・編修」
❺行う。儀式をとり行う。
【修二会】シュニエ　二月に行われる国家安泰を祈る法会。
熟語「修祓(しゅうふつ)(しゅばつ)・修法(しゅうほう)(ずほう)」
❻梵語の音訳に用いる。
【修羅】シュラ　①〔仏〕「阿修羅(あしゅら)」の略。②激しい戦闘。争い。「―の巷(ちまた)」
【修羅場】シュラば　戦乱や闘争で悲惨をきわめている場所。「―をくぐる」「―を踏む」

【袖】

2級　10画　衣(衤)-5　新常用
音 シュウ(シウ)漢
訓 そで
①3421　Ⓤ8896

筆順　ラ ネ ネ ネ ネ 初 袖 袖

なりたち　〔形声〕衣＋由(液体をそそぎ出す壺)音。腕を出す衣の部分、その意。

そで。衣服の肩から腕の部分。
【袖手】シュウシュ　ふところで。転じて、何もしない。
【袖手傍観】シュウシュボウカン　なりゆきにまかせてながめている。拱手(きょうしゅ)傍観。
【袖珍】シュウチン　袖に入る程度の小形。「―本」
【袖口】そでぐち　衣服の袖の先端。手が出る所。
【袖の下】そでのした　賄賂(わいろ)。
熟語「袖幕(しゅうばく)・袖裏・袖垣・袖刳り・鎧袖(がいしゅう)・双袖・留袖・長袖・振袖・領袖・両袖」

【執】⇩シツ(二七一ページ)

【終】

8級　11画　糸-5
音 シュウ漢・シュ呉
訓 おわる・おえる・お-わり・しま-う・つい
①2910　Ⓤ7D42

〔終〕11画　糸-5

人名　つき・つぎ・のち

筆順　く 幺 糸 糸 糸 紗 終 終 終

なりたち　〔形声〕糸＋冬(おわり)音。「冬」がふゆの意で用いられるようになったため、「糸」を加えた。

❶おわる。おしまいになる。おえる。しまう。おわり。つい。
【終焉】シュウエン　臨終。晩年を送る。「―の地」
【終業】シュウギョウ　「―時刻」「―式」⇔始業
【終局】シュウキョク　「―(=結末)を迎える」
【終極】シュウキョク　はて。究極。「―の目的」
【終結】シュウケツ　「長期にわたる事業が―する」
【終止】シュウシ　終わりにする。終わる。
【終止符】シュウシフ　句点。物事の決着。「―を打つ」
【終戦】シュウセン　戦いを終える。「―記念日」⇔開戦
【終息・終熄】シュウソク　やむ。「混乱が―する」
【終着】シュウチャク　最後に到着する。「―駅」
【終点】シュウテン　電車・バスなどが最後に到着する所。⇔起点
【終末】シュウマツ　物事のおわり。「―を迎える」
【終了】シュウリョウ　「任期―のため解任される」⇔開始
熟語「終演・終竟・終章・終電・終盤・終幕・終列車・最終・歳終・有終・臨終」
❷おわりまで。最後まで。
【終始】シュウシ　ずっと。「―笑顔を絶やさない」
【終日】シュウジツ　一日中。「―運転」
【終身】シュウシン　死ぬまで。「―刑」「―雇用」
【終生・終世】シュウセイ　生きている間。「―忘れない」
【終夜】シュウヤ　よどおし。一晩中。「―運転」
〈終日〉ひねもす　朝から夕方まで。終日(しゅうじつ)。
〈終夜〉よもすがら　夜どおし。一晩中。よすがら。
熟語「終宵・終世・終天・始終・一部始終」

【羞】

2級　11画　羊-5　新常用
音 シュウ(シウ)漢
訓 すす-める・は-じる・は-じらう・は-ずかしい
②7023　Ⓤ7F9E

筆順　丷 䒑 兰 羊 差 羞 羞 羞

なりたち　〔会意〕羊(ひつじ)＋丑(手の先を曲げて物をつかむさま)。羊の肉を手でつかみすすめる意から、つかまれ引きしぼられて身の縮む思いがする、はじる意にも用いる。

❶すすめる。食物を供える。
熟語「羞膳・時羞・薦羞・膳羞・珍羞」
❷はじる。面目を失ったように感じる。はじらう。はずかしい。
【羞恥】シュウチ　恥ずかしく感じる。「―心」
熟語「羞悪・羞辱・羞面・含羞・嬌羞」

【習】

8級　11画　羽(羽)-5
音 シュウ(シフ)漢・ジュウ(ジフ)呉
訓 なら-う・なら-い・ならわし
①2912　Ⓤ7FD2

シ

〔習〕 11画 羽-5

人名 しげ

筆順 ㇆ ㇆ ㇋ 羽 羽 羽 習 習

なりたち ［会意］羽＋白（言う）。羽をはばたかせるようにくりかえし口に出して言う意から、ならう意を表す。

◉異字同訓◉

◇ならう（習・倣）

「習う」は〝人から教わる〟の意。「ピアノを習う」「習うより慣れよ」

「倣う」は〝手本としてまねる〟の意。「倣う」とも書く。「前例に倣う」「顰（ひそ）みに倣う」「右へ倣え」

❶ならう。学ぶ。なれる。

【習作】（シュウサク） 練習のための作品。エチュード。

【習字】（シュウジ） 文字の書き方を習う。てならい。

【習熟】（シュウジュク） 上手になる。「仕事に―する」

【習得】（シュウトク） 習い覚える。「運転技術を―する」

【習練】（シュウレン） 練習。「長期間―を積む」

熟語 「演習・温習・学習・教習・講習・時習・実習・復習（ふくしゅう）（さらい）・補習・予習・練習」

❷ならわし。ならい。しきたり。

【習慣】（シュウカン） 身についた決まり。また、ならわし。しきたり。「早寝早起きの―」「郷土の―に従う」

【習性】（シュウセイ） 特有の性質や行動。「犬の―」

【習俗】（シュウゾク） ある社会内での習慣。「土地の―」

【習癖】（シュウヘキ） 習慣となった動作・行動。「悪い―」

【習（なら）い性（せい）と成る】 習慣はやがて本来の性格のようなものになる。出典「書経太甲上」より。

熟語 「習染・習弊・悪習・因習・慣習・旧習・常習・風習・陋習」

❸かさねる。かさなる。つみかさねる。

熟語 「習合」

【週】 9級

〔週〕 12画 辵（辶）-8

11画 辵（辶）-8

音 シュウ（シウ）漢

訓 めぐ-る

①2921 Ⓤ9031

筆順 冂 月 円 円 用 周 周 凋 週

なりたち ［形声］辵（ゆく）＋周（あまねくゆきわたる）音。ぐるっとひとまわりするの意。

❶一回りする時間の単位。周期。特に、七日を一区切りとした日時の単位。

【週刊】（シュウカン） 一週間ごとに発行する。「―誌」

【週間】（シュウカン） 一週の七日間。「―天気予報」

【週休】（シュウキュウ） 一週間のうちの休日。「―二日制」

【週給】（シュウキュウ） 一週間を単位とした給料。

【週日】（シュウジツ） 平日。休日ではない日。

【週番】（シュウバン） 一週間ごとに交代する当番・仕事。

【週末】（シュウマツ） 金曜日または土曜日から、日曜日にかけてをいう。ウイークエンド。

熟語 「週報・隔週・今週・次週・先週・毎週・来週」

❷めぐる。循環する。同周。

熟語 「週期」

【就】 5級

12画 尢-9

音 シュウ（シウ）漢・ジュ 呉

訓 つく・つける・な-す・な-る

①2902 Ⓤ5C31

人名 なり・ゆき

筆順 亠 古 亨 京 京 就 就 就

なりたち ［会意］京（小高い丘の上に建つ楼閣）＋尤（手）。高い所に手がとどく意から、つく意を表す。

◉異字同訓◉【付】（五六〇ページ）の「異字同訓」欄を参照のこと。

❶つく。ある職業や役職に身を置く。つける。また、おもむく。行く。ある状態にはいる。

【就役】（シュウエキ） 役務・任務につく。

【就学】（シュウガク） 教育を受けるために学校、特に小学校に入る。「―児童」「―率」

【就業】（シュウギョウ） 仕事をしている。「―人口」⇕失業

【就航】（シュウコウ） 「船舶の―状況」「新鋭機が―する」

【就床】（シュウショウ） 床につく。就寝。⇕起床

【就職】（シュウショク） 「―活動」「―試験」⇕退職

【就寝】（シュウシン） 寝床にはいって寝る。「―時間」

【就任】（シュウニン） 「大統領の―演説」⇕辞任・退任・離任

【就農】（シュウノウ） 農業に従事する。「―人口」

【就労】（シュウロウ） 仕事をしている。「―時間」

熟語 「就正・就縛・就眠・去就」

❷なす。物事をしとげる。なる。

熟語 「成就（じょうじゅ）」

❸その他。

【就▽中】（なかんずく） とりわけ。中でも。特に。「―欧米の選挙にその傾向が強い」注記「中（なか）に就（つ）く」の転。漢文訓読に由来する語。

熟語 「就令（たとい）（もし）」

【衆】 5級

12画 血-6

音 シュウ（シウ）漢・シュ 呉・ス 呉

訓 おお-い

①2916 Ⓤ8846

人名 とも・ひろ・もり・もろ

筆順 ⺈ 血 血 血 衆 衆 衆 衆

なりたち ［会意］甲骨文では、日＋人三つ。太陽のもとで働く多くの人々の意。のちに、「日」が「目」に、さらに「血」に変形した。

おおい。人がたくさんいる。多くの人。庶民。

【衆寡】(シュウカ) 多数と少数。「―敵せず」

【衆議】(シュウギ) 多人数で論議する。「―一決」

【衆議院】(シュウギイン) 国会を構成する議院。「―議員」

【衆愚】(シュウグ) 多くのおろかな人。「―政治」

【衆口(しゅうこう)金(きん)を鑠(と)かす】 多くの人のそしりや讒言(ざんげん)の恐るべきことのたとえ。出典「国語 周語下」より。

【衆人】(シュウジン) 多くの人。「―環視の中」

【衆心(しゅうしん)城を成す】 多くの人が心を合わせると、城のように堅固になる。出典「国語 周語下」より。

【衆知・衆▼智】(シュウチ) 大勢の知恵。「―を結集する」

【衆望】(シュウボウ) 多くの人々からの期待。「―をになう」

【衆目】(シュウモク) 多くの人の観察。「―の見る通り」

【衆生】(シュジョウ) [仏]すべての生き物。

熟語「衆口・衆庶・衆徒・会衆・観衆・群衆・下衆(げす)・公衆・僧衆・俗衆・大衆・聴衆・民衆」

【集】

8級　12画　隹-4　音 シュウ(シフ)漢・ジュウ(ジフ)呉　訓 あつまる・あつめる・つどう　①2924　Ⓤ96C6

注記「輯」の書き換え字としても用いられる。

人名 あい・い・ため・ち・ちか

筆順 亻 亻 什 仹 隹 隹 隼 集

なりたち [会意]甲骨文では、隹(とり)＋木。鳥が木にむらがりあつまるの意。篆文では、隹三つ＋木。

❶あつまる。多くのものが寄り合う。つどう。あつめる。

【集荷】(シュウカ) 「市場で野菜を―する」別表記 蒐荷

【集会】(シュウカイ) 「平和のための―を開く」「―場」

【集客】(シュウキャク) 客を集める。「商業施設の―力」

【集金】(シュウキン) 代金などを集める。「―人」

【集計】(シュウケイ) いくつかの数を集めて合計する。

【集結】(シュウケツ) 結集。「部隊が本部に―する」

【集権】(シュウケン) 権力を集める。⇔分権

【集合】(シュウゴウ) ①一か所に集まる。「中央―」「駅に―のこと」②[数]ある条件にあてはまるものを一まとまりとしたもの。

【集散】(シュウサン) 集中と分散。「離合―をくり返す」

【集積】(シュウセキ) 多くのものを集めてつみ上げる。

【集大成】(シュウタイセイ) 多くのものを体系的に集めて、一つにとりまとめる。「これまでの研究の―」

【集団】(シュウダン) 「先頭―」「―で登校する」

【集中】(シュウチュウ) 「精神を―する」「―豪雨」⇔分散

【集配】(シュウハイ) 郵便物や貨物などを集め配る。「―局」

【集約】(シュウヤク) まとめる。「参加者の意見を―する」

【集落】(シュウラク) 人が集まって生活している所。

熟語「集書・集成・集束・集注(しゅうちゅう)(しっちゅう)・集録・雲集・凝集・群集・結集(けっしゅう)(けつじゅう)・採集・収集・蒐集(しゅうしゅう)・召集・招集・徴集・編集・募集・密集」

❷あつめられたもの。特に、文学作品などをあつめたもの。

熟語「歌集・句集・詩集・選集・全集・特集・随筆集・用例集」

【愁】

準2級　13画　心-9　音 シュウ(シウ)漢・シュ呉　訓 うれえる・うれい　①2905　Ⓤ6101

筆順 ニ 千 禾 禾 秒 秋 秋 愁

なりたち [形声]秋(かぼそい鳴き声の形容)音＋心。心がしずみ、うれえるの意。

うれえる。思い悩む。悲しむ。うれい。ものさびしい。

【愁傷】(シュウショウ) 嘆き悲しむ。「御―さまです(=人の死に対する悔やみのことば)」

【愁色】(シュウショク) うれいを含んだようす。「―が濃い」

【愁訴】(シュウソ) 苦しみや悲しみを訴える。「不定―」

【愁嘆場】(シュウタンば) 芝居で、嘆き悲しむ場面。

【愁眉】(シュウビ) うれいにひそめた眉(まゆ)。「―をひらく(=心配事がなくなりほっとする)」

熟語「愁苦・愁殺・愁思・愁情・愁嘆・愁眠・哀愁・郷愁・春愁・悲愁・幽愁・憂愁・離愁・旅愁」

【酬】

準2級　13画　酉-6　音 シュウ(シウ)漢　訓 むく-いる　①2923　Ⓤ916C

人名 あつ

筆順 丆 丙 酉 酉 酌 酬 酬

なりたち [形声]酉(さけ)＋州(なかす)音。川の流れがなかすを欠け目なくとり囲むように、客に酒をあまねくゆき渡らせる、むくいるの意。

❶客にさかずきを返す。再度酒をすすめる。こたえる。

熟語「酬酢(しゅうさく)・応酬・献酬」

❷むくいる。お礼をする。

熟語「酬労・報酬」

❸返事。

熟語「酬応・酬唱・酬対・酬和・貴酬」

【醜】

準2級　17画　酉-10　音 シュウ(シウ)漢・シュ呉　訓 みにくい　①2925　Ⓤ919C

難読 醜男(しこお)(ぶおとこ)

人名 むね

筆順 丆 丙 酉 酌 酌 酡 醜 醜

なりたち [形声]酉(酋に通じ、引きしめる)＋鬼(死者のたましい)音。身をちぢめ体をまるくした亡霊の意から、みにくいの意を表

シ

す。

❶みにくい。みぐるしい。

【醜名】（しこな）力士の呼び名。注記「四股名」は当て字。

【醜女】（しこめ）①容貌のみにくい女。②黄泉の国の、みにくく恐ろしい女の鬼。

【醜悪】（シュウアク）見苦しい。「―な争い」

【醜行】（シュウコウ）恥ずべき行為。「―が露見する」

【醜態】（シュウタイ）見苦しい様子。「―をさらす」

【醜聞】（シュウブン）よくない評判。「―が立つ」

熟語「醜怪・醜名・醜陋・醜猥・醜穢・美醜・老醜」

❷もろもろ。多くの仲間。

熟語「醜夷・醜虜」

【蹴】

2級 19画 足-12 新常用

音 シュウ（シウ）慣・シュク漢

訓 ける

①2919 Ⓤ8E74

難読 蹴躓く（けつまずく）

筆順 𧾷 𧾷 𨁍 𨂂 𨃚 蹴 蹴

なりたち  ［形声］足＋就（つく）音。足を近づけてけるの意。

❶ける。けとばす。足で飛ばす。〔国〕拒絶する。

【蹴球】（シュウキュウ）ボールを蹴ってゴールに入れ、得点を争う競技。普通サッカーをさす。フットボール。

熟語「一蹴」

❷おそれつつしむ。

熟語「蹴然（しゅうぜん）」

【襲】

4級 22画 衣-16

音 シュウ（シフ）漢

訓 おそう・かさねる・かさね・かさねる・つぐ

①2917 Ⓤ8972

人名 つぎ・より

筆順 音 音 音 𩐁 龍 龍 襲 襲

なりたち  ［形声］龖（竜が二匹かさなる）音＋衣。衣服をかさねて着るの意。「襲」は略字。

❶かさねる。ある物の上にさらにのせる。重ねて着る。こみあう。

熟語「襲衣・襲雑」

❷おそう。戦いをしかける。

【襲撃】（シュウゲキ）敵の不意をついて攻撃する。

【襲来】（シュウライ）襲いかかってくる。来襲。「蒙古―」

熟語「奇襲・逆襲・急襲・強襲・空襲・敵襲・夜襲・来襲」

❸つぐ。あとをうけつぐ。

【襲名】（シュウメイ）親や師匠などの名を継ぐ。「―披露」

熟語「襲因・襲爵・襲封・襲用・因襲・世襲・踏襲」

❹〔国〕かさね。衣服を重ねて着る時の色の組み合わせ。

ジュウ

【十】

10級 2画 十-0

音 ジュウ（ジフ）呉・ジッ慣・シュウ（シフ）漢・ジュッ慣

訓 とお・と

①2929 Ⓤ5341

難読 十寸鏡（ますかがみ）・十把一絡（じっぱひとからげ）・十路（そじ）・十露盤（そろばん）・二十（はたち）・三十（みそじ）

人名 かず・しげ・そ・ただ・とみ・ひさし・みつ・みつる

筆順 一 十

なりたち 十 ［象形］甲骨文では、はりの形にかたどる。「針」の原字。借りて、数の十の意に用いる。金文で、中央に「・」が加わり、のちに横線となって「十」の字体となった。

❶数の名。九に一を加えた数。とお。と。

【〈十六夜〉】（いざよい）陰暦（八月）一六日の夜の月。注記 月の出が十五夜よりやや遅くなるのを、月がためらっている（＝いざよう）と見立てる。

【〈十八番〉】（おはこ）最も得意な芸。じゅうはちばん。

【十干】（ジッカン）甲・乙・丙・丁・戊・己・庚・辛・壬・癸の総称。五行の木・火・土・金・水と結びつけて、それぞれ兄（陽）、弟（陰）を当て、甲（＝木の兄）・乙（＝木の弟）・丙（＝火の兄）・丁（＝火の弟）・戊（＝土の兄）・己（＝土の弟）・庚（＝金の兄）・辛（＝金の弟）・壬（＝水の兄）・癸（＝水の弟）とも読む。

【十指】（ジッシ）両手の一〇本の指。「―に余る」

【十中八九】（ジッチュウハック）ほとんど。「―大丈夫だ」

【十五夜】（ジュウゴヤ）①陰暦一五日の夜。満月の夜。②陰暦八月一五日の夜。仲秋。

【十三夜】（ジュウサンヤ）①陰暦一三日の夜。②陰暦九月一三日の夜。後の月。

【十姉▽妹】（ジュウシマツ）スズメ目の飼い鳥。

【十二支】（ジュウニシ）子・丑・寅・卯・辰・巳・午・未・申・酉・戌・亥の総称。

【十人十色】（ジュウニントいろ）人それぞれ。「味の好みは―だ」

【十人並（み）】（ジュウニンなみ）平凡。

【十年一日】（ジュウネンイチジツ）長い期間変わらない。「―のごとし」

【十八番】（ジュウハチバン）①市川団十郎家に伝わる「歌舞伎十八番」の略。②最も得意とする芸。おはこ。「あの歌は彼の―だ」

【十両】（ジュウリョウ）相撲の番付で幕内と幕下のあいだの位。関取として待遇される。

熟語「十戒・十悪・十人・十三経」

❷おおくの。ことごとく。

【十方】（ジッポウ）四方（東西南北）・四隅（東南・東北・西

南・西北)と上下。転じて、いたるところ。

【十全】(ジュウゼン) 十分な。「―な対処が望まれる」

【十二分】(ジュウニブン) 十分を強めた言い方。「―に働く」

【十分】(ジュウブン) 不足がない。「気力―」別表記 充分

【十万億土】(ジュウマンオクド) 〔仏〕この世から、極楽浄土に至るまで無数にあるという仏土。転じて、極楽浄土。

【十目(じゅうもく)の視(み)る所十手(じっしゅ)の指す所】 多くの人の判断が一致するところ。出典「大学」より。

《十重二十重(とえはたえ)》 幾重にも多くかさなる。「敵を―に取り囲む」

❸たてよこに線の交わった形。

【十字架】(ジュウジカ) ①はりつけにする処刑具。②イエスがはりつけにされたことから、キリスト教の象徴。

【十文字】(ジュウモンジ) 漢数字の「十」の字の形。たてよこに交差した形。十字形。「道路が―に交わる」

【中】⇩チュウ(四四九ページ)

【汁】

準2級 5画 水(氵)-2

音 ジュウ(ジフ)慣・シュウ(シフ)漢

訓 しる・つゆ

①2933 Ⓤ6C41

難読 豆汁(ご)

人名 つら

筆順 丶 氵 氵 汁 汁

なりたち  〔形声〕水+十(集まり沈む)音。器の底にまとまって沈むしるの意。

しる。液。水分。つゆ。吸い物。スープ。

【汁粉】(しるこ) 汁状の餡(あん)に餅や白玉を入れた食べ物。

熟語「灰汁(あく)・果汁・苦汁(くじゅう)(にがり)・出汁・胆汁・肉汁・乳汁・膿汁・墨汁・味噌汁・一汁一菜」

【充】

準2級 6画 儿-4

音 ジュウ呉・シュウ漢

訓 あてる・み-たす・み-ちる

①2928 Ⓤ5145

難読 充行(あてがい)

人名 あつ・たかし・まこと・みち・みつ・みつる

筆順 丶 亠 𠫓 𠫓 充

なりたち  〔形声〕「育の変形」(そだつ)音+儿(人)。人が育って、身心がみなぎる意から、みちる意を表す。

◉異字同訓◉【当】(四八八ページ)の「異字同訓」欄を参照のこと。

❶みたす。みちる。いっぱいになる。満ち足りる。

【充血】(ジュウケツ) 体のある部分で動脈血が異常に多くなる。

【充実】(ジュウジツ) 「―した日々に満足する」「―感」

【充足】(ジュウソク) 「―率」「条件を―する」

【充電】(ジュウデン) ①蓄電池に電気を蓄える。「―器」②(休養して)エネルギーを蓄え、力を養う。「―期間」

【充分】(ジュウブン) 不足がない。別表記 十分

【充満】(ジュウマン) 空間に満ちる。「部屋に煙が―する」

熟語「充溢・拡充」

❷ふさぐ。すき間のないように物をつめる。

【充塡】(ジュウテン) 空所に物を詰めて満たす。

熟語「充員・充塞(じゅうそく)」

❸あてる。不足を補う。

【充当】(ジュウトウ) 金品や人をあてて補う。

熟語「充用・補充」

【住】

8級 7画 人(亻)-5

音 ジュウ(ヂユウ)呉・チュウ(チウ)漢・ジュ(ヂュ)呉

訓 すむ・すまう

①2927 Ⓤ4F4F

難読 住処(すみか)

人名 おき・もち・よし

筆順 ノ 亻 亻 仁 仹 住

なりたち 〔形声〕人+主(じっととどまる)音。人が一ところにとどまるの意。

❶とどまる。

熟語「止住」

❷すむ。すまう。そこで生活する。

【住居】(ジュウキョ) すまい。すみか。「―表示」

【住戸】(ジュウコ) 集合住宅の中のそれぞれのすまい。

【住所・住処】(ジュウショ) すみか。「―録」「―不定」

【住宅】(ジュウタク) すまい。「―街」「集合―」

【住人】(ジュウニン) 「アパートの―」「隣家の―」

【住民】(ジュウミン) 「―票」「―登録」「―税」

熟語「安住・移住・永住・寄住・行住・居住・現住・在住・常住・職住・先住・定住・転住」

❸〔仏〕「住職」の略。

【住持】(ジュウジ) 寺の住職。注記 仏法を守り保つという意。

【住職】(ジュウショク) 寺の主人である僧。住持。

熟語「先住・当住(とうじゅう)・無住」

【拾】⇩シュウ(二八九ページ)

【柔】

4級 9画 木-5

音 ジュウ(ジウ)漢・ニュウ(ニウ)呉

訓 やわらか・やわらかい・やわら

①2932 Ⓤ67D4

人名 とう・なり・やす・やわ・よし

筆順 フ マ 予 予 矛 柔 柔 柔

なりたち  〔会意〕矛(ほこ)+木。ほこの柄に用いる、しなやかな木の意から、やわらかい意を表す。

❶やわらかい。やわらか。しなやか。
【柔軟】(ジュウナン) 「―な体」「―に対処する」
【柔よく剛を制す】 柔らかくしなやかなものが、かえって強く固いものを制する。出典「三略上略」より。
【柔肌】(やわはだ) 柔らかな肌。若い女性の肌にいう。
熟語「柔毛・剛柔・外柔内剛・内剛外柔」
❷やさしい。おとなしい。
【柔順】(ジュウジュン) 素直でおとなしい。「―な態度」

【柔和】(ニュウワ) おだやかである。「―な表情」

熟語「温柔・優柔・優柔不断」
❸やわらげる。やすんじる。
熟語「懐柔」
❹よわよわしい。もろい。
【柔弱】(ニュウジャク) 弱々しい。「―な精神」
熟語「柔懦(じゅうだ)」
❺〔国〕やわら。素手の格闘術。
【柔術】(ジュウジュツ) 日本古来の武術の一。

【柔道】(ジュウドウ) 日本古来の柔術を改良した格闘技。

【重】

8級 9画 里-2

音 ジュウ(ヂュウ)呉・チョウ漢

訓 え・おもい・かさねる・かさなる

①2937 Ⓤ91CD

難読 重石(おもし)・重傷(おもで)

人名 あつ・あつし・かず・かたし・しげ・しげる・のぶ・ふさ

筆順 一 二 千 㐬 旨 甫 重 重 重

なりたち  ［形声］人＋東(まん中を通す)音＋土。人のおもみが下向きに地上にずっしりとかかることから、おもい意を表す。

❶おもい。ある基準より目方がある。⇕軽。
【重荷】(おもに) 重い荷物・負担。「―を負う」

【重湯】(おもゆ) 粥の上澄み。「―を飲む」

【重圧】(ジュウアツ) 強い力で押さえる。「―に耐える」

【重心】(ジュウシン) ①重力の中心。②釣り合い。「―を取る」

【重量】(ジュウリョウ) おもさ。「―超過」「―感」⇕軽量
【重力】(ジュウリョク) 地球上の物体を地球の中心に向かって引きつける力。「―加速度」

熟語「重金属・重工業・荷重・過重・軽重(けいちょう)(けいじゅう)・体重・比重」
❷程度がはなはだしい。規模が大きい。
【重機】(ジュウキ) 大型の建設機械。
【重刑】(ジュウケイ) 重い刑罰。「―を科す」
【重罪】(ジュウザイ) 重科。重犯罪。「―を犯す」
【重傷】(ジュウショウ) ひどいけが。「―患者」⇕軽傷
【重税】(ジュウゼイ) 負担の大きい税金。「―を課す」
【重体・重態】(ジュウタイ) 病気や負傷が命に関わる状態。
【重大】(ジュウダイ) きわめて大事である。「責任―」
【重度】(ジュウド) 障害・症状の程度がおもい。⇕軽度
【重病】(ジュウビョウ) 命に関わるほどの病気。「―人」
【重要】(ジュウヨウ) きわめて大切である。「―人物」
熟語「重科・重患・重症・重砲・厳重」
❸おもんじる。大切である。おもおもしい。
【重厚】(ジュウコウ) どっしりと落ち着いている。「―な語り口」「―な文体」⇕軽薄
【重視】(ジュウシ) 大切だと考える。⇕軽視
【重職】(ジュウショク) 責任の重い役目。「―に就く」

【重責】(ジュウセキ) 重い責任。「―を担う」

【重鎮】(ジュウチン) 中心的人物。「医学界の―」

【重点】(ジュウテン) 物事の重要な点。「―的」「―を置く」

【重役】(ジュウヤク) 会社などの役員の通称。

【重宝】(チョウホウ) ①役に立つ。「大変―がられる」「―している」②大切な宝物。じゅうほう。

【重用】(チョウヨウ) 重要な地位に起用する。「若手を―する」

熟語「重臣・貴重・自重(じちょう)・慎重(しんちょう)・荘重・尊重・丁重・鄭重(ていちょう)」
❹かさねる。かさなる。繰り返す。え。
【重言】(ジュウゲン) ①同じ漢字を重ねた熟語。「堂堂」「森森」の類。②同じような意味の語を重ねて使う言い方。「大豆豆(だいずまめ)」「馬から落馬する」の類。

【重重】(ジュウジュウ) 重ね重ね。「―承知の上だ」

【重畳】(チョウジョウ) ①幾重(いくえ)にもかさなっている。「―たる山脈」②この上もなく満足である。「―の至り」

【重複】(チョウフク) 物事が重なり合う。じゅうふく。「内容が―する」「―を避ける」

熟語「重囲・重婚・重出・重奏・重任・重犯・重版・重文・重訳・重陽」
❺その他。
【重箱読み】(ジュウばこよみ) 「重箱」のように、漢字二字から成る熟語を上の字は音で下の字は訓でよむ。また、そのような読み方。「団子」を「だんご」、「自腹」を「じばら」と読む類。⇕湯桶(ゆとう)読み

【従】

5級 10画 彳-7

音 ジュウ呉・ショウ漢・ジュ呉

訓 したがう・したがえる・より

①2930 Ⓤ5F93

【從】 11画 彳-8 ②5547 Ⓤ5F9E

〔从〕 4画 人-2 ②4826 Ⓤ4ECE

人名 しげ・つぐ・より

筆順 ノ 彳 彳' 彳" 徉 徉 徉 従

なりたち  ［形声］甲骨文では、从(人の後ろに人がつきしたがうさまの象形)に作

り、したがうの意を表す。金文で、「辵」(ゆく)を加え、「從」となった。「従」は略字。

❶したがう。したがえる。お供をする。つきしたがう。さからわない。言われるままにする。

【従軍】ジュウグン　軍と戦地へ赴く。「―記者」
【従者】ジュウシャ　主人のともをする人。ずさ。
【従順】ジュウジュン　素直で逆らわない。「―な犬」
【従属】ジュウゾク　強いものに従う。「大国に―する」
熟語「従学・従心・従臣・従僕・帰従・扈従こしょう(こじゅう)・侍従・主従・随従・追従ついしょう(ついじゅう)・忍従・服従・僕従・面従」

❷たずさわる。仕事に就く。

【従業】ジュウギョウ　業務に従事する。「―員」
【従事】ジュウジ　仕事にたずさわる。「研究に―する」
熟語「専従」

❸落ち着いている。

【従容】ショウヨウ　取り乱さない。「―として死に就く」
熟語「従然」

❹より。から。起点・経過点を示す。

【従前】ジュウゼン　今より前。「―のとおり実施する」
【従来】ジュウライ　これまで。「―どおり」

❺たて。同縦。

熟語「従横・合従がっしょう・連衡」

❻親族関係を表す。日本では、三親等以上の傍系親族。

【〈従兄弟〉・〈従姉妹〉】いとこ　父または母の兄弟・姉妹の子。注記 年齢・性別の違いで、「従兄」「従弟」「従姉」「従妹」などと書き分ける。
熟語「従孫・従祖父おおじ・従祖母おおば」

❼副次的な職階。

熟語「従三位じゅさんみ」

【渋】 準2級 11画 水(氵)-8

【澁】15画 水(氵)-12　【澀】17画 水(氵)-14

音 ジュウ(ジフ)慣・シュウ(シフ)漢呉
訓 しぶ・しぶい・しぶる

①2934 Ⓤ6E0B　②6307 Ⓤ6F81　②6308 Ⓤ6F80

筆順

なりたち [会意]篆文では「澀」。「歰」は刃(逆向きの足)二つ＋止(進み行く足)二つからなる会意文字で、進もうとしても進めないの意を表す。「澀」は水＋歰音で、水がなめらかに流れないの意。のちに「澁」に作り、さらに略して「渋」となった。

❶しぶい。

【渋面】ジュウメン　不愉快そうな顔つき。「―をつくる」
熟語「苦渋」

❷しぶる。とどこおる。

【渋渋】しぶしぶ　気が進まないさま。「―応諾する」
【渋滞】ジュウタイ　とどこおる。「交通―」
熟語「晦渋かいじゅう・難渋」

❸(国)しぶ。柿の実からとった渋みのある汁。柿渋。

【渋皮】しぶかわ　樹木や果実の外皮の内側の皮。渋みがある。「―が剝むける(＝あかぬけして洗練される)」
熟語「渋紙」

【銃】 準2級 14画 金-6

人名 かね

音 ジュウ(ジウ)慣・シュウ(シウ)漢
訓 つつ

①2938 Ⓤ9283

筆順

なりたち [形声]金＋充(みたす)音。斧おのなどの、柄をさしこむための穴の意。のちに、たまをつめこんでうつ鉄砲の意に用いる。

てっぽう。弾丸を発射する火器。つつ。

【銃火】ジュウカ　射撃の際に出る火。「―を交える」
【銃器】ジュウキ　小銃・機関銃などの総称。
【銃撃】ジュウゲキ　銃で撃って攻撃する。「―戦」
【銃後】ジュウゴ　直接、前線で戦わない民。「―の守り」
【銃口】ジュウコウ　銃の筒口つつぐち。「―を向ける」
【銃声】ジュウセイ　銃の発射時の音。「―が響く」
【銃創】ジュウソウ　銃弾による傷。「貫通かんつう―」
【銃弾】ジュウダン　銃の弾丸。「―のあと」
熟語「銃眼・銃剣・銃殺・銃身・銃砲・拳銃けんじゅう・小銃・短銃・猟銃・機関銃・空気銃」

【獣】 4級 16画 犬-12

【獸】19画 犬-15

音 ジュウ(ジウ)慣・シュウ(シウ)漢・シュ呉
訓 けもの・けだもの

①2935 Ⓤ7363　②6457 Ⓤ7378

難読 食蟻獣ありくい

筆順
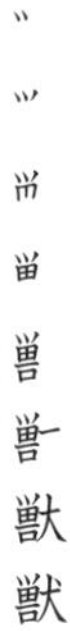

なりたち

[会意]單(先端が二つに分かれたはたき)＋口(かこい)＋犬。はたきを持ち犬を使って、囲いの中に追いこむえものの意から、けものの意を表す。

けもの。けだもの。全身毛におおわれた哺乳動物。

【獣医】ジュウイ　「獣医師じゅういし」の略。
【獣行】ジュウコウ　残酷でみだらな行為。
【獣心】ジュウシン　残忍で卑劣な心。「人面―」
【獣欲】ジュウヨク　動物的な欲望。「―を満たす」
【獣じゅうを逐おう者は目に太山たいざんを見ず】目先の

シ

利益に心を奪われている者は、周囲の状況に気づく余裕がない。出典「淮南子説林訓」より。

熟語「獣疫・獣性・獣畜・獣肉・獣類・益獣・怪獣・害獣・奇獣・禽獣(きんじゅう)・神獣・珍獣・百獣・猛獣・野獣」

【縦】

5級 16画 糸-10 音 ジュウ(呉)・ショウ(漢) 訓 たて・たと-い・たと-え・ほしいまま・ゆる-す ①2936 Ⓤ7E26

〔縱〕 17画 糸-11 ②6952 Ⓤ7E31

難読 縦令(たとい)(たとえ)

人名 なお

筆順

なりたち [形声]糸＋從(したがう)音。糸にしたがってまっすぐのびる意から、たて糸の意を表す。

❶たて。垂直の方向。また、南北の方向。

【縦横】ジュウオウ ①たてとよこ。南北と東西。②四方八方。「—に通じる交通網」③自由自在である。「機略—」

【縦貫】ジュウカン たて、南北に貫く。「—道路」

【縦走】ジュウソウ 尾根伝いの登山。「立山連峰—」

【縦断】ジュウダン ①縦(たて)に断ち切る。「—面」②縦または南北に通り抜ける。「日本列島—」⇔横断

【縦列】ジュウレツ たてに並ぶ。「—駐車」

【縦割(り)】たてわり ①たてに割る。②組織や集団が上下関係に基づいて編成されている。「—行政」

熟語「縦線・縦隊・縦横家・横縦」

❷ほしいままにする。したいようにする。また、ゆるす。はなつ。

【縦横無尽】ジュウオウムジン 「—の大活躍」

【縦覧】ジュウラン 自由に閲覧する。「—に供(きょう)する」

熟語「縦囚・縦放・縦欲・操縦・放縦」

シュク

【叔】

準2級 8画 又-6 音 シュク(漢)(呉) 訓 おじ ①2939 Ⓤ53D4

人名 はじめ・よし

筆順

なりたち [形声]尗(小さい豆)＋又(手)。小さい豆を手で拾う意から、兄弟のうち年少の者の意を表す。

❶父母の年下のきょうだい。本来は父の弟。おじ。

【《叔父》】おじ 父母の弟。また、叔母(おば)の夫をもいう。

【《叔母》】おば 父母の妹。また、叔父(おじ)の妻をもいう。

【叔父】シュクフ 叔父(おじ)。注記 中国では、父の弟。

【叔母】シュクボ 叔母(おば)。注記 中国では、父の弟の妻。

熟語「外叔」

❷年下の兄弟。兄弟の序列で三番目。「伯仲叔季」の順で数える。

【叔伯】シュクハク 兄弟。伯叔。注記「叔」は弟、「伯」は兄。

熟語「叔季」

【祝】

7級 9画 示(ネ)-5 音 シュク(漢)(呉)・シュウ(シウ)(漢) 訓 いわ-う・いわ-い ①2943 Ⓤ795D

〔祝〕 10画 示-5 ③8927 ⓊFA51

人名 とき・のり・はじめ・よし

筆順

なりたち [形声]示(神)＋「口(言う)＋儿(ひざまずく人)」音。ひざまずいて神にいのる人の意。転じて、いわうの意にも用いる。

❶かんぬし。神官。神に仕える人。はふり。

熟語「尸祝(ししゅく)・巫祝(ふしゅく)」

❷神に祈る。

【《祝詞》】のりと 神前で読み上げて神に申し請う内容・形式の文章。のりとごと。

熟語「祝禱(しゅくとう)・祝詞(しゅくし)(しゅうし)」

❸いわう。よろこぶ。ことほぐ。いわい。

【祝儀】シュウギ ①祝いの儀式。特に結婚式。②祝意を表して贈る金品。「—袋」③チップ。

【祝言】シュウゲン ①祝辞。②婚礼。「—を挙げる」

【祝着】シュウチャク 喜び祝う。多く、手紙文で用いる。「御壮健で—に存じます」「—至極(しごく)」注記「着」は助字。

【祝宴】シュクエン 祝いの宴会。賀宴。「—を張る」

【祝賀】シュクガ 喜び祝う。「—会」「—パレード」

【祝詞】シュクシ ①祝いの言葉。②のりと(祝詞)。

【祝辞】シュクジ 祝いの言葉。祝詞。「—を述べる」

【祝日】シュクジツ 祝いの日。特に国が定めた休日。

【祝勝・祝▼捷】シュクショウ 勝利を祝う。「—会」

【祝杯】シュクハイ 祝いの酒杯。「—をあげる」

【祝福】シュクフク ①幸福を祝う。②キリスト教で、神の恵みが授けられる。

熟語「祝典・祝砲・祝祭日・慶祝・奉祝・予祝」

【宿】

8級 11画 宀-8 音 シュク(漢)(呉)・シュウ(シウ)(漢)・スク(呉)・シュ(呉) 訓 やど・やど-る・やど-す・ほし ①2941 Ⓤ5BBF

難読 宿木(やどりぎ)・宿禰(すくね)

人名 いえ・おる・すく・すみ

筆順

なりたち 宿 [会意]甲骨文では、人＋百(寝具の象形)。人がふとんの中で寝るの意。のちに「宀」を加えて、建物の中にやどる意を表す。

❶やどる。泊まる。
【宿営】シュクエイ 陣営に宿泊する。また、その場所。
【宿直】シュクチョク 職場に宿泊して警備する。
【宿泊】シュクハク 旅先などで泊まる。「旅館に—する」
熟語「一宿・合宿・寄宿・止宿・投宿・野宿・露宿」

❷やど。泊まる所。街道筋の宿泊施設のある町や村。
【宿舎】シュクシャ ①宿泊する所。やど。②職員などに提供される住宅。「公務員—」
【宿場】しゅくば 江戸時代、宿駅の称。「—町」
【宿屋】やどや 旅人を泊める商売。旅館。
熟語「宿衛・宿所・宿坊・下宿・民宿・無宿・旅宿」

❸やどす。前々から心や体の中にとどめておく。前々からの。
【宿痾】シュクア 長いあいだ治らない病気。
【宿意】シュクイ ①かねてからの考え・望み。②年来のうらみ。「—を晴らす」
【宿怨】シュクエン 年来のうらみ。「—を晴らす」
【宿願】シュクガン 年来の願い。宿望。「—がかなう」
【宿志】シュクシ 長年のこころざし。「—を遂げる」
【宿酔】シュクスイ ふつかよい。「—状態」
【宿題】シュクダイ ①学校などで、自宅学習するように指示された課題。②未解決・未決定のまま持ちこされた問題。
【宿敵】シュクテキ 年来の敵。「—をようやく倒す」
【宿弊】シュクヘイ 長年の弊害や悪習。「—の打破」
【宿望】シュクボウ 長年の強い希望。「—を果たす」
熟語「宿雨・宿恨・宿昔・宿便」

❹(仏)前世からの。生まれついてからの。
【宿縁】シュクエン (仏)前世の因縁。すくえん。
【宿業】シュクゴウ (仏)前世での善悪のおこない。すくごう。
【宿命】シュクメイ 前世から定められた運命。
【宿世】シュクセ ①(仏)前の世。ぜんせ。②(仏)前世からの因縁。宿縁。宿命。注記「しゅくせ」「すぐせ」とも。
熟語「宿運・宿罪・宿善・宿徳」

❺年功を積んでいる。
【宿将】シュクショウ 豊かな経験や力量のある老将。
【宿老】シュクロウ ①豊かな経験を積んだ老人。②鎌倉時代以後の武家の重臣。
熟語「宿学・宿徳(しゅくとく)(しゅうとく)・耆宿(きしゅく)」

❻ほし。また、その集まり。星座。
熟語「宿曜(すくよう)(しゅくよう)・星宿・二十八宿」

【淑】

準2級 11画 水(氵)-8
音 シュク 漢 呉
訓 しと-やか・よ-い
①2942 Ⓤ6DD1

人名 きみ・きよ・きよし・すえ・すみ・とし・ひで・ふかし・よし

筆順 氵 氵 汁 汁 汁 洙 淑 淑

なりたち 淑 [形声]水＋叔(こぢんまりとしている)音。水のように清らかでつつましいの意。

❶しとやか。心やさしく正しい。
【淑女】シュクジョ しとやかな女性。「紳士—」
【淑徳】シュクトク 女性の上品でしとやかな美徳。
熟語「淑真・淑人・静淑・貞淑」

❷よい。よしとする。
熟語「私淑」

❸よくする。修養する。
熟語「淑艾(しゅくがい)」

【粛】

準2級 11画 聿-5
音 シュク 漢 呉
訓 つつし-む
①2945 Ⓤ7C9B

【肅】 13画 聿-7 ②7073 Ⓤ8085

人名 かた・かね・きよし・すすむ・すみ・ただ・たり・とし・はや・まさ

筆順 乛 ⺕ ⺕ 肀 聿 肃 粛 粛

なりたち 肅 [会意]聿(ふでを手に持つ)＋「淵の略体」(ふち)。水の深い所でさおをさす意から、つつしみかしこまる意を表す。

❶つつしむ。うやうやしくする。
【粛啓】シュクケイ 手紙の書き出しに書く語。注記「拝啓」よりも丁寧な表現。
熟語「粛敬・粛静・粛呈・粛拝・粛白・自粛」

❷きびしくする。ひきしめる。
【粛正】シュクセイ 厳重に不正や腐敗を正す。「綱紀—」
【粛清】シュクセイ 徹底的に反対派を排除する。「血の—」
熟語「粛殺・粛党」

❸おごそか。
【粛粛】シュクシュク 静かでおごそかである。
【粛然】シュクゼン ①静かでおごそかである。②心を引き締め、つつしむ。「—として襟を正す」
熟語「厳粛・静粛」

【縮】

5級 17画 糸-11
音 シュク 漢 呉
訓 ちぢ-む・ちぢ-まる・ちぢ-める・ちぢ-れる・ちぢ-らす
①2944 Ⓤ7E2E

難読 縮縫(せい)

【人名】おさむ・なお
【筆順】幺 糸 糸 紵 紵 紵 縮 縮
【なりたち】 ［形声］糸＋宿（家の中でちぢこまって寝る）㊱。ひもを引きしめてちぢめるの意。

❶ちぢむ。ちぢまる。小さくなる。ちぢめる。
【縮減】（シュクゲン）規模を減らす。「予算を―する」

【縮写】（シュクシャ）「図面を五分の一に―する」

【縮尺】（シュクシャク）地図などを縮小する割合。

【縮小】（シュクショウ）「軍備を―する」⇔拡大
【縮図】（シュクズ）①実物を小さくちぢめて写した図面。②実際のありさまを簡略に写したもの。「人生の―」

【熟語】「縮刷・圧縮・萎縮（いしゅく）・凝縮・緊縮・軍縮・収縮・伸縮・短縮・濃縮」
❷おそれおじける。ちぢこまる。
【熟語】「畏縮（いしゅく）・萎縮・恐縮」
❸ちぢれる。うねったり巻いたりする。ちぢらす。布面に細かい皺（しわ）を表した織物の総称。
【縮▼緬】（ちりめん）一面に細かなしぼを出した絹織物。

ジュク

【塾】
準2級 14画 土-11 音 ジュク㊇・シュク㊈ ①2946 Ⓤ587E

【人名】いえ
【筆順】亠 享 孰 孰 孰 孰 塾 塾
【なりたち】 ［形声］孰（しっかり築き固める）㊱＋土。粘土を築き固めて、ついじを作る意から、門の両側にある部屋、まなびやの意を表す。

まなびや。子弟を教える学舎。

【塾生】（ジュクセイ）塾で学ぶ学生・生徒。

【塾頭】（ジュクトウ）塾の責任者。塾のかしら。塾長。

【熟語】「塾舎・義塾・私塾・村塾・入塾」

【熟】
5級 15画 火（灬）-11 音 ジュク㊇・シュク㊈ 訓 うれる・つらつら・なれる ①2947 Ⓤ719F

【難読】熟田津（にきたつ）
【人名】なり
【筆順】亠 享 享 孰 孰 孰 熟
【なりたち】［形声］孰（よく煮る）㊱＋火。「孰」が原字。「孰」がいずれの意で用いられるようになったため、「火」を加えた。
◉異字同訓◉【慣】（八七ページ）の「異字同訓」欄を参照のこと。

❶よく煮える。よく煮る。
【熟語】「熟食・半熟」
❷うれる。果実などが十分に実る。
【熟柿】（ジュクシ）よく熟した柿。じゅくしがき。

【熟成】（ジュクセイ）①成熟。「―期間」②味噌や酒などの味にうまみやこくがでる。

【熟語】「完熟・黄熟・成熟・早熟・晩熟・未熟・爛熟（らんじゅく）」
❸なれる。精通する。
【熟語】（ジュクゴ）①二つ以上の単語が結合してできた語。複合語。「山猫」「肝入り」の類。②二つ以上の漢字が結合してできた語。「建築」「書籍」の類。熟字。

【熟字訓】（ジュクジクン）漢字二字以上の熟語全体に、日本語の訓をあてて読む読み方。「昨日（きのう）」「紅葉（もみじ）」「紫陽花（あじさい）」の類。

【熟達】（ジュクタツ）「実技訓練の後、運転に―する」

【熟年】（ジュクネン）円熟した年頃。五〇歳前後の年齢。

【熟練】（ジュクレン）「経験を積んで―工になる」

【熟語】「熟手・熟達・円熟・習熟」
❹つらつら。よくよく。くわしく。十分に。
【熟議】（ジュクギ）「―の末、提言をまとめる」

【熟思】（ジュクシ）十分に考える。「―黙考」

【熟視】（ジュクシ）凝視。「顔を近づけて―する」

【熟睡】（ジュクスイ）「疲れていたので―した」

【熟知】（ジュクチ）よく知っている。「―の間柄」

【熟読】（ジュクドク）文章をよく味わって読む。「―玩味」

【熟慮】（ジュクリョ）じっくり考える。熟考。「―断行」

【熟考】（ジュッコウ）熟慮。「―を重ねる」

【熟語】「熟察・熟覧」

シュツ

【出】
10級 5画 凵-3 音 シュツ㊈㊇・スイ㊈ 訓 でる・だす ①2948 Ⓤ51FA

【難読】出汁（だし）・出衣（いだしぎぬ）・出会す（でくわす）・出来す（でかす）・出挙（すいこ）・出梅（つゆあけ）・出鱈目（でたらめ）
【人名】いず・いずる
【筆順】丨 十 屮 出 出
【なりたち】 ［会意］止（あし）＋凵（くぼんだ容器）。あしがくぼみからでるの意。

❶でる。内から外へ移動する。ある場所へ行く。でむく。人の見える所にあらわれる。また、参加する。おこる。
【出演】（シュツエン）「テレビに―する」「舞台の―者」
【出勤】（シュッキン）「―簿」「休日―」⇔欠勤・退勤
【出家】（シュッケ）（仏）世俗を離れ仏道に入る。⇔在家
【出撃】（シュツゲキ）攻撃のために陣地を出る。
【出欠】（シュッケツ）出席と欠席。「―をとる」

【出現】シュツゲン　新たに現れ出る。「新兵器の―」
【出向】シュッコウ　在籍のまま他の会社の仕事につく。
【出航】シュッコウ　「台風で船の―時間が遅れる」
【出港】シュッコウ　船が港を出る。⇔入港・帰港
【出国】シュッコク　外国へ行く。「―手続き」⇔入国
【出仕】シュッシ　公の勤めにつく。「役所に―する」
【出社】シュッシャ　会社へ勤めに行く。⇔退社
【出生】シュッショウ　子供が生まれる。「―届」
【出場】シュツジョウ　「コンクールに―する」⇔欠場
【出陣】シュツジン　戦場に出て行く。「―式」
【出水】シュッスイ　水が出る。大水。「―事故」
【出世】シュッセ　世間に名が知られる。「立身―」
【出生】シュッセイ　子供が生まれる。出生。
【出征】シュッセイ　戦争に行く。「―兵士」
【出席】シュッセキ　「―を取る」「―簿」⇔欠席
【出▽来】シュッタイ　①事件が起こる。「大事―」②物事ができあがる。注記「しゅつらい」の転。
【出土】シュツド　「遺跡からの―品」「―した化石」
【出動】シュツドウ　「火事で消防車が―する」
【出馬】シュツバ　「社長の―(=現場へ出向く)を請う」「知事選に―(=立候補)する」
【出発】シュッパツ　「―時刻」「新会社の―を祝う」
【出帆】シュッパン　船が港を出る。「横浜港を―する」
【出没】シュツボツ　現れたり隠れたりする。また、時々現れる。「空き巣が―する」
【出奔】シュッポン　逃亡する。「故郷を―する」
【出藍】シュツラン　弟子が師よりもすぐれている。「―の誉れ」出典「荀子(勧学)」より。
【出来】でき　でき具合。「―が悪い」「上―」
【出来心】できごころ　ふと生じた考え。「ほんの―」
【出来事】できごと　起こった事柄・事件。「今日の―」
【出花】でばな　茶の最初の一煎。「番茶も―(=番茶でもいれたてはおいしい)」
【出▽端・出鼻】でばな・でばな　始めてすぐ。ではな。「―を挫(くじ)く」「―を折る」
熟語「出火・出京・出郷・出獄・出猟・出漁・出廬・出処進退・家出・外出・門出・死出・進出・総出・退出・脱出・転出・遠出・人出・船出・流出・漏出」

❷だす。内から外へ移す。金をしはらう。人に見えるようにする。発表する。あらわす。社会に送りだす。

【出火】シュッカ　火事を出す。「―地点」「―原因」
【出荷】シュッカ　「市場に果物を―する」「―量」⇔入荷
【出棺】シュッカン　死者の棺を家や式場から送り出す。「―を見送る」
【出願】シュツガン　願書を出す。「特許―中」「―状況」
【出血】シュッケツ　①血が流れ出る。②損失・犠牲。「―覚悟の大サービス」
【出庫】シュッコ　①倉庫から品物を出す。②車庫から電車・バスなどが出る。また、出す。▽⇔入庫
【出札】シュッサツ　切符を売る。「―窓口」「―係」
【出産】シュッサン　「子供を無事に―する」「―祝い」
【出資】シュッシ　資金を出す。「―金」「共同―者」
【出精】シュッセイ　精を出す。「仕事に―せよ」
【出題】シュツダイ　問題を出す。「試験問題を―する」
【出立】シュッたつ　旅立ち。出発。「未明に―する」
【出張】シュッチョウ　他の場所で仕事をする。「地方―」「―先」「―所」注記「でばる」の漢字表記「出張」を音読みした語。
【出頭】シュットウ　「裁判所から―命令を受ける」
【出版】シュッパン　文書・図画などを印刷して発売・頒布(はんぷ)する。「―界」「―業」
【出費】シュッピ　費用を出す。「―がかさむ」
【出品】シュッピン　展覧会などに作品などを出す。「―目録」
【出兵】シュッペイ　軍隊を出動させる。⇔撤兵
【出力】シュツリョク　①発電機などから外部へ出すことのできるエネルギーの量。「―五〇キロワット」②コンピューターが入力データを処理して出した結果を表示する。⇔入力
【出師】スイシ　軍隊を繰り出す。出兵。「―の表」
【出納】スイトウ　金銭や物品の出し入れ。「―簿」
熟語「出金・出陣・案出・移出・演出・救出・掲出・歳出・産出・算出・支出・提出・摘出・捻出・排出・輩出・派出・搬出・噴出・放出・訳出・輸出・露出」

❸でどころ。

【出自】シュツジ　出どころ。うまれ。
【出所・出処】シュッショ　①出どころ。「―不明の金」②刑務所を出る。③(「出処」と書く)身のふり方。「―進退(=身の処し方)」
【出身】シュッシン　「関西―の漫才師」「―校」
熟語「出典・庶出・嫡出」

❹ぬきんでる。すぐれている。

【出色】シュッショク　一段とすぐれている。「―の出来」
熟語「傑出・卓出・突出」

❺その他。固有名詞など。

【出雲】いずも　旧国名の一。島根県東部に相当。雲州(うんしゅう)。
【出羽】でわ　旧国名の一。山形県・秋田県の二県に相当。羽州(うしゅう)。

ジュツ

【述】　6級　8画　辵(⻌)-5
〔述〕　9画　辵(⻌)-5
音 ジュツ呉・シュツ漢
訓 のべる
Ⓙ2950
Ⓤ8FF0

人名 あきら・とも・のぶ・のぶる・のり

筆順 一 十 オ ホ ボ 朮 朮 沭 述

なりたち  [形声]辵(ゆく)＋朮(ねばりけのある、もちあわ)音。これまでのやり方から離れずに受け継いでいく意から、したがう意を

表す。

❶のべる。思う所を言いあらわす。書き記す。

【述懐】(ジュッカイ) 思いをのべる。「往時を—する」

【述語】(ジュツゴ) 文の成分の一。文中で「何がどうする」「何がどんなだ」「何が何だ」における「どうする」「どんなだ」「何だ」にあたる部分。⇔主語

熟語「述奏・記述・供述・口述・後述・詳述・上述・叙述・前述・著述・陳述・略述・縷述(るじゅつ)・論述」

❷受けついで伝えのべる。

【述作】(ジュッサク) 先人の説を伝えのべる。著述。

熟語「祖述」

【術】

6級 11画 行-5 音 ジュツ呉・シュツ漢 訓 すべ・わざ ①2949 Ⓤ8853

〔術〕11画 行-5

人名 みち・やす・やすし

筆順 

なりたち  ［形声］行(みち)＋朮(ねばりけのある、もちあわ)音。長い間、人の生活に密着し受け継がれてきたすじみちの意から、わざの意を表す。

❶すべ。方法。また、わざ。技芸。

【術語】(ジュツゴ) 専門語。学術語。テクニカルターム。

熟語「学術・奇術・技術・芸術・剣術・手術・柔術・呪術・戦術・忍術・秘術・美術・魔術・妖術(ようじゅつ)・話術」

❷はかりごと。策略。

【術策】(ジュッサク) たくらみ。「—をめぐらす」

【術数】(ジュッスウ) 計略。策略。「権謀—」

【術中】(ジュッチュウ) 術策のうち。「敵の—にはまる」

熟語「術士・権術」

シュン

【旬】⇒ジュン(三〇三ページ)

【俊】

準2級 9画 人(亻)-7 音 シュン漢呉 訓 すぐ-れる ①2951 Ⓤ4FCA

人名 すぐる・たかし・とし・まさる・よし

筆順 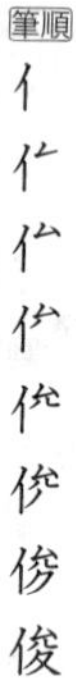

なりたち 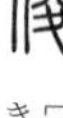 ［形声］人＋夋(出る)音。他よりぬきん出た人の意。

才智が他よりも上である。すぐれる。

【俊逸】(シュンイツ) 才能などがすぐれている。

【俊英】(シュンエイ) 秀才。「将来が嘱望される—」

【俊才】(シュンサイ) すぐれた才能の人。別表記 駿才

【俊秀】(シュンシュウ) 俊英。「門下の—を集める」

【俊足】(シュンソク) ①すぐれた才能をもった人。俊才。②足が速い。また、その人や馬。駿足。⇔鈍足

【俊敏】(シュンビン) 臨機応変に行動が早い。「—な動き」

熟語「俊傑・英俊・豪俊・才俊・雄俊」

【春】

9級 9画 日-5 音 シュン漢呉 訓 はる ①2953 Ⓤ6625

難読 春日(かすが)・春宮(とうぐう)(みこのみや)

人名 あずま・あつ・かず・とき・はじめ・はね

筆順 

なりたち  ［形声］艸(くさ)＋屯(地中で今にも芽ばえようとして精気をためる)音＋日(太陽)。陽気がよくなり、草木が芽ばえようとする季節、はるの意。

❶はる。四季の一。

【春雨】(シュンウ) 春に降る雨。はるさめ。

【春寒】(シュンカン) 立春以後の寒さ。余寒。「—の候」

【春気】(シュンキ) ①春の気候。②春の気配。

【春季】(シュンキ) 春の季節。「—大会」

【春期】(シュンキ) 春の期間・時期。「—講習」

【春日】(シュンジツ) のどかな春の一日。「—遅々」

【春秋】(シュンジュウ) ①春と秋。②年月。歳月。「—を経る」③年齢。よわい。「—を重ねる」④中国の歴史書。孔子の編という。

【春秋に富む】(しゅんじゅうにとむ) 若くて、将来がある。出典「史記斉悼恵王世家」より。

【春情】(シュンジョウ) 春らしいようす。また、いろけ。色情。

【春宵一刻値千金】(しゅんしょういっこくあたいせんきん) 春の夜は、なんともいわれぬ趣がある。出典 蘇軾「春夜詩」より。

【春雪】(シュンセツ) 春に降る雪。春の雪。あわ雪。

【春暖】(シュンダン) 春のあたたかさ。「—の候」

【春泥】(シュンデイ) 春先に、雪どけでできるぬかるみ。

【春闘】(シュントウ) 労働組合が毎年春に行う賃上げ闘争。

【春風駘蕩】(シュンプウタイトウ) 春風がおだやかに吹く。「—とした(＝温和な)人柄」

【春分】(シュンブン) 二十四節気の一。春の彼岸の中日。⇔秋分

【春眠暁を覚えず】(しゅんみんあかつきをおぼえず) 春の夜は寝心地よく、暁になってもなかなか目がさめない。出典 孟浩然「春暁」より。

【春雷】(シュンライ) 春に鳴る雷。「—を聞く」

【春蘭秋菊倶に廃すべからず】(しゅんらんしゅうぎくともにはいすべからず) 物にはそれぞれ特色があって、優劣がつけにくい。出典「旧唐書裴子余伝」より。

【春一番】(はるイチバン) 立春後、最初に吹く強い南風。

【春雨】(はるさめ) ①春に降るこまかな雨。②透き通った麺状の食品。

熟語「春菊・春暁・春光・春愁・春色・春夢・春陽・残春・惜春・早春・晩春・暮春・陽春・立春」

❷年のはじめ。正月。

シ

熟語「賀春・迎春・初春・頌春・新春」

❸男女の情欲。

【春画】シュンガ　男女の情交を描いた絵。枕絵。

【春本】シュンボン　男女の情交を描いた本。猥本。

熟語「春機・春情・売春・買春・思春期」

❹活動の盛んな年頃。

熟語「回春・青春」

❺その他。

【春秋左氏伝】シュンジュウサシデン　「春秋」の注釈書。左丘明の著と伝えられる。左氏伝。左伝。左氏春秋。

【春秋時代】シュンジュウジダイ　周の東遷から晋が三分して韓・魏・趙が独立するまでの約三六〇年間(前七七〇～前四〇三)。

【春秋の筆法】シュンジュウのヒッポウ　①「春秋」に見える厳しい批判的論法。②間接的な原因をあたかも直接的な原因であるかのように扱う論法。

【瞬】

〔瞬〕17画 目-12

4級 18画 目-13 音 シュン 漢 呉 訓 またたく・まばたく ①2954 Ⓤ77AC

筆順 瞬

なりたち 〔形声〕目＋舜(すばやく動くさま)音。すばやく目を動かす意から、またたく意を表す。

またたく。まばたく。まぶたをぱちぱち開けたり閉じたりする。また、ごく短い時間。

【瞬間】シュンカン　またたく間。瞬時。「決定的―」「―風速」

【瞬時】シュンジ　瞬間。「鳩が―に消える手品」

【瞬発力】シュンパツリョク　「―のある短距離走者」

熟語「瞬目・一瞬・転瞬」

ジュン

【旬】

4級 6画 日-2 音 ジュン 呉・シュン 漢 ①2960 Ⓤ65EC

人名 ただ・とき・ひとし・ひら・まさ

筆順 ノ 勹 勺 旬 旬 旬

なりたち 〔形声〕勻(並べととのえる)音＋日。甲乙丙から始まる十干で日を並べ数える場合の、ひとまわりの十日間の意。

❶一か月の三分の一。一〇日。

【旬刊】ジュンカン　一〇日ごとに発行される出版物。

【旬間】ジュンカン　一〇日間。「交通安全―」

【旬日】ジュンジツ　わずかな日数。「―にして完成した」

【旬報】ジュンポウ　一〇日ごとの刊行物。

【旬余】ジュンヨ　一〇日あまり。「今年も―を残すのみ」

熟語「旬月・旬朔・一旬・下旬・上旬・初旬・中旬」

❷一〇年。

熟語「七旬」

❸(国)しゅん。魚介・野菜類などの出盛りで、最も味のよい時期。

用例「旬(しゅん)の野菜」

【巡】

〔巡〕7画 巛-4

4級 6画 巛-3 音 ジュン 呉・シュン 漢 訓 めぐる ①2968 Ⓤ5DE1

難読 お巡りさん(おまわりさん)

筆順 く 巛 巛 巡

なりたち 〔形声〕辵(ゆく)＋巛(かわ)音。川の流れにしたがって、めぐりゆくの意。

❶見まわる。

【巡見】ジュンケン　見てまわる。「各地を―してまわる」

【巡幸】ジュンコウ　天皇が各地をまわる。「九州ご―」

【巡査】ジュンサ　警察官の階級。「―部長」

【巡視】ジュンシ　警戒・監督のために見まわる。「―船」

【巡邏】ジュンラ　警備のため見まわる。「市中を―する」

熟語「巡検・巡察」

❷めぐる。めぐり歩く。まわる。

【巡回】ジュンカイ　「―図書館」「管内を―する」

【巡業】ジュンギョウ　興行してまわる。「地方―」

【巡航】ジュンコウ　各地を航海・飛行してまわる。「―船」

【巡洋艦】ジュンヨウカン　戦艦と駆逐艦の中間の大きさの軍艦。

【巡礼】ジュンレイ　聖地・霊場を参詣してまわる。

熟語「巡行・巡錫・巡遊・巡歴・一巡・逡巡・歴巡」

【盾】

4級 9画 目-4 音 ジュン 呉・シュン 漢 訓 たて ①2966 Ⓤ76FE

筆順 一 厂 戶 斤 盾 盾 盾

なりたち 〔象形〕目をおおう武具のたてにかたどる。

たて。刀・矢などから身を守る防具。

熟語「矛盾」

【准】

準2級 10画 冫-8 音 ジュン 慣・シュン 漢 訓 なぞら-える ①2958 Ⓤ51C6

注記「准(わい)」は別字。

人名 のり

筆順 冫 冫 冫 冫 汁 汼 准 准

なりたち 「準」の俗字。のちに「准」を「準」と区別して、なぞらえるの意に用いる。

❶なぞらえる。あるものに見立てる。準ずる。なずらえる。

【准尉】ジュンイ 軍隊で、下士官の上、尉官の下の位。

【准将】ジュンショウ 大佐と少将とのあいだの階級の将官。

熟語「准后じゅごう(じゅんこう)・准教授」

❷認め許す。

熟語「准許・許准・批准」

【殉】

準2級 10画 歹-6 音 ジュン㊉・シュン㊇ 訓 したが-う

①2962 Ⓤ6B89

筆順 一 ア 歹 歹 歹 殉 殉 殉

なりたち [形声]歹(しぬ)＋旬(十干がひとめぐりする十日間)㊥。主君をとり囲んで死ぬの意。

したがう。死んだ主君のあとを追って死ぬ。大切に思うもののために死ぬ。

【殉教】ジュンキョウ 宗教に命を捧げる。「―者」

【殉国】ジュンコク 国のために命を捧げる。「―の士」

【殉死】ジュンシ 主君のあとを追って臣下が自殺する。

【殉職】ジュンショク 職務を果たそうとして命を失う。

熟語「殉節・殉葬・殉難」

【純】

5級 10画 糸-4 音 ジュン㊉・シュン㊇

①2967 Ⓤ7D14

人名 あつ・あつし・あや・いたる・いと・きよし・すなお・すみ・つな・とう・まこと・よし

筆順 ㄑ 幺 糸 糸 糸 紅 紅 純

なりたち  [形声]糸＋屯(地中で芽ばえようとしているさま)㊥。「屯」が原字で、のちに「糸」を加えた。布地の端から単色の織り糸が垂れている意から、まじりけがない意を表す。

まじりけがない。自然のままである。飾り気がない。

【純愛】ジュンアイ ひたむきな愛。「―小説」

【純一】ジュンイツ かざりけや偽りがない。「―無雑」

【純潔】ジュンケツ 心身のけがれがなく清らかである。

【純情】ジュンジョウ 邪心のない心。「―可憐かれん」

【純真】ジュンシン 純粋で清らかである。「―無垢むく」

【純粋】ジュンスイ まじりけがない。「―なアルコール」「青年の―な(=邪念や私欲がない)気持ち」

【純正】ジュンセイ ①品質が保証される。「―部品」②理論を主とする学問上の立場。「―化学」

【純然】ジュンゼン 混じりけがない。それに相違ない。「―たる日本種」「―たる違法行為」

【純朴】ジュンボク 素直でかざりけがない。「―な人柄」 別表記 醇朴・淳朴

熟語「純益・純化・純金・純心・純度・純白・純良・温純・至純・清純・単純・不純」

【循】

準2級 12画 彳-9 音 ジュン㊉・シュン㊇ 訓 したが-う・めぐ-る

①2959 Ⓤ5FAA

人名 みつ・ゆき・よし

筆順 ノ 彳 彳 彳 彳 循 循 循

なりたち  [形声]彳(ゆく)＋盾(たて)㊥。たてのように、あるものを頼りとして寄り添って行く意から、したがう意を表す。

❶したがう。よる。依拠する。

熟語「循循・因循・恪循かくじゅん」

❷めぐる。ぐるぐるまわる。

【循環】ジュンカン 一回りして、それを繰り返す。「市内―バス」「悪―」

熟語「循行」

【順】

7級 12画 頁-3 音 ジュン㊉・ズン㊄・シュン㊇ 訓 したが-う・すなお

①2971 Ⓤ9806

人名 あや・おさむ・かず・しげ・すなお・とし・なお・のぶ・のり・はじめ・まさ・みち・みつ・むね・もと・やす・ゆき・よし・より

筆順 ノ 川 川 川 川 順 順 順

なりたち 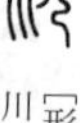 [形声]川(かわ)㊥＋頁(あたま)。川の流れにしたがって頭を向けて行く意から、したがう意を表す。

❶したがう。逆らわない。すなお。

【順化】ジュンカ 適応する。馴化。「環境に―する」

【順手】ジュンて 手をひねらずに自然に握る。⇕逆手

【順当】ジュントウ 「―に勝ち進む」「―な人選」

【順応】ジュンノウ 「新しい状況に―する」「―性」

【順良】ジュンリョウ 素直で善良である。別表記 循良

熟語「順孝・順守・順法・温順・帰順・恭順・耳順・柔順・従順」

❷ものの後先の関係。

【順位】ジュンイ 「成績の―が上がる」「優先―」

【順延】ジュンエン 順々に期日を延ばす。「雨天―」

【順逆】ジュンギャク ①正しい順序と逆の順序。②道理にかなっていることと、いないこと。

【順行】ジュンコウ 逆らわずに進む。⇕逆行

【順次】ジュンジ 次々に。順に。「―繰り下げる」

【順序】ジュンジョ 「―よく乗車する」「―不同」

【順番】ジュンバン 順序。「発表の―を決める」

熟語「順縁・順列・順路・降順・席順・打順・着順・手順・筆順・道順」

❸都合がよい。思うとおりである。
【順境】ジュンキョウ 物事がうまく運ぶ境遇。⇔逆境
【順調】ジュンチョウ 調子がよい。「―な滑り出し」
【順風満帆】ジュンプウマンパン 追い風を受けて舟が快く進む。転じて、物事が順調に進行する。
熟語「順風・不順」

準

6級 13画 水(氵)-10
音 ジュン㊉・シュン㊤
訓 なぞら-える・のり・みずもり
①2964 Ⓤ6E96

〔準〕12画 氵-10 ②5037 Ⓤ51D6

人名 とし・のり・ひとし
筆順 氵 汁 汁 淮 淮 淮 準 準
なりたち  [形声]水＋隼(すらりとしている、平らである)音。平らかな水面の意。

❶みずもり。水平をはかる器具。転じて、のり。めあて。てほん。物事をはかるめやす。
【準縄】ジュンジョウ 基準となるもの。「規矩きく―」注記「準」は水平を定める水盛り、「縄」は直線を決める墨なわの意。
熟語「準則・準的・準法・基準・規準・水準・照準・標準・平準」
❷あるものに次ぐ。
【準急】ジュンキュウ 「準急行列車」の略。
【準決勝】ジュンケッショウ トーナメント形式の競技で、決勝戦への出場資格を決める試合。
熟語「準星・準優勝」
❸なぞらえる。のっとる。めやすにする。
【準拠】ジュンキョ ある事柄をよりどころとする。「教科書に―した参考書」
【準則】ジュンソク 規則にのっとる。「―主義」
【準備】ジュンビ 用意する。「―万端整う」「―体操」
熟語「準用」

潤

3級 15画 水(氵)-12
音 ジュン㊉・ニン㊤
訓 うるお-う・うるお-す・うるむ
①2965 Ⓤ6F64

難読 潤香うるか
人名 さかえ・ひろ・ひろし・まさる・ます・みつ
筆順 氵 氵 汀 沪 泪 潤 潤 潤
なりたち  [形声]水＋閏(はみ出る)音。水がしみ出てうるおうの意。

❶うるおう。十分に水分を含む。また、うるおす。うるむ。うるおい。
【潤滑油】ジュンカツユ 機械の摩擦を減らすための油。
【潤筆】ジュンピツ 筆を濡らして書画を書く。「―料」
熟語「潤滑・潤湿・湿潤・浸潤・芳潤・豊潤」
❷もうけ。利益。めぐみ。
【潤沢】ジュンタク 物が豊富にある。「―な資金」
熟語「利潤」
❸つやがある。飾る。
【潤色】ジュンショク おもしろく飾る。「―を加える」
熟語「潤屋・潤飾」

遵

3級 15画 辵(辶)-12
音 ジュン㊉・シュン㊤
訓 したが-う
①2969 Ⓤ9075

〔遵〕16画 辵(辶)-12 ― ―

人名 ちか・のぶ・ゆき・より
筆順 ⺍ 屰 酋 酋 尊 尊 遵 遵
なりたち  [形声]辵(足の動作)＋尊(とうとぶ)音。とうとび従いゆくの意。

したがう。道理や法をまもる。
【遵守】ジュンシュ 「交通法規の―」別表記 順守
【遵奉】ジュンポウ 法律や教義などを守る。
【遵法】ジュンポウ 法律や規則を守る。別表記 順法
熟語「遵行・遵用・恪遵かくじゅん・奉遵」

ショ

処

5級 5画 几-3
音 ショ㊤㊉
訓 お-る・ところ
①2972 Ⓤ51E6

〔處〕11画 虍-5 ②4961 Ⓤ8655

難読 目処めど・其処そこ・何処どこ・此処ここ・彼処かしこ
人名 おき・さだむ・すみ・ふさ・やす
筆順 ノ ク 夂 処 処
なりたち  [会意]夂(下へ向かう足の象形)＋几(脚つきの台)。足を止めて台に腰かける意から、いる・おくの意を表す。篆文では「虍」を加えた別体字も用いる。

❶おる。いる。そこに落ち着く。外に出ないで家にいる。
【処暑】ショショ 二十四節気の一。暑さが落ち着く頃。
【処女】ショジョ ①男性とまだ性的交渉のない女性。②人が一度も手をつけたり、踏み入れたりしていない。「―地」③初めてである。「―作」「―航海」注記 家に処いる女の意。
【処世】ショセイ この世の中で生きてゆく。世渡り。「―術」「―訓(＝生きてゆく上で役立つ教え)」
熟語「処士・出処進退」
❷しかるべく決める。とりさばく。
【処遇】ショグウ それぞれに応じた扱い。「不当な―」

シ

【処刑】ショケイ 死刑にする。「犯罪人を―する」
【処断】ショダン 決断を下す。「すばやい―」
【処置】ショチ ①きまりをつける。はからい。「適切な―をとる」「―無しだ」②治療・手当て。「応急―」
【処罰】ショバツ 罰する。「―を受ける」
【処分】ショブン ①始末をつける。「廃棄―」②処罰する。
【処方】ショホウ 医師が薬の調合を指示する。「―箋(せん)」
【処務】ショム 事務を処理する。「―規定」
【処理】ショリ 「事務―能力」「ごみ―場」「熱―」
熟語「処決・善処・対処」

❸ところ。場所。
熟語「処処・居処・住処・出処・随処」

【初】 7級

7画 刀-5 音 ショ 呉・ソ 漢 訓 はじめ・はじめて・はつ・うい・そめる・うぶ ①2973 Ⓤ521D

難読 初心(うぶ)・初生(はつなり)
人名 はつ・もと
筆順 、 ラ ネ ネ ネ 初 初
なりたち  [会意]衣＋刀。衣服の材料となる布地に刀を入れて作りはじめる意から、はじめの意を表す。

❶はじめの時期。はじめの段階。第一。
【初期】ショキ はじめの時期。初頭。「明治―」
【初志】ショシ はじめの志。「―を貫徹する」
【初心】ショシン ①何かしようと決心したときの気持ち。「―忘るべからず」②習いはじめて間がない。「―者」
【初手】ショて ①囲碁・将棋で、第一手。②初め。最初。「―からあきらめている」
【初等】ショトウ 最初の等級。「―教育」
【初頭】ショトウ 「二〇世紀―の事件」
【初七日】ショなのか 人の死後七日目に営む仏事。
【初日】ショニチ 催し物の第一日目。
【初年】ショネン ①第一年。「―度」②ある期間のはじめの頃。「昭和―」
【初歩】ショホ 学びはじめの段階。「―的なミス」
【初老】ショロウ ①老境に入りかけの人。「―の紳士」②古くは四〇歳の異称。
熟語「初夏・初級・初句・初秋・初春・初旬・初速・初代・初段・初伝・初冬・初版・初期化・期初・月初・原初・最初・太初・当初・年初・本初」

❷はじめて。新たに見たり経験したりする。はつ。うい。そめる。うぶ。
【初▽冠】ういこうぶり 元服の儀式。
【初陣】ういジン はじめて戦いに出る。「―を飾る」
【初演】ショエン はじめて上演・演奏する。「本邦―」
【初見】ショケン 「―の資料」「―で演奏する」
【初夜】ショヤ 新婚の夫婦が迎える最初の夜。
【初春】はつはる 新年。新春。「―を祝う」
【初耳】はつみみ はじめて聞く。「その話は―だ」
【初詣で】はつもうで 新年に初めて社寺にお参りする。
【初夢】はつゆめ その年最初に見る夢。
熟語「初位(しょい)(そい)・初婚・初産・初潮・初犯・初荷・初孫・初声・初対面・書き初め・見初(みそ)める」

【所】〔所〕 8級

8画 戸(戸)-4 音 ショ 漢 呉・ソ 漢 訓 ところ ①2974 Ⓤ6240
〔所〕8画 戸-4

人名 ど・のぶ
筆順 一 ㇇ ョ 戸 戸 所 所 所
なりたち  [形声]戸 音 ＋斤(おの)。コツコツとおので木を切る音の意。借りて、ところの意を表す。

❶ところ。ありか。
【所柄】ところがら 場所柄。「―をわきまえる」
熟語「一所・各所・箇所・急所・局所・近所・在所・住所・寝所・随所・善所・他所(よ)(そ)・短所・長所・適所・難所・場所・別所・便所・名所・要所・適材適所」

❷特定のことの行われる施設・地点。
熟語「所員・所長・支所・出所・関所・詰所・屯所(とんしょ)・役所・刑務所・興信所・裁判所・事務所・保健所」

❸ところ。動作・行為を受けるもの。
【所▼謂】いわゆる 世にいわれる。「―新人類の世代」
【所為】ショイ 仕業(しわざ)。「不埒な―」
【所轄】ショカツ 支配・管理する。「―署」
【所感】ショカン 感想。「年頭―」「―を述べる」
【所管】ショカン 権限で管理する。「外務省―の事項」
【所期】ショキ 心に決めている。「―の目的」
【所業・所行】ショギョウ おこない。「おとなげない―」
【所見】ショケン 見立て。「医師の―」「―を述べる」
【所作】ショサ ①ふるまい。しぐさ。②「所作事」の略。歌舞伎で長唄(ながうた)を伴奏とする舞踊・舞踊劇。
【所載】ショサイ 掲載される。「一月号―の記事」
【所在】ショザイ 「―をつきとめる」「責任の―」「―地」「―ない(＝することがなく退屈である)」
【所産】ショサン 作り出されるもの。「時代の―」
【所思】ショシ 思うところ。「―を開陳する」
【所持】ショジ 持っている。「―品」
【所収】ショシュウ 掲載されている。「本書―の写真」
【所出】ショシュツ 出どころ。「―を明らかにする」
【所信】ショシン 信念。「首相の―表明演説」
【所説】ショセツ 主張。「―を翻(ひるがえ)す」
【所詮】ショセン 結局。「―負け犬の遠ぼえだ」
【所蔵】ショゾウ 保管している。「博物館の―品」
【所属】ショゾク 「与党―の議員」「無―の候補」
【所存】ショゾン 考え。「努力する―です」
【所帯】ショタイ 「―を持つ(＝家庭を持つ。結婚する)」「―数」 別表記 世帯

【所定】ショテイ　定められている。「—の手続き」
【所得】ショトク　①収入。②一定期間に、個人・企業などが得た収入から必要経費を引いた金額。「—税」
【所望】ショモウ　欲しいとのぞむ。「御—の品」
【所有】ショユウ　保有する。「土地を—する」「—権」
【所与】ショヨ　与えられる。「—の条件」
【所用】ショヨウ　入用。用事。「—の資材」「—で外出する」
【所要】ショヨウ　必要である。「往復の—時間」
【所為】ショイ（セイ）　理由。「失敗を人の—にする」「気の—」
〈所以〉ゆえん　いわれ。わけ。「人の人たる—」注記 漢文訓読語である「故(ゆえ)になり」の転「ゆえんなり」から生じた語かという。
熟語「所謂(いわゆる)・所演・所懐・所願・所記・所生・所動・所領・所労・所論」

【書】

9級　10画　曰-6　音 ショ 漢呉　訓 かく・ふみ
①2981　Ⓤ66F8

人名 のぶ・のり・ひさ・ふみ

筆順 

なりたち  [形声]聿(ふで)＋者(柴を集め燃やす)音。物事を集めて筆でかきしるすの意。

❶かく。しるす。文字や文章にあらわす。
【書(き)入れ時】かきいれどき　商売が繁盛する時。「盆と暮れの—」注記 帳簿の記入に忙しい時の意から。
【書(き)初め】かきぞめ　正月二日に行う筆始め。
【書写】ショシャ　①書き写す。②小・中学校国語科の科目の一。文字を正しく書く学習をする。
【書道】ショドウ　毛筆で文字を書く芸術。「—展」
【書(しょ)は以(もっ)て姓名(せいめい)を記(き)するに足(た)るのみ】　学問よりも兵法を学ぶほうが天下を取る早道だという意。出典「史記項羽本紀」より。
熟語「書割・書家・書記・書風・書法・浄書・清書・代書・能書・板書・墨書」

❷文字。字体。
【書画】ショガ　書と絵。「—骨董(こっとう)」
【書体】ショタイ　①字体を実際の文字に書くときの様式。漢字の楷書・行書・草書・篆書(てんしょ)・隷書など。②活字の字形の様式。明朝・ゴシック・アンチックなど。
熟語「書契・書風・書幅・楷書(かいしょ)・行書・正書・草書・篆書(てんしょ)・六書(りくしょ)・臨書・隷書(れいしょ)」

❸ふみ。かきつけ。手紙。
【書留】かきとめ　郵便物の特殊取扱の一。引き受けから配達までの各過程を記録する。「—郵便」「現金—」
【書簡・書翰】ショカン　手紙。書状。「—文」
【書式】ショシキ　文書の決まった書き方。
【書状】ショジョウ　手紙。書簡。「—差し」
【書面】ショメン　文書。「—をもって通知する」
【書類】ショルイ　記録や事務に関する文書。「重要—」
熟語「書札・書信・書中・遺書・願書・証書・信書・調書・投書・念書・秘書・封書・文書・密書・契約書・上申書・伝書鳩・領収書」

❹ほん。文章にあらわし、とじてまとめたもの。
【書院】ショイン　書斎。「—造りの客間」
【書架】ショカ　本棚。「—に並んだ文学全集」
【書見】ショケン　書物を読む。読書。「—台」
【書庫】ショコ　本を収める倉庫。「図書館の—」
【書斎】ショサイ　本を読んだり、書き物をしたり、研究をしたりするための部屋。「—にこもる」
【書冊】ショサツ　書物。「—の山を築く」
【書肆】ショシ　本屋。書店。注記「肆」は店の意。
【書誌】ショシ　①書物の編著者・成立・内容・体裁などに関する記述。「—学」②特定の分野・題目などに関する文献の目録。
【書生】ショセイ　学生。他人の家に住み込んで、家事を手伝いながら勉強する人。「—論」
【書籍】ショセキ　本。書物。図書。「—小包」
【書店】ショテン　本を売る店。本屋。また、出版社。
【書評】ショヒョウ　書物の内容紹介や批評。「—欄」
【書目】ショモク　①書名。②書物の目録。「—解題」
【書物】ショモツ　本。書籍。図書。
【書(しょ)を校(こう)するは塵(ちり)を掃(はら)うが如(ごと)し】　書物は、何度校合しても誤脱があって完全ということがない。出典「夢渓筆談」より。
熟語「書淫・書房・書名・書林・愛書・悪書・逸書・奇書・稀書・貴書・禁書・古書・司書・字書・辞書・新書・聖書・叢書(そうしょ)・蔵書・著書・読書・図書・白書・焚書・訳書・洋書・良書・和書」

❺その他。
【書経】ショキョウ　中国の五経の一。尭・舜から夏・殷・周の王者およびそれを補佐した人々の言辞の記録。孔子の編といわれる。尚書。

【庶】

準2級　11画　广-8　音 ショ 漢呉　訓 おお-い・こいねが-う・ちか-い・もろもろ
①2978　Ⓤ5EB6

難読 庶幾う(こいねがう)
人名 ちか・もり・もろ

筆順 

なりたち  [会意]金文では「广」を「厂」に作る。石(いし)＋火。石の上にさまざまな物をのせて火であぶる意。転じて、もろもろ、多いの意に用いる。

❶もろもろ。一般の人。民衆。おおい。数多い。雑多な。
【庶人】ショジン　一般の人。庶民。しょにん。
【庶民】ショミン　一般の市民。「—的な雰囲気の店」
【庶務】ショム　いろいろな雑務。雑多な事務。「—課」
熟語「庶士・庶事・士庶・衆庶・人庶・万庶・凡庶・民庶」

❷正妻でない女性の生んだ子。妾腹(しょうふく)の。⇔嫡。

【庶子】(ショシ) 正妻でない女性の生んだ子。

【庶出】(ショシュツ) 正妻でない女性からの生まれ。⇔嫡出

熟語「庶兄・庶弟・嫡庶」

❸こいねがう。切望する。

【庶幾】(ショキ) こいねがう。切に願い望む。

【暑】 8級 12画 日-8 音 ショ漢呉 訓 あつい・あつ-さ ①2975 Ⓤ6691

【暑】 13画 日-9 ③8535 ⓊFA43

人名 あつ・なつ

筆順 口 日 旦 早 昱 昇 暑 暑

なりたち [形声]日＋者(にる)音。物を煮るように太陽があつい意。

❶あつい。あつさ。気温が高い。⇔寒。

【暑気】(ショキ) 夏の暑さ。「—中(あたり)」「—払い」⇔寒気

熟語「暑熱・炎暑・旱暑・寒暑・厳暑・酷暑・残暑・避暑・猛暑」

❷あつい季節。夏の土用の一八日間。

【暑中】(ショチュウ) 夏の暑い間。「—見舞い」⇔寒中

熟語「暑月・暑中・小暑・処暑・盛暑・大暑」

【署】 5級 13画 网(罒)-8 音 ショ漢・ジョ呉 訓 しる-す ①2980 Ⓤ7F72

【署】 14画 网(罒)-9 ③9026 ⓊFA5A

筆順 罒 罒 罒 罕 罜 署 署 署

なりたち [形声]网(あみ)＋者(柴を集め台の上で燃やす)音。人を集めて、あみの目のような一つ一つの仕事にわりあてるの意。

❶任務を割り当てる。

熟語「部署」

❷役人が勤務する所。役所。

【署員】(ショイン) 「警察—」「税務—」「消防—」

【署長】(ショチョウ) 役所の長。「警察—」「税務—」

熟語「官署・支署・分署・本署・営林署・警察署・消防署」

❸しるす。書きつける。

【署名】(ショメイ) 文書に記名する。「契約書に—する」

熟語「私署・自署・親署・代署・題署・連署」

【緒】 準2級 14画 糸-8 音 ショ漢・チョ慣 訓 お・いとぐち・ひも ①2979 Ⓤ7DD2

【緒】 15画 糸-9 ③9012 Ⓤ7DD6

人名 つぐ

筆順 糸 糸 紀 紝 紶 紷 緒 緒

なりたち [形声]糸＋者(にる)音。繭を煮て絹糸を引き出す意から、いとぐちの意を表す。

❶いとぐち。初め。

【緒言】(ショゲン) 前書き。序文。

【緒戦】(ショセン) 最初の戦い。

【緒論】(ショロン) 序論。

熟語「端緒(たんしょ)(たんちょ)・由緒」

❷心の動き。断ちきれない思い。

熟語「情緒(じょうしょ)(じょうちょ)・心緒」

❸すじ。糸。つながりのあるもの。

熟語「一緒」

❹(国)お。ひも。糸やひもなど、細長いもの。長く続くもの。

熟語「鼻緒(はなお)」

【諸】 5級 15画 言-8 音 ショ漢呉 訓 もろもろ ①2984 Ⓤ8AF8

【諸】 16画 言-9 ③9214 ⓊFA22

難読 諸白(もろはく)・諸味(もろみ)・諸点(もろてん)

人名 つら・もり・もろ

筆順 言 言 言 計 計 訪 諸 諸 諸

なりたち [形声]言＋者(多くのものを集める)音。多い、さまざまな、の意。

❶もろもろ。多くの。さまざまな。

【諸悪】(ショアク) 多くの悪行・悪事。「—の根源」

【諸家】(ショカ) 多くの権威者。「—の論に耳を傾ける」

【諸行無常】(ショギョウムジョウ) この世の中のあらゆるものは変化・生滅してとどまらない。

【諸君】(ショクン) 同輩以下の人々に呼びかける語。「学生—」「—の健闘を祈る」

【諸兄】(ショケイ) 男性への呼びかけ。「同窓の—」

【諸賢】(ショケン) 敬意をもった呼びかけ。「読者—」

【諸国】(ショコク) 多くの国。「欧米—」「—漫遊」

【諸子】(ショシ) ①諸子百家。②諸君。「—の健闘を祈る」

【諸氏】(ショシ) 多くの人を敬っていう語。「先輩—」

【諸式・諸色】(ショシキ) ①いろいろな品物。②物価。「—の値上がり」

【諸子百家】(ショシヒャッカ) 中国、春秋戦国時代の諸学者の総称。儒家の孔子・孟子、墨家の墨子、法家の韓非子、道家の老子・荘子、兵家の孫子など。

【諸説】ショセツ　いろいろな学説や意見。「―紛々」
【諸般】ショハン　種々。さまざま。「―の事情」
【諸人】もろびと　多くの人。「―が集う」
【諸諸】もろもろ　いろいろ。「その他―」 別表記 諸
熟語「諸芸・諸公・諸侯・諸姉・諸事・諸種・諸将・諸生・諸政・諸相・諸点・諸島・諸道・諸派・諸費・諸方・諸法・諸流」

❷(国)もろ。一緒。共に。
【諸手】もろて　両手。「―をあげて賛成する」
【諸共】もろとも　共に。「親子―」「死なば―」
【諸刃】もろは　刃物で両側に刃が付いているもの。「―の剣(つるぎ)」
【諸肌・諸▽膚】もろはだ　左右両方の肌。上半身の肌。

❸その他。
【諸葛亮】ショカツリョウ　一八一―二三四 中国、三国時代の蜀漢(しょっかん)の宰相。字(あざな)は孔明。天下三分の計を立て劉備の蜀漢建国を助けた。

ジョ

【女】

10級　3画　女-0
音 ジョ(ヂョ)漢・ニョ呉・ニョウ慣・ジョウ慣
訓 おんな・め・むすめ
①2987 Ⓤ5973

仮名 平仮名「め」は「女」の草体から。片仮名「メ」は「女」の初二画の、初めの右上から左下への画を省いたものから。
難読 女子(おなご)(めのこ)・女夫(めおと)・女王禄(おうろく)・女衒(ぜげん)・乙女(おとめ)・海女(あま)
人名 こ・たか・よし
筆順 く 女 女
なりたち  [象形]両うでを交差させひざまずく女性にかたどる。

❶おんな。め。婦人。⇔男。
【〈女形〉・〈女方〉】おやま　歌舞伎で女役を演ずる男性の役者。おんながた。別表記 御山
【女王】ジョオウ　①女性の王。また、王の后(きさき)。②その分野で最もすぐれている女性。「テニス界の―」
【女系】ジョケイ　母方の血統。⇔男系
【女傑】ジョケツ　活発ですぐれた働きをする女性。
【女権】ジョケン　女性の権利。「社会における―の拡張」
【女子】ジョシ　おんなの子。婦人。「―校」⇔男子
【女史】ジョシ　社会的に活動している女性への敬称。
【女児】ジョジ　おんなの子。女子。⇔男児
『女子(じょし)と小人(しょうじん)とは養(やしな)い難(がた)し』　女子と小人物は、近づければなれなれしく、遠ざければ怨みを抱くので扱いにくい。出典「論語陽貨」より。
【女丈夫】ジョジョウフ　しっかりした女性。女傑。
【女色】ジョショク　女性の性的な魅力。「―にふける」
【女性】ジョセイ　おんな。婦人。「―専用車」⇔男性
【女装】ジョソウ　男が女の扮装をする。
【女中】ジョチュウ　旅館・料理屋などで働く女性。
【女帝】ジョテイ　女性の帝王。女王。
【女難】ジョナン　女性関係からくる災難。「―の相」
【女優】ジョユウ　女性の俳優。⇔男優
【女流】ジョリュウ　女性。婦人。「―棋士」「―文学」
【女房】ニョウボウ　①妻。②宮中に仕え、房(=部屋)を与えられて住んだ女官の総称。
【女房▽詞】ニョウボウことば　室町初期頃、宮中に仕える女房たちが使い始めた一種の隠語。鮨(すし)を「すもじ」、杓子(しゃくし)を「しゃもじ」、水を「おひや」、銭(ぜに)を「おあし」という類。
【女性】ニョショウ　おんな。じょせい。
【女体】ニョタイ　女性の肉体。じょたい。「―美」
【女人】ニョニン　女の人。女性。「―禁制」
【女神】めがみ　女性の神。「勝利の―」
熟語「女医・女官・女給・女将(じょしょう)(おかみ)・女声・女流・女郎・女﨟・女院(にょいん)(にょういん)・女犯(にょぼん)・才女・侍女・淑女・小女(しょうじょ)(おとめ)・処女・男女(だんじょ)(なんにょ)・貞女・天女・童女・美女・魔女・遊女・幼女」

❷むすめ。
【女婿】ジョセイ　娘のむこ。娘の夫。
熟語「王女・皇女・子女・次女・息女・長女・養女」

❸小さいもの、かよわいもののたとえ。
【女坂】おんなざか　二つの坂道でゆるやかな方。⇔男坂
熟語「女垣(じょえん)・女滝(めだき)・女波」

❹その他。
【〈女郎花〉】おみなえし　オミナエシ科の多年草。秋の七草の一。おみなめし。
【女真】ジョシン　中国東北地方東部に住んだツングース系の民族。一二世紀初め阿骨打(アクダ)が、金(きん)を建国、その系譜を引くヌルハチは一七世紀初め後金(こうきん)(のちに清朝に発展)を建てた。

【如】

3級　6画　女-3
音 ジョ漢・ニョ呉
訓 ごと-し・し-く・も-し
①3901 Ⓤ5982

難読 如在(じょさい)・如何(いかん)(うど)
人名 いく・すけ・なお・もと・ゆき・よし
筆順 く 女 女 如 如 如
なりたち  [形声]女(音)+口(言う)。やさしくおだやかに言うの意。転じて、ごとしの意に用いる。

❶ごとし。そのとおりである。似ている。しく。
【如意】ニョイ　①思いのままになる。「手元不―」「百事―」②説法・法会などの際に僧侶が手に持つ仏具。
【如実】ニョジツ　実際のとおりである。「―に物語る」
【如是我聞】ニョゼガモン　経文の最初に置かれる言葉。「このように私は聞いた」の意。
【如来】ニョライ　仏を敬って呼ぶ語。「釈迦―」

シ

熟語「如上・如意棒・如意輪・一如・豁如・欠如・真如・突如・面目躍如」

❷その他。

【〈如何〉いか】状態をたずねる。「ご気分は―ですか」

【〈如何〉様さま】いんちき。「あの試合は―だ」

【〈如何〉にいかに】どのように。「主人公の運命や―」

【〈如何〉物いかもの】にせもの。「―をつかませられる」

【〈如月〉きさらぎ】陰暦二月の異名。別表記 衣更着・更衣

【如雨露・如露ジョウロ】植物に水をやる道具。じょろ。

【助】 8級 7画 力-5

音 ジョ呉・ショ漢
訓 たすける・たすかる・すけ・たす-け

①2985 Ⓤ52A9

難読 助枝(しだ)・助柱(すけばしら)

人名 たすく・ひろ・ます

筆順 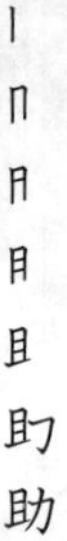

なりたち  [形声]且(神への供え物を積み重ねた台)音+力。他人の力に自分の力を重ねあわせる意から、たすける意を表す。

◇たすける(助・扶・▽輔) ◉異字同訓◉

「助ける」は"危難から救う。救助する"の意。「人の命を助ける」「大根は消化を助ける」「芸は身を助ける」

「扶ける」は"力を貸す。助力する"の意。「助ける」とも書く。「杖に扶けられて歩く」「家計を扶ける」

「輔ける」は"補佐する"の意。「主君を輔ける」

❶たすける。力添えをする。たすかる。

【助言ジョゲン】アドバイス。「後輩に―する」

【助成ジョセイ】事業・研究などに援助する。「―金」

【助勢ジョセイ】手助けする。「友だちに―を頼む」

【助長ジョチョウ】①不要な助力をして、かえってそこなう。「弊害を―する」②力を添えて、成長・発展を助ける。

【助命ジョメイ】命をたすける。「―を願う」

【助力ジョリョク】力を貸す。「及ばずながら―する」

熟語「助辞・助走・助奏・援助・介助・救助・互助・賛助・自助・神助・内助・扶助・幇助・補助」

❷たすけ。主となる者を手伝うもの。

【助演ジョエン】脇役として出演する。⇔主演

【助手ジョシュ】①仕事の手助けをする人。②大学の教職員の職名。

【助役ジョヤク】①副市町村長の旧称。②鉄道で、駅長の補佐・代理をする駅員。

熟語「助教・助字・助辞・助数詞・助動詞」

❸(国)すけ。からかいや親しみを込めて男子を呼ぶ語。

【助▽兵▽衛すけベエ】好色。そのような人。助平すけべい。

熟語「ねぼ助・飲み助」

【序】 6級 7画 广-4

音 ジョ呉・ショ漢
訓 つい-で

①2988 Ⓤ5E8F

人名 つぎ・つぐ・つね・のぶ・ひさし

筆順 

なりたち  [形声]广+予(のびる)音。家のわきにのびるへいの意。また、「叙」に通じて、順序の意に用いる。

❶順。前後の順を定める。

【序次ジョジ】物事の順序。次第。「―を踏む」

【序列ジョレツ】順序。「年功―」「―をつける」

熟語「花序・公序・順序・秩序」

❷物事のはじめ。糸口。

【序曲ジョキョク】「革命の―(=物事の最初の部分)」

【序言ジョゲン】前書き。序文。緒言。はしがき。

【序▽詞ジョことば】和歌などで、ある語句を導き出すためにその前に置かれる修辞的語句。じょし。

【序章ジョショウ】論文・小説などで、最初に置く章。

【序説ジョセツ】本論の前提になる論説。「経済学―」

【序奏ジョソウ】楽曲の導入部。「―曲」

【序の口ジョのくち】①物事の発端。「こんな寒さはまだ―だ」②相撲で、番付に記される一番下の位。

【序破急ジョハキュウ】日本の音楽・舞踊・演劇などで、導入部(序)・展開部(破)・終結部(急)の三部に分ける構成形式。

【序盤ジョバン】物事のはじめの段階。「―戦」

【序文ジョブン】書物のまえがき。

【序論ジョロン】本論の前提になる概括的な論。

熟語「序詩・序跋・序幕・後序・自序」

❸(国)ついで。よい機会。

【叙】 準2級 9画 又-7

音 ジョ呉・ショ漢
訓 の-べる

①2986 Ⓤ53D9

【敍】11画 攴-7 ②5838 Ⓤ654D

〔敘〕11画 攴(攵)-7 ②5839 Ⓤ6558

人名 のぶ・みつ

筆順 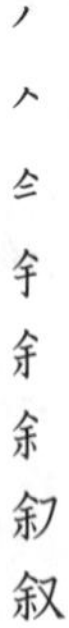

なりたち  [形声]余(スコップで土をゆったりとのばすさま)音+攴(する)。手でゆっくりとのばす意から、心に思うことを順序だててのべる意を表す。「叙」は俗字。

❶のべる。順序だてて発表する。

【叙景ジョケイ】景色を述べ記す。「―詩」

【叙事詩ジョジシ】神話・伝説・英雄の功業などを物語る長大な韻文。「イリアス」「オデュッセイア」など。

【叙述】ジョジュツ 物事を述べる。「細やかな―」
【叙情】ジョジョウ 感情を述べる。「―的な文章」
【叙説】ジョセツ 自分の考えを説く。「詳細に―する」
熟語「叙事・自叙・詳叙・直叙・倒叙・平叙・列叙」
❷序列に従って位をさずける。
【叙位】ジョイ 位階を授ける。「―叙勲」
【叙勲】ジョクン 勲章を授ける。「―を受ける」
熟語「叙爵・叙任・昇叙・陞叙・追叙」

【徐】

3級 10画 彳-7 音 ジョ㊉・ショ㊇ 訓 おもむ-ろ ①2989 Ⓤ5F90

人名 やす・ゆき

筆順 ノ 彳 彳 彸 彸 徐 徐 徐

なりたち ［形声］彳(ゆく)＋余(スコップで土をゆったりとのばす)音。ゆっくりと行くの意。

おもむろ。ゆるやか。ゆっくり行く。
【徐行】ジョコウ ゆっくり進む。「―運転」
【徐徐】ジョジョ 「景気が―に回復する」
熟語「緩徐(かんじょ)」

【除】

5級 10画 阜(阝)-7 音 ジョ(ヂョ)㊉・ジ(ヂ)慣・チョ㊇ 訓 のぞ-く・の-ける・よ-ける ①2992 Ⓤ9664

人名 きよ・のき

筆順 ７ ３ 阝 阝 阾 险 除 除 除

なりたち ［形声］阜(盛り土)＋余(スコップで土をゆったりとのばす)音。必要でない土を横にのける意から、のぞく意を表す。

◉異字同訓◉【退】(四二三ページ)の「異字同訓」欄を参照のこと。

❶のぞく。のける。よける。とりさる。
【除外】ジョガイ 「特殊な事例は検討から―する」
【除去】ジョキョ とりのぞく。「害虫を―する」
【除籍】ジョセキ 名簿や戸籍から氏名を消す。「―謄本」
【除隊】ジョタイ 兵役を解かれる。⇔入隊
【除幕】ジョマク 銅像・記念碑などを披露する。「―式」
【除名】ジョメイ 組織の構成員たる資格を奪う。
【除夜】ジョヤ 大晦日(おおみそか)の夜。「―の鐘」
熟語「除菌・除湿・除日・除斥・除夕・除雪・除草・除霜・除服・除免・除光液・除虫菊・解除・駆除・欠除・控除・削除・切除・排除・免除」
❷位につける。任命する。
【除目】ジモク 大臣以外の官を任ずる儀式。
熟語「除官・除授・除拝」
❸わる。割り算をする。
【除数】ジョスウ 割り算で、割る方の数。
【除法】ジョホウ 割り算。⇔乗法
熟語「除算・乗除・加減乗除」
❹はらう。清める。
熟語「掃除(そうじ)」

ショウ

【上】⇨ジョウ(三二四ページ)

【小】

10級 3画 小-0 音 ショウ(セウ)㊇㊉ 訓 ちい-さい・こ・お・さ ①3014 Ⓤ5C0F

難読 小父(おじ)・小半(こなから)・小母(おば)・小灰蝶(しじみちょう)・小竹(ささ)・小雀(こがら)・小魚(いさな)・小筒(ささえ)・小鉤(こはぜ)・小鰭(こはだ)

人名 さ・ささ

筆順 亅 小 小

なりたち ［象形］点三つで、細かい、ちいさいの意を表す。

❶ちいさい。形や規模が小さい。⇔大。
【小形】こがた 形が小さい。「―のバッグ」⇔大形
【小型】こがた 規模が小さい。「―自動車」⇔大型
【小径】ショウケイ こみち。「羊腸の―」
【小史】ショウシ ①簡単な歴史。「日本開化―」②自分の雅号の下につける語。「露伴―」
【小銃】ショウジュウ 小型銃の総称。「自動―」
【小乗】ショウジョウ 自己の解脱のみを目指す仏教。大乗仏教徒が伝統仏教に与えた蔑称。⇔大乗
【小心】ショウシン 気が小さい。「―な男」「―者」
【小水】ショウスイ 尿。「お―(＝小便を上品にいう語)」
【小数】ショウスウ 一より小さい実数。
【小説】ショウセツ 文学の一形式。作者が自由な方法と構想で、人間や社会を散文体で描く。
【小腸】ショウチョウ 胃と大腸との間にある消化管。
【小篆】ショウテン 漢字の古書体の一。秦の李斯(りし)が大篆(だいてん)を簡略にしたものという。
【小脳】ショウノウ 大脳と延髄との間にある脳。
【小便】ショウベン 尿。「―くさい(＝未熟だ)」
熟語「小宴・小額・小器・小計・小国・小伝・小刀・小農・小品・小編・小話・小冊子・過小・狭小・細小・最小・弱小・縮小・大小・卑小・微小・矮小」
❷数量や程度がすくない。
【小異】ショウイ 「大同―(＝大した違いがない)」
【小康】ショウコウ ①病勢がややよい状態で落ち着いている。「―状態を保つ」②世の中が一時的に安定している。
【小食】ショウショク 食事の量が少ない。少食。⇔大食
熟語「小過・小隙・小差・小成・小破・小欲・小利」

シ

❸おさない。年齢が若い。
【小学校】(ショウガッコウ) 六年間の初等教育を行う学校。

【小人】(ショウジン) ①幼い人。子供。②器量の小さい人。③身分の低い人。④からだの小さい人。

【小児】(ショウニ) 子供。しょうじ。「—科」

熟語「小子・小女・小年・弱小」

❹とるにたりない。つまらない。
【小事】(ショウジ) 些細な事。「—にこだわる」⇔大事
【小人閑居して不善をなす】 小人はひまでいると、とかくよくないことをする。出典「大学」より。

【小人窮すれば斯に濫す】 小人は窮迫すると罪を犯す。出典「論語衛霊公」より。

【小人の過つや必ず文る】 小人はあやまちをおかすと、その場をつくろうとする。出典「論語子張」より。

【小心翼翼】(ショウシンヨクヨク) ①気が小さくびくびくしている。②つつしみ深く、細かい配慮をする。

【小成】(ショウセイ) ほんの少しの成功。「—に安んじる」

【小節】(ショウセツ) ①つまらない節操。②詩文の小さな区切り。③楽譜で、縦線で区切られた部分。

熟語「小才・小策・小身・小知・小道」

❺自分の側のものを謙遜していう。
【小生】(ショウセイ) 手紙文などで、男子が自分をへりくだっていう語。わたくし。
熟語「小官・小社・小輩・小吏」

❻(国)こ。お。さ。小さい・細かい・わずか・美しいなどの意味を添えたり語調をととのえたりする。
【小川】(おがわ) 細い流れの川。「春の—」

【小路】(こうじ) 町中にある幅の狭い道。

【小売(り)】(こうり) 「—価格」「—店」

【小金】(こがね) ちょっとした金。「—をためこむ」

【小口】(こぐち) ①棒状のものを横に切った切り口。②ものの端。③物の数量や金額が小さい。「—預金」⇔大口。④本の装丁で、本を開く側の断ち口をいう。

【小言】(こごと) 人をとがめる言葉。「—が多い」

【小才】(こさい) ちょっとした頭の働き。「—が利く」

【小作】(こさく) 地主から土地を借りて農業を営む。

【小雨】(こさめ) 降る量が少ない雨。

【小癪】(こしゃく) 生意気である。「—な若僧め」

【小勢】(こぜい) 人数が少ない。⇔大勢(おおぜい)

【小僧】(こぞう) ①商店などで使われている少年。②年少の者をののしっていう語。「いたずら—」③年の若い僧。

【小遣い】(こづかい) 日用の雑費にあてる金銭。

【小手】(こて) ①手先。「—をかざす」②手首と肘との間。③剣道の決まり手の一。

【小話・小咄・小噺】(こばなし) 短くおもしろい話。

【小町】(こまち) 評判の美しい娘。注記 小野小町が美人であったということから。

【小耳】(こみみ) ちょっと耳にする。「—にはさむ」

【小雪】(こゆき) 少し降る雪。「—が舞う」

【小夜】(さよ) 夜。「—曲」「—千鳥」

熟語「小字(こあざ)・小姓(こしょう)・小袖・小包・小波(さざなみ・こなみ)・小兵(こひょう)・小股・小物・小屋・小間物」

❼その他。
【《小豆》】(あずき) マメ科の一年草。

【〈小火〉】(ぼや) 大きくなる前に消した火事。

【井】⇩セイ(三五七ページ)

【升】

準2級 4画 十-2 音 ショウ 漢呉 訓 ます・のぼ-る
①3003 Ⓤ5347
人名 たか・のぼる・のり・みのる・ゆき
筆順 ノ 丿 チ 升

なりたち
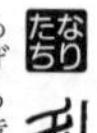
[会意]金文では、斗(柄のついたます)+一(もの)。ますで物をすくいあげる意から、ますの意を表す。篆文では、斗+ノ(手の変形)。

❶㋐ます。容量を量る器。㋑容積の単位。一合の一〇倍。
熟語「升酒(ますざけ)」

❷のぼる。上方へ移動する。
熟語「升降・升沈・升堂」

【少】

9級 4画 小-1 音 ショウ(セウ) 漢呉 訓 すくない・すこし・わかい
①3015 Ⓤ5C11
難読 少女(おとめ)・少輔(しょう)
人名 お・つぎ・まさ・まれ
筆順 亅 小 小 少

なりたち
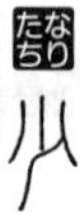
[会意]小(ちいさい)+ノ(けずりとる)。けずりとって小さくする意から、数量が足りない、すくない意を表す。

❶すくない。数量がわずかだ。すこし。
【少額】(ショウガク) 少しの金額。「—貯金」⇔多額
【少子】(ショウシ) 「—化(=子供の数が減る)」
【少少】(ショウショウ) すこし。「塩を—加える」
【少数】(ショウスウ) 「反対意見は—だ」「—民族」⇔多数
【少量】(ショウリョウ) 「—の調味料を加える」⇔多量・大量
熟語「少閑・少憩・少時・少食・少欲・過少・寡少・希少・稀少(きしょう)・僅少・最少・些少(さしょう)・多少・微少」

❷わかい。年齢がちいさい。幼い。
【少時】(ショウジ) ①幼い時。「—より漢文の素読を行った」②しばらくの間。「—の猶予を請う」別表記 小時
【少女】(ショウジョ) 年少の女子。「—趣味」

【少壮】ショウソウ 若く元気がある。「―気鋭」
【少壮幾時ぞ】しょうそういくときぞ 若く元気な間は短く、すぐに老い衰えるときがくる。出典「文選」の漢武帝「秋風辞」より。
【少年】ショウネン 年少の男子。
【少年老い易く学成り難し】しょうねんおいやすくがくなりがたし 若いうちから、一刻もむだに過ごさず学問に励まなければならない。
熟語「年少・幼少・老少」
❸欠ける。へる。
熟語「減少」
❹同じ官職で下位のもの。また、補佐する役。
【少尉】ショウイ 軍隊の階級で、尉官の最下位。
【少佐】ショウサ 軍隊の階級で、佐官の最下位。
【少将】ショウショウ 軍隊の階級で、将官の最下位。
熟語「少納言」

【正】⇩セイ(三五八ページ)

【生】⇩セイ(三五九ページ)

【召】

4級 5画 口-2 音 ショウ(セウ)漢・チョウ(テウ)漢 訓 めす ①3004 Ⓤ53EC

人名 よし
筆順 フ 刀 刀 叧 召
なりたち  [形声]刀(かたな)音+口。刀をさげて神霊を呼び寄せるの意。
❶めす。上のものが下のものを呼び寄せる。また、目上の人のまねき。おめし。
【召喚】ショウカン 裁判所による呼び出し。「―状」
【召還】ショウカン 呼び戻す。「大使を本国に―する」
【召集】ショウシュウ 呼び集める。「国会を―する」
熟語「召致・召し使い・応召」
❷(国)めす。「食う・飲む・着る」などの尊敬語。
用例「お酒を召す・羽織をお召しになる」

【匠】

3級 6画 匚-4 音 ショウ(シャウ)漢呉 訓 たくみ ①3002 Ⓤ5320

人名 たくみ・なる
筆順 一 ア ア 尸 斤 匠
なりたち  [会意]匚(はこ)+斤(おの)。おのをしまうはこの意から、職人の意を表す。
❶たくみ。木工の職人。大工。また、技芸にすぐれた人。
熟語「匠工・匠人・鵜匠・学匠・楽匠・画匠・巨匠・工匠・刀匠・名匠」
❷先生。
熟語「師匠・宗匠」
❸たくみな技。くふう。
【匠気】ショウキ 芸術家・職人などが、技術・技巧に趣向をこらす気持ち。「作品に―が見える」
熟語「意匠」

【声】⇩セイ(三六二ページ)

【床】

4級 7画 广-4 音 ショウ(シャウ)呉・ソウ(サウ)漢 訓 とこ・ゆか・ゆか-しい ①3018 Ⓤ5E8A

筆順 丶 亠 广 广 庄 床 床
なりたち [牀][形声]爿(脚つきの長い台)音+木。木で作られた寝台の意。「床」は俗字。
❶とこ。ねどこ。寝台。また、段差。
【床上げ】とこあげ 病気が快復して寝具を片付ける。
【床擦れ】とこずれ 寝たきりで、床にあたる体の部分ががすれてただれる。褥瘡じょくそう。
【床の間】とこのま 座敷の正面上座に一段高く構え、掛軸や置物を飾る場所。
熟語「床几・床の間・起床・胡床こしょう(あぐら)・病床・臨床・同床異夢」
❷ゆか。物を支えたりする台。
【床上】ゆかうえ ゆかの上。「―浸水」⇔床下
【床下】ゆかした ゆかの下。縁の下。⇔床上
熟語「橋床・銃床」
❸底にあたる部分。また、地盤・地層。
熟語「河床・岩床・鉱床・視床・道床」
❹植物などを育成するところ。
熟語「温床・着床・苗床」
❺(国)理髪店。
【床屋】とこや 理髪店・理容店の俗称。
熟語「床山」
❻(国)ゆかしい。「床しい」は当て字。
熟語「奥床しい」

【抄】

準2級 7画 手(扌)-4 音 ショウ(セウ)呉・ソウ(サウ)漢 訓 うつ-す・うつ-し・かす-める・と-る・す-く ①3022 Ⓤ6284

人名 あつ
筆順 一 十 才 扌 扌 抄 抄
なりたち [形声]手+少(けずりとって小さくする)音。けずりとるように、さっと表面をかすめとる

シ

の意。

❶抜き書き。うつす。そのままねて、書き表す。また、うつし。書き写したもの。

【抄出】ショウシュツ 一部を書き抜く。「要点を—する」

【抄本】ショウホン 一部を書き抜いたもの。「戸籍—」

【抄訳】ショウヤク 原文の一部分を翻訳する。⇔全訳

【抄録】ショウロク 抜粋。「報告書の—を作成する」

熟語「抄書・詩抄・手抄」

❷かすめとる。奪う。

熟語「抄略・抄掠（しょうりゃく）」

❸すく。薄くすくい上げて紙を作る。

【抄紙】ショウシ 紙を漉（す）く。かみすき。

熟語「抄造」

❹（国）しょう。もとの本の注釈書。

【抄物】ショウもの 主として室町時代に作られた漢籍・仏典・漢文体国書の注釈書の総称。

熟語「史記抄・論語抄」

【肖】 準2級 7画 肉（月）-3

音 ショウ（セウ）漢 呉

訓 かたど-る・に-る

①3051 Ⓤ8096

〔肖〕7画 肉（月）-3

人名 あえ・あゆ・すえ・たか・のり・ゆき

筆順

なりたち ［形声］小音＋肉。体つきを似せて小さく作るの意。

かたどる。似せる。似る。また、感化されて似る。あやかる。

【肖像】ショウゾウ 人物を写した絵や彫刻。「—画」

熟語「肖似（しょうじ）・不肖」

【姓】⇩セイ（三六二ページ）

【性】⇩セイ（三六三ページ）

【青】⇩セイ（三六三ページ）

【尚】 準2級 8画 小-5

音 ショウ（シャウ）漢 呉

訓 こいねが-う・たか-い・とうと-ぶ・なお・ひさ-しい

①3016 Ⓤ5C1A

〔尙〕8画 小-5 Ⓤ5C19

人名 さね・たか・たかし・なお・なか・なり・ひさ・ひさし・まさ・ます・よし・より

筆順

なりたち ［会意］八（分ける）＋向（家の北側にある通気孔）。空気が上昇して通気孔から外に分散する意から、高くする、加えるの意を表す。

❶なお。まだ。

【尚早】ショウソウ 時期が早すぎる。「時期—」

【尚更】なおさら ますます。「—悪くなった」

熟語「尚書き・尚尚書」

❷とうとぶ。たっとぶ。重んじる。

【尚古】ショウコ 昔の文化・社会などを尊ぶ。「—主義」

熟語「尚歯・尚武・好尚」

❸たかい。かなり上の方にある。また、そのようにする。

熟語「尚志・高尚」

❹ひさしい。古い。

【尚書】ショウショ ①「書経」の別名。②中国の官名。文書をつかさどる。

熟語「尚友・尚論」

❺天子のご用をつかさどる。

熟語「尚侍（しょうじ）」

❻梵語の音訳に用いる。

熟語「和尚（おしょう）」

❼こいねがう。ねがう。

【招】 6級 8画 手（扌）-5

音 ショウ（セウ）漢 呉

訓 まね-く・まね-き

①3023 Ⓤ62DB

人名 あき・あきら

筆順

なりたち ［形声］手＋召（呼び寄せる）音。手でまねき寄せるの意。

まねく。呼び寄せる。手まねきをして呼ぶ。まねき。

【招魂】ショウコン 死者の霊を招いてまつる。「—祭」

【招集】ショウシュウ 招き集める。「理事会を—する」

【招請】ショウセイ 招待。「有名教授を—する」

【招待】ショウタイ 客として招く。「—状」「—券」

【招致】ショウチ 招き寄せる。「五輪の—」

【招聘】ショウヘイ 礼を尽くして人を招く。

【招来】ショウライ 招く。「海外から指揮者を—する」

熟語「招宴・招喚・招福・招募・招き猫・佳招・嘉招」

【承】 6級 8画 手-4

音 ショウ漢・ジョウ呉

訓 うけたまわ-る・う-ける

①3021 Ⓤ627F

難読 承鞚（みずつき）

人名 こと・すけ・つぎ・つぐ・よし

筆順

なりたち 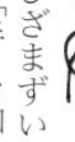 〔会意〕甲骨文では、卩(ひざまずく人)＋廾(両手をそろえてささげる)。人がひざまずいて両手を持ち上げて受けとるの意。のちに「手」を加えた。
◉異字同訓◉【受】(二八五ページ)の「異字同訓」欄を参照のこと。

❶うける。前のものをうけつぐ。ひきつぐ。
【承継】ショウケイ 受け継ぐ。継承。「事業を―する」 別表記 紹継
【承前】ショウゼン 前文の内容を受けつぐ。
熟語「承句・承平・継承・口承・師承・相承・伝承・起承転結」

❷相手の意向をうけいれる。ひきうける。聞きいれる。
【承引】ショウイン うけあう。「原案どおりでは―しがたい」
【承諾】ショウダク 依頼・要求を引き受ける。「―を得る」
【承知】ショウチ ①知っている。「百も―だ」②承諾する。「委細―」「うそをついたら―しないぞ」
【承認】ショウニン その事柄が正当であると判断する。「株主総会の―を得る」
【承服・承伏】ショウフク 納得して従う。「―しがたい内容」「それだけは―できない」
熟語「高承・拝承・了承・領承・諒承・不承不承(ふしょうぶしょう)」

❸(国)うけたまわる。「聞く」の謙譲語。

【昇】〔曻〕

3級 8画 日-4 音 ショウ 漢 呉 訓 のぼる ①3026 Ⓤ6607
〔曻〕11画 日-7 ③8523 Ⓤ66FB

注記「陞」の書き換え字としても用いられる。
人名 かみ・すすむ・のぼり・のり

筆順 丶 冂 日 日 旦 旦 昇 昇

なりたち  〔形声〕日＋升(ますですくいあげる)音。日があがるの意。
◉異字同訓◉【上】(三二四ページ)の「異字同訓」欄を参照のこと。

のぼる。上がる。
【昇華】ショウカ 固体が直接気体になる現象。「苦悩が芸術へと―する(＝より高尚な状態になる)」
【昇格】ショウカク 「部長に―する」「初段に―する」⇕降格
【昇級】ショウキュウ 等級があがる。「―試験」
【昇給】ショウキュウ 俸給・給与が上がる。「定期―」
【昇降】ショウコウ 「―機(＝エレベーター)」 別表記 升降
【昇進】ショウシン 出世。「異例の―」 別表記 陞進
【昇天】ショウテン 天にのぼる。死去する。
熟語「昇汞・昇叙・昇段・昇殿・昇任・昇降口・上昇・離昇」

【松】〔枩〕

7級 8画 木-4 音 ショウ 漢 訓 まつ ①3030 Ⓤ677E
〔枩〕8画 木-4 ②5932 Ⓤ67A9

難読 松毬(まつかさ)・松陰囊(まつふぐり)(まつぼくり)・松魚(かつお)・杜松(ねず)(としょう)
人名 ときわ・ます

筆順 一 十 才 木 朩 朳 松 松

なりたち  〔形声〕木＋公(さえぎられずに通る)音。針形の葉と葉のすき間から向こう側がよく見える木の意から、マツの意を表す。

まつ。マツ科の常緑の針葉樹。常緑樹で樹齢も長いことから、節操や長寿の象徴とされる。
【松韻】ショウイン 松風の音。松籟(しょうらい)。
【松竹梅】ショウチクバイ ①松と竹と梅。吉祥の象徴。②品物・座席などを三階級に分けた場合の名称。
【松▼濤】ショウトウ 松に吹く風の音を波にたとえた語。
【松▼柏】ショウハク ①マツとヒノキの類。常緑樹。②操を守って変わらないたとえ。「―の操」
【松▼籟】ショウライ 松に吹く風の音。松韻。
【松露】ショウロ 海浜の松林の砂中に生えるきのこ。
【〈松明〉】たいまつ 松の割木を束ね照明としたもの。
【松▼茸】まつたけ 秋、アカマツ林に生える食用きのこ。
熟語「松煙・松子・松風・松轟・赤松・男松・雄松・門松・唐松・岩松・巌松・黒松・小松・青松・椴松(とどまつ)・姫松・女松・雌松・老松・若松・蝦夷松・落葉松」

【沼】

4級 8画 水(氵)-5 音 ショウ(セウ) 漢 呉 訓 ぬま ①3034 Ⓤ6CBC

筆順 丶 冫 氵 汈 沼 沼 沼 沼

なりたち  〔形声〕水＋召(呼び寄せる)音。水を呼び寄せて入れた所、ぬまの意。

ぬま。底が浅く泥のたまった池。
【沼気】ショウキ 沼から発生するメタンガスなど。
【沼沢】ショウタク 沼と沢。「―地」「―植物」
【沼地】ぬまチ 水たまりなどが続く、泥深い土地。
熟語「湖沼・池沼・泥沼(でいしょう)(どろぬま)」

【政】⇩セイ(三六四ページ)
【星】⇩セイ(三六五ページ)
【省】⇩セイ(三六五ページ)
【相】⇩ソウ(三九九ページ)

【昭】

8級 9画 日-5 音 ショウ(セウ) 漢 呉 訓 あき-らか ①3028 Ⓤ662D

人名 あき・あきら・てる・はる
筆順 丨 冂 日 日フ 日刀 昭 昭 昭
なりたち [形声]日＋召(呼び寄せる)音。日の光を呼び寄せる意から、あかるい・あきらかの意を表す。
❶あきらか。あかるく照らす。また、よくおさまる。
【昭代】ショウダイ よく治まっている世。太平の世。
熟語「昭昭・昭和・顕昭・明昭」

【従】⇩ジュウ(二九六ページ)

【宵】〔宵〕
10画 宀-7　準2級 10画 宀-7　音 ショウ(セウ)漢呉　訓 よい・よ-る　①3012 Ⓤ5BB5
筆順 丶 宀 宀 宁 宵 宵 宵
なりたち [形声]宀(いえ)＋肖(小さく細い)音。家にさしこむ光がわずかである意から、日の光が消えかける時分の意を表す。
❶よい。日が暮れて暗くなる頃。また、よる。夜間。
【宵越し】よいごし 一夜を経ること。「―の金は持たない(＝明日のことは悩まない)」
【宵の口】よいのくち 日が暮れて間もない。宵のうち。「まだ―だ」
【宵待草】よいまちぐさ マツヨイグサの異名。月見草。
【宵闇】よいやみ 夕方の薄暗さ。夕闇。「―がせまる」
熟語「宵月・宵宮・宵の明星・昨宵・秋宵・終宵・春宵・清宵・通宵・徹宵・良宵」
❷くらい。おろか。ちいさい。
熟語「宵人」

【将】〔將〕
11画 寸-8　5級 10画 寸-7　音 ショウ(シャウ)漢呉　訓 はた・ひき い-る・まさ-に・もっ-て　①3013 Ⓤ5C06　②5382 Ⓤ5C07
難読 将又はたまた
人名 すけ・すすむ・たすく・ただし・たもつ・のぶ・ひとし・まさ・もち・ゆき
筆順 丨 丬 丬 丬 丬 将 将
なりたち [形声]甲骨文では、爿(台)音＋又(手)二つ。両手で台の上に持ちすすめる意から、兵をひきいすすめる、また、その人の意を表す。篆文では、爿(台)＋肉＋寸(手)。肉を台の上に手ですすめるの意。
❶ひきいる。軍を指揮する。また、その人。
【将器】ショウキ 大将たるにふさわしい器量・人物。
【将棋】ショウギ 盤上で駒を用い、相手の王将を詰めるゲーム。「―をさす」別表記 象棋・象戯
【将軍】ショウグン ①一軍を統率・指揮する長。特に、陸軍の将官。②「征夷せいい大将軍」の略称。
【将相】ショウショウ 将軍と宰相。「王侯―いずくんぞ種あらんや」
【将星】ショウセイ ①将軍の異名。②古代中国で、大将になぞらえた星。
熟語「将家・将帥・将門・将領・王将・主将・女将・知将・智将・敵将・闘将・武将・名将・猛将・勇将」
❷もたらす。
熟語「将来」
❸軍人の階級の一。最上位の階級。
【将官】ショウカン 軍人の階級で、大将・中将・少将の総称。
【将校】ショウコウ 少尉以上の武官。士官。
【将兵】ショウヘイ 将校と兵士。
熟語「将士・将卒・海将・空将・大将・中将・陸将」
❹まさにしようとする。
【将来】ショウライ ①これから先。「―に備える」②持って来る。「三蔵法師の―した経巻」③ある結果や状態を引き起こす。「社会不安を―する」

【消】〔消〕
10画 水(氵)-7　8級 10画 水(氵)-7　音 ショウ(セウ)漢呉　訓 きえる・けす　①3035 Ⓤ6D88
注記「銷」の書き換え字としても用いられる。
筆順 丶 氵 氵 氵 氵 消 消
なりたち [形声]水＋肖(小さく細い)音。水が少なく細る、なくなるの意。
❶きえる。けす。なくなる。
【消化】ショウカ ①食物を吸収しやすいようにする。「―酵素」②知識や技術を自分のものにする。「未―の技術」③残さず処理する。「日程を―する」
【消火】ショウカ 火や火災を消す。「―活動」
【消却】ショウキャク 消してなくす。「債務を―する」別表記 銷却
【消去】ショウキョ 消し去る。「記録を―する」
【消失】ショウシツ 消えてなくなる。「権利が―する」
【消尽】ショウジン 使い果たす。「遺産を―する」
【消息】ショウソク ①人や物事の動静。「―不明」「―筋」②文通する。また、その手紙。
【消毒】ショウドク 病原菌を殺す。「町全体を―する」
【消費】ショウヒ 物や金を使ってなくす。「―者」
【消防】ショウボウ 火災を消火し予防する。「―署」
【消滅】ショウメツ 消えてなくなる。「罪障―」
熟語「消炎・消音・消散・消灯・解消・私消・費消・抹消・霧消・雲散霧消」

❷おとろえる。
【消長】ショウチョウ　盛衰せいすい。「国家の―」
【消沈】ショウチン　気力がおとろえる。「意気―」別表記 銷沈
【消耗】ショウモウ　使ってすりへる。「―品」「神経を―する仕事」注記「しょうこう(消耗)」の慣用読み。
熟語「消磨」
❸しのぐ。よける。たえる。
【消閑】ショウカン　ひまをつぶす。「―の具」
【消極】ショウキョク　進んではたらきかけようとしない。物事に否定的・受動的である。「―的な性格」⇔積極
【消暑】ショウショ　暑さをしのぐ。別表記 銷暑
熟語「消夏・消寒」
❹月日をおくる。すごす。
【消光】ショウコウ　月日を送る。
熟語「消日」

【症】

準2級　10画　疒-5　音 ショウ(シヤウ) 漢 呉　①3041 Ⓤ75C7

筆順 亠 广 疒 疔 疔 疔 症

なりたち [形声]疒＋「証の略体」(あかし)音。病気であるしるしの意。

病気の兆候。また、ようす。
【症候】ショウコウ　体や精神に現れる病的状態。「―群」
【症状】ショウジョウ　病気や疾患の状態。「自覚―」
【症例】ショウレイ　病気やけがの症状の例。
熟語「軽症・重症・発症・既往症・狭心症・健忘症」

【祥】

準2級　10画　示(ネ)-6　音 ショウ(シヤウ) 漢　訓 さいわ-い・きざ-し　①3045 Ⓤ7965

【祥】11画　示-6　③8929 ⓊFA1A

人名 あきら・さき・さち・ただ・なが・やす・よし

筆順 、 ラ ネ ネ ネ' ネ'' 祥 祥

なりたち  [形声]示(かみ)＋羊(よい)音。神からさずかるさいわいの意。

❶さいわい。めでたいこと。
熟語「嘉祥かしょう・吉祥きっしょう(きちじょう)・清祥・不祥」
❷きざし。めでたいことの前ぶれ。
【祥雲】ショウウン　めでたいきざしの雲。瑞雲ずいうん。
【祥▼瑞】ショウズイ　めでたいことのあるしるし。吉兆。
熟語「祥気・発祥」
❸喪明けの祀り。
【祥月命日】ショウつきメイニチ　一周忌以降の、死去した同月同日。
熟語「小祥・大祥」

【称】

4級　10画　禾-5　音 ショウ 漢 呉　訓 あ-げる・たた-える・とな-える・はか-る・はかり・ほ-める　①3046 Ⓤ79F0

【稱】14画　禾-9　――
【稱】14画　禾-9　②6742 Ⓤ7A31

人名 あぐ・かみ・な・のり・みつ・よし

筆順 ニ 千 千 禾 禾' 秒 秒 称

なりたち  [形声]禾(作物)＋爯(左右平均して物を持ち上げる)音。作物を持ち上げて重さをはかるの意。あげる、ほめるの意にも用いる。

◉異字同訓◉【唱】(三一八ページ)の「異字同訓」欄を参照のこと。

❶かなう。ちょうどうまくつり合う。
熟語「相称・対称」
❷たたえる。ほめる。
【称賛・称▼讃】ショウサン　賞賛。「―に値する」別表記 賞賛
【称揚】ショウヨウ　ほめたたえる。別表記 賞揚
熟語「称挙・称嘆・称美・称誉」
❸となえる。よぶ。よびな。
【称呼】ショウコ　①名前。呼称。②名前を呼ぶ。
【称号】ショウゴウ　肩書きなどを示す名称。「博士の―」
熟語「称名・愛称・仮称・改称・偽称・口称・敬称・公称・自称・総称・俗称・通称・人称・名称・略称」
❹はかる。目方を調べる。また、その器具。はかり。
熟語「称量」

【笑】

7級　10画　竹-4　音 ショウ(セウ) 漢 呉　訓 わら-う・え-む・わら-い　①3048 Ⓤ7B11

人名 え・えみ

筆順 ⺈ ⺮ 𥫗 竺 竺 笑 笑

なりたち  もと「关」。[象形]長い髪の若い女性がわらう形にかたどる。後に「笑」となった。

◉異字同訓◉
◇わらう(笑・▼嗤)
「笑う」は〝うれしさなどで顔を柔らげ声を出す〟の意。「にこにこと笑う」「大声で笑う」「照れ隠しに笑う」
「嗤う」は〝あざける。嘲笑する〟の意。「笑う」とも書く。「人の失敗を嗤う」「陰で嗤っている」「鼻先で嗤う」

シ

❶わらう。えむ。ほほえむ。わらい。
【《笑顔》(えがお)】笑った顔。「―で挨拶する」

【笑▾壺(えつぼ)】笑い興じる。「―に入る」

【笑殺(ショウサツ)】笑って相手にしない。「妥協案は―された」

【笑止(ショウシ)】ばかばかしい。「―の至り」「―なことを言う」「―千万(せんばん)な話」

【笑話(ショウワ)】滑稽な話。わらいばなし。

【笑い▽種(わらいぐさ)】もの笑いのたね。「とんだ―だ」

熟語「笑気・笑劇・笑声・一笑・艶笑・苦笑・哄笑・失笑・大笑・談笑・嘲笑(ちょうしょう)・爆笑・微笑・憫笑・冷笑」
❷人に物を贈るときなどの謙遜の語。
【笑納(ショウノウ)】「つまらないものですがご―下さい」

【笑覧(ショウラン)】「拙作を御―いただければ幸いです」
❸花が咲く。

【清】⇩セイ(三六六ページ)

【唱】

7級　11画　口-8
音 ショウ(シャウ)漢呉
訓 となえる・うた・うた-う・うた
①3007　Ⓤ5531

人名 うた

筆順 丨 ㇆ 口 叩 叩 唱 唱 唱

なりたち [形声]口＋昌(さかんなさま)音。声を高くはり上げるの意。

●異字同訓●
◇となえる(唱・▽称)
「唱える」は"節をつけて読む。はっきり主張する"の意。「万歳を唱える」「念仏を唱える」「絶対反対を唱える」「異を唱える」

「称える」は"名づけて呼ぶ。称する"の意。「平成の業平(なりひら)と称える」

❶となえる。特定の文句を声に出して言う。
【唱和(ショウワ)】一人に合わせ大勢が唱える。別表記 倡和
熟語「唱名・暗唱・吟唱・口唱・高唱・三唱・主唱・提唱・復唱・朗唱」
❷みちびく。先に言い始める。
【唱道(ショウドウ)】率先して主張する。「世界平和を―する」

【唱導(ショウドウ)】①「唱道」に同じ。②(仏の教えを)説いて導く。「―師」

熟語「主唱・提唱・夫唱婦随」
❸うたう。節をつけて声に出す。うた。
【唱歌(ショウカ)】①歌を歌う。②小学校の音楽科の旧称。
熟語「愛唱・歌唱・合唱・重唱・斉唱・絶唱・独唱・熱唱・輪唱」

【商】

8級　11画　口-8
音 ショウ(シャウ)漢呉
訓 あきなう・あきな-い・はか-る
①3006　Ⓤ5546

人名 あき・あつ・ひさ

筆順 亠 亣 产 产 产 商 商 商

なりたち [形声]辛(先のとがった刃物)音＋冏(高い建物)。立派な都城の意で、殷の国都の名に用いる。周に滅ぼされた殷の人は行商を業としたので、あきないの意をも表す。

❶あきなう。売り買いする。あきない。商人。
【商▽人(あきんど)】物の売買を職業とする人。しょうにん。あきうど。

【商科(ショウカ)】商学部の通称。「―大学」

【商学(ショウガク)】商業に関する学問。「―部」

【商機(ショウキ)】取引によい機会。「―を逸する」

【商業(ショウギョウ)】商品を売買して利益を得る事業。

【商権(ショウケン)】商業上の権利。

【商工(ショウコウ)】商業と工業。商人と職人。「―会議所」

【商号(ショウゴウ)】営業上の会社や商店の名称。屋号。

【商魂(ショウコン)】商売に徹する気構え。「―たくましい」

【商才(ショウサイ)】商売のための才能。「―に長(た)ける」

【商事(ショウジ)】商行為を目的として設立された会社。商社。

【商社(ショウシャ)】商取引を事業の中心とする会社。

【商戦(ショウセン)】商売上の競争。「歳末―」

【商談(ショウダン)】取引に関する交渉や相談。「―をまとめる」

【商店(ショウテン)】商品を売る店。「―街」

【商人(ショウニン)】商業を営む人。「―気質」

【商売(ショウバイ)】①商品を仕入れて、売る。あきない。「―繁盛」②職業。専門の仕事。「―がえ」

【商標(ショウヒョウ)】商品につける文字・図形などの標章。トレードマーク。「―権」「―登録」

【商品(ショウヒン)】市場で取引される財貨・サービスなど。

【商法(ショウホウ)】①商売のやり方。「悪徳―」「武家の―」②商業活動に関する法の総称。

【商務(ショウム)】商業上の事務。また、商業・商売。

熟語「商家・商会・商館・商況・商港・商船・商都・商用・商略・外商・画商・行商・巨商・豪商・政商・隊商・通商・年商・雑貨商・貿易商」
❷はかる。はかり考える。相談する。
【商議(ショウギ)】相談する。協議。「―員」

【商量(ショウリョウ)】はかり考える。「比較―する」

熟語「商度・協商」
❸五行の一。季節では、秋。方位では、西。
熟語「商秋・商風」

【渉】

準2級　11画　水(氵)-8
音 ショウ(セフ)漢呉
訓 わた-る
①3036　Ⓤ6E09

【渉】 10画 水(氵)-7 ③8676 Ⓤ6D89

人名 さだ・たか・ただ・わたり・わたる

筆順 氵 氵 汁 沚 沚 泮 浒 涉 渉

なりたち [篆文] [会意]水＋歩(あるく)。水の中を歩いて進むの意。篆文では、水二つ＋歩。

❶わたる。水の中を歩いてわたる。

熟語「徒渉・跋渉(ばっしょう)」

❷かかわる。関係する。

【渉外】(ショウガイ) 外部と連絡・交渉する。「―係」

熟語「干渉・交渉」

❸ひろくめぐり歩く。へめぐる。

【渉猟】(ショウリョウ) 広くあさり求める。「文献を―する」

熟語「渉歴」

【章】

8級 11画 立-6 ①3047 Ⓤ7AE0

音 **ショウ**(シヤウ)漢呉

訓 あき-らか・あや・しるし・ふみ

人名 あき・あきら・あや・き・たか・とし・のり・ふさ・ふみ・ゆき

筆順 亠 亣 立 产 音 音 音 章 章

なりたち [篆文] [会意]辛(先のとがった刃物)＋⊕(模様)。刃物で入れ墨をする意から、あや・しるしの意を表す。転じて、楽曲の一節の意にも用いる。

❶ふみ。詩文の一まとまり。また、楽曲の一まとまり。

【章句】(ショウク) 文章のまとまり。章と句。

【章節】(ショウセツ) 文章の章や節の句切り。

熟語「章程・楽章・玉章(ぎょくしょう)(たまずさ)・憲章・詞章・序章・断章・文章」

❷あきらか。目立つようにする。あらわれる。同彰。

熟語「章章・表章」

❸しるし。あや。模様。また、はんこ。

熟語「章票・印章・記章・徽章(きしょう)・勲章・校章・受章・標章・褒章・帽章・喪章・紋章・腕章」

❹その他。

【章魚】(たこ) 頭足類八腕目に属する軟体動物。

【紹】

4級 11画 糸-5 ①3050 Ⓤ7D39

音 **ショウ**(セウ)漢・ジョウ(ゼウ)呉

訓 つ-ぐ

人名 あき・つぎ・つぐ

筆順 く 幺 糸 糸 紀 紹 紹 紹 紹

なりたち [篆文] [形声]糸＋召(呼び寄せる)音。糸と糸とを寄せてつなぐの意。

❶つぐ。絶えないようにひきうける。

熟語「紹継・紹述・紹復」

❷とりもつ。あいだに立ってひきあわせる。

【紹介】(ショウカイ) 「―状」「自己―」「日本文化の―」

【訟】

準2級 11画 言-4 ①3057 Ⓤ8A1F

音 **ショウ**漢・ジュ呉

訓 うった-える・うった-え

筆順 亠 言 言 言 訁 訟 訟

なりたち [篆文] [形声]言＋公(おおやけ)音。おおやけの場で発言する意から、うったえる意を表す。

❶うったえる。裁判であらそう。うったえ。

熟語「訟案・訟獄・訟訴・争訟・訴訟」

【装】 ⇩ソウ(四〇四ページ)

【勝】

8級 12画 力-10 ①3001 Ⓤ52DD

〔勝〕 12画 力-10 ―― ――

音 **ショウ**漢呉

訓 か-つ・まさ-る・すぐ-れる・た-える

人名 かち・すぐる・すぐれ・すぐろ・とう・のり・まさ・ます・よし

筆順 丿 月 月 肸 胖 胖 朕 勝 勝

なりたち [篆文] [形声]朕(舟を上に持ち上げる)音＋力。力を入れて上に持ち上げる意から、力くらべにたえて相手にうちかつ意を表す。

❶かつ。敵をまかす。

【勝ち気】(かちキ) 競争心が強い気性。「―な性格」

【勝ち鬨】(かちどき) 戦に勝った時の鬨(とき)の声。

【勝(か)ちを千里の外(そと)に決す】 本陣にいながら計略をめぐらし、遠く離れている戦場で勝利を得させる。出典「史記高祖本紀」より。

【勝因】(ショウイン) 勝った原因。「試合の―」⇔敗因(はいいん)

【勝機】(ショウキ) 勝つ好機。「―をつかむ」「―を逃す」

【勝算】(ショウサン) 勝てる見込み。「―が十分にある」

【勝者】(ショウシャ) 勝った者。勝利者。⇔敗者

【勝敗】(ショウハイ) かちまけ。「―は時の運」

【勝負】(ショウブ) 勝敗。勝ち負けを決める。「一本―」

【勝利】(ショウリ) 「対戦に―する」⇔敗北。別表記 捷利

熟語「勝運・勝勢・勝訴・勝報・勝率・圧勝・快勝・祝勝・常勝・辛勝・先勝・戦勝・全勝・大勝・必勝・優勝・楽勝・連勝」

❷まさる。すぐれる。他と比べて上である。

熟語「勝劣・健勝・殊勝」

❸景色がよい。

【勝景】ショウケイ　すぐれた景色。景勝。
熟語「勝地・奇勝・形勝・景勝・探勝・名勝」

❹その他。
【勝手】かって　①わがまま。「—気まま」②台所。「—道具」③様子。事情。「—がわからずまごつく」④便利。便宜。「—の悪い家」⑤生計。「—が苦しい」

【掌】

3級　12画　手-8
音　ショウ（シャウ）漢呉
訓　たなごころ・つかさどる・てのひら
①3024　Ⓤ638C

人名　なか

筆順　掌

なりたち　［形声］尚（室内の空気が通気孔から外に広がり出る）音＋手。指をひろげた手の意から、手のひらの意を表す。

❶てのひら。たなごころ。握る時に内側になる手の面。
【掌握】ショウアク　意のままにする。「人心を—する」
【掌中】ショウチュウ　手の中。「勝利を—におさめる」
【掌編・掌▼篇】ショウヘン　ごく短い小説。「—小説」
【掌たなごころを指さす】　きわめて明白、または正確なことのたとえ。出典「論語八佾」より。
熟語「合掌」

❷つかさどる。職務としてうけもつ。
熟語「掌典・管掌・社掌・車掌・職掌・典掌・分掌」

【晶】

3級　12画　日-8
音　ショウ（シャウ）呉・セイ漢
訓　あきらか
①3029　Ⓤ6676

人名　あき・あきら・てる・まさ

筆順　晶

なりたち　［象形］星が三つ光っているさまにかたどる。澄んだようにきらきら輝く星の意から、あきらかの意を表す。

❶あきらか。きらりと光る。
熟語「晶晶」

❷鉱物のもつ規則正しい形。
熟語「晶系・晶質・液晶・巨晶・結晶・混晶・斑晶・氷晶」

❸鉱物の名。
熟語「水晶」

【焼】

7級　12画　火-8
音　ショウ（セウ）漢呉
訓　やく・やける
①3038　Ⓤ713C

【燒】16画　火-12　②6386　Ⓤ71D2

難読　焼売シューマイ・焼棒杭やけぼっくい・焼鈍やきなまし

筆順　焼

なりたち　［形声］火＋堯（たかい）音。たかくほのおをあげてもえるの意。

> ◇やく（焼・▽妬）　●異字同訓●
> 「焼く」は〝火で物を燃す。日光で肌を黒くする〟の意。「魚を焼く」「炭を焼く」「肌を焼く」「夫の世話を焼く」「手を焼く」
> 「妬く」は〝嫉妬する〟の意。仮名で書くことが多い。「焼き餅を妬く」「仲の良い二人を妬く」

やく。火をつけてもやす。やける。もえる。
【焼却】ショウキャク　焼きすてる。「—炉」「—処分」
【焼香】ショウコウ　香を焚く。「葬儀で—する」
【焼死】ショウシ　焼け死ぬ。「火事で—する」「—体」
【焼失】ショウシツ　焼けてなくなる。「森林の—面積」
【焼身】ショウシン　自分の体を火で焼く。「—自殺」
【焼き餅】やきもち　①火であぶって焼いた餅。②嫉妬しっと。ねたみ。「—を焼く」
【焼け石】やけいし　火で熱せられた石。「—に水（＝努力や援助がわずかで効果が上げられない）」
熟語「焼尽・焼亡・焼き芋・焼け野・焼夷弾・延焼・全焼・燃焼・焙焼・半焼・焚焼・類焼」

【焦】

3級　12画　火（灬）-8
音　ショウ（セウ）漢呉
訓　こげる・こがす・こがれる・あせる・じらす・じれる
①3039　Ⓤ7126

筆順　焦

なりたち　［会意］隹（とり）＋火。とりを火であぶりこがすの意。篆文では、隹三つ＋火。

❶こげる。こがす。やく。表面が茶色や黒色になるまで焼く。
【焦点】ショウテン　鏡・レンズなどで、光線が屈折して集まる一点。「—を合わせる」「—（＝論点）の定まらない議論」
【焦土】ショウド　「戦火によって一面の—と化す」
【焦熱】ショウネツ　焼けつく暑さ。「—地獄じごく」
【焦眉】ショウビ　事態が切迫している。「—の急」注記　眉を焦がすほど火が近づいている意からいう。

❷あせる。じれる。いらいらする。じらす。
【焦燥・焦▼躁】ショウソウ　あせる。いらいらする。「—感」
【焦慮】ショウリョ　あせりいらだつ。「—に駆られる」
熟語「焦心・焦悴」

❸（国）こがれる。思いを寄せる。苦しいほど思う。
熟語「恋い焦れる」

【硝】

準2級　12画　石-7
音　ショウ（セウ）漢呉
①3043　Ⓤ785D

〔硝〕12画 石-7

筆順

なりたち ［形声］石＋肖(小さく作る)音。こまかくくだいて用いる鉱石の意。

鉱物の一。ガラスや火薬・肥料などの原料となる鉱物。硝石。

【硝煙】ショウエン 火薬の爆発によって出る煙。「—弾雨」

熟語「硝酸・硝子(しょうし・ガラス)・硝石・硝薬・煙硝・焔硝・脱硝・芒硝」

【粧】

準2級 12画 米-6 ①3049 Ⓤ7CA7

音 ショウ(シャウ)呉・ソウ(サウ)漢

訓 よそお-う・よそお-い・よそ-う

筆順

なりたち ［形声］米＋庄(すらりとしている)音。すらりとした顔立ちに見せるための、米から作ったおしろいの意。

よそおう。姿をととのえる。おしろいをつけて顔を美しくする。つくろう。よそおい。よそう。

熟語「化粧・新粧(しんそう)・盛粧(せいそう)・淡粧・美粧」

【詔】

準2級 12画 言-5 ①3059 Ⓤ8A54

音 ショウ(セウ)漢呉

訓 みことのり

人名 のり

筆順

なりたち ［形声］言＋召(呼び寄せる)音。下位の者を呼び寄せて告げるの意。

みことのり。天子の命令。天子のことば。

【詔書】ショウショ 天皇の命令を伝える公文書。

【詔勅】ショウチョク 天皇の発する公式文書の総称。「天壌無窮の—」

熟語「詔命・詔令・遺詔・応詔・恩詔・聖詔・大詔・勅詔・奉詔」

【証】

6級 12画 言-5 ①3058 Ⓤ8A3C

〔證〕19画 言-12 ②7590 Ⓤ8B49

音 ショウ漢呉

訓 あかし・あか-す・しるし

人名 あかし・あきら・つぐ・み

筆順

なりたち ［證］［形声］言＋登(上にあげる)音。言葉を下から上の者に申したてるの意。［証］［形声］言＋正(ただす)音。言葉で正しいさめるの意。「證」の新字体として用いる。

❶あかす。あかし。事実を告げて、明らかにする。事実であることを明らかにする文書。しるし。

【証印】ショウイン 証明として印を押す。また、その印。

【証券】ショウケン 一定の権利・義務を表示し、法律上の効力を有する文書。有価証券と証拠証券とがある。

【証言】ショウゲン 事柄の真偽を言葉で証する。

【証拠】ショウコ 事実を証明する根拠。「—の品」

【証左】ショウサ 証拠。「確かな—を求める」

【証書】ショウショ 一定の事実または権利義務関係を証明する文書。「借用—」

【証人】ショウニン ①事実を証明する人。「生き—」②裁判所などから、事実の供述を命ぜられた者。「—尋問」

【証票】ショウヒョウ 証明をするための札。証明をする文書。

【証▼憑】ショウヒョウ 事実を証明する根拠。「—書類」

【証本】ショウホン よりどころとなる確かな本。

【証明】ショウメイ ①根拠をあげて事柄が真実であることを明らかにする。「身分—書」②ある命題が真であることを論理的に導き出す。

熟語「証紙・証跡・証文・暗証・引証・確証・偽証・検証・口証・公証・考証・実証・徴証・認証・反証・物証・弁証・傍証・保証・立証・例証・論証・学生証・借用証・保険証・免許証」

❷〔仏〕さとり。さとる。疑いがない。

熟語「証果・証悟・所証・内証」

【象】

7級 12画 豕-5 ①3061 Ⓤ8C61

音 ショウ(シャウ)漢・ゾウ(ザウ)呉

訓 かたど-る・かたち

人名 かた・きさ・たか・のり

筆順

なりたち ［象形］ゾウにかたどる。ゾウの姿が大きくて目だつことから、かたちの意にも用いる。

❶ぞう。熱帯産の草食哺乳動物。現生の陸生動物中では最大。

【象牙】ゾウゲ 象の上顎にある一対の牙(きば)。「—細工」

熟語「象箸・象皮・巨象」

❷かたち。すがた。目で見える姿。

熟語「印象・気象・具象・形象・景象・現象・事象・心象・対象・抽象・万象・表象・暦象・有象無象(うぞうむぞう)・森羅万象」

❸かたどる。似せてつくる。

【象形】ショウケイ ①物の形をかたどる。②漢字の六書(りくしょ)の一。物の形をかたどって字形とする。「日」「月」「山」「木」などの類。「—文字」

【象徴】ショウチョウ 抽象的な概念を、具体的事物や形象によって間接的に表現する。「ハトは平和の—である」

【象眼・象▼嵌】ゾウガン 工芸品の加飾法の一。地の素材を彫って、その部分に他の材料をはめこむ技法。

【傷】

5級　13画　人(亻)-11　音 ショウ(シャウ)漢呉　訓 きず・いたむ・いためる　①2993 Ⓤ50B7

筆順 亻 亻 作 作 倬 倬 傷 傷

なりたち [形声]人＋「𠂉＋昜」(きずつく)音。人がきずつく意から、きずの意を表す。

◉異字同訓◉【痛】(四六六ページ)の「異字同訓」欄を参照のこと。

❶きず。けが。
【傷痍】ショウイ　けが。「―軍人」
【傷痕】ショウコン　きずあと。「戦争の―が残る城壁」
【傷病】ショウビョウ　けがと病気。「―兵」
熟語「傷寒・外傷・火傷(かしょう)(やけど)・軽傷・死傷・重傷・凍傷・刃傷(にんじょう)・負傷・致命傷」

❷いたむ。いためる。きずつける。そこなう。
【傷害】ショウガイ　傷つける。「―事件」「―罪」
熟語「殺傷・刺傷・自傷・重傷・食傷・損傷・中傷」

❸心に苦痛を感じる。かなしむ。
【傷心】ショウシン　きずついた心。「―を癒(いや)す」
熟語「哀傷・感傷・愁傷・悲傷」

【奨】

準2級　13画　大-10　音 ショウ(シャウ)漢　訓 すす-める　①3009 Ⓤ5968

【奬】14画　大-11　②5293 Ⓤ596C

〔獎〕15画　犬-11　②6450 Ⓤ734E

人名 すけ・すすむ・たすく・つとむ

筆順 丨 丬 丬 丬 将 将 将 奨

なりたち [形声]将(肉を台の上に手ですすめる)音＋犬。犬にけしかけて肉を食うようにすすめるの意。

すすめる。はげます。推薦する。また、助ける。
【奨学】ショウガク　学問を奨励する。「―金」
【奨励】ショウレイ　すすめはげます。「スポーツを―する」
熟語「勧奨・激奨・推奨・選奨・報奨」

【照】

7級　13画　火(灬)-9　音 ショウ(セウ)漢呉　訓 てる・てらす・てれる　①3040 Ⓤ7167

人名 あき・あきら・あり・てり・とし・のぶ・みつ

筆順 冂 日 日⁷ 昭 昭 昭 照 照

なりたち [形声]昭(あかるい)音＋火。火で明るくてらすの意。

❶てらす。光を当てる。また、てる。かがやく。
【照射】ショウシャ　光線などをあてる。「―角度」
【照明】ショウメイ　「間接―」「舞台―」
【照覧】ショウラン　神仏がご覧になる。「神々も―あれ」
熟語「照度・照臨・照葉樹林・観照・残照・自照・夕照・日照・反照・晩照・返照・落照」

❷他とつき合わせる。基準にする。
【照応】ショウオウ　互いに対応する。「首尾が―しない」
【照会】ショウカイ　問い合わせる。「―状」
【照合】ショウゴウ　照らし合わせる。「指紋を―する」
【照査】ショウサ　照合して調べる。「書類を―する」
【照準】ショウジュン　弾丸が命中するように、ねらいを合わせる。「―器」「予選突破に―(＝目標)を合わせる」
熟語「照鑑・照察・照星・照門・査照・参照・対照」

❸うつったかげ。写真。写真にとる。
【照影】ショウエイ　肖像画。肖像写真。
熟語「小照」

【詳】

4級　13画　言-6　音 ショウ(シャウ)漢呉　訓 くわしい・つまびらか　①3060 Ⓤ8A73

人名 みつ

筆順 言 言 言 言 詳 詳 詳

なりたち [形声]言＋羊(よく行きとどいている)音。すみずみまでこまかく言い表すの意。

くわしい。つまびらか。細かいところまで明らかだ。
【詳解】ショウカイ　くわしい解釈。「源氏物語―」
【詳細】ショウサイ　くわしく細かい。「―な報告」
【詳述】ショウジュツ　くわしく述べる。「趣旨を―する」
【詳説】ショウセツ　くわしく説く。「以下に―する」
【詳報】ショウホウ　詳細な報告。「―を待つ」
【詳密】ショウミツ　くわしく細かい。「―な報告書」
【詳論】ショウロン　くわしく論ずる。「国語史―」
熟語「詳記・詳察・詳悉・詳伝・詳明・詳録・精詳・不詳・未詳」

【精】⇩セイ(三六八ページ)

【彰】

準2級　14画　彡-11　音 ショウ(シャウ)漢呉　訓 あき-らか・あらわ-す・あや　①3020 Ⓤ5F70

人名 あき・あきら・あや・ただ・てる

筆順 亠 立 产 音 音 章 彰

なりたち [形声]章(あや・しるし)音＋彡(模様)。あざやかに目立つ模様の意。

あらわす。目立つようにする。あきらか。また、あや。かざり。
熟語「彰義・彰功・彰徳・顕彰・表彰」

【障】

5級　14画　阜(阝)-11　①3067　Ⓤ969C

音 **ショウ**(シャウ)漢・呉

訓 **さわ**-る・さわ-り・さえ-ぎる

難読 気障(きざ)・内障(ないしょう/そこひ)

筆順

なりたち ［形声］阜(おか)＋章(くっきりと目立つ)音。行く手にある、くっきりと目立ったおかの意から、さわる・さえぎるの意を表す。

◉**異字同訓**◉【触】(三三三ページ)の「異字同訓」欄を参照のこと。

❶さわる。さえぎる。邪魔をする。さまたげる。さわり。

【障害・障▼碍】ショウガイ　①物事の成立や進行の邪魔をするもの。「―物」②身体器官の機能上の故障。「機能―」

熟語「障蔽・故障・五障・罪障・支障・万障・報障」

❷ふせぐ。へだてる。しきり。

【障子】ショウジ　格子状の木枠に和紙を貼った建具。

【障壁】ショウヘキ　囲いや仕切りの壁。「関税―(=さまたげ)」

【障壁画】ショウヘキガ　ふすま・屏風などに描かれた絵。

熟語「障泥(あおり)・障塞(しょうさい)・保障」

【憧】

2級　15画　心(忄)-12　新常用　①3820　Ⓤ61A7

音 **ショウ**漢・トウ(タウ)漢・ドウ呉

訓 **あこが**-れる

筆順

なりたち ［形声］心＋童(刃物で目を突き刺して見えなくした男のどれい)音。まわりがよく見えないほど心の中がうつろである意から、うっとりあこがれる意を表す。

❶あこがれる。遠くのものに心ひかれる。

【憧憬】ショウケイ　あこがれる。どうけい。「―の的」

❷心がさだまらない。おちつかない。おろか。

熟語「憧憧」

【衝】

3級　15画　行-9　①3055　Ⓤ885D

音 **ショウ**漢・シュ呉

訓 つ-く

難読 衝立(ついたて)・衝重(ついがさね)

人名 つぎ・みち・もり・ゆく

筆順

なりたち ［形声］行(みち、みちをゆく)＋重(人のおもみが地面にずっしりとかかる)音。町をつきぬく大通り、また、道すがら物につきあたるの意。

◉**異字同訓**◉【突】(五〇六ページ)の「異字同訓」欄を参照のこと。

❶つく。つきあたる。ぶつかる。

【衝撃】ショウゲキ　激しい打撃。「―的な事件」

【衝天】ショウテン　勢いが盛んである。「意気―」

【衝動】ショウドウ　強く心をつき動かす力。「―に駆られる」

【衝突】ショウトツ　ぶつかる。「―事故」「意見が―する」

熟語「緩衝・折衝」

❷かなめ。重要なところ。大通り。

熟語「衝路・要衝」

【賞】

7級　15画　貝-8　①3062　Ⓤ8CDE

音 **ショウ**(シャウ)漢・呉

訓 ほ-める・め-でる

人名 たか・たかし・よし

筆順

なりたち ［形声］尚(もちあげる)音＋貝。功労があったとしてもちあげほめて、財貨を与えるの意。

❶ほめる。功績などを高く評価する。

【賞賛・賞▼讃】ショウサン　「―に価する」

【賞嘆・賞▼歎】ショウタン　「―の声があがる」

【賞罰】ショウバツ　賞と罰。「―を明らかにする」

熟語「賞詞・賞美・賞揚・佳賞・嘉賞・感賞・激賞・信賞必罰」

❷ほうび。功労に対して与えられる金品。

【賞金】ショウキン　賞として与える金。「―稼ぎ」

【賞勲】ショウクン　国や社会への勲功を賞する。「―局」

【賞▼恤】ショウジュツ　功績に対し与えられる金品。「―金」

【賞状】ショウジョウ　功労を表する書状。「大会優勝の―」

【賞杯】ショウハイ　賞として与える杯。「―が授与される」

【賞品】ショウヒン　功労をたたえて与える品物。「―をもらう」

【賞与】ショウヨ　功労をたたえて金品を与える。「―金」「夏の―(=ボーナス)」

熟語「賞賜・賞牌・恩賞・金賞・懸賞・行賞・受賞・授賞・特賞・入賞・副賞・報賞・褒賞・優賞・皆勤賞」

❸めでる。すばらしさをたたえ、たのしむ。深く味わう。

【賞▼翫・賞玩】ショウガン　事物の美しさ・良さなどを味わい楽しむ。「古美術品を―する」「珍味を―する」

【賞味】ショウミ　味わいながら食べる。「―期間」

熟語「賞美・観賞・鑑賞」

【償】

準2級　17画　人(亻)-15　①2994　Ⓤ511F

音 **ショウ**(シャウ)漢

訓 **つぐな**-う・つぐな-い

筆順

なりたち ［形声］人＋賞(功績や損害に対して財貨を与える)音。「賞」が、功績に対するほうびの意に用いられるようになったため、損害に対するつぐないの意には「人」を加えた。

つぐなう。つぐない。

【償還】債券の期限が来て金を返済する。「負債を—する」

【償却】①借金をすっかり返す。②「減価償却」の略。

【償金】他人に与えた損害に対して払う金。

熟語「代償・賠償・弁償・報償・補償・無償・有償」

【礁】

準2級　17画　石-12　音 ショウ(セウ)漢呉　Ⓙ3044 Ⓤ7901

筆順 一 丆 石 矿 矿 碓 礁

なりたち [形声]石＋焦(黒くこげる)音。黒い色をして水面下にかくれて見えない岩の意。

水面に見えかくれする岩場。

熟語「暗礁・環礁・岩礁・魚礁・坐礁・座礁・浮礁・離礁・珊瑚礁」

【鐘】

3級　20画　金-12　音 ショウ漢・シュ呉　訓 かね　Ⓙ3066 Ⓤ9418

筆順 ㇒ 午 金 鉈 鉑 鐘 鐘 鐘

なりたち [形声]金＋童(目をつく)音。ついて音を鳴らす金属性の楽器の意。

かね。つりがね。打楽器の一種。また、時を知らせるかね。同鍾。

【鐘声】鐘の音。「—が鳴り響く」

【鐘楼】寺院の、梵鐘をつるす堂。

熟語「鐘鼓・鐘銘・警鐘・午鐘・時鐘・点鐘・半鐘・晩鐘・暮鐘・梵鐘」

ジョウ

【上】

10級　3画　一-2　音 ジョウ(ジャウ)呉・ショウ(シャウ)漢　訓 うえ・うわ・かみ・あげる・あがる・のぼる・のぼせる・のぼす　Ⓙ3069 Ⓤ4E0A

難読 上手い・上気せる・上衣・上枝・上品・上野・上達部・上翳

人名 うら・すすむ・たか・たかし・のぼる・ひさ・ほず・まさ

筆順 丨 ト 上

なりたち  [指事]甲骨文では、基準となる横線の上に短い横線を示し、物のうえの意。

◉異字同訓◉

◇あがる(上・揚・挙・騰)

「上がる」は"上の方へ移動する。高くなる"の意。「屋上に上がる」「気温が上がる」「雨が上がる」

「揚がる」は"揚げ物ができる。かかげられる。高まる"の意。「天ぷらが揚がる」「日の丸が揚がる」「歓声が揚がる」「意気が揚がる」

「挙がる」は"示される。犯人がつかまる。上へ動く"の意。「証拠が挙がる」「犯人が挙がる」「手が挙がる」

「騰がる」は"物価が高くなる"の意。「上がる」とも書くが、仮名書きも多い。「物価が騰がる」

◇あげる(上・揚・挙)

「上げる」は"上の方へ移動させる。高くする。はき出す"の意。「顔を上げる」「机を二階に上げる」「喚声を上げる」

「揚げる」は"熱した油で調理する。かかげる"の意。「天ぷらを揚げる」「国旗を揚げる」

「挙げる」は"上へ動かす。示す。犯人をつかまえる。事を行う"の意。「手を挙げる」「例を挙げる」「犯人を挙げる」「全力を挙げる」「兵を挙げる」「祝言を挙げる」

◇のぼる(上・登・昇)

「上る」は"上方へ行く。上京する。とりあげられる"の意。「坂を上る」「川を上る」「都に上る」「話題に上る」「数億に上る損害」「頭に血が上る」

「登る」は"高い所へ移動する"の意。「山に登る」「壇上に登る」「石段を登る」

「昇る」は"太陽・月・位などが高く上がる"の意。「日が昇る」「煙突から煙が昇る」「高い位に昇る」「天にも昇る心地」/いずれも上方へ移動する、という点で共通だが、「登る」には一歩一歩地を踏みしめて上がる意が込められ、「昇る」には一気に移動するというニュアンスがある。

❶うえ。うわ。かみ。場所・位置・身分が高い。表面。

【上手】①川上や風上。かみて。②相撲の組み手の一。⇔下手。③他よりまさっている。「一枚—だ」⇔下手

【上辺】表面。「—を飾る」「—を取り繕う」

【上前】着物の前を合わせたとき、外側になる部分。「—(=仲介者がとる手数料)をはねる」

【上手】①上の方。②川の上流の方。③客席から見て右側。▽⇔下手

【上下】①上と下。「背広の—」②身分の上と下。「恋に—の隔てなし」③上がると下がる。「物価が—する」

【上弦】入りの際半月の弦が上向きとなる月。

【上流】①川上。②上の階層。「—階級」▽⇔下流

熟語「上空・上肢・上層・上体・上段・上帝・上部・上腕・上半身・屋上・海上・砂上・掌上・水上・頭上・俎上・台上・卓上・壇上・地上・頂上・天上・殿上・馬上・洋上・陸上・楼上・路上」

❷すぐれている。よいほう。

【上位】ジョウイ 地位・順位などが高い。⇔下位
【上意】ジョウイ 江戸時代、将軍の命令。
【上客】ジョウキャク 大切な客。「—(=お得意)を逃す」
【上級】ジョウキュウ 上の等級。「—生」「最—」⇔下級
【上戸】ジョウゴ ①酒をたくさん飲む人。⇔下戸(げこ)。②酒に酔ったときに出る癖。「笑い—」「泣き—」「怒り—」
【上皇】ジョウコウ 天皇が譲位後に受ける尊称。
【上座】ジョウザ 上位の座席。上席。⇔下座(げざ)
【上策】ジョウサク すぐれた策略。「撤退が—だ」⇔下策
【上司】ジョウシ 上役。「—に許可を求める」⇔部下
【上上】ジョウジョウ この上なくよい。「気分は—だ」
《上手》ジョウズ 技術がすぐれている。うまい。「—な字」「お—(=世辞)を言う」⇔下手(へた)
【上水】ジョウスイ 飲料用に供給される水。上水道。⇔下水
【上席】ジョウセキ 上座。「—につく」⇔末席
【上等】ジョウトウ うえの等級。「—な服」⇔下等
【上人】ショウニン 修行を積み、智徳を備えた高僧。
【上品】ジョウヒン 品格が高い。「—な顔立ち」⇔下品
熟語「上院・上官・上知・上智・上長・上布・上臈・上臘・上聞・上首尾・上天気・上得意・以上・極上・最上・長上・無上」

❸順序が先。ひと続きのものの元の方。

【上限】ジョウゲン 上の方の限界。⇔下限
【上古】ジョウコ ①遠い昔。昔。②日本史上、歴史時代の最も古い時代をさす。普通、大和(やまと)・奈良時代をいう。
【上旬】ジョウジュン 月の最初の一〇日間。初旬。
【上代】ジョウダイ ①大昔。昔。以前。②日本史、特に文学史・国語史における時代区分の一。大和(やまと)・奈良時代にあたる。
熟語「上巻・上浣・上刻・上巳・上編」

❹その時点・地点より前。

【上記】ジョウキ 前に書いたこと。「—の通り」⇔下記
【上掲】ジョウケイ 上にかかげる。「—の表」
【上述】ジョウジュツ 前述。「—の通り」
熟語「以上」

❺あがる。あげる。低い所から高い所へ動く。〔国〕仕事が完成する。あがり。仕上がり。

【上気】ジョウキ のぼせる。「—した顔」
【上昇】ジョウショウ 高く上がる。⇔下降・低下
【上達】ジョウタツ ①技芸が上手になる。「運転が—する」②一般の人の意見などが上位の人に伝わる。
【上棟】ジョウトウ 家などを建てるとき、柱・梁(はり)などの組み立てを済ませて棟木を上げる。むねあげ。「—式」
【上陸】ジョウリク 船や海から陸に上がる。「—作戦」
熟語「炎上・逆上・向上・参上・浮上・下克上」

❻のる。乗り物などの中にはいる。

熟語「上車・上船」

❼のせる。公開の場に出す。

【上映】ジョウエイ 「講堂で教育映画を—する」
【上演】ジョウエン 「舞台でミュージカルを—する」
【上▼梓】ジョウシ 書物を出版する。注記 梓(あずさ)を版木に用いたことからいう。
【上場】ジョウジョウ 「株式市場へ—する」
【上程】ジョウテイ 議案を会議にかける。「法案を—する」

❽たてまつる。申し上げる。

【上告】ジョウコク 申し立てる。法律では、上訴の一種で、第二審の判決に対する不服を、終審の裁判所に申し立てる。
【上申】ジョウシン 上役や上部機関へ意見を述べる。「—書」
【上訴】ジョウソ その判決または決定に対する不服を上級裁判所に申し立て、その取り消しを求める。控訴・上告・抗告の三種類。
【上奏】ジョウソウ 奏上。「天皇に意見を—する」
【上納】ジョウノウ 官庁・上部団体などに金品を納める。
【上覧】ジョウラン 天皇や貴人がご覧になる。「—相撲」
熟語「上書・上訴・上表・上聞・上申書・上納金・謹上・啓上・献上・口上・進上・奏上・呈上・返上」

❾のぼる。貴人のもとや中央・北方へ行く。

【上方】かみがた 京都およびその付近。「—言葉」
【上京】ジョウキョウ 地方から都へ行く。
【上▼洛】ジョウラク 都へ上る。地方から京都へ行く。
熟語「参上・東上・北上」

❿ほとり。あたり。

熟語「江上・途上」

⓫関係すること。…において。

熟語「一身上・教育上・形而上・理論上」

⓬その他。

【上総】かずさ 旧国名の一。千葉県中央部に当たる。
【上野】こうずけ 旧国名の一。群馬県全域。上州。
【上州】ジョウシュウ 上野(こうずけ)国の別名。

【丈】

4級 3画 一-2 音 ジョウ(ヂャウ)呉・チョウ(チャウ)漢 訓 たけ ①3070 Ⓤ4E08

人名 とも・ひろ・ます

筆順 一 ナ 丈

なりたち  [会意]十＋手(ヨ)。親指と他の指を広げた長さ(=尺)の十倍である十尺、すなわち一丈の長さの意。

❶長さの単位。尺の一〇倍。

【丈余】ジョウヨ 一丈（約三・〇三メートル）以上。「—の積雪」
【丈六】ジョウロク ①一丈六尺（約四・八メートル）の大きさに造られた仏像。釈迦の身長は一丈六尺あったとされることに基づく。座像の場合は八尺に造る。②（丈六の仏像が多く趺坐ふざしていることから）あぐら。
熟語「丈尺・方丈」

❷たけ。長さ。
熟語「着丈・草丈・首丈・丈尺・背丈・千丈・袖丈・万丈・身丈・裄丈」

❸つえ。また、つえをつく人の意から長老に対する敬称。同杖。
熟語「丈人・丈母・貴丈」

❹一人前の男子。
【丈夫】ジョウフ 一人前の男子。ますらお。「大—」

❺(国)強い。
【丈夫】ジョウブ ①健康で、元気である。「—な体」「—になる」②耐久性がある。「—な生地」「—な紙袋」
熟語「頑丈・気丈」

❻(国)じょう。歌舞伎役者などの名前に付ける敬称。
熟語「尾上菊五郎丈」

【冗】〔宂〕

〔宂〕5画 宀-2

3級 4画 冖-2 音 ジョウ 漢 訓 むだ

①3073 Ⓤ5197 Ⓤ5B82

筆順 丶 冖 冗 冗

なりたち  [会意]冖（やね）＋儿（ひと）。家の中で人が暇をもてあましている意から、あまる・むだの意を表す。

❶むだ。不必要な。
【冗員】ジョウイン 余分な人員。別表記 剰員
【冗句】ジョウク むだな言葉。「—を削る」
【冗語】ジョウゴ よけいな言葉。別表記 剰語
【冗談】ジョウダン ふざけて言う言葉。「—を飛ばす」「—じゃないぞ」「—を真に受ける」「—もほどほどにしろ」
【冗費】ジョウヒ むだな費用。「—を切りつめる」
熟語「冗官」

❷わずらわしい。くどい。
【冗長】ジョウチョウ 無駄にだらだら長い。「—な論文」
【冗漫】ジョウマン しまりがない。「—な文章」
熟語「冗冗・煩冗・繁冗」

【成】⇨セイ（三六一ページ）

【条】〔條〕

〔條〕11画 木-7

6級 7画 木-3 音 ジョウ（デウ）呉・チョウ（テウ）漢 訓 えだ・くだり・すじ

①3082 Ⓤ6761 ②5974 Ⓤ689D

人名 え・えだ・なが

筆順 ノ ク 夂 夂 夅 条 条

なりたち  [形声]攸（長いすじ）音＋木。細長いえだの意。「条」は略字。

❶えだ。幹から分かれ出た細長い茎。
熟語「枝条・柳条」

❷すじ。細長い線状のもの。みちすじ。すじみち。
【条痕】ジョウコン 筋になって残ったあと。
熟語「条坊・条理・一条いちじょう（ひとすじ）・軌条・信条・鉄条・発条はつじょう（ばね）・斑条」

❸くだり。一つずつ書き分けた文。項目。
【条規】ジョウキ きまり。「—に照らして検討する」
【条件】ジョウケン 「—次第では話に乗ってもいい」
【条項】ジョウコウ 箇条。「規約に新しい—を加える」
【条条】ジョウジョウ 一つ一つの箇条。「—審議する」
【条文】ジョウブン 法律・条約などの文章。「憲法の—」
【条約】ジョウヤク 国家間の文書による法的な合意。
【条理】ジョウリ 社会における物事の筋道。道理。「—にかなった方法」「—に反する生き方」
【条例】ジョウレイ 地方公共団体が、自主的に制定する法規。
熟語「条款・条目・科条・箇条・教条・個条・逐条・別条・金科玉条」

❹長くのびる。のびのびする。
熟語「条達・条暢じょうちょう」

【状】〔狀〕

〔狀〕8画 犬-4

6級 7画 犬-3 音 ジョウ（ジャウ）呉・ソウ（サウ）漢 訓 かたち・さま・なり

①3085 Ⓤ72B6 ③8774 Ⓤ72C0

人名 かた・のり

筆順 丨 丬 丬 丬 壮 状 状

なりたち  [形声]爿（脚つきの細長い台）音＋犬。細長い犬のすがたの意から、すがた・かたちの意を表す。

❶かたち。すがた。なり。
熟語「状貌じょうぼう・液状・塊状・冠状・感状・球状・形状・扇状・線状・柱状・波状・棒状・粒状・輪状」

❷事のようす。さま。ありさま。また、ようすを述べる。
【状況】ジョウキョウ ありさま。「—証拠」別表記 情況

シ

【状態】ジョウタイ　様子。「混乱―」別表記 情態

熟語「状景・状勢・異状・窮状・行状・現状・罪状・惨状・実状・情状・内状・白状・病状・別状」

❸手紙。かきつけ。文書。

【状差(し)】ジョウさし　手紙を保管する入れ物。

【状箱】ジョウばこ　①手紙を入れておく箱。②手紙を入れて、使いに持たせる箱。

熟語「回状・賀状・賞状・書状・訴状・免状・令状・礼状・公開状・紹介状・連判状」

【定】⇩テイ(四六九ページ)

【乗】

8級　9画　ノ-8　音 ジョウ呉・ショウ漢　訓 のる・のせる・のり　①3072 Ⓤ4E57

〔乘〕10画　ノ-9　②4811 Ⓤ4E58

人名 あき・しげ

筆順 

なりたち  [象形]甲骨文では、人(大)が木の上にのぼった形にかたどる。のるの意。説文では、人+桀とする。「乗」は「乘」の略字。

◉異字同訓◉

◇のせる(乗・載)

「乗せる」は〝乗るようにさせる。あざむく。調子づかせる〟の意。「乗客千人を乗せた船」「口車に乗せられる」「株価が二万円の大台に乗せる」

「載せる」は〝上に置く。積む。紙面に出す〟の意。「人形を棚に載せる」「荷物をトラックに載せる」「雑誌に広告を載せる」「俎上(そじょう)に載せる」

◇のる(乗・載)

「乗る」は〝物の上や中に身を置く。応じる。調子づく〟の意。「踏み台に乗る」「電車に乗る」「部下の相談に乗る」「図に乗る」「気が乗らない」

「載る」は〝上に置かれる。掲載される〟の意。「机の上に本が載っている」「投書が新聞に載る」

❶のる。馬の上や車・船の中などに身を置く。のせる。

【乗員】ジョウイン　乗務員。

【乗客】ジョウキャク　乗り物に乗る客。「―名簿」

【乗降】ジョウコウ　乗り降り。「―口」

【乗車】ジョウシャ　電車・自動車などに乗る。⇔下車・降車

【乗船】ジョウセン　船に乗る。⇔下船

【乗馬】ジョウバ　馬に乗る。「―クラブ」「将軍の―」

【乗務】ジョウム　乗り物に乗って業務を行う。「―員」

【乗用】ジョウヨウ　乗るために使う。「―車」

【乗組員】ジョウくみイン　船や航空機で業務をする人。のりくみいん

熟語「乗組員・移乗・騎乗・試乗・相乗・添乗・搭乗(とうじょう)・同乗・陪乗・便乗」

❷のりもの。

【乗▼輿】ジョウヨ　①天子の乗り物。②天子の敬称。

熟語「下乗」

❸記録。歴史の書物。

熟語「史乗・日乗・野乗」

❹掛ける。掛け算。

【乗除】ジョウジョ　掛け算と割り算。「加減―」

【乗法】ジョウホウ　掛け算。⇔除法

熟語「乗算・乗数・階乗・自乗」

❺仏教で、衆生をのせて悟りの彼岸にいたらせるもの。

熟語「小乗・大乗・余乗」

❻〔国〕調子づく。のり。

【乗(り)気】のりキ　進んでやってみる気になる。気乗り。「すっかり―になる」

【城】

5級　9画　土-6　音 ジョウ(ジャウ)呉・セイ漢　訓 しろ　①3075 Ⓤ57CE

〔城〕10画　土-7　Ⓤ2F852

人名 き・くに・さね・しげ・なり・むら

筆順 

なりたち  [形声]土+成(しあげる)音。土べいを築いて守りを固めたしろの意。

❶しろ。都市の周囲に築いた防壁。城壁で囲まれた市街。城壁などの防御施設を持つ武士(特に大名)の居館。

【城下】ジョウカ　城壁のきわ。城の中。「―町」

【城郭・城▼廓】ジョウカク　城とそれを囲む外囲い。

【城下の▽盟】ジョウカのちかい　屈辱的な講和条約。

【城▼狐社▼鼠】ジョウコシャソ　奸臣(かんしん)。

【城塞・城▼砦】ジョウサイ　城ととりで。「―を築く」

【城▼址・城▼趾】ジョウシ　しろあと。「安土―」

【城府(じょうふ)を設(もう)けず】人に対して、わけへだてなく打ちとける。出典「宋史傅尭兪伝」より。

【城門】ジョウモン　城の門。「―を閉ざす」

熟語「城市(じょうし)・城主・城府・城壁・城邑(じょうゆう)・城楼・王城・開城・牙城(がじょう)・宮城・居城・京城・傾城(けいせい)・堅城・攻城・都城・登城(とじょう)(とうじょう)・根城(ねじろ)・本城・落城・籠城(ろうじょう)・不夜城」

❷その他。

【城州】ジョウシュウ　山城(やましろ)国の別名。

【浄】

準2級　9画　水(氵)-6　音 ジョウ(ジャウ)呉・セイ漢　訓 きよい・きよーめる・きよらか　①3084 Ⓤ6D44

シ

【淨】 11画 水(氵)-8 ②6238 Ⓤ6DE8

人名 きよ・きよし・しず

筆順 丶 冫 氵 氵 汐 浄 浄 浄

なりたち ［形声］水＋争(いさめ澄ませる)㊀。水がきよらかに澄んでいるの意。

❶きよい。けがれがない。きよらか。

【浄界】ジョウカイ ①浄土。②寺社の境内。

【浄几・浄机】ジョウキ 片付けられた机。「明窓—」

【浄財】ジョウザイ 宗教団体・慈善事業などへの寄付金。

【浄土】ジョウド 阿弥陀の西方極楽浄土。

【浄瑠璃】ジョウルリ 平曲・謡曲などを源流とした語り物。「人形—」

熟語「浄衣(じょうえ)(じょうい)・浄域・浄火・浄福・浄玻璃・清浄(しょうじょう)(せいじょう)・不浄・明浄」

❷きよめる。きれいにする。よごれやけがれを除く。

【浄化】ジョウカ きれいにする。「川の水を—する」「社会を—する(=悪弊・罪を取り除く)」

【浄写】ジョウシャ 下書きをきれいに書き写す。浄書。「著者の原稿を—する」

【浄水】ジョウスイ 飲料の為に水を浄化する。「—場」

熟語「浄罪・浄書・自浄・洗浄」

【盛】⇩セイ(三六六ページ)

【剰】

準2級 11画 刀(刂)-9 ①3074 Ⓤ5270

音 **ジョウ**㊉・ショウ㊋

訓 あま-る・あまつさ-え

【剩】 12画 刀(刂)-10 ②4984 Ⓤ5269

人名 のり・ます

筆順 二 三 乒 乒 乗 乗 剰 剰

なりたち ［形声］乗(人が木の上にのぼる)㊀＋刀。必要な分を刀で切り取ったあとも、まだ残っている分の意から、あまりの意を表す。

❶あまる。余分が生じる。あまり。

【剰余】ジョウヨ ①余剰。「—金」②割り算で、割り切れずに残った部分。

熟語「剰員・剰語・過剰・余剰」

❷(国)あまつさえ。そればかりか。そのうえに。

用例「道はまだ遠く、剰え雪まで降ってきた」

【常】

6級 11画 巾-8 ①3079 Ⓤ5E38

音 **ジョウ**(ジャウ)㊉・ショウ(シャウ)㊋

訓 **つね・とこ**・とこしえ

人名 つら・とき・ときわ・のぶ・ひさ・ひさし

筆順 丨 ⺌ 尚 尚 常 常 常

なりたち ［形声］尚(高くする)㊀＋巾。服などの布の丈を長くする意から、いつまでも長く続くさま、つねの意を表す。

❶つね。つねに。いつも同じ。日ごろ。ふだん。また、変わらないで、長く続く。とこ。とこしえ。

【常温】ジョウオン 平常の温度。「—で保存する」

【常軌】ジョウキ 常道。「彼の行動は—を逸している」

【常客】ジョウキャク いつも来る客。常連。「店の—」

【常勤】ジョウキン 専任として勤務する。「—職員」

【常時】ジョウジ 普段。常に。「—注意している」

【常習】ジョウシュウ 悪いことが習慣になっている。「麻薬—犯」

【常住】ジョウジュウ ①定住。②(仏)生滅変化せず、永遠に存在する。⇔無常。③いつも。「—考えていること」

【常体】ジョウタイ 文末に「だ」「である」を用いる普通の口語文体。⇔敬体

【常態】ジョウタイ 平常のありさま。「—に復する」

【常置】ジョウチ 常に設置しておく。「委員会を—する」

【常駐】ジョウチュウ いつもいる。「警察官が—している」

【常道】ジョウドウ 原則にかなった方法。「—を踏む」

【常任】ジョウニン 常にその任務を行う。「—理事」

【常備】ジョウビ 常に備えておく。「—薬」「—軍」

【常務】ジョウム 株式会社の取締役の一。常務取締役。

【常用】ジョウヨウ いつも使っている。「—している辞典」

【常用漢字】ジョウヨウカンジ 二〇一〇年(平成二二)内閣が文化審議会の答申を受けて告示した「常用漢字表」に記載される二一三六字の漢字。

【常緑】ジョウリョク 常に緑色の葉をつける植物。「—樹」

【常連】ジョウレン いつもその店に来る客。常客。別表記 定連

【常常】つねづね いつも。「—自分に言い聞かせている」

【常磐】ときわ ①(岩のように)常に変わらない。②常緑。「—の松」注記「とこいわ」の転。

【常夏】とこなつ 一年中夏のような気候である。

【常春】とこはる 一年中春のような時候である。

【常世】とこよ ①永遠。②「常世の国」の略。古代人が信じていたはるか遠隔にある国。不老不死の仙境。黄泉。

熟語「常勝・常食・常設・常法・常例・常闇(とこやみ)・常夜灯・経常・恒常・綱常・超常・日常・平常・無常」

❷変わったところがない。普通。

【常識】ジョウシキ ある社会で、当然もっていることが期待される知識や判断力。「—に欠ける」「—はずれ」

【常人】ジョウジン 世間一般の人。「—には考えつかない」

【常套】ジョウトウ ありふれたやり方。「—句」「—手段」

【常民】ジョウミン 一般の民衆。庶民。「—文化研究」

熟語「常態・異常・尋常・正常・通常・非常」

❸その他。

【常州】ジョウシュウ 常陸(ひたち)国の別名。

【常磐津】ときわず 「常磐津節」の略。歌舞伎などの伴奏。

【常節】とこぶし 海産の巻貝。アワビに似るが小さい。

【常陸】(ひたち) 旧国名の一。ほぼ茨城県北東部に当たる。

【情】

6級 11画 心(忄)-8
音 ジョウ(ジャウ)呉・セイ漢
訓 なさけ・こころ
①3080 Ⓤ60C5

〔情〕11画 心(忄)-8

人名 さね・もと

筆順 丶 忄 忄 忄 情 情 情 情

なりたち [形声]心＋青(あおい)音。青く澄んだような、いつわりのない心の意。

❶こころ。心のうごきやはたらき。きもち。

【情意】(ジョウイ) 気持ち。こころもち。「―相通せず」

【情感】(ジョウカン) 物に感じて起こる心の動き。感情。「―を込めて朗読する」

【情操】(ジョウソウ) 知的作用・価値を伴う感情。「―教育」

【情動】(ジョウドウ) 喜怒哀楽などの、急に起きる一時的で激しい感情の動き。情緒。

【情熱】(ジョウネツ) 激しく高まった気持ち。熱情。「―家」

【情念】(ジョウネン) 理性では抑えることのできない悲・喜・愛・憎・欲などの強い感情。「―を燃やす」

熟語「有情(うじょう)・感情・激情・強情・私情・純情・心情・性情・熱情・表情」

❷なさけ。思いやり。まごころ。

【情愛】(ジョウアイ) 愛情。なさけ。「こまやかな―」

【情義】(ジョウギ) 人情と義理。「―を欠く」

【情実】(ジョウジツ) 私情がからんで、公正を欠いた事情や関係。「―を排する」「―がからむ」

【情味】(ジョウミ) 思いやり。情趣。「―に欠ける」

【情理】(ジョウリ) 人情と道理。「―を尽くす」

熟語「情宜・情誼・情話・愛情・恩情・厚情・至情・真情・同情・人情・薄情・非情・無情・友情」

❸異性をしたうこころ。男女の愛。

【情交】(ジョウコウ) 男女の肉体的交わり。「―を結ぶ」

【情死】(ジョウシ) 相愛の男女が一緒に死ぬ。心中。

【情事】(ジョウジ) 恋愛に関する事柄。「―を重ねる」

【情欲・情▼慾】(ジョウヨク) 男女間の肉体的欲望。色情。

熟語「情炎・情火・情痴・情夫・情婦・交情・色情・扇情・痴情・発情・欲情」

❹おもむき。あじわい。

【情趣】(ジョウシュ) しみじみとした味わい。「―に富む」

【情緒】(ジョウショ) ①人にある感慨をもよおさせる、その物独特の味わい。「江戸―」「―豊かに描写する」②〔心〕「情動(じょうどう)」に同じ。「―不安定」

【情緒】(ジョウチョ) 「じょうしょ(情緒)」の慣用読み。「異国―」

【情調】(ジョウチョウ) 心にしみる趣。「異国―」

熟語「情致・情調・詩情・風情・余情・旅情」

❺ありさま。状況。ようす。

【情況】(ジョウキョウ) ありさま。別表記 状況

【情景】(ジョウケイ) 風景や場面。「心温まる―」別表記 状景

【情状】(ジョウジョウ) 実情。「―酌量(しゃくりょう)」

【情勢】(ジョウセイ) 変化する物事の成り行きや様子。別表記 状勢

【情態】(ジョウタイ) 様子。別表記 状態

【情報】(ジョウホウ) ①出来事などの知らせ。「災害―」②ある物事について、適切な判断を下したり、意志決定をするのに役立つ資料や知識。「―を収集する」

熟語「近情・国情・事情・実情・政情・世情・陳情・敵情・内情」

【場】

9級 12画 土-9
音 ジョウ(ヂャウ)呉・チョウ(チャウ)漢
訓 ば
①3076 Ⓤ5834

〔場〕14画 土-11 ②5239 Ⓤ5872

筆順 一 十 土 圠 坦 坦 場 場

なりたち [形声]土＋昜(日が高くあがる)音。日があたる土地、人が使用する所の意。

❶ば。物事が行われるところ。

【場外】(ジョウガイ) 「―ホームラン」⇔場内

【場内】(ジョウナイ) 「―アナウンス」⇔場外

【場裏】(ジョウリ) 場所の範囲内。「競争―」

【場所】(ばしょ) ところ。位置。「すわる―がない」「初―(＝相撲の興行を行う所)」

【場末】(ばすえ) 繁華街のはずれ。「―の飲み屋」

【場面】(ばめん) その場のようす。「感動的な―」「名―」

熟語「場景・会場・議場・休場・球場・教場・漁場・刑場・劇場・欠場・現場・工場・祭場・斎場・式場・宿場・出場・職場・戦場・退場・立場・登場・道場・入場・農場・墓場・馬場・広場・牧場・役場・矢場・浴場・猟場・火事場・波止場・風呂場」

❷(国)時。時期。場合。また、機会。ひととき。ひとしきり。

【場合】(ばあい) その時。その時の事情や状況。「雨の―」「時と―による」

【場当たり】(ばあたり) その場の思いつき。「―な計画」

【場数】(ばかず) 経験の度数。「―を踏む」

【場違い】(ばちがい) ふさわしくない。「―な服装」

【場慣れ・場▼馴れ】(ばなれ) その場面に慣れている。「―した話し方」

熟語「足場・急場・夏場・山場・一場の夢・正念場・独擅場・独壇場・土壇場」

【畳】

4級 12画 田-7
音 ジョウ(デフ)呉・チョウ(テフ)漢
訓 たたむ・たたみ
①3086 Ⓤ7573

シ

【疊】22画 田-17 ②6540 Ⓤ758A
【疉】22画 田-17 ②6541 Ⓤ7589
【畳】16画 田-11 ②6542 Ⓤ7582

人名 あき

筆順 丶 冂 冂 田 畀 畀 畳 畳

なりたち  [会意]田三つ＋宜(供え物を積みかさねた台)。田のような平らな物を積みかさねるの意。

❶たたむ。かさねる。折り重ねる。積み重ねる。

【畳韻】ジョウイン 同じ韻をもつ漢字を二つ重ねる。経営・混沌・芍薬(しゃくやく)など。

【畳語】ジョウゴ 同一の単語あるいは語根を重ねた語。「人々」「泣く泣く」「重ね重ね」「知らず知らず」の類。

【畳字】ジョウジ 同じ字の繰り返しを示す符号。「々」「ゝ」の類。踊り字。

【畳紙】たとうがみ ①懐紙。②着物を入れるのに用いる厚手の和紙。

熟語「畳峰・層畳・重畳」

❷(国)たたみ。和室の床に敷く、藺草(いぐさ)などで作った敷物。

熟語「千畳・短畳・半畳・四畳半」

【蒸】

5級 13画 艸(艹)-10 音 ジョウ 呉・ショウ 漢・セイ 唐 訓 むす・むれる・むらす・ふかす ①3088 Ⓤ84B8

人名 つぐ・つまき

筆順 一 艹 芓 芽 茏 荵 蒸 蒸

なりたち  [形声]艸＋烝(熱気が上へあがる)音。むすために燃やす草の意から、むす意を表す。

❶むす。むれる。むらす。ふかす。湯気で加熱する。むしあつい。

【蒸気・蒸汽】ジョウキ ①液体が蒸発して気体となったもの。「水―」②小型の蒸気船。「ぽんぽん―」

【蒸発】ジョウハツ ①液体の表面から気化が起こる現象。②人が行方をくらます。「突然妻が―する」

【蒸留・蒸溜・蒸餾】ジョウリュウ 液体を熱して気化させ、その気体を冷却して、純度の高い液体を得る。

【蒸籠】セイロウ 釜の上に載せて、糯米(もちごめ)や饅頭(まんじゅう)などを蒸す用具。せいろ。

熟語「蒸鬱・蒸熱・炎蒸・燻蒸・蒸留酒・蒸留水」

❷多い。もろもろ。

【蒸民】ジョウミン 多くの人民。諸人。万民。別表記 烝民

熟語「蒸庶・蒸蒸」

【静】⇨セイ(三七〇ページ)

【縄】

準2級 15画 糸-9 音 ジョウ 呉・ショウ 漢 訓 なわ ①3876 Ⓤ7E04

【繩】19画 糸-13 ②6974 Ⓤ7E69

人名 ただ・つぐ・つな・つね・なお・のり・まさ

筆順 幺 糸 糸 紀 紹 絹 絹 縄

なりたち  [会意]糸＋黽(腹がふくらんだカエル)。なわの、よりをかけた部分がカエルが腹をふくらませたさまに似ていることから、なわの意を表す。「縄」は俗字。

❶なわ。植物の繊維や茎をより合わせて細長く作ったもの。太いひも。

【縄文】ジョウモン 土器などの縄文様。「―時代」「―土器」

【縄目】なわめ 縄の結び目。「―がゆるむ」

熟語「縄索・縄床・縄縄・結縄・赤縄・捕縄・自縄自縛」

❷すみなわ。大工道具のひとつで、線引きに用いる。転じて規則、基準。

【縄墨】ジョウボク ①すみなわ。②規則。軌範。

熟語「縄規・縄矩(じょうく)・縄尺・準縄・墨縄」

【壌】

準2級 16画 土-13 音 ジョウ(ジャウ) 漢 訓 つち ①3077 Ⓤ58CC

【壤】20画 土-17 ②5265 Ⓤ58E4

筆順 土 圹 圹 垆 堷 堶 壌 壌

なりたち  [形声]土＋襄(中に割りこむ)音。まぜかえした、やわらかい土の意。「壌」は略字。

❶つち。すき返した土。

熟語「壌土・壌墳・土壌・肥壌・沃壌(よくじょう)」

❷大地。国土。

熟語「壌地・霄壌(しょうじょう)・天壌・豊壌」

【嬢】

3級 16画 女-13 音 ジョウ(ヂヤウ) 漢 訓 むすめ ①3078 Ⓤ5B22

【孃】20画 女-17 ②5348 Ⓤ5B43

筆順 女 女 妒 妒 娡 婞 嬢 嬢

なりたち  [形声]女＋襄(ふっくらと柔らかい)音。体格のふっくらとした女性の意。「嬢」は略字。

❶母。

熟語「爺嬢(やじょう)」

❷むすめ。若い女性。少女。

熟語「嬢子・愛嬢・貴嬢・令嬢・老嬢」

【錠】

3級 16画 金-8 音 ジョウ(ヂヤウ)呉・テイ漢 ①3091 Ⓤ9320

筆順 … 錠

なりたち [形声]金＋定(さだまる)音。足のついた、すわりのよい金属製の器、たかつきの意。

❶薬などを一定の形に固めたもの。

【錠剤】(ジョウザイ) 医薬品を一定の形状に圧縮して飲みやすくしたもの。タブレット。

熟語「錠剤・舌下錠・糖衣錠」

❷たかつき。神前に供える、足のある祭器。

❸(国)戸締まりのための金具。

【錠前】(ジョウまえ) 戸に付けて開かないようにする金具。

熟語「解錠・鎖錠・施錠・手錠(てじょう)・鉄錠・尾錠」

【譲】

3級 20画 言-13 音 ジョウ(ジヤウ)漢呉 訓 ゆずる ①3089 Ⓤ8B72

〖讓〗24画 言-17 ②7610 Ⓤ8B93

人名 のり・まさ・ゆずり・よし

筆順 … 譲

なりたち [形声]言＋襄(中に割りこむ)音。間に割りこんで相手をせめる、はらいのける意から、ゆずる意を表す。「譲」は略字。

❶言葉でせめる。なじる。

熟語「責譲」

❷ゆずる。他にゆずり与える。遠慮する。また、へりくだる。

【譲位】(ジョウイ) 君主が位を譲る。

【譲渡】(ジョウト) 「建物を―する」「―契約」

【譲歩】(ジョウホ) 主張を控えて折り合いをつける。「互いに―する」「―を迫る」

熟語「譲与・委譲・移譲・割譲・謙譲・互譲・辞譲・推譲・禅譲・分譲・礼譲」

【醸】

準2級 20画 酉-13 音 ジョウ(ヂヤウ)漢 訓 かもす ①3090 Ⓤ91B8

〖釀〗24画 酉-17 ②7854 Ⓤ91C0

筆順 … 醸

なりたち [形声]酉(酒つぼ)＋襄(中に割りこむ)音。酒つぼの中でじわじわと発酵させるの意。「醸」は略字。

かもす。酒などをかもし出す。また、ある状態や雰囲気などをつくりだす。

【醸成】(ジョウセイ) 醸造。「信頼関係を―する(=作り上げる)」

【醸造】(ジョウゾウ) 発酵・熟成などの作用によって、酒・味噌・醤油などをつくる。「日本酒を―する」

熟語「醸酒・醸出・醸造酒・家醸・佳醸・吟醸・醇醸・速醸・銘醸」

ショク

【色】

9級 6画 色-0 音 ショク漢・シキ呉 訓 いろ ①3107 Ⓤ8272

難読 色丹繁縷(しこたんはこべ)・色釉(いろぐすり)

人名 くさ・しこ・しな

筆順 ノ ク … 色

なりたち [象形]ひざまずいた女性の上に男性がのるさまにかたどる。情交・情欲の意から、いろの意を表す。

❶いろ。物のいろどり。いろあい。

【色絵】(いろエ) 彩色した絵。「陶器に―を付ける」

【色紙】(いろがみ) 着色した紙。「―で鶴を折る」

【色気】(いろケ) ①色の調子。「―の鮮やかな着物」②異性を引きつける性的魅力。③愛想。「―のない返答」④異性への関心。「―がつく」⑤女性のはなやかな雰囲気。「―抜き」⑥野心。「総裁ポストに―を示す」

【色目】(いろめ) ①色調。「着物の―がよい」②色っぽい目つき。流し目。秋波。

【色《眼鏡》】(いろめがね) 色つきのレンズをはめた眼鏡。「―(=偏見)で人を見る」

【色覚】(シキカク) 色を識別する感覚。「―障害」

【色感】(シキカン) 色彩から受ける感じ。

【色彩】(シキサイ) 色どり。「―感覚」「官僚的―(=傾向)の強い発言」

【色紙】(シキシ) 文字や絵を描く厚紙。

【色素】(シキソ) 物体に色を与えている物質。「―沈着」

【色相】(シキソウ) ①色合い②色の三属性の一。

【色調】(シキチョウ) 色の配合。「落ち着いた―の服」

【色盲】(シキモウ) 色覚の三要素(赤・緑・青)のうち、ある系統の色覚を欠く状態。

熟語「暗色・黄色・柿色・褐色・寒色・間色・栗色・毛色・原色・黒色・五色・彩色・雑色・青色・染色・空色・脱色・単色・淡色・暖色・茶色・着色・鉛色・鈍色・濃色・灰色・配色・白色・肌色・発色・変色・補色・無色・明色・桃色・緑色・天然色・保護色」

❷性的な情欲。性的魅力。

【色香】いろか 女性的な魅力。「―に迷う」
【色恋】いろこい 情事や恋愛。「―沙汰」
【色事】いろごと ①恋愛。②芝居で、情事の演技・演出。
【色情】シキジョウ 性的な感情。「―狂」
【色欲・色▼慾】シキヨク ①性的な欲望。②性的欲情と利欲。
熟語「色道・色魔・漁色ぎょしょく・好色・女色・男色」
❸顔の表情。
熟語「色然・温色・顔色・気色・喜色・血色・才色・難色・憂色・容色・令色・才色兼備」
❹ようす。けはい。おもむき。
熟語「異色・音色・気色・景色けしき・古色・秋色・春色・潤色・声色・遜色そんしょく・特色・敗色・旗色・暮色」
❺種類。たぐい。
【色色】いろいろ さまざま。「―な品」「―(と)ありがとうございました」
熟語「色代しきだい(しきたい)・色目・十人十色」
❻仏教で、五感のふれるところ。物質的存在の総称。しき。
【色即是空】シキソクゼクウ 〔仏〕この世にあるすべてのもの(色)は、因と縁によって存在しているだけで、固有の本質をもっていない(空)という、仏教の基本的な教義。
熟語「色界・色法」
❼演劇の役柄の性格づけなど。
熟語「脚色」

【拭】

2級 9画 手(扌)-6 新常用
音 ショク漢・シキ呉
訓 ふく・ぬぐう
①3101 Ⓤ62ED

筆順 扌 扌 扩 扩 扩 拭 拭

なりたち 〔形声〕手＋式(道具を用いて工作する)音。手を加えてきれいにしあげる意から、ぬぐう意を表す。

ぬぐう。ふく。布などで汚れやくもりをこすり取る。
熟語「拭浄・拭目・清拭せいしき・払拭ふっしょく・摩拭・磨拭」

【食】

9級 9画 食-0
音 ショク漢・ジキ呉・シ
訓 くう・くらう・たべる・はむ
①3109 Ⓤ98DF

難読 食火鶏ひくいどり・食蟻獣ありくい
人名 あき・あきら・うけ・くら・みけ
筆順 ノ 人 𠆢 今 今 今 食 食 食
なりたち 〔象形〕器に盛ったたべものにふたをしたさまにかたどる。たべもの・たべるの意。

❶たべる。かんで飲みこむ。くう。くらう。はむ。また、たべもの。
【食塩】ショクエン 食用にする精製した塩。「―水」
【食言】ショクゲン 約束を守らない。「君子は―せず」
【食後】ショクゴ 「薬を―に服用する」⇔食前
【食材】ショクザイ 料理の材料。「―を取り寄せる」
【食指】ショクシ ひとさしゆび。「―が動く」
【食事】ショクジ 生命維持や栄養摂取のため、一日に何度か物を食べる。「―をとる」「―時」
【食餌】ショクジ 食べ物。「―療法」
【食傷】ショクショウ ①あきる。「いささか―気味だ」②食あたり。
【食性】ショクセイ 食べ物についての動物の習性。肉食・草食など。
【食前】ショクゼン 食事をする前。「―酒」⇔食後
【食膳】ショクゼン お膳。「―に供する」
【食前方丈】ショクゼンホウジョウ 席の前に料理を一丈四方も並べる。ぜいたくな食事をいう。出典「孟子尽心下」より。
【食卓】ショクタク 食事に用いるテーブル。「―を囲む」
【食堂】ショクドウ ①食事をする部屋。②食事をさせる店。「大衆―」
【食道】ショクドウ 喉から胃に通じる管状の消化管。
【食肉】ショクニク 肉食。また、食用肉。「―獣」「―販売業」
【食費】ショクヒ 食事にかかる費用。「―がかさむ」
【食品】ショクヒン 食料品。飲食物。「冷凍―」
【食味】ショクミ 食物の味。「―が落ちる」
【食物】ショクモツ たべもの。「―連鎖」
【食用】ショクヨウ 食物として用いる。「―油」「―菊」
【食欲・食▼慾】ショクヨク 「―をそそる」
【食料】ショクリョウ 食べ物。「―品」
【食糧】ショクリョウ 主食とする米や麦。「―管理法」
【食間】ショッカン 食事と食事の間。「―服用の薬」
【食器】ショッキ 食事に用いる器具。「―戸棚」
熟語「食堂じきどう・食害・食滞・食通・食券・悪食・衣食・飲食・餌食・会食・外食・過食・間食・給食・軽食・欠食・減食・乞食こじき(こつじき)・菜食・雑食・主食・酒食・小食・常食・寝食・摂食・絶食・草食・粗食・断食・中食・昼食・朝食・定食・肉食・美食・副食・米食・偏食・飽食・夜食・夕食・洋食・立食・糧食・和食・牛飲馬食・弱肉強食・暖衣飽食・暴飲暴食」
❷くいぶち。給与。
【食客】ショッカク ①客として、自分の家に抱えておく人。「―三千人」②いそうろう。注記「しょっきゃく」ともいう。
熟語「食封じきふ(しょくほう)・食田・食俸・食禄」
❸くいこむ。欠ける。食って、なくす。同蝕。
熟語「食尽・月食・蚕食・侵食・浸食・日食・波食・風食・腐食・皆既食・金環食」

シ

【植】

8級　12画　木-8

音 ショク漢・チ漢・シキ呉
訓 うえる・うわる

①3102　Ⓤ690D

人名 うえ・たね・なお

筆順 一 十 木 木 杧 杮 植 植 植

なりたち 植 ［形声］木＋直(まっすぐ)音。木をまっすぐ立てる意から、うえる意を表す。

❶うえる。草木が育つように、その根や種をうめる。まっすぐ立ててとめる。うわる。

【植木】うえき　庭などに植える樹木。「—屋」

【植栽】ショクサイ　草木をうえそだてる。「—林」

【植樹】ショクジュ　木を植える。「百周年記念の—」

【植林】ショクリン　樹木の苗木を植えて林に仕立てる。

熟語「植字・植樹・植皮・植毛・移植・誤植・栽植・生植・定植」

❷地にはえているもの。

【植生】ショクセイ　ある場所に生育する植物の集団。

【植物】ショクブツ　動物に対し、固定的な生活をしている生物。草木・藻類などの総称。「観葉—」「—園」「帰化—」

❸定着させる。同殖。

【植民】ショクミン　領土拡大のために移住者を居住させる。「—地」別表記 殖民

熟語「入植・培植・扶植」

【殖】

4級　12画　歹-8

音 ショク漢・シキ呉
訓 ふえる・ふやす・うえる

①3103　Ⓤ6B96

人名 え・しげる・たね・なか・のぶ・ます・もち

筆順 一 ア 歹 歹 歼 殖 殖 殖

なりたち 殖 ［形声］歹(死体)＋直(まっすぐ)音。硬直してまっすぐにのびた死体の意から、のびる・ふえる意を表す。

◉異字同訓◉【増】(四〇八ページ)の「異字同訓」欄を参照のこと。

❶ふえる。財産や動植物の数などが多くなる。ふやす。

【殖財】ショクザイ　財貨をふやす。「—の道を考える」

【殖産】ショクサン　産業を盛んにする。「—興業」

熟語「学殖・産殖・生殖・増殖・繁殖・蕃殖・養殖・利殖」

❷うえる。植物を植えつける。移して育てる。

熟語「殖民・殖林・移殖・耕殖・種殖・拓殖・培殖・播殖」

【飾】

4級　13画　食(飠)-5

音 ショク漢・ジキ呉
訓 かざる・かざり

①3094　Ⓤ98FE

〔飾〕14画　食(飠)-5

〔餝〕16画　食(飠)-7　②8119　Ⓤ991D

人名 あきら・よし

筆順 ノ 今 今 食 飣 飾 飾 飾

なりたち 飾 ［形声］食(日月が欠ける)音＋人＋巾(ぬの)。内側がかくれるように人が外面を布でおおい美しく見せかける意から、かざる意を表す。

かざる。美しく、あるいは、立派に見えるように物を添えたり、手を加えたりする。かざり。また、表面をとりつくろう。ごまかす。

【飾り気】かざりけ　うわべをつくろって実際よりよく見せようとする気持ち。「—のない人」

熟語「飾言・虚飾・彩飾・修飾・潤飾・装飾・電飾・服飾・扮飾・粉飾・文飾・宝飾・落飾・満艦飾」

【触】

4級　13画　角-6

音 ショク漢・ソク呉
訓 ふれる・さわる

①3108　Ⓤ89E6

【觸】20画　角-13　②7529　Ⓤ89F8

人名 ふる

筆順 ク 角 角 角 舡 舡 触 触

なりたち 觸 ［形声］角＋蜀(けがれる、つく)音。角がつく、ふれるの意。「触」は略字。

◉異字同訓◉

◇さわる(触・障)

「触る」は“ふれる。かかわり合う”の意。仮名で書くことが多い。「そっと手で作品に触る」「触らぬ神に祟りなし」

「障る」は“害になる。不快になる”の意。「徹夜は体に障る」「気に障る言い方」「癪に障る」

❶ふれる。さわる。物と物とがふれあう。

【触手】ショクシュ　触覚や捕食のはたらきをする無脊椎動物のひも状突起。「—をのばす(=下心があって働きかける)」

【触媒】ショクバイ　それ自身は変化せず、化学反応の速度を速めたり遅らせたりする物質。「—作用」

【触発】ショクハツ　①物に触れて爆発する。「—機雷」②刺激されて、事を始める。「野口英世に—され医者となる」

【触角】ショッカク　節足動物の頭部にある、触覚・嗅覚器官としてはたらく付属肢。

【触覚】ショッカク　物にふれた時に起こる感覚。

【触感】ショッカン　触覚。「なめらかな—の布地」

熟語「触罪・触診・触冒・感触・接触・抵触・牴触・觝触」

❷（国）ふれる。広く知らせる。ふれ。通達。知らせ。

熟語「事触れ・御触書(おふれがき)」

【嘱】 3級 15画 口-12 音 ショク漢・ゾク呉 訓 たの-む ①3092 Ⓤ5631

【囑】24画 口-21 ②5186 Ⓤ56D1

筆順 嘱

なりたち ［形声］口＋屬（つきしたがう）音。口で言って従わせる、たのむの意。「嘱」は略字。

❶たのむ。いいつける。

【嘱託】ショクタク 頼んでまかせる。「―殺人」「―社員（＝常勤でなく、特定の仕事を担当する）」 別表記 属託

熟語「嘱付・依嘱・委嘱・付嘱」

❷よせる。つける。同属・矚(しょく)

【嘱望】ショクボウ 期待を寄せる。「前途を―される青年」 別表記 属望

【嘱目】ショクモク 見守る。注視する。「―されている人材」 別表記 属目

【織】 6級 18画 糸-12 音 ショク漢・シキ呉 訓 おる・お-り ①3105 Ⓤ7E54

人名 り

筆順 織

なりたち ［形声］糸＋戠（めじるしをつける）音。おりめがくっきりと目だつように糸をおるの意。

❶おる。糸を交差させて布を作る。はたおり。おり。

【織女】ショクジョ ①機(はた)を織る女。②琴座のアルファ星ベガの漢名。天の川を隔てて牽牛と対する。織姫(おりひめ)。

【織機】ショッキ 布を織る機械。おりき。はた。

❷組み合わせて作り上げる。

熟語「組織(そしき)」

【職】 6級 18画 耳-12 音 ショク漢・ソク漢・シキ呉 訓 つかさ・つかさど-る ①3106 Ⓤ8077

人名 つね・もと・よし・より

筆順 職

なりたち ［形声］耳＋戠（めじるしをつける）音。耳ではっきり聞き分ける意から、よく心得ている務めの意を表す。

❶つかさ。やくめ。つとめ。しごと。また、つかさどる。担当する。

【職域】ショクイキ 職務の範囲。「他の―をおかす」

【職員】ショクイン 官庁・会社などで仕事をする人。

【職業】ショクギョウ 生業。職。「―安定所」

【職種】ショクシュ 職業や職務の種類。

【職掌】ショクショウ 職務。「―柄その問題に詳しい」

【職制】ショクセイ ①職場の制度。「―を改革する」②職場で労働者を管理する立場の人。管理職。

【職責】ショクセキ 職務上の責任。「―を全うする」

【職人】ショクニン 大工・左官・植木職などのように、身につけた技術によって物を作り出す職業の人。「―気質」

【職能】ショクノウ ①職務を果たす能力。「―給」②その職業・職務の果たす役割。「―団体」③あるものの中で果たす役割。「議会が持つ国政の中での―」

【職場】ショクば 仕事をする場所。

【職分】ショクブン 職務上の役目。「―をわきまえる」

【職務】ショクム 担当の任務。つとめ。「―給」

【職歴】ショクレキ 職業や職務についての経歴。

【職階】ショッカイ 職務を、種類・内容・責任の軽重などによって分けて定めた階級。「―制」

【職権】ショッケン 公務員などがもつ職務上の権限や権能。「―濫用(らんよう)」

熟語「職司・職名・職業病・栄職・汚職・解職・家職・官職・閑職・休職・求職・教職・顕職・公職・在職・辞職・失職・就職・住職・重職・殉職・聖職・退職・定職・停職・天職・転職・復職・奉職・本職・無職・免職・役職・有職・要職・離職」

❷みつぎもの。

熟語「貢職(こうしょく)」

❸（国）しき。律令制下の役所名。

熟語「大膳職(だいぜんしき)・中宮職(ちゅうぐうしき)」

ジョク

【辱】 3級 10画 辰-3 音 ジョク漢・ニク呉 訓 はずかし-める・かたじけな-い・はじ ①3111 Ⓤ8FB1

筆順 一 厂 戸 辰 辱

なりたち ［会意］辰（草かり用の二枚貝）＋寸（手の変形）。草をかる意から、芽をつむ、はずかしめる意を表す。

❶はずかしめる。名誉を傷つける。はずかしめられる。はじ。

熟語「栄辱・汚辱・屈辱・国辱・雪辱・恥辱・忍辱・侮辱・凌辱・陵辱」

❷かたじけない。かたじけなくする。相手の好意をありがたく受ける。

【辱知】ジョクチ 知人を謙遜していう語。「―の間柄」

熟語「辱友・辱臨」

しり

【尻】

2級　5画　尸-2　新常用

音 コウ（カウ）漢呉
訓 しり

①3112
Ⓤ5C3B

難読 尻腰（しっこし）

筆順 ㇕ ㇕ 尸 尸 尻

なりたち 
［形声］尸（からだ）＋九（人がかがみこむさま）音。人がからだの一部を地につけてかがみこむ意から、しりの意を表す。

❶しり。臀部（でんぶ）。背骨の末端部で、肛門のあるあたり。

【尻馬】（しりうま）「―に乗る（＝無批判に他人の言動に便乗する）」

熟語「尻尾（しっぽ）（しりお）」

❷物の末端部分。底。最後のところ。結末。

【尻目】（しりめ）①ながしめ。「―に見る」②（「…を尻目に」の形で）知っていながら問題にしない態度をとる。「大混乱を―に悠々と去る」別表記 後目

熟語「川尻・台尻（だいじり）・帳尻（ちょうじり）・縄尻・眉尻・目尻（めじり）・桃尻・矢尻・言葉尻」

シン

【心】

9級　4画　心-0

音 シン 漢呉
訓 こころ・むね

①3120
Ⓤ5FC3

難読 心悲しい（うらがなしい）・心算（つもり）

人名 きよ・さね・なか・み・むね・もと

筆順 ㇔ ㇃ 心 心

なりたち 
［象形］心臓の形にかたどる。

❶心臓。血液を送り出し循環させる。

【心悸】（シンキ）心臓の鼓動。動悸。「―亢進（こうしん）」

【心筋】（シンキン）心臓を構成する筋肉。「―梗塞（こうそく）」

【心臓】（シンゾウ）血液を循環させる中枢器官。「パソコンの―部（＝一番大事なところ）」「―な（＝ずうずうしい）やつだ」

【心拍・心搏】（シンパク）心臓の鼓動。「―数」

熟語「心音・心室・心房・心電図・心不全・強心剤」

❷こころ。精神。考えたり、感じたりする働き。

《心地》（ここち）心の状態。「天にも上る―」「住み―」

【心意気】（こころイキ）積極的な意気込み。「男の―」

【心得】（こころえ）①技術・技芸などを修得した経験。「茶の湯の―がある」②わきまえておくべき事柄。「人を訪問する時の―」③官庁や会社で、ある役職の職務を下級の者が代行する時の職名。「局長―」

【心覚え】（こころおぼえ）心当たり。忘れないためのしるし。

【心掛け】（こころがけ）心の持ち方。「ふだんの―が悪い」

【心構え】（こころがまえ）心の用意。「いざという時の―」

【心丈夫】（こころジョウブ）「同行してくれるとは―だ」

【心立て】（こころだて）気だて。「―のやさしい子」

【心付け】（こころづけ）お礼や祝儀のチップ。

【心做しか】（こころなしか）気のせいか。「―少しやせたようだ」別表記 心成しか

【心根】（こころね）本性。気だて。「―のやさしい人」

『心（こころ）の欲する所に従えども矩（のり）を踰（こ）えず』自分の思うがままに行なっても、正道から外れない。出典「論語為政」より。

【心奥】（シンオウ）心の奥。心底。「―に秘めた想い」

【心外】（シンガイ）「君までが疑っているとは―だ」

【心学】（シンガク）近世、石田梅巌が唱えた庶民教育思想。

【心肝】（シンカン）（心臓と肝臓の意）心。「―に徹する」

【心眼】（シンガン）本質を見抜く心の目。

【心気】（シンキ）気持ち。「―をくだく」別表記 辛気

【心機】（シンキ）心の動き。「―一転」

【心境】（シンキョウ）心の状態。心持ち。「―の変化」

【心血】（シンケツ）すべての力。「―を注ぐ」

【心魂】（シンコン）精神。「―を傾ける」別表記 神魂

【心算】（シンサン）心の中の計画。「―が狂う」

【心耳】（シンジ）①心で聞き取る。「―をすます」②心房にある耳殻状の部分。

【心事】（シンジ）心の中で思っていること。心中（しんちゅう）。

【心中】（シンジュウ）①一緒に自殺する。「親子―」「無理―」②ある物事と運命をともにする。「新事業と―する」注記「しんちゅう」と読めば別の語。

【心証】（シンショウ）①言葉や行動から受ける印象。「―を害する」②〔法〕裁判官が得た事実の存否に関する認識や確信。

【心象】（シンショウ）意識の中に現れてくる情景。「―風景」

【心情】（シンジョウ）こころの状態。「―は理解する」

【心身】（シンシン）心とからだ。「―ともに健康」別表記 神身

【心神】（シンシン）精神。心。「―耗弱（こうじゃく）」「―喪失」

【心酔】（シンスイ）深く尊敬の気持ちをもつ。

【心性】（シンセイ）こころのあり方。「日本人の―」

【心底】（シンそこ）心から。「―あいそが尽きた」別表記 真底

【心中】（シンチュウ）心のうち。内心。「―を打ち明ける」注記「しんじゅう」と読めば別の語。

【心痛】（シンツウ）心を痛める。「―のあまり寝込む」

【心底】（シンテイ）心の奥底。本心。「―を見抜く」

【心頭】（シントウ）こころ。「怒り―に発する」

【心配】（シンパイ）①気がかり。「―の種」「何も―することはない」②心を配って骨を折る。「資金を―してやる」

【心服】（シンプク）心から敬服する。「師の識見に―する」

【心友】（シンユウ）心から通じ合っている友達。

【心理】（シンリ）心の働き。「犯罪―」「―学」

【心霊】（シンレイ）たましい。「―現象」「―術」

【心労】(シンロウ) 精神的疲労。「―のあまり病気になる」
熟語「心猿・心像・心胆・心慮・心理学・悪心・安心・一心・有心・歌心・絵心・幼心・男心・親心・女心・会心・回心・改心・快心・感心・関心・歓心・寒心・疑心・決心・恋心・細心・私心・下心・失心・邪心・執心・獣心・小心・焦心・傷心・初心・身心・信心・人心・誠心・赤心・専心・潜心・忠心・衷心・童心・内心・熱心・仏心・物心・変心・本心・慢心・民心・無心・野心・用心・老婆心・以心伝心・一意専心」

❸むね。体の前面で、心臓のそばのあたり。胸さき。
熟語「心腹」

❹物事の大事なところ。まんなか。
【心材】(シンザイ) 樹木の中心部の材。

【心髄】(シンズイ) ①まんなかにある髄。しん。②物事の中心となる大切な所。中枢。心の中。

【心棒】(シンボウ) ①回転軸。②活動の中心。「一家の―」

熟語「核心・重心・中心」

❺その他。
【〈心太〉】(ところてん) テングサなど、寒天質を含む海草を煮て溶かし、箱に流して冷やし固めた食品。
別表記 瓊脂

【申】

8級 5画 田-0 音 シン漢呉 訓 もうす・さる・の-びる ①3129 Ⓤ7533

難読 申楽(さるがく)
人名 しげる・のぶ・もち
筆順
なりたち [象形]甲骨文では、いなびかりにかたどり、天の神の意を表す。借りて、のびる・もうすの意に用いる。篆文では、臼(両手)+｜(まっすぐ)に作る。

❶もうす。述べる。意見をいう。
【申告】(シンコク) 官庁などに一定の事柄を申し出る。

【申請】(シンセイ) 公的機関に対する申し立て。

【申(し)訳】(もうしわけ) 弁解。いいわけ。体裁だけである。「―が立たない」「迷惑をかけて―ない」「―程度の補償金」

熟語「申奏・申達・申理・具申・上申・追申・答申・内申・稟申(りんしん)」

❷のびる。のばす。同伸。
熟語「申申」

❸くりかえす。くりかえし。かさねて。
熟語「申厳(しんげん)・申命」

❹さる。十二支の第九。方位では、西南西。時刻は午後四時頃。または、その前後二時間。
熟語「庚申(こうしん)・壬申」

【伸】

3級 7画 人(亻)-5 音 シン漢呉 訓 のびる・のばす・のべる ①3113 Ⓤ4F38

人名 ただ・のぶ・のぼる
筆順
なりたち [形声]人+申(のびる)音。人がからだをのばすの意。

❶のびる。のばす。長くなったり広がったりする。まっすぐにひきのばす。
【伸縮】(シンシュク) のびちぢみ。「―自在」

【伸長・伸暢】(シンチョウ) のびる。のばす。「学力の―」

【伸張】(シンチョウ) のびてさかんになる。「商圏の―」

【伸展】(シンテン) 進歩発展する。「事業が―する」

熟語「伸子・伸伸・伸眉・急伸・屈伸・上伸・続伸」

❷のべる。同申。
熟語「再伸・追伸・二伸」

❸その他。
熟語「欠伸(あくび)」

【臣】

7級 7画 臣-0 音 シン漢・ジン呉 訓 おみ ①3135 Ⓤ81E3

人名 う・お・おか・きん・しく・しげ・たか・とみ・み・みつ
筆順
なりたち [象形]下向きに伏せうつむく目にかたどる。平伏する人の意。

おみ。主君に仕える人。けらい。

【臣下】(シンカ) 君主に仕える者。けらい。臣。

【臣節】(シンセツ) 臣下として守るべき節義。

【臣民】(シンミン) 君主国における人民。

熟語「臣子・臣事・臣従・臣籍・臣服・悪臣・遺臣・家臣・奸臣・近臣・君臣・群臣・功臣・重臣・人臣・大臣・忠臣・寵臣」

【芯】

2級 7画 艸(艹)-4 新常用 音 シン漢呉 ①3136 Ⓤ82AF

筆順
なりたち [形声]艸+心(からだの中心にある心臓)音。草などの物の中心の意。

しん。ものの中心にある部分。
熟語「芯鉄(しんがね)・灯芯(とうしん)」

【身】

8級 7画 身-0 音 シン漢呉 訓 み・からだ・みずか-ら ①3140 Ⓤ8EAB

難読 身体(からだ)・身舎(身屋)(もや)・身柱(ちりけ)(ちりげ)
人名 これ・ただ・ちか・のぶ・もと・よし
筆順 
なりたち  [象形]胎児をはらんだ女性にかたどる。みごもる・みの意。

❶み。からだ。肉体。
【身口意】シンクイ 〔仏〕人間の行為すべてを、身体のはたらきである身、言語活動である口、精神作用である意に分類したもの。
【身体】シンタイ 人の体。肉体。「―検査」
【身体髪膚(はっぷ)これを父母(ふぼ)に受く、あえて毀傷(きしょう)せざるは孝(こう)の始(はじ)めなり】 からだを大切にして傷つけないことが孝行の始めである。出典「孝経(開宗明義)」より。
【身中】シンチュウ 体の中。「獅子(しし)―の虫」
【身長】シンチョウ 背の高さ。「―が高い」「平均―」
【身命】シンメイ からだといのち。「―を賭す」
【身重】みおも 妊娠している。「―の女性」「―の身」
【身柄】みがら 身体。からだ。「―を送検する」
【身軽】みがる 動きが軽快である。「―に動き回る」「―な服装」「―なひとり住まい」
【身振り】みぶり 感情や意志を示す身体の動き。身のこなし。「―手振りをまじえて話す」
熟語「身幹・身心・身頃・身丈・化身・護身・渾身・焼身・心身・人身・全身・痩身・総身・長身・転身・投身・等身・独身・半身・文身(ぶんしん)(いれずみ)・変身・翻身・満身・裸身・老身・装身具・不死身・即身成仏・粉骨砕身・平身低頭」
❷われ。自分。また、みずから。自分で。
【身辺】シンペン 身のまわり。「―を警戒する」「―整理」
【身内】みうち 家族。ごく親しい関係者。「―の不始末」
【身方】みかた 味方。「彼を―につける」
【身勝手】みがって 自分勝手。わがまま。「―なやり方」
【身支度】みジタク 身なりを整える。「出勤前の―」
【身銭】みぜに 自分の金銭。「―を切る(=自分で払う)」
【身近】みぢか 自分の近くにある。日常慣れ親しんでいる。「―にある本」「―な話題」「―に感じる」
【身▽形】みなり 服装。「―を整える」
【身の代金】みのしろキン 人質などの代償とする金銭。
【身分】みブン ①社会的・法律的な地位や資格。「―を保障される」②境遇。「遊んで暮らせるとはよい御―だ」
【身寄り】みより 親類。縁者。「―のない老人」
熟語「身後・身事・一身・献身・自身・捨身・修身・出身・単身・挺身(ていしん)・分身」
❸みのうえ。境遇。
【身上】シンショウ ①財産。身代(しんだい)。「―をつぶす」②暮らし向き。家計。
【身上】シンジョウ ①みのうえ。「―書」②本来のねうち。とりえ。「素直さが―だ」
【身代】シンダイ 個人の所有する財産。「―を潰す」
【身過ぎ】みすぎ 生活していく。「―世過ぎ」
【身空】みそら 「若い―で闘病生活とは気の毒だ」
【身元・身▽許】みもと ①境遇。経歴。「―不明」②その人の身の上。「―を引き受ける」
熟語「後身・前身・変身・保身・立身」
❹なかみ。
用例 熟語「身も蓋(ふた)もない・刀身・砲身」
❺動物(特に魚)の、皮や骨にたいして肉の部分。
熟語「赤身・笹身・刺身・白身・剝見」

【辛】

3級 7画 辛-0
音 シン 漢 呉
訓 から い・かのと・か ろ-うじて・つら-い
①3141 Ⓤ8F9B

難読 辛櫃(からびつ)
人名 かのと・からし
筆順 
なりたち  [象形]するどい刃物にかたどり、刃物でさす意を表す。転じて、さすような痛い感じの意に用いる。

❶からい。舌をさすような味がする。
【辛子】からし 芥子菜(からしな)の種子を粉にした香辛料。
熟語「香辛料・葷辛・五辛・塩辛」
❷評価などがきびしい。
【辛辣】シンラツ 非常に手厳しい。「―な批評」
熟語「辛口批評(からくちひひょう)」
❸つらい。くるしい。
【辛気】シンキ 重苦しい気持ち。「―臭い」
【辛苦】シンク つらく苦しい。「艱難(かんなん)―」
【辛酸】シンサン つらい思い。「―をなめる」
【辛抱】シンボウ たえしのぶ。「―強い」「―が肝心だ」
【辛労】シンロウ 苦労する。「長年の―が報われる」
熟語「苦辛」
❹かのと。十干の第八。方位では西に当てる。
【辛亥革命】シンガイカクメイ 一九一一年辛亥の年、清朝を倒し中華民国を樹立した革命。民国革命。
熟語「辛亥(しんがい)・辛酉(しんゆう)」
❺(国)かろうじて。からくも。
【辛勝】シンショウ 相手に何とか勝つ。「僅差で―した」⇔楽勝
❻その他。
【〈辛夷〉】こぶし モクレン科の落葉高木。別表記 拳

【侵】

4級 9画 人(亻)-7
音 シン 漢 呉
訓 おかす
①3115 Ⓤ4FB5

〔侵〕 9画 人(亻)-7

筆順 亻 亻 仁 仨 伊 伊 侵 侵

なりたち ［会意］人＋「帚の略体」(ほうき)＋又(手)。人が手にほうきを持ち、はき進む意から、狭いすみまで入りこむ意を表す。

◉異字同訓◉【犯】(五三八ページ)の「異字同訓」欄を参照のこと。

おかす。入り込んでかすめとる。攻め込む。


【侵害】(シンガイ) 他人の権利などをおかしそこなう。

【侵攻】(シンコウ) 他国の領土へ侵入する。

【侵出】(シンシュツ) 他の範囲の中へ侵入する。

【侵食・侵蝕】(シンショク) 徐々におかす。「海水の―作用」

【侵入】(シンニュウ) 強圧的にはいる。「泥棒の―を防ぐ」

【侵犯】(シンパン) 他国の領土・権利などをおかす。

【侵略・侵掠】(シンリャク) ある国が他国の主権・領土・政治的独立を侵すために武力を行使する。「―者」

熟語「侵奪・侵凌(しんりょう)・不可侵」

【信】

7級 9画 人(亻)-7 音 シン 漢 呉 訓 まこと ①3114 Ⓤ4FE1

難読 信夫(しのぶ)・信太(信田)(しのだ)・信楽(しがらき)

人名 あき・あきら・こと・さだ・さね・しげ・しの・ただ・ちか・とき・とし・のぶ・まこと・まさ・みち

筆順 ノ イ 亻 仁 信 信 信 信 信

なりたち ［会意］人＋言。人が一度言明したことはうそいつわりではなく、まことであるの意。

❶まこと。いつわりがないこと。

【信義】(シンギ) 約束を守り、あざむかない。「―にもとる行為」

【信実】(シンジツ) まじめでいつわりがない。「―の人」

【信賞必罰】(シンショウヒツバツ) 情実にとらわれず賞罰を厳正に行う。

熟語「信言・至信・忠信・必信」

❷しんじる。信用する。

【信愛】(シンアイ) 信用してかわいがる。

【信条】(シンジョウ) 信念。「思想―」「私の―」

【信託】(シンタク) ①信頼して任せる。「―に応える」②他人に財産の管理や処分を任せる。「貸付―」

【信任】(シンニン) 信用して任せる。「内閣を―する」

【信念】(シンネン) 信じて疑わない心。「―の人」

【信憑】(シンピョウ) 信頼する。「―性に欠ける論文」

【信服】(シンプク) 信頼して敬服する。「校長の人間性に―する」

【信望】(シンボウ) 信用と人望。「―がある」「―が厚い」

【信用】(シンヨウ) ①正しく確かであると受け入れる。「彼の言葉は―できない」②世間からの信頼度。「商売は―が肝心だ」③給付と反対給付との間に時間的なずれのある取引。「―取引」

【信頼】(シンライ) 対象を高く評価して、すべて任せられるという気持ちをいだく。「―性が高い」「―に応える」

熟語「威信・確信・過信・自信・所信・不信・迷信・妄信」

❸(ある教えを)最上のものとして、あがめとうとぶ。神仏に帰依する。

【信教】(シンキョウ) 宗教を信じる。「―の自由」

【信仰】(シンコウ) 神仏などを信じ崇(あが)める。「―心」

【信者】(シンジャ) ある宗教の信徒。「キリスト教―」

【信心】(シンジン) 神仏を信ずる心。「―が足りない」

【信徒】(シント) ある宗教の信者。

【信奉】(シンポウ) 特定のものを信仰する。「―者」

熟語「信士・信女・狂信・崇信・俗信・篤信・背信」

❹たより。手紙。また、しるし。あいず。

【信管】(シンカン) 爆薬を爆発させるための起爆装置。

【信号】(シンゴウ) 定められた符号によって互いに意思を通ずる方法。「手旗―」「―機」

【信書】(シンショ) 個人の間での手紙。「―開封罪」

熟語「往信・音信・貴信・受信・着信・通信・電信・発信・返信・来信」

❺その他。

〈信天翁〉(あほうどり) アホウドリ科の海鳥。別表記 阿房鳥
【信濃】(しなの) 旧国名の一。長野県全域。信州(しんしゅう)。
【信州】(シンシュウ) 信濃(しなの)の国の別名。

【津】

準2級 9画 水(氵)-6 音 シン 漢 呉 訓 つ ①3637 Ⓤ6D25

難読 津免多貝(つめたがい)

人名 す・ず

筆順 氵 氵 汀 汩 浔 浔 浬 津

なりたち ［形声］篆文では、水＋「聿(ふで)」＋彡(しずく)」(手に持った筆からしずくが垂れる)音。したたる液体、うるおった所の意。

❶つ。渡し場。船着き場。

【津津浦浦】(つつうらうら) いたるところ。「全国―から集まった英才たち」

【津波・津浪】(つなみ) 地震などによって、急激に海岸に押し寄せてくる高い波。「―警報」別表記 海嘯

熟語「港津・渡津・入津・迷津・要津」

❷あふれる。しみでる。うるおう。

【津液】(シンエキ) ①つばき。唾液(だえき)。②体内に流れる血液・唾液・精液・涙などの総称。

【津津】(シンシン) あふれ出て尽きない。「興味―」

【神】〔神〕

10画 示-5

8級 9画 示(ネ)-5

音 シン㊥・ジン㊦
訓 かみ・かん・こう

①3132 Ⓤ795E ③8928 ⓊFA19

難読 神巫(いちこ)・神神(こうごう)しい・神憑(かみがか)り

人名 か・きよ・しの・たる・みわ

筆順 丶 ラ ネ ネ ネ口 ネ日 神

なりたち  [形声]示＋申(天の神)㊥。神の意。

❶かみ。霊妙なはたらきの存在。天地の創造主・支配者。かん。

【神楽】(かぐら) 神をまつる歌舞。

【神風】(かみかぜ) ①神が吹かせるという激しい風。②「神風特攻隊」から転じ、無謀で命知らずなこと。「―タクシー」

〔神(かみ)は非礼(ひれい)を受けず〕 神は礼儀にはずれた物事は受納しない。出典「論語八佾注」より。

【神代・神世】(かみよ) 歴史以前の神話の時代。

【神業】(かみわざ) 神技。「―のような手さばき」

【神無月】(かんなづき) 陰暦一〇月の異名。神去り月。注記 神々がみな出雲(いずも)に集まって、神がいなくなることから。

【神▼嘗祭】(かんなめサイ) 天皇が新穀を伊勢神宮に奉る祭。

【神主】(かんぬし) 神社に仕えて神をまつる人。神官。

【神威】(シンイ) 神の威光。「―をおそれる」

【神意】(シンイ) 神の意志。「―にそむく」

【神格】(シンカク) 神の地位や格式。「―化」

【神学】(シンガク) 特定の宗教の教義や信仰について研究する学問。特に、キリスト教についていう。

【神官】(シンカン) 神職。神主。「古代エジプトの―」

【神▼祇】(ジンギ) 天の神と地の神。天つ神と国つ神。

【神器】(ジンギ) 皇位の象徴である三種の神器。

【神宮】(ジングウ) ①格式の特に高い神社。鹿島神宮・香取神宮など。②伊勢神宮。③神をまつる建物。

【神幸】(シンコウ) 遷宮や祭礼で神体が神輿(みこし)などに乗って渡御(とぎょ)すること。「―祭」

【神事】(シンジ) 神をまつる儀式。「―を執り行う」

【神社】(ジンジャ) 神を祀(まつ)った所。「―への参拝」

【神授】(シンジュ) 神から授かる。「王権―説」

【神助】(シンジョ) 神のたすけ。「天佑(てんゆう)―」

【神人】(ジンジン) ①神と人。②神のように万能な人。③キリスト教で、イエス-キリスト。

【神前】(シンゼン) 神の前。「―で結婚式を行う」

【神体】(シンタイ) 神霊が宿っているものとして、祭祀(さいし)に用いられる礼拝の対象。みたましろ。「御―」

【神代】(ジンダイ) 日本神話で、神々が支配していたとされる、神武天皇即位までの時代。かみよ。

【神託】(シンタク) 神のお告げ。託宣。「―を受ける」

【神殿】(シンデン) 神をまつる御殿。「―へ参拝する」

【神道】(シントウ) 日本固有の民族信仰。

【神父】(シンプ) カトリック教会で、司祭の尊称。

【神仏】(シンブツ) ①神と仏。②神道と仏教。「―混淆」

【神明】(シンメイ) 神。「天地―に誓う」

【神▼佑・神▼祐】(シンユウ) 神の助け。「―天助」

【神慮】(シンリョ) 神のこころ。「―にかなう」

【神霊】(シンレイ) ①神。「―の加護」②霊魂。

【神話】(シンワ) 民間に伝承されている神々の物語。

〈神酒〉(みき) 神に供える酒。おみき。別表記 御酒

〈神子〉(みこ) 巫女。神に仕える女性。

〈神輿〉(みこし) 神幸の際に神霊が乗る輿。別表記 御輿

熟語「神域・神器(しんき)・神橋・神鏡・神君・神権・神式・神州・神職・神性・神祖・神葬・神灯・神徳・神罰・神木・神籬(ひもろぎ)・海神・鬼神・降神・邪神・女神・祖神・風神・福神・魔神・明神・雷神・竜神・鬼神神社」

❷人知ではかり知れない霊妙なはたらき。

【神韻】(シンイン) 芸術作品などの趣。「―を帯びる」

【神気】(シンキ) ①霊気。「―が漂う」②心身の力。

【神算】(シンサン) たくみなはかりごと。「―鬼謀」

【神出鬼没】(シンシュツキボツ) どこでも好きな所に現れて、目的を達するとたちまち消えてしまう。「―の怪盗」

【神通力】(ジンズウリキ) 人智を超えた霊妙自在の力。じんつうりき。

【神聖】(シンセイ) けがれなく尊い。「―な場所」「―にして冒すべからざる権利」

【神仙・神▼僊】(シンセン) 神や仙人。「―境」「―思想」

【神速】(シンソク) きわめて速い。じんそく。「―果敢」

【神童】(シンドウ) 才知がすぐれている子ども。

【神秘】(シンピ) 「人体の―」「―的な美しさ」

【神妙】(シンミョウ) ①感心である。「―な心がけ」②おとなしい。「―にかしこまっている」③不思議。「―不可思議」

熟語「神火・神技・神泉・神品・神変・神謀」

❸こころ。こころのはたらき。たましい。

【神経】(シンケイ) ①生体の刺激を伝達する経路。「―痛」②外界の物事に反応する心。「表現に―を使う」

【神色】(シンショク) 心と顔色。「―自若(じじゃく)(＝大事に遭っても、びくともしない)」

【神髄】(シンズイ) その道の奥義。「小説―」別表記 真髄

熟語「神気・失神・心神・精神・放神」

❹その他。

【神農】(シンノウ) 中国の古伝説上の帝王。三皇の一。

【唇】〔脣〕

11画 肉(月)-7

準2級 10画 口-7

音 シン㊥㊦
訓 くちびる

①3116 Ⓤ5507 ②7092 Ⓤ8123

筆順 一 厂 尸 尸 尼 辰 辰 辰 唇

なりたち  [形声]辰(足をふるわせて移動する二枚貝)㊥＋口。

ふるえるくちびるの意。篆文では、辰＋肉とも。

くちびる。口のふちの、薄い皮でおおわれた柔らかく感覚の鋭い部分。

【唇(くちびる)亡(ほろ)びて歯(は)寒し】 互いに助け合っていた一方が滅びると、他の一方も孤立して危ういことのたとえ。出典「左氏伝 僖公五年」より。

【唇歯▼輔車(シンシホシャ)】 利害関係が密接で、互いに助け合い補い合っていく間柄にある。出典「左氏伝 僖公五年」より。「輔」は頬骨(ほおぼね)、「車」は歯茎の意。

熟語「唇音・唇歯・唇頭・口唇・紅唇・朱唇・丹唇」

【娠】

準2級 10画 女-7 音 シン 漢呉 訓 はらむ ①3117 Ⓤ5A20

筆順 

なりたち  [形声]女＋辰(ふるえる)音。胎児が動いて女性の腹がふるえる意から、はらむ意を表す。

はらむ。みごもる。胎内に子を宿す。

熟語「妊娠」

【振】

4級 10画 手(扌)-7 音 シン 漢呉 訓 ふる・ふるう・ふれる ①3122 Ⓤ632F

人名 とし・のぶ・ふり

筆順 

なりたち  [形声]手＋辰(ふるえる)音。手でふり動かすの意。

◇ふるう(振・▽揮・震・奮・▼篩) ◉異字同訓◉

「振るう」は“振り動かす。勢いが盛んになる”の意。「木刀を振るう」「親に暴力を振るう」「台風が猛威を振るう」「成績が振るわない」

「揮う」は“能力を発揮する”の意。「健筆を揮う」「熱弁を揮う」「料理の腕を揮う」

「震う」は“ふるえる”の意。「体が震う」「震い付きたくなるほどいい女だ」

「奮う」は“気力を充実させる”の意。「勇気を奮って立ち向かう」「どうぞ奮ってご参加ください」

「篩う」は“ふるいにかけてよりわける”の意。仮名書きが普通。「小麦粉を篩う」「応募者を試験で篩う」

❶ふる。ふりうごかす。ゆらし動かす。

【振動(シンドウ)】 振れ動く。物体が周期的に動く。

【振(り)子(ふりこ)】 固定された点または軸のまわりに周期的な振動を行うもの。しんし。

熟語「振子(しんし)・振幅・振鈴・共振・強振・三振・発振・防振」

❷ふるう。ふるいたつ。盛んにする。

【振起(シンキ)】 ふるいおこす。「勇猛心を―する」

【振興(シンコウ)】 盛んになる。盛んにする。「産業―」

熟語「振作・振振・振張・不振」

❸たすける。救う。

熟語「振窮・振徳」

❹(国)身のこなし。しぐさ。ふるまい。

【振袖(ふりそで)】 袂(たもと)の長い袖の着物。

【振付(ふりつけ)】 舞踊の所作を考案して演者に教える。

熟語「身振り・知らぬ振り」

❺(国)ふる。割り当てる。

熟語「割り振り・役を振る」

❻(国)刀剣を数える語。

熟語「刀一振」

【浸】

4級 10画 水(氵)-7 音 シン 漢呉 訓 ひたす・ひたる・しみる・つかる・つける ①3127 Ⓤ6D78

〔浸〕 10画 水(氵)-7

筆順 

なりたち  [形声]水＋「侵の略体」(奥深くはいりこむ)音。水が奥深くしみこむの意。

❶ひたす。液体の中に入れる。つける。ひたる。つかる。

【浸水(シンスイ)】 洪水などで、水につかる。「床上―」

熟語「浸漬(しんし)・浸礼」

❷しみる。水などがだんだんと奥まで入りこむ。しみこむ。

【浸出(シンシュツ)】 液体の中につけて、その成分を溶かし出す。「―液」

【浸潤(シンジュン)】 ①しみこむ。②腫瘍が組織中に侵入する。「肺―」

【浸食・浸▼蝕(シンショク)】 地表が自然現象により削り取られる。侵食。「―作用」

【浸透(シントウ)】 ①液体がしみとおる。「―圧」②人々の間に広がる。「地方自治の精神が広汎に―する」 別表記 滲透

【浸入(シンニュウ)】 (建物や土地に)水がはいりこむ。

熟語「浸染」

❸少しずつ。ようやく。だんだん。

熟語「浸漸(しんぜん)」

【真】

8級 10画 目-5 音 シン 漢呉 訓 ま・まこと ①3131 Ⓤ771F

【眞】10画 目-5 ②6635 Ⓤ771E

難読 真っ赤（まっか）・真っ青（まっさお）・真田（さなだ）・真向（まっこう）（まっこう）（まむかい）・真当（まっとう）・真面（まとも）・真風（まじ）・真魚（まな）・真魚板（まないた）・真葛（さねかずら）（まくず）

人名 さだ・さな・さね・ただ・ただし・ちか・なお・まき・まこと・まさ・ます・まな・み

筆順 一 十 𠂇 冇 有 直 直 真

なりたち  [会意]匕（さじ）＋「鼎の変形」（かなえ）。鼎にさじで物をつめるの意。中身がいっぱいつまっていることから、まことの意に用いる。

❶まこと。ほんとう。うそいつわりがない。ありのまま。まごころ。まじめ。まじりけがない。ま。

【真意】シンイ 本当の意図。「─をはかりかねる」
【真打】シンうち 落語などで最上級格の人。
【真影】シンエイ 肖像画。写真。「両陛下の御─」
【真価】シンカ 本当の値打ち。「─が問われる」
【真▼贋】シンガン ほんものとにせもの。「─を見抜く」
【真偽】シンギ 真実と虚偽。「─のほどを確かめる」
【真空】シンクウ 空気がない状態。「─パック」
【真剣】シンケン ①本物の刀。「─勝負」②本気である。「─に考える」「─な表情」
【真骨頂】シンコッチョウ 本来の姿。「─を発揮する」
【真言】シンゴン 密教で、真理を表す秘密の言葉。
【真摯】シンシ まじめでひたむきである。「─な態度」
【真実】シンジツ 本当。まこと。「─を語る」
【真珠】シンジュ 貝の中にできる玉。「─の首飾り」
【真情】シンジョウ ①本当の気持ち。「─吐露」②実情。
【真髄】シンズイ 「神髄」に同じ。「芸術の─に迫る」
【真正】シンセイ 正真正銘。「─のダイヤ」
【真性】シンセイ 病気が本物である。「─コレラ」
【真跡・真▼蹟】シンセキ 真筆。「弘法大師の─」
【真善美】シンゼンビ 人間の理想である、真と善と美。
【真相】シンソウ 物事の本当の姿や様子。「─暴露」
【真率】シンソツ 正直で飾りけがない。「─な態度」
【真否】シンピ 実否。「事の─を確かめる」
【真筆】シンピツ 本人が書いたと認められる筆跡。真跡。「良寛の─」
【真面目】シンメンモク ありのままの姿。真価。
【真理】シンリ 普遍妥当性を持った法則や事実。
【真心】まごころ 偽りのない誠意。「─こめて話す」
【真▽砂】まさご 砂や小さい石。「浜の─」
《真面目》まじめ ①誠実である。「─な人柄」②真剣である。「─な顔」
【真人間】まニンゲン まともな人間。「やっと─に戻る」

熟語 「真因・真人・真如・真帆・真水（まみず）（さみず）・真綿・真四角・写真・純真・正真・清真・天真・迫真」

❷書体の一。楷書のこと。

【真行草】シンギョウソウ ①漢字書体の、真書（楷書）・行書・草書。②華道・庭園・俳諧・日本泳法などの、三つの格。「真」は正格もしくは基本形、「草」はその変形した優雅な形、「行」はその中間。
【真名・真▽字】まな 漢字。まんな。⇔仮名

熟語 「真書」

❸その他。

【真▼鍮】シンチュウ 銅と亜鉛の合金。黄銅（おうどう）。
【真▽似】まね ①模倣。「大人の─をする」「泣く─をする」②行動。「ふざけた─はやめろ」

【針】5級 10画 金-2 ①3143 Ⓤ91DD
音 シン 漢 呉
訓 はり

難読 針孔（みず）（めど）（みぞ）・針魚（はりお）（よはり）

筆順 ノ 𠆢 亼 今 全 金 金 針

なりたち [形声]金＋十（はり）音。「十」が原字。のちに「金」を加えた。

❶はり。先のとがったごく細い棒。縫いばり。医療用のはり。同鍼。

【針術】シンジュツ つぼに針を刺して治療を行う方法。
【針小棒大】シンショウボウダイ 大げさに誇張する。「─に言いふらす」注記 針ほどのものも棒ほどに大きく言う意。
【針金】はりがね 金属を細長く糸状に伸ばしたもの。

熟語 「運針・毒針」

❷方向や数字などを指し示すはり。

【針路】シンロ 船舶・航空機などが進む方向。

熟語 「検針・指針・磁針・短針・長針・秒針・方針・羅針」

❸はり状のもの。

【針葉樹】シンヨウジュ 松・杉など、針状または鱗片状の葉をつける樹木の総称。

熟語 「避雷針」

【深】8級 11画 水（氵）-8 ①3128 Ⓤ6DF1
音 シン 漢・ジン 呉
訓 ふかい・ふかまる・ふかめる

難読 深雪（みゆき）・深傷（ふかで）

人名 とお・ふかし・み

筆順 丶 氵 氵 泙 泙 深 深 深

なりたち  [形声]水＋罙（穴の奥に手を入れて火をさがす）音。「罙」は穴＋又（手）＋火からなる会意文字。水が奥ふかいの意。

❶ふかい。ふかまる。ふかめる。底や奥までの距離が長い。

【深▼淵】シンエン 「─に臨む」「人生の─」
【深山】シンザン 奥深い山。みやま。「─幽谷」
【深雪】シンセツ 深く積もった雪。みゆき。「─をスキーで滑る」

【深窓】シンソウ 家の中の奥深い所。大事に育てられた、の意。「—の令嬢」
【深手・深▽傷】ふかで 重傷。「—を負う」⇔浅手
【深雪】みゆき ①しんせつ（深雪）。②雪の美称。
熟語「深海・深閨しんけい・深浅・深潭・深山みやま・海深・最深・水深・測深」

❷意味・内容がふかい。
【深意】シンイ 表面には現れない本意。「—をさぐる」
【深層】シンソウ 表面には現れない部分。「—心理」
【深長】シンチョウ 含蓄がある。「意味—な文章」
【深沈】シンチン ①落ち着いている。「—たる態度」②夜がふけてゆく。「—と夜はふけゆく」
【深謀】シンボウ 深いはかりごと。「—遠慮」
【深慮】シンリョ 深い考え。「—遠謀」
熟語「深思・深情・深重・深憂・幽深」

❸程度がはなはだしい。色がこい。
【深遠】シンエン 容易にはかり知れない。「—な思想」
【深奥】シンオウ ①深遠。②おくそこ。「—をきわめる」
【深化】シンカ 深まっていく。「思想の—」
【深閑】シンカン ひっそりとしている。「—とした家屋」
別表記 森閑
【深更】シンコウ 真夜中。深夜。「会議は—に及んだ」
【深呼吸】シンコキュウ 「大きく—する」
【深刻】シンコク 切実で重大である。「—な事態」「—な表情」
【深謝】シンシャ ①深く感謝する。②心からわびる。
【深深】シンシン 奥深く、ひっそりとしている。「—と夜が更ける」「—と雪が降る」「—と冷える」別表記 沈沈
【深甚】シンジン 非常に深い。「—なる謝意を述べる」
【深夜】シンヤ よふけ。まよなか。「—放送」
【深緑】シンリョク 濃いみどり色。「—の森」
熟語「深紅・深厚・深省・深切・深酒」

【紳】

準2級 11画 糸-5 音 シン 漢 呉 ①3134 Ⓤ7D33

人名 おび

筆順 ㇛ 幺 糸 糸 糹 紃 紳 紳

なりたち [形声]糸＋申（のびる）音。結んで端を長く垂らした大きな帯の意。

身分・教養などのある立派な人。
【紳士】シンシ 上品で教養があり礼儀正しい男。「—淑女」「—協定」「—（＝成人男性の敬称）用靴下」
熟語「紳商・貴紳・搢紳・縉紳しんしん・田紳」

【進】

8級 11画 辵(辶)-8 音 シン 漢 呉 訓 すすむ・すすめる ①3142 Ⓤ9032

〔進〕12画 辵(辶)-8

人名 のぶ・みち・ゆき

筆順 亻 亻 什 什 隹 隹 進 進

なりたち [会意]辵（ゆく）＋隹（とり）。鳥が飛びゆく意から、すすむ意を表す。

◉異字同訓◉
◇すすめる（進・勧・薦）
「進める」は〝前の方に動かす。はかどらせる〟の意。「船を進める」「時計を五分進めておく」「議事を進める」「合理化を進める」
「勧める」は〝そうするようにはたらきかける〟の意。「奨める」とも書く。「参加を勧める」「読書を勧める」「酒を勧める」
「薦める」は〝推薦する、推奨する〟の意。「候補者として薦める」「先生に薦められた辞書」

❶すすむ。すすめる。前方に出る。前方に行かせる。
【進軍】シングン 軍隊を進める。「—ラッパ」
【進撃】シンゲキ 軍を進めて敵をうつ。「快—」
【進行】シンコウ 前へ進む。「議事を—させる」
【進攻】シンコウ 進撃。「敵国に—する」
【進取】シンシュ 新しいことを取りこむ。「—の気性」
【進出】シンシュツ 「海外に—する」「準決勝に—する」
【進水】シンスイ 新造の艦船を水面に浮かべる。「—式」
【進退】シンタイ 進むことと退くこと。「—きわまる」「出処—」「—伺い（＝辞職の当否を委ねる届）」
【進駐】シンチュウ 軍隊が他国にとどまる。「—軍」
【進捗・進▼陟】シンチョク はかどり具合。「業務の—状況」
【進度】シンド 物事の進む度合。「学科—表」
【進入】シンニュウ すすみ入る。「大型車—禁止」
【進発】シンパツ 軍隊が出発する。「戦場に向けて—した」
【進路】シンロ 進んで行く道。「台風の—」「—指導」⇔退路
熟語「進退両難・革進・急進・亢進・行進・推進・前進・突進・増進・猪突猛進」

❷階級などがあがる。のぼる。
【進学】シンガク 上級の学校へ進む。「大学に—する」
【進級】シンキュウ 等級・学年が進む。「六年生に—する」
熟語「栄進・昇進・特進」

❸よくなる。向上する。
【進化】シンカ 物事が次第に発達していく。「—論」⇔退化
【進展】シンテン 事態が進行し展開する。「理論の—」
【進歩】シンポ 物事がよくなる。「長足の—を遂げる」「—的な思想」⇔退歩
熟語「進境・精進しょうじん・日進・躍進」

❹さしあげる。たてまつる。
【進言】シンゲン 具申。「規制緩和を—する」

【進講】(コウシン) 天皇や身分の高い人に学問を講義する。

【進上】(シンジョウ) 人に物を贈る。「—書」

【進呈】(シンテイ) 人に物を贈る。「自著を—する」

【進物】(シンモツ) 他人に贈る物。「御—用品」

熟語「進貢・進士・勧進・寄進・注進」

【森】

10級 12画 木-8 音 シン 漢呉 訓 もり ①3125 Ⓤ68EE

人名 しげ・しげる

筆順 一 十 オ 木 … 森

なりたち [会意]木＋木＋木。木がびっしりと茂っているもりの意。

❶㋐樹木が茂る。数が多いさま。㋑(国)もり。高い樹木が多く密生している所。
【森森】(シンシン) ①樹木が盛んに茂る。②奥深く静か。

【森羅万象】(シンラバンショウ) 宇宙に存在する、すべてのもの。

【森林】(シンリン) 多数の高木が密生している所。「—浴」

熟語「森然・森羅・陰森」

❷おごそか。しずか。
【森閑】(シンカン) ひっそりとしずかである。深閑。

【森厳】(シンゲン) 厳粛でおごそか。「—なる聖域」

熟語「森然・瀟森」

【診】

準2級 12画 言-5 音 シン 漢呉 訓 みる ①3139 Ⓤ8A3A

人名 み

筆順 … 診

なりたち [形声]言＋㐱(髪がすきまなく生える)音。すみずみまで調べるの意。

◉異字同訓◉【見】(一七二ページ)の「異字同訓」欄を参照のこと。


みる。病状を調べる。

【診察】(シンサツ) 医者が患者の体を調べる。「—室」

【診断】(シンダン) 医者が患者の病状を判断する。

【診療】(シンリョウ) 医師が患者を診察・治療する。「—報酬」

熟語「往診・回診・休診・急診・検診・誤診・受診・触診・打診・聴診・問診・来診」

【寝】

4級 13画 宀-10 音 シン 漢呉 訓 ねる・ねかす ①3118 Ⓤ5BDD

【寢】14画 宀-11 ②5374 Ⓤ5BE2

難読 寝刃(ねたば)・寝腐れる(ねくたれる)・寝穢い(いぎたない)・転寝(うたたね)・雑魚寝(ざこね)

筆順 … 寝

なりたち [形声]宀(いえ)＋爿(ベッド)＋「侵の略体」(奥深くにはいりこむ)音。家の中のベッドで奥深い眠りにつくの意。

❶ねる。からだを横たえる。ねかす。また、ねや。ねる場所。
【寝具】(シング) ふとん・寝巻・枕など。夜具。

【寝食】(シンショク) 寝ることと食べること。日常。「—を共にする」「—を忘れて研究に励む」

【寝台】(シンダイ) ベッド。「—列車で旅をする」

【寝起き】(ねおき) ①日常生活。「—を共にする」②朝の目覚め。「—が悪い」

【寝返り】(ねがえり) 寝たまま体の向きを変える。「—をうつ」「敵への—(＝裏切り)」

【寝顔】(ねがお) 就寝中の顔つき。「無邪気な—」

【寝癖】(ねぐせ) ①睡眠中に髪の毛についたくせ。「—を直す」②睡眠中の無意識の癖。「—が悪い」

【寝首】(ねくび) 「—を掻(か)く(＝寝ている人を襲って首を斬る。転じて、油断をねらって陥れる)」

【寝言】(ねごと) 睡眠中に無意識に言う言葉。「—を言う」「そんな—(＝筋の通らない言葉)を並べられても困る」

【寝覚め】(ねざめ) 「—が悪い(＝目覚めたときの気分がよくない。転じて、過去の悪い言動が気になり気がとがめる)」

【寝相】(ねゾウ) 睡眠中の姿・様子。「—が悪い」

【寝床】(ねどこ) 寝るための床(とこ)。

【寝冷え】(ねびえ) 睡眠中に体が冷える。

【寝袋】(ねぶくろ) 携帯用の寝具。

【寝坊】(ねボウ) 朝遅くまで寝ている。「—して遅刻する」

【寝巻・寝間着・寝▽衣】(ねまき) 寝るときに着る衣服。

【寝耳】(ねみみ) 寝ている間に耳にはいる声や音。「—に聞く」「—に水(＝不意の出来事に驚く)」

【寝技・寝業】(ねわざ) ①柔道で、寝た姿勢で行うわざ。②裏工作。特に、不利な成り行きを逆転するような裏取引。

熟語「寝室・寝所・寝釈迦・就寝・不寝番」

❷奥ざしき。また、みたまや。祖先の霊をまつる場所。
【寝殿造り】(シンデンづくり) 平安時代の貴族住宅の様式。
熟語「寝廟(しんびょう)・陵寝」

【慎】

4級 13画 心(忄)-10 音 シン 漢呉 訓 つつしむ・つつ-ましい ①3121 Ⓤ614E

【愼】13画 心(忄)-10 ②5638 Ⓤ613C

人名 ちか・のり・まこと・みつ・よし

筆順 … 慎

なりたち [形声]心＋眞(つめる)音。すみずみにまで気を配って、つつしむの意。

つつしむ。用心する。つつましい。ひかえめだ。

【慎重】(シンチョウ) 注意深く、落ち着いている。「—を期する」「—な態度」「—に審議する」

【慎独】(シンドク) 自分一人でいるときでも身をつつしみ、道をはずれないようにする。出典「大学」より。

熟語「戒慎・謹慎・敬慎」

【新】

9級 13画 斤-9 音シン 漢 呉 訓あたらしい・あらた・にい ①3123 Ⓤ65B0

難読 新地(さら)・新西蘭(ニュージーランド)・新嘉坡(シンガポール)

人名 あきら・あら・すすむ・ちか・はじめ・よし・わか

筆順 亠 立 立 辛 亲 新 新 新

なりたち  [形声]亲(木を切る)音＋斤(おの)。おので切ったばかりの木の意から、あたらしい意を表す。「新」の原字。

❶あたらしい。初めてだ。あらた。にい。あらためる。

【新案】(シンアン) 新しい考案・工夫(くふう)。「実用—」

【新入り】(シンいり) 新しく入る。「—の一年生選手」

【新鋭】(シンエイ) 新進気鋭。「—機」「期待の—選手」

【新開】(シンカイ) 新しく開発される。「—地」

【新型・新形】(シンがた) 新しいかた。「—車」

【新幹線】(シンカンセン) 主要都市間を高速で結ぶ鉄道。

【新奇】(シンキ) 目新しく変わっている。「—を好む」

【新規】(シンキ) 新しい。「—採用」「—開店」「—まき直し(=もう一度新たにやり直す)」

【新旧】(シンキュウ) 新しいものとふるいもの。「—交替」

【新居】(シンキョ) 新宅。「—を構える」⇔旧居
【新教】(シンキョウ) カトリック教会に反対してできたキリスト教の一派。プロテスタント。

【新劇】(シンゲキ) 明治末期、西欧近代演劇を摂取した演劇。

【新月】(シンゲツ) ①陰暦で、月の第一日の月。②陰暦で、月の初めに見える細い月。

【新▽香】(シンコ) 漬物。新しい漬物。おしんこ。

【新語】(シンゴ) 新しくできた語。

【新興】(シンコウ) 新しく発展する。「—勢力」「—産業」

【新婚】(シンコン) 結婚したばかりである。「—旅行」

【新参】(シンザン) 新しい仲間。「—者(もの)」⇔古参
【新種】(シンシュ) 新しく発見された生物の種。

【新出】(シンシュツ) 新しく出る。「—する漢字」

【新春】(シンシュン) 正月。「—のお喜びを申し上げます」

【新▼嘗祭】(シンジョウサイ) 宮中儀式の一。天皇が新穀を神々に供え、自身も食する。

【新進】(シンシン) 新しく進出する。「—作家」「—気鋭」

【新人】(シンジン) ①新顔。新入り。「—研修会」「—歌手」「大型—」②後期旧石器時代の人類。クロマニヨン人など。

【新生】(シンセイ) ①新しく生まれ出る。「—児」②生まれ変わった気持ちで、前進する。「—を誓う」

【新制】(シンセイ) 新しい制度。「—中学」⇔旧制
【新生面】(シンセイメン) 新しい分野。「研究に—をひらく」

【新設】(シンセツ) 新しく設ける。「市立高校を—する」

【新雪】(シンセツ) 新しく降った雪。「—に輝く山々」

【新鮮】(シンセン) 魚・野菜などが新しい。「—な魚介類」

【新造】(シンゾウ) ①新しくつくる。「—船」②武家や上流商家の妻女。しんぞ。「ご—さん」

【新地】(シンチ) 新開地。新開地にできた遊里。

【新築】(シンチク) 新しく建てる。「—家屋」

【新着】(シンチャク) 届いたばかりである。「—の図書」

【新調】(シンチョウ) 新しくこしらえる。「背広を—する」

【新陳代謝】(シンチンタイシャ) 新しいものが古いものと入れかわる。「政界の—が進む」注記「陳」は古い意。

【新天地】(シンテンチ) 新しい活動場所。「—を開く」

【新入】(シンニュウ) 新しくある集団にはいる。「—社員」

【新任】(シンニン) 新しく任命される。「—の教師」

【新年】(シンネン) 新しい年。年のはじめ。正月。

【新派】(シンパ) ①新しい流派。⇔旧派。②旧劇すなわち歌舞伎に対し当代の世話物を演ずる演劇。歌舞伎と新劇との中間的な性格をもつ。

【新品】(シンピン) 新しい品物・製品。「—の靴」

【新婦】(シンプ) 結婚したばかりの女性。⇔新郎
【新風】(シンプウ) 新しい風潮。「学会に—を吹き込む」

【新聞】(シンブン) 社会の出来事について事実や解説を広く伝える定期刊行物。「—記事」「—記者」

【新米】(シンマイ) ①その年に収穫した米。⇔古米(こまい)。②(「新前(しんまえ)」の転)新参。未熟な人。「—社員」

【新味】(シンミ) 新しい味わい。新しいおもむき。「—がない番組」

【新面目】(シンメンモク) 新しいすがた。一新した外観。「—を呈する」

【新約】(シンヤク) ①新しい約束・契約。②「新約聖書」の略。初期キリスト教会に伝承されてきた文書を集成し正典化したもの。⇔旧約
【新来】(シンライ) 新しく来る。「—の教師」

【新緑】(シンリョク) 初夏の、木々の若葉。「—の季節」

【新暦】(シンレキ) 現在使っている太陽暦。⇔旧暦
【新郎】(シンロウ) 結婚したばかりの男性。⇔新婦
【新妻】(にいづま) 結婚して間もない妻。新婚の妻。

【新▼嘗祭】(にいなめサイ) 「しんじょうさい(新嘗祭)」に同じ。

【新盆】(にいボン) 死んだ人の初めての盂蘭盆(うらぼん)。

熟語「新湯(あらゆ・さらゆ・しんゆ)・新株・新館・新禧・新曲・新穀・新作・新式・新車・新酒・新秋・新修・新政・新星・新説・新選・新装・新宅・新茶・新都・新渡・新党・新道・新譜・新編・新篇・新法・新本・新薬・新涼・新発意(しんぼち)(しぼち)・新陳代謝・維新・一新・改新・革新・更新・最新・刷新・斬新・清新・温故知新」

❷その他。

【新羅】(しらぎ) 慶州を都とした朝鮮最初の統一王朝(三五六〜九三五)。しんら。

【新】(シン) 中国、前漢を簒奪(さんだつ)した王莽(おうもう)が建てた王朝(八〜二三)。

【新内】(シンナイ) 「新内節(ぶし)」の略。江戸浄瑠璃の一。

熟語「新唐書・新五代史」

【請】

⇩セイ(三七〇ページ)

シ

【審】

3級 15画 宀-12 音 シン 漢 呉 訓 つまびらか・くわしい ①3119 Ⓤ5BE9

人名 あき・あきら

筆順 宀 宀 宀 宷 宷 寀 審

なりたち  [会意]宀(いえ)＋番(たねをまきちらす)。家の中のこまごまとした点までよく調べるの意。

❶つまびらか。ことこまかだ。くわしい。

熟語「詳審・精審」

❷つまびらかにする。詳しく調べる。

【審議】シンギ 事情を調べ、可否を相談する。「—会」

【審査】シンサ 価値・適否などをきめる。「資格—」

【審判】シンパン ①審理し、判定する。②競技で、勝負や技の適否を判定する。③キリスト教で、神が人間や社会の罪を裁く。「最後の—」

【審美】シンビ 美醜を見分ける。「—眼(がん)」

【審問】シンモン 裁判官が審理のために陳述させる。

【審理】シンリ 裁判所などが行う取り調べ。「集中—」

熟語「審合・不審」

❸裁判における取り調べ。

熟語「結審・原審・誤審・再審・陪審・予審」

❹(国)レフェリー。アンパイア。

熟語「球審・主審・線審・副審・塁審」

【震】

4級 15画 雨-7 音 シン 漢 呉 訓 ふるう・ふるえる ①3144 Ⓤ9707

人名 おと・なり・なる・のぶ

筆順 一 千 雨 雨 雫 雫 震 震

なりたち  [形声]雨(かみなり)＋辰(ふるえる)音。雷がものをふるわせるの意。

●異字同訓●【振】(三四〇ページ)の「異字同訓」欄を参照のこと。

❶ふるう。ふるえる。ゆれ動く。

【震天動地】シンテンドウチ 世の人々を驚かす。驚天動地。

【震▼盪・震▼蕩】シントウ 激しく揺れ動く。振り動かす。「脳—」 別表記 振盪

【震動】シンドウ 揺れ動く。揺り動かす。

熟語「震震」

❷大地が激しくゆれ動く。地震。

【震央】シンオウ 震源の真上の地図上の位置。

【震源】シンゲン 地下の、地震が発生した場所。「—地」

【震災】シンサイ 地震による災害。「関東大—」

【震度】シンド 地震動の強弱の度合。

熟語「震幅・強震・軽震・激震・地震・弱震・対震・耐震・微震・余震・烈震」

❸ふるえおののく。おそれおののく。

【震▼駭】シンガイ 体をふるわせ、ひどく驚く。「世界中を—させた事件」

【震▼撼】シンカン ふるい動かす。ふるえ動く。「世間を—させた事件」

熟語「震恐・震驚」

❹易の八卦の一。雷を表し、東の方向に配する。

熟語「震位・震宮」

❺その他。

【震旦】シンタン 中国。しんだん。

【薪】

4級 16画 艸(艹)-13 音 シン 漢 呉 訓 たきぎ・まき ①3137 Ⓤ85AA

筆順 艹 艹 艹 艹 薪 薪 薪

なりたち  [形声]艸＋新(おので切ったばかりの木)音。「新」が原字。のちに草かんむりを加えた。

たきぎ。まき。燃料とする木材。

【薪水】シンスイ ①たきぎと汲(く)み水。②煮たきをする。「—の労をとる(=骨身を惜しまず働く)」

【薪炭】シンタン まきとすみ。燃料。「—材」「—商」

【薪能】たきぎノウ 夜間にかがり火をたいて行う野外能。

熟語「薪採・臥薪(がしん)・采薪・柴薪・負薪・臥薪嘗胆」

【親】

9級 16画 見-9 音 シン 漢 呉 訓 おや・したしい・したしむ・みずから ①3138 Ⓤ89AA

人名 いたる・ちか・ちかし・なる・み・もと・よしみ・より

筆順 亠 立 立 辛 亲 親 親

なりたち  [形声]亲(木を切る)音＋見。切る時におのを木に近づけるように、身近で見る意から、したしむ意を表す。

❶おや。父母。元になるもの。元祖。大きいもの。

【親方】おやかた 弟子などを、親のように保護・指導する人。「—のもとで修行する」「相撲部屋の—」

【親子】おやこ ①親とその子供。「—の愛情」②親と子の関係にたとえられるもの。「—電話」「—丼」

【親▽父・親▼爺・親▽仁】おやじ ①父親を親しんで呼ぶ語。⇔おふくろ。②店の主人などを親しんでいう語。③中年以上の男性をいう語。「隣の—」

【親潮】おやしお 日本の東岸を南下する寒流。千島海流。

【親分】おやぶん ①首領。「暴力団の—」⇔子分。②面倒見がよく親のように頼りになる人。「—肌」

【親権】シンケン 未成年の子に対して父母が有する権利・義務。

熟語「親指・慈親・単親・肉親・養親・両親・老親」

❷ちかい。血縁が近い。血つづき。縁つづき。みうち。

〈親族〉うから 血族。しんぞく。「―やから」
【親戚】シンセキ 親類。「―付き合い」
【親族】シンゾク 血縁や婚姻関係でつながる人々。
【親等】シントウ 親族関係の親疎を示す等級。親子を一親等として数え始める。兄弟は二親等、おじ・おばは三親等など。
【親王】シンノウ 皇族男子の称号。現制度では、嫡出の皇子および嫡男系嫡出の皇孫の男子をいう。みこ。
【親藩】シンパン 江戸時代の将軍家の近親の大名。
【親類】シンルイ 家族以外の親族。親戚。「―縁者」
熟語「近親・肉親」

❸したしい。仲がよい。したしむ。

【親愛】シンアイ 人に親しさを感じ、愛情をいだいている。「―の情」「―なる市民の皆様」
【親衛】シンエイ 要人などの身辺を護衛する。「―隊」
【親近感】シンキンカン 親しみの感じ。「―をいだく」
【親交】シンコウ 親しくつきあう。「―を結ぶ」
【親▼昵】シンジツ 親しみなじむ。昵懇（じっこん）。
【親▼炙】シンシャ その人に親しく接し、感化を受ける。
【親切】シンセツ 好意から人のためにつくす。「―な人」
【親善】シンゼン 「両国の―を深める」「―試合」
【親疎】シンソ 親しさと疎み。「―の別なくつきあう」
【親睦】シンボク 親しみ仲よくする。「―を深める」
【親身】シンみ 肉親。また、肉親のように心を配る。「―になって世話をする」
【親密】シンミツ 仲がよい。「―な間柄」
【親友】シンユウ 信頼し合っている友達。「無二の―」
【親和】シンワ ①親しみ仲良くする。「社内の―を図る」②他の物質とよくなじむ。「―力」
熟語「親日・親日家・懇親・和親」

❹みずから。自分でする。特に天皇・皇帝が自分でする。

【親書】シンショ ①自筆の手紙。②天皇や元首の手紙。
【親展】シンテン 手紙のあて名の者が自分で封を切って読んでほしいという意味で使う語。親披（しんぴ）。
【親筆】シンピツ 自身で書いた筆跡。宸筆。
【親臨】シンリン 高貴な人がその場に出席する。
熟語「親告・親裁・親授・親署・親政・親任・親披（しんぴ）」

ジン

【人】

10級　2画　人-0　音 ジン漢・ニン呉　訓 ひと　Ⓙ3145　Ⓤ4EBA

難読 人伝（ひとづて）・人身御供（ひとみごくう）・玄人（くろうと）・素人（しろうと）
人名 きよ・さね・たみ・と・ひこ・ひとし
筆順 ノ人
なりたち  ［象形］立っている人のすがたを横から見た形にかたどる。ひとの意。

❶ひと。霊長目ヒト科の哺乳類。ホモ＝サピエンス。何かをする人。能力などのすぐれた人。ある人。個人。また、他人。(国)一定の分野で働く人。

【人為】ジンイ 人が手を加える。「―の及ばない世界」
【人員】ジンイン ある団体に属する人数。「―整理」
【人煙】ジンエン 炊事の煙。「―まれなる山里」
【人家】ジンカ 人の住む家。「―が建て込んだ地域」
【人格】ジンカク ①人柄。品性。「―者（しゃ）」②個人の一貫した特性の総体。「二重―」③法律上、権利・義務を有する主体。
【人間】ジンカン 人の住む世界。世間。にんげん。「―到る処（ところ）青山（せいざん）（＝墳墓の地）あり」
【人気】ジンキ 人々の気風。「―の荒れた土地」
【人権】ジンケン 人間らしく生きるための権利。「基本的―」「―蹂躙（じゅうりん）」
【人件費】ジンケンヒ 給料など労働に支払われる経費。
【人後】ジンゴ 「―に落ちない（＝他人に劣らない）」
【人語】ジンゴ 人間の言葉。人の話し声。
【人口】ジンコウ ①人の数。「―密度」②人のうわさ。人の口の端。「―にのぼる」
【人工】ジンコウ 人造。「―芝」「―衛星」
【人口（じんこう）に膾炙（かいしゃ）する】 詩文などが、広く人々の口にのぼって、よく知られる。出典 林嵩「周朴詩集序」より。
【人材】ジンザイ 役に立つ人物。「―発掘」「―登用」
【人士】ジンシ 地位・教養のある人。「上流―」
【人事】ジンジ ①（自然の事柄に対して）人間に関する事柄。②人としてすべき事柄。「―を尽くして天命を待つ」③個人の地位・職務・能力などに関する事柄。「―異動」「―考課」
【人種】ジンシュ 人類を身体形質によって区別した種類。
【人寿】ジンジュ 人間の寿命。「―を全うする」
【人心】ジンシン 人々の気持ち。「―が離反する」
【人臣】ジンシン けらい。臣下。「位―を極める」
【人身】ジンシン ①人体。「―事故」②個人の身の上。「―攻撃」
【人世】ジンセイ 世の中。浮き世。世間。
【人生】ジンセイ 人の一生。人がこの世に生きていく。
【人生（じんせい）意気（いき）に感ず】 人間は金銭や名誉のためにではなく、自分を理解してくれる人のいさぎよい気持ちに感じて仕事をするものだ。出典 魏徴「述懐」より。
【人生（じんせい）七十古来（こらい）稀（まれ）なり】 人の一生は短いものである。出典 杜甫「曲江」より。
【人生（じんせい）朝露（ちょうろ）の如（ごと）し】 人の命は朝露のようにはかないものである。出典「漢書蘇武伝」より。
【人跡】ジンセキ 人の足跡。人の往来。「―未踏の地」
【人選】ジンセン 適当な人を選ぶ。「経験の有無で―する」
【人造】ジンゾウ 人工で製造される。「―宝石」

【人体】ジンタイ 人間のからだ。「―模型」「―実験」

【人知・人▾智】ジンチ 人間の知恵。「―の及ばぬところ」

【人定】ジンテイ 本人であることを確認する。「―尋問」

【人頭】ジントウ ①人のあたま。「―獣身」②人のかず。人数。にんとう。「―税」

【人道】ジンドウ 人間として守るべき道。「―主義」

【人徳】ジントク 人に備わる徳。「彼には―がある」

【人馬】ジンバ 人と馬。「―一体の跳躍」

【人品】ジンピン 品性。「―骨柄いやしからぬ人物」

【人物】ジンブツ ①人間。ひと。「登場―」②人柄・能力などのすぐれた人。「彼はなかなかの―だ」

【人文】ジンブン 人類の文化。「―科学」

【人望】ジンボウ 他人からの信頼。「―を集める」

【人脈】ジンミャク 縁故・情実でつながる人々。

【人民】ジンミン 国民。「―の―による―のための政治」

【人名】ジンメイ 人の名前。「―辞典」「―録」

【人命】ジンメイ 人の命。「―尊重」「―救助」

【人面獣心】ジンメンジュウシン 顔は人だが、心は獣のようである。人でなし。出典「史記匈奴伝賛」より。

【人力】ジンリキ 動力としての、人間の力。「―で動かす」

【人力】ジンリョク 人間の力。「―の及ぶ所にあらず」

【人倫】ジンリン 人と人との間の道徳的秩序。「―の道」

【人類】ジンルイ 人間を他の生物と区別していう用語。

【人気】ニンキ 世間の評判。「―が上がる」「―が出る」

【人形】ニンギョウ 人間の形に作ったもの。「―劇」「京―」

【人間】ニンゲン ①人類。②人物。「―ができている」③人生。「―万事塞翁(さいおう)が馬」

【人称】ニンショウ 文法で、言語主体が話し手(一人称)か聞き手(二人称)か、それ以外の第三者(三人称)であるかという区別。

【人情】ニンジョウ 「義理と―の板挟み」「―の機微」

【人相】ニンソウ 顔面に表れた、その人の運勢。

【人体】ニンテイ ①からだ。②人柄。人品。

『人(ひと)衆(おお)ければ天に勝つ』 群衆の力が集結すれば、自然にも勝つことができる。出典「史記伍子胥伝」より。

『人(ひと)必ず自ら侮(あなど)りて然る後に人これを侮る』 人に侮られないためには、まず自分が自分を重んじなければいけない。出典「孟子離婁上」より。

【人柄】ひとがら ①人の性質。「温厚な―」②品格がすぐれている。「なかなかの―だ」

【人気】ひとケ 人のいる様子。「―のない建物」

【人里】ひとざと 集落。「―離れた山の中」

【人質】ひとジチ 「強盗事件の―」「―を差し出す」

【人▽魂】ひとだま 夜間、空中を飛ぶ青白い火の玉。

【人妻】ひとづま ①他人の妻。②結婚した女性。

【人手】ひとで ①人のしわざ。「―が加わる」②他人の所有。「―に渡る」③他人の助け。「―を借りる」④労働力。「―が足りない」

『人(ひと)の将(まさ)に死なんとする其の言(げん)や善(よ)し』 人の死ぬ間際の言葉は、偽りも飾りもなく純粋である。出典「論語泰伯」より。

【人柱】ひとばしら ①昔、橋・城などの工事の完成の犠牲(いけにえ)として生き埋めになった人。②ある目的の犠牲になった人。

【人人】ひとびと 多くの人たち。それぞれの人。

『人(ひと)木石(ぼくせき)に非(あら)ず』 人は木や石とちがい、ものに感ずる心や喜怒哀楽の情をもっている。出典白居易の新楽府「李夫人」より。

【人目】ひとめ 世間の人の目。「―をはばかる」

熟語「《ジン》人界・人外・人格・人君・人傑・人災・人日・人爵・人台・人畜・人的・人海戦術・偉人・恩人・外人・奇人・賢人・公人・古人・才人・善人・大人(たいじん)・(おとな)・美人・婦人・変人・名人・老人・芸能人・財界人・新聞人・東洋人」「《ニン》人魚・人参(にんじん)・人数・人足・人別・人非人・案内人・苦労人・世話人・保証人・面会人」

❷人を数える語。

熟語「二人(ににん)(ふたり)」

【刃】準2級 3画 刀-1 音 ジン漢・ニン呉 訓 は・やいば ①3147 Ⓤ5203

〔刄〕3画 刀-1 ―― ――

〔刃〕3画 刀-1 ②4967 Ⓤ5204

筆順 フ刀刃

なりたち  ［指事］刀のやいばに当たる部分に横線を示し、やいばの意を表す。

❶は。やいば。刀剣類などの、物を切る部分。

【刃物】はもの 刃のついている道具。包丁・刀など。

熟語「凶刃・刀刃・出刃・毒刃・白刃・氷刃・兵刃・諸刃(もろは)・両刃」

❷きる。きりころす。

【刃傷】ニンジョウ 刃物で人を傷つける。「―沙汰(ざた)」

熟語「刃物三昧・自刃」

【仁】5級 4画 人(亻)-2 音 ジン漢・ニ呉・ニン呉 訓 ひと・さね ①3146 Ⓤ4EC1

仮名 平仮名「に」は「仁」の草体から。

難読 仁輪加(にわか)

人名 きみ・きん・さと・さね・ただし・と・とよ・のぶ・のり・ひさし・ひと・ひとし・ひろし・まさ・まさし・み・めぐみ・めぐむ・やすし・よし

筆順 ノ亻仁仁

なりたち  ［会意］人＋二(物を表す「一」を重ねた形)。人が重い荷物を背負い、堪えしのぶの意。ひいては、自分の気持ちを押さえ、相手をいつくしむ意に用いる。

❶おもいやり。いつくしみ。

【仁愛】ジンアイ めぐみいつくしむ。「―の心」
【仁義】ジンギ ①儒教道徳としての仁と義。②義理。「―だて」③博徒・香具師(やし)などの特有の道徳。「―を切る」「渡世の―」
【仁慈】ジンジ いつくしみめぐむ。「博愛―」
【仁者(じんしゃ)は憂(うれ)えず】仁者は道理に従い天命に安んずるから、心をわずらわせ心配することがない。出典「論語子罕」より。
【仁者(じんしゃ)は敵なし】仁者はひろく人を愛し、敵対するものがない。出典「孟子梁恵王上」より。
【仁者(じんしゃ)は山を楽しむ】仁者は天命に安んじ、欲に動かされず心静かな心境にあるので、不動の山を愛する。出典「論語雍也」より。
【仁術】ジンジュツ 儒教の仁を行う方法。「医は―なり」
【仁人】ジンジン 仁徳を備えた人。仁者。
【仁政】ジンセイ 人々をいたわりいつくしむ政治。
【仁徳】ジントク 他をいつくしみ愛する徳。
熟語「仁君・仁恵・仁者・仁恕・慈仁・一視同仁」
❷ひと。人間。同人。
熟語「仁兄・親仁・御仁(ごじん)・朴念仁(ぼくねんじん)」
❸さね。たねの中心部。種子から種皮を取り去ったなかみ。
熟語「杏仁(きょうにん)」
❹その他。
【仁王】ニオウ 一対の仏教護持の神像。別表記 二王

【尽】
4級 6画 尸-3 音 ジン呉・シン漢 訓 つくす・つきる・つかす・ことごと-く ①3152 Ⓤ5C3D

〖盡〗14画 皿-9 ②6624 Ⓤ76E1

筆順 フ コ 尸 尺 尽 尽

なりたち  [会意]「聿の変形」(ふで)+又(手)+皿(さら)。皿をからにする意から、つきるの意を表す。「尽」は略体。

❶つきる。なくなる。終わる。また、つかす。
熟語「無尽蔵・縦横無尽」
❷つくす。使い果たす。ある限りを出す。
【尽▼瘁】ジンスイ 全力をつくす。「教育に―する」
【尽力】ジンリョク 力をつくす。「新薬開発に―する」
熟語「尽忠・大尽・蕩尽(とうじん)・理不尽」
❸ことごとく。全部。
【尽(ことごと)く書(しょ)を信ずれば則(すなわ)ち書無きに如(し)かず】書物を無批判に受け入れるならば、書物を読む意味はない。出典「孟子尽心下」より。
熟語「曲尽・一網打尽」
❹みそか。月末。
【尽日】ジンジツ ①終日。「―降雨」②各月または一年の最後の日。「八月―」
熟語「三月尽」

【迅】
準2級 6画 辵(辶)-3 音 ジン呉・シン漢 訓 はや-い ①3155 Ⓤ8FC5

〔迅〕7画 辵(辶)-3

人名 とき・とし・はや

筆順 乁 ㇈ 卂 卂 卂 迅

なりたち  [形声]辵(ゆく)+卂(はやく飛ぶ)音。はやく進む意から、はやい意を表す。

❶はやい。すみやか。
【迅速】ジンソク すばやい。「―な対処」
熟語「迅疾・迅馬」
❷はげしい。
【迅雷】ジンライ 激しく鳴る雷。「疾風―」
【迅雷(じんらい)耳を掩(おお)うに暇(いとま)あらず】事があまりに急で、対処する余裕がない。出典「晋書石勒載記上」より。
熟語「迅雨・迅風・奮迅・獅子奮迅」

【臣】⇩シン(三三六ページ)

【神】⇩シン(三三九ページ)

【甚】
準2級 9画 甘-4 音 ジン呉・シン漢 訓 はなはだ・はなはだしい・いた-く ①3151 Ⓤ751A

難読 甚振(いたぶ)る

人名 しげ・たね・とう・ふか・やす

筆順 一 十 廾 甘 甘 其 其 甚

なりたち  [象形]金文では、かまどの上に器をのせたさまにかたどり、かまどの意を表す。「深」などに通じ、度をこえるさま、はなはだしいの意に用いる。篆文では、甘(うまい物)+匹(男女の交わり)に作り、楽しみに深入りする意に解する。

❶はなはだしい。いたく。非常に。はなはだ。
【甚大】ジンダイ はなはだしい。「被害―」
熟語「甚雨・甚暑・甚深・激甚・幸甚・深甚」
❷なに。どんな。
熟語「甚麼(そも)(=なに。どんな)」
❸その他。
【甚▽兵▽衛】ジンベエ 筒袖で、膝上丈の男子室内着。
【甚六】ジンロク 長男をからかっていう。「惣領の―」

【陣】

4級　10画　阜(阝)-7
音 ジン(チン)呉・チン漢
①3156　Ⓤ9663

人名 つら

筆順 陣

なりたち [会意]「陳」(阜+東)の俗字。また、古文では、阜(盛り土)+中(のびる)にも作る。土塁が築かれているところの意。説文では、陳+攴(する)。

❶じんだて。軍隊を並ばせて備える。軍隊のいる所。

【陣営】(ジンエイ) ①陣所。陣屋。②対立勢力の一方の側。

【陣▼笠】(ジンがさ) ①昔、陣中で足軽・雑兵などがかぶった笠。②政党の実力者に追従する議員。「―連」

【陣形】(ジンケイ) 戦闘の隊形。「―が乱れる」

【陣地】(ジンチ) 部隊を配備してある所。「―を守る」

【陣中】(ジンチュウ) 戦場。「―日誌」「―見舞い」

【陣頭】(ジントウ) 第一線。「―に立つ」「―指揮」

【陣羽織】(ジンばおり) 鎧(よろい)の上に着用した上着。

【陣門】(ジンモン) 「敵の―にくだる(=降参する)」

【陣屋】(ジンや) ①軍隊の陣営。②江戸時代、城持ちでない大名の館(やかた)。代官などの役人の詰め所。

【陣容】(ジンヨウ) ①陣の構え。②ある集団の顔ぶれ。

熟語「陣幕・陣列・円陣・後陣・退陣・堅陣・出陣・戦陣・敵陣・布陣・本陣・論陣」

❷いくさ。

【陣没・陣▼歿】(ジンボツ) 戦死や戦病死。「―した将兵」
熟語「殺陣(さつじん)(たて)」

❸短い時間。ひとしきり。にわか。

【陣痛】(ジンツウ) 分娩時の痛み。産痛。「―が始まる」

【陣風】(ジンプウ) はやて。「―のように現れる」

熟語「一陣の風」

❹むれ。集まり。

用例「教授陣・報道陣」

【尋】〔尋〕

4級　12画　寸-9　（〔尋〕12画　寸-9）
音 ジン呉・シン漢
訓 たずねる・ひろ
①3150　Ⓤ5C0B

人名 ちか・つね・のり・ひろし・みつ

筆順 尋

なりたち [形声]彡(かさねる)音+左+右+寸(手)。左右の手をのばした長さで次々とはかって寸法を求める意から、たずねる意を表す。

◉異字同訓◉【訪】(五九三ページ)の「異字同訓」欄を参照のこと。

❶たずねる。さがしもとめる。きただす。

【尋問】(ジンモン) 口頭で取り調べる。「不審―」別表記 訊問
熟語「尋訪・審尋・来尋」

❷つね。普通。

【尋常】(ジンジョウ) ①普通。「―の方法ではうまくいかない」②いさぎよい。「いざ―に勝負」
熟語「尋常茶飯」

❸ひろ。じん。長さなどをはかる単位。両手を横に広げた長さ。古代中国は八尺。日本では六尺。

熟語「千尋・万尋(ばんじん)・八尋(やひろ)」

【腎】

2級　13画　肉(月)-9　新常用
音 ジン呉・シン漢
①3153　Ⓤ814E

筆順 腎

なりたち [形声]臤(引き締まってかたい)音+肉。精気をやどし、からだを引き締める働きをする内臓の意。

❶五臓の一。尿の分泌を行う。腎臓。

【腎▼盂】(ジンウ) 腎臓の門部にある嚢状の部分。

【腎虚】(ジンキョ) 房事過度などによる衰弱。漢方の病名。

【腎臓】(ジンゾウ) 泌尿器系臓器の一。

熟語「副腎(ふくじん)」

❷かなめ。大切なところ。

熟語「肝腎(かんじん)」

ス

【子】⇩シ(二四七ページ)
【主】⇩シュ(二八一ページ)
【守】⇩シュ(二八二ページ)
【素】⇩ソ(三九四ページ)

【須】

2級　12画　頁-3　新常用
音 ス呉・シュ漢呉
訓 すべ-からく・もち-いる・もと-める
①3160　Ⓤ9808

仮名 片仮名「ス」は「須」の末三画の行書体から。

人名 まつ・もち・もとむ

筆順 須

なりたち [会意]彡(毛)+頁(あたま)。金文では、あごひげを垂らした人にかたどる。ひげ、あごひげの意。やわらかくてぐったりしている意から、動きがにぶり、何かをあてにしてまつ意にも用いる。

❶もとめる。必要とする。もちいる。
【須要】シュヨウ 必要。必須。「—な要件」
熟語「必須ひっす(ひっしゅ)」
❷しばらく。少しの時間。
【須▼臾】シュユ 少しの間。「—にして雷雨やむ」
熟語「斯須しし」
❸まつ。待ちうける。
熟語「須待しゅたい」
❹梵語の音訳に用いる。
【須弥山】シュミセン 仏教の宇宙観において、世界の中央にそびえるという山。すみせん。
【須▽弥壇】シュミダン 仏堂内で、仏像を安置する台。須弥座。
熟語「須達しゅだつ」
❺(国)漢文の訓法で、「すべからく…すべし」と読み、「…するのは当然である」意を表す。
用例「須らく学生は勉学に励むべし」

【数】⇨スウ(三五五ページ)

ズ

【豆】⇨トウ(四八九ページ)

【図】
9級 7画 囗-4 音 ズ(ツ)呉・ト漢 訓 はかる ①3162 Ⓤ56F3
【圖】14画 囗-11 ②5206 Ⓤ5716
人名 なり・のり・みつ

筆順 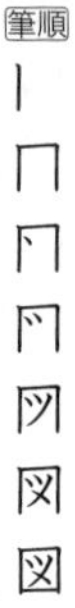

なりたち  [会意]囗(かこむ)+啚(米倉のある村)。米倉のある村の境界を囲って記したものの意から、地図の意を表す。「図」は「圖」の草体から。

◉異字同訓◉【計】(一五八ページ)の「異字同訓」欄を参照のこと。

❶はかる。計画する。
【図南】トナン 遠くの地で大事業をしようとする。出典「荘子逍遥遊」より。鵬おおとりが南方に向かって翼を広げようとする意から。
熟語「意図・企図・壮図・雄図」
❷ず。え。物の形やありさまなどを描いたもの。
【図案】ズアン 下絵。デザイン。「—を試作する」
【図会】ズエ 図や絵を集めた書。「名所—」
【図絵】ズエ 図画。絵図。絵に書きあらわす。
【図画】ズガ 図と画。絵をかく。「—工作」
【図解】ズカイ 図で説明する。「船舶の構造を—する」
【図柄】ズがら 図案や模様。「珍しい—の布地」
【図鑑】ズカン 図や写真を中心にした書物。「植物—」
【図形】ズケイ ①図にかき表した形。「複雑な—」②[数]点・線・多角形・円・球・多面体などのような幾何学で対象とするもの。
【図工】ズコウ 図画と工作。小学校の教科の一。
【図示】ズシ 図にかいて示す。
【図式】ズシキ 物事の関係を説明するための基本的な図。「反応の過程を—で表す」「説明が—的すぎる」
【図説】ズセツ 図によってする説明。「世界経済—」
【図版】ズハン 印刷された図や写真。「—の豊富な本」
【図表】ズヒョウ ①物の数・量などの関係を線や図で表したもの。グラフ。②図と表。
【図面】ズメン 土木・建築・機械などの設計図。
【図録】ズロク 図や写真を主とした記録または本。
熟語「図譜・絵図・海図・系図・構図・縮図・製図・地図・白図・略図・設計図・天気図」
❸ほん。書物。
【図書】トショ 書籍。本。「—室」「—を閲覧する」
❹(国)普通でない意を表す接頭語「ず」のあて字。
【図体】ズウタイ からだつき。「—ばかり大きくなる」
【図星】ずぼし 思ったところ。「やっぱり—だった」
熟語「図図しいずうずうしい・図抜ける・図太い・野放図のほうず」

【事】⇨ジ(二六五ページ)

【頭】⇨トウ(四九六ページ)

スイ

【水】
10級 4画 水-0 音 スイ漢呉 訓 みず ①3169 Ⓤ6C34
難読 水夫(水手)かこ・水取もいとり・水松みる・水泡(水沫)みなわ・水爬虫たがめ・水飛沫みずしぶき・水脈みお・水蚤みじんこ・水馬(水黽)あめんぼ・水渋みしぶ・水亀いしがめ・水葱なぎ・水準みずばかり・水綿あおみどろ・水翻みずこぼし・水蠟いぼた・水鼈とちかがみ
人名 お・たいら・な・なか・み・みな・ゆ

筆順 

なりたち  [象形]流れる水にかたどる。

❶みず。無色透明の冷たい液体。
【水圧】スイアツ 水の圧力。「—測定」
【水煙】スイエン ①煙のように見える水しぶき。②仏塔の上にある透かし彫りの金具。
【水温】スイオン 水の温度。「—計」
【水火】スイカ 水と火。「—の仲(=仲が悪い)」「—も辞せず(=苦難もいとわない)」
【水耕】スイコウ 土を使わず水で植物を育てる。
【水彩】スイサイ 水で溶いた絵の具で描く。「―画」
【水質】スイシツ 水の成分・純度。「―検査」
【水準】スイジュン 価値や性能の標準。「教育―が高い」
【水蒸気】スイジョウキ 気体の状態になった水。
【水洗】スイセン 水で洗い流す。「―トイレ」
【水槽】スイソウ 水を蓄える入れ物。「防火用―」
【水中】スイチュウ 「―花(か)」「―カメラ」
【水滴】スイテキ ①水のしずく。「窓に―がつく」②硯(すずり)にさす水を入れておく容器。
【水田】スイデン 水を入れた田。「―地帯」
【水筒】スイトウ 飲料水などを持ち歩くための容器。
【水稲】スイトウ 水田で栽培する稲。⇔陸稲
【水道】スイドウ ①上水道。②上下水道などの総称。③海峡。「紀伊―」
【水団】スイトン 小麦粉を水でこねて煮た食べ物。
【水分】スイブン 「―の多い野菜」「―をとる」
【水泡】スイホウ ①水のあわ。みなわ。②はかない。「―に帰す(=努力が無駄になる)」
【水溶】スイヨウ 水にとける。「―液」「―性」
【水浴】スイヨク 水を浴びる。「川で―する」
【水力】スイリョク 動力として利用する水の力。「―発電」
【水冷】スイレイ 水で冷やす。「―式エンジン」
【水絵】みずエ 水彩画。
【水掛(け)論】みずかけロン 際限なく続く議論。
【水茎】みずくき ①筆。②筆跡。③手紙の文。
【水▼垢離】みずごり 水を浴びて身を清める。「―を取る」
【水杯】みずさかずき 別れの杯。「―を交わす」
【水炊き】みずたき 味つけしない湯で煮る鍋料理。
【水増し】みずまし 水で量を増やす。不正に増やす。
【水屋】みずや ①参詣人が手などを清める所。②台所。また、食器棚。③茶室に付属した勝手。
熟語「水仕(みずし)・水盛(みずもり)・温水・給水・純水・薪水・脱水・断水・排水・噴水・防水・用水・流水・蒸留水」

❷みず。自然界にある、みず。川や海など。
【水位】スイイ 水面の高さ。「雨で川の―が上がる」
【水域】スイイキ 水面の範囲。「漁業―」「危険―」
【水運】スイウン 水路による交通。「―の発達」
【水泳】スイエイ スポーツとして泳ぐ。「―選手」
【水害】スイガイ 水による災害。「台風による―」
【水球】スイキュウ 水中での球技。ウオーターポロ。
〖水魚(すいぎょ)の交(まじ)わり〗 離れがたい非常に親密な交際のたとえ。出典「蜀書諸葛亮伝」より。
【水系】スイケイ 河川の系統。「利根川―」
【水源】スイゲン 川の流れのもと。「山中の―地」
【水郷】スイゴウ 水辺の美しい村里。すいきょう。
【水産】スイサン 海や川でとれる物。「―業」
【水死】スイシ おぼれて死ぬ。「―事故」
【水車】スイシャ 動力のために水で回す車。「―小屋」
【水上】スイジョウ 水の上。水のほとり。「―交通」
【水深】スイシン 水中の深さ。「―百メートルの海底」
【水生・水▼棲】スイセイ 「―植物」「―動物」
【水葬】スイソウ 水中に遺体を投じて葬る。水葬礼。
【水族館】スイゾクカン 水中動物を飼育・展示する施設。
【水難】スイナン 水による災難。「―の相」「―事故」
【水夫】スイフ 船乗り。かこ。
【水平】スイヘイ 平らである。地球の重力の方向と直角をなす方向。「―線」⇔鉛直
【水兵】スイヘイ 海軍の兵士。「―服」
【水辺】スイヘン 水のほとり。みずべ。「―公園」
【水没】スイボツ 水に沈む。「ダム建設で村が―する」
【水脈】スイミャク ①地層の中で、地下水が流れる道筋。②船が通る水路。ふなじ。みお。
【水明】スイメイ 川の水が美しく輝く。「山紫―の地」
【水面】スイメン 水の表面。「―下(か)(=見えない所)の駆け引き」
【水門】スイモン 水位を調節するための門。
【水雷】スイライ 水中で爆発させる兵器。魚雷・機雷など。
【水利】スイリ ①水上運送の便利。②水の利用。「―権」
【水陸】スイリク 水上と陸上。「―両用バス」
【水流】スイリュウ 水の流れ。「―の急なところ」
【水練】スイレン 水泳の訓練。「畳の上の―」
【水路】スイロ 「農業用―」「船の―」「競泳の短―」
【水揚げ】みずあげ ①荷物の陸揚げ。②漁獲高。売り上げ。③芸妓などがはじめて客をとる。④花が水を吸う。
【水着】みずぎ 水泳用の衣服。
【水際】みずぎわ 陸が海・川・湖などと接する所。
【水草】みずくさ 水中に生える草や藻。
【水鳥】みずとり 水辺にすむ鳥。
〖水(みず)の低(ひく)きに就(つ)く如(ごと)し〗 自然の勢いは止めることができないたとえ。出典「孟子梁恵王上」より。
【水▽面】みなも 水面(すいめん)。みのも。「―にうつる富士」
【水▽押】みよし (和船の)船首。別表記 舳
熟語「水郭・水牛・水月・水場(みずば)・水成岩・水天宮・海水・降水・湖水・山水・入水(じゅすい)(にゅうすい)・清水(せいすい)(しみず)・潜水・名水・一衣帯水」

❸(国)みず。間に割ってはいるもの。
熟語「―入らず(=身内のみで集まる)」「―くさい(=他人行儀)」

❹みずのようなもの。
【水銀】スイギン 亜鉛族元素。温度計などに用いる。
【水晶・水精】スイショウ 石英の結晶。
【水腫】スイシュ 水分がたまる。むくみ。
【水痘】スイトウ 急性の感染症。水疱瘡(みずぼうそう)。
【水▼疱】スイホウ みずぶくれ。「やけどによる―」
【水薬】スイヤク 液体の飲み薬。みずぐすり。
【水菓子】みずガシ 果物(くだもの)。「食後の―」
熟語「水瀉(すいしゃ)・水肥・水蜜桃・香水」

❺㋐五行の一。方位は北。四季は冬。五星は辰星(水星)。㋑七曜の一。水曜日。
【水星】スイセイ 太陽系で最も太陽に近い惑星。
【水曜】スイヨウ 週の第四日。火曜日の次の日。

熟語「水徳・水府」

❻〔国〕「水素」の略。

【水素】スイソ 最も軽い元素。常温で無色無臭の気体。

【水爆】スイバク 水素爆弾。「―実験」

❼その他。

【水滸伝】スイコデン 中国明代の口語体の長編小説。

【水子】みずこ ①流産または堕胎した胎児。「―供養」②生まれて間のない子。別表記 稚子・若子

【水商売】みずショウバイ 人気に左右される商売。バーなど。

【水引】みずひき 慶弔の贈り物の飾りひも。

【水虫】みずむし 白癬菌による皮膚病。

【水物】みずもの ①水分の多い食品。②運に左右されるもの。「勝負は―だ」

【水無月】みなづき 陰暦六月の異名。別表記 六月

熟語「水鶏(くいな)・水母(くらげ)・水仙・水木・水澄・水雲(もずく)・水蕓(やまごめ)・水滸伝・水芭蕉」

【出】⇩シュツ(三〇〇ページ)

【吹】

4級 7画 口-4 音 スイ 漢 呉 訓 ふく ①3165 Ⓤ5439

難読 吹子(ふいご)・吹螺(ほらがい)・息吹(いぶき)

人名 かぜ・ふ・ふき

筆順 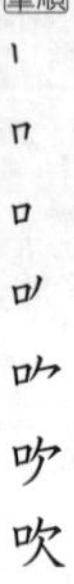

なりたち  [会意]口＋欠(口を大きくあける)。口をあけて息をふき出す意。

◇ふく(吹・噴) ●異字同訓●

「吹く」は"風が起こる。息を強く出す"の意。「木枯らしが吹く」「熱いお茶を吹いて冷ます」「口笛を吹く」「法螺(ほら)を吹く」「柳が芽を吹く」

「噴く」は"内部から外へ勢いよく出る。また、そのように出す"の意。「クジラが潮を噴く」「火を噴く山」「ご飯が噴いている」

❶空気が流れる。ふく。

【吹(き)抜け・吹き▽貫】ふきぬけ 風が吹き通る所。

《吹雪》ふぶき 「猛―で列車が止まる」「桜―」

❷ふく。唇をすぼめて息を強く吐き出す。

【吹毛】スイモウ 毛の下の疵をさがす。あらさがし。

【吹聴】フイチョウ 言いふらす。「人の失敗を―する」

熟語「吹嘘・吹塵」

❸息を吐き出して、楽器を鳴らす。ふく。

【吹奏】スイソウ 管楽器を演奏する。「―楽(がく)」

【吹鳴】スイメイ 吹きならす。「汽笛の―」

熟語「吹笛・歌吹・鼓吹」

❹ふいごなどで風を送って金属を精錬する。

熟語「吹管」

❺その他。

【吹挙】スイキョ 「推挙」に同じ。

【垂】

5級 8画 土-5 音 スイ 漢 呉 訓 たれる・たらす・しだれる・なんなんとする ①3166 Ⓤ5782

〔埀〕10画 土-7 ②5217 Ⓤ57C0

難読 垂水(たるみ)・垂氷(たるひ)・垂尾(しだりお)・垂乳根(たらちね)・垂領(たりくび)・垂髪(すべしがみ)(すべらかし・たれがみ)

人名 しげる・たり・たる

筆順 

なりたち  [形声]𠂹(葉がたれたさまの象形)音＋土。大地の果てのたれさがった辺地の意。のち、たれる意にも用いた。

❶たれる。たらす。上からのびるように下がる。

【垂線】スイセン 垂直線。

【垂▽涎】スイゼン よだれをたらす。転じて、しきりに欲しがる。「愛好家―の品」注記「すいせん」「すいえん」とも。

【垂直】スイチョク 直角である。「―線」「―の崖」

熟語「垂下・垂心・下垂・懸垂・虫垂」

❷たれる。下の者に教える。

【垂訓】スイクン 示されたいましめ。また、教えを垂れる。「山上の―」

【垂▽迹】スイジャク 菩薩が仮の姿で現れる。「本地(ほんじ)―」

【垂範】スイハン 模範を示す。「率先―」

熟語「垂教・垂示」

❸ふち。国土のはて。辺境。同 陲。

熟語「垂辺・四垂・辺垂」

❹ほとんどその状態になる。

【垂死】スイシ 今にも死にそうな状態。「―の老人」

【炊】

3級 8画 火-4 音 スイ 漢 呉 訓 たく・かしぐ ①3170 Ⓤ708A

人名 い・かし・かしぎ・とぎ・とぐ

筆順 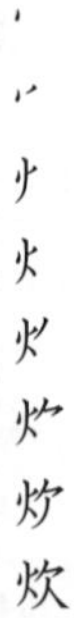

なりたち  [形声]火＋「吹の略体」(ふく)音。火を吹きおこして食材をたくの意。

◇たく(炊・▽焚・▽炷・▽薫) ●異字同訓●

「炊く」は"米などを煮て食べられるようにする"の意。「ごはんを炊く」

「焚く」は"燃やす"の意。「落ち葉を焚く」「風呂を焚く」「護摩(ごま)を焚く」「石炭を焚いて走る」

「炷く・薫く」は〝火をつけて香こうをくゆらす〟の意。「香を炷く」

❶煮たりゆでたりする。たく。

【炊煙】スイエン 飯をたく煙。「家々から―が上がる」

【炊▼爨】スイサン 飯をたく。「飯盒はんごう―」

【炊事】スイジ 食物を煮たきする。「―洗濯」

熟語「炊飯・一炊・自炊・雑炊ぞうすい」

❷ふく。同吹。

熟語「炊累」

【帥】

準2級 9画 巾-6 音 スイ漢呉・ソツ漢呉 訓 ひき-いる ①3167 Ⓤ5E25

筆順 帥

なりたち ［形声］𠂤（人の集まり）音＋巾。旗印の布を押したてて人々を兵士としてたばねる意から、ひきいる意を表す。

❶統率する。ひきいる。同率。

【帥先】ソッセン 「率先」に同じ。

❷軍隊の最高位の指揮官。

熟語「軍帥・元帥・将帥・総帥・統帥・副帥」

【粋】

3級 10画 米-4 音 スイ漢呉 訓 いき ①3172 Ⓤ7C8B

【粹】14画 米-8 ②6879 Ⓤ7CB9

人名 きよ・ただ

筆順 粋

なりたち ［形声］米＋卒（雑兵のようにこまごましているさま）音。小つぶできれいにそろった米の意から、まじりけがない意を表す。「粋」は俗字。

❶まじりけがない。すぐれた。

熟語「粋然・粋美・国粋・純粋・抜粋」

❷（国）いき。すい。あかぬけしている。

【粋狂】スイキョウ 「酔狂」に同じ。

【粋人】スイジン ①風流な人。②世事に通じた人。

熟語「粋筋いきすじ・不粋ぶすい・無粋ぶすい」

【衰】

3級 10画 衣-4 音 スイ漢呉・サイ漢 訓 おとろ-える ①3174 Ⓤ8870

筆順 衰

なりたち ［象形］草で編んで作った雨具、みのにかたどる。みののようにしおたれ、おとろえる意に用いる。

❶勢いが弱くなる。おとろえる。

【衰運】スイウン 亡びてゆく運命。「―に向かう」

【衰残】スイザン ひどくおとろえる。「―の身」

【衰弱】スイジャク 衰え弱る。「病気で―する」

【衰勢】スイセイ 勢力のおとろえ。「―を回復する」

【衰退・衰▼頽】スイタイ 勢いを失う。「産業が―する」

【衰微】スイビ 勢いを失う。「国力が―した」

【衰亡】スイボウ 力を失い滅びる。「ローマ帝国の―」

【衰滅】スイメツ 力を失い滅びる。「国家―の危機」

熟語「衰老・減衰・興衰・盛衰・必衰・老衰」

❷《サイ》蓑のような粗末な喪服。同縗さい。

【斬衰】ザンサイ 縁を縫っていない喪服。

【推】

5級 11画 手（扌）-8 音 スイ漢呉 訓 おす ①3168 Ⓤ63A8

人名 ひらく

筆順 推

なりたち ［形声］手＋隹（ずんぐりと下部がふくらんだとり）音。ずっしりと重みをかけて、手で押しやるの意。

❶おす。物事を前へ進める。

【推移】スイイ 時と共に移り変わる。「価格の―」

【推▼敲】スイコウ 文章の表現を練り上げる。「―を重ねる」出典「唐詩紀事」より

【推参】スイサン ①「訪問する」の謙譲語。「明朝―いたします」②さしでがましい。「―者」

【推進】スイシン おし進める。「改革を―する」

熟語「推力」

❷おす。選んですすめる。

【推挙】スイキョ 人をすすめる。別表記 吹挙

【推奨】スイショウ 他人にすすめる。「新製品を―する」

【推賞・推称】スイショウ ほめたたえる。

【推薦】スイセン 高く評価しすすめる。「―状」

【推▼輓・推▼挽】スイバン （車を推ぉしたり引いたりすることから）人を推挙する。「後進を―する」

熟語「推選」

❸おしはかる。ある事柄に基づいて他の物事の見当をつける。

【推計】スイケイ 推定し計算する。

【推察】スイサツ 「被害者の心情を―する」

【推算】スイサン 推定で計算する。「利益を―する」

【推測】スイソク おしはかる。「―の域を出ない」

【推断】スイダン おしはかって判断する。「―を下す」

【推定】スイテイ おしはかって決める。「犯行時刻の―」

【推理】スイリ 「小説を読んで犯人を―する」

【推量】スイリョウ おしはかる。「胸中を―する」

【推論】スイロン 推理して論じる。「実験をもとに―する」

ス

熟語「推考・推知・邪推・類推」
❹いただく。
【推戴】スイタイ 組織の長に迎える。「会長に—する」
熟語「推重・推服」

【酔】
3級 11画 酉-4 音 スイ 漢 呉 訓 よう ①3176 Ⓤ9154

【醉】15画 酉-8 ②7845 Ⓤ9189

筆順 一 冂 西 酉 酉 酊 酌 酔 酔

なりたち [形声]酉(さけ)+卒(雑兵のようにこまごましているさま)音。酒に飲みつぶれるの意。「酔」は俗字。

❶酒を飲んで正気でなくなる。よう。
【酔漢】スイカン 酒によった男。「—にからまれる」
【酔眼】スイガン 酒によった目つき。「—朦朧(もうろう)」
【酔顔】スイガン 酒によった顔つき。
【酔客】スイキャク 酒によった人。すいかく。「花見の—」
【酔狂】スイキョウ ①(「酔興」とも書く)物好き。「—にもほどがある」②酔って常軌を逸する。別表記 粋狂
【酔生夢死】スイセイムシ ぼんやりとむだに一生を終える。
【酔歩】スイホ 酒に酔って歩く。「—蹣跚(まんさん)」
【酔余】スイヨ 酒に酔ったあげく。「—の冗談」
熟語「酔歌・酔臥・酔態・昏酔・宿酔・泥酔・半酔・微酔・乱酔」
❷薬物で麻痺する。
熟語「麻酔」
❸心をうばわれる。夢中になる。よう。
熟語「心酔・陶酔」

【遂】
3級 12画 辵(辶)-9 音 スイ 漢 呉 訓 とげる・つい-に ①3175 Ⓤ9042

〔遂〕13画 辵(辶)-9

人名 かつ・つぐ・なり・なる・みち・もろ・やす・ゆき・より

筆順

なりたち [形声]辵(ゆく)+㒸(ずっしりと重いブタ)音。ずんずんと奥まですすみゆく意から、なしとげる意を表す。

やりおえる。なしとげる。とげる。
【遂行】スイコウ やりとおす。「計画を—する」注記「ついこう」と読むのは誤り。
熟語「完遂・既遂・未遂」

【睡】
準2級 13画 目-8 音 スイ 漢 呉 訓 ねむ-る・ねむ-り ①3171 Ⓤ7761

筆順

なりたち [形声]目+垂(たれる)音。まぶたを垂れてねむるの意。

ねる。ねむる。ねむり。
【睡魔】スイマ 我慢できないねむけ。「—に襲われる」
【睡眠】スイミン ①ねむる。「—不足」②活動していない。「—口座」
【睡余】スイヨ めざめた後。
熟語「睡臥・睡蓮・一睡・仮睡・午睡・昏睡・熟睡・半睡・微睡(まどろみ)」

【穂】
3級 15画 禾-10 音 スイ 漢 訓 ほ ①4270 Ⓤ7A42

【穗】17画 禾-12 ②6747 Ⓤ7A57

人名 お・ひで・ひな・みのる

筆順

なりたち [形声]禾(イネ)+惠(たれる)音。実って垂れた稲のほの意。説文では、爫(手)+禾の会意文字を示し、「穂」を異体字とする。

ほ。稲などの、茎の先。また、その形に似たもの。
【穂状】スイジョウ 植物の穂のような形。
熟語「一穂・禾穂・花穂・出穂・麦穂」

ズイ

【随】
3級 12画 阜(阝)-9 音 ズイ 呉・スイ 漢 訓 したが-う・まか-せる・まにまに ①3179 Ⓤ968F

【隨】16画 阜(阝)-13 ②7814 Ⓤ96A8

人名 あや・みち・ゆき・より

筆順

なりたち [形声]隋(くずれ落ちる)音+辵(すすむ)。くずれ落ちるままに成りゆきにまかせて進む意から、したがう意を表す。

❶つきしたがう。ついて行く。したがう。
【随一】ズイイチ 同類中で一番。「業界—の売り上げ」
【随員】ズイイン 外交使節などに同行する人。
【随行】ズイコウ 「首相訪米に—する」
【随従】ズイジュウ ①随行。②人の意見にしたがう。
【随伴】ズイハン 「大使に—する」「高血圧の—症状」
熟語「随順・随身(ずいじん)(ずいしん)・追随・付随・附随」

❷…のままに。まかせる。

【随意】ズイイ 思いのまま。「ご―にお持ち下さい」

【随喜】ズイキ 心からありがたがる。「―の涙を流す」

【随時】ズイジ いつでも。「入学は―受け付ける」

【随所・随処】ズイショ あちこち。「町の―に史跡がある」

【随想】ズイソウ 折々の感想やそれを記した文章。

【随筆】ズイヒツ 経験や感想を自由に書いた文章。

【随分】ズイブン ①非常に。とても。「―大きくなったね」②ひどい。「―なことを言われた」

熟語「随感・気随・不随・夫唱婦随」

【髄】

3級 19画 骨-9 音 ズイ(呉)・スイ(漢) ①3181 Ⓤ9AC4

【髓】23画 骨-13 ②8182 Ⓤ9AD3

〔膸〕17画 肉(月)-13 ②7127 Ⓤ81B8

人名 すね・なか

筆順

なりたち  ［形声］骨＋「隋の変形」（くずれ落ちる）音。骨の中にあって、くずれたように柔らかなものの意。

❶ずい。動物の骨や植物の茎・根の中心にある柔らかい組織。

【髄膜】ズイマク 脳と脊髄（せきずい）をおおう膜。「―炎」

熟語「髄液・延髄・骨髄・脊髄（せきずい）」

❷物事の中心。主要な部分。

熟語「髄脳・心髄・神髄・真髄・精髄」

スウ

【枢】

準2級 8画 木-4 音 スウ(漢) 訓 くるる・とぼそ ①3185 Ⓤ67A2

【樞】15画 木-11 ②6068 Ⓤ6A1E

人名 たる

筆順

なりたち  ［会意］木＋區（こまごまとしている）。細かく工夫をして作った開き戸の回転軸の意。「枢」は略字。

❶くるる。とぼそ。開き戸を開閉する回転軸。

熟語「戸枢・門枢」

❷物事のかなめ。中心になる重要な部分。

【枢機】スウキ 物事のかなめ。大切な政務。「国政の―にあずかる」

【枢軸】スウジク 物事、特に政治等の中心。「―国」

【枢要】スウヨウ 最も大切である。「―な人物」

熟語「枢奥・枢密・中枢・天枢」

【崇】

準2級 11画 山-8 音 スウ(漢)・ス(慣)・シュ(呉)・ソウ(漢)(呉) 訓 あが-める・とうと-ぶ・たか-い ①3182 Ⓤ5D07

人名 かた・し・たか・たかし・たけ

筆順

なりたち  ［形声］山＋宗（氏族団結の中心となるみたまや）音。一帯の中心となる山の意から、たかい意を表す。

❶たかい。山がそびえている。

熟語「崇岳」

❷とうとい。とうとぶ。あがめる。尊敬し重んじる。

【崇敬】スウケイ 心から尊敬する。「―の念を抱く」

【崇高】スウコウ 気高くて尊い。「―な理想」

【崇信】スウシン あがめ信じる。「人々の―を集める」

【崇拝】スウハイ あがめうやまう。「偶像―」

熟語「崇奉・尊崇」

【数】

9級 13画 攴(攵)-9 音 スウ(慣)・ス(漢)・ショク(漢)・サク(漢)(呉)・シュ(呉)・ソク(呉) 訓 かず・かぞえる・しばしば ①3184 Ⓤ6570

【數】15画 攴(攵)-11 ②5843 Ⓤ6578

人名 のり・ひら・や

筆順

なりたち  ［会意］婁（いくつも連なる）＋攵（する）。一つ一つ順序よくかぞえるの意。「数」は俗字。

❶かず。物の量や順序を表す言葉。かぞえる。

【〈数多〉】あまた たくさん。多数。「引く手―」別表記 許多

【数学】スウガク 数・量・空間に関する学問。

【数字】スウジ ①数を表す文字。漢数字・アラビア数字・ローマ数字など。②数字で表される事柄。「―に強い」

【数式】スウシキ 数学的な意味を表す式。

【数値】スウチ 計算や測定をして出た数。

【数理】スウリ ①数学の理論。②計算。「―に暗い」

【数量】スウリョウ 数と量。量。「―限定の商品」

【数列】スウレツ 規則に従って並べられた数の列。

熟語「数え年・員数・回数・概数・画数・奇数・係数・個数・算数・少数・総数・多数・点数・度数・変数・無数」

❷いくらかの。いくつかの。多くの。

【《数珠》】ジュズ 玉を糸でつないだ仏具。ずず。

【数行】スウコウ　いくつかのすじ。「―の涙が下る」
【数段】スウダン　かなり。はるかに。格段。数等。「―すぐれている」
【数等】スウトウ　かなり。ずっと。はるかに。「こちらの方が―上だ」
熟語「数軒・数日・数人・数歩」
❸天命。運命。めぐりあわせ。
【数奇】スウキ　波乱に満ちている。「―な生涯」
熟語「命数」
❹はかりごと。
熟語「権謀術数」
❺しばしば。たびたび。何度も繰り返し。
【数次】スウジ　繰り返し。「―旅券」
❻細かい。細密な。
熟語「数罟（そくこ）」
❼その他。
【数寄・数奇】すき　風流の道を好む。注記「好き」と同源で、「数寄」「数奇」と当てたもの。
【《数寄屋》・《数奇屋》】すきや　庭園の中に独立して建てた茶室。

すえる

【据】
準2級　11画　手(扌)-8　音 キョ漢・コ呉　訓 すえる・すわる　①3188　Ⓤ636E

筆順　十 扌 扌 扩 护 护 据 据

なりたち  [形声]手＋居（しりをどっしりとすえる）音。ある場所や物事をより所とするの意。

❶よる。よりどころとする。依拠する。同拠。
熟語「依据・考据」
❷おごりたかぶる。同倨（きょ）。
熟語「据傲（きょごう）」
❸はたらく。
熟語「拮据（きっきょ）（けっきょ）」
❹（国）すえる。すわる。㋐人や物を定め置く。㋑安定して動かない。
【据え膳】すえぜん　準備して前に出される食膳。「上げ膳―」「―食わぬは男の恥」
【据銃】キョジュウ　目標にねらいをつけて銃を構える。
用例「監視カメラを据える」「赤ちゃんの首が据わる」

すぎ

【杉】
準2級　7画　木-3　音 サン漢　訓 すぎ　①3189　Ⓤ6749

筆順　一 十 才 木 木 杉 杉

なりたち [形声]木＋彡（三の変形、細かいものがたくさんあるさま）音。針状の葉がたくさんつく木、スギの意。

すぎ。スギ科の常緑高木。材は芳香があって木目がよく通り、軽くて軟らかいので、建築・家具・器具材などとする。
熟語「杉風・老杉」

すそ

【裾】
2級　13画　衣(ネ)-8　新常用　音 キョ漢・コ呉　訓 すそ　①3194　Ⓤ88FE

筆順　ネ ネ ネ 衤 衤 衤 裾

なりたち  [形声]衣＋居（しりをどっしりとすえる）音。しりをおろした時に地につく衣の部分、すその意。

❶すそ。衣服の下部の縁。
【裾模様】すそモヨウ　着物の裾の模様。また、その着物。
熟語「裾裏（すそうら）・裾分（すそわけ）・裳裾（もすそ）」
❷（国）ものの下方の部分。また、山のふもと。
【裾野】すその　山麓（さんろく）の広くゆるやかな傾斜面。
熟語「裾礁（きょしょう）・山裾（やますそ）」

スン

【寸】
5級　3画　寸-0　音 スン呉・ソン漢　①3203　Ⓤ5BF8

仮名　平仮名「す」は「寸」の草体から。
人名　き・ちか・のり
難読　寸寸（ずたずた）（ずだずだ）・寸切（ずんぎり）・寸半（きなか）・寸莎（すさ）（つた）

筆順　一 寸 寸

なりたち  [指事]右手（又）の手首に横線を示し、脈をはかる意を表す。また、手の指一本ほどの長さ、一尺の十分の一の単位に用いる。

❶長さの単位。一尺の一〇分の一。
熟語「寸尺・方寸」
❷長さ。
【寸法】スンポウ　①長さ。「洋服の―をとる」②段取り。

「万事うまく行く―だ」
熟語「原寸・採寸」

❸ごく短い。ごく少ない。

【寸陰】スンイン わずかな時間。「―を惜しむ」
【寸暇】スンカ わずかな暇。「―を惜しむ」
【寸隙】スンゲキ わずかな暇やすき。「―をつく」
【寸劇】スンゲキ ごく短い軽演劇。
【寸言】スンゲン 短いが、深い意味のある言葉。
【寸毫】スンゴウ ほんの少し。「―も疑わない」
【寸刻】スンコク わずかな時刻。「―を争う」
【寸志】スンシ ①少しの気持ち。②心ばかりの贈り物。注記 へりくだった表現で、贈り物の上書きとする。
【寸時】スンジ わずかな時間。「―も怠らない」
【寸借】スンシャク ちょっと借りる。「―詐欺」
【寸前】スンゼン ほんの一瞬前。「発車―にとび乗る」
【寸善尺魔】スンゼンシャクマ 世の中にはよいことは少なく悪いことが多い。
【寸断】スンダン 「地震で鉄道が―された」
【寸鉄】スンテツ 「身に―も帯びず(=何も武器を持たない)」
【寸鉄(すんてつ)人を殺す】 小さな刃物で人を殺す。ごく短い言葉で要所をつく。出典「鶴林玉露七」より。
【寸胴】ズンドウ 上から下まで太さが同じ。ずんどう。
【寸秒】スンビョウ ごく短い時間。「―を争う」
【寸描】スンビョウ 簡単な描写。スケッチ。「下町―」
【寸評】スンピョウ 短い批評。「選者―」
【寸分】スンブン ごくわずか。「―たがわずに描く」
熟語「寸書・寸地・寸楮・寸土・寸話・一寸(いっすん)(ちょっと)・尺寸(せきすん)(しゃくすん)・胸三寸」

セ

【世】⇩セイ(三五八ページ)
【施】⇩シ(二五六ページ)

せ

【瀬】 3級 19画 水(氵)-16
音 ライ 漢 呉
訓 せ
①3205 Ⓤ702C

【瀨】 19画 水(氵)-16 ③8730 Ⓤ7028

筆順 氵 氵 沖 涑 涑 漸 瀬 瀬

なりたち  [形声]水＋賴(はげしい)音。水がはげしく流れるせの意。

❶せ。㋐流れの浅いところ。㋑川の流れの速いところ。急流。

【瀬戸】せと ①狭い海峡。②「瀬戸物」の略。注記「狭門(せと)」の意。
【瀬戸際】せとぎわ 分かれ目。「生死の―に立つ」
【瀬戸物】せともの 陶磁器の通称。
【瀬踏み】せぶみ 事前に試してみる。「立候補の―」
熟語「浅瀬(あさせ)・早瀬(はやせ)」

❷せ。(国)立場。機会。
熟語「逢瀬(おうせ)・立つ瀬」

ぜ

【是】 4級 9画 日-5
音 ゼ 呉・シ 漢
訓 こ・ここ・これ・ただしい
①3207 Ⓤ662F

人名 すなお・ただし・つな・ゆき・よし

筆順 丨 口 日 旦 早 早 昰 昰 是

なりたち  [会意]金文では、早(柄がまっすぐ突き出たさじ)＋止(足)。まっすぐ進む、ただしいの意。篆文では、日＋正。

❶ただしい。道理にかなっている。正す。よいと認める。

【是正】ゼセイ 間違いをなおす。「格差―」
【是是非非】ゼゼヒヒ 公平な立場で、よいことには賛成し悪いことには反対する。「―主義」出典「荀子(修身)」より。
【是認】ゼニン よいと認める。「増税を―する」⇔否認
【是非】ゼヒ ①よいか悪いか。「物事の―」②どうしても。「―会いたい」
【是非曲直】ゼヒキョクチョク 理非曲直。
熟語「頑是・公是・校是・国是・社是」

❷こ。ここ。これ。近称の指示代名詞。この。かく。
熟語「彼是(かれこれ)」

❸これ。…である。断定の意を表すが、訓読では伝統的に「これ」と読んできた。
熟語「如是我聞(にょぜがもん)(=このように私は聞いた)」

セイ

【井】 4級 4画 二-2
音 セイ 漢・ショウ(シャウ) 呉
訓 い
①1670 Ⓤ4E95

仮名 片仮名「ヰ」は「井」の全画の変形から。
人名 きよ

筆順 一 二 ナ 井

なりたち  [象形]甲骨文では、わくを四角に組んだいげたにかたどる。いどの意。金文・篆文では、中央に「丶」(清い水の意)を付す。

❶い。いど。水をくみ出すために大地に掘った穴。

【井戸】いど 「―を掘る」
【井戸端】いどばた 井戸のまわり。「―会議」

『井ぃの中の蛙ずかわ大海を知らず』考えが狭く、世の中を見渡した広い見識がない。出典「荘子秋水」より。

【井▼蛙】セイア 見識が狭い。井の中の蛙かわず。

熟語「井守いもり・井泉・鑿井さくせい・穿井せんせい・池井・油井」

❷いげた。「井」の字形に組んだ木枠。

【井桁】いげた 井戸の周りの「井」の字形の木枠。

熟語「井田・天井てんじょう」

❸まち。人が集まる場所。

熟語「市井」

❹その他。

【井然】セイゼン 「整然」に同じ。

【世】

8級 5画 一-4 音 セイ漢・セ呉 訓 よ ①3204 Ⓤ4E16

〔丗〕5画 一-4 ②5034 Ⓤ4E17

〔卋〕6画 十-4 ── Ⓤ534B

仮名 平仮名「せ」は「世」の行書体から。片仮名「セ」は「世」の行書体からの変形、もしくは「世」の異体字「卋」の末二画か。

難読 世吉よよし

人名 つぎ・つぐ・とき・とし

筆順 一 十 廾 廿 世

なりたち 𠀍 [会意]十を三つ合わせた形で、三十の意。子が親のあとを継ぐまでの三十年、または長い時間、転じて世の中の意を表す。

❶よ。よのなか。社会。

【世界】セカイ 「―平和」「―最高の山」「歌舞伎の―」

【世間】セケン 人々の生活している場。「―知らず」

【世間体】セケンテイ 体裁。体面。「―を気にする」

【世故】セコ 世間の種々の俗事。「―にたける」

【世事】セジ 世間の俗事。せいじ。「―にうとい」

【世辞】セジ 機嫌をとるための言葉。「お―を言う」

【世上】セジョウ 世の中。世間。「―の風聞」

【世情】セジョウ 世の中の情勢。「―に通じる」

【世人】セジン 世の中の人。世間の人。

【世説新語】セセツシンゴ 中国の逸話集。五世紀前半に成立。

【世相】セソウ 世の中のありさま。「暗い―」

【世俗】セゾク 世間一般のならわし。「―にまみれる」

【世尊】セソン 仏、特に釈迦の尊称。

【世帯】セタイ 生計を同じくする者の集団。「―主」

【世知・世▼智】セチ 世渡りの才。「―辛い」

【世評】セヒョウ 世の中の評判。せいひょう。

【世論】セロン 世間一般の意見。よろん。「―調査」注記「輿論よろん」の言い換え語。

【世話】セワ ①面倒をみる。「孫の―をする」②取り持つ。「嫁を―する」

【世過ぎ】よすぎ 暮らしていく。「身過ぎ―」

【世渡り】よわたり うまく生活していく。「―上手」

熟語「世局せいきょく・世事せいじ(せじ)・世務せいむ(せむ)・世路せいろ(せろ)・世才・世態・世道・阿世・厭世えんせい・在世・時世・処世・俗世ぞくせい(ぞくせ)・乱世」

❷とき。㋐歴史上の区分。㋑地質学の時代区分。

【世紀】セイキ 「二十一―」「―の大事業」

熟語「永世・近世・後世・絶世・中世・当世・更新世・沖積世」

❸人の一生。また、人がある地位にある期間。

【世世】セゼ (過去・未来などの)多くの世。よよ。

【世代】セダイ ①生まれた年をほぼ同じくしている一定の年齢層。②親・子・孫などのそれぞれの代。「三―同居の家」

熟語「一世・隔世・辞世・終世・当世・二世・累世・万世一系」

❹仏教で、過去・現在・未来のそれぞれの世界。

熟語「三世・宿世すくせ(しゅくせ)・前世・来世」

❺代々受け継ぐ。また、あとつぎ。

【世家】セイカ 紀伝体の歴史書で、諸侯など世襲の家柄の記録。

【世子・世嗣】セイシ 諸侯のあとつぎ。

【世襲】セシュウ 地位や職業を子孫が受け継ぐ。

【世継(ぎ)・世▽嗣】よつぎ 家督を相続する人。

熟語「世業・世祖せいそ・世嫡せいちゃく」

【正】

10級 5画 止-1 音 セイ漢・ショウ(シャウ)呉 訓 ただしい・ただす・まさ・かみ ①3221 Ⓤ6B63

人名 あきら・おさ・かみ・きみ・さだ・たか・ただ・つら・なお・のぶ・まさし・よし

筆順 一 丅 下 正 正

なりたち 𤴓 [会意]一(場所)+止(行く)。ある場所に向かってまっすぐ行く意から、ただしい意を表す。

◇ただす(正・▼糺・▽糾・▽質) ●異字同訓●

「正す」は"正しくする"の意。「誤りを正す」「姿勢を正す」「是非を正す」

「糺す・糾す」は"真偽や事実をきびしく問い調べる"の意。「罪を糺(糾)す」「事の真相を糺(糾)す」

「質す」は"問う"の意。「発言の真意を質す」「疑問の点を執筆者に質す」

❶ただしい。かたよらない。まともである。

【正気】ショウキ 正常な精神。「―の沙汰ではない」⇔狂気

【正金】ショウキン ①紙幣に対して、金銀貨幣。②現金。
【正直】ショウジキ うそやごまかしがない。「―な人」「―の頭(こうべ)に神宿る」「―なところ、千円は高い」
【正真正銘】ショウシンショウメイ 「―の純金です」
【正法】ショウボウ （仏）正しい仏法。また、正しい仏法の行われる時期。釈迦の死後の五百年（または千年）間。正法時。
【正解】セイカイ 正しい解答や解釈。
【正確】セイカク 正しくまちがいない。「―な時刻」
【正義】セイギ 正しい道義。「―を貫く」「―感」
【正誤】セイゴ ①正しいことと誤っていること。②誤っていることを正す。「―表」
【正座・正▼坐】セイザ 姿勢正しくすわる。端座。
【正邪】セイジャ 正しいことと不正なこと。「―曲直」
【正常】セイジョウ 「ダイヤは―に戻った」⇔異常
【正正堂堂】セイセイドウドウ 態度が正しく立派である。
【正則】セイソク 規則どおりである。正規。⇔変則
【正大】セイダイ 正しく堂々としている。「公明―」
【正当】セイトウ 正しいさま。「―な理由」「―防衛」
【正論】セイロン 道理にかなった正しい議論・主張。
熟語「《セイ》正答・正道・正否・厳正・公正・中正・適正」「《ショウ》正絹・正真・正銘・正面」

❷ただす。間違いを改める。
熟語「改正・矯正・校正・叱正・修正・粛正・是正・訂正・補正」

❸ととのっている。
熟語「正方形・端正」

❹まさに。まさしく。ちょうど。
【正午】ショウゴ 昼の一二時。
熟語「正中」

❺年のはじめ。しょうがつ。
【正月】ショウガツ 一年の最初の月。一月。睦月(むつき)。
熟語「正旦・賀正」

❻主であるもの。
【正客】ショウキャク 中心となる客。茶会の最上位の客。
【正本】ショウホン 謄本などのもとになった本。せいほん。
熟語「正使・正犯・正賓・正副・正会員」

❼本来的なもの。中心的なもの。
【正体】ショウタイ ①本当の姿。「―を現す」②正常な精神状態。正気。「―を失う」
【正味】ショウミ ①風袋(ふうたい)を除いた中身の重さ。②物事の実質。「―七時間働く」③掛け値なしの値段。また、原価。
【正価】セイカ 掛け値なしの値段。「現金―」
【正眼】セイガン ①（「青眼」とも書く）剣道で、刀の切っ先を相手の目に向ける構え方。中段の構え。「―の構え」②正視する。
【正気】セイキ 至高・至大な天地の元気。
【正規】セイキ 正式の規定。「―の手続き」
【正業】セイギョウ まじめな、かたぎの仕事。「―につく」
【正攻法】セイコウホウ 奇策などを用いず、堂々と攻撃するやり方。
【正▼鵠】セイコク ①的(まと)の中央の黒点。②ねらいどころ。急所。要点。「―を射る（＝物事の要点を正しくおさえる）」
【正妻】セイサイ 正式に結婚した妻。本妻。
【正史】セイシ ①国家によって編纂(へんさん)された正式の歴史書。⇔外史・稗史(はいし)。②紀伝体で書かれた歴史書。「史記」「漢書」など。
【正式】セイシキ 正規の方式。本式。「―に認可される」
【正室】セイシツ （高貴な人の）正妻。本妻。⇔側室
【正▼閏】セイジュン ①正統と閏統。②平年と閏年(うるうどし)。
【正対】セイタイ 「相手の論に―していない意見」
【正嫡】セイチャク 正妻が生んだ子。嫡子。せいてき。
【正調】セイチョウ 唄い方が正統である。「―江差追分」
【正統】セイトウ 正しい系統や血筋。⇔異端
熟語「正員・正餐・正使・正字・正装・正殿・正門」

❽同じ位階で上位となるもの。
熟語「正三位(しょうさんみ)」

❾おさ。長官。
熟語「僧正(そうじょう)・検事正」

❿（数）零より大きい数。
熟語「正数・正負」

⓫（国）かみ。律令制で、諸司の長官。
熟語「采女正・織部正」

【生】

10級　5画　生-0　①3224　Ⓤ751F

音 セイ漢・ショウ（シャウ）呉
訓 いきる・いかす・いける・うまれる・うむ・おう・はえる・はやす・き・なま・うぶ・な-る

難読 生欠(なまあくび)（生欠伸）・生皮苧(きびそ)・生姜(しょうが)（生薑）・生飯(さば)・生業(すぎわい)（なりわい）・生節(なまぶし)（なまりぶし）・生憎(あいにく)
人名 あり・お・おき・すすむ・たか・なり・なる・のり・ふ・ふゆ・ぶ・み・よ
筆順 ノ 𠂉 牛 牛 生
なりたち  ［象形］土の上に草木がはえたさまにかたどる。はえる・いきる・うまれるの意。
◉異字同訓◉【成】（三六一ページ）の「異字同訓」欄を参照のこと。

❶うむ。新しいものを作り出す。うまれる。
【生(い)立ち】おいたち 生まれ育った経歴・過程。
【生国】ショウゴク 生まれた国。生まれ故郷。
【生滅】ショウメツ 生まれることと死ぬこと。

セ

【生老病死】(ショウロウビョウシ)　〔仏〕のがれられない四つの苦しみ。

【生育】(セイイク)　「稲の―が悪い」

【生後】(セイゴ)　「―四か月の赤ん坊」

【生産】(セイサン)　製品や農産物を作る。「大量―」

【生殖】(セイショク)　うみふやす。「―本能」

【生成】(セイセイ)　生じる。生じさせる。「化合物の―」

【生生流転】(セイセイルテン)　すべてのものはたえず変化する。しょうじょうるてん。

【生誕】(セイタン)　（偉人が）うまれる。「―百年」

【生知安行】(セイチアンコウ)　生まれながらにして道義に通じ、安んじて実行する。出典「中庸二十章」より。

【生得】(セイトク)　生まれつき。しょうとく。「―の才能」

【生年】(セイネン)　①生まれたとし。「―月日(がっぴ)」⇔没年。②誕生からの年数。しょうねん。

【生物】(セイブツ)　いきもの。動植物。「―の進化」

【生母】(セイボ)　生みのはは。実母。

【生面】(セイメン)　あたらしい方面。「一―を開く」

【生来】(セイライ)　①生まれつき。しょうらい。「―の怠け者」②生まれてこのかた。「―病気を知らない」

熟語「生没・生歿・生死流転(しょうじるてん)・生滅滅已(しょうめつめつい)・往生(おうじょう)・再生・出生(しゅっしょう(せい))・創生・胎生・誕生・発生」

❷はえる。おう。草木が芽や枝を出す。はやす。
【生長】(セイチョウ)　（植物が）伸び育つ。「稲が―する」

【生(け)垣・生け▼籬】(いけがき)　樹木を植え並べた垣根。

熟語「寄生・対生・野生」

❸いきる。命をたもつ。いかす。また、いのち。
【生き▽甲▼斐】(いきがい)　生きる意義や喜び。

【生き字引】(いきじびき)　何でも知っている人。

【生け▼簀】(いけす)　魚を生かしておく所。

【生け捕り・生け▼擒】(いけどり)　生きたまま捕らえる。

【生け▼贄】(いけにえ)　生きたまま神に供える生き物。

【生涯】(ショウガイ)　一生。「波瀾の―をとじる」


【生者必滅】(ショウジャヒツメツ)　〔仏〕生あるものは必ず死ぬ。

【生花】(セイカ)　①自然の生きた花。②いけばな。

【生還】(セイカン)　生きて帰って来る。「奇跡の―」

【生気】(セイキ)　いきいきとした力。「―のない顔」

【生殺与奪】(セイサツヨダツ)　思うままにする。「―の権」

【生死】(セイシ)　生きるか死ぬか。「―にかかわる」

【生色】(セイショク)　元気な顔色や様子。「―を取り戻す」

【生生】(セイセイ)　「―発展」「―たる草木」

【生前】(セイゼン)　死んだ人の存命中。「父の―の面影」

【生息】(セイソク)　動物がそこで生きる。棲息(せいそく)。

【生存】(セイゾン)　生き残る。せいそん。「―競争」

【生体】(セイタイ)　生物の生きている体。「―実験」

【生動】(セイドウ)　「気韻―(=書画がいきいきとしている)」

【生別】(セイベツ)　生きたまま別れる。いきわかれ。

【生命】(セイメイ)　生物の活動の本源。「―の起源」

【生理】(セイリ)　「―現象」「―(=月経)休暇」

【生を▽視ること死の如し】(せいをみることしのごとし)　生死を超越して天命に従う。出典「列子仲尼」より。

【生身】(なまみ)　現に生きている。「―の人間」

熟語「生類(しょうるい)・生物・生霊(せいれい(いきりょう))・一生・衛生・共生・写生・終生・衆生(しゅじょう)・人生・殺生(せっしょう)・畜生・長生・養生(ようじょう)・余生」

❹世に現れる。おこる。
【生起】(セイキ)　物事が起こる。「争乱が―する」
熟語「発生」

❺くらし。日日のいとなみ。
【生活】(セイカツ)　「日常―」「―費」

【生業】(セイギョウ)　生活のための職業。「―を営む」

【生計】(セイケイ)　生活のための手段。「―を立てる」

【生態】(セイタイ)　自然界における生物の様子。「―系」

【生▽業】(なりわい)　生計のための仕事。「医を―とする」

熟語「厚生・平生」

❻人。特に、学習する人。
【生徒】(セイト)　主に中学や高校で授業を受ける者。
熟語「生徒・学生(がくせい(がくしょう))・書生・研究生」

❼男子の謙称。
熟語「小生・老生」

❽なま。熟していない。不完全な。
【生硬】(セイコウ)　表現が未熟で硬い。「―な文章」

【生意気】(なまイキ)　「―な口をきく新入社員」

【生殺し】(なまごろし)　殺す寸前まで痛めつける。「蛇の―」

【生半】(なまなか)　中途半端。「―な同情はいらない」

【生半可】(なまハンカ)　徹底していない。「―な知識」

【生兵法】(なまビョウホウ)　半端な知識。「―はけがのもと」

【生返事】(なまヘンジ)　いいかげんな返事。

❾なま。新鮮な。加熱していない。
【生薬】(ショウヤク)　植物などをそのまま使った薬。

【生食】(セイショク)　なまで食べる。「魚を―する」

【生鮮】(セイセン)　食品が新鮮である。「―食料品」

【生木】(なまき)　「―を裂く(=相愛の男女を引き裂く)」

【生傷・生▼疵】(なまきず)　新しい傷。「―が絶えない」

熟語「生臭(なまぐさ)・生塵(なまごみ)・生魚」

❿なる。実がなる。実る。
【生り年】(なりどし)　果実がよくなる年。


⓫〔国〕き。混じりけがない。うぶ。

【生一本】(きイッポン)　①混じり気がない。「灘(なだ)の―」②いちずだ。「―な性格」

【生糸】(きいと)　蚕(かいこ)の繭からとったままの糸。

【生っ粋】(きっスイ)　まじりけがない。「―の江戸っ子」

【生《真面目》】(きまじめ)　非常にまじめだ。「―な性格」

【生娘】(きむすめ)　うぶな娘。処女。

熟語「生絹(きぎぬ(すずし))・生蕎麦(きそば)」


⓬〔国〕いける。切り花を器に形よく入れる。

【成】〔成〕7画 戈-3

7級 6画 戈-2 音 セイ漢・ジョウ(ジャウ)呉 訓 なる・なす ①3214 Ⓤ6210 Ⓤ2F8B2

人名 あき・あきら・おさむ・さだ・さだむ・しげ・しげる・なり・のり・はる・ひで・ひら・ふさ・まさ・みち・みのる・よし

筆順 丿 厂 万 成 成 成

なりたち  [形声]戊(ほこ)＋丁(くぎ)音。木の表面をほこでけずり、くぎを打ってしあげるの意。

◉異字同訓◉

◇なす(成・▽為・▽生)

「成す」は"つくる。ある状態を作り出す"の意。仮名で書くことも多い。「石油で財を成す」「魚が群れを成す」「文章の体を成さない」「災いを転じて福と成す」

「為す」は"する。行う"の意。仮名書きが普通。「人力の為し得るところではない」「為すがままに任せる」「為せば成る」

「生す」は"子を産む"の意。「子まで生した仲」「生さぬ仲」

◇なる(成・▽為・▽生)

「成る」は"できあがる。成功する。構成される"の意。「体育館の新装成る」「名人の手に成る逸品」「全勝優勝成らず」「水は水素と酸素とから成る」

「為る」は"別のものに変わる。別の状態に達する"の意。仮名書きが普通。「雪が雨に為る」「春に為る」「早く大人に為りたい」「おたまじゃくしが蛙に為る」

「生る」は"実ができる。みのる"の意。「梅の実が生る」「ミカンが枝にたわわに生る」

❶なる。できあがる。

【成就】ジョウジュ 願いなどがかなう。「大願―」
【成仏】ジョウブツ 悟りを開く。また、死んで仏となる。
【成案】セイアン 完結した考えや文案。「―を得る」
【成因】セイイン 物事のできあがる原因。「火山の―」
【成句】セイク ①有名な名句やことわざ。「故事―」②慣用句。
【成▼蹊】セイケイ 徳のある人のところには自然と人が集まることのたとえ。注記「史記李将軍伝賛」の「桃李(とうり)もの言わざれども下(した)自(おの)ずから蹊(みち)を成す」から。
【成語】セイゴ ①成句。「故事―」②「熟語」に同じ。
【成婚】セイコン 結婚が成立する。「皇太子御―」
【成績】セイセキ 「国語の―が上がる」「営業―」
【成敗】セイハイ 成功と失敗。「―は時の運」
【成敗】セイバイ 罰する。「喧嘩両―」
【成否】セイヒ 成功か失敗か。「交渉の―を握る」
【成約】セイヤク 契約が成り立つ。「月間―件数」
【成立】セイリツ 成り立つ。「契約が―する」
熟語「完成・既成・落成」

❷みのる。一人前にそだつ。

【成育】セイイク 育って大きくなる。「稚魚が―する」「稲の―」
【成熟】セイジュク 「―した大人」「機運の―」
【成人】セイジン 大人になる。「―式」
【成体】セイタイ 成熟して生殖可能になった生物体。
【成虫】セイチュウ 成熟した昆虫。⇔幼虫
【成長】セイチョウ 「息子が―した」「経済―」
【成年】セイネン 大人として認められる年齢。
熟語「成魚・大成・晩成・老成(ろうせい)(ひね)」

❸なす。やりとげる。作る。そだてる。

【成員】セイイン 団体や組織の構成メンバー。
【成果】セイカ よい結果。「―を収める」
【成功】セイコウ うまくいく。「実験が―する」▽⇔失敗
【成算】セイサン うまくいく見込み。「―がある」
【成分】セイブン ある物を構成している要素・物質。
熟語「育成・結成・構成・作成・賛成・達成・編成・養成」

❹まこと。同誠。

熟語「真成(しんせい)」

❺(国)貴人がお出かけになる。おいでになる。

熟語「御成り」

【西】

9級 6画 襾-0 音 セイ漢・サイ呉 訓 にし ①3230 Ⓤ897F

難読 西比利亜(シベリア)・西瓜(すいか)・西表(いりおもて)・西貢(サイゴン)

人名 あき・し

筆順 一 丆 万 丙 襾 西

なりたち  [象形]酒をこすためのざるにかたどる。借りて、方位のにしの意に用いる。

❶にし。太陽のしずむ方角。

【西下】サイカ 東京から西方へ行く。⇔東上
【西国】サイゴク ①関西地方より西の国。②西国三十三所の略。注記「さいこく」とも。
【西域】セイイキ 中国の西方地域の総称。さいいき。
【西欧】セイオウ 西ヨーロッパ。
【西経】セイケイ 西半球の経度を表す数値。⇔東経
【西▼戎】セイジュウ 中国における西方の異民族の呼称。
【西漸】セイゼン 東の文明・勢力が西方に進む。
【西部】セイブ ①ある地域の西の部分。②アメリカ合衆国の西の地方。「―劇」
【西日】にしび 西に傾いた太陽の光。「―が強い」
熟語「西海(さいかい)・西京(さいきょう)・西進・西方浄土・関西・湖西・鎮西(ちんぜい)・東西・南西・洛西」

セ

セ

❷「西洋」をいう。

熟語 【西紀】セイキ 西洋の紀元。西暦。
【西洋】セイヨウ 欧米諸国。「―料理」⇔東洋
【西暦】セイレキ イエス＝キリストの生誕を元年とする暦。
熟語「泰西たいせい」

❸「西班牙スペイン」の略。
熟語「日西辞書・米西戦争」

❹その他。
【西遊記】サイユウキ 中国、明代の口語体の長編小説。呉承恩作。四大奇書の一。
【西施せいしの顰ひそみに倣ならう】むやみに人の真似をする。西施捧心ほうしん。出典「荘子 天運」より。
【西蔵】セイゾウ チベットの中国での呼び名。

【声】【聲】

9級 7画 士-4 ／ 17画 耳-11
音 セイ漢・ショウ(シャウ)呉 訓 こえ・こわ
①3228 Ⓤ58F0 ／ ②7065 Ⓤ8072

難読 声聞しょうもん
人名 おと・かた・ちか・な・のぶ・もり
筆順 一 十 士 韦 吉 声 声
なりたち  [形声]殸(玉または石板で作った打楽器)音＋耳。耳で音楽を聞く意から、こえ・おとの意を表す。「声」は略字。

❶こえ。ひびき。おと。こえに表す。
【声色】こわいろ ①声の調子や感じ。②声帯模写。
【声高】こわだか 声を高くあげる。「―に主張する」
【声域】セイイキ 発声できる高低の範囲。「広い―」
【声援】セイエン 声による応援。「―を送る」
【声楽】セイガク 声による音楽。「―家」⇔器楽
【声帯】セイタイ のどの中間部にある発声器官。
【声明】セイメイ 意見を広く発表する。「共同―」
【声門】セイモン 声帯の間にある間隙。
【声優】セイユウ 声だけで出演する俳優。
【声量】セイリョウ 声の大きさ。「豊かな―」
【声涙せいるい倶ともに下くだる】悲憤慷慨ひふんこうがいして泣きながら語る。出典「晋書 王彬伝」より。
熟語「声部・声紋・声帯模写・音声・歓声・奇声・混声・叱声・銃声・天声・肉声・罵声・発声・美声・大音声だいおんじょう」

❷音楽。ふし。調子。
【声明】ショウミョウ 僧によって唱えられる声楽。
熟語「声曲・声調」

❸うわさ。評判。ほまれ。
【声価】セイカ 世間の評価。「高い―を得る」
【声望】セイボウ よい評判や人気。「―のある人」
【声名】セイメイ よい評判。「―が高まる」
熟語「声威・声聞せいぶん・名声」

❹発音の性質。㋐中国語の四つの声調。㋑漢字の頭子音とうしおん。
熟語「声母・去声きょしょう(きょせい)・四声しせい・上声じょうしょう(じょうせい)・双声・入声にっしょう(にっせい)・平声ひょうしょう(へいせい)」

【制】

6級 8画 刀(刂)-6
音 セイ漢呉 訓 おさ-える
①3209 Ⓤ5236

人名 いさむ・おさむ・さだ・すけ・ただ・のり
筆順 ノ 𠂉 午 台 制 制 制
なりたち  [会意]「未の変形」(若い枝がはえた木)＋刀。若い枝を残し、不要な枝を刀で切る意から、断ち切る、形をととのえる意を表す。

❶きめる。さだめる。きまり。おきて。
【制裁】セイサイ こらしめや罰。「―を加える」
【制札】セイサツ 禁止事項などを書いた立て札。
【制定】セイテイ 法律などを定める。「憲法を―する」
【制度】セイド 「社会保障―」「徒弟―」
【制服】セイフク 学校や会社で定められた服。⇔私服
熟語「学制・官制・旧制・体制・法制・定時制」

❷つくる。こしらえる。
【制作】セイサク 作品などをつくる。「卒業―」
熟語「編制」

❸おさえる。とめる。
【制限】セイゲン 限界を定める。「入場―」
【制止】セイシ 行動をとめる。「発言を―する」
【制約】セイヤク 自由に活動させない。「―を受ける」
熟語「規制・禁制・牽制・自制・節制・抑制」

❹支配する。意のままにする。
【制圧】セイアツ 力ずくで支配下におく。「武力―」
【制球】セイキュウ ねらい通りに球を投げる技。「―力」
【制御・制▼禦・制▼馭】セイギョ 「―装置」「欲望を―する」
【制覇】セイハ 「世界―」「大会―を目指す」
熟語「圧制・強制・専制・帝制・統制」

【姓】

4級 8画 女-5
音 セイ漢・ショウ(シャウ)呉 訓 かばね
①3211 Ⓤ59D3

注記 もと、「姓」は血統・家系を、「氏」は尊卑による家柄をいったが、漢代以降混用されるようになった。
人名 うじ
筆順 く 女 女 女' 女⺧ 姓 姓
なりたち  [形声]女＋生(うまれる)音。同じ女性の先祖から生まれ出る意から、母系の血筋を示す氏族名の意を表す。

❶かばね。氏族の名。血統や家系を表す名。

【姓】(かばね) 〔国〕古代の豪族の称号。

【姓氏】セイシ ①姓(かばね)と氏(うじ)。氏姓。②「名字(みょうじ)」に同じ。

【姓を冒(おか)す】 別の姓を称する。他家を継ぐ。出典「史記(衛将軍・驃騎伝)」より。

熟語「素姓(すじょう)・氏姓制度」

❷家の名。名字(みょうじ)。

【姓名】セイメイ 名字と名前。氏名。

熟語「異姓・改姓・旧姓・俗姓・同姓・本姓」

【征】

4級 8画 彳-5 音 セイ㊥・ショウ(シャウ)㊮ 訓 う-つ・ゆ-く ①3212 Ⓤ5F81

人名 さち・そ・ただし・ただす・まさ・もと・ゆき

筆順 ノ ク 彳 彳 彳 征 征 征

なりたち  [形声]彳(ゆく)+正(ある場所に向かってまっすぐ行く)㊥。「正」がただしい意に用いられるようになったため、「彳」を加えた。篆文では、辵(ゆく)+正とする。

❶ゆく。旅に出る。

【征途】セイト 旅、特に出征の道。「―につく」

熟語「征衣・征蓬(せいほう)・征路」

❷うつ。行って攻め滅ぼす。

【征▼夷大将軍】セイイタイショウグン ①蝦夷(えみし)征討のため派遣された将軍。②幕府政権の長の職名。

【征討】セイトウ 反逆者をせめうつ。「―軍」

【征伐】セイバツ 反逆者や悪者を討つ。「賊を―する」

【征服】セイフク 「異民族を―する」「エベレストを―する」

【征矢・征▼箭】そや 戦闘に用いる矢。尖(とが)り矢。

熟語「征戦・征野・遠征・外征・出征・長征」

【性】

6級 8画 心(忄)-5 音 セイ㊥・ショウ(シャウ)㊮ 訓 さが ①3213 Ⓤ6027

人名 なり・もと

筆順 丶 丶 忄 忄 忄 性 性 性

なりたち  [形声]心+生(うまれつき)㊥。生まれながらに備わっている心の意。

❶さが。生まれつきの心・人柄。

【性懲り】しょうこり 心底から懲りる。「―もなく間違いを繰り返す」

【性根】しょうね 根本的な心構え。「―を据える」

【性分】しょうぶん 生まれつきの性質。「損な―」

【性悪】しょうわる 性格が悪い。「―な子」

【性格】セイカク 性質や傾向。「―の不一致」

【性急】セイキュウ せっかち。「―な結論を避ける」

【性向】セイコウ 性質の傾向。「日本人の―」

【性行】セイコウ 性質とおこない。「―不良」

【性質】セイシツ 「温和な―」「さびにくい―の金属」

【性状】セイジョウ 人の性質と行状。物の性質と状態。

【性情】セイジョウ 生まれつきの気質。

【性癖】セイヘキ 性質の片寄り。「変わった―」

【性来】セイライ 生まれつき。しょうらい。「―の頑固者」

熟語「性悪説・性善説・感性・個性・根性・資性・習性・天性・品性・母性・本性(ほんしょう)・野性・理性・苦労性・人間性・貧乏性」

❷物事の本質的な性質。傾向。

【性能】セイノウ 機械などの能力。「―のよい車」

熟語「悪性・急性・酸性・水性・属性・定性・陽性・安全性」

❸雌雄の区別。

【性差】セイサ 男女差。「体力には―がある」

【性別】セイベツ 男性と女性、雌と雄の区別。

熟語「異性・女性(じょせい)(にょしょう)・男性・同性」

❹生殖本能の働き。

【性愛】セイアイ 男女間の性的な愛情。

【性感】セイカン 性的な快感。

【性器】セイキ 生殖器官。生殖器。

【性交】セイコウ 男女が性的交わりをする。セックス。

【性的】セイテキ 性に関する。「―な魅力」

【性病】セイビョウ 性行為によって感染する病気。

【性欲・性▼慾】セイヨク 性的な結びつきを求める欲望。

【青】

10級 8画 青(靑)-0 音 セイ㊥・ショウ(シャウ)㊮ 訓 あお・あおい ①3236 Ⓤ9752

〔靑〕8画 青-0 ― Ⓤ9751

注記 現代中国では、色彩の「あお」にはふつう「藍」を用いる。

難読 青茅(かりやす)・青梅(おうめ)・青梗菜(チンゲンサイ)・青箭魚(さごし)・青蝦(しばえび)

人名 きよ・はる

筆順 一 十 キ 主 丰 青 青 青

なりたち  [形声]主(生の変形、草が生える)㊥+円(丹の変形、丹砂などの染料)。草色の染料、あおいの意。

❶あお。あおい。藍(あい)色や緑色。晴れた空や草木などの色。また、緑の草木。

【青息吐息】あおいきといき 「不況で企業はどこも―だ」

【青写真】あおジャシン 設計図。未来の構想。

【青空】あおぞら 青い空。また、屋外。「―教室」

【青天井】あおテンジョウ ①青空。②相場が上がり続ける。

【青菜】あおな 「―に塩(=元気なく沈んでいる)」

【青葉】あおば 青々と生い茂った木の葉。

【青は藍(あい)より出でて藍より青し】 青は藍を原料としながら藍より青いの意。弟子が師よりもすぐ

セ

れているたとえ。出藍(しゅつらん)。出藍の誉れ。出典「荀子(勧学)」より。

【青物】(あおもの) ①緑色の野菜。②背の青い魚。

【青▽柳】(あおやぎ) ①青々と茂った柳。②バカガイの身。

【青雲】(セイウン) ①青空。②地位・学徳などが高い。「―の士」「―の志をいだく」

【青果】(セイカ) 野菜と果物の総称。「―市場」

【青眼】(セイガン) ①歓迎する気持ちを表す目つき。出典「晋書(阮籍伝)」より。②正眼。

【青山】(セイザン) ①木が茂った山。②骨を埋める地。「人間(じんかん)いたる所―あり」

【青天(せいてん)の霹靂(へきれき)】 突然の大事件。人を驚かす変動。出典 陸游「九月四日鶏未鳴起作」より。晴れた日に突然起きる雷の意。

【青天白日】(セイテンハクジツ) ①よく晴れた空。②疑いがはれる。やましさがない。「―の身となる」

【青銅】(セイドウ) 銅とスズとの合金。「―器」

【青票】(セイヒョウ) 国会で反対票に使う青い札。⇔白票

【青▽嵐】(セイラン) ①青々とした山の気。②青葉を吹き渡る風。あおあらし。

【青▽竜】(セイリョウ) 青い竜。東方の守護神。せいりゅう。

【青楼】(セイロウ) ①高貴な美人のいる楼。②女郎屋。妓楼。

熟語「青桐(あおぎり)・青磁・青松(せいしょう)・青黛(せいたい)・青天・青大将・青竜刀・群青(ぐんじょう)・紺青(こんじょう)・刺青(しせい)(いれずみ)・丹青・歴青(れきせい)・瀝青(れきせい)・緑青(ろくしょう)・万年青(まんねんせい)(おもと)」

❷新鮮な。年若い。

【青春】(セイシュン) 若く元気な時代。「―を謳歌する」

【青少年】(セイショウネン) 青年と少年。若い人たち。

【青年】(セイネン) 青春期の若い人。「―実業家」

熟語「青娥(せいが)・青壮年」

❸あお竹の皮。転じて、竹簡。

【青史】(セイシ) 記録。歴史書。注記 昔、紙のない時代、青竹を火で炙(あぶ)って青みを除いた竹簡に書きつけたことから。

熟語「汗青」

❹化学で、シアンに当てる。

熟語「青酸・青化法」

❺(国)あお。未熟である。

【青二才】(あおニサイ) 若くて、経験の足りない男。

【青▽瓢▽箪】(あおビョウタン) やせて顔色の悪い人。

【斉】

準2級 8画 齊(斉)-0 音 セイ(漢)・シ(漢)・サイ(呉) 訓 そろ-う・ととの-う・ととの-える・ひとし-い ①3238 Ⓤ6589

【齊】 14画 齊-0 ②8378 Ⓤ9F4A

難読 斉魚(えつ)

人名 きよ・ただ・ただし・とき・とし・なお・なり・ひとし・まさ・むね・よし

筆順 

なりたち  [象形]甲骨文では、◇の形三つで、稲や麦の穂先がはえそろっている形にかたどる。ひとしい、そろうの意。のちに「月」(板または布)を加えた。「斉」は略字。

❶《セイ・サイ》そろう。そろえる。ひとしくする。また、ひとしい。

【斉一】(セイイツ) 一様で整っている。「―な条件」

【斉唱】(セイショウ) 「校歌―」「万歳―」

熟語「斉奏(せいそう)・一斉・均斉・不斉」

❷ととのえる。おさめる。ととのう。

【斉家】(セイカ) 家をととのえる。「修身―」

❸おごそか。うやうやしくつつしむ。

熟語「斉粛(せいしゅく)」

❹中国の国名。

【斉】(セイ) ①周代の侯国。②春秋・戦国時代の国。今の山東省。

【斉東野人】(セイトウヤジン) 道理を知らない田舎者。出典「孟子(万章上)」より。

【政】

6級 9画 攴(攵)-5 音 セイ(漢)・ショウ(シャウ)(呉) 訓 まつりごと ①3215 Ⓤ653F

難読 政所(まんどころ)

人名 おさ・かず・きよ・すなお・ただ・ただし・ただす・なり・のぶ・のり・まさ・まさし・ゆき

筆順 

なりたち 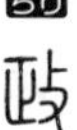  [形声]正(ただしい)音+攵(する)。世の中をただしく治めるの意。

❶ただす。まつりごと。世の中をおさめる。

【政界】(セイカイ) 政治家の社会。「―入りする」

【政教】(セイキョウ) 政治と宗教。「―分離」

【政局】(セイキョク) 政治の動向。「混沌とした―」

【政経】(セイケイ) 政治と経済。「―学部」

【政見】(セイケン) 政治家としての意見。「―放送」

【政権】(セイケン) 政治を行う権力。「―の座につく」

【政綱】(セイコウ) 政府や政党の政策の根本。

【政策】(セイサク) 政府・政党の方針。「外交―」

【政治】(セイジ) 国家の統治作用。まつりごと。「民主―」

【政情】(セイジョウ) 政治の情勢。「―不安」

【政争】(セイソウ) 政治上の争い。「政策を―の具とする」

【政庁】(セイチョウ) 政務を取り扱う官庁。

【政敵】(セイテキ) 政治上の敵。「選挙で―を倒す」

【政党】(セイトウ) 「―政治」「支持―」

【政府】(セイフ) 政治を行う機関。「―の方針」

【政変】(セイヘン) 政権の急激な交替や変化。

【政務】(セイム) 政治上の事務。「―を執る」

【政略】(セイリャク) 政治上の策略。「―結婚」

【政令】セイレイ　内閣が制定する命令。「―指定都市」
【政論】セイロン　政治に関する議論。「―を戦わす」
熟語「政客（せいかく）（せいきゃく）・政議・政事・政商・政体・政談・政道・悪政・為政・院政・苛政・行政・憲政・国政・財政・施政・執政・摂政・治政・太政官（だじょうかん）（だいじょうかん）」
❷物事をととのえおさめる。
熟語「家政」

【星】

9級　9画　日-5
音 セイ漢・ショウ（シャウ）呉
訓 ほし
①3217　Ⓤ661F

難読 海星（ひとで）
人名 とし
筆順 丨 ㄇ 日 尸 旦 星 星 星 星
なりたち ［形声］金文では、晶（きらきら輝く星）＋生（いきいきとしている）音。いきいきとしてきらめく星の意。

❶ほし。天体。
【星雲】セイウン　雲状の天体。ガスや塵からなる。
【星座】セイザ　「冬の―」「―占い」
【星条旗】セイジョウキ　アメリカ合衆国の国旗。
【星団】セイダン　恒星の大集団。「球状―」
【星夜】セイヤ　星の美しい夜。星月夜。
【星影】ほしかげ　星の光。「―さやかな夜」
【星▼屑】ほしくず　無数の小さな星。
【星月夜】ほしづきよ　星の光が月のように明るい夜。
熟語「星宿・星辰・星芒・星空・運星・衛星・金星・恒星・新星・彗星・瑞星・明星・遊星・流星・矮星・惑星・北斗七星」
❷つきひ。時の流れ。としつき。
【星霜】セイソウ　年月。「幾―を経る」
❸偉大な人物。重要な人物。権威者。
熟語「巨星・将星」
❹（国）ほし。㋐ねらいをつけた相手。また、容疑者を指す警察関係の隠語。㋑勝ち負けを表す丸い印。
熟語「星取り表・金星・黒星・図星・白星・本星・目星」

【牲】

3級　9画　牛-5
音 セイ漢
訓 いけにえ
①3223　Ⓤ7272

筆順 ノ 𠂉 牛 牛 牛 牪 牲 牲
なりたち ［形声］牛＋生（いきる）音。いけにえとして供える生きたままの牛の意。

いけにえ。祭りで、神に供える家畜類。
熟語「犠牲・五牲・三牲・特牲」

【省】

7級　9画　目-4
音 セイ漢・ショウ（シャウ）呉
訓 かえりみる・はぶく・つかさ
①3042　Ⓤ7701

人名 あきら・かみ・み・よし
筆順 亅 小 小 少 少 省 省 省
なりたち ［会意］少（すくない）音＋目。目を細めて注意深く見る意から、みる・かえりみるの意を表す。
◉異字同訓◉【顧】（一九〇ページ）の「異字同訓」欄を参照のこと。

❶かえりみる。自分のことをふりかえって考える。
【省察】セイサツ　自身を省みて深く考える。
熟語「省悟・省思・三省・自省・内省・反省・猛省・人事不省」
❷故郷の父母を訪問する。安否を問う。
熟語「帰省」
❸はぶく。ある部分をぬかす。
【省略】ショウリャク　はぶく。割愛する。「挨拶は―する」
【省力】ショウリョク　労力を減らす。「事務の―化」
熟語「省画・省筆・省文」
❹つかさ。役所。
【省庁】ショウチョウ　省と庁。「関係―」
【省令】ショウレイ　大臣による事務に関する命令。
熟語「省益・省線・官省・入省・八省・本省・外務省・式部省・尚書省・中書省・民部省・文部科学省」
❺中国の地方行政上の最上区画。
熟語「省都・山東省」

【凄】

2級　10画　冫-8　新常用
音 セイ漢
訓 すご-い・すご-む・すさ-まじい
①3208　Ⓤ51C4

注記「淒（せい）」とは別字。
筆順 冫 冫 冫 冫 凄 凄 凄 凄
なりたち ［形声］冫（こおり）＋妻（夫と並び立つつま）音。氷と同じ程度に冷たい意から、さむい・すさまじいの意を表す。

❶いたましい。ものさびしい。すさまじい。また、冷たい。寒い。
【凄艶】セイエン　ぞっとするほど美しい。「―な姿」
【凄惨】セイサン　目もあてられないほどむごたらしい。「―な事故」別表記 悽惨
【凄絶】セイゼツ　非常にすさまじい。「―な戦い」
【凄烈】セイレツ　すさまじくはげしい。「―な戦い」
熟語「凄然・凄涼・凄寥」

❷〔国〕すごい。程度が甚だしい。また、すごむ。
【凄腕】すごうで　人並みはずれた腕前。「―の職人」

【逝】
準2級　10画　辵(辶)-7　音 セイ漢呉　訓 ゆく・いく　①3234　Ⓤ901D

〔逝〕11画　辵(辶)-7

筆順　一 扌 扌 扩 折 折 浙 逝

なりたち  〔形声〕辵(ゆく)＋折(おれる)音。ぽきっと折れて離れさるの意。

◉異字同訓◉【行】(二〇二ページ)の「異字同訓」欄を参照のこと。

❶ゆく。進む。
熟語「逝者(せいしゃ)(ゆくもの)」
❷ゆく。行ったままもどらない。死ぬ。
【逝去】セイキョ　人を敬ってその死をいう語。
熟語「永逝・急逝・薨逝(こうせい)・長逝・夭逝(ようせい)」

【情】⇨ジョウ(三二九ページ)

【清】
7級　11画　水(氵)-8　音 セイ漢・ショウ(シャウ)呉・シン唐　訓 きよい・きよまる・きよめる・きよらか・さやか・すがすがしい・すむ　①3222　Ⓤ6E05

〔淸〕11画　水(氵)-8　Ⓤ6DF8

難読　清白(すずしろ)・清清(すがすが)しい・清搔(すがき)
人名　きよ・きよし・すが・すみ
筆順　氵 氵 汁 洼 清 清 清

なりたち  〔形声〕水＋青(あおい)音。水が青くすんでいるの意。

❶きよい。きよらか。水が透明である。澄んでいる。
【《清水》】しみず　澄んだわき水。「―が湧き出る」
【清音】セイオン　①澄んだ音色。②濁点・半濁点をつけずに表す音節。
【清酒】セイシュ　にごっていない酒。日本酒。⇔濁酒
【清水(せいすい)に魚(うお)棲(す)まず】清らかすぎる水に魚がすまないように、潔癖すぎる人には人が寄って来ない。水清ければ魚棲まず。出典「孔子家語入官」より。
【清濁】セイダク　清いことと濁ったこと。「―併せ呑む」
【清澄】セイチョウ　澄みきっている。「山の―な空気」
【清明】セイメイ　①二十四節気の一。太陽暦で四月五日頃。②清く明らかだ。
【清流】セイリュウ　清らかな水の流れ。⇔濁流
【清▼冽】セイレツ　清らかで冷たい。「―な谷川の水」
熟語「清光・清麗・清和・河清・血清・澄清」
❷きよい。きよらか。よごれやけがれがない。いさぎよい。
【清浄】ショウジョウ　邪念がない。「六根―」
【清閑】セイカン　俗を離れて静かだ。「―の地」
【清潔】セイケツ　「―な服装」「―な人柄」⇔不潔
【清純】セイジュン　きよらかで純真。「―な乙女」
【清書】セイショ　きれいに書き直す。「手紙を―する」
【清▼楚】セイソ　清潔で飾り気がない。「―な装い」
【清談】セイダン　俗事を離れた高尚な話。
【清貧】セイヒン　欲がなく貧しい。「―に甘んじる」
【清遊】セイユウ　俗事を離れた旅。「箱根に御―の由」
【清廉潔白】セイレンケッパク　私欲や不正がない。
熟語「清婉(せいえん)・清艶・清雅・清興・清秀・清朗」
❸すがしい。すがすがしい。さやか。
【清新】セイシン　新鮮でさわやか。「―な校風」
【清清】セイセイ　「試験が終わって―した」別表記 晴晴
【清風】セイフウ　さわやかな風。「―明月」「一陣の―」
【清涼】セイリョウ　さわやかですずしい。「一服の―剤」
熟語「清洒・清灑(せいしゃ)・清爽(せいそう)・清冷」
❹きよめる。きれいにする。さっぱりと整理する。きよまる。
【清算】セイサン　「借金を―する」「関係を―する」
【清浄】セイジョウ　「空気―機」「境内の―な雰囲気」
【清掃】セイソウ　掃除。「教室を―する」「―車」
熟語「粛清」
❺相手の行為や状態などを敬っていう語。
【清栄】セイエイ　手紙の前文の言葉。「御―の段」
【清祥】セイショウ　手紙の前文の言葉。「御―の由」
【清聴】セイチョウ　「御―を感謝します」
【清覧】セイラン　手紙を見る。「御―願います」
熟語「清勝・清適・清福」
❻しん。中国の王朝。清朝。
【清】シン　中国最後の王朝（一六一六〜一九一二）。辛亥(しんがい)革命によって滅んだ。
【清朝】シンチョウ　中国、清の朝廷。また、その時代。
熟語「清国・日清戦争」

【盛】
5級　11画　皿-6　音 セイ漢・ジョウ(ジャウ)呉　訓 もる・さかる・さかん・もり　①3225　Ⓤ76DB

〔盛〕12画　皿-7　ⓊFAA7

人名　さかり・しげ・しげる・たけ・もり
筆順　丿 厂 万 成 成 成 盛 盛 盛

なりたち 〔形声〕成(しあげる)音＋皿。皿にうず高く積みあげる意から、さかんである意を表す。

❶さかん。さかり。さかる。栄えている。世間に広まっている。

【盛者必衰】ジョウシャヒッスイ 〔仏〕勢いの盛んな者も必ずほろびる。

【盛夏】セイカ 夏の一番暑い時期。「―の候」

【盛行】セイコウ 広く行われる。「昔―した髪形」

【盛時】セイジ 勢いのある時。「―の面影」

【盛衰】セイスイ 「栄枯―」「文明の―」

【盛年重ねて来らず】セイネンかさねてきたらず 若い盛りは二度とは来ないから、むだにしてはならない。出典 陶潜「雑詩」より。

熟語「盛運・盛唐・盛年・殷盛・旺盛・興盛・最盛・全盛・繁盛・隆盛」

❷立派である。にぎわっている。はなやか。にぎやか。

【盛り場】さかりば 人が多いにぎやかな場所。繁華街。

【盛宴】セイエン 盛んな宴会。「―を張る」

【盛会】セイカイ 「セミナーは―だった」

【盛観】セイカン 盛大ですばらしい見もの。

【盛儀】セイギ 盛大な儀式。「戴冠式の―」

【盛況】セイキョウ にぎわう。「―を見せる商店街」

【盛事】セイジ 盛んな行事。盛大な事柄。

【盛装】セイソウ 豪華に着飾る。「―した新婦友人」

【盛大】セイダイ 大規模ではなばなしい。「―な行事」

【盛名】セイメイ 立派な評判。「―をはせる」

熟語「盛典・盛徳・盛服」

❸〔国〕もる。㋐器に物を積み上げるように入れる。㋑毒薬を飲ませる。

熟語「盛っ相(もっそう)・盛切り(もりきり)(もっきり)・大盛り・山盛り・一服盛る」

❹〔国〕さかり。動物の発情。

【婿】

3級 12画 女-9 音 セイ漢 訓 むこ ①4427 Ⓤ5A7F

〔壻〕12画 士-9 ②5270 Ⓤ58FB

〔聟〕14画 耳-8 ②7061 Ⓤ805F

筆順

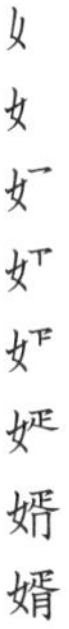

なりたち

[形声]女(むすめ)+胥(あい並ぶ)音。むすめと同居するむこの意。「壻」は別体で、士(おとこ)+胥音。

むこ。むすめの夫。

【婿養子】むこヨウシ 養子縁組によって婿となった人。

熟語「姉婿・女婿・令婿・花婿(はなむこ)」

【晴】

9級 12画 日-8 音 セイ漢・ショウ(シャウ)呉 訓 はれる・はらす・は-れやか ①3218 Ⓤ6674

〔晴〕12画 日-8 ―― ⓊFA12

人名 きよし・てる・なり・はる

筆順

なりたち [形声]日+青(あおい)音。日が照り、空があおい意から、はれる意を表す。

❶はれる。はれ。太陽が照って天気がすがすがしい。

【晴雨】セイウ 「―にかかわらず決行する」

【晴雨計】セイウケイ 気圧計。バロメーター。

【晴眼】セイガン 盲目でない人の目。

【晴好雨奇】セイコウウキ 晴天にも雨天にも、山水の景色がそれぞれに趣がある。出典 蘇軾「飲湖上初晴後雨詩」より。

【晴耕雨読】セイコウウドク 晴れたら農作業をし、雨の日には家で読書する。悠々自適の生活。

【晴天】セイテン 晴れた空。よい天気。「―に恵まれる」

【晴朗】セイロウ 晴れて穏やかだ。「天気―」

熟語「晴明・晴嵐(せいらん)・快晴・好晴・秋晴・晩晴」

❷〔国〕はれ。はれやか。表向きの。また、行事・儀式などが正式である。

熟語「晴れ着・晴れ舞台」

❸〔国〕はらす。はれる。恨みや疑いがなくなる。

用例「恨みを晴らす・疑いが晴れる」

【歳】⇩サイ(二三三ページ)

【勢】

6級 13画 力-11 音 セイ漢呉 訓 いきおい ①3210 Ⓤ52E2

人名 なり

筆順

なりたち

[会意]埶(植物を植え育てる)+力。植物を育てる力の意から、他の人を支配し思い通り動かせるいきおいの意を表す。

❶いきおい。活動する力。活力が盛んである。

【勢威】セイイ 権勢と威力。「―をふるう」

【勢力】セイリョク 他を従わせる力。「―を伸ばす」

熟語「勢家・威勢・火勢・気勢・虚勢・権勢・豪勢・余勢」

❷物事のなりゆき。ようす。

熟語「運勢・形勢・姿勢・時勢・情勢・趨勢(すうせい)・大勢(たいせい)・体勢・地勢」

❸むれ。集まった人数。軍隊。

【勢▼揃い】セイぞろい 一か所に集まる。

セ

熟語「大勢・加勢・軍勢・多勢」

❹男性の生殖器。睾丸。

熟語「割勢・去勢」

❺その他。

【勢州】伊勢国の別名。

【勢子】狩猟で鳥獣を狩り出す人。

【聖】〔聖〕

5級 13画 耳-7 音 セイ漢・ショウ(シャウ)呉 訓 ひじり ①3227 Ⓤ8056

〔聖〕13画 耳-7

人名 あきら・きよ・きよし・さと・さとし・さとる・たかし・たから・とし・まさ

難読 聖林(ハリウッド)・聖霊(しょうりょう)(せいれい)

筆順

なりたち [形声]耳＋呈(あらわす)音。耳をそばだてて物事をさとるの意。

❶知性と徳性にすぐれ、道理をきわめた人。

【聖賢】聖人と賢人。

【聖人】徳行にすぐれた人物。「―君子」

【聖人に夢なし】聖人は雑念がないから、つまらぬ夢を見ることがない。出典「荘子大宗師」より。

【聖人は物に凝滞せず】聖人は一つのことにこだわることがない。出典「楚辞漁父」より。

【聖戦】神聖な目的のための戦争。

【聖哲】知徳に優れ、道理に明るい人。

【聖典】①聖人の書いた書物。②宗教の教理などを記した書物。キリスト教の聖書、イスラム教のコーランなど。

【聖堂】①孔子をまつった堂。聖廟。孔廟。②キリスト教の教会堂。

熟語「聖王・聖帝・聖道・聖廟・聖天子・亜聖・至聖・大聖(たいせい)(たいしょう)」

❷ひじり。仏教における高徳の僧。

【聖人】高僧の尊称。上人。ひじり。

【聖】修行・勧進のため、各地を遍歴する僧。

熟語「聖衆・高野聖」

❸(宗教的に)清く尊い。きよくけがれがない。

【聖域】侵してはならない場所。

【聖火】「オリンピックの―リレー」

【聖歌】宗教歌。キリスト教の讃美歌。

【聖祭】カトリック教会のミサ。

【聖▼餐】イエスの最後の晩餐に基づく儀式。

【聖者】すぐれた修行を積んだ信者。

【聖書】キリスト教の正典。「新約―」

【聖職】神聖な職業。「―者」

【聖跡・聖▼蹟】神聖な遺跡。また、天子行幸の跡。

【聖誕祭】クリスマス。

【聖地】宗教上、神聖な土地。「―巡礼」

【聖徒】キリスト教の聖人。また、教徒。

【聖母】イエスの母マリアの尊称。

【聖夜】クリスマス-イブ。

熟語「聖教・聖樹・聖女・聖壇・聖杯・聖家族・神聖」

❹その道をきわめた人。第一人者。

熟語「医聖・学聖・楽聖・画聖・棋聖・詩聖・俳聖」

❺天子。また、天子に関する事柄。

【聖旨】天子の意見。「―を拝する」

【聖寿】天子の年齢。また、天子の寿命。

【聖上】天子を敬っていう語。

【聖断】天子の裁断。「―が下る」

【聖徳】①天子の徳。②最高の徳。

熟語「聖体・聖代・聖勅・聖慮・列聖」

【誠】〔誠〕

5級 13画 言-6 音 セイ漢・ジョウ(ジャウ)呉 訓 まこと ①3231 Ⓤ8AA0

〔誠〕14画 言-7

人名 あき・あきら・さと・さね・しげ・すみ・たか・たかし・とも・なが・なり・のぶ・のり・まさ・み・もと・よし

筆順

なりたち [形声]言＋成(しあがる)音。欠けたところのない、まことの言行の意。

❶まこと。まごころ。いつわりのないさま。

【誠意】いつわり、私欲のない心。「―ある態度」

【誠実】まごころが感じられる。「―な人柄」

【誠心誠意】まごころをもって。「―対応する」

熟語「至誠・赤誠・丹誠・忠誠」

❷まことに。ほんとうに。このうえなく。

【誠忠】一途な忠義。「―の臣」別表記 精忠

熟語「誠恐・誠惶・誠恐謹言」

【精】〔精〕

6級 14画 米-8 音 セイ漢・ショウ(シャウ)呉 訓 くわ-しい・こま-かい・しら-げる ①3226 Ⓤ7CBE

〔精〕14画 米-8 ⓊFA1D

人名 あき・あきら・きよ・きよし・しげ・すぐる・すみ・ただ・ただし・つとむ・ひとし・まこと・まさ・まさし・もり・よし

筆順

なりたち [形声]米＋青(あおくすんでいる)音。精白した米の意。

❶こまかい。くわしい。小さな点にまで及んでいる。
【精巧】セイコウ こまかくたくみ。「—な細工」
【精査】セイサ 細かい点まで調べる。「原因を—する」
【精細】セイサイ こまかくくわしい。「—な調査」
【精察】セイサツ くわしく観察する。「生態を—する」
【精算】セイサン 計算し直す。「運賃を—する」
【精粗】セイソ くわしいことと大ざっぱなこと。
【精緻】セイチ 細かく綿密だ。「—な描写」
【精通】セイツウ くわしく知っている。「行政に—する」
【精読】セイドク 細部までよく読む。「新聞を—する」
【精密】セイミツ こまかくて正確である。「—機械」
【精妙】セイミョウ 細部まで巧みだ。「—な仕組み」
熟語「精解・精確・精義・精度・精美・精微・精明」

❷しらげる。搗(つ)いて米を白くする。
【精白】セイハク 穀物から表皮をのぞく。「—した麦」
【精米】セイマイ 玄米をついて白くする。「—機」
熟語「搗精(とうせい)」

❸純良・上質のものにする。
【精製】セイセイ ①念を入れてつくる。②純良にする。
【精肉】セイニク さばいて食用とした肉。「—店」
【精選】セイセン えりすぐる。「—された材料」
【精油】セイユ ①植物からとれる香りのよい油。②原油を精製する。「—所」
【精練】セイレン ①天然繊維から不純物をのぞく。②よく訓練する。
【精錬】セイレン ①鉱石・金属から不純物をのぞく。②よく鍛える。
熟語「精鉱・精鋼」

❹純粋なもの。まじりけがない。本質。
【精華】セイカ 真価となるところ。「天平文化の—」
【精粋】セイスイ 最もよいところ。「東洋美術の—」
【精髄】セイズイ 最も大切な部分。「—をきわめる」

【精良】セイリョウ きわめて優良だ。「—な製品」
熟語「精一(せいいつ)・精誠・純精」

❺こころ。たましい。
【精舎】ショウジャ 〔仏〕僧侶が修行する所。
【精進】ショウジン 「芸道に—する」
【精進潔斎】ショウジンケッサイ 肉や魚を食べず、おこないを慎む。
【精進料理】ショウジンリョウリ 植物性の材料のみで作る料理。
【精霊】ショウリョウ 〔仏〕死者の霊魂。「—流し」別表記 聖霊
【精魂】セイコン 「作品に—をかたむける」
【精神】セイシン ①心のはたらき。「健全なる—」「—を集中する」②根本的理念。「憲法の—」
『精神(せいしん)一到何事か成らざらん』 精神を集中すればどんな難事でもなしとげられる。出典「朱子語類」より。
【精霊】セイレイ ①草木等に宿る魂。②死者の霊魂。しょうりょう。
熟語「丹精・木精・妖精」

❻生命の根本の力。
【精液】セイエキ 精子とそれを浮遊させる液。
【精気】セイキ 「自然の—」「—がつく」
【精子】セイシ 生物の雄の生殖細胞。
【精巣】セイソウ 動物の雄の生殖腺。睾丸。⇔卵巣
熟語「精分・射精・受精・授精・夢精」

❼気力がみちあふれている。気力をこめてする。
【精一杯】セイイッパイ 力のかぎり。「—がんばる」
【精鋭】セイエイ 強く鋭い力がある。「—部隊」
【精▼悍】セイカン 鋭く力強い。「—な顔立ち」
【精強】セイキョウ すぐれて強い。「—な軍隊」
【精勤】セイキン 仕事などにはげむ。「職務に—する」
【精根】セイコン 精力と根気。「—尽き果てる」

【精彩】セイサイ 生き生きした魅力。「—を放つ」別表記 生彩
【精精】セイゼイ ①できる限り。「—勉強します」②最大でも。「売れても—五台だ」
【精兵】セイヘイ すぐれた兵士。せいびょう。
【精力】セイリョク ①活動する力。②性的な能力。
【精励】セイレイ つとめはげむ。「執筆に—する」
熟語「不精(ぶしょう)・無精(ぶしょう)」

【製】

6級 14画 衣-8 音 セイ 漢 呉 訓 つく-る

①3229 Ⓤ88FD

人名 のり

筆順

なりたち

〔形声〕制(断ち切る)音+衣。布地を断ち切り、衣服をつくるの意。

つくる。物をこしらえる。詩歌・文章を書く。たつ。衣服を仕立てる。
【製鋼】セイコウ 鋼鉄をつくる。「—会社」
【製材】セイザイ 原木を加工する。「—所」
【製剤】セイザイ 薬剤を製造する。「外用—」
【製作】セイサク 商品を作る。「机を—する」「番組—」
【製糸】セイシ 繭から糸を作る。「—工場」
【製紙】セイシ 紙を製造する。「—業界」
【製図】セイズ 図面をつくる。「—用品」
【製造】セイゾウ 原材料に手を加えて製品にする。「—業」「機械を—する」
【製鉄】セイテツ 鉄鉱石から銑鉄を作る。「—所」
【製版】セイハン 印刷用の版面を作る。「—作業」
【製品】セイヒン 原材料に手を加えて作った品物。「電気—」「皮—」
【製法】セイホウ 物を作る方法。「秘伝の—」
【製本】セイホン とじて冊子にする。「論文を—する」
【製薬】セイヤク 薬を製造する。「—会社」
【製油】セイユ 石油や植物油などを製造する。

【製錬】セイレン 鉱石から金属を精製する。「―所」
熟語「製菓・製陶・官製・既製・御製ぎょせい・謹製・作製・私製・精製・即製・粗製・調製・特製・剝製はくせい・縫製」

【誓】

準2級 14画 言-7 音 セイ漢・呉 訓 ちかう・ちか-い ①3232 Ⓤ8A93

人名 ちか

筆順 扌 扌 扩 折 誓 誓 誓 誓

なりたち [形声]折(おので断ち切る)音＋言。神や人の前ではっきりと言い切るの意。

❶ちかう。約束する。決意する。ちかい。
【誓願】セイガン 誓いをたて、事の成就を願う。
【誓詞】セイシ 誓いの言葉。「結婚式で―を読む」
【誓約】セイヤク 固く約束する。「機密保持―書」
熟語「誓紙・誓文せいもん・祈誓・弘誓ぐぜい・自誓・宣誓・盟誓」

❷いましめる。号令する。宣言する。
熟語「誓命」

【静】

7級 14画 青(青)-6 音 セイ漢・ジョウ(ジャウ)呉 訓 しず・しずか・しずまる・しずめる ①3237 Ⓤ9759

【靜】16画 青-8 ②8048 Ⓤ975C

人名 きよ・ちか・つぐ・ひで・やす・やすし・よし

筆順 一 十 青 青 静 静 静 静

なりたち [形声]青(すみきる、しずまる)音＋争(力をこめて引き合う)。争いがしずまる、しずかの意。「静」は略字。

◇しずまる(静・鎮) ◉異字同訓◉
「静まる」は“静かになる。勢いがなくなる”の意。「騒ぎが静まる」「怒りが静まる」
「鎮まる」は“騒ぎがおさまる。神が鎮座する”の意。「内乱が鎮まる」「頭痛が鎮まる」「神の鎮まります社やしろ」

❶しずまる。とまって動かない。
【静脈】ジョウミャク 血液を心臓にもどす血管。⇔動脈
【静穏】セイオン しずかでおだやか。「―な海」
【静止】セイシ じっとして動かない。「―画面」
【静態】セイタイ 静止している状態。⇔動態
【静的】セイテキ 動きがなく静か。「―な描写」⇔動的
【静電気】セイデンキ 滞留したまま動かない電気。
【静養】セイヨウ 活動せず休む。「温泉で―する」
熟語「静物・安静・動静」

❷しずか。ひっそりとしている。無音、あるいはそれに近い。
【静寂】セイジャク ひっそりと静か。「―を破る爆音」
【静粛】セイシュク 慎んで静かにする。「―に願います」
【静聴】セイチョウ 静かにきく。「御―感謝いたします」
熟語「静躁・閑静・粛静」

❸しずめる。心を落ち着ける。しずまる。やすらか。
【静観】セイカン 行動せず見守る。「事態を―する」
【静座・静▼坐】セイザ 気持ちを落ち着けてすわる。
【静思】セイシ 静かに思う。「―黙考」
【静▼謐】セイヒツ 落ち着いて穏やかだ。「―な風景」
熟語「沈静・鎮静・平静・冷静」

【請】

3級 15画 言-8 音 セイ漢・シン唐・ショウ(シャウ)呉 訓 こう・うける ①3233 Ⓤ8ACB

〔請〕15画 言-8

筆順 言 言 言 言 請 請 請 請

なりたち [形声]言＋青(あおくすんでいる)音。すんだ心で願いを言うの意。

◉異字同訓◉【受】(二八五ページ)の「異字同訓」欄を参照のこと。

❶こう。ねがいもとめる。
【請来】ショウライ 外国から請い受ける。「唐から―した像」
【請願】セイガン (主に役所に)希望を述べる。「―権」
【請求】セイキュウ 相手方に対して一定の行為を要求する。「支払―書」「情報開示を―する」
【請託】セイタク 内々で配慮をたのむ。「不正の―」
熟語「勧請かんじょう・強請きょうせい(ゆすり)・懇請・申請・奏請・普請ふしん・要請・稟請りんせい(ひんせい)」

❷まねく。招待する。
熟語「招請・聘請へいせい」

❸(国)うける。引きとる。
【請負】うけおい 仕事を引き受ける。「―契約」
熟語「請け合う」

【整】

8級 16画 攴(攵)-12 音 セイ漢・ショウ(シャウ)呉 訓 ととのえる・ととのう ①3216 Ⓤ6574

人名 おさむ・なり・のぶ・ひとし・まさ・よし

筆順 一 中 束 束 敕 整 整 整

なりたち [形声]敕(ぐっと引きしめる)＋正(ただす)音。きちんとそろえ、ととのえるの意。

◇ととのう(整・調) ◉異字同訓◉
「整う」は“きちんとそろう。調和がとれる”の意。「形

が整う」「整った顔だち」「足並みが整う」

「調う」は〝必要なものがそろう。まとまる〟の意。「書類が調う」「食卓の準備が調う」「縁談が調う」「協議が調う」〔「斉う」は漢文読み下し文などに出てくる特殊な用字〕

ととのえる。正しくそろえる。ととのう。きちんとしている。

【整形】セイケイ 形を整える。「—外科」
【整合】セイゴウ 首尾一貫している。「証言の—性」
【整骨】セイコツ 骨折や脱臼を治す。「—院」
【整数】セイスウ 自然数と〇、及び自然数の負数。
【整然】セイゼン きちんと整っている。「理路—」
【整地】セイチ 土地を平らにならす。
【整腸】セイチョウ 腸の機能をととのえる。「—剤」
【整頓】セイトン きちんと片づける。「整理—」
【整髪】セイハツ 髪型を整える。「—料」
【整備】セイビ 状態をととのえる。「法制度の—」
【整理】セイリ 乱れているものを、ととのえる。また、不必要なものを取り除く。「机の上を—する」「人員—」
【整流】セイリュウ 交流の電流を直流に変える。「—器」
【整列】セイレツ 順序正しく並ぶ。「—乗車」
熟語「整枝・均整・修整・端整・調整・不整・補整」

【醒】

2級　16画　酉-9　新常用
音 セイ㊥・ショウ(シヤウ)㊤
訓 さ-ます・さ-める
①3235 Ⓤ9192

筆順 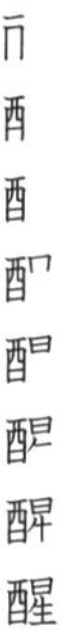

なりたち  〔形声〕酉(さけ)＋星(いきいきとしてきらめくほし)㊂。酒の酔いからさめて、いきいきと気力がみなぎるの意。

❶さめる。さます。酔った状態から正気にもどる。
熟語「醒酔」

❷さめる。さます。眠った状態から意識のある状態になる。
熟語「醒然・覚醒・警醒・半醒」

❸さめる。さます。迷いがはれる。
熟語「醒悟・警醒」

ゼイ

【税】〔税〕

6級　12画　禾-7
音 ゼイ㊤・セイ㊥
訓 みつぎ
①3239 Ⓤ7A0E

〔税〕12画　禾-7　Ⓤ7A05

人名 おさむ・ちから・みつぎ

筆順 

なりたち  〔形声〕禾(作物)＋兌(ときはなす)㊂。収穫物の一部をぬきとるの意。

❶みつぎ。国や政府が徴収する産物や金銭。年貢。
【税関】ゼイカン 「—で手荷物の検査を受ける」
【税金】ゼイキン 租税として納める金。「—を課す」
【税制】ゼイセイ 租税に関する制度。「—改革」
【税務】ゼイム 税金に関する行政事務。「—署」
【税吏】ゼイリ 租税事務を扱う役人。
【税理士】ゼイリシ 税務書類作成などを行う者。
熟語「税額・税収・税務署・印税・内税・苛税・課税・関税・血税・減税・国税・重税・租税・脱税・徴税・納税・負税・無税・免税」

❷ときはなつ。解きゆるめる。
熟語「税駕」

【説】⇩セツ(三七九ページ)

セキ

【夕】

10級　3画　夕-0
音 セキ㊥・ジャク㊤
訓 ゆう・ゆう-べ
①4528 Ⓤ5915

難読 夕星(ゆうずつ)
人名 ゆ

筆順 ノ　ク　夕

なりたち  〔象形〕月にかたどり、日ぐれ・よるの意を表す。

ゆう。ゆうべ。日のくれがた。
【夕方】ゆうがた 日が暮れるころ。「—までに帰る」
【夕暮れ】ゆうぐれ 薄暗くなるころ。「—どき」
【夕▽食・夕▼餉】ゆうげ 夕方の食事。「—のしたく」
【夕食】ユウショク 夕方の食事。「—の献立」
【夕立】ゆうだち 主に夏の夕方、にわかに降る大雨。
【夕月夜】ゆうづきよ 月が出ている夕暮れ。ゆうづくよ。
【夕映え】ゆうばえ 夕日に反映してかがやく。「山の—」
【夕飯】ユウハン 夕方の食事。「—のおかず」
【夕日・夕▽陽】ゆうひ 夕方の太陽。⇔朝日
【夕焼け】ゆうやけ 「西の空が—にそまる」⇔朝焼け
【夕闇】ゆうやみ 夕方のうす暗さ。「—がせまる」
熟語「夕霧・夕刻・夕涼み・夕陽(せきよう)(ゆうひ)・夕月・夕凪・夕靄・夕間暮れ・今夕(こんせき)(こんゆう)・昨夕(さくせき)(さくゆう)・七夕(しちせき)(たなばた)・除夕・晨夕・日夕・翌夕・一朝一夕」

【斥】

3級　5画　斤-1
音 セキ㊥
訓 しりぞ-ける
①3245 Ⓤ65A5

人名 かた

筆順 

なりたち  〔会意〕斤(おの)＋丶(物)。おのでたたき割るの意。篆文では、广(いえ)

十屰（さからう）。家からしりぞけるの意に解する。

❶しりぞける。おしのける。

【斥力】セキリョク　遠ざけあう力。反発力。⇔引力

熟語「斥逐・疎斥・痛斥・排斥・擯斥（ひんせき）」

❷ゆびさす。

熟語「指斥」

❸ひそかに様子をさぐる。うかがう。

【斥候】セッコウ　敵情の状況などを探る。「―部隊」

【石】

10級　5画　石-0　音 セキ漢・シャク呉・コク慣　訓 いし・いわ　①3248 Ⓤ77F3

難読 石蓴（あおさ）・石蚕（いさご）・石塊（いしころ）・石上（いそのかみ）・石櫧（いちい）・石伏魚（ごり）・石蜐（かめのて）・石蕗（つわぶき）・石首魚（いしもち）・石清水（いわしみず）・石斑魚（うぐい）・石竜子（とかげ）

人名 あつ・いそ・いわ・かた・し

筆順 一ア不石石

なりたち ［象形］がけ（厂）の下に落ちているいし（口）にかたどる。

❶いし。いわ。鉱物質の塊。岩より小さく、砂より大きいもの。

【石垣】いしがき　石で築いた垣。「―をめぐらした城」

【石が流れて木の葉が沈む】いしがながれてこのはがしずむ　大勢の人の無責任な言葉によって物事が道理と逆になる。出典「新語（弁惑）」より。

【石に漱ぎ流れに枕す】いしにくちすすぎながれにまくらす　屁理屈を並べ負け惜しみが強い。漱石枕流（そうせきちんりゅう）。出典「世説新語（排調）」にある故事から出た句。

【石に枕し流れに漱ぐ】いしにまくらしながれにくちすすぐ　山水の間にかくれ住んで、自由な生活をする。出典「蜀書（彭羕伝）」より。

【石橋】いしばし　「―をたたいて渡る（＝非常に慎重だ）」

【石を抱きて淵に入る】いしをいだきてふちにいる　みずから進んで危難を招く。無謀なおこない。抱石沈河。出典「韓詩外伝」「二程全書」より。

【石材】セキザイ　建築や墓などの材料とする石。

【石炭】セキタン　化石燃料の一つ。「炉に―をくべる」

【石碑】セキヒ　石の記念碑。「―を建てる」

【石仏】セキブツ　石でつくった仏像。

【石油】セキユ　化石燃料の一つ。「中東から―を輸入する」

【石火】セッカ　「電光―（＝一瞬の間やごく速い動作）」

【石灰】セッカイ　生石灰（せいせっかい）と消石灰。

【石器】セッキ　先史時代の石の道具。「―時代」

【石鹸】セッケン　「食事前に―で手を洗う」

【石膏】セッコウ　硫酸石灰の結晶。「―彫刻」

熟語「石英・石室・石像・石庭・石斧・石墨・石窟・隕石（いんせき）・懐石・化石・岩石・原石・鉱石・採石・歯石・磁石（じしゃく）・礎石・胆石・投石・宝石・木石・墓石・落石・流石（りゅうせき）（さすが）・薬石・金剛石・誕生石・方解石・石部金吉（いしべきんきち）」

❷つまらないものの意。価値のないもののたとえ。

熟語「瓦石・玉石混淆（こんこう）」

❸㋐中国での容積の単位。一〇斗。㋑（国）こく。米穀などを量るのに用いる。一石は一〇斗。約一八〇リットル。㋒（国）知行高を表す。㋓（国）和船の積載量を表す。

熟語「《コク》千石船・百万石」

❹囲碁に用いる円形状のもの。

熟語「碁石。定石（じょうせき）・布石」

❺その他。

【石見】いわみ　旧国名の一。島根県西部に相当。

【石▼榴】ザクロ　ザクロ科の落葉小高木。別表記 柘榴

【石南▽花・石▼楠▽花】シャクナゲ　ツツジ科の常緑低木。

【石州】セキシュウ　石見（いわみ）国の別名。

【赤】

10級　7画　赤-0　音 セキ漢・シャク呉　訓 あか・あかい・あからむ・あからめる・まこと　①3254 Ⓤ8D64

注記 現代中国では、色彩の「あか」にはふつう「紅」を用いる。

難読 赤口（しゃっこう）・赤目魚（めなだ）・赤魚（あこう）・赤楝蛇（やまかがし）・赤熊（しゃぐま）

人名 か・はに・わに

筆順 一＋土ナ赤赤赤

なりたち ［象形］盛んに燃える火にかたどる。あかの意。

❶あか。火の色。あかい。また、あからむ。あからめる。あかくなる。

【赤字】あかジ　①支出が収入より多い。②校正で書き入れた文字。「―を入れる」

【赤銅】シャクドウ　「―色（＝よく日焼けした肌の色）」

【赤外線】セキガイセン　赤色線の外側にある電磁波。

【赤十字】セキジュウジ　災害救護などを行う組織。

【赤飯】セキハン　「―を炊いて祝う」

【赤面】セキメン　「失敗して―する」「―の至り」

【赤痢】セキリ　下痢を特徴とする感染症。

熟語「赤潮・赤熱・赤口（しゃっこう）（しゃっく）・赤日・赤縄・赤褐色・赤血球」

❷はだかの。むきだしの。何もない。

【赤子・赤▽児】あかご　生まれて間もない子。あかんぼう。

【赤恥】あかはじ　ひどい恥。「人前で―をかく」

【赤ん坊】あかんボウ　生まれたばかりの子。あかご。

【赤子】セキシ　①赤ん坊。②（天子の子の意）国民。

【赤手】セキシュ　手に何も持たない。「―空拳」

【赤貧】セキヒン　きわめて貧しい。「―洗うが如し」

【赤裸裸】セキララ　何も包み隠さない。「―な告白」

熟語「赤裸・赤身・赤足」

❸まこと。純粋の。

【赤心(セキシン)】偽りのない心。誠意。

【赤心(せきしん)を推(お)して人の腹中に置く】自分に誠意があるから人にも誠意があると思う。人を信じて疑わない。出典「後漢書 光武帝紀」より。

【赤誠(セキセイ)】偽りや飾りのない心。「─を尽くす」

❹赤道(せきどう)のこと。

【赤道(セキドウ)】緯度〇度の線。「─直下の島」「─祭」

❺共産主義。

熟語「赤軍・赤化」

【昔】

8級 8画 日-4 音 セキ漢・シャク呉 訓 むかし ①3246 Ⓤ6614

人名 つね・とき・ひさ・ふる

筆順 一 十 廾 丗 丗 昔 昔 昔

なりたち  [会意]廾(「人」四つの変形、積み重ねられた肉片)+日。積み重なった日々、むかしの意。

❶むかし。以前。久しい過去。いにしえ。

【昔時(セキジ)】むかし。「─をしのぶ」

【昔日(セキジツ)】むかし。「─の面影はない」

【昔年(セキネン)】むかし。「─を語る」

熟語「昔歳・昔人・往昔・古昔・今昔(こんじゃく)(こんせき)・夙昔・宿昔」

❷ゆうべ。夜。同夕。

熟語「通昔(=一晩中)」

【析】

準2級 8画 木-4 音 セキ漢・シャク呉 訓 さ-く・わ-る ①3247 Ⓤ6790

筆順 一 十 才 木 木 杤 析 析

なりたち  [会意]木+斤(おの)。おので木をさくの意。

さく。わる。切りわける。分解して明らかにする。

熟語「析出・開析・解析・晶析・透析・分析」

【席】

7級 10画 巾-7 音 セキ漢・シャク呉 訓 むしろ ①3242 Ⓤ5E2D

人名 すけ・のぶ・やす・より

筆順 亠 广 户 庐 庐 庐 席 席

なりたち  [形声]「庶の略体」(石の上にさまざまな物をのせて火であぶる)音+巾。人がのる布の意から、しきもの・むしろの意を表す。

❶むしろ。ござ。わらや竹などで編んだ敷物。

【席(むしろ)巻・席捲(セッケン)】席(むしろ)を巻くように、片端から領土を攻め取る。広範囲に猛威を振るう。「新製品が市場を─する」出典「戦国策 楚策」より。

熟語「枕席(ちんせき)」

❷すわる場所・位置。また、地位。順序。

【席(せき)暖まるに暇(いとま)あらず】落ち着いて座るひまがないほど忙しい。席の暖まる暇がない。孔席墨煙。出典 韓愈「諍臣論」より。

【席次(セキジ)】会合での座席の順。また、成績の順位。

【席順(セキジュン)】席の順序。成績の順位。「─を争う」

熟語「議席・客席・座席・主席・上席・即席・着席・末席・指定席」

❸多くの座席を設けた場所。会場。

【席上(セキジョウ)】会合の場。「会議の─で発言する」

【席題(セキダイ)】歌会や句会で、その場で出す題。⇔兼題

【席料(セキリョウ)】部屋・場所などの借り賃。席代。

熟語「宴席・会席・欠席・酒席・列席」

❹(国)「寄席(よせ)」のこと。演芸などを催す場所。

【席亭(セキテイ)】寄席。または、寄席の経営者。

熟語「昼席・寄席(よせ)・夜席」

【脊】

2級 10画 肉(月)-6 新常用 音 セキ漢・シャク呉 訓 せ ①3252 Ⓤ810A

筆順 ノ 人 入 㐅 夾 夾 脊 脊

なりたち  [会意]「せなかにでこぼことして見えるせぼね」+肉。せぼねの意。

せ。せぼね。

【脊髄(セキズイ)】脊柱管内にある中枢神経。

【脊柱(セキチュウ)】体幹の中軸をなす骨。背骨。

【脊椎(セキツイ)】背骨を形成する骨。

【脊椎動物(セキツイドウブツ)】背骨を持つ動物。

【脊梁(セキリョウ)】背骨。せすじ。「─山脈(=分水嶺となる山脈)」

熟語「脊索」

【隻】

3級 10画 隹-2 音 セキ漢・シャク呉 訓 ひと-つ ①3241 Ⓤ96BB

人名 たか

筆順 亻 亻 仁 什 佯 隹 隻 隻

なりたち  [会意]隹(とり)+又(手)。一羽の鳥を手にする意から、ひとつの意を表す。

❶ひとつ。単独の。

【隻影(セキエイ)】ただ一つの姿。「─も認めず」

熟語「隻騎・隻身」

❷対(つい)のものの一方。かたわれ。
【隻眼(セキガン)】①片方の目が見えない。②優れた見識。独特の見識。「一―を有する」
【隻手(セキシュ)】かたて。片方の手。⇔双手
熟語「隻腕・隻脚」
❸ほんの少し。
【隻語(セキゴ)】①わずかのことば。隻句。「片言―」②子供のかたこと。
熟語「隻句(せっく)」
❹せき。船などを数える語。
熟語「一隻」

【寂】⇩ジャク(二八〇ページ)

【惜】

3級 11画 心(忄)-8
音 セキ漢・シャク呉
訓 おしい・おしむ
①3243 Ⓤ60DC

筆順 丶 忄 忄 忄 忄 惜 惜 惜 惜

なりたち  [形声]心＋昔(積み重なる)音。さまざまな思いが積み重なり、おしむの意。

❶おしむ。残念に思う。なごりおしく思う。おしい。
【惜春(セキシュン)】過ぎ行く春をおしむ。「―の情にひたる」「―賦」

【惜敗(セキハイ)】競技・試合などにおしくも負ける。「熱戦の末―した」

【惜別(セキベツ)】別れづらく思う。別れをおしむ。「―の辞を述べる」

熟語「哀惜・嘆惜・歎惜・追惜・痛惜・悼惜」
❷無駄に失われないよう、だいじにする。愛する。
熟語「惜愛・惜陰・愛惜(あいせき)(あいじゃく)」

【戚】

2級 11画 戈-7 新常用
音 セキ漢・シャク呉
訓 いた-む・うれ-える・まさかり・おの・みうち
①3244 Ⓤ621A

筆順 ノ 厂 厂 厈 戚 戚 戚

なりたち  [形声]戉(まさかり)＋尗(小さい豆)音。まさかりの形をした小さな武器の意から、相手との距離が短い、身うちの意を表す。

❶おの。まさかり。
熟語「戚揚・干戚」
❷いたむ。うれえる。
【戚戚(セキセキ)】うれえて思いわずらう。

【戚然(セキゼン)】うれえ悲しむ。

熟語「哀戚・憂戚」
❸妻のみうち。転じて、親族。
熟語「姻戚・遠戚・縁戚・外戚・親戚」

【責】

6級 11画 貝-4
音 セキ漢・サイ漢・シャク呉
訓 せめる・せ-め
①3253 Ⓤ8CAC

筆順 一 十 丰 圭 青 青 責 責

なりたち  [形声]朿(とげ)音＋貝。とげでさすように、金品を求めさいなむの意。「債」の原字。

❶せめる。罪をとがめる。
【責(め)苦(せめク)】責められる苦しみ。「地獄の―」
熟語「責言・責問・呵責(かしゃく)・譴責(けんせき)・罪責・自責・叱責(しっせき)」
❷せめ。果たすべきつとめ。義務。
【責任(セキニン)】「―を果たす」「敗退の―をとる」

【責務(セキム)】果たさねばならない務め。「重大な―」

熟語「責了・引責・言責・重責・職責・文責・免責・問責」
❸借金。負債。同債。
熟語「責主(さいしゅ)」

【跡】

4級 13画 足-6
音 セキ漢・シャク呉
訓 あと
①3255 Ⓤ8DE1

注記「蹟」の書き換え字としても用いられる。
人名 ただ・と・みち

筆順 口 口 𠯁 𧾷 趾 跡 跡 跡

なりたち [形声]足＋亦(かさなる)音。一つ一つかさなり続く足あとの意。

❶あと。通り過ぎた所に残されたしるし。あしあと。
熟語「軌跡・鳥跡・追跡」
❷物事が行われたしるし。過去にあった証拠。
【跡形(あとかた)】もとあったしるし。痕跡。「―もなく消え去った」

【跡地(あとチ)】「工場の―を利用して公園を作る」

熟語「遺跡・奇跡・軌跡・旧跡・行跡・形跡・古跡・痕跡・史跡・事跡・実跡・手跡・城跡・人跡・聖跡・足跡・筆跡・墨跡」
❸(国)あと。家督や財産。また、それを継ぐ人。
【跡継(ぎ)(あとつぎ)】家や仕事を継ぐ人。「店の―」

【跡取り(あととり)】家督を継ぐ人。「―むすこ」

【跡目(あとめ)】家や財産、任務をつぐ。「―争い」

熟語「跡式(あとしき)」

【積】

7級 16画 禾-11 音 セキ漢・シャク呉 訓 つむ・つもる

人名 あつ・かず・かつ・さ・さね・つね・つみ・もち・もり

①3249 Ⓤ7A4D

筆順 禾 禾 秆 秸 積 積

なりたち [形声]禾(作物)＋責(つみ重なった借金)音。農作物をつみ重ねるの意。

❶つむ。つもる。かさなる。あつめかさねる。

【積悪(せきあく)の家には必ず余殃(よおう)あり】 悪事を積み重ねた家では、わざわいが子孫にまで及ぶ。出典「易経 坤卦」より。

【積羽(せきう)舟を沈む】 軽い羽でも、多く積めば舟を沈める。小事も積もれば大事になる。出典「史記 張儀伝」より。

【積怨(セキエン)】 積もり重なる恨み。「―を晴らす」

【積載(セキサイ)】 乗り物に荷物を積む。「―制限」

【積算(セキサン)】 ①数値を次々に合計する。「―電力計」 ②見積もり計算。

【積雪(セキセツ)】 降り積もった雪。「―一メートル」

【積善(せきぜん)の家には必ず余慶(よけい)あり】 善行を積み重ねた家では、子孫にまでよろこびごとが起こる。出典「易経 坤卦」より。

【積年(セキネン)】 長い年月。「―の努力が実を結ぶ」

【積分(セキブン)】 (数)微分とならぶ解析学の基本。

【積弊(セキヘイ)】 長年の悪い習慣。「―を除く」

【積乱雲(セキランウン)】 巨大な山のような雲。入道雲。

【積極(セッキョク)】 自分から進んでする。「―的」⇔消極

【積(み)立て(つみたて)】 金を少しずつ蓄える。「―預金」

【積(み)荷(つみに)】 車や船で運ぶ荷物。「―を降ろす」

熟語「積雲・積日・鬱積(うっせき)・山積・集積・堆積(たいせき)・蓄積・累積」

❷(数)二つ以上の数をかけ合わせて得た数値。

熟語「相乗積」

❸空間の大きさ。広さ。かさ。

熟語「実積・体積・面積・容積」

❹(国)つもり。心構え。予定。考え。

熟語「積もり書き・心積もり・見積もり」

【績】

6級 17画 糸-11 音 セキ漢 訓 つむ-ぐ・いさお

人名 いさ・いさお・さね・つみ・なり・のり・もり

①3251 Ⓤ7E3E

筆順 糸 糸 紆 紶 績 績

なりたち [形声]糸＋責(つみ重なった借金)音。糸をつみ重ねて布を織るの意。

❶つむぐ。綿やまゆから糸を作る。うむ。

熟語「紡績」

❷いさお。わざ。しごと。なしとげた結果。

熟語「学績・業績・勲績・功績・実績・成績・戦績・治績」

【籍】

3級 20画 竹-14 音 セキ漢・ジャク呉 訓 ふみ

〔籍〕 20画 竹-14

人名 ふみ・もり・より

①3250 Ⓤ7C4D

筆順 竹 笋 筆 箝 籍 籍

なりたち [形声]竹＋耤(すきで地中の土をおこして地面に重ねる)音。文字を書き記した竹のふだを重ねたさまから、書物・帳面の意を表す。

❶ふみ。文書。書物。

熟語「漢籍・経籍・史籍・書籍(しょせき)(しょじゃく)・典籍(てんせき)(てんじゃく)」

❷名簿。戸籍。家族の名や人数などをしるした帳簿。

【籍甚(セキジン)】 評判がはなはだ高くなる。

熟語「移籍・学籍・鬼籍・軍籍・原籍・国籍・在籍・除籍・僧籍・地籍・入籍・復籍・本籍・離籍」

セチ

【節】 ⇩セツ(三七八ページ)

セツ

【切】

9級 4画 刀-2 音 セツ漢呉・サイ呉 訓 きる・きれる

難読 切支丹(キリシタン)・切羽(きりは)(せっぱ)・切籠(きりこ)

①3258 Ⓤ5207

筆順 一 七 切 切

なりたち [形声]七(端を捨て去るさま)音＋刀。刀ですぱっときるの意。

❶きる。刃物で断つ。きれる。

【切っ先(きっさき)】 刃先。相手に挑む勢い。

【切符(きっぷ)】 「電車の―」「オリンピックへの―」

【切開(セッカイ)】 切り開く。「患部を―して治療する」

【切削(セッサク)】 金属などを切り削る。「―工具」

【切▼磋▼琢磨・切▼瑳▼琢磨(セッサタクマ)】 学問・技芸などに励み、それによって人格を磨く。また、仲間が互いに刺激し合って向上を図る。

【切歯▼扼腕(セッシヤクワン)】 歯ぎしりしたり自分の腕を握り締めたりする。ひどくくやしがったり怒ったりする。出典「史記 張儀伝」による。

【切除(セツジョ)】 病巣を切り取る。「腫瘍を―する」

【切断(セツダン)】 切り離す。「鉄板を―する」 別表記 截断

【切腹】セップク 自分で腹を切って死ぬ。

熟語「摩切・羅切」

❷(国)きる。期限を限定する。また、終わり。きり。

熟語「区切り・締め切り」

❸さしせまっている。ひたすら。きわめて。

【切願】セツガン 熱心に願う。「入学を—する」

【切実】セツジツ さし迫っている。「—な悩み」

【切切】セツセツ 身にしみる。「—と訴える」

【切迫】セッパク 期限などがさしせまる。「期限が—する」

【切望】セツボウ 熱心に望む。「来訪を—する」

【切要】セツヨウ 非常に大切だ。「—な問題」

熟語「切諫かん・切言・切論・哀切・懇切・親切・大切・痛切」

❹ぴったり。よく合う。

熟語「適切」

❺すべて。一切いっさい。

熟語「一切」

❻ある漢字の音を別の二つの漢字で示す法。

熟語「切韻・反切」

【折】

7級 7画 手(扌)-4 音 セツ㊊㊐・シャク㊌ 訓 おる・おり・おれる ①3262 Ⓤ6298

難読 折伏せっぷく・折板へぎいた

筆順 一 十 扌 扌 扩 折

なりたち 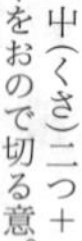 [会意]甲骨文では、屮(くさ)二つ＋斤(おの)。多くの草をおので切る意。篆文では、偏を「扌」に変えた。

❶おる。おれる。曲げる。曲げて切り離す。

【折(り)紙】おりがみ ①紙を折る遊び。②二つ折りの文書。③鑑定書。「—つきの掛け軸」

【折(り)目】おりめ ①紙・布などを折った時につく線。②物事のきまりやけじめ。「—の正しい人」

【折角】セッカク 「—教えてやったのに」

熟語「折句おりく・九折・屈折・骨折・紆余曲折」

❷くじく。くじける。途中で勢いが衰える。

【折伏】シャクブク (仏)相手の誤りを打破する。

【折衝】セッショウ 談判。駆け引き。「外交—を重ねる」

注記 元来は敵の衝ついてくる矛先をくじく意。

熟語「挫折ざせつ」

❸責める。なじる。

【折▼檻】セッカン 体罰を加える。「子を—する」出典「漢書朱雲伝」より。漢の朱雲が皇帝を強く諫めて怒りを受け殿上から引きずり下ろされたとき、檻てすりにつかまったため、それが折れたという故事から。

熟語「面折」

❹わける。わけて選びとる。

【折衷・折中】セッチュウ 両方の長所を合わせる。「—案」「和洋—」

【折半】セッパン 半分に分ける。「費用を—する」

熟語「折納」

❺死ぬ。特に、若くして死ぬ。

熟語「短折・夭折ようせつ」

❻(国)おり。機会。その時。

【折折】おりおり その時その時。「四季—の花」

【折節】おりふし その時々の季節。「—の眺め」

熟語「時折ときおり」

❼(国)おり。薄い板や厚紙で作った容器。

【折詰(め)】おりづめ 食べ物を折に詰めたもの。

【折敷】おしき 薄い板で作った角盆。

【刹】 ⇩サツ(二三九ページ)

【拙】

準2級 8画 手(扌)-5 音 セツ㊊㊐ 訓 つたない・まず-い ①3259 Ⓤ62D9

筆順 一 十 扌 扎 扎 扎 拙 拙

なりたち  [形声]手＋出(でる)㊊。はみ出て手の中にうまくおさまらない意から、つたない意を表す。

❶つたない。まずい。へたな。⇔巧。

【拙悪】セツアク 拙劣で粗悪だ。「—な文章」

【拙攻】セッコウ まずい攻撃。「—の目立つ試合」

【拙守】セッシュ まずい守備。「内野手の—」

【拙速】セッソク 結果は悪いが仕事が速い。⇔巧遅

【拙劣】セツレツ へたでまずい。「—な政策」

熟語「拙策・拙戦・迂拙・巧拙・古拙・稚拙」

❷謙遜の意を添える語。へりくだっていう。

【拙者】セッシャ 男子の一人称。主に武士が用いた。

【拙僧】セッソウ 僧侶の一人称。愚僧。

【拙宅】セッタク 自分の家。「ぜひ—へお寄り下さい」

【拙著】セッチョ 自分の著作。「—をお送りいたします」

熟語「拙詠・拙句・拙稿」

【窃】

準2級 9画 穴-4 音 セツ㊊㊐ 訓 ぬす-む・ひそ-かに ①3264 Ⓤ7A83

【竊】 22画 穴-17 ②6770 Ⓤ7ACA

筆順 丶 宀 穴 穴 空 窃 窃

なりたち  [会意]穴＋廿(両手)＋米＋禼(とる)。穴ぐらの中にしまってあった米を両手ですばやく取る意から、ぬすむ意を表す。「窃」は俗字。

❶ぬすむ。人に知られずに自分のものにする。
【窃取】セッシュ　ひそかに盗む。「売上金を―する」
【窃盗】セットウ　ひそかに盗む。「―罪で逮捕された」
熟語「剽窃（ひょうせつ）」
❷ひそかに。こっそりと。そっと。
【窃視】セッシ　こっそりとのぞき見る。
熟語「窃笑」

【殺】⇩サツ（二三九ページ）

【接】

6級　11画　手（扌）-8
音 セツ 漢 呉 慣・ショウ（セフ）
訓 つぐ
①3260 Ⓤ63A5

難読 接目（はぎめ）・接骨木（にわとこ）
人名 つら・もち
筆順 
なりたち  ［形声］手＋妾（貴人の近くにつかえる女）音。手もと近くでくっつくの意。

●異字同訓●【継】（一六三ページ）の「異字同訓」欄を参照のこと。

❶つぐ。つなげる。つらなる。まじわる。まじえる。
【接合】セツゴウ　つなぎ合わせる。「配管を―する」
【接骨】セッコツ　骨折や脱臼を治す。「―院」
【接辞】セツジ　接頭語と接尾語の総称。
【接種】セッシュ　ワクチンなどを植えつける。「予防―」
【接続】セツゾク　つなぐ。連絡させる。「回線を―する」
【接続詞】セツゾクシ　語や文をつなぐ役割の品詞。
【接着】セッチャク　くっつける。くっつく。「―剤」
【接頭語】セットウゴ　語の前に付く接辞。「お玉」の「お」等。
【接尾語】セツビゴ　語の後に付く接辞。「速さ」の「さ」等。
【接吻】セップン　口づけ。キス。
【接（ぎ）木】つぎき　枝や芽を別の植物についでふやす。
【接（ぎ）穂】つぎほ　①接合させる若芽や枝。②会話を続ける機会。「話の―を失う」 別表記 継ぎ穂
熟語「逆接・交接・溶接・熔接・連接」
❷会う。もてなす。
【接客】セッキャク　客に応対する。「―態度が悪い」
【接遇】セツグウ　客に応対する。「新人の―訓練」
【接見】セッケン　①客を引見する。②被疑者・被告人と弁護人などが面会する。
【接待】セッタイ　もてなす。「客を―する」 別表記 摂待
熟語「接伴（せっぱん）・引接（いんせつ・いんじょう）・応接・面接」
❸近づく。ふれる。
【接岸】セツガン　船が岸壁・陸地に横づけになる。
【接近】セッキン　ちかよる。ちかづく。「台風が―する」
【接写】セッシャ　レンズを被写体に近づけて撮影する。
【接触】セッショク　①触れる。「―事故」②交渉。「相手国大使と―する」
【接戦】セッセン　なかなか勝敗がつかない戦い。
熟語「接眼・間接・近接・直接・密接・隣接」
❹うける。じかに受けとる。
【接収】セッシュウ　所有物を取り上げる。「土地を―する」
熟語「接取・接受」

【設】

6級　11画　言-4
音 セツ 漢 呉・セチ 呉
訓 もう-ける・しつら-える・もう-し
①3263 Ⓤ8A2D

人名 おき・のぶ
筆順 
なりたち  ［会意］甲骨文では、▽（のみ）＋殳（棒で打つ）。のみを棒でたたいてすえつけるの意。篆文では、言＋殳に作る。

❶もうける。しつらえる。そなえつける。作る。
【設営】セツエイ　施設などを準備する。「会場を―する」
【設計】セッケイ　「船の―図」「人生―を立てる」
【設置】セッチ　「投書箱を―する」「委員会を―する」
【設定】セッテイ　新たにもうけ定める。「抵当権の―」
【設備】セツビ　器具・装置など。「最新の医療―」
【設問】セツモン　問題を作る。作られた問題。「試験の―」
【設立】セツリツ　組織などを作る。「会社を―する」
熟語「設題・開設・仮設・架設・既設・建設・公設・施設・常設・新設・創設・増設・特設・付設・敷設」
❷もし。たとい。仮定の意を表す。
熟語「設若（もしも・たとい）・設使（もしも・たとい）・設令（もしも・たとい）」

【雪】〔雪〕

9級　11画　雨-3
〔雪〕11画　雨-3
音 セツ 漢 呉・セチ 呉
訓 ゆき・すす-ぐ・そそ-ぐ
①3267 Ⓤ96EA

難読 雪花菜（きらず・から）・雪洞（ぼんぼり・ゆきあな）・雪隠金亀子（せんちこがね）
人名 きよ・きよみ・きよむ
筆順 
なりたち  ［形声］篆文では、雨＋彗（ほうきではき清める）音。万物を洗い清めるゆきの意。

●異字同訓●【濯】（四三二ページ）の「異字同訓」欄を参照のこと。

❶ゆき。ゆきがふる。
【雪害】セツガイ　雪による被害。「―を受けた果樹園」
【雪渓】セッケイ　夏も雪の残っている高山の谷。
【雪月花】セツゲッカ　四季の美しい風物。「―をめでる」
【雪▽駄・雪▽踏】セッタ　裏に獣皮をつけた竹皮製の履物。
【雪▽隠】セッチン　便所。かわや。

【雪隠詰め】(せっちんづめ) (将棋用語から)相手を逃げられない状況にまで追い込む。

【雪洞】(せっとう) 雪中に掘る横穴。「冬山で―を掘る」

【雪庇】(せっぴ) 稜線から張り出した、庇(ひさし)状の積雪。

【雪片】(せっぺん) 雪のひとひら。「―が舞う」

《雪崩》(なだれ) 山の雪が崩れ落ちる。「表層―」

【雪雲】(ゆきぐも) 雪を降らす雲。「―を観測する」

【雪解け・雪融け】(ゆきどけ) ①降り積もった雪がとける。ゆきげ。「―水」②対立が緩和する。「米ソの―」

【雪見】(ゆきみ) 雪景色をながめ楽しむ。「―酒」

【雪山】(ゆきやま) 雪が積もっている山。「―登山」

熟語「雪下・雪景・雪原・雪中・雪盲・雪国・雪上車・雪化粧・冠雪・蛍雪・降雪・豪雪・細雪(ささめゆき)・残雪・除雪・新雪・深雪(しんせつ・みゆき)・積雪・白雪・氷雪・風雪・落雪」

❷ゆきのように白い。また、清い。
熟語「雪白(せっぱく・ゆきじろ)・雪眉(せつび)」

❸すすぐ。そそぐ。洗い清める。汚名をのぞき去る。
【雪冤】(せつえん) 無実の罪をすすぐ。

【雪辱】(せつじょく) 前に負けた相手に勝つ。「―戦」

【摂】

3級 13画 手(扌)-10 ①3261 Ⓤ6442
音 セツ 漢 呉 慣 ショウ(セフ)
訓 と-る・おさ-める・か-わる

【攝】 21画 手(扌)-18 ②5780 Ⓤ651D

人名 おさむ・かぬ・かね

筆順 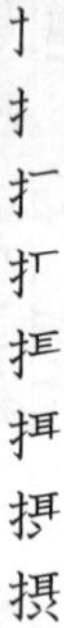

なりたち  [形声]手＋聶(耳を寄せあって小声で話す)音。寄せあわせて手にあわせ持つの意。「摂」は略字。

◉異字同訓◉【取】(二八二ページ)の「異字同訓」欄を参照のこと。

❶とる。持つ。また、おさめる。うまくおさめる。
【摂理】(せつり) ①万象を支配する理法。「自然の―」②キリスト教で神の意志。「神の―」
熟語「摂受(しょうじゅ)・摂取・包摂」

❷かわる。代行する。兼務する。
【摂関】(せっかん) 摂政と関白。「―政治」

【摂政】(せっしょう) 君主に代わって政務を執り行う人。

熟語「摂行・摂社・兼摂」

❸やしなう。ととのえる。
【摂取】(せっしゅ) 取り入れる。「栄養分を―する」

【摂生】(せっせい) 過度な飲食などをさけ健康を保つ。

熟語「摂養・調摂」

❹その他。固有名詞・地名など。
【摂氏温度】(せっしおんど) 日本で一般的に用いられる温度表示。注記「摂氏」は考案者のスウェーデンの物理学者セルシウスの中国音訳「摂爾思」による。

【摂州】(せっしゅう) 摂津(せっつ)国の別名。

【摂津】(せっつ) 旧国名。大阪府西部と兵庫県南東部。

熟語「摂州」

【節】

7級 13画 竹-7 ①3265 Ⓤ7BC0
音 セツ 漢 呉・セチ 呉
訓 ふし・みさお・とき・よ・ノット

【節】 15画 竹-9 ③8968 ⓊFA56

難読 節折(よお)り・節供(せちく)

人名 お・さだ・たか・たかし・たけ・とき・とも・のり・ほど・まこと・みさ・みさお・みね・もと・よ・よし

筆順 

なりたち  [形声]竹＋即(人が料理を前にしてひざを折る)音。骨と骨をつなぐひざのように、ふくらんだ形をした竹のふしの意。

❶ふし。よ。竹や草木のふし。また、物と物とのつながっているところ。
【節理】(せつり) 物事のすじみち。岩石の割れ目。

【節穴】(ふしあな) 板などの節が抜けてできた穴。「おまえの目は―か(＝見落としをののしる語)」

【節目】(ふしめ) 竹や木の節。転じて、物事の区切り目。「人生の―」

熟語「関節・結節・体節」

❷物事の区切り。㋐詩歌・文章・楽曲などの一区切り。㋑言葉の単位。
熟語「音節・楽節・章節・文節」

❸音楽の曲の調子。ふしまわし。メロディー。
熟語「曲節」

❹みさお。信念をかたく守る。
【節介】(せっかい) よけいな世話をやく。「お―な人」

【節義】(せつぎ) 人としての道を守る。「―を重んじる」

【節操】(せっそう) 信念を守って変えない。「―のない男」

熟語「節婦・気節・苦節・貞節・忠節」

❺ひかえめにする。ほどあい。
【節煙】(せつえん) 喫煙量を減らす。「―を心がける」
【節倹】(せっけん) 無駄を省き倹約する。「―に努める」
【節減】(せつげん) 費用や使用量をへらす。「経費―」
【節酒】(せっしゅ) 酒の量を減らす。「―の効果」
【節食】(せっしょく) 食事量を抑える。
【節水】(せっすい) 水の使用を減らす。「―を呼びかける」
【節制】(せっせい) 欲望を抑える。「酒を―する」
【節税】(せつぜい) 納税負担を減らす。「企業の―対策」
【節電】(せつでん) 電力の使用量を減らす。「―効果」
【節度】(せつど) 言行が度を越さない。「―ある行動」
【節約】(せつやく) 切り詰める。「生活費を―する」⇔浪費
熟語「節用・調節・礼節」

❻とき。気候のかわりめ。
【節気】キセツ　季節の変わり目。二十四節気。
【節季】キセツ　①年末。②盆と暮れ。商店の決算期。
【節分】セツブン　立春・立夏・立秋・立冬。特に立春の前日。
熟語「季節・時節・当節・晩節」
❼祝日。
【節句・節供】セック　年中行事のうち、特に重要な日。人日(じんじつ)(一月七日)・上巳(じょうし)(三月三日)・端午(たんご)(五月五日)・七夕(七月七日)・重陽(九月九日)などの総称。
熟語「節会(せちえ)・節日(せちにち)(せつじつ)・節句・佳節・国慶節」
❽他国への使者のしるし。わりふ。
熟語「節度使・使節・符節」
❾ノット。船舶・海流などの速さの単位。

【説】

7級　14画　言-7
音 セツ(漢)(呉)・ゼイ(慣)・セチ(呉)・エツ(漢)
訓 とく
①3266 Ⓤ8AAC

〔説〕14画　言-7　Ⓤ8AAA

人名 あき・かぬ・かね・こと・つぐ・とき・とく・のぶ・ひさ

筆順 説

なりたち ［形声］言＋兌(ときはなす)(音)。物事を言葉でときあかす意。

❶とく。筋道や意味を述べて明らかにする。
【説教】セッキョウ　教訓をたれる。また、かた苦しい話や小言を言う。「父にお—された」
【説経】セッキョウ　僧侶が経文の講釈をする。「—節」
【説得】セットク　話して納得させる。「親を—する」
【説破】セッパ　議論をして相手を言い負かす。
【説伏・説服】セップク　ときふせる。「反対派を—する」
【説法】セッポウ　①仏の教えを説く。「釈迦に—」②理屈を説いて聞かせる。意見する。
【説明】セツメイ　わかるように述べる。「主旨の—」
【説諭】セツユ　教えさとす。「裁判官の—を受ける」
熟語「説示・説話・演説(えんぜつ)・解説・概説・詳説・総説・力説」
❷考え。意見。
熟語「異説・一説・学説・言説・高説・自説・社説・新説・俗説・卓説・定説・論説・地動説」
❸はなし。物語。うわさ。
【説話】セツワ　民間に伝わる話。昔話・伝説など。
熟語「巷説(こうせつ)・小説・伝説・風説」
❹とく。自分の考えに従うよう話して聞かせる。
熟語「遊説(ゆうぜい)」
❺よろこぶ。たのしむ。(同)悦。
熟語「説楽(えつらく)(えつがく)・説諭(えつゆ)」
❻その他。固有名詞など。
【説文解字】セツモンカイジ　中国の現存最古の字書。後漢の許慎の撰。六書(りくしょ)の説により造字法・意義・音を解説したもの。説文。

ゼツ

【舌】

6級　6画　舌-0
音 ゼツ(呉)・セツ(漢)・ゼチ
訓 した
①3269 Ⓤ820C

筆順 ノ 二 千 千 舌 舌

なりたち ［象形］甲骨文では、口からつき出した舌にかたどる。篆文では、干(おかす)＋口の会意文字。

❶した。べろ。口中にある味覚をつかさどり発声を助ける器官。
【舌鼓】したつづみ　「—を打つ(＝おいしく食べる)」
【舌尖】ゼッセン　弁舌。「—鋭く問う」
【舌端】ゼッタン　「—火を吐く(＝勢い鋭く論じる)」
【舌頭】ゼットウ　「—に千転する(＝何度も言う)」
熟語「舌根・舌状・舌下腺(ぜっかせん)」
❷ことば。はなし。くち。ものをいう。
【舌先三寸】したさきサンズン　口先ばかり巧みだ。
【舌は禍いの根】したはわざわいのね　災いは言葉から起こる。
【舌禍】ゼッカ　発言が原因となった災い。「—事件」
【舌耕】ゼッコウ　講義・講演で生計を立てる。
【舌戦】ゼッセン　言葉で争う。「激しい—が展開された」
【舌代】ゼツダイ　口で言う代わりに書き表したもの。
【舌鋒】ゼッポウ　鋭い弁舌。「—鋭く追及する」
熟語「悪舌・演舌・鴃舌(げきぜつ)・口舌(こうぜつ)(くぜつ)・饒舌(じょうぜつ)・毒舌・筆舌・弁舌・百舌(もず)」

【絶】

6級　12画　糸-6
音 ゼツ(呉)・セツ(漢)
訓 たえる・たやす・たつ
①3268 Ⓤ7D76

人名 たえ・とう

筆順 絶

なりたち ［会意］糸＋「刀＋巴(卩の変形、ふし)」。糸を、こぶ状になった節(ふし)で切る意から、横にたち切る意を表す。

◉異字同訓◉【断】(四四〇ページ)の「異字同訓」欄を参照のこと。

❶たつ。切る。やめる。
【絶縁】ゼツエン　①縁を切る。②電流や熱を断つ。「—体」

【絶句】ゼック ①言葉につまる。「しばし―する」②漢詩の一形式。
【絶弦・絶▼絃】ゼツゲン 親しい人に死別する。親友の死を悲しむ。伯牙絶弦（はくがぜつげん）。出典「呂氏春秋本味」より。中国の春秋時代、琴の名手伯牙が、自分の琴の音を理解してくれた友人鍾子期の死後、琴の弦を絶って再び弾かなかったという故事から。
【絶交】ゼッコウ 付き合いを断つ。「友人と―する」
【絶食】ゼッショク 食事をしない。「検診前は―する」
【絶版】ゼッパン 書籍の印刷・販売を中止する。
【絶筆】ゼッピツ ①生前に最後に書いた文章など。②書くことをやめる。
熟語「根絶・断絶・中絶・杜絶（とぜつ）・途絶」

❷たえる。ほろびる。また、たやす。
【絶家】ゼッケ 家系が絶える。また、その家。
【絶後】ゼツゴ ①二度と同じことが起こらない。「空前―」②息が絶えた後。
【絶体絶命】ゼッタイゼツメイ 追いつめられた状態。
【絶倒】ゼットウ 笑い転げる。「抱腹―する」
【絶望】ゼツボウ 完全に望みを失う。「状況は―的だ」
【絶無】ゼツム 全く無い。「回復の可能性は―だ」
【絶命】ゼツメイ 死ぬ。「診察した時には―していた」
【絶滅】ゼツメツ すっかり滅びる。「―危惧種」
熟語「絶息・絶粒・気絶・廃絶・悶絶（もんぜつ）」

❸こばむ。ことわる。
熟語「義絶・拒絶・謝絶」

❹へだたる。遠くはなれる。
【絶海】ゼッカイ 陸地から遠く離れた海。「―の孤島」
熟語「絶境・絶地・絶島・隔絶」

❺この上なくすぐれている。
【絶佳】ゼッカ すぐれて美しい。「風景―な地」
【絶景】ゼッケイ すばらしい景色。「天下の―」
【絶好】ゼッコウ この上なくよい。「―の機会を得る」
【絶唱】ゼッショウ 非常にすばらしい詩歌や歌唱。
【絶世】ゼッセイ この上なくすばらしい。「―の美女」
【絶対】ゼッタイ ①並ぶものがない。「―の真理」⇔相対。②無条件。「―安静」③決して。必ず。「―許さない」
【絶品】ゼッピン 大変すぐれた物。「この器は―だ」
【絶妙】ゼツミョウ この上なく上手だ。「―な表現」
【絶倫】ゼツリン 能力が群を抜いている。「精力―」
熟語「絶勝・絶色・冠絶・卓絶・超絶」

❻はなはだ。非常に。きわめて。
【絶叫】ゼッキョウ ありったけの声で叫ぶ。
【絶好調】ゼッコウチョウ 大変調子がよい。
【絶賛・絶▼讃】ゼッサン この上なくほめる。
【絶大】ゼツダイ きわめて大きい。「―な信頼」
【絶頂】ゼッチョウ 頂上。また、最高の状態。「幸福の―」
【絶壁】ゼッペキ 切り立ったがけ。「断崖―」
熟語「絶異・壮絶」

❼漢詩の一体。「絶句」の略。
熟語「五絶・七絶」

セン

【千】

10級 3画 十-1 音 セン 漢 呉 訓 ち ①3273 Ⓤ5343

注記 契約書や金銭証書などでは改変を避けるため、同音の「仟・阡」を用いることがある。
仮名 片仮名「チ」は「千」の全画から。
難読 千入（ちしお）（ちのり）・千万（ちよろず）・千手巻（せんだまき）・千木（ちぎ）・千尋（ちひろ）・千種（ちくさ）（ちぐさ）
人名 かず・ゆき
筆順 ノ 二 千

なりたち  [会意]甲骨文では、人（数の多いさま）＋一（ひとつ）。人が一〇〇〇の単位を表し、それがひとつ、すなわち一千の意に用いる。

❶百の一〇倍の数。また、数が多い。あまた。ち。
【千客万来】センキャクバンライ 多くの客が次々に来る。

【千金】センキン 大金。大きな価値。「―の先制点」

【千▼鈞】センキン 非常に重い。価値が高い。「―の重みをもつ言葉」注記「鈞」は目方の単位。一鈞は三〇斤という。

【千金（せんきん）の裘（きゅう）は一狐（いっこ）の腋（えき）に非（あら）ず】 高価な皮衣は一匹の狐の腋（わき）の毛皮では作れない。国を治めるには多くのすぐれた人物が必要である。出典「史記劉敬・叔孫通伝賛」より。

【千金（せんきん）の子は市（いち）に死せず】 金持ちの子は悪事を犯しても金の力で刑罰を免れ、町中で刑死することはない。出典「史記越世家・貨殖伝」より。

【千鈞（せんきん）も船を得（う）れば則（すなわ）ち浮かぶ】 重いものでも船に載せれば浮くように、人間も勢力や地位があれば大きなこともできる。出典「韓非子功名」より。

【千軍万馬】セングンバンバ ①大軍。②戦闘・社会経験が豊かだ。「―の古強者（ふるつわもの）」

【千景万色】センケイバンショク いろいろな眺め。

【千言万語】センゲンバンゴ 多くの言葉。

【千古】センコ ①遠い昔。「―未曽有」②永遠。「―不易」

【千行】センコウ 「―の涙（＝とめどない涙）」

【千歳・千載】センザイ 長い年月。「名を―に残す」

【千載一遇】センザイイチグウ またとない機会。

【千載不磨】センザイフマ 千年後に残る。「―の大典」

【千差万別】センサバンベツ 「人の性格は―だ」

【千山万水】センザンバンスイ 多くの山と多くの川。

【千思万考】センシバンコウ あれこれ思いをめぐらす。

【千紫万紅】センシバンコウ 色とりどりに咲く花。

【千姿万態】センシバンタイ 種々様々の違った姿や形。

【千秋】(センシュウ) 「一日—の思い(=とても待ち遠しい)」

【千秋楽】(センシュウラク) 相撲・芝居などの興行の最後の日。

【千手観音】(センジュカンノン) 〔仏〕千の手で衆生を救う観音。

【千種万様】(センシュバンヨウ) 「千差万別」に同じ。

【千状万態】(センジョウバンタイ) さまざまな状態。千態万状。

【千尋・千▼仞】(センジン) 非常に高い。非常に深い。「—の谷」

【千辛万苦】(センシンバンク) 様々の難儀や苦しみ。「—を重ねる」

【千態万状】(センタイバンジョウ) 「千状万態」に同じ。

【千成り・千▽生り】(センなり) たくさん実がなる。「—瓢箪」

【千人力】(センニンリキ) 千人分の力。「彼がいれば—だ」

【千波万波】(センパバンパ) 次から次へと押し寄せてくる波。

【千羽鶴】(センばづる) 折り鶴をたくさんつないだもの。

【千万】(センバン) ①いろいろ。「—かたじけない」②はなはだしい。「不届き—」

【千編一律・千▼篇一律】(センペンイチリツ) どれも皆同じようで面白みがない。「—の文章」

【千変万化】(センペンバンカ) さまざまに変化する。

『千万人(せんまんにん)と雖(いえど)も吾(われ)往(ゆ)かん』 自ら省みて正しければ、敵対者がどんなに多くとも、自分の信ずる道を進もう。出典「孟子公孫丑上」より。

【千万無量】(センマンムリョウ) はかり知れない。「—の思い」

【千里】(センリ) 遠く離れている。「悪事—を走る」

【千里眼】(センリガン) 遠い所や未来、人の心などを知る能力。

【千里同風】(センリドウフウ) 遠く離れた土地にも同じ風が吹く。天下がよく治まって太平である。万里同風。出典「論衡雷虚」より。

『千里(せんり)の行(こう)も足下(そっか)に始まる』 遠大な仕事も手近な物事から始まる。千里の道も一歩から。出典「老子六十四」より。

【千両役者】(センリョウヤクシャ) 格式が高く芸のすぐれた役者。


『千慮(せんりょ)の一失(いっしつ)』 賢い人でも多くの考えの中には一つくらい間違いがある。智者も千慮に一失有り。出典「史記淮陰侯伝」より。

『千慮(せんりょ)の一得(いっとく)』 愚かな者でも多くの考えの中には一つくらいよい考えもある。愚者も千慮に一得有り。出典「史記淮陰侯伝」より。

【千六本】(センロッポン) (主に大根の)千切り。注記「繊蘿蔔(せんろふ)」の中国字音の転。「蘿蔔」とは大根のこと。別表記 繊六本
【千草・千▽種】(ちぐさ) いろいろな草。「庭の—」

【千千】(ちぢ) ①数が多い。「—に砕ける」②さまざま。「心が—に乱れる」

【千▽歳】(ちとせ) 千年。また、長い年月。

【千鳥】(ちどり) ①多くの鳥。「百(も)—」②チドリ科の鳥。「—足(=酔った人の足どり)」

【千代・千世】(ちよ) 長い年月。永遠。「—に八千代に」

熟語「千乗・千枚田(せんまいだ)・千万言・千秋万歳(せんしゅうばんぜい)・一騎当千」
❷その他。
【千字文】(センジモン) 中国六朝時代の詩。梁(りょう)の周興嗣作。四言古詩二五〇句(千字)から成る。日本では漢字教育に用いられた。

【川】

10級 3画 巛-0 音 セン 漢 呉 訓 かわ ①3278 Ⓤ5DDD

〔巛〕 3画 巛-0 ②5463 Ⓤ5DDB

仮名 平仮名「つ」、片仮名「ツ」は、ともに「州」の略体あるいは「川」の全画からか。

筆順 丿 川 川

なりたち  〔象形〕流れる川にかたどる。

❶かわ。地表の水の流れ。
【川端】(かわばた) かわべり。「—柳」

【川開き】(かわびらき) 川の納涼始めの行事。

【川辺】(かわべ) 川のほとり。「—のキャンプ場」

【川▽面】(かわも) 川の水面。「—にうつる山々の姿」

『川原』(かわら) 川辺の、砂や石が多い所。別表記 河原・磧
熟語「川獺(かわうそ)・川岸・川蝉(かわせみ)・川骨(こうほね)・河川・巨川・湖川(こせん)・山川・大川・百川・母川・名川」
❷四川省の略称。
熟語「川劇」
❸その他。
【川柳】(センリュウ) 五・七・五の一七字の短詩。季語がない。注記 点者の柄井(からい)川柳の名から。

【仙】

準2級 5画 人(亻)-3 音 セン 漢 呉 訓 やまびと ①3271 Ⓤ4ED9

難読 仙人掌(サボテン(シャボテン))・仙毛欅(いぬぶな)

人名 たかし・のり・ひさ・ひと

筆順 ノ イ 仆 仙 仙

なりたち  〔僊〕〔形声〕人＋䙴(肉体から魂を両手ではこび出す)音。俗界から移り住んだ仙人の意。会意とも。〔仙〕〔形声〕人＋山音。山の中に住む人の意。「仙」は「僊」の俗字。

❶せんにん。世俗を離れて山の中に住み、不老不死の術を修め、神通力を得た者。
【仙界】(センカイ) 仙人の住む所。俗界を離れた世界。

【仙境・仙郷】(センキョウ) 俗を離れた、仙人の住むような所。

【仙骨】(センコツ) 非凡な風貌。注記 仙人の骨相の意。

【仙術】(センジュツ) 仙人の行う術。

【仙▽洞】(セントウ) (仙人の住む所の意から)上皇の御所。

【仙女】(センニョ) 女の仙人。せんじょ。

【仙人】(センニン) 山中に住み、神通力を得た者。

【仙薬】(センヤク) 不老不死の薬。霊薬。

熟語「仙客(せんかく)・仙丹・仙遊・神仙・水仙」
❷世俗をはなれた高尚な人。傑出した芸術家。
熟語「歌仙・画仙・詩仙・酒仙・謫仙(たくせん)」
❸セント。アメリカ合衆国の貨幣の単位。

【占】

4級 5画 卜-3 音 セン 漢 呉 訓 しめる・うらなう・うら ①3274 Ⓤ5360

難読 占地(しめじ)
人名 うら・しめ
筆順 ｜ ト ト ト 占 占
なりたち 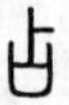 [会意]卜(うらなう)＋口(場所)。うらなって特定の場所や物を決める意。

❶うらなう。事の成否や吉凶を判断する。うらない。うら。
【占筮】(センゼイ) 筮竹(ぜいちく)を使った占い。

【占星術】(センセイジュツ) 星占い。

熟語「占者・占術・易占・卜占(ぼくせん)・夢占」
❷しめる。場所・地位などを自分のものとする。
【占拠】(センキョ) 不法にいすわる。「建物を—する」

【占有】(センユウ) 自分のものとする。「土地を—する」

【占用】(センヨウ) 独占して使用する。「道路を—する」

【占領】(センリョウ) ①場所を独占する。「部屋を—する」②自国の支配下に置く。「—軍」

熟語「寡占・専占・多占・独占」

【先】

10級 6画 儿-4 音 セン 漢 呉・ゼン 呉 訓 さき・まず ①3272 Ⓤ5148

難読 先達て(せんだって)
人名 すすむ・ひこ・ひろ・ゆき
筆順 ノ 𠂉 ⺧ 生 𠂇 先
なりたち  [会意]⺧(足の象形)＋儿(人)。足は人体の先端にあることから、足さき、さきの意を表す。

❶さき。位置が前である。また、一番前。
【先鋭】(センエイ) 刃物の先がするどい。転じて、急進的。「—な思想」別表記 尖鋭
【先陣】(センジン) ①前方の部隊。②一番乗り。「—争い」
【先端】(センタン) 「ナイフの—」「流行の—」別表記 尖端
【先頭】(セントウ) 一番まえ。「—に立って戦う」
【先導】(センドウ) 先に立って導く。「デモ隊を—する」
【先兵】(センペイ) 部隊の前方で警戒を任務とする兵隊。別表記 尖兵
【先鋒】(センポウ) 軍隊の一番前。また、運動のリーダー。「反対運動の—」注記「鋒」は刀の切っ先の意。
❷さき。順序が前である。
【先議】(センギ) 先に審議する。「参議院—」

【先後】(センゴ) あとさき。順序。「—関係」

【先行】(センコウ) ①他より先に行く。「人気が—する」②すでに行われたこと。「—の研究」

【先攻】(センコウ) 試合で、先に攻撃する。⇔後攻
【先勝】(センショウ) ①最初に勝つ。②六曜の一。

【先着】(センチャク) 先に着く。「—順に受け付ける」

【先発】(センパツ) ①先に出発する。⇔後発。②試合の最初から出る。「—投手」

【先負】(センブ) 六曜の一。

【先約】(センヤク) 前にしていた約束。「—がある」

熟語「先客・先務・優先」
❸さき。さきんじる。人より前に物事をなす。
【先駆け】(さきがけ) 真っ先に攻めこむ、または始める。「改革の—となる」別表記 魁
【先んずれば人を制す】(さきんずれば) 相手よりも先に物事を行えば有利な立場になる。出典「史記項羽本紀」より。
【先覚】(センカク) ①人より先に必要性を悟った人。「—者」②学問などの先輩。
【先学】(センガク) 学問の先輩。⇔後学
【先駆】(センク) 人より先にする。「開発の—者」
【先取】(センシュ) 先に取る。「—点をあげる」
【先住】(センジュウ) ①先に住んでいる。「—民」②前の住職。
【先進国】(センシンコク) 経済・政治が進歩している国。
【先生】(センセイ) ①教える人。「学校の—」②医師・弁護士などの敬称。③先に生まれた人。⇔後生(こうせい)
【先制】(センセイ) 機先を制する。「—攻撃」
【先達】(センダツ) ①後輩を導く人。②案内者。
【先手】(センて) ①碁や将棋で先に着手する。②機先を制して、物事を先に行う。「—をとる」▽⇔後手
【先輩】(センパイ) 年齢や経験が上の人。「会社の—」⇔後輩
【先鞭】(センベン) 先に着手する。「—をつける」
【先憂後楽】(センユウコウラク) 天下について世の人に先んじて憂え、遅れて楽しむ。常に天下の平安を心がける。出典 范仲淹「岳陽楼記」より。
熟語「先進・先験的・率先」
❹さき。物事が起こる前。事前に。
【先決】(センケツ) 先に決めておく。「—問題」
【先見】(センケン) 将来のことを見抜く。「—の明」
【先遣】(センケン) 先に派遣する。「調査隊を—する」
【先天】(センテン) 生まれつき。「—的」⇔後天
【先入観】(センニュウカン) 固定的な観念。「—を持つ」
熟語「先容・機先」
❺さき。その時より前。以前。
【先賢】(センケン) 先の世の賢人。「—に学ぶ」

【先刻】(センコク) ①さっき。「—帰った」⇔後刻。②以前から。「—御承知のとおり」

【先史】(センシ) 文字の記録がない時代。「—時代」

【先日】センジツ この間。「—はお世話になりました」
【先人】センジン ①昔の人。「—の教え」②亡父や祖先。
【先先】センセン 前の前。「—日」「—回」
【先祖】センゾ 家系の初代。また、先代までの人々。
【先達て】センだって この間。「—もお話した通り」
【先哲】センテツ 昔のすぐれた思想家や学者。
【先年】センネン 何年か前。「—の火災で焼失した」
【先般】センパン この間。「—行われた式典」
【先非】センピ 「前非（ぜんぴ）」に同じ。
【先例】センレイ 前例。「—にならう」「—がない」
熟語「先蹤（せんしょう）・先聖・先前・後先（こうせん）（あとさき）・祖先」

❻さき。一つ前。この前。
【先君】センクン 先代の主君。
【先月】センゲツ 今月の前の月。
【先週】センシュウ 今の週の前の週。
【先代】センダイ ①当主の前の代。②前の時代。
【先帝】センテイ 先代の天子。「—の時代」
【先任】センニン 前にその任務にあった。「—の校長」
熟語「先回・先便」

❼（国）さき。将来。
熟語「老い先・幸先（さいさき）」

❽（国）さき。相手方。
熟語「先様・先方」

【宣】

5級 9画 宀-6 音 セン 漢 呉 訓 のたま-う・の-べる ①3275 Ⓤ5BA3

人名 すみ・つら・のぶ・のぶる・のり・ひさ・ふさ・むら・よし

筆順 丶 丷 宀 宀 宁 宁 宣 宣 宣

なりたち  ［形声］宀（いえ）＋亘（周囲をぐるりとめぐる）音。周囲にかきねをめぐらした家の意から、あまねく行き渡る、考えをのべ知らせる意を表す。

❶のべる。ひろめる。広く知らせる。
【宣教】センキョウ 宗教を教え広める。「—師」
【宣伝】センデン 広く知らせる。「新製品の—」
【宣▼撫】センブ 占領政策を知らせて人心を安定させる。「—工作」
【宣揚】センヨウ 広くあきらかにする。「国威を—する」
熟語「宣化・宣布・街宣・教宣」

❷主張・決意などを表明する。
【宣言】センゲン 広く表明する。「非常事態—」
【宣告】センコク ①知らせる。②（法）判決の申しわたし。「破産—」
【宣誓】センセイ 大勢の前で誓う。「選手—」
【宣戦】センセン 戦争開始の意思を表す。「—布告」
熟語「宣明」

❸のたまう。みことのり。天子や神など高貴なものの意向を告げることば。
【宣下】センゲ 天皇が言葉をのべ下す。「院号—」
【宣旨】センジ 天皇の命を伝える文書。注記 詔勅に比して内輪のものをいう。
熟語「宣託・宣命（せんみょう）・院宣（いんぜん）・綸宣（りんせん）」

【専】

5級 9画 寸-6 音 セン 漢 呉 訓 もっぱら ①3276 Ⓤ5C02

【專】11画 寸-8 ②5383 Ⓤ5C08

人名 あつし・あつむ・たか・もろ

筆順 一 丆 冂 百 亩 亩 専 専 専

なりたち  ［形声］叀（糸まき）音＋寸（手）。原糸を一本にまとめて手でまきとる意から、一つのことだけに集中するさま、もっぱらの意を表す。

❶もっぱら。そのことだけに集中する。
【専一】センイツ 一つの事に集中する。「ご自愛—に」
【専業】センギョウ 一つの仕事を業とする。「—主婦」
【専攻】センコウ 専門に研究する。「英文学—」
【専修】センシュウ その事柄だけを学ぶ。「英語—学校」
【専心】センシン 集中して熱心に行う。「学問に—する」
【専属】センゾク 「—モデル」「—契約を結ぶ」
【専任】センニン 一つの仕事だけを担当する。「—講師」⇔兼任
【専念】センネン 一つの事に集中する。「研究に—する」
【専売】センバイ 独占販売。「—特許」
【専務】センム ①ある任務を専門にする。②「専務取締役」の略。
【専門】センモン 「経理の—家」「彼の—は科学だ」
熟語「専科・専従」

❷ひとりじめにする。勝手にする。ほしいままにする。
【専横】センオウ 勝手放題。「—なふるまい」
【専管】センカン 一手に管理する。「—水域」
【専決】センケツ 一人の考えで決める。「市長の—事項」
【専行】センコウ 一人の判断で行う。「独断—」
【専制】センセイ 権力者が独断で事を行う。「—政治」
【専断】センダン 自分だけで決める。「国事を—する」
別表記 擅断
【専有】センユウ 「マンションの—部分」⇔共有
【専用】センヨウ ①その人だけが使う。「社長—車」⇔共用。②その目的だけに使う。「自動車—道路」⇔兼用
熟語「専権・専恣（せんし）・専擅（せんせん）・独断専行」

❸（国）「専門学校」の略。
熟語「医専・経専・高専」

セ

【泉】

5級 9画 水-5 音 セン漢呉 訓 いずみ ①3284 Ⓤ6CC9

人名 い・きよし・み・みず・もと

筆順 ′ ′ 白 白 皁 皁 泉

なりたち [象形]岩の穴からわき出る水にかたどる。

❶いずみ。わき水。また、温泉。

【泉水(センスイ)】庭につくられた池。「回遊式—庭園」

【泉石(センセキ)】泉水と庭石。「庭園の—」

熟語「泉質・塩泉・温泉・渓泉・原泉・源泉・鉱泉・神泉・井泉・清泉・盗泉・湧泉(ゆうせん)(わきみず)・林泉・霊泉・間欠泉」

❷あの世。めいど。地下の、死後の世界。

【泉下(センカ)】死後の世界。「—の客となる(=死ぬ)」

熟語「泉界・黄泉(こうせん)(よみ)」

❸貨幣。ぜに。

熟語「泉貨・泉布」

❹(国)「和泉(いずみ)国(=大阪府南部に相当)」の略。

【泉州(センシュウ)】①和泉(いずみ)国の別名。②中国福建省の東南の都市。

熟語「摂河泉」

【浅】

7級 9画 水(氵)-6 音 セン漢呉 訓 あさい ①3285 Ⓤ6D45

【淺】11画 水(氵)-8 ②6241 Ⓤ6DFA

難読 浅茅(あさじ)・浅葱(あさつき)

筆順 氵 氵 氵 浐 浅 浅 浅

なりたち [形声]水＋戔二つ(刃物で切って小さくする)音。水が少ない、あさいの意。「浅」は略字。

❶あさい。表面から底や奥までの距離が短い。

【浅瀬(あさせ)】川や海などの浅い所。

【浅手・浅傷(あさで)】浅い傷。「傷は—だ」⇔深手

熟語「浅蜊(あさり)・浅海・深浅」

❷あさい。色がうすい。

【浅葱(あさぎ)】緑がかった薄い青。

熟語「浅紅・浅緑」

❸あさい。その状態になってから、あまり時間が経過していない。

【浅春(センシュン)】春になったばかりの頃。早春。

❹あさはか。学識・思慮などが乏しい。

【浅知恵(あさヂエ)】あさはかな考え。「素人の—」

【浅学非才・浅学菲才(センガクヒサイ)】知識が浅く才能がない。「—の身」

【浅見(センケン)】思慮の浅い意見。

【浅才(センサイ)】浅はかな才能。「—の身ながら」

【浅薄(センパク)】知識や考えなどが浅い。「—な知識」

【浅慮(センリョ)】考えが浅い。「—を恥じる」

熟語「浅近・浅識・浅知・浅智・浅膚・浅慮・浅劣・浅陋(せんろう)・近浅」

❺わずかな。

【浅酌低唱(センシャクテイショウ)】酒を味わいながら詩歌を口ずさむ。

熟語「浅笑」

【洗】

5級 9画 水(氵)-6 音 セン漢呉 訓 あらう・あらーい ①3286 Ⓤ6D17

難読 洗魚(あらい)(洗膾)

人名 きよ・よし

筆順 氵 氵 氵 汁 汢 洗 洗

なりたち [形声]水＋先(足のさき)音。足さきの指のすき間に水を流す意から、あらう意を表す。

❶あらう。水などできれいにする。すすぐ。

【洗い(あらい)】刺身を水にさらした料理。「鯉の—」

【洗顔(センガン)】顔を洗う。「—クリーム」

【洗剤(センザイ)】衣類や食器を洗う薬剤。「中性—」

【洗車(センシャ)】車を洗う。「庭で—する」

【洗浄(センジョウ)】洗い清める。「哺乳瓶を—する」

【洗滌(センジョウ)】洗う。「傷口を—する」注記「せんでき(洗滌)」の慣用読み。「洗浄」とも書く。

【洗濯(センタク)】衣服などを洗う。「—機」

【洗面(センメン)】顔を洗う。「—所」「—器」

熟語「洗眼・洗髪・水洗・杯洗・筆洗」

❷きよめる。あらいきよめる。

【洗脳(センノウ)】思想を根本的に変えさせる。「組織に—される」

【洗礼(センレイ)】①キリスト教入信の儀式。②初めての大きな経験。「砲火の—を受ける」

【洗練・洗煉・洗錬(センレン)】優雅で上品なものにする。「—された服装」

熟語「洗耳・洗心・受洗」

【染】

5級 9画 木-5 音 セン漢・ゼン漢呉 訓 そめる・そまる・しみる・しみ ①3287 Ⓤ67D3

筆順 氵 氵 氿 氿 沈 染 染

なりたち [会意]水(液体)＋「朵の変形」(たれる)。樹液などに布をたらしてそめるの意。

❶そめる。色をつける。液体に布などをひたしてじわじわと色をしみこませる。
【染色】(センショク) 色を染めつける。「━工場」

【染髪】(センパツ) 髪を染める。「美容院で━する」

【染筆】(センピツ) 筆で書画を書く。「上人の御━」

【染料】(センリョウ) 色を染める材料。「合成━」

熟語「染織・捺染(なっせん)・媒染」
❷そまる。しみる。うつる。よごれる。影響される。
熟語「愛染(あいぜん)・汚染・感染・除染・伝染」

【扇】〔扇〕

10画 戸-6
4級 10画 戸(戸)-6 音 セン 漢 呉 訓 おうぎ・あお-ぐ
①3280 Ⓤ6247
人名 み
筆順 一 ㄱ ヨ 戸 戸 扇 扇 扇 扇
なりたち [会意]戸(とびら)＋羽。鳥の羽のように開いたり閉じたりするとびらの意。転じて、おうぎの意を表す。
❶おうぎ。あおいで涼をとるための道具。うちわ。
【扇形】(センケイ) 扇を開いたような形。おうぎがた。

【扇状地】(センジョウチ) 河川近くにできる扇形の地形。

【扇子】(センス) おうぎ。「━であおぐ」

熟語「羽扇・金扇・銀扇・軍扇・秋扇・陣扇・団扇(だんせん)(うちわ)・鉄扇・白扇・夏炉冬扇」
❷あおぐ。うちわ・おうぎなどで風を起こす。
【扇風機】(センプウキ) 風を送る機械。
❸あおる。けしかける。おだててしむける。同煽。
【扇情】(センジョウ) 感情をあおり立てる。「━的な表現」 別表記 煽情
【扇動】(センドウ) ある行動を起こすようにあおる。「群衆を━して暴動を起こす」 別表記 煽動
❹とびら。門の扉。
熟語「門扇」

【栓】〔栓〕

10画 木-6
準2級 10画 木-6 音 セン 漢 呉
①3282 Ⓤ6813
筆順 一 十 木 木 朴 朴 栓 栓 栓 栓
なりたち [形声]木＋全(たもつ)音。穴にさしこんで、しっかりとふさぐための木製のせんの意。
❶穴や管などをふさぐもの。
熟語「血栓・耳栓(じせん)(みみせん)・塞栓(そくせん)」
❷水など、ものの出口に取り付けた開閉装置。
熟語「活栓・水栓・元栓(もとせん)・給水栓・消火栓」

【旋】

準2級 11画 方-7 音 セン 漢 呉 訓 めぐ-る
①3291 Ⓤ65CB
難読 旋網(まきあみ)・旋頭歌(せどうか)
筆順 亠 方 方 方 斿 斿 旋 旋 旋 旋 旋
なりたち [会意]㫃(はた)＋足。旗がひるがえるように、歩いてぐるりとひとまわりする意から、めぐる意を表す。
❶めぐる。ぐるぐるまわる。
【旋回】(センカイ) ぐるぐる回る。「上空を━する飛行機」

【旋盤】(センバン) 切削のための工作機械。「━加工」

【旋風】(センプウ) 渦巻き状の風。社会を揺るがす事件。

【旋律】(センリツ) 節(ふし)。メロディー。

〈旋毛〉(つむじ) 毛髪が渦巻き状に生えている所。

【旋風】(つむじかぜ) 渦を巻いて吹く突風。つじかぜ。

熟語「旋転・回旋・廻旋・螺旋(らせん)」
❷かえる。めぐって戻る。
熟語「凱旋(がいせん)」
❸中をとりもつ。とりもって回る。
熟語「斡旋(あっせん)・周旋」

【船】〔舩〕

10画 舟-4
9級 11画 舟-5 音 セン 漢 呉 訓 ふね・ふな
①3305 Ⓤ8239 ②7153 Ⓤ8229
難読 船枻(いせがい)
筆順 ノ 凢 月 舟 舟 舟 舟 船 船 船 船
なりたち [形声]舟＋㕣(よりしたがう)音。水の流れにしたがって進むふねの意。
❶ふね。水上を行き来して人や物を運ぶ乗り物。
【船員】(センイン) 船の乗組員。

【船客】(センキャク) 船の乗客。「━名簿」

【船橋】(センキョウ) ①甲板で指令を発する所。ブリッジ。②「ふなはし(船橋)」に同じ。

【船室】(センシツ) 船の中の部屋。「一等━」

【船首】(センシュ) 船体の前方の部分。⇔船尾
【船檣】(センショウ) 帆柱(ほばしら)。マスト。

【船籍】(センセキ) 船舶の国籍。「日本━の貨物船」

【船倉・船艙】(センソウ) 船内で貨物を積む場所。

【船側】(センソク) 船の側面。「━渡し」

【船体】(センタイ) 船の本体。「━が傾く」

【船団】(センダン) 船舶の集団。「護送━」

【船長】(センチョウ) 船舶の乗組員の長。

【船底】(センテイ) 船の底。「━に穴が開く」

【船頭】(センドウ) 小船を操る人。「川下りの━」

【船舶】(センパク) ふね。「━操縦免許を取る」

【船尾】センビ　船の後ろの部分。「―灯」⇔船首

【船腹】センプク　①船の胴体。②船の荷物を積み込む場所。また、積載量。③輸送力としての船。

【船足・船脚】ふなあし　①船の速さ。「―が速い」②船体の水面下の深さ。「―が深い」

【船歌】ふなうた　舟を漕ぎながら歌う歌。

【船路】ふなじ　①航路。②船旅。「―の安全」

【船底】ふなぞこ　船の底。また、船の底のような形。

【船▼溜まり】ふなだまり　船が風波を避けて停泊する所。

【船着き場】ふなつきば　船が発着する所。

【船出】ふなで　船が出発する。また、新たなことを始める。「人生の―」

【船橋】ふなはし　船を並べ、上に板を渡した橋。

【船宿】ふなやど　釣り船・遊山船などを仕立てる家。

【船酔い】ふなよい　船の揺れで気分が悪くなる。

熟語「船医・船隊・船艇・船灯・船大工ふなだいく・艦船・汽船・客船・漁船・下船・商船・乗船・造船・停船・帆船・風船・母船・和船・貨物船・難破船・捕鯨船・連絡船」

❷〔国〕ふね。水や湯などを入れる箱形の容器。

熟語「湯船ゆぶね」

【戦】 7級

13画　戈-9　①3279　Ⓤ6226

音 セン漢呉

訓 いくさ・たたかう・おののく・そよぐ

【戰】　16画　戈-12　②5705　Ⓤ6230

筆順 ﾞ 𫩏 𭎿 単 単 戦 戦 戦

なりたち 戰　〔形声〕單(ぱたぱたとたたく)音＋戈(ほこ)。武器で敵を切り倒すの意。

● 異字同訓 ●

◇たたかう(戦・闘)

「戦う」は〝戦争する。勝ち負けを争う〟の意。「敵国と戦う」「選挙で戦う」「優勝をかけて戦う」

「闘う」は〝困難などを克服しようとする〟の意。「労使が闘う」「難病と闘う」「暑さと闘う」〔ともに「格闘する・争う」意で用法も似ているが、「戦う」の方をより広義に用い、「闘う」は「格闘する」意に限定して、比較的小さな争いに用いられることが多い。また、比喩的に、見えないものとの精神的な争いにも「闘う」を用いる〕

❶たたかう。武器を取ってあらそう。いくさ。たたかい。

【戦意】センイ　戦おうとする意志。「―喪失」

【戦域】センイキ　戦闘の区域。「―の拡大」

【戦雲】センウン　戦争が起こりそうな殺気の満ちた気配。「―急を告げる」

【戦役】センエキ　戦争。「日露―」

【戦火】センカ　「―をまぬがれた家」「―を交える」

【戦果】センカ　戦闘・戦争の成果。「―を上げる」

【戦禍】センカ　戦争による被害。「―を被る」

【戦艦】センカン　強大な砲力を持つ軍艦。「―大和」

【戦記】センキ　戦争や戦闘の記録。「―物を読む」

【戦機】センキ　戦うのに適した時期。「―が熟す」

【戦況】センキョウ　戦争の状況。「―が悪化する」

【戦局】センキョク　戦争の成り行き。「―の変化」

【戦後】センゴ　戦争、特に第二次大戦のあと。

【戦国】センゴク　戦争で混乱した世の中。「―の世」

【戦国時代】センゴクジダイ　①日本史で、応仁の乱以後、織田信長が天下統一に乗りだすまでの時代。②中国史で、韓・魏ぎ・趙ちょう三氏が晋を三分した前四〇三年から、秦が中国を統一した前二二一年までの動乱期をいう。

【戦災】センサイ　戦争による災害。「―に遭う」

【戦史】センシ　戦争の歴史。「―を研究する」

【戦死】センシ　戦場で死ぬ。「―者をいたむ」

【戦時】センジ　戦争をしている時。「―下の生活」⇔平時

【戦車】センシャ　火砲を搭載し、無限軌道で走る車。

【戦術】センジュツ　①個々の戦闘における戦闘力の使用法。「―核」②一定の目的を達成するためにとられる手段・方法。「牛歩―」

【戦勝・戦▼捷】センショウ　戦いに勝つ。「―国」

【戦場】センジョウ　戦闘の場所。「―へ向かう兵士」

【戦陣】センジン　①陣営。また、戦場。②戦いの方法。

【戦▼塵】センジン　戦場の砂ぼこり。戦争の騒ぎ。

【戦線】センセン　戦いの最前線。「けがで―を離脱する」

【戦前】センゼン　戦争、特に、第二次大戦の始まる前。

【戦争】センソウ　「日露―」「核―」「受験―」

【戦端】センタン　戦闘の始まり。「―を開く」

【戦地】センチ　戦争をしている土地。「―へ赴く」

【戦中】センチュウ　戦争の間。「―の生活規制」

【戦闘】セントウ　兵器を用いて戦う。「―を交える」

【戦敗】センパイ　戦いに負ける。「―国」

【戦犯】センパン　「戦争犯罪人」の略。「―裁判」

【戦費】センピ　戦争に要する費用。「―の調達」

【戦法】センポウ　戦闘・競技などの戦い方。

【戦没・戦▼歿】センボツ　戦争で死ぬ。「―者」

【戦友】センユウ　ともに戦った仲間。「―との再会」

【戦乱】センラン　戦争で社会が乱れる。「―の世」

【戦利品】センリヒン　敵から奪った物。「―を持ち帰る」

【戦略】センリャク　長期的・全体的展望に立った闘争の準備・計画・運用の方法。「―を立てる」「販売―」

【戦力】センリョク　戦争を遂行する力。また、組織の力となる人。「―となりうる人物」

【戦歴】センレキ　戦いに参加した経歴。「赫々たる―」

【戦列】センレツ　戦いの部隊や組織。「―を離れる」

熟語「戦旗・戦功・戦士・開戦・合戦かっせん・観戦・休戦・決戦・交戦・作戦・参戦・対戦・挑戦・内戦・反戦・奮戦・冷戦・空中戦・市街戦・持久戦・早慶戦・対抗戦・白兵戦・名人戦」

❷おののく。恐れふるえる。そよぐ。ゆれうごく。

【戦戦恐恐・戦戦▼兢▼兢】センセンキョウキョウ　びくびくする。「いつ首になるかーとしている」

【戦慄】センリツ　恐くてふるえる。「―がはしる」

【戦ぐ】そよ- ゆれる。「稲穂が風に—」

【戦慄く】わななく 体が小刻みに震える。「恐怖に—く」

熟語「戦慄(せんりつ)・戦竦(せんしょう)」

❸その他。

【戦国策】センゴクサク 中国、戦国時代の史書。縦横家の説いた策略を国別に集めたもの。前漢の劉向(りゅうきょう)編。

【煎】〔煎〕

2級 13画 火(灬)-9 新常用 音 セン 漢 呉 訓 いる・に-る ①3289 Ⓤ714E

〔煎〕13画 火(灬)-9

筆順

なりたち [形声]前(端をそろえて切る)音＋火。そろって熱が加わるようにする意から、いる意を表す。

❶にる。せんじる。につめて成分を出す。

【煎茶】センチャ 茶葉を煎じた飲み物やその茶葉。

【煎薬】センヤク 煎じて飲む薬。「漢方の—」

熟語「一煎・湯煎(ゆせん)」

❷いる。火にあぶってこがす。

【煎餅】センベイ ねった粉を薄くして焼いた菓子。

熟語「肝煎(きもいり)・香煎・焙煎」

【羨】

2級 13画 羊-7 新常用 音 セン 漢・エン 漢 呉 訓 うらやむ・うらやましい ①3302 Ⓤ7FA8

筆順

なりたち [形声]羊＋次(欲しがってよだれを垂らす)音。おいしそうな羊を見てよだれを垂らす意から、うらやむ意を表す。

❶うらやむ。うらやましい。ほしがる。

【羨望】センボウ うらやましく思う。うらやむ。「彼の出世は—の的だ」

熟語「羨慕・欽羨(きんせん)・健羨」

❷あふれる。あまる。

熟語「羨溢(せんいつ)・羨余」

❸墓道。墓の入り口から墓室までの通路。

熟語「羨道・羨門」

【腺】

2級 13画 肉(月)-9 国字 新常用 音 セン ①3303 Ⓤ817A

注記 オランダ語 klier の訳字。国字だが中国でも使う。

筆順

なりたち [形声]肉＋泉音。からだの中で分泌活動を行うところの意。国字。

生物の体内で特別な液を分泌する器官。

【腺病質】センビョウシツ 病弱な小児。また、虚弱で神経質な人。

熟語「汗腺・脂腺・臭腺・性腺・毒腺・乳腺・涙腺・甲状腺・唾液腺」

【詮】〔詮〕

2級 13画 言-6 新常用 音 セン 漢 呉 ①3307 Ⓤ8A6E

〔詮〕13画 言-6

筆順

なりたち [形声]言＋全(ととのえる)音。言葉を並べととのえて物事の道理をときあかすの意。

❶そなわる。そなえる。道理が備わる。また、物事の道理をあきらかにする。調べる。

【詮議】センギ ①罪人を取り調べる。「厳しく—する」②評議して究明する。

【詮索】センサク 細かく調べる。「事実を—する」

熟語「所詮・能詮」

❷えらぶ。同撰。

熟語「詮衡・詮度(せんたく)」

❸(国)せん。甲斐(かい)。効果。また、手段。方法。

熟語「詮無い(=しかたがない)・詮方無い(=方法がない)」

【践】【踐】

準2級 13画 足-6 音 セン 漢 呉 訓 ふ-む ①3309 Ⓤ8DF5

【踐】15画 足-8 ②7688 Ⓤ8E10

筆順

なりたち [形声]足＋戔二つ(刃物で切って小さくする)音。小きざみに足でふむの意。「践」は略字。

❶ふむ。ふみつける。足でものの上にのる。

熟語「践氷」

❷ふむ。規範などにのっとっておこなう。実行する。

【践行】センコウ 実際に行う。実行。

熟語「践形・践言・実践・履践」

❸位につく。

【践祚・践阼】センソ 皇位を受け継ぐ。「先帝崩御による—」

熟語「践極」

【箋】

2級 14画 竹-8 新常用 音 セン 漢 呉 訓 ふだ ②6821 Ⓤ7B8B

〔牋〕 12画 片-8 ②6416 Ⓤ724B

筆順

なりたち ［形声］竹＋戔二つ（刃物で切って小さくする）音。小さな竹のふだの意。

❶語句の意義などを記したはりふだ。転じて注釈。

熟語「箋注」

❷ふだ。詩歌や手紙、またメモなどを書くための用紙。

熟語「華箋・詩箋・便箋・付箋・附箋・用箋・処方箋」

【銭】

6級 14画 金-6 音 セン 漢・ゼン 呉 訓 ぜに ①3312 Ⓤ92AD

〔錢〕 16画 金-8 ②7902 Ⓤ9322

注記「ぜに」は呉音「ゼン」の転という。

筆順

なりたち ［形声］金＋戔二つ（刃物で切って小さくする）音。金属の刃先を薄く削った農具、すきの意から、すきの形をした貨幣、ぜにの意を表す。「銭」は略字。

❶ぜに。かね。貨幣。

【銭形】（ぜにがた） ①銭のかたち。②神前に供える紙製の銭。

【銭金】（ぜにかね） 金銭。「—の問題ではない」

【銭湯】（セントウ） 風呂屋。公衆浴場。別表記 洗湯

熟語「銭帛（せんぱく）・悪銭・泡銭（あぶくぜに）・官銭・金銭・口銭・古銭・賽銭（さいせん）・借銭・新銭・鋳銭・銅銭・身銭（みぜに）・無銭・一文銭」

❷せん。通貨の単位。日本では、円の一〇〇分の一。

【潜】

3級 15画 水(氵)-12 音 セン 漢 訓 ひそむ・もぐる・くぐる ①3288 Ⓤ6F5C

〔潛〕 15画 水(氵)-12 ②6310 Ⓤ6F5B

〔濳〕 19画 水(氵)-16 ②6311 Ⓤ6FF3

人名 すみ・ひそみ

筆順

なりたち ［形声］水＋朁（すき間に割りこむ）音。水の中にもぐりこむの意。

❶もぐる。水中に入りこむ。水面下で活動する。くぐる。ひそむ。かくれる。

【潜り戸】（くぐりど） 扉や塀に設けた小さな戸口。

【潜血】（センケツ） 便中の微量の出血。「—検査」

【潜行】（センコウ） ①水中をもぐって行く。②隠れて行動する。「地下に—する」

【潜幸】（センコウ） 天皇がお忍びで行く。「吉野への—」

【潜航】（センコウ） 水中を航行する。ひそかに航行する。

【潜在】（センザイ） ひそかに存在する。「—的ニーズ」「—意識」⇔顕在

【潜水】（センスイ） 水にもぐる。「—艦（＝水中にもぐったまま行動できる艦）」

【潜勢】（センセイ） 外に表れない勢い。「—態」

【潜入】（センニュウ） ひそかに入りこむ。「敵地に—する」

【潜伏】（センプク） 隠れひそむ。「地下に—する」「—期間（＝感染から発病までの間）」

【潜望鏡】（センボウキョウ） 潜水艦から海上を見るための望遠鏡。

熟語「潜函（せんかん）・潜熱・潜竜（せんりょう）・沈潜」

❷心をひそめる。心を静かに落ち着ける。

【潜心】（センシン） 落ち着いて集中する。「研究に—する」

熟語「沈潜」

❸「潜水艦」の略。

熟語「原潜・対潜・防潜網」

【線】

9級 15画 糸-9 音 セン 漢 呉 訓 いと・すじ・いとすじ ①3294 Ⓤ7DDA

〔綫〕 14画 糸-8 ②6932 Ⓤ7DAB

筆順

なりたち ［形声］糸＋泉（いずみ）音。岩の穴からわき出るいずみのような、一すじの細い糸すじの意。古くは「綫」に作る。糸＋戔（ほそい）音。

❶いと。すじ。細長く連続したもの。糸すじ。

【線香】（センコウ） 細長い香。「仏壇に—をあげる」

熟語「外線・架線・琴線・光線・視線・鉄線・電線・無線・伏線・導火線」

❷図面上に細長く書きつけられたあと。数学で、連続的に動く点の描く図形。

【線画】（センガ） 線だけで描いた絵。「—を描く」

【線形・線型】（センケイ） ①線のように細長い形。②〔生〕細長い葉。③〔数〕一次式。

【線審】（センシン） 球技でラインを担当する審判。

【線描】（センビョウ） 物の形を線だけで描く。「—画」

【線分】（センブン） 両端が限られている直線の一部分。

熟語「線条・曲線・垂線・直線・点線・破線・傍線・横線」

❸さかい目。境界。

【線上】セン ジョウ 線の上。分かれ目。「当落―の候補者」
熟語「一線・接線・戦線・打線・境界線・水平線・非常線・不連続線」

❹交通機関の経路。みちすじ。すじみち。
【線路】セン ロ 鉄道車両を走らせるための軌道。
熟語「線区・幹線・支線・車線・脱線・単線・複線・本線・路線・国内線・東海道線」

【遷】

準2級 15画 辵(⻌)-12 音 セン 漢 呉 訓 うつ-す・うつ-る ①3311 Ⓤ9077

〔遷〕15画 辵(⻌)-11

筆順

なりたち ［形声］辵(ゆく)＋䙴(肉体から魂を両手ではこび出す)音。別の場所にうつすの意。

❶うつる。うつす。場所を他に変える。
【遷宮】セン グウ 神社本殿造営の際、神体を移す。
【遷化】セン ゲ 〔仏〕高僧が死ぬ。注記 教化の場所を他の国土に移す意。
【遷幸】セン コウ 天皇が都を移す。また、天皇・上皇が他の場所に行く。
【遷座】セン ザ 神仏の座を移す。「神社の―祭」
【遷都】セン ト 都をうつす。「平安―」
熟語「遷御・左遷・三遷」

❷移り変わる。あらたまる。
【遷延】セン エン 長引く。のびのびになる。
熟語「遷移・推遷・転遷・変遷」

【選】

7級 15画 辵(⻌)-12 音 セン 漢 呉 訓 えら-ぶ・え-る・よ-る ①3310 Ⓤ9078

〔選〕16画 辵(⻌)-12

難読 選択(せんじゃく)(せんちゃく)
人名 かず・のぶ・よし・より

筆順

なりたち ［形声］辵(足の動作)＋巽(台の上にきちんと並べる)音。きちんとならべてよりわける意から、えらぶ意を表す。

えらぶ。よいものを抜き出す。よりすぐる。よる。える。
【選挙】セン キョ 代表者を選出する。「―権」「―運動」
【選句】セン ク よい俳句を選ぶ。「投稿作品から―する」
【選考】セン コウ 適任者を選ぶ。「書類―」注記 本来は「銓衡」と書く。「銓」は分銅、「衡」は、はかりざおの意で、はかりしらべる意。
【選者】セン ジャ 選ぶ役の人。「俳句の―」
【選手】セン シュ 競技をする人。「野球―」
【選集】セン シュウ 著作を集めて作った本。「名作―」
【選出】セン シュツ 選び出す。「議長を―する」
【選奨】セン ショウ 選んで人にすすめる。「芸術―」
【選択】セン タク よりよいものを選ぶ。「取捨―」
【選定】セン テイ 目的に合うものを選ぶ。「候補者の―」
【選任】セン ニン 選んで任務に就かせる。「理事の―」
【選抜】セン バツ すぐれたものを選ぶ。「―チーム」
【選別】セン ベツ より分ける。「大きさで―する」
【選良】セン リョウ 選ばれたすぐれた人。特に、国会議員。
熟語「選外・選曲・選局・選書・選評・改選・決選・厳選・公選・国選・互選・人選・推選・精選・勅選・当選・特選・入選・予選・落選」

【薦】

準2級 16画 艸(艹)-13 音 セン 漢 呉 訓 すす-める・こも ①3306 Ⓤ85A6

人名 しげ・のぶ

筆順

なりたち ［会意］艸＋廌(悪人の非を正すという、鹿に似た一本角の獣)。廌が食うという、大きさがきちんとそろった草の意。転じて、神前にきちんとそなえる、すすめる意に用いる。
◉異字同訓◉【進】(三四二ページ)の「異字同訓」欄を参照のこと。

❶すすめる。よいと思う人やものを採用するようにうながす。
【薦挙】セン キョ 適任者をすすめる。「議長に―する」
熟語「薦誉・自薦・推薦・他薦・特薦」

❷こも。まこもやわらを織り上げたむしろ。
熟語「薦席(=むしろの敷物)」

【繊】

準2級 17画 糸-11 音 セン 漢 呉 訓 ほそ-い・しな-やか ①3301 Ⓤ7E4A

〔纖〕23画 糸-17 ②6989 Ⓤ7E96
〔纎〕21画 糸-15 ②6990 Ⓤ7E8E

筆順

なりたち ［形声］糸＋韱(葉の細い山ニラ)音。細い糸、または、それで織った薄い布の意。「繊」は略字。

❶ほそい。小さい。こまかい。
【繊維】セン イ 微細な糸状物質。「―産業」「食物―」
【繊毛】セン モウ ①細い毛。②動物の細胞に見られる運動性のある微小な毛状物。
熟語「繊埃・繊毫」

❷しなやか。細く美しい。

セ

【繊細】センサイ ①細く美しい。「—な指」②感覚がこまやかである。「—な神経」
【繊弱】センジャク 弱々しい。ひよわ。「—な子ども」
【繊手】センシュ かぼそくたおやかな女性の手。
熟語「繊巧・繊美・繊麗」
❸「繊維」の略。
熟語「化繊・合繊」

【鮮】 4級

17画 魚-6 音 セン漢呉 訓 あざやか・すくない ①3315 Ⓤ9BAE

人名 あきら・き・まれ・よし

筆順 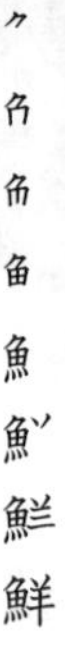

なりたち  [会意]魚(さかな)＋羊(ひつじ)。魚や羊などのなまの肉の意から、あたらしい・あざやかの意を表す。

❶新しい。なまなましい。
【鮮魚】センギョ なまの新鮮な魚。「—売り場」
【鮮血】センケツ 体から出たばかりの真っ赤な血。
【鮮度】センド 野菜や魚の新鮮さ。「—を保つ」
熟語「鮮食・鮮肉・新鮮・生鮮・海鮮料理」
❷あざやか。明らか。色や形がはっきりしていて美しい。
【鮮明】センメイ はっきりしている。「—な画像」
【鮮烈】センレツ あざやかで強烈。「—な印象を受ける」
熟語「鮮潔・鮮麗・鮮紅色」
❸すくない。まれである。
【鮮少】センショウ 非常に少ない。別表記 尠少

ゼン

【全】 8級

6画 人-4 音 ゼン呉・セン漢 訓 まったく・すべて・まったい・まっとうする ①3320 Ⓤ5168

〔全〕6画 入-4

人名 あきら・たけ・たもつ・とも・はる・まさ・みつ・やす

筆順 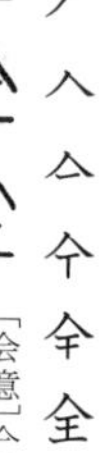

なりたち  [会意]亼(おおうもの)＋工(工具)。建物に工具を保管するの意。たもつ、整えるさまから、まっとうする意に用いる。篆文では、下部を「王(玉)」にも作る。

❶まったい。欠点やきずがない。あますところがない。
【全人】ゼンジン 知・情・意をそなえた人。「—教育」
【全知全能】ゼンチゼンノウ 完全無欠の知。「—の神」
熟語「全美・安全・完全・健全・十全・万全・不全・保全」
❷まったく。すべて。みな。
【全域】ゼンイキ 地域の全体。「東北—に大雨警報」
【全員】ゼンイン 所属するすべての人。「社員—参加」
【全会】ゼンカイ その会にいる全員。「—一致で可決」
【全身】ゼンシン からだ全体。「—麻酔」「—全霊」
【全体】ゼンタイ ①物事の全部。すべて。「クラス—の意見」⇔一部。②もともと。「—無理な話だった」
【全長】ゼンチョウ 全体の長さ。「—二千メートルの橋」
【全通】ゼンツウ 全線開通。「新しい地下鉄が—した」
【全土】ゼンド 国土全体。「日本—」
【全般】ゼンパン 物事の全体。「経営—にかかわる問題」
【全部】ゼンブ すべて。「—使ってしまう」⇔一部
【全幅】ゼンプク はばいっぱい。転じて、ありったけ。「—の信頼を寄せる」
【全編・全篇】ゼンペン 書物・作品の全体。
【全貌】ゼンボウ 全体の姿。「事件の—を明かす」
【全面】ゼンメン あらゆる方面。「—的に協力する」
【全訳】ゼンヤク すべて訳す。「—源氏物語」⇔抄訳
【全容】ゼンヨウ 全体の内容。「事件の—を伝える」
【全力】ゼンリョク 出しうる限りの力。「—を出し切る」
【全霊】ゼンレイ 精神力のすべて。「全身—をささげる」
熟語「全軍・全校・全国・全集・全勝・全納・全敗・全日制」
❸まっとうする。完全に。すっかり。
【全快】ゼンカイ すっかり治る。「病気が—する」
【全開】ゼンカイ 「窓を—する」「エンジン—」
【全壊・全潰】ゼンカイ すっかりこわれる。「—家屋」
【全焼】ゼンショウ 全部焼けてしまう。「—したビル」
【全盛】ゼンセイ 最も盛んな状態。「選手の—期」
【全然】ゼンゼン ①(打ち消しの語を伴って)全く。「—できない」②(俗な言い方)非常に。「—いい」
【全治】ゼンチ 完全に治る。「—三か月の重傷」
【全廃】ゼンパイ 完全に廃止する。「制度を—する」
【全滅】ゼンメツ 全部ほろびる。「味方部隊は—した」
【全裸】ゼンラ 何も身につけていない。

【前】 9級

9画 刀(刂)-7 音 ゼン呉・セン漢 訓 まえ・さき ①3316 Ⓤ524D

〔前〕9画 刀(刂)-7

難読 前栽せんざい・前張さいばり・前褌まえみつ

人名 くま・さき・すすむ・ちか

筆順 

なりたち  [形声]「止(行く)」＋舟」(舟で前に進む意から、左右の足をととのえて進む、また、まえの意を表す)音＋刀。端をそろえて切るの意を表す。「剪」の原字。「止＋舟」の会意文字が用いられなくなり、「刀」を加えた「前」がまえの意

をも表すようになった。

❶まえ。さき。視線の向いているところ。正面の方向に位置する。

【前衛】ゼンエイ ①最前線の部隊。⇕後衛。②階級闘争の指導者。③芸術で、実験的で新しい。④スポーツで、前方で守る者。⇕後衛

【前駆】ゼンク 行列などを先導する。

【前車(ぜんしゃ)の覆(くつがえ)るは後車(こうしゃ)の戒(いまし)め】 前を進む人の失敗は、あとから来る人の戒めになる。出典「漢書 賈誼伝」より。

【前▼哨戦】ゼンショウセン ①小規模の戦闘。②手始めの活動。「地方選は総選挙の―」

【前進】ゼンシン 前へ進む。「一歩―」⇕後退・後進

【前線】ゼンセン ①最も敵陣に近い戦線。「―基地」②温暖前線・寒冷前線など。

【前途】ゼント ①将来。「―ある若者」「―洋々」②目的地までの道のり。「―遼遠」

【前方】ゼンポウ 前の方。「―にタワーが見える」⇕後方

【前面】ゼンメン 前の方。「外交交渉の―に出る」

【前門(ぜんもん)に虎(とら)を拒(ふせ)ぎ後門(こうもん)に狼(おおかみ)を進(すす)む】 一つの災難から逃れたと思ったら、別の災難に遭う。前門の虎、後門の狼。

熟語「前門・前輪・最前」

❷まえ。さき。ある場所より近いところ。

熟語「前置詞・現前・門前・霊前」

❸まえ。さき。順序が初めである。

【前漢】ゼンカン 中国、古代の統一王朝（前二〇二〜後八）。

【前記】ゼンキ 前の部分に書き記す。⇕後記

【前期】ゼンキ ①期間をいくつかに分けた時のはじめの期間。「室町―」⇕後期。②一つ前の期間。

【前掲】ゼンケイ 前の箇所に示した。「―の図を参照」

【前言】ゼンゲン ①前に言った言葉。「―撤回」②昔の人の残した言葉。

【前後】ゼンゴ 「引っ越しの―」「話が―する（＝逆になる）」「二千円―（＝およそ）」

【前後不覚】ゼンゴフカク 「酔っぱらって―になる」

【前者】ゼンシャ 二つのうちの前のもの。⇕後者

【前出】ゼンシュツ 前に示してある。「―の例を参照」

【前述】ゼンジュツ 前に述べた内容。「―のとおり」

【前半】ゼンハン 「来月の―は出張で忙しい」⇕後半

【前部】ゼンブ 前の部分。「車の―が大破した」⇕後部

熟語「前編・午前」

❹まえ。さき。その時より過去の時期。むかし。

【前科】ゼンカ 以前に有罪となったことがある。

【前古未曽有】ゼンコミゾウ かつてなかったほど珍しい。古今未曽有。「―の災害」

【前身】ゼンシン ①ある人の以前の身分や職業。②団体・組織の以前の状態。「専門学校を―とする大学」▽⇕後身

【前人未到・前人未踏】ゼンジンミトウ まだ誰も到達していない。「―の記録」

【前代未聞】ゼンダイミモン 今まで聞いたこともないほど珍しい。「―の出来事」

【前▼轍】ゼンテツ 先に通った車のわだち。前人の失敗。

【前非】ゼンピ 過去の過ち。「―を悔いる」

【前例】ゼンレイ 以前にあった事例。前に掲げた例。

【前歴】ゼンレキ これまでの経歴。「―を照会する」

熟語「已前・以前・空前・従前」

❺まえ。さき。ある物事の実現より早い時期。

熟語「事前・食前・寸前・生前・直前」

❻一つ分、過去にさかのぼった時。

【前日】ゼンジツ 一日前の日。「出発の―」

【前生】ゼンショウ この世の前の世。前世。⇕後生・今生

【前世】ゼンセ この世に生まれてくる前の世。

【前任】ゼンニン 前にその任にあった人。「―者」⇕後任

【前便】ゼンビン 前回の便り。

【前夜】ゼンヤ ①一日前の夜。「出発―」「―祭」②直前の状態。「革命―」

❼まえ。さき。あらかじめ。まえもって。

【前座】ゼンザ 主な出演者の前に演じる。

【前菜】ゼンサイ 食事の最初に出す軽い料理。

【前奏】ゼンソウ 楽曲の主要部の前の音楽。

【前兆】ゼンチョウ 前ぶれ。「地震は噴火の―だ」

【前提】ゼンテイ ある事の成立のもとになる条件。「交渉再開が―だ」「―条件」

【前納】ゼンノウ 前もって納める。「会費を―する」

【前文】ゼンブン ①法令などの条項の前文章。②手紙の初めに書く時候の挨拶など。③前に書いた文。

【前略】ゼンリャク ①手紙で前文を省略する意。②引用文で前の部分を省略する。

【前置き】まえおき 本題の前に述べる言葉。

【前口上】まえコウジョウ 本題にはいる前の言葉。

【前評判】まえヒョウバン 「―は上々だ」

熟語「前知・前借」

❽(国)まえ。割り当て。相当する分量。

熟語「分け前・一人前」

❾(国)まえ。人をうやまっていう語。

熟語「御前(おまえ)(ごぜん)」

❿(国)まえ。人の属性を表す語。

熟語「腕前・男前」

【善】

5級　12画　口-9　音 ゼン(呉)・セン(漢)　訓 よい・よ-く　①3317　Ⓤ5584

〔譱〕 20画　言-13　②7033　Ⓤ8B71

難読 善知鳥(うとう)

人名 さ・ただし・たる・よし

セ

筆順 丷 䒑 兰 羊 羊 盖 盖 善 善

なりたち 〔会意〕もと「譱」。羊（よい）＋言二つ（多くのことば）。めでたいことばの意。転じて、よいの意に用いる。

❶よい。正しい。
【善悪】(ゼンアク) 善と悪。「―をわきまえる」

【善意】(ゼンイ) ①善良な心。②好意的な見方。「あくまでーに解釈する」▽⇔悪意
【善果】(ゼンカ) よい報い。「善因―」

【善行】(ゼンコウ) 道徳にかなった行い。「―を積む」

【善根】(ゼンコン) よい報いのもととなる、よいおこない。

【善哉】(ゼンザイ) ①汁粉(しるこ)の一種。②よい言動をほめる語。注記 仏典で、仏が弟子の言葉に賛成してほめる語。

【善政】(ゼンセイ) 正しくよい政治。⇔悪政
【善知識】(ゼンチシキ) 〔仏〕人々を仏道に導く僧や友人。

【善導】(ゼンドウ) よい方へ教え導く。「青少年を―する」

【善男善女】(ゼンナンゼンニョ) 仏法に帰依した男女。また、信心深い人。

【善(ぜん)に従(したが)うこと流(なが)るるが如(ごと)し】 善と見てこれに従うさまが水の流れのように速やかである。出典「左氏伝 成公八年」より。

【善人】(ゼンニン) 善良な人。「根からの―」⇔悪人
【善美】(ゼンビ) 美しく立派だ。「―を尽くした宮殿」

【善用】(ゼンヨウ) よいことに使う。⇔悪用
【善良】(ゼンリョウ) 正直で性質がよい。「―な市民」

【善(ぜん)を責(せ)むるは朋友(ほうゆう)の道(みち)なり】 善を行うように強くすすめるのは友としての責務である。出典「孟子 離婁下」より。

熟語「善事・完善・勧善・偽善・最善・慈善・十善・積善・独善」

❷よく。うまく。十分に。
【善後策】(ゼンゴサク) 後始末の手段。「―を講じる」

【善処】(ゼンショ) うまい処置をとる。「前向きに―する」

【善戦】(ゼンセン) 力を発揮して十分に戦う。「―むなしく敗れる」

熟語「改善・修善・追善・万善」

❸仲よくする。
【善隣】(ゼンリン) 隣家や隣国と仲良くする。「―友好」
熟語「親善」

【然】

7級 12画 火(灬)-8
音 ゼン漢・ネン呉
訓 しか・しか-り・しか-して・しか-らば・しか-るに
①3319 Ⓤ7136

人名 なり・のり

筆順 ノ ク タ 夕 外 狀 狀 然 然

なりたち 〔会意〕肉＋犬＋火。犬の肉を火でやく意から、もやす意を表す。借りて、しかりの意の指示詞に用いる。

❶人力の加わらない本来の状態。
熟語「自然(しぜん)(じねん)・天然(てんねん)・本然(ほんぜん)(ほんねん)」

❷しか。しかり。そのようである。そうなる。そうする。また、しかして。そうして。
【然程】(さほど) それほど。そんなに。「―暑くない」

【然諾】(ゼンダク) 引き受ける。「―を重んずる（＝引き受けたことは必ず実行する）」

熟語「然様(さよう)・已然(いぜん)・偶然・断然・当然・必然・未然」

❸状態を形容する語をつくる。
熟語「暗然・依然・果然・毅然(きぜん)・欣然(きんぜん)・厳然・公然・浩然(こうぜん)・雑然・釈然・寂然(せきぜん)(じゃくねん)・卒然・泰然・超然・陶然・沛然(はいぜん)・漠然・憤然・平然・呆然・猛然・悠然・冷然」

❹もえる。火がつく。もやす。同燃(ねん)。
熟語「頭然・洞然」

【禅】〔禪〕

準2級 13画 示(ネ)-9
音 ゼン呉・セン漢
訓 ゆず-る・しず-か
①3321 Ⓤ7985

〔禪〕17画 示-12 ②6724 Ⓤ79AA

人名 よし

筆順 ネ ネ ネ゛ ネ゛ ネ゛ 祒 禅 禅

なりたち 〔形声〕示（祭壇）＋單（平ら）音。平らな壇上で神を祭る儀式の意。

❶天子が神を祭る。
熟語「封禅(ほうぜん)」

❷ゆずる。天子が位を他人にゆだねる。
【禅譲】(ゼンジョウ) ①天子が徳のある者に譲位する。②権力の座を円満に譲る。
熟語「禅位・受禅」

❸梵語からの音訳語「禅那」の略。精神をとぎ澄まして真理を悟る意。また、「禅宗」「座禅」の意。
【禅家】(ゼンケ) 禅宗の寺院。禅僧。「―の道場」

【禅宗】(ゼンシュウ) 座禅を修行の中心におく仏教の宗派。

【禅定】(ゼンジョウ) ①精神を集中させ、宗教的な精神状態に入る。②行者が霊山で修行する。

【禅僧】(ゼンソウ) 禅宗の僧。また、座禅を行う僧。

【禅寺】(ゼンでら) 禅宗の寺院。「―で修行する」

【禅味】(ゼンミ) 禅宗の超俗的な味わい。

【禅問答】(ゼンモンドウ) ①禅宗の僧が修行として行う問答。②話のかみ合わない問答。

【禅林】(ゼンリン) 禅宗の寺院。「―修行」

熟語「禅機・禅語・禅刹・禅師・禅室・禅堂・禅尼・禅門・禅話・座禅・参禅」

セ

【漸】

準2級　14画　水(氵)-11　①3318　Ⓤ6F38

音 ゼン㊐・セン㊖
訓 ようや-く・ようよ-う・すす-む

人名 すすむ・つぐ

筆順 氵 沔 沍 洹 漙 漸 漸 漸

なりたち [形声]水＋斬(刃物で車に切れこみを入れる)音。水が切れ目にじわじわとしみこむの意。

❶ようやく。ようよう。だんだん。次第に。
【漸減】ゼンゲン　だんだん減る。⇔漸増
【漸次】ゼンジ　だんだん。「―勢力が弱まりつつある」
【漸進】ゼンシン　少しずつ進んでいく。「―的改革」⇔急進
【漸増】ゼンゾウ　だんだん増える。⇔漸減
熟語「漸染・漸漸」

❷すすむ。だんだんに移る。
熟語「西漸・東漸」

❸ひたす。うるおす。
熟語「浸漸」

【膳】

2級　16画　肉(月)-12　新常用　①3323　Ⓤ81B3

音 ゼン㊐・セン㊖
訓 そな-える

難読 膳所(ぜぜ)

筆順 月 月 肸 胖 胖 膳 膳 膳

なりたち [形声]肉＋善(よい)音。よい肉の意から、ごちそうの意を表す。

❶そなえる。調理して供する食べ物。料理。
熟語「膳羞(ぜんしゅう)・膳夫(ぜんぷ)(かしわで)・饗膳(きょうぜん)・供膳(ぐぜん)・御膳・典膳・本膳・薬膳」

❷(国)ぜん。器に盛った食べ物を載せる台。
【膳立て】ゼンだて　①膳の上に料理を並べる。②うまく事を運ぶための下準備。「お―が整う」
【膳部】ゼンブ　①膳にのせる料理。②料理人。
熟語「客膳・食膳・配膳」

❸(国)ぜん。器に盛った飯を数える語。また、箸(はし)一対を数える語。
熟語「一膳飯(めし)」

【繕】

3級　18画　糸-12　①3322　Ⓤ7E55

音 ゼン㊐・セン㊖
訓 つくろ-う

人名 よし

筆順 糸 糸 紸 絆 絆 絣 繕 繕 繕

なりたち [形声]糸＋善(よい)音。糸でよい状態にする意から、具合のわるいところをつくろう意を表す。

つくろう。なおす。補修する。
熟語「繕写・繕修・営繕・修繕」

ソ

【狙】

2級　8画　犬(犭)-5　新常用　①3332　Ⓤ72D9

音 ソ㊐・ショ㊖
訓 ねら-う

筆順 ノ 犭 犭 犭 犭 狙 狙 狙

なりたち [形声]犬＋且(重ねてのばす)音。テナガザルのこと。サルがずる賢く人のようすをうかがう意から、ねらう意にも用いる。

❶猿。てながざる。
熟語「狙公・狙猴(そこう)」

❷ねらう。かくれていてすきをうかがう。
【狙撃】ソゲキ　ねらい撃つ。「要人―計画」
熟語「狙詐・狙伺」

【阻】

3級　8画　阜(阝)-5　①3343　Ⓤ963B

音 ソ㊖㊐・ショ㊖
訓 はば-む・けわ-しい

注記「沮」の書き換え字としても用いられる。

筆順 ７ 阝 阝 阝 阴 阴 阻 阻

なりたち [形声]阜(盛り土)＋且(積み重なる)音。土が積み重なって、行く手をはばむの意。

❶はばむ。隔てる。通行を拒むものが間にある。さえぎる。
【阻害・阻・礙】ソガイ　じゃまをする。「経済発展を―する」
【阻隔】ソカク　へだてはばむ。「電磁波を―する」
【阻止】ソシ　「相手チームの連勝を―する」　別表記 沮止
熟語「障阻」

❷けわしい。山や道の傾斜が急で往来しにくい。
熟語「険阻」

❸なやむ。くるしむ。
【阻喪】ソソウ　気力がくじける。「意気―」　別表記 沮喪
熟語「悪阻(おそ)(つわり)」

【祖】

6級　9画　示(ネ)-5　①3336　Ⓤ7956

【祖】　10画　示-5　③8925　ⓊFA50

音 ソ㊖㊐
訓 はじ-め・もと

難読 祖父(おおじ)(じじ)・祖母(おおば)(ばば)

人名 おや・さき・のり・はじめ・ひろ・もと

筆順 、ラネネ礻礻初祖祖

なりたち  [形声]示(かみ)＋且(積み重なる)音。代々つらなる先祖の意。

❶初代から先代までの代々の人。また、初代。

【祖国】ソコク ①先祖代々住んでいる国。②ある民族がもと住んでいた国。

【祖先】ソセン 家系の初代。また、初代から先代まで。「―を祭る」

【祖▼廟】ソビョウ 祖先の霊をまつるみたまや。

熟語「遠祖・皇祖・高祖・太祖・父祖」

❷父の父。じじ。また、父母の親。

【祖父】ソフ 父母の父親。⇔祖母

【祖母】ソボ 父母の母親。⇔祖父

熟語「祖考・祖父母・外祖」

❸はじめ。ある物事を始めた人。

【祖師】ソシ 宗派の開祖。「日蓮宗の―」

【祖宗】ソソウ 建国の祖と中興の祖。また、歴代君主。

熟語「開祖・元祖・教祖・始祖・宗祖・俳祖・藩祖・鼻祖」

❹もと。もとになるもの。

【祖語】ソゴ 祖先にあたる言語。「印欧―」

【祖述】ソジュツ 「師の学説を―する」

熟語「祖型・祖構」

❺道路の神。旅の安全を守る神。

熟語「祖宴・道祖神」

【租】

準2級 10画 禾-5 音 ソ漢呉 訓 みつぎ

人名 つみ・みつぎ・みつぐ・もと

ⓙ3337 Ⓤ79DF

筆順 ニ千千禾利和和租租

なりたち  [形声]禾(作物)＋且(積み重ねた供え物)音。供え物の作物、年貢の意。

❶みつぎ。税として取り立てられた収穫の一部。年貢。税金。

【租税】ソゼイ 税金「―を免除される」

熟語「租庸調・減租・公租・貢租・地租・徴租・田租・免租」

❷借りる。借り賃。

【租界】ソカイ 治外法権の外国人居留地。

【租借】ソシャク 他国の領土を借りて治める。

【素】

6級 10画 糸-4 音 ソ漢・ス呉 訓 き・さ・しろ・す・も と・もと―より

ⓙ3339 Ⓤ7D20

難読 素見す(ひやかす)・素破抜く(すっぱぬく)・素袍(素襖)(すおう)・素魚(しろうお)・素晴らしい(すばらしい)・素頓狂(すっとんきょう)・素麺(そうめん)

人名 しろ・しろし・すなお・はじめ・もと

筆順 一十丰丰妻妻妻素素

なりたち  [会意]「垂の略体」(たれる)＋糸。繭からとった糸がたれたままである意から、加工する前の、もとの糸の意を表す。

❶染めていない白絹。また、しろ。白い。

熟語「素衣・素絹・素雪・緇素(しそ)」

❷生まれたまま。手を加えてない。す。き。

【素地】きじ ①生まれつきの性質。②素肌。③加工・加熱前の状態。別表記 生地

【素足】すあし むきだしの足。「―に下駄をはく」

【素顔】すがお 化粧をしていない顔。

【素寒貧】すかんぴん 金がまったくない。「給料日前で―だ」

【素手】すで 手に何も持っていない。「―で戦う」「―で熱い鍋を持つ」

【素性・素姓】スジョウ 生まれや育ち。物の由来。「―を明かす」別表記 種姓

【素直】すなお ①人に逆らったりしない。「―な子」②変な癖がない。「―な字」

【素肌・素▽膚】すはだ ①化粧をしないはだ。②下着をつけないはだ。「―に浴衣を着る」

【素材】ソザイ 「料理の―」「民話を―とした小説」

【素地】ソジ ①もともとの性質。②基礎。「―を身につける」

【素質】ソシツ 生まれつきの能力や性質。「音楽の―」

【素朴・素▼樸】ソボク ①飾り気がない。「―な人柄」②単純で原始的だ。「―な質問」

熟語「素面(すめん・しらふ)」

❸飾らない。あっさりした。

【素読】ソドク 意味を考えずに音読する。「論語の―」

【素描】ソビョウ おおまかに物の形を描く。デッサン。

熟語「素冠・簡素・倹素・質素」

❹もと。根本をなすもの。

【素案】ソアン 「―をもとに議論する」

【素因】ソイン ①おおもとの原因。②ある病気になりやすい素質。「高血圧の―」

【素数】ソスウ 約数が1とその数自身のみの正の整数。

熟語「素粒子・元素・酵素・語素・色素・毒素・要素」

❺もとより。まえまえから。

【素意】ソイ かねてからの考え。「―を述べる」

【素懐】ソカイ かねてからの願い。「―を遂げる」

【素行】ソコウ ふだんのおこない。「―調査」

【素志】ソシ 日ごろ抱いている望み。「―を貫く」

【素養】ソヨウ 知識や教養。「外国語の―がある」

熟語「素交・素心・平素」

❻むなしい。位がない。

【素餐】ソサン 功がないのに禄を受ける。「尸位(しい)—」

【素封】ソホウ 領地を持たない財産家。「—家」出典「史記(貨殖伝)」より。「素」は空しい、「封」は封土の意。

熟語「素士・素食・素族」

❼化学で、元素。

熟語「塩素・酸素・水素・窒素・弗素」

❽〔国〕さ。混じりけがない。

熟語「素湯(さゆ)」

❾〔国〕しろ。しら。きじのまま。また、専門家でない。

【〈素面〉】しらふ 酒を飲んでいない状態。別表記 白面

【《素人》】しろうと ①専門家でない人。「ずぶの—」②遊女などでない普通の女性。▽⇔玄人(くろうと)

❿その他。

【素敵・素的】すてき すばらしい。「—なドレス」注記「すばらしい」の「す」に「てき(的)」のついた語か。「素敵」は当て字。

【素振り】そぶり 態度に表れた気持ち。「気のない—」

【措】 3級

11画 手(扌)-8 音 ソ 漢 呉 訓 お-く

ⓘ3328 Ⓤ63AA

筆順 一 十 扌 扌 扌 扌 措 措

なりたち 〔形声〕手+昔(積み重なった日々)音。ある物の上に重ねて置くの意。

◉異字同訓◉【置】(四四五ページ)の「異字同訓」欄を参照のこと。

❶おく。すえる。また、そのままにしておく。

【措辞】ソジ 言葉の使い方。「巧みな—」

熟語「措定」

❷しまつする。とりはからう。

【措置】ソチ とりはからって始末する。「緊急—」

熟語「措大・措弁」

❸ふるまう。ある動作をする。

熟語「挙措」

【粗】 3級

11画 米-5 音 ソ 漢 呉 訓 あら-い・ほぼ

ⓘ3338 Ⓤ7C97

難読 粗目(ざらめ)・粗砥(あらと)

筆順 丷 䒑 半 米 米 籾 粗 粗

なりたち 〔形声〕米+且(疏に通じ、離れる)音。ねばりけのない米の意。転じて、あらい意に用いる。

❶あらい。詳しくない。そまつな。また、あらあらしい。

【粗削り】あらけずり 「—な演技」別表記 荒削り

【粗筋】あらすじ 物語の大体の筋。別表記 荒筋

【粗悪】ソアク 造りが雑で品質が悪い。「—品」

【粗衣】ソイ 粗末な衣服。「—粗食」

【粗忽】ソコツ そそっかしい。「—者」

【粗雑】ソザツ 雑でいいかげんだ。「—な仕事」

【粗食】ソショク 粗末な食事。「粗衣—」別表記 麁食

【粗製濫造】ソセイランゾウ 粗悪品をたくさん作る。

【粗相】ソソウ ①不注意から起こす失敗。「—をしでかす」②大小便をもらす。

【粗朶】ソダ 切り取った木の枝。別表記 麁朶

【粗大】ソダイ ①あらくて大ざっぱだ。②不ぞろいで大きい。「—ごみ」

【粗放】ソホウ 大ざっぱであらい。「—農業」別表記 疎放

【粗暴】ソボウ 乱暴で荒々しい。「—な振る舞い」

【粗末】ソマツ ①作りが雑で悪い。「—な服」②大切にしない。「米を—にする」

【粗密】ソミツ 密度のあらいことと細かいこと。「人口の—」別表記 疎密

【粗野】ソヤ 荒々しく品がない。「—な行動」

【粗略】ソリャク ぞんざいだ。「—に扱う」別表記 疎略

熟語「粗漫・簡粗・精粗」

❷ほぼ。あらまし。だいたい。

【粗方】あらかた およそ。大体。「改築は—終わった」

【粗描】ソビョウ おおざっぱな描写。

❸〔国〕そ。謙遜の意を添える。

【粗肴】ソコウ 人に出す料理。「粗酒—」

【粗餐】ソサン 人に出す食事。「—をさしあげる」

【粗品】そしな 人に贈る物。「開店祝いの—」

【粗酒】ソシュ 人に勧める酒。「—粗肴」別表記 麁酒

【粗茶】ソチャ 人に勧める茶。「—ですが一服どうぞ」

【粗飯】ソハン 人に出す食事。「—をさしあげる」別表記 麁飯

【組】 9級

11画 糸-5 音 ソ 漢 呉 訓 く-む・くみ

ⓘ3340 Ⓤ7D44

筆順 く 幺 糸 糸 糸 紅 組 組

なりたち 〔形声〕糸+且(積み重ねる)音。糸を重ねてくむ、くみひもの意。

❶くむ。ひもを編む。また、くみたてる。構成する。

【組曲】くみキョク 複数の楽曲を合わせたもの。

【組版】くみハン 活字などを配列して版を作る。

【組閣】ソカク 内閣を組織する。「新首相による—」

【組織】ソシキ ①構成された集団。「会社—」②生物体の構成単位。「—検査」

【組成】ソセイ いくつかの要素から作る。「化学—」

熟語「改組・編組」

❷くみひも。糸を交差させて編んだひも。
熟語「組甲・組綬(そじゅ)・組練」
❸(国)「組合(くみあい)」の略。
【組合(くみあい)】目的を共有する人々の団体。「労働―」
熟語「教組・職組・労組」
❹(国)くみ。団体。集団。特に学級。
【組長(くみチョウ)】組と名のつく集団の長。
熟語「四人組・一年一組」

【疎】 準2級 12画 足-7

音 ソ漢呉
訓 うと-い・うと-む・うと-んじる・おろそ-か・まば-ら・とお-る
①3334 Ⓤ758E

〔踈〕14画 足-7 ②7683 Ⓤ8E08

難読 疎抜く(おろぬく)・疎食(そし・そいし)

筆順 一 丆 下 正 疋 疎 疎 疎

なりたち [形声]疋(足とは逆向きのもう一つの足の象形。間をあけて相対する足)音＋束(たば)。束ねてあったものを、それぞれの間隔をあけてばらばらにする意から、まばら・うといの意を表す。

❶まばら。ばらばらに離れる。あらい。
【疎開(ソカイ)】空襲などに備え、都会の人や物資をよそにうつす。「学童―」
【疎慢(ソマン)】いいかげんで大ざっぱ。別表記 粗慢
【疎密(ソミツ)】「粗密」に同じ。
【疎略(ソリャク)】「粗略」に同じ。
【疎林(ソリン)】木がまばらに生えている林。
【疎漏(ソロウ)】大ざっぱで手落ちがある。「―な計画」
別表記 粗漏
熟語「過疎・空疎・精疎」
❷うとい。親しくない。また、うとむ。うとんじる。おろそか。
【疎遠(ソエン)】交際が途絶えがちだ。「―な関係」

【疎外(ソガイ)】のけものにする。「新参者を―する」

【疎隔(ソカク)】関係がうとくなる。「―が生じる」

熟語「疎斥・疎属・親疎」
❸とおる。水が流れ通じる。切り開いて通じさせる。
【疎水(ソスイ)】①水利のために切り開いた水路。②水になじみにくい。別表記 疏水
【疎通(ソツウ)】考えが通ずる。「意思の―をはかる」
別表記 疏通
熟語「疎明」

【訴】 4級 12画 言-5

音 ソ漢呉
訓 うった-える・うった-え
①3342 Ⓤ8A34

筆順 亠 言 言 言 訂 訢 訴 訴

なりたち 訴 [形声]言＋斥(しりぞける)音。不当であると言葉でしりぞける意から、うったえる意を表す。

❶うったえる。しかるべき機関に告発する。
【訴因(ソイン)】起訴理由となる犯罪事実の主張。

【訴願(ソガン)】訴え願う。「再審を求めて―する」

【訴訟(ソショウ)】裁判の請求を行う。「―を起こす」

【訴状(ソジョウ)】民事訴訟をおこすための文書。

【訴追(ソツイ)】①検察官が公訴を提起する。②弾劾により裁判官の罷免を求める。

熟語「訴人・起訴・公訴・控訴・告訴・直訴(じきそ)・勝訴・上訴・提訴・敗訴・面訴」
❷うったえる。人の心情に働きかける。
【訴求(ソキュウ)】購買欲を呼び起こす。「広告の―効果」
熟語「哀訴・泣訴・愁訴」

【想】⇩ソウ(四〇五ページ)

【塑】 準2級 13画 土-10

音 ソ漢
①3326 Ⓤ5851

筆順 丷 屰 朔 朔 塑 塑 塑

なりたち [形声]朔(けずりとる)音＋土。粘土のかたまりをけずりとって物の形を作るの意。

土をけずる。土をこねて人物などの形を作る。人形。

【塑像(ソゾウ)】粘土などを肉付けして造った像。

熟語「塑造・紙塑・彫塑・泥塑」

【遡】 2級 14画 辵(⻌)-10 新常用

音 ソ漢・サク慣
訓 さかのぼ-る
①3344 Ⓤ9061

〔遡〕13画 辵(⻌)-10 ―― ――
〔泝〕8画 水(氵)-5 ②6191 Ⓤ6CDD
〔溯〕13画 水(氵)-10 ②6274 Ⓤ6EAF

筆順 丷 屰 朔 朔 遡 遡 遡

なりたち [形声]辵(ゆく)＋朔(月はじめに逆もどりする)音。逆もどりして行くの意から、さかのぼる意を表す。

さかのぼる。流れに逆らって進む。

【遡源(サクゲン)】「そげん(遡源)」の慣用読み。

【遡及(ソキュウ)】過去にも効力が及ぶ。「税金の―徴収」

【遡源(ソゲン)】おおもとにさかのぼる。さくげん。

【遡行(ソコウ)】流れをさかのぼる。「川を―する」

【遡航(ソコウ)】船で流れをさかのぼる。「長江―」

【遡上】ソジョウ 流れをさかのぼる。「アユが―する」
熟語「遡求・遡江・遡河魚(そかぎょ)」

【礎】
3級 18画 石-13 音 ソ 漢 訓 いしずえ ①3335 Ⓤ790E

人名 き

筆順 石 石 矿 矿 … 礎

なりたち [形声]石＋楚(一本ずつまばらに生えている木)音。間をあけて敷きならべられた石の意。

いしずえ。土台。基本となるもの。

【礎材】ソザイ 土台の材料。「大理石を―とする」
【礎石】ソセキ 土台の石。基礎。「新国家の―となる」
熟語「基礎・国礎・心礎・柱礎・定礎」

ゾ

【曽】⇩ソウ(四〇二ページ)

ソウ

【双】
3級 4画 又-2 音 ソウ(サウ) 漢 呉 訓 ふた・ならーぶ・ならーべる・ふたーつ ①3348 Ⓤ53CC

【雙】18画 隹-10 ②5054 Ⓤ96D9

人名 ならぶ・もろ

筆順 フ ヌ 双 双

なりたち [会意]隹(とり)二つ＋又(手)。二羽の鳥を手に持つ意から、ふたつ、一組みをなすふたつの意を表す。「双」は俗字。

❶ふたつ。ふた。対(つい)。
【双眼鏡】ソウガンキョウ 両眼で観察できる望遠鏡。
【双魚】ソウギョ ①二匹の魚。②手紙。双鯉(そうり)。
【双肩】ソウケン 左右の肩。「責任を―になう」
【双手】ソウシュ 両方の手。⇔隻手
【双頭】ソウトウ 頭が二つついている。「―の鷲」
【双発】ソウハツ エンジンが二機ある。「―機」
【双方】ソウホウ 両方。「―の言い分がくいちがう」
【双眸】ソウボウ 左右のひとみ。「―を見開く」
【双方向】ソウホウコウ 受け手も情報を発信する。
【双務】ソウム 双方が義務を負う。「―契約」⇔片務
【双子】ふたご 「―の姉妹」別表記 二子
【双葉】ふたば 発芽の時の二枚の葉。別表記 二葉・嫩
熟語「双樹・双生・双飛・双幅・双翼」

❷ならぶ。匹敵する。ならべる。
【双璧】ソウヘキ すぐれた二つのもの。注記「璧」は宝玉の意。
熟語「双珠・無双」

❸対をなすものを数える語。
熟語「屏風一双・半双」

❹その他。
【双六】スゴロク さいころを使うゲームの一つ。すぐろく。
熟語「双紙」

【壮】
準2級 6画 士-3 音 ソウ(サウ) 漢・ショウ(シヤウ) 呉 訓 さかーん・おとこ ①3352 Ⓤ58EE

【壯】7画 士-4 ②5267 Ⓤ58EF

人名 あき・お・さかり・さかん・たけ・たけし・まさ・もり

筆順 丨 丨 丬 丬 壮 壮

なりたち [形声]爿(長い台)音＋士(おとこ)。背の高い立派な男の意。

❶さかん。若く元気な年頃。三、四〇代の男。
【壮者】ソウシャ 働き盛りの人。「―をしのぐ活躍」
【壮丁】ソウテイ 壮年の男。徴兵検査の適齢者。
【壮年】ソウネン 働き盛りの年頃。「―期」
熟語「壮漢・壮齢・少壮・盛壮・老壮」

❷さかん。勇ましい。強い。
【壮快】ソウカイ 気力がみなぎっている。「―な気分」
【壮挙】ソウキョ 勇気のいる大仕事。「メダル獲得の―」
【壮健】ソウケン 健康で元気だ。「御―の由何よりです」
【壮語】ソウゴ 偉そうなことをいう。「大言―」
【壮行】ソウコウ 旅立ちを励ます。「海外遠征の―会」
【壮士】ソウシ ①元気のいい男。②自由民権運動の闘士。③強要・脅迫などをする無頼漢。
【壮絶】ソウゼツ 非常に勇ましい。「―な戦死を遂げる」
【壮途】ソウト 勇ましい門出。「ヒマラヤ登頂の―」
【壮烈】ソウレツ 激しく勇ましい。「―な戦い」
熟語「強壮・高壮・剛壮・悲壮・勇壮・雄壮」

❸立派だ。大きい。
【壮観】ソウカン 規模が大きくすばらしい眺め。
【壮大】ソウダイ 大きくてりっぱだ。「―な計画」
【壮図】ソウト 大がかりな計画。「―を抱く」
【壮麗】ソウレイ 大規模で美しい。「―な宮殿」

【早】
10級 6画 日-2 音 ソウ(サウ) 漢 呉・サッ 慣 訓 はやーい・はやーまる・はやーめる・さ ①3365 Ⓤ65E9

難読 早生(わせ)・早苗饗(さなぶり)・最早(もはや)

人名 さき

筆順 丨 冂 日 日 旦 早

なりたち [象形]もと「皁」で、サイカチなどの実、どんぐりにかたどる。外皮が黒いことから、朝はやい暗い時の意を表す。のち、はや

ソ

い意には「早」が用いられた。篆文では、日＋甲。

❶はやい。ある期間・時間のうち、初めの方である。

【早期】(ソウキ) 早い時期。「—予報」「がんの—発見」

【早暁】(ソウギョウ) 夜明け。「—の富士山」

【早秋】(ソウシュウ) 秋の初め。初秋。

【早春】(ソウシュン) 春の初め。二月から三月初めの頃。

【早早】(ソウソウ) すぐ。「就任—の失言」

【早朝】(ソウチョウ) 朝の早いうち。「—練習」

熟語「早晨・早天」

❷はやい。ふつうより時期的に前である。はやめる。⇔晩。

【早婚】(ソウコン) 世間一般よりも早く結婚する。⇔晩婚

【早産】(ソウザン) 月足らずの出産。

【早熟】(ソウジュク) ①大人っぽい。「—な子」②早く熟する「—品種」⇔晩熟

【早世】(ソウセイ) 若くして死ぬ。「—した作家」

【早生】(ソウセイ) ①早く実ること。⇔晩生。②早く生まれる。「—児」

【早退】(ソウタイ) 「風邪で会社を—する」

【早晩】(ソウバン) 遅かれ早かれ。「—行き詰まる」

【早漏】(ソウロウ) 射精までの時間が早すぎる。

【早合点】(はやガテン) 確かめず、わかったつもりになる。

【早耳】(はやみみ) 早く噂を聞きつける。「会社一の—」

【《早稲》】(わせ) 結実が早い稲の品種。わさ。⇔おくて

熟語「早成・早知・早着・尚早」

❸はやい。物事にかける時間が短い。すみやか。いそいで。

【早急】(サッキュウ) 非常に急いで。そうきゅう。「—に返答する」

【早速】(サッソク) すぐに。「注文を受けて—手配する」

【早急】(ソウキュウ) 「さっきゅう(早急)」に同じ。

【早鐘】(はやがね) 緊急事態を知らせる鐘。「胸が—を打つ(=動悸が激しい)」

【早瀬】(はやせ) 河の流れのはやい所。

【早道】(はやみち) 近道。また、手間のかからない方法。「外国語上達の—」

【早技】(はやわざ) すばやい腕前。「目にもとまらぬ—」

❹はやまる。軽はずみだ。

【早計】(ソウケイ) はやまった判断。「今決めるのは—だ」

❺(国)さ。若くてみずみずしい意を表す接頭語。

【《早乙女》】(さおとめ) ①田植えをする女。②少女(しょうじょ)。

【《早苗》】(さなえ) 稲の若い苗。「青々とした—」

熟語「早緑(さみどり)・早蕨(さわらび)」

【争】

7級　6画　亅-5　音 ソウ(サウ)漢・ショウ(シャウ)呉　訓 あらそう　①3372　Ⓤ4E89

【爭】 8画 爪-4　②6407　Ⓤ722D

筆順 ノ ク ㄅ 刍 刍 争

なりたち  [会意]爪(手)＋一＋又(手)。ある物を両者が力をこめて引き合うの意。

❶あらそう。たたかう。きそう。あらそい。

【争議】(ソウギ) 主張して争う。「家庭—」「労働—」

【争奪】(ソウダツ) 激しく奪い合う。「二社間の顧客—戦」

【争点】(ソウテン) 議論の中心。「選挙の—は増税だ」

【争覇】(ソウハ) 覇権や優勝を争う。「リーグ—戦」

【争乱】(ソウラン) 争いで社会が乱れる。「—の世」

【争論】(ソウロン) 議論をたたかわせる。「与野党の—」

熟語「競争・係争・繋争・抗争・政争・戦争・闘争・紛争・論争」

❷いさめる。たしなめる。

熟語「諫争(かんそう)」

【走】

9級　7画　走-0　音 ソウ 漢呉　訓 はしる　①3386　Ⓤ8D70

〔赱〕 7画 走-0　②7665　Ⓤ8D71

難読 走野老(はしりどころ)

人名 ゆき

筆順 一 十 土 キ 丰 疌 走

なりたち  [会意]夭(人のからだがしなやかなさま)＋疋(足とは逆向きのもう一つの足の象形。間をあけて相対する足)。足を大きく開いてすばやく進む意から、はしる意を表す。

❶はしる。早足でかける。

【走行】(ソウコウ) 自動車などが走る。「—車線」

【走査】(ソウサ) 画像を電気信号に変換する。スキャン。

【走者】(ソウシャ) 陸上競技や野球で、走る人。

【走破】(ソウハ) 走り通す。「フルマラソンを—する」

【走塁】(ソウルイ) 野球で、塁から塁へ走る。「—ミス」

熟語「走路・快走・滑走・完走・競走・疾走・助走・馳走(ちそう)・独走・帆走・暴走・奔走・迷走・力走」

❷逃げる。

熟語「脱走・逃走・遁走(とんそう)・敗走」

❸はしりづかい。召し使い。

【走狗】(ソウク) 獣を追う猟犬。転じて、他人の手先。

熟語「走介・走卒」

【宗】 ⇩シュウ(二八九ページ)

【奏】

5級　9画　大-6　音 ソウ 漢呉　訓 かなでる・すすめる・もうす　①3353　Ⓤ594F

人名 かな

筆順 一 三 声 夫 表 叁 奏 奏 奏

なりたち  [会意]屮(くさ)＋廾(両手でささげる)＋夲(四足の動物)。物をきちんとそろえて、両手でささげるの意。

❶すすめる。さし上げる。献上する。
熟語「奏書・奏覧」

❷もうす。つつしんで述べる。
【奏上】ソウジョウ 天皇に申し上げる。
【奏請】ソウセイ 天皇に決定を求める。そうしょう。
【奏聞】ソウモン 天皇に申し上げる。そうぶん。
熟語「奏者・口奏・執奏・上奏・伝奏」

❸かなでる。楽器を鳴らす。
【奏楽】ソウガク 音楽を演奏する。「―堂」
熟語「演奏・合奏・間奏・序奏・吹奏・節奏・弾奏・独奏・伴奏・協奏曲」

❹なしとげる。事を進行させる。
【奏功】ソウコウ 目標どおりの結果を得る。「対策が―する」
【奏効】ソウコウ 効果がある。「新療法が―する」

【相】

8級 9画 目-4 ①3374 Ⓤ76F8
音 ソウ(サウ)呉・ショウ(シャウ)漢
訓 あい・たす-ける・み-る

人名 あきら・さ・すけ・たすく・とも・はる・まさ・また・み

筆順 一 十 才 木 朩 相 相 相 相

なりたち  [会意]木＋目。木のようすをよく見るの意。離れて向きあうの意をも表す。

❶かたち。ありさま。すがた。
【相好】ソウゴウ 表情。「―をくずす(＝にこにこする)」
【相貌】ソウボウ 顔かたち。「恐ろしい―」
熟語「異相・家相・観相・凶相・形相・血相・諸相・真相・世相・粗相・人相・貧相・滅相・面相・容相・様相」

❷みる。うらなう。
熟語「相術・相法」

❸あい。互いに。ともに。
【相伴】ショウバン 「社長のお―にあずかる」
《相撲》すもう 土俵上で組み合う競技。別表記 角力
【相愛】ソウアイ 愛し合う。「相思―の仲」
【相違】ソウイ ちがいがある。「見解の―」
【相応】ソウオウ つりあっている。「身分―に暮らす」
【相関】ソウカン 関係がある。「不況と自殺の―関係」
【相互】ソウゴ 両方。たがいに。「―の利益」「―理解」
【相克・相▼剋】ソウコク 互いに争う。「理想と現実の―」
【相殺】ソウサイ 貸し借りなどを互いに消す。
【相思】ソウシ 互いに慕い思う。「―相愛」
【相似】ソウジ 互いによく似ている。「―形」
【相称】ソウショウ 対称。「左右―」
【相乗】ソウジョウ ①二つ以上の数を掛ける。②効果を強めあう。「―効果」
【相即不離】ソウソクフリ 切り離せない。「―の関係」
【相対】ソウタイ ①向かい合う。②互いに関係をもって成立する。「―評価」⇔絶対
【相談】ソウダン 話し合う。「身の上―」「―に乗る」
【相当】ソウトウ ①つりあう。「百万円―の被害」②対応する。③かなり。「―な覚悟」
【相場】ソウば ①取引で決まる価格。「株式―」②世間の通念。「夏は暑いと―が決まっている」
〈相応〉しい ふさわしい 似つかわしい。「その場に―い服装」
熟語「相姦・相識・相知・相補」

❹(国)あい。他の語の前に付いて語調を整え改まった感じを出したり、ともに、互いに、同じなどの意を添えたりする。
【相合(い)傘】あいあいがさ 一本の傘に二人一緒に入る。
【相打ち・相撃ち・相討ち】あいうち 武芸などで同時に相手をうつ。
【相生】あいおい ①一つの根から二つの幹が出る。「―の松」②夫婦そろって長生きする。
【相▼鎚・相▼槌】あいづち ①鍛冶(かじ)で交互に鎚を打つ。②相手の話に調子を合わせる。「―を打つ」
【相手】あいて ①一緒に物事をする人。「遊び―」②対抗する人。「―にしない」
【相乗り】あいのり 一緒に乗る。「タクシーの―」
【相棒】あいボウ 一緒に事をする相手。「旅の―」
【相身互い】あいみたがい 同じ境遇の者が助け合う。「困った時は―」
熟語「相対する・相調う」

❺受け継ぐ。
【相承】ソウショウ 次々に受け伝えていく。「父子―」
【相続】ソウゾク 財産や地位を受け継ぐ。「遺産―」
【相伝】ソウデン 代々伝え継ぐ。「一子―」

❻たすける。君主を助ける。大臣。
【相国】ショウコク ①中国で宰相のこと。②太政大臣・左大臣・右大臣の唐名。
熟語「相事(しょうじ)・宰相・首相」

❼(国)「相模(さがみ)国」の略。
【相模】さがみ 旧国名の一。今の神奈川県に相当。相州。
【相州】ソウシュウ 相模(さがみ)国の別名。
熟語「越相・甲相」

ソ

ソ

【荘】

準2級 9画 艸(艹)-6 音 ソウ(サウ)漢・ショウ(シャウ)呉 訓 おごそ-か・さか-ん ①3381 Ⓤ8358

〔莊〕 10画 艸(艹)-7 ②7223 Ⓤ838A

人名 これ・たか・たかし・ただし・まさ

筆順 一 艹 廾 芈 茌 荘 荘

なりたち [形声]艸＋壮(背の高い立派な男)音。草木が高く生い茂る意から、おごそかの意を表す。また、草深い意から、いなかの意にも用いる。

❶おごそか。重々しくいかめしい。整っている。

【荘厳】ショウゴン (仏)仏堂・仏像などを美しく飾る。

【荘厳】ソウゴン 重々しく立派で気高い。「―な音楽」

【荘重】ソウチョウ おごそかで重々しい。「―な儀式」

❷いなか。村里。また、いなかの家。別宅。同庄。

熟語「山荘・別荘」

❸旅館などの宿泊設備。また、みせ。

熟語「雀荘・旅荘」

❹貴族や寺院などが私有する土地。同庄。

【荘園】ショウエン 貴族や寺社の私有地。別表記 庄園

熟語「荘官・荘長」

❺荘子のこと。

【荘子】ソウシ 中国、戦国時代の宋の思想家。名は周。

【荘子】ソウジ 中国、戦国時代の思想書。荘子とその学統に連なる後人の著作。

熟語「老荘思想」

❻さかんである。同壮。

【草】

10級 9画 艸(艹)-6 音 ソウ(サウ)漢呉 訓 くさ ①3380 Ⓤ8349

難読 草石蚕(ちょうろぎ(ちょろぎ))・草臥れる(くたびれる)・草履(ぞうり)・草鞋(わらじ(わらんじ・わらんず))・車前草(おおばこ)・酢漿草(かたばみ)

人名 かや・しげ

筆順 一 十 廾 艹 芍 苜 苩 草

なりたち [形声]艸＋早(どんぐり)音。並びはえる草にかたどった「艸」が草の意に用いられていたが、のちに同音の「早」を加えた。

❶くさ。植物の中で、木部があまり発達せず、地上の部分が柔らかいもの。

【草花】くさばな 花の咲く草。「野に咲く―」

【草葉の陰】くさばのかげ 墓の下。あの世。「―から見守る」

【草枕】くさまくら 旅。旅寝。

【草分け】くさわけ 開拓した人。また、最初に行なった人。「女性企業家の―」

【草原】ソウゲン 一面に草が生えている野原。

【草根木皮】ソウコンモクヒ 草の根と樹木の皮。

【草食】ソウショク 草を主な食物とする。「―動物」

【草本】ソウホン 茎がやわらかい植物の総称。⇔木本

【草木】ソウモク 草と木。植物。「山川―」

【《草履》】ぞうり 鼻緒のついた平底の履物。

【〈草鞋〉】わらじ 藁で編んだ履物。

熟語「海草・香草・雑草・除草・牧草・薬草・野草」

❷いなか。草深い。

【草昧】ソウマイ 未開で発達していない。「―の世」

【草莽】ソウモウ ①田舎。②在野。民間。「―の志士」

❸間に合わせの。簡単な。そまつな。

【草庵】ソウアン 草葺ぶきのいおり。「―を結ぶ」

【草屋】ソウオク 草葺ぶきの家。主に、自分の家の謙遜語。

【草草】ソウソウ ①粗末なもてなし。②あわただしい。③手紙の末尾の挨拶。

【草堂】ソウドウ 草葺ぶきの家。主に、自分の家の謙遜語。

熟語「草具・草廬(そうろ)」

❹下書き。

【草案】ソウアン 規約などの下書き。

【草稿】ソウコウ 下書き。「スピーチの―を見直す」

熟語「詠草・起草」

❺漢字の書体の一。行書(ぎょうしょ)をさらにくずした書体。

【草書】ソウショ 漢字の書体の一。最もくずした書体。

【草体】ソウタイ 草書体。

熟語「遺草・起草・真行草」

❻はじめ。はじまり。

【草創】ソウソウ ①物事のはじめ。「事業の―期」②寺社を初めて建てる。「―五百年の寺」

❼その他。

【草紙・草子】ソウシ ①綴とじた本。②仮名書きの書物。③江戸時代の絵入りの読み物。注記「さくし(冊子)」の転。別表記 双紙・冊子

【送】

8級 9画 辵(辶)-6 音 ソウ漢呉 訓 おくる ①3387 Ⓤ9001

〔送〕 10画 辵(辶)-6

人名 おく

筆順 丷 丷 䒑 关 关 送 送

なりたち [形声]辵(ゆく)＋「火＋廾」(両手で物をさしあげる)音。物をささげるようにして行く意から、おくる意を表す。

◇おくる(送・贈) ●異字同訓●

ソ

「**送る**」は"先方へ届くようにする。時を過ごす"の意。「金を送る」「代表を送る」「駅まで送る」「少年時代を海外で送る」
「**贈る**」は"贈り物をする。称号などを与える"の意。「花束を贈る」「感謝の言葉を贈る」「勲三等を贈る」

❶おくる。物を人やよそへ与える。また、運ぶ。
【送還】ソウカン　送りかえす。「犯罪者を強制―する」
【送球】ソウキュウ　①球技で、ボールを味方に投げる。②ハンドボール。
【送金】ソウキン　金を送る。「両親に―する」
【送検】ソウケン　容疑者や捜査書類を検察庁へ送る。
【送稿】ソウコウ　原稿を送る。「電子メールで―する」
【送受】ソウジュ　送信と受信。「無線の―」
【送信】ソウシン　電気信号を送る。「メール―」⇔受信
【送電】ソウデン　電力を送る。「―線」「―塔」
【送付】ソウフ　品物・書類などを送り届ける。
【送風】ソウフウ　風を送る。「エアコンの―機能」
【送料】ソウリョウ　物を送るための料金。
熟語「送水・送達・移送・運送・回送・護送・直送・転送・電送・配送・発送・返送・放送・郵送・輸送」

❷おくる。去っていく人を見おくる。
【送迎】ソウゲイ　送り迎え。「幼稚園の―バス」
【送辞】ソウジ　在校生から卒業生におくる言葉。
【送別】ソウベツ　別れて行く人を送る。去る人を送る。「―の辞」「―会」
熟語「歓送・葬送・奉送・目送」

【倉】
7級　10画　人-8　音 **ソウ**（サウ）漢 呉　訓 **くら**　①3350 Ⓤ5009

筆順　八 𠆢 今 今 今 仺 倉 倉 倉 倉

なりたち  ［象形］甲骨文では、穀物を入れるくらにかたどる。金文では、「食の略体」（食物）＋口（入れる所）の会意。

❶くら。穀物などをしまっておく建物。
【倉敷料】くらしきリョウ　倉庫の保管料。
【倉庫】ソウコ　物品を貯蔵・保管する建物。「資材―」
【倉廩（そうりん）実（みち）て礼節を知る】　人間は生活が豊かになって初めて礼儀・節度を考える余裕が生まれる。出典「管子（牧民）」より。
熟語「営倉・穀倉・船倉・弾倉」

❷あわてる。にわか。
【倉皇】ソウコウ　落ち着きを失う。「―としてかけつける」別表記 蒼惶
【倉卒】ソウソツ　あわただしい。「―の間」別表記 草卒・怱卒

❸あおい。同 蒼。
熟語「倉海」

【捜】
準2級　10画　手（扌）-7　音 **ソウ** 漢・シュウ（シウ）漢　訓 **さがす**　①3360 Ⓤ635C

【搜】12画　手（扌）-9　②5751 Ⓤ641C

筆順　十 扌 扣 扣 押 押 搜 捜

なりたち  ［形声］手＋叟（手でかまどの中をさがす）音。「叟」がおきなの意に用いられるようになったため、「手」を加えた。

◉異字同訓◉【探】（四三六ページ）の「異字同訓」欄を参照のこと。

さがす。あるものを見つけようとする。さぐる。
【捜査】ソウサ　犯罪の真相を探る。「殺人事件の―」
【捜索】ソウサク　①探し求める。「―願い」②捜査のため強制的に調べる。「家宅―」
熟語「捜検・冥捜・瞑捜」

【挿】
準2級　10画　手（扌）-7　音 **ソウ**（サフ）漢　訓 **さす**・はさ-む　①3362 Ⓤ633F

【插】12画　手（扌）-9　②5771 Ⓤ63D2

【揷】12画　手（扌）-9　④1328 Ⓤ63F7

筆順　十 扌 扌 扩 扦 挿 挿 挿

なりたち  ［形声］手＋臿（うすに棒をさしこむ）音。「臿」がうすでつく意に用いられたため、さす意には「手」を加えた。

◉異字同訓◉【差】（二二五ページ）の「異字同訓」欄を参照のこと。

❶さす。細長いものをすき間などに入れる。はさむ。
【〈挿頭〉】かざし　花や枝を折り、髪や冠に挿すもの。
【挿絵】さしエ　文章の間に入れる絵。「―画家」
【挿花】ソウカ　生け花。「―の基本」
【挿画】ソウガ　挿絵（さしえ）。「雑誌の―を描く」
【挿入】ソウニュウ　間にさし入れる。「論文に表を―する」
【挿話】ソウワ　本筋には関係のない短い話。
熟語「挿秧（そうおう）」

❷すき。土にさしこんで掘りおこす農具。

【桑】
3級　10画　木-6　音 **ソウ**（サウ）漢 呉　訓 **くわ**　①2312 Ⓤ6851

【桒】9画　木-5　③8562 Ⓤ6852

【枽】10画　木-6　――　Ⓤ2F8E1

難読　桑港（サンフランシスコ）

筆順 フ ヌ ヌ 叒 叒 桑 桑 桑

なりたち  [象形]大きな葉(又)をたくさんつけた木にかたどり、クワの意を表す。

くわ。くわのき。クワ科クワ属の落葉樹の総称。葉は蚕の飼料とし、樹皮は製紙原料となる。

【桑原】くわばら 災難を避けるためのまじない。注記 菅公かん(=菅原道真)の領地桑原には一度も落雷がなかったことによるという。

【桑海】ソウカイ 「桑田滄海そうでんそうかい」の略。

【桑弧▼蓬矢】ソウコホウシ 桑の弓と蓬よもぎの矢。昔、中国で、男子誕生のとき、これで四方を射て、将来を祈ったことから、男子が志を立てること。桑蓬。出典「礼記射義、小弁」より。

【桑▼梓】ソウシ 父母を敬慕する。また、故郷。出典「詩経小雅、小弁」より。昔、中国で桑くわと梓あずさを植えて子孫のために残したことから。

【桑田▼滄海】ソウデンソウカイ 「桑田変じて滄海そうかいとなる」に同じ。

【桑田でん変じて滄海そうかいとなる】 桑くわ畑が青海原に変わるように、世の中の変化が激しい。桑田滄海。出典 劉希夷「代悲白頭翁」より。

【桑年】ソウネン (「桑」の異体字「桒」が、四つの十と八に分解できることから)四八歳の異名。桑字年。

【桑門】ソウモン (仏)僧。出家。沙門。

熟語「桑畑・桑畠くわばたけ・桑園・桑竹・給桑・剉桑ざそう・滄桑そう・扶桑ふそう」

【巣】

7級 11画 木-7 音 ソウ(サウ)漢呉 訓 す ①3367 Ⓤ5DE3

〔巢〕11画 巛-8 ③8408 Ⓤ5DE2

筆順 、 ⺍ ⺍ 当 当 当 単 巣

なりたち  [象形]ひな鳥(巛)が木の上のす(臼)にすむさまにかたどる。すの意。

❶す。鳥・虫・獣のすみか。

【巣立ち】すだち 雛ひなが飛び立つ。子供がひとり立ちする。「―の時を迎える」

【巣箱】すばこ 鳥に巣を営ませるための箱。

熟語「営巣・燕巣えんそう・帰巣」

❷集まっている場所。たむろ。また、盗賊などの隠れ家。

【巣窟】ソウクツ 悪者たちのすみか。「悪の―」

熟語「精巣・賊巣・病巣・卵巣」

【掃】

3級 11画 手(扌)-8 音 ソウ(サウ)漢呉 訓 はく・はら-う ①3361 Ⓤ6383

〔掃〕11画 手(扌)-8 ＝ ＝

人名 のぶ

筆順 一 十 扌 扌 扫 扫 掃 掃

なりたち [形声]手＋帚(ほうき)音。ほうきを手に持ってはくの意。

❶はく。ちりなどを除き、きれいにする。

【掃除】ソウジ ごみを掃いてきれいにする。

【掃き▼溜め】はきだめ ごみすて場。「―に鶴(=むさくるしい所に美しいものがいる)」

熟語「洒掃さいそう・灑掃さいそう・清掃」

❷はらう。すっかり除く。おいはらう。

【掃海】ソウカイ 機雷などを取り除く。「―艇」

【掃射】ソウシャ なぎはらうように射撃する。「機銃―」

【掃討・掃▼蕩】ソウトウ 完全にうちはらう。「残敵―」

【掃滅】ソウメツ すっかりほろぼす。別表記 剿滅

熟語「一掃」

【曹】

準2級 11画 曰-7 音 ソウ(サウ)漢・ゾウ(ザウ)呉 訓 ともがら ①3366 Ⓤ66F9

難読 曹白魚ひら・曹達ソーダ

人名 とも・のぶ

筆順 一 冂 冊 曲 曲 曹 曹 曹 曹

なりたち  [会意]甲骨文では、東(袋の象形)二つ＋口。袋を身につけ互いに話し合うさまから、居並ぶ役人、なかまの意を表す。

❶下級の役人。裁判にたずさわる属官。

熟語「法曹」

❷役所。部屋。つぼね。

熟語「曹局・曹司」

❸ともがら。なかま。

熟語「我曹・吾曹・児曹」

❹(国)軍隊で、下士官。

熟語「曹長・軍曹・兵曹」

❺その他。

【曹植】ソウショク 一九二―二三二 中国、三国時代の魏ぎの詩人。曹操の三男。文帝曹丕そうひの弟。「七歩の才」の故事で知られる。

【曹操】ソウソウ 一五五―二二〇 中国、三国時代魏ぎの始祖。字あざなは孟徳。諡おくりなは武帝。劉備・孫権と天下を三分した。詩賦をよくした。

【曹丕】ソウヒ 一八七―二二六 中国三国時代、魏ぎの初代皇帝。諡おくりなは文帝。曹操の長子。文人としてもすぐれた。

【曹▽達】ソーダ 炭酸ナトリウム。また、ソーダ水の略。

【曽】

2級 11画 曰-7 新常用 音 ソウ漢呉・ゾ呉・ゾウ呉・ソ呉 訓 かつ-て・ひ ①3330 Ⓤ66FD

【曾】12画 日-8 ①3329 Ⓤ66FE

注記「會(会)」とは別字。

仮名 平仮名「そ」は「曾」の草体から。片仮名「ソ」は「曾」の初二画から。

筆順 丷 丷 … 曽 曽 曽

なりたち  [象形]重ね型の蒸し器であるこしきの形にかたどる。かさねるの意。

❶かつて。以前に。

【曾遊】ソウユウ 以前に訪れたことがある。「—の地」

熟語「曽経・未曽有みぞう」

❷直系の三等親。三代離れた親族。ひ。

【曾祖父】ソウソフ 祖父母の父。ひいじじ。大祖父。

【曾祖母】ソウソボ 祖父母の母。ひいばば。大祖母。

【曾孫】ソウソン 孫の子。ひまご。

❸その他。

【曾参】ソウシン 前五〇五～前四三五？ 中国、春秋時代の思想家。「孝経」を著したという。曽子。

【爽】

2級 11画 爻-7 新常用 音 ソウ(サウ)漢 訓 さわやか・さや・さや-か ①3354 Ⓤ723D

人名 あきら・さ・さや・さわ

筆順 一 … 爽 爽

なりたち  [会意]甲骨文では、大(両手両足をひろげた人)＋乂(乳房もしくは袖)二つ。両方にわかれる意から、気持ちがわりきれてさわやかである意を表す。

❶さわやか。すがすがしい。さやか。

【爽快】ソウカイ さわやかで気持ちがよい。「気分—」

【爽秋】ソウシュウ さわやかで気持ちのよい秋。「—の候」

【爽涼】ソウリョウ さわやかで涼しい。「朝の—な空気」

熟語「颯爽さっそう・秋爽・清爽」

❷あかるい。あきらか。

熟語「俊爽・昧爽まいそう」

【窓】

5級 11画 穴-6 音 ソウ(サウ)漢・ソウ呉 訓 まど ①3375 Ⓤ7A93

【窗】12画 穴-7 ②6757 Ⓤ7A97

【牕】15画 片-11 ③8768 Ⓤ7255

【窻】16画 穴-11 ③8954 Ⓤ7ABB

筆順 丶 … 窓 窓

なりたち  [形声]穴＋悤(＝囱、屋根にあけた明かり取り)音。明かり取りの穴、まどの意。別体字「窗」は会意。穴＋囱(明かり取り)で、まどの意。

まど。採光や通風のための開口部。まどのある部屋。

【窓外】ソウガイ 窓のそと。「—の景色をながめる」

【窓際】まどぎわ 窓のそば。「—族(＝閑職にある)」

【窓口】まどぐち 「銀行の—業務」「折衝—となる」

熟語「窓下・窓前・円窓・学窓・蛍窓けいそう・獄窓・車窓・深窓・船窓・同窓・明窓」

【創】

5級 12画 刀(刂)-10 音 ソウ(サウ)漢呉 訓 つくる・きず・はじ-める ①3347 Ⓤ5275

人名 はじむ

筆順 ノ 今 … 創 創

なりたち  [形声]篆文では、刀(やいば)＋倉(もの)の会意文字。刀で切れ目を入れて作りはじめる意から、きずつける・はじめるの意を表す。「創」は別体で、倉音＋刀。

❶きず。刃物によるけが。きずつける。

【創・痍】ソウイ きず。痛手。「満身—」

熟語「金創・咬創こうそう・挫創ざそう・銃創・刀創・絆創膏ばんそうこう」

❷はじめる。新たに物事を行う。

【創案】ソウアン 初めて考え出す。「新製品を—する」

【創意】ソウイ 新しくて独創的な考え。「—工夫」

【創刊】ソウカン 新しく刊行する。「雑誌を—する」

【創業】ソウギョウ 事業を始める。「—百周年」

【創業は易く守成は難し】そうぎょうはやすくしゅせいはかたし 新しく事業を起こすことより、その事業を維持し発展させるのはさらに難しい。出典「貞観政要 君道」など。

【創見】ソウケン 独創的な見解。「—に富む著作」

【創建】ソウケン 初めて建てる。「千年前に—された寺」

【創作】ソウサク ①新たにつくりだす。「作品を—する」②作り話。「それは彼の—だ」

【創始】ソウシ 新しく始める。「新製法の—者」

【創出】ソウシュツ 新しくつくりだす。「若者文化を—する」

【創唱】ソウショウ 初めて唱える。「地動説を—した学者」

【創世】ソウセイ 世界のはじめ。「—神話」

【創成】ソウセイ 初めて出来上がる。「会社の—期」

【創製】ソウセイ 最初に作る。「江戸時代—の菓子」

【創設】ソウセツ 新たに設置する。「研究所を—する」

【創造】ソウゾウ ①新しくつくり出す。「—力」②神が宇宙の万物をつくる。「天地—」

【創立】ソウリツ 会社や学校をつくる。「—記念日」

熟語「開創・草創・独創」

【喪】

準2級 12画 口-9 音 ソウ(サウ)漢呉 訓 も・うしな-う・ほろ-びる ①3351 Ⓤ55AA

ソ

筆順

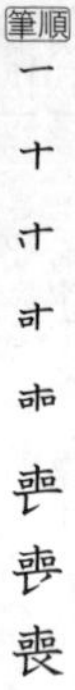

なりたち [会意]哭(泣きわめく)＋亡(死ぬ)。人の死をなげき悲しむの意。

❶も。人が死んだのち、一定の期間慎むこと。

【喪家】ソウカ 喪中(もちゅう)の家。葬式のあった家。

〖喪家(そうか)の狗(いぬ)〗 喪中の家で、餌(えさ)を与えられず元気をなくした飼い犬。やつれた人やよりどころのない人のたとえ。出典「史記孔子世家」より。

【喪主】もシュ 葬儀を営む代表者。「—挨拶」

【喪章】もショウ 弔意を表す黒い布。「腕に—をつける」

【喪中】もチュウ 喪に服す期間。「—は祝い事を慎む」

【喪服】もフク 葬儀や法事に着る黒い礼服。

熟語「喪儀・喪礼・国喪・除喪・大喪・服喪(ふくも)」

❷うしなう。ほろびる。なくす。

【喪失】ソウシツ なくす。「記憶—」「自信を—する」

【喪心・喪神】ソウシン ①ぼんやりする。放心。「落胆—」②気絶。失神。

熟語「阻喪(そそう)・沮喪(そそう)」

【痩】〔瘦〕

2級 12画 疒-7 新常用 ／ 15画 疒-10

音 ソウ漢・シュウ(シウ)漢・シュ呉

訓 やせる・こ-ける

①3373 Ⓤ75E9 ／ ③9493 Ⓤ7626

筆順

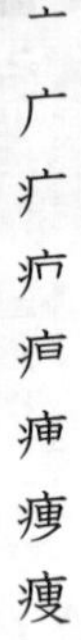

なりたち [形声]疒＋叟(やせ細った老人)音。病気でからだが細くなる意から、やせる意を表す。

❶やせる。体が細くなる。こける。肉が落ちる。

【痩▼軀】ソウク やせたからだ。「—長身の男性」

【痩身】ソウシン ①やせた体。②美容のためにやせる。

【痩せ我慢】やせガマン 無理な我慢。「暑くても—する」

熟語「痩羸(そうるい)・趙痩・肥痩」

❷やせる。地質が悪くなる。

熟語「痩地(そうち)(やせち)」

【葬】

3級 12画 艸(艹)-9

音 ソウ(サウ)漢呉

訓 ほうむる

①3382 Ⓤ846C

筆順

なりたち [会意]茻＋死＋茻。草むらの中に死体を埋めるの意。

ほうむる。死体をおさめる。

【葬儀】ソウギ 死者をほうむる儀式。「—を営む」

【葬祭】ソウサイ 葬式と先祖のまつり。「冠婚—」

【葬式】ソウシキ 死者をほうむる儀式。葬儀。とむらい。

【葬送】ソウソウ 死者を墓地に送る。「—の列」

【葬列】ソウレツ 葬式の行列。「—が粛々と続く」

熟語「葬具・葬場・葬礼・会葬・改葬・火葬・合葬・屈葬・国葬・送葬・鳥葬・土葬・本葬・埋葬・密葬」

【装】〔裝〕

5級 12画 衣-6 ／ 13画 衣-7

音 ソウ(サウ)漢・ショウ(シヤウ)呉

訓 よそおう・よそお-い

①3385 Ⓤ88C5 ／ ②7470 Ⓤ88DD

筆順

なりたち [形声]壮(背の高い立派な男)音＋衣。立派に衣服をととのえる意から、よそおう意を表す。

❶よそおう。身なりを整える。身ごしらえをする。また、よそおい。身なり。

【装束】ショウゾク 特別の場のための服装。「白—」

熟語「衣装・仮装・軽装・正装・盛装・男装・服装・武装・扮装(ふんそう)・変装・洋装・旅装・礼装・和装」

❷飾る。外側を美しく立派に見えるようにする。

【装飾】ソウショク 美しく飾る。「室内—」

【装身具】ソウシング 身につける飾り。

【装丁・装▼釘・装▼幀】ソウテイ 書物の体裁を整える。

熟語「装画・装粧品・改装・偽装・新装・塗装・内装・表装・包装・舗装」

❸機械などをとりつける。整備する。

【装甲】ソウコウ 車体などに厚い鋼鉄板を張る。「—車」

【装置】ソウチ 備えつけた設備・器具など。「防犯—」

【装着】ソウチャク 身につける。「救命胴衣を—する」

【装塡】ソウテン 詰め込んで準備する。「砲弾を—する」

【装備】ソウビ 器具などをそろえる。「冬山用の—」

熟語「艤装(ぎそう)・換装」

【僧】〔僧〕

4級 13画 人(亻)-11 ／ 14画 人(亻)-12

音 ソウ漢呉

①3346 Ⓤ50E7 ／ ③1441 ⓊFA31

注記 梵語の音訳語「僧伽(そうぎゃ)」の略。もと仏道修行者の集団をさしたが、その構成員個々をもさすようになった。

筆順

なりたち [形声]人＋曾音。梵語 samgha を音訳するために作った字。

出家して仏門にはいった人。仏教の修行者。

【僧▼庵】ソウアン 僧の住むいおり。

【僧衣】ソウイ 僧の着る衣服。

【僧院】ソウイン 僧が住む建物。

【僧形】ソウギョウ 頭髪を剃った僧の姿。

【僧正】ソウジョウ 僧官の最上級。

【僧都】ソウズ 僧正に次ぐ僧官。

【僧籍】ソウセキ 僧としての身分。「—に入る」

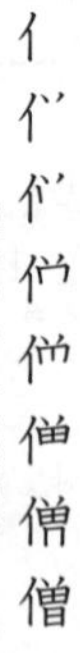

【僧徒】ソウト　僧たち。「叡山—の反抗」
【僧尼】ソウニ　僧と尼。
【僧坊・僧房】ソウボウ　寺院内の、僧の住む建物。
【僧侶】ソウリョ　出家した人。坊さん。
熟語「僧位・僧官・僧綱・僧職・僧俗・僧堂・学僧・愚僧・高僧・小僧(しょう)・禅僧・俗僧・尼僧・貧僧・名僧・老僧・虚無僧・破戒僧・仏法僧」

【想】

8級　13画　心-9　音 ソウ(サウ)呉・ソ慣・ショウ(シャウ)漢　訓 おも-う・おも-い　①3359　Ⓤ60F3

筆順　一 十 木 机 和 相 相 想 想

なりたち　[形声]相(見る)音＋心。心の中でもののすがたかたちを見る、おもうの意。

おもう。心に浮かべる。おもい。また、考え。
【想起】ソウキ　思い出す。「過去の事件が—される」
【想像】ソウゾウ　頭の中で考える。「—を絶する」
【想定】ソウテイ　ある状況や条件を仮に想い描く。「震度七を—した耐震テスト」「—を越えた被害」「—外の事態」
【想到】ソウトウ　考えが及ぶ。思い至る。「緊急対策の必要性に—する」
【想念】ソウネン　心の中に浮かぶ考え。
熟語「想見・想望・回想・感想・空想・幻想・構想・思想・追想・発想・夢想・妄想・予想・理想・連想」

【層】

5級　14画　尸-11　音 ソウ漢・ゾウ呉　訓 かさ-なる・かさ-なり　①3356　Ⓤ5C64
【層】15画　尸-12　③4765　ⓊFA3B

筆順　コ 尸 尸 屄 屄 屆 層 層

なりたち　[形声]尸(垂れ幕、屋根)＋曾(かさねる)音。屋根を二階以上かさねるの意。

❶何階もある建物。たかどの。また、階。
熟語「層閣・層楼・高層」
❷かさなる。ある物の上にさらにのせる。かさなり。
【層一層】ソウイッソウ　「一層」の強調表現。「—精進する」
【層雲】ソウウン　層状に広がった雲。霧雲(きりぐも)。
【層状】ソウジョウ　幾重にも重なっている。「—の菓子」
【層層】ソウソウ　いくえにも重なり合う。
熟語「層畳・一層・下層・古層・重層・上層・深層・大層・断層・地層・表層・成層圏・中間層」
❸社会や人々の種々の区分。階層。
熟語「階層・客層・知識層・年齢層」

【総】

6級　14画　糸-8　音 ソウ漢呉　訓 す-べて・す-べる・ふさ　①3377　Ⓤ7DCF
【總】17画　糸-11　②6933　Ⓤ7E3D

注記「惣」の書き換え字としても用いられる。
人名 おさ・すぶる・のぶ・ふさ・みち

筆順　く 幺 糸 糸 糸 糸 総 総

なりたち　[形声]糸＋悤(一手に物事を引き受けてあわただしい)音。多くの糸を一つにたばねてくくったふさの意。「総」は俗字。

❶ふさ。糸をたばね、その先を散らしたもの。
【〈総角〉】あげまき　古代の少年の髪形。別表記 揚巻
【総髪】ソウハツ　髪の毛全部を頭頂で束ねた男子の髪型。別表記 惣髪
【総総】ふさふさ　ふさのように垂れている。「—した髪」別表記 房房
熟語「総状・玉総(たまぶさ)」
❷まとめる。一つにととのえる。
【総括】ソウカツ　①全体をまとめる。全般にわたる。「—責任者」「—質問」②これまでの過程を自ら検討・評価する。
【総記】ソウキ　①全体をまとめた記述。②図書十進分類法による区分。百科事典など。
【総合】ソウゴウ　ばらばらのものをまとめる。「—的に判断する」⇔分析。別表記 綜合
【総称】ソウショウ　同類の物をまとめて呼ぶ。
【総説】ソウセツ　全体の要旨を述べる。「論文の—」
【総論】ソウロン　全体にわたる論。「—賛成各論反対」⇔各論
❸すべて。全体。
【総意】ソウイ　全員の意見や意思。「住民の—」
【総員】ソウイン　ある集団所属の全部の人。「—出動」
【総会】ソウカイ　構成員による全体会議。「株主—」
【総画】ソウカク　一つの漢字の画数の合計。「—索引」
【総額】ソウガク　全部を合計した金額。「年間支出—」
【総計】ソウケイ　全部の合計。「売り上げを—する」
【総菜】ソウザイ　日常のおかず。別表記 惣菜
【総勢】ソウゼイ　全部の人員。「デモ参加者は—百名」
【総選挙】ソウセンキョ　衆議院議員の全員を選出する選挙。
【総則】ソウソク　全体に適用される規則。「指導要領—」
【総代】ソウダイ　関係者全部の代表。「卒業生—」
【総出】ソウデ　全員が出る。「家族—で出迎える」
【総花】ソウばな　①全員に配る祝儀。②まんべんなく利益を与える。「—式の予算配分」
【総評】ソウヒョウ　全般にわたる批評。「大会を—する」
【総身】ソウみ　全身。「大男—に知恵がまわりかね」
【総務】ソウム　組織全体に関する事務。「—部長」
【総覧】ソウラン　①全体に目を通す。②すべてがわかるようにまとめた本。「大学—」別表記 綜覧
【総▼攬】ソウラン　全体を掌握する。「国政を—する」

【総力】ソウリョク　持っているすべての力。「—戦」
【総和】ソウワ　全部を加えた数。「全試合の得点の—」
熟語「総見・総数・総点・総量・総辞職・総集編・総動員」

❹すべる。支配する。取り締まる。
【総轄】ソウカツ　全体を取り締まる。「事務を—する」
【総監】ソウカン　全体を統率する官職。「警視—」
【総裁】ソウサイ　公の団体の長。「日銀—」
【総帥】ソウスイ　全軍の指揮をとる人。「財閥の—」
【総長】ソウチョウ　「国連事務—」「大学の—」
【総督】ソウトク　全体の監督。特に植民地統轄の長。
【総本山】ソウホンザン　①(仏)一宗を統括する寺。②組織的な活動の中心。「素粒子研究の—」
【総理】ソウリ　「内閣総理大臣」の略。「—の答弁」
【総領】ソウリョウ　家を継ぐあととり。別表記 惣領
【総領事】ソウリョウジ　領事のうち、最高位の官職。「上海—」
熟語「総摂・総統」

❺(国)「上総(かずさ)国」「下総(しもうさ)国」の略。
【総州】ソウシュウ　下総(しもうさ)・上総(かずさ)の両国の総称。

【遭】
3級　14画　辵(辶)-11
音 ソウ(サウ)漢呉
訓 あう
①3388 Ⓤ906D

〔遭〕15画 辵(辶)-11

筆順 遭

なりたち  [形声]辵(ゆく)＋曹(居並ぶ役人)音。路上で二人が思いがけず出会うの意。

◉異字同訓◉【合】(二二五ページ)の「異字同訓」欄を参照のこと。

あう。出くわす。行きあう。思いがけず出あう。
【遭遇】ソウグウ　偶然出会う。「事故現場に—する」
【遭難】ソウナン　危険な目にあう。「冬山で—する」
熟語「遭値・遭逢(そうほう)」

【槽】
準2級　15画　木-11
音 ソウ(サウ)漢呉
訓 おけ
①3369 Ⓤ69FD

筆順 槽

なりたち  [形声]木＋曹(居並ぶ役人)音。雑然と並べられた木製の器、飼馬おけの意。

❶おけ。ふね。箱形の容器。
熟語「酒槽・水槽・池槽・油槽・浴槽・貯水槽」

❷おけの形をしたもの。周囲が高く、中が低くなっているもの。
熟語「歯槽」

❸かいばおけ。牛馬の飼料を入れる容器。
熟語「槽櫪(そうれき)」

【踪】
2級　15画　足-8　新常用
音 ソウ慣・ショウ漢
②7709 Ⓤ8E2A

注記 もともとは「蹤(しょう)」の異体字だが日本では「そう」と読んで使い分けている。

筆順 踪

なりたち [形声]足＋宗(たてにつらなる)音。たてにつらなって残された足あとの意。

あしあと。ゆくえ。
【踪跡】ソウセキ　足跡。行方(ゆくえ)。また、あとを追う。
熟語「失踪」

【操】
5級　16画　手(扌)-13
音 ソウ(サウ)漢呉
訓 みさお・あやつる・とる
①3364 Ⓤ64CD

人名 あや・さお・とる・みさ・もち

筆順 操

なりたち  [形声]手＋喿(さわがしい)音。せわしなく手を動かして、うまくあやつるの意。

❶とる。手に持つ。また、あやつる。使いこなす。
【操業】ソウギョウ　機械を使った作業をする。「—短縮」
【操觚】ソウコ　詩文を作る。「—界(＝文筆業の社会)」
注記「觚」は、古代中国で文字を記した四角い木の札。
【操作】ソウサ　①機械などを動かす。「計器の—」②都合よく変える。「情報を—する」
【操車】ソウシャ　車両の入れ替えをする。「—場」
【操縦】ソウジュウ　思うとおりに動かす。「飛行機の—」
【操舵】ソウダ　船のかじを操る。「—手」「—室」
熟語「操艦・操筆・操練・体操」

❷みさお。固く守って変えない志。
【操行】ソウコウ　平生のおこない。「—が悪い」
【操守】ソウシュ　志をかたく守る。「—堅固」
熟語「志操・情操・節操・貞操」

【燥】
4級　17画　火-13
音 ソウ(サウ)漢呉
訓 かわく・かわかす・はしゃぐ
①3371 Ⓤ71E5

筆順 燥

なりたち  [形声]火＋喿(さわがしい)音。熱気がどんどんとあがって水分がなくなるの意。

❶かわく。水分がなくなる。かわかす。

熟語「燥湿・乾燥・高燥・枯燥・焦燥」

❷〔国〕はしゃぐ。陽気になって騒ぐ。

用例「燥ぎ過ぎ」「子供が燥ぐ」

【霜】

準2級 17画 雨-9 音 ソウ(サウ)漢呉 訓 しも ①3390 Ⓤ971C

筆順

なりたち 〔形声〕雨＋相(向きあって並ぶ)音。しもばしらがたがいに向きあって立ち並ぶ意から、しもの意を表す。

❶しも。空気中の水蒸気が地面などに氷の結晶として凝結したもの。

【霜月】しもつき 陰暦一一月の異名。

【霜柱】しもばしら 地面にできる氷の柱。「—を踏む」

【霜焼け】しもやけ 軽い凍傷。「—の指が痛がゆい」

【霜夜】しもよ 霜の降りる寒い夜。「—の星空」

【霜害】ソウガイ 霜による被害。

【霜降】ソウコウ 二十四節気の一。太陽暦で一〇月二三、二四日頃。霜が降り始める。

【霜雪】ソウセツ 霜と雪。また、白髪。「頭に—を頂く」

熟語「霜天・霜髪・凝霜・厳霜・降霜・終霜・秋霜・春霜・晩霜・氷霜・風霜・防霜」

❷しものように白い。冷たく鋭いもののたとえ。

熟語「霜刃・霜烈・秋霜烈日」

❸としつき。年月。

熟語「十霜・星霜・風霜」

【贈】⇩ゾウ(四〇九ページ)

【騒】

4級 18画 馬-8 音 ソウ(サウ)漢呉 訓 さわぐ・さわ-がしい ①3391 Ⓤ9A12

【騷】 20画 馬-10 ②8159 Ⓤ9A37

筆順

なりたち 〔形声〕馬＋蚤(はねまわって人をさすノミ)音。馬がはねまわって落ち着かない意から、さわぐ意を表す。

❶さわがしい。うるさい。また、さわぐ。乱れる。

【騒音】ソウオン うるさい音。「—に悩まされる」

【騒擾】ソウジョウ 社会の秩序を乱す。「過激派の—事件」

【騒然】ソウゼン さわがしい。「事件現場は—となった」

【騒動】ソウドウ 人々が乱れ騒ぐ。「米—」「お家—」

【騒乱】ソウラン 事変により社会が乱れる。「—罪」

熟語「狂騒・喧騒・潮騒しおさい・蟬騒せんそう・物騒」

❷漢文の文体の一つ。韻文風の文章。楚その屈原の「離騒」にはじまる。また、詩を解する風流。

【騒客】ソウカク 詩文などを作る風流な人。

【騒人】ソウジン ①屈原。また、その一派の詩人。②詩人・文人。

【騒人墨客】ソウジンボッカク 詩を作る人や、書画などを書く風流な人。

熟語「騒体・風騒」

❸うれい。うれえる。

熟語「離騒」

【藻】

準2級 19画 艸(艹)-16 音 ソウ(サウ)漢呉 訓 も ①3384 Ⓤ85FB

筆順

なりたち 〔会意〕艸＋澡(あらう)音。水中で洗われているようになびくものの意。篆文では、艸＋水＋巢(高い木の上にあるす)。上に浮かぶものの意。

❶も。水草。

【藻類】ソウルイ 水中にいる葉状植物。

【藻草】もぐさ 藻。水草・海草・藻類など。

【藻屑】もくず 藻のくず。「海の—と消える」

熟語「藻菌類・海藻・褐藻・珪藻けいそう・水藻」

❷あや。模様。

熟語「藻飾・藻絵もかい」

❸美しい詩文。

熟語「才藻・詞藻・文藻」

❹品定めする。

熟語「藻鑑・品藻」

ゾウ

【造】

6級 10画 辵(辶)-7 音 ゾウ(ザウ)呉・ソウ(サウ)漢 訓 つくる ①3404 Ⓤ9020

〔造〕11画 辵(⻌)-7

人名 いたる・なり・なる・はじめ

筆順

なりたち 〔会意〕辵(足の動作)＋告(牛の角に木のわくをはめ動けなくする)。材料を組み合わせて、しっかりとつくりあげるの意。

◉異字同訓◉【作】(二三六ページ)の「異字同訓」欄を参照のこと。

❶つくる。こしらえる。製作する。建設する。

【造営】ゾウエイ 社寺や宮殿をつくる。「寺院—」

【造園】ゾウエン 庭園などを造る。「—業」「—士」

【造化】ゾウカ 天地の万物をつくり出す。「―の妙」

【造花】ゾウカ 紙や布でつくった花。「―を飾る」

【造形・造型】ゾウケイ 形のあるものを作る。「―芸術」

【造語】ゾウゴ 新しい言葉を作る。「若者による―」

【造作】ゾウサ 手間。「なんの―(=面倒)もない」「―をかける」別表記 雑作

【造作】ゾウサク ①家を建てる。修理する。②目鼻立ち。「顔の―が立派だ」

【造成】ゾウセイ 土地を使えるようにする。「宅地―」

【造船】ゾウセン 船を設計し建造する。「―所」

【造反】ゾウハン 内部から組織を批判する。「―議員」

注記 元来は中国語で、文化大革命以降日本でも使われるようになった。

【造物主】ゾウブツシュ 万物を創造したとされる神。

【造幣】ゾウヘイ 貨幣を製造する。「―局」

【造林】ゾウリン 木を植えて森林とする。「―計画」

熟語「改造・贋造(がんぞう)・偽造・急造・建造・構造・醸造・人造・製造・創造・捏造(ねつぞう)・密造・木造・模造」

❷いたる。ある段階に達する。きわめる。

【造詣】ゾウケイ 深い知識や理解。「絵画に―が深い」

❸にわか。あわただしい。

【造次▼顛▼沛】ゾウジテンパイ とっさの場合や危難の迫った場合。出典「論語里仁」より。

【象】⇩ショウ(三二一ページ)

【雑】⇩ザツ(二四〇ページ)

【像】

6級 14画 人(亻)-12 音 ゾウ(ザウ)呉・ショウ(シャウ)漢 訓 かたち・かたどる ①3392 Ⓤ50CF

人名 かた・すえ・のり・み

筆順

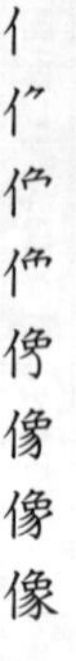

なりたち

[形声]人＋象(動物のゾウ)音。人のすがたがゾウのようにありありと目立つ意から、すがた・かたちの意を表す。

❶かたち。すがた。ありさま。

熟語「映像・影像・画像・虚像・現像・実像・想像」

❷かたどる。似せて作る。かたどったもの。

熟語「胸像・偶像・座像・肖像・石像・塑像・銅像・仏像・木像・立像」

❸仏教で、教えと修行だけがおこなわれること。

【像法】ゾウボウ (仏)正法(しょうぼう)と末法(まっぽう)の間。悟りを開く者が出ない時期。

熟語「像教」

【増】

6級 14画 土-11 音 ゾウ呉・ソウ漢 訓 ます・ふえる・ふやす ①3393 Ⓤ5897

【增】15画 土-12 ③1561 Ⓤ589E

人名 なが・ま

筆順

なりたち

[形声]心＋曾(かさなる)音。土を積み重ねる、ますの意。

◉異字同訓◉

◇ふえる(増・殖)

「増える」は"数量が多くなる"の意。「部員が増える」「川の水量が増える」

「殖える」は"財産が多くなる。繁殖する"の意。「貯金が殖える」「ニワトリが殖える」

◇ふやす(増・殖)

「増やす」は"数量を多くする"の意。「社員を増やす」「機会を増やす」

「殖やす」は"財産を多くする。繁殖させる"の意。「財産を殖やす」「家畜を殖やす」

ます。ふえる。加わる。ふやす。

【増悪】ゾウアク 病状が悪化する。「症状が―する」

【増員】ゾウイン 人数をふやす。「係を―する」⇔減員

【増援】ゾウエン 人員を増加して援助する。「―部隊」

【増加】ゾウカ ふえる。ふやす。「人口の―」⇔減少

【増強】ゾウキョウ 力を強くする。「軍備を―する」

【増減】ゾウゲン 「人口の―を調査する」

【増産】ゾウサン 「人気商品を―する」⇔減産

【増収】ゾウシュウ 収入や収穫がふえる。「―を図る」⇔減収

【増上慢】ゾウジョウマン ①(仏)未熟なのに、悟りを得たと思う。②実力がないのに自慢する。

【増殖】ゾウショク 「細菌が―する」

【増進】ゾウシン 能力や勢力をます。「食欲―」⇔減退

【増水】ゾウスイ 水量が増加する。「大雨で川が―する」

【増税】ゾウゼイ 税金をふやす。「―法案」⇔減税

【増設】ゾウセツ 設備をふやす。「教室を―する」

【増大】ゾウダイ 数量がふえる。「需要が―する」

【増築】ゾウチク 建て増す。「子供部屋を―する」

【増長】ゾウチョウ ①思い上がる。「甘やかされて―する」②悪い傾向が大きくなる。

【増配】ゾウハイ 配当や配給をふやす。⇔減配

【増発】ゾウハツ 「臨時バスを―する」「国債を―する」

【増便】ゾウビン 定期便をふやす。「札幌便が―された」

【増幅】ゾウフク ①振幅を増大させる。②内容や状態が拡大する。「うわさが―される」

【増補】ゾウホ 本の内容を補い足す。「―改訂」

【増量】ゾウリョウ 量をふやす。「薬を―する」⇔減量

熟語「増額・増結・増刷・増資・増訂・増派・急増・激増・漸増・逓増・倍増・微増」

【憎】

3級 14画 心(忄)-11 音 ゾウ呉・ソウ漢 訓 にくむ・にくい・にくらしい・にくしみ ①3394 Ⓤ618E

【憎】 15画 心(忄)-12 ③8462 ⓊFA3F

筆順

なりたち ［形声］心＋曾(かさなる)音。心の中に重なり積もるにくしみの意。

❶にくむ。きらう。嫌悪する。うらむ。にくしみ。

【憎悪】ゾウオ 憎み嫌う。「―の念」「深く―する」

熟語「愛憎・怨憎（えんぞう）（おんぞう）」

❷にくい。㋐にくらしい。嫌悪する。㋑（国）みごとだ。感心だ。

熟語「心憎い・小面憎い」

蔵

5級 15画 艸(艹)-12 ①3402 Ⓤ8535

音 ゾウ（ザウ）呉・ソウ（サウ）漢

訓 くら・おさ-める・かく-す

【藏】 18画 艸(艹)-15 ②7322 Ⓤ85CF

人名 おさむ・ただ・とし・まさ・よし

筆順

なりたち ［形声］艸(作物)＋臧(守りしまっておく)音。作物をしまっておくくらの意。

❶おさめる。しまっておく。

【蔵書】ゾウショ 所蔵している書物。「図書館の―」

熟語「蔵版・蔵物（ぞうもつ）（ぶつ）・愛蔵・死蔵・私蔵・収蔵・所蔵・退蔵・貯蔵・内蔵・秘蔵・冷蔵・無尽蔵」

❷かくす。かくれる。ひそむ。

熟語「蔵匿（ぞうとく）・服蔵・埋蔵」

❸くら。物をしまっておくところ。

熟語「経蔵・土蔵・宝蔵」

❹仏教で、多くのものを包み込む。包含する。また、仏教や道教の経典。

熟語「蔵経・蔵識・三蔵・地蔵・虚空蔵（こくうぞう）」

贈

4級 18画 貝-11 ①3403 Ⓤ8D08

音 ゾウ呉・ソウ漢

訓 おくる

【贈】 19画 貝-12 ③9229 ⓊFA65

人名 たま・ます

筆順

なりたち ［形声］貝(財貨)＋曾(かさねる)音。それまでの持ち分に加えて財貨などを与えるの意。

◉異字同訓◉【送】（四〇〇ページ）の「異字同訓」欄を参照のこと。

❶おくる。与える。やる。さずける。

【贈収賄】ゾウシュウワイ 贈賄と収賄。「―事件」

【贈呈】ゾウテイ 人に物を贈る。「記念品を―する」

【贈答】ゾウトウ 贈り物やお返しをする。「―品」注記 詩歌などのやりとりについてもいう。

【贈与】ゾウヨ 財産・金品を贈る。「生前―」「―税」

【贈賄】ゾウワイ 「政治家への―で逮捕される」⇔収賄

熟語「贈遺・遺贈・寄贈（きぞう）（きそう）・恵贈・受贈・分贈」

❷おくる。死後に官位・称号をあたえる。

【贈位】ゾウイ 死後、位階を贈る。「正三位を―する」

熟語「贈官・追贈」

臓

5級 19画 肉(月)-15 ①3401 Ⓤ81D3

音 ゾウ（ザウ）呉・ソウ（サウ）漢

訓 はらわた

【臟】 22画 肉(月)-18 ②7139 Ⓤ81DF

筆順

なりたち ［形声］肉＋藏(物をしまっておくくら)音。からだの中にしまいこまれている器官の意。

はらわた。動物の内臓器官。

【臓器】ゾウキ 体内にある内臓器官。「―移植」

【臓腑】ゾウフ 五臓六腑。内臓。「―の働き」

【臓物】ゾウモツ 動物の内臓。「―料理」

熟語「肝臓・心臓・腎臓・膵臓（すいぞう）・内臓・肺臓・五臓六腑」

ソク

即

4級 7画 卩-5 ①3408 Ⓤ5373

音 ソク呉・ショク漢

訓 すなわ-ち・つ-く

【卽】 9画 卩-7 ③1481 Ⓤ537D

人名 あつ・ただ・ちかし・ひと・みつ・より

筆順

なりたち ［会意］皀(食物を盛った台)＋卩(ひざまずく人)。食事につくの意。

◉異字同訓◉【付】（五六〇ページ）の「異字同訓」欄を参照のこと。

❶つく。あるところに身を置く。ぴったりと寄る。

【即位】ソクイ 君主・天皇の位につく。「―五十周年」

【即物的】ソクブツテキ ①主観を排する。「―表現」②物質的なものを重視する。「―な人物」

熟語「不即不離」

❷すぐに。ただちに。

【即応】ソクオウ 機敏に対処する。「危機に―する」

【即吟】ソクギン その場で即座に詩歌を作る。即詠。

ソ

【即座】ソクザ その場ですぐ。「―に答える」
【即死】ソクシ すぐその場で死ぬ。「事故で―した」
【即時】ソクジ すぐその時。「―撤回を求める」
【即日】ソクジツ その日のうち。「―開票」
【即席】ソクセキ ①その場ですぐする。「―の趣向」②すぐできる。インスタント。「―ラーメン」
【即断】ソクダン その場で決める。「―を迫る」
【即答】ソクトウ すぐに答える。「質問に―する」
【即売】ソクバイ 展示物をその場で売る。「展示―会」
【即発】ソクハツ 即座に爆発する。「一触―」
【即妙】ソクミョウ 機転が利く。「当意―」「―の返答」
【即興】ソッキョウ ①その場で起こった興味。②即座に詩歌・楽曲などを作る。「―曲」
【即金】ソッキン すぐに代金を払う。「―で車を買う」
【即決】ソッケツ すぐにきめる。「即断―」
【即効】ソッコウ すぐに効果がある。「―性のある薬」
【即刻】ソッコク 間をおかずに。「―中止せよ」
熟語「即製・即題・即諾・即今」

❸すなわち。とりもなおさず。
【即身成仏】ソクシンジョウブツ 〔仏〕生きた身体のままで悟りを開く。
熟語「即身仏・色即是空」

【束】

7級 7画 木-3 音 ソク漢呉 訓 たば・たば-ねる・つか・つか-ねる ①3411 Ⓤ675F

人名 き・さと・つか・つかぬ・つかね

筆順 束

なりたち [会意]木＋口(たばねるためのひも)。たき木をたばねるの意。

❶たば。物をひとまとめにしたもの。たばねる。つかねる。しばってひとまとめにする。
【束脩】ソクシュウ 入門のときに師に贈る礼物。注記 昔、中国で家臣・弟子になるときに礼物として用いた干し肉の束、の意から。
【束帯】ソクタイ 昔の男子の正式の朝服。「衣冠―」
【束髪】ソクハツ 束ねて結った髪。また、明治・大正期に流行した婦人の髪型。
【束子】たわし 汚れを落とす用具。「―で鍋を洗う」
熟語「結束・札束(さつたば)・収束・集束・装束(しょうぞく)・花束(はなたば)」

❷しばる。自由にさせない。
【束縛】ソクバク 自由を制限する。「親に―される」
熟語「束手・羈束(きそく)・検束・拘束・約束」

❸そく。たば。たばねたものを数える語。
熟語「二束三文」

❹〔国〕つか。㋐上代の長さの単位。四本の指で握った幅。㋑本の厚み。
【束の間】つかのま わずかの時間。「―の休息」
熟語「矢束」

【足】

10級 7画 足-0 音 ソク呉・シュ漢・ショク漢 訓 あし・たりる・たる・たす ①3413 Ⓤ8DB3

難読 足袋(たび)・足結(あゆい)・足掻く(あがく)

人名 たり・たる・なり・みつ・ゆき

筆順 足

なりたち [象形]ひざがしらから足先までの形にかたどる。

❶あし。股より下の部分。また、足首から先。
【足掻き】あがき 手足を動かす。もがく。「悪―」
【足枷】あしかせ 足にはめる刑具。自由を奪うもの。
【足蹴】あしげ 蹴とばす。ひどい仕打ちをする。「恩ある人を―にする」
【足駄】あしだ 二枚歯の高い下駄(げた)。
【足跡】ソクセキ 「―をたどる」「大きな―を残す」
【足下】ソッカ ①足もと。②手紙の脇付。③同等または下位の相手の二人称。
【《足袋》】たび 和装用の袋状の履物。「白―」
熟語「義足・四足・蛇足・短足・纏足(てんそく)・土足・頭寒足熱」

❷あし。物から突き出ていて、全体を支える部分。
熟語「鼎足(ていそく)」

❸あるく。行く。歩み。
【足労】ソクロウ 「御―(＝来ていただく)願います」
熟語「遠足・快足・禁足・駿足・長足・発足(ほっそく)(はっそく)」

❹たりる。たる。十分である。また、たす。加える。
【足し算】たしザン 二つ以上の数を加える計算。⇔引き算
熟語「足心・具足・充足・不足・補足・満足」

❺〔国〕あし。金銭。また、金銭の不足。
熟語「お足・足が出る」

❻〔国〕あし。人や物の出入り。また、往来や交通。
【足代】あしダイ 交通費。「―が高い」
用例「客足・出足(であし)・足の便」

❼〔国〕そく。ひとそろいの履き物を数える語。
熟語「靴一足」

【促】

3級 9画 人(亻)-7 音 ソク呉・ショク漢 訓 うなが-す ①3405 Ⓤ4FC3

人名 ちか・ゆき

筆順 促

なりたち [形声]人＋足(ひざから足先までの象形)音。足はひざを曲げると折りたたまれてちぢむことから、もと、ちぢむ意を表した。

のち、「足」があしの意に専ら用いられるようになったため、「人」を加えた。

❶うながす。せきたてる。急がせる。

【促進】ソクシン　物事がはかどるように、うながし進める。「販売―」

【促成】ソクセイ　人工的に早く生長させる。「―栽培」

熟語「催促・督促・販促」

❷短くつまる。間をつめる。

【促音】ソクオン　「かっぱ」「いっち」など、「っ」で表される音。一拍分だけ息をとめる。

熟語「促声・局促」

【則】

6級　9画　刀(刂)-7　音 ソク 漢 呉　訓 すなわ-ち・のっと-る・のり　①3407　Ⓤ5247

人名 つね・とき・のり・みつ

筆順 丨 冂 月 目 貝 貝 則 則

なりたち  ［会意］「鼎の略体」＋刀。食べ物のはいった鼎のそばにぴったりとナイフをそえる意から、物事に常によりそう道理、法則の意を表す。

❶のり。きまり。おきて。

熟語「会則・規則・禁則・原則・校則・鉄則・罰則・反則・犯則・変則・法則・補則」

❷のっとる。したがう。見習う。規範として従う。

【則天去私】ソクテンキョシ　我執を捨て、自然に身をまかせて生きること。注記 夏目漱石が晩年理想とした心境。

❸その他。

【則天武后】ソクテンブコウ　六二四～七〇五　中国、唐の高宗の皇后。六九〇年、国号を周と改め帝位につく。武后。武則天。

【息】

8級　10画　心-6　音 ソク 漢 呉・ショク 漢　訓 いき・いこ-う・むすこ・やす-む・や-む・や-める　①3409　Ⓤ606F

人名 おき・き・やす

筆順 ノ 亻 白 自 自 自 息 息

なりたち  ［会意］自（＝鼻）＋心。鼻から心臓へと通る、いきの意。

❶いき。いきをする。呼吸。

【息切れ】いきぎれ　「動悸―」「がんばりすぎて―する」

【息▽急き】いきせき　息をはずませる。「―切ってかけつけた」

【息抜き】いきぬき　①ちょっと休む。気分転換。「―に散歩する」②換気口。

【《息吹》】いぶき　①息を吐く。②気配。「春の―」「新時代の―」別表記 気吹

熟語「絶息・喘息ぜんそく・大息・嘆息・窒息・長息」

❷やすむ。いこう。くつろぐ。

熟語「安息・休息・脇息・姑息」

❸生きる。生き続ける。

熟語「消息・生息・棲息」

❹やむ。やめる。とまる。

【息災】ソクサイ　①元気だ。「無病―」②（仏の力で）災いを除く。

熟語「終息」

❺利子。

熟語「利息」

❻子供。むすこ。

【息女】ソクジョ　身分ある人の娘。「御―様」

【《息子》】むすこ　男の子供。「一人―」⇔娘

熟語「愚息・子息・令息」

【捉】

2級　10画　手(扌)-7　新常用　音 ソク 呉・サク 漢　訓 とら-える・つか-まえる・つか-まる・つか-む　①3410　Ⓤ6349

筆順 十 扌 扌 扣 扣 押 捉 捉

なりたち  ［形声］手＋足（ひざを曲げると足が折りたたまれてちぢむことから、ちぢむの意）音。手をぎゅっと縮めてつかむ意から、とらえる意を表す。

❶とらえる。取りおさえる。つかまえる。つかまる。

熟語「捕捉ほそく」

❷つかむ。握る。

熟語「捉髪・把捉はそく」

【速】

8級　10画　辵(辶)-7　音 ソク 漢 呉　訓 はや-い・はや-める・はや-まる・すみ-やか　①3414　Ⓤ901F

〔速〕11画　辵(辶)-7

人名 ちか・つぎ・とう・はやし・はやみ

筆順 一 冖 曰 申 束 束 涑 速 速

なりたち  ［形声］辵（ゆく）＋束（たばねる）音。木をたばねると、互いの間隔がちぢまるように、間をあけずにはやく行くさまの意。

❶はやい。すみやか。物事にかける時間が短い。すばやい。また、はやめる。

【速射】ソクシャ　すばやく続けて発射する。「―砲」

【速修・速習】ソクシュウ　「パソコン―法」

【速成】ソクセイ　はやく仕上げる。「英会話―講座」

【速戦即決】ソクセンソッケツ　一気に勝敗を決する。

ソ

【速達】ソクタツ 「—で手紙を送る」
【速断】ソクダン すぐ決断をする。「—を要する」
【速読】ソクドク 文章を速く読む。「—術」
【速筆】ソクヒツ 物を書くのが速い。「—家」⇔遅筆
【速報】ソクホウ 素早く報道する。「ニュース—」
【速記】ソッキ 話された言葉を全部書き取る。「—術」
【速攻】ソッコウ すばやく攻める。「—による先制点」
【速効】ソッコウ すぐに効く。「—性肥料」⇔遅効
熟語「速算・速答・速球・速決・快速・急速・早速(さっそく)・神速・迅速・拙速・敏速」

❷はやさ。進む度合。
【速度】ソクド 進む速さ。「作業の—を上げる」
【速力】ソクリョク 動く速さ。「全—で走る」
熟語「音速・加速・光速・高速・時速・全速・等速・秒速・風速・変速」

【側】

7級　11画　人(亻)-9
音 ソク漢・シキ呉
訓 がわ・かわ・かたわら・そば・そばめる
①3406　Ⓤ5074

難読 側用人(そばようにん)・側柏(このてがしわ)
筆順 亻 们 但 俱 俱 側 側
なりたち ［形声］人＋則(よりそう)音。人によりそう意から、かたわら、そばの意を表す。

❶かたわら。そば。わき。
【側室】ソクシツ 身分の高い人のめかけ。⇔正室
【側近】ソッキン 権力者の近くに仕える人。「—政治」
【側杖】そばづえ 自分と無関係のことで思わぬ災難を受ける。「—を食う」注記 けんかのそばにいて、思わず振りまわす杖で打たれることから。別表記 傍杖
【側女・側妻】そばめ 本妻以外の妻。めかけ。
【側目】そばめ 横から見る。「—には元気に見える」
熟語「側聞・君側・辺側」

❷かわ。物の片面。横がわ。
【側臥】ソクガ ①横向きに寝る。②添い寝。
【側壁】ソクヘキ 側面の壁。側面の仕切り。
【側面】ソクメン ①物の横の面。「箱の—」②中心ではない所。「—から援助する」
【側溝】ソッコウ 道路や線路わきの排水溝。
熟語「側線・側転・側背・側壁・側方・側面・縁側(えんがわ)・船側・体側」

❸かわ。相対するものの一方の面。
熟語「外側・反側・右側・南側・両側」

❹そばめる。そばだてる。かたむける。
【側目】ソクモク ①注視する。②横から見る。
熟語「側耳・側筆」

【測】

6級　12画　水(氵)-9
音 ソク漢・シキ呉
訓 はかる
①3412　Ⓤ6E2C

人名 ひろ
筆順 氵 汃 泪 泪 浿 浿 測
なりたち ［形声］水＋則(のり、基準)音。基準となる物さしで水の深さをはかるの意。

◉異字同訓◉【計】(一五八ページ)の「異字同訓」欄を参照のこと。

❶はかる。水の深さを調べる。長さ・広さ・高さなどを調べる。
【測深】ソクシン 水深を測る。「—器」
【測地】ソクチ 土地を測量する。「—衛星」
【測定】ソクテイ 器具などではかる。「血圧—」「気温—」
【測量】ソクリョウ 土地の面積などをはかる。「—士」
【測候】ソッコウ 気象を観測する。「—所」
熟語「測索・測距・観測・計測・実測・探測・目測」

❷おしはかる。心の中で推定する。想像する。
熟語「憶測・臆測・推測・不測・予測」

【塞】⇩サイ(二三三ページ)

ゾク

【俗】

4級　9画　人(亻)-7
音 ゾク呉・ショク漢
①3415　Ⓤ4FD7

人名 みち・よ
筆順 亻 亻 仈 佡 俗 俗 俗
なりたち ［形声］人＋谷(くぼんだ所)。くぼんだ形をした場所に人がどっぷりとはいりこむ意から、ならわしの意を表す。

❶ならわし。ならい。習慣。
【俗習】ゾクシュウ 世間のならわし。
【俗信】ゾクシン 迷信的な信仰。「—にとらわれる」
【俗説】ゾクセツ 世間で伝えられる話。「単なる—」
熟語「俗諺(ぞくげん)・異俗・汚俗・国俗・習俗・土俗・風俗・民俗・良俗・良風美俗」

❷世間普通のこと。ありふれている。ありきたり。
【俗受け】ゾクうけ 大衆に評判がよい。「—する作品」
【俗諺】ゾクゲン 世間で使われていることわざ。
【俗字】ゾクジ 世間で通用しているが正格ではない字形。「船」に対する「舩」など。
【俗耳】ゾクジ 一般庶民の耳。「—に入りやすい言葉」
【俗事】ゾクジ 日常の雑用。「—にかまける」
【俗称】ゾクショウ 世間一般に通用している名称。
【俗情】ゾクジョウ 俗世間の事情や心情。「—に疎い」
【俗塵】ゾクジン 世間のわずらわしさ。「—を避ける」
【俗談】ゾクダン 世間話。「—平話」

【俗謡】ゾクヨウ　民間で歌われるはやりうたや民謡。
【俗界】ゾッカイ　俗人の住む世界。「—を離れる」
【俗解】ゾッカイ　通俗的な解釈。「語源—」
【俗間】ゾッカン　世間。「—に通用する」
【俗曲】ゾッキョク　三味線を使う俗謡。都々逸(どどいつ)など。
熟語「俗眼・俗言・俗才・俗評・俗務・俗用・世俗・脱俗・超俗・通俗」

❸卑しい。下品。
【俗悪】ゾクアク　下品で劣悪だ。「—なテレビ番組」
【俗気】ゾクケ　名誉や利益を求める心。
【俗語】ゾクゴ　くだけた話し言葉。
【俗臭】ゾクシュウ　利益に執着する気風。「—芬芬(ふんぷん)」
【俗人】ゾクジン　①風流などを解さない人。②出家していない人。
【俗物】ゾクブツ　名誉や利益ばかりを追う人。「—根性」
【俗論】ゾクロン　俗人の意見。「—をしりぞける」
【俗化】ゾッカ　俗っぽくなる。ぞくか。「—した山」
熟語「俗念・俗輩・俗吏・雅俗・低俗・卑俗」

❹出家しない世間一般の人。僧でない人。
【俗世】ゾクセイ　この世の中。俗世間。ぞくせ。
【俗姓】ゾクセイ　僧侶の、在俗時の姓。ぞくしょう。
【俗世間】ゾクセケン　一般の人が生活する世の中。
【俗体】ゾクタイ　僧でない、普通の姿。
【俗名】ゾクミョウ　①出家する前の名。⇔法名。②生前の名。⇔戒名・法名
熟語「俗縁・俗諦(ぞくたい)・俗世界・還俗(げんぞく)・僧俗」

【族】
8級　11画　方-7　音 ゾク(呉)・ソク(漢)　訓 やから　①3418　Ⓤ65CF

人名 えだ・つぎ・つぐ

筆順 

なりたち  [会意]㫃(はた)＋矢(や)。旗の下に矢を集める意から、同じ血筋をひく者の集団、やからの意を表す。

❶やから。同じ血統の者。みうち。一門。
【族制】ゾクセイ　血縁関係に基づく集団の制度。
熟語「族滅・遺族・一族・姻族・家族・九族・血族・氏族・親族・同族・部族・民族」

❷やから。なかま。同類。
熟語「種族・同族・斜陽族・水族館・暴走族」

❸家柄。身分。
【族称】ゾクショウ　華族・士族・平民の三つの身分。
熟語「華族・貴族・皇族・豪族・士族」

❹むらがる。あつまる。
熟語「族生」

【属】
6級　12画　尸-9　音 ゾク(呉)・ショク(漢)　訓 さかん・たぐい・つ-く・つ-ける　①3416　Ⓤ5C5E

【屬】21画　尸-18　②5404　Ⓤ5C6C

人名 つら・まさ・やす

筆順 

なりたち  [形声]尾＋蜀(けがれる、つく)(音)。尾につく、つらなるの意。「属」は略字。

❶つく。つづく。したがう。集団や範囲の中にいる。
【属人主義】ゾクジンシュギ　どこにいても、その人の本国の法を適用する立場。⇔属地主義
【属性】ゾクセイ　固有の性質。
【属地主義】ゾクチシュギ　だれが行っても、その場所の法を適用する立場。⇔属人主義
【属島】ゾクトウ　国や本島に付属する島。
【属吏】ゾクリ　地位の低い役人。
【属僚】ゾクリョウ　下役の仲間。
【属領】ゾクリョウ　本国の支配下にある領土。
【属国】ゾッコク　他国の支配下にある国。
熟語「属従・帰属・軍属・従属・所属・専属・転属・配属・付属・附属・隷属」

❷つける。よせる。まかせる。注目する。(同)嘱。
【属託】ショクタク　「嘱託(しょくたく)」に同じ。
【属望】ショクボウ　「嘱望(しょくぼう)」に同じ。
【属目】ショクモク　「嘱目(しょくもく)」に同じ。

❸たぐい。なかま。同類。みうち。
熟語「金属・眷属(けんぞく)・親属・尊属・卑属」

❹生物分類上の一段階。科の下、種の上。
熟語「亜属」

❺(国)さかん。律令制で、職(しき)・坊・寮の四等官。
熟語「小属・大属」

【賊】
3級　13画　貝-6　音 ゾク(呉)・ソク(漢)　訓 そこな-う・ぬす-む　①3417　Ⓤ8CCA

〔賊〕13画　貝-6

難読 烏賊(いか)・木賊(とくさ)(もくぞく)

筆順 

なりたち  [会意]貝(財貨)＋戎(ほこやよろいなどの武器)。武器を持って財貨をうばい取るの意。

❶そこなう。害する。傷つける。
熟語「賊害・賊心・残賊」

❷ぬすびと。わるもの。また、ぬすむ。悪事をはたらく。

ソ

【賊徒】ゾクト 盗賊・泥棒・反逆者の仲間。
熟語「海賊・義賊・凶賊・山賊・盗賊・土賊・馬賊」

❸国・社会を乱す者。謀反をはたらく。

【賊軍】ゾクグン 反逆者の軍勢。「―を討伐する」
【賊子】ゾクシ 不孝な子。また、反逆者。「乱臣―」
【賊臣】ゾクシン 反逆した臣下。「―の汚名をそそぐ」
【賊兵】ゾクヘイ 賊軍の兵。「―を平らげる」
熟語「賊将・賊徒・賊兵・逆賊・国賊」

【続】 7級 13画 糸-7 音 ゾク呉・ショク漢 訓 つづく・つづける・つぐ ①3419 Ⓤ7D9A

【續】21画 糸-15 ②6984 Ⓤ7E8C

難読 続飯（そくいい）
人名 つぎ・つぐ・ひで
筆順
なりたち  ［形声］糸＋賣（売り歩く）音。次々に糸をつないでいく意から、つづく意を表す。「続」は略字。

つづく。つながる。つづける。つなぐ。また、つぐ。あとをうけつぐ。

【続演】ゾクエン 「同じ配役で来月も―される」
【続柄】ゾクがら 「つづきがら（続柄）」に同じ。
【続出】ゾクシュツ 次々と現れる。「退職者が―する」
【続伸】ゾクシン 相場が引き続き上がる。⇔続落
【続続】ゾクゾク 次々と。「客が―と詰めかける」
【続投】ゾクトウ 「投手が―する」「首相が―を宣言」
【続騰】ゾクトウ 相場や物価が引き続き上がる。⇔続落
【続発】ゾクハツ ①続いて起こる。「事故が―する」②ある物事に引き続いて起こる。「肺炎を―する」
【続落】ゾクラク 相場が引き続き下がる。⇔続伸・続騰
【続開】ゾッカイ 会議を中断した後、引き続いて開く。
【続行】ゾッコウ 続けて行う。「雨でも試合を―する」
【続柄】つづきがら 血縁または姻族の関係。
熟語「続映・続刊・続稿・続編・続報・永続・勤続・継続・後続・持続・接続・相続・存続・断続・連続」

ソツ

【卒】 7級 8画 十-6 音 ソツ漢呉・シュツ漢・ソチ呉 訓 お-わる・つい-に・にわ-かに・しもべ ①3420 Ⓤ5352

【卆】4画 十-2 ②5032 Ⓤ5346

人名 たか
筆順
なりたち  ［会意］衣＋／（衣に付けたしるし）。しるしのある衣服を着るしもべ・兵士の意。借りて、にわか、おわるの意を表す。

❶しもべ。下級の兵士。下級の職員。
熟語「卒伍・獄卒・士卒・弱卒・従卒・将卒・兵卒・邏卒（らそつ）」

❷にわかに。突然。急に。
【卒爾】ソツジ 突然で失礼だ。「―ながら」別表記 率爾
【卒然】ソツゼン にわか。突然。「―として逝く」別表記 率然
【卒倒】ソットウ 気を失い倒れる。「脳貧血で―する」
【卒読】ソツドク ざっと読む。「長編小説を―する」
熟語「卒中・倉卒」

❸おわる。おえる。生をおえる。死ぬ。
【卒去】ソッキョ 高貴な人が死ぬ。注記「しゅっきょ（卒去）」の慣用読み。古くは四位・五位および王・女王の死去をいった。

❹おわる。おえる。しめくくる。
【卒園】ソツエン 幼稚園・保育園を卒業する。「―式」
【卒業】ソツギョウ 「高校を―する」「もう漫画は―した」
熟語「学卒・新卒」

❺その他。
【卒寿】ソツジュ 九〇歳の祝い。注記「卒」の俗字の「卆」が「九十」と分解できるところから。
【卒塔婆・卒都婆】ソトバ〔仏〕墓に立てる細長い板。

【率】 6級 11画 玄-6 音 ソツ漢・リツ漢呉・スイ漢呉・リチ呉 訓 ひきいる・おおむね ①4608 Ⓤ7387

【率】11画 玄-6

人名 のり・より
筆順
なりたち  ［会意］甲骨文では、幺（糸二本をよるさまの象形）＋⁞（はみ出た部分を切るさま）二つ。よった糸の、左右のはみ出た部分を切ってきちんととのえる意から、人々をまとめひきいる意を表す。篆文では、上下に「十」（まとめる）を加えた。

❶ひきいる。みちびく。まとめる。
【率先】ソッセン 先頭に立つ。「部長が―して現場を歩く」別表記 帥先
【率先躬行】ソッセンキュウコウ 人の先に立って実践する。
【率先垂範】ソッセンスイハン 人に先立って模範を示す。
熟語「引率・統率」

❷したがう。ならう。
【率土】ソット 「―の浜（ひん）（＝陸地の果て）」
熟語「率性・率由・率履」

❸こだわらない。すなお。
【率直】ソッチョク 飾らず正直だ。「―な感想」
熟語「真率」
❹深く考えない。かるはずみ。
熟語「軽率」
❺出し抜けに。にわか。
【率▼爾】ソツジ 「卒爾」に同じ。
【率然】ソツゼン 「卒然」に同じ。
❻全体に対する割合。
熟語「確率・効率・高率・税率・打率・能率・倍率・比率・料率・利率・円周率」
❼かしら。おさ。同帥。
熟語「将率」

ソン

【存】

5級　6画　子-3
音 ソン漢・ゾン呉
訓 あ-る・たも-つ・なが-らえる
①3424　Ⓤ5B58

人名 あきら・あり・さだ・すすむ・たもつ・つぎ・なが・のぶ・のり・まさ・やす・やすし

筆順 一ナ才存存存

なりたち  [会意]才(川の流れをせき止めるせき)+子。子だけがこの世に生きながらえる意から、ある、たもつの意を表す。

❶ある。いる。生きている。また、ながらえる。長く生き続ける。
【存在】ソンザイ 人や物がある、いる。
【存否】ソンピ あるかないか。「文書の―を確認する」
【存亡】ソンボウ 続くかほろびるか。「国家―の危機」
【存命】ゾンメイ 「亡父―中は一方ならぬご援助を賜り」
【存立】ソンリツ 存在し成り立つ。「制度の―基盤」
熟語「存生(ぞんじょう)・依存(いそん)(いぞん)・既存・共存・現存(げんそん)(げんぞん)・厳存(げんそん)(げんぞん)・残存・実存・生存」
❷たもつ。保持する。
【存続】ゾンゾク 引き続き存在する。「病院の―を望む」
【存置】ソンチ 残しておく。「諮問委員会を―する」
【存廃】ソンパイ 残すかやめるか。「死刑の―問題」
熟語「温存・恵存・保存」
❸思う。考える。考え。心の中にある。
【存意】ゾンイ 考え。意向。「―を確かめる」
【存外】ゾンガイ 思いのほか。「―な報酬」「―簡単だ」
【存知】ゾンチ 知っている。「詳細は―しない」
【存念】ゾンネン 考え。所存。「ご―を伺いたい」
【存分】ゾンブン 心ゆくまで。「―に楽しむ」「思う―」
熟語「異存・一存・所存」

【村】

10級　7画　木-3
音 ソン漢呉
訓 むら
①3428　Ⓤ6751

〔邨〕7画　邑(阝)-4　②7823　Ⓤ90A8

難読 村主(すぐり)・村雨(むらさめ)・村時雨(むらしぐれ)・村濃(むらご)
人名 すえ・つね

筆順 一十才木村村村

なりたち  [邨][形声]屯(ずっしりとむらがる)音+邑(むら)。人々が集まり住むむらの意。[村][形声]木+寸(手を押しあてとどめる)音。人が腰をかけとどまる木の意から、むらの意を表す。「邨」の俗字。

❶むら。人の集まり住んでいる所。むらざと。いなか。
【村夫子】ソンプウシ 村の物知り。「―然とした人」
【村落】ソンラク 「ふもとに―が点在する」
【村八分】むらハチブ ①村全体がおきてを破った者と絶交する。②仲間はずれ。
熟語「海村・開村・寒村・漁村・山村・農村・廃村・僻村・離村・隣村」
❷〔国〕そん。むら。地方公共団体の一。
【村長】ソンチョウ 地方公共団体としての村の長。
【村民】ソンミン 村に住む人々。「―による反対運動」
熟語「村道・市町村」
❸その他。
【村《時雨》】むらしぐれ 激しく降ったりやんだりする雨。
別表記 叢時雨

【孫】

7級　10画　子-7
音 ソン漢呉
訓 まご
①3425　Ⓤ5B6B

人名 さね・ただ・ひこ・ひろ・まご

筆順 了子孑孫孫孫

なりたち  [会意]甲骨文では、子+幺(小さく細い糸)。ひとすじにつながる小さい子の意から、子の子であるまごの意を表す。旁(つくり)は、金文では「糸」、篆文では「系」に作る。

❶まご。子の子。また、まご以下の血筋を受け継ぐもの。
【孫子】まごこ ①孫と子。②子孫。「―の代まで伝える」
【孫引き】まごびき 「他論文の資料を―する」
熟語「孫王・愛孫・王孫・外孫・玄孫(げんそん)(やしゃご)・皇孫・子孫・児孫・曽孫(そうそん)(ひまご)・嫡孫・天孫」
❷その他。人名など。
【孫権】ソンケン 一八二～二五二。中国、三国時代、呉の初代皇帝(在位二二二～二五二)。蜀(しょく)の劉備と結んで曹操の南下を赤壁

ソ

に阻止し、江南に勢力を確立。

【孫悟空】ソンゴクウ 「西遊記」の主人公の猿。

【孫子】ソンシ ①孫武の尊称。②中国の兵法書。孫臏著と孫武著の二種。

【孫臏】ソンピン 中国、戦国時代の兵法家。同門の龐涓にその才能をねたまれ両足を断たれたが、のち斉の軍師として龐涓の率いる魏軍を敗走させた。

【孫武】ソンブ 中国、春秋時代の兵法家。呉王闔閭に仕え、楚を破り、呉王を覇者とするのに功があった。兵法書「孫子」を著した。

【孫文】ソンブン （一八六六〜一九二五）中国革命の指導者。三民主義を主唱。辛亥革命の際、臨時大総統に就任したが、まもなく袁世凱に譲った。

【尊】

5級 12画 寸-9

音 ソン 漢 呉
訓 たっとい・とうとい・たっとぶ・とうとぶ・みこと

①3426 Ⓤ5C0A

〔尊〕12画 寸-9

人名 たか・たかし

筆順

なりたち ［形声］酋（酒だる）＋寸（廾）の変形。両手（音）。両手で酒だるをささげて、たっとぶの意。

❶とうとい。たっとい。身分が高い。また、とうとぶ。たっとぶ。大切にあつかう。

【尊敬】ソンケイ とうとびうやまう。「—する人物」

【尊厳】ソンゲン とうとく重みがある。「命の—」

【尊号】ソンゴウ 主に天皇や高僧などを敬う称号。

【尊称】ソンショウ 尊敬の気持ちをこめて呼ぶ呼称。

【尊▼攘】ソンジョウ 「尊王攘夷」の略。「—思想」「—派」

【尊崇】ソンスウ あがめる。そんそう。「神仏を—する」

【尊属】ソンゾク 先の世代の血族。父母など。⇔卑属

【尊大】ソンダイ 威張って偉そうだ。「—な態度」

【尊重】ソンチョウ 価値を認めて重んずる。「人権—」

【尊王・尊皇】ソンノウ 王室や皇室を敬う。勤皇。

【尊王▼攘▼夷】ソンノウジョウイ 幕末に起こった、天皇を尊崇し夷狄を排斥する思想。

【尊卑】ソンピ 身分の高い者と低い者。「貴賤—」

熟語「尊貴・自尊・達尊・唯我独尊」

❷相手に対して敬意を表す語。

【尊意】ソンイ 他人の意志・意向。「御—を承る」

【尊影】ソンエイ 他人の写真・肖像。「御—を拝する」

【尊家】ソンカ 相手の家・家族。「御—の皆様」

【尊▼翰】ソンカン 他人の手紙。「御—を拝誦しました」

【尊顔】ソンガン 他人の顔。「御—を拝する」

【尊兄】ソンケイ 対等の男子間の二人称。

【尊公】ソンコウ 対等以上の男子間で用いる二人称。

【尊師】ソンシ 師を敬っていう語。先生。

【尊台】ソンダイ 目上の相手の二人称。手紙文に用いる。

【尊宅】ソンタク 他人の家。

【尊堂】ソンドウ ①他人の家。②目上に対する二人称。

【尊父】ソンプ 他人の父。「御—様の御逝去を悼み」

【尊母】ソンボ 他人の母。

【尊名】ソンメイ 他人の名前。「御—は伺っております」

【尊命】ソンメイ 他人の命令。「御—を承る」

【尊容】ソンヨウ 仏像や貴人の顔かたち。また、他人の顔かたち。

熟語「尊者・尊書・尊像・尊覧・尊慮・令尊」

❸酒だる。古代の、儀式用の酒を盛る容器。同樽。

熟語「一尊・犠尊」

❹（国）たっとぶべきもの。神仏など。

熟語「三尊・至尊・釈尊・世尊・本尊・不動尊」

❺（国）みこと。神や貴人の名前の下につけて敬意を表す語。

熟語「素戔嗚尊（すさのおのみこと）」

【損】

6級 13画 手（扌）-10

音 ソン 漢 呉
訓 そこなう・そこねる

①3427 Ⓤ640D

人名 ちか

筆順

なりたち ［形声］手＋員（まるい形のもの）音。手でまるい穴をあける意から、そこなう意を表す。

❶そこなう。そこねる。傷つける。

【損壊】ソンカイ こわれる。こわす。「地震で家屋が—する」

【損傷】ソンショウ こわれ傷つく。「機体に—を受ける」

【損料】ソンリョウ 使用料。「貸衣装の—」

熟語「汚損・毀損・自損・破損」

❷財産や利益を失う。

【損益】ソンエキ 損失と利益。「—計算書」

【損害】ソンガイ 金銭・物質の不利益。「—賠償」

【損金】ソンキン ①損をして失った金銭。②税法上の費用・損失。「—算入」⇔益金

【損失】ソンシツ 財産・利益を失う。⇔利益

【損得】ソントク 損ともうけ。「—を考えずに行動する」

【損亡】ソンモウ 損害をこうむる。「農作物の—」注記「損毛」とも書く。

熟語「欠損・実損・大損（だいそん・おおぞん）・両損」

❸へる。へらす。少なくする。

【損耗】ソンモウ そこなわれて減る。注記「そんこう（損耗）」の慣用読み。

熟語「減損・磨損」

【遜】

2級 14画 辵（⻌）-10 新常用

音 ソン 漢 呉
訓 へりくだる・ゆずる

①3429 Ⓤ905C

【遜】 13画 辵(辶)-10

筆順 了 子 孑 孫 孫 孫 遜 遜

なりたち [形声]辵(足の動作)＋孫(ひとすじにつながる小さい子)音。小さくなってまっすぐ後ろにさがる意から、へりくだる意を表す。

❶へりくだる。相手を敬って自分を低くする。

熟語「遜辞・遜譲・謙遜・不遜・抑遜」

❷おとる。及ばない。

【遜色】ソンショク 「本場と比べても—ない(＝劣らない)」

❸ゆずる。人に譲る。

熟語「遜位」

ゾン

【存】⇩ソン(四一五ページ)

タ

【太】⇩タイ(四二〇ページ)

【他】

8級 5画 人(亻)-3 音 タ 漢 呉 訓 ほか ①3430 Ⓤ4ED6

難読 他人事(ひとごと)・他所(よそ)

人名 おさ・ひと

筆順 ノ イ 仆 他 他

なりたち [形声]人＋也(它。加える)音。背中に荷物を負う人の意。借りて、ほかの意を表す。「佗」が本字。

❶ほか。ほかの。別の。よそ。

【他界】タカイ 死ぬ。死後の世界。「昨年—された」
【他行】タギョウ 外出する。たこう。「主は—中だ」
【他日】タジツ 後の別の日。「—の再会を誓う」
【他出】タシュツ よそへ出かける。「—を禁じられた」
【他生】タショウ 〔仏〕今生(こんじょう)に対して、過去または未来。
【他年】タネン 将来の年。「再会を—に期す」
【他方】タホウ 「—の言い分も聞く」「頑固だが、—やさしいところもある」
【他面】タメン 「成功したが、—失った物も多い」
【他用】タヨウ 別の用事や用途。「個人情報—禁止」

❷ほか。ほかの。自分以外。

【他家】タケ よその家。「—を訪問する」
【他見】タケン 他人に見せる。「—をはばかる」
【他国】タコク よその土地。外国。「—者」「—との連携」⇕自国
【他言】タゴン 他人に話す。「—無用」
【他殺】タサツ 殺される。「—と断定する」⇕自殺
【他山の石】タザンのいし 自分の人格を磨くのに役立つ材料。参考にすべき、他人のよくない言行。出典「詩経小雅、鶴鳴」より。よその山から出た石でも、自分の宝玉をみがくのに役立つ、の意。
【他者】タシャ 自分以外の人。「—への思いやり」⇕自己
【他薦】タセン 他の者が推薦する。⇕自薦
【他人】タニン ①自分以外の人。②親族でない人。「赤の—」③第三者。
【他聞】タブン 他人に聞かれる。「—をはばかる話」
【他力本願】タリキホンガン 〔仏〕弥陀の力に頼って成仏する。転じて、他人の力に頼って事をなす。
【他律】タリツ 他人の意志で動く。「—的行動」⇕自律
【他流】タリュウ 他の流派。「—試合」

熟語「他郷・他動・自他・排他・利他」

❸かくされた。ふたごころ。

【他意】タイ 隠された意図。「—はない」
【他心】タシン 他に心を移す。「—を抱く」
【他念】タネン 余念や雑念。「—なく勉強に打ち込む」

熟語「他志」

【多】

9級 6画 夕-3 音 タ 漢 呉 訓 おおい・まさ-に ①3431 Ⓤ591A

〔夛〕 6画 夕-3 ②5276 Ⓤ591B

仮名 片仮名「タ」は「多」の末三画から。

人名 かず・とみ・な・なお・まさ・まさる

筆順 ノ ク タ タ 多 多

なりたち [会意]夕(肉または月)二つ。たくさんある、おおいの意。

おおい。数・量・種類などがたくさんある。

【多寡】タカ 多いか少ないか。「金額の—を問わない」
【多角】タカク ①角が多い。「—形」②多方面にわたる。「—的に検討する」
【多額】タガク 金額が多い。「—の借金を負う」⇕少額
【多感】タカン 感受性に富む。「—な年頃」
【多岐】タキ 多方面にかかわりをもつ。「話題が—にわたる」
【多義】タギ 一語が多くの意味をもつ。「—語」
【多岐亡羊】タキボウヨウ 学問が多方面になりすぎて、真理を得がたい。また、道がたくさんあって選びがたい。岐路亡羊。亡羊の嘆。出典「列子説符」より。枝道が多いため逃げた羊を見失う、の意。
【多極】タキョク 中心的勢力が数多い。「—化」
【多芸】タゲイ 多くの技芸ができる。「—多才な人」
【多血】タケツ ①血液が多い。②激しやすい。「—漢」
【多元】タゲン 多くの要素がある。「—的評価」⇕一元
【多言】タゲン 口数が多い。たごん。「—を要しない」⇕

寡言

【多幸】タコウ 「御—をお祈りいたします」
【多才】タサイ 多方面に才能がある。「多芸—」
【多妻】タサイ 二人以上の妻をもつ。「一夫—」
【多彩】タサイ 「—な花々」「—な顔ぶれ」
【多罪】タザイ ①罪が多い。②手紙で無礼をわびる語。「妄言—」
【多事】タジ ①仕事が多い。「身辺—」②事件が多く騒がしい。「内外—」
【多作】タサク 「—で知られる画家」⇔寡作
【多謝】タシャ ①深く感謝する。②深くわびる。「妄言—」
【多士▽済▽済】タシセイセイ 優れた人がたくさんいる。たしさいさい。出典「詩経大雅、文王」より。
【多種】タシュ 種類が多い。「—多様な音楽」
【多重】タジュウ 多く重なっている。「音声—放送」
【多少】タショウ ①多いか少ないか。「額の—は問わない」②すこし。「—影響がある」
【多生】タショウ 〔仏〕①何度も生まれ変わる。②多くを生かす。「一殺—の剣」
【多情】タジョウ ①移り気だ。「—な性格」②情愛が深いさま。「—多感」
【多数】タスウ 数が多い。「—の支持者」⇔少数
【多勢】タゼイ 「—に無勢(=敵の人数が多くてかなわない)」
【多選】タセン 選挙で何回も当選する。「—禁止」
【多多】タタ 多く。「注意するべき点は—ある」
【多大】タダイ 非常に大きい。「—な損害を与える」
『多多たたますます益益弁べんず』 事が多いほど巧みに処理する。また、多いほどよい。多多ますます善し。出典「漢書韓信伝」より。
【多端】タタン 用件が多くて忙しい。「多事—」
【多難】タナン 困難や災難が多い。「前途—」
【多年】タネン 長い年月の間。「—にわたる貢献」
【多能】タノウ ①多方面の才能がある。「多芸—」②機能が多い。「—工作機械」
【多売】タバイ 大量に売る。「薄利—」
【多発】タハツ 数多く発生する。「同時—テロ」「列車事故が—する」
【多病】タビョウ 病気がち。「才子—」
【多分】タブン ①量が多い。「—の寄付」②かなり。「—に疑わしい」③おそらく。「—来ないだろう」
【多弁】タベン よくしゃべる。「—な男」
【多忙】タボウ 非常に忙しい。「—な日々を過ごす」「—をきわめる」
【多望】タボウ 将来性がある。「前途—の若者」
【多面】タメン ①多くの平面。「—体」②多くの方面。「—にわたる活動」
【多用】タヨウ ①忙しい。「御—中のところ」②多く使う。「外来語を—した広告」
【多様】タヨウ さまざま。「多種—」「—な方法」
【多量】タリョウ 量が多い。「出血—」⇔少量
熟語「多産・多次・多時・多識・多聞たぶん(たもん)・多方・多元論・多神教・多方面・多事多端・多事多難・過多・夥多・雑多・煩多・繁多」

【汰】 2級 7画 水(氵)-4 新常用
音 タ慣・タイ漢呉
訓 よな-げる
①3433 Ⓤ6C70
筆順 丶 冫 氵 氵 汁 汏 汰
なりたち 〔形声〕水+太(水をからだに流してゆったりするさま)音。水をたっぷりと使い流すの意。
❶よなげる。ゆる。水ですくって洗い出し不要なものを取り除く。えらびわける。
熟語「沙汰さた・淘汰とうた」
❷おごる。程度を過ぎる。分を超える。
熟語「汰侈たし(たいし)・奢汰しゃた」

ダ

【打】 8級 5画 手(扌)-2
音 ダ唐・テイ漢・チョウ(チャウ)呉
訓 うつ・ぶ-つ
①3439 Ⓤ6253
難読 打衣うちぎぬ・打擲ちょうちゃく・博打ばくち
筆順 一 十 扌 扌 打
なりたち  〔形声〕手+丁(くぎ)音。くぎを手にしてうつの意。

◇うつ(打・討・撃) ◉異字同訓◉
「打つ」は"強く当てる。たたく。ぶつける。衝撃を与える"の意。「バットでボールを打つ」「釘を打つ」「転んで頭を打つ」「心を打つ話」「打つ手がない」
「討つ」は"攻め滅ぼす。斬り殺す"の意。「伐つ」とも書く。「賊を討つ」「不意を討つ」「敵兵の首を討つ」
「撃つ」は"矢や弾丸を発射する"の意。「射つ」とも書く。「鳥を撃つ」「鉄砲を撃つ」

❶うつ。たたく。ぶつ。
【打開】ダカイ 解決方法を見いだす。「難局を—する」
【打楽器】ダガッキ 打って音を出す楽器の総称。
【打撃】ダゲキ ①激しく打つ。②野球で、バットで打つ。「—が好調だ」③損害。「震災で産業が—を被る」
【打診】ダシン ①指でたたいて診察する。②前もって相手の反応をみる。「意向を—する」
【打倒】ダトウ 打ち負かす。「宿敵を—する」
【打破】ダハ 打ち破る。「現状を—する」
【打撲】ダボク 体を打つ。「全身—で入院する」
【打▼擲】チョウチャク 人をたたく。「弁慶は義経を—した」
熟語「打刻・打電・殴打・強打・痛打・乱打・連打」
❷〔国〕うつ。野球で、ボールをうつ。
【打球】ダキュウ 打った球。「—が弧こを描く」
【打者】ダシャ 野球のバッター。「首位—」
【打線】ダセン 打者の陣容。「—が火を噴く」

【打力】ダリョク　打撃の力。「すぐれた―」
熟語「打順・打数・打席・打棒・打率・犠打・強打・好打・代打・単打・長打・二塁打・本塁打」
❸動詞に添えて、その動作をする意を表す。
【打算】ダサン　損得を考える。「―抜きのつきあい」
熟語「一網打尽・只管打坐（しかんたざ）」
❹ダースの音訳「打臣」の略。一二個を一組として数える語。
熟語「ビール三打」
❺(国)うち。動詞につけて強調や語調をととのえる語。
熟語「打ち消す・打ち立てる・打ち寄せる」

妥 〔妥〕

準2級　7画　女-4　音 ダ(慣)・タ(漢)　訓 おだ-やか　①3437 Ⓤ59A5
〔妥〕7画 女-4

人名 やす・やすし

なりたち [会意]爪(上から手をかぶせるさま)＋女。いきり立つ女をなだめ落ち着かせる意から、おだやかの意を表す。

おだやかである。座に落ち着く。やすらか。やすい。
【妥協】ダキョウ　おりあいをつける。「―案の提示」
【妥結】ダケツ　話がまとまる。「労使交渉が―する」
【妥当】ダトウ　よくあてはまり、適切だ。「―な判断」

【蛇】⇨ジャ(二七七ページ)

唾

2級　11画　口-8　新常用　音 ダ(呉)・タ(漢)　訓 つば・つばき　①3435 Ⓤ553E

難読 固唾（かたず）・虫唾（むしず）

なりたち  [形声]口＋垂(たれる)音。口からたれる液、つばの意。

つば。つばき。口中に分泌される消化液。つばをはく。
【唾液】ダエキ　つば。
【唾棄】ダキ　嫌い軽蔑する。「―すべき男」
熟語「唾壺（だこ）・唾腺（だせん）・咳唾」

堕 【墮】

準2級　12画　土-9　音 ダ(呉)・タ(漢)　訓 お-ちる・お-とす　①3436 Ⓤ5815
【墮】15画 土-12　②5256 Ⓤ58AE

なりたち  [会意]金文では、阜(土盛り)＋左二つ。盛り土がぎざぎざになってくずれ落ちるの意。のちに「土」を加えた。

❶おちる。おちいる。悪くなる。
【堕天使】ダテンシ　キリスト教で悪魔。
【堕落】ダラク　品行が悪くなる。「政治の―」
❷おとす。おろす。やめる。
【堕胎】ダタイ　人工妊娠中絶。
❸なまける。おこたる。同惰。
熟語「怠堕・乱堕」

惰

準2級　12画　心(忄)-9　音 ダ(呉)・タ(漢)　訓 おこた-る・なま-ける　①3438 Ⓤ60F0

なりたち  [形声]心＋「隋の略体」(くずれ落ちる)音。心の緊張がとれて、おこたるの意。

❶おこたる。意欲を失う。なまける。
【惰気】ダキ　なまけ心。怠る心。「―を払う」
【惰弱】ダジャク　気力・体力に欠ける。別表記 懦弱
【惰眠】ダミン　なまけて眠る。「―をむさぼる」
熟語「懈惰（かいだ）・怯惰（きょだ）・怠惰・遊惰・懶惰（らんだ）・嬾惰（らんだ）」
❷それまで続いてきたある状態がそのまま保たれている。
【惰性】ダセイ　①これまでの習慣や癖。「―で暮らす」②「慣性」に同じ。
熟語「惰力」

駄 〔駄〕

準2級　14画　馬-4　音 ダ(呉)・タ(漢)　訓 の-せる　①3444 Ⓤ99C4
〔駄〕13画 馬-3　Ⓤ99B1

難読 駄目（だめ）・駄枘（だぼ）

なりたち  [形声]馬＋太(ふとい)音。ふとった大きな馬の意。また、になう意にも用いる。

❶のせる。負わせる。馬に負わせる荷物。積む。
【駄賃】ダチン　子供の手伝いなどの報酬。注記 駄馬による運賃の意。
【駄馬】ダバ　①荷を運ばせる馬。②役に立たない馬。
熟語「荷駄」
❷(国)た。はきもの。
熟語「下駄・雪駄」

❸〔国〕だ。つまらない。粗末な。でたらめの。

【駄菓子】ダガシ　安価な雑菓子。「―屋」
【駄句】ダク　へたな俳句。「―を披露する」
【駄作】ダサク　出来の悪い作品。「あの映画は―だ」
【駄▼洒▽落】ダジャレ　つまらない洒落。「―を飛ばす」
【駄駄】ダダ　甘えてわがままを言う。「―をこねる」
注記「駄駄」は当て字。
【駄文】ダブン　下手な文章。「―を御目にかける」
【駄弁】ダベン　むだなおしゃべり。「―を弄する」
【駄▽法▼螺】ダボラ　くだらない大げさな話。「―を吹く」
【駄目】ダめ　①無益。「―でもともと」②禁止。「喫煙は―だ」③悪い状態。「機械が―になる」
【駄目押し】ダめおし　①再度確かめる。「もう一度―をする」②さらに点を加える。「―のホームラン」
熟語「駄犬・無駄」

タイ

【大】⇩ダイ（四二六ページ）

【太】

9級　4画　大-1　①3432　Ⓤ592A

音 タイ漢呉・タ慣・ダ慣
訓 ふと-い・ふと-る・おお-きい・はなは-だ

仮名 平仮名「た」は「太」の草体から。
難読 太刀(たち)・太夫(たゆう)・太占(ふとまに)・太枘(ふとほぞ)・太秦(うずまさ)・心太(ところてん)
人名 うず・おお・しろ・たか・と・ひろ・ふと・ふとし・ます・み・もと
筆順 一　ナ　大　太
なりたち ［形声］大（ゆったりする）音＋二（水の変形）。水をすくって体を洗い、ゆったりするの意から、ゆたかである・ふといの意を表す。もと「泰」の別体字。

❶おおきい。かさや広さなどが他よりまさっている。非常に大きい。同大。

【太陰】タイイン　（太陽に対して）月のこと。
【太陰暦】タイインレキ　月の運行を基準とする暦法。
【太虚】タイキョ　①おおぞら。②宇宙万物の根源。
【太鼓】タイコ　革を桴(ばち)で打つ打楽器。
【太鼓判】タイコバン　「―を押す（＝間違いないと保証する）」
【太鼓持(ち)】タイコもち　宴席をとりもつ職業。
【太陽】タイヨウ　我々に最も近い恒星。太陽系の中心にあって地球などの惑星を伴う。お日様。
【太陽暦】タイヨウレキ　太陽の運行を基準とする暦。
熟語「太倉・太洋」

❷はなはだ。程度が普通をはるかに超えている。

【太古】タイコ　有史以前の昔。「―の化石」
【太白】タイハク　①太白星。金星。②純白な砂糖。
【太平】タイヘイ　世の中が平穏だ。「天下―」別表記 泰平
【太平楽】タイヘイラク　①好き勝手なことを言う。「―を並べる」②舞楽名の一。
熟語「太玄・太甚」

❸最初の。おおもと。

【太極】タイキョク　万物の源となる本体。
【太極拳】タイキョクケン　中国、宋代に始まる拳法。
【太初】タイショ　天地のはじめ。「―の生物」
【太祖】タイソ　王朝を興した初代の帝王の廟号(びょうごう)。宋の趙匡胤(ちょうきょういん)、明の朱元璋など。
熟語「太一(たいいつ)・太始」

❹いちばん上の。りっぱな。

【太▼閤】タイコウ　摂政または太政大臣。特に豊臣秀吉。
【太皇太后】タイコウタイゴウ　天皇の祖母。
【太子】タイシ　①将来、位を継ぐ王子。「皇―」②聖徳太子。
【太政官】ダイジョウカン　①律令国家の最高機関。②明治初期の最高官庁。だじょうかん。
【太宗】タイソウ　太祖に次いで功績があった帝王の廟号。唐の李世民など。
【太▽夫】タユウ　①能楽の家元。②浄瑠璃の語り手。③歌舞伎の女方。④最高位の遊女。別表記 大夫
熟語「太后・太史・太守・太郎(たろう)・太史公・太政大臣(だいじょうだいじん)(だじょうだいじん)」

❺〔国〕ふとい。棒状・ひもなどの直径が大きい。また、線状・帯状のものの幅が広い。

【《太刀》】たち　長大な刀剣。「代々伝わる―」別表記 大刀
熟語「太字(ふとじ)・太股(ふともも)・骨太(ほねぶと)」

❻〔国〕ふとい。ずうずうしい。ふてぶてしい。大胆だ。

用例「太い奴(やつ)・肝(きも)が太い」

❼〔国〕ふとる。肥える。肉付きがよくなる。

熟語「太っ腹・太り肉(じし)」

❽その他。

【太公望】タイコウボウ　釣り好きの人。出典「史記 斉世家」より。周の文王が、渭水で釣りをしていた呂尚を見て、「吾が太公（祖父、古公亶父(ここうたんぽ)）、子を望むこと久し」と言ったという故事から。
【太平記】タイヘイキ　南北朝時代の軍記物語。後醍醐天皇の討幕計画から、建武の中興・南北朝内乱に至る歴史を、南朝側の立場から和漢混交文で描く。

【代】⇩ダイ（四二八ページ）
【台】⇩ダイ（四二九ページ）

【対】【對】

8級 7画 寸-4　　【對】14画 寸-11

音 タイ漢呉・ツイ呉
訓 こた-える・そろ-い・む-かう

①3448 Ⓤ5BFE　②5384 Ⓤ5C0D

筆順 丶 亠 ナ 文 文 対 対

なりたち  〔会意〕「業の変形」（ぎざぎざ状に装飾をほどこした、楽器をつるすための木の台）＋寸（手）。楽器をつるす柱を手に持って、二つで一組みとなるように向きあわせる意から、むかう意を表す。「対」は略字。

❶むかう。向き合う。
【対角線】タイカクセン 多角形の隣り合わない二頂点を結ぶ線。
【対岸】タイガン 向こう岸。「川の―は異国だ」
【対座・対▼坐】タイザ 向かい合ってすわる。
【対▼峙】タイジ 向き合う。「敵と―する」
【対陣】タイジン「両軍が川をはさんで―する」
【対談】タイダン 二人が語り合う。「テレビの―番組」
【対面】タイメン ①顔を合わせる。「久しぶりの―」②向かい合う。「―交通」
【対話】タイワ 向かい合って話す。「市民と市長の―」
熟語「対顔・対地・対置・対向車・相対あいたい」

❷相手になる。相手と違う立場に立つ。
【対局】タイキョク 将棋や碁の対戦。「名人との―」
【対決】タイケツ 正面から決着をつける。「両雄の―」
【対抗】タイコウ 張り合う。「他社に―して値下げする」
【対▼蹠】タイショ 全く反対である「―的」注記「たいせき（対蹠）」の慣用読み。「足の裏を互いに合わせる」意から。
【対戦】タイセン 相対して戦う。「―相手」
【対立】タイリツ 反対の立場に立つ。「―する二大勢力」
熟語「敵対・反対」

❸こたえる。応じる。うけとめる。
【対案】タイアン 別の案。「―を提出する」
【対応】タイオウ ①相手に応じてする。「緊急事態に―する」②二つが一定の関係にある。
【対外】タイガイ 外部・外国に対する。「―政策」⇔対内
【対策】タイサク 事態の解決手段。「―を立てる」
【対処】タイショ 事態に対する処置。「適切に―する」
【対象】タイショウ 行為の目標や目的。「調査―」
【対症療法】タイショウリョウホウ 病気の原因ではなく、症状に対応する治療。
【対人】タイジン 人に対する。「―関係」「―地雷」
【対内】タイナイ 内部・国内に対する。「―的」⇔対外
【対日】タイニチ 外国から日本に対する。「―感情」
【対流】タイリュウ 流体が循環する。「空気が―する」
熟語「対酬・待対」

❹くらべる。二つのものを並べてつきあわせる。
【対照】タイショウ ①比べる。照らし合わせる。「比較―」②違いがきわだつ。「―の妙」
【対置】タイチ 対照させる。「双方の意見を―する」
【対比】タイヒ くらべあわせる。「特徴の違いを―する」
熟語「絶対・相対そうたい」

❺つりあう。ひとしい。
【対価】タイカ 物や行為への報酬。「労働の―」
【対称】タイショウ 二つの点や線や面が、直線や点などをはさんで完全に向き合う位置にある。
【対等】タイトウ 上下・優劣がない。「―な関係」
【対訳】タイヤク 原文と訳文を並べる。「―源氏物語」
熟語「対偶」

❻そろい。つい。二つそろって一組となるもの。
【対句】ツイク 二つの句が対応する修辞法。
熟語「対語ついご（たいご）・好一対」

❼（国）「対馬つしま国」の略。
【対州】タイシュウ 対馬つしま国の別名。
【対馬】つしま 旧国名。対馬全島に当たる。対州。

【体】【體】【躰】【軆】

9級 7画 人(亻)-5　　【體】23画 骨-13　【躰】12画 身-5　【軆】20画 身-13

音 タイ呉・テイ漢
訓 からだ

①3446 Ⓤ4F53　②8183 Ⓤ9AD4　②7728 Ⓤ8EB0　②7729 Ⓤ8EC6

人名 なり・み・もと

筆順 ノ イ 仁 什 休 体 体

なりたち  〔體〕〔会意〕骨＋豊（多くのものが集まる）。多くの骨からなるからだの意。〔体〕〔形声〕人＋本（ふとい）音。ぶかっこう、あらいの意。「体」は「體」の俗字。

❶からだ。全身。人や動物の、頭・胴・手足など肉体全部。四肢。
【体位】タイイ ①体の発達の程度。「―の向上」②体の位置・姿勢。
【体育】タイイク スポーツなどの身体活動により、健康の増進と体力の向上をはかるための教育・教科。
【体液】タイエキ 血液など動物の体内液体成分。
【体温】タイオン 体の温度。「―が上がる」
【体格】タイカク からだつき。「がっしりした―」
【体感】タイカン 体に受ける感じ。「―温度」
【体▼軀】タイク からだつき。「堂々たる―の男」
【体形・体型】タイケイ 体格の型。「肥満―」
【体質】タイシツ「虚弱―」「企業の事なかれ―」
【体重】タイジュウ 体の重さ。「―測定」
【体勢】タイセイ 体の構え。「―を崩して転倒した」

【体操】タイソウ ①健康のための運動。②「体操競技」の略。
【体調】タイチョウ からだの調子。「—が悪い」
【体力】タイリョク 体の総合的な力。「—が低下する」
熟語「体刑・体罰・遺体・五体・死体・肢体・上体・身体・人体・肉体・母体・裸体」

❷きまった形。きまった形をもったもの。
【体系】タイケイ 全体のシステム。「賃金—」「税—」
【体現】タイゲン 具体的な形で表す。「理想を—する」
【体制】タイセイ ①社会のしくみ。「戦時—」②既存の支配勢力。「反—」③生物体の基本構造。
【体積】タイセキ 立体が占める空間の大きさ。
熟語「一体・液体・合体・解体・気体・具体・形体・国体・固体・姿体・字体・書体・政体・全体・大体・天体・物体・文体・立体・流体」

❸ようす。外観。
【体面】タイメン 世間に対する見栄。「—にかかわる」
【体裁】テイサイ 外見。形式。「—をつくろう」「書類の—を整える」「—が悪い」
熟語「重体・人体にんてい(じんてい)・風体ふうてい・容体ようだい」

❹作用の根源。本質。ものの本性。
【体言】タイゲン 活用のない自立語。名詞・代名詞の類。⇔用言
熟語「体用・客体・自体・実体・主体・正体しょうたい(せいたい)・常体・神体・本体」

❺身につける。自分のものにする。
【体験】タイケン 実際に経験する。「戦争—を語る」
【体得】タイトク 経験して身につける。「奥義を—する」

❻(国)遺体や仏像などを数えるのに用いる語。
熟語「仏像千体」

タ

【耐】

4級 9画 而-3
音 タイ㊞・ダイ㊈・ナイ㊉
訓 たえる
①3449 Ⓤ8010

人名 つよし
筆順 一 ア 丆 丙 而 而 耐 耐
なりたち  [形声]而(やわらかい)音+寸(手)。柔軟に手を動かして対処する、もちこたえるの意。

◇たえる(耐・堪) ◉異字同訓◉
「耐える」は"我慢する。持ちこたえる"の意。「痛みに耐える」「孤独に耐える」「風雪に耐える」
「堪える」は"…の値打ちがある。その能力がある"の意。「その任に堪えない」「見るに堪えない」

❶たえる。こらえる。がまんする。
【耐寒】タイカン 寒さにたえる。「—訓練」
【耐乏】タイボウ 物資が少ないことにたえる。「—生活」
熟語「耐暑・忍耐」

❷外部からの力に対して抵抗力をもっている。もちこたえる。
【耐久】タイキュウ 長くもちこたえる。「—力」
【耐震】タイシン 地震に強い。「—構造のビル」
【耐水】タイスイ 水を通さない。「—性の高い時計」
【耐性】タイセイ 環境変化に適応する力。「—病原菌」
【耐熱】タイネツ 熱に強い。「—ガラス」
【耐用】タイヨウ 使用に耐える。「—年数」
熟語「耐酸・耐湿」

【待】

8級 9画 彳-6
音 タイ㊈・ダイ㊉
訓 まつ・まち
①3452 Ⓤ5F85

人名 なが・まち・みち
筆順 ノ 彳 彳 彳 往 往 待 待
なりたち 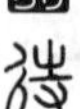 [形声]彳(おこなう)+寺(手足を動かす)音。手足を動かして備える意から、もてなす・まつの意を表す。

❶まつ。物事の実現を望んで時をすごす。
【待機】タイキ 準備をして待つ。「隣室で—する」
【待避】タイヒ 危険などが過ぎるのを待つ。「—線」
【待望】タイボウ 待ちこがれる。「—のボーナスだ」
【待(ち)人】まちびと 待っている相手。「—来らず」
【待(ち)伏せ】まちぶせ 隠れて待つ。「敵を—する」
熟語「待命・期待」

❷もてなす。(人を)あつかう。
【待遇】タイグウ ①もてなす。「特別—」②給与や労働条件。「—改善」
熟語「歓待・虐待・招待・接待・優待・特待生」

【怠】

3級 9画 心-5
音 タイ㊈・ダイ㊉
訓 おこたる・なまける・だるい
①3453 Ⓤ6020

人名 やす
筆順 ㇜ ム ム 台 台 台 怠 怠
なりたち  [形声]台(とどまる)音+心。心がとどまりおこたるの意。

おこたる。なまける。だるい。だらける。あきていやになる。
【怠惰】タイダ なまけてだらしない。「—な生活」⇔勤勉
【怠納】タイノウ 納付期限を過ごす。「税金を—する」
【怠慢】タイマン するべき事をしない。「職務—」
熟語「怠業・科怠・過怠・緩怠・勤怠・懈怠けだい(けたい)(いたい)・倦怠けんたい・遅怠」

【胎】

3級　9画　肉(月)-5　音 タイ 漢 呉　訓 はら-む

人名 はら・み・もと

①3459 Ⓤ80CE

筆順 丿 刀 月 肸 肸 胎 胎 胎

なりたち  [形声]肉＋台(耜すきでたがやし作物をつくる)音。肉体が物事をはじめる意から、胎児が動きはじめる、はらむ意を表す。

❶はらむ。みごもる。体内に子を宿す。

【胎児】タイジ　おなかの中の赤ちゃん。「―の成長」

【胎動】タイドウ　①胎児の動き。「―を感じる」②新しい動き。「新時代の―」

熟語「胎衣・胎生・懐胎・受胎・換骨奪胎」

❷子宮。母体の子を宿すところ。

【胎教】タイキョウ　「妊娠中、―のために音楽をきく」

【胎内】タイナイ　母親の腹の中。

【胎盤】タイバン　妊婦の子宮内にできる盤状の組織。

熟語「胎毒・鬼胎・堕胎・母胎」

【退】

6級　9画　辵(辶)-6　音 タイ 漢 呉　訓 しりぞく・しりぞける・の-く・の-ける・ひ-く・ひ-ける

①3464 Ⓤ9000

〔退〕10画 辵(辶)-6

難読 退引のっぴき

筆順 フ ヲ ヨ 艮 艮 艮 退 退

なりたち  [会意]篆文では、彳(ゆく)＋日(太陽)＋夊(下向きの足)。太陽が下に向かって行く意から、下へさげる・しりぞく意を表す。のち、「彳」が「辵」となった。

◇のける(▽退・▽除)　◉異字同訓◉

「退ける」は"どける。なしとげる"の意。「押し退ける」「平気でやって退ける」

「除ける」は"取りのぞく"の意。「不良品を除ける」「石を除ける」「取り除ける」

❶しりぞく。のく。後に引く。引き下がる。

【退却】タイキャク　敗れて退く。「作戦を断念し―する」

【退去】タイキョ　立ちのく。「家賃滞納で―させられる」

【退行】タイコウ　①あとにさがる。②〔心〕行動が発達初期に戻る。「幼児―」

【退散】タイサン　①逃げ去る。「怨敵おんてき―」②引き上げる。「そろそろ―します」

【退陣】タイジン　①陣地を後方へ下げる。②地位から退く。「首相―」

【退潮】タイチョウ　①潮がひく。②衰える。「勢力の―」

【退路】タイロ　にげみち。「―を断つ」⇔進路

熟語「後退・辞退・進退・脱退・撤退・敗退・不退転・一進一退」

❷しりぞける。のける。追い払う。

【退治】タイジ　悪いものをうちほろぼす。「鬼―」

熟語「撃退」

❸ひく。ひける。その場所を離れる。立ち去る。

【退院】タイイン　病院から出る。「無事に―する」⇔入院

【退勤】タイキン　勤め先を出る。「六時に―する」⇔出勤

【退座】タイザ　会合の場を去る。「途中で―する」

【退室】タイシツ　部屋を出る。「面接後―する」⇔入室

【退社】タイシャ　①会社をやめる。「自己都合による―」⇔入社。②会社から帰る。「―時刻」⇔出社

【退出】タイシュツ　改まった場所を出る。「宮中を―する」

【退場】タイジョウ　その場を去る。⇔入場・登場

【退席】タイセキ　席を立って帰る。「会議中に―する」

【退庁】タイチョウ　役所から帰る。「定時に―する」⇔登庁

【退廷】タイテイ　法廷から去る。「被告人が―する」

【退避】タイヒ　危険な場所から離れる。「―訓練」

熟語「早退」

❹ひく。官職・地位を去る。やめる。

【退位】タイイ　帝位・王位を退く。「―した国王」

【退役】タイエキ　兵役を退く。「―軍人」

【退会】タイカイ　会をやめる。「同好会を―する」⇔入会

【退学】タイガク　学校をやめる。「高校を中途―した」

【退官】タイカン　官職をやめる。「教授の―記念講演」

【退校】タイコウ　①退学。②下校。

【退職】タイショク　職場をやめる。「―金」⇔就職

【退団】タイダン　団体を去る。「劇団を―する」⇔入団

【退任】タイニン　任務から退く。「取締役が―する」⇔就任

熟語「引退・隠退・脱退・中退・勇退」

❺おとろえる。消極的になる。ぐずぐずする。同頽。

【退▼嬰】タイエイ　新しい事を行う意欲がない。「―的」

【退化】タイカ　進歩したものがもとに戻る。⇔進化

【退屈】タイクツ　暇をもてあます。つまらない。「―する」「―な映画」

【退色】タイショク　色あせる。「―した古い写真」注記 元来は「褪色」と書く。

【退勢】タイセイ　衰えていくありさま。衰勢。「―を挽回する」別表記 頽勢

【退蔵】タイゾウ　活用せずに持っている。「―物資」

【退転】タイテン　「不―(＝決して屈しない)の決意」

【退廃】タイハイ　不道徳。不健全。「―的な曲」別表記 頽廃

【退歩】タイホ　あともどりする。「技術の―」⇔進歩

熟語「減退・衰退・沈退」

【帯】

7級　10画　巾-7　音 タイ 漢 呉　訓 おびる・おび

①3451 Ⓤ5E2F

タ

〔帶〕 11画 巾-8

難読 帯下(こしけ)(たいげ)・帯封(おびふう)

人名 よ

筆順 一 十 卄 卌 卌 卌 带 帯 帯

なりたち [象形]細長い布に飾りのたて布を重ねて垂れ下げたさまにかたどり、おびの意を表す。

❶おび。腰のあたりに巻いて結びつける細長い布。ものに巻きつける細長いもの。また、おび状に巻きつける。

熟語「帯下・衣帯・眼帯・束帯・着帯・腹帯・包帯・一衣帯水」

❷おびる。身につける。

【帯剣】(タイケン) 剣を腰につける。「―した兵士」

【帯出】(タイシュツ) 外へ持ち出す。「禁―の図書」

【帯刀】(タイトウ) 刀を腰につける。「名字―」

熟語「帯甲・携帯」

❸おびる。ある性質や要素を含む。

【帯電】(タイデン) 物体が電荷を帯びる。「―防止剤」

熟語「帯緑色」

❹ともにする。連れて行く。従える。

【帯同】(タイドウ) 連れて行く。「赴任先へ妻を―する」

熟語「拐帯・付帯・連帯」

❺ある広がりをもつ、おび状の地域。

熟語「一帯・温帯・寒帯・地帯・熱帯・火山帯」

❻(国)配偶者や家族をもつ。

熟語「妻帯・所帯・世帯」

②5472 Ⓤ5E36

タ

【泰】

準2級 10画 水(氺)-5

音 タイ 漢 呉

訓 はなはだ・やすい・やすらか

人名 あきら・とおる・ひろ・ひろし・やす・やすし・ゆたか・よし

筆順 三 夫 夫 夫 泰 泰 泰 泰

なりたち [形声]大(ゆったりするさま)音＋二(両手の変形)＋水。両手で水をすくって体を洗い、ゆったりするの意。

❶やすい。やすらか。おちついている。

【泰然】(タイゼン) 落ち着いて動じない。「―自若」

【泰平】(タイヘイ) 「太平」に同じ。

熟語「泰安・安泰」

❷はなはだ。非常に。大きい。同太。

【泰西】(タイセイ) 西のはて。西洋諸国。「―名画」

【泰東】(タイトウ) 東のはて。東洋。

❸おごる。ぜいたくな。

熟語「泰侈(たいし)」

❹タイ国のこと。

熟語「泰緬・日泰」

❺山東省にある山。泰山。同岱(たい)。

【泰山】(タイザン) ①中国、山東省の中央部にある名山。別表記 岱山・太山。②高い山。大山。

【泰山府君】(タイザンフクン) 中国で泰山の山神。

【泰山北斗】(タイザンホクト) 泰山と北斗星。転じて、その道の大家。第一人者。泰斗。

【泰斗】(タイト) その道の大家。「考古学の―」 注記「泰山(たいざん)北斗(ほくと)」の略。

熟語「泰山木」

①3457 Ⓤ6CF0

【堆】

2級 11画 土-8 新常用

音 タイ 漢・ツイ 呉

訓 うずたかい

筆順 一 十 土 圹 圹 圻 堆 堆

なりたち [形声]土＋隹(ずんぐりと下部がふくらんだとり)音。土がずっしりと盛りあがっている意から、つむ意を表す。

うずたかい。高く積みかさなる。積みかさねられたもの。

【堆積】(タイセキ) 積み重なる。「―した土砂」

【堆肥】(タイヒ) わらなどを腐らせた肥料。

【堆朱】(ツイシュ) 文様を彫った朱色の漆器。

熟語「堆土・堆紅(ついこう)・堆黒(ついこく)・積堆・浅堆・乱堆」

①3447 Ⓤ5806

【袋】

3級 11画 衣-5

音 タイ 漢・テイ 慣

訓 ふくろ

筆順 亻 仁 代 代 岱 袋 袋

なりたち [形声]代(いれかえる)音＋衣。なかみを入れかえて何度も使うことのできる、布製の入れもの、ふくろの意。

ふくろ。

【袋小路】(ふくろこうじ) 行き止まり。転じて、物事が行き詰まる。「研究が―に入る」

【袋叩き】(ふくろだたき) 一人を多人数でひどく叩く。「―にあう」

熟語「袋地(ふくろじ)・風袋・布袋・薬袋・郵袋」

①3462 Ⓤ888B

【逮】

3級 11画 辵(辶)-8

音 タイ 漢 呉

訓 およぶ

〔逮〕 12画 辵(辶)-8

①3465 Ⓤ902E

筆順 逮

なりたち  ［形声］辵（ゆく）＋隶（手で尾をつかまえる）㊥。あとを追ってゆき、手でつかまえるの意。

❶とらえる。捕まえる。

【逮捕】タイホ　つかまえる。「犯人を—する」

❷およぶ。追いつく。近づく。

【逮夜】タイヤ　葬儀の前夜。また、忌日の前夜。

【替】

4級　12画　日-8　音 タイ㊉・テイ㊦　訓 かえる・かわる

①3456　Ⓤ66FF

難読 為替（かわせ）

筆順 替

なりたち  ［会意］夫（おとこ）二つ＋曰（ものを言う）。二人の男が言葉をかわして、互いに入れかわるの意。

◉異字同訓◉

◇かえる（替・換・代・変）

「替える」は〝同種の物といれかえる〟の意。「メンバーを替える」「シーツを替える」

「換える」は〝他の物ととりかえる。交換する〟の意。「宝石を金（かね）に換える」

「代える」は〝代用する。代理とする〟の意。「挙手をもって投票に代える」「命には代えられない」

「変える」は〝状態を変化させる。場所を移す〟の意。「髪形を変える」「態度を変える」「住所を変える」「位置を変える」「血相を変える」

◇かわる（替・換・代・変）

「替わる」は〝交替する。入れかわる〟の意。「世代が替わる」「政権が替わる」

「換わる」は〝交換される〟の意。「新車に換わる」

「代わる」は〝あるものが他のものの役目をする〟の意。「会長に代わって出席する」「原子力に代わるエネルギー」

「変わる」は〝異なったものになる。普通と違う〟の意。「顔色が変わる」「一風変わった建物」

❶かえる。ある位置に別のものをすえる。かわる。

【替（え）玉】かえだま　①本人の代わりのにせもの。「—受験」②ラーメンの、麺のおかわり。

熟語「移替・交替・代替・振替（ふりかえ）・両替（りょうがえ）」

❷すたれる。おとろえる。すてる。やめる。

熟語「衰替・廃替・隆替」

【貸】

6級　12画　貝-5　音 タイ㊦㊉　訓 かす・か-し

①3463　Ⓤ8CB8

筆順 貸

なりたち ［形声］代（いれかわる）㊥＋貝（たから）。たからの持ち主がいれかわる意から、かす意を表す。

❶かす。あとで返してもらう約束で一時的に金品を他人に渡す。かし。

【貸（し）家】かしや　人に貸す家。「—の家賃収入」

【貸借】タイシャク　貸し借り。「金銭の—を避ける」

【貸与】タイヨ　貸す。貸し与える。「奨学金を—する」

熟語「貸費・賃貸・転貸・借貸・賃貸借」

❷許す。

熟語「貸宥（たいゆう）・恩貸」

【隊】

7級　12画　阜（阝）-9　音 タイ㊦・ツイ㊦

①3466　Ⓤ968A

〔隊〕12画　阜（阝）-9

筆順 隊

なりたち  ［形声］阜（盛り土）＋㒸（ずっしりと重いブタ）㊥。ずっしりと重い盛り土の意から、しっかりとまとまった集団の意を表す。

❶兵士の集団。また、組織された集団。

【隊員】タイイン「特殊部隊の—」「南極越冬隊—」

【隊形】タイケイ　集団の並ぶ形。「戦闘—」「体操—」

【隊士】タイシ　部隊に属する兵士。「新選組—」

【隊商】タイショウ　商人の一団。「沙漠を行く—」

【隊長】タイチョウ「海兵隊—」「登山隊の—」

【隊列】タイレツ　隊を組んで作った列。「—に加わる」

熟語「隊伍・横隊・楽隊・艦隊・軍隊・縦隊・小隊・除隊・戦隊・大隊・中隊・部隊・兵隊・編隊・砲隊・本隊・連隊・聯隊」

❷おちる。同墜（つい）。

【滞】

3級　13画　水（氵）-10　音 タイ㊉・テイ㊦　訓 とどこおる・なず-む

①3458　Ⓤ6EDE

〔滯〕14画　水（氵）-11　②6292　Ⓤ6EEF

筆順 滞

なりたち  ［形声］水＋帯（おび）㊥。帯を巻きつけるとずれ動かないように、水が流れずとどこおるの意。

❶とどこおる。なずむ。はかどらない。

【滞貨】タイカ　売れずにたまった商品。「—一掃」

【滞積】タイセキ　とどこおってたまる。「—した貨物」

【滞納】タイノウ　期限内に納めない。「授業料—」

【滞留】タイリュウ　①とどこおって進展しない。「—貨物」

タ

②滞在。「京都に―する」
熟語「延滞・結滞・渋滞・遅滞・沈滞・停滞」

❷とどまる。居続ける。
【滞空】タイクウ 飛び続ける。「飛行機の―時間」
【滞在】タイザイ よそにとどまる。「外国に―する」
【滞陣】タイジン 長く陣をしく。「―二か月に及ぶ」
【滞日】タイニチ 外国人が日本に滞在する。「―一年」
熟語「滞欧・滞米」

【態】

6級 14画 心-10
音 タイ漢呉
訓 すがた・さま・なり・わざ-と
①3454 Ⓤ614B

人名 かた

筆順 ム 冇 自 自´ 能 能 能 態 態

なりたち  [形声]能(できる)音＋心。物事ができるという心構えの意。転じて、ようす・ありさまの意に用いる。

❶すがた。さま。なり。ありさま。ようす。
【態勢】タイセイ 対処する構え。「万全の―で臨む」
【態度】タイド ①表情や動作。「真剣な―」②対応する構え。「提案に対する―」
熟語「悪態・奇態・偽態・擬態・旧態・業態・形態・姿態・事態・失態・実態・醜態・重態・状態・常態・情態・酔態・生態・静態・世態・痴態・動態・風態・変態・様態・容態(ようだい)」

❷(国)わざと。故意に。ことさらに。
【態態】わざわざ 「―お出で下さるには及びません」

【戴】

2級 17画 戈-13 新常用
音 タイ漢呉
訓 いただ-く
①3455 Ⓤ6234

筆順 十 土 击 壴 異 戴 戴 戴

なりたち  [形声]𢦏(戈＋才。刃物で断ち切る)＋異(両手をあげて面をかぶる)音。切りそろえた物を両手で頭上にのせる意から、いただく意を表す。

❶いただく。頭にのせる。
【戴冠】タイカン 「―式(＝王が即位を示す儀式)」

❷いただく。敬う。あがめ尊ぶ。あおぐ。
【戴天】タイテン この世に生きる。「不倶―の敵(＝生かしておけない敵)」
熟語「推戴・頂戴(ちょうだい)・拝戴・奉戴」

❸(国)いただく。「もらう・買う・飲む・食う」などのへりくだった言い方。
用例「本を戴く・お酒をだいぶ戴く・ご飯は十分戴きました」

ダイ

【大】

10級 3画 大-0
音 ダイ呉・タイ漢
訓 おお・おお-きい・おお-いに
①3471 Ⓤ5927

難読 大人(おとな)(うし・たいじん)・大八洲(おおやしま)・大刀(たち)・大凡(おおよそ)・大口魚(たら)・大夫(たゆう)(だいぶ・たいふ)・大兄(おおえ)・大字(おおあざ)・大臣(おおおみ)(おとど)・大形(おおぎょう)・大角豆(ささげ)・大和(やまと)・大原女(おはらめ)・大蚊(ががんぼ)・大晦(おおつごもり)・大晦日(おおみそか)・大理石(なめいし)・大蛇(おろち)・大御(おおん)・大童(おおわらわ)・大蒜(にんにく)・大鼓(おおかわ)・大嘗会(だいじょうえ)・大様(おおよう)・大雑把(おおざっぱ)・大鋸屑(おがくず)・大鮃(おひょう)

人名 き・たかし・たけし・とも・なが・はじめ・はる・ひろ・ひろし・ふと・ふとし・まさ・まさる・もと・ゆたか

筆順 一 ナ 大

なりたち  [象形]人が両手両足をひろげたさまにかたどる。おおきいの意。

❶おおきい。広い。規模や数量などが他よりまさっている。
【大形】おおがた 形が大きい。「―の犬」⇔小形
【大型】おおがた 規模が大きい。「―台風」⇔小型
【大口】おおぐち ①金額や数量が多い。「―の注文」⇔小口。②おおげさなことを言う。「―をたたく」
【大勢】おおぜい たくさんの人。⇔小勢(こぜい)
【大手】おおて ①城の正面。「―門」⇔搦め手(からめて)。②正面から攻める軍隊。⇔搦め手。③大きい会社。「―私鉄」
【大家・大屋】おおや 貸し家の持ち主。⇔店子(たなこ)
【大八洲】おおやしま 日本の古称・美称。
【大▼廈】タイカ 豪壮な建物。「―高楼」
【大河】タイガ 大きな川。「滔々(とうとう)と流れる―」
【大会】タイカイ 「校内球技―」「党の全国―」
【大海】タイカイ 大きな海。「―に乗り出す」
【大喝】ダイカツ 大声でしかる。「―をくらわす」
【大願】タイガン 大きな願い。だいがん。「―成就」
【大気】タイキ 地球をとりまく気体。「―汚染」
【大挙】タイキョ 大勢で行動する。「―して押しかける」
【大業】タイギョウ 偉大な事業。「―を成し遂げる」
【大工】ダイク 建築・修理などを職業とする人。
【大軍】タイグン 大勢の軍隊。「―が押し寄せる」
【大群】タイグン 大きな群れ。「蚊の―に見舞われる」
【大系】タイケイ 多くの著作を集めた叢書。「漢文―」
【大圏】タイケン 「―航路(＝二地点を結ぶ最短距離)」
【大差】タイサ 大きな差。「―で試合に勝つ」
【大山鳴動】タイザンメイドウ 「大山鳴動して鼠(ねずみ)一匹」の略。騒ぎは大きいが、実際の結果は小さい。別表記 泰山鳴動
【大志】タイシ 大きな希望。「少年よ、―を抱け」
【大字】ダイジ ①大きな字。②「一・二」の代わりの「壱・弐」などの字。
【大社】タイシャ ①大きい神社。②出雲大社。
【大樹】タイジュ ①大きな木。「寄らば―のかげ」②「大樹

将軍」の略。征夷大将軍の異名。

【大衆】タイシュウ　一般庶民。「―食堂」

【大所】タイショ　広い見地。「―高所からものを見る」

【大書】タイショ　文字を強調して書く。「特筆―する」

【大小】ダイショウ　「―を問わない」「腰の―」

【大乗】ダイジョウ　中国や日本に伝わった仏教の流派。注記 大きい乗り物の意。⇕小乗

【大丈夫】ダイジョウブ　①立派な男子。②心配がない。確かだ。「もう―だ」

【大食】タイショク　たくさん食べる。「―漢」⇕小食

【大人】タイジン　①体の大きい人。②徳の高い人。③師匠・学者の敬称。うし。

【大尽】ダイジン　大金持ち。また、遊里で豪遊する客。

【大戦】タイセン　大きな戦争。特に、二回の世界大戦。

【大▼腿】ダイタイ　ふともも。「―骨」

【大大的】ダイダイテキ　大がかりに行う。「―に宣伝する」

【大胆】ダイタン　度胸がすわっている。「―な発想」

【大地】ダイチ　地上。また、広い土地。「豊饒の―」

【大腸】ダイチョウ　小腸と肛門の間の消化管。「―炎」

【大度】タイド　度量が大きい。「寛仁(かんじん)―」

【大刀】ダイトウ　大きな刀。長い刀。

【大道】ダイドウ　①大通り。「―芸」②守るべき道。たいどう。「―を誤る」

【大脳】ダイノウ　脳の主要部。

【大半】タイハン　半分以上。「住民の―が反対した」

【大兵】ダイヒョウ　体が大きい。「―肥満の力士」

【大部】タイブ　①ページ数が多い。「―の小説」②ほとんど。「田畑の―を失う」

【大分】ダイブ　①たくさん。「―もうけた」②かなり。「―よくなった」

【大仏】ダイブツ　巨大な仏像。

【大便】ダイベン　肛門から排泄する食物のかす。

【大砲】タイホウ　大きな弾丸を発射する兵器。

【大木】タイボク　大きな立ち木。「うどの―」

【大枚】タイマイ　多額の金。「―をはたいて買う」

【大望】タイモウ　大きな望み。たいぼう。「―を抱く」

【大洋】タイヨウ　大きな海。「―に漕ぎ出す」

【大陸】タイリク　①広大な陸地。「六―」②日本から見た中国。③英国から見たヨーロッパ大陸。

【大量】タイリョウ　「―生産」⇕少量

【大漁】タイリョウ　漁獲高が多い。「―祈願」⇕不漁

熟語「大鋸(おが)・大呼(たいこ)・大獄(たいごく)・大寺(だいじ)・大赦(たいしゃ)・大豆(だいず)・大杯(たいはい)・大悲・大勇・大欲・大車輪・大磐石・大声疾呼・大力遠大・強大・巨大・最大・盛大・絶大・壮大・増大・特大・莫大(ばくだい)・肥大・厖大(ぼうだい)・膨大・雄大」

❷すぐれている。りっぱな。

【大家】タイカ　①その道ですぐれた人。②大きな家。

【大器】タイキ　優れた器量・才能。

【大器小用】タイキショウヨウ　才能のある人につまらない仕事をさせる。

【大器晩成】タイキバンセイ　大人物は徐々に大成する。

【大兄】タイケイ　年上または同輩の男性の敬称。

【大言】タイゲン　大きなことを言う。「―壮語」

【大功】タイコウ　大きな功績。「―を立てる」

【大師】ダイシ　①朝廷が高僧に贈る号。②弘法大師。

【大成】タイセイ　①立派になる。「俳優として―する」②著述をまとめる。「万葉集―」

熟語「大王・大官・大君(たいくん)・大家(たいけ)・大行(たいこう)・大姉・大儒・大身(たいしん)・大知・大通・大徳・偉大・寛大・尊大」

❸地位・序列が高い。最上の。最大の。

【大御所】おおゴショ　①退位した将軍の尊称。②勢力を持つ第一人者。「文壇の―」

【大権】タイケン　旧憲法下で天皇が有した統治権。

【大行天皇】タイコウテンノウ　死後、諡(おくりな)がつけられる前の天皇。

【大使】タイシ　最上位の外交官。「駐米日本―」

【大将】タイショウ　「陸軍―」「敵の―の首を取る」

【大詔】タイショウ　天皇の詔勅。「開戦の―」

【大賞】タイショウ　最優秀の賞。「レコード―」

【大▼嘗祭】ダイジョウサイ　天皇の即位後最初の新嘗祭(しんじょうさい)。

【大臣】ダイジン　国務大臣。「内閣総理―」

【大神宮】ダイジングウ　伊勢神宮の称。別表記 太神宮

【大政】タイセイ　天下の政治。「―奉還」

【大葬】タイソウ　天皇・太皇太后・皇太后・皇后の葬儀。

【大▼篆】ダイテン　漢字の古書体。籀文(ちゅうぶん)。

【大統領】ダイトウリョウ　共和国の元首。「合衆国―」

【大夫】タイフ　①中国、周代の官名。②律令制で五位の人。③家老の異名。④松の異名。

【大本営】ダイホンエイ　戦時の最高統帥機関。「―発表」

【大名】ダイミョウ　大きな所領を有した武士。「―行列」

【大命】タイメイ　君主・天皇の命令。「―降下」

【大老】タイロウ　江戸幕府で、老中の上の最高職。

熟語「大尉・大佐・大賞・大勲位・大元帥」

❹重要な。責任ある。むずかしい。

【大儀】タイギ　①重大な儀式。②疲れてだるい。「体が―だ」③苦労をねぎらう語。「―であった」

【大計】タイケイ　大きな計画。「国家百年の―」

【大事】ダイジ　①重大な事態。「国家の―」②大事業。「―を成す」⇕小事。③粗末にしない。「体を―にする」④大切。「―な書類」

【大切】タイセツ　「―な人」「―な手紙」「お体を―に」

【大敵】タイテキ　大勢の敵。また、強敵。「油断―」

【大典】タイテン　①重大な儀式。②重大な法律。

【大任】タイニン　重大な任務。「―を仰せつかる」

【大病】タイビョウ　重い病気。「―を患う」

【大変】タイヘン　①大事件。「国家の―」②事が重大である。「―な事件」③苦労が大きい。「準備が―だ」④たいそう。「―驚く」

【大乱】タイラン　戦乱や大きな内乱。「応仁の―」

【大礼】タイレイ　朝廷の重大な儀式。即位・立后など。

熟語「大患・大憲(たいけん)・大難・大厄・大役・大死一番」

❺おおいに。並はずれた。もっとも。ひどい。

【大▼袈▼裟】おおゲサ　実際より誇張する。「―に痛がる」

タ

【大時代】おおジダイ　大仰で古めかしい。「—な言い方」
【大▼晦】おおつごもり　おおみそか。
【大詰(め)】おおづめ　最終段階。「捜査は—を迎えた」
【大▼晦日】おおみそか　一年の最後の日。一二月三一日。
【大安】タイアン　六曜の一。万事に吉とする日。「—吉日」
【大恩】ダイオン　大きな恩。「—を受ける」
【大火】タイカ　大きな火災。「—に見舞われる」
【大過】タイカ　大きな失敗。「—なく過ごす」
【大▼旱】タイカン　ひどい日でり。「—による凶作」
【大寒】ダイカン　二十四節気の一。一年で最も寒い季節。
【大逆】タイギャク　主君殺しや親殺しなど、最大の罪。
【大愚】タイグ　非常に愚かな人。⇔大賢
【大慶】タイケイ　非常にめでたい。「—至極」
【大賢】タイケン　非常に賢い人。⇔大愚
【大赦】タイシャ　刑の執行の免除や減刑。
【大暑】タイショ　二十四節気の一。一年で最も暑い時期。
【大笑】タイショウ　おおわらいをする。「呵呵かか—」
【大勝・大▼捷】タイショウ　大差で勝つ。⇔大敗
【大雪】タイセツ　①おおゆき。②二十四節気の一。太陽暦で一二月八日頃。
【大層】タイソウ　「—な口をきく」「—立派なお屋敷」
【大団円】ダイダンエン　劇などの円満な結末。「—を迎える」注記「団円」は結末の意。
【大敗】タイハイ　大差で負ける。「—を喫する」⇔大勝
熟語「大雨・大悦たいえつ・大奸たいかん・大姦たいかん・大吉・大凶・大息たいそく・大東だいとう・大禍時おおまがとき・大上段・大逆無道」

❻おおよその。あらまし。
【大味】おおあじ　「—な料理」「—でつまらない試合」
【大方】おおかた　「—の人は反対だ」「—の予想どおり」「準備は—できた」「—そんなことだろう」
【大雑把】おおザッパ　細かい注意が足りない。「—な計画」
【大筋】おおすじ　大まかなところ。「—で一致した」
【大▽凡】おおよそ　大体のところ。「—見当はつく」
【大意】タイイ　大体の意味。「文章の—をとる」
【大概】タイガイ　「事件の—」「夜は—家にいる」「—(=いいかげん)にしろ」
【大観】タイカン　①全体にわたって見る。「時勢を—する」②壮大な景色。
【大局】タイキョク　全体の情勢。「—観」「—を見る」
【大勢】タイセイ　①物事のなりゆき。「—に従う」②大きな勢力。「反対派が—を占める」
【大体】ダイタイ　「—(=ほとんど)わかった」「—(=ほぼ)十人くらい」「—(=そもそも)注意が足りない」
【大抵】タイテイ　①ほとんど「—の人は賛成した」②ひととおり。「並み—の努力ではない」③ほどほど。「冗談も—にしろ」
【大同】ダイドウ　①大筋は同じだ。「—小異」「小異を捨てて—に就く」②目的を同じくする者が一つにまとまる。「—団結」
【大別】タイベツ　大まかな区分。「国を東西に—する」
【大要】タイヨウ　だいたいの要点。「計画の—」
熟語「大約・大略・細大」

❼根本的な。
【大義】タイギ　①人間としての道義。「—にもとる」②重要な意義。「—名分」「—なき戦争」
【大綱】タイコウ　根本的な事柄。要点。「改革—」
【大宗】タイソウ　①物事の根本。②権威者。「画壇の—」
【大本】タイホン　一番のおおもと。「国家の—」
熟語「大悟・四大しだい」

❽元素。物質界の根元の要素。
熟語「火大・空大・水大・地大・風大」

❾「大学」の略。
【大学】ダイガク　学術・研究の最高学府。「総合—」
熟語「大卒・短大・女子大」

❿その他。
【大鏡】おおかがみ　平安後期成立の歴史物語。藤原道長の栄華を中心に文徳天皇から後一条天皇までを紀伝体で記す。
【大盤振(る)舞い】おおバンぶるまい　気前よく振る舞う。注記「おうばんぶるまい(椀飯振舞)」を誤って書いたもの。
【大▽童】おおわらわ　忙しく立ち働く。「出発準備に—だ」注記 戦場で、髪を振り乱して奮戦するさまが、髪を束ねない童のようであることから。
【大黒天】ダイコクテン　①〔仏〕戦闘をつかさどった神。②七福神の一。福徳の神。
【大日如来】ダイニチニョライ　〔仏〕密教の教主。宇宙の実相を体現する根本仏。
【大宰府】ダザイフ　筑前国に置かれた地方官庁。注記 通例、官庁は「大宰府」、地名は「太宰府」と書き分ける。
【大和】やまと　①旧国名。奈良県全域。②日本国の別名。別表記 倭
熟語「大黄だいおう・大根・大蔵経だいぞうきょう・大戴礼だいたいれい」

【内】　⇩ナイ（五〇八ページ）

【代】

8級　5画　人(亻)-3
音 ダイ(呉)・タイ(漢)
訓 かわる・かえる・よ・しろ
人名 とし・のり・より
①3469　Ⓤ4EE3

筆順 ノ　イ　仁　代　代

なりたち 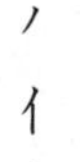
［形声］人＋弋(二本の木を交差させたくい)音。人が交差するさまから、人が入れかわる意を表す。

◉異字同訓◉【替】（四二五ページ）の「異字同訓」欄を参照のこと。

❶かわる。かえる。ある人の役割を別の人がする。取ってかわる。
【代議士】ダイギシ　国会議員。「—に陳情する」
【代行】ダイコウ　代わって事を行う。「運転—業」
【代書】ダイショ　本人に代わって文書を作る。

【代署】(ダイショ) 本人に代わって署名する。

【代診】(ダイシン) 代わりに診察する。「―の医師」

【代打】(ダイダ) 野球のピンチ-ヒッター。

【代読】(ダイドク) 代わりに読む。「知事の祝辞を―する」

【代人】(ダイニン) 本人の代わりの人。「―を立てる」

【代納】(ダイノウ) 「税金を現物で―する」「家族の―」

【代筆】(ダイヒツ) 「秘書が礼状を―する」⇔自筆

【代表】(ダイヒョウ) 「若手を―する意見」「―取締役」

【代返】(ダイヘン) 「欠席する友人に―を頼まれる」

【代弁】(ダイベン) 代わりに言う。「若者の意見を―する」

【代役】(ダイヤク) 「倒れた俳優の―を務める」

【代理】(ダイリ) 代わって処理する。「原告の―人」

熟語「代講・代作・代参・代走・代議員・城代・総代・名代(みょうだい)・所司代」

❷かわる。かえる。別のものをすえる。別のもので補う。いれかわる。

【代案】(ダイアン) 代わりの案。「―を示す」

【代休】(ダイキュウ) 代わりの休暇。「休日出勤の―」

【代謝】(タイシャ) 新旧が入れ代わる。「新陳―」

【代替】(ダイタイ・タイタイ) ほかのもので代える。「―輸送」

【代用】(ダイヨウ) 代わりに使う。「椅子を箱で―する」

熟語「代置・代名詞・交代」

❸しろ。同じ価値や役割をもつものとして与える。また、その与えるもの。

【代物】(しろもの) 評価の対象となる人や物。「二つとない―」「とんだ―だ」

【代価】(ダイカ) 値段。ひきかえの犠牲。「成功の―」

【代金】(ダイキン) 「品物の―を支払う」

【代償】(ダイショウ) ①損害の代価。「けがの―を求める」②達成のための犠牲。「勝利の―」

熟語「車代・酒代(さかだい)・身代」

❹〔国〕しろ。あることをするために必要な部分。

【代▼搔き】(しろかき) 田植えの準備作業。

熟語「苗代(なわしろ)・伸び代・糊代(のりしろ)・縫い代」

❺よ。前を継いで、君主や家長がその地位にある期間。

【代代】(ダイダイ) 何代も続いている。「先祖―」

熟語「初代・世代・先代・当代・譜代・末代・累代・歴代・一世一代」

❻よ。ある一定の期間。また、おおよその年の範囲を示すのに用いる語。

熟語「希代・稀代・近代・現代・後代・古代・時代・上代・三十代」

❼その他。

【代▼赭】(タイシャ) ①赤色系の粉末顔料。②「代赭色」の略。茶色みのあるだいだい色。赤土色。

【台】

〔臺〕 14画 至-8 ②7142 Ⓤ81FA

9級 5画 口-2 ①3470 Ⓤ53F0

音 ダイ呉・タイ漢・イ

訓 漢 呉 うてな

注記 本来、「台」の読みは「タイ」または「イ」。

難読 台子(だいす)・台詞(せりふ)

人名 もと

筆順 ㄥ ム ム 台 台

なりたち  「台」と「臺」は本来別字。常用漢字の「台」は「臺」の俗字。［臺］［会意］高(たかい建物)＋至(いたる)。登って物見をする見晴し台の意。［台］［形声］厶(目の変形、農具のすき)音＋口。耜(すき)の意。借りて、一人称代名詞に用いる。

❶うてな。高い建造物。四方を見はらす高い建物。

【台下】(ダイカ) ①高楼の下。②手紙の脇付(わきづけ)に用いる敬語。

熟語「台閣・玉台・灯台・番台・楼台」

❷役所。

熟語「鎮台・御史台・弾正台」

❸高く、平らな土地。

【台地】(ダイチ) 周囲より高い平地。「シラス―」

熟語「高台」

❹物を置いたり人が上ったりする道具。

【〈台詞〉】(せりふ) 劇中の言葉。また、決まり文句。「どこかで聞いた―だ」別表記 科白

【台形】(ダイケイ) 一組の対辺が平行な四辺形。

【台座】(ダイザ) 「大砲の―」「仏像の―」

【台紙】(ダイシ) 「―に写真を貼る」

【台車】(ダイシャ) ①鉄道車両の車体を支える部分。②物を運ぶ手押し車。

【台所】(ダイどころ) 「―に立つ」「―(＝家計)は火の車だ」

【台無し】(ダイなし) 「雨で新しい靴が―だ」

熟語「縁台・鏡台・式台・燭台・寝台・茶台・飯台・番台・舞台(ぶたい)・蓮台・露台・平均台」

❺相手に対する尊称。

熟語「台翰(たいかん)・台書(たいしょ)・台墨(たいぼく)・貴台・尊台・老台」

❻天子や皇族に対する敬語。

熟語「台命(たいめい)・台覧(たいらん)・台臨(たいりん)」

❼天台宗のこと。仏教の宗派の一。

熟語「台教(たいきょう)・台密(たいみつ)」

❽「台湾」の略。中国福建省の東方に位置する大島。

熟語「中台・日台」

❾〔国〕もとになるもの。基礎になるもの。

【台帳】(ダイチョウ) ①売買の金額を記す元帳。②原簿。「土地—」

【台本】(ダイホン) 演劇や映画の脚本。「—通り演じる」

熟語「土台」
⑩(国)だい。車などを数える語。
熟語「一台・数台」
⑪(国)だい。数量のおよその範囲を表す語。
熟語「八時台・一万円台」
⑫その他。
【台頭】(タイトウ) 頭を持ち上げる。あるものの勢力が伸びる。別表記 擡頭
【台風】(タイフウ) 「—が上陸する」「—一過」別表記 颱風
【弟】⇩テイ(四六九ページ)

【第】

8級 11画 竹-5 音 ダイ呉・テイ漢 訓 つい-で ①3472 Ⓤ7B2C

人名 くに・つき・つぎ

筆順 𥫗 竺 笃 笃 第 第

なりたち [形声]竹+「弟の変形」(順序)音。順序よく並んだ竹の節の意から、段階の意を表す。

❶ついで。ものごとの順序。また、順序を表す数詞につける語。
【第一】(ダイイチ) 一番。「—の案件」「安全—」「世界—の選手」「—(=まず)金がない」

【第一義】(ダイイチギ) 根本の意義。「—的問題」

【第一人者】(ダイイチニンシャ) 最も優れた人。「学界の—」

【第一線】(ダイイッセン) 最前線。最も活発な位置。「営業の—」

【第三者】(ダイサンシャ) 当事者以外の者。「—の意見を聞く」

【第六感】(ダイロッカン) 五感以外の直観。「—が働く」

熟語「次第」
❷やしき。邸宅。
熟語「第館(だいかん)・第宅(ていたく)・邸第・聚楽第(じゅらくだい)」
❸(古代中国の官吏登用試験の合格者掲示板の意から)試験。
熟語「科第・及第・登第・落第」

【題】

8級 18画 頁-9 音 ダイ呉・テイ漢 ①3474 Ⓤ984C

人名 みつ

筆順 口 日 旦 早 是 題 題 題

なりたち  [形声]是(まっすぐ突き出る)音+頁(あたま)。頭部のうち突き出た部分、ひたいの意から、先に突き出した見出しの意を表す。

❶物のはし。はじめ。書物などの巻頭。
【題字】(ダイジ) 表題の文字。「書家に—を依頼する」
熟語「題詞・題辞」
❷だい。書物などの名。内容を簡略に表したことば。タイトル。
【題簽】(ダイセン) 書名を書いて表紙に貼りつける紙。

【題名】(ダイメイ) 表題の名。「作品の—」

【題目】(ダイモク) ①表題。「—をつける」②主旨。「研究の—」③(仏)日蓮宗で唱える言葉。「お—」

熟語「題意・題号・題跋(だいばつ)・解題・外題(げだい)・原題・内題・表題・標題・副題・無題」
❸だい。詩歌・文章などで表現する事柄。テーマ。
【題詠】(ダイエイ) 決められた題で詩歌を作る。

【題材】(ダイザイ) 主題となる材料。「桜を—とした絵」

【題詩】(ダイシ) ①ある題で詩を作る。②巻頭の詩。

熟語「演題・改題・画題・季題・句題・主題・本題・落題・話題」
❹解決を求められている事柄。
熟語「課題・議題・宿題・主題・出題・難題・命題・問題・例題」
❺しるす。詩文を書きつける。
熟語「題画・題壁」
❻批評する。品定めする。
熟語「題評・品題」

たき

【滝】〔瀧〕

3級 13画 水(氵)-10 音 ロウ漢呉・ロウ(ラウ)漢 訓 たき ①3476 Ⓤ6EDD

〔瀧〕19画 水(氵)-16 ①3477 Ⓤ7027

人名 たけし・よし

筆順 氵 氵 汁 汴 浐 浐 渧 渧 滝

なりたち  [形声]水+龍(りゅう)音。竜のような形をして流れおちる水流、たきの意。

❶川の急激な流れ。急流。早瀬。
【滝川】(たきがわ) 山間を激しく流れる川。急流。激流。
熟語「滝滝(ろうろう)(=水流や雨の音)」
❷(国)たき。高いがけや急な斜面をはげしくながれ落ちる水流。
【滝壺】(たきつぼ) 滝が落ち込んで深い淵(ふち)となった所。

タク

【宅】
5級　6画　宀-3
音 タク 漢 呉
訓 いえ
人名 いえ・おり・やけ
筆順 丶 丷 宀 宀 宀 宅
なりたち [形声]宀＋乇(よせる)音。身をよせて、くつろぐ家の意。
❶すまい。すみか。いえ。
【宅地】タクチ　住宅を建てる土地。「―造成」
【宅配】タクハイ　戸別に配達する。「―便」
熟語「火宅・家宅・帰宅・旧宅・居宅・在宅・私宅・自宅・社宅・住宅・新宅・拙宅・邸宅・別宅・本宅・来宅」
❷(国)たく。㋐妻が他人に自分の夫をさしていう語。㋑相手や相手の家庭・組織などをさしていう語。
熟語「お宅様」
①3480 Ⓤ5B85

【択】【擇】
3級　7画　手(扌)-4　16画　手(扌)-13
音 タク 漢・ジャク(ヂャク) 呉
訓 えら-ぶ・よ-る
難読 択捉えとろふ
筆順 一 十 扌 扌 扌 択 択
なりたち [形声]手＋睪(数珠状に次々とつらなる)音。連なるように並べられたものの中から手で選び出すの意。「択」は俗字。
えらぶ。よいものを抜き出す。よる。より分ける。
【択一】タクイツ　二つ以上のものの中から一つだけをえらぶ。「二者―」
熟語「択伐・択抜・簡択・採択・選択・二者択一」
①3482 Ⓤ629E　②5804 Ⓤ64C7

【沢】【澤】
4級　7画　水(氵)-4　16画　水(氵)-13
音 タク 漢
訓 さわ・つや・うるお-い
難読 沢蒜ねびる・沢瀉おもだか・沢鵟ちゅうひ
人名 ます
筆順 丶 丶 氵 氵 沪 沢 沢
なりたち [形声]水＋睪(数珠状に次々とつらなる)音。水たまりがつらなる湿地の意。「沢」は俗字。
❶さわ。水が浅くたまった所。
熟語「山沢・沼沢・藪沢そうたく」
❷さわ。山あいの谷川。源流に近い流れ。
熟語「沢登り」
❸ありあまるほど豊富である。
【沢山】タクサン　①数や量が多い。「―もらう」②それ以上不要だ。「茶番はもう―だ」③名詞に付いて、十分すぎる、の意を表す。「子―」「具―」
熟語「潤沢・贅沢ぜいたく・余沢」
❹うるおす。うるおい。めぐみ。
熟語「恩沢・恵沢・利沢」
❺つや。かがやき。つやのあるさま。
熟語「光沢・色沢・手沢」
❻その他。
熟語「沢瀉おもだか・沢庵たくあん」
①3484 Ⓤ6CA2　②6323 Ⓤ6FA4

【卓】
3級　8画　十-6
音 タク 漢 呉
訓 すぐ-れる・たか-い
人名 すぐる・たか・たかし・つな・とお・まこと・まさる・もち
筆順 丨 ト ⺊ 卢 卣 卣 卓 卓
なりたち [会意]ト(人)＋早。人がいちはやく目だつ意から、ぬきんでる意を表す。
❶つくえ。テーブル。
【卓袱料理】シッポクリョウリ　長崎地方の郷土料理。
【卓上】タクジョウ　テーブルの上。「―コンロ」
【卓球】タッキュウ　ピンポン。
【卓袱台】チャブダイ　折り畳みのできる低い食卓。
熟語「卓子・円卓・教卓・座卓・食卓・電卓」
❷すぐれる。ひときわすぐれている。ぬきんでている。たかい。
【卓逸】タクイツ　非常にすぐれている。「意趣―」
【卓越】タクエツ　ぬきんでている。「―した技術」
【卓識】タクシキ　すぐれた見識。「博学―の人物」
【卓出】タクシュツ　他にぬきん出てすぐれている。
【卓説】タクセツ　すぐれた説。すばらしい説。「高論―」
【卓絶】タクゼツ　ずばぬけている。「―した才能」
【卓抜】タクバツ　他人が真似できない。「―な着想」
【卓立】タクリツ　目立って優れている。「―した業績」
【卓論】タクロン　すぐれた論説。「―を聞く」
【卓見】タッケン　非常に優れた意見。「―を持つ」
熟語「卓偉・卓効・卓才・卓然・卓筆・超卓」
①3478 Ⓤ5353

【拓】
4級　8画　手(扌)-5
音 タク 漢 呉
訓 ひら-く
人名 ひら・ひらく・ひろ・ひろし
筆順 一 十 扌 扌 扩 扩 拓 拓
①3483 Ⓤ62D3

なりたち ［形声］手＋石（中身のつまったかたいいし）音。手でおしひろげて充実させる意から、土地をきりひらく意を表す。

❶ひらく。土地に手を加える。きりひらく。

【拓殖・拓植】タクショク　開拓し移り住む。「―事業」

熟語「拓士・拓地・開拓・干拓」

❷おす。石碑の文字などを紙にうつしとる。

【拓本】タクホン　碑文などを紙にすり写したもの。

熟語「魚拓・手拓」

❸おちる。おちぶれる。

【拓落失路】タクラクシツロ　落ちぶれて失意の底に沈む。

熟語「落拓」

【度】⇩ド（四八六ページ）

【託】

3級　10画　言-3

音 タク漢呉

訓 かこ-つ・かこ-つける・よ-る

①3487　Ⓤ8A17

人名 より

筆順 、 言 言 言 訁 訐 託

なりたち ［形声］言＋乇（よせる）音。人にことづけを頼む、ほかのことを口実にするの意。

❶よる。たよる。たのむ。まかせる。

【託児】タクジ　乳幼児の世話を頼む。「―所」

【託生】タクショウ　他のものに頼って生きる。「一蓮―」

【託送】タクソウ　頼んで送る。「手荷物を―する」

熟語「依託・委託・寄託・供託・結託・受託・嘱託・信託・付託・附託・預託」

❷かこつける。口実にする。他の物事を利用していう。

熟語「託言・仮託」

❸（国）神仏のお告げ。

【託宣】タクセン　神のお告げ。「ご―が下る」

熟語「神託」

❹（国）かこつ。嘆く。恨み言・不平を言う。

熟語「屈託」

【濯】

準2級　17画　水（氵）-14

音 タク漢

訓 あら-う・すす-ぐ・そそ-ぐ・ゆす-ぐ

①3485　Ⓤ6FEF

〔濯〕17画　水（氵）-14

人名 あろう

筆順 氵 氵 氵 泂 泂 泂 濯

なりたち ［形声］水＋翟（キジが高く羽をたてたさま）音。衣類をくりかえし水から高くぬきあげて洗うの意。

◇すすぐ（▽濯・▽雪・▼漱）　●異字同訓●

「濯ぐ」は〝よごれを洗い落とす。ゆすぐ〟の意。「洗濯物を濯ぐ」

「雪ぐ」は〝不名誉を取り除く〟の意。仮名で書くことも多い。「汚名を雪ぐ」「恥を雪ぐ」

「漱ぐ」は〝口の中を洗う。うがいをする〟の意。仮名で書くことも多い。「口を漱ぐ」

すすぐ。そそぐ。ゆすぐ。あらう。水でよごれをおとす。

熟語「濯足・洗濯」

ダク

【諾】

3級　15画　言-8

音 ダク漢・ナク呉

訓 うべな-う・こた-える

①3490　Ⓤ8AFE

人名 つぐ・つぐ

筆順 言 言 言 訁 訁 訁 諾 諾

なりたち ［形声］言＋若（そのような）音。そうである、よろしいと言葉でこたえるの意。

❶こたえる。「はい」と返事する。

【諾諾】ダクダク　他人に逆らわない。「唯唯―」

熟語「唯諾」

❷うべなう。ひきうける。承知する。

【諾否】ダクヒ　承知するかしないか。「―を問う」

【諾を宿する無し】だくをしゅくすることなし　承諾したことはすぐに実行する。出典「論語顔淵」より。

熟語「諾否・応諾・快諾・許諾・謹諾・受諾・承諾・即諾・内諾・約諾」

❸「ノルウェー」の音訳「諾威」の略。

熟語「日諾」

【濁】

4級　16画　水（氵）-13

音 ダク慣・タク漢・ジョク（ヂョク）呉

訓 にご-る・にご-す

①3489　Ⓤ6FC1

筆順 氵 氵 沪 泗 淠 濁 濁 濁

なりたち ［形声］水＋蜀（不快ないも虫）音。いも虫のように不快な水、にごるの意。

❶にごる。水などが透明でなくなる。

【濁酒】ダクシュ　どぶろく。にごりざけ。⇔清酒

【濁声】ダクセイ　だみ声。「―を張り上げる」

【濁流】ダクリュウ　にごった川の激流。「―にのまれる」⇔

清流 こさないため、白く濁った酒。
【〈濁酒〉・〈濁醪〉】(どぶろく)
熟語「濁水・濁浪・濁り酒・黄濁・混濁・溷濁(こんだく)・清濁・白濁・油濁」
❷けがれている。みだれる。
【濁世】(ジョクセ) 〔仏〕にごりけがれた世。だくせ。
熟語「汚濁(おだく)(おじょく)」
❸音がくぐもるさま。濁音。
【濁音】(ダクオン) ガ・ザ・ダ・バ行の各音節。

【濁点】(ダクテン) 濁音を示す符号。「―を打つ」

熟語「連濁・半濁音・鼻濁音」
❹(国)にごす。にごらせる。言葉などをあいまいにする。ぼかす。
用例「立つ鳥跡を濁さず・言葉を濁す」

ただし

【但】
準2級 7画 人(亻)-5
音 タン 漢 呉
訓 ただし
①3502 Ⓤ4F46
人名 ただ
筆順 ノ 亻 仆 们 但 但
なりたち 〔形声〕人＋旦(太陽が地平線上にあらわれる)音。人がはだをむき出しにする意。借りて、ただの意を表す。
❶「ただ…のみ」と訓読する。
❷(国)ただし。例外や除外を付け足すときに用いる語。
熟語「但し書き」
❸(国)「但馬(たじま)国」の略。
【但馬】(たじま) 旧国名の一。兵庫県北部に相当。但州(たんしゅう)。

【但州】(タンシュウ) 但馬(たじま)国の別名。

タツ

【達】
7級 12画 辵(辶)-9
音 タツ 漢 呉・タチ 呉・ダチ 呉・ダツ 呉
訓 いた-る・とど-く・とお-る・たち・だち
①3503 Ⓤ9054
〈達〉13画 辵(辶)-9 ―― ――
〈達〉12画 辵(辶)-8 ②7793 Ⓤ9039
人名 いたる・かつ・さと・さとし・さとる・しげ・すすむ・ただ・とおる・のぶ・ひろ・みち・よし
筆順 一 十 土 去 幸 幸 達 達
なりたち 〔形声〕辵(ゆく)＋羍(生まれたての子羊)音。すんなりと行きつく意から、とおる意を表す。
❶とどく。とどける。
熟語「送達・速達・到達・配達」
❷なしとげる。
【達成】(タッセイ) 成し遂げる。「目標―」「―感」
❸いたる。いきつく。高い水準・境地・地位などになっている。すぐれている。
【達観】(タッカン) ①本質を見通す。「人生を―する」②全体を見渡す。「情勢を―する」

【達見】(タッケン) 先まで見通した見解。「なかなかの―」

【達識】(タッシキ) 広く見通す優れた見識。

【達者】(タッシャ) 「―(＝上手)な英語」「―(＝元気)で暮らす」

【達人】(タツジン) その道に深く通じた人。「武道の―」

【達筆】(タッピツ) 文字を上手に書く。「―な人」

熟語「達才・達文・達弁・栄達・闊達(かったつ)・顕達・熟達・上達・先達(せんだつ)(せんだち)・発達・練達」
❹伝える。通知する。命令する。
【達意】(タツイ) 言いたい事がよく伝わる。「―の文章」
熟語「下達・示達・申達・進達・通達(つうたつ)(つうだつ)・伝達」
❺とおる。道が通じる。
熟語「四通八達」
❻(国)たち。だち。他の語について複数を表す。また、同類を表す。
熟語「友達・子供達」
❼その他。
【達磨】(ダルマ) ①中国禅宗の祖。②達磨大師の姿の人形。③丸いものや赤いもの。「雪―」「火―」

ダツ

【脱】
4級 11画 肉(月)-7
音 ダツ 呉・タツ 漢
訓 ぬ-ぐ・ぬ-げる
①3506 Ⓤ8131
〈脱〉11画 肉(月)-7 ―― Ⓤ812B
筆順 刀 月 月' 肸 肸 脱 脱
なりたち 〔形声〕肉＋兌(ときはなす)音。肉がぬけ落ちる意から、ぬぐ・ぬけるの意を表す。
❶ぬぐ。身につけているものを取り去る。ぬげる。

タ

【脱衣】ダツイ 衣服を脱ぐ。「―所」⇔着衣
【脱皮】ダッピ 「ヘビが―する」「旧習からの―」
【脱帽】ダツボウ ①帽子をぬぐ。②敬意を表す。「彼の努力には―だ」
熟語「蟬脱せんだつ・着脱」

❷取り除く。
【脱穀】ダッコク 穀粒を穂から取り離す。「―機」
【脱脂】ダッシ 脂肪分を抜き去る。「―乳」
【脱水】ダッスイ ①水分を除く。「―機」②体内の水分が欠乏する。「―症状」
【脱毛】ダツモウ ①毛が抜ける。「―症」②毛を抜き取る。「―剤」
熟語「脱臭・脱色・虚脱・剝脱はくだつ」

❸手ぬかりでもらす。漏れおちる。
【脱字】ダツジ 書き落とした文字。「誤字―」
【脱落】ダツラク ①抜け落ちる。「ページが―する」②取り残される。「競争から―する」
【脱漏】ダツロウ 一部が抜ける。「―のある書類」
熟語「脱誤・誤脱・漏脱」

❹はずれる。それる。
【脱臼】ダッキュウ 関節がはずれる。「肩を―する」
【脱線】ダッセン 「列車の―事故」「話が―する」
熟語「逸脱」

❺のがれる。束縛された状態から自由になる。ぬける。
【脱会】ダッカイ 会を抜ける。「意見の相違で会を―する」
【脱却】ダッキャク 捨て去る。「旧弊から―する」
【脱稿】ダッコウ 書き終える。「論文を―する」⇔起稿
【脱獄】ダツゴク 刑務所から逃げる。「囚人が―する」
【脱出】ダッシュツ 危険から逃げる。「敵地から―する」
【脱税】ダツゼイ 税を納めない。「―で起訴される」
【脱走】ダッソウ 不自由な所から逃げる。「刑務所から―する」
【脱俗】ダツゾク 俗世間を離れる。「―した生き方」
【脱退】ダッタイ 団体から抜ける。「組合を―する」
【脱兎】ダット 逃げてゆく兎。「―のごとく(=非常に速く)逃げる」
【脱藩】ダッパン 武士が藩をぬける。「―した浪人」
熟語「脱党・滑脱・解脱げだつ・洒脱しゃだつ・超脱・離脱・円転滑脱」

【奪】

3級 14画 大-11 音 ダツ呉・タツ漢 訓 うばう

人名 たつき

筆順 大 衣 夲 夲 奞 奞 奪 奪

なりたち 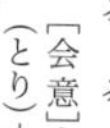 [会意]金文では、衣(きもの)+隹(とり)+寸(手)。他人のきものの中にいる鳥を手でうばうの意。篆文では、上部を「大」に作る。

①3505 Ⓤ596A

うばう。力ずくでとる。
【奪回】ダッカイ 取り返す。「政権を―する」
【奪還】ダッカン 取り返す。「優勝杯を―する」
【奪取】ダッシュ うばい取る。「得点を―する」
【奪胎】ダッタイ 「換骨―(=先人の着想を借りて独自の作品を作る)」別表記 脱胎
【奪略・奪掠】ダツリャク 無理やり奪い取る。「暴徒による―」
熟語「横奪・攻奪・強奪・簒奪さんだつ・収奪・争奪・褫奪ちだつ・剝奪はくだつ・略奪・掠奪りゃくだつ・生殺与奪」

たな

【棚】

準2級 12画 木-8 音 ホウ(ハウ)漢 訓 たな

①3510 Ⓤ68DA

〘棚〙12画 木-8

難読 棚機たなばた

人名 すけ

筆順 一 十 木 朷 杋 棚 棚 棚

なりたち  [形声]木+朋(並べる)音。板を並べてかけ渡したものの意。

たな。物をのせるために渡した板。
【棚上げ】たなあげ 問題の処理を保留する。「議論を一時―にする」
【棚卸(し)】たなおろし ①在庫品などの調査。「決算前の―」②欠点をあげつらう。別表記 店卸し
【棚田】たなだ 山地などの傾斜地に階段状に作った田。千枚田。
熟語「網棚・神棚・書棚・戸棚・本棚」

だれ

【誰】

2級 15画 言-8 新常用 音 スイ漢呉 訓 だれ

①3515 Ⓤ8AB0

筆順 言 言 言 討 詐 詐 誰 誰

なりたち  [形声]言+隹(ずんぐりと下部がふくらんだとり)音。ずっしりと重みのある言葉の意から、近い物を指し示す「これ」の意を表す。転じて、不定称の「だれ」の意に用いる。

だれ。だれか。
【誰何】スイカ 声をかけて、だれかと名を問いただす。「警官に―される」
〖誰たれか烏からすの雌雄しゆうを知らん〗 人の心や善悪の判定はしにくいものだ。出典「詩経小雅、正月」より。
熟語「誰某たれがし(だれそれ)・誰彼時たそがれどき・彼誰時かはたれどき」

タン

【反】⇩ハン(五三七ページ)

【丹】

4級 4画 丶-3 音 タン 漢 呉 訓 に ①3516 Ⓤ4E39

人名 あか・あかし・あきら・に・まこと

筆順 丿 冂 円 丹

なりたち [会意]採掘口(月)と、そこから掘り出される赤い砂つぶ(ニ)を合わせた形で、丹砂・あかの意。

❶に。硫黄と水銀との化合した赤土。辰砂(しんしゃ)。また、そのあか色。あか。

【丹青】(タンセイ) ①赤い色と青い色。②色彩。「—の妙」③絵画。「—に親しむ」

熟語「丹砂・丹朱・丹唇・丹頂」

❷(東洋医学で)練り薬。また、練り薬の名前に添える語。

熟語「丹薬・金丹・仙丹・煉丹(れんたん)・練丹・万金丹」

❸純粋な。まごころ。精気。

【丹心】(タンシン) まごころ。「—をこめる」

【丹精】(タンセイ) 心をこめてする。「—した盆栽」別表記 丹誠

【丹田】(タンデン) 臍(へそ)の下の精気の集まる所。「臍下—」

【丹念】(タンネン) 丁寧で細かい。「—な手作業」

熟語「丹懇・丹情」

❹その他。

【丹後】(タンゴ) 旧国名。京都府の北部に相当。

【丹州】(タンシュウ) 丹波(たんば)国・丹後(たんご)国の別名。

【丹前】(タンゼン) 綿を入れた袖の広い着物。

【丹波】(タンバ) 旧国名。京都府中部と兵庫県中東部に相当。

熟語「牡丹(ぼたん)」

【旦】

2級 5画 日-1 新常用 音 タン 漢 呉・ダン 慣 訓 あさ・あした ①3522 Ⓤ65E6

人名 あき・あきら・あけ・あさ・ただし

筆順 丨 冂 日 日 旦

なりたち [象形]地平線(一)から太陽(日)がのぼる形にかたどり、あさ・夜明けの意を表す。

あさ。夜明け。あした。

【旦日】(タンジツ) 明日、また明朝。

【旦夕】(タンセキ) 朝と晩。「命(めい)—に迫る(=今夜か明朝かというほど事態が切迫している)」

【旦那】(ダンナ) ①檀家。②主人。③男の客。④夫。「うちの—」⑤生活の面倒を見る男。別表記 檀那

【旦暮】(タンボ) 朝と夕方。朝も夕も。「—の命(=死期が迫っている)」

熟語「一旦・元旦(がんたん)・月旦・今旦・歳旦・晨旦・早旦・文旦(ぶんたん)(ぼんたん)・毎旦・明旦」

【担】〔擔〕

5級 8画 手(扌)-5 〔擔〕16画 手(扌)-13 音 タン 漢 呉 訓 かつぐ・になう ①3520 Ⓤ62C5 ②5731 Ⓤ64D4

難読 担桶(たご)(おけ・にない)

人名 ゆたか

筆順 一 十 扌 扌 扣 扣 担 担

なりたち [擔][形声]手＋詹(上から押さえて、いっぱいになるまで満たす)音。手や肩にしっかりと重みを引き受ける意から、になう意を表す。[担]手＋旦(日がのぼる)音。重い物を肩の上にのせて持つの意。本来別字だが、「擔」の俗字として用いられる。

❶かつぐ。になう。かたげる。肩に載せる。肩で物をささえて持つ。

【〈担桶〉】(たご) 天秤棒でになう桶(おけ)。

【担架】(タンカ) 「倒れて—で救急車まで運ばれた」

熟語「担送・担夫・荷担」

❷引き受ける。責任をもつ。

【担税】(タンゼイ) 税を負担する。「—能力」

【担当】(タントウ) 仕事を受け持つ。「経理を—する」

【担任】(タンニン) 学級を受け持つ。「クラス—の先生」

【担保】(タンポ) 「土地を—に借金する」

熟語「負担・分担」

❸味方する。

熟語「加担」

【単】〔單〕

7級 9画 十-7 〔單〕12画 口-9 音 タン 漢 呉・セン 漢・ゼン 呉 訓 ひとえ・ひとつ ①3517 Ⓤ5358 ②5137 Ⓤ55AE

人名 いち・ただ

筆順 丶 丷 ⺍ 尚 当 当 単

なりたち [象形]先端が二つに分かれたはたきにかたどる。薄く一重であることから、ひとつの意を表す。「単」は略体。

❶ひとつ。ひとり。ただ一つ。

【単一】(タンイツ) 要素が一種のみである。「—民族国家」

【単価】(タンカ) 商品一単位の値段。「—をおさえる」

【単記】(タンキ) 一枚に一つだけを記す。「—投票」⇔連記

【単作】(タンサク) 一種類の作物しか作らない。

【単身】タンシン ただ一人。「—赴任」
【単数】タンスウ 数が一つである。「三人称—」⇔複数
【単線】タンセン 鉄道で上下線共用の軌道。⇔複線
【単調】タンチョウ 変化がとぼしい。「—な作業」
【単刀直入】タントウチョクニュウ 前置きなどを省く。「—にたずねる」注記 刀を一振り持って敵陣に切り込む意。
【単独】タンドク ただ一人でする。「—登頂」
熟語「単音・単機・単騎・単座・単車・単色・単打・単体・単発・単複・単葉・単利」

❷複合体を構成する個々の要素。基本になるまとまり。基準。
【単位】タンイ ①数量をはかるときに基準とする量の名。メートル・グラム・秒など。②一つの集団・組織などを構成するひとまとまり。③一定の学習量。「—取得」
【単元】タンゲン 教科内容の一まとまり。「—テスト」
【単語】タンゴ 特定の意味・機能を持つ言語の最小単位。

❸複雑でない。一様で変化がない。
【単眼】タンガン 昆虫類などの単純な構造の眼。
【単式】タンシキ 単純な方式。「—簿記」⇔複式
【単純】タンジュン ①他のものがまざっていない。「—林」②こみいった点がない。「—作業」⇔複雑。③考え方が一面的だ。「—な男」
熟語「簡単」

❹ひとえ。裏をつけないで仕立てた衣類。
熟語「単衣(たんい)(ひとえ)」

❺その他。
【単于】ゼンウ 匈奴(きょうど)の最高君主の称号。

タ

【炭】

8級 9画 火-5 音 タン 漢 呉 訓 すみ ①3526 Ⓤ70AD

〔炭〕9画 火-5

難読 炭斗(すみとり)・炭櫃(すびつ)

筆順 丨 山 山 屵 屵 岸 炭

なりたち  [会意]屵(切りたった山中のがけ)+火。山の中から掘り出された燃料の意から、石炭の意を表す。

❶すみ。木材を蒸し焼きにして作った黒色の燃料。木炭。
【炭俵】すみだわら 炭を入れる俵。
【炭火】すみび 炭でおこした火。「—で焼いた肉」
【炭団】タドン 炭の粉を丸く固めた燃料。
【炭化】タンカ 「加熱により—した木」「—物」
熟語「薪炭(しんたん)・製炭・塗炭・白炭・練炭・煉炭・活性炭」

❷「石炭」の略。
【炭坑】タンコウ 石炭を掘るあな。「—夫」
【炭鉱】タンコウ 石炭を採掘する山。「—で栄えた町」
【炭田】タンデン 石炭が豊富に埋蔵されている地域。
熟語「炭層・亜炭・褐炭・産炭・泥炭・無煙炭」

❸「炭素」の略。
【炭酸】タンサン 二酸化炭素が水に溶けてできる物質。
【炭酸飲料】タンサンインリョウ 炭酸を含む飲み物。
【炭素】タンソ 有機物を作る元素。
熟語「炭水化物」

【胆】

3級 9画 肉(月)-5 音 タン 漢 呉 訓 い・きも ①3532 Ⓤ80C6

〔膽〕17画 肉(月)-13 ②7128 Ⓤ81BD

人名 い

難読 海胆(うに)・度胆(どぎも)・竜胆(りんどう(りゅうたん))

筆順 丿 刀 月 月 刖 胆 胆 胆

なりたち  [形声]肉+詹(上から押さえて、いっぱいになるまで満たす)音。からだをしっかりと安定させ、気力を満たす働きをする内臓の意。[胆]は[形声]肉+旦(日が出る)音。肌を出す、はだぬぎの意。本来は別字だが、「膽」の俗字に用いる。

❶きも。い。内臓器官の一。胆嚢(たんのう)。
【胆汁】タンジュウ 肝臓から出る消化液。
【胆汁質】タンジュウシツ 激情的で怒りっぽい気質。
熟語「胆臓・臥薪嘗胆(がしんしょうたん)」

❷きもだま。度胸。
【胆大心小】タンダイシンショウ 大胆かつ細心であるべきだ。出典「旧唐書孫思邈伝」より。
【胆斗の如し】たんとのごとし 非常に大胆であることのたとえ。出典「蜀書姜維伝注」より。
【胆略】タンリャク 大胆で知略がある。「武勇—」
【胆力】タンリョク 動じない気力。度胸。「—のある人」
熟語「胆気・剛胆・豪胆・小胆・大胆・勇胆・落胆」

❸本心。心のそこ。
熟語「肝胆・魂胆・心胆」

【探】

5級 11画 手(扌)-8 音 タン 漢 訓 さぐる・さがす ①3521 Ⓤ63A2

筆順 一 十 扌 扩 挖 挥 探

なりたち  [形声]手+罙(穴の奥に手を入れて火をさがす)音。「罙」は穴+又

（手）＋火からなる会意文字。手さぐりでさがすの意。

◉異字同訓◉
◇さがす（探・捜）
「探す」は"手に入れたいものを見つけ出す"の意。「下宿を探す」「仕事を探す」
「捜す」は"失ったものなどを見つけ出す"の意。「落とした財布を捜す」「犯人を捜す」

❶さがす。さぐる。見つけ出そうとする。調べる。
【探求】タンキュウ　探し求める。「新たな道を—する」
【探究】タンキュウ　本質などを深くさぐる。「真理の—」
【探検・探険】タンケン　未知の地域を踏査する。「—家」
【探査】タンサ　科学的にさぐり調べる。「—衛星」
【探索】タンサク　さぐり調べる。「遺跡を—する」
【探知】タンチ　さぐり当てようとする。「魚群—機」
【探鳥】タンチョウ　野鳥を観察する。「—会」
【探偵】タンテイ　人の動静などをひそかに調べる人。
熟語「探照灯・厳探・内探」

❷たずねる。おとずれる。
【探勝】タンショウ　景勝地を見て歩く。「渓谷を—する」
【探梅】タンバイ　梅を求めて出掛ける。「—行」
【探訪】タンボウ　現場を訪ねて物事の実態を知る。
熟語「探花・探春」

【淡】

4級　11画　水（氵）-8
音　タン漢
訓　あわい・うすい

①3524　Ⓤ6DE1

難読　淡竹（はちく）・淡海（おうみ）
人名　あわ・あわし・あわじ
筆順　氵 氵 氵 氵 氵 淡 淡 淡

たちなり 
［形声］水＋炎（盛んにもえあがる）音。火がもえあがった時と同じような、水蒸気のゆらめき、かげろうの意から、あわい、うすいの意を表す。

❶あわい。うすい。味や色があっさりしている。
【淡雪】あわゆき　うっすら積もった雪。「—がとける」
【淡彩】タンサイ　あっさりした色どり。「—画」
【淡粧濃抹】タンショウノウマツ　婦人の薄化粧と厚化粧。また、晴雨によって変化する自然の景観。出典 蘇軾「飲湖上初晴後雨」より。
【淡緑】タンリョク　うすみどり。「—色の葉」
熟語「淡紅・淡黄・淡竹（はちく）・濃淡」

❷執着がない。気持ちがさっぱりしている。
【淡淡】タンタン　さっぱりしている。「—と語る」別表記 澹澹
【淡白・淡泊】タンパク　①くどくない。「—な味」⇕濃厚。②物事にこだわらない。「お金に—な人」別表記 澹泊
熟語「淡然・枯淡・恬淡（てんたん）・平淡・冷淡」

❸塩分を含まない。
【淡水】タンスイ　塩分を含まない水。「—魚」
熟語「淡湖」

❹（国）「淡路（あわじ）国」の略。
【淡路】あわじ　旧国名。淡路島全島に相当。淡路（あわじ）国の別名。
【淡州】タンシュウ

【短】

8級　12画　矢-7
音　タン漢呉
訓　みじかい

①3527　Ⓤ77ED

筆順　ノ ⺊ 矢 矢 矢 知 短 短 短

たちなり 
［会意］矢＋豆（たかつき）。矢やたかつきのように長さがみじかいの意。

❶みじかい。長さや時間が少ない。
【短歌】タンカ　三十一音からなる和歌の形式。
【短期】タンキ　短い期間。「—講習」⇕長期
【短▼軀】タンク　背丈の低い体。
【短靴】タンぐつ　くるぶしまでの短い靴。「登山用—」
【短剣】タンケン　短い剣。「—で刺す」
【短冊・短▽籍・短▽尺】タンザク　①字を書いたり、物に結んだりする細長い紙。②細長い形。「—に切る」注記「たんじゃく」とも。
【短日月】タンジツゲツ　わずかの月日。「—で完成する」
【短縮】タンシュク　短く縮める。「作業時間を—する」⇕延長
【短小】タンショウ　短く形が小さい。「軽薄—」⇕長大
【短刀】タントウ　短い刀。「—を突きつける」
【短髪】タンパツ　短く切った髪。「—の女性」⇕長髪
【短文】タンブン　短い文章。「—を作る」⇕長文
【短兵急】タンペイキュウ　敵を急襲する。また、だしぬけに行動を起こす。「—に結論を出す」
【短編・短▼篇】タンペン　小説などの短いもの。⇕長編
【短命】タンメイ　寿命が短い。長続きしない。「—な動物」「—内閣」⇕長命
【短絡】タンラク　①電気回線などがショートする。②筋道を考えない。「—的な意見」
熟語「短詩・短銃・短針・短筒（たんづつ）・短波・短評・短夜・短時間・短時日・簡短・最短・長短」

❷不十分である。劣っている。
【短気】タンキ　怒りっぽい。「—な人」
【短見】タンケン　浅薄な考え。
【短才】タンサイ　才能がたりない。「浅学—の身」
【短所】タンショ　劣っているところ。「—をなおす」⇕長所
【短慮】タンリョ　①考えが浅い。②短気。「—を起こす」
【短（たん）を捨て長（ちょう）を取る】欠点・短所を捨てて、美点・長所を選び取る。出典「漢書芸文志」より。
熟語「一長一短」

【嘆】

4級　13画　口-10
音　タン漢呉
訓　なげく・なげかわしい

①3518　Ⓤ5606

注記「歎」の書き換え字としても用いられる。

【嘆】14画 口-11 ③1515 Ⓤ FA37

筆順 嘆

なりたち [形声]口＋菓(動物を火で焼く、かわく)音。興奮して口の中がかわき、舌打ちをするの意。

❶なげく。かなしむ。なげかわしい。

【嘆願】タンガン 切に頼む。「助命を—する」別表記 歎願

【嘆息】タンソク ため息をつく。別表記 歎息

熟語「慨嘆・嗟嘆(さたん)・愁嘆・悲嘆」

❷感心してため息をつく。ほめる。たたえる。

【嘆賞・嘆称】タンショウ ほめたたえる。別表記 歎賞・歎称

【嘆美】タンビ 感心してほめる。別表記 歎美

熟語「詠嘆・感嘆・三嘆・賛嘆・称嘆・賞嘆」

❸驚きの声を出すこと。

【嘆声】タンセイ 嘆きや感心のため息。別表記 歎声

熟語「驚嘆」

【端】

4級 14画 立-9 音 タン 漢 呉 訓 はし・は・はた・はし— た・はじ—め ①3528 Ⓤ7AEF

難読 端折る(はしょる)・端食(はしばみ)・端書き(はしがき)

人名 ただ・ただし・ただす・なお・はじめ・まさ・もと

筆順 端

なりたち [形声]立＋耑(垂れさがった布のはし)音。はしがそろい、きちんと立つ意から、はし・はじめ、また、ただしいの意を表す。

❶はし。はた。真ん中から最も遠いあたり。

【端子】タンシ 電気機器と外部とをつなぐ金具。

【端末】タンマツ コンピューターの入出力機器。

【端居】はしい 縁先などで夕涼みをする。

【端書き】はしがき ①書物・文章の序文。②手紙の追伸。

【端端】はしばし「言葉の—に人柄がにじみ出る」

【端山】はやま 人里に近い山。「—の木々」

熟語「一端(いったん)(いっぱし)・下端・極端・終端・上端・舌端・先端・尖端・突端・南端・筆端・末端・両端(りょうたん)(りょうはし)」

❷はじめ。物事のはじまり。いとぐち。

【端▼倪】タンゲイ ①始めと終わり。②推測する。「—すべからざる事態」出典 韓愈「送高閑上人序」より。注記「倪」ははしの意。

【端午】タンゴ 五月五日の男子の節句。注記「端」は初めの意。「午」は「五」に通じ、五月初めの五日の意。

【端緒】タンショ 手掛かり。「問題解決の—を開く」

【端緒】タンチョ「たんしょ(端緒)」の慣用読み。

【端境期】はざかいき 農産物などの新旧交替期。

熟語「戦端・多端・途端・発端(ほったん)」

❸仕事・事件。ことがら。

熟語「万端」

❹きちんと整っている。正しい。

【端厳】タンゲン きちんとして威厳がある。

【端座・端▼坐】タンザ 姿勢正しくすわる。

【端正・端整】タンセイ 姿や行儀が整っている。

【端然】タンゼン 姿勢などが乱れない。「—と座す」

【端的】タンテキ ①明白だ。「不景気を—に表すデータ」②てっとり早い。「—に言う」

【端麗】タンレイ 整っていて美しい。「容姿—」

熟語「異端」

❺(国)はした。はんぱで不要なもの。また、主要でないもの。

【端唄・端歌】はうた 三味線を使う俗曲。

【端切れ】はぎれ 使い残りの小さな布。「—で人形を作る」

【端た金】はしたがね わずかの金銭。「—では済まない」

【端数】はスウ はんぱの数。「—は切り捨てる」

【端物】はもの 半端な物。「—の食器の安売り」

【端役】はヤク 主要でない役。「映画の—」

熟語「半端」

❻(国)たん。布の大きさの単位。「段・反」とも書く。

【綻】

2級 14画 糸-8 新常用 音 タン 漢 訓 ほころびる ①3530 Ⓤ7DBB

筆順 綻

なりたち [形声]糸＋定(物事が一つに決まり動かない)音。動かないように縫ってあった糸がほどける意から、ほころびる意を表す。

❶ほころびる。ぬい目がほどける。花のつぼみがひらく。

熟語「綻花(たんか)」

❷ほころびる。まとまった状態がやぶれる。

熟語「破綻(はたん)」

【誕】

5級 15画 言-8 音 タン 漢 訓 いつわ—る・う—まれる ①3534 Ⓤ8A95

〔誕〕14画 言-7

人名 のぶ

筆順 誕

なりたち [形声]言＋延(のばす)音。むやみに誇張して言う意から、いつわる意を表す。また、のびる意から、人が生まれ育つ意にも用いる。

❶うむ。うまれる。出生する。
【誕生】(タンジョウ)「―日」「新政権の―」

【誕▼辰】(タンシン) 誕生日。注記「辰」は日の意。

熟語「降誕・再誕・生誕(せいたん)・聖誕」
❷いつわる。でたらめを言う。でたらめ。
熟語「怪誕・虚誕・荒誕・妄誕(もうたん)(ぼうたん)」
❸おおきい。ひろい。
熟語「誕章」

【壇】⇩ダン(四四二ページ)

【鍛】

3級 17画 金-9 音 タン 漢呉 訓 きたえる ①3535 Ⓤ935B

人名 かじ・きたえ

筆順

なりたち  [形声]金+段(上から下へおりるための階段)音。上から下へ金属をたたいてきたえるの意。

❶きたえる。金属を熱して打ちたたいて強くする。
【《鍛冶》】(かじ) 金属をきたえて器具を作る。「―屋」注記「かなうち(金打)」から変化した「かぬち」の転。

【鍛工】(タンコウ) 金属をきたえる人。

【鍛造】(タンゾウ) 金属を打って形作る。「―機」

【鍛鉄】(タンテツ) 鉄をきたえる。「―職人」

熟語「鍛鉄・鍛冶(たんや)・鋳鍛」
❷きたえる。技芸や身心をしっかりしたものにする。訓練する。
【鍛錬・鍛練】(タンレン) ①体力・精神力をきたえる。「―のたまもの」②金属をきたえる。

ダン

【旦】⇩タン(四三五ページ)

【団】

6級 6画 囗-3 音 ダン 呉・トン 唐・タン 漢 訓 まる-い・まど-か ①3536 Ⓤ56E3

【團】14画 囗-11 ②5205 Ⓤ5718

難読 団乱旋(とらでん)・団居(まどい)

人名 あつ・まどか・まる・まろ

筆順

なりたち  [形声]囗(かこむ)+専(一つにまとめる)音。かこまれたまとまりの意から、かたまり・まるいの意を表す。「団」は略字。

❶まるい。円形または球形である。
【〈団扇〉】(うちわ) あおいで風を起こす道具。

【団円】(ダンエン) ①まるい。②円満。③終わり。「大―」

【団子】(ダンご) ①こねた粉をまるめた食べ物。②まるめたもの。「泥―」③ひとかたまり。「―レース」

【団団】(ダンダン) ①まるいさま。②露などが多くつく。「露―」

熟語「団栗(どんぐり)・水団(すいとん)・炭団(たどん)・布団(ふとん)・蒲団(ふとん)」
❷まどか。まるくて欠けたところがない。
【団▼欒】(ダンラン) ①集まって語り合う。「一家―」②車座。
❸あつまり。一つにあつまる。組織された人のあつまり。
【団塊】(ダンカイ) かたまっているもの。「―の世代(=第二次大戦直後のベビーブーム世代)」

【団結】(ダンケツ) 目的のために力を合わせる。「一致―」

【団交】(ダンコウ) 「団体交渉(だんたいこうしょう)」の略。

【団体】(ダンタイ) ①人々の集まり。「―行動」「―旅行」②ある目的のために結成された集団。法人・政党など。「政治―」

【団体交渉】(ダンタイコウショウ) 労働組合と使用者の交渉。

【団地】(ダンチ) 住宅などを一か所に集めて建設された地域。「住宅―」「工業―」

【団長】(ダンチョウ) 「応援―」「選手団の―」

熟語「団員・一団・楽団・球団・軍団・劇団・結団・財団・師団・集団・星団・船団・退団・兵団・旅団・使節団・少年団・消防団・青年団」

【男】

10級 7画 田-2 音 ダン 漢・ナン 呉 訓 おとこ・お・おのこ ①3543 Ⓤ7537

難読 男茎(おはせ)・男郎花(おとこえし)・寡男(やもお)

人名 お

筆順

なりたち  [会意]田+力(ちから)。田で力仕事をするおとこの意。

❶おとこ。お。おのこ。殿方。⇔女。
【男気】(おとこギ) 弱い者をかばう気性。「―のある奴」
【男〈伊達〉】(おとこだて) 信義を重んじる男。侠客。
【男系】(ダンケイ) 男子によって受け継がれる家系。⇔女系
【男根】(ダンコン) 男子の陰茎。ペニス。
【男子】(ダンシ) ①男の子。②男性。「―の本懐」▽⇔女子
【男児】(ダンジ) ①男の子。⇔女児。②男性。「九州―」
【男女】(ダンジョ) 男と女。なんにょ。「―共学」「―同権」
【男色】(ダンショク) 男性の同性愛。なんしょく。
【男女(だんじょ)七歳(しちさい)にして席を同じゅうせず】男女は七歳ともなれば互いにけじめをつけて、みだりになれ親しんではいけない。出典「礼記(内則)」より。
【男性】(ダンセイ) おとこ。「―的」「成人―」⇔女性
【男優】(ダンユウ) 男の俳優。「主演―」⇔女優
熟語「男工・男装・男女(なんにょ)・男尊女卑・下男(げなん)・美男

ん・醜男（ぶおとこ）・優男（やさおとこ）・好男子・善男善女（ぜんなんぜんにょ）」
❷むすこ。男の子。
熟語「三男・次男・嫡男・長男・末男」
❸五等爵の第五位。
【男爵】ダンシャク　もと五等爵の第五位。

【段】

5級　9画　殳-5　音 ダン㊐・タン㊎　訓 きざはし・きだ
①3542
Ⓤ6BB5

難読 段半（きだなか）

筆順 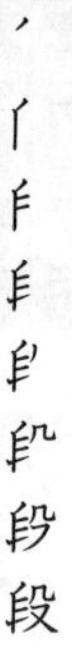

なりたち  ［会意］阝（がけなどの、のぼるための足がかりの象形）＋殳（手で加工する）。のぼるために作った階段状のものの意。

❶きざはし。階段。階段状のもの。
【段丘】ダンキュウ　海岸や河岸にある階段状の地形。
【段差】ダンサ　道路などの高低の差。「―注意」
【段段】ダンダン　①段がいくつかある。また、階段。「―畑」②かずかず。「御教示の―いたみいります」③次第に。「―明るくなる」
熟語「石段・階段・下段・上段」
❷全体を区切った一つ一つ。等級の一つ一つ。
【段階】ダンカイ　①高低の差によるくぎり。等級。②物事の順序。「―をふむ」③局面。状態。「現―では実現は困難だ」
【段違い】ダンちがい　比べものにならない。「―の強さ」
【段落】ダンラク　①文章中の一まとまりの部分。②物事の区切り。「これで一―だ」
熟語「格段・特段・値段・普段・分段・別段」
❸方法。てだて。やり方。
【段取り】ダンどり　手順や準備。「仕事の―をつける」
熟語「算段・手段」
❹(国)たん。㋐布の大きさの単位。「端・反」とも書く。㋑田畑の面積の単位。
熟語「段別」
❺(国)だん。㋐技量の等級。㋑歌舞伎などで、独立して演じられる一部分。
【段位】ダンイ　武道・碁などで技量を表す位。
熟語「昇段・初段・有段・熊谷陣屋の段」

【断】

6級　11画　斤-7　音 ダン㊐・タン㊎　訓 たつ・ことわる
①3539
Ⓤ65AD

【斷】18画　斤-14
②5850
Ⓤ65B7

人名 さだ・さだむ・たけし・とう

筆順 

なりたち  ［会意］「糸がばらばらに切れるさま」＋斤（おの）。糸のたばをたち切るの意。

◇たつ（断・絶・裁）　●異字同訓●
「断つ」は"切り離す。さえぎる。やめる"の意。「鎖を断つ」「退路を断つ」「酒を断つ」

「絶つ」は"つながりをなくす。終わらす"の意。「国交を絶つ」「山で消息を絶つ」「最後の望みを絶たれる」「みずから命を絶つ」

「裁つ」は"布・紙などをはさみで切る"の意。「截つ」とも書く。「布地を裁つ」

❶たつ。切り離す。たちきる。
【断雲】ダンウン　きれぎれの雲。ちぎれ雲。
【断崖】ダンガイ　きりたった、けわしい崖（がけ）。「―絶壁」
【断簡零墨】ダンカンレイボク　文書や書状のきれはし。
【断金】ダンキン　金をも断つほどかたい交友関係。出典「易経（繋辞上）」の「二人同レ心、其利断レ金」より。
〖断琴（だんきん）の交（まじ）わり〗　きわめて親密な友情。出典「列子（湯問）」より。琴の名手伯牙が、自分の琴をただひとり解する鍾子期の死後、弦をみずから断ち、生涯奏することがなかったことから。
【断郊競走】ダンコウキョウソウ　クロス-カントリー。
【断裁】ダンサイ　紙をたちきる。「―機」
【断章】ダンショウ　①詩や文章の断片。②「断章取義（しゅぎ）」の略。
【断章取義】ダンショウシュギ　詩文の一部だけを、自分に都合よく解釈して使う。
【断線】ダンセン　電線が切れる。「コードが―する」
【断想】ダンソウ　ふと浮かんだ断片的な思い。「―集」
【断層】ダンソウ　地層が断たれて生じたずれ。「活―」
【断腸】ダンチョウ　はらわたがちぎれるほど、悲しく苦しい。「―の思い」
【断熱】ダンネツ　熱の出入りをなくす。「―材」
【断髪】ダンパツ　①髪を切る。髷（まげ）を切る。「―式」②昭和初期に流行した女性の髪形。
【断碑】ダンピ　欠けた石碑。「宇治橋―」
【断片】ダンペン　全体の中の一部分。「―的な知識」
【断末魔・断末摩】ダンマツマ　〔仏〕死ぬ間際。「―の苦しみ」
【断面】ダンメン　「地球の―図」「現代社会の一―」
【断裂】ダンレツ　断ち裂かれる。「アキレス腱―」
熟語「断切・断截（だんせつ）・断頭台・横断・裁断・遮断・縦断・寸断・切断・分断・一刀両断」
❷とぎれる。続いていたものが途中で切れる。やめる。
【断交】ダンコウ　交際をたつ。「両国が―する」
【断食】ダンジキ　一定期間食べ物を断つ。「回教の―」
【断酒】ダンシュ　酒をたつ。禁酒。「―の決意」
【断種】ダンシュ　手術で生殖能力を除く。「―手術」
【断水】ダンスイ　水道がとまる。「地震による―」

【断絶】ダンゼツ 「お家―」「親子の―」
【断続】ダンゾク 時々とだえながら続く。「―的な雨」
【断念】ダンネン あきらめる。「計画を―する」
熟語「間断・禁断・中断・不断・言語(ごん)道断」

❸決める。さばく。思いきってする。
【断案】ダンアン 最終的な考え・案。「―を下す」
【断言】ダンゲン はっきりと言い切る。「―をさける」
【断行】ダンコウ 困難を押して行う。「減税を―する」
【断罪】ダンザイ 罪をさばく。「不正を―する」
【断じて行(おこな)えば鬼神(きしん)も之(これ)を避(さ)く】強く決心して断行すれば、鬼神ですら路を避ける。出典「史記李斯伝」より。
【断定】ダンテイ はっきりと判断する。「―口調」
熟語「英断・易断・果断・決断・処断・診断・専断・速断・即断・独断・判断・武断・予断・優柔不断」

❹きまって。必ず。絶対に。
【断固・断乎】ダンコ 決意が固い。「―たる態度」
【断然】ダンゼン ①きっぱりとした態度。「―たる措置」②差が明らかだ。「敵の方が―強い」
熟語「断断乎(だんこ)・断断固」

❺(国)ことわる。ことわり。㋐拒絶する。辞退する。㋑前もって事情を伝えて、了解を求める。
熟語「無断」
用例「結婚話を断る・断りもせずに持ってゆく」

【弾】

4級 12画 弓-9
音 **ダン**(呉)・タン(漢)
訓 **ひく・はずむ・たま・**はじく・はじける・たたく
①3538 Ⓤ5F3E

〔彈〕15画 弓-12 ②5528 Ⓤ5F48

人名 ただ

筆順
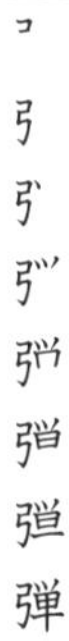

なりたち

[形声]弓＋單(上下に動く)(音)。弓の弦を上下に動かす、はじくの意。

❶たま。鉄砲などがうちだす球状のもの。
【弾雨】ダンウ 雨のように飛んでくる弾。「砲煙―」
【弾丸】ダンガン 鉄砲の弾。
【弾丸黒子の地】ダンガンコクシのチ 弾丸や黒子(ほくろ)のような狭い土地。
【弾痕】ダンコン 鉄砲などの弾があたった跡。
【弾倉】ダンソウ 鉄砲などの弾を込める場所。
【弾着】ダンチャク 弾がおちる(場所)。「―距離」
【弾頭】ダントウ 砲弾の先の部分。「核―」
【弾道】ダンドウ 弾が通過する道筋。「―ミサイル」
【弾薬】ダンヤク 弾丸と火薬「―庫」
熟語「弾幕・凶弾・兇弾・散弾・霰弾・実弾・銃弾・装弾・着弾・肉弾・爆弾・被弾・飛弾・砲弾・防弾・流弾・榴弾・曳光弾(えいこうだん)・焼夷弾(しょういだん)」

❷はじく。はねかえす。指ではじく。また、はずむ。はじける。はねかえる。
【弾性】ダンセイ 「―値」「―に富んだゴム」
【弾力】ダンリョク 「―性」「―的(=融通のきいた)な運用」
熟語「弾冠・弾弓」

❸ひく。楽器を演奏する。
【弾指】ダンシ ①はじいて音を出す。②非難する。③きわめて短い時間。
【弾奏】ダンソウ ①弦楽器を演奏する。②弾劾して上奏する。奏弾。
熟語「弾琴・奏弾・連弾」

❹たたく。うつ。罪をあばく。相手の非を責める。
【弾圧】ダンアツ 警察力などでおさえつける。「言論―」
【弾劾】ダンガイ 官職にある者の不正や罪過をあばき、責任を追及する。「政治家の不正を―する」「―裁判」
熟語「弾鋏・弾正(だんじょう)・弾文・糾弾・指弾」

【暖】

5級 13画 日-9
音 **ダン**(漢)・ナン(呉)・ノン(唐)
訓 **あたたか・あたたかい・あたたまる・あたためる**
①3540 Ⓤ6696

〔暖〕13画 日-9 ―― ――

難読 暖気(のんき)・暖簾(のれん)

人名 あつ・はる・やす

筆順
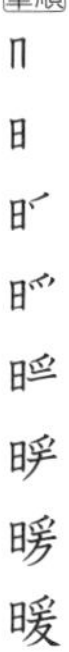

なりたち [会意]日＋爰(一、人の手の間に物をさし入れる)。日がさし込んで、あたたかいの意。

❶あたたか。あたたかい。ほどよいぬくもりのあるさま。(同)煖。
【暖衣】ダンイ 暖かい衣服。「―飽食」
【暖気】ダンキ ①暖かい気候。②あたたかみ。
【暖国】ダンゴク 暖かい国。だんこく。
【暖色】ダンショク あたたかみのある色。「―系」⇔寒色
【暖地】ダンチ 暖かい地方。「―特有の建築様式」
【暖流】ダンリュウ 周りの海水よりも高温の海流。⇔寒流
【暖▼簾】ノレン 商店で、屋号などを染め抜いて店先に掲げる布。「―(=店の格式)を守る」
熟語「暖春・暖帯・暖冬・温暖・寒暖・春暖」

❷あたためる。熱を加えてあたたかくする。あたたまる。
【暖房】ダンボウ 「―装置」「床―」⇔冷房
熟語「暖機・暖炉」

【談】

8級 15画 言-8
音 **ダン**(呉)・タン(漢)
訓 かたる
①3544 Ⓤ8AC7

人名 かた・かたり・かね

タ

筆順 言 言 言 言 言 訁 訡 談 談

なりたち 談 [形声]言＋炎(盛んにもえあがる)音。盛んに言葉を発するの意。

かたる。話す。また、はなし。物語。


【談義・談議】(ダンギ) 議論。「教育―」「―僧」

【談合】(ダンゴウ) 「―を重ねる」「―(=入札参加者が事前に相談する)罪」

【談笑】(ダンショウ) 「にこやかに―する」

【談判】(ダンパン) 交渉。「強(こわ)―」「―が決裂する」

【談論】(ダンロン) 議論する。「―風発」「学友と―する」

【談話】(ダンワ) ①くつろいで会話を交わす。「―室」②ある事柄について、非公式に述べる意見。「首相―」

熟語「談燕・談諧・談客・談説・談柄・談鋒・談天彫竜・談論風発・縁談・会談・怪談・閑談・歓談・奇談・講談・座談・雑談・史談・示談・冗談・政談・清談・相談・対談・鼎談(ていだん)・破談・美談・筆談・密談・面談・余談」

【壇】

3級 16画 土-13 音 ダン 呉・タン 漢 ①3537 Ⓤ58C7

筆順 土 圹 圹 堉 墒 壇 壇 壇

なりたち 壇 [形声]土＋亶(小高い)音。平らで小高い土の台の意。

❶土を小高く盛り上げた台。一段高くした場所。
【壇上】(ダンジョウ) 「―に立つ」「―で熱弁を振るう」
熟語「壇場・演壇・戒壇・花壇・教壇・降壇・講壇・祭壇・登壇・離壇・仏壇・土壇場(どたんば)」

❷同じ活動をしている人々の集団。専門家の特殊な社会。
熟語「歌壇・画壇・楽壇・劇壇・詩壇・俳壇・文壇・論壇」

チ

【地】

9級 6画 土-3 音 チ 漢・ジ(ヂ) 呉 訓 つち ①3547 Ⓤ5730

難読 地均(じなら)し・地炉(じろ)・地蛍(つちぼたる)・地黄煎(じおうせん)・地緯(じぬき)
人名 くに・ただ

筆順 一 十 土 圠 圠 地

なりたち 地 [形声]土＋也(横にのびる)音。平らにのび広がる土地の意。

❶つち。大地。地球の陸の表面をおおう物質。
【地固め】(ジがため) 「建設前の―」「立候補の―(=基礎固め)」

【地形】(ジギョウ) ①地盤を整える。②土地の様子。

【地獄】(ジゴク) 「―におちる」「通勤―(=つらいこと)」

【地震】(ジシン) 「―災害」「―波」「―予知」

【地滑り・地▼辷り】(ジすべり) 「豪雨による―」「―(=動向が急激に変動する)的な大勝利」

【地鎮祭】(ジチンサイ) 工事の平安を祈る儀式。

【地盤】(ジバン) 「―沈下」「選挙の―(=活動の足場)」

【地響き】(ジひびき) 地面を伝わる大きな音。地鳴り。

【地《吹雪》】(ジふぶき) 積雪を巻き上げて吹く吹雪。

【地面】(ジメン) 土地の表面。「相続した―(=所有地)」

【地雷】(ジライ) 地中に埋めた爆薬。「―を踏む」

【地異】(チイ) 地表が変化する天災。「天変―」

【地下】(チカ) ①地面の下。⇔地上。②死後の世界。あの世。冥土。③非合法活動の場。「―活動」

【地球】(チキュウ) 人類が住む天体。「―儀」「―規模」

【地形】(チケイ) 土地の様子。「―図」「―変化」

【地質】(チシツ) 地層や土地の性質。「―学」「―調査」

【地上】(チジョウ) ①地面の上。②この世。「―の楽園」▽⇔地下
【地図】(チズ) 地形や地上の状態を、文字・記号を用いて表した図。「―記号」「世界―」「古―」

【地層】(ソウ) 土砂や化石の積み重なり。「火山灰の―」

【地中】(チチュウ) 地下の地表に近いところ。「―植物」

【地底】(チテイ) 地面下の奥深いところ。「―湖」

【地熱】(チネツ) 地球内部の熱。「―発電」

【地表】(チヒョウ) 地球の表面。「―温度」「―面」

【地平】(チヘイ) 「―線」「文学界の新たな―(=視野に入る範囲)」

【地味】(チミ) 土地の生産力。「―が良い」

【地文】(チモン) 大地の様子。「―学」「―航法」

【地理】(チリ) ①地球上の山川・海陸・気候・人口・集落・産業・交通などの状態。「人文―」②その土地の様子。「この辺の―に明るい人」

熟語「地階・地変・地下鉄・地久節・地平線・高地・大地・台地・着地・低地・天地・土地・盆地・陸地・驚天動地・天変地変」

❷ある限られた場所。土地。ところ。
【地上げ・地揚げ】(ジあげ) ①地面を高くする。②土地を強引に買い集める。「―屋」

【地先】(ジさき) 近くの場所。海岸近くの沖。「―の海」

【地所】(ジショ) 家を建てるための土地。「―の売買」

【地主】(ジぬし) 土地の所有者。「―制」「大―」

【地場】(ジば) 地元。「―産業」

【地元】(ジもと) 関係のある土地。「―チーム」

【地域】(チイキ) 区切られたある範囲の土地。「―社会」

【地縁】(チエン) 住む地域から生まれる関係。「―血縁」

【地価】(チカ) 土地の価格。「―の高騰」「公示―」

【地区】(チク) 一定の地域。「風致―」「美観―」

【地勢】(チセイ) 山川など土地の様子。「―図」

【地積】(チセキ) 土地の面積。「―の測量」

【地相】(チソウ) 土地の様子やその吉凶。「―を占う」

【地帯】(チタイ) 一定の場所。「工業―」「安全―」

【地点】(チテン) 特定の場所。「観測―」「中間―」

【地方】(チホウ) ①国内あるいは地球上で、ある広がり

をもつ一定の地域。「関東―」「―分権」②首都以外の地域。いなか。

【地名】(チメイ) 土地の名称。「―の由来」

【地目】(チモク) 土地の種類の名称。「―の変更」

【地力】(チリョク) 土地の生産力。「―増進」

熟語「地頭(じとう)・地誌・地租・地代(ちだい（じだい）)・地番・奥地・角地・局地・極地・検地・現地・耕地・敷地・失地・湿地・陣地・砂地・聖地・宅地・田地・農地・敵地・任地・平地・封地・墓地・用地・立地・領地・国有地・私有地・分譲地」

❸身分。境遇。たちば。よって立つところ。
【地下】(ジゲ) 昇殿を許されない官人。「―の公卿」
【地位】(チイ) 社会における役割や位置。「―向上」自分の位置や立場。「―を固める」
【地歩】(チホ)
熟語「地望・窮地・境地・見地・心地・死地・門地」

❹地球のこと。
【地核】(チカク) 地球の中心にある高温・高圧の部分。

【地殻】(チカク) 地球の外側部分。「―変動」

熟語「地学・地軸・地磁気・地動説」

❺(国)じ。㋐その土地産の。地方の。㋑本来身に備わっている性質。㋒加工前の素材。㋓物語などで会話や歌以外の部分。
【地歌・地唄】(ジうた) ①その土地の歌。俗謡。②近世の邦楽の一種目。三味線の弾きうたいの歌曲様式。

【地金】(ジがね) 加工していない金属。「―(=よくない本性)が出る」

【地酒】(ジざけ) その土地で作られた酒。

【地力】(ジリキ) 本来持っている能力。「―を発揮する」

熟語「意地・生地・白地・素地・無地」

❻その他。
【地雨】(ジあめ) 同じ強さで降り続く雨。

【地下《足袋》】(ジカたび) ゴム底の足袋。


【地口】(ジぐち) ことわざや成句をもじる言語遊戯。

【地蔵】(ジゾウ) 「地蔵菩薩(ぼさつ)」の略。「―盆」

【地団駄・地団太】(ジダンダ) 地面をふみつける。「―を踏む」

【地味】(ジミ) ①目立たない。落ち着いている。「―な服装」「―な人柄」⇔派手。②「ちみ（地味）」に同じ。

【地道】(ジみち) 手堅く着実に行うさま。「―な努力」

【池】 9級 6画 水(氵)-3

音 チ 漢 呉
訓 いけ

Ⓙ3551 Ⓤ6C60

筆順 丶 冫 氵 汁 汫 池

なりたち [形声]水＋也(横にのびる)音。帯状にのび広がる水たまりの意。

❶いけ。地面を掘って水を入れておくところ。
【池沼】(チショウ) 池や沼。

【池泉】(チセン) 庭園に設けられた池。「―回遊式庭園」

【池辺】(チヘン) 池のほとり。「―に佇む」

熟語「池水・池亭・池頭・池畔・池魚籠鳥・苑池・園池・山池・溜池・古池・貯水池・用水池・金城湯池(きんじょうとうち)・酒池肉林」

❷水などをたたえるところ。
熟語「硯池・電池・墨池」

【治】⇩ジ(二六五ページ)

【知】 9級 8画 矢-3

音 チ 漢 呉
訓 しる・しらせる・しれる

Ⓙ3546 Ⓤ77E5

注記 「智」の書き換え字としても用いられる。
仮名 平仮名「ち」は「知」の草体から。
人名 あき・あきら・おき・かず・さと・さとし・さとる・ちか・つぐ・とし・とも・のり・はる

筆順 ノ 𠂉 𠃊 チ 矢 矢 知 知

なりたち  [会意]矢＋口(言う)。矢をまっすぐに射たようにずばりと言いあてる意から、正しく見通す・しるの意を表す。

❶しる。認識する。しらせる。教える。
【知覚】(チカク) ①知性によって知る。②(哲)感覚器官に与えられた刺激を通して、外界の事物・事象を有意味な対象としてつかむはたらき。

【知見】(チケン) ①実際に見て知る。②知識。見識。「科学的―に基づく」

【知悉】(チシツ) 知り尽くす。「内部事情を―している」

【知足】(チソク) 身の程をわきまえる。「―守分」

【知日】(チニチ) 外国人で日本をよく知る。「―家」

【知命】(チメイ) ①天命を知る。②五〇歳の称。

熟語「覚知・感知・関知・告知・察知・熟知・承知・通知・認知・報知・未知・予知」

❷自然とわかるようになる。多くの人がわかっている。しれる。
【知名】(チメイ) 名前が世間に知られる。「―度」
熟語「周知」

❸つきあう。しり合う。つきあい。
【知る辺】(しるべ) 知り合い。「―を頼って上京する」

【知音】(チイン) ①親友。②知り合い。知人。

【知己】(チキ) 親友。知音。「―を得る」「―を頼る」

【知遇】(チグウ) 手厚くもてなされる。「―を得る」

【知人】(チジン) 知っている人。「―に紹介される」

【知友】(チユウ) 理解しあった友人。知己。「―関係」

熟語「旧知」

❹おさめる。支配する。
【知行】(チギョウ) 武士に与えられた領地や支配権。

【知事】(チジ) 都道府県の長。「―選挙」「県―」

❺頭脳のはたらき。ちえ。かしこい。同智。

【知育】チイク 知能を高める教育。「―教材」
【知恵】チエ 物事を考え判断する力。「―袋」「猿―」
【知行】チコウ 知識と行為。「―合一」
【知歯】チシ 一番奥にある歯。知恵歯。親知らず。
【知識】チシキ ①知っている。また、その内容。②(哲)認識によって得られた内容。③(仏)(「智識」と書く)仏道に教え導く指導者。導師。善知識。
【知者】チシャ 知恵のすぐれた人。「―は惑わず、勇者は懼れず」
【知将】チショウ 知略にたけた大将。
【知性】チセイ 物事を判断する能力。「―と教養」
【知的】チテキ 知性に富む。頭脳の働き。「―労働」
【知徳】チトク 知識と道徳。学識と人格。「―合一」
【知能】チノウ 判断・理解する能力。「―犯」「―指数」
【知謀】チボウ 巧みなはかりごと。「―をめぐらす」
【知勇】チユウ 知恵と勇気。「―兼備の名将」
【知略】チリャク はかりごと。「―をめぐらす」
【知力】チリョク 知恵の働き。「―・体力に優れる」
熟語「知嚢・知慮・知情意・英知・叡知・奸知(かんち)・機知・才知・衆知・人知・頓知(とんち)・無知・全知全能」

【値】

5級 10画 人(亻)-8 音 チ 漢 呉 訓 ね・あたい ①3545 Ⓤ5024

人名 あき・あきら

筆順 亻 仁 什 仠 佰 值 値 値

なりたち  [形声]人＋直(まっすぐ見る)音。人にあう意から、物にあたる、物のあたいの意を表す。

❶あたい。ね。その物の程度や性質。価格。
【値上げ】ねあげ 値段や料金を上げる。⇔値下げ
【値打ち】ねうち 物・物事の価値。「人の―」「―物」
【値下げ】ねさげ 値段や料金を下げる。⇔値上げ
【値段】ねダン 金額。値。価格。
【値引き】ねびき 定価より安くする。「―交渉」
【値踏み】ねぶみ 値段の見当をつける。「宝石の―」
熟語「価値・高値(たかね)・安値(やすね)」
❷数。数の大きさ。
熟語「閾値(いきち)・数値・近似値・絶対値」
❸あう。あたる。ある事態に当面する。
【値遇】チグウ ①出会う。②手厚く扱われる。

【恥】〔耻〕

4級 10画 心-6 〔耻〕10画 耳-4 音 チ 漢 呉 訓 はじる・はじ・はじらう・はずかしい ①3549 Ⓤ6065 ②7055 Ⓤ803B

筆順 一 丅 F E 耳 耳 耳 恥 恥

なりたち  [会意]耳＋心。耳を赤らめ、心にはずかしく思うの意。「耻」は俗字。

❶はじる。はじらう。はじ。はずかしい。
【恥辱】チジョク はじ。はずかしめ。「―を受ける」
【恥曝し】はじさらし 世間に恥をさらすさま。
熟語「羞恥(しゅうち)・無恥・廉恥」
❷陰部。
【恥部】チブ 陰部。恥ずべき部分。「我が校の―」
熟語「恥骨・恥毛」

【致】

4級 10画 至-4 音 チ 漢 呉 訓 いたす ①3555 Ⓤ81F4

人名 いたる・おき・とも・のり・むね・ゆき・よし

筆順 一 ㄙ 云 至 至 至 到 致 致

なりたち  [致][形声]至(いたる)音＋夊(とどまる)。おくりとどける、いたすの意。

❶まねく。こさせる。つれてくる。
【致士】チシ 立派な人を招くこと。
熟語「引致・招致・誘致・拉致(らち)(らっち)」
❷いたす。もたらす。いたらせる。極める。
【致死】チシ 死にいたること。「―量」「過失―」
【致命】チメイ 生命にかかわる。「―的」「―傷」
熟語「致知・一致・合致・極致・馴致」
❸おくる。とどける。
【致意】チイ 意思を相手に届ける。
熟語「送致」
❹やめる。預かったものを返す。
【致仕】チシ ①官職を退く。②七〇歳の称。
❺おもむき。ありさま。
熟語「韻致・雅致・趣致・情致・筆致・風致」
❻(国)いたす。「する」の改まった、また、へりくだった言い方。
熟語「承知致しました」

【遅】〔遲〕

4級 12画 辵(辶)-9 〔遲〕16画 辵(辶)-12 音 チ 漢 呉 訓 おくれる・おくらす・おそい ①3557 Ⓤ9045 ②7815 Ⓤ9072

人名 まつ

筆順 ㇖ コ 尸 尸 尸 屖 犀 遅 遅

なりたち  [会意]辵(ゆく)＋犀(歩みのおそいサイ)音。動きやはたらきがおそいの意。

◇おくれる(遅・後) ●異字同訓●

「**遅れる**」は〝ある時間よりあとになる。間に合わない。遅くなる〟の意。「電車が遅れる」「学校に遅れる」「この時計は少し遅れる」
「**後れる**」は〝後になる。取り残される。劣る〟の意。「時勢に後れる」「夫に後れる」「瞬発力で彼に後れる」

❶おくれる。間に合わない。おくらす。
【遅延】エンチ　予定より遅れる。「工事が—する」
【遅刻】コクチ　時刻に遅れる。「会議に—する」
【遅滞】タイチ　予定通り進まない。「—なく完成した」
【遅配】ハイチ　支給・配達が期日よりも遅れる。
熟語「遅引・遅参」

❷おそい。ゆっくりしている。にぶい。のろい。
【遅疑】ギチ　疑い迷ってためらう。「—逡巡」
【遅日】ジツチ　容易に暮れない春の日。日永。
【遅遅】チチ　①時間がかかるさま。「—として進まず」②のどかなさま。「春日—」
【遅鈍】ドンチ　動作が遅く、頭の回転がにぶい。
【遅筆】ヒツチ　文章を書くのが遅い。⇕速筆
熟語「遅緩・遅効・遅速・巧遅」

【痴】

準2級　13画　疒-8
音 チ 漢 呉
訓 おろ-か・おこ・し-れる
①3552 Ⓤ75F4

〔癡〕19画　疒-14　②6587 Ⓤ7661

筆順 亠 广 疒 疒 疟 疾 痴 痴

なりたち［形声］疒＋疑（子をふり返って立ちどまる）音。頭の働きがとどこおる病気の意から、おろかの意を表す。「痴」は俗字。

❶おろか。ぬけている。おこ。
【痴れ者】しれもの　常軌を逸したばかもの。あほう。
【痴態】タイチ　愚かな振る舞い。「—を演ずる」
【痴▼呆】ホウチ　知能が低下した状態。「—症」
熟語「痴愚・痴者・痴人・痴鈍・音痴・愚痴」

❷異常なほど熱中する。執着する。みだらな色情。
【痴漢】カンチ　①女性に性的な悪さをする男。②愚か者。しれもの。
【痴情】ジョウチ　理性を失って、男女間の色情におぼれた心。「—のもつれ」
【痴話】ワチ　男女がたわむれてする話。「—喧嘩」
熟語「書痴・情痴」

【稚】

3級　13画　禾-8
音 チ 漢 呉
訓 いとけ-な-い・おさ-な-い・わか-い
①3553 Ⓤ7A1A

〔穉〕17画　禾-12　②6748 Ⓤ7A49
〔稺〕15画　禾-10　—— Ⓤ7A3A

難読 稚児（ちご）（ややこ・やや）・稚海藻（わかめ）・稚鰤（わらさ）
人名 のり・わか

筆順 ニ 千 禾 利 秆 秆 稚 稚

なりたち［穉］［会意］禾（作物）＋犀（歩みのおそいサイ）。生長の遅れている作物の意から、おさない意を表す。［稚］［会意］禾＋隹（尾の短いとり）。「穉」の俗字。

おさない。子供っぽい。いとけない。年齢が低い。わかい。
【稚気】キチ　子供っぽいようす。子供のような気分。「—愛すべし」「—満々」
【稚魚】ギョチ　卵からかえってまもない魚。
《稚児》ちご　①社寺の行列に加わる子供。「お—さん」②幼児。子供。
【稚拙】セツチ　幼稚で未熟なさま。「—な文章」
熟語「稚鮎・稚貝・稚子（ちし）（みずこ）・丁稚（でっち）・幼稚」

【置】

7級　13画　网（罒）-8
音 チ 漢 呉
訓 おく
①3554 Ⓤ7F6E

人名 おき・き・やす

筆順 冖 罒 罒 罒 罒 罟 置 置

なりたち［形声］网（あみ）＋直（まっすぐ）音。あみをまっすぐに張って立てておくの意。

◉異字同訓◉
◇おく（置・▽措・▼擱）
「**置く**」は〝設置する。すえる。間をあける〟の意。「本を机の上に置く」「大阪に支社を置く」「担当医師に信を置く」「冷却期間を置く」
「**措く**」は〝除外する。ほうっておく〟の意。「費用の事はひとまず措く」「冗談はさて措いて」「彼を措いて適任者はいない」
「**擱く**」は〝終わりにする〟の意。「置く」とも書く。「筆を擱く」

❶おく。㋐物や人をある場所に据える。そなえつける。㋑すてる。すておく。放棄する。
【置（き）字】おきジ　漢文訓読で習慣として読まない助字。
【置物】おきもの　「—を飾る」「—（＝名目だけで役立たない）の会長」
【置換】カンチ　別の物におきかえる。
熟語「置酒・置対・安置・位置・拘置・設置・倒置・配置・布置・放置・留置」

❷手をくだす。始末をつける。
熟語「処置・措置」

【質】⇩シツ（二七二ページ）

【緻】
2級　16画　糸-10　新常用　音 チ 漢 呉　訓 こま-かい　②6944　Ⓤ7DFB

筆順

なりたち ［形声］糸＋致（おくりとどける）音。糸と糸がくっついていてすきまがない意から、こまかい意を表す。

こまかい。細密なさま。くわしい。

【緻密（チミツ）】きめ細かい。「―な研究」

熟語「巧緻・細緻・精緻」

チク

【竹】
10級　6画　竹-0　音 チク 漢 呉　訓 たけ　①3561　Ⓤ7AF9

難読 竹瓮（たっべ）・竹席（たかむしろ）・竹根蛇（ひばかり）・竹筒（ささえ）・竹篦（しっぺい）・竹鶏（てっけい）・竹麦魚（ほうぼう）

人名 たか

筆順

なりたち ［象形］二本の竹の枝にかたどる。

❶たけ。たけに似たもの。

【竹▼篦返し（シッペイがえし）】即座に仕返す。「―を食らう」

《竹刀（しない）》剣道の稽古で用いる竹製の刀。

【竹▽光（たけみつ）】竹の刀。鈍刀をあざけっていう語。

【竹馬（チクバ）】たけうま。「―の友（＝幼なじみ）」

【竹林（チクリン）】竹やぶ。たけばやし。「―の七賢」

熟語「竹苑・竹園・竹渓・竹夫人・竹頭木屑・筮竹（ぜいちく）・石竹・爆竹・破竹・孟宗（もうそう）竹」

❷笛。

❸文字を書きつける竹片。

【竹▼帛（チクハク）】書物。歴史。「名を―に垂る」

【竹簡（チッカン）】竹製の札。ちくかん。

熟語「竹声・糸竹」

【畜】
3級　10画　田-5　音 チク 漢 呉　訓 か-う・やしな-う・たくわ-える　①3560　Ⓤ755C

人名 ます

筆順

なりたち ［会意］玄（くろい）＋田。土が黒く肥えた田の意から、やしない育てる、たくわえる意を表す。

❶かう。やしなう。動物などを育てる。

【畜産（チクサン）】食肉などを生産する。「―業」

【畜舎（チクシャ）】家畜を飼う建物。家畜小屋。

【畜養（チクヨウ）】①家畜などを飼い養う。②（「蓄養」とも書く）漁獲された魚介類を短期間生け簀（す）などで飼育し出荷する。

熟語「飼畜・牧畜」

❷飼育される動物。

【畜殺（チクサツ）】家畜類を殺す。屠畜。「―場」

【畜生（チクショウ）】①人間以外の動物。②卑劣な人。③人をののしったり、自分の失敗をくやんだりする時などに発する語。ちきしょう。

【畜類（チクルイ）】家畜。けだもの。獣類。

熟語「役畜・家畜・鬼畜・人畜・養畜・人畜無害」

❸たくわえる。ためる。同蓄。

熟語「畜積」

【逐】
準2級　10画　辵（⻌）-7　音 チク 漢 呉　訓 お-う　①3564　Ⓤ9010

〔逐〕11画　辵（⻍）-7

筆順

なりたち ［会意］辵（ゆく）＋豕（イノシシ）。イノシシのあとをゆく意から、おう意を表す。

❶おう。追いはらう。

【逐電（チクデン）】逃げて姿をくらます。ちくてん。

熟語「逐鹿・駆逐・徴逐・追逐・放逐」

❷順に従って進む。

【逐一（チクイチ）】一つ一つ順を追って。「―報告する」

【逐語（チクゴ）】原文の一語一語をたどる。「―訳」

【逐次（チクジ）】順を追い次々に。「―追加する」

【逐条（チクジョウ）】一箇条ずつ順を追う。「―審議」

熟語「逐日・逐年」

❸あらそう。きそう。

熟語「角逐」

【蓄】
4級　13画　艸（艹）-10　音 チク 漢 呉・キク 漢 呉　訓 たくわ-える　①3563　Ⓤ84C4

人名 おき

筆順

なりたち ［形声］艸＋畜（たくわえる）音。たくわえておく野菜の意から、たくわえる意を表す。

たくわえる。ためる。

【蓄財（チクザイ）】財産をためる。「―家」「―の才」

【蓄積（チクセキ）】たくわえる。「知識を―する」

【蓄蔵（チクゾウ）】たくわえておく。「―貨幣」

【蓄電（チクデン）】電気をたくわえる。「―器」

【蓄電池】チクデン 繰り返し使える電池。

熟語「蓄髪・蓄力・蓄音機・蓄膿(ちくのう)症・蘊蓄(うんちく)・含蓄・私蓄・貯蓄・儲蓄(ちょちく)・備蓄」

【築】

6級 16画 竹-10 音 チク漢呉 訓 きず-く・つ-く ①3559 Ⓤ7BC9

筆順 𠂉 𥫗 竺 筑 筑 筑 築

なりたち [形声]筑(琴に似た楽器を竹でたたいて鳴らす)音＋木。木の棒で土をたたいて土台をきずくの意。

きずく。つく。建造物をつくる。また、土をきねでつき固める。

【築城】チクジョウ 城や陣地を作る。

【築造】チクゾウ 城・堤防などをつくる。「ダムを―する」

【築港】チッコウ 港をつくる。ちくこう。

【築地】ついじ 土を固めてつくった塀。「―塀」

【築地】つきじ 海や沼などを埋めて築いた土地。

《築山》つきやま 土砂を盛ってつくった山。

熟語「築邸・築庭・築堤・移築・改築・建築・構築・再築・修築・新築・造築・増築」

チツ

【秩】

準2級 10画 禾-5 音 チツ漢 訓 つい-で・くらい ①3565 Ⓤ79E9

人名 さとし・ちち・つね

筆順 二 千 禾 禾 秆 秩 秩 秩

なりたち [形声]禾(作物)＋失(きちんと重ねる)音。収穫した作物をきちんと重ねおさめる意から、きちんとした順序の意を表す。

❶ついで。順序。次第。

【秩序】チツジョ 「―立てる」「―を乱す」「無―」

熟語「軍秩」

❷くらい。官位や官職。

熟語「官秩」

❸官職に対して賜る俸給。

熟語「秩禄(ちつろく)・禄秩」

【窒】

3級 11画 穴-6 音 チツ漢呉 訓 ふさ-がる・ふさ-ぐ ①3566 Ⓤ7A92

難読 窒扶斯(チフス)

筆順 丶 宀 空 空 空 窒 窒 窒

なりたち [形声]穴＋至(いたる)音。物が穴にいたり、ふさがるの意。

❶ふさぐ。ふさがる。つまる。

【窒息】チッソク 呼吸ができなくなる。「―死」

熟語「窒礙・窒死」

❷(国)「窒素」の略。

【窒素】チッソ 空気の約五分の四を占める元素。

熟語「窒化物・脱窒」

チャ

【茶】

9級 9画 艸(艹)-6 音 チャ呉・サ唐・タ漢 ①3567 Ⓤ8336

難読 茶柱虫(ちゃたてむし)・茶頭(さじゅう)・山茶(つばき)

筆順 一 艹 艾 苁 苶 茶 茶

なりたち [形声]艸＋「余の変形」(のばす)音。のびた若葉をつんで飲料とすることから。

❶ちゃの木。ちゃの葉の加工品。それで作った飲料。

【茶飯】サハン 茶と飯。日常的なこと。「日常―事」

【茶話】サワ 茶を飲みながらの気軽な話。「―会」

【茶臼】チャうす 茶をひいて抹茶にするための臼。

【茶釜】チャがま 茶をたてる湯をわかす釜。

【茶殻】チャがら 茶を煎(せん)じた後の残りかす。

【茶器】チャキ 茶道具の総称。薄茶を入れる容器。

【茶巾】チャキン 茶の湯で、茶碗をふく布。

【茶杓】チャシャク 抹茶をすくうさじ。湯を汲む杓。

【茶▼筅・茶▼筌】チャセン 抹茶をたてる竹製の道具。

【茶▼托】チャタク 湯飲み茶碗を載せる小さな台。

【茶断ち】チャだち お茶を断って神仏に願をかける。

【茶柱】チャばしら 茶碗に浮く茶の茎。吉兆とされる。

【茶腹】チャばら 茶を大量に飲んだ状態。「―も一時」

【茶店】チャみせ 茶を飲み菓子を食べて休む店。

【茶屋】チャや ①茶を売る店。②旅人が休息する店。「峠の―」③客に遊興させる店。「水―」

【茶▼碗】チャワン 「湯呑み―」「ご飯―」「―蒸し」

熟語「茶菓(さか(ちゃか))・茶房・茶園・茶漉し・茶匙・茶摘み・茶瓶・喫茶(きっさ(きっちゃ))・献茶・紅茶・新茶・製茶・煎茶(せんちゃ)・粗茶・点茶(てんちゃ(たてちゃ))・番茶・福茶・普茶(ふちゃ(ふさ))・抹茶(まっちゃ)・銘茶・緑茶」

❷ちゃいろ。黒みを帯びた赤黄色。

【茶色】チャいろ 黒色を帯びた赤黄色。

【茶褐色】チャカッショク 赤みのかかった茶色。

熟語「金茶・海老茶」

❸(国)茶の湯。茶道。

【茶会】チャカイ 客を招き茶をもてなす会。さかい。

【茶事】チャジ 茶の湯に関する事柄。また、茶会。

【茶室】チャシツ 茶の湯のための室。茶席。

【茶人】チャジン 茶の湯に携わる人。

【茶席】チャセキ 茶の湯を行う席。茶室。茶会。

【茶道】(チャドウ) 茶の湯の作法。「—の精神」

【茶の湯】(チャのゆ) ①茶会。②茶道(ちゃどう)。

【茶羽織】(チャばおり) 茶人が着た丈の短い羽織。

❹〔国〕おどけ。こっけい。ちゃかす。
【茶気】(チャキ) ①茶道の心得。②風流を好む気質。③ちゃめけ。

【茶茶】(チャチャ) 他人の話にいれる邪魔。「—を入れる」

【茶番】(チャバン) ①茶の接待をする人。②ばかばかしい行為や物事。「—劇」「とんだ—だ」

【茶目】(チャめ) 愛敬のあるいたずらをするさま。「お—な人」「—っけたっぷりに話す」

熟語「茶利」

チャク

【着】

8級 12画 目-7
音 チャク漢・ジャク(ヂャク)呉
訓 きる・きせる・つく・つける
①3569 Ⓤ7740

筆順 丷 䒑 兰 羊 差 着 着

なりたち 「著」の俗字。常用漢字では、きる・つく意のチャク・ジャクを「着」、あらわす・いちじるしい意のチョを「著」で使い分ける。

◉異字同訓◉【付】(五六〇ページ)の「異字同訓」欄を参照のこと。

❶きる。きせる。身にまとう。
【着尺】(きジャク) 大人の着物を作る反物。

【着倒れ】(きだおれ) 衣服のために財産を失う。「京の—」

【着丈】(きたけ) 和服やドレスの長さ。

【着付け】(きつけ) 和服や衣服を着せる。「—教室」

【着道楽】(きドウラク) 衣服にお金をかけること。

【着流し】(きながし) 羽織・袴をはかない普段の着物姿。

【着物】(きもの) 衣服。和服。

【着衣】(チャクイ) ①衣服を着る。⇔脱衣。②衣服。「—が乱れる」

【着服】(チャクフク) ①衣服を着る。②他人の物を不正に手に入れる。「公金を—する」

【着用】(チャクヨウ) 衣服や装飾をつける。「ネクタイ—」

❷触れたまま離れない。くっつく。
【着雪】(チャクセツ) 雪が電線や枝などにくっつく。「チェーンを—する」「—可能」
熟語「膠着(こうちゃく)・定着・土着・粘着・付着・密着・癒着」

❸心がとらわれる。
熟語「愛着(あいちゃく)(あいじゃく)・執着(しゅうちゃく)(しゅうじゃく)・恋着」

❹安定している。動じない。
【着実】(チャクジツ) 確実なさま。「—な発展」

【着着】(チャクチャク) 物事が順序どおりにはかどる。「—(と)準備を進める」

熟語「横着・沈着」

❺とどく。いたる。行きつく。
【着岸】(チャクガン) 船が岸や岸壁に着く。
【着信】(チャクシン) 通信が到着する。「—通知」「—音」
【着水】(チャクスイ) 水面に降りる。⇔離水
【着席】(チャクセキ) 座席につく。着座。「全員—」
【着地】(チャクチ) 地上に降りる。「滑走路に—する」
【着任】(チャクニン) 任地につく。職務につく。「—式」⇔離任
【着発】(チャクハツ) ①到着と出発。②あたって爆発する。「—信管」
【着陸】(チャクリク) 飛行機などが地上に降りる。⇔離陸
熟語「決着・終着・到着・撞着・発着・漂着・落着」

❻とりかかる。感覚を働かせる。
【着意】(チャクイ) ①気をつける。②思いつき。

【着眼】(チャクガン) 目をつける。「—点が良い」

【着手】(チャクシュ) ①とりかかる。「工事に—する」②囲碁・将棋の一手。

【着想】(チャクソウ) 思いつき。アイデア。「—を得る」

【着目】(チャクモク) 目をつける。「将来性に—する」

【着工】(チャッコウ) 工事にとりかかる。「—式」

❼囲碁で、石を置くこと。また、その手。
熟語「失着・正着・第一着」

❽〔国〕㋐到着。また、到着の順番を数える語。㋑衣服を数える語。
用例「着外・着順・一着でゴール・背広二着」

【嫡】

準2級 14画 女-11
音 チャク呉・テキ漢
訓 よつぎ
①3568 Ⓤ5AE1

筆順 女 女 女 妒 媂 嫡 嫡

なりたち [形声]女+啇(啻の変形。まとまってまっすぐ一本になる)音。夫とまっすぐに向き合う女性、正妻の意。

❶正妻。本妻。正式に結婚した妻。
【嫡出】(チャクシュツ) 正妻から子が生まれる。「—子」⇔庶出
熟語「嫡妻・嫡室」

❷正妻の子。正妻の子で家を継ぐ者。よつぎ。⇔庶。
【嫡子】(チャクシ) ①家督を相続する者。②嫡出子。

【嫡嫡】(チャクチャク) ①嫡子が家を継ぐ。②本物。

【嫡男】(チャクナン) 嫡出の長男。「—が相続する」

熟語「嫡嗣(ちゃくし)(てきし)・嫡女」

❸直系の血筋。正統であるさま。
【嫡流】(チャクリュウ) 本家の血筋。正統の家系。

【嫡家】(チャッケ) 正統の血筋の家。本家。ちゃくか。

熟語「家嫡・世嫡(せいちゃく(てき))・正嫡(せいちゃく(てき))・廃嫡」

チュウ

【中】

10級　4画　丨-3　①3570　Ⓤ4E2D

音 チュウ 漢 呉・ジュウ 慣

訓 なか・あ-たる・あ-てる・うち

難読 中山道(なかせんどう)・中心(なかご)・中食(ちゅうじき)・中宮(ちゅうぐう)・中務(なかつかさ)・中腰(ちゅうごし)・中稲(なかて)

人名 あたる・あつ・うち・かなめ・ただ・ただし・のり・よし

筆順 丨 冂 口 中

なりたち 中 ［象形］軍の中央に旗ざおを立てる形にかたどる。まんなか、まんなかを貫くの意。

●異字同訓●【当】（四八八ページ）の「異字同訓」欄を参照のこと。

❶なか。㋐まんなか。㋑うち。内部。㋒あいだ。ひと続きのもののなかほど。㋓三つに分けたときの二番目。

【中有】(チュウウ) 死後、次の生を受けるまで。四九日。

【中央】(チュウオウ) ①まんなか。②重要な位置や立場。「―官庁」「―集権」③首都。「―政界に進出する」

【中華】(チュウカ) 漢民族が自国を呼んだ称。「―思想」

【中外】(チュウガイ) 「―に所信を表明する」

【中核】(チュウカク) 重要な部分。「チームの―」

【中形・中型】(チュウがた) 中ぐらい。「―の台風」

【中学校】(チュウガッコウ) 小学校を修了した者に普通教育を施す学校。

【中間】(チュウカン) 「―点」「―(=偏りがない)派」「―(=途中)発表」

【中期】(チュウキ) 「平安―」「―(=短期と長期の間)計画」

【中級】(チュウキュウ) 「―英語クラス」「―レベル」

【中空】(チュウクウ) 「―(=空の中ほど)に浮く」「―(=空っぽ)の柱」

【中宮】(チュウグウ) 平安時代、皇后より後に入内(じゅだい)した、天皇の妃。皇后と同格。

【中継】(チュウケイ) ①なかつぎ。「―地点」②「中継放送」の略。「実況―」

【中堅】(チュウケン) ①集団の中心。「―幹部」②中心部隊。③野球で、右翼と左翼の中間。センター。

【中原】(チュウゲン) ①中国の黄河中流域。殷(いん)・周など中国古代文明の発祥地。②天下の中央の地。「―に鹿(しか)を逐(お)う(=天下の中央で帝王の位を得ようと争う)」

【中間】(チュウゲン) 武家の奉公人。「―奉公」

【中古】(チュウコ) 「―(=少し古い)車」「―(=平安時代)文学」

【中興】(チュウコウ) 衰えたものを再び盛んにする。

【中高年】(チュウコウネン) 中年と高年。「―層」

【中腰】(チュウごし) 腰が半ばおりた姿勢。「―になる」

【中軸】(チュウジク) ①中心を貫く軸。②活動の中心。「―打者」

【中秋】(チュウシュウ) 陰暦八月一五日。「―の名月」

【中旬】(チュウジュン) 月の一一日から二〇日まで。

【中小】(チュウショウ) 「―企業」「―私鉄会社」

【中心】(チュウシン) 「町の―にある教会」「話題の―」

【中枢】(チュウスウ) ①中心となる重要な所。「政治の―」②「中枢神経系」のこと。脳と脊髄がこれにあたる。

【中世】(チュウセイ) 歴史の一区分。鎌倉・室町時代。「―文学」

【中天】(チュウテン) 天のまんなか。空中。「―の月」

【中東】(チュウトウ) 西アジアとアフリカ北東部。「―情勢」

【中等】(チュウトウ) 「―教育」「―の品」

【中肉中背】(チュウニクチュウぜい) 標準的な体格。「―の男」

【中日】(チュウニチ) ①彼岸七日間のまんなかの日。春分・秋分の日。「お彼岸の―」②中国と日本。「―友好」

【中年】(チュウネン) 青年と老年の間。「―太り」

【中盤】(チュウバン) 「試合も―に入る」「―戦」

【中部】(チュウブ) 「県の―を流れる河川」「―地方」

【中夜】(チュウヤ) ①よなか。②冬至の別名。

【中葉】(チュウヨウ) ある時期の中頃。「平安時代―」

【中略】(チュウリャク) 文章などの中間を省略する。

【中流】(チュウリュウ) 「川の―」「―(=中程度)の暮らし」

熟語「中尉・中将・中波・意中・懐中・渦中・眼中・胸中・空中・最中・市中・車中・集中・心中・水中・正中・夢中」

❷その範囲に含まれる全部。

熟語「年中(ねんじゅう)・世界中(じゅう)」

❸その集団に所属する人。ひとびと。なかまうち。

熟語「講中(こうじゅう)・連中(れんじゅう(れんちゅう))」

❹偏らない。

【中正】(チュウセイ) 考えや立場に偏りがない。「穏健―」

【中性】(チュウセイ) ①中間の性質。②酸性でも塩基性でもない。「―洗剤」

【中道】(チュウドウ) ①一方に偏らない。「―政治」②中途。「業―にして倒れる」

【中庸】(チュウヨウ) ①一つの立場に偏らない。中道。「―を得る」②中国の哲学書。四書の一。孔子の孫の子思の作とされる。「礼記」の一編を独立させたもの。

【中立】(チュウリツ) 「―の立場」「永世―国」

【中和】(チュウワ) ①調和がとれている。「―政策」②酸と塩基が反応して、互いの特性を失う。「―作用」

【中座】(チュウザ) 会合の途中で座をはずす。「会議を―する」

❺終わらないうち。さいちゅう。

【中止】(チュウシ) 「催し物を―する」「雨天―」

【中絶】(チュウゼツ) 「計画が―する」「妊娠―」

【中退】(チュウタイ) 「大学を―(=中途退学)する」

【中断】(チュウダン) 途中でたちきる。「審議を―する」

【中途】(チュウト) 物事のなかごろ。途中。「―採用」

【中途半端】チュウトハンパ 「—な仕事」「—な態度」
【中入り】なかいり 芝居などの休憩時間。「—後の取組」
熟語「寒中・暑中・休暇中・交渉中・今月中・授業中」
❻あたる。適合する。的にあたる。被害を受ける。あてる。
【中気】チュウキ 中風。「—を患う」
【中傷】チュウショウ ありもしないことを言って他人の名誉を傷つける。「誹謗ひぼう—」「—記事」
【中毒】チュウドク 「薬物—」「活字—」「—死」
【中風】チュウフウ 脳出血などによる体のまひ。
熟語「的中・命中・百発百中」
❼「中国」の略。
熟語「日中・訪中」
❽「中学校」の略。
熟語「中卒・付属中」

【仲】

7級 6画 人(亻)-4 音 チュウ 漢 呉 訓 なか ①3571 Ⓤ4EF2

人名 なかし
筆順 ノ イ 仆 仲 仲
なりたち  [形声]人＋中(なか)音。長子と末子の間の人の意。
❶人と人とのあいだ。なかだち。
【仲介】チュウカイ 仲をとりもつ。「—の労をとる」
【仲裁】チュウサイ 争いの間に入って両者を和解させる。「—人」「けんかの—に入る」
【仲人】チュウニン ①仲裁人。②媒酌人。なこうど。
【仲買】なかがい 売買の仲介をおこなう人。「—業」
【仲立ち】なかだち 二者の間をとりもつ。
熟語「仲居」
❷春夏秋冬の季節をさらに三分したときのまんなか。
【仲夏】チュウカ 夏のなかば。陰暦五月の異名。
【仲秋】チュウシュウ 秋のなかば。陰暦八月の異名。
【仲春】チュウシュン 春のなかば。陰暦二月の異名。
【仲冬】チュウトウ 冬のなかば。陰暦一一月の異名。
熟語「仲陽」
❸(兄弟の順序が)二番目。次。
【仲兄】チュウケイ 二番目の兄。
熟語「仲父・伯仲」
❹(国)なか。人と人との間柄。関係。
【仲間】なかま 「遊び—」「—入り」「—はずれ」
【仲良し・仲▽好し】なかよし 「—小良し」
熟語「仲違い」

【虫】〔蟲〕

10級 6画 虫-0 音 チュウ(チウ) 漢 呉・キ 訓 むし ①3578 Ⓤ866B
〔蟲〕18画 虫-12 ②7421 Ⓤ87F2

注記 本来、「虫」の音は「キ」。
難読 虫白蠟いぼたろう・虫唾むしず・蝗虫ばった
筆順 丶 口 口 中 虫 虫
なりたち  [会意]虫(マムシの象形)＋虫＋虫。うじむしの意。転じて、動物の総称の意に用いる。「虫」は「蟲」の略字として用いられるが、もと別字。
❶むし。人・鳥獣・魚介類以外の小動物。多く、昆虫をいう。
【虫害】チュウガイ 害虫の被害。「稲が—を受ける」
【虫垂】チュウスイ 盲腸の下部にある突起。「—炎」
【虫媒花】チュウバイカ 昆虫によって受粉する花。
【虫送り】むしおくり 稲田の害虫を払うための儀礼。
【虫▼螻】むしけら 「—同然の扱い」「—のような存在」
【虫酸・虫▽唾】むしず 酸っぱい胃液。「—が走る」
熟語「虫類・虫歯・益虫・回虫・害虫・甲虫こうちゅう(かぶとむし)・毛虫・殺虫・成虫・毒虫・防虫・幼虫・寄生虫」
❷(国)むし。㋐人の体内にあり、さまざまな考えや感情、病気を起こすもとになると考えられているもの。㋑一つの事に熱中する人。ある特定の性向をもっている人。
用例「虫の知らせ・疳かんの虫・芸の虫・泣き虫・本の虫」

【沖】〔冲〕

4級 7画 水(氵)-4 音 チュウ(チウ) 漢 呉 訓 おき ①1813 Ⓤ6C96
〔冲〕6画 冫-4 ②4953 Ⓤ51B2

人名 とおる・なか・ふかし
筆順 丶 丷 氵 氵 沪 沖
なりたち  [形声]水＋中(なか)音。水の中の意から、深い、おだやかの意を表す。
❶むなしい。うつろ。また、ふかい。
熟語「沖虚・沖沖」
❷わく。水がわき上がり流れる。
【沖積】チュウセキ 流水で土砂が堆積する。「—平野」
❸やわらぐ。おだやか。
【沖融】チュウユウ やわらいだ気分があふれるさま。
熟語「沖淡・沖和」
❹おさない。
熟語「沖人・沖幼・幼沖」

チ

❺高く飛び上がる。

【沖天】チュウテン 空高く上る。「―の勢い」

熟語「飛沖」

❻(国)おき。海上・湖中などの岸から離れた所。

【沖合】おきあい 沖のあたり。「―漁業」

【沖仲仕】おきなかし 港湾労働者を指す古い呼称。

熟語「沖魚・沖釣」

【宙】

5級 8画 宀-5 音 チュウ(チウ)漢 訓 そら ①3572 Ⓤ5B99

人名 おき・そら・ひろし・みち

筆順

なりたち [形声]宀＋由(酒つぼ)音。丸く弓状にふくらんでいる屋根の意から、大空の意を表す。

❶そら。おおぞら。

熟語「碧宙」

❷とき。時間。無限に続く時間。

熟語「宇宙」

❸(国)地面から離れた所。空中。空間。

【宙返り】チュウがえり 「二回転―」「―飛行」

【宙空】チュウクウ 何もない空間。「―に浮かぶ」

熟語「宙吊り・宙乗り」

❹(国)そら。暗記している。

用例「宙(そら)で言う」

【忠】

5級 8画 心-4 音 チュウ漢呉 訓 まごころ・まこと ①3573 Ⓤ5FE0

人名 あつ・あつし・きよし・すなお・ただ・ただし・ただす・つら・なり・のり

筆順

なりたち [形声]心＋中(まんなか)音。まごころの意。

❶まごころ。まこと。誠実な心。まごころをつくす。

【忠言】チュウゲン 真心からいさめる。「―耳に逆らう」

【忠告】チュウコク いましめ諭す。「友人に―する」

【忠実】チュウジツ ①真心をもってつとめる。②少しの誤りもなく正確である。「―に再生する」

【忠▼恕】チュウジョ 誠実で、思いやりのあること。

【忠誠】チュウセイ 「国家に―を尽くす」「―心」

〈忠実〉まめ 「―(=誠実)な人」「―(=達者)に暮らす」

熟語「忠信・精忠」

❷主人に心から仕える。

【忠義】チュウギ 真心をもって仕える。「―な家臣」

【忠勤】チュウキン 忠義を尽くしつとめる。「―を励む」

【忠孝】チュウコウ 主君への忠義と、親への孝行。

【忠魂】チュウコン 忠義に死んだ人の霊魂。「―碑」

【忠臣】チュウシン 忠義な家来。「―は二君(にくん)に事(つか)えず」

【忠臣蔵】チュウシンぐら 赤穂浪士の敵討ちを主題とした、浄瑠璃・歌舞伎・実録本などの総称。普通は「仮名手本忠臣蔵」をいう。

【忠節】チュウセツ 変わらず尽くす忠義。「―を誓う」

【忠勇】チュウユウ 忠義と勇気。「―無比」

熟語「忠諫・忠犬・忠心・忠僕・忠霊・忠烈・忠君愛国・尽忠・誠忠・不忠」

【抽】

3級 8画 手(扌)-5 音 チュウ(チウ)漢呉 訓 ぬ-く・ひ-く ①3574 Ⓤ62BD

筆順

なりたち [形声]手＋由(細い口から液体をそそぎ出す壺)音。ずるずると手で引き抜くの意。篆文では、手＋留(するっとすべる)。

ぬく。ひく。ある物を取り出す。

【抽出】チュウシュツ 全体からある物を抜き出す。「無作為―」「―エキス」

【抽象】チュウショウ 事物や表象を、ある性質・共通性・本質に着目し、それを抽(ひ)き出して把握する。「―化」「―的(=具体性がない)」⇔具象

【抽▼籤】チュウセン くじを引く。抽選。「―会」

【抽き出し・〈抽斗〉】ひきだし 抜き差しできる箱。

熟語「抽簪」

【注】

8級 8画 水(氵)-5 音 チュウ(チウ)呉・シュウ(シウ)漢・シュ漢呉 訓 そそ-ぐ・さ-す・つ-ぐ ①3577 Ⓤ6CE8

注記「註」の書き換え字としても用いられる。

難読 注連(しめ)(しりくめなわ)・注連飾(しめかざ)り・注連縄(しめなわ)

筆順

なりたち [形声]水＋主(じっととどまる)音。水ばしらが立つようにそそぐの意。

◉異字同訓◉【継】(一六三ページ)・【差】(二二五ページ)の「異字同訓」欄を参照のこと。

❶そそぐ。㋐つぐ。水を流し込む。㋑心を集中して向ける。

【注意】チュウイ ①気をつける。「細心の―」②警戒する。用心。「―報」③傍らから気をつけるよう教える。「言葉遣いを―される」

【注視】チュウシ 注意して見る。「動向を―する」

【注射】チュウシャ 「―器」「予防―」「皮下―」

【注入】チュウニュウ そそぎ入れる。「薬液を―する」

【注目】チュウモク ①注意して見る。②意識を集中する。注意。関心。「世の―をあびる」「―の的」

熟語「注水・注腸・注油・傾注・流注」

チ

❷書き記す。同註。

【注進】(チュウシン) 急いで報告する。「御―に及ぶ」

【注文】(チュウモン) ①品物の製作・配達・送付などを依頼する。「―を受ける」②先方にこちらの希望を示す。「細かく―をつける」

熟語「受注・転注・発注」

❸詳しく説明する。

【注解】(チュウカイ) 注を加え、解説する。「源氏物語―」

【注記】(チュウキ) 注をつける。「本文の脇に―する」

【注釈】(チュウシャク) 意味を解説する。「―を加える」

【注▾疏】(チュウソ) 詳しい説明。

熟語「脚注・校注・集注(しっちゅう)・頭注・評注・傍注・補注・訳注」

【昼】

9級 9画 日-5 音 チュウ(チウ) 漢 呉 訓 ひる ①3575 Ⓤ663C

【晝】 11画 日-7 ②5876 Ⓤ665D

人名 あき・あきら

筆順 コ 尸 尺 尽 昼 昼 昼

なりたち 「会意」「晝の変形」(くぎる)＋日。日が照っている、くぎられた時間の意から、ひるの意を表す。「昼」は略字。

❶ひる。朝から夕方まで。日の出から日没まで。

【昼間】(チュウカン) ひるま。日中。「―人口」⇔夜間

【昼光色】(チュウコウショク) 太陽光に似せた光の色。

【昼夜】(チュウヤ) ①昼と夜。「―兼行」②たえず。日夜。

【昼行▿灯】(ひるアンドン) ぼんやりして役に立たない人。

【昼寝】(ひるね) 昼間眠ること。午睡。

【昼日中】(ひるひなか) 日中。まっぴるま。昼間。

熟語「昼顔・炎昼・白昼」

❷まひる。正午。

【昼▾餐】(チュウサン) 昼食。午餐。「―会」

【昼食】(チュウショク) 昼にとる食事。ひるめし。

【昼▾餉・昼▿食】(ひるげ) ひるめし。ちゅうしょく。

【昼下(が)り】(ひるさがり) 正午をやや過ぎた頃。

熟語「小昼・早昼」

【柱】

8級 9画 木-5 音 チュウ 漢 呉・ジュウ 呉 訓 はしら・じ・ことじ ①3576 Ⓤ67F1

難読 柱舞(つくまい)

筆順 一 十 オ 木 木' 朴 柱

なりたち 「形声」木＋主(じっととどまる)音。じっと動かない木、はしらの意。

❶はしら。直立して建造物を支えている材。

【柱石】(チュウセキ) ①建物の柱と土台。②国家などを支える重要な人。「国の―」

【柱頭】(チュウトウ) ①柱の頭部。②雌しべの先端。

【柱廊】(チュウロウ) 柱と屋根だけの壁のない廊下。

熟語「柱礎・円柱・角柱・基柱・支柱・霜柱・主柱・石柱・脊柱(せきちゅう)・鉄柱・電柱・氷柱(ひょうちゅう)(つらら)・帆柱・門柱・大黒柱」

❷じ。ことじ。琴の上に立てて弦を支える具。

熟語「膠柱(こうちゅう)・琴柱(ことじ)」

❸(国)はしら。神仏や死者の霊を数えるのに用いる語。

用例「二柱の神を祀る」

【衷】

準2級 9画 衣-3 音 チュウ 漢 呉 訓 うち・まごころ ①3579 Ⓤ8877

人名 あつ・ただ・ただし・よし

筆順 一 冖 口 由 声 衷 衷 衷

なりたち 「形声」衣＋中(なか)音。中に着こむ衣服の意から、うち・まごころの意を表す。

❶かたよらないこと。まんなか。

熟語「折衷・和洋折衷」

❷まごころ。まこと。心の中。うち。

【衷懐】(チュウカイ) ①心の内。「―を述べる」②誠実な心。

【衷情】(チュウジョウ) うそのない心。「―を訴える」

【衷心】(チュウシン) 心の底。「―からお詫びします」

熟語「衷誠・苦衷・宸衷(しんちゅう)・微衷・和衷」

【酎】

2級 10画 酉-3 新常用 音 チュウ(チウ) 漢 ①3581 Ⓤ914E

筆順 一 冂 丙 西 酉 酎 酎

なりたち 「形声」酉(さけ)＋「肘の略体」(ひきとめる)音。酒精をひきとめた酒から造られた濃い酒の意。

❶濃い酒。何度も重ねて発酵させた酒。

熟語「醇酎(じゅんちゅう)」

❷(国)焼酎(しょうちゅう)の略。芋や穀物から作る蒸留酒。

熟語「酎ハイ・焼酎」

【鋳】

3級 15画 金-7 音 チュウ(チウ) 慣・シュ 漢 訓 いる ①3582 Ⓤ92F3

【鑄】 22画 金-14 ②7941 Ⓤ9444

人名 い

筆順 ㇒ 𠆢 全 金 金' 鋳 鋳 鋳

チ

なりたち  [形声]金＋壽(長くつらなる)㊅。金属をとかして、ざっと型に流しこむの意。「鋳」は略字。

❶いる。金属を溶かし、型に流して器物をつくる。
【鋳掛(いかけ)】金属製の器具を修繕する。
【鋳型(いがた)】鋳造で、溶かした金属を流し込む型。
【鋳物(いもの)】金属を流し込んで作った器物。「—師」
【鋳金(ちゅうきん)】溶かした金属から器物を作る。
【鋳造(ちゅうぞう)】金属を溶かして形にする。
【鋳鉄(ちゅうてつ)】鋳物に使用する鉄合金。
熟語「鋳銭・改鋳・私鋳・新鋳・鎔鋳」
❷人材を育成する。

【駐】

3級 15画 馬-5
音 **チュウ** ㊥㊍
訓 とど-まる・とど-める
①3583 Ⓤ99D0

筆順 丨 厂 冂 馬 馬 馬 駐 駐

なりたち  [形声]馬＋主(じっととどまる)㊅。馬が立ちどまるの意。

❶とめる。しばらくとめておく。とまる。
【駐車(ちゅうしゃ)】「—違反」「—場」「違法—」
【駐輪(ちゅうりん)】自転車やバイクをとめる。「—場」
熟語「駐機・駐輦(ちゅうれん)」
❷とどまる。滞在する。とどめる。
【駐在(ちゅうざい)】派遣先にとどまる。「海外—員」
【駐在所(ちゅうざいしょ)】警察官が居住して警備を行う所。
【駐箚(ちゅうさつ)】役人が派遣されて滞在する。
【駐屯(ちゅうとん)】軍隊がある地にとどまる。「—地」
【駐日(ちゅうにち)】外国人が日本に駐在する。「—大使」
【駐兵(ちゅうへい)】兵をある地にとどめる。その兵。
【駐留(ちゅうりゅう)】軍隊がある地に滞在する。「—軍」
熟語「移駐・常駐・進駐」

チョ

【著】

5級 11画 艸(艹)-8
音 **チョ** ㊥・ジャク(ヂャク)㊍・チャク
訓 **あらわ**-す・**いちじる**-しい・つ-く・つ-ける・き-る
①3588 Ⓤ8457

【著】12画 艸(艹)-9 ③9107 ⓊFA5F

難読 著莪(しゃが)
人名 あき・あきら・つぎ・つぐ
筆順 一 艹 艹 艹 芏 芓 著 著

なりたち [形声]艸＋者(多くのものを集める)㊅。多くの草の繊維で作られた衣服の意から、着る・つく意を表す。「着」は俗字。

◉異字同訓◉【表】(五五四ページ)の「異字同訓」欄を参照のこと。

❶《チョ》いちじるしい。あきらか。
【著聞(ちょぶん)】世間に知られること。ちょもん。
【著名(ちょめい)】世間に名が知られている。「—人」
熟語「著明・顕著」
❷《チョ》あらわす。書物に書き記す。
【著作(ちょさく)】「—物」「—者」「—権」
【著者(ちょしゃ)】その書物を書いた人。筆者。
【著述(ちょじゅつ)】書物を書きあらわす。「—業」
【著書(ちょしょ)】書きあらわした書物。著作。
熟語「遺著・旧著・共著・編著・名著」
❸《チャク・ジャク》つく。離れなくなる。つける。また、きる。衣服を身につける。㊐着。
熟語「著衣・著眼・固著」

【貯】

7級 12画 貝-5
音 **チョ** ㊥㊍
訓 たくわ-える・た-める
①3589 Ⓤ8CAF

人名 おさむ
筆順 丨 冂 月 目 貝 貝 貯 貯

なりたち  [形声]貝(財貨)＋宁(たくわえる)㊅。財貨をたくわえるの意。

たくわえる。ためる。しまっておく。㊐儲。
【貯金(ちょきん)】金をためる。その金銭。「—通帳」
【貯水(ちょすい)】水をためる。「—池」「—槽」
【貯蔵(ちょぞう)】たくわえ、しまっておく。「—庫」
【貯蓄(ちょちく)】金銭をたくわえる。その金銭。
熟語「貯炭・貯木・貯米・夾貯(きょうちょ)・積貯」

【緒】⇩ショ(三〇八ページ)

チョウ

【丁】

8級 2画 一-1
音 **チョウ**(チャウ)㊍・**テ**イ㊥・トウ(タウ)㊥
訓 ひのと
①3590 Ⓤ4E01

難読 丁抹(デンマーク)・丁場(ちょうば)・丁幾(チンキ)・丁稚(でっち)・丁髷(ちょんまげ)
人名 あたる・あつ・つよし・のり・ひのと
筆順 一 丁

なりたち  [象形]甲骨文では、釘(くぎ)の頭を上から見た形(口)にかたどる。くぎの意。借りて、十干の四番めを表す。

❶《テイ・チョウ》㋐一人前の男子。働き盛りの若者。㋑召し使われる人。㋒十干の第四。ひのと。
【丁年(ていねん)】一人前として扱われる年齢。成年。
【丁稚(でっち)】商家などに奉公する少年。「—奉公」
熟語「丁役・丁卯(ていぼう)・丁夜・園丁・使丁・正丁(せいてい)」

チ

(しょうちょう)・壮丁・馬丁」

❷《テイ・チョウ》てあつい。ねんごろ。

【丁重】(テイチョウ) 礼儀正しくていねい。「―に断る」

【丁寧】(テイネイ) 注意深く念入りである。「―な説明」

❸《チョウ》(国)ちょう。㋐書物の紙一葉。表裏二ページ。㋑距離の単位。一丁は約一一〇メートル。㋒豆腐などを数える語。㋓ばくちで、さいころの目の偶数。

【丁半】(チョウハン) さいころの目の偶数(丁)と奇数(半)。丁半で勝負がきまる博打(ばくち)。

熟語「丁合・丁目・改丁・落丁・乱丁・豆腐一丁」

❹《トウ・チョウ》物があたる音。

【丁丁】(チョウチョウ) 物を続けて強く打つ音。打打。

【丁丁発止】(チョウチョウハッシ) 刀などで激しく切り合うさま。「―(=激論を戦わせる)の論戦」

熟語「丁当」

❺その他。当て字など。

【丁子・丁字】(チョウジ) フトモモ科の常緑高木。

【丁度】(チョウド) 「二時―」「―よいところへ来た」

【丁髷】(ちょんまげ) 江戸時代の男子の髪形の一。

【丁字路】(テイジロ) 丁字形に交わる道路。

【弔】

準2級 4画 弓-1 音 チョウ(テウ)漢呉 訓 とむらう・とむらい ①3604 Ⓤ5F14

筆順 弔

なりたち [象形]棒につるを巻きつけ、端がたれているさまにかたどる。他人の不幸に対して同情をたれるの意。

❶とむらう。死者をいたみ慰める。遺族を慰める。とむらい。

【弔意】(チョウイ) 死を悲しむ気持ち。「―を表す」

【弔慰】(チョウイ) 死者を悼み遺族を慰める。「―金」

【弔事】(チョウジ) お悔みごと。不幸。⇔慶事

【弔辞】(チョウジ) 死者を悼む言葉。「―を述べる」

【弔電】(チョウデン) お悔やみの電報。「―を送る」

【弔文】(チョウブン) 死者を悼む文。「―を寄せる」

【弔砲】(チョウホウ) 弔意を表すために発射する空砲。

【弔問】(チョウモン) 遺族を訪れ、お悔みを述べる。「―客」

【弔い合戦】(とむらいガッセン) 死者の霊を慰めるためのいくさ。「主君の―」

熟語「弔歌・弔旗・弔客・弔鐘・敬弔・慶弔・追弔」

❷つるす。つり下げる。同吊(ちょう)。

【庁】

5級 5画 广-2 音 チョウ(チャウ)呉・テイ漢 ①3603 Ⓤ5E81

【廳】25画 广-22 ②5512 Ⓤ5EF3

〔廰〕20画 广-17 ②5513 Ⓤ5EF0

筆順 庁

なりたち [形声]广+聽(よく聞く)音。政治に関する意見をよく聞くところ、役所の意。「庁」は俗字。

役所。行政組織。また、その建物。

【庁舎】(チョウシャ) 官庁の建物。役所の建物。

熟語「庁費・庁務・官庁・県庁・省庁・退庁・登庁・入庁・府庁・本庁・来庁・官公庁」

【兆】

7級 6画 儿-4 音 チョウ(テウ)漢・ジョウ(デウ)呉 訓 きざす・きざし ①3591 Ⓤ5146

人名 とき・よし

筆順 兆

なりたち [象形]うらないのために亀の甲に焼きごてをさしこんで生じさせたひび割れにかたどり、吉凶の兆候、きざしの意を表す。篆文では、兆+卜(うらなう)。

❶きざし。ある事態の前触れ。きざす。同徴。

【兆候】(チョウコウ) 前触れ。きざし。「危険な―」

熟語「吉兆・凶兆・瑞兆(ずいちょう)・前兆・予兆」

❷数の単位。億の一万倍。数がきわめて多い。

熟語「兆民・億兆」

❸はか。墓地。

熟語「兆域」

❹うらなう。うらない。

熟語「兆占・占兆」

【町】

10級 7画 田-2 音 チョウ(チャウ)呉・テイ漢 訓 まち ①3614 Ⓤ753A

〔甼〕7画 田-2 ②6522 Ⓤ753C

筆順 町

なりたち [形声]田+丁(くぎ)音。丁字形をなす田のあぜ道の意。

❶あぜ。田を区切るあぜ。さかい。

熟語「町畦(ちょうけい)(ていけい)」

❷(国)まち。㋐市街地。㋑ちょう。地方公共団体の一。

【町会】(チョウカイ) ①町議会。「―議員」②町内会。

【町政】(チョウセイ) 町の政治。「―懇談会」

【町村】(チョウソン) 町と村。町や村。「―役場」

【町内】(チョウナイ) 市街地の一区画。「―会」

【町人】チョウニン 江戸時代の身分の一つ。商人や職人。
【町民】チョウミン 町に住む人。「―集会」「―の代表」
【町工場】まちコウば 町にある規模の小さな工場。
【町並(み)】まちなみ 町に人家が建ち並ぶ様子。
【町役場】まちヤクば 町の行政を取り扱う役所。
熟語「町家・町議・町制・町税・町長・横町・市町村」
❸(国)ちょう。㋐面積の単位。一町は三〇〇〇坪。㋑長さの単位。一町は約一〇九メートル。
熟語「町歩・町場」

【長】

9級 8画 長-0 ①3625 Ⓤ9577

音 チョウ(チヤウ)漢呉・ジョウ(ヂヤウ)呉
訓 ながい・た-ける・おさ・たけ

難読 長刀(なぎなた)・長吻虻(つりあぶ)・長官(かみ)(こう)・長庚(ゆうずつ)・長押(なげし)・長門(ながと)・長閑(のどか)

人名 すすむ・たけ・たけし・たつ・つかさ・つね・ながし・のぶ・ひさ・ひさし・まさ・まさる・ます・みち

筆順 

なりたち  [象形]老人が長い髪をなびかせるさまにかたどる。

◉異字同訓◉
◇たける(▽長・▼闌)
「長ける」は“あることにすぐれている”の意。「才長ける」「世故(せこ)に長ける」
「闌ける」は“たけなわになる。盛りが過ぎる”の意。「春闌けて」「日が闌ける」

❶ながい。時間的にへだたっている。
【長期】チョウキ 「―にわたる戦い」「―予報」⇔短期
【長久】チョウキュウ ながくひさしい。「武運―」
【長考】チョウコウ (将棋などで)長い時間考える。
【長寿】チョウジュ 「不老―」「―を全うする」
【長生】チョウセイ ながいきする。「不老―」
【長逝】チョウセイ 死ぬ。逝去。「―を哀悼する」
【長足】チョウソク ①はやあし。②進みがはやい。「―の進歩を遂げる」
【長大息】チョウタイソク 長く大きな(ため)息。「―を漏らす」
【長命】チョウメイ 長生きである。「―を保つ」⇔短命
【長夜】チョウヤ ①長い夜。「―(=夜通し)の宴」②煩悩に迷う。「無明―」
【長雨】ながあめ 幾日も降り続く雨。「秋の―」
【長居】ながい 訪問先に長時間いる。「―は無用」
【長唄・長歌】ながうた 江戸で発展した三味線音楽。
【長月】ながつき 陰暦九月の異称。菊月。ながづき。
熟語「長欠・長嘯・長征・最長・悠長」

❷ながい。距離的・空間的にへだたっている。遠い。
【長歌】チョウカ 五音と七音の二句を三回以上続けて最後を七音で止める和歌。
【長駆】チョウク 長い距離を走る。
【長袖】チョウシュウ ①長いそでの着物。②公卿や僧侶をあざけっていう語。「―者流」
【長城】チョウジョウ ①長い城壁。②万里の長城。
【長身】チョウシン 身長が高い。「―痩軀(そうく)」
【長蛇】チョウダ 「―を逸する」「―の列が続く」
【長大】チョウダイ 「―な論文」⇔短小
【長髪】チョウハツ 「―の若者」⇔短髪
【長物】チョウブツ 長い物。「無用の―(=役に立たない)」
【長文】チョウブン 「―の書簡」「―失礼しました」⇔短文
【長編・長▼篇】チョウヘン 「―小説を読む」「―映画」⇔短編
【長屋・長家】ながや 長い一棟を数個に分けた建物。
〈長刀〉なぎなた 長い柄に刀身をつけた武器。
【長▽押】なげし 日本建築で柱と柱をつなぐ横材。
熟語「長軀・長針・長途・長刀・長柄・長虫・長目飛耳・意味深長」

❸のびる。ながくなる。のばす。
熟語「延長・消長・助長・増長」

❹大きくなる。育つ。
熟語「生長・成長」

❺たける。㋐ちょうずる。年をとっている。㋑まさる。すぐれる。
【長兄】チョウケイ 一番年上の兄。「―が家督を継ぐ」
【長者】チョウジャ ①年長者。「氏の―」②金持ち。「億万―」
【長所】チョウショ 優れている点。「―を生かす」⇔短所
【長上】チョウジョウ 目上の人。「―に敬意をはらう」
【長短】チョウタン 「―併せ持つ」「―相補う」
【長幼】チョウヨウ 年長者と年少者。「―の序」
【長老】チョウロウ 年長の学徳ある人。「村の―」
熟語「消長・年長・一長一短」

❻最年長である。
【長兄】チョウケイ 一番年上の兄。
【長子】チョウシ ①最初に生まれた子。⇔末子。②長男。
【長姉】チョウシ 一番年上の姉。
【長女】チョウジョ 最初に生まれた女の子。
【長男】チョウナン 最初に生まれた男の子。長子。

❼おさ。責任者。かしら。
【長官】チョウカン 官庁で最高の地位。「文化庁―」
熟語「駅長・校長・社長・首長・所長・船長・隊長」

❽ながさ。また、たけ。高さ。
熟語「身長・全長・体長」

❾むだな。よけいな。
熟語「長物」

❿その他。
【長門】ながと 旧国名。山口県の北部・西部に相当。

チ

【長州】長門国の別名。
熟語「薩長・征長」

【重】⇩ジュウ(二九六ページ)

【挑】

準2級 9画 手(扌)-6 音 チョウ(テウ)漢呉・ジョウ(デウ)呉 訓 いどむ・かかげる ①3609 Ⓤ6311

筆順 扌 扌 扌 扌 挑 挑 挑

なりたち [古字形] [形声]手＋兆(ひびが入り二つに割れる)音。割れ目に手をひっかけて二つに引き離す意から、いどむ・しかける意を表す。

❶いどむ。しかける。そそのかす。
【挑戦】戦いをいどむ。「―的な態度」
【挑発・挑▼撥】「敵を―する」「―に乗る」
熟語「挑動」

❷かかげる。かきたてる。
熟語「挑灯」

❸になう。肩にかつぐ。
熟語「挑担」

【帳】

8級 11画 巾-8 音 チョウ(チヤウ)漢呉 訓 とばり ①3602 Ⓤ5E33

人名 はる

筆順 巾 巾 帄 帳 帳 帳 帳

なりたち [古字形] [形声]巾＋長(ながい)音。長く張りめぐらした布の意から、とばりの意を表す。

❶とばり。たれぎぬ。カーテン。
【帳帷】とばり。垂れ幕。帷帳。
熟語「帳下・帳中・帷帳・開帳・几帳・玉帳・紙帳・緞帳」

❷ものを書くための冊子。帳面。帳簿の類。
【帳合(い)】現金や在庫と帳簿を照らす。「―をとる」

【帳消し】「借金を―にする」「業績を―にする失敗」

【帳尻】収支決算の結果。「―合わせ」「―が合わない」

【帳場】帳簿をつけ勘定をする所。勘定場。

【帳簿】金銭などの出納を記す帳面。

【帳面】ノート。帳簿。「―上の利益」

熟語「画帳・記帳・台帳・通帳・手帳・出納帳」

【張】

6級 11画 弓-8 音 チョウ(チヤウ)漢呉 訓 はる・はり ①3605 Ⓤ5F35

人名 つよ・とも

筆順 コ 弓 弘 弡 張 張 張 張

なりたち [古字形] [形声]弓＋長(ながい)音。弓の弦を長くのばす、はるの意。

> ◉異字同訓◉
> ◇はる(張・貼)
> 「張る」は"覆い広げる。引きしまる。おし通す。平手で打つ"の意。平手で打つ、の意では「撲る」とも書く。「池に氷が張る」「テントを張る」「水槽に水を張る」「気が張る」「意地を張る」「欲の皮が張る」「ほっぺたを張る」
> 「貼る」は"糊などでくっつける。表面にはりつける"の意。「封筒に切手を貼る」「壁にポスターを貼る」

❶はる。のばす。ひろげる。
【張本】たくらみのもと。「賊の―」

【張本人】原因を作った人。首謀者。「騒動の―」

【張(り)子】紙を幾重も重ねて作ったもの。「―の虎」

熟語「張力・開張・拡張・緊張・弛張・出張・伸張・怒張・膨張」

❷強くいう。おおげさにいう。
熟語「誇張・主張」

❸たれまく。とばり。
熟語「張飲」

❹(国)はり。弓・琴・幕など、張ったものを数えるのに用いる。
熟語「天幕一張」

❺(国)はる。競争する。無理をして押し通す。つっぱる。
熟語「張り合う・張り飛ばす」

❻その他。人名。
【張角】?～一八四 中国、後漢末、黄巾の乱の指導者。

【張儀】?～前三一〇 中国、戦国時代の縦横家。韓・魏・趙などの大国の王に連衡策を説いて蘇秦の合従策を破った。

【張騫】?～前一一四 中国、前漢の西域交通の開拓者。匈奴挟撃のため武帝により大月氏国に派遣されたが、匈奴に抑留されること十有余年にして帰国。

【張三▼李四】市井の一般人。熊さん八っつあんの類。注記 中国では張氏・李氏はありふれた姓であるところから。

【張飛】?～二二一 中国、三国時代の蜀の武将。関羽とともに劉備に仕え、魏・呉と戦った。

【張良】?～前一六八 中国、前漢初期の政治家。字は子房。漢の高祖を助けて秦を滅ぼし、漢の建国に尽くした。漢の三傑の一人。

【彫】〔彫〕

3級 11画 彡-8 音 チョウ(テウ) 漢 呉 訓 ほる・え-る ①3606 Ⓤ5F6B
〔彫〕11画 彡-8 Ⓤ2F89A

筆順 丿 冂 月 円 周 周 彫

なりたち  [形声]周(あまねくゆきわたる)音＋彡(模様)。一面に模様をほるの意。

❶ほる。える。ほりきざんで飾りをつける。
【彫金】(チョウキン) 金属を彫って模様を施す。「—師」

【彫刻】(チョウコク) 「—家」「—刀」「壁に—を施す」

【彫塑】(チョウソ) 彫刻と塑像。「—家」「—用の粘土」

【彫像】(チョウゾウ) 彫刻して作った像。

【彫▼琢】(チョウタク) ①宝石を刻み磨く。②詩や文章を推敲する。

【彫(り)物】(ほりもの) ①彫刻。②入れ墨。

熟語「牙彫(げちょう)・木彫」
❷しぼむ。しなびる。同凋。
【彫落】(チョウラク) 枯れる。落ちぶれる。「名家の—」
熟語「後彫(こうちょう)」

【眺】

準2級 11画 目-6 音 チョウ(テウ) 漢 呉 訓 ながめる ①3615 Ⓤ773A

筆順 丨 冂 目 盯 盯 眺 眺

なりたち  [形声]目＋兆(ひびが入り二つに割れる)音。左右にけしきが広がり、見はらすの意。

ながめる。遠くを見渡す。また、ながめ。見渡した景色。

【眺望】(チョウボウ) 見晴らし。「—が開ける」「—台」

【釣】〔釣〕

準2級 11画 金-3 音 チョウ(テウ) 漢 呉 訓 つる・つ-り ①3664 Ⓤ91E3
〔釣〕11画 金-3

筆順 ノ 亼 全 金 金 釣 釣

なりたち  [形声]金＋勺(ひしゃく)音。ひしゃくですくうように、金属製のはりで魚をつるの意。

◉異字同訓◉
◇つる(釣・▼吊・▼攣)
「釣る」は"釣り針で魚をとる。巧みに人を誘う"の意。「フナを釣る」「海老(えび)で鯛を釣る」「甘言で釣る」

「吊る」は"物にかけて下げる。高くかけ渡す"の意。「蚊帳(かや)を吊る」「ハンモックを吊る」「棚を吊る」「重りを吊り下げる」

「攣る」は"筋肉がひきつって痛む"の意。「痙る」とも書くが、仮名書きが普通。「ふくらはぎが攣る」「顔が引き攣る」

❶つる。針や糸を使って魚をとる。
【釣果】(チョウカ) 魚釣りの成果。「—を競う」

【釣魚】(チョウギョ) 魚をつること。魚つり。

【釣(り)堀】(つりぼり) 金を取って魚を釣らせる場所。

熟語「釣竿(ちょうかん)・釣人・釣具」
❷つる。つるす。つりあげる。
【釣(り)鐘】(つりがね) 寺院の鐘楼などに釣ってある大きな鐘。「—を撞く」「提灯に—」

【釣▽瓶】(つるべ) 縄または竿の先につけて、井戸水をくみ上げるのに使う桶。「—落とし」
❸(国)つり。「釣り銭」の略。おつり。

【頂】

人名 かみ 5級 11画 頁-2 音 チョウ(チヤウ) 呉・テイ 漢・チン 唐 訓 いただく・いただき ①3626 Ⓤ9802

筆順 丁 丆 丆 丆 頂 頂 頂

なりたち  [形声]丁(上部が口形をしたくぎ)音＋頁(あたま)。頭の上部、いただきの意。

❶いただき。㋐頭のてっぺん。㋑いちばん高いところ。
【頂上】(チョウジョウ) 「山の—」「彼は今が人気の—(=最高の状態)だ」

【頂点】(チョウテン) 「政界の—を目指す」「喜びが—に達する」

熟語「頂角・頂門・頂礼・円頂・灌頂(かんじょう)(かんちょう)・骨頂・山頂・絶頂・丹頂・天頂・登頂・頭頂・波頂・顱頂(ろちょう)」
❷いただく。㋐頭に物をのせる。高く差し上げる。㋑(国)「もらう・食べる・飲む」などのへりくだった言い方。
用例【頂戴】(チョウダイ) 「ご馳走を—する」「お金(を)—」「サインを頂く・お酒を頂く・夕食を頂く」

【鳥】

9級 11画 鳥-0 音 チョウ(テウ) 漢 呉 訓 とり ①3627 Ⓤ9CE5

難読 鳥屋(とや)・鳥渡(ちょっと)・百舌鳥(もず)・啄木鳥(きつつき)(たくぼくちょう)(けら)・善知鳥(うとう)

筆順 ′ 亻 卢 白 自 鳥 鳥 鳥

なりたち  [象形]尾の垂れさがったとりにかたどる。

とり。翼をもつ動物の総称。

【鳥▼瞰】(チョウカン) 空中や高所から見おろす。「—図」

チ

【鳥獣】チョウジュウ とりやけもの。「―保護区」
【鳥跡】チョウセキ ①鳥の足あと。②漢字。
【鳥媒花】チョウバイカ 鳥が受粉を助ける花。
【鳥目】チョウモク 銭。金銭。
【鳥居】とりい 神社の入口に立てる門。「―を越す」
【鳥肌・鳥▽膚】とりはだ 「あまりの怖さに―が立つ」
【鳥目】とりめ 夜盲症(やもうしょう)の俗称。
熟語「鳥人・鳥類・鳥瞰(ちょうかん)図・愛鳥・益鳥・害鳥・鵞鳥(がちょう)・窮鳥・瑞鳥・駝鳥(だちょう)・白鳥・飛鳥・猛鳥・夜鳥・野鳥・霊鳥・一石二鳥」

【朝】〔朝〕

9級 12画 月-8 音 チョウ(テウ)漢呉 訓 あさ・あした ①3611 Ⓤ671D

難読 朝臣(あそん・あそみ・あっそん)・朝餉(あさがれい)(あさげ)
人名 かた・さ・とき・とも・のり・はじめ
筆順 一 十 卉 吉 直 卓 朝 朝
なりたち ［会意］甲骨文では、屮(くさ)二つ＋日＋月。草むらから太陽がのぼり月が残る時の意。篆文では、倝(旗ざお、旗があがるように日がのぼる)＋舟(潮が岸に寄せる)。

❶あさ。あした。夜が明けてからしばらくの間。
【朝▽餉・朝▽食】あさげ あさめし。朝食。
【朝露】あさつゆ 朝早く草葉などにおりた露。
【朝▽凪】あさなぎ 海岸で、朝一時的に風がやむ現象。
【朝寝】あさね 朝遅くまで寝ている。「―坊」
【朝日】あさひ 朝のぼる太陽。⇔夕日。別表記 旭
【朝焼け】あさやけ 日の出前、東の空が赤くそまる。⇔夕焼け
【朝(あした)に道を聞かば夕べに死すとも可なり】 人としての道を悟ることができれば、すぐに死んでも悔いはない。出典「論語里仁」より。
【朝刊】チョウカン 「―を配達する」「―紙面」
【朝菌(ちょうきん)は晦朔(かいさく)を知らず】 限られた境遇にあるものは、広い世界があることを知らない。短命のたとえ。出典「荘子逍遥遊」より。
【朝三暮四】チョウサンボシ ①表面的な相違や利害にとらわれて結果が同じになることに気づかぬこと。②うまい言葉で人をだますこと。出典「列子黄帝」などに見える故事。
【朝食】チョウショク 「―抜きで仕事する」「―の支度」
【朝夕】チョウセキ 朝と夕方。毎日。「―勉学に励む」
【朝暮】チョウボ ①明け方と日暮れ。②いつも。
【朝来】チョウライ 朝からずっと。朝以来。
【朝礼】チョウレイ 朝の始業前の集まり。「―で話す」
【朝令暮改】チョウレイボカイ 法令などが一定せず、あてにならない。
【朝露】チョウロ ①あさつゆ。②はかないもののたとえ。「人生―のごとし」
熟語「朝会・朝旦・朝開暮落・朝朝暮暮・今朝(こんちょう)(けさ)・早朝・毎朝・明朝(みょうちょう)・翌朝」

❷ひととき。日。一日。
熟語「一朝」

❸天子が政治を行うところ。
【朝賀】チョウガ 諸臣が参内して寿詞を述べること。
【朝見】チョウケン 臣下が天子に拝謁する。「―の儀」
【朝貢】チョウコウ 外国の使いが貢物を奉る。「―船」
【朝廷】チョウテイ 君主が政治をとる所。「大和―」
【朝敵】チョウテキ 朝廷にはむかう賊。「―を討つ」
【朝野】チョウヤ ①朝廷と在野。「―の名士」②世間。天下。
熟語「朝威・朝恩・朝儀・朝議・朝権・朝臣・朝命・在朝・退朝・入朝」

❹同一系統の天子が統治している世。その天子。
熟語「王朝・清朝・南朝・北朝・平安朝」

❺天子の統治する国。
熟語「異朝・本朝」

❻「朝鮮」の略。
熟語「日朝」

❼(国)日本。
熟語「帰朝・来朝」

【貼】

2級 12画 貝-5 新常用 音 チョウ(テフ)漢呉・テン慣 訓 はる ①3729 Ⓤ8CBC

筆順 丨 冂 目 貝 貝 貝ト 貝ト 貼
なりたち ［形声］貝(たから)＋占(特定の場所をしめる)音。たからを借金のかたに置くの意。転じて、つける・はるの意にも用いる。
◉異字同訓◉【張】(四五六ページ)の「異字同訓」欄を参照のこと。

はる。のりなどでくっつける。
【貼付】チョウフ はりつける。「写真を―する」注記「てんぷ」は慣用読み。
熟語「貼用」

【超】

3級 12画 走-5 音 チョウ(テウ)漢呉 訓 こえる・こす ①3622 Ⓤ8D85

人名 おき・き・こゆる・たつ・とおる・ゆき
筆順 土 キ 走 起 起 超 超 超
なりたち ［形声］走＋召(手を曲げてまねく)音。曲線を描いてとびこえるの意。

❶こえる。こす。基準や限界を上回っている。
【超過】チョウカ 一定の限度を超える。「―勤務」
【超克】チョウコク 困難に打ち克つ。「苦悩を―する」

【超法規】チョウホウキ 法規にとらわれない。「―的措置」

熟語「出超・入超」

❷かけ離れている。はるかにすぐれている。

【超越】チョウエツ ①普通の程度をはるかにこえている。「人知を―する」②俗事にこだわらない。「俗界を―している」

【超常現象】チョウジョウゲンショウ 科学的に説明不可能な現象。

【超人】チョウジン 並はずれた能力の持ち主。「―的な体力」

【超絶】チョウゼツ 並はずれて優れている。「―技巧」

【超然】チョウゼン 世俗的な物事にこだわらない。「―たる態度」

【超俗】チョウゾク 俗事を超越している。「―的な生活」

【超能力】チョウノウリョク 科学的に説明不可能な能力。

熟語「超卓・超脱・超凡」

❸極端な。なみはずれた。

【超音速】チョウオンソク 音よりも速い速度。「―旅客機」

【超特急】チョウトッキュウ 特急より早い列車。「―(=特別に早く)で仕上げる」

【腸】

7級 13画 肉(月)-9 音 チョウ(チヤウ)漢 訓 はらわた・わた ①3618 Ⓤ8178

〔膓〕15画 肉(月)-11 ②7122 Ⓤ8193

筆順 刀 月 肌 胆 腥 腥 腸 腸

なりたち  [形声]肉＋昜(日が高くあがる)音。長くのびている内臓、はらわたの意。

❶はらわた。消化器の一つ。わた。

【腸線】チョウセン 羊・豚の腸でつくった糸。ガット。

【腸詰(め)】チョウづめ ソーセージ。「豚の―」

熟語「腸管・腸抜(わた)き・胃腸・浣腸・灌腸(かんちょう)・鼓腸・心腸・整腸・脱腸・直腸・盲腸・羊腸・十二指腸」

❷こころ。精神。

熟語「愁腸・心腸・断腸」

【跳】

4級 13画 足-6 音 チョウ(テウ)漢・ジョウ(デウ)呉 訓 はねる・とぶ・おど-る ①3623 Ⓤ8DF3

筆順 口 早 早 足 趴 趵 跳 跳

なりたち  [形声]足＋兆(ひびが入り二つに割れる)音。足で地面をけって空中にはねあがるの意。

◉異字同訓◉

◇はねる(跳・▼撥・▼刎)

「跳ねる」は"跳躍する。飛び散る。興行が終わる"の意。「ぴょんぴょん跳ねる」「カエルが跳ねる」「服に泥が跳ねる」「芝居が跳ねる」

「撥ねる」は"はじきとばす。除外する"の意。「車が泥水を撥ねる」「車に撥ねられる」「面接で撥ねられた」「日当の上前を撥ねる」

「刎ねる」は"首を切り落とす"の意。「敵将の首を刎ねる」

◉異字同訓◉【飛】(五四七ページ)の「異字同訓」欄を参照のこと。

❶はねる。とぶ。弾みをつけて空中に上がる。

【跳馬】チョウバ 体操競技の種目の一つ。

【跳躍】チョウヤク ①とびあがる。②跳躍競技のこと。

熟語「跳駆・跳身」

❷おどる。まう。また、のさばる。

【跳▼梁】チョウリョウ ①おどりはねる。②悪人が勝手にふるまう。「反乱軍が―する」「―跋扈」

熟語「跳舞」

【徴】

4級 14画 彳-11 音 チョウ漢呉・チ漢呉 訓 め-す・しるし・きざし ①3607 Ⓤ5FB4

〔徵〕15画 彳-12 ③8436 Ⓤ5FB5

人名 あき・あきら・きよし・すみ・なり・もと・よし

筆順 彳 彳 徃 徉 徨 徴 徴 徴

なりたち  [形声]「微の略体」(かすか)＋壬(あらわす)音。かすかに現れたものの意から、きざし、しるしの意を表す。

❶《チョウ》呼びよせる。金品をとり立てる。

【徴収】チョウシュウ 金銭をとりたてる。「会費の―」

【徴集】チョウシュウ 人や物を召し集める。「軍費を―する」

【徴税】チョウゼイ 租税を取り立てる。「―令書」「―法」

【徴発】チョウハツ 強制的に人や物を集める。「食糧を―する」

【徴兵】チョウヘイ 兵役につかせる。「―制」「―検査」

【徴募】チョウボ 募り集める。徴集。「新兵を―する」

【徴用】チョウヨウ 強制的に業務につかせる。「―令」

熟語「加徴・増徴・追徴」

❷《チョウ》しるし。前触れ。また、明らかにする。

【徴候】チョウコウ 「地震の―」「回復の―」

【徴証】チョウショウ 証拠。「内部―」「文献的―を示す」

【徴表】チョウヒョウ 特徴を表すもの。属性。メルクマール。

熟語「吉徴・象徴・特徴・明徴」

❸《チ》東洋音楽の五音(ごいん)。「宮商角徴羽」の一つ。

【嘲】

2級 15画 口-12 新常用 音 チョウ(テウ)漢呉・トウ(タウ)漢 訓 あざける ②5162 Ⓤ5632

〔嘲〕15画 口-12

チ

筆順 口 叮 吐 咕 咭 嘻 嘲 嘲

なりたち [形声]口＋朝(やかましい音の擬声語)音。人のことをあれこれとさわがしく言う意から、あざける意を表す。

あざける。ばかにして笑う。

【嘲笑】(チョウショウ) あざわらう。「世間の―を浴びる」

【嘲罵】(チョウバ) あざけりののしる。「―を浴びせる」

【嘲弄】(チョウロウ) あざける。「失敗を―される」

熟語「自嘲・冷嘲」

【潮】

5級 15画 水(氵)-12 音 チョウ(テウ)漢 訓 しお・うしお ①3612 Ⓤ6F6E

〔潮〕15画 水(氵)-12 Ⓤ2F90F

人名 うしお

筆順 氵 氵 汁 沽 淖 淖 潮 潮

なりたち [形声]水＋朝(潮がうち寄せるあさ)音。あさしお、うしおの意。金文・篆文では、「淖」に作り、水＋「屮(くさ)二つ＋日」(草むらから太陽がのぼる時)の会意文字。あさのあげしおの意。

❶しお。うしお。海水のみちひき。また、海水。

【潮汁】(うしおじる) 魚介の実(み)の吸い物。うしお。

【潮風】(しおかぜ) 潮けを含んだ海からの風。

【潮▽騒】(しおさい) 寄せ来る波の音。

【潮路】(しおじ) ①潮の通り道。「―に乗る」②海路。

【潮時】(しおどき) 「満潮の―」「―(=好機)を見計らう」

【潮干狩(り)】(しおひがり) 潮の引いた浜で貝などをとる。

【潮位】(チョウイ) 基準面からの海面の高さ。「―測定」

【潮▼汐】(チョウセキ) 潮の満ち引き。「―表」「―推算」

【潮流】(チョウリュウ) 潮の流れ。時勢の動き。「時代の―」

【潮力】(チョウリョク) 潮の干満によって起きるエネルギー。「―発電」

熟語「暗潮・渦潮・海潮・干潮・紅潮・高潮・主潮・順潮・初潮・退潮・満潮」

❷時の流れ。時代を支配する一般的傾向。

熟語「思潮・風潮」

【澄】

4級 15画 水(氵)-12 音 チョウ漢呉 訓 すむ・すます ①3201 Ⓤ6F84

〔澂〕15画 水(氵)-12 ②6313 Ⓤ6F82

人名 きよ・きよし・きよみ・きよむ・すみ・とおる

筆順 氵 氵 氵 沪 泙 澄 澄

なりたち [澂][形声]水＋「徵の略体」(かすかに現れる)音。うわずみが水の上方にでき、すむの意。[澄][形声]水＋登(上にあがる)音。「澂」の別体。

❶すむ。すます。水などがすきとおっている。

【澄明】(チョウメイ) 「―な大気」「―液体」

熟語「澄高・澄徹・清澄・明澄」

❷(国)すます。㋐心を集中させる。㋑気取る。

用例「つんとお高く澄ます・耳を澄ます」

【調】

8級 15画 言-8 音 チョウ(テウ)漢・ジョウ(デウ)呉 訓 しらべる・ととのう・ととのえる・しらべ・みつぎ ①3620 Ⓤ8ABF

〔調〕15画 言-8

人名 しげ・しらべ・つき・つぎ・つぐ・なり・のり・みつぎ

筆順 言 言 訂 訶 訶 調 調 調

なりたち [形声]言＋周(あたり一面にゆきわたる)音。言葉がまんべんなくゆきわたり、ととのうの意。

◉異字同訓◉【整】(三七〇ページ)の「異字同訓」欄を参照のこと。

❶ととのえる。好ましい状態にまとめる。ととのう。

【調印】(チョウイン) 公文書に署名捺印する。「―式」

【調合】(チョウゴウ) 薬などをまぜ合わせる。「薬の―」

【調剤】(チョウザイ) 薬剤を調合する。「―薬局」

【調製】(チョウセイ) 注文通りに作る。「洋服を―する」

【調整】(チョウセイ) 「時計を―する」「年末―」

【調節】(チョウセツ) 調度よい状態にする。「温度―」

【調達】(チョウタツ) 物資を集める。「資金―に成功する」

【調停】(チョウテイ) 「紛争の―」「―役を務める」

【調度】(チョウド) 日常用の家具や道具類。「―品」

【調髪】(チョウハツ) 髪の形を整える。整髪。

【調伏】(チョウブク) 魔物を降伏(ごうぶく)する。

【調法】(チョウホウ) 「―な道具」「大変―している」注記「重宝」とも書く。

【調味】(チョウミ) 「―料」「塩で―する」

【調理】(チョウリ) 食品を料理する。「―台」

【調律】(チョウリツ) 楽器の音色をととのえる。「―師」

【調和】(チョウワ) 釣り合いがとれている。「―を保つ」

熟語「調弦・調進・協調・同調」

❷ならす。訓練する。

【調教】(チョウキョウ) 犬などを訓練する。「―師」

【調練】(チョウレン) 訓練する。練兵。「―場」

熟語「調馬」

❸はずみ。いきおい。おもむき。ようす。

【調子】(チョウシ) 「体の―(=具合)が悪い」「―(=勢い)に乗る」「―(=音程)外れ」「軽快な―(=表現)の口語詩」

熟語「快調・基調・強調・好調・順調・単調・低調・不調・乱調」

❹言葉のリズム。また、文章のスタイル。
熟語「音調・格調・口調・正調・声調」

❺しらべ。音のととのい具合。音階。
熟語「調号・移調・短調・長調・転調」

❻しらべる。てらしあわせる。
【調査】チョウサ 「—に乗り出す」「国勢—」「—結果」
【調書】チョウショ 調査書。裁判所などが作成する公文書。

❼あざける。からかう。同嘲。
熟語「調笑・調弄」

❽税。みつぎ。つき。
熟語「調布・貢調(こうちょう)・租庸調」

❾(国)㋐必要なものがそろう。交渉がまとまる。㋑しつらえる。
熟語 用例「新調」「縁談が調う・準備が調う」

【聴】

3級 17画 耳-11
音 チョウ(チャウ)呉・テイ漢
訓 きく・ゆるす
①3616 Ⓤ8074

【聽】 22画 耳-16 ②7069 Ⓤ807D

人名 あき・あきら・とし・より

筆順 一 F 耳 耳 耳 耳 聴 聴

なりたち  [形声]耳＋悳(「直＋心」の変形。まっすぐな心)＋壬(つき出る)音。耳をそばだてて、心を澄ましてよく聞くの意。

◉異字同訓◉【聞】(五七六ページ)の「異字同訓」欄を参照のこと。

❶きく。熱心に耳をかたむける。
【聴音】チョウオン 音を聞きとる。「—検査」「—機」
【聴覚】チョウカク 音を感じる感覚。「言語—士」
【聴講】チョウコウ 講義を聴く。「—生」「—料」
【聴視】チョウシ 聞いたり見たりする。視聴。「—率」
【聴取】チョウシュ ききとる。「事情を—する」「意見—」
【聴衆】チョウシュウ 「多くの—を集める」「—の歓声」
【聴診】チョウシン 体内の音を聴き診断する。「—器」
【聴聞】チョウモン 意見や演説をきく。「—会」「—者」
【聴力】チョウリョク 「—検査」「—を失う」
熟語「謹聴・敬聴・傾聴・視聴・静聴・拝聴・傍聴」

❷ゆるす。きき入れる。
【聴許】チョウキョ 聞き入れて許す。「辞職を—する」
【聴従】チョウジュウ 他人の意見を聞き入れて従う。

【懲】

準2級 18画 心-14
音 チョウ漢
訓 こりる・こらす・こらしめる
①3608 Ⓤ61F2

【懲】 19画 心-15 ③8465 ⓊFA40

筆順 彳 彳 徉 徨 徨 徴 懲 懲

なりたち  [形声]徴(明らかにする)音＋心。心を明らかにして、過ちを重ねないようにするの意。

❶こらす。こらしめる。いましめる。罰する。
【懲悪】チョウアク 悪をこらす。「勧善—の物語」
【懲役】チョウエキ 服役させる。「—囚」「無期—」
【懲戒】チョウカイ 制裁を与える。「—解雇」「—免職」
【懲罰】チョウバツ 罰を与える。「—委員会」「—規定」
熟語「膺懲・勧善懲悪」

❷こりる。失敗して、二度と同じことをやるまいという気になる。
用例「羹(あつもの)に懲りて膾(なます)を吹く(＝過去の失敗のために用心深くなりすぎる)」

チョク

【直】

9級 8画 目-3
音 チョク漢・ジキ(ヂキ)呉
訓 ただちに・なおす・なおる・じか・す-ぐ・あたい・ね
①3630 Ⓤ76F4

難読 直下(じきげ)・直会(なおらい)・直向(ひたむき)・直衣(のうし)(なおし)・直垂(ひたたれ)

人名 あたい・すぐ・すなお・ただ・ただし・ただす・ちか・なおき・なおし・ね・ま・まさ

筆順 一 十 十 冇 冇 有 直 直

なりたち  [指事]甲骨文では、「目」の上に「|」の印を付けて、まっすぐ見る意を表す。金文以降、「乚」(ついたて)を加える。

◇なおす(直・治) ◉異字同訓◉
「直す」は"正しくする。改める。置き換える"の意。「車の故障を直す」「文章の誤りを直す」「機嫌を直す」「英文を日本文に直す」
「治す」は"もとの健康な状態に戻す"の意。「傷を治す」「病気を治す」

❶まっすぐ。曲がっていない。
【直往】チョクオウ ひたむきに進む。「—邁進」
【直進】チョクシン まっすぐにすすむ。「交差点を—する」
【直線】チョクセン 「—距離」「—運動」「一—に進む」
【直方体】チョクホウタイ 隣り合う面がすべて直角に交わるような六面体。
【直立】チョクリツ まっすぐに立つ。「—不動の姿勢」
【直流】チョクリュウ ①電流の流れ方の一。⇔交流。②まっ

すぐな流れ。⇔曲流

【直角】チョッカク 角度が九〇度である。「―三角形」

【直径】チョッケイ 円・球の中心を通る線。「柱の―」

【直交】チョッコウ 二直線が垂直に交わる。「―座標」

熟語「直行・直列・鉛直・強直・曲直・硬直・垂直」

❷ごまかさない。かざらない。

【直言】チョクゲン 遠慮せずに言う。「上司に―する」

【直視】チョクシ 「現実を―する(=ありのままに見る)」

【直情径行】チョクジョウケイコウ 思うままに行動する。

【直▼諫】チョッカン 目上の人をいさめる。

熟語「愚直・剛直・司直・実直・正直(しょうじき)・率直・廉直・謹厳実直」

❸じか。間に何もはさまない。すぐ。

【直火】じかび 直接火に当てる。「―焼き」

【直参】ジキサン ①主君に直接仕える。⇔陪臣。②旗本・御家人。

【直直】ジキジキ 「―に訴える」「会長―のお言葉」

【直訴】ジキソ 手続きを経ず直接訴える。

【直筆】ジキヒツ 自分で書く。「作家の―原稿」

【直営】チョクエイ 「―店」「牧場が―する食堂」

【直撃】チョクゲキ 直接当たる。「台風の―を受ける」

【直接】チョクセツ 対象にじかに接するさま。「―聞いた話」「―対決」「―税」⇔間接

【直送】チョクソウ 直接相手に送る。「産地―」「―便」

【直属】チョクゾク 直接に属する。「内閣に―する機関」

【直通】チョクツウ 乗り換えや中継なしに目的地や相手に通じる。「―運転」「―電話」

【直売】チョクバイ 生産者が直接消費者に売る。「産地―」

【直面】チョクメン 物事にじかに接する。「危機に―する」

【直轄】チョッカツ 直接に管轄する。「―地」

【直観】チョッカン 推理を用いず、直接的に全体および本質をつかむ。「―的な判断」

熟語「直談・直伝・直披・直射・直販・直覧・直輸入」

❹ただちに。すぐに。じきに。

【直後】チョクゴ ①事の起こったすぐあと。「終戦―」②あるもののすぐ後ろ。「車の直前―の横断は危険」⇔直前

【直裁】チョクサイ 直ちに裁決する。「会長の―を仰ぐ」

【直▼截】チョクセツ まわりくどくない。ずばりという。「―簡明」

【直前】チョクゼン ①事の起こるすぐまえ。「開始―」②あるもののすぐまえ。「トラックの―を横切る」⇔直後

【直入】チョクニュウ 直ちにはいること。「単刀―」

【直下】チョッカ ①真下。「赤道―」②まっすぐ下りる。「急転―」

【直感】チョッカン 瞬時に感じとる。「危険を―する」

【直近】チョッキン 最も近い。「―三年間の統計」

【直系】チョッケイ 「―尊属」「―の弟子」⇔傍系

【直結】チョッケツ 直接に結びつく。「生活に―する問題」

熟語「直上・直答・直門」

❺あたい。ね。価値。価格。同値。

熟語「安直・下直(げじき)・高直」

❻当番勤務。

熟語「直衛・宿直・当直・日直」

❼ひたすら。

【直押し】ひたおし 一途に事を進める。「―に押す」

熟語「直隠し・直向き」

❽(国)なおす。なおる。修理する。治療する。もとの状態に戻る。

用例「故障車を直す・英語を日本語に直す」

【勅】

準2級 9画 力-7 音 チョク 漢 呉 訓 みことのり ①3628 Ⓤ52C5

〔敕〕11画 攴(攵)-7 ②5837 Ⓤ6555

人名 ただ・とき

筆順 一 ㇐ 戸 申 束 束 剌 勅

なりたち  〔会意〕金文では、束(束ねたものをよりわける)+攵(する)。ぐっと引きしめる意から、いましめる意を表す。篆文では、束+攵。「勅」は俗字。

❶みことのり。天子の命令。

【勅願】チョクガン 天皇の祈願。「―寺」

【勅語】チョクゴ 天子の言葉。みことのり。「教育―」

【勅使】チョクシ 天皇の意思を伝える使者。「―門」

【勅書】チョクショ 天皇の命令を書いた文書。

【勅▼撰】チョクセン 勅命によって編纂(へんさん)する。

【勅命】チョクメイ 天皇の命令。「―が下る」

【勅勘】チョッカン 天皇からのとがめ。「―をこうむる」

【勅許】チョッキョ 天皇の許可。「―を仰ぐ」

熟語「勅裁・勅旨・勅選・勅題・勅答・勅諭・勅令・遺勅・違勅・詔勅・神勅・聖勅・内勅・奉勅・密勅」

❷いましめる。注意する。とがめる。

熟語「勅戒・訓勅」

【捗】

2級 10画 手(扌)-7 新常用 音 チョク 漢 訓 はか・はかどる ①3629 Ⓤ6357

〔捗〕11画 手(扌)-8

注記「進陟(しんちょく)」を「進捗」と表記するようになったことから、「捗」に「はかどる」の訓が生じた。

筆順 扌 扌 扌 扌 扌 扌 捗

なりたち 〔形声〕手(しごと)+「陟の略体」(左右交互に足を踏み出して高い所にのぼる)音。左右の手で交互にたたくの意。のち、しごとが一歩一歩前

に進む意に用いる。

❶打つ。たたく。

❷(国)はか。はかどる。仕事などが順調にすすむ。

熟語「進捗」

チン

【沈】〔沉〕

4級 7画 水(氵)-4 音 チン漢・ジン呉・シン漢呉 訓 しずむ・しずめる ①3632 Ⓤ6C88

〔沉〕7画 水(氵)-4 ④7826 Ⓤ6C89

難読 沈鳧(たかべ)

筆順 

なりたち  [形声]水＋冘(ふかく押ししずめる)音。水の中にしずめるの意。

❶しずむ。しずめる。

【沈下】(チンカ) しずみさがる。「地盤—」「—橋」

【沈魚落▼雁】(チンギョラクガン) 美人を形容する語。出典「荘子(斉物論)」より。その美しさに、魚は沈み隠れ、雁は列を乱して落ちる意。

【沈降】(チンコウ) しずみさがっていく。「赤血球—速度」

【沈潜】(チンセン) ①水底深く沈む。②没頭する。「思索に—する」

【沈着】(チンチャク) ①物が底にたまる。「色素が皮膚に—する」②物事に動じない。「冷静—」「—な行動」

【沈殿・沈▼澱】(チンデン) 液体に溶けないものが底に沈みたまる。「—物」

【沈没】(チンボツ) 船などが水中に沈む。「貨物船が—した」

【沈▼淪】(チンリン) ①深く沈む。②おちぶれる。淪落。

熟語「沈船・撃沈・轟沈(ごうちん)・爆沈・不沈・浮沈」

❷元気がない。暗い気持ちになる。

【沈鬱】(チンウツ) 気分が沈むさま。「—な表情」

【沈痛】(チンツウ) 悲しみに胸を痛めるさま。「—な面持ち」

熟語「消沈・意気消沈」

❸深入りする。特に酒食にふける。

【沈酔】(チンスイ) 酒に酔いつぶれる。ひどく酔う。

熟語「沈溺(ちんでき)・沈湎(ちんめん)」

❹落ち着いている。静か。

【沈吟】(チンギン) ①考えこむ。②静かに低く吟ずる。

【沈思】(チンシ) 深く考えこむ。「—黙考」「—にふける」

【沈静】(チンセイ) 勢いがしずまる。「騒動が—する」

【沈沈】(チンチン) 夜が静かにふけゆく。

【沈黙】(チンモク) 黙りこむ。「—は金」「—を破る」

【沈勇】(チンユウ) 落ち着いて勇気がある。「—の士」

熟語「沈毅・沈深・沈思黙考」

❺久しい。とどこおる。

【沈滞】(チンタイ) 活気がない。「士気が—する」

熟語「沈痾(ちんあ)」

❻その他。

【沈香】(ジンコウ) ジンチョウゲ科の常緑高木。また、それから採取した香料。優良品を伽羅(きゃら)と呼ぶ。

【沈丁▽花】(ジンチョウゲ) ジンチョウゲ科の常緑低木。早春、多数の花が開き、芳香を放つ。ちんちょうげ。

【珍】〔珎〕

4級 9画 玉(王)-5 音 チン漢呉 訓 めずらしい ①3633 Ⓤ73CD

〔珎〕9画 玉(王)-5 ②6463 Ⓤ73CE

人名 いや・うず・くに・くる・たか・のり・はる・よし

筆順 

なりたち  [形声]玉＋㐱(髪がすきまなく生える)音。密度の高い上質の玉の意から、めずらしい意を表す。

❶めずらしい。めったにない。貴重。

【珍客】(チンキャク) めずらしい客。「—を迎える」

【珍種】(チンシュ) めずらしい種類。「—の魚を発見する」

【珍書】(チンショ) めずらしい本。珍本(ちんぽん)。

【珍説】(チンセツ) めずらしい話や意見。別表記 椿説

【珍品】(チンピン) 手に入りにくいめずらしい品。

【珍本】(チンポン) めったにない本。珍書。

【珍味】(チンミ) 珍しいおいしい食物。「山海の—」

熟語「珍羞・珍宝・珍味佳肴・七珍(しっちん)万宝」

❷大切にする。

【珍蔵】(チンゾウ) 珍しいとして大切にしまいこむ。

【珍重】(チンチョウ) 珍しがって大切にする。「—に値する」

熟語「珍玩(ちんがん)・袖珍(しゅうちん)」

❸変わっている。奇妙である。こっけい。

【珍奇】(チンキ) 珍しく変わっている。「—を好む」

【珍事】(チンジ) 珍しく変わった出来事。「前代未聞の—」「—が出来する」

【珍談】(チンダン) めったにない滑稽な話。「—奇聞」

【珍妙】(チンミョウ) 風変わりでおかしい。「—な服装」

【珍無類】(チンムルイ) 非常に変わっている。「—の話」

【珍問】(チンモン) 見当違いの滑稽な質問。「—珍答」「—奇問」

熟語「珍芸・珍説・珍答・珍優」

❹その他。当て字など。

【珍紛漢・珍▼糞漢】(チンプンカン) わけがわからない。ちんぷんかんぷん。「難しすぎて—だ」別表記 陳奮翰

熟語「繻珍(しゅちん)(しちん・しゅうちん)・頓珍漢」

【朕】〔朕〕

準2級 10画 月-6 音 チン漢 訓 われ ①3631 Ⓤ6715
〔朕〕10画 月-6

筆順

なりたち 〔会意〕もと、舟＋「物(丨)を両手(廾)で持ちあげるさま」(篆文では火＋廾に作る)。舟を上に持ち上げる浮力の意。のち、自分自身を持ち上げて、天子の自称に用いる。

われ。天子が自分を指していうことば。

注記 もとは一般人も使用したが、秦の始皇帝のときに天子の専用になったという。

【陳】

3級 11画 阜(阝)-8 音 チン漢・ジン(ヂン)呉 訓 ならべる・つらねる・のべる・ひねる ①3636 Ⓤ9673

人名 のぶ・のぶる・のり・ひさ・むね・よし

筆順

なりたち 〔会意〕もと、東(物を入れ両端をくくった袋)二つ＋攴(する)。土嚢などをいくつもならべるの意。金文では、阜(盛り土)＋東＋攴、篆文では阜＋東。並べたまま放置してある意から、ふるい意にも用いる。

❶ならべる。つらねる。列をなすように置く。
【陳列】チンレツ 物品を並べる。「—棚」「商品を—する」
熟語「出陳」

❷のべる。順を追って言い表す。また、説く。
【陳謝】チンシャ わび言を述べてあやまる。「—書」
【陳述】チンジュツ 意見・考えを述べる。「—書」
【陳情】チンジョウ 実情を述べ善処を要請する。「—書」
【陳弁】ベンチン 申し開きする。「—にこれつとめる」
熟語「陳者(のぶれば)・開陳・具陳」

❸古い。古くさい。
【陳腐】チンプ 古くさい。「—な言い回し」
熟語「新陳代謝(しんちんたいしゃ)」

❹中国の王朝名。
【陳】チン ①中国、西周・春秋時代の諸侯国の一(前一〇二七?～前四七八)。②中国、南北朝時代の南朝最後の王朝(五五七～五八九)。

❺(国)ひねる。日がたって古くなる。ませる。
用例「陳ねた生姜・陳ねた子ども」

❻その他。人名など。
【陳勝】チンショウ 前?～前二〇八 中国、秦末の農民反乱の指導者。呉広とともに反乱を起こし秦滅亡のきっかけとなった。

【賃】

5級 13画 貝-6 音 チン慣・ジン漢・ニン呉 訓 やとう ①3634 Ⓤ8CC3

人名 かね・とお

筆順

なりたち 〔形声〕任(になう)音＋貝(財貨)。財貨を与えて仕事をになわせる意から、やとう意を表す。

❶やとう。報酬を払って使用する。給金。
【賃金・賃銀】チンギン 「—体系」「—を上げる」
熟語「賃銭」

❷代価。
【賃借】チンシャク 「機械を—する」⇕賃貸
【賃貸】チンタイ 「—住宅」「—料」⇕賃借
熟語「賃貸し・賃借り・賃餅・運賃・工賃・駄賃・無賃・家賃・労賃・汽車賃」

【鎮】〔鎭〕

3級 18画 金-10 音 チン漢呉 訓 しずめる・しずまる・おさえ・おもし ①3635 Ⓤ93AE
〔鎭〕18画 金-10 ②7915 Ⓤ93AD

人名 おさむ・しげ・しず・しずめ・たね・つね・なか・まさ・やす・やすし

筆順

なりたち 〔形声〕金＋眞(つまる)音。中身がいっぱいつまっている金属のおもしの意。

◉異字同訓◉【静】(三七〇ページ)の「異字同訓」欄を参照のこと。

❶しずめる。おさえつける。しずまる。
【鎮圧】チンアツ 「反乱を—する」「暴動を—する」
【鎮火】チンカ 火が消える。火事を消しとめる。「—につとめる」「火事を—する」
【鎮咳】チンガイ 咳(せき)を抑える。「—薬」
【鎮護】チンゴ 乱をしずめ国をまもる。「—国家」
【鎮魂】チンコン 死者の魂をなぐさめしずめる。「—歌」
【鎮座】チンザ 「仏像が—する」「顔の真ん中に—する大きな鼻」
【鎮守】チンジュ ①軍隊を駐在させて守る。「—府」②その地域を守護する神。「村の—さま」「—の森」
【鎮静】チンセイ 騒ぎや気持ちなどをしずめる。「—剤」
【鎮痛】チンツウ 痛みをしずめる。「—薬」「—作用」
【鎮定】チンテイ 反乱をしずめる。「反乱を—する」
【鎮撫】チンブ 反乱をしずめ人心を安定させる。
熟語「鎮台・安鎮」

❷おさえ。おもし。重みをかける道具。
熟語「鎮子・重鎮・風鎮・文鎮」

❸一地方の中心となる大きな町。

熟語「景徳鎮・武漢三鎮」

ツ

【通】⇩ツウ（四六六ページ）

【都】⇩ト（四八四ページ）

ツイ

【対】⇩タイ（四二一ページ）

【追】

8級 9画 辵(辶)-6 音 ツイ 漢 呉 訓 おう ①3641 Ⓤ8FFD

〔追〕10画 辵(辶)-6

難読 追手（おうて・おって）・追而（おって）・追風（おいて）・追捕使（ついぶし）

筆順 ノ 亻 ド 户 𠂤 𠂤 ìŠ 追 追

なりたち ［形声］辵（ゆく）＋𠂤（積み重なった土）音。前の人に重なるように、あとを行くの意。

❶おう。あとについて進む。また、さがしもとめる。

【追及】ツイキュウ ①責任を問いただす。「容疑者を―する」②あとから追いつく。「―をかわす」

【追求】ツイキュウ 追い求める。「理想を―する」

【追究・追窮】ツイキュウ とことんまで探究する。深く考えきわめる。「真理を―する」

【追撃】ツイゲキ 敵を追い攻撃する。「敵機を―する」

【追従】ツイジュウ 人の意見に従う。「上司に―する」

【追従】ツイショウ 人にこびへつらう。「お―を言う」

【追跡】ツイセキ 「犯人を―する」「―調査」

【追討】ツイトウ 「平家―」「賊を―する」

【追突】ツイトツ 「―事故」「車に―される」

【追儺】ツイナ 節分に悪鬼を追い払う行事。

【追尾】ツイビ あとをつけていく。「敵機に―される」

【追放】ツイホウ 「国外―」「暴力を―する」「公職―」

熟語「急追・窮追・訴追・猛追」

❷あとからもう一度行う。あとから付け加える。

【追加】ツイカ あとからさらに加える。「―注文」

【追記】ツイキ あとから書き加える。「―を付す」

【追号】ツイゴウ 人の死後に贈る称号。諡（おくりな）。

【追試】ツイシ 追試験。「―を受ける」

【追伸・追申】ツイシン 手紙で本文の後に書き足す文。

【追随】ツイズイ 人の業績の跡を追う。「他の―を許さない」

【追徴】ツイチョウ 不足額を取り立てる。「―課税」

【追肥】ツイヒ 作物の生育途中に与える肥料。

熟語「追蹤・追訴・追録・追而書き・追試験・追体験」

❸過去のことをさかのぼる。過去をしのぶ。

【追憶】ツイオク 過去をしのぶ。「―にふける」

【追懐】ツイカイ 昔を思い出す。追憶。「―の情」

【追善】ツイゼン 死者の冥福を祈る。「―供養」「―興業」

【追想】ツイソウ 昔を思いしのぶ。「往時を―する」

【追贈】ツイゾウ 死後に官位を贈る。

【追悼】ツイトウ 死者をしのんでいたみ悲しむ。「―文」

【追認】ツイニン 過去にさかのぼり事実を認める。

【追慕】ツイボ 死者や別れた人を恋しく思い出す。

【椎】

2級 12画 木-8 新常用 音 ツイ 漢 呉・スイ 漢 訓 つち・しい ①3639 Ⓤ690E

人名 しい・つち

筆順 一 十 木 木' 杧 杵 椎 椎

なりたち ［形声］木＋隹（ずんぐりと下部がふくらんだとり）音。ずっしりと重みをかけてたたく木の意から、つちの意を表す。

❶つち。ものを打ちたたく工具。打ちたたく。同槌。

熟語「椎埋・鉄椎」

❷かざりがない。不完全なもののたとえ。

熟語「椎輪（ついりん）」

❸背骨。

【椎間板】ツイカンバン 椎骨の間の軟骨。「―ヘルニア」

熟語「椎骨・胸椎・頸椎（けいつい）・脊椎（せきつい）・腰椎」

❹《スイ》しい。ブナ科の常緑高木。

【椎茸】しいたけ 担子菌類のきのこ。「干し―」

【墜】

3級 15画 土-12 音 ツイ 漢 呉 訓 お-ちる・お-とす ①3638 Ⓤ589C

〔墜〕15画 土-12

筆順 ３ 阝 阝' 阝彡 隊 隊 墜 墜

なりたち ［形声］隊（ずっしりと重い盛り土）音＋土。土がずしんとくずれ落ちるの意。

❶おちる。空中を低い所へ移動する。おとす。

【墜死】ツイシ 高い所からおちて死ぬ。「崖から―する」

【墜落】ツイラク 高い所から落ちる。「飛行機の―事故」

熟語「撃墜・顛墜」

❷うしなう。なくす。

熟語「失墜」

❸おとろえる。すたれる。

熟語「墜典」

ツウ

【通】

9級　10画　辵(辶)-7

音 ツウ㊉・ツ㊉・トウ㊇
訓 とおる・とおす・かよう・かよ-わす

①3644　Ⓤ901A

〔通〕11画 辵(辶)-7

難読 木通（通草）（あけび）・通塗（通途）（つうず）
人名 とお・なお・ひらく・みち・みつ・ゆき

筆順 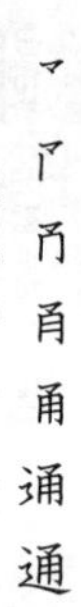

なりたち  ［形声］辵（ゆく）＋甬（上下につきぬける）㊉。つきぬけてゆく意から、とおる意を表す。

❶とおる。とおす。つきぬける。

【通運】ツウウン 荷物を運ぶ。運送。「—事業」
【通過】ツウカ 通り過ぎる。「途中駅—」
【通過儀礼】ツウカギレイ 一生の節目の儀礼。
【通関】ツウカン 輸出入について税関の許可を受ける。
【通気】ツウキ 通風。「—孔」「—性のよいシャツ」
【通行】ツウコウ ①人や車が道を通る。「左側—」②広く一般に行われる。「世間に—している説」
【通年】ツウネン 一年を通じてのこと。「—稼働」
【通風】ツウフウ 新鮮な空気を通す。「—装置」「—孔」
【通路】ツウロ 通り道。「—を車がふさぐ」
熟語「通航・通船・開通・貫通・交通・全通・直通・不通・融通」

❷かよう。行き来する。

【通学】ツウガク 学校に通う。「自転車—」「—路」
【通勤】ツウキン 勤め先に通う。「—電車」「—圏」
【通商】ツウショウ 外国と商取引を行う。「—協定」

❸意思を伝える。知らせる。交際する。かよわす。

【通交・通好】ツウコウ 国家間で交際をする。「—条約」
【通告】ツウコク 告げ知らせる。「一方的に—する」
【通信】ツウシン 電信・電話で情報を伝達する。「—衛星」
【通達】ツウタツ ①上級官庁が下級官庁に発する通知。②ある道に深く通ずる。「外国事情に—する」
【通知】ツウチ 知らせる。知らせ。「—表」「採用—」
【通▼牒】ツウチョウ ①書面で通知する。②相手国に一方的に通告する。「最後—」
【通報】ツウホウ 通知。「気象—」「警察に—する」
【通謀】ツウボウ 悪事をたくらむ。「敵と—する」
【通訳】ツウヤク 異なる言葉を話す人々の言葉を翻訳して話の仲立ちをする人。「同時—」
【通話】ツウワ 電話で話をする。その長さの単位。「—料」
熟語「通事・通弁・疎通・内通・文通」

❹男女が不義の関係をむすぶ。

熟語「姦通（かんつう）・私通・密通」

❺よく知っている。理解している。

【通暁】ツウギョウ ①夜通し。②詳しく知っている。「江戸文学に—している」
熟語「暁通・精通」

❻始めから終わりまでつながっている。

【通算】ツウサン 全体を通して計算する。「—の勝ち数」
【通史】ツウシ 全時代の歴史をまとめる。「日本—」
【通読】ツウドク 終わりまで読み通す。「全編を—する」
【通覧】ツウラン 一通り目を通す。「全集を—する」
【通夜】ツヤ 死者を葬る前に死者とともに終夜過ごす。
熟語「通解・通計・通時・通釈・通論」

❼ひろくゆきわたっている。一般に広まっている。

【通貨】ツウカ 強制通用力を有する貨幣。
【通言】ツウゲン ①世間で使われる言葉。②いきな言葉。
【通称】ツウショウ 世間一般に通用している名前。
【通常】ツウジョウ 普通である。通例。「—国会」
【通説】ツウセツ 広く行われている説。「—を覆す」
【通俗】ツウゾク 一般大衆にわかりやすい。「—小説」
【通念】ツウネン 一般に共通した考え。「社会—」
【通弊】ツウヘイ 共通してみられる弊害。「役人の—」
【通用】ツウヨウ ①世間一般に受け入れられる。「そんな言い訳は—しない」②いつも出入りすること。「—門」
【通例】ツウレイ 通常の例。普通。「—九時に出社する」
熟語「通性・通則・普通・流通」

❽ふしぎな力。

熟語「通力・神通力（じんずうりき）（じんつうりき）」

❾文書・手紙を数える言葉。

熟語「電報十通」

❿（国）つう。事情に詳しい、粋な人。

【通人】ツウジン ①ある物事に精通している人。物知り。②世態・人情に通じている人。③花柳界の事情に通じている人。通。粋人。
熟語「大通・相撲通・鉄道通」

【痛】

5級　12画　疒-7

音 ツウ㊉・トウ㊇
訓 いたい・いたむ・いためる・いた-ましい

①3643　Ⓤ75DB

筆順 

なりたち  ［形声］疒＋甬（上下につきぬける）㊉。からだをつきぬけるようないたみの意から、いたむ・いたいの意を表す。

●異字同訓●

◇いたむ（痛・傷・悼）
「痛む」は〝痛いと感じる〟の意。「傷が痛む」「付き合いで懐が痛む」

「傷む」は"物が傷つく。食べ物が腐る"の意。「床が傷む」「傷んだ魚」「イチゴはすぐ傷む」**「悼む」**は"人の死を悲しみ嘆く"の意。「親友の死を悼む」「故人を悼む」

❶いたい。いたむ。いためる。㋐肉体的に苦しみを感じる。㋑心に苦しみを感じる。

【痛覚】ツウカク 痛みを感じる感覚。

【痛苦】ツウク 痛みと苦しみ。「—の思い」

【痛恨】ツウコン 大いに残念に感じる。「一大—事」「—の極み」

【痛▾痒】ツウヨウ ①痛みとかゆみ。②苦痛。さしさわり。「何ら—を感じない」

熟語「痛惜・痛嘆・痛風・苦痛・激痛・心痛・沈痛・疼痛(とうつう)・頭痛・鈍痛・悲痛・腹痛・神経痛」

❷いたく。はげしい。はなはだしく。

【痛飲】ツウイン 大いに酒を飲む。「夜更けまで—する」

【痛快】ツウカイ 非常に愉快に感じる。「—な話」

【痛感】ツウカン 身にしみて感じる。「責任を—する」「勉強不足を—した」

【痛撃】ツウゲキ 激しい打撃を与える。「—を与える」

【痛言】ツウゲン 痛烈に意見を述べる。「—切論」

【痛惜】ツウセキ 非常に悲しむ。「—の念に堪えない」

【痛切】ツウセツ 身にしみて強く感ずる。「力不足を—に感じる」

【痛罵】ツウバ 激しくののしる。「—を浴びせる」

【痛烈】ツウレツ 非常にはげしく攻めたてるさま。「—な批判を受ける」「—な皮肉」

熟語「痛打・痛憤・痛棒」

❸(国)損害を受ける。

【痛手】いたで ①重い傷。ふかで。②はなはだしい打撃。「彼の欠場は—だ」

つか

【塚】〔塚〕

準2級 12画 土-9 音 チョウ 漢 呉 訓 つか ①3645 Ⓤ585A

〔塚〕13画 土-10 ③1555 ⓊFA10

筆順 塚

なりたち ［形声］土＋冢(つき固めた盛り土)㊔。はかの意。

つか。㋐土を盛り上げてつくった墓。㋑(国)土を盛り上げたところ(目印)。

熟語「塚穴(つかあな)・蟻塚(ありづか)・貝塚・経塚(きょうづか)・陪塚(ばいちょう)(ばいづか)・一里塚」

つける

【漬】

準2級 14画 水(氵)-11 音 シ 漢 訓 つける・つかる・ひたす ①3650 Ⓤ6F2C

筆順 漬

なりたち ［形声］水＋責(つみ重なった借金)㊔。つみ重ねて液体につけるの意。

つける。つかる。㋐ひたす。液体の中に入れる。㋑食品を調味液などに入れて味付けや保存をする。

【漬物】つけもの 塩・ぬかみそなどに漬けた貯蔵食品。「—を漬け込む」「—石」「—桶」

熟語「塩漬け・浸漬(しんし)(しんせき)・茶漬け」

つぼ

【坪】〔坪〕

準2級 8画 土-5 音 ヘイ 漢 訓 つぼ ①3658 Ⓤ576A

〔坪〕8画 土-5

筆順 坪

なりたち ［形声］土＋平(たいら)㊔。平らな土地の意。

❶平らな土地。平地。

❷(国)つぼ。面積の単位。約三・三平方メートル。

熟語「建坪・地坪」

❸(国)つぼ。壁や垣根で囲った中庭。㊐壺。

熟語「坪庭(つぼにわ)」

つめ

【爪】

2級 4画 爪-0 新常用 音 ソウ(サウ) 漢 呉 訓 つめ・つま ①3662 Ⓤ722A

注記「瓜(か)」は別字。

筆順 爪

なりたち ［象形］手を上からかぶせて指でつかむさまにかたどる。指先にあるつめの意。

❶つめ。手足のつめ。つめの形をしたもの。

【爪牙】ソウガ ①つめときば。武器。②主君を守る臣。

【爪痕】ソウコン つめあと。「台風の—(＝被害のあと)」

【爪音】つまおと ①琴をひく音。②馬蹄(ばてい)の音。

【爪先】つまさき 足の指の先。足先。「—上がり」

【爪▿弾き】つまはじき 仲間はずれ。「世間から—にされる」

【爪▾楊枝】つまようじ　小さい楊枝。こようじ。

【爪痕】つめあと　①爪でかいた傷あと。②被害のあと。「戦争の―」

【爪印】つめイン　爪先に印肉をつけておす印。

熟語「爪紅・義爪・琴爪（ことづめ）・鴻爪・指爪」

❷外国語の音訳に用いる。

熟語「爪哇（ジャワ）」

つる

【鶴】

2級　21画　鳥-10　新常用　音 カク漢　訓 つる　①3665　Ⓤ9DB4

人名　ず・たず・つ

筆順　冖 冇 冇 隺 隺 鶴 鶴

なりたち　［形声］隺（鳥が空高く飛ぶさま）音＋鳥。空高く飛ぶツルの意。

❶つる。大形の水鳥。体色は白く、首と足が長い。

熟語「夜鶴・野鶴・夕鶴」

❷つるのようであるさま。㋐つるの体のように白い。㋑つるの首のように長い。㋒つるのように長生きする。

【鶴首】カクシュ　首を長くして待つ。「―して待つ」

【鶴翼】カクヨク　鶴が翼を広げた形の陣立て。「―の陣」

【鶴▾嘴】つるはし　鶴の嘴（くちばし）のような形の掘削する道具。

熟語「鶴寿・鶴髪・鶴望・鶴林」

デ

【弟】⇩テイ（四六九ページ）

テイ

【丁】⇩チョウ（四五三ページ）

【体】⇩タイ（四二一ページ）

【低】

7級　7画　人（亻）-5　音 テイ漢呉　訓 ひくい・ひくめる・ひくまる　①3667　Ⓤ4F4E

人名　ひら

筆順　ノ 亻 亻 仁 仾 低 低

なりたち　［形声］人＋氐（低いところ、そこ）音。背の低い人の意。

❶ひくい。㋐基準より数量などが少ない。㋑劣っている。卑しい。㋒音や声が小さい。

【低圧】テイアツ　低い圧力。⇕高圧

【低音】テイオン　①低い音。②小さい音。

【低下】テイカ　「飛行高度の―」「学力の―」⇕上昇・向上

【低級】テイキュウ　「―な趣味」⇕高級

【低俗】テイゾク　下品で程度が低い。「―な男」⇕高尚

【低調】テイチョウ　①程度が低い。「―な作品」②盛り上がりに欠ける。「―な客足」⇕好調・快調

【低木】テイボク　背の低い樹木。灌木（かんぼく）。

【低迷】テイメイ　①雲などが低く漂う。「暗雲が―する」②良くない状態が続く。「業績が―する」

【低劣】テイレツ　品がなくて下らない。「―な趣味」

【低廉】テイレン　値段が安い。「―な価格」

熟語「低温・低額・低吟・低空・低語・低湿・低所・低唱・低声・低速・低地・低潮・低能・低利・低率・低気圧・高低・最低」

❷ひくめる。さげる。ひくまる。また、頭をたれる。

【低回】テイカイ　思案にふけりつつうろうろする。徘徊（はいかい）。「―趣味」別表記 低徊

【低減】テイゲン　数量がへる。「人口が―する」

【低頭】テイトウ　頭を下げる。「平身―」

【低落】テイラク　相場・人気などが低くなる。「景気の―傾向」「人気が―する」

【呈】

準2級　7画　口-4　音 テイ漢　訓 あらわ-す・しめ-す　①3672　Ⓤ5448

〔呈〕7画　口-4

人名　しめ

筆順　丶 口 口 旦 早 呈 呈

なりたち　［形声］口＋壬（つき出る）音。口から突き出る、あらわし示すの意。

❶差し出す。差し上げる。

【呈示】テイジ　差し出して見せる。「カードを―する」

【呈上】テイジョウ　人に物を差し上げる。「粗品―」

熟語「謹呈・献呈・進呈・贈呈・奉呈」

❷あらわす。しめす。人に見せる。あらわれる。

【呈出】テイシュツ　①示す。「結果を―する」②提出。「許可証を―する」

熟語「露呈」

【廷】

準2級　7画　廴-4　音 テイ漢　訓 にわ　①3678　Ⓤ5EF7

人名　ただ・なが

筆順　ノ 二 千 壬 廷 廷 廷

なりたち　［形声］壬（つき出る）音＋廴（のびる）。まっすぐにならしたにわの意。

❶政（まつりごと）を行う所。

【廷臣】(テイシン) 朝廷に仕えている臣。朝臣。
熟語「廷議・宮廷・朝廷」

❷訴えを聞いて裁く所。

【廷吏】(テイリ) 法廷で、雑務を行う裁判所職員。
熟語「開廷・休廷・出廷・退廷・閉廷・法廷」

❸にわ。敷地の中に設けた空間。同庭。

【弟】

9級 7画 弓-4

音 テイ漢・ダイ呉・デ呉
訓 おとうと

①3679 Ⓤ5F1F

難読 弟切草(おとぎりそう)・弟姫(おとひめ)・弟鷹(だい)・従兄弟(いとこ)

人名 おと・くに・ちか・つぎ・ふと

筆順 

なりたち  ［指事］つるを巻きつけたY字形の棒の下方に／のしるしを示し、下の方の意を表す。兄弟のうち、年下の者の意。

❶おとうと。年下のきょうだい。

【弟妹】(テイマイ) おとうとといもうと。⇕兄姉
熟語「義弟・兄弟(きょうだい)(けいてい)・愚弟・賢弟・実弟・子弟・舎弟・異母弟」

❷特定の師について教えを受ける人。門人。

【弟子】(デシ) 特定の師について学問・技芸の教えを受ける人。門人。ていし。「―入りする」「―を取る」「兄―」「一番―」
熟語「高弟・師弟・徒弟・門弟」

❸自分の謙称。
熟語「小弟・少弟」

❹順序。ついで。
熟語「次弟」

【定】

8級 8画 宀-5

音 テイ漢・ジョウ(ヂャウ)呉
訓 さだめる・さだまる・さだか・さだ-め

①3674 Ⓤ5B9A

人名 さだ・さだむ・つら・また・やす

筆順 

なりたち  ［形声］宀(いえ)＋正(まっすぐ行く)音。家を正しくととのえる意から、物事が一つに決まり動かない、さだまる意を表す。

❶さだめる。さだまる。㋐きめる。きまる。さだめ。きまり。㋑落ち着いていて動かない。㋒さだか。はっきりしているさま。確かなさま。

【定規】(ジョウギ) 「三角―」「杓子―」

【定石・定跡】(ジョウセキ) 囲碁・将棋で、最善とされる一定の打ち方。注記 囲碁では「定石」、将棋では「定跡」と書く。

【定席】(ジョウセキ) ①きまった座席。②常設の寄席(よせ)。

【定法】(ジョウホウ) きまった法式。「―通りに攻める」

【定宿】(ジョウやど) いつも泊まる宿。「―にしている旅館」

【定員】(テイイン) 「―オーバー」「募集―三〇名」

【定価】(テイカ) 「―をつける」「―の五割引」

【定額】(テイガク) 一定の額。「―貯金」「―小為替」

【定款】(テイカン) 組織や業務などを定めた根本規則。

【定期】(テイキ) 「―刊行物」「―的な検査」「―預金」

【定義】(テイギ) ある概念や言葉の意味・内容を、明確に規定する。「用語を―する」

【定形・定型】(テイケイ) 「―詩」「―郵便物」

【定見】(テイケン) しっかりした考え。「―のない男」

【定刻】(テイコク) 「―通りに開始する」「―に遅れる」

【定時】(テイジ) 「―に発車する」「―刊行」

【定式】(テイシキ) きまった方式。「―にのっとる」「―化」

【定住】(テイジュウ) 一定の場所に住居を定めて暮らす。

【定食】(テイショク) 飲食店で、あらかじめ献立の決まっている食事。「ハンバーグ―」

【定職】(テイショク) きまった職業。「―に就く」

【定数】(テイスウ) 「議員の―を削減する」「―を割る」

【定省】(テイセイ) 子が親に孝を尽くす。出典「礼記曲礼上」より。

【定説】(テイセツ) 一般に正しいと認められている説。

【定礎】(テイソ) 礎石を据える。工事を開始する。「―式」

【定着】(テイチャク) 「住民が―しないアパート」

【定点】(テイテン) 定まった位置の点。「―観測」

【定年】(テイネン) 「―退職」「―を迎える」別表記 停年

【定番】(テイバン) 一定の需要がある基本型の商品。

【定評】(テイヒョウ) 「―ある作品」「歌唱力に―がある」

【定理】(テイリ) 公理に基づき、論証によって証明された命題。「ピタゴラスの―」

【定例】(テイレイ) 決まって行われること。「―の会議」
熟語「定紋(じょうもん)・定位・定温・定本・定時制・定足数・一定・仮定・改定・確定・鑑定・規定・既定・協定・決定・限定・固定・裁定・指定・推定・想定・断定・認定・否定・法定・未定・予定」

❷しずめる。しずまる。おさまる。
熟語「安定・鎮定・平定」

❸さだめて。さだめし。きっと。かならず。
熟語「会者定離(えしゃじょうり)」

❹〔仏〕無念無想になること。
熟語「禅定・入定」

❺〔国〕…のとおり。
熟語「案の定(じょう)」

【底】

7級 8画 广-5

音 テイ漢呉
訓 そこ・いた-る

①3676 Ⓤ5E95

人名 さだ・ふか

筆順 

たちなり 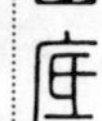 [形声]广＋氐(低いところ)㊥。家屋の基底となるところの意。

❶そこ。物の最も下の部分。行きつくところ。限界。

【底上げ】(そこあげ) 最低水準を引き上げる。「賃金の―」

【底意】(そこい) 心の奥。「―を見抜く」

【底意地】(そこイジ) 本来の心。「―が悪い」

【底入れ】(そこいれ) 相場が下がりきる。底を打つ。

【底力】(そこぢから) いざというときに出る強い力。

【底無し】(そこなし) 「―の沼」「―(=際限がない)のお人好し」

【底抜け】(そこぬけ) 「―の樽(たる)」「―(=限りのない)のお人好し」「―騒ぎ」

【底値】(そこね) 一番低いときの値段。「―で買う」

【底冷え】(そこびえ) 身体のしんまで冷え込むような寒さ。

【底光り】(そこびかり) 奥底から出る光。「―のする芸」

【底割れ】(そこわれ) 株価などが底値からさらに悪化する。

【底辺】(テイヘン) ①三角形で頂角に対する辺。②社会の下層のたとえ。「社会の―に生きる」

【底流】(テイリュウ) 川や海の底近くの流れ。「国民の―(=奥底に動く感情)にある政治不信」

熟語「底荷・海底・眼底・基底・筐底(きょうてい)・湖底・根底・心底(しんてい)(しんそこ)・水底・船底・地底・徹底・到底・払底」

❷もとになるもの。よりどころ。

【底本】(テイホン) 翻訳などをする際、拠り所とした本。

熟語「底稿」

❸いたる。達する。とどまる。

【底止】(テイシ) 行きつく所まで行ってとまる。

【抵】

4級　8画　手(扌)-5

音 テイ㊤㊥　訓 あ-たる・あ-てる

難読 抵牾(もどき)

人名 あつ・やす・ゆき

Ⓙ3681 Ⓤ62B5

筆順 

たちなり  [形声]手＋氐(そこ)㊥。手が底までぴたりと届く、あたるの意。

❶あたる。㋐ふれる。あてる。㋑相当する。該当する。

【抵触】(テイショク) ①法律・規定などにふれる。違反。「法に―する行為」②物事が互いに矛盾し衝突する。

別表記 牴触・觝触

【抵当】(テイトウ) 担保。かた。「―権」「土地を―に入れる」

熟語「大抵・並大抵」

❷こばむ。さからう。ふせぐ。

【抵抗】(テイコウ) ①逆らう。張り合う。「無―」「―勢力」②素直には受け入れがたい感じ。「―のある言い方」③反対方向に作用する力。抗力。「空気―」「摩擦―」④「電気抵抗」の略。

熟語「抵排」

【邸】

準2級　8画　邑(阝)-5

音 テイ㊤　訓 やしき

人名 いえ

Ⓙ3701 Ⓤ90B8

筆順 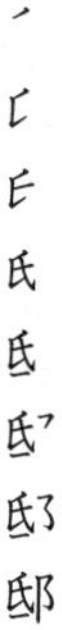

たちなり  [形声]氐(ひくい所にとどまる)㊥＋邑(むら)。諸侯が都においてとどまる宿舎の意。

やしき。りっぱな住宅。

【邸宅】(テイタク) 「大―」「貴族の―」

熟語「邸第・官邸・旧邸・公邸・豪邸・私邸・藩邸・別邸」

【亭】

準2級　9画　亠-7

音 テイ㊤・チョウ(チャウ)㊥・チン㊦　訓 あずまや

Ⓙ3666 Ⓤ4EAD

人名 たかし

筆順 

たちなり  [形声]「高の略体」(たかい建物)＋丁(くぎ)㊥。人がくぎのようにじっととどまる建物の意。

❶物見やぐら。

熟語「亭候」

❷あずまや。屋根があって壁のない簡単な建物。休息所。ちん。

【亭主】(テイシュ) 「うちの―(=夫)」「茶会の―(=茶会の主催者)」

熟語「亭榭(ていしゃ)・山亭・席亭・池亭・茶亭・料亭・涼亭」

❸宿場の建物。

熟語「駅亭・旗亭・旅亭」

❹ちょうど当たっている。

熟語「亭午(ていご)」

❺すっくと立つ。高くそびえる。

【亭亭】(テイテイ) 高くそびえているさま。「―たる老杉」

熟語「亭毒」

❻中国、秦・漢代の行政区画の一。

熟語「亭長」

❼料亭・寄席(よせ)や文人・芸人などにつける号。

熟語「古今亭・末広亭・二葉亭四迷」

【貞】

準2級　9画　貝-2

音 テイ㊤・ジョウ(ヂャウ)㊥　訓 ただ-しい

人名 さだ・ただ・ただし・ただす・つら・みさお

Ⓙ3671 Ⓤ8C9E

筆順 丨 卜 卜 占 貞 貞 貞 貞 貞

なりたち [形声]金文では、卜(うらなう)＋「鼎の変形」(ずっしりと安定したかなえ)音。うらなって神意を正しくきくの意。

❶正しい。みさおが固い。節を守る。

【貞潔】テイケツ 行いが潔白である。「—を尽くす」

【貞淑】テイシュク 女性のみさおが固くしとやかである。「—な妻」⇔不貞

【貞節】テイセツ 女性がみさおを守る。「—を破る」

【貞操】テイソウ 純潔を保つ。「—観念の欠如」

熟語「貞実・貞女・貞婦・貞烈・忠貞・童貞・不貞」

❷うらなう。

熟語「貞人」

【帝】

3級 9画 巾-6 音 テイ漢・タイ呉 訓 みかど ①3675 Ⓤ5E1D

人名 ただ

筆順 丶 亠 亣 产 产 产 帝 帝 帝

なりたち [象形]平らな台から垂れ下がった三本のひもを中ほどでしめて一つにまとめたさまにかたどる。万物をつかさどる最高神の意。

❶みかど。天子。天下を治める支配者。

【帝位】テイイ 皇帝や天皇の位。「—に就く」

【帝王】テイオウ ①君主国の元首。皇帝。②ある分野で絶対的権威をもつ人物。「ジャズ界の—」

【帝国】テイコク 皇帝の統治する国家。「—主義」「大英—」

【帝室】テイシツ 天子・天皇の一族。皇室。

【帝政】テイセイ 皇帝が統治する政治。「—ロシア」

【帝都】テイト 皇居のある都。皇都。

熟語「帝京・皇帝・女帝・聖帝・先帝(せんてい)(せんだい)・大帝・幼帝」

❷天の神。あまつかみ。宇宙や世界を支配する神。

熟語「炎帝・上帝・天帝」

❸「帝国主義」の略。

熟語「反帝」

【訂】

3級 9画 言-2 音 テイ漢 訓 ただ-す ①3691 Ⓤ8A02

人名 ただ・ただす

筆順 丶 亠 ⺀ 言 言 言 訂 訂 訂

なりたち [形声]言＋丁(くぎ)音。くぎで打ち固めるように、誤りを正してまとめるの意。

❶ただす。間違いを改める。

【訂正】テイセイ 言葉や文章の誤りを正しく直す。「発言を—する」

熟語「改訂・更訂・校訂・重訂・新訂・増訂・補訂」

❷はかる。相談して決める。また、約束を結ぶ。

熟語「訂盟」

【庭】

8級 10画 广-7 音 テイ漢 訓 にわ ①3677 Ⓤ5EAD

人名 なお・ば

筆順 亠 广 庀 庄 庄 庭 庭 庭

なりたち [形声]广＋廷(まっすぐにならしたにわ)音。屋敷の中にあるにわの意。

❶にわ。敷地の中に設けた空間。

【庭園】テイエン 「日本—」「屋上—」

【庭球】テイキュウ テニス。「—部」

【庭前】テイゼン 庭さき。縁側に近い庭。

【庭石】にわいし 趣を添えるため庭に置く石。

【庭木】にわき 庭に植える樹木。「—の剪定」

【庭師】にわし 庭園づくりや、庭園の手入れを職業とする人。造園家。

熟語「庭上・園庭・校庭・作庭・石庭・前庭・築庭」

❷家の中。

【庭▽訓】テイキン 家庭で親が子に教える教訓。家庭教育。にわのおしえ。

熟語「家庭・椿庭(ちんてい)」

❸政治をとる所。裁判をする所。同廷。

熟語「開庭・宮庭・禁庭」

【逓】【遞】

準2級 10画 辵(⻌)-7 音 テイ漢 ①3694 Ⓤ9013

【遞】14画 辵(⻌)-10 ②7810 Ⓤ905E

筆順 厂 斤 斤 斤 虒 虒 遞 逓

なりたち [形声]辵(ゆく)＋虒(トラが横向きに歩く)音。横へ横へと伝えていくの意。「逓」は俗字。

❶次から次へと送る。順次。

【逓送】テイソウ 受け継いで送る。「救援物資を—する」

熟語「逓信・逓伝・駅逓」

❷だんだん。次第に。順々に。

【逓減】テイゲン 少しずつ量が減る。「人口—」⇔逓増

【逓増】テイゾウ 少しずつ量が増える。「収穫が—する」⇔逓減

熟語「逓次」

【停】

7級 11画 人(亻)-9 ①3668 Ⓤ505C

音 テイ漢・チョウ(チャウ)呉・ジョウ(ヂャウ)呉

訓 と-まる・とど-まる・とど-める・と-める

人名 とどむ

筆順 亻 … 停

なりたち ［形声］人＋亭(人がある所にじっととどまる)音。「亭」が休息所の意に専ら用いられるようになったため、「人」を加えた。

❶とまる。とどまる。静止する。

【停止】(テイシ)「—信号」「取引—」(=一時差しとめる)

【停車】(テイシャ)「各駅—」「緊急—」「—場」

【停滞】(テイタイ) 物事が滞って進行しない。「景気の—」

【停電】(テイデン) 送電が一時とまる。「計画—」

【停頓】(テイトン) 物事が行き詰まる。「交渉が—する」

【停留】(テイリュウ)「バスの—所」「—衛星」

熟語「停泊」

❷とどめる。とめる。やめさせる。やめる。

【停学】(テイガク) 処罰として登校を一定期間停止する。

【停職】(テイショク) 一定期間職務に従事させない。

【停戦】(テイセン) 合意により戦闘行為を中止する。

熟語「停年・調停」

【偵】

準2級 11画 人(亻)-9 ①3669 Ⓤ5075

音 テイ漢

訓 うかが-う

筆順 亻 … 偵

なりたち ［形声］人＋貞(うらなって神意を正しくきく)音。「貞」が正しいの意に用いられるようになったため、「人」を加えた。ようすをうかがうの意。

うかがう。ひそかにさぐる。

【偵察】(テイサツ) 敵の様子をこっそり探る。「—機」

熟語「偵知・偵吏・探偵・内偵・密偵」

【堤】

4級 12画 土-9 ①3673 Ⓤ5824

音 テイ漢

訓 つつみ

筆順 十 … 堤

なりたち ［形声］土＋是(まっすぐ突き出る)音。左右にまっすぐにのびる盛り土、つつみの意。

つつみ。どて。水があふれ出ないように、土や石を高く盛ったもの。

【堤防】(テイボウ) 氾濫を防ぐため河川・海などの岸に設けた構築物。土手。つつみ。「—が決壊する」「—を築く」

熟語「堰堤(えんてい)・河堤・石堤・築堤・突堤・防波堤」

【提】

6級 12画 手(扌)-9 ①3683 Ⓤ63D0

音 テイ漢・ダイ呉・チョウ(チャウ)唐

訓 さげる

筆順 扌 … 提

なりたち ［形声］手＋是(まっすぐ突き出る)音。手を突き出す、手にひっさげるの意。

❶さげる。手に垂らすように持つ。

【提▽灯】(チョウチン)「—に釣鐘」「—行列」注記「ちょうちん」とともに唐音。

【提琴】(テイキン) ①中国の弦楽器。②バイオリン。

熟語「提挈(ていけい)」

❷差し出す。示す。

【提案】(テイアン) 議案・意見などを出す。「—を審議する」

【提起】(テイキ) 問題・話題として出す。「問題—」

【提議】(テイギ) 議案などを提出する。「国会に—する」

【提供】(テイキョウ) ①差し出して役立ててもらう。「資料を—する」「臓器—」②スポンサーとしてテレビ番組などに出資する。

【提言】(テイゲン) 意見を出す。「改善策を—する」

【提示】(テイジ) その場に持ち出して示す。「—条件」

【提出】(テイシュツ) 文書などを差し出す。「—期限」

【提唱】(テイショウ) 考えを出して人々に呼びかける。「核兵器の廃絶を—する」「—者」

【提訴】(テイソ) 訴訟を起こす。「裁判所に—する」

熟語「提要・前提」

❸互いに手を握る。助け合う。

【提携】(テイケイ) 共同で事業などをする。「業務—」

熟語「提挈(ていけつ)」

❹ひきつれる。統率する。

【提督】(テイトク) 艦隊の総司令官。また、海軍の将官。

熟語「提撕(ていせい)」

❺だく。いだく。

熟語「孩提(がいてい)」

❻やすらか。

熟語「提提」

❼梵語の音訳に用いる。

熟語「招提(しょうだい)・菩提(ぼだい)」

【程】

6級 12画 禾-7 ①3688 Ⓤ7A0B

音 テイ漢

訓 ほど・のり

人名 しな・たけ・のり・ほど・みな

〔程〕12画 禾-7

テ

筆順 ノ 二 千 禾 和 秤 程

なりたち 程 ［形声］禾(イネ)＋呈(口から突き出る)音。イネの伸び出しているぐあいの意から、ほどあい、ものの長さの意を表す。

❶きまり。のり。さだめ。
熟語「程式・課程・規程・教程・日程」
❷みちのり。距離。
熟語「行程・射程・道程・旅程」
❸ほど。㋐物事の度合。ぐあい。㋑(国)時間。ころ。
【程度】テイド ①度合。ほどあい。「生活―」②ほぼそのあたり。「一時間―遅れる」
熟語「音程・先程さきほど」

【艇】
準2級　13画　舟-7　音 テイ漢　訓 ふね　①3690 Ⓤ8247

筆順 ｶ 舟 舟 舟 舟 艇 艇

なりたち 艇 ［形声］舟＋廷(まっすぐなさま)音。まっすぐに進む細長い小舟の意。

ふね。小舟。はしけ。ボート。
【艇庫】テイコ ボートをしまっておく倉庫。
【艇身】テイシン ボートの全長。「一―の差で勝つ」
熟語「艇長・艦艇・汽艇・競艇・舟艇・乗艇・船艇・漕艇・短艇・駐艇・救命艇・魚雷艇・潜航艇・飛行艇」

【締】
3級　15画　糸-9　音 テイ漢　訓 しまる・しめる・むすぶ　①3689 Ⓤ7DE0

筆順 糸 糸 紵 紵 綷 締 締

なりたち 締 ［形声］糸＋帝(三本のひもを中ほどでしめてまとめる)音。糸でまとめてしめるの意。

◉異字同訓◉
◇しめる(締・閉・絞)
「締める」は“ゆるみをなくす。節約する。合計する”の意。「ガスの元栓を締める」「財布の紐を締める」「月末に帳簿を締める」「社内の規律を締める」
「閉める」は“戸や窓などをとじる”の意。「ドアを閉める」「店を閉める」
「絞める」は“首の回りを強く圧迫する。殺す”の意。「首を絞める」「鶏を絞める」

❶むすぶ。㋐しめる。かたくゆわえる。㋑約束をかわす。しめくくってまとめる。
【締結】テイケツ ①固く結ぶ。②条約・協定などを結ぶ。「友好条約を―する」
【締盟】テイメイ 同盟や条約を結ぶ。「―国」
【締約】テイヤク 契約や条約を結ぶ。「―の運びとなる」
熟語「緊締・結締」
❷(国)しめる。しまる。㋐閉ざす。㋑監督する。㋒計算する。決算をする。㋓緊張する。㋔倹約。節約。しまつ。㋕終わりにする。
熟語「締まり(=倹約)屋・締め切り・帯締め・帳締め・戸締まり(=閉ざす)・中締め・引き締め・取締役」

【諦】
2級　16画　言-9　新常用　音 テイ漢・タイ呉　訓 あきらめる・つまびらか　①3692 Ⓤ8AE6

筆順 亠 言 言 訁 諦 諦 諦

なりたち 諦 ［形声］言＋帝(まとめる)音。言葉で物事をまとめる意から、あきらかにする意を表す。

❶あきらかにする。つまびらか。
【諦観】テイカン ①本質を見きわめる。「人生を―する」②悟りあきらめる。「―の境地」
【諦念】テイネン 道理を悟った心。あきらめの気持ち。
熟語「諦視・諦聴・要諦」
❷(仏)まこと。真理。
熟語「四諦したい・真諦しんたい・俗諦ぞくたい・妙諦みょうたい」
❸(国)あきらめる。望みを捨てる。断念する。

デイ

【泥】
準2級　8画　水(氵)-5　音 デイ漢・ナイ呉　訓 どろ・なずむ　①3705 Ⓤ6CE5
〔埿〕11画　土-8　③1553 Ⓤ57FF

人名 ね・ひじ

筆順 、 氵 氵 氵 沪 沪 泥 泥

なりたち 泥 ［形声］水＋尼(なじむ)音。水分を含んでねばりつくどろの意。

❶どろ。水分を含んだ土。どろ状のもの。
【泥中の蓮】デイチュウのはちす 汚れた環境で清浄を保つことのたとえ。
【泥土】デイド どろどろの土。つまらないもの。
【泥濘】デイネイ ぬかるみ。「―に膝を没する」
〈泥鰌〉どじょう 泥底にすむ淡水魚。「―髭」
【泥仕合】どろじあい 「―を演ずる」 注記「泥試合」は誤表記。
【泥沼】どろぬま 泥深い沼。「戦争の―(=容易に抜け出せない悪い状態)化」
【泥水】どろみず 泥がまじった水。「―(=娼婦しょうふなどの境遇)稼業」
〈泥濘〉ぬかるみ 泥がゆるんでぬかるところ。
熟語「泥砂・泥塗・雲泥・汚泥・金泥こんでい(きんでい)・銀泥・朱

テ

泥・春泥」

❷なずむ。とどこおる。こだわる。

熟語「拘泥」

❸一説に、南海に住む伝説上の骨のない虫。

【泥酔】デイスイ「―するまで飲む」「―状態」注記「泥」は南海にすむ虫の一種。

❹(国)どろ。泥棒のこと。

【泥縄】どろなわ「―式の対策」注記「泥棒を捕らえてから縄をなう」の略。

【泥棒・泥坊】どろボウ「店に―が入る」

熟語「こそ泥」

テキ

【的】 7級 8画 白-3 音 テキ漢・チャク呉 訓 まと・あき-らか ①3710 Ⓤ7684

〔的〕8画 白-3

難読 的鯛まとうだい

人名 あきら・まさ

筆順

なりたち [形声]日(明らか)+勺(すくい取るひしゃく)音。はっきりと一部を取り出して際立たせる意から、まとの意を表す。「的」は俗字。

❶まと。目標。目あて。

【的中】テキチュウ ①矢や弾丸が命中する。②予言や予想などが当たる。別表記 適中

【的外れ】まとはずれ 見当はずれ。「―の発言」

熟語「金的・射的・標的・目的」

❷あきらか。たしかである。

【的確】テキカク 確かなさま。てっかく。「―な判断」「問題を―にとらえる」

熟語「的証・的然・的皪・端的」

❸(国)てき。ある状態や性質・傾向を持つ意を表す。

熟語「劇的・公的・史的・人的・性的・知的・内的・美的・病的・法的・基本的・楽天的・理想的」

【笛】 8級 11画 竹-5 音 テキ漢・チャク呉 訓 ふえ ①3711 Ⓤ7B1B

筆順

なりたち [形声]竹+由(口や穴からぬけ出る)音。竹のくだに穴をあけて吹き鳴らすふえの意。

ふえ。吹いて鳴らす楽器の一種。

熟語「汽笛・銀笛・警笛・鼓笛・牧笛・魔笛・明笛みんてき・霧笛・蘆笛」

【摘】 4級 14画 手(扌)-11 音 テキ漢 訓 つむ・つま-む ①3706 Ⓤ6458

人名 つみ

筆順

なりたち [形声]手+啇(啻の変形。一つにまとめ締める)音。一つにまとめて指先でちぎるの意。

❶つむ。㋐つまむ。指先ではさみとる。㋑ぬきだす。選び取る。

【摘果】テキカ よい果実を得るために余分な果実を取る。

【摘出】テキシュツ ①つまみ出す。②身体の一部を手術して取り除く。剔出てきしゅつ。③あばき出す。「奸計を―する」

【摘要】テキヨウ 要点を抜き書きする。「予算案の―」

【摘録】テキロク「講演の要旨を―する」「会議―」

熟語「摘入つみれ・摘花・摘記・摘茶・指摘」

❷あばき出す。悪事をあばく。

【摘発】テキハツ 悪事を暴き公にする。「不正を―する」

熟語「摘出」

【滴】 4級 14画 水(氵)-11 音 テキ漢・チャク呉 訓 しずく・したたる・したた-り ①3709 Ⓤ6EF4

筆順

なりたち [形声]水+啇(啻の変形。一つにまとめ締める)音。一つにまとまって垂れるしずくの意。

したたる。液体がしずくとなって落ちる。

【滴下】テキカ しずくが落ちる。「点滴が―する」

熟語「滴水・点滴・滴瀝・一滴いってき(ひとしずく)・雨滴・涓滴・硯滴けんてき・水滴・油滴・余滴」

【適】 6級 14画 辵(辶)-11 音 テキ漢・セキ漢・チャク呉・シャク呉 訓 かな-う・かな-える・たまたま ①3712 Ⓤ9069

〔適〕15画 辵(辶)-11

注記 本来、かなう・ゆくの意では「セキ(シャク)」、「嫡・敵」と通じて用いられる場合「テキ(チャク)」であるが、日本では区別せずに「テキ」と読む。

人名 あつ・あり・かなう・かのう・まさ・ゆき・より

筆順

テ

なりたち 適 〔形声〕辵(足の動作)＋啇(啻の変形。まとまってまっすぐ一本になる)音。まっすぐに行く、ぴったりとあうの意。

◉異字同訓◉
◇かなう(▽適・▼叶・▽敵)
「適う」は"あてはまる。うまく合う"の意。「理想に適った人を見つける」「時宜に適った処置」「御眼鏡(おめがね)に適う」
「叶う」は"願望が実現する"の意。仮名書きも多い。「願いが叶う」「叶わぬ恋」「願ったり叶ったり」
「敵う」は"対抗できる"の意。多く否定表現を伴う。「敵う相手ではない」

❶かなう。㋐あてはまる。ふさわしい。㋑心地よい。
【適応】テキオウ ①ある状況に合う。「環境に―する」②生物が生存のために環境に応じてその特質を変化させる。
【適格】テキカク 資格を満たしている。⇔欠格
【適宜】テキギ ①適している。②随意に。「―解散してよい」
【適合】テキゴウ 条件に当てはまる。「条件に―する」
【適材】テキザイ ある事柄に適した人物。「―適所」
【適者生存】テキシャセイゾン 環境に最も適した生物だけが生き残る現象。
【適所】テキショ その人にあった地位や仕事。「適材―」
【適職】テキショク 「―を得る」「教師は彼の―だ」
【適正】テキセイ 適当で正しい。「―な評価」「―価格」
【適性】テキセイ 性質や能力にかなうこと。「―検査」
【適切】テキセツ よく適合している。「―な判断」
【適度】テキド 程度がちょうどよい。「―な睡眠」
【適当】テキトウ ①目的に合っている。「―な機会に発表する」②いい加減。「―に言いつくろう」
【適任】テキニン 「―者」「司会なら彼が―だ」
【適否】テキヒ 適不適。「処置の―を判断する」
【適法】テキホウ 法にかなう。「―性」「―行為」⇔違法
【適役】テキヤク その人にあった役。はまり役。
【適用】テキヨウ あてはめる。「労働基準法を―する」
【適量】テキリョウ 「―の酒は薬になる」「―を超える」
【適齢】テキレイ 「結婚―期」「徴兵―者」
熟語「適意・適温・適作・適地・適訳・適例・適不適・快適・好適・最適・自適・清適・不適・悠悠自適」
❷行く。おもむく。
熟語「適帰(てき き)(てっ き)・適従」

敵

人名 とし
6級 15画 攴(攵)-11
音 テキ漢・チャク呉
訓 かたき・あだ・かな-う
①3708 Ⓤ6575

筆順

なりたち 〔形声〕啇(啻の変形。まとまってまっすぐ一本になる)音＋攵(する)。相手とまともに向き合うの意。

◉異字同訓◉【適】(四七四ページ)の「異字同訓」欄を参照のこと。

❶かたき。あだ。戦争・競争などの相手。
【敵意】テキイ 敵対する心。「―をいだく」
【敵▼愾心】テキガイシン 相手への憤りや闘争心。「激しい―をもやす」
【敵国】テキコク 敵対する国。「―のスパイ」「―語」
【敵視】テキシ 敵とみなす。「批判者を―する」
【敵手】テキシュ ①競争相手。「好―」②敵の勢力下。敵の手。「―におちる」
【敵襲】テキシュウ 敵の襲撃。「―に備える」
【敵情】テキジョウ 敵の状況。「―をさぐる」
【敵陣】テキジン 敵の陣地。「―を急襲する」
【敵前】テキゼン 敵の目の前。「―逃亡」
【敵対】テキタイ 敵として立ち向かう。「―関係」「―する両陣営」
【敵地】テキチ 敵の支配下にある土地。「―潜入」
【敵中】テキチュウ 敵のなか。「―横断」
【敵背】テキハイ 敵のうしろ側。「―を衝く」
【敵本主義】テキホンシュギ 真の目的を隠して行動するやり方。注記 明智光秀が織田信長を襲うときに言った「敵は本能寺にあり」から出た語。
熟語「敵影・敵艦・敵軍・敵将・敵状・敵兵・敵機・怨敵(おんてき)・外敵・仇敵(きゅうてき)・強敵・宿敵・政敵・対敵・朝敵・天敵・難敵・不敵・論敵・仮想敵」
❷かなう。対等に戦う。力がつり合う。相当する。
熟語「匹敵・無敵・好敵手」

デキ

溺

2級 13画 水(氵)-10 新常用
音 デキ漢・ジョウ(デウ)漢・ニャク呉・ニョウ(ネウ)呉
訓 おぼれる
①3714 Ⓤ6EBA
〔溺〕13画 水(氵)-10

筆順

なりたち 〔形声〕水＋弱(なよなよとしてしっかりしていない弓)音。水の中でしっかりせずよわる意から、おぼれる意を表す。

❶《デキ・ニャク》おぼれる。㋐水中に沈む。㋑心を奪われる。ふける。
【溺愛】デキアイ むやみにかわいがる。「子供を―する」
【溺死】デキシ 溺れて死ぬ。「海で―する」
熟語「溺没・溺惑・陥溺・耽溺(たんでき)・沈溺・惑溺」
❷《ジョウ・ニョウ》小便。同尿。

テツ

テ

テ

【迭】 準2級

8画 辵(辶)-5 音 テツ 漢 訓 か-わる・たが-いに・か-わるがわる ①3719 Ⓤ8FED

〔迭〕9画 辵(辶)-5

筆順 ノ ㇐ 𠂉 牛 失 失 迭 迭 迭

なりたち [形声]辵(ゆく)＋失(手からぬけ出る)音。すっとぬけていく意から、いれかわる意を表す。

❶かわる。交替する。別のものがその位置をしめる。

熟語「更迭」

❷たがいに。かわるがわる。交互に。

【迭立】(テツリツ) かわるがわる立つ。「両統—」

熟語「迭起」

【哲】 3級

10画 口-7 音 テツ 漢 呉 訓 あき-らか・さと-い ①3715 Ⓤ54F2

〔嚞〕18画 口-15 ③1527 Ⓤ569E

人名 あき・あきら・さと・さとし・さとる・てつ・のり・よし

筆順 一 扌 扌 扩 折 折 哲

なりたち [形声]折(きる)音＋口。言葉で物事を切りわける、道理をわきまえるの意。

❶明らか。さとい。かしこい。道理に通じている。また、道理に明るい人。

【哲学】(テツガク) ①世界や人間についての知恵・原理を探究する学問。「—者」②経験から得られた人生観や世界観。「経営—」

【哲人】(テツジン) 学識や知恵が豊かな人。「—ソクラテス」

【哲理】(テツリ) 哲学上の道理。深遠な道理。「仏教の—」

熟語「英哲・賢哲・十哲・聖哲・先哲・明哲」

❷(国)「哲学」の略。

熟語「印哲・西哲」

【鉄】 8級

13画 金-5 音 テツ 漢 呉 訓 かね・くろがね ①3720 Ⓤ9244

〔鐵〕21画 金-13 ②7936 Ⓤ9435

〔銕〕14画 金-6 ②7878 Ⓤ9295

〔鐡〕20画 金-12 ②7937 Ⓤ9421

難読 鉄刀木(たがやさん)・鉄漿(おはぐろ・かね)

人名 きみ・とし

筆順 ノ ㇐ 仐 牟 余 金 釒 鉄 鉄

なりたち [形声][鐵]金＋「戜＋呈」(刃物でまっすぐに断ち切る)音。よく切れる刃物の材料となる金属の意。[鉄]金＋失(するりと横にぬける)音。融かした金属でつなぐの意。本来、音は「チツ(ジチ)」で別字だが、古くから「鐵」の俗字として用いられた。

❶てつ。かね。くろがね。金属の一。

【鉄火】(テッカ) ①焼いた鉄。②刀剣と鉄砲。③鮪(まぐろ)料理。「—丼(どんぶり)」④博打(ばくち)うち。「—場」⑤気性が激しい。「—肌」

【鉄器】(テッキ) 鉄製の器具。「—時代」

【鉄橋】(テッキョウ) 鉄でできた橋。鉄道用の橋。

【鉄筋】(テッキン)「—コンクリート」

【鉄工】(テッコウ) 鉄で物をつくり出す。「—所」

【鉄鉱】(テッコウ) 鉄の鉱石。「—を採掘する」

【鉄鋼】(テッコウ) 鉄を主成分とする鉄材の総称。「—業」

【鉄骨】(テッコツ) 骨組みとなる鉄材。「—構造の家」

【鉄鎖】(テッサ) 鉄のくさり。「—(=厳しい束縛)につながれる」

【鉄心】(テッシン) ①鉄が入っている芯。②鉄のように堅固な心。「—石腸」

【鉄石】(テッセキ) ①鉄と石。②かたくて変わらないもの。「—心腸」

【鉄扇】(テッセン) 骨を鉄で作った扇。

【鉄線】(テッセン) ①針金。「有刺—」②植物のクレマチス。

【鉄槌・鉄鎚】(テッツイ) 大形のかなづち。「—を下す(=厳しく処罰する)」

【鉄塔】(テットウ) 鉄の塔や柱。

【鉄道】(テツドウ)「—路線」「—網を整備する」

【鉄板】(テッパン)「—焼き」「—(=確実な)レース」

【鉄瓶】(テツビン) 湯をわかす鋳鉄製の容器。

【鉄壁】(テッペキ)「金城—」「—(=守りが堅固)の防備」

【鉄棒】(テツボウ) 鉄製の棒。それを用いる体操器具。

【鉄砲・鉄炮】(テッポウ) ①火薬で弾丸を飛ばす鉄製の武器。②相撲で双手(もろて)突き。「—をかます」③(当たれば死ぬことから)フグ。

熟語「鉄管・鉄索・鉄材・鉄鉢・鉄筆・鉄分・鉄格子・鉄鉱石・精鉄・製鉄・銑鉄(せんてつ)・鍛鉄・鋳鉄・蹄鉄(ていてつ)・熱鉄・練鉄・錬鉄」

❷刃物。武器。

【鉄血】(テッケツ) 兵器と人の血。兵器と兵。「—政策(=軍備拡張政策)」注記 プロイセンの首相ビスマルクの言葉から。

熟語「寸鉄」

❸堅くて強いこと。また、不動の。変わらない。

【鉄拳】(テッケン) 固いにぎりこぶし。「—制裁」

【鉄人】(テツジン) 鉄のように強い体の人。「—レース」

【鉄則】(テッソク) 厳しい規則・法則。「民主主義の—」

【鉄面皮】(テツメンピ) 厚かましい人。

【鉄腕】テツワン　強靭な腕。「—投手」
❹「鉄道」の略。
熟語「私鉄・電鉄・地下鉄」

【徹】
準2級　15画　彳-12　音 テツ 漢 呉　訓 とお-す・とお-る　①3716 Ⓤ5FB9

人名 あきら・いたる・おさむ・とお・ひとし・みち・ゆき

筆順 彳 彳' 徉 徸 徸 徹 徹 徹

なりたち [会意]甲骨文では、鬲(かなえ)＋又(手)。手でかなえをかたづける意から、とりさる、つらぬきとおす意を表す。篆文では、彳(足の動作)＋育(子がするりと生まれそだつ)＋攵(手の動作)。するりと突きぬける動作を表す。

❶とおす。とおる。つらぬき通す。
【徹底】テッテイ　①すみずみまで行きとどく。「方針を—させる」②思想・態度などが一貫している。「—した個人主義」
【徹頭徹尾】テットウテツビ　最初から最後まで。「—反対する」
【徹夜】テツヤ　ある事をして夜をあかす。徹宵。「—で看病する」「—の救出作業」
熟語「徹宵・一徹・貫徹・通徹・透徹・明徹・冷徹」
❷とりのぞく。とりはらう。同撤。
熟語「徹兵」

【撤】
準2級　15画　手(扌)-12　音 テツ 漢 呉　訓 す-てる・のぞ-く　①3717 Ⓤ64A4

筆順 扌 扌 扌 揥 揥 揹 撤 撤

なりたち [形声]手＋「徹の原字」(するりと取りさる)音。さっと手で取り除くの意。

すてる。のぞく。やめにする。また、とりさげる。ひきあげる。
【撤回】テッカイ　一度出した意見などをひっこめる。「発言を—する」「前言—」
【撤去】テッキョ　取り去る。「放置自転車を—する」
【撤収】テッシュウ　①取り払ってしまいこむ。②軍隊を引き揚げる。撤退。
【撤退】テッタイ　軍隊などが退く。「前線から—する」
【撤廃】テッパイ　制度などをとりやめる。「規制を—する」
【撤兵】テッペイ　軍隊を引き揚げる。⇔出兵
熟語「撤饌・解撤」

テン

【天】
10級　4画　大-1　音 テン 漢 呉　訓 あめ・あま・そら　①3723 Ⓤ5929

仮名 平仮名「て」は「天」の草体から。片仮名「テ」は「天」の初三画の変形から。

難読 天牛(かみきりむし)・天辺(てっぺん)(てへん)・天名地鎮(あなちち)・天地(あめつち)・天糸瓜(へちま)・天児(天倪)(あまがつ)・天社蛾(しゃちほこが)・天邪鬼(あまのじゃく)・天柱(ちりけ)・天皇(すめらぎ)(すめらみこと・すめろぎ)・天秤(てんびん)・天蚕糸(てぐす)・天晴(あっぱれ)・天蛾(すずめが)・天鼠矢(くすね)・天爾遠波(てにをは)・天麩羅(テンプラ)・天鵞絨(ビロード)

人名 かみ・そら・たか・たかし

筆順 一 二 チ 天

なりたち [指事]大の字にたった人の頭上に横線を示し、いただき・そらの意を表す。

❶あめ。あま。そら。
【天下り・天▽降り】あまくだり　①神が天から地におりる。②高級官僚が退職後、関連の深い団体で高い地位につく。「—人事」
【天の川・天の河】あまのがわ　銀河。「七夕に—を見る」
【天下】テンカ　①天の下に広がる全空間。世界中。国中。世の中。「—無敵」②権力。「—を取る」「かかあ—」
【天下の憂いに先立ちて憂え、天下の楽しみに後れて楽しむ】世の中の人に先立って天下国家のことを心配し、人々が楽しんだあとに楽しむ。先憂後楽。出典 范仲淹「岳陽楼記」より。
【天下は一人の天下にあらず、乃ち天下の天下なり】天下は君主一人のものではなく、国民全部のものである。出典「六韜文師」より。
【天界】テンカイ　天上の世界。てんがい。「—の神秘」
【天外】テンガイ　天のそと。非常に遠い所。「奇想—」
【天涯】テンガイ　①空のはて。②世界中。「—孤独」
【天球】テンキュウ　半径無限大の仮想の球面。「—儀」
【天空】テンクウ　広々とした空。大空。「—海闊の気」
【天日】テンジツ　太陽。日輪。「—塩」
【天象】テンショウ　天体の現象。空模様。
【天上】テンジョウ　空。空の上。「—(=昇天)する魂」
【天壌】テンジョウ　天と地。「—無窮(むきゅう)」
【天職】テンショク　天から授かった職業。「—に出会う」
【天心】テンシン　空のまんなか。空の中心。「—の月」
【天水】テンスイ　空と水。「—茫々」「—(=雨水)桶」
【天体】テンタイ　「—望遠鏡」「—観測」「世紀の—ショー」
【天地】テンチ　①空と大地。「—ほどの違い」②世界。「—創造」③生活・活動の場。「新—」④上と下。「—無用」
【天地神明】テンチシンメイ　天地の神々。「—に誓う」
【天道】テントウ　①太陽。「お—さま」②天の神。
【天日】テンピ　太陽の光。また、太陽の熱。「—乾燥」
【天火】テンピ　周囲の熱で蒸し焼きにする調理器具。
【天変地異】テンペンチイ　自然界に起こる異変。
【天命】テンメイ　①運命。宿命。②寿命。天寿。③天の命令。「人事を尽くして—を待つ」「五十にして—を知る」
【天文】テンモン　天体の諸現象。「—台」「—学」

【天籟】(テンライ) ①自然の音。②すばらしい詩歌。

熟語「天際・天明・天下泰平・天下無双・天空快闊・回天・仰天・暁天・秋天・衝天・中天・満天・露天・不倶戴天(ふぐたいてん)」

❷上方。また、人の頭。

【天守・天主】(テンシュ) 城の物見櫓(やぐら)。天守閣。

【天井】(テンジョウ)「―裏」「―知らずの相場」

【天井《桟敷》】(テンジョウさじき) 劇場後方最上階の低料金の席。

【天頂】(テンチョウ) ①てっぺん。②地球上の観測者上方の天球上の点。

【天秤】(テンビン) ①竿の中央を支点として重さをはかる装置。②両端に荷をかけ物を運ぶための棒。③損得などを比較する。「両者を―にかける」

【天袋】(テンぶくろ) 押し入れ上部の袋戸棚。

【天幕】(テンマク) 天井に張り渡す幕。屋外に張る幕。

熟語「天蓋・天窓・天地無用・脳天」

❸空もよう。

【天気】(テンキ) ①気象状態。「―予報」②晴天。「今日も―だ」③天皇の機嫌。

【天候】(テンコウ) 数日から二、三か月ぐらいの期間の、大気の状態。「―不順」

熟語「雨天・炎天・荒天・晴天・曇天」

❹万物を支配する神。

【天衣無縫】(テンイムホウ) ①詩歌が自然で美しい。②無邪気で飾り気がない。天真爛漫(てんしんらんまん)。「―な人柄」

【天運】(テンウン) ①天命。「―が尽きる」②天体の運行。

【天恵】(テンケイ) 天の恵み。「―に浴する」

【天啓】(テンケイ) 天の教え。天の啓示。「―を受ける」

【天険】(テンケン) 自然の要害。「―の利を生かす」

【天元】(テンゲン) ①万物が生育する源。②碁盤の中央。

『天勾践を空しうすること莫れ、時に范蠡無きにしも非ず』 天は勾践を殺してはならない、時が来れば范蠡のような忠臣が出ないこともない。出典「太平記」より。児島高徳(たかのり)が後醍醐天皇に対しひそかに桜の幹に書き記したという詩句。

【天災】(テンサイ)「―地変」「―は忘れた頃にやってくる」

【天寿】(テンジュ) 寿命。「―を全うする」

『天知る、地知る、我知る、人知る』 だれも知らないと思っていても、悪事は必ずあらわれるものである。四知。出典「後漢書 楊震伝」より。

【天真爛漫】(テンシンランマン) 純真で無邪気である。

【天誅】(テンチュウ) 天の下す罰。「―を加える」

【天帝】(テンテイ) 万物を支配する神。キリスト教で神。

【天敵】(テンテキ) ある生物を捕食のために殺す他の生物。

【天道】(テンドウ) 天の道理。神。天体の運行する道。

【天動説】(テンドウセツ) 地球の周りを他の天体が回転しているとする説。

『天に跼り地に蹐す』 天は高いのに背をかがめて歩き、地は堅いのに抜き足で歩く。恐る恐る行動するたとえ。跼天蹐地(きょくてんせきち)。出典「詩経 小雅、正月」より。

『天に二日無し、土に二王無し』 天に太陽が一つしかないように、君主は一国に二人いるべきでない。出典「礼記 曽子問・坊記・喪服四制」より。

【天女】(テンニョ) 女性の天人。美しい女性のたとえ。

【天然】(テンネン) 自然のまま。「―の良港」「―資源」

【天馬】(テンバ) 天を駆ける馬。名馬。「―空を行く」

【天罰】(テンバツ)「―が下る」「―覿面(てきめん)」

【天網】(テンモウ) 悪事に対して、天が張りめぐらした網。

『天網恢恢疎にして漏らさず』 天網は目があらいようだが、悪人を漏らさず捕らえる。出典「老子 七十三」より。

【天佑神助】(テンユウシンジョ) 天の助けと神の助け。

【天理】(テンリ) 自然の道理。「―に背く」

『天を仰いで唾する』 他人に害を加えようとしてかえって自分の身をそこなう。天に唾する。出典「四十二章経」より。

熟語「天為・天意・天機・天工・天授・天与・天眼鏡」

❺天子に関する事柄。

【天子】(テンシ) ①帝王。②天皇のこと。

【天朝】(テンチョウ) 朝廷・天子を敬っていう語。

【天長節】(テンチョウセツ) 天皇誕生日の旧称。

【天皇】(テンノウ) 日本国憲法で、日本国および日本国民統合の象徴である地位。

【天覧】(テンラン)「―相撲」「―に供する」

【天領】(テンリョウ) ①朝廷の領地。②江戸幕府の直轄領。

熟語「天恩・天顔・天願・天聴・天聞」

❻生まれつき。

【天才】(テンサイ) 生まれついた才能。「―的な指揮者」

【天資】(テンシ) 生まれつきの資質。「―豊かな人間」

【天成】(テンセイ) 生まれつきそうできている。「―の才」

【天性】(テンセイ) 生まれつきの性質。「―の気質」

【天稟】(テンピン) 生まれついた優れた才能。「―の才」

【天賦】(テンプ) 天から授かったもの。「―の商才」

【天分】(テンブン) 生まれついた才能。「―に恵まれる」

熟語「天爵・後天・先天・楽天」

❼(仏)天上界。また、そこにいる神。

【天の邪鬼】(あまのジャク) 人に逆らうひねくれ者。鼻が高く赤ら顔の妖怪。

【天狗】(テング)

【天神】(テンジン) 菅原道真をまつった天満宮。「―様」

【天孫】(テンソン) 天の神の子孫。「―降臨」

【天魔】(テンマ) 善事を妨げる悪魔。「―に魅入られる」

熟語「天人・天部・弁天・梵天・有頂天(うちょうてん)・持国天・帝釈天(たいしゃくてん)」

❽キリスト教でいう天国。

【天国】(テンゴク) 神や天使が住む理想郷。

【天使】(テンシ) 神の使者。「白衣の―(=看護婦のこと)」

【天主】(テンシュ) キリスト教で神。「―堂」

熟語「昇天」

❾〔国〕てん。㋐「天草（てんぐさ）」の略。㋑「天麩羅（テンプラ）」の略。㋒「天鵞絨（ビロード）」の略。

熟語「天井・寒天・海老天・コール天」

❿その他。当て字など。

【天晴（れ）】（あっぱれ）みごとだ。よくやった。

【天草】（てんぐさ）海藻。心太（ところてん）・寒天の原料。

【天竺】（テンジク）インドの古称。

【天台宗】（テンダイシュウ）隋の智顗（ちぎ）により大成された大乗仏教の一宗派。日本では、最澄以後、大いに広まった。

【天道虫】（テントウむし）小形の昆虫。別表記 瓢虫・紅娘
【天引き】（テンびき）税金などを、あらかじめ差し引く。

【天麩羅】（テンプラ）魚貝・野菜などに、小麦粉を水で溶いたころもをつけて油で揚げた料理。

典

7級 8画 八-6 音 テン 漢 呉 訓 ふみ・のり ①3721 Ⓤ5178

人名 すけ・つかさ・つね・のり・ふみ・みち・もり・よし・より

筆順 丨 冂 巾 曲 曲 曲 典 典

なりたち ［会意］冊（書物）＋六（物をのせる台）。台の上に置いた尊ぶべき書物の意。転じて、のり、儀礼の意にも用いる。

❶ふみ。大切な書物。

【典籍】（テンセキ）書物。書籍。「和漢の—」

熟語「楽典・経典・刑典・外典（げてん）・原典・古典・字典・辞典・事典・聖典・内典・仏典・文典・宝典」

❷のり。おきて。手本になることがら。

【典型】（テンケイ）基準となる型。模範。手本。

【典範】（テンパン）模範となるおきて。「皇室—」

【典例】（テンレイ）よりどころとなる先例。「—例」

熟語「儀典・教典・法典」

❸根拠がある。一定の型。また、みやびやか。

【典雅】（テンガ）整っていて上品なさま。「—な儀式」

【典拠】（テンキョ）（文献上の）確かな根拠。「—を示す」

【典故】（テンコ）よりどころとなる故事。故実。

【典麗】（テンレイ）整っていて美しいさま。「—な文章」

熟語「出典」

❹儀式。作法。

【典礼】（テンレイ）定められた儀式や作法。「即位の—」

熟語「香典・祭典・式典・祝典・大典」

❺つかさどる。

【典獄】（テンゴク）監獄の官吏。旧制での監獄の長。

【典侍】（テンジ）明治以後、宮中の最高位の女官。

熟語「典薬」

❻質（ちし）入れ。

熟語「典当・典物・典舗」

❼〔国〕与えるもの。めぐみ。

熟語「栄典・恩典・特典」

店

9級 8画 广-5 音 テン 漢 呉 訓 みせ・たな ①3725 Ⓤ5E97

筆順 丶 亠 广 广 庐 庐 店 店

なりたち ［形声］广＋占（しめる）音。特定の場所をしめて商売する場所、みせの意。

❶みせ。たな。商家。

【店員】（テンイン）「—を募集する」「—を呼ぶ」

【店主】（テンシュ）店の主人。「頑固な—のいる寿司屋」

【店頭】（テントウ）「—販売」「商品を—に並べる」

【店舗】（テンポ）「貸—」「—を構える」「—数」

【店屋物】（テンやもの）飲食店からとりよせた食べ物。

熟語「店長・開店・休店・支店・出店・商店・売店・飯店・閉店・本店・名店・露店・飲食店・喫茶店・代理店」

❷旅館。

熟語「旅店」

❸〔国〕たな。貸家。借家。

【店子】（たなこ）借家人。「—を抱える」⇔大家（おおや）

熟語「店賃（たなちん）」

点

9級 9画 火（灬）-5 音 テン 漢 呉 訓 さ-す・とも-す・とも-る・た-てる ①3732 Ⓤ70B9

【點】17画 黒-5 ②8358 Ⓤ9EDE

難読 点火（とぼし）・点前（たてまえ・てまえ）

筆順 丨 ト ⺊ 占 占 点 点 点 点

なりたち ［形声］黒＋占（しめる）音。黒い小さなしるしの意。「点」は略字。

◉異字同訓◉【付】（五六〇ページ）・【立】（六五〇ページ）の「異字同訓」欄を参照のこと。

❶小さいしるし。

【点在】（テンザイ）「寺社が—する」「県内に—する温泉」

【点字】（テンジ）「—法」「—ブロック」「—図書館」

【点線】（テンセン）点が並んで線状になったもの。

【点綴】（テンテイ）ほどよく散らばる。「人家が—する」

【点滴】（テンテキ）①しずく。「—石をうがつ」②薬液などを一滴ずつ注入する。「—注射」

【点描】（テンビョウ）「下町—（=簡潔に描写する）」

熟語「点点・汚点・灸点（きゅうてん）・黒点・斑点」

❷符号。記号。

熟語「点本・句点・訓点・濁点・読点・句読点（くとうてん）」

❸いれる。ちょんとしるしを付ける。注入する。
【点眼】(テンガン) 目薬を目にさす。「―剤」

【点景】(テンケイ) 全体を引き立てるために添えた人や物。

【点薬】(テンヤク) 目に薬をさす。「目薬を―する」

熟語「点睛・画竜点睛」

❹ともす。火をつける。ともる。
【点火】(テンカ) 火をつける。「導火線に―する」

【点灯】(テントウ) 明りをともす。「ライトが―する」

【点滅】(テンメツ)「信号が―する」「ネオンの―」

❺調べる。しるしをつけて調べる。
【点検】(テンケン) くわしく調べる。「定期―」

【点呼】(テンコ) 一人一人名を呼んで、人員がそろっているかどうか調べる。「授業前に―をとる」「人員を―する」

熟語「点鬼簿(てんきぼ)」

❻限定された場所・位置・部分。
熟語「観点・起点・拠点・欠点・視点・弱点・終点・重点・焦点・打点・地点・頂点・難点・美点・氷点・沸点・要点・利点・論点・出発点・発火点」

❼たてる。茶を入れる。
【点茶】(テンチャ) 抹茶をたてる。てんさ。
熟語「点前(てまえ)・野点(のだて)」

❽漢字の字画の一。
【点画】(テンカク) 漢字を構成する点と線。「―を略す」

❾うなずく。軽く頭を下げる。
熟語「点頭」

❿時刻を知らせるために打つ音を数える語。
熟語「一点鐘」

⓫(国)てん。批評のしるし。評価の数値。

【点数】(テンスウ)「―を稼ぐ」「出品―」

熟語「点者・加点・合点(がてん)(がってん)・採点・失点・同点・得点・評点・満点・及第点・最高点・平均点・落第点」

【展】

5級 10画 尸-7

音 テン 漢 呉

訓 の-びる・の-べる・ひろ-げる・の-ばす

①3724 Ⓤ5C55

人名 のぶ・ひろ

筆順 一 尸 尸 屈 屈 屈 展 展 展 展

なりたち  [会意]尸(しり)＋工四つ(おもし)＋衣。衣服をしりの下に敷いてから、だを重しとして平らにおしひろげる意から、のべる意を表す。

❶のびる。のべる。平らに長くする。また、ひらく。
【展性】(テンセイ) 金属が薄い板になる性質。
熟語「展翅(てんし)・親展」

❷ひろげる。並べて見せる。
【展延】(テンエン) ひろげのばす。「金属の―性」

【展観】(テンカン) 物を広げて見せる。「古書を―する」

【展示】(テンジ) 作品を並べて、人に見せる。「―品」

【展覧】(テンラン) 美術品を並べて人に見せる。「―会」

熟語「伸展」

❸のばす。さらに大きくひろがる。
【展開】(テンカイ) ①物事を繰り広げる。「試合の―」②進展する。「平和外交を―する」③広がりあらわれる。「眼下に―する景色」
熟語「進展・発展」

❹よく見る。見わたす。
【展望】(テンボウ) 広く見渡す。「―台」「将来の―」

❺お参りする。
【展墓】(テンボ) はかまいり。墓参。

❻ころがる。同 輾。
【展転】(テンテン) 回転する。「―反側」

❼展覧会の略。
熟語「院展・官展・個展・出展・書展・帝展・写真展・美術展」

【添】

4級 11画 水(氵)-8

音 テン 漢 呉

訓 そ-える・そ-う

①3726 Ⓤ6DFB

筆順 氵 汀 汙 沃 添 添 添 添

なりたち [形声]水＋忝(薄らと心にまといつく)音。薄い水の層を付け加える、そえるの意。

そえる。そう。つけ加える。

【添加】(テンカ) つけ加える。「食品―物」「無―」

【添削】(テンサク) 語句を添えたり削ったりして直す。

【添書】(テンショ) 贈り物に添える書状。

【添乗】(テンジョウ) 旅行社の者が付き添う。「―員」

【添付】(テンプ) 書類などに、その補足として他の物を付け加える。「領収書を―する」「―ファイル」

熟語「添水(そうず)・添乳(そえぢ)・添景・別添」

【転】

8級 11画 車-4

音 テン 漢 呉

訓 ころ-がる・ころ-げる・ころ-がす・ころ-ぶ・ま-わる・ま-わす・うつ-る・うた-た

①3730 Ⓤ8EE2

【轉】 18画 車-11 ②7759 Ⓤ8F49

人名 うたた・ひろ

筆順 一 亓 百 亘 車 軒 転 転

なりたち  〔形声〕車＋專（まわす、めぐる）音。車をまわす、ころがるの意。「転」は略字。

❶ころがる。ころがす。同顚。

【転倒】テントウ ①逆さまになる。「本末―」②倒れる。ひっくりかえる。③うろたえる。動転。「気が―する」別表記 顚倒

【転落】テンラク ①ころがり落ちる。「―事故」②落ちぶれる。「―の人生」別表記 顚落

熟語「横転・動転」

❷まわる。まわす。輪を描くように動く。

熟語「回転・空転・公転・自転・反転」

❸うつる。うつす。㋐変える。変わる。㋑うつりかわる。

【転位】テンイ 位置が変わる。また、変える。

【転移】テンイ 「店舗の―」「腫瘍が―する」

【転院】テンイン 入院先から他の病院へ移る。

【転化】テンカ 他の状態に変わる。「戦況が―する」

【転▼訛】テンカ 語の音がなまって変化する。

【転嫁】テンカ 過ちや責任を他人に負わせる。「責任―」

【転回】テンカイ 方向を変える。「コペルニクス的―」

【転換】テンカン 方針を変える。「方向―」「気分―」

【転記】テンキ 他の帳簿に書き写す。「台帳に―する」

【転機】テンキ 変わるきっかけ。「人生の―を迎える」

【転義】テンギ もとの意味から転じた意味。

【転居】テンキョ 住居を変える。引っ越し。「―通知」

【転勤】テンキン 「支社へ―の辞令が出る」

【転向】テンコウ 方向を変える。「―（＝思想的立場を変える）文学」

【転校】テンコウ 生徒が、他の学校に移る。「―生」

【転載】テンサイ 既刊の書物から他に掲載する。

【転写】テンシャ 他の書物から写し取る。「台帳から―する」

【転借】テンシャク 人が借りているものを借りる。

【転出】テンシュツ 他の地に移り住む。「―届」

【転生】テンショウ 生まれ変わる。「輪廻（りんね）―」

【転職】テンショク 職業をかえる。「自営業に―する」

【転身】テンシン 職業などを変える。「華麗な―」

【転進】テンシン 進む方向を変える。軍隊が退却する。

【転戦】テンセン 移動しながら戦う。「各地を―する」

【転送】テンソウ 「郵便物を―する」「データを―する」

【転貸】テンタイ 他人から借りたものを他の人に貸す。

【転地】テンチ ほかの土地に移り住む。「―療法」

【転注】テンチュウ 漢字の六書の一つ。漢字の本来の意義を他の似た意義に転用する。

【転調】テンチョウ 「長調から短調へ―する」

【転入】テンニュウ 移り住む。転校する。「―届」「―生」

【転任】テンニン 任地や職務が変わる。「―先」

【転売】テンバイ 買った物を、そのままほかの人に売る。

【転覆】テンプク 「―事故」「政府の―をはかる」別表記 顚覆

【転変】テンペン 移り変わる。「有為―」「―常なき世」

【転用】テンヨウ 本来の目的とは違った用途にあてる。

熟語「転音・転学・転業・転作・転属・転宅・転轍機・転迷開悟・暗転・一転・移転・栄転・機転・逆転・急転・好転・退転・展転・変転・流転（るてん）・不退転」

❹うたた。しだいに。ますます。

【転た寝】うたたね ついうとうとと眠る。別表記 仮寝

【殿】⇩デン（四八二ページ）

【塡】

2級 13画 土-10 新常用 音 テン 漢 呉 訓 う-める・は-める・は-まる ③1556 Ⓤ5861

〔填〕13画 土-10 ①3722 Ⓤ586B

筆順 

なりたち  〔形声〕土＋眞（鼎にさじで物をつめる）音。土を穴につめるの意。

❶うめる。はめる。中につめる。はまる。

【塡補】テンポ 不足を補う。補塡。「損害を―する」

熟語「塡充・塡塞（てんそく）・充塡・装塡・補塡」

❷太鼓・雷の鳴る音。

熟語「塡然（てんぜん）・塡塡」

デン

【田】

10級 5画 田-0 音 デン 呉・テン 漢 訓 た ①3736 Ⓤ7530

注記 もともと、水をはっているか否かにかかわらず耕作地をいうが、日本では、畑と区別して、たんぼ・水田の意に用いる。

難読 田荘（たどころ）・田螺（たにし）・田鶴（たず）・田鼈（たがめ）

人名 ただ・みち

筆順 

なりたち  〔象形〕四角に区画された耕作地にかたどる。

❶た。耕した土地。

【《田舎》】いなか ①人家が少なくて辺鄙（へんぴ）な所。②本人が生まれ育った故郷。

【田畑】たはた 田と畑。でんぱた。「―を荒らす野獣」

【田▼圃】たんぼ 田。田地。注記「田圃」は当て字。

【田園】デンエン 田と畑。「―（＝緑の多い郊外）生活」

【田楽】デンガク ①歌舞芸能。②「田楽焼き」の略。

【田地】デンチ 田畑となっている土地。でんじ。

【田畑・田▼畠】デンぱた 田と畑。耕作地。「田地―」

【田▼麩】デンブ 魚肉をほぐし味をつけた食品。

【田夫野人】デンプヤジン 無作法で教養のない人。

テ

【田野】デンヤ ①田畑と野原。②いなか。
熟語「田翁・田家・田租・田圃でんぽ・瓜田かでん・公田・墾田・私田・湿田・新田・水田・桑田・屯田とんでん・班田・美田・良田」

❷田畑のように物を産み出すところ。
熟語「塩田・丹田・炭田・票田・油田」

❸狩り。狩りをする。同畋。
熟語「田猟・狩田」

【伝】
7級 6画 人(亻)-4 音 デン呉・テン漢 訓 つたわる・つたえる・つたう・つて ①3733 Ⓤ4F1D

【傳】13画 人(亻)-11 ②4903 Ⓤ50B3

難読 伝馬船てんません

人名 ただ・つぐ・つとむ・のぶ・のり・よし

筆順 ノ 亻 仁 伝 伝

なりたち [形声]人＋專(まわす、めぐる)音。人から人へとまわしさずけるの意。「伝」は「傳」の日本における略字。

❶つたえる。つたわる。㋐知らせる。知れ渡る。㋑世間にひろめる。
【伝言】デンゴン 人を介して相手に用件を伝える。
【伝授】デンジュ 師から弟子に授ける。「奥義を―する」
【伝習】デンシュウ 専門の学問を習う。「海軍―所」
【伝書】デンショ ①書状を伝える。「―鳩」②代々伝わってきた書物。
【伝承】デンショウ 受けついで伝える。「民間―」
【伝染】デンセン 「―病」「あくびが―する」
【伝線】デンセン 「ストッキングが―する」
【伝奏】テンソウ 公家の職名。でんそう。「武家―」
【伝送】デンソウ 次々に伝える。「データを―する」
【伝達】デンタツ 命令・連絡事項などを次々に伝える。
【伝統】デントウ 昔から受け継がれてきた文化的遺産や慣習。「―のある祭り」「―工芸」
【伝道】デンドウ 教えを伝え、広める。布教。宣教。
【伝導】デンドウ ①伝え導く。②熱や電気が物体を伝わる。「熱―」「―率」
【伝▼播】デンパ 次々に伝わって広まる。「稲作文化の―」
【伝票】デンピョウ 「注文―」「支払―」「―を切る」
【伝聞】デンブン ほかの人から伝え聞く。「―証拠」
【伝法】デンボウ ①仏法を伝える。②勇み肌である。「―な口をきく」「―肌」
【伝来】デンライ ①渡来。「仏教の―」②代々伝えられる。「先祖―の刀」
【伝令】デンレイ 命令を伝える。「前線へ―を出す」
熟語「伝世・伝灯・遺伝・奥伝・家伝・記伝・口伝くでん・喧伝けんでん・直伝じきでん・宣伝・相伝・秘伝」

❷いいつたえ。物語。
【伝奇】デンキ 幻想的で超現実的な物語。「―小説」
【伝説】デンセツ 「老舗に伝わる―」「―的英雄」
熟語「史伝・英雄伝・義勇伝・孝子伝」

❸古典や経書の注解。
熟語「経伝・古事記伝・春秋左氏伝」

❹人の言行や一生の記録。
【伝記】デンキ 「偉人の―を読む」「―映画」
熟語「伝記・自伝・評伝・略伝・列伝・自叙伝」

❺つぎつぎに送る。
【伝馬】テンマ ①逓送用の馬。②「伝馬船」の略。
熟語「伝馬船・駅伝」

【殿】
4級 13画 殳-9 音 デン呉・テン漢 訓 との・どの・しんがり ①3734 Ⓤ6BBF

人名 あと・すえ

筆順 コ 尸 尸 屏 展 殿 殿 殿

なりたち [形声]「尸(からだ)＋兀(こしかけ)＋丌(台)」(台にこしかけた人のしり)音＋殳(棒で打つ)。尻を棒などで打つの意。転じて、しり、どっしりと安定したものの意に用いる。

❶大きく立派な建物。天子や貴人の住まい。
【殿下】デンカ 天皇・三后以外の皇族の敬称。
【殿上】テンジョウ 宮殿の内部。宮中。「―の間」
【殿上人】テンジョウびと 殿上に昇ることを許された者。
【殿中】デンチュウ 御殿の内部。「―松の廊下」
【殿堂】デンドウ ①大きくて立派な建物。「学問の―(=ある分野の中心になる建物)」②神仏をまつる建物。
熟語「殿舎・客殿・宮殿・玉殿・御殿ごてん・祭殿・参殿・社殿・昇殿・神殿・寝殿・正殿・拝殿・仏殿・宝殿・本殿・神楽殿かぐらでん・紫宸殿ししんでん・清涼殿・大仏殿・伏魔殿」

❷身分の高い人への尊称。
熟語「貴殿」

❸しんがり。行軍の最後尾で後方に備える部隊。
【殿軍】デングン 行軍の最後尾の部隊。しんがり。
熟語「殿後」

❹(国)との。身分の高い人に対する尊称。また、女性が男性を指していう敬称。
【殿方】とのがた 女性が男性一般をさしていう語。
【殿様】とのさま 「紀州の―」「―(=世事に疎い)商法」
熟語「殿御」

❺(国)どの。人名につけて敬意を表す語。

【電】
9級 13画 雨-5 音 デン呉・テン漢 訓 いなずま ①3737 Ⓤ96FB

人名 あきら・ひかり

筆順 一 㐅 帀 雨 雪 雷 電

なりたち [形声]雨＋申(いなびかり)音。「申」が原字。のち、「申」がのびる・もうすの意で用いられるようになったため、「雨」を加えた。

❶いなずま。いなびかり。

【電撃】デンゲキ ①電流が体を通ったときの衝撃。②素早く攻撃する。「—作戦」「—結婚」

【電光】デンコウ ①いなびかり。②電灯の光。

【電光石火】デンコウセッカ 非常に速いことのたとえ。

熟語「電影・閃電(せんでん)・逐電・雷電」

❷エネルギーの一形態。電気。

【電圧】デンアツ「—が下がる」「—計」

【電化】デンカ「—製品」「オール—の家」

【電気】デンキ「—工学」「—をつける」「—代」

【電球】デンキュウ「—が切れる」「裸—」

【電源】デンゲン「—を切る」「—開発」「予備—」

【電子】デンシ 負の電気を帯び原子を構成する粒子。

【電車】デンシャ「—で移動する」「満員—」「—賃」

【電信】デンシン「—為替」「—柱」「無線—」

【電線】デンセン「—を架設する」「強風で—が切れる」

【電池】デンチ「—切れ」「—に充電する」「燃料—」

【電灯】デントウ 電気で光を出す灯火。「懐中—」

【電波】デンパ「—を受信する」「放送—」「—塔」

【電報】デンポウ「—を送る」「慶弔—」

【電流】デンリュウ 電気の流れ。「—計」

【電力】デンリョク「—会社」「—の供給」「消費—」

【電話】デンワ「携帯—」「—を引く」「—料金」

熟語「電位・電荷・電界・電解・電器・電機・電極・電飾・電送・電脳・電場・電文・電磁気・電磁石・電磁波・電動機・荷電・充電・節電・送電・帯電・蓄電・停電・発電・放電・漏電」

❸「電信」「電報」の略。

熟語「外電・公電・祝電・打電・弔電・特電・入電・返電・来電」

❹「電車」の略。

熟語「市電・私電・終電」

ト

【土】⇩ド(四八五ページ)

【斗】

3級 4画 斗-0 音 ト漢呉・トウ漢 訓 ます ①3745 Ⓤ6597

人名 ほし・ます

筆順 丶 丶 ⺀ 斗

なりたち [象形]柄のついたひしゃくにかたどる。量をはかるますの意。

❶ます。容量をはかる容器。ひしゃく。

熟語「斗桶(とおけ)・漏斗(ろうと)(じょうご)」

❷体積の単位。一斗は一〇升。

【斗酒】トシュ 一斗の酒。多量の酒。「—なお辞せず」

❸ますがた。建物の柱の上部で棟木を受けるもの。

熟語「斗栱(ときょう)・斗入」

❹星座の名。大熊の七星。

熟語「斗牛・斗南・斗柄・玉斗・星斗・泰斗・南斗・北斗・北斗七星」

【吐】

4級 6画 口-3 音 ト漢呉 訓 はく ①3739 Ⓤ5410

難読 吐噶喇(とから)・反吐(へど)

筆順 丨 口 口 吋 叶 吐

なりたち [形声]口＋土(万物をはき出すつち)音。口からはき出すの意。

◉異字同訓◉【突】(五〇六ページ)の「異字同訓」欄を参照のこと。

❶はく。物や息などを口から出す。

【吐息】といき「青息—」「—をつく」

【吐血】トケツ 血液を吐く。「—して倒れる」

【吐瀉】トシャ 嘔吐(おうと)と下痢(げり)。「—物」

【吐乳】トニュウ 乳児が飲んだ乳をはき出す。

熟語「吐哺握髪・嘔吐(おうと)(へど)・呑吐(どんと)・音吐朗朗」

❷のべる。うちあける。ことばにする。

【吐露】トロ 率直に述べる。「真情を—する」

【図】⇩ズ(三五〇ページ)

【妬】

2級 8画 女-5 新常用 音 ト漢呉 訓 ねたむ・そねむ・やく・やける ①3742 Ⓤ59AC

筆順 く 女 女 女一 女丆 妒 妬 妬

なりたち [妒][形声]女＋戸(とを閉じる)音。女性が心を閉ざして思い悩む意から、ねたむ意を表す。「妬」は異体字。

◉異字同訓◉【焼】(三二〇ページ)の「異字同訓」欄を参照のこと。

ねたむ。そねむ。うらやましくて憎む。やく。やける。

熟語「妬視・妬心・嫉妬(しっと)」

【度】⇩ド(四八六ページ)

【徒】
7級 10画 彳-7 音 ト漢・ズ(ヅ)呉 訓 かち・むだ・いたず-ら・あだ・ただ ①3744 Ⓤ5F92

難読 徒士(徒歩)かち・徒矢あだや・徒野あだしの・徒然つれづれ
人名 かち・ただ・とも
筆順 彳 彳 彳 往 往 往 徘 徒
なりたち [形声]「彳＋止」(＝辵、足でゆく)＋土(つち)音。地面を足で踏んで行くの意。

❶かち。乗り物に乗らずに歩く。
【徒渉】トショウ 陸を歩いたり、水を渡ったりする。跋渉ばっしょう。「山河を—する」
【徒歩】トホ 歩くこと。かち。「—旅行」
熟語「徒行・徒卒・徒競争」

❷手に何も持たない。むなしい。
【徒手】トシュ 素手すで。「—で敵に向かう」「—空拳」
熟語「徒取・徒手空拳」

❸むだ。いたずら。あだ。役に立たない。
【徒花】あだばな 咲いても実を結ばない花。
【〈徒然〉】つれづれ 退屈。「—を慰める」「—草」
【徒▶爾】トジ 無益であること。「—に終わる」
【徒食】トショク 働かずに遊んで暮らす。「無為—」
【徒労】トロウ 無益な労苦。「努力が—に帰す」
熟語「徒為・徒死・徒然・徒費」

❹弟子でし。しもべ。
【徒弟】トテイ 年季奉公する者。弟子。「—制度」
熟語「学徒・信徒・生徒・門徒・仏教徒」

❺仲間。ともがら。
【徒党】トトウ 仲間や団体。「—を組む」「一味—」
熟語「徒輩・逆徒・凶徒・教徒・使徒・囚徒・宗徒・衆徒・僧徒・賊徒・博徒・反徒・暴徒」

❻罪人。懲役の刑。労役に服させる刑。
【徒刑】トケイ 重罪人を島に送って労役に服させた刑。
熟語「徒役とえき・囚徒」

【途】
4級 10画 辵(辶)-7 音 ト漢・ズ(ヅ)呉 訓 みち ①3751 Ⓤ9014
〔途〕 11画 辵(辶)-7

人名 とお・みち
筆順 ノ 𠆢 亼 今 余 余 涂 途
なりたち [形声]辵(ゆく)＋余(スコップで土をゆったりとのばす)音。遠くまでのびている道の意。

❶みち。みちすじ。道路。
【途次】トジ ある所へ行く途中。「出張の—」
【途上】トジョウ ①途中。「出勤—の事故」②最中。「発展—国」
【途絶】トゼツ 途中で絶える。「交通—」 別表記 杜絶
【途端】トタン 同時。直後。「乗った—に動き出した」
【途中】トチュウ 「—下車」「—経過を報告する」
熟語「一途いっと・官途・帰途・三途さんず・首途・前途・壮途・中途・半途・別途・冥途」

❷すじみち。道理。方法。
【途▶轍】トテツ すじみち。「—もない(＝途方もない)計画」
【途方】トホウ ①手段。「—に暮れる」②道理。「—もないことを言う」
熟語「使途・方途・用途」

【都】
8級 11画 邑(阝)-8 音 ト漢・ツ呉 訓 みやこ・すべ-て ①3752 Ⓤ90FD
〔都〕 12画 邑(阝)-9 ③9274 ⓊFA26

難読 都都逸どどいつ(都都一)
人名 いち・くに・さと・ひろ
筆順 一 十 土 耂 者 者 都 都
なりたち [形声]者(多く集まる)音＋邑(むら)。多くの人々が集まるところ、みやこの意。

❶人のたくさん集まっているところ。大きな町。
【都会】トカイ 都市。「—の喧噪」「—生活」「大—」
【都市】トシ 経済などの中心地。「国際—」「—計画」
熟語「都人士・死都」

❷みやこ。中央政府のある都市。
【都下】トカ 都市の中。東京都の管轄する地域。
【都心】トシン 大都市の中心部。「—部」「—の一等地」
【都▶塵】トジン 都会の雑踏。「—を避けて暮らす」
【都内】トナイ みやこのなか。東京都。「—に住む」
【都▶鄙】トヒ 都会と田舎。「—貴賤の別なく集う」
【都▶邑】トユウ ①まちとむら。②都会。
【都落ち】みやこおち 都を追われて地方に逃げる。「平家の—」「転勤で—する」
熟語「都城・都府・旧都・皇都・古都・首都・遷都・帝都・奠都てんと」

❸美しくみやびやかなさま。洗練されている。
【都雅】トガ 上品でみやびなさま。「—な振る舞い」

❹統率する。すべおさめる。
【都督】トトク 統率、監督する。
熟語「都護」

❺すべて。みな。合計。
【都合】ツゴウ ①事情。具合。「—が悪い」「好—」②工面

する。「金を―する」「―をつける」③合計で。「―千円になります」

【都度】ドツ そのたびごと。「その―立ち寄る」

❻(国)地方公共団体の一。東京都。

【都政】トセイ 東京都の行政。

【都道府県】トドウフケン 「四七―」「―知事」

熟語「都営・都下・都庁・都電・都内・都民・都立」

【登】⇩トウ(四九四ページ)

【渡】

4級 12画 水(氵)-9 音 ト漢・ド呉 訓 わたる・わたす・わたし ①3747 Ⓤ6E21

人名 ただ

筆順 氵 汁 汸 浐 浐 渡 渡

なりたち [形声]水＋度(はば)音。川をこちらから向こう側へ行く、わたるの意。

わたる。わたす。㋐海や川の向こうへ行く。船で人や荷物を対岸に運ぶ所。㋑移る。過ごす。㋒(国)物を人の手にわたす。ゆずる。

【渡欧】トオウ 欧州へわたる。「留学のため―する」

【渡河】トカ 川を渡る。「―作戦」「敵前―」

【渡航】トコウ 「アメリカに―する」「―手続き」

【渡世】トセイ 世渡り。稼業。「―人(=ばくち打ち)」

【渡船】トセン わたしぶね。「―場」「―料」

【渡洋】トヨウ 広い海を渡る。「―爆撃」「―作戦」

【渡来】トライ 外国から渡ってくる。「南蛮―」「―種」

熟語「渡海・渡御・渡島・渡頭・渡米・渡来人・譲渡・新渡・過渡期」

【塗】

3級 13画 土-10 音 ト漢・ズ(ヅ)呉 訓 ぬる・どろ・まみれる・みち ①3741 Ⓤ5857

難読 塗師(ぬし)

人名 みち

筆順 氵 氵 汵 汵 涂 涂 涂 塗

なりたち [形声]涂(水分を含んだ土、どろをのばしてぬる)音＋土。どろなどをぬる、また、どろをのばして作ったみち。

❶どろ。水分を含んだ土。また、まみれる。一面に泥などがつく。

【塗炭】トタン 非常に苦しい境遇。「―の苦しみ」

熟語「泥塗」

❷ぬる。液状のものをすりつける。

【塗装】トソウ 塗料を塗る。「塀を―する」「―業」

【塗布】トフ 薬などを塗る。「薬を背中に―する」

【塗抹】トマツ 塗りつける。塗り消す。「下絵を―する」

【塗料】トリョウ 着色や保護のために物体に塗るもの。

【塗(り)物】ぬりもの 漆塗りの器。「―師」

熟語「糊塗(こと)」

❸みち。とおりみち。同途。

熟語「道塗・道聴塗説」

【頭】⇩トウ(四九六ページ)

【賭】

2級 16画 貝-9 新常用 音 ト漢 訓 かける・かけ ①3750 Ⓤ8CED

〔賭〕15画 貝-8

筆順 冂 目 貝 貯 貯 賭 賭 賭

なりたち [形声]貝(財貨)＋者(多くのものを集める)音。多くの財貨を集中させる意から、かける意を表す。

◉異字同訓◉【掛】(七三ページ)の「異字同訓」欄を参照のこと。

かけ。かけごと。ばくち。かける。

【賭場】トば 賭博(とばく)をする場所。

【賭博】トバク 金品をかけて勝負事をする。「―罪」

熟語「賭銭」

ド

【土】

10級 3画 土-0 音 ド呉・ト漢 訓 つち ①3758 Ⓤ571F

難読 土下座(どげざ)・土公神(どくじん)・土手(どて)・土圭(とけい)・土当帰(うど)・土性骨(どしょうぼね)・土師(はじ)(はにし)・土竜(もぐら)(もぐらもち)・土産(みやげ)・土筆(つくし)・土塊(つちくれ)・土器(かわらけ)・土壇場(どたんば)・三和土(たたき)

人名 ただ・のり・はに・ひじ

筆順 一 十 土

なりたち [象形]土地の神を祭るために盛った土の形にかたどり、土地の神の意を表す。のちに、つちの意に用いる。

❶つち。つちくれ。どろ。また、地面。

【土管】ドカン 粘土を焼いてつくった管。

【土器】ドキ 素焼きの器。「弥生式―」「縄文時代の―」

【土偶】ドグウ 土製の人形。

【土下座】ドゲザ 「―して詫びる」

【土建】ドケン 「土木建築」の略。「―業」

【土工】ドコウ 土木工事(の従事者)。

【土砂】ドシャ 土と砂。「―崩れ」「―降りの雨」

【土壌】ドジョウ 地表の土。「官僚腐敗の―(=基盤)」

【土石流】ドセキリュウ 土や石が雨水と流れ下る現象。

【土葬】ドソウ 土の中に埋葬する。「―の習慣が残る」

【土蔵】ドゾウ 土や漆喰(しっくい)で塗り固めた倉庫。

【土足】ドソク 履物を履いたままである。「―厳禁」

【土台】ドダイ 建造物の基礎。「―石」「研究の―(=基礎)」「―(=元来)実現不可能な計画だ」

【土壇場】(ドタンば) 最後の決断の場面。「―に追い込まれる」

【土手】(ドて) ①堤防。②大きな魚の切り身。

【土▾嚢】(ドノウ) 土を入れた袋。「―を積む」

【土俵】(ドヒョウ) ①土のたわら。②相撲の競技場。「―に上がる」「論争の―(=物事が行われる場)に上がる」

【土瓶】(ドビン) 茶を入れるための陶製の器。「―蒸し」

【土木】(ドボク) 大がかりな工事。「―事業」

【土間】(ドま) 屋内の地面のままの場所。

熟語「土塊・土釜・土質・土石・土塀・土饅頭・黄土・出土・泥土・凍土・陶土・粘土・沃土(よくど)・礫土・腐葉土」

❷人の住んでいる所。くに。領土。
【土地】(トチ) ①大地。つち。②耕地などの土。土壌。③耕地・宅地などとする地面。地所。「―付きの家」④その地方。ところ。「―の出身」

【土着】(ドチャク) 長く住み着いている。「―の武士団」

熟語「異土・穢土(えど)・王土・郷土・国土・焦土・浄土・寸土・全土・唐土・風土・辺土・本土・冥土・楽土」

❸地方。その地域の。
【土豪】(ドゴウ) その土地で勢力のある者。「―劣紳」
【土産】(ドサン) 土地の産物。「―を持参する」
【土人】(ドジン) 土着の人。(侮蔑して使うことが多い)
【土俗】(ドゾク) その土地の風俗・風習。「―の習慣」
《土産》(みやげ) 「旅行―」「事業成功を―(=良い結果)に本社へ戻る」
熟語「土語・土民」

❹五行の第三。方位は中央、天体では土星。
【土星】(ドセイ) 太陽系の第六惑星。

❺七曜の一。
熟語「土曜日」

❻〔国〕「土佐(さと)国」の略。
【土佐】(とさ) 旧国名。高知県全域に当たる。土州(どしゅう)(としゅう)。

【土州】(ドシュウ) 土佐(さと)国の別名。としゅう。

❼〔国〕「土耳古(トルコ)」の略。
熟語「露土(ろと)戦争」

❽その他。
【土性骨】(ドショウぼね) 性質・性根を強めていう語。「―を叩き直す」

【土用】(ドヨウ) 立春・立夏・立秋・立冬の前の各一八日間。特に、夏の土用を指すことが多い。「―波」「―干し」

【〈土竜〉】(もぐら) 地下で生活する哺乳類。別表記 鼴鼠

【奴】

4級 5画 女-2

音 ド㊥漢・ヌ㊥呉

訓 やつ・やっこ

①3759 Ⓤ5974

仮名 平仮名「ぬ」は「奴」の草体から。片仮名「ヌ」は「奴」の旁(つくり)から。

人名 ぬい

筆順 く 女 女 奴 奴

なりたち  [形声]女㊥音+又(手に持つ)。捕らえられて働かされる女の意から、女のどれいの意を表す。

❶自由を認められない最下層の使用人。しもべ。
【奴隷】(ドレイ) 他人の所有物として取り扱われる人。

【奴▾婢】(ヌヒ) 雑用に使われた下男・下女。

熟語「奴輩・奴婢(どひ)・奴僕(どぼく)(ぬぼく)・農奴」

❷やつ。㋐人をののしっていう語。㋑人や物をぞんざいにいう語。
熟語「守銭奴(しゅせんど)・売国奴」

❸自分をへりくだっていう語。
熟語「奴才・私奴(わたくしめ)」

❹〔国〕やっこ。㋐江戸時代の武家の中間(ちゅうげん)。㋑江戸時代の侠客。
熟語「町奴・旗本奴」

【努】

7級 7画 力-5

音 ド㊥漢

訓 つとめる・ゆめ

①3756 Ⓤ52AA

人名 つとむ

筆順 く 女 女 奴 奴 努 努

なりたち [形声]奴(働かされる女どれい)㊥音+力。力を尽くして働く意から、つとめる意を表す。

◉異字同訓◉
◇つとめる(努・務・勤)
「努める」は“努力する”の意。「勉める」とも書く。「問題の解決に努める」「療養に努める」

「務める」は“役目にあたる”の意。「議長を務める」「弁慶の役を務める」

「勤める」は“雇われて働く。勤務する”の意。「銀行に勤める」

❶つとめる。はげむ。
【努力】(ドリョク) 「―を重ねる」「―の甲斐があった」

❷〔国〕ゆめ。決して(…するな)。すこしも(…しない)。
熟語「努努(ゆめゆめ)」

【度】

8級 9画 广-6

音 ド㊥呉・ト㊥漢・タク㊥漢

訓 ㊥呉 たび・のり・わた-る・はか-る・た-い

①3757 Ⓤ5EA6

難読 度会(わたらい)・度度(たびたび)(よりより)
人名 ただ・なが・のぶ・のり・みち・もろ・わたる
筆順 亠 广 户 户 庐 庐 度 度
なりたち  [形声]「庶の略体」(尺に通じ、ものさし)音＋又(手)。手で長さをはかるの意。

❶《ド・ト》㋐長さの基準。㋑数や量の程度。㋒たび。回数。㋓期間。ころ。
【度数】(ドスウ) ①回数。②温度・緯度を表す数値。

【度量衡】(ドリョウコウ) 長さと容積と重さ。

熟語「緯度・温度・角度・過度・感度・強度・経度・光度・高度・硬度・再度・三度・尺度・純度・精度・鮮度・速度・程度・濃度・頻度・毎度・密度・初年度」
❷のり。基準。
【度合】(ドあい) 物事の程度。「強弱の—」「—を深める」

【度外】(ドガイ) 範囲の外。「個人的利害は—に置く」

【度外視】(ドガイシ) 問題にしない。「採算を—する」

【度量】(ドリョウ) 長さと容積。「—が大きい」

熟語「限度・進度・震度・制度・節度・丁度・適度・法度(はっと)・方度」
❸心の広さ。性格の大きさ。
【度胸】(ドキョウ) 物に動じない気力。「—の座った人」
熟語「襟度・態度」
❹わたる。わたす。㋐(仏)すくう。出家する。㋑川の対岸に移動する。同渡。
熟語「度僧・度牒(どちょう)・済度・得度」
❺はかる。㋐推測する。㋑長さ・量を調べる。
熟語「忖度(そんたく)」
❻(国)道具の類。
熟語「調度・用度」
❼(国)たい。…したい。
熟語「目出度(めでたく)」
❽その他。
【度▽胆・度肝】(ドぎも) 肝ったま。「—を抜く」

【度忘れ】(ドわすれ) とっさに思い出せない。

熟語「屹度(きっと)・沃度」

【怒】

4級 9画 心-5 音 ド漢・ヌ呉 訓 いかる・おこる ①3760 Ⓤ6012

人名 のぶ
筆順 く 女 女 奴 奴 奴 怒 怒 怒
なりたち  [形声]奴(力を尽くしつとめる)音＋心。感情に力をこめて、いかるの意。

❶おこる。いかる。腹をたてる。
【怒気】(ドキ) 怒った気持ち。「—を含む」

【怒号】(ドゴウ) 怒って大声で叫ぶ。「—が乱れ飛ぶ」

【怒声】(ドセイ) おこった声。怒り声。「—を浴びる」

【怒髪】(ドハツ) 怒りのために逆立つ毛髪。「—天を衝く」

熟語「赫怒(かくど)・激怒・忿怒(ふんど)(ふんぬ)・憤怒(ふんど)(ふんぬ)・喜怒哀楽」
❷勢いが激しい。荒々しい。
【怒張】(ドチョウ) ①はれてふくれる。②肩をいからせる。

【怒▼濤】(ドトウ) 荒れ狂う大波。「逆巻く—」「—(=勢いが激しいさま)の進撃」

熟語「怒生」

トウ

【刀】

9級 2画 刀-0 音 トウ(タウ)漢呉 訓 かたな ①3765 Ⓤ5200
〔釖〕 10画 金-2 ②7859 Ⓤ91D6

難読 刀自(とじ)・刀豆(なたまめ)・刀禰(とね)
人名 はかし
筆順 フ 刀
なりたち  [象形]刃がそっているかたなにかたどる。

❶かたな。武器として用いる刃物。
【刀剣】(トウケン) 刀や剣(つるぎ)。「—の不法所持」

【刀身】(トウシン) 刀の刃の部分。「—を手入れする」

【刀創】(トウソウ) 刀で切った傷。「—を負う」

熟語「刀圭・刀工・刀匠・快刀・執刀・小刀・帯刀・大刀(だいとう)(たち)・太刀(たち)・短刀・竹刀(ちくとう)(しない)・佩刀(はいとう)・抜刀・宝刀・木刀・名刀・青竜刀・彫刻刀」
❷かたなの形をしたもの。特に、中国の古銭。
熟語「刀貨・刀銭・刀布・刀幣」
❸その他。
【刀自】(とじ) ①一家の主婦。②老女の尊称。

【冬】

9級 5画 冫-3 音 トウ漢 訓 ふゆ ①3763 Ⓤ51AC
〔冬〕 5画 冫-3 — —

難読 冬瓜(とうがん)(がん)・忍冬(すいかずら)(にんどう)
人名 かず・とし
筆順 ノ ク 夂 冬 冬
なりたち  [象形]甲骨文では、糸の両端の結び目にかたどり、終わり、また、一年の

ト

終わりのふゆの意を表す。篆文では、下部に「＜＋＜」(こおり)を加え、のちにこれが「冫」に変形した。

ふゆ。四季の一。

【冬芽】トウガ 越冬する芽。ふゆめ。
【冬季】トウキ 冬の季節。「―オリンピック」
【冬期】トウキ 冬の期間。「―休業」「―講習会」
【冬至】トウジ 二十四節気の一。昼間が最も短い。⇔夏至
【冬眠】トウミン 動物が活動を中止して冬を過ごす。「―動物」「熊が―から覚める」
【冬将軍】ふゆショウグン 寒気の厳しさを擬人化して言う。「―の訪れ」
熟語「冬営・冬耕・越冬・旧冬・厳冬・初冬・暖冬・仲冬・晩冬・立冬・夏炉冬扇」

【灯】 7級 6画 火-2

音 トウ(漢)(呉)・チン(唐)・トン(唐)
訓 ひ・ともしび
①3784 Ⓤ706F

【燈】 16画 火-12 ①3785 Ⓤ71C8

注記 本来、「灯」の音は「テイ」で、「燈(とう)」とは別字だが代用して用いられた。
難読 灯心(とうしみ・とうすみ)・鬼灯(ほおずき)
筆順 丶 丷 火 火 灯
なりたち [燈][形声]火＋登(上にあげる)(音)。高くかかげた火の意。[灯][会意]火＋丁(一点にとまる)。激しく燃える火の意。「燈」の俗字。

❶ひ。ともしび。あかり。
【灯火】トウカ ともしび。あかり。「―を点(とも)す」
【灯心・灯芯】トウシン ランプ・行灯(あんどん)などの芯。
【灯台】トウダイ ①港湾や岬などにある、夜間には光を放って船舶の安全を守る塔状の構造物。②昔の室内照明器具。灯明台。「―下暗し」
【灯油】トウユ 灯火用の油。「―ストーブ」
【灯籠】トウロウ 「石―」「―流し」
熟語「灯下・行灯(あんどん)・街灯・幻灯・紅灯・消灯・提灯(ちょうちん)・点灯・電灯・無灯・常夜灯・走馬灯」
❷仏教で、世の中の闇を照らすもの。
【灯明】トウミョウ 神仏に供える火。「―をあげる」
熟語「伝灯・仏灯・法灯・無尽灯(むじんとう)」

【当】 9級 6画 小-3

音 トウ(タウ)(漢)(呉)
訓 あたる・あてる・あ-たり・まさ-に
①3786 Ⓤ5F53

【當】 13画 田-8 ②6536 Ⓤ7576

人名 あ・たえ・まさ・まつ
筆順 丨 丷 ⺌ 当 当 当
なりたち 當 [形声]尚(とうとぶ)(音)＋田。たがいの田畑の価値をとうとんで交換する意から、ぴったりとあたる意を表す。「当」は略字。

● 異字同訓 ●

◇**あたる**(当・▽中)
「**当たる**」は"ぶつかる。(光が)触れる。命中・的中する"の意。「ボールが壁に当たる」「日の当たる部屋」「たき火に当たる」「矢が的に当たる」「宝くじが当たる」

「**中る**」は"害を受ける"の意。「当たる」とも書く。「鯖(さば)に中る」「暑さに中る」
◇**あてる**(当・▽中・充・宛)
「**当てる**」は"ぶつける。触れさせる。命中させる"の意。「ボールを壁に当てる」「布団を日光に当てる」「矢を的に当てる(この場合「中てる」とも書く)」

「**充てる**」は"ふりむける。充当する"の意。「貯金を建築費に充てる」「後任には課長補佐を充てる」

「**宛てる**」は"届け先(宛て先)とする"の意。「先生に宛てた手紙」

❶あたる。あてる。㋐かなう。つりあう。㋑基準に合う。㋒ひきうける。㋓その場に応じる。㋔わりふる。
【当て馬】あてうま 牝馬(ひんば)の発情を調べるためにあてがう牡馬(ぼば)。転じて、仮に推し立てた者。「―候補」
【当て字】あてジ 本来の意味に関係なくあてた漢字。
【当意即妙】トウイソクミョウ その場に応じて即座に機転をきかす。「―のやりとり」
【当局】トウキョク 「―の発表」「警察―」
【当事】トウジ ある事に関係する。「―者」「―国」
【当選】トウセン 選挙で選ばれる。「―確実」⇔落選
【当直】トウチョク 当番で宿直や日直をする。「―医」
【当番】トウバン 番に当たること。「掃除―」
【当否】トウヒ 正しいかどうか。「事の―を問わず」
【当惑】トウワク 戸惑う。「―の表情」「―顔」
熟語「当事者・穏当・該当・勘当・芸当・見当・失当・至当・相当・妥当・担当・抵当・配当・不当」
❷現今の。さしあたっての。
【当今】トウコン このごろ。いまどき。「―のご時世」
【当座】トウザ ①その場。②当面。「―の資金」③しばらくの間。「結婚した―」
【当主】トウシュ その家の、現在の主人。
【当初】トウショ 「―の予定」「就任―から支持率が低い」
【当世】トウセイ 現代。いまどき。「―風の服装」
【当節】トウセツ 最近。「―流行の髪形」「―の若者」
【当代】トウダイ ①現代。「―切っての名優」②その当時。③今の当主。④今の天皇。
【当分】トウブン しばらくの間。「―休業します」
【当面】トウメン ①直面している。「―する課題」②今のところ。「―現状を維持する」
【当用】トウヨウ さしあたって用いること。「―日記」
❸その。この。また、今の。
【当該】トウガイ そのことに関係がある。「―官庁」

【当時】トウジ ①過去の一時期。「まだ若かった―」「―の流行」②現在。今。
【当日】トウジツ 「試験―」「―雨天の際は順延する」
【当地】トウチ 「―は一年中温暖だ」「ご―の名産」
【当人】トウニン 話題の人。「―のあずかり知らぬこと」
【当年】トウネン ①今年。「―とって六〇歳」②話題の年。
【当方】トウホウ 自分の側。「―は責任を負いかねる」
【当路】トウロ 重要な地位にいる。「―者」「―にある人」
熟語「当家・当所・当店」
❹そうあるべきである。あたりまえ。
【当為】トウイ そうすべきこと。
【当然】トウゼン 当たり前。「―の結果」「―至極」
【当来】トウライ 仏教で来世。未来。
熟語「順当・正当・適当・不当・本当」
❺(国)「当選」の略。
【当落】トウラク 当選と落選。「―線上をさまよう」
熟語「当確」

【投】

8級 7画 手(扌)-4 音 トウ(漢)・ズ(ヅ)(呉) 訓 なげる ①3774 Ⓤ6295

人名 ゆき

筆順 一 十 扌 扌 扌 投 投

なりたち [形声]手＋殳(棒で打つ)(音)。棒で打つような手の動きで物をなげるの意。

❶なげる。㋐遠くへ投げ飛ばす。㋑ほうり出す。あきらめる。
【《投網》】とあみ 水面に投げて魚を捕らえる網。
【投映】トウエイ スライドなどを画面に映し出す。
【投影】トウエイ 物の影をある物の上に映す。
【投下】トウカ ①なげ落とす。「爆弾を―する」②資本を出す。「業務拡張に資金を―する」
【投棄】トウキ 投げすてる。「廃棄物の不法―」
【投球】トウキュウ 「全力―」「―フォーム」
【投降】トウコウ 降参する。「―兵」「―を勧告する」
【投射】トウシャ 光をあてる。「照明を―する」
【投手】トウシュ 「息詰まる―戦」「開幕―」
【投身】トウシン 身投げ。「―自殺をはかる」
【投石】トウセキ 石を投げる。「群衆が―を始める」
【投▼擲】トウテキ 「石を―する」「―競技の選手」
【投入】トウニュウ ①投げ入れる。②資本・労力をつぎ込む。「新事業に資金を―する」
【投了】トウリョウ 将棋や囲碁で勝負が終わる。
熟語「完投・好投・暴投」
❷いれる。なげこむ。
【投▼函】トウカン 「ハガキを―する」「―口」
【投獄】トウゴク 牢(ろう)や監獄に入れる。
【投票】トウヒョウ 「代表者を―で決める」「―箱」
【投▼錨】トウビョウ 船が錨(いかり)を下ろす。⇔抜錨
❸与える。おくる。
【投稿】トウコウ 「雑誌に俳句を―する」「―欄」
【投資】トウシ 「設備―する」「―信託」「―に失敗する」
【投書】トウショ 「読者欄に―する」「―家」「―欄」
【投薬】トウヤク 薬を処方して与える。「患者に―する」
【投与】トウヨ 薬を患者に与える。「栄養剤を―する」
熟語「恵投」
❹あわせる。ぴったり合う。
【投機】トウキ 利益を求めて行う行為。「―熱が高まる」
【投合】トウゴウ 気持ちや意見が一致する。「意気―」
❺とどまる。滞在する。
【投宿】トウシュク 宿屋に泊まる。「旅館に―する」
熟語「投化」

【豆】

8級 7画 豆-0 音 トウ(漢)・ズ(ヅ)(呉) 訓 まめ ①3806 Ⓤ8C46

難読 豆汁(ご)・豆油(ご)(まめあぶら)・豆娘(いととんぼ)・豆幹(まめがら)・豆滓汁(からじる)・豆蔻(ずく)・豆木(まめのき)・豇豆(ささげ)・大角豆(ささげ)・蚕豆(そらまめ)(さんとう)

筆順 一 一 戸 戸 戸 豆 豆

なりたち [象形]頭部がふくらんだ脚付きの器にかたどる。たかつきの意。

❶㋐まめ。㋑(国)まめに似たもの。小形の。小さい。
【豆乳】トウニュウ 大豆を煮立て漉(こ)した乳状の液。
【豆腐】トウフ 「木綿―」「―に鎹(かすがい)」
【豆▼蒔き・豆▼撒き】まめまき 節分に豆をまく行事。
【豆名月】まめメイゲツ 陰暦九月十三夜の月の別名。
熟語「豆電球・豌豆(えんどう)・血豆・納豆・緑豆」
❷中国古代の脚のついた祭器の名。たかつき。
熟語「豆羹・俎豆(そとう)」
❸(国)「伊豆(いず)国」の略。
熟語「豆州(ずしゅう)」

【東】

9級 8画 木-4 音 トウ(漢)(呉) 訓 ひがし・あずま ①3776 Ⓤ6771

難読 東風(あゆ)(こち)・東宮(とうぐう)(みこのみや)・東雲(しののめ)

人名 あきら・き・こち・はじめ・はる・ひで・もと

筆順 一 一 戸 百 百 申 東 東

なりたち [象形]ものを入れた袋にしん棒を通し、両端をくくった形にかたどる。借りて、太陽が地平線から垂直に突き出てくる方角の意を表す。

❶ひがし。日のでる方角。
【〈東風〉】こち 春、東から吹く風。ひがしかぜ。

【〈東雲〉】しののめ 夜明け方。あけぼの。「―の空」
【東海】トウカイ ①東の方にある海。②日本国の異名。③「東海道」の略。
【東海道】トウカイドウ ①五街道の一つ。「―五十三次」②律令制における七道の一つ。
【東経】トウケイ 東半球の経度を表す数値。⇔西経
【東国】トウゴク 東方の国。関東。「―武士」「―地方」
【東西】トウザイ ①東と西。②世間の事柄。「―を弁ぜず」
【東上】トウジョウ 東方の都（東京）に行く。⇔西下
【東漸】トウゼン 勢力が次第に東方に移る。「仏教―」
【東都】トウト 東方にある都。江戸または東京をいう。
【東南】トウナン 東と南との中間。「―アジア」
【東方】トウホウ 東の方。東洋。「―諸国を歴訪する」
【東北】トウホク 東と北との中間の方角。艮(うしとら)。
【東奔西走】トウホンセイソウ 忙しく駆け回る。南船北馬。「会社設立のために―する」
【東洋】トウヨウ アジアの地方。「―医学」⇔西洋
熟語「東亜・東夷(とうい)・東欧・東進・東征・東部・関東・極東・近東・江東・山東・征東・大東・中東・坂東(ばんどう)」

❷五行説で、春にあてる。
【東宮】トウグウ 皇太子の宮殿。皇太子。別表記 春宮

❸(国)あずま。東国。特に、関東。
【東歌】あずまうた 東国地方でよまれた和歌。
【東男】あずまおとこ 江戸生まれの男。また、東国の男。「―に京女(きょうおんな)」

【到】

4級 8画 刀(刂)-6 音 トウ(タウ)漢呉 訓 いた-る ①3794 Ⓤ5230

人名 いたる・ゆき・よし

筆順 一 ㄙ 厶 至 至 到 到

なりたち [形声]至(いたる)＋刀(刃のそったかたな)音。弓なりに弧を描いていたるの意。

❶いたる。行きつく。
【到達】トウタツ ある点に行き着く。「目標に―する」
【到着】トウチャク 目的地に行き着く。「―時間」
【到頭】トウトウ ついに。「―完成した」「―来なかった」
【到来】トウライ ①ある時期がやってくる。「チャンス―」②他人から物が届く。「田舎からの―物」
熟語「殺到・着到・精神一到・前人未到」

❷配慮がゆきとどく。極限まで達する。
【到底】トウテイ どうしても。とても。「―かなわない」
熟語「懇到・周到・精到」

【逃】

4級 9画 辵(辶)-6 音 トウ(タウ)漢・チョウ(テウ)呉・ジョウ(デウ)呉 訓 にげる・にがす・のがす・のがれる ①3808 Ⓤ9003

〔逃〕10画 辵(辶)-6 ――
〔迯〕9画 辵(辶)-5 ②7777 Ⓤ8FEF

筆順 ノ ｊ ｊ 兆 兆 兆 逃 逃

なりたち [形声]辵(ゆく)＋兆(ひびが入り二つに割れる)音。右に左に走り去って姿をかくすの意。

にげる。のがれる。危険から抜け出す。また、にがす。のがす。
【逃散】チョウサン 昔、農民が耕作を放棄し他領へ移る。
【逃走】トウソウ 逃げる。「―経路」「犯人が―する」
【逃避】トウヒ 困難をさけのがれる。「現実からの―」
【逃亡】トウボウ 逃げて姿を隠す。「―生活」「―を図る」
【逃(げ)口上】にげコウジョウ 言い逃れに使う言葉。
【逃(げ)腰】にげごし 消極的態度。「―の答弁」
熟語「遁逃(とんとう)」

【納】⇩ノウ(五二〇ページ)

【倒】

4級 10画 人(亻)-8 音 トウ(タウ)漢呉 訓 たおれる・たおす・さかさ・さかさま ①3761 Ⓤ5012

筆順 亻 仁 仵 侄 倒 倒

なりたち [形声]人＋到(弓なりに弧を描いていたる)音。「到」がいたるの意で用いられるようになったため、からだが弓なりになってたおれる意には「人」を加えた。

❶さかさ。上下や順序が逆になる。ひっくり返る。
【倒錯】トウサク 正しいことの反対。「―症」「―趣味」
【倒叙】トウジョ 時間をさかのぼって叙述する。「―日本史」
【倒置】トウチ 逆さまな位置におく。「―法」
【倒立】トウリツ 逆さまに立つ。「三点―」
熟語「倒影・倒句・倒懸・倒語・倒行逆施」

❷たおれる。ころぶ。たおす。つぶす。
【倒壊・倒潰】トウカイ 倒れてこわれる。「―家屋」
【倒閣】トウカク 内閣を倒す。「―運動の首謀者」
【倒産】トウサン 会社などがつぶれる。「企業―」
【倒幕】トウバク 幕府を倒す。「尊皇―」「―派」⇔佐幕
【倒伏】トウフク 稲などが倒れる。
【倒木】トウボク 倒れた木。「風―」「―を撤去する」
熟語「昏倒(こんとう)・卒倒・打倒・七転八倒・抱腹絶倒」

❸動作や程度の激しいようすを示す。
熟語「圧倒・驚倒・傾倒・一辺倒」

【凍】

3級 10画 冫-8 音 トウ漢呉 訓 こお-る・こご-える・い-てる・し-みる ①3764 Ⓤ51CD

筆順 冫 冫 汀 沪 洹 凍 凍 凍

なりたち  [形声]冫(こおり)＋東(ものを入れた袋にしん棒を通し、両端をくくったさま)音。端から端までずっと氷が張りつめる意から、こおる意を表す。

こおる。いてる。寒気で水分が凝結する。また、こごえる。しみる。

【凍結】トウケツ ①こおりつく。②資産の移動や使用を一時禁止する。また、計画などを一時保留の状態にする。「海外資産の―」
【凍死】トウシ 「雪の中で―する」「―者」
【凍傷】トウショウ 寒冷によって生じる体の組織の傷害。
【凍上】トウジョウ 土が凍って地面が持ち上がる現象。
【凍土】トウド 凍った土。「永久―」「―帯」
熟語「凍原・凍瘡・凍餒(とうたい)・解凍・冷凍」

【唐】

4級 10画 口-7 音 トウ(タウ)漢呉 訓 から・もろこし ①3766 Ⓤ5510

〈唐〉10画 口-7

難読 唐土(もろこし)・唐木香(もっこう)・唐紅(からくれない)(とうべに)・唐棣(はねず)・唐黍(とうきび)(もろこし)

筆順 亠 广 户 户 庐 庚 庚 唐

なりたち  [会意]庚(きねを両手で持ち上げ、つく)＋口(器物)。天子が自ら穀物をつく意。のちに尭帝の都の意に用いる。

❶ほら。でたらめ。
熟語「荒唐・頽唐・荒唐無稽(こうとうむけい)」

❷いきなり。だしぬけに。
【唐突】トウトツ 「―な感が否めない」「―に口を開く」

❸中国の王朝の名。
【唐】トウ 李淵(高祖)が建てた統一王朝(六一八～九〇七)。都は長安。
【唐三彩】トウサンサイ 中国唐代に作られた陶器。
熟語「唐詩・唐書・唐代」

❹(国)とう。から。もろこし。中国のこと。また、外国。
【唐傘】からかさ 竹の骨に油紙を張った傘。
【唐紙】からかみ ①模様を摺り出した紙。②ふすま。
【唐草】からくさ つる草を図案化した模様。「―模様」
【唐獅子】からジシ 中国伝来の獅子。「牡丹に―」
【唐櫃】からびつ 脚がついた箱。
【唐物】からもの 外国から輸入された品物。舶来品。
【唐様】からヨウ 中国風(の書法)。
【唐音】トウオン 平安中期から江戸時代までに日本に伝来した音の総称。「行灯」を「アンドン」、「普請」を「フシン」と読む類。唐宋音。
【唐桟】トウザン 紺地に縦縞(たてじま)の入った綿織物。
【唐人】トウジン ①中国人。②外国人。③わけのわからないことを言う者。「―の寝言」
【唐土】トウド 中国をさして呼んだ称。もろこし。
【唐変木】トウヘンボク 偏屈な人。「―のわからずや」
〈唐土〉もろこし 昔、日本から中国を呼んだ称。
熟語「唐歌(からうた)・唐国(からくに)・唐子・唐墨・唐本」

【島】

8級 10画 山-7 音 トウ(タウ)漢呉 訓 しま ①3771 Ⓤ5CF6

〈嶋〉14画 山-11 ①3772 Ⓤ5D8B
〈嶌〉14画 山-11 ②5426 Ⓤ5D8C
〈㠀〉14画 山-11 ④0862 Ⓤ3800

筆順 丿 户 白 自 鳥 鳥 島 島

なりたち  [形声]鳥(とり)音＋山。渡り鳥が海中で休む山の意から、しまの意を表す。

しま。周囲を水に囲まれた陸地。
【島田】しまだ 「島田髷」の略。「高―」「文金―」
【島守】しまもり 島の番人。また、島の住人。
【島嶼】トウショ 島々。「東京都の―部」「―国」
熟語「島民・遠島・群島・孤島・諸島・絶島・属島・南島・半島・陸島・離島・列島・無人島」

【桃】

4級 10画 木-6 音 トウ(タウ)漢・ジョウ(デウ)呉 訓 もも ①3777 Ⓤ6843

難読 桃花鳥(とき)・山桜桃(ゆすらうめ)(ゆすら)・桜桃(さくらんぼ)(おうとう)・胡桃すもも(ことう)

筆順 一 十 木 札 杉 杉 机 桃

なりたち  [形声]木＋兆(ひびが入り二つに割れる)音。実がきれいに二つに割れる木の意。

もも。果樹の一。果肉は柔らかく多汁で甘い。
【桃源郷】トウゲンキョウ 俗世間を離れた平和な世界。
【桃李もの言わざれども下自(おのずか)ら蹊(こみち)を成す】桃や李(すもも)は何も言わないが、美しい花にひかれて人が集まり、その下には自然に道ができる。出典「史記李将軍伝賛」より。
【桃割れ】ももわれ 割った桃のように結った髷(まげ)。
熟語「桃花・桃林・白桃・扁桃・夭桃・余桃」

【討】

5級 10画 言-3 音 トウ(タウ)漢呉 訓 うつ ①3804 Ⓤ8A0E

筆順 亠 亡 言 言 言 訁 討 討

なりたち  [形声]言＋「肘の略体」(ひじ)音。罪人をひじでたたき言葉でせめてる意から、うつ・たずねるの意を表す。

◉異字同訓◉【打】(四一八ページ)の「異字同訓」欄

ト

を参照のこと。

❶うつ。攻めたおす。征伐する。

【討幕】トウバク 幕府を討つ。「尊皇━」

【討伐】トウバツ 抵抗する者を討ち滅ぼす。「━隊」「反乱軍を━する」

熟語「討滅・征討・掃討・勦討(そうとう)・追討」

❷求める。調べる。問いただす。

【討議】トウギ 意見を交わし論じ合う。「━を重ねる」「方針案を━する」

【討究・討求】トウキュウ 物事を深く研究する。

【討論】トウロン 互いに意見を述べ合う。「━会」

熟語「検討・探討」

【透】

4級　10画　辵(辶)-7　音 トウ漢　訓 すく・すかす・すける・とおす・とおる　①3809 Ⓤ900F

〔透〕11画 辵(辶)-7

難読 透破(すっぱ)・透綾(すきや)

人名 すき・とおる・ゆき

筆順 二 千 禾 禾 秀 秀 透 透

なりたち  [形声]辵(ゆく)＋秀(稲の穂がのび出る)音。のび出てつきぬける意から、とおる・すける意を表す。

◉異字同訓◉【空】(一四八ページ)の「異字同訓」欄を参照のこと。

❶とおす。しみこんで向こう側に出る。通り抜ける。

【透視】トウシ 物を透かして見る。

【透写】トウシャ 図面などの上に薄い紙を置き、写し取る。

【透析】トウセキ 「血液を━する」「人工━治療」

熟語「浸透・滲透(しんとう)」

❷すく。すける。すかす。すきとおる。すき間ができる。

【透過】トウカ 光線などが物を通りぬける。「━光線」

【透徹】トウテツ ①すきとおる。②筋が明確に通る。「━した洞察力」

【透明】トウメイ すきとおっていて、向こう側がよく見える。「無色━」「━なガラス」「━性が高い」

【党】

5級　10画　儿-8　音 トウ(タウ)漢呉　訓 とも・ともがら　①3762 Ⓤ515A

〔黨〕20画 黑-8　②8362 Ⓤ9EE8

人名 あきら・とも・まさ

筆順 丶 丷 ⺌ 尚 尚 尚 党 党

なりたち  [形声]尚(くわえる)音＋黒(やみ)。やみ取り引きに加わる、立場や目的を同じくする集まりの意から、なかまの意を表す。「党」は俗字。

❶むら。村里。生まれ故郷。

熟語「郷党」

❷みうち。血縁。親族。

熟語「族党・郎党(ろうどう)」

❸とも。ともがら。なかま。

【党同伐異】トウドウバツイ 事の善悪によらず、自派に味方する。

【党派】トウハ 主義を同じくする人の集まり。「超━」

熟語「党類・悪党・一党・凶党・残党・私党・政党・徒党」

❹政治的な団体。

【党員】トウイン ある党に入党している者。

【党紀】トウキ 党の風紀。党の規律。

【党規】トウキ 党の規則。「━に反する」

【党議】トウギ 党内での論議。党の決議。「━拘束」

【党首】トウシュ 党の最高責任者。「━会談」

【党人】トウジン ①党に属する人。②政党生え抜きの人。「━政治家」

【党籍】トウセキ 党員としての籍。「━離脱」

【党争】トウソウ 党派の間のあらそい。

【党利】トウリ 党派の利益。「━党略を優先する」

【党略】トウリャク 党派のためのはかりごと。「党利━」

熟語「党是・党勢・党費・党歴・解党・挙党・結党・公党・新党・脱党・入党・野党・与党・立党・離党」

【悼】

準2級　11画　心(忄)-8　音 トウ(タウ)漢　訓 いたむ　①3773 Ⓤ60BC

筆順 丶 忄 忄 忄 怡 悼 悼 悼

なりたち  [形声]心＋卓(高くあがる)音。心がゆさぶられ、いたむの意。

◉異字同訓◉【痛】(四六六ページ)の「異字同訓」欄を参照のこと。

❶ひどく悲しむ。

熟語「深悼」

❷いたむ。人の死を嘆き悲しむ。

【悼辞】トウジ 人の死を弔う言葉。「━を述べる」

熟語「悼詞・悼惜・哀悼・追悼・悲悼」

【盗】

4級　11画　皿-6　音 トウ(タウ)漢呉・ドウ(ダウ)呉　訓 ぬすむ・ぬすみ　①3780 Ⓤ76D7

〔盜〕12画 皿-7　②6125 Ⓤ76DC

筆順 冫 氵 次 次 咨 咨 盗 盗

ト

なりたち 盜 [会意]次(欲しがってよだれを垂らす)+皿。皿の上の食べ物を欲しがってぬすむの意。

◉異字同訓◉【取】(二八二ページ)の「異字同訓」欄を参照のこと。

ぬすむ。ひそかに人の物を取る。ひそかに処理する。

【盗汗】トウカン 医学用語で寝汗(ねあせ)のこと。

【盗掘】トウクツ 「遺跡が―にあう」「―をまぬがれる」

【盗作】トウサク 他人の作品の一部あるいは全部を自作として発表する。剽窃(ひょうせつ)。「小説を―する」

【盗賊】トウゾク 「―が蔵を破る」「―石川五右衛門」

【盗聴】トウチョウ ぬすみぎき。「―器」「電話を―する」

【盗難】トウナン 金や物を盗まれる。「―にあう」「―品」

【盗伐】トウバツ 他人の木や竹を切って盗む。

【盗品】トウヒン 盗んだ品物。「―から犯人を割り出す」

【盗癖】トウヘキ 物を盗む病的な性癖。「―の持ち主」

【盗用】トウヨウ 許可を得ないで用いる。「論文を―する」

【盗塁】トウルイ 野球で隙をついて次の塁へ進む。

【盗▽人】ぬすっと 盗賊。「―たけだけしい」「―に追銭」

熟語「怪盗・群盗・強盗・酒盗・窃盗・偸盗(ちゅうとう)・夜盗・鶏鳴狗盗(けいめいくとう)」

【陶】

3級 11画 阜(阝)-8 音 トウ(タウ)漢・ドウ(ダウ)呉 訓 すえ

①3811 Ⓤ9676

人名 すえ・よし

筆順 陶

なりたち [形声]阜(盛り土)+「匋」(やきもの)音。「匋」だけで用いられたが、のちに「阝」を加えた。

❶やきもの。せともの。すえ。

【陶器】トウキ ①陶磁器のうち、磁器よりも低い温度で焼いたもの。②焼き物。せともの。

【陶芸】トウゲイ 陶磁器を作る技芸・工芸。「―家」

【陶磁器】トウジキ 陶器と磁器。やきもの。

【陶▽枕】トウチン 陶磁製のまくら。夏に用いる。

【陶土】トウド 陶磁器の原料となる粘土の総称。

熟語「陶瓦(とうが)・陶画・陶工・陶窯・彩陶・作陶・製陶・洋陶・和陶」

❷(焼き物をつくるように)教え育てる。

【陶冶】トウヤ ①陶器や鋳物を作る。②生まれついた性質や才能を鍛えて練り上げる。「人格を―する」

熟語「薫陶」

❸うっとりする。ここちよい。

【陶酔】トウスイ ①気持ちよく酔う。②うっとりとして、その境地にひたる。「―境」「自分の成功に―する」「自己―」

【陶然】トウゼン ①気持ちよく酔う。②うっとりとするさま。「名演奏に―となる」

❹心がふさぐ。うれえる。

熟語「鬱陶(うっとう)」

【道】⇩ドウ(五〇〇ページ)

【塔】

4級 12画 土-9 音 トウ(タフ)漢呉

①3767 Ⓤ5854

筆順 塔

なりたち [形声]土+荅(アズキ)音。梵語stūpaを音訳するために作った字で、「土」を付すのは土で作ることから。

❶「卒塔婆(そとば)」の略。仏骨をおさめる建造物。

【塔▽頭・塔中】タッチュウ ①高僧の墓所に建てられた小院。②大寺の末寺。

【塔婆】トウバ 「卒塔婆(そとば)」の略。「―を立てる」

熟語「石塔・堂塔・仏塔・宝塔・卵塔・五輪塔・多宝塔」

❷高くそびえる細長い建造物。

熟語「斜塔・尖塔(せんとう)・鉄塔・金字塔・無線塔」

【搭】

準2級 12画 手(扌)-9 音 トウ(タフ)漢呉 訓 の-せる・の-る

①3775 Ⓤ642D

筆順 搭

なりたち [形声]手+荅(さやが重なりあった豆)音。物を手で上にのせるの意。

❶のせる。のる。乗り物の中に身をおく。

【搭載】トウサイ 物を積む。また、武器などを装備する。

【搭乗】トウジョウ 飛行機・船などに乗り込む。「―員」

❷かける。つける。つるす。

熟語「掛搭(かとう)」

【棟】

準2級 12画 木-8 音 トウ漢呉 訓 むね・むな

①3779 Ⓤ68DF

人名 すけ・たか・たかし・みね

筆順 棟

なりたち [形声]木+東(まん中を通す)音。屋根の中心を通る、むな木の意。

❶むね。屋根の最も高い部分。また、むなぎ。転じて、重要人物。

【棟▼梁】トウリョウ ①一族・一門を率いる者。おさ。「武家の―」②大工の親方。かしら。注記 棟(むね)と梁(はり)の意。

【棟木】むなぎ 屋根の骨組みに用いる水平材。梁。

【棟上げ】むねあげ 家の棟木(むなぎ)を上げる。建て前。

熟語「上棟・病棟・研究棟・汗牛充棟」

❷長いむねの建物。

ト

【棟割(り)】むねわり 一棟の建物を分ける。「―長屋」
熟語「病棟・別棟べっとう(べつむね)」
❸とう。むね。建物を数える語。
熟語「一棟買い・マンション三棟」

【湯】

8級 12画 水(氵)-9 音 トウ(タウ)漢呉・タン唐 訓 ゆ ①3782 Ⓤ6E6F

難読 湯中ゆあたり・湯浴ゆあみ・湯桶ゆおけ(ゆとう)・湯槽ゆぶね・湯湯婆ゆたんぽ・湯麺タンメン
人名 のり
筆順
なりたち [形声]水＋昜(日が高くあがる)音。蒸気をあげてわくゆの意。

❶ゆ。熱した水。
【湯▼垢】ゆあか 浴槽などにつく垢。「―を落とす」
【湯浴み】ゆあみ 入浴。沐浴。「―して汗を流す」
【湯▼灌】ゆカン 棺に納める前に死体をふき清める。
【湯気】ゆげ 「みそ汁から―が立つ」「―で窓が曇る」
【湯煎】ゆセン 湯の中に入れて間接的に加熱する。
【湯玉】ゆだま ①沸騰時に出る泡。②飛び散る熱湯。「走る―」
【湯▽湯▽婆】ゆタンポ 湯を入れて足をあたためる容器。
【湯茶】ゆチャ 湯や茶。「―の接待がある」
【湯▼桶】ゆトウ 湯を入れる木製の器。
【湯▼桶読み】ゆトウよみ 上の字を訓、下の字を音で読む熟語。⇔重箱読み
【湯葉・湯波】ゆば 煮立った豆乳とうにゅうをすくい上げた食品。
【湯水】ゆみず 湯と水。「―のごとく使う(＝無駄に使うたとえ)」
熟語「湯婆たんぽ・温湯・給湯・熱湯・沸湯・金城湯池」
❷漢方のせんじぐすり。
【湯薬】トウヤク せんじ薬。煎薬。
熟語「薬湯」
❸ふろ。温泉。
【湯治】トウジ 温泉に入って療養する。「―客」「―場」
【湯煙】ゆけむり 温泉や風呂から立つ湯気。
【湯冷め】ゆざめ 入浴後に体が冷える。
【湯殿】ゆどの 入浴するための部屋。風呂場。浴室。
【湯船・湯▽槽】ゆぶね 浴槽。「―につかる」
【湯文字】ゆモジ 婦人の腰巻。注記「湯具」の文字詞。
熟語「湯桁・銭湯・入湯・秘湯・名湯・薬湯」
❹スープ。汁。
熟語「湯麺タンメン・上湯シャンタン」

【痘】

3級 12画 疒-7 音 トウ漢 訓 もがさ ①3787 Ⓤ75D8

難読 痘痕あばた(もい)・痘瘡もがさ(いもがさ)
筆順
なりたち [形声]疒＋豆(じっと立ちとどまるたかつき)音。皮膚にできもののあとをとどめる病気の意から、もがさの意を表す。

ほうそう。もがさ。皮膚に豆状のできものができる感染症。
【痘▼瘡】トウソウ 天然痘。疱瘡。「―を患う」
熟語「痘痕とうこん・痘苗・牛痘・種痘・水痘・天然痘」

【登】

8級 12画 癶-7 音 トウ漢呉・ト慣 訓 のぼる ①3748 Ⓤ767B

人名 たか・ちか・とみ・とも・なり・なる・のり・み・みのる
筆順
なりたち [会意]甲骨文では、癶(上向きの両足)＋豆(たかつき、祭器)＋廾(両手でささげる)。両手で祭器をささげてあがるの意。篆文では、癶＋豆。
◉異字同訓◉【上】(三二四ページ)の「異字同訓」欄を参照のこと。

❶のぼる。上の方へ移動する。
【登場】トウジョウ 舞台や小説などにその人物が現れる。⇔退場
【登仙】トウセン 仙人になる。「羽化―」
【登壇】トウダン 演説などのために壇にあがる。
【登頂】トウチョウ 「初―」「エベレスト―」
【登▼攀】トウハン 高山をよじ登る。「―に成功する」
【登板】トウバン 投手が出場する。「女性大臣の―(＝役職に就く)を望む声」⇔降板
【登竜門】トウリュウモン 立身出世の関門。「文壇の―」
【登楼】トウロウ ①高い建物に登る。②遊女屋で遊ぶ。
【登山】トザン 山に登る。「―家」「―隊」
熟語「登高・急登・直登」
❷でかける。出向く。公の所へ出席する。出勤する。
【登院】トウイン 国会議員が議会に出る。「―停止処分」
【登校】トウコウ 生徒・先生が授業や勤務などのために学校に行く。「―拒否」「集団―」⇔下校
【登庁】トウチョウ 役所に出勤する。⇔退庁
【登城】トジョウ 城に参上する。とうじょう。
熟語「先登」
❸選び出して地位につける。
【登極】トウキョク 天皇が位につく。即位。
【登用・登庸】トウヨウ 人を官職などにとりたてて用いる。「人材―」「民間大臣を―する」
❹試験に合格する。高い位につく。
熟語「登科・登第」

❺記載する。公式に記録にのせる。

【登記】(トウキ) 登記簿に記載する。「—所」「家屋を—する」

【登載】(トウサイ) ①新聞・雑誌などに記事として載せる。掲載。②名簿・台帳に記載する。

【登録】(トウロク) 帳簿に記し載せる。「住民—」

❻みのる。成熟する。

熟語「登熟」

【答】

9級 12画 竹-6 音 トウ(タフ)漢呉 訓 こたえる・こたえ

①3790 Ⓤ7B54

人名 さと・とし・とみ・とも・のり

筆順 

なりたち [会意]竹＋合。竹の器とふたがぴったり合う意から、応ずる・こたえるの意を表す。

◉異字同訓◉

◇こたえる(答・応)

「答える」は"返事をする。解答する"の意。「はい、と答える」「次の設問に答えなさい」「批判に答える」

「応える」は"応じる。強く感じる"の意。応じる、の意の場合は「報える」とも書く。「期待に応える」「市民の歓呼に応える」「県民の要請に応える」「寒さが骨身に応える」

こたえる。応じる。返事する。こたえ。問題や質問への返事。

【答案】(トウアン) 試験の答え。「—用紙」「—を出す」

【答辞】(トウジ) 式場で祝辞などに答礼。「—を述べる」

【答申】(トウシン) 上役に意見を述べる。「—書」

【答弁】(トウベン) 質問に対して答える。「大臣の—」

【答礼】(トウレイ) 相手にこたえる挨拶。「—訪問」

熟語「応答・回答・解答・口答・贈答・即答・返答・名答・迷答・問答」

【等】

8級 12画 竹-6 音 トウ漢呉 訓 ひとしい・など・ら

①3789 Ⓤ7B49

人名 しな・たか・とし・とも

筆順 

なりたち  [形声]竹＋寺(雑事をつかさどる役所)音。竹簡などの文書をとり扱い、物事を整える意から、ひとしい意を表す。

❶ひとしい。差がない。おなじ。

【等価】(トウカ) 価値が等しい。「—交換」「—物」

【等号】(トウゴウ) 等しいことを表す記号。イコール。

【等式】(トウシキ) 等号で結ばれた数や式。「＝」で表す。

【等質】(トウシツ) 質が同じである。「—の文化」「—的」

【等身】(トウシン) 人の身長と同じ高さ。「—大の人形」

【等分】(トウブン) 等しい分量や程度。「土地を—する」

【等量】(トウリョウ) 同量。「—の醬油と酒を入れる」

熟語「等圧・等位・等差・等比・等間隔・等高線・等時性・均等・対等・同等・平等(びょうどう)・不等」

❷なかま。ともがら。また、など。ら。

熟語「等輩・等類・郎等」

❸くらい。品位。順位。

【等級】(トウキュウ) 優劣の段階。階級。「—別の値段」

【等親】(トウシン) 親等(しんとう)の慣用的な言い方。

熟語「下等・勲等・高等・上等・初等・親等・中等・特等・品等・優等・劣等」

❹その他。

【等閑】(トウカン) 物事をいい加減にする。「—視する」

【〈等閑〉】(なおざり) 放っておく。「—な態度」

熟語「等閑視」

【筒】

準2級 12画 竹-6 音 トウ漢・ドウ呉 訓 つつ

①3791 Ⓤ7B52

人名 まる

筆順 

なりたち  [形声]竹＋同(つつの象形)音。竹で作られたつつの意。

つつ。丸く細長く中がからになっているもの。くだ。

熟語「円筒・煙筒・気筒・水筒・封筒・発煙筒」

【統】

6級 12画 糸-6 音 トウ漢呉・ツウ呉 訓 すべる・すじ

①3793 Ⓤ7D71

人名 おさ・おさむ・かね・すぶる・すみ・すめる・つづき・つな・つね・のり・むね・もと

筆順 

なりたち  [形声]糸＋充(人が育って力がみなぎる状態になる)音。多くの糸を集めて一本にまとめるの意。

❶すじ。ひと続きのつながり。おおすじ。血すじ。

熟語「一統・学統・系統・血統・皇統・神統・正統・伝統・道統」

❷すべる。一つにまとめる。おさめる。

【統一】(トウイツ) 多くのものを一つにまとめあげる。「規格の—」「天下を—する」

【統括】(トウカツ) 一つにまとめる。「意見を—する」

【統轄】(トウカツ) 中心になってまとめる。「出先機関を—する責任者」

【統監】(トウカン) 全体をまとめて監督する。

【統御・統▼馭】(トウギョ) 全体をまとめて支配する。

【統計】(トウケイ) 「人口の—をとる」「数理—」「—学」

【統合】(トウゴウ) 一つにまとめあわせる。「二つの支社を

—する」

【統裁】（トウサイ） 統率し処理する。「組織を—する」

【統帥】（トウスイ） 軍隊を支配下におき率いる。「—権」

【統制】（トウセイ） 政府の力で言論・経済活動などに制限を加える。「言論—」「—経済」

【統率】（トウソツ） まとめて率いる。統御。「—力」

【統治】（トウチ） 国土や人民を治める。「—権」

【統廃合】（トウハイゴウ） あるものは統合し、あるものは廃止して一つにまとめる。「官公庁の—」

熟語「統領・総統」

❸はじめ。もと。いとぐち。
熟語「統紀」

【読】⇩ドク（五〇五ページ）

【稲】〔稻〕

4級　14画　禾-9　音 トウ（タウ）漢 呉　訓 いね・いな　①1680 Ⓤ7A32
〔稻〕15画　禾-10　②6743 Ⓤ7A3B

難読 稲茎（いながら）（いなくき）・稲架（はさ）・稲熱病（いもちびょう）
人名 しね・ね
筆順
なりたち  ［形声］禾（イネ）＋舀（うすから取り出す）音。うすでつき粘りの出たイネを取り出すの意。甲骨文では、容器にたくわえる米にかたどる。

いね。いな。米を作る重要な穀類。

【稲作】（いなサク）「—地帯」「—文化が伝播する」

【稲妻】（いなずま） 雷雲により起こる放電現象。稲光。いなづま。注記「稲の夫（つま）」の意。稲は稲妻をうけて結実すると信じられたことから。

【稲田】（いなだ） 稲を栽培する田。稲の実った田。

【稲光】（いなびかり） 雷の電光。

【稲▽荷】（いなり） 稲荷神社。キツネの異名。「お—さん（=稲荷寿司）」

熟語「公稲・功稲・水稲・晩稲（ばんとう）（おくて）・陸稲（りくとう）（おかぼ）・早稲（わせ）」

【踏】〔蹋〕

4級　15画　足-8　音 トウ（タフ）漢 呉　訓 ふむ・ふまえる　①3807 Ⓤ8E0F
〔蹋〕17画　足-10　④8944 Ⓤ8E4B

注記「蹈（とう）」の書き換え字としても用いられる。
難読 踏鞴（たたら）
筆順
なりたち ［形声］足＋沓（かさねる）音。同じ場所でくりかえし足を上下させる意から、足ぶみする・ふむの意を表す。

◇ふむ（踏・▽履）　◉異字同訓◉
「踏む」は“足で押さえる。推測する”の意。「足を踏まれる」「ペダルを踏む」「原価は一万円と踏む」

「履む」は“ある過程を経る。経験する。手本にならって行う”の意。「初舞台を履む」「場数を履む」「薄氷を履む思い」「手続を履む」

❶ふむ。㋐足を地に付ける。足で押さえる。㋑あるく。実際にそこへ行く。㋒受けつぐ。㋓調子に合わせてあしぶみする。
【踏査】（トウサ） 現地に行って調査する。「実地—する」

【踏襲】（トウシュウ） やり方を受け継ぐ。「先例を—する」

【踏青】（トウセイ） もえ出た草を踏んで野に遊ぶ。

【踏破】（トウハ） 長い道のりを歩き通す。「アルプス—」

熟語「踏舞・舞踏・前人未踏」

❷（国）ふむ。ふまえる。一定の順序に従う。評価する。よりどころにする。考慮する。
用例「手順を踏む・値踏みする」「経緯を踏まえる・歴史を踏まえる」

【糖】〔糖〕

5級　16画　米-10　音 トウ（タウ）漢　訓 あめ　①3792 Ⓤ7CD6
〔糖〕16画　米-10

人名 あら
筆順
なりたち ［形声］米＋唐（穀物をつく）音。米などを加熱してどろどろにした食品の意。

❶あめ。甘い食品。さとう。甘味料。
熟語「糖蜜・砂糖・蔗糖（しょとう）・精糖・製糖・粗糖・甜菜（てんさい）糖」

❷炭水化物のうち水にとけて甘味を呈するもの。
【糖衣】（トウイ） 糖分を含んだ甘い被膜。「薬の—錠」

【糖質】（トウシツ） 糖類の総称。炭水化物。「—制限」

【糖度】（トウド） 食品中の糖分の割合。「—の高い果実」

【糖尿病】（トウニョウビョウ） 高血糖の状態が続く病気。

【糖分】（トウブン）「—が多い果物」「—摂取量」

【糖類】（トウルイ） 炭素と水との化合物。「単—」「多—」

熟語「果糖・血糖・乳糖・麦芽糖・葡萄（ぶどう）糖」

【頭】

9級　16画　頁-7　音 トウ漢・ズ（ヅ）呉・ト 慣・チュウ 唐　訓 あたま・かしら・こうべ・かみ　①3812 Ⓤ982D

難読 頭巾（ときん）薔薇（いばら）・頭陀袋（ずだぶくろ）・頭垢（ふけ）
人名 あき・あきら・かみ
筆順
なりたち  ［形声］豆（頭部がふくらんだたかつき）音＋頁（あたま）。あたまの意。

❶あたま。こうべ。人や動物の首から上の部分。
【頭数】あたまかず　人数。「―をそろえる」
【頭越し】あたまごし　他人の頭の上を越して物事をする。「―(=当事者を差しおいて事を進める)の交渉」
【頭寒足熱】ズカンソクネツ　頭を冷やし、足を暖める健康法。
【頭巾】ズキン　布製のかぶりもの。「防災―」「防寒―」
【頭上】ズジョウ　頭の上方。「―注意」
【頭痛】ズツウ　頭の痛み。「―(=心配や苦労)の種」
【頭脳】ズノウ　脳。「―(=優れた知能・知力)明晰めいせき」「組織の―(=中心になって働く人)」
【頭角】トウカク　頭(の先)。「―を現す(=学問や才能が目立ってくる)」
【頭頂】トウチョウ　頭のてっぺん。「―部」
熟語「頭髪・頭部・叩頭こうとう・出頭・低頭・禿頭とくとう・念頭・白頭」

❷いただき。物の上端。
【頭書】トウショ　①書物の本文上欄の注釈。頭注。②最初の部分の文章。「―の通り」
【頭注・頭▼註】トウチュウ　本文上方に書き記した注釈。⇔脚注
熟語「山頭・筆頭・露頭」

❸物の先端。
熟語「竿頭かんとう」

❹はじめ。最も先だつもの。
【頭金】あたまキン　契約成立時に払う金額。
【頭韻】トウイン　語頭や句頭に同じ音を用いる。
【頭語】トウゴ　手紙文の書き出しの語。「拝啓」「謹啓」など。⇔結語
熟語「巻頭・初頭・陣頭・先頭・到頭・年頭・冒頭・徹頭徹尾」

❺ほとり。あたり。その付近。
熟語「駅頭・街頭・口頭・枕頭ちんとう・店頭・路頭」

❻かしら。おさ。上に立つ人。首領。
【頭首】トウシュ　集団や組織のかしら。ちょうしゅ。
【頭取】トウどり　銀行の代表者。演劇興行を統轄する人。
【頭目】トウモク　(良くない)集団のかしら。「山賊の―」
熟語「頭領・会頭・巨頭・座頭・地頭・船頭せんどう・番頭」

❼牛や馬などを数える語。
熟語「一頭」

❽(国)かみ。律令制で、寮の長官。
熟語「権頭ごんのかみ」

❾その他。
【頭▼陀】ズダ　僧が行う欲望を払いのける修行。「―袋」

【謄】

準2級　17画　言-10　音 トウ 漢　訓 うつ-す・うつ-し　①3805　Ⓤ8B04

〔謄〕17画　言-10

筆順　丿 月 月 肸 胖 朕 謄 謄 謄

なりたち  ［形声］朕(舟を上に持ち上げる)音＋言。原本の上に置いた薄い紙からすけて浮かびあがった言葉をうつすの意。

うつす。うつし。原本の通りに書く。
【謄写】トウシャ　①書き写す。②謄写版で印刷する。「―印刷」
【謄写版】トウシャバン　蠟ろう引きした原紙に鉄筆で刻字し、インクのついたローラーで押圧する軽便な印刷法。がり版。
【謄本】トウホン　原本を全部写した文書。「戸籍―」

【藤】

2級　18画　艸(艹)-15　新常用　音 トウ 漢・ドウ 呉　訓 ふじ　①3803　Ⓤ85E4

〔藤〕18画　艸(艹)-15

人名　かつら・つ・ひさ

筆順　一 艹 芀 萨 蕂 藤 藤 藤

なりたち　［形声］艸＋滕(上にのぼる)音。つるがのび巻きつくフジの意。

❶ふじ。マメ科のつる性落葉木本。
【藤▼袴】ふじばかま　淡紫色の花。秋の七草の一。
熟語「藤花」

❷かずら。つる。つる性植物のつるの総称。
熟語「葛藤かっとう」

❸(国)とう。「藤原ふじわら氏」の略。
熟語「藤氏・源平藤橘」

【闘】

4級　18画　門-10　音 トウ 漢　訓 たたか-う・たたか-い　①3814　Ⓤ95D8

〔鬭〕24画　門-14　③9431　Ⓤ9B2D

〔鬪〕20画　門-10　②8212　Ⓤ9B2A

注記　中国の簡体字では「斗」となる。

筆順　丨 ｢ 門 門 閂 閗 闘 闘

なりたち  ［形声］鬥(人がたたかう)＋斲(きる)音。人が切りあうの意。「鬪」は俗字。

◉異字同訓◉【戦】(三八六ページ)の「異字同訓」欄を参照のこと。

❶たたかう。あらそう。きそう。

【闘魂】トウコン 闘い抜こうとする意気込み。

【闘士】トウシ 戦闘に従う兵士。「労働運動の―」

【闘志】トウシ 闘争心。「―満々」

【闘争】トウソウ ①たたかう。たたかい争う。「―本能」「―心」②社会運動や労働運動などで、要求を通すために争う。「賃上げ―」

【闘病】トウビョウ 療養に励む。「―生活」「―記」

熟語「暗闘・格闘・敢闘・共闘・苦闘・激闘・決闘・拳闘・健闘・死闘・私闘・戦闘・争闘・熱闘・奮闘・乱闘・力闘・悪戦苦闘」

❷たたかわせる。試合をさせる。

【闘技】トウギ 技や力を競い合う。格闘技。「―場」

【闘牛】トウギュウ 牛と牛、牛と闘牛士が闘う競技。

熟語「闘鶏・闘犬」

【騰】

準2級 20画 馬-10 音 トウ 漢 訓 あ-がる・のぼ-る ①3813 Ⓤ9A30

〔騰〕20画 馬-10

人名 のぼる

筆順 ⺆ 月 肸 胖 胖 勝 騰 騰

なりたち [形声]朕(舟を上に持ち上げる)音+馬。馬がおどりあがるの意。

◉異字同訓◉【上】(三二四ページ)の「異字同訓」欄を参照のこと。

あがる。のぼる。高くなる。

【騰貴】トウキ 値段が高くなる。「物価―」

【騰勢】トウセイ 相場が上昇傾向にある。「―に転じる」

【騰落】トウラク 物価の上がることと下がること。

熟語「急騰・高騰・昂騰・上騰・漸騰・続騰・反騰・沸騰・暴騰・奔騰」

【同】 ドウ

9級 6画 口-3 音 ドウ 呉・トウ 漢 訓 おなじ ①3817 Ⓤ540C

〔仝〕5画 人-3 0124 Ⓤ4EDD

人名 あつ・あつむ・とも・のぶ・ひとし

筆順 丨 冂 冂 同 同 同

なりたち [象形]茶づつのような、上下を合わせてはめこむ器の形にかたどり、上下のつつの大きさが同じ意を表す。

❶おなじ。ひとしい。

【同意】ドウイ ①同じ意味。「―語」②同じ考えだと意思表示する。「―を求める」「結婚に―する」

【同一】ドウイツ 「―人物」「―視」

【同音】ドウオン ①同じ高さの音。②同じ発音。「―異義語」③一斉に言う。「異口―」

【同化】ドウカ ①同じになる。②生物が外界から摂取した物から必要な物を作る。「―作用」

【同期】ドウキ ①同じ時期。同じ年度。「―入社」②機械の作動を時間的に連関させる。

【同義】ドウギ 同じ意味。同意。「―語」⇔異義

【同級】ドウキュウ 同じ学級。同じ階級。

【同郷】ドウキョウ 故郷が同じである。「―のよしみ」

【同業】ドウギョウ 同じ職業・業種。「―者」「―組合」

【同系】ドウケイ 系統が同じこと。「―色で描く」

【同穴】ドウケツ 夫婦が同じ墓に入る。「偕老(かいろう)―」

【同権】ドウケン 同じ権利をもつ。「男女―」

【同源・同原】ドウゲン 同一の起源をもつ。「医食―」

【同好】ドウコウ 趣味・興味が同じである。「―会」

【同根】ドウコン 源(みなもと)が同じ。「―の語」

【同罪】ドウザイ 同じ罪。「見て見ぬふりをした君も―だ」

【同視】ドウシ 同じにみなす。同一視。

【同時】ドウジ 同じ時(時代)。「―通訳」「世界―発売」

【同質】ドウシツ 「―の材料」「―の犯罪が続く」

【同日】ドウジツ 「―(=その日)付けをもって発令」

【同種】ドウシュ 「―の動物」「―同文の国」⇔異種

【同宿】ドウシュク 同じ家や宿屋に泊まる。「―の客」

【同上】ドウジョウ 上記の内容と同じである、の意。「―の理由により却下する」

【同心】ドウシン ①同じ心。「一味―」②中心が同じ。「―円」③江戸幕府の下級役人。

【同人】ドウジン ①同じ人。②(前に述べた)その人。③好みが同じ人。「―雑誌」

【同姓】ドウセイ 苗字が同じである。「―同名」

【同性】ドウセイ 性が同じである。「―愛」⇔異性

【同然】ドウゼン 「兄弟も―の間柄」「ただ―の値段」

【同窓】ドウソウ 「―生」「―会を開く」

【同族】ドウゾク 同じ血筋・系統。「―会社」

【同体】ドウタイ ①同じ体。「一心―」②同じ体勢。「―により取り直し」

【同断】ドウダン 同然。同様。「―に論ずる」「以下―」

【同定】ドウテイ 同一と認める。「同じ菌と―された」

【同点】ドウテン 同じ点数。「―決勝」「―優勝」

【同等】ドウトウ 「―に扱う」「―の立場」

【同輩】ドウハイ 等輩。「大学の―」

【同病】ドウビョウ 同じ病気。「―相憐れむ」

【同腹】ドウフク ①同じ母親から生まれる。⇔異腹。②志が同じ。「―一心」

【同文】ドウブン ①同じ文章。「以下―」②異なる民族で同じ文字を用いる。「―同種」

【同▼朋】ドウボウ 友人。どうほう。「海外の―」

【同名】ドウメイ 同じ名前や呼称。「同姓―」

【同盟】ドウメイ 「―を結ぶ」「―関係」「軍事―」

【同門】ドウモン 同じ師について学ぶ。「―のよしみ」

【同様】ドウヨウ 「以下―」「我が子―に育てる」

【同類】ドウルイ 「―の植物」「―が集まる」

【同列】(ドウレツ)「—に座る」「—に扱う」

【同和】(ドウワ) 同胞一和・同胞融和の意。被差別部落の解放に関する事項について用いられる語。

熟語「同位・同異・同格・同学・同形・同校・同座・同旨・同室・同社・同臭・同数・同席・同年・同率・同世代・同年齢・異同・混同・大同・不同・呉越同舟」
❷なかま。とも。
【同志・同士】(ドウシ) ①同じ主義の仲間。「—を募る」②共通の関係にある人。「恋人—」「男—」

【同胞】(ドウホウ) ①同じ国民、民族。②母が同じ兄弟姉妹。はらから。

【同僚】(ドウリョウ) 同じ職場にいて、地位などがほぼ同程度の人。「職場の—」「—と出世を競う」

〈同胞〉(はらから) ①母が同じ兄弟姉妹。②同じ国民。
❸あつまる。行動をともにする。おなじくする。
【同感】(ドウカン) 同じように考える。同じように感じる。「君の意見に—する」「まったく—だ」

【同居】(ドウキョ)「二世帯—」「新旧の文化が—する町」⇔別居
【同行】(ドウギョウ) ①一緒に参詣する。「—二人」②信仰を同じくする人。

【同衾】(ドウキン) (男女が)一つの寝具で寝る。

【同慶】(ドウケイ) 自分も相手も喜ばしい。「御—の至り」

【同行】(ドウコウ)「添乗員が—する」「—を求める」

【同梱】(ドウコン) 本体と一緒に梱包する。「—の説明書」

【同乗】(ドウジョウ) 一緒に乗る。「—者」「列車に—する」

【同情】(ドウジョウ) 他人の苦しみ・悲しみを同じように感じる。「—を禁じ得ない」「—心」

【同棲】(ドウセイ)「—生活」「結婚前に—する」

【同勢】(ドウゼイ) 一緒に行動する人々。「—を集める」

【同調】(ドウチョウ) 他人の意見に賛成する。「—者」

【同道】(ドウドウ) 同行。同伴。「旅行に妻を—する」

【同伴】(ドウハン) 一緒に連れて行く。「夫人—」「—者」

【同封】(ドウフウ) 手紙と一緒に入れる。「写真を—する」

ト

熟語「会同・共同・協同・合同・賛同・帯同・付和雷同・和光同塵」

洞

準2級　9画　水(氵)-6　音 ドウ(呉)・トウ(漢)　訓 ほら・うつろ
①3822　Ⓤ6D1E

人名 あき・あきら・ひろ

筆順 

なりたち  [形声]水＋同(つつぬけ)音。水が流れぬけるほらあなの意。

❶ほら。ほらあな。また、うつろ。中に何もない。
【洞窟】(ドウクツ) 崖や岩にできた深い穴。「—探検」

【洞穴】(ドウケツ) ほら穴。洞窟。

【洞門】(ドウモン) ほら穴の入り口。

熟語「空洞・雪洞(せっとう)(ぼんぼり)・仙洞(せんとう)・風洞・鍾乳洞」
❷奥ぶかい。
熟語「洞房」
❸深く見とおす。つらぬく。
【洞察】(ドウサツ) 鋭い観察力で物事を見通す。「—力」
熟語「洞観・洞見」
❹あきらか。ほがらか。
熟語「洞開・洞照」

胴

4級　10画　肉(月)-6　音 ドウ(呉)・トウ(漢)
①3825　Ⓤ80F4

難読 寸胴(ずんどう)

筆順 

なりたち [形声]肉＋同(つつぬけ)音。つつの形をした人体の部分の意。

❶大腸。
❷(国)どう。㋐体の中心部分。㋑飛行機などの本体中央部分。㋒三味線や太鼓などの共鳴する部分。㋓剣道などの胸や腹部を覆う防具。
【胴衣】(ドウイ) 腰丈の衣服。胴着。「救命—」

【胴裏】(ドウうら) 着物の袷(あわせ)の胴の部分につける裏布。

【胴着】(ドウぎ) 腰までの丈の綿入れ衣服。

【胴体】(ドウタイ) 胴の部分。「—着陸」「—の長い犬」

【胴巻(き)】(ドウまき) 腹に巻きつける帯状の袋。

【胴乱】(ドウラン) 植物採集などに使う携帯用の入れ物。
❸その他。
【胴元】(ドウもと) 賭博(とばく)の親。

【胴欲】(ドウヨク)「—な男」注記「貪欲(どんよく)」の転。

動

8級　11画　力-9　音 ドウ(呉)・トウ(漢)　訓 うごく・うごかす・はたらく・ややもすれば
①3816　Ⓤ52D5

人名 いつ

筆順 

なりたち  [形声]重(人のおもみが地面にずっしりとかかる)音＋力。力をこめて足で地面をふむ意から、うごく意を表す。

❶うごく。位置・方向などが移る。
【動画】(ドウガ) 動きのある画像。アニメーション。
【動向】(ドウコウ) 人や物の動き(傾向)。「経済の—」
【動座】(ドウザ) 貴人・神木などが座所を他に移す。
【動産】(ドウサン) 現金・株券などの財産。⇔不動産
【動詞】(ドウシ) 動作・作用を表す品詞。
【動静】(ドウセイ) 物事の動き。様子。「敵の—を探る」
【動体】(ドウタイ) 動いているもの。「流—」「—視力」
【動態】(ドウタイ)「—調査」「人口—を調査する」⇔静態
【動的】(ドウテキ) 動きのあるさま。「—な表現」⇔静的
【動物】(ドウブツ)「—的本能」「—園」「草食—」

【動脈】(ドウミャク)「―硬化」「東京周辺の大―（＝主要な交通路）」⇔静脈
【動揺】(ドウヨウ) ①ゆれ動く。「地震による車体の―」②不安になる。「給料遅配で社内が―する」
熟語「動線・異動・移動・運動・活動・感動・機動・激動・鼓動・作動・自動・蠢動(しゅんどう)・振動・震動・反動・微動・不動・浮動・鳴動・揺動・流動・地動説」

❷うごかす。位置・方向などを変える。
【動員】(ドウイン) ①人や物を集める。「生徒を―して掃除する」②軍隊を戦時編制に替える。「―令」

【動議】(ドウギ) 予定外の議題を提出する。「緊急―」

【動力】(ドウリョク)「―源を確保する」「―炉」

【動輪】(ドウリン) 機関車を駆動させる車輪。

熟語「動天驚地・他動」

❸はたらく。ふるまう。仕事をする。はたらき。
【動機】(ドウキ) きっかけ。「犯行の―」「不純な―」

【動作】(ドウサ) 体の動き。所作。「ぎこちない―」

熟語「挙動・言動・行動・一挙一動」

❹みだれる。さわぐ。
【動悸】(ドウキ) 心臓の鼓動が乱れる。「―が激しい」

【動転・動顛】(ドウテン) 驚きあわてる。「気が―する」

【動乱】(ドウラン) 騒ぎや争い事などが起きる。「―の世」

熟語「扇動・騒動・変動・暴動・躍動・律動」

❺ややもすれば。ともすると。いつも。

【堂】

7級　11画　土-8
音 ドウ(ダウ)呉・トウ(タウ)漢
訓 たかどの
①3818 Ⓤ5802

人名 たか

筆順

なりたち

［形声］尚(空気が窓から高くたちのぼる)音＋土。高い土台の意から、その上に建てた表御殿の意を表す。

❶たかどの。大きく立派な建物。おもて御殿。
【堂宇】(ドウウ) 堂の建物。「―が立ち並ぶ」

【堂上】(ドウジョウ) ①堂の上。②殿上人。また、その家柄。とうしょう。

❷多くの人々の集まる建物。神仏をまつる建物。
【堂奥】(ドウオウ) ①堂の奥。②学問の奥義。「―に入る」

【堂塔】(ドウトウ) 仏堂や仏塔など。「―伽藍」

【堂堂巡り】(ドウドウめぐり)「議論が―で結論が出ない」

熟語「会堂・講堂・金堂・参堂・食堂・聖堂・禅堂・僧堂・廟堂(びょうどう)・仏堂・霊堂・議事堂・公会堂」

❸すまい。
【堂舎】(ドウシャ)（社寺の）大小の建物。
熟語「草堂」

❹他人の母に対する敬称。
熟語「母堂」

❺いかめしく立派である。
【堂堂】(ドウドウ)「威風―」「正々―」「白昼―」
熟語「正正堂堂」

【童】

8級　12画　立-7
音 ドウ呉・トウ漢
訓 わらべ・わらわ
①3824 Ⓤ7AE5

難読 河童(かっぱ)
人名 わか・わらわ

筆順

なりたち

［形声］金文では、辛(刃物)＋目＋東(まん中を通す)音＋土。刃物で目を突き刺して見えなくした男のどれいの意。

❶わらべ。幼い子供。わらわ。
【童顔】(ドウガン) ①子供の顔。②子供っぽい顔。
【童形】(ドウギョウ) 元服前の子供。
【童子】(ドウジ) 幼い子。子供。「笛吹き―」
【童女】(ドウジョ) 幼い女の子。どうにょ。
【童心】(ドウシン) 子供の心。純真な心。「―にかえる」
【童貞】(ドウテイ) ①性的経験のない男性。②修道女。
【童僕】(ドウボク) 召し使いの少年。別表記 僮僕
【童蒙】(ドウモウ) 道理のわからない子供。「―訓」
【童謡】(ドウヨウ) 子供のための歌。「―を口ずさむ」
【童話】(ドウワ) 子供のために作られた話。「グリム―」
熟語「童画・童幼・悪童・怪童・学童・児童・小童・神童・村童・幼童」

❷男の召使い。
熟語「童僕」

❸はげる。草木の生えていない荒れ地。
熟語「童土」

【道】

9級　12画　辵(辶)-9
〔道〕13画　辵(辶)-9
音 ドウ(ダウ)呉・トウ(タウ)漢
訓 みち・い-う
①3827 Ⓤ9053

難読 道祖土焼(さいとやき)・道祖神(さえのかみ)(どうそじん)・道産子(どさんこ)・道標(道導)(みちしるべ)
人名 おさむ・じ・ただし・ち・つな・つね・なおし・のり・まさ・ゆき・より・わたる

筆順
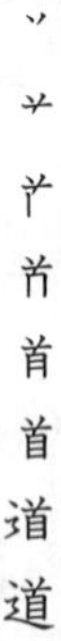

なりたち

［形声］辵(ゆく)＋首(こうべ)音。頭を向けて進んで行く意から、通りみちの意を表す。

❶みち。人や車などが行きかう所。
【道祖神】(ドウソジン) 道端にまつられ、禍を防ぐ神。

【道中】(ドウチュウ) 旅。旅の途中。「―の無事を祈る」

ト

【道聴塗説】ドウチョウトセツ 聞いたことをすぐ受け売りする。出典「論語陽貨」より。
【道程】ドウテイ 目的地までの行程。過程。
【道標】ドウヒョウ 道案内の標識。みちしるべ。
【道路】ドウロ 人や車の通路。「高速―」「―網」
【道草】みちくさ 「―を食う」「―をして帰る」
【道▽標】みちしるべ 道案内。手引き。どうひょう。
【道連れ】みちづれ 一緒に行く。「旅は―世は情け」
【道端】みちばた 道のはしの方。路傍。「―に咲く花」
熟語「沿道・街道・軌道・国道・参道・私道・車道・水道・隧道すいどう(ずいどう)・赤道・鉄道・歩道・糧道・林道」

❷人として守りおさめるべきことわり。
【道義】ドウギ 人としてふみ行うべき道。「―的責任」
【道士】ドウシ 道義を体得した人。修行者。仙人。
【道心】ドウシン ①道徳心。②修行に励む心。
【道徳】ドウトク 人々が正しく行為するための規範の総体。「―観念の欠如」「―に背いた行為」
【道理】ドウリ ①物事がそうあるべきすじみち。ことわり。「そんな―が通るわけがない」②人の行うべき正しい道。「ものの―」
【道話】ドウワ 人の道を説いた話。心学者の訓話。
熟語「道心・王道・求道・邪道・常道・人道・天道・非道」

❸宗教的なおしえ。
【道俗】ドウゾク 出家した人と在家の人。「―男女」
熟語「伝道・仏道」

❹老子・荘子のおしえ。また、道教。
【道家】ドウカ 老子や荘子の思想を信奉する一派。
【道学】ドウガク ①道徳を説く学問。②石門心学。
【道教】ドウキョウ 老荘思想や仏教が混合した宗教。
【道術】ドウジュツ 道教で行う長生・呪術などの術。

❺学問。技芸。その、てだて・やり方。
【道具】ドウグ 物を作るため、あるいは生活の便のために用いる器具の総称。「大工―」「家財―」
【道場】ドウジョウ 仏教修行や武道修養の場。
【道楽】ドウラク ①本職以外のことにふける。②酒色・ばくちなどの遊興にふける。「―息子」
熟語「芸道・柔道・茶道・覇道・武道」

❻言う。説く。述べる。
【道断】ドウダン 言う言葉がない。「言語ごん―」
【道破】ドウハ はっきりと言い切る。「真実を―する」
熟語「唱道・報道・言語ごん道断」

❼行政区画の一。㋐唐代の行政区画。㋑(国)どう。律令制の行政区画の一。
熟語「山陽道・東海道」

❽(国)どう。地方公共団体の一。北海道。
【道産】ドウサン 北海道の産物。「―のチーズ」
【道産子】ドサンこ 北海道産の馬。北海道生まれの人。
熟語「道庁・道民」

❾その他。
【道化】ドウケ おかしな動作や言葉。「―師」「―役」

【働】

7級　13画　人(亻)-11　国字
音 ドウ
訓 はたらく・はたらかす
①3815　Ⓤ50CD

注記 国字だが、中国でも用いられたことがある。

筆順 亻 亻 佢 佰 俥 偅 働 働

なりたち [形声]人＋動(うごく)音。人がからだを動かしはたらくの意。国字。

はたらく。かせぐ。作用や機能を果たす。
熟語「稼働・共働・協働・実働・自働・労働」

【銅】

6級　14画　金-6
音 ドウ呉・トウ漢
訓 あかがね
①3828　Ⓤ9285

人名 かね

筆順 𠆢 牟 金 金 釦 釦 銅 銅

なりたち [形声]金＋同(つつぬけ)音。穴があけやすい、柔らかな金属の意。

あかがね。金属元素の一。光沢ある赤色の金属で、熱・電気の伝導度が大きい。
【銅貨】ドウカ 銅を主材料とした貨幣。
【銅▽壺】ドウコ 銅製の湯沸かし器。
【銅婚式】ドウコンシキ 結婚七周年を祝う式。
【銅山】ドウザン 銅鉱を産出する山。
【銅臭】ドウシュウ 金銭欲にとらわれた人や行為。
【銅像】ドウゾウ 銅で鋳造した像。「―を立てる」
【銅▽鐸】ドウタク 弥生時代の釣り鐘形の青銅器。
【銅▽牌】ドウハイ 銅メダル。
【銅版】ドウバン 銅の板で作った印刷原版。「―画」
【銅▽鑼】ドラ 金属性で円盤状の打楽器。
熟語「銅器・銅線・金銅・赤銅しゃくどう・伸銅・青銅・精銅・白銅・分銅・黄銅鉱」

【導】

6級　15画　寸-12
音 ドウ(ダウ)呉・トウ(タウ)漢
訓 みちびく・しるべ
①3819　Ⓤ5C0E

〔導〕16画　寸-13

人名 おさ・みち

筆順 丷 䒑 首 首 道 道 導 導

なりたち [形声]道(みち)音＋寸(手)。手で引っぱって道を進んで行く意から、みちびく意を表す。

❶みちびく。おしえる。手引き。案内。

ト

【導師】ドウシ　人を仏道に導く僧。「—の教え」
【導入】ドウニュウ　「新機種を—する」「—部」
熟語「導引・導出・引導・教導・嚮導きょうどう・訓導・指導・主導・唱導・先導・善導・伝導・補導・誘導」

❷火・熱・電気などを伝える。
【導火線】ドウカセン　口火をつける線。
【導管】ドウカン　水などを送る管。別表記 道管
【導線】ドウセン　電流を通ずる針金。電線。
【導体】ドウタイ　熱などを伝える物体。「良—」
熟語「半導体・良導体」

【瞳】

2級　17画　目-12　新常用　音 ドウ(呉)・トウ(漢)　訓 ひとみ　①3823　Ⓤ77B3

人名 あきら

筆順 Π 目 目亠 目产 暗 暗 瞳 瞳

なりたち [形声]目＋童(刃物で目を突き刺して見えなくした男のどれい)音。目を突きぬける黒い穴のような部分の意から、ひとみの意を表す。

❶ひとみ。眼球の中心にある黒く丸い部分。
【瞳孔】ドウコウ　眼球の中央部。「—が開く」「—反射」
熟語「瞳子・散瞳・縮瞳・双瞳そうとう(そう/どう)」

❷無心に見るさま。無知なさま。
熟語「瞳曚どうもう」

とうげ

【峠】

4級　9画　山-6　国字　訓 とうげ　①3829　Ⓤ5CE0

筆順 丨 山 山 山' 山ト 峠 峠 峠

なりたち [会意]山＋上＋下。山道の上りと下りの境となるところの意。国字。

とうげ。山で坂道の最も高い場所。ものごとの頂点。大事な時・ところ。
【峠】とうげ　「—の茶店」「女優として今が—(=全盛期)だ」「病状が—(=危険な状態)を越えた」

トク

【匿】

3級　10画　匸-8　音 トク(慣)・ジョク(ヂョク)(漢)・ノク(呉)　訓 かく-す・かく-れる　①3831　Ⓤ533F

人名 のく

筆順 一 二 廾 开 䒑 若 若 匿

なりたち [形声]匸(かくす)＋若(すなおなさま)音。本性などをかくすの意。

かくす。かくまう。かくれる。おおう。
【匿名】トクメイ　実名を隠す。「—希望」「—批評」
熟語「隠匿・蔵匿・秘匿」

【特】

7級　10画　牛-6　音 トク(漢)・ドク(呉)　訓 こと-に・ひと-り　①3835　Ⓤ7279

難読 特牛ことい(ことい/うし)

人名 よし

筆順 ノ 牛 牛 牛 牛 特 特

なりたち [形声]牛＋寺(手足を動かす)音。よく働くおうしの意から、他と比べて目立っている意を表す。

❶ひとり。ひとつ。他にたよらない。
熟語「孤特」

❷他と区別できる。他のものよりすぐれている。
【特異】トクイ　普通と異なっている。「—体質」
【特技】トクギ　得意とする特別の技能。「—を生かす」
【特産】トクサン　ある地方で生産される。「—品」
【特質】トクシツ　独特の性質。「木の—を生かした造り」
【特赦】トクシャ　刑の執行を免除する。「—を受ける」
【特殊】トクシュ　普通のものと異なっている。「—性」⇔普通・一般
【特種】トクシュ　特別な種類。「—の薬剤」「—信号」
【特集】トクシュウ　特定の題材で編集する。「—記事」
【特色】トクショク　他のものより優れている点。
【特性】トクセイ　特質。「地域の—を生かした農業」
【特製】トクセイ　特別にこしらえる。「—の優勝杯」
【特設】トクセツ　特別に設ける。「—の会議場」
【特選・特▼撰】トクセン　①(「特選」と書く)特別に選び出す。「—品」②(「特撰」と書く)入念に作る。念を入れて選び出したもの。
【特大】トクダイ　特別に大きい。「—のホームラン」
【特種】トクだね　スクープ。「—をつかむ」
【特段】トクダン　格別。「—の注意」「—問題はない」
【特注・特▼誂】トクチュウ　特別に注文する。「—品」
【特長】トクチョウ　特別の長所。「新製品の—」
【特徴】トクチョウ　特に目立つ点。「—のある顔」「—的」
【特定】トクテイ　①特に決まっている。「—の人間」②特に断定する。「犯人を—できない」
【特典】トクテン　特別の恩典。「会員には—がある」
【特等】トクトウ　特別の階級。「—席」「—室」
【特派】トクハ　特別に派遣する。「海外—員」「—大使」
【特売】トクバイ　特別に安く売る。「—場」「—品」
【特発】トクハツ　①特別に出す。「—列車」②原因不明で発病する。「—性疾患」
【特筆】トクヒツ　とりたてて書く。「—に値する」「—大書」
【特別】トクベツ　普通とは特に異なっている。「—待遇」「—手当」「—寒い日」⇔普通
【特命】トクメイ　特別の任命・命令。「—大使」

ト

【特約】トクヤク 特別の契約。「—店」「—付きの保険」
【特有】トクユウ 特別に備わっている。「日本—の問題」
【特例】トクレイ 特別な例。例外。「—として認める」
【特化】トッカ 特別なものとする。「労働問題に—して議論する」
【特急】トッキュウ 「—で配達する」「—列車」
【特許】トッキョ ①国が与える許可や免許。②発明したものを独占的に使う権利。特許権。「新製品の—をとる」
【特権】トッケン 特別の権利。「—を振りかざす」
【特攻隊】トッコウタイ 第二次大戦中、爆弾を積んだ飛行機などで敵艦に体当たり攻撃を行なった部隊。
熟語「特使・特出・特賞・特報・特立・特価・特級・特効・奇特・独特」
❸「特別」の略。
【特需】トクジュ 「特別需要」の略。「—景気」「—産業」
【特訓】トックン 「特別訓練」の略。「—を受ける」

【得】

7級 11画 彳-8 音 トク 漢呉 訓 える・うる ①3832 Ⓤ5F97

人名 あり・なり・のり・やす

筆順 彳 彳 … 得 得

なりたち  [形声]彳(ゆく)＋㝵(財貨を手にする)音。ある所に行って手に入れるの意。

◇える(得・獲) ◉異字同訓◉
「得る」は"手に入れる。自分のものにする"の意。「名声を得る」「病を得る」「罪を得る」「要領を得ない」
「獲る」は"獲物を捕らえる"の意。ただしこの場合「獲とる」と読む方が一般的。「猟で鴨を獲る」「多くの戦利品を獲る」

❶える。うる。手に入れる。
【得体】エタイ 真の姿や考え。「—が知れない人」
【得手】エテ ①得意。「泳ぎは—でない」②勝手気ままである。「—勝手」③猿。えてこう。
【得物】エモノ 得意とする武器。
【得意】トクイ ①満足している。②誇らしげ。「—そうな顔」⇔失意。③自信がある。「お—の料理」④よく商品を買ってくれる客。「—先」
【得点】トクテン 「—を重ねる」「—差」⇔失点
【得得】トクトク 得意そうなさま。「—と話す」
【得票】トクヒョウ 選挙で候補者が票を得る。「—率」
熟語「獲得・既得・自得・取得・収得・拾得・取得・所得」
❷さとる。わかる。知識や能力を身につける。
【得心】トクシン 心から納得する。「—がゆく」
【得度】トクド 僧になる。「—して寺に入る」「—式」
【得道】トクドウ (仏教で)悟りを開く。「出家—」
熟語「会得えとく・感得・修得・習得・生得・説得・体得・納得なっとく」
❸もうけ。利益をえる。
【得策】トクサク うまいやり方。「動かないことが—だ」
【得失】トクシツ 「—を論ずる」「—相半ばする」
【得分】トクブン ①利益。②分けまえ。「—のいい仕事」
熟語「損得・役得・余得・利得・一挙両得」
❹(国)…することができる。
用例「有り得る・出来得れば」

【督】

準2級 13画 目-8 音 トク 漢呉 訓 み-る・ただ-す・かみ ①3836 Ⓤ7763

人名 おさむ・すけ・すすむ・ただ・ただす・まさ・よし

筆順 … 督 督

なりたち  [形声]叔(小さい豆を手で拾う)音＋目。目を見はって物事をとりまとめるの意。

❶みる。取り締まり統率する人。
【督励】トクレイ 監督し励ます。「現場を—する」
熟語「監督・総督・提督」
❷せめる。せきたてる。うながす。
【督戦】トクセン 部下を監督し励まし戦わせる。
【督促】トクソク うながす。「納税を—する」「—状」
熟語「督責」
❸家を継ぐ人。
熟語「家督」
❹(国)かみ。律令制で、衛府ふえ・衛門府の長官。
熟語「衛門督」

【読】⇩ドク(五〇五ページ)

【徳】

6級 14画 彳-11 音 トク 漢呉 訓 のり ①3833 Ⓤ5FB3

【德】15画 彳-12 ③8437 Ⓤ5FB7
【悳】12画 心-8 ②5560 Ⓤ60B3

人名 あきら・あつ・あつし・あり・いさお・かつ・さと・ただし・とみ・なり・なる・のぼる・のり・めぐむ・やす・よし

筆順 彳 … 徳 徳

なりたち  [形声]彳(ゆく)＋悳(「直＋心」の変形。まっすぐな心)音。まっすぐな心で歩みゆくの意。

ト

❶倫理的な人格。優れた品位・品性。
【徳育】(トクイク) 道徳意識を養う教育。「―を重視する」

【徳性】(トクセイ) 徳を備えた立派な品性。「―を磨く」

【徳は孤(こ)ならず必ず隣(となり)あり】 徳のある人は孤立することなく、必ずよき協力者にめぐまれる。出典「論語里仁」より。

【徳望】(トクボウ) 徳が高く人望がある。「―が厚い」

【徳化】(トッカ) 徳によって教化する。「民衆を―する」

【徳行】(トッコウ) 道徳にかなった行為。「―家」

熟語「徳人・徳風・遺徳・有徳(うとく)・高徳・才徳・人徳・仁徳・聖徳・大徳・美徳・不徳」
❷のり。倫理的な行動規範。
【徳義】(トクギ) 道徳上の義務。「―に篤い」「―心」

【徳目】(トクモク) 徳を分類した名称。「―を掲げる」

熟語「徳治・悪徳・公徳・五徳・道徳・背徳」
❸めぐみ。恩恵。また、善行。
【徳(とく)を以(もっ)て怨(うら)みに報(むく)ゆ】 怨みをもつ者に対して怨みで報いずに、かえって恩徳を施す。出典「老子六十三」「論語憲問」より。
熟語「徳政・徳沢・陰徳・恩徳・功徳(くどく)(こうとく)」
❹(国)利益。効能。
【徳俵】(とくだわら) 相撲の土俵の四方に置いてある俵。
【徳用】(トクヨウ) 割安。「お―」「―品」別表記 得用
熟語「十徳」
❺その他。当て字。
【徳利】(トクリ) 酒などを入れる器。「―で酒を注ぐ」

【篤】
3級 16画 竹-10 音 トク(漢)(呉) 訓 あつ-い ①3838 Ⓤ7BE4
人名 あつ・あつし・しげ・すみ
筆順 篤
なりたち [形声]竹(筒状に厚く取り囲むさま)音＋馬。きまじめな馬の意から、人情があつい意を表す。

あつい。㋐手あつく行き届いている。誠意がある。㋑物事に熱心である。集中する。㋒病気が重い。

【篤学】(トクガク) 学問に熱心である。「―者」「―の士」

【篤志】(トクシ) 親切な志。「―家の寄付で建てた病院」

【篤実】(トクジツ) 誠実で親切である。「温厚―」

【篤農】(トクノウ) 農業に熱心である。「―家」

【篤行】(トッコウ) 誠実で人情のあつい行い。「篤志―」

熟語「篤厚・篤考・篤疾・篤信・危篤・懇篤・重篤・仁篤」

ドク

【毒】
7級 8画 毋-4 音 ドク(呉)・トク(漢) 訓 そこな-う・わる-い ①3839 Ⓤ6BD2
筆順 毒
なりたち [形声]屮(草の芽)＋毒(品行のわるい男)音。からだにわるい草の意。
❶どく。生命や健康を害するもの。害を加える。
【毒牙】(ドクガ) 毒蛇のきば。「―(=悪辣なたくらみ)にかかる」

【毒消し】(ドクけし) 毒の作用を消す薬。

【毒殺】(ドクサツ) 毒薬で殺す。「―事件」

【毒性】(ドクセイ) 有毒な性質。「強い―の液体」

【毒素】(ドクソ) 強い毒性をもつ物質。

【毒物】(ドクブツ) 毒性をもつ物質。「―による中毒」

【毒味・毒見】(ドクみ) 毒のあるなしをみる。「―役」

【毒薬】(ドクヤク) 毒性が強い医薬品。

熟語「毒害・毒死・毒酒・毒血・毒草・毒矢・鉛毒・汚毒・害毒・劇毒・解毒(げどく)・鉱毒・消毒・中毒・病毒・服毒・無毒・猛毒・有毒」
❷わるい。人を傷つけるもの。
【毒手】(ドクシュ) 悪巧み。「兇賊の―に陥る」

【毒刃】(ドクジン) 人に危害を加える刃。「―に倒れる」

【毒舌】(ドクゼツ) 辛辣な皮肉や悪口。「―家」

【毒筆】(ドクヒツ) 悪意や皮肉に満ちた文章。

【毒婦】(ドクフ) 邪悪な女。「―と呼ばれた女」

【毒気】(ドッケ) 毒となる成分。「―(=他人の気持ちを傷つける心)を抜かれる」
❸病気の名称に添える語。
熟語「胎毒・丹毒・梅毒」
❹ひどい。たいへん。
熟語「毒悪・毒暑」

【独】【獨】
6級 9画 犬(犭)-6 音 ドク(呉)・トク(漢) 訓 ひとり ①3840 Ⓤ72EC
【獨】16画 犬(犭)-13 ②6455 Ⓤ7368
難読 独活(うど)・独逸(ドイツ)・独楽(こま)(こまつぶり)(つむくり)
人名 かつ
筆順 独
なりたち [形声]犬＋蜀(不快ないも虫)音。人にうとまれる不快な犬の意から、ひとりの意を表す。「独」は略字。
❶ひとり。ひとつ。なかまがいない。
【独演】(ドクエン) 一人で演芸や講演をする。「―会」

【独往】(ドクオウ) 自分独自の道を行く。「自主―」

【独学】(ドクガク) 「―で中国語を修得する」

【独語】(ドクゴ) ①ひとりごと。②ドイツ語。

【独裁】(ドクサイ) 絶対的な権力を握る者が全体を治める。「―国家」「―者」「一党―」

【独自】(ドクジ) ①自分ひとり。②そのものだけに見られる。「―の見解」

【独酌】(ドクシャク) ひとりで酒を飲む。「静かに―する」

【独修】(ドクシュウ) 一人で修得する。「中国語を―する」

【独習】(ドクシュウ) 一人で習う。「ピアノを―する」

【独身】(ドクシン) 「―生活を謳歌する」「―貴族」

【独占】(ドクセン) ①ひとりじめにする。②一つの企業が利益をひとりじめにする。「―禁止法」

【独▾擅場】(ドクセンジョウ) その人ひとりだけで、思いのとおりの振る舞いができるような場面。「昨日の試合は彼の―だ」

【独走】(ドクソウ) ①他を引き離す。「―態勢に入る」②自分勝手な。「軍部の―」

【独奏】(ドクソウ) 一人で演奏する。ソロ。⇔合奏
【独創】(ドクソウ) 自分独自で物をつくり出す。「―的」

【独壇場】(ダンジョウ) 「独擅場(どくせんじょう)」の「擅」を「壇」と誤ってできた語。

【独特・独得】(ドクトク) 他にはなく、そのものだけにあってきわだっている。独自。「―の味」「その地方―の言葉」

【独白】(ドクハク) ひとりごと。「心情を―する」「―劇」

【独房】(ドクボウ) 一人用の監房。「―に入れる」

【独立】(ドクリツ) ①他と離れている。「―した部屋」②干渉を受けない。「司法の―」

【独力】(ドクリョク) 「―で解決する」「―で脱出する」

【独居】(ドッキョ) ひとりで住む。「―老人」「山中―」

【独▾鈷・独股】(トッコ) 密教で使う両先が尖った仏具。

【独歩】(ドッポ) ①ひとりで歩く。②独力で行う。「独立―」③非常にすぐれている。「古今―」

熟語「独眼・独吟・独唱・独話・独行・孤独・単独」

❷ひとりよがり。
【独善】(ドクゼン) ひとりよがり。「―に陥る」「―家」

【独断】(ドクダン) 自分の考えだけで決める。「―専行」

ト

❸「独逸(ドイツ)」の略。
【独和】(ドクワ) ドイツ語と日本語。「―辞典」

【独文】(ドクブン) ①ドイツ語文。②ドイツ文学。「―専攻」

熟語「独仏・独露」

読 〔讀〕

9級 14画 言-7　22画 言-15
音 ドク(呉)・トク(漢)・トウ(漢)
訓 よむ・よ-み
①3841 Ⓤ8AAD　②7606 Ⓤ8B80
人名 おと・とみ・よし
筆順 言 言 言 訁 訃 詁 詰 読
なりたち 讀 [形声]言＋賣(売り歩く)(音)。次々と言葉をつないでいく意から、よむ意を表す。「読」は略字。

●異字同訓●
◇よむ(読・詠)
「読む」は"文字の音を唱える。意味を理解する"の意。「経を読む」「本を読む」「暗号を読みとく」「手の内を読まれる」「票を読む」(漢字に訓をあてる場合は「訓む」とも書く)
「詠む」は"和歌や俳句などを作る"の意。「季節の移ろいを和歌に詠む」

❶《ドク・トク》よむ。よみ。文章を声に出して言う。文字を通して理解する。
【《読経》】(ドキョウ) 声をあげて経を読む。「―の声」

【読者】(ドクシャ) 「女性―層に向けた雑誌」「―数」

【読▾誦】(ドクジュ) 声をあげて読む。「経を―する」

【読書】(ドクショ) 本を読む。「―家」「―百遍義自ずから見わる(あらわる)」

【読▾誦】(ドクショウ) 声に出してよむ。「詩を―する」

【読破】(ドクハ) 本を終わりまで読みとおす。

【読本】(トクホン) 旧制小学校の国語教科書。「文章―」

【読了】(ドクリョウ) 読みおえる。「小説を一晩で―した」

【読解】(ドッカイ) 文章を読んで、内容を理解する。「長文を―する」「―力」

熟語「読後・読心術・読唇術・読書三到・読書三昧・読書三余・読書尚友・愛読・一読・音読・購読・熟読・精読・素読・耽読(たんどく)・通読・味読」

❷文章の区切り。
【読点】(トウテン) 「―を打つ」「句―」
熟語「句読」

❸(国)人の考えを推測する。洞察。
用例「顔色を読む・手の内を読む」

とち

栃 〔杤〕

2級 9画 木-5　7画 木-3
国字 新常用
訓 とち・とちのき
①3842 Ⓤ6803　②5929 Ⓤ6764
筆順 十 才 木 木 朾 朾 析 枥 栃
なりたち [会意]木＋厉。もと「杤」に作る。万は十(と)千(ち)をかけたものであることから、「とち」と読ませる。国字。のち、「櫔」の略字とみなして、「栃」に作った。

❶とち。とちのき。トチノキ科の落葉高木。
熟語「栃餅」

❷その他。地名。
熟語「栃木県(とちぎけん)」

トツ

【凸】

準2級 5画 凵-3 音 **トツ**漢・テツ呉 訓 でこ

①3844 Ⓤ51F8

難読 凸凹(だくぼく)(でこぼこ)・凸柑(ポンカン)

人名 たかし

筆順 ｌ ┐ 𠃊 凸 凸

なりたち [象形]中央が突き出たさまにかたどる。

でこ。なか高である。中央が突き出た形。

【《凸凹》(でこぼこ)】「―した道」「―コンビ」

【凸版(トッパン)】凸状に製版した印刷版。

熟語「凸形・凸起・凸面・凹凸(おうとつ)」

【突】

4級 8画 穴-3 音 **トツ**漢 訓 **つく**・つ-き

①3845 Ⓤ7A81

【突】9画 穴-4 ③8949 ⓊFA55

難読 突支(つっかい)・突慳貪(つっけんどん)

筆順 丶 丷 宀 穴 穴 空 窂 突

なりたち  [会意]穴＋犬。あなから犬が急に飛び出す意から、つき出る、だしぬけにの意を表す。

◇**つく**(突・▼撞・▽衝・▽吐・▼搗) ◉異字同訓◉

「**突く**」は〝物の先端で強く押す〟の意。「背中をどんと突く」「銛(もり)で魚を突く」「杖を突く」「手を突いてあやまる」

「**撞く**」は〝鐘などを打つ〟の意。「鐘を撞く」「キューで玉を撞く」

「**衝く**」は〝弱点などを攻める。刺激する。物ともせず進む〟の意。仮名で書くことが多い。「敵陣を衝く」「核心を衝いた質問」「不意を衝かれてあわてる」「鼻を衝く臭い」「嵐を衝いて決行する」

「**吐く**」は〝口からはく〟の意。「一息吐く」「うそを吐く」

「**搗く**」は〝穀物をきねで打つ〟の意。「舂く」とも書くが、仮名で書くことも多い。「米を搗く」「もちを搗く」

❶にわかに。急に。だしぬけである。

【突如(トツジョ)】だしぬけ。突然。「―として現れる」

【突然(トツゼン)】いきなり。「―の出来事」「―変異」

【突発(トッパツ)】突然に起こる。「―事故」「―性難聴」

【突飛(トッピ)】思いがけない。風変わり。「―もない言動」

【突拍子(トッピョウシ)】調子はずれ。「―な行動」

【突風(トップウ)】突然強く吹く風。「―が吹き荒れる」

熟語「唐突」

❷他の部分より長く、あるいは高く出ている。

【突起(トッキ)】高く突き出ているもの。「とげ状の―」

【突▼兀(トッコツ)】山や岩などが険しくそびえている。

【突出(トッシュツ)】①突き出る。②突き破って出る。③図抜ける。「―した成績」

【突端(トッタン)】突き出たはし。とっぱな。「岬の―」

【突堤(トッテイ)】長く突き出た堤防。「―で釣りをする」

熟語「突角・煙突」

❸つく。つきあたる。ぶつかる。

【突貫(トッカン)】①全力で一気に進める。「―工事」②声をあげて攻め込む。

【突撃(トツゲキ)】敵陣へ攻め込む。「敵陣に―する」

【突進(トッシン)】突き進む。「ゴールめがけて―する」

【突入(トツニュウ)】勢いよく中に入る。「大気圏―」

【突破(トッパ)】①障害や困難を突き破る。「難関を―する」②ある線・水準を超える。「売上は一億円を―した」

熟語「激突・衝突・猪突・追突」

とどける

【届】

5級 8画 尸-5 音 カイ漢 訓 **とどける**・**とどく**

①3847 Ⓤ5C4A

【屆】8画 尸-5 ②5392 Ⓤ5C46

人名 あつ・いたる・ゆき

筆順 ㇇ コ 尸 尸 居 屆 届 届

なりたち  [形声]尸(からだ)＋凷(土のかたまり)音。人がある所で固まったようにからだをとどめる意から、とどく・いたるの意を表す。

❶至る。行き着く。

❷(国)とどける。とどく。とどけ。㋐役所などに文書で申し出る。㋑目的の場所に達する。持って行って渡す。

熟語 ㋐「届出・婚姻届・転入届」

用例 ㋑「手が届く・手紙が届く・本を届ける」

トン

【屯】

準2級 4画 屮-1 音 **トン**漢・チュン漢 訓 たむろ

①3854 Ⓤ5C6F

難読 屯田(みた)・屯倉(みやけ)

人名 たむろ・みつ・むら・より

筆順 一 ㇗ 㠯 屯

なりたち  [会意]一(地面)＋屮(芽ばえ)。地中で今にも芽ばえようとして精気をためている意から、あつまる意を表す。

❶《トン》たむろ。たむろする。大勢集まる。多くの人が集まる所。
【屯営】(トンエイ) 兵隊がたむろする所。陣営。「一地」

【屯所】(トンショ) ①兵士が詰める所。②警察署の旧称。

【屯田】(トンデン) 辺境で兵事・農業を行わせる制度。「一兵」

熟語「屯集・屯数・屯倉(みやけ)・総屯・駐屯」
❷《トン》トン。重さの単位を表す。一〇〇〇(キログラム)。
熟語「一〇屯」
❸《チュン》悩む。また、困難。苦難。
熟語「屯蒙(ちゅんもう)」

【団】⇩ダン(四三九ページ)

【豚】
3級　11画　豕-4
音 トン 漢
訓 ぶた
①3858　Ⓤ8C5A

筆順

なりたち ［会意］肉＋豕(ブタ)。肉づきのよいブタの意。

❶ぶた。いのししを改良して家畜化したもの。
【豚舎】(トンシャ) ブタを飼育する小屋。ブタ小屋。

【豚汁】(トンじる) 豚肉に野菜を入れた味噌味の汁。

熟語「豚脂・養豚」
❷自分の子供を謙遜していう。
【豚児】(トンジ) 愚かな子供。自分の子を謙遜していう語。

【頓】
2級　13画　頁-4　新常用
音 トン 漢 呉
訓 ぬか-ずく・にわか-に・とみ-に・つまず-く
①3860　Ⓤ9813

筆順

なりたち ［形声］屯(今にも地上に芽ばえようとしている)音＋頁(あたま)。頭を地につけておじぎをする、ぬかずくの意。

❶ぬかずく。頭を地につけて拝礼する。
【頓首】(トンシュ) 手紙文で相手への敬意を表す語。「一再拝」「草々一」
❷にわかに。とみに。急に。
【頓狂・頓興】(トンキョウ) 調子はずれ。「一な声」

【頓挫】(トンザ) 途中で駄目になる。「計画が一する」

【頓才】(トンサイ) 咄嗟に気転のきくこと。「頓智一」

【頓死】(トンシ) 急にあっけなく死ぬ。「病で一する」

【頓証菩提】(トンショウボダイ) 速やかに悟りを開く。

【頓智・頓知】(トンチ) 機知。「一を働かせる」

熟語「頓悟」
❸やどる。とどまる。同屯。
熟語「停頓」
❹ととのえる。
【頓着】(トンジャク) 深く心にかける。「瑣事に一しない」「無一」
熟語「整頓」
❺つまずく。たおれる。また、くるしむ。
熟語「困頓・疲頓」
❻一度。一回。
【頓服】(トンプク) 一回で服用する薬。「一薬を処方する」
❼その他。当て字。
【頓珍漢】(トンチンカン) 「一な男」「一な返事」

【頓馬】(トンマ) 「一な奴」「一をやって怒られる」

ドン

【貪】
2級　11画　貝-4　新常用
音 ドン 慣・タン 漢・トン 呉
訓 むさぼる
②7637　Ⓤ8CAA

筆順

なりたち ［会意］今(物をおおう)＋貝(財貨)。財貨をおおい隠したうえに、さらにほしがる意から、むさぼる意を表す。

むさぼる。よくばる。むやみに欲しがる。

【貪食】(ドンショク) むさぼりくう。「一細胞」

【貪欲】(ドンヨク) 欲が深い。「一に知識を吸収する」

【貪婪】(ドンラン) 貪欲。「一に利益をむさぼる」

熟語「貪淫(たんいん)・貪汚(たんお)・貪心・貪愛(とんあい)(どんあい)・貪利(どんり)(たんり)・貪吏(どんり)・貪吝(どんりん)(たんりん)・慳貪(けんどん)」

【鈍】
4級　12画　金-4
音 ドン 呉・トン 漢
訓 にぶ-い・にぶ-る・おそ-い・なま-くら・なま-る・にび・のろ-い
①3863　Ⓤ920D

筆順

なりたち ［形声］金＋屯(精気がこもってふくれている)音。金属のかどが丸まっていて、ずんぐりしている意から、にぶい意を表す。

❶にぶい。にぶる。㋐なまくら。刃物の切れ味がわるい。なまる。㋑おそい。のろい。知能が劣る。
【鈍化】(ドンカ) にぶくなる。にぶる。「成長が一する」
【鈍感】(ドンカン) 感じ方がにぶい。「一な男」⇔敏感
【鈍器】(ドンキ) ①鋭利でない刃物。⇔利器。②刃物以外の凶器。「一でなぐる」
【鈍行】(ドンコウ) 「一列車で旅する」⇔急行
【鈍根】(ドンコン) にぶい性質。「一な者」⇔利根

【鈍才】(ドンサイ) 才能がにぶい(人)。「努力する―は天才に勝る」
【鈍重】(ドンジュウ) にぶくのろい。「―な動き」
【鈍足】(ドンソク) 走るのが遅い。⇔俊足
【鈍痛】(ドンツウ) にぶい痛み。「肩に―がある」
【鈍麻】(ドンマ) にぶって感覚がなくなる。
【鈍磨】(マドン) 刃がすりへってにぶくなる。
熟語「鈍刀・鈍物・愚鈍・遅鈍・痴鈍・利鈍・魯鈍(ろどん)」
❷とがっていない。
【鈍角】(ドンカク) 直角以上で一八〇度より小さい角。
❸(国)にび。色彩が鮮やかでない。濃い灰色。
熟語「鈍色(どんじき)(にびいろ)」

【曇】

4級 16画 日-12 音 ドン(呉)・タン(漢) 訓 くもる・くも-り ①3862 Ⓤ66C7

筆順 冂 日 昌 昙 曇 曇 曇 曇

なりたち [会意]日＋雲(くも)。雲がかかって日がかげる意から、くもる意を表す。

❶くもる。日が雲にかげる。
【曇天】(ドンテン) くもった空。くもり。「―が続く」
熟語「晴曇」
❷梵語の音訳に用いる。
熟語「悉曇(しったん)・優曇華(うどんげ)」

どんぶり

【丼】

2級 5画 丶-4 新常用 音 セイ(漢)・ショウ(シヤウ)(呉) 訓 どんぶり・どん ②4807 Ⓤ4E3C

注記「井」の本字とする説もある。

筆順 一 二 井 井 丼

なりたち [会意]もと、井(いど)＋丶(たまった水)で、いどの意。日本では、容器の中に食べ物を入れた形にかたどる国字として用いられ、井戸に物を投げ入れた時の音から、どんぶりの意を表す。

❶(国)どんぶり。どん。深くて口の広い陶器。「どん」は「どんぶり」の略。
【丼勘定】(どんぶりカンジョウ) おおまかな会計。
熟語「丼鉢(どんぶりばち)・天丼(てんどん)・親子丼(おやこどんぶり)(おやこどん)」
❷井戸。同井。

ナ

【那】

2級 7画 邑(阝)-4 新常用 音 ナ(呉)・ダ(漢) 訓 いず-れ・なん-ぞ ①3865 Ⓤ90A3

〔那〕 7画 邑(阝)-4

人名 とも・ふゆ・やす

筆順 フ ヲ ヨ 刃 那 那 那

なりたち [会意]「冄の変形」(しなやかに長くのびるさま)＋邑。ゆったりと大きい意。借りて、不定の指示詞に用いる。

❶いずれの。どの。どこ。なんぞ。なぜ。どうして。
【那辺】(ナヘン) どのあたり。「ねらいは―にあるのか」
熟語「那何(いかん)・那時(なじ)」
❷梵語の音訳に用いる。
熟語「那落・刹那(せつな)・旦那・檀那」

【奈】

2級 8画 大-5 新常用 音 ナ(呉)・ダイ(漢)・ナ イ(呉) 訓 いかん ①3864 Ⓤ5948

仮名 平仮名「な」は「奈」の草体から。片仮名「ナ」は「奈」の初二画から。

人名 なに

筆順 一 ナ 大 太 夲 夲 奈 奈

なりたち [柰][会意]木＋示(祭壇)。祭壇に供える果樹、カラナシの意。「奈」は異体字。

❶いかん。いかんせん。疑問をあらわす。
【奈何】(いかん) ①事の成り行き。「理由の―を問わない」②疑い問う意。「この問いにどう答えるか。―」
❷その他。当て字など。
【奈辺】(ナヘン) 「那辺」に同じ。
【奈落】(ナラク) ①地獄。「―の底」②どん底。③劇場の舞台の床下。
【南】⇩ナン(五一〇ページ)
【納】⇩ノウ(五二〇ページ)

ナイ

【内】

9級 4画 冂-2 音 ナイ(呉)・ダイ(漢) 訓 うち・なか ①3866 Ⓤ5185

〔内〕 4画 入-2 Ⓤ5167

難読 内子鮭(いれこざけ)・内外(うちと)・内匠(たくみ)・内舎人(うどねり)・内侍(ないし)・内法(うちのり)・内耗(うちべり)・内裏(だいり)・内障(そこひ)

人名 うち・うつ・ただ・ちか・のぶ・はる・まさ・みつ

筆順 丨 冂 内 内

なりたち 内 [形声]冂(いえ)＋入(はいる)音。家の中にはいる、また、はいった中の意。

❶うち。なか。㋐範囲のなか。㋑心の中。㋒家庭の内部。妻。㋓組織や共同体のうち。なかまうち。

【内祝(い)】うちいわい 「出産の―を贈る」「―をする」
【内内】うちうち 「―で婚約を祝う」「―に処理する」
【内気】うちき 内向的。「子供のころ―な性格だった」
【内金】うちきん 前もって支払う代金の一部。
【内孫】うちまご 跡継ぎから生まれた孫。⇕外孫
【内訳】うちわけ 総量の明細。「出席者の―」「―書」
【内圧】ナイアツ 内部からの圧力。⇕外圧
【内因】ナイイン 内部にある原因。「紛争の―」⇕外因
【内奥】ナイオウ 内部の奥深いところ。「人間性の―」
【内科】ナイカ 外科的操作によらず治療する医学の一分科。「―を受診する」「―医」
【内海】ナイカイ 陸地に囲まれた海。「―で養殖をする」
【内界】ナイカイ 人間の意識。精神世界。⇕外界
【内外】ナイガイ ①うちとそと。②およそ。「三千円―の会費」
【内閣】ナイカク 国の行政を担当する最高の合議機関。「―総理大臣」「―不信任案」
【内患】ナイカン 内部(国内)のうれえ。「―外憂」⇕外患
【内儀・内義】ナイギ 他人の妻を敬っていう語。「お―」
【内勤】ナイキン 内部で仕事をする。「―事務職募集」
【内▽宮】ナイクウ 伊勢皇大神宮。「―に参拝する」
【内向】ナイコウ 「―的な性格」「―性」⇕外向
【内攻】ナイコウ 病気が身体の内部で広がる。「病気が―する」「不満が―(＝鬱積)する」
【内▼訌】ナイコウ 内部の乱れ。「軍に―が生じる」
【内国】ナイコク 国内。「―郵便」「―為替」
【内室】ナイシツ 他人の妻の敬称。「ご―の懐妊」
【内実】ナイジツ ①内部の実情。「―は火の車だ」②本当のところ。「―苦慮している」
【内需】ナイジュ 国内の需要。「―拡大」⇕外需
【内柔外剛】ナイジュウガイゴウ 内実と違い、外見は強そうに見える。⇕外柔内剛
【内証】ナイショウ ①仏教で心の中で真理を悟る。②「ないしょ(内緒)」に同じ。
【内情・内状】ナイジョウ 「会社の―に通じている」
【内職】ナイショク 「―仕事」「授業中に―(＝隠れて行う他の作業)する」
【内心】ナイシン 心の中。「―穏やかではなかった」
【内陣】ナイジン 神社や寺院の内部。
【内親王】ナイシンノウ 天皇の女性の子や孫。
【内政】ナイセイ 国内の政治。「―干渉」⇕外交
【内省】ナイセイ 自分自身の心のはたらきや状態をかえりみる。「―的な性格」
【内戦】ナイセン 内乱。「―によって生まれた難民」
【内線】ナイセン ①内側の線。②内部連絡用の電話線。
【内装】ナイソウ 建物内部の装飾・設備。「―工事」
【内蔵】ナイゾウ 内部におさめ持っている。「カメラ―」
【内臓】ナイゾウ 動物の胸腔や腹腔にある諸器官。
【内地】ナイチ 本国の国土。「―に引き上げる」「―留学」
【内典】ナイテン 仏教の経典。ないでん。⇕外典(げてん)
【内部】ナイブ 物の内側。「―の事情に詳しい」⇕外部
【内福】ナイフク 見かけより裕福である。
【内紛】ナイフン うちわもめ。「派閥の―が絶えない」
【内包】ナイホウ ①内部にもつ。「社会が―する問題」②[論]ある概念に属する事物が共通に有する性質。⇕外延
【内面】ナイメン 物事の内側。「―的な成長」⇕外面
【内野】ナイヤ 「―手」「―陣」⇕外野
【内憂】ナイユウ 内部の心配事や困難。「―外患」⇕外憂
【内容】ナイヨウ 中身。「―(＝実質)のない議論」
【内乱】ナイラン 「―を鎮める」「―が勃発する」
【内陸】ナイリク 海岸から離れた陸地。「―部」
[熟語]「内角・内局・内港・内在・内助・内奏・内壁・案内・以内・宇内・屋内・家内・管内・境内(けいだい)・圏内・構内・国内・市内・室内・車内・城内・場内・体内・町内・部内・埒内」

❷公表されない。うちうちの。ひそかな。

【内意】ナイイ 心中の考え。内々の意向。「―をうかがう」
【内閲】ナイエツ 内々で閲覧する。「―後、公刊する」
【内謁】ナイエツ 非公式に謁見する。「国王に―する」
【内縁】ナイエン 婚姻の届出をしていない。「―の夫」
【内応】ナイオウ 内通。「―者」「敵に―する」
【内規】ナイキ 内部だけに通じる規則。「契約に関する―」
【内妻】ナイサイ 内縁関係にある妻。
【内済】ナイサイ 内々に済ませる。「弁償金を―する」
【内示】ナイジ 内々に示す。「部長昇格の―を受ける」
【内緒・内▽証】ナイショ ①内密。「―で出かける」「―の話」②うちわの事情。「―は苦しい」
【内申】ナイシン 内々に申し伝える。「―書」
【内諾】ナイダク 内々に承諾する。「就任の―を得る」
【内談】ナイダン 内々で話し合う。「人事について―する」
【内通】ナイツウ 「敵に―する(＝敵に通じる)」
【内定】ナイテイ 内々で定まる。「採用―の通知」
【内偵】ナイテイ ひそかに探る。「汚職事件の―を進める」
【内内】ナイナイ ①表向きでない。「―にすます」②心の中。③内密に。「―話を進める」
【内聞】ナイブン 「―(＝非公式に高貴な人の耳に入る)に達する」「―(＝表ざたにしない)に願います」
【内密】ナイミツ 表ざたにしない。「―の話」「ご―に願います」
【内命】ナイメイ 内々の命令。「―を下す」
【内覧】ナイラン 非公式に見る。「公開に先立った―会」
[熟語]「内応・内訓・内借・内達・内報・内命・内約」

❸朝廷・宮中に関すること。

【内裏】ダイリ ①皇居。御所。②「内裏雛」の略。
【内▼苑】ナイエン 皇居や神社の中庭。「―に咲く梅」

熟語「内記・内臣・内府・参内・入内(じゅだい)」

❹入れる。

【内服】(ナイフク) 薬を飲む。内用。「―薬」

【内用】(ナイヨウ) 薬を飲んで用いる。内服。⇔外用

なし

【梨】

2級 11画 木-7 新常用 音 リ 漢 呉 訓 なし ①4592 Ⓤ68A8

難読 梨子(なし)

筆順 ニ 千 禾 和 利 利 梨 梨 梨

なりたち [形声]「𥝢」(よく切れる)音＋木。その果実が刃物ですぱっと切れる木の意から、ナシの意を表す。

❶なし。バラ科の落葉高木。果樹。ありのみ。

【梨園】(リエン) ①梨(なし)畑。②演劇界。歌舞伎の世界。

熟語「梨花・花梨(かりん)・洋梨(ようなし)」

❷梵語の音訳に用いる。

熟語「阿闍梨(あじゃり)」

なぞ

【謎】

2級 17画 言-10 新常用 音 メイ 漢 呉 訓 なぞ ①3870 Ⓤ8B0E

[謎] 16画 言-9

筆順 言 言 言 言 言 言 詸 謎 謎

なりたち [形声]言＋迷(道がよくわからず、まよう)音。人をまよわせる、よくわからない言葉、なぞの意。

なぞ。かくされた意味をもつことば。理解しがたいこと。

【謎謎】(なぞなぞ) 言葉の中に予想外の意味を包み隠し、それは何と問いかけて、当てさせる遊び。

熟語「謎掛け・謎解き」

ナッ

【納】⇩ノウ(五二〇ページ)

なべ

【鍋】

2級 17画 金-9 新常用 音 カ(クワ) 漢 呉 訓 なべ ①3873 Ⓤ934B

筆順 𠆢 牟 金 釦 釦 鈤 鍋 鍋

なりたち [形声]金＋咼(まるい)音。金属製のまるい器、なべの意。

なべ。ものを煮る器。

熟語「鍋釜(なべかま)・鍋蓋(なべぶた)・牛鍋・猪鍋(ししなべ)・手鍋(てなべ)・土鍋(どなべ)(つちなべ)・鳥鍋・闇鍋」

ナン

【男】⇩ダン(四三九ページ)

【南】

9級 9画 十-7 音 ナン 漢 呉・ナ 慣 訓 みなみ ①3878 Ⓤ5357

難読 南瓜(カボチャ)・南京(ナンキン)・南風(はえ)・南燭(しゃしゃんぼ)

人名 あけ・なみ・みな・よし

筆順 一 十 𠂇 冇 冇 冇 南 南 南

なりたち [会意]甲骨文字では、⺦(温室)＋冂(＝丹。あたたかい)。あたたかい空間の意から、方角のみなみの意に用いる。

❶みなみ。日の出に向かって右の方角。

【南下】(ナンカ) 南の方へ進む。「寒気が―する」⇔北上

【南画】(ナンガ) 水墨や淡彩で山水を描く絵画。

【南極】(ナンキョク) 地軸の南端。「―観測隊」⇔北極

【南国】(ナンゴク) 南の方にある国(地方)。「―育ち」

【南西】(ナンセイ) 南と西との中間の方角。坤(ひつじさる)。

【南船北馬】(ナンセンホクバ) 絶えず忙しく旅行をしていること。「東奔西走」

【南中】(ナンチュウ) 天体が子午線の天頂より南を通過する。「太陽が―する」

【南朝】(ナンチョウ) ①中国で、南北朝時代に江南(揚子江流域)を支配した漢民族四王朝の総称。宋(四二〇〜四七九)・斉(四七九〜五〇二)・梁(五〇二〜五五七)・陳(五五七〜五八九)をいう。②日本で南北朝時代(一三三六〜一三九二)に、奈良の吉野を中心に続いた大覚寺統の朝廷。吉野朝。▽⇔北朝

【南天】(ナンテン) ①南の方の空。②赤色の果実をつける植物。

【南都】(ナント) ①奈良の別称。②興福寺の別称。

【南東】(ナントウ) 南と東との中間の方角。巽(たつみ)。

【南蛮】(ナンバン) ①南方の異民族の蔑称。②東南アジア諸地域の総称。ポルトガル人やスペイン人などの本国や植民地をもいう。

【南風】(ナンプウ) 南から吹く風。夏の風。

【南方】(ナンポウ) ①南の方角。⇔北方。②南の方にある国。

【南北】(ナンボク) 南と北。「―(＝豊かな国と貧困国との格差)問題」

【南北朝時代】(ナンボクチョウジダイ) ①後醍醐天皇が吉野へ入った一三三六年から、後亀山天皇が京都へ帰る九二年までの時代。②五〜六世紀、中国で漢民族

の南朝と鮮卑族を中心とした北朝とが対立した時代。五八九年隋により統一。
【南面】ナンメン ①南の方面。「—する庭」②君主の位につく。
【〈南風〉】はえ 南風みなみかぜ。主に西日本でいう。
熟語「南緯・南端・南洋・南半球・以南・河南・江南・湖南・最南・指南・湘南しょうなん・西南・東南・図南となん」
❷その他。梵語の音訳に用いる。
熟語「南謨なも・南無阿弥陀仏・南無妙法蓮華経」
【納】⇩ノウ(五二〇ページ)

【軟】

準2級 11画 車-4
音 ナン㊉・ゼン㊇
訓 やわらか・やわらかい
①3880 Ⓤ8EDF

筆順 一 冂 日 亘 車 軋 軟 軟

なりたち [輭][形声]車＋耎(やわらかいひげがゆったりと垂れているさま)音。乗り心地がやわらかく振動のない車の意から、やわらかい意を表す。「軟」は俗字。

❶やわらかい。やわらか。しなやか。
【軟化】ナンカ 軟らかくなる。「態度が—する」⇔硬化
【軟球】ナンキュウ 軟式の野球などに使用する球。
【軟▼膏】ナンコウ 半固形の外用薬。「—を塗る」
【軟骨】ナンコツ 関節などにある弾性に富む支持組織。
【軟体動物】ナンタイドウブツ 貝・ウミウシ・イカ・タコの類。
熟語「軟式・軟質・軟鉄・硬軟・柔軟」
❷おだやか。きびしくない。弱い。
【軟禁】ナンキン 「自宅に—する」「—状態」
【軟弱】ナンジャク やわらかい。「—な地盤」「—(＝弱腰な)な男」
【軟着陸】ナンチャクリク 「月面に—する」「事態解決に—(＝穏当な決着)をはかる」
【軟派】ナンパ ①強硬な意見をもたない一派。②異性との交際を好む若い人々。「—学生」「女子学生を—する」▽⇔硬派

【難】

5級 18画 隹-10
音 ナン㊇㊉
訓 かたい・むずかしい・わざわい・むつかしい・にくい
①3881 Ⓤ96E3

【難】19画 隹-11 ③9367 ⓊFA68

難読 難波なにわ(なんば)

筆順 一 艹 芇 莫 菓 歎 難 難

なりたち [会意]堇(動物を火で焼く)＋隹(とり)。鳥を火で焼く意から、火あぶりのようなつらい出来事、わざわいの意を表す。

❶わざわい。つらい目。苦しみ。
【難儀】ナンギ ①苦労。②めんどう。「—をかける」
【難行】ナンギョウ 非常につらい修業。「—苦行」
【難破】ナンパ 船が転覆・座礁する。「—船」
【難民】ナンミン 天災・戦禍からのがれてきた人々。
【難路】ナンロ 険しいみち。
熟語「海難・火難・患難・艱難・危難・救難・苦難・後難・困難・災難・受難・遭難・盗難・万難・避難・法難」
❷かたい。むずかしい。簡単にはできない。
【難易】ナンイ 「—度」「仕事の—による」
【難解】ナンカイ わかりにくい。「—で奥深い表現」
【難関】ナンカン たやすくは通過できない関所。「—突破」
【難局】ナンキョク 処理のむずかしい事態。「—を切り抜ける」「—に立ち向かう」
【難航】ナンコウ 航行が困難である。「法案審議が—(＝障害のためはかどらない)する」
【難攻不落】ナンコウフラク 容易に陥落しない。「—の城」
【難産】ナンザン 「—の末に生まれた小説」⇔安産
【難渋】ナンジュウ 苦しむ。困る。難儀。「—をきわめる」
【難所】ナンショ 道が険しく、通過するのが困難な所。
【難色】ナンショク 賛成できないという態度。「—を示す」
【難船】ナンセン 船が海上で難破する。「暴風雨で—する」
【難題】ナンダイ 無理な注文。「—を吹っかける」
【難聴】ナンチョウ 聴力が低下した状態。「突発性—」
【難敵】ナンテキ 勝つのが困難な相手。「—に遭遇する」
【難点】ナンテン 非難すべき点。解決困難な点。
【難読】ナンドク 読むのがむずかしい。「—漢字」
【難病】ナンビョウ 治りにくい病気。「—を克服する」
【難物】ナンブツ 取り扱い困難。「なかなかの—だ」
【難問】ナンモン 解決困難な問題。「—奇問」
熟語「難曲・難語・難事・難治・難度・至難・人材難」
❸なじる。人の非を責める。
【難詰】ナンキツ 相手を非難する。「一方的に—される」
【難癖】ナンくせ 非難すべき点。欠点。「—をつける」
熟語「非難・批難・無難・論難」

ニ

【二】

10級 2画 二-0
音 ニ㊉・ジ㊇
訓 ふた・ふたつ・ふ
①3883 Ⓤ4E8C

【弐】5画 弋-2 ②4817 Ⓤ5F0D

仮名 片仮名「ニ」は「二」の全画から。
難読 二人ふたり・二十はた(はたち)・二十歳はたち(はたとせ)・二十日はつか・二十重はたえ・二千石じせん・二日ふつか・二布(二幅)ふたの・二合半こなから・二進も三進もにっちもさっちも
人名 かず・さ・すすむ・つぎ・つぐ

筆順 一 二

なりたち 二 [指事]二本の横線で、数の二つの意。

❶ふたつ。ふた。一より一つ多い数。ふ。
【二乗】ジジョウ 同じ数・文字を二度かけ合わせる。にじょう。
【二元論】ニゲンロン 相対立する二つの原理に基づいて説明する方法。
【二重】ニジュウ 「―人格」「表と裏の―生活」「―契約」
【二十四節気】ニジュウシセッキ 一太陽年を二四等分したもの。
【二世】ニセ 現世と来世。「―の契り」「―を誓う」
【二束三文・二足三文】ニソクサンモン 非常に安い値段。
【二兎】ニト 二匹のウサギ。「―を追う」
【二人三脚】ニニンサンキャク 「夫婦―で開店する」
【二物】ニブツ 二つの物。「天は―を与えず」
【二分】ニブン 二つに分ける。「天下を―する戦い」
【二六時中】ニロクジチュウ 一日中。「―不平を言う」
《二十》・《二十歳》はたち 二〇歳。「―を迎える」
【二重】ふたえ 二つ重なっている。「―まぶた」「―あご」
【二親】ふたおや 父親と母親。両親。
【二つ返事】ふたつヘンジ すぐに承諾する。「―で引き受ける」
【二葉】ふたば 二枚の若葉。「栴檀せんだんは―より芳し」
熟語「二院・二回・二個・二十・二次元・二進法・二刀流」
❷次。にばんめ。ふたつめ。
【二月】ニガツ 一年の第二番目の月。きさらぎ。
【二義的】ニギテキ 根本的でない。「―な問題」
【二次】ニジ 「―募集」「―的（＝付随した）な問題」
【二伸】ニシン 追伸。追って書き。
【二世】ニセイ ①外国で生まれた日本人の子。「日系―」②同じ名前を持ち、二番目に位についた国王。「エリザベス―」③俗に、息子。「―誕生」
【二の足】ニのあし 二歩目。「―を踏む（＝決断がつかずに迷う）」
【二の腕】ニのうで 肩から肘ひじまで。「―まで袖をまくる」
【二の句】ニのク 次に言い出す言葉。「―が継げない」
【二の次】ニのつぎ 後まわし。「勉強を―にして遊ぶ」
【二の舞】ニのまい 前の人と同じ失敗をする。「―を演ずる」
【二番煎じ】ニバンセンじ 「―（＝新味のない）のギャグ」
【二枚舌】ニマイじた 前と違うことを言う。「―を使う」
【二枚目】ニマイめ （歌舞伎の）美男役。「―スター」
【二毛作】ニモウサク 一年に二種の異なる作物を同一耕地で栽培する。
熟語「二軍・二番」
❸ふたたび。もう一回。
【二期作】ニキサク 一年に二回、同じ作物を同一耕地で栽培する。
【二言】ニゴン ①二度言う。②前と異なることを言う。「武士に―はない」
❹対をなす。並び称される。
熟語「二聖・二尊」
❺別の。互いに相反する。
【二心】ニシン ①謀反をおこす心。ふたごころ。「―を抱く」②疑いの心。

【仁】⇩ジン（三四七ページ）

【尼】

準2級 5画 尸-2 音 ニ 呉・ジ（ヂ） 漢 訓 あま ①3884 Ⓤ5C3C

筆順 ㇕ コ 尸 尸 尼

人名 さだ・ただ・ちか

なりたち ［会意］尸（からだ）＋匕（ひと）。人と人が近づき親しむの意。

❶あま。「比丘尼びくに」の略で、仏門に入った女性。女性の僧侶。転じて、キリスト教の修道女もいう。
【尼寺】あまでら 尼の住む寺。「山中の―を訪れる」
【尼公】ニコウ 尼を敬っていう語。
【尼僧】ニソウ 出家した女性。女の僧。
熟語「尼院・禅尼・僧尼・老尼・国分尼寺」
❷梵語の音訳に用いる。
熟語「陀羅尼だらに・比丘尼びくに」
❸外国語の音訳に用いる。
熟語「安母尼亜（＝アンモニア）」

【弐】

4級 6画 弋-3 音 ニ 呉・ジ 漢 ①3885 Ⓤ5F10

〔貳〕 12画 貝-5 ②7640 Ⓤ8CB3

〔貮〕 11画 貝-4 ②7641 Ⓤ8CAE

人名 すけ

筆順 一 二 三 弍 弐 弐

なりたち ［弍］［会意］古文では、弋（木のくい）＋二。二本のくいの意から、ふたつの意を表す。［貳］［形声］弍音＋貝（財貨）。異体字「貮」を経て「弐」のように略した。

❶ふたつ。ふた。数字「二」の大字。金銭証書などに用いる。
熟語「弐拾万円」
❷そむく。離反する。
熟語「《ジ》弐心じしん（ふたごころ）・弐臣」
❸そう。ならぶ。そえる。
熟語「弐室じし」

【児】⇩ジ（二六四ページ）

におう

【匂】 2級 4画 勹-2 国字 新常用 訓 **にお**-う・**にお**-い・**にお**-わす ①3887 Ⓤ5302

筆順 ノ 勹 勺 匂

なりたち 「匂」から変形した国字。匂は勹（うでをまげる）＋二（並べる）の会意文字。ひとめぐりして行き渡るようにととのえるの意。転じて、よいかおりがあたりにただよう、におうの意に用いられ、字形も変化した。

におい。におう。におわす。㋐香りや臭みを感じる。㋑美しさ・気品を感じとる。

用例「ガスが匂う・朝日に匂う山桜花・美しさが匂い立つ」

ニク

【肉】 9級 6画 肉-0 音 **ニク**㊁・**ジク**㊇ 訓 しし ①3889 Ⓤ8089

難読 肉豆蔲(にくずく)・肉刺(まめ)(にくさし)

人名 しし

筆順 丨 冂 内 内 肉 肉

なりたち  ［象形］筋肉のすじが見えるにくの切り身にかたどる。

❶にく。㋐動物の骨や植物の種子に付着した柔らかい部分。㋑食用とする鳥獣の体の柔らかい部分。㋒(国)にく。印肉のこと。印鑑に用いる朱泥。

【肉芽】ニクガ 傷を治すために盛り上がる肉。

【肉塊】ニクカイ 肉のかたまり。ししむら。

【肉牛】ニクギュウ 「―の生産者」「―を飼育する」

【肉質】ニクシツ 「―のよい牛」「―の体」

【肉汁】ニクジュウ 肉から出る汁。「―がしたたる」

【肉食】ニクショク ①鳥獣の肉を食べる。②動物が他の動物を食べる。「―動物」

熟語「肉池・肉片・肉類・印肉・果肉・牛肉・魚肉・筋肉・狗肉(くにく)・鶏肉・血肉・骨肉・朱肉・獣肉・食肉・多肉・皮肉・酒池肉林」

❷人間のからだ。しし。

【肉感】ニクカン 肉体上の感覚。「―をそそる」

【肉体】ニクタイ なまみの人間の体。「―美」「―関係」

【肉弾】ニクダン 体ごと敵陣に突入する。「―戦」

【肉欲】ニクヨク 肉体上の欲望。色欲。「―に溺れる」

❸生身のからだだけで行い、器具を用いないこと。

【肉眼】ニクガン 「―でも見える星」

【肉声】ニクセイ 「―でも聞こえる会場」「―を聞く」

【肉薄】ニクハク 「敵陣に―する」「トップに―する」

【肉筆】ニクヒツ 本人が実際に書く。「―の手紙」

❹血縁であること。

【肉親】ニクシン きわめて近い血縁者。「―の情」

熟語「肉縁」

にじ

【虹】 2級 9画 虫-3 新常用 音 コウ㊇㊁・コウ(カウ)㊇ 訓 **にじ** ①3890 Ⓤ8679

筆順 口 口 中 虫 虫 虫 虹 虹

なりたち  ［形声］虫（ヘビ）＋工（つきぬく）㊄。空をつきぬく大蛇のようなにじの意。

にじ。雨上がりに、太陽と反対側の空に弧状にかかる七色の帯。

【虹彩】コウサイ 眼球内に入る光を調節する薄い膜。

熟語「虹蜺(こうげい)・虹霓(こうげい)・月虹・彩虹・白虹」

ニチ

【日】 10級 4画 日-0 音 **ニチ**㊁・**ジツ**㊇ 訓 **ひ・か** ①3892 Ⓤ65E5

難読 日吉(ひえ)(ひよし)・日向(ひなた)(ひゅうが)・日次(ひがら)(ひなみ)・日和(ひより)・日歩(ひぶ)・日済(ひなし)・日雀(ひがら)・日照雨(ひでりあめ)

人名 あき・はる・ひる

筆順 丨 冂 日 日

なりたち  ［象形］太陽をかたどる。

❶ひ。㋐太陽。㋑ひる。昼間。㋒一昼夜。二四時間。㋓日数を数える語。にち。か。

【日月】ジツゲツ ①太陽と月。②年月。

【日月】ニチゲツ 「じつげつ（日月）」に同じ。

【日限】ニチゲン 期日。「―が切れる」「返済の―」

【日時】ニチジ ①日と時。②日付と時刻。「会議の―」

【日没】ニチボツ 太陽が沈む。「―前に到着する」

【日夜】ニチヤ ①昼と夜。②いつも。「―努力する」

【日輪】ニチリン 太陽。日。

【日給】ニッキュウ 一日単位の給料。「―制」「―月給」

【日勤】ニッキン ①毎日出勤する。②昼間の勤務。

【日計】ニッケイ 一日単位の計算。「―表」

【日光】ニッコウ 太陽の光線。「―浴」「―消毒」

【日参】ニッサン ①毎日参詣する。②毎日訪れる。

【日産】ニッサン 一日の生産量。「―一千台が目標だ」

【日射】ニッシャ 太陽光線がさす。「―病」「―量」

【日照】ニッショウ 太陽が地上を照らす。「―権」

【日章旗】ニッショウキ　日の丸の旗。「―を掲げる」
【日食・日蝕】ニッショク　月の影で太陽が隠れる現象。
【日数】ニッスウ　日にちの数。「―を重ねる」「出席―」
【日直】ニッチョク　当直。昼間の当直。「―の勤務」
【日当】ニットウ　一日単位の給料。「―を支給する」
【日脚・日足】ひあし　昼間の長さ。「―が伸びる」
【日陰・日蔭】ひかげ　「―干し」「―(＝恵まれない)者」
【日柄】ひがら　その日の吉・凶。「本日はお―も良く」
【日照り】ひでり　日が照る。「―が足りない」
【日向】ひなた　「―干し」「―ぼっこ」
【日の入り】ひのいり　「―が早くなる」
【日の出】ひので　「山頂で―を見る」「初―」
【日の丸】ひのまる　①太陽をかたどった丸。②日章旗。
【日歩】ひぶ　一日を単位に定めた利率。「―貸し」
【日干し・日乾し】ひぼし　日にあてて乾かす。
《日和》ひより　天気。「小春―」「運動会―」
《日和見》ひよりみ　①物事のなりゆきを見て有利な方につく。「―主義」②天候のようすを見る。
【日割(り)】ひわり　「―表」「―計算」「―で支払う」
熟語「日子・日収・日夕(にっせき)・日射病・日章旗・晦日(かいじつ)(みそか)・元日・旭日(きょくじつ)・後日・祭日・昨日(さくじつ)(きのう)・時日・終日(しゅうじつ)(ひねもす)・祝日・旬日・数日・他日・平日・毎日・明日・落日・烈日・連日・明後日」

❷ひび。日に日に。
【日常】ニチジョウ　ふだん。「―生活」「―茶飯事」
【日日】ニチニチ　毎日。ひび。「―のつとめ」
【日用】ニチヨウ　毎日の生活に使う。「―品」「―雑貨」
【日課】ニッカ　毎日きまってする物事。「朝の散歩を―としている」「―表」
【日刊】ニッカン　毎日刊行する。「―新聞」「―紙」
【日記】ニッキ　日々の出来事や感想などを、一日ごとに日付を添えて記した記録。「―帳」「旅―」「―を付ける」
【日誌】ニッシ　毎日の記録。「航海―」「学級―」
【日進月歩】ニッシンゲッポ　たえず進歩する。
【日程】ニッテイ　物事を行うときの日々の予定。「―を組む」
【日報】ニッポウ　①毎日の報道。②日刊の新聞。③毎日記す報告書。「業務―」

❸「日本」の略。
【日銀】ニチギン　「日本銀行」の略。「―短観」
【日舞】ニチブ　「日本舞踊」の略。「―の師匠」
【日系】ニッケイ　日本人の血統をひく。「―米人」
【日本】ニホン　我が国の国号。にっぽん。「―語」「―人」
熟語「日英・日米・日中」

❹(国)「日向(ひゅうが)国」の略。
熟語「日豊(にっぽう)」

❺(国)にち。七曜の一つ。日曜日。
【日曜】ニチヨウ　週の第一日。日曜日。「―大工」
熟語「日曜日」

ニャク

【若】⇩ジャク(二七九ページ)

ニュウ

【入】

10級　2画　入-0
音　ニュウ(ニフ)呉・ジュ慣・ジュウ(ジフ)漢
訓　いる・いれる・はいる・しお
①3894　Ⓤ5165

難読　入内(じゅだい)・入水(じゅすい)・入母屋(いりもや)・入声(にっしょう)・入唐(にっとう)・入梅(つゆ)(いり)・入魂(じっこん)(じゅこん)
人名　しお・なり
筆順　ノ 入

たちなり　人　[象形]いり口にかたどり、はいる意を表す。

❶いる。はいる。外から内側に移動する。
【入会】いりあい　住民が共同で山林などを使用する。
【入相】いりあい　夕暮れ。「―の鐘」「―に散る桜」
【入(り)口】いりぐち　「店の―」「研究の―に立つ」
【入水】ジュスイ　水中に飛び込んで自殺する。
【入内】ジュダイ　皇后や女御となる女性が宮中に入る。
【入洛】ジュラク　京に入る。「兵を率いて―する」
【入院】ニュウイン　「―患者」「検査―」⇕退院
【入営】ニュウエイ　入隊。「駐屯地に―する」
【入園】ニュウエン　「動物園の―料」「幼稚園の―式」
【入荷】ニュウカ　「新商品が―した」「―待ち」⇕出荷
【入会】ニュウカイ　「―手続きをする」「―届」⇕退会
【入閣】ニュウカク　「外務大臣として―を果たす」「初―」
【入学】ニュウガク　「―式」「―金」「―試験を受ける」
【入館】ニュウカン　図書館などにはいる。「―者」
【入居】ニュウキョ　「―者」「即―可能な物件」
【入漁】ニュウギョ　他人の漁場で漁業を行う。「―料」
【入庫】ニュウコ　倉庫に品物が入る。また、車庫に車などが入る。⇕出庫
【入港】ニュウコウ　「船が―する」「―手続き」「―税」⇕出港
【入構】ニュウコウ　「―禁止」「列車がホームに―する」
【入国】ニュウコク　「不法―」「―査証」⇕出国
【入室】ニュウシツ　部屋に入る。⇕退室
【入社】ニュウシャ　「―試験を受ける」「―式」⇕退社
【入寂】ニュウジャク　僧が死ぬ。「法然上人―の地」
【入賞】ニュウショウ　「全国大会で―する」「―者」
【入場】ニュウジョウ　「―券」「―制限」「―行進」⇕退場
【入植】ニュウショク　開拓地や植民地に入って生活する。
【入信】ニュウシン　「キリスト教に―する」「―者」「集団―」
【入神】ニュウシン　神業近くにまで上達する。「―の技」
【入選】ニュウセン　作品が審査に合格する。⇕落選

【入隊】ニュウタイ　軍隊などに入る。⇕除隊
【入団】ニュウダン　「野球チームに—する」「—会見」⇕退団
【入朝】ニュウチョウ　外国の使いが朝廷に参内する。
【入電】ニュウデン　電信で知らせが来る。「第一報が—する」
【入党】ニュウトウ　ある党に加入する。⇕離党
【入湯】ニュウトウ　入浴する。温泉で保養する。「—税」
【入道】ニュウドウ　①仏道の修行をする。②皇族で仏門に入った人。③坊主頭の人。化け物。「大—」「—雲」
【入梅】ニュウバイ　梅雨(つゆ)の季節になる。「—の候」
【入幕】ニュウマク　相撲で幕内力士になる。「返り—」
【入滅】ニュウメツ　仏教で釈迦や高僧が死ぬ。「釈迦—」
【入門】ニュウモン　①門の中に入る。②弟子になる。「相撲部屋に—する」③初めてとりかかる。「パソコンの—書」
【入浴】ニュウヨク　風呂にはいる。入湯。「—剤」
【入来】ニュウライ　来訪。「ようこそご—くださいました」
熟語「入御(じゅぎょ)・入貢・入山・入所・入城・入線・入隊・入廷・加入・介入・悟入・参入・出入・侵入・潜入・転入・突入・没入・乱入・流入」

❷いれる。おさめる。内側に移す。
【入れ墨】いれずみ　肌に彫り物を入れる。
【入れ知恵】いれヂエ　他人に策を授ける。
【入れ歯】いれば　人工の歯。義歯。「総—にする」
【入魂】ジッコン　親しい間柄である。「—の仲」別表記 昵懇
【入金】ニュウキン　「—伝票」「月末に会費を—する」
【入稿】ニュウコウ　「—が遅れる」「—の締切」
【入魂】ニュウコン　「—の作品」「一球—の精神」
【入札】ニュウサツ　いれふだ。「競争—」「—価格」
【入手】ニュウシュ　手に入れる。「情報を—する」
【入籍】ニュウセキ　戸籍に記載される。「正式に—する」
【入念】ニュウネン　「—な検査」「—に選び出す」
【入力】ニュウリョク　「データを—する」「—装置」⇕出力

熟語「入獄・入質・記入・収入・注入・投入・導入・納入・編入・輸入」

❸「入声(にっしょう)」の略。漢字の四声の一。
熟語「入声・平上去入(ひょうじょうきょにゅう)」

❹(国)いる。必要である。
【入費】ニュウヒ　必要な金。費用。「—がかさむ」
【入用】ニュウヨウ　必要なことや金。「一年に—な金額」

❺(国)「入学」の略。
熟語「入試」

❻(国)「輸入」の略。
熟語「入超」

❼(国)しお。染色で染料に浸す回数を示す語。
熟語「一入(ひとしお)」

【乳】〔乳〕

5級　8画　乙-7　音 ニュウ(呉)・ジュ(漢)　訓 ちち・ち

〔乳〕8画　乙-7

①3893
Ⓤ4E73

難読 乳母(うば・めのと)

筆順 

なりたち 　[会意]爪(手)＋子＋乙(乳房のある母)。母親が赤子を抱いて、ちちを飲ませるの意。

❶ちち。㋐子を養うために分泌する白色の液。㋑ちぶさ。
【乳首】ちくび　乳房の先の部分。
【乳離れ】ちばなれ　「赤ん坊が—(=乳を飲まなくなる)する」「—(=自立した大人になる)しない大学生」
【乳房】ちぶさ　哺乳類の胸部にある外分泌腺。
【乳液】ニュウエキ　①乳白色の液体。②乳状の化粧品。
【乳癌】ニュウガン　乳腺に発生する癌。「—検診」
【乳牛】ニュウギュウ　乳(ちち)をとるために飼う牛。
【乳業】ニュウギョウ　乳製品を製造・販売する事業。
【乳汁】ニュウジュウ　哺乳動物が分娩後に分泌する液。
【乳腺】ニュウセン　乳房の中にある外分泌腺。
【乳頭】ニュウトウ　乳房の中心の突出部。ちくび。
【乳白色】ニュウハクショク　不透明な白色。「—の温泉」
【乳鉢】ニュウバチ　薬品などを粉砕・混合するための器。
【乳棒】ニュウボウ　試料を粉砕・混合する棒状の器具。
熟語「乳化・乳剤・乳酸・乳臭・乳状・乳糖・乳酪・牛乳・原乳・搾乳・授乳・生乳・豆乳・腐乳・粉乳・哺乳(ほにゅう)・母乳・離乳・鍾乳石」

❷ちちを飲んで育っている年齢。幼い。
【乳飲み▽児】ちのみご　幼児。乳児。「—を抱えて働く」
【乳歯】ニュウシ　最初に生えそろう歯。「—が抜ける」
【乳児】ニュウジ　生後一年くらいまでの子供。「—期」
【乳幼児】ニュウヨウジ　乳児と幼児。「—教育」

❸子をうむ。また、やしなう。
《乳母》うば　母親に代わり乳を与える女性。
〈乳母〉日傘】おんばひがさ　大事に守り育てる。
熟語「乳育」

【柔】⇩ジュウ(二九五ページ)

ニョ

【女】⇩ジョ(三〇九ページ)
【如】⇩ジョ(三〇九ページ)

ニョウ

【女】⇩ジョ（三〇九ページ）

【尿】

3級 7画 尸-4 音 **ニョウ**(ネウ)呉・ジョ ウ(デウ)漢 訓 ゆばり・いばり ①3902 Ⓤ5C3F

難読 尿袋(いばりぶくろ)・尿筒(しとづつ)

筆順 ㇇ コ 尸 尸 尿 尿 尿

なりたち  [会意]尸(しり)＋水。しりから出る小水、小便の意。篆文では、尾＋水。

小便。ゆばり。いばり。

【尿意】ニョウイ 「—をもよおす」「軽い—」
【尿酸】ニョウサン 血中・尿中に存在する代謝産物。
【尿素】ニョウソ 尿中に含まれる窒素化合物。
【尿道】ニョウドウ 尿を排出するための管。
熟語「尿石・尿毒症・血尿・検尿・採尿・残尿・多尿・排尿・泌尿(ひにょう)・頻尿・糞尿(ふんにょう)・放尿・夜尿・利尿」

ニン

【人】⇩ジン（三四六ページ）

【任】

6級 6画 人(亻)-4 音 **ニン**呉・ジン漢 訓 **まか**せる・**まか**す ①3904 Ⓤ4EFB

難読 任那(みまな)

人名 あたる・しのぶ・たえ・たか・たかし・ただ・たね・たもつ・と・のり・ひで・まこと・よし

筆順 ノ イ 仁 仟 任

なりたち  [形声]人＋壬(耐える、たもつ)音。人が物事をになうの意。

❶官職につける。役目をあたえる。
【任(に)重くして道遠し】任務は重く、かつ前途は長く困難である。出典「論語泰伯」より。
【任官】ニンカン 官職に任ぜられる。「—試験」
【任期】ニンキ 職務に就いている期間。「—満了」
【任地】ニンチ 赴任地。「—に赴く」「新—」
【任務】ニンム 果たすべきつとめ。「—を帯びる」
【任命】ニンメイ ある職務につくことを命ずる。「—式」⇕解任
【任免】ニンメン 任命と免職。「—権」「職員を—する」
【任用】ニンヨウ ある職務につかせて働かせる。
熟語「任国・委任・兼任・再任・就任・主任・信任・新任・専任・選任・前任・担任・適任・赴任」
❷官職。やくめ。
熟語「解任・辞任・責任・大任・留任」
❸まかせる。まかす。ゆだねる。
【任意】ニンイ ①その者の思いにまかせる。「—の方法」②数学で、特別な選び方をしないこと。「—の二点を結ぶ直線」
熟語「任放・一任・放任」
❹重荷。重荷をかかえる。
熟語「任負(にんぷ)」

【妊】

準2級 7画 女-4 音 **ニン**呉・ジン漢 訓 はら-む・みごも-る ①3905 Ⓤ598A

〔姙〕 9画 女-6 ②5312 Ⓤ59D9

人名 さね・もつ

筆順 ㄑ 女 女 女 妊 妊 妊

なりたち  [形声]女＋壬(たもつ)音。女性がみごもるの意。

はらむ。みごもる。腹に子をやどす。
【妊産婦】ニンサンプ 出産前後の婦人。「—の就業制限」
【妊娠】ニンシン 懐妊。「—五か月」「—中絶」
【妊婦】ニンプ 妊娠している婦人。「—服」
熟語「懐妊・避妊・不妊」

【忍】

準2級 7画 心-3 音 **ニン**呉・ジン漢 訓 **しの**ぶ・**しの**ばせる・しの-び ①3906 Ⓤ5FCD

〔忍〕 7画 心-3 ── ──

難読 忍冬(すいかずら)(にんどう)・忍辱(にんにく)

人名 しの

筆順 フ 刀 刃 刃 忍 忍 忍

なりたち 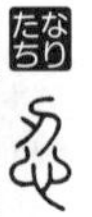 [形声]刃(弾力のある強いやいば)音＋心。たえしのぶの意。

◇しのぶ（忍・▼偲） ●異字同訓●
「忍ぶ」は"こらえる。こっそり行動する"の意。「恥を忍んで申します」「見るに忍びない」「人目を忍んでひっそりと暮らす」「世を忍ぶ仮の姿」
「偲ぶ」は"なつかしく思い出す"の意。「慕ぶ」とも書く。「故郷を偲ぶ」「故人を偲ぶ」「お人柄が偲ばれる」「先人の苦労を偲ぶ」

❶しのぶ。がまんする。
【忍苦】ニンク 苦しみに耐える。「—に耐える」
【忍従】ニンジュウ 耐え忍んで、言われるがままに従う。
【忍耐】ニンタイ 耐えしのぶ。「—力」「—づよい」
【忍冬】ニンドウ スイカズラの別名。「—唐草文」
【忍▽辱】ニンニク 苦しみに耐えしのぶ。「慈悲—の心」
熟語「隠忍・堪忍・堅忍・受忍・容忍」
❷むごい。思いやりがない。
熟語「惨忍・残忍」
❸〔国〕しのび。人目をくらます。

ニ

【忍者】(ニンジャ) 忍びの者。「―屋敷」「伊賀―」

【忍術】(ニンジュツ) 隠密に行動する術。「―使い」「―書」

【忍法】(ニンポウ) 忍術の法。「―水遁(すいとん)の術」

❹〔国〕しのばせる。気づかれぬようにする。

【忍び▼逢い】(しのびあい) 男女が人目を避けて逢う。密会。

【忍び足】(しのびあし)「抜き足差し足―」「―で近づく」

【忍び音】(しのびね) ①ひそひそ声。小声。②忍び泣きの声。「―に泣く」③ホトトギスの初音。

【認】〔認〕

5級 14画 言-7 ①3907 Ⓤ8A8D

〔認〕14画 言-7

音 ニン㊁・ジン㊀

訓 みとめる・したためる

人名 もろ

筆順 言 言 言 訒 訒 訒 認 認

たちなり ［形声］言＋忍(たえしのぶ)㊀。相手の言葉をたえしのび、みとめるの意。

❶みとめる。㋐ゆるす。承知する。㋑みわける。識別する。

【認可】(ニンカ) ①ある事柄を認めて許す。②行政機関がある人の行為に同意を与え、その行為を認める。許可。「―営業」

【認識】(ニンシキ) 物事の本質を理解し、正しく判断する。「状況を―する」「―不足」

【認証】(ニンショウ) 一定の行為や文書が正当な手続きによってなされたことを、公の機関が証明する。

【認知】(ニンチ) はっきりと認める。「生まれた子を―する」

【認定】(ニンテイ)「資格―試験」「業務上の過失と―する」

【認否】(ニンピ)「罪状―」「―を問う」

【認容】(ニンヨウ) 認めて許す。「条件を―する」

熟語「確認・公認・誤認・再認・自認・承認・追認・否認・黙認・容認」

❷〔国〕したためる。㋐文章、特に手紙を書く。㋑食事をする。

用例「手紙を認める・朝食を認める」

❸〔国〕みとめ。日常使用する印鑑。

熟語「認印」

ネイ

【寧】〔寧〕

準2級 14画 宀-11 ①3911 Ⓤ5BE7

〔寧〕14画 宀-11 ⓊF95F

音 ネイ㊀・ニョウ(ニャウ)㊁

訓 やすらか・ねんごろ・むしろ・なんぞ

難読 寧楽(なら)

人名 さだ・しず・やす・やすし

筆順 宀 宓 宓 宻 寍 寍 寍 寧

たちなり  ［会意］甲骨文では、宀(いえ)＋皿(水盤)＋丁(＝示、かみ)。家の中に水盤を置き神をまつって、心を落ち着けるの意。金文以降、「心」を加えた。

❶やすらか。落ち着いている。

【寧日】(ネイジツ) 心安まる平穏な日。「多事多端で―なし」

熟語「寧歳・寧静・寧謐(ねいひつ)・安寧」

❷ねんごろ。心をこめる。

熟語「丁寧」

ネツ

【熱】

7級 15画 火(灬)-11 ①3914 Ⓤ71B1

音 ネツ㊁・ゼツ㊀・ネチ㊁

訓 あつい

人名 あつ

筆順 十 土 夫 坴 㚃 埶 埶 熱

たちなり  ［形声］埶(植える意であるが、然に通じ、もやす意を表す)㊀＋火。意味を明確にするために「火」を加え、火がもえてあついの意を表す。

❶あつい。温度が高い。

【熱▼燗】(あつカン)「―で飲む」「―の日本酒」

【熱気】(ネッキ) ①高温の空気。②高ぶった雰囲気。「―にあふれた声援」

【熱帯】(ネッタイ)「―植物」「―魚」「―雨林」

【熱湯】(ネットウ)「―消毒」「―でゆでる」

【熱波】(ネッパ) 熱さがおしよせる現象。⇔寒波

【熱風】(ネップウ)「髪を―で乾かす」

熟語「熱火・熱砂・熱度・熱雷・熱帯夜・炎熱・酷熱・灼熱・焦熱・暑熱」

❷物体の温度を上げる分子の運動エネルギー。

【熱源】(ネツゲン) 熱の供給元。「電気を―とする住宅」

【熱量】(ネツリョウ)「燃焼の―」

熟語「熱線・熱力・熱射病・温熱・火熱・加熱・地熱・電熱・白熱・余熱・輻射(ふくしゃ)熱」

❸高い体温。

【熱病】(ネツビョウ)「―にうかされる」「伝染性の―」

熟語「解熱(げねつ)・高熱・発熱・微熱・平熱」

❹夢中になる。興奮する。盛ん。

【熱愛】(ネツアイ) 心の底から愛する。「子供を―する」

【熱意】(ネツイ) 熱心な気持ち。「仕事への―」

【熱演】(ネツエン) 意欲的に演ずる。「俳優が―する」

ネ

【熱狂】ネッキョウ 興奮し夢中になる。「―的な歓迎」
【熱血】ネッケツ 「―漢」「―を注いだ作品」⇔冷血
【熱情】ネツジョウ 激しく熱い気持ち。「―的な演説」
【熱心】ネッシン 情熱をこめて打ちこむ。「―に研究する」
【熱誠】ネッセイ 「―あふれる忠告」「―を込めた歓迎」
【熱戦】ネッセン 「―の火蓋が切って落とされる」
【熱中】ネッチュウ 「―して議論する」「ゲームに―する」
【熱闘】ネットウ 「―の末、優勝する」「―数刻」
【熱弁】ネツベン 「―をふるう」「―におされる」
【熱望】ネツボウ 切望。「訪問を―する」
【熱烈】ネツレツ 激しい感情をあらわす。「―な恋愛」
熟語 「熱願・熱唱・熱涙・情熱・白熱・学習熱」

ネン

【年】〔秊〕

10級 6画 干-3 音 ネン漢呉 訓 とし・みのり ①3915 Ⓤ5E74

〔秊〕8画 禾-3 ③8938 Ⓤ79CA

難読 年次(としなみ)・年延(としばえ)・年魚(あゆ)・年増(としま)

人名 かず・すすむ・ちか・と・ね・みのる

筆順 ノ 𠂉 𠂉 乍 乍 年

なりたち  [形声]禾(イネ)＋人(成熟したひと)音。イネが成熟する、ひとまわりの期間の意から、としの意を表す。

❶とし。㋐時間の単位。太陽暦では地球が太陽の周りを一周する時間。㋑よわい。年齢。

【年男】としおとこ その年と同じ干支の生まれの男。
【年▼嵩】としかさ 「三歳―(=年上)の人」「―(=高齢)の人」
【年子】としご 同じ母親から一つ違いで生まれた子供。
【年越し】としこし 旧年を越し正月を迎える。「―そば」
【年波】としなみ 年をとる。「寄る―には勝てない」
【年の功】としのコウ 年をとり経験豊かになる。「亀の甲より―」
【年の瀬】としのせ 年末。「―も押し詰まってきた」
【年端・年歯】としは 年齢のほど。「―もいかぬ子」
【年▼増】としま 少し年を取った婦人。「大―」
【年寄(り)】としより ①年を取っている人。②武家で、政務にあずかる重臣。③相撲で、引退した力士などで年寄株をもつ者。
【年忘れ】としわすれ 年末に一年間の労苦を忘れる。
【年賀】ネンガ 新年を祝う挨拶。「―状」
【年間】ネンカン ①一年の間。「―方針」②ある年代。「元禄―」
【年鑑】ネンカン 一年の出来事を収録した本。「統計―」
【年忌】ネンキ 毎年巡ってくる命日。また、その日に行う法要。「―を営む」
【年季】ネンキ 奉公の年限。「―が明ける」
【年休】ネンキュウ 「年次有給休暇」の略。
【年給】ネンキュウ 年俸。「―で支払う」
【年金】ネンキン 「厚生―」「国民―」「―特別便」
【年貢】ネング 「―米」「―の納め時(=処分を受ける時期)」
【年月】ネンゲツ 年と月。歳月。「―を重ねる」
【年限】ネンゲン 年単位の期限。「修業―」「―が切れる」
【年功】ネンコウ ①長年の功績。②長年の経験。
【年号】ネンゴウ 元号(げんごう)。「大正」「昭和」など。
【年始】ネンシ 年の初め。年の初めを祝う。
【年歯】ネンシ 年齢。よわい。「男は―四十有余」
【年次】ネンジ ①一年ごとに順を追う。「―計画」②年の順序。「卒業―」③「年度」に同じ。「―予算」
【年収】ネンシュウ 一年間の収入。
【年中】ネンジュウ 「―無休」「―失恋している」
【年初】ネンショ 年頭。「―の挨拶」
【年少】ネンショウ 「―の友人」「―者向けの教材」
【年代】ネンダイ 「昭和三〇―」「―順に並べる」「同―」
【年長】ネンチョウ 「―者に席を譲る」「一番―の会員」
【年度】ネンド 「事業―ごとに報告する」「―末」
【年頭】ネントウ 一年の初め。「―の挨拶」
【年内】ネンナイ その年の内。「―には完成する」
【年年】ネンネン 「―歳々(=毎年)」「―(=年がたつにつれ)体力が衰える」
〖年年歳歳(ねんねんさいさい)花(はな)相似(あいにたり)〗 毎年毎年花は同じように咲く。自然が変わらないことのたとえ。出典 劉廷芝「代悲白頭翁」より。この句のあと「歳歳年年人同じからず」と続く。
【年輩・年配】ネンパイ 「同―」「―(=中年以上)の人」
【年表】ネンピョウ 出来事を年代順に記した表。
【年賦】ネンプ 負債を毎年分割して支払う。「―償還」
【年譜】ネンプ 経歴を年月順に記したもの。
【年俸】ネンポウ 一年単位で支払われる給与。「―制」
【年報】ネンポウ 一年の出来事を記した報告書。
【年末】ネンマツ 一年の終わり。「―調整」「―セール」
【年余】ネンヨ 一年と少しの期間。「―にわたる執筆」
【年来】ネンライ 長年。「―の希望」
【年輪】ネンリン 樹木の横断面に見られる同心円状の輪。「―(=成長や積み重ね)を感じる芸」
【年齢】ネンレイ 「―を確認する」「同―」
熟語 「年会・年刊・年式・年酒・年商・年利・年率・学年・旧年・享年・去年・迎年・光年・今年(こんねん・ことし)・昨年・若年・少年・新年・生年・先年・定年・晩年・平年・没年・明年・翌年・来年・留年・老年」

❷みのり。作物の状況。
熟語 「年穀・年歳・祈年祭」

【念】

7級 8画 心-4 音 ネン呉・デン漢 訓 おも-う・おも-い ①3916 Ⓤ5FF5

人名 むね

筆順 ノ 人 亼 今 今 念 念 念

なりたち  [会意]今(おおい含む)＋心。心の中に含むの意。

❶おもう。㋐心にとめて忘れない。㋑心を集中する。思い続ける。
【念願】ネンガン　ひたすら望み願う。かねてからの願い。「―の優勝」「―がかなう」
【念力】ネンリキ　一念をこめた力。「―岩をも通す」
熟語「一念・記念・残念・失念・執念・信念・専念・丹念・断念・無念」
❷おもい。かんがえ。
【念頭】ネントウ　頭の中。「失敗の可能性は―にない」
【念慮】ネンリョ　思いめぐらす。「―やまず」
熟語「観念・疑念・雑念・思念・邪念・俗念・通念」
❸となえる。声に出して読む。
【念珠】ネンジュ　数珠(じゅず)。ねんず。
【念誦】ネンジュ　経文を念じとなえる。「―の声」
【念仏】ネンブツ　仏の姿や功徳を心に思い描く。また、阿弥陀仏の名を唱える。「一心に―を唱える」「馬の耳に―」
❹仏語。非常に短い時間。
熟語「念念刻刻・一念」
❺(国)男色の関係。
熟語「念友」
❻(国)気をつけること。注意。
【念入り】ネンいり　念を入れる。入念。「―な打ち合わせ」
【念書】ネンショ　後日の証拠として、念のために作成しておく文書。「―を取り交わす」
熟語「丹念」

【捻】

2級　11画　手(扌)-8　新常用
音　ネン㊉・ジョウ(デフ)㊇
訓　ねじ-る・ひね-る・よ-る
①3917　Ⓤ637B

難読　捻子(ねじ)
筆順　一 十 扌 扌 扌 扲 捻 捻
なりたち

[形声]手＋念(心の中に含む)㊉。手の中に含みこむようにして指の先を曲げる意から、ひねる意を表す。篆文では、黍(きび)＋占。

ねじる。ひねる。よる。(同)燃。
【捻挫】ネンザ　関節をくじく。「足を―する」
【捻出】ネンシュツ　無理算段して費用などをつくり出す。
熟語「捻転」

【粘】

3級　11画　米-5
音　ネン㊉・デン㊇
訓　ねばる
①3920　Ⓤ7C98

〔黏〕　17画　黍-5　②8354　Ⓤ9ECF

筆順　丷 丬 半 米 料 粘 粘 粘
なりたち

[形声]米＋占(特定の場所をしめる)㊉。ひと所にくっつく、ねばねばした米の意から、ねばる意を表す。篆文では、黍＋占。

ねばる。べとつく。ねばねばする。
【粘液】ネンエキ　ねばりけのある液体。「―質」
【粘性】ネンセイ　ねばりけ。「―の小さい物質」
【粘着】ネンチャク　ねばりつく。「―テープ」「―力」
【粘稠】ネンチュウ　ねばりけがあって密度が濃い。
【粘土】ネンド　粘性をもつ土。「―細工」
【粘膜】ネンマク　「胃―」「―の炎症」
熟語「粘体・粘度・粘葉装(でっちょう)・粘結炭・粘板岩」

【燃】

6級　16画　火-12
音　ネン㊉・ゼン㊇
訓　もえる・もやす・もす
①3919　Ⓤ71C3

【然】⇩ゼン(三九二ページ)

筆順　丶 火 炒 炒 炒 燃 燃 燃
なりたち　[形声]火＋然(もやす)㊉。「然」がしかりの意の指示詞に専ら用いられるようになったため、「火」を加えた。

◉異字同訓◉
◇もえる(燃・萌)
「燃える」は"火がついて炎が上がる"の意。「たき火が燃える」「希望に燃える」「燃えるような夕焼け」
「萌える」は"芽が出る。きざす"の意。「草が萌える」「柳の芽が萌え出す」

もえる。もやす。もす。炎や煙が出る。
【燃犀】ネンサイ　物を鋭く見抜く。「―なる頭脳」
【燃焼】ネンショウ　もえる。「ガスが―する」
【燃費】ネンピ　「―が良い」「低―の車」
【燃料】ネンリョウ　燃焼させる材料。「固形―」「―電池」
熟語「燃油・可燃・再燃・難燃・不燃・不燃性」

ノウ

【悩】

4級　10画　心(忄)-7
音　ノウ(ナウ)㊉・ドウ(ダウ)㊇
訓　なや-む・なや-ます・なや-み
①3926　Ⓤ60A9

〔惱〕　12画　心(忄)-9　②5629　Ⓤ60F1

筆順　丶 忄 忄 忄 怡 悩 悩 悩
なりたち　[形声]心＋𡿺(髪の生えた頭)㊉。心や頭にこびりつき、なやむ意。

なやむ。思いわずらう。なやます。なやみ。苦しみ。
【悩殺】ノウサツ　①大いに悩ます。②女性がその魅力によって男性を夢中にさせる。

【悩乱】(ノウラン) 悩み苦しむ。「辛苦―する」
熟語「悩苦・懊悩(おうのう)・苦悩・煩悩(ぼんのう)」

【納】

5級 10画 糸-4
音 ノウ(ナフ)呉・ナッ慣・ナ慣・ナン慣・トウ(タフ)慣・ドウ(ダフ)漢
訓 おさめる・おさまる・いーれる
①3928 Ⓤ7D0D

〔納〕10画 糸-4

難読 納豆(なっとう)・納音(なっちん)
人名 おさむ・とも・のり

筆順 く 幺 糸 糸 糸 糸 紅 納 納 納

なりたち [形声]糸＋内(家の中に入れる)音。織物を倉に入れるの意。

●異字同訓● 【治】(二六五ページ)の「異字同訓」欄を参照のこと。

❶おさめる。おさまる。㋐支払う。役所などにさしだす。㋑届ける。㋒贈る。㋓しまう。しまい込む。

【納所】(ナッショ) 禅宗寺院で出納事務を行う所。

【納豆】(ナットウ) 大豆を発酵させた加工食品。

【納屋】(なや) 別棟に設けた物置小屋。

【納戸】(ナンど) 屋内の収納場所。「―にしまい込む」

【納棺】(ノウカン) 死体を棺に納める。「遺族の手で―する」

【納期】(ノウキ) 注文品などを納める期限。「―の厳守」

【納経】(ノウキョウ) 経文を寺社に奉納する。「平家―」

【納金】(ノウキン) 金銭を納める。「売上金を本社に―する」

【納骨】(ノウコツ) 遺骨を納める。「墓に―する」「―式」

【納采】(ノウサイ) 結納をとりかわす。「―の儀」

【納税】(ノウゼイ) 税金を納める。「―の義務」「―者」

【納入】(ノウニュウ) 品物や金を納める。「商品を―する」

【納品】(ノウヒン) 品物を納入する。「―書」

【納付】(ノウフ) 金銭や品物を公的機関に納める。「―金」「税金を―する」

【納涼】(ノウリョウ) 暑さを避け涼しさを味わう。「―船」

熟語「納受・納本・格納・後納・全納・前納・怠納・滞納・追納・奉納・未納・結納」

❷いれる。取りこむ。

【納得】(ナットク) なるほどもっともだと認める。「―ずく」「―がいかない」
熟語「嘉納(かのう)・受納・笑納・出納(すいとう)」

❸〔国〕しめくくる。終わりにする。

【納会】(ノウカイ) ①締めくくりの会合。「営業部の―」②取引所で各月最終の立会(たちあい)。「大―」
熟語「納杯」

【能】

6級 10画 肉(月)-6
音 ノウ漢呉
訓 あたーう・よーく
①3929 Ⓤ80FD

難読 能平(のっぺい)・能書(のうがき)(のうしょ)・能登(のと)
人名 たか・ちから・とう・のり・ひさ・みち・むね・やす・よき・よし

筆順 ム 厶 台 自 育 能 能 能

なりたち [象形]尾をあげ口を大きく開けたクマの形にかたどる。クマがよく働く意から、よくする・できる意を表す。

❶ものごとを成しとげる力。はたらき。

【能書き】(ノウがき) 効能書き。「―をたれる」

【能才】(ノウサイ) ものごとを成し遂げるすぐれた才能。

【能事】(ノウジ) なすべきこと。「―畢(お)われり」

【能天気・能転気】(ノウテンキ) 「―なやつだ」 別表記 脳天気
【能否】(ノウヒ) できることとできないこと。「―を問う」

【能率】(ノウリツ) 一定の時間内にできる仕事の割合。効率。「仕事の―」「―が上がる」「―主義」

【能力】(ノウリョク) 物事を成し遂げることのできる力。

熟語「異能・機能・技能・効能・才能・性能・多能・知能・低能・万能・無能・有能・放射能」

❷できる。よくできる。よくする。

【能書】(ノウショ) 能筆。「―家」

【能筆】(ノウヒツ) 巧みに文字を書く。「―家」

【能弁】(ノウベン) 弁舌が達者である。「―の政治家」

【能吏】(ノウリ) 有能な役人。「―として幕府を支える」

熟語「能士・能文・能吏・可能・堪能(たんのう)(かんのう)・不能・不可能」

❸はたらきかける。

【能動】(ノウドウ) 積極的に働きかける。「―的」⇔受動
熟語「能化」

❹〔国〕のう。能楽のこと。日本の伝統的舞台芸術。

【能楽】(ノウガク) 観阿弥・世阿弥父子が大成した伝統芸能。舞と謡と囃子の三要素からなる。

【能狂言】(ノウキョウゲン) ①能と狂言。②能楽の狂言。

【能面】(ノウメン) 能の仮面。「―のような(＝無表情)顔」

❺〔国〕「能登(との)国」の略。

【能登】(のと) 旧国名。石川県の北部能登半島を占める。能州。

【能州】(ノウシュウ) 能登国の別名。

【脳】

5級 11画 肉(月)-7
音 ノウ(ナウ)呉・ドウ(ダウ)漢
①3930 Ⓤ8133

〔腦〕13画 肉(月)-9 ②7110 Ⓤ8166

筆順 月 月 月 月 月 脳 脳 脳

なりたち [形声]肉＋㐫(髪の生えた頭)音。頭の中の肉、のうみその意。「脳」は略字。

❶頭蓋骨の中にある神経細胞の集まり。のうみそ。
【脳死】ノウシ 「―状態の体」「―と判定される」
【脳震盪】ノウシントウ 「試合中に―で倒れる」
【脳髄】ノウズイ 脳。「―がおかされる病気」
【脳天】ノウテン 頭のてっぺん。「―から出す声」
【脳波】ノウハ 「―計」「―に異常がある」
【脳膜】ノウマク 脳を包む被膜。「―炎」
熟語「脳漿のうしょう・脳病・脳溢血のういっけつ・間脳・小脳・大脳」
❷考える力。頭のはたらき。
【脳味噌】ノウミソ ①脳の俗称。②知能。「―が足りない」
【脳裏】ノウリ 頭の中。「―をかすめる」「―にうかぶ」
熟語「頭脳・洗脳」
❸中枢となる重要なもの。
熟語「首脳・髄脳」
❹草木のしん。ずい。
熟語「樟脳しょうのう・竜脳」

【農】

8級 13画 辰-6 音 ノウ 漢 呉 ⓙ3932 Ⓤ8FB2

人名 あつ・たか・たみ・つとむ・とき・とよ・なる
筆順 冖 曲 曲 严 農 農 農 農
なりたち [会意]甲骨文では、林(はやし)+辰(草かり用の二枚貝)。林野をたがやすの意。金文では、上部を「田+中(くさ)二つ」に作り、それが「曲」に変形した。

❶耕作する。耕作して作物を作る。
【農園】ノウエン 野菜・草花などを栽培する農場。
【農家】ノウカ 農業を営む世帯。「専業―」
【農学】ノウガク 「大学で―を学ぶ」「―者」
【農期】ノウキ 農作業の忙しい時期。
【農協】ノウキョウ 「農業協同組合」の略。
【農業】ノウギョウ 土地を耕して有用な植物を栽培したり、有用な動物を飼育して、食料などを生産する産業。「―用水」「―試験場」「大規模―」
【農具】ノウグ 農作業用の器具。「脱穀のための―」
【農芸】ノウゲイ ①農業の技術。②農業と園芸。
【農工】ノウコウ ①農業と工業。②農民と工員。
【農耕】ノウコウ 田畑を耕す。「―儀礼」「―民族」
【農作】ノウサク 「―物の収穫」「―地」
【農事】ノウジ ①農業の仕事。「―暦」②農業に関する事柄。
【農場】ノウジョウ 農業経営を行うのに必要な設備のある一定の場所。「―主」「大規模―」「集団―」
【農政】ノウセイ 農業に関する行政。「―審議会」
【農村】ノウソン 農家が大部分を占める村落。
【農地】ノウチ 耕作をするために使う土地。「―改革」
【農奴】ノウド 欧州封建社会の自由を制限された農民。
【農道】ノウドウ 農地の間を通る道。
【農夫】ノウフ 農業に従事する男性。
【農婦】ノウフ 農業に従事する女性。
【農法】ノウホウ 農業のしかた。「有機―」「焼畑―」
【農牧】ノウボク 農業と牧畜。「―地」
【農民】ノウミン 農業従事者。「―一揆」「―文学」
【農薬】ノウヤク 農業で使う薬剤。「無―野菜」「―撒布」
【農林】ノウリン 農業と林業。「―水産省」「―学校」
熟語「農閑期・農機具・農作業・農産物・農繁期・帰農・就農・半農・酪農・離農」
❷耕作に従事する人。
熟語「豪農・篤農・貧農・富農・老農・小作農・自作農」

【濃】

4級 16画 水(氵)-13 音 ノウ 呉・ジョウ(ヂョウ) 漢 訓 こい・こま-やか ⓙ3927 Ⓤ6FC3

難読 濃絵だみえ・濃漿こくしょう(こんず)・濃餅のっぺい
人名 あつ・あつし
筆順 氵 氵 沪 沪 浀 浀 濃 濃
なりたち [形声]水+農(ねっとりしている)音。ねっとりとして水分を多く含み、こいの意。

❶こい。色、味などの度合いが強い。物の密度が高い。こまやか。
【濃茶】こいチャ 老木の芽葉から製した抹茶。
【濃艶】ノウエン あでやかで美しい。「―な舞い姿」
【濃厚】ノウコウ ①色・味・香りなどが濃い。「―なスープ」⇔淡白。②物事の気配などが強く感じられる。「敗色が―になる」
【濃縮】ノウシュク 濃度を高くする。「―果汁」「―ウラン」
【濃淡】ノウタン こいことうすいこと。「―をつける」
【濃度】ノウド 「空気中の酸素―」「―が高いガス」
【濃密】ノウミツ ①色が濃い。「―な色彩」②密度が濃い。「―な描写」「―な関係」
【濃霧】ノウム 濃い霧。「―注意報」
熟語「濃紺・濃緑・濃硫酸」
❷(国)「美濃みのの国」の略。
熟語「濃州・濃尾」

ハ

【把】

準2級 7画 手(扌)-4 音 ハ 漢 呉 訓 と-る・たば ⓙ3936 Ⓤ628A

難読 把手とって
筆順 一 十 扌 扌 扣 扣 把
なりたち [形声]手+巴(平らな面に腹をおし当てる)音。手のひらにおし当てて、物をにぎって持つの意。

❶とる。にぎる。

【把握】ハアク ①手で握る。しっかりつかむ。②よく理解する。「実態を―する」

【把持】ハジ かたく握る。「権力を―する」

【把捉】ハソク しっかりつかむ。「文章の意味を―する」

❷とって。器物の柄(え)。

【把手】とって 「ドアの―」「―を握る」

熟語「銃把」

❸たば。また、束ねたものを数える語。

熟語「大雑把(おおざっぱ)・十把一絡げ(じっぱひとからげ)」

【波】 8級 8画 水(氵)-5 音 ハ 漢 呉 訓 なみ ①3940 Ⓤ6CE2

仮名 平仮名「は」は「波」の草体から。

難読 波止場(はとば)・波布(はぶ)・波斯(ハルシャ)(ペルシャ)・波蘭(ポーランド)

筆順 丶 丶 氵 氵 汀 沪 波 波

なりたち [形声]水＋皮(かわ)音。毛皮をかぶるように高くうち寄せるなみの意。

❶なみ。㋐水面に生じる上下動。㋑なみにたとえたもの。

【波頭】なみがしら 盛り上がった波の頂。「―が崩れる」

【波風】なみかぜ 波と風。もめごと。「社内に―が立つ」

【波路】なみじ 航路。船路。「―遥か」別表記 浪路

【波枕】なみまくら 船中や海岸近くで寝る。「―を重ねる」

【波及】ハキュウ 影響が徐々に及ぶ。「―効果が大きい」

【波状】ハジョウ ①波のような形状。②一定の間隔で繰り返す。「―攻撃」

【波食・波▼蝕】ハショク 波による浸食作用。「―作用」

【波長】ハチョウ 「光の―」「―(=相性)が合わない」

【波頭】ハトウ なみがしら。「―が砕ける」

【波▼濤】ハトウ 大波。高い波。「万里の―を越える」

【波動】ハドウ 振動が次々に伝わる現象。「景気の―」

【《波止場》】はとば 船着き場。港。「―に停泊する」

【波紋】ハモン 水面にひろがる輪状の模様。「学界に―(=他への影響)を投ずる」

【波▼瀾・波乱】ハラン ①さわぎ。もめごと。「―を巻き起こす」②変化のあること。起伏。「―ぶくみの展開」

【波▼瀾万丈】ハランバンジョウ 変化が激しい。「―の生涯」

【波浪】ハロウ 海面・湖面の波の動き。「―注意報」

熟語「音波・寒波・鯨波・光波・秋波・周波・短波・中波・長波・電波・脳波・風波・余波・電磁波・金波銀波・千波万波」

❷その他。当て字。

【波羅蜜】ハラミツ 迷いから悟りの世界へ至る修行。

熟語「波布・波斯(ペルシャ)・波蘭(ポーランド)・伊呂波」

【派】 5級 9画 水(氵)-6 音 ハ 漢 ①3941 Ⓤ6D3E

人名 また 〔派〕9画 水(氵)-6

筆順 丶 氵 氵 汀 汀 沂 沠 派 派

なりたち [会意]水＋𠂢(水流がわかれる)。支流、わかれるの意。

❶本から分かれ出たもの。分かれた人々の集まり。

【派生】ハセイ 「動詞から―した名詞」「―語」

【派閥】ハバツ 政党・会社などで、出身・縁故・利権などによって結びついた排他的な集まり。「―争い」

熟語「派別・一派・学派・旧派・硬派・左派・支派・宗派・新派・党派・軟派・分派・流派・主流派・反対派」

❷つかわす。任務のために差し向ける。

【派遣】ハケン 任務を負わせて、他の地に行かせる。「講師を―する」「―社員」

【派出】ハシュツ 人を出向かせる。「―所」

【派兵】ハヘイ 軍隊をある地へ派遣する。「海外―」

熟語「特派」

❸その他。当て字。

【派手】はで 華やかで人目をひく。「―な服装」「―にふるまう」⇔地味。注記「破手」の転という。

熟語「立派」

【破】 6級 10画 石-5 音 ハ 漢 呉 訓 やぶる・やぶれる ①3943 Ⓤ7834

難読 破子(破籠)(わりご)・破手(はで)・破風(はふ)・破落戸(ごろつき)

筆順 一 厂 石 石 矿 砂 破

なりたち [形声]石＋皮(波に通じ、くだける)音。くだけた波のように石がこなごなになるの意。

◇やぶれる(破・敗) ●異字同訓●
「破れる」は"裂ける。こわれる。だめになる"の意。「シャツが破れる」「軍事力の均衡が破れる」
「敗れる」は"勝負に負ける"の意。「優勝候補に敗れる」

❶やぶる。やぶれる。㋐こわす。こわれる。㋑うちやぶる。㋒規則などにそむく。㋓くずす。だめになる。

【破戒】ハカイ 戒めを破る。「―僧」「―無慙」

【破壊】ハカイ こわす。「環境―」「生態系を―する」

【破格】ハカク 先例や基準にはずれる。「―の待遇」

【破顔】ハガン 顔をほころばせる。「―一笑」

【破棄・破毀】ハキ ①破って捨てる。②約束を一方的に破る。「契約を―する」

【破鏡】(ハキョウ) ①こわれた鏡。②欠けた月。③離婚する。「―の嘆き」

【破局】(ハキョク) 事の破れた局面。「―を迎える」

【破獄】(ハゴク) 囚人が牢獄を破って抜け出る。脱獄。

【破砕・破▼摧】(ハサイ) こなごなにする。「岩石を―する」

【破産】(ハサン) 財産をすべて失う。「―管財人」

【破邪顕正】(ハジャケンショウ) 仏教で、誤った考えを否定し、正しい考えを示す。破顕。

【破傷風】(ハショウフウ) 傷口から破傷風菌がはいって起こる急性の感染症。

【破水】(ハスイ) 分娩時、胎胞が破れて羊水が出る。

【破船】(ハセン) 難破した船。難破船。

【破線】(ハセン) 切れ目の入った線。「―で表示する」

【破損】(ハソン) こわれる。「家屋が―する」「―箇所」

【破綻】(ハタン) ①着物などがやぶれほころびる。②物事が成り立たなくなる。「経営が―する」「財政―」

【破断】(ハダン) 金属が破壊する。「ボルトが―する」

【破談】(ハダン) 約束を取り消す。「婚約を―にする」

【破調】(ハチョウ) 調子がはずれている。「―の俳句」

【破天荒】(ハテンコウ) 今まで誰もしていないことをする。未曽有(みぞう)。前代未聞。

【破片】(ハヘン) 壊れたもののかけら。「ガラスの―」

【破滅】(ハメツ) ほろびる。「酒が身の―を招いた」

【破門】(ハモン) 門弟や信者を追放する。

【破約】(ハヤク) 契約を取り消す。「融資を―する」

【破裂】(ハレツ) 「風船が―する」「交渉―(=決裂)」

【破廉恥】(ハレンチ) 人として恥ずべきことを平気でする。「―漢」「―な振る舞い」

熟語「破屋・破却・破婚・破竹・破倫・破牢・破魔矢・破魔弓・破顔大笑・撃破・打破・大破・難破・爆破・連破・難破船」

❷やりぬく。つきぬける。
熟語「看破・走破・踏破・読破・突破」

❸雅楽・能楽などで、三部構成の中間部分。
熟語「序破急」

❹その他。当て字。
【破風】(ハフ) 日本家屋で、屋根にある合掌形の装飾板。

【覇】

準2級　19画　襾-13　音 ハ漢・ハク漢　①3938 Ⓤ8987

〔霸〕21画　雨-13　②5917 Ⓤ9738
〔覇〕19画　襾-13

難読 覇王樹(サボテン)(シャボテン)
人名 はる
筆順

なりたち

［会意］雨(気象)＋革(あらたまる)＋月。新月直後の、三日月状にほんのりと白い光をはなつ月の意。

❶武力や策謀で天下を統一し治めるもの。はたがしら。
【覇王】(ハオウ) 武力で天下を治める人。「―を名乗る」

【覇気】(ハキ) 進んで事に当たろうとする意気込み。「―にとぼしい」「若者らしい―がない」

【覇業】(ハギョウ) 武力で天下統一する。「―を遂げる」

【覇権】(ハケン) 他の者に勝って得た権力。「―を握る」

【覇者】(ハシャ) ①武力で天下を治める者。②競技の優勝者。「全国大会の―」

【覇道】(ハドウ) 武力・策略などで国を治める。⇔王道
熟語「制覇・争覇・連覇」

❷月が初めて見える時のわずかな光。三日月の光。

バ

【馬】

9級　10画　馬-0　音 バ漢・メ呉・マ唐　訓 うま・ま　①3947 Ⓤ99AC

難読 馬刀貝(まてがい)(馬蛤貝)・馬太(マタイ)・馬手(めて)・馬爪(ばず)・馬尼剌(マニラ)・馬来(マライ)(マレー)・馬尾毛(ばす)・馬柵(ませ)・馬面剝(うまづらはぎ)・馬酔木(あしび)(あせび・あせぼ・あせみ)・馬陸(やすで)・馬銜(はみ)(はめ)・馬頭(めず)
人名 たけし
筆順

なりたち

［象形］ウマにかたどる。

❶うま。大形の家畜。
【馬方】(うまかた) 荷馬をひく職業の人。馬子。

【馬面】(うまづら) 長い顔について言う悪口。「―の男」

【馬脚】(バキャク) 馬の脚。「―を露(あらわ)す(=正体が明らかになる)」

【馬具】(バグ) 馬の装具。

【馬▼喰】(バクロウ) 「博労(ばくろう)」に同じ。

【馬券】(バケン) 競馬の「勝馬投票券」の通称。

【馬耳東風】(バジトウフウ) 他人の意見や批評を聞き流す。

【馬車】(バシャ) 「乗合―」「二頭立ての―」「幌―」

【馬術】(バジュツ) 馬を乗りこなす術。「―競技」

【馬上】(バジョウ) ①馬の上。②乗馬。「―に天下を得る」

【馬前】(バゼン) 馬の前。騎馬の前。「殿の―に参じる」

【馬賊】(バゾク) 馬に乗って荒らし回る賊。「―の頭目」

【馬丁】(バテイ) 馬の世話をする人。

【馬▼蹄】(バテイ) 馬のひづめ。「―形」

【馬肉】(バニク) (食用の)馬の肉。さくら肉。

【馬場】(ババ) 馬術競技・競馬などを行う場所。「重(おも)―」

【馬匹】(バヒツ) 馬。「―改良」

【馬▼糞】(バフン) 馬のくそ。まぐそ。「―紙」

【馬力】(バリキ) ①仕事率の単位。②体力。「―がある」

【馬子】ごま 馬で人や荷を運搬する人。「―にも衣装」
【馬手】めて ①手綱を取る手。右手。②右の方。⇔弓手(ゆんで)
熟語「馬首・馬腹・馬料・馬寮・愛馬・汗馬・悍馬・騎馬・牛馬・軍馬・競馬・駿馬・乗馬・駄馬・竹馬・調馬・天馬・駑馬(どば)・白馬・輓馬(ばんば)・兵馬・奔馬・名馬・木馬・落馬・驢馬(ろば)」

❷自分のことをへりくだって言う。
【馬齢】バレイ 自分の年齢を卑下していう。「―を重ねる」「―を加える」
熟語「馬歯」

❸その他。人名・当て字など。
【〈馬酔木〉】あせび ツツジ科の常緑低木。有毒で、馬が食べると麻酔状態になるというので「馬酔木」と書く。アシビ。
【馬鹿】バカ ①おろか。⇔利口。②無益なさま。「―を見る」「ねじが―になる」③度はずれている。「―騒ぎ」「―正直」
【馬謖】バショク 一九〇～二二八 中国、三国時代の蜀(しょく)の武将。命令に背いて魏軍に大敗、諸葛亮(しょかつりょう)は泣いて馬謖を斬ったという。
【馬鈴▼薯】バレイショ ジャガイモの別名。
【馬▼楝・馬連】バレン 版木にのせた紙をこする道具。
【馬▼簾】バレン 纏(まとい)に垂れ下がる細長い紙や革。

【婆】

3級 11画 女-8 音 バ(呉)・ハ(漢) 訓 ばば ①3944 Ⓤ5A46

難読 婆伽梵(ばがぼん)・婆娑羅(ばさら)・婆羅門(バラモン)

人名 ばば

筆順 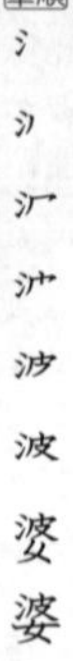

なりたち [形声]波(なみ)音＋女。波だったように皮膚がしわよった年老いた女性の意。

❶ばば。年老いた女性。
熟語「産婆・老婆」

❷梵語の音訳に用いる。
【婆羅門】バラモン ①インドの最上位の身分である司祭者。②バラモン教。また、その僧侶。
熟語「娑婆(しゃば)・卒都婆(そとば)・卒塔婆(そとば)」

【罵】

2級 15画 网(罒)-10 新常用 音 バ(漢)・メ(呉) 訓 ののしる ①3945 Ⓤ7F75

筆順 

なりたち  [形声]网(かぶせかけるあみ)＋馬(あたりかまわずつき進むウマ)音。あたりかまわず悪口をあびせかける意から、ののしる意を表す。

ののしる。悪口をいう。
【罵言】バゲン ののしる言葉。悪口。「―を浴びせる」
【罵声】バセイ 大声で悪口を言う声。「―がとびかう」
【罵倒】バトウ 口ぎたなくののしる。「相手を―する」
【罵▼詈】バリ きたない悪口。「―讒謗(ざんぼう)」「―雑言」
熟語「悪罵・嘲罵(ちょうば)・痛罵・面罵」

ハイ

【拝】

5級 8画 手(扌)-5 音 ハイ(漢)(呉) 訓 おがむ ①3950 Ⓤ62DD

【拜】 9画 手-5 ②5733 Ⓤ62DC

筆順 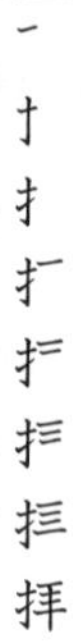

なりたち  [会意]金文では、丰(さかんに茂った草木)＋手。礼物を手にしておがむの意。篆文では、手＋十(枝)三つ＋本」(枝のしげった木)。

❶おがむ。㋐おじぎする。㋑神仏の前にぬかずく。㋒うやまう。尊重する。
【拝外】ハイガイ 外国の文物を崇拝する。「―思想」
【拝金】ハイキン 金銭を尊重する。「―主義」
【拝殿】ハイデン 神社で礼拝が行われる殿舎。
【拝礼】ハイレイ 頭を下げて礼をする。「神仏を―する」
熟語「拝跪(はいき)・拝伏・跪拝(きはい)・再拝・三拝・崇拝・朝拝・遥拝・礼拝(れいはい)(らいはい)・四方拝・三拝九拝」

❷謙譲の気持ちをもって…する、の意を表す。
【拝謁】ハイエツ 人に会う意の謙譲語。「国王に―する」
【拝観】ハイカン 神社仏閣を見る意の謙譲語。「―料」
【拝顔】ハイガン 人に会う意の謙譲語。
【拝具】ハイグ 手紙の末尾に書く相手に敬意を表す語。
【拝啓】ハイケイ 手紙の冒頭に書く相手に敬意を表す語。
【拝見】ハイケン 見る意の謙譲語。「お手紙―しました」
【拝察】ハイサツ 推察する意の謙譲語。「ご心痛のほど―いたします」
【拝辞】ハイジ 断ることを表す謙譲語。「任を―する」
【拝借】ハイシャク 借りる意の謙譲語。「お力を―したい」
【拝受】ハイジュ 受けることを表す謙譲語。「お手紙―いたしました」
【拝承】ハイショウ 聞く意の謙譲語。「ご趣旨―しました」
【拝▼誦】ハイショウ 読む意の謙譲語。「お手紙―しました」
【拝▼趨】ハイスウ 相手の所へ行くことを表す謙譲語。「―の上、申し上げるべきところ」
【拝聴】ハイチョウ 聞くことを表す謙譲語。「ご高説を―いたしたく」
【拝呈】ハイテイ ①物を贈ることを表す謙譲語。②拝啓。
【拝読】ハイドク 読むことを表す謙譲語。「ご著書を―しました」
【拝眉】ハイビ 人に会うことを表す謙譲語。「―の栄に

ハ

あずかる」
【拝復】ハイフク 手紙文で、返信の冒頭に書く語。
熟語「拝賀・拝謝・拝送・拝白」
❸官職・任務を授かる。
【拝命】ハイメイ つつしんで任務を受ける。「長官の職を—する」
【拝領】ハイリョウ 目上の人から物をいただく。「殿様より—の刀」
熟語「拝官」

【杯】

4級 8画 木-4 音 ハイ 漢 呉 訓 さかずき ①3953 Ⓤ676F

〔盃〕 9画 皿-4 ①3954 Ⓤ76C3

筆順 一 十 才 木 木 杠 杯 杯

なりたち  [形声]木+不(ふっくらとふくれた花のがく)音。まるくふくらんだ形をした木製の器の意。篆文では、木+否。

❶さかずき。酒を注ぐ小さな器。
【杯洗】ハイセン 酒席で杯をすすぐ器。
【杯盤狼藉】ハイバンロウゼキ 宴会のあと、杯などが散乱しているさま。出典「史記滑稽伝」による。
熟語「杯盤・乾杯・玉杯・金杯・銀杯・賜杯・祝杯・酒杯・賞杯・大杯・返杯」
❷はい。㋐容器で飲み物の量を数える語。㋑(国)器に盛った飯を数える語。㋒(国)船を数える語。㋓(国)烏賊いかや蛸たこなどを数える語。

【背】

5級 9画 肉(月)-5 音 ハイ 漢 呉 訓 せ・せい・そむく・そむける・せな ①3956 Ⓤ80CC

難読 背負うしょう・背黄青鸚哥せきせいいんこ
人名 しろ・のり

筆順 丨 丬 丬 北 北 背 背 背

なりたち  [形声]北(そむく)音+肉。せなかをそむけるの意。

❶せ。㋐せなか。動物の体で、胸や腹の反対側。また、うしろがわ。㋑せい。身長。
【背筋】すじ 背骨とその両側の部分。「—を伸ばす」
【背筋】ハイキン 首・背・腰にある筋肉の総称。
【背景】ハイケイ ①絵画や写真で、主要な題材の背後の光景。②物事の背後にひそんでいる事情。また、背後から支えるもの。「事件の—」「武力を—とした外交」
【背後】ハイゴ ①物のうしろ。背中の方。後方。②表面に現れない陰の部分。「事件の—関係」
【背嚢】ハイノウ 兵などが用いる背に負うかばん。
【背面】ハイメン 後ろの方。「—攻撃」「—跳び」
熟語「光背・紙背・腹背」
❷せを向ける。
【背走】ハイソウ 野球で、本塁に背を向け後方へ走る。
【背馳】ハイチ くいちがう。「方針に—した見解」
熟語「背水・背日性」
❸そむく。うらぎる。
【背教】ハイキョウ ①教えにそむく。②(キリスト教で)棄教。「—者」
【背信】ハイシン 信義にそむく。「許しがたい—行為」
【背徳】ハイトク 道徳にそむきもとる。「—者」「—的」
【背任】ハイニン 任務にそむく。「—罪」「—行為」
【背反】ハイハン ①相反する。「二律—」②命令にそむく。
【背理】ハイリ 理屈に合わない。「—法」
【背離】ハイリ そむき、離れる。「国民感情から—する」
熟語「背恩・違背・向背」

【肺】

5級 9画 肉(月)-5 音 ハイ 漢 呉 ①3957 Ⓤ80BA

〔肺〕 8画 肉(月)-4

筆順 丿 刀 月 月 肝 肝 肺 肺

なりたち  [形声]肉+朩(双葉が勢いよく左右に開く)音。左右にわかれている肺臓の意。

❶両生類以上の陸生動物の呼吸器官。
【肺炎】ハイエン 肺炎球菌などで肺に起きる炎症。
【肺患】ハイカン 肺の疾患。「—に体を蝕まれる」
【肺尖】ハイセン 肺臓の上部。「—カタル」
【肺臓】ハイゾウ 左右一対の呼吸器官。肺。「—炎」
【肺葉】ハイヨウ 肺を形づくる部分。
熟語「肺癌・肺疾・肺病・肺門・肺活量・肺結核・珪肺けいはい・心肺・塵肺・炭肺」
❷こころ。心の中。
【肺肝】ハイカン ①肺臓と肝臓。②心の奥底。「—を摧くだく」
【肺腑】ハイフ ①肺。②心の奥底。「—を抉えぐる言葉」
熟語「肺懐」

【俳】

5級 10画 人(亻)-8 音 ハイ 漢 呉 ①3948 Ⓤ4FF3

筆順 亻 亻 仃 付 付 俳 俳 俳

なりたち  [形声]人+非(互いに左右にそむいているさま)音。左右に並んで、かけあいの芸を演じる人の意。

❶芸人。
【俳優】ハイユウ 映画・演劇などで、劇中の人物を演ずる

ハ

ことを職業とする人。役者。

❷おどけ。たわむれ。滑稽(こっけい)。

【俳諧】ハイカイ 「俳諧の連歌」の略。日本独自の短詩型文芸形式の一。「滑稽」を本質とする文芸。

【俳句】ハイク 五七五の三句の定型から成り、季語を含むことを約束とする日本独自の短詩型文芸。

❸(国)「俳諧」「俳句」の略。

【俳画】ハイガ 俳諧味のある絵。

【俳号】ハイゴウ 俳人としての雅号。

【俳書】ハイショ 俳諧に関する書物。

【俳人】ハイジン 俳句を作る人。

【俳聖】ハイセイ すぐれた俳人。「―松尾芭蕉」

【俳壇】ハイダン 俳句を作る人の社会。

【俳文】ハイブン 俳諧的な味わいのある文章。

【俳味】ハイミ 俳諧のもつ洒脱な味わい。

熟語「俳風・俳友・俳論・俳話・雑俳・連俳」

【配】

人名 あつ・とも

8級 10画 酉-3 音 ハイ 漢 呉 訓 くばる

①3959 Ⓤ914D

筆順 一 冂 丙 西 酉 酉 酉 配

なりたち 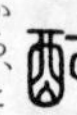 [会意]酉(酒つぼ)+己(ひざまずいた人)。酒つぼのそばに人が寄りそう意から、とりあわせる、わりあてる意を表す。

❶ならぶ。ならべる。組み合わせる。

【配合】ハイゴウ ①二種以上を合わせる。「―飼料」②夫婦にする。

【配剤】ハイザイ 薬を調合する。「天の―」

【配色】ハイショク 色のとり合わせ。「―がよい」

【配列】ハイレツ 順序をきめてならべる。「年代順の―」

別表記 排列

❷めあわす。そわせる。結婚させる。

【配偶】ハイグウ ①添え合わせる。②夫婦。「―者」

熟語「交配」

❸くばる。㋐割り当てる。ゆきわたらせる。㋑細かく気を遣う。

【配給】ハイキュウ 品物を銘々に供給する。「―制度」

【配車】ハイシャ 車両をふりわける。「―係」

【配信】ハイシン 通信社などが取材情報を関係方面に流す。「世界に同時―する」

【配水】ハイスイ 水道などの水を配給する。「―管」

【配線】ハイセン 電線を敷設する。「―工事」

【配送】ハイソウ 物を配り届ける。「―料」「―業」

【配属】ハイゾク 人を一定の部署に配置して所属させる。

【配達】ハイタツ くばりとどける。「郵便―」「―証明」

【配置】ハイチ 人や物を持ち場に割りあてる。「―転換」

【配転】ハイテン 「配置転換」の略。「地方に―される」

【配電】ハイデン 電力を配給する。「―盤」

【配当】ハイトウ 割り当てて配る。「―金」

【配備】ハイビ 手配りして準備する。「ミサイルの―」

【配付】ハイフ 銘々にくばりわたす。「―資料」

【配布】ハイフ 広くゆきわたるように配る。

【配分】ハイブン 割り当てて配る。「利益―」

【配役】ハイヤク 役を俳優に割り当てる。

【配慮】ハイリョ 心をくばる。「―に欠ける」「慎重な―」

熟語「配意・配管・配球・配船・配膳・配点・配本・按配・軍配・気配・采配(さいはい)・集配・心配・年配・分配」

❹従える。とりしまる。

【配下】ハイカ 手下。「―の者を従える」

熟語「差配・支配」

❺島流しにする。

【配所】ハイショ 流刑地。「―の月を見る」

【配流】ハイル 流刑。「島に―される」

熟語「配謫(はいたく)」

【排】

人名 おし

3級 11画 手(扌)-8 音 ハイ 漢 呉

①3951 Ⓤ6392

筆順 十 扌 扌 扌 扌 扌 排 排

なりたち  [形声]手+非(互いに左右にそむいているさま)音。左右に手で押しひらくの意。

❶おす。㋐おしのける。しりぞける。押し出す。㋑おし開く。

【排外】ハイガイ 外国の文物などを排斥する。「―主義」

【排気】ハイキ 「―量の大きなバイク」「―ガス」⇔吸気

【排球】ハイキュウ バレーボールのこと。

【排撃】ハイゲキ 退けようと攻撃する。「因襲を―する」

【排出】ハイシュツ 不用な物を外へ出す。

【排除】ハイジョ おしのけて除く。「暴力―を訴える」

【排水】ハイスイ 不用な水を外に出す。「―管」

【排斥】ハイセキ 拒みしりぞける。「―運動」

【排泄】ハイセツ 生物が新陳代謝の結果できた不要物質を体外に出す。

【排他】ハイタ 仲間以外を退ける。「―的な考え」

【排仏棄釈】ハイブツキシャク 「廃仏毀釈(はいぶつきしゃく)」に同じ。

【排卵】ハイラン 成熟した卵子が排出される。「―期」

熟語「排日・排尿・排便」

❷つらねる。ならぶ。並べる。列を作る。

熟語「排置・排列・按排(あんばい)」

【敗】

7級 11画 攴(攵)-7 音 ハイ 漢 呉 訓 やぶれる

①3952 Ⓤ6557

筆順 丨 冂 月 目 貝 貝 敗 敗

なりたち  ［形声］貝(まん中に割れめのあるかい)音＋攵(する)。まん中から二つに割れる意から、やぶれる意を表す。

●異字同訓●【破】(五二二ページ)の「異字同訓」欄を参照のこと。

❶やぶれる。戦いにまける。⇔勝。

【敗因】ハイイン 負けた原因。「練習不足が—だ」⇔勝因
【敗軍】ハイグン 戦いに負ける。「—の将は兵を語らず」
【敗残】ハイザン 戦争に敗れて生き残る。「—兵」
【敗者】ハイシャ 勝負に負けた者。「—復活戦」⇔勝者
【敗色】ハイショク 負けそうな様子。「—が濃い」
【敗戦】ハイセン 戦争や試合に敗れる。「—国」「—投手」
【敗走】ハイソウ 戦いに敗れて逃げ走る。「—に次ぐ—」
【敗退】ハイタイ 負けてしりぞく。「初戦で—する」
【敗亡】ハイボウ 戦いに敗れて滅亡する。「国が—する」
【敗北】ハイボク 戦いに負ける。「—を喫する」⇔勝利
【敗滅】ハイメツ 戦いに敗れて滅びる。
【敗余】ハイヨ 戦いに敗れたあと。「—の兵」

熟語「敗局・敗死・敗将・敗勢・敗訴・敗兵・完敗・惨敗・勝敗・惜敗・大敗・不敗・無敗・連敗・優勝劣敗」

❷こわれる。くずれる。だめになる。

熟語「敗壊・腐敗」

❸しくじる。やりそこなう。⇔成。

熟語「失敗・成敗(せいばい)」

【廃】 準2級 12画 广-9
音 ハイ 漢 呉
訓 すたれる・すたる
①3949 Ⓤ5EC3

【廢】 15画 广-12 ②5506 Ⓤ5EE2

筆順 亠 广 广 庐 庐 庐 庐 庐 廃

なりたち  ［形声］广＋發(はなち捨てる)音。捨て去られた家の意から、すたれる、やめるの意。「廃」は略字。

❶すたれる。すたる。役に立たなくなる。こわれる。

【廃液】ハイエキ 使用した後に廃棄する液体。「工場—」
【廃屋】ハイオク 荒れ果てた家。「放置された—」
【廃家】ハイカ ①廃屋。②家系が断絶する。
【廃▼墟】ハイキョ 建物や市街の荒れ果てた跡。
【廃材】ハイザイ 不要な材木や材料。「建築—」
【廃残】ハイザン 人生に失敗し落ちぶれる。「—の身」
【廃水】ハイスイ 使用したあとの捨てる水。「工場—」
【廃絶】ハイゼツ すたれて絶える。また、廃止してたやす。「核兵器の—」
【廃熱】ハイネツ 別の目的で使った熱の残り。「—利用」
【廃品】ハイヒン 不用になった品物。廃物。「—回収」
【廃物】ハイブツ 捨てるもの。廃品。「—利用」

熟語「廃市・廃寺・廃滅・荒廃・興廃・退廃」

❷すてる。やめる。

【廃案】ハイアン 廃止となった議案。「議案が—となる」
【廃位】ハイイ 君主を位から去らせる。
【廃刊】ハイカン 定期刊行物の出版をやめる。
【廃棄】ハイキ ①捨てる。「産業—物」「—処分」②無効にする。「条約の—」
【廃業】ハイギョウ 職業をやめる。「銭湯を—する」⇔開業
【廃坑】ハイコウ 炭坑などでの採掘をやめる。
【廃校】ハイコウ 学校を廃止する。「過疎化で—となる」
【廃鉱】ハイコウ 鉱山や炭鉱で採掘をやめて廃棄する。
【廃止】ハイシ これまで行われている業務・制度・習慣などをやめる。「虚礼—」「奴隷制度—」
【廃車】ハイシャ 廃棄した自動車や車両。「—手続き」
【廃線】ハイセン 交通路線を廃止する。
【廃退・廃▼頽】ハイタイ 道徳などがくずれる。「道徳の—」
【廃嫡】ハイチャク 家督相続権をなくす。
【廃藩置県】ハイハンチケン 明治時代、藩を廃して府県を置いたこと。
【廃仏毀釈】ハイブツキシャク 明治時代の仏教排斥運動。
【廃油】ハイユ 使用済みの油。「—の再利用」

熟語「廃学・廃語・廃合・廃朝・廃帝・廃盤・改廃・全廃・存廃(そんぱい)・頽廃(たいはい)・撤廃」

❸身体に障害がある。不治の病。

【廃疾】ハイシツ 不治の病(やまい)。別表記 癈疾
【廃人】ハイジン 病疾や傷害などのため、通常の生活を営めなくなった人。別表記 癈人

【輩】 4級 15画 車-8
音 ハイ 漢 呉
訓 ともがら・やから
①3958 Ⓤ8F29

人名 とも

筆順 丿 ㇇ ⺕ 非 非 非 背 輩 輩

なりたち  ［形声］非(羽が左右に並ぶ)音＋車。並んでいる車の意から、なかま・ともがらの意を表す。

❶ならぶ。つらなる。

【輩出】ハイシュツ すぐれた人物が続いて世に出る。「人材が—する」

❷ともがら。なかま。やから。

熟語「軽輩・後輩・雑輩・若輩・先輩・俗輩・同輩・年輩・朋輩・末輩」

バイ

【売】 9級 7画 士-4
音 バイ 漢・マイ 呉
訓 うる・うれる
①3968 Ⓤ58F2

【賣】 15画 貝-8 ②7646 Ⓤ8CE3

難読 売女(ばいた)・売僧(まいす)

ハ

筆順 一 十 士 声 声 声 売

なりたち  〔形声〕出(だす)＋買(財貨を求める)音。物をうりに出して利益を求めるの意。「売」は略字。

うる。代金と引き換えに、品物や権利などを渡す。⇔買。

【売(り)上げ】うりあげ 品物を売って得た代金の総額。
【売り買い】うりかい 売買ばいばい。「骨董品の―」
【売れっ子】うれっこ 「―の評論家」
【売価】バイカ 物を売る値段。⇔買価
【売却】バイキャク 「遊休不動産を―する」
【売春】バイシュン 売淫。売笑。「―婦」
【売店】バイテン 菓子・煙草・雑誌などを売る小さな店。
【売買】バイバイ 「株の―」「書画を―する」「―契約」
【売文】バイブン 「―の徒」
熟語「売品・売約・売薬・完売・競売・商売・専売・即売・転売・特売・発売・販売・非売・不売・密売・乱売」

【倍】
8級 10画 人(亻)-8
音 バイ㊥・ハイ㊕
訓 そむ-く・ま-す
①3960 Ⓤ500D

人名 ます・やす

筆順 亻 亻 亻 仕 位 倍 倍 倍

なりたち  〔形声〕人＋咅(否の変形、拒否し背を向ける)音。背中あわせに二つに分ける、すなわち数が倍になるの意。

❶ます。多くする。ある数量を二つ合わせた数量。
【倍加】バイカ 「輸入が―する」
【倍旧】バイキュウ 「―のお引き立てをお願いいたします」
【倍数】バイスウ ある整数の何倍かになっている数。
【倍増】バイゾウ 二倍に増える。ばいまし。「所得―」
【倍率】バイリツ 「入試―」「顕微鏡の―」
【倍量】バイリョウ 二倍の分量。
熟語「倍音・数倍・層倍・人一倍」

❷そむく。うらぎる。同背。
熟語「倍反」

【梅】
7級 10画 木-6
音 バイ㊕
訓 うめ
①3963 Ⓤ6885

〔梅〕11画 木-7 ③8569 ⓊFA44
〔楳〕13画 木-9 ①3964 Ⓤ6973

難読 梅花皮かいらぎ・梅雨つゆ

人名 め

筆順 一 十 木 杧 枚 梅 梅 梅

なりたち  〔形声〕木＋毎(次々と子を生むさま)音。次々と多くの実をつける木の意。

❶うめ。バラ科の観賞用庭木。
【梅酒】うめシュ 梅の実を漬けた果実酒。うめざけ。
【梅酢】うめず 梅の実を塩漬けにした酸味の強い汁。
【梅干(し)】うめぼし 梅の果実をシソの葉と漬けた食品。
【梅園】バイエン 多くの梅の木を植えてある庭園。
【梅花】バイカ 梅の花。
【梅林】バイリン 梅の木を植えた林。うめばやし。
熟語「梅雪・梅肉・寒梅・観梅・紅梅・白梅・落梅・老梅・松竹梅」

❷うめの実が熟す季節。
《梅雨》つゆ 六月から七月にかけ降り続く長雨。五月雨さみだれ。ばいう。別表記 黴雨
【梅雨】バイウ 「つゆ(梅雨)」に同じ。別表記 黴雨
【梅霖】バイリン 梅雨つゆ。さみだれ。
熟語「出梅しゅつばい(つゆあけ)・入梅にゅうばい(つゆいり・ついり)」

❸かさ。性病の一。同黴ばい。
【梅毒】バイドク 性病の名。別表記 黴毒

【培】
準2級 11画 土-8
音 バイ㊥・ハイ㊕
訓 つちか-う
①3961 Ⓤ57F9

人名 ます

筆順 一 十 土 圹 圹 垃 垶 培 培

なりたち  〔形声〕土＋咅(ふっくらふくらむ)音。土を上にふっくらと盛る、つちかうの意。

つちかう。草木の根に土をかけて育てる。
【培土】バイド ①作物の根元に土を寄せる。②培養土。
【培養】バイヨウ ①動植物の組織や微生物を人工的に発育・増殖させる。②能力・実力などをつちかい育てる。「国力を―する」
熟語「培地・栽培・肥培」

【陪】
3級 11画 阜(阝)-8
音 バイ㊥・ハイ㊕
訓 したが-う
①3970 Ⓤ966A

人名 すけ・ます

筆順 阝 阝 阝 阝 阝 陪 陪 陪 陪

なりたち  〔形声〕阜(盛り土)＋咅(二つに分ける)音。土の上に重ねて土を盛る意から、そえる意を表す。

したがう。おともをする。
【陪乗】バイジョウ 貴人のお供をして同じ車に乗る。
【陪食】バイショク 貴人と食事をともにする。
【陪臣】バイシン 家来の家来。又家来。⇔直参
【陪審】バイシン 一般人が裁判の審理に参与する制度。
【陪席】バイセキ 貴人と同席する。「―の栄に浴する」
熟語「陪観・陪侍ばいじ・陪従・陪賓・追陪」

【媒】

準2級　12画　女−9　音 バイ漢　訓 なかだち・なこうど　①3962 Ⓤ5A92

難読 媒鳥(おとり)

筆順 媒

なりたち [形声]女＋某(なにがし)音。間柄のはっきりしない男女の仲をとりもつ意から、なかだちの意を表す。

❶なこうど。男女の結婚をとりもつ人。

【媒酌・媒妁】(バイシャク) 結婚の仲立ちをする。なこうど。「―の労をとる」「―人」

熟語「媒人」

❷とりもつ。なかだち。

【媒介】(バイカイ) 仲立ちをする。「蚊が―する病気」

【媒質】(バイシツ) 力や波動を伝える役割をするもの。

【媒体】(バイタイ) 情報伝達の媒介手段となるもの。新聞・ラジオ・テレビなど。メディア。

熟語「媒染・触媒・虫媒・風媒・溶媒・霊媒」

【買】

9級　12画　貝−5　音 バイ漢・マイ呉　訓 かう　①3967 Ⓤ8CB7

筆順 買

なりたち [会意]罒(网の変形、あみ)＋貝(財貨)。あみでさらうように財貨を求める意から、かう意を表す。

金を出して、品物などを受け取る。かう。⇔売。

【買春】(かいシュン) 売春を行う者に金を与え、その身を買うこと。「売春」との同音を避けた言い方。

【買(い)物】(かいもの) 「―に行く」「この品は―ですよ」

【買価】(バイカ) 物を買う値段。⇔売価

【買収】(バイシュウ) 「用地を―する」「札束で―する」

【買春】(バイシュン) 「かいしゅん(買春)」に同じ。

【買弁・買辦】(バイベン) 外国資本に奉仕して私利をはかる者。「―資本」

熟語「競買・購買・故買・即買・売買・不買同盟」

【賠】

準2級　15画　貝−8　音 バイ呉・ハイ漢　訓 つぐなう　①3969 Ⓤ8CE0

筆順 賠

なりたち [形声]貝(財貨)＋咅(二つに分ける)音。等価的に財貨で埋め合わせる意から、つぐなう意を表す。

つぐなう。他に与えた損害の埋め合わせをする。

【賠償】(バイショウ) 「―責任」

ハク

【白】

10級　5画　白−0　音 ハク漢・ビャク呉　訓 しろ・しら・しろい・せりふ　①3982 Ⓤ767D

難読 白子(しらこ)(しらす)・白朮(おけら)・白芋(はすいも)・白耳義(ベルギー)・白禿瘡(しらくも)・白辛樹(あさがら)・白茅(ちがや)・白南風(しらはえ)・白砂(しらす)・白面(しらふ)・白粉(おしろい)・白馬(あおうま)・白魚(しらうお)・白湯(さゆ)・白楊(はこやなぎ)・白熊(はぐま)・白髪(しらが)・白膠木(ぬるで)・白藜(しろざ)・白癬(しらくも)・白鑞(しろみ)(しろめ)

人名 あき・あきら・きよ・きよし・し・しら・しろし

筆順 白

なりたち [象形]どんぐりの実にかたどる。実の色から、しろい意を表す。

❶しろ。しろい。しろくする。

【白粉】(おしろい) 「―を塗りたくる」

【《白髪》】(しらが) はくはつ。「―交じりの髪」

【白羽】(しらは) 「―の矢が立つ(＝選ばれる)」

【白旗】(しらはた) 「―を掲げる(＝降伏する)」

【白黒】(しろくろ) 「目を―させる」「―をつける」

【白亜・白堊】(ハクア) 白い壁。「―の殿堂」

【白衣】(ハクイ) 「―の天使(＝看護師)」

【白眼視】(ハクガンシ) 「新参者を―する」

【白砂青松】(ハクシャセイショウ) 美しい海岸の風景をいう。

【白書】(ハクショ) 政府が発表する報告書。

【白皙】(ハクセキ) 「―の美青年」

【白鳥】(ハクチョウ) カモ目カモ科の大形の水鳥。しらとり。

【白銅】(ハクドウ) 銅とニッケルの合金。

【白熱】(ハクネツ) 「―の大激論」

【白髪】(ハクハツ) 白くなった髪の毛。しらが。

【《白髪三千丈》】(はくはつさんぜんじょう) 漢詩文に多い誇張した表現のたとえ。出典 李白「秋浦歌」より。

【白眉】(ハクビ) 同類の中で最も傑出した者。

【白面】(ハクメン) ①色の白い顔。「―の貴公子」②年が若く未熟である。

【白露】(ハクロ) ①つゆの美称。しらつゆ。②二十四節気の一。九月七日頃。

【白金】(ハッキン) 元素の名。プラチナ。

【《白駒の隙を過ぐ》】(はっくのげきをすぐ) 歳月の過ぎ去ることの早いたとえ。出典「荘子知北遊」より。

【白毫】(ビャクゴウ) 仏の眉間(みけん)にあるという白い巻き毛。

【白檀】(ビャクダン) ビャクダン科の半寄生常緑高木。

【白虎】(ビャッコ) 天の四神(しじん)の一。西に配する。

熟語「《ハク》白雲・白煙・白鷗(はくおう)・白眼・白砂・白人・白濁・白馬・白墨・紅白・純白・精白・雪白・蒼白(そうはく)・余白」「《ビャク》白蓮・黒白」

❷明るい。明らか。はっきりしている。

【白日】(ハクジツ) ①明るく輝く太陽。「―の下にさらす」②やましいところがない。「青天―」

【白日夢】(ハクジツム) 白昼に見る夢。非現実的な空想。白昼夢。

【白刃】(ハクジン) しらは。「―をかいくぐる」

【白昼】(ハクチュウ) ひるひなか。「―の惨事」「―夢」

【白白】ハクハク 白いさま。明らかなさま。「明明―」
【白兵】ハクヘイ 抜き身の刀や槍など。「―戦」
熟語「明白」

❸けがれていない。正しい。
熟語「潔白」

❹何もない。何も書いてない。
【白紙】ハクシ「―委任」「―の態度でのぞむ」
【白痴】ハクチ 精神遅滞の最も重度のものの旧称。
【白票】ハクヒョウ ①何も書かず白紙でなされた投票。②国会で、賛成票に用いる白色の票。⇔青票(せいひょう)
【白文】ハクブン 返り点のついていない、原文のままの漢文。「論語を―で読む」
熟語「白面・空白」

❺もうす。申しあげる。つげる。せりふ。
【白状】ハクジョウ「自分がやったと―する」
【白話】ハクワ 中国で、口語。「―小説」⇔文言(ぶんげん)
熟語「科白(かはく)(せりふ)・敬白・建白・告白・自白・独白」

❻(国)「白」は「百」より一少ないことから、九九歳。
【白寿】ハクジュ 九九歳。また、その祝い。

❼(国)「白耳義(ベルギー)」の略。

❽その他、固有名詞など。
【白居易】ハクキョイ 七七二―八四六 中国、中唐の詩人。字(あざな)は楽天。その詩は平易明快で、「長恨歌」「琵琶行」などは広く民衆に愛された。
【白玉楼】ハクギョクロウ 文人が死後に行くという楼。
【白帝城】ハクテイジョウ 中国四川省東部、長江中流北岸にあった城。三国時代に蜀(しょく)の劉備が没した所。李白の詩などでも名高い。
【白楽天】ハクラクテン「白居易(はくきょい)」に同じ。

【伯】

準2級　7画　人(亻)-5　音 ハク漢　訓 おさ　①3976　Ⓤ4F2F

難読 伯父(おじ)・伯母(おば)・伯林(ベルリン)・伯楽(ばくろう)(はくらく)
人名 お・おさ・たか・たけ・とも・のり・みち
筆順 ノ イ イ′ 伯 伯 伯 伯
なりたち [形声]人＋白(年長者をパと呼ぶ名称)音。年長者・おさの意。

❶おさ。かしら。長。
熟語「河伯・水伯・風伯・方伯」

❷兄弟のうちで最年長の者。また、父母の兄・姉。
《伯父》おじ 父母の兄。伯母(おば)の夫をもいう。
《伯母》おば 父母の姉。伯父(おじ)の妻をもいう。
【伯叔】ハクシュク ①兄と弟。②伯父(おじ)と叔父(おじ)。
【伯仲】ハクチュウ ①長兄と次兄。「―叔季(＝「叔」は次兄のつぎ、「季」は末男を表す。兄弟の順序をいう)」②優劣がつけにくい。「両者の力は―している」
【伯父】ハクフ 父母の兄。おじ。
【伯母】ハクボ 父母の姉。おば。

❸一芸に長じた者。
熟語「画伯・詩伯」

❹五段階に分けた爵位の第三位。
【伯爵】ハクシャク もと五等爵(公・侯・伯・子・男)の第三位。

❺(国)「伯耆(ほうき)国」の略。
【伯耆】ほうき 旧国名の一。鳥取県西部に相当。伯州。
熟語「伯州・因伯」

❻(国)「伯剌西爾(ブラジル)」の略。
熟語「日伯」

❼その他。固有名詞など。
【伯夷】ハクイ 中国、殷(いん)末・周初の伝説的聖人。弟の叔斉(しゅくせい)と互いに王位を譲り合って、二人とも国を出奔。周の天下統一後は首陽山に隠れ、ついに餓死したという。
【伯楽】ハクラク ①中国周代にいた馬の良否を見分ける名人の名。②人の資質・能力を見い出して引き出すのに巧みな人。「名―」
【伯楽(はくらく)の一顧(いっこ)を得る】優れた人物の知遇を得て世に出る機会を得ることのたとえ。出典「戦国策(燕策)」より。

【拍】

4級　8画　手(扌)-5　音 ハク漢・ヒョウ(ヒャウ)慣・ヒャク呉　訓 う-つ　①3979　Ⓤ62CD

難読 拍子(ひょうし)・拍手(かしわで)・拍板(びんざさら)
人名 ひら
筆順 一 十 扌 扌′ 拍 拍 拍 拍
なりたち [形声]手＋白(手のひらを打ち合わせた時の擬音語)音。ぱんと手をたたくの意。篆文では、手＋百。

❶うつ。手でうつ。たたく。
【拍車】ハクシャ「―をかける」「―がかかる」
【拍手】ハクシュ「―を送る」「―して迎える」
【拍手喝采】ハクシュカッサイ「満場割れんばかりの―」

❷はく。リズムの単位。
【拍動】ハクドウ 心臓が律動的に収縮する。別表記 搏動
【拍子】ヒョウシ「―を合わせる」「転んだ―に腰を捻る」
熟語「拍節・拍板・強拍・心拍・脈拍」

【泊】

4級　8画　水(氵)-5　音 ハク漢・ヒャク呉　訓 とまる・とめる　①3981　Ⓤ6CCA

筆順 丶 氵 氵 氵′ 氵′ 泊 泊 泊

なりたち ［形声］水＋白(ぴったりくっつく)音。舟が水辺にぴったりついてとまるの意。

◉異字同訓◉【止】(二四八ページ)の「異字同訓」欄を参照のこと。

❶とまる。とめる。㋐船が港でいかりをおろす。㋑家を離れて別の場所にやどる。

【泊地】ハクチ 船の停泊する所。

熟語「泊船・外泊・宿泊・停泊・碇泊(ていはく)・漂泊・夜泊・旅泊」

❷さっぱりしている。

熟語「淡泊」

❸湖沼。沢。

熟語「梁山泊」

【迫】

4級 8画 辵(辶)-5 音 **ハク** 漢 呉 訓 **せまる** ①3987 Ⓤ8FEB

〔廹〕9画 辵(辶)-5

難読 迫出(せりだし)・迫間(はざま)

人名 せり・とお

筆順 ′ 亻 冂 白 白 ′白 泊 迫 迫

なりたち ［形声］辵(ゆく)＋白(ぴったりくっつく)音。さしせまるの意。

❶せまる。ちかづく。

【迫撃】ハクゲキ 接近してうつ。「―砲」

【迫真】ハクシン 真に迫る。「―の演技」

熟語「気迫・急迫・近迫・緊迫・切迫・肉迫・逼迫(ひっぱく)」

❷追い詰める。苦しめる。

【迫害】ハクガイ 弱い者が圧迫され苦しめられる。

【迫力】ハクリョク 強く訴える力。「―あるシーン」

熟語「圧迫・窮迫・脅迫・強迫」

【剝】

2級 10画 刀(刂)-8 新常用 音 **ハク** 漢 呉 訓 **はがす・はぐ・はがれる・はげる・む**く ③1594 Ⓤ525D

〔剥〕10画 刀(刂)-8 ①3977 Ⓤ5265

筆順 ㇰ 彑 彑 ... 彔 剝 剝

なりたち ［形声］彔(はぎとる)音＋刀。物の表面を刀ではぎとるの意。

はぐ。はがす。はがれる。㋐むく。皮などをはぎとる。㋑ある面からめくれたり取れたりする。㋒奪いとる。

【剝製】ハクセイ 動物の皮をはいで綿などを入れ、生きているように作ったもの。

【剝脱】ハクダツ 「薄い膜が―する」

【剝奪】ハクダツ 「地位を―する」

【剝片】ハクヘン はげ落ちた切れはし。

【剝落】ハクラク 「樹皮が―する」

【剝離】ハクリ 「網膜―」

熟語「削剝・落剝」

【舶】

準2級 11画 舟-5 音 **ハク** 漢 訓 ふね ①3985 Ⓤ8236

筆順 ノ 丿 介 舟 舟 舟 舟′ 舶 舶 舶 舶

なりたち ［形声］舟＋白(ぴったりくっつく)音。長期間寝泊まりして水上を行く大きな船の意。

ふね。海を航行する大型の乗り物。

【舶載】ハクサイ 「外国から―して来る」

【舶来】ハクライ 「―品」

熟語「海舶・巨舶・船舶」

【博】

7級 12画 十-10 音 **ハク** 漢 呉・**バク** 慣 訓 ひろ-い ①3978 Ⓤ535A

〔博〕12画 十-10

〔愽〕13画 心(忄)-10 ②5641 Ⓤ613D

人名 とおる・はか・ひろ・ひろし・ひろむ

筆順 十 扌 扌 捕 捕 搏 博 博 博

なりたち ［形声］十(集める)＋専(平らにひろがる)音。ひろく集める、ひろいの意。

❶ひろい。ひろく及ぶ。諸方面に通じている。

《博士》ハカセ 「はくし(博士)」に同じ。

【博愛】ハクアイ すべての人を広く愛する。「―主義」

【博引▼旁証】ハクインボウショウ 事物を説明するにあたり、たくさんの本から例を引き、それらを証拠として論ずる。

【博雅】ハクガ 広く物事を知っている。「―の士」

【博学】ハクガク 広く学問に通じている。「―多才」

【博言学】ハクゲンガク 言語学の旧称。

【博士】ハクシ 大学院の博士課程を修了し、博士論文の審査に合格した者。ドクター。はかせ。

【博識】ハクシキ 博学。多識。

【博捜】ハクソウ 資料や文献などを広く探し求める。

【博大】ハクダイ 広く大きなさま。「―な知識」

【博物】ハクブツ いろいろな事物。「―館」「―学」

【博覧】ハクラン ①広く物事を見たり書物を読んだりして、よく知っている。「―強記」②広く一般の人が見る。「万国―会」

熟語「博言・博文・博聞・該博・広博」

❷ばくち。かけごと。

【博▼奕】バクエキ 勝負ごと。また、ばくち。

ハ

【博才】(バクサイ) かけごとに勝つ才能。

【博▽打・〈博奕〉】(バクち) 勝負ごと。賭博(とばく)。

【博徒】(バクト) ばくちうち。

熟語「賭博(とばく)」
❸「博士」の略。
熟語「医博・文博・理博」
❹(国)得る。獲得する。
【博する】(はくする) 「好評を―する」
❺(国)「博覧会」の略。
熟語「海洋博・万国博」
❻その他。
【博労】(バクロウ) 牛馬の売買や周旋をする人。注記「伯楽(はくらく)」の転。別表記 馬喰・伯楽

【薄】

4級 16画 艸(艹)-13
音 ハク 漢 呉
訓 うすい・うすめる・うすまる・うすらぐ・うすれる・すすき
①3986 Ⓤ8584

〔薄〕16画 艸(艹)-13

難読 薄伽梵(ばがぼん)・薄荷(はっか)
人名 いたる・うす・すすき
筆順 艹 艹 芦 萡 蒲 蒲 蒲 薄 薄
なりたち [形声]艸＋溥(水面が平らに広がる)音。草むらが一面に平らに広がっていて、厚みが少ないさまの意。

❶うすい。厚みが少ない。
【薄氷】(ハクヒョウ) うすい氷。

【薄氷(はくひょう)を履(ふ)む】 非常に危険な場面にのぞむことのたとえ。出典「詩経小雅、小旻」より。

【薄片】(ハクヘン) 薄いかけらや切れはし。

熟語「薄衣・厚薄」
❷少ない。わずか。
【薄志】(ハクシ) ①わずかな謝礼。薄謝。②薄弱な意志。

【薄志弱行】(ハクシジャッコウ) 意志が弱く、決断力に欠ける。

【薄謝】(ハクシャ) わずかな謝礼。また、謝礼をへりくだっていう語。「―進呈」

【薄弱】(ハクジャク) 頼りない。体力や意志が弱い。「―な論拠」「意志―」⇔強固
【薄命】(ハクメイ) 寿命が短い。短命。「佳人―」

【薄給】(ハッキュウ) 少ない給料。安月給。⇔高給
【薄幸・薄▼倖】(ハッコウ) 幸せが薄い。ふしあわせ。

熟語「薄徳・薄利・希薄」
❸人情に欠けている。
【薄遇】(ハクグウ) 冷淡な待遇。冷遇。⇔厚遇
【薄情】(ハクジョウ) 思いやりがない。「この―者」
熟語「刻薄・酷薄」
❹思慮に乏しい。あさはか。
熟語「軽薄・浅薄・浮薄」
❺濃度や密度が小さい。
【薄利】(ハクリ) 「―多売」
熟語「薄味(うすあじ)・薄霧(うすぎり)・薄茶・薄様・希薄」
❻せまる。近づく。
【薄暮】(ハクボ) 夕暮れ。「―ゲーム」

【薄明】(ハクメイ) 日没後・日の出前に空がうす明るい。

熟語「薄夜・肉薄」
❼「薄荷(はっか)」はシソ科の多年草。
【薄荷】(ハッカ) シソ科の多年草植物。葉から薄荷油をとる。
❽(国)すすき。尾花。秋の七草の一つ。

バク

【麦】

9級 7画 麥(麦)-0
音 バク 漢
訓 むぎ
①3994 Ⓤ9EA6

〔麥〕11画 麥-0 ②8346 Ⓤ9EA5

難読 麦酒(ビール)(ばくしゅ)・麦薯蕷(むぎとろ)
筆順 一 十 キ 圭 夫 麦 麦
なりたち [形声]來(実って穂がたれたムギの象形)音＋夂(足)。「來」が原字。のち、越冬のために根を深くすることから、「夂」を加えた。「麦」は略字。

むぎ。おおむぎ・こむぎなどの総称。

【麦芽】(バクガ) 大麦を発芽させたもの。「―糖」

【麦酒】(バクシュ) 麦を醸造した酒。ビール。

【麦秋】(バクシュウ) 麦の熟する頃。初夏の頃。むぎのあき。

【麦秀の歌】(バクシュウのうた) 殷(いん)の紂王(ちゅうおう)の叔父箕子(きし)が、殷の都の滅んだ跡に麦が穂を出しているのを見て、故国の滅亡を嘆いて作った歌。麦秀の嘆。出典「史記宋世家」による。

【麦粒腫】(バクリュウシュ) ものもらい。

【麦▼稈】(バッカン) むぎわら。

【麦飯】(むぎめし) 米に大麦を混ぜて炊いた飯。

【麦▼藁】(むぎわら) 「―帽子」

熟語「青麦・燕麦(えんばく)・蕎麦(きょうばく)(そば)・精麦・米麦」

【博】⇩ハク(五三一ページ)
【幕】⇩マク(六〇七ページ)

【漠】

準2級 13画 水(氵)-10
音 バク 漢・マク 呉
①3989 Ⓤ6F20

人名 とお・ひろ

筆順 氵 氵 泄 泄 泄 漠 漠 漠

なりたち [形声]水＋莫(草むらに日が隠れて見えない、ない)音。水がないさま、砂地の意。

❶すなはら。砂の平原。

熟語「漠北・沙漠(さばく)・砂漠」

❷はてしなく広い。とりとめがない。

【漠漠】(バクバク) はてしない。「―たる原野」「空々―」

熟語「空漠・広漠・荒漠・茫漠(ぼうばく)」

❸はっきりしない。ぼんやりしたさま。

【漠然】(バクゼン)「―と考える」「―とした不安」

❹ひっそり。さびしい。

熟語「索漠・寂漠」

【暴】⇩ボウ(五九八ページ)

縛

3級 16画 糸-10

音 **バク**(呉)・ハク(漢)
訓 **しばる**・いまし-める

①3991 Ⓤ7E1B

〔縛〕16画 糸-10

筆順 糸 糸 糸 紳 緯 縛 縛 縛

なりたち [形声]糸＋尃(平らにひろがる)音。ひもやなわをすきまなくぴたりとおし当てのばして、物をしばるの意。

❶しばる。いましめる。なわでくくる。

熟語「緊縛・繋縛(けいばく)・就縛・捕縛」

❷自由を奪う。

爆

4級 19画 火-15

音 **バク**(呉)・ハク(漢)(呉)・ホウ(ハウ)(漢)
訓 は-ぜる

①3990 Ⓤ7206

難読 爆米(はぜ)

筆順 火 灯 炉 焊 煤 爆 爆 爆

なりたち [形声]火＋暴(むき出しにしてさらす)音。中身がむき出しになったように火の粉が外に飛び出る意から、はじける意を表す。

❶はぜる。はじける。光熱や大音をともなって破裂する。

【爆音】(バクオン) 爆発音。エンジンの大きな音。

【爆撃】(バクゲキ)「―機」「敵の基地を―する」

【爆笑】(バクショウ) どっと笑う。「満場―の渦」

【爆弾】(バクダン) ①火薬をつめた爆発物。爆裂弾。②突然大きな混乱を与えるようなもの。「―発言」

【爆竹】(バクチク)「―を鳴らす」

【爆破】(バクハ) 爆薬で破壊する。

【爆発】(バクハツ)「火薬庫が―する」「怒りが―する」

【爆薬】(バクヤク) 爆破のために使う火薬類。

【爆雷】(バクライ) 潜水艦攻撃用の兵器。

熟語「爆砕・爆死・爆心・爆沈・爆風・爆裂・起爆・自爆」

❷「爆弾」「爆撃」などの略。

熟語「空爆・原爆・誤爆・水爆・被爆・猛爆」

はこ

箱

8級 15画 竹-9

音 ショウ(シャウ)(漢)・ソウ(サウ)(呉)
訓 **はこ**

①4002 Ⓤ7BB1

筆順 ノ ⺈ ⺮ 竿 笁 箱 箱

なりたち [形声]竹＋相(離れて向きあう)音。車の両側につける竹製のかごの意。

はこ。ものを入れる四角いうつわ。

【箱入り娘】(はこいりむすめ) 大切に育てられた娘。

【箱庭】(はこにわ) 庭園などを小さな模型にしたもの。

【箱物】(はこもの) 公共事業で建設される建物や施設の俗称。「―行政」

熟語「箱入り・香箱(こうばこ)・骨箱(こつばこ)・重箱(じゅうばこ)・筆箱(ふでばこ)」

はし

箸

2級 15画 竹-9 新常用

音 チョ(漢)
訓 **はし**

①4004 Ⓤ7BB8

〔箸〕14画 竹-8

筆順 ⺈ ⺮ 竺 笋 箬 箸 箸

なりたち [形声]竹＋者(柴を集め台の上で燃やすさま)音。食べ物を取り集めるための竹、はしの意。

はし。食事などでものをはさみ取るのに使う一対の棒。

熟語「箸箱・香箸(きょうじ)・菜箸(さいばし)・火箸」

はた

畑

8級 9画 田-4 国字

訓 **はた・はたけ**

①4010 Ⓤ7551

筆順 丷 火 火 灯 灯 畑 畑 畑

なりたち [会意]火＋田。草などを火で焼いて耕作する田・はたけの意。国字。

ハ

はた。はたけ。㋐水をはらない耕作地。同畠。㋑専門分野。
熟語 ㋐「畑作・畑地・田畑・麦畑」㋑「畑違い・技術畑」

はだ

【肌】

準2級 6画 肉(月)-2
音 キ 漢 呉
訓 はだ
①4009 Ⓤ808C

筆順 ノ 刀 月 月 肌 肌

なりたち [形声]。肉＋几(ものをのせるつくえ)音。からだの表面をおおう細かい組織、はだの意。

❶はだ。皮膚。
【肌着】肌にじかにつける衣類。下着。

【肌身】はだ。体。「―離さず持ち歩く」

熟語「肌膚・地肌・素肌・美肌・諸肌・柔肌」

❷(国)ものの表面。また、気質。
【〈肌理〉】皮膚や物の表面の細かいあや。きり。

【肌合(い)】①肌ざわり。②その人から受ける感じ。「仲間とは―が違う」

熟語「木肌・雪肌・学者肌・職人肌」

ハチ

【八】

10級 2画 八-0
音 ハチ 漢 呉・ハツ 漢
訓 や・やつ・やっつ・よう・は
①4012 Ⓤ516B

仮名 片仮名「ハ」は「八」の全画から。

難読 八十・八千種・八尺瓊・八日・八百万・八百長・八百屋・八岐大蛇・八咫・八洲・八幡・八衢

人名 かず

筆順 ノ 八

なりたち [指事]逆向きにそり返った二本の線で、わかれる、そむくの意を表す。借りて、数の八つの意を表す。

❶や。やつ。やっつ。
【八佾】古代中国の雅楽の舞。やつら。

【八十八夜】立春から八八日目の日。

【八卦】①易の卦を示す陰陽二種の爻により形づくられる形象。②占い。「当たるも―」

【八朔】陰暦八月朔日のこと。

【八達】道路が八方に通じている。「四通―」

【八方】東西南北と北東・北西・南東・南西の八つの方角。また、あらゆる方角。「―手をつくす」「四方―」「―美人」「―破れ」

【八重】いくつも重なっている。「―歯」「―桜」

熟語「八逆・八道・八難・八苦・八景・八州・八節・尺八・丈八・八大地獄」「八日」

❷多数。
【八面玲瓏】①どの面から見ても美しい。②心にわだかまりがない。

【八面六臂】一人で何人分もの活躍をするたとえ。「―の大活躍」

【八紘一宇】天下を一つの家のようにする。出典「日本書紀」より。

【八百八町】江戸の市中に町数の多いことをいう。

【八百万】数が非常に多い。「―の神」

【八千代】永い年代。「千代に―に」

熟語「八宝菜」

❸その他。
【八幡】八幡宮の祭神。武道の神として信仰。

【《八百長》】前もって示し合わせたとおりに勝負をつける。注記 八百屋の長兵衛(通称八百長)という人がよく碁を打ち、勝負に手かげんをしたことから出た語という。

【《八百屋》】①野菜を売る店。②雑学のある人。

【鉢】

準2級 13画 金-5
音 ハチ 呉・ハツ 漢 呉
①4013 Ⓤ9262

人名 ほ

筆順 亼 仐 牟 金 金 釒 針 鉢 鉢

なりたち [形声]金＋朩(勢いよく出る)音。皿よりも底の深い金属製のはちの意。梵語 pātra の音訳字。

❶僧侶が用いる円形の深い食器。
熟語「《ハツ》衣鉢・托鉢」

❷はち。(国)皿より深く口の開いた容器。また、頭蓋骨。
【鉢合(わせ)】①頭と頭がぶつかる。②思いがけず出会う。「敵と―した」

【鉢巻(き)】「ねじり―」「頭痛―」

熟語「植木鉢・御鉢・皿鉢・鉄鉢・銅鉢・乳鉢・火鉢」

バチ

【罰】⇩バツ(五三六ページ)

ハッ

【法】⇩ホウ(五九一ページ)

ハツ

【発】 8級 9画 癶-4
音 ハツ漢・ホツ呉
訓 あば-く・お-こる・た-つ
①4015 Ⓤ767A

【發】 12画 癶-7 ②6604 Ⓤ767C

人名 あき・あきら・おき・しげ・ちか・とき・なり・のぶ・のり・ひらく

筆順 ノ ヲ ヺ 癶 癶 癶 癸 発

なりたち  ［形声］癹(足を左右に開く)音＋弓。弓を射る意から、はなつ、出すの意を表す。「発」は略字。

❶はなつ。矢・弾丸などを飛ばす。音や光などを出す。
〈発条〉(ぜんまい) 時計などを動かすばね。別表記 撥条
【発音】(ハツオン) ことばを発する。「―記号」

【発火】(ハッカ) 「自然―」「―点」

【発散】(ハッサン) ①たまったものを外に出す。「不満を―する」②光線が四方に広がる。

【発射】(ハッシャ) 「ミサイルを―する」

【発声】(ハッセイ) 「―練習」「社長の―で乾杯をする」

【発破】(ハッパ) 「―をかける」

【発泡】(ハッポウ) 「―酒」

【発砲】(ハッポウ) 弾丸・砲弾を発射する。

〈発条〉(ばね) ①渦巻ばね・板ばねなど。スプリング。②ある結果を導く動力となるもの。「失敗を―として大成した」別表記 弾機
熟語「発煙・発光・発赤・瞬発・爆発・不発・暴発・連発・一触即発」

❷たつ。その地をはなれる。
【発車】(ハッシャ) 「―オーライ」
【発信】(ハッシン) 「情報を―する」「―人」⇕受信
【発送】(ハッソウ) 「新刊雑誌を―する」
【発着】(ハッチャク) 「―所」
熟語「後発・始発・出発・先発」

❸おこる。生じる。また、おこす。出す。
【発案】(ハツアン) 「―者」

【発意】(ハツイ) 考え出す。思いつく。ほつい。

【発議】(ハツギ) 意見・議案を出す。ほつぎ。

【発給】(ハッキュウ) 発行して給付する。「ビザの―」

【発言】(ハツゲン) 「―を封じる」「―力」

【発語】(ハツゴ) ①言い出す。また、発言。②文章の言い出しに用いる語。「さて」「では」の類。

【発行】(ハッコウ) 「教科書を―する」「新株を―する」

【発効】(ハッコウ) 条約・法律などが効力をもつようになる。

【発酵】(ハッコウ) 「アイデアが―してきた」別表記 醱酵
【発情】(ハツジョウ) さかりがつく。「―期」

【発▼疹】(ハッシン) 吹き出物。ほっしん。

【発生】(ハッセイ) 「重大事件が―する」

【発足】(ハッソク) 「ほっそく(発足)」に同じ。

【発注】(ハッチュウ) 注文を出す。⇕受注
【発電】(ハツデン) 電流を起こす。「風力―」「―機」

【発動】(ハツドウ) ①活動を始める。②法的権限を行使する。「強権―」③動力を起こす。「―機」

【発売】(ハツバイ) 売り出す。「全国一斉―」

【発病】(ハツビョウ) 病気がおこる。病気になる。「―率」

【発憤・発奮】(ハップン) 気持ちをふるいたたせる。「大いに―して勉強する」

【発令】(ハツレイ) 「人事異動を―する」「津波警報―」

【発起・発企】(ホッキ) 「―人」「一念―する」

【発句】(ホック) ①連歌・連句で、発端の五・七・五の句。立て句。⇕挙句(あげく)。②俳句。

【発作】(ホッサ) 「心臓―」「―的(＝衝動的)に買う」

【発心】(ホッシン) ①出家する。発意(ほつい)。②思い立つ。発起。「―して勉学に励む」

【発足】(ホッソク) ①活動をはじめる。「新組織の―を見る」②出発する。はっそく。

【発端】(ホッタン) 物事のはじまり。「物語の―」

熟語「発禁・発熱・発願・活発・偶発・激発・再発・続発・挑発・突発・奮発」

❹あらわす。あらわれる。
【発揮】(ハッキ) 力を働かせる。「実力を―する」

【発現】(ハツゲン) 表面に現れ出る。顕現。

【発祥】(ハッショウ) 物事が起こり始まる。「本学―の地」

【発揚】(ハツヨウ) 勢威などを高める。「国威―」

【発露】(ハツロ) 表面にあらわれる。「愛情の―」

❺あきらかにする。知らせる。あばく。
【発覚】(ハッカク) 人に知られる。「所得隠しが―する」

【発掘】(ハックツ) 「遺跡を―する」「人材を―する」

【発見】(ハッケン) 初めて見つける。「新大陸を―する」

【発進】(ハッシン) 出発させる。「車の急―」「緊急―」

【発想】(ハッソウ) 思いつく。「―が浮かぶ」「―法」

【発表】(ハッピョウ) 「合格者を―する」「―会」

【発布】(ハップ) 広く知らせる。「憲法を―する」

【発明】(ハツメイ) ①新しいものを考え出す。「―家エジソン」②さとい。「―な(＝利発な)子」

熟語「告発・摘発・利発」

❻のびる。のばす。
【発育】(ハツイク) 「―がいい」「―不全」

【発達】(ハッタツ) 「心身の―」「―した低気圧」

【発展】(ハッテン) 「経済の―」「事態が予期せぬ方へ―した」

❼ひらく。
熟語「開発・啓発」

❽弾丸や銃声などを数える語。

熟語「一発・百発百中」

【鉢】⇩ハチ(五三四ページ)

【髪】
4級 14画 髟-4 音 ハツ㊅・ホツ㊉ 訓 かみ ①4017 Ⓤ9AEA

【髮】15画 髟-5 ②8191 Ⓤ9AEE

難読 髪状(かんざし)・髪剃(こうぞり)

筆順 一 厂 E 镸 髟 髟 髣 髪

なりたち [形声]髟(かみの毛)＋犮(はねる)音。はねるようにどんどんのびるかみの毛の意。

かみ。かみの毛。頭の毛。

【髪形・髪型】(かみがた) 髪の毛のかたち。

【髪膚】(ハップ) 頭髪と皮膚。また、からだ。「身体ー」

熟語「遺髪・有髪(うはつ)・金髪・結髪・散髪・洗髪・長髪・剃髪(ていはつ)・頭髪・怒髪・白髪・毛髪・理髪・危機一髪」

バツ

【末】⇩マツ(六〇七ページ)

【伐】
3級 6画 人(亻)-4 音 バツ㊉・ハツ㊅ 訓 う-つ・き-る ①4018 Ⓤ4F10

人名 のり

筆順 ノ イ 仁 代 伐 伐

なりたち [会意]人＋戈(ほこ)。人がほこで切るの意。

❶きる。木をきり倒す。

【伐採】(バッサイ) 山などから木をきり出す。

【伐木】(バツボク) 木をきり倒す。また、その木。

熟語「盗伐・乱伐・濫伐(らんばつ)」

❷うつ。殺す。敵を討つ。

熟語「殺伐・征伐・誅伐(ちゅうばつ)・討伐」

❸てがら。ほこり。

熟語「功伐」

【抜】
4級 7画 手(扌)-4 音 バツ㊉・ハツ㊅ 訓 ぬ-く・ぬ-ける・ぬ-かす・ぬ-かる ①4020 Ⓤ629C

【拔】8画 手(扌)-5 ②5722 Ⓤ62D4

人名 やはず

筆順 一 十 扌 扌 扩 抜 抜

なりたち [形声]手＋犮(犬が後足をぱっとはねる)音。必要なものをぱっと手でぬきとるの意。

❶ぬく。ぬける。

【抜き打ち】(ぬきうち) ①刀を抜くと同時に斬りつける。②予告なしに突然おこなう。「ー検査」「ーの試験」

【抜剣】(バッケン) 剣を抜く。また、その剣。

【抜山蓋世】(バツザンガイセイ) 気力が盛んである。出典「史記項羽本紀」による。

【抜糸】(バッシ) 糸を抜く。「手術後一週間でーする」

【抜歯】(バッシ) 歯を抜く。「ー手術」

【抜刀】(バットウ) 刀を抜く。「ー隊」

【抜錨】(バツビョウ) 錨(いかり)をあげて出帆する。⇔投錨

【抜本】(バッポン) 根本の原因を取り除く。「ー的な対策」

【抜本塞源】(バッポンソクゲン) 根本的に物事を処理する。出典「左氏伝昭公九年」より

❷ぬきだす。選び出す。

【抜粋・抜萃】(バッスイ) 「資料集からーする」

【抜擢】(バッテキ) 「部長から局長にーする」

熟語「選抜」

❸ぬきんでる。他よりすぐれている。

【抜群】(バツグン) とびぬけて優れている。「ーの成績」

熟語「海抜・奇抜・秀抜・卓抜」

❹ゆらぐ。くじける。

熟語「堅忍不抜」

【罰】
4級 14画 网(罒)-9 音 バツ㊉・バチ㊉・ハツ㊅ ①4019 Ⓤ7F70

〔罸〕15画 网(罒)-10 ②7015 Ⓤ7F78

筆順 冂 罒 罒 罡 詈 詈 罰 罰

なりたち [会意]詈(ののしる)＋刀。ののしり、刀で刑をとりおこなうの意。

とがめ。悪事に対するこらしめ。しおきする。

【罰金】(バッキン) 罰として取り立てる金。制裁金。

【罰則】(バッソク) 「厳しいー」

【罰点】(バッテン) 「×」のしるし。ばつ。ペケ。

熟語「罰杯・刑罰・軽罰・厳罰・重罰・賞罰・処罰・神罰・体罰・誅罰(ちゅうばつ)・懲罰・天罰・仏罰・信賞必罰」

【閥】
準2級 14画 門-6 音 バツ㊉・ハツ㊅ ①4022 Ⓤ95A5

人名 いさお

筆順 丨 ｒ 門 門 閂 閥 閥

なりたち [形声]門＋伐(てがらをひけらかす)音。てがらをたてた家の門に建てた柱の意から、誇り高い家がらの意を表す。

❶家柄。

熟語「閥族・門閥」

❷いさお。てがら。

熟語「功閥」

❸出身・利害関係などを同じくする者の集まり。

熟語「学閥・軍閥・閨閥(けいばつ)・財閥・党閥・派閥・藩閥」

ハン

【凡】⇩ボン(六〇四ページ)

【反】

8級 4画 又-2

音 ハン漢・ホン呉・タン慣

訓 そる・そらす・かえす・かえる・そむく

①4031 Ⓤ53CD

注記 ③の意では、「叛」の書き換え字としても用いられる。

難読 反古(反故)(ほご)・反吐(へど)・反物(たんもの)・反閉(へんばい)・反歯(そっぱ)

筆順 一 厂 万 反

なりたち [会意]厂(垂らした布)+又(手)。手に持って垂らした布がひらひらとひるがえるの意。

◉異字同訓◉【返】(五八二ページ)の「異字同訓」欄を参照のこと。

❶かえる。かえす。向きを逆にする。はねかえす。

【反映】ハンエイ「世論を—した調査結果」

【反歌】ハンカ 長歌のあとに添える歌。

【反響】ハンキョウ「多方面から—があった」

【反撃】ハンゲキ「敵に—する」

【反語】ハンゴ ①主張と反対の内容を疑問の形で表現する。②実際とは反対のことを言って、暗に本当の気持ちを表現した言い方。アイロニー。

【反攻】ハンコウ「—に転ずる」

【反射】ハンシャ「光が鏡で—する」「条件—」

【反証】ハンショウ 相手の主張を証拠をあげて否定する。

【反照】ハンショウ 光が照りかえす。また、夕ばえ。

【反省】ハンセイ ①振り返って考える。「無思慮な行動を—する」②意識の作用を自分の内面に向ける。

【反切】ハンセツ ある漢字の字音を、それと声(頭子音)の同じ字(父字)と韻の同じ字(母字)各一字を選び、上下に並べ二字の組み合わせによって示すこと。

【反転】ハンテン「—運動」「機首を—する」

【反動】ハンドウ「急停車の—」「—的な思想」「保守—」

【反応】ハンノウ「拒絶—」「化学—」 注記「はんおう」の連声。

【反駁】ハンバク 他人の主張に対し論じかえす。

【反発・反撥】ハンパツ ①「親の説教に—する」②下落している相場が上がる。反騰。

【反覆】ハンプク ①ひっくり返る。また、ひっくり返す。②「反復」に同じ。

【反面】ハンメン「陽気な—涙もろい」「—教師」

【反論】ハンロン「増税政策に—する」

【反吐】ヘド「—を吐く」 別表記 嘔吐

【反故・反古】ホゴ いらなくなった紙。不要なもの。取り消し。破棄。「約束を—にする」

熟語「反影・反騰・反落・違反・相反・背反・悖反(はいはん)」

❷くりかえす。何度も同じ動作を行う。

【反芻】ハンスウ ①牛などが、食物を胃から再び口中に戻してかむ。②繰り返し味わう。「師の教えを—する」

❸そむく。たがう。

【反側】ハンソク 寝返りをうつ。「輾転(てんてん)—」

【反復】ハンプク 何度も繰り返す。「—練習」

【反間】ハンカン 敵の間者を逆に利用する。また、間者を使って敵の仲間割れをはかる。「—苦肉の計」

【反感】ハンカン「小言の多い父親に—を持つ」

【反旗】ハンキ「—をひるがえす」 別表記 叛旗

【反逆】ハンギャク さからいそむく。「—児」 別表記 叛逆

【反抗】ハンコウ 手向かう。命令に従わない。「—期」

【反骨】ハンコツ 権力に反抗する気概。 別表記 叛骨

【反戦】ハンセン 戦争に反対する。「—思想」「—運動」

【反則】ハンソク 規則・ルールにそむく。 別表記 犯則

【反対】ハンタイ 逆の関係にある。さからう。「—の方向」「修正案に—する」⇔賛成

【反目】ハンモク 仲が悪く対立する。「兄弟で—し合う」

【反乱】ハンラン「—軍」 別表記 叛乱

熟語「違反・造反・背反・謀反(むほん)」

❹それに反対する、それにそむく意を表す接頭語。

熟語「反革命・反作用・反主流・反体制」

❺(国)そる。そらす。弓なりになる。

熟語「外反拇趾(がいはんぼし)・内反足(ないはんそく)」

❻(国)たん。単位を示すことば。㋐田畑の面積の単位。約九・九アール。㋑織物の長さの単位。

熟語「反物(たんもの)・減反(げんたん)」

【半】

〔半〕5画 十-3

9級 5画 十-3

音 ハン漢呉

訓 なかば

①4030 Ⓤ534A

難読 半平(はんぺん)・半使(はんす)・半首(半頭)(はつむり)・半被(はっぴ)・半靴(ほうか)・半蔀(はじとみ)・半銭(きなか)

人名 なか・なからい

筆順 丶 丷 兰 半

なりたち [会意]八(わける)+牛。牛のような大きな物を二つにわけるの意。

❶なかば。はんぶん。二つに分けたものの片方。

ハ

【半壊】(ハンカイ) 半分ほどこわれる。「家屋の—」

【半期】(ハンキ) 一期間の半分。「上—」

【半旗】(ハンキ) 竿の先から少し下げて掲げる旗。弔意を表す。

【半径】(ハンケイ) 「—十センチの円」

【半減】(ハンゲン) 半分に減る。「興味が—する」「—期」

【半死半生】(ハンシハンショウ) 「—の目にあう」

【半畳】(ハンジョウ) ①一畳の半分。「起きて—寝て一畳」②相手をからかう。「—を入れる」

【半信半疑】(ハンシンハンギ) 「勝利の知らせを—で聞いた」

【半数】(ハンスウ) 半分の数。「住民の—は合併に反対だ」

【半生】(ハンセイ) 「研究に—を捧げる」「後—」

【半島】(ハントウ) 海に向かって細長く突き出た陸地。

【半半】(ハンハン) 半分ずつ。「兄弟で—に分ける」

【半分】(ハンブン) 「遺産の—を相続する」「面白—」

【半面】(ハンメン) 顔の半分。物事の一方だけの面。

【半裸】(ハンラ) なかば、裸である。

熟語「半円・半音・半額・半眼・半季・半休・半球・半漁・半月・半舷・半途・半農・半夜・半官半民・一半・過半・後半・折半・前半・夜半(やはん)(よ)」

❷ほとんど。
熟語「半永久的・大半」

❸完全でない。不十分。中途半端。また、わずか。
【半可通】(ハンカツウ) よく知らないのに知ったふりをする。

【半解】(ハンカイ) なまかじり。「一知—」

【半玉】(ハンギョク) まだ一人前として扱われない芸者。

【半句】(ハンク) ごくわずかな言葉。「一言—」

【半熟】(ハンジュク) 卵がなまゆでである。

【半睡】(ハンスイ) 半ば眠っている。「—状態」

【半濁音】(ハンダクオン) パ・ピ・プ・ペ・ポの五つの音。

【半端】(ハンパ) ①端数。はした。「—が出る」②どっちともつかない。「中途—」「—な気持ち」③一人前ではない。「—な人間」

熟語「半人前・半病人・半面識・一言半句・一知半解」

❹普通より小さい。
【半弓】(ハンキュウ) 大弓(だいきゅう)の半分の長さの弓。

【半鐘】(ハンショウ) 火の見櫓(やぐら)などにある小形の釣り鐘。

❺(国)はん。奇数。⇔丁(ちょう)。
熟語「丁半(ちょうはん)」

❻その他。当て字など。
【半夏生】(ハンゲショウ) ①夏至から一一日目。太陽暦では七月二日頃。②ドクダミ科の多年草植物。

【半寿】(ハンジュ) 八一歳の祝いをいう。注記「半」の字が「八十一」に分解できることから。

【半田】(ハンだ) スズと鉛の合金。別表記 盤陀
【半風子】(ハンプウシ) シラミの異名。注記「虱(しらみ)」の字が「風」の字の半分であることから。

【半片・半▽平】(ハンペン) おでん種にする食品。

【氾】

2級　5画　水(氵)-2　新常用　音 ハン 漢　訓 ひろ-がる　①4037 Ⓤ6C3E

注記「汜(し)」は、別字。
人名 ひろ・ひろし
筆順 丶 冫 氵 汀 氾
なりたち  [形声]水＋㔾(わくからはみ出る)音。水がへりを越えて外へあふれるの意。

❶ひろがる。水があふれる。また、ひろい。
【氾濫】(ハンラン) ①河川が堤防からあふれる。②はびこる。「悪書の—」

❷ただよう。浮かびただよう。
熟語「氾氾」

【犯】

6級　5画　犬(犭)-2　音 ハン 漢・ボン 呉　訓 おかす　①4040 Ⓤ72AF

難読 犯土日(つちび)
筆順 ノ 犭 犭 犯
なりたち  [形声]犬＋㔾(わくからはみ出る)音。犬が一定のわくをふみこえて外へ出る意から、おかす意を表す。

◉異字同訓◉
◇おかす(犯・侵・冒)
「犯す」は"法律などを破る。女性をけがす"の意。「罪を犯す」「過ちを犯す」「暴漢に犯される」

「侵す」は"侵略する。侵害する"の意。「領空を侵す」「表現の自由を侵す」「人間の尊厳を侵す」

「冒す」は"あえて行う。そこなう"の意。「危険を冒す」「結核に冒される」

❶おかす。法律や規則をやぶる。
【犯意】(ハンイ) 罪を犯そうとする意思。

【犯行】(ハンコウ) 犯罪を行う。「—に及ぶ」

【犯罪】(ハンザイ) 罪を犯す。また、その罪。「—者」

【犯人】(ハンニン) 犯罪人。「—を逮捕する」

熟語「犯逆・犯跡・違犯・共犯・再犯・重犯・従犯・主犯・初犯」

❷つみ。また、つみびと。
熟語「戦犯・防犯・殺人犯・思想犯・知能犯」

❸仏教の戒律をやぶる。
熟語「《ボン》女犯・不犯」

【帆】

3級　6画　巾-3　音 ハン 漢　訓 ほ　①4033 Ⓤ5E06

筆順 丨 冂 巾 巾 帆 帆

なりたち [形声]巾＋凡(風をはらんだ帆)音。「凡」が原字。「凡」がおよその意で用いられるようになったため、「巾」を加えた。

❶ほ。風を受けて船を進ませる布。

【帆船】(ハンセン) 帆を張って風の力で走る船。

【帆走】(ハンソウ) 船が風の力を帆で受けて走る。

【帆布】(ハンプ) 帆に用いる丈夫な厚地の織物。

【帆立貝】(ほたてがい) 海産の二枚貝。別表記 海扇

【帆柱】(ほばしら) 帆を張るための柱。マスト。別表記 檣

熟語「帆影(ほかげ)・順風満帆」

❷ほかけ船。また、船。

熟語「帰帆・孤帆・出帆」

【汎】

2級 6画 水(氵)-3 新常用

音 ハン(漢)・ボン(呉)

訓 あまねーく・ひろーい

①4038 Ⓤ6C4E

筆順 丶 冫 氵 氵 汎 汎

なりたち [形声]水＋凡(広く全体をおおう)音。水が広がりわたっている意から、あまねし・うかぶの意を表す。

❶水に浮かぶさま。ただようさま。

熟語「汎舟・汎汎」

❷ひろい。あまねく。全体にゆきわたる。

【汎愛】(ハンアイ) すべてのものを差別なく愛する。

【汎用】(ハンヨウ) 「―機」「―性に富んだパソコン」

【汎論】(ハンロン) 全体にわたる論。汎説。総論。

熟語「汎称・汎渉・汎説・広汎」

❸すべての。英語の pan の音訳。

【汎神論】(ハンシンロン) すべてのものに神が宿っている、あるいは一切万有の全体がすなわち神である、と主張する立場。

熟語「汎米」

【伴】〔伴〕

7画 人(亻)-5

3級 7画 人(亻)-5

音 ハン(漢)・バン(呉)

訓 ともなーう・とも

①4028 Ⓤ4F34

難読 伴造(とものみやつこ)(ともべ)・伴部(とものみやつこ)

人名 すけ・とも

筆順 ノ 亻 亻 仁 伫 伴

なりたち [形声]人＋半(片方)音。一対をなす片方の人、ともの意。

❶とも。つれの人。

【伴侶】(ハンリョ) 連れ。また、配偶者。「生涯の―」

❷ともなう。つきしたがう。

【伴食】(バンショク) ①相伴(しょうばん)。陪食。②地位にはついているが実権が伴わない。「―大臣」

【伴奏】(バンソウ) 「ピアノの―で歌う」

熟語「《バン》伴走・伴僧・相伴(しょうばん)」「《ハン》共伴・随伴・同伴」

❸その他。当て字など。

【伴天連】(バテレン) ①宣教師・司祭。パードレ。②キリスト教、およびその信者。注記 ポルトガル語 padre(師父の意)から。

【判】〔判〕

7画 刀(刂)-5

6級 7画 刀(刂)-5

音 ハン(漢)(呉)・バン(慣)

訓 わーける・わかーる

①4029 Ⓤ5224

難読 判官(じょう)(ぞう・はんがん・ほうがん)・判事(はんす)

人名 さだ・ちか・なか・ゆき

筆順 丶 丷 䒑 兰 半 判 判

なりたち [形声]半(二つにわける)音＋刀。刀で二つにわけるの意。

❶わける。区別する。見分ける。

【判断】(ハンダン) 物事のよしあしを見極めて決める。「価値を―する」「姓名―」

【判定】(ハンテイ) 見分けてさだめる。「合否を―する」

【判読】(ハンドク) 分かりにくい文字を判断し読む。

【判別】(ハンベツ) 見分ける。他と区別する。

熟語「談判・批判・評判・論判」

❷わかる。はっきりする。

【判然】(ハンゼン) はっきりしている。「相手の意図が―としない」

【判明】(ハンメイ) はっきりとする。「当落が―する」

❸さばく。また、「裁判」の略。

【判官】(ハンガン) 「ほうがん(判官)」に同じ。

【判決】(ハンケツ) 「―理由」「―主文」

【判事】(ハンジ) 裁判官の官名。

【判例】(ハンレイ) 「―を踏まえた判決」

【判官】(ホウガン) ①律令制の四等官の第三位。じょう。はんがん。②検非違使の尉であったところから、源義経の称。

【判官贔屓】(ホウガンビイキ) 弱い者に同情し味方する。注記 源義経が兄頼朝に滅ぼされたことに人々が同情したことから。

熟語「公判・誤判・裁判・審判」

❹(国)はんこ(判子)。印章。花押。

【判子】(ハンこ) 印。印鑑。印章。判。「―をつく」

熟語「印判(いんばん)・血判・連判・三文判(さんもんばん)」

❺(国)紙や書物の大きさの規格。

ハ

【判型】ハンケイ　本の大きさを表す。
熟語「菊判・四六判・新書判・名刺判」
❻近世における金貨の呼び名。
熟語「大判・小判」

【坂】
8級　7画　土-4　音 ハン漢・バン慣　訓 さか　①2668 Ⓤ5742

筆順　一 十 土 圹 圻 坂 坂

なりたち　[形声]土＋反(そりかえる)音。傾斜した土の面、さかみちの意。

さか。傾斜のある道。
【坂道】さかみち　坂になっている道。
【坂東】バンドウ　関東地方の古名。「―武者」
熟語「坂路・急坂・登坂」

【阪】
2級　7画　阜(阝)-4　新常用　音 ハン漢　訓 さか　①2669 Ⓤ962A

筆順　㇇ 阝 阝 阝 阪 阪 阪

なりたち　[形声]阜(おか)＋反(そりかえる)音。傾斜したおかの面、さかの意。

❶さか。傾斜のある道。同坂。
熟語「阪田・阪路」
❷(国)地名など。
熟語「阪神・大阪(おおさか)・京阪」

【板】
8級　8画　木-4　音 ハン漢呉・バン慣　訓 いた　①4036 Ⓤ677F

難読　板決(いたじゃくり)

筆順　一 十 オ 木 木 杤 杤 板

なりたち　[形声]木＋反(薄い布などがひらひらとひるがえる)音。薄く平らな木材の意。

❶いた。木材を薄く平たく切ったもの。また、薄く平たいもの。
【板子】いたご　和船の底に敷く揚げ板。「―一枚下は地獄(=船乗りの仕事は危険が多いことをいう)」
【板の間】いたのま　床を板敷にした部屋。
【板挟み】いたばさみ　「義理と人情の―」
【板塀】いたべい　板でつくった塀。板垣。
【板前】いたまえ　①日本料理の料理人。②調理台。
【板目】いため　板の木目が、平行でないもの。
【板金】バンキン　「―工」「―加工業」別表記 鈑金
【板書】バンショ　黒板に字を書く。「解答を―する」
熟語「画板・看板(かんばん)・乾板・基板・甲板(こうはん)(かんぱん)・降板・合板・黒板・鉄板・登板(とうばん)・銅板・平板(へいばん)・回覧板(かいらんばん)」
❷字などを彫った印刷用の平たい木。同版。
熟語「板刻・板本・宋板・木板」

【版】
6級　8画　片-4　音 ハン漢・ヘン呉　訓 いた・ふだ　①4039 Ⓤ7248

筆順　ノ 丿 𠂆 片 片 版 版 版

なりたち　[形声]片(木の切れはし)＋反(薄い布などがひらひらとひるがえる)音。薄く平らな木の切れはしの意から、ふだ・いたの意を表す。

❶いた。印刷用に字などを彫った薄く平たい木。同板。
【版画】ハンガ　木版画・銅版画・石版画など。
【版木】ハンギ　文字・図画を彫った板。別表記 板木
【版式】ハンシキ　印刷版の様式。凸版・凹版・平版など。
【版下】はんした　①版木に貼って彫るための、書画の下書き。②製版用の文字・図表・絵画などの原稿。
【版面】ハンメン　印刷版の表面。はんづら。
熟語「版本・鉛版(えんばん)・活版・原版・孔版・刷版・図版・製版・整版・石版(せきばん)・銅版(どうばん)・凸版・木版・写真版(ばん)」
❷印刷して書物をつくる。出版。
【版行】ハンコウ　版木に彫って刷り、発行する。別表記 板行
【版本】ハンポン　彫った版木で印刷した本。別表記 板本
【版元】はんもと　書物の出版元。出版社。別表記 板元
熟語「版権・再版・出版・初版・絶版・勅版・豪華版(ばん)」
❸ふだ。文字を書く板ぎれ。また、戸籍簿。
【版籍】ハンセキ　版図と戸籍。領地と人民。「―奉還」
【版図】ハント　戸籍と地図。一国の領土。「―を広げる」

【班】
5級　10画　玉(王)-6　音 ハン漢　訓 わ-ける　①4041 Ⓤ73ED

人名　つら・なか・ひとし

筆順　一 T 王 到 玎 玑 班

なりたち　[会意]玉(たま)二つ＋刀。刀で玉を二つに切りわけるの意。

❶わける。分配する。
熟語「班給・班田」
❷仲間から離れる。
熟語「班馬」
❸組み分けられたグループ。
熟語「班員・班長・全班・研究班・消火班・第一班」
❹順序。地位。
熟語「班位・班次・首班」
❺まじる。まだら。同斑。

ハ

熟語「斑白・斑斑」

❻その他、固有名詞など。

【班固】ハンコ 三二〜九二 中国、後漢の学者。父班彪(はんぴょう)の遺志を継いで、「漢書」を著した。大将軍竇憲(とうけん)の罪に連座し獄死したため、妹の班昭が未完部分を書いた。武将の班超はその弟。

【畔】 3級

10画 田-5 音 ハン(漢) 訓 あぜ・くろ・ほとり ①4042 Ⓤ7554

〔畔〕10画 田-5

人名 あぜ・くろ・べ

筆順 畔

なりたち ［形声］田＋半(二つに分ける)音。田と田を二つに分けるあぜの意。

❶あぜ。くろ。耕地を分ける境界。あぜみち。
熟語「畦畔(けいはん)」

❷ほとり。みずぎわ。
熟語「河畔・橋畔・湖畔・池畔」

【般】 4級

10画 舟-4 音 ハン(漢)(呉) ①4044 Ⓤ822C

人名 かず・つら

筆順 般

なりたち ［会意］甲骨文では、月(板)＋殳(手で行う)。平らに広げる意から、広げめぐらす意を表す。のち、偏を「舟」で書く。

❶めぐる。めぐらす。
熟語「般旋」

❷たぐい。種類。また、時。たび。
熟語「一般・過般・今般・這般(しゃはん)・諸般・先般・全般・万般・百般・一般的・全般的」

❸梵語の音訳に用いる。

【般▽若】ハンニャ ①(仏)根源的な叡智。②鬼女の能面。
【般▽若心経】ハンニャシンギョウ 大乗仏教の経典。
【般▽若湯】ハンニャトウ 酒のこと。注記 僧侶の隠語。

【販】 4級

11画 貝-4 音 ハン(漢)・ホン(呉) 訓 ひさ-ぐ ①4046 Ⓤ8CA9

人名 ひさ

筆順 販

なりたち ［形声］貝(財貨)＋反(かえす)音。財貨に相当する品物をかえす意から、うる、あきなう意を表す。

ひさぐ。あきなう。商売する。

【販売】ハンバイ 商品を売る。「—促進」「自動—機」
【販路】ハンロ 商品のはけぐち。「—を開拓する」
熟語「販価・販売・販路・外販・市販・再販・直販・通販・量販」

【斑】 2級

12画 文-8 新常用 音 ハン(漢) 訓 ふ・ぶち・まだら ①4035 Ⓤ6591

難読 斑気(むらき)・斑馬(しまうま)・斑葉(いさは)・斑鳩(いか)(いかるが)

筆順 斑

なりたち ［会意］篆文では、辛(刃物)＋文(もよう)＋辛。刃物で切り分けたような散らばったもようの意から、まだらの意を表す。「斑」は俗字。

まだら。ぶち。ふ。種々の色がまじる。

【斑点】ハンテン まばらに散らばっている点。ぶち。
【斑斑】ハンパン まだらなさま。
【斑▽猫・斑▽蝥】ハンミョウ 甲虫目に属する昆虫。みちおしえ。
【斑紋・斑文】ハンモン まだらの模様。虎斑(とらふ)。
熟語「斑竹・斑白・一斑・黄斑・紅斑・虎斑(こはん(とらふ))・死斑・屍斑・紫斑・雀斑・白斑(はくはん(しらふ))・母斑・老斑」

【飯】 7級

12画 食(飠)-4 音 ハン(漢)・ボン(呉) 訓 めし・いい ①4051 Ⓤ98EF

〔飯〕13画 食(飠)-4 ⓊFA2A

難読 飯匙倩(はぶ)・飯綱(いづな)・飯櫃(いびつ)

人名 いい

筆順 飯

なりたち ［形声］食＋反(かえる)音。穀物を煮えかえらせた食べ物、めしの意。

めし。ごはん。めしを食う。また、食べさせる。

【飯▽盒】ハンゴウ 携帯用の炊飯具。「—炊爨(すいさん)」
【飯台】ハンダイ 食事をする台。ちゃぶ台。
【飯場】ハンバ 工事に携わる労働者のための宿泊設備。
【飯米】ハンマイ 飯(めし)に炊く米。食用米。
【飯▽櫃】めしびつ 飯を移し入れる器。おひつ。お鉢。
熟語「飯事(ままごと)・残飯・炊飯・赤飯・粗飯・噴飯(ふんぱん)・米飯・冷飯(れいはん(ひやめし))・一宿一飯」

【搬】 4級

13画 手(扌)-10 音 ハン(漢) 訓 はこ-ぶ ①4034 Ⓤ642C

筆順 搬

なりたち ［形声］手＋般(広げめぐらす)音。中心にある物を手に持ってまわりに広げる意から、物を移しはこぶ意を表す。

はこぶ。うつす。物を移動する。

【搬出】ハンシュツ「商品を倉庫から—する」⇔搬入
【搬送】ハンソウ「荷物を—する」「—波」
【搬入】ハンニュウ「倉庫に商品を—する」⇔搬出
熟語「運搬・伝搬」

【煩】

準2級　13画　火-9　音 ハン㊥・ボン㊐　訓 わずらう・わずらわす・わずら-わしい・うるさ-い　①4049 Ⓤ7169

筆順 煩

なりたち [会意]火＋頁(あたま)。頭の中がまるで燃えているかのようにいらいらする意から、わずらう意を表す。

◉異字同訓◉
◇わずらう(煩・患)
「煩う」は〝悩む。心配する〟の意。「思い煩う」
「患う」は〝病気になる〟の意。「大病を患う」「胸を患う」

❶思いわずらう。わずらわす。
【煩▼悶】ハンモン「恋の悩みに—する」
【煩慮】ハンリョ 思いわずらう。また、その思い。
【煩累】ハンルイ わずらわしい物事。
【煩労】ハンロウ 心身をわずらわせる。
【煩悩】ボンノウ 仏教で、人間の苦しみを生みだす一切の妄念。「—即菩提」「—多き人間」

❷わずらわしい。うるさい。めんどうな。
【煩▼瑣】ハンサ こまかくてわずらわしい。「—な手続き」「—な議論」
【煩雑】ハンザツ こみいって面倒である。「—な手続き」
【煩多】ハンタ 面倒なことが多い。
【煩忙】ハンボウ 用事が多くて忙しい。別表記 繁忙

【頒】

準2級　13画　頁-4　音 ハン㊥　訓 わ-ける　①4050 Ⓤ9812

筆順 頒

なりたち [形声]分(わけて広げる)音＋頁(あたま)。大きく広がっているあたまの意。また、広く分けあたえる意にも用いる。

◉異字同訓◉【分】(五七四ページ)の「異字同訓」欄を参照のこと。

❶わける。わかつ。また、広く行きわたらせる。
【頒価】ハンカ 頒布する際の価格。
【頒布】ハンプ わかちくばる。「小冊子を—する」

❷まだら。ぶち。同斑。
熟語「頒白」

【範】

4級　15画　竹-9　音 ハン㊥・ボン㊐　訓 のり　①4047 Ⓤ7BC4

人名 すすむ・のり

筆順 範

なりたち [形声]「笵の略体」(竹のわく)音＋車。車輪をしめる竹のたがの意から、かた・手本の意を表す。

❶のり。手本。きまり。
【範例】ハンレイ 模範となる例。手本。
熟語「規範・軌範・教範・師範・垂範・典範・模範」

❷くぎり。わく。
【範囲】ハンイ「汚染は広い—にわたる」
【範▼疇】ハンチュウ ①同じ性質のものが属する部類。カテゴリー。②哲学で、概念のうちで最も一般的・基本的な概念。

【繁】【繁】

4級　16画　糸-10　音 ハン㊥　訓 しげ-る　①4043 Ⓤ7E41
【繁】17画　糸-11　③9019 ⓊFA59

難読 繁吹(しぶき)・繁桟(こみざん)・繁縷(はこべ)(はこべら)
人名 えだ・しげ・しげる・とし

筆順 繁

なりたち [形声]緐(ふさふさとしたひも飾り)音＋攵(する)。どんどんとふえ、さかんになるの意。「緐」が本字で、毎(次々と子を生み、家をさかんにする)＋糸の会意文字。

❶しげる。ふえる。さかんになる。
【繁栄】ハンエイ さかえ発展する。「国家—の礎」
【繁華】ハンカ 人通りが多くにぎやかだ。「—街」
【繁盛・繁▼昌】ハンジョウ にぎわって活気がある。「店が—する」「商売—」
【繁殖】ハンショク 生まれふえる。「—力の強い虫」別表記 蕃殖
【繁茂】ハンモ 生い茂る。「雑草が—する」
熟語「繁育・繁陰」

❷こみいっている。わずらわしい。
【繁簡】ハンカン 繁雑と簡略。「—宜しきを得ず」
【繁雑】ハンザツ 物事が多くごたごたする。「—な業務」「—をきわめる」
【繁多】ハンタ 用事が多くて忙しい。「御用—」
【繁文▼縟礼】ハンブンジョクレイ 規則や礼儀などが、こまごまとしてわずらわしい。繁縟。
熟語「繁説・繁用・繁礼」

❸いそがしい。
【繁閑】ハンカン 繁忙と閑暇。「季節による—差」
【繁劇】ハンゲキ きわめていそがしい。繁忙。

【繁忙】ハンボウ 用事が多くて忙しい。「―期」 別表記 煩忙
熟語「繁務・繁用・農繁」

【藩】
3級 18画 艸(艹)-15 音 ハン 漢 訓 まがき ①4045 Ⓤ85E9

筆順 一 艹 艹 䒑 萍 藩 藩 藩

なりたち [形声]艸＋潘(うずをまくように米をといだとぎ汁)音。草木を編み、周囲にめぐらしたまがきの意。

❶まがき。かきね。また、まわりを囲んで守る。
【藩屏】ハンペイ ①守り防ぐための垣根。②王室を守護するもの。藩翰はんかん。
熟語「藩翰はんかん・藩籬はんり」

❷(国)江戸時代、大名の領地・領民やその統治組織の総称。
【藩士】ハンシ 藩に所属する武士。藩臣。
【藩政】ハンセイ 各大名家がその藩領で行なった政治。
【藩邸】ハンテイ 藩の所有する屋敷。
【藩閥】ハンバツ 「―政治」
熟語「藩侯・藩校・藩札・藩主・藩儒・親藩・脱藩・雄藩・列藩・廃藩置県」

バン

【万】⇩マン(六〇八ページ)
【伴】⇩ハン(五三九ページ)
【判】⇩ハン(五三九ページ)
【板】⇩ハン(五四〇ページ)

【晩】
5級 12画 日-8 音 バン 漢 訓 おそ-い・く-れ ①4053 Ⓤ6669
【晩】11画 日-7 ③8528 Ⓤ665A

難読 晩生おくて・晩稲おくて(おしね)
人名 おそ・かげ・くれ

筆順 日 日 旼 晗 晗 晗 晩 晩

なりたち [形声]日＋免(やっと抜け出る)音。昼の明るさからやっと抜け出て、くらくなったころの意から、日がくれる、時間がおそいの意を表す。

❶日暮れ。くれ。また、夜。
【晩餐】バンサン あらたまった夕食。「―会」
【晩酌】バンシャク 晩の食事の時に飲む酒。
【晩鐘】バンショウ 夕方に鳴らす鐘の音。入り相いりあいの鐘。
【晩食】バンショク 夕方にとる食事。夕食。
熟語「晩方ばんがた・晩景・今晩・昨晩・毎晩・明晩」

❷おそい。また、終わりの方である。⇔早・初。
【晩期】バンキ 「縄文―」「―の作品」
【晩婚】バンコン 通常よりもおそく結婚する。⇔早婚
【晩熟】バンジュク 普通より遅れて成熟する。おくて。⇔早熟
【晩生】バンセイ 遅く成熟する農作物。おくて。⇔早生
【晩成】バンセイ 「大器―」
【晩節】バンセツ 「―を全うする」「―を汚す」
【晩稲】バントウ 遅くみのる稲。おくて。
【晩年】バンネン 一生の終わりの頃の時期。
熟語「晩夏・晩学・晩菊・晩秋・晩春・晩霜・晩冬・晩唐・早晩」

【番】
9級 12画 田-7 音 バン 呉・ハン 漢・ホン 呉 訓 つがい・つが-える ①4054 Ⓤ756A

難読 番木鼈マチン
人名 つぎ・つぐ・つら・ふさ

筆順 一 𠂉 ⺍ 平 釆 番 番 番

なりたち [形声]釆(たねをまきちらす)音＋田。田にたねをまくの意。「播」の原字。さっと開いて閉じる動作、また、動作の順序・回数の意を表す。

❶順に交代して事に当たる。
熟語「番匠・週番・順番・当番・非番・輪番」

❷順位。回数。
熟語「五番・三番勝負」

❸(国)見張り。また、割り当てられた仕事。
【番犬】バンケン 家の番をするために飼う犬。
【番所】バンショ ①番人の詰め所。②町奉行所。
【番長】バンチョウ 非行仲間の長。「女―」
【番頭】バントウ 商店などの使用人の頭かしら。
【番人】バンニン 番をする人。見張りをする人。
【番兵】バンペイ 見張りをする兵士。哨兵しょうへい。
熟語「番台・交番・門番・下足番・玄関番・料理番」

❹(国)順序。また、組み合わせ。
【番外】バンガイ 「―の余興」「―地」
【番組】バンぐみ 「狂言の―」「娯楽―」
【番号】バンゴウ 「電話―」
【番地】バンチ 「―を頼りにさがす」「所―を尋ねる」
【番付】バンづけ 「相撲―」「長者―」
【番手】バンて ①糸の太さを表す単位。②競技などで、登場する順番を表す。「リリーフの一―」
熟語「欠番・定番・本番・連番」

❺(国)常用の。そまつな。
【番傘】バンがさ 丈夫な和傘。
【番茶】バンチャ 摘み残しの葉で作る茶。「―も出花」

❻(国)つがい。対になるもの。つがえる。
熟語「蝶番(ちょうつがい)・一番(ひとつがい)」

【蛮】

3級 12画 虫-6 音 バン漢 ①4058 Ⓤ86EE

【蠻】25画 虫-19 ②7439 Ⓤ883B

筆順 一 亣 亦 亦 峦 峦 蛮 蛮

なりたち  [形声]䜌(もつれて乱れる)音+虫。虫(マムシ)のような、乱れた習俗をもつ人種の意。「蛮」は略字。

❶えびす。未開の異民族。また、外国人の卑称。
【蛮▼夷】(バンイ) 未開の異民族。別表記 蕃夷
【蛮族】(バンゾク) 未開の野蛮人。別表記 蕃族
熟語「蛮人・蛮地・南蛮」

❷あらあらしい。粗野。
【蛮行】(バンコウ) 野蛮で無作法な行為。

【蛮勇】(バンユウ) 向こう見ずの勇ましさ。「—をふるう」

熟語「蛮習・蛮声・蛮風・野蛮」

【盤】

4級 15画 皿-10 音 バン呉・ハン漢 訓 さら ①4055 Ⓤ76E4

人名 まる・やす

筆順 ノ 舟 舟 舟 般 般 盤 盤 盤

なりたち [形声]般(平らに広げる)音+皿。平らで大きな皿の意。

❶さら。物を載せる平らな台。また、そのような形のもの。
熟語「盤台・盤面・円盤・音盤・基盤・銀盤・原盤・骨盤・碁盤・水盤・旋盤・胎盤・銅盤・杯盤・名盤・配電盤・羅針盤」

❷大きい石。同 磐。
【盤石】(バンジャク) 「—の重み」「—の備え」別表記 磐石
熟語「岩盤・地盤・落盤」

❸わだかまる。曲がりくねる。
【盤▼踞】(バンキョ) ①わだかまりうずくまる。②広い土地に勢力を張って、そこを動かない。「地方に—する豪族」別表記 蟠踞
【盤根】(バンコン) わだかまった根。「—錯節(さくせつ)」

❹囲碁や将棋で、ある局面。
熟語「終盤・序盤・中盤」

ヒ

【比】

6級 4画 比-0 音 ヒ漢呉・ビ呉 訓 くら-べる・ころ・たぐい ①4070 Ⓤ6BD4

仮名 平仮名「ひ」は「比」の草体から。片仮名「ヒ」は「比」の旁(つくり)から。

難読 比目魚(ひらめ)

人名 これ・たか・たすく・ちか・つな・つね・とも・なみ・ひさ

筆順 一 ヒ ヒ 比

なりたち  [会意]人+人。人が二人並んでいる意から、並べてくらべる、したしむ意を表す。

❶くらべる。照らし合わせる。たとえる。
【比較】(ヒカク) くらべる。「両者を—検討する」「—にならない」

【比況】(ヒキョウ) 他とくらべてほかのものにたとえる。

【比定】(ヒテイ) 比較して推定する。「製作年代を—する」

【比喩】(ヒユ) 似たものにたとえて表現する。「—的表現」「—を交えて話す」別表記 譬喩
熟語「比興(ひきょう)・対比・無比・類比」

❷ならべる。ならぶ。
【比肩】(ヒケン) 匹敵する。「技術力では—するものがない」

【比翼】(ヒヨク) 二羽の鳥がつばさを並べる。「—の鳥」

【比翼連理】(ヒヨクレンリ) 男女がきわめて仲むつまじい。

注記「比翼の鳥」と「連理の枝」の意。

熟語「櫛比(しっぴ)・無比」

❸他の数量とくらべた割合。
【比重】(ヒジュウ) 「—の大きい金属」「軍事費の—が増す」

【比率】(ヒリツ) 二つ以上の数量を比較したときの割合。

【比例】(ヒレイ) 二つのものが一定の関係で変化する。「正—」「—配分」

熟語「比熱・逆比・正比・等比・反比・連比」

❹たぐい。同類。仲間。
【比類】(ヒルイ) くらべるもの。「天下に—のない名刀」
熟語「比倫・比隣」

❺ころ。このごろ。
熟語「比年・比来」

❻「比律賓(フィリピン)」の略。
熟語「比国・日比親善」

❼その他。当て字など。
【比▽丘】(ビク) 出家して、戒を受けた男性の僧。

【比▽丘尼】(ビクニ) 出家して、戒を受けた女性の僧。

【皮】

8級 5画 皮-0 音 ヒ 漢 呉 訓 かわ ①4073 Ⓤ76AE

難読 皮茸(こうたけ)・皮蛋(ピータン)

筆順 ノ 厂 广 皮 皮

なりたち [会意]「獣の、頭部つきの皮」＋又(手)。獣の皮を手ではぎ取る、また、かわの意。

❶かわ。動植物の表面をおおう組織。

【皮算用】(かわザンヨウ)「捕らぬ狸の―」

【皮下】(ヒカ) 皮膚の下。「―脂肪」

【皮革】(ヒカク) 動物の皮。またそれを加工したもの。

【皮脂】(ヒシ) 脂腺の分泌物。

【皮肉】(ヒニク) ①あてこすり。「―な言い方」②思い通りにいかない。「―な結果となる」

【皮膚】(ヒフ) 動物の体表をおおっている皮。「―呼吸」

【皮膜】(ヒマク) 表面の厚い膜。また、皮膚と粘膜。

熟語「外皮・果皮・牛皮・獣皮・種皮・樹皮・脱皮・表皮・面皮」

❷物事の表面。うわべ。

【皮相】(ヒソウ) ①物事の表面。うわべ。②うわべだけにとらわれている。「―な見方」

【妃】

準2級 6画 女-3 音 ヒ 漢 呉 訓 きさき ①4062 Ⓤ5983

人名 き・ひめ

筆順 く 女 女 女 妃 妃

なりたち [形声]女＋己(ひざまずいた人)音。王に連れそう女、きさきの意。

❶きさき。㋐皇后の次に位する後宮の女性。㋑皇帝や天皇の妻。

熟語 ㋐「妃嬪(ひひん)」㋑「王妃・后妃・皇妃・正妃」

❷皇太子や皇族の妻。

熟語「妃殿下・公妃・皇太子妃」

【否】

5級 7画 口-4 音 ヒ 慣 漢・フ 漢 訓 いな・いな-む・いや ①4061 Ⓤ5426

筆順 一 ア 不 不 否 否 否

なりたち [形声]不(否定の意)音＋口。そうでないと口で言う意。

❶㋐いなむ。同意しない。いな。いや。㋑…かそうでないか。上の語と反対の意味を表す語。

【否応】(いやオウ) 不承知と承知。「―なし」
【否決】(ヒケツ)「動議を―する」⇔可決
【否定】(ヒテイ)「うわさを―する」「―的見解」⇔肯定
【否認】(ヒニン) ある事実を認めない。「容疑を―する」⇔是認
熟語 ㋐「拒否」㋑「安否・可否・合否・採否・賛否・真否・正否・成否・存否・諾否・適否・当否・認否・能否・良否」

❷わるい。よくない。

熟語「否運」

【批】

5級 7画 手(扌)-4 音 ヒ 漢・ヘイ 漢 訓 う-つ ①4067 Ⓤ6279

筆順 一 十 扌 扌 扎 批 批

なりたち [形声]手＋比(くらべる)音。手でふれて比べる意から、よしあしを判定する意を表す。篆文では、手＋毘(つらなる)。

❶よしあしを判断する。

【批正】(ヒセイ) 批判して訂正する。「乞う御―」
【批難】(ヒナン) 欠点や過失を責める。別表記 非難
【批判】(ヒハン) 悪いところをあげつらう。「―を浴びる」
【批評】(ヒヒョウ) 是非について評価する。「―家」
熟語「高批」

❷書類などを決裁する。

【批准】(ヒジュン) 国家機関が承認する。「条約は国会で―された」

❸うつ。手でうつ。たたく。

【批▼鱗】(ヒリン) 逆鱗(げきりん)に触れる。

【泌】

⇨ヒツ(五五二ページ)

【彼】

4級 8画 彳-5 音 ヒ 漢 呉 訓 かれ・かの・か ①4064 Ⓤ5F7C

人名 のぶ

難読 彼方(あちら・あっち・あなた・おちかた・かなた)・彼処(あそこ・かしこ)・彼奴(あいつ・あやつ・かやつ・きやつ)

筆順 ノ ク 彳 彳 彷 彷 彼 彼

なりたち [形声]彳(ゆく)＋皮(獣の皮を手ではぎ取る)音。はぎ取られた皮が身から遠ざかるように遠く離れたところへゆく意から、かなた・かれの意を表す。

かれ。あちら。か。かの。あの。


【彼▼此】(かれこれ) あれこれ。「―言うべきではない」

【彼も一時此れも一時】(かれもいちじこれもいちじ) 世間のことは時とともに変転して一定しない。出典「孟子公孫丑下」より。

【彼も人なり予も人なり】(かれもひとなりわれもひとなり) 同じ人間なのだから、人にできて自分にできないはずがない。出典 韓愈の「原毀」より。

【彼を知り己を知れば百戦殆うからず】(かれをしりおのれをしればひゃくせんあやうからず) 敵と味方の情勢を知り、その優劣・長短を把握してい

れば、何度戦っても負けることがない。出典「孫子〈謀攻〉」より。

【彼は▽誰時】かわたれどき　明け方の薄暗い時。注記「彼はだれか」とたずねる意。

【彼我】ひが　相手方と自分方。「—の力は伯仲する」

【彼岸】ひがん　①〔仏〕迷いを脱し、生死を超越した理想の境地。②春分の日・秋分の日を中心とする各七日間。

【披】
準2級　8画　手(扌)-5　音 ヒ 漢 呉　訓 ひら-く　①4068　Ⓤ62AB

人名 ひら・ひろ

筆順 一 扌 扌 扩 扩 扩 披 披

なりたち 〔形声〕手＋皮（獣の皮をはぎ取る）音。皮を手でひらくの意。

❶ひらく。ひろげる。あける。

【披見】ひけん　手紙を開いて見る。「—を許さず」

【披▼瀝】ひれき　「見解を—する」

【披露】ひろう　「練習の成果を—する」「結婚—宴」

熟語「披閲・披針・披陳・披展・直披〈じきひ（ちょくひ）〉・親披」

❷着る。はおる。同被。

熟語「披風〈ひふ〉」

【肥】
6級　8画　肉(月)-4　音 ヒ 漢 呉　訓 こえる・こえ・こやす・こやし　①4078　Ⓤ80A5

人名 うま・とし・とみ・とも・みつ・ゆたか

筆順 丿 刀 月 月 月丁 肸 肸 肥

なりたち 〔会意〕肉＋巴（卩の変形、ひざを地につける）。肉がつく意から、こえる意を表す。

❶こえる。ふとる。

【肥育】ひいく　家畜の肉量・肉質を良くするため、良質の飼料を与えて飼育する。

【肥厚】ひこう　皮膚や粘膜などがはれて厚くなる。

【肥大】ひだい　太って大きくなる。「心臓—」

【肥満】ひまん　体が肥えふとる。「—体質」

熟語「肥馬」

❷こえる。土地が栄養分に富む。

【肥沃】ひよく　土地が肥えていて作物がよくできる。「—な土地」

熟語「肥饒〈ひじょう〉・肥痩〈ひそう〉・肥土」

❸こえ。こやし。また、こやす。

【肥▼溜め】こえだめ　肥料にする糞尿〈ふんにょう〉をためておく所。

【肥培】ひばい　肥料をやって作物を栽培する。

【肥料】ひりょう　「有機—」「化成—」

熟語「基肥・厩肥・魚肥・金肥・施肥・堆肥・追肥・緑肥」

❹〔国〕「肥国〈ひのくに〉」の略。

【肥後】ひご　旧国名の一。熊本県全域に当たる。

【肥前】ひぜん　旧国名の一。佐賀県と壱岐〈いき〉・対馬を除く長崎県に当たる。

熟語「肥州・薩長〈さっちょう〉土肥」

【非】
6級　8画　非-0　音 ヒ 漢 呉　訓 あら-ず　①4083　Ⓤ975E

筆順 丿 ナ ヺ ヺ 非 非 非 非

なりたち 〔象形〕羽が互いに左右にそむいている形で、そむくの意。転じて、否定の意をも表す。

❶そむく。正しくない。道理に合わない。

【非違】ひい　法にはずれている。違法。「—を正す」

【非行】ひこう　「—少年」「—に走る」

【非道】ひどう　人の道にはずれている。「極悪—」

【非理】ひり　道理にあわない。非道。

【非礼】ひれい　礼儀にはずれる。「—なふるまい」

熟語「非義・非分・非法・是非・前非・理非・是是非非」

❷そしる。けなす。

【非議】ひぎ　批判する。そしる。別表記 誹議

【非難】ひなん　「—囂々〈ごうごう〉」別表記 批難

熟語「非斥」

❸あらず。否定の意を表す語。…でない。…がない。

【非運】ひうん　不運。「—をなげく」⇔好運・幸運。別表記 否運

【非業】ひごう　前世の因縁によってではなく、現世の災難などによること。「—の死を遂げる」

【非才】ひさい　才能がない。「浅学—」別表記 菲才

【非常】ひじょう　①さしせまった事態。「—口」②はなはだしいさま。「—に厳しい」「—な努力」

【非情】ひじょう　「—な仕打ち」「—の雨」

【非番】ひばん　勤務日ではないこと。

【非凡】ひぼん　「—な才能」⇔平凡

【非命】ひめい　思いがけない災難で死ぬ。「—にたおれる」

【非力】ひりき　力量がない。「—をわびる」

熟語「非意・非次・非時・非勢・非俗・非類・非常識」

【卑】
3級　9画　十-7　音 ヒ 漢 呉　訓 いやしい・いやしむ・いやしめる　①4060　Ⓤ5351

【卑】8画　十-6　③1478　ⓊFA35

筆順 ′ ľ 冂 巾 由 由 曳 卑

なりたち 〔会意〕とってのついた酒器（「甲」の下部左横に、丶）＋手（ナ）。日常手にする器具の意。祭器に比べて下等であることから、いやしいの意に用いる。

❶いやしい。地位や身分が低い。下劣である。⇔尊。
【卑官】(ヒカン) 階級の低い官職。⇔顕官
【卑怯】(ヒキョウ) 「—な振る舞い」「—者」
【卑屈】(ヒクツ) 自分を卑しめてへつらう。「—な態度」
【卑語】(ヒゴ) 卑しい言葉。世俗の言葉。別表記 鄙語
【卑賤】(ヒセン) 「—の身」別表記 鄙賤
【卑属】(ヒゾク) 「直系—」⇔尊属
【卑劣】(ヒレツ) 卑しくて劣る。「—な男」別表記 鄙劣
【卑猥】(ヒワイ) 下品でみだら。「—な言葉」別表記 鄙猥
熟語「卑俗・卑陋・下卑・高卑・尊卑・野卑」
❷いやしむ。いやしめる。へりくだる。⇔尊。
【卑下】(ヒゲ) へりくだる。「必要以上に—する」
【卑見】(ヒケン) 自分の意見をへりくだっていう。「—を述べれば…」別表記 鄙見
熟語「卑称・男尊女卑」
❸身近(みぢ)か。
【卑近】(ヒキン) 日常的で手近なさま。「—な例」

【飛】
7級　9画　飛-0　音 ヒ 漢 呉　訓 とぶ・とばす　①4084　Ⓤ98DB

難読 飛白(かすり)(ひはく)・飛沫(しぶき)・飛魚(あご)・飛鳥(あすか)・飛蝗(ばった)・飛礫(つぶて)
人名 たか
筆順 
なりたち  [象形]鳥が羽を広げて飛ぶさまにかたどる。

◉異字同訓◉
◇とぶ(飛・跳)
「飛ぶ」は"空中を進む。大急ぎで行く"などの意。「空を飛ぶ鳥」「ロンドンへ飛ぶ」「飛んで帰る」「怒声が飛ぶ」「大臣の首が飛ぶ」

「跳ぶ」は"高くはねる。はねて越える"の意。「バッタがぴょんと跳ぶ」「バーを跳ぶ」「小川を跳びこえる」「三段跳び」

❶とぶ。とばす。空中を移動する。
【飛燕】(ヒエン) 飛んでいるツバメ。「—のような早わざ」

【飛行】(ヒコウ) 「低空—」「—機」「—船」「—場」

【飛翔】(ヒショウ) 空中を飛ぶ。「なぞの—物体」

【飛鳥】(ヒチョウ) 空を飛ぶ鳥。

【飛鳥(ひちょう)尽(つ)きて良弓(りょうきゅう)蔵(かく)る】 どんなに有能でも、用がなくなると捨てられることのたとえ。狡兎(こうと)死して走狗(そうく)烹(に)らる。出典「史記越世家」より。

【飛来】(ヒライ) 飛んで来る。「渡り鳥が—する」

【飛竜】(ヒリュウ) 空を飛ぶという竜。また、聖人・英雄。

熟語「飛弾・飛天・群飛・雄飛」
❷はねて高く上がる。はねて散る。
【飛花】(ヒカ) 風に飛び散る花びら。「—落葉」

【飛散】(ヒサン) 飛び散る。「スギ花粉が—する」

【飛白】(ヒハク) ①漢字の書体の一。刷毛(はけ)でかすれ書きにしたもの。②かすれたように見える模様。かすり。

【飛沫】(ヒマツ) 細かく飛び散る水滴。しぶき。

【飛躍】(ヒヤク) 「—的に伸びる」「論理が—する」

熟語「飛泉・飛湍(ひたん)・飛瀑・飛揚(ひよう)」
❸空中をかけるように速い。
【飛札】(ヒサツ) 急ぎの手紙。急報。飛書。飛信。

【飛耳長目】(ヒジチョウモク) 物事の観察に鋭敏である。注記 遠くのことをよく見聞きする耳目の意。

【飛車】(ヒシャ) 将棋の駒の一。

【飛電】(ヒデン) ①いなずま。②至急の電報。

【飛報】(ヒホウ) 急ぎの知らせ。急報。
❹根拠がない。でたらめ。
【飛語】(ヒゴ) 根拠のないうわさ。「流言—」別表記 蜚語
❺(国)「飛球」の略。野球で、フライ。
熟語「飛球・左飛・邪飛・遊飛」
❻(国)「飛騨(ひだ)国」の略。
【飛騨】(ひだ) 旧国名の一。岐阜県北部に当たる。飛州。
熟語「飛州」

ヒ

【疲】
4級　10画　疒-5　音 ヒ 漢 呉　訓 つかれる・つからす　①4072　Ⓤ75B2

筆順 
なりたち  [形声]疒+皮(へなへなとたるんだかわ)音。病にかかったようにぐったりとして力が抜けている意から、つかれる意を表す。

つかれる。くたびれる。つからす。

【疲弊】(ヒヘイ) つかれて弱る。「国力が—する」

【疲労】(ヒロウ) つかれる。くたびれる。「—困憊(こんぱい)」

熟語「疲馬・疲憊(ひはい)」

【秘】
5級　10画　禾-5　音 ヒ 漢 呉　訓 ひめる・かくす・ひそか　①4075　Ⓤ79D8
【祕】10画　示-5　②6716　Ⓤ7955

難読 秘露(ペルー)
人名 なみ・み・やす
筆順 
なりたち  [形声]示(かみ)+必(きつく締めつける)音。きつく閉ざされた神の世界の物事の意から、人知ではうかがい知れない意を表す。「秘」は俗字。

❶ひめる。かくす。ひそか。

【秘計】ヒケイ 秘密のはかりごと。「―をめぐらす」
【秘▼訣】ヒケツ うまい方法。「成功の―」
【秘策】ヒサク 秘密のはかりごと。「―を練る」
【秘事】ヒジ 秘密の事柄。ひめごと。
【秘書】ヒショ 「社長の―」
【秘蔵】ヒゾウ 大切に隠し持つ。「―の名刀」
【秘伝】ヒデン ひそかに伝えられる技術。「―のたれ」
【秘匿】ヒトク 隠して他人に見せない。「―情報」
【秘宝】ヒホウ 大切にしまっておく宝物。「―展」
【秘密】ヒミツ 隠して人に知らせない。「―がもれる」
【秘話】ヒワ 人々に知られていない話。
熟語「秘曲・秘史・秘術・秘中・秘仏・秘方・秘法・秘本・秘薬・秘録・厳秘・極秘(ごくひ)・守秘・深秘・黙秘」

❷奥深くて知ることができない。

【秘奥】ヒオウ 物事の奥深いところ。「人生の―」
【秘境】ヒキョウ 人がまだ行ったことのない地。
熟語「奥秘・神秘」

❸つまる。通じが悪い。

熟語「秘結・便秘」

【被】

4級 10画 衣(衤)-5
音 ヒ 漢 呉
訓 こうむる・おお-う・かぶ-せる・かぶ-る・ら-る
①4079 Ⓤ88AB

難読 被綿(きせわた)
人名 ます
筆順 ラ ネ ネ ネ 衤 衤 衤 被
なりたち [形声]衣＋皮(かわ)音。獣の皮のように体をおおう夜着、また、おおうの意。

❶おおう。かぶせる。また、着る。かぶる。

【被服】ヒフク 着る物。衣服。「―費」
【被覆】ヒフク おおいかぶせる。「ビニールで―する」
【被膜】ヒマク おおい包んでいる膜。
熟語「被髪・被布・被子植物・衣被(きぬかつぎ)(ひい)・外被・花被・光被・半被(はっぴ)・法被(はっぴ)・緑被」

❷こうむる。利益や害を受ける。

【被害】ヒガイ 害を受ける。「―者」「甚大な―」
【被災】ヒサイ 罹災(りさい)。「―者」「―地」
【被弾】ヒダン 弾丸に当たる。「何か所も―した機体」
【被爆】ヒバク 爆撃をうける。特に、原水爆の被害をうける。「―者」
【被▼曝】ヒバク 放射線にさらされる。「―事故」

❸受け身の意を表す語。

【被疑者】ヒギシャ 容疑者。
【被告】ヒコク ①民事事件で、原告により訴えられた側。⇔原告。②「被告人」の略。刑事訴訟において、起訴され裁判をうけている者。
【被写体】ヒシャタイ 撮影の対象となる人・物や景色。

【悲】

8級 12画 心-8
音 ヒ 漢 呉
訓 かなしい・かなしむ
①4065 Ⓤ60B2

筆順 丿 ナ ヲ ヲ 非 非 非 悲 悲
なりたち [形声]非(そむく)音＋心。心が左右に引き裂かれるようにかなしむの意。

❶かなしい。つらく切ない。かなしむ。かなしみ。

【悲哀】ヒアイ 「人生の―を感じる」
【悲観】ヒカン 「将来を―する」「―主義」⇔楽観
【悲喜】ヒキ 悲しみと喜び。「―こもごもの結果」
【悲劇】ヒゲキ 「―のヒロイン」⇔喜劇
【悲惨・悲酸】ヒサン むごく痛ましい。「―な光景」
【悲壮】ヒソウ 悲しい中にりりしさがある。「―感」
【悲▼愴】ヒソウ 悲しくいたましい。「―な顔つき」
【悲嘆・悲▼歎】ヒタン 悲しみなげく。「―にくれる」
【悲痛】ヒツウ 「―な面持ち」
【悲憤】ヒフン 悲しみいきどおる。「―慷慨(こうがい)」
【悲報】ヒホウ 悲しい知らせ。凶報。「―が届く」
【悲鳴】ヒメイ 「突如ひびきわたる―」
熟語「悲運・悲歌・悲泣・悲況・悲境・悲愁・悲傷・悲調・悲風・悲涙・悲恋・悲話」

❷仏教で、あわれみの心。

【悲願】ヒガン ①仏・菩薩(ぼさつ)の大慈悲に基づく誓願。②悲壮な願い。「―達成に燃える」
熟語「悲母・慈悲・大悲(だいひ)」

【扉】

準2級 12画 戸(戶)-8
音 ヒ 漢 呉
訓 とびら
①4066 Ⓤ6249

〔扉〕 12画 戸-8 ― ―

人名 もち
筆順 ＝ ヨ 戸 戸 戸 戸 肩 扉 扉
なりたち [形声]戸＋非(左右にそむく)音。左右両方に開くとびらの意。

とびら。両開きのと。

熟語「開扉・叩扉・柴扉(さいひ)・鉄扉・門扉」

【費】

7級 12画 貝-5
音 ヒ 漢 呉
訓 ついやす・ついえる
①4081 Ⓤ8CBB

筆順 ㇖ ㇖ 弓 弗 弗 弗 費 費
なりたち [形声]貝(財貨)＋弗(はらいのぞく)音。金銭がなくなる、ついやすの意。

◇ついえる(費・▽潰) ◉異字同訓◉

「**費える**」は"むだに過ぎる。とぼしくなる"の意。「空しく時が費える」「財産が費える」「**潰える**」は"だめになる。敗れる"の意。「弊える」とも書く。「夢が潰える」

❶ついやす。ついえる。使ってなくす。

【費消】ヒショウ　金品などを使い尽くす。「公金―」

【費途】ヒト　金銭の使いみち。使途。「―の明示」

熟語「空費・出費・消費・乱費・浪費」

❷使われる金銭。

【費目】ヒモク　支出する費用の経理科目上の名目。

【費用】ヒヨウ　ある事のために必要な金銭。「旅行―」「―対効果」

熟語「会費・学費・巨費・経費・公費・国費・歳費・私費・自費・実費・出費・冗費・食費・燃費・旅費」

【碑】

3級　14画　石-9　音 **ヒ** 漢 呉　訓 いしぶみ　①4074 Ⓤ7891

【碑】13画　石-8　③8907 ⓊFA4B

筆順　一 石 石' 矿 砷 碑 碑

なりたち　[形声]石＋卑(ひくい)音。高さのひくい石の意で、多くは立てて置かれた。のちに、文字をほりつけた石の意に用いる。

いしぶみ。文字を刻んだ石。

【碑文】ヒブン　石碑に刻みつけた文章。

【碑銘】ヒメイ　石碑に刻みつけた銘。

熟語「碑碣(ひけつ)・歌碑・句碑・建碑・口碑・古碑・詩碑・石碑・墓碑・記念碑」

【罷】

準2級　15画　网(罒)-10　音 **ヒ** 漢　訓 まか-る・や-める　①4077 Ⓤ7F77

筆順　冂 罒 罒 罗 罢 罷 罷 罷

なりたち　[会意]网(あみ)＋能(クマがよく働く)。よく働いていた者があみにかかったように動きをやめるの意。

❶やめる。中止する。やめさせる。免職する。

【罷業】ヒギョウ　①仕事をしない。②「同盟罷業」の略。ストライキ。

【罷免】ヒメン　その意に反して職務をやめさせる。「理事を―する」

熟語「罷工・罷買同盟・廃罷」

❷(国)まかる。動詞について、謙譲・丁寧・強調の意を表す。

熟語「罷り出る・罷り通る・身罷る」

【避】

4級　16画　辵(辶)-13　音 **ヒ** 漢 呉　訓 **さ**ける　①4082 Ⓤ907F

【避】17画　辵(辶)-13

筆順　コ 尸 尸 启 辟 辟 避 避

なりたち　[形声]辵(足の動作)＋辟(左右に平らに切りひらく)音。体を横にひらいて、よけるの意。

さける。さる。よける。

【避寒】ヒカン　冬の寒さを避けて暖かい土地へ行く。

【避暑】ヒショ　夏の暑さを避けて涼しい土地へ行く。

【避難】ヒナン　災難を避け立ち退く。「―所」「―民」

【避妊】ヒニン　受胎調節。「―薬」

【避雷】ヒライ　落雷による被害を避ける。「―針」

熟語「避雷針・回避・忌避・待避・退避・逃避・遁避(とんぴ)・不可避」

ビ

【尾】

人名 すえ　4級　7画　尸-4　音 **ビ** 漢・ミ 呉　訓 **お**　①4088 Ⓤ5C3E

筆順　コ 尸 尸 尸 尾 尾

なりたち　[会意]尸(しり)＋毛。しりにはえている毛の意から、しっぽ・おの意を表す。

❶お。動物のしっぽ。

【尾羽】おは　鳥の尾とはね。「―うち枯らす(=すっかり落ちぶれる)」

【尾花】おばな　ススキの花穂。「枯れ―」

【尾▼鰭】おひれ　魚の尾と鰭。「―をつける(=話を誇張する)」

〔尾(お)を泥中(でいちゅう)に曳(ひ)く〕　仕官せずにのんびり暮らす。曳尾塗中(えいびとちゅう)。出典「荘子 秋水」より。

〔尾大(びだい)掉(ふる)わず〕　上位の者が弱く下位の者が強いと思うままに制御できないの意。出典「左氏伝 昭公十一年」より。

熟語「尾骨・尾骶骨・燕尾・交尾・竜頭蛇尾」

❷うしろ。あと。すえ。背後。物事のうしろの方。

【尾行】ビコウ　気づかれないようにあとをつけて行く。「容疑者を―する」

【尾灯】ビトウ　自動車などの後部につけるあかり。

【尾翼】ビヨク　飛行機などの後部にとりつけた翼。

熟語「尾撃・尾錠・後尾・語尾・首尾・船尾・掉尾(ちょうび)・追尾・末尾・接尾語・徹頭徹尾」

❸び。魚を数える語。

熟語「一尾」

ヒ

❹（国）「尾張(おわり)国」の略。

【尾張】おわり　旧国名の一。愛知県西半分にあたる。尾州(びしゅう)。

熟語「尾州・濃尾」

❺その他。人名・当て字など。

【尾生の信】ビセイのシン　ばか正直に約束を守るだけで融通がきかない。愚直。出典「荘子盗跖」より。魯の尾生という男が橋の下で会う約束をして女を待っていたが、折から増水してきた水のためにおぼれ死んだという故事から。

【尾籠】ビロウ　話しが不潔である。「—な話」注記「おこ（痴）」の当て字「尾籠」を音読みした語。

【尾根】おね　山の稜線(りょうせん)。「—伝いに歩く」

【眉】

2級　9画　目-4　新常用　音 ビ漢・ミ呉　訓 まゆ　①4093 Ⓤ7709

難読 眉目(みめ)(びもく)・眉尖刀(なぎなた)・眉庇(まびさし)

人名 まゆ

筆順 ㇇ ㇇ 尸 尸 屌 眉 眉

なりたち ［象形］目の上に毛があるさまにかたどる。まゆの意。

❶まゆ。まゆげ。

【眉宇】ビウ　まゆのあたり。まゆ。

【眉目】ビモク　眉と目。また、容貌。「—秀麗」

【眉毛】まゆげ　眉。また、眉に生えている毛。

【眉墨】まゆずみ　眉を書くための墨。別表記 黛

【眉唾】まゆつば　「—物（＝うかつに信用できないもの）」

【眉間】ミケン　眉と眉の間。「—にしわを寄せる」

熟語「眉月・眉睫(びしょう)・眉月(まゆづき)・蛾眉(がび)・秀眉・愁眉・焦眉・拝眉・白眉・柳眉」

【美】

8級　9画　羊-3　音 ビ漢・ミ呉　訓 うつくしい　①4094 Ⓤ7F8E

仮名 平仮名「み」は「美」の草体から。

難読 美味(うまい)・美味しい(おいしい)

人名 きよし・とみ・はし・はる・み・みつ・よ・よし

筆順 丶 ソ 䒑 兰 羊 美 美

なりたち ［会意］羊＋大。大きく立派なひつじの意から、うつくしい、よいの意を表す。

❶うつくしい。きれい。

【美化】ビカ　「—委員」「結婚を—して語る」

【美学】ビガク　美の本質や原理を研究する学問。

【美観】ビカン　美しい風景。「—を損なう」

【美形】ビケイ　美しい顔だち。美人。

【美辞】ビジ　美しく飾った言葉。「—麗句」

【美醜】ビシュウ　美しいことと醜いこと。

【美術】ビジュツ　絵画・彫刻・建築・工芸など。「—館」

【美女】ビジョ　容姿の美しい女性。「—と野獣」

【美人】ビジン　美しい容貌の女性。美女。「—画」

【美声】ビセイ　美しい声。よい声。⇔悪声

【美的】ビテキ　美に関するさま。「—なセンス」

【美男】ビナン　容姿の美しい男。美男子。

【美文】ビブン　技巧を凝らした文章。「—調」

【美貌】ビボウ　美しい顔かたち。

【美名】ビメイ　①よい評判。②体裁のよい名目。「教育の—に隠れる」

【美容】ビヨウ　顔や体を美しくする。「—体操」

熟語「美感・美顔・美妙・美麗・美姫・美技・美景・美粧・美神・美髯・美装・美意識・美丈夫・美辞麗句・審美・耽美・優美・真善美」

❷うまい。おいしい。

【美酒】ビシュ　うまざけ。「勝利の—に酔う」

【美食】ビショク　おいしい物ばかりを食べる。「—家(か)」

【美味】ビミ　うまい。うまい食べ物や飲み物。

熟語「甘美」

❸よい。すぐれている。立派。

【美挙】ビキョ　ほめるべき立派なおこない。

【美質】ビシツ　すぐれた性質や容姿。「生来の—」

【美俗】ビゾク　よい風俗。「醇風(じゅんぷう)—」

【美談】ビダン　聞く人を感動させる話。

【美点】ビテン　優れている点。長所。

【美田】ビデン　肥えた田。「児孫のために—を買わず」

【美徳】ビトク　立派な徳。美しい徳行。「謙譲の—」

【美風】ビフウ　よいならわし。好ましい風習。

❹ほめる。たたえる。

熟語「美称・賛美・賞美・嘆美・褒美」

❺その他。当て字・旧国名など。

【〈美人局〉】つつもたせ　女に男を誘惑させ、その男から金品をゆすりとる。

【美濃】みの　旧国名の一。岐阜県の中部・南部に相当。濃州。

【美作】みまさか　旧国名の一。岡山県北東部に相当。作州。

【備】

6級　12画　人(亻)-10　音 ビ呉・ヒ漢　訓 そなえる・そなわる・つぶさに　①4087 Ⓤ5099

人名 たる・とも・なが・なり・のぶ・まさ・みつ・みな・よ・よし・より

筆順 亻 仁 付 伴 借 備 備

なりたち ［形声］人＋葡（矢をそろえて入れたえびら）音。同じような人をそろえて万一にそなえるの意。

◉異字同訓◉

◇そなえる（備・▽具）

ヒ

「備える」は"用意をする。設備する"の意。「老後に備えて貯金する」「防犯カメラを備える」
「具える」は"生まれつき身につけている"の意。「徳を具えた人」

❶そなえる。そなわる。そなえつける。
【備考】ビコウ 本文を補うことがら。「—欄」
【備荒】ビコウ 凶作への準備をしておく。「—作物」
【備蓄】ビチク 万一に備えたくわえる。「食糧—」「石油—基地」
【備品】ビヒン 備えつけてある品物。「学校の—」
【備忘】ビボウ 忘れたときのために用意しておく。
熟語「完備・具備・軍備・警備・兼備・守備・準備・常備・整備・設備・戦備・装備・配備・不備・武備・防備・予備」
❷(国)「吉備(きび)国」の略。
【備前】ビゼン 旧国名の一。岡山県南東部に当たる。
【備中】ビッチュウ 旧国名の一。岡山県西部に当たる。
【備後】ビンゴ 旧国名の一。広島県東部に当たる。
熟語「備州・芸備・伯備」

【微】

4級 13画 彳-10 音 ビ漢・ミ呉 訓 かす-か・ひそ-か ①4089 Ⓤ5FAE

〔微〕13画 彳-10

難読 微風(そよかぜ)・微笑(ほほえみ)・微酔(ほろよい)・微温湯(ぬるまゆ(ぬるゆ))・微睡(まどろむ)

人名 まれ・よし

筆順 彳 彳' 彳屮 彳屮 彳屵 彳嶶 徴 微

なりたち [形声]彳(ゆく)+𢼸(目立たないようにこっそりと行う)音。人目にたたないように忍び歩きをする意から、かすか・わずかの意を表す。

❶かすか。わずか。ほのか。ひそか。
【微温】ビオン なまぬるい。「—的な態度」
【微行】ビコウ 身分のある人がこっそりと出歩く。
【微罪】ビザイ 軽い罪。「—処分」
【微笑】ビショウ ほほえむ。ほほえみ。
【微動】ビドウ かすかに動く。「—だにしない」
【微微】ビビ ごくわずかである。「—たる存在」
【微妙】ミミョウ 「—な味わい」「—にちがう」
熟語「微雨・微醺(びくん)・微光・微罪・微弱・微酔・微熱・微風・微量・微禄・微苦笑・隠微・機微・軽微・幽微」
❷非常に小さい。細かい。
【微細】ビサイ きわめて細かい。
【微視的】ビシテキ 「—な世界」⇔巨視的
【微弱】ビジャク かすかで弱い。「—な振動」
【微小】ビショウ きわめて小さい。「—な生物」
【微生物】ビセイブツ きわめて小さな生物。細菌・酵母・原生動物など。
【微▼塵】ミジン 「—切り」「ごまかすつもりは—(=ほんの少し)もない」
熟語「微少・微分・微生物・微粒子・極微・細微・精微・顕微鏡」
❸地位や身分が低い。
熟語「微臣・微賤(びせん)」
❹衰える。
熟語「微運・衰微」
❺自分に関していう謙称。
【微意】ビイ 自分の気持ちをへりくだっていう。
【微志】ビシ 自分の志をへりくだっていう。
【微衷】ビチュウ 自分の本心をへりくだっていう。
【微力】ビリョク 自分の力量をへりくだっていう。「—ながら全力を尽くします」

ヒ

【鼻】

8級 14画 鼻(鼻)-0 音 ビ呉・ヒ漢 訓 はな ①4101 Ⓤ9F3B

〔鼻〕14画 鼻-0

筆順 ′ 白 自 畠 畠 畠 畠 鼻

なりたち [形声]自(人の鼻の象形)+畀(手から手へ物を渡す)音。空気が通るはなの意。「自」が原字で、篆文で「畀」を加えた。

❶はな。動物の呼吸や嗅覚の器官。
【鼻息】はないき 「—が荒い(=威勢がいい)」
【鼻薬】はなぐすり 少額の賄賂。「—をきかせる」
【鼻柱】はなばしら 負けず嫌いな気性。はなっぱしら。「—が強い」
【鼻孔】ビコウ 鼻のあな。
【鼻▼腔】ビコウ 鼻のあなの奥のほうの空間。
【鼻息】ビソク ①はないき。②他人の機嫌・意向。「—をうかがう」
【鼻翼】ビヨク 鼻の両側のふくれている部分。
【鼻▼梁】ビリョウ はなすじ。はなばしら。
熟語「鼻炎・鼻音・鼻骨・阿鼻・酸鼻・目鼻(めはな)・耳鼻科・隆鼻術」
❷はじめ。最初。
【鼻祖】ビソ その事を始めた人。始祖。元祖。

ひざ

【膝】

2級 15画 肉(月)-11 新常用 音 シツ漢呉・シチ呉 訓 ひざ ①4108 Ⓤ819D

筆順 月 月 月十 月木 脥 膝 膝 膝

なりたち ［形声］もと「厀」に作り、桼（木から汁が一滴ずつしたたるさまの象形）音＋「卩の変形」（ひざまずく）。潤いがあって、ひざまずく時に地につける肉体の部分、ひざの意。「膝」は俗字で、からだの一部であることを明確にするために「肉（月）」を用いた。

ひざ。脚の、ももとすねをつなぐ関節の前面。

【膝下】（シッカ） ひざもと。「父母の―を離れる」

【膝行】（シッコウ） 神前や貴人の前で、ひざをついたまま進退する。

【膝送り】（ひざおくり） 膝を動かして、順に席をつめる。

【膝頭】（ひざがしら） 膝の関節の外側の部分。膝小僧。

【膝小僧】（ひざこゾウ） ひざがしら。ひざっこぞう。

【膝詰め】（ひざづめ） 「―談判（＝強硬に交渉する）」

【膝枕】（ひざまくら） 他人の膝を枕にして横になる。

【膝元】（ひざもと） 膝の近く。「将軍のお―（＝身の近く）」

ひじ

【肘】

2級　7画　肉（月）-3　新常用

音 チュウ（チウ）漢呉

訓 ひじ

①4110　Ⓤ8098

筆順 丿 刀 月 月 肘 肘 肘

なりたち ［会意］肉＋寸（手）。「肘」の俗字。「肘」は肉＋丑（ひじ）音の形声文字。「丑」はうでを曲げたさまの象形文字で、のち十二支の名の意で用いられるようになったことから、「肉（月）」を加えた。

ひじ。腕の関節の部分。

【肘鉄】（ひじテツ） 「肘鉄砲」の略。「―を食わせる」

【肘鉄砲】（ひじデッポウ） 腕を曲げ、肘で突きのける。「―を食う」

【肘枕】（ひじまくら） 自分の肘を枕にして横になる。

熟語 「掣肘」

ヒツ

【匹】

4級　4画　匚-2

音 ヒツ漢呉

訓 ひき・たぐい

①4104　Ⓤ5339

人名 あつ・とも

筆順 一 厂 兀 匹

なりたち ［会意］金文では、「乚（垂らした布）＋〓（二枚の布）。ふた織りの布で、布の長さ一匹（ひと織りが二丈で、一匹は四丈にあたる）であることを表す。

❶たぐい。なかま。対（つい）になる。つれそう。

【匹偶・匹▼耦】（ヒツグウ） ①夫婦。②なかま。

【匹▼儔】（ヒッチュウ） 匹敵する。

【匹敵】（ヒッテキ） 「彼に―する投手はいない」

❷ひとり。ひとつ。また、ふつうの。身分の低い。

【匹夫】（ヒップ） 身分の低い男。

【匹婦】（ヒップ） 身分の低い女。「匹夫―」

【匹夫（ひっぷ）の勇（ゆう）】 ただ血気にはやって行動したがるだけの勇気。蛮勇。出典「孟子 梁恵王下」より。

〖匹夫（ひっぷ）も志（こころざし）を奪（うば）うべからず〗 たとえ身分の低い男でも、意志が堅固ならば、何人もそれを動かすことはできない。出典「論語 子罕」より。

❸（国）ひき。獣・鳥・魚・虫などを数える語。また、布地、特に絹織物の長さの単位。

熟語 「絹一匹・金魚三匹」

【必】

7級　5画　心-1

音 ヒツ漢呉

訓 かならず

①4112　Ⓤ5FC5

人名 さだ

筆順 丶 ソ 义 必 必

なりたち ［会意］弋（くい）＋八（ひも）。ひもを巻いて武器に取りつけた柄の意。「柲」の原字。きつく締めつけると、はずれないことから、かならずの意を表す。

❶かならず。間違いなく。きっと。

【必殺】（ヒッサツ） 相手を必ず殺す。「―技」

【必死】（ヒッシ） 「―に逃げる」「―の形相（ぎょうそう）」

【必至】（ヒッシ） 必ずそうなる。「解散は―の情勢だ」

【必需】（ヒツジュ） 必ず要ること。「―品」

【必勝・必▼捷】（ヒッショウ） 必ず勝つ。「―の信念」

【必定】（ヒツジョウ） 「敵の敗北は―だ」

【必然】（ヒツゼン） 必ずそうなると決まっている。「―的」⇕蓋然

【必中】（ヒッチュウ） 必ず命中する。「一発―」

【必罰】（ヒツバツ） 罪ある者を必ず罰する。「信賞―」

【必滅】（ヒツメツ） 必ず滅びる。「生者―」

❷ぜひとも。どうしても。

【必携】（ヒッケイ） 「―の辞典」

【必見】（ヒッケン） 「美術ファン―の展覧会」

【必修】（ヒッシュウ） 「―科目」

【必須】（ヒッス） なくてはならないこと。ひっしゅ。「―の条件」

【必着】（ヒッチャク） 「三日までに―のこと」

【必読】（ヒツドク） 「―の書」

【必用】（ヒツヨウ） 必ず使用する。必要。

【必要】（ヒツヨウ） なくてはならない。「―は発明の母」

【泌】

3級　8画　水（氵）-5

音 ヒツ漢・ヒ漢

①4071　Ⓤ6CCC

筆順 丶 冫 氵 氵 沁 泌 泌 泌

なりたち 〔形声〕水＋必(きつく締めつける)音。きつく締めつけて液体をしぼり出すの意。

❸しみる。にじみ出る。

【泌尿器】ヒニョウキ 腎臓・膀胱(ぼうこう)など、尿の排出を行う器官。ひつにょうき。

熟語「分泌(ぶんぴつ)(ぶんぴ)」

【筆】

8級 12画 竹-6 音 ヒツ 漢呉 訓 ふで ①4114 Ⓤ7B46

筆順 ⺈ ⺮ 竹 竺 笁 笔 筀 筆

なりたち 〔形声〕竹＋聿(ふで)音。竹の柄を付けたふでの意。

❶ふで。字や絵を書く用具。

【筆硯・筆研】ヒッケン 筆と硯(すずり)。また、文章を書く。

【筆紙】ヒッシ 筆と紙。また、文章に書き表す。「―に尽くしがたい」

【筆洗】ヒッセン 筆の穂先を洗う器。

【筆墨】ヒツボク 筆と墨。「―に親しむ」

熟語「鉛筆・朱筆・石筆・鉄筆・毛筆・万年筆」

❷書く。また、書かれたもの。

【筆記】ヒッキ 書き記す。「講義を―する」

【筆耕】ヒッコウ 文章や文字を書き写す。「―料」

【筆写】ヒッシャ 書き写す。「経典を―する」

【筆者】ヒッシャ 文章や書画を書いた人。

【筆順】ヒツジュン 漢字を書くときの筆運びの順序。

【筆跡・筆蹟】ヒッセキ 書かれた字。「―鑑定」

【筆舌】ヒツゼツ 文章と言葉。「―に尽くしがたい」

【筆談】ヒツダン 文字で書いて意思を伝え合う。

【筆致】ヒッチ 文章の書きぶり。「軽妙洒脱な―」

【筆誅】ヒッチュウ 文章で厳しく責める。「―を加える」

【筆頭】ヒットウ 連名のうちの第一位。「―株主」

【筆法】ヒッポウ 文章の書きぶり。「春秋の―」

【筆鋒】ヒッポウ ①筆の穂先。②文章の勢い。「鋭い―」

熟語「筆圧・筆意・筆禍・筆画・筆記・筆耕・筆算・筆陣・筆勢・筆戦・筆端・筆名・筆録・悪筆・擱筆(かくひつ)・曲筆・健筆・古筆・執筆・直筆・自筆・真筆・宸筆(しんぴつ)・随筆・代筆・達筆・遅筆・特筆・肉筆・能筆・乱筆」

❸(国)ひつ。土地の一区画。

熟語「一筆・合筆(がっぴつ)・分筆」

ひめ

【姫】

3級 10画 女-7 音 キ 漢呉 訓 ひめ ①4117 Ⓤ59EB

〔姬〕9画 女-6 ― Ⓤ2F862

筆順 𡿨 女 女 𡚱 姫 姫 姫 姫

なりたち 〔形声〕女＋𦣞(下あご)音。中に物を包み込むあごのように、あととり をはらむ女の意から、きさき・そばめの意を表す。「姫」は本来別字で、女＋臣(平伏する人)音。音はシン、したがうの意。

❶貴人に愛される婦人。ひめ。

熟語「寵姫(ちょうき)・美姫・舞姫(まいひめ)・妖姫」

❷めかけ。

熟語「姫妾(きしょう)」

❸(国)ひめ。㋐貴人の娘。また、その名に添える語。㋑小さなもの、愛らしいものの意を表す。

熟語 ㋐「千姫」㋑「姫鏡台・姫百合」

ヒャク

【百】

10級 6画 白-1 音 ヒャク 呉・ハク 漢 訓 もも ①4120 Ⓤ767E

難読 百日紅(さるすべり)・百合(ゆり)・百舌(もず)(百舌鳥)・百足(むかで)・百済(くだら)・百敷(ももしき)(百磯城)

人名 お・と・も・もも

筆順 一 丆 丆 百 百 百

なりたち 〔形声〕一(数の単位)＋白(大きい)音。大きい数の意から、ももの意を表す。

❶一〇の一〇倍。もも。

【百人一首】ヒャクニンイッシュ 歌人百人の歌一首ずつを集めたもの。藤原定家が選んだといわれる「小倉百人一首」が最も有名。

【百人力】ヒャクニンリキ 「君が味方してくれれば―だ」

【百年】ヒャクネン 一年の百倍。長い年月。「国家―の計」

【百年河清を俟(ま)つ】ヒャクネンカセイ あてのないことを空しく待つたとえ。出典「左氏伝 襄公八年」より。

【百聞(ひゃくぶん)は一見に如(し)かず】 何度他人の話を聞くよりも、実際に自分の目でたしかめたほうがよくわかる。出典「漢書 趙充国伝」より。

【百分率】ヒャクブンリツ 百分比。パーセンテージ。

【百里(ひゃくり)を行く者は九十里を半ばとす】 物事は終わりの部分に困難が多いから、九分通りできたところでもう一度気を引き締め直せ。出典「戦国策 秦策上」より。

❷たくさんの。あらゆる。

【百出】ヒャクシュツ いろいろなものが現れる。「議論―」

【百姓】ヒャクショウ ①農民。「―一揆」②「ひゃくせい(百姓)」に同じ。

ヒ

【百姓】ヒャクセイ 一般人民。庶民。注記 多くの姓の意。
【百戦練磨・百戦錬磨】ヒャクセンレンマ 「—の勇士」
【百代】ヒャクダイ 非常に長い年代。「—の過客(=永遠の旅人)」注記 古くは「はくたい」とも。
【百薬】ヒャクヤク 「酒は—の長」
【百科】ヒャッカ いろいろの科目・学科。「—事典」
【百家】ヒャッカ 多くの学者・論客。「諸子—」
【百貨】ヒャッカ いろいろの商品。「—店」
【百鬼夜行】ヒャッキヤギョウ ①妖怪が列をなして、夜中に歩く。②多くの悪人が我が物顔に振る舞う。注記「ひゃっきやこう」とも。
【百般】ヒャッパン いろいろな方面や分野。「武芸—」
熟語「百害・百獣・百態・百花・百計・百面相・凡百」

❸その他。国名・熟字訓など。
【百済】くだら 「ひゃくさい(百済)」に同じ。日本では、古来「くだら」と読んできた。「—観音」
【百済】ヒャクサイ 古代朝鮮の一つ。四世紀初めごろ、朝鮮半島の南西部に建国。日本に仏教など大陸文化を伝えた。くだら。
〈百足〉むかで 節足動物の一種。別表記 蜈蚣
〈百舌〉・〈百舌鳥〉もず 鳥の名。別表記 鵙
〈百合〉ゆり ユリ科の多年草植物。

ビャク

【白】⇩ハク(五二九ページ)

ヒョウ

【氷】
8級 5画 水-1 音 ヒョウ 漢 呉 訓 こおり・ひ・こお-る ①4125 Ⓤ6C37
〔冰〕6画 冫-4 ②4954 Ⓤ51B0
難読 氷下魚(こまい)・氷室(ひむろ)・氷頭(ひず)
人名 きよ
筆順 丨 冫 氵 氺 氷
なりたち  [形声]冫(こおりの象形)音+水。こおりの意。「氷」は略字。

❶こおり。こおる。
【氷は水より出でて水よりも寒し】こおりはみずよりいでてみずよりもさむし 弟子が師にまさること。出藍(しゅつらん)。出典「荀子(勧学)」より。
〈氷柱〉つらら 「軒に—が垂れ下がる」
【氷魚】ひお 鮎(あゆ)の稚魚。ひお。
【氷雨】ひさめ ①晩秋・初冬の冷たい雨。②ひょう。あられ。
【氷河】ヒョウガ 「—時代」
【氷解】ヒョウカイ 「疑問が—する」
【氷山】ヒョウザン 「—の一角(=ほんのわずかの部分)」
【氷炭】ヒョウタン 「—相容れず(=性質が全く異なっていて、両立しない)」
【氷点】ヒョウテン 「—下二〇度」
【氷嚢】ヒョウノウ 氷片を入れて冷やすのに用いる袋。
熟語「氷塊・氷肌(ひょうき)・氷結・氷原・氷山・氷室・氷上・氷心・氷雪・氷霜・氷片・氷面・解氷・結氷・砕氷・樹氷・製氷・着氷・薄氷(はくひょう)(うすごおり)・浮氷・霧氷・流氷」

【兵】⇩ヘイ(五七七ページ)

【拍】⇩ハク(五三〇ページ)

【表】
8級 8画 衣-2 音 ヒョウ(ヘウ) 漢 呉 訓 おもて・あらわす・あらわれる ①4129 Ⓤ8868
人名 あき・あきら・お・きぬ・こずえ・すず・と・よし
筆順 一 十 キ 主 声 耒 表 表
なりたち  [会意]衣+毛。毛皮の衣を外側に出して着る意から、おもての意を表す。

◉異字同訓◉
◇あらわす(表・現・▽顕・著)
「表す」は"言葉・記号などにして、表現する"の意。「考えを言葉に表す」「図に表す」「怒りを顔に表す」「名は体を表す」

「現す」は"見える形に出現させる"の意。「姿を現す」「全貌を現す」「頭角を現す」

「顕す」は"広く世に知らせる"の意。「功績を世に顕す」

「著す」は"書物を書いて出版する"の意。「多くの秀作を著す」

❶おもて。外側や上部に見える部分。
【表札】ヒョウサツ 居住者の名を示す札。別表記 標札
【表紙】ヒョウシ 「本の—」
【表装】ヒョウソウ 書画を掛軸・額に仕立てる。表具。
【表層】ヒョウソウ 「—なだれ」「—的な批評」
【表題】ヒョウダイ 本の題名。講演の題目。別表記 標題
【表徴】ヒョウチョウ 表面に現れたしるし。別表記 標徴
【表面】ヒョウメン ①一番外側の部分。おもて。②外見。「—だけとりつくろう」▽⇔裏面
【表裏】ヒョウリ ①表と裏。「—一体」②言葉や態度と内心が食い違う。「—のあるふるまい」
熟語「表具・表土・表皮・体表・地表」

❷あらわす。外に出して知らせる。あらわれる。
【表意】ヒョウイ 文字が意味を表している。「—文字」
【表音】ヒョウオン 文字が発音を表している。「—文字」
【表記】ヒョウキ ①おもてに書き記す。「—の住所」②文字で書き表す。「漢字で—する」
【表敬】ヒョウケイ 敬意をあらわす。「—訪問」
【表決】ヒョウケツ 議案について賛否の意思を表明する。
【表現】ヒョウゲン 思想や感情などを、外面的・客観的な形あるものとして表す。「適切な言葉で—する」
【表示】ヒョウジ あらわし示す。「意思—」

【表出】ヒョウシュツ　気持ちを言葉などで外部にあらわす。
【表象】ヒョウショウ　〔哲〕眼前にないものを具体的な形で思い浮かべる。また、その像。
【表彰】ヒョウショウ　善行・功労をほめたたえる。「―状」
【表情】ヒョウジョウ　顔に表れる感情。「―豊かに話す」
【表明】ヒョウメイ　意見をはっきりと表す。「意見―」
熟語「表白・公表・代表・発表」
❸しるし。めじるし。
熟語「表号・墓表・門表」
❹規範。手本。
熟語「儀表・師表」
❺君主や役所などにさし出す文書。
熟語「賀表・辞表・上表」
❻ひょう。事柄を分類整理して列記したもの。
熟語「作表・数表・図表・年表・付表・別表・一覧表」

【俵】

6級　10画　人(亻)-8　音 ヒョウ（ヘウ）漢 呉　訓 たわら　①4122 Ⓤ4FF5

筆順 亻 仁 什 佳 佳 俵 俵 俵

なりたち 〔形声〕人＋表(おもてに出して広げる)音。おもてに出して人に分け与えるの意。

〔国〕たわら。わらなどで編んだ袋状のもの。また、それを数える語。
熟語「土俵・百俵・本俵」

【票】

7級　11画　示-6　音 ヒョウ（ヘウ）漢 呉　①4128 Ⓤ7968

筆順 一 亓 襾 襾 覀 覀 票

なりたち  〔会意〕襾(両手で高くかかげる)＋示(火の変形)。火の粉が高く舞い上がる意から、かるがると舞い上がるような小片、ふだの意を表す。

❶ふだ。ある物事を証明する紙片。
熟語「軍票・原票・紙票・証票・伝票・付票」
❷選挙や採決に用いる紙片。また、それを数える語。
【票決】ヒョウケツ　投票によって決定する。
【票田】ヒョウデン　選挙の得票が多い地域。「大―」
熟語「開票・集票・青票・投票・得票・白票・満票」

【評】〔評〕

6級　12画　言-5　〔評〕12画　言-5　音 ヒョウ（ヒャウ）呉・ヘイ 漢　訓 はか-る　①4130 Ⓤ8A55

人名 ただ

筆順 ニ 三 言 言 訁 訂 評 評

なりたち 〔形声〕言＋平(たいら)音。公平に判断して言うの意。

はかる。物事の是非・善悪を判断する。
【評価】ヒョウカ　「高い―を得る」「―額」
【評議】ヒョウギ　意見を交わして相談する。「―員」
【評決】ヒョウケツ　評議して決定する。「―が下る」
【評釈】ヒョウシャク　文章を解釈し批評する。
【評定】ヒョウジョウ　相談してきめる。「小田原―(=なかなか結論の出ない長い会議)」
【評定】ヒョウテイ　評議して定める。「勤務―」
【評伝】ヒョウデン　評価を加えて書かれた伝記。
【評判】ヒョウバン　世間のうわさ。「今―の歌手」
【評論】ヒョウロン　批評し論じる。「―家」
熟語「評家・評言・評語・評者・評説・評点・悪評・概評・合評・劇評・好評・講評・酷評・書評・寸評・世評・定評・批評・品評・不評・風評・論評」

【漂】

3級　14画　水(氵)-11　音 ヒョウ（ヘウ）漢 呉　訓 ただよう・ただよわす　①4126 Ⓤ6F02

筆順 氵 氵 沅 洒 洒 漂 漂 漂

なりたち  〔形声〕水＋票(舞い上がる)音。水に浮かびさまよう、ただよう意を表す。

❶ただよう。ただよわす。さすらう。
【漂着】ヒョウチャク　ただよいたどりつく。「―ごみ」
【漂泊】ヒョウハク　あてもなくさすらう。流れただよう。
【漂流】ヒョウリュウ　海上をただよい流される。「―物」
熟語「漂失・漂蕩(ひょうとう)・漂浪・浮漂」
❷水・薬品などでさらす。
【漂白】ヒョウハク　さらして白くする。「布を―する」

【標】

7級　15画　木-11　音 ヒョウ（ヘウ）漢 呉　訓 しるし　①4124 Ⓤ6A19

人名 えだ・かた・こずえ・しな・すえ・たか・ひで

筆順 十 木 杧 栖 栖 標 標 標

なりたち  〔形声〕木＋票(高く舞い上がる)音。木の高いところ、こずえの意から、高い所にあって目につくしるしの意を表す。

しるし。めじるし。また、しめす。あらわす。
【標記】ヒョウキ　題目として書く。「―の件」
【標語】ヒョウゴ　「交通安全の―」
【標高】ヒョウコウ　海抜。「―差」
【標示】ヒョウジ　めじるしとして示す。「―板」
【標識】ヒョウシキ　めじるしとするもの。「道路―」
【標準】ヒョウジュン　おおよその目標。平均的である。

【標的】ヒョウテキ 攻撃のまと。「マスコミの―となる」
【標▼榜】ヒョウボウ 公然と唱える。「民主主義を―する」
【標本】ヒョウホン 「昆虫―」「―調査」
熟語「標号・標札・標題・標徴・座標・指標・商標・道標（どうひょう・みちしるべ）・浮標・墓標・目標（もくひょう・めじるし）・門標」

ビョウ

【平】⇩ヘイ（五七七ページ）

【苗】
3級 8画 艸（艹）-5 音 ビョウ（ベウ）漢・ミョウ（メウ）呉 訓 なえ・なわ
①4136 Ⓤ82D7
人名 たね・なり・みつ
筆順 一 十 艹 芇 苗 苗
なりたち ［会意］艸＋田。なわしろに生えたイネ、なえの意。
❶なえ。なわ。
【苗床】なえどこ 植物の苗を育てる所。
【苗代】なわしろ 稲の苗を育てる所。
熟語「苗木（なえぎ）・育苗・種苗・成苗・早苗（そうびょう・さなえ）」
❷ちすじ。子孫。
【苗▼裔】ビョウエイ 遠い子孫。末裔。末孫。
【苗字】ミョウジ その家の名。姓。別表記 名字
熟語「同苗」
❸免疫のための接種材料。
熟語「痘苗」

【秒】
8級 9画 禾-4 音 ビョウ（ベウ）漢
①4135 Ⓤ79D2
筆順 一 二 千 禾 利 秒 秒
なりたち ［会意］禾（イネ）＋少（小さい）。イネの穂先の小さい部分、のぎの意。また、非常に小さいことから、小さな単位の意にも用いる。
❶わずか。
熟語「寸秒・分秒」
❷時間や角度の単位。
【秒針】ビョウシン 時計の秒を示す針。
【秒速】ビョウソク 「―二〇メートルの強風」
熟語「毎秒・五十秒」

【病】
8級 10画 疒-5 音 ビョウ（ビャウ）呉・ヘイ漢 訓 やむ・やまい
①4134 Ⓤ75C5
筆順 亠 广 疒 疔 疔 病 病 病
なりたち ［形声］疒＋丙（足が左右にぴんと張った机）音。病にかかり手足が硬直して動けない意から、やむ・やまいの意を表す。
やむ。わずらう。健康をそこなう。やまい。
【病院】ビョウイン 「―で診察を受ける」
【病▼臥】ビョウガ 病気で寝る。
【病気】ビョウキ 「―で欠席する」
【病▼軀】ビョウク 病気にかかっている身体。「―をおして出席する」
【病欠】ビョウケツ 病気のため休む。「―届け」
【病原・病源】ビョウゲン 病気の原因。「―菌」
【病後】ビョウゴ 病気のなおった直後。病み上がり。
【病弱】ビョウジャク 病気にかかりやすい。「―な身」
【病床・病▼牀】ビョウショウ 病気で寝ている床。「―につく」
【病状】ビョウジョウ 病気の状態。「―が悪化する」
【病巣・病▼竈】ビョウソウ 病気になっている所。
【病棟】ビョウトウ 病室の並んでいる建物。「外科―」
【病人】ビョウニン 病気にかかっている人。患者。
【病理】ビョウリ 病気の原因・症状に関する理論。
【病（やまい）▼膏▼肓（こうこう）に入（い）る】治療できないほど病気が重くなる。出典「左氏伝成公十年」より。「膏」は心臓の下の部分、「肓」は横隔膜の上の部分。
熟語「病因・病害・病患・病間・病苦・病根・病死・病室・病者・病症・病身・病勢・病中・病人・病弊・病癖・病没・病魔・病名・病歴・臆病・看病・奇病・急病・仮病・疾病（しっぺい）・持病・重病・大病・闘病・難病・熱病・発病・万病」

【描】
4級 11画 手（扌）-8 音 ビョウ（ベウ）漢 訓 えがく・かく
①4133 Ⓤ63CF
筆順 一 十 扌 扌 拱 描 描 描
なりたち ［形声］手＋苗（細くてなよなよとしたなえ）音。こまかく手を動かして、物の形を写しえがくの意。
えがく。かく。絵や図などに書き表す。
【描写】ビョウシャ えがきうつす。「心理―」
【描出】ビョウシュツ えがき出す。「大自然を―する」
熟語「描画・描線・線描・素描・粗描・点描」

【猫】
準2級 11画 犬（犭）-8 音 ビョウ（ベウ）漢・ミョウ（メウ）呉 訓 ねこ
①3913 Ⓤ732B
〔貓〕15画 豸-8 ④8906 Ⓤ8C93
筆順 ノ 犭 犭 犴 猫 猫 猫
なりたち ［形声］犬＋苗（細くてなよなよとしたなえ）音。からだが細くなよなよとしたネコの意。また、ミャオという鳴き声に由来するとも言われる。篆文では、豸（けもの）＋苗。
ねこ。
【猫舌】ねこじた 猫のように熱い食べ物が苦手だ。

【猫背】ねこぜ　背が丸く曲がっている姿勢。
【猫▼撫で声】ねこなでごえ　「ーで呼びかける」
【猫▼糞】ねこばば　拾った物をひそかに自分の物にしてしまう。「ーをきめこむ」
【猫額】ビョウガク　非常に狭いことのたとえ。ねこのひたい。「ー大の土地」
熟語「愛猫」

ヒン

【品】

8級　9画　口-6　音 ヒン漢・ホン呉　訓 しな　①4142　Ⓤ54C1

人名 かず・かつ・ただ・のり・ひで

筆順 

なりたち  [会意]口(器物)三つで、多くのもの、さまざまな種類の意を表す。

❶しな。しなもの。種類。たぐい。
【品物】しなもの　物品。商品。しな。「お祝いのー」
【品質】ヒンシツ　品物の質。「ー管理」「ー向上」
【品種】ヒンシュ　同一作物の細かな種類。「ー改良」
【品目】ヒンモク　品物の種類。品物の目録。「輸入ー」
熟語「品級・品詞・品等・遺品・逸品・景品・作品・出品・商品・賞品・食品・新品・製品・絶品・珍品・備品・物品・部品・返品・名品・薬品・用品・良品・舶来品・輸入品」

❷人や物にそなわる値打ち。
【品位】ヒンイ　①その人の気高さやおごそかさ。品。②鉱石・地金に含まれる、その金属の割合。
【品格】ヒンカク　品位と風格。「ーのある人」
【品行】ヒンコウ　普段のおこない。「ー方正」
【品性】ヒンセイ　品格のある人柄。「ーを養う」
【品評】ヒンピョウ　作品や品物の優劣を決める。「ー会」
熟語「気品・下品・上品・人品」

❸仏教で、いくつかに分けた等級。
熟語「《ホン》九品くほん・下品げぼん・上品じょうぼん・中品ちゅうぼん」

❹仏典の編や章。
熟語「《ホン》普門品・二十八品」

❺(国)律令制で、親王・内親王に賜った位。
熟語「《ホン》一品・無品」

【浜】【濱】

4級　10画　水(氵)-7　音 ヒン漢呉　訓 はま　①4145　Ⓤ6D5C
【濱】17画　水(氵)-14　②6332　Ⓤ6FF1

筆順 

なりたち [濱][形声]水＋賓(主人とねんごろに接する客)音。波が寄せてくる水ぎわの意。[浜][形声]水＋兵音。船をひき入れる水路の意。本来、音は「ホウ」。のち、「濱」の略字に用いる。

❶はま。はまべ。水辺。
熟語「海浜・水浜」

❷地の果て。
熟語「率土の浜(=国の果て)」

❸(国)「横浜」の略。
熟語「京浜」

【貧】

6級　11画　貝-4　音 ヒン漢・ビン呉　訓 まずしい　①4147　Ⓤ8CA7

筆順 

なりたち [形声]分(わける)音＋貝(財貨)。財貨を分け尽くして、まずしいの意を表す。

❶まずしい。金銭・物品に乏しい。
【貧窮】ヒンキュウ　貧しくて生活に困る。「ーのどん底にあえぐ」「ー問答歌(=「万葉集」所載の山上憶良作の歌)」
【貧苦】ヒンク　貧しさに苦しむ。「ーにあえぐ」
【貧困】ヒンコン　「ー家庭」「ーな発想」
【貧者】ヒンジャ　貧しい人。貧乏人。「ーの一灯いっとう」
【貧▼賤】ヒンセン　貧しく身分が低い。「ーの身」
【貧相】ヒンソウ　貧乏そうな顔つきや身なり。⇔福相
【貧富】ヒンプ　貧しいことと富んでいること。
【貧乏】ビンボウ　貧しいこと。「ー暮らし」
【貧民】ヒンミン　貧しい人々。細民。「ー街」
熟語「貧村・貧農・救貧・極貧ごくひん・清貧・赤貧」

❷少ない。足りない。
【貧血】ヒンケツ　「ー症」「脳ー」
【貧弱】ヒンジャク　みすぼらしい。「ーなからだ」
熟語「貧鉱・貧土・貧道」

【賓】【賓】

準2級　15画　貝-8　音 ヒン漢呉　訓 まろうど　①4148　Ⓤ8CD3
【賓】14画　貝-7　③9224　ⓊFA64

難読 賓頭盧びんずる

人名 うら・つぐ

筆順 

なりたち  [会意]甲骨文では宀(いえ)＋人＋止(およぶ)。家に足をふみ入れる人、客の意。のちに「貝」を加え、財貨を費やして大切にもてなす意とした。

❶まろうど。大事な客。

【賓客】ヒンキャク 大事な客。「―をもてなす」
熟語「外賓・貴賓・迎賓・公賓・国賓・主賓・来賓」
❷主たるものに対して従となるもの。
熟語「賓格・賓辞・賓概念」

【頻】 準2級 17画 頁-8 音 ヒン漢・ビン呉 訓 しき-りに ①4149 Ⓤ983B
人名 かず・しげ・つら・はや
【頻】16画 頁-7 ③9391 ⓊFA6A
筆順 丨 ト 止 牛 歩 頻 頻 頻
なりたち [会意]「渉の略体」(水の中を歩いて進む)+頁(まるいあたま)。水の中を歩く時に水面にできるまるい水紋の意から、水深の浅いみぎわの意。また、みぎわは水が接していることから、さしせまる・しきりにの意にも用いる。
❶しきりに。何度も。
【頻出】ヒンシュツ しきりに出る。「試験に―する問題」
【頻度】ヒンド 繰り返される度合。「高い―数」
【頻発】ヒンパツ しきりに起きる。「踏切事故が―する」
【頻繁】ヒンパン たびたびある。「―に会議がもたれる」
【頻頻】ヒンピン 何度も起きる。「―と事故が起きる」

ビン

【便】⇒ベン(五八五ページ)

【敏】 4級 10画 攴(攵)-6 音 ビン漢・ミン呉 訓 さと-い ①4150 Ⓤ654F
【敏】11画 攴(攵)-7 ③8508 ⓊFA41
人名 あきら・さと・さとし・すすむ・つとむ・と・とし・はや・はやし・はる・ゆき・よし
筆順 ノ 𠂉 勹 毎 毎 敏 敏
なりたち  [会意]毎(つねに)+攵(する)。つねに動いている意から、すばやい・さといの意を表す。
❶はやい。行動などがすばやい。
【敏活】ビンカツ 動作がすばやい。「―な動き」
【敏捷】ビンショウ すばしこい。「―な動作」
【敏速】ビンソク すばやい。「―な行動」「―果敢」
熟語「機敏・俊敏・不敏」
❷さとい。頭の回転がはやい。
【敏感】ビンカン 感覚がするどい。「―な反応」⇔鈍感
【敏腕】ビンワン うできき。「―刑事」
熟語「鋭敏・過敏・明敏」

【貧】⇒ヒン(五五七ページ)

【瓶】 準2級 11画 瓦-6 音 ビン唐・ヘイ漢・ビョウ(ビヤウ)呉 訓 かめ ①4151 Ⓤ74F6
【瓶】13画 瓦-8 ③8839 Ⓤ7501
〔缾〕12画 缶-6 ④8468 Ⓤ7F3E
〔缾〕14画 缶-8 ―― ――
難読 釣瓶(つるべ)
筆順 丷 䒑 并 瓶 瓶 瓶 瓶
なりたち  [形声]幷(二つ並ぶ)音+瓦(土器)。なわの両端につけて井戸水をくむのに用いる土器の意。のち、口の狭い容器をもさす。篆文では、缶(ふたつきの土器)+幷。
❶かめ。液体を入れる、口の小さな容器。
熟語「《ヘイ》瓶水(へいすい)(びょうすい)」「《ビン》花瓶(かびん)(かへい)・溲瓶(しびん)(しゅびん)」
❷(国)とっくり(徳利)。
熟語「瓶子(へいじ)(へいし)」
❸(国)びん。陶製や金属製の器。また、徳利形のガラス製容器。
熟語「瓶類・茶瓶・鉄瓶・土瓶」

フ

【不】 7級 4画 一-3 音 フ漢呉・ブ慣 訓 ず ①4152 Ⓤ4E0D
仮名 平仮名「ふ」は「不」の草体から。片仮名「フ」は「不」の初二画から。
難読 不犯(ふぼん)・不立文字(ふりゅうもんじ)・不如帰(ほととぎす)・不束(ふつつか)・不見転(みずてん)・不味い(まずい)・不知火(しらぬい)・不貞る(ふてる)・不貞寝(ふてね)・不貞腐れる(ふてくされる)・不埒(ふらち)・不悪(あしからず)・不開門(あかずのもん)
人名 ず
筆順 一 ア 不 不
なりたち  [象形]甲骨文では、ふっくらとふくれた花のがくにかたどり、はなぶさの意を表す。借りて、否定の意に用いる。
❶…ず。…ない。下の語を打ち消す意を表す。
【不安】フアン 「―感」「―な一夜を過ごす」
【不意】フイ 思いがけないこと。「―をつかれる」
【不一・不▽乙】フイツ 手紙の末尾に書いて、十分に書き尽くしていない意を表す。不具。不尽。
【不運】フウン 運が悪い。非運。⇔好運・幸運
【不易】フエキ いつまでも変わらない。「万古―」「―流

行(＝芭蕉の俳諧理念)」

【不穏】(フオン)「―な空気がただよう」「―な政情」⇕平穏
【不快】(フカイ)「―感」「―な思い」

【不可解】(フカカイ)理解に苦しむ。「―な発言」

【不覚】(フカク)「前後―」「―を取る」「―の涙」

【不可欠】(フカケツ)欠くことができない。「必要―」

【不可能】(フカノウ)「実現は―だ」

【不可避】(フカヒ)「戦争は―のことと思われる」

【不▾羈】(フキ)束縛できない。「独立―」「―奔放」

【不義】(フギ)人の道にもとる。「―密通」

【不吉】(フキツ)「―な予感」「―な夢」

〖不義(ふぎ)にして富み且(か)つ貴(たっと)きは浮雲(ふうん)の如(ごと)し〗人の道にもとる方法で得た富や地位は、浮雲のようにはかない。出典「論語述而」より。

【不気味】(ブキミ)「―に静まりかえる」別表記 無気味
【不朽】(フキュウ)後世まで長く残る。「―の名作」

【不急】(フキュウ)さしせまっていない。「不要―」

【不況】(フキョウ)景気が悪い。「―にあえぐ」⇕好況
【不興】(フキョウ)①興がわかない。「―をかこつ」②目上の人の機嫌をそこねる。「―をかう」「―をこうむる」

【不具】(フグ)①身体の一部に障害がある。②手紙の末尾に書いて、気持ちを十分に述べ尽くしていない意を添える語。不一。

【不遇】(フグウ)「―な一生」「―をかこつ」

【不▾倶戴天】(フグタイテン)ともに天をいただくことはできない。倶不戴天。「―の敵」出典「礼記曲礼上」から。

【不屈】(フクツ)「―の精神」「不撓(ふとう)―」

【不潔】(フケツ)「―な身なり」「―な金」⇕清潔
【不孝】(フコウ)「親―」「―者」⇕孝行
【不幸】(フコウ)「―中の幸い」「身内に―(＝近親者の死)があった」

【不在】(フザイ)「現場―証明」「国民―の政治」

【不▽二】(フジ)①二つとないこと。無二。②手紙の末尾に記して、十分に意を尽くしていないという意を表す。ふに。③富士山のこと。

【不治】(フジ)病気がなおらない。ふち。「―の病」

【不時】(フジ)予定外。「―の出費」「―の備え」

【不思議】(フシギ)「―な話」「世界の七―」

【不日】(フジツ)近日中。「―参上いたします」

【不実】(フジツ)誠実さに欠ける。「―な男」

【不祝儀】(ブシュウギ)めでたくないこと。特に葬式。

【不純】(フジュン)純粋・純真でない。「―物」

【不順】(フジュン)順調でない。順当でない。「天候―」

【不肖】(フショウ)①親や師匠に似ないで、できが悪い。「―の弟子」②おろかである。「―ながら誠心誠意つとめる覚悟です」

【不詳】(フショウ)くわしくわからない。「年齢―」

【不浄】(フジョウ)①けがれている。②便所。ごふじょう(御不浄)。

【不精】(ブショウ)面倒くさがる。「筆―」別表記 無精
【不信】(フシン)「―感」「―を招く」

【不振】(フシン)「成績―」「食欲―」

【不審】(フシン)「―の点がある」「挙動―」

【不随】(フズイ)体の自由がきかない。「半身―」

【不粋】(ブスイ)「―な男」「―な塀」別表記 無粋
【不正】(フセイ)「―行為」

【不世出】(フセイシュツ)めったに現れないほどすぐれている。「―の天才」

【不全】(フゼン)「発育―」「心―」

【不善】(フゼン)「小人閑居して―をなす」

【不足】(フソク)「準備―」「人手―」「―(＝不満)を言う」

【不測】(フソク)予測ができない。「―の事態」

【不即不離】(フソクフリ)つきもせず離れもしない。「―の関係」

【不遜】(フソン)「―な態度」⇕謙遜
【不断】(フダン)①絶えまない。「―の努力が実を結ぶ」②決断力がない。「優柔―」③(多く「普段」と書かれる)日頃。平生。

【不治】(フチ)「ふじ(不治)」に同じ。

【不調】(フチョウ)「会談は―に終わった」「体の―を訴える」⇕好調・快調
【不調法】(ブチョウホウ)「―をしでかす」「酒はとんと―(＝たしなまない)です」別表記 無調法
【不通】(フツウ)「音信―」「大雨で全線―となる」

【不定】(フテイ)定まらないこと。「住所―」

【不貞】(フテイ)貞操を守らない。「―を働く」⇕貞淑
【不▾逞】(フテイ)無法にふるまう。「―の輩(やから)」

【不敵】(フテキ)「大胆―」「―な面構え」

【不当】(フトウ)道理に合わない。適当でない。「―表示」

【不同】(フドウ)「順―」

【不動】(フドウ)①動かない。ゆるがない。「―の決意」②「不動明王」の略。「お―さん」

【不動産】(フドウサン)財産としての土地や家屋。⇕動産
【不▾撓不屈】(フトウフクツ)「―の精神」注記「不撓」は、たわまない意。

【不徳】(フトク)「―のいたすところ」

【不得要領】(フトクヨウリョウ)あいまいで要領を得ない。「―な説明」

【不如意】(フニョイ)金銭のやり繰りがつかない。「手元―」

【不人情】(フニンジョウ)人情がない。「―な仕打ち」

【不能】(フノウ)できない。能力がない。「再起―」

【不発】(フハツ)「―弾処理」「企画が―に終わる」

【不抜】(フバツ)意志が強固でゆるがない。「堅忍(けんにん)―の精神」

【不備】(フビ)行き届かないこと。「書類上の―」

【不評】(フヒョウ)評判がよくない。「―を買う」⇕好評
【不▾憫・不▾愍・不便】(フビン)かわいそう。「―に思う」注記 元来は「不便」で、「不憫」「不愍」は当て字。

【不服】(フフク)不満に思う。「―を申し立てる」

【不平】(フヘイ)「―が多い」「―不満」

【不変】(フヘン)「―の真理」⇕可変
【不便】(フベン)便利でない。「買い物に―な地域」⇕便利

【不偏不党】フヘンフトウ 自由・公正な立場をとる。
【不法】フホウ 「―侵入」⇔合法
【不満】フマン 満たされていないと思う。「欲求―」
【不明】フメイ ①はっきりしない。「行方―」②物の道理がわからない。「―を恥じる」
【不滅】フメツ 「―の大記録」
【不毛】フモウ 「―の地」「―な議論に終止する」
【不問】フモン 「―に付す(=問題としてとりあげない)」「学歴―」
【不愉快】フユカイ 楽しくないさま。⇔愉快
【不用】フヨウ 使わない。「―の品」「―の施設」
【不要】フヨウ 「―の買い物」「―不急」
【不▲埒】フラチ ふとどき。「―千万」「―なふるまい」
【不利】フリ 「―な立場」「形勢―」⇔有利
【不慮】フリョ 思いがけない。「―の事故」
【不良】フリョウ 「栄養―」「素行―」「―の仲間」
【不漁】フリョウ 漁で獲物が少ない。⇔大漁
【不倫】フリン 男女の関係が人の道にはずれる。
【不例】フレイ 貴人の病気。不予。「御ご―」
【不老】フロウ 「―不死」「―長寿」
【不和】フワ 仲が悪いこと。「家庭―」
【不惑】フワク 四〇歳の異名。出典「論語為政」による。
熟語「《フ》不縁・不可・不軌・不帰・不休・不敬・不作・不尽・不敗・不磨・不可侵・不可分・不見識・不合理・不死鳥・不始末・不本意・不養生・不可思議・不言実行」「《ブ》不恰好ぶかっこう・不器量・不細工・不作法・不用心」
❷その他。熟字訓など。
熟語「不知火しらぬい・不如帰ほととぎす・不見転みずてん」

【夫】

7級 4画 大-1 音 フ漢呉・フウ慣・ブ呉 訓 おっと・そ-れ
①4155 Ⓤ592B

難読 夫夫それぞれ・夫婦みょうと(めおと)
人名 あき・お・すけ
筆順 一二チ夫
なりたち  [象形]冠またはまげをつけた男が大の字に立つさまにかたどる。成人の男子の意。

❶おっと。夫婦のうち、男の方。⇔妻・婦。
【夫婦】フウフ 夫と妻。めおと。
【夫君】フクン 他人の夫を敬っていう語。ご主人。
【夫妻】フサイ 夫と妻。夫婦。注記「夫婦」より改まった言い方。自分自身や身内には用いない。
【夫唱婦随】フショウフズイ 夫が言い出し、妻がそれに従う。
【夫人】フジン 他人の妻を敬っていう語。「―同伴」
〈夫婦〉めおと 妻と夫。ふうふ。みょうと。
熟語「夫唱婦随・一夫・寡夫・情夫・先夫・亡夫」
❷おとこ。成年の男性。
【夫子】フウシ ①賢者・師などを敬っていう語。先生。「村―そんぷうし」②孔子の敬称。③あなた・あの方などの意で、その当人をさす語。
熟語「丈夫・大夫・匹夫・凡夫・偉丈夫・大丈夫・美丈夫」
❸労働をする男。
熟語「夫役ぶえき(ぶやく)・駅夫・漁夫ぎょふ・坑夫・車夫・水夫・人夫・農夫・牧夫」
❹その他。固有名詞など。
【夫差】フサ ？～前四七三 中国、春秋時代の呉の王。父の闔閭こうりょの仇あだをうつため艱難かんなんを重ね、ついに越王勾践こうせんを破ったが、のち、勾践に敗れた。

【父】

9級 4画 父-0 音 フ漢・ホ慣・ブ呉 訓 ちち
①4167 Ⓤ7236

人名 のり
筆順 ノハク父
なりたち  [象形]手に持った石おので打つさまにかたどる。「斧」の原字。のち、「父」は「夫」に通じて、ちちの意に用いる。

❶ちち。ちちおや。ちちおやのような人。⇔母。
【父兄】フケイ ①父と兄。②児童・生徒の保護者。
【父系】フケイ 父方から伝わる系統。「―家族」⇔母系
【父権】フケン ①父親がもつ親権。②男が家の支配権をもつ。▽⇔母権
【父子】フシ 父と子。「―家庭」⇔母子
【父性】フセイ 父親としての性質。「―愛」⇔母性
【父祖】フソ ①父と祖父。②先祖。「―の地」
【父母】フボ ちちとはは。両親。「―会」
熟語「岳父・家父・義父・継父・厳父・国父・慈父・神父・尊父・養父・老父」
❷父親と同世代の親族の男性。
熟語「叔父しゅくふ(おじ)・祖父・伯父はくふ(おじ)」
❸年をとった男。
【父老】フロウ 村の主立った老人。長老。老翁。

【付】

7級 5画 人(亻)-3 音 フ漢呉 訓 つける・つく・あたえる
①4153 Ⓤ4ED8

注記「付」は「附」の略字として用いられることが多いが、「付」はあたえるの意、「附」はつく、つけるの意で、元来は別字。常用漢字では別字として扱われており、法律や官庁などの表記では「附則」「附属」などには「附」を用いる。
人名 とも
筆順 ノイ仁付付
なりたち  [会意]人+寸(手)。人に手で物をあたえるの意。

◉異字同訓◉

◇つく（付・▽憑・▽点・就・▽即・着）

「付く」は"離れなくなる。加わる。組する。決まる"の意。「しみが付く」「傷が付く」「話に尾鰭（おひれ）が付く」「条件が付く」「味方に付く」「収拾が付かない」「けじめが付く」（加わる意の場合は「附く」とも書く）

「憑く」は"魔性のものが人にとりつく"の意。「狐（きつね）が憑く」

「点く」は"発火する。点灯する"の意。「火が点く」「明かりが点く」「街灯が点く」

「就く」は"仕事や役職に身を置く。…し始める"の意。「社長のポストに就く」「仕事に就く」「眠りに就く」「家路に就く」

「即く」は"即位する"の意。「帝位に即く」

「着く」は"到着する。すわる"の意。「駅に着いた」「荷物が着く」「席に着く」

❶あたえる。さずける。たのむ。

【付託】フタク　まかせる。「委員会に―する」別表記 附託

【付与】フヨ　授け与える。「権限を―する」別表記 附与

熟語「付議・委付・還付・寄付・給付・交付・送付・納付・配付」

❷つく。つける。そえる。

【付加】フカ　付け加える。「―価値」別表記 附加

【付会】フカイ　こじつける。「牽強（けんきょう）―」別表記 附会

【付記】フキ　付け加えて書く。別表記 附記

【付近】フキン　近い所。近所。「―一帯」別表記 附近

【付言】フゲン　付け加えて言う。「―すれば」別表記 附言

【付随】フズイ　伴って起こる。「―的な問題」別表記 附随

【付箋】フセン　注意のために貼り付ける紙。別表記 附箋

【付属】フゾク　主なものに付き従う。「―病院」別表記 附属

【付帯】フタイ　主なものに伴う。「―事項」別表記 附帯

【付着】フチャク　くっつく。「油が―する」別表記 附着

【付録】フロク　「別冊―」別表記 附録

【付和雷同】フワライドウ　しっかりした考えがなく、他人の意見にすぐ同調する。別表記 附和雷同

熟語「付図・付設・付説・付則・付置・付注・付表・付票・貼付（ちょうふ（てんぷ））・添付」

【布】

6級　5画　巾-2　音 フ呉・ホ漢　訓 ぬの・し-く　①4159　Ⓤ5E03

難読 布令（ふれ）・布衣（ほい（ほうい））・布哇（ハワイ）・若布（わかめ）

人名 しき・たえ・のぶ・よし

筆順 ノ ナ 才 右 布

なりたち ［形声］父（石おので打つ）音＋巾。たたいて、つやを出したぬのの意。

◉異字同訓◉【敷】（五六四ページ）の「異字同訓」欄を参照のこと。

❶ぬの。きれ。織物。

【布巾】フキン　食器などを拭くための布。

【布団】フトン　「煎餅（せんべい）―」別表記 蒲団

【布帛】フハク　①木綿と絹。②織物。布地。

熟語「布衣（いい（ほい））・画布・絹布・財布・敷布・湿布・上布・綿布・毛布」

❷しく。配置する。一面に並べる。散らす。

【布陣】フジン　戦いの陣をかまえる。「最強の―」

【布石】フセキ　①囲碁で、序盤に要所に石を配する。②将来への準備。

【布置】フチ　物を適当な位置におく。配置。

熟語「散布（さんぷ（さっぷ））・撒布（さんぷ（さっぷ））・塗布・配布・分布」

❸ひろげる。広く行きわたらせる。

【布▼衍】フエン　「敷衍」に同じ。

【布教】フキョウ　宗教を広める。宣教。伝道。

【布告】フコク　広く事実を伝える。「宣戦―」

【布施】フセ　僧に渡す金品。「お―を包む」

【布令】フレイ　命令や法令を広く一般に知らせる。ふれ。

熟語「公布・弘布（こうふ（ぐぶ））・宣布・発布・頒布（はんぷ）・流布（るふ）」

❹その他。固有名詞など。

【布袋】ホテイ　中国、唐末・後梁（こうりょう）の実在した禅僧。日本では七福神の一とされ、大きな腹を突き出し袋を背負う姿として描かれる。

【扶】

準2級　7画　手（扌）-4　音 フ漢　訓 たす-ける　①4162　Ⓤ6276

難読 扶持（ふち）

人名 すけ・たもつ・もと

筆順 一 十 扌 扌 扌 扶 扶

なりたち ［形声］手＋夫（成年の男子）音。成年に達したおとこが手をさしのべて助けるの意。

◉異字同訓◉【助】（三一〇ページ）の「異字同訓」欄を参照のこと。

❶たすける。ささえる。

【扶育】フイク　世話をして育てる。

【扶助】フジョ　（経済的に）たすける。「相互―」

【扶植】フショク　勢力や思想などをうえつける。

【扶▼持】フチ　①たすける。面倒をみる。②俸禄を与えて家臣として抱える。また、俸禄として家臣に与えた米。

【扶養】フヨウ　生活の面倒をみる。「―家族」

熟語「扶翼・家扶・相扶」

フ

❷その他。固有名詞など。

【扶桑】フソウ ①昔、中国で、東方の日の出るところにあるという神木。また、その木のある地。扶木。②日本の異名。

【歩】⇩ホ(五八五ページ)

【府】

7級 8画 广-5 音 フ漢呉 訓 つかさ ①4160 Ⓤ5E9C

人名 あつ・くら・もと

筆順 丶 亠 广 广 庁 庁 府 府

なりたち [形声]广＋付(よせつける)音。大切なものが集まるくらの意。のちに役所・まちの意にも用いる。

❶つかさ。役所。

熟語「府中・官府・城府・政府・幕府・冥府」

❷みやこ。中心となるところ。また、人やものが集まるところ。

熟語「府内・怨府(えんぷ)・開府・学府・国府・在府・出府・首府・都府」

❸くら。文書・財宝を入れる倉庫。

熟語「府庫・秘府」

❹(国)㋐地方公共団体の一。㋑国の行政機関。

熟語 ㋐「府下・府政・府庁・都道府県」㋑「大宰府(だざいふ)・鎮守府・内閣府」

【怖】

4級 8画 心(忄)-5 音 フ呉・ホ漢 訓 こわ-い・おじ-ける・おそ-れる・こわ-がる ①4161 Ⓤ6016

筆順 丶 丷 忄 忄 怀 怀 怖 怖

なりたち [形声]心＋布(おそれる)音。「怖」は「悑」の異体字。「悑」心＋甫(おそれる)音。

こわい。おそろしい。おそれる。こわがる。おじける。

【怖気】おじケ こわがる気持ち。おぞけ。「―づく」

熟語「畏怖(ふい)・恐怖・驚怖」

【阜】

2級 8画 阜-0 新常用 音 フ漢呉 訓 おか ①4176 Ⓤ961C

筆順 ′ 𠂆 𠂆 户 自 自 阜 阜

なりたち [象形]土を段々に積み重ねたさまにかたどる。盛り土、おかの意。楷書では、𠂤(積み重なった土)＋十(まとまる)。

❶おか。小高くなっている所。

熟語「陰阜・丘阜・岡阜」

❷おおい。ゆたかな。

熟語「阜財・阜成」

❸その他。地名など。

熟語「岐阜(ぎふ)」

【附】

準2級 8画 阜(阝)-5 音 フ漢・ブ呉 訓 つ-く・つ-ける ①4177 Ⓤ9644

注記 「附」の略字として「付」が用いられることが多いが、「附」はつく、つけるの意、「付」はあたえるの意で、元来は別字。常用漢字では別字として扱われており、法律や官庁などの表記では「附則」「附属」などには「附」を用いる。

人名 ちか・ます・より・よる

筆順 ㇇ 阝 阝 阝 阡 阡 附 附

なりたち [形声]阜(盛り土)＋付(人に物を手であたえる)音。土をくっつけて固めた盛り土の意。

❶つく。つける。添える。

【附加】カフ 「付加」に同じ。

【附会】フカイ 「付会」に同じ。

【附記】フキ 「付記」に同じ。

【附言】フゲン 「付言」に同じ。

熟語「附設・附箋(ふせん)・附則・附着・附録・下附・寄附」

❷したがう。つき従う。

【附随】フズイ 「付随」に同じ。

【附属】フゾク 「付属」に同じ。

熟語「附帯・附和・親附」

❸その他。

熟語「附子(ぶし)(ぶす)」

【風】⇩フウ(五六七ページ)

【訃】

2級 9画 言-2 新常用 音 フ漢呉 ②7530 Ⓤ8A03

筆順 丶 亠 言 言 言 訃 訃

なりたち [形声]言＋卜(亀のこうらなどが熱でぱっくりと急に割れる)音。人の死を急いで知らせるの意。

死亡の知らせ。

【訃音】フイン 死亡の知らせ。訃(ふ)。訃報。ふおん。

【訃報】フホウ 死亡の知らせ。訃音(ふいん)。

フ

【負】

人名 おい・ひ・ます

8級　9画　貝-2

音 フ漢・ブ呉　訓 まける・まかす・おう・おーぶう

①4173 Ⓤ8CA0

筆順 ノ ク 𠂊 仢 角 負 負 負 負

たちなり ［会意］「人の変形」＋貝(たから)。人が金品を背おうの意。

❶まける。戦いにやぶれる。まかす。

熟語「勝負」

❷おう。せおう。また、こうむる。身にひきうける。

【負荷】カフ　仕事や責任をになう。「仕事の―がかかる」

【負債】フサイ　借金。債務。「―残高」

【負傷】フショウ　けがをする。「―者」

【負薪の憂え】ふしんのうれえ　自分の病気をへりくだっていう語。采薪の憂え。出典「礼記曲礼下」より。

【負担】フタン　義務・責任などを引き受ける。また、重荷。「費用を―する」「―に感じる」

❸たのむ。たよりとする。

【負託】フタク　人に引き受けさせて、まかせる。「国民の―にこたえる」

熟語「自負・抱負」

❹零より小さい数。マイナス。

熟語「負数・正負」

❺物理学で、電位の低いほう。

【赴】

人名 はや・ゆく

3級　9画　走-2

音 フ漢呉　訓 おもむく

①4175 Ⓤ8D74

筆順 一 + 土 キ キ 卡 走 走 赴

たちなり ［形声］走＋卜(亀のこうらなどが熱でぱっくりと急に割れる)音。急いで走ってゆく意から、おもむく意を表す。

おもむく。目的地へ向かって行く。

【赴任】フニン　任地へおもむく。「単身―」

熟語「赴援」

【浮】〔浮〕

10画　水(氵)-7

4級　10画　水(氵)-7

音 フ漢呉　訓 うく・うかれる・うかぶ・うかべる

①4166 Ⓤ6D6E

難読 浮つく(うわつく)・浮子(あば(うき・うけ))・浮気(うわき)・浮垢(きら)・浮腫(むくみ)・浮塵子(うんか)・浮標(うき)

人名 ちか

筆順 ⺀ 氵 氵 氵 汀 汀 浮 浮 浮

たちなり ［形声］水＋「爫(下向きの手)＋子」(子を上からだきかかえる)音。上からだきかかえられるように、水の中にうくの意。

❶うく。うかぶ。水面または水中に位置する。うかべる。⇔沈。

【浮上】フジョウ　浮かびあがる。「潜水艦が―する」

【浮沈】フチン　盛衰。「国家の―にかかわる」

【浮標】フヒョウ　海面に浮かしておく航路標識。ブイ。

【浮遊・浮▼游】フユウ　ふわふわ動く。「―生物」

【浮揚】フヨウ　浮かびあがる。「景気が―する」

熟語「浮子・浮木・浮力・浮流」

❷よりどころがない。はかない。一定していない。

【浮(き)世】うきよ　「―の義理」注記「憂き世」と「浮世(ふせい)」の二つの意味が重なり合ってできた語。

【浮世絵】うきよエ　江戸時代の風俗画。

【《浮気》】うわキ　「―な性分」

【浮世】フセイ　はかない現世。うきよ。

【浮生(ふせい)夢の若(ごと)し】　人生は、夢のようにはかないものである。出典 李白「春夜宴二桃李園一序」より。

【浮説】フセツ　根拠のないうわさ。流言。風評。

【浮動】フドウ　「―票(＝支持者が固定していない選挙民の票)」

【浮浪】フロウ　一定の住所をもたず、さまよい暮らす。

熟語「浮栄・浮言・浮生・浮名・浮誉・虚浮」

❸うかれる。うわついている。軽々しい。

【浮(き)名】うきな　艶聞(えんぶん)。「―を流す」

【浮薄】フハク　「軽佻(けいちょう)―(＝軽はずみ)」

熟語「浮華・浮浅・浮躁・軽浮」

【婦】〔婦〕

11画　女-8

6級　11画　女-8

音 フ漢・ブ呉　訓 おんな・つま・よめ

①4156 Ⓤ5A66

筆順 く 女 女 女 妇 妇 婦 婦 婦

たちなり ［会意］女＋帚(ほうき)。ほうきを持ち、一家をきりもりする女の意。

❶つま。よめ。結婚している女性。⇔夫。

熟語「婦家・寡婦・賢婦・産婦・主婦・新婦・貞婦・妊婦・夫婦」

❷おんな。成人した女性。

【婦女】フジョ　おんな。女性。婦人。

【婦人】フジン　成人した女性。「―服」「産―科」

熟語「婦道・婦徳・匹婦・裸婦」

【符】

3級　11画　竹-5

音 フ漢呉　訓 わりふ

①4168 Ⓤ7B26

筆順 ⺈ ⺮ 竹 竹 笁 符 符 符

なりたち ［形声］竹＋付(ぴったりとつく)音。両片がぴったりと合う竹のわりふの意。

❶わりふ。

【符合】ぴったり合う。「話が―する」

【符節】割り符。「―を合わせたよう」

熟語「符契・節符」

❷証拠となる券や札。

熟語「切符・免罪符」

❸神仏の守り札。おふだ。

熟語「護符・呪符・神符」

❹しるし。記号。

【符号】事物や意味をあらわすために、一定の体系に基づいて作られたしるし。記号。

【符丁・符帳・符▼牒】①記号。符号。②合い言葉。「―で呼び合う」③商品に付ける値段などを示す目印。

熟語「音符・休符・感嘆符・疑問符・終止符」

【富】

6級 12画 宀-9 音 フ漢・フウ呉慣 訓 とむ・とみ ①4157 Ⓤ5BCC

〔冨〕11画 冖-9 ①4158 Ⓤ51A8

人名 あつ・あつし・さかえ・と・とよ・ひさ・ふき・みつる・ゆたか・よし

筆順 丶 宀 宀 宫 富 富 富

なりたち ［形声］宀(いえ)＋畐(酒がたっぷりと満ちたつぼ)音。家の中に物がたっぷり満ちている意から、とむ・ゆたかの意を表す。

❶とむ。ゆたか。

【富貴】財産があり、身分も高い。ふっき。ふき。

【富家】財産家。大金持ち。ふうか。ふけ。

【富強】「―を誇る国」

【富国強兵】国を豊かにし、兵力を増強する。

【富裕・富▼祐】裕福。「―な商人」「―層」

熟語「富者・富農・富力・貧富・豊富」

❷とみ。財産。

〔富は屋を潤し徳は身を潤す〕財産がふえれば家が美しく立派になり、徳行を積めば人格が尊くなる。出典「大学」より。

【富豪】財産家。大金持ち。「大―」

熟語「富豪・巨富・国富」

❸(国)「富士」の略。

【富岳】富士山の異名。「―百景」

【普】

4級 12画 日-8 音 フ呉・ホ漢 訓 あまね-し ①4165 Ⓤ666E

人名 かた・ひろ・ひろし・ゆき

筆順 丷 䒑 並 並 普 普 普

なりたち ［会意］竝(ならぶ)＋日。太陽の光が並ぶように広くゆきわたるの意。

「普」は俗字。

❶あまねし。ひろく行きわたる。

【普及】世の中に広く行き渡る。

【普請】「安―」「道―」注記もと、禅宗の寺で普く人々に請い、堂塔を建築・修理したことから。「しん」は唐音。

【普天】あまねくおおっている天。天下。

【普遍】すべてのものに通じる。「―性」「―的」

❷ふつう。並み。

【普段】いつも。へいぜい。「―着」注記本来「不断」と書く。

【普通】①あたりまえ。「―の服装」②一般的である。「―高校」③たいてい。通常。「―はそう言う」

▽⇔特殊・特別

❸「普魯西」の略。

熟語「普墺戦争・普仏戦争」

【腐】

4級 14画 肉-8 音 フ漢呉 訓 くさる・くされる・くさらす・くちる ①4169 Ⓤ8150

筆順 亠 广 府 府 腐 腐 腐

なりたち ［形声］府(くら)音＋肉。肉がくらの中にずっとしまいこまれてくさるの意。

❶くさる。くされる。くさらす。心をなやます。

【腐朽】ぼろぼろになって崩れる。

【腐食・腐▼蝕】くさって形がくずれる。

【腐敗】くさる。また、堕落する。「―臭」「政治の―を嘆く」

【腐乱・腐▼爛】くさってただれる。「―死体」

熟語「腐臭・腐熟・腐植・腐肉・腐葉土・防腐」

❷ふるくさい。

【腐儒】理屈ばかりで役に立たない儒学者。

熟語「陳腐」

❸心をなやます。

【腐心】苦心。心痛。「計画実現に―する」

【敷】

4級 15画 攴(攵)-11 音 フ漢呉 訓 しく ①4163 Ⓤ6577

人名 しき・のぶ・ひら

〔敷〕 15画 支(攵)-11

筆順

なりたち ［形声］「尃の変形」(平らにひろげる)音＋攵(する)。「尃」が原字。のちに「攵」を加えた。

◉異字同訓◉
◇しく(敷・▽布)
「敷く」は"延べ広げる。下に当てる。配置する"の意。「布団を敷く」「砂利を敷く」「亭主を尻に敷く」「鉄道を敷く」
「布く」は"広くゆきわたらせる"の意。「戒厳令を布く」

❶しく。ならべる。のべひろげる。また、ひろく行きわたらせる。

【敷居】(しきい) 「—が高い(=その家に行きにくい)」「—をまたぐ(=その家に入る)」別表記 閾

【敷金】(しききん) 貸間などを借りる際に、家主に預ける保証金。しきがね。

【敷地】(しきち) 建物や道路を作るための土地。

【敷布】(しきふ) しき布団の上にしく布。シーツ。

【敷▼衍・敷延】(ふえん) わかりやすく言いかえたり、詳しく説明したりする。「師説を—する」別表記 布衍

【敷設】(ふせつ) 「鉄道を—する」別表記 布設

熟語「桟敷(さじき)・座敷(ざしき)・屋敷(やしき)・河川敷・倉敷料・風呂敷」

❷その他。固有名詞など。

【敷島】(しきしま) ①大和国・日本国の別称。②「敷島の道」の略。和歌の道。別表記 磯城島

【膚】 4級 15画 肉(月)-11 音 フ 漢 呉 訓 はだ

筆順

なりたち ［形声］「盧の略体」(くるりとめぐらす)音＋肉。からだをくるりと包む皮、はだの意。

①4170 Ⓤ819A

❶はだ。からだの表皮。

【膚受】(ふじゅ) ①身に切迫する。切実である。②うわべだけを受け伝える。

熟語「完膚・肌膚(きふ)・雪膚・髪膚・皮膚」

❷うわっつらだけの。あさはかな。

【膚浅】(ふせん) あさはか。浅薄。膚薄。

熟語「膚引・膚学・膚見」

【賦】 4級 15画 貝-8 音 フ 漢 呉

①4174 Ⓤ8CE6

人名 ます

筆順

なりたち ［形声］貝(財貨)＋武(武器を持って戦いに行く)音。財貨をもとめて行く意から、とりたてる、また、とりたてたものの意を表す。

❶みつぎもの。租税。また、わりあて。わりあてる。

【賦課】(ふか) 税金などを割り当てる。「—金」

熟語「賦役(ふえき)(ぶやく)・賦税・賦斂(ふれん)・月賦・田賦・日賦・年賦・割賦(わっぷ)(かっぷ)」

❷さずける。くばる。また、うまれつき。

【賦性】(ふせい) 天賦(てんぷ)の性質。生まれつき。天性。

【賦与】(ふよ) 分け与える。「天から—された才能」

熟語「賦質・天賦(てんぷ)・稟賦(ひんぷ)」

❸詩歌を作る。また、詩や歌。

【賦詠】(ふえい) 詩歌をつくりよむ。また、その詩歌。

熟語「賦詩・詩賦・早春賦」

❹漢文の文体の一つ。散文形式で韻をふむ。

熟語「辞賦」

【譜】 準2級 19画 言-12 音 フ 呉・ホ 漢

①4172 Ⓤ8B5C

人名 つぐ

筆順

なりたち ［形声］言＋普(平らに広がる)音。平らな面に言葉を記したものの意。

❶物事を系統だてて書きつけたもの。

【譜代・譜第】(ふだい) 代々、同じ主家に仕えている。「—大名」

熟語「譜図・印譜・家譜・系譜・年譜・皇統譜」

❷音楽の曲節を符号で書き記したもの。

【譜面】(ふめん) 楽譜を書き記したもの。「—台」

熟語「暗譜・諳譜・音譜・楽譜・曲譜・採譜・新譜」

ブ

【不】⇩フ(五五八ページ)
【分】⇩ブン(五七四ページ)
【歩】⇩ホ(五八五ページ)
【奉】⇩ホウ(五九〇ページ)

フ

【無】⇩ム（六一三ページ）

【侮】 準2級 8画 人（亻）-6 音 ブ漢・ム呉 訓 あなどる ①4178 Ⓤ4FAE
【侮】 9画 人（亻）-7 ③1424 ⓊFA30

筆順 ノ イ 亻 仁 仁 伍 侮 侮

なりたち 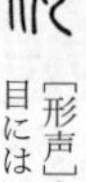 ［形声］人＋每（くらい）音。くらくて目にはいらない人の意から、人を見下げる意を表す。

あなどる。見下げる。

【侮辱】ブジョク 相手を見下し、はずかしい思いをさせる。「―を受ける」
【侮蔑】ブベツ あなどりさげすむ。「―の対象」
熟語「侮言・外侮・軽侮」

【武】 6級 8画 止-4 音 ブ漢・ム呉 訓 たけ-し ①4180 Ⓤ6B66

仮名 平仮名「む」は「武」の草体から。
人名 いさ・いさむ・たけ・たけし・たける・たつ・ふか・む

筆順 一 二 千 千 正 正 武 武

なりたち  ［会意］弋（ほこ）＋止（行く）。武器を持って戦いに行くの意。

❶たけし。いさましい。強い。
【武骨】ブコツ「無骨」に同じ。
【武名】ブメイ 武人としての誉れ。武勇の名誉。
【武勇】ブユウ「―の誉れが高い」「―伝」
熟語「武威・武烈・威武」

❷いくさ。軍事。⇔文。
【武運】ブウン「―長久を祈る」
【武官】ブカン 軍事にたずさわる官吏。⇔文官
【武器】ブキ「英語力を―に海外で活躍する」
【武勲】ブクン 戦争でたてた手柄。武功。
【武家】ブケ 武士の家柄。武門。また、武士。
【武芸】ブゲイ 剣術などの技芸。「―百般」
【武功】ブコウ 武勲。「―を立てる」
【武士】ブシ さむらい。もののふ。武者。武家。
【武術】ブジュツ 武芸。武技。
【武将】ブショウ 武士の大将。「戦国―」
【武人】ブジン 軍事に従事する人。軍人。武士。⇔文人
【武装】ブソウ「重―」「―解除」
【武断】ブダン「―政治」「―主義」⇔文治
【武闘】ブトウ 武力で相手と戦う。「―派」
【武道】ブドウ 武芸に関する道。武芸。武術。「―家」
【武辺・武▼篇】ブヘン 武術に関する事柄。「―者」
【武弁】ブベン 武士。軍人。「一介の―」
【武門】ブモン 武士の家筋。「―の出」「―の誉れ」
【武力】ブリョク 軍隊の力。軍事力。「―に訴える」
【武者】ムシャ 武士。もののふ。「落ち―」
熟語「武具・武功・武神・武備・演武・公武・尚武・文武・歩武・勇武・練武」

❸（国）「武蔵むさし（国）」の略。
【武蔵】むさし 旧国名の一。東京都・埼玉県の大部分と神奈川県北東部に相当。武州ぶしゅう。
熟語「武州・西武・総武・東武」

❹その他。固有名詞など。
【武王】ブオウ 中国、周王朝の始祖。前一一世紀の人。姓は姫、名は発。父の文王を継ぎ、殷の紂王ちゅうおうを滅ぼして天下を統一。
【武帝】ブテイ（前一五六〜前八七）中国、前漢の第七代皇帝（在位前一四一〜前八七）。中央集権的な郡県制を強化、儒教を公認。西域にシルクロードを開く。漢帝国の専制政治を確立した。

【部】 8級 11画 邑（阝）-8 音 ブ呉・ホウ漢 訓 べ ①4184 Ⓤ90E8

仮名 平仮名「へ」、片仮名「へ」は、ともに「部」の旁つくり「阝」の草体から。
人名 きつ・もと

筆順 亠 亣 立 立 咅 音 音 部 部

なりたち 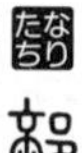 ［形声］音（二つに分ける）音＋邑（区域）。区分されたところやものの意。

❶区分する。また、小分けされたものの一つ。
【部位】ブイ 全体の中で占める位置。「身体の各―」
【部首】ブシュ 漢字の構成要素。偏・旁つくり・冠・脚など。
【部品】ブヒン「部分品」の略。「―交換」
【部分】ブブン 全体を構成するそれぞれの要素。「―的」
【部門】ブモン 全体を分類したそれぞれの分野。「営業―」
【部類】ブルイ 種類による区別。
《部屋》へや「子供―」「相撲―」
熟語「一部・外部・各部・患部・幹部・基部・局部・後部・細部・主部・深部・全部・恥部・中部・頭部・内部・都市部」

❷会社・役所などの組織上の区分。
【部下】ブカ「―に命じて書類を作成させる」⇔上司
【部外】ブガイ「―者」「―秘」⇔部内
【部局】ブキョク 業務を分担する局・部などの総称。
【部署】ブショ 受け持つ場所。「―につく」
【部隊】ブタイ「攻撃―」「買い出し―」
【部内】ブナイ 組織・機構の内部。⇔部外
熟語「部会・学部・軍部・支部・本部・人事部・総務部」

❸一定の地域に住み、共同体的意識をもつ集団。

【部族】ブゾク 特定の地域内に居住し、共通の言語・宗教・文化などをもつ社会集団。「―国家」
【部落】ブラク ①人家が集まり生活しているところ。集落。村落。②社会的に不当な差別を受けた集落。被差別部落。
❹同好のグループ。クラブ。
【部活】ブカツ 「部活動」の略。「―で遅くなる」
熟語「部員・退部・文芸部・野球部」
❺新聞・雑誌・書物などの分量。また、それを数える語。
【部数】ブスウ 書物や雑誌など、出版物の数。冊数。
熟語「残部・大部・百万部」
❻〔国〕べ。大化の改新以前に、特定の職能を有して朝廷に奉仕した集団。
熟語「部民・語部(かたりべ)・物部(もののべ)」

【舞】
4級 15画 舛(舛)-8 音 ブ漢・ム呉 訓 まう・まい ①4181 Ⓤ821E
〔舞〕14画 舛-8
筆順
なりたち [形声]「舞の上部」(人が袖に飾りをつけて舞うさまの象形)音＋舛(左右の足)。「舛」がない形が原字。のち、「無」と区別するために「舛」を加えた。
❶まう。おどる。まい。
【舞楽】ブガク 雅楽を伴奏にして舞を舞うもの。
【舞▼妓】ブギ 舞を舞う女。まいこ。まいひめ。
【舞台】ブタイ 「―裏」「檜(ひのき)の―」「晴れ―」
【舞踏】ブトウ 舞い踊る。特に、洋舞にいう。「―会」
【舞踊】ブヨウ まい。おどり。舞踏。「日本―」
【舞子・舞▼妓】まいこ 「京都祇園の―さん」
【舞姫】まいひめ 舞を舞う女。
熟語「舞曲・円舞・演舞・歌舞・群舞・剣舞・日舞・乱舞・輪舞」
❷ふるいたたせる。はげます。
熟語「鼓舞」
❸自分勝手に取り扱う。もてあそぶ。
【舞文】ブブン 自分に都合のよい文を作る。「―曲筆」
熟語「舞筆・舞弄」

フウ

【夫】⇩フ(五六〇ページ)

【封】
3級 9画 寸-6 音 フウ呉・ホウ漢・フ ①4185 Ⓤ5C01
注記「とじる」意を「フウ」、土地・財産にかかわる意を「ホウ」と読み分けるのは日本における慣用。
人名 かね
筆順
なりたち [形声]丰(稲穂が円錐状に出たさま)音＋土＋寸(手)。手で土を集めて円錐状に盛る意から、もり土の意を表す。
❶《フウ》とじる。とじめ。
【封印】フウイン 手紙や書類の封じ目に印を押す。
【封▼緘】フウカン 手紙などの封をする。封。
【封切(り)】フウきり 物事のし始め。「映画の―館」
【封書】フウショ 封をした手紙。封状。
【封筒】フウトウ 手紙・書類を入れる紙の袋。状袋。
熟語「封入・封蝋(ふうろう)・開封・厳封・同封・密封」
❷《フウ》とじこめる。
【封鎖】フウサ 「道路を―する」「預金―」「経済―」
【封殺】フウサツ 「敵の動きを―する」
【封入】フウニュウ ①同封する。「写真を―する」②封じ込める。「風船にガスを―する」
熟語「封閉・完封」
❸《ホウ》ほうずる。領地を与えて諸侯とする。また、大きい。富んでいる。
【封建】ホウケン 君主が土地を諸侯などに分け与えて領有させる。「―制度」「―社会」
熟語「封侯・封地・封土・封邑(ほうゆう)・移封・分封・素封家」
❹《ホウ》もりつち。さかい。国境。
【封禅】ホウゼン 中国古代に天子が行なった祭祀(さいし)。
熟語「封境」
❺〔国〕《ホウ》ポンドの音訳「封度」の略。

【風】
9級 9画 風-0 音 フウ漢呉・フ呉 訓 かぜ・かざ・ふり ①4187 Ⓤ98A8
難読 風邪(かぜ)・風巻(しまき)
筆順
なりたち [形声]凡(風をはらんだ帆)音＋虫(動物の総称)。帆をはためかせ動物に吹きよせるかぜの意。
❶かぜ。かざ。かぜがふく。
【風向き】かざむき 風の方向。転じて、形勢。機嫌。「会議の―が変わる」
〔風(かぜ)に櫛(くしけず)り雨(あめ)に沐(かみあら)う〕 風雨にさらされて苦労する。櫛風沐雨(しっぷうもくう)。出典「荘子天下」より。
【風雨】フウウ 「―にさらされる」「暴―」

フ

【風雲】フウウン　英雄・豪傑が世に現れ出る好機。「―児」「―に乗ずる」「―急を告げる」
【風化】フウカ　「岩石の―」「記憶の―」
【風月】フウゲツ　自然界の風物。「花鳥―」
【風車】フウシャ　風で回るはねぐるま。「―小屋」
〔風樹(ふうじゅ)の嘆(たん)〕　親に孝養をつくそうと思うときにはすでに親は死んでおり、孝行することができないという嘆き。出典「韓詩外伝」より。
【風神】フウジン　風をつかさどる神。風伯。「―雷神」
【風水】フウスイ　地勢・水勢・方位による占い。
【風声▽鶴▼唳】フウセイカクレイ　おじけづいた人が、わずかのことにも恐れおののくことのたとえ。出典「晋書謝玄伝」より。
【風雪】フウセツ　「―に耐える」
【風前の▽灯】フウゼンのともしび　「現内閣もまさに―だ」
【風袋】フウタイ　物を入れる容器・包み紙など。
【風波】フウハ　風によって立つ波。なみかぜ。
【風媒花】フウバイカ　風により受粉が行われる花。
【風鈴】フウリン　風に吹かれて鳴る鈴。軒下につるす。
【風浪】フウロウ　風に吹かれて起こる波。風濤。風波。
熟語「風花(かざばな)・風向・風塵・風力・寒風・逆風・強風・薫風・疾風(しっぷう・はやて)・春風・順風・新風・台風・微風・防風・暴風・無風・涼風・烈風」

❷ならわし。しきたり。
【風紀】フウキ　「―が乱れる」「―紊乱(びんらん)」
【風習】フウシュウ　風俗習慣。「珍しい―」
【風俗】フウゾク　ならわし。しきたり。「下町の―」
【風潮】フウチョウ　世間一般の傾向。時勢。
熟語「遺風・校風・古風・弊風」

❸現れたようす。おもむき。様式。
【風合(い)】フウあい　手ざわりや見た目からくる感じ。
【風韻】フウイン　すぐれた趣(おもむき)。風趣。雅趣。
【風雅】フウガ　「―の道(=詩歌・文章・書画などの道)」
【風格】フウカク　品格のあるおもむき。「―のある字」
【風景】フウケイ　「―画」「田園―」「授業―」
【風光】フウコウ　「―明媚(=自然のながめが清らかで美しいさま)」
【風采】フウサイ　外見から受ける印象。男性に言う。「―が上がらない」
【風趣】フウシュ　おもむき・味わい。「―に富む」
【風致】フウチ　自然のおもむき。「―地区」
【風体】フウテイ　身なり。外見。「怪しい―」
【風土】フウド　その土地固有の自然環境。「―病」
【風物】フウブツ　「四季折々の―」「―詩」
【風貌・風▼丰】フウボウ　身なりや顔かたち。
【風味】フウミ　おもむきのある味。「―が落ちる」
【風流】フウリュウ　「―な茶室」「―の道」
【風情】フゼイ　①様子。味わいのある感じ。「寂しげな―」「―ある眺め」②…のような(つまらない)者、の意。「私―にはわかりません」「町人―」
熟語「風狂・風姿・威風・家風・気風・芸風・国風・作風・洋風・和風・現代風」

❹ほのめかす。あてこする。同諷。
【風刺】フウシ　それとなく非難する。「世相を―する」「―画」別表記 諷刺
【風諭】フウユ　遠まわしにさとす。別表記 諷諭

❺うわさ。
【風説】フウセツ　世間のうわさ。風評。
【風評】フウヒョウ　世間の評判。「良くない―が立つ」
【風聞】フウブン　うわさ。風評。風説。「よからぬ―」

❻なびかせる。教えみちびく。
【風▼靡】フウビ　なびかせること。「一世を―する」
熟語「風教」

❼病気。
【《風邪》】かぜ　感冒(かんぼう)。ふうじゃ。
【風邪】フウジャ　かぜ。感冒。
熟語「中風(ちゅうふう)」

❽その他。
【風馬牛】フウバギュウ　自分には関係ないこと。「―の態度をとる」注記「風」はさかりがついて雌雄が誘い合う意。
【風土記】フドキ　書名。七一三年の元明天皇の命により、郡名の由来・伝承・産物・土地の状態などについて各国庁が報告した文書。
【風呂】フロ　入浴のための施設。浴室。
【風呂敷】フロしき　物を包むのに用いる正方形の布。

【富】⇩フ(五六四ページ)

フク

【伏】

3級　6画　人(亻)-4
音 フク漢・ブク呉
訓 ふせる・ふす
①4190　Ⓤ4F0F

人名 ふし・やす

筆順 ノ イ 仁 什 伏 伏

なりたち 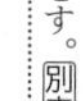 [会意]人＋犬。犬が飼い主のそばでふす意を表す。

●異字同訓●
◇ふす(伏・▼臥)
「伏す」は"腹ばいになる。ひそむ"の意。「地に伏す」「岩陰に伏す」「伏してお願いします」
「臥す」は"(病気などで)寝床に横になる"の意。「病(やまい)の床に臥す」

❶ふせる。ふす。うつぶす。うつむけになる。
【伏▼臥】フクガ　うつぶせに寝る。⇔仰臥(ぎょうが)。
【伏射】フクシャ　伏した姿勢での射撃。伏せ射ち。
【伏し目】ふしめ　視線を下の方に向ける。「―がち」

熟語「起伏・平伏」

❷かくれる。かくす。

【伏在】(フクザイ) 表にあらわれずに、内に隠れている。

【伏線】(フクセン) 前もってそれとなく示しておく事柄。「—を張る」「—を敷く」

【伏兵】(フクヘイ) 奇襲のために隠しておく兵。

【伏魔殿】(フクマデン) 陰謀や悪事が常に行われる所。

【伏流】(フクリュウ) 地下に流れる。「—水」

【伏▽竜▼鳳▼雛】(フクリョウホウスウ) 才能・素質がありながら、まだ世に知られていない人物のたとえ。臥竜(がりょう)鳳雛。出典「蜀書 諸葛亮伝注」より。

熟語「伏蔵・伏匿・潜伏」

❸したがう。したがわせる。

【伏罪】(フクザイ) 罪に服する。服罪。

熟語「圧伏・威伏・帰伏・屈伏・降伏(こうふく・ごうぶく)・雌伏・折伏(しゃくぶく・せっぷく)・承伏・説伏・調伏(ちょうぶく)」

【服】

8級　8画 月-4　音 フク漢・ブク呉　訓 したが-う　①4194 Ⓤ670D

〔服〕8画 月-4

難読 服部(はっとり・はとりべ)・服織(はとり)

人名 こと・もと・ゆき・よ

筆順

なりたち ［形声］篆文では、舟＋艮(人に手をぴったりと付ける)音。舟のへりにぴったりと付ける板の意。のち、からだにぴったりと着けるものの意に用いられ、「服」の字となった。

❶ふく。きもの。

【服飾】(フクショク) 衣服とその飾り。「—品」

【服装】(フクソウ) 身につけた衣服。身なり。よそおい。

熟語「衣服・元服・呉服・私服・制服・被服・平服・法服・洋服・礼服・和服・作業服」

❷身につける。自分のものにする。

【服▼膺】(フクヨウ) 常に心にとどめて忘れない。「拳々(けんけん)—」注記「膺」は胸の意。

熟語「服佩(ふくはい)・着服」

❸したがう。まつらう。

【服従】(フクジュウ) 他の支配・権力に従う。「絶対—」

【服属】(フクゾク) つき従う。従属。「—国」

熟語「服罪・感服・帰服・屈服・敬服・降服・克服・承服・心服・征服・不服」

❹仕事につく。つとめる。

【服役】(フクエキ) 懲役・兵役に服する。

【服務】(フクム) 職務や任務につく。「—規定」

❺喪にこもる。

【服喪】(フクモ) 喪に服する。「—期間」

熟語「服忌(ぶっき)・喪服(そうふく・もふく)」

❻薬や茶などをのむ。また、その一回分の量を数える語。

【服毒】(フクドク) 毒をのむ。「—自殺」

【服薬】(フクヤク) 薬をのむ。服用。「—指導」

【服用】(フクヨウ) 薬をのむ。服薬。「食後に—する」

熟語「一服・頓服・内服」

【副】

7級　11画 刀(刂)-9　音 フク慣漢呉・フ漢呉　訓 そ-う・そ-える　①4191 Ⓤ526F

難読 副司(副寺)(ふうす)

人名 すえ・すけ・つぎ・ます

筆順

なりたち ［形声］畐(北に通じ、二つに離れる)音＋刀。刀で二つに切り分ける意を表す。二つの物が並ぶことから、そう意に用いる。

❶そう。そえる。つき従ってたすける。付随する。

【副作用】(フクサヨウ) 薬の本来の効果と異なる作用。

【副産物】(フクサンブツ) 目的とする産物の生産過程で、得られる他の産物。

【副詞】(フクシ) 品詞の一。自立語で活用がなく、主として用言を修飾するもの。

熟語「副因・副手・副木・副次的」

❷ひかえ。主たるものに次ぐもの。

【副業】(フクギョウ) 本業以外に行う仕事。⇔本業

【副食】(フクショク) おかず。さい。副食物。⇔主食

【副本】(フクホン) 原本のうつし。ひかえ。コピー。

【副官】(フッカン) 長官や司令官を助ける士官。ふくかん。

熟語「副使・副書・副将・副賞・副題」

【幅】

4級　12画 巾-9　音 フク漢呉　訓 はば・の　①4193 Ⓤ5E45

注記 略字として「巾」を用いることがある。

筆順

なりたち ［形声］巾＋畐(ふっくらした酒つぼ)音。布の左右いっぱい、はばの意。

❶はば。物体の横の長さ。

【幅跳び】(はばとび) 跳躍した距離を競う陸上競技。

【幅員】(フクイン) 道路などの横の長さ。「道路の—」

熟語「恰幅(かっぷく)・振幅・震幅・全幅・増幅・満幅」

❷ふち。へり。

熟語「辺幅」

❸掛け軸。掛け物。また、それを数える語。

熟語「画幅・書幅・三幅対」

【復】

6級 12画 彳-9 ①4192 Ⓤ5FA9

音 フク漢呉・フ漢・ブク呉・ブ呉
訓 かえ-る・また

難読 復習う(さらう)

人名 あきら・あつし・さかえ・しげる・なお・また・もち

筆順 … 復

なりたち ［形声］彳(ゆく)＋复(重なりふくれる)音。通った経路をふたたびもどるの意。

❶かえる。もとの所にもどる。

【復路】(フクロ) かえりみち。帰路。⇔往路

熟語「復航・往復・来復」

❷かえる。もとの状態にもどる。もどす。

【復員】(フクイン) 兵員の召集を解く。「―兵」「―船」

【復学】(フクガク) 休・停学中の学生が学校に戻る。

【復元・復原】(フクゲン) 「街並みを―する」「船舶の―力」

【復職】(フクショク) 休職者がもとの職に戻る。

【復調】(フクチョウ) 「―の兆し」「景気が―する」

【復活】(フッカツ) 「―祭」「予算の―」

【復帰】(フッキ) もとの地位・状態に帰る。「社会―」

【復旧】(フッキュウ) 「―作業」「―の見通しがたたない」

【復権】(フッケン) 「社会的―を果たす」⇔失権

【復古】(フッコ) 昔の状態・体制に戻る。「―思想」「―調」

【復興】(フッコウ) 「災害から―する」「文芸―」

熟語「復縁・復業・復刊・回復・恢復(かいふく)・興復・克復・修復・整復・平復・本復・一陽来復」

❸かえす。むくいる。仕返しをする。

【復▼讐】(フクシュウ) かたきを討つ。仕返しをする。報復。

熟語「復仇(ふっきゅう)・報復」

❹答える。報告する。

【復命】(フクメイ) 命令を受けて行なった事柄の経過や結末を報告する。復申。「―書」

熟語「復答・拝復」

❺くりかえす。もう一度する。

【復習】(フクシュウ) おさらい。「英語の―」⇔予習

【復唱・復▼誦】(フクショウ) 「命令を―する」

熟語「反復」

【福】

8級 13画 示(ネ)-9 ①4201 Ⓤ798F

音 フク漢呉
訓 さいわ-い

【福】14画 示-9 ③8933 ⓊFA1B

人名 さき・さち・とし・とみ・むら・もと・よし

筆順 … 福

なりたち ［形声］示(祭壇)＋畐(酒がたっぷりと満ちたつぼ)音。神にそなえる酒の意から、神に恵みをいのる、しあわせの意を表す。

さいわい。しあわせ。

【福音】(フクイン) ①キリスト教による人類救済の教え。②喜ばしい知らせ。

【福祉】(フクシ) 社会の構成員に等しくもたらされるべき生活の安定と向上。「公共の―」「社会―」注記「祉」は幸福の意。

【福寿草】(フクジュソウ) 多年草植物。早春に黄色花が咲く。

【福相】(フクソウ) 福々しい人相。⇔貧相

【福耳】(フクみみ) 耳たぶの大きい耳。福相とされる。

【福利】(フクリ) 幸福と利益。「―厚生」

【福禄寿】(フクロクジュ) 七福神の一。(幸)福・(俸)禄・寿(命)の三徳をそなえている神。

熟語「福運・福寿・福茶・福徳・福禄(ふくろく)・艶福・禍福・口福・幸福・至福・祝福・大福・冥福・裕福・利福」

【腹】

5級 13画 肉(月)-9 ①4202 Ⓤ8179

音 フク漢呉
訓 はら

筆順 … 腹

なりたち ［形声］肉＋复(重なりふくれる)音。腸が重なり合って、ふくれているはらの意。

❶はら。おなか。

【腹鼓】(はらつづみ) 十分に食べて満足している。鼓腹(こふく)。はらづつみ。「―を打つ」

【腹痛】(フクツウ) 腹が痛む。はらいた。

【腹背】(フクハイ) ①腹と背。前後。「―に敵を受ける」②心の中でそむく。「面従(めんじゅう)―」

熟語「腹部・腹膜・腹筋・腹腔(ふっこう)・腹話術・開腹・下腹・空腹・切腹・抱腹・満腹」

❷こころ。心中。

【腹▽癒せ】(はらいせ) 「―に石を投げる」

【腹芸】(はらゲイ) 心中のもくろみを政治力で解決する。

【腹案】(フクアン) 心中にもっている考え。

【腹心】(フクシン) 心から信頼できる人。「―の部下」

【腹蔵】(フクゾウ) 心中に包み隠す。「―なく話す」

【腹中】(フクチュウ) ①心の中。「―の計」②度量。「大―」

熟語「剛腹・立腹」

❸子を宿すところ。母胎。

熟語「異腹・妾腹(しょうふく)・同腹」

❹ものをたくわえるところ。ふところ。

熟語「私腹・船腹」

❺中ほどのところ。

熟語「山腹・中腹」

【複】

6級 14画 衣(ネ)-9 ①4203 Ⓤ8907

音 フク漢呉
訓 かさ-ねる

筆順 衤…複

なりたち ［形声］衣＋复(重なりふくれる)音。重なり合ってふっくらとしている衣服の意から、あわせの意を表す。

❶かさねる。かさなる。さらに加える。二つ以上の。

【複合】フクゴウ 「―汚染」「―競技」

【複雑】フクザツ こみ入っている。「―な事情」⇔単純

【複式】フクシキ 「―簿記」「―火山」⇔単式

【複数】フクスウ 二つ以上の数。「―の候補」⇔単数

【複線】フクセン 鉄道で、上りと下りの線路が敷かれている。⇔単線

【複利】フクリ 利息を元金にくり入れ次期の利息を計算する方法。重利。

熟語「複眼・複文・複葉・単複・重複(ちょうふく)」

❷同じものをうつしとる。また。ふたたび。

【複写】フクシャ コピー。「―機」「書類を―する」

【複製】フクセイ ある物に模して同じような物を作る。

熟語「―芸術」「複刻」

【覆】

3級 18画 襾-12

音 フク(慣)(漢)(呉)・フ(漢)(呉)・フウ(漢)

訓 おおう・くつがえす・くつがえる

①4204 Ⓤ8986

〔覆〕18画 襾-12

筆順 一 覀 覀 覀 覆 覆 覆

なりたち ［形声］襾(ふたをかぶせる)＋復(うらがえしにする、かさねる)音。ひっくりかえす、おおうの意。

❶くつがえす。くつがえる。かたむける。ほろぼす。

【覆車】フクシャ 車が転覆する。「―の戒め(=先人の失敗は、後人のいましめとなる)」

【覆水】フクスイ【覆水盆に返らず】(ふくすいぼんにかえらず) 一度してしまったことは二度と取り返しがつかないということ。出典「漢書朱買臣伝」の故事から。

【覆轍】フクテツ ひっくりかえった車の轍(わだち)。「―を踏む(=前の人と同じ失敗をする)」

【覆滅】フクメツ 国や家などを完全に滅ぼす。

熟語「覆水・覆没・転覆・顛覆」

❷おおう。つつむ。

【覆面】フクメン ①顔面をおおいかくすもの。②正体を隠して行動する。「―批評」「―パトカー」

熟語「覆蔵・被覆」

❸再びする。同復。

【覆刻】フッコク 原本そのままに新たな版で出版する。「―本」別表記 復刻

熟語「反覆」

フツ

【払】

4級 5画 手(扌)-2

音 フツ(漢)・ホツ(呉)(唐)

訓 はらう

①4207 Ⓤ6255

【拂】8画 手(扌)-5 ②5736 Ⓤ62C2

難読 払子(ほっす)

筆順 一 才 扌 払 払

なりたち ［形声］手＋弗(はらいのぞく)音。手ではらいのぞくの意。「払」は略字。

◇はらう(払・祓) ◉異字同訓◉

「払う」は“取り除く。支払う。心を傾ける。横ざまにすくう”の意。「ほこりを払う」「足を払う」「給料を払う」「犠牲を払う」「敬意を払う」

「祓う」は“神に祈って罪やけがれを除く”の意。「悪霊を祓う」「汚れを祓う」

❶取りのぞく。はらいのける。

【払拭】フッショク ぬぐい去る。ふっしき。

【払底】フッテイ 物がすっかり無くなる。「人材が―する」

【払子】ホッス 獣毛などを束ねて柄をつけた仏具。

熟語「拭払・除払」

❷夜が明ける。

【払暁】フツギョウ 夜明け。あかつき。黎明(れいめい)。

❸(国)はらう。代金・代償を出して事をすます。

熟語「払い込み・支払い」

【沸】

準2級 8画 水(氵)-5

音 フツ(慣)・ヒ(漢)

訓 わく・わかす

①4208 Ⓤ6CB8

筆順 丶 氵 氵 沪 沪 沸 沸

なりたち ［形声］水＋弗(はらいのぞく)音。水を左右にはらいのけるようにわきたつの意。

◇わく(沸・湧) ◉異字同訓◉

「沸く」は“水が湯になる。興奮する”の意。「風呂が沸く」「やかんの湯が沸く」「逆波が沸く」「会場が沸く」

「湧く」は“地中から出てくる。生じる。発生する”の意。「涌く」とも書く。「敷地内に温泉が湧く」「興味が湧かない」「突然アイディアが湧く」「ぼうふらが湧く」「降って湧いたような話」

❶わく。にえたつ。たぎる。わかす。

【沸騰】フットウ ①煮えたつ。わきたつ。②激しく、盛んに

なる。「人気が—する」
熟語「沸点・煮沸・鼎沸」
❷水などがわき出る。
【沸沸】フツフツ ①わき立つさま。「湯が—とたぎる」②感情などがこみ上げるさま。「怒りが—とわいてくる」

ブツ

【仏】 6級 4画 人(亻)-2
〔佛〕7画 人(亻)-5

音 ブツ㊐・フツ㊇
訓 ほとけ

①4209 Ⓤ4ECF ②4839 Ⓤ4F5B

難読 仏掌薯（つくいも・つくねいも）
人名 さとる
筆順 ノ 亻 仏 仏
なりたち 〔形声〕人＋弗（見分けられない）㊞。はっきりと人を見分けられないの意。のちに、梵語 buddha の音訳「仏陀」に用い、ほとけの意を表す。「仏」は略字。

❶梵語 Buddha の音訳「仏陀」の略。ほとけ。また、「仏像」の略。
【仏閣】ブッカク 寺の建物。また、寺院。「神社—」
【仏教】ブッキョウ インドの釈迦が開いた宗教。
【仏具】ブツグ 仏事に用いる器具。ぶぐ。「—屋」
【仏師】ブッシ 仏像をつくる工匠。仏工。「絵—」
【仏事】ブツジ 仏教に関する行事や儀式。法事。
【仏舎利】ブッシャリ 釈迦の遺骨。「—塔」
【仏前】ブツゼン 「—に花を供える」
【仏像】ブツゾウ 信仰（礼拝）の対象としての仏の像。
【仏陀】ブッダ 釈迦の尊称。また、真理を悟った者。
【仏壇】ブツダン 仏像や位牌を安置するための壇。
【仏頂面】ブッチョウづら 無愛想な顔。
【仏典】ブッテン 仏教の経典。また、仏教に関する本。
【仏滅】ブツメツ ①釈迦の死。入滅。②六曜（ろくよう）の一。すべてに凶であるとする日。仏滅日（にち）。
【仏門】ブツモン 「—に入る（＝出家する）」
熟語「《ブツ》仏縁・仏恩・仏果・仏画・仏家・仏眼（ぶつげん）・仏刹・仏寺・仏式・仏性・仏心・仏殿・仏徒・仏塔・仏道・仏法・仏生会・活仏・古仏・成仏（じょうぶつ）・神仏・石仏・大仏・念仏・薬師仏」
❷（国）「仏蘭西（フランス）」の略。中国では「法蘭西」と当てる。
【仏語】フツゴ フランス（仏蘭西）語。
熟語「《フツ》仏印・英仏・普仏戦争」

【物】 8級 8画 牛-4

音 ブツ㊇・モツ㊐・モチ
訓 もの

①4210 Ⓤ7269

人名 たね
筆順 ノ 𠂉 牛 牛 牜 牞 物 物
なりたち 〔形声〕牛＋勿（さまざまな色の旗が入り乱れて色がよくわからない）㊞。特定化されない対象物の意から、ものの意を表す。

❶もの。
【物価】ブッカ 「—上昇」「—高（だか）」「消費者—」
【物件】ブッケン 「証拠—」「いい—を探す」
【物産】ブッサン その土地から産出される物。「—展」
【物資】ブッシ 「救援—」
【物質】ブッシツ ①もの。品物。「—文明」②物体を形成している実質。「化学—」
【物証】ブッショウ 物的証拠。「—に欠ける」
【物心】ブッシン ものとこころ。「—両面から援助する」
【物性】ブッセイ 物質が有している性質。
【物体】ブッタイ 具体的な形をもって存在するもの。
【物品】ブッピン 物。品物。「—税」
【物理】ブツリ 物質の運動・構造に関する学問。物理学。
【物流】ブツリュウ 「物的流通」の略。「—システム」
【物量】ブツリョウ 物の分量。物の豊かさ。「—作戦」
熟語「《ブツ》物化・物我・物象・物納・物欲・異物・怪物・格物・器物・見物・好物・鉱物・産物・実物・植物・生物・静物・造物・即物・動物・廃物・博物・万物・唯物」「《モツ》貨物・穀物・作物・食物・書物・臓物・荷物・宝物・名物」
❷ことがら。
熟語「事物・禁物（きんもつ）・難物・文物」
❸世間。世の中。また、ひと。
【物議】ブツギ 世間のとりざた。「—をかもす」
【物情】ブツジョウ 世間の様子。人々の心。「—騒然」
熟語「人物・俗物」
❹（国）もの。なんとなく。
【物騒】ブッソウ あぶないさま。「—な世の中」注記「ものさわがし」の漢字表記「物騒」を音読みした語といわれる。
【物忌み】ものいみ 行いを慎み心身を清浄に保つ。
【物語】ものがたり ①あるまとまった内容のことを話し語る。談話。②散文による創作文学。「竹取物語」「伊勢物語」「源氏物語」など。
【物心】ものごころ 物事の判断ができる心。「—ついて以来」
【物腰】ものごし 立ち居振る舞い。「おだやかな—」
【物の▽怪・物の気】もののけ 人にたたりをなすもの。
【物見】ものみ ①見物。「—遊山（ゆさん）」②ものみやぐら。③偵察する。斥候（せっこう）。
熟語「物置・物悲しい・物静か・物日」
❺その他。
【物故】ブッコ 人が死ぬ。死去。「—者」
【物色】ブッショク 適当な物をさがす。「室内を—する」

【物▽怪】（ケモッ） 思いがけない。「―のさいわい」 別表記 勿怪

フン

【分】⇩ブン（五七四ページ）

【粉】
7級 10画 米-4 音 フン 漢 呉 訓 こ・こな ①4220 Ⓤ7C89

筆順

なりたち ［形声］米＋分（わける）音。米をくだいたこなの意。

❶こな。こ。微細な粒。

【粉食】（フンショク） 穀物をこなにして食べる。⇔粒食

【粉▼塵】（フンジン） 空中に浮遊する微小なごみ。

【粉末】（フンマツ） 固体が、非常に細かになっている状態。こな。こ。

熟語「粉状・粉乳・花粉・魚粉・金粉・骨粉・胡粉（ごふん）・受粉・製粉・澱粉（でんぷん）・鱗粉」

❷くだく。こなごなにする。

【粉粉】（こなごな） きわめて細かく砕けるさま。「割れて―になる」「ガラスが―に壊れる」

【粉▽微▼塵】（こなミジン） こっぱ微塵。「―に砕ける」

【粉骨砕身】（フンコツサイシン） 骨を粉にし身をくだくほどに努力する。「―して社会に尽くす」

【粉砕】（フンサイ） 「―機にかける」「敵を―する」

❸おしろい。うわべをかざる。

【粉飾】（フンショク） うわべだけを飾る。「―決算」 別表記 扮飾

【粉▼黛】（フンタイ） 白粉（おしろい）とまゆずみ。転じて、化粧。

熟語「粉白・白粉（はくふん）（おしろい）・脂粉」

【紛】
3級 10画 糸-4 音 フン 漢 呉 訓 まぎれる・まぎらす・まぎらわす・まぎらわしい・まが-う ①4222 Ⓤ7D1B

人名 お・もろ

筆順

なりたち ［形声］糸＋分（わかれる）音。糸がわかれてまとまりがつかない意から、まぎれる・みだれるの意を表す。

❶入り乱れる。もつれる。

【紛議】（フンギ） 論議がもつれてまとまらない。

【紛糾】（フンキュウ） もつれ乱れる。「事態が―する」

【紛争】（フンソウ） 事がもつれて争いになる。「労使―」

【紛紛】（フンプン） 入りまじって乱れる。「諸説―」

熟語「紛擾・紛然・紛乱・小紛・内紛・繽紛・諸説紛紛」

❷まぎれる。まがう。まぎらす。まぎらわす。また、まぎらわしい。

【紛失】（フンシツ） 他の物にまぎれてなくなる。

【雰】
準2級 12画 雨-4 音 フン 漢 呉 ①4223 Ⓤ96F0

筆順

なりたち ［形声］雨＋分（刀で小さくわける）音。雨をさらに小さくした、きり・もやの意。

❶けはい。気分。

【雰囲気】（フンイキ） その場にかもし出されている気分。ムード。「はなやいだ―」

❷霧。霧のようにたちこめる空気。

❸「雰雰（ふんぷん）」は、雪が乱れ降るさま。

【噴】〔噴〕
4級 15画 口-12 音 フン 漢・ホン 漢 訓 ふく ①4214 Ⓤ5674

〔噴〕16画 口-13 Ⓤ2F84F

筆順

なりたち ［形声］口＋賁（ふき出る）音。口から勢いよくふき出るの意。

◉異字同訓◉【吹】（三五二ページ）の「異字同訓」欄を参照のこと。

ふく。勢いよく出す。勢いよく出る。

【噴煙】（フンエン） 火山の噴火口から噴き上がる煙。

【噴火】（フンカ） 「火山の―口」

【噴射】（フンシャ） 勢いよく噴き出させる。「逆―」

【噴出】（フンシュツ） 「溶岩が―する」「不満が―する」

【噴水】（フンスイ） 水が噴き出るようにした装置。「公園の―」

【噴飯】（フンパン） 思わずふき出して笑う。「―もの」

熟語「噴気・噴泉・噴霧・白噴」

【墳】〔墳〕
3級 15画 土-12 音 フン 漢 訓 つか・はか ①4215 Ⓤ58B3

〔墳〕16画 土-13 ⓊFA7D

筆順

なりたち ［形声］土＋賁（もりあがる）音。土が高くもりあがったはかの意。

つか。土を盛った墓。

【墳墓】（フンボ） はか。おくつき。「―の地（＝先祖代々の墓のある地・ふるさと。また、一生を終わるつもりの地）」

熟語「円墳・丘墳・古墳・土墳・方墳」

フ

【憤】〔憤〕

準2級 15画 心(忄)-12 音 フン 漢 呉 訓 いきどおる ①4216 Ⓤ61A4

〔憤〕16画 心(忄)-13 Ⓤ2F8AD

筆順 忄 忄 忄 忄 忄 忄 憤 憤

なりたち ［形声］心＋賁(ふき出る)音。感情が心の中から一気にふき出るの意。

❶いきどおる。いきどおり。激しく怒る。

【憤慨】フンガイ 「一方的なやり方に―する」

【憤激】フンゲキ 激しく怒る。「―にたえない」

【憤死】フンシ はげしい怒りのあまり死ぬ。

【憤然】フンゼン 「―として席を立つ」別表記 忿然

【憤怒】フンド 大いに怒る。ふんぬ。別表記 忿怒

【憤▽怒】フンヌ 「ふんど(憤怒)」に同じ。「―の形相」注記「ぬ」は呉音。別表記 忿怒

【憤▼懣】フンマン 「―やる方がない」別表記 忿懣

熟語「鬱憤うっぷん・義憤・公憤・私憤・痛憤・悲憤」

❷ふるいたつ。

熟語「発憤」

【奮】

5級 16画 大-13 音 フン 漢 呉 訓 ふるう ①4219 Ⓤ596E

筆順 大 衣 衣 奆 奞 奮 奮 奮

なりたち ［会意］金文では、衣(きもの)＋隹(とり)＋田(土地)。きものの中にいる鳥が大地から空高く羽ばたく意から、ふるいたつ意を表す。

◉異字同訓◉【振】(三四〇ページ)の「異字同訓」欄を参照のこと。

ふるう。勇みたつ。勇みたたせる。

【奮起】フンキ おおいにやる気を出す。「―一番」

【奮迅】フンジン ふるいたつ。「獅子しし―の活躍」

【奮戦】フンセン 一生懸命に戦う。奮闘。

【奮然】フンゼン 勢いよくふるいたつ。「―と戦う」

【奮闘】フントウ 力をふるって戦う。「孤軍―」

【奮発】フンパツ 「大―」「今日は―してごちそうするよ」

【奮励】フンレイ 元気を出してがんばる。「―努力」

熟語「奮激・奮進・感奮・亢奮・昂奮・興奮・発奮」

ブン

【分】

9級 4画 刀-2 音 ブン 呉・フン 漢・ブ 慣 訓 わける・わかれる・わかる・わかつ ①4212 Ⓤ5206

人名 ちか

筆順 ノ 八 分 分

なりたち ［会意］八(二つにわける)＋刀。刀で二つにわけるの意。

◉異字同訓◉

◇わかつ(分・▽頒)

「分かつ」は〝分けて離す。見分ける〟の意。「別つ」とも書く。「上下二巻に分かつ」「明暗を分かつ」「是非を分かつ」「袂たもとを分かつ」

「頒つ」は〝分けて配る。分配する〟の意。「会員にだけ実費で頒つ」「勝利の喜びを頒ち合う」

◇わかれる(分・別)

「分かれる」は〝一つのものが別々のいくつかになる。違いが生じる〟の意。「タクシー三台に分かれて乗る」「道が分かれる」「この作品については評価が分かれる」

「別れる」は〝離れて去る〟の意。「駅で友達と別れる」「家族と別れて暮らす」「夫婦が別れる」

❶わける。わかれる。みわける。

【分化】ブンカ 単純なもの・等質なものが、複雑なもの・異質なものに分かれてゆく。

【分解】ブンカイ 「時計を―する」「因数―」「電気―」

【分割】ブンカツ いくつかに分ける。「―払い」

【分轄】ブンカツ いくつかに分けて管轄・支配する。

【分岐】ブンキ 枝分かれする。「―点」

【分業】ブンギョウ 手分けをして仕事をする。「医薬―」「国際―」

【分家】ブンケ 「―筋」⇔本家

【分権】ブンケン 権限を一か所に集中しないで分散する。「地方―」⇔集権

【分校】ブンコウ 本校から分離して設立された学校。「離島の―」

【分散】ブンサン いくつかに分かれる。また、いくつかに分けられる。「―型の管理」⇔集中

【分掌】ブンショウ 職務をわけて受け持つ。「業務―」

【分譲】ブンジョウ いくつかに分けて売る。「―住宅」「―地」

【分数】ブンスウ ある数をある数で割った結果の数。

【分析】ブンセキ ある事柄の内容を明らかにするために、細かな要素に分けてゆく。「精神―」「時系列―」⇔総合

【分担】ブンタン 分けて受け持つ。「役割―」「―金」

【分断】ブンダン 分けて別々にする。「勢力を―される」「国家―」

【分配】ブンパイ 分けてくばる。「もうけを―する」「―金」

【分泌】ブンピツ 「―液」「―物」注記「ぶんぴ」は慣用読み。

【分布】ブンプ 一定の範囲に広がって存在する。「人口―」

【分別】フンベツ 是非・道理をわきまえる。「思慮―」「―顔」「―くさい」

【分別】ブンベツ 別々に分ける。「ゴミを―する」

【分▼娩】ブンベン 子を産む。出産。「―室」

【分明】ブンメイ 明らかなこと。ぶんみょう。ふんめい。

【分野】(ブンヤ) ある一定の範囲。領域。「専門―」

【分与】(ブンヨ) 分け与える。「財産―」

【分離】(ブンリ) 分けはなす。「中央―帯」「遠心―機」

【分立】(ブンリツ) 分けて立てる。また、分かれて立つ。ぶんりゅう。「三権―」「小政党が―する」

【分類】(ブンルイ) それぞれの種類に分ける。「図書を―する」

【分列】(ブンレツ) 分かれて並ぶ。「―行進」

【分裂】(ブンレツ) 「党が二つに―する」「核―」⇕融合

熟語「分院・分科・分遣・分骨・分身・分納・分派・分売・分水嶺・按分(あんぶん)・案分・均分・区分・細分・十分・充分・処分・等分・配分・部分」

❷物質の成分。

【分子】(ブンシ) ①物質の化学的性質を失わずに分割できる最小の粒子。「―式」②団体の中の各個人。「不満―」

熟語「塩分・水分・成分・糖分・養分」

❸半分。なかば。

熟語「秋分・春分・夜分」

❹さだめ。身のほど。職務。

【分限】(ブゲン) ①身のほど。分際。ぶんげん。②財産家。金持ち。ぶんげん。「―者」

【分限】(ブンゲン) ①「ぶげん(分限)」に同じ。②公務員の身分に関する基本的なことがら。身分保障・転職・降任・免職など。

【分際】(ブンザイ) 身の程。ぶん。「親掛かりの―で一人前の口をきく」

熟語「応分・過分・自分・性分・天分・本分・名分」

❺ものの量。かさ。ころあい。

【分銅】(フンドウ) 竿秤(さおばかり)や天秤(てんびん)で、金属製のおもり。

【分量】(ブンリョウ) 「目―」「―が多い」

熟語「時分・随分・存分・多分・当分・夜分・余分」

❻単位を表す語。㋐ふん。時間で、一時間の六〇分の一。角度で、一度の六〇分の一。㋑ぶ。割合で、一の一〇〇分の一。温度で、一度の一〇分の一。㋒ぶ。長さ・重さの単位。㋓ぶ。江戸時代の貨幣単位。両の四分の一。

【分秒】(フンビョウ) 「―を惜しむ」「―を争う」

❼(国)ぶん。それに相当するもの。

熟語「兄弟分・十人分・来年度分」

【文】

10級 4画 文-0 音 ブン 漢・モン 呉 訓 ふみ・あや

Ⓙ4224 Ⓤ6587

難読 文月(ふづき)(ふみづき)・文旦(ぶんたん)(たん)・文目(あやめ)・文机(ふづくえ)・文身(いれずみ)・文殊(もんじゅ)・文蛤(はまぐり)・文筥(文箱)(ふばこ)

人名 あき・あや・いと・すじめ・とも・のぶ・のり・ひさ・ひとし・み・や・やす・ゆき・よし

筆順 丶 亠 ナ 文

なりたち  [象形]土器に描いた模様の一種にかたどり、模様の意を表す。

❶あや。もよう。かざり。

【文目】(あやめ) ①模様。色合い。②物事のすじみち。

【文身】(ブンシン) 入れ墨。彫り物。

【文理】(ブンリ) ①文章のすじみち。②文科と理科。

【文様】(モンヨウ) 図柄。模様。別表記 紋様

熟語「《ブン》文采(ぶんさい)・文彩・文質・文飾」「《モン》縄文・斑文(はんもん)」

❷もじ。

熟語「文字(もじ)(もんじ)・古文・説文(せつもん)・籀文(ちゅうぶん)・篆文(てんぶん)・金石文・甲骨文」

❸ふみ。字で書いたもの。書物。

【文月】(ふづき) 陰暦七月の異名。ふみづき。

【文机】(ふづくえ) 読書するとき、書物をのせる机。

【文箱・文筥】(ふばこ) 書状・書類などを入れておく箱。

【文意】(ブンイ) 「―を汲む」「―が明らかでない」

【文学】(ブンガク) ①言語表現による芸術。詩歌・小説・戯曲・随筆・評論など。文芸。②詩・小説・戯曲など文学作品を研究する学問。文芸学。

【文芸】(ブンゲイ) 文学。「―作品」

【文献】(ブンケン) 研究の参考となる書物や文書。「参考―」

【文言】(ブンゲン) ①手紙や文章の中の言葉。もんごん。②中国で、口語に対する文語。⇕白話

【文庫】(ブンコ) ①書類・文具などを入れておく箱。「手―」②小型の廉価な叢書本。

【文語】(ブンゴ) ①文章を書くときに用いられる言葉。書き言葉。②古典語。主として平安時代の言語に基づいた書き言葉。「―体」「―文法」▽⇕口語

【文豪】(ブンゴウ) 偉大な文学者。「―夏目漱石」

【文士】(ブンシ) 作家。「―劇」

【文質彬彬】(ブンシツヒンピン) 外見と実質とがほどよく調和している。出典「論語雍也」より。

【文弱】(ブンジャク) 学問や詩文にばかりふけっている。

【文集】(ブンシュウ) 詩や文章を集めた書物。「卒業―」

【文書】(ブンショ) 文字で書き記したもの。もんじょ。「公―」

【文章】(ブンショウ) 文を連ねて、思考や感情を表現したもの。「―作法」「―表現」

〖文章(ぶんしょう)は経国(けいこく)の大業(たいぎょう)不朽(ふきゅう)の盛事(せいじ)〗すぐれた文章を作ることは国の大事業であり、永久に伝えられる事業である。出典 魏文帝(=曹丕(そうひ))「典論」より。

【文人】(ブンジン) 詩文・書画に親しむ人。「―墨客」⇕武人

【文責】(ブンセキ) 書いた文章についての責任。

【文藻】(ブンソウ) ①文章のあや。かざり。②文才。

【文体】(ブンタイ) ①文章の形式・様式。和文体・漢文訓読体・文語体・口語体などの分類がある。②その作者

の文章に特有な表現。スタイル。
【文壇】ブンダン 「―にデビューする」
【文通】ブンツウ 手紙をやりとりする。
【文典】ブンテン 文法を説明した書物。文法書。
【文筆】ブンピツ 文章を書く。「―の才」「―家」
【文法】ブンポウ 言語を文・語などの単位に分けて考えたとき、そこに見られる法則。
【文房具】ブンボウグ 物を書くときに使う道具。文具。
【文脈】ブンミャク 文章の筋道。コンテクスト。「―をたどる」
【文面】ブンメン 文章に書かれている事柄やその書きぶり。「―から察するに…」
【文例】ブンレイ 文や文章の実例。例文。
【文字】ブンジ・モジ ①言語の伝達手段の一つとして使われる符号。字。もんじ。「象形―」②文章。また、読み書きや学問をいう。「―を知らぬもので(＝無学で)…」
【文句】モンク ①文章中の語句。章句。「殺し―」「名―」②苦情。不服。「―を言う」「―をつける」
【文言】モンゴン 文章の中の語句。「法律の―」
【文字】モジ 「もじ(文字)」に同じ。
【文書】モンジョ 「ぶんしょ(文書)」に同じ。「古―」
熟語「文案・文具・文集(ぶんしゅう)・文飾・文節・文通・遺文・韻文・英文・漢文・経文(きょうもん)・檄文・言文・構文・国文・祭文(さいもん)(さいぶん)・作文・雑文・散文・詩文・重文・序文・証文(しょうもん)・成文・前文・単文・弔文・複文・本文(ほんもん)(ほんぶん)・名文・乱文・例文・和文」

❹人間の知恵の働き。また、学問・芸術などの方面。⇔武。
【文運】ブンウン 文化が起こり栄える勢い。「―隆盛」
【文化】ブンカ ①学問・芸術・宗教・道徳など、精神的活動から生み出されたもの。「日本―」「―財」②世の中が開け進み、生活が快適で便利になる。「―的な生活」
【文科】ブンカ 数学・自然科学系統以外の学問の分野。「―系」⇔理科
【文官】ブンカン 軍事以外の事務を取り扱う官吏。⇔武官
【文教】ブンキョウ 文化・教育に関すること。「―地区」
【文治】ブンチ 教化または法令によって世を治める。⇔武断
【文武】ブンブ 学問と武芸。「―両道」「―兼備」
【文物】ブンブツ 学問・芸術など、文化の生産物。
【文民】ブンミン 軍人ではない者。一般人。「―統制」
【文明】ブンメイ 文字をもち、都市化がすすみ、経済・技術水準などが高度化した文化。「黄河―」「物質―」
熟語「文事・芸文・修文・人文(じんぶん)(じんもん)・博文・文部科学省(もんぶかがくしょう)」

❺もん。単位を表す語。㋐昔の貨幣で、一貫の千分の一。㋑(国)足袋や靴などの大きさで、一文は約二・四センチメートル。
熟語「文無し・三文オペラ」

❻その他。固有名詞など。
【文王】ブンオウ 中国、周王朝の始祖武王の父。姓は姫(き)、名は昌。西伯と称する。太公望など賢士を集め、周の基礎を築いた。
【文章軌範】ブンショウキハン 文集。南宋の謝枋得(しゃぼうとく)編。成立年代未詳。科挙の作文の模範文例として唐宋の古文家の文を中心に集録。
【文楽】ブンラク 人形浄瑠璃(じょうるり)の通称。
【文殊】モンジュ 知恵の徳をつかさどるという菩薩。
【文選】モンゼン 中国の詩文集。南朝梁(りょう)の昭明太子蕭統(しょうとう)編。五三〇年頃成立。中国の文章美の基準を作ったものとして尊重された。

【聞】

9級 14画 耳-8 音 ブン漢・モン呉 訓 きく・きこえる ①4225 Ⓤ805E

人名 か・ひろ

筆順
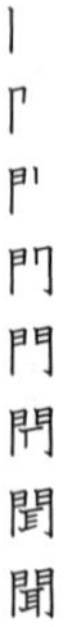

なりたち

[形声]門(もん)音＋耳。門の中の、よくわからない出来事が耳にはいる意から、きく意を表す。

◉異字同訓◉
◇きく(聞・聴・▼訊)
「聞く」は〝音や声を感じとる。また、その内容を知る。香をたく〟の意。「雨の音を聞く」「講義を聞く」「香を聞く」
「聴く」は〝注意して耳に入れる。傾聴する〟の意。「音楽を聴く」「国民の声を聴く」
「訊く」は〝たずねる。問う〟の意。「聞く」とも書く。「名前を訊く」「迷って道を訊いた」

❶きく。きこえる。音や声を感じとる。
【聞知】ブンチ 聞いて知る。うわさに聞く。
熟語「外聞・寡聞・見聞・仄聞(そくぶん)・他聞・聴聞(ちょうもん)(ちょうぶん)・伝聞・内聞・博聞・前代未聞」

❷においをかぐ。
【聞香】ブンコウ 香をかぐ。もんこう。ききこう。

❸きこえ。うわさ。評判。
【聞達】ブンタツ 世間に名高くなる。有名になる。
熟語「異聞・旧聞・醜聞・新聞・風聞・名聞(みょうもん)(めいぶん)」

ヘイ

【丙】

準2級 5画 一-4 音 ヘイ漢・ヒョウ(ヒャウ)呉 訓 ひのえ ①4226 Ⓤ4E19

人名 あき・え・ひのえ

筆順

なりたち

[象形]物をのせる机の形にかたどる。借りて、十干の三番めを表す。

へ

❶ひのえ。十干の第三。方位では南、五行では火にあてる。

【丙▽午】(ひのえうま) 干支(えと)の一。この年には火災が多いとされ、この年生まれの女性は夫の命を縮めるという俗信があった。へいご。

❷ものごとの配列や順序の第三位。

熟語「丙種・丙夜・甲乙丙丁」

【平】

8級 5画 干-2

音 ヘイ漢・ビョウ(ビャウ)呉・ヒョウ(ヒャウ)呉

訓 たいら・ひら・たい-らげる

①4231 Ⓤ5E73

〔平〕5画 干-2

難読 平伏(ひれふ)す・平城(なら)・平調(ひょうじょう)・平題箭(いたつき)・平鯛(へだい)

人名 おさむ・さね・たか・つね・とし・なり・なる・ひとし・ひら・まさる・もち・よし

筆順 一 平

なりたち [象形]水草が水面に浮くさまにかたどる。たいらの意を表す。

❶たいら。ひらたい。かたよらない。

【平等】(ビョウドウ) 差別なく、みなひとしい。「男女—」

【平《仮名》】(ひらがな) 仮名の一種。⇔片仮名

【平目】(ひらめ) ヒラメ科の海魚。別表記 鮃・比目魚

【平屋・平家】(ひらや) 一階建ての家。「—建」

【平均】(ヘイキン) 「—に分ける」「—点」「—寿命」

【平原】(ヘイゲン) たいらで広々とした野原。「大—」

【平行】(ヘイコウ) ①同一平面上の二直線、また、空間の直線と平面、あるいは平面と平面が交わらないこと。「—移動」「—四辺形」⇔交差。②物事が同時に並び行われる。並行。「—して行う」

【平衡】(ヘイコウ) 釣り合いがとれている。「—感覚」

【平身低頭】(ヘイシンテイトウ) 体をかがめ、頭を深く下げて恐れ入る。「—してわびる」

【平▼坦】(ヘイタン) 起伏がなく平らである。「—な道」「—な人生」

【平地】(ヘイチ) 平らな土地。ひらち。

【平板】(ヘイバン) 平たい板。また、変化がなく単調である。「—な描写」

【平面】(ヘイメン) 平らな面。「—幾何学」

【平野】(ヘイヤ) 山地に対して、低く平らな広い土地。

熟語「平滑・平伏・公平・水平・地平・扁平(へんぺい)」

❷穏やか。

【平安】(ヘイアン) ①無事で穏やかである。「心の—」②「平安時代」「平安京」の略。

【平穏】(ヘイオン) 何ごともなくおだやかである。「—無事で暮らす」⇔不穏

【平気】(ヘイキ) 気持ちが平静である。「—な顔をする」「—で人をだます」

【平静】(ヘイセイ) ふだんどおりに気持ちが落ち着いている。「—を失う」「—を保つ」

【平然】(ヘイゼン) あわてずに平気でいる。「—と嘘をつく」

【平和】(ヘイワ) 「世界—」「—を守る」「—な生活」

熟語「太平・泰平・治平・不平」

❸たいらげる。たいらぐ。しずめる。

【平定】(ヘイテイ) 敵や賊などをほろぼす。

【平癒】(ヘイユ) 病気が治る。全快。本復。

熟語「平復・和平」

❹ひら。なみ。ふつう。

【平時】(ヘイジ) 戦争のない時。⇔戦時

【平日】(ヘイジツ) 土曜・日曜・祝日以外の日。

【平叙】(ヘイジョ) 事実をありのまま述べる。「—文」

【平常】(ヘイジョウ) いつもと同じである。「—心」

【平生】(ヘイゼイ) つねひごろ。「—の心がけが大事だ」

【平素】(ヘイソ) ふだん。「—よりご愛顧をたまわり」

【平凡】(ヘイボン) ありふれている。「—な人生」⇔非凡

熟語「平熱・平年・平服・平民・平社員(ひらしゃいん)」

❺たやすい。

【平易】(ヘイイ) 「—な言葉で説明する」

【平明】(ヘイメイ) わかりやすい。「—な文章」

❻漢字の四声の一。

【平声】(ヒョウショウ) 漢字の四声(しせい)の一。低くたいらに発音するもの。ひょう。へいせい。

【平▼仄】(ヒョウソク) ①平声(ひょうしょう)と仄声(そくせい)。また、平字と仄字。②漢詩などで、韻を整えるための平字と仄字の配列法。③つじつま。順序。「—が合わない」

❼「平方」の略。

【平方】(ヘイホウ) ある数を二度かけ合わせる。「—根」

熟語「平米・開平」

❽(国)平氏、平家物語のこと。

【平家】(ヘイケ) ①平(たいら)の姓をもつ一族。平氏。②「平家物語」の略。

【平家物語】(ヘイケものがたり) 鎌倉時代の軍記物語。作者・成立年代ともに未詳。平清盛を中心とする平家一門の興亡を描く。治承物語。平語。

熟語「平曲・平語・源平(げんぺい)」

❾その他。固有名詞など。

【平原君】(ヘイゲンクン) (?〜前二五一)中国、戦国時代の趙の王族。食客は数千人。斉の孟嘗君らとともに戦国の四君に数えられる。

【兵】

7級 7画 八-5

音 ヘイ漢・ヒョウ(ヒャウ)呉

訓 いくさ・つわもの

①4228 Ⓤ5175

難読 兵児(へこ)

人名 たけ・ひと・むね

へ

筆順 ノ 亻 斤 斤 丘 乒 兵

なりたち ［会意］斤（おの）＋廾（両手）。両手におのを持つ意から、武器・兵士・戦争の意を表す。

❶つわもの。軍人。兵士。軍隊。

【兵糧】ヒョウロウ 軍隊の糧食。「―攻め」「―が尽きる」

【兵役】ヘイエキ 軍に入り兵になる。「―義務」

【兵士】ヘイシ 軍隊で士官の指揮下にある者。

【兵卒】ヘイソツ 最下級の軍人。兵隊。兵士。

【兵隊】ヘイタイ 下級の兵士。兵卒。兵。

【兵站】ヘイタン 戦場の後方で物資補給にあたる機関。

【兵馬】ヘイバ 兵隊と軍馬。軍隊。「―の権」

【兵力】ヘイリョク 軍隊の力。戦闘力。「―削減」

熟語「《ヘイ》兵員・兵営・兵舎・衛兵・奇兵・騎兵・挙兵・憲兵・工兵・私兵・出兵・将兵・新兵・水兵・精兵・先兵・僧兵・徴兵・敵兵・撤兵・派兵・伏兵・砲兵・歩兵・民兵・用兵・練兵・老兵」「《ヒョウ》軍兵・雑兵（ぞうひょう）」

❷武器。

【兵戈】ヘイカ 刀と戈（ほこ）。武器。戦争。「―を交える」

【兵器】ヘイキ 戦いに使う機器。「核―」「化学―」

熟語「兵甲・兵車・兵刃」

❸いくさ。戦争。軍事。

【兵火】ヘイカ 戦争による火災。また、戦争。

【兵家】ヘイカ ①軍人。「勝敗は―の常」②中国、春秋・戦国時代の諸子百家の一。用兵・軍略を説いた。孫武（そんぶ）・呉起（ごき）ら。

【兵書】ヘイショ 戦術などを説いた書。兵法書。

【兵制】ヘイセイ 軍隊の制度。軍制。

【兵（へい）に常勢（じょうせい）無し】いくさにははじめから定まった一定の形はない。出典「孫子 虚実篇」より。

【兵（へい）は神速（しんそく）を貴（たっと）ぶ】いくさは何よりも迅速にすることが重要である。出典「魏志 郭嘉伝」より。

【兵（へい）は拙速（せっそく）を尊ぶ】いくさは、作戦は多少まずくとも相手より速く攻撃をすることが肝要である。出典「孫子 作戦」より。

【兵法】ヘイホウ いくさの法。軍学。兵学。ひょうほう。

熟語「兵術・兵書・兵備・兵略」

【併】

準2級 8画 人（イ）-6 音 ヘイ漢 訓 あわせる・しかし・ならぶ ①4227 Ⓤ4F75

【倂】10画 人（イ）-8 ③1428 Ⓤ5002

筆順 ノ イ 亻 仁 佯 併 併

なりたち ［形声］人＋幷（あわせる）音。「幷」が原字で、のちに「人」を加えた。

❶ならぶ。二つ以上のものが隣り合う。ならべる。

【併願】ヘイガン 二つ以上の学校に願書を出す。

【併記】ヘイキ 「本人と配偶者の氏名を―する」

【併称】ヘイショウ 「並称（へいしょう）」に同じ。

【併設】ヘイセツ 「大学に短大を―する」

【併存】ヘイソン 「新旧勢力が―する」別表記 並存

【併発】ヘイハツ 「肺炎を―する」

【併用】ヘイヨウ あわせ用いる。「新機種も―する」

熟語「併起・併置・併読・併有」

❷あわせる。一つにする。

【併合】ヘイゴウ 合わせて一つにする。

【併殺】ヘイサツ 野球で、ダブルプレー。重殺。

【併呑】ヘイドン 他国を自国の支配下におく。「他国を―する」

熟語「併有・併用・合併・兼併」

❸（国）しかし。しかしながら。

【並】

5級 8画 一-7 音 ヘイ漢・ビョウ（ビャウ）呉 訓 なみ・ならべる・ならぶ・ならびに・な-べて ①4234 Ⓤ4E26

【竝】10画 立-5 ②6777 Ⓤ7ADD

人名 み・みつ

筆順 丶 ソ 䒑 亣 并 並 並

なりたち ［会意］人が立つ意の「立」を二つ合わせて、ならび立つ意。「並」は俗字。

❶ならぶ。二つ以上のものが隣り合う。ならべる。

【並行】ヘイコウ ①並んで行く。「都電とバスが―して走る」②並び行われる。「二つの調査を―して行う」

【並称】ヘイショウ あるものと並べていう。「杜甫は李白と―される」別表記 併称

【並進】ヘイシン ならんで進む。並行。

【並走】ヘイソウ 並んでいっしょに走る。

【並立】ヘイリツ ならびたつ。「候補者が―する」

【並列】ヘイレツ ①並びつらなる。②電池などの同極どうしをつなぐ。

❷（国）なみ。ふつう。同じ程度。

熟語「並み盛り・十人並み・世間並み・月並み」

❸（国）ならびに。その上。また。一様に。

❹（国）なべて。総じて。

【柄】

4級 9画 木-5 音 ヘイ漢・ヒョウ（ヒャウ）呉 訓 がら・え・つか ①4233 Ⓤ67C4

人名 えだ・かい・かみ・つか・もと

筆順 一 十 木 朩 杧 柄 柄

なりたち ［形声］木＋丙（左右に張り出す）音。器などから張り出している木製のとっての意。

❶え。つか。とって。

【柄頭】（つかがしら） 刀の柄（つか）の頭の部分。

【柄▼杓】（ひしゃく） 湯や水をくみ取るための道具。

熟語「花柄（かへい）・葉柄」

❷いきおい。権力。

熟語「横柄・権柄・政柄・大柄（たいへい）」

❸たね。材料。

熟語「笑柄・話柄」

❹（国）がら。体格。品格。模様。本来の性質。それにふさわしい状態。

熟語「間柄・家柄・絵柄・大柄・作柄・図柄（ずへい）（ずがら）・続柄・花柄・身柄・銘柄・役柄・時節柄・商売柄」

【病】⇩ビョウ（五五六ページ）

【陛】

5級 10画 阜（阝）-7 音 ヘイ漢 訓 きざはし ①4237 Ⓤ965B

人名 きざ・のぼる・のり・はし・より

筆順

なりたち ［形声］阜（盛り土）＋坒（整然と並び連なる土の段）音。「坒」が原字であるが、のちに意味を明らかにするために「阝」を加えた。

きざはし。天子の宮殿の階段。

【陛下】（へいか） 天子の敬称。日本では天皇・皇后・皇太后・太皇太后の敬称。注記「陛（＝階段）」の下の近臣を通して奏上する意。

熟語「陛衛・陛見・階陛」

【閉】

5級 11画 門-3 音 ヘイ漢呉 訓 とじる・とざす・しめる・しまる・たてる ①4236 Ⓤ9589

〔閇〕 11画 門-3 ②7958 Ⓤ9587

筆順

なりたち ［会意］門＋才（流れをせきとめるせき）。門で出入りを絶つ意から、とじる意を表す。

◇とじる（閉・▼綴） ●異字同訓●

閉じる」は"しまる。しめる。やめる"の意。「門が閉じる」「窓を閉じる」「目を閉じる」「店を閉じる」「幕を閉じる」

綴じる」は"つづり合わせて一つにまとめる"の意。「書類を綴じる」「ニラを卵で綴じる」

●異字同訓●【締】（四七三ページ）・【立】（六五〇ページ）の「異字同訓」欄を参照のこと。

❶とじる。とざす。しめる。しまる。

【閉架】（へいか） 図書館で、読みたい図書を書架から取り出してもらう方法。「―式」⇔開架

【閉鎖】（へいさ） ①出入り口を閉じる。⇔開放。②活動や仕事などを停止する。「工場を―する」

【閉口】（へいこう） 悩まされる。「暑さに―する」

熟語「閉院・閉園・閉門・開閉」

❷とじこめる。とじこもる。

【閉居】（へいきょ） 家に閉じこもっている。蟄居（ちっきょ）。

【閉塞】（へいそく） 閉じてふさぐ。また、ふさがる。「腸―」「旅順港―」「―状況」

熟語「自閉・密閉・幽閉」

❸おえる。終わりにする。

【閉会】（へいかい） 会議が終わる。また、終える。⇔開会

【閉場】（へいじょう） 会場を閉じる。⇔開場

【閉幕】（へいまく） 演劇・行事が終わる。⇔開幕

熟語「閉業・閉経・閉校・閉山・閉止・閉廷・閉店」

【塀】

準2級 12画 土-9 国字 音 ヘイ慣 ①4229 Ⓤ5840

〔塀〕 14画 土-11 ③1558 ⓊFA39

筆順

なりたち ［形声］土＋屏（物を並べて中をおおい隠す）音。「屏」だけでへいの意を表すが、「土」を付して土べいであることを示す国字。

（国）へい。土や板などで作った囲い。かきね。

熟語「板塀（いたべい）・黒塀（くろべい）・土塀（どべい）」

【幣】

準2級 15画 巾-12 音 ヘイ漢呉 訓 ぬさ・みてぐら ①4230 Ⓤ5E63

〔幣〕 15画 巾-12 ——

〔幤〕 15画 巾-12 ②5482 Ⓤ5E64

筆順

なりたち ［形声］敝（布を二つに切り裂く）音＋巾。二きれに切り裂いた布の意から、ぬさの意を表す。

❶神にささげる絹。みてぐら。ぬさ。贈りもの。みつぎもの。

【幣▼帛】（へいはく） 神前に供える物。みてぐら。ぬさ。

【幣物】（へいもつ） 神前に供える物。また、贈り物。

熟語「幣束・官幣・奉幣」
❷おかね。通貨。
熟語「幣制・貨幣・紙幣・造幣」

【弊】
準2級 15画 廾-12 音 ヘイ漢 訓 ついえる・やぶれる ①4232 Ⓤ5F0A
〔弊〕15画 廾-12
筆順 丶 ⺌ 尚 㡀 敝 敝 弊
なりたち [形声]敝(布を二つに切り裂く)音＋廾(両手)。両手で布を切り裂く意から、やぶれる意を表す。
❶ついえる。やぶれる。ぼろぼろになる。つかれる。弱る。
【弊衣】ヘイイ ぼろぼろの服。「―破帽」別表記 敝衣
【弊履】ヘイリ やぶれたはきもの。「―のごとく捨て去る(＝おしげもなく捨てる)」別表記 敝履
熟語「弊屋・困弊・衰弊・疲弊・病弊」
❷よくない。悪い。害になる。
【弊害】ヘイガイ 悪い影響。「―を除く」
【弊習】ヘイシュウ 悪い習慣。「―を改める」
【弊風】ヘイフウ 悪い風俗や風習。悪習。
熟語「悪弊・旧弊・語弊・時弊・宿弊・積弊・通弊・余弊・流弊」
❸自分のものをへりくだっていう。
【弊社】ヘイシャ 自分の会社をへりくだっていう。小社。
熟語「弊行・弊職・弊宅・弊店」

【蔽】
2級 15画 艸(艹)-12 新常用 音 ヘイ漢呉 訓 おおう ①4235 Ⓤ853D
〔蔽〕15画 艸(艹)-12
筆順 一 十 艹 芇 蔽
なりたち [形声]艸＋敝(二つに裂いて横にひろげる)音。草が生えひろがって物をおおいかくすの意。
おおう。かくす。おおい。
熟語「隠蔽・掩蔽・遮蔽・壅蔽・建蔽率」

【餅】
2級 15画 食(飠)-6 新常用 音 ヘイ漢 訓 もち ①4463 Ⓤ9905
〔𩛰〕14画 食(飠)-6
〔餠〕17画 食(飠)-8 ②8122 Ⓤ9920
筆順 ノ 今 食 飠 餅 餅 餅
なりたち [形声]食＋幷(あわせる)音。穀物の粉をこねあわせて作った食べ物、もちの意。
もち。㋐穀物の粉をこねて蒸したもの。㋑(国)蒸したもち米を臼でついたもの。
熟語「餅搗き・餅肌・画餅・月餅・煎餅」

ベイ

【米】
9級 6画 米-0 音 ベイ漢・マイ呉 訓 こめ・メートル ①4238 Ⓤ7C73
難読 米利堅(メリケン)・米粉(ビーフン)
人名 みつ・よね
筆順 丶 丷 䒑 半 米 米
なりたち [象形]甲骨文では、穂(一)の上下に実三粒(川)ずつつけたさまにかたどる。篆文では、「十」の四方に四点を描く。
❶こめ。皮を除いた稲の実。よね。よな。
【米糠】こめぬか ぬか。「―油」
【米櫃】こめびつ ①米を入れておく箱。②生活の支えとなるもの。
【米塩】ベイエン (必需品としての)米と塩。「―の資」
【米価】ベイカ 米の値段。「生産者―」
【米穀】ベイコク 米。また、穀類の総称。
【米寿】ベイジュ 八十八歳。また、その祝い。米の祝い。注記「米」の字が八十八に分解できることから。
【米飯】ベイハン 米の飯。ごはん。「―給食」
熟語「《ベイ》米作・米食・米麦」「《マイ》外米・玄米・古米・新米・精米・白米・配給米」
❷メートルの音訳「米突」の略。
熟語「平米・立米」
❸(国)「亜米利加(アメリカ)」の略。
【米語】ベイゴ アメリカで話されている英語。
【米国】ベイコク アメリカ合衆国の略称。
熟語「米英・米貨・欧米・親米・渡米・南米・日米・北米」

ヘキ

【壁】
4級 16画 土-13 音 ヘキ漢・ビャク呉 訓 かべ ①4241 Ⓤ58C1
難読 壁蝨(だに)
筆順 コ 尸 尸 启 辟 辟 辟 壁
なりたち [形声]辟(左右に平らに切りひらく)音＋土。薄くて平らな土かべの

意。

❶かべ。かき。土べい。

【壁画】(ヘキガ) 壁や天井などに描かれた絵画。

【壁面】(ヘキメン) 壁の表面。「絵画で―を飾る」

熟語「壁新聞・隔壁・障壁・牆壁(しょうへき)・鉄壁・土壁・氷壁・防壁・面壁」

❷とりで。敵の攻撃を防ぐもの。

熟語「壁塁・城壁・塁壁」

❸切り立ったところ。崖(がけ)。

熟語「岸壁・岩壁・絶壁」

【璧】

2級　18画　玉-13　新常用　②6490　Ⓤ74A7

音 ヘキ漢・ビャク呉　訓 たま

筆順 ⺈ 尸 启 辟 辟 辟 璧 璧

なりたち ［形声］辟(左右に平らに切りひらく)音＋玉。平らな円形で、中央に丸い穴のある玉の意。

たま。中央に丸い穴のあいた、平らな円形のもの。また、美しくりっぱなもの。

熟語「璧玉・完璧・全璧・双璧・白璧」

【癖】

3級　18画　疒-13　①4242　Ⓤ7656

音 ヘキ漢　訓 くせ

筆順 亠 广 疒 疒 疒 疒 癖 癖

なりたち ［形声］疒＋辟(左右に平らに切りひらく)音。体のバランスがくずれる病気の意から、ひどく片寄った傾向の意を表す。

❶腹の病気。また、病気。

熟語「癖痼」

❷くせ。習性。

熟語「悪癖・癇癖(かんぺき)・口癖(くちぐせ)・潔癖・習癖・性癖・手癖(てくせ)・盗癖・病癖・浪費癖」

ベツ

【別】

7級　7画　刀(刂)-5　①4244　Ⓤ5225

音 ベツ呉・ヘツ漢　訓 わかれる・こと-に・わか-つ・わ-ける

人名 のぶ・わき・わく・わけ

筆順 丶 口 口 另 另 別 別

なりたち ［会意］另(冎の変形、下部に穴のあいた骨と、上部に突き出た骨)＋刀。関節を刀で切り、ばらばらの骨にする意から、わける・わかれるの意を表す。「別」は俗字。

◉異字同訓◉【分】(五七四ページ)の「異字同訓」欄を参照のこと。

❶わかれる。一緒だった人と離れる。

【別居】(ベッキョ) 別れて住む。「―生活」⇕同居

【別離】(ベツリ) 別れる。別れ。離別。「―の言葉」

熟語「別辞・別涙・一別・決別・訣別(けつべつ)・告別・死別・生別・惜別・送別・離別」

❷わける。わかつ。切り離す。区分けする。

熟語「鑑別・区別・差別・識別・選別・大別・判別・分別・弁別・類別」

❸ほかの。よその。ことなる。

【別掲】(ベッケイ) 「―地図を参照のこと」

【別件】(ベッケン) 別の事件。別の用件。「―逮捕」

【別言】(ベツゲン) 言い方を変える。換言。「―すれば」

【別個・別箇】(ベッコ) 「それぞれ―の問題だ」

【別称】(ベッショウ) 別の呼び名。別名。

【別条】(ベツジョウ) 普通と変わった事柄。「―なく毎日を過ごす」

【別荘】(ベッソウ) 避暑・避寒のため、別の所に建てた家。

【別途】(ベット) ①別の方法。別の方面。②別のしかたで。別に。「―対策を講じる」

【別納】(ベツノウ) 別の機会に納める。「料金―郵便」

【別別】(ベツベツ) 各自。別個。「勘定は―に払う」

【別名】(ベツメイ) 本名以外の名。異名。べつみょう。

熟語「別学・別巻・別館・別家・別記・別冊・別紙・別字・別室・別種・別状・別人・別席・別送・別宅・別邸・別途・別表・別封・別法・別名・別世界・個別・種別・性別」

❹ことに。他と同様ではない。特別の。

【別格】(ベッカク) 特別に扱う。「―の扱い」

【別状】(ベツジョウ) 普通ではない状態。「命に―はなさそうだ」

【別段】(ベツダン) 特に。別に。とりわけ。「―変わったこともない」

【別天地】(ベッテンチ) 理想郷。別世界。「野鳥の―」

【別嬪・別品】(ベッピン) 非常に美しい女性。美人。

熟語「別懇・別才・格別・特別」

【蔑】

2級　14画　艸(艹)-11　新常用　①4246　Ⓤ8511

音 ベツ漢・メツ呉　訓 さげす-む・ないがし-ろ

筆順 艹 苗 芇 芇 茈 茂 蔑 蔑

なりたち ［形声］「艹＋目」(目を強調したさま)＋伐(人がほこで切る)音。目もとが切れていて、よく見えない意から、相手を目にもとめない、さげすむ意を表す。

さげすむ。見下げる。ないがしろにする。

【蔑視】(ベッシ) あなどる。さげすむ。

【蔑称】(ベッショウ) その人や物を軽蔑していう呼び名。

熟語「蔑如・軽蔑・侮蔑」

へ

ヘン

【片】

5級 4画 片-0 音 ヘン 漢 呉 訓 かた・きれ・ひら ①4250 Ⓤ7247

筆順 ノ ノ 片 片

なりたち ［象形］木の字の右半分にかたどる。木の切れはしの意。

❶かた。二つあるうちの一つ。かたいっぽう。

【片腕】かたうで ①片方の腕。②有能な補佐人。「社長の―」

【片方】かたホウ 片一方。片側。⇔両方

【片棒】かたボウ 駕籠(かご)の担い手の一方。「―を担ぐ(=悪事の手助けをする)」

【片道】かたみち 行きか帰りかの一方。「―切符」

【片務】ヘンム 一方のみが義務を負う。⇔双務

熟語「片手・片月(へんげつ)」

❷きれ。きれはし。かけら。また、幅が広く、薄くて平らなもの。ひら。

【片雲】ヘンウン ちぎれ雲。一片の雲。

【片▼鱗】ヘンリン ほんのわずかな部分。一端。「大器の―」

熟語「一片・砕片・紙片・雪片・断片・剝片・破片・木片・鱗片」

❸わずか。ほんの少し。

【片時】かたとき ほんのわずかな時間。一瞬。へんじ。

【片言隻語】ヘンゲンセキゴ ほんのちょっとした言葉。片言隻句。「―も聞き漏らさない」

【片時】ヘンジ 「かたとき(片時)」に同じ。「―も忘れたことはない」

【片片】ヘンペン ①切れ切れ。「―と雲がうかぶ」②薄くて小さいものがひるがえる。「桜花―として散る」③とるにたりない。「―たる知識」

熟語「片影・片言・片志」

❹(国)かた。かたよっている。完全でない。

【片意地】かたイジ 頑固に考えを押し通す。「―を張る」

【片《田舎》】かたいなか 都会から遠く離れた地。

【片《仮名》】かたかな 仮名の一種。⇔平仮名

【片言】かたこと たどたどしい話し方。「―の英語」

【片隅】かたすみ すみっこ。「大都会の―で暮らす」

【片手間】かたてま 本業のかたわら。「―の仕事」

【辺】

7級 5画 辵(辶)-2 音 ヘン 漢 呉 訓 あたり・べ・へ・ほとり ①4253 Ⓤ8FBA

〔邊〕19画 辵(辶)-15 ②7820 Ⓤ908A

〔邉〕17画 辵(辶)-13 ②7821 Ⓤ9089

人名 へ・ほとり

筆順 フ 刀 刀 刃 辺

なりたち ［形声］辵(ゆく)＋臱(自(鼻)＋穴(左右にわかれる)＋方(左右にのびている))(小鼻(こばな))音。行きつくはしの意。「辺」は略字。

❶あたり。ほとり。まわり。へ。べ。また、ふち。へり。

【辺幅】ヘンプク 外見。うわべ。「―を飾る」

熟語「磯辺(いそべ)・海辺(うみべ)・縁辺・岸辺(きしべ)・近辺・周辺・身辺・水辺・那辺・奈辺・浜辺(はまべ)・炉辺」

❷くにざかい。中心から遠く離れたところ。はて。

【辺境・辺▼疆】ヘンキョウ 都から遠く離れた国ざかい。

【辺際】ヘンサイ はて。かぎり。際限。へんざい。

【辺▼鄙】ヘンピ 都会から遠く離れ不便だ。「―な地」

熟語「辺涯・辺地・辺土・無辺」

❸数学で、へん。㋐多角形をつくる線分。㋑等号・不等号の両側にある式や数。

熟語 ㋐「斜辺・底辺・等辺・四辺形」㋑「右辺・左辺・両辺」

【返】

8級 7画 辵(辶)-4 音 ヘン 呉・ハン 漢・ホン 訓 かえす・かえる ①4254 Ⓤ8FD4

〔返〕8画 辵(辶)-4

人名 のぶ

筆順 一 厂 万 反 反 返 返

なりたち ［形声］辵(ゆく)＋反(かえす)音。ひきかえすの意。

◉異字同訓◉

◇かえす(返・▽反・帰・▼孵)

「返す」は"もとに戻す。相手の言動に反応する"の意。もとに戻す意では「還す」とも書く。「借りた本を返す」「白紙に返す」「挨拶を返す」「返す言葉もない」「言い返す」

「反す」は"表裏をひっくりかえす"の意。「返す」とも書く。「カードを反す」「てのひらを反す」

「帰す」は"戻らせる。帰らせる"の意。「還す」とも書く。「生徒を早めに帰す」「親元に帰す」

「孵す」は"卵を温めてひなにする"の意。「親鳥が卵を孵す」

◇かえる(返・▽反・帰)

「返る」は"物がもとに戻る。もとの状態に戻る"の意。「貸した本が返る」「童心に返る」「我に返る」「あきれ返る」

「反る」は"向きが逆になる"の意。「返る」とも書く。「葉が裏に反る」「軍配が反る」

「帰る」は"もとの所にもどる"の意。「還る」とも書く。「家に帰る」「故国に帰る」

「孵る」は"卵がひなになる"の意。「卵が孵った」「ひなが孵る」

❶かえす。もとの持ち主にもどす。
【返還】ヘンカン もとの持ち主に返す。「施政権―」
【返却】ヘンキャク 持ち主に返す。「図書館に本を―する」
【返済】ヘンサイ 借金を返す。「借金―に追われる」
【返照】ヘンショウ 光が照り返す。特に、夕ばえ。
【返上】ヘンジョウ 与えられたものを返す。「汚名―」
【返納】ヘンノウ もとの場所や持ち主に返しおさめる。「免許証を―する」
【返品】ヘンピン 仕入れた品物を返す。「売れ残り品を―する」
【返戻】ヘンレイ 返し戻す。返却する。「満期―金」

❷かえす。相手からの働きかけに対してこたえる。
【返歌】ヘンカ 贈られた歌に対する答えの歌。
【返事・返辞】ヘンジ ①返答。②手紙などで、返信。
【返信】ヘンシン 返事の手紙。返書。「―用はがき」
【返答】ヘントウ こたえる。返事。「―に窮する」
【返報】ヘンポウ ①仕返しをする。②他人の好意に対してむくいる。③返事を出す。
【返礼】ヘンレイ 礼や好意に対して、挨拶や品物を返す。

❸(国)かえる。かえす。もどる。繰り返す。反対になる。その状態になる。
熟語「言い返す・生き返る・送り返す・静まり返る・先祖返り・宙返り・跳ね返る」

❹たび。回数や度数を数える語。
熟語「八返(はっぺん)」

【変】

7級 9画 夂-6
音 ヘン 漢 呉
訓 かわる・かえる
①4249 Ⓤ5909

【變】23画 言-16 ②5846 Ⓤ8B8A

筆順
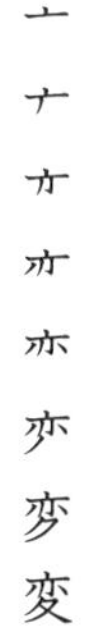

なりたち

[会意]「糸二つ＋言」(糸が乱れもつれる)＋攵(すすむ)。物事がもつれて、かわりやすいの意。「変」は略字。
◉異字同訓◉【替】(四二五ページ)の「異字同訓」欄を参照のこと。

❶かえる。かわる。うつりかわる。
【変移】ヘンイ 移り変わる。「状況の―」
【変化】ヘンカ 「―のない生活」「化学―」
【変革】ヘンカク 物事を新しくする。「社会―」
【変換】ヘンカン 「仮名を漢字に―する」
【変化】ヘンゲ 姿を変えて現れる。「妖怪―」
【変形】ヘンケイ 形を変える。「熱で容器が―した」
【変幻】ヘンゲン 現れたり消えたりする。「―自在」
【変更】ヘンコウ 変え改める。「議案に―があった」
【変質】ヘンシツ 「薬品が―する」「―者」
【変心】ヘンシン 考えや気持ちが変わる。
【変身】ヘンシン 姿を変える。「華麗に―する」
【変節】ヘンセツ 「―漢で信用できない」
【変遷】ヘンセン 移り変わる。「時代の―」
【変装】ヘンソウ 「―して捜査の手を逃れる」
【変態】ヘンタイ 「完全―」「―性欲」
【変調】ヘンチョウ ①調子が狂う。「体に―を来す」②音楽で、楽曲の調子を変える。③電波の振幅や周波数を変化させる。
【変転】ヘンテン 「政権が目まぐるしく―する」
【変動】ヘンドウ 物事が変わり動く。「景気―」
【変貌】ヘンボウ 姿や様子などが変わる。
【変容】ヘンヨウ 外観や様子などが変わる。
熟語「変圧・変位・変改・変色・変性・変説・変相・変造・変速・一変・改変・急変・激変・劇変・大変・転変・不変」

へ

❷かわっている。普通でない。奇怪な。
【変異】ヘンイ 異変。動物の形質の相違。「突然―」
【変格】ヘンカク 規則からはずれている。「―活用」
【変型】ヘンケイ 基本の型と異なる型。「―サイズ」
【変死】ヘンシ 「―体が見つかる」
【変人】ヘンジン 「奇人―」 別表記 偏人
【変則】ヘンソク 「―的な方法」⇔正則・本則
【変哲】ヘンテツ 「なんの―もない話」

❸異常な出来事。災害。事件。
【変事】ヘンジ 変わった出来事。「―が起こる」
【変乱】ヘンラン 世の中が乱れる。「―の世」
熟語「異変・事変・政変・地変・天変地異」

❹(国)音楽で、音の高さが半音低い。
熟語「変音・変記号」

【偏】

準2級 11画 人(亻)-9
音 ヘン 漢 呉
訓 かたよる・ひとえ-に
①4248 Ⓤ504F

〔偏〕11画 人(亻)-9

人名 つら・とも・ゆき

筆順

なりたち

[形声]人＋扁(うすく平らに広がる)音。「扁」が、広がったために中央から離れるという、かたよったさまの意をも表したが、次第に額の意に用いられるようになったため、「人」を加えた。

❶かたよる。中正でない。
【偏愛】ヘンアイ ある人だけを愛する。「末娘を―する」
【偏狭】ヘンキョウ 「―な見方」「―な国土」 別表記 褊狭
【偏屈】ヘンクツ 性質が素直でなく頑固。「―な男」
【偏見】ヘンケン かたよった考え方や判断。「独断と―」

【偏向】ヘンコウ 「政治的に―している報道」
【偏差】ヘンサ 標準からのかたより。「―値」
【偏在】ヘンザイ ある所ばかりに存在する。「富の―」
【偏執】ヘンシュウ かたよった考えに固執する。「―狂」
【偏重】ヘンチョウ ある方面だけを重んずる。「学歴―」
【偏▼頗】ヘンパ 考えにかたよりがある。「―な考え」
熟語「偏光・偏食・偏西風・不偏」

❷へん。漢字の構成上で、左右に分けられた左側の部分。同扁。
【偏▼旁冠脚】ヘンボウカンキャク 漢字の「偏」「旁(つくり)」「冠(かんむり)」「脚(あし)」のこと。漢字の構成部分としては、他に「垂(たれ)」「構(かまえ)」「繞(にょう)」などがある。
熟語「人偏(にんべん)・立心偏」

【遍】

準2級 12画 辵(辶)-9 音 ヘン 漢 呉 訓 あまね-し ①4255 Ⓤ904D

〔遍〕13画 辵(辶)-9

人名 とお

筆順 ヨ ヨ 戸 戻 肩 扁 扁 遍 遍

なりたち [形声]辵(ゆく)+扁(うすく平らなさま)音。まんべんなく全体にゆきわたるの意。

❶あまねし。あまねく。ひろく行きわたる。
【遍在】ヘンザイ どこにでも存在する。「神の―」
【遍照】ヘンジョウ あまねく照らす。「―金剛」
【遍歴】ヘンレキ 各地を巡り歩く。「諸国―の旅」
【遍路】ヘンロ 四国八十八か所の霊場を巡り歩く。「―姿」「お―さん」
熟語「遍満・普遍」

❷たび。回数や度数を数える語。
熟語「一遍(いっぺん)・読書百遍」

【編】

6級 15画 糸-9 音 ヘン 漢 呉 訓 あむ ①4252 Ⓤ7DE8

〔編〕15画 糸-9

注記「篇」の書き換え字としても用いられる。

難読 編木(びんざさら)

人名 つら・よし

筆順 糸 糸 糸 紆 紆 絹 絹 編 編

なりたち [形声]糸+扁(うすく平らなふだ)音。文字を記したふだを糸でつづるの意。

❶個々のものを順序だてる。組織だてる。
【編曲】ヘンキョク「交響曲をピアノ曲に―する」
【編成】ヘンセイ 集めて一つにする。「予算を―する」
【編制】ヘンセイ 軍隊・団体を組織する。
【編隊】ヘンタイ「―飛行」「―を組む」
【編入】ヘンニュウ「―試験」「市に―する」
【編年】ヘンネン 年代の順を追って編む。「―体」
熟語「編次・編年体・改編・再編」

❷あむ。文章を集めて書物を作る。
【編▼纂】ヘンサン 材料を集めて書物をつくる。「国史を―する」
【編者】ヘンジャ 書物を編集する人。「辞典の―」
【編修】ヘンシュウ 資料を集め精選し、書物にまとめあげる。「辞書を―する」
【編集・編▼輯】ヘンシュウ 新聞・雑誌・書物などを作る。「―長」
熟語「編著・編訳・共編・後編・新編・前編」

❸文章。文章がまとまったもの。また、書物の部分け。
熟語「巨編・詩編・初編・新編・全編・続編」

❹詩文や書物を数える語。
熟語「一編」

ベン

【弁】

6級 5画 廾-2 音 ベン 呉・ヘン 漢 訓 わきま-える・わ-ける ①4259 Ⓤ5F01

〔辨〕16画 辛-9 ②4994 Ⓤ8FA8
〔瓣〕20画 瓜-14 ②6502 Ⓤ74E3
〔辯〕21画 辛-14 ②7771 Ⓤ8FAF
〔辦〕16画 辛-9 ②5001 Ⓤ8FA7

注記 本来、「弁」は「辨(べん)」「瓣(べん)」「辯(べん)」とは別字。

難読 弁柄(ベンガラ)

人名 さだ・そなう・ただ・なか・のぶ・わけ

筆順 ㇴ ム 厶 弁 弁

なりたち [弁][象形] 両手で冠をかぶるさまにかたどる。かんむりの意。[辨][会意]辛(刃物)+刀+辛。二本の刃物と刀で切りわけるの意。[瓣][会意]辛(刃物)+瓜(うり)+辛。二本の刃物で瓜などを切りわけるの意。[辯]辛(刃物)+言(ことば)+辛。ことばで理非をわけるの意。「弁」は「辨」・「瓣」・「辯」の略字。

❶(辨)わける。わきまえる。道理にそって処理する。つぐなう。おぎなう。
【弁済】ベンサイ「債務を―する」
【弁証】ベンショウ ある事柄を論じ証明する。「―法」
【弁償】ベンショウ「割ったガラスを―する」

【弁当】ベントウ「―箱」「―を出す」
【弁別】ベンベツ 違いを区別する。「色の違いを―する」
熟語「弁務・弁理・勘弁・合弁・思弁・自弁・代弁」

❷（瓣）花びら。また、べん。バルブ。
【弁膜】ベンマク 心臓などにあって、血液の逆流を防ぐ膜。
熟語「滑弁・花弁・離弁・安全弁・吸入弁・排気弁」

❸（辯）話す。理非をわけて語る。言いわけをする。また、言葉づかい。方言。
【弁解】ベンカイ「―が多すぎる」「―の余地はない」
【弁護】ベンゴ「―士」「友人を―する」
【弁才】ベンサイ うまく話す能力。「―がある」
【弁士】ベンシ「選挙演説の応援―」「無声映画の―」
【弁舌】ベンゼツ「―を振るう」「―さわやか」
【弁▼駁】ベンバク「反対派の説を―する」
【弁明】ベンメイ ①《辯明》自分の言行などを説明し、相手の理解を求める。「自分の行為を―する」②《辨明》説明を加えて事理を明らかにする。
【弁論】ベンロン「―大会」「最終―」
熟語「弁口・弁巧・弁説（ぜつ）・弁難・詭弁・強弁・抗弁・多弁・駄弁・通弁・答弁・訥弁（とつべん）・熱弁・能弁・雄弁・関西弁・東北弁・弁が立つ」

❹（弁）かんむり。
熟語「武弁」

❺その他。
【弁（辨）慶】ベンケイ （弁慶が強かったところから）強いものや、強がる者のたとえ。「内―」
【弁（辯・辨）天】ベンテン「弁才天」の略。七福神のひとり。
【弁（辮）髪】ベンパツ 頭髪の一部を編んで垂らし、他をそり落とす髪形。

【便】

7級 9画 人（亻）-7
音 ベン（呉）・ビン（呉）・ヘン（漢）
訓 たより・すなわ-ち
①4256 Ⓤ4FBF

人名 やす

筆順 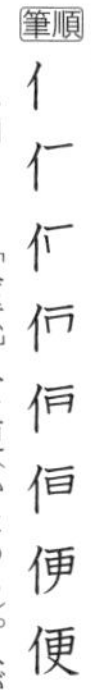

なりたち  ［会意］人＋更（かためる）。人が突きかためて平らにする意から、物事がうまく運ぶ意を表す。

❶都合がよい。手軽。よい機会。
【便乗】ビンジョウ「同僚の車に―する」「―値上げ」
【便覧】ビンラン「べんらん（便覧）」に同じ。
【便益】ベンエキ 便利で有益。「―をはかる」
【便宜】ベンギ「―的な措置」「―をはかる」
【便法】ベンポウ ①便利な方法。②便宜的な方法。「一時の―に過ぎない」
【便覧】ベンラン ある事柄が簡単にわかる本。びんらん。
【便利】ベンリ「通勤に―な駅」「―な道具」⇔不便
熟語「便船・便易・音便・穏便（おんびん）・簡便・軽便・幸便・至便・不便・方便・利便」

❷くつろぐ。やすらか。
熟語「便衣・便服・便殿（びんでん）（べんでん）」

❸排泄物（はいせつぶつ）。つうじ。
【便意】ベンイ 大便がしたくなる気持ち。「―を催す」
【便器】ベンキ 大小便をする器。
【便所】ベンジョ 手洗い。かわや。雪隠（せっちん）。
【便秘】ベンピ 大便が出ない。通じがない。秘結。
熟語「便座・便通・血便・検便・宿便・小便・大便・排便・糞便・用便」

❹弁がたつ。
熟語「便言・便巧・便佞（べんねい）」

❺（国）たより。手紙。
【便箋】ビンセン 書状を書くための紙。
熟語「急便・後便・前便・船便（ふなびん）・別便・郵便」

❻（国）交通や輸送の手段。また、その回数を数える語。
熟語「《ビン》欠便・増便・航空便・定期便・一日六便」

❼その他。
【便便】ベンベン ①無駄に時間を過ごす。「―だらり」②腹の出ているさま。「―たる太鼓腹」

【勉】

8級 10画 力-8
音 ベン（漢）
訓 つと-める・はげ-む
①4257 Ⓤ52C9

【勉】9画 力-7 ③1467 ⓊFA33

人名 かつ・すすむ・つとむ・まさる・ます・やす

筆順 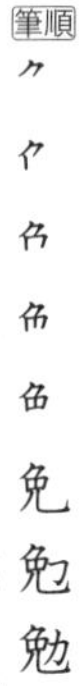

なりたち  ［形声］免（子を生む）音＋力。力をこめて子を生む意から、つとめる意を表す。

つとめる。はげむ。無理をおしても行う。
【勉学】ベンガク 学問に励む。「―にいそしむ」
【勉強】ベンキョウ ①学問や技芸を学ぶ。学習。「英語を―する」②値段を安くする。「せいぜい―いたします」
【勉励】ベンレイ つとめはげむ。「刻苦―する」
熟語「勧勉・勤勉」

ホ

【歩】

9級 8画 止-4
音 ホ（漢）・ブ（呉）・フ（慣）
訓 ある-く・あゆ-む
①4266 Ⓤ6B69

【歩】7画 止-3 ③8635 Ⓤ6B65

難読 歩行虫(おさむし(ごみむし))・歩荷(ぼっか)

人名 あゆみ・すすむ

筆順 丨 ト 止 止 屮 屮 步 歩

なりたち 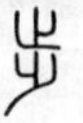 [象形]前後に並べた左右の足あとの形にかたどる。左右交互に足を踏み出し、あるくの意。

❶あるく。あゆむ。

【歩行】(ホコウ) あるいてゆく。「―者天国」

【歩▼哨】(ホショウ) 警戒・監視の任務につく兵士。

【歩調】(ホチョウ) 「―を合わせる」

【歩道】(ホドウ) 人の歩く道。「横断―」⇔車道

【歩武】(ホブ) あしどり。あゆみ。「―堂々」

【歩兵】(ホヘイ) 徒歩で戦う兵士。「―師団」

熟語「歩測・一歩・闊歩・緩歩・牛歩・競歩・散歩・譲歩・初歩・地歩・独歩・徒歩・漫歩・遊歩・独立独歩・日進月歩・五十歩百歩」

❷物事の進みぐあい。

熟語「初歩・進歩・退歩」

❸(国)ぶ。㋐わりあい。利率。㋑面積の単位。六尺四方。約三・三平方(メートル)。坪(つぼ)。㋒利率の単位。一割の一〇分の一。

【歩合】(ブあい) 「公定―」「―給」

熟語「減歩・日歩」

❹(国)ふ。将棋の駒の名。

熟語「歩兵(ふひょう)」

【保】6級 9画 人(亻)-7 音 ホ(呉)・ホウ(漢)(呉) 訓 たもつ・も-つ・やす-んじる ①4261 Ⓤ4FDD

仮名 平仮名「ほ」は「保」の草体から。片仮名「ホ」は「保」の末四画から。

人名 お・まもる・もち・もり・やす・やすし・より

筆順 亻 仆 仔 伻 佀 侽 保 保

なりたち  [形声]人＋呆(おむつで包んだ幼児の象形)(音)。人が幼児を抱きかかえてまもるの意。

❶やしない育てる。大事にまもる。やすんじる。

【保育】(ホイク) ①乳幼児を保護し育てる。「―園」「―士」②(「哺育」とも書く)動物の親が乳を与えて子供を育てる。

【保護】(ホゴ) かばって守る。「身柄を―する」

【保母・保▼姆】(ホボ) 女性保育士の旧称。

【保養】(ホヨウ) 「―地」「―所」「目の―になった」

❷たもつ。もつ。その状態を続ける。

【保安】(ホアン) 社会の安寧を守る。「―官」「―林」

【保健】(ホケン) 健康を保つ。「―室」「老人―」

【保持】(ホジ) 保ち続ける。「首位の座を―する」

【保守】(ホシュ) 「―派」「―的」「―点検」⇔革新

【保身】(ホシン) 自分の地位を守る。「自己―」

【保全】(ホゼン) 安全を保つ。「領土を―する」

【保存】(ホゾン) そのままとっておく。「冷凍―」

【保有】(ホユウ) 持ちつづける。「自社株を―する」

【保留】(ホリュウ) そのままおさえとどめる。決定をのばす。「態度を―する」

熟語「保温・保革・保菌・確保・留保」

❸うけあう。ひきうける。

【保管】(ホカン) 大事にしまっておく。「―料」

【保険】(ホケン) 「―金」「火災―」「健康―」

【保釈】(ホシャク) 「被告人が―される」「―金」

【保証】(ホショウ) 大丈夫だとうけあう。「―人」「品質―」

【保障】(ホショウ) 安全をうけあい、現在の状態を保護する。「社会―」「安全―条約」

熟語「安保・担保」

【哺】2級 10画 口-7 新常用 音 ホ(漢) 訓 はぐく-む・ふく-む ②5114 Ⓤ54FA

筆順 丨 口 叮 叮 叮 叮 哺 哺 哺

なりたち 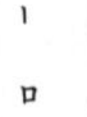 [形声]口＋甫(平らにぴったりとくっつく)(音)。口の中に食べ物をしっかりとふくみこむの意。

❶ふくむ。口に食べ物を入れる。また、口中にふくんだ食べ物。

熟語「握髪吐哺」

❷はぐくむ。食べ物を口移しに与えて育てる。

【哺育】(ホイク) 動物の親が乳や食物を与えて子供を育てる。

【哺乳】(ホニュウ) 乳を飲ませて子を育てる。「―類」

熟語「反哺(はんぽ)」

【捕】4級 10画 手(扌)-7 音 ホ(漢)・ブ(呉)・フ(呉) 訓 とらえる・とらわれる・とる・つかまえる・つかまる ①4265 Ⓤ6355

筆順 扌 扌 扩 扪 捐 捕 捕 捕

なりたち  [形声]手＋甫(ぴったりとくっつく)(音)。物に手をぴったりと当てるの意。

◉異字同訓◉【取】(二八二ページ)の「異字同訓」欄を参照のこと。

❶とらえる。つかまえる。とる。つかまる。

【捕獲】(ホカク) 動物をとらえる。「サルを―する」

【捕捉】(ホソク) とらえる。「敵を―する」

【捕縛】(ホバク) とらえて縄で縛る。「犯人を―する」

【捕虜】(ホリョ) 戦争などで、敵に捕らえられた者。

熟語「捕球・捕鯨・捕殺・捕縄・捕食・捕吏・逮捕・拿捕(だほ)・追捕(ついぶ)(ついほ)」

❷〔国〕野球で、捕手のこと。

【捕手】(ホシュ) 野球で、投手の投球を受ける選手。

熟語「捕逸・捕邪飛」

【補】

5級 12画 衣(ネ)-7

音 ホ㊌・フ㊐

訓 おぎなう

①4268 Ⓤ88DC

注記「輔」の書き換え字としても用いられる。

人名 さだ・すけ・たすく

筆順

なりたち ［形声］衣＋甫(平らにぴったりとくっつく)㊅。破れたところに衣をぴったりと当てるの意。

❶おぎなう。不足分を満たす。

【補完】(ホカン) おぎなって完全にする。「足りない点を—する」「—的な役割」

【補給】(ホキュウ) 足りない分を補う。「水分を—する」

【補強】(ホキョウ) 弱いところを強くする。「橋を—する」

【補欠】(ホケツ) 要員を補充するための控えの人。「放課後に—授業がある」

【補習】(ホシュウ)

【補充】(ホジュウ) 不足を補う。「商品の—」

【補償】(ホショウ) 損失を埋め合わせる。

【補正】(ホセイ) 不足を補いただす。「—予算」

【補整】(ホセイ) 何かを補い整える。「画像を—する」

【補説】(ホセツ) 補って説明する。「少し—が必要だ」

【補足】(ホソク) 足りない所を補う。「—説明」

【補塡】(ホテン) 補いうめる。「赤字を—する」

【補注・補▼註】(ホチュウ) 「本文に—を加える」

熟語「補遺・補記・補講・補修・補色・補訂・補筆・修補・相補・増補・追補・塡補」

❷たすける。また、その役目。

【補佐】(ホサ) 仕事を助ける。「社長の—役」 別表記 輔佐

【補助】(ホジョ) 補い助ける。「—金」 別表記 輔助

【補導】(ホドウ) 非行少年を保護・指導する。 別表記 輔導

【補▼弼】(ホヒツ) 君主を補佐する。 別表記 輔弼

熟語「補翼・空将補・警部補」

❸官職に任じる。

【補任】(ホニン) 官職をさずける。ふにん。ぶにん。

熟語「補職・候補・親補」

【舗】

4級 15画 舌-9

音 ホ㊌

訓 しく・みせ

①4262 Ⓤ8217

〔舖〕15画 舌-9 ②7152 Ⓤ8216

〔鋪〕15画 金-7 ①4263 Ⓤ92EA

人名 しげ・すけ・のぶ・はる

筆順

なりたち ［形声］金＋甫(平らにぴったりとくっつく)㊅。門にぴったりとつけた金具の意。また、物を並べたみせの意に用いる。「舗」は俗字。

❶しく。しきつめる。平らに広げならべる。

【舗装】(ホソウ) アスファルトなどで道路を固める。

【舗道】(ホドウ) 舗装した道。

❷みせ。商店。物品を並べて売るところ。

熟語「茶舗・店舗・本舗・老舗(ろうほ)(しにせ)」

ボ

【母】

9級 5画 毋-1

音 ボ㊌・モ㊐

訓 はは

①4276 Ⓤ6BCD

難読 母さん(かあさん)・母衣(ほろ)・母屋(母家)(おもや)・水母(くらげ)・雲母(きらら)(うんも)(すいぼ)

筆順

なりたち ［象形］乳房のある女性にかたどり、子に乳を与えるははの意を表す。

❶はは。女親。⇔父。

【母系】(ボケイ) 母方から伝わる系統。母方の血筋。⇔父系

【母権】(ボケン) ①母としての権利。②母系社会で、母方の系統がもっている権力。「—制」▽⇔父権

【母子】(ボシ) 母と子。「—手帳」⇔父子

【母性】(ボセイ) 母親としての本能や性質。「—愛」「—本能」⇔父性

【母体】(ボタイ) 母親の体。もととなる組織。「—保護」「国連を—とする組織」

【母胎】(ボタイ) 母親の胎内。

【母堂】(ボドウ) 他人の母を敬っていう。「ご—様」

【母乳】(ボニュウ) 母親の乳。「—で育てる」

熟語「義母・継母・賢母・慈母・叔母(しゅくぼ)(おば)・生母・聖母・祖母・伯母(はくぼ)(おば)・悲母(ひぼ)・父母(ふぼ)(ぶも)・養母・寮母・老母」

❷もと。物を作るもとになるもの。帰するところ。出て来たところ。

【《母屋》・《母家》】(おもや) 屋敷の中心となる建物。「ひさしを貸して—を取られる」

【母音】(ボイン) 声帯の振動で生じた声が、舌や歯などによる妨げを受けずに発せられる音。現代日本語ではア・イ・ウ・エ・オの五つ。ぼおん。⇔子音

【母語】(ボゴ) ①母国語。②同じ系統に属する諸言語の源と考えられる言語。祖語。

【母校】ボコウ　自分の出身校。
【母港】ボコウ　その船が根拠地としているみなと。
【母国】ボコク　自分が生まれ育った国。祖国。「―語」
熟語「母艦・母型・母船・母線・酵母・字母・分母」
❸その他。当て字・熟字訓など。
【母衣】ほろ　昔、鎧(よろい)の背につけた袋状の布。
熟語「雲母(きらら)(うんも)・水母(くらげ)(すいぼ)」

【募】
3級　12画　力-10　音 ボ漢　訓 つのる　①4271　Ⓤ52DF

筆順 一 艹 芇 苩 莫 募 募

なりたち ［形声］莫(ない)音＋力。ない状態の中で力を尽くす意から、つのる意を表す。

つのる。ひろく求める。
【募金】ボキン　寄付金などを募る。「共同―」
【募集】ボシュウ　人を募り集める。「社員を―する」
【募兵】ボヘイ　兵士を募り集める。
熟語「募債・応募・急募・公募・徴募」

【墓】
6級　13画　土-10　音 ボ漢　訓 はか　①4272　Ⓤ5893

人名 つか

筆順 一 艹 芇 苩 莫 莫 墓 墓

なりたち ［形声］莫(草むらに日が隠れて見えない)音＋土。死者を埋め、その上に盛った土の意。

はか。遺骨や遺骸を葬ってある所。
【墓穴】ボケツ　はかあな。「みずから―を掘る」
【墓参】ボサン　はかまいり。
【墓誌】ボシ　死者の経歴・業績などを記した文章。金石に刻んで墓の中におさめる。「―銘」
【墓所】ボショ　はかば。墓地。
【墓石】ボセキ　はかいし。「―基」
【墓前】ボゼン　はかの前。「―に花を供える」
【墓地】ボチ　はかば。「外人―」
【墓碑】ボヒ　死者の氏名・戒名・没年月日・事跡などを刻んだ墓石。はかいし。「―銘」
【墓標・墓表】ボヒョウ　墓の目印に建てる石や木の柱。
【墓木已(すで)に拱(きょう)す】ボボク　墓に植えた木が両手で囲むほどの太さになる。人が死んでから永い年月を経る。出典「左氏伝(僖公三十二年)」より。
熟語「展墓・墳墓・陵墓」

【模】⇩モ(六二〇ページ)

【慕】
3級　14画　心(⺗)-10　音 ボ漢・モ呉　訓 したう・しの-ぶ　①4273　Ⓤ6155

人名 もと

筆順 一 艹 芇 苩 莫 慕 慕 慕

なりたち ［形声］莫(探り求める)音＋心。心の中で探り求め、こいしたうの意。

したう。思いをよせる。しのぶ。
【慕情】ボジョウ　したわしく思う気持ち。
熟語「哀慕・愛慕・欽慕(きんぼ)・敬慕・思慕・追慕・恋慕」

【暮】
5級　14画　日-10　音 ボ漢　訓 くれる・くらす　①4275　Ⓤ66AE

筆順 一 艹 芇 苩 苩 莫 暮 暮

なりたち ［形声］莫(草むらに日が隠れて見えない)音＋日。「莫」がないの意に用いられるようになったため、「日」を加えた。

❶くれる。日が沈んで暗くなる。ゆうぐれ。
【暮雲】ボウン　夕方の空の雲。夕雲。
【暮景】ボケイ　日暮れ時の景色。夕方の情景。
【暮鐘】ボショウ　夕暮れに鳴らす鐘。晩鐘。
【暮色】ボショク　夕方の薄暗い色。「―蒼然」
【暮夜】ボヤ　夜。「―ひそかに訪れる」
熟語「暮雨・旦暮・朝暮・日暮・薄暮・朝令暮改」
❷年や季節の終わりがた。
【暮秋】ボシュウ　秋の終わり頃。晩秋。
【暮春】ボシュン　春の終わり頃。晩春。
【暮年】ボネン　老年の時。晩年。
熟語「暮歳・暮齢・歳暮(さいぼ)(せいぼ)」
❸(国)くらす。くらし。生活。
用例「心静かに暮らす」「質素な暮らし」

【簿】
3級　19画　竹-13　音 ボ呉・ホ漢・ハク漢　①4277　Ⓤ7C3F

〔簿〕19画　竹-13

筆順 ⺮ 笞 箔 箔 箔 簿 簿 簿

なりたち ［形声］竹＋溥(水面が平らに広がる)音。文字を書き記すために用いる、薄い竹のふだの意。

❶帳面。
【簿記】ボキ　企業の経済活動を記帳する方法。「複式―」「―一級」
熟語「原簿・帳簿・名簿・家計簿・通信簿」
❷《ハク》まぶし。蚕に繭を作らせるための仕掛け。

ホウ

【方】

9級　4画　方-0
音 ホウ(ハウ)漢呉・ホウ
訓 かた・まさ-に
①4293　Ⓤ65B9

難読 方立(ほうだて)・方舟(はこぶね)・方便(たずき)(たつき)・方違(かたたがえ)・行方(ゆくえ)

人名 あたる・お・かつ・しげ・すけ・たか・ただし・たもつ・つね・なみ・のり・ふさ・まさ・まさし・み・みち・やす・より

筆順 丶 亠 亣 方

なりたち  [象形]先端が左右二またに突き出たすきにかたどる。左右にのびているので、方向の意に用いる。

❶かた。向き。ところ。場所。

【方位】ホウイ　方向のよしあし。
【方角】ホウガク　東西南北などの方向。
【方言】ホウゲン　ある地方の言葉や言い回し。「関西―」
【方向】ホウコウ　進む道。むき。「改革の―が定まる」
【方方】ホウボウ　あちこち。「―さがしまわる」
【方面】ホウメン　ある方向の地域。「関西―」
熟語「一方・遠方・下方・後方・四方・西方・諸方・先方・前方・他方・多方・地方・東方・当方・両方」

❷四角い。また、正しい。

【方舟】はこぶね　「ノアの―」別表記 箱舟・箱船
【方眼】ホウガン　正方形に区切ったます目。「―紙」
【方丈】ホウジョウ　一丈四方の広さ。寺の住職の居室。
【方丈記】ホウジョウキ　随筆。一二一二年成立。鴨長明著。仏教的無常観を基調に、方丈の庵に閑居するさまを記す。
【方寸】ホウスン　一寸四方。心の中。「―の地」「―におさめる」
【方正】ホウセイ　きちんとして正しい。「品行―」
【方程式】ホウテイシキ　「連立―」「微分―」
熟語「方円・方形・方陣・方直・平方・立方・正方形・長方形・直方体」

❸やりかた。てだて。わざ。

【方策】ホウサク　手段。対策。「次善の―を考える」
【方式】ホウシキ　一定のやり方。「所定の―に従う」
【方針】ホウシン　「施政―演説」「―を立てる」
【方途】ホウト　方法。てだて。「実現の―を探る」
【方便】ホウベン　便宜的に用いる手段。「うそも―」
【方法】ホウホウ　ある目的を達するためのやり方。
熟語「方士・方術・方略・医方・漢方・処方・薬局方」

❹まさに。あたる。

【方今】ホウコン　ちょうど今。現在。「―の世相」

❺(国)かた。それを行う方法。
熟語「書き方・作り方・話し方・行き方」

❻(国)かた。相手がある場合の、一方のほう。
熟語「売り方・買い方・貸方・借方・敵方・母方」

❼(国)かた。他人に対する敬称。
熟語「奥方(おくがた)・親方(おやかた)・殿方(とのがた)」

❽(国)かた。係りの人。
熟語「裏方(うらかた)・事務方・道具方(どうぐがた)」

❾(国)かた。寄宿している先。
熟語「中村方」

❿(国)かた。そのくらい。そのころ。
熟語 用例「朝方(あさがた)・夕方(ゆうがた)・三割方高い」

【包】

7級　5画　勹-3
音 ホウ(ハウ)漢呉
訓 つつ-む・くる-む
①4281　Ⓤ5305

〔包〕5画　勹-3

人名 かた・かつ・かね・しげ

筆順 ノ 勹 勺 匀 包

なりたち  [象形]子宮膜の中につつみこまれた胎児にかたどり、つつむの意を表す。

❶つつむ。くるむ。つつみ。

【包囲】ホウイ　とりかこむ。「敵陣を―する」
【包括】ホウカツ　ひっくるめてまとめる。「―的協議」
【包含】ホウガン　つつみふくむ。「問題を―している」
【包摂】ホウセツ　中に包み入れる。「―関係」
【包装】ホウソウ　品物を紙などでおおう。「―紙」
【包蔵】ホウゾウ　内部に持っている。「―水力」
【包帯】ホウタイ　傷口に巻く、ガーゼなどの布。別表記 繃帯
【包丁】ホウチョウ　料理に使う刃物。別表記 庖丁
【包容】ホウヨウ　広い心で受け入れる。「―力がある」
熟語「包皮・空包・小包(こづつみ)・梱包(こんぽう)・実包・内包・分包・薬包」

【芳】

3級　7画　艸(艹)-4
音 ホウ(ハウ)漢呉
訓 かんば-しい・かぐわ-しい・こう-ばしい
①4307　Ⓤ82B3

人名 か・かおり・かおる・はな・ふさ・みち・もと・よし

筆順 一 十 廾 艹 芀 芳

なりたち  [形声]艸＋方(左右に張り出す)音。草花のかおりがあたりに広がるの意。

❶かんばしい。かぐわしい。こうばしい。かおりがよい。また、若い。

【芳紀】ホウキ　年頃の女性の年齢。「―まさに一八歳」
【芳香】ホウコウ　よいかおり。「―剤」
【芳醇】ホウジュン　酒の香りが高く味がよい。「―な酒」
【芳年】ホウネン　若い時の年月。青春。

ホ

熟語「芳気・芳草・芳烈・佳芳」

❷相手の物事についての敬称。

【芳▼翰】(ホウカン) 相手の手紙を敬っていう。芳書。

【芳志】(ホウシ) 相手の心遣いを敬っていう。芳心。芳情。「ご―かたじけなく存じます」

【芳書】(ホウショ) 芳翰。「ご―拝見いたしました」

【芳情】(ホウジョウ) 「芳志(ほうし)」に同じ。

【芳信】(ホウシン) ①芳翰。②花のたより。花信。

【芳墨】(ホウボク) 他人の手紙や筆跡を敬っていう。「ご―を拝読いたしました」

【芳名】(ホウメイ) 人の名前を敬っていう。「―録」

【邦】

3級 7画 邑(阝)-4 音 ホウ(ハウ)漢呉・ホウ呉 訓 くに ①4314 Ⓤ90A6

〔邦〕7画 邑(阝)-4

人名 くに

筆順 一 二 三 丰 丰 丰 邦

なりたち [形声]甲骨文では、丰(草木が茂るさま)音+田(四角に区画した所)。金文では、丰+邑(領地)。木を植え境界とした領地の意。

❶くに。国土。国家。

【邦家】(ホウカ) くに。国家。「―の危機」

【邦土】(ホウド) 一国の領土。国土。

熟語「邦国・異邦・万邦・本邦・盟邦・友邦・隣邦・連邦」

❷〔国〕わが国の。日本の。

【邦貨】(ホウカ) 我が国の貨幣。⇔外貨

【邦画】(ホウガ) 日本画。日本の映画。⇔洋画

【邦楽】(ホウガク) 日本の音楽。特に、近世の音楽。⇔洋楽

【邦人】(ホウジン) 外国にいる日本人。「在留―」

【邦文】(ホウブン) 日本の文字・文章。和文。

【邦訳】(ホウヤク) 外国文を日本語に訳す。和訳。

【奉】

3級 8画 大-5 音 ホウ漢・ブ呉 訓 たてまつる ①4284 Ⓤ5949

人名 うけ・とも・な・よし

筆順 一 二 三 夫 夫 表 奉 奉

なりたち [形声]丰(さかんに茂った草木)音+廾(両手)+手。両手を寄せて物をささげるの意。

❶たてまつる。さしあげる。

【奉納】(ホウノウ) 神仏に供える。「―相撲」

【奉幣】(ホウヘイ) 神前にぬさを捧げる。「―使」

熟語「奉献・奉呈」

❷お仕えする。

【奉公】(ホウコウ) 「丁稚―」「滅私―」

【奉仕】(ホウシ) 「―活動」「ご―品」

【奉職】(ホウショク) 公の職につく。「中学校に―する」

熟語「奉養・供奉(ぐぶ)」

❸うけたまわる。

【奉行】(ブギョウ) 武家時代の職名。「勘定―」

【奉書】(ホウショ) 主君の命令を記した文書。「―紙」

【奉勅】(ホウチョク) 勅命を承る。「―命令」

熟語「遵奉・信奉」

❹つつしんで物事を行う。

【奉安】(ホウアン) 尊い物を安置する。「―殿」

【奉加】(ホウガ) 神仏に金品を奉納する。「―帳」

【奉還】(ホウカン) お返し申しあげる。「大政―」

【奉迎】(ホウゲイ) 身分の高い人を迎える。「―の式典」

【奉祝】(ホウシュク) つつしんで祝う。「―皇太子御成婚」

【奉戴】(ホウタイ) つつしんでいただく。「勅旨を―する」

【奉読】(ホウドク) つつしんで読む。「詔書を―する」

熟語「奉賀・奉伺・奉持・奉送・奉答・奉拝」

【宝】

5級 8画 宀-5 音 ホウ漢呉 訓 たから ①4285 Ⓤ5B9D

〔寶〕20画 宀-17 ②5379 Ⓤ5BF6

〔寳〕19画 宀-16 ②5380 Ⓤ5BF3

人名 かね・たか・たかし・たけ・とみ・とも・みち・よし

筆順 丶 丶丶 宀 宀 宇 宇 宝 宝

なりたち [形声]宀(いえ)+玉+缶(つつみこむ)音+貝(財貨)。家の中に大切に保管する玉や財貨の意。「宝」は略字。

❶たから。貴重なもの。

【宝船】(たからぶね) 七福神が乗った帆掛け舟の絵。

【宝物】(たからもの) ほうもつ。「子どもは―だ」

【宝鑑】(ホウカン) 手本。また、それを書いた書物。

【宝庫】(ホウコ) 宝物を入れておくくら。

【宝飾】(ホウショク) 宝石や貴金属で飾ったもの。「―品」

【宝石】(ホウセキ) ダイヤモンド・ルビーなど。「―店」「―箱」

【宝典】(ホウテン) 貴重な書物。きわめて便利な書物。

【宝刀】(ホウトウ) 宝物にしている刀剣。「伝家の―」

【宝物】(ホウモツ) たからもの。ほうぶつ。「―殿」

熟語「宝冠・宝器・宝玉・宝剣・宝蔵・宝殿・宝灯・家宝・国宝・財宝・三宝(さんぼう)・七宝・至宝・重宝(じゅうほう・ちょうほう)・多宝・珍宝・万宝・秘宝・仏宝・名宝・霊宝」

❷天子、仏に関する美称。

【宝位】(ホウイ) 天子の位。皇位。宝祚。

【宝算】(ホウサン) 天子の年齢を敬っていう。聖寿。聖算。

【宝珠】(ホウジュ) (仏)思いがかなえられるという玉。

【宝▼祚】(ホウソ) 天子の位。宝位。

【宝塔】ホウトウ 〔仏〕塔の美称。多宝塔。

【抱】〔抱〕

4級 8画 手(扌)-5 音 ホウ(ハウ)漢呉 訓 だく・いだく・かかえる ①4290 Ⓤ62B1

人名 もち

筆順 一 十 扌 扚 抅 抅 抱

なりたち [形声]手＋包(胎児をつつみこむ)音。手でつつむようにだきかかえるの意。篆文では、手＋孚(子をだきかかえる)。

❶だく。いだく。

【抱腹】ホウフク 腹をかかえて大笑いする。「―絶倒」 別表記 捧腹(「捧」はかかえる意。「抱腹」は後世生じた用字)

【抱擁】ホウヨウ だきかかえる。だきしめる。

熟語「抱卵・介抱・懐抱」

❷心にいだく。思う。

【抱懐】ホウカイ ある考えを心中に持つ。

【抱負】ホウフ 心中に持っている計画。「―を語る」

熟語「辛抱」

【放】

8級 8画 攴(攵)-4 音 ホウ(ハウ)漢呉 訓 はなす・はなつ・はなれる・ほうる ①4292 Ⓤ653E

難読 放下す(ほかす)・放屁虫(へひりむし)

人名 おき・ゆき・ゆく

筆順 丶 亠 方 方 方 方 放 放

なりたち [形声]方(左右にのびているさま)音＋攵(する)。左右に自由に広げる意から、はなす・はなつの意を表す。

◇はなす(放・離) ●異字同訓●

「放す」は"つかむのをやめる。自由にする"の意。「ハンドルから手を放す」「犬を放す」「捕虜を放す」

「離す」は"分離する。間隔を作る"の意。「住所と氏名を離して書く」「肌身離さず持っている」

❶はなつ。追いやる。遠ざける。

【放校】ホウコウ 生徒を学校から追放する。「―処分」

【放逐】ホウチク 追いはらう。「国外に―する」

熟語「放伐・追放」

❷発する。出す。

【放映】ホウエイ 劇場用映画をテレビ放送する。

【放散】ホウサン 広く散らす。「熱を―する」

【放射】ホウシャ 四方八方に放出する。「―状に拡散する」「―能」「―線」

【放出】ホウシュツ はなち出す。「ガスを―する」「貯蔵食糧を―する」

【放送】ホウソウ 音声・映像を受信装置に送る。「―局」「―衛星」

熟語「放火・放水・放電・放熱・放流」

❸はなす。ときはなす。自由にする。

【放生】ホウジョウ 〔仏〕生き物を逃がしてやる。「―会(え)」

【放心】ホウシン ぼんやりする。また、放念。「―状態」

【放鳥】ホウチョウ 野鳥に目印をつけて放す。

【放念】ホウネン 気にかけない。「どうぞ御―下さい」

【放牧】ホウボク 家畜を放し飼いにする。「―地」

【放免】ホウメン 自由にする。「無罪―」

【放流】ホウリュウ ①ためた水を流す。「ダムの水を―する」②魚を水に放つ。「アユの稚魚を―する」

熟語「放課後・開放・解放・釈放」

❹なげすてる。すておく。ほうる。

【放下】ホウカ なげおろす。すて去る。

【放棄】ホウキ 投げ捨てる。「責任を―する」 別表記 抛棄

【放置】ホウチ ほうっておく。「―自転車」

【放擲】ホウテキ うちすてる。「任務を―する」 別表記 抛擲

❺ほしいままにする。気まま。

【放任】ホウニン 成り行きに任せておく。「―主義」

【放歌】ホウカ 「―高吟」

【放吟】ホウギン 「高歌―」

【放言】ホウゲン 思ったままを言い放つ。「―癖」

【放恣・放肆】ホウシ だらしない。「―に流れる」

【放縦】ホウジュウ 勝手気ままに振る舞う。「―な生活」

【放題】ホウダイ 意志のままに行う。「したい―」

【放胆】ホウタン 大胆に事をなす。「―に振る舞う」

【放談】ホウダン 言いたいことを自由に語る。「時事―」

【放蕩】ホウトウ 酒や女におぼれる。「―息子」

【放漫】ホウマン いい加減に事を行う。「―経営」

【放埒】ホウラツ 気ままに振る舞う。「―な生活」

【放浪】ホウロウ 「全国各地を―する」

熟語「放逸・豪放・恣放・粗放・奔放」

【法】

7級 8画 水(氵)-5 音 ホウ(ハフ)漢・ハッ慣・ホッ慣・ホウ(ホフ)呉 訓 のり・フラン ①4301 Ⓤ6CD5

注記 歴史的仮名遣いは「はふ」であるが、仏教に関係する場合は「ほふ」となる。

難読 法主(ほっす)(しゅ)・法事(のりごと)・法被(はっぴ)・法論味噌(ほろみそ)

人名 かず・つね・のり・はかる

筆順 丶 丷 氵 氵 汁 沣 法 法

なりたち [灋][会意]水＋廌(悪人の非を正すという、鹿に似た一本角の獣)＋去(さる)。悪人を池の中の島に押しやる意から、きまり、のりの意を表す。「法」は略字。

❶のり。きまり。おきて。

【法度】ハット 「武家諸―」「私語は御―だ」
【法科】ホウカ 法律に関する学科。「―大学院」
【法家】ホウカ 戦国時代の諸子百家。法律により天下を治めることを説く。申不害・商鞅・韓非ら。
【法外】ホウガイ 非常識なさま。「―な値段」
【法学】ホウガク 法律学。「―部」
【法規】ホウキ 法律や規則。「交通―」
【法人】ホウジン 権利義務の主体となることが認められている組織。「財団―」
【法曹】ホウソウ 法律関係の仕事に従事する人。「―界」
【法則】ホウソク 事物間に見られる、一定して変わらない関係。「質量保存の―」
【法治】ホウチ 法律によって政治を行う。「―国家」
【法廷】ホウテイ 裁判がおこなわれるところ。
【法定】ホウテイ 法律で定めること。「罪刑―主義」
【法典】ホウテン 法規を組織だてて編んだもの。
【法務】ホウム 法律に関する事務。「―省」「―部」
【法律】ホウリツ 従うべき決まり。法。おきて。
【法令】ホウレイ 法律と命令。
熟語「法案・法益・法王・法相・法制・法的・法服・法文・法理・法例・違法・憲法・合法・国法・司法・順法・遵法・非法・不法・文法・民法・立法・六法・国際法」

❷やりかた。しかた。手順。
【法式】ホウシキ 儀式・儀礼の決まり。「茶会の―」
熟語「技法・儀法・作法・算法・製法・戦法・筆法・兵法・便法・方法・用法・療法・礼法・論法」

❸仏教に関すること。
【法会】ホウエ 説法・読経などの仏事。
【法悦】ホウエツ 仏法を聞いて心から喜びを感ずる。また、うっとりするような深い喜び。
【法号】ホウゴウ 法名。戒名。
【法師】ホウシ 僧侶。坊さん。
【法事】ホウジ 死者の供養のために行う行事。法要。
【法名】ホウミョウ 「法号」に同じ。⇔俗名
【法要】ホウヨウ 法事。法会。「七回忌―を営む」
【法楽】ホウラク ①仏法を信じるよろこび。②神仏を楽しませる。「―能」③なぐさみ。たのしみ。「目の―」
【法話】ホウワ 仏法に関する話。説法。法談。「住職の―を聞く」
【法華】ホッケ 「法華経」「法華宗」の略。
【法▾螺】ホラ ①ほらがい。②大げさに言うこと。誇張した自慢。「―を吹く」
熟語「法印・法衣(ほうえ)・法皇・法眼・法語・法談・法灯・法難・法門・法力・法界(ほっかい(ほうかい))・法橋(ほっきょう)・法体(ほったい)・説法・仏法・妙法・一切法・諸法無我」

❹フラン。フランスの旧通貨単位。

【泡】
準2級 8画 水(氵)-5 音 ホウ(ハウ)漢 訓 あわ・あぶく
〔泡〕8画 水(氵)-5 Ⓙ4302 Ⓤ6CE1
筆順 、 氵 氵 氵 汋 泃 泃 泡
なりたち  [形声]水+包(つつみこむ)音。空気をつつみこんだ、まるいあぶくの意。

あわ。あぶく。
【〈泡沫〉】うたかた あわ。また、はかないもの。「―の恋」
【泡沫】ホウマツ あわ。また、はかないもの。「―候補」
熟語「泡影・気泡・水泡・発泡」

【封】⇨フウ(五六七ページ)

【胞】
3級 9画 肉(月)-5 音 ホウ(ハウ)漢 呉 訓 えな
〔胞〕9画 肉(月)-5 Ⓙ4306 Ⓤ80DE
筆順 丿 刀 月 月' 肑 肑 胊 胞
なりたち  [形声]肉+包(胎児をつつみこむ)音。胎児をつつむ皮膜、えなの意。

❶えな。胎児を包む皮膜。
【〈胞衣〉】えな 胎児を包んでいる膜や胎盤など。ほうい。
熟語「胞衣(ほうい(ほうえ))」
❷母の胎内。
熟語「同胞(どうほう(はらから))・嚢胞・卵胞」
❸生物体を組織する最小の単位。
【胞子】ホウシ コケ・シダなどの植物が繁殖するための細胞。
熟語「芽胞・細胞」

【俸】
準2級 10画 人(亻)-8 音 ホウ 漢
Ⓙ4280 Ⓤ4FF8
筆順 亻 仁 仨 伕 侠 侫 俸 俸
なりたち [形声]人+奉(両手でささげ持つ)音。人が両手を寄せてうやうやしくいただくもの、給料の意。

給料。ふち。
【俸給】ホウキュウ 給料。「―生活者」
【俸▾禄】ホウロク 扶持(ふち)。「―を食(は)む」
熟語「俸米・加俸・月俸・減俸・増俸・年俸・本俸」

【倣】
3級 10画 人(亻)-8 音 ホウ(ハウ)漢 訓 ならう
人名 より
Ⓙ4279 Ⓤ5023
筆順 亻 仁 仿 仿 仿 倣 倣 倣
なりたち [形声]人+放(左右に張り出す)音。人を左右に並べてくらべる意から、ならう意を表す。

◉異字同訓◉【習】(二九一ページ)の「異字同訓」欄を参照のこと。

ならう。まねる。

熟語「模倣・摸倣(もほう)」

【峰】 4級 10画 山-7 音 ホウ㊥・ブ㊦ 訓 みね ①4286 Ⓤ5CF0

〔峯〕 10画 山-7 ①4287 Ⓤ5CEF

人名 お・たか・たかし・ね

筆順 丨 山 山 山' 山夂 峰 峰

なりたち [形声]山＋夆(頂点で出会う)音。山の尾根が集まったところ、みねの意。

みね。やま。高い山。

熟語「峰頭(ほうとう)・奇峰・群峰・孤峰・主峰・秀峰・峻峰(しゅんぽう)・入峰(にゅうぶ)・連峰・最高峰」

【砲】 4級 10画 石-5 音 ホウ(ハウ)㊥ 訓 つつ・いしゆみ ①4304 Ⓤ7832

〔砲〕 10画 石-5

筆順 一 ア 石 石' 矽 矽 砲 砲

なりたち [形声]石＋包(つつみこむ)音。石を手前につつみこむように一旦引き、ばね仕掛けで飛ばす石ゆみの意。

❶つつ。おおづつ。火薬で砲弾を発射する兵器。

【砲火】(ホウカ) 砲を発射する際に出る火。「集中―」

【砲丸】(ホウガン) ①大砲のたま。砲弾。②陸上競技の砲丸投げで使う金属の球。

【砲撃】(ホウゲキ) 大砲で攻撃する。「敵陣を―する」

【砲術】(ホウジュツ) 大砲を操作する術。「―家」

【砲台】(ホウダイ) 大砲を据え付け発射するための所。

【砲弾】(ホウダン) 大砲の弾丸。

【砲兵】(ホウヘイ) 火砲を扱うのを任務とする兵種。

【砲門】(ホウモン) 火砲の発射口。「―を開く」

【砲列】(ホウレツ) 大砲を横に並べた隊形。放列。

熟語「砲煙・砲艦・砲口・砲座・砲声・砲塔・火砲・巨砲・空砲・号砲・銃砲・祝砲・主砲・大砲・鉄砲・発砲」

❷いしゆみ。石を発射する兵器。

【崩】 3級 11画 山-8 音 ホウ㊥㊦ 訓 くずれる・くずす ①4288 Ⓤ5D29

〔崩〕 11画 山-8

筆順 ' 山 山 屵 岸 岸 崩 崩

なりたち [形声]山＋朋(二つ並ぶさま)音。山が二つに分かれる意から、くずれる意を表す。

❶くずれる。こわれる。くずす。こわす。

【崩壊・崩潰】(ホウカイ) くずれる。こわれてしまう。くずれおちる。「岩が―する」

【崩落】(ホウラク)

熟語「土崩・雪崩(なだれ)」

❷天子が死ぬ。

【崩御】(ホウギョ) 天皇・皇后・皇太后・太皇太后の死去を敬っていう語。

熟語「崩殂(ほうそ)・崩堕・崩墜・崩裂・崩漏」

【訪】 5級 11画 言-4 音 ホウ(ハウ)㊥㊦ 訓 おとずれる・たずねる・とう ①4312 Ⓤ8A2A

人名 こと・み

筆順 ニ 言 言 言 言 訁 訪 訪

なりたち [形声]言＋方(左右に張り出す)音。あちこちに言葉をかけて、広くさがし求めるの意。

◉異字同訓◉

◇たずねる(訪・尋・▼訊)

「訪ねる」は"訪問する。おとずれる"の意。「知人を訪ねる」「古都を訪ねる」

「尋ねる」は"捜し求める。質問する"の意。「母を尋ねる旅」「日本語の源流を尋ねる」「道を尋ねる」

「訊ねる」は"問い質す"の意。「尋ねる」とも書く。「証人に訊ねる」

❶たずねる。問う。探し求める。

熟語「採訪・尋訪・探訪」

❷おとずれる。その所へゆく。

【訪問】(ホウモン) 他家を訪れる。「先生宅を―する」

【訪日】(ホウニチ) 「各国の首脳が―する」

熟語「訪欧・訪客・訪中・訪米・往訪・再訪・来訪・歴訪」

【報】 6級 12画 土-9 音 ホウ㊥㊦ 訓 むくいる・こたえる・しらせる ①4283 Ⓤ5831

人名 お・つぐ

筆順 十 土 圭 圭 幸 幸 報 報

なりたち [会意]甲骨文では、「両手に手かせをはめ、ひざまずく人(「執」に相当する)」＋又(手)。罪人に仕返しする意から、お返しする、むくいる意を表す。篆文では、幸＋𠬝。

❶むくいる。むくい。返礼をする。しかえしをする。

【報恩】(ホウオン) 仏恩にむくいる。「―講」

【報謝】(ホウシャ) ①恩にむくい感謝する。②僧や巡礼に金品を与える。「巡礼にご―」

【報酬】(ホウシュウ) 労働・物品使用などに対する謝礼。

【報奨】(ホウショウ) 勤労にむくい、奨励する。「—金」

【報償】(ホウショウ) 損害のつぐないをする。

【報復】(ホウフク) 仕返しをする。「—攻撃」

熟語「報仇(ほうきゅう)・報国・報讐(ほうしゅう)・報徳・応報・果報」

❷しらせる。つげる。しらせ。
【報告】(ホウコク) 告げ知らせる。また、任務の結果について述べる。「—書」「研究—」

【報道】(ホウドウ) 広く一般に知らせる。「—機関」

熟語「報知・官報・吉報・警報・広報・誤報・時報・情報・速報・通報・電報・特報・訃報・予報」

【蜂】

2級 13画 虫-7 新常用 音 ホウ漢 訓 はち ①4310 Ⓤ8702

筆順 ロ ロ 中 虫 虫 蚁 蜂 蜂

なりたち [形声]虫＋夆(頂点で出会う)音。尾に、三角にするどくとがった針をもつ虫、はちの意。篆文では、逢＋虫二つ。「蜂」はその略体。

はち。小形の昆虫。

【蜂蜜】(はちミツ) ミツバチが花から集めた蜜。

【蜂▼窩】(ホウカ) ハチの巣。

【蜂起】(ホウキ) 大勢の者が一斉に行動を起こす。

熟語「蜂巣・蜂腰・職蜂・蜜蜂(みつばち)・養蜂」

【豊】

6級 13画 豆-6 音 ホウ漢・ブ呉 訓 ゆたか・とよ ①4313 Ⓤ8C4A

【豐】 18画 豆-11 ②7620 Ⓤ8C50

人名 あつ・かた・て・と・とよ・のぼる・ひろ・ひろし・みのる・もり・ゆた・よし

筆順 冂 曲 曲 曲 典 曹 豊 豊

なりたち [形声]豈(装飾されたたかつき)＋丰(満ちる)音。ゆたかに盛られたたかつきの意。「豊」は俗字。ただし、「豊(レイ)」はもと別字で、象形。礼を行う時に用いるたかつきの形にかたどる。

❶ゆたか。十分にある。
【豊潤】(ホウジュン) ゆたかでみずみずしい。「—な果物」

【豊富】(ホウフ) たっぷりあるさま。「—な知識」

【豊漁】(ホウリョウ) 魚がたくさんとれる。大漁。

❷みのりがよい。⇔凶。
【豊作】(ホウサク) 農作物のできがよい。⇔凶作・不作
【豊熟】(ホウジュク) 穀物がよくみのる。豊作。
【豊▼穣】(ホウジョウ) 穀物が豊かにみのる。「五穀—」
【豊▼饒】(ホウジョウ) 土地が肥えている。「—な大地」
【豊年】(ホウネン) 豊作の年。「—満作」⇔凶年
熟語「豊凶・豊沃」

❸ふっくらとして美しい。
【豊▽頰】(ホウキョウ) 肉づきの豊かな頰(ほお)。

【豊満】(ホウマン) 物が豊かである。また、女性の体の肉付きがよい。「—な肉体」

【豊麗】(ホウレイ) 豊かで美しい。「—な美女」

❹(国)とよ。美称の接頭語。
熟語「豊葦原(とよあしはら)」

❺(国)九州北東部の古称「豊国(とよくに)」の略。
【豊前】(ブゼン) 旧国名の一。福岡県東部と大分県北部に相当。

【豊後】(ブンゴ) 旧国名の一。大分県の中部・南部に相当。

熟語「豊州・豊肥・筑豊(ちくほう)」

❻(国)豊臣(とよとみ)氏のこと。
熟語「豊公・豊太閤・織豊(しょくほう)時代」

【飽】

3級 13画 食(飠)-5 音 ホウ(ハウ)漢呉 訓 あきる・あかす ①4316 Ⓤ98FD

【飽】 14画 食(飠)-5 — —

人名 あき・あきら

筆順 𠆢 今 今 食 飠 飽 飽 飽

なりたち [形声]食＋包(つつみこむ)音。腹いっぱい食べるの意。

あきる。満ち足りる。十分すぎていやになる。

【飽食】(ホウショク) 十分に食べる。「暖衣—」

【飽和】(ホウワ) それ以上には増えない。「—状態」

熟語「飽満・温飽・酔飽」

【褒】

準2級 15画 衣-9 音 ホウ漢呉 訓 ほめる ①4311 Ⓤ8912

【襃】 17画 衣-11 ②7481 Ⓤ8943

人名 よし

筆順 亠 亣 夜 褒 褒 褒 褒

なりたち [形声]衣＋保(幼児をおむつで包む)音。からだを包みこむ大きな着物の意から、暖かい言葉で相手を包みこむ、ほめる意を表す。

ほめる。たたえる。

【褒章】(ホウショウ) 国が授与する記章。「紫綬—」

【褒賞】(ホウショウ) ほめたたえる。「—金」

【褒美】(ホウビ) ほめて与える品物や金銭。ごほうび。

【褒▼貶】(ホウヘン) ほめることとけなすこと。「毀誉—」

熟語「褒詞・褒辞・褒称・褒状・褒揚・過褒」

【縫】 3級

16画 糸-10
音 ホウ漢
訓 ぬう
①4305 Ⓤ7E2B

人名 ぬい

〔縫〕17画 糸-11

筆順 糸 … 縫

なりたち [形声]糸＋逢(両方から近づき出あう)音。両方の布を近よせて糸でぬい合わせるの意。

❶ぬう。布などをつぎ合わせる。

【縫合】ホウゴウ 外科手術で、患部を縫い合わせる。

【縫製・縫成】ホウセイ 縫って洋服をつくる。「—工場」

熟語「裁縫・天衣無縫」

❷とりつくろう。

熟語「弥縫びほう」

ボウ

【亡】 5級

3画 亠-1
音 ボウ(バウ)漢・モウ(マウ)呉
訓 ない・うしな-う・な-くす・な-くなる・ほろ-びる・ほろ-ぶ
①4320 Ⓤ4EA1

〔亡〕3画 亠-1

筆順 丶 亠 亡

なりたち [会意]人＋乚(ついたて)。人がかくれるの意。

❶ない。なくす。うしなう。なくなる。

【亡失】ボウシツ 失いなくす。「書類を—する」

熟語「欠亡」

❷死ぬ。死んでいる。

【亡父】ボウフ 死んだ父。「—の形見」⇔亡母

【亡母】ボウボ 死んだ母。「—の三回忌」⇔亡父

【亡霊】ボウレイ 死んだ人のたましい。幽霊。

【亡者】モウジャ ①まだ成仏せずに迷っている魂。②金銭などの欲望にとりつかれている人。「金の—」

熟語「亡君・亡兄・亡魂・亡妻・亡夫・亡友・死亡」

❸ほろびる。ほろぶ。ほろぼす。

【亡国】ボウコク 国をほろぼす。ほろんだ国。ほろびようとしている国。「—の民」

熟語「興亡・存亡・滅亡」

❹逃げる。のがれる。

【亡命】ボウメイ 迫害を避けるために他国に逃れる。「—政権」

【亡羊ぼうようの嘆たん】 思い迷って途方にくれたり、どうしてよいかわからず考えあぐねる。多岐亡羊。
出典 逃げた羊を追い求めたが、道がいくつにも分かれていて、とうとう羊を見失って嘆いたという「列子説符」の故事から。

熟語「逃亡・敗亡・流亡」

【乏】 3級

4画 丿-3
音 ボウ(ボフ)呉・ホウ(ハフ)漢
訓 とぼ-しい
①4319 Ⓤ4E4F

筆順 丿 … 乏

なりたち [指事]足の字(正)を反転させて、動けない、足りないの意を表す。

とぼしい。物が不足している。

熟語「乏少・乏絶・窮乏・欠乏・耐乏・貧乏」

【妄】⇩モウ(六二〇ページ)

【忙】 4級

6画 心(忄)-3
音 ボウ(バウ)漢
訓 いそが-しい・せわ-しい
①4327 Ⓤ5FD9

〔忙〕6画 心(忄)-3

筆順 丶 … 忙

なりたち [形声]心＋亡(ない)音。心がないかのように落ち着かないの意。

いそがしい。せわしい。するべきことが多くて暇がない。

【忙殺】ボウサツ 非常に忙しい。「仕事に—される」注記「殺」は意味を強めるために添えた字。

【忙中】ボウチュウ 非常に忙しいとき。「—閑あり」

熟語「忙事・怱忙そうぼう・多忙・繁忙」

【坊】 4級

7画 土-4
音 ボウ(バウ)呉・ボッ慣
①4323 Ⓤ574A

筆順 一 十 土 … 坊

なりたち [形声]土＋方(左右に張り出す)音。左右に張り出した土かべ、つつみの意。のちに町や村の区画の意に用いる。

❶まち。方形に区画された土地。

【坊間】ボウカン 町の中。市中。「—の書」

熟語「坊市・坊中・坊本・坊門・街坊・市坊」

❷へや。建物。特に僧侶の住むへや。

熟語「坊舎・宿坊・僧坊」

❸(国)僧侶。

【坊主】ボウズ ①僧坊の主である僧。僧侶。「生臭—」②短く刈った頭。「—頭」③男児をいう語。「やんちゃ—」④ある語に添えて、親しみやあざけりの気持ち

を表す語。「照る照る—」「三日—」
熟語「看坊・御坊(ごぼう)・願人坊・武蔵坊弁慶」
❹(国)人、特に男の子を指し示す語。
熟語「坊や・朝寝坊(あさねぼう)」

【妨】
3級 7画 女-4
音 ボウ(バウ)呉・ホウ(ハウ)漢
訓 さまたげる
①4324 Ⓤ59A8

筆順

なりたち [形声]女＋方(左右に張り出す)音。両手を張り出して、女性に近づけないようにじゃまをするの意。

さまたげる。じゃまをする。さまたげ。

【妨害・妨▼碍】(ボウガイ) 「営業を—する」
熟語「押妨・乱妨・濫妨」

【忘】〔忘〕
5級 7画 心-3
〔忘〕7画 心-3
音 ボウ(バウ)漢・モウ(マウ)呉
訓 わすれる
①4326 Ⓤ5FD8

筆順

なりたち [形声]亡(ない)音＋心。心からなくなる、わすれるの意。

わすれる。記憶からなくす。心にとめない。


【忘却】(ボウキャク) 忘れさる。「—のかなた」

【忘失】(ボウシツ) 忘れてなくす。「お金を—する」

【忘年】(ボウネン) 「—会」「—の友(=年齢を気にしない)」

【忘憂】(ボウユウ) うれいを忘れる。「酒は—の徳あり」

熟語「忘恩・忘我・遺忘・健忘・備忘」

【防】
6級 7画 阜(阝)-4
音 ボウ(バウ)呉・ホウ(ハウ)漢
訓 ふせぐ・つつみ
①4341 Ⓤ9632

難読 防人(さきもり)
人名 ふせ

筆順

なりたち [形声]阜(盛り土)＋方(左右に張り出す)音。左右に張り出した盛り土、堤防の意。

❶つつみ。土手。
熟語「堤防」

❷ふせぐ。まもる。
【防▼遏】(ボウアツ) 防ぎとめる。「犯罪を—する」

【防衛】(ボウエイ) 防ぎまもる。「タイトル—」「—省」

【防疫】(ボウエキ) 感染症を防ぐ。

【防音】(ボウオン) 騒音を防ぐ。「—装置」

【防火】(ボウカ) 火災の発生を防ぐ。「—設備」

【防御・防▼禦】(ボウギョ) 「陣地を—する」

【防護】(ボウゴ) 防ぎまもる。「—服」

【防災】(ボウサイ) 災害を防ぐ。「—対策」

【防止】(ボウシ) 防ぎとめる。「事故を—する」

【防水】(ボウスイ) 水がしみ通るのを防ぐ。「—加工」「—壁」

【防戦】(ボウセン) 攻撃を防ぎ戦う。「—一方の試合」

【防潮】(ボウチョウ) 津波や高潮の害を防ぐ。「—堤」

【防▼諜】(ボウチョウ) スパイ活動による秘密漏洩を防ぐ。

【防犯】(ボウハン) 犯罪を防ぐ。「—ベル」

【防備】(ボウビ) 外敵や災害に対してそなえをする。

【防腐】(ボウフ) 物の腐るのを防ぐ。「—剤」

熟語「防寒・防具・防空・防湿・防臭・防除・防塵・防雪・防虫・防毒・防風・防壁・防波堤・防風林・防腐剤・海防・攻防・国防・砂防・消防・水防・予防」

❸(国)「周防(すおう)国」の略。現在の山口県南部・東部。
【防州】(ボウシュウ) 周防国の別名。

【防長】(ボウチョウ) 周防国と長門国。

【房】〔房〕
3級 8画 戸(戸)-4
〔房〕8画 戸-4
音 ボウ(バウ)呉・ホウ(ハウ)漢
訓 ふさ
①4328 Ⓤ623F

人名 お・のぶ・ふさ

筆順

なりたち [形声]戸＋方(左右に張り出す)音。おもやから左右に張り出た小べやの意。

❶へや。こべや。また、住まい。
【房事】(ボウジ) 閨房の中で行う行為。「—過多」

【房中】(ボウチュウ) 部屋の中。寝室の中。

熟語「房室・官房・監房・閨房(けいぼう)・工房・茶房・山房・子房・書房・心房・禅房・僧房・暖房・厨房(ちゅうぼう)・同房・独房・女房・冷房・文房具」

❷(国)ふさ。また、ふさ状のもの。
熟語「花房(はなぶさ)・乳房(にゅうぼう)(ちぶさ)」

❸(国)「安房(あわ)国」の略。現在の千葉県南部。
【房州】(ボウシュウ) 安房(あわ)国の別名。
熟語「房総」

【肪】
4級 8画 肉(月)-4
音 ボウ(バウ)呉・ホウ(ハウ)漢
訓 あぶら
①4335 Ⓤ80AA

筆順

なりたち [形声]肉＋方(左右に張り出す)音。体にあぶらが付いて左右にふくれ出すの意。

あぶら。肥える。あぶらぎる。
熟語「脂肪(しぼう)」

【某】

3級　9画　木-5　音 ボウ漢・ム呉　訓 それがし・なにがし　①4331 Ⓤ67D0

注記 本来は「梅」の古字で音は「バイ」。

人名 いろ

筆順 一 十 廾 甘 甘 苴 苩 某

なりたち [会意]甘(口に食べ物を入れる)+木。よく妊婦が口にふくむ木の実、ウメの意。借りて、それがし・なにがしの意に用いる。

❶なにがし。人・時・所などを特定せずにいう語。

熟語「某月・某国・某氏・某紙・某誌・某日・某所・某年」

❷それがし。一人称の謙譲語。わたくし。

【冒】

4級　9画　目-4　音 ボウ漢・モウ呉　訓 おかす　①4333 Ⓤ5192

〔冐〕9画　冂-7　——　——

〔冒〕8画　冂-6　②7078 Ⓤ5190

筆順 丨 冂 冃 冃 冐 冐 冒 冒

なりたち [形声]冃(上におおいかぶせる)音+目。目をおおうの意。おおうものを無理に押しのけ、おかすの意にも用いる。

◉異字同訓◉【犯】(五三八ページ)の「異字同訓」欄を参照のこと。

❶おおう。かぶる。かぶりもの。転じて、はじめ。

【冒頭】(ボウトウ) 文章や物事のはじめ。「—陳述」

❷おかす。けがす。

【冒険】(ボウケン) 危険や失敗をおそれずに事をおこなう。「—家」「—心」「—小説」

【冒瀆】(ボウトク) 神聖・清純なものをけがす。「神を—する」

熟語「冒称・感冒」

【剖】

準2級　10画　刀(刂)-8　音 ボウ慣・ホウ漢・フ呉　訓 さ-く　①4322 Ⓤ5256

筆順 亠 亠 立 立 咅 咅 咅 剖

なりたち [形声]咅(否の変形、拒否し背を向ける)音+刀。刀で二つに切りわけるの意。

❶さく。分ける。

熟語「剖検・剖析・解剖」

❷理非を分ける。見分ける。

熟語「剖判(ほうはん)」

【紡】

準2級　10画　糸-4　音 ボウ(バウ)慣・ホウ(ハウ)漢　訓 つむぐ　①4334 Ⓤ7D21

人名 つむ

筆順 く 幺 幺 糸 糸 紅 紡 紡

なりたち [形声]糸+方(左右に張り出す)音。左右に繊維を引っぱって糸をつむぐの意。

つむぐ。繊維をより合わせて糸にする。うむ。

【紡織】(ボウショク) 糸をつむぎ布を織る。「—工場」

【紡錘】(ボウスイ) 糸をつむぐ道具。つむ。「—形(=中央が太く、両端が次第に細くなっている形)」

【紡績】(ボウセキ) 糸をつむぐ。「—絹糸」

【紡毛】(ボウモウ) 動物の毛を糸にする。「—織物」

熟語「紡糸・紡車・混紡」

ホ

【望】

7級　11画　月-7　音 ボウ(バウ)漢・モウ(マウ)呉　訓 のぞむ・もち　①4330 Ⓤ671B

〔望〕11画　月-7　——　——

難読 望潮(しおまねき)

人名 のぞみ・み・もち

筆順 亠 亡 切 胡 望 望 望

なりたち [形声]「臣(目)+壬(人がまっすぐ立つ)」(直立して遠くを見る)音+月。甲骨文では臣+壬、金文以降「月」を加え、満月の意にも用いた。篆文では「臣」が「亡」に変形し、音符と解されるようになった。

◉異字同訓◉

◇のぞむ(望・臨)

「望む」は"遠くを眺める。希望する"の意。「正面に富士山を望む景勝の地」「世界平和を望む」「さらなる発展を望む」

「臨む」は"面する。出席する。直面する。対する"の意。「駿河湾に臨む漁村」「試験に臨む」「難局に臨んで」「厳罰をもって臨む」

❶のぞむ。ながめる。遠くを見る。

【望遠】(ボウエン) 遠くを見る。「—鏡」

【望郷】(ボウキョウ) 故郷をなつかしく思う。「—の念」

【望見】(ボウケン) 遠くからながめる。「山頂から—する」

【望洋】(ボウヨウ) ①遠くを眺める。②広々として見分けがつかない。「—たる荒野」

【望楼】(ボウロウ) 遠くを見るための高い塔。

熟語「一望・遠望・観望・眺望・展望」

❷ねがう。のぞみ。

【望外】(ボウガイ) 思いのほか。「—の喜びにひたる」

【望蜀】(ボウショク) 一つの望みをかなえて、さらに次の望みをもつ。「—の嘆」出典「後漢書岑彭伝」より。
熟語「渇望・願望・希望・懇望・失望・志望・所望(しょもう)・切望・絶望・羨望・大望・待望・熱望・本望・野望・有望・要望・欲望」
❸人々から尊敬され信頼される。
熟語「衆望・信望・人望・声望・徳望・名望」
❹もち。もちづき。満月。また、陰暦の一五日。
【望月(ボウゲツ)】陰暦一五日の夜の満月。もちづき。
熟語「望日・既望・朔望(さくぼう)」

【傍】

4級　12画　人(亻)-10　音 ボウ(バウ)呉・ホウ(ハウ)漢　訓 かたわら・そば・はた　①4321　Ⓤ508D

難読 傍目(おかめ)(はため)・傍役(わきやく)・傍惚(おかぼれ)・傍焼(おかやき)
人名 かた
筆順 亻 仁 仲 倅 倅 倅 傍 傍
なりたち [形声]人＋旁(かたわら)音。そばによりそう、また、かたわらの意。

❶かたわら。そば。はた。わき。
【傍目八目(おかめハチモク)】人の碁をわきから見ていると、打っている人より八目も先まで手が読める。別表記 岡目八目
【傍目(はため)】そばから見た感じ。他人の目。

【傍観(ボウカン)】「—者」「拱手(きょうしゅ)—」

【傍系(ボウケイ)】直系から分かれた枝葉の系統。⇔直系
【傍若無人(ボウジャクブジン)】他人を無視して勝手に振る舞う。「—に振る舞う」「—な態度」出典「史記 刺客伝」より。「傍(かたわ)らに人なきがごとし」の意。

【傍線(ボウセン)】字のわきに引いた線。

【傍聴(ボウチョウ)】「公判を—する」

【傍点(ボウテン)】文字のわきにつける点。

【傍輩(ホウバイ)】同僚。同輩。仲間。別表記 朋輩
【傍流(ボウリュウ)】主流からはずれた流派・系統。傍系。

熟語「傍訓・傍証・傍注・近傍・路傍」
❷つくり。漢字の構成上で、左右に分けられた右側の部分。同旁。
熟語「偏傍」

【帽】

4級　12画　巾-9　音 ボウ漢・モウ呉　①4325　Ⓤ5E3D

〔帽〕12画　巾-9

筆順 丨 口 巾 巾 帄 帽 帽 帽
なりたち [形声]巾＋冒(目をおおう)音。頭をおおう布の意から、ぼうしの意を表す。

ぼうし。頭にかぶるもの。

【帽子(ボウシ)】頭にかぶる装身具。

熟語「帽章・学帽・制帽・脱帽・着帽・無帽・防寒帽」

【棒】

5級　12画　木-8　音 ボウ(バウ)呉・ホウ(ハウ)漢　①4332　Ⓤ68D2

筆順 一 十 木 村 栐 栚 棒 棒
なりたち [形声]木＋奉(両手を寄せて物をささげる)音。両手でささげ持つ木の意。

❶ぼう。木・竹・金属などの、細長いもの。
熟語「棒術・棒状・相棒・金棒(かなぼう)・警棒・棍棒(こんぼう)・痛棒・鉄棒(てつぼう)(かなぼう)・綿棒・麺棒・指揮棒・平行棒・用心棒」
❷(国)棒のように、感情や理解をともなわない。
熟語「棒読(ぼうよ)み・棒暗記」
❸その他。当て字など。
熟語「辛棒・泥棒(どろぼう)」

【貿】

6級　12画　貝-5　音 ボウ漢・ム呉　①4339　Ⓤ8CBF

筆順 ノ ㇄ 卬 卬 卯 留 貿
なりたち [形声]卯(左右に開いた門)音＋貝(たから)。等価的に金品を交換する意から、あきなう意を表す。

とりかえる。売買する。

【貿易(ボウエキ)】外国と商品の売買をする。「—商」

【貌】

2級　14画　豸-7　新常用　音 ボウ(バウ)漢・ミョウ(メウ)呉　訓 かお・かたち　①4338　Ⓤ8C8C

〔皃〕7画　白-2　②6606　Ⓤ7683

筆順 ノ ㇒ 𠂉 乎 豸 貊 貌 貌
なりたち [形声]豸(けもの)＋皃(人の頭と足)音。「皃」が原字。人のすがた、かたちの意。のち、意味を明確にするために「豸」を加えた。

すがた。かたち。かお。顔かたち。
熟語「外貌・顔貌・形貌・状貌・全貌・相貌・体貌・美貌・風貌・変貌・面貌・容貌」

【暴】

6級　15画　日-11　音 ボウ呉・バク呉・ホウ漢・ボ呉　訓 あばく・あばれる　①4329　Ⓤ66B4

筆順 冂 旦 早 昌 昗 暴 暴 暴
なりたち [会意]金文では、日＋廾(両手)＋丰(白骨化した動物)。両手で動物を日にさらすの意。篆文では、日＋出＋廾(両手)＋米〔あるいは「夲(勢いよく進む)」〕。米を両手でさし上げて日にさらすの意に解

する。

❶あばれる。荒々しい。

【暴悪】ボウアク　乱暴で非道である。

【暴威】ボウイ　「―をふるう台風」

【暴漢】ボウカン　「―におそわれる」

【暴虐】ボウギャク　乱暴で残虐である。「―な君主」

【暴挙】ボウキョ　乱暴で無謀な振る舞い。

【暴君】ボウクン　乱暴で人民を苦しめる君主。

【暴言】ボウゲン　乱暴な言葉。「―を吐く」

【暴行】ボウコウ　「―罪」「婦女―」

【暴徒】ボウト　暴動を起こした人々。「―と化す」

【暴動】ボウドウ　社会秩序を乱す、大勢による行動。

【暴風】ボウフウ　激しく吹く風。「―域」

【暴力】ボウリョク　乱暴で、無法な力。「―行為」

【暴戻】ボウレイ　「―の限りをつくす」

【暴論】ボウロン　「―を吐く」

熟語「暴圧・暴逆・暴状・暴政・暴慢・暴勇・暴吏・横暴・凶暴・強暴・粗暴・乱暴・自暴自棄」

❷むやみ。度をこす。

【暴飲】ボウイン　酒などを度を過ごして飲む。

【暴食】ボウショク　度を過ごして食べる。

【暴走】ボウソウ　「―族」「無人電車が―する」

【暴利】ボウリ　法外の利益。「―をむさぼる」

❸にわか。急。

【暴死】ボウシ　急に死ぬ。

【暴騰】ボウトウ　値段が急に大幅に上がる。⇔暴落

【暴発】ボウハツ　①弾丸が誤って発射される。②過激な行動を突然とる。「過激派が―する」

【暴落】ボウラク　値段が急に大幅に下がる。⇔暴騰

❹素手でなぐりつける。

【暴虎▼馮河】ボウコヒョウガ　虎に素手で向かい大河を徒歩で渡る。向こう見ずなことをする意。出典「論語述而」より。

❺あばく。さらす。同曝。

【暴露】バクロ　①あばいて明るみに出す。「秘密を―する」②風雨にさらされる。別表記 曝露

【膨】

3級　16画　肉(月)-12

音 ボウ(バウ)慣・ホウ(ハウ)漢

訓 ふくらむ・ふくれる

①4336　Ⓤ81A8

筆順 刀 月 肝 肚 肚 腊 膨 膨

なりたち [形声]肉＋彭(ふくれる)音。肉体がふくれるの意。

ふくれる。ふくらむ。

【膨大】ボウダイ　①ふくれて大きくなる。②「厖大」に同じ。「―な負債」

【膨張・膨▼脹】ボウチョウ　「気体が―する」「都市の人口が―する」⇔収縮

熟語「膨圧・膨満」

【謀】

3級　16画　言-9

音 ボウ漢・ム呉

訓 はかる・たばかる・はかりごと

①4337　Ⓤ8B00

人名 こと・のぶ

筆順 言 言 言 計 計 諆 謀 謀

なりたち [形声]言＋某(なにがし)音。はっきりしない将来の物事について考えたり相談したりするの意。

●異字同訓●【計】(一五八ページ)の「異字同訓」欄を参照のこと。

❶はかる。はかりごと。くわだてる。相談して計画する。

【謀(はかりごと)は密(みつ)なるを良(よ)しとす】計略は秘密にしなければ成功しない。出典「三略上略」より。

【謀(はかりごと)を帷幄(いあく)の中(うち)に運(めぐ)らし、勝つことを千里の外(ほか)に決す】陣営で作戦を立て、遠く離れた戦場で勝利する。戦略の巧妙なこと。出典「漢書高帝紀」より。

熟語「謀将・謀臣・遠謀・奇謀・参謀・深謀・知謀・智謀・無謀・深慮遠謀」

❷たばかる。たくらむ。よくないことを計画する。

【謀議】ボウギ　犯罪の計画を相談する。「共同―」

【謀殺】ボウサツ　計画的に人を殺す。

【謀略】ボウリャク　「敵の―にかかる」

【謀反・謀▼叛】ムホン　「―人」「―をおこす」

熟語「陰謀・隠謀・共謀・権謀・策謀・主謀・首謀・通謀・密謀」

ほお

【頬】〔頰〕

2級　16画　頁-7　新常用

音 キョウ(ケフ)漢呉

訓 ほお・ほほ

③9390　Ⓤ9830

〔頰〕15画　頁-6　①4343　Ⓤ982C

筆順 一 丆 夾 夾 夾 頬 頬 頬

なりたち [形声]夾(小さな人が大きな人を両わきからはさむ)音＋頁(あたま)。あたまを両側からはさんでいる部分、ほおの意。

ほお。ほほ。

【頬骨】キョウコツ　ほおぼね。

【頬▽被り】ほおかぶり　①手ぬぐいで頭をおおう。ほっかぶり。②知らぬふりをする。「―を決めこむ」

熟語「緩頬・紅頬(こうきょう)・双頬・豊頬」

ホク

【北】

9級 5画 匕-3 音 ホク漢呉 訓 きた・に-げる

①4344 Ⓤ5317

人名 た

筆順 丨 ⺊ 丬 北

なりたち  [会意]人＋匕(ひと)。人がたがいに背を向けている意から、そむく・にげる意を表す。また、人は南の方角にからだを向け暖を取り、北の方角に背を向けることから、方角のきたの意にも用いる。

❶きた。日の出に向かって左の方角。⇕南。

【北画】(ホクガ) 「北宗画(ほくしゅうが)」の略。中国の唐代に始まる水墨画の一派。

【北上】(ホクジョウ) 「桜前線が―する」⇕南下

【北▼辰】(ホクシン) 北極星のこと。「―祭」

【北朝】(ホクチョウ) ①中国で南北朝時代に、華北を占めていた鮮卑系五王朝の総称。北魏(ほくぎ)・東魏・西魏・北斉・北周をいう。②日本で南北朝時代に、京都に都を置いた持明院統の朝廷。▽⇕南朝

【北▼狄】(ホクテキ) 古代中国で、北方の異民族の蔑称。

【北斗】(ホクト) 「北斗七星」の略。北斗星。

【北辺】(ホクヘン) 北のはて。「―の守備軍」

【北洋】(ホクヨウ) 北方の海。「―漁業」

【北陸】(ホクリク) 中部地方の日本海側の地域。

【北嶺】(ホクレイ) 比叡山・比叡山延暦寺の別名。

【北極】(ホッキョク) 地球の北のはての地方。「―圏」⇕南極

【北方】(ホッポウ) 北の方角。「―領土」⇕南方

熟語 「北緯・北進・北西・北端・北東・北部・北風・北面・北国・以北・河北・極北・最北・東北・洛北」

❷にげる。敗れて逃げる。

熟語 「敗北」

【木】ボク

10級 4画 木-0 音 ボク漢・モク呉 訓 き・こ

①4458 Ⓤ6728

難読 木乃伊(ミイラ)・木天蓼(またたび)・木皮(こはだ)・木瓜(ぼけ)(もっこう)・木耳(きくらげ)・木枯(こがらし)・木屑(こけら)・木豇豆(きささげ)・木通(あけび)・木偶(でく)・木淡(木醂)(きざわし)・木菟(ずく)(みみずく)・木犀(もくせい)・木葉木菟(このはずく)・木賊(とくさ)・木蘭(もくれん)・木遣(きやり)・木端(こっぱ)(こば)・木綿(もめん)(きわた)(ゆう)・木綿垂(しで)・木魂(木霊)(こだま)・木履(きぐつ)(ぽっくり)・木槵子(もくげんじ)・木槿(むくげ)(もくげ)・木螺子(もくねじ)・木鶏(ずいびん)・木欒子(もくれんじ)・馬酔木(あせび)(あしび)・啄木(きつつき)(たくぼく)

人名 しげ

筆順 一 十 才 木

なりたち  [象形]立ち木にかたどる。

❶き。こ。幹が固い植物。樹木。

『木(き)に縁(よ)りて魚(うお)を求む』 方向や方法を誤れば目的を達することができない。出典「孟子 梁恵王上」より。

【木霊・木▽魂】(こだま) ①樹木に宿っている霊。木精。②山・谷などで起こる音の反響。別表記 谺

【木石】(ボクセキ) ①木と石。②情も感覚もない者のたとえ。「―漢」

【木本】(モクホン) 茎がかたい幹の植物。⇕草本

【木目】(モクめ) 年輪などの模様。

熟語 「《ボク》灌木(かんぼく)・喬木(きょうぼく)・巨木・高木・古木・枯木・神木・大木・名木・霊木・老木」「《モク》木食(もくじき)・樹木・草木」

❷建築や工作などの材料としての木本。材木。

【木賃】(きチン) 宿屋に払う薪(たきぎ)の代金。「―宿」

【木▼鐸】(ボクタク) 世人を教え導く人。「社会の―」

【木履】(ぼっくり) 主に少女や舞妓が用いる下駄。

【木魚】(モクギョ) 経を読む時にたたく木製の仏具。

【木偶】(モクグウ) 木でつくった人形。でく。

【木材】(モクザイ) 「建築用―」

【木精】(モクセイ) ①木の精。②メチル-アルコール。

【木造】(モクゾウ) 「―家屋」

【木炭】(モクタン) 「―自動車」「―画」

【木馬】(モクバ) 「回転―」

【木版】(モクハン) 「―画」

【木管】(モッカン) 「―楽器」

【木簡】(モッカン) 文字を書き記すための木の札。

【木工】(モッコウ) 木で器具などを作る。「―品」

熟語 「《ボク》木刀・木剣・木像・木琴・原木・坑木・香木・土木・浮木・流木」「《モク》木酢・木質・木製・木彫・木杯・材木」

❸飾り気がない。同朴。

【木▼訥】(ボクトツ) 「朴訥」に同じ。

【木強】(ボッキョウ) 飾り気がなく一徹である。

❹五行の一。また。七曜の一。

【木星】(モクセイ) 太陽系の第五惑星。

【木曜】(モクヨウ) 週の第五番目の曜日。木曜日。

❺その他。当て字など。

〈木通〉(あけび) つる性の落葉低木。別表記 通草

〈木偶〉(でく) ①木彫りの人形。②愚か者。「―の坊」

〈木賊〉(とくさ) トクサ目の常緑性シダ植物。別表記 砥草

《木綿》(モメン) 綿(わた)の種子からとった繊維。

【目】 ⇩モク(六二二ページ)

【朴】

準2級 6画 木-2 音 ボク呉・ハク漢 訓 ほお

①4349 Ⓤ6734

人名 すなお・なお

筆順 一 十 才 木 札 朴

なりたち ［形声］木＋卜（亀の甲などが焼きごてをさしこまれ、ぱくっとひび割れを生じさせるさまの象形）音。折ったままの木の意から、ありのまま、飾りけがない意を表す。

❶うわべを飾らない。すなお。同樸。

【朴直】（ボクチョク） 飾り気がなく正直である。別表記 樸直

【朴訥】（ボクトツ） 飾り気がなく話し下手である。「—な人柄」別表記 木訥

【朴念仁】（ボクネンジン） 無口で愛想のない人。

熟語「質朴・醇朴（じゅんぼく）・素朴」

❷木の名。㋐（国）ほお。モクレン科の落葉高木。ほおのき。㋑えのき。ニレ科の落葉高木。

【牧】

7級 8画 牛-4 音 ボク 漢・モク 呉 訓 まき ①4350 Ⓤ7267

筆順 ノ 𠂉 牛 牛 牜 牜 牧 牧

なりたち ［会意］牛＋攵（むちうつ）。牛をむちうってやしなうの意。

❶牛馬を放し飼いにする。まき。まきば。また、牛飼い。

【牧牛】（ボクギュウ） 牛を放し飼いにする。

【牧場】（ボクジョウ） 牛馬を生産・育成する所。まきば。

【牧神】（ボクシン） 神話の中の、森や家畜の神。牧羊神。

【牧人】（ボクジン） 牧場で家畜を飼育する人。

【牧草】（ボクソウ） 家畜の飼料とするための草。

【牧畜】（ボクチク） 家畜を飼育・繁殖させる。「—業」

【牧歌】（ボッカ） 牧人の生活を主題とする歌。

【牧場】（まきば） 「牧場（ぼくじょう）」に同じ。

熟語「牧笛・牧童・牧夫・牧野・牧羊・耕牧・放牧・遊牧」

❷やしなう。統治する。教え導く。

【牧師】（ボクシ） プロテスタント教会の教職。

【牧民】（ボクミン） 人民を治める。「—官」

【睦】

2級 13画 目-8 新常用 音 ボク 漢 訓 むつ-まじい・むつ-む ①4351 Ⓤ7766

人名 あつし・ちか・ちかし・とき・とも・のぶ・まこと・む・むつ・むつみ・よし・よしみ

筆順 冂 目 目 目十 目圭 睦

なりたち ［形声］目＋坴（土が集まり盛りあがっている）音。目と目が集まる意から、たがいに仲よくする意を表す。

むつむ。むつまじい。仲よくする。

【睦月】（むつき） 陰暦正月の異名。睦び月。

熟語「睦言（むつごと）・親睦・和睦」

【僕】

準2級 14画 人（亻）-12 音 ボク 呉・ホク 漢 訓 しもべ・やつがれ ①4345 Ⓤ50D5

筆順 亻 亻 亻 亻 僕 僕 僕

なりたち ［象形］甲骨文では、頭に入れ墨をした奴隷が両手を寄せて物を持つさまにかたどる。篆文では、人＋菐（粗削り）に作り、作法をわきまえない下賤な者、しもべの意に解する。

❶しもべ。男の召し使い。

熟語「僕妾（ぼくしょう）・僕婢（ぼくひ）・僕夫・家僕・下僕（げぼく）・公僕・従僕・童僕・奴僕（どぼく）（ぬぼく）・老僕」

❷（国）男子の一人称。一般に対等または目下の者に対して用いる。

【墨】

3級 14画 土-11 音 ボク 漢・モク 呉 訓 すみ ①4347 Ⓤ58A8

【墨】 15画 土-12 ③1562 ⓊFA3A

筆順 冂 日 甲 里 黒 黒 墨 墨 墨

なりたち ［形声］黒（すす）音＋土。土状に固めたすすのかたまりの意。

❶すみ。字や絵を書くための黒い液。

【墨絵】（すみエ） 水墨画（すいぼくが）。

【墨染め】（すみぞめ） 黒い色に染める。「—の衣」

【墨汁】（ボクジュウ） 墨をすった黒い汁。

【墨書】（ボクショ） 墨で書く。「座右銘を—する」

【墨跡・墨蹟】（ボクセキ） 筆で書いた文字。筆跡。「—展」

【墨痕】（ボッコン） 筆のあと。「—鮮やかな書」「—淋漓（りんり）（＝筆墨の勢いがあふれ出ているさま）」

熟語「墨色・墨池・朱墨（しゅぼく）（しゅずみ）・水墨・筆墨・名墨」

❷すみで書いたもの。書画。

【墨客】（ボッカク） 書画をよくする人。「文人—」

熟語「遺墨・零墨」

❸いれずみ。いれずみの刑。

熟語「墨刑」

❹中国戦国時代の思想家、墨子のこと。

【墨子】（ボクシ） 中国、戦国時代の思想家。墨家の始祖。無差別的博愛の兼愛を説き、平和論を唱えた。生没年未詳。

【墨守】（ボクシュ） 昔からのしきたりや自説を固く守る。注記 墨子がよく城を守り通し、楚軍を退けたという故事から。

熟語「墨家・楊墨（ようぼく）」

❺「墨西哥(メキシコ)」の略。
熟語「米墨戦争」
❻(国)「隅田川(すみだがわ)」の別称。
熟語「墨水・墨堤」

【撲】

準2級　15画　手(扌)-12
音 ボク(呉)・ホク(漢)
訓 う-つ・なぐ-る
①4348 Ⓤ64B2

難読 相撲(すもう)
筆順 扌 扌' 扌" 扌" 扌" 撑 撲
なりたち [形声]手＋菐(粗削り)音。あらあらしく手でたたくの意。また、「菐」は勢いよくぼんと物にあたる時の擬音語とも言う。

❶うつ。なぐる。たたく。
【撲殺】(ボクサツ) なぐり殺す。
熟語「打撲」
❷ほろぼす。
【撲滅】(ボクメツ) 完全にほろぼす。ほろぼし絶やす。「害虫を―する」

ホッ

【法】 ⇩ホウ(五九一ページ)

ホッ

【発】 ⇩ハツ(五三五ページ)

ボッ

【坊】 ⇩ボウ(五九五ページ)

ボツ

【没】〔沒〕

3級　7画　水(氵)-4
音 ボツ(漢)・モツ(呉)
訓 しず-む
①4355 Ⓤ6CA1

〔沒〕7画　水(氵)-4　②6183 Ⓤ6C92

難読 没義道(もぎどう)・没薬(もつやく)
筆順 丶 冫 氵 氵' 氵几 沒 没
なりたち [形声]水＋殳(うずまく水の中に手を入れる)音。水の中にしずむの意。

❶しずむ。うずまる。はまりこむ。
【没頭】(ボットウ) 物事に熱中する。「研究に―する」

【没入】(ボツニュウ) すっかり沈み入る。心を打ち込む。没頭。「仕事に―する」

熟語「陥没・出没・水没・沈没・日没・覆没・埋没・神出鬼没」
❷なくなる。なくす。うしなう。
【没我】(ボツガ) 熱中して自分を忘れる。「―の境地」

【没却】(ボッキャク) ないようにする。「自意識を―する」

【没落】(ボツラク) 栄えていたものがおちぶれる。
❸死ぬ。同歿。
【没年】(ボツネン) ①死んだ時の年齢。享年。行年。②死んだ時の年次、年号。⇔生年。別表記 歿年
熟語「没後・死没・陣没・生没・戦没・病没」
❹なし。それがない意を表す。
熟語「没価値・没交渉・没個性・没趣味」
❺(国)不採用にする。
【没書】(ボッショ) 投書などを採用しない。没。
❻とりあげる。
【没収】(ボッシュウ) 「闇物資を―された」

【勃】

2級　9画　力-7　新常用
音 ボツ(呉)・ホツ(漢)
訓 にわ-かに
①4354 Ⓤ52C3

難読 勃牙利(ブルガリア)
筆順 一 十 土 去 孛 孛 孛 勃 勃
なりたち [形声]孛(子どもが勢いよく起きあがる)音＋力。力強く起きあがる意から、おこる意を表す。

にわかにおこるさま。急。また、勢いが盛んである。

【勃起】(ボッキ) 陰茎が膨張し硬化する。

【勃興】(ボッコウ) 急に盛んになる。「新国家が―する」

【勃然】(ボツゼン) ①突然に起こり立つ。「信仰心が―として起こる」②怒りでむっとする。「―とした表情」

【勃発】(ボッパツ) 急に起こる。「紛争が―する」

熟語「勃勃・鬱勃(うつぼつ)」

ほり

【堀】

準2級　11画　土-8
音 クツ(漢)(呉)
訓 ほり
①4357 Ⓤ5800

筆順 十 土 圢 圻 坼 坼 堀 堀
なりたち [形声]土＋屈(まがってへこむ)音。土の中の、くぼんだ穴の意。

❶あな。洞穴。
❷(国)ほり。地面を細長く掘ってつくった川や池。
熟語「内堀(うちぼり)・空堀(からぼり)・外堀(そとぼり)」

ホン

【反】⇩ハン(五三七ページ)

【本】〔夲〕

10級 5画 木-1 音 ホン 漢 呉 訓 もと

〔夲〕5画 大-2

①4360 Ⓤ672C ②5281 Ⓤ5932

人名 なり・はじめ

筆順 一 十 才 木 本

なりたち  [指事]木の根もとに横線や点を示し、もとの意を表す。

❶もと。物事の基礎。大もと。もとから。

【本位】ホンイ 「自分―」「―に復する」
【本意】ホンイ 本当の気持ちや考え。本心。ほい。
【本懐】ホンカイ 本来の望み。本望。「―を遂げる」
【本願】ホンガン 「―成就」「弥陀の―」
【本気】ホンキ 「―で取り組む」「―モード」
【本紀】ホンギ 紀伝体の歴史書で、帝王の事跡を記したもの。
【本義】ホンギ 本来の意義。「語の―」
【本源】ホンゲン おおもと。みなもと。「―をたずねる」
【本質】ホンシツ 物事の本来の性質や姿。「問題の―」
【本性】ホンショウ 「―をあらわす」「―を失う」
【本能】ホンノウ 「帰巣―」「母性―」「―的」
【本分】ホンブン 本来のつとめ・義務。「学生の―」
【本末】ホンマツ 「―を誤る」「―転倒」
【本望】ホンモウ 「―をとげる」「仕事が完成しさぞ―だろう」
【本領】ホンリョウ 「―を発揮する」「―安堵」
熟語「本然・本門・本塁・元本・基本・根本・資本・抜本」

❷もととなる。主要・中心となる。

【本営】ホンエイ 総大将のいる軍営。本陣。
【本拠】ホンキョ 活動の主なよりどころ。「―地」
【本業】ホンギョウ 主とする職業。⇔副業
【本家】ホンケ 一門・一族の主となる家筋。⇔分家
【本山】ホンザン 一宗一派の寺院を統括する寺。
【本社】ホンシャ 主となっている会社・神社。⇔支社
【本則】ホンソク 基本となる規則。原則。⇔付則・変則
【本尊】ホンゾン 寺で本堂の中央にある仏像。
【本店】ホンテン 営業の本拠となる店。⇔支店
【本土】ホンド 主な国土。離島などに対していう。
【本堂】ホンドウ 寺で本尊を安置してある建物。
【本道】ホンドウ 「―をそれる」「教育の―を歩む」⇔間道
【本場】ほんば 「ニシンは北海道が―だ」「―仕込み」
【本部】ホンブ 活動の中心となる部局。「捜査―」
【本丸】ほんまる 城の最も重要な建物。「―に迫る」
【本務】ホンム 本来のつとめ。「―に励む」
【本文】ホンモン 書物の主となる文。ほんぶん。
【本流】ホンリュウ 「―に流れ込む」「保守―」
【本論】ホンロン 「―に入る」
熟語「本歌・本給・本寺・本州・本職・本陣・本題・本宅・本殿・本島・本舗」

❸正しい。正式の。真実の。

【本格】ホンカク 正式。「―的に取り組む」
【本字】ホンジ ①(仮名文字に対して)漢字。②(略字に対して)正体の漢字。③ある漢字のもととなった漢字。
【本心】ホンシン 「―を明かす」「―に立ち返る」
【本籍】ホンセキ 戸籍の所在する場所。「―地」
【本然】ホンゼン 自然のまま。ほんねん。「―の姿」
【本体】ホンタイ 本当の姿や形。正体。「―を現す」
【本当】ホントウ 「―の話」「―にあった出来事」
【本音】ほんね 本心から出た言葉。「―を漏らす」「―を言えば…」
【本番】ホンバン 「ぶっつけ―」「夏―」
【本名】ホンミョウ 本当の名。実名。
【本命】ホンメイ 最有力とされている人や馬。「―馬」「次期社長の―」
【本物】ほんもの 本当の物。「―のダイヤ」
【本来】ホンライ もともと。「―の姿に戻る」「―ならば停学処分だ」
熟語「本妻・本旨・本志・本式・本心・本線・本葬」

❹植物。

【本草】ホンゾウ 薬用植物。また広く、薬用となる動植鉱物をもいう。「―学」
熟語「禾本(かほん)・草本・木本」

❺ほん。書物。文書。

【本棚】ほんだな 書物をのせておく棚。書棚。
熟語「異本・絵本・刊本・脚本・教本・原本・校本・稿本・古本・写本・抄本・新本・製本・善本・台本・拓本・定本・底本・伝本・謄本・読本・版本」

❻ほかならぬその。当の。自分自身の。わが。

【本学】ホンガク この大学。「―の建学精神」
【本校】ホンコウ この学校。また、主となる学校。
【本国】ホンゴク 「―に帰る」「―政府」
【本日】ホンジツ きょう。この日。「―開店」
【本朝】ホンチョウ 我が国の朝廷。また、我が国。
【本人】ホンニン その人自身。「―から事情を聞く」
【本邦】ホンポウ 我が国。「―初演」
熟語「本官・本館・本件・本紙・本省・本庁・本年」

❼(国)助数詞。㋐細長い物の数を数える語。㋑剣道・柔道などで、技(わざ)の数を数える語。
熟語 ㋐「一本杉・鉛筆三本・牛乳五本」㋑「三本勝負」

ホ

【奔】 準2級 8画 大-5 音 ホン漢呉 訓 はし-る ①4359 Ⓤ5954

〔奔〕9画 大-6 ⓊFA7F

筆順 一 ナ 大 太 本 夲 奔 奔

なりたち [会意]大(走る人の象形)＋卉(多くの足の象形)。はやく走るの意。

はしる。かけまわる。逃げ出す。かけおちする。

【奔出】(ホンシュツ) ほとばしり出る。「温水が―する」

【奔走】(ホンソウ) あちこちかけまわる。「資金繰りに八方―する」

【奔馬】(ホンバ) あばれ馬。「―の勢い」

【奔放】(ホンポウ) 思うままに振る舞う。「自由―」

【奔命】(ホンメイ) 忙しく活動する。「―に疲れる」

【奔流】(ホンリュウ) 激しい水の流れ。

熟語「奔騰・淫奔(いんぽん)・狂奔・出奔」

【翻】 3級 18画 羽(羽)-12 音 ホン呉・ハン漢 訓 ひるがえる・ひるがえす ①4361 Ⓤ7FFB

〔飜〕21画 飛-12 ②7044 Ⓤ98DC

〔翻〕18画 羽-12

難読 翻車魚(まんぼう)・翻筋斗(もんどり)

筆順 ｢ 平 采 采 番 番 翻 翻 翻

なりたち [形声]番(田にたねをまく)音＋羽。たねをまくようにつばさを平らに広げて、ひるがえる意を表す。

❶ひるがえる。ひるがえす。思うままにする。

【翻意】(ホンイ) 決心を変える。

【翻心】(ホンシン) 決心をひるがえす。

【翻然】(ホンゼン) ①旗などがひるがえる。②突然心を改める。「―と非を悟る」

【翻弄】(ホンロウ) 思いのままにもてあそぶ。

熟語「翻身・翩翻(へんぽん)」

❷うつし換える。作り変える。

【翻案】(ホンアン) 小説・戯曲などで、大筋は変えずに改作する。「―小説」

【翻刻】(ホンコク) 写本や刊本を、原本のまま改変せずに刊行する。「―本」

【翻字】(ホンジ) ある文字で書かれた文章を別の文字に書き改める。

【翻訳】(ホンヤク) ある言語で表現されている文章を、他の言語になおして表現する。「―家」「―小説」

ボン

【凡】 4級 3画 几-1 音 ボン呉・ハン漢 訓 おおよそ・およ-そ・すべ-て ①4362 Ⓤ51E1

人名 ちか・つね・なみ

筆順 丿 几 凡

なりたち [象形]甲骨文では、風をはらんだ広い布、帆にかたどる。広く全体をおおう意から、おおかた・およその意を表す。

❶すべて。ことごとく。

【凡例】(ハンレイ) 書物の初めに、編集方針や使い方などを記した部分。

【凡百】(ボンピャク) いろいろ。さまざま。「―の迷い」

❷ありふれている。普通。なみ。

【凡愚】(ボング) 平凡で、特別賢くもない。

【凡才】(ボンサイ) 平凡な才能の人。

【凡作】(ボンサク) 平凡でつまらない作品。

【凡人】(ボンジン) 平凡な人。「―には思いもよらない」

【凡俗】(ボンゾク) 世間並み。凡人。「―の暮らしぶり」

【凡夫】(ボンプ) 凡人。「―の浅ましさ」

【凡凡】(ボンボン) きわめて平凡である。「平平―」

【凡庸】(ボンヨウ) すぐれた点がない。「―な男」

熟語「凡骨・凡慮・常凡・超凡・非凡・平凡・平平凡凡」

【盆】 4級 9画 皿-4 音 ボン呉・ホン漢 訓 はち ①4363 Ⓤ76C6

筆順 ノ 八 分 分 分 分 盆 盆 盆

なりたち [形声]分(わかれる)音＋皿。外に開いた平らな器の意。

❶はち。水などを入れる丸みのある器。

【盆栽】(ボンサイ) 植木鉢に植えた小形の樹木。

【盆地】(ボンチ) 周囲を高地で囲まれた平地。

熟語「盆景・盆石」

❷(国)おぼん。ふちが浅くて平たい、物を載せる器。

熟語「茶盆」

❸(国)「盂蘭盆会(うらぼんえ)」の略。

熟語「盆踊り・盆礼・盆供養・新盆(にいぼん)」

【煩】⇩ハン(五四二ページ)

マ

【麻】 準2級 11画 麻(麻)-0 音 マ呉・バ漢 訓 あさ ①4367 Ⓤ9EBB

〔麻〕11画 麻-0

難読 麻幹(あさがら(おがら))・麻婆豆腐(マーボーどうふ)・蕁麻(いらくさ(じんま))

人名 お・ぬさ

筆順 亠 广 庁 庁 床 府 麻

なりたち [会意]金文では、广(切りたったがけ)＋𣏟(アサを二本並べ、水につけてふやかし、こすって表皮をはぐ)。茎をこすって、すぱっと皮をはいで用いるアサの意。篆文では、广＋𣏟。

❶あさ。お。また、あさいと。あさぬの。

熟語「麻紙・麻布・黄麻(おうま)(こうま)・大麻・白麻・乱麻」

【麻(あさ)の中の蓬(よもぎ)】曲がりくねる蓬でも、麻の中ではまっすぐに育つ。出典「荀子(勧学)」より。

❷あさに似ている植物。

熟語「亜麻・胡麻(ごま)・蓖麻(ひま)」

❸しびれる。感覚がなくなる。同痲。

【〈麻疹〉】(はしか) 急性の感染症。麻疹(ましん)。

【麻疹】(マシン)「麻疹(はしか)」に同じ。別表記 痲疹

【麻酔】(マスイ) 薬剤を使って知覚を一時的に失わせる。別表記 痲酔

【麻痺】(マヒ)「交通が―する」別表記 痲痺

【麻薬】(マヤク) 麻酔や鎮痛に使う薬。別表記 痲薬

熟語「鈍麻」

❹その他。

【麻雀】(マージャン) 中国起源の室内遊戯。四人で行う。

【摩】

準2級 15画 手-11 音 マ(呉)・バ(漢) 訓 さする・する・すれる ①4364 Ⓤ6469

〔摩〕15画 手-11

人名 きよ・なず

筆順 亠 广 庁 床 麻 麿 摩

なりたち [形声]麻(茎をこすって表皮をはぎとるアサ)音＋手。手でこするの意。

❶する。さする。こする。なでる。すれる。

【摩擦】(マサツ)「乾布―」「経済―」「―熱」

【摩滅】(マメツ)「磨滅(まめつ)」に同じ。

【摩耗】(マモウ)「磨耗(まもう)」に同じ。

熟語「按摩(あんま)・研摩」

❷せまる。とどく。

【摩天楼】(マテンロウ) 天に届くほどの超高層ビル。

❸梵語の音訳に用いる。

【摩訶】(マカ) 大きい。すぐれている。「―不思議」

熟語「摩尼(まに)・摩耶(まや)・摩利支天・護摩・維摩(ゆいま)」

【磨】

準2級 16画 石-11 音 マ(呉)・バ(漢) 訓 みがく・する・とぐ ①4365 Ⓤ78E8

〔磨〕16画 石-11

人名 おさむ・きよ

筆順 亠 广 床 麻 摩 摩 磨

なりたち [形声]麻(こすって皮をはぐ)音＋石。石の表面をこするの意。篆文では、石＋靡(こすって小さくする)。

◉異字同訓◉【擦】(二四〇ページ)の「異字同訓」欄を参照のこと。

❶する。こする。

【磨損】(マソン) 摩擦によってすり減る。別表記 摩損

【磨滅】(マメツ) すりへる。「―した活字」別表記 摩滅

【磨耗】(マモウ) こすれて減る。別表記 摩耗

熟語「鈍磨」

❷みがく。とぐ。

熟語「磨礪・磨崖仏・研磨・琢磨」

❸きたえる。はげむ。

熟語「練磨・錬磨・切磋琢磨(せっさたくま)」

【魔】

3級 21画 鬼-11 音 マ(呉)・バ(漢) ①4366 Ⓤ9B54

〔魔〕21画 鬼-11

筆順 亠 广 庁 麻 麻 麿 魔

なりたち [形声]麻(しびれる)音＋鬼。梵語māraを音訳するために作った字。

❶人を迷わせ、善事のさまたげとなるもの。

【魔王】(マオウ) 悪魔の王。天魔の王。

【魔界】(マカイ) 悪魔の住む世界。

【魔窟】(マクツ) 悪魔が住んでいる所。「大都会の―」

【魔手】(マシュ) 悪魔の手。「―に落ちる」

【魔女】(マジョ) 魔術を使う女性。「―狩り」

【魔性】(マショウ) 悪魔の性質。「―をあらわす」

【魔神】(マジン) 災いを起こす神。

【魔物】(マもの)「―の住む森」「恋は―だ」

熟語「魔境・魔障・魔道・悪魔・閻魔(えんま)・降魔(ごうま)・邪魔・睡魔・天魔・病魔・夢魔・妖魔・断末魔」

❷ふしぎな。あやしい。

【魔術】(マジュツ)「―にかける」「―師」

【魔法】(マホウ) 不思議なことを行う術。「―使い」

【魔力】(マリョク) 魔法の力。「―に負ける」

❸(国)度を超して、一つの事に執着する人。

熟語「質問魔・電話魔」

マイ

【米】⇩ベイ(五八〇ページ)

【毎】
9級 6画 毋-2 音 マイ(呉)・バイ(漢) 訓 ごと-に・つね-に ①4372 Ⓤ6BCE

【每】 7画 毋-3 ③8642 Ⓤ6BCF

人名 かず・つね

筆順 ノ 𠂉 𠂉 勾 毎 毎

なりたち [象形]髪かざりをつけた、乳房のある女性にかたどる。次々と子を生み、家をさかんにする意から、つねにの意を表す。

そのたびごとに。いつも。

【毎朝】マイあさ 朝ごと。「—風呂に入る」
【毎回】マイカイ 毎度。「—同じことの繰り返し」
【毎月】マイゲツ 「まいつき(毎月)」に同じ。
【毎週】マイシュウ 一週間ごと。「—放送している」
【毎夕】マイセキ 「まいゆう(毎夕)」に同じ。
【毎月】マイつき どの月も。まいげつ。「—の売上」
【毎度】マイド いつも。「—ありがとうございます」
【毎年】マイとし どの年も。まいねん。「—海外に行く」
【毎日】マイニチ どの日も。日ごと。「—の生活」
【毎年】マイネン 「まいとし(毎年)」に同じ。
【毎晩】マイバン どの夜も。「—読書をする」
【毎毎】マイマイ いつも。「—ごひいきに預かる」
【毎夕】マイゆう 夕方ごと。まいせき。「—六時」
【毎夜】マイよ 夜ごと。毎晩。「—遊び歩く」

熟語 「毎期・毎号・毎次・毎時・毎食・毎秒・毎分」

【妹】
9級 8画 女-5 音 マイ(呉)・バイ(漢) 訓 いもうと ①4369 Ⓤ59B9

筆順 く 女 女 女 妇 妹 妹 妹

なりたち [形声]女＋未(わかい)音。女きょうだいのうち、年下の者の意。

いもうと。年下の女のきょうだい。

【妹背・妹兄】いもせ ①夫婦。②兄と妹。姉と弟。

熟語 「義妹・愚妹・実妹・姉妹・弟妹・令妹」

【枚】
5級 8画 木-4 音 マイ(呉)・バイ(漢) 訓 ひら ①4371 Ⓤ679A

人名 かず・ひら・ふむ

筆順 一 十 才 木 朼 杪 枚 枚

なりたち [会意]木＋攴(手に持つ)。手に持つ棒、つえ・むちの意。また、その数をかぞえる単位に用いる。

❶数える。

【枚挙】マイキョ 一つ一つ数えあげる。「—にいとまがない」

❷(国)ひら。薄く平たいもの。また、そうしたものを数える語。

熟語 「大枚・一枚(いちまい)(ひとひら)」

【昧】
2級 9画 日-5 新常用 音 マイ(漢)(呉) 訓 くら-い ①4370 Ⓤ6627

注記 「昧(ばい)」は別字。

筆順 丨 冂 日 日一 日二 旪 昧 昧

なりたち [形声]日＋未(わかい、わずか)音。日の光がわずかでよく見えない意から、くらい意を表す。

❶くらい。はっきりしない。

熟語 「曖昧(あいまい)・昏昧(こんまい)」

❷うすぐらい。夜明け。

【昧爽】マイソウ 夜明け方。あかつき。

熟語 「昧旦(まいたん)・草昧」

❸道理にくらい。おろか。

熟語 「昧者・愚昧・不昧・蒙昧(もうまい)・無知蒙昧」

❹梵語の音訳に用いる。

熟語 「三昧(さんまい)」

【埋】
3級 10画 土-7 音 マイ(呉)・バイ(漢) 訓 うめる・うまる・うもれる・うず-まる・うず-める・うず-もれる ①4368 Ⓤ57CB

難読 埋火(うずみび)・埋炭(いけずみ)・埋葬虫(しでむし)

人名 うめ

筆順 一 十 土 坦 坦 坦 埋 埋 埋 埋

なりたち [薶][象形]甲骨文では、土の中に人が身をかくすさまにかたどる。篆文では、艸＋貍(おおってかくす)の形声文字に作る。「埋」は俗字。

うめる。うまる。うもれる。

【埋骨】マイコツ 遺骨を墓に埋める。「—式」
【埋設】マイセツ 「浄化槽を—する」
【埋葬】マイソウ 遺体または遺骨を土中にうめ葬る。
【埋蔵】マイゾウ うめてかくす。「—金」
【埋伏】マイフク ひそみ隠れる。また、待ち伏せする。「兵を—して敵を待つ」
【埋没】マイボツ うずもれて見えなくなる。「噴火で—した町」「世間に—した偉才」

マク

【幕】

5級　13画　巾-10
音　マク㊁・バク㊅
①4375　Ⓤ5E55

筆順　一 艹 芇 苩 荁 莫 幕 幕

なりたち　[形声]莫(草むらに日が隠れて見えない)㊇＋巾(ぬの)。物を隠して見えなくする布の意。

❶まく。へだてや目隠しにする布。

【幕営】(バクエイ)　幕をはりめぐらして野営する。

熟語「帷幕(いばく)・煙幕(えんまく)・除幕(じょまく)・天幕(てんまく)・幔幕(まんまく)」

❷劇場で、舞台と客席をしきる大きな布。芝居の一区切り。また、スクリーン。

【幕▽間】(まくあい)　演劇で、舞台に幕が引かれている間。

【幕開き】(まくあき)　劇が始まる。物事が始まる。

熟語「《マク》暗幕・開幕・銀幕・終幕・序幕・閉幕」

❸(国)相撲の番付で、前頭以上。

熟語「幕内(まくうち)・幕下(まくした)・入幕・平幕(ひらまく)」

❹将軍の陣営。武家の政権。

【幕臣】(バクシン)　幕府の臣下。旗本・御家人など。

【幕府】(バクフ)　武家政権の政庁。

【幕末】(バクマツ)　江戸幕府の末期。

【幕僚】(バクリョウ)　軍隊で、司令部に直属し参謀事務に関与する将校。「―長」

【幕下】(バッカ)　将軍の陣営。また、将軍の配下。

熟語「《バク》幕政・幕命・幕吏・旧幕・佐幕・倒幕・討幕」

【膜】

3級　14画　肉(月)-10
音　マク㊁・バク㊅
①4376　Ⓤ819C

筆順　丿 月 月 肀 胪 腊 膅 膜

なりたち　[形声]肉＋莫(草むらに日が隠れて見えない)㊇。生物の体内で器官などを隠すようにおおう薄いまくの意。

❶生物体内の器官を包んで保護する薄いかわ。

熟語「角膜・結膜・骨膜・鼓膜・内膜・粘膜・脳膜・腹膜・弁膜・網膜・肋膜(ろくまく)・横隔膜」

❷物の表面をおおう薄いかわ。また、かわ状のもの。

熟語「膜状・皮膜・被膜・油膜」

まくら

【枕】

2級　8画　木-4　新常用
音　チン㊅㊁・シン㊅
訓　㊁まくら
①4377　Ⓤ6795

筆順　一 十 オ 木 朾 朾 枕 枕

なりたち　[形声]木＋冘(ふかく押ししずめる)㊇。頭を押しあてる木の意から、まくらの意を表す。

❶まくら。㋐寝るときに頭を支える寝具。㋑(国)前置きの言葉。

【枕上】(チンジョウ)　寝ているまくらもと。枕頭。

【枕頭】(チントウ)　まくらもと。枕上。「―の書」

【枕木】(まくらぎ)　線路の下に敷く角柱状の材。

【枕経】(まくらギョウ)　死者の枕元で読む経。

【枕▽詞】(まくらことば)　和歌で、特定の語句に冠して、修飾しあるいは句調を整える語句。「あしひきの」「たらちねの」など。

【枕(まくら)を敧(そばだ)てる】　枕を一方に傾けて耳をすまして聞く。出典 白居易の詩から。

【枕(まくら)を高くする】　何の不安もなしに寝る。枕を高くして寝る。出典「史記張儀伝」より。

❷その他。固有名詞など。

熟語「草枕(くさまくら)・警枕・陶枕・氷枕」

【枕中記】(チンチュウキ)　中国、唐代の伝奇小説。沈既済(しんきせい)(一説に李泌(りひつ))作。

【枕草子】(まくらのソウシ)　随筆。清少納言作。

また

【又】

3級　2画　又-0
音　ユウ(イウ)㊅
訓　また
①4384　Ⓤ53C8

人名　すけ・たすく・やす

筆順　フ 又

なりたち　[象形]右の手にかたどる。「右」の原字。借りて、またの意を表す。

また。そのうえ。さらに。または。あるいは。

マツ

【末】

7級　5画　木-1
音　マツ㊁・バツ㊅
訓　すえ
①4386　Ⓤ672B

仮名　平仮名「ま」は「末」の草体から。片仮名「マ」は「末」の初二画「二」の変形から。

難読　末生(うらなり)(末成)・末枯(うらがれ)(すがり)・末弭(うらはず)(末筈)・末剣(うらはぎ)・末黒(すぐろ)・末期(まつご)・末葉(うらば)・末額(まっこう)(もこう)

人名　とめ・とも・ひで・ひろし・ほず

筆順　一 二 キ 末 末

なりたち　[指事]「木」の上部に横線を示し、こずえの意を表す。

❶すえ。はし。ものの先。つまらない。低い位。

【末広】(すえひろ) 末のほうが次第に広がっている。また、扇の異名。末広がり。
【末梢】(マッショウ) 「—神経」「—的な問題」
【末席】(マッセキ) 下位の人の座席。末座。⇔上席
【末節】(マッセツ) つまらない事柄。「枝葉—」
【末端】(マッタン) 「指の—」「—価格」
熟語「瑣末(さまつ)・粗末・端末・枝葉末節」

❷すえ。終わり。最後。後の方。
【末裔】(マツエイ) 子孫。ばつえい。「源氏の—」

【末期】(マッキ) ものごとの終わりの時期。「室町—」

【末期】(マツゴ) 一生の終わりの時。「—の水」

【末子】(マッシ) 末っ子。ばっし。「—相続」⇔長子
【末世】(マッセ) 末法(まっぽう)の世。まっせい。

【末代】(マツダイ) 死んだ後の世。後世。「—までの恥」

【末輩】(マッパイ) 地位や技術が下の人。

【末尾】(マツビ) 物事の終わり。すえ。「手紙の—」

【末筆】(マッピツ) 「—ながら皆様によろしく」

【末法】(マッポウ) 仏法が行われなくなる時代。

【末路】(マツロ) 人生の終わり。「悲惨な—」

熟語「末寺・末日・末弟・末年・末文・末葉・末流・巻末・季末・期末・結末・月末・歳末・始末・終末・週末・顛末(てんまつ)・年末・幕末」

❸こな。
熟語「粉末」

【抹】

準2級 8画 手(扌)-5 音 マツ 呉・バツ 漢 訓 なする ①4385 Ⓤ62B9

難読 抹額(まっこう)(もこう)

筆順 一 十 扌 扌 扌 抹 抹 抹

なりたち [形声]手＋末(小さくこまかい)音。手を動かして小さくし、見えにくくする意から、こする、粉末にするの意を表す。

❶なする。こすりつける。
熟語「一抹・塗抹」

❷ぬりつぶす。ぬりけす。
【抹殺】(マッサツ) 無視する。消し去る。「反対意見を—する」

【抹消】(マッショウ) 消し除く。「登録—」「三字—する」

❸粉にする。
【抹香】(マッコウ) 植物を粉状にして作る香。「—臭い話」

【抹茶】(マッチャ) 茶の湯で用いるひき茶。

マン

【万】

9級 3画 一-2 音 マン 呉・バン 漢 訓 よろず ①4392 Ⓤ4E07

【萬】 12画 艸(艹)-9 ②7263 Ⓤ842C

人名 かず・すすむ・たか・つむ・よろず

筆順 一 ㇇ 万

なりたち  「萬」はサソリの象形で、借りて大きな数に用いる。「万」は別字で、「卍(まんじ)」の変形。古くから「萬」の略字として用いられる。

❶千の一〇倍。
熟語「一万三千」

❷たくさんの。いろいろすべて。
【万巻】(バンカン) 多くの書物。「—の書をひもとく」

【万感】(バンカン) さまざまな感情。「—胸に迫る」

【万機】(バンキ) 政治上の多くの重要な事柄。

【万古】(バンコ) 遠い昔。「—不易」

【万国】(バンコク) 世界中の国々。「—旗」

【万骨】(バンコツ) 多くの犠牲。「一将功成って—枯る」

【万歳】(バンザイ) ①長い年月。「千秋—」②祝いの気持ちを表すときに唱える言葉。「—三唱」③降参する。お手上げ。「もう—するしかない」

【万策】(バンサク) 可能な限りの手段。「—尽きる」

【万死】(バンシ) 「—に一生を得る」「罪、—に値する」

【万事】(バンジ) あらゆること。「一事が—」

【万死(ばんし)一生を顧(かえり)みず】 必死の覚悟を決める。出典「史記張耳・陳余伝」より。

【万事(ばんじ)休す】 もはや施す手段がない。出典「宋史荊南高氏世家」より。「休す」は終わる意。

【万象】(バンショウ) あらゆる事物。「森羅—」

【万障】(バンショウ) 「—御繰り合わせの上御出席下さい」

【万丈】(バンジョウ) 非常に高い。「波乱—」

【万世】(バンセイ) 永遠。永久。「—に伝える」「—不易」

【万全】(バンゼン) 「体調を—に整える」

【万端】(バンタン) すべての事柄。「準備—整う」

【万難】(バンナン) 多くの困難や障害。「—を排する」

【万人】(バンニン) 多くの人。ばんじん。「—向き」

【万能】(バンノウ) 「科学—の時代」「スポーツ—」

【万般】(バンパン) 「経済に関する—の問題」

【万物】(バンブツ) ありとあらゆるもの。「—の霊長」

【万別】(バンベツ) さまざまな違いがある。「千差—」

【万民】(バンミン) すべての国民。「天下—」

【万有】(バンユウ) 宇宙間のすべてのもの。「—引力」

【万緑】(バンリョク) 見渡す限り緑であること。

【万緑(ばんりょく)叢中(そうちゅう)紅一点(こういってん)】 見渡すかぎり一面の緑の中にただ一点の紅花があって、美しく目立つこと。出典王安石「石榴詩」より。

【万一】(マンイチ) 「—に備える」「—行けなくなったら電話する」

【万華鏡】(マンゲキョウ) 三枚の鏡板を組んだ三角柱の玩具。

【万言】(マンゲン) 多くの言葉。ばんげん。「—を費やす」

【万灯】(マンドウ) 「—会(え)」「長者の—より貧者の一灯」

【万病】(マンビョウ) あらゆる病気。「風邪は—のもと」

【万葉《仮名》】(マンヨウがな) 日本語を表記するために表

音文字として用いた漢字。漢字の音や訓によって書き記したもの。「波流(春)」「八間跡(やまと)」のように書き記したもの。

【万葉集】マンヨウシュウ　奈良時代以前の歌約四千五百首を集めた現存する日本最古の歌集。奈良時代末期の成立とされる。「―調」

【万力】マンリキ　工作物を挟んで固定する道具。

熟語「《マン》万年筆・億万・巨万」「《バン》万朶・万目・万雷」「《マン・バン》万巻・万金・万歳・万能・万万」

❸その他。当て字など。

【〈万年青〉】おもと　ユリ科の常緑多年草。

【満】

7級　12画　水(氵)-9　①4394　Ⓤ6E80

音　マン 漢 呉

訓　みちる・みたす

【滿】14画　水(氵)-11　②6264　Ⓤ6EFF

難読　満天星(どうだんつつじ)

人名　あり・ます・まろ・みち・みつ・みつる

筆順　

なりたち　　[形声]水+㒼(いっぱいにする)音。容器に水をいっぱいにする、みたすの意。「満」は略字。

❶みちる。みたす。いっぱいにする。十分である。

【満開】マンカイ　花が十分に開く。「桜が―になる」

【満月】マンゲツ　まんまるに見える月。「―の夜」

【満載】マンサイ　「貨物を―した船」「情報を―する」

【満作】マンサク　穀物がよくみのる。豊作。「豊年―」

【満室】マンシツ　すべての部屋がふさがっている。

【満車】マンシャ　「―の駐車場」

【満水】マンスイ　水がいっぱいになる。「―時の水位」

【満席】マンセキ　座席がすべてふさがる。

【満潮】マンチョウ　みちしお。「―時の水位」⇔干潮

【満杯】マンパイ　「―の貯水タンク」

【満帆】マンパン　帆(ほ)をいっぱいに張る。「順風―」

【満腹】マンプク　腹がいっぱいになる。⇔空腹

【満満】マンマン　満ちあふれている。「自信―」

【満(まん)を持(じ)す】　十分に用意して機会を待つ。

【満つれば虧(か)く】　満月になれば、月は欠け始める。栄華を究めれば、次には衰え始める。出典「史記(蔡沢伝)」より。

熟語「満干・満塁・円満・干満・金満・充満・肥満・豊満・飽満・膨満・未満」

❷みちたりる。望み通りで、不平がない。

【満悦】マンエツ　「山海の珍味にご―の表情だった」

【満喫】マンキツ　「京都の秋を―する」

【満更】まんざら　必ずしも…でない。「―嫌でもないようだ」

【満足】マンゾク　「結果に―する」「方程式を―する値」

❸定められた数量や期限に達する。

【満員】マンイン　定員に達する。「―御礼(おんれい)」

【満額】マンガク　目標の金額に達する。「―回答」

【満期】マンキ　「定期預金が―になる」

【満点】マンテン　「―をとる」「サービス―の旅館」

【満幅】マンプク　全面的。全幅。「―の信頼をかちとる」

【満了】マンリョウ　定められた期間が終わる。「任期―」

❹すべて。全体。

【満▼腔】マンコウ　満身。「―の怒り」

【満座】マンザ　そこにいる者すべて。「―の中で辱めを受ける」

【満場】マンジョウ　会場全体。「―割れんばかりの拍手」

【満身】マンシン　体じゅう。全身。「―の力」

【満天】マンテン　空全体に広がっている。「―の星」

【満票】マンピョウ　投票数の全部。「―を獲得する」

【満面】マンメン　顔全体。「―朱をそそぐ」

【満目】マンモク　見渡す限り。「―蕭条(しょうじょう)」

マ

❺「満州(=中国東北部の旧称)」の略。

熟語「満蒙(まんもう)」

【慢】

4級　14画　心(忄)-11　①4393　Ⓤ6162

音　マン 漢 呉

訓　あなど-る・おこた-る・おご-る

筆順　

なりたち　　[形声]心+曼(のびる)音。心がのびたるんで、おこたるの意。

❶おこたる。なまける。

熟語「怠慢」

❷おごる。いばる。また、あなどる。みくびる。

【慢心】マンシン　おごり高ぶる。「高得点に―する」

【慢罵】マンバ　あなどりののしる。「人前で―される」

熟語「我慢・欺慢・驕慢・高慢・傲慢(ごうまん)・自慢・侮慢・増上慢」

❸長引く。ゆっくりしている。

【慢性】マンセイ　「―疾患」「―のデフレ」⇔急性

熟語「緩慢」

【漫】

4級　14画　水(氵)-11　①4401　Ⓤ6F2B

音　マン 呉・バン 漢

訓　そぞ-ろ・みだ-り

人名　ひろ・みつ

筆順　

なりたち　[形声]水+曼(のびる)音。水が一面にのび広がるの意。

❶一面に広がっている。はてしなく続いている。

【漫漫】マンマン　「―と広がる大海」

熟語「弥漫(びまん)・瀰漫(びまん)・渺漫(びょうまん)」

❷そぞろ。気の向くまま。
【漫然】マンゼン 目的もなく事をなす。「―と事をなす」
【漫歩】マンポ あてもなく歩く。「遊歩道を―する」
【漫遊】マンユウ 気の向くままにまわる。「諸国を―する」
❸みだり。とりとめがない。しまりがない。
【漫言】マンゲン とりとめのない言葉。漫語。
【漫語】マンゴ 「漫言（げん）」に同じ。
【漫罵】マンバ やたらに罵る。「人前で―される」
熟語「漫筆・漫評・漫録・散漫・冗漫・放漫・爛漫」
❹（国）おもしろおかしい。滑稽。
【漫画】マンガ 「少女―」「―映画」
【漫才】マンザイ 二人で滑稽な問答を中心に演じる演芸。
【漫談】マンダン 世相などを話題とした軽妙な話芸。

ミ

【未】

7級 5画 木-1 音 ミ呉・ビ漢 訓 いま-だ・ひつじ・ま-だ
①4404 Ⓤ672A

難読 未央柳（びようやなぎ）・未草（ひつじぐさ）・未曽有（みぞう）
人名 いま・いや・ひつじ・ひで
筆順 一 二 キ 未 未
なりたち  [象形]木に若い枝がはえ出したさまにかたどり、まだ早い、いまだの意を表す。

❶いまだ。まだ。今なお実現していない。今なお時がこない。
【未開】ミカイ 「―社会」「―の領域」
【未完】ミカン まだ完成していない。「―の大器」
【未決】ミケツ 「―書類」「―囚」⇔既決
【未見】ミケン まだ見ていない。「―の小説」
【未婚】ミコン まだ結婚していない。⇔既婚
【未済】ミサイ 処理や返済がすんでいない。⇔既済
【未熟】ミジュク 「―な果実」「―児」「―者（もの）」
【未詳】ミショウ はっきりとわかっていない。「作者―」
【未遂】ミスイ 「殺人―」⇔既遂
【未然】ミゼン まだそうならない。「―に防ぐ」
【未曽有】ミゾウ 今まで一度もない。「―の大事件」
【未知】ミチ まだ知られていない。⇔既知
【未定】ミテイ まだ決まっていない。「―稿」⇔既定
【未到】ミトウ まだ誰も到達していない。「前人―」
【未踏】ミトウ まだ足を踏み入れていない。「―峰」
【未納】ミノウ まだ納めていない。「会費―」⇔既納
【未亡人】ミボウジン 夫に死別した婦人。
【未満】ミマン ある数に達しない。「一八歳―」
【未明】ミメイ 夜半を過ぎて、まだ明るくならない時分。「台風は明日の―に上陸の模様」
【未聞】ミモン 聞いたことがない。「前代―」
【未来】ミライ これから来る時。「―都市」「―永劫」
【未了】ミリョウ まだ終わらない。「審議―」
【未練】ミレン 「―がある」「―に思う」
熟語「未刊・未習・未着・未開拓・未成年・未発表・前代未聞」
❷ひつじ。十二支の第八。
熟語「癸未（きび）・丁未（ていび）」

【味】

8級 8画 口-5 音 ミ呉・ビ漢 訓 あじ・あじ-わう
①4403 Ⓤ5473

人名 ちか
筆順 丨 冂 口 口一 口二 味 味
なりたち  [形声]口＋未（わずか）音。微妙な味を口に感じる、あじわうの意。

❶あじ。ものに触れたときの舌の感覚。
【味覚】ミカク 味の感覚。
熟語「加味・佳味・甘味・香味・酸味・七味・滋味・調味・珍味・美味・風味・無味・薬味・調味料」
❷おもむき。おもしろみ。
熟語「意味・気味・興味・趣味・情味・新味・俳味・妙味・人間味」
❸あじわう。よくしらべる。
【味到】ミトウ 内容などを十分に味わいつくす。
【味得】ミトク よく味わって十分に理解する。
【味読】ミドク 内容を味わいながら丁寧に読む。
熟語「含味・吟味・賞味」
❹（国）み。ものの本体部分。また、ある性質・状態・感じ。
熟語「青味・赤味・地味・正味（しょうみ）・禅味・中味（なかみ）・丸味・新鮮味・面白味（おもしろみ）」
❺その他。当て字など。
【味方】みかた ①自分の属する側。②力を貸して助ける。「弱い方に―する」 別表記 御方・身方

【眉】⇩ビ（五五〇ページ）

【魅】

3級 15画 鬼-5 音 ミ呉・ビ漢 訓 すだま
①4405 Ⓤ9B45

筆順 白 由 由 鬼 鬼 鬽 魅 魅
なりたち  [形声]鬼＋未（はっきりしない）音。えたいの知れないもののけの意。篆文では、鬼＋彡（毛）。

❶すだま。もののけ。ばけもの。
熟語「魑魅（ちみ）」
❷みいる。人の心をひきつけて迷わす。

【魅了】ミリョウ 夢中にさせる。「名演奏に―される」
【魅力】ミリョク 引きつける力。「―的な女性」
【魅惑】ミワク 引きつけまよわせる。「―的な美しさ」

みさき

【岬】

準2級 8画 山-5 音 コウ(カフ)漢 訓 みさき・さき ①4408 Ⓤ5CAC

筆順 丨 山 山 山 岬 岬 岬 岬

なりたち [形声]山+甲(夾に通じ、はさむの意)音。山と山にはさまれたところ、山あいの意。

みさき。海や湖などに突き出た陸地の先端。さき。

ミツ

【密】

5級 11画 宀-8 音 ミツ呉・ビツ漢 訓 ひそ-か・ひそ-やか ①4409 Ⓤ5BC6

人名 たかし・ひそか

筆順 宀 宀 宓 宓 宓 密 密

なりたち [形声]宓(中にとじこもる)音+山。山の中にとじこもっていて知りがたいの意。

❶ひそか。ひそやか。人に隠して知られない。
【密会】ミッカイ こっそり会う。「男女の―」
【密議】ミツギ 秘密の相談。「―をこらす」
【密語】ミツゴ ひそひそ話。「―を交わす」
【密航】ミッコウ ひそかに国外へ航行する。「―船」
【密告】ミッコク ひそかに知らせる。「警察に―する」
【密書】ミッショ 秘密の書類や手紙。「―を携える」
【密葬】ミッソウ うちうちで葬式をする。
【密造】ミツゾウ 法律を犯してひそかに造る。「―酒」
【密談】ミツダン ひそかに相談する。
【密通】ミッツウ 妻あるいは夫以外の異性と情を通わす。「不義―」
【密偵】ミッテイ スパイ。「―を放つ」
【密売】ミツバイ ひそかに売る。「麻薬―人」
【密約】ミツヤク ひそかに約束を結ぶ。「―を交わす」
【密輸】ミツユ 法を破って輸出入する。
熟語「密儀・密計・密行・密殺・密使・密事・密謀・密猟・密漁・隠密・機密・枢密・内密・秘密」

❷こまかい。こまやか。すきまがない。閉ざされている。
【密雲】ミツウン 厚く重なった濃い雲。
【密室】ミッシツ 「―殺人事件」「―で相談する」
【密集】ミッシュウ すき間なく集まる。「ビルが―する」
【密生】ミッセイ すき間なく生える。「野草が―する」
【密接】ミッセツ ①すき間なくくっつく。「隣家が―している」②関係が非常に深い。「―に関連している」
【密着】ミッチャク ぴったりとくっつく。「―取材」
【密度】ミツド ①物質の単位体積あたりの質量。②疎密の度合。「人口―」③内容の充実している度合。「―の濃い文章」
【密封】ミップウ ぴっちりと封をする。「手紙を―する」
【密閉】ミッペイ ぴっちり閉める。「容器を―する」
【密林】ミツリン 木や草がすき間なく生い茂った林。
熟語「密画・密栓・過密・気密・緊密・厳密・細密・周密・詳密・親密・精密・緻密・稠密・濃密・綿密」

❸密教のこと。⇔顕。
【密教】ミッキョウ 大日如来を本尊とする秘密の教え。⇔顕教
熟語「顕密・台密・東密」

【蜜】

2級 14画 虫-8 新常用 音 ミツ呉・ビツ漢・ミチ呉 ①4410 Ⓤ871C

筆順 宀 宀 宓 宓 宓 密 蜜

なりたち [形声]宓(中にとじこもる)音+虫。蜂が巣の中にとじこめた、みつの意。篆文では、鼏(おおい)音+虫二つ。

❶はちみつ。また、はちみつのように甘い液。
【蜜蜂】ミツばち ハチの一種。蜂蜜採取用に飼育。
【蜜蝋】ミツロウ 蜜蜂の巣の主成分をなす蝋。
熟語「餡蜜・花蜜・水蜜・石蜜・蜂蜜」

❷甘い。
【蜜柑】ミカン ミカン科の常緑小高木。
【蜜月】ミツゲツ ①結婚したての頃。ハネムーン。「―旅行」②親密な関係にある。「労使の―時代」
【蜜語】ミツゴ 男女の甘い語らい。むつごと。

❸梵語の音訳に用いられる。
熟語「波羅蜜」

ミャク

【脈】

7級 10画 肉(月)-6 音 ミャク呉・バク漢 訓 すじ ①4414 Ⓤ8108

〔脈〕10画 肉(月)-6 ―― ――
〔脉〕9画 肉(月)-5 ②7087 Ⓤ8109

筆順 丿 刀 月 肵 肵 脈 脈

なりたち [会意]肉+𠂢(水流がわかれる)。体内を細くわかれて流れる血すじの意。篆文では、𠂢+血。

❶血管。

熟語「血脈・静脈・動脈」

❷血管から感じられる心臓の動き。

【脈動】(ミャクドウ) 周期的に動く。

【脈▼搏・脈拍】(ミャクハク) 動脈が周期的にふくれる。

熟語「頻脈・平脈」

❸すじみち。

【脈脈】(ミャクミャク) 「伝統技術が—と引き継がれる」

【脈絡】(ミャクラク) 一貫した筋道。「文章の—」

熟語「気脈・語脈・文脈・命脈・乱脈」

❹一すじにつづいているもの。

熟語「金脈・鉱脈・山脈・支脈・主脈・人脈・水脈・葉脈」

ミョウ

【名】⇩メイ(六一五ページ)

【妙】

人名 たえ・ただ・たゆ

4級 7画 女-4

音 ミョウ(メウ)呉・ビョウ(ベウ)漢

訓 たえ

①4415 Ⓤ5999

筆順 く 女 女 妁 妙 妙 妙

なりたち [形声]女＋少(けずりとって小さくする)音。女性が細く美しいの意から、この上もなくすぐれている意を表す。

❶たえ。巧みですぐれている。この上なく美しい。

【妙案】(ミョウアン) 非常によい考え。「—が浮かぶ」

【妙計】(ミョウケイ) すぐれたはかりごと。「—を案ずる」

【妙策】(ミョウサク) 非常にすぐれた策略。妙計。

【妙手】(ミョウシュ) ①名手。②(囲碁・将棋で)うまい手。

【妙趣】(ミョウシュ) すぐれたおもむき。「—のある茶室」

【妙法】(ミョウホウ) ①仏のすぐれた教え。②すぐれた方法。

【妙味】(ミョウミ) すぐれたあじわい。「文学の—」

【妙薬】(ミョウヤク) 不思議なほど効く薬。秘薬。

熟語「妙音・妙技・妙境・妙工・軽妙・玄妙・巧妙・高妙・神妙・精妙・絶妙・即妙・美妙・微妙・霊妙」

❷うら若い。

【妙齢】(ミョウレイ) (女性の)若い年齢。「—の婦人」

熟語「妙麗」

❸(国)ふつうでない。変な。

熟語「奇妙・珍妙」

【命】⇩メイ(六一五ページ)

【明】⇩メイ(六一六ページ)

【冥】⇩メイ(六一七ページ)

ミン

【民】

人名 ひと・み・もと

7級 5画 氏-1

音 ミン漢呉

訓 たみ

①4417 Ⓤ6C11

筆順 ¬ コ 尸 尸 民

なりたち [象形]目に針を突いたさまにかたどり、目を見えなくした奴隷の意を表す。のちに、物のわからない人々、たみの意に用いる。

たみ。一般の人々。国家や社会を構成する人々。

【民草】(たみくさ) 民の増えるさまを草にたとえた語。

【民(たみ)の口を防ぐは水を防ぐよりも甚だし】 人々の言論を封じることは、水害を防ぐよりも困難である。出典「史記周本紀」より。

【民意】(ミンイ) 国民の意思。「選挙で—を問う」

【民営】(ミンエイ) 民間人が経営する。⇔官営

【民家】(ミンカ) 一般の人が住む家屋。

【民間】(ミンカン) 「—療法」「—企業」

【民芸】(ミンゲイ) 人々が日常生活で使う工芸品。「—品」

【民権】(ミンケン) 人々が政治に参加する権利。「自由—論」

【民事】(ミンジ) 私法の適用を受けるべき事柄。「—訴訟」

【民主】(ミンシュ) 国の主権が国民にある。「—主義」

【民需】(ミンジュ) 民間の需要。「—が拡大する」⇔官需・軍需

【民衆】(ミンシュウ) 世間一般の人々。庶民。大衆。

【民宿】(ミンシュク) 一般の民家が営む宿泊施設。

【民情】(ミンジョウ) 国民の実際の生活状態。

【民心】(ミンシン) 国民の考えや気持ち。「—を問う」

【民生】(ミンセイ) 国民の生活や生計。「—安定」

【民政】(ミンセイ) ①国民が主となる政治。②文官による政治。⇔軍政

【民俗】(ミンゾク) 民間に伝わる習俗。「—学」

【民族】(ミンゾク) 共通の出自・言語・宗教などを持ち、帰属意識を共有する集団。

【民兵】(ミンペイ) 民間人で組織する軍隊。

【民法】(ミンポウ) 私的な権利義務について規定した法律。

【民謡】(ミンヨウ) 民間の俗謡。郷土色のある歌謡。

【民話】(ミンワ) 民衆に伝承されてきた昔話や伝説。

熟語「民業・民具・民度・民望・民有・移民・漁民・公民・国民・市民・住民・庶民・臣民・人民・済民・選民・農民・万民・貧民・平民・流民(りゅうみん)(るみん)」

【眠】

4級 10画 目-5

音 ミン漢・メン呉

訓 ねむる・ねむい・ねむたい

①4418 Ⓤ7720

筆順 丨 П 目 目' 目' 目' 眀 眠 眠 眠

ミ

なりたち ［形声］目＋民（目を見えなくした奴隷）音。目を閉じてねむるの意。

ねむる。ねむり。また、ねむい。

熟語「安眠・永眠・仮眠・快眠・催眠・春眠・睡眠・惰眠・冬眠・不眠」

ム

【矛】

4級　5画　矛-0　音 ム呉・ボウ漢　訓 ほこ　①4423 Ⓤ77DB

人名 たけ

筆順 マ マ 予 予 矛

なりたち  ［象形］長い柄の先に両刃の剣をつけた兵器にかたどる。ほこの意。

ほこ。両刃の剣に長い柄をつけた武器。

【矛▼戟】(ボウゲキ) ほこ。兵器。

【矛先】(ほこさき) 攻撃の方向。「―を向ける」別表記 鉾先

【矛盾】(ムジュン) ①矛(ほこ)と盾(たて)。②つじつまが合わない。「―した論理」

【武】⇩ブ（五六六ページ）

【務】

6級　11画　力-9　音 ム呉・ブ漢　訓 つとめる・つとまる　①4419 Ⓤ52D9

人名 かね・ちか・つとむ・つよ・なか・みち

筆順 マ 予 矛 矛 矜 務 務

なりたち  ［形声］敄（万難を排して強いて行う）音＋力。万難を排して力を尽くすの意。

◉異字同訓◉【努】（四八六ページ）の「異字同訓」欄を参照のこと。

つとめる。ある仕事にあたる。つとめ。

熟語「義務・急務・業務・勤務・激務・兼務・公務・国務・事務・職務・政務・責務・任務・本務・労務」

【無】

7級　12画　火（灬）-8　音 ム呉・ブ漢　訓 ない　①4421 Ⓤ7121

難読 無花果(いちじく)・無品(むほん)・無射(ぶえき)・無憂華(むうげ)（むゆうげ）・無憂樹(むうじゅ)

人名 な・なし

筆順 ノ ㇐ 午 無 無 無 無 無

なりたち  ［形声］「舞の上部」（人が袖に飾りをつけて舞うさまの象形）音＋亡。「舞の上部」の仮借によって、ないの意を表す。篆文では、ないの意を明確にするために、「亡」を加えた。

❶ない。存在しない。

【無音】(ブイン) 無沙汰。「―に打ち過ぎ…」

【無骨】(ブコツ) 洗練されていない。「―な男」注記「こちなし」の漢字表記「無骨」を音読みした語。別表記 武骨

【無沙汰】(ブサタ) 久しくたよりや訪問をしない。無音(ぶいん)。「御―しました」別表記 不沙汰

【無様】(ブざま) 「何とも―な負け方」別表記 不様

【無事】(ブジ) 「平穏―」「―に到着する」

【無精】(ブショウ) 面倒くさがる。「―者」別表記 不精

【無粋】(ブスイ) 人情の機微が分からない。別表記 不粋

【無勢】(ブゼイ) 人数が少ない。「多勢に―」

【無難】(ブナン) 「―な回答案」「―な選択」

【無頼】(ブライ) 「―の徒」

【無▼聊】(ブリョウ) たいくつ。「―を慰める」

【無礼】(ブレイ) 礼儀にはずれる。失礼。「―な態度」

【無為】(ムイ) 「―自然」「―に休みを過ごす」⇕有為

〖無為(むい)にして化(か)す〗 聖人の偉大な徳は、自然に人民を教化する。出典「老子 五十七」より。

【無益】(ムエキ) 無駄なさま。「―な争い」⇕有益

【無縁】(ムエン) ①関係ない。「われわれとは―の上流社会」②死者を弔う縁者がいない。「―仏(ぼとけ)」

【無我】(ムガ) 「―の境地」「―夢中」

【無害】(ムガイ) 害がない。「人畜―」⇕有害

【無我夢中】(ムガムチュウ) 「―で絵を描く」

【無冠】(ムカン) 「―の帝王」「―馬」

【無機】(ムキ) 生命をもたない。また、無機物などの略。⇕有機

【無給】(ムキュウ) 給料が支払われていない。「―で働く」

【無窮】(ムキュウ) きわまりがない。「―の天空」

【無▼垢】(ムク) ①〔仏〕煩悩がなく清らか。②けがれがない。「―な心」③混じりものがない。「金―」

【無下】(ムゲ) いちがいに。「―に却下できない」

【無▼碍】(ムゲ) 何の障害もない。「融通―」

【無形】(ムケイ) 形に現れない。「―文化財」⇕有形

【無稽】(ムケイ) でたらめである。「荒唐―」

【無欠】(ムケツ) 不足や欠点がない。「完全―」

【無血】(ムケツ) 暴力的な手段をとらない。「―革命」

【無限】(ムゲン) 限りがない。「―に広がる」⇕有限

【無▼辜】(ムコ) 罪がない。「―の民」

【無効】(ムコウ) 効果がない。「切符が―になる」⇕有効

【無根】(ムコン) 根拠がない。「事実―」

【無言】(ムゴン) 物を言わない。「―で立ち去る」

【無惨・無残】(ムザン) 残酷なさま。「―な最期」

【無▼慙】(ムザン) 心に恥じない。「破戒―」

【無私】(ムシ) 私心・私欲がない。「公平―」

【無視】(ムシ) 「信号を―する」「実情を―する」

【無実】(ムジツ) ①事実がないのに罪を犯したとされる。ぬれぎぬ。「―の罪」②実質がない。「有名―」

【無償】(ムショウ) 「―の愛」「―で配る」⇕有償

【無上】(ムジョウ) 最上である。「―の喜び」

【無常】(ムジョウ) ①〔仏〕永遠に変わらないものは一つもない。⇕常住。②人生のはかないさま。「―観」

【無情】(ムジョウ) 思いやりがない。「―なやり方」

【無色】(ムショク) 色がついていない。「―透明」

【無職】ムショク　定まった職のないこと。
【無心】ムシン　①心にわだかまりがない。「―に遊ぶ」②人に金品をねだる。「親に金を―する」
【無人】ムジン　「―島」「―探査機」
【無尽】ムジン　①尽きるところがない。「―蔵」②お互いに掛け金を出し、くじで順に金品を給付する組合。
【無声】ムセイ　①声・音のないこと。「―映画」②音声学で、声帯の振動を伴わないこと。▽⇔有声
【無線】ムセン　「―電信」「―機」⇔有線
【無双】ムソウ　①二つとない。「天下―」②衣服の表裏が同じ作りである。「―仕立て」③相撲の技。「内―」「―を切る」
【無断】ムダン　「持ち主に―で借りる」
【無知・無▼智】ムチ　知識がないさま。「―の知」「―蒙昧」
【無恥】ムチ　恥を恥とも思わない。「厚顔―」
【無敵】ムテキ　「天下―」「―艦隊」
【無道】ムドウ　道理に合わない。非道。
【無二】ムニ　ふたつとない。「―の親友」
【無念】ムネン　①何も余計なことを考えない。「―無想」②悔しく思う。「―の最期」
【無能】ムノウ　能力がない。役に立たない。⇔有能
【無比】ムヒ　比べるものがない。無双。「正確―」
【無筆】ムヒツ　読み書きができない。無学。
【無病】ムビョウ　「―息災(=病気をせず健康である)」
【無辺】ムヘン　広々と限りがない。「広大―」
【無法】ムホウ　「―地帯」「―者」
【無謀】ムボウ　よく考えずに行動する。「―な計画」
【無味】ムミ　「―無臭」「―乾燥」
【無明】ムミョウ　[仏]真理に暗い。根源的な無知。
【無名】ムメイ　①名前がわからない。よく知られていない。「―戦士の墓」「―の選手」⇔有名。②正当な理由がない。「―の戦い」
【無用】ムヨウ　①役に立たない。⇔有用。②必要がない。「―な心配をかける」③してはいけない意を表す。「天地―」
【無用の用】ムヨウのヨウ　何の役にも立たないようにみえるものが、かえって大切な役割を果たしている。出典「荘子人間世」による。
【無慮】ムリョ　非常に数の多いことをいう。「―数万人」
【無理】ムリ　「―な言い分」「―難題」「―に追い越す」
【無料】ムリョウ　ただ。「入場―」⇔有料
【無量】ムリョウ　はかり知れないほどに多い。「感―」
【無力】ムリョク　「―感」⇔有力
【無類】ムルイ　並ぶものがない。「珍―」「―の面白さ」
【無論】ムロン　言うまでもなく。「―異存はない」
熟語「《ム》無位・無援・無学・無休・無傷・無菌・無芸・無罪・無策・無欲・無意識・無一物・無軌道・無邪気・無尽蔵・無鉄砲・有無(うむ)(ゆうむ)・皆無・虚無・絶無・必無」「《ブ》無人(ぶにん)・無愛想・無作法」

❷その他。当て字・熟字訓など。
〈無花果〉いちじく　クワ科の落葉小高木。別表記 映日果
【無▽患子】むくろじ　ムクロジ科の落葉高木。
【無駄】ムダ　役に立たない。「―な努力」別表記 徒
【無体・無代・無台】ムタイ　①形がない。無形。「―物」②道理に合わない。無理。無法。「―な仕打ち」
【無茶】ムチャ　「―な話」「―がきく年齢ではない」

【夢】
6級　13画　夕-10　音 ム呉・ボウ漢　訓 ゆめ　①4420　Ⓤ5922
〔梦〕11画　夕-8　②5277　Ⓤ68A6

筆順 一 艹 苎 苗 苗 苗 夢 夢

なりたち

[会意]「蔑の上部」(目がよく見えない)＋冖(おおい)＋夕(月)。宵やみにおおわれて物がよく見えない意。ゆめの意は、宀(いえ)＋爿(寝台)＋夢からなる「㝱」(暗い中、屋内のベッドで睡眠中に見るもの)から借りたもの。

❶ゆめ。睡眠中に見る一種の幻覚。ゆめみる。
【夢死】ムシ　夢のように一生を送る。「酔生―」
【夢想】ムソウ　夢に見る。「―だにしない」
【夢中】ムチュウ　ある物事に心を奪われて我を忘れる。「―にも忘れない」
【夢▼寐】ムビ　眠って夢を見る。
【夢魔】ムマ　夢に現れる恐ろしい悪魔。
【夢▽現つ】ゆめうつつ　意識がぼんやりしている。
【夢路】ゆめじ　夢を見る。「―をたどる」
熟語「夢遊病・悪夢・残夢・瑞夢・正夢(まさゆめ)(せいむ)・霊夢・白昼夢・酔生夢死」

❷はかないもの。まぼろし。
【夢幻】ムゲン　夢と幻。はかないことのたとえ。

【謀】⇩ボウ(五九九ページ)

【霧】
4級　19画　雨-11　音 ム呉・ブ漢　訓 きり　①4424　Ⓤ9727

筆順 一 戸 雨 雫 雰 雺 霧 霧

なりたち

[形声]雨＋務(万難を排して力を尽くす)音。周囲がよく見えなくとも万難を排してつき進むべき、天地にたちこめたきりの意。

きり。きりがかかる。
【霧散】ムサン　あとかたもなくなる。「疑問が―する」
【霧消】ムショウ　あとかたもなく消える。「雲散―」
【霧中】ムチュウ　①霧の中。「―信号」②見通しが立たないことのたとえ。「五里―」
【霧笛】ムテキ　霧発生の際、船が鳴らす汽笛。
【霧氷】ムヒョウ　霧などが木の枝に凍りついたもの。
熟語「雲霧・煙霧・夕霧(ゆうぎり)(せきむ)・濃霧・氷霧・迷霧・夜霧(よぎり)・噴霧器・雲散霧消・五里霧中」

むすめ

【娘】

4級　10画　女-7
音 ジョウ（ヂャウ）漢
訓 むすめ
①4428　Ⓤ5A18

筆順

なりたち ［形声］女＋良（よい）音。よい女、むすめの意。

むすめ。㋐若い未婚の女性。㋑（国）親にとって、女の子供。⇔息子

熟語「娘子（じょうし）・娘盛り」

メイ

【名】

10級　6画　口-3
音 メイ漢・ミョウ（ミャウ）呉
訓 な
①4430　Ⓤ540D

難読 名告（なの）り・名残（なご）り・名簿（みょうぶ）

人名 あきら・かた・もり

筆順

なりたち

［会意］夕（ゆうぐれ）＋口。暗い中で自分の名をつげる、また、なまえの意。

❶な。なまえ。

『名（な）有りて実（じつ）なし』 有名無実。出典「漢書 循吏伝」より。

『名（な）は実（じつ）の賓（ひん）』 名誉は実際の徳のそえものである。出典「荘子 逍遥遊」より。

【名前】（なまえ） ①その人やその事物の呼び方。名。②氏名。姓名。また、姓に対して名。

『名（な）を正（ただ）す』 名分を正す。正邪を判断する。出典「論語 子路」より。

『名（な）を竹帛（ちくはく）に垂（た）る』 名を後世に伝え残す。出典「後漢書 鄧禹伝」による。「竹帛」は書物の意。

【名号】（ミョウゴウ） 仏や菩薩の名。「—を唱える」

【名字】（ミョウジ） その家の名。姓。別表記 苗字

【名代】（ミョウダイ） ある人の代理。「父の—」

【名義】（メイギ） 名前。特に、名目上・形式上の名。

【名刺】（メイシ） 氏名・住所・職業などを記した札。

【名詞】（メイシ） 品詞の一つ。事物の名を表す語。

【名実】（メイジツ） 名称と実体。また、評判と実際。

【名称】（メイショウ） 呼び名。名前。「正式の—」

【名数】（メイスウ） ①同類のものをまとめ、数字をつけていう呼び方。四天王・七福神など。②単位や助数詞のついた数。三人・五回など。

【名分】（メイブン） 表向きの理由。名目。「大義—」

【名簿】（メイボ） 姓名を書き記した帳簿。「学生—」

【名目】（メイモク） ①物の名。名称。②口実。名分。「—だけの社長」

熟語「《メイ》名辞・記名・氏名・指名・実名・署名・除名・人名・姓名・題名・地名・匿名・命名・連名・知名度・代表者名」「《ミョウ》名跡・悪名（あくみょう）（あくめい）・戒名・俗名・本名」

❷なづける。

【名状】（メイジョウ） ありさまを言い表す。「—しがたい光景」

❸なだかい。すぐれている。ほまれ。評判。

【名代】（なダイ） 評判が高い。「—の和菓子」

【名題】（なダイ） 「—看板（＝表看板）」「—（＝上位の）役者」

【名利】（メイリ・ミョウリ） 名誉と利益。めいり。「—に目がくらむ」

【名案】（メイアン） すばらしい思いつき。「—が浮かぶ」

【名画】（メイガ） すぐれた絵画や映画。「—を収集する」

【名月】（メイゲツ） 陰暦八月十五夜の月。「中秋の—」

【名言】（メイゲン） 「—を吐く」「蓋し—というべきだ」

【名作】（メイサク） すぐれた作品。「—選」

【名産】（メイサン） その土地の有名な産物。「—品」

【名士】（メイシ） 「各界の—が集まる」

【名手】（メイシュ） 腕前のすぐれた人。「弓の—」

【名所】（メイショ） 景色や古跡などで有名な地。

【名将】（メイショウ） すぐれた武将。

【名勝】（メイショウ） 景色のよい土地。「天下の—」

【名人】（メイジン） 技芸にすぐれた人。「—芸」

【名声】（メイセイ） 良い評判。「—を博する」

【名跡・名蹟】（メイセキ） 有名な旧跡。有名な筆跡。

【名物】（メイブツ） ①その土地の有名な産物。名産。「信州—」②評判の人や物。「社内の—男」③由緒ある茶道具。

【名文】（メイブン） すぐれた文章。「—家」

【名聞】（メイブン） 世間の評判。みょうもん。

【名望】（メイボウ） 名声と人望。「—家」

【名門】（メイモン） 「—の出」「—企業」

【名誉】（メイヨ） 「—なことと思う」「—市民」

熟語「名園・名演・名歌・名家・名器・名曲・名句・名工・名山・名匠・名著・名店・名刀・名答・名盤・名筆・名品・名優・名流・汚名・高名・売名・勇名」

❹人数を数える語。

熟語「二名・若干名」

❺「名古屋」の略。

熟語「名神・東名」

【命】

8級　8画　口-5
音 メイ漢・ミョウ（ミャウ）呉
訓 いのち・みこと
①4431　Ⓤ547D

人名 あきら・かた・とし・な・なが・のぶ・のり・まこと・みち・もり・や・よし・より

筆順

なりたち

［会意］令（言いつける）＋口。口で言いつける意。

❶いいつける。申しつける。おおせ。
【命令】メイレイ 目上の者が目下の者に対し言いつける。「攻撃を—する」「—一下」
熟語「君命・厳命・使命・主命・宣命せんみょう・待命・特命・拝命・復命」
❷なづける。な。
【命名】メイメイ 名前をつける。「太郎と—する」
【命題】メイダイ ①はたすべき課題。②〔論〕判断を言語的に表現したもの。
❸めぐりあわせ。天のさだめ。
【命運】メイウン 「国家の—にかかわる一大事」
【命数】メイスウ ①寿命。「—が尽きる」②宿命。運命。「—ほぼ定まる」
熟語「運命・革命・宿命・知命・天命」
❹いのち。生物を生かしてゆく根源的な力。
【命いのち長ければ辱はじ多し】長生きをすると、それだけ恥をさらすことが多い。出典「荘子天地」より。

【命いのちは義に縁よりて軽し】命は貴重なものだが、義のためには捨てても惜しくない。出典「後漢書朱穆伝」より。

【命いのちは鴻毛こうもうより軽し】命を捨てることは少しも惜しくない。出典司馬遷「報二任少卿一書」より。

【命いのちは風前ふうぜんの灯ともしびの如し】人の命は消えやすくはかないものである。出典「倶舎論疏」より。

【命日】メイニチ 「祥月—」

【命脈】メイミャク 生命。いのちのつながり。「—を保つ」

熟語「延命・身命しんみょう(しんめい)・生命・存命・短命・致命・長命・余命」「《ミョウ》寿命・定命じょうみょう」
❺目標。まと。
【命中】メイチュウ ねらった物にあたる。「的に—する」
❻〔国〕みこと。神や貴人に対する敬称。同尊。
熟語「大国主命おおくにぬしのみこと」

【明】

9級 8画 日-4 ①4432 Ⓤ660E

音 メイ漢・ミョウ(ミャウ)呉・ミン唐
訓 あかり・あかるい・あかるむ・あからむ・あきらか・あける・あく・あくる・あかす

難読 明太メンタイ・明石あかし・明衣あかはとり(みょうえ)・明後日あさって・明星あかぼし(みょうじょう)
人名 あか・あき・あきら・あけ・きよし・くに・てる・とおる・とし・のり・はる・ひろ・みつ・よし
筆順 丨 冂 月 日 日丿 明 明 明
なりたち  [会意]甲骨文では、囧(あかり取りのまど)+月、または日+月。まどから月の光がさしこんで明るい、または、日と月の光で明るいの意。

❶あかるい。また、光。あかり。
【明星】ミョウジョウ 金星。「明けの—」
【明暗】メイアン 明るさと暗さ。喜びと悲しみ。「—を分ける」
【明窓】メイソウ 「—浄机(=明るく清潔で勉学に適した書斎)」
【明度】メイド 色の明るさの度合。
【明滅】メイメツ 点滅する。「—する灯火」
【明朗】メイロウ ①明るくて朗らか。「—活発」②不正がない。「—会計」
熟語「明色・明明・啓明・光明こうみょう・失明・照明・澄明・灯明とうみょう・幽明」
❷くもりなく美しい。
【明鏡止水】メイキョウシスイ 心にやましさがなく、澄みきっている。「—の心境」出典「荘子徳充符篇」より。
【明月】メイゲツ 美しく輝く月。「清風—」
【明媚】メイビ 景色が美しいさま。「風光—」
【明眸皓歯】メイボウコウシ 美しく澄んだひとみときれいな白い歯。美人の形容。
熟語「明鏡・明眸めいぼう・清明・透明」
❸あける。朝になる。あかるむ。あからむ。あくる。次の。
【《明日》】あす みょうにち。あした。「—の天気」「日本の—を考える」
【明朝】ミョウチョウ あすの朝。「—六時に集合」
【明日】ミョウニチ きょうの次の日。あす。あした。
【明年】ミョウネン ことしの次の年。来年。
【明晩】ミョウバン あすの晩。「—電話します」
熟語「《メイ》天明・未明・黎明れいめい」
❹あきらか。はっきりとさせる。あかす。
【明快】メイカイ はっきりしていてわかりやすい。
【明解】メイカイ よくわかる。「—な説明」
【明確】メイカク はっきりしていて確か。「—な根拠」
【明記】メイキ はっきりと書く。「氏名を—する」
【明言】メイゲン はっきり言い切る。「実行を—する」
【明細】メイサイ 細部まではっきりしている。「—書」
【明示】メイジ はっきり示す。「論拠を—する」⇔暗示
【明証】メイショウ はっきりした証拠。
【明晰】メイセキ 明らかではっきりしている。
【明徴】メイチョウ はっきりと証明する。「国体—」
【明白】メイハク 明らかで疑う余地がない。「—な事実」
【明瞭】メイリョウ あきらかである。「簡単—」
熟語「解明・簡明・究明・糾明・言明・公明・克明・自明・釈明・証明・声明・説明・鮮明・著明・判明・表明・不明・分明ぶんみょう(ぶんめい)・弁明」
❺物事を見通す力がある。かしこい。
【明君】メイクン 聡明で立派な君主。
【明訓】メイクン 立派な教え。

【明察】メイサツ 真相などを見抜く。「御―」
【明哲】メイテツ 聡明で物事に通じている。「―保身」
【明敏】メイビン 賢くて判断がよくできる。「―な頭脳」
熟語「明王めいおう（みょうおう）・明主・明知・明答・英明・賢明・聡明そうめい・発明・文明・無明むみょう」
❻神。
【明神】ミョウジン 神を尊んでいう語。「稲荷大―」
【明徳】メイトク 天からさずかったよい性質。
熟語「神明」
❼みん。中国の王朝名。
【明】ミン 中国、朱元璋しゅげんしょうの建てた王朝（一三六八～一六四四）。永楽帝の時、南京から北京に遷都、蒙古・南海に遠征して最盛期を迎えた。
【明朝】ミンチョウ ①明の朝廷。②漢字の書体の一つ。書籍や新聞に用いる基本的な書体。

【迷】

6級 9画 辵（辶）-6
音 メイ㊥漢㊥呉
訓 まよう・まよい・まよわす
①4434 Ⓤ8FF7
〔迷〕10画 辵（辶）-6

筆順 丶 丷 半 米 米 迷 迷

なりたち ［形声］辵（足の動作）＋米（小さくて、よく見えない）音。道がよくわからず、まようの意。

❶まよう。まよわす。決断がつかない。道理にくらい。
【迷子】《まいご》 親や連れにはぐれる。「―になる」
【迷宮】メイキュウ ①中に入ると出口がわからなくなる建物。②事件の解決がつかなくなる。「―入り」
【迷彩】メイサイ 周囲の物にまぎれる色を塗る。
【迷信】メイシン 科学的根拠がない言い伝えや占い。
【迷走】メイソウ 「―する政局」「―台風」
【迷夢】メイム 心の迷い。「―から覚める」
【迷妄】メイモウ 心の迷い。「―を破る」
【迷路】メイロ 迷いやすい道。「―に入り込む」
【迷惑】メイワク 人のしたことで不快になったり困ったりする。「―千万」「―な話」
熟語「迷界・迷鳥・迷霧・迷妄・迷路・頑迷・眩迷げんめい・昏迷こんめい・混迷・低迷」
❷（国）奇妙な。「名」をもじっていう。
熟語「迷答・迷文・迷論・迷回答」

【冥】

2級 10画 冖-8 新常用
音 メイ漢・ミョウ（ミヤウ）呉
訓 くらい
①4429 Ⓤ51A5

筆順 冖 冖 冝 冝 冥 冥

なりたち ［形声］冖（おおう）音＋日（ひ）＋六（廾の変形、両手の意）。日を両手でおおう意から、くらい意を表す。

❶暗い。暗くて物が見えない。道理にくらい。
【冥冥】メイメイ 暗くて見分けがつかない。
熟語「頑冥・昏冥こんめい」
❷奥深い。
【冥想】メイソウ 目を閉じて深く考える。別表記 瞑想
❸死後の世界。
【冥界】メイカイ 死後の世界。冥土めいど。
【冥土・冥途】メイド 死者の霊魂が行く暗黒の世界。
【冥府】メイフ 死後の世界。また、地獄。
【冥福】メイフク 死後の幸福。「―を祈る」
熟語「冥鬼・幽冥」
❹神仏に関する事柄に冠する語。
【冥加】ミョウガ ①（仏）知らぬうちに受ける神仏の保護。冥利。②非常に好運である。「命―なやつ」
【冥利】ミョウリ ①（仏）知らぬうちに神仏が与える利益。「―を受ける」②その立場で受ける恩恵。「役者―」
熟語「《ミョウ》冥感・冥護・冥罰」

【盟】

5級 13画 皿-8
音 メイ漢
訓 ちかう
①4433 Ⓤ76DF

筆順 丨 冂 日 明 明 明 盟 盟

なりたち ［形声］明（あきらかにする）音＋皿。皿に入れたいけにえの血をすりあってあかしとする意から、ちかう意を表す。篆文では、囧（あかり取りのまど）＋血とも。

ちかう。必ず守ると約束する。ちかい。
【盟主】メイシュ 同盟の中で中心となる人や国。
【盟邦】メイホウ 同盟を結んだ国。
【盟約】メイヤク 誓い、約束する。「―を結ぶ」
【盟友】メイユウ かたい約束を結んだ友。同志。
熟語「盟誓・会盟・加盟・血盟・結盟・誓盟・締盟・同盟・連盟・聯盟」

【銘】

準2級 14画 金-6
音 メイ漢
人名 あき・かた・な
①4435 Ⓤ9298

筆順 ㇒ 𠆢 今 金 金 釸 銘 銘

なりたち ［形声］金＋名（なまえ）音。金属に記した名や由来の意。

❶しるす。きざみこむ。
【銘文】メイブン 金石・器物などに記された文。
熟語「刻銘・鐘銘・碑銘・墓誌銘」
❷深く心にきざむ。
【銘記】メイキ 心にきざみこんで忘れない。

熟語「肝銘・感銘・記銘・座右の銘」
❸(国)作品にしるした製作者の名。
熟語「在銘・刀銘・無銘」
❹(国)名高い上等な商品。
【銘菓】メイカ 名高い上等な菓子。「京―」
【銘柄】メイがら「―品」「指定―」
【銘酒】メイシュ 銘のある上等な酒。
【銘仙】メイセン 平織りの絹織物の一つ。
【銘刀】メイトウ 刀鍛冶の銘の打ってある刀。
【銘木】メイボク 木目・材質に趣のある木材。

【鳴】

9級 14画 鳥-3 音 メイ(漢)・ミョウ(ミャウ)(呉) 訓 なく・なる・ならす ①4436 Ⓤ9CF4

人名 なき・なり

筆順

なりたち  [会意]口＋鳥。鳥が口から声を出す、なくの意。

◉異字同訓◉【泣】(一一六ページ)の「異字同訓」欄を参照のこと。

❶なく。鳥や虫などが音を出す。
【鳴虫】メイチュウ 秋にいい声で鳴く虫。
熟語「鳴禽(めいきん)・鳴蟬(めいせん)・鶏鳴・飛鳴・蛙鳴蟬噪(あめいせんそう)」
❷声を出す。
熟語「悲鳴・百家争鳴」
❸なる。音が出る。ならす。
【鳴動】メイドウ 大きな音を立てて揺れ動く。「泰山(大山)―して鼠(ねずみ)一匹(＝前触れはおおげさでも、結果は大したことがない)」
熟語「鳴弦・鳴鏑・海鳴・共鳴・吹鳴・地鳴(ちめい)(じなり)・雷鳴」

メツ

【滅】

3級 13画 水(氵)-10 音 メツ(呉)・ベツ(漢) 訓 ほろびる・ほろぼす・ほろ-ぶ ①4439 Ⓤ6EC5

筆順

なりたち  [形声]水＋「戌＋火」(ほこで火種を切りおとす)(音)。水をかけて火を消す意。

❶ほろびる。ほろぶ。ほろぼす。なくなる。なくす。
【滅却】メッキャク ほろぼしなくす。「心頭を―する」
【滅菌】メッキン 細菌を死滅させる。「―消毒」
【滅私】メッシ 私利・私情を捨てる。「―奉公」
【滅失】メッシツ ほろびてなくなる。「効用が―する」
【滅相】メッソウ とんでもない。「―もない」
【滅亡】メツボウ ほろびてなくなる。「インカ帝国は―した」
【滅法】メッポウ 程度がはなはだしい。「―強い」
【滅裂】メツレツ 形が整わない。「支離―な説明」
熟語「滅罪・湮滅・隠滅・潰滅・壊滅・撃滅・幻滅・死滅・自滅・消滅・衰滅・絶滅・殲滅(せんめつ)・全滅・破滅・不滅・撲滅・摩滅・生者必滅」
❷火がきえる。
熟語「点滅・明滅」
❸釈迦や高僧の死。
【滅後】メツゴ 釈迦の死後。「―二千年」
熟語「滅度・寂滅・入滅」
❹その他。当て字など。
【滅▽金】メッキ 固体表面に金属の膜を密着させる。「―がはげる」別表記 鍍金
【滅多】メッタ ①いいかげん。「―なことを言うな」②むやみやたら。「―打ち」
【滅茶】メチャ 道理に合わない。「―苦茶」別表記 目茶

メン

【免】

3級 8画 儿-6 音 メン(呉)・ベン(漢) 訓 まぬかれる・ゆる-す ①4440 Ⓤ514D

【免】7画 儿-5 ③1448 ⓊFA32

筆順

なりたち [象形]女性がまたを開き子を生むさまにかたどる。「娩」の原字。やっと抜け出る意から、まぬかれる・見のがしてやるの意を表す。

❶まぬかれる。のがれる。
【免疫】メンエキ「―注射」「悪口には―ができた」
【免責】メンセキ 責任を負うのを免れる。「―条項」
❷ゆるす。自由にする。資格があると認める。
【免許】メンキョ「運転―証」「―皆伝」
【免罪】メンザイ 罪をゆるす。「―符」
【免除】メンジョ「授業料を―する」
【免状】メンジョウ 免許状。「教員の―」
【免税】メンゼイ 税を免ずる。「―品」「―店」
熟語「免役(めんえき)・免租・減免・赦免・放免・宥免(ゆうめん)」
❸やめさせる。官職をとく。
【免官】メンカン 官職をやめさせる。「―処分」
【免職】メンショク 職をやめさせる。「懲戒―」
熟語「任免・罷免」

【面】

8級 9画 面-0 音 メン(漢)(呉) 訓 おも・おもて・つら ①4444 Ⓤ9762

メ

難読 面子(メンツ)・面白い(おもしろい)・面皰(にきび)・面繋羈(おもがい)
人名 おも・も
筆順 一 ア ア 丙 而 而 面 面 面
なりたち  [会意]「首の変形」(あたま)＋口(輪郭)。頭部の輪郭を描いた平面の意から、かお・おもの意を表す。

❶おも。おもて。つら。かお。
【面影】(おもかげ)「亡き母の—」 別表記 俤
【面長】(おもなが) 顔が少し長めである。「—の女性」

【面輪】(おもわ) 顔の輪郭。顔。

【面前】(メンゼン) 目の前。人の前。「公衆の—」

【面相】(メンソウ) 顔つき。人相。「百—」

【面疔】(メンチョウ) 顔面にできる、急性で悪性のはれもの。

【面子】(メンツ) (中国語から)体面。面目。「—が立つ」

【面体】(メンテイ) 顔かたち。顔つき。「異様な—」

【面皮】(メンピ) つらの皮。また、体面。「鉄—」

【面目】(メンボク) ①世間に対する名誉や体面。「—を失う」②外に表れている様子。「—を一新する」

【面面】(メンメン) おのおの。各自。「一座の—」

【面目】(メンモク) 「めんぼく(面目)」に同じ。

【面容】(メンヨウ) かおかたち。面貌。「こっけいな—」

熟語「面上・面色・面貌・臆面・顔面・渋面・素面(すめん/しらふ)・赤面・洗面・対面・覆面・満面」

❷顔につけるもの。マスク。
熟語「仮面・能面・伎楽(ぎがく)面」

❸おもての側。物の外がわ。文字が記される広がり。また、むき。方向。
【面積】(メンセキ) 平面や曲面の広さ。「敷地の—をはかる」
熟語「一面・海面・外面・画面・球面・鏡面・曲面・局面・月面・湖面・紙面・地面・斜面・正面・書面・水面・図面・扇面・前面・側面・体面・断面・帳面・内面・背面・平面・表面・文面・平面・壁面・方面・裏面・路面・多面体」

❹かおを合わせる。むきあう。かおを向ける。
【面会】(メンカイ) 人に会う。「—謝絶」

【面詰】(メンキツ) 面と向かって責めなじる。

【面晤】(メンゴ) 会って話す。面談する。

【面識】(メンシキ) 顔を見知っている。「—がある」

【面従腹背】(メンジュウフクハイ) うわべは従順だが、内心では従わない。

【面接】(メンセツ) その人の能力や人柄を知るために、直接会う。「—試験」

【面談】(メンダン) 会って話をする。「三者—」

【面罵】(メンバ) 面と向かってののしる。

【面壁】(メンペキ) 壁に向かって座禅をする。「—九年」

熟語「面前・面責・直面・当面・南面・北面」

❺平たいものを数える語。
熟語「三面鏡・六面体」

❻その他。当て字など。
【面倒】(メンドウ) ①手数がかかってわずらわしい。「—な仕事」②世話。厄介。「—をみる」

【面妖】(メンヨウ) 奇妙である。「—な事件」

綿

6級 14画 糸-8 音 メン(呉)・ベン(漢) 訓 わた ①4442 Ⓤ7DBF

〔緜〕15画 糸-9 ②6936 Ⓤ7DDC

注記 本来は、絹わた・まわたの意で、もめんは「棉」だが、日本では区別しない。
人名 つら・まさ・ます・やす
筆順 幺 糸 糸 紵 綿 綿 綿 綿 綿

なりたち  [会意]糸＋帛(白い絹布)。白い布を作る時にできる絹わたの意。篆文では、帛＋糸(つなぐ)。

❶わた。まわた。もめんわた。もめん。また、わたに似たもの。
【綿花】(メンカ) ワタの種子を包む繊維。 別表記 棉花
【綿糸】(メンシ) もめん糸。
【綿布】(メンプ) 綿糸で織った織物。綿織物。
【綿棒】(メンボウ) 先に綿をつけた細い棒。
【綿羊】(メンヨウ) 羊(ひつじ)の別名。 別表記 緬羊
熟語「海綿・原綿・純綿・石綿(せきめん/いしわた)・木綿(もめん/ゆう)」

❷こまかい。小さい。
【綿密】(メンミツ) 細かい点までくわしい。「—な計画」

❸つらなる。つらねる。
【綿綿】(メンメン) 途絶えることなく続く。「—たる伝統」

【綿綿(めんめん)を絶たずんば蔓蔓(まんまん)を若何(いかん)せん】 災いは芽のうちに摘み取らなければはびこって除去することができなくなる。 出典「戦国策 魏策」より。

熟語「連綿」

麺

2級 20画 麥-9 新常用 音 メン(呉)・ベン(漢) 訓 むぎこ ①4445 Ⓤ9EBA

【麵】16画 麥(麦)-9 ③9480 Ⓤ9EB5

〔麪〕15画 麥-4 ②8349 Ⓤ9EAA

難読 麺麭(パン)
筆順 十 主 麦 麦 麦 麪 麺 麺
なりたち  [形声]麥＋丏(曲がってわきにそれる)音。むぎ粉をねって細く棒状にしたものがゆで上がるとちぢれたように曲がるさまから、うどん・そばの意を表す。「麺」は俗字。

メ

むぎこ。小麦粉。また、うどん・そば・ラーメンなどの総称。

【麺棒】(メンボウ) 小麦粉などの生地をのばす棒。

【麺類】(メンルイ) 小麦粉などをこね、細長くした食品。

熟語「麺粉(めんぷん)・麺棒・麺包(めんぽう)・麺類・乾麺・製麺・素麺(そうめん)」

モ

【茂】

4級 8画 艸(艹)-5 音 モ(呉)・ボウ(漢)・ム(呉) 訓 しげ-る・しげ-み ①4448 Ⓤ8302

人名 あり・し・しく・しげ・しげる・たか・とお・とも・とよ・もち・もと

筆順 一 十 艹 芢 芪 茂 茂

なりたち  [形声]艸＋戊(冃に通じ、おおう)(音)。草や葉が一面をおおうようにしげるの意。

しげる。草木がさかんにはえる。

熟語「茂生・茂林・繁茂」

【模】

5級 14画 木-10 音 モ(呉)・ボ(漢) 訓 かたど-る ①4447 Ⓤ6A21

〔糢〕16画 米-10 ②6887 Ⓤ7CE2

注記「摸」の書き換え字としても用いられる。

人名 かた・とお・のり・ひろ

筆順 十 木 朩 栉 栟 梺 模 模

なりたち  [形声]木＋莫(上からおおって隠す)(音)。上に粘土をおしつけて鋳型をつくるための木型の意。

❶かた。ひながた。てほん。かたち。かまえ。

【模型】(モケイ) 実物にまねて作った物。「—飛行機」

【模範】(モハン) 見習うべきもの。手本。「—演技」

【模様】(モヨウ) ①装飾としての絵や形。図柄。「水玉の—」②ありさま。「空—」

熟語「楷模(かいも)・規模(きぼ)」

❷かたどる。まねる。

【模擬】(モギ) 本物にまねてする。「—裁判」別表記 摸擬

【模写】(モシャ) まねて書き写す。別表記 摸写

【模造】(モゾウ) 実物にまねてつくる。「—品」別表記 摸造

【模倣】(モホウ) まねる。にせる。別表記 摸倣

熟語「模刻・臨模(りんぼ)(りんも)」

❸手さぐりする。はっきりしない。

【模▼糊】(モコ) はっきりしない。「曖昧—」

【模索】(モサク) 手さぐりでさがす。「暗中—」「妥協点を—する」別表記 摸索

モウ

【亡】 ⇩ボウ(五九五ページ)

【毛】

9級 4画 毛-0 音 モウ(呉)・ボウ(漢) 訓 け ①4451 Ⓤ6BDB

仮名 平仮名「も」は「毛」の草体から。片仮名「モ」は「毛」の末三画から。

難読 毛茛(うまのあしがた)(きんぽうげ)・毛蚕(けご)・毛斯綸(モスリン)・刷毛(はけ)

人名 あつ

筆順 ノ 二 三 毛

なりたち  [象形]細いけにかたどる。

❶け。皮膚に生える糸状のもの。

【毛糸】(けいと) 羊毛その他の獣毛を紡いだ糸。

『毛(け)を吹いて疵(きず)を求む』 他人の欠点をことさら見つけ出そうとする。出典「韓非子 大体」より。

【毛▼氈】(モウセン) 獣毛を織物のようにした布。

【毛髪】(モウハツ) かみの毛。

【毛筆】(モウヒツ) 獣毛で作ったふで。「—画」

【毛布】(モウフ) 厚く織った毛織物。

熟語「育毛・羽毛・紅毛・鴻毛・柔毛・純毛・染毛・繊毛・体毛・発毛・被毛・鞭毛・綿毛(めんもう)(わた)・羊毛」

❷わずか。

【毛管】(モウカン) きわめて細い管。「—現象」

【毛頭】(モウトウ) 毛の先ほども。「解散は—考えていない」

熟語「毛細管・毫毛(ごうもう)」

❸草木が生じる。

熟語「不毛・二毛作」

❹単位を表す語。㋐(国)尺貫法の長さ・重さの単位。厘の一〇分の一。㋑(国)金銭・歩合・割合の単位。厘の一〇分の一。

熟語「日歩二銭五厘六毛・打率二割九分四厘一毛」

❺(国)「毛野国(けののくに)」の略。「上野国(こうずけのくに)」(今の群馬県)と「下野国(しもつけのくに)」(今の栃木県)に分かれる。

熟語「両毛線・上毛(じょうもう)高原」

【妄】

準2級 6画 女-3 音 モウ(マウ)(呉)・ボウ(バウ)(漢) 訓 みだり ①4449 Ⓤ5984

〔妄〕6画 女-3

筆順 、 亠 亡 妄 妄 妄

なりたち  ［形声］亡（ない）音＋女。女にまどわされて我をなくす意から、みだり、でたらめの意を表す。

❶みだり。筋道にはずれている。でたらめ。

【妄言】モウゲン　でたらめな言葉。ぼうげん。「―多謝」
【妄執】モウシュウ　〔仏〕物事に深く執着する。
【妄説】モウセツ　根拠のない説。ぼうせつ。
【妄想】モウソウ　「被害―」「―にふける」
【妄誕】モウタン　でたらめ。ぼうたん。「―の説」
【妄念】モウネン　〔仏〕邪悪な思いや誤った考え。
熟語「妄挙・妄語・妄評・虚妄・迷妄」

❷むやみに。やたらに。

【妄信】モウシン　むやみに信ずる。ぼうしん。
【妄動】モウドウ　よく考えずに行動する。「軽挙―」

【盲】〔盲〕

準2級　8画　目-3　音 モウ（マウ）漢呉・ボウ（バウ）漢　①4453　Ⓤ76F2

筆順　丶 亠 亡 亡 盲 盲 盲 盲

なりたち  ［形声］亡（人がかくれる）音＋目。目が見えないの意。

❶目が見えない。めくら。めしい。

【盲唖】モウア　目が見えず、言葉を話すことができない状態。
【盲人】モウジン　目の見えない人。盲者。
【盲点】モウテン　①眼の網膜の一部。②気づかずに見落としてしまう事柄。「法の―をつく」
【盲目】モウモク　目が見えない。

❷物事や道理がわからない。

【盲愛】モウアイ　ただむやみにかわいがる。
【盲従】モウジュウ　相手の言うがままに従う。
【盲信】モウシン　わけもわからずに信じる。
熟語「盲動・衆盲」

❸一方がふさがっている管。

【盲腸】モウチョウ　①小腸から大腸へ続く部分。②虫垂・虫垂炎の俗称。
熟語「盲管銃創」

❹特定の感覚が働かない。

熟語「色盲・味盲」

【耗】〔耗〕

準2級　10画　耒-4　音 モウ慣・コウ（カウ）漢呉　訓 へ-る　①4455　Ⓤ8017

筆順　一 三 丰 耒 耒 耒 耗 耗

なりたち　［形声］もと「秏」に作り、禾（イネ）＋毛（細く小さなけ）音。小さな実のイネの意から、すりへる意を表す。「耗」は俗字。

へる。へらす。なくなる。

【耗損】コウソン　使いへらす。使いつぶす。
熟語「減耗（げんこう）・消耗（しょうこう）（しょうもう）・衰耗（すいこう）（すいもう）・損耗（そんこう）（そんもう）・摩耗・磨耗・心神耗弱（しんしんこうじゃく）」

【望】⇩ボウ（五九七ページ）

【猛】〔猛〕

4級　11画　犬（犭）-8　音 モウ（マウ）漢・ミョウ（ミャウ）呉　訓 たけ-し・たけ-る　①4452　Ⓤ731B

人名　たか・たけ・たけお・たけき・たけし・たける・つよし

筆順　ノ 犭 犭 犭 狂 猛 猛 猛

なりたち  ［形声］犬＋孟（おおいをつき破って成長する）音。犬が勢いよくつき進む意から、たけだけしい意を表す。

❶あらあらしい。たけだけしい。たけし。たける。

【猛悪】モウアク　乱暴で残酷なことを平気でする。
【猛禽】モウキン　性質の荒々しい鳥。「―類」
【猛獣】モウジュウ　性質の荒々しい、肉食の動物。
【猛将】モウショウ　勇猛な武将。
【猛勇】モウユウ　たけだけしく勇ましい。
《猛者》モサ　他をしのぐ勇気や力をもっている人。
熟語「猛犬・猛虎・凶猛・兇猛・獰猛（どうもう）・勇猛」

❷はげしい。はなはだしい。

【猛威】モウイ　「―をふるうインフルエンザ」
【猛火】モウカ　激しい勢いで燃える火。
【猛攻】モウコウ　「敵陣を―する」
【猛暑】モウショ　きびしい暑さ。「―が続く」
【猛省】モウセイ　強く反省する。「―をうながす」
【猛然】モウゼン　「―と滑り込む」
【猛烈】モウレツ　「―に働く」「―な雨」
熟語「猛雨・猛射・猛進・猛毒・猛爆・猛反対・猛練習」

【網】〔網〕

4級　14画　糸-8　音 モウ（マウ）呉・ボウ（バウ）漢　訓 あみ　①4454　Ⓤ7DB2

筆順　幺 糸 糸 紀 網 網 網 網

なりたち　［形声］糸＋罔（物にかぶせるあみ）音。「罔」がくらい、ないに用いられるようになったため、「糸」を加えた。

あみ。あみ目状のもの。

『網（あみ）呑舟（どんしゅう）の魚を漏らす』　大悪人をも逃がすほど法網がゆるやかである。出典「史記酷吏伝」よ

モ

り。

【網無（あ）くて淵（ふち）をのぞくな】十分な用意をしなければ成功しない。臨淵羨魚。出典「抱朴子勖学」より。

【網羅】モウラ 「有名作品を―する」注記「網」は魚を、「羅」は鳥を取るあみ。

熟語「網膜・網羅・魚網・天網・投網（とあみ）（もう）・法網・通信網・鉄道網・連絡網」

モク

【木】⇩ボク（六〇〇ページ）

【目】

10級 5画 目-0 音 モク㊉・ボク㊅ 訓 め・ま・さかん ①4460 Ⓤ76EE

難読 目処（めど）・目交（まなかい）（めまぜ）・目眩（めまい）・目眩く（めくるめく）・目弾（めはじき）・目溢（めこぼし）（めこぼれ）・目論見（もくろみ）

人名 み・より

筆順 丨 冂 月 月 目

なりたち ［象形］人の目にかたどる。

❶め。ま。ものを見る器官。

【目深】まぶか 帽子などを深くかぶる。

【目▽処】めど 目あて。見込み。「仕事の―が立つ」

【目端】めはし 状況や時期を見る機転。「―がきく」

【目鼻】めはな 目や鼻の形や位置。顔立ち。目鼻立ち。「―の整った人」「―をつける」

【目星】めぼし 見当。見込み。「犯人の―がつく」

【目安】めやす おおよその見当。「―をたてる」

【目▼睫】モクショウ きわめて近い所。「―の間（かん）」注記 目とまつげの意。

【目前】モクゼン 目の前。「完成が―に迫る」

【目的】モクテキ 目指す事柄。「―を達成する」

【目途】モクト 目標。「来週の採決を―にする」

【目標】モクヒョウ そこまで行こうと設けた目当て。「―を立てる」

【目下】モッカ 現在。ただ今。「―検討中」

熟語「皆目・刮目（かつもく）・耳目・衆目・着目・注目・反目・眉目（びもく）・瞑目（めいもく）」

❷見る。目で見る。

【目撃】モクゲキ 実際に目で見る。「―者」

【目算】モクサン 大体の見当。「―がはずれる」

【目測】モクソク 目で見ておおよそをはかる。

❸目くばせする。目で合図する。

【目礼】モクレイ 目を見合わせて礼をする。

熟語「目送」

❹かなめ。重要なところ。かしら。

熟語「眼目・頭目・要目」

❺かお。ようす。

熟語「面目（めんもく）（めんぼく）・真面目（しんめんもく）（まじめ）」

❻小区分。細分された事項。生物分類上の一段階。

熟語「科目・項目・綱目・細目・条目・地目・費目・霊長目」

❼なまえ。標題。

【目次】モクジ 書物の内容の見出し書き。

【目録】モクロク ①品目を書き並べたもの。②贈り物の品書き。③武術・芸能を伝授する時、名目などを書いて与える文書。

熟語「演目・曲目・種目・書目・題目・品目・名目」

❽（国）もく。㋐さかん。律令制で、国司の第四等官。主典（さかん）。㋑碁盤の目を数える語。

❾（国）め。㋐目に似た形や機能をもつもの。㋑物事のありさま。㋒さかいになる線。㋓縦横の線で囲まれたところ。㋔重さ。また、尺貫法で、匁（もんめ）のこと。㋕順序を表す接尾語。

熟語 用例 ㋐「台風の目・レーダーの目」㋑「金目（かねめ）・憂き目・落ち目」㋒「筋目・木目（もくめ）・折り目」㋓「網の目・碁盤の目」㋔「目方（めかた）・目減り・肉一〇〇目」㋕「三番目」

❿その他。当て字など。

【目茶】めちゃ 度はずれている。「―苦茶」

【目▽論見】もくろみ 計画。くわだて。「―がはずれる」

【黙】

4級 15画 黑(黒)-4 音 モク㊉・ボク㊅ 訓 だまる・もだ-す ①4459 Ⓤ9ED9

【默】 16画 黑-4 ②6452 Ⓤ9ED8

筆順 口 日 甲 里 里 黙 黙 黙

なりたち ［形声］黑（くらい、よくわからない）音＋犬。犬が口を閉じたままつき従う意から、だまる意を表す。

だまる。もだす。声を出さない。言葉に表さない。

【黙殺】モクサツ 無視する。「相手の発言を―する」

【黙示】モクシ ①暗黙のうちに意志や考えを示す。②キリスト教で、神が人に真理を啓示する。「―録」

注記「もくじ」とも。

【黙視】モクシ 「―するわけにはゆかない」

【黙然】モクゼン 何も言わずに黙っている。もくねん。

【黙想】モクソウ 黙って考えにふける。「熟思―」

【黙▼禱】モクトウ 無言で祈る。「―をささげる」

【黙読】モクドク 「テキストを―する」⇔音読

【黙認】モクニン 「違反行為を―する」

【黙秘】モクヒ 黙っていて何も言わない。「―権」

モ

【黙黙】モクモク　黙って仕事に精を出す。「―と働く」
【黙礼】モクレイ　「先生に―する」
【黙過】モッカ　黙って見逃す。「不正を―する」
【黙契】モッケイ　暗黙のうちに合意する。
【黙考】モッコウ　黙って深く考える。「沈思―」
熟語「黙坐・黙止・黙思・黙然・黙許・暗黙・寡黙・完黙・緘黙・沈黙」

モツ

【物】⇩ブツ（五七二ページ）

モン

【文】⇩ブン（五七五ページ）

【門】

9級　8画　門-0　音 モン 漢 呉　訓 かど・と　①4471　Ⓤ9580

人名 かど・かな・と・ひろ・ゆき
筆順
なりたち ［象形］左右両開きになる戸びらにかたどる。

❶かど。家の外構えに設けた出入り口。と。
【門出】かどで　「―を見送る」「―を祝う」 別表記 首途
【門松】かどまつ　正月に、家の門口に立てる松の飾り。
【門外】モンガイ　①門の外。「―不出」②専門外。「―漢」
【門限】モンゲン　門を閉じる時刻。「―に遅れる」
【門戸】モンコ　「―開放」「―を構える」「―を成す」
【門前】モンゼン　門の前。「―払い」「―市（いち）を成す」
【門前雀羅（もんぜんじゃくら）を張る】　雀を捕るための網（あみ）も張るほど訪れる人もなくさびれているたとえ。門外雀羅を設く。出典 白居易「寓意詩」より。
【門番】モンバン　門の番人。門衛。
【門扉】モンピ　門のとびら。「―を閉ざす」
熟語「門衛・門札・門柱・門灯・門内・門標・開門・鬼門・禁門・後門・校門・獄門・山門・城門・陣門・正門・前門・閉門・楼門・通用門」

❷物の出入り口。また、その経由するところ。
【門歯】モンシ　歯列中央にある上下四本ずつの歯。
熟語「関門・軍門・肛門（こうもん）・水門・声門・洞門・入門・噴門・幽門・登竜門」

❸家柄。身内。
【門地】モンチ　家柄。家格。
【門閥】モンバツ　①家柄。門地。②いい家柄。
熟語「門葉・一門・家門・権門・武門・名門」

❹同じ先生の教えを受けたなかま。
【門下】モンカ　師の門に入り教えを受ける。「―生」
【門人】モンジン　ある師の門下の人。門弟。弟子。
【門弟】モンテイ　弟子（でし）。門人。
【門流】モンリュウ　一門のわかれ。一門の流派。
熟語「門主・門生・門徒・孔門・沙門・蕉門（しょうもん）・同門・破門」

❺分類上の区分。学問・宗教などの系統。生物分類上の一段階。
熟語「専門・仏門・部門・浄土門・脊椎動物門」

❻大砲を数える語。
熟語「大砲五門」

【紋】

4級　10画　糸-4　音 モン 呉・ブン 漢　訓 あや　①4470　Ⓤ7D0B

人名 あき
筆順
なりたち ［形声］糸＋文（模様）音。糸で織りだした模様の意。

❶あや。模様。
【紋様】モンヨウ　装飾として施された図柄。別表記 文様
熟語「紋紗（もんしゃ）・魚紋・指紋・声紋・地紋・波紋」

❷（国）もん。家々で定められているしるし。もんどころ。
【紋章】モンショウ　家や団体などをあらわす図柄。
【紋付】モンつき　家紋を付けた礼装用和服。
【紋所】モンどころ　家々で決まっている紋章。家紋。
【紋服】モンプク　紋付。
熟語「家紋・定紋（じょうもん）」

【問】

8級　11画　口-8　音 モン 呉・ブン 漢　訓 とう・とい・とん　①4468　Ⓤ554F

人名 ただ・よ
筆順
なりたち ［形声］門（もん）音＋口。門の中をたずねとう意。

❶とう。たずねる。きただす。とい。
【問診】モンシン　医師が患者に病状などをきく。「―票」
【問題】モンダイ　「―提起」「外交―」「国語の試験―」「あの発言は―だ」「これ以上―を起こすな」
【問答】モンドウ　議論しあう。「―集」「―無用」
熟語「問責・問詰・学問・喚問・詰問・奇問・疑問・愚問・検問・拷問・顧問・査問・質問・諮問・自問・尋問・珍問・難問・不問」

❷おとずれる。みまう。
熟語「慰問・弔問・訪問」

❸（国）「問屋（とんや）」は、卸売りをする店。

モ

【聞】⇩ブン(五七六ページ)

ヤ

【冶】
2級 7画 冫-5 新常用 音 ヤ 漢 呉 訓 い-る ①4474 Ⓤ51B6

筆順 丶 冫 冫 冶 冶 冶 冶

なりたち [形声]冫(こおり)＋台(すきを持って作業する)音。氷をとかすように金属をとかして加工するの意。

❶いる。金属をとかして加工する。金属をきたえる。

【冶金】ヤキン 鉱石から金属を取り出し精製する技術。

熟語「冶工・鍛冶(たんや)・陶冶・溶冶」

❷美しい。なまめかしい。

熟語「艶冶(えんや)・遊冶・妖冶」

【夜】
9級 8画 夕-5 音 ヤ 漢 呉 訓 よ・よる ①4475 Ⓤ591C

難読 終夜(よもすがら)(しゅうや)

人名 やす

筆順 丶 亠 广 亣 夜 夜 夜

なりたち [会意]亦(人体のわきの、その下)＋月。月がわきより低い位置にあるから、暗いよるの意を表す。

よる。よ。日没から日の出までの間。

【夜陰】ヤイン 夜の暗闇。「—に乗ずる」

【夜営】ヤエイ 夜、野外に陣営を張る。

【夜会】ヤカイ 西洋風の舞踏会。「—服」

【夜学】ヤガク 夜間に授業をする学校。

【夜間】ヤカン 夜の間。「—工事」⇔昼間

【夜気】ヤキ 夜の空気。夜の気配。「—に当たる」「—が迫る」

【夜業】ヤギョウ 夜、仕事をする。「—にはげむ」

【夜勤】ヤキン 夜間の勤務。「—の多い仕事」

【夜具】ヤグ 寝る時用いる用具。「—を敷く」

【夜景】ヤケイ 夜の景色。「百万ドルの—」

【夜警】ヤケイ 夜、警備をする人。

【夜光】ヤコウ 「—虫」「—塗料」

【夜行】ヤコウ 「—性」「—列車」

【夜叉】ヤシャ もと、インドで人を害する悪鬼。仏教では毘沙門天(びしゃもんてん)の眷属で北方を守護する鬼神。

【夜襲】ヤシュウ 夜間に敵を攻める。「—をかける」

【夜食】ヤショク ①夜遅く食べる軽い食事。②夕食。

【夜戦】ヤセン 夜間の戦闘。

【夜盗】ヤトウ 夜に出る物盗り。

【夜半】ヤハン よなか。よわ。「—の雨」

【夜分】ヤブン 夜。夜間。「—に恐縮です」

【夜来】ヤライ 昨夜以来。「—の雨」

【夜郎自大】ヤロウジダイ 自分の力量を知らずに威張る者。出典「史記西南夷伝」による。夜郎族が漢の強大さを知らず、自らの勢力をたのみとしていたことから。

【夜寒】よさむ 秋の終わり頃の夜の寒さ。

【夜空】よぞら よるの空。「—の星」

【夜伽】よとぎ 夜通し寝ずに側に付き添う。

【夜中】よなか 夜のなかば。夜ふけ。「真—」

【夜長】よなが 夜が長い。「秋の—」

【夜目】よめ 夜、暗い中で見る。「—がきく」

熟語「夜中・夜直・夜番・暗夜・今夜・昨夜・常夜・初夜・除夜・深夜・星夜・前夜・昼夜・通夜(つや)(やつ)・徹夜・日夜・白夜・連夜・十五夜」

【野】
9級 11画 里-4 音 ヤ 漢 呉 訓 の ①4478 Ⓤ91CE

〔埜〕 11画 土-8

難読 野分き(のわき)・野木瓜(むべ)・野羊(やぎ)・野老(ところ)・野呂松(のろま)・野良(のら)・野放図(のほうず)・野点(のだて)・野面(のづら)(のもせ)・野蚕(くわこ)・野衾(ももんが)(のぶすま)・野幇間(のだいこ)・野暮(やぼ) ①3924 Ⓤ57DC

人名 とお・なお・ぬ・ひろ

筆順 口 日 甲 里 野 野 野 野

なりたち [形声]里＋予(向こうへ押しやる)音。のび広がっている田地の意。

❶の。のはら。

【野路】のじ 野原の中の道。のみち。

【野宿】のジュク 野外に寝る。

【野天】のテン 屋根のない所。露天。「—積み」

【野原】のはら 草などの生えた広い平地。

【野火】のび 春先に野山などの枯れ草を焼く火。

【野辺】のべ ①野原。「—の草花」②埋葬場。「—送り」

【野分き】のわき 二百十日、二百二十日頃に吹く暴風。台風。

【野営】ヤエイ 野外に宿泊する。「—地」

【野外】ヤガイ 屋外(おくがい)。「—音楽会」

【野球】ヤキュウ 「—場」「草—」「—の試合」

【野菜】ヤサイ 食用に育てた植物。青物。

【野戦】ヤセン ①野で行う戦い。②戦場。「—病院」

【野草】ヤソウ 山野に生える草。「—を摘む」

【野鳥】ヤチョウ 野生の鳥。「—を観察する」

熟語「原野・広野・荒野・曠野(こうや)・山野・平野・沃野(よくや)・緑野・林野」

❷民間。

【野史】ヤシ 在野の人が編纂(へんさん)した歴史書。

【野党】ヤトウ 政権の座にいない政党。⇔与党

【野に遺賢無し】やにいけんなし 民間に埋もれている賢人はいない。出典「書経大禹謨」より。

熟語「野客(やかく)・下野・在野・朝野」

❸自然のまま。

【野猿】エン 野生の猿。

【野▽鶴】ヤカク 野にいる鶴。仕官しないでいる人。

【野▼禽】ヤキン 野原や山にすむ鳥。野鳥。⇔家禽

【野犬】ヤケン 飼い主のない犬。野良犬。

【野獣】ヤジュウ 野生のけだもの。「美女と—」

【野生】ヤセイ ①動植物が山野に自然に生育している。「—動物」②男子が自分のことを謙遜していう語。小生。

【野性】ヤセイ 生まれたままの荒っぽい性質。「—的な魅力」

熟語「野草・野鳥」

❹洗練されていない。いやしい。

【野合】ヤゴウ 正式な手続きを経ずに男女が関係をもつ。また、政党などが正式な手続きを経ず、なれ合いで関係を結ぶ。

【野放図・野放▽途】ノホウズ 「—に育つ」「—な生活」

【野趣】ヤシュ 素朴な味わい。「—に富む」

【野人】ヤジン ①田舎の人。「田夫—」②洗練されていない人。③在野の人。

【野蛮】ヤバン 「—な行為」

【野卑・野▼鄙】ヤヒ 下品なさま。「—な言動」

【野郎】ヤロウ 「この—」「—だけで行く」

熟語「野翁・野夫・粗野・鄙野(ひや)」

❺自分勝手で荒っぽい。また、だいそれた。

【野心】ヤシン ひそかに抱いている大きな望み。

【野望】ヤボウ 野心。「—を抱く」

❻広がりのある範囲。

熟語「外野・視野・内野・分野」

❼(国)「下野国(しもつけのくに)」(今の栃木県)の略。

熟語「野州」

❽その他。当て字など。

【野次】ヤジ からかいや非難の言葉。別表記 弥次

【野暮】やぼ あか抜けていない。「—なことを言う」

や

【弥】

2級 8画 弓-5 新常用
音 ビ漢・ミ呉
訓 や・あまね-し・いや・いよいよ・わた-る
①4479 Ⓤ5F25

【彌】17画 弓-14 ②5529 Ⓤ5F4C

人名 いよ・ひさ・ひさし・ひろ・ます・み・みつ・や・やす・よし・わたり・わたる

筆順 コ コ 弓 弓 弘 弥 弥 弥

なりたち  [形声]弓+爾(ひも飾りをつけた印鑑にかたどり、印をぴたっとくっつける意を表す)音。弓の両端をくっつけるように糸を張りわたす意から、わたる・あまねしの意を表す。篆文では、弓+璽(玉に刻んだ印鑑)。

❶あまねし。わたる。ゆきわたる。ひろがる。

【弥漫】ビマン 広くはびこる。「退廃の気が—する」 別表記 瀰漫

❷長きにわたる。ひさしい。

【弥久】ビキュウ 時が長く続く。「曠日(こうじつ)—」

❸とりつくろう。

【弥縫】ビホウ 失敗や欠点をとりつくろう。「—策」

❹いや。いよいよ。ますます。

【弥栄】いやさか いよいよ栄える。「御一家の—をお祈りします」

【《弥生》】やよい 陰暦三月の異名。

❺その他。梵語・外来語の音訳に用いる。

【弥陀】ミダ 「阿弥陀」の略。「—の本願」

【弥勒】ミロク 釈迦入滅後五六億七千万年に至ると出現し、衆生を救うという菩薩。弥勒菩薩。

熟語「《ミ》弥撒(ミサ)・沙弥(さみ(しゃみ))・阿弥陀(あみだ)」

ヤ

ヤク

【厄】

準2級 4画 厂-2
音 ヤク漢呉
訓 わざわい
①4481 Ⓤ5384

筆順 一 厂 厅 厄

なりたち  [戹][象形]牛馬の首にかけるくびきの形にかたどる。「軛」の原字。しばりつけられていることから、くるしむ、わざわいの意を表す。「厄」は略字。

❶わざわい。くるしみ。

【厄難】ヤクナン 災難。わざわい。「—に遭う」

【厄介】ヤッカイ ①面倒で手間がかかる。「—な仕事」②世話や迷惑をかける。「—をかける」

熟語「厄害・苦厄・業厄・災厄」

❷(国)不吉なめぐりあわせ。

【厄年】やくどし 災難に遭うことが多いとされる年。男は数え年の二五・四二・六一歳。女は一九・三三歳。

熟語「厄日・後厄(あとやく)・大厄(たいやく)・前厄(まえやく)」

【役】

8級 7画 彳-4
音 ヤク呉・エキ漢
①4482 Ⓤ5F79

人名 つら・まもる・ゆき

筆順 ノ ク 彳 彳 役 役 役

なりたち  ［会意］彳(ゆく)＋殳(物を手に持つ)。遠くに行ってはたらくの意。

❶人民を公共の仕事にかり出す。

熟語「《エキ》役丁・役夫・課役・苦役(くえき)・国役(こくえき)・退役・懲役・服役(ふくえき)・兵役・免役」

❷戦争。

熟語「《エキ》戦役・西南の役」

❸人の労力を使う。使われる。はたらく。めしつかい。

【役牛】(エキギュウ) 耕作・運搬などの労役に使う牛。

【役務】(エキム) 労働・作業などのつとめ。「―賠償」

熟語「《エキ》役畜・現役・雑役・使役・用役・労役」

❹(国)やく。官職。また、そのつとめ。

【役所】(ヤクショ) 役人が公の仕事をする所。「市―」

【役人】(ヤクニン) 官公庁につとめている人。公務員。

【役場】(ヤクば) 地方公務員などが事務をとる所。

熟語「役宅・助役・無役」

❺(国)やく。割り当てられて受けもつ仕事。

【役員】(ヤクイン) ①会社の幹部。②その役を担当する人。

【役職】(ヤクショク) 責任のある地位。「―手当」

【役得】(ヤクトク) 「―の多い地位」

【役所】(ヤクどころ) その人にふさわしい役・役目。

【役目】(ヤクめ) 「反対者を説得する―」

【役割】(ヤクわり) 「重要な―を果たす」

熟語「三役・重役・案内役・進行役・相談役」

❻(国)やく。演劇で、その人が演ずる受け持ち。

【役者】(ヤクシャ) 俳優。また、かけ引きなどにすぐれている人。「千両―」「なかなかの―だ」

熟語「悪役・主役・大役・代役・適役・配役」

【疫】⇩エキ(二七ページ)

【約】

7級 9画 糸-3 音 ヤク 漢 呉 訓 つづ-まーやか・つづ-まる・つづ-める

〔約〕 9画 糸-3

①4483 Ⓤ7D04

難読 約翰(ヨハネ)

人名 なり

筆順 

なりたち  ［形声］糸＋勺(ひしゃくでくみあげる)音。ひもで高くしめあげる意から、しめくくる、短かくつづめる意を表す。

❶しばる。つづめる。短くする。簡略にする。

【約言】(ヤクゲン) 要点をまとめた言葉。「話を―する」

熟語「簡約・集約・縮約・要約」

❷つづまやかにする。ひかえめにする。

熟語「倹約・節約」

❸整数で割りきる。

熟語「約数・約分・公約数」

❹ちぎる。とりきめ。

【約定】(ヤクジョウ) とりきめを結ぶ。「―書」

【約束】(ヤクソク) 当事者の間で決める。「結婚を―する」

【約款】(ヤッカン) 契約などに定められている条項。

熟語「違約・解約・確約・規約・協約・契約・公約・婚約・条約・制約・誓約・特約・破約・売約・密約・盟約・予約」

❺およそ。ほぼ。だいたい。

熟語「大約・約二倍」

【益】⇩エキ(二七ページ)

【訳】

5級 11画 言-4 音 ヤク 呉・エキ 漢 訓 わけ

①4485 Ⓤ8A33

〔譯〕 20画 言-13

②7603 Ⓤ8B6F

人名 つぐ

筆順 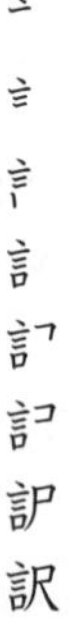

なりたち 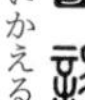 ［形声］言＋睪(数珠状に次々とつらなる)音。ことばを次々とつらね、言いかえるの意。「訳」は略字。

❶ある言語を他の言語におきかえる。

【訳語】(ヤクゴ) 翻訳する時にあてられる語。

【訳詞】(ヤクシ) 歌詞を翻訳する。「賛美歌の―」

【訳詩】(ヤクシ) 詩を翻訳する。「―集」

【訳者】(ヤクシャ) 翻訳した人。翻訳者。

【訳出】(ヤクシュツ) 翻訳する。訳し出す。

【訳書】(ヤクショ) 翻訳した書物。

【訳文】(ヤクブン) 訳した文。翻訳文。

【訳本】(ヤクホン) 翻訳した本。「―で読む」

熟語「訳述・訳注・訳読・悪訳・意訳・英訳・音訳・完訳・共訳・誤訳・抄訳・全訳・対訳・直訳・通訳・点訳・邦訳・翻訳・名訳・和訳・口語訳・現代語訳」

❷(国)わけ。意味。理由。事情。

熟語「訳知り・言い訳・内訳(うちわけ)」

【薬】

8級 16画 艸(艹)-13 音 ヤク 漢 呉 訓 くすり

①4484 Ⓤ85AC

〔藥〕 18画 艸(艹)-15

②7327 Ⓤ85E5

難読 薬玉(くすだま)・薬研(やげん)・薬煉(くすね)

人名 くすし

ヤ

筆順 一 艹 芇 苷 苗 蔽 蓽 薬

なりたち  ［形声］艸＋樂（クヌギの実であるどんぐりのような粒状にくだく）㊀。草の実や根をくだきつぶしたくすりの意。

❶くすり。

【薬指】くすりゆび　小指の隣の指。薬を水にとくのに用いたのでいう。無名指（むめいし）。紅差し指（べにさしゆび）。薬師指（くすしゆび）。

【薬缶・薬▾鑵】ヤカン　湯を沸かすのに用いる容器。薬を煎じるのに用いたのでいう。

【薬害】ヤクガイ　薬剤の有害な作用が及ぶ。「―エイズ」

【薬学】ヤクガク　「―部」

【薬剤】ヤクザイ　医薬品を調合したもの。「―師」

【薬餌】ヤクジ　薬となる食べ物。「―に親しむ（＝病気がち）」

【薬種】ヤクシュ　薬の材料。「―商」

【薬石】ヤクセキ　種々の薬剤。「―効なく」

【薬草】ヤクソウ　薬の材料になる草。薬用植物。

【薬湯】ヤクトウ　①くすりゆ。②煎（せん）じ薬。

【薬品】ヤクヒン　①くすり。医薬品。②化学変化を起こさせるために用いる物質。「化学―」

【薬物】ヤクブツ　医薬品。「―療法」

【薬味】ヤクミ　風味を増すために添える香辛料。

【薬用】ヤクヨウ　「―アルコール」「―石鹸（せっけん）」

【薬理】ヤクリ　薬品による生理的変化。「―作用」

【薬籠】ヤクロウ　薬を入れる手箱。「自家―中のもの（＝自分の思うとおりに使える物や人）」

【薬局】ヤッキョク　薬剤師が調剤を行うくすり屋。

【薬効】ヤッコウ　薬の効能。「―があらわれる」

熟語「薬液・薬園・薬殺・薬師・薬事・薬酒・薬疹・薬舗・薬礼・医薬・丸薬・偽薬・膏薬（こうやく）・座薬・生薬・新薬・製薬・施薬・投薬・毒薬・売薬・秘薬・媚薬・百薬・服薬・麻薬・妙薬・良薬・霊薬・外用薬・消毒薬・内用薬」

❷化学的作用を持つ物質。

【薬▾莢】ヤッキョウ　銃砲の発射薬を詰めた筒。

熟語「火薬・劇薬・硝薬・弾薬・農薬・爆薬・釉薬」

【躍】〔躍〕

4級　21画　足-14　21画　足-14

音 ヤク ㊇ ㊄

訓 おどる

①4486　Ⓤ8E8D

筆順 𧾷 趴 跙 跙 踋 蹃 躍

なりたち  ［形声］足＋翟（キジが高く羽をたてるさま）㊀。足で高くはねあがるの意。

◉異字同訓◉【踊】（六四〇ページ）の「異字同訓」欄を参照のこと。

❶おどる。おどりあがる。飛びあがる。

【躍起】ヤッキ　「―になって説明する」

熟語「躍躍・一躍・雀躍（じゃくやく）・跳躍・飛躍・勇躍」

❷勢いがよく活発である。

【躍如】ヤクジョ　はっきり表れている。「面目―」

【躍進】ヤクシン　「首位に―する」「めざましい―ぶり」

【躍動】ヤクドウ　「―する若人の姿」

熟語「暗躍・活躍」

やみ

【闇】

2級　17画　門-9　新常用

音 アン ㊇・オン ㊄

訓 やみ・くら-い・くらがり

①1639　Ⓤ95C7

注記「暗」とも書き換えられる。

筆順 丨 𠃌 門 門 門 閁 闇

なりたち  ［形声］門＋音（口ごもる）㊀。門をとじて内部をくらくするの意。

❶くらい。光がない。やみ。

【闇討ち】やみうち　暗闇にまぎれて人を襲う。不意を襲う。

熟語「闇黒・闇然（あんぜん）・闇夜・暁闇（ぎょうあん）・愚闇・暗闇（くらやみ）・無闇（むやみ）・夕闇（ゆうやみ）・宵闇（よいやみ）・諒闇」

❷物事にくらい。おろか。

熟語「闇愚・痴闇（ちあん）」

❸（国）やみ。正規の手続きによらない取引。

【闇市】やみいち　闇の品物を売る店の集まった所。

【闇米】やみごめ　正規の販路によらず取引される米。

ユ

【由】

8級　5画　田-0

音 ユ ㊄・ユウ（イウ）㊇・ユイ ㊅

訓 よし・よ-る

①4519　Ⓤ7531

仮名 平仮名「ゆ」は「由」の草体から。片仮名「ユ」は「由」の末二画の変形から。

人名 ただ・ゆき・より

筆順 丨 冂 巾 由 由

なりたち ［象形］酒つぼにかたどる。そこから出てくる、由来するの意。

❶よる。もとづく。したがう。たよる。

【由緒】ユイショ　物事の起こり。長い歴史を経て作りあげられた格式。「―正しい家系」

【由縁】ユエン　事の由来。「神社建立の―」

【由来】ユライ　①物事のいわれ。来歴。「―書き」②もともと。「―、景勝地として名高い」

〖由らしむべし、知らしむべからず〗人民は為政者の定めた方針に従わせることはできるが、人民すべてになぜこのように定められたかという理由を知らせることは難しい。また、人民はただ従わせればよく、理由を説明する要はない、の意で用いる場合もある。出典「論語泰伯」より。

熟語「《ユ》経由・所由・来由」「《ユウ》自由・率由(そつゆう)」

❷よし。わけ。原因。

熟語「《ユウ》因由・事由・理由」

❸(国)よし。㋐手段。方法。㋑人から伝え聞いた内容。

用例 ㋐「知る由もない」㋑「御来訪の由」

【油】

8級 8画 水(氵)-5 音 ユ(呉)・ユウ(イウ)(漢) 訓 あぶら ①4493 Ⓤ6CB9

難読 油点草(ほととぎす)・油桃(つばいもも)・油清汁(あぶらすまし)

筆順 、 ⺀ 氵 汈 汩 油 油 油

なりたち 〔形声〕水＋由(酒だる、かめ)(音)。かめに入れたあぶらの意。

❶あぶら。

【油圧】ユアツ「―ブレーキ」

【油煙】ユエン「―墨(ぼく)」

【油脂】ユシ 油や脂肪。「―工業」「植物―」

【油井】ユセイ 石油を採取するために掘った井戸。

【油性】ユセイ 油の有する性質。「―ボールペン」

【油田】ユデン「―開発」「海底―」

熟語「油彩・油剤・油槽・肝油・給油・軽油・原油・重油・醬油・精油・製油・石油・灯油」

❷雲などがさかんにわき起こるさま。

【油然】ユウゼン 盛んにわき起こる。ゆぜん。「雲が―とわく」「―として興味がわく」

❸その他。

【油断】ユダン 注意をおこたる。「―のならない相手」「―もすきもない」「―大敵(たいてき)」注記 語源未詳。

【遊】⇩ユウ(六三二ページ)

【喩】

2級 12画 口-9 新常用 音 ユ(漢)(呉) 訓 さと-す・たと-え・たと-える ②5140 Ⓤ55A9

人名 あき

筆順 丨 口 口' 叭 吟 哈 喩 喩

なりたち 〔形声〕口＋兪(ぬきとる)(音)。口で言って不明な点をぬきとる意から、さとす意を表す。

❶さとす。言って聞かせる。わからせる。(同)諭。

熟語「教喩」

❷たとえる。たとえ。

熟語「暗喩・隠喩・換喩・直喩・比喩・譬喩(ひゆ)・諷喩(ふうゆ)」

【愉】〔愉〕

準2級 12画 心(忄)-9 音 ユ(漢)(呉) 訓 たの-しい ①4491 Ⓤ6109
〔愉〕12画 心(忄)-9 ―

筆順 ' 忄 忄 恰 恰 愉 愉 愉

なりたち 〔形声〕心＋兪(ぬきとる)(音)。不快な心をぬきとり、たのしむの意。

たのしい。よろこぶ。

【愉悦】ユエツ 心から愉快に思って喜ぶ。

【愉快】ユカイ 楽しくて心地よい。「―な仲間」⇔不愉快

【愉楽】ユラク よろこび楽しむ。悦楽。

ユ

【諭】〔諭〕

準2級 16画 言-9 音 ユ(漢)(呉) 訓 さとす ①4501 Ⓤ8AED
〔諭〕16画 言-9 ― Ⓤ2F9D0

人名 さと・さとし・つぐ

筆順 亠 言 言 訡 訡 諭 諭 諭

なりたち 〔形声〕言＋兪(ぬきとる)(音)。不明な点を言葉でとりのぞく、教えさとす意。

さとす。教え導く。

【諭告】ユコク 人々へ告げ知らせる。

【諭旨】ユシ 趣旨を言いきかせる。「―免職」

熟語「諭示・教諭・告諭・上諭・説諭・勅諭」

【輸】〔輸〕

6級 16画 車-9 音 ユ(慣)・シュ(漢)(呉) ①4502 Ⓤ8F38
〔輸〕16画 車-9 ― Ⓤ2F9DF

筆順 亘 亘 亘 車 軒 輪 輸 輸

なりたち 〔形声〕車＋兪(ぬきとる)(音)。ぬき取って、他の所に車で移す意。

❶おくる。物を運ぶ。

【輸血】ユケツ 他の人の血液を注入する。

【輸出】ユシュツ「工業製品を―する」⇔輸入

【輸送】ユソウ 乗り物で人や物をはこぶ。「海上―」

【輸入】ユニュウ「石油を―する」⇔輸出

熟語「輸尿管・運輸・空輸・密輸・陸輸」

❷やぶれる。まける。

【輸贏】シュエイ 負けと勝ち。勝負。ゆえい。

【癒】

準2級 18画 疒-13 音 ユ 漢 呉 訓 いえる・いやす ①4494 Ⓤ7652

【癒】18画 疒-13

【瘉】14画 疒-9 ②6572 Ⓤ7609

筆順 亠 广 疒 疒 痄 瘉 癒 癒

なりたち ［形声］篆文では、疒＋兪（木の中身をくり抜いた丸木舟）音。からだの中から病気をとりさる意から、いえる意を表す。「癒」は疒＋愈（心の中から心配の種をとりさる）音。

いえる。病気がなおる。いやす。

【癒合】ユゴウ 傷がなおって、傷口がふさがる。

【癒着】ユチャク ①粘膜などがくっつく。「腸が―する」②本来離れているべきものがくっつく。「政官財の―」

熟語「快癒・治癒・平癒」

ユイ

【由】⇩ユ（六二七ページ）

【唯】

準2級 11画 口-8 音 ユイ 漢 呉・イ（ヰ） 漢 訓 ただ ①4503 Ⓤ552F

人名 ただ

筆順 丶 口 口' 叩 吖 咩 唯 唯

なりたち ［形声］口＋隹（ずんぐりと下部がふくらんだとり）音。ずっしりと重みのあることばの意から、ただこれだけと強く限定する意を表す。

❶ただ。それだけ。

【唯一】ユイツ ただ一つだけ。ゆいつ。ゆいいち。

【唯我独尊】ユイガドクソン 「天上天下（てんじょうてんげ）唯我独尊」の略。宇宙で自分より尊い者はいない。釈迦（しゃか）が生まれた時に言ったという言葉。

【唯識】ユイシキ ［仏］一切の物事は、それを認識する心の現れであるとする思想。

【唯心論】ユイシンロン 心（精神）が究極的な存在であるとする立場。

【唯物論】ユイブツロン 物質を根本的実在とする立場。

❷はい。応答の言葉。

【唯唯】イイ はいはいと従う。「―として従う」

【唯唯諾諾】イイダクダク 他人の言うことに、はいはいと従う。出典「韓非子八姦」より。

【遺】⇩イ（一二ページ）

ユウ

【友】

9級 4画 又-2 音 ユウ（イウ） 漢・ウ 呉 訓 とも ①4507 Ⓤ53CB

人名 すけ

筆順 一 ナ 方 友

なりたち ［形声］又（手）＋又音。手と手を取り合うともの意。

とも。ともだち。なかま。

【友垣】ともがき ともだち。友人。

【《友達》】ともだち 親しく交わる人。友人。「遊び―」

【友引】ともびき 六曜の一。この日の葬式を忌む。

【友愛】ユウアイ 兄弟・友人間の情愛。「―の精神」

【友誼】ユウギ 友達のよしみ。友情。「―団体」

【友軍】ユウグン 味方の軍隊。「―機」

【友好】ユウコウ 仲のよい交際。「―関係」「―国」

【友情】ユウジョウ 友達の間の親愛の情。「―に厚い人」

【友人】ユウジン ともだち。朋友。

熟語「友党・友邦・畏友（いゆう）・学友・旧友・交友・親友・朋友（ほうゆう）・盟友・僚友」

【右】⇩ウ（二〇ページ）

【由】⇩ユ（六二七ページ）

【有】

8級 6画 肉(月)-2 音 ユウ（イウ） 漢・ウ 呉 訓 ある・たもつ・もつ ①4513 Ⓤ6709

人名 すみ・たもつ・とも・なお・なり・みち・もち

筆順 ノ ナ 才 冇 有 有

なりたち ［形声］又（手、特に右手）音＋肉。肉を持つ、また、肉があるの意。

◉異字同訓◉

◇ある（有・在）

「有る」は“存在する。所有する。起こる”の意。仮名で書くことも多い。「有ること無いこと」「妻子の有る身」「踏切で事故が有った」「心ここに有らず」

「在る」は“存在する。生存する。ある状態に身を置く”の意。普通は仮名書き。「交番は目と鼻の先に在る」「責任が在る」「病の床に在る」「逆境に在る」

❶ある。存在する。また、存在するもの。

【有明】ありあけ 月がまだありながら夜が明けてくる頃。

【有（り）難い】ありがたい 「見舞ってくれるとは―い」「―い教え」

【有（り）様】ありさま 状態。ようす。「社会の―」

【有為】ウイ 「―転変の世の中」⇔無為

【有縁】ウエン ［仏］仏の道に縁がある。「―の衆生」

ユ

【有▼卦】（ウケ）「―に入る(=よいことばかりが続く)」
【有情】（ウジョウ）①〔仏〕心・感情・意識をもつもの。「天地―」②感情を理解しうること。「―の人」
【有象無象】（ウゾウムゾウ）①〔仏〕形をもつものともたないもの。有相無相。②つまらない人たち。「―は相手にするな」
【有頂天】（ウチョウテン）得意の絶頂。「―になる」
【有徳】（ウトク）①徳がある。②富んでいる。「―人」
【有無】（ウム）「在庫の―」「―を言わせず(=無理やり)連れてくる」
〖有無(う)相通ずる〗ある方からない方へ融通して、互いにうまくいくようにはからう。出典「史記越王句践世家」より。
【有▼耶無▼耶】（ウヤムヤ）あいまい。「事件は―になった」
【有為】（ユウイ）才能がある。「前途―の青年」
【有意】（ユウイ）①意味がある。「―差」②意志がある。
【有益】（ユウエキ）利益がある。「―な意見」⇕無益
【有価】（ユウカ）金銭上の価値がある。「―証券」
【有害】（ユウガイ）害がある。「―な食品」⇕無害
【有機】（ユウキ）生命をもっている。また、「有機物」の略。「―体」「―肥料」「―的な組織」⇕無機
【有形】（ユウケイ）形に現れる。「―文化財」⇕無形
【有限】（ユウゲン）限りがある。「資源の―性」⇕無限
【有効】（ユウコウ）効果がある。「―期限」⇕無効
【有司】（ユウシ）つかさびと。役人。「―専制」
【有史】（ユウシ）文字で書かれた記録が存在する。「―以前の昔」「―以来の出来事」
【有志】（ユウシ）「―を募る」「―一同」
【有事】（ユウジ）戦争などの一大事。「一朝―の際」
【有終】（ユウシュウ）「―の美を飾る」
【有償】（ユウショウ）「―の援助」⇕無償
【有数】（ユウスウ）とりたてて数えるほど数が少ない。屈指(くっし)。「日本―の米生産地」
【有声】（ユウセイ）音声学で、声帯の振動を伴うこと。「―音」⇕無声
【有線】（ユウセン）電線を使って行う電気通信の方法。「―放送」⇕無線
【有▽職・有▽識】（ユウソク）朝廷や公家の制度・故実などに精通している。ゆうしき。ゆうしょく。「―故実(こじつ)」
〖有知無知三十里〗知恵のある者と知恵のない者との差がはなはだしいことのたとえ。出典「世説新語捷悟」より。
【有能】（ユウノウ）能力がある。「―な人物」⇕無能
【有望】（ユウボウ）将来に望みがもてる。「前途―」
【有名】（ユウメイ）「―な歌手」「―無実(=名ばかりで実質が伴わない)」⇕無名
【有用】（ユウヨウ）役に立つ。「―な人物」⇕無用
【有利】（ユウリ）「―な条件」⇕不利
【有料】（ユウリョウ）料金がいる。「―道路」⇕無料
【有力】（ユウリョク）「地元の―者」「議長選の―候補」⇕無力

熟語「《ユウ》有閑・有線・有理・有意義・固有・特有」「《ウ》希有(けう)・中有(ちゅうう)・未曽有(みぞう)・無何有(むかう)」

❷もつ。たもつ。手中にある。

熟語「共有・国有・私有・所有」

❸さらに。その上に。

【有半】（ユウハン）…と、その半分。「一年―(=一年半)」
【有余】（ユウヨ）それよりもやや多い。余り。「十年―」

【勇】

〔勇〕9画 カ-7

7級 9画 カ-7 音 ユウ(呉)・ヨウ(漢)・ユ(呉) 訓 いさむ・いさ-ましい ①4506 Ⓤ52C7

難読 勇魚(いさな)

人名 いさ・いさお・いさまし・いさみ・いさむ・お・さ・そよ・たけ・たけし・とし・はや・よ

筆順 

なりたち  〔形声〕甬(人が足ぶみをする)音＋力。足ぶみをし、力をふるいたたせるの意。

いさむ。いさましい。恐れずに立ち向かう。

【勇往】（ユウオウ）いさんで行く。「―邁進(まいしん)」
【勇敢・勇▼悍】（ユウカン）勇気をもって事にあたる。「―な行動」
【勇気】（ユウキ）いさましい意気。「―ある提言」
【勇士】（ユウシ）いさましく強い人。勇者。
【勇姿】（ユウシ）いさましい姿。「凱旋将兵の―」
【勇将】（ユウショウ）「―の下(もと)に弱卒無し」
【勇壮】（ユウソウ）いさましく意気さかん。「―な行進曲」
【勇退】（ユウタイ）「―を求める」
【勇断】（ユウダン）勇気のある決断。果断。
【勇名】（ユウメイ）「―を馳(は)せる」
【勇猛】（ユウモウ）「―果敢」「―な兵」
【勇躍】（ユウヤク）「―戦地へおもむく」

熟語「勇健・勇者・勇戦・勇武・義勇・剛勇・大勇・忠勇・蛮勇・武勇」

【幽】

3級 9画 幺-6 音 ユウ(イウ)(漢)・ユウ(呉)・ヨウ(エウ)(呉) 訓 かす-か・くら-い ①4509 Ⓤ5E7D

筆順 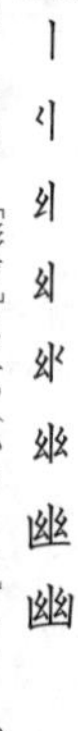

なりたち  〔形声〕幺二つ(小さくて見えにくく、かすかなさま)音＋山。山の中が暗くて、よく見えないさまの意。

❶かすか。ほのか。また、うす暗い。

【幽暗】（ユウアン）奥深く暗い。
【幽鬱】（ユウウツ）「憂鬱」に同じ。
【幽冥】（ユウメイ）①かすかで暗い。②冥土。「―界」

熟語「幽光・幽香・幽幽」

❷奥深い。奥深くてもの静かである。

【幽▼婉・幽艶】(ユウエン) 奥深く上品。「—な花の色」
【幽遠】(ユウエン) 奥深く知り尽くせない。「—な真理」
【幽境】(ユウキョウ) 人里はなれた静かな所。
【幽玄】(ユウゲン) 中世における美的理念の一。「—体」
【幽谷】(ユウコク) 奥深い静かな谷。「深山—」
【幽愁】(ユウシュウ) 深い憂い。「—を催す」
【幽▼邃】(ユウスイ) 景色が静かで奥深い。「—の地」
熟語「幽雅・幽寂・幽趣・幽静・清幽」

❸死者の世界。あの世。
【幽界】(ユウカイ) 死後に行くといわれている世界。
【幽鬼】(ユウキ) ①亡霊。幽霊。②ばけもの。
【幽明】(ユウメイ) 冥土と現世。「—境(さかい)を異にする(=死別する)」
【幽霊】(ユウレイ) 「墓場に—が出る」「—会社」

❹かくれる。俗世間をのがれる。
【幽居】(ユウキョ) 静かな所にひきこもって暮らす。
熟語「幽人・幽棲(ゆうせい)」

❺とじこめる。とらえる。
【幽囚】(ユウシュウ) 「—の身となる」
【幽閉】(ユウヘイ) 「座敷牢に—する」

【悠】

準2級 11画 心-7 音 ユウ(イウ)漢 訓 はる-か ①4510 Ⓤ60A0

人名 ちか・ちかし・はるか・ひさ・ひさし

筆順 悠

なりたち  [形声]攸(長いすじ)音+心。心がのんびりとして、長くゆったりしているの意。

❶はるか。とおい。
【悠遠】(ユウエン) はるかに遠い。「—なる神の代」
【悠久】(ユウキュウ) はてしなく長い。「—の大義」

❷ゆとりがある。ゆったりしている。落ち着いている。
【悠然】(ユウゼン) 「—と構える」「—たる面持ち」
【悠長】(ユウチョウ) 「—に構える」「—な話」
【悠悠】(ユウユウ) 「—と歩く」「—自適の生活」「—閑閑と(=ゆったりと)生きる」「—間に合う」
【悠揚】(ユウヨウ) 「—迫らぬ態度」

【郵】

5級 11画 邑(阝)-8 音 ユウ(イウ)漢・ウ呉 ①4525 Ⓤ90F5

筆順 郵

なりたち  [会意]垂(大地の果ての辺地)+邑(むら)。国境まで伝令を中継するための宿場の意。

❶宿場。
熟語「郵駅・郵亭」

❷文書・荷物などの運送。
【郵政】(ユウセイ) 郵便にかかわる行政。
【郵送】(ユウソウ) 郵便で送る。「申込書を—する」
【郵便】(ユウビン) 信書や小包など送達する通信制度。
熟語「郵券・郵船・郵袋」

【湧】

2級 12画 水(氵)-9 新常用 音 ユウ呉・ヨウ漢・ユ呉 訓 わく ①4515 Ⓤ6E67

〔湧〕12画 水(氵)-9 —— ——

人名 わか・わき・わく

筆順 湧

なりたち [形声]水+勇(足ぶみをして力をふるいたたせる)音。水が勢いよくわきたつの意。

◉異字同訓◉【沸】(五七一ページ)の「異字同訓」欄を参照のこと。

わく。ふき出る。ほとばしる。
【湧出】(ユウシュツ) 地中からわき出る。別表記 涌出
【湧水】(ユウスイ) わき出る水。わきみず。
熟語「湧溢・湧泉」

【猶】

準2級 12画 犬(犭)-9 音 ユウ(イウ)漢・ユ呉 訓 なお ①4517 Ⓤ7336

〔猶〕12画 犬(犭)-9 —— ——
〔犹〕7画 犬(犭)-4 ②6427 Ⓤ72B9

難読 猶予(いざよい)・猶太(ユダヤ)

人名 さね・なお・のり・みち・より

筆順 猶

なりたち  [形声]犬+酋(酒つぼから芳香を放ち続ける)音。手足の長いテナガザルのこと。また、以前の状態がそのまま続いているの意から、なおの意を表す。

❶疑いためらう。
【猶予】(ユウヨ) ①期日を延ばす。「支払い—」②ぐずぐずして物事を決めない。「一刻の—もならない」

❷似ている。同じようだ。さながら。
【猶子】(ユウシ) ①甥(おい)、または姪(めい)。②親族または他人の子を自分の子としたもの。養子。義子。

❸なお。やはり。
熟語「猶更(なおさら)」

【裕】

準2級 12画 衣(衤)-7 音 ユウ漢呉 訓 ゆた-か ①4521 Ⓤ88D5

人名 すけ・ひろ・ひろし・まさ・みち・やす・ゆたか

ユ

筆順 ラ ネ ネ ネ ネ 衤 衤 衤 裕 裕

なりたち ［形声］衣＋谷(たに)音。からだと衣服との間にすきまがあって、ゆったりしているの意。

ゆたか。ゆとりがある。のびやか。

【裕福】(ユウフク) 財産がありゆたかである。「―な家庭」

熟語「寛裕・富裕・余裕」

【遊】

8級 12画 辵(辶)-9 音 ユウ(イウ)漢・ユ呉 訓 あそぶ・あそ-ばす ①4523 Ⓤ904A

〔遊〕13画 辵(辶)-9

難読 遊牝(つるむ)・遊戯(ゆうげ)(げゆ)・口遊(くちずさ)む

人名 なが・ゆき

筆順 ュ う 方 方 斿 斿 游 遊

なりたち ［形声］辵(ゆく)＋斿(旗めくようにゆらゆらと子どもが水に浮いている)音。ぶらぶらしてあそぶの意。

❶あそぶ。楽しむ。

【遊技】(ユウギ) パチンコなどの勝負事。「―場」

【遊戯】(ユウギ) 遊びたわむれる。あそびごと。

【遊具】(ユウグ) 遊戯に用いる器具。遊び道具。

【遊芸】(ユウゲイ) 音曲・舞踊などの芸能。

熟語「遊宴・遊園・遊楽・遊園地・交遊・豪遊・清遊」

❷酒色にふける。

【遊客】(ユウカク) ①遊覧の客。②遊郭で遊ぶ人。

【遊郭・遊廓】(ユウカク) くるわ。いろまち。遊里。

【遊興】(ユウキョウ) おもしろく遊ぶ。「―にふける」

【遊女】(ユウジョ) 遊郭の女。女郎。

【遊蕩】(ユウトウ) 遊興にふける。放蕩。

【遊冶郎】(ユウヤロウ) 酒色にふける、身持ちの悪い男。

【遊里】(ユウリ) 遊郭。くるわ。

❸はたらいていない。ぶらぶらしている。

【遊休】(ユウキュウ) 「―地」

【遊侠】(ユウキョウ) 任侠を売り物にする人。侠客。

【遊惰】(ユウダ) 「―な生活を送る」

【遊民】(ユウミン) 働かずに遊び暮らす人。「高等―」

❹ただよう。およぐ。

【遊泳】(ユウエイ) 泳ぐ。水泳。「―禁止」 別表記 游泳

【遊歩】(ユウホ) そぞろ歩きする。散歩。「―道(どう)」

熟語「遊魂・遊糸・回遊・浮遊」

❺家を離れて旅をする。勉学のために各地に行く。

【遊学】(ユウガク) 「フランスはパリに―する」

【遊子】(ユウシ) 家を離れて他郷にある人。別表記 游子

【遊説】(ユウゼイ) 「全国を―して歩く」

【遊覧】(ユウラン) あちこち見物してまわる。「―船」

【遊歴】(ユウレキ) 各地をめぐり歩く。遍歴。

【遊行】(ユギョウ) 僧が各地をめぐり歩いて教化する。

【遊山】(ユサン) 山へ行って遊ぶ。気晴らしによそへ遊びにゆく。「物見―」「―客」

熟語「回遊・外遊・群遊・周遊・巡遊・漫遊・歴遊」

❻離れて存在する。固定した所属がない。

【遊軍】(ユウグン) 時機を見て出撃する待機部隊。別表記 游軍

【遊撃】(ユウゲキ) ①時に応じて敵を攻撃する。②野球のショートストップ。別表記 游撃

【遊星】(ユウセイ) 太陽の周囲を公転する星。惑星。

【遊牧】(ユウボク) 移動しながら家畜を飼う。「―民」

【遊弋】(ユウヨク) 艦船が海上をあちこち動き回る。

【遊離】(ユウリ) 「現実から―した提案」

【雄】

4級 12画 隹-4 音 ユウ漢・オウ呉 訓 お・おす・おん ①4526 Ⓤ96C4

ユ

人名 かず・かた・かつ・たか・たけ・たけし・のり・よし

筆順 一 ナ 厷 厷 広 広 雄 雄

なりたち ［形声］厷(外に張り出したひじ)音＋隹(とり)。肩ひじ張った力強い鳥の意から、おすの意を表す。

❶お。おす。⇔雌。

【雄蕊】(おしべ) 雌蕊(めしべ)に花粉を与える器官。⇔雌蕊

【雄花】(おばな) おしべしかない花。⇔雌花

【雄蕊】(ユウズイ) 「おしべ(雄蕊)」に同じ。

熟語「雄性・雌雄」

❷おおしい。強い。すぐれている。

【雄偉】(ユウイ) おおしくたくましい。

【雄勁】(ユウケイ) (書画・詩文が)力強い。

【雄渾】(ユウコン) (書画・詩文が)力強く雄大である。

【雄志】(ユウシ) 雄大な志。「―を抱(いだ)く」

【雄姿】(ユウシ) おおしい姿。「―を見せる」

【雄大】(ユウダイ) 「―な山々の眺め」「―な構想」

【雄図】(ユウト) 雄大な計画。「―むなしく敗北する」

【雄途】(ユウト) 勇ましい門出。「―に就く」

【雄飛】(ユウヒ) 「海外に―する」⇔雌伏

【雄弁】(ユウベン) 「―をふるう」「事実が―に物語る」

熟語「雄叫(おたけ)び・雄傑・雄心・雄藩・雄編・雄峰・英雄・梟雄(きょうゆう)・群雄・両雄・老雄」

【誘】

3級 14画 言-7 音 ユウ(イウ)漢・ユ呉 訓 さそ-う・いざな-う ①4522 Ⓤ8A98

筆順 亠 言 言 言 訁 訁 誘 誘

なりたち ［形声］言＋秀(他の人に先立つ)音。自分が先に立って、ある物事をするように他の人に言うの意。もと、羊(ひつじ)＋久(時間が長い)音＋ム(とりかこむ)に作る。時間をかけて羊をとり囲む意から、さそい導

く意を表す。「誘」は別体。

❶さそう。いざなう。おびきだす。かどわかす。

【誘引】ユウイン さそいこむ。「薬で虫を―する」

【誘拐】ユウカイ かどわかす。「営利―」

【誘致】ユウチ 積極的に招く。「大学を―する」

【誘導】ユウドウ さそい導く。「避難者を―する」

【誘惑】ユウワク 悪い道へさそいこむ。「―にかられる」

熟語「誘蛾灯・勧誘・強誘」

❷ひきおこす。

【誘因】ユウイン ある作用をひき起こす原因。

【誘爆】ユウバク 「爆弾が次々と―する」

【誘発】ユウハツ 「犯罪を―する」

【憂】

3級 15画 心-11 音 ユウ(イウ)漢・ウ呉 訓 うれえる・うれい・うい・うれ-え ①4511 Ⓤ6182

筆順 …

なりたち  [会意]頁(あたま)+心+夊(ゆく)。頭や心が悩ましくて、足もともおぼつかないの意。篆文では、頁+心とも。

❶うれえる。うれい。うれえ。

【憂鬱】ユウウツ 「―な気分」 別表記 幽鬱

【憂国】ユウコク 国をうれえ嘆く。「―の士」

【憂愁】ユウシュウ 悲しみ嘆く。「―の色が濃い」

【憂色】ユウショク 心配そうな顔色。「―に包まれる」

【憂▼悶】ユウモン 心配し苦しむ。「国の将来を―する」

【憂慮】ユウリョ 不安に思う。「―すべき状況」

熟語「憂患・憂苦・憂心・憂世・憂憤・杞憂(きゆう)・深憂・同憂・内憂・一喜一憂・内憂外患」

❷〔国〕うい。つらい。

【憂き身】うきみ つらい身の上。「―をやつす」

【憂き目】うきめ つらく悲しい経験。「敗北の―をみる」

【融】

準2級 16画 虫-10 音 ユウ漢・ユ呉 訓 とお-る・と-く・と-ける ①4527 Ⓤ878D

人名 あき・あきら・すけ・とお・とおる・みち・よし

筆順 …

なりたち  [形声]鬲(かなえ)+「蟲の略体」音。かなえから虫が飛びたつように蒸気がたちのぼる意から、とどこおりなくとおる意を表す。また、とけ合ってよく通じる意にも用いる。

❶とける。とかす。

【融解】ユウカイ とける。固体が液体となる。⇕凝固

【融合】ユウゴウ とけて一つになる。「核―」⇕分裂

熟語「融化・融雪・融点・溶融・熔融」

❷心がうちとける。

【融然】ユウゼン 気分がのびのびする。

【融和】ユウワ うちとけて仲よくする。「民族―」

❸とおる。とどこおりなく通じる。

【融資】ユウシ 資金を融通して貸し出す。

【融通】ユウズウ 「資金を―する」「―がきく」「―無碍(むげ)」

熟語「金融」

【優】

5級 17画 人(亻)-15 音 ユウ(イウ)漢・ウ呉 訓 やさしい・すぐれる・まさる

人名 かつ・ひろ・まさ・まさる・ゆたか ①4505 Ⓤ512A

筆順 …

なりたち  [形声]人+憂(ゆっくり歩く)音。仮面をつけてゆっくり歩く役者の意。のちに、やさしい意にも用いる。

❶役者。わざおぎ。

熟語「女優・声優・男優・俳優・名優」

❷やさしい。上品で美しい。しとやか。

【優男】やさおとこ やさがたの男。気だての優しい男。

【優形】やさがた ほっそりとして上品だ。「―の男前」

【優▼婉・優艶】ユウエン しとやかで美しい。「―な淑女」

【優雅】ユウガ 上品でおくゆかしい。「―な生活」

【優美】ユウビ 上品で美しい。「―な装い」

❸ゆったりしている。のどやか。

【優柔】ユウジュウ 決断力に乏しい。「―不断」

熟語「優然・優長」

❹すぐれる。まさる。ひいでる。⇕劣。

【優位】ユウイ 「―に立つ」⇕劣位

【優越】ユウエツ 他よりすぐれている。「―感」

【優秀】ユウシュウ 特にまさっている。「成績―」

【優勝】ユウショウ ①勝って第一位となる。「―杯」②すぐれたものが勝つ。「―劣敗(れっぱい)はこの世の常」

【優勢】ユウセイ 勢いが他よりまさっている。⇕劣勢

【優等】ユウトウ 他よりまさっている。「―生」⇕劣等

【優良】ユウリョウ 他よりすぐれている。⇕劣悪

【優劣】ユウレツ 「―を競う」「―をつけがたい」

熟語「優者・優性」

❺てあつい。めぐみ深い。

【優▼渥】ユウアク 手厚い。「―なお言葉をいただく」

【優遇】ユウグウ 手厚くもてなす。「―措置」⇕冷遇

【優▼諚】ユウジョウ 天子の厚い思し召しの仰せ。

【優先】ユウセン 他をさしおいて行う。「―道路」

【優待】ユウタイ 手厚くもてなす。「―券」

❻その他。梵語の音訳に用いる。

【優曇華】ウドンゲ ①三千年に一度花が咲くといわれる植物。②クサカゲロウの卵。花のように見える。

【優婆▼夷】ウバイ 出家していない、女性の仏教信者。

ユ

【優婆塞】ウバソク 出家していない、男性の仏教信者。

ヨ

【与】【與】

4級 3画 一-2 ①4531 Ⓤ4E0E
13画 臼(臼)-6 ②7148 Ⓤ8207

音 ヨ 漢 呉
訓 あた-える・あず-かる・くみ-する・と・ともに

仮名 平仮名「よ」は「与」の草体。片仮名「ヨ」は「与」の末三画から。

人名 あと・くみ・すえ・ため・とも・のぶ・ひとし・もろ・よし

筆順 一 与 与

なりたち [会意]与(「牙」ともと同形で、歯のようにしっかりかみあうさま)＋手(⺕)四つ。しっかりと力を合わせるの意。「与」は略字。

◉**異字同訓**◉**【預】**(六三五ページ)の「異字同訓」欄を参照のこと。

❶くみする。味方になる。ともに。

【与国】ヨコク 味方の国。同盟国。
【与党】ヨトウ 政権を担当している政党。⇔野党
【与力】ヨリキ ①助力する。②江戸時代、奉行などの部下として、同心を指揮した職。

❷あずかる。関係する。

熟語「関与・寄与・参与」

❸あたえる。授ける。

【与件】ヨケン 推理の前提として与えられた条件。
【与奪】ヨダツ 与えることと奪うこと。「生殺―の権」 別表記 予奪

熟語「給与・供与・授与・賞与・譲与・贈与・貸与・天与・投与・付与」

❹その他。当て字など。

【与太】よた ①知恵が足りない。②いい加減。でたらめ。「―話」「―を飛ばす」③素行不良の者。「―者」

【予】【豫】

8級 4画 亅-3 ①4529 Ⓤ4E88
16画 豕-9 ②4814 Ⓤ8C6B

音 ヨ 漢 呉
訓 あた-える・あらかじ-め・かね-て・われ

難読 予予(かねがね)

人名 まさ・やす・やすし

筆順 フ マ 㐅 予

なりたち  [予][指事]甲骨文では、機織りの横糸を通す杼(ひ)(⺊)と、それを移動させたさま(口)を示して、向こうへ押しやる、あたえるの意を表す。[豫][形声]象＋予(のびる)音。大きな象の意。転じて、ゆったりとゆとりを持って物事を行うさま、あらかじめの意を表す。「予」は本来別字だが、古くから「豫」の略字として用いられる。

❶あたえる。授ける。同与。

熟語「予奪」

❷あらかじめ。まえもって。かねて。

【予感】ヨカン 「うまくいきそうな―」
【予期】ヨキ 「―したとおりの展開」
【予見】ヨケン 予知。「成功を―する」
【予言】ヨゲン 未来を予測して言う。
【予行】ヨコウ 「卒業式の―演習」
【予告】ヨコク 「実験再開を―する」
【予算】ヨサン 「歓迎会の―」「―編成」
【予習】ヨシュウ 前もって学習しておく。⇔復習
【予選】ヨセン 「―通過」「―を勝ち抜く」
【予餞会】ヨセンカイ 卒業などの前に行われる送別会。
【予想】ヨソウ 「優勝候補を―する」「―外の展開」
【予測】ヨソク 「来年の景気を―する」
【予断】ヨダン 前もって判断する。「―を許さない」
【予知】ヨチ 前もって知る。「地震の―」
【予兆】ヨチョウ きざし。前ぶれ。「経済激変の―」
【予定】ヨテイ 前もって定める。「来週の―を立てる」
【予備】ヨビ あらかじめ準備しておく。「―費」
【予報】ヨホウ 「天気―」「桜の開花―」
【予防】ヨボウ 前もって防ぐ。「―注射」
【予約】ヨヤク 前もって約束しておく。「―金」

熟語「予価・予科・予後・予審・予鈴」

❸ためらう。

熟語「猶予」

❹われ。自分。同余。

熟語「予一人」

❺(国)「伊予(いよ)国」(今の愛媛県)の略。

熟語「予州・予讃(よさん)本線・芸予諸島」

【余】【餘】

6級 7画 人-5 ①4530 Ⓤ4F59
16画 食(飠)-7 ②8117 Ⓤ9918

音 ヨ 漢 呉
訓 **あま-る・あま-す・われ**

難読 余所(よそ)・余波(なごり)(よは)・余程(よっぽど)(よほど)

人名 われ

筆順 ノ 人 亼 今 佘 余

なりたち 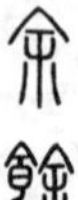 [余][象形]スコップで土をゆったりとのばすさまにかたどる。借りて、一人称代名詞に用いる。[餘][形声]食＋余音。食べ物がゆたかにある意から、あまる意を表す。「余」は本来別字だが、古くから「餘」の略字として用いられる。

❶われ。自分。同予。

【余輩】ヨハイ　わたくし。われ。また、われわれ。

❷あまる。あます。あまり。あとに残るもの。のこり。

【余韻】ヨイン　あとに残る響き・趣き。「―嫋嫋じょうじょう」

【余蘊】ヨウン　残ったところ。「―なく究明する」

【余▼殃】ヨオウ　祖先の悪事の報いとして及ぶ災難。「積悪の家には必ず―あり」⇔余慶よけい。

【余暇】ヨカ　仕事の合間のひま。ひま。

【余寒】ヨカン　立春後の寒さ。残寒。

【余計】ヨケイ　「―な手間がかかる」「人より―にもらう」

【余慶】ヨケイ　祖先の善行によって子孫が得る幸運。「積善の家には必ず―あり」⇔余殃よおう

【余剰】ヨジョウ　あまり。のこり。残余。「―米」

【余情】ヨジョウ　心に残る情緒。「―豊かな歌」

【余震】ヨシン　「―が頻発する」

【余▼塵】ヨジン　①あとに立つほこり。後塵こうじん。②先人の残した影響。「―を拝する」

【余▼燼】ヨジン　「―いまだ消えやらず」「派閥抗争の―」

【余生】ヨセイ　残されている人生。

【余勢】ヨセイ　まだ勢いのあるうち。「―を駆かる」

【余▼喘】ヨゼン　たえだえの息。虫の息。「―を保つ」

【余地】ヨチ　「立錐の―もない」「弁解する―もない」

【余桃よとうの罪つみ】　君主の寵愛など気まぐれであてにならないことのたとえ。出典「韓非子説難」より。

【余波】ヨハ　「震災の―で景気が悪い」

【余白】ヨハク　白くあいている紙面。

【余分】ヨブン　「―が出る」「―な金」

【余命】ヨメイ　「―いくばくもない」

【余裕】ヨユウ　「―綽綽しゃくしゃく」「時間に―がある」

【余力】ヨリョク　なお余っている力。「―を残す」

【余▼禄】ヨロク　予定外の収入。余得。

熟語「余威・余映・余栄・余薫・余光・余香・余沢・余滴・余徳・余熱・余憤・余弊・余類・余烈・残余・剰余」

❸ほか。その他。

【余儀】ヨギ　「―ない(=やむをえない)事情で欠席する」

【余興】ヨキョウ　宴会などで行う演芸。「―の二人羽織」

【余罪】ヨザイ　ほかの罪。「―がないか追及する」

【余人】ヨジン　ほかの人。「―をもって替えがたい」

【余▽所】よそ　「―へ引っ越す」別表記 他所・外

【余談】ヨダン　本筋をはずれた話。「―になるが…」

【余念】ヨネン　「読書に―がない」

【余聞】ヨブン　こぼれ話。余話よわ。「政界―」

【余話】ヨワ　余聞よぶん。「文壇―」

熟語「余技・余事・余日・余得・余病・余録」

❹その数以上であることを表す。

熟語「月余・有余・一年余・十余年」

【誉】【譽】

4級　13画 言-6　音 ヨ 漢 呉　訓 ほまれ・ほ-める　①4532 Ⓤ8A89

【譽】20画 言-13　②7605 Ⓤ8B7D

人名 しげ・たか・たかし・のり・ほまる・もと・やす・よし

筆順 

なりたち  [形声]與(手を寄せあって物を持ちあげる)音＋言。大勢が言葉で人をほめそやすの意。「誉」は略字。

❶ほめる。ほめたたえる。賛美する。

熟語「毀誉・称誉・賞誉・毀誉褒貶きよほうへん」

❷ほまれ。よい評判。

熟語「誉望・栄誉・声誉・名誉」

【預】

6級　13画 頁-4　音 ヨ 漢 呉　訓 あずける・あずかる・あらかじ-め　①4534 Ⓤ9810

人名 さき・まさ・やす・よし

筆順 

なりたち  [形声]予(のびる)音＋頁(あたま・かお)。のんびりとした顔つきの意から、よゆうがあるさま、あらかじめの意を表す。

◉異字同訓◉

◇あずかる(預・▽与)

「預かる」は"保管する。まかされる。保留する"の意。「子供を預かる」「会計を預かる」「勝負を預かる」

「与る」は"関与する。受ける"の意。「計画の立案に与る」「お招きに与る」「おほめに与る」

❶あずかる。物事にかかわる。同与。

熟語「参預」

❷あらかじめ。まえもって。同予。

【預言】ヨゲン　神の意志を人々に伝える。「―者」

❸(国)あずける。あずかる。保管する。まかせる。

【預金】ヨキン　金銭を金融機関にあずける。「―口座」

【預託】ヨタク　金品を一時預ける。「―料」

ヨウ

【幼】

5級　5画 幺-2　音 ヨウ(エウ) 漢 呉　訓 おさな-い・いとけな-い　①4536 Ⓤ5E7C

人名 わか

筆順 

ヨ

なりたち ［形声］幺（糸二本をよるさまの象形。小さく細い糸）音＋力。力が弱い小さな子の意。

おさない。いとけない。年が非常に若い。


【幼気（いたいけ）】おさなくていじらしい。「―な子供」

【幼児（ヨウジ）】おさない子供。「―教育」「―虐待」

【幼弱（ヨウジャク）】おさなくてか弱い。「―な子供」

【幼女（ヨウジョ）】おさない女の子。

【幼少（ヨウショウ）】「まだ―のみぎり」

【幼稚（ヨウチ）】「―園」「―な議論」

【幼虫（ヨウチュウ）】昆虫などで、卵からかえって、さなぎや成虫になる前の呼び方。⇔成虫
【幼童（ヨウドウ）】おさない子供。「―向けの読み物」

【幼年（ヨウネン）】おさない年齢。少年。子供。

熟語「幼魚・幼君・幼時・幼生・幼虫・幼名・長幼・老幼」

【用】

9級　5画　用-0　音 ヨウ 漢 呉　訓 もちいる　①4549 Ⓤ7528

人名 ちか・もち

筆順 ノ 冂 月 月 用

なりたち ［象形］板（月）に棒（｜）を突き通した形にかたどる。つらぬき通す、役立たせるの意。

❶もちいる。つかう。役立てる。ある仕事をさせる。
【用意（ヨウイ）】準備。したく。「食事を―する」「―周到」

【用益（ヨウエキ）】使用と収益。「―物権」

【用具（ヨウグ）】ある事をするのに使用する道具。

【用語（ヨウゴ）】使用されている言葉。術語。「経済―」

【用字（ヨウジ）】文字の使い方。「―用語辞典」

【用心（ヨウジン）】気をつける。「火の―」 別表記 要心
【用水（ヨウスイ）】灌漑・防火のための水。「防火―」

【用地（ヨウチ）】ある事に使用するための土地。

【用途（ヨウト）】物や金の使いみち。使用法。

【用兵（ヨウヘイ）】兵の動かし方。「―の妙」

【用法（ヨウホウ）】用い方。「言葉の―」

【用量（ヨウリョウ）】用いるべき量。「この薬の―」

【用例（ヨウレイ）】用いられている例。用い方の例。

熟語「愛用・悪用・引用・運用・応用・活用・慣用・起用・採用・使用・借用・需用・信用・適用・盗用・登用・日用・任用・服用・無用・乱用・濫用・流用・利用」

❷ある使いみちをする。
【用度・用途（ヨウド）】①事務用品の供給を取り扱う。「―係」②必要な費用。「―金」

【用品（ヨウヒン）】ある事に用いる品物。「事務―」

熟語「飲用・客用・軍用・食用・費用・薬用・路用」

❸はたらく。はたらき。
【用言（ヨウゲン）】自立語で活用があり、単独で述語となりうる語。動詞・形容詞・形容動詞の類。⇔体言
熟語「器用・効用・作用・有用」

❹（国）よう。すべきこと。仕事。
【用件（ヨウケン）】なすべき事柄。用向き。「ご―をうかがいます」「―を済ます」

【用事（ヨウジ）】用件。用。「―をすます」

【用足し・用▽達（ようたし）】①用事をすませる。②役所・会社などに出入りして品物を納める。御用達（ごようたし）（ごようたつ）。③大小便をする。

【用談（ヨウダン）】用事についての話。「―を済ませる」

【用務（ヨウム）】果たすべき仕事。なすべき務め。

【用命（ヨウメイ）】用事を言いつける。「何なりと御―を承ります」

熟語「急用・公用・御用・雑用・私用・所用」

❺（国）大小便をする。
【用便（ヨウベン）】大小便をする。
熟語「小用」

【羊】

8級　6画　羊-0　音 ヨウ（ヤウ） 漢 呉　訓 ひつじ　①4551 Ⓤ7F8A

難読 羊栖菜（ひじき）・羊歯（しだ）・羊蹄（ぎしぎし）（しのね）・山羊（やぎ）・野羊（やぎ）・羚羊（れいよう）（かもしか）

筆順 、 丷 䒑 䒑 兰 羊

なりたち ［象形］まがった角をもつ動物の首の形にかたどり、ひつじの意を表す。

❶ひつじ。毛を織物とし、肉を食用にする家畜。
【羊（ひつじ）の歩（あゆ）み】①屠所（としょ）にひかれて行く羊の歩みの意で、死が近づいてくることのたとえ。②歳月。光陰。出典「涅槃経」などより。

【羊▽羹（ヨウカン）】餡（あん）に砂糖・寒天を加えた和菓子。

【羊水（ヨウスイ）】子宮の中で、胎児を保護する液。

【羊腸（ヨウチョウ）】羊の腸。「―の小径（＝幾重にも折れ曲がっている道）」

【羊頭▽狗肉（ヨウトウクニク）】看板には羊の頭を掲げながら、実際には犬の肉を売る。看板に偽りがあること。出典「無門関」より。

【羊毛（ヨウモウ）】羊・山羊から刈り取った毛。

熟語「羊肉・羊皮・羊皮紙・牧羊・綿羊・緬羊（めんよう）」

❷その他。当て字など。
【〈羊歯〉（しだ）】シダ類に属する植物の総称。別表記 歯朶

【妖】

2級　7画　女-4　新常用　音 ヨウ（エウ） 漢 呉　訓 あやしい・なまめ-かしい　①4537 Ⓤ5996

筆順 く 女 女 女 妖 妖

なりたち ［形声］女＋夭（人のからだがしなやかなさま）音。しなやかな女性の意から、なまめかしい意を表す。篆文では、女＋芺（わかい草）。

ヨ

❶あやしい。人を惑わせる。不吉な。
【妖怪】ヨウカイ　ばけもの。妖魔。「—変化げへん」
【妖気】ヨウキ　あやしい気配。「—が漂う」
【妖術】ヨウジュツ　人を惑わすあやしい術。
【妖精】ヨウセイ　西洋の伝説・物語に出てくる精霊。
熟語「妖異・妖雲・妖言・妖光・妖星・妖魔・面妖」
❷なまめかしい。あでやかで美しい。
【妖婉・妖艶】ヨウエン　あでやかで美しい。「—な姿」
【妖美】ヨウビ　人を惑わすあやしい美しさ。
【妖婦】ヨウフ　あやしい美しさをもった女性。
熟語「妖花・妖姫・妖女・妖婦・妖冶ようや・妖麗」

【洋】

8級　9画　水(氵)-6　音 ヨウ(ヤウ) 漢 呉　訓 なだ・ひろ-い　①4546　Ⓤ6D0B

人名 うみ・きよ・なみ・ひろ・ひろし・み
筆順 丶 氵 氵 氵 汫 洋 洋
なりたち  [形声]水＋羊(よい、大きい)音。広々とした大海の意。

❶なだ。そとうみ。おおうみ。
【洋上】ヨウジョウ　海上。また、船の上。「—会談」
熟語「遠洋・海洋・外洋・大洋・南洋・北洋・大西洋・太平洋」
❷ひろい。広々として大きい。
【洋洋】ヨウヨウ　①水が満ちあふれる。漾漾。②前途がひらけて希望に満ちている。「前途—」「—たる未来」
熟語「茫洋ぼうよう」
❸世界を東と西に二分したもの。
熟語「西洋・東洋」
❹西洋。西洋的。
【洋画】ヨウガ　①西洋画。「—家」②欧米の映画。⇔邦画
【洋学】ヨウガク　江戸末期の、西洋の学問。
【洋楽】ヨウガク　西洋の音楽。⇔邦楽
【洋館】ヨウカン　西洋風の建物。
【洋行】ヨウコウ　欧米へ留学・旅行する。「—帰り」
【洋才】ヨウサイ　西洋の学問に関する才能。「和魂—」
【洋裁】ヨウサイ　洋服の裁縫。「—学校」⇔和裁
【洋式】ヨウシキ　西洋風のやり方や様式。⇔和式
【洋室】ヨウシツ　西洋風の部屋。洋間。⇔和室
【洋酒】ヨウシュ　西洋から伝来した酒。
【洋書】ヨウショ　西洋の書物。洋本。
【洋食】ヨウショク　西洋風の食事。⇔和食
【洋品】ヨウヒン　特に衣服などの、西洋風の品物。
【洋風】ヨウフウ　西洋の様式。西洋風。⇔和風
【洋服】ヨウフク　西洋風の衣服。⇔和服

【要】

〔要〕9画　襾-3
7級　9画　襾-3　音 ヨウ(エウ) 漢 呉　訓 かなめ・いる　①4555　Ⓤ8981

人名 かなめ・しの・とし・もとむ・やす
筆順 一 冂 襾 襾 覀 要 要
なりたち  [象形]篆文では、人が立って両手をこしにあてるさまにかたどる。こしの意。女性のこしが細くしまっていることから、「女」を加えた。

❶かなめ。物事の大切な部分。
【要因】ヨウイン　物事が生じた、主要な原因。
【要害】ヨウガイ　①敵の攻撃を防ぐのに便利な土地。「—の地」②城塞。城郭。とりで。
【要訣】ヨウケツ　大切な方法。秘訣。「成功の—」
【要件】ヨウケン　必要な条件。「—を満たす」
【要項】ヨウコウ　必要な事項。「入学の募集—」
【要塞】ヨウサイ　戦略地点に設けられる軍事施設。
【要所】ヨウショ　重要な場所。肝心な点。
【要衝】ヨウショウ　重要な場所。要地。「交通の—」
【要職】ヨウショク　重要な職務・地位。重職。「—につく」
【要人】ヨウジン　重要な地位にある人。「政府の—」
【要素】ヨウソ　物事を成り立たせるもの。「構成—」
【要地】ヨウチ　重要な土地。「交通上の—」
【要諦】ヨウテイ　物事の肝心なところ。ようたい。
【要点】ヨウテン　物事の中心となる大切な点。
【要用】ヨウヨウ　大切な用件。「とり急ぎ—のみ」
【要路】ヨウロ　「交通の—」「政府—の人」
熟語「要説・要務・要目・肝要・緊要・重要・主要・枢要・摘要・法要」
❷物事をしめくくる。
【要綱】ヨウコウ　根本的で重要な事柄。「政策の—」
【要旨】ヨウシ　要点をまとめたもの。「講演の—」
【要約】ヨウヤク　話の要点を短くまとめたもの。
【要覧】ヨウラン　資料を集めまとめて、要点がわかるようにした文書。「市町村—」
【要領】ヨウリョウ　①物事の主要な部分。要点。「—を得ない」②物事をうまく処理する方法。「—が悪い」
熟語「要略・概要・大要・提要」
❸いる。もとめる。のぞむ。
【要員】ヨウイン　必要な人員。「保安—」
【要求】ヨウキュウ　必要だとして強く求める。
【要請】ヨウセイ　必要だとして乞い求める。
【要望】ヨウボウ　物事の実現をのぞむ。「—を聞く」
熟語「強要・需要・必要・不要」
❹待ち伏せする。同邀。
【要撃】ヨウゲキ　待ち伏せして攻撃する。
❺かならず。必要とする。
熟語「要確認・要注意・要免許」

【容】
6級　10画　宀-7
音 ヨウ漢・ユウ呉
訓 い-れる・かたち・ゆる-す
①4538　Ⓤ5BB9

難読 容子(ようす)・容易(たやすい)
人名 いるる・かた・なり・ひろ・ひろし・まさ・もり・やす・よし
筆順 丶 宀 宀 穴 穴 容 容
なりたち [形声]宀(いえ)+谷(くぼんだ所)音。家の中にすっぽりとおさまっている、中に物を入れるの意。

❶いれる。いれた物。なかみ。
【容喙(ヨウカイ)】くちばしを入れる。横から口を出す。「他人の―を許さない」

【容器(ヨウキ)】物を入れるうつわ。入れ物。

【容疑(ヨウギ)】罪を犯した疑い。「―者」

【容積(ヨウセキ)】容器の中に入り得る分量。体積。

【容量(ヨウリョウ)】入れ物の容積。「記憶―」

熟語「収容・受容・内容・包容」

❷ゆるす。うけいれる。ゆったりしている。
【容易(ヨウイ)】たやすくわかる。「―な操縦法」

【容赦(ヨウシャ)】「度重なる失礼、ご―下さい」

【容認(ヨウニン)】よいと認めて許す。「―できない失態」

熟語「寛容・許容・従容(しょうよう)・認容・包容」

❸かたち。すがた。
【容儀(ヨウギ)】礼儀にかなった姿や態度。「―を正す」

【容姿(ヨウシ)】すがたかたち。「―端麗」

【容色(ヨウショク)】顔かたち。器量(きりょう)。「―が衰える」

【容子(ヨウス)】「様子」に同じ。

【容体・容態(ヨウダイ)】①病気のありさま。病状。「―が急変する」②人のすがたかたち。「―を飾らない人」

別表記 様体
【容貌(ヨウボウ)】顔かたち。かおだち。「―魁偉(かいい)」

熟語「容止・威容・形容・整容・全容・美容・変容」

【庸】
準2級　11画　广-8
音 ヨウ漢
①4539　Ⓤ5EB8

人名 いさお・つね・のぶ・のり・もち・やす
筆順 亠 广 户 户 肩 肩 庸
なりたち [形声]庚(両手にきねを持つ)+用(もちいる)音。両手で持ちあげる、かたよらず一定しているの意。

❶人をもちいる。任用する。やとう。同傭。
熟語「登庸」

❷なみ。ふつう。かたよらない。
【庸愚(ヨウグ)】平凡でおろかである。

【庸人(ヨウジン)】凡庸な人間。凡人。

【庸劣(ヨウレツ)】平凡で劣っている。

熟語「中庸・凡庸」

❸労役の代わりに納める布や米の類。
熟語「租庸調」

【揚】
3級　12画　手(扌)-9
音 ヨウ(ヤウ)漢呉
訓 あげる・あがる
①4540　Ⓤ63DA

人名 あき・あきら・たか・のぶ
筆順 扌 扌 扣 担 担 捍 揚 揚
なりたち [形声]手+昜(日が高くあがる)音。手をあげる、また、あげるの意。
◉異字同訓◉【上】(三二四ページ)の「異字同訓」欄を参照のこと。

❶あげる。あがる。
熟語「揚水・揚力・鷹揚・掲揚・止揚・飛揚・浮揚・悠揚・抑揚」

❷気分などが高まる。高める。
【揚揚(ヨウヨウ)】誇らしげ。「意気―と引き揚げる」
熟語「昂揚(こうよう)・高揚・意気揚揚」

❸明らかにする。名高くする。
【揚言(ヨウゲン)】公然と言う。「―して憚(はばか)らない」
別表記 颺言
熟語「顕揚・称揚・賞揚・宣揚・発揚」

【揺】
3級　12画　手(扌)-9
音 ヨウ(エウ)漢呉
訓 ゆれる・ゆる・ゆらぐ・ゆるぐ・ゆする・ゆさぶる・ゆすぶる・ゆ-らす・ゆ-るがす
①4541　Ⓤ63FA

【搖】13画　手(扌)-10
②5774　Ⓤ6416

難読 揺蕩う(たゆたう)
筆順 扌 扌 扌 扌 抨 採 揺 揺
なりたち [形声]手+䍃(こねてゆらゆらする)音。手でゆらゆらと動かす、ゆするの意。

ゆれる。ゆらぐ。ゆる。ゆるぐ。ある点に支えられて前後左右などに動く。また、ゆする。ゆさぶる。ゆすぶる。ゆり動かす。

【揺動(ヨウドウ)】ゆれ動く。ゆり動かす。動揺。

【揺落(ヨウラク)】ゆれ動いておちる。

【揺籃(ヨウラン)】ゆりかご。「エジプト文明―の地」

熟語「揺曳(ようえい)・蕩揺(とうよう)・動揺・歩揺」

【葉】
8級　12画　艸(艹)-9
音 ヨウ(エフ)漢呉
訓 は
①4553　Ⓤ8449

難読 病葉(わくらば)(びょうよう)
人名 くに・すえ・のぶ・ふさ・よ

筆順 葉

なりたち [形声]艸＋枼(木の上に三枚の葉をつけるさまの象形)(音)。「枼」が原字。のちに草かんむりを加えた。

❶は。植物の器官の一。主として同化・呼吸作用を行う。

【葉末】はずえ 葉の先。転じて、子孫。

【葉月】はづき 陰暦八月の異名。

【葉巻】はまき 葉を巻いて棒状にしたタバコ。

【葉腋】ヨウエキ 葉が茎に付着する部分。

【葉柄】ヨウヘイ 葉を茎に付着させる柄。

【葉脈】ヨウミャク 植物の葉に脈状に走っている筋。

熟語「葉緑素・花葉・紅葉(こうよう)(もみじ)・黄葉(こうよう)(もみじ)・子葉・枝葉・双葉・霜葉・落葉(らくよう)(おちば)・針葉樹」

❷平たく薄いもの。また、それを数える語。

熟語「単葉・胚葉(はいよう)・肺葉・複葉・前頭葉・写真二葉」

❸よ。時代。

熟語「後葉・前葉・中葉・末葉」

【陽】

8級　12画　阜(阝)-9　音 ヨウ(ヤウ) 漢 呉　訓 ひ　①4559　Ⓤ967D

人名 あき・あきら・お・おき・きよ・きよし・たか・なか・はる

筆順 陽

なりたち [形声]阜(おか)＋昜(日が高くあがる)(音)。日があたるおか、また、太陽の意。

❶日のあたる側。日なた。山の南側。また、川や湖の北側。

熟語「岳陽・山陽・洛陽」

❷ひ。ひの光。昼の明るさをもたらすもの。

【陽光】ヨウコウ 太陽の光線。日光。「真夏の—」

【陽春】ヨウシュン ①陽気の満ちた春。②陰暦正月の称。

熟語「斜陽・秋陽・春陽・夕陽(せきよう)(ゆうひ)・太陽・落陽」

❸易学の語。陰陽二元気の一。⇔陰。

熟語「陰陽(いんよう)(おんよう)・重陽(ちょうよう)」

❹積極的。男性的。動的。プラスの。

【陽気】ヨウキ 「—な性格」「よい—になる」⇔陰気

【陽極】ヨウキョク 電位の高い方の電極。⇔陰極

【陽刻】ヨウコク 文字や絵を浮き出して彫る。⇔陰刻

【陽性】ヨウセイ ①積極的で陽気なさま。②検査などで反応があらわれること。▽⇔陰性

【陽報】ヨウホウ よい報い。「陰徳あれば—あり」

【陽暦】ヨウレキ 太陽暦。⇔陰暦

熟語「陽転・陽電気・陽電子」

❺いつわる。それらしく見せかける。

【陽狂】ヨウキョウ 狂人のふりをする。

【陽動】ヨウドウ 企図を隠すためにわざと違った動きをする。「—作戦」

❻その他。固有名詞・熟字訓など。

〈陽炎〉かげろう 春、野原などに見られる立ちのぼる気。「—が立つ」

【陽関】ヨウカン 中国、甘粛省の敦煌の南西に置かれた関所。

【陽明学】ようめいがく 中国明代の王陽明およびその学派の新儒教学説。

【溶】

4級　13画　水(氵)-10　音 ヨウ 漢　訓 とける・とかす・とく　①4547　Ⓤ6EB6

注記「熔」「鎔」の書き換え字としても用いられる。

筆順 溶

なりたち [形声]水＋容(中に物を入れる)(音)。水の中に物を入れてとかす意。

とける。とかす。とく。

【溶液】ヨウエキ 液体状態にある均一な混合物。

【溶解】ヨウカイ 物質がほかの物質に溶ける。

【溶岩】ヨウガン 「噴火口から—が流れ出す」別表記 熔岩

【溶鉱炉】ヨウコウロ 金属の製錬に用いる炉。別表記 鎔鉱炉

【溶剤】ヨウザイ 物質を溶かすのに用いる液体。溶媒。

【溶質】ヨウシツ 溶媒に溶けている物質。⇔溶媒

【溶接】ヨウセツ 「電気—」「—工」別表記 熔接

【溶媒】ヨウバイ 他の成分を溶かしている液体物質。⇔溶質

【溶融】ヨウユウ 固体が液体となる現象。融解。別表記 熔融

熟語「溶暗・溶銑(ようせん)・溶明・溶炉・溶鉱炉・可溶・不溶・水溶性」

【腰】

4級　13画　肉(月)-9　音 ヨウ(エウ) 漢 呉　訓 こし　①2588　Ⓤ8170

〔腰〕　13画　肉(月)-9　——　——

筆順 腰

なりたち [形声]肉＋要(こし)(音)。「要」が原字。「要」がかなめなどの意で用いられるようになったため、「肉(月)」を加えた。

こし。上肢と下肢に分かれて、体が大きく曲がるところ。また、そのようなところ。

【腰掛(け)】こしかけ 腰をおろして休むための台。

【腰巾着】こしギンチャク いつも目上の人から離れない者。

「社長の—」
【腰元】こしもと 貴人のそばに仕える女性。侍女。
【腰間】ヨウカン 腰のあたり。「—に秋水をたばさむ」
【腰椎】ヨウツイ 腰部にある五個の椎骨。
【腰痛】ヨウツウ 腰部に感ずる痛み。
熟語「腰鼓・細腰さいよう（ほそごし）・山腰さんよう・楚腰そよう・蜂腰ほうよう・本腰ほんごし・柳腰りゅうよう（やなぎごし）」

【様】〔樣〕

8級 14画 木-10 音 ヨウ（ヤウ）漢 呉 訓 さま ①4545 Ⓤ69D8
〔樣〕15画 木-11 ②6075 Ⓤ6A23

筆順 十 木 栏 栏 样 样 样 様 様

なりたち ［形声］木＋羕（水がただよいながれる）音。「橡」と同じくクヌギの意。のち、「橡」から「象」に通じて、かたち・ようすの意に用いる。

❶さま。ようす。ありさま。
【様子】ヨウス ①物事のありさま。「—をうかがう」②わけ。子細。「—ありげに振る舞う」③姿。風采ふうさい。「—のいい男」④けはい。兆候。「雨が降りそうな—だ」 別表記 容子
【様相】ヨウソウ 物事のようす。「凄惨な—を呈する」
【様態】ヨウタイ 物のありよう。状態。様相。
熟語「一様・異様・多様・同様・別様」
❷決まったかたち。やり方。
【様式】ヨウシキ ①共通の形式・やり方。「生活—」②芸術で、ある時代・流派に見られる特徴的な表現形態。「ロココ—」
熟語「今様いまよう・唐様からよう・和様」
❸あや。図柄。
熟語「図様・模様・文様」
❹（国）さま。人名の下に付けて尊敬を表す。また、ある語の下に付けて丁寧の意を添える。
熟語「王様・加藤様」「御苦労様・御馳走様」
❺（国）ざま。動作のしかた。…と同時に。
熟語「書き様・死に様・振り向き様」
❻（国）よう。…ごとく。…であれと。
用例「夢の様に・彼が言う様に・合格します様に」

【瘍】

2級 14画 疒-9 新常用 音 ヨウ（ヤウ）漢 呉 ②6571 Ⓤ760D

筆順 亠 广 疒 疒 疸 疸 瘍 瘍 瘍

なりたち ［形声］疒＋昜（日が高くあがる）音。皮膚がはれあがる病気の意から、できものの意を表す。
熟語「潰瘍かいよう・腫瘍しゅよう」

【踊】〔踴〕

4級 14画 足-7 音 ヨウ 漢・ユ 呉・ユウ 呉 訓 おどる・おどり ①4557 Ⓤ8E0A
〔踴〕16画 足-9 ②7693 Ⓤ8E34

筆順 口 早 𧾷 𧾷 跀 跖 踊 踊

なりたち ［形声］足＋甬（人が足ぶみをする）音。足を地面につけたり持ちあげたりして、おどるの意。

◉異字同訓◉
◇おどる（踊・躍）
「踊る」は"音楽に合わせて体を動かす。そそのかされる"の意。「ワルツを踊る」「宣伝に踊らされる」
「躍る」は"勢いよくはね上がる。わくわくする"の意。「銀鱗ぎんりんが躍る」「血わき肉躍る」「胸が躍る」

おどる。おどりあがる。まいおどる。
【踊り字】おどりジ 同じ文字や文字連続を繰り返して書くときに使う符号。「はゝ」「ます〳〵」や「堂々」「数〻」などの「ゝ」「〳〵」「々」「〻」の類。重ね字。畳字。重点。 別表記 躍り字
【踊り場】おどりば 階段の途中に設けた平らな所。
【踊躍】ヨウヤク おどりあがる。ゆうやく。ゆやく。
熟語「舞踊」

【窯】〔窰〕

準2級 15画 穴-10 音 ヨウ（エウ）漢 呉 訓 かま ①4550 Ⓤ7AAF
〔窰〕15画 穴-10 ②6763 Ⓤ7AB0

筆順 宀 穴 空 窄 窯 窯 窯 窯

なりたち ［形声］穴＋羔（羊を焼く）音。土器を焼く穴、かまの意。

かま。陶器やかわらなどを焼く装置。
【窯業】ヨウギョウ 窯かまを用いて陶磁器・煉瓦れんが・ガラスなどを製造する工業。
【窯変】ヨウヘン 焼成した陶磁器が予期しない釉色を呈したり、器の形が変形したりする。
熟語「官窯・陶窯」

【養】

7級 15画 食-6 音 ヨウ（ヤウ）漢 呉 訓 やしなう・かう ①4560 Ⓤ990A
人名 きよ・すけ・のぶ・まもる・やす・よし

筆順 丷 兰 关 羔 养 养 養 養

なりたち ［形声］羊（ひつじ）音＋食。羊のようなおいしい物を食べさせて力づける意から、やしなう意を表す。

ヨ

❶やしなう。はぐくみ育てる。
【養育】ヨウイク 「―費」
【養家】ヨウカ 養子として入籍した家。養子先の家。
【養子】ヨウシ 養子縁組によって子となった者。⇔実子
【養成】ヨウセイ 育成。「後継者を―する」
【養分】ヨウブン 生物体の成長に必要な成分。栄養分。
熟語「養親・養父・養母・養父母」
❷飼う。
【養魚】ヨウギョ 魚を飼い育てる。「―場」「―池」
【養鶏】ヨウケイ 鶏を飼い育てる。「―業」「―場」
【養虎(こ)の患(うれ)え】将来の災いの種となる敵を許す。後日に不安を残すこと。出典「史記 項羽本紀」より。
【養蚕】ヨウサン 蚕(かいこ)を飼い育てる。「―業」
【養殖】ヨウショク 魚介類を生簀(いけす)などでふやし育てる。
【養蜂】ヨウホウ 蜜蜂(みつばち)を飼育する。「―業」
熟語「養豚・飼養・培養・牧養」
❸生活の世話をする。
【養護】ヨウゴ 「―学校」
【養老】ヨウロウ 敬老。「―施設」「―年金」
熟語「供養(くよう)・孝養(こうよう)(きょうよう)・扶養・撫養(ぶよう)」
❹からだを大切にする。病をなおす。
【養生】ヨウジョウ ①摂生。「―法」②建築で、作業箇所の周囲を保護する。
熟語「栄養・加養・休養・滋養・静養・保養・療養」
❺心をゆたかにする。おしえる。
熟語「教養・修養・素養」

【擁】

3級 16画 手(扌)-13
音 ヨウ 漢・オウ(ヨウ) 呉
訓 いだく
①4542 Ⓤ64C1

筆順 

なりたち  [形声]手＋雝(なごやかにつつみこむ)音。両手ですっぽりとだきかかえるの意。「擁」は俗字。

❶いだく。だく。
熟語「抱擁」
❷たすける。まもる。
【擁護】ヨウゴ かばいまもる。「人権―」
【擁立】ヨウリツ ある地位につかせるようにもりたてる。
❸ふさぐ。さえぎる。
熟語「擁蔽(へい)・擁壁」

【謡】〔謠〕

4級 16画 言-9
音 ヨウ(エウ) 漢 呉
訓 うたい・うたう・うた
①4556 Ⓤ8B21

〔謠〕17画 言-10 ②7579 Ⓤ8B20

筆順 

なりたち [形声]言＋䍃(こねてゆらゆらする)音。ゆらゆらと声をのばし、節をつけてうたうの意。

❶うたう。伴奏なしに、節を付けて声に出す。
熟語「謡詠」
❷うた。はやりうた。
熟語「歌謡・俗謡・童謡・民謡・俚謡(りよう)」
❸(国)能の詞章。うたい。
【謡曲】ヨウキョク 能の詞章。また、能の詞章だけを謡う芸事。謡(うたい)。

【曜】〔曜〕

9級 18画 日-14
音 ヨウ(エウ) 漢 呉
①4543 Ⓤ66DC

〔曜〕18画 日-14 ―― ――

人名 あきら・てる

筆順 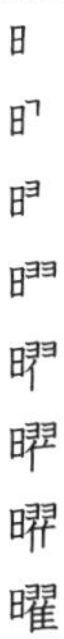

なりたち [形声]日＋翟(キジが高く羽をたてるさま)音。日が高くかがやくの意。

❶日・月・星の総称。また、ひかり。日光。かがやく。
熟語「九曜・七曜・六曜」
❷(国)日・月と火・水・木・金・土の五星とを、西洋の暦の一週間の日に割り当てて呼ぶ名。
熟語「曜日・火曜・日曜」

ヨク

【抑】

3級 7画 手(扌)-4
音 ヨク 漢・オク 呉
訓 おさえる・そもそも
①4562 Ⓤ6291

人名 あきら

筆順 

なりたち  [指事]篆文では、「印」を裏返した形。上から押しつけたしるしの意から、上から手でおさえつけるの意を表す。のちに「手」を加えた。

❶おさえる。押し止める。
【抑圧】ヨクアツ 無理におさえつける。「言論の自由を―する」「感情の―」
【抑鬱】ヨクウツ 心がふさいではればれしない。
【抑止】ヨクシ 抑えとどめる。「核の―力」

ヨ

【抑制】(ヨクセイ) おさえてとめる。「物価の―」

【抑揚】(ヨクヨウ) 音声などの調子を上げたり下げたりする。イントネーション。「―をつけて読む」

【抑留】(ヨクリュウ) おさえとどめる。「シベリアに―される」

熟語「謙抑・制抑」

❷そもそも。いったい。文頭に用いる。

【沃】

(2級) 7画 水(氵)-4 新常用
音 ヨク慣・オク漢 呉・ヨウ慣
訓 こ-える
①4564 Ⓤ6C83

難読 沃懸地(いかけじ)
人名 ぬる
筆順 ⺀ ⺀ 氵 氵 汘 沃 沃
なりたち [形声]水+夭(人のからだがしなやかなさま)音。水をかけてやわらかくしなやかにする意から、そそぐ意を表す。篆文では、水+芺(わかい草)。

❶こえる。地味がゆたかである。
【沃地】(ヨクチ) 肥沃な土地。沃土。

【沃土】(ヨクド) 肥沃な土地。沃地。

【沃野】(ヨクヤ) 作物のよくできる肥えた平野。

熟語「《ヨク》沃壌・沃饒・肥沃・豊沃」

❷ヨード(ドイツ語)の音訳「沃度」の略。
【沃素】(ヨウソ) 黒むらさき色の結晶状の元素。ヨードチンキなどの原料。ヨード。

【沃度】(ヨウド) 「沃素(ようそ)」に同じ。

熟語「《ヨウ》沃化物」

【浴】

(7級) 10画 水(氵)-7
音 ヨク漢呉
訓 あび-る・あび-せる
①4565 Ⓤ6D74

筆順 ⺀ ⺀ 氵 氵 汃 汵 浴 浴 浴 浴
なりたち [形声]水+谷(くぼんだ所)音。くぼんだ形をしたたらいや滝つぼなどで体に水をあびるの意。

❶あびる。あびせる。湯水を身体にかける。からだをさらす。
【《浴衣》】(ゆかた) 木綿で作ったひとえの着物。

【浴室】(ヨクシツ) 風呂場。湯殿。

【浴場】(ヨクジョウ) 風呂場。風呂屋。「公衆―」

【浴槽】(ヨクソウ) 風呂桶。ゆぶね。

熟語「浴用・温浴・混浴・坐浴・座浴・水浴・入浴・沐浴(もくよく)・海水浴・森林浴・日光浴」

❷こうむる。受ける。
熟語「浴恩」

【欲】

(5級) 11画 欠-7
音 ヨク漢呉
訓 ほっ-する・ほし-い
①4563 Ⓤ6B32

注記 「慾」の書き換え字としても用いられる。
筆順 ハ ⺈ 㕣 谷 谷 谷 欲 欲
なりたち [形声]谷(深く切れこんだたて穴)音+欠(体をかがめる)。体をかがめ、口を上にあけたさまから、物をほしがる意を表す。

ほしい。ほっする。ほしく思う。願い求める心。

【欲情】(ヨクジョウ) 愛欲の情。情欲。

【欲深】(ヨクふか) 欲が深い。強欲。

【欲望】(ヨクボウ) ほしいと思う心。「―を抱く」

【欲目】(ヨクめ) 自分に都合のいいほうに見る。ひいきめ。「親の―」

【欲求】(ヨッキュウ) ほしがり求める。「―不満」

熟語「欲心・欲得・欲念・欲界・欲求・愛欲・意欲・色欲・情欲・私欲・食欲・性欲・貪欲・物欲・無欲・出世欲・知識欲」

【翌】

(5級) 11画 羽(羽)-5
音 ヨク漢
①4566 Ⓤ7FCC

〔翌〕 11画 羽-5

人名 あきら
筆順 ㇆ ㇆ ㇇ ㇆㇆ 羽 羽 翌 翌 翌
なりたち [形声]羽+立(たてる)音。つばさをたてて飛ぶ意から、つばさの意を表す。転じて、つばさは両方にあることから、もう一つの、次のの意を表す。

あくる。ある基準となる日時の、その次の。

【〈翌檜〉】(あすなろ) ヒノキ科の常緑高木。ヒバ。

【翌日】(ヨクジツ) その日の次の日。あくる日。

【翌年】(ヨクネン) その年の次の年。よくとし。

熟語「翌月・翌週・翌朝・翌翌日」

【翼】

(4級) 17画 羽(羽)-11
音 ヨク漢呉
訓 つばさ
①4567 Ⓤ7FFC

〔翼〕 17画 羽-11

人名 すけ・たすく
筆順 ㇆ ㇆ ㇆㇆ 羽 翌 翼 翼 翼 翼
なりたち [形声]羽+異(ことなる、もう一つ別の)音。もう一つあって、対をなすつばさの意。篆文では、飛+異。

❶つばさ。鳥・虫・飛行機のはね。
熟語「翼下・翼長・一翼・右翼・羽翼・鶴翼・銀翼・左翼・主翼・比翼・尾翼」

❷たすける。かばう。
【翼賛】(ヨクサン) 力をそえてたすける。補佐する。

【翼翼】(ヨクヨク) 慎重にするさま。「小心―」

熟語「扶翼・輔翼(ほよく)」

ラ

【拉】 2級 8画 手(扌)-5 新常用 音 ラ(唐)・ロウ(ラフ) (漢)・ラツ(慣) 訓 ひしーぐ ②5739 Ⓤ62C9

難読 拉丁(ラテン)・拉麺(ラーメン)

筆順 一 ナ 扌 扌 扩 扩 拉 拉

なりたち [形声]手＋立(たつ)(音)。手で持って立つ意から、ひく・ひしぐの意を表す。

❶ひしぐ。くだく。つぶす。押しつぶす。つぶれる。

❷ひっぱる。ひっぱって行く。

【拉致】(ラチ) 無理やりに連れて行く。らっち。「—事件」

❸その他。当て字など。

【拉丁】(ラテン) ラテン語・ラテン文字のこと。別表記 羅甸

【裸】 3級 13画 衣(衤)-8 音 ラ(漢)(呉) 訓 はだか ①4571 Ⓤ88F8

筆順 ネ ネ ネ 初 袒 袒 裡 裸

なりたち [形声]衣＋果(木の実)(音)。衣服におおわれていないなかみの意から、はだかの意を表す。

はだか。むきだしである。

【〈裸足〉】(はだし) ①足に履(は)き物を履いていない。②(「はだしで逃げる」意から)顔負け。「くろうと—」「専門家—」別表記 跣

【裸眼】(ラガン) 眼鏡を使わない。「—視力」

【裸身】(ラシン) はだかのからだ。裸体。

【裸体】(ラタイ) はだかのからだ。裸身。

熟語「裸形(らぎょう)・裸出・裸像・裸婦・裸子植物・全裸・赤裸裸」

【羅】 準2級 19画 网(罒)-14 音 ラ(漢)(呉) 訓 うすぎぬ ①4569 Ⓤ7F85

人名 つら

筆順 冂 罒 罕 罘 罹 罹 羅 羅

なりたち [会意]网(あみ)＋維(つなぐ)。あみをつなぐ意から、つらねる・あみの意を表す。

❶あみ。鳥などを捕らえるあみ。あみでとる。

熟語「羅致・羅網・雀羅・網羅」

❷つらねる。つらなる。

【羅列】(ラレツ) 連ね並べる。「空疎な言葉の—」

熟語「羅布・棋羅・森羅」

❸うすぎぬ。うすもの。薄い絹織物。

熟語「羅衣・羅袖(らしゅう)・羅文(らもん)・綺羅(きら)・碧羅・綾羅(りょうら)・一張羅」

❹めぐる。

【羅針盤】(ラシンバン) 磁石を用いて方角を知る計器。コンパス。

❺梵語や外国語の音訳に用いる。

【羅漢】(ラカン) 「阿羅漢」の略。

【羅紗】(ラシャ) (ポルトガル語から)紡毛を原料とし、起毛させた厚地の毛織物。

【羅刹】(ラセツ) 人の肉を食う凶暴な悪鬼。

熟語「羅甸(ラテン)・羅馬(ローマ)・羅馬尼亜(ルーマニア)・伽羅(きゃら)(から)・修羅・阿羅漢(あらかん)・曼荼羅(まんだら)」

ライ

【礼】⇩レイ(六六二ページ)

【来】【來】 9級 7画 木-3 音 ライ(漢)(呉) 訓 くる・きたる・きたす ①4572 Ⓤ6765 ／ 8画 人-6 ②4852 Ⓤ4F86

人名 く・くる・こ・な・ゆき

筆順 一 冖 冖 立 平 来 来

なりたち [象形]実って穂がたれたムギにかたどる。「麥(麦)」の原字。恵みとしてもたらされることから、くる意に用いる。「来」は略字。

❶くる。自分の方へ近づく。

【来意】(ライイ) 訪問した理由。「—を告げる」

【来援】(ライエン) 応援に来る。「—を要請する」

【来往】(ライオウ) 往来。ゆきき。「船舶の—」

【来駕】(ライガ) 貴人がやって来ることを敬っていう。「ご—を賜わる」

【来客】(ライキャク) 「—中につき手が離せない」

【来光】(ライコウ) 高い山の上で迎える日の出。御来光。

【来寇】(ライコウ) 外国が攻めて来る。

【来迎】(ライゴウ) ①阿弥陀仏や菩薩が迎えにやって来る。②「来光」に同じ。

【来襲】(ライシュウ) 襲って来る。「敵機—」

【来場】(ライジョウ) 「ご—の皆様」

【来信】(ライシン) 人から来た便り。来状。来書。

【来朝】(ライチョウ) 外国人が日本にやって来る。来日。

【来日】(ライニチ) 「新任大使が—する」

【来賓】(ライヒン) 式などに招待された客。「—の祝辞」

【来復】(ライフク) 一度去ったものが再度来る。「一陽—」

ラ

【来訪】ライホウ 人がたずねて来る。「―者」
【来臨】ライリン 人がある場所へ来ることを敬っていう。「是非―賜わりたい」
熟語「来演・来観・来貢・来航・来旨・来社・来宅・来談・来聴・来店・来任・来報・来遊・遠来・往来・外来・去来・再来・襲来・出来しゅっらい（しゅったい・でき）・将来・伝来・到来・渡来・未来・捲土重来けんどちょうらい（けんどじゅうらい）・千客万来」

❷きたす。まねく。
熟語「招来・由来」

❸きたる。つぎの。
【来期】ライキ この次の時期・期間。
【来週】ライシュウ この次の週。
【来年】ライネン 今年の次の年。明年。
熟語「来月・来春」

❹これから先。
【来者】ライシャ ①訪ねて来た人。来客。②あとから生まれてくる人。後進。後生。③将来。今後。⇔往者
【来世】ライセ 死後、生まれかわって住む世。
熟語「来日らいじつ・将来・未来」

❺このかた。ある時点から今まで。
【来由】ライユ いわれ。来歴。由来。らいゆう。
【来歴】ライレキ ①由来。由緒。「故事―」②人の経歴。
熟語「以来・元来・旧来・古来・在来・爾来じらい・従来・生来・年来・本来・夜来・由来・昨年来・数日来」

【雷】

4級 13画 雨-5 音 **ライ** 漢 呉 訓 **かみなり**・いかずち ①4575 Ⓤ96F7

人名 あずま

筆順 一 厂 币 雨 雷 雷 雷

なりたち 靁 [形声]雨＋畾（積みかさなる）音。いなずまと雷鳴がかさなり生じるかみなりの意。「雷」は略字。

❶かみなり。いかずち。
【雷雨】ライウ 雷鳴をともなった激しい雨。
【雷雲】ライウン かみなりを起こす雲。
【雷火】ライカ ①いなびかり。いなずま。②落雷による火事。
【雷光】ライコウ いなびかり。いなずま。
【雷神】ライジン 雷を起こすという神。「風神―」
【雷▼霆】ライテイ 激しいかみなり。
【雷電】ライデン かみなりといなずま。
【雷鳴】ライメイ かみなりの音。かみなり。
熟語「雷公・雷声・遠雷・春雷・万雷・落雷・避雷針・疾風迅雷」

❷とどろく。
【雷同】ライドウ 簡単に他人の説に同調する。「付和―」
【雷名】ライメイ 世間に広く知れわたる名声。
熟語「雷動」

❸爆発するしかけの兵器。
【雷管】ライカン 火薬類の起爆点火装置。
【雷撃】ライゲキ ①雷がおちる。②魚雷で攻撃する。
熟語「機雷・魚雷・地雷・水雷」

❹その他。
【雷魚】ライギョ タイワンドジョウとカムルチーの俗称。
【雷鳥】ライチョウ ライチョウ科の鳥。特別天然記念物。

【頼】

4級 16画 頁-7 音 **ライ** 漢 呉 訓 **たのむ**・**たの**もしい・**たよる** ①4574 Ⓤ983C

【賴】16画 貝-9 ③9226 Ⓤ8CF4

難読 頼母子たのもし

人名 のり・よ・よし・より

筆順 一 ロ 中 束 束 剌 頼 頼

なりたち 賴 [形声]剌（もとる、たがう）音＋貝（財貨）。金の貸し借りの責任を他人になすりつけるの意。

◇たのむ（頼・▼恃） ●異字同訓●
「頼む」は"依頼する。まかせる"の意。「伝言を頼む」「出前を頼む」「母に子供を頼んで出かける」
「恃む」は"あてにする"の意。「一家の柱と恃む人」「数を恃んで押しかける」「恃むに足らず」

たのむ。たよる。あてにする。
【頼信紙】ライシンシ 電報を依頼するとき、電文を書く紙。
熟語「依頼・信頼・無頼漢ぶらいかん」

ラク

【絡】

4級 12画 糸-6 音 **ラク** 漢 呉 訓 **からむ**・**からまる**・**からめる**・から-げる・から-ます ①4577 Ⓤ7D61

難読 絡垜たたり・絡繰からくり

人名 つら・なり

筆順 ㄥ 幺 糸 糸 絇 終 終 絡

なりたち 絡 [形声]糸＋各（おのおの）音。おのおのの一つ一つを糸でつなぐの意。

❶からむ。からまる。からめる。からます。
熟語「籠絡ろうらく」

❷つながる。つなぐ。また、すじみち。
【絡▼繹】ラクエキ 人馬の往来が絶えない。
熟語「短絡・脈絡・連絡」 別表記 駱駅

【落】

8級　12画　艸(艹)-9　音 ラク 漢呉　訓 おちる・おとす　①4578 Ⓤ843D

難読 落人（おちうど・おちゅうど）・落葉松（からまつ）・落魄れる（おちぶれる）

筆順 一 艹 艹 莎 莎 茨 落 落

なりたち  [形声]艸＋洛(下に向かう)音。葉がおちるの意。

❶おちる。おとす。
【落差】ラクサ「成績の―が激しい」
【落日】ラクジツ 入り日。落陽。
【落石】ラクセキ「―注意」
【落馬】ラクバ 乗っている人が馬から落ちる。
【落盤・落▼磐】ラクバン「―事故」
【落命】ラクメイ 命を落とす。不慮の死などにいう。
【落下】ラッカ 下に落ちる。
【落花】ラッカ 花が散り落ちる。
【落花生】ラッカセイ マメ科の植物。ナンキンマメ。
【落花流水】ラッカリュウスイ ①過ぎ行く春の景色。②男女が互いに慕い合うことのたとえ。
【落花▼狼▼藉】ラッカロウゼキ ①花が地上に散り乱れている。②女性に乱暴をはたらく。「―に及ぶ」
熟語「落葉・落雷・落涙・落果・急落・下落・脱落・墜落・低落・転落・当落・剝落・崩落・暴落・没落」

❷攻めおとす。
【落城】ラクジョウ 城が攻め落とされる。
熟語「陥落・難攻不落」

❸おちぶれる。おとろえる。
【落▼魄】ラクハク おちぶれる。零落。「―の身」
熟語「堕落・凋落（ちょうらく）・没落・零落」

❹なくす。とり去る。
【落飾】ラクショク 貴人が髪を剃り落として仏門に入る。
熟語「落胆・落髪・落命」

❺ぬけおちる。はずれる。
【落▼伍】ラクゴ 仲間から遅れる。別表記 落後
【落籍】ラクセキ ①戸籍簿に記載漏れしている。②前借り金を払って芸者などをやめさせ、引き取る。みうけ。
【落選】ラクセン ①選挙におちる。⇔当選。②選にもれる。⇔入選
【落第】ラクダイ ①試験に合格しない。⇔及第。②進級できない。留年。③一定の水準に満たない。「人の上に立つ者としては―だ」
熟語「落丁・及落・欠落・脱落」

❻手にはいる。手にいれる。
【落札】ラクサツ「水道工事を―する」「―価格」
【落手】ラクシュ ①入手。落掌。②囲碁や将棋で、悪い手。
【落掌】ラクショウ 受け取る。落手。

❼できあがる。きまりがつく。
【落語】ラクゴ 寄席演芸の一。最後に落ち（おち）をつける。
【落成】ラクセイ 建築が完成する。竣工（しゅんこう）。
【落着】ラクチャク 物事のきまりがつく。「一件―」
【落款】ラッカン 書画に見られる、作者の署名・押印。
【落慶】ラッケイ 寺社の建物の完成を祝う。「―供養」

❽むらざと。
熟語「群落・集落・村落」

❾わだかまりがない。
熟語「洒落（しゃらく）（しゃれ）・磊落（らいらく）」

❿おおやけでない。
【落▼胤】ラクイン 身分の高い男性が正妻以外の女性に生ませた子。おとしだね。
【落首】ラクシュ 落書（らくしょ）の一。匿名の狂歌・狂句。
【落書】ラクショ 政治を風刺した匿名の文書。おとしぶみ。

⓫さびしい。まばら。
熟語「落莫（らくばく）・落落」

【楽】⇩ガク（七二ページ）

【酪】

準2級　13画　酉-6　音 ラク 漢呉　①4579 Ⓤ916A

筆順 冂 丙 西 酉 酉 酌 酪 酪

なりたち  [形声]酉＋各(障害物につかえる)音。乳の汁を煮つめ、かたまったものの意。

乳汁を発酵させた食品。乳製品。
【酪農】ラクノウ 牛などを飼い、乳や乳製品を作る農業。
熟語「乾酪・牛酪・製酪・乳酪」

ラツ

【辣】

2級　14画　辛-7　新常用　音 ラツ 漢呉　②7769 Ⓤ8FA3

筆順 亠 立 立 辛 辛 辛 辣 辣

なりたち [形声]辛(からい)＋「刺の略体」(勢いよく飛びはねる)音。ひりひりと刺すようにからいの意。

❶突き刺すようにからい。
【辣▼韮】ラッキョウ ユリ科の植物。鱗茎は食用。別表記 薤
熟語「辣油（ラーユ）」

ラ

❷きびしい。むごい。

【辣腕】ラツワン すごうで。敏腕。「―をふるう」

熟語「悪辣・苛辣・辛辣」

ラン

【乱】 5級 7画 乙-6 音 ラン 漢 呉・ロン 唐 訓 みだれる・みだす ①4580 Ⓤ4E71

【亂】13画 乙-12 ②4812 Ⓤ4E82

難読 乱吹(ふぶ)く・乱杙(乱杭)(らんぐい)・乱離(らり)

人名 おさむ

筆順 ノ 二 千 千 舌 舌 乱

なりたち [形声]𤔔(もつれた糸をさばく)音＋乙(まがり乱れる)。乱れもつれるの意。「乱」は「亂」の草体から。

❶みだれる。みだす。秩序をなくす。

【乱行】ランギョウ 乱暴な振る舞い。「―に及ぶ」 別表記 濫行

【乱雑】ランザツ 「―な部屋」

【乱心】ランシン 正常な精神状態でなくなる。「―者」

【乱数】ランスウ 0から9までの数字が、規則性なく表れるよう配したもの。「―表」

【乱痴気】ランチキ 入り乱れて大騒ぎする。「―騒ぎ」

【乱調】ランチョウ 調子がみだれる。

【乱闘】ラントウ 敵味方入り乱れてたたかう。

【乱取り】ランどり 柔道で、互いに技をかけ合う練習。

【乱入】ランニュウ 勝手にどっと入り込む。 別表記 濫入

【乱筆】ランピツ 乱暴に書いた文字。「―乱文」

【乱舞】ランブ 踊り狂う。「狂喜―」

【乱文】ランブン 乱れてととのわない文章。「乱筆―」

【乱暴】ランボウ 粗雑で荒っぽい。「―に扱う」「―な男」

【乱麻】ランマ 物事が複雑にからみ合っている。「快刀―を断つ」 注記 乱れもつれた麻の意。

【乱脈】ランミャク 「―な経理」「―を極める」

熟語「乱雲・乱戦・乱打・乱丁(らんちょう)・淫乱(いんらん)・狂乱・攪乱(こうらん)(かくらん)・混乱・錯乱・散乱・酒乱・争乱・騒乱・治乱・悩乱・波乱・紊乱(びんらん)(ぶんらん)・惑乱」

❷国がみだれる。騒動を起こす。いくさ。

【乱世】ランセイ 戦乱の絶えない世。「戦国―」

熟語「擾乱(じょうらん)・戦乱・大乱・動乱・内乱・反乱・叛乱(はんらん)」

❸みだりに。むやみに。同 濫。

【乱造】ランゾウ むやみに製造する。「粗製―」 別表記 濫造

【乱読】ランドク 本を手当たり次第に読む。 別表記 濫読

【乱伐】ランバツ 樹木を無計画に伐り倒す。 別表記 濫伐

【乱発】ランパツ 紙幣をむやみに発行する。 別表記 濫発

【乱用】ランヨウ みだりに用いる。「職権―」 別表記 濫用

【乱立】ランリツ 「候補者が―する」 別表記 濫立

熟語「乱獲・乱作・乱射・乱費」

【卵】 5級 7画 卩-5 音 ラン 漢 呉 訓 たまご ①4581 Ⓤ5375

筆順 ノ ㇄ ㇄ 𠂎 卯 卯 卵

なりたち [象形]魚またはカエルのたまごにかたどる。

❶たまご。

【卵を見て時夜を求む】たまごをみてじやをもとむ まだ孵化(ふか)もしない鶏卵を見て、時を告げるのを待ち望む、の意。 出典「荘子 斉物論」による。

【卵円形】ランエンケイ 卵の外形に似た円形。

【卵黄】ランオウ 卵の黄身(きみ)。

【卵生】ランセイ 卵の形で母体から産まれる。

【卵塔】ラントウ 卵形の塔身をもつ墓石。 別表記 蘭塔

【卵白】ランパク 卵の白身(しろみ)。

熟語「卵殻・鶏卵・産卵・孵卵(ふらん)・抱卵・累卵」

❷動植物のめすの生殖細胞。

【卵子】ランシ 雌の生殖細胞。

【卵巣】ランソウ 動物の雌の生殖腺。⇔精巣

熟語「卵割・卵管・卵細胞・排卵・受精卵」

【覧】 5級 17画 見-10 音 ラン 漢 呉 訓 み-る ①4587 Ⓤ89A7

【覽】22画 見-15 ②7521 Ⓤ89BD

人名 かた・ただ・み

筆順 丨 𠂉 臣 臣 臤 覧 覧

なりたち [形声]監(上から見おろす)音＋見。広くながめ見わたすの意。

❶みる。よく見る。

熟語「観覧・巡覧・展覧・博覧・遊覧」

❷「見る」の意の尊敬語。ご覧になる。

熟語「叡覧(えいらん)・高覧・照覧・上覧・台覧・天覧」

❸目を通す。

熟語「一覧・閲覧・回覧・縦覧(じゅうらん)(しょうらん)・便覧(べんらん)(びんらん)」

【濫】 3級 18画 水(氵)-15 音 ラン 漢 呉 訓 みだ-り・みだ-れる ①4584 Ⓤ6FEB

筆順 氵 氵 汀 沪 泹 濫 濫 濫

なりたち [形声]水＋監(水かがみをのぞきこむ)音。水かがみから水があふれ出すの意。

❶水があふれる。
熟語「氾濫はんらん」
❷うかぶ。うかべる。
【濫觴】ランショウ　物事の始まり。起源。「近代小説の―」注記 大河もその源は觴さかずきを濫うかべるほどの小さな流れであるという意。
❸みだれる。秩序をなくす。みだりに。むやみに。同乱。
【濫造】ランゾウ　「乱造らんぞう」に同じ。
【濫読】ランドク　「乱読らんどく」に同じ。
【濫用】ランヨウ　「乱用らんよう」に同じ。
熟語「濫獲・濫伐・濫発・濫費・濫立」

【藍】

2級　18画　艸(艹)-15　新常用　音 ラン 漢 呉　訓 あい　①4585　Ⓤ85CD

人名 あい
筆順 艹 艹 芦 苩 苩 藍 藍 藍
なりたち  [形声]艸＋監(水かがみ)音。青く染める草の意。
❶あい。タデ科の一年草。染料をとる。また、あい色。
【藍▼碧】ランペキ　青みの強い緑色。あおみどり。
【藍本】ランポン　①絵の下書き。②刊本や写本のよりどころとなった本。原本。注記 藍は青の出るもとということから。
熟語「藍青色・藍綬褒章・出藍」
❷ぼろ。ぼろきれ。同襤。
熟語「藍縷らんる」

【欄】

【欄】

4級　20画　木-16　音 ラン 漢 呉　訓 てすり　①4583　Ⓤ6B04

21画　木-17　③8627　ⓊF91D

筆順 木 村 村 村 柙 欄 欄 欄
なりたち [形声]木＋闌(さえぎる)音。出入りをさえぎる木の意から、木の囲い、囲った部分の意を表す。
❶てすり。階段・橋などのさく。おばしま。
【欄干】ランカン　廊下や橋などの側辺にあるてすり。別表記 欄杆
熟語「勾欄・高欄」
❷わく。線で囲むなどして区切られた部分。
【欄外】ランガイ　書籍の紙面で、本文の枠の外。
熟語「下欄・空欄・上欄・解答欄・投書欄・文芸欄」
❸その他。
【欄間】ランま　天井と鴨居かもいとの間に、格子こうしや透かし彫りの板などを取りつけた部分。

リ

【吏】

3級　6画　口-3　音 リ 漢 呉　①4589　Ⓤ540F

難読 吏道(吏読)とり
人名 おさ・さと・つかさ
筆順 一 厂 戸 百 吏 吏
なりたち  [会意]「一＋中」(旗ざおの象形)＋ヨ(手)。旗ざおを手に持つ人、役人の意。
役人。下級の役人。
【吏員】リイン　公共団体の職員。公務員。官吏。
熟語「汚吏・官吏・酷吏・獄吏・小吏・俗吏・能吏・捕吏・執行吏・執達吏」

【利】

7級　7画　刀(刂)-5　音 リ 漢 呉　訓 きく・するど-い　①4588　Ⓤ5229

仮名 平仮名「り」は「利」の全画の草体から。片仮名「リ」は「利」の旁つくりから。
人名 かが・かず・さと・と・とおる・とし・のり・まさ・みち・みのる・よし・より
筆順 ノ 二 千 禾 禾 利 利
なりたち  [会意]禾(イネ)＋刀。イネを刀でぱっと刈り切る意から、するどい意を表す。

●異字同訓●
◇きく(利・効)
「利く」は"機能が働く。可能である"の意。「犬は鼻が利く」「つけの利く店」
「効く」は"効果が現れる"の意。「薬が効く」「宣伝が効く」「パンチが効く」

❶するどい。また、かしこい。
【利器】リキ　①鋭利な刃物。⇔鈍器。②便利な道具・機械。「文明の―」
【利口・利巧】リコウ　①かしこい。利発。⇔馬鹿。②抜け目がない。「―に立ち回る」別表記 悧巧
【利根】リコン　生まれつき賢い。利口。⇔鈍根
【利発】リハツ　かしこい。「―な子」⇔愚鈍
熟語「利剣・利刃りじん・利鈍・鋭利・犀利さいり」
❷よい。よくする。都合がよい。役に立つ。
【利害】リガイ　利益と損害。「―関係」

リ

【利己】リコ「―主義」「―的」⇔利他
【利水】リスイ 水の流れをよくする。水を利用する。
【利他】リタ「―主義」⇔利己
【利敵】リテキ 敵が有利となるようにする。「―行為」
【利点】リテン 有利な点。都合のいいところ。
【利尿】リニョウ 尿の出をよくする。「―作用」
【利便】リベン 便利である。「―性」「―をはかる」
【利用】リヨウ「空いた時間を―する」「廃品―」
熟語「勝利・水利・福利・不利・便利・有利」

❸もうけ。収益。とく。
【利益】リエキ ①もうけ。利潤。⇔損失。②役に立つ。「公共の―」
【利権】リケン 大きな利益を伴う権利。「―屋」
【利子】リシ 金を貸したりした場合に、相手から金額と期間に比例して受け取る金。利息。
【利潤】リジュン 利益。もうけ。「―を追求する」
【利殖】リショク 資金をうまく運用して財産をふやす。
【利息】リソク 利子。「高い―を取る」
【利得・利徳】リトク 利益を得る。利益。もうけ。
【利益】リヤク 仏の慈悲や、善行によって生ずる恵み。利生りしょう。「ご―がある」注記「やく」は呉音。
【利欲】リヨク 利益をむさぼる心。「―に目がくらむ」
【利率】リリツ 元金に対する利子の割合。
熟語「営利・元利・巨利・金利・権利・功利・高利・実利・低利・年利・複利・暴利・冥利みょうり・名利めいり(みょうり)」

❹(国)きく。よく機能する。技量がある。
用例「利きが悪い・腕利き・目利き・鼻が利く・眺望が利く・口を利く」

【里】

9級 7画 里-0 音 リ 漢 呉 訓 さと
①4604 Ⓤ91CC
人名 さとし・のり
筆順

なりたち 里 [会意]田＋土。整然と区切られた土地の意。

❶さと。むらざと。いなか。
【里芋】さといも サトイモ科の多年草植物。葉は長い葉柄につき、盾形で深く二裂する。球茎(芋)と葉柄は食用。はたけいも。いも。
【里親】さとおや 親に代わって里子を養育する人。
【里子】さとご 他人の家で養育してもらう子供。
【里心】さとごころ 自分の家や郷里を恋しがる心。「―がつく」
【里俗】リゾク 地方の風習。土地のならわし。
【里謡】リヨウ 民間で歌いつがれてきた唄。別表記 俚謡
熟語「里諺りげん・郷里・古里こり(ふるさと)・故里こり(ふるさと)・遊里」

❷地方行政単位。律令制では五〇戸からなるもの。七一五年、里を郷ごうと改め、その下に二、三の里を設けたが、七四〇年ごろ、里は廃され、以後郷として残存。

❸距離の単位。近世では三六町。一八九一年(明治二四)以降、約三九二七メートル。
【里程】リテイ 道のり。里数。「―標」
熟語「万里・一里塚いちりづか・一瀉千里いっしゃせんり」

【理】

9級 11画 玉(王)-7 音 リ 漢 呉 訓 おさ-める・ことわり・すじ
①4593 Ⓤ7406
難読 理無いわりない
人名 あや・おさ・おさむ・さだむ・すけ・たか・ただ・ただし・ただす・とし・のり・まさ・みち・よし
筆順

なりたち 理 [形声]玉＋里(整然と区切られた土地)音。きちんとすじめの整った玉の意から、きちんとすじめを整えおさめる、きちんとすじの通っていることわりの意を表す。

❶すじ。すじめ。物の表面にある細かいもよう。
熟語「肌理きり(きめ)・節理・文理・木理」

❷おさめる。処置する。
【理財】リザイ 金銭・財物を有効に用いる。「―家」
【理事】リジ 団体を代表し事務をつかさどる役職。
熟語「管理・経理・受理・処理・代理・弁理」

❸ととのえる。つくろう。かざる。
【理髪】リハツ 主に男子の頭髪を刈り、形を整える。
【理容】リヨウ 理髪と美容。「―業」
熟語「修理・整理・調理・料理」

❹ことわり。物事のすじみち。
【理会】リカイ 物事の深い道理をさとる。
【理解】リカイ「内容を正しく―する」「―ある態度」
【理外】リガイ「―の理(=常識では説明できない道理)」
【理屈・理窟】リクツ「―に合った方法」「―をこねる」
【理性】リセイ 感情におぼれずに、筋道を立てて物事を考え判断する能力。「―的」
【理想】リソウ 考えられる最もすばらしい状態。最も望ましい姿。「―が高い」「―主義」⇔現実
【理知・理▼智】リチ 思考する力。理性と知恵。「―的」
【理詰め】リづめ 議論や思考を理屈だけでおしすすめる。
【理念】リネン ①物事についての基本的な考え。「教育―」②理性の働きとして得られる最高概念。イデー。
【理非】リヒ 正しいこととまちがっていること。是非。「―曲直」
【理不尽】リフジン 道理にかなっていないことを無理に押しつける。「―な要求」
【理法】リホウ 道理にかなったきまりや法則。

【理由】ユウ わけ。事情。「遅刻の―」「一身上の―」
【理路】ロ 考えの筋道。「―整然」
【理論】ロン 原理・原則にのっとって説く論。「―的」
熟語「義理・原理・条理・心理・真理・推理・生理・摂理・地理・定理・道理・物理・無理・倫理・論理」

❺自然科学の称。
【理科】カ 自然界の現象を学ぶ教科。⇔文科
【理学】ガク ①自然科学。②中国宋代の儒学。宋学。
熟語「理学部・理数系・理工学部・文理学部」

❻宇宙の根本原理。宋学で、現象を意味する「気」に対していう。
熟語「理学・理気」

痢
準2級 12画 疒-7 ①4601 Ⓤ75E2
音 リ 漢 呉

筆順 亠 广 疒 疒 疒 疒 痢 痢

なりたち ［形声］疒＋利（刃がするっとよく通る）音。便がするっとよく通りすぎる意から、はらがくだる意を表す。

はらくだり。また、激しいはらくだりをともなう病気。
熟語「痢病・疫痢えき・下痢・赤痢」

裏〔裡〕
5級 13画 衣-7 ①4602 Ⓤ88CF
〔裡〕12画 衣(ネ)-7 ①4603 Ⓤ88E1
音 リ 漢 呉
訓 うら・うち

筆順 亠 亠 亩 亩 亩 重 裏 裏 裏

なりたち  ［形声］衣＋里（縦横のきちんとした筋目で区切られた土地）音。縦横の筋目がついている衣服のうら地の意から、うらの意を表す。

❶うら。外に見えない側。⇔表。
【裏書(き)】うらがき ①確実であることを証明する。「犯行を―する証拠」②文書などの裏に証明・注記などを書き込む。
【裏方】うらかた 目立たずに実質的な仕事をする人。
【裏金】うらがね 表立てないで相手に渡す金銭。
【裏口】うらぐち ①裏側にある出入り口。②不正な方法。「―入学」
【裏面】リメン 物のうらの面。表面に現れない事柄。「社会の―」「―史」⇔表面
熟語「表裏」

❷うち。なかがわ。内部。
熟語「胸裏・禁裏・手裏・心裏・内裏だい・脳裏」

❸漢語の下に付けて、その条件のうちにあることを表す。
熟語「暗暗裏・盛会裏・盛況裏・成功裏・秘密裏」

履
準2級 15画 尸-12 ①4590 Ⓤ5C65
音 リ 漢 呉
訓 はく・くつ・ふ-む
人名 ふみ

筆順 一 コ 尸 屄 屄 履 履 履

なりたち  ［会意］もと、尸（ひと）＋彳（みち）＋舟（はきものの象形）＋夂（あし）。人が足にはきものをはいて道を歩む意から、くつ・ふむの意を表す。のち、尸＋復（通った経路をふたたびもどる）と解されるようになった。

◉異字同訓◉【踏】（四九六ページ）の「異字同訓」欄を参照のこと。

❶はく。くつやくつ下などを足に付ける。はきもの。くつ。
熟語「草履ぞう・弊履へい・木履ぼく（ぼっくり）」

❷ふむ。おこなう。
【履行】コウ 約束を実際に行う。「契約不―」
【履修】シュウ 規定の課程を修得する。「―登録」
【履歴】レキ 現在までの学業・職業・賞罰など。「―書」

璃
2級 15画 玉(王)-11 新常用 ①4594 Ⓤ7483
音 リ 漢 呉
人名 あき

筆順 丁 王 玗 玟 璃 璃 璃 璃

なりたち ［形声］玉＋离音。梵語 vaidūrya（紫がかった紺色の玉）を吠瑠璃と音訳するために作った字。

❶「玻璃は」は、水晶。また、ガラスの別名。
❷「瑠璃る」は、青色の宝玉。また、ガラスの古名。

離
4級 19画 隹-11 ①4605 Ⓤ96E2
音 リ 漢 呉
訓 はなれる・はなす
人名 あき・あきら・つら

筆順 亠 文 卤 离 离 離 離 離

なりたち  ［会意］离（大蛇）＋隹（とり）。ヘビと鳥が組んずほぐれつの争いをする意から、はなれる意を表す。

◉異字同訓◉【放】（五九一ページ）の「異字同訓」欄を参照のこと。

❶はなれる。はなす。隔たる。
【離間】カン 仲たがいさせる。「―策」
【離郷】キョウ 故郷を離れる。出郷。
【離合】ゴウ 離れたり合わさったりする。「―集散」

【離散】リサン はなればなれになる。「―家族」
【離職】リショク ①職務から離れる。②仕事をやめる。
【離脱】リダツ 抜け出す。はなれる。「戦線―」
【離党】リトウ 属していた政党・党派を離れる。⇔入党
【離島】リトウ ①はなれじま。②島をはなれる。
【離乳】リニュウ 乳児が母乳から幼児食へ移行する。
【離任】リニン 任務や任地を離れる。⇔着任・就任
【離農】リノウ 農業をやめて他の職につく。
【離陸】リリク 航空機が空中に飛び上がる。⇔着陸
熟語「離宮・離京・離床・離水・乖離・隔離・距離・電離・剥離(はくり)・分離・遊離・流離(りゅうり)(さすらい)」

❷わかれる。去る。
【離縁】リエン 夫婦または養子の関係を断つ。
【離婚】リコン 婚姻関係を解消する。「―届」
【離愁】リシュウ 別離の寂しさ。「―にたえる」
【離反・離▼叛】リハン 離れそむく。「人心が―する」
【離別】リベツ 「家族と―する」「妻と―する」
熟語「離宴・離杯・離反・別離・会者定離(えしゃじょうり)」

リキ

【力】⇩リョク(六五九ページ)

リク

【陸】 7級 11画 阜(阝)-8 音 リク漢・ロク呉 訓 おか・くが ①4606 Ⓤ9678

難読 陸奥(みちのく)(むつ)
人名 あつ・あつし・くが・たか・たかし・ひとし・みち・む・むつ
筆順 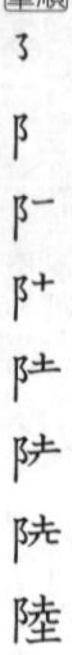
なりたち  [形声]阜(おか)+坴(土が盛りあがっている)音。水面より上に盛りあがって連なるおかの意。

❶おか。くが。水におおわれていない地面。
【陸運】リクウン 陸上の輸送。「―業」
【陸軍】リクグン 陸上戦闘を主任務とする軍隊。
【陸上】リクジョウ ①陸地の上。②「陸上競技」の略。
【陸生・陸▼棲】リクセイ 陸上で生活する。「―動物」
【陸地】リクチ 地球の表面で、水におおわれていない部分。
【陸稲】リクトウ 畑で作る稲。おかぼ。⇔水稲
【陸橋】リッキョウ 線路・道路の上などを渡る橋。
熟語「陸送・陸封・陸路・海陸・上陸・水陸・大陸・着陸・内陸・離陸」

❷つらなっている。
【陸続】リクゾク つぎつぎと絶え間なく続く。
【陸離】リクリ 光が美しくかがやく。「光彩―」

❸「六」の代字。金銭証書などで用いる。
熟語「陸(ろく)万円」

❹(国)「陸軍」の略。
熟語「陸相・陸将」

❺(国)「陸奥(むつ)国」の略。
【陸奥】むつ 旧国名の一。青森・岩手・宮城・福島の各県の全域と秋田県の一部に当たる。一八六八年、磐城・岩代・陸前・陸中・陸奥に分ける。奥州。
熟語「陸羽・陸前・陸中・三陸海岸」

❻その他。固有名詞など。
【陸九淵】リクキュウエン 一一三九～一一九二 中国、南宋の儒学者。字(あざな)は子静、号は象山(しょうざん)。朱熹(しゅき)の性即理説に対し、心即理説を唱え、王陽明によって継承された。

リチ

【律】⇩リツ(六五一ページ)

リ

リツ

【立】 10級 5画 立-0 音 リツ慣・リュウ(リフ)漢呉 訓 たつ・たてる・リットル ①4609 Ⓤ7ACB

人名 たか・たかし・たつ・たつる・たて・たる・はる
筆順 
なりたち  [指事]両手両足を開いた人(大)と地面(一)とを示し、人がたつ意を表す。

●異字同訓●

◇たつ(立・建)
「立つ」は“垂直の状態になる。起き上がる。生じる。成り立つ”の意。「山の頂上に立つ」「席を立つ」「霞が立つ」「これでは面目が立たない」「暮らしが立つ」

「建つ」は“建造物ができる”の意。「ビルが建つ」「石碑が建つ」

◇たてる(立・建・▽点・▽閉)
「立てる」は“垂直にする。生じさせる。定める”の意。「旗を立てる」「波風を立てる」「足音を立てる」「予定を立てる」「志を立てる」「上司の顔を立てる」「候補者を立てる」

「建てる」は“建物などをつくる”の意。「家を建てる」「銅像を建てる」「国を建てる」

「点てる」は“抹茶をいれる”の意。「お茶を点てる」

「閉てる」は“戸や障子をしめる”の意。「雨戸を閉てる」

❶たつ。たてる。まっすぐにたつ。
【立場】(たちば) 見地。立脚点。「管理職としての―」

【立端】(たっぱ) 建築で、高さのこと。「軒の―」

【立脚】(リッキャク) よりどころとする。「憲法に―する」

【立食】(リッショク) 立って食べる形式の宴会。

【立▼錐】(リッスイ) 錐を立てる。「―の余地もない(=少しのすきまもない)」

【立像】(リツゾウ) 立っている姿の像。りゅうぞう。

【立礼】(リツレイ) 立ったまま礼をする。

熟語「立談・起立・凝立・侍立・直立・佇立(ちょりつ)・林立」

❷たてる。つくる。定める。位につける。はじまる。
【立案】(リツアン) 案や計画を立てる。「移転計画を―する」

【立夏】(リッカ) 二十四節気の一。暦の上で夏となる日。

【立願】(リツガン) 神や仏に願(がん)をかける。

【立憲】(リッケン) 「―君主制」

【立言】(リツゲン) はっきりと意見を述べる。

【立項】(リッコウ) 項目を立てる。

【立志】(リッシ) 志を立てる。「―伝」「―伝中の人(=志を立て奮闘し成功した人)」

【立秋】(リッシュウ) 二十四節気の一。暦の上で秋となる日。

【立春】(リッシュン) 二十四節気の一。暦の上で春となる日。

【立証】(リッショウ) 「無実を―する」

【立身】(リッシン) 名声を得る。「―出世」

【立地】(リッチ) 適した土地を決める。「―条件」

【立冬】(リットウ) 二十四節気の一。暦の上で冬となる日。

【立党】(リットウ) 政党を結成する。「―の精神」

【立派】(リッパ) 「―な態度」「それは―な犯罪だ」

【立法】(リッポウ) 法律を定める。「―機関」

【立命】(リツメイ) 天命に任せ、心静かでいる。「安心―」

【立論】(リツロン) 議論の筋道を組み立てる。「―の基礎」

熟語「確立・官立・共立・県立・公立・国立・建立(こんりゅう)・樹立・私立・成立・設立・創立・廃立・擁立(ようりつ)」

❸たつ。たてる。位置を定めてたてる。
熟語「孤立・自立・存立・対立・中立・鼎立(ていりつ)・独立・並立・乱立・両立・連立」

❹三次元・三乗に関する事柄を表す語。
【立体】(リッタイ) 空間に広がりをもつ物。「―的」「―音響」

【立方】(リッポウ) ①同じ数を三度掛け合わせる。三乗。「―根」②体積を表す。「―メートル」③その長さを一辺とする立方体の体積を表す。「三―メートル」

❺(国)リットル。音訳「立突」の略。
熟語「一立」

【律】

5級 9画 彳-6 音 リツ 漢 呉・リチ 呉
①4607 Ⓤ5F8B

人名 おと・ただし・ただす・のり

筆順 

なりたち  [会意]彳(おこなう)+聿(ふでを手に持つ)。人としての行いを筆で書き記す意から、のりの意を表す。

❶きまり。おきて。さだめ。法則。
【律義・律儀】(リチギ) 実直で義理がたい。「―な人」

【律師】(リッシ) ①徳の高い僧。②僧官の名。

【律▽令】(リツリョウ) 律と令。古代の国の基本となる法律。

熟語「律宗・一律・戒律・格律・規律・軍律・刑律・自律・他律・法律・因果律・黄金律・音数律・自然律・道徳律・不文律」

❷音楽の調子。また、リズム。
【律動】(リツドウ) 周期的な運動。リズム。「―的」

【律▽呂】(リツリョ) 雅楽の十二律の律と呂。呂律。

熟語「韻律・音律・旋律・調律・平均律」

❸漢詩の一体。
【律詩】(リッシ) 中国の唐代に完成した定型詩。
熟語「五律・七律」

【率】⇩ソツ(四一四ページ)

【慄】

2級 13画 心(忄)-10 新常用 訓 音 リツ 漢 呉
おそ-れる・おのの-く
②5643 Ⓤ6144

筆順 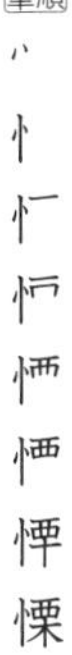

なりたち [形声]心+栗(とげの生えたいがをつけるクリ)音。とげで刺したように心がぶるぶるとふるえる意から、おののく・おそれるの意を表す。

おそれる。おののく。恐ろしさでぞっとする。

【慄然】(リツゼン) ぞっとする。「恐怖に―とする」

熟語「股慄(こりつ)・惨慄・震慄・戦慄」

リャク

【略】〔畧〕

6級 11画 田-6 訓 音 リャク 漢 呉 はかりごと・ほぼ
①4612 Ⓤ7565
〔畧〕11画 田-6 ②6532 Ⓤ7567

人名 とる・のり・もと

筆順 

なりたち  [形声]田+各(おのおの)音。田のしとはしを結ぶ横道をつくる意から、土地をおさめる、近道をして手間をはぶく意を表す。

❶おさめる。経営する。
熟語「経略」

❷うばいとる。かすめる。

【略取】（リャクシュ） 奪いとる。「―誘拐」

【略奪】（リャクダツ） 力ずくで奪いとる。別表記 掠奪

熟語「攻略・侵略」

❸はかりごと。たくらみ。

熟語「機略・計略・才略・策略・政略・戦略・知略・武略・兵略・方略・謀略」

❹はぶく。また、おおよそ。あらまし。

【略儀】（リャクギ） 「―(=略式)ながら書面でお知らせします」

【略言】（リャクゲン） 簡略に述べる。「―すると」

【略語】（リャクゴ） もとの語の一部分を省略した語。

【略字】（リャクジ） 字画の複雑な漢字を簡略な字形にしたもの。「醫」を「医」、「櫻」を「桜」などとする類。

【略述】（リャクジュツ） 簡略に述べる。「経歴を―する」

【略称】（リャクショウ） 正式名称を簡略にした名称。

【略体】（リャクタイ） 略した字体。略字。

【略歴】（リャクレキ） おおよその経歴。「作者―」

【略記】（リャッキ） 要点だけを簡単に書き記す。

熟語「略画・略号・略史・略式・略図・略説・略装・略伝・略筆・略服・略解（りゃっかい）（りゃくげ）・概略・下略・簡略・省略・前略・粗略・大略・要略」

リュウ

【立】⇩リツ(六五〇ページ)

【柳】 準2級 9画 木-5

音 リュウ(リウ)漢呉
訓 やなぎ

①4488 Ⓤ67F3

〔桺〕 9画 木-5 ③8561 Ⓤ6801

〔栁〕 11画 木-7 ④1472 Ⓤ687A

難読 柳葉魚（ししゃも）

筆順 一 十 木 木 杉 柳 柳 柳

なりたち 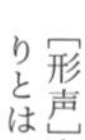 [形声]金文では、木＋卯(中にするりとはいりこむ)音。するりと枝がたれさがったヤナギの意。

❶やなぎ。また、細くしなやかなもの。

【柳暗花明】（リュウアンカメイ） 柳がしだれてほの暗く、花が明るく咲きほこる。美しい春の景色にいう。

【柳営】（リュウエイ） ①将軍の陣営。幕府。②将軍。将軍家。

【柳色】（リュウショク） 青々とした柳の葉の色。「―新たなり」

【柳眉】（リュウビ） 柳の葉のように細く美しい眉（まゆ）。「―を逆立てる(=美人が怒ることのたとえ)」

【柳腰】（リュウヨウ） 美人の腰の形容。やなぎごし。

熟語「柳糸・柳条・花柳・垂柳・翠柳・川柳・蒲柳（ほりゅう）・楊柳（ようりゅう）」

❷その他。固有名詞。

【柳宗元】（リュウソウゲン） 七七三―八一九 中国、中唐の文人。字（あざな）は子厚。山西省河東の人なので、柳河東とも呼ばれた。唐宋八大家の一人。

【流】 8級 10画 水(氵)-7

音 リュウ(リウ)漢・ル呉
訓 ながれる・ながす

①4614 Ⓤ6D41

仮名 片仮名「ル」は「流」の末二画から。

難読 流石（さすが）・流行る（はやる）・流離（さすらい）・流鏑馬（やぶさめ）

人名 とも・はる

筆順 氵 氵 氵 浐 浐 浐 浐 流 流

なりたち 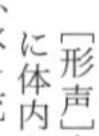 [形声]水＋㐬(胎児が羊水とともに体内から出る)音。水がながれるの意。篆文では、水＋㐬＋水に作る。

❶ながれる。ながす。

【流域】（リュウイキ） 川の流れに沿った両岸の地域。

【流血】（リュウケツ） 血を流す。「―の大惨事」

【流出】（リュウシュツ） 「汚染水の―」「頭脳―」⇔流入

【流水】（リュウスイ） 水のながれ。「行雲（こううん）―」

【流星】（リュウセイ） 流れ星。はしりぼし。奔星（ほんせい）。

【流体】（リュウタイ） 液体と気体の総称。流動体。「―力学」

【流動】（リュウドウ） ①流れ動く。②状況が揺れ動く。「―的」

【流入】（リュウニュウ） 「工場排水の―」「人口の―」⇔流出

【流氷】（リュウヒョウ） 海面を漂流している氷塊。

【流▼眄】（リュウベン） 流し目。りゅうめん。

【流露】（リュウロ） 心中の思いが外に現れ出る。発露。

熟語「流汗・流涕（りゅうてい）・流木・逆流・合流・浮流」

❷ながれ。

熟語「海流・下流・寒流・急流・激流・細流・上流・支流・水流・清流・濁流・暖流・中流・潮流・電流・本流・奔流」

❸世の中にひろまる。

【流行】（リュウコウ） 「―の服」「―性感冒」「不易（ふえき）―」

【流通】（リュウツウ） 「空気の―をよくする」「―貨幣」

【流布】（ルフ） 世間に広まる。「よくない噂が―する」

熟語「流行・流俗・流伝（りゅうでん）（るでん）・流説（るせつ）」

❹刑として遠方へ送る。

【流刑】（ルケイ） 「流罪（るざい）」に同じ。

【流罪】（ルザイ） 罪人を辺地や島に送る刑。流刑。

【流人】（ルニン） 流罪に処せられた人。流罪人。

熟語「流竄（りゅうざん）（るざん）・遠流（おんる）・配流（はいる）」

❺さすらう。

【流民】（リュウミン） 流浪（るろう）の民。流氓（りゅうぼう）。

【流離】（リュウリ） 故郷を離れて他の土地をさすらう。

【流連】(リュウレン) 遊興にふけって、いつづける。別表記 留連

【流連荒亡】(リュウレンコウボウ) 家も仕事も忘れて遊興する。

【流転】(ルテン) 物事が移り変わってゆく。「万物―」

【流浪】(ルロウ) さまよい歩く。「―の民(たみ)」

❻形をなさずにおわる。

【流会】(リュウカイ) 会合が成立しないで取り止めになる。

【流産】(リュウザン) 「妊娠三か月で―した」「改正案が―する」

❼他の用途につかう。そらす。

【流失】(リュウシツ) 洪水などで、流されてなくなる。

【流弾】(リュウダン) ながれだま。それだま。

【流用】(リュウヨウ) 決まった目的以外に融通して用いる。

❽血筋。芸術・武芸の系統。特有のやり方。

【流儀】(リュウギ) ①物事のやり方。②芸術・武芸などの流派。

【流派】(リュウハ) 立場の違いにより分かれている派。

熟語「亜流・我流・嫡流・末流・門流・一刀流・西欧流」

❾階級。等級。

熟語「一流・下流・上流・中流・二流」

❿とどこおりがない。

【流▼暢】(リュウチョウ) 話しぶりがなめらかでよどみない。

【流麗】(リュウレイ) 詩・文章の調子がなめらかで美しい。

⓫根拠がない。

【流言】(リュウゲン) 根拠のないうわさ。流説(るせつ)。

【流言飛語・流言▼蜚語】(リュウゲンヒゴ) 根も葉もないうわさ話。

熟語「流説(りゅうせつ)(るせつ)」

⓬その他。当て字など。

【〈流石〉】(さすが) 「―本場の味だ」「―に冬は冷える」「―の(=さしもの)横綱も全勝できなかった」

【〈流鏑馬〉】(やぶさめ) 馬に乗りながら矢で的を射る演武。

【留】

〔畄〕 8画 田-3 ②6523 Ⓤ7544

〔畱〕 12画 田-7 ④8131 Ⓤ7571

6級 10画 田-5 ①4617 Ⓤ7559

音 リュウ(リウ)漢・ル呉

訓 とめる・とまる・とどまる・とどめる

仮名 平仮名「る」は「留」の草体から。

人名 たね・と・ひさ

筆順

なりたち ［会意］篆文では、丣(戸があかないようにとめる)＋田(土地)。ある所に動かないようにとどめるの意。

◉異字同訓◉【止】(二四八ページ)の「異字同訓」欄を参照のこと。

❶とめる。とどめる。

【留意】(リュウイ) 心をとめて気を配る。「健康に―する」

【留置】(リュウチ) 一時とめおく。被疑者を拘束する。

【留保】(リュウホ) 一時さしひかえる。「回答を―する」

熟語「留心・慰留・遺留・係留・繋留(けいりゅう)・拘留・保留・抑留」

❷とまる。とどまる。

【留学】(リュウガク) よその土地に行って勉強する。「―生」

【留任】(リュウニン) 今までの役職にとどまる。

【留年】(リュウネン) 単位が足りず、同じ学年にとどまる。

【留守】(ルス) ①家人の外出中、その家を守る。「―番」②外出して家にいない。「家を―にする」

熟語「居留・寄留・在留・残留・滞留・駐留・逗留(とうりゅう)」

【竜】

〔龍〕 16画 龍-0 ①4622 Ⓤ9F8D

準2級 10画 龍(竜)-0 ①4621 Ⓤ7ADC

音 リュウ呉・リョウ漢

訓 たつ

難読 土竜(もぐら)(どりゅう)

人名 かみ・きみ・しげみ・とおる・めぐむ

筆順

なりたち ［象形］頭にかざりをつけて胴をくねらせたヘビにかたどり、りゅうの意を表す。「竜」は略字。

❶たつ。りゅう。想像上の動物。

【竜王】(リュウオウ) ①竜のなかの王。竜神。②将棋で、飛車が成ったもの。

【竜宮】(リュウグウ) 深い海の底にあって竜王などが住むといわれる宮殿。竜宮城。注記 日本では浦島太郎の説話で知られる。

【竜虎】(リュウコ) ①竜と虎。②力が伯仲し、すぐれている二人の者のたとえ。「―相搏(う)つ」

【竜骨】(リュウコツ) 船底の中央を縦貫している材。

【竜神】(リュウジン) 「竜王」に同じ。

【竜頭】(リュウズ) ①釣り鐘の頂部につけた、竜の形をしたつり手。②腕時計などで、ぜんまいを巻いたりするためのつまみ。

【竜頭蛇尾】(リュウトウダビ) 初めは勢いが盛んで、終わりは振るわないこと。「―に終わる」

【竜▽胆】(リンドウ) リンドウ科の多年草植物。

熟語「《リュウ》亢竜・蛟竜・昇竜・天竜」「《リュウ・リョウ》潜竜・飛竜・伏竜・画竜点睛(てんせい)」

❷天子に関する事柄に冠する語。

【竜顔】(リュウガン) 天子の顔。天顔。りょうがん。

熟語「《リュウ・リョウ》竜車・竜駕」

リ

❸特にすぐれたもの。

【竜▽馬】リュウメ ①非常にすぐれた馬。駿馬。りゅうま。りょうめ。りょうば。②将棋で、角が成ったもの。

熟語「臥竜(がりょう)・伏竜(ふくりょう)」

❹巨大な化石爬虫(はちゅう)類の称。

熟語「恐竜・魚竜・禽竜(きんりゅう)・暴君竜」

【粒】

4級 11画 米-5 音 リュウ(リフ)漢呉 訓 つぶ ①4619 Ⓤ7C92

筆順 ソ ビ 半 米 米' 粒 粒 粒

なりたち [形声]米+立(たつ)音。一つ一つしっかりした米つぶの意。

❶つぶ。米つぶ。穀物のたね。

【粒▼揃い】つぶぞろい みな同じようにすぐれている。

【粒食】リュウショク 穀物を粒のまま調理する。⇔粉食

【粒粒辛苦】リュウリュウシンク こつこつと地道な努力を重ねる。「—して築いた富」

❷米つぶのように小さいもの。

【粒子】リュウシ 物質を構成する微細な粒。

【粒状】リュウジョウ つぶになっている状態。つぶじょう。

熟語「顆粒(かりゅう)・砂粒・素粒子・微粒子」

❸粒状のものを数える語。

熟語「一粒(いちりゅう)(ひとつぶ)」

【隆】

3級 11画 阜(阝)-8 音 リュウ漢呉 訓 たか-い ①4620 Ⓤ9686

【隆】12画 阜(阝)-9 ③9361 ⓊF9DC

人名 お・おき・しげ・たか・たかし・とき・なが・もり・ゆたか

筆順 ㇇ 阝 阝' 阝夂 阝夅 降 降 隆

なりたち [形声]「降の略体」(おりる)音+生(土の上に草木がはえる)。上からの圧力に打ち勝って、たかく盛りあがるの意。

❶たかい。もりあがっている。身分が上である。

【隆起】リュウキ 高く盛り上がる。「—海岸」

【隆隆】リュウリュウ ①たくましく盛り上がっている。「筋骨—」②勢いが盛んである。「国運—」

熟語「隆顔・隆車・隆然・隆鼻」

❷さかんになる。さかん。

【隆運】リュウウン 勢いが盛んな運命。盛運。

【隆▼昌】リュウショウ 非常に栄える。隆盛。「社業—」

【隆盛】リュウセイ おおいに栄える。隆昌。「—をきわめる」

【隆替】リュウタイ 盛んになったり衰えたりする。盛衰。

【硫】

準2級 12画 石-7 音 リュウ(リウ)漢・ル呉 ①4618 Ⓤ786B

筆順 一 ァ ィ 石 石' 矿 砎 硫

なりたち [形声]石+㐬(胎児が羊水とともに体内から出る)音。火山活動にともなって流れ出る鉱物、いおうの意。

元素の一。硫黄(いおう)。

【《硫黄》】いおう 酸素族元素の一。

【硫安】リュウアン 「硫酸アンモニウム」の略。

【硫酸】リュウサン 無色無臭の粘りけのある強酸性の液体。

熟語「硫化銀・硫酸銅・硫化水素」

リョ

【侶】

2級 9画 人(亻)-7 新常用 音 リョ漢呉・ロ呉 訓 とも ①4623 Ⓤ4FB6

筆順 ノ イ 化 化' 伊 伊 侶 侶 侶

なりたち [形声]人+呂(背骨の連なるさま)音。同列につらなる人、ともの意。

とも。つれあい。みちづれ。ともにする。

熟語「学侶(がくりょ)・僧侶(そうりょ)・伴侶(はんりょ)」

【旅】

8級 10画 方-6 音 リョ漢呉 訓 たび ①4625 Ⓤ65C5

〔旅〕10画 方-6 ―― ⓊF983

人名 たか・もろ

筆順 ㇐ ㇇ 方 方' 方㇒ 於 於 旅 旅 旅

なりたち [会意]㫃(はた)+人二つ。人々が旗のもとで隊を組んで進む意から、たび・軍隊の意を表す。

❶たび。たびをする。たびびと。

【旅路】たびじ 旅の道筋。「—の果て」

【旅寝】たびね 旅先で寝る。また、旅先での宿り。旅枕。

【〈旅籠〉】はたご 江戸時代、旅人を泊める宿屋。

【旅客】リョカク 交通機関に乗る客。りょきゃく。「—機」

【旅館】リョカン 旅行者を宿泊させる和風施設。

【旅券】リョケン 外国旅行者に発行する身分証明書。

【旅行】リョコウ よその土地へ旅をする。「修学—」

【旅愁】リョシュウ 旅先でいだくわびしい感じ。

【旅情】リョジョウ 旅先でいだくしみじみとした心情。

【旅装】リョソウ 旅行の服装。「—を解く」

【旅程】リョテイ 旅行の道のり。旅行の日程。「—表」

【旅費】リョヒ 旅行の費用。路用。「出張—」

熟語「旅寓(りょぐう)・旅次・旅宿・旅人・旅泊・羇旅(きりょ)・逆旅」

リ

げきりょ」

❷中国周代の軍制で、兵士五〇〇人の軍団。転じて、軍隊。
【旅団】リョダン 軍隊の編制で、連隊の上、師団の下の規模。注記「旅」は「たび」の意味ではなく、軍団の単位を表す。
熟語「軍旅・征旅」

【虜】
準2級 13画 虍-7 音 リョ慣・ロ漢 訓 とりこ ①4626 Ⓤ865C
【虜】12画 虍-6 ③9147 ⓊF936
筆順
なりたち  [形声]「盧の略体」(ぐるりとめぐらす)音＋力。力づくで取り囲み、とらえる意を表す。
❶とりこ。いけどり。いけどりにする。
【虜囚】リョシュウ とらわれた人。捕虜。とりこ。
熟語「虜獲・虜掠りょりゃく・囚虜・戦虜・俘虜ふりょ(とりこ)・捕虜」
❷えびす。野蛮人。
熟語「胡虜・北虜南倭」

【慮】
4級 15画 心-11 音 リョ漢呉 訓 おもんぱか-る ①4624 Ⓤ616E
人名 のぶ
筆順
なりたち  [形声]「盧の略体」(くるりとめぐらす)音＋心。心をめぐらせ、おもんぱかるの意。おもんぱかる。思いめぐらす。
【慮外】リョガイ ①意外。②ぶしつけ。無礼。「—者」
熟語「叡慮えいりょ・遠慮・苦慮・考慮・顧慮・熟慮・焦慮・思慮・深慮・浅慮・短慮・念慮・配慮・不慮・無慮・憂慮」

リョウ

【了】
3級 2画 亅-1 音 リョウ(レウ)漢呉 訓 お-わる・しま-う ①4627 Ⓤ4E86
注記「諒」の書き換え字としても用いられる。
人名 あき・あきら・さと・さとる・すみ・のり
筆順
なりたち  [象形]手足をくるまれた子の形にかたどり、くるめる、おわる意を表す。
❶おわる。おえる。
熟語「完了・議了・校了・修了・終了・投了・読了・満了・未了・魅了」
❷はっきりとさとる。また、あきらか。
【了解】リョウカイ 理解し承知する。「暗黙の—」別表記 諒解
【了見・了▽簡】リョウケン 「料簡りょうけん」に同じ。
【了承】リョウショウ 事情をくんで承知する。別表記 諒承・領承
【了得】リョウトク さとる。会得する。
熟語「了悟・了察・了然・了知・了了」

【両】
8級 6画 一-5 音 リョウ(リャウ)漢呉・リャン唐 訓 ふた-つ・もろ ①4630 Ⓤ4E21
【兩】8画 入-6 ②4932 Ⓤ5169
人名 ふた・ふる・もろ
筆順
なりたち  [象形]甲骨文では、おもりが左右に対をなすはかりの形にかたどり、二つの意を表す。「両」は俗字。
❶ふたつ。特に、対になるものふたつ。双方。もろ。
【両院】リョウイン 二院制度における二つの議会。
【両極】リョウキョク 両方のはし。両極端。
【両虎りょうこ相闘あいたたかえば勢いきおい倶ともに生いきず】二人の英雄が闘えば必ずどちらか一方が倒れる。出典「史記廉頗・藺相如伝」より。
【両三】リョウサン 二つ三つの。二、三の。「—年」「—人」
【両者】リョウシャ ふたりの者。両方の者。「—相譲らず」
【両親】リョウシン 父親と母親。ふたおや。
【両性】リョウセイ 男性と女性。「—具有」
【両生類】リョウセイルイ カエルなどの両生綱に属する動物。
【両全】リョウゼン 両方ともに完全である。「忠孝—」
【両端】リョウタン ①物の両はじ。②初めと終わり。首尾。
【両断】リョウダン まっぷたつに断ち切る。「一刀—」
【両得】リョウトク ①一度に二つの利益を得る。「一挙—」②両者ともに利益を得る。
【両方】リョウホウ ①両者。双方。⇔片方。②二つの方面。
【両面】リョウメン 二つの面。二つの方面。「—作戦」
【両雄】リョウユウ 二人の英雄。「—並び立たず」
【両立】リョウリツ 両方とも成り立つ。「仕事と趣味の—」
【両両】リョウリョウ 二つとも。「—相俟あいまつ」
【両論】リョウロン 両方の言い分。「賛否—」「—併記」
熟語「両岸・両国・両次・両頭・両人・両用・両様・両輪・両三日・両成敗・一両日・一挙両得・一刀両断」
❷くるま。また、車の台数を数える語。同輛。

り

熟語「車両・八両編成」

❸重さ・貨幣の単位。㋐昔の重さの単位。律令制では、一六分の一斤（きん）。㋑（国）江戸時代の通貨単位。

【両替】（リョウがえ）　ある貨幣と他の貨幣を取り替える。

【良】

7級　7画　艮-1　音 リョウ（リヤウ）漢・ロウ（ラウ）呉　訓 よい　①4641　Ⓤ826F

仮名 平仮名「ら」は「良」の草体から。片仮名「ラ」は「良」の初二画から。

人名 あきら・お・かず・かた・さね・すけ・たか・つかさ・つぎ・なお・なおし・なか・なが・ながし・はる・ひこ・ひさ・ふみ・まこと・み・よし・ら・ろ・ろう

筆順 良

なりたち ［象形］穀物をふるいにかける形にかたどる。よい物を選ぶ意から、よい意を表す。

❶よい。すぐれている。

【良貨】（リョウカ）　質のよい貨幣。「悪貨は―を駆逐する」

【良禽（りょうきん）は木を択（えら）んで棲（す）む】すぐれた人は立派な主君を選んで仕える。出典「左氏伝 哀公十一年」より。「良禽」は賢い鳥の意。

【良好】（リョウコウ）　状態・成績などがよい。「感度―」

【良賈（りょうこ）は深く蔵（ぞう）して虚（むな）しきがごとし】賢者が才能を誇示しないたとえ。出典「史記 老子・韓非伝」より。「良賈」は賢い商人の意。

【良策】（リョウサク）　すぐれたはかりごと。良案。良計。

【良識】（リョウシキ）　社会人としての健全な常識。

【良質】（リョウシツ）　品質・性質がよい。「―の材料」⇔悪質

【良心】（リョウシン）　道徳的に善悪を判断する心の働き。

【良人】（リョウジン）　①よい人。②妻が夫をさして言う語。おっと。

【良性】（リョウセイ）　性質が良い。「―腫瘍」⇔悪性

【良俗】（リョウゾク）　健全な風俗。「公序―に反する行為」

【良知】（リョウチ）　人が生まれつきもっている善良な知力。「致―」出典「孟子 尽心上」より。

【良風】（リョウフウ）　よい風俗。「―美俗」

【良民】（リョウミン）　善良な人民。一般市民。

【良薬（りょうやく）口に苦（にが）し】本当に自分のためになる忠告は、ありがたいが聞くのがつらい。忠言耳に逆らう。出典「孔子家語 六本」より。

熟語「良案・良医・良家・良計・良工・良港・良妻・良材・良書・良図・良能・良否・良夜・良薬・良友・改良・佳良（かりょう）・最良・純良・優良」

❷めでたい。

【良縁】（リョウエン）　望ましい縁組。「―に恵まれる」

熟語「良日・良辰（りょうしん）」

❸おとなしい。すなお。

熟語「温良・善良・忠良」

【料】

7級　10画　斗-6　音 リョウ（レウ）漢呉　訓 はか-る　①4633　Ⓤ6599

人名 かず

筆順 料

なりたち ［会意］米（こめ）＋斗（ます）。米をますではかるの意。

❶はかる。おしはかる。はからう。

【料簡】（リョウケン）　①考え。思案。「―が狭い」②許す。がまんする。「―してほしい」別表記 了見・了簡

【料理】（リョウリ）　「西洋―」「強敵を簡単に―する」

熟語「料亭・料得・思料」

❷ある目的のために使うもの。

【料紙】（リョウシ）　書くことを目的にした紙。

【料地】（リョウチ）　ある目的に使用する土地。用地。

熟語「御料・史料・資料・塗料・燃料・調味料」

❸かて。てあて。給与。また、代金。

【料金】（リョウキン）　物の利用・使用に支払う金。「公共―」

熟語「飲料・給料・見料・食料・飼料・席料・送料・無料・有料・入場料・拝観料」

❹なでふれる。

【料峭】（リョウショウ）　春風が肌に寒く感じられる。

【涼】

準2級　11画　水（氵）-8　音 リョウ（リヤウ）漢呉　訓 すずしい・すずむ　①4635　Ⓤ6DBC

〔凉〕10画　冫-8　②4958　Ⓤ51C9

人名 あつ・すけ

筆順 涼

なりたち ［会意］水＋京（小高いおか）。小高い丘のように風通しがよく、水がひんやりしているの意。

❶すずしい。ひややかで心地よい。すずむ。

【涼陰・涼蔭】（リョウイン）　すずしい木かげ。

【涼感】（リョウカン）　すずしそうな感じ。「―のある生地」

【涼気】（リョウキ）　すずしい空気。「朝の―」

【涼秋】（リョウシュウ）　①すずしい秋。②陰暦九月の異名。

【涼風】（リョウフウ）　すずしい風。「―を求める」

【涼味】（リョウミ）　すずしい感じ。「―をそそる」

熟語「涼雨・涼夜・爽涼（そうりょう）・納涼・冷涼・清涼剤」

❷さびしい。

熟語「荒涼・凄涼（せいりょう）」

【猟】

3級　11画　犬（犭）-8　音 リョウ（レフ）漢呉　訓 か-る　①4636　Ⓤ731F

【獵】 18画 犬(犭)-15 ②6458 Ⓤ7375

難読 猟人(かりゅうど)・猟虎(らっこ)

筆順 ノ 犭 犭 犭 犭 猟 猟

なりたち 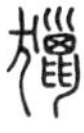 [形声]犬＋巤(獣の首の背面に無数に生えるたてがみ)音。犬を使って数多くの鳥獣をとらえるの意。「猟」は略字。

❶かる。鳥獣をとらえる。かり。

【猟犬】(リョウケン) 狩猟に用いる犬。かりいぬ。
【猟師】(リョウシ) 狩猟をする人。狩人(かりゅうど)。
【猟銃】(リョウジュウ) 狩猟に使用する銃。
【猟人】(リョウジン) 狩猟する人。猟師。かりうど。

熟語「猟期・猟区・猟船・猟夫・漁猟・禁猟・出猟・狩猟・不猟・密猟」

❷あさる。広くさがす。

【猟官】(リョウカン) 官職をあさる。「―運動」
【猟奇】(リョウキ) 怪奇なものをあさり求める。「―趣味」

熟語「猟色・渉猟(しょうりょう)」

【陵】 3級 11画 阜(阝)-8 ①4645 Ⓤ9675

音 リョウ 漢 呉
訓 みささぎ・おか

人名 おか・たか

筆順 了 阝 阝 阝 阝 陟 陵

なりたち  [形声]阜(おか)＋夌(高く盛りあがった所を越える)音。高いおかを全力で登って越える意から、しのぐ・おかの意を表す。

❶おか。大きなおか。小高くもりあがった所。

熟語「丘陵・江陵」

❷みささぎ。王や王妃の墓。

【陵墓】(リョウボ) みささぎとはか。天皇・皇后・太皇太后・皇太后を葬る「陵」と、その他の皇族を葬る「墓」。

熟語「皇陵・御陵・山陵」

❸おかす。おしふせる。しのぐ。同凌。

【陵虐】(リョウギャク) 人をはずかしめいじめる。別表記 凌虐

熟語「陵駕」

❹しだいにおとろえる。

熟語「陵夷(りょうい)・陵遅」

【量】 7級 12画 里-5 ①4644 Ⓤ91CF

音 リョウ(リヤウ) 漢 呉
訓 はかる・かさ

人名 かず・さと・とも

筆順 冂 日 旦 昌 昌 畳 量 量

なりたち  [会意]曰(穀物を入れた袋の象形)＋重(おもい)。穀物の重さをはかるの意。

◉異字同訓◉【計】(一五八ページ)の「異字同訓」欄を参照のこと。

❶はかる。おしはかる。

【量刑】(リョウケイ) 刑罰の軽重の程度を決める。

熟語「計量・裁量・酌量・商量・思量・推量・測量」

❷ます。容積のはかり。

【量器】(リョウキ) ①容量をはかる器具。②役に立つ才能。器量。

熟語「度量衡」

❸かさ。物の容積・数・重さ。

【量産】(リョウサン) 「大量生産」の略。「―機」
【量子】(リョウシ) 「―力学」
【量的】(リョウテキ) 数的。「―緩和」⇔質的
【量販】(リョウハン) 商品を大量に仕入れ販売する。「―店」
【量目】(リョウめ) はかった品物の目方。りょうもく。

熟語「量感・量定・軽量・重量・酒量・少量・数量・声量・大量・定量・適量・分量・無量・容量・積載量」

❹人格や才能の大きさ。

熟語「雅量・器量・技量・度量・力量」

【漁】⇩ギョ(一二五ページ)

【僚】 準2級 14画 人(亻)-12 ①4629 Ⓤ50DA

音 リョウ(レウ) 漢 呉

人名 あきら・とも

筆順 亻 仁 伏 伏 俢 倴 僚 僚

なりたち  [形声]人＋尞(かがり火が明るく燃える)音。かがり火をともしてつかえる、同列のなかまの意。

❶ともがら。仕事をともにする仲間。

【僚艦】(リョウカン) 仲間の軍艦。同じ艦隊の軍艦。
【僚機】(リョウキ) 仲間の飛行機。同じ編隊の飛行機。
【僚船】(リョウセン) 仲間の船。同じ船団の船。
【僚友】(リョウユウ) 仲間。同じ仕事をしている者。

熟語「閣僚・同僚」

❷つかさ。役人。

熟語「僚官・僚属・下僚・官僚・幕僚」

【領】 6級 14画 頁-5 ①4646 Ⓤ9818

音 リョウ(リヤウ) 呉・レイ 漢
訓 うなじ・えり

難読 領巾(ひれ)

人名 おさ・むね

筆順 人 今 令 令 領 領 領 領

なりたち  [形声]令(清く美しい)音＋頁(あたま)。すっきりと美しくのびる、頭を支える部分、うなじの意。

❶うなじ。くび。また、衣服のえり。

【領袖(リョウシュウ)】①えりとそで。②人の頭に立つ人。首領。「派閥の―」

❷おおもと。大切な部分。

熟語「綱領・本領・要領」

❸おさめる。所有する。とりしまる。

【領域(リョウイキ)】①国家の主権が及ぶ範囲。②学問などの分野。

【領海(リョウカイ)】領土に接する海域。⇔公海

【領空(リョウクウ)】領土と領海の上部の空間。

【領事(リョウジ)】外国に駐在し、通商促進と自国民保護にあたる役人。「―館」

【領主(リョウシュ)】領土の持ち主。「封建―」

【領地(リョウチ)】領有している土地。

【領土(リョウド)】国家の主権が及ぶ土地。

【領分(リョウブン)】力の及ぶ範囲。領域。

【領有(リョウユウ)】領土としてもつ。「―権」

熟語「領国・領内・押領・横領・管領(かんりょう)(かんれい)・宰領・首領・所領・占領・総領・惣領・属領・天領・頭領・大統領」

❹受け取る。

【領収(リョウシュウ)】金などを受け取る。「―書」

熟語「受領・拝領」

❺鎧(よろい)などを数える語。

熟語「鎧一領」

【霊】⇨レイ(六六四ページ)

【寮】

準2級　15画　宀-12　音 リョウ(レウ)漢呉　訓 つかさ　①4632　Ⓤ5BEE

人名 いえ・とも・まつ

筆順 宀 … 寮

なりたち [形声]宀(いえ)＋尞(かがり火が明るく燃える)音。かがり火をともしてつかえる役所の意。

❶つかさ。役所。役人。律令制で、省に付属した役所。

熟語「寮佐・寮友・図書(ずしょ)寮・大学寮」

❷数寄屋。別荘。

熟語「茶寮(さりょう)(ちゃりょう)・僧寮」

❸(国)寄宿舎。共同宿舎。

【寮歌(リョウカ)】学生寮などで作られた歌。

【寮舎(リョウシャ)】寮として使用される建物。

【寮生(リョウセイ)】寮に寄宿している学生。

【寮母(リョウボ)】寮生の食事の世話をする女性。

熟語「寮長・寮生活・学寮・全寮制」

【療】

4級　17画　疒-12　音 リョウ(レウ)漢呉　訓 いや-す　①4637　Ⓤ7642

筆順 亠 广 疒 … 療

なりたち  [形声]疒＋尞(明るくしおさめる)音。病気をおさめなおすの意。篆文では、疒＋樂(心身をやすめる)。

いやす。病気をなおす。

【療治(リョウジ)】病気をなおす。治療。「荒―」

【療病(リョウビョウ)】病気を治療する。

【療法(リョウホウ)】治療の方法。「食餌(しょくじ)―」

【療養(リョウヨウ)】病気を治療し、保養する。「転地―」

熟語「医療・加療・診療・施療・治療」

【瞭】

2級　17画　目-12　新常用　音 リョウ(レウ)漢呉　訓 あき-らか　①4638　Ⓤ77AD

注記「暸(りょう)」とは別字。

人名 あき・あきら

筆順 目 … 瞭

なりたち [形声]目＋尞(かがり火が明るく燃える)音。明るくはっきりと見える意から、あきらかの意を表す。

あきらか。はっきりしている。

【瞭然(リョウゼン)】はっきりしている。明白。「一目―」

熟語「明瞭」

【糧】

3級　18画　米-12　音 リョウ(リヤウ)漢・ロウ(ラウ)呉　訓 かて　①4640　Ⓤ7CE7

〔粮〕13画　米-7　②6878　Ⓤ7CAE

筆順 米 … 糧

なりたち  [形声]米＋量(重さをはかる)音。重さをはかって用いる米の意。

かて。食用の穀物。

【糧食(リョウショク)】食料。糧米。「―がつきる」

【糧道(リョウドウ)】食糧を運ぶ道。転じて、生活の糧(かて)を得る手段。「―を断つ」

【糧米(リョウマイ)】食糧としての米。

【糧秣(リョウマツ)】軍隊で、兵員の食糧と軍馬のえさ。

熟語「糧米・衣糧・口糧・食糧・資糧・兵糧(ひょうろう)」

リョク

【力】

人名 いさお・いさむ・お・か・ちか・つとむ・よし

10級 2画 力-0 音 リョク(漢)・リキ(呉) 訓 ちから・つと-める

①4647 Ⓤ529B

筆順 フ 力

なりたち [象形]筋肉を盛りあげた腕にかたどる。

❶ちから。物を動かしたりする筋肉のはたらき。

【力▼瘤】ちからこぶ 「新人育成に―を入れる(=熱意を込めて行う)」

【力業】ちからわざ 「―でねじふせる」

【力士】リキシ 相撲取り。「幕内―」

熟語「《リョク》握力・脚力・筋力・人力・体力・腕力」「《リキ》怪力・強力ごうりき・大力・馬力」

❷物体の状態を変化させる物理的な作用。

【力学】リキガク ①物理学の一部門。「流体―」②諸要素がお互いにつり合いを求めて動こうとすることをいう。「政治の―」

【力点】リキテン ①梃子てこで物を動かす時、力を加える所。②力を入れる所。「面白さに―をおいた小説」

熟語「圧力・引力・火力・重力・水力・速力・弾力・電力・動力・風力・浮力」

❸はたらき。いきおい。腕前。

【力ちから山を抜き気は世よを蓋おおう】 力は山を引き抜くほどであり、気力は天下をおおいつくすほど盛んである。抜山蓋世ばつざんがいせい。出典「史記項羽本紀」による。

熟語「《リョク》威力・学力・活力・気力・協力・極力・金力・権力・国力・財力・実力・死力・精力・勢力・胆力・知力・独力・能力・迫力・筆力・武力・暴力・魔力・魅力・労力・経済力・生活力・精神力・理解力」「《リキ》眼力がんりき(がんりょく)・自力・他力・念力・神通力」

❹つとめる。はげむ。

【力演】リキエン 力いっぱい演ずる。熱演。

【力感】リキカン 力強い感じ。「―あふれる写真」

【力作】リキサク 全力をこめて作った作品。労作。

【力説】リキセツ 熱心に説く。「政治の刷新を―する」

【力量】リキリョウ 腕前。「―を発揮する」「―不足」

【力行】リッコウ 努力して仕事などにはげむ。りょっこう。りきこう。「勤倹―」「苦学―」

熟語「《リョク》尽力・努力」「《リキ》力泳・力戦・力走・力投・力闘」

【緑】

【綠】14画 糸-8 ③9008 Ⓤ7DA0

8級 14画 糸-8 音 リョク(漢)・ロク(呉) 訓 みどり

①4648 Ⓤ7DD1

難読 緑啄木鳥あおげら・緑鳩あおばと

人名 つか・つな・のり

筆順 幺 糸 糸 紀 紀 紀 紀 緑

なりたち [形声]糸+彔(はぎとる)音。青竹の表面をはぎとると現れるみどり色をした糸の意。

みどり。みどりいろ。また、青々とした草木のたとえ。

【緑▽児】みどりご 生まれたばかりの子供。別表記 嬰児

【緑陰・緑▼蔭】リョクイン こかげ。「―に憩う」

【緑雨】リョクウ 新緑の頃に降る雨。

【緑眼】リョクガン 青い目。西洋人の目。碧眼へきがん。

【緑酒】リョクシュ 酒の美称。「紅灯―」

【緑地】リョクチ 草木の青々と茂っている土地。「―帯」

【緑茶】リョクチャ 日本で普通に飲まれる茶。

【緑髪】リョクハツ つやのある黒髪。みどりの黒髪。

【緑風】リョクフウ 青葉を吹き渡る初夏の風。薫風。

【緑林】リョクリン ①みどりの色濃い林。②盗賊。

【緑青】ロクショウ 銅にできる緑色の錆さび。

熟語「緑化りょくか(りょっか)・緑樹・緑草・緑土・緑肥・緑野・緑内障・深緑・新緑・万緑・葉緑素」

リン

【林】

人名 き・きみ・しげ・しげる・とき・ふさ・もと・もり・よし

10級 8画 木-4 音 リン(漢)(呉) 訓 はやし

①4651 Ⓤ6797

筆順 一 十 オ 木 木 村 材 林

なりたち [会意]木+木。多くの木が生えるはやしの意。

❶はやし。木々がたくさん生えている所。

【林間】リンカン 林の中。林の間。「―学校」

【林業】リンギョウ 森林から木材などを生産する業。

【林▼檎】リンゴ バラ科の落葉高木。果実は食用。

【林道】リンドウ 森や林の中の道。

【林野】リンヤ 森林と野原。

熟語「林学・林産・林相・山林・樹林・植林・森林・竹林・密林・原始林・防風林・熱帯降雨林」

❷ものごとが多数集まっている。

【林立】リンリツ 林のように多くの物が並び立つ。「高層ビルが―する」

熟語「学林・翰林かんりん・芸林・儒林・書林・字林・辞林・禅林・酒池肉林」

【厘】

3級 9画 厂-7 音 リン(慣)・リ(漢)

①4650 Ⓤ5398

筆順 一 厂 厂 戸 戸 戸 厘 厘 厘

リ

なりたち ［釐］［形声］𠩺(すきですく、おさめる)＋里(区画された耕地)音。小さい区切りの意。借りて、度量衡の単位に用いる。「厘」は俗字。また、「廛」の俗字。

単位を表す語。りん。㋐金銭・歩合の単位。銭(せん)の一〇分の一、分の一〇分の一。㋑尺貫法の長さの単位。

熟語「日歩二銭五厘六毛・打率二割九分四厘一毛」

【倫】

準2級　10画　人(亻)-8　音 リン 漢 呉　訓 とも・たぐい・のり・みち

①4649　Ⓤ502B

難読 倫敦(ロンドン)

人名 おさむ・しな・つぐ・つね・とし・とも・のり・ひと・ひとし・みち・もと

筆順 亻 仒 伶 伶 倫 倫 倫

なりたち  ［形声］人＋侖(きちんとそろえる)音。筋道がきちんとととのった人間関係の意。

❶みち。のり。人の守るべきすじみち。

【倫理】(リンリ) 人として守るべき道。「—的」「—学」

熟語「五倫・人倫・天倫・破倫・不倫・乱倫・濫倫」

❷たぐい。とも。ともがら。同類。

熟語「絶倫・比倫」

【鈴】⇩レイ(六六四ページ)

【輪】

7級　15画　車-8　音 リン 漢 呉　訓 わ

①4656　Ⓤ8F2A

人名 もと

筆順 一 亓 亘 車 軩 輪 輪 輪

なりたち  ［形声］車＋侖(きちんとそろえる)音。車の矢が放射状にきちんと並んでいる、わの意。

❶わ。車のわ。くるま。丸い形状のもの。

【輪禍】(リンカ) 自動車事故。

【輪形】(リンケイ) 輪の形。わがた。「—陣」

熟語「銀輪・競輪・月輪・光輪・後輪・金輪(こんりん)・車輪・前輪・大輪・駐輪・日輪・年輪・両輪・三輪車」

❷物のまわり。

【輪郭・輪▼廓】(リンカク) ①物の周囲をかたちづくっている線。「山の—」②物事の概要。大筋。「提案の—」

熟語「外輪・伏輪・覆輪」

❸まわる。めぐる。かわるがわる。

【輪講】(リンコウ) 一つの書物を順番に講義する。

【輪作】(リンサク) ちがう作物を周期的に栽培する。⇕連作

【輪転機】(リンテンキ) 円筒型の版面を回転させる印刷機。

【輪読】(リンドク) 一冊の本を順に読んで解釈する。

【輪▼廻】(リンネ) 〔仏〕生あるものが死後、生と死とを繰り返す。輪廻転生(りんねてんしょう)。流転(るてん)。

【輪番】(リンバン) 大勢の人が順番を決めて事にあたる。

熟語「輪唱・輪転・輪伐・輪舞」

❹仏教で、万物を生成する要素。

熟語「火輪・空輪・五輪・水輪・地輪・風輪」

❺〔国〕花を数える語。

熟語「梅一—」

【隣】

4級　16画　阜(阝)-13　音 リン 漢 呉　訓 となる・となり

①4657　Ⓤ96A3

〔隣〕15画　阜(阝)-12

〔鄰〕15画　邑(阝)-12

②7835　Ⓤ9130

人名 さと・ただ・ちか・ちかし・なが

筆順 ㇇ 阝 阝' 阝' 隣 隣 隣

なりたち  ［形声］もと「鄰」で、粦(連なって燃えるおに火)音＋邑(むら)。連なっている村の意から、となりの意を表す。

となり。となりあう。境を接している。

【隣家】(リンカ) となりの家。となり。

【隣国】(リンゴク) となりの国。隣接した国。隣邦。

【隣人】(リンジン) となり近所に住む人。「—愛」

【隣接】(リンセツ) となり合わせになっている。

【隣邦】(リンポウ) となりの国。隣国。

熟語「隣交・隣室・隣席・隣村・近隣・四隣・善隣・有隣」

【臨】

5級　18画　臣-11　音 リン 漢 呉　訓 のぞむ

①4655　Ⓤ81E8

人名 み

筆順 一 丆 𠃌 臣 臣' 臣' 臨 臨

なりたち  ［会意］臣(下向きの目)＋人＋品(いろいろな物)。人が上から下方にある物を見おろすの意。

◉異字同訓◉【望】(五九七ページ)の「異字同訓」欄を参照のこと。

❶のぞむ。見下ろす。貴人がその場におもむく。

【臨御】(リンギョ) 天子がその場にのぞむ。臨幸。

【臨幸】(リンコウ) 天子がその場に出席する。臨御。

熟語「君臨・光臨・降臨・再臨・登臨・賁臨(ひりん)(ふんりん)・来臨」

❷のぞむ。目の前にする。その場に行く。

【臨海】リンカイ　海の近くにある。「―学校」
【臨界】リンカイ　核分裂が持続的に進行する境目。
【臨機応変】リンキオウヘン　状況に応じ適切な対応をする。
【臨月】リンゲツ　出産の予定の月。うみづき。「―に入る」
【臨検】リンケン　その場へ行って調べる。
【臨死】リンシ　死に直面する。「―体験」
【臨時】リンジ　「―列車」「―ニュース」「―収入」
【臨終】リンジュウ　死に際。いまわのきわ。末期（まつご）。
【臨床】リンショウ　実際に患者の診療にあたる。「―医」
【臨場】リンジョウ　「―感（＝その場にいるような感じ）」
【臨席】リンセキ　会合や式に出る。出席。
【臨戦】リンセン　戦いにのぞむ。「―態勢」
熟語「臨機・臨空・臨港・臨地」

❸そばに置いて手本にする。

【臨書】リンショ　書道で、手本を見てそのとおりに書く。臨写。
【臨池】リンチ　てならい。習字。書道。出典 王羲之「与レ人書」より。張芝（ちょうし）が池に臨んで書の稽古をしたことで、池の水が真っ黒になったという意。
【臨本】リンポン　書画などの手本。
【臨模・臨▼摹】リンモ　手本を見ながら書く。りんぼ。
熟語「臨画・臨写・臨本」

ル

【流】⇩リュウ（六五二ページ）
【留】⇩リュウ（六五三ページ）

【瑠】

2級　14画　玉(王)-10　新常用
音　ル呉・リュウ漢（リウ）
①4660　Ⓤ7460

〔璢〕16画　玉(王)-12　②6469　Ⓤ74A2

筆順 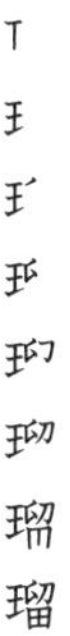

なりたち［形声］玉＋留㊥。梵語 vaidūrya（紫がかった紺色の玉）を吠瑠璃と音訳するために作った字。

「瑠璃（るり）」は、青色の宝石。

【瑠璃】ルリ　①光沢のある青い宝石。②ガラスの古名。
【瑠璃色】ルリいろ　紫がかった深い青色。古くは薄青色。

ルイ

【涙】

4級　10画　水(氵)-7
音　ルイ漢呉
訓　なみだ
①4662　Ⓤ6D99

〔淚〕11画　水(氵)-8　③8683　Ⓤ6DDA
〔泪〕8画　水(氵)-5　②6205　Ⓤ6CEA

筆順 

なりたち［形声］水＋戾（外へ出てゆく）㊥。目から流れ落ちるなみだの意。

なみだ。眼球を潤している液体。

【涙金】なみだキン　同情して与えるわずかな金。
【涙声】なみだごえ　涙ぐんでいる時の声。
【涙痕】ルイコン　涙の流れたあと。なみだのあと。
【涙腺】ルイセン　涙を分泌する器官。「―がゆるむ」
熟語「涙管・感涙・血涙・紅涙・降涙・催涙・声涙・熱涙・別涙・落涙」

【累】

準2級　11画　糸-5
音　ルイ漢呉
訓　かさ-ねる・わずら-い
①4663　Ⓤ7D2F

〔纍〕21画　糸-15　③9024　Ⓤ7E8D

人名　たか

筆順 

なりたち ［形声］畾（同じ物が重なる）㊥＋糸。糸でつぎつぎと連ね重ねるの意。篆文では、厽（土を積み重ねる）＋糸とも。「累」は略字。

❶かさねる。かさなる。幾重にも加える。しきりに。

【累加】ルイカ　かさね加えていく。
【累計】ルイケイ　小計を加えて合計をだす。累算。「―赤字」
【累月】ルイゲツ　月を重ねる。数か月。「―に及ぶ」
【累算】ルイサン　「累計」に同じ。
【累次】ルイジ　次々に重なり続く。たびたび。「―の戦乱」
【累乗】ルイジョウ　同じ数を何度か掛け合わせる。「―根」
【累進】ルイシン　①地位が次々に上位に進む。②数量の増加につれ、割合がふえる。「―課税」
【累積】ルイセキ　次々に重なり積もる。「―債務」
【累増】ルイゾウ　次第にふえていく。
【累代】ルイダイ　代を重ねる。代々。累世。
【累犯】ルイハン　犯罪を重ねる。「―加重」
【累卵】ルイラン　危険な状態にあることのたとえ。「―の危うきにある」
【累累】ルイルイ　重なり合ってたくさんある。「死屍（しし）―」
熟語「累減・累日・累世・累年」

❷係わり合いになる。面倒をかける。

【累▼坐】ルイザ　他人の犯罪にかかわりあって罰せられる。連坐。

熟語「係累・俗累・煩累・連累」

【塁】

準2級 12画 土-9 音 ルイ漢呉 訓 とりで ①4661 Ⓤ5841

【壘】18画 土-15 ②5262 Ⓤ58D8

人名 かさ・たか

筆順 冂 罒 田 甲 畀 畏 塁 塁

なりたち  ［形声］畾（同じものが重なる）音＋土。積みあげられた土や石、とりでの意。「塁」は略字。

❶とりで。土を重ねて築いた小さな陣地。

【塁壁】ルイヘキ とりでの壁。城壁。また、とりで。

熟語「塁砦（るいさい）・堅塁・孤塁・城塁・敵塁・土塁・辺塁・砲塁・堡塁」

❷（国）野球で、ベース。

【塁審】ルイシン 野球で、一・二・三塁の近くにいる審判員。

熟語「一塁・三塁・残塁・出塁・走塁・盗塁・二塁・満塁・本塁打」

【類】

7級 18画 頁-9 音 ルイ漢呉 訓 たぐい ①4664 Ⓤ985E

【類】19画 頁-10 ③9404 ⓊF9D0

人名 とも・なお・よし

筆順 丷 䒑 米 米 类 類 類 類

なりたち  ［会意］米（植物の代表）＋犬（動物の代表）＋頁（あたま）。さまざまな物のあたまかずをそろえてくらべる意から、たぐいの意を表す。

❶たぐい。同種のもの。なかま。

【類▼聚】ルイジュ 同種類のものを集める。類集。るいじゅう。

【類書】ルイショ 内容や体裁などの似た書物。

【類別】ルイベツ 種類によって区別する。分類。

熟語「類従・衣類・異類・種類・生類（しょうるい）（せいるい）・書類・親類・人類・畜類・虫類・同類・部類・分類」

❷生物分類上、「綱」「目」などの代わりに用いる語。

熟語「魚類・鳥類・哺乳類・霊長類」

❸似ている。また、くらべる。

【類縁】ルイエン 似ている関係にあるもの。「―関係」

【類義語】ルイギゴ 意味の似かよった二つ以上の語。

【類型】ルイケイ 似たものをまとめてくくった型。

【類似】ルイジ 互いに似た点が存在する。「―商品」

【類推】ルイスイ 類似点をもとにして推し量る。

【類例】ルイレイ 似かよった例。「他に―を見ない」

熟語「類義・類人猿・比類・無類」

❹（国）まきぞえになる。

【類火】ルイカ 他から燃え移った火。類焼。

【類焼】ルイショウ 他から燃え移って焼ける。類火。

レイ

【令】

7級 5画 人-3 音 レイ漢・リョウ（リャウ）呉 訓 し-む ①4665 Ⓤ4EE4

人名 おさ・なり・のり・はる・よし

筆順 ノ 人 亼 今 令

なりたち  ［会意］亼（集める）＋卩（ひざまずく人）。人を集めて服従させ、言いつける意を表す。

❶いいつける。いいつけ。

【令状】レイジョウ 命令の意を記した書状。「召集―」

【令達】レイタツ 命令として伝える。命令の通達。

熟語「威令・禁令・訓令・号令・司令・指令・辞令・伝令・発令・命令・箝口令」

❷のり。おきて。法律。

熟語「《レイ》禁令・省令・条令・政令・勅令・法令・戒厳令」「《リョウ》令外（りょうげ）・律令・大宝令・養老令」

❸おさ。長官。

熟語「県令」

❹よい。めでたい。

【令色】レイショク 他人の気に入るようにつくろい飾った顔つき。「巧言―」

【令名】レイメイ よい評判。名声。「―を馳せる」

熟語「令月・令人・令望」

❺他人の親族に対する敬称。

【令兄】レイケイ 他人の兄を敬っていう語。

【令▼閨】レイケイ 他人の妻を敬っていう語。令室。

【令厳】レイゲン 他人の父を敬っていう語。御尊父。

【令嬢】レイジョウ 他人の娘を敬っていう語。

【令息】レイソク 他人の息子を敬っていう語。

熟語「令室・令堂・令夫人」

【礼】

8級 5画 示（ネ）-1 音 レイ漢・ライ呉 ①4673 Ⓤ793C

【禮】18画 示-13 ②6725 Ⓤ79AE

仮名 平仮名「れ」は「礼」の草体から。片仮名「レ」は「礼」の終画から。

人名 あき・あきら・あや・かた・なり・のり・ひろ・ひろ

し・まさ・まさし・みち・ゆき・よし

筆順 丶 ラ ネ 礼

なりたち 禮 ［形声］示＋豊（神酒を盛るためのたかつき）㊇。神酒をささげる、また、その儀式の意。「礼」は古文。

❶れい。社会の秩序を維持し、人間関係を円滑にするためのしきたり・儀式。

【礼儀】（レイギ）「ー作法」

【礼節】（レイセツ）「衣食足りてーを知る」

【礼法】（レイホウ）礼儀・作法のやり方やきまり。

【礼砲】（レイホウ）軍艦などが儀礼として撃つ空砲。

熟語「礼楽・礼式・礼譲・礼装・礼典・礼服・儀礼・婚礼・祭礼・葬礼・朝礼・典礼」

❷敬意のこもった態度や振る舞い。

【礼遇】（レイグウ）礼をつくし、丁寧にもてなす。「前官ー」

熟語「失礼・非礼・無礼」

❸挨拶（あいさつ）。おじぎ。

【礼賛・礼▼讃】（ライサン）①ほめたたえる。②仏教で、三宝を礼拝する。

【礼拝】（ライハイ）仏教で、仏をおがむ。

【礼拝】（レイハイ）キリスト教で、神をおがむ。

熟語「一礼・敬礼・巡礼・答礼・拝礼・目礼」

❹謝意を表すための言葉や金品。

【礼金】（レイキン）謝礼金。

【礼状】（レイジョウ）お礼を述べた手紙。

熟語「礼物（れいぶつ）（れいもつ）・謝礼・返礼」

❺その他。固有名詞など。

【礼記】（ライキ）儒家の経典で、五経の一。礼についての解説・理論を述べたもの。

【冷】

7級　7画　冫-5

音 レイ㊉

訓 つめたい・ひえる・ひや・ひやす・ひやかす・さめる・さます・ひーややか

①4668
Ⓤ51B7

人名 すずし

筆順 丶 冫 冫 冫 冷 冷 冷

なりたち  ［形声］冫（こおり）＋令（こうごうしい神のお告げ）㊇。氷のように清らかでつめたいの意。

❶つめたい。温度が低い。⇕温・暖。

【冷夏】（レイカ）気温の低い日が続く夏。

【冷害】（レイガイ）冷夏により農作物が被害を受ける。

【冷気】（レイキ）つめたい空気。

【冷水】（レイスイ）冷たい水。⇕温水

【冷泉】（レイセン）冷たい鉱泉。

【冷戦】（レイセン）武力行使を伴わない厳しい国家対立。

熟語「冷菓・冷酒・冷涼・寒冷・秋冷・清冷・保冷」

❷ひやす。ひえる。つめたくする。

【冷却】（レイキャク）「ーしきった関係」「ー期間を置く」

【冷蔵】（レイゾウ）食品を低温で貯蔵する。「ー庫」

【冷凍】（レイトウ）食品などをこおらせる。「ー室」

【冷房】（レイボウ）屋内を涼しくする。⇕暖房

熟語「急冷・空冷・水冷」

❸ひややか。思いやりがない。

【冷遇】（レイグウ）冷淡に待遇する。⇕優遇

【冷血】（レイケツ）①体温が低い。②冷酷。「ー漢」⇕熱血

【冷酷】（レイコク）思いやりがなくむごい。「ーな仕打ち」

【冷然】（レイゼン）思いやりがなくひややかである。

【冷淡】（レイタン）熱心でない。不親切である。「ーな返事」

❹あざけりさげすむ。

【冷笑】（レイショウ）さげすんで笑う。「人のーを買う」

熟語「冷眼・冷嘲・冷評」

❺心が落ち着いている。

【冷静】（レイセイ）「ーな対応」「沈着ー」

【冷徹】（レイテツ）「ーな科学の目」「ーに状況を見通す」

熟語「冷厳」

【励】【勵】

3級　7画　力-5　（勵）16画　力-14

音 レイ㊉㊇

訓 はげむ・はげます

①4669
Ⓤ52B1

②5015
Ⓤ52F5

人名 つとむ

筆順 一 厂 厅 厉 励 励

なりたち ［形声］厲（力をこめてとぐ、といし）㊇＋力。力をこめ、はげむの意。「励」は略字。

はげむ。はげます。つとめる。元気づける。

【励行】（レイコウ）一生懸命つとめる。「安全運転をーする」別表記 厲行

熟語「励声・激励・奨励・精励・督励・奮励・勉励」

【戻】【戾】

準2級　7画　戶（戸）-3　（戾）8画　戶-4

音 レイ㊉・ライ㊇

訓 もどす・もどる・もとーる

①4465
Ⓤ623B

③8467
Ⓤ623E

筆順 一 ㇇ 彐 戸 戸 戸 戻

なりたち  ［会意］戶＋犬。戸の下を番犬が身をねじってくぐりぬける意から、さからう、もとる意を表す。

❶もとる。まがる。そむく。

熟語「違戻・乖戻（かいれい）・悖戻（はいれい）・暴戻」

❷(国)もどす。もどる。もとの場所や状態にかえす。
【戻入】レイニュウ 戻し入れる。
熟語「戻換・返戻」

【例】 7級 8画 人(亻)-6
音 レイ㊅㊇
訓 たと-える・たと-え-ば・ため-し
①4667 Ⓤ4F8B
人名 ただ・つね・とも・みち
筆順 ノ イ 仃 仃 伢 伢 例 例
なりたち  [形声]人＋列(つらなる)音。同類のものとしてつらなる人の意から、たぐい・たとえの意を表す。
❶ならわし。ためし。いつもどおりの。
【例会】レイカイ 定まった日時に開かれる会合。
熟語「例規・例月・例刻・例祭・例式・例日・例年・悪例・異例・慣例・吉例・恒例・古例・症例・事例・先例・前例・実例・通例・判例」
❷きまり。さだめ。一般的な規則。
【例外】レイガイ 普通の例からはずれている。
熟語「例規・例言・条例・凡例(はんれい)」
❸たとえる。たとえ。
【例示】レイジ 例として示す。例を示す。
【例題】レイダイ 説明のため例として出す問題。
【例文】レイブン 用例として掲げる文。
熟語「例解・例証・例話・引例・好例・作例・適例・比例・文例・用例・類例」

【鈴】 準2級 13画 金-5
音 レイ㊅・リン㊐・リョウ(リャウ)㊇
訓 すず
①4675 Ⓤ9234
筆順 ノ 亼 仐 仐 金 金 鈴 鈴
なりたち  [形声]金＋令(清く美しい)音。すんだ美しい音を出す金属の意。
❶すず。振って鳴らす金属製の器具。
熟語「駅鈴・金鈴・銀鈴・振鈴・風鈴(ふうりん)」
❷(国)りん。㋐読経の時などに打ち鳴らす鉢形の仏具。㋑ベル。
熟語「呼び鈴(りん)」

【零】 3級 13画 雨-5
音 レイ㊅
訓 こぼ-す・こぼ-れる
①4677 Ⓤ96F6
難読 零余子(ぬかご)(むかご)・零落れる(おちぶれる)
筆順 一 二 干 雨 雨 雫 零 零
なりたち  [形声]雨＋令(清く美しい)音。清らかな水滴、しずくの意。
❶おちる。こぼれる。また、おちぶれる。
【零落】レイラク おちぶれる。「―した姿をさらす」「―して今は見る影もない」
熟語「零雨・零砕・零廃・衰零・凋零(ちょうれい)・漂零・飄零(ひょうれい)」
❷小さい。わずかな。また、残り。
【零細】レイサイ ①きわめてわずか。②規模がきわめて小さい。「―企業」
【零余】レイヨ 少しの残り。余り。残余。
熟語「零本・断簡零墨」
❸れい。ゼロ。
【零下】レイカ 温度が摂氏〇度以下である。氷点下。
熟語「零時・零点・零敗」

【霊】 3級 15画 雨-7
音 レイ㊅・リョウ(リャウ)㊇
訓 たま
①4678 Ⓤ970A
【靈】24画 雨-16 ②8045 Ⓤ9748
【灵】7画 火-3 ③8736 Ⓤ7075
人名 よし
筆順 一 二 干 雨 雨 雫 霝 霊
なりたち  [形声]霝(清らかなしずく)音＋巫(神を招くみこ)。清らかなみこの意。転じて、みたま・たましいの意にも用いる。「霊」は俗字。
❶みこ。また、神。神のみたま。
【霊域】レイイキ 寺社などのある神聖な地域。霊地。
【霊験】レイゲン 神仏が示す不思議な験(しるし)。
【霊山】レイザン 神仏をまつってある山。
【霊場】レイジョウ 寺社などのある神聖な土地。
熟語「山霊・神霊」
❷たま。たましい。特に、死者のたましい。
【霊園・霊苑】レイエン 広い区域をもつ共同墓地。墓苑。
【霊界】レイカイ ①死後の世界。②精神界。
【霊柩】レイキュウ 遺体を納めた棺。ひつぎ。「―車」
【霊魂】レイコン たましい。
【霊前】レイゼン 死者の霊の前。「御―」
【霊媒】レイバイ 神霊・死霊との媒介者。口寄(くちよせ)の類。
【霊廟】レイビョウ 先祖の霊をまつる建物。みたまや。
【霊力】レイリョク 霊魂の力。不可思議な力。
熟語「《レイ》霊地・霊安室・慰霊・英霊・精霊(せいれい)(しょうりょう)・亡霊・幽霊・心霊現象・全身全霊」「《リョウ》悪霊(あくりょう)(あくれい)・怨霊(おんりょう)・死霊(しりょう)(しれい)」
❸不思議な。神秘的な。神聖な。
【霊異】レイイ 人知では考えられない不思議さ。霊妙。
【霊感】レイカン 神仏の霊妙な感応。
【霊気】レイキ 霊妙な気。神秘的な雰囲気。

【霊芝】レイシ　マンネンタケ。床飾りとする。
【霊長】レイチョウ　万物のかしらとなるもの。「―類」
【霊妙】レイミョウ　人知では考えられないほどすぐれている。「―な笛の調べ」
熟語「霊獣・霊水・霊瑞(ずい)・霊泉・霊鳥・霊峰・霊木・霊妙・霊薬・霊力」

【隷】
4級　16画　隶-8　音 レイ 漢 呉
〔隸〕17画　隶-9
①4676 Ⓤ96B7　②8017 Ⓤ96B8

筆順
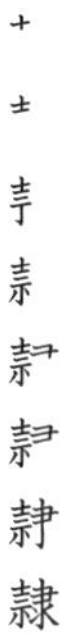

なりたち

［会意］柰(カラナシ)＋隶(手で尾をつかまえる)。カラナシの実を手でもぎとる意から、つかまえて従わせる意を表す。「隷」は俗字。

❶つき従う。また、しもべ。
【隷下】レイカ　つき従う者。手下。配下。
【隷従】レイジュウ　仕え従う。「隣国に―する」
【隷属】レイゾク　つき従う。また、てした。部下。
熟語「隷人・隷僕・家隷・直隷・奴隷」
❷漢字の書体の一。
【隷書】レイショ　篆書(てんしょ)を省略して簡便にした書体。
熟語「隷字・草隷・篆隷(てんれい)」

【齢】
4級　17画　歯(齒)-5　音 レイ 漢　訓 とし・よわい
〔齡〕20画　歯-5
①4680 Ⓤ9F62　②8384 Ⓤ9F61

人名 とし・なか・よ

筆順

なりたち

［形声］歯＋令(清く美しい)音。美しく整然と並ぶ歯のようすを見て年令を数える意から、よわいの意を表す。

とし。よわい。
熟語「月齢・高齢・寿齢・樹齢・壮齢・適齢・年齢・馬齢・妙齢・老齢」

【麗】
4級　19画　鹿-8　音 レイ 漢・リ 漢 呉・ライ 呉　訓 うるわしい・うららか
①4679 Ⓤ9E97

人名 あきら・かず・つぐ・つら・よし・より

筆順

なりたち

［象形］形のよい立派な角が二本並んでいる雄しかにかたどる。うるわしいの意。

❶うるわしい。うつくしい。また、うららか。のどか。
【麗句】レイク　美しい文句。飾った言葉。「美辞―」「―を並べる」
【麗姿】レイシ　うるわしい姿。
【麗質】レイシツ　生まれつきの美しさ。
【麗日】レイジツ　春などのうららかな日。のどかな日。「―の候」
【麗人】レイジン　みめうるわしい婦人。美人。
熟語「麗辞・麗筆・麗容・艶麗(えんれい)・佳麗・華麗・奇麗・綺麗(きれい)・秀麗・清麗・壮麗・端麗・美麗・豊麗・妖麗(ようれい)・流麗・美辞麗句」
❷ならぶ。連なる。
【麗沢】レイタク　連なる沢がうるおし合うように、友人が互いに助け合い学ぶ。

【暦】
4級　14画　日-10　音 レキ 漢・リャク 呉　訓 こよみ
〔曆〕16画　日-12
①4681 Ⓤ66A6　③8539 Ⓤ66C6

人名 とし

筆順

なりたち

［形声］厤(家の中に並べられたイネ)音＋日。日を整然と並べる意から、こよみの意を表す。

こよみ。一年の月・日などを記載したもの。
【暦日】レキジツ　①月日を経る。「山中―なし」②こよみ。
別表記 歴日
【暦年】レキネン　①暦で定められた一年。②年月。歳月。
【暦法】レキホウ　暦に関する法則。
熟語「暦数・陰暦・改暦・還暦・旧暦・新暦・西暦・陽暦・和暦・太陰暦・太陽暦」

【歴】
7級　14画　止-10　音 レキ 漢・リャク 呉　訓 へ-る
〔歷〕16画　止-12
①4682 Ⓤ6B74　③8637 Ⓤ6B77

人名 つぐ・つね・ふる・ゆき

筆順

なりたち

［形声］厤(家の中に並べられたイネ)音＋止(あるく)。整然と並べられたイネを数えてあるく意から、すぎる・へるの意を表す。

❶へる。順に長い間続いている。順に経験する。つぎつぎと。
【歴戦】レキセン　何回も戦いを経験する。「―の勇士」
【歴代】レキダイ　代々。世々。歴世。「―の総理」

【歴任】レキニン 次々に諸種の役職に任ぜられる。
【歴年】レキネン ①何年かを経る。「―の功」②連年。
【歴訪】レキホウ 次々に訪れる。「諸国―の旅」
熟語「歴世・歴朝・歴遊・歴覧・巡歴・遍歴」
❷物事のたどってきた経過。また、その記録。
【歴史】レキシ 人間社会の今までの出来事。また、それを記した記録。
熟語「閲歴・学歴・経歴・職歴・戦歴・前歴・来歴・略歴・履歴・記者歴・教師歴」
❸はっきりしている。
【歴然】レキゼン はっきりしている。「―たる証拠」
【歴歴】レキレキ ①おえらがた。多く「お歴々」の形で用いる。②はっきりしている。「―たる事実」
❹こよみ。同暦。
【歴日】レキジツ 「暦日」に同じ。

レツ

【列】

8級 6画 刀(刂)-4
音 レツ 漢 呉
訓 つら-なる・つら-ねる・なら-ぶ
①4683 Ⓤ5217

難読 列列椿(つらつらつばき)
人名 しげ・つら・とく・のぶ
筆順 一 ア 万 歹 歹 列
なりたち [会意]歹(白骨)＋刀。骨を刀で断ち切る意で、「裂」の原字。のち、刀で切った骨をずらりと並べる、つらねるの意に用いた。

❶つらねる。つらなる。ならべる。ならぶ。
【列記】レッキ 並べて書き記す。「付帯事項を―する」
【列挙】レッキョ 一つ一つ数えあげる。「名前を―する」
【列車】レッシャ 旅客・貨物車両の一つらなり。「急行―」
【列伝】レツデン ①人々の伝記を連ね記したもの。「英雄―」②紀伝体の歴史の分類の一。人臣の伝記を並べた記録。
【列島】レットウ 並び続いている多数の島々。「日本―」
熟語「整列・陳列・配列・排列・並列・羅列」
❷長く並んでいるもの。ならび。つら。
熟語「行列・数列・葬列・隊列・点列・第一列」
❸参加する。
【列座】レツザ その座につらなる。
【列席】レッセキ 式や会合に出席する。「婚儀に―する」
熟語「参列・朝列」
❹順序。等級。
熟語「列次・順列・序列・同列」
❺多くの。
【列強】レッキョウ 多くの強い国。世界の諸強国。
【列国】レッコク 多くの国々。諸国。「―首脳会議」
熟語「列侯・列藩」
❻その他。固有名詞など。
【列子】レッシ ①中国、戦国時代の思想家。名は禦寇(ぎょこう)。唐の玄宗は沖虚真人と諡(おくりな)した。②中国、古代の寓話集。列子とその弟子が書いたとされる。

【劣】

4級 6画 力-4
音 レツ 漢 呉
訓 おとる
①4684 Ⓤ52A3

筆順 丨 小 小 少 劣 劣
なりたち [会意]少(すくない)＋力。他とくらべて、力が少ないの意。

❶おとる。力や質が他より悪い。⇔優。
【劣悪】レツアク 品質が劣っている。「―な環境」⇔優良
【劣位】レツイ 劣っている地位・状態。⇔優位
【劣化】レッカ 品質が悪くなる。「ゴムが―する」
【劣勢】レッセイ 不利な状態である。⇔優勢
【劣等】レットウ 普通より劣っている。「―生」⇔優等
【劣等感】レットウカン 他より劣っているという感情。
【劣敗】レッパイ 劣っているものが優れたものに敗れる。「優勝―」
熟語「劣弱・劣性・拙劣・優劣・優勝劣敗」
❷品性が他より低い。いやしい。
【劣情】レツジョウ ①いやしい心情。②性的な欲望や感情。
熟語「愚劣・下劣・低劣・卑劣・陋劣(ろうれつ)」

【烈】

4級 10画 火(灬)-6
音 レツ 漢 呉
訓 はげ-しい
①4685 Ⓤ70C8

人名 あきら・いさお・たけ・たけし・つよ・つら・やす・よし
筆順 一 ア 万 歹 歹 列 列 烈 烈
なりたち [形声]列(骨を刀で切り裂く)音＋火。ほのおがいくつにも裂けて盛んに燃える意から、はげしい意を表す。

❶はげしい。きびしい。勢いが強い。
【烈火】レッカ 激しく燃える火。「―の如く怒る」
【烈日】レツジツ 激しく照りつける太陽。「秋霜―」
【烈風】レップウ 強く吹く風。激しい風。
【烈烈】レツレツ 気迫・炎などが激しい。
熟語「烈震・苛烈・強烈・激烈・劇烈・熾烈(しれつ)・鮮烈・痛烈・熱烈・猛烈」
❷気性があらあらしい。操(みさお)がかたい。
【烈士】レッシ 自分の信念をもって行動する人。
【烈女】レツジョ 節操が固く気性の激しい女。別表記 列女
熟語「義烈・壮烈・忠烈」

❸立派なてがら。いさおし。
熟語「偉烈・遺烈・武烈」

【裂】 3級
12画 衣-6 音 レツ 漢 呉 訓 さく・さける・きれ ①4686 Ⓤ88C2

筆順 ア 万 歹 列 列 裂 裂 裂

なりたち [形声]列(骨を刀で断ち切る)音＋衣。布地を切りさくの意。

❶きれ。布の断片。きれはし。
熟語「古代裂(こだいぎれ)」

❷さく。さける。やぶれる。また、ばらばらになる。
【裂傷】レッショウ 皮膚の表面が裂けてできた傷。裂創。
【裂▼帛】レッパク ①帛(きぬ)を引き裂く。②激しい叫び声や女性の悲鳴のたとえ。「―の気合」
熟語「亀裂(きれつ)・決裂・炸裂(さくれつ)・縦裂・断裂・爆裂・破裂・分裂・四分五裂・支離滅裂」

レン

【恋】 4級
10画 心-6 音 レン 漢 呉 訓 こう・こい・こいしい ①4688 Ⓤ604B
〔戀〕23画 心-19 ②5688 Ⓤ6200

筆順 丶 亠 ナ 亣 亦 亦 恋 恋

なりたち [形声]「糸二つ＋言」(糸が乱れもつれる)音＋心。思いが乱れ、こいこがれるの意。「恋」は略字。

こう。こい。こいしい。思いこがれる。
【恋路】こいじ 恋のみち。恋愛をいう語。
【恋愛】レンアイ 男女が恋い慕う。「―小説」
【恋情】レンジョウ 恋い慕うこころ。恋ごころ。
【恋着】レンチャク 深く恋い慕う。
【恋慕】レンボ 恋い慕う。「―の情」「横―」
【恋恋】レンレン 未練がましい。「今の地位に―とする」
熟語「愛恋・失恋・初恋(はつこい)・悲恋」

【連】 7級
10画 辵(辶)-7 音 レン 漢 呉 訓 つらなる・つらねる・つれる ①4702 Ⓤ9023
〔連〕11画 辵(辶)-7 ―― ⓊF99A

注記「聯」の書き換え字としても用いられる。
難読 注連(ちゅうれん)(しめなわ)・連打(つるべうち)・連玉(レダマ)・連枷(からざお)
人名 つぎ・まさ・むらじ・やす

筆順 一 𠃍 亓 百 亘 車 連 連

なりたち [会意]辵(ゆく)＋車(くるま)。車が次々とつながって行く意から、つらなる意を表す。

❶つらなる。つらねる。次々にならぶ。つながる。
【連歌】レンガ 古典詩歌の一体。五・七・五の長句と七・七の短句を交互に読み続けていく。
【連関】レンカン たがいにつながりがある。関連。
【連記】レンキ いくつか並べて書く。「三名―の投票」⇔単記
【連係・連▼繋】レンケイ つながりをつける。「緊密な―」
【連結】レンケツ つなぎ合わせる。「車両を―する」
【連鎖】レンサ つらなりつづく。「憎しみの―」
【連座・連▼坐】レンザ 他人の犯罪により処罰される。
【連枝】レンシ 身分の高い人の兄弟姉妹。「将軍の御―」
【連城の璧】れんじょうのへき 中国の戦国時代、秦の昭王が一五の城と交換しようといった、趙(ちょう)の恵文王所有の有名な宝玉。出典「史記 廉頗・藺相如伝」より。
【連接】レンセツ つらなっている。「―棒」
【連想】レンソウ 「柿を食べると故郷を―する」別表記 聯想
【連続】レンゾク 次々につながり続く。「―登板」
【連隊】レンタイ 軍隊の編制単位の一。師団または旅団の下、大隊の上。別表記 聯隊
【連動】レンドウ 「年金は物価に―する」
【連綿】レンメン 途絶えずに長く続く。「―として続く文章」
【連絡】レンラク 「家族に―する」「池袋で山手線と―する」別表記 聯絡
【連理の枝】れんりのえだ 男女の契りの深いことのたとえ。「比翼の鳥、―」出典 白居易「長恨歌」より。
熟語「連環・連語・連山・連珠・連署・連判・連峰・連名・関連」

❷ひきつづいて。つづけて。
【連休】レンキュウ 連続した休日。
【連呼】レンコ 「候補者名を―する」
【連載】レンサイ 「―小説」「―企画」
【連作】レンサク ①同じ土地に、毎年続けて同じ農作物を作る。⇔輪作。②小説や絵などで、一人の作者があるテーマで一連の作品を作る。
【連日】レンジツ 毎日毎日。「―の猛暑」
【連戦】レンセン 続けて戦う。「―連勝」
【連覇】レンパ 続けざまに優勝する。「大会―」
熟語「連勝・連打・連投・連破・連敗・連発・連夜」

❸つれる。手をむすぶ。なかまになる。
【連携】レンケイ 連絡をとって一緒におこなう。
【連行】レンコウ 強制的につれていく。
【連衡】レンコウ 中国、戦国時代に、張儀(ちょうぎ)が唱えた秦の対外政策。韓・魏(ぎ)・趙(ちょう)・燕(えん)・楚(そ)・斉の六国にそれぞれ単独に秦と同盟を結ばせ、蘇秦(そしん)の合従(がっしょう)策を破った。
【連合】レンゴウ 複数の組織が合同して一つの組織体を作る。別表記 聯合

【連帯】(レンタイ) ①お互いが結びついている。「―感」②二人以上の者が同等の責任をとる。「―責任」
【連邦】(レンポウ) 複数の州または国家が結合し、一つの国家として形成されたもの。別表記 聯邦
【連盟】(レンメイ) 共同の目的のために同一の行動をとることを誓ってできた団体。「国際―」別表記 聯盟
【連立】(レンリツ) いくつかのものが並び立つ。「―内閣」別表記 聯立
❹なかま。つれ。
【連中】(レンジュウ) ①仲間の人たち。れんちゅう。「どうしようもない―だ」②音曲や演芸の一座の人たち。「お囃子―」
熟語「常連・悪童連・教授連」
❺(国)むらじ。古代の姓(かばね)の一。

【廉】
3級 13画 广-10 音 レン 漢呉 訓 かど・やす-い ①4687 Ⓤ5EC9
〔廉〕13画 广-10 ― ⓊF9A2
人名 かど・きよ・きよし・すが・すなお・ただし・やす・ゆき
筆順 亠 广 庐 庠 庯 廉 廉 廉
なりたち [形声]广＋兼(かねあつめる)音。建物の面が複数まじわって生じたかど・すみの意から、折り目が正しい、いさぎよい意を表す。
❶かど。すみ。
熟語「廉隅・廉利」
❷いさぎよい。きよく正しい。
【廉潔】(レンケツ) 心が清く、おこないが正しい。「―の士」
【廉正】(レンセイ) 潔白で正直である。
【廉恥】(レンチ) いさぎよく恥を知る心が強い。「―心」
【廉直】(レンチョク) 心が清くまっすぐである。「―の士」
熟語「廉節・孝廉・清廉潔白」
❸やすい。ねだんが低い。
【廉価】(レンカ) 安い値段。安価。「―販売」⇔高価
【廉売】(レンバイ) 安い値段で売る。「夏物の大―」
熟語「低廉」
❹(国)理由。
用例「不審の廉(かど)」
❺その他。固有名詞など。
【廉頗】(レンパ) 中国、戦国時代の趙(ちょう)の名将。文臣たる藺相如(りんしょうじょ)が彼の上位にあることを憤ったが、相如の徳に服して刎頸(ふんけい)の交わりを結んだ。生没年未詳。

【練】
8級 14画 糸-8 音 レン 漢呉 訓 ねる ①4693 Ⓤ7DF4
〔練〕15画 糸-9 ③9014 ⓊFA57
人名 よし
筆順 幺 糸 糸 紅 絎 絗 緋 練
なりたち [形声]糸＋柬(よりわける)音。よい部分をよりわけて質をよくするの意。
❶絹糸を柔らかくする。ねりぎぬ。
熟語「練糸・素練」
❷ねる。きたえみがく。また、ねれる。なれる。同煉・錬。
【練習】(レンシュウ) 「―を積む」「―曲」
【練熟】(レンジュク) ねれてたくみなこと。熟練。
【練成】(レンセイ) 心・技・体をきたえる。別表記 錬成
【練達】(レンタツ) 熟練してじょうずである。「―の士」
【練磨】(レンマ) きたえてみがきあげる。別表記 錬磨
熟語「練度・練武・練兵・教練・訓練・熟練・試練・水練・洗練・操練・老練」
❸ねりかためる。こねる。同煉。
【練炭】(レンタン) 木炭の粉末を練り固めた燃料。別表記 煉炭
【練乳】(レンニュウ) 牛乳を煮つめ濃縮したもの。別表記 煉乳
熟語「練瓦(れんが)」

【錬】
3級 16画 金-8 音 レン 漢呉 訓 ね-る ①4703 Ⓤ932C
〔錬〕17画 金-9 ③9327 Ⓤ934A
筆順 𠆢 牟 金 釒 鉅 錬 錬
なりたち [形声]金＋柬(よりわける)音。よい部分をよりわけてきたえるの意。
❶金属をとかして、きたえる。
熟語「錬金術・精錬・製錬」
❷薬をこね固める。同煉。
熟語「錬丹・錬薬」
❸心身や技芸などをきたえみがく。同練。
【錬成】(レンセイ) 「練成(れんせい)」に同じ。
【錬磨】(レンマ) 「練磨(れんま)」に同じ。
熟語「修錬・洗錬・鍛錬・百錬」

【呂】

2級　7画　口-4　新常用
音　ロ(呉)・リョ(漢)
①4704　Ⓤ5442

仮名　平仮名「ろ」は「呂」の草体から。片仮名「ロ」は「呂」の初三画から。

難読　呂宋(ルソン)・呂律(ろれつ)・風呂(ふろ)

人名　おと・とも・なが・ふえ

筆順

なりたち　［象形］背骨が連なるさまにかたどる。

❶音楽の調子。また、リズム。

【呂律】リョリツ　日本音楽で、呂と律をあわせた称。律呂。

【呂▽律】ロレツ　ものを言う調子。「―がまわらない（＝舌がもつれて言葉がはっきりしない）」

熟語「律呂(りつりょ)」

❷背骨。

❸その他。固有名詞など。

【呂后】リョコウ　（前？―一八〇）前漢の高祖（劉邦）の皇后。高祖死後、政権を独占。

【呂氏春秋】リョシシュンジュウ　秦の呂不韋(りょふい)が編集させた書。諸子百家の思想、天文・地理の学説や伝説に至るまでを網羅。

【呂尚】リョショウ　中国、周の太公望(たいこうぼう)のこと。

【呂不韋】リョフイ　（前？―二三五）中国、戦国末の秦の宰相。秦の子楚（荘襄王）を王位につけ、宰相となる。子楚の子、政（始皇帝）が即位し位を極めた。

【炉】

3級　8画　火-4
音　ロ(漢)(呉)
訓　いろり
①4707　Ⓤ7089

【爐】　20画　火-16　②6404　Ⓤ7210

筆順

なりたち　［形声］火＋盧（丸いつぼの形をした飯器）(音)。飯をたくために火をもやすこんろの意。「炉」は俗字。

❶いろり。ひばち。

【炉端・炉▽辺】ろばた　囲炉裏のまわり。「―焼き」

【炉辺】ロヘン　炉のそば。ろばた。「―談話（＝ルーズベルト大統領が始めたラジオ談話）」

熟語「暖炉・夏炉冬扇」

❷火を燃え続けさせる容器・装置。

【炉心】ロシン　原子炉で核分裂連鎖反応が起こっている部分。

熟語「懐炉・香炉・高炉・焜炉(こんろ)・風炉(ふろ（ふう）)・焙炉(ほいろ)・原子炉・溶鉱炉」

【賂】

2級　13画　貝-6　新常用
音　ロ(漢)
訓　まいな-い
①4708　Ⓤ8CC2

筆順

なりたち　［形声］貝（財貨）＋各（つかえ止まる）(音)。ある人のもとに財貨がいたる意から、まいなう意を表す。

まいない。ひそかに金品を贈って利益をはかる。

熟語「賄賂(わいろ)」

【路】

8級　13画　足-6
音　ロ(漢)(呉)
訓　じ・みち
①4709　Ⓤ8DEF

難読　路加(ルカ)

人名　のり・みち

筆順

なりたち　［形声］足＋各（おのおの）(音)。おのおのの地点を足でたどる意から、みちの意を表す。

❶みち。人などが行き通うところ。通路。

【路肩】ロかた　道路のへり。ろけん。

【路地】ロジ　家と家との間の狭い通路。

【路線】ロセン　「赤字―」「協調―」「―変更を迫る」

【路頭】ロトウ　みちばた。「―に迷う」

【路傍】ロボウ　道のかたわら。「―の人（＝自分とは無関係な人）」

熟語「路次・路上・路標・路辺・路面・隘路(あいろ)・悪路・往路・回路・海路・街路・活路・岐路・帰路・空路・経路・血路・行路・航路・順路・水路・線路・通路・鉄路・道路・末路・迷路・陸路」

❷たび。旅行。

【路銀】ロギン　旅行の費用。旅費。

【路用】ロヨウ　旅行の費用。旅費。路銀。

熟語「路程・路費」

❸物事のすじみち。方法。

熟語「販路・末路・理路」

❹地位。

熟語「当路・要路」

【露】

4級　21画　雨-13
音　ロ(漢)(呉)・ロウ(慣)
訓　つゆ・あら-わ・あら-わ-す
①4710　Ⓤ9732

人名　あきら

筆順

なりたち　［形声］雨＋路（おのおのの地点をたどる）(音)。水滴となって現われ、物の表面をたどって落ちるつゆの意。

❶つゆ。水のしずく。はかないもの。

【露払い】(つゆはらい) ①行列の先に立って道を開く。②人に先立って先鞭をつける。「規制緩和の―」③横綱の土俵入りの時、先導を務める力士。

【露点】(ロテン) 水蒸気が凝結し露となり始める温度。

【露命】(ロメイ) 露のようにはかない命。「―を繋ぐ」

熟語「雨露(うろ)（あめつゆ）・甘露・玉露・結露・草露・霜露・朝露(ちょうろ)（あさつゆ）・白露・零露」

❷つゆにさらされる、屋根のないところ。

【露営】(ロエイ) 野外に陣営を構える。「―地」

【露地】(ロジ) ①屋根のない地面。「―栽培」②門内の細い道。③茶室に付属した庭。茶庭。注記「路地」とも書く。

【露台】(ロダイ) 建物の屋根のない平らな所。

【露天】(ロテン) 屋根のないところ。野天。「―風呂」

【露店】(ロテン) 道端や寺社の境内に並ぶ大道店。

【露仏】(ロブツ) 屋外にある仏像。ぬれぼとけ。

熟語「露座・露宿・露盤」

❸あらわ。あらわす。あらわにする。公表する。

【露悪】(ロアク) 悪い点をわざとさらけだす。「―趣味」

【露見・露顕】(ロケン) 悪事がばれる。「陰謀が―する」

【露骨】(ロコツ) あからさま。「―な描写」

【露出】(ロシュツ) ①あらわになる。「肌を―する」「―鉱床」②フィルムや印画紙に光を当てる。露光。「―計」

【露呈】(ロテイ) あらわになる。「勉強不足が―する」

【露頭】(ロトウ) 鉱床などが地表に露出する部分。

熟語「吐露・暴露(ばくろ)・発露・披露(ひろう)・流露」

❹（国）「露西亜(ロシア)」の略。

熟語「露土・日露・米露」

❺（国）つゆ。打ち消しの語を伴って、「全然…ない」の意を表す。

用例「露知らず」

【老】ロウ

7級　6画　老-0　①4723　Ⓤ8001

音 ロウ（ラウ）漢 呉

訓 おいる・ふける・おい

難読 海老(えび)・老海鼠(ほや)・老酒(ラオチュー)・老楽(おいらく)・老舗(しにせ)・老麺(ラーメン)

人名 とし

筆順 一 + 土 耂 耂 老

なりたち ［象形］腰を曲げてつえをつく人にかたどる。

❶おいる。ふける。としより。としよりの自称。

【老いたる馬は路を忘れず】(おいたるうまはみちをわすれず) 経験を積んだ者は、自分のとるべき道を誤らない。老馬の智。出典「韓非子説林上」による。

【老いてはますます壮なるべし】(おいてはますますさかんなるべし) 年はとっても意気盛んでなければならない。出典「後漢書馬援伝」より。

【老翁】(ロウオウ) 年をとった男性。老爺。おきな。

【老媼】(ロウオウ) 年をとった女性。老婆。おうな。

【老化】(ロウカ) ①年をとる。②物の機能や性質が、時間経過で衰える現象。エイジング。

【老眼】(ロウガン) 老視。「―鏡」

【老朽】(ロウキュウ) 古くなって役に立たなくなる。「―化」

【老境】(ロウキョウ) 年老いた境遇。「―に入る」

【老驥櫪に伏すとも志千里に在り】(ろうきれきにふすともこころざしせんりにあり) 駿馬は年老いて馬屋の櫪（＝横木）につながれても、なお千里を走ることを思う。出典 曹操「碣石篇」より。

【老軀】(ロウク) 老体。「―を駆ってがんばる」

【老後】(ロウゴ) 年をとってのち。「―の生活」

【老骨】(ロウコツ) 年をとった体。老軀(ろうく)。「―にむち打つ」

【老残】(ロウザン) 年をとってむなしく生きながらえる。

【老醜】(ロウシュウ) 年をとってみにくくなる。

【老少】(ロウショウ) 老人と若者。「―不定（＝人の寿命は予測しがたい）」

【老人】(ロウジン) 年をとった人。年寄り。

【老衰】(ロウスイ) 老いて心身が衰える。

【老体】(ロウタイ) 年をとって衰えた体。また、老人。

【老若男女】(ロウニャクナンニョ) 老人も若者も男も女も。

【老年】(ロウネン) 老齢。「―期」「―層」

【老婆】(ロウバ) 年をとった女性。老女。

【老婆心】(ロウバシン) 年とった女性の必要以上の親切心。自分の心遣いをへりくだっていう語。おせっかい。「―から申し上げる」

【老父】(ロウフ) 年をとった父親。

【老母】(ロウボ) 年をとった母親。

【老爺】(ロウヤ) 老年の男性。おきな。

【老齢】(ロウレイ) 年をとっている。老年。

熟語「老健・老死・老師・老弱・老儒・老女・老嬢・老身・老親・老生・老僧・老若(ろうにゃく)（ろうじゃく）・老廃・老病・老兵・老僕・老幼・老来・老措大・老大国・愚老・敬老・初老・拙老・養老」

❷経験をつんでいる。手なれている。伝統がある。

【老獪】(ロウカイ) 世故に長けてわるがしこい。

【老巧】(ロウコウ) 老練。「―な役者」

【老成】(ロウセイ) ①おとなびる。②物事に慣れている。

【老舗】(ロウホ) 古くから続く由緒ある商店。しにせ。

【老練】(ロウレン) 経験を積み、巧みである。「―な教師」

熟語「老手・老熟・老将・老大家・古老・宿老」

❸老人や年長者に対する敬称。

【老公】(ロウコウ) 年老いた貴人を敬っていう。

熟語「老兄・老台・長老」

❹臣下の長。政務を担当する中心人物。
【老中】ロウジュウ 江戸幕府の職名。最高の執政官。
熟語「家老・元老・大老」
❺老子あるいはその書物である「老子」のこと。
【老子】ロウシ ①中国、春秋戦国時代の楚(そ)の思想家。姓は李(り)、名は耳(じ)、字(あざな)は伯陽、諡(おくりな)は耼(たん)。道家の開祖。無為自然への復帰を説く。生没年未詳。②老子の著書と伝えられる道家の経典。老子道徳経。
【老荘】ロウソウ 中国古代の思想家、老子と荘子。

【労】
7級 7画 力-5 ①4711 Ⓤ52B4
音 ロウ(ラウ)漢呉
訓 いた-わる・つか-れる・ねぎら-う
【勞】12画 力-10 ②5009 Ⓤ52DE
人名 もり
筆順 丶 丷 ⺍ 𭕄 学 労
なりたち [会意]𤇾(周囲を火でとりまく)+力。火を激しく燃やすように力をいっぱいに出し尽くしてつかれるの意。「労」は略字。

❶はたらく。つとめる。つとめ。
【労役】ロウエキ 肉体を使ってする仕事。
【労作】ロウサク 骨を折って作り上げた作品。
【労賃】ロウチン 労働に対して支払われる賃金。
【労働】ロウドウ 賃金や報酬を得るために働く。また、一般に働く。「肉体—」
【労務】ロウム ①報酬を受けるために行う労働。「—者」②労働に関する事務。「—管理」
【労力】ロウリョク 生産に用いる労働力。人手。
熟語「勤労・功労・就労・徒労・不労所得」
❷つかれる。くたびれる。つかれ。
【労▼咳】ロウガイ 漢方で、肺結核。別表記 癆痎
【労苦】ロウク「—に報いる」「—をいとわない」
熟語「過労・苦労・心労・疲労」
❸いたわる。ねぎらう。なぐさめ感謝する。
熟語「労来・慰労」
❹(国)「労働」「労働組合」の略。
【労災】ロウサイ「労働災害」の略。「—事故」
【労使】ロウシ 労働者と使用者。「—関係」
【労資】ロウシ 労働者と資本家。「—協調」
【労組】ロウソ「労働組合」の略。ろうくみ。

【弄】
2級 7画 廾-4 新常用 ①4714 Ⓤ5F04
音 ロウ漢
訓 もてあそ-ぶ・いじ-る
〔挵〕10画 手(扌)-7 ④1312 Ⓤ6335
筆順 一 丅 干 王 王 弄 弄
なりたち [会意]玉(たま)+廾(両手)。両手で玉をおもちゃにする意から、もてあそぶ意を表す。

もてあそぶ。いじる。なぶる。たわむれる。
【弄火】ロウカ 火をおもちゃにする。火遊び。
【弄花】ロウカ ①花をもてあそぶ。②花札をして遊ぶ。
【弄瓦】ロウガ 女の子が生まれる。「—の喜び」出典「詩経小雅、斯干」による。女子が生まれると瓦(=土製の糸巻き)のおもちゃを与え、針仕事などがうまくなるように願ったことから。
【弄▼璋】ロウショウ 男の子が生まれる。「—の喜び」出典「詩経小雅、斯干」による。男子が生まれると璋(=玉)のおもちゃを与え、出世することを願ったことから。
【弄筆】ロウヒツ ①不必要に文章を飾る。②事実をまげて書く。曲筆。
熟語「弄玩(ろうがん)・弄言・弄舌・玩弄・戯弄・愚弄・嘲弄(ちょうろう)・翻弄」

【郎】
4級 9画 邑(阝)-6 ①4726 Ⓤ90CE
音 ロウ(ラウ)漢呉
【郞】10画 邑(阝)-7 ③9271 Ⓤ90DE
難読 郎女(いらつめ)
人名 お
筆順 丶 ㇇ ヨ 白 良 良 郎 郎
なりたち [形声]良(よい)音+邑(むら)。もと、地名を記すための音訳字。のち、よい男の意に用いる。

❶おとこ。男子。特に、若い男子。
熟語「郎君・新郎・野郎」
❷中国の官名。
熟語「侍郎・尚書郎」
❸(国)つかえている者。武家の家来。
【郎等・郎党】ロウドウ 武家の家臣。「家の子—」

【朗】
5級 10画 月-6 ①4715 Ⓤ6717
音 ロウ(ラウ)漢呉
訓 ほが-らか
【朗】11画 月-7 ③8546 ⓊF929
〔朖〕11画 月-7 ②5913 Ⓤ6716
人名 あき・あきら・お・さえ・とき
筆順 丶 ㇇ ヨ 白 良 良 朗 朗 朗
なりたち [形声]良(よい)音+月。月が澄んでいてくもりがない意から、ほがらかの意を表す。

ロ

❶ほがらか。あかるい。

【朗報】ロウホウ　うれしい知らせ。

熟語「朗月・高朗・清朗・晴朗・明朗・麗朗」

❷声が高らかでよく澄んでいる。

【朗詠】ロウエイ　漢詩や和歌などに節をつけてうたう。

【朗吟】ロウギン　漢詩などを節をつけて声高く唱える。

【朗唱】ロウショウ　声高らかに歌う。「校歌を━する」

【朗誦】ロウショウ　詩句などを声高に読む。朗読。

【朗読】ロウドク　声を出して文章などを読む。音読。

【朗朗】ロウロウ　声が高く澄んではっきりしている。「音吐(おんと)━」

【浪】

3級　10画　水(氵)-7　音 ロウ(ラウ)漢・呉・ラン唐　訓 なみ　①4718　Ⓤ6D6A

人名 なみ

筆順 氵 氵 汸 沪 泊 浪 浪 浪

なりたち [形声]水＋良(よい、大きい)音。大きくうねる波の意。

❶なみ。また、大波。

熟語「逆浪(ぎゃくろう)(げきろう)・激浪・蒼浪(そうろう)・波浪・風浪」

❷さすらう。さまよう。

【浪士】ロウシ　主家を離れ、禄を失った武士。

【浪人】ロウニン　①主家を離れ、禄を失った武士。牢人。②進学や就職に失敗し、次の機会を待ってその準備などをしている人。「就職━」

【浪浪】ロウロウ　①さまよい歩く。流浪(るろう)。②職にもつかずぶらぶらしている。「━の身」

熟語「浮浪・放浪・流浪」

❸みだりに。むだに。

【浪費】ロウヒ　金や時間をむだに使う。⇔節約

❹その他。当て字など。

【浪▽花節】なにわぶし　三味線を伴奏にした大衆的な語り物。

【浪曲】ロウキョク　「浪花節(なにわぶし)」に同じ。

【浪漫・浪▼曼】ロウマン　①物語。長編小説。②夢想的な傾向。「━主義」「━派」注記 フランス語 roman の音訳。

【廊】［廊］

3級　12画　广-9　音 ロウ(ラウ)漢呉　①4713　Ⓤ5ECA

［廊］13画　广-10　③8414　ⓊF928

筆順 亠 广 广 庁 庐 庐 廊 廊

なりたち [形声]广＋郎(浪に通じ、なみ)音。建物の両わきになみのようにつらなるひさし、また、ひさしの付いた渡りろうかの意。

わたどの。通路などとして用いる細長い建物。

【廊下】ロウカ　家の中や建物をつなぐ細長い通路。

熟語「廊廟・回廊・画廊・拱廊(きょうろう)・柱廊・歩廊」

【楼】［樓］

3級　13画　木-9　音 ロウ漢・ル呉　訓 たかどの　①4716　Ⓤ697C

［樓］15画　木-11　②6076　Ⓤ6A13

人名 いえ・たか・つき・つぎ

筆順 十 木 杧 柈 桜 楼 楼

なりたち [形声]木＋婁(いくつも連なる)音。幾重にも階を重ねた木造の高い建物の意。「楼」は略字。

❶たかどの。二階以上ある高い建物。

【楼閣】ロウカク　階を重ねて高く造った建物。「砂上の━」「空中━」

【楼上】ロウジョウ　高い建物の上。楼閣の上。

【楼台】ロウダイ　高い建物。高殿。楼閣。

【楼門】ロウモン　寺社などの二階造りになった門。

熟語「楼観・玉楼・紅楼・高楼・鐘楼・青楼・蜃気楼(しんきろう)・八層楼・摩天楼」

❷やぐら。物見やぐら。

熟語「城楼・井楼(せいろう)・船楼・望楼」

❸茶屋。料理屋。遊女屋。

熟語「妓楼(ぎろう)・酒楼・登楼」

【漏】

3級　14画　水(氵)-11　音 ロウ漢・ル呉・ロ呉　訓 もる・もれる・もらす　①4719　Ⓤ6F0F

難読 漏斗(じょうご)(ろうと)

筆順 氵 氵 沪 涓 漏 漏 漏

なりたち [形声]水＋屚(屋根から雨がもる)音。液体がもれるの意。

❶もる。もれる。もらす。

【漏出】ロウシュツ　もれて出る。「放射能━事故」

【漏水】ロウスイ　水が漏れる。「━事故」

【漏電】ロウデン　電気がもれる。

【漏斗】ロウト　口の狭い容器へ液体を入れる道具。

熟語「耳漏・早漏・膿漏(のうろう)」

❷秘密などが外部に伝わる。外部に知らせる。

【漏▼洩・漏▼泄】ロウエイ　秘密などがもれる。また、もらす。「機密が━する」注記「ろうせつ(漏洩)」の慣用読み。

❸抜け落ちる。手ぬかり。

熟語「遺漏・欠漏・疎漏・粗漏・脱漏」

❹水時計。

【漏刻・漏▼剋】ロウコク　容器から一定量の水を落とし、時刻を示すようにした装置。

【糧】⇩リョウ(六五八ページ)

【露】⇩ロ(六六九ページ)

【籠】

2級　22画　竹-16　新常用　音 ロウ㊥　訓 かご・こもる・こ-める　②6838　Ⓤ7C60

〔篭〕16画　竹-10　①4722　Ⓤ7BED

難読 駕籠(かご)・籠手(こて)・蒸籠(せいろう)(せいろ)・旅籠(はたご)・魚籠(びく)・尾籠(おこ)(びろう)

筆順 ⺮ 笻 箹 箹 箹 箹 篭 籠

なりたち  [形声]竹＋龍(りゅう)音。竜のように細長い竹製のかごの意。

❶かご。竹などで編んだ入れ物。

【籠球】ロウキュウ　バスケットボール。

熟語「籠鳥・灯籠・薬籠」

❷こめる。とりこむ。

【籠絡】ロウラク　うまくまるめこむ。「甘言で—する」

❸(国)こもる。外に出ずに内にいる。

【籠居】ロウキョ　外に出ず家の中に閉じこもっている。注記「こもりい」の漢字表記「籠居」を音読みした語。

【籠城】ロウジョウ　城にたてこもって敵を防ぐ。

熟語「参籠・牢籠」

ロク

【六】

10級　4画　八-2　音 ロク㊥・リク㊥　訓 む・むっ・むっつ・むい　①4727　Ⓤ516D

難読 六十(むそ)(むじ)・六日(むいか)・六月(みなづき)・六糸緞(むりよう)・六国史(りっこくし)

筆順 丶 亠 六 六

なりたち  [象形]家屋の形にかたどる。借りて、数の六つの意を表す。

❶む。むつ。むっつ。五に一を加えた数。

【六義】リクギ　「詩経」の詩の六つの類型。風(ふう)・雅(が)・頌(しょう)・賦(ふ)・比(ひ)・興(きょう)の総称。

【六経】リクケイ　六つの経書。易経・詩経・書経・春秋・礼記(らいき)・楽記(がくき)(または周礼(しゅらい))の総称。六芸(りくげい)。六籍。

【六書】リクショ　①漢字の成立を説明する六種の分類。すなわち象形・指事・会意・形声・転注・仮借(かしゃ)。六義。②「ろくたい(六体)」に同じ。

【六朝】リクチョウ　中国で、後漢滅亡後、建業(南京)を都として江南に興亡した六つの王朝。三国の呉、東晋、南朝の宋・斉・梁(りょう)・陳の総称。

【六体】ロクタイ　漢字六種の書体。大篆(だいてん)・小篆・八分(はっぷん)・隷書(れいしょ)・行書・草書。六書。りくたい。

【六道】ロクドウ　〔仏〕すべての衆生(しゅじょう)が生死を繰り返す六つの世界。地獄道・餓鬼道・畜生道・修羅道・人間(じんかん)道・天道。六趣。六界。りくどう。

【六道銭】ロクドウセン　死者の棺の中に入れておく六文の銭。俗に、三途(さんず)の川の渡し銭といわれる。

【六波羅蜜】ロクハラミツ　〔仏〕菩薩が涅槃(ねはん)の世界に入るために修める六つの行。布施(ふせ)・持戒・忍辱(にんにく)・精進・禅定(ぜんじょう)・智慧(般若(はんにゃ))の各波羅蜜。

【六曜】ロクヨウ　吉凶を定める基準となる六つの日。先勝(せんしょう)・友引・先負(せんぶ)・仏滅・大安・赤口(しゃっく)の六つの星にあたる日。六輝(ろっき)。六曜星。

【六歌仙】ロッカセン　古今集の序に名をあげられた六人の歌人。在原業平(ありわらのなりひら)・僧正遍昭(そうじょうへんじょう)・喜撰法師(きせんほうし)・大友黒主(おおとものくろぬし)・文屋康秀(ふんやのやすひで)・小野小町(おののこまち)。

【六根】ロッコン　〔仏〕感覚や意識をつかさどる六つの器官とその能力。すなわち眼根(げんこん)・耳根(にこん)・鼻根・舌根・身根・意根の総称。「—清浄(しょうじょう)」

【六▼腑】ロップ　漢方でいう六つの内臓。大腸・小腸・胆・胃・三焦(さんしょう)・膀胱(ぼうこう)。「五臓—」

【六方】ロッポウ　①六つの方向。東西南北の四方と天地をいう。②歌舞伎の演技の一形式。荒事芸の一。六法。「—を踏む」

熟語「《ロク》六大・六法・六歌仙」「《リク》六芸・六書・六体・六朝・六典・六礼」

❷その他。固有名詞など。

【六韜】リクトウ　中国の兵法書。文韜・武韜・竜韜・虎韜・豹韜・犬韜の六章より成る。太公望呂尚(りょしょう)の著とされ、「三略」と併称される。

【緑】⇩リョク(六五九ページ)

【録】

7級　16画　金-8　音 ロク㊥・リョク㊥　訓 しる-す　①4731　Ⓤ9332

〔錄〕16画　金-8　③9321　Ⓤ9304

人名 とし・ふみ

筆順 ⺈ 亼 金 釕 釕 鈩 録 録

なりたち  [形声]金＋彔(はぎとる)音。金属の表面をけずって、その上に文字をしるすの意。

◉異字同訓◉【取】(二八二ページ)の「異字同訓」欄を参照のこと。

❶しるす。書きとめる。

熟語「記録・採録・集録・抄録・詳録・登録」

❷書きとめたもの。書き付け。

熟語「語録・実録・付録・漫録・目録・議事録・言行録・住所録・速記録・備忘録・芳名録」

❸音や画像などを写し取る。

【録音】ロクオン 音を記録する。「講義内容を―する」

【録画】ロクガ 映像を記録する。「―予約」

熟語「収録」

【麓】

2級 19画 鹿-8 新常用

音 ロク 漢 呉

訓 ふもと

①4728 Ⓤ9E93

筆順 十 木 林 … 麓

なりたち ［形声］林(はやし)＋鹿(つらなって行くシカ)音。山すそに長くつらなっている林野、ふもとの意。

ふもと。山すそ。

熟語「岳麓・山麓・大麓・北麓」

ロン

【論】

5級 15画 言-8

音 ロン 漢 呉

訓 あげつら-う

①4732 Ⓤ8AD6

人名 とき・のり

筆順 言 … 論

なりたち ［形声］言＋侖(きちんとそろえる)音。きちんと筋道をととのえて言うの意。

❶あげつらう。すじみちを立てて意見を述べる。

【論外】ロンガイ 論ずる価値もない。「―な計画案」

【論議】ロンギ 「―を尽くす」

【論客】ロンキャク 論述に長じている人。ろんかく。

【論及】ロンキュウ その事柄に触れて論じる。

【論究】ロンキュウ 「癌の新治療法について―する」

【論拠】ロンキョ 論が成立する根拠。「薄弱な―」

【論功】ロンコウ 手柄の大小を論じ定める。「―行賞」

【論考・論攷】ロンコウ 論じ考察する。

【論旨】ロンシ 議論の主旨。「明快な―」

【論述】ロンジュツ 筋道を立てて考えを述べる。

【論証】ロンショウ 論拠を示しながら証明する。

【論説】ロンセツ 筋道を立てて考えを述べる。「―文」

【論争】ロンソウ 自説を主張して論じ争う。

【論叢】ロンソウ 論文を集めたもの。論集。

【論壇】ロンダン 評論家・批評家などの社会。言論界。

【論点】ロンテン 議論の中心となる問題点。「―整理」

【論難】ロンナン 相手の誤りを論じ、非難する。

【論破】ロンパ 議論をして相手の説を言い負かす。

【論駁】ロンバク 相手の説の誤りを非難・反論する。

【論評】ロンピョウ 批評を論じ述べる。「―を加える」

【論文】ロンブン ある事柄について理論的な筋道を立てて書かれた文章。「卒業―」「博士―」

【論法】ロンポウ 議論の進め方。「三段―」

【論理】ロンリ ①思考の形式・法則。「―的思考」②物事のなかに存在する因果関係や法則。「自然の―」

熟語「論詰・論決・論結・論告・論策・論集・論説・論戦・論断・論敵・論判・論鋒(ろんぽう)・異論・概論・各論・議論・空論・激論・結論・言論・公論・抗論・高論・国論・再論・衆論・序論・史論・私論・試論・詩論・持論・時論・推論・正論・政論・世論・総論・俗論・卓論・談論・通論・討論・俳論・駁論(ばくろん)・反論・弁論・暴論・本論・無論・名論・余論・輿論(よろん)・立論・理論・芸術論・女性論・文法論」

❷その他。固有名詞など。

【論語】ロンゴ 中国、孔子とその弟子たちの言行録。四書の一。孔子の死後、門人により編纂(へんさん)された。仁を中心とする思想が語られる。

ワ

【和】

8級 8画 口-5

音 ワ 呉・オ(ヲ) 唐・カ(クワ) 漢

訓 やわらぐ・やわらげる・なごむ・なごやか・あえる・なぐ

①4734 Ⓤ548C

〔咊〕8画 口-5 ④0376 Ⓤ548A

〔龢〕22画 龠-5 ③9489 Ⓤ9FA2

仮名 平仮名「わ」は「和」の草体から。

難読 和毛(にこげ)・和世(にこよ)・和布(にきめ)(わかめ)・和布刈(めかり)・和雑膾(かぞうなます)(かんぞうなます)・日和(ひより)・和蘭(和蘭陀)(オランダ)

人名 かず・かた・かつ・すず・たか・ちか・とし・とも・な・のどか・ひとし・まさ・ます・やす・やすし・やまと・やわ・やわら・よし・より・わたる

筆順 ノ 二 千 禾 禾 和 和 和

なりたち ［形声］禾(まるくやわらかなさま)音＋口。声と声があって、やわらぎまとまる意。

❶なごやか。おだやか。

【和気】ワキ 「―藹藹(あいあい)(=うちとけたなごやかな気分が満ちている)」

【和敬】ワケイ 「―静寂(=茶道で重んじられる精神)」

熟語「和順・温和・清和・柔和(にゅうわ)・平和」

❷やわらぐ。やわらげる。おだやかにする。なごむ。仲よくする。

【和解】ワカイ 争いをやめ、仲直りする。「―に応じる」

【和姦】ワカン 男女の合意の上での姦通。⇔強姦

【和議】ワギ ①和睦(わぼく)の相談。②破産宣告を防ぐために債務者と債権者が合意する。

【和合】ゴウ うちとけて仲よくする。「夫婦―」
【和光同塵】ワコウドウジン すぐれた才能を隠して、俗世間に交わる。出典「老子四」より。
『和して同ぜず』 人と仲よく交際はしても、おもねって自説を曲げるようなことはしない。出典「論語子路」より。
【和親】シン 友好関係にある。「日米―条約」
【和戦】セン 和睦と戦争。「―両様のかまえ」
【和平】ヘイ 戦いをやめて仲直りする。「―会談」
【和睦】ボク 争いをやめ和解する。「―交渉」
熟語「和同・和約・和光同塵・和衷協同・共和・協和・講和・親和・同和・付和雷同」

❸あわせる。調子を合わせる。まぜる。
【和音】オン 二つ以上の音が同時に鳴って生ずる音。コード。和弦。かおん。
【和声】セイ 音楽で、和音を継続的に連ねたもの。ハーモニー。かせい。
熟語「和韻・混和・唱和」

❹均衡がとれる。つりあう。
熟語「違和・中和・調和・飽和」

❺わ。日本。日本の。同倭。
【和歌】カ 奈良時代までに発生した日本固有の詩歌。長歌・短歌・旋頭(せどう)歌・片歌などの総称。特に、短歌をさす。やまとうた。別表記 倭歌
【和漢混交文・和漢混淆文】ワカンコンコウブン 漢文訓読文体と和文体とを混用した文体。
【和語】ゴ 漢語や外来語ではない日本語。「うみ(海)」「やま(山)」「かわ(川)」の類。やまとことば。⇔漢語・外来語。別表記 倭語
【和魂】コン 日本固有の精神。「―洋才」
【和裁】サイ 和服の裁縫。⇔洋裁
【和算】サン 日本古来の数学・算法。
【和式】シキ 日本風の作り方・やり方。和風。⇔洋式
【和室】シツ 畳を敷いた日本風の部屋。⇔洋室
【和習】シュウ ①日本固有の風俗・習慣。②日本人が漢詩文をつくるときにおかす癖や日本語独特の用法。
【和食】ショク 日本風の食事。日本料理。⇔洋食
【和風】フウ 日本風である。和式。「―建築」⇔洋風
【和服】フク 日本の伝統的な衣服。着物。⇔洋服
【和文】ブン 日本語で書かれた文章。「―英訳」
【和訳】ヤク 外国語を日本語に翻訳する。「英文―」
【和洋】ヨウ 日本と西洋。「―折衷」
熟語「和英・和学・和楽・和訓・和寇(わこう)・和国・和讃(わさん)・和紙・和臭・和書・和製・和船・和装・和本・和名(わみょう)(わめい)・和菓子・和魂漢才・和洋折衷」

❻(国)数学で、二つ以上の数を加えたもの。
用例「三角形の内角の和」

❼その他。当て字・固有名詞など。
【和泉】いずみ 旧国名の一。大阪府南部に相当。泉州。
【和尚】オショウ 寺の住職。「お寺の―さん」
【和州】シュウ 大和(やまと)国の別名。別表記 倭州

【話】

9級　13画　言-6
音 ワ(唐)・カイ(クワイ)(漢)
訓 はなす・はなし
①4735　Ⓤ8A71

筆順 言 言 言 訁 訐 話 話

なりたち  [形声]言＋「氏＋口」(まるくくびれる)音。勢いよく流れ出るようにはなすの意。「話」は「語」の略体。

❶はなす。言葉を口にする。
【話芸】ゲイ 落語・講談など話術で楽しませる芸。
【話術】ジュツ 話の仕方。話し方の技術。
【話題】ダイ 話の内容となる事柄。「―の人」
【話頭】トウ 話のいとぐち。「―にのぼる」
【話柄】ヘイ 話す事柄。話のたね。話題。
熟語「話法・会話・世話・送話・対話・談話・通話・電話・独話・発話・懇話会・茶話会(さわかい)」

❷はなし。物語。
熟語「逸話・閑話・寓話(ぐうわ)・訓話・講話・茶話・実話・情話・神話・清話・説話・挿話・痴話・童話・秘話・悲話・法話・民話・夜話」

❸ことば。
熟語「手話・白話文・北京官話」

ワイ

【賄】

準2級　13画　貝-6
音 ワイ(漢)
訓 まかなう
①4737　Ⓤ8CC4

筆順 冂 月 目 貝 貝 貝ナ 賄 賄

なりたち  [形声]貝(財貨)＋有(もつ)音。金品を私有させる、金品を贈ってたのむの意。

❶まいない。贈り物。特に、不正な報酬。
【賄賂】ロ ひそかに金品を贈って利益をはかる。袖の下。まいない。「―をおくる」
熟語「供賄・収賄・贈賄」

❷(国)まかなう。まかない。また、食事の世話をする。
用例「賄い付き下宿」

わき

【脇】

2級　10画　肉(月)-6
新常用
音 キョウ(ケフ)(漢)(呉)
訓 わき・かたわ-ら
①4738　Ⓤ8107

ワ

注記 本来「脅」の異体字だが、日本では「脇」は「わき」、「脅」は「おどす」の意に使い分ける。

筆順 丿 刀 月 肋 肣 脇 脇 脇

なりたち ［形声］肉＋劦(いっしょに力を合わせる)音。両わきから同時に力を入れてはさむ意から、わきの意を表す。「脅」の別体。

わき。わきばら。また、かたわら。そば。

【脇侍・脇士】キョウジ 本尊の両脇に立つ菩薩などの像。別表記 夾侍・挟侍

【脇息】キョウソク 座ったときに肘をかけ、体をもたせかける道具。ひじかけ。

【脇付】わきづけ 手紙で、あて名の左下に書き添えて、敬意を表す語。「侍史」「机下」「玉案下」などの類。

【脇見】わきみ よそみ。「―運転」

【脇目】わきめ よそみ。わきみ。「―もふらず」

【脇役】わきヤク 主役を助ける役。「―に徹する」⇔主役

ワク

【惑】 4級

12画 心-8 音 ワク呉・コク漢 訓 まどう・まど-わす

①4739 Ⓤ60D1

人名 まどい

筆順 一 口 或 或 或 惑 惑

なりたち  ［形声］或(あるいはと疑う)音＋心。心の中で疑い、まどうの意。

まどう。まどわす。心を乱す。

【惑星】ワクセイ 恒星の周囲を公転する天体。遊星。

【惑溺】ワクデキ まどいおぼれる。「快楽に―する」

【惑乱】ワクラン 判断力を失うほど心が乱れる。

熟語 「疑惑・幻惑・眩惑・蠱惑・困惑・当惑・不惑・魅惑・迷惑・誘惑」

わく

【枠】 準2級

8画 木-4 国字 訓 わく

①4740 Ⓤ67A0

筆順 一 十 オ 木 朾 杦 枠 枠

なりたち ［会意］木＋卆(糸を巻きつける道具の象形)。物をかこうもの、わくの意。国字。

わく。ものの骨組みや囲み。決められた範囲。

【枠外】わくガイ きめられた範囲の外。制限外。⇔枠内

【枠組(み)】わくぐみ ①組んだ枠。②物事のあらまし。大筋。アウトライン。「問題の―」

【枠内】わくナイ きめられた範囲の内。制限内。⇔枠外

熟語 「内枠・外枠・別枠」

ワン

【湾】 3級

12画 水(氵)-9 音 ワン漢

①4749 Ⓤ6E7E

【灣】 25画 水(氵)-22

②6352 Ⓤ7063

人名 みずくま

筆順 氵 氵 汸 浐 浐 湾 湾 湾

なりたち ［形声］水＋彎(弓なりに曲がる)音。水が陸地に弓なりに曲がって入りこんだ所、入り江の意。「湾」は略字。

❶わん。入り江。

【湾岸】ワンガン 湾沿いの陸地。「―道路」

【湾口】ワンコウ 湾の入り口。

【湾頭】ワントウ 湾のほとり。

熟語 「湾奥・湾内・湾流・港湾・東京湾」

❷弓なりに曲がる。

【湾曲】ワンキョク 弓形に曲がる。別表記 彎曲

【湾入】ワンニュウ 海や湖が弓形に陸地に入り込んでいる。別表記 彎入

【腕】 4級

12画 肉(月)-8 音 ワン漢呉 訓 うで・かいな

①4751 Ⓤ8155

筆順 刀 月 肝 肸 胺 腕 腕

なりたち ［形声］肉＋宛(家の中でからだを曲げてかがむ)音。しなやかに曲がるうでの意。

❶うで。かいな。肩から手首までの部分。

【腕木】うでぎ 柱や梁などから横に突き出し、他の部分の支えとする材。

【腕輪】うでわ 手首にはめる装飾用の輪。

【腕▽捻り】かいなひねり 相撲の技。腕を取りひねり倒す。

【腕章】ワンショウ 服の腕に巻いて目印とする記章。

【腕力】ワンリョク 腕の力。また、腕ずくで自分の思うようにする。「―に訴える」

熟語 「腕骨・右腕・左腕・鉄腕・切歯扼腕」

❷うでまえ。てなみ。

【腕利き】うできき 能力がすぐれている。「―の職人」

【腕▽扱き】うでこき 能力がすぐれている。「―の刑事」

【腕▽尽く】うでずく 腕力で自分の思うようにする。

【腕前】うでまえ 物事をやりこなす能力。手並み。

熟語 「剛腕・豪腕・手腕・敏腕・辣腕」

❸その他。当て字など。

【腕白】わんぱく 子供が活発でよくいたずらをする。「―な子供」「―盛り」「―坊主」

ワ

付録目次

漢検級別漢字表 10～5級

級	ア	イ	ウ	エ	オ	カ	キ	ク	ケ	コ	サ
10級（小一修了程度）		一	右雨	円	王音	下火花貝学	気九休玉金	空	月犬見	五口校	左三山
9級（小二修了程度）		引	羽雲	園遠		何科夏家歌画回会海絵外角楽活間丸岩顔	汽記帰弓牛魚京強教近		兄形計元言原	戸古午後語工公広交光考行高黄合谷国黒今	才細作算
8級（小三修了程度）	悪安暗	医委意育員院飲	運	泳駅	央横屋温	化荷界開階寒感漢館岸	起期客究急級宮球去橋業曲局銀	区苦具君	係軽血決研県	庫湖向幸港号根	祭皿
7級（小四修了程度）	愛案	以衣位囲胃印		英栄塩	億	加果貨課芽改械害街各覚完官管関観願	希季紀喜旗器機議求泣救給挙漁共協鏡競極	訓軍郡	径型景芸欠結建健験	固功好候航康告	差菜最材昨札刷殺察参産散残
6級（小五修了程度）	圧	移因		永営衛易益液演	応往桜恩	可仮価河過賀快解格確額刊幹慣眼	基寄規技義逆久旧居許境均禁	句群	経潔件券険検限現減	故個護効厚耕鉱構興講混	査再災妻採際在財罪雑酸賛
5級（小六修了程度）		異遺域	宇	映延沿		我灰拡革閣割株干巻看簡	危机揮貴疑吸供胸郷勤筋		系敬警劇激穴絹権憲源厳	己呼誤后孝皇紅降鋼刻穀骨困	砂座済裁策冊蚕

＊10～5級の配当漢字は「小学校学習指導要領」（平成二三年四月実施）掲載の「学年別漢字配当表」によっている。

ハ	ノ	ネ	ニ	ナ	ト	テ	ツ	チ	タ	ソ	セ	ス	シ
白八		年	二日入		土	天田		竹中虫町	大男	早草足村	正生青夕石赤千川先	水	子四糸字耳七車手十出女小上森人
馬売買麦半番			肉	内南	刀冬当東答頭同道読	弟店点電	通	地池知茶昼長鳥朝直	多太体台	組走	西声星晴切雪船線前	図数	止市矢姉思紙寺自時室社弱首秋週春書少場色食心新親
波配倍箱畑発反坂板	農				都度投豆島湯登等動童	定庭笛鉄転	追	着注柱丁帳調	他打対待代第題炭短談	相送想息速族	世整昔全		仕死使始指歯詩次事持式実写者主守取酒受州拾終習集住重宿所暑助昭消商章勝乗植申身神真深進
敗梅博飯		熱念			徒努灯堂働特得毒	低底停的典伝		置仲貯兆腸	帯隊達単	争倉巣束側続卒孫	成省清静席積折節説浅戦選然		士氏史司試児治辞失借種周祝順初松笑唱焼象照賞臣信
破犯判版	能	燃	任		統銅導徳独	提程適敵		築張	退貸態団断	祖素総造像増則測属率損	制性政勢精製税責績接設舌絶銭		支志枝師資飼示似識質舎謝授修述術準序招承証条状常情織職
派拝背肺俳班晩	納脳		乳認	難	討党糖届	展	痛	値宙忠著庁頂潮賃	宅担探誕段暖	奏窓創装層操蔵臓存尊	盛聖誠宣専泉洗染善	垂推寸	至私姿視詞誌磁射捨尺若樹収宗就衆従縦縮熟純処署諸除将傷障城蒸針仁

級	ヒ	フ	ヘ	ホ	マ	ミ	ム	メ	モ	ヤ	ユ	ヨ	ラ	リ	ル	レ	ロ	ワ	計	累計
10級（小一修了程度）	百	文		木本				名	目					立力林			六		八〇字	八〇字
9級（小二修了程度）		父風分聞	米	歩母方北	毎妹万			明鳴	毛門	夜野	友	用曜	来	里理				話	一六〇字	二四〇字
8級（小三修了程度）	皮悲美鼻筆氷表秒病品	負部服福物	平返勉	放		味		命面	問	役薬	由油有遊	予羊洋葉陽様	落	流旅両緑		礼列練	路	和	二〇〇字	四四〇字
7級（小四修了程度）	飛費必票標	不夫付府副粉	兵別辺変便	包法望牧	末満	未脈民	無			約	勇	要養浴		利陸良料量輪	類	令冷例歴連	老労録		二〇〇字	六四〇字
6級（小五修了程度）	比肥非備俵評貧	布婦富武復複仏	編弁	保墓報豊防貿暴			務夢	迷綿			輸	余預容		略留領					一八五字	八二五字
5級（小六修了程度）	否批秘	腹奮	並陛閉片	補暮宝訪亡忘棒	枚幕	密		盟	模	訳	郵優	幼欲翌	乱卵覧	裏律臨			朗論		一八一字	一〇〇六字

漢検級別漢字表 4～2級

小学校学年別配当漢字を除く一一三〇字。

	ア	イ	ウ	エ	オ	カ	キ	ク	ケ	コ	サ
4級（中学校在学程度）	握扱	依威為偉違維緯壱芋陰隠		影鋭越援煙鉛縁	汚押奥憶	菓暇箇雅介戒皆壊較獲刈甘汗乾勧歓監環鑑含	奇祈鬼幾輝儀戯詰却脚及丘朽巨拠距御凶叫狂況狭恐響驚仰	駆屈掘繰	恵傾継迎撃肩兼剣軒圏堅遣玄	枯誇鼓互抗攻更恒荒香項稿豪込婚	鎖彩歳載剤咲惨
3級（中学校卒業程度）	哀	慰		詠悦閲炎宴	欧殴乙卸穏	佳架華嫁餓怪悔塊慨該概郭隔穫岳掛滑肝冠勘貫喚換敢緩	企岐忌軌既棋棄騎欺犠菊吉喫虐虚峡脅凝斤緊	愚偶遇	刑契啓掲携憩鶏鯨倹賢幻	孤弧雇顧娯悟孔巧甲坑拘郊控慌硬絞綱酵克獄恨紺魂墾	債催削搾錯撮擦暫
準2級（高校在学程度）	亜	尉逸姻韻	畝浦	疫謁猿	凹翁虞	渦禍靴寡稼蚊拐懐劾涯垣核殻嚇潟括喝渇褐轄且缶陥患堪棺款閑寛憾還艦頑	飢宜偽擬糾窮拒享挟恭矯暁菌琴謹襟吟	隅勲薫	茎渓蛍慶傑嫌献謙繭顕懸弦	呉碁江肯侯洪貢溝衡購拷剛酷昆懇	佐唆詐砕宰栽斎崎索酢桟傘
2級（高校卒業・大学・一般程度）	挨曖宛嵐	畏萎椅彙茨咽淫	唄鬱	怨媛艶	旺岡臆俺	苛牙瓦楷潰諧崖蓋骸柿顎葛釜鎌韓玩	伎亀毀畿臼嗅巾僅錦	惧串窟熊	詣憬稽隙桁拳鍵舷	股虎錮勾梗喉乞傲駒頃痕	沙挫采塞埼柵刹拶斬

	シ	ス	セ	ソ	タ	チ	ツ	テ	ト	ナ	ニ	ネ	ノ
4級（中学校在学程度）	旨伺刺脂紫雌執芝斜煮釈寂朱狩趣需舟秀襲柔獣瞬旬巡盾召床沼称紹詳丈畳殖飾触侵振浸寝慎震薪尽陣尋	吹	是井姓征跡占扇鮮	訴僧燥騒贈即俗	耐替沢拓濁脱丹淡嘆端弾	恥致遅蓄沖跳徴澄沈珍		抵堤摘滴添殿	吐途渡奴怒到逃倒唐桃透盗塔稲踏闘胴峠突鈍曇		弐		悩濃
3級（中学校卒業程度）	祉施諮侍慈軸疾湿赦邪殊寿潤遵如徐匠昇掌晶焦衝鐘冗嬢錠譲嘱辱伸辛審	炊粋衰酔遂穂随髄	瀬牲婿請斥隻惜籍摂潜繕	阻措粗礎双桑掃葬遭憎促賊	怠胎袋逮滞滝択卓託諾奪胆鍛壇	稚畜窒抽鋳駐彫超聴陳鎮	墜	帝訂締哲	斗塗凍陶痘匿篤豚		尿	粘	
準2級（高校在学程度）	肢嗣賜滋璽漆遮蛇酌爵珠儒囚臭愁酬醜汁充渋銃叔淑粛塾俊准殉循庶緒叙升抄肖尚宵症祥渉訟硝粧詔奨彰償礁浄剰縄壌醸津唇娠紳診刃迅甚	帥睡枢崇据杉	斉逝誓析拙窃仙栓旋践遷薦繊禅漸	租疎塑壮荘捜挿曹喪槽霜藻	妥堕惰駄泰濯但棚	痴逐秩嫡衷弔挑眺釣懲勅朕	塚漬坪	呈廷邸亭貞逓偵艇泥迭徹撤	悼搭棟筒謄騰洞督凸屯	軟	尼妊忍	寧	
2級（高校卒業・大学・一般程度）	恣摯餌鹿𠮟嫉腫呪袖羞蹴憧拭尻芯腎	須裾	凄醒脊戚煎羨腺詮箋膳	狙遡曽爽痩踪捉遜	汰唾堆戴誰旦綻	緻酎貼嘲捗	椎爪鶴	諦溺塡	妬賭藤瞳栃頓貪丼	那奈梨謎鍋	匂虹	捻	

累計	計	ワ	ロ	レ	ル	リ	ラ	ヨ	ユ	ヤ	モ	メ	ム	ミ	マ	ホ	ヘ	フ	ヒ	ハ
一三二二字（5級まで一〇〇六字）	三一六字	惑腕	露郎	隷齢麗暦劣烈恋	涙	離粒慮療隣	雷頼絡欄	与誉溶腰踊謡翼	雄	躍	茂猛網黙紋		矛霧娘	妙眠	慢漫	捕舗抱峰砲忙坊肪冒傍帽凡盆	柄壁	怖浮普腐敷膚賦舞幅払噴	彼疲被避尾微匹描浜敏	杯輩拍泊迫薄爆髪抜罰般販搬範繁盤
一六〇七字（4級まで一三二二字）	二八五字	湾	炉浪廊楼漏	励零霊裂廉錬		吏隆了猟陵糧厘	裸濫	揚揺擁抑	幽誘憂			滅免		魅	魔埋膜又	募慕簿芳邦奉胞倣崩飽縫乏妨房某膨謀墨没翻	癖	赴符封伏覆紛墳	卑碑泌姫漂苗	婆排陪縛伐帆伴畔藩蛮
一九四〇字（3級まで一六〇七字）	三三三字	賄枠		戻鈴	累塁	痢履柳竜硫虜涼僚寮倫	羅酪	庸窯	愉諭癒唯悠猶裕融	厄	妄盲耗	銘		岬	麻摩磨抹	泡俸褒剖紡朴僕撲堀奔	丙併塀幣弊偏遍	扶附譜侮沸雰憤	妃披扉罷猫賓頻瓶	把覇廃培媒賠伯舶漠肌鉢閥煩頒
二一三六字（準2級まで一九四〇字）	一九六字	脇	呂賂弄籠麓		瑠	璃慄侶瞭	拉辣藍	妖瘍沃	喩湧	冶弥闇		冥麺		蜜	昧枕	哺蜂貌頰睦勃	蔽餅璧蔑	阜訃	眉膝肘	罵剝箸氾汎阪斑

付録

「常用漢字表」付表

※以下に挙げられている語を構成要素の一部とする熟語に用いてもかまわない。

例「河岸(かし)」→「魚河岸(うおがし)」、「居士(こじ)」→「一言居士(いちげんこじ)」

●追加・変更された語には、右肩に「●」を付けた。(三省堂編修所注)

あす	明日
あずき	小豆
あま	海女・●海士
いおう	硫黄
いくじ	意気地
いなか	田舎
いぶき	息吹
うなばら	海原
うば	乳母
うわき	浮気
うわつく	浮つく
えがお	笑顔
おじ	叔父・伯父
おとな	大人
おとめ	乙女
おば	叔母・伯母
おまわりさん	お巡りさん
おみき	お神酒
おもや	母屋・母家
かあさん	●母さん
かぐら	神楽
かし	河岸
かじ	●鍛冶
かぜ	風邪
かたず	●固唾
かな	仮名
かや	蚊帳
かわせ	為替
かわら	河原・川原
きのう	昨日
きょう	今日
くだもの	果物
くろうと	玄人
けさ	今朝
けしき	景色
ここち	心地
こじ	●居士
ことし	今年
さおとめ	早乙女
ざこ	雑魚
さじき	桟敷
さしつかえる	差し支える
さつき	●五月
さなえ	早苗
さみだれ	五月雨
しぐれ	時雨
しっぽ	●尻尾
しない	竹刀
しにせ	●老舗
しばふ	芝生
しみず	清水
しゃみせん	三味線
じゃり	砂利
じゅず	数珠
じょうず	上手
しらが	白髪
しろうと	素人
しわす(「しはす」とも言う。)	師走
すきや	数寄屋・数奇屋
すもう	相撲
ぞうり	草履
だし	山車
たち	太刀
たちのく	立ち退く
たなばた	七夕
たび	足袋
ちご	稚児
ついたち	一日
つきやま	築山
つゆ	梅雨
でこぼこ	凸凹
てつだう	手伝う
てんません	伝馬船
とあみ	投網
とうさん	●父さん
とえはたえ	十重二十重
どきょう	読経
とけい	時計
ともだち	友達
なこうど	仲人
なごり	名残
なだれ	雪崩
にいさん	兄さん
ねえさん	姉さん
のら	野良
のりと	祝詞
はかせ	博士
はたち	二十・二十歳
はつか	二十日
はとば	波止場
ひとり	一人
ひより	日和
ふたり	二人
ふつか	二日
ふぶき	吹雪
へた	下手
へや	部屋
まいご	迷子
まじめ	●真面目
まっか	真っ赤
まっさお	真っ青
みやげ	土産
むすこ	息子
めがね	眼鏡
もさ	猛者
もみじ	紅葉
もめん	木綿
もより	最寄り
やおちょう	八百長
やおや	八百屋
やまと	大和
やよい	●弥生
ゆかた	浴衣
ゆくえ	行方
よせ	寄席
わこうど	若人

手書きの字体について

- 常用漢字表では、「表の見方及び使い方」に「（付）字体についての解説」が付され、

  第1　明朝体の字形には細かなデザイン差によってさまざまな種類があること

  第2　明朝体と筆写の楷書（手書きの字の形）との間にはいろいろな点で違いがあること

  の2点が、具体例を挙げて説明されている。とくに**第2**には、漢字を手で書く上で重要なことが示されているので、以下に引用する。
- 原文は横書き。

（三省堂編修所注）

第2　明朝体と筆写の楷書との関係について

常用漢字表では、個々の漢字の字体（文字の骨組み）を、明朝体のうちの一種を例に用いて示した。このことは、これによって筆写の楷書における書き方の習慣を改めようとするものではない。字体としては同じであっても、1、2に示すように明朝体の字形と筆写の楷書の字形との間には、いろいろな点で違いがある。それらは、印刷文字と手書き文字におけるそれぞれの習慣の相違に基づく表現の差と見るべきものである。

さらに、印刷文字と手書き文字におけるそれぞれの習慣の相違に基づく表現の差は、3に示すように、字体（文字の骨組み）の違いに及ぶ場合もある。

以下に、分類して、それぞれの例を示す。いずれも「明朝体―手書き（筆写の楷書）」という形で、上（原文は左側）に明朝体、下（原文は右側）にそれを手書きした例を示す。

1　明朝体に特徴的な表現の仕方があるもの

(1)折り方に関する例

衣－衣　去－去　玄－玄

(2)点画の組合せ方に関する例

人－人　家－家　北－北

(3)「筆押さえ」等に関する例

芝－芝　史－史

入－入　八－八

(4) 曲直に関する例

子―子 手―手 了―了

(5) その他

辶・辶―辶 竹―竹 心―心

2 筆写の楷書では、いろいろな書き方があるもの

(1) 長短に関する例

雨―雨雨 戸―戸戸戸

無―無無

(2) 方向に関する例

風―風風 比―比比

仰―仰仰

糸―糸糸 ネ―ネネ ネ―ネネ

主―主主 言―言言言

年―年年年

(3) つけるか、はなすかに関する例

又―又又 文―文文

月―月月

条―条条 保―保保

(4) はらうか、とめるかに関する例

奥―奥奥 公―公公

角―角角 骨―骨骨

(5) はねるか、とめるかに関する例

切―切切切 改―改改改

酒―酒酒 陸―陸陸陸

穴―穴穴穴

木―木木 来―来来

糸―糸糸 牛―牛牛

環―環環

(6) その他

令－令令　外－外外外

女－女女　叱－叱叱叱

3 筆写の楷書字形と印刷文字字形の違いが、字体の違いに及ぶもの

以下に示す例で、括弧内は印刷文字である明朝体の字形に倣って書いたものであるが、筆写の楷書ではどちらの字形で書いても差し支えない。なお、括弧内の字形の方が、筆写字形としても一般的な場合がある。

(1) 方向に関する例

淫－淫（淫）　恣－恣（恣）

煎－煎（煎）　嘲－嘲（嘲）

溺－溺（溺）　蔽－蔽（蔽）

(2) 点画の簡略化に関する例

葛－葛（葛）　嗅－嗅（嗅）

僅－僅（僅）　餌－餌（餌）

箋－箋（箋）　塡－塡（塡）

賭－賭（賭）　頰－頰（頰）

(3) その他

惧－惧（惧）　稽－稽（稽）

詮－詮（詮）　捗－捗（捗）

剝－剝（剝）　喩－喩（喩）

人名用漢字別表

● 子供の名前に用いることのできる文字は、戸籍法と戸籍法施行規則によって定められている。このうち、漢字は、常用漢字と人名用漢字別表（「別表第二」）の漢字に制限されている。

● 人名用漢字別表の漢字は、常用漢字表の改定（平成二二年一一月三〇日内閣告示）に伴い、常用漢字表に追加された一二九字を削除、常用漢字表から削除された五字を加え、八六一字となった。常用漢字二一三六字と合わせて、合計二九九七字の漢字を子供の名前に用いることができる。

（三省堂編修所注）

戸籍法第五十条

①子の名には、常用平易な文字を用いなければならない。

②常用平易な文字の範囲は、法務省令でこれを定める。

戸籍法施行規則第六十条

戸籍法第五十条第二項の常用平易な文字は、次に掲げるものとする。

一　常用漢字表（平成二十二年内閣告示第二号）に掲げる漢字（括弧書きが添えられているものについては、括弧の外のものに限る。）

二　別表第二に掲げる漢字

三　片仮名又は平仮名（変体仮名を除く。）

別表第二　漢字の表（第六十条関係）

一

丑 丞 乃 之 乎 也 云 亘-亙 些 亦 亥 亨
亮 仔 伊 伍 伽 佃 佑 伶 侃 侑 俄 俠 俣
俐 倭 俱 倦 倖 偲 傭 儲 允 兎 兜 其 冴
凌 凜-凛 凧 凪 凰 凱 函 劉 劫 勁 勺 勿
匁 匡 廿 卜 卯 卿 厨 厩 叉 叡 叢 叶 只
吾 呑 吻 哉 哨 啄 哩 喬 喧 喰 喋 嘩 嘉
嘗 噌 噂 圃 圭 坐 尭-堯 坦 埴 堰 堺 堵
塙 壕 壬 夷 奄 奎 套 娃 姪 姥 娩 嬉 孟
宏 宋 宕 宥 寅 寓 寵 尖 尤 屑 峨 峻 崚
嵯 嵩 嶺 巌-巖 已 巳 巴 巷 巽 帖 幌 幡
庄 庇 庚 庵 廟 廻 弘 弛 彗 彦 彪 彬 徠

付録

忽怜恢恰恕悌惟惚悉惇惹惺惣
慧憐戊或戟托按挺挽掬捲捷捺
捧掠揃摑摺撒撰撞播撫擢孜敦
斐斡斧斯於旭昂昊昏昌昴晏晃
晄晒晋晟晦晨智暉暢曙曝曳朋
朔杏杖杜李杭杵杷枇柑柴柘柊
柏柾柚桧檜栞桔桂栖桐栗梧梓
梢梛梯桶梶椛梁棲椋椀楯楚楕
椿楠楓椰楢楊榎樺榊榛槙槇槍
槌樫槻樟樋橘樽橙檎檀櫂櫛櫓
欣欽歎此殆毅毘毬汀汝汐汲沌
沓沫洸洲洵洛浩浬淵淳渚渚淀
淋渥湘湊湛溢滉溜漱漕漣澪濡
瀕灘灸灼烏焰焚煌煤煉熙燕燎
燦燭燿爾牒牟牡牽犀狼猪猪獅
玖珂珈珊珀玲琢琢琉瑛琥琶琵
琳瑚瑞瑶瑳瓜瓢甥甫畠畢疋疏
皐皓眸瞥矩砦砥砧硯碓碗碩碧

磐磯祇祢禰祐祐祷禱禄祿禎禎
禽禾秦秤稀稔稟稜穣穰穹穿窄
窪窺竣竪竺竿笈笹笙笠筈筑箕
箔篇篠簞簾籾粥粟糊紘紗紐絃
紬絆絢綺綜綴緋綾綸縞徽繫繡
纂纏羚翔翠耀而耶耽聡肇肋肴
胤胡脩腔脹膏臥舜舵芥芹芭芙
芦苑茄苔苺茅茉茸茜莞荻莫莉
菅菫菖萄菩萌萠萊菱葦葵萱葺
萩董葡蓑蒔蒐蒼蒲蒙蓉蓮蔭蔣
蔦蓬蔓蕎蕨蕉蕃蕪薙蕾蕗藁薩
蘇蘭蝦蝶螺蟬蟹蠟衿袈袴裡裟
裳襖訊訣註詢詫誼諏諄諒謂諺
讃豹貰賑赳跨蹄蹟輔輯輿轟辰
辻迂迄辿迪迦這逞逗逢遥遙遁
遼邑祁郁鄭酉醇醐醍醬釉釘釧
銑鋒鋸錘錐錆錫鍬鎧閃閏閤阿
陀隈隼雀雁雛雫霞靖鞄鞍鞘鞠

鞭 頁 頌 頗 顚 颯 饗 馨 馴 馳 駕 駿 驍
魁 魯 鮎 鯉 鯛 鰯 鱒 鱗 鳩 鳶 鳳 鴨 鴻
鵜 鵬 鷗 鷲 鷺 鷹 麒 麟 麿 黎 黛 鼎

注「 」は、相互の漢字が同一の字種であることを示したものである。

二

亞(亜) 惡(悪) 爲(為) 逸(逸) 榮(栄) 衞(衛)
謁(謁) 圓(円) 緣(縁) 薗(園) 應(応) 櫻(桜)
奧(奥) 橫(横) 溫(温) 價(価) 禍(禍) 悔(悔)
海(海) 壞(壊) 懷(懐) 樂(楽) 渴(渇) 卷(巻)
陷(陥) 寬(寛) 漢(漢) 氣(気) 祈(祈) 器(器)
僞(偽) 戲(戯) 虛(虚) 峽(峡) 狹(狭) 響(響)
曉(暁) 勤(勤) 謹(謹) 驅(駆) 勳(勲) 薰(薫)
惠(恵) 揭(掲) 鷄(鶏) 藝(芸) 擊(撃) 縣(県)
儉(倹) 劍(剣) 險(険) 圈(圏) 檢(検) 顯(顕)
驗(験) 嚴(厳) 廣(広) 恆(恒) 黃(黄) 國(国)

黑(黒) 穀(穀) 碎(砕) 雜(雑) 祉(祉) 視(視)
兒(児) 濕(湿) 實(実) 社(社) 者(者) 煮(煮)
壽(寿) 收(収) 臭(臭) 從(従) 澁(渋) 獸(獣)
縱(縦) 祝(祝) 暑(暑) 署(署) 緖(緒) 諸(諸)
敍(叙) 將(将) 祥(祥) 涉(渉) 燒(焼) 奬(奨)
條(条) 狀(状) 乘(乗) 淨(浄) 剩(剰) 疊(畳)
孃(嬢) 讓(譲) 釀(醸) 神(神) 眞(真) 寢(寝)
愼(慎) 盡(尽) 粹(粋) 醉(酔) 穗(穂) 瀨(瀬)
齊(斉) 靜(静) 攝(摂) 節(節) 專(専) 戰(戦)
纖(繊) 禪(禅) 祖(祖) 壯(壮) 爭(争) 莊(荘)
搜(捜) 巢(巣) 曾(曽) 裝(装) 僧(僧) 層(層)
瘦(痩) 騷(騒) 增(増) 憎(憎) 藏(蔵) 贈(贈)
臟(臓) 卽(即) 帶(帯) 滯(滞) 瀧(滝) 單(単)
嘆(嘆) 團(団) 彈(弾) 晝(昼) 鑄(鋳) 著(著)
廳(庁) 徵(徴) 聽(聴) 懲(懲) 鎭(鎮) 轉(転)
傳(伝) 都(都) 嶋(島) 燈(灯) 盜(盗) 稻(稲)
德(徳) 突(突) 難(難) 拜(拝) 盃(杯) 賣(売)
梅(梅) 髮(髪) 拔(抜) 繁(繁) 晚(晩) 卑(卑)

祕(秘)　碑(碑)　賓(賓)　敏(敏)　冨(富)　侮(侮)
福(福)　拂(払)　佛(仏)　勉(勉)　步(歩)　峯(峰)
墨(墨)　飜(翻)　每(毎)　萬(万)　默(黙)　埜(野)
彌(弥)　藥(薬)　與(与)　搖(揺)　樣(様)　謠(謡)
來(来)　賴(頼)　覽(覧)　欄(欄)　龍(竜)　虜(虜)
凉(涼)　綠(緑)　淚(涙)　壘(塁)　類(類)　禮(礼)
曆(暦)　歷(歴)　練(練)　鍊(錬)　郞(郎)　朗(朗)
廊(廊)　錄(録)

注　括弧内の漢字は、戸籍法施行規則第六十条第一号に規定する漢字であり、当該括弧外の漢字とのつながりを示すため、参考までに掲げたものである。

部首名一覧表

（本表においては、この辞書で用いられていない部首の形も、あわせて掲げてある。）

【一画】

一 いち
丨 ぼう・たてぼう
丶 てん
丿 の
乙（乚） おつ・おつにょう（つりばり）
亅 はねぼう

【二画】

二 に
亠 なべぶた・けいさん・けいさん
人（亻・𠆢） ひと（にんべん・ひとがしら）
儿 ひとあし・にんにょう
入（𠆢） いる（いりがしら・いりやね）
八 はち・はちがしら
冂 けいがまえ・どうがまえ
冖 わかんむり
冫 にすい
几（⺇） つくえ・きにょう（かぜかんむり・かぜがまえ）
凵 かんにょう・うけばこ
刀（刂） かたな（りっとう）
力 ちから
勹 つつみがまえ
匕 ひ・さじ
匚 はこがまえ
匸 かくしがまえ
十 じゅう
卜 ぼく
卩（㔾） ふしづくり・わりふ（まげわりふ）
厂 がんだれ
厶 む
又 また

【三画】

口 くち・くちへん
囗 くにがまえ
土 つち・つちへん
士 さむらい・さむらいかんむり
夂 ふゆがしら（ちにょう）
夊 すいにょう（なつあし）
夕 ゆうべ（ゆう）
大 だい
女 おんな・おんなへん
子 こ・こへん
宀 うかんむり
寸 すん
小 しょう・しょうがしら
尢（兀・尣） だいのまげあし・おうにょう
尸 しかばね
屮 てつ・くさのめ
山 やま・やまへん
巛（川） かわ
工 こう・たくみ・たくみへん
己（已・巳） おのれ
巾 はば・はばへん
干 かん（いちじゅう）
幺 よう・いとがしら
广 まだれ
廴 えんにょう・いんにょう
廾 にじゅうあし・こまぬき
弋 よく・しきがまえ
弓 ゆみ・ゆみへん
彐（彑・⺕） けいがしら・いのこがしら
彡 さんづくり・かみかざり
彳 ぎょうにんべん

【四画】

心（忄・⺗） こころ（りっしんべん・したごころ）
戈 ほこ・ほこがまえ・ほこづくり
戸（戶） と・とかんむり・とだれ
手（扌） て（てへん）
支 し・しにょう
攴（攵） ぼくにょう・ぼくづくり・とまた（のぶん）
文 ぶん・ぶんにょう
斗 と・ます・とます
斤 おの・おのづくり

方 ほう・ほうへん・かたへん
无(旡・旡) なし・すでのつくり・むにょう
日 ひ・ひへん
曰 いわく(ひらび)
月(月・⺝) つき・つきへん
木 き・きへん
欠 あくび・けんづくり
止 とめる・とめへん
歹 がつへん(かばねへん)
殳 ほこづくり・るまた
毋(母) なかれ(はは)
比 くらべる(ならびひ)
毛 け
氏 うじ
气 きがまえ
水(氵・氺) みず(さんずい・したみず)
火(灬) ひ・ひへん(れっか・れんが)
爪(爫・⺥) つめ・そうにょう(つめかんむり)
父 ちち
爻(㐅) こう
爿 しょうへん
片 かた・かたへん
牙(牙) きば・きばへん
牛(牜) うし(うしへん)
犬(犭) いぬ(けものへん)

【五画】

玄 げん
玉(王) たま・たまへん
瓦 かわら
甘 あまい
生 うまれる
用 もちいる
田 た・たへん
疋(⺪) ひき(ひきへん)
疒 やまいだれ
癶 はつがしら
白 しろ・しろへん
皮 けがわ・ひのかわ
皿 さら
目(罒) め・めへん(よこめ)
矛 ほこ・ほこへん
矢 や・やへん
石 いし・いしへん
示(礻) しめす(しめすへん)
禸 ぐうのあし・じゅうのあし
禾 のぎ・のぎへん
穴 あな・あなかんむり
立 たつ・たつへん

【六画】

竹 たけ・たけかんむり
米 こめ・こめへん
糸 いと・いとへん
缶 ほとぎ・ほとぎへん
网(罒・⺳・⺲) あみがしら・あみめ
羊(⺶) ひつじ・ひつじへん
羽(羽) はね
老(耂) おいかんむり・おいがしら
而 しこうして
耒(耒) らいすき・すきへん
耳 みみ・みみへん
聿 ふでづくり
肉(月) にく(にくづき)
自 みずから
至 いたる・いたるへん
臼(𦥑) うす(きょく)
舌 した・したへん
舛(舛) ます・まいあし
舟 ふね・ふねへん
艮 うしとら・こんづくり
色 いろ・いろづくり
艸(艹) くさ・くさかんむり

＊艹は本来四画(艹)であるが、常用漢字では三画。この辞書では三画で統一した。

虍 とらかんむり・とらがしら
虫 むし・むしへん
血 ち・ちへん
行 ぎょうがまえ・ゆきがまえ
衣(衤) ころも(ころもへん)
襾(覀・西) おおいかんむり(かなめのかしら・にし)
瓜 うり

【七画】

見 みる
角 つの・つのへん
言 げん・ごんべん
谷 たに・たにへん
豆 まめ・まめへん
豕 いのこ・いのこへん
豸 むじな・むじなへん
貝 かい・かいへん
赤 あか・あかへん
走 はしる・そうにょう
足(⻊) あし(あしへん)
身 み・みへん
車 くるま・くるまへん
辛 しん・からい
辰 たつ・しんのたつ
辵(辶・辶) しんにょう・しんにゅう
邑(阝《右》) むら・おおざと
酉 ひよみのとり・とりへん
釆 のごめ・のごめへん
里 さと・さとへん
臣 しん

【八画】

金 かね・かねへん
長 ながい
門 もん・もんがまえ
阜(阝《左》) おか(こざとへん)
隶 たい・れいづくり
隹 ふるとり
雨 あめ・あめかんむり
靑(青) あお
非 あらず

【九画】

面 めん・おもて
革 つくりがわ・かわへん
韋(韋) なめしがわ
韭 にら
音 おと・おとへん
頁 おおがい・いちのかい
風 かぜ
飛 とぶ
食(飠・飠) しょく(しょくへん)
首 くび
香 かおり

【十画】

馬 うま・うまへん
骨 ほね・ほねへん
高 たかい
髟 かみがしら・かみかんむり
鬥 たたかいがまえ・とうがまえ
鬯 ちょう・においざけ
鬲 れき・れきのかなえ
鬼 おに・きにょう

【十一画】

魚 うお・うおへん
鳥 とり・とりへん
鹵 ろ・しお
鹿 しか
麥(麦) むぎ・むぎへん・ばくにょう
麻(麻) あさ・あさかんむり

【十二画】

黃(黄) き・きいろ
黍 きび
黑(黒) くろ
黹 ち・ぬいとり

【十三画】

黽 べんあし・かえる
鼎 かなえ・てい
鼓 つづみ
鼠 ねずみ・ねずみへん

【十四画】

鼻(鼻) はな・はなへん
齊(斉) せい

【十五画】

齒(歯) は・はへん

【十六画】

龍(竜) りゅう
龜(亀) かめ

【十七画】

龠 やく・やくのふえ

2013年5月15日　初版発行

三省堂 常用漢字辞典

二〇一三年 五 月一五日 第 一 刷発行

編　者　沖森　卓也
　　　　三省堂編修所

発行者　株式会社 三省堂　代表者 北口克彦

印刷者　三省堂印刷株式会社

発行所　株式会社 三省堂
〒一〇一-八三七一
東京都千代田区三崎町二丁目二十二番十四号
電話　編集　(〇三) 三二三〇-九四一一
　　　営業　(〇三) 三二三〇-九四一二
振替口座　〇〇一六〇-五-五四三〇〇
http://www.sanseido.co.jp/

〈常用漢字辞典・768 pp.〉

落丁本・乱丁本はお取り替えいたします

ISBN978-4-385-14083-4